Unser Service: Sie erhalten zusätzlich die Online-Version des Haufe ESRS-Kommentars

Einfach über diesen QR-Code registrieren, falls Sie noch kein Kunden-Konto bei uns nutzen:

So bleiben Sie immer auf dem neusten Stand.

Alternativ können Sie das Registrierungsformular in der Einstecktasche für die Anmeldung nutzen.

HAUFE
ESRS-KOMMENTAR

2. Auflage
herausgegeben von

JENS FREIBERG
GEORG LANFERMANN

Haufe Group
Freiburg · München · Stuttgart

Zitiervorschlag:
Autor, in Freiberg/Lanfermann (Hrsg.), Haufe ESRS-Kommentar, 2. Aufl., 2024, § ... Rz ...

Bibliografische Information der Deutschen Nationalbibliothek
Die Deutsche Nationalbibliothek verzeichnet diese Publikation in der Deutschen National-
bibliografie; detaillierte bibliografische Daten sind im Internet über http://dnb.dnb.de
abrufbar.

Haufe ESRS-Kommentar

ISBN 978-3-648-17744-0   Bestell-Nr. 11127-0002

2. Auflage 2024, © Haufe-Lexware GmbH & Co. KG

Herausgeber: Dr. Jens Freiberg, Georg Lanfermann

Haufe-Lexware GmbH & Co. KG | Munzinger Straße 9 | 79111 Freiburg
Telefon: 0761 898-0 | E-Mail: info@haufe.de | Internet: www.haufe.de

Kommanditgesellschaft, Sitz und Registergericht Freiburg, HRA 4408
Komplementäre: Haufe-Lexware Verwaltungs GmbH, Sitz Freiburg,
Registergericht Freiburg, HRB 5557; Martin Laqua

Geschäftsführung: Iris Bode, Jörg Frey, Matthias Schätzle, Christian Steiger
Beiratsvorsitzende: Andrea Haufe

USt-IdNr.: DE 812398835, St.-Nr. 06392/11008

Redaktion: Dr. Ulrike Hoffmann-Dürr (V. i. S. d. P.), Dunja Beck, Sarina Chermiti
Produktmanagement: Michael Bernhard
Konzeption: Dr. Ulrike Hoffmann-Dürr, Michael Bernhard
E-Mail: ESRS@haufe.de; Internet: www.haufe.de/corporate-sustainability

Druckvorstufe: Reemers Publishing Services GmbH, Krefeld
Druck: CPI books GmbH, Leck

Zur Herstellung der Bücher wird nur alterungsbeständiges Papier verwendet.

Das Thema Nachhaltigkeit liegt uns am Herzen:

Geleitwort zur 2. Auflage

Die EU-Kommission setzt mit der Corporate Sustainability Reporting Directive (CSRD) und den European Sustainability Reporting Standards (ESRS) erstmals einheitliche und verbindliche Maßstäbe für die nichtfinanzielle Berichterstattung. Damit kommt sie den zunehmenden Forderungen nach einer qualitativ hochwertigeren und vergleichbaren Offenlegung von Leistungsindikatoren für Umwelt, Soziales und Unternehmensführung (ESG) nach. Die zwölf Einzelstandards der ESRS formulieren umfangreiche Anforderungen an die berichtspflichtigen Unternehmen. Diese reichen von der Auswahl der Berichtsthemen anhand einer Materialitätsanalyse mit „doppelter Wesentlichkeit" über die geforderten Berichtsinhalte bis hin zu der Definition von Kennzahlen. Ergänzt werden die Standards seitens der European Financial Reporting Advisory Group (EFRAG) durch zusätzliche Implementierungsleitfäden und eine Sammlung von Fragen und Antworten, die für die Praxis jedoch teilweise auch neue Herausforderungen schaffen.

Schon für das Geschäftsjahr 2024 müssen die bereits heute zu einer nichtfinanziellen Erklärung verpflichteten Unternehmen ihr Reporting an den neuen Standards ausrichten. Schrittweise unterliegen dann auch kapitalmarktorientierte kleine und mittlere Unternehmen sowie bestimmte nicht in der EU ansässige Unternehmen der Berichtspflicht.

Zahlreiche Unternehmen quer durch alle Branchen haben die Notwendigkeit einer Transformation zu umweltfreundlichen und sozial verantwortlichen Geschäftsmodellen erkannt und engagieren sich bereits für eine nachhaltige Unternehmensführung. Insbesondere die sog. „Science Based Targets" gewinnen für die Erreichung der Klimaziele an Bedeutung. Dabei berücksichtigen Unternehmen wissenschaftsbasierte Ziele für die Entwicklung konkreter Transformationspläne zur Dekarbonisierung. Um den Erfolg der Maßnahmen zu messen und den oft erheblichen Mitteleinsatz zu kontrollieren, erfolgt zunehmend eine Einbindung der Nachhaltigkeitskennzahlen in das finanzielle Controlling: Nachhaltigkeit ist ein Steuerungsthema geworden.

Transparent wird die Leistung der Unternehmen bei den ESG-Themen durch die Berichterstattung. Eine Vereinheitlichung und Aufwertung der Nachhaltigkeitsberichterstattung durch die ESRS bietet viele Vorteile für kapitalmarktorientierte Unternehmen und ihre Stakeholder. Zu diesen Vorteilen zählt insbesondere ein transparenter und vergleichbarer Zugang zu relevanten Informationen über die nachhaltigkeitsbezogenen Risiken und Chancen von Unternehmen. Die positiven Effekte einer stringenten Regulierung sind nicht zu unterschätzen: Standards können Wettbewerbsverzerrungen verhindern und dem Kapitalmarkt unternehmensbezogene Nachhaltigkeitskosten bzw. -risiken aufzeigen. In diesem Sinne stellen die ESRS einen wichtigen Schritt hin zu einer einheitlichen und verlässlichen Nachhaltigkeitsberichterstattung dar.

Ein wichtiger Aspekt ist dabei die Zusammenarbeit mit dem International Sustainability Standards Board (ISSB) mit dem Ziel, eine Interoperabilität zwischen den jeweiligen Standards zu maximieren. Im Mai 2024 wurde dazu ein Leitfaden veröffentlicht, der aufzeigt, wie Unternehmen beide Standards anwenden können, einschließlich einer Analyse der Übereinstimmung bei klimabezogenen Angaben. Dies ist insbesondere für weltweit tätige Unternehmen von großer Bedeutung. Hierdurch werden abgestimmte, einheitliche Regeln etabliert und eine Duplizierung der Berichterstattungsanforderungen nach unterschiedlichen Standards vermieden.

Ein neu eingeführtes Regelwerk geht jedoch häufig mit erheblichen Herausforderungen in der praktischen Umsetzung einher. Auch die ESRS kommen – trotz ergänzender Klarstellungen – nicht ohne eine Vielzahl von unbestimmten Rechtsbegriffen aus. Damit das Regelwerk seine Vorteile ausspielen kann, ist eine Konkretisierung der Berichtsanforderungen hilfreich. Vor dem Hintergrund, dass sich einige Unternehmen bereits in einem fortgeschrittenen Stadium der Implementierung befinden, während andere gerade erst anfangen, soll dieser Kommentar zu den ESRS als Kompass sowohl Unternehmen als auch Prüfern die Umsetzung der Standards erleichtern und gleichzeitig vorhandene Spannungsfelder aufzeigen. In der 2. Auflage sind nun auch Ausführungen zum deutschen Lieferkettensorgfaltspflichtengesetz enthalten. Darüber hinaus beschäftigt sich der Kommentar mit den Standards für kleine und mittlere Unternehmen, die teils freiwillig, teils als börsennotierte Unternehmen verpflichtend in den ESRS-Anwendungsbereich rücken, sowie mit dem geforderten Tagging im digitalen ESEF-Format.

Zu den Verfassern des Kommentars gehören renommierte Persönlichkeiten aus Wissenschaft und Wirtschaftsprüfung, die von einem Netzwerk aus Sparringspartnern aus der Praxis unterstützt wurden. Die Expertinnen und Experten erleichtern Einsteigern und Fortgeschrittenen strukturiert und anhand konkreter Beispiele den Zugang zu den unterschiedlichen Themenfeldern der ESRS. Abschließend gewährt der Kommentar einen Einblick in die prüfungsrelevanten Aspekte der neuen Standards und vermittelt so ein komplettes Bild der Thematik.

Adam Pradela
CFO Corporate Sustainability, DHL Group

Bonn, im Oktober 2024

Vorwort zur 2. Auflage

Der große Erfolg der 1. Auflage gibt uns recht! Die Unternehmenspraxis braucht dringend Unterstützung bei der Umsetzung der neuen europäischen Berichtsstandards zur Nachhaltigkeitsberichterstattung – den European Sustainability Reporting Standards (ESRS). Die vielen positiven Rückmeldungen, die wir teils direkt von betroffenen Unternehmen, teils über die sozialen Medien erhalten haben, bestätigen uns, dass die neuen, bisher noch nicht umfassend erprobten Vorgaben der ESRS eines solchen Kommentars benötigen. Gerade die Komplexität der ESRS und die sich hierzu entwickelnde umfangreiche Literatur können mit diesem Kommentar besser in seinen Einzelheiten erfasst und der Unternehmenspraxis systematisch vermittelt werden. Hierbei hat dieser Kommentar im deutschsprachigen Raum unverändert ein Alleinstellungsmerkmal.

Zu diesem Alleinstellungsmerkmal trägt auch die ungebrochene Dynamik in der Weiterentwicklung der ESRS bei. Seit Erscheinen des Kommentars sind zahlreiche weitere Quellen der Erkenntnis hinzugetreten, die auch Inspiration für die Bearbeitung der Kommentierung zum sog. „Set 1" geboten haben. Einerseits hat EFRAG zum besseren Verständnis des Set 1 einen Q&A-Prozess aufgesetzt, in dem aktuell bereits über 700 Praxisfragen eingereicht wurden und von den EFRAG-Fachgremien sukzessive in Form von nicht verbindlichen Antworten abgearbeitet werden. EFRAG nutzt zudem das Instrument von Implementation Guidances, um zentralen Fragen wie der Wesentlichkeitsanalyse und der Wertschöpfungskettenthematik im Detail auf den Grund zu gehen. Gerade der Sommer 2024 brachte weitere Neuerungen, etwa einen eigenen Fragenkatalog der Europäischen Kommission, der rechtlich geprägte Fragen zu der CSRD, den ESRS, der Prüfung sowie zur SFDR zum Gegenstand hat. Für die Kommentierung war insbes. die umfangreiche Überarbeitung der deutschen Sprachfassung der ESRS von besonderer Bedeutung, deren Nachjustierung eine komplette Neuveröffentlichung des deutschsprachigen Set 1 im EU-Amtsblatt erforderte.

Die 2. Auflage will sich auch den für die nächsten Jahre anstehenden Herausforderungen für berichtende Unternehmen widmen. Diese sollen sich mit ausreichend Vorlauf vorbereiten können und mit der europäischen Regulierungsagenda vertraut machen. Ein neuer Paragraf beschäftigt sich überblicksartig mit der notwendigen Digitalisierung der Nachhaltigkeitsinformationen im Lagebericht. Hier spielt auch die nationale Umsetzung der CSRD hinein, in deren Rahmen ebenfalls zentrale Weichenstellungen mit Blick auf die Digitalisierung der Nachhaltigkeitsinformationen vorgenommen werden. Ein weiterer Paragraf behandelt die Situation bei kleinen und mittelgroßen Unternehmen, für die EFRAG gerade an entsprechenden ESRS arbeitet. Gerade die hunderttausenden Unternehmen werden damit perspektivisch in den Blick genommen, die nach der CSRD für größere Geschäftspartner im Rahmen ihrer Geschäftsbeziehung Daten liefern sollen. Hier erhalten sie im relativ frühen Stadium bereits einen Überblick, der ihnen hilft, die richtigen Entscheidungen bei ihren bereits laufenden oder anstehenden Umsetzungsprojekten zu den Anforderungen der CSRD/ESRS zu treffen. Ebenfalls neu ist eine Synopse zu der CSRD und dem LkSG, in welcher die Anforderungen einander gegenübergestellt werden, insbes. in Bezug auf die erforderliche Berichterstattung.

Ohne die Autorinnen und Autoren sind wir als Herausgeber nichts. Wir danken allen, die die verschiedenen ESRS des Set 1 mit ihrem soliden, praxisnahen Fachwissen überarbeitet haben. Besonders spannend war wiederum der Input aus dem Kreis von Praxisvertretern, die den Autorinnen und Autoren als Sparringspartner bei der Kommentierung wichtige Praxiseinblicke vermitteln konnten. Viele von Ihnen werden im Frühjahr 2025 erste eigene ESRS-Berichte vorlegen müssen. Diese Erfahrung ist unschätzbar auch für die vielen mittelständischen Unternehmen im deutschsprachigen Raum, die in der zweiten Welle für das Geschäftsjahr 2025 ihren ersten Nachhaltigkeitsbericht vorlegen müssen.

Von unschätzbarem Wert war erneut die Unterstützung durch das Haufe-Redaktionsteam, zuvorderst Ulrike Hoffmann-Dürr und Dunja Beck. Sie unterstützen uns auch bei Berücksichtigung Ihrer Anregungen und Anmerkungen. Bitte senden Sie diese gerne an die Redaktion unter ESRS@haufe.de.

Wir wünschen Ihnen spannende Einsichten bei der Lektüre!

Mit besten Grüßen

Jens Freiberg & Georg Lanfermann
im Oktober 2024

Herausgeber des ESRS-Kommentars

Dr. Jens Freiberg

Wirtschaftsprüfer und Mitglied des Vorstands der BDO AG Wirtschaftsprüfungsgesellschaft in Düsseldorf und Frankfurt am Main; Mitglied des IFRS Interpretations Committee (IFRS IC)

Georg Lanfermann

Wirtschaftsprüfer und Steuerberater; Präsident sowie Vorsitzender des Fachausschusses Nachhaltigkeitsberichterstattung des Deutschen Rechnungslegungs Standards Committee (DRSC) e. V. in Berlin; seit Februar 2022 auch Vize-Präsident des EFRAG Administrative Board, Brüssel

Autorinnen und Autoren des ESRS-Kommentars

Carmen Auer
Partnerin Sustainability Services, BDO AG Wirtschaftsprüfungsgesellschaft, München

Prof. Dr. Alexander Bassen
Professor für BWL, insbes. Kapitalmärkte und Unternehmensführung, Universität Hamburg

Dr. Josef Baumüller
Technische Universität Wien

Dr. Kati Beiersdorf, CPA
Technische Direktorin, DRSC e. V., Berlin

Prof. Dr. Christian Fink
Professor für Externes Rechnungswesen und Controlling, Hochschule Rhein-Main, Wiesbaden

Dr. Jens Freiberg
Wirtschaftsprüfer und Mitglied des Vorstands, BDO AG Wirtschaftsprüfungsgesellschaft, Düsseldorf und Frankfurt a. M.

Matthias Hrinkow, M. Sc. (WU)
Manager, BDO Assurance GmbH, Wien

Georg Lanfermann
Wirtschaftsprüfer/Steuerberater, Präsident des DRSC e. V., Berlin

DI Astrid Leben, M. Sc.
Senior Associate, BDO Assurance GmbH, Wien

Marco Liepe, LL.M., M.Sc.
Projektmanager, DRSC e. V., Berlin

Prof. Dr. Kerstin Lopatta
Professorin für BWL, insbes. externe Rechnungslegung, Prüfung und Nachhaltigkeit, Universität Hamburg

Prof. Dr. Stefan Müller
Inhaber der Professur für Betriebswirtschaftslehre, insbes. Rechnungslegung und Wirtschaftsprüfungswesen, Helmut-Schmidt-Universität/Universität der Bundeswehr Hamburg

Sean Needham, M. Sc.
Wissenschaftlicher Mitarbeiter an der Professur für Betriebswirtschaftslehre, insbes. Rechnungslegung und Wirtschaftsprüfungswesen, Helmut-Schmidt-Universität/Universität der Bundeswehr Hamburg

Holger Obst
Associated Partner, BDO AG Wirtschaftsprüfungsgesellschaft, Berlin

Prof. Dr. Silvia Rogler
Inhaberin des Lehrstuhls für Allgemeine Betriebswirtschaftslehre, insbes. Rechnungswesen und Controlling, Technische Universität Bergakademie Freiberg

Anna Rafaela Rudolf
Wissenschaftliche Mitarbeiterin, Universität Hamburg

Oliver Scheid, M. Sc.
CSR-Manager, retria ESG reporting & analysis, Magdeburg, Helmut-Schmidt-Universität/Universität der Bundeswehr Hamburg

Prof. Dr. Guido Sopp
Professor für Allgemeine Betriebswirtschaftslehre, insbes. Finanzwirtschaft, Westsächsische Hochschule Zwickau

Prof. Dr. Karina Sopp
Inhaberin des Lehrstuhls für Allgemeine Betriebswirtschaftslehre, insbes. Entrepreneurship und betriebswirtschaftliche Steuerlehre, Technische Universität Bergakademie Freiberg

Mag.ᵃ Sanela Terko
Partnerin, BDO Assurance GmbH, Wien

Lina Warnke, M. A.
Wissenschaftliche Mitarbeiterin an der Professur für Betriebswirtschaftslehre, insbes. Rechnungslegung und Wirtschaftsprüfungswesen, Helmut-Schmidt-Universität/Universität der Bundeswehr Hamburg; Referentin Betriebswirtschaft und Studien, AGA Unternehmensverband

Mag.ᵃ Christina Wieser
Senior Managerin, BDO Assurance GmbH, Wien

Sparringspartnerinnen und -partner

Autorinnen und Autoren, Herausgeber sowie Redaktion danken herzlich für den inspirierenden Austausch und die bereichernden Anregungen aus der Unternehmenspraxis:

Tanja Castor
Head of Sustainability Reporting & Controlling Committee – Corporate Finance, BASF SE

Andrea Edelmann
Head of Innovation, Sustainability and Environmental Affairs, EVN Group

Klemens Eiter
CFO, Porr AG

Dr. Klaus Hufschlag
Senior Vice President Sustainability Reporting & Controlling, DHL Group

Claudia Korntner
Senior Manager ESG Reporting, Sustainability & Public Affairs, Borealis AG

Dr. Klaus Kunz
Geschäftsführer, Ephrin GmbH

Renate Legény
Lead Sustainable Finance, A1 Telekom Austria Group

Katja Lewalter-Düssel (WP/StB)
Mitglied des Vorstandes, Genoverband e.V.

Lothar Rieth
Head of Sustainability, EnBW Energie Baden-Württemberg AG

Dr. Steffen Schwartz-Höfler
Head of Sustainability, Continental AG

Inhalt

A EINSTIEG

§ 1 Einführung in die European Sustainability Reporting Standards (ESRS)

Vorbemerkung

Die CSRD stellt die Basis für den Erlass verbindlicher EU-Berichtsstandards zu Nachhaltigkeitsaspekten, die European Sustainability Reporting Standards (ESRS), dar. Angetrieben wurde die Reform der Nachhaltigkeitsberichtsvorschriften durch die EU-Sustainable-Finance-Regulierung und den damit verbundenen EU Green Deal. Mit der Umsetzung der CSRD geht eine bedeutende Ausweitung des Kreises der berichtspflichtigen Unternehmen einher.

Ergänzende Ausführungen berücksichtigen die jüngsten regulatorischen Entwicklungen, insbes. zur deutschen Sprachfassung der ESRS (Rz 4), zum Stand der CSRD-Umsetzung in nationale Gesetzgebung (Rz 8), zum Frage-Antwort-Dokument der EU-Kommission zu rechtlich geprägten Zweifelsfragen (Rz 9), zum Stand der Überarbeitung von DRS 20 zum Lagebericht (Rz 10), zu Fragen des Konsolidierungskreises und Nachhaltigkeitsberichterstattung (Rz 11), zu den sektorspezifischen ESRS (Rz 75), den ESRS für KMU (Rz 76) und den Taxonomien für die elektronische Nachhaltigkeitsberichterstattung (Rz 77). Außerdem wurden Ausführungen zu den Implementierungshilfen und der Q&A-Plattform der EFRAG neu aufgenommen (Rz 34–37, 72).

1 Corporate Sustainability Reporting Directive als Rechtsgrundlage für verbindliche EU-Berichtsstandards

1   Die am 5.1.2023 EU-weit in Kraft getretene Corporate Sustainability Reporting Directive (**CSRD**) stellt die unabdingbare Basis für den Erlass verbindlicher EU-Berichtsstandards zu Nachhaltigkeitsaspekten, die European Sustainability Reporting Standards (ESRS), dar. Der Richtlinienentwurf wurde von der EU-Kommission im April 2021 mit der Begründung einer unzureichenden Verfügbarkeit von Nachhaltigkeitsdaten seitens der Unternehmen veröffentlicht. Dabei stellte die EU-Kommission besonders heraus, dass Unternehmen zukünftig verstärkt relevante, vergleichbare und verlässliche Nachhaltigkeitsinformationen offenlegen müssen.[1] Die CSRD ersetzt die zuvor geltenden Anforderungen an die nichtfinanzielle Berichterstattung, die im Jahr 2014 mit der CSR-Richtlinie[2] vom europäischen Gesetzgeber beschlossen wurde. Diese schaffte damals erstmals – formell bereits als Teil der Bilanz-RL[3] – eine besondere, der Sache nach weitestgehend flexible Berichterstattungspflicht in gesetzlicher Form. Angetrieben wurde die Reform der Nachhaltigkeitsberichtsvorschriften durch die EU-Sustainable-Finance-Regulierung und den damit verbundenen „EU Green Deal". Die EU-Sustainable-Finance-Regulierung verpflichtet die Breite der Finanzmarktakteure, u. a. Vermögensverwalter und Kreditinstitute, ihr Handeln an Nachhaltigkeits- und insbes. Klimarisiken auszurichten. Dafür werden zuverlässige Nachhaltigkeitsdaten seitens der Unternehmen benötigt.[4] Gerade die Zuverlässigkeit der Datenermittlung rückt die **Finanzfunktion** der Unternehmen in den Mittelpunkt des Umgangs mit den neuen Berichterstattungspflichten, da diese in der Ausgestaltung belastbarer Berichtsprozesse regelmäßig besondere Expertise aufweist.

2   Mit der Umsetzung der CSRD geht eine bedeutende **Ausweitung** des Kreises **der berichtspflichtigen Unternehmen** einher. Die Zahl der in der EU berichtspflichtigen Unternehmen schnellt von zuvor ca. 11.000 auf ca. 49.000 Unternehmen hoch. Aufgrund der Wirtschaftsstruktur verzeichnet man insbes. in Deutschland einen rasanten Anstieg von ca. 550 auf etwa 14.600 unmittelbar berichtspflichtige Unternehmen.[5] Diese Vervielfachung in Deutschland resultiert aus dem Umstand, dass zusätzlich zu den sog. Unternehmen von öffentlichem Interesse auch sämtliche große haftungsbeschränkte Unternehmen und ihnen gleichgestellte Per-

---

1   Vgl. Lanfermann/Schwedler/Schmotz, WPg 2021, S. 762 ff.
2   Richtlinie 2014/95/EU, ABl. EU v. 15.11.2014, L 330/1 ff.
3   Richtlinie 2013/34/EU, ABl. EU v. 29.6.2013, L 182/19 ff.
4   CSRD-Vorschlag, COM(2021) 189 final, Begründung, https://eur-lex.europa.eu/legal-content/DE/TXT/PDF/?uri=CELEX:52021PC0189, Abruf 1.8.2024.
5   BMJ, Regierungsentwurf v. 26.6.2024, S. 120, www.bmj.de/SharedDocs/Downloads/DE/Gesetzgebung/RegE/RegE_CSRD.pdf?__blob=publicationFile&v=2, Abruf 1.8.2024.

sonengesellschaften nunmehr von der Pflichtberichterstattung betroffen sind. Besonders fällt ins Gewicht, dass bzgl. der Kriterien für die Pflichtberichterstattung die Arbeitnehmerschwelle von 500 auf 250 reduziert wurde. Betroffene Unternehmen müssen Nachhaltigkeitsberichte künftig zwingend im (Konzern-)Lagebericht verorten. Separate Nachhaltigkeitsberichte – wie noch nach der alten CSR-Richtlinie möglich – sind nicht mehr zulässig.

Auch die **elektronische Berichterstattung** wird verpflichtend. Nachhaltigkeitsinformationen sollen vergleichbar zum elektronischen Berichterstattungsformat der ESEF-Verordnung (ESEF-VO)[6] für die IFRS-Berichterstattung von Emittenten ebenfalls in Form eines einheitlichen elektronischen Berichtsformats von den berichtenden Unternehmen zur Verfügung gestellt werden (→ § 20). Dies erleichtert den Zugang der Nutzer zu den Daten und erlaubt eine einfachere Weiterverarbeitung. Mit Blick auf die geforderte Zuverlässigkeit der berichteten Nachhaltigkeitsdaten sind diese verpflichtend extern zu prüfen. Dies hat zunächst mit begrenzter Sicherheit und nach einer Übergangsphase mit hinreichender Sicherheit zu erfolgen (→ § 17 Rz 8 ff.). **3**

Dem Charakter nach handelt es sich bei der **CSRD** um eine **Rahmenrichtlinie**. Die Ausgestaltung der detaillierten Angabepflichten erfolgt über die ESRS. Formell werden die ESRS durch delegierte Verordnungen verbindlich, die als delegierte Rechtsakte der EU-Kommission erlassen werden. Delegierte Verordnungen bedürfen keiner weiteren nationalen Umsetzung und gelten gegenüber den berichtspflichtigen Unternehmen unmittelbar. Mit der Ausarbeitung der ESRS ist nach Art. 49 Abs. 3a der Bilanz-RL die European Financial Reporting Advisory Group (EFRAG) beauftragt. Nach einem festgelegten Verfahren erarbeitet die EFRAG ESRS-Entwürfe als fachlichen Ratschlag für die EU-Kommission. Es liegt dann in der Verantwortung der EU-Kommission, diese fachlichen Ratschläge als delegierte Rechtsakte zu erlassen. **4**

Ein erster Satz von zwölf sektorübergreifenden ESRS (Set 1) wurde von der EU-Kommission am 31.7.2023 als delegierter Rechtsakt erlassen und am 22.12.2023 im EU-Amtsblatt veröffentlicht.[7] Am 18.4.2024 hat die EU-Kommission Berichtigungen (sog. Corrigendum) zum Set 1 erlassen, die am 19.4.2024 im EU-Amtsblatt veröffentlicht wurden.[8] Diese ersten Berichtigungen umfassten v.a. Rechtschreibfehler, falsche Verweise und andere offensichtliche Fehler. Es handelt sich somit um Korrekturen redaktioneller Natur bezogen auf alle Sprachfassungen des Set 1 und keine umfassende inhaltliche Änderung am Set 1. Das DRSC hatte dem Bundesministerium der Justiz bereits am 18.9.2023 eine Analyse **5**

---

6 Delegierte Verordnung (EU) 2019/815, ABl. EU v. 29.5.2019, L 143/1 ff.
7 Delegierte Verordnung (EU) 2023/2772, ABl. EU L v. 22.12.2023, S. 1 ff.
8 Berichtigung C/2024/2471, ABl. EU L v. 19.4.2024.

der deutschen Sprachfassung des Set 1 übermittelt und darin umfangreiche sprachliche Änderungen empfohlen.[9]

Am 9.8.2024 wurde auf Grundlage von Einreichungen der zuständigen deutschen und österreichischen Ministerien eine besondere Berichtigung der deutschen Sprachfassung der ESRS[10] veröffentlicht. Nach Analyse des DRSC[11] wurden ca. 75 % der angeregten Änderungen des DRSC von der EU-Kommission tatsächlich übernommen. Insgesamt wurde das Set 1 in seiner deutschen Amtsfassung einschl. Folgeänderungen an ca. 8.200 Stellen sprachlich überarbeitet. Darüber hinaus hat die EU-Kommission in einzelnen Fällen weitere sprachliche Änderungen an der deutschen Amtsfassung vorgenommen. Es wird erwartet, dass die EU-Kommission noch im Jahr 2024 Berichtigungen zu weiteren Sprachfassungen veröffentlichen wird.

6   Zudem wurde am 8.5.2024 eine Änderung der CSRD im EU-Amtsblatt veröffentlicht, mit welcher der EU-Kommission bis zum 30.6.2026 Zeit gelassen wird, sektorspezifische ESRS zu erlassen.[12]

7

Persönlicher Anwendungsbereich	• Große haftungsbeschränkte EU-Kapitalgesellschaften und ihnen gleichgestellte Personengesellschaften • Große EU-Versicherungsunternehmen • Große EU-Kreditinstitute • Mutterunternehmen großer Gruppen • Kapitalmarktorientierte EU-Unternehmen (mit Ausnahme von EU-Mikro-Unternehmen) • Nicht-EU-Unternehmen mit über 150 Mio. EUR Umsatz innerhalb der EU und mit EU-Niederlassungen (40 Mio. EUR Umsatz innerhalb der EU) oder EU-Tochterunternehmen (groß oder EU-kapitalmarktorientiert)

---

[9] DRSC, Anmerkungen zur deutschen Sprachversion der ESRS (mit Stand 31. Juli 2023) v. 18.9.2023, www.drsc.de/app/uploads/2023/09/ESRS_Anmerkungen_dt_Sprachversion.pdf, Abruf 1.8.2024.

[10] Berichtigung der Delegierten Verordnung (EU) 2023/2772 v. 31.12.2023, ABl. EU L v. 9.8.2024, https://eur-lex.europa.eu/legal-content/DE/TXT/?uri=OJ:L_202490457, Abruf 1.9.2024.

[11] DRSC, Analyse der angeregten sprachlichen Änderungen zur Berichtigung am ESRS Set 1 v. 13.8.2024, www.drsc.de/app/uploads/2024/08/240813_DRSC-Analyse-zur-Aenderungen-der-deutschen-Sprachfassung-ESRS-Set-1-2.pdf, Abruf 1.9.2024.

[12] Richtlinie (EU) 2024/1306, ABl. EU L v. 8.5.2024, S. 1 ff.

Gestaffelte Einführung der Berichtspflichten	• Für ab dem 1.1.2024 beginnende Geschäftsjahre: bisher zur Abgabe einer nichtfinanziellen (Konzern-)Erklärung verpflichtete EU-Unternehmen • Für ab dem 1.1.2025 beginnende Geschäftsjahre: alle anderen großen EU-Kapitalgesellschaften und ihnen gleichgestellte Personengesellschaften, große Kreditinstitute, große Versicherungsunternehmen, Mutterunternehmen großer Gruppen • Für ab dem 1.1.2026 beginnende Geschäftsjahre: kapitalmarktorientierte KMU (kapitalmarktorientierte kleine und mittlere EU-Kapitalgesellschaften und ihnen gleichgestellte Personengesellschaften, Kreditinstitute und Versicherungsunternehmen), kleine und nicht komplexe Institute, firmeneigene (Rück-)Versicherungsunternehmen • Für ab dem 1.1.2028 beginnende Geschäftsjahre: Nicht-EU-Unternehmen mit EU-Niederlassungen oder EU-Tochterunternehmen • Opt-out-Möglichkeit für kapitalmarktorientierte KMU: Nutzung eines zweijährigen Übergangszeitraums, d. h. erstmalige Anwendung im Geschäftsjahr 2028 möglich
Berichtsort	• Verpflichtend in einem gesonderten Abschnitt des (Konzern-)Lageberichts
Digitalisierung	• (Konzern-)Lagebericht wird im einheitlichen elektronischen Berichtsformat gem. ESEF-VO aufgestellt; Nachhaltigkeitsangaben sollen nach zukünftigen Vorschriften der ESEF-VO maschinenlesbar ausgezeichnet werden

Berichterstattung auf Konzernebene/ Befreiung für Tochterunternehmen	• Tochterunternehmen werden grds. von der Berichterstattungspflicht befreit • Ausnahmen/Besonderheiten: – Keine Befreiung für große kapitalmarktorientierte Tochterunternehmen – Besondere Berichterstattung über Risiken und Auswirkungen im Konzernlagebericht in Bezug auf bestimmte Tochterunternehmen, wenn signifikante Unterschiede in den Risiken und Auswirkungen von Tochterunternehmen im Vergleich zum Gesamtkonzern bestehen
Besonderes Regime für kapitalmarktorientierte KMU (→ § 30 Rz 1 ff.)[13]	• Reduzierte KMU-Berichtspflichten • Erwartete Ausstrahlungswirkung der CSRD-Vorschriften auf KMU außerhalb des CSRD-Anwendungsbereichs, insbes. über Angaben zur Wertschöpfungskette und Lieferkette
EFRAG als wichtiger Akteur für die Nachhaltigkeitsberichterstattung	• EFRAG als die EU-Institution, die die ESRS ausarbeitet und der EU-Kommission in Form von fachlichen Ratschlägen unterbreitet
Verfahren für die verbindliche Annahme von ESRS durch die EU-Kommission/Beachtung von internationalen Standardsetzungsinitiativen	• EU-Kommission konsultiert ESRS-Entwürfe mit einer Reihe von EU-Institutionen (u. a. mit ESMA); ESRS werden als delegierte Rechtsakte durch die EU-Kommission erlassen und sind direkt für betroffene Unternehmen verbindlich • Beachtung von internationalen Standardsetzungsaktivitäten sowie EU-Vorschriften, u. a. Taxonomie- und EU-Offenlegungsverordnung[14] • Berücksichtigung von internationalen Standardsetzungsinitiativen in „größtmöglichem Umfang"; Erwägungsgrund 43 zur besonderen Bedeutung der Arbeiten des International Sustainability Standards Board (ISSB) als globaler Mindeststandard („*global baseline*"; → § 2 Rz 1 ff.)

---

[13] Gem. Art. 3 Abs. 2 und 3 Bilanz-RL.
[14] Verordnung (EU) 2019/2088, ABl. EU v. 9.12.2019, L 317/1 ff.

Sektorspezifische ESRS	• Insbes. für Sektoren mit hohen Risiken/Auswirkungen, u.a. Land- und Forstwirtschaft, Bergbau, Verarbeitendes Gewerbe/Herstellung von Waren, Energie- und Wasserversorgung, Baugewerbe, Handel, Verkehr und Lagerung und Grundstücks- und Wohnungswesen
Gestaffelte Verabschiedung der ESRS	• Set 1 wurde Ende Juli 2023 als delegierter Rechtsakt erlassen • Weitere Sets u.a. zu sektorspezifischen ESRS sowie Nicht-EU-Unternehmen werden zu späteren Zeitpunkten verabschiedet
Pflichtprüfung für die Nachhaltigkeitsberichterstattung im (Konzern-)Lagebericht (→ § 17 Rz 1 ff.)	• Prüfung durch den Abschlussprüfer, einen anderen Wirtschaftsprüfer oder einen unabhängigen Erbringer von Bestätigungsleistungen (Mitgliedstaatenwahlrecht)
Prüfungstiefe	• Zunächst Prüfung mit begrenzter Sicherheit (prüferische Durchsicht) • Anschließend Überprüfung dieser Vorschrift und ggf. Erarbeitung von EU-Prüfungsstandards zur Prüfung mit hinreichender Sicherheit (Prüfung) bis Oktober 2028 • Geplante Anhebung der Prüfungstiefe (von prüferischer Durchsicht hin zur Prüfung)

Tab. 1: Überblick über zentrale Inhalte der am 5.1.2023 in Kraft getretenen CSRD[15]

Die nationale Umsetzung der CSRD hat innerhalb von 18 Monaten nach Inkrafttreten, d.h. spätestens bis zum 6.7.2024, zu erfolgen. Am 22.3.2024 hat das Bundesministerium der Justiz den Referentenentwurf und am 24.7.2024 den Regierungsentwurf eines Gesetzes zur **Umsetzung der CSRD** veröffentlicht.[16] In einem zusätzlich zum Regierungsentwurf veröffentlichten Informationspapier äußerte die Bundesregierung ihre Erwartung, dass das Gesetzgebungsverfahren noch in 2024 abgeschlossen werden wird, da die Frist zur Umsetzung der CSRD bereits überschritten wurde. Insgesamt haben mit Stand 31.8.2024 erst 14 der 27 EU-Mitgliedstaaten die CSRD vollständig in nationales Recht

8

---

15 Eigene Darstellung in Anlehnung an das DRSC Briefing Paper, Überblick zum finalen Trilog-Kompromiss vom 21. Juni 2022, www.drsc.de/app/uploads/2022/07/220704_DRSC_Briefing_Paper_CSRD_final-1.pdf, Abruf 1.8.2024.
16 Siehe BMJ, www.bmj.de/SharedDocs/Gesetzgebungsverfahren/DE/2024_CSRD_UmsG.html, Abruf 1.8.2024.

umgesetzt, darunter insbes. Frankreich, Irland und die skandinavischen Länder.[17] Am 26.9.2024 hat die EU-Kommission ein Vertragsverletzungsverfahren gegen Deutschland und andere EU-Mitgliedstaaten wegen der nicht rechtzeitig erfolgten Umsetzung der CSRD in nationales Recht eingeleitet.[18] Der Schweizer Bundesrat hat mit Blick auf die verschärften EU-Vorgaben im Juni 2024 eine Konsultation gestartet, wonach in Anlehnung an die CSRD-Vorgaben zukünftig mehr Schweizer Unternehmen entweder nach den ESRS oder gleichwertigen internationalen Standards berichten sollen.[19]

9   Am 7.8.2024 hat die EU-Kommission ein 52-seitiges FAQ-Dokument[20] veröffentlicht, welches eher rechtlich geprägte Zweifelsfragen zu den Anforderungen der CSRD und der ESRS, aber auch der SFDR, behandelt. Die Antworten sind auch das Ergebnis der von der EU-Kommission mit den EU-Mitgliedstaaten durchgeführten Implementierungs-Workshops zur Umsetzung der CSRD. Die 90 Antworten betreffen ein breites Themenspektrum: welche Unternehmen wann und wie zur Nachhaltigkeitsberichterstattung verpflichtet werden, einzelne Anforderungen der ESRS, z.b. die Bedeutung eines *„reasonable effort"* in der Berichterstattung über die eigene Wertschöpfungskette, über Einzelfragen der Prüfung bis hin zu Themen der Berichterstattung von Nicht-EU-Unternehmen. Mit dem Dokument will die EU-Kommission die Rechtssicherheit in Bezug zur Nachhaltigkeitsberichterstattung und die Vergleichbarkeit der Nachhaltigkeitsangaben erhöhen. Die EU-Kommission sieht ausdrücklich vor, in Zukunft weitere Fragestellungen in dieser Form einer Klärung zuzuführen. Damit ergänzt die EU-Kommission die bei EFRAG selbst vorgesehenen Klärungsmechanismen, insbes. das Instrument der Q&A-Plattform, wobei die diesbzgl. Verlautbarungen der EFRAG-Fachgremien zu den ESRS ausdrücklich unverbindlich sind.

10   Infolge der CSRD-Umsetzung in deutsches Recht ist auch der Deutsche Rechnungslegungsstandard Nr. 20 (DRS 20) „Konzernlagebericht" des DRSC im Hinblick auf die zukünftigen Vorschriften zu ändern. DRS 20 konkretisiert die Vorschriften zur Lageberichterstattung für Mutterunternehmen, die einen Konzernlagebericht gem. § 315 HGB aufzustellen haben oder freiwillig aufstellen. DRS 20 wird in zwei Phasen geändert: Phase 1 umfasst die Anpassung des DRS 20 an die gesetzlichen Regelungen zur CSRD-Umsetzung, und die

---

17   Beispielhaft für einen Überblick zum Umsetzungsstand der CSRD in der EU/EWR siehe Ropes & Gray, CSRD Transposition Tracker, Stand: 31.8.2024, www.ropesgray.com/-/media/Files/Alerts/2024/09/20240923_CSRD_Transposition_Tracker_Updated.pdf, Abruf 1.9.2024.

18   EU-Kommission, Entscheidungen in Vertragsverletzungsverfahren, https://ec.europa.eu/commission/presscorner/detail/de/inf_24_4661, Abruf 1.10.2024.

19   Schweizer Regierung, Nachhaltige Unternehmensführung: Bundesrat schlägt strengere Regeln für Berichterstattung vor, Stand: 26.6.2024, www.admin.ch/gov/de/start/dokumentation/medienmitteilungen/bundesrat.msg-id-101585.html, Abruf 1.8.2024.

20   EU-Kommission, FAQ, https://finance.ec.europa.eu/publications/frequently-asked-questions-implementation-eu-corporate-sustainability-reporting-rules_en, Abruf 1.9.2024.

Überarbeitung wird sich insbes. mit den Schnittstellen zwischen Finanz- und Nachhaltigkeitsberichterstattung auseinandersetzen. Gegenstand der Phase 2 wird insbes. die Frage der Anwendbarkeit der Grundsätze ordnungsmäßiger Lageberichterstattung auf den gesamten Lagebericht einschl. des Nachhaltigkeitsberichts sein. I.R.d. CSRD-Umsetzung haben bestimmte Unternehmen zudem im allgemeinen Teil der (Konzern-)Lageberichte auch Angaben über die wichtigsten immateriellen Ressourcen aufzunehmen und zu erläutern, inwiefern das Geschäftsmodell des Unternehmens grundlegend von diesen Ressourcen abhängt und inwiefern diese Ressourcen eine Wertschöpfungsquelle für das Unternehmen darstellen. Aktuell adressiert das DRSC die erwarteten Gesetzesänderungen zur Nachhaltigkeitsberichterstattung und zur Berichterstattung über immaterielle Ressourcen getrennt in zwei Arbeitssträngen. Das DRSC wird die Änderungen am DRS 20 und eines ggf. gesonderten DRS zur Berichterstattung über immaterielle Ressourcen öffentlich konsultieren, sobald das Gesetzgebungsverfahren zur CSRD-Umsetzung abgeschlossen ist.[21]

Im Zuge der CSRD-Umsetzung kommt es in der Praxis zudem zu Auslegungsfragen, v.a. im Hinblick auf Themen zur Nachhaltigkeitsberichterstattung im Konzern. Diese nicht ausschl. der ESRS-Anwendung zuzuordnende Thematik umfasst Fragen zum Konsolidierungskreis wie insbes. die Einbeziehung „unwesentlicher" Tochterunternehmen, Konzernkonstellationen mit kleinen und nicht komplexen Instituten als Mutterunternehmen und (unterjährigen) Änderungen im Konzernverbund. Diese und weitere Themen zur Nachhaltigkeitsberichterstattung im Konzern wurden von verschiedenen Seiten wie dem DRSC,[22] dem IDW[23] oder in der Literatur[24] diskutiert. Teilw. werden Konsolidierungsfragen auch in den FAQ der EU-Kommission vom 7.8.2024 in den Fragen 1 bis 26 aufgegriffen, aber nicht umfassend geklärt. Auch der deutsche Regierungsentwurf zur Umsetzung der CSRD gibt hier keine weiterführenden Hinweise. Somit gibt es derzeit noch keine umfassende Lösung der Auslegungsfragen zum Konsolidierungskreis. Bereits für ab dem 1.1.2024 beginnende Geschäftsjahre berichtspflichtige Unternehmen arbeiten derzeit insbes. an praxisorientierten Lösungen, um die Nachhaltigkeitsthemen bislang aus finanzieller Sicht nicht konsolidierter unwesentlicher Tochtergesellschaften adäquat zu erfassen.

11

---

21 DRSC, Zwei Briefing Paper zu DRS-Änderungen aufgrund der CSRD, www.drsc.de/news/zwei-briefing-paper-zu-drs-aenderungen-aufgrund-der-csrd/, Abruf 1.8.2024.
22 DRSC, Siebentes Anwenderforum zur ESRS-Einführung, www.drsc.de/news/siebentes-anwenderforum-zur-esrs-einfuehrung/, Abruf 1.8.2024.
23 IDW, Entwurf einer Stellungnahme zur Rechnungslegung: ESRS-Modulverlautbarung (IDW RS FAB 100), www.idw.de/IDW/IDW-Verlautbarungen/IDW-RS/IDWRSFAB100-ESRS-1-Entw-M1-1-bis-M1-4-und-M2-1.pdf, Abruf 1.8.2024.
24 Lanfermann/Baumüller, DK 2023, S. 159ff., 209ff., 252ff., 352f., 394ff.; Lanfermann/Baumüller, DK 2024, S. 18ff., 149ff.

2   Annahme der ESRS durch delegierte Rechtsakte der EU-Kommission

12   Die formelle Annahme der ESRS durch die EU-Kommission mittels delegierter Rechtsakte geschieht auf Grundlage der Art. 29b, 29c und 40b i. V. m. Art. 49 der Bilanz-RL. Bei delegierten Rechtsakten wird ein Verfahren nach Art. 290 AEUV genutzt, nach dem der EU-Kommission die Befugnis übertragen werden kann, Rechtsakte mit allgemeiner Geltung zur Ergänzung oder Änderung bestimmter nicht wesentlicher Vorschriften (der CSRD) zu erlassen. Art. 29b der Bilanz-RL ermächtigt die EU-Kommission zum Erlass delegierter Rechtsakte, die die Vorschriften zum Nachhaltigkeitsbericht gem. Art. 19a und 29a der Bilanz-RL konkretisieren. Art. 29c der Bilanz-RL ermächtigt die EU-Kommission zum Erlass delegierter Rechtsakte, die die Vorschriften zur Nachhaltigkeitsberichterstattung speziell für kapitalmarktorientierte KMU konkretisieren. Hier wird besonders herausgestellt, dass die entsprechenden Anforderungen in den ESRS den Kapazitäten und Merkmalen von KMU und dem Umfang und der Komplexität ihrer Tätigkeiten angemessen sein sollen. Art. 40b der Bilanz-RL ermächtigt die EU-Kommission zum Erlass delegierter Rechtsakte, die die Vorschriften zur Nachhaltigkeitsberichterstattung speziell für Nicht-EU-Unternehmen konkretisieren.

13   Insbes. Art. 29b Abs. 2 der Bilanz-RL bestimmt die Regelungsbereiche, für die die ESRS erlassen werden können. Allgemein wird bestimmt, dass die ESRS die Verständlichkeit, Relevanz, Überprüf- und Vergleichbarkeit der Nachhaltigkeitsinformationen zum Ziel haben. Solche Informationen sind durch berichtende Unternehmen in wahrheitsgetreuer Weise darzustellen. Sie sollen aber auch einen unverhältnismäßigen Verwaltungsaufwand für Unternehmen vermeiden.

14   Als Regelungsbereiche für eine Präzisierung von Unternehmensangaben werden in Art. 29b Abs. 2 der Bilanz-RL bestimmte ESG-Faktoren umrissen. Mit Blick auf **Umweltfaktoren** sind dies:
a) Klimaschutz, auch in Bezug auf Scope-1-, Scope-2- und ggf. Scope-3-Treibhausgasemissionen,
b) Anpassung an den Klimawandel,
c) Wasser- und Meeresressourcen,
d) Ressourcennutzung und die Kreislaufwirtschaft,
e) Verschmutzung sowie
f) Biodiversität und Ökosysteme.

Diese entsprechen den Umweltzielen der Taxonomie-VO.

15   Die **Sozial- und Menschenrechtsfaktoren** sind detaillierter als die Umweltfaktoren ausgestaltet und umfassen:
a) Gleichbehandlung und Chancengleichheit für alle, einschl. Geschlechtergerechtigkeit und gleichem Lohn bei gleichwertiger Arbeit, Ausbildung und

Kompetenzentwicklung, Beschäftigung und Inklusion von Menschen mit Behinderungen, Maßnahmen gegen Gewalt und Belästigung am Arbeitsplatz sowie Vielfalt,

b) Arbeitsbedingungen, einschl. sicherer Beschäftigung, Arbeitszeit, angemessener Löhne, sozialer Dialog, Vereinigungsfreiheit, Existenz von Betriebsräten, Tarifverhandlungen, einschl. des Anteils der Arbeitnehmer, für die Tarifverträge gelten, Informations-, Anhörungs- und Mitbestimmungsrechte der Arbeitnehmer, Vereinbarkeit von Beruf und Privatleben sowie Gesundheit und Sicherheit,

c) Achtung der Menschenrechte, Grundfreiheiten, demokratischen Grundsätze und Standards, die in der Internationalen Charta der Menschenrechte und anderen grundlegenden Menschenrechtsübereinkommen der Vereinten Nationen, einschl. des UN-Übereinkommens über die Rechte von Menschen mit Behinderungen und der Erklärung der Vereinten Nationen über die Rechte der indigenen Völker, sowie in der Erklärung der Internationalen Arbeitsorganisation (IAO) über grundlegende Prinzipien und Rechte bei der Arbeit und den grundlegenden Übereinkommen der IAO, der Europäischen Konvention zum Schutz der Menschenrechte und Grundfreiheiten, der Europäischen Sozialcharta und der Charta der Grundrechte der EU festgelegt sind.

Die **Governance-Faktoren** betreffen: **16**

a) die Rolle der Verwaltungs-, Leitungs- und Aufsichtsorgane des Unternehmens im Zusammenhang mit Nachhaltigkeitsaspekten und ihre Zusammensetzung sowie ihr Fachwissen und ihre Fähigkeiten zur Wahrnehmung dieser Rolle oder ihr Zugang zu solchem Fachwissen und solchen Fähigkeiten,

b) die Hauptmerkmale der internen Kontroll- und Risikomanagementsysteme des Unternehmens in Bezug auf den Prozess der Nachhaltigkeitsberichterstattung und der Beschlussfassung,

c) Unternehmensethik und Unternehmenskultur, einschl. der Bekämpfung von Korruption und Bestechung, des Schutzes von Hinweisgebern und des Tierwohls,

d) Tätigkeiten und Verpflichtungen des Unternehmens im Zusammenhang mit der Ausübung seines politischen Einflusses, einschl. seiner Lobbytätigkeiten,

e) die Pflege und die Qualität der Beziehungen zu Kunden, Lieferanten und Gemeinschaften, die von den Tätigkeiten des Unternehmens betroffen sind, einschl. Zahlungspraktiken, insbes. in Bezug auf verspätete Zahlungen an kleine und mittlere Unternehmen.

Für alle zur Präzisierung vorgesehenen Faktoren gilt nach Art. 29b Abs. 3 der **17** Bilanz-RL, dass in den ESRS mit Blick auf den Zeitbezug die zukunfts- und vergangenheitsbezogenen sowie nach Art qualitative und quantitative Informationen, über die die Unternehmen ggf. Bericht zu erstatten haben, spezifiziert werden.

18   Besonders hervorgehoben wird in Art. 29b Abs. 5 Buchst. a) der Bilanz-RL die fortlaufende **internationale Kompatibilität** der ESRS. Die EU-Kommission ist nach Art. 29b Abs. 1 Unterabs. 6 der Bilanz-RL gehalten, die erlassenen delegierten Rechtsakte mind. alle drei Jahre nach deren Geltungsbeginn zu überprüfen und zu ändern, sofern insbes. Entwicklungen von internationalen Standards dies erfordern.

19   Bei den inhaltlichen Präzisierungen durch delegierte Rechtsakte ist nach Art. 29b Abs. 5 der Bilanz-RL eine Reihe von Nebenbedingungen in größtmöglichem Umfang zu beachten. Dies sind zunächst die Arbeit globaler Standardsetzungsinitiativen für die Nachhaltigkeitsberichterstattung, aber auch bestehende Standards und Rahmenwerke für die Naturkapitalbilanzierung, die Bilanzierung von Treibhausgasen, verantwortungsvolles unternehmerisches Handeln, soziale Verantwortung der Unternehmen sowie zur nachhaltigen Entwicklung. Zudem sind neben einer Reihe von anderen EU-Vorschriften insbes. die von anderen Finanzmarktteilnehmern benötigten Daten in der EU-Offenlegungsverordnung zu beachten.

20   Die delegierten Rechtsakte umfassen sog. **delegierte Verordnungen inkl. Anhängen**, die (ohne nationale Umsetzung) für die von der Berichtspflicht betroffenen Unternehmen **unmittelbar gelten**. Die direkte Geltungswirkung von delegierten Verordnungen bedingt auch, dass die verpflichtend anzuwendenden delegierten Rechtsakte grds. keiner verbindlichen Auslegung durch staatliche Stellen auf EU-Mitgliedstaatenebene zugänglich sind. Bei Zweifelsfragen zur Anwendung der EU-Vorschriften wird vielfach die EU-Kommission tätig, da ein mögliches Verfahren vor dem EuGH i.d.R. mit einer langen Verfahrensdauer verbunden wäre. Die letztliche Auslegung von EU-Recht obliegt nach Art. 19 EUV jedoch stets dem EuGH und nicht der EU-Kommission.[25] Mit Bezug auf die ESRS ist bereits konkret zu erkennen, dass die EU-Kommission zumindest ein großes Interesse an weiterführenden Praxishilfen und Klarstellungen hat. So forderte die zuständige EU-Kommissarin Mairead McGuinness im März 2023, dass die EFRAG sich zunächst prioritär mit der Ausarbeitung weiterführender Leitlinien zu den Themen des Set 1 der ESRS beschäftigt.[26] Dieser Aufforderung kam die EFRAG nach, indem bisher vier Erläuterungen zum Set 1[27] und drei sog. *Implementation Guidances* zu den

---

25   Siehe z.B. die Praxis der EU-Kommission zum Umgang mit Zweifelsfragen bei der EU-Umwelttaxonomie, wo die EU-Kommission, i.d.R. auf Grundlage von Vorarbeiten der Platform on Sustainable Finance, eigene Q&A-Dokumente herausgibt.

26   EU-Kommission, Opening address by Commissioner McGuinness at the launch of 2023 PwC CEO Report – Europe, https://ec.europa.eu/commission/presscorner/detail/en/SPEECH_23_1812, Abruf 1.8.2024.

27   EFRAG, ESRS Implementation Q&A Platform, Explanation 1/2024, Februar 2024; Explanation 2/2024, März 2024; Compilation of Explanation, Januar–Mai 2024; ESRS Q&A Platform, Compilation of Explanation, Januar–Juli 2024.

Themen Wesentlichkeitsanalyse, Angaben in der Wertschöpfungskette und ESRS-Datenpunkte veröffentlicht wurden.[28]

Mit Blick auf die Wahrung der Interessen von EU-Parlament und den EU-Mit-   21
gliedstaaten wird zunächst in Art. 29b Abs. 1 Unterabs. 7 der Bilanz-RL für die Annahme der ESRS als delegierte Rechtsakte eine frühzeitige Information über solche Vorhaben vorgesehen. Die EU-Kommission konsultiert mind. einmal jährlich in einem gemeinsamen Format das EU-Parlament sowie auf EU-Mit-gliedstaatenseite die Sachverständigengruppe für nachhaltiges Finanzwesen und den Regelungsausschuss für Rechnungslegung mit Blick auf das Arbeitspro-gramm zur Entwicklung der ESRS.

Weiterhin unterliegen die von der EU-Kommission erlassenen delegierten   22
Rechtsakte nach Art. 49 Abs. 5 der Bilanz-RL einer Einspruchsmöglichkeit durch das EU-Parlament oder den EU-Ministerrat. Nach Erlass durch die EU-Kommission, aber noch vor ihrem Inkrafttreten gibt es einen max. vier Monate andauernden Überprüfungszeitraum, in dem beide Institutionen je-weils dem Erlass widersprechen könnten.[29] Von einem solchen Einspruch wird in der bisherigen allgemeinen Praxis zum Erlass von delegierten Rechtsakten jedoch kaum Gebrauch gemacht.

Die Dauer der Befugnis zum Erlass delegierter Rechtsakte muss nach Art. 290   23
AEUV festgelegt sein. Gem. Art. 49 Abs. 2 Bilanz-RL wurde der EU-Kommis-sion mit dem Inkrafttreten der CSRD am 5.1.2023 das Recht eingeräumt, zunächst für fünf Jahre delegierte Rechtsakte zu den ESRS zu erlassen. Die Bilanz-RL geht von einer Verlängerung der Befugnis zum Erlass delegierter Rechtsakte aus, sofern das EU-Parlament oder der EU-Ministerrat nicht wider-spricht. Das EU-Parlament oder der EU-Ministerrat kann die Befugnis der EU-Kommission zum Erlass delegierter Rechtsakte nach Art. 49 Abs. 3 der Bilanz-RL aber auch jederzeit widerrufen.

3   EFRAG als fachliche Instanz zur Ausarbeitung der ESRS

Mittels der CSRD wird der EFRAG eine neue, nunmehr gesetzlich verankerte   24
Aufgabe zugewiesen. Sie hat die ESRS zu entwickeln und diese als fachlichen Ratschlag der EU-Kommission zu unterbreiten.

---

[28] EFRAG, ESRS implementation guidance documents, www.efrag.org/en/projects/esrs-imple mentation-guidance-documents, Abruf 1.8.2024.
[29] Siehe exemplarisch zu den Möglichkeiten von und Voraussetzungen für EU-Parlament und -Rat, formell Einspruch einzulegen, den IFRS Endorsement-Prozess, bei dem auch delegierte Rechts-akte verabschiedet werden; vgl. Lanfermann/Röhricht, BB 2008, S. 826 ff.

25   Zuvor betätigte sich die EFRAG als EU-Expertengremium ausschl. im Bereich der Finanzberichterstattung, das die EU-Kommission insbes. bei der Übernahme der International Financial Reporting Standards (IFRS) in Unionsrecht beraten hat. Ihre traditionellen Mitgliedsorganisationen, u.a. nationale Standardsetzer, wie das Deutsche Rechnungslegungs Standards Committee (DRSC), und europäische Dachverbände der Real- und Finanzwirtschaft, unterstützten hiermit die Entwicklung der IFRS zur Stärkung sowohl des EU- als auch der internationalen Kapitalmärkte. Im gesamtwirtschaftlichen Interesse der EU entwickelte die EFRAG bisher Positionen und Standpunkte zur Rechnungslegung und bringt diese in den IFRS-Standardsetzungsprozess und die internationale Debatte zur Fortentwicklung der Unternehmensberichterstattung ein.

26   Art. 49 der Bilanz-RL formuliert besondere Governance-Anforderungen an die EFRAG, damit die EU-Kommission die von der EFRAG erarbeiteten fachlichen Ratschläge nutzen kann. Dazu gehört ein **Due Process** zur Erarbeitung der fachlichen Ratschläge, d.h. ein einwandfreies Verfahren mit angemessener öffentlicher Aufsicht und Transparenz, bei dem auf das Fachwissen einschlägiger Interessenträger zurückgegriffen wird. Weiterhin ist die EFRAG mit ausreichenden öffentlichen Mitteln auszustatten, so dass ihre Unabhängigkeit gewährleistet ist. Das Arbeitsprogramm der EFRAG muss mit der EU-Kommission abgestimmt sein. Bei der Ausarbeitung von fachlichen Ratschlägen muss auch eine Kosten-Nutzen-Analyse, einschl. der Auswirkungen auf Nachhaltigkeitsaspekte erstellt werden. Schließlich hat die EFRAG sicherzustellen, dass die Mitwirkung an ihrer Facharbeit auf Fachwissen im Bereich der Nachhaltigkeitsberichterstattung beruht und nicht von einem finanziellen Beitrag abhängt.

27   Parallel zu den Arbeiten an einer grundlegenden Governance-Reform mit Blick auf die CSRD-Anforderungen fanden bei der EFRAG in den Jahren 2021 und 2022 bereits wichtige Vorarbeiten zur Erarbeitung der ESRS in einer besonderen Projektstruktur statt. Auf Grundlage einer Beauftragung durch die zuständige EU-Kommissarin Mairead McGuinness startete im Frühjahr 2021 eine Project Task Force on European Sustainability Reporting Standards (**EFRAG PTF-ESRS**)[30] mit konkreten Vorarbeiten.[31] Die EFRAG PTF-ESRS setzte sich aus freiwilligen Unterstützern aus verschiedenen EU-Mitgliedstaaten zusammen, und deren Tätigkeit lief angesichts der vollzogenen EFRAG-Reform Ende April 2022 aus.

---

[30] McGuinness, Brief v. 12.5.2021, (2021) 3446929, www.efrag.org/sites/default/files/sites/webpublis hing/SiteAssets/210512 %20Commissioner%20McGuinness%20to%20EFRAG%20on%20sus tainability.pdf, Abruf 1.8.2024.

[31] EFRAG, PTF-ESRS Batch 1 working papers – Cover note and next steps, www.efrag.org/sites/ default/files/sites/webpublishing/SiteAssets/Cover%20note%20for%20Batch%201 %20WPs.pdf, Abruf 1.8.2024.

Die Governance-Reform von EFRAG konnte im Frühjahr 2022 abgeschlossen **28** werden. Ende Januar 2022 wurde durch die Mitgliederversammlung der EFRAG (General Assembly) eine neue Organisations- und Governance-Struktur beschlossen und somit formal in Kraft gesetzt. Neben den althergebrachten Tätigkeiten im Bereich der Finanzberichterstattung wurde eine zweite Säule zur Nachhaltigkeitsberichterstattung etabliert.[32] Die neue Struktur soll die EFRAG in die Lage versetzen, die in der CSRD bzw. der geänderten Bilanz-RL festgelegte Beauftragung zur Entwicklung fachlicher Empfehlungen für die ESRS umzusetzen. Mit der neuen Struktur wird die für die Finanzberichterstattung bereits etablierte Säule des EFRAG-Tätigkeitsfelds für die neu hinzugekommenen Aktivitäten in Bezug auf die Nachhaltigkeitsberichterstattung de facto gespiegelt. Dazu wurden zwei neue fachbezogene Gremien eingerichtet, die **Sustainability Reporting Technical Expert Group** (SR TEG) und der **Sustainability Reporting Board** (SRB).

29

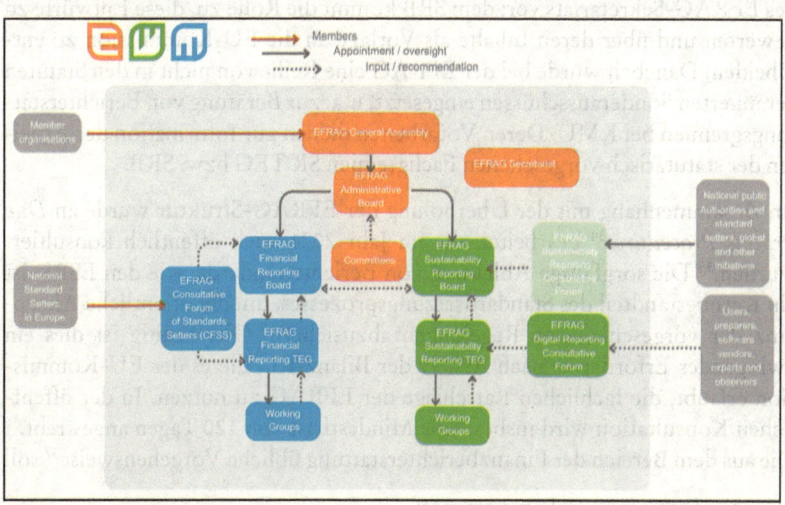

Abb. 1: EFRAG-Struktur[33]

Um dem breiteren Stakeholder-Spektrum der Nachhaltigkeitsberichterstattung **30** angemessen Rechnung zu tragen, wurde auch der Mitgliederkreis der EFRAG erweitert, insbes. um Organisationen der Zivilgesellschaft, Verbraucher, Gewerkschaften sowie der Wissenschaft.

---

32 EFRAG, Final Report on the ad personam mandate on potential need for changes to the governance and funding of EFRAG, März 2021, www.efrag.org/sites/default/files/sites/webpublishing/Site Assets/Jean-Paul%20Gauz%C3%A8s%20-%20Ad%20Personam%20Mandate%20-%20Final% 20Report%20-%2005-03-2021.pdf, Abruf 1.8.2024.

33 Siehe www.efrag.org/en/about-us/governance, Abruf 1.8.2024.

31   Als neues administratives Organ für die rechtliche Vertretung der EFRAG, einem Verein belgischen Rechts, wurde der **Administrative Board** geschaffen. Dieser verantwortet die Organisation, die Verwaltung, die Finanzen, den Due Process und die Auswahl von Gremienmitgliedern für die Facharbeit, z. T. mit Unterstützung durch Ausschüsse. Daneben ist der Administrative Board für den formalen Abschluss von Kooperationsvereinbarungen mit internationalen Standardsetzungsinitiativen zuständig, insbes. wenn diese Auswirkung auf die Finanzen und das Personal der EFRAG entfalten. Anders als die Technical Expert Groups und die Boards für die Finanz- und die Nachhaltigkeitsbericht-erstattung ist der Administrative Board nicht unmittelbar an fachlichen Aktivitäten oder Positionen beteiligt.

32   Die fachlichen Arbeiten zur Nachhaltigkeitsberichterstattung fokussieren sich in der neuen EFRAG-Struktur auf den **SRB** und die **SR TEG**. Nach den EFRAG-Statuten bereitet die SR TEG die ESRS-Entwürfe unter Zuhilfenahme des EFRAG-Sekretariats vor; dem SRB kommt die Rolle zu, diese Entwürfe zu bewerten und über deren Inhalte als Vorlage an die EU-Kommission zu entscheiden. Daneben wurde bei der EFRAG eine Reihe von nicht in den Statuten verankerten Sonderausschüssen eingesetzt, u. a. zur Beratung von Berichterstattungsgremien bei KMU. Deren Vorarbeiten dienen zur Information der Arbeiten der statutarisch vorgesehenen Fachgremien SR TEG bzw. SRB.

33   Im Zusammenhang mit der Überholung der EFRAG-Struktur wurde an *Due Process Procedures*[34] gearbeitet, die im Jahr 2021 auch öffentlich konsultiert wurden.[35] Die sorgfältige Ableitung von Berichtsstandards, wie den ESRS, ist ein Kernbestandteil des Standardsetzungsprozesses, um die öffentliche Akzeptanz der vorgeschlagenen Regelungen abzusichern. Gleichzeitig ist dies ein zwingendes Erfordernis nach Art. 49 der Bilanz-RL, die es der EU-Kommission erlaubt, die fachlichen Ratschläge der EFRAG zu nutzen. In der öffentlichen Konsultation wird insbes. eine Mindestfrist von 120 Tagen angestrebt.[36] Die aus dem Bereich der Finanzberichterstattung übliche Vorgehensweise[37] soll

---

[34] Siehe weiterführend www.efrag.org/sites/default/files/sites/webpublishing/SiteAssets/EFRAG%20Due%20Process%20Procedures%20-%20Approved%20by%20GA%2015-03-2022.pdf, Abruf 1.8.2024.

[35] EFRAG, EFRAG's public consultation paper: Due Process Procedures for EU Sustainability Reporting Standard-Setting, Stand: 16.6.2021, www.efrag.org/en/news-and-calendar/news/efrag-public-consultation-due-process-procedures-on-eu-sustainability-reporting-standardsetting, Abruf 1.8.2024.

[36] Diese vorgesehene Mindestfrist konnte bei der Konsultation des Set 1 im Sommer 2022 wegen der knappen zeitlichen Vorgaben der CSRD nicht vollständig eingehalten werden, wurde aber letztlich vom Due Process Ausschuss des Administrative Board pragmatisch gebilligt.

[37] Siehe bspw. IFRS Foundation, Due Process Handbook, August 2020, www.ifrs.org/content/dam/ifrs/about-us/legal-and-governance/constitution-docs/due-process-handbook-2020.pdf, Abruf 1.8.2024; vgl. auch Lüdenbach/Hoffmann/Freiberg, Haufe IFRS-Kommentar, 22. Aufl., 2024, § 1 Rz 55.

somit auch im Bereich der Erarbeitung der ESRS Anwendung finden. Die Einhaltung der *Due Process Procedures* in der ESRS-Erarbeitung wird durch einen besonderen Ausschuss des Administrative Board überwacht.

Neben der Erarbeitung der ESRS ließ die EU-Kommission ein großes Interesse an weiterführenden Praxishilfen und Klarstellungen zu möglichen Zweifelsfragen erkennen. In der Folge stellen **Implementierungshilfen zum Set 1** einen Schwerpunkt der EFRAG-Aktivitäten im Bereich der Nachhaltigkeitsberichterstattung dar. Diese Implementierungshilfen gelten als unverbindliche Empfehlungen für die Umsetzung der ESRS-Anforderungen, wobei die EU-Kommission selbst rechtsverbindliche Auslegungen bzw. Überarbeitungen der ESRS vornehmen kann. Mit der ESRS Q&A-Plattform[38] hat die EFRAG einen Mechanismus zur strukturierten Behandlung von Zweifelsfragen etabliert, der allen Stakeholdern offensteht. Über die Q&A-Plattform sollen diese Zweifelsfragen gesammelt, kategorisiert und anschließend in Form von Klarstellungen und anderen Verlautbarungen durch die EFRAG-Fachgremien beantwortet werden.

34

Eingaben an die ESRS Q&A-Plattform werden in einem ersten Schritt durch das EFRAG-Sekretariat gesammelt und in Vorbereitung auf die nächste SRB-Sitzung vorläufig kategorisiert. Darüber hinaus werden die Eingaben bereits vor der Befassung durch den SRB in anonymisierter Form über ein regelmäßig aktualisiertes Fragenprotokoll veröffentlicht, in welchem u. a. die konkrete Fragestellung, der Bearbeitungsstand sowie die (vorläufige) Kategorisierung dokumentiert sind. Die Kategorisierung der Eingaben durch das EFRAG-Sekretariat erfolgt sowohl im Hinblick auf die angesprochenen Nachhaltigkeitsthemen gem. ESRS (Querschnittsthemen, Umwelt, Soziales oder Governance) als auch die Art der Fragestellung (*Explanations, Rejections, Implementation Guidance, Amendments* oder *Out-of-Scope* ESRS/EFRAG). Letzteres entscheidet maßgeblich über die weitere inhaltliche Behandlung durch die EFRAG-Fachgremien. Die vorläufigen Kategorisierungen werden dem SRB im Anschluss übermittelt und zur Befassung in öffentlichen Sitzungen vorgelegt. Entsprechende SRB-Sitzungen sollen mind. zweimal pro Monat stattfinden. Eingaben, bei denen der SRB der vorläufigen Kategorisierung des EFRAG-Sekretariats zustimmt, werden der SR TEG mit Möglichkeit zur schriftlichen Stellungnahme übermittelt. Eingaben, bei denen mind. ein SRB-Mitglied dieser Kategorisierung nicht zustimmt, sollen weiter in öffentlichen Sitzungen diskutiert werden, bis eine Einigung erzielt werden kann, und anschließend ebenfalls an die SR TEG übergeben werden. Falls daraufhin innerhalb einer Woche keine entsprechende Rückmeldung zu den Kategorisierungen erfolgt, wird dies als stille Zustimmung durch die SR TEG betrachtet und

35

---

[38] EFRAG, ESRS Q&A Platform, www.efrag.org/en/projects/efrag-esrs-qa-platform/monitoring, Abruf 1.8.2024.

die EU-Kommission über die endgültige Kategorisierung durch die EFRAG informiert. Die Eingaben werden im Anschluss – abhängig von der Art der Fragestellung – zur inhaltlichen Behandlung in die EFRAG-Fachgremien gegeben. Im Fall schriftlicher Einwände der SR TEG sollen diese noch vor der inhaltlichen Behandlung der Eingaben in der nächsten öffentlichen SRB-Sitzung erörtert werden. Nach erfolgter inhaltlicher Behandlung sollen die Eingaben in Form von Klarstellungen und anderen Verlautbarungen durch die EFRAG-Fachgremien beantwortet und entsprechend kommuniziert werden. Hier ist zu beachten, dass sich die EU-Kommission den gesamten Q&A-Prozess über das Recht vorbehält, Eingaben zum Zweck der verbindlichen Auslegung der ESRS an sich zu ziehen.[39]

36 Die inhaltliche Behandlung von Eingaben durch die EFRAG-Fachgremien erfolgt in Form von sog. *Explanations, Rejections, Implementation Guidances* oder *Amendments.*

- *Explanations* sollen der Klarstellung eng abgegrenzter Fragestellungen dienen, bei denen die Inhalte der ESRS bereits eine angemessene Antwort vorgeben. In der Folge sollen sich die entsprechenden Erläuterungen darauf beschränken, wo in den ESRS die Inhalte zu finden sind und wie man sich in den ESRS zurechtfindet.

- *Rejections* beziehen sich i. d. R. ebenfalls auf eng abgegrenzte Fragestellungen, betreffen jedoch Fälle, die für eine weitere inhaltliche Behandlung durch die EFRAG-Fachgremien nicht infrage kommen. Dies wäre z. B. dann der Fall, wenn (i) die Fragestellung im Hinblick auf die ESRS-Anwendung nicht von allgemeinem Interesse ist, (ii) zu weit gefasst ist, um effektiv beantwortet werden zu können, (iii) der Inhalt der Eingabe unverständlich ist oder (iv) die Fragestellung in ähnlicher Form schon eingereicht bzw. beantwortet wurde. Bei Letzterem scheint die EFRAG einem „First come, first serve“-Prinzip zu folgen.

- *Implementation Guidances* sollen zur Beantwortung von komplexeren Fragestellungen herangezogen werden. Damit sollen solche Fälle erfasst werden, in denen die Inhalte der ESRS bestimmte Sachverhalte nicht hinreichend adressieren, Leitlinien und erläuternde Beispiele aber veranschaulichen können, wie i. S. d. ESRS zu berichten ist. Bedingung dafür ist jedoch, dass solche Sachverhalte i. R. d. bestehenden ESRS-Anforderungen behandelt werden können und keine Notwendigkeit für eine Überarbeitung bzw. Schaffung neuer ESRS besteht. *Implementation Guidances* können entweder als eigenständige Anwendungsleitlinien oder Ergänzungen zu bestehenden Dokumenten veröffentlicht werden. In beiden Fällen soll die fachliche Ausarbei-

---

[39] EFRAG, Sustainability Reporting Board Meeting v. 11.10.2023, Sitzungsunterlage 08.01, Rn. 3, www.efrag.org/Meetings/2302241029050867/EFRAG-SRB-Meeting-11-October-2023, Abruf 1.8.2024.

tung unter Einbindung von SR TEG und SRB grds. nicht von den regulären Verfahrensabläufen der EFRAG für Standardsetzungsaktivitäten abweichen. Dies bedeutet auch, dass entsprechende Entwürfe auf der EFRAG-Website veröffentlicht und mit einer Frist von mind. einem Monat öffentlich konsultiert werden müssen. Dabei ist zu beachten, dass die EFRAG auch aus eigenem Antrieb bzw. unabhängig von den Eingaben über die Q&A-Plattform *Implementation Guidances* zu allen Nachhaltigkeitshemen gem. ESRS erarbeiten kann.

• *Amendments* betreffen dagegen Sachverhalte, die nicht i.R.d. bestehenden ESRS-Anforderungen behandelt werden können und weitere Standardsetzungsaktivitäten erfordern. Dies kann die Überarbeitung bereits angenommener ESRS wie auch die Erarbeitung neuer ESRS erfordern. In der Folge soll die technische Ausarbeitung durch die SR TEG und den SRB auch hier nicht von den regulären Verfahrensabläufen der EFRAG für die Standardsetzung abweichen. Vor der Übergabe als fachlicher Ratschlag an die EU-Kommission müssen entsprechende ESRS-Entwürfe daher öffentlich konsultiert werden. Anschließend obliegt es abermals der EU-Kommission, diesen fachlichen Ratschlag über einen delegierten Rechtsakt formell anzunehmen.

Bei Eingaben, die von der EFRAG der Kategorie *Out-of-Scope* ESRS/EFRAG zugeordnet werden, erfolgt keine weitere inhaltliche Behandlung in den EFRAG-Fachgremien. Dies entspricht vom Charakter her dem Vorgehen bei *Rejections*, allerdings werden die Eingaben in diesem Fall in einem formellen Verfahren an die EU-Kommission weitergeleitet. Damit sollen z.B. solche Fragestellungen erfasst werden, die eine Auslegung der CSRD oder anderer EU-Vorschriften erfordern und damit nicht in den Kompetenzbereich der EFRAG fallen. Die EU-Kommission behält sich über den gesamten Q&A-Prozess das Recht vor, eine letztinstanzliche Entscheidung darüber zu treffen, ob Eingaben zum Zwecke der verbindlichen Auslegung der ESRS in die Kategorie *Out-of-Scope* ESRS/EFRAG eingeordnet bzw. verschoben werden sollen.

Zu den Praxishilfen gehört auch eine Abstimmung mit anderen (internationalen) Standardsetzungsgremien. So veröffentlichten der ISSB und die EFRAG am 2.5.2024 die **„ESRS-ISSB Standards Interoperability Guidance"**.[40] Der auch als *„educational material"* bezeichnete Leitfaden ist das Ergebnis gemeinsamer Anstrengungen von EFRAG und ISSB und veranschaulicht ein hohes Maß an Übereinstimmung zwischen den IFRS Sustainability Disclosure Standards (IFRS SDS) und den ESRS. Er zeigt außerdem, wie Unternehmen beide

37

---

[40] EFRAG, IFRS Foundation and EFRAG publish Interoperability Guidance, www.efrag.org/News/Public-515/IFRS-Foundation-and-EFRAG-publish-interoperability-guidance, Abruf 1.8.2024.

Standards anwenden können, einschl. einer detaillierten Analyse der Angleichung bei den klimabezogenen Angaben (→ § 2 Rz 30 ff.).

38 Das DRSC vertritt die deutschen Interessen in der EFRAG. Als eines der
tragenden EFRAG-Mitglieder hat sich das DRSC mit Verwaltungsrats-
beschluss vom 29.11.2021 zur neuen zweigliedrigen EFRAG-Struktur bekannt.
Damit verbunden sind zusätzliche finanzielle Zusagen.[41] Als großer nationaler
Standardsetzer ist das DRSC – wie auch andere große nationale Standardsetzer
aus Frankreich, Italien und Spanien – im Bereich sowohl der Finanz- als auch
Nachhaltigkeitsberichterstattung tätig und ist folglich in allen relevanten
EFRAG-Gremien weiterhin durch dauerhafte Sitze vertreten. Dazu zählen
neben der bereits bestehenden Technical Expert Group zur Finanzbericht-
erstattung und dem Board zur Finanzberichterstattung seither zusätzlich die
SR TEG, der SRB sowie der Administrative Board.

4 Ausarbeitungsprozess zu Set 1 der ESRS und dessen Annahme als delegierter Rechtsakt

39 Im Herbst 2021 stellte die EFRAG PTF-ESRS noch während der Projektphase
einen Prototyp zur Klimaberichterstattung vor. Wegen des Umfangs und der
Komplexität der angestrebten Angabepflichten erfuhr dieser erhebliche Kritik.
Im Frühjahr 2022 veröffentlichte die EFRAG PTF-ESRS in kurzer Folge sog.
ESRS Working Paper, um einen Einblick in die beabsichtigte Struktur und die
vorgesehenen Inhalte der ESRS zu geben. Insgesamt wurden 24 ESRS Working
Paper mit über 200 Angabepflichten veröffentlicht. Auch wenn diese ausdrück-
lich nicht als Konsultationsentwürfe verstanden werden sollten, wurden aus
einzelnen EU-Mitgliedstaaten Bedenken hinsichtlich des Umfangs und der
Komplexität dieser ESRS Working Paper geäußert.

40 Ende April 2022 veröffentlichte die EFRAG PTF-ESRS zum Abschluss ihrer
Tätigkeit die ESRS-Konsultationsentwürfe.[42] Mittels eines umfangreichen Fra-
gebogens wurden von den Stakeholdern detaillierte Einschätzungen zu den
ESRS-Konsultationsentwürfen erhoben. Teilw. wurden auch andere Arten der
Stellungnahme genutzt. Es gingen gut 750 Stellungnahmen bei der EFRAG ein.
Da das Mandat der EFRAG PTF-ESRS Ende April 2022 endete, übernahm die
mittlerweile etablierte neue EFRAG-Gremienstruktur die laufenden Arbeiten.

---

[41] Siehe weiterführend DRSC, Deutscher Funding Mechanismus zur Finanzierung der Beiträge zu
europäischen und internationalen Standardisierungsgremien, Februar 2022, www.drsc.de/app/
uploads/2022/03/220217_Deutscher_Funding_Mechanismus-1.pdf, Abruf 1.8.2024.
[42] EFRAG, ESRS exposure drafts (April 2022), www.efrag.org/en/sustainability-reporting/esrs/
sector-agnostic/public-consultation-on-the-first-set-of-draft-esrs, Abruf 1.8.2024.

Am 22.11.2022 hatte der SRB das Set 1 bestehend aus zwölf sektorübergreifen- **41**
den ESRS-Entwürfen als fachlichen Ratschlag an die EU-Kommission übermittelt. Unter Verwendung der Ergebnisse der 750 Stellungnahmen hatte der
SRB im Vergleich zu den vorherigen Konsultationsentwürfen wesentliche
Nachbesserungen vorgenommen.[43] Diese beinhalteten zunächst eine bessere
Vereinbarkeit mit Arbeiten anderer internationaler Standardsetzer zur Nachhaltigkeitsberichterstattung, insbes. dem ISSB. Weiterhin wurde der Wesentlichkeitsbestimmung durch Unternehmen eine höhere Bedeutung eingeräumt.
Schließlich wurden Berichtspflichten signifikant reduziert, um einem überbor-
denden Erfüllungsaufwand für die Unternehmen ohne erkennbaren Informationsnutzen entgegenzuwirken.

Die EU-Kommission hatte im Anschluss die von der EFRAG erarbeiteten **42**
ESRS-Entwürfe mit diversen EU-Institutionen und EU-Mitgliedstaaten konsultiert. Von höherer politischer Ebene in der EU-Kommission kamen unter
dem Eindruck des *US Inflation Reduction Act* noch während der Finalisierungs-
phase des Set 1 weitere Vorstöße zum Abbau von Bürokratielasten für EU-
Unternehmen. Am 15.3.2023 hatte Kommissionspräsidentin Ursula von der
Leyen noch vor der abschließenden Konsultation des Set 1 durch die EU-Kommission in einer Rede im EU-Parlament[44] eine weitere Reduktion von Berichtspflichten um 25 % gefordert.

Am 5.6.2023 begann die abschließende Konsultation eines delegierten Rechtsakts **43**
zum Set 1 durch die EU-Kommission. Nach Abschluss einer vierwöchigen Kon-
sultationsfrist wurde das finale Set 1 am 31.7.2023 formal als delegierter Rechtsakt
angenommen und am 22.12.2023 im EU-Amtsblatt veröffentlicht.[45] Bereits der
Konsultationsentwurf des delegierten Rechtsakts wies einige wesentliche Unterschiede zum im November 2022 von der EFRAG ausgearbeiteten Set 1 auf. Als
erste wesentliche Änderung wurden grds. sämtliche Informationsanforderungen
der zehn themenspezifischen ESRS einer Wesentlichkeitsanalyse durch das berichtende Unternehmen unterworfen. Weiterhin sah der Konsultationsentwurf
anfängliche Erleichterungen für Unternehmen mit weniger als 750 Mitarbeitern
vor. Gerade die Betonung der Wesentlichkeitsanalyse führte dazu, dass nach dem
Konsultationsentwurf die zuvor etwa 400 verpflichtenden Datenpunkte grds. nun
einer individuellen Wesentlichkeitsanalyse durch das berichtende Unternehmen
unterzogen werden sollten. Dies schloss die bisher verpflichtenden Angaben zu
ESRS E1, bestimmten Angaben in den Sozialstandards als auch von anderen

---

43 DRSC, EFRAG Consultation on European Sustainability Reporting Standards, www.drsc.de/
app/uploads/2022/08/220806_CL_ASCG_EFRAG_ESRS.pdf, Abruf 1.8.2024.
44 EU-Kommission, Speech by President von der Leyen at the European Parliament Plenary on the
preparation of the European Council meeting of 23–24 March 2023, https://ec.europa.eu/com
mission/presscorner/detail/en/SPEECH_23_1672, Abruf 1.8.2024.
45 Delegierte Verordnung (EU) 2023/2772, ABl. EU L v. 22.12.2023, S. 1 ff.

Finanzmarktteilnehmern benötigte Angaben zu Abfragen im Zusammenhang mit der EU-Offenlegungsverordnung ein.

44 Diese Ausrichtung war nicht unumstritten, was die 600 Rückmeldungen zum Konsultationsentwurf gezeigt haben. Angesichts der Ergebnisse der öffentlichen Konsultation hat die EU-Kommission die **Betonung der Wesentlichkeitsanalyse** durch die Unternehmen nochmals **feinjustiert**. Dazu gehört, dass mit Bezug auf die umweltbezogenen Standards (ESRS E1–ESRS E5) oder ESRS G1 („Unternehmensführung") sämtliche Angabepflichten und Datenpunkte in Bezug auf ESRS 2 IRO-1 („Beschreibung des Verfahrens zur Ermittlung und Bewertung der wesentlichen Auswirkungen, Risiken und Chancen") unabhängig von der Wesentlichkeitsanalyse des Unternehmens verpflichtend sind. Ergibt die unternehmensspezifische Wesentlichkeitsanalyse, dass das Thema „Klima" nicht wesentlich ist, und unterbleibt aus diesem Grund die Berichterstattung gem. ESRS E1, muss das berichtende Unternehmen u. a. eine ausführliche Erläuterung der Ergebnisse seiner Wesentlichkeitsanalyse zu diesem Thema offenlegen. Bzgl. der Angabepflichten im Zusammenhang mit der EU-Offenlegungsverordnung und anderen EU-Vorschriften gem. ESRS 2 gilt weiterhin, dass die entsprechenden Datenpunkte grds. dem Wesentlichkeitsvorbehalt unterliegen. Allerdings ist lt. ESRS 1 nunmehr explizit anzugeben, dass die betreffenden Informationen „nicht wesentlich" sind (→ § 3 Rz 98).

5   ESRS: Set 1 im Überblick

45 Die zwölf sektorübergreifenden ESRS umfassen zunächst zwei ESRS zu themenübergreifenden Prinzipien und Angaben, sog. „Cross-cutting Standards". Die zehn themenspezifischen ESRS lassen sich grob in Umwelt-, Sozial- und Governance-Aspekte unterteilen (→ § 3 Rz 3 ff.).

46

Übergreifende Standards		
ESRS 1 – Allgemeine Anforderungen		**ESRS 2 – Allgemeine Angaben**
Themenspezifische, sektorübergreifende Standards		
Environment (E)	**Social (S)**	**Governance (G)**
• ESRS E1 – Klimaschutz • ESRS E2 – Umweltverschmutzung • ESRS E3 – Wasser- und Meeresressourcen • ESRS E4 – Biologische Vielfalt und Ökosysteme • ESRS E5 – Kreislaufwirtschaft	• ESRS S1 – Arbeitskräfte des Unternehmens • ESRS S2 – Arbeitskräfte in der Wertschöpfungskette • ESRS S3 – Betroffene Gemeinschaften • ESRS S4 – Verbraucher und Endnutzer	• ESRS G1 – Unternehmensführung

Abb. 2: Übersicht zu den zwölf ESRS gem. delegiertem Rechtsakt

Übergeordnetes Ziel der ESRS ist es, unter Anwendung des Prinzips der **doppel-**   47
ten Wesentlichkeit über die Auswirkungen der Unternehmenstätigkeiten sowie
über die daraus entstehenden Chancen und Risiken für das Unternehmen Bericht
zu erstatten. Das Verständnis von doppelter Wesentlichkeit wird insbes. in den
übergreifenden ESRS 1 „Allgemeine Anforderungen" und ESRS 2 „Allgemeine
Angaben" thematisiert. Bei einer Wesentlichkeitsanalyse sollen die vielfältigen
Angabepflichten in den themenbezogenen ESRS darauf überprüft werden, ob
diese für das berichtende Unternehmen einschlägig sind. Jedoch ist zu beachten,
dass die Angabepflichten durch die sog. **Anwendungsanforderungen** (*Application Requirements*) präzisiert und erweitert werden. Zudem wird die Wesentlichkeitsanalyse der Unternehmen einerseits durch eine schematisch aufbereitete
Vorgehensweise (ESRS 1, App. E), andererseits durch eine Auflistung der in den
themenbezogenen ESRS behandelten Nachhaltigkeitsaspekte ergänzt. Die themenbezogenen ESRS decken Nachhaltigkeitsaspekte ab, die in Themen, Unterthemen und Unter-Unterthemen gegliedert sind (ESRS 1.AR16).

Die Grundsätze für die Erstellung von Nachhaltigkeitsberichten werden in **ESRS 1**   48
(→ § 3) dargelegt. Darin verankert ist auch das wichtige Prinzip der doppelten
Wesentlichkeit. Danach ist über Nachhaltigkeitsthemen zu berichten, bei denen die
Unternehmenstätigkeit entweder wesentliche Auswirkungen auf Menschen und
Umwelt („*impact materiality*") oder wesentliche finanzielle Auswirkungen hat
(„*financial materiality*"). Als weiterer wichtiger Grundsatz ist in ESRS 1 die Erweiterung der Unternehmensberichterstattung auf die Wertschöpfungskette des Unternehmens ausgeführt. Nachhaltigkeitsinformationen müssen demnach auch die Auswirkungen aufgrund von vor- oder nachgelagerten (direkt oder indirekt mit dem
Unternehmen verbundenen) wirtschaftlichen Tätigkeiten umfassen. Um nicht notwendigerweise alle Unternehmen der Wertschöpfungskette zu berücksichtigen,
wird die Identifikation wesentlicher Informationen aus der Wertschöpfungskette
und die Beurteilung der einzubeziehenden Unternehmen auf der Grundlage eines
risikobasierten Ansatzes vorgeschrieben. ESRS 1 geht auch darauf ein, dass die
Nachhaltigkeitsinformationen in einem abgeschlossenen Abschnitt des (Kon-
zern-)Lageberichts darzustellen sind, welcher in der deutschen Sprachfassung des
Set 1 als Nachhaltigkeitserklärung bezeichnet wird (Anhang II Tab. 2 des delegierten
Rechtsaktes zum Set 1), jedoch sowohl in der CSRD (Art. 2 Nr. 18 der Bilanz-RL)
als auch im Regierungsentwurf zur Umsetzung der CSRD als Nachhaltigkeitsbericht (→ § 3 Rz 151). Um dennoch dem Umstand Rechnung zu tragen, dass
Nachhaltigkeitsinformationen auch anderweitig Gegenstand der Unternehmensberichterstattung sind, ist die Möglichkeit von **Referenzierungen** vorgesehen („*incorporation by reference*"). So kann auf bestimmte andere, klar abgrenzbare Bestandteile der Unternehmensberichterstattung referenziert werden, wenn diese zeitgleich
mit dem Nachhaltigkeitsbericht erscheinen, ebenfalls mind. einer prüferischen
Durchsicht unterzogen wurden und den gleichen Anforderungen an die Digitalisierung von Informationen entsprechen. Referenzierungen sind somit nicht nur auf

andere Abschnitte im (Konzern-)Lagebericht, sondern auch auf den Konzernabschluss/Jahresabschluss, den ggf. separat erstellten Corporate Governance Report oder den Vergütungsbericht denkbar. Damit wird in gewissem Umfang auch dem Wunsch nach einer integrierten Nachhaltigkeitsberichterstattung entsprochen.

49   **ESRS 2** (→ § 4) kommt eine besondere Bedeutung zu, da die enthaltenen Angabepflichten unabhängig von einer unternehmensspezifischen Wesentlichkeitsanalyse von allen Unternehmen stets zu erfüllen sind. Diese umfassen z.b. Angaben zur Governance des Unternehmens wie etwa zur Struktur, Zusammensetzung und Aufgabenverteilung von Vorstand und Aufsichtsrat. Dadurch soll verständlich werden, durch wen, wie und wann Nachhaltigkeitsthemen auf oberster Unternehmensebene diskutiert und entschieden werden. Zudem sind bspw. Angaben zur Strategie des Unternehmens erforderlich, die neben einer allgemeinen Darstellung des Geschäftsmodells und Einordnung in den Markt auch Informationen darüber enthalten, wie die Interessen und Ansichten von Stakeholdern durch das Unternehmen berücksichtigt werden. Ebenso muss jedes Unternehmen den Prozess zur Wesentlichkeitsbeurteilung von Nachhaltigkeitsthemen beschreiben. Die Angabepflichten, etwa zu Konzepten (*„policies"*), Maßnahmen (*„actions"*) und Mitteln (*„resources"*) oder konkreten Kennzahlen und Zielen, sind ggf. im Zusammenhang mit den themenspezifischen Angabepflichten zu sehen.

50   Durch diese Struktur setzen die übergreifenden ESRS 1 und ESRS 2 einen Rahmen für die Nachhaltigkeitsberichterstattung der Unternehmen. Gleichzeitig schaffen sie die Verbindung zu den konkreten, in den themenspezifischen ESRS definierten Angabepflichten.

51   **ESRS E1** „Klimawandel" (→ § 6) adressiert die Themen Anpassung an den Klimawandel, Klimaschutz und Energie. Für einen Teil der Angabepflichten enthält die CSRD bereits konkrete Vorgaben: So ist z.b. anzugeben, wie Unternehmen ihre Geschäftsmodelle und Strategien in Einklang mit den Zielen des Pariser Klimaabkommens und des Europäischen Klimagesetzes, d.h. Klimaneutralität bis zum Jahr 2050 in der EU, bringen. Dies umfasst die Berichterstattung über entsprechende Investitions- und Finanzierungspläne, die wesentlichen Hebel zur Dekarbonisierung (z.B. Auswahl emissionsarmer Lieferanten) und über Emissionsmengen, die durch bereits getroffene Entscheidungen fixiert worden sind (*„locked-in emissions"*). Zu den zentralen Kennzahlen gehören u.a. die Treibhausgasemissionen (Scope 1, 2 und 3), der Energieverbrauch und Intensitätsindikatoren.

52   In **ESRS E2** „Umweltverschmutzung" (→ § 7) werden Angabepflichten zu Konzepten, Maßnahmen, Mitteln, Kennzahlen und Zielen bzgl. Luftverschmutzung, Wasser- bzw. Bodenverunreinigung sowie besorgniserregender und besonders besorgniserregender Stoffe behandelt. Die anzugebenden Kennzahlen umfassen u.a. Angaben zu Schadstoffemissionen und zu besorgniserregenden Substanzen, darunter z.B. Schwefeldioxide, Stickoxide, Nitrate, Pestizide.

Die Themen Wasserentnahmen und Wasserverbrauch werden mit **ESRS E3** „Was- 53
ser- und Meeresressourcen" (→ § 8) abgedeckt. Konkret sollen Unternehmen über
ihre Konzepte, Maßnahmen, Mittel, Kennzahlen und Ziele zur Wassernutzung, zur
Wassereinleitung in Gewässer und Meere sowie zur Erhaltung von Lebensräumen
und zur Vermeidung der Belastung von Meeresressourcen berichten. Dazu gehören
u. a. Angaben über das Management bzgl. der Wassernutzung allgemein und über
mögliche Selbstverpflichtungen, den Wasserverbrauch in Gebieten mit hohem
Wasserstress zu reduzieren. Über Standorte in solchen Gebieten ist zudem zu
informieren, wenn diese nicht von einem Konzept erfasst sind.

ESRS E4 „Biologische Vielfalt und Ökosysteme" (→ § 9) behandelt den Ein- 54
fluss des Unternehmens auf den Verlust der biologischen Vielfalt (u. a. die
Unterthemen Landnutzungsänderungen, invasive Arten, Verschmutzung), die
Einflussfaktoren auf den Zustand der Arten (u. a. das Unterthema Risiko des
globalen Artensterbens) sowie die Interaktion des Unternehmens mit Ökosystemleistungen. Bspw. soll darüber berichtet werden, wie sich Unternehmen am
Konzept der Erhaltung planetarer Grenzen orientieren oder dies zukünftig tun
wollen und welche konkreten Maßnahmen dazu ergriffen werden.

Im Fokus des **ESRS E5** „Ressourcennutzung und Kreislaufwirtschaft" (→ § 10) 55
stehen der Zufluss, die Nutzung und der Abfluss von Rohstoffen bezogen auf
Produkte und Dienstleistungen des Unternehmens sowie das Thema Abfall
allgemein. Unternehmen sollen u. a. darüber Auskunft geben, welchen Beitrag
sie zur Reduktion der Nutzung natürlicher, nicht erneuerbarer Ressourcen, zur
regenerativen Erzeugung erneuerbarer Ressourcen sowie zur Regenerierung
der Ökosysteme leisten. Hierzu gehören auch Kennzahlen zu genutzten Roh-
stoff- und Abfallmengen sowie zu Produkten des Unternehmens, die nach
Grundsätzen der Kreislaufwirtschaft entwickelt wurden.

Die Sozial-ESRS behandeln zum einen Arbeitnehmerbelange (ESRS S1 „Arbeits- 56
kräfte des Unternehmens" und ESRS S2 „Arbeitskräfte in der Wertschöpfungskette"; → §§ 12 und 13), zum anderen die Belange betroffener Gemeinschaften
(ESRS S3 „Betroffene Gemeinschaften"; → § 14) und Kundenbelange (ESRS S4
„Verbraucher und Endnutzer"; → § 15).

ESRS S1 und ESRS S2 fordern verschiedene Angaben zu den Themen Arbeits- 57
bedingungen, Gleichbehandlung, Kinder- und Zwangsarbeit. Der mit insgesamt 17 Angabepflichten umfangreichste **ESRS S1** fordert außerdem die
Angabe zahlreicher Kennzahlen, z. B. zur Struktur der eigenen Arbeitskräfte
und der Fremdarbeitskräfte, zu Tarifbindung, Diversität, Angemessenheit der
Vergütung, Gesundheit und Arbeitsplatzsicherheit (z. B. Anzahl Arbeitsunfälle), Menschenrechtsverstößen etc. **ESRS S2** fokussiert sich inhaltlich auf Angaben über die Einbindung von Arbeitskräften in der Wertschöpfungskette, in

die Ausgestaltung der Strategie und des Geschäftsmodells inkl. der hinterlegten Prozesse und Maßnahmen bzgl. sozialer Risiken.

58   **ESRS S3** adressiert betroffene Bevölkerungsgruppen hinsichtlich wirtschaftlicher, sozialer und kultureller Rechte (z. B. Zugang zu Nahrungsmitteln) sowie gesellschaftlicher und politischer Rechte (z. B. Recht auf freie Meinungsäußerung). Insbes. wird auf die Rechte indigener Völker Bezug genommen.

59   **ESRS S4** enthält Angabepflichten zu informationsbezogenen Auswirkungen für Verbraucher bzw. Endnutzer, zur Verbrauchersicherheit und zum Zugang zu Produkten und Leistungen. Die Angabepflichten betreffen u. a. eine Beschreibung der Kundengruppen, die auf genaue und zugängliche produktbezogene Informationen angewiesen sind.

60   Governance-bezogene Informationen sind zum einen als Mindestangabepflichten in ESRS 2 definiert, die sich zunächst nur auf die Nachhaltigkeitsaspekte der Governance beziehen. Neben den Anforderungen des ESRS 2 (GOV-1 bis GOV-5) finden sich in **ESRS G1** „Unternehmensführung" Angabepflichten zum Geschäftsgebaren. Diese adressieren bspw. unternehmerische Vorgaben zur Vermeidung und ggf. Aufdeckung von Korruption und Bestechung oder Angaben zu politischer Einflussnahme und Lobbying sowie zu Zahlungsbedingungen, die insbes. für kleine und mittelständische Lieferanten gelten.

61   Tab. 2 umreißt den Inhalt und Umfang der Angabepflichten des Set 1:

ESRS	82 Angabepflichten
ESRS 1 „Allgemeine Anforderungen"	Allgemeine Anforderungen zum Aufbau der ESRS, zu Formulierungsgrundsätzen und bzgl. der zugrunde liegenden Konzepte sowie der allgemeinen Anforderungen an die Erstellung und Darstellung von Nachhaltigkeitsinformationen ($\rightarrow$ § 3)
ESRS 2 „Allgemeine Angaben" (12 Angabepflichten)	BP-1: Allgemeine Grundlagen für die Erstellung der Nachhaltigkeitserklärung ($\rightarrow$ § 4 Rz 15 ff.) BP-2: Angaben im Zusammenhang mit konkreten Umständen ($\rightarrow$ § 4 Rz 19 ff.) GOV-1: Die Rolle der Verwaltungs-, Leitungs- und Aufsichtsorgane ($\rightarrow$ § 4 Rz 31 ff.) GOV-2: Informationen und Nachhaltigkeitsaspekte, mit denen sich die Verwaltungs-, Leitungs- und Aufsichtsorgane des Unternehmens befassen ($\rightarrow$ § 4 Rz 56 ff.) GOV-3: Einbeziehung der nachhaltigkeitsbezogenen Leistung in Anreizsysteme ($\rightarrow$ § 4 Rz 62 ff.)

ESRS	82 Angabepflichten
	GOV-4: Erklärung zur Sorgfaltspflicht (→ § 4 Rz 69) GOV-5: Risikomanagement und interne Kontrollen der Nachhaltigkeitsberichterstattung (→ § 4 Rz 70 ff.) SBM-1: Strategie, Geschäftsmodell und Wertschöpfungskette (→ § 4 Rz 81 ff.) SBM-2: Interessen und Standpunkte der Interessenträger (→ § 4 Rz 97 ff.) SBM-3: Wesentliche Auswirkungen, Risiken und Chancen und ihr Zusammenspiel mit Strategie und Geschäftsmodell (→ § 4 Rz 102 ff.) IRO-1: Beschreibung des Verfahrens zur Ermittlung und Bewertung der wesentlichen Auswirkungen, Risiken und Chancen (→ § 4 Rz 110 ff.) IRO-2: In ESRS enthaltene von der Nachhaltigkeitserklärung des Unternehmens abgedeckte Angabepflichten (→ § 4 Rz 117 ff.) MDR-P: Konzepte zum Umgang mit wesentlichen Nachhaltigkeitsaspekten MDR-A: Maßnahmen und Mittel in Bezug auf wesentliche Nachhaltigkeitsaspekte MDR-M: Kennzahlen in Bezug auf wesentliche Nachhaltigkeitsaspekte MDR-T: Nachverfolgung der Wirksamkeit von Konzepten und Maßnahmen durch Zielvorgaben
ESRS E1 „Klimawandel" (9 Angabepflichten)	E1-1: Übergangsplan für den Klimaschutz (→ § 6 Rz 12 ff.) E1-2: Konzepte im Zusammenhang mit dem Klimaschutz und der Anpassung an den Klimawandel (→ § 6 Rz 31 f.) E1-3: Maßnahmen und Mittel im Zusammenhang mit den Klimakonzepten (→ § 6 Rz 33 ff.) E1-4: Ziele im Zusammenhang mit dem Klimaschutz und der Anpassung an den Klimawandel (→ § 6 Rz 36 ff.) E1-5: Energieverbrauch und Energiemix (→ § 6 Rz 54 ff.) E1-6: THG-Bruttoemissionen der Kategorien Scope 1, 2 und 3 sowie THG-Gesamtemissionen (→ § 6 Rz 68 ff.)

ESRS	82 Angabepflichten
	E1-7: Entnahme von Treibhausgasen und Projekte zur Verringerung von Treibhausgasen, finanziert über CO_2-Zertifikate (→ § 6 Rz 82 ff.) E1-8: Interne CO_2-Bepreisung (→ § 6 Rz 94 ff.) E1-9: Erwartete finanzielle Effekte wesentlicher physischer Risiken und Übergangsrisiken sowie potenzielle klimabezogene Chancen (→ § 6 Rz 97 ff.)
ESRS E2 „Umweltver- schmutzung" (6 Angabepflichten)	E2-1: Konzepte im Zusammenhang mit Umweltverschmutzung (→ § 7 Rz 44 ff.) E2-2: Maßnahmen und Mittel im Zusammenhang mit Umweltverschmutzung (→ § 7 Rz 51 ff.) E2-3: Ziele im Zusammenhang mit Umweltverschmutzung (→ § 7 Rz 57 ff.) E2-4: Luft-, Wasser- und Bodenverschmutzung (→ § 7 Rz 69 ff.) E2-5: Besorgniserregende Stoffe und besonders besorgniserregende Stoffe (→ § 7 Rz 93 ff.) E2-6: Erwartete finanzielle Effekte durch wesentliche Risiken und Chancen im Zusammenhang mit Umweltverschmutzung (→ § 7 Rz 98 ff.)
ESRS E3 „Wasser- und Meeresressourcen" (5 Angabepflichten)	E3-1: Konzepte im Zusammenhang mit Wasser- und Meeresressourcen (→ § 8 Rz 23 ff.) E3-2: Maßnahmen und Mittel im Zusammenhang mit Wasser- und Meeresressourcen (→ § 8 Rz 28 ff.) E3-3: Ziele im Zusammenhang mit Wasser- und Meeresressourcen (→ § 8 Rz 32 ff.) E3-4: Wasserverbrauch (→ § 8 Rz 52 ff.) E3-5: Erwartete finanzielle Effekte durch wesentliche Risiken und Chancen im Zusammenhang mit Wasser- und Meeresressourcen (→ § 8 Rz 61 ff.)
ESRS E4 „Biologische Vielfalt und Ökosysteme" (6 Angabepflichten)	E4-1: Übergangsplan und Berücksichtigung von biologischer Vielfalt und Ökosystemen in Strategie und Geschäftsmodell (→ § 9 Rz 17 ff.) E4-2: Konzepte im Zusammenhang mit biologischer Vielfalt und Ökosystemen (→ § 9 Rz 28 ff.) E4-3: Maßnahmen und Mittel im Zusammenhang mit biologischer Vielfalt und Ökosystemen (→ § 9 Rz 31 ff.)

ESRS	82 Angabepflichten
	E4-4: Ziele im Zusammenhang mit biologischer Vielfalt und Ökosystemen (→ § 9 Rz 36 ff.) E4-5: Kennzahlen für die Auswirkungen im Zusammenhang mit biologischer Vielfalt und Ökosystemveränderungen (→ § 9 Rz 40 ff.) E4-6: Erwartete finanzielle Effekte durch wesentliche Risiken und Chancen im Zusammenhang mit biologischer Vielfalt und Ökosystemen (→ § 9 Rz 46 ff.)
ESRS E5 **„Ressourcennutzung und Kreislaufwirtschaft"** (6 Angabepflichten)	E5-1: Konzepte im Zusammenhang mit Ressourcennutzung und Kreislaufwirtschaft (→ § 10 Rz 33 ff.) E5-2: Maßnahmen und Mittel im Zusammenhang mit Ressourcennutzung und Kreislaufwirtschaft (→ § 10 Rz 41 ff.) E5-3: Ziele im Zusammenhang mit Ressourcennutzung und Kreislaufwirtschaft (→ § 10 Rz 53 ff.) E5-4: Ressourcenzuflüsse (→ § 10 Rz 75 ff.) E5-5: Ressourcenabflüsse (→ § 10 Rz 99 ff.) E5-6: Erwartete finanzielle Effekte durch wesentliche Risiken und Chancen im Zusammenhang mit Ressourcennutzung und Kreislaufwirtschaft (→ § 10 Rz 124 ff.)
ESRS S1 **„Arbeitskräfte des Unternehmens"** (17 Angabepflichten)	S1-1: Konzepte im Zusammenhang mit den Arbeitskräften des Unternehmens (→ § 12 Rz 40 ff.) S1-2: Verfahren zur Einbeziehung der Arbeitskräfte des Unternehmens und von Arbeitnehmervertretern in Bezug auf Auswirkungen (→ § 12 Rz 43 ff.) S1-3: Verfahren zur Verbesserung negativer Auswirkungen und Kanäle, über die die Arbeitskräfte des Unternehmens Bedenken äußern können (→ § 12 Rz 48 ff.) S1-4: Ergreifung von Maßnahmen in Bezug auf wesentliche Auswirkungen und Ansätze zum Management wesentlicher Risiken und zur Nutzung wesentlicher Chancen im Zusammenhang mit den Arbeitskräften des Unternehmens sowie die

ESRS	82 Angabepflichten
	Wirksamkeit dieser Maßnahmen und Ansätze (→ § 12 Rz 56 ff.) S1-5: Ziele im Zusammenhang mit der Bewältigung wesentlicher negativer Auswirkungen, der Förderung positiver Auswirkungen und dem Umgang mit wesentlichen Risiken und Chancen (→ § 12 Rz 62 ff.) S1-6: Merkmale der Arbeitnehmer des Unternehmens (→ § 12 Rz 66 ff.) S1-7: Merkmale der Fremdarbeitskräfte des Unternehmens (→ § 12 Rz 77 ff.) S1-8: Tarifvertragliche Abdeckung und sozialer Dialog (→ § 12 Rz 85 ff.) S1-9: Diversitätskennzahlen (→ § 12 Rz 93 ff.) S1-10: Angemessene Entlohnung (→ § 12 Rz 100 ff.) S1-11: Soziale Absicherung (→ § 12 Rz 111 ff.) S1-12: Menschen mit Behinderungen (→ § 12 Rz 117 ff.) S1-13: Kennzahlen für Weiterbildung und Kompetenzentwicklung (→ § 12 Rz 124 ff.) S1-14: Kennzahlen für Gesundheitsschutz und Sicherheit (→ § 12 Rz 130 ff.) S1-15: Kennzahlen für die Vereinbarkeit von Berufs- und Privatleben (→ § 12 Rz 139 ff.) S1-16: Vergütungskennzahlen (Verdienstunterschiede und Gesamtvergütung) (→ § 12 Rz 149 ff.) S1-17: Vorfälle, Beschwerden und schwerwiegende Auswirkungen im Zusammenhang mit Menschenrechten (→ § 12 Rz 162 ff.)
ESRS S2 „Arbeitskräfte in der Wertschöpfungskette" (5 Angabepflichten)	S2-1: Konzepte im Zusammenhang mit Arbeitskräften in der Wertschöpfungskette (→ § 13 Rz 23 ff.) S2-2: Verfahren zur Einbeziehung der Arbeitskräfte in der Wertschöpfungskette in Bezug auf Auswirkungen (→ § 13 Rz 31 ff.) S2-3: Verfahren zur Verbesserung negativer Auswirkungen und Kanäle, über die die Arbeitskräfte in der Wertschöpfungskette Bedenken äußern können (→ § 13 Rz 34 ff.)

ESRS	82 Angabepflichten
	S2-4: Ergreifung von Maßnahmen in Bezug auf wesentliche Auswirkungen und Ansätze zum Management wesentlicher Risiken und zur Nutzung wesentlicher Chancen im Zusammenhang mit Arbeitskräften in der Wertschöpfungskette sowie die Wirksamkeit dieser Maßnahmen und Ansätze (→ § 13 Rz 42 ff.) S2-5: Ziele im Zusammenhang mit der Bewältigung wesentlicher negativer Auswirkungen, der Förderung positiver Auswirkungen und dem Umgang mit wesentlichen Risiken und Chancen (→ § 13 Rz 51 ff.)
ESRS S3 „Betroffene Gemeinschaften" (5 Angabepflichten)	S3-1: Konzepte im Zusammenhang mit betroffenen Gemeinschaften (→ § 14 Rz 34 ff.) S3-2: Verfahren zur Einbeziehung betroffener Gemeinschaften in Bezug auf Auswirkungen (→ § 14 Rz 40 ff.) S3-3: Verfahren zur Verbesserung negativer Auswirkungen und Kanäle, über die betroffene Gemeinschaften Bedenken äußern können (→ § 14 Rz 46 ff.) S3-4: Ergreifung von Maßnahmen in Bezug auf wesentliche Auswirkungen auf betroffene Gemeinschaften und Ansätze zum Management wesentlicher Risiken und zur Nutzung wesentlicher Chancen im Zusammenhang mit betroffenen Gemeinschaften sowie die Wirksamkeit dieser Maßnahmen (→ § 14 Rz 51 ff.) S3-5: Ziele im Zusammenhang mit der Bewältigung wesentlicher negativer Auswirkungen, der Förderung positiver Auswirkungen und dem Umgang mit wesentlichen Risiken und Chancen (→ § 14 Rz 61 ff.)
ESRS S4 „Verbraucher und Endnutzer" (5 Angabepflichten)	S4-1: Konzepte im Zusammenhang mit Verbrauchern und Endnutzern (→ § 15 Rz 48 ff.) S4-2: Verfahren zur Einbeziehung von Verbrauchern und Endnutzern in Bezug auf Auswirkungen (→ § 15 Rz 65 ff.) S4-3: Verfahren zur Verbesserung negativer Auswirkungen und Kanäle, über die Verbraucher und Endnutzer Bedenken äußern können (→ § 15 Rz 75 ff.)

ESRS	82 Angabepflichten
	S4-4: Ergreifung von Maßnahmen in Bezug auf wesentliche Auswirkungen auf Verbraucher und Endnutzer und Ansätze zum Management wesentlicher Risiken und zur Nutzung wesentlicher Chancen im Zusammenhang mit Verbrauchern und Endnutzern sowie die Wirksamkeit dieser Maßnahmen und Ansätze (→ § 15 Rz 94 ff.) S4-5: Ziele im Zusammenhang mit der Bewältigung wesentlicher negativer Auswirkungen, der Förderung positiver Auswirkungen und dem Umgang mit wesentlichen Risiken und Chancen (→ § 15 Rz 123 ff.)
ESRS G1 „Unternehmensführung" (6 Angabepflichten)	G1-1: Konzepte für die Unternehmensführung und Unternehmenskultur (→ § 16 Rz 17 ff.) G1-2: Management der Beziehungen zu Lieferanten (→ § 16 Rz 25 ff.) G1-3: Verhinderung und Aufdeckung von Korruption und Bestechung (→ § 16 Rz 31 ff.) G1-4: Fälle von Korruption oder Bestechung (→ § 16 Rz 45 ff.) G1-5: Politische Einflussnahme und Lobbytätigkeiten (→ § 16 Rz 52 ff.) G1-6: Zahlungspraktiken (→ § 16 Rz 65 ff.)

Tab. 2: Übersicht der Angabepflichten des Set 1[46]

6   Berichterstattung zur Taxonomie-Verordnung

6.1   Umwelttaxonomie als Klassifikationssystem für nachhaltige Wirtschaftsaktivitäten

62   Die Umwelttaxonomie-VO[47] (Taxonomie-VO) bildet das Kernstück des EU-Aktionsplans zur Finanzierung nachhaltigen Wachstums vom März 2018[48], welcher auch elementarer Bestandteil des EU Green Deal vom Dezember 2019 ist. Die Umwelttaxonomie ist ein Klassifikationssystem zur Bestimmung ökologisch nachhaltiger Wirtschaftstätigkeiten und beurteilt diese Wirtschaftstätigkeiten im Hin-

---

[46]   Eigene Darstellung.
[47]   Verordnung (EU) 2020/852, ABl. EU v. 22.6.2020, L 198/13.
[48]   EU-Kommission, COM(2018) 97 final, https://eur-lex.europa.eu/legal-content/DE/TXT/PDF/?uri=CELEX:52018DC0097, Abruf 1.8.2024.

blick auf **sechs Umweltziele**. Sie bildet die Grundlage für die europäische Regulierung der Transparenz bzw. des Risikomanagements von Finanzteilnehmern, u. a. Asset Managern, im Zusammenhang mit den gesetzgeberischen Maßnahmen des EU-Aktionsplans zur Finanzierung nachhaltigen Wachstums. Dazu gehören bspw. die EU-Offenlegungsverordnung sowie der EU Green Bond Standard.[49]

Die Taxonomie-VO verpflichtet Nicht-Finanzunternehmen auch zur Transparenz, sofern sie in den Anwendungsbereich der CSRD bzw. der früheren CSR-Richtlinie fallen. Betroffene Unternehmen sind nach Art. 8 Taxonomie-VO verpflichtet, über den ökologisch nachhaltigen („grünen") Anteil ihrer **Umsatzerlöse**, ihrer Investitionsausgaben (**CapEx**) und ihrer Betriebsausgaben (**OpEx**) inkl. erläuternder Angaben zu berichten. Finanzunternehmen haben andere Kennzahlen zu berichten. Diese Taxonomieangaben sind wegen der Bezugnahme auf die nichtfinanzielle (Konzern-)Erklärung nach der Bilanz-RL seit dem Geschäftsjahr 2021 von ca. 550 deutschen Unternehmen zu berichten; fortan werden sämtliche nach der CSRD berichtspflichtige Unternehmen, d. h. ca. 14.600 deutsche Unternehmen (Rz 2), Taxonomieangaben berichten müssen.
63

Ob Wirtschaftstätigkeiten von Unternehmen als ökologisch nachhaltig i. S. d. Taxonomie-VO gelten, wird durch **technische Bewertungskriterien** konkretisiert. Diese Bewertungskriterien werden mittels delegierter Rechtsakte der EU-Kommission erlassen. Neben den delegierten Rechtsakten zu den technischen Bewertungskriterien existiert ein weiterer delegierter Rechtsakt zur Berichterstattung. Bisher wurden die folgenden delegierten Rechtsakte erlassen:
64
- Delegierte Verordnung (EU) 2021/2139 zu den beiden klimabezogenen Umweltzielen,
- Delegierte Verordnung (EU) 2021/2178 zur Berichterstattung,
- Delegierte Verordnung (EU) 2022/1214 zur Aufnahme neuer Wirtschaftstätigkeiten (i. V. m. Atomenergie und Erdgas) bzgl. der beiden klimabezogenen Umweltziele und zur Überarbeitung der Berichterstattung,
- Delegierte Verordnung (EU) 2023/2485 zur Aufnahme neuer Wirtschaftstätigkeiten bzgl. der beiden klimabezogenen Umweltziele und
- Delegierte Verordnung (EU) 2023/2486 zur Aufnahme neuer Wirtschaftstätigkeiten bzgl. der vier nicht klimabezogenen Umweltziele und zur Überarbeitung der Berichterstattung.

6.2 Erstmalige Berichterstattung durch Nicht-Finanzunternehmen

Die erstmalige Berichterstattung bestimmt sich nach dem delegierten Rechtsakt zur Berichterstattung und nach der CSRD, welche die CSR-Richtlinie ersetzt
65

---

[49] Verordnung (EU) 2023/2631, ABl. EU L v. 30.11.2023, S. 1 ff.

hat. Der delegierte Rechtsakt zur Berichterstattung bestimmt, wann Taxono-mieangaben bzgl. bestimmter Wirtschaftstätigkeiten erstmalig zu veröffent-lichen sind. Die CSRD bestimmt, für welches Geschäftsjahr Unternehmen überhaupt erstmalig Taxonomieangaben zu veröffentlichen haben.

66   Große kapitalmarktorientierte Kapitalgesellschaften und ihnen gleichgestellte Personengesellschaften mit mehr als 500 Mitarbeitern und kapitalmarktorien-tierte Mutterunternehmen großer Gruppen mit mehr als 500 Mitarbeitern berich-teten erstmals für das Geschäftsjahr 2021 seit Anfang 2022 Taxonomieangaben. Solche Unternehmen haben auch nach der CSRD weiterhin Taxonomieangaben zu veröffentlichen (Art. 5 Abs. 2 Buchst. a) CSRD i.V.m. Art. 8 Taxonomie-VO).

67   Große Kapitalgesellschaften und ihnen gleichgestellte Personengesellschaften und Mutterunternehmen großer Gruppen haben bei kalendergleichen Ge-schäftsjahren ab 2026 Taxonomieangaben für das Geschäftsjahr 2025 zu ver-öffentlichen (Art. 5 Abs. 2 Buchst. b) CSRD i.V.m. Art. 8 Taxonomie-VO).

68   Kleine und mittelgroße kapitalmarktorientierte Kapitalgesellschaften und ihnen gleichgestellte Personengesellschaften haben bei kalendergleichen Geschäftsjahren ab 2027 Taxonomieangaben für das Geschäftsjahr 2026 zu veröffentlichen (Art. 5 Abs. 2 Buchst. c) CSRD i.V.m. Art. 8 Taxonomie-VO). Solche kapitalmarktori-entierten KMU können von der zweijährigen *Opt-out*-Möglichkeit Gebrauch machen, worunter dann neben den ESRS- auch die Taxonomieangaben fallen.[50]

69

Angaben in 2022 für Geschäftsjahr 2021	Angaben in 2023 für Geschäftsjahr 2022	Angaben in 2024 für Geschäftsjahr 2023	Angaben in 2025 für Geschäftsjahr 2024
vereinfachte Berichtspflichten für klimabezogene Umweltziele	volle Berichtspflichten für klimabezogene Umweltziele	volle Berichtspflichten für klimabezogene Umweltziele* vereinfachte Berichtspflichten für Nichtklimabezogene Umweltziele	volle Berichtspflichten für alle Umweltziele
Ausweis in der nichtfinanziellen (Konzern-)Erklärung/(Konzern-)Bericht			Ausweis im Nachhaltigkeitsbericht im (Konzern-)Lagebericht
Anwendungsbereich der NFRD (Richtlinie 2014/95/EU)			Anwendungsbereich der CSRD (Richtlinie (EU) 2022/2464)

* für neu aufgenommene Wirtschaftstätigkeiten zu den zwei klimabezogenen Umweltzielen gelten nur vereinfachte Berichtspflichten (Art. 10 Abs. 6 Delegierte Verordnung (EU) 2021/2178)

Abb. 3: Berichtspflichten für Nicht-Finanzunternehmen[51]

---

50   EU-Kommission, FAQ, Frage 33.
51   DRSC, UmwelttaxonomieVo: Berichtspflichten für Nicht-Finanzunternehmen, November 2023, S. 3, www.drsc.de/app/uploads/2023/11/231122_Briefing_Paper_UmwelttaxVo.pdf, Abruf 1.8.2024.

Die Vorschriften der Taxonomie-VO zur Berichterstattung werden durch den 70
delegierten Rechtsakt zur Berichterstattung präzisiert. Von Nicht-Finanzunternehmen anzuwenden sind der Anhang I zum Inhalt und der Methodik sowie
Anhang II (und ggf. Anhang XII gem. Art. 8 Abs. 8 der Delegierten Verordnung
(EU) 2021/2178) zur Darstellung der Taxonomieangaben (Art. 2 der Delegierten
Verordnung (EU) 2021/2178). Allgemeine Definitionen und Regelungen finden
sich in den Art. 1 und 8 der Delegierten Verordnung (EU) 2021/2178. Der
delegierte Rechtsakt zu Set 1 der ESRS berührt die Berichtspflichten nach der
Taxonomie-VO ausdrücklich nicht. Letzterer bildet einen eigenen Regelungskreis.

Vorgaben zur Ermittlung der Kennzahlen 71

Umsatzerlöse (Anhang I, Nr. 1.1.1 Delegierte Verordnung (EU) 2021/2178)	**Zähler** • Anteil der Nettoumsatzerlöse mit Waren oder Dienstleistungen, der mit taxonomiekonformen Wirtschaftstätigkeiten verbunden ist
	Nenner • Nettoumsatzerlöse
	• Nettoumsatzerlöse i. S. d. Art. 2 Nr. 5 Bilanz-RL • Umfasst Einnahmen gem. IAS 1.82(a)
CapEx (Anhang I, Nr. 1.1.2 Delegierte Verordnung (EU) 2021/2178)	**Zähler** • Anteil der im Nenner enthaltenen Investitionsausgaben, – der sich auf Vermögenswerte oder Prozesse bezieht, die mit taxonomiekonformen Wirtschaftstätigkeiten verbunden sind – der Teil eines Plans zur Ausweitung von taxonomiekonformen Wirtschaftstätigkeiten oder zur Umwandlung taxonomiefähiger in taxonomiekonforme Wirtschaftstätigkeiten ist (CapEx-Plan) – der sich auf den Erwerb von (Dienst-)Leistungen aus taxonomiekonformen Wirtschaftstätigkeiten und auf einzelne Maßnahmen bezieht, durch die Zieltätigkeiten innerhalb von 18 Monaten kohlenstoffarm ausgeführt werden oder der Ausstoß von Treibhausgasen gesenkt wird

Vorgaben zur Ermittlung der Kennzahlen	
	Nenner • Zugänge zu Sachanlagen und immateriellen Vermögenswerten während des Geschäftsjahrs vor Abschreibungen und Neubewertungen, einschl. Zugängen aus Unternehmenszusammenschlüssen • IFRS-Bilanzierer beziehen in die Investitionsausgaben die Kosten gem. der einschlägigen IFRS ein, z. B. IAS 16.73(e)(i), IAS 38.118(e)(i) oder IAS 40.76(a) und (b) • werden IFRS nicht genutzt, dann Anwendung nationaler Vorschriften zur Rechnungslegung analog zu den IFRS
OpEx (Anhang I, Nr. 1.1.3 Delegierte Verordnung (EU) 2021/2178)	**Zähler** • Anteil der im Nenner enthaltenen Betriebsausgaben, – der sich auf Vermögenswerte oder Prozesse bezieht, die mit taxonomiekonformen Wirtschaftstätigkeiten verbunden sind – der Teil eines CapEx-Plans ist – der sich auf den Erwerb von (Dienst-)Leistungen aus taxonomiekonformen Wirtschaftstätigkeiten und auf einzelne Maßnahmen bezieht, durch die Zieltätigkeiten innerhalb von 18 Monaten kohlenstoffarm ausgeführt werden oder der Ausstoß von Treibhausgasen gesenkt wird; es sind auch Gebäudesanierungsmaßnahmen erfasst
	Nenner • Direkte, nicht aktivierte Ausgaben – die sich auf Forschung und Entwicklung, Gebäudesanierungsmaßnahmen, kurzfristiges Leasing, Wartung und Reparatur beziehen – sämtliche andere direkten Ausgaben im Zusammenhang mit der täglichen Wartung von Vermögenswerten des Sachanlagevermögens durch das Unternehmen selbst oder Dritte

Vorgaben zur Ermittlung der Kennzahlen	

CapEx-Plan (Anhang I, Nr. 1.1.2.2 & 1.1.3.2 Delegierte Verordnung (EU) 2021/2178)	• Vom CapEx-Plan zu erfüllende Bedingungen
	  – Ausweitung taxonomiekonformer Wirtschaftstätigkeiten oder Transformation taxonomiefähiger Wirtschaftstätigkeiten in taxonomiekonforme Wirtschaftstätigkeiten innerhalb von grds. fünf Jahren
	  – Veröffentlichung des Plans auf aggregierter Wirtschaftstätigkeitsebene
	  – direkte oder indirekte Billigung des Plans durch die Geschäftsleitung

Ergänzende Angaben (Anhang I, Nr. 1.2 Delegierte Verordnung (EU) 2021/2178)	• Erläuterungen zur Rechnungslegungsmethode • Bewertung über Einhaltung der Umwelttaxonomie-VO • Hintergrundinformationen zu den Kennzahlen

Tab. 3: Kennzahlen der Taxonomie-VO für Nicht-Finanzunternehmen[52]

7 Absehbare nächste Schritte in der Implementierung und Erarbeitung der ESRS auf EU-Ebene

Die EFRAG wird ihre Arbeiten zur Veröffentlichung weiterer Erläuterungen und *Implementation Guidances* fortsetzen. Interessant könnte insbes. eine *Implementation Guidance* zu Transitionsplänen nach ESRS E1 und ESRS E4 werden. Zudem ist damit zu rechnen, dass EFRAG dank besonderer finanzieller Zuwendungen durch das EU-Parlament zusätzliche personelle Ressourcen mobilisieren kann und ihre Arbeit an weiteren *Implementation Guidances* intensivieren wird.

72

Kurz vor der Finalisierung des Set 1 haben erste Arbeiten an sektorspezifischen ESRS begonnen. Diese sind inhaltlich mit den sektorübergreifenden ESRS des Set 1 verknüpft und sollen für eine Ergänzung der sektorübergreifenden Angabepflichten um sektorspezifische Aspekte sorgen. Begründet wird dies damit, dass sich die Auswirkungen, Risiken und Chancen von Nachhaltigkeitsaspekten zwischen Sektoren signifikant unterscheiden. Es ist zu erwarten, dass über

73

---

[52] Modifiziert entnommen DRSC, UmwelttaxonomieVo: Berichtspflichten für Nicht-Finanzunternehmen, November 2023, S. 4f., www.drsc.de/app/uploads/2023/11/231122_Briefing_Paper_UmwelttaxVo.pdf, Abruf 1.8.2024.

mehrere Jahreszyklen für insgesamt ca. 35 Sektoren sektorspezifische ESRS-Entwürfe entstehen werden.

74   Erste Arbeitspapiere zum ESRS zur Sektorklassifikation[53] und den drei Sektoren *„Mining, Quarrying and Coal"*,[54] *„Oil and Gas"*[55] sowie *„Road Transport"*[56] sind im ersten Halbjahr 2024 in den EFRAG-Fachgremien diskutiert worden. Diese sektorspezifischen ESRS bauen, bis auf den ESRS zu *„Road Transport"*, auf den sektorbezogenen Berichtsstandards der Global Reporting Initiative (GRI) auf. Die Sektor-ESRS werden in verschiedenen sog. Batches zusammengefasst, wobei Batch 1 Ende 2024 und Batch 2 im Frühjahr 2025 öffentlich konsultiert werden sollen.[57]

75   Der Erlass erster delegierter Rechtsakte zu den sektorspezifischen ESRS ist nunmehr bis zum 30.6.2026 vorgesehen, wobei für acht sog. *High Impact Sectors* sektorspezifische ESRS noch vor diesem Datum erlassen werden sollen. Nachdem die Arbeiten an den sektorspezifischen ESRS Ende März 2023 zugunsten der Implementierungshilfen zum Set 1 vorerst zurückgestellt wurden, hat die EFRAG diese seit dem Frühjahr 2024 wieder intensiviert. So fanden im Februar 2024 mehrere Workshops zur Sektorabgrenzung statt, in denen sowohl die Sektorklassifikation über die Zuordnung bestimmter Wirtschaftsaktivitäten (ESRS SEC 1) als auch die dazugehörigen Sektorbeschreibungen mit verschiedenen Stakeholder-Gruppen erörtert wurden. Im September 2024 wurden im SRB die Konsultationsentwürfe des ESRS SEC 1 und des ESRS *„Oil and Gas"* beschlossen.[58]

76   Zur Erfüllung der Berichtspflichten von kapitalmarktorientierten KMU wird ein separater ESRS (*ESRS for Listed Small- and Medium-Sized Enterprises* – ESRS LSME) erarbeitet. Daneben ist die Erarbeitung eines Standards vorgesehen, der von nicht berichtspflichtigen KMU zum Zweck der freiwilligen Nachhaltigkeitsberichterstattung herangezogen werden kann (*Voluntary ESRS for Non-Listed Small- and Medium-Sized Enterprises* – ESRS VSME). Als harmonisierter Marktstandard könnte er von den vielen Tausend KMU in der EU genutzt werden. Der ESRS VSME könnte helfen, i.R.v. Lieferbeziehungen als auch Kreditvergaben eine klare Erwartungshaltung an die Berichterstattung von

---

53   EFRAG, Sector standard-setting approach and classification, www.efrag.org/en/projects/sector-standardsetting-approach-and-classification?page=meeting_documents, Abruf 1.8.2024.

54   EFRAG, Mining, Quarry & Coal (MQC) standard setting, www.efrag.org/en/projects/mining-quarry-coal-mqc-standard-setting/research-phase, Abruf 1.8.2024.

55   EFRAG, Oil & Gas (OG) standard setting, www.efrag.org/en/projects/oil-gas-og-standard-setting/research-phase, Abruf 1.8.2024.

56   EFRAG, Road Transport (RTO) standard setting, www.efrag.org/en/projects/road-transport-rto-standard-setting/research-phase, Abruf 1.8.2024.

57   EFRAG, Sector-specific ESRS, www.efrag.org/en/sustainability-reporting/esrs-workstreams/sectorspecific-esrs, Abruf 1.9.2024.

58   EFRAG, SRB Meeting v. 17. und 18.9.2024, www.efrag.org/en/news-and-calendar/meetings-calendar/efrag-srb-physical-meeting-17-september-2024, Abruf 1.10.2024.

KMU zu setzen (→ § 30). In Anbetracht der Europawahlen 2024 dürfte der ESRS LSME erst im vierten Quartal 2024 als fachlicher Ratschlag an die EU-Kommission übergeben werden. Der derzeitige Zeitplan von EFRAG sieht vor, den ESRS VSME bis Ende des Jahres 2024 fertig zu stellen, wobei hier unklar ist, in welcher Form die Veröffentlichung erfolgen wird, da dieser kein verbindlich anzuwendender ESRS ist.

Die EU-Kommission beauftragte die EFRAG damit, Entwürfe von **Taxonomien** **für die elektronische Nachhaltigkeitsberichterstattung** zu erarbeiten. Die EFRAG hatte am 8.2.2024 Konsultationsentwürfe einer Taxonomie zu den Angaben gem. des Set 1 sowie gem. Art. 8 der Taxonomie-VO veröffentlicht, die bis zum 8.4.2024 kommentiert werden konnten.[59] Nach dieser EFRAG-Konsultationsphase und einer anschließenden Überarbeitung wurde der Entwurf der ESRS Set 1-Taxonomie am 30.8.2024 an die ESMA übergeben und gleichzeitig veröffentlicht,[60] wobei der Entwurf der Art. 8-Taxonomie zusammen mit den Rückmeldungen der Konsultation unmittelbar an die ESMA übergeben wurde. Die ESMA erarbeitet daraus einen Entwurf eines technischen Regulierungsstandards zur Änderung des aktuellen technischen Regulierungsstandards in der ESEF-VO. Dieser Entwurf wird neben den Taxonomien auch Vorschriften zu Formatierungs- und Validierungsregeln enthalten. Solche zusätzlichen Regeln sind notwendig, um insbes. die Vollständigkeit der maschinenlesbaren Auszeichnung prüfen oder die korrekte Verwendung von Taxonomieelementen sicherstellen zu können. Zudem wird der Entwurf Vorschriften zum zeitlichen Anwendungsbereich enthalten. Dieser Entwurf wird öffentlich konsultiert werden. Nach dieser ESMA-Konsultationsphase und einer anschließenden Überarbeitung wird der Entwurf der EU-Kommission übergeben. Im letzten Schritt wird die EU-Kommission den Entwurf ggf. überarbeiten und die finalen Änderungen als delegierten Rechtsakt zur Änderung der ESEF-VO erlassen. Die Vorschriften des delegierten Rechtsakts werden im Anschluss im EU-Amtsblatt veröffentlicht, sofern der EU-Rat oder das EU-Parlament innerhalb einer festen Frist keine Einwände erheben. Nach dem deutschen Regierungsentwurf zur Umsetzung der CSRD sind die Vorschriften zur elektronischen Nachhaltigkeitsberichterstattung erstmalig für nach dem 31.12.2025 beginnende Geschäftsjahre anzuwenden.[61] Die zeitliche Erstanwendung der elektronischen Nachhaltigkeitsberichterstattung wird somit entkoppelt von der zeitlich gestaffelten Erstanwendung der Nachhaltigkeitsberichterstattung und ist so auch von der EU-Kommission beabsichtigt.[62]

77

---

59 EFRAG, Digital tagging (XBRL Taxonomy), www.efrag.org/en/sustainability-reporting/esrs-workstreams/digital-tagging-xbrl-taxonomy, Abruf 1.8.2024.

60 EFRAG, ESRS XBRL Taxonomy, www.efrag.org/en/projects/esrs-xbrl-taxonomy/concluded, Abruf 1.10.2024.

61 Abs. 7 des Art. zur Einzelrechnungslegung und Abs. 6 des Art. zur Konzernrechnungslegung im EGHGB-E.

62 EU-Kommission, FAQ, Frage 38.

Literaturtipps

- EFRAG, ESRS Q&A Platform, Compilation of Explanations, Januar–Juli 2024, www.efrag.org/sites/default/files/media/document/2024-07/Compilati on%20Explanations%20January%20-%20July%202024.pdf, Abruf 1.8.2024
- EU-Kommission, Frequently asked questions on the implementation of the EU corporate sustainability reporting rules, https://finance.ec.europa.eu/publications/frequently-asked-questions-implementation-eu-corporate-sustainability-reporting-rules_en, Abruf 1.9.2024
- Lanfermann, Grüne Zeitenwende für die Lageberichterstattung, WPg 2023, S. 350ff.
- Lanfermann, Aktuelle Entwicklungen und Umsetzungsfragen zur EU-Taxonomie zu grünen Wirtschaftstätigkeiten, BB 2021, S. 2859ff.
- Lanfermann/Baumüller, Anwendungsfragen zur Nachhaltigkeitsberichterstattung im Konzern (Teil 7), Der Konzern 2024, S. 149ff.
- Lanfermann/Baumüller, Der Anwendungsbereich der Corporate Sustainability Reporting Directive (CSRD): Detailregelungen und Zweifelsfragen, IRZ 2023, S. 89ff.
- Lanfermann/Baumüller, Die Endfassung der Corporate Sustainability Reporting Directive (CSRD), DB 2022, S. 2745ff.
- Lanfermann/Beiersdorf, Aktuelle Dynamik bei den Berichtsstandards zur Nachhaltigkeit auf europäischer und internationaler Ebene, BB 2023, S. 1515ff.
- Lanfermann/Kutter, Q&A-Plattform der EFRAG als Mechanismus zur Klarstellung von ESRS-Zweifelsfragen, BB 2024, S. 2923ff.
- Lanfermann/Kutter/Liepe, Nachhaltigkeitsberichterstattung – Status quo und zukünftige Handlungsfelder, BB 2024, S. 878ff.
- Lanfermann/Schmotz, ESRS: Übermittlung von Set 1 an die Europäische Kommission, BB 2023, S. 235ff.
- Lanfermann/Schmotz, Nachhaltigkeitsberichterstattung nach der Corporate Sustainability Reporting Directive (CSRD), WPg 2022, S. 1216ff.
- Wulf/Velte, Gesetzentwurf zur Umsetzung der Corporate Sustainability Reporting Directive (CSRD) – Anpassungen gegenüber dem Referentenentwurf und kritische Würdigung, DB 2024, S. 2105ff.

§ 1A   Synopse CSRD und LkSG

Vorbemerkung

Viele der in den thematischen ESRS behandelten Bereiche sind bereits Teil anderer nationaler oder internationaler Regelungen. In Bezug auf die sozialen Themenstandards gibt es in Deutschland insbes. eine erhebliche Überschneidung mit dem Lieferkettensorgfaltspflichtengesetz (LkSG)[1], welches als nationales Gesetz ausgestaltet ist. Die folgenden Ausführungen fassen die Anforderungen des LkSG zusammen und stellen diese den ESRS gegenüber, insbes. in Bezug auf die notwendige Berichterstattung.

1   Lieferkettensorgfaltspflichtengesetz

Das LkSG hat das Ziel, über eine Pflicht zur ausführlichen Berichterstattung   **1** die Arbeitsbedingungen insbes. entlang von globalen Lieferketten zu verbessern. Es erfordert von betroffenen Unternehmen die Einhaltung von menschenrechts- und umweltbezogenen Sorgfaltspflichten und eine entsprechende Berichterstattung dazu. Als Basis dienten die UN-Leitprinzipien für Wirtschaft und Menschenrechte. Inhaltlich sind abgestuft der eigene Geschäftsbereich und das Handeln von direkten Vertragspartnern, aber auch von mittelbaren Lieferanten auf den Einklang mit den Sorgfaltspflichten zu untersuchen.[2]

In der aktuell noch vorliegenden Fassung des LkSG muss diese Berichterstat-   **2** tung spätestens vier Monate nach Schluss des Geschäftsjahrs beim Bundesamt für Wirtschaft und Ausfuhrkontrolle (BAFA) eingereicht werden. Betroffen sind Unternehmen mit mind. 3.000 Mitarbeitern seit dem Jahr 2023 und Unternehmen mit mind. 1.000 Mitarbeitern seit dem Jahr 2024. Das BAFA überwacht die Einhaltung des Gesetzes, erwartet also die Berichterstattung

---

[1] Gesetz über die unternehmerischen Sorgfaltspflichten in Lieferketten (LkSG) v. 16.7.2021, BGBl. I 2021, S. 2959 ff.

[2] Für eine detaillierte Übersicht der Anforderungen des LkSG siehe Büsing, in: Freiberg/Bruckner, Corporate Sustainability – Kompass für die Nachhaltigkeitsberichterstattung, 3. Aufl., 2024, S. 511 ff.

der Unternehmen und ist mit begrenzten Eingriffsbefugnissen ausgestattet. Der ursprünglich geforderte Bericht ist entlang eines typisierten Fragenkatalogs, der inhaltlich mit dem Bundesministerium für Wirtschaft und Klimaschutz (BMWK) und dem Bundesministerium für Arbeit und Soziales (BMAS) abgestimmt wurde, über eine Online-Eingabemaske auf der Internetseite des BAFA zu veröffentlichen.

3   Durch den aktuell vorliegenden Regierungsentwurf (RegE) eines Gesetzes zur Umsetzung der CSRD[3] (→ § 1 Rz 8) ist eine **Erleichterung** durch Zulässigkeit einer Ersetzung geplant. Danach kann bei entsprechender, noch ausstehender Umsetzung ein Unternehmen seinen Berichtspflichten zur Wahrung der Sorgfalt entlang der Lieferkette über den Nachhaltigkeitsbericht nachkommen. Der BAFA-Bericht wird durch den umfangreicheren, auch andere Berichtsanforderungen abdeckenden Nachhaltigkeitsbericht ersetzt. Ist ein Unternehmen in den Konzernnachhaltigkeitsbericht oder den konsolidierten Nachhaltigkeitsbericht seines Mutterunternehmens einbezogen, ist es ausreichend, wenn das Mutterunternehmen diesen auf seiner Internetseite öffentlich zugänglich macht. Die **Ersetzung** ist allerdings nur dann möglich, wenn der Nachhaltigkeitsbericht in allen Belangen den gesetzlichen Anforderungen genügt. Das BAFA darf weiterhin prüfen, ob ein Unternehmen seine Berichtspflicht durch Bereitstellung eines Nachhaltigkeitsberichts erfüllt, und Berichte partiell analysieren; jedoch ist es dem BAFA nicht gestattet, den Lagebericht aus inhaltlichen Gründen zurückzuweisen bzw. Nachbesserungen am Bericht zu verlangen. Bei Nichteinhaltung der Berichtspflicht drohen Bußgelder und Sanktionen, einschl. des Ausschlusses von öffentlichen Aufträgen. Für die Erfüllung der Sorgfaltspflichten kann aber auf bestehende Nachweise, auch auf solche, die auf einer Zertifizierung oder Prüfung beruhen, verwiesen werden.

4   Für die inhaltliche Umsetzung der (Berichts-)Pflichten hat ein Unternehmen einen individuellen und kontinuierlichen Prozess, der regelmäßig zu prüfen und zu verbessern ist, zu entwickeln. Es gibt keinen Katalog an Anforderungen, der sich über das Ausfüllen einer Checkliste abschließend erfüllen ließe. Die Gesetzesbegründung verweist lediglich auf etablierte **Leitfäden**, die für die praktische Umsetzung als relevant herangezogen werden können. Die geforderte Berichterstattung nach dem LkSG setzt die Einrichtung eines angemessenen und wirksamen Risikomanagements entlang der Lieferkette und die klare Benennung von Verantwortlichkeiten voraus. Es bedarf daher einer kontinuierlichen Risikoanalyse:

---

[3]   Siehe www.bmj.de/SharedDocs/Downloads/DE/Gesetzgebung/RegE/RegE_CSRD.pdf?__blob=publicationFile&v=2, Abruf 1.8.2024.

- Im eigenen Geschäftsbereich sowie bei direkten Vertragspartnern sind jene Bereiche zu identifizieren, die besonders hohe menschenrechtliche und umweltbezogene Risiken bergen.

- In Bezug auf mittelbare Lieferanten ist eine Befassung geboten, wenn tatsächliche Anhaltspunkte vorliegen, die die Verletzung einer menschenrechts- oder einer umweltbezogenen Pflicht möglich erscheinen lassen.

Für identifizierte Risiken sind geeignete präventive **Maßnahmen** über Vertragsklauseln oder, falls erforderlich, geänderte Beschaffungsstrategien und Einkaufspraktiken zu treffen. Bestehenden Verletzungen ist über angemessene Maßnahmen zur Beendigung oder Minimierung dieser Risiken zu begegnen. Zudem ist entweder ein unternehmensinternes Beschwerdeverfahren einzurichten oder eine Teilnahme an einem externen Beschwerdeverfahren erforderlich. Unmittelbar Betroffene, aber auch weitere Adressaten, die Kenntnis von potenziellen oder tatsächlichen Verletzungen haben, sind in die Lage zu versetzen, auf Risiken und Verletzungen der menschenrechts- oder umweltbezogenen Pflichten entlang der Lieferkette hinzuweisen. Die Erfüllung der Sorgfaltspflichten ist unternehmensintern fortlaufend zu dokumentieren. Im Jahresturnus ist über den Status und die künftigen Maßnahmen zu berichten.

2   Gemeinsamkeiten von LkSG und CSRD

Der Katalog der im Nachhaltigkeitsbericht anzugebenden Informationen ist umfassend. Sofern eine unternehmensspezifische Wesentlichkeit nachgewiesen wird, betrifft dies eine Vielzahl von Informationen in den Kategorien Umwelt, Soziales und Governance. Die spezifischen Angabepflichten nach dem LkSG erstrecken sich auf die Einhaltung von Menschenrechts- und Umweltstandards entlang der Wertschöpfungs-/Lieferkette. Inhaltliche Überschneidungen gibt es v.a. mit den Berichtsanforderungen der CSRD in den Bereichen Umwelt und Soziales (Tab. 1).

CSRD/ESRS	Berührungspunkte mit dem LkSG	Detaillierte Unterthemen	Fundstelle ESRS	Fundstelle LkSG
ESRS S1: Arbeitskräfte des Unternehmens	Menschenrechtliche Sorgfaltspflichten, Rechte und Wohlbefinden der Arbeitnehmer	Faire Arbeitsbedingungen, Arbeitssicherheit, Chancengleichheit, Nichtdiskriminierung	ESRS S1.1–10	§ 2, § 3 Abs. 1, § 4 Abs. 1
ESRS S2: Arbeitskräfte in der Wertschöpfungskette	Menschenrechte in der gesamten Lieferkette, Arbeitsbedingungen bei Zulieferern	Arbeitsbedingungen, Menschenrechte, Sorgfaltspflichten	ESRS S2.21–38	§ 5, § 6 Abs. 2, § 7
ESRS S3: Betroffene Gemeinschaften	Auswirkungen auf Menschenrechte der betroffenen Gemeinschaften	Lokale Gemeinschaften, Menschenrechte, soziale Auswirkungen	ESRS S3.6–42	§ 3 Abs. 3, § 6 Abs. 3 und 4
ESRS S4: Verbraucher und Endnutzer	Verbraucherrechte, Produktsicherheit	Produktsicherheit, Verbraucherschutz, Auswirkungen auf Endnutzer	ESRS S4.13–37	§ 2, § 3 Abs. 4, § 7 Abs. 4, § 8 Abs. 5
ESRS E1: Klimawandel	Einhaltung von Umweltstandards in der Lieferkette	Treibhausgasemissionen, Klimarisiken, Strategien zur Minderung	ESRS E1.1–3	§ 3, § 4 Abs. 2, § 5 Abs. 1

CSRD/ESRS	Berührungspunkte mit dem LkSG	Detaillierte Unterthemen	Fundstelle ESRS	Fundstelle LkSG
ESRS E2: Umweltverschmutzung	Verhinderung von Umweltverschmutzung in der Lieferkette	Umweltverschmutzung, Schadstoffmanagement, Präventionsstrategien	ESRS E2.1-8	§ 2, § 3
ESRS E3: Wasser- und Meeresressourcen	Auswirkungen auf Wasserressourcen und Meeresumwelt	Wasserverbrauch, Verschmutzung von Wasserressourcen, maritime Ökosysteme	ESRS E3.1 und 2	§ 2 Abs. 2

Tab. 1: Übereinstimmung in den Anforderungen der CSRD/ESRS und des LkSG

7   Ein zentraler Aspekt in den Anforderungen der CSRD/ESRS und des LkSG ist
     der angemessene **Umgang mit Stakeholdern**. Das LkSG verpflichtet Unter-
     nehmen zur Einrichtung von Mechanismen, über die Menschenrechtsverlet-
     zungen und Umweltschäden in den Lieferketten gemeldet werden können. Die
     ESRS verlangen eine Angabe der Prozesse zur Einbindung verschiedener Sta-
     keholder in die Wesentlichkeitsanalyse, ausdrücklich angesprochen sind eigene
     Arbeitnehmer, Arbeitnehmer in der Wertschöpfungskette, betroffene Gemein-
     schaften sowie Verbraucher und Endnutzer. Das LkSG sieht ferner die Einrich-
     tung eines dezidierten Beschwerdemechanismus vor, der unternehmensinter-
     nen, aber auch unternehmensexternen Adressaten zur Verfügung stehen muss.
     Auch die ESRS verlangen solche Angaben. Das LkSG schreibt die Einrichtung
     von präventiven Maßnahmen vor, etwa die Implementierung von Verhaltens-
     kodizes für Lieferanten und Arbeitnehmer in der Wertschöpfungskette; die
     ESRS fordern Transparenz über solche Maßnahmen. Zudem haben in beiden
     Berichtswerken die Überwachung und die transparente Berichterstattung über
     relevante Informationen ein Gewicht. Das LkSG fordert präventive Maßnah-
     men, etwa Schulungen für Lieferanten und Mitarbeiter oder regelmäßige Über-
     prüfungen; nach den ESRS sind die herangezogenen Richtlinien, Einbezie-
     hungsprozesse, wesentlichen Auswirkungen und die ergriffenen Maßnahmen
     zur Bewältigung dieser Auswirkungen anzugeben.

3   Unsicherheiten durch die nationale Umsetzung

8   Der (Regierungs-)Entwurf des CSRD-UmsG spricht die Wechselwirkung zwi-
     schen dem Nachhaltigkeitsbericht nach ESRS und den Vorgaben des LkSG
     unmittelbar an: So soll mit der Offenlegung eines im Einklang mit den ESRS
     stehenden Nachhaltigkeitsberichts als Teil des Lageberichts die Pflicht zur
     Einreichung des LkSG-Berichts entfallen (§ 10 Abs. 5 und 6 LkSG-E). Die
     Berichtspflicht entfiele auch für Unternehmen, die Teil eines Konzernverbunds
     sind und in einen CSRD-konform erstellten Konzernnachhaltigkeitsbericht
     einbezogen sind.[4] Die diskutierte Erleichterung, die eine doppelte Berichts-
     pflicht der Unternehmen vermeiden soll, löst allerdings nicht alle Überschnei-
     dungen auf. Es bestehen (noch) erhebliche (Rechts-)Unsicherheiten.

9   Notwendige Bedingung für die Ersetzung eines LkSG-Berichts durch einen
     Nachhaltigkeitsbericht ist die Übereinstimmung mit den ESRS, die durch eine
     Prüfung zu bestätigen ist. Die **prüferischen Anforderungen** für eine Befreiung
     von der Pflicht zur Einreichung eines LkSG-Berichts finden im RegE zur
     Umsetzung der CSRD keine Konkretisierung. Es fehlt eine Klarstellung, ob
     nur ein unqualifiziertes Prüfungsergebnis, also ein (Prüfungs-)Vermerk ohne

---

4   Vgl. Wüstemann, BB 2024, S. 1258.

Einschränkung oder besondere Hervorhebung (*Emphasis of Matter*), vorausgesetzt wird. Ein Nachhaltigkeitsbericht, der entweder keine oder nur unzureichende Angaben über die Einhaltung der Sorgfaltspflichten entlang der Wertschöpfungs-/Lieferkette macht und für den bei der Prüfung daher nur ein qualifizierter (Prüfungs-)Vermerk erteilt oder gar das Prüfungsurteil versagt wird, sollte keine Befreiungswirkung entfalten. Zur Vermeidung von Rechtsunsicherheiten ist entweder eine Klarstellung der Anforderungen an die Ersetzung oder eine unbedingte Befreiung von der Einreichung eines LkSG-Berichts erforderlich. In jedem Fall wird der aktuelle Vorschlag den Informationsanforderungen in Bezug auf die Einhaltung der Sorgfaltspflichten entlang der Wertschöpfungs-/Lieferkette ohne Konkretisierung der Anforderungen an den Nachhaltigkeitsbericht nicht gerecht.

Durch die im RegE des CSRD-UmsG vorgeschlagene Ergänzung des LkSG **10**
entfällt nur die gesonderte Berichtspflicht, also die Beantwortung des Online-Fragebogens gegenüber dem BAFA. Alle anderen Vorgaben bleiben unverändert. Es darf aber vom BAFA keine inhaltliche Nachbesserung eines (Nachhaltigkeits-)Berichts gefordert werden, sofern dieser allen gesetzlichen Anforderungen entspricht und eine angemessene Prüfung erfolgt ist. Wird der Nachhaltigkeitsbericht zur Befreiung herangezogen, läuft die Fristsetzung des BAFA für das LkSG ins Leere. Sollte sich jedoch aus handelsrechtlichen Vorgaben eine andere bzw. kürzere Frist für die Veröffentlichung des (Lage-) Berichts ergeben, bleibt diese bindend (§ 10 Abs. 5 und 6, § 12 Abs. 3 LkSG-E).[5] Als Reaktion auf die vorgeschlagene Ersetzungsregelung hat das BAFA einen Hinweis zur erstmaligen Berichtspflicht im Kalenderjahr 2024 – betroffen sind Unternehmen mit mehr als 3.000 Mitarbeitern – veröffentlicht. Für Berichte über das Jahr 2023 soll demnach eine Fristverlängerung bis zum 31.12.2025 zur Einreichung gewährt werden.[6]

Der Nachhaltigkeitsbericht gem. den Anforderungen der ESRS und der LkSG- **11**
Bericht lt. BAFA zeigen inhaltliche Überschneidungen auf, sind größtenteils somit redundant. Die bestehenden Wechselwirkungen sind anerkannt und begründen die Möglichkeit der Befreiung von einer doppelten Berichtspflicht. Perspektivisch bleibt darüber hinaus zu beobachten, wie genau die Anforderungen der Corporate Sustainability Due Diligence Directive (**CSDDD**)[7] integriert werden sollen und wie eine Mindestinformation über die Einhaltung von Sorgfaltspflichten sichergestellt wird, wenn nach der unternehmensspezifischen Wesentlichkeitsanalyse im Einklang mit dem LkSG die vorgesehenen Informationen zur Einhaltung von Sorgfaltspflichten entlang der Wertschöpfungs-/Lieferkette für den Nachhaltigkeitsbericht entfallen.

---

[5] Vgl. Ritz/Werner, DB 2024, S. 1262f.
[6] Siehe die aktuellen Hinweise unter www.bafa.de, Abruf 1.8.2024.
[7] Richtlinie (EU) 2024/1760 v. 13.6.2024, ABl. EU v. 5.7.2024.

4 Zusammenfassung

12 Der RegE zur Umsetzung der CSRD in deutsches Recht führt noch zu Unsicherheiten und Problemen. Dazu zählt v.a. die fehlende Konkretisierung der (inhaltlichen) Bedingungen für die Ersetzung des LkSG-Berichts durch den CSRD-konformen Nachhaltigkeitsbericht.[8] Die vorgeschlagene Befreiung von der Berichtspflicht des LkSG setzt voraus, dass der Nachhaltigkeitsbericht den Anforderungen der ESRS entspricht und einer entsprechenden Prüfung unterzogen wird. Allerdings fehlen klare Kriterien für diese Prüfung, was zu Rechtsunsicherheiten führt.

13 Weitere Herausforderungen für die Unternehmen ergeben sich aus Verzögerungen und daraus resultierenden Inkonsistenzen. Eine Spezifizierung der Anforderungen an die Dokumentation und Berichterstattung im Nachhaltigkeitsbericht ist erforderlich, um die notwendigen Informationen zur Einhaltung der Sorgfaltspflichten konsistent und widerspruchsfrei zu integrieren.

14 Insgesamt fehlen im RegE Spezifikationen, um die noch bestehenden Rechtsunsicherheiten zu beseitigen und eine effiziente und konsistente Berichterstattung sicherzustellen. Mit der Entscheidung, weitere Änderungen an der LkSG-Vorschrift vorzunehmen, könnte eine leichte Optimierung auf dem Weg zur Vermeidung doppelter Berichtspflichten erreicht werden. Die Harmonisierung der Anforderungen nach LkSG und CSRD sowie eine klare Definition der Prüfungsanforderungen sind und bleiben auch nach der Vorlage des RegE zentrale Elemente.

---

[8] Vgl. Freiberg/Auer, WPg 2024, im Erscheinen.

§ 2 Vergleich mit den IFRS Sustainability Disclosure Standards

Vorbemerkung

Die besonderen Herausforderungen des Klimaschutzes und die Informationsbedürfnisse der Adressaten haben die (parallele) Entwicklung von drei Rahmenwerken – bedeutsam sind die Verlautbarungen der SEC, die allerdings aktuell
„*stayed*" sind und einer gerichtlichen Überprüfung harren, und des ISSB, die sich
bislang ausschl. Klimaaspekten widmen, und die Berichtsanforderungen der EU-
Kommission in den ESRS – zur Nachhaltigkeitsberichterstattung beschleunigt.
Die Einführung der Vorgaben, die einen Plausibilitätsrahmen für die Beurteilung
erlauben sollen, zeigt aber auch, dass eine umfassendere Offenlegung für ein
breiteres Spektrum von Kennzahlen und Themen weiterhin erforderlich ist und
künftig auch bleibt. Das Rahmenwerk der ESRS wurde, anders als die nur dem
Klima gewidmeten Rahmenwerke der SEC und des ISSB, mit Ausrichtung auf
alle Aspekte der ESG entwickelt. Zusätzlich zu den allgemeinen Grundsätzen
und Anforderungen gibt es einzelne Entwürfe zu ESG-spezifischen Themen wie
Umweltverschmutzung, Arbeitskräfte, Verbraucher und Unternehmenspolitik.

Am 2.5.2024 haben die IFRS Foundation und die European Financial Reporting
Advisory Group (EFRAG) gemeinsam Leitlinien zur Angleichung zwischen den
IFRS Sustainability Disclosure Standards (IFRS SDS) des ISSB und den ESRS
veröffentlicht (Rz 34 ff.). Die Leitlinien konzentrieren sich auf klimabezogene
Angaben und decken daher hauptsächlich die Anforderungen von IFRS S2 „Klima-
bezogene Angaben" und, soweit relevant, die Anforderungen von IFRS S1 „All-

gemeine Anforderungen an die Offenlegung von nachhaltigkeitsbezogenen Finanzinformationen" ab.

1   Nebeneinander unterschiedlicher Rahmenwerke

1.1   Fehlen einer *global baseline* für Nachhaltigkeitsinformationen

1   Die Anforderungen an die Berichterstattung der Unternehmen zu Aspekten der Nachhaltigkeit schreiten ungebremst voran. Der Ruf der Adressaten – weit abgegrenzt als jeder Interessent (*stakeholder*) mit einem Interesse – nach Informationen über Auswirkungen, Chancen und Risiken des nachhaltigen Handelns wird von unterschiedlichen Standardsetzern aufgegriffen. Neben den bislang auf klimabezogene Aspekte begrenzten Berichtsanforderungen des ISSB und der SEC hat die Europäische Union mit den ESRS ein umfangreiches Paket zur nichtfinanziellen Information über ESG-Aspekte erarbeitet. Bezogen auf die Anforderungen an die Klimaberichterstattung bestehen Überschneidungen, als gemeinsames Fundament für die Rahmenwerke gilt der klimabezogenen Informationen gewidmete TCFD-Rahmen.[1] Die Task Force on Climate-related Financial Disclosures (TCFD), die 2015 vom Financial Stability Board (FSB) eingerichtet wurde, um die Berichterstattung über klimabezogene Finanzinformationen zu verbessern und auszuweiten, hat ihren Auftrag erfüllt und wurde auf der COP28 offiziell aufgelöst.

2   Vorreiter der vorliegenden Rahmenwerke war eine Vielzahl von freiwillig anzuwendenden Berichterstattungssystemen, somit ein Wildwuchs von Vorschlägen ohne Legitimation. Es fehlte daher auch an einer Konvergenz und Harmonisierung der Anforderungen; das berichterstattende Unternehmen und die Adressaten sahen sich einem Buchstaben- und Zahlensalat ausgesetzt. Es gab zwar erste Datenpunkte, ein Informationsmehrwert fehlte. Ein entscheidender Ausgangspunkt für die (erforderliche) Harmonisierung der Berichtsanforderungen stellt ein Bericht der Internationalen Organisation der Wertpapieraufsichtsbehörden (IOSCO)[2] dar. Gefordert wurde seitens der IOSCO, die Vollständigkeit, Konsistenz, Vergleichbarkeit, Zuverlässigkeit und Überprüfbarkeit der Nachhaltigkeitsberichterstattung zu verbessern. Identifiziert wurden drei Prioritäten zur Verbesserung der Information:
1. Förderung weltweit einheitlicher Standards,
2. Förderung vergleichbarer Metriken und Darstellungen und
3. Koordinierung verschiedener Ansätze.

Als unmittelbare Reaktion hat die IOSCO die Bemühungen der IFRS Foundation unterstützt, den International Sustainability Standards Board (ISSB) mit

---

1   TCFD, Final Report Recommendations of the Task Force on Climate-related Financial Disclosures.
2   IOSCO, Report on Sustainability-related Issuer Disclosures, Juni 2021.

dem Ziel der Entwicklung einer **global einheitlichen Basis von Nachhaltigkeitsstandards** zu gründen.

Im Einklang mit der Empfehlung der IOSCO hat die IFRS Foundation im November 2021 den ISSB eingerichtet. Parallel wurden in den USA durch die US-Börsenaufsichtsbehörde (SEC) und für Europa durch die Europäische Beratergruppe für Finanzberichterstattung (EFRAG) im Auftrag der EU-Kommission Vorgaben für die Offenlegung von Nachhaltigkeitsdaten veröffentlicht. Jedes Rahmenwerk war Gegenstand einer öffentlichen Konsultation, bevor die endgültigen Regeln oder Standards angenommen werden.

3

- Der **ISSB** ist von den drei (aktiven) Standardsetzern derjenige ohne eine offizielle Befugnis, die Offenlegung von Nachhaltigkeitsaspekten vorzuschreiben. Es besteht zwar eine Empfehlung der IOSCO, auf die IFRS Sustainability Disclosure Standards (IFRS SDS) zurückzugreifen, eine Verpflichtung gibt es aber nicht. Die Aufgabe des ISSB liegt als Reaktion der Forderung der IOSCO (Rz 2) vielmehr darin, Nachhaltigkeitsstandards zu erarbeiten, die von den einzelnen Rechtsordnungen und Regulierungsbehörden übernommen oder auf andere Weise bei der Ausarbeitung von Vorschriften verwendet werden können.[3]
- Die **SEC**, die in letzter Konsequenz als nationale Instanz Weisungen des US-Präsidenten untersteht, konzentriert sich in erster Linie auf den Schutz der Anleger börsennotierter Unternehmen in den USA. Es besteht die Befugnis, Vorschriften zur Umsetzung der Wertpapiergesetze zu erlassen und durchzusetzen. Folge des Schwerpunkts des Anlegerschutzes sind Vorschriften, die den Anlegern die Informationen zur Verfügung stellen sollen, die sie benötigen, um fundierte Anlageentscheidungen zu treffen. Die von der SEC am 6.3.2024 final verabschiedeten (Klima-)Regeln stellen die finanziellen Auswirkungen des Klimawandels auf die berichtenden Unternehmen und deren Finanzlage in den Vordergrund. Wegen der Begrenzung des Zuständigkeitsbereichs der SEC sind ausschl. in den USA börsennotierte Unternehmen betroffen, es besteht gleichwohl eine Verpflichtung zur Anwendung der (Klima-)Regeln. Allerdings wurde die Anwendung der Vorgaben zunächst zurückgestellt (*„stayed"*). Am 4.4.2024 hat die SEC die Anwendung des Rahmenwerks ausgesetzt (*„to facilitate the orderly judicial resolution"*), da rechtliche Umsetzungsfragen zu klären sind.
- Die von **EFRAG** im Auftrag der EU-Kommission entwickelten Standards für die Nachhaltigkeitsberichterstattung bilden die Grundlage für die Umsetzung der in der CSRD geforderten obligatorischen Angaben. Die Anwendung ist nicht nur obligatorisch für in Europa börsennotierte Unternehmen, sondern es besteht in Abhängigkeit von der Unternehmensgröße auch eine Berichtspflicht für nicht börsennotierte Unternehmen. Die Anforderungen folgen dem Konzept der **doppelten Wesentlichkeit** (Rz 9; → § 4 Rz 60 ff.); entscheidend ist danach, wie sich Nachhaltigkeitsfragen auf die berichtenden Unternehmen auswirken, aber

---

[3] Siehe auch Lüdenbach/Hoffmann/Freiberg, Haufe IFRS-Kommentar, 22. Aufl., 2024, § 60 Rz 2.

auch, wie die berichtenden Unternehmen die Umwelt und die Gesellschaft beeinflussen. Die Vorgaben sind darüber hinaus breiter angelegt als die Anforderungen des ISSB und der SEC, im Einklang mit der CSRD decken die ESRS ein breites Spektrum von Umwelt-, Sozial- und Governance-Themen ab.

Eine parallele Anwendungspflicht kann sich bislang nur auf die Anforderungen der SEC und EFRAG ergeben, betroffen wäre ein in Europa ansässiges Unternehmen mit einer Börsennotierung in den USA.

4   Die einzelnen Rahmenwerke tragen nicht nur unterschiedliche Handschriften, sondern weisen in den überschneidenden Bereichen der klimabezogenen Anforderungen einen abweichenden Detaillierungsgrad auf. Für Unternehmen, die versuchen oder gezwungen sind, mehrere der Berichtsanforderungen parallel anzuwenden und den Bedürfnissen globaler Investoren und den rechtlichen Auflagen gerecht zu werden, ergeben sich Herausforderungen für eine kohärente und konsistente Informationsbereitstellung. Besonders hervorzuheben sind neben einigen Detailanforderungen der (noch) größere Umfang und die Reichweite der europäischen Standards (ESRS) zur Berichterstattung. Es besteht aktuell keine *global baseline* für eine einheitliche Berichterstattung im internationalen Kontext. Die seitens der SEC geforderten Angaben sehen bezogen auf die klimabezogenen Angaben die geringsten Anforderungen vor, insbes. bezogen auf Treibhausgasemissionen ist der Pflichtbereich (*scope*) reduziert.

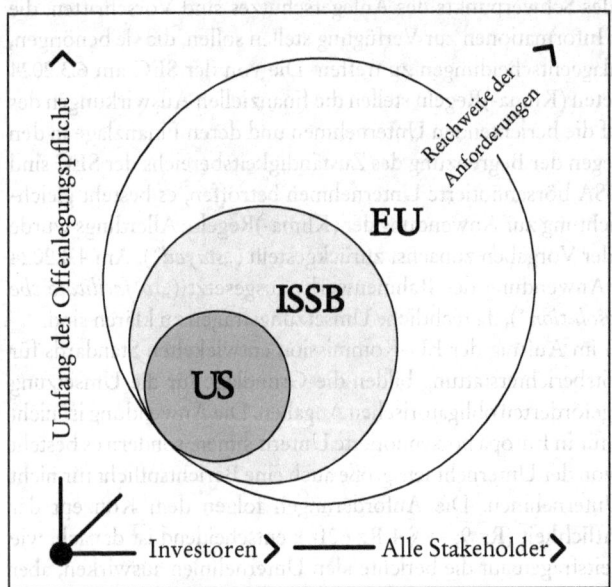

Abb. 1: Vergleich der Rahmenwerke nach Umfang und Adressatengruppe

1.2 TCFD-Rahmen als gemeinsame Basis

Trotz der bedeutsamen Unterschiede gibt es Gemeinsamkeiten in den (Klima-) 5
Regeln. Allen Anforderungen ist der TCFD-Rahmen als (Ausgangs-)Basis gemein.

Bei der Entwicklung ihrer jeweiligen Offenlegungsrichtlinien haben die SEC, die
EFRAG und der ISSB jeweils Elemente des Offenlegungsrahmens der Task Force
on Climate-related Financial Disclosures (TCFD) verwendet, um ihre Anforderungen an die Klimaberichterstattung zu formulieren. Die TCFD umfasst eine Reihe
von Offenlegungsempfehlungen, die um vier Themenbereiche herum strukturiert
sind, welche die Kernkomponenten eines Unternehmens darstellen. Angesprochen
sind

* Governance,
* Strategie,
* Risikomanagement sowie
* Kennzahlen und Ziele.

Unterstützt durch elf empfohlene Angaben bilden diese Komponenten ein Rahmenwerk, das Investoren und anderen Stakeholdern helfen soll zu verstehen, wie
ein Unternehmen klimabezogene Risiken und Chancen bewertet, einbezieht und
angeht.

Jeder Vorschlag eines Rahmenwerks für die Berichterstattung enthält zusätzliche Merkmale, die über die in der TCFD festgelegten Säulen und Empfehlungen
hinausgehen und die gewünschten Ergebnisse noch spezifischer und detaillierter gestalten. Es gilt:

* Die als einziges Rahmenwerk international ausgerichteten (Klima-)Anforde-
  rungen des ISSB stimmen mit den TCFD-Leitlinien überein, enthalten aber
  zusätzlich Anforderungen und Aspekte zur Erhöhung des Detaillierungsgrads.
* Die Anforderungen der SEC für die klimabezogene Offenlegung stützten
  sich ebenfalls auf den TCFD-Rahmen als Leitfaden für die Entwicklung von
  Offenlegungsanforderungen, verwenden aber einen eigenen Ansatz für die
  geforderte Informationsbereitstellung in Bezug auf Metriken und Ziele,
  Offenlegung und klimabezogene Möglichkeiten.
* Die von der EFRAG entwickelten ESRS stellen den präskriptivsten und
  detailliertesten Rahmen dar. Die Anforderungen stimmen nicht nur mit
  dem TCFD-Rahmen überein, sondern weiten diesen auch deutlich aus,
  insbes. durch die Aufnahme der doppelten Wesentlichkeit (Rz 9) in die
  europäischen Anforderungen.

Alle Regelwerke orientieren sich eng an den TCFD-Leitlinien für die Offenlegung von Emissionen. So finden die im Corporate Accounting and Reporting
Standard des Greenhouse Gas Protocol (**GHG Protokoll**)[4] definierten Treib-

---

[4] The Greenhouse Gas Protocol, A Corporate Accounting and Reporting Standard, Revised
Edition, 2004.

hausgasbilanzierungsstandards, einschl. ihres Konzepts der Geltungsbereiche und der entsprechenden Methodik, in allen Regelwerken Berücksichtigung. Unternehmen sind angehalten, Treibhausgasemissionen, gemessen in metrischen Tonnen CO_2-Äquivalenten gem. dem GHG-Protokoll, der Bereiche Scope-1-Emissionen und Scope-2-Emissionen offenzulegen. Für Scope-3-Emissionen sehen ISSB und die ESRS eine Angabe vor; die (Klima-)Regeln der SEC schließen die Angabe von Scope-3-Emissionen zunächst aus.

6   Die gemeinsame Nutzung des TCFD-Rahmens stellt eine gewisse Kontinuität – mind. aber die Möglichkeit zur Fortsetzung der Information über bestehende Datenpunkte – in der (Nachhaltigkeits-)Berichterstattung dar (Rz 2). Der einheitliche Rückgriff auf die TCFD-Leitlinien stellt darüber hinaus einen Mindestrahmen für eine vergleichbare Offenlegung von Schlüsselthemen dar, einschl. der Information über die weitreichenden Auswirkungen nachhaltigkeitsbezogener Chancen und Risiken sowie der Steuerung und Überwachung.

Übereinstimmung mit den Anforderungen der TCFD bei ...		
	Governance-Strategie und Risikomanagement	Metriken und Zielen
ISSB	Die Vorgaben sind am meisten angeglichen, das Regelwerk baut auf dem TCFD-Rahmen auf. So ist auch die Beschreibung von Übergangsplänen vorgesehen und eine Szenarioanalyse gefordert.	Die Vorgaben sind am stärksten angepasst, da die sieben Kategorien von branchenübergreifenden Metriken, die in der Aktualisierung der TCFD 2021 enthalten sind, direkt berücksichtigt werden.
SEC	I. W. besteht eine Übereinstimmung, Unterschiede ergeben sich dort, wo eine Offenlegung nur dann erforderlich ist, wenn das Unternehmen das Element nutzt (z. B. Szenarioanalyse), und bei der fakultativen Berichterstattung über klimabezogene Chancen.	Gefordert werden, allerdings mit einer Wesentlichkeitsausnahme, detailliertere finanzielle Auswirkungen als in der TCFD, es besteht aber eine weitgehende Übereinstimmung bei der Offenlegung von Zielen, aber mit optionaler Berichterstattung über klimabezogene Chancen.

Übereinstimmung mit den Anforderungen der TCFD bei ...	
	Governance-Strategie und Risikomanagement	Metriken und Zielen
ESRS	Die Anforderungen sind weitgehend übereinstimmend, Unterschiede ergeben sich, weil die EU den doppelten Wesentlichkeitsgrundsatz (Rz 9) verwendet.	Vorgesehen ist eine Aufteilung in Strategien, Maßnahmen, Messgrößen und Ziele. Die Anforderungen sind deutlich präskriptiver und beziehen sich auf die politischen Ziele der EU, einschl. der Erreichung des Pariser Abkommens.

Tab. 1: Verhältnis von ISSB, SEC und ESRS gegenüber dem TCFD-Rahmen

2 Gemeinsamkeiten und Unterschiede in den Anforderungen

2.1 Konzeption und Verbindlichkeit

In jedem der aktuell vorliegenden Rahmenwerke wird unterstellt, dass verbes-   7
serte Nachhaltigkeitsangaben gut für die Kapitalmärkte sind. Den Nachweis
bleiben gleichwohl alle Standardsetzer schuldig. Die zusätzliche Transparenz
und Rechenschaftspflicht der Unternehmen, die durch die neuen Offenlegungen entstehen, können – und sollen im Fall der CSRD – das Verhalten der
Unternehmen beeinflussen und sich somit positiv für den Planeten auswirken.

Ein (noch) auffälligerer Unterschied zwischen den Rahmenwerken ist die Breite   8
der Themen, die in den Anwendungsbereich fallen. Die ESRS behandeln bereits
Umwelt-, Sozial- und Governance-Themen und sehen auch einen spezifischen
Standard für die Offenlegung von Klimadaten vor. Die Regelwerke des ISSB
und der SEC stellen klimabezogene Informationen in den Vordergrund. In
Zukunft kann es zu einer (weiteren) Angleichung kommen, wenn die SEC, die
allerdings zunächst Regeln zur Abbildung von Humankapital und den Umgang
mit Cyberrisiken in den Vordergrund stellt, und der ISSB wie erwartet weitere
Leitlinien zur Berichterstattung herausgeben.

Der Umgang mit branchenspezifischen Anforderungen führt ebenfalls (noch)
zu einem Unterschied in der Breite der Anforderungen. Die Unterscheidung in
den Anforderungen an Unternehmen unterschiedlicher Branchen ist bereits ein
ausdrücklicher Schwerpunkt der IFRS SDS. Von den Unternehmen wird verlangt (IFRS S1), die Anwendbarkeit der Standards des Sustainability Accounting Standards Board (SASB) zu berücksichtigen, wenn sie nachhaltigkeits-

bezogene Risiken und Chancen identifizieren. Seitens der SEC wurde hingegen ein Verzicht auf branchenspezifische Anforderungen erklärt. Seitens der EFRAG bleibt die Entwicklung von Branchenstandards zwar eine „Schlüssel-aufgabe", priorisiert wird allerdings zunächst die Bereitstellung von Umset-zungsleitlinien, die von der EU-Kommission gefordert sind (→ § 1 Rz 20).

9   Der (wohl) bedeutendste Unterschied zwischen den Rahmenwerken wird durch das verankerte **Konzept der Wesentlichkeit** markiert. Die (Informations-)Bedürfnisse der Adressaten und damit der Nutzer von (Nachhaltig-keits-)Informationen können unterschiedlich sein. Die Anwendung von We-sentlichkeit ist für das berichtende Unternehmen der Filter, sich auf die Informationen zu konzentrieren, die – nach eigener Auffassung – wichtig, also relevant, für den Adressaten sind.

- Alle Rahmenwerke verpflichten das berichtende Unternehmen auf die Be-achtung der finanziellen Wesentlichkeit (*outside-in*). Anzugeben sind somit die Informationen, die gemessen an der finanziellen Auswirkung die Ent-scheidung der Adressaten beeinflussen könn(t)en. Die Definition der We-sentlichkeit für das ISSB-Rahmenwerk folgt den Vorgaben der Finanzbe-richterstattung (IAS 8.5[5]). Für das Rahmenwerk der SEC ergibt sich die Wesentlichkeit aus der Definition der Wesentlichkeit in den bestehenden Wertpapiergesetzen und Präzedenzfällen des Obersten Gerichtshofs der USA. Für die quantitativen Angaben in den Fußnoten der Jahresabschlüsse ist eine 1 %-Schwelle vorgesehen.

- Ausschl. die ESRS sehen darüber hinaus (zusätzlich) eine Verpflichtung zur Berücksichtigung der – im Einklang mit der Berichterstattung nach den GRI-Standards stehenden – Auswirkungswesentlichkeit vor (*inside-out*). Geboten ist die Offenlegung von Nachhaltigkeitsaspekten, die sich auf die tatsächlichen oder potenziellen, positiven oder negativen Auswirkungen eines Unternehmens auf die Menschen oder die Umwelt beziehen. Einige dieser Aspekte können auch von finanzieller Bedeutung sein.

---

[5]   Vgl. Lüdenbach/Hoffmann/Freiberg, Haufe IFRS-Kommentar, 22. Aufl., 2024, § 1 Rz 65.

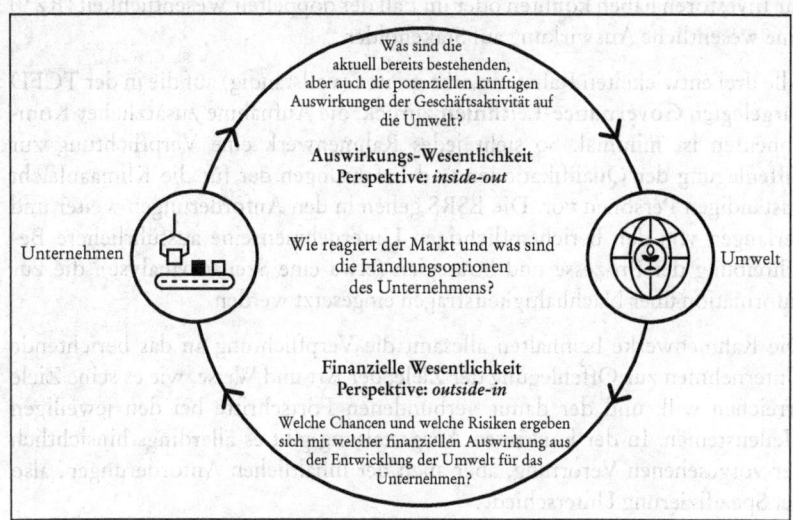

Abb. 2: Konzept der doppelten Wesentlichkeit

Die Einführung eines quantitativen **Schwellenwerts** für die Bestimmung der Wesentlichkeit (etwa der diskutierte 1 %-Grenzwert der SEC) konterkariert die Bereitstellung von aussagekräftigen Informationen und lässt sich auch nur schlecht operationalisieren. Die Anwendung der traditionellen Konzepte der Wesentlichkeit stellt eine kohärente und konsistente Offenlegung von finanziellen und nichtfinanziellen Informationen sicher. Vorziehungswürdig ist daher eine Wesentlichkeitsbeurteilung, nach der ein Nachhaltigkeitsaspekt aus finanzieller Sicht wesentlich ist, wenn er wesentliche finanzielle Auswirkungen auslöst oder vernünftigerweise erwartet werden kann, dass er solche auslöst.

Jedes der Rahmenwerke verlangt von den berichtenden Unternehmen, dass sie Chancen und Risiken berücksichtigen, die kurz-, mittel- und langfristig auftreten können. Erforderlich ist somit eine Bewertung der Wesentlichkeit über diese Zeiträume. Während in den ESRS die maßgeblichen **Zeithorizonte** – unterschieden nach kurz-, mittel- und langfristig – je nach Angabepflicht variieren, es also keine einheitliche Definition gibt, enthalten sich die Regelwerke von ISSB und SEC (noch) einer Konkretisierung der für die Informationsbereitstellung zu unterscheidenden Zeiträume.

In allen Regelwerken fehlen aktuell noch zusätzliche Leitlinien zur Sicherstellung der Konsistenz und Kohärenz der Informationen. Zur Sicherstellung einer Abstimmbarkeit mit der bereits bekannten zeitlichen Disaggregation von Finanzinformationen bietet sich eine Disaggregation für die Zeiträume an, in denen die Auswirkungen auf künftige Cashflows eine wesentliche Auswirkung

10

für Investoren haben könnten oder im Fall der doppelten Wesentlichkeit (Rz 9) eine wesentliche Auswirkung auf Stakeholder.

11   Alle drei entwickelten Rahmenwerke greifen (vollständig) auf die in der TCFD dargelegten **Governance-Leitlinien** zurück, die Aufnahme zusätzlicher Komponenten ist minimal. So sieht jedes Rahmenwerk eine Verpflichtung zur Offenlegung der Qualifikationen und Erfahrungen der für die Klimaaufsicht zuständigen Personen vor. Die ESRS gehen in den Anforderungen weiter und verlangen von den berichtspflichtigen Unternehmen eine ausführlichere Beschreibung der Prozesse und Strategien (etwa eine Szenarioanalyse), die zur Information über Nachhaltigkeitsfragen eingesetzt werden.

12   Die Rahmenwerke beinhalten allesamt die Verpflichtung an das berichtende Unternehmen zur Offenlegung der **Ziele**, der Art und Weise, wie es seine Ziele erreichen will, und der damit verbundenen Fortschritte bei den jeweiligen Meilensteinen. In der konkreten Ausgestaltung gibt es allerdings hinsichtlich der vorgesehenen Verortung, aber auch der inhaltlichen Anforderungen, also der Spezifizierung Unterschiede.

Hinsichtlich der Aufnahme in die (Regel-)Berichterstattung ist – ausgehend von einer nach allen Vorgaben verpflichtend in zeitlicher Dimension gleichlaufenden Veröffentlichung – folgende Differenzierung zu beachten:

Platzierung der Informationen nach den Vorgaben von ...	ISSB	SEC	ESRS
Aufnahme in den (geprüften) Abschluss?	Keine Verpflichtung, aber wahlweise über Querverweise zulässig.	Verpflichtung für bestimmte finanzielle Auswirkungen und Metriken sowie finanzielle Schätzungen und Annahmen. Allerdings können einige Angaben auch außerhalb des Abschlusses veröffentlicht werden.	Nein, es ist eine Trennung vorgesehen.

Platzierung der Informationen nach den Vorgaben von ...	ISSB	SEC	ESRS
Berücksichtigung im (Geschäfts-)Bericht?	Es besteht eine Verpflichtung, aber flexible Verortung ist zulässig.	Nur für bestimmte Angaben verpflichtend vorgesehen, entweder durch Platzierung in einem separaten Abschnitt oder durch Verweis auf einen bestehenden Abschnitt.	Aufnahme bestimmter Informationen in den Lagebericht ist erforderlich.
Zulässigkeit von Querverweisen	Unter bestimmten Bedingungen auch auf Dokumente, die nicht der allgemeinen (Finanz-)Berichterstattung dienen.	Zulässig innerhalb des (Geschäfts-)Berichts als einheitliches Dokument.	Zulässig, aber eingeschränkt auf einen bestimmten Umfang, an bestimmten Stellen und nur unter bestimmten Bedingungen.

Tab. 2: Verortung der (Nachhaltigkeits-)Informationen

Die Anforderungen des ISSB für **Querverweise** sind restriktiv ausgestaltet. Wenn Informationen außerhalb des (Geschäfts-)Berichts durch Querverweise auf andere, separat veröffentlichte Dokumente verortet werden, sind diese nach den gleichen Bedingungen zu erstellen und auch gleichzeitig zu veröffentlichen.

Ein wesentlicher inhaltlicher Unterschied in den Anforderungen für die Offenlegung besteht in der Konkretisierung von Zielen in den ESRS durch die CSRD. Innerhalb der ESRS wird von den berichtspflichtigen Unternehmen die Festlegung von **Emissionszielen** zu bestimmten Terminen und von **Übergangsplänen** verlangt, die auf die Begrenzung der globalen Erwärmung auf 1,5 °C abzielen.[6] Die ISSB-Standards und die Anforderungen der SEC schreiben keine   13

---

6   Übereinkommen von Paris, Art. 2 Abs. 1 a).

spezifischen Ziele oder Termine vor, sondern verlangen die Offenlegung aller vom Unternehmen individuell festgelegten Ziele. Die unterschiedliche Behandlung ist Konsequenz der Bindung der ESRS an die Klimaagenda der EU. Die Anforderungen unterscheiden sich nur im Detail, anzugeben sind unabhängig vom Rahmenwerk immer alle klimabezogenen Ziele, die sich das Unternehmen individuell gesetzt hat:

- Nach den Vorgaben des **ISSB** ist auch auf die Frage einzugehen, inwieweit diese Ziele durch das jüngste internationale Abkommen zum Klimawandel – aktuell wäre hier auf das Pariser Abkommen abzustellen – beeinflusst wurden. Zu den zu berücksichtigenden Zielvorgaben gehören auch solche, die als Reaktion auf regulatorische Anforderungen oder klimarelevante Verträge oder Gesetze festgelegt wurden.

- Die **SEC** bezieht in den Kreis der verpflichtenden Zielvorgaben ebenfalls die Absichten ein, die als Reaktion auf regulatorische Anforderungen oder klimarelevante Verträge oder Gesetze festgelegt wurden. Es fehlt die Bezugnahme auf konkrete Vorgaben, die Erwartungshaltung umfasst aber auf jeden Fall bestehende und zukünftige amerikanische Verlautbarungen.

- Am konkretesten sind die Anforderungen der **ESRS**. Vorgesehen ist die Verpflichtung und Offenlegung von Zielen für die Verringerung der Treibhausgasemissionen in gleitenden Fünfjahreszeiträumen, einschl. die Angabe von Zielwerten für mind. das Jahr 2030 und, falls verfügbar, das Jahr 2050. Eine Offenlegung über die Vereinbarkeit des Übergangsplans mit dem Pariser Abkommen (oder einem aktualisierten internationalen Abkommen zum Klimawandel) ist ebenfalls geboten.

14   Im Einklang mit der Aufnahme der **Szenarioanalyse** in das TCFD-Rahmenwerk wird in allen drei Richtlinien dieses Instrument zur Unterstützung der Unternehmen bei der Entwicklung einer Klimastrategie genannt. Die Klimaszenarioanalyse ist ein Instrument, das Unternehmen bei der Entwicklung von Klimaplänen und der Bewertung ihrer Widerstandsfähigkeit gegenüber klimabezogenen Risiken hilft, indem es die geschäftlichen Auswirkungen und potenziellen Folgen in einer Reihe verschiedener Klimaszenarien (z.B. bei unterschiedlichen Temperaturanstiegen) aufzeigt. Dieser Prozess sollte zum einen Marktübergangsrisiken aufdecken (auch transitorische Risiken genannt), wie z.B. schrumpfende oder wachsende Märkte, sowie die mit dem Klimawandel verbundenen physischen Risiken wie Temperaturanstieg, Dürren und Überschwemmungen.

Die Szenarioanalyse wird abweichend von der SEC nicht vorgeschrieben, aber sie wird als mögliches alternatives Berichtselement diskutiert, das Investoren über die Widerstandsfähigkeit der Geschäftsstrategien und -abläufe der registrierten Unternehmen in einer Reihe plausibler zukünftiger Klimaszenarien informieren kann. Die SEC weist darauf hin, dass sich die für eine umfassende

Szenarioanalyse erforderlichen Analyseinstrumente noch im Entwicklungsstadium befinden und dass die Beschaffung der für eine vollständige Szenarioanalyse erforderlichen Daten kostspielig sein kann. Im Gegensatz dazu verlangen sowohl das ISSB- als auch das ESRS-Regelwerk von allen berichtspflichtigen Unternehmen, dass sie offenlegen, wie sie die Szenarioanalyse genutzt haben, um klimabezogene Risiken und Chancen in einem hohen Detailgrad zu bewerten.

Die aktuellen Rahmenwerke weichen von den TCFD-Leitlinien insbes. in den **15** Anforderungen zur **(Klima-)Strategie** ab. Zwar werden die grundlegenden Anforderungen der TCFD aufgenommen, Unterschiede ergeben sich aber durch eine spezifische Ausweitung. Sowohl die ESRS- als auch die ISSB-Anforderungen haben alle empfohlenen Angaben und Leitlinien der TCFD-Säule „Strategie" übernommen, also in die eigenen Rahmenwerke integriert. Allerdings enthalten beide Regelwerke Anforderungen für zusätzliche, detailliertere Informationen im Zusammenhang mit der Offenlegung der Strategie.

• Die im **ISSB**-Rahmenwerk geforderten zusätzlichen Informationen konzentrieren sich auf die Auswirkungen auf die Strategie und Planung.

• Die Anforderungen der **SEC** orientieren sich an der Offenlegung der Finanzen des Unternehmens und stellen die Auswirkungen klimabezogener Risiken und Chancen auf die finanzielle Leistungsfähigkeit in den Vordergrund. Es gibt daher konkrete Anforderungen für das Was und Wo. Es besteht die Verpflichtung, darüber zu berichten, wie sich identifizierte klimabezogene Risiken wesentlich auf die Posten des konsolidierten Abschlusses und die damit zusammenhängenden Ausgaben ausgewirkt haben oder wahrscheinlich auswirken werden. Beachtlich ist ein Schwellenwert für finanzielle Auswirkungen und Ausgabenkennzahlen, nach dem jede Auswirkung von mehr als 1 % des Gesamtwerts eines Einzelpostens offengelegt werden soll.

• In den **ESRS**-Vorgaben wird die Säule „Strategie" des TCFD-Rahmens durch Ergänzungen erweitert, die sich auf zusätzliche Risikoangaben konzentrieren und die Verbindung zur Finanzlage und den zugehörigen Aufstellungen herstellen. Ein eigener Abschnitt integriert auch Komponenten der EU-Taxonomie-VO, indem er die Verwendung von Taxonomie-Anpassungskennzahlen und Konsistenz von Ressourcen und finanziellen Möglichkeiten aus der Taxonomie-VO fordert.

Die aufgenommenen Ergänzungen zur Säule „Strategie" des TCFD-Rahmens verdeutlichen die Notwendigkeit, die Offenlegung der Strategie mit greifbaren und quantifizierbaren finanziellen Auswirkungen klimabezogener Risiken und Chancen in Einklang zu bringen. Als Regulatoren haben die SEC und die EU-Kommission ein besonderes Maß an Durchsetzungskraft, eine entsprechende Legitimation fehlt dem Rahmenwerk des ISSB.

Für die in die Rahmenwerke aufgenommenen Anforderungen an das **nach-** **16** **haltigkeitsbezogene Risikomanagement** standen ebenfalls die Ausführungen der TCFD-Leitlinien Pate. In der Umsetzung sind die Standardsetzer allerdings weiter gegangen. Unterschiede ergeben sich als Folge von Erweiterungen:

- Das **ISSB**-Rahmenwerk stellt vorrangige Möglichkeiten zur Ausgestaltung eines Risikomanagements dar und sieht eine Detaillierung der Berichterstattung über die Eingangsparameter für die Risikoermittlung sowie eine Verpflichtung zur kontinuierlichen Aktualisierung vor.
- Eine wesentliche Änderung für das geforderte Risikomanagement ergibt sich bei Rückgriff auf das Rahmenwerk der **SEC**. Berichtspflichtige Unternehmen, die der Zuständigkeit der SEC unterliegen, haben klimabezogene Risiken offenzulegen, die Information über klimabezogene Chancen bleibt optional.
- Die **ESRS** verlangen – aufbauend auf dem Konzept der doppelten Wesentlichkeit (Rz 9) – die Berücksichtigung zusätzlicher Auswirkungen bei der Offenlegung der wichtigsten Risiken und Chancen sowie detailliertere Anwendungsleitlinien für die Ermittlung und Bewertung von physischen und Übergangsrisiken.

Eine Angleichung der Anforderungen an das unternehmensspezifische Risikomanagement bleibt eine wichtige Aufgabe, andernfalls sehen sich die berichtspflichtigen Unternehmen, die mehrere Rahmenwerke berücksichtigen müssen, der Herausforderung einer Inkonsistenz und somit Mehraufwand ausgesetzt.

17   Das Vertrauen in die von den berichtspflichtigen Unternehmen offengelegten Informationen ist eine entscheidende Komponente effizienter Kapitalmärkte. Es besteht daher das Erfordernis, den Adressaten einen vergleichbaren Komfort – verstanden als Sicherheit und Verlässlichkeit – in Finanzinformationen und Nachhaltigkeitsberichte zu geben. Bislang fehlte (noch) ein international anerkannter **Prüfungsstandard**[7], der speziell auf die Informationen zur Nachhaltigkeit ausgerichtet ist (→ § 17 Rz 34ff.). Es lassen sich zwei Arten von Prüfungssicherheit unterscheiden:

- Die **begrenzte Prüfungssicherheit** (*limited assurance*) stellt die weniger strenge Form dar, der Grad der Verlässlichkeit fällt geringer aus (→ § 17 Rz 15). Die Schlussfolgerungen des (Abschluss-)Prüfers einer begrenzten Prüfungssicherheit können wie folgt formuliert werden: „Während der Prüfung ist uns nichts aufgefallen bzw. sind uns keine Informationen bekannt geworden, dass die seitens des Unternehmens gemachten Angaben nicht richtig/zutreffend sind."
- Im Gegensatz dazu erfordert die **hinreichende Prüfungssicherheit** (*reasonable assurance*) einen höheren Aufwand, der auch das interne Kontroll-

---

[7]   Der IAASB hat mit dem International Standard on Sustainability Assurance (ISSA) 5000 einen globalen Prüfungsstandard entwickelt. Die Leitlinien sollen für alle (Prüfungs-)Aufträge im Bereich der Nachhaltigkeit gelten, also unabhängig vom Rahmenwerk sein; → § 17 Rz 37ff.

system des berichtspflichtigen Unternehmens umfasst, und setzt voraus, dass der Prüfer die Schlussfolgerung ziehen kann, dass die bereitgestellten Informationen richtig sind.

Sowohl die SEC als auch die EU-Kommission sehen ein stufenweises Ausrollen von Prüfungssicherheit für die Nachhaltigkeitsinformationen vor. Ausgehend von *limited assurance* ist mit zeitlichem Verzug eine Prüfung mit *reasonable assurance* – analog zu den Vorgaben für Finanzinformationen – vorgesehen. In zeitlicher Dimension gilt:

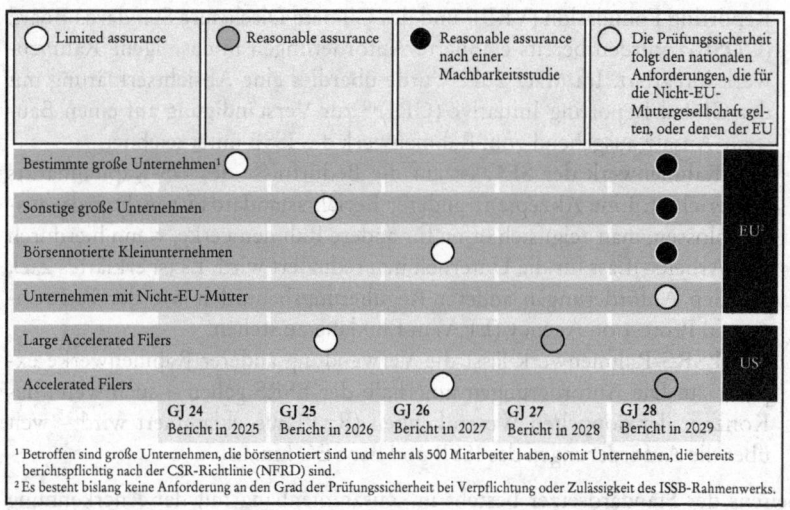

Abb. 3: Schrittweise (erwartete) Verpflichtung zur Prüfung mit *reasonable assurance*

Eine ähnliche Prüfungssicherheit für Nachhaltigkeitsinformationen, die sich an den IFRS SDS orientieren, wird von den Jurisdiktionen entschieden, die eine Anwendung zulassen oder vorgeben. Der ISSB selbst hat keine Kompetenz, eine Prüfung vorzuschreiben oder zu untersagen. Bei der Entwicklung der Vorgaben hat aber die Prüfbarkeit der Aussagen besondere Relevanz.

Die Offenlegungsanforderungen der ESRS sind im Vergleich zu denen der SEC und des ISSB derzeit am strengsten, auch bezogen auf die klimaspezifischen Angaben. Das ESRS-Rahmenwerk ist umfangreich und detailliert ausgefallen, da es KPIs beschreibt, die sowohl sektorspezifisch als auch agnostisch sind (→ § 1 Rz 7). Darüber hinaus enthält das seitens der EU-Kommission verpflichtende Rahmenwerk ausführliche Beispiele für die Offenlegung von Ein- 18 zelposten, Kennzahlen, Auswirkungen von klimabezogenen Informationen und Musterformate für die Aufnahme in die Berichterstattung.

Für Unternehmen, die entweder verpflichtet sind oder freiwillig mehrere Rahmenwerke parallel anwenden, ergeben sich besondere Herausforderungen für die Berichterstattung. Eine **Verzahnung der Rahmenwerke**, also eine Befreiung von Vorgaben als Konsequenz einer Erfüllung von gleichlautenden oder sogar weitergehenden Anforderungen ist daher notwendig.

- Der **ISSB** hat einen globalen (Basis-)Standard für die Nachhaltigkeitsberichterstattung entwickelt. Durch die Aufnahme der Erkenntnisse der Value Reporting Foundation (VRF)[8] und des Climate Disclosure Standards Board (CDSB)[9] wurden bereits etablierte Anforderungen in das eigene Rahmenwerk integriert. Im März 2022 wurde überdies eine Absichtserklärung mit der Global Reporting Initiative (GRI)[10] zur Verständigung auf einen Baustein-Ansatz ausgehend vom Rahmenwerk des ISSB unterzeichnet.
- Das Rahmenwerk der **SEC** ist auf die Bedürfnisse des US-Kapitalmarkts ausgerichtet. Eine Akzeptanz anderer Berichtsstandards ist nicht grds. ausgeschlossen, man zeigt sich offen für andere Rahmenwerke, wenn hierdurch die (Arbeits-)Last für die Unternehmen reduziert wird. Es ist erklärtes Ziel, mit den Anforderungen anderer Regulierungsbehörden wie der Environmental Protection Agency (EPA) in Einklang zu stehen.
- Das **ESRS**-Rahmenwerk lässt die Verwendung anderer Rahmenwerke explizit zu. Die Anforderungen innerhalb der ESRS gehen – auch wenn das Konzept der doppelten Wesentlichkeit (Rz 9) ausgeklammert wird – weit über die Anforderungen des ISSB und der SEC hinaus.

Seitens der Standardsetzer besteht im Zusammenhang mit der Anerkennung von bereits erfüllten Anforderungen weiter Handlungsbedarf.

2.2   Umgang mit Treibhausgasemissionen

19   Alle drei Rahmenwerke verlangen die Offenlegung von Treibhausgasemissionen und verweisen auf das Greenhouse Gas Protocol.[11] Unterstellt wird mind. eine qualitative Wesentlichkeit der Information, somit besteht keine Möglich-

---

8   IFRS Foundation, IFRS Foundation completes consolidation with Value Reporting Foundation, www.ifrs.org/news-and-events/news/2022/08/ifrs-foundation-completes-consolidation-with-value-reporting-foundation, Abruf 1.8.2024.

9   IFRS Foundation, Climate Disclosure Standards Board, www.ifrs.org/sustainability/climate-disclosure-standards-board, Abruf 1.8.2024.

10   IFRS Foundation, IFRS Foundation and GRI to align capital market and multi-stakeholder standards to create an interconnected approach for sustainability disclosures, www.ifrs.org/news-and-events/news/2022/03/ifrs-foundation-signs-agreement-with-gri, Abruf 1.8.2024.

11   Die Anforderungen des Greenhouse Gas Protocol unterliegen aktuell einem Projekt zur Aktualisierung; GHG, Standards Update Process: Frequently Asked Questions, https://ghgprotocol.org/blog/standards-update-process-frequently-asked-questions, Abruf 1.8.2024.

keit auf einen Verzicht einer Angabe überhaupt. Das Rahmenwerk des ISSB lässt die Verwendung anderer Methoden nur dann zu, wenn dies von einer Börse oder einer zuständigen Behörde verlangt wird. Trotz eines Verweises sieht die SEC keine verpflichtende Verwendung des GHG-Protokolls vor. Die drei Rahmenwerke sehen allerdings eine unterschiedliche Reichweite der Anwendung vor.

Platzierung der Informationen nach den Vorgaben von ...	ISSB	SEC	ESRS
Angabe von Scope-1- und Scope-2-Emissionen?	Einheitlich vorgeschrieben in allen Rahmenwerken ohne Einräumung einer Ausnahme. Allerdings sind die Vorgaben der SEC nur anwendbar für *large accelerated filer* und *accelerated filer*.		
Darstellung von Scope-3-Emissionen?	Angabe ist vorgesehen, es besteht aber die Möglichkeit einer Befreiung bei Problemen der Datenermittlung und Plausibilisierung.	Angabe nicht erforderlich.	Verpflichtende Angabe.
Abgrenzung der Berichtseinheit	Übernahme der möglichen GHG-Protokoll-Abgrenzung, somit *operational or financial control* oder Anteil am Eigenkapital einer Beteiligung.	Abzustellen ist auf den Konsolidierungskreis, der für die Finanzberichterstattung gilt. Für nicht konsolidierte (strategische) Investments ist auf die Beteiligungsquote abzustellen.	Abzustellen ist auf *operational control*, somit also die Möglichkeit, die operativen Entscheidungen und die Emissionen zu beeinflussen.

Platzierung der Informationen nach den Vorgaben von ...	ISSB	SEC	ESRS
Verwendung von Intensitätsmetriken	Nicht vorgesehen.	Vorgesehen basierend auf Umsatz und einer Produktionseinheit für Scope-1 und Scope-2, separat für Scope-3, falls eine Angabe erfolgt.	Verpflichtend basierend auf Nettoumsatz für alle Scope-Emissionen.
Verpflichtung zur Angabe von Zielen		Vorgesehen, wenn diese seitens des berichtspflichtigen Unternehmens genutzt werden.	Vorgesehen mit Verweis auf das Pariser Abkommen.

Tab. 3: Anforderungen an die Berichterstattung von Treibhausgas

20 Die Unterschiede in der Abgrenzung des Berichtssubjekts sind bemerkenswert. Das ISSB-Rahmenwerk lässt den berichtspflichtigen Unternehmen wegen der Bindung an die Alternativen des GHG-Protokolls eine Flexibilität, die die SEC wegen der Knüpfung an den Konsolidierungskreis der Finanzberichterstattung – eine gewisse Flexibilität ausgeklammert – eigentlich ausschließt. Die Vorgaben der ESRS greifen auf die *„operational control"* zurück (siehe weiterführend → § 3 Rz 116), abzustellen ist auf die organisatorische Abgrenzung, die mit dem Abschluss übereinstimmt; allerdings gibt es alternative Leitlinien für den Einbezug von Emissionen assoziierter Unternehmen, Gemeinschaftsunternehmen und anderer nicht konsolidierter Vereinbarungen. Die Abgrenzung des Konsolidierungskreises ist nur ein Aspekt, der zu Abweichungen führen kann. Unterschiedliche Interpretationen von rechtlichem und wirtschaftlichem Eigentum – unmittelbar betroffen ist die bilanzielle Behandlung von Leasingvereinbarungen – begründen weitere Divergenzen.

Die Vergleichbarkeit und Nützlichkeit unternehmensspezifischer Daten zu Treibhausgasemissionen leidet, wenn bereits bezogen auf das Berichtssubjekt keine einheitliche Abgrenzung erfolgt. Eine Herausforderung besteht insbes. für die berichtspflichtigen Unternehmen, die auf die ESRS zurückgreifen.

Praxis-Beispiel

Unternehmen A und B sind beide in Europa ansässig und in Größe und Geschäftsmodell vergleichbar. Unternehmen A ist börsennotiert und wendet wegen der IAS-Verordnung die IFRS-Regeln zur bilanziellen Abbildung und der Abgrenzung des Konsolidierungskreises an. Unternehmen B nimmt den Kapitalmarkt nicht in Anspruch und erstellt den (Konzern-)Abschluss in Übereinstimmung mit der EU-Bilanzrichtlinie nach lokalem Recht. Trotz vergleichbarer Ausgangslage können die offenzulegenden Berichte zu Treibhausgasemissionen auseinanderfallen, da A und B bereits in Bezug auf die Finanzinformationen abweichende Informationen bereitstellen.

Es bedarf einer Festlegung der ESG-Standardsetzer und Regulierungsbehörden, ob Unterschiede, die bereits in der Finanzberichterstattung angelegt sind, auch für Nachhaltigkeitsberichte relevant werden oder ein *level playing field* für *sustainability disclosures* gefordert wird und damit Inkonsistenzen für die berichtspflichtigen Unternehmen geschaffen werden.

Treibhausgasemissionen gehören zu den häufigsten Angaben, die bereits vor der   21
verpflichtenden Offenlegung nach einem der Rahmenwerke von Unternehmen in der freiwilligen Nachhaltigkeitsberichterstattung gemacht werden. Alle drei Rahmenwerke sehen für die Offenlegung für dieselben (sieben) Gase die Angabe von THG-Emissionen in den Bereichen 1 und 2 in Tonnen Kohlendioxidäquivalent (CO_2-Äquivalent) vor. Abstimmungsbedarf besteht insbes. noch für die Angabe von Intensitätskennzahlen, eine Aufschlüsselung nach Gasart und eine Flexibilität bezogen auf die Gase, die in die Bestimmung des CO_2-Äquivalents einbezogen werden.

• Die ESRS und die SEC befürworten **Intensitätskennzahlen**, die ein Verhältnis zwischen Emissionen und spezifischen Strom- und Bestandsgrößen, also Finanzinformationen herstellen, wobei die Auswirkungen von gekauften oder erzeugten Kompensationen nicht berücksichtigt werden. Seitens der ESRS sind neben Intensitätskennzahlen auch absolute Werte anzugeben.

• Insbes. die SEC fordert nach Gasart aufgeschlüsselte, also disaggregierte Informationen. Angesichts des unterschiedlichen Ausmaßes des globalen Erwärmungspotenzials der verschiedenen Gase stellt eine disaggregierte Angabe eine aussagekräftigere Information dar. Aufgeschlüsselte Daten können den Adressaten auch helfen, das Risikoprofil eines Unternehmens zu verstehen, da verschiedene Gase divergenten Vorschriften unterliegen können.

• Da sich die Wissenschaft und die Methodik für die Überwachung und Messung von Treibhausgasen weiterentwickeln, ist eine Flexibilität, die eine Erweiterung der berichteten Gase ermöglicht und evtl. auch vorschreibt, aufzunehmen.

Die Messung der Intensität von Treibhausgasemissionen und die darüber erfolgende Berichterstattung sind weit verbreitet. Im Zusammenhang mit einer

Netto-Null-Verpflichtung oder einer anderen wesentlichen Verpflichtung zur Reduzierung von Treibhausgasen ist jedoch die absolute Menge der in die Atmosphäre freigesetzten THG-Emissionen – und der Fortschritt in Richtung des Ziels – aussagekräftiger als eine THG-Intensitätskennzahl. Darüber hinaus kann eine Intensitätskennzahl den Anstieg der Emissionen verschleiern.

Praxis-Beispiel

Unternehmen A steigert seine Umsatzerlöse und damit auch seine Einnahmen durch Preiserhöhungen. Eine auf Einnahmen basierende Intensitätskennzahl kann einen Rückgang anzeigen, selbst wenn die Emissionen bei der gleichen Anzahl verkaufter Einheiten gestiegen sind.

Die Entscheidung des ISSB, die geforderte Offenlegung von Intensitätskennzahlen zu unterlassen, also nur auf absolute Beträge abzustellen, ist zu begrüßen.

22   Nur die Offenlegungsrahmen des ISSB und der EU enthalten spezifische Anforderungen zur Offenlegung von Scope-3-THG-Emissionen. **Scope-3-Emissionen** umfassen die vor- und nachgelagerten Aktivitäten eines Unternehmens, die im GHG-Protokoll in 15 Kategorien eingeteilt werden, basierend auf den Aktivitäten, die zu den Emissionen führen.

* Nach dem Rahmenwerk des **ISSB** enthält die Angabe von Scope-3-Emissionen von Unternehmen
  – sowohl vorgelagerte als auch nachgelagerte Emissionen,
  – eine Erläuterung der in die Scope-3-Berechnungen einbezogenen Tätigkeiten und
  – eine Ausführung, ob das Unternehmen Emissionsinformationen für Unternehmen in seiner Wertschöpfungskette – abzustellen ist auf die Kategorien des GHG-Protokolls – einbezogen hat.
  Falls keine Scope-3-Emissionen angegeben werden, bedarf es einer Erklärung.
* Die Offenlegung der Scope-3-Emissionen nach **ESRS** wird für alle Unternehmen verpflichtend vorgegeben. Betroffen sind die relevanten THG-Emissionen in Tonnen CO_2-Äquivalent, die in der Wertschöpfungskette des Unternehmens über die Scope-1- und Scope-2-Emissionen hinaus entstehen. Dazu gehören auch – so bereits im GHG-Protokoll angeführt – THG-Emissionen aus dem vorgelagerten Einkauf, den – nachgelagert – verkauften Produkten, aus dem Warentransport, Reisen, aber auch Finanzanlagen.

Unstrittig besteht ein großes Interesse von Adressaten an Scope-3-Emissionsdaten, insbes. dann, wenn die vor- oder nachgelagerten Aktivitäten eines Unternehmens emissionsintensiv sind. Die Berichterstattung über Scope-3-Emissionen wird jedoch für viele Unternehmen eine Herausforderung darstellen, da sie bei den zugrunde liegenden Daten auf in der Wertschöpfungskette vor- und nachgelagerte Unternehmen angewiesen sind. Darüber hinaus können die unterschiedlichen

Informationsquellen und der erforderliche Grad der Schätzung zu Unsicherheiten bei der zuverlässigen und zeitnahen Ermittlung der Scope-3-Mengen führen.

3 Empfehlungen für die (Nachhaltigkeits-)Berichterstattung

Die Berichterstattung über die Nachhaltigkeit der Unternehmen steckt noch in den Kinderschuhen, es bestehen noch zahlreiche Zweifelsfragen, und es fehlen *„best practices"*. Das Nebeneinander von drei Rahmenwerken, die zwar Überschneidungen aufweisen, sich aber auch in großen Teilen voneinander unterscheiden, macht die Umsetzung insbes. in der gebotenen kurzen Frist nicht einfacher. Wegen der gemeinsamen Basis empfiehlt sich für die aktuelle Berichterstattung eine Orientierung am TCFD-Rahmen.   **23**

Alle drei Rahmenwerke stützen sich auf den von der TCFD eingeführten Offenlegungsrahmen. Die SEC konzentrierte sich bei der Ausarbeitung ihrer Vorgaben auf die vier Hauptsäulen der TCFD, während im Zuge der Ausarbeitung der ESRS und der Sustainability Disclosures des ISSB (IFRS SDS) zusätzlich zu den Säulen die zugrunde liegenden elf Offenlegungsempfehlungen integriert wurden. Sowohl die ESRS als auch die ISSB-Vorgaben führen zusätzliche Anforderungen ein und fordern unterschiedliche Offenlegungsdefinitionen oder -orte für bestimmte Komponenten, stimmen aber ansonsten vollständig mit den TCFD-Leitlinien überein.

Es ist noch nicht absehbar, ob und in welchem Umfang die Berichterstattung nach einem Rahmenwerk von Anforderungen anderer Vorgaben befreit. Die Schaffung einer *global baseline* wird aber nur mit einem Annähern möglich sein (Rz 34). Es ist zu erwarten, dass als Konsequenz des Dialogs zwischen Unternehmen und Adressaten und der Weiterentwicklung der globalen Interessen zusätzliche Anforderungen für die Nachhaltigkeitsberichterstattung formuliert werden.

Die Rahmenwerke unterscheiden sich deutlich in ihrem Vorschriftsgrad und Umfang. Die Offenlegungsanforderungen der ESRS sind am strengsten und enthalten detaillierte Beispiele für Offenlegungsanforderungen, Beispielkennzahlen, Einzelangaben und Auswirkungen sowie Musterformate, die Unternehmen bei der Offenlegung verwenden können. Im Aufbau des Rahmenwerks sind die ESRS mit Abstand am kompliziertesten und am schwersten anzuwenden. Es gibt zahlreiche Querverweise, auch auf weitere Dokumente. Die fehlende Stringenz in der Aufbereitung des Rahmenwerks führt zu zusätzlichen Herausforderungen für die Anwendung.   **24**

Die SEC und der ISSB stellen klimabezogene Informationen in den Vordergrund. Die ESRS decken das gesamte Spektrum der Umwelt-, Sozial- und Governance-Themen ab. Bei der Aufbereitung der Informationen bedarf es geeigneter Methoden und Prozesse. Aus Gründen der Konsistenz und Kohärenz bietet sich die Schaffung eines separaten Berichtswerks – zu diskutieren ist die Einrichtung eines *green ledger* neben der Finanzberichterstattung – an.

25 Als Reaktion auf die Nachfrage und die abweichenden Anforderungen in den Rahmenwerken werden mehr Unternehmen Scope-3-Emissionen offenlegen. Es bedarf einer frühzeitigen Implementierung von Prozessen und einer Abstimmung mit den in den Berichtsumfang einzubeziehenden Unternehmen der vor- und nachgelagerten Wertschöpfungskette. Es bestehen auch noch zahlreiche Abstimmungsbedarfe für die Operationalisierung der Angaben in Bezug auf das Ob und das Wie.

26 Die zu erwartende Integration von Finanzinformationen und Nachhaltigkeitsberichten verlangt nicht nur nach Schaffung einer konsistenten und kohärenten Anforderung, sondern auch nach einer Festlegung der Sicherheit, die durch eine Prüfung für die Informationen erreicht werden soll. Auch wenn aktuell noch eine Frist bis zum Übergang auf eine Prüfung mit *reasonable assurance* besteht, bedarf es einer frühzeitigen Auseinandersetzung mit den Anforderungen.

4 Appendix

4.1 Anforderungen des ISSB im Überblick

27 Am 26.6.2023 veröffentlichte der ISSB seine ersten beiden Standards, IFRS S1 „Allgemeine Anforderungen an die Offenlegung von nachhaltigkeitsbezogenen Finanzinformationen" und IFRS S2 „Klimabezogene Angaben".

- **IFRS S1** legt allgemeine Anforderungen für die Offenlegung wesentlicher Informationen über nachhaltigkeitsbezogene Finanzrisiken und -chancen sowie andere allgemeine Berichterstattungsanforderungen fest.
- **IFRS S2** regelt die spezifischen Angaben zu klimabezogenen Themen.

Diese Standards wurden als Reaktion auf die Forderung der Adressaten und insbes. der IOSCO nach konsistenten, vollständigen, vergleichbaren und überprüfbaren nachhaltigkeitsbezogenen Finanzinformationen entwickelt.

Die ersten beiden IFRS-Standards zur Offenlegung von Nachhaltigkeitsinformationen treten für Geschäftsjahre, die am oder nach dem 1.1.2024 beginnen, in Kraft. Allerdings müssen die Rechtsordnungen die Standards zunächst übernehmen oder anderweitig in Kraft setzen, damit diese verbindlich werden, und sie können ein späteres Datum für das Inkrafttreten wählen.

28 Die wesentlichen Anforderungen an die – bislang noch auf klimabezogene Angaben begrenzten – Nachhaltigkeitsinformationen sind prinzipienorientiert ausgestaltet. Das Rahmenkonzept vor der Klammer der Einzelanforderungen folgt einer klaren Struktur.

Bereich	Anforderungen an die Unternehmen
Grundlegende Konzeption der Anforderungen	Vorgesehen ist eine (Nachhaltigkeits-)Berichterstattung für allgemeine Zwecke. Die Definition der bei der Aufbereitung der Informationen zu berücksichtigenden Wesentlichkeit entspricht den IFRS-Rechnungslegungsstandards (IAS 8.5).
Verwendung des Vier-Säulen-Rahmens im Einklang mit dem TCFD-Rahmen	Die Anforderungen des ISSB greifen auf die vier Säulen, wie sie von der TCFD des Financial Stability Board beschrieben werden, zurück. Angesprochen sind: • **Governance,** also Prozesse, Kontrollen und Verfahren, die das Unternehmen zur Überwachung und Steuerung nachhaltigkeitsbezogener Risiken und Chancen einsetzt; • **Strategie** und damit der Ansatz, den das Unternehmen zum Management von Risiken und Chancen im Zusammenhang mit der Nachhaltigkeit anwendet; • **Risikomanagement,** somit die Verfahren, die das Unternehmen anwendet, um nachhaltigkeitsbezogene Risiken und Chancen zu identifizieren, zu bewerten, nach Prioritäten zu ordnen und zu überwachen; • **Kennzahlen und Ziele,** also die Leistung des Unternehmens in Bezug auf nachhaltigkeitsbezogene Risiken und Chancen, einschl. der Fortschritte bei der Erreichung von Zielen, die sich das Unternehmen gesetzt hat oder die es aufgrund von Gesetzen oder Vorschriften erfüllen muss. Die Anforderungen an eine *global baseline* verpflichten ein Unternehmen auf Angaben, die den Informationsbedürfnissen der Adressaten gerecht werden. Die Informationen unterliegen einer Wesentlichkeitseinschätzung, nicht nur für die Aufnahme, sondern auch für die Präsentation, also eine evtl. Aggregation mit anderen Informationen.
Vergleichende Informationen	Es ist nur dann erforderlich, Vergleichsinformationen anzupassen, wenn aktualisierte Annahmen vorliegen.

Bereich	Anforderungen an die Unternehmen
Zeitplan für die Berichterstattung	Nachhaltigkeitsbezogene (Finanz-)Informationen sind gleichzeitig mit den entsprechenden Abschlüssen zu veröffentlichen. Vorgesehen ist allerdings eine kurzfristige Übergangserleichterung, nach der nachhaltigkeitsbezogene Finanzinformationen zu veröffentlichen sind • zum gleichen Zeitpunkt wie der nächste Zwischenbericht, wenn das Unternehmen zur Vorlage eines solchen Zwischenberichts verpflichtet ist; • zur gleichen Zeit wie der nächste Zwischenbericht, jedoch innerhalb von neun Monaten nach dem Ende des jährlichen Berichtszeitraums, wenn das Unternehmen freiwillig einen solchen Zwischenbericht vorlegt; oder • innerhalb von neun Monaten nach Ende des jährlichen Berichtszeitraums, wenn das Unternehmen nicht zur Vorlage eines Zwischenberichts verpflichtet ist und diesen nicht freiwillig vorlegt.
Aktuelle und erwartete Auswirkungen auf die Vermögens-, Finanz- und Ertragslage und damit verbundene Informationen	Wenn sich nachhaltigkeitsbezogene Risiken und Chancen auf die im Abschluss dargestellten Informationen auswirken bzw. voraussichtlich auswirken werden, ist der Zusammenhang zu erläutern. Es wird eine Offenlegung quantitativer Informationen über aktuelle und erwartete Auswirkungen verlangt, es sei denn, dies ist nicht praktikabel. Darüber hinaus ist die Offenlegung einer qualitativen und ggf. quantitativen Bewertung der Widerstandsfähigkeit der Strategie und des Geschäftsmodells eines Unternehmens in Bezug auf seine nachhaltigkeitsbezogenen Risiken gefordert, einschl. Informationen darüber, wie die Bewertung durchgeführt wurde und welchen Zeithorizont sie hat.
Offenlegung von Ermessensentscheidungen und Schätzungen	Es besteht die Verpflichtung zur Offenlegung von Ermessensentscheidungen bei der Erstellung von Angaben (ähnlich den Anforderungen von IAS 1 in den IFRS-Rechnungslegungsstandards). Die Angaben zu den Schätzungen gelten auch für aktuelle und erwartete finanzielle Auswirkungen. Es sind konsistente Annahmen zwischen den Angaben zur Nachhaltigkeit und

Bereich	Anforderungen an die Unternehmen
	dem Rechnungslegungsrahmen zu treffen oder bei Divergenzen die Gründe hierfür offenzulegen. Anzugeben sind auch die Quellen von Leitlinien, die bei der Erstellung der nachhaltigkeitsbezogenen (Finanz-)Angaben verwendet wurden, wenn es keinen IFRS-Standard für die Offenlegung von Nachhaltigkeitsinformationen gibt. Darüber hinaus bedarf es einer Bereitstellung von Leitlinien für die Offenlegung von Beurteilungen, Annahmen und Schätzungen, die bei der Anwendung der Standards für die Offenlegung von Nachhaltigkeitsdaten vorgenommen werden, z.B. in Form von erläuternden Leitlinien und Lehrmaterial.
Metriken und Ziele	Unternehmen sind verpflichtet, Informationen sowohl über die Kennzahlen, die das Unternehmen zur Messung und Überwachung nachhaltigkeitsbezogener Risiken und Chancen verwendet, als auch über die von den IFRS SDS geforderten Kennzahlen offenzulegen (auch wenn das Unternehmen diese Kennzahlen nicht verwendet).
Weglassen von unwesentlichen oder vertraulichen Informationen	Aus Kosten-Nutzen-Erwägungen können Informationen weggelassen werden; betroffen sind die • Identifizierung von Risiken und Chancen im Zusammenhang mit der Nachhaltigkeit und • Ermittlung der erwarteten Auswirkungen auf die Vermögens-, Finanz- und Ertragslage des Unternehmens. Unter bestimmten Umständen ist es auch gestattet, sensible Informationen nicht offenzulegen. Die Ausnahme besteht, wenn • die Veröffentlichung der Informationen einen Wettbewerbsnachteil begründet; • die Offenlegung der Informationen den wirtschaftlichen Nutzen, den das Unternehmen aus der Verfolgung einer damit kompromittierten Maßnahme ziehen kann, ernsthaft beeinträchtigt; • es nicht möglich ist, die Informationen auf eine Art und Weise oder in einem Umfang offenzulegen, die

Bereich	Anforderungen an die Unternehmen
	die Bedenken des Unternehmens hinsichtlich der geschäftlichen Sensibilität ausräumt. Die Ausnahme gilt nicht für Informationen, die bereits öffentlich zugänglich sind.
Aktuelle und erwartete finanzielle Auswirkungen und damit verbundene Informationen	Wenn Informationen im Abschluss eines Unternehmens durch Risiken und Chancen im Zusammenhang mit der Nachhaltigkeit beeinflusst wurden, muss das Unternehmen neben den Ermessensentscheidungen quantitative und qualitative Informationen offenlegen, die den Zusammenhang zwischen diesen Risiken und Chancen und ihren aktuellen und erwarteten finanziellen Auswirkungen erklären.
Quellen für die Ermittlung von Risiken und Chancen im Zusammenhang mit der Nachhaltigkeit sowie für die Offenlegung	In Ermangelung eines einschlägigen IFRS-Standards zur Offenlegung von Nachhaltigkeitsinformationen sind die Standards des Sustainability Accounting Standards Board (SASB) für die Bestimmung von Chancen und Risiken zu berücksichtigen. Alternativ besteht die Möglichkeit, bei der Identifizierung nachhaltigkeitsbezogener Risiken und Chancen und bei der Ermittlung von Angaben aktuelle Verlautbarungen anderer Standardsetzer zu berücksichtigen, deren Anforderungen darauf ausgerichtet sind, die Bedürfnisse der Nutzer von Allzweckberichten zu erfüllen. Werden zugelassene Quellen für Leitlinien verwendet, hat das berichtspflichtige Unternehmen sicherzustellen, dass • unwesentliche Informationen, die in Übereinstimmung mit diesen Quellen offengelegt werden, keine wesentlichen Informationen verschleiern; • Angaben, die in Übereinstimmung mit diesen Quellen erstellt wurden, nicht ohne Berücksichtigung der Anforderungen in IFRS S1 verwendet werden; • alle Angaben dem Informationsbedarf der Nutzer entsprechen und der Wesentlichkeit unterliegen.

Tab. 4: Allgemeine Anforderungen nach IFRS S1

Das Set an Anforderungen zu den klimabezogenen Informationen orientiert **29** sich maßgeblich am TCFD-Rahmen, bindet aber auch die Erkenntnisse und Anforderungen von bestehenden, aber nicht verbindlichen Rahmenwerken ein.

Bereich	Anforderungen an die Unternehmen
Strategie und Entscheidungsziele	In Bezug auf die Emissionsziele besteht die Verpflichtung, die Netto-Emissionsziele und die beabsichtigte Verwendung etwaiger Emissionsgutschriften getrennt von den Brutto-Emissionsreduktionszielen anzugeben. Als Arten von Zielen zu unterscheiden sind • klimabezogene Absichten, um klimabezogene Risiken und Chancen anzugehen; • emissionsbezogene Motive beim Übergang zu einer kohlenstoffarmen Wirtschaft. In Bezug auf die klimabezogenen Ziele sind die Annahmen, die ein Unternehmen auch auf Pläne zur Emissionsreduktion trifft, offenzulegen.
Vermögens-, Finanz- und Ertragslage sowie Cashflow	In Bezug auf die Anforderungen zur Information über aktuelle Auswirkungen bedarf es • Angaben zu den Auswirkungen von klimabezogenen Risiken und Chancen auf den Abschluss des Unternehmens; • außer in bestimmten Fällen keiner getrennten Angabe zu physischen Risiken, Übergangsrisiken und klimabezogenen Chancen; • einer getrennten Offenlegung von Vermögenswerten, die physischen Risiken, Übergangsrisiken und klimabezogenen Chancen ausgesetzt sind.
Klimabeständigkeit	In Bezug auf die Klimaresilienz des berichtspflichtigen Unternehmens sind Ergebnisse der Analyse und die Art und Weise, wie diese durchgeführt wird, anzugeben. Wenn eine Szenarioanalyse für Klimarisiken erstellt wird, ist die Vorgehensweise zu beschreiben. Bezogen auf die Klimaresilienz sind zu jedem Berichtsstichtag Informationen bereitzustellen.

Bereich	Anforderungen an die Unternehmen
Treibhausgasemissionen	In Bezug auf die Treibhausgasemissionen ist die Verwendung des GHG-Protokolls vorgeschrieben, es sei denn, eine zuständige Behörde oder eine Börse, an der das Unternehmen notiert ist, verlangt eine andere Methode zur Messung seiner Treibhausgasemissionen. Die Offenlegung des gewählten Ansatzes und Informationen über den Messansatz, die verwendeten Inputfaktoren und die Annahmen, die zur Messung der Treibhausgasemissionen verwendet werden, sind erforderlich. In Bezug auf die THG-Emissionen nach Scope-1 und Scope-2 besteht die Verpflichtung zur Angabe • der absoluten Brutto-THG-Emissionen, die während des (Berichts-)Zeitraums entstanden sind; • einer getrennten, aufgeschlüsselten Information für den Konsolidierungskreis und andere Beteiligungsunternehmen. In Bezug auf die THG-Emissionen im Scope-3 sind Informationen über die Kategorien, die in die Messung der Scope-3-Emissionen des Unternehmens einfließen, anzugeben. Zusätzlich bedarf es einer Angabe der THG-Emissionen, die in die Messung der Scope-3-Emissionen des Unternehmens einfließen, oder über die mit seinen Investitionen verbundenen Emissionen (finanzierte Emissionen), wenn die Tätigkeiten des Unternehmens Vermögensverwaltung, Geschäftsbanken oder Versicherungen umfassen.
Branchenbezogene Anforderungen	In Bezug auf die branchenbezogenen Anforderungen besteht eine Verpflichtung zur Offenlegung, es ist auf den – aus den Vorgaben des SASB entnommenen – Leitfaden für die Industrie zur Umsetzung von IFRS S2 zurückzugreifen.

Bereich	Anforderungen an die Unternehmen
Szenarioanalyse zur Bewertung der Klimaresilienz	Unternehmen müssen Informationen über die Widerstandsfähigkeit gegenüber klimabedingten Veränderungen oder Unsicherheiten offenlegen und diese Angaben unter Verwendung eines Ansatzes zur Analyse klimabezogener Szenarien erstellen, der den Gegebenheiten des Unternehmens angemessen ist.
Weglassen von Informationen	Im Zuge der Ermittlung der Risiken und Chancen im Zusammenhang mit der Nachhaltigkeit können Informationen aus Kosten-Nutzen-Erwägungen weggelassen werden. Entsprechendes gilt für die Bestimmung der erwarteten Auswirkungen auf die Vermögens-, Finanz- und Ertragslage des Unternehmens und von klimabezogenen Szenarioanalysen.
Ziele für Treibhausgasemissionen	Es ist anzugeben, ob das Ziel ein Brutto- oder ein Nettoziel ist. Die Angabe eines Netto-THG-Emissionsziels darf die Informationen über ein Brutto-THG-Emissionsziel nicht verschleiern.

Tab. 5: Spezifische Anforderungen an klimabezogene Angaben des IFRS S2

Es bleibt das erklärte Ziel des ISSB, eine Angleichung der eigenen Anforderungen mit dem Rahmenwerk der ESRS zu erreichen.[12] Trotz der gravierenden Unterschiede bescheinigt sich die IFRS Foundation *„a very high degree of alignment, reduced complexity and duplication".* Es bleibt de lege ferenda noch ein weiter Weg zu einer tatsächlichen – die Arbeitsbelastung bei den berichtspflichtigen Unternehmen reduzierenden – Angleichung der Vorgaben. Ein wesentlicher Vorteil des ISSB-Rahmenwerks stellt die – anders als für die ESRS zu konstatierende (Rz 25) – stringente Aufbereitung dar. Zur kontinuierlichen Angleichung der Anforderungen haben EFRAG und die IFRS Foundation unter der Überschrift **„Interoperability Guidance"** gemeinsame Leitlinien entwickelt (Rz 34 ff.).

30

---

[12] IFRS Foundation, European Commission, EFRAG and ISSB confirm high degree of climate-disclosure alignment, www.ifrs.org/news-and-events/news/2023/07/european-comission-efrag-issb-confirm-high-degree-of-climate-disclosure-alignment, Abruf 1.8.2024.

Anforderung nach IFRS S2	Vergleichbare Referenz nach ESRS 2 und ESRS E1
Governance: Übersicht über klimabezogene Chancen und Risiken *(oversight of climate-related risks and opportunities)*	
IFRS S2.6(a) Handelnde Personen, Verantwortlichkeit, Fähigkeiten, Übersicht über die Strategie, Transaktionen und Ziele sowie Vergütung, die an klimabezogene Metriken gebunden ist *(governance body's identity, responsibilities, skills, oversight of strategy, transaction and targets, remuneration linked to climate performance)*	ESRS 2 GOV-1 (ESRS 2.22f.); ESRS 2 GOV-2 (ESRS 2.26); ESRS 2 GOV-3 (ESRS 2.29)
IFRS S2.6(b) Verantwortung des Managements, Kontrollen und Prozesse *(management's role, controls and procedures)*	ESRS 2 GOV-1 (ESRS 2.22(c))
Strategie: Strategie für das Management von klimabezogenen Chancen und Risiken *(strategy for managing climate-related risks and opportunities)*	
Klimabezogene Chancen und Risiken *(climate-related risks and opportunities)*	
IFRS S2.10(a) Beschreibung *(description)*, IFRS S2.10(b) physische und Übergangsrisiken *(physical or transition risks)*, IFRS S2.10(c) und (d) Zeithorizont *(time horizons)*	ESRS 2 SBM-3 (ESRS 2.48); ESRS E1.AR12f.; ESRS 1, Kap. 6.4 (ESRS 1.77ff.)

Anforderung nach IFRS S2	Vergleichbare Referenz nach ESRS 2 und ESRS E1
Geschäftsmodell und Wertschöpfungskette *(business model and value chain)*	
IFRS S2.13(a) Aktuelle und erwartete Auswirkungen von Chancen und Risiken auf das Geschäftsmodell und die Wertschöpfungskette *(current and anticipated effects of risks and opportunities on business model and value chain)*, IFRS S2.13(b) Konzentrationsrisiken *(where they are concentrated)*	ESRS 2 SBM-3 (ESRS 2.48(b)–(e))
Strategie und Entscheidungsfindung *(strategy and decision-making)*	
IFRS S2.14(a) Aktuelle und erwartete Änderungen im Geschäftsmodell und der Strategie *(changes to business model, direct and indirect mitigation and adaptation efforts, climate-related transition plan, targets)*	ESRS 2 SBM 3 (ESRS 2.48(c)); ESRS 2 MDR-Policies (ESRS 2.64); ESRS 2 MDR-Actions (ESRS 2.68); ESRS E1-1 (ESRS E1.16(a)–(c)); ESRS E1-2 (ESRS E1.24); ESRS E1-3 (ESRS 1.26 f.)
IFRS S2.14(b) Aktueller und geplanter Einsatz von Ressourcen *(current and planned resources of activities in accordance with par. 14(a))*	ESRS 2 MDR-Actions (ESRS 2.69); ESRS E1-3 (ESRS E1.29)
IFRS S2.14(c) Fortschritt eingeleiteter Maßnahmen *(progress of plans disclosed in previous reporting periods)*	ESRS 2 MDR-Actions (ESRS 2.68(e)); ESRS E1-1 (ESRS E1.16(j))
Auswirkungen auf die VFE-Lage und den Cashflow *(financial position, financial performance and cash flows)*	
IFRS S2.15(a) und 16(a) Auswirkungen auf die VFE-Lage und den Cashflow *(effects of climate-related risks and opportunities on current financial position, performance and cash flows)*	ESRS 2 SBM-3 (ESRS 2.48(d))
IFRS S2.15(b), 16(b), (c), (d) Erwartete Auswirkungen in kurzer, mitt-	ESRS 2 SBM-3 (ESRS 2.48(e)); ESRS E1-9 (ESRS E1.67–70)

Anforderung nach IFRS S2	Vergleichbare Referenz nach ESRS 2 und ESRS E1
lerer und langer Frist *(anticipated financial effects on financial position, performance and cash flows over the short, medium and long-term)*	

Klimaresilienz *(climate resilience)*	
IFRS S2.22(a) Einschätzung zur Resilienz *(climate resilience assessment (implications for strategy & business model, uncertainties, capacity to adjust))*	ESRS 2 SBM-3 (ESRS 2.48(f)); ESRS E1-1 (ESRS E1.19(c); ESRS E1.AR8)
IFRS S2.22(b) Angaben zu einer Szenarioanalyse *(how & when scenario analysis was carried out (inputs, scenarios used, time horizons, scope, key assumptions))*	ESRS 2 SBM-3 (ESRS 2.48(f)); ESRS E1-1 (ESRS E1.19(a), (b); ESRS E1.AR6 f. und AR14)

Risikomanagement *(risk management)*	
IFRS S2.25(a), (b) Beschreibung des internen Prozesses *(processes to identify, assess, prioritise and monitor climate-related risks, opportunities (use of scenario analysis))*	ESRS 2 IRO-1 (ESRS 2.53(c)–(h)); ESRS E1 IRO-1 (ESRS E1.20(b), (c), ESRS E1.21; ESRS E1.AR11–AR13)
IFRS S2.25(c) Einbindung in den allgemeinen Risikomanagementprozess *(integration in overall risk management process)*	ESRS 2 GOV-5 (ESRS 2.36); ESRS 2 IRO-1 (ESRS 2.53(e), (f))

Entwicklung der klimabezogenen Metriken und Ziele *(metrics and targets: performance in relation to climate-related risks and opportunities)*	
Klimabezogene Metriken *(climate-related metrics)*	
IFRS S2.29(a) Treibhausgasemissionen Scope-1 bis Scope-3 *(greenhouse gases scope 1, 2 and 3)*	ESRS E1-6 (ESRS E1.48–52; ESRS E1.AR39–AR52)

Anforderung nach IFRS S2	Vergleichbare Referenz nach ESRS 2 und ESRS E1
IFRS S2.29(b) Übergangsrisiken (climate-related transition risks)	ESRS E1-9 (ESRS E1.67; ESRS E1.AR72–AR76)
IFRS S2.29(c) Physische Risiken (climate-related physical risks)	ESRS E1-9 (ESRS E1.66; ESRS E1.AR69–AR71)
IFRS S2.29(d) Opportunitäten (climate-related opportunities)	ESRS E1-9 (ESRS E1.69; ESRS E1.AR81f.)
IFRS S2.29(e) Eingesetztes Kapital (capital deployment)	ESRS 2 MDR-Actions (ESRS 2.69); ESRS E1-3 (ESRS E1.29(c); ESRS E1.AR22)
IFRS S2.29(f) Interne Bewertung von CO_2-Äquivalenten (internal carbon prices)	ESRS E1-8 (ESRS E1.62f.; ESRS E1.AR66)
IFRS S2.29(g) Ausstrahlung auf die Vergütung (remuneration)	ESRS 2 GOV-3 (ESRS 2.29); ESRS E1 zu ESRS 2 GOV-3 (ESRS E1.13)
IFRS S2.32 Branchenspezifische Angaben (industry-based metrics)	ESRS 1, Kap. 10.1 (ESRS 1.131(b)); weitere Erläuterungen/Konkretisierungen folgen in den sektorspezifischen Standards
Klimabezogene Zielsetzungen (climate-related targets)	
IFRS S2.33(a)–(h) Angabe der Ziele (climate-related targets (metric, objective, scope, period, base period, milestones, absolute or intensity, link to latest international agreement))	ESRS 2 MDR-Targets (ESRS 2.80(a)–(e), (g)); ESRS E1-4 (ESRS E1.33, ESRS E1.34(a)–(f))
IFRS S2.34(a)–(d) Ansatz zur Festlegung und Validierung von Zielen (approach to set and review targets (third party validation))	ESRS 2 MDR-Targets (ESRS 2.80(f), (h), (i), (j)); ESRS E1-4 (ESRS E1.34(e))
IFRS S2.35 Entwicklung der Ziele und Analyse (performance against targets and analysis of trends)	ESRS 2 MDR-Targets (ESRS 2.79, ESRS 2.80(j))

Anforderung nach IFRS S2	Vergleichbare Referenz nach ESRS 2 und ESRS E1
IFRS S2.36(a)–(e) Darstellung der Treibhausgasziele *(GHG emissions targets (scope, gross or net, use of carbon credits))*	ESRS E1-4 (ESRS E1.33f.; ESRS E1.AR23–AR31); ESRS E1-7 (ESRS E1.58–61; ESRS E1.AR56–AR64)

Tab. 6: Klimabezogene Angaben des IFRS S2 und korrespondierende ESRS-Anforderung[13]

31   Im Vorfeld des Inkrafttretens von IFRS S1 und IFRS S2 hat der ISSB im Januar 2024 neue und aktualisierte Ressourcen zur erstmaligen Anwendung des Rahmenwerks bereitgestellt. Insbes. hat die IFRS Foundation neues **Lehrmaterial** „Natur und soziale Aspekte von klimabezogenen Risiken und Chancen" veröffentlicht. Das Lehrmaterial enthält drei Beispiele, die veranschaulichen sollen, wie Unternehmen bei der Anwendung von IFRS S2 „Natur- und Sozialaspekte" von klimabezogenen Risiken und Chancen berücksichtigen können. Die Veröffentlichung folgt auf den Start des *IFRS Sustainability Knowledge Hub* auf der COP28. Zu den Ressourcen auf dem Hub gehören eine Einführung in die IFRS SDS, ein Leitfaden für den Übergang von den TCFD-Empfehlungen zu den IFRS SDS und eine Reihe von häufig gestellten Fragen (FAQ). Der Start des Hubs fällt mit einer Aktualisierung der *Fundamentals of Sustainability Accounting (FSA) Credential Level 1* der IFRS Foundation zusammen. Sie wurde aktualisiert, um die Arbeit des ISSB zu reflektieren. Die IFRS Foundation konzentriert sich auf die Unterstützung der Umsetzung der IFRS SDS durch Initiativen zum Aufbau von Kapazitäten und arbeitet mit einer Reihe von Partnern zusammen, um diese Arbeit voranzutreiben.

32   Der ISSB hat die *Transition Implementation Group on IFRS S1 and IFRS S2* (TIG) ins Leben gerufen, um Fragen der Interessengruppen, die sich aus der Umsetzung der neuen Standards ergeben, zu sammeln, zu analysieren und zu diskutieren. Die Eröffnungssitzung der TIG fand am 21.11.2023 statt. Die Mitglieder sollen die Arbeitsverfahren und die Beobachtungen der Mitglieder zur bisherigen Umsetzung erörtern.

33   Der ISSB traf sich am 15.11.2023 in Peking, um das Feedback zum Vorschlag für eine **IFRS-Taxonomie für Nachhaltigkeitsangaben für die digitale Berichterstattung** zu erörtern, die die Anforderungen von IFRS S1 und IFRS S2 widerspiegelt. Fast alle Befragten stimmten zu, dass die vorgeschlagene Taxonomie die Anforderungen von IFRS S1 und IFRS S2 angemessen widerspiegelt und eine digitale Berichterstattung über nachhaltigkeitsbezogene Finanzanga-

---

13   In Anlehnung an EFRAG, SRB meeting 23 August 2023, Paper 04-02: Interoperability between ESRS and ISSB standards EFRAG assessment at this stage and mapping table.

ben ermöglicht. Es wurde beschlossen, dass der ISSB die aus den Rückmeldungen resultierenden Änderungen an der vorgeschlagenen IFRS-Taxonomie für Nachhaltigkeitsangaben diskutieren soll. Die *IFRS Sustainability Disclosure Taxonomy* wurde hiernach aktualisiert und Ende April 2024 veröffentlicht.

4.2 Interoperabilität zwischen ESRS und IFRS SDS

Als Reaktion auf die Forderung nach einer *global baseline* (Rz 1f.) haben die IFRS Foundation und EFRAG im Mai 2024 als Ergebnis einer gemeinsamen Anstrengung Leitlinien zur Angleichung der IFRS SDS und ESRS veröffentlicht.[14] Inhaltlich konzentrieren sich die Leitlinien auf klimabezogene Angaben und decken daher hauptsächlich die Anforderungen von IFRS S2 und, soweit relevant, die Anforderungen von IFRS S1 im Verhältnis zu den umfangreicheren ESRS ab. Die Ausführungen sind in vier Abschnitte aufgeteilt:
1. Allgemeine Anforderungen in den ESRS- und ISSB-Normen (Rz 36),
2. gemeinsame klimabezogene Offenlegungen in tabellarischer Darstellung (Rz 37),
3. Vergleich der ESRS mit IFRS S2 – Informationen, die ein Unternehmen, das mit den ESRS beginnt, wissen muss, wenn es auch die ISSB-Standards anwendet, um die Einhaltung beider Standards zu ermöglichen (Rz 38),
4. Vergleich von IFRS S2 mit den ESRS – Informationen, die ein Unternehmen, das mit den ISSB-Standards beginnt, wissen muss, wenn es auch die ESRS anwendet, um die Einhaltung beider Standards zu ermöglichen (Rz 39).

34

Bei Berücksichtigung der Interoperabilitätsleitlinien soll unabhängig davon, ob ein Unternehmen mit den ESRS oder den IFRS SDS beginnt, den Klimaanforderungen beider Rahmenwerke entsprochen werden können (!). Die Anwendung der Leitlinien garantiert gleichwohl keinen Erfolg i.S.e. automatischen Erfüllung der Anforderung beider Rahmenwerke. Es bleibt bei der Notwendigkeit einer unternehmensindividuellen Beurteilung unter Berücksichtigung der Wesentlichkeitsanforderungen.

Die Leitlinien betreffen insbes. multinationale Unternehmen, die nicht nur eine Einhaltung beider Rahmenwerke anstreben, sondern möglicherweise beide Anforderungen einhalten müssen. Eine Verpflichtung zur Interoperabilität kann sich ergeben, wenn sich berichtspflichtige Unternehmen einer multinationalen Gruppe unterschiedlichen nationalen Anforderungen ausgesetzt sehen. So haben bislang etwa Brasilien und die Türkei angekündigt (weitere Länder folgen voraussichtlich), dass die IFRS SDS für berichtspflichtige Unternehmen im jeweiligen Land als Berichtsgrundlage gefordert werden. Ein multinationales

35

---

[14] Vgl. EFRAG/IFRS Foundation, ESRS–ISSB Standards, Interoperability Guidance, Mai 2024.

Unternehmen muss daher beide Rahmenwerke einhalten, wenn es berichtende Unternehmen in Ländern hat, die die Einhaltung der ESRS verlangen, und berichtende Unternehmen in Ländern, die die Einhaltung der IFRS SDS verlangen. In Abhängigkeit davon, welches Rahmenwerk als vorrangig angesehen wird, ergeben sich unterschiedliche Schritte bis zur Interoperabilität.

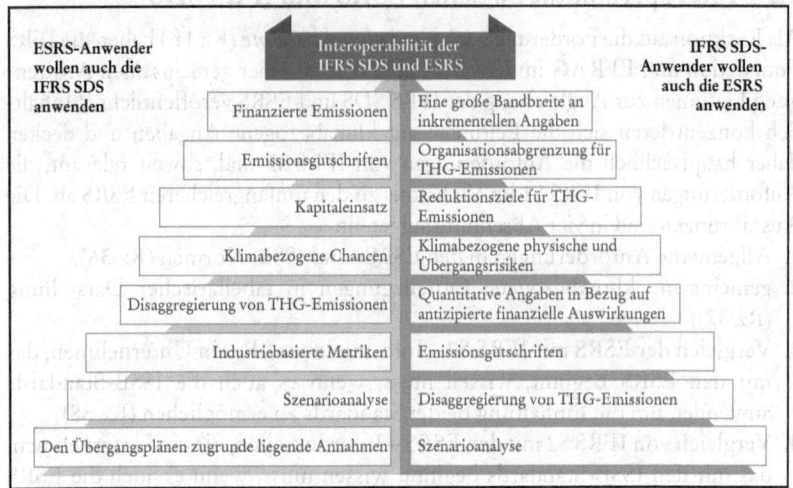

Abb. 4: Notwendige Schritte zur Übereinstimmung mit beiden Rahmenwerken

36   Die wichtigsten Punkte aus dem Anleitungsmaterial zur Sicherstellung der Interoperabilität lassen sich wie folgt zusammenfassen:

- Die Definition der **Wesentlichkeit** in IFRS S1 ist an die Definition der finanziellen Wesentlichkeit in den ESRS angeglichen. Beide Anforderungen an die finanzielle Wesentlichkeit beruhen auf dem Kriterium des Entscheidungsnutzens, um wesentliche Informationen zu ermitteln, die offengelegt werden müssen. Bei der zusätzlich geforderten doppelten Wesentlichkeitsbeurteilung nach den ESRS wird jedoch berücksichtigt, welche Informationen sowohl für Investoren als auch für andere Stakeholder entscheidungsnützlich sind, während sich die ISSB-Standards darauf konzentrieren, was nur für Investoren entscheidungsnützlich ist.
- Die Anforderungen in IFRS S1 lassen die **Darstellung von Angaben** an verschiedenen Stellen zu, solange die Informationen in den allgemeinen Finanzberichten des Unternehmens enthalten sind. Nach den ESRS müssen Nachhaltigkeitsinformationen in einem Nachhaltigkeitsbericht dargestellt werden, der als eigener Abschnitt des Lageberichts vorgesehen ist. Grds. stimmt der geforderte Ort für die Angaben in den ESRS mit dem in IFRS S1 überein. Es ist jedoch wichtig, dass die Unternehmen sicherstellen, dass zusätzliche Informationen, die

nach den ESRS offengelegt werden, nicht die Informationen verdecken, die nach den ISSB-Standards offengelegt werden müssen.

• ESRS 1 und ESRS 2, die allgemeinen Standards vor der Klammer, verlangen – wie IFRS S1 – die Offenlegung von Informationen zu den als wesentlich eingestuften **nicht klimabezogenen Nachhaltigkeitsthemen.** Die ESRS haben spezielle Berichtsstandards für zehn verschiedene Nachhaltigkeitsthemen, darunter auch das Klima. Demgegenüber enthalten die IFRS SDS bisher nur einen themenspezifischen Berichtsstandard zum Klima (IFRS S2); in Ermangelung weiterer Vorgaben, die sich speziell auf ein nachhaltigkeitsbezogenes Risiko oder eine Chance beziehen, legt IFRS S1 die Quellen fest, die ein Unternehmen nutzen sollte, um weitere Nachhaltigkeitsaspekte zu identifizieren, über die berichtet werden sollte. Vorrangig sind zwar die Angaben der SASB-Standards heranzuziehen, die ESRS stellen aber ebenfalls eine zulässige Orientierungshilfe dar.

• Beide Rahmenwerke bieten zahlreiche **Erleichterungsklauseln** an, die im Anhang zu den Leitlinien behandelt werden. In den Leitlinien wird den Unternehmen jedoch empfohlen, die Normen sorgfältig zu prüfen, wenn sie die Einhaltung beider Normenreihen beanspruchen und gleichzeitig eine Erleichterung in Anspruch nehmen wollen, da die Erleichterung möglicherweise nicht die Anforderungen beider Normenreihen erfüllt.

Abschnitt 2 der Leitlinien stellt ausgehend von der Struktur des IFRS S2 die 37 Anforderungen an klimabezogene Angaben einander tabellarisch gegenüber. Im Ergebnis stellen die IFRS Foundation und EFRAG große Ähnlichkeiten zwischen den Absätzen in den beiden Rahmenwerken fest, und in einigen Fällen sind die Formulierungen auch identisch. In den Leitlinien wird daher konstatiert, dass dieser Abschnitt die hohe Übereinstimmung der Anforderungen in den ESRS und den IFRS SDS zeige. Fast alle Angaben in den IFRS SDS, die sich auf das Klima beziehen, sind auch in den ESRS enthalten. In einigen Fällen ist der Wortlaut allerdings nicht genau derselbe, aber die IFRS Foundation und EFRAG haben beschlossen, diese Fälle nicht als Unterschied zu kennzeichnen. Somit gilt für diese Fälle die Vermutung einer inhaltlichen Übereinstimmung.

In Abschnitt 3 der Leitlinien werden die Bereiche behandelt, in denen die 38 IFRS SDS über den Katalog in den ESRS hinausgehende klimabezogene Angabepflichten enthalten. Für ein Unternehmen, das mit den ESRS als vorrangiges Rahmenwerk beginnt, sind zusätzliche Angaben zu berücksichtigen, wenn auch die Einhaltung der IFRS SDS geltend gemacht werden soll.

Zu unterscheiden sind Bereiche,
- in denen sich die IFRS SDS mit den klimabezogenen Anforderungen in den ESRS überschneiden (Abschnitt 3.1); besondere Beachtung verlangen die Ausführungen zu den Annahmen des Übergangsplans, zu branchenbezogenen Kennzahlen, klimabezogenen Chancen und zum Kapitaleinsatz;
- für die sich keine entsprechenden Angaben in den ESRS finden (Abschnitt 3.2); betroffen sind etwa die klimabezogenen Angaben zu finanzierten Emissionen.[15]

39   Schließlich adressiert Abschnitt 4 der Leitlinien die Bereiche, in denen die ESRS zusätzliche oder weitere klimabezogene Angabepflichten enthalten, die ein Unternehmen ausgehend von den IFRS SDS berücksichtigen muss, um auch die Einhaltung der ESRS geltend machen zu können. Es ist wiederum zu unterscheiden zwischen Überschneidungen (Abschnitt 4.1) und zusätzlichen Anforderungen (Abschnitt 4.2).

Bezogen auf die Abgrenzung der Berichtseinheit stellen die Leitlinien klar, dass Unternehmen, die nach IFRS S2 berichten, die nach den IFRS SDS gewählte organisatorische Abgrenzung nur dann an die ESRS anpassen können, wenn sie sich für die Anwendung der im THG-Protokoll beschriebenen Option der Finanzkontrolle entscheiden.[16] Darüber hinaus kann ein Unternehmen, das nach IFRS S2 berichtet, die organisatorische Abgrenzung nur dann an die ESRS für die konsolidierte Gruppe anpassen, wenn es auch THG-Emissionen von assoziierten Unternehmen, Gemeinschaftsunternehmen, nicht konsolidierten Tochterunternehmen (insbes. *investment entities*, die nach IFRS 10 zum *fair value* erfasst werden) und vertraglichen Vereinbarungen, die nicht durch ein Unternehmen strukturiert sind, also gemeinschaftlich geführte Aktivitäten und Vermögenswerte angibt, bei denen das Unternehmen die operative Kontrolle hat.

4.3   Verabschiedung von Rahmenwerken in unterschiedlichen Jurisdiktionen

40   Für Unternehmen mit Sitz innerhalb der EU (künftig auch Unternehmen, die Aktivitäten in der EU verfolgen) gilt das Rahmenwerk der CSRD. Für Unternehmen, die den US-Kapitalmarkt in Anspruch nehmen, sind (ggf. zusätzlich) die Anforderungen der SEC zu beachten. Keine unmittelbare Verpflichtung haben die IFRS SDS. International lassen sich aber unterschiedliche (Gesetzes-)Vorgaben beobachten:

---

15   Vgl. Lüdenbach/Hoffmann/Freiberg, Haufe IFRS-Kommentar, 22. Aufl., 2024, § 60 Rz 139.
16   Vgl. Lüdenbach/Hoffmann/Freiberg, Haufe IFRS-Kommentar, 22. Aufl., 2024, § 60 Rz 123 ff., mit einer klaren Empfehlung zur Abgrenzung nach finanzieller Kontrolle (Rz 125 ebenda).

Jurisdiktion	Anforderungen an nachhaltigkeitsbezogene (Finanz-)Informationen
Nationale Gesetzgebung in den USA	
Kalifornien	In dem Bestreben, die Transparenz zu erhöhen und standardisierte klimabezogene Angaben zu fördern, verpflichtet der Bundesstaat Kalifornien bestimmte öffentliche und private Gesellschaften in den USA, einschl. ausländischer Gesellschaften mit in den USA ansässigen Tochtergesellschaften, die in Kalifornien tätig sind, zu quantitativen und qualitativen Klimaangaben. • Das Gesetz über Treibhausgasemissionen (SB-253) schreibt als *Climate Corporate Data Accountability Act* die Offenlegung von Treibhausgasemissionen vor. • Das Gesetz über Klimarisiken (SB-261) schreibt die Offenlegung von klimabedingten Finanzrisiken und Maßnahmen zur Verringerung und Anpassung an solche Risiken vor. Das kalifornische Gesetz AB-1305 verpflichtet Unternehmen, die in Kalifornien freiwillige Kohlenstoffkompensationen vermarkten oder verkaufen, dazu, zahlreiche Details über die Projekte offenzulegen, aus denen die Emissionsgutschriften stammen – einschl. des Standorts, des Zeitplans und der Frage, ob es eine Validierung durch Dritte gibt. Das Gesetz schreibt auch die Offenlegung von Informationen für bestimmte Unternehmen vor, die „Netto-Null" oder ähnliche Ziele veröffentlichen.
New York	New York hat ein Gesetz mit dem Titel *Climate Corporate Accountability Act*, SB 897A, vorgelegt, welches dem CA SB-253 ähnelt und branchenübergreifend anwendbar ist. Darüber hinaus hat New York ein weiteres Gesetz (SB 6298A) vorgelegt, das auf die Umsetzung der Verordnung *Advanced Clean Fleets* abzielt. Damit soll sichergestellt werden, dass bis zum Jahr 2035 100 % der im Bundesstaat verkauften oder geleasten neuen Pkw und Lkw emissionsfreie Fahrzeuge sind. Für mittelschwere und schwere Nutzfahrzeuge, einschl. Flotten, die im Bundesstaat verkauft oder geleast werden, sieht das Gesetz zeitlich gestaffelte Ziele vor (50 % bis 2031, 80 % bis 2036 und 100 % bis 2041).

Jurisdiktion	Anforderungen an nachhaltigkeitsbezogene (Finanz-)Informationen
Illinois	Illinois hat den *Climate Corporate Accountability Act* (HB 4268) eingebracht, der nach dem Vorbild der Klimagesetzgebung in Kalifornien einen verpflichtenden Rahmen für die Offenlegung von Klimagrößen für den Bundesstaat vorsieht.
Andere Jurisdiktionen	
Australien	Das Australian Accounting Standards Board (AASB) hat einen *Exposure Draft* (ED SR1) veröffentlicht, in dem es seine vorgeschlagenen Standards für die Berichterstattung von Unternehmen über klimarelevante Informationen vorstellt, die auf den IFRS SDS basieren. ED SR1 stand bis zum 1.3.2024 für Kommentare zur Verfügung und umfasst drei Entwürfe für australische Standards zur Nachhaltigkeitsberichterstattung (ASRS-Standards): • [Entwurf] ASRS 1 *General Requirements for Disclosure of Climate-related Financial Information*, entwickelt unter Verwendung von IFRS S1, jedoch mit einer Beschränkung des Anwendungsbereichs auf klimabezogene Finanzinformationen; • [Entwurf] ASRS 2 Klimabezogene Finanzangaben, entwickelt auf der Grundlage von IFRS S2, und • [Entwurf] ASRS 101 *References in Australian Sustainability Reporting Standards*, entwickelt als Servicestandard, der regelmäßig aktualisiert wird, um die relevanten Versionen aller nicht legislativen Dokumente, die in Australien veröffentlicht wurden, sowie ausländische Dokumente, auf die in den ASRS-Standards verwiesen wird, aufzulisten.
ASEAN-Region	Während ihrer Jahreskonferenz in Indonesien am 16.10.2023 hat die IFRS Foundation ein Protokoll mit dem ASEAN Capital Markets Forum (ACMF) geschlossen. Dieses Protokoll umreißt den Rahmen für die künftige Zusammenarbeit des ACMF mit dem ISSB in der ASEAN-Region. Es umfasst Gespräche über die Übernahme der IFRS SDS in der Region, Initiativen zum Aufbau von Kapazitäten zur Unterstützung der Umsetzung von IFRS S1 und IFRS S2 sowie Mechanismen, die

Jurisdiktion	Anforderungen an nachhaltigkeitsbezogene (Finanz-)Informationen
	einen Beitrag des ACMF zur Entwicklung der IFRS SDS ermöglichen.
Brasilien	Das brasilianische Finanzministerium und die Comissão de Valores Mobiliários (CVM) haben Pläne angekündigt, die IFRS-Standards für die Offenlegung von Nachhaltigkeitsdaten in das brasilianische Regelwerk zu integrieren.
China	Die Shanghai Stock Exchange (SSE), die Shenzhen Stock Exchange (SZSE) und die Beijing Stock Exchange (BSE), die drei wichtigsten Börsen Chinas, haben neue Richtlinien für die Nachhaltigkeitsberichterstattung börsennotierter Unternehmen angekündigt. Diese Richtlinien sehen die Einführung eines *„Double Materiality"*-Ansatzes für die Nachhaltigkeitsberichterstattung vor und richten sich an Hunderte von Emittenten mit größerer Marktkapitalisierung und doppelter Börsennotierung ab 2026.
Hongkong	Die Hongkonger Börse (HKEX) hat die Durchsetzung der verpflichtenden, an ISSB orientierten klimabezogenen Angaben auf den 1.1.2025 verschoben, um den Emittenten zusätzliche Zeit zu geben, sich mit den neuen Offenlegungsanforderungen vertraut zu machen. Hongkong prüft die Verwendung der IFRS-Standards für die Offenlegung von Nachhaltigkeitsdaten als Grundlage für klimabezogene Offenlegungspflichten.
Kanada	Der Canadian Sustainability Standards Board (CSSB) hat angekündigt, dass er im März 2024 mit dem öffentlichen Konsultationsverfahren zur Festlegung von Standards für die Nachhaltigkeitsberichterstattung beginnen wird. Der CSSB hat einen Vorschlag für einen kanadischen Standard auf der Grundlage der IFRS-Standards für die Offenlegung von Nachhaltigkeitsinformationen herausgegeben.

Jurisdiktion	Anforderungen an nachhaltigkeitsbezogene (Finanz-)Informationen
Lateinamerika, ohne Brasilien	Die IFRS Foundation hat die spanische Übersetzung von IFRS S1 und IFRS S2 veröffentlicht, die es Unternehmen in ganz Lateinamerika ermöglicht, mit der Anwendung der Standards zu beginnen. Auch die portugiesische Übersetzung wird voraussichtlich in den kommenden Monaten verfügbar sein. Lateinamerikanische Länder sind führend bei der Vorgabe von nachhaltigkeitsbezogenen Finanzinformationen. Sowohl Chile als auch Kolumbien haben die Anwendung der Empfehlungen der Task Force on Climate-related Financial Disclosures (TCFD) und der Standards des Sustainability Accounting Standards Board (SASB) vorgeschrieben, die als Grundlage für die IFRS-Standards zur Offenlegung von Nachhaltigkeitsinformationen dienen. Darüber hinaus erörtern die nationalen Standardsetzer in Mexiko öffentlich ihre Absicht, die IFRS-Standards für die Offenlegung von Nachhaltigkeitsinformationen in ihre Rahmenwerke zu integrieren. Die Bankenaufsichtsbehörde von Panama hat erklärt, dass sie den ISSB unterstützt und sich dafür einsetzt, dass beaufsichtigte Gesellschaften die IFRS-Standards für die Offenlegung von Nachhaltigkeitsdaten anwenden.
Malaysia	Der beratende Ausschuss für Nachhaltigkeitsberichterstattung in Malaysia, der vom Finanzministerium eingesetzt wurde und in dem die Wertpapierkommission den Vorsitz führt, hat angekündigt, eine sechsmonatige Konsultation zur Einführung der ISSB-Standards für die Nachhaltigkeitsberichterstattung einzuleiten.
Neuseeland	Das neuseeländische External Reporting Board hat einen Leitfaden zu klimabezogenen Aspekten in Jahresabschlüssen veröffentlicht. Der Leitfaden behandelt die folgenden Bereiche: • Auswirkungen von klimabezogenen Themen in den Jahresabschlüssen, • Kohärenz zwischen Jahresabschlüssen und klimabezogenen Angaben, • Unterschiede zwischen Jahresabschlüssen und klimabezogenen Angaben.

Jurisdiktion	Anforderungen an nachhaltigkeitsbezogene (Finanz-)Informationen
Philippinen	Die philippinische Börsenaufsichtsbehörde (Securities and Exchange Commission) hat angekündigt, dass sie im Lauf des Jahres 2024 überarbeitete Leitlinien für die Nachhaltigkeitsberichterstattung veröffentlichen wird, die IFRS S1 und IFRS S2 einbeziehen.
Taiwan	Taiwans Financial Reporting Council (FRC) veröffentlichte einen „Fahrplan für börsennotierte Unternehmen in Taiwan zur Anpassung an die IFRS SDS".
United Kingdom	Die UK Transition Plan Taskforce hat eine Konsultation zu ihren sektorspezifischen Leitlinien für die Entwicklung von Klimaübergangsplänen eingeleitet. Die Entwürfe der Leitlinien wurden für drei Teilsektoren des Finanzsektors (Banken, Vermögensverwaltung und Vermögenseigentum) und vier Sektoren der Realwirtschaft (Öl und Gas, Metalle und Bergbau, Lebensmittel und Getränke sowie Stromversorger und Stromerzeuger) veröffentlicht. Die Konsultationsfrist für diese Entwürfe blieb bis zum 29.12.2023 offen. Das Vereinigte Königreich prüft die Verwendung der IFRS-Normen zur Offenlegung von Nachhaltigkeitsdaten als Grundlage für alle nachhaltigkeitsbezogenen Risiken und Chancen. Es ist zu beachten, dass die TCFD Listing Rules 2022 für Unternehmen im Vereinigten Königreich verpflichtend bleiben. Das Vereinigte Königreich wird die IFRS SDS in die UK Sustainable Disclosure Standards (UK SDS) überführen, wobei von den IFRS SDS nur dann abgewichen wird, wenn dies für UK-spezifische Angelegenheiten erforderlich ist. Das Vereinigte Königreich hat eine Konsultation eingeleitet, um Meinungen zu den Kosten, dem Nutzen und den praktischen Aspekten der Berichterstattung über THG-Emissionen nach Scope 3 einzuholen. Damit sollen Erkenntnisse für die Entscheidung der Regierung gewonnen werden, ob die IFRS-Normen zur Offenlegung von Nachhaltigkeitsdaten im Vereinigten Königreich übernommen werden sollen.

Jurisdiktion	Anforderungen an nachhaltigkeitsbezogene (Finanz-)Informationen
Andere	Singapur prüft die Verwendung der IFRS SDS als Grundlage für alle nachhaltigkeitsbezogenen Risiken und Chancen. Kenia, Nigeria, Simbabwe und Sri Lanka haben ihre Absicht erklärt, die Standards vollständig zu übernehmen, wobei die Einzelheiten noch festzulegen sind, einschl. der schrittweisen Einführung und des Umfangs der Gesellschaften, die zur Einhaltung der Standards verpflichtet sind. Darüber hinaus beabsichtigen einige weitere Länder, Konsultationen zu vorgeschlagenen Anforderungen und/oder einem vorgeschlagenen Fahrplan zu veröffentlichen, darunter sind auch Japan und Korea.

Tab. 7: Unterschiedliche Anforderungen an nachhaltigkeitsbezogene (Finanz-) Informationen

Literaturtipps

- EFRAG/IFRS Foundation, ESRS-ISSB Standards: Interoperability Guidance, Mai 2024, www.ifrs.org/content/dam/ifrs/supporting-implementation/issb-standards/esrs-issb-standards-interoperability-guidance.pdf, Abruf 1.8.2024
- TCFD, Recommendations of the Task Force on Climate-related Financial Disclosures, Juni 2017, https://assets.bbhub.io/company/sites/60/2021/10/FINAL-2017-TCFD-Report.pdf, Abruf 1.8.2024
- The Greenhouse Gas Protocol, A Corporate Accounting and Reporting Standard, Revised Edition, 2004, www.ghgprotocol.org/sites/default/files/standards/ghg-protocol-revised.pdf, Abruf 1.8.2024

B

Querschnittsnormen

§ 3 ESRS 1 – Allgemeine Anforderungen

Vorbemerkung

Die Kommentierung bezieht sich auf ESRS 1 gem. Berichtigung der Delegierten Verordnung (EU) 2023/2772 v. 31.7.2023, ABl. EU L v. 9.8.2024. Sie wurde umfassend an die überarbeitete Übersetzung der ESRS vom 9.8.2024 angepasst. Umfassende Aktualisierungen betreffen u. a. die Berücksichtigung der EFRAG Q&A (Rz 28, 67, 84), die Wesentlichkeitsanalyse (Rz 44, 53, 64, 66, 67, 71–75, 77, 79f., 84, 89, 97), die Ausführungen zur Sustainability Due Diligence (Rz 48f., 56) und konsolidierten Nachhaltigkeitsberichterstattung (Rz 110, 115), die Abgrenzung von „Geschäftsbeziehung", „Wertschöpfungskette" und „Aktivitätenkette" (Rz 125f., 132, 191) sowie die zu berücksichtigenden Zeiträume (Rz 135–137). Darüber hinaus sind relevante Aspekte der *Implementation Guidances* IG 1, IG 2 und IG 3 der EFRAG eingearbeitet (Rz 13, 59, 73f., 78, 87, 89, 105, 107, 117, 128) und die Ausführungen zur Stakeholder-Einbindung und zum Einsatz von Verweisen ausgebaut (Rz 57f., 162f.). Auch die Diskussion, inwieweit die Steuerpolitik eines Unternehmens einen Nachhaltigkeitsaspekt darstellt, ist aufgegriffen worden (Rz 68).

1 Zielsetzung und Inhalt

1 ESRS 1 enthält – anders als alle anderen zum gegenwärtigen Zeitpunkt vorliegenden ESRS – keine explizit gekennzeichnete Angabepflichten. Seine **Aufgabe** ist es vielmehr, als Klammer vor den Einzelanforderungen
- ein Verständnis für den Aufbau der ESRS zu vermitteln (Rz 3ff.),
- die den ESRS in ihrer Gesamtheit zugrunde liegenden Konzepte sowie weitere allgemeine Grundlagen darzustellen (Rz 18–149) und
- grundlegende, formale Anforderungen an die Berichterstattung festzuhalten (Rz 150ff.; ESRS 1.3).

Aus vielen der enthaltenen Anforderungen lassen sich implizite Angabepflichten ableiten – z. B. zu *restatements* (Rz 145ff.) oder i. V. m. dem Grundsatz der Konnektivität –, die von den berichtspflichtigen Unternehmen laufend zu würdigen sind. Weiterhin enthält der Standard die Übergangsbestimmungen, die bei erstmaliger Anwendung der ESRS zum Tragen kommen (Rz 182ff.).

2 ESRS 1 ist damit als **Grundlage für die Regelungen der weiteren Standards** zu nutzen. Er enthält Ausführungen zu Fragestellungen, die für die Anwendung der Angabepflichten dieser weiteren ESRS von Bedeutung sind (z. B. zur Festlegung von Zeithorizonten oder im Hinblick auf *Phase-in*-Regelungen). Ebenso enthalten andere ESRS aber auch Angabepflichten, die sich unmittelbar auf Inhalte von ESRS 1 beziehen (z. B. zur Darstellung des Prozesses der Wesentlichkeitsanalyse). Ein Inhalt von zentraler Bedeutung in ESRS 1 sind die Ausführungen zum Wesentlichkeitsgrundsatz in den ESRS, konkret in

Form der doppelten Wesentlichkeit: Hiermit werden Leitlinien für die verpflichtende Durchführung der Wesentlichkeitsanalyse gegeben. Die Ergebnisse dieser Wesentlichkeitsanalyse bestimmen in Folge die Inhalte der gesamten Nachhaltigkeitsberichterstattung gem. ESRS. Weitere abgrenzbare Themenbereiche, die von ähnlichem Stellenwert sind, umfassen die Festlegung der Berichtsgrenzen sowie den Aufbau und die formale Ausgestaltung einer Nachhaltigkeitserklärung (siehe zur Begrifflichkeit auch Rz 151) gem. ESRS.

2 Grundlagen zur Struktur der ESRS

2.1 Ebenen von Standards und Angabepflichten

ESRS 1 legt die grundlegende Struktur der ESRS dar und behandelt damit zugleich das Zusammenspiel der bereits vorliegenden und noch in Entwicklung befindlichen ESRS. Unterschieden werden **drei Ebenen von Standards**, die sektorunabhängig für alle berichtspflichtigen Unternehmen gelten (ESRS 1.4): **3**

- generelle Standards (*cross-cutting standards*): diese umfassen ESRS 1 („Allgemeine Anforderungen") und ESRS 2 („Allgemeine Angaben"); die Regelungen dieser Standards sind für alle Nachhaltigkeitsaspekte von Relevanz, die auf den beiden nachfolgenden Ebenen der ESRS behandelt werden; sie liegen somit der gesamten Berichterstattung gem. ESRS als Fundament zugrunde (ESRS 1.5 ff.);
- themenbezogene Standards (*topical standards*): die ESRS unterscheiden drei Säulen von Standards, die konkrete Angabepflichten zu Nachhaltigkeitsaspekten zum Inhalt haben; diese Säulen folgen der in Literatur und Praxis[1] etablierten, von der CSRD auch vorgegebenen Gliederung nach den drei Dimensionen von ESG: Umweltstandards, Sozialstandards und Governance-Standards (ESRS 1.8 f.);
- sektorspezifische Standards (*sector-specific standards*): schließlich sollen ESRS entwickelt werden, die Angabepflichten nur für solche Unternehmen ergänzen, die mit ihrer Geschäftstätigkeit einem bestimmten Sektor zuzuordnen sind; damit soll auf spezifische Sachverhalte besser eingegangen werden können, die z.B. innerhalb einzelner Branchen von besonders hohem Stellenwert sind oder sogar nur in diesen vorkommen (ESRS 1.10).

Set 1 der ESRS, das 2023 verabschiedet wurde, umfasst die generellen Standards sowie zehn themenbezogene Standards. Letztere sind allerdings in Teilen noch nicht fertiggestellt (siehe insbes. ESRS S2 bis ESRS S4; → § 11 Rz 5 f.). Zu den sektorspezifischen Standards liegen gegenwärtig erst Arbeitspapiere vor. Eine Verabschiedung erster Standards dieser Ebene war ursprünglich für das Jahr 2024 geplant, wurde allerdings auf das Jahr 2026

---

[1] Vgl. z.B. Eccles/Lee/Stroehle, The Social Origins of ESG: An Analysis of Innovest and KLD, Organization & Environment 2020, S. 575 ff.

verschoben. Damit wird es noch längere Zeit dauern, bis diese angekündigten rd. 40 ESRS vorliegen.

Abb. 1 veranschaulicht die Struktur der ESRS.

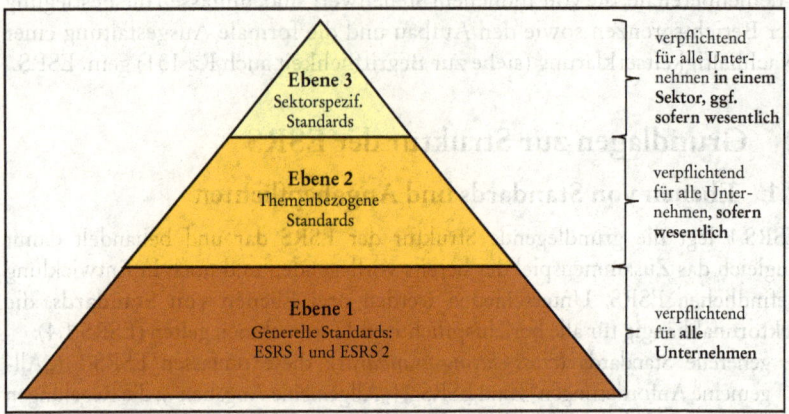

Abb. 1: Struktur der ESRS

4   Die ESRS fügen sich mit dieser dreigliedrigen Standard-Struktur in die mittlerweile etablierte Praxis **internationaler Standardsetzung** ein (→ § 2 Rz 1 ff.). GRI hatte begonnen, seine themenbezogenen Berichtspflichten (noch vor der Verabschiedung der ersten GRI Standards) um sektorspezifische Leitlinien zu ergänzen. Nach einer Orientierungsphase folgen inzwischen auch die IFRS Sustainability Disclosure Standards (IFRS SDS) einem solchen Strukturierungszugang. Die Etablierung sektorspezifischer Berichtsvorgaben wurde davor wesentlich durch die Standards des SASB vorangetrieben, die inzwischen in die Organisation der IFRS-Stiftung aufgenommen wurden[2] und in der Anwendung der IFRS SDS globale Bedeutung erhalten haben. Diese Bezugnahmen sind insbes. für die Übergangsbestimmungen von Bedeutung, die ESRS 1 vorsieht (Rz 190).[3]

5   Die Standards aller drei Ebenen sind hinsichtlich ihrer Verbindlichkeit **gleichrangig.** Sie unterscheiden sich dahingehend, dass die generellen Standards von allen berichtspflichtigen Unternehmen angewandt werden müssen, während die themenbezogenen Standards nur dann berichtspflichtig sind, wenn die davon abgedeckten Themen, Unterthemen bzw. Unter-Unterthemen (Rz 67) in der **Wesentlichkeitsanalyse** als wesentlich identifiziert werden. Die An-

---

[2]   Siehe auch Auer/Möller, in Freiberg/Bruckner (Hrsg.), Corporate Sustainability – Kompass für die Nachhaltigkeitsberichterstattung, 3. Aufl., 2024, § 8 Rz 128 ff.

[3]   Vgl. Bassen et al., Im Dschungel der Berichtssysteme – Ein Beitrag zur internationalen Suche nach Transparenz, in Zwick/Jeromin (Hrsg.), Mit Sustainable Finance die Transformation dynamisieren, 2023, S. 172 f.

gabepflichten der sektorspezifischen Standards unterliegen ggf. einem ebensolchen Wesentlichkeitsvorbehalt; zusätzlich ist aber jedenfalls erforderlich, dass ein Unternehmen zu einem Sektor zugeordnet werden kann, für den ein sektorspezifischer ESRS vorliegt. Für diese Sektoreneinteilung wird ein eigener Standard entwickelt, der primär auf die Branche abstellt, in der ein Unternehmen tätig ist; weiterhin stellt die NACE-Klassifizierung, wie bei der Taxonomie-VO auch, für die sektorspezifischen Standards einen wichtigen Orientierungspunkt dar.[4]

Eine gewisse **Durchbrechung** dieser dreigliedrigen Struktur der ESRS erfolgt auf Ebene der generellen Standards, insbes. bei ESRS 2. Dieser enthält einerseits grundlegende Angabepflichten für die Berichterstattung gem. ESRS, die für sich stehen (z. B. zu den Berichtsgrenzen). Andererseits werden einzelne Angabepflichten aus ESRS 2 in den themenbezogenen Standards wieder aufgegriffen und – sofern das Thema eines ESRS für das berichtspflichtige Unternehmen wesentlich ist (siehe zur Ausnahme Rz 96) – ergänzt (ESRS 1.9). Diese ergänzenden Angaben sind gem. den Vorgaben zum Aufbau der Nachhaltigkeitserklärung an zentraler Stelle mit den weiteren Angaben gem. ESRS 2 zu tätigen. Alternativ ist für einzelne Angabepflichten eine Berichterstattung mit den weiteren Angaben der jeweiligen themenbezogenen Standards möglich (→ § 4 Rz 14).

6

Praxis-Hinweis

Neben den hier dargestellten Ebenen der *„full ESRS"* (wie sie in dieser Kommentierung behandelt werden) können weitere Versionen der ESRS unterschieden werden – namentlich die ESRS für KMU sowie die ESRS für Drittstaaten:

- Zu Ersteren veröffentlichte die EFRAG zum Jahreswechsel 2023/2024 zwei Entwürfe: einmal einen „ESRS LSME (*Listed Small and Medium-Sized Enterprises*)" und einmal einen „ESRS VSME (*Voluntary ESRS for Non-Listed Small and Medium-Sized Enterprises*)" (→ § 30).
- Zu Zweiteren wurde die Verabschiedung spezifischer ESRS, die (reduzierte) Berichtspflichten für gem. CSRD berichtspflichtige Unternehmen aus Drittstaaten vorsehen, auf das Jahr 2026 verschoben.

Soweit bereits ersichtlich, versuchen die genannten Versionen der ESRS, die Grundprinzipien und Inhalte der *„full ESRS"* auf die jeweils betrachteten Kontexte mit Erleichterungen zu übertragen. Dadurch soll v. a. die Konsistenz und damit Durchlässigkeit des Gesamtrahmens gewahrt werden.

---

[4] Vgl. Lanfermann/Baumüller, DK 2023, S. 254.

7   In Anknüpfung an die Struktur der ESRS werden darüber hinaus **drei Ebenen von Angabepflichten** unterschieden (ESRS 1.9ff.):

- **sektor-unabhängige** Angabepflichten: diese umfassen die Angabepflichten der generellen Standards und der themenbezogenen Standards; sie sind damit grds. für alle gem. ESRS berichtspflichtigen Unternehmen relevant;
- **sektorspezifische** Angabepflichten: diese umfassen die Angabepflichten der sektorspezifischen Standards und sind nur insofern relevant, als ein Unternehmen einem bestimmten Sektor zuzurechnen ist;
- **unternehmensspezifische** Angabepflichten: für diese Ebene liegen keine eigenen Standards in Form von ESRS vor; die Angabepflichten sind in der Wesentlichkeitsanalyse von den berichtspflichtigen Unternehmen selbst zu identifizieren und in die Berichterstattung aufzunehmen; mit ihnen soll den unternehmensindividuellen Rahmenbedingungen Rechnung getragen werden.

8   Die einzigen Leitlinien für die Berichterstattung über **unternehmensspezifische Angaben** finden sich in den Anwendungsanforderungen (*Application Requirements*, kurz: AR) zu ESRS 1. Deren Ziel ist es, den Nutzern der Nachhaltigkeitsberichterstattung zu „ermöglichen, die Auswirkungen, Risiken und Chancen des Unternehmens in Bezug auf Umwelt-, Sozial- oder Governance-Aspekte nachzuvollziehen" (ESRS 1.AR1). Auch diese Angabepflichten folgen aus den Ergebnissen der Wesentlichkeitsanalyse für berichtspflichtige Unternehmen. Für weitere Anforderungen, die an solche unternehmensspezifischen Angaben gestellt werden, siehe Rz 101.

2.2   Gliederung nach Berichterstattungsbereichen, Angabepflichten und Datenpunkten

9   ESRS 1 stellt den Aufbau der weiteren ESRS (ESRS 2, themenbezogene Standards und sektorspezifische Standards) dar. Dieser orientiert sich an der Struktur der Angabepflichten, welche die Task Force on Climate-related Financial Disclosures (TCFD) eingeführt hat und die auch den IFRS SDS zugrunde liegen.[5] Demnach sind sämtliche Angabepflichten in den Standards einem der folgenden vier Kategorien zugeordnet (ESRS 1.12):

- **Governance** (*Governance*), kurz **GOV**: „die Verfahren, Kontrollen und Vorgänge im Bereich der Governance zur Überwachung, Verwaltung und Beaufsichtigung von Auswirkungen, Risiken und Chancen" (ESRS 1.12(a));
- **Strategie** (*Strategy and Business Model*), kurz **SBM**: „das Zusammenspiel der Strategie und des Geschäftsmodells des Unternehmens mit dessen we-

---

[5]   Inzwischen zeichnet der ISSB auch für die Fortführung eines großen Teils der Arbeiten der TCFD verantwortlich.

sentlichen Auswirkungen, Risiken und Chancen, einschließlich des Umgangs des Unternehmens mit diesen Auswirkungen, Risiken und Chancen" (ESRS 1.12(b));

• **Management der Auswirkungen, Risiken und Chancen** (*Impact, Risk and Opportunity Management*), kurz **IRO:** „das bzw. die Verfahren, mit dem/denen das Unternehmen (i.) Auswirkungen, Risiken und Chancen ermittelt und ihre Wesentlichkeit bewertet [...] (ii.) sowie wesentliche Nachhaltigkeitsaspekte mittels Konzepte und Maßnahmen angeht" (ESRS 1.12(c));

• **Kennzahlen und Ziele** (*Metrics and Targets*), kurz **MT:** „die Leistung des Unternehmens, einschließlich der von ihm festgelegten Ziele und der Fortschritte bei der Erreichung dieser Ziele" (ESRS 1.12(d)).

Diese vier Berichterstattungsbereiche werden in ESRS 2 (→ § 4) weiter beschrieben und um konkrete Angabepflichten ergänzt, die ein grundlegendes Verständnis für die davon erfassten Sachverhalte schaffen sollen. Aus der Zuordnung einer Angabepflicht gem. ESRS zu einem der hier angeführten Berichterstattungsbereiche ergibt sich jedoch selbst keine unmittelbare Konsequenz.

In terminologischer Hinsicht nicht ausdrücklich als Berichterstattungsbereiche geführt, aber von ähnlich grundlegender Bedeutung ist eine **(sekundäre) Einteilung der Angabepflichten** in vier weitere Kategorien, die ESRS 1 behandelt (in dieser Kommentierung auch: „sekundäre Berichterstattungsbereiche"). Diese wird im Glossar zu den ESRS näher definiert: 10

• **Konzepte** (*policies*): „Eine Reihe oder ein Rahmen von allgemeinen Zielen und Managementprinzipien, die das Unternehmen für die Entscheidungsfindung nutzt. Die Planung oder die Managemententscheidungen des Unternehmens in Bezug auf einen wesentlichen Nachhaltigkeitsaspekt werden in einem Konzept umgesetzt. Jedes Konzept unterliegt der Verantwortung einer oder mehrerer definierter Personen, hat einen festgelegten Anwendungsbereich und umfasst ein oder mehrere Ziele (gegebenenfalls in Verbindung mit messbaren Zielen). Ein Konzept wird gemäß den geltenden Governance-Vorschriften des Unternehmens validiert und überprüft. Ein Konzept wird mittels Maßnahmen oder Aktionsplänen umgesetzt."[6]

---

6   Berichtigung der Delegierten Verordnung (EU) 2023/2772 v. 31.7.2023, ABl. EU L v. 9.8.2024, Anhang II, Tab. 2, S. 276.

> **Praxis-Hinweis**
>
> Ausdrücklich hingewiesen sei darauf, dass die erste Version der deutschsprachigen Übersetzung der ESRS diese „Konzepte" mit „Strategien" übersetzte. Dies hieß aber nicht, dass sie mit den Strategien (SBM) lt. Einteilung der (primären) Berichterstattungsbereiche gleichzusetzen sind – hier lag eine nicht den Kern der Sache erfassende deutsche Übersetzung des englischen Begriffs *„policies"* vor, der bisher lt. CSRD mit „Unternehmenspolitiken" (treffender) übersetzt wurde. Die GRI-Standards sprechen auch von „Management-Ansatz", was unterstreicht, dass ein weites Verständnis vom Berichtsgegenstand vorherrscht, der sich bspw. auch nicht mit Richtlinien oder sonstigen Verfahrensanweisungen erschöpfen kann.

- **Maßnahmen** (*actions*): „Maßnahmen bezieht sich auf: (i.) Maßnahmen und Aktionspläne (einschließlich Übergangspläne), die durchgeführt werden, um sicherzustellen, dass das Unternehmen festgelegte Ziele erreicht, und mit denen das Unternehmen auf wesentliche Auswirkungen, Risiken und Chancen reagiert, und (ii.) Entscheidungen, diese mit finanziellen, personellen oder technologischen Mitteln zu unterstützen."[7]
- **Kennzahlen** (*metrics*): „Kennzahlen sind qualitative und quantitative Indikatoren, die das Unternehmen verwendet, um die Wirksamkeit der Durchführung seiner nachhaltigkeitsbezogenen Strategien und die Erfüllung seiner Ziele im Zeitverlauf zu messen und darüber Bericht zu erstatten. Durch Kennzahlen wird auch die Messung der Ergebnisse des Unternehmens in Bezug auf die Auswirkungen auf Personen, die Umwelt und das Unternehmen unterstützt."[8]
- **Ziele** (*targets*): „Messbare, ergebnisorientierte und terminierte Zielsetzungen, die das Unternehmen in Bezug auf wesentliche Auswirkungen, Risiken oder Chancen erreichen will. Sie können vom Unternehmen freiwillig festgelegt werden oder sich aus rechtlichen Anforderungen an das Unternehmen ergeben."[9]

Auch diese Einteilung der Angabepflichten erstreckt sich quer über alle ESRS hinweg, jedoch wird sie inzwischen nur noch untergeordnet dargestellt. Ursprünglich stellten diese Berichterstattungsbereiche im Entwicklungsprozess der ESRS die Gliederung der Angabepflichten gem. ESRS dar. Diese wurden erst im Zuge der Abschlussarbeiten der Gliederung gem. TCFD fallen gelassen.

---

[7] Berichtigung der Delegierten Verordnung (EU) 2023/2772 v. 31.7.2023, ABl. EU L v. 9.8.2024, Anhang II, Tab. 2, S. 259.

[8] Berichtigung der Delegierten Verordnung (EU) 2023/2772 v. 31.7.2023, ABl. EU L v. 9.8.2024, Anhang II, Tab. 2, S. 273.

[9] Berichtigung der Delegierten Verordnung (EU) 2023/2772 v. 31.7.2023, ABl. EU L v. 9.8.2024, Anhang II, Tab. 2, S. 282.

Grund hierfür war eine Harmonisierung mit internationalen Standards und Rahmenwerken, im Konkreten v. a. mit den IFRS SDS.[10]

Ursprünglich hätte die Zuordnung der Angabepflichten den Vorschlägen der EFRAG folgend noch eine zentrale Rolle in ESRS 1 für die Darstellungen zu den geforderten Inhalten der Berichterstattung spielen sollen.[11] Diese konnte jedoch von der EU-Kommission für die finale Fassung der ESRS nicht übernommen werden, da – wie dargestellt – letztlich andere Berichterstattungsbereiche vorgesehen werden mussten. Die Klassifikation einer Angabepflicht als Konzept, Maßnahme, Kennzahl oder Ziel ist allerdings weiterhin für die Ableitung bestimmter Berichtsinhalte von Bedeutung (Rz 100). Eine Übersicht, welche konkrete Angabepflicht der ESRS einem dieser vier Elemente zuzurechnen ist, findet sich in den ESRS nicht und ist daher aus der Bezeichnung bzw. der Beschreibung einer Angabepflicht abzuleiten.

Praxis-Hinweis

Zumeist wird diese Zurechnung vergleichsweise einfach möglich sein. Sofern dies in Einzelfällen Schwierigkeiten bereitet, enthält auch die Liste der Datenpunkte in EFRAG IG 3 eine Zuordnung (nämlich über die den Angabepflichten zugewiesenen Mindestangabepflichten aus ESRS 2). Außerdem bietet sich ein Rückgriff auf die ESRS-Fassungen vom November 2022 an, welche die EFRAG an die EU-Kommission übermittelt hat. Anhang E dieser Fassung von ESRS 2 enthält eine Übersicht, welche die damals vorgesehenen Angabepflichten den nunmehrigen sekundären Berichterstattungsbereichen zuordnet. Diese ESRS-Fassungen sind gegenwärtig noch auf der Homepage der EFRAG zum Download bereitgestellt.[12]

Eine weitere Besonderheit der Einteilung der Angabepflichten nach Konzepten, Maßnahmen, Kennzahlen und Zielen, die ESRS 1 anspricht, bezieht sich auf deren Regelung in ESRS 2. Dieser Standard enthält sog. **Mindestangabepflichten** (*minimum disclosure requirements*), kurz **MDR**, für jede der vier Kategorien. Diese MDR sind i. V. m. den Angabepflichten der themenbezogenen Standards und der sektorspezifischen Standards zu lesen und geben Informationen vor, die bei der Berichterstattung über einen wesentlichen Nachhaltigkeitsaspekt für eine einschlägige Angabepflicht jedenfalls zu tätigen sind (ohne einem weiteren Wesentlichkeitsvorbehalt zu unterliegen; → § 4 Rz 125 ff.). Dieser Umstand macht es erneut erforderlich, die Zuordnung der Angabepflichten in den themenbezogenen bzw. sektorspezifischen Standards (auch) zu den vier hier genannten Kategorien in der Berichterstattung zu berücksichtigen.

11

---

10 Vgl. Baumüller, KoR 2023, S. 200 ff.
11 Vgl. Baumüller/Schönauer, PiR 2023, S. 88 ff. und S. 131 ff.
12 Siehe EFRAG, The first set of draft ESRS, www.efrag.org/en/sustainability-reporting/esrs/sector-agnostic/first-set-of-draft-esrs, Abruf 1.8.2024.

12

> **Praxis-Hinweis**
>
> Zur **Veranschaulichung** der Bedeutung der soeben dargelegten Abgren-
> zungen von Berichterstattungsbereichen sei auf den Aufbau von ESRS E3
> verwiesen: Der dort im Inhaltsverzeichnis ausgewiesene primäre Bericht-
> erstattungsbereich „Kennzahlen und Ziele" umfasst drei Angabepflichten,
> ESRS E3-3, ESRS E3-4 und ESRS E3-5. Aus dem Inhalt dieser Angabe-
> pflichten lässt sich anschließend ableiten, dass ESRS E3-3 dem sekundären
> Berichterstattungsbereich der „Ziele" zuzurechnen ist, während es sich bei
> ESRS E3-4 und ESRS E3-5 um „Kennzahlen" handelt. Dies ist von Bedeu-
> tung im Hinblick auf die Identifikation der Berichtsinhalte durch das
> berichtspflichtige Unternehmen: Für einen wesentlichen Nachhaltigkeits-
> aspekt müssen immer Ziele angegeben werden, sofern sie vorhanden sind;
> anderenfalls ist auf diesen Umstand ebenso hinzuweisen. Kennzahlen
> unterliegen demgegenüber einem weiteren Prüfschritt und müssen nur
> dann berichtet werden, wenn die Informationen auch relevant sind
> (Rz 100).
>
> Wird eine Angabe gem. ESRS E3-3 getätigt, so kommen die Vorgaben gem.
> ESRS 2 MDR-T ergänzend zu den Ausführungen in ESRS E3 selbst zur
> Anwendung; bei der Berichterstattung gem. ESRS E3-4 oder ESRS E3-5 ist
> ESRS 2 MDR-M ergänzend zu beachten.

13 Berichterstattungsbereiche befassen sich mit der Zusammenfassung von Angabepflichten. Daneben wird in ESRS 1 die **Abgrenzung und Zusammensetzung dieser Angabepflichten** als Strukturelement der ESRS dargestellt:

- Als **„Angabepflicht"** wird die Strukturierung der nach den ESRS anzugebenden Informationen bezeichnet (ESRS 1.16). Mit Ausnahme von ESRS 1
  selbst sind alle weiteren der gegenwärtig vorliegenden ESRS nach den vorgesehenen Angabepflichten gegliedert, die ihrerseits zu Berichterstattungsbereichen zusammengefasst sind. Angabepflichten werden in den einzelnen
  Standards durchnummeriert und somit kenntlich gemacht.
- Jede Angabepflicht setzt sich ihrerseits aus **„Datenpunkten"** zusammen.
  Diese stellen somit die kleinste Einheit an abgefragten Informationen dar,
  welche die ESRS unterscheiden. Diese Informationen können quantitativer
  Natur sein, aber auch lediglich qualitative Beschreibungen erfordern. Daten-
  punkte entsprechen mitunter einzelnen Absätzen in einem ESRS. In einem
  Absatz können mehrere Datenpunkte angesprochen werden; nicht immer
  sind die einzeln geforderten Datenpunkte klar abzugrenzen. Um dieses
  Problem zu adressieren, hat die EFRAG eine *Implementation Guidance*
  erarbeitet, die u.a. mehr Transparenz in die Datenarchitektur bringen soll
  (EFRAG IG 3 – *List of ESRS datapoints*).

ESRS S1 („Arbeitskräfte des Unternehmens") enthält bspw. 17 Angabepflichten. Darunter fällt ESRS S1-1 „Konzepte im Zusammenhang mit den Arbeitskräften des Unternehmens". Diese ist dem (primären) Berichterstattungsbereich „Management der Auswirkungen, Risiken und Chancen" bzw. bei sekundärer Betrachtung den „Konzepten" zugeordnet. Ein klar abgrenzbarer Datenpunkt wird in ESRS S1.23 geregelt: „Das Unternehmen gibt an, ob es über ein Konzept oder ein Managementsystem in Bezug auf die Verhütung von Arbeitsunfällen verfügt"; die Angabe mehrerer Datenpunkte fordert demgegenüber gleich im Anschluss ESRS S1.24, u.a. „ob es über spezifische Konzepte verfügt, die auf die Beseitigung von Diskriminierung (einschließlich Belästigung), die Förderung der Chancengleichheit und andere Möglichkeiten zur Förderung von Vielfalt und Inklusion abzielen" und „ob und wie diese Konzepte im Rahmen spezifischer Verfahren umgesetzt werden, um sicherzustellen, dass Diskriminierung verhindert, eingedämmt und bekämpft wird, sobald sie erkannt wird, und um Vielfalt und Inklusion im Allgemeinen zu fördern" (ESRS S1.24(a) und (d)).

Praxis-Hinweis

Die klare Abgrenzung von Datenpunkten ist v.a. für den an die Wesentlichkeitsanalyse anknüpfenden Schritt der Ableitung von konkreten Berichtsinhalten für die Nachhaltigkeitserklärung gem. ESRS erforderlich. Hier wird für die Angabe von Kennzahlen eine weitreichende Flexibilität eröffnet. Ein weiterer Nutzen der EFRAG IG 3 liegt darüber hinaus in deren Spezifikation, ob ein Datenpunkt narrative oder quantitative Angaben erfordert bzw. ob eine Mischung aus beidem möglich ist.

EFRAG IG 3 zeigt aber auch auf, dass einzelne Datenpunkte noch immer mehrere Informationen umfassen können; z.B. wenn tabellarische Informationen gefordert werden. Als bessere Indikation zum Umfang der Datenabfragen lassen sich daher die für die digitale Offenlegung der Nachhaltigkeitserklärung entwickelten **Taggings** heranziehen (→ § 20). In der gegenwärtig vorliegenden Fassung, die von der EFRAG an die ESMA übermittelt wurde, werden rd. 13.500 solcher Taggings unterschieden.[13]

Darüber hinaus wird festgehalten, dass die meisten ESRS von sog. **Anwendungsanforderungen** in der Anlage ergänzt werden. Diese Ausführungen stellen selbst keine Angabepflichten dar, haben allerdings, dessen unbeschadet, dieselbe Verbindlichkeit wie die Ausführungen im Hauptteil der Standards, d.h. wie die Angabepflichten in den ESRS (ESRS 1.17). Die Anwendungsanforderungen ergänzen die Angabepflichten um Interpretationen und z.T.   14

---

13   Weiterführend Baumüller, ZCG 2024, S. 175.

auch um eigenständige Verpflichtungen auf Ebene der Datenpunkte, die mit diesen Interpretationen einhergehen.

15 Von den Anwendungsanforderungen sind die **weiteren Anlagen** (App.), die einzelne ESRS vorsehen, hinsichtlich ihres Verpflichtungsgrads zu unterscheiden. Bspw. finden sich in Anlage B zu ESRS 1 Ausführungen zu „qualitativen Merkmalen von Informationen" in der Berichterstattung, die gem. ESRS auch verpflichtend zu berücksichtigen sind. Die Anlagen E und F zu ESRS 1 enthalten demgegenüber exemplarische Schaubilder, welche Umsetzungsmöglichkeiten bestimmter Anforderungen gem. ESRS 1 verdeutlichen sollen, aber aus denen keine unmittelbaren Verpflichtungen hervorgehen. Der jeweilige **Grad der Verpflichtung** ist stets am Anfang einer Anlage spezifiziert bzw. ergibt sich i.d.R. selbst aus den Verweisen von den Angabepflichten in die Anlage.

2.3 Weitere Terminologie

16 ESRS 1 enthält eingangs Ausführungen zu **weiteren Begrifflichkeiten**, die in den ESRS mit grundlegender Bedeutung verwendet werden:
- Zunächst wird das Konzept der doppelten Wesentlichkeit kurz definiert. Hierzu werden seine Elemente „Auswirkungen", „Risiken" und „Chancen" beschrieben (ESRS 1.14; Rz 61 ff.).
- Darüber hinaus wird auf das Glossar im Anhang II zur Delegierten Verordnung (EU) 2023/2772[14] verwiesen, das die Definitionen zu zentralen Begrifflichkeiten bündelt, die in den einzelnen ESRS verwendet werden. Sämtliche Begriffe, die in diesem Glossar enthalten sind, werden in den einzelnen ESRS aus Referenzgründen auch kursiv und fett gedruckt hervorgehoben (ESRS 1.15).

17 Für die Anwendung der ESRS von besonderer Bedeutung sind die Darstellungen zur **sprachlichen Abgrenzung von Angabepflichten** gegenüber **bloßen Empfehlungen**, die sich ebenso – ohne weitere Bindungswirkung – in den ESRS finden:
- Pflichtangaben werden mit „hat anzugeben" (*„shall disclose"*) gekennzeichnet (ESRS 1.18(b));
- bloße Empfehlungen ohne unmittelbare Verpflichtung werden demgegenüber mit „kann angeben" (*„may disclose"*) abgegrenzt (ESRS 1.18(b)) und sollen aus Sicht der ESRS *„good practices"* aufzeigen;
- „hat zu berücksichtigen" (*„shall consider"*) wird als Formulierung schließlich angeführt, wenn nicht auf eine Angabe(pflicht) Bezug genommen wird, sondern auf Abwägungen, die zur Ausgestaltung dieser Angabepflicht anzustellen sind; die hiervon umrissenen Abwägungen müssen dann berücksichtigt werden (ESRS 1.18 letzter Satz). Im gleichen Sinn werden von der

---

14 Berichtigung der Delegierten Verordnung (EU) 2023/2772 v. 31.7.2023, ABl. EU L v. 9.8.2024, Anhang II, Tab. 2, S. 259 ff.

deutschsprachigen Fassung der ESRS „hat zu prüfen" und „hat zu achten auf" als äquivalent zu *„shall consider"* angeführt.

3 Qualitative Merkmale von Nachhaltigkeitsinformationen

In einem gesonderten Kapitel enthält ESRS 1 Ausführungen zu „qualitativen Merkmalen" (*„qualitative characteristics"*) von Nachhaltigkeitsinformationen. Diese werden eingeteilt in: **18**

- grundlegende qualitative Merkmale von Informationen (*fundamental qualitative characteristics of information*): Relevanz (*relevance*) und wahrheitsgetreue Darstellung (*faithful representation*) sowie in
- erweiterte qualitative Merkmale von Informationen (*enhancing qualitative characteristics of information*)[15]: Vergleichbarkeit (*comparability*), Überprüfbarkeit (*verifiability*) und Verständlichkeit (*understandability*),

wobei für alle weitergehenden Abgrenzungen dieser Begrifflichkeiten auf Anlage B zu ESRS 1 verwiesen wird.

Nähere **Erläuterungen zu dieser Kategorisierung** der angeführten qualitativen Merkmalen fehlen in ESRS 1. Da sie sich offensichtlich am *Conceptual Framework* der IFRS orientieren, kann das dortige Begriffsverständnis für die Auslegung herangezogen werden. Zur Abgrenzung zwischen den *„fundamental qualitative characteristics of information"* und den *„enhancing qualitative characteristics of information"* wird festgehalten: *„If [...] information is to be useful, it must be relevant and faithfully represent what it purports to represent. The usefulness of financial information is enhanced if it is comparable, verifiable, timely and understandable"* (IFRS CF.2.4[16]). Daraus lässt sich u. a. ableiten: **19**

- Die *„enhancing qualitative characteristics"* sind den *„fundamental qualitative characteristics"* nachgeordnet. Insbes. können Defizite im Hinblick auf Letztere nicht durch eine Verbesserung der Ersteren kompensiert werden (siehe auch IFRS CF.2.37).
- Häufig kann es zu Konflikten zwischen den Zielsetzungen hinter den verschiedenen qualitativen Merkmalen kommen. Auch hier zeigt sich im Zweifelsfall die Vorrangigkeit der *„fundamental qualitative characteristics"*: *„For example, a temporary reduction in comparability as a result of prospectively applying a new standard may be worthwhile to improve relevance or faithful*

---

[15] Es ist darauf hinzuweisen, dass „erweitert" eine mehr als unglücklich gewählte Übersetzung für *„enhancing"* ist – da tatsächlich darauf abgestellt wird, durch die Beachtung der angeführten Kriterien die Qualität der berichteten Informationen zu verbessern. Die erste Übersetzung der ESRS ins Deutsche sprach demgegenüber von „sich verbessernde qualitative Merkmale", was noch weniger treffend war.

[16] Vgl. auch Lüdenbach/Hoffmann/Freiberg, Haufe IFRS-Kommentar, 22. Aufl., 2024, § 1 Rz 17.

representation in the longer term. Appropriate disclosures may partially compensate for non-comparability" (IFRS CF.2.38).

20   Die Ausführungen des *Conceptual Framework* der IFRS rücken für die internationale Finanzberichterstattung das Konzept der **Entscheidungsnützlichkeit** von Informationen in den Fokus: *„The qualitative characteristics of useful financial information […] identify the types of information that are likely to be most useful to the existing and potential investors, lenders and other creditors for making decisions about the reporting entity on the basis of information in its financial report (financial information)"* (IFRS CF.2.1[17]). Dieses Konzept wird in einer solchen Deutlichkeit nicht als Ziel der Nachhaltigkeitsberichterstattung gem. ESRS festgelegt; an zahlreichen Stellen kommt es jedoch gleichermaßen zum Ausdruck. Hier sind insbes. die Ausführungen zur geforderten Wesentlichkeitsanalyse zu nennen (Rz 61 ff.). Auch bei den Erläuterungen des qualitativen Merkmals „Relevanz" wird an erster Stelle festgehalten: „Nachhaltigkeitsinformationen sind relevant, wenn sie bei Entscheidungen der Nutzer im Rahmen des Ansatzes der doppelten Wesentlichkeit […] eine bedeutende Rolle spielen könnten" (ESRS 1.QC1).

21   „Relevanz" ist die erste Dimension der beiden grundlegenden qualitativen Merkmale von Informationen und wird in ESRS 1, App. B dargestellt. Dieses Kriterium zielt unmittelbar auf die übergeordnete Zielsetzung der Entscheidungsnützlichkeit ab. Damit eine Information also entscheidungsnützlich ist, muss sie einen der beiden folgenden Werte (oder auch beide gemeinsam) vermitteln:

• **Prädiktiver Wert** (*predictive value*): Eine Information ist dann von prädiktivem (auch: prognostischem) Wert für die Nutzer der Nachhaltigkeitsberichterstattung, wenn sie dafür genutzt werden kann, Einschätzungen und Erwartungen über zukünftige Ergebnisse abzuleiten (ESRS 1.QC2).

• **Bestätigender Wert** (*confirmatory value*): Eine Information ist dann von bestätigendem Wert für die Nutzer der Nachhaltigkeitsberichterstattung, wenn sie Einschätzungen und Erwartungen, die in der Vergangenheit angestellt wurden, bestätigen oder widerlegen kann – somit dient sie der Evaluation (ESRS 1.QC3).

22   Im Zusammenhang mit „Relevanz" und der damit angestrebten Entscheidungsnützlichkeit wird auch das Konzept der **Wesentlichkeit** begründet. Dieses ist die Anwendung des qualitativen Merkmals der „Relevanz" auf einen unternehmensspezifischen Fall: „Die Wesentlichkeit ist ein relevanter unternehmensspezifischer Aspekt, der auf der Art und/oder des Umfangs der Elemente basiert, auf die sich die Informationen beziehen, und wird im Rahmen der Nachhaltigkeitsberichterstattung des Unternehmens bewertet" (ESRS 1.QC4).

---

[17]   Vgl. auch Lüdenbach/Hoffmann/Freiberg, Haufe IFRS-Kommentar, 22. Aufl., 2024, § 1 Rz 5.

Damit wird v. a. die grundlegende Bedeutung des Wesentlichkeitsgrundsatzes für die gesamte Berichterstattung gem. ESRS konzeptionell unterstrichen.

Wichtig

Die ESRS unterscheiden zwei Ausprägungen der Wesentlichkeit: die inhaltliche Wesentlichkeit eines Sachverhalts (z. B. wie wesentlich wirkt sich der Klimawandel auf die Geschäftstätigkeit eines Unternehmens aus?) und die Wesentlichkeit von Informationen über diesen Sachverhalt bei der Nachhaltigkeitsberichterstattung (z. B. welche Informationen sind anzugeben, um den Nutzern der Nachhaltigkeitsberichterstattung entscheidungsnützliche Informationen zu vermitteln?). Beide Perspektiven spielen an unterschiedlichen Stellen der Regelungen in ESRS 1 eine Rolle und sind daher zu unterscheiden. ESRS 1.QC4 stellt u. E. primär auf die Informations-Wesentlichkeit ab.

„**Wahrheitsgetreue Darstellung**" ist das zweite grundlegende qualitative **23** Merkmal: „Um von Nutzen zu sein, müssen die Informationen nicht nur relevante Phänomene darstellen, sondern auch die Substanz der Phänomene, die sie darstellen sollen, wahrheitsgetreu wiedergeben" (ESRS 1.QC5). Um diesem Ziel zu entsprechen, muss eine Information drei Eigenschaften aufweisen:

- **Vollständig** (*complete*): Alle wesentlichen Informationen müssen in die Nachhaltigkeitsberichterstattung aufgenommen werden, die erforderlich sind, damit der Nutzer der Nachhaltigkeitsberichterstattung die Auswirkungen, Risiken und Chancen eines Unternehmens verstehen kann. Dies umfasst die Angaben zu sämtlichen der vier Berichterstattungsbereiche gem. ESRS (ESRS 1.QC6).
- **Neutral** (*neutral*): Die Informationen haben in ausgewogener Weise dargestellt zu werden; weder stehen eine zu vorteilhafte noch eine zu unvorteilhafte Darstellung im Einklang mit der Anforderung an eine neutrale Informationsdarstellung. Diese Forderung erstreckt sich sowohl auf die Auswahl der Berichtsinhalte als auch auf deren Abhandlung in der Nachhaltigkeitserklärung selbst (ESRS 1.QC7).
- **Korrekt** (*free from error*), in der ersten deutschen Übersetzung der ESRS auch als „genau" („*accurate*") bezeichnet: Die Informationen, die in der Nachhaltigkeitsberichterstattung dargestellt werden, dürfen nicht von wesentlichen Falschdarstellungen verzerrt werden; eine absolute Präzision ist aber ebenso nicht erforderlich: „Korrekte Informationen setzen voraus, dass das Unternehmen angemessene Verfahren und interne Kontrollen eingeführt hat, um wesentliche Fehler oder wesentliche Falschangaben zu vermeiden" (ESRS 1.QC9). Dies erfordert u. a., dass Forderungen, Schätzungen, Annahmen und Prognosen als solche erkennbar gemacht werden, methodische Vorgehensweisen z. B. mit solchen Prognosen sorgfältig konzipiert und

Beschreibungen präzise gehalten werden. Methodische Unsicherheiten und inhärente Grenzen der Aussagekraft einzelner Angaben sind ebenso aufzuzeigen. Die dafür notwendigen Abwägungen sind für jeden Sachverhalt i.E. anzustellen (ESRS 1.QC9).

24 Das qualitative Merkmal der wahrheitsgetreuen Darstellung umfasst auch den **Vorsichtsgrundsatz**, allerdings lediglich als Aspekt der Neutralität von Informationen. Wie in der Finanzberichterstattung gem. IFRS ist dessen Stellenwert jedoch eingeschränkt – und insbes. die Forderung nach einer ausgewogenen Darstellung in den Fokus gerückt: „Neutralität wird durch ein sorgfältiges Vorgehen gefördert, d.h. Vorsicht bei Beurteilungen unter ungewissen Bedingungen. […] Ein sorgfältiges Vorgehen schließt ein, dass die Chancen nicht überbewertet werden und die Risiken nicht unterschätzt werden. Ebenso wenig dürfen Chancen unterbewertet oder Risiken überschätzt werden" (ESRS 1.QC8). Der Vorsichtsgrundsatz rechtfertigt somit keine zu pessimistische Darstellung eines Sachverhalts oder bspw. das Weglassen von wesentlichen Angaben zu Chancen. Eine Rolle spielt der Vorsichtsgrundsatz demgegenüber bei der Wesentlichkeitsanalyse und der Forderung, auch Nachhaltigkeitsaspekte mit gravierender Schwere, aber ggf. geringerer Wahrscheinlichkeit zu berichten.

25 Die **Zulässigkeit bzw. Notwendigkeit, Schätzungen bzw. Prognosen** zur Erfüllung der Angabepflichten vorzunehmen und Annahmen zu treffen, wird auch in Kap. 7.2 von ESRS 1 (ESRS 1.87 ff.) betont und weiter ausgeführt. Dies gilt insbes. für Angabepflichten zu Kennzahlen bzw. i.V.m. Offenlegungen zur Wertschöpfungskette des berichtspflichtigen Unternehmens (ESRS 1.87). Damit verbunden sind die folgenden Implikationen:

• Die wichtigsten Unsicherheiten sind explizit anzuführen, die sich bei der Ermittlung der angegebenen quantitativen Kennzahlen sowie monetären Beträge in der Nachhaltigkeitserklärung auswirken (ESRS 1.88). Bspw. kann auf Einschränkungen in den vorliegenden Daten hingewiesen werden (wenn etwa Abrechnungen oder sonstige Datenabfragen noch fehlen und daher in wesentlichem Maß mit Schätzungen gearbeitet werden muss oder wenn sich methodische Limitationen ergeben, z.B. wenn substanzielle Annahmen zu zukünftigen Ereignissen getroffen werden müssen).

• Implizit wird auch nahegelegt, dass Szenario- und Sensitivitätsanalysen durchgeführt werden, um die gewählten Vorgehensweisen zu fundieren (ESRS 1.89). Bspw. können bei Schätzungen Ober- und Untergrenzen von Kennzahlen ermittelt werden; diese müssen allerdings nicht offengelegt werden, auf eine solche Vorgehensweise kann aber allgemein in der Berichterstattung hingewiesen werden (darüber hinaus kann diese v.a. gegenüber externen Prüfern zur Absicherung der Berichtsinhalte eingesetzt werden).

• Schließlich ist insbes. darauf zu achten, dass verwendete Daten und getroffene Annahmen, die i. V. m. Daten aus der Finanzberichterstattung oder den dort getroffenen Annahmen stehen, konsistent sind (ESRS 1.90).

Die Begriffe „Schätzungen" und „Prognosen" werden in ESRS 1 nicht näher abgegrenzt. Sie beziehen sich gemeinsam auf **vergangenheits- bzw. zukunftsgerichtete Informationen**, die mit Unsicherheit verbunden sind. Bei vergangenheitsgerichteten Informationen spielt dies z. B. immer dann eine Rolle, wenn benötigte Daten (z. B. Energieverbrauchsabrechnungen) zum Berichtszeitpunkt noch nicht vorliegen. Mitunter wird anstelle von „Schätzungen" und „Prognosen" auch von „Vorhersagen" (z. B. ESRS 1.QC2) oder „Annäherungen"/„Näherungswerten" gesprochen (z. B. ESRS 1.QC9). Eine Systematik lässt sich in dieser Begriffsverwendung allerdings nicht erkennen. Sofern damit zukunftsgerichtete Informationen gemeint sind, kann eine Kategorisierung insbes. für die externe Prüfung dieser zukunftsgerichteten Angaben eine Rolle spielen. Mit den Vorschlägen zu Prüfstandards des IDW (siehe ausführlich → § 17 Rz 32 ff.) lässt sich die begriffliche Vielfalt für diese Kategorie von Informationen zu „Projektionen" (auch: „hypothetische Informationen") und „Prognosen" (auch: „beobachtbare Informationen") zusammenfassen (IDW E-EPS 990, 11.2022, Tz. 58.2):

• „Eine Projektion basiert auf hypothetischen Annahmen über künftige Ereignisse und Maßnahmen des Managements, von denen nicht unbedingt erwartet wird, dass sie eintreten, oder auf einer Kombination aus hypothetischen Annahmen und bestmöglichen Schätzungen. Solche Informationen veranschaulichen die möglichen Folgen zum Zeitpunkt der Erstellung der Informationen, wenn die Ereignisse und Maßnahmen eintreten würden. Dies kann auch als Szenarioanalyse bezeichnet werden."

• „Eine Prognose wird auf der Grundlage von Annahmen über künftige Ereignisse erstellt, die das Management zum Zeitpunkt der Erstellung der Informationen erwartet (Annahmen auf der Grundlage der besten Schätzung), und über die Maßnahmen, die das Management voraussichtlich ergreifen wird."

„Vergleichbarkeit" ist das erste der drei „erweiterten qualitativen Merkmale". Es fordert die **zeitliche und sachliche Stetigkeit der Angaben**, die ein Unternehmen in seiner Nachhaltigkeitsberichterstattung tätigt. Dabei sollten auch Vorgehensweisen gewählt werden, die jenen einer Peer Group entsprechen: „Nachhaltigkeitsinformationen sind vergleichbar, wenn sie mit Informationen verglichen werden können, die das Unternehmen in früheren Berichtszeiträumen bereitgestellt hat, und wenn sie mit Informationen anderer Unternehmen verglichen werden können, insbesondere solchen, die ähnliche Aktivitäten ausüben oder in demselben Wirtschaftszweig tätig sind" (ESRS 1.QC10). Als Beispiele für solche Bezugspunkte für Vergleiche werden

26

27

u. a. Zielwerte oder branchenspezifische Benchmarks genannt, die von anderen Unternehmen oder auch von Organisationen wie NGOs oder öffentlichen Stellen zur Verfügung gestellt werden. Ist es also etwa üblich, dass Unternehmen einer Peer Group (z. B. einer Branche) gewisse Angaben tätigen, so kann dies im Zeitablauf zu einer faktischen Berichtspflicht für alle Unternehmen dieser Branche führen. Vergleiche können zwischen börsennotierten und nicht börsennotierten Unternehmen erfolgen bzw. auch mit Unternehmen, die ihren Sitz in anderen Ländern haben.

28   **Zeitliche Stetigkeit** i. S. d. qualitativen Merkmals der „Vergleichbarkeit" liegt vor, wenn gewählte Methoden von Berichtsperiode zu Berichtsperiode beibehalten werden (ESRS 1.QC11). **Sachliche Stetigkeit** macht es demgegenüber erforderlich, auch in derselben Periode gleiche Sachverhalte nach den gleichen Methoden zu behandeln, aber ebenso zwischen unterschiedlichen Sachverhalten entsprechend in den angewandten Methoden zu differenzieren: „Die Vergleichbarkeit von Nachhaltigkeitsinformationen wird nicht dadurch verbessert, dass man aus unterschiedlich aussehenden Elementen ähnlich aussehende Elemente macht oder umgekehrt" (ESRS 1.QC12). Im Hinblick auf diese beiden Anforderungen zeigt sich erneut ein Gleichklang mit den für die Finanzberichterstattung etablierten Grundsätzen der Rechnungslegung.

Praxis-Hinweis

Die EFRAG hat in den Q&A klargestellt, dass es nicht ausgeschlossen ist, in einer Nachhaltigkeitserklärung verschiedene Methoden anzuwenden – selbst wenn dies einen Verstoß gegen den Grundsatz der Stetigkeit darstellt. Im Ergebnis darf damit allerdings nicht gegen die in ESRS 1 definierten qualitativen Merkmale von Nachhaltigkeitsinformationen verstoßen werden, was u. a. durch ergänzende Erläuterungen des berichtenden Unternehmens zum Sachverhalt begünstigt werden kann. Entscheidend ist somit letztlich das Gesamtbild der vermittelten Informationen.[18] Somit ändert sich nichts an der Gültigkeit der in Rz 28 dargelegten Ausführungen.

---

29   Ein **Abweichen vom Grundsatz der Stetigkeit** kommt folglich grds. aus denselben Gründen in Betracht, wie dies für die Finanzberichterstattung der Fall ist. Eine verbesserte Datenlage, die eine Ermittlung aussagekräftigerer Kennzahlen erlaubt, kann ebenso als Beispiel angeführt werden wie eine grundlegende Änderung im Geschäftsmodell oder der Unternehmensstrategie, die sich auf die Wesentlichkeitsbeurteilung und auf die daraus abgeleiteten Angabepflichten ableitet. Externe Ereignisse, wie Pandemien oder (allgemein) sich verändernde Stakeholder-Erwartungen, sind gleichermaßen in Betracht zu

---

[18]   EFRAG, ESRS Q&A Platform, Compilation of Explanations, Januar–Juli 2024, Frage 81, S. 86 f.

ziehen. Darüber hinaus können Abweichungen mit einer verbesserten Entscheidungsnützlichkeit i. S. d. qualitativen Merkmale von Nachhaltigkeitsinformationen begründet werden, indem ein Unternehmen bspw. Kennzahlen aus etablierten Standards in die eigene Berichterstattung übernimmt oder den Berichtspraktiken seiner Peer Group folgt. ESRS 2 BP-2 sieht Angaben vor, die im Fall eines solchen Durchbruchs des Stetigkeitsprinzips zu tätigen sind.

Das qualitative Merkmal der „Überprüfbarkeit" stellt darauf ab, die getätigten   30
Angaben überprüfen zu können: „Überprüfbarkeit bedeutet, dass sich unterschiedliche sachkundige und unabhängige Beobachter darauf verständigen können (wobei keine vollständige Einigkeit erzielt werden muss), dass es sich bei einer bestimmten Darstellung um eine wahrheitsgetreue Darstellung handelt" (ESRS 1.QC14). Adressiert wird mit dieser Überprüfbarkeit also nicht allein der externe Prüfer der Nachhaltigkeitsberichterstattung, sondern das gesamte Spektrum der Nutzer dieser Berichterstattung. Dieses Ziel kann erreicht werden, indem z. B.
• geeignete Kontextinformation zu Angaben gegeben wird, z. B. zum Geschäftsmodell oder zu externen Einflussfaktoren;
• Input-Größen und Berechnungsmethoden transparent dargestellt werden, auf denen getätigte Angaben beruhen;
• die berichteten Angaben entsprechenden Kontrollmechanismen durch Vorstand, Aufsichtsrat oder von diesen eingerichteten Gremien unterworfen werden.

Im Hinblick auf **zukunftsgerichtete Angaben** ist die Umsetzung des qualitati-   31
ven Merkmals der „Überprüfbarkeit" mit besonderen Schwierigkeiten verbunden. Hier können insbes. Strategien, Pläne und Risikoanalysen wichtige Kontextinformationen darstellen. Darüber hinaus wird erneut betont, dass die getroffenen Annahmen und angewandten Methoden in die Berichterstattung aufzunehmen sind. Im Ergebnis soll den Nutzern der Nachhaltigkeitsberichterstattung auch vermittelt werden, dass all diese Informationen den tatsächlichen Einschätzungen und Entscheidungsgrundlagen im berichtenden Unternehmen entsprechen und somit als bestgeeignete Basis für das Treffen ihrer eigenen Ableitungen genutzt werden können (ESRS 1.QC15).

Das qualitative Merkmal der „**Verständlichkeit**" hat schließlich die Aufberei-   32
tung der berichteten Informationen zum Gegenstand: „Die Verständlichkeit ermöglicht es jedem angemessen sachkundigen Nutzer, die übermittelten Informationen leicht nachzuvollziehen" (ESRS 1.QC16). I. S. d. Verständlichkeit hat die berichtete Information klar und prägnant zu sein:
• Informationen werden dann **klar** dargestellt, indem v. a. relevante Ereignisse bzw. Veränderungen gegenüber früheren Berichtszeiträumen in der Berichterstattung hervorgehoben werden (ESRS 1.QC18).

- Die **Prägnanz** von Informationen wird erreicht, indem
  - generische *„boilerplate*-Angaben" vermieden werden,
  - Mehrfachangaben derselben Informationen vermieden werden, z. B. durch Verweise auch auf Teile der Finanzberichterstattung, und
  - auf sprachliche Klarheit sowie eine übersichtliche Textstrukturierung geachtet wird (ESRS 1.QC17). Detaillierung und Granularität sowie der technische Charakter von Angaben müssen auf die Bedürfnisse und Erwartungen der Nutzer der Nachhaltigkeitsberichterstattung abgestimmt sein. Abkürzungen sind zu vermeiden, verwendete Maßeinheiten sind zu definieren und offenzulegen (ESRS 1.QC20).
  Umschlossen vom Kriterium der Prägnanz ist die Forderung, unwesentliche Informationen nicht anzuführen. Sofern aufgrund der Anwendung anderer Standards und Rahmenwerke oder aufgrund von verpflichtenden regulatorischen Anforderungen dennoch zusätzliche (gem. ESRS nicht berichtspflichtige) Angaben aufgenommen werden (Rz 158), sind diese entsprechend zu kennzeichnen (ESRS 1.QC17).

33 Eine verständliche Darstellung beginnt bereits mit der **Gliederung der Nachhaltigkeitserklärung** (Rz 150ff.). Der Einsatz von **Tabellen und Grafiken** wird zur Verständlichkeit beitragen können und dahingehend zu begrüßen sein; die ESRS enthalten z.T. selbst Vorschläge für solche Gestaltungen. Grenzen für letztere Darstellungsformen werden allerdings durch die geforderte Maschinenlesbarkeit vorgegeben.

34 Im Zusammenhang mit dem qualitativen Merkmal der „Verständlichkeit" wird auch die Anforderung der „**Kohärenz**" der Berichterstattung thematisiert: „Damit die nachhaltigkeitsbezogenen Angaben kohärent sind, müssen sie so dargestellt werden, dass der Kontext und die Zusammenhänge zwischen den entsprechenden Informationen nachvollziehbar sind" (ESRS 1.QC19). Diese Kohärenz bezieht sich einerseits auf Zusammenhänge zwischen den einzelnen Angaben, die in der Nachhaltigkeitsberichterstattung getätigt werden. Andererseits wird gefordert, dass gleichermaßen Zusammenhänge zwischen den Angaben in der Nachhaltigkeitsberichterstattung und der Finanzberichterstattung herzustellen sind. Im Besonderen werden Darstellungen zu Risiken und Chancen in der Finanzberichterstattung hervorgehoben, die zu Nachhaltigkeitsaspekten in Bezug stehen und im Hinblick auf ihre Implikationen auch in der Nachhaltigkeitserklärung entsprechend darzustellen sind (ggf. unter Einsatz von Verweisen; ESRS 1.QC20). Für weitere Ausführungen wird auf die Darstellungen in Kap. 9 von ESRS 1 (ESRS 1.118ff.) verwiesen (Rz 167ff.).

35 Zusammenfassend lässt sich die Systematik der qualitativen Merkmale gem. ESRS 1 mit Abb. 2 darstellen:

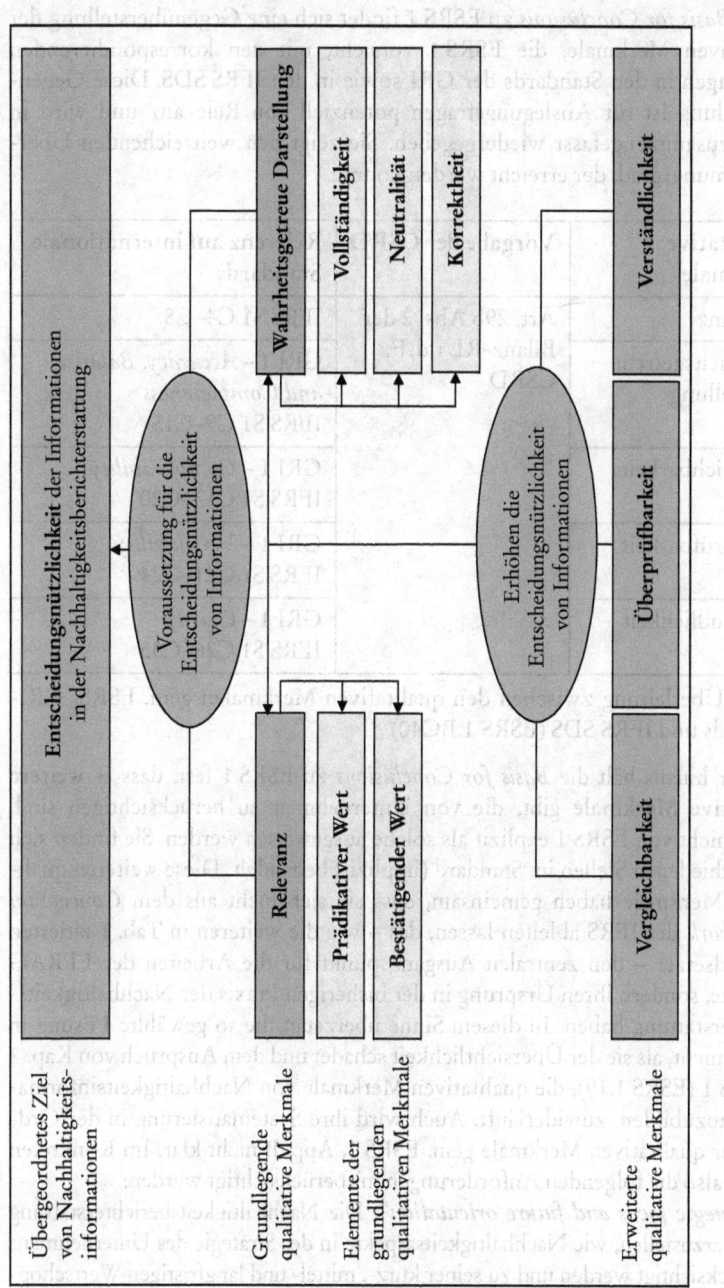

Abb. 2: Zusammenspiel der qualitativen Merkmale gem. ESRS 1

36 In den *Basis for Conclusions* zu ESRS 1 findet sich eine Gegenüberstellung der qualitativen Merkmale, die ESRS 1 vorsieht, mit den korrespondierenden Grundlagen in den Standards der GRI sowie in den IFRS SDS. Diese Gegenüberstellung ist für Auslegungsfragen potenziell von Relevanz und wird in Tab. 1 zusammengefasst wiedergegeben. Sie zeigt den weitreichenden Übereinstimmungsgrad, der erreicht werden konnte.

Qualitative Merkmale	Vorgabe der CSRD	Referenz auf internationale Standards
Relevanz	Art. 29b Abs. 2 der Bilanz-RL i.d.F. CSRD	IFRS S1 C4–C8
Wahrheitsgetreue Darstellung		GRI 1 – *Accuracy, Balance and Completeness* IFRS S1 C9–C15
Vergleichbarkeit		GRI 1 – *Comparability* IFRS S1 C17–C20
Überprüfbarkeit		GRI 1 – *Verifiability* IFRS S1 C21–C24
Verständlichkeit		GRI 1 – *Clarity* IFRS S1 C26–C33

Tab. 1: Überleitung zwischen den qualitativen Merkmalen gem. ESRS, GRI-Standards und IFRS SDS (ESRS 1.BC40)

37 Darüber hinaus hält die *Basis for Conclusions* zu ESRS 1 fest, dass es **weitere qualitative Merkmale** gibt, die von Unternehmen zu berücksichtigen sind, jedoch nicht von ESRS 1 explizit als solche ausgewiesen werden. Sie finden sich an verschiedenen Stellen im Standard (implizit) behandelt. Diese weiteren qualitativen Merkmale haben gemeinsam, dass sie sich nicht aus dem *Conceptual Framework* der IFRS ableiten lassen, das – wie die weiteren in Tab. 1 zitierten Standardsetzer – den zentralen Ausgangspunkt für die Arbeiten der EFRAG darstellte, sondern ihren Ursprung in der bisherigen Praxis der Nachhaltigkeitsberichterstattung haben. In diesem Sinne überzeugt die so gewählte Lösung in ESRS 1 nicht, als sie der Übersichtlichkeit schadet und dem Anspruch von Kap. 2 in ESRS 1 (ESRS 1.19), die qualitativen Merkmale von Nachhaltigkeitsinformationen abzubilden, zuwiderläuft. Auch wird ihre Systematisierung in der Ordnung der qualitativen Merkmale gem. ESRS 1, App. B nicht klar. Im Konkreten müssen also die folgenden Anforderungen mitberücksichtigt werden:

- „*Strategic focus and future orientation*": Die Nachhaltigkeitsberichterstattung hat darzustellen, wie Nachhaltigkeitsaspekte in der Strategie des Unternehmens berücksichtigt werden und zu seiner kurz-, mittel- und langfristigen Wertschöpfung beitragen. Dieses Prinzip wird in ESRS 1 u.a. in Kap. 6 („Zeithorizonte"; ESRS 1.73 ff.) weiter ausgeführt (ESRS 1.BC42(a); Rz 133 ff.).

- **„Stakeholder inclusiveness"**: Die Nachhaltigkeitsberichterstattung hat die Beziehungen zwischen dem berichtspflichtigen Unternehmen und seinen Stakeholdern darzustellen; ebenso ist darauf einzugehen, wie die Interessen und Sichtweisen dieser Stakeholder berücksichtigt werden. Dieses Prinzip wird in ESRS 1 v. a. in Kap. 4 („Sorgfaltspflicht"; ESRS 1.58 ff.) sowie in Kap. 3 („Doppelte Wesentlichkeit als Grundlage für die Angabe von Nachhaltigkeitsinformationen"; ESRS 1.21 ff.) im Zusammenhang mit der Wesentlichkeitsanalyse weiter ausgeführt (ESRS 1.BC42(b); Rz 45 ff.).

- **„Connected information"**: Die Nachhaltigkeitsberichterstattung hat auf geeignete Art und Weise mit der Finanzberichterstattung verknüpft zu werden, um so ein ganzheitliches Bild von der Wertschöpfung eines Unternehmens zu vermitteln: *„This allows information to be more useful, relevant, and cohesive and the management report to be viewed as a single, balanced and coherent set of information properly linked with financial reporting"*. Dieses Prinzip wird in ESRS 1 v. a. in Kap. 9 („Verknüpfungen mit anderen Teilen der Unternehmensberichterstattung und damit verbundenen Informationen"; ESRS 1.118 ff.) weiter ausgeführt (ESRS 1.BC42(c); Rz 167 ff.).

Im Hinblick auf die Systematik der ESRS in ihrer Gesamtheit und der Ausführungen in ESRS 1 zu den qualitativen Merkmalen im Speziellen kann davon ausgegangen werden, dass die weiteren qualitativen Merkmale immer dann erfüllt sein werden, wenn die teils konkreten Vorgaben in ESRS 1 eingehalten werden. Die in Kap. 2 (ESRS 1.19) als qualitative Merkmale von Informationen gesondert ausgewiesenen Kriterien sind demgegenüber von grundlegender Natur und entziehen sich oftmals einer Konkretisierung. Sie sind damit viel stärker noch für **Auslegungsfragen** im Zusammenhang mit Wahlrechten und Ermessensspielräumen, die in den ESRS zahlreich sind, als Unterstützung für das Finden sachgerechter Vorgehensweisen heranzuziehen. **38**

Die *Basis for Conclusions* zu ESRS 1 widmet sich der Frage, ob *„cost constraints"* ebenso zu den qualitativen Merkmalen gezählt werden sollten. Im Ergebnis wird festgehalten: *„As cost benefit considerations are considered when drafting ESRS at a standard setter-level, the SRB decided not to add the cost constraint at the level of the undertaking to the qualitative characteristics"* (ESRS 1.BC41). D. h., dass ein Unternehmen sich nicht auf im freien Ermessen stehende Kosten-Nutzen-Überlegungen berufen kann im Hinblick auf die Datenpunkte, für die es in seiner Wesentlichkeitsanalyse eine Berichtspflicht abgeleitet hat. Ein Unterlassen von Angaben ist hier nur im genau umrissenen Fall von explizit vorgesehenen Schutzklauseln gem. ESRS 1 möglich. **39**

40 Im Hinblick auf die *cost constraints* ist jedoch zu berücksichtigen, dass die ESRS selbst oftmals von „angemessenen Anstrengungen" oder Impraktikabilitäten sprechen. Diese stellen eine Obergrenze für den Aufwand dar, den ein Unternehmen für die Berichterstattung in Kauf zu nehmen hat (z. B. ESRS 1.AR17, ESRS 1.69 und ESRS 1.108 sowie ESRS 1, App. C). Auch die Darstellungen zum qualitativen Merkmal der „wahrheitsgetreuen Darstellung" (Rz 32) sowie die in ESRS 1 ausdrücklich vorgesehenen Möglichkeiten, Schätzungen oder sonstige Annäherungswerte für die Berichterstattung heranzuziehen, eröffnet den berichtspflichtigen Unternehmen zumindest für gewisse Übergangszeiträume faktisch die Möglichkeit, ihre Berichtssysteme unter eng umrissenen Kosten-Nutzen-Gesichtspunkten hin zum von den ESRS geforderten Zielbild weiterzuentwickeln. Wo solche Abwägungen zum Tragen kommen, ist allerdings umso mehr eine transparente Angabe in der Nachhaltigkeitserklärung zu tätigen.[19]

41 Zum Fehlen der „*timeliness*" der Nachhaltigkeitsberichterstattung enthält die *Basis for Conclusions* ähnliche Ausführungen. Dieses Kriterium findet sich im *Conceptual Framework* der IFRS ebenso als qualitatives Merkmal wie in den Standards der GRI bzw. in den IFRS SDS. Die EFRAG sah von einer Aufnahme in ESRS 1 deswegen ab, da die zeitlichen Vorgaben zur Berichterstattung im Kontext der ESRS durch EU-Recht vorgegeben werden und dahingehend wenig Auslegungsbedarf gesehen wird (ESRS 1.BC39). Anders gesagt wird dieses Kriterium sohin automatisch erfüllt bei einer EU-rechtskonformen Berichterstattung.

42 Einige wichtige Grundsätze aus dem Kontext der Finanzberichterstattung sind für die Zwecke der Nachhaltigkeitsberichterstattung nicht bzw. nur in eingeschränktem Maße zu übertragen. Hierzu gehört etwa der Grundsatz der **Periodenabgrenzung**, der insbes. für die Ermittlung von Kennzahlen gem. ESRS oftmals in den Hintergrund gerät gegenüber einer Flussgrößen-Betrachtung (z. B. bei THG-Emissionen).[20] Auch spielt ein **Kontinuitätsgrundsatz**, wie etwa jener der Bilanzkontinuität, eine sehr eingeschränkte Rolle (was bspw. im Zusammenhang mit Erst- und Endkonsolidierungen in der konsolidierten Nachhaltigkeitserklärung bedeutsam ist; Rz 115).

---

[19] Vgl. Lanfermann/Baumüller, IRZ 2023, S. 93.
[20] Vgl. Wagenhofer, IRZ 2023, S. 514.

4 Von der Due Diligence zur doppelten Wesentlichkeit

Wie schon in der NFRD stellt die Wesentlichkeitsanalyse gem. CSRD/ESRS **43** das „Herzstück" der Nachhaltigkeitsberichterstattung dar.[21] Allerdings finden sich mit den ESRS erstmals umfangreiche konkretisierende Vorgaben zu deren Durchführung und der darauf basierenden Ableitung von Inhalten der Nachhaltigkeitsberichterstattung. Im Hinblick auf die (z.T. wohl unvermeidbaren) hohen Freiheitsgrade, die sich den berichtspflichtigen Unternehmen eröffnen, wird ein hoher Stellenwert auf die Vorgehensweise bzw. auf den Kontext gelegt, in dem die Wesentlichkeitsanalyse eingebettet ist.

Internationalen Vorbildern – wie insbes. den GRI-Standards – folgend sehen die **44** ESRS das Konzept der **nachhaltigkeitsbezogenen Sorgfaltspflichten – „(Sustainability) Due Diligence" – als Grundstein** vor. Auf diesem baut der gesamte Prozess der Nachhaltigkeitsberichterstattung, wie er im Folgenden skizziert wird, auf. Abb. 3 enthält eine Darstellung der Zusammenhänge zwischen jenen Inhalten, welche im Anschluss näher erörtert werden.

Praxis-Tipp

Fallbeispiele von fiktiven Unternehmen, wie eine Wesentlichkeitsanalyse auf den Grundsätzen der (Sustainability) Due Diligence umgesetzt werden kann, finden sich z.B. im „WWF Quick Guide" zur Wesentlichkeitsanalyse gem. CSRD und ESRS illustriert.[22] Aufgrund der Komplexität der Anforderungen, die an Unternehmen hinsichtlich ihrer Prozesse gestellt werden, empfiehlt sich darüber hinaus die Dokumentation in einem unternehmensinternen Handbuch. Hier kann eine bereits existierende „Bilanzierungsrichtlinie" als Orientierung dienen in puncto Aufbau und Umfang der adressierten Regelungsbereiche. Wird dieses Handbuch frühzeitig einer externen Prüfung (am besten durch den bestellten gesetzlichen Prüfer der Nachhaltigkeitserklärung) unterzogen, kann ein Unternehmen seine Vorgehensweisen frühzeitig absichern und somit zielgerichtet die einzelnen Prozessschritte durchlaufen.

---

[21] Baumüller/Schönauer, PiR 2023, S. 88 ff. und S. 131 ff.
[22] Vgl. Baumüller/Mayr, WWF Quick Guide, 2. Aufl., 2024.

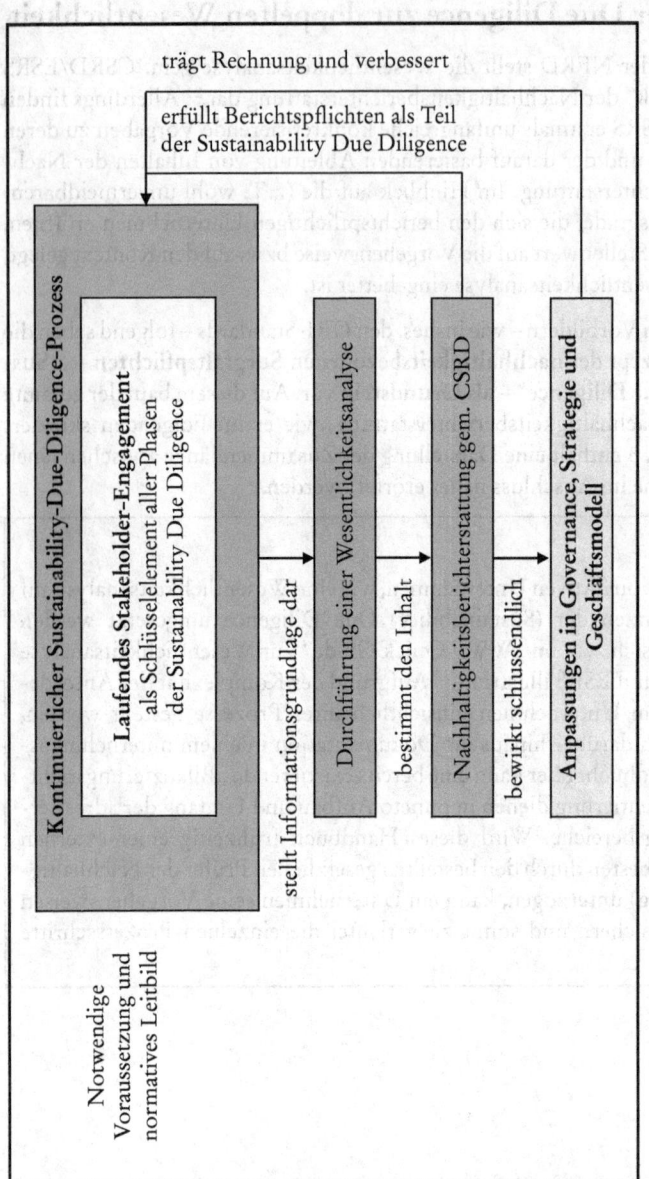

Abb. 3: Verortung der Wesentlichkeitsanalyse im Kontext der Sustainability Due Diligence[23]

4.1 (Sustainability) Due Diligence

Der Due-Diligence-Prozess eines Unternehmens im Hinblick auf Nachhaltig- **45**
keitsaspekte bildet das **Fundament der Nachhaltigkeitsberichterstattung**
und der damit verbundenen Wesentlichkeitsanalyse. Dies ergibt sich v.a. aus
dem in ESRS 1 dargelegten Umstand, dass die durchzuführende Wesentlichkeitsanalyse (insbes. hinsichtlich der Auswirkungs-Wesentlichkeit) auf den
bereitgestellten Informationen der Due-Diligence-Prozesse des berichtspflichtigen Unternehmens basiert (ESRS 1.58).

Allgemein kann die Due Diligence als ein fortlaufender Prozess angesehen werden, **46**
bei dem Unternehmen die tatsächlichen und potenziellen negativen Auswirkungen
auf die Umwelt und die Menschen i.V.m. ihren Wirtschaftsaktivitäten identifizieren, verhindern, mindern, wiedergutmachen und darüber Rechenschaft ablegen
(ESRS 1.59). Dies umfasst sowohl die eigenen Geschäftstätigkeiten des Unternehmens als auch dessen Geschäftsbeziehungen, einschl. Produkte, Dienstleistungen und weitere Teile der Wertschöpfungskette. Die Due Diligence reagiert auf
Veränderungen in der Strategie, dem Geschäftsmodell, den Aktivitäten und den
Geschäftsbeziehungen des Unternehmens sowie auf den Betriebskontext, die
Beschaffung und den Verkauf. „Sustainability" ist damit fest im Unternehmen zu
verankern, organisatorisch und über alle Unternehmensbereiche hinweg, und kann
damit keine bloße Randfunktion sein. Es braucht de facto eine institutionelle
Verzahnung mit der Governance, dem Prozess der Ableitung einer Strategie und
der Definition des Geschäftsmodells durch die Unternehmensleitung. Die gem.
ESRS geforderte Nachhaltigkeitsberichterstattung ist somit mehr als eine bloße
Berichtslegung – sie ist die Dokumentation einer laufenden Befassung des Unternehmens mit seinen Stakeholdern zu einem bestimmten (Berichts-)Stichtag.

Die Elemente einer Due Diligence im Hinblick auf Nachhaltigkeitsaspekte **47**
(**Sustainability Due Diligence**) werden in den UN-Leitprinzipien für Wirtschaft
und Menschenrechte und den OECD-Leitsätzen für multinationale Unternehmen beschrieben. Beide internationalen Instrumente dienen als Grundlage für den
Due-Diligence-Prozess i.R.d. ESRS (ESRS 1.60). Die UN-Leitprinzipien für
Wirtschaft und Menschenrechte wurden im Jahr 2011 verabschiedet und beinhalten 31 Prinzipien, die sich auf wirtschaftsbezogene Menschenrechte beziehen und
sowohl an Staaten als auch an Unternehmen gerichtet sind.[24] Diese Prinzipien
haben jedoch keine rechtlich bindende Wirkung. Ähnlich verhält es sich mit den
OECD-Leitsätzen für multinationale Unternehmen, die im Jahr 2018 durch den
OECD-Leitfaden zur Sorgfaltspflicht für Unternehmen aller Sektoren ergänzt
wurden.[25] Die Kernaspekte der Due Diligence, vorgegeben durch die interna-

---

[24] UN, Guiding Principles on Business and Human Rights: Implementing the United Nations
Protect, Respect and Remedy Framework, 2011.
[25] OECD, Guidelines for Multinational Enterprises on Responsible Business Conduct, 2023.

tionalen Instrumente, spiegeln sich in zahlreichen Begrifflichkeiten und Konzepten sowie in der gesamten Struktur der Angabepflichten der ESRS wider (Abb. 4).

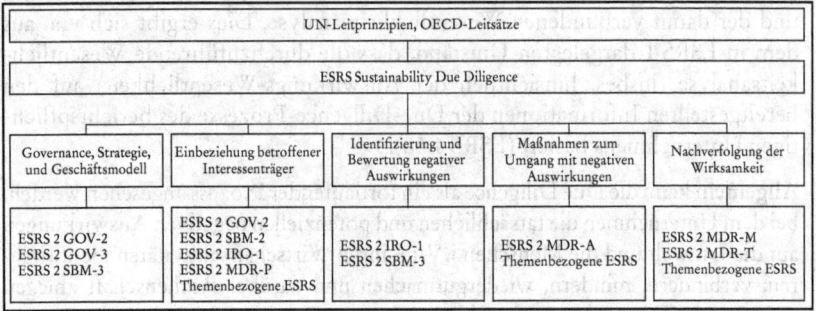

Abb. 4: Kernelemente der Due Diligence innerhalb der ESRS (ESRS 1.61)

48   ESRS 1 betont, dass die berichtspflichtigen Unternehmen durch die ESRS nicht zur Durchführung einer Sustainability Due Diligence verpflichtet werden. Ebenfalls wird die Rolle der Verwaltungs-, Management- oder Aufsichtsgremien des berichtspflichtigen Unternehmens in Bezug auf die eigentliche Durchführung einer solchen Due Diligence nicht verändert (ESRS 1.58); d.h., etwaige unmittelbare Verpflichtungen ergeben sich aus existierenden rechtlichen Sorgfaltspflichten u.Ä. Allerdings ist darauf hinzuweisen, dass ESRS 1 zugleich betont, dass die Wesentlichkeitsanalyse auf dem Fundament der Due Diligence aufbaut und damit die Aussagekraft der Ergebnisse dieser Wesentlichkeitsanalyse maßgeblich von der Qualität der Due-Diligence-Prozesse abhängt. Damit wird u.E. auf Unternehmen zumindest **faktisch Druck** ausgeübt, zur methodischen Absicherung interne Prozesse in Anlehnung an die zuvor dargestellten internen Instrumente zu entwickeln – nicht zuletzt im Hinblick auf die geforderte externe Prüfung der Nachhaltigkeitsberichterstattung, die sich gem. CSRD dezidiert mit der Qualität der durchgeführten Wesentlichkeitsanalyse zu befassen hat. Zu diesem Fazit trägt außerdem bei, dass ESRS 2 GOV-4 eine zusammenfassende Beschreibung der wesentlichen Elemente des Due-Diligence-Prozesses im Hinblick auf Nachhaltigkeitsaspekte von Unternehmen fordert.[26]

Praxis-Tipp

Die ESRS können als „bloße" Rechnungslegungsnorm freilich nicht Unternehmen verpflichten, die UN-Leitprinzipien für Wirtschaft und Menschenrechte bzw. die OECD-Leitsätze für multinationale Unternehmen anzuwenden; sie lassen dies aber an zahlreichen Stellen als wünschenswert erkennen

---

[26]   Vgl. Baumüller, PiR 2023, S. 214 ff.

(z. B. in ESRS 2.AR10). Ein Unternehmen, das umgekehrt keinen Prozess der Sustainability Due Diligence etabliert hat, würde schon aufgrund des Kriteriums des (sozialen) Mindestschutzes in Art. 18 der Taxonomie-VO mit negativen Konsequenzen konfrontiert sein (nämlich: keine Möglichkeit, taxonomiekonforme Wirtschaftstätigkeiten auszuweisen; Rz 49). Und spätestens die Corporate Sustainability Due Diligence Directive (CSDDD) wird ohnedies in wenigen Jahren für einen Teil der ESRS-Anwender eine explizite Pflicht zur Etablierung eines solchen Prozesses zur Folge haben (Rz 50). Insofern sind die zurückhaltenden Aussagen in den ESRS und den dazu erlassenen Q&A zwar aus Sicht eines Rechnungslegungsstandards nachvollziehbar, hinsichtlich der praktischen Handlungsbedarfe für Unternehmen aber wenig hilfreich.[27]

Der Kern der Sustainability Due Diligence, um den es den ESRS unabhängig von zugrunde gelegten Instrumenten geht, wird in ESRS 2 GOV-4 herausgearbeitet. Entscheidend ist das Stakeholder-Engagement, um die Auswirkungen von Wirtschaftsaktivitäten zu identifizieren und hieraus Schlussfolgerungen (z. B. Ableitung von Maßnahmen zur Reduktion von negativen Auswirkungen) zu ziehen. Anders als in den zuvor genannten Instrumenten stehen aber nicht nur die negativen Auswirkungen im Fokus, sondern es sollen für die Nachhaltigkeitsberichterstattung gem. ESRS auch positive Auswirkungen berücksichtigt werden.

Eine praktische Hilfestellung, wie ein Prozess der Sustainability Due Diligence etabliert werden kann, bietet der **OECD-Leitfaden für die Erfüllung der Sorgfaltspflicht für verantwortungsvolles unternehmerisches Handeln.**

Im Hinblick auf das Zusammenspiel mit den Vorgaben der **Taxonomie-VO** ist zu **49** berücksichtigen, dass die Forderung nach einem eingerichteten Prozess der Sustainability Due Diligence weiteren Nachdruck hat. Die äquivalente Forderung ist in Art. 18 Abs. 1 der Taxonomie-VO, „Mindestschutz", enthalten. Ohne einen Nachweis für die Einrichtung solcher Prozesse kann keine Taxonomiekonformität der Wirtschaftsaktivitäten eines Unternehmens dargestellt werden. Hier wird sogar explizit Bezug genommen auf die Einrichtung von Prozessen auf Basis der OECD-Leitsätze für multinationale Unternehmen, der Leitprinzipien der Vereinten Nationen für Wirtschaft und Menschenrechte, einschl. der Grundprinzipien und Rechte aus den acht Kernübereinkommen in der Erklärung der Internationalen Arbeitsorganisation über grundlegende Prinzipien und Rechte bei der Arbeit. Die Berichterstattung hierüber, inwieweit dies erfüllt wird, kann eben u. a. durch die Angaben in ESRS 2 GOV-4 erfolgen; dabei ist zu berücksichtigen, dass die Anforderungen von Art. 18 der Taxonomie-VO in puncto Sustainability Due Diligence sogar noch über jene der ESRS hinausgehen.

---

[27] Dazu ausführlich Baumüller, ZCG 2024, S. 176 f.

50   Mit Verabschiedung der **Corporate Sustainability Due Diligence Directive
(CSDDD)** werden für viele Unternehmen, die gem. ESRS berichtspflichtig sind,
konkrete nachhaltigkeitsbezogene Sorgfaltspflichten vorgegeben. Diese werden in
Zweifelsfällen auch für Auslegungsfragen i. V. m. den Vorgaben von CSRD und
ESRS herangezogen werden können (etwa im Hinblick auf die Berücksichtigung
der Wertschöpfungskette eines Unternehmens). Die Berichterstattung gem. ESRS,
insbes. ESRS 2 GOV-4, wird dann dazu dienen, die auch von der CSDDD vorgesehenen Berichtspflichten zu erfüllen.[28] Für Unternehmen, die zwar der CSDDD
unterliegen, nicht aber nach ESRS berichten müssen, sollen eigene und gleich-
laufende Berichtspflichten in der CSDDD selbst vorgesehen sein.[29]

4.2 Stakeholder im Kontext der Nachhaltigkeitsberichterstattung

51   Stakeholder können als weiteres **zentrales Element** innerhalb der Nachhaltigkeitsberichterstattung sowie der Due Diligence betrachtet werden. Insbes. bei
der Wesentlichkeitsanalyse ermöglicht erst die Einbindung der Stakeholder,
wesentliche Auswirkungen zu identifizieren und zu priorisieren (ESRS 1.24).

52   Erstmals wird mit den ESRS eine klare **Definition** des Begriffs „Stakeholder" bzw.
detusch „Interessenträger" gegeben: „Interessenträger sind Personen oder Gruppen,
die das Unternehmen beeinflussen oder von ihm beeinflusst werden können"
(ESRS 1.22). Dies entspricht – ganz i. S. d. „doppelten Wesentlichkeit" (Rz 61 ff.) –
einer zweiseitigen Beziehung zwischen diesen Stakeholder und dem berichtspflichtigen Unternehmen; nicht nur solche Gruppen, die für das Unternehmen von
(ökonomischer) Bedeutung sind, müssen berücksichtigt werden – sondern auch
solche, die selbst ohne solche Bedeutung legitimes Interesse an den Handlungen
dieses Unternehmens haben. Von den in der Literatur etablierten Stakeholder-Kon-
zeptionen greifen die ESRS somit (systemkonform) auf eine weit gefasste Definition
zurück.[30]

Achtung

Die Begriffe „Interessenträger" und „Stakeholder" sind kongruent und gleichermaßen in der deutschsprachigen Literatur vertreten. Im Haufe ESRS-
Kommentar werden sie daher auch mit gleicher Wortbedeutung verwendet.

---

[28] Siehe etwa ErwGr. 63 der CSDDD: „Anforderungen an Unternehmen, die in den Anwendungsbereich dieser Richtlinie fallen und gleichzeitig den Berichtspflichten gemäß den Artikeln 19a, 29a
und 40a der Richtlinie 2013/34/EU unterliegen und gemäß den Artikeln 19a, 29a und 40a der
Richtlinie 2013/34/EU über ihre Sorgfaltspflichtverfahren berichten müssen, sollten als Verpflichtungen für Unternehmen gelten, gemäß denen diese beschreiben müssen, wie sie die in
dieser Richtlinie vorgesehene Sorgfaltspflicht umsetzen."
[29] Siehe auch Berger/Kiy/Worret, WPg 2023, S. 292.
[30] Vgl. Baumüller/Nguyen, PiR 2018, S. 197 ff.

Innerhalb der ESRS wird zwischen **zwei Kategorien von Stakeholdern** unterschieden (ESRS 1.22): 53

- einerseits die „betroffenen Stakeholder", bestehend aus Einzelpersonen oder Gruppen, welche direkt durch die Wirtschaftsaktivitäten eines Unternehmens bzw. durch die Geschäftsbeziehungen mit diesem beeinflusst, d.h. von den Auswirkungen dieses Unternehmens betroffen werden;
- andererseits die Nutzer von Nachhaltigkeitserklärungen, welche die Hauptnutzer der Finanzberichterstattung umfassen (Investoren, Kreditgeber etc.), sowie weitere Nutzer, die ein allgemeines Interesse an den Informationen der Nachhaltigkeitserklärung haben können (Gewerkschaften, Wissenschaftler etc.).

Weitere Möglichkeiten der Kategorisierung von Stakeholdern werden in den Anwendungsanforderungen aufgeführt, sind aber von untergeordneter Bedeutung (ESRS 1.AR6).

Praxis-Hinweis

Die Erkenntnisse aus dem Austausch mit den „betroffenen Stakeholdern" haben in die Wesentlichkeitsanalyse des Unternehmens Eingang zu finden (Rz 61). Die Befassung mit den Nutzern der Nachhaltigkeitserklärung ist demgegenüber für die Ableitung der Berichtsinhalte aus den Ergebnissen der Wesentlichkeitsanalyse von Bedeutung (Rz 93). Die Qualität der Stakeholder-Identifikation und -Einbindung in die beiden genannten Arbeitsschritte bestimmt in einem ganz wesentlichen Umfang die Aussagekraft und Entscheidungsnützlichkeit der abgeleiteten Nachhaltigkeitserklärung.

Zusätzlich wird die Natur als sog. „**stiller Stakeholder**" genannt. Die Folge 54 hieraus ist: „In diesem Fall können Umweltdaten und Daten zur Erhaltung der Arten in die Bewertung der Wesentlichkeit einfließen" (ESRS 1.AR7). Das bedeutet, dass Unternehmen sich über ihre ökologischen Auswirkungen, Risiken und Chancen auf Grundlage wissenschaftlicher Studien u.ä. Quellen zu informieren und diese in den Entscheidungsprozessen zu berücksichtigen haben. Diese Regelung fand deswegen Eingang in die ESRS, da es einerseits nicht möglich ist, mit der Natur als „betroffenem Stakeholder" direkt in Austausch zu treten, und da es andererseits als praktisch nicht durchführbar erachtet wurde, in einer hinlänglich großen Zahl auf Experten zurückzugreifen, die alle von CSRD und ESRS betroffenen Unternehmen informieren könnten (ESRS 1.BC46).

Folglich können Stakeholder direkt oder über **Vertreter und Repräsentanten** 55 eingebunden werden. Beispiele hierfür sind Arbeitnehmervertreter (insbes. auch für die Stakeholder-Gruppe der Arbeitskräfte des Unternehmens) bzw. Wissenschaftler (z.B. für den „stillen Stakeholder" Natur; ESRS 1.AR8). Dies erlaubt es Unternehmen (bzw. verpflichtet diese, wo eine andere Einbindung nicht möglich ist, sogar dazu), auch die Interessen solcher Gruppen zu berücksichtigen, zu denen anderenfalls nur auf umständliche Weise oder gar nicht direkter Kontakt gesucht werden könnte.

Die ESRS der „S-Säule" stellen allerdings konkretere Anforderungen an diese Vertreter und Repräsentanten, indem sie von „rechtmäßigen Vertretern" und „glaubwürdigen Stellvertretenden (Repräsentanten)" sprechen; hierzu finden sich Begriffsdefinitionen im Glossar zu den ESRS:

• „Rechtmäßige Vertreter" sind hiernach „Personen, die gesetzlich oder in der Praxis als rechtmäßige Vertreter anerkannt sind, wie z. b. gewählte Gewerkschaftsvertreter im Falle von Arbeitskräften oder andere ähnlich frei gewählte Vertreter betroffener Interessenträger."[31]

• „Glaubwürdige Stellvertretende" bezieht sich demgegenüber auf „Personen mit hinreichender Erfahrung bei der Einbeziehung betroffener Interessenträger aus einer bestimmten Region oder einem bestimmten Umfeld (z. B. weibliche Arbeitskräfte in landwirtschaftlichen Betrieben, indigene Völker oder Wanderarbeitnehmende), denen sie dabei helfen können, ihre Anliegen wirksam vorzubringen. In der Praxis können diese Nichtregierungsorganisationen in den Bereichen Entwicklung und Menschenrechte, internationale Gewerkschaften und die lokale Zivilgesellschaft, einschließlich religiöser Organisationen, umfassen."[32]

Der hiermit vermittelte Maßstab an die Auswahl von Vertretern und Repräsentanten ist u. E. bereits für den Rahmen der Ausführungen gem. ESRS 1 und somit auf grundlegende Weise für die gesamte Berichterstattung gem. ESRS 1, im Besonderen aber für die Wesentlichkeitsanalyse zur Anwendung zu bringen.

56   **In welcher Form und auf welcher organisatorischen Ebene** die Einbindung der Stakeholder erfolgt, das ist in das Ermessen der Unternehmen gestellt. Wichtig ist jedenfalls, dass ein direkter, zu den Auswirkungen des Unternehmens spezifisch angelegter Austausch nachweisbar ist und nicht bloß auf intern vorhandenes vermeintliches „Erfahrungswissen" über die Bedürfnisse der Stakeholder zurückgegriffen wird (Rz 66). Eine Aufgabendelegation wird faktisch unvermeidlich sein; auch Beiräte bzw. Expertenforen stellen Möglichkeiten dar, die sich in der Praxis immer häufiger finden. Bereits die Angabepflichten gem. ESRS 2 lassen aber erkennen, dass Vorstand und Aufsichtsrat in einem Mindestmaß ebenso eingebunden bzw. zumindest in Kenntnis gesetzt sein müssen; und dass die gewonnenen Erkenntnisse auf allen relevanten Ebenen im Unternehmen Eingang in den Prozess der (Sustainability) Due Diligence finden müssen.

---

31 Berichtigung der Delegierten Verordnung (EU) 2023/2772 v. 31.7.2023, ABl. EU L v. 9.8.2024, Anhang II, Tab. 2, S. 272.
32 Berichtigung der Delegierten Verordnung (EU) 2023/2772 v. 31.7.2023, ABl. EU L v. 9.8.2024, Anhang II, Tab. 2, S. 265.

Wichtig

Bereits im Zusammenhang mit den Anforderungen an die (Sustainability) Due Diligence erschließt sich, dass es nicht ausreichend ist, die Einbindung der Stakeholder auf das Aussenden von Fragebögen zum Beginn des Reporting-Prozesses zu beschränken. Vielmehr sollte auf einen laufenden Austausch Wert gelegt werden. Form, Frequenz und Intensität werden von Fall zu Fall variieren können (und müssen). Jedenfalls sollte eine laufende Befassung mit den Stakeholdern, ihren Anliegen und ihren Sichtweisen erfolgen. Dieser Austausch sollte nicht bloß allgemeiner, abstrakter Natur sein, sondern konkret zu den Inhalten und Abläufen der Wesentlichkeitsanalyse überleitbar sein. Dies sollte im Austausch mit den Stakeholdern diesen gegenüber auch klar und transparent dargelegt werden.

Praxis-Tipp 57

Es existiert bereits eine **Vielzahl an Leitfäden und sonstigen Veröffentlichungen,** an denen sich Unternehmen bei der Ausgestaltung ihrer Stakeholder-Einbindung orientieren können. Ein Beispiel wäre der Leitfaden des UN Global Compact Netzwerks Deutschland „Stakeholder Engagement in Human Rights Due Diligence".[33] International etabliert ist der „Stakeholder Engagement Standard"" AA1000 von AccountAbility.[34] Mit diesen Materialien sollten sich gem. CSRD/ESRS berichtspflichtige Unternehmen befassen.

In Anbetracht der Fülle an Stakeholdern, mit denen sich ein Unternehmen konfrontiert sieht, wird eine Priorisierung unumgänglich sein, um geeignete Dialogmaßnahmen abzuleiten. Die ESRS erkennen dies auch an mehreren Stellen an, insbes. in ESRS 2 bei der Angabepflicht SBM-2 sowie zur Mindestangabepflicht MDR-P. Hier wird gefordert, dass in den Darstellungen auf die *„wichtigsten Stakeholder"* (*key stakeholder*) einzugehen ist. Daraus lässt sich im Umkehrschluss folgern, dass diese Stakeholder auch im Fokus der Befassungen durch das Unternehmen zu stehen haben. Ausgehend von der allgemeinen Stakeholder-Definition von ESRS 1 können diese wichtigsten Stakeholder nach der Bedeutung der Auswirkungen des Unternehmens auf ihre Interessen oder umgekehrt durch ihre Bedeutung für die Interessen des Unternehmens abgegrenzt werden. Die in Rz 57 angeführten Veröffentlichungen enthalten weitere Beispiele für solche Möglichkeiten der Festlegung.[35] 58

---

[33] Siehe UN Global Compact Netzwerk Deutschland/twentyfifty, Stakeholder Engagement in Human Rights Due Diligence, Oktober 2014.

[34] Siehe AccountAbility, AA1000 AccountAbility Stakeholder Engagement Standard (AA1000SES), 2015.

[35] Z.B. UN Global Compact Netzwerk Deutschland/twentyfifty, Stakeholder Engagement in Human Rights Due Diligence, Oktober 2014, S. 15f.

59 In ihren **Leitlinien zur Wesentlichkeitsanalyse** führt die **EFRAG** folgende Schritte
an, die Bestandteil einer allgemeinen Stakeholder-Einbindung sein können:[36]
- **Identifizierung der relevanten Stakeholder:** Es ist erforderlich, die Stakeholder zu identifizieren, die für das berichtspflichtige Unternehmen und die
  für dieses Unternehmen in Betracht kommenden Nachhaltigkeitsaspekte
  von größter Bedeutung sind. Dies umfasst Kunden, Mitarbeiter, Lieferanten,
  Investoren, Nichtregierungsorganisationen und andere Gruppen, die unter
  die Definition von Stakeholder gem. ESRS fallen.
- **Bestimmung des Umfangs der Einbindung:** Es ist notwendig, den Umfang
  der Einbindung festzulegen, indem spezifische Nachhaltigkeitsaspekte ermittelt werden, bei denen die Stakeholder einbezogen werden sollen. Hierbei
  können Nachhaltigkeitsaspekte wie Treibhausgasemissionen, Arbeitspraktiken und Menschenrechte jeweils angemessen berücksichtigt werden.
- **Einbindung der Stakeholder:** Es erfolgt die Einbindung der Stakeholder
  mithilfe ausgewählter Methoden und die Einholung von Feedback zu den in
  den Anfangsphasen der Wesentlichkeitsanalyse identifizierten Nachhaltigkeitsaspekten. Dies beinhaltet die Sammlung von Beiträgen zur Relevanz und
  Bedeutung verschiedener Nachhaltigkeitsaspekte sowie Feedback zu den
  aktuellen Nachhaltigkeitspraktiken des Unternehmens.
- **Analyse des Feedbacks:** Das Feedback der Stakeholder wird analysiert, um
  die wichtigsten Nachhaltigkeitsaspekte zu identifizieren und diese nach ihrer
  Bedeutung für die Stakeholder zu priorisieren.
- **Abschluss der Wesentlichkeitsbewertung:** Das Feedback der Stakeholder
  wird in den Prozess der Wesentlichkeitsbewertung einbezogen, um die Liste
  der Nachhaltigkeitsaspekte festzulegen, die in die Nachhaltigkeitserklärung
  aufgenommen werden sollen.

Diese Aufzählung macht u.a. deutlich, dass die Stakeholder nicht vorgeben
sollen, welche Nachhaltigkeitsaspekte für ein Unternehmen wesentlich sind,
sondern konkrete Inputs zu vorselektierten Nachhaltigkeitsaspekten für die
Bewertung durch das Unternehmen liefern. Darüber hinaus soll freilich eine
Ergänzungsmöglichkeit in puncto Nachhaltigkeitsaspekten eingeräumt werden, die aber nicht im Zentrum des Engagement-Prozesses stehen wird.

Um die Anliegen der **stillen Stakeholder** zu identifizieren und zu bewerten,
kann das berichtspflichtige Unternehmen folgende Ansätze verfolgen:[37]
- Identifikation der stillen Stakeholder, die höchstwahrscheinlich von den
  Geschäftstätigkeiten des Unternehmens beeinflusst werden;

---

[36] Vgl. EFRAG, EFRAG IG 1 – Materiality Assessment, IG 1.101 ff., Mai 2024.
[37] Vgl. EFRAG, EFRAG IG 1 – Materiality Assessment, IG 1.204 ff., Mai 2024.

- Durchführung von Recherchen auf der Grundlage wissenschaftlicher Veröffentlichungen, um die Auswirkungen auf die stillen Stakeholder abschätzen zu können;
- Anwendung von Annäherungswerten wie z. B. dem CO_2-Fußabdruck, dem Wasserfußabdruck oder der Kartierung von Lebensräumen, um die tatsächlichen und potenziellen Auswirkungen zu bewerten;
- Bestätigung aller Ergebnisse durch unabhängige Experten (Vertreter und Repräsentanten).

Bei der Einbindung der Stakeholder können die in Tab. 2 aufgeführten Vorgehensweisen berücksichtigt werden:[38]   60

Grad der Einbindung	Mögliche Vorgehensweisen zur Einbindung
Passiv bleiben Keine aktive Kommunikation	• Stakeholder-Bedenken werden durch Protest ausgedrückt • Briefe • Medien • Websites usw.
Überwachen Einseitige Kommunikation: Stakeholder an Organisation	• Medien- und Internetüberwachung • Berichte aus zweiter Hand von anderen Stakeholdern möglicherweise über gezielte Interviews
Engagieren Einseitige Kommunikation: Organisation an Stakeholder	• Druck auf Regulierungsbehörden • Weitere Bemühungen zur Fürsprache über soziale Medien • Lobbying-Bemühungen
Informieren Einseitige Kommunikation: Organisation an Stakeholder, es besteht keine Aufforderung zur Antwort	• Mitteilungen und Briefe • Broschüren • Berichte und Websites • Reden, Konferenzen und öffentliche Präsentationen
Durchführung Begrenzte zweiseitige Interaktion: Festlegung und Überwachung der Leistung gem. Vertragsbedingungen	• „Öffentlich-private Partnerschaften" • Private Finanzinitiativen • Zuschussvergabe • Ursachenbezogenes Marketing

---

[38] Basierend auf einer früheren Arbeitsfassung des Draft EFRAG IG 1.

Grad der Einbindung	Mögliche Vorgehensweisen zur Einbindung
Konsultieren Begrenzte zweiseitige Interaktion: Organisation stellt Fragen, Stakeholder antworten	• Umfragen • Fokusgruppen • Treffen mit ausgewählten Stakeholdern • Öffentliche Versammlungen • Workshop
Verhandeln Begrenzte zweiseitige Interaktion: Diskussion über einen bestimmten Nachhaltigkeitsaspekt oder eine Reihe von Nachhaltigkeitsaspekten mit dem Ziel, Konsens zu erreichen	• Tarifverhandlungen mit Arbeitnehmern durch ihre Gewerkschaften
Einbeziehen Zweiseitige oder mehrseitige Interaktion: Lernen auf allen Seiten, aber Stakeholder und Organisation handeln unabhängig voneinander	• Stakeholder-Foren • Beratungsgremien • Konsensbildungsprozesse • Partizipative Entscheidungsprozesse • Fokusgruppen • Online-Engagement-Tools
Zusammenarbeiten Zweiseitige oder mehrseitige Interaktion: gemeinsames Lernen, Entscheidungsfindung und Handeln	• Gemeinsame Projekte • Joint Ventures • Partnerschaften • Stakeholder-Initiativen • Online-Kollaborationsplattformen
Befähigen Neue Formen der Rechenschaftspflicht; Entscheidungen werden an Stakeholder delegiert; Stakeholder spielen eine Rolle bei der Gestaltung der organisatorischen Agenda	• Integration von Stakeholdern in die Governance, Strategie und Betriebsführung der Organisation

Tab. 2: Vorgehensweisen zur Einbindung der Stakeholder[39]

---

[39] AccountAbility, AA1000 AccountAbility Stakeholder Engagement Standard (AA1000SES), 2015.

Praxis-Beispiel – Beispielhafte Identifikation von Gruppen von Stakeholdern[40]

4.3 Wesentlichkeitsanalyse

4.3.1 Grundlagen: doppelte Wesentlichkeit

In der Nachhaltigkeitsberichterstattung fungiert die Wesentlichkeitsanalyse als **Instrument zur Identifizierung und (inhaltlichen) Bewertung wesentlicher Auswirkungen, Risiken und Chancen,** welche in der Berichterstattung offengelegt werden sollen (ESRS 1.25). Diese Analyse bildet das Fundament der Nachhaltigkeitserklärung, da die erforderlichen Angaben gem. ESRS weitestgehend auf den dabei erzielten Ergebnissen basieren. Innerhalb der Wesentlichkeitsanalyse sind zwei maßgebliche Faktoren von Bedeutung:

61

---

40 Entnommen EnBW, Integrierter Geschäftsbericht 2023, S. 42.

- einerseits die Existenz von Auswirkungen, Risiken und Chancen i.V.m. Nachhaltigkeitsaspekten (*sustainability matters*), welche sich über die drei Dimensionen Umwelt, Soziales und Governance erstrecken (ESRS 1.AR16);
- andererseits die Wesentlichkeit von solchen Auswirkungen, Risiken und Chancen, die im Zusammenhang mit dem analysierten Geschäftsmodell und den soeben genannten Nachhaltigkeitsaspekten stehen.

In einem der Wesentlichkeitsanalyse nachgelagerten Schritt ist schließlich noch die sog. „Informations-Wesentlichkeit", d.h. die (formale) Wesentlichkeit eines (inhaltlich) als wesentlich beurteilten Themas zu untersuchen.

62 Die ESRS enthalten keine Vorgabe dazu, in welcher **zeitlichen Frequenz** die im folgenden dargelegten Analysen durchgeführt werden müssen. Als integraler Teil der Sustainability Due Diligence ist die Wesentlichkeitsanalyse u. E. jährlich von Bedeutung, um die Inhalte der geforderten Berichterstattung abzuleiten. Die detaillierten Analyseschritte sind allerdings nur insofern erneut zu durchlaufen, als die Aktualität von in der Vergangenheit durchgeführten Analysen nicht mehr gewährleistet werden kann.[41] Auch in der bisherigen Praxis der (verpflichtenden) nichtfinanziellen Berichterstattung bzw. einer freiwilligen Nachhaltigkeitsberichterstattung waren jährliche Aktualisierungen weder üblich noch gefordert. Jedenfalls gefordert ist aber eine laufende Validierung.[42] Der Aufwand für die erstmalige Durchführung einer Wesentlichkeitsanalyse gem. ESRS ist damit aber mutmaßlich ungleich höher als in den Folgejahren.

> **Wichtig**
>
> Eine Wesentlichkeitsanalyse, die in der Vergangenheit auf Grundlage der Vorgaben der NFRD oder von Standards wie jenen der GRI durchgeführt wurde, ist nicht gleichwertig mit jener, die nunmehr durch die ESRS gefordert wird. Hier ist eine Aktualisierung erforderlich, die zwar von Grund neu aufgesetzt sein sollte, aber auch von den bereits vorhandenen Prozessen und Ergebnissen wird profitieren können.

63 „Risiken" und „Chancen" sind **Begrifflichkeiten**, die bereits im Kontext der Finanzberichterstattung eingeführt sind (v.a. im finanziellen Risikomanagement). Hierbei wird ein gleichlaufendes Verständnis auch für den Kontext der Nachhaltigkeitsberichterstattung vertreten (Rz 85ff.). Der Begriff der „**Auswirkungen**" wurde demgegenüber erstmals mit der NFRD in das europäische Bilanzrecht eingeführt. Eine Definition fehlt in diesem bis dato; in Bezug auf die

---

[41] Ausführlich EFRAG, EFRAG IG 1 – Materiality Assessment, IG 1.170ff., Mai 2024, mit weiteren illustrierenden Ausführungen.
[42] Siehe auch von Keitz/Borcherding, DB 2024, S. 885 und 888; ausführlich zu den Grundlagen und bisherigen Vorgaben auch von Keitz/Borcherding, DB 2024, S. 813ff.

historischen Wurzeln, aus denen sich das heute für den Nachhaltigkeitskontext übliche Begriffsverständnis entwickelt hat, lassen sich hierunter verschiedene Folgen von Wirtschaftsaktivitäten oder weiter gefasst von Handlungen verstehen, i. S. v. Veränderungen in einem Umfeld, die aus diesen Handlungen unmittelbar oder mittelbar resultieren.[43] Freilich lassen sich auch Risiken und Chancen als verbunden mit finanziellen Auswirkungen auf das Unternehmen selbst verstehen – v. a. dem Vorbild der Terminologie in den TCFD-Empfehlungen folgend legen die ESRS aber Wert auf eine klare sprachliche Trennung beider Perspektiven, die auf Nachhaltigkeitsaspekte eingenommen werden können. Insofern wird in der nunmehr vorliegenden deutschen Übersetzung der ESRS von „finanziellen Effekten" (statt wie in der Vorfassung: „finanzielle Auswirkungen") gesprochen.

In ESRS 1 wird das **Konzept der doppelten Wesentlichkeit** eingeführt. Um festzustellen, ob ein Nachhaltigkeitsaspekt als wesentlich betrachtet werden kann, muss dieser entweder die Kriterien der „Auswirkungs-Wesentlichkeit", der „finanziellen Wesentlichkeit" oder beide erfüllen (ESRS 1.28). Die Prüfung der Wesentlichkeit der ökologischen und sozialen Auswirkungen auf Nachhaltigkeitsaspekte („Auswirkungs-Wesentlichkeit") sowie der finanziellen Chancen und Risiken von Nachhaltigkeitsaspekten auf das Unternehmen („finanzielle Wesentlichkeit") sind miteinander verbunden, da zumindest langfristig Interdependenzen bestehen. Dennoch wird innerhalb der ESRS betont, dass die Auswirkungs-Wesentlichkeit i. S. d. methodischen Klarheit unabhängig von der finanziellen Wesentlichkeit ermittelt und festgelegt werden muss (ESRS 1.38). Abb. 5 fasst die beiden Ausprägungen von Wesentlichkeit zusammen und verknüpft sie mit den ebenso gebräuchlichen Bezeichnungen *„inside-out"* und *„outside-in"* in den Betrachtungsperspektiven auf Wirtschaftsaktivitäten und ihre Folgen für Stakeholder und Unternehmen selbst:[44]

64

---

[43] Vgl. Baumüller, SWK 2019, S. 955 ff.
[44] Siehe auch Stawinoga/Velte, ZfU 2022, S. 211 f.

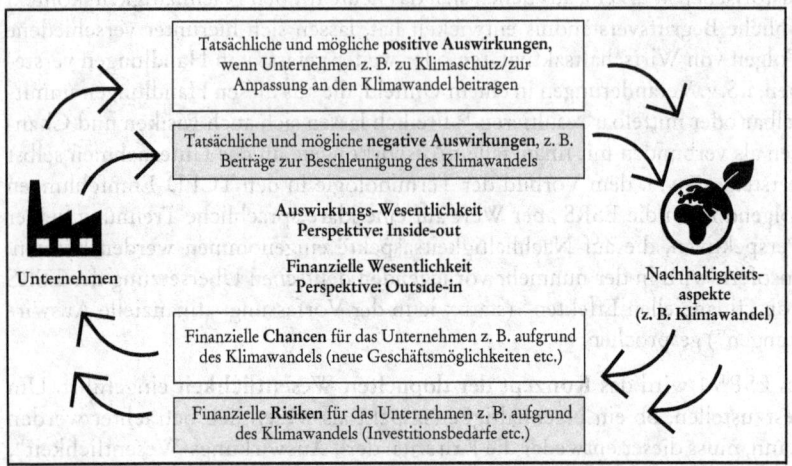

Abb. 5: Abgrenzung von Auswirkungs-Wesentlichkeit und finanzieller Wesentlichkeit[45]

Abb. 6 stellt demgegenüber dar, wie die doppelte Wesentlichkeit (auch) als Summe jener Nachhaltigkeitsaspekte zu verstehen ist, für die entweder wesentliche Auswirkungen oder wesentliche Risiken und Chancen festgestellt wurden. Da in der Praxis für solche Darstellungen der Rückgriff auf Matrizen üblich ist, findet sich in Abb. 7 eine entsprechend aufbereitete Alternativdarstellung; diese orientiert sich eng an dem Wortlaut des ESRS 1 und den darin enthaltenen Analysedimensionen. Wichtig ist dabei, dass das Feld „nicht berichtspflichtig" i. S. v. „Verbot der Berichterstattung" (wegen Unwesentlichkeit) zu verstehen ist (Rz 32; siehe zu den Möglichkeiten, dennoch aus Sicht der ESRS nicht wesentliche Informationen in die Nachhaltigkeitserklärung zu integrieren, Rz 155 f.).

Achtung

Eine solche Matrixdarstellung, wie in Abb. 7 dargestellt, setzt voraus, dass sowohl die X- als auch die Y-Achse gleich gemessen und skaliert sind. D. h., dass bspw. Auswirkungen einerseits und Risiken und Chancen andererseits in EUR bewertet werden – oder aber in Schulnoten bzw. einem Punktesystem. Dies kann wiederum Rückwirkungen auf das bereits etablierte Risikomanagementsystem eines Unternehmens haben, wenn in diesem z.B. eine finanzielle Bewertung von Risiken und Chancen erfolgt, aber Auswirkungen gegenwärtig nur nach einer Schulnoten-Logik bewertet werden.

---

[45]   Basierend auf European Commission, Guidelines on non-financial reporting: Supplement on reporting climate-related information, 2019/C 209/01, S. 7.

Diesfalls kann auch für das finanzielle Risikomanagementsystem eine Überleitung zu einer Schulnoten-Bewertung erforderlich sein, was mit Ermessensfragen und ggf. einem methodischen Rückschritt verbunden ist.

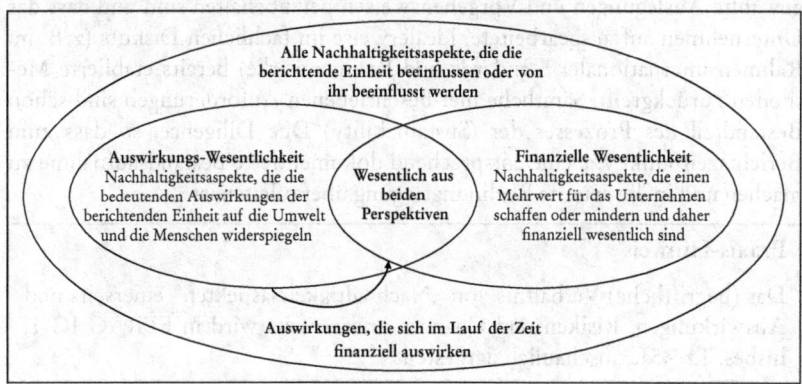

Abb. 6: Konzept der doppelten Wesentlichkeit[46]

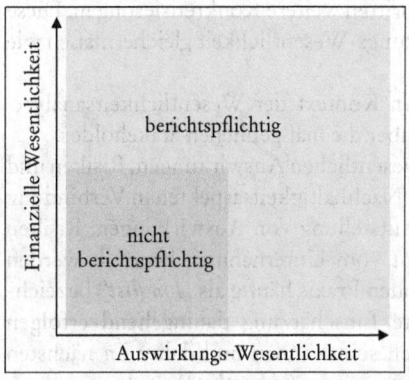

Abb. 7: Doppelte Wesentlichkeit in einer Matrix-Darstellung

Zunächst hat ein Unternehmen seine (potenziell wesentlichen) Auswirkungen, Risiken und Chancen zu identifizieren. Infolgedessen bildet die Prüfung der identifizierten Auswirkungen, Risiken und Chancen den Ausgangspunkt für den nächsten Schritt der Wesentlichkeitsanalyse. Dabei handelt es sich um eine **inhaltliche Bewertung der betrachteten Auswirkungen, Risiken und Chancen i. V. m. Nachhaltigkeitsaspekten.** Einige grundlegende Vorgaben zur Vorgehensweise sind bei dieser Bewertung zu berücksichtigen, die im Folgenden

65

---

[46] Eigene Darstellung in Anlehnung an Kajüter, DB 2017, S. 621.

dargestellt werden. Darüber hinaus ist auf allgemeine Grundsätze der Rechnungslegung hinzuweisen, welche die Freiheitsgrade der berichtspflichtigen Unternehmen einschränken. U.E. sind insbes. Grundsätze wie jener der Methodenstetigkeit und der Methodenbestimmtheit zu beachten, d.h. insbes., dass gewählte Auslegungen und Vorgehensweisen beizubehalten sind und dass das Unternehmen auf ausgearbeitete, idealerweise im fachlichen Diskurs (z.B. im Rahmen internationaler Standards und Rahmenwerke) bereits etablierte Methoden zurückgreift. Sämtliche hier beschriebenen Anforderungen sind schon Bestandteil des Prozesses der (Sustainability) Due Diligence, so dass zum Berichtszeitpunkt v.a. eine entsprechend dokumentierte Bestandsaufnahme zu machen und in die externe Rechnungslegung überzuleiten ist.

> **Praxis-Hinweis**
>
> Das (begriffliche) Verhältnis von „Nachhaltigkeitsaspekten" einerseits und Auswirkungen, Risiken und Chancen andererseits wird in EFRAG IG 1, insbes. Tz. 45 f., anschaulich dargestellt.

66   ESRS 1 fasst in den Anwendungsanforderungen strukturiert zusammen, welche Schritte mustertypisch bei der Wesentlichkeitsanalyse zu durchlaufen sind; und auch EFRAG IG 1 enthält zu diesen Schritten weitere Konkretisierungen. Diese gelten für die Bestimmung der Auswirkungs-Wesentlichkeit gleichermaßen wie für die finanzielle Wesentlichkeit:
1. Erwerb eines Verständnisses für den Kontext der Wesentlichkeitsanalyse, z.B. über das Geschäftsmodell und über die maßgeblichen Stakeholder.
2. Ableitung einer Liste an potenziell wesentlichen Auswirkungen, Risiken und Chancen des Unternehmens, die mit Nachhaltigkeitsaspekten in Verbindung stehen. Dafür wird zunächst eine Aufstellung von Auswirkungen, Risiken und Chancen erstellt, die überhaupt vom Unternehmen beurteilt werden sollen (in der nunmehr vorherrschenden Praxis häufig als *„longlist"* bezeichnet), wonach eine begründete erste Einschätzung dahingehend erfolgen muss, ob diese überhaupt wesentlich sein können und daher im nächsten Schritt erst detailliert bewertet werden müssen (*„shortlist"*).
3. Bewertung der in Schritt zwei ermittelten Auswirkungen, Risiken und Chancen. Dabei sind Skalen zu definieren und Schwellenwerte für jene Auswirkungen, Risiken und Chancen festzulegen, die letztlich wesentlich sind und daher Gegenstand der Nachhaltigkeitserklärung zu sein haben.[47]

Ein Nachhaltigkeitsaspekt ist folglich dann wesentlich, wenn mind. eine wesentliche Auswirkung, ein wesentliches Risiko oder eine wesentliche Chance für diesen identifiziert wurde. In sämtliche Prozessschritte sind die Stakeholder des Unter-

---

[47] Vgl. EFRAG, EFRAG IG 1 – Materiality Assessment, IG 1.82 ff., Mai 2024; siehe dazu ESRS 1.AR9.

nehmens einzubeziehen (mit besonderem, aber freilich nicht ausschließl. Augenmerk auf die Bewertungen zur Auswirkungs-Wesentlichkeit); eine rein interne Bewertung durch Mitarbeiter des berichtenden Unternehmens ohne zumindest mittelbaren Stakeholder-Bezug ist damit unzulässig. D.h., selbst wenn z.B. mit allgemeinen Erfahrungswerten dieser Mitarbeiter aus einem laufenden, d.h. bloß allgemeinen Stakeholder-Kontakt argumentiert wird (z.B. wenn Vertriebsmitarbeiter alleine aus dem aus ihren Vertriebstätigkeiten gewonnenen Wissen die Kundensicht in die Wesentlichkeitsanalyse einbringen sollen), kann dies u.E. nicht als im ausreichenden Maß spezifische Einbeziehung der Stakeholder gelten; dies wäre aber ggf. dann möglich, wenn die betroffenen Mitarbeiter z.B. regelmäßig Austausch-Termine mit bestimmten Stakeholder-Gruppen haben, deren spezifische Inhalte auf die Informationsbedarfe der Wesentlichkeitsanalyse abgestimmt sind (z.B. in Form von Kundenfeedback-Terminen, welche auch die in Anlage A von ESRS 1 aufgezählten Nachhaltigkeitsaspekte thematisieren). Ebenso nicht zulässig ist eine willkürliche Abänderung von Analyseergebnissen durch die Unternehmensvertreter, indem z.B. bestimmte Nachhaltigkeitsaspekte nach eigenem Ermessen, ggf. auch i.S.e. „eigenen Plausibilitäts-Empfindens", als wesentlich erklärt werden oder als nicht wesentlich.

> **Wichtig**
>
> Die Einbindung der Stakeholder in die Bewertung von Auswirkungen, Risiken und Chancen bedeutet nicht, dass diese die Bewertung selbst vornehmen müssen – was oftmals auch nicht sinnvoll bzw. möglich ist. Konkret heißt dies, dass in der Praxis noch immer weitverbreitete Fragebögen, die eine Bewertung vorgeschlagener Nachhaltigkeitsaspekte anhand von Schweregraden oder Wahrscheinlichkeiten einfordern, zukünftig nicht mehr genutzt werden sollten. Vielmehr geht es darum, über den Dialog mit den Stakeholdern fundierte Kenntnisse zu erlangen, die eine herleitbare Abschätzung i.S.e. möglichst objektiven Bewertung erlauben. Diese wird aber im Regelfall durch die verantwortlichen Stellen im Unternehmen erfolgen müssen – nach den dafür in Folge dargestellten Grundsätzen bzw. Anforderungen.

Ein berichtspflichtiges Unternehmen muss auf jeden Fall all jene Nachhaltigkeitsaspekte im Hinblick auf ihre Wesentlichkeit beurteilen (siehe Schritt zwei in Rz 66), die in **Anlage A zu ESRS 1** (ESRS 1.AR16) angeführt werden. Diese decken die drei Nachhaltigkeitsaspekte Umwelt, Soziales und Governance ab und werden in Themen, Unterthemen und Unter-Unterthemen eingeteilt. Alle drei Ebenen von Nachhaltigkeitsaspekten, die damit unterschieden werden, sind grds. gleichrangig. 67

Wesentlichkeit kann auf allen drei Ebenen von Themen vorliegen und zu einer entsprechenden Berichterstattung verpflichten (die Aufstellung und weitere Erläuterung dieser Nachhaltigkeitsaspekte erfolgt in den jeweiligen Kommentierungen zu den themenbezogenen Standards). D. h., auch wenn die ESRS gerade in der formalen Gestaltung der Nachhaltigkeitserklärung beträchtlichen Gestaltungsspielraum eröffnen (Rz 150 ff.): Die Angaben, die ein Unternehmen zu den in den ESRS vorgesehenen (primären und sekundären) Berichterstattungsbereichen tätigt, haben jenen Granularitätsgrad aufzuweisen, für den die Wesentlichkeit eines Nachhaltigkeitsaspekts (nicht aber noch granularer: von Auswirkungen, Risiken oder Chancen) vorliegt. Ist etwa der Nachhaltigkeitsaspekt „Arbeitszeit" wesentlich, so müssen hierfür entsprechende Angaben zu Konzepten, Maßnahmen, Zielen und Kennzahlen getätigt werden – selbst wenn der Bericht kein gesondertes Kapitel für diesen Nachhaltigkeitsaspekt aufweist, sondern alle Unterthemen und Unter-Unterthemen des Themas „Arbeitskräfte des Unternehmens" (ESRS S1) gesammelt mit gebündelten Darstellungen zu den verfolgten Konzepten etc. abhandelt. Es muss den Nutzern der Nachhaltigkeitserklärung dennoch klar vermittelt werden, wie das Unternehmen spezifisch mit dem Unter-Unterthema „Arbeitszeit" umgeht, was u. a. deswegen wichtig ist, da es sich schließlich deutlich von den weiteren „Unter-Unterthemen" in ESRS S1 abgrenzt.

Praxis-Hinweis
- Ein bloßes checklistenartiges Abarbeiten der Auflistungen in ESRS 1, App. A ist nicht ausreichend, da darüber hinaus sektor- bzw. unternehmensspezifische Angaben abgedeckt werden müssen. Insofern bietet es sich u. E. an, zunächst einen maßgeschneiderten Themenkatalog für das berichtspflichtige Unternehmen zu erarbeiten und diesen im Anschluss mit der Auflistung in ESRS 1, App. A auf Vollständigkeit abzugleichen (*„longlist"*; Rz 66). Dieser Themenkatalog kann – und sollte – auf der Auflistung in ESRS 1, App. A basieren, daneben aber z. B. Inhalte von international etablierten Standards, wie den SASB-Standards oder den GRI-Standards, umfassen. In der Vergangenheit veröffentlichte Berichte des Unternehmens sind ebenso wichtige Input-Quellen (siehe dazu die *Phase-in*-Regelungen in ESRS 1; Rz 190).
- Nicht jeder Nachhaltigkeitsaspekt in dieser Auflistung muss im vorgesehenen Bewertungsprozess, z. B. bei einer Befragung der Stakeholder-Gruppen, abgehandelt werden. Wird bspw. bereits aus der Natur der Geschäftstätigkeit eines Unternehmens geschlossen, dass bestimmte Nachhaltigkeitsaspekte nicht wesentlich sein können, so können diese (mit entsprechender Dokumentation) aus dem Prozess ausgeschieden werden.
- Die EFRAG hat in den Q&A darüber hinaus klargestellt, dass es keine Vorgaben bzw. Erwartungshaltungen bzgl. einer Mindest- oder Höchstzahl an wesentlichen Nachhaltigkeitsaspekten, über die berichtet wird, gibt. Ausschlaggebend ist einzig das Ergebnis der Wesentlichkeitsanalyse.[48] Die „Kurzumfrage des DRSC zum Stand der Wesentlichkeitsana-

---

[48]   Vgl. EFRAG, ESRS Q&A Platfom, Compilation of Explanations, Januar–Juli 2024, Frage 162, S. 26 f.

lyse in den DAX 40-Unternehmen" zeigt eine entsprechend große Heterogenität der bisherigen Zugänge seitens der ESRS-Erstanwender für das Geschäftsjahr 2024 auf.[49] Für die Verortung der berichtspflichtigen Unternehmen werden aber **Benchmarks** von großer Rolle sein; bewährte Beispiele aus der Praxis umfassen die ESG Industry Materiality Map von MSCI,[50] die Erwartungshaltungen zur Wesentlichkeit bestimmter Nachhaltigkeitsaspekte in unterschiedlichen Sektoren ableiten lässt, weiterhin Brancheninitiativen wie der „1. VDMA-Benchmark Branchenwesentlichkeit nach ESRS (CSRD) im Maschinen- und Anlagenbau".[51]

Anders als in den Standards der GRI vorgesehen, ist die **Steuerpolitik** eines Unternehmens u. E. kein eigenständiger Nachhaltigkeitsaspekt i. S. d. Verständnisses der ESRS.[52] Dies liegt darin begründet, dass die ESRS einer Einteilung entlang der Dimensionen von „ESG" folgen, während die Steuerpolitik i. d. R. als ein wirtschaftlicher Aspekt gesehen wird (wie dies auch die GRI-Standards als Zuordnung vorsehen). Im europäischen Rechtsrahmen widmet sich das Public Country-by-Country-Reporting an anderer Stelle ausführlicher der „Steuergerechtigkeit" bzw. der Aggressivität der Steuerpolitik von Unternehmen, was in der Abgrenzung ein weiteres Argument dafür darstellt, sie nicht i. R. d. Nachhaltigkeitserklärung gem. ESRS (erneut) zu behandeln. Die Steuerpolitik eines Unternehmens kann jedoch im Zusammenhang mit Angaben zu anderen Nachhaltigkeitsaspekten eine mittelbare Rolle spielen und damit zum Berichtsgegenstand werden. Häufig wird dies bei ESRS S3 der Fall sein (siehe z. B. → § 14 Rz 21). Im Hinblick auf die zunehmende „Ökologisierung" von Steuersystemen z. B. in Form von CO_2-Abgaben werden Steuern in einem weiteren Sinne sogar häufig bei der Bewertung der finanziellen Wesentlichkeit eines Nachhaltigkeitsaspekts gem. ESRS berücksichtigt werden müssen.[53]

68

Praxis-Hinweis

Die dargestellte Fragestellung, inwieweit die Steuerpolitik eines Unternehmens einen Nachhaltigkeitsaspekt gem. ESRS darstellen kann, hat zuletzt

---

[49] Siehe DRSC, European Sustainability Reporting Standards (ESRS) – Kurzumfrage des DRSC zum Stand der Wesentlichkeitsanalyse in den DAX40-Unternehmen, Juli 2024, Tz. 4: „31 Unternehmen identifizieren zwischen 12 und 86 wesentliche Nachhaltigkeitsthemen auf Basis von ESRS 1 AR 16. Die große Streuung der Themenanzahl lässt sich nur zu einem Teil durch die unterschiedliche Anzahl der als wesentlich identifizierten themenspezifischen ESRS erklären" (Hervorhebungen des Originals weggelassen).
[50] Siehe www.msci.com/our-solutions/esg-investing/esg-industry-materiality-map, Abruf 1.8.2024.
[51] Siehe www.vdma.org/viewer/-/v2article/render/100527612, Abruf 1.8.2024.
[52] Siehe auch GRI/EFRAG, EFRAG-GRI joint statement of interoperability, 2023; a. A. Deloitte, Tax as material topic in the CSRD, 2024.
[53] Gl. A. Deloitte, Tax as material topic in the CSRD, 2024.

dennoch einige Aufmerksamkeit erhalten. Eine Berichtspflicht könnte im Fall einer Bejahung der Frage über die Argumentation folgen, dass es sich hierbei um eine unternehmensspezifische Angabe handelt. In diesem Zusammenhang ist allerdings auf die Regelungen zu den Übergangsbestimmungen in ESRS 1, Kap. 10.1 hinzuweisen, welche zumindest für die ersten Jahre der Anwendung der ESRS die Verpflichtung zu einer eigenständigen Steuerberichterstattung auf gravierende Weise einschränken würden.

69   Bei der Identifizierung und Bewertung der wesentlichen Auswirkungen, Risiken und Chancen in der Wertschöpfungskette muss das Unternehmen auf diejenigen **Unternehmensbereiche** abstellen, in denen Auswirkungen, Risiken und Chancen erwartet werden können. Bspw. genannt wird Differenzierung nach Art der Aktivitäten, Geschäftsbeziehungen, geografischen Standorten oder anderen relevanten Faktoren (ESRS 1.39). D.h., eine bloße Wesentlichkeitsanalyse auf Ebene des Gesamtunternehmens bzw. -konzerns wird i.d.R. nicht diesen Anforderungen gem. ESRS 1 genügen. Dies spielt insbes. im Hinblick auf die Auswirkungs-Wesentlichkeit eine Rolle, da somit Nachhaltigkeitsaspekte berichtspflichtig werden können, die z. B. nur an einem einzigen Standort auftreten und damit mitunter aus der Perspektive des Gesamtkonzerns gar nicht wesentlich wären, aber mit entsprechend gravierenden Auswirkungen verbunden sind.

Für die praktische Durchführung empfiehlt sich damit ein zweifaches Vorgehen, einmal **Top-down** (d.h. auf Ebene des Mutterunternehmens wird eine Analyse für den Gesamtkonzern durchgeführt) und einmal **Bottom-up** (d.h. die einbezogenen Tochterunternehmen führen für sich genommen – basierend auf methodischen Leitlinien des Mutterunternehmens – ihre Wesentlichkeitsanalysen selbst durch; diese müssen im Anschluss aggregiert werden), um alle wesentlichen Auswirkungen auf Ebene des Gesamtkonzerns wie auf Ebene der Tochterunternehmen identifizieren zu können. Durch ein sog. **Gegenstromverfahren** (Top-down ergänzt um nachgelagerte Bottom-up-Analysen zur Plausibilitätsbeurteilung und Vervollständigung) gewinnen die Ergebnisse einer Wesentlichkeitsanalyse weitere Fundierung.

Praxis-Hinweis

Die Festlegung von Berichtsgrenzen i.R.d. Wesentlichkeitsanalyse stellt eine besondere Herausforderung dar. Neben der eigenen Geschäftstätigkeit sind insbes. die Geschäftsbeziehungen, die unterhalten werden, zu berücksichtigen. Diese umfassen auch, aber nicht nur, die Wertschöpfungskette(n) des berichtspflichtigen Unternehmens (Rz 109 ff.).

Ebenfalls soll berücksichtigt werden, wie das Unternehmen durch seine **Abhän-** 70
gigkeit von der Verfügbarkeit natürlicher, menschlicher und sozialer Ressourcen
zu angemessenen Preisen und in angemessener Qualität beeinflusst wird, unabhängig von den potenziellen Auswirkungen auf diese Ressourcen (ESRS 1.40).
Diese Forderung adressiert die Identifikation von Risiken und Chancen, die von
Kapitalien wie etwa Naturkapital (z. B. Rohstoffmängel) oder Humankapital (z. B.
Personalengpässe) bestimmt werden, sowie Zusammenhänge zwischen der Aus-
wirkungs- und der finanziellen Wesentlichkeit und soll dahingehend die Unternehmen bei der Durchführung ihrer Wesentlichkeitsanalysen sensibilisieren.

Im Hinblick auf die Bewertung von Nachhaltigkeitsaspekten – bzw. genauer: 71
der Auswirkungen, Risiken und Chancen, die einem Nachhaltigkeitsaspekt
zuzurechnen sind – in der Wesentlichkeitsanalyse ist es auch erforderlich, die
„gesamte Bandbreite der möglichen Folgen und die Wahrscheinlichkeit der
möglichen Folgen innerhalb dieser Bandbreite" (ESRS 1.91(c)) zu berücksichtigen. Die Wesentlichkeitsanalyse hat eine **risikoadjustierte Bewertung** durchzuführen; die bloße Berücksichtigung von wahrscheinlichsten Ergebnissen oder
ggf. sogar von Erwartungswerten alleine ist nicht ausreichend.

Praxis-Beispiel

Ein Arbeitsunfall kann in verschiedenster Ausprägung auftreten: vom le-
bensbedrohenden Unfall bis zum bloßen verstauchten Knöchel. Konkret
kann sich also eine Auswirkung in verschiedenen Ausprägungen und mit
wiederum verschiedenen Eintrittswahrscheinlichkeiten materialisieren. Dies
muss bei der Wesentlichkeitsanalyse angemessen berücksichtigt werden.

Den Folgen hieraus und den daran anknüpfenden weiteren Anforderungen
widmet sich illustrierend ESRS 1.92: „Bei der Bewertung der möglichen Folgen
berücksichtigt das Unternehmen alle relevanten Fakten und Umstände, einschließlich Informationen über Ergebnisse mit geringer Wahrscheinlichkeit und
mit erheblichen Auswirkungen, die, wenn sie zusammen betrachtet werden,
wesentlich werden könnten. Beispielsweise könnte das Unternehmen mehreren
Auswirkungen oder Risiken ausgesetzt sein, die alle die gleiche Art von Störungen verursachen könnten, wie z. B. Störungen in der Lieferkette des Unternehmens. Informationen über eine einzelne Risikoquelle sind möglicherweise
nicht wesentlich, wenn Störungen aus dieser Quelle sehr unwahrscheinlich sind.
Informationen über das Gesamtrisiko einer Störung der Lieferkette ausgehend
von allen Quellen könnten jedoch wesentlich sein (siehe ESRS 2 BP-2)."

Anders gesagt müssen auch Auswirkungen, Risiken und Chancen mit geringer
Eintrittswahrscheinlichkeit, aber potenziell hohem Schaden ebenso berücksichtigt werden wie im umgekehrten Fall (hohe Eintrittswahrscheinlichkeit
trotz geringer Schwere des Ereignisses). Für Analysezwecke könnte als Dar-

stellung damit eine „Heatmap-Visualisierung" gewählt werden. Ebenso berücksichtigt werden muss der kumulative, verbundene Eintritt mehrerer Auswirkungen, Risiken und Chancen gleichzeitig.

Praxis-Beispiel

Für einen Agrarbetrieb wird der Klimawandel i.d.R. mit einem Risiko (z.B. aufgrund steigender Temperaturen und den damit einhergehenden Folgen für die Geschäftätigkeit) einhergehen. Damit verbunden können aber auch weitere Risiken im Hinblick auf zunehmend mangelnde Wasserverfügbarkeit oder Biodiversitätsrisiken einhergehen, welche die Geschäftätigkeit des Agrarbetriebs beeinträchtigen. Erst die gesamthafte Betrachtung solcher Einzelrisiken führt zur Gesamtrisiko-Position eines Unternehmens, die für die Wesentlichkeitsanalyse maßgeblich ist. Anderenfalls würde eine zu feingliedrige Risikoanalyse auch dazu führen, die Wesentlichkeit i.V.m. gewissen Sachverhalten systematisch zu gering zu ermitteln.

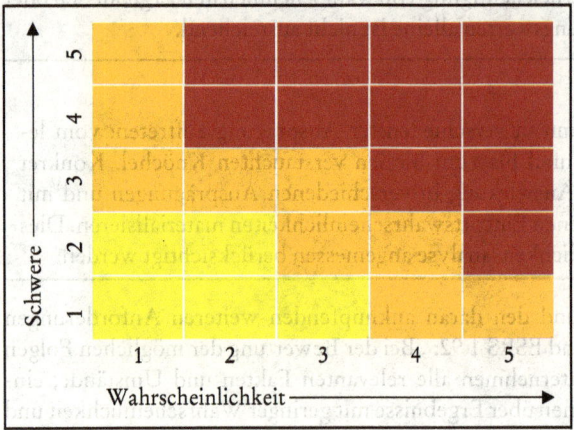

Abb. 8: Beispielhafte Veranschaulichung der Schwellenwerte für die Wesentlichkeit potenzieller Auswirkungen[54]

72   Doch schon auf grds. Ebene wäre es nicht sachgerecht, bloß einen Wert für Schwere und einen Wert für Wahrscheinlichkeit einer Auswirkung, eines Risikos oder einer Chance miteinander zu multiplizieren. Schließlich ist der Eintritt einer Auswirkung, eines Risikos bzw. einer Chance nicht auf ein einziges Mal beschränkt. Vielmehr sollte eine **stochastische Betrachtung**, z.B. mittels Monte-

---

[54]   Entnommen EFRAG, EFRAG IG 1 – Materiality Assessment, IG 1.123, Mai 2024 (mit dem Hinweis, dass die Farbkodierung der Matrix von jedem Unternehmen selbst nach den Kriterien in ESRS 1, Kap. 3.4 festzulegen ist).

Carlo-Simulation, erfolgen, wie sie auch i.R.d. bereits etablierten finanziellen Risikos üblich ist. Anstelle einer Aussage wie „die Eintrittswahrscheinlichkeit einer Auswirkung von 100 beträgt 80 %" könnte daher vielmehr analysiert und mit entsprechenden Schwellenwerten versehen werden: „Mit einer Wahrscheinlichkeit von 80 % liegt die Schwere einer Auswirkung in einem betrachteten Zeithorizont (z.B. kurz-/mittel-/langfristig) nicht über 100." Eine Anlehnung kann damit also am Konzept des „Value at Risk" erfolgen.[55]

Praxis-Hinweis

In der Praxis werden solche stochastischen Betrachtungen noch selten zur Anwendung kommen. Vereinfachte und damit für viele Unternehmen praktikablere Lösungen sind insofern nicht ausgeschlossen. Anstelle einer bloßen einfachen Multiplikation eines Schwere- und eines Wahrscheinlichkeitswerts wäre es z.B. denkbar, die Wahrscheinlichkeit i.S.e. Mindesthürde zu verstehen; d.h., dass nur Auswirkungen, Risiken und Chancen mit einer gewissen Mindest-Eintrittswahrscheinlichkeit berücksichtigt werden – und erst in einem zweiten Schritt wird anhand des Schwerewerts eine Wesentlichkeitsfestlegung vorgenommen.

Die EFRAG erkennt die Schwierigkeit an, zu einer **verlässlichen Wahrscheinlichkeitseinschätzung** betreffend Auswirkungen, Risiken und Chancen zu kommen. Entsprechend weit ist der Spielraum, den sie für Unternehmen hier eröffnet sieht: „*The likelihood of an impact can be measured or determined qualitatively or quantitatively, depending on the available information. It could be described using general terms (e.g., unlikely, highly likely) or mathematically using probability (e.g., 10 in 100, 10 percent) or a frequency over a given time-period (e.g., once every 10 years).*"[56] In methodischer Hinsicht ist die Aussagekraft einer solchen allzu vereinfachten Vorgehensweise jedoch kritisch zu hinterfragen, weswegen es u.E. als zulässige Erleichterung zu verstehen ist, die allenfalls als Startpunkt in der Befassung mit den Vorgaben zur Wesentlichkeitsanalyse gem. ESRS 1 genutzt werden sollte. 73

Weiterhin ergibt sich bereits aus den qualitativen Merkmalen, dass eine **Brutto-Betrachtung** zu erfolgen hat, d.h., dass bereits gesetzte Reaktionen (Maßnahmen) auf – potenzielle – negative Auswirkungen bzw. Risiken nicht gegengerechnet werden dürfen. Z.B.: „Informationen dürfen nicht aufgerechnet oder ausgeglichen werden, um sie neutral zu machen" (ESRS 1.QC8). Einzig für tatsächliche Auswirkungen orientiert sich die Beurteilung der Schwere – sinn- 74

---

[55] Vgl. ausführlich Gleißner/Baumüller, KoR 2024, S. 202 ff.

[56] EFRAG, EFRAG IG 1 – Materiality Assessment, IG 1.122, Mai 2024.

vollerweise – an den eingetretenen Ereignissen, womit die Wirksamkeit von Maßnahmen allerdings ebenso integraler Bestandteil der Angaben ist.[57]

Dort, wo solche Brutto-Betrachtungen schwierig sind, kann es sich als nützlich erweisen, bereits vom Unternehmen gesetzte Maßnahmen zu identifizieren und auf die dahinter stehenden Auswirkungen, Risiken und Chancen zu schließen, auf welche die Maßnahmen zielen. Im Hinblick auf potenzielle Auswirkungen, Risiken und Chancen ist es darüber hinaus unvermeidbar, Einschätzungen über die Zukunft zu treffen, die zu einem gewissen Maß Entwicklungen gegenüber dem Status quo zugrunde legen (z.B. wenn für die Bewertung der langfristigen Auswirkungen i.V.m. einem Fuhrpark eine Annahme darüber getroffen werden muss, welche Antriebsarten im Jahr 2030 vorherrschen).[58]

Praxis-Hinweis

Die soeben dargestellte Forderung, eine Brutto-Betrachtung auf Auswirkungen, Risiken und Chancen zu wählen, ist von potenziell besonders weitreichender Konsequenz. Anders gesagt steht damit v.a. die Möglichkeit eines Ereignisses im Fokus. Diese wird stark von den Rahmenbedingungen, unter denen ein Unternehmen seine Wirtschaftsaktivitäten entfaltet, bestimmt. Dies können z.B. geografische oder politische Rahmenbedingungen sein oder auch unmittelbare Folgen aus der Geschäftstätigkeit eines Unternehmens selbst.

I.V.m. den weiteren Rahmenbedingungen gem. ESRS 1 zur Wesentlichkeitsanalyse (z.B. zur Festlegung von Schwellenwerten oder zu den Kriterien für die Ermittlung von Schwere und Eintrittswahrscheinlichkeit von Auswirkungen; Rz 76ff.) legt gerade die Forderung nach einer Brutto-Betrachtung nahe, dass in der Praxis ein großer Teil der in Anlage A von ESRS 1 angeführten Nachhaltigkeitsaspekte als wesentlich zu beurteilen sein wird und eine Berichterstattung erfordert. Dies hat Folgen für den Umfang der Nachhaltigkeitserklärung, der entsprechend ein großer sein wird. Hieran zeigt sich zugleich die Umsetzung eines wichtigen Reformanliegens, das der CSRD-Entwicklung zugrunde lag: die Verbesserung der Vollständigkeit der von Unternehmen berichteten Informationen.

Die EFRAG spricht in EFRAG IG 1.228ff. inzwischen von „Auswirkungen/Risiken/Chancen vor Mitigationsmaßnahmen" (*pre-mitigation*). In der vorliegenden Kommentierung wird aber weiterhin der für das Risikomanagement etablierten Begrifflichkeit der „Brutto-Betrachtung" Vorzug gegeben.

---

[57] Siehe EFRAG IG 1 – Materiality Assessment, IG 1.230, Mai 2024.
[58] Vgl. Baumüller, ZCG 2024, S. 176.

Die folgenden Beispiele sollen veranschaulichen, wie eine Brutto-Betrachtung verstanden werden kann:[59]

> **Praxis-Beispiel**
> - **Treibhausgas-Emissionen:** Ein Unternehmen, das eine Fabrik betreibt, wird mitunter über den Nachhaltigkeitsaspekt „Klimawandel" berichten müssen (im Hinblick auf die verursachten Emissionen) – selbst wenn es überaus effektive Carbon-Capture-Maßnahmen vorgesehen hat, die diese Emissionen auf ein Minimum beschränken.
> - **Korruption und Bestechung:** Ist ein Unternehmen auf einem Markt tätig, der für seine Anfälligkeit für solche Geschäftspraktiken bekannt ist, wird dies im Nachhaltigkeitsbericht zu einer Behandlung führen müssen. Die eingerichteten Anti-Korruptions-Systeme sind lediglich als Maßnahme zu verstehen, die bspw. das Brutto-Risiko eines Korruptionsvorfalls mindern.

Detaillierte **Kriterien** für die durchzuführende Wesentlichkeitsanalyse muss das berichtspflichtige Unternehmen selbst festlegen. Dies umfasst auch die Bestimmung entsprechender qualitativer und quantitativer Schwellenwerte für die Unterscheidung zwischen wesentlichen und unwesentlichen Nachhaltigkeitsaspekten (ESRS 1.42). Um diese hohen Freiheitsgrade zu kompensieren, werden entsprechende Offenlegungen gefordert (→ § 4 Rz 112). Die wichtigsten Anforderungen hieran sind die der Methodenbestimmtheit und Willkürfreiheit.[60]

75

> **Praxis-Hinweis**
> Für die Bewertung der Wesentlichkeit von Nachhaltigkeitsaspekten werden häufig **Skalen** herangezogen. Es bleibt einem Unternehmen selbst überlassen, ob diese drei, fünf, zehn oder andere Abstufungen aufweisen. Bei einer zehnstufigen Skala kann mit guter Begründung die Wesentlichkeitsschwelle bei drei, fünf oder sieben angenommen werden. Es können für unterschiedliche Nachhaltigkeitsaspekte (z. B. ökologische vs. soziale Nachhaltigkeitsaspekte) auch unterschiedliche Skalen bzw. Wesentlichkeitsschwellen eingesetzt werden. Sinnvoll ist es darüber hinaus, zwischen Wesentlichkeit aufgrund von Maximalausprägungen (z. B. Umfang von Auswirkungen) oder aufgrund der durchschnittlichen Ausprägung aller Analysekriterien durch unterschiedlich hoch angesetzte Schwellenwerte zu differenzieren (Rz 79): bei einer dreistufigen Skala kann ein wesentlicher Sachverhalt dann vorliegen, wenn ein Analysekriterium drei erreicht oder wenn der Durchschnitt über alle Kriterien bei zwei liegt. Wichtig ist bei all dem allerdings, dass Unternehmen metho-

---

[59] Entnommen Baumüller, ZCG 2024, S. 80.
[60] Vgl. Gleißner, Rethinking Finance 1/2024, S. 32.

disch vorgehen und die getroffenen Überlegungen dokumentieren. V. a. **Willkürfreiheit** muss belegbar sein. Diese Einschränkungen führen dazu, dass
manche der aufgezeigten Möglichkeiten primär theoretischer Natur, praktisch
aber kaum realisierbar sein werden (z. B. die unterschiedlichen Skalierungen).

Die festzulegenden Schwellenwerte haben sich an der Natur der betrachteten
Auswirkungen, Risiken oder Chancen zu orientieren. Für die beiden letzt-
genannten Festlegungen wird sich eine Orientierung an Schwellenwerten
anbieten, die auch in der Finanzberichterstattung bzw. im finanziellen Risikomanagement etabliert sind (z. B. X % einer betrachteten Ergebnisgröße). Für
Auswirkungen ist demgegenüber ein Rückgriff z. B. auf wissenschaftlich oder
politisch festgelegte Grenzwerte geboten (siehe auch Rz 84). Ungeeignet
erscheint es in diesem Sinne, Schwellenwerte relativ festzulegen – z. B. nur die
15 schwerwiegendsten Auswirkungen als wesentlich zu beurteilen. Schwellenwerte sollten gleichermaßen nicht für unterschiedliche Unternehmensgrö-
ßen variieren; d. h., für einen börsenotierten Großkonzern und für einen
mittelständischen Betrieb sollten inhaltlich gleiche Maßstäbe angelegt werden
(eine zumindest implizit größenbezogene Differenzierung kann allerdings
vorgelagert z. B. bei den Bewertungen für das Schwere-Kriterium „Umfang"
erfolgen; Rz 79).

Praxis-Beispiel SGL Group[61]

**„AUSWIRKUNGEN, RISIKEN UND CHANCEN IM ZUSAMMEN-
HANG MIT UMWELTVERSCHMUTZUNG**

**IRO-1 Beschreibung der Verfahren zur Ermittlung und Bewertung der
wesentlichen Auswirkungen, Risiken und Chancen im Zusammenhang
mit Umweltverschmutzung**

Zur Ermittlung und Bewertung der relevanten Auswirkungen wurden RALs
(Responsible Area Leads; d. Verf.) verwendet. Die Geschäftsaktivitäten (die
relevanten Auswirkungen der Geschäftstätigkeit der SGL Group im Zusammenhang mit Umweltverschmutzung) wurden überprüft, standortspezifische Standorte wurden jedoch nicht bewertet.

---

[61] Entnommen SGL Group, Sustainability Report 2023, S. 27 ff., eigene Übersetzung aus dem
      Englischen.

AUSWIRKUNGEN, RISIKEN UND CHANCEN IM ZUSAMMENHANG MIT GESCHÄFTSVERHALTEN

IRO-1 Beschreibung der Prozesse zur Identifizierung und Bewertung wesentlicher Auswirkungen, Risiken und Chancen

Die Identifizierung von IROs im Zusammenhang mit Geschäftsverhaltensfragen umfasste eine Kartierung von geografischen Gebieten mit erhöhten potenziellen Auswirkungen oder Risiken im Zusammenhang mit Korruption und Bestechung sowie Menschenrechtsverletzungen.

Ansatz zur Bewertung der Wesentlichkeit

Die Bewertungsmethodik und -kriterien der Wesentlichkeitsbewertung wurden in Übereinstimmung mit den Anforderungen des ESRS 1 gewählt, wobei der Schwerpunkt auf folgenden Aspekten lag:

- Wesentlichkeit der Auswirkungen: Ausmaß, Umfang, Unumkehrbarkeit und Wahrscheinlichkeit der Auswirkungen (basierend darauf, ob eine Auswirkung positiv/negativ und tatsächlich/potenziell ist). Der Schwellenwert für menschenrechtsbezogene Auswirkungen wurde auf der Grundlage der Anforderungen des ESRS 1.45 herabgesetzt.
- Finanzielle Wesentlichkeit: Finanzielles Ausmaß des Risikos/der Chance, Wahrscheinlichkeit und Art der finanziellen Effekte.

Die Bewertung der ermittelten IROs wurde von den RAL nach bestem Wissen und Gewissen vorgenommen. Alle IROs wurden auf Bruttobasis bewertet.

Die Zeithorizonte sowie die quantitativen und qualitativen Schwellenwerte für die Bewertung der IROs orientierten sich, soweit möglich, an denen des ERM-Systems der SGL Group. Dadurch wurde auch sichergestellt, dass die nachhaltigkeitsbezogenen Risiken und Chancen mit anderen von der SGL Group identifizierten Unternehmensrisiken und -chancen in Einklang gebracht wurden.

Der Prozess wurde durch die Due-Diligence-Prozesse von SGL durch eine Überprüfung der internen Richtlinien und Verfahren, die TCFD-Bewertungen, die 2021 und 2023 durchgeführt wurden, und das Risikoinventar des ERM-Systems unterstützt. Insgesamt wurden 17 Dokumente und sechs Stakeholder-Vertreter herangezogen, um die IROs zu identifizieren und zu bewerten.

Ein Nachhaltigkeitsthema wurde als wesentlich eingestuft, wenn mindestens ein IRO über dem Schwellenwert lag, was entweder auf die Wesentlichkeit der Auswirkungen, auf die finanzielle Wesentlichkeit oder beides hinweist. Als nicht wesentlich wurden Nachhaltigkeitsaspekte eingestuft, bei denen kein IRO identifiziert wurde und/oder bei denen alle IROs unterhalb dieser Schwellenwerte lagen.

Um die Entscheidungen zu wesentlichen Nachhaltigkeitsfragen zu validieren und abzuschließen, wurde ein abschließender Workshop mit den RALs einberufen, gefolgt von einer Validierungssitzung mit dem Global CFO.

Beschlüsse und interne Kontrollverfahren

Die wichtigsten Entscheidungen, die im Rahmen des Prozesses getroffen wurden, betrafen die Auswahl der Stakeholder-Vertreter, die Bewertung jedes IRO durch den Stakeholder-Vertreter, der den Nachhaltigkeitsaspekt identifiziert hatte, und die abschließende Bewertung der Nachhaltigkeitsaspekte im Rahmen des Workshops.

Während des gesamten Prozesses wurden interne Kontrollen durchgeführt. Um als wesentlich eingestuft zu werden, muss ein Nachhaltigkeitsthema von einem Stakeholder-Vertreter identifiziert und mit einem IRO versehen worden sein. Die für die Bewertung verwendete Methode entsprach den ESRS-Anforderungen, und die für die Bewertung verwendeten Schwellenwerte und Zeithorizonte basierten so weit wie möglich auf dem ERM-System der SGL Group. Jedes IRO wurde mit einer detaillierten Beschreibung der Grundlage für ihre Wesentlichkeit dokumentiert.

Künftige Schritte: Integration, Überwachung und Überprüfung

Derzeit gibt es keinen Prozess zur Integration der DMA-Ergebnisse (DMA = Double Materiality Assessment, d.h. Wesentlichkeitsbewertung auf Grundlage der doppelten Wesentlichkeit; d. Verf.) in das ERM oder die Managementsysteme der SGL Group, aber dies wird für die Implementierung in Betracht gezogen.

Die SGL Group verpflichtet sich, den DMA-Prozess zur Identifizierung, Bewertung und Priorisierung von IROs jährlich zu überprüfen und sich entwickelnde Trends, zugrunde liegende Annahmen, den Kontext und regulatorische Änderungen zu berücksichtigen. In regelmäßigen Abständen wird eine umfassende Überprüfung des DMA durchgeführt, um seine Wirksamkeit und Relevanz zu gewährleisten.

Da dies der erste Berichtszyklus ist, in dem ein DMA durchgeführt wurde, gibt es keine Änderungen im Verfahren, über das zu berichten ist.

Ergebnisse der Wesentlichkeitsbewertung

Im Rahmen des DMA wurden insgesamt 81 IROs identifiziert und bewertet. Davon wurden 40 als wesentlich eingestuft. Es wurden 68 Risiken und Chancen identifiziert, von denen 14 als wesentlich eingestuft wurden.

Die IROs wurden konsolidiert und auf 15 wesentliche Nachhaltigkeits-themen überführt. Die IRO-2-Angaben, die den Index der ESRS-Offenle-gungsanforderungen und die Liste der Datenpunkte, die sich aus anderen EU-Rechtsvorschriften ableiten, enthalten, finden Sie im Anhang."

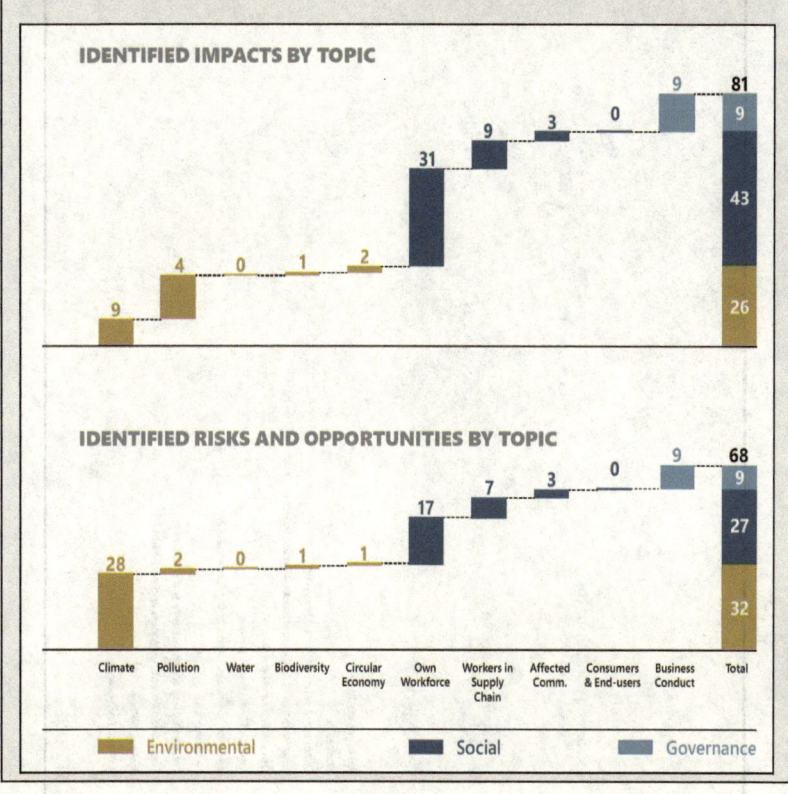

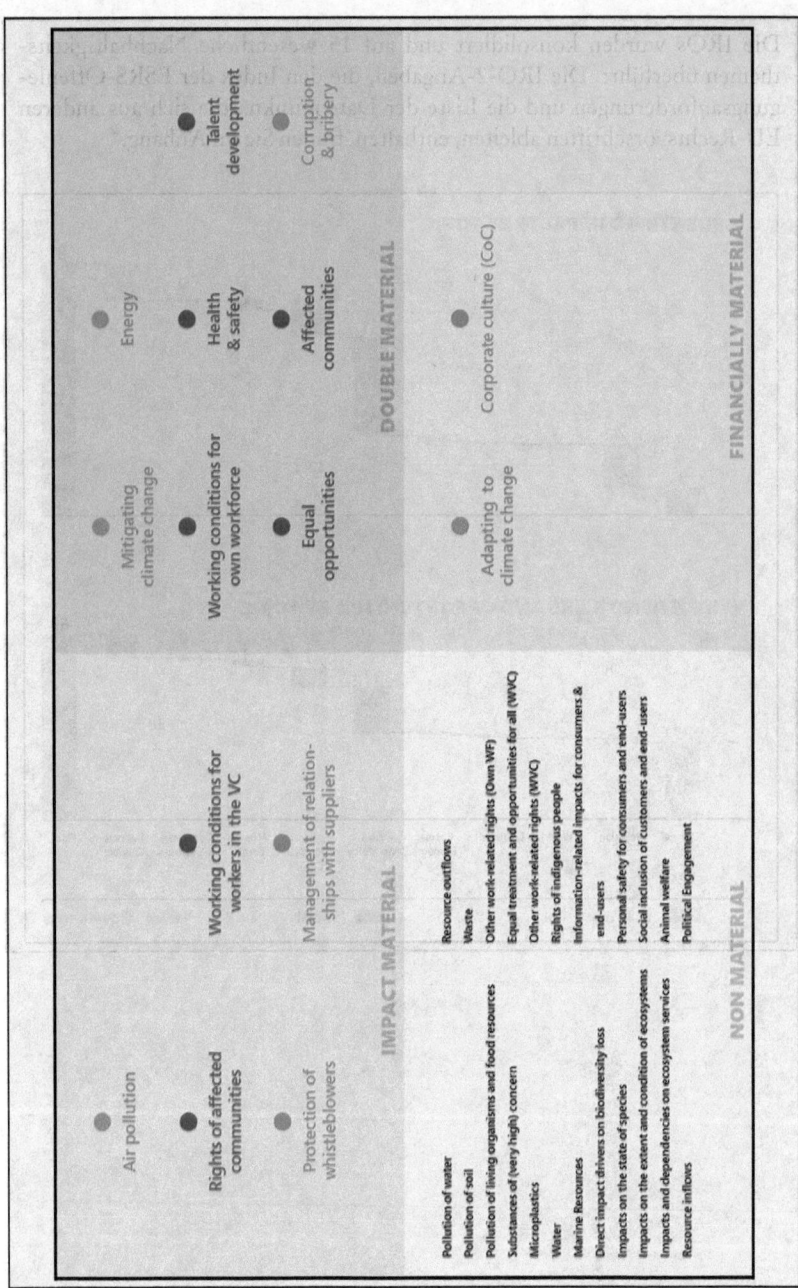

4.3.2 Auswirkungs-Wesentlichkeit

Ein Nachhaltigkeitsaspekt ist aus der **ökologischen und sozialen Perspektive** wesentlich, sobald im Kontext des berichtspflichtigen Unternehmens tatsächliche oder potenzielle, positive oder negative, kurz-, mittel- oder langfristige Auswirkungen auf Menschen oder Umwelt erfolgen, die als wesentlich bewertet werden (ESRS 1.43; Rz 135 f.). Die Auswirkungen müssen mit den eigenen Geschäftstätigkeiten bzw. mit den Geschäftstätigkeiten des Unternehmens verbunden sein inkl. verbundener Produkte, Dienstleistungen oder weiteren Teilen der Wertschöpfungskette. Im Fall der Geschäftsbeziehungen sind alle Beziehungen in der vor- und nachgelagerten Wertschöpfungskette des Unternehmens (d. h. die Kunden- und Lieferantenbeziehungen) mit zu umfassen. Die Definition der Auswirkungs-Wesentlichkeit gem. ESRS entspricht damit weitgehend dem Verständnis von Wesentlichkeit i. S. d. **GRI-Standards**, die sich damit als weitere **Orientierungspunkte** anbieten.

76

> **Praxis-Hinweis**
>
> Die ESRS definieren Auswirkungen in einem weiten Sinne, der offenkundig an den SDG Anlehnung nimmt: „Die Auswirkungen, die das Unternehmen auf die Umwelt und die Menschen hat oder haben könnte, einschließlich der Auswirkungen auf ihre Menschenrechte [...]. Die Auswirkungen geben den negativen oder positiven Beitrag des Unternehmens zur nachhaltigen Entwicklung an.“[62]

Das Abstellen auf **tatsächliche Auswirkungen** stellt einen Unterschied zu den geforderten Analysen i. R. d. finanziellen Wesentlichkeit dar. Letztere fordern nämlich nur eine zukunftsorientierte Betrachtung, d. h. auf mögliche finanzielle Effekte (da tatsächliche finanzielle Effekte ohnedies bereits im Jahres- bzw. Konzernabschluss erfasst sein müssen). Der Zeitraum, der auf den Eintritt von tatsächlichen Auswirkungen hin zu untersuchen ist, entspricht grds. dem Berichtszeitraum der Nachhaltigkeitserklärung, d. h. im Regelfall dem abgeschlossenen Geschäftsjahr (Rz 133 ff.).

77

Für die Identifikation solcher Auswirkungen ist auf drei Fallkonstellationen abzustellen; diese sind gleichermaßen für die weitere Wesentlichkeitsanalyse zu berücksichtigen:[63]

78

- Das berichtspflichtige Unternehmen verursacht diese Auswirkungen durch seine Wirtschaftsaktivitäten unmittelbar selbst: *„The undertaking may be single-handedly responsible for the impacts to people or the environment, as the impacts are directly caused by its operations, products or services."*

---

[62] Berichtigung der Delegierten Verordnung (EU) 2023/2772 v. 31.7.2023, ABl. EU L v. 9.8.2024, Anhang II, Tab. 2, S. 270.

[63] Vgl. EFRAG, EFRAG IG 1 – Materiality Assessment, IG 1.156 ff., Mai 2024.

- Das berichtspflichtige Unternehmen trägt durch seine Wirtschaftsaktivitäten zu diesen Auswirkungen bei: *„Impacts to which the undertaking has contributed to are those not caused directly and solely by the undertaking's operations, products, or services, but in conjunction with a third party. Therefore, the undertaking's action or omission do not single-handedly cause the impact but do so with others' actions or omissions."*

- Das Unternehmen ist mit seinen Wirtschaftsaktivitäten mittelbar mit diesen Auswirkungen verbunden: *„In this case the entity causing or contributing to the impact is linked to the undertaking through a business relationship."* Dies ist häufig bei Geschäftsbeziehungen und dem von den Geschäftspartnern gesetzten Verhalten der Fall.

Praxis-Hinweis

Sofern ein Unternehmen Kobalt, das durch Kinderarbeit gefördert wurde, in seinen Produkten verwenden sollte, besteht eine direkte negative Auswirkung in Bezug auf die betreffenden Produkte. Dabei spielen die Geschäftsbeziehungen zu den Schmelzhütten, Mineralienhändlern und Bergbauunternehmen, die von Kinderarbeit profitieren, eine entscheidende Rolle. Dies wäre auch der Fall, wenn das berichtspflichtige Unternehmen eine finanzielle Verbindung zu diesen Unternehmen hätte. Dies hat zur Folge, dass auch die Vergabe eines Kredits zu einer Beteiligung an den negativen Auswirkungen führen kann (ESRS 1.AR12).

---

79   In der **Bewertung der Auswirkungs-Wesentlichkeit** wird zwischen negativen und positiven Auswirkungen unterschieden. Negative Auswirkungen ergeben sich aus dem Due-Diligence-Prozess gem. den UN-Leitprinzipien für Wirtschaft und Menschenrechte und den OECD-Leitsätzen für multinationale Unternehmen (ESRS 1.45). Dabei wird ebenfalls zwischen tatsächlichen und potenziellen Auswirkungen unterschieden. Die Wesentlichkeit einer tatsächlichen negativen Auswirkung hängt vom Schweregrad der tatsächlichen Auswirkung ab, wohingegen bei potenziellen negativen Auswirkungen die Wahrscheinlichkeit (Rz 72) zusätzlich mitberücksichtigt werden muss. Das trifft ebenfalls auf mögliche positive Auswirkungen zu.

Im Fall von negativen Auswirkungen erfolgt die Bewertung des **Schweregrads** unter folgenden Gesichtspunkten (ESRS 1.AR10):

- **Ausmaß:** Wie schwerwiegend sind die Auswirkungen auf den Menschen und die Umwelt? Hier steht die Beurteilung der Qualität einer Auswirkung im Fokus.

- **Umfang:** Wie weit verbreitet sind die Auswirkungen? Im Fall von Umweltauswirkungen können geografische Daten hinzugezogen werden und im Fall von Auswirkungen auf den Menschen kann die Anzahl der Betroffenen berücksichtigt werden. Hier wird also eine mengenmäßige Komponente in die Betrachtung mitaufgenommen.

• **Unabänderbarkeit:** Inwieweit können die Auswirkungen rückgängig gemacht werden?

Achtung

Die oben angeführten Elemente der Wesentlichkeitsanalyse unterscheiden sich z.T. von jenen, die in der bisherigen Praxis der (freiwilligen) Nachhaltigkeitsberichterstattung bzw. der (verpflichtenden) nichtfinanziellen Berichterstattung geläufig waren. So ist etwa die „Wichtigkeit" einer Auswirkung für die Stakeholder alleine nicht bedeutsam (bzw. als bloßer Hinweis zu verstehen, da vielmehr auf eine objektive Auswirkung abzustellen ist, zu der ggf. Fehlwahrnehmungen bestehen mögen); ebenso spielt eine „Beeinflussbarkeit" keine unmittelbare Rolle (das Element der „Unabänderbarkeit" stellt allenfalls einen kleinen Ausschnitt der weiter gefassten „Beeinflussbarkeit" dar). Im Zusammenhang mit der Ausgestaltung von bzw. Berichterstattung über gesetzte Maßnahmen eines Unternehmens zu einem wesentlichen Nachhaltigkeitsaspekt kann demgegenüber auf diese „Beeinflussbarkeit" für Erläuterungszwecke eingegangen werden.[64]

Für eine Bewertung der Schwere von Auswirkungen wird eine **Quantifizierung** unabdingbar sein (so wie auch Risiken und Chancen quantifiziert werden; Rz 90). Dies ist freilich mit großen Herausforderungen verbunden – v.a. wenn verschiedene Nachhaltigkeitsaspekte somit nach einer möglichst vergleichbaren Vorgehensweise beurteilt werden sollen. Vorschläge dafür, wie eine solche Quantifizierung vorgenommen werden kann, finden sich z.B. im Leitfaden *„Enterprise Risk Management, Applying enterprise risk management to environmental, social and governance-related risks"* von COSO und wbcsd. Eine vielversprechende Möglichkeit wäre wohl eine Monetarisierung von Auswirkungen, wie es etwa das Projekt der Value Balancing Alliance[65] anstrebt. Damit ließe sich auch eine konsistente Skalierung der X- und Y-Achse in einer Wesentlichkeitsmatrix erreichen (Rz 64). **80**

Abb. 9 fasst die zu berücksichtigenden Abwägungen für die verschiedenen Arten von Auswirkungen zusammen. **81**

---

64   Siehe auch OECD, OECD-Leitfaden für die Erfüllung der Sorgfaltspflicht für verantwortungsvolles unternehmerisches Handeln, 2018, S. 82 f.
65   Siehe www.value-balancing.com, Abruf 1.8.2024.

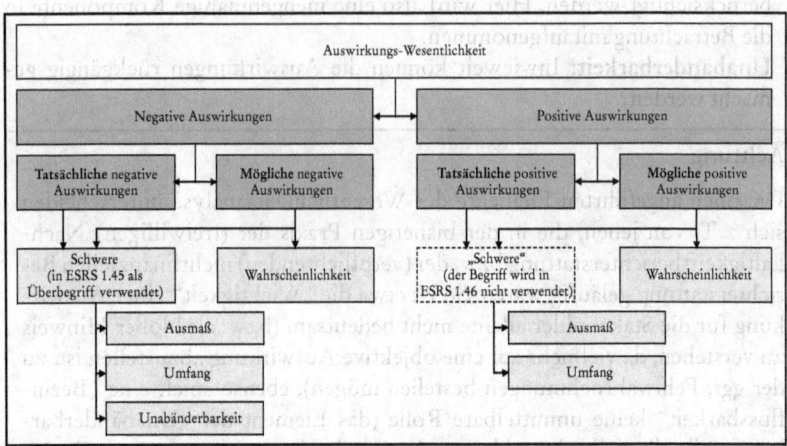

Abb. 9: Elemente der Wesentlichkeitsanalyse im Hinblick auf die Auswirkungs-Wesentlichkeit[66]

82

> **Wichtig**
>
> Wichtige Hinweise zur Operationalisierung dieser Elemente der Wesentlichkeitsanalyse finden sich in den Anwendungsanforderungen. Dort wird klargestellt: „Jedes der drei Merkmale (Ausmaß, Umfang und Unabänderlichkeit) kann schwerwiegende negative Auswirkungen mit sich bringen" (ESRS 1.AR11). D. h., dass eine Auswirkung auch dann berichtspflichtig sein kann, wenn sie **nur nach einem der drei Elemente als schwerwiegend** beurteilt wird. Eine rein additive bzw. multiplikative Betrachtung der drei Elemente (z. B. in Form eines aggregierten Scorings) ist folglich nicht ausreichend, um die Anforderungen des Standards zu erfüllen. Dies mag insbes. im Hinblick auf das Merkmal der Unabänderlichkeit in der Praxis häufig als wenig sachgerecht empfunden werden, ergibt sich aber eindeutig aus dem Wortlaut des ESRS 1. Über die Wahl von Skalen und Wesentlichkeitsschwellen bietet sich Unternehmen dennoch die Möglichkeit für eine unterschiedliche Gewichtung.

83   An derselben Stelle enthalten die Anwendungsanforderungen zu ESRS 1 einen weiteren Hinweis: „Im Falle möglicher negativer Auswirkungen auf die Menschenrechte hat der Schweregrad der Auswirkungen Vorrang vor ihrer Wahrscheinlichkeit" (ESRS 1.AR11). **Menschenrechte** werden damit als besonders schützenswertes Gut hervorgehoben. D. h., dass **mögliche** Menschenrechtsverletzungen gleich wie bereits eingetretene in der Wesentlichkeitsanalyse zu behandeln

---

66 Baumüller/Schönauer, PiR 2023, S. 132.

sind und damit bei der Wesentlichkeitsanalyse mit einer Eintrittswahrscheinlichkeit von um die 100 % berücksichtigt werden sollten – sofern sie zunächst in einem vom Unternehmen festzulegenden Mindestmaß wahrscheinlich sind (da anderenfalls über alle Formen der möglichen Menschenrechtverletzungen berichtet werden müsste, was nicht zielführend sein kann; Rz 72).

> **Wichtig**
>
> Am 9.4.2024 verurteilte der Europäische Gerichtshof für Menschenrechte die Schweiz für eine Verletzung der Menschenrechte, weil das Land nicht das Nötige gegen die fortschreitende Erderwärmung unternimmt. Solche Entwicklungen unterstreichen die dynamische Entwicklung des Verständnisses von Menschenrechten; Unternehmen haben hierfür aufmerksam zu sein und entsprechende Konsequenzen in ihrer Wesentlichkeitsanalyse zu berücksichtigen – im Konkreten etwa, indem auch für die Bewertung der Wesentlichkeit des Nachhaltigkeitsaspekts „Klimawandel" die Maßstäbe von ESRS 1.AR11 angewandt werden.

Positive Auswirkungen sind grds. ebenso berichtspflichtig wie negative Auswirkungen. Insbes. gibt es in den ESRS kein Vorsichtsprinzip, das eine asymmetrische Erfassung rechtfertigen könnte. Die EFRAG hat in den Q&A weiterhin klargestellt, dass auch Auswirkungen, die nur positiv sind und nicht (zusätzlich) mit negativen (Begleit-)Auswirkungen verbunden sind, berichtet werden müssen.[67]   **84**

In der Praxis gestaltet sich die Identifikation von positiven Auswirkungen allerdings mitunter schwierig – insbes. in Abgrenzung von Maßnahmen, die negative Auswirkungen reduzieren. Ausgehend von der dargelegten Definition des Begriffs „Auswirkungen" bietet es sich an, diese Abgrenzung anhand eines – objektiven – Referenzpunkts vorzunehmen. Als solche sind u. E. die SDGs, das Konzept der planetaren Grenzen für ökologische bzw. die Menschenrechte für soziale Nachhaltigkeitsaspekte geeignet. Eine alleinige Argumentation mit der Einhaltung bestimmter (nationaler) gesetzlicher Vorgaben wird hier nicht ohne weitere Prüfung für eine Grenzziehung ausreichen.

Positive Auswirkungen werden sich häufig im Bereich der Produkte und Dienstleistungen eines Unternehmens materialisieren, etwa wenn gewisse Leistungen zur Dekarbonisierung beitragen (z.B.: ein Unternehmen bietet Technologien an, die für die Elektromobilität von zentraler Bedeutung sind). Auch Kompensationsmaßnahmen kommen wegen des Gebots der Brutto-Darstellung in Betracht (z.B.: um eigene Emissionen zu kompensieren, führt ein Unternehmen Aufforstungsmaßnahmen durch). Werden die negativen Auswirkungen eines Unternehmens demgegenüber bloß substituiert, dann wird an-

---

67 Vgl. EFRAG, ESRS Q&A Platform, Compilation of Explanations, Januar–Juli 2024, Frage 37, S. 25f.

stelle einer positiven Auswirkung vielmehr eine Maßnahme vorliegen, um die negative Auswirkung zu reduzieren (z. B.: ein Unternehmen ersetzt ein Kohlekraftwerk für den Eigenverbrauch (!) durch einen PV-Park).

Nachfolgend finden sich illustrierende Beispiele zur Identifikation von positiven Auswirkungen:[68]

Praxis-Beispiel

„Treibhausgas-Emissionen: Ein Unternehmen, das seinen Fuhrpark von Verbrennern auf Elektroautos umstellt, erzielt damit noch keine positiven Auswirkungen – es vermindert lediglich negative Auswirkungen. Denn als objektiver Bezugspunkt ist das Ziel der Null-Emissionen maßgeblich. Eine positive Auswirkung läge dann vor, wenn das Unternehmen Technologien entwickelt, die für die Emissionsreduktion anderer Unternehmen von Bedeutung sind – oder z. B. Lösungen für die Abscheidung und Speicherung von Kohlendioxid (CCS) anbietet."

„Sozialer Dialog: Die Einrichtung von Arbeitnehmervertretungen oder anderer sozialer Dialogmechanismen ist keine positive Auswirkung, sondern der Bezugspunkt dieses Nachhaltigkeitsaspekts. Wird z. B. eine solche Arbeitnehmervertretung auch ohne gesetzliche Verpflichtung eingerichtet, z. B. wegen zu geringer Unternehmensgröße oder weil dies in einem Land gesetzlich nicht gefordert ist, wird ebenso nur eine negative Auswirkung verhindert. Folglich ist es aber eine negative Auswirkung, wenn kein solcher Dialogmechanismus existiert – selbst wenn sich ein Unternehmen mit keiner gesetzlichen Verpflichtung konfrontiert sieht; die Einrichtung eines solchen Mechanismus kann dann aber keine positive Auswirkung darstellen."

4.3.3 Finanzielle Wesentlichkeit

85 Die **finanzielle Wesentlichkeitsbewertung** beinhaltet die Identifizierung von Informationen, die für Hauptnutzer der allgemeinen Finanzberichterstattung bei Entscheidungen über die Bereitstellung von Ressourcen für das berichtspflichtige Unternehmen als wesentlich betrachtet werden können (ESRS 1.48). Insbes. werden Informationen für Hauptnutzer der allgemeinen Finanzberichterstattung als wesentlich betrachtet, wenn das Auslassen, die fehlerhafte Darstellung oder die Verschleierung dieser Informationen die Entscheidungen beeinflussen können, die von diesen Stakeholdern auf Basis der Nachhaltigkeitserklärung getroffen werden. Die Definition der finanziellen Wesentlichkeit gem. ESRS entspricht damit grds. dem Verständnis von Wesentlichkeit i. S. d. **IFRS SDS**, die sich damit als weitere **Orientierungspunkte** anbieten.

---

68 Entnommen Baumüller, ZCG 2024, S. 79.

Ein Nachhaltigkeitsaspekt wird **aus finanzieller Sicht als wesentlich betrachtet**, wenn er Risiken oder Chancen auslöst oder potenziell auslösen kann, die einen erheblichen Einfluss auf die Entwicklung, die finanzielle Lage, die Zahlungsströme, den Zugang zu Finanzmitteln oder die Kapitalkosten des Unternehmens haben oder von denen vernünftigerweise erwartet wird, dass sie sich kurz-, mittel- oder langfristig wesentlich auswirken. Diese Risiken und Chancen beschränken sich nicht nur auf Umstände, die unter direkter Kontrolle des Unternehmens stehen, sondern umfassen auch Geschäftsbeziehungen mit anderen Unternehmen oder Stakeholdern außerhalb des Konsolidierungskreises, der für die Erstellung des Abschlusses angewendet wurde (ESRS 1.49). | 86

Die Definition von finanzieller Wesentlichkeit entspricht auch weitgehend jener, die für die Finanzberichterstattung, insbes. für den **IFRS-Abschluss** samt Lagebericht, vorgesehen ist. Ein zentraler Unterschied liegt im weit gefassten Zeithorizont, der zugrunde zu legen ist – langfristige finanzielle Risiken und Chancen werden i. d. R. über den typischen Betrachtungszeitraum hinausgehen, der für Fragen der Finanzberichterstattung (z. B. *impairment*-Tests, finanzielle Risikoberichterstattung im Lagebericht) maßgeblich ist. Bspw. werden für die Nachhaltigkeitserklärung finanzielle Folgen des Klimawandels finanziell wesentlich und damit in der Berichterstattung zu berücksichtigen sein können, obschon diese Folgen sich ggf. erst in zehn bis 15 Jahren materialisieren. Weitere Unterschiede betreffen etwa die weiter gefassten Berichtsgrenzen und das Abstrahieren von den Definitionen eines Vermögenswerts oder einer Schuld, die der Finanzberichterstattung zugrunde liegen.[69] | 87

Einen zentralen Punkt innerhalb der Bewertung der finanziellen Wesentlichkeit stellen die damit verbundenen **Risiken und Chancen** dar. | 88

Praxis-Hinweis

Risiken und Chancen werden im Glossar zu den ESRS wie folgt definiert:

- „Nachhaltigkeitsbezogene Risiken: Ungewisse Ereignisse oder Bedingungen in den Bereichen Umwelt, Soziales oder Governance, die, falls sie eintreten, möglicherweise wesentliche negative Auswirkungen auf das Geschäftsmodell des Unternehmens und seine Strategie, seine Fähigkeit zur Erreichung seiner Ziele und zur Schaffung von Werten haben können und daher seine Entscheidungen und die Entscheidungen seiner Geschäftsbeziehungen im Hinblick auf Nachhaltigkeitsaspekte beeinflussen können. [...]“
- „Nachhaltigkeitsbezogene Chancen: Ungewisse Ereignisse oder Bedingungen in den Bereichen Umwelt, Soziales oder Governance, die, falls sie eintreten, möglicherweise wesentliche positive Auswirkungen auf das Geschäftsmodell des Unternehmens oder seine Strategie, seine Fähigkeit zur

---

[69]   Vgl. EFRAG, EFRAG IG 1 – Materiality Assessment, IG 1.165 ff., Mai 2024.

> Erreichung seiner Ziele und zur Schaffung von Werten haben können und daher seine Entscheidungen und die Entscheidungen seiner Geschäftspartner im Hinblick auf Nachhaltigkeitsaspekte beeinflussen können. [...]"[70]

Diese ergeben sich auch aus möglichen Abhängigkeiten in Bezug auf natürliche, menschliche und soziale Ressourcen (ESRS 1.50). Einerseits können Beschaffungen der eigentlichen Ressourcen betroffen sein, andererseits die Geschäftsbeziehungen, die für die jeweiligen Geschäftsprozesse erforderlich sind. Weitere Beispiele für solche Abhängigkeiten enthält ESRS 1.AR13; darüber hinaus ist auf die Empfehlungen der Taskforce on Nature-related Financial Disclosures (TNFD) zu verweisen, die weitere Orientierung bieten. Während bei Auswirkungen auch „tatsächliche Auswirkungen" berücksichtigt werden müssen, stellen Risiken und Chancen auf zukünftige Ereignisse ab; dies ist insofern schlüssig, als bereits realisierte Risiken und Chancen bereits im Jahres- bzw. Konzernabschluss des Unternehmens abgebildet werden sollten.

89 Ebenso ist zu berücksichtigen, dass Risiken und Chancen häufig **nachgelagert aus Auswirkungen** resultieren. Deswegen empfiehlt die EFRAG, in einem ersten Schritt Auswirkungen zu bewerten und in einem zweiten Schritt mögliche Risiken und Chancen, die mit den bewerteten Auswirkungen verbunden sein können, zu suchen und zu bewerten.[71]

Praxis-Hinweis

Bei der Sustainable-Finance-Initiative der EU wird generell immer mehr Augenmerk auf die Auswirkungen gelegt, die ein Unternehmen erzielt. Diese können z.B. über ein ESG-Rating die Finanzierungskonditionen eines Unternehmens bestimmen. Dies ist allerdings zugleich ein Risiko bzw. eine Chance, die gesondert abgebildet werden muss. Selbiges gilt etwa dafür, wenn Kunden immer stärker die Nachhaltigkeitsleistung potenzieller Lieferanten im Einkauf berücksichtigen. Es ist also davon auszugehen, dass mit zunehmender Verankerung von ESG auf den (Kapital-)Märkten eine immer stärkere Anknüpfung von finanzieller Wesentlichkeit an die Auswirkungs-Wesentlichkeit erfolgen wird.

90 Eine Bewertung der Wesentlichkeit von Risiken und Chancen erfolgt anhand einer **Kombination aus der Eintrittswahrscheinlichkeit und dem potenziellen Ausmaß der finanziellen Effekte.** Dabei sind ausdrücklich Szenariorechnungen sowie Prognosen aufzustellen (ESRS 1.AR15(a)); dies erfordert u.E. in einem Mindestmaß eine Integration der Analysen in das (finanzielle) Risikomanagement

---

[70] Berichtigung der Delegierten Verordnung (EU) 2023/2772 v. 31.7.2023, ABl. EU L v. 9.8.2024, Anhang II, Tab. 2, S. 281.
[71] Vgl. EFRAG, EFRAG IG 1 – Materiality Assessment, IG 1.89, Mai 2024.

des Unternehmens und die dort angewandten Verfahren.[72] Ausdrücklich werden Unternehmen aufgefordert, besonders auch Sachverhalte i.V.m. Nachhaltigkeitsaspekten zu berücksichtigen, die aufgrund einer geringeren Eintrittswahrscheinlichkeit (weniger als *„more likely than not"*) nicht im Jahres- bzw. Konzernabschluss abgebildet werden (ESRS 1.AR15(b)); hier nimmt ESRS 1 (erneut) Bezug auf das Kapitalien-Konzept und die Perspektive auf die Abhängigkeiten eines Unternehmens: „Kapital, das aus Sicht der Rechnungslegung und Finanzberichterstattung nicht als Vermögenswert erfasst ist, jedoch einen erheblichen Einfluss auf die Ertragslage hat, z.B. natürliches, intellektuelles (organisatorisches), Human-, Sozial- und Beziehungskapital" (ESRS 1.AR15(b)(ii)).

Die dargelegten Anforderungen lassen sich u.E. letztlich in einem zentralen Aspekt zusammenfassen, der die Vorgaben der ESRS im Hinblick auf die finanzielle Wesentlichkeit von den bisher etablierten Praktiken im (finanziellen) Risikomanagement von Unternehmen wohl unterscheidet: Risiken und Chancen nämlich über längere Zeiträume hinweg zu analysieren und zu bewerten, so wie dies die Ausführungen der ESRS zu den Berichtszeiträumen auch darstellen. Maßstab ist folglich nicht die Vermögens-, Finanz- und Ertragslage, sondern vielmehr der Unternehmenswert. Hilfestellungen für eine praktische Implementierung dieser Anforderungen finden sich z.B. im von der COSO 2018 veröffentlichten Leitfaden „Enterprise Risk Management. Applying enterprise risk management to environmental, social and governance-related risks".[73]

Abb. 10 fasst die zu berücksichtigenden Abwägungen für die verschiedenen Arten von Risiken und Chancen zusammen: 91

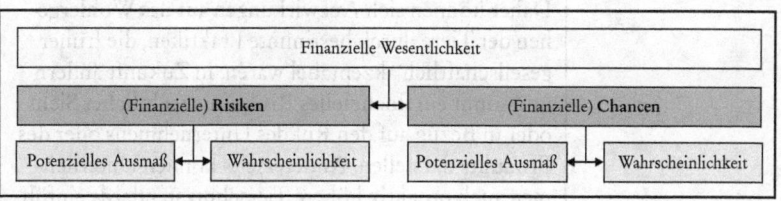

Abb. 10: Elemente der Wesentlichkeitsanalyse im Hinblick auf die finanzielle Wesentlichkeit[74]

Tab. 3 enthält Beispiele für Risiken und Chancen, die mit Nachhaltigkeitsaspekten verbunden sein können.   92

---

[72] Vgl. Baumüller/Gleißner, GRC aktuell 2020, S. 139ff.
[73] COSO, Enterprise Risk Management. Applying enterprise risk management to environmental, social and governance-related risks, Oktober 2018, https://docs.wbcsd.org/2018/10/CO-SO_WBCSD_ESGERM_Guidance.pdf, Abruf 1.8.2024.
[74] Baumüller/Schönauer, PiR 2023, S. 133.

Nachhaltigkeits-Säule	Beispiele für Risiken und Chancen
Environmental	Ein Unternehmen im Energiesektor, das einen Anstieg der Treibhausgasemissionen verzeichnet, könnte in Zukunft politischen und rechtlichen Risiken ausgesetzt sein. Dies könnte zur Einführung neuer externer Kohlenstoffpreismechanismen führen, wie bspw. Kohlenstoffsteuern, was wiederum zu höheren Compliance-Kosten für das Unternehmen führen würde.
Social	In der Beratungsbranche können Mitarbeiter mit einer hohen Arbeitsbelastung konfrontiert sein, bspw. durch das Arbeiten von 50 Stunden pro Woche ohne Ausgleich für Überstunden. Sie können auch Stresssituationen unter dem Druck von Kunden und Managern ausgesetzt sein, oft verbunden mit häufigen Reisen. Diese Bedingungen tragen zu einer hohen Fluktuation bei; dies führt zu erhöhten Kosten für Einstellung und Schulung, Schwierigkeiten bei der Bindung qualifizierter Mitarbeiter sowie zu geringerer Produktivität und geringeren Gewinnspannen.
Governance	Tierschutzrisiken können zwar zu einem bestimmten Zeitpunkt ausreichend abgedeckt sein, jedoch kann sich die Perspektive und Einstellung jederzeit ändern. Daher können sich Auswirkungen auf das Wohlergehen der Tiere durch bestimmte Praktiken, die früher gesellschaftlich akzeptabel waren, in Zukunft ändern und somit ein finanzielles Risiko aus rechtlicher Sicht oder in Bezug auf den Ruf des Unternehmens oder des Produkts darstellen. Andererseits können Unternehmen auch proaktiv höhere Tierschutzstandards einführen, um ihre Praktiken an die sich wandelnden Erwartungen der Gesellschaft anzupassen und so einen Wettbewerbsvorteil zu erlangen.

Tab. 3: Beispiele für Risiken und Chancen i. V. m. Nachhaltigkeitsaspekten[75]

---

[75] Basierend auf einer früheren Arbeitsfassung des Draft EFRAG IG 1.

4.4 Von der Wesentlichkeitsanalyse zum Berichtsinhalt

4.4.1 Systematiken der Berichterstattung

Die bisherigen Darstellungen zur Wesentlichkeitsanalyse (Rz 61–92) widmeten sich der Frage, wie die inhaltliche Wesentlichkeit einer Auswirkung, eines Risikos oder einer Chance identifiziert werden kann. Die Frage, ob eine Angabe hierzu zu tätigen ist, ist in einem zweiten, daran knüpfenden Schritt zu überprüfen. Hierbei steht die Wesentlichkeit der damit vermittelten Information im Fokus[76] – und damit letztlich deren Relevanz bzw. Entscheidungsnützlichkeit (Rz 20), wie sie auf Grundlage der Befassung mit den (Informations-)Bedürfnissen der Nutzer der Nachhaltigkeitsberichterstattung vom Unternehmen eingeschätzt werden. Insofern kann an dieser Stelle auch von einer nachgelagerten **formalen Wesentlichkeitsanalyse** gesprochen werden. Für diese ist insbes. auf die Anforderungen der qualitativen Merkmale zurückzugreifen. **93**

Inwiefern eine Information offengelegt werden soll, wird in den ESRS zunächst **an verschiedenen Stellen geregelt.** So werden die Angabepflichten zu den entsprechenden Nachhaltigkeitsaspekten, über deren Auswirkungen, Risiken und Chancen bei Wesentlichkeit ein Verständnis zu vermitteln ist, in den themenbezogen ESRS festgelegt. In Bezug auf die eigentliche Wesentlichkeitsanalyse bestehen ebenfalls Angabepflichten, welche vom berichtspflichtigen Unternehmen zu beachten sind. **94**

Im Hinblick auf die **Darstellung der Wesentlichkeitsanalyse** sind v.a. folgende Angabepflichten maßgeblich (ESRS 1.26): **95**
- Die Angabepflichten zum Prozess der Identifizierung und Bewertung von Auswirkungen, Risiken und Chancen sind in ESRS 2 IRO-1 verankert.
- ESRS 2 SBM-3 enthält allgemeine Angabepflichten in Bezug auf die Ergebnisse der Wesentlichkeitsanalyse.

Weiterhin gilt, dass **unabhängig von den Ergebnissen der Wesentlichkeitsanalyse** alle Informationen offengelegt werden müssen, welche innerhalb von ESRS 2 „Allgemeine Anforderungen" (*„General Disclosure"*) vorgeschrieben werden (auch über die in Rz 95 dargelegte Darstellung zur Wesentlichkeitsanalyse hinaus). Damit in enger Verbindung müssen ebenso stets alle Angabepflichten mit der Kennzeichnung IRO-1 („Beschreibung der Verfahren zur Ermittlung und Bewertung der wesentlichen Auswirkungen, Risiken und Chancen") aus den themenbezogenen Standards offengelegt werden (ESRS 1.29; → § 4 Rz 12). Dies soll die Transparenz im Stakeholder-Engagement für die Durchführung der Wesentlichkeitsanalyse sichern. **96**

Für alle anderen Angabepflichten der themenbezogenen Standards ist demgegenüber eine Berichterstattung grds. nur für Nachhaltigkeitsaspekte erforderlich, die in der Wesentlichkeitsanalyse **als wesentlich identifiziert** wurden: **97**

---

[76] Vgl. AIR, DB 2023, S. 1107.

- Sollte ein Nachhaltigkeitsaspekt als wesentlich gelten, so sollen alle Informationen offengelegt werden, welche zu diesem Nachhaltigkeitsaspekt im entsprechenden themenbezogenen bzw. sektorspezifischen ESRS vorgeschrieben werden (ESRS 1.30(a)). Wird ein Nachhaltigkeitsaspekt als wesentlich identifiziert, der von mehreren ESRS abgedeckt wird, so ist über diesen Nachhaltigkeitsaspekt entsprechend nach allen zutreffenden Standards zu berichten (in formaler Hinsicht wird sich ggf. eine zusammengefasste Berichterstattung an einer Stelle in der Nachhaltigkeitserklärung anbieten).
- Wird ein Nachhaltigkeitsaspekt – d.h. der Inhalt eines themenbezogenen Standards –, der in ESRS 1, App. A angeführt wird, als nicht wesentlich beurteilt, so hat dies keine weiteren Folgen. ESRS 1 empfiehlt allerdings, kurz zu erläutern, auf welcher Basis eine Beurteilung durch das berichtspflichtige Unternehmen erfolgte (ESRS 1.32).
- Sollte ein Nachhaltigkeitsaspekt nicht ausreichend durch die ESRS abgedeckt sein, dann muss das Unternehmen weitere unternehmensspezifische Angaben (Rz 101) ergänzen (ESRS 1.30(b)). Dafür muss es (intern) dokumentieren, anhand welcher Kriterien bzw. Schwellenwerte es diese Informationen bestimmt (ESRS 1.36(a)).

Praxis-Hinweis

Die EFRAG arbeitet gegenwärtig an einer *Implementation Guidance*, die Unternehmen weitere Hilfestellungen bei der Aufgabe bietet, aus dem Ergebnis der Wesentlichkeitsanalyse die anzuwendenden Angabepflichten und Datenpunkte eines ESRS zu identifizieren.[77]

98   Von dem soeben dargelegten Regelfall gibt es allerdings **zwei wichtige Ausnahmen**:
- Angabepflichten gem. ESRS E1 („Klimawandel"): Auch dieser themenbezogene Standard muss nicht angewandt werden, wenn das Thema „Klimawandel" in der Wesentlichkeitsanalyse als nicht wesentlich erachtet wird. In diesem Fall muss das Unternehmen aber seine Abwägungen, die zu dieser Schlussfolgerung führten, darlegen – ESRS 1 verweist auf ESRS 2 IRO-2 als Orientierung für die Ausgestaltung dieser Darlegung. Dazu zu ergänzen ist eine vorausschauende Analyse einschl. „der Bedingungen, die das Unternehmen dazu veranlassen könnten, den Klimawandel in Zukunft als wesentlich zu betrachten" (ESRS 1.32).
- Wird infolge der Wesentlichkeitsanalyse oder der in Rz 99 ff. dargestellten Abwägungen die Angabe eines Datenpunkts unterlassen, der in ESRS 2, App. B angeführt wird („Liste der Datenpunkte in generellen und themenbezogenen Standards, die sich aus anderen EU-Rechtsvorschriften ergeben"), so ist ausdrücklich zu erklären, dass dieser Datenpunkt „nicht we-

---

[77] Siehe EFRAG, TEG-Sitzung v. 18.6.2024, Sitzungsunterlage 05-01, www.efrag.org/en/news-and-calendar/meetings-calendar/efrag-sr-teg-meeting-18-june-2024, Abruf 1.8.2024.

sentlich ist" (ESRS 1.32). Diese Darstellung hat in tabellarischer Form zu erfolgen und wird in ESRS 2 IRO-2 weiter konkretisiert.

Für eine Angabepflicht zu einem inhaltlich wesentlichen Nachhaltigkeitsaspekt **99** ist darüber hinaus eine **weitere Abstufung** in den Analysen vorzunehmen, die nach (sekundärem) Berichterstattungsbereich (Rz 10) wie folgt unterscheidet:

- Bei der Offenlegung von **Informationen zu Konzepten, Maßnahmen und Zielen** zu wesentlichen Nachhaltigkeitsaspekten muss das berichtspflichtige Unternehmen die vorgeschriebenen Informationen gem. den Angabepflichten und Datenpunkten in den themenbezogenen und sektorspezifischen ESRS sowie den entsprechenden Mindestangabepflichten gem. ESRS 2 bereitstellen. Sofern das Unternehmen aufgrund fehlender Umsetzung entsprechender Konzepte bzw. Maßnahmen oder aufgrund fehlender Festlegung entsprechender Ziele nicht in der Lage ist, diese Informationen offenzulegen, muss dieser Umstand zur Erfüllung der Angabepflicht berichtet werden (inkl. Begründung; → § 4 Rz 129). Das Unternehmen handelt hier aber normenkonform – ähnlich wie bei der Anwendung des *comply-or-explain*-Prinzips. Es wird darüber hinaus empfohlen, einen Zeitrahmen anzugeben, innerhalb dessen das Unternehmen beabsichtigt, diese Maßnahmen umzusetzen (ESRS 1.33).

- **Informationen zu Kennzahlen** können demgegenüber unterbleiben, wenn sie als unwesentlich beurteilt werden. Gemeint ist hiermit eine Wesentlichkeit der über einen Nachhaltigkeitsaspekt berichteten Informationen i. S. d. qualitativen Merkmals der „Relevanz" bzw. übergeordnet der Entscheidungsnützlichkeit von Informationen.[78] Gefordert wird in diesem Sinne von ESRS 1 nur, dass das berichtspflichtige Unternehmen „zu dem Schluss kommt, dass diese Informationen nicht erforderlich sind, um das Ziel der Angabepflicht zu erfüllen" (ESRS 1.34(b)). Dies umfasst nicht nur die Angabepflicht zu der Kennzahl in seiner Gesamtheit, sondern auch bloß einzelne Datenpunkte dieser Angabepflicht, die dementsprechend ausgelassen werden können (so eindeutiger in ESRS 1, App. E).

Praxis-Beispiel

Das Thema „Wasser- und Meeresressourcen" wird für den Betreiber von Wasserkraftwerken häufig ein wesentliches sein, über das nach dem einschlägigen ESRS E3 zu berichten ist. Dieser Standard umfasst die Angabepflicht ESRS E3-4 „Wasserverbrauch". Die Angabe des Wasserverbrauchs wird für ein Wasserkraftwerk aber im soeben dargestellten Sinne eine unwesentliche Information sein, die daher unterlassen werden kann. Die Angabepflichten zu Konzepten (ESRS E3-1), Maßnahmen (ESRS E3-2) und Zielen (ESRS E3-3) werden demgegenüber jedenfalls zu tätigen sein, sofern

---

[78] Siehe ausführlich Baumüller, CFO 2024, S. 92 ff.

solche Konzepte, Maßnahmen und Ziele existieren. Dabei ist auf die spezifischen Fragestellungen i. V. m. einem solchen Wasserkraftwerk einzugehen.

100 In ESRS 1, App. E wird eine unverbindliche **Veranschaulichung** zur Verfügung gestellt, wie von den (inhaltlichen) Ergebnissen der Wesentlichkeitsanalyse zu den Inhalten der Nachhaltigkeitsberichterstattung übergeleitet werden kann (Abb. 11):

Achtung

Bei der Überarbeitung der deutschsprachigen Übersetzung der ESRS wurde vergessen, diese Veranschaulichung zu aktualisieren. Konzepte werden in dieser noch irrtümlich als „Strategien" bezeichnet, Kennzahlen als „Parameter". In der nachfolgenden Abb. ist dies bereits richtig gestellt.

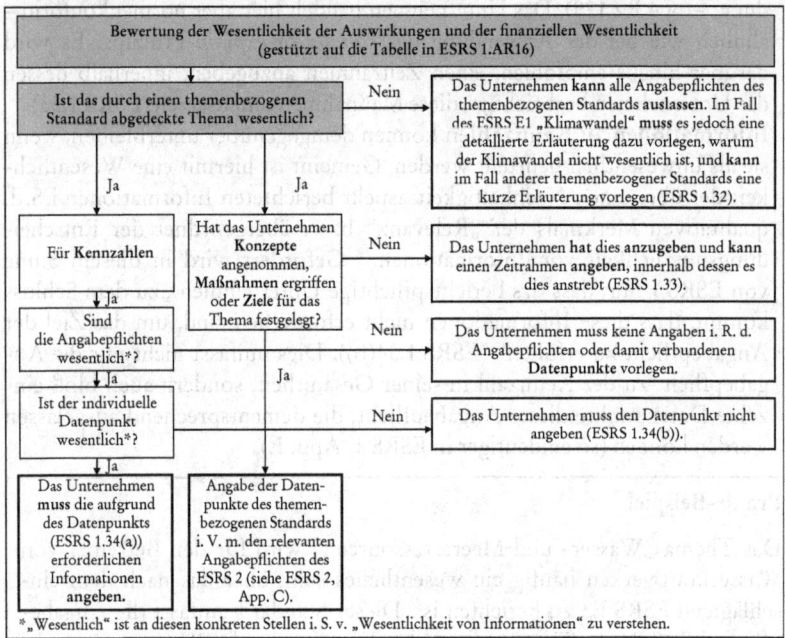

Abb. 11: Flussdiagramm zur Bestimmung von Angaben gem. ESRS (ESRS 1, App. E; geringfügig modifiziert)

4.4.2 Spezifische Anforderungen an die Berichterstattung

101 Bei der Bereitstellung von **unternehmensspezifischen Angaben** hat das berichtspflichtige Unternehmen sicherzustellen, dass die Nutzer der Bericht-

erstattung die damit verbundenen Auswirkungen, Risiken und Chancen in Bezug auf Nachhaltigkeitsaspekte nachvollziehen können (ESRS 1.AR1).

• Somit sollte das Unternehmen bei der Entwicklung solcher Angaben sicherstellen, dass die Angaben
  – den qualitativen Merkmalen in ESRS 1 entsprechen (ESRS 1.AR2(a));
  – alle relevanten Informationen zu den (primären) Berichterstattungsbereichen Governance, Strategie, Auswirkungen, Risiken und Chancen sowie Kennzahlen und Ziele enthalten (sofern anwendbar; ESRS 1.AR2(b)).

• In diesem Zusammenhang wird erneut betont, dass bei der Auswahl von Kennzahlen die **Entscheidungsnützlichkeit** dieser Informationen zu würdigen ist. Dabei sollte überprüft werden, ob die gewählten Leistungskennzahlen Einblick geben in die Effektivität der Praktiken des Unternehmens bei der Reduzierung negativer Auswirkungen und/oder der Steigerung positiver Auswirkungen auf Mensch und Umwelt (für Auswirkungen) und ob die Praktiken des Unternehmens potenzielle finanzielle Effekte auf das Unternehmen haben (für Risiken und Chancen; ESRS 1.AR3(a)).

• Zudem sollten die gemessenen Ergebnisse ausreichend **zuverlässig** sein und nicht zu viele Annahmen und Unbekannte beinhalten, die die Kennzahl zu beliebig machen würden (ESRS 1.AR3(b)).

• Das Unternehmen sollte ebenfalls ausreichend **kontextbezogene** Informationen bereitstellen, um die Kennzahl angemessen interpretieren zu können und mögliche Unterschiede in diesen Kontextinformationen zu berücksichtigen, die sich auf die Vergleichbarkeit der Kennzahl im Lauf der Zeit auswirken könnten (ESRS 1.AR3(c)).

• Die **Vergleichbarkeit** zwischen Unternehmen muss beachtet werden und gleichzeitig ist sicherzustellen, dass die bereitgestellten Informationen relevant sind. Dabei ist zu berücksichtigen, dass die Vergleichbarkeit für unternehmensspezifische Angaben möglicherweise eingeschränkt sein kann. Das Unternehmen muss daher prüfen, ob verfügbare und relevante Rahmenwerke, Initiativen, Berichtsstandards und Benchmarks (wie technisches Material, das vom ISSB oder der GRI herausgegeben wurde) Elemente bieten, die die Vergleichbarkeit soweit wie möglich unterstützen können (ESRS 1.AR4(a)). D. h., es ist bereits im fachlichen Diskurs etablierten Kennzahlen jedenfalls der Vorzug einzuräumen gegenüber vom Unternehmen zur Gänze selbst entwickelten Kennzahlen.

• Die Gewährleistung des Grundsatzes der zeitlichen **Stetigkeit** ist auch bei diesen Angaben sicherzustellen (ESRS 1.AR4(b)).

Praxis-Hinweis

Die oben dargestellten Anforderungen zu unternehmensspezifischen Angaben fordern Unternehmen dazu auf, Lücken in den vorliegenden ESRS des „Set 1" zu schließen. Bspw. finden sich in ESRS S2, ESRS S3 und ESRS S4 keine Angabepflichten zu Kennzahlen. Wenn ein Nachhaltigkeitsaspekt, der diesen Standards zuzurechnen ist, aber als wesentlich identifiziert wird, ist es u.E. erforderlich, geeignete unternehmensspezifischen Kennzahlen in die Nachhaltigkeitserklärung aufzunehmen, welche den weiter in ESRS 1.AR1ff. konkretisierten Anforderungen genügen. Ebenso muss z.B. klar vermittelt werden, wie diese Nachhaltigkeitsaspekte auf Governance-Ebene verankert sind (und sei es bereits i.V.m. den Angabepflichten gem. ESRS 2). Dabei müssen die Übergangsbestimmungen in ESRS 1, Kap. 10.1. berücksichtigt werden. Disaggregierte Angaben i.S.v. ESRS 1, Kap. 3.7 werden demgegenüber nicht als unternehmensspezifische Angaben in diesem Sinne zu werten sein (Rz 105).

102 Sofern während des Bewertungsprozesses Maßnahmen zur Bewältigung potenzieller Auswirkungen, Risiken und Chancen identifiziert werden, die in anderen Bereichen der Nachhaltigkeitsaspekte zusätzliche negative Folgen haben könnten, soll das berichtspflichtige Unternehmen (ESRS 1.52)
- diese Verbindungen benennen und die von den entsprechenden Maßnahmen verursachten negativen Auswirkungen oder finanziellen Risiken mit Verweis auf den jeweils betroffenen Nachhaltigkeitsaspekt darstellen (ESRS 1.53(a));
- eine Beschreibung zur Verfügung stellen, wie die wesentlichen negativen Auswirkungen oder Risiken i.V.m. dem entsprechenden Nachhaltigkeitsaspekt adressiert werden (ESRS 1.53(b)).

103 Berichtet ein Unternehmen demgegenüber über Chancen, so hat es mit seinen Angaben ein Verständnis bei den Nutzern der Nachhaltigkeitserklärung dazu zu schaffen, welcher konkrete Nutzen für das Unternehmen oder auch für einen ganzen Sektor mit einem konkreten Nachhaltigkeitsaspekt verbunden ist. Diese Darstellungen haben zu umfassen (ESRS 1.109):
- ob es sich nur um eine grds. Chance handelt – oder ob das Unternehmen bereits konkrete Handlungen setzt, um diese Chancen zu erreichen; ebenso, ob diese Chance bereits in der Strategie des Unternehmens berücksichtigt ist;
- ob eine Quantifizierung der finanziellen Effekte möglich ist, insbes. im Hinblick auf die dafür erforderlichen Annahmen; u.E. wird diesfalls eine solche quantitative Angabe zu tätigen sein.

104 Um die wesentlichen Auswirkungen, Risiken und Chancen besser nachvollziehen zu können, müssen die Informationen des berichtspflichtigen Unternehmens aufgeschlüsselt offengelegt werden (ESRS 1.54). Dies bedeutet, dass
- einerseits eine Unterscheidung nach Ländern vorzunehmen ist, sofern wesentliche Unterschiede in den wesentlichen Auswirkungen, Risiken und Chancen bestehen;
- andererseits müssen die Informationen (ggf. ergänzend) nach Vermögenswerten oder Standorten aufgeschlüsselt werden, wenn diese Kriterien einen wesentlichen Einfluss auf die Auswirkungen, Risiken und Chancen haben.

Diese Aufzählung ist nicht als abschließend zu erachten. Bei Festlegung der Aufschlüsselung ist die Vorgehensweise in der Wesentlichkeitsanalyse ausschlaggebend (Rz 69). Die Aufteilung, die in der Analyse angewendet wurde, sollte jener in der Berichterstattung entsprechen; dies kann ggf. eine Aufschlüsselung nach Tochterunternehmen erforderlich machen (ESRS 1.55). Wenn bspw. eine Aufschlüsselung nach Sektoren vorgenommen wurde, sollte auch die ESRS-Sektorklassifizierung übernommen werden (ESRS 1.57). Es muss stets vermieden werden, dass durch die Aggregation bestimmte Sachverhalte verschleiert werden, die für die Nutzer der Nachhaltigkeitsberichterstattung wesentlich sind (ESRS 1.56).

Praxis-Hinweis

Wenn von allen Unternehmen, die in eine konsolidierte Nachhaltigkeitserklärung einbezogen werden, z. B. 90 % der gesamten THG-Emissionen durch ein einziges Tochterunternehmen verursacht werden, muss für dieses gesondert eine Angabe erfolgen. Es wäre im dargelegten Sinne eine Verschleierung, ohne weitere Aufgliederung nur die gesamten 100 % der THG-Emissionen des Konzerns darzustellen, da wichtige Informationen für das Verständnis der Nutzer der Nachhaltigkeitsberichterstattung verloren gingen.

EFRAG IG 1 widmet sich insbes. in FAQ 22 der Thematik der disaggregierten Berichterstattung. Im Ergebnis wird folgende weitere Konkretisierung vorgeschlagen:[79]

- Liegen nur für ein Tochterunternehmen wesentliche Auswirkungen, Risiken bzw. Chancen vor, so müssen die einschlägigen Angaben gem. ESRS auch nur für dieses (und nicht für den Gesamtkonzern) angegeben werden. Dies gilt für Konzepte, Maßnahmen, Ziele und Kennzahlen gleichermaßen.
- Liegen allerdings wesentliche Auswirkungen, Risiken bzw. Chancen auf Ebehe des Gesamtkonzerns vor, so sind die geforderten Angaben grds. für diesen gesamthaft zu tätigen. Dabei stellen sich Folgefragen, wenn die verschiedenen Teilbereiche des Konzernes nicht gleichermaßen in Verbindung stehen mit diesen Auswirkungen, Risiken und Chancen (z.B. im Extremfall, wenn eine Auswirkung für den Gesamtkonzern nur wegen eines einzigen Tochterunternehmens wesentlich ist, ohne dieses aber nicht wesentlich wäre). Die geforderte Abdeckung bei Kennzahlen hat diesfalls nämlich den Vorgaben in den jeweiligen ESRS zu folgen; bei Konzepten, Maßnahmen und Zielen soll nach Auffassung der EFRAG IG 1 allerdings differenziert werden für jene Teilbereiche des Konzerns, für die diese zum Einsatz kommen.

105

---

[79] EFRAG, EFRAG IG 1 – Materiality Assessment, IG 1.222 ff., Mai 2024.

Praxis-Beispiel zu ESRS E3[80]

„Assume that a group is active in sector A and B with two subsidiaries, A and B, respectively. The group has a material IRO in relation to water consumption. The IRO is only material for sector A, i.e., subsidiary A, however given the materiality of such IRO, the matter is considered material for the group in its entirety. ESRS E3-4 requires that:

a. the total water consumption in m³ be disclosed for own operations – hence, for the entire group (ESRS E3 paragraph 28(a); also, per paragraph 28(c) the total, as well as per paragraph 28(d)); and

b. the total water consumption in areas at water risk (ESRS E3 paragraph 28(b)) be disclosed depending on whether the areas of water risks relate only to sector A or subsidiary A.

According to ESRS E3-1, the undertaking shall describe the policies it has adopted that address the management of its IROs related to water and marine resources. As water consumption is only material for sector A, subsidiary A may have appropriate policies, and the disclosure would cover these as relevant. Similarly, it would be appropriate to only disclose on actions and targets for sector A if actions are taken and targets are set at that level."

U.E. ist diesen Ausführungen in der EFRAG IG 1 aber nicht zur Gänze zu folgen. Die Berichterstattung im o.a. Beispiel über den Wasserverbrauch für den Gesamtkonzern wäre nämlich potenziell irreführend und damit in einem Widerspruch zu den qualitativen Merkmalen gem. ESRS 1. Darüber hinaus ist fraglich, ob von der zitierten Stelle nicht die Bedeutung der Referenz auf *„own operations"* in ESRS E3-4 missinterpretiert wird (da v.a. eine Abgrenzung gegenüber der weiteren Wertschöpfungskette davon bezweckt scheint). Sinnvoller wäre es stattdessen, die Kennzahl ESRS E3-4 auf Konzernebene als nicht entscheidungsnützlich zu beurteilen und damit nicht zu berichten; dafür wird der Wasserverbrauch für jenen Teilbereich des Konzernes angegeben, für den dies wesentlich ist. Dies käme einer Berichterstattung über unternehmensspezifische Angaben gleich, ohne die dafür vorgesehenen Übergangsbestimmungen gem. ESRS 1, Kap. 10.1 anwendbar zu machen. Damit wäre zugleich eine Konsistenz zu den weiteren Angaben für Konzepte, Maßnahmen und Ziele hergestellt und dem Grundsatz der konnektiven Berichterstattung angemessen Rechnung getragen. Selbst wenn ESRS E3-4 für den Gesamtkonzern berichtet wird, wäre die zusätzliche Disaggregation der Kennzahl aus den dargestellten Gründen zu fordern.

---

[80] EFRAG, EFRAG IG 1 – Materiality Assessment, Mai 2024, S. 52.

Diese Überlegungen sind sinngemäß für die weiteren Ebenen der Disaggregation zu übertragen, die in ESRS 1, Kap. 3.7 angeführt werden. Wichtig ist in allen Fällen, dass „erhebliche Unterschiede" zu den Auswirkungen, Risiken und Chancen auf Gesamtunternehmens- bzw. Konzernebene vorliegen bzw. diese Disaggregation für das Verständnis dieser Auswirkungen, Risiken und Chancen erforderlich ist – was jedoch nicht weiter spezifiziert wird. U.E. kann dies anhand der Kriterien für die Bewertung der Auswirkungen, Risiken und Chancen (Schwere/Ausmaß und Wahrscheinlichkeit) bzw. anhand der Zahl an abweichenden Auswirkungen, Risiken und Chancen beurteilt werden, inwieweit Abweichungen vom Profil des Gesamtkonzerns vorliegen. Es kann jedenfalls nicht zielführend sein, generell über alle Auswirkungen, Chancen und Risiken gesondert zu berichten, die z.B. nur auf Ebene eines oder mehrerer Tochterunternehmen(s) als wesentlich beurteilt werden, sofern diese nicht auch aus Sicht des Gesamtkonzerns wesentlich sind (Rz 107f.).

4.4.3 Besonderheiten der Berichterstattung im Konzern

Ein **Mutterunternehmen** muss die konsolidierte Berichterstattung zu den Auswirkungen, Risiken und Chancen der Gruppe grds. unabhängig von den rechtlichen Strukturen erstellen. Hierbei kann entweder ein Top-down-Ansatz verfolgt werden oder eine Bottom-up-Methode, bei der alle Ergebnisse der Tochterunternehmen zusammengefasst werden. Bei der methodischen Vorgehensweise sollte immer eine gewisse Konsistenz in Bezug auf die angewendeten Grenzwerte gewährleistet sein (ESRS 1.102). Dies bedingt u.a. eine Vorgehensweise mit der Erarbeitung von konzerneinheitlichen Leitlinien bzw. Abfragen i.V.m. Reporting-Packages, wie sie für die finanzielle Berichterstattung im Konzern bereits üblich ist (Rz 69).

106

Als weitere Besonderheit des Konzernkontextes referenziert ESRS 1 die Regelung in Art. 29 Abs. 4 der Bilanz-RL i.d.F. CSRD, wonach eine gesonderte Berichterstattung erforderlich ist, wenn ein in die konsolidierte Nachhaltigkeitserklärung einbezogenes Tochterunternehmen **wesentliche Unterschiede in seinem Auswirkungs-, Risiko- und Chancen-Profil** im Vergleich zu jenem des Gesamtkonzerns aufweist. Die Vorgaben des ESRS 1 dazu bleiben aber wenig aufschlussreich: „so legt das Unternehmen eine angemessene Beschreibung der Auswirkungen, Risiken und Chancen des bzw. der betreffenden Tochterunternehmen(s) vor" (ESRS 1.103). U.E. sind sinngemäß die Regelungen zur Aufschlüsselung in der Wesentlichkeitsanalyse (Rz 69) und der Berichterstattung (Rz 104) anzuwenden, um den Nutzern der Nachhaltigkeitsberichterstattung ein entsprechendes Verständnis zu vermitteln (siehe auch ESRS 1.104).

107

Praxis-Hinweis

EFRAG IG 1 widmet auch dieser Regelung Ausführungen, kommt hierbei jedoch u. E. zu einem über den dargelegten Rahmen von ESRS 1 bzw. der CSRD teilw. hinausschießenden Ergebnis:

„In addition to disclosing information about matters that are material for the group in its entirety, there may be situations where a matter is assessed to be material for some subsidiaries in isolation but, despite the aggregation of data of such subsidiaries, the matter is assessed as not material for the group in its entirety. In this case following paragraph 103 of ESRS 1, the undertaking would provide information about this material matter, in order to provide an adequate understanding of the specific impacts, risks and opportunities of the subsidiaries concerned. In this way, despite the absence of a reporting at subsidiary level due to the application of the subsidiary exemption, an appropriate level of transparency is preserved where the reporting undertaking identifies significant differences between the IROs of the group and the IROs of one or more of its subsidiary undertakings (refer to CSRD article 29a,4). This could include, next to other relevant narrative information, metrics covering the amounts of those subsidiaries only. In this case contextual information would be helpful, to support the understanding that despite being material for one or more subsidiaries, the matter is not material for the group in its entirety and the undertaking, as well as to disclose which entities are included in the disclosures, including in the metrics."[81]

Da Art. 29a Abs. 4 der Bilanz-RL i. d. F. der CSRD auf „erhebliche Unterschiede" der Risiken bzw. Auswirkungen (Plural) von einbezogenen Tochterunternehmen abstellt, ist nochmals eine gesonderte Betrachtung erforderlich, da de facto eine weitere Wesentlichkeitsschwelle vorliegt. Diese kann quantitativer oder qualitativer Natur sein (Rz 105); Auswirkungen einerseits und Risiken bzw. Chancen andererseits werden gesondert zu beurteilen sein.

108   ESRS 1.103 stellt u. E. zunächst auf eine grundlegende Darstellung von unterschiedlichen Unternehmensprofilen in puncto Auswirkungen, Risiken und Chancen ab, die mit den allgemeinen Angaben in ESRS 2 dargestellt werden können. Den Rahmen für spezifischere damit verbundene Angaben schaffen aber die Ausführungen in ESRS 1, Kap. 3.7 (Rz 104) mit den dort enthaltenen Voraussetzungen. Solche Angaben werden für Tochterunternehmen dann zu tätigen sein, wenn auch die Voraussetzungen gem. Kap. 7.6 erfüllt sind. Da Auswirkungen typischerweise keinen Aggregationseffekten unterliegen wie

---

[81]   EFRAG, EFRAG IG 1 – Materiality Assessment, IG 1.227, Mai 2024.

(finanzielle) Risiken bzw. Chancen,[82] wird für diese im Fall erheblicher Unterschiede häufig disaggregiert zu berichten sein – aber immer auf spezifische Auswirkungen bezogen, wie in der zuvor dargelegten Passage der EFRAG IG 1 dargelegt. Bei Risiken und Chancen ist eine solche Disaggregation (über allgemeine Darstellungen i.S.d. ESRS 1.103 hinaus) aufgrund der genannten Effekte demgegenüber wohl häufig nicht notwendig.

Keinesfalls abgeleitet werden kann eine Lösung i.S.e. Mehrspalten-Berichterstattung für den Gesamtkonzern und einzelne in die Nachhaltigkeitserklärung einbezogene (Tochter-)Unternehmen, die über den gesamten Bericht gezogen wird.[83]

5 Berichtsgrenzen

5.1 Konsolidierte und nicht konsolidierte Nachhaltigkeitsberichterstattung

Die **Schlüsselregelung** zu den Berichtsgrenzen, d. h. zum Umfang, in dem Daten für die geforderte Nachhaltigkeitsberichterstattung einzuholen sind, findet sich in ESRS 1 am Anfang von Kap. 5 „Wertschöpfungskette": „Die Nachhaltigkeitserklärung gilt für dasselbe Bericht erstattende Unternehmen wie die Abschlüsse" (ESRS 1.62). D. h., dass für eine nicht konsolidierte Nachhaltigkeitserklärung gem. Art. 19a der Bilanz-RL i.d.F. CSRD grds. Daten in die Berichterstattung aufzunehmen sind, die auf einer einzelgesellschaftlichen Ebene für das berichtspflichtige Unternehmen anfallen. Für eine konsolidierte Nachhaltigkeitserklärung gem. Art. 29a der Bilanz-RL i.d.F. CSRD ist demgegenüber auf Daten des Mutter- und aller Tochterunternehmen einzugehen. Aus der Systematik der grundlegenden Vorgaben der Bilanz-RL folgt, dass die Frage, welche Unternehmen als Tochterunternehmen in den Nachhaltigkeitsbericht grds. aufzunehmen sind, auf Basis der für die Finanzberichterstattung angewandten Normen zu beurteilen ist (d.h. deutsches HGB/österreichisches UGB bzw. IFRS). Wie in den folgenden Rz 114 ff. dargestellt wird, gibt es aber im Detail auch Abweichungen zwischen den Berichtsgrenzen in der Finanzberichterstattung und in der Nachhaltigkeitsberichterstattung, die auf einem abweichenden Verständnis von den abzubildenden Berichtsinhalten beruhen (wirtschaftliche Einheit vs. Auswirkungen, Risiken und Chancen).

109

> **Praxis-Hinweis**
>
> Die Abbildung von Nachhaltigkeitsaspekten gem. ESRS kann sich dahingehend unterscheiden, ob sie in einer nicht konsolidierten bzw. einer kon-

---

[82] Siehe grundlegend Baumüller, NaRp 2023, S. 30 ff.
[83] Siehe ausführlich Baumüller, ZCG 2024, S. 178 f.

solidierten Nachhaltigkeitsberichterstattung erfolgt. THG-Emissionen eines Tochterunternehmens sind in der nicht konsolidierten Nachhaltigkeitserklärung des Mutterunternehmens z. B. als Scope 3 zu erfassen; in einer konsolidierten Nachhaltigkeitserklärung wird i. d. R. ein Ausweis als Scope 1 oder Scope 2 geboten sein.

110 Der Wortlaut in ESRS 1 lässt offen, ob alle Tochterunternehmen oder nur die in den Konzernabschluss einbezogenen Tochterunternehmen für die konsolidierte Nachhaltigkeitsberichterstattung relevant sind. Die grundlegende Vorgabe, die auf einen Gleichklang zwischen Finanz- und Nachhaltigkeitsberichterstattung zielt, lässt auf die einbezogenen Tochterunternehmen als zulässige Untergrenze für die Festlegung der Berichtsgrenzen gem. ESRS 1 schließen. Hier ist trotzdem mind. insofern zu berichten, als das Tochterunternehmen Teil der Wertschöpfungskette des Konzerns ist bzw. zumindest sonstige Geschäftsbeziehungen unterhalten werden. Einbeziehungswahlrechte – v. a. jenes der Unwesentlichkeit – werden jedoch nach deutschem HGB/österreichischem UGB bzw. IFRS sowie nach ESRS gesondert zu würdigen sein und ggf. zu notwendigen Abweichungen führen: Ein Beispiel hierfür wäre der Fall, dass ein Tochterunternehmen von einem finanziellen Standpunkt aus betrachtet unwesentlich ist, jedoch wesentliche Auswirkungen entfaltet; im Lichte der finanziellen Wesentlichkeit kann gleichermaßen eine abweichende Beurteilung zur Wesentlichkeit erfolgen, z. B. aufgrund der unterschiedlichen Betrachtungszeiträume (Rz 135). In der Literatur wurde zu diesem Beispiel jüngst der Standpunkt vertreten, dass eine vollumfängliche Einbeziehung des Tochterunternehmens in die Nachhaltigkeitserklärung vorzunehmen sei.[84]

Praxis-Hinweis

Die Integration von Tochterunternehmen, die nicht Teil des Konzernabschlusses sind, in die Nachhaltigkeitserklärung wird sich zumeist herausfordernd gestalten, da keine formalisierten Berichtsprozesse und -systeme zwischen Tochterunternehmen und Mutterunternehmen eingerichtet wurden.

Umgekehrt wird es ebenso zulässig sein müssen, gem. HGB/UGB bzw. IFRS in den Konzernabschluss aufgenommene Tochterunternehmen, die gem. ESRS aber unwesentlich sind, nicht in die konsolidierte Nachhaltigkeitserklärung einzubeziehen. In der Praxis wird dies eine seltenere Konstellation sein.

---

[84] So Säuberlich/Jordan, WPg 2024, S. 140. Siehe ebenso Fachausschuss Unternehmensberichterstattung (FAB) des IDW, Entwurf einer ESRS-Modulverlautbarung, ESRS 1-M2.1, 20.2.2024.

Praxis-Beispiel

Der (finanzielle) Konzernabschluss umfasst viele kleine Tochterunternehmen, die aufgrund einer geringen Zahl an Mitarbeitern oder aufgrund der Art ihrer Geschäftstätigkeit gem. ESRS als unwesentlich zu beurteilen sind, d.h. jedenfalls nicht mit wesentlichen Auswirkungen, Risiken bzw. Chancen verbunden sind. Werden diese Tochterunternehmen daher (teilw.) nicht in die konsolidierte Nachhaltigkeitserklärung einbezogen, wird auf den Umstand gem. ESRS 2 BP-1 hinzuweisen sein, aber kein Grund zur Beanstandung vorliegen.

Wichtig

Im Ergebnis gefordert ist jedenfalls, die in der Finanzberichterstattung als unwesentlich beurteilten Tochterunternehmen bei der Wesentlichkeitsanalyse gem. ESRS einer erneuten Betrachtung zu unterziehen. Um den damit verbundenen Aufwand handhabbar zu machen, falls ein Konzern mehrere solcher Tochterunternehmen beherrscht, ist u. E. eine risikobasierte Voranalyse zulässig; ähnlich den Regelungen zur Berücksichtigung der Wertschöpfungskette können sich berichtspflichtige Konzerne auf jene (nicht in den Konzernabschluss einbezogene) Tochterunternehmen in der Wesentlichkeitsanalyse fokussieren, bei denen wesentliche Auswirkungen, Risiken und Chancen wahrscheinlich sind (ESRS 1.39).

Verfügt ein Mutterunternehmen ausschl. über Tochterunternehmen, die unwesentlich sind, so entfällt i.d.R. die Pflicht zur Aufstellung eines Konzernabschlusses und damit aber auch zur Erstellung einer konsolidierten Nachhaltigkeitserklärung.

Auch mit den Regelungen zu **Schätzungen** in den ESRS lässt sich ein ähnliches Ergebnis erzielen, das zumindest ein teilw. Nichteinbeziehen von Daten eines Tochterunternehmens in die Nachhaltigkeitserklärung ermöglicht. Dies soll das folgende Beispiel veranschaulichen: **111**

Praxis-Beispiel

Ein Tochterunternehmen ist vom Standpunkt des Konzernabschlusses aus betrachtet wesentlich und grds. auch in die konsolidierte Nachhaltigkeitserklärung einbezogen. Klimawandel ist in diesem ein wesentlicher Nachhaltigkeitsaspekt, und es wird über Emissionen berichtet; das einbezogene Tochterunternehmen verursacht aber keine nennenswerten Emissionen, und es liegen folglich keine Aufzeichnungen dazu vor. Damit hat eine Schätzung zu erfolgen, bei der Wesentlichkeitsüberlegungen eine Rolle spielen, die zum Ergebnis einer „Null-Schätzung" führen können. Bei Ermittlung der THG-

> Emissionen für den Gesamtkonzern müssen die korrespondierenden Daten des Tochterunternehmens diesfalls nicht erhoben werden, solange dadurch kein wesentlicher Effekt auf die gem. ESRS E1 berichteten Kennzahlen erzielt wird und dies ggf. bei den Erläuterungen zur Erhebungsmethode transparent dargelegt wird.

112   Auch die weiteren Einbeziehungswahlrechte, die sich insbes. im HGB/UGB finden, sind gleichermaßen zu betrachten. Gerade in den ersten Berichtsjahren wird das Einbeziehungswahlrecht aufgrund von **unverhältnismäßigen Verzögerungen bzw. Kosten** (§ 296 Abs. 1 Nr. 2 HGB bzw. § 249 Abs. 1 Z 1 UGB) eine große Rolle spielen, z. B. solange Reporting-Systeme im Bereich der nachhaltigkeitsbezogenen Daten nicht harmonisiert sind. Auch auf diesen Umstand wird in der Berichterstattung hinzuweisen sein.

113   Wichtig ist auch die Unterscheidung zwischen den **Berichtsgrenzen** für die Nachhaltigkeitserklärung gem. ESRS und jenen Berichtsgrenzen, die für die speziellen Angaben in dieser Nachhaltigkeitserklärung zur Anwendung gelangen, welche die **Taxonomie-VO** fordert. Da die Angaben gem. Taxonomie-VO eng an die Finanzberichterstattung knüpfen, sind hierfür mitunter andere Beurteilungen erforderlich als jene, die in den vorigen Rz für die allgemeinen Anforderungen für die Angaben zu Nachhaltigkeitsaspekten gem. ESRS dargelegt wurden. Konkret wird dies heißen, dass zumeist die Festlegung der Berichtsgrenzen aus der Finanzberichterstattung für die Angaben gem. Taxonomie-VO geboten sein wird, nicht aber für die weiteren Angaben, welche die ESRS fordern.

114   **Zwei Ausnahmen** werden i. V. m. der in Rz 110 dargestellten Grundregel formuliert: „Diese Anforderung gilt nicht, wenn das berichtende Unternehmen keinen Abschluss aufstellen muss oder wenn das berichtende Unternehmen eine konsolidierte Nachhaltigkeitsberichterstattung gemäß Artikel 48i der Richtlinie 2013/34/EU erstellt." (ESRS 1.62). D. h. im ersten Fall, dass ein Unternehmen eine verpflichtende Nachhaltigkeitsberichterstattung nicht dann unterlassen kann, wenn es (ausnahmsweise) nicht zur Erstellung eines (Einzel-)Abschlusses verpflichtet sein sollte. Nachhaltigkeitsberichterstattungen im zweiten Fall, d. h. gem. Art. 48i, sind solche, die Drittstaaten-Unternehmen betreffen – und für die während einer Übergangsphase bis zum 6.1.2030 gesonderte Regelungen hinsichtlich der maßgeblichen Berichtsgrenzen vorgesehen sind.

115   Abweichungen zwischen den Vorgehensweisen in der finanziellen Berichterstattung und der Nachhaltigkeitsberichterstattung sind darüber hinaus im Zusammenhang mit **Änderungen im Konsolidierungskreis** geboten (z. B. aufgrund von Käufen oder Verkäufen von Unternehmen). Den Gepflogenheiten in internationalen Standards für die Nachhaltigkeitsberichterstattung folgend, aber auch im Hinblick auf die Zielsetzungen der Nachhaltigkeitsberichterstat-

tung gem. CSRD/ESRS zielführender erscheint es, Anpassungen der in der Nachhaltigkeitserklärung dargestellten Vergleichsinformationen vorzunehmen. Dies trägt insbes. zur Aussagekraft im Zeitreihenvergleich bei. Eine solche Vorgehensweise steht freilich im Widerspruch zu jener, die in der Finanzberichterstattung als Bilanzidentität bezeichnet wird und geht mit entsprechenden Angabe- bzw. Erläuterungsbedarfen einher (Rz 145 ff.).[85]

Eine weitere Besonderheit im Hinblick auf die Festlegung der Berichtsgrenzen gem. ESRS 1 stellt EFRAG IG 2 ausführlich dar: Für einzelne Angabepflichten ist über die Logiken der Finanzberichterstattung – sog. *„financial control"* – hinauszugehen und auf die sog. *„operational control"* abzustellen. Dies ist z. B. die Möglichkeit, über die Nutzung bestimmter Maschinen zu entscheiden; ausführliche Darstellungen zu diesem Grundsatz finden sich im GHG Protocol, in dessen Rahmen sie entwickelt wurde.   116

> **Praxis-Hinweis**
>
> *„The GHG Protocol (page 18) also emphasises that operational control does not mean that an undertaking necessarily has authority to make all the decisions concerning an operation. For example, large capital investments may require approval of all partners that have joint financial control. Not having the authority to make all decisions concerning an operation does not affect the determination of operational control."*
>
> *„There is no definition of ‚operations' in the CSRD or the ESRS. On Page 23 of the GHG Protocol reads, as follows: The term ‚operations' is used here as a generic term to denote any kind of business activity, irrespective of its organizational, governance, or legal structures."*[86]

Die Vorgabe findet sich in den Umweltstandards und dort in ESRS E1, ESRS E4 und ESRS E2-4; gefordert sind i. d. R. Zusatzangaben zu jenen, die für die Berichtsgrenzen gem. den Grundsätzen der Finanzberichterstattung bzw. gem. der allgemeinen Grundsätze in ESRS 1 zu tätigen sind. In den ESRS der S- und G-Säule kommt *operational control* demgegenüber nicht zur Anwendung. Bei den Angaben gem. ESRS 2 BP-1 kann auf die Anwendung des Grundsatzes hingewiesen werden.[87]

Trotz aller Ausführungen zum Konzept der *operational control* in den ESRS sowie insbes. in EFRAG IG 2 bleibt dieses Konzept vage und für die Umsetzung mit Auslegungsschwierigkeiten verbunden. Die ESRS beziehen sich auf   117

---

[85] Siehe für eine Herleitung und Diskussion ausführlich Lanfermann/Baumüller, DK 2024, S. 149 ff.
[86] EFRAG, EFRAG IG 2 – Value chain, IG 2.44 und IG 2.45, Mai 2024.
[87] EFRAG, EFRAG IG 2 – Value chain, IG 2.40 ff., Mai 2024.

das GHG Protokoll als Referenzpunkt, verfolgen jedoch im Detail bereits eine andere, scheinbar weiter abgesteckte Definition:

- GHG Protokoll: *„A company has operational control over an operation if the former or one of its subsidiaries (see Table 1 for definitions of financial accounting categories) has the full authority to introduce and implement its operating policies at the operation."*[88]
- ESRS: „Die operative Kontrolle (über ein Unternehmen, einen Standort, einen Betrieb oder einen Vermögenswert) ist eine Situation, in der das Unternehmen in der Lage ist, die operativen Tätigkeiten und Beziehungen des Unternehmens, Standorts, Betriebs oder Vermögenswerts zu leiten."[89]

Im GHG Protokoll ist das Konzept der *operational control* nur einer von insgesamt drei möglichen Zugängen zur Festlegung der Berichtsgrenzen; es steht dem Konzept der *financial control* sowie des *equity share* gegenüber. *Financial control* entspricht einem Zugang nach denselben Prinzipien, wie sie für die Finanzberichterstattung zur Anwendung gelangen (Rz 109 ff.). In der Praxis gilt *operational control* allerdings als das am häufigsten angewandte Konzept – das i. d. R. zum Ausweis einer geringeren Menge an THG-Emissionen führt, als es die beiden anderen Methoden tun.[90]

Der Grund, weswegen das GHG Protokoll ein Wahlrecht mit solch weitreichenden Konsequenzen für die Berichterstattung vorsieht, liegt darin, dass berichtspflichtigen Unternehmen Flexibilität eingeräumt werden sollte, verschiedenen regulatorischen Anforderungen – und damit Zielgruppen der Berichterstattung – gerecht zu werden. Für eine (bis dato) noch nicht erfolgte Weiterentwicklung wurde aber eine Festlegung auf eine klare Regelung in Aussicht gestellt, um den letztendlich weitläufigen Gestaltungsspielraum einzuengen.[91]

118 Die Ausführungen im **GHG Protokoll** zu *operational control* sind sehr knapp gehalten. Sie scheinen v. a. auf ein bestimmtes Anwendungsgebiet abzustellen, wozu auch festgehalten wird: *„In most cases, whether an operation is controlled by the company or not does not vary based on whether the financial control or operational control criterion is used. A notable exception is the oil and gas industry, which often has complex ownership / operatorship structures. Thus, the choice of control criterion in the oil and gas industry can have substantial*

---

[88] The Greenhouse Gas Protocol, A Corporate Accounting and Reporting Standard, Revised Edition, 2004, S. 18.
[89] Berichtigung der Delegierten Verordnung (EU) 2023/2772 v. 31.7.2023, ABl. EU L v. 9.8.2024, Anhang II, Tab. 2, S. 274.
[90] Siehe dazu Kasperzak et al., Sustainability 2023, S. 11.
[91] Vgl. Smith, Carbon Management 2016, S. 223.

consequences for a company's GHG inventory."[92] Im Einklang mit diesen Ausführungen wird auf Besonderheiten bei der Klassifikation von *joint financial control* hingewiesen, also bei Sachverhalten, die heute unter IFRS 11 fallen (Joint Arrangements). Darüber hinaus wird auf sektorspezifische Leitlinien für die Öl- und Gasindustrie verwiesen.

Diese Ausführungen enthalten die *"Petroleum industry guidelines for reporting greenhouse gas emissions"* der **IPIECA**: *"The operational control approach is thus generally defined to collect and consolidate all data or information from assets which meet either of the following criteria:*

- *The asset is operated by the company, whether for itself; or under a contractual obligation to other owners or participants in the asset (for example, in a joint venture or other such commercial arrangement).*

- *The asset is operated by a joint venture (or equivalent commercial arrangement), in respect of which the company has the ability to determine management and board-level decisions of the joint venture."*[93]

Erneut wird ein Zusammenhang zu Joint Arrangements hergestellt.

Weitere Ausführungen finden sich im *"Climate Change Reporting Framework – Edition 1.1"* des **CDSB**. Eine Definition von *operational control* erfolgt dort nicht, allerdings wird zum Ausdruck gebracht, dass dieses Konzept als eine Erweiterung zum Konzept der *financial control* gesehen wird. Gefordert wird nämlich die Ergänzung von *"any Scope 1 and Scope 2 emissions from operationally controlled and/or other entities/activities/facilities that:*

a) *are not consolidated in Part 1; and*

b) *must be reported under regulatory requirements by the disclosing organization in its capacity as operating licensee or in any other capacity (e.g.: tenant); or*

c) *due to the nature of the contract for the operation or use of the entity/activity/facility:*

   i) *expose the reporting organization to risk, opportunity or financial impacts; or*

   ii) *enable the reporting organization to influence the extent to which GHGs are emitted."*[94]

EFRAG IG 2 bezweckt eine Klarstellung, die sich am ehesten mit der erweiterten Darstellung des CDSB (Rz 118) deckt; damit ließen sich auch die von der CDSB angeführten ergänzenden Betrachtungen als relevante Konkretisierungen für die Berichterstattung gem. ESRS heranziehen: **119**

---

[92] The Greenhouse Gas Protocol, A Corporate Accounting and Reporting Standard, Revised Edition, 2004, S. 17.

[93] IPIECA, Petroleum industry guidelines for reporting greenhouse gas emissions, 2nd edition, 2011, S. 3 ff.

[94] CDSB, Climate Change Reporting Framework – Edition 1.1, Oktober 2012, S. 24.

„ESRS E1 (paragraph 50 (b)) requires disclosing the Scope 1 and 2 emissions of undertakings under operational control separately from the ones related to the consolidated group (presented following ESRS E1 paragraph 50 (a)). The latter correspond to the outcome of the financial control approach in the GHG Protocol. Please note that a literal reading of paragraph 50(b) may make it seem as if this is only applicable to investees (associates, joint arrangements and unconsolidated subsidiaries, etc.) under operational control but this is not the intention. GHG emissions of entities, assets and sites under operational control but without financial control (or without investment relationship) will also be included in the disclosure under paragraph 50(b). Furthermore, for IFRS preparers, any assets, including the undertaking's share of any assets held jointly in joint operations (defined in IFRS 11) or its liabilities, including its share of any liabilities incurred jointly in joint operations (defined in IFRS 11) will be part of the balance sheet for financial reporting purposes, i.e., included in disclosures under paragraph 50(a). In addition, where the reporting undertaking has operational control over its joint operators' (defined in IFRS 11) assets, the GHG emissions arising from this will be included in scope 1 and 2 under ESRS E1 paragraph 50(b)."[95] Die beiden letzten Sätze scheinen sich zu widersprechen, können aber nur so gemeint sein, dass im Fall einer bloß anteiligen Einbeziehung der Vermögenswerte einer Joint Operation der auf 100 % fehlende Teil nicht nach ESRS 1.50(a), sondern nach ESRS 1.50(b) auszuweisen ist, sofern die Tatbestände der *operational control* erfüllt sind.

EFRAG IG 2 weist in der zitierten Passage selbst darauf hin, mit dieser Auslegung den Rahmen des ESRS-Wortlauts zu verlassen. In diesem Zusammenhang ist die fehlende rechtsbindende Wirkung der *Implementation Guidances* der EFRAG in Erinnerung zu rufen.

EFRAG IG 2 stellt darüber hinaus dar, dass eine Einbeziehung gem. *operational control* – so von einem ESRS gefordert – grds. jener für die eigene Geschäftstätigkeit des berichtspflichtigen Unternehmens gleichgestellt ist. D.h., es handelt sich bei den geforderten Angaben nicht um solche für die Wertschöpfungskette, womit auch nicht die dafür vorgesehenen Erleichterungen zur Anwendung kommen können.[96]

120   U.E. verbleibt damit eine Ambivalenz in der Auslegung des Begriffs der *operational control*, die sich gegenwärtig nicht abschließend klären lässt. Mögliche Schlussfolgerungen sind:
- Der ursprünglichen Intention des GHG Protokolls dürfte bereits sehr weitgehend mit IFRS 11 und dem Tatbestand der Joint Operations Rechnung getragen werden. Diese sind nach ESRS an den geforderten Stellen zu prüfen

---

[95]   EFRAG, EFRAG IG 2 – Value chain, IG 2.51, Mai 2024.
[96]   Siehe insbes. EFRAG, EFRAG IG 2 – Value chain, IG 2.59, Mai 2024.

und ggf. zur Gänze den Berichtsgrenzen für die konsolidierte Nachhaltig-keitsberichterstattung zuzurechnen. Für IFRS-Rechnungsleger bestünde dann aber kein weiterer Handlungsbedarf; Unternehmen, deren Konzern-abschluss nach nationalen Vorgaben aufgestellt wird, hätten nach den Maßstäben des IFRS 11 eine solche Erweiterung zu prüfen.

- Darüber hinaus ließe sich als erweiterte Untergrenze ableiten, über Joint Operations hinaus sämtliche Joint Ventures, assoziierte Unternehmen bzw. nicht konsolidierte Tochterunternehmen auf den Tatbestand der *operational control* gem. Glossar zu den ESRS zu prüfen. Dabei scheint es im Kern um die Frage zu gehen, ob das berichtspflichtige Unternehmen die Emissionen, Ver-schmutzungen bzw. Biodiversitätsauswirkungen dieser Unternehmen – zu-mindest in Teilen – bestimmen kann. Diesfalls ist über diesen bestimmten Teil zu 100 % zu berichten. Dem Konzept der doppelten Wesentlichkeit folgend sind auch Risiken und Chancen zu würdigen – und zwar, wenn aus der Leitung eines Standorts etc. finanzielle Effekte i.V.m. den genannten Nachhaltigkeits-aspekten auf das Unternehmen resultieren können. Dabei wird es u.E. unab-dingbar sein, **Schwellenwerte** für einen Wesentlichkeitsmaßstab festzulegen.
- Im weitesten Sinne, den Ausführungen der EFRAG IG 2 folgend, wäre diese Prüfung auch auf sämtliche weitere Vertrags- bzw. Geschäftsbeziehungen zu erstrecken. In Betracht kommen etwa geleaste Vermögenswerte, sofern sie nicht bei der IFRS-Rechnungslegung ohnedies gem. IFRS 16 im Abschluss des berichtenden Unternehmens ausgewiesen werden.
- Sollte ein Unternehmen *operational control* bei der Festlegung seiner Be-richtsgrenzen berücksichtigen, sollte es der Empfehlung in EFRAG IG 2.53 folgen und eine dezidierte Aussage dazu in den allgemeinen Ausführungen nach ESRS 2 BP-1 aufnehmen.

U.E. ist zumindest die Abgrenzung i.S.d. zweiten obigen Aufzählungspunkts für die Auslegung der Vorgaben der ESRS zur *operational control* geboten, auf Ebene einzelner Vermögenswerte (etc.) zumindest für Nicht-IFRS-Bilanzierer auch i.S.d. drittgenannten Abgrenzung. Aus Gründen der Objektivität sollte dabei auf klare, objektive Abgrenzungskriterien (wie z.B. IFRS 11, IFRS 16) abgestellt werden.

Praxis-Hinweis

Es bleibt in jedem Fall dabei, dass die ESRS bei Anwendung des Konzepts der *operational control* eine Erweiterung der Berichtsgrenzen gegenüber jenen der *financial control* erfordern. Damit stehen die Forderungen der ESRS aber der scheinbaren bisherigen internationalen Praxis entgegen, die *operational control* eher beschränkend auslegt (Rz 117). Für berichtspflich-tige europäische Unternehmen könnten sich hieraus Wettbewerbsnachteile ergeben.

---

121 Tochterunternehmen, die in eine konsolidierte Nachhaltigkeitserklärung einbezogen werden, können vom sog. **Konzernprivileg** Gebrauch machen, um von einer etwaigen eigenständigen Pflicht zur Veröffentlichung einer (konsolidierten) Nachhaltigkeitserklärung befreit zu werden.[97] Die Anforderungen hieran werden nicht in den ESRS, sondern direkt von der CSRD festgelegt: in Art. 19a Abs. 9 der Bilanz-RL i.d.F. CSRD für die nicht konsolidierte Nachhaltigkeitserklärung eines solchen Tochterunternehmens bzw. Art. 20a Abs. 8 der Bilanz-RL i.d.F. CSRD für eine solche konsolidierte Nachhaltigkeitserklärung. Anzugeben ist diesfalls im Lagebericht des befreiten Tochterunternehmens:

- Name und Sitz des befreienden Mutterunternehmens,
- Weblinks zum Lagebericht und ggf. zur konsolidierten Nachhaltigkeitserklärung des Mutterunternehmens sowie zum Bestätigungsurteil über die externe Prüfung,
- ein Hinweis auf die entsprechende Befreiung des Tochterunternehmens.

U.E. kann diese Angabe den Formulierungen folgen, die bereits für die Finanzberichterstattung gem. § 291 Abs. 2 Nr. 4 und § 292 Abs. 1 Nr. 4 HGB bzw. § 245 Abs. 2 Z 4 und 5 UGB bekannt sind (und offensichtlich als Vorlage dienten). Die CSRD geht scheinbar davon aus, dass das befreiende Mutterunternehmen kapitalmarktorientiert ist oder aus sonstigen Gründen zu einer Online-Publizität verpflichtet ist; wo dies nicht zutrifft, sind u.E. die zuvor referenzierten Regelungen aus dem Kontext der Finanzberichterstattung analog für den Anwendungsbereich der Nachhaltigkeitsberichterstattung gem. CSRD/ESRS zu übertragen (d.h. Offenlegung beim Unternehmensregister/Firmenbuchgericht und Vorlage beim Aufsichtsrat und bei der nächsten ordentlichen Hauptversammlung).

> **Praxis-Beispiel**
> **Beispiel-Angabe im Lagebericht eines befreiten Tochterunternehmens**
>
> Im Einklang mit § XYZ HGB/UGB [abhängig von der jeweiligen nationalen Rechtsumsetzung] ist die H GmbH von der Pflicht zur Erstellung einer [ggf.: konsolidierten] Nachhaltigkeitserklärung gem. §§ ZYX HGB/UGB befreit. Das Unternehmen ist in die konsolidierte Nachhaltigkeitserklärung der B AG mit Sitz in Tulln an der Donau (Österreich) einbezogen. Diese ist samt zugehörigem Bestätigungsurteil abrufbar unter: www.fakeweblink123.de/publikationen/geschaeftsbericht20xx/konzernnachhaltigkeitserklaerung.

Eine Pflichtangabe für den konsolidierten Nachhaltigkeitsbericht wird diesfalls noch in ESRS 2 BP-1 spezifiziert.

---

[97] Dazu ausführlich Lanfermann/Baumüller, DK 2023, S. 352 ff.

Keine gesonderte Angabe ist für das Mutterunternehmen, das die befreiende **122** konsolidierte Nachhaltigkeitserklärung erstellt, zu machen. Art. 29a Abs. 7 der Bilanz-RL i.d.F. der CSRD hält hierzu lediglich fest: „Wenn ein Mutterunternehmen die Anforderungen nach den Absätzen 1 bis 5 des vorliegenden Artikels erfüllt, wird davon ausgegangen, dass es die Anforderungen nach Artikel 19 Absatz 1 Unterabsatz 3 und Artikel 19a erfüllt." Anders als für das zuvor dargestellte Konzernprivileg sieht die CSRD für die gegenständliche Befreiungsbestimmung keine Aufhebung im Fall großer und kapitalmarktorientierter Gesellschaften vor, was den geringen Nutzen einer solchen nicht konsolidierten Nachhaltigkeitsberichterstattung aus Sicht des europäischen Normengebers unterstreicht. Ein gesonderter Hinweis würde in diesem Fall u.E. auch keinen Informationsmehrwert in sich tragen.

5.2 Geschäftsbeziehungen und Wertschöpfungskette

Eine bedeutsame Abweichung gegenüber dem Umfang der Berichtsgrenzen **123** regeln die ESRS im Hinblick auf die **Wertschöpfungskette**: „Die in der Nachhaltigkeitserklärung enthaltenen Informationen über das Bericht erstattende Unternehmen werden durch Informationen über die wesentlichen Auswirkungen, Risiken und Chancen ergänzt, die mit dem Unternehmen durch seine direkten und indirekten Geschäftsbeziehungen in der vor- und/oder nachgelagerten Wertschöpfungskette im Zusammenhang stehen" (ESRS 1.63). Dies adressiert somit grds. sämtliche direkten und indirekten Kunden- und Lieferantenbeziehungen des Unternehmens, jedoch nur

- auf jenen Stufen und insofern, als i.R.d. Wesentlichkeitsanalyse wesentliche Auswirkungen, Risiken und Chancen identifiziert wurden, die in direkter oder indirekter Verbindung mit unterhaltenen Geschäftsbeziehungen des berichtspflichtigen Unternehmens resultieren (ESRS 1.64);
- in dem Umfang, in dem es notwendig ist, ein Verständnis bei den Nutzern der Nachhaltigkeitsberichterstattung für diese Auswirkungen, Risiken und Chancen zu schaffen – wobei die qualitativen Merkmale gem. ESRS 1 hier ebenso als Maßstab für die geforderten Informationen genannt werden (ESRS 1.65).

Anders als bei Tochterunternehmen ist nicht erforderlich, Daten von Kunden oder Lieferanten vollumfänglich in die Nachhaltigkeitsberichterstattung zu integrieren (ESRS 1.64).

Gefordert wird die gesamte Wertschöpfungskette, d.h. sämtliche direkte und **124** indirekte Geschäftspartner in dieser, **in der Wesentlichkeitsanalyse** auf Auswirkungen, Risiken und Chancen hin zu untersuchen. Ebenso ist eine Berichterstattung über die Wertschöpfungskette in dem Ausmaß erforderlich, als es von spezifischen ESRS (ggf. bei Wesentlichkeit) gefordert wird (z.B. ESRS 2;

ESRS 1.63(b)). Insbes. ist von Bedeutung, dass einzelne Angabepflichten der ESRS sich ausschl. auf die eigene Geschäftstätigkeit des berichtspflichtigen Unternehmens beziehen (z. B. ESRS E3-4 „Wasserverbrauch" oder der gesamte ESRS S1 „Arbeitskräfte des Unternehmens"). Weitere wichtige Sonderregelungen finden sich in ESRS E1 im Hinblick auf die Berichterstattung über THG-Emissionen.

125   Aus ESRS 1 ist nicht klar erschließlich, wie die Begriffe „Geschäftsbeziehung" und „Wertschöpfungskette" voneinander abzugrenzen sind. Der Standard selbst scheint hier nicht immer einem klar abgegrenzten Begriffsverständnis zu folgen. Es liegt jedoch nahe, davon auszugehen, dass Geschäftsbeziehung ein weiter Begriff ist, der jenen der Wertschöpfungskette umfasst.[98]

Praxis-Hinweis

Geschäftsbeziehungen werden wie folgt definiert: „Geschäftsbeziehungen sind die Beziehungen des Unternehmens zu Geschäftspartnern, Betrieben in seiner Wertschöpfungskette und anderen nichtstaatlichen oder staatlichen Stellen, die unmittelbar mit seinen Geschäftstätigkeiten, Produkten oder Dienstleistungen in Zusammenhang stehen. Geschäftsbeziehungen beschränken sich nicht auf direkte Vertragsverhältnisse. Sie umfassen auch indirekte Geschäftsbeziehungen innerhalb der Wertschöpfungskette des Unternehmens, die über die erste Ebene hinausgehen, sowie Beteiligungen an Gemeinschaftsunternehmen oder Investitionen."[99] Eine Geschäftsbeziehung stellt damit auf einen (weiter gefassten) Zusammenhang mit den Produkten und Dienstleistungen eines Unternehmens ab. Einzig reine finanzielle Beziehungen (z. B. Finanzinvestitionen aus lediglich Kapitalanlageerwägungen heraus) werden hiervon nicht umfasst sein, sofern das Unternehmen nicht seinen Geschäftszweck in solchen finanziellen Transaktionen hat (z. B. weil es dem Finanzsektor zuzurechnen ist). Das führt u. a. dazu, dass sich alleine aus dem Umstand, dass ein Unternehmen als assoziiertes Unternehmen gem. IAS 28 zu klassifizieren ist, keine unmittelbaren Rückschlüsse auf die Behandlung in der Nachhaltigkeitsberichterstattung gem. ESRS ableiten lassen. Dessen unbeschadet hat aber die Wesentlichkeitsanalyse jedenfalls eine etwaige Veranlagungspolitik des Unternehmens, das die Beteiligungen hält, auf ihre Auswirkungen, Risiken und Chancen zu würdigen (was dann aber ebenso für bloß geringfügige Anteilsbesitze gelten kann).

---

126   Schon die Ausführungen zur Wesentlichkeitsanalyse (z. B. ESRS 1.43 und ESRS 1.49) unterstreichen, dass auch Geschäftsbeziehungen i. A. ebenso wie im

---

[98] Siehe grundlegend Baumüller, NaRp 2023, S. 25 ff.
[99] Berichtigung der Delegierten Verordnung (EU) 2023/2772 v. 31.7.2023, ABl. EU L v. 9.8.2024, Anhang II, Tab. 2, S. 262.

Speziellen solche, die der Wertschöpfungskette zuzurechnen sind, in den Analysen des berichtpflichtigen Unternehmens berücksichtigt werden müssen. Die Unterscheidung zwischen beiden Begriffen kann daher so verstanden werden, dass generell alle direkten Geschäftsbeziehungen eines Unternehmens analysiert werden müssen. Sofern diese Geschäftsbeziehungen auch Teil der Wertschöpfungskette sind, müssen für diese auch indirekte Geschäftsbeziehungen (z.B. Lieferanten von Lieferanten) untersucht werden. Dies setzt weiterhin voraus, das Konzept der „Wertschöpfungskette" eng zu verstehen und v.a. auf solche Wirtschaftsaktivitäten anzuwenden, die in unmittelbarem Bezug stehen zu den Kern-Leistungsprozessen eines Unternehmens.[100] Dieses Verständnis unterstützt implizit auch die Forderung in ESRS 1.39: „Bei der Ermittlung und Bewertung der Auswirkungen, Risiken und Chancen in der Wertschöpfungskette des Unternehmens zur Bestimmung ihrer Wesentlichkeit konzentriert sich das Unternehmen auf Bereiche, in denen Auswirkungen, Risiken und Chancen aufgrund der Art der jeweiligen Tätigkeiten, Geschäftsbeziehungen, geografischen Verhältnisse oder anderer Faktoren als wahrscheinlich angesehen werden."

Gesondert angesprochen wird der Umgang mit Unternehmen, die in den Konzernabschluss in Form eines **assoziierten Unternehmens bzw. Gemeinschaftsunternehmens,** folglich nach der Equity-Methode einbezogen werden (unabhängig davon, nach welcher Rechnungslegungsnorm diese Unternehmen – oder ggf. auch bloße Wirtschaftsaktivitäten – in die Finanzberichterstattung einbezogen werden). Diese müssen grds. nicht innerhalb der Berichtsgrenzen für die Nachhaltigkeitserklärung berücksichtigt werden. Sofern diese Unternehmen jedoch Teil der Wertschöpfungskette des berichtpflichtigen (Mutter-)Unternehmens sind, sind sie entlang der zuvor dargestellten Berichtspflichten für diese Wertschöpfungskette in die Nachhaltigkeitserklärung einzubeziehen. Allenfalls käme auch eine Berücksichtigung in Betracht, wenn sich außerhalb der Wertschöpfungskette Geschäftsbeziehungen zeigen. D.h. insbes., dass Kennzahlen nicht anteilig zu dem Beteiligungsansatz des Konzerns auszuweisen sind, sondern in dem Ausmaß, als die damit abgebildeten Auswirkungen direkt verbunden sind mit den Produkten und Dienstleistungen, die Gegenstand der Geschäftsbeziehung sind (ESRS 1.67).

127

Praxis-Beispiel

Ein assoziiertes Unternehmen ist Rohstoffhändler und beliefert das Konzern-Mutterunternehmen. In der Wesentlichkeitsanalyse wird dieser Sachverhalt als wesentlicher Nachhaltigkeitsaspekt identifiziert. Während in der Finanzberichterstattung die Effekte der Transaktion z.B. i.R.e. Zwischenergebniseliminierung zu kürzen sind, kann für die konsolidierte Nachhaltig-

[100] Vgl. Baumüller, ZCG 2024, S. 82f.

> keitserklärung z. B. die vollständige Erfassung der Materialflüsse erforderlich sein, sofern sie mit dieser Transaktion verbunden sind.
>
> Weitere geläufige Beispiele für diese Regelung sind etwa eine ARGE oder Joint Ventures, die ebenso wie zuvor dargestellt zu beurteilen sind.

128 **EFRAG IG 2** stellt klar, dass Joint Arrangements gem. IFRS 11, die als Joint Operations klassifiziert werden, Teil der Berichtsgrenzen des Konzern-Mutterunternehmens sind und damit jedenfalls im Umfang der in den Konzernabschluss einbezogenen Posten wie ein Tochterunternehmen zu behandeln sind.[101] Darüber hinaus wird aber offensichtlich davon ausgegangen, dass jedes assoziierte Unternehmen bzw. Gemeinschaftsunternehmen automatisch der Wertschöpfungskette des Konzerns zuzurechnen und eine entsprechende Berücksichtigung in der Nachhaltigkeitserklärung zu fordern ist.[102] Dieser Ausführung ist jedoch u. E. nicht ohne konkrete Analyse des Einzelfalls im zuvor dargelegten Sinn zu folgen, da sie mitunter die relevanten Definitionen in den ESRS zu weit ausdehnt.

129 Im Hinblick auf die Erfüllung dieser Angabepflichten betreffend Auswirkungen, Risiken und Chancen entlang der Wertschöpfungskette eines Unternehmens diskutiert ESRS 1 ein zentrales Problem: jenes der **Datenverfügbarkeit**. „Ob das Unternehmen in der Lage ist, die erforderlichen Informationen zur vor- und nachgelagerten Wertschöpfungskette zu erhalten, kann von verschiedenen Faktoren abhängen, beispielsweise von den vertraglichen Vereinbarungen des Unternehmens, vom Grad der Kontrolle, die es über die Geschäfte außerhalb des Konsolidierungskreises ausübt, und von seiner Nachfragemacht" (ESRS 1.68). Nicht immer wird es möglich sein, solche Informationen einzuholen, die bereits in der Wesentlichkeitsanalyse bzw. zur Erfüllung einer anschließend hieraus abgeleiteten Angabepflicht erforderlich wären. ESRS 1 sieht folgende Anforderungen vor:

- Zunächst werden von einem berichtspflichtigen Unternehmen „angemessene Anstrengungen" eingefordert, um alle benötigten Daten zu erhalten. Dies schließt u. E. jedenfalls auch den direkten Kontakt zu den betroffenen Unternehmen mit ein.
- Wo dies nicht möglich ist, hat das Unternehmen auf Sektordurchschnittswerte bzw. auf Schätzungen zurückzugreifen: „Kann das Unternehmen trotz angemessener Anstrengungen keine Informationen über die vor- und nachgelagerte Wertschöpfungskette […] erheben, schätzt es die zu übermittelnden Informationen unter Verwendung aller angemessenen und belastbaren Informationen, die dem Unternehmen zum Zeitpunkt der Berichterstattung ohne unangemessene Kosten oder Aufwand zur Verfügung stehen. Dazu gehören unter anderem interne und externe Informationen wie Daten aus indirekten Quellen,

---

101 Vgl. EFRAG, EFRAG IG 2 – Value chain, IG 2.39, Mai 2024.
102 Vgl. EFRAG, EFRAG IG 2 – Value chain, IG 2.66, Mai 2024.

Sektordurchschnittsdaten, Stichprobenanalysen, Markt- und Peer-Group-Daten, andere Näherungswerte oder ausgabenbasierte Daten" (ESRS 1.AR17). Dies ist v.a. für Angabepflichten, die Kennzahlen betreffen, von besonderer Bedeutung. Wie Unternehmen diese Vorgaben umsetzen, ist weitgehend in ihr Ermessen gestellt – jedenfalls sind die Anforderungen, die sich aus den qualitativen Merkmalen ergeben, zu beachten (ESRS 1.71f.).

- Im Hinblick auf Angabepflichten, die sich auf Konzepte, Maßnahmen und Ziele beziehen, werden demgegenüber nur Angaben gefordert, sofern solche Konzepte, Maßnahmen und Ziele tatsächlich existieren und sich auf Geschäftspartner in der Wertschöpfungskette beziehen (ESRS 1.71).

Eine weitere Sonderregelung, die bei der Berichterstattung über die Wertschöpfungskette zu berücksichtigen ist, findet sich noch an anderer Stelle in den ESRS. In Ausführungen zu den Übergangsbestimmungen (Rz 191) wird klargestellt, dass von **KMU**[103], die Teil der Wertschöpfungskette eines berichtspflichtigen Unternehmens sind, nur insofern Informationen eingeholt werden müssen, als diese in dem noch zu entwickelten ESRS für kapitalmarktorientierte KMU (→ §30) festgelegt werden (ESRS 1.135). Dies ist somit eine Obergrenze der geforderten Informationen, und zwar (insbes.) auch für nicht kapitalmarktorientierte KMU; diese dient dem Schutz dieser KMU vor der Gefahr mitunter beträchtlicher Verwaltungskosten, die mit einer anderenfalls verursachten mittelbaren Berichtspflicht infolge von CSRD und ESRS einhergehen würden. Diese Regelung kommt jedoch nicht zur Anwendung, sofern ein KMU als Tochterunternehmen in eine konsolidierte Nachhaltigkeitserklärung einbezogen wird; diesbzgl. ist eine vollumfängliche Berichterstattung gem. *„full ESRS"* (d.h. den nicht KMU-spezifischen ESRS) erforderlich. **130**

Mit besonderen Herausforderungen verbunden ist die Festlegung des Umfangs, in dem die Wertschöpfungskette abzudecken ist (bzw. wie diese kontextspezifisch zu verstehen ist), für **Finanzinstitute**. Den ESRS lässt sich keine konkrete Anforderung entnehmen. Klarstellende Spezifizierungen sind erst mit der Verabschiedung der sektorspezifischen Standards für diese Unternehmen zu erwarten.[104] Bis dahin bieten die Übergangsbestimmungen in ESRS 1 (Rz 191) den betroffenen Finanzinstituten u.E. aber ausreichenden Spielraum, selbst Zugänge zu dieser Abgrenzung festzulegen. Dabei wird ggf. ein Rückgriff auf sektorspezifische Verlautbarungen anderer Standards und Rahmenwerke sinnvoll und die gewählte Vorgehensweise jedenfalls transparent darzustellen sein. **131**

---

[103] Die ESRS definieren an dieser Stelle nicht, was als KMU zu verstehen ist. Es bietet sich hier ein Rückgriff auf das Verständnis der CSRD bzw. der Bilanz-RL an, solange nicht einschlägige KMU-Standards abweichende Definitionen vorsehen.

[104] Vgl. Krakuhn et al., IRZ 2023, S. 134.

132 Die jüngst verabschiedete CSDDD sieht ebenso Verpflichtungen vor, die sich auf die Wertschöpfungskette eines Unternehmens beziehen. Diese ist aber nunmehr auf eine sog. „Aktivitätenkette" beschränkt und damit weniger umfassend als die Wertschöpfungskette im Zentrum der Berichtspflichten gem. ESRS. Die CSDDD hält selbst fest, dass die von ihr definierte Aktivitätenkette nicht als Auslegung für den weiter gefassten Begriff der Wertschöpfungskette in anderen EU-Normen herangezogen werden soll; dennoch erscheint es u.E. nachvollziehbar, dass zumindest in der Wesentlichkeitsanalyse gem. ESRS eine Priorisierung wie von den Standards gefordert erfolgt, indem die von der CSDDD abgedeckten Bereiche der Wertschöpfungskette besonderes Augenmerk erhalten.[105]

6 Berichtszeiträume

6.1 Abzudeckende Zeithorizonte

133 Im Hinblick auf die Berichtszeiträume, die von der Nachhaltigkeitsberichterstattung abzudecken sind, hält ESRS 1 zunächst fest, dass die Nachhaltigkeitserklärung **denselben Berichtszeitraum** umfasst, auf den sich auch die Finanzberichterstattung, d.h. der Abschluss bezieht (ESRS 1.73). Dies ist insofern konsequent, als diese Nachhaltigkeitserklärung gem. CSRD verpflichtender Teil des Lageberichts ist und damit in die Finanzberichterstattung eingebettet ist.[106]

134 Freilich kann diese Forderung zumindest in den ersten Jahren einer Berichtspflicht mit besonderen Schwierigkeiten verbunden sein. Oftmals liegen in der Praxis einzelne Daten, die für die Berichterstattung erforderlich sind, erst **zu einem Zeitpunkt nach dem Berichtsstichtag** vor; dies insbes. dann, wenn ein Unternehmen auf Datenzulieferungen von Geschäftspartnern angewiesen ist (z.B. Energieverbräuche, Emissionen, Daten i.V.m. Sachverhalten, die sich entlang der Wertschöpfungskette materialisieren). Sofern diese Daten nicht rechtzeitig zur Verfügung stehen, um in die Nachhaltigkeitsberichterstattung aufgenommen zu werden, hat ein Unternehmen Schätzungen vorzunehmen (Rz 26). Auf diesen Umstand ist in der Berichterstattung gem. ESRS 2 BP-2 (gem. den einschlägigen Ausführungen des ESRS 1 zu Schätzungen) hinzuweisen; darüber hinaus müssen entsprechende Maßnahmen initiiert werden, damit die Datenbedarfe in kommenden Nachhaltigkeitserklärungen abgedeckt werden können. In Folgejahren sind ggf. Anpassungen der Vorjahreswerte erforderlich, wenn anstelle der Schätzungen die maßgeblichen Ist-Daten vorliegen (Rz 145).

---

[105] Siehe Baumüller/Müller/Scheid, StuB 2024, S. 349 ff.

[106] Vgl. Bannier, Nachhaltigkeitsberichterstattung – aktuelle Herausforderungen und Chancen für Großunternehmen und Mittelständler, in Zwick/Jeromin (Hrsg.), Mit Sustainable Finance die Transformation dynamisieren, 2023, S. 161.

ESRS 1 enthält im Zusammenhang mit den Darstellungen zu den Berichts-   135
zeiträumen Definitionen der zukunftsgerichteten Zeithorizonte, die durch die
Begriffe „kurzfristig", „mittelfristig" und „langfristig" adressiert werden:
- **Kurzfristige Zeithorizonte** entsprechen dem Zeitraum, den ein Unternehmen seiner Finanzberichterstattung zugrunde legt (ESRS 1.77(a)). D.h., es ist
  von einem Geschäftsjahr auszugehen.
- **Mittelfristige Zeithorizonte** beziehen sich auf Zeiträume, die länger als die
  kurzfristigen Zeithorizonte gem. ESRS 1.77(a) sind und bis zu fünf Jahre
  umfassen können (ESRS 1.77(b)).
- **Langfristige Zeithorizonte** beziehen sich auf alle Zeiträume, die fünf Jahre
  übersteigen (ESRS 1.77(c)).

Sofern einzelne andere ESRS abweichende Vorgaben zu diesen zukunftsgerichteten Intervallen haben, so gehen diese den allgemeinen Definitionen von
ESRS 1 vor (ESRS 1.79).

> **Wichtig**
>
> Für die Analyse langfristiger Zeithorizonte wird es aus pragmatischen
> Gründen erforderlich sein, ebenso einen max. Zeitraum für die Betrachtung
> festzulegen. Diese Festlegung wird auf die Besonderheiten des betrachteten
> Nachhaltigkeitsaspekts Bedacht nehmen müssen. Pauschale Festlegungen
> etwa auf Zeiträume von „max. zehn Jahren" werden demgegenüber wenig
> sachgerecht sein. Augenscheinlich wird dies etwa für das Beispiel der Klima-
> berichterstattung gem. ESRS E1, wofür bereits die relevanten politischen
> Rahmenbedingungen in der EU eine Betrachtung von Zeiträumen nahele-
> gen, die bis in das Jahr 2050 reichen.
>
> Diese lt. ESRS 1 zu berücksichtigenden Zeiträume gehen über die Betrach-
> tungszeiträume hinaus, die der traditionellen Finanzberichterstattung (z.B.
> bei der Risikoberichterstattung im Lagebericht), aber ebenso dem daran
> knüpfenden (finanziellen) Risikomanagement zugrunde liegen. Um die
> Konsistenz der im Unternehmen eingesetzten Systeme zu wahren, sind
> daher Erweiterungen an den bisher eingesetzten Systemen und Prozessen
> vonnöten bzw. ist auch eine Erweiterung dieser anzudenken.

Maßgeblich ist im Zusammenhang mit der Wesentlichkeitsanalyse, ob eine   136
Auswirkung, Chance oder Risiko in einem Zeitraum **eintritt**. Diesfalls kann
sie bei der Wesentlichkeitsanalyse identifiziert und anschließend bewertet
werden. Nicht erforderlich ist es demgegenüber, dass sie auch über einen oder
mehrere dieser Zeiträume hindurch wirkt, bzw. zu bewerten, wie lange sie
anhält. Diese unterschiedliche zeitliche Dauer kann ein Unternehmen allerdings
in Folge bei der Bewertung der Schwere in seiner Wesentlichkeitsanalyse
berücksichtigen.

Werden langfristige Auswirkungen, Risiken und Chancen bewertet, so muss die Schwere selbst kumulativ verstanden werden: D. h., nicht nur die Schwere einer Auswirkung, die (z. B.) im fünften Jahr eintritt, ist für die Bewertung relevant, sondern gleichermaßen die Schwere von in früheren Jahren eingetretenen, aber noch in diesem fünften Jahr nachwirkenden Auswirkungen (bemessen nach Ausmaß, Umfang und Unabänderlichkeit). Auch bei der Bewertung einer Auswirkung, die heute eintritt, sind in diesem Sinne die Folgen in späteren Jahren mit in die Bewertung aufzunehmen.

137   Den Anforderungen von ESRS 1 lässt sich nicht entnehmen, dass eine **Abstufung in der Bedeutung** unterschiedlicher Betrachtungszeiträume vorgesehen wäre. D. h., erst langfristig eintretende Auswirkungen sind grds. gleichbedeutend wie solche Auswirkungen, die sich bereits kurzfristig manifestieren. Allerdings bietet ESRS 1 im Zusammenhang mit der Wesentlichkeitsanalyse u. E. Gestaltungsspielraum, hier – bei entsprechender sachlicher Begründung – unterschiedliche Schwellenwerte anzulegen, die zu einer entsprechenden Abstufung führen.

Methodisch transparenter lässt sich dies im Zusammenhang mit Chancen und Risiken durch die Diskontierung der zukünftigen Auswirkungen abbilden. Die Notwendigkeit einer solchen Diskontierung lässt sich sogar aus der Forderung, die von ESRS 1 vorgesehenen Zeithorizonte gleich zu behandeln, ableiten (da z. B. Zahlungsströme erst durch Diskontierung vergleichbar werden). Die Sinnhaftigkeit, ökologische und soziale Auswirkungen zu diskontieren, ist demgegenüber umstritten.[107]

138   Darüber hinaus sind **weitere Unterteilungen der langfristigen Zeithorizonte** vorzunehmen, sofern Auswirkungen bzw. Maßnahmen erst in diesen zum Tragen kommen – „wenn dies erforderlich ist, um den Nutzern von Nachhaltigkeitserklärungen relevante Informationen zur Verfügung zu stellen" (ESRS 1.78). Bspw. kann dieser Zeithorizont in Fünf-Jahres-Intervallen weiter untergliedert dargestellt werden, was u. E. insbes. vor dem Hintergrund der Zielsetzung und Maßnahmenableitung einen bedeutenden Mehrwert für Berichtsadressaten liefern würde.

139   Verwendet ein Unternehmen **abweichende Einteilungen von Zeithorizonten** bei den Angaben in seiner Nachhaltigkeitserklärung, so können diese beibehalten werden. Voraussetzung ist, dass diese abweichenden Definitionen

• in der Wesentlichkeitsanalyse zum Tragen kommen bzw.
• die von ihm gesetzten Ziele und abgeleiteten Maßnahmen betreffen.

---

107 Siehe dazu z. B. WWF/Germanwatch/NABU, Kritik am „nachhaltigen" Rechnungslegungswerkzeug der Unternehmensinitiative VBA, www.germanwatch.org/sites/default/files/analyse-und-kritik-der-value-balancing-alliance.pdf, Abruf 1.8.2024.

In diesem Fall werden allerdings Angaben gem. ESRS 2 BP-2 gefordert. Eine Rolle spielt dies etwa bei branchenspezifischen Besonderheiten. I.S.d. Konsistenz der Berichterstattung ist gefordert, ein etwaiges abweichendes Begriffsverständnis im Hinblick auf die Abgrenzung der berichtsrelevanten Zeiträume für die gesamte Berichterstattung einheitlich zur Umsetzung zu bringen (ESRS 1.80). Die Q&A der EFRAG stellen ebenso klar, dass es möglich ist, für Auswirkungen einerseits und Risiken sowie Chancen andererseits (sowie damit verbundene Angaben in den verschiedenen Berichterstattungsbereichen) unterschiedliche Zeithorizonte festzulegen.[108]

6.2 Stichtagsprinzip und Vergleichsinformationen

Wie für die Finanzberichterstattung, so ist auch für die Nachhaltigkeitsberichterstattung das **Stichtagsprinzip** zu beachten. Hierbei ist auf die gleichen Auslegungen abzustellen, d.h. darauf, inwieweit ein Sachverhalt vor oder nach dem Berichtsstichtag materialisiert ist (z.B. verursachte Emissionen). Grds. gilt wie für die Finanzberichterstattung, dass alle Informationen bei den Angaben in der Nachhaltigkeitserklärung noch zu berücksichtigen sind, von denen das Unternehmen bis zum Zeitpunkt der Aufstellung der Berichterstattung Kenntnis erlangt, die aber bereits vor dem Berichtsstichtag eingetreten sind. Informationen in der Nachhaltigkeitserklärung, die sich auf Zukunftseinschätzungen beziehen, sind sinngemäß bis zum Zeitpunkt der Aufstellung der Berichterstattung zu aktualisieren (ESRS 1.93). 140

Sachverhalte, die als wesentlich zu klassifizieren sein werden, aber erst nach dem Berichtsstichtag (jedoch noch vor der Aufstellung der Nachhaltigkeitserklärung) aufgetreten sind, müssen als qualitative Angabe in die Berichterstattung aufgenommen werden. Dies kommt der Darstellung der **„Ereignisse nach dem Bilanzstichtag"** aus dem Kontext der Finanzberichterstattung gleich. Anzugeben sind diesfalls die Existenz eines solchen Sachverhalts, seine Natur sowie seine möglichen Folgen (z.B. zukunftsbezogene Aussagen zu potenziellen Auswirkungen; ESRS 1.94). Dies schließt freilich eine Quantifizierung der möglichen Folgen nicht aus. 141

Praxis-Hinweis

ESRS 1.94 regelt nicht, wo in der Nachhaltigkeitserklärung die entsprechenden Informationen zu berichten sind. Sofern die eingetretenen Ereignisse von besonders grundlegender Bedeutung sind, bietet sich u.E. eine Berichterstattung bei den allgemeinen Angaben gem. ESRS 2 an, insbes. im Umfeld der Angaben gem. ESRS 2 BP-2. Ansonsten sollten die Angaben gem.

---

[108] EFRAG, ESRS Q&A Platform, Compilation of Explanations, Januar–Juli 2024, Frage 180, S. 38 ff.

> ESRS 1.94 gemeinsam mit den Angaben in der Nachhaltigkeitserklärung offengelegt werden, auf die sich die eingetretenen Ereignisse auch beziehen.

142   Für die Angabe von **Vergleichsinformationen** sieht ESRS 1 folgende Regelung vor (ESRS 1.83):

- Für **Kennzahlen** ist grds. eine Vergleichsperiode anzugeben.

- Auch für **qualitative Offenlegungen** ist auf die Situation in der Vergleichsperiode vor dem aktuellen Berichtszeitraum Bezug zu nehmen, wenn dies relevant für das Verständnis der Angaben zur gegenwärtigen Periode ist. Das bedeutet, dass i. S. d. qualitativen Merkmale insbes. wesentliche Veränderungen hervorzuheben sind (Rz 27 ff.).

U. E. ist davon auszugehen, dass für die zeitliche Abgrenzung der Vergleichsperiode dieselbe Regelung zur Anwendung gelangt, wie sie zuvor für die Festlegung des Berichtszeitraums dargestellt wurde (Rz 133 ff.): Die Vergleichsperiode hat sich auf denselben Zeitraum zu erstrecken, wie er für die Finanzberichterstattung zur Anwendung gelangt. Dies ist etwa im Kontext von Rumpfgeschäftsjahren von besonderer Relevanz.

143   Fordert eine Angabepflicht in einem ESRS die Angabe von **mehr als einer Vergleichsperiode,** so gehen diese spezifischen Regelungen den allgemeinen Vorgaben des ESRS 1 vor (ESRS 1.86). Anders als etwa IAS 8 sieht ESRS 1 in seinen grundlegenden Regelungen selbst keine Situation vor, in der mehr als eine Vergleichsinformation offengelegt werden müsste (v. a. im Fall von *restatements*).

144   Wird eine Kennzahl erstmals berichtet und kann diese Kennzahl **mangels Datenverfügbarkeit** aber nicht für eine Vergleichsperiode berichtet werden, so ist u. E. zu prüfen, ob zumindest eine Schätzung möglich ist (unter entsprechender Offenlegung dieses Umstands); ist dies nicht der Fall, so scheint mit Verweis auf die qualitativen Merkmale in diesem Fall (und nur in diesem Fall; siehe demgegenüber Rz 145 ff. für Änderungen in der Berechnungsweise bereits berichteter Kennzahlen) ein Unterlassen der Angabe für die Vorperiode vertretbar.

145   Vergleichsinformationen für eine Vorperiode können sich von den Angaben unterscheiden, die in der Nachhaltigkeitserklärung enthalten sind, die für diese Vorperiode veröffentlicht wurde. ESRS 1 fordert ausdrücklich, dass aufgrund von veränderten Berechnungsmethoden für Kennzahlen oder Ziele bzw. besserer Datenverfügbarkeit solche Anpassungen erforderlich sind (ESRS 1.95). Im Fall einer solchen Änderung ist das berichtende Unternehmen jedoch verpflichtet, die Differenz zwischen der ursprünglich veröffentlichten Angabe und der als Vergleichsinformation veröffentlichten Angabe offenzulegen und die Gründe für die Anpassung dieser Angabe zu benennen (sog. *„restatement"*; ESRS 1.84). Dieses Gebot der Aktualisierung sowie der damit verbundenen weiteren Erläuterungen gilt undifferenziert für Kennzahlen wie für qualitative Offenlegungen.

Eine Anpassung von Vergleichsinformationen im soeben dargelegten Sinn kann im Fall von **Impraktikabilität** unterbleiben. Wenn von diesem Wahlrecht Gebrauch gemacht wird, so ist dies ausdrücklich anzugeben (ESRS 1.85). Inwieweit in einem solchen Fall die Angabe der Vergleichsinformation zur Gänze zu unterlassen ist, ggf. mit einem Hinweis auf eine eingeschränkte Aussagekraft, ist u. E. auf Grundlage der Abwägungen in den qualitativen Merkmalen gem. ESRS 1 vom berichtspflichtigen Unternehmen zu beurteilen. „So können Daten in dem/den vorangegangenen Berichtszeitraum/-zeiträumen womöglich nicht in einer Weise erhoben worden sein, die eine rückwirkende Anwendung einer neuen Definition einer Kennzahl oder eines Ziels oder eine rückwirkende Anpassung zur Berichtigung eines Fehlers aus der früheren Periode ermöglicht, und es kann sein, dass es nicht durchführbar ist, die Informationen neu zu erstellen" (ESRS 1.85).

146

Auch wenn **wesentliche Fehler** in den Nachhaltigkeitserklärungen vergangener Berichtsperioden festgestellt werden (ESRS 1.96), ist – wie in Rz 145 angesprochen – ein *restatement* durchzuführen. Als weitere Voraussetzung für eine solche Fehlerkorrektur ist vorgesehen, dass der Fehler sich auf Informationen bezieht, die vor Feststellung des Lageberichts, dessen Teil die fehlerhafte Nachhaltigkeitserklärung ist, bereits vorgelegen sind und diese Informationen nach allgemeinen Sorgfaltsmaßstäben hätten berücksichtigt werden müssen (ESRS 1.97). Eine solche Fehlerkorrektur hat weiterhin auf Grundlage des Wissensstands in der damaligen Berichtsperiode zu erfolgen (ESRS 1.100). „Zu diesen Fehlern gehören: die Auswirkungen mathematischer Fehler, Fehler bei der Anwendung der Definitionen für Kennzahlen oder Ziele, das Übersehen oder die Fehlinterpretation von Tatsachen sowie Betrug" (ESRS 1.98).

147

Auch hier wird als weitere Voraussetzung vorgesehen, dass ein *restatement* bei Impraktikabilität nicht erforderlich ist. Ein *restatement* ist erst ab jenen Zeiträumen erforderlich, für welche dies praktikabel ist (ESRS 1.100); dies kann ggf. dazu führen, Fehler erst in der laufenden Berichtsperiode zu korrigieren. Darüber hinaus müssen Fehler nicht für Zeiträume korrigiert werden, die vor dem Zeitpunkt der erstmaligen Anwendung der ESRS durch das berichtspflichtige Unternehmen liegen; diesfalls sind die kumulativen Effekte in diesem ersten Jahr der Anwendung zu erfassen (ESRS 1.96). Maßstab für eine Impraktikabilität sind u. E. die gebotenen „angemessenen Anstrengungen", die an mehreren Stellen der ESRS von den berichtspflichtigen Unternehmen eingefordert werden (Rz 40).

Werden demgegenüber lediglich **Schätzungen aktualisiert**, so stellt dies keinen Fehler dar (ESRS 1.101); dies ist wie in Rz 145 dargestellt handzuhaben. Ein praktisch wichtiger Anwendungsfall für die Aktualisierung von Schätzungen liegt etwa vor, wenn für den Abschluss einer Berichtsperiode z. B. Emissionsdaten geschätzt werden müssen (da noch nicht alle Energieabrechnungen vorliegen). Diese geschätzten Angaben sind als Vergleichsinformationen in der Nachhaltigkeitserklärung der folgenden Berichtsperiode zu aktualisieren, so-

148

fern der Unterschiedsbetrag wesentlich ist (ESRS 1.95(b)). Unterlässt ein Unternehmen allerdings die gebotene Aktualisierung einer Schätzung, so kann dies als ein Fehler zu klassifizieren sein. Diese Unterscheidung ist u.E. im Hinblick auf das gebotene *restatement* von Bedeutung: So wird es sinnvoll sein, bei Schätzungsänderungen in aggregierterer bzw. allgemeinerer Form die Angaben gem. ESRS 1.84 zu tätigen, als dies bei Fehlern der Fall ist – v.a. dann, wenn der Einsatz von Schätzungen im Hinblick auf bestimmte Angaben üblich ist (wie im Fall der zuvor beispielhaft angeführten Emissionsdaten). Dies kann u.a. auch mit einem kontextadäquaten Verständnis von „Impraktikabilität" als Auslegungsergebnis erreicht werden.

149   Eine abschließende Sonderregelung zu Vergleichsinformationen, die ESRS 1 enthält, betrifft solche Angaben, die auf ein **Basisjahr** Bezug nehmen: „Ein Basisjahr ist der historische Bezugszeitpunkt oder -zeitraum, für den Informationen verfügbar sind und mit dem nachfolgende Informationen im Zeitverlauf verglichen werden können" (ESRS 1.75). ESRS 2 MDR-T fordert die Festlegung solcher Basisjahre etwa für Ziele, die ein Unternehmen im Hinblick auf Nachhaltigkeitsaspekte verfolgt (→ § 4 Rz 141 ff.).

Ein Beispiel hierfür könnte etwa das Ziel sein, Emissionen bis zum Jahr 2030 auf einen Wert zu reduzieren, der in einem bestimmten Ausmaß unter dem Wert des Jahrs 2020 liegt.

Bei der Berichterstattung über den Fortschritt bei der Erreichung eines festgelegten Ziels, der in der laufenden Berichtsperiode erzielt wurde, muss dieses Basisjahr angegeben werden, sofern nicht die Angabepflicht eines spezifischen ESRS eine andere Vorgehensweise zur Berichterstattung über dieses Ziel vorsieht. Darüber hinaus empfiehlt ESRS 1, Angaben zu historischen Meilensteinen in die Berichterstattung aufzunehmen, die den Zeitraum zwischen dem Basisjahr und der gegenwärtigen Berichtsperiode betreffen (ESRS 1.76).

7 Formale Aspekte der Berichterstattung

7.1 Aufbau der Nachhaltigkeitserklärung

150   Zur formalen Gestaltung der Nachhaltigkeitserklärung sieht ESRS 1 **zwei grundlegende Zielsetzungen** vor, die zu beachten sind:

- Einerseits muss die Nachhaltigkeitserklärung klar von den weiteren Teilen des Lageberichts, in dem sie gem. CSRD einzubetten ist, abzugrenzen sein (ESRS 1.111(a)).
- Andererseits soll die Nachhaltigkeitserklärung auch auf eine Weise aufgebaut sein, die der Lesbarkeit der Information zuträgt. Dabei wird gleichermaßen auf die Lesbarkeit durch Menschen wie durch Maschinen (i.R.d. gem. CSRD geforderten digitalen Tagging) abgestellt (ESRS 1.111(b)).

> **Praxis-Hinweis**
>
> Zum digitalen **Tagging** läuft gegenwärtig ein eigenes Projekt auf Ebene der EFRAG. Dabei wird eine Taxonomie entwickelt, wie Informationen in einer Nachhaltigkeitserklärung gekennzeichnet werden müssen, so dass sie maschinenlesbar sind. Auf Grundlage dieser Taxonomie kann spezifische Software vom Unternehmen zum Einsatz gebracht werden, das die geforderten Taggings setzt. Siehe weiterführend → § 20. Die Anforderungen an das Tagging gehen mit der Frage einher, wie sich dies auf die formale Gestaltung der Nachhaltigkeitserklärung auswirkt, um dieses Tagging möglichst praktikabel zu halten. Hierzu hat sich zuletzt die ESMA geäußert und empfohlen (anders als die im Folgenden dargestellten Empfehlungen), eine Gliederung möglichst nahe an der Struktur der ESRS zu wählen: *„ESMA notes that following the structure of the ESRS would make digital tagging easier in the future, irrespective of the specific tagging requirements yet to be adopted by the EC."*[109]

Im Hinblick auf die Abgrenzung der Nachhaltigkeitserklärung von den weiteren Teilen der Unternehmensberichterstattung verlangt ESRS 1, die Nachhaltigkeitserklärung in einem **eigenen Abschnitt innerhalb des Lageberichts** zu platzieren. Dieser hat grds. sämtliche gem. ESRS geforderten Informationen zu enthalten. Das Setzen von Verweisen auf andere Berichte bzw. Berichtsteile ist allerdings zulässig (ESRS 1.112; Rz 162 ff.). I. S. d. gebotenen Klarheit wird dieser gesonderte Abschnitt im Lagebericht mit „(konsolidierte) Nachhaltigkeitserklärung" überschrieben (ESRS 1.110). Für die konsolidierte Nachhaltigkeitsberichterstattung ist u. E. die Bezeichnung „konsolidierte Nachhaltigkeitserklärung" zu wählen.

151

> **Praxis-Hinweis**
>
> Unklar ist, ob es auch zulässig ist, den Abschnitt mit dem in der CSRD verankerten Wortlaut „(konsolidierter) Nachhaltigkeitsbericht"/„(konsolidierte) Nachhaltigkeitsberichterstattung" zu betiteln. Der RegE zum deutschen CSRD-UmsG sieht diesen Wortlaut ebenso vor, jedoch steht er dem Wortlaut der ESRS entgegen (so dass ggf. die deutsche Übersetzung des einschlägigen Begriffs „Nachhaltigkeitserklärung" nochmals überdacht werden sollte). U. E. empfiehlt sich die Verwendung des Wortlauts aus den ESRS. Bei fremdsprachigen Übersetzungen ist auf eine Bezeichnung zurückzugreifen, die im Einklang mit der jeweiligen Sprachfassung der ESRS steht.

---

[109] ESMA, Public Statement: Off to a good start: first application of ESRS by large issuers, 5 July 2024, ESMA32-992851010-1597, Tz. 45.

152 Zur **Gliederung der Nachhaltigkeitserklärung** sieht ESRS 1 vor, dass diese in vier Abschnitte zu teilen ist: ein Abschnitt mit „Allgemeinen Informationen", gefolgt von je einem Abschnitt für die drei Säulen der Nachhaltigkeitsberichterstattung gem. ESRS, d. h. „Umweltinformationen", „soziale Informationen" und „Governance-Informationen"; diese Reihenfolge ist auch so einzuhalten (ESRS 1.115). Auch aus Anlage D zu ESRS 1 lässt sich keine weitere Anforderung zur (Unter-)Gliederung der Nachhaltigkeitserklärung über das soeben Dargestellte hinaus ableiten. Unklar ist daher, welche weitere Gliederung innerhalb dieser vier Abschnitte vorzunehmen ist. Dies eröffnet den berichtspflichtigen Unternehmen doch weiten Gestaltungsspielraum, der u. a. im Hinblick auf Umfang und Komplexität der Berichtsinhalte ausgenutzt werden sollte. U. E. sind aufgrund der Forderung in ESRS 1.116 jedenfalls die vier (primären) Berichterstattungsbereiche gem. ESRS 1.12 zu unterscheiden und darüber hinaus die wesentlichen Nachhaltigkeitsaspekte, über die berichtet wird. In welcher Form dies geschieht, das bleibt jedoch offen. Anbieten würde sich z. B. eine Gliederung nach wesentlichem Nachhaltigkeitsaspekt, weiter unterteilt in die vier Berichterstattungsbereiche.

Liegt für einen der vier Abschnitte kein wesentlicher Nachhaltigkeitsaspekt vor, so muss dieser Abschnitt nicht in die Nachhaltigkeitserklärung aufgenommen werden.

Praxis-Tipp

Eine Gliederung des Abschnitts zu den „Umweltinformationen" könnte z. B. folgenden illustrativen Aufbau haben:

Umweltinformationen

...

Wasserverbrauch[110]

* GOV

* SBM

* IRO

* MT

Invasive gebietsfremde Arten[111]

...

---

[110] Anm.: Unter-Unterthema von ESRS E3.
[111] Anm.: Unter-Unterthema von ESRS E4.

Praxis-Tipp

Zwischenüberschriften scheinen der Übersichtlichkeit wegen geboten. Auch kann gleich nach der Abschnitts-Überschrift „Umweltinformationen" ein allgemeiner Teil folgen, der sich bspw. auf Konzepte oder Maßnahmen bezieht, die für verschiedene der folgenden Unterkapitel gleichermaßen gelten.

Die im obigen Praxis-Tipp veranschaulichte Struktur kann auf die weitere Untergliederung nach Nachhaltigkeitsaspekten verzichten, wenn nur wenige von diesen identifiziert werden bzw. die Berichtsinhalte (insbes. Konzepte, Maßnahmen, Ziele) integriert formuliert sind (z. B. bei allgemeinen Umwelt-Konzepten).

Die zu ESRS 2 korrespondierenden Angabepflichten aus den themenbezogenen **153** Standards sind grds. im Abschnitt „Allgemeine Informationen" aufzunehmen. Ausgenommen von dieser Grundsatzregelung sind die Angabepflicht ESRS 2 SBM-3 sowie Datenpunkte der Angabepflicht ESRS 2 IRO-2, für die ein Wahlrecht vorgesehen ist. Noch weiterer Gestaltungsspielraum für die Zuordnung zu einem Abschnitt besteht darüber hinaus bzgl. der Angabepflicht ESRS 2 BP-2 (→ § 4 Rz 14).

Zwischen Angaben, die sich aus den themenbezogenen Standards ergeben, und **154** solchen, die sich aus den sektorspezifischen Standards ableiten bzw. die unternehmensspezifisch als berichtspflichtig identifiziert wurden, muss **nicht unterschieden** werden. Ebenso wenig hat eine gesonderte Kennzeichnung zu erfolgen; sie wäre aber u. E. zulässig. (ESRS 1.116 f.). Nicht zulässig wäre es aber, einen weiteren (fünften) Abschnitt der Nachhaltigkeitserklärung hinzuzufügen, da die vierteilige Struktur in ESRS 1 vorgegeben und auch konsistent mit dem zugrunde liegenden Verständnis der Dimensionen von ESG ist.

Gesondert zu kennzeichnen sind demgegenüber solche Informationen, die **155** Teil der Nachhaltigkeitserklärung sind, weil
• das berichtspflichtige Unternehmen zur Aufnahme dieser Informationen aufgrund **spezifischer anderer Regulationen** gezwungen ist;
• das Unternehmen ggf. auch freiwillig weitere Informationen in seinen Bericht aufnimmt, die sich aus **anderen Standards und Rahmenwerken** ableiten – ausdrücklich angeführt werden die GRI-Standards sowie die IFRS SDS.

Diese Informationen müssen klar gekennzeichnet werden mit einer Referenz auf die Regulationen, die Standards bzw. Rahmenwerke, aus denen sich die Angaben ableiten. Sie dürfen weiterhin nur insofern aufgenommen werden, als sie im Einklang mit den qualitativen Merkmalen gem. ESRS 1 stehen (ESRS 1.114). ESRS 2 BP-2 spezifiziert die Angabepflicht hierzu (→ § 4 Rz 26).

156 Die soeben dargelegten Regelungen zur Kennzeichnung von Informationen, die sich nicht unmittelbar aus den ESRS selbst als Angabepflicht ergeben, sind u. E. als Ausnahmeregelung zum Grundsatz zu deuten, wonach nur wesentliche Angaben i. R. d. Nachhaltigkeitserklärung getätigt werden dürfen. Diese Ausnahmeregelung ist wichtig im Hinblick auf das **Ziel der Interoperabilität der Nachhaltigkeitsberichterstattung** (siehe zur Interoperabilität zwischen ESRS und IFRS S-Standards auch → § 2 Rz 34 ff.) gem. ESRS mit den Anforderungen der zuvor angeführten Standards und Rahmenwerke – und soll so den Interessen der berichtspflichtigen europäischen Unternehmen dienen, indem die Gefahr einer Mehrfach-Berichterstattung (samt aller damit verbundener Kosten) gering gehalten wird. Deutlich lässt sich dies dem „EFRAG-GRI Joint Statement of Interoperability" aus September 2023 entnehmen: *„The ESRS allow entities to use the GRI Standards to report on additional material topics covered in GRI Standards that are not covered by the ESRS, such as tax. ESRS 1 (§ 114) and ESRS 2 (§ 15) allow the inclusion of disclosures from other standards, such as the GRI Standards, in the ESRS sustainability statements. This means entities can report in accordance with both the ESRS and GRI Standards through one report."*[112]

157 Wie eine solche interoperable Nachhaltigkeitsberichterstattung konkret umgesetzt werden kann, ist gegenwärtig noch wichtiger Gegenstand von Facharbeiten. Es zeichnet sich jedoch eine Lösung in Form von **Überleitungstabellen** ab, wie sie heute bereits in den nichtfinanziellen Berichterstattungen deutscher und österreichischer Unternehmen zur Anwendung gelangen. Diese können bspw. in den allgemeinen Teil der Nachhaltigkeitserklärung mit den Angaben gem. ESRS 2 BP-2 aufgenommen werden oder aber in einen Anhang zur Nachhaltigkeitserklärung. Sinnvollerweise ist hierzu auf die zu erwartenden Hinweise seitens der EFRAG zu warten.

158 Die Frage nach einer etwaigen Kennzeichnung **zusätzlicher freiwilliger (und damit aus Sicht der ESRS unwesentlicher) Angaben,** die von einem Unternehmen selbst identifiziert werden, stellt sich demgegenüber nicht. Die qualitativen Merkmale führen nämlich aus, dass solche nicht zulässig sind (sofern sie nicht aus einer der zuvor genannten Regularien, Standards oder Rahmenwerken rühren; Rz 32).

159 **Querverweise** zwischen den einzelnen Abschnitten der Nachhaltigkeitserklärung sind zulässig – und im Hinblick auf die qualitativen Merkmale auch empfohlen, um Redundanzen zu vermeiden. „Zur Veranschaulichung [...] kann ein Unternehmen, das Umwelt- und Sozialaspekte im Rahmen desselben

---

[112] EFRAG/GRI, EFRAG-GRI Joint Statement of Interoperability, 4.9.2023, https://efrag.share file.com/share/view/s459956b01c6841298f78e5031759ca6e/fo8ed338-4c5e-4502-823b-88009818 b85a, Abruf 1.8.2024.

Konzeptes angeht, Querverweise anführen. Das bedeutet, dass das Unternehmen in seinen umweltbezogenen Angaben über das Konzept Bericht erstatten kann und in den einschlägigen Angaben zu sozialen Aspekten darauf verweisen kann – oder umgekehrt. Eine themenübergreifende konsolidierte Darstellung von Konzepten ist zulässig" (ESRS 1.AR18). Die Anforderungen, die an solche Querverweise zu stellen sind, werden im Anschluss in Rz 162 ff. dargelegt.

Diese Nachhaltigkeitserklärung hat auch alle **Angaben gem. Art. 8 der Taxonomie-VO** zu enthalten. Sie sind in den Abschnitt der Nachhaltigkeitserklärung aufzunehmen, der die Angaben zu Umweltinformationen gesamthaft bündelt, und zwar getrennt von den darin weiterhin enthaltenen Angaben zu den einzelnen Standards der Umweltinformationen. ESRS 1 hält fest, dass die Bestimmungen der ESRS grds. nicht für die Angaben gem. Art. 8 der Taxonomie-VO zur Anwendung gelangen (ESRS 1.113); Letzteres wohl v. a. deshalb, da diese Angabepflichten sich systematisch unterscheiden und u. a. nicht der Wesentlichkeitsbetrachtung nach den Vorgaben der ESRS unterliegen.[113]

160

ESRS 1, App. F enthält eine **beispielhafte Darstellung** zum Aufbau einer Nachhaltigkeitserklärung gem. ESRS. Diese beantwortet jedoch nicht alle der in dieser Kommentierung aufgeworfenen Fragen auf eine klare Weise und sollte daher nur unter Berücksichtigung der zuvor dargelegten Abwägungen herangezogen werden (Abb. 12).

161

---

[113] Siehe zum Wesentlichkeitsgrundsatz in der Taxonomie-VO Baumüller, Wesentlichkeit in der Taxonomie-VO, NIU 2024, www.manz.at/produkte/niu-nachhaltigkeit-im-unternehmen/2024/wesentlichkeit-in-der-taxonomie-vo, Abruf 1.8.2024.

Nachhaltigkeitserklärung

1. Allgemeine Informationen

ESRS 2 Allgemeine Angaben
- Spezifische themenbezogene Angabepflichten aus themenbezogenen ESRS
- Zusätzliche Angabepflicht aus sektorspezifischen ESRS
- Liste der erfüllten Angabepflichten
- Tabelle aller Datenpunkte, die sich aus anderen EU-Rechtsvorschriften ergeben

2. Umweltinformationen

Angaben nach Art. 8 der Verordnung 2020/852 (Taxonomie-Verordnung)

ESRS E1 Klimawandel
- Management der Auswirkungen, Risiken und Chancen sowie Kennzahlen und Ziele, Angabepflicht aus dem ESRS E1
- Zusätzliche Angabepflicht aus sektorspezifischen ESRS
- Mögliche zusätzliche unternehmensspezifische Informationen

ESRS E5 Ressourcennutzung und Kreislaufwirtschaft
- Management der Auswirkungen, Risiken und Chancen sowie Kennzahlen und Ziele, Angabepflicht aus dem ESRS E5
- Zusätzliche Angabepflicht aus sektorspezifischen ESRS
- Mögliche zusätzliche unternehmensspezifische Informationen

3. Sozialinformationen

ESRS S1 Arbeitskräfte des Unternehmens
- Management der Auswirkungen, Risiken und Chancen sowie Kennzahlen und Ziele, Angabepflicht aus dem ESRS S1
- Zusätzliche Angabepflicht aus sektorspezifischen ESRS
- Mögliche zusätzliche unternehmensspezifische Informationen

ESRS S2 Arbeitskräfte in der Wertschöpfungskette
- Management der Auswirkungen, Risiken und Chancen sowie Kennzahlen und Ziele, Angabepflicht aus dem ESRS S2
- Zusätzliche Angabepflicht aus sektorspezifischen ESRS
- Mögliche zusätzliche unternehmensspezifische Informationen

ESRS S4 Verbraucher und Endnutzer
- Management der Auswirkungen, Risiken und Chancen sowie Kennzahlen und Ziele, Angabepflicht aus dem ESRS S4
- Zusätzliche Angabepflicht aus sektorspezifischen ESRS
- Mögliche zusätzliche unternehmensspezifische Informationen

4. Governance-Information

ESRS G1 Unternehmensführung
- Management der Auswirkungen, Risiken und Chancen sowie Kennzahlen und Ziele, Angabepflicht aus dem ESRS G1
- Zusätzliche Angabepflicht aus sektorspezifischen ESRS
- Mögliche zusätzliche unternehmensspezifische Informationen

Lagebericht

- Analyse der Entwicklung und Leistung der Geschäftstätigkeit und der Position des Unternehmens
- Voraussichtliche Entwicklungen des Unternehmens
- Beschreibung der wichtigsten Risiken und Unsicherheiten
- Corporate-Governance-Erklärung

Abb. 12: Beispielhafter Aufbau einer Nachhaltigkeitserklärung gem. ESRS (ESRS 1, App. F)

7.2 Einsatz von Verweisen

ESRS 1 erlaubt den Einsatz von Verweisen bzw. ermutigt zu diesem sogar, um **162** Redundanzen in der Berichterstattung zu vermeiden. Einzig die Lesbarkeit der gesamten Nachhaltigkeitserklärung darf nicht beeinträchtigt werden, indem diese etwa durch eine zu große Zahl an Verweisen fragmentiert wird (ESRS 1.122). Innerhalb der Nachhaltigkeitserklärung sind solche Verweise auch unproblematisch und an keine weiteren Vorgaben geknüpft (Rz 159). Sofern sich die Verweise jedoch auf andere Berichte beziehen sollten, besteht die Gefahr, dass abweichende regulatorische Rahmenbedingungen (etwa zur Intensität einer externen Prüfung bzw. zu abgedeckten Berichtsgrenzen) zu Konflikten mit den Anforderungen der qualitativen Merkmale gem. ESRS 1 führen. Daher wird in Kap. 9.1 von ESRS 1 (ESRS 1.119ff.) genau definiert, auf welche anderen Berichte unter welchen Voraussetzungen verwiesen werden darf.

Praxis-Hinweis

Verweise, wie sie im dargestellten Sinn von ESRS 1 gemeint sind, haben als Wesenseigenschaft, dass Inhalte aus der Nachhaltigkeitserklärung ausgespart werden, da sie in einem anderen Bericht angeführt sind (und bleiben sollen). Es ist aber unproblematisch und außerhalb des Rahmens der in ESRS 1, Kap. 9.1 dargestellten Vorgaben immer möglich, für weiterführende, z.B. vertiefende Informationen auf weitere Dokumente hinzuweisen, die einen bestimmten Aspekt vertiefen und z.B. online zur Verfügung gestellt werden. Solche Hinweise sind v.a. dort unumgänglich, wo die Informationen außerhalb der Nachhaltigkeitsberichterstattung nicht den qualitativen Merkmalen gem. ESRS entsprechen, z.B. weil sie nach den Maßstäben von ESRS 1 nicht wesentlich sind.

An grds. **Anforderungen** an einen Verweis, der gem. ESRS 1 zulässig ist, sind **163** folgende Punkte vorgesehen; diese sind kumulativ zu erfüllen (ESRS 1.120):

- Die Information, auf die sich der Verweis bezieht, kann im verwiesenen Bericht klar identifiziert werden. Weiterhin ist klar, welche Angabepflicht oder welcher Datenpunkt gem. ESRS mit dieser Information, auf die sich der Verweis bezieht, erfüllt wird – d.h., es ist in dem Dokument, auf das verwiesen wird, eine entsprechend klare Kennzeichnung erforderlich, die den Zusammenhang mit der Angabepflicht oder dem Datenpunkt gem. ESRS herstellt.
- Die Information (und damit faktisch der Bericht, in dem diese Information enthalten ist), muss vor oder spätestens zeitgleich mit der Nachhaltigkeitserklärung veröffentlicht werden.
- Die verwiesene Information (nicht allerdings der gesamte verwiesene Bericht) muss einer externen Prüfung unterzogen worden sein, die nach derselben Prü-

fungsintensität durchgeführt wurde, wie sie für die Nachhaltigkeitserklärung gefordert ist.
* Die verwiesene Information muss in derselben Sprache vorliegen, in der auch die Nachhaltigkeitserklärung verfasst wurde.
* Die verwiesene Information muss auf dieselbe technische Weise digitalisiert vorliegen, wie es Informationen in der Nachhaltigkeitserklärung müssen.

Ein Praxis-Beispiel für einen Verweis im dargestellten Sinn findet sich im Folgenden, der zusätzlich einen weiterführenden Hinweis auf ein vertiefendes „Fokuspapier", wie in Rz 162 dargestellt, enthält. Da das verwiesene „Fokuspapier" augenscheinlich nicht auch die Anforderungen an einen verweisbaren Bericht erfüllt, wäre noch gesondert zu prüfen, ob durch den gesetzten Hinweis eine Pflichtangabe gem. ESRS ausgelagert wurde. Der Verweis in ein anderes Kapitel der Nachhaltigkeitserklärung ist demgegenüber unproblematisch.

Praxis-Beispiel Lenzing[114]

„Förderung des gesellschaftlichen Wohls

Eine Karte der Lenzing Gruppe mit ihren Standorten finden Sie im Kapitel ‚Standorte der Lenzing Gruppe'. Die Förderung des gesellschaftlichen Wohls ist ein Eckpfeiler der Nachhaltigkeitsstrategie ‚Naturally Positive' und ist weit mehr als die bloße gesellschaftliche Akzeptanz der unternehmerischen Aktivitäten. Die Standorte haben Strukturen im Bereich Corporate Citizenship eingerichtet, um soziale und Umweltschutzprojekte sowie lokale Aktivitäten in den Bereichen Bildung und Gesundheitsversorgung zu unterstützen.

Im Berichtsjahr wurden für die einzelnen Standorte die für die Beziehungen zu den Gemeinschaften verantwortlichen Lenzing Mitarbeiter:innen bestimmt. Das soll nachfolgend zu einem besseren konzernweiten Networking und einem entsprechenden Austausch führen. Diese strukturierte Methode ist für die kommenden Jahre geplant. Daneben ist auch die Erstellung von einer Bewertung der Auswirkungen und eines Umsetzungsplans geplant.

Weitere Informationen finden Sie im Fokuspapier ‚Community engagement'. Details zum Umgang von Lenzing mit Beschwerden finden Sie im Kapitel ‚Unternehmenspolitik'."

164   ESRS 1 spezifiziert in weiterer Folge, bei **welchen Berichten**, die auf EU-Regulatorik begründet sind, ein solcher Verweis jedenfalls möglich ist (ESRS 1.119):
* dem Einzel- bzw. Konzernabschluss,
* dem (Konzern-)Lagebericht (konkret: dessen weiteren Abschnitten neben der Nachhaltigkeitserklärung),

---

[114] Entnommen Lenzing Gruppe, Geschäfts- und Nachhaltigkeitsbericht 2023, S. 154.

- dem Corporate-Governance-Bericht, sofern er als eigenständiges Berichts-instrument in das Recht eines EU-Mitgliedstaats übernommen wurde (z. B. in Österreich gem. § 243c UGB),
- dem Vergütungsbericht gem. EU-Richtlinie 2007/36/EC,
- dem einheitlichen Registrierungsformular für Daueremittenten gem. EU-Richtlinie 2017/1129,
- den Säule-3-Offenlegungen gem. EU-Richtlinie 575/2013, allerdings nur, sofern die referenzierten Informationen in puncto Berichtsgrenzen jenen der Nachhaltigkeitserklärung entsprechen (bzw. vom berichtspflichtigen Unternehmen entsprechend ergänzt werden).

Achtung

Während ein Verweis auf den Einzel- bzw. Konzernabschluss in den meisten Fällen vergleichsweise unproblematisch sein wird, ist dies für die weiteren Berichte nicht automatisch der Fall. Im Besonderen sei an dieser Stelle auf einen wichtigen Unterschied zwischen der deutschen und der österreichischen Rechtslage hingewiesen, welche die Prüfung des (Konzern-)Lageberichts betrifft. Nach Letzterer muss ein (Konzern-)Lagebericht nämlich nur einer Einklangsprüfung unterworfen werden; d. h., es wird im Regelfall die Notwendigkeit zusätzlicher Prüfungshandlungen für Datenpunkte, auf die von der Nachhaltigkeitserklärung aus verwiesen wird, zu bedenken sein.

Die in Rz 164 angeführte Aufzählung ist nicht abschließend. Für viele internationale Konzerne bietet sich z. B. ein Verweis auf **SEC-Filings** oder ähnliche Pflichtver-öffentlichungen nach Nicht-EU-Recht an. Die Maßstäbe, die in ESRS 1 an die Zulässigkeit eines Verweises gelegt werden, gelten allerdings auch in einem solchen Fall uneingeschränkt. Häufig ist in diesem Fall wie auch bei einer Vielzahl der in Rz 164 angeführten Berichte der Zeitpunkt der Veröffentlichung ein entscheidendes Hindernis für die Setzung eines Verweises, da ESRS 1 keinen Spielraum selbst für geringfügig spätere Veröffentlichungen eines anderen Berichts lässt. **165**

Gesondert wird darauf hingewiesen, dass auch ein Bericht, der in Übereinstim-mung mit den Vorgaben gem. **EU Eco-Management and Audit Scheme (EMAS)** erstellt wird, ein geeigneter Bezugspunkt für das Setzen von Referenzen sein kann. In diesem Fall muss aber gewährleistet sein, dass die Anforderungen gem. ESRS 1.120 auf referenzierte Berichte eingehalten werden. Betont wird die Notwendigkeit, dass die gewählten Berichtsgrenzen jenen der Nachhaltigkeits-erklärung entsprechen (ESRS 1.121). **166**

7.3 Konnektivität

„Konnektivität" von Information ist ein Grundprinzip der Rechnungslegung, das v. a. mit dem Konzept des **Integrated Reporting** Einzug in den Diskurs zur **167**

Rechnungslegung fand. Es fordert, ein holistisches Bild über alle (finanziellen und nachhaltigkeitsbezogenen) Faktoren zu vermitteln, welche die Fähigkeit eines Unternehmens beeinflussen, Wert zu schaffen. Im Besonderen wird die Notwendigkeit angeführt, vergangenheits- und zukunftsbezogene sowie verschiedene Kategorien von qualitativen und quantitativen Informationen in Verbindung zu setzen.[115]

168   ESRS 1 umschreibt den Grundsatz der Konnektivität („zusammenhängende Informationen") wie folgt: „Das Unternehmen beschreibt die Beziehungen zwischen verschiedenen Informationen" (ESRS 1.123). Konnektivität findet sich im Kontext der ESRS in **drei Ausprägungen** geregelt:
- Konnektivität verschiedener Arten von Informationen innerhalb der Nachhaltigkeitserklärung,
- Konnektivität zwischen Informationen der Finanz- und der Nachhaltigkeitsberichterstattung,
- Konnektivität zwischen Informationen im Hinblick auf verschiedene Zeithorizonte.

169   Bzgl. der **Konnektivität von Informationen innerhalb der Nachhaltigkeitserklärung** sieht ESRS 1 vor, dass Zusammenhänge zwischen den verschiedenen Berichterstattungsbereichen herzustellen sind. Insbes. sollen (kausale) Zusammenhänge aufgezeigt werden, die illustrieren, wie realisierte Ergebnisse bzw. gesetzte Ziele von der Governance, der Strategie bzw. dem Risikomanagement beeinflusst werden. Diese Zusammenhänge sollen klar und präzise gehalten sein (ESRS 1.123).

„Um beispielsweise zusammenhängende Informationen bereitzustellen, muss das Unternehmen unter Umständen die Auswirkungen oder die wahrscheinlichen Auswirkungen seiner Strategie auf seinen Abschluss oder seine Finanzpläne erläutern oder erklären, inwiefern sich seine Strategie auf die Kennzahlen und Ziele bezieht, die bei der Messung der Fortschritte im Vergleich zur Leistung verwendet wurden. Darüber hinaus muss das Unternehmen gegebenenfalls erläutern, wie seine Nutzung natürlicher Ressourcen und Veränderungen innerhalb seiner Lieferkette seine wesentlichen Auswirkungen, Risiken und Chancen verstärken, verändern oder verringern könnten. Möglicherweise muss es diese Informationen mit Informationen zu den derzeitigen oder erwarteten finanziellen Effekten auf seine Produktionskosten, seine strategische Reaktion zur Minderung solcher Auswirkungen oder Risiken und seine damit verbundenen Investitionen in neue Vermögenswerte verknüpfen" (ESRS 1.123).

170   Die Ausführungen aus ESRS 1 beziehen bereits die **Konnektivität zwischen finanziellen und nachhaltigkeitsbezogenen Informationen** ein. Auf der Darstellung dieser Ausprägung der Konnektivität liegt der Schwerpunkt des Standards. Konkret werden folgende Anforderungen formuliert:

---

[115] Vgl. Baumüller/Haring/Merl, BB 2023, S. 555.

- Enthält die Nachhaltigkeitserklärung wesentliche monetäre Beträge oder andere quantitative Datenpunkte, die sich auch im Einzel- bzw. Konzernabschluss auf gleiche Weise wiederfinden, so ist ein Verweis in die Nachhaltigkeitserklärung aufzunehmen, der die Fundstelle der korrespondierenden Angabe im Einzel- bzw. Konzernabschluss genau benennt. ESRS 1 fordert, dass der Verweis auf Absatzebene genau zu sein hat (ESRS 1.124). Die Übereinstimmung muss keine betragsmäßige sein, wie die Beispiele in ESRS 1 darstellen: z.B. „wenn zum Abschlussstichtag dieselbe Kennzahl im Abschluss und als Prognose für künftige Berichtszeiträume in der Nachhaltigkeitserklärung dargestellt wird" (ESRS 1.128(a)).

- Enthält die Nachhaltigkeitserklärung demgegenüber wesentliche monetäre Beträge oder andere quantitative Datenpunkte, die entweder eine Zusammenfassung von oder aber ein Teil von korrespondierenden Angaben im Einzel- bzw. Konzernabschluss sind, so
  - ist ebenso ein genauer Verweis auf die Fundstelle im korrespondierenden Einzel- bzw. Konzernabschluss aufzunehmen – mind. auf Absatzebene[116] bzw. auf Postenebene;
  - ist der Zusammenhang zwischen der Angabe in der Nachhaltigkeitserklärung mit der korrespondierenden Angabe im Einzel- bzw. Konzernabschluss zu erläutern;
  - wird schließlich empfohlen, die Sinnhaftigkeit von (ggf. in tabellarischer Form gehaltenen) Überleitungsrechnungen zwischen den Angaben in der Nachhaltigkeitserklärung und im Einzel- bzw. Konzernabschluss zu prüfen (ESRS 1.125).

- Darüber hinaus sind auf selbe Weise wesentliche weitere, insbes. qualitative Informationen, die Daten, Annahmen oder qualitative Angaben umfassen können, zu verknüpfen: z.B. „wenn makroökonomische oder geschäftliche Projektionen verwendet werden, um Kennzahlen in der Nachhaltigkeitserklärung zu entwickeln, und sie auch für die Schätzung des erzielbaren Betrags von Vermögenswerten, des Betrags der Verbindlichkeiten oder der Rückstellungen im Abschluss relevant sind" (ESRS 1.128(b)). ESRS 1 fordert dazu, dass diese Konnektivität auf Ebene von einzelnen Datenpunkten in der Nachhaltigkeitserklärung zu gewährleisten ist; die Verweise sind wiederum genau auf Ebene von Absätzen bzw. Posten zu setzen (ESRS 1.127). Sollten einzelne Daten, Annahmen oder qualitative Angaben nicht konsistent sein, so ist darauf ausdrücklich hinzuweisen und der Grund für diese Inkonsistenz zu erläutern (ESRS 1.126f.).

---

[116] Die ursprüngliche deutsche Sprachfassung von ESRS 1 sprach fälschlich von „Abschnitt" im Gegensatz zum englischen *„paragraph"* in ESRS 1.124 und ESRS 1.125; dies wurde nunmehr richtig gestellt.

171   ESRS 1 spricht im soeben dargelegten Zusammenhang stets von einer Konnektivität zwischen den Angaben in der Nachhaltigkeitserklärung und im Abschluss. Dies würde sich dem Wortlaut nach auf Einzel- und Konzernabschluss beziehen. U.E. werden aber ebensolche Zusammenhänge zwischen den Angaben in der Nachhaltigkeitserklärung und den weiteren Teilen im **(Konzern-)Lagebericht** herzustellen sein, sofern diese nicht bereits im Abschluss enthalten sind. Dies kann bspw. im Zusammenhang mit Prognosen eine wichtige Rolle spielen.

172   Betreffend die **zeitliche Konnektivität** von Informationen sehen die ESRS folgende Regelung vor: „Gegebenenfalls stellt das Unternehmen in seiner Nachhaltigkeitserklärung angemessene Verbindungen zwischen retrospektiven und zukunftsorientierten Informationen her, um ein klares Verständnis dafür zu schaffen, wie historische Informationen mit zukunftsorientierten Informationen zusammenhängen" (ESRS 1.74). Da weiterführende Leitlinien zu dieser Anforderung fehlen, wird die Umsetzung in das Ermessen des berichtspflichtigen Unternehmens gestellt. Dieses wird sich sinngemäß an den zuvor zu den weiteren Ausprägungen der Konnektivität dargelegten Leitlinien zu orientieren haben. Das bedeutet, dass bspw. Zusammenhänge (auch in Verweisform) zwischen unterschiedlichen Darstellungen betreffend Zeithorizonte in der Nachhaltigkeitserklärung herzustellen sind, z.B. indem Prognosen i.V.m. Diskussionen zu Entwicklungen aus der Vergangenheit gesetzt und hierbei erläutert werden. Darstellungen zu den für die Zukunft verfolgten Konzepten zu den Arbeitskräften des Unternehmens können etwa Bezug nehmen auf Entwicklungen der Merkmale dieser Arbeitskräfte in der Vergangenheit, die zur Notwendigkeit eines solchen Konzeptes führten (z.B. in puncto Diversität oder Arbeitskräfteverfügbarkeit).

173   Schlussendlich hält ESRS 1 fest, dass einzelne themenbezogene und sektorspezifische Standards **konkretere Vorgaben** für einzelne Angaben in puncto Konnektivität enthalten – z.B. indem konkrete Vorgaben zu geforderten Überleitungsrechnungen gefordert werden. Diesfalls gehen die Regelungen dieser ESRS den allgemeinen Ausführungen in ESRS 1 vor. Als Beispiele zu konkreten Angabepflichten, die i.V.m. diesem Grundsatz der Konnektivität stehen, können etwa sämtliche Angabepflichten der „E-Säule", die eine Angabe der finanziellen Effekte ökologischer Nachhaltigkeitsaspekte fordern, genannt werden. Darüber hinaus sieht ESRS E4-3 („Maßnahmen und Mittel im Zusammenhang mit biologischer Vielfalt und Ökosystemen") bspw. vor, dass erhebliche CapEx und OpEx berichtet sowie ggf. den korrespondierenden Posten sowie Erläuterungen im Jahres- bzw. Konzernabschluss zugewiesen werden.

174   Das Prinzip der Konnektivität nimmt nicht nur in den ESRS, sondern auch in internationalen Rahmenwerken und Standards einen großen Stellenwert ein – z.B. in den IFRS SDS.[117] Für die Weiterentwicklung des Gesamtrahmens für die

---

[117] Siehe auch Lüdenbach/Hoffmann/Freiberg, Haufe IFRS-Kommentar, 22. Aufl., 2024, § 60 Rz 39.

Unternehmensberichterstattung, also im Besonderen für die weitere Verknüpfung der Informationen der Nachhaltigkeitsberichterstattung mit den weiteren Teilen des Geschäftsberichts, steht sie ebenso im Fokus. Entsprechend widmen sich die EFRAG gleich wie andere Standardsetzer dem Prinzip der Konnektivität und den möglichen Handlungsbedarfen, um diesem Prinzip weitere Durchsetzung zu ermöglichen, in verschiedenen Projekten. Im Juni 2024 wurde von der EFRAG bspw. das *„Initial paper"* zu *„Connectivity considerations and boundaries of different annual reporting sections"* veröffentlicht, das neben einem Themenabriss auch Unterschiede im Verständnis von Konnektivität in verschiedenen relevanten Rahmenwerken und Standards enthält.[118]

8 Schutzklauseln

ESRS 1 enthält zwei explizite Schutzklauseln, die es Unternehmen erlauben, **Angaben zu unterlassen** – insbes. dann, wenn diese in der Wesentlichkeitsanalyse als wesentlich identifiziert wurden: „Das Unternehmen ist nicht verpflichtet, Verschlusssachen oder vertrauliche Informationen anzugeben, selbst wenn diese als wesentlich betrachtet werden" (ESRS 1.105). Im Besonderen werden Informationen i.V.m. geistigem Eigentum (*intellectual property*) hervorgehoben (ESRS 1.106f.). Auch solche Schutzklauseln sind der Finanzberichterstattung nicht fremd; das Besondere an den Schutzklauseln gem. ESRS 1 ist jedoch, dass sie vage gehalten sind und damit weiten Spielraum eröffnen, Unternehmensinteressen gegenüber den Informationsbedürfnissen Dritter zu priorisieren.

175

Vergleichsweise konkrete Ausführungen finden sich zur Schutzklausel im Hinblick auf **geistiges Eigentum**. Umfasst sind davon:

176

- sachlich Angaben zu geistigem Eigentum, zu „Know-how" oder zu Ergebnissen von Innovationen;
- in formaler Hinsicht nur solche Angaben, die sich auf Strategien, Pläne oder Maßnahmen beziehen[119] und
- die gleichzeitig drei Bedingungen erfüllen:
  - die Angabe bezieht sich auf Sachverhalte, die in dem Sinne geheim sind, dass sie weder in ihrer Gesamtheit noch in ihren Bestandteilen bzw. in der genauen Anordnung und Zusammensetzung dieser Bestandteile all-

---

[118] EFRAG, Initial paper: Connectivity considerations and boundaries of different annual reporting sections, Juni 2024, https://efrag.sharefile.com/public/share/web-sa809d85e758e44aea39de8cdb 9aa48fd, Abruf 1.8.2024.

[119] Hier hat die deutsche Sprachfassung das englische Original *„strategy, plans and actions"* zwar korrekt übersetzt – es liegt aber die Vermutung nahe, dass hier ein redaktioneller Fehler vorliegt – und dass es vielmehr „Konzepte, Ziele und Maßnahmen" heißen müsste. Dies einerseits wegen der begrifflichen Konsistenz mit den sekundären Berichterstattungsbereichen; andererseits da alle drei Begriffe im ESRS-Text fett gedruckt sind und damit auf das Glossar verweisen, Definitionen für *„strategy"* und *„plan"* aber fehlen.

gemein bekannt oder zumindest zugänglich sind für Personen in den einschlägigen Fachkreisen;
- die Geheimhaltung der Sachverhalte, die durch die Angabe erfasst werden, ist für das berichtspflichtige Unternehmen von wirtschaftlichem Wert;
- das Unternehmen hat auch angemessene Anstrengungen unternommen, um diese Geheimhaltung sicherzustellen (ESRS 1.106).

177 Auch auf (weitere) **Verschlusssachen** oder **vertrauliche Informationen** ist eine Schutzklausel gem. ESRS 1 anzuwenden. Hierzu finden sich Begriffsdefinitionen im Glossar zu den ESRS:
- Verschlusssachen: „EU-Verschlusssachen gemäß der Definition im Beschluss 2013/488/EU des Rates über die Sicherheitsvorschriften für den Schutz von EU-Verschlusssachen oder als von einem Mitgliedstaat als solche eingestuft und gemäß Anlage B dieses Beschlusses gekennzeichnet."[120]
- Vertrauliche Informationen: „Vertrauliche Informationen im Sinne der Verordnung (EU) 2021/697 des Europäischen Parlaments und des Rates zur Einrichtung des Europäischen Verteidigungsfonds."[121]

Hierbei handelt es sich also um (vergleichsweise eng abgegrenzte) Schutzklauseln, die für öffentliches Interesse zur Anwendung gelangen. Eine solche Schutzklausel ist insbes. im nationalen Bilanzrecht geregelt (HGB) bzw. geregelt gewesen (UGB) und hinsichtlich ihres Anwendungsbereichs klar umrissen; auch für die IFRS wird eine Anwendung gefordert. Dabei wird diese Schutzklausel nach h. M. so ausgelegt, dass das Unterlassen sogar eine Verpflichtung für Unternehmen darstellt, da das öffentliche Interesse stets in einem höheren Maß schützenswert ist, als es die ansonsten verfolgten Zwecke der Rechnungslegung sind. Kontexte, in denen diese Schutzklausel von einer großen praktischen Bedeutung sein kann, sind etwa Wirtschaftstätigkeiten im Bereich der Landesverteidigung oder Rüstungsindustrie bzw. im Bereich öffentlicher Infrastruktur.[122]

178 Eine **Angabe, dass eine dieser beiden Schutzklauseln ausgeübt wurde**, ist nach ESRS 2 BP-1 nur für die Schutzklausel zu geistigem Eigentum erforderlich (nicht aber für Verschlusssachen bzw. vetrauliche Informationen). Anzugeben ist auch in diesem Fall nur, ob von einer Schutzklausel Gebrauch gemacht wurde; jede weitergehende Spezifizierung kann u. E. unterbleiben. Damit soll v. a. dem schützenswerten Interesse des berichtspflichtigen Unternehmens Rechnung getragen werden. Allerdings sind alle weiteren Datenpunkte einer Angabepflicht, die nicht die soeben dargestellten Kriterien erfüllen und damit nicht von der Möglichkeit des Unterlassens umfasst sind, anzugeben. Darüber

---

120 Berichtigung der Delegierten Verordnung (EU) 2023/2772 v. 31.7.2023, ABl. EU L v. 9.8.2024, Anhang II, Tab. 2, S. 263.
121 Berichtigung der Delegierten Verordnung (EU) 2023/2772 v. 31.7.2023, ABl. EU L v. 9.8.2024, Anhang II, Tab. 2, S. 278.
122 Vgl. ausführlich Baumüller/Nguyen, PiR 2017, S. 46 ff.

hinaus haben Unternehmen darauf abzustellen, die Relevanz all dieser Angaben, die zu einer Angabepflicht getätigt werden, durch die Ausübung einer Schutzklausel so wenig wie möglich zu beeinträchtigen (ESRS 1.108).

Weitere umfassende Schutzklauseln für die Nachhaltigkeitsberichterstattung **179** gem. ESRS existieren nicht. D. h., dass Unternehmen **keine Aufrechnung eigener Interessen** gegenüber jener der Nutzer der Nachhaltigkeitsberichterstattung anstellen dürfen, sofern es Angabepflichten betrifft, die als wesentlich in der Wesentlichkeitsanalyse identifiziert wurden. Per se sind die Unternehmensinteressen durch die ESRS damit nicht geschützt. Hinzuweisen ist allerdings darauf, dass einzelne Angabepflichten der ESRS Anforderungen eingearbeitet haben, die im Ergebnis sehr eingeschränkten Schutzklauseln gleichkommen (etwa i. V. m. ESRS G1-4, wonach nur „bestätigte Korruptions- oder Bestechungsfälle" berichtspflichtig sind, oder im Hinblick auf die bereits angesprochene Möglichkeit, Angaben im Fall von Impraktikabilitäten zu unterlassen; Rz 40).

Ergänzend ist darauf hinzuweisen, dass die **CSRD selbst eine Schutzklausel** **180** **eingeführt hat**, die in den ESRS nicht erwähnt wird, ergänzend aber unter bestimmten Umständen von Unternehmen ebenso genutzt werden kann: Art. 19a Abs. 3 bzw. Art. 29a Abs. 3 der Bilanz-RL i. d. F. CSRD erlaubt, „dass Informationen über künftige Entwicklungen oder Belange, über die Verhandlungen geführt werden, in Ausnahmefällen weggelassen werden, wenn nach der ordnungsgemäß begründeten Einschätzung der Mitglieder der Verwaltungs-, Leitungs- und Aufsichtsorgane, die im Rahmen der ihnen durch einzelstaatliche Rechtsvorschriften übertragenen Zuständigkeiten handeln und die gemeinsam für diese Einschätzung zuständig sind, eine solche Offenlegung von Informationen der Geschäftslage der Gruppe ernsthaft schaden würde, sofern eine solche Nichtaufnahme ein den tatsächlichen Verhältnissen entsprechendes und ausgewogenes Verständnis des Geschäftsverlaufs, des Geschäftsergebnisses und der Lage der Gruppe sowie der Auswirkungen ihrer Tätigkeit nicht verhindert."

Dabei handelt es sich um ein Mitgliedstaatenwahlrecht, das somit nur dann offensteht, wenn es im Mitgliedstaat, in dem ein berichtspflichtiges Unternehmen ansässig ist, ausgeübt wird. Aus dem Wortlaut der CSRD lassen sich folgende drei Voraussetzungen ableiten, die weiter an die Ausübung dieser Schutzklausel knüpfen:

• Die zu unterlassende Angabe betrifft Informationen über zukünftige Entwicklungen oder Belange, über die Verhandlungen geführt werden.

• Es droht nach pflichtgemäßem Ermessen der zuständigen Unternehmensorgane ein ernsthafter Schaden für das berichtspflichtige Unternehmen.

• Die Nichtaufnahme der Berichterstattung steht dem Informationsziel der gesamten Berichterstattung gem. ESRS nicht entgegen.

Der Wortlaut lässt erkennen, dass von dieser Schutzklausel nur „in Ausnahmefällen" Gebrauch gemacht werden kann. Entsprechende Nachweise hierfür sind vom berichtspflichtigen Unternehmen auch gegenüber dem externen Prüfer zu erbringen. Darüber hinaus ist gem. ESRS 2 BP-1(e) eine Angabe zu tätigen, wenn diese Schutzklausel zur Anwendung gelangt. Da die hier behandelte Schutzklausel in Wortlaut und Inhalt mit der bereits in der NFRD enthaltenen Schutzklausel deckungsgleich ist, kann für weitere Auslegungsfragen auf die einschlägige Literatur verwiesen werden.[123]

181

Praxis-Hinweis

Hervorzuheben ist schließlich, dass die ESRS **keine allgemeine Schutzklausel für Verschwiegenheitsverpflichtungen** oder sonstige Arten von Vertraulichkeiten kennen, die aus den Geschäftsbeziehungen eines berichtspflichtigen Unternehmens resultieren – im Gegensatz etwa zu den GRI-Standards, in denen diese Schutzklauseln eine wichtige Rolle spielen.[124] D.h., dass ein Unternehmen zu entsprechenden Offenlegungen verpflichtet ist und bereits in seinen Vertragsgestaltungen z.B. mit Kunden und Lieferanten dafür zu sorgen hat (indem etwa keine einschlägigen Geheimhaltungsvereinbarungen in diese Verträge aufgenommen werden), dass dies auch möglich ist. Um bestehende vertragliche Verpflichtungen bzw. sonstige Interessen bestmöglich einzuhalten, wird es aber i.d.R. möglich sein, durch entsprechend gewählte allgemeine Formulierungen in der Nachhaltigkeitserklärung gravierende Nachteile für das Unternehmen zu vermeiden, d.h. die Offenlegung von sensiblen Informationen weitgehend zu vermeiden.

9 *Phase-in*-Regelungen

182 An letzter Stelle widmet sich ESRS 1 Übergangsbestimmungen für die erstmalige Anwendung der ESRS. Diese sehen **zeitliche bzw. inhaltliche Erleichterungen** für die geforderte Berichterstattung vor. Die vorgesehenen Zeiträume für die Anwendung dieser Erleichterungen beginnen jeweils mit dem Zeitpunkt der erstmaligen Berichtspflicht gem. ESRS, wie sie von der CSRD festgelegt werden. Die Übergangsbestimmungen umfassen allgemeine *Phase-in*-Regelungen zu den vorliegenden ESRS sowie spezielle Regelungen für ausgewählte (Querschnitts-)Sachverhalte.[125]

183 ESRS 1.137 verweist auf seine Anlage C, die eine Liste von Angabepflichten bzw. auch ganzen ESRS enthält, für die *Phase-in*-Regelungen vorgesehen sind. Bestimmte Unternehmen erhalten damit das Wahlrecht eingeräumt, diese An-

---

[123] Sopp/Baumüller/Scheid, Nachhaltigkeitsberichterstattung, 3. Aufl., 2023, S. 300ff.
[124] Vgl. Baumüller/Bornemann, PiR 2023, S. 171ff.
[125] Mitunter wird in der Literatur begrifflich unterschieden zwischen den Regelungen in Kap. 10.4 (als „*Phase-in*-Regelungen") und jenen der weiteren Unterkapitel in Kap. 10 von ESRS 1 (als weitere Übergangsbestimmungen).

gabepflichten bzw. ESRS im ersten bzw. vereinzelt noch im zweiten Jahr der erstmaligen Berichtspflicht gem. ESRS auszulassen. Manche Auslassungen sind für alle Unternehmen, die dieser Berichtspflicht unterliegen, möglich, andere nur für Unternehmen bzw. Konzerne, die einen bestimmten Größenschwellenwert nicht überschreiten.

Praxis-Hinweis

Wann die erstmalige Berichtspflicht vorliegt, ist im Einzelfall zu beurteilen. Wird ein Unternehmen bspw. erst für das Geschäftsjahr 2026 als „große Kapitalgesellschaft" klassifiziert und damit der Berichtspflicht gem. CSRD bzw. ESRS unterworfen, so stehen ihm im ersten Berichtsjahr (2026) alle *Phase-in*-Regelungen offen. Bei zwei- bzw. dreijährigen Regelungen kann sich der *Phase-in*-Zeitraum in Folge auch auf die folgenden Berichtsjahre (2027 und 2028) erstrecken.

Tab. 4 fasst zunächst jene Angabepflichten zusammen, die für **alle berichtspflichtigen Unternehmen** in einem festgelegten zeitlichen Rahmen ausgelassen werden können:

184

ESRS	Angabepflicht	Möglichkeit zur Auslassung
ESRS 2	ESRS 2 SBM-1 – Strategie, Geschäftsmodell und Wertschöpfungskette (→ § 4 Rz 81 ff.)	Die Datenpunkte in ESRS 2.40(b) (Aufschlüsselung der Umsatzerlöse nach den wichtigsten ESRS-Sektoren) und ESRS 2.40(c) (Liste der zusätzlichen maßgeblichen ESRS-Sektoren) müssen erst ab dem Zeitpunkt berichtet werden, zu dem auch der delegierte Rechtsakt anwendbar ist, den die EU-Kommission gem. Art. 29b Abs. 1 Subabs. 3 Nr. ii) der Bilanz-RL i.d.F. CSRD zu erlassen hat.[126]

---

[126] Dieser umfasst die erstmalige Verabschiedung von sektorspezifischen Standards.

ESRS	Angabepflicht	Möglichkeit zur Auslassung
ESRS 2	ESRS 2 SBM-3 – Wesentliche Auswirkungen, Risiken und Chancen und ihr Zusammenspiel mit Strategie und Geschäftsmodell (→ § 4 Rz 102 ff.)	Der Datenpunkt in ESRS 2.48(e) (kurz-, mittel- und langfristig erwartete finanzielle Effekte der wesentlichen Risiken und Chancen des Unternehmens auf seine Finanzlage, Ertragslage und Cashflows) kann im ersten Jahr der Berichtspflicht gem. ESRS ausgelassen werden. Weiterhin kann der Datenpunkt in den ersten drei Jahren der Berichtspflicht gem. ESRS auch ausschl. durch qualitative Offenlegungen angegeben werden, ohne quantitative Informationen ergänzen zu müssen, sofern die Erstellung quantitativer Angaben nicht durchführbar ist.
ESRS E1	ESRS E1-9 – Erwartete finanzielle Effekte wesentlicher physischer Risiken und Übergangsrisiken sowie potenzielle klimabezogene Chancen (→ § 6 Rz 97 ff.)	Die gesamte Angabepflicht kann im ersten Jahr der Berichtspflicht gem. ESRS ausgelassen werden. Weiterhin kann die Angabepflicht in den ersten drei Jahren der Berichtspflicht gem. ESRS auch ausschl. durch qualitative Offenlegungen erfüllt werden, ohne quantitative Informationen ergänzen zu müssen. Dieses zweite Wahlrecht zu ESRS E1-9 steht aber nur insofern offen, als die Erstellung quantitativer Angaben nicht durchführbar ist; d. h., hier sind entsprechende Nachweise zu bringen.

ESRS	Angabepflicht	Möglichkeit zur Auslassung
ESRS E2	ESRS E2-6 – Erwartete finanzielle Effekte aufgrund durch Umweltverschmutzung bedingter Auswirkungen, Risiken und Chancen (→ § 7 Rz 98 ff.)	Die gesamte Angabepflicht kann im ersten Jahr der Berichtspflicht gem. ESRS ausgelassen werden. Weiterhin kann die Angabepflicht in den ersten drei Jahren der Berichtspflicht gem. ESRS auch ausschl. durch qualitative Offenlegungen erfüllt werden, ohne quantitative Informationen ergänzen zu müssen. Diese zweite Erleichterung gilt **nicht** für den Datenpunkt in ESRS E2.40(b) („die Betriebs- und Investitionsausgaben, die im Berichtszeitraum in Verbindung mit größeren Vorfällen und Ablagerungen getätigt wurden").
ESRS E3	ESRS E3-5 – Erwartete finanzielle Effekte durch Auswirkungen, Risiken und Chancen im Zusammenhang mit Wasser- und Meeresressourcen (→ § 8 Rz 61 ff.)	Die gesamte Angabepflicht kann im ersten Jahr der Berichtspflicht gem. ESRS ausgelassen werden. Weiterhin kann die Angabepflicht in den ersten drei Jahren der Berichtspflicht gem. ESRS auch ausschl. durch qualitative Offenlegungen erfüllt werden, ohne quantitative Informationen ergänzen zu müssen.
ESRS E4	ESRS E4-6 – Erwartete finanzielle Effekte durch Auswirkungen, Risiken und Chancen im Zusammenhang mit biologischer Vielfalt und Ökosystemen (→ § 9 Rz 46 f.)	Die gesamte Angabepflicht kann im ersten Jahr der Berichtspflicht gem. ESRS ausgelassen werden. Weiterhin kann die Angabepflicht in den ersten drei Jahren der Berichtspflicht gem. ESRS auch ausschl. durch qualitative Offenlegungen erfüllt werden, ohne quantitative Informationen ergänzen zu müssen.

ESRS	Angabepflicht	Möglichkeit zur Auslassung
ESRS E5	ESRS E5-6 – Erwartete finanzielle Effekte durch wesentliche Risiken und Chancen im Zusammenhang mit Ressourcennutzung und Kreislaufwirtschaft (→ § 10 Rz 124 ff.)	Die gesamte Angabepflicht kann im ersten Jahr der Berichtspflicht gem. ESRS ausgelassen werden. Weiterhin kann die Angabepflicht in den ersten drei Jahren der Berichtspflicht gem. ESRS auch ausschl. durch qualitative Offenlegungen erfüllt werden, ohne quantitative Informationen ergänzen zu müssen.
ESRS S1	ESRS S1-7 – Merkmale der Fremdarbeitskräfte des Unternehmens (→ § 12 Rz 77 ff.)	Die gesamte Angabepflicht kann im ersten Jahr der Berichtspflicht gem. ESRS ausgelassen werden.
	ESRS S1-8 – Tarifvertragliche Abdeckung und sozialer Dialog (→ § 12 Rz 85 ff.)	Die Angabepflicht kann im ersten Jahr der Berichtspflicht gem. ESRS insofern ausgelassen werden, als sich die Angaben auf die eigene Belegschaft in Nicht-EWR-Staaten beziehen.
	ESRS S1-11 – Sozialschutz (→ § 12 Rz 111 ff.)	Die Angabepflicht kann im ersten Jahr der Berichtspflicht gem. ESRS ausgelassen werden.
	ESRS S1-12 – Prozentsatz der Beschäftigten mit Behinderungen (→ § 12 Rz 117 ff.)	Die Angabepflicht kann im ersten Jahr der Berichtspflicht gem. ESRS ausgelassen werden.
	ESRS S1-13 – Kennzahl für Weiterbildung und Kompetenzentwicklung (→ § 12 Rz 124 ff.)	Die Angabepflicht kann im ersten Jahr der Berichtspflicht gem. ESRS ausgelassen werden.

ESRS	Angabepflicht	Möglichkeit zur Auslassung
	ESRS S1-14 – Kennzahl für Gesundheitsschutz und Sicherheit (→ § 12 Rz 130 ff.)	Folgende Datenpunkte können im ersten Jahr der Berichtspflicht gem. ESRS ausgelassen werden: • arbeitsbedingte Erkrankungen, • Zahl der Ausfalltage aufgrund von Verletzungen, Unfällen, Todesfällen und arbeitsbedingten Erkrankungen. Weiterhin kann die Angabepflicht im ersten Jahr der Berichtspflicht gem. ESRS insofern ausgelassen werden, als sich die Angaben auf Fremdarbeitskräfte beziehen.
	ESRS S1-15 – Kennzahl für die Vereinbarkeit von Berufs- und Privatleben (→ § 12 Rz 139 ff.)	Die Angabepflicht kann im ersten Jahr der Berichtspflicht gem. ESRS ausgelassen werden.

Tab. 4: *Phase-in*-Regelungen für alle Unternehmen (ESRS 1, App. C)

Praxis-Hinweis

Hervorgehoben sei abschließend die unterschiedliche Anforderung, die an die Wahlrechte gem. ESRS E1-9 einerseits und ESRS E2-6, ESRS E3-5, ESRS E4-6 und ESRS E5-6 gestellt werden: Einzig das Wahlrecht gem. ESRS E1-9, die Angaben für die ersten drei Jahre der Berichtspflicht auf qualitative Angaben zu beschränken, ist an weitere Nachweise geknüpft.

Tab. 5 fasst schließlich jene Angabepflichten zusammen, die von solchen Unternehmen ausgelassen werden können, die den **Größenschwellenwert von 750 Mitarbeitenden** im Jahresdurchschnitt nicht überschreiten. Für die konsolidierte Nachhaltigkeitsberichterstattung ist diese Mitarbeitenden-Zahl entsprechend auf konsolidierter Basis zu verstehen. Die weitere Berechnung hat nach denselben Methoden zu erfolgen, wie sie im Einzel- bzw. Konzernabschluss für die Ermittlung korrespondierender Größenschwellenwerte zur Anwendung gelangen.

185

ESRS	Angabepflicht	Möglichkeit zur Auslassung
ESRS E1	ESRS E1-6 THG-Bruttoemissionen der Kategorien Scope 1, 2 und 3 sowie THG-Gesamtemissionen (→ § 6 Rz 68 ff.)	Die Datenpunkte zu Scope-3-THG-Emissionen und den gesamten THG-Emissionen können im ersten Jahr der Berichtspflicht gem. ESRS ausgelassen werden.
ESRS E4	Alle Angabepflichten	Die Berichterstattung nach ESRS E4 kann für die ersten zwei Jahre der Berichtspflicht gem. ESRS unterbleiben.
ESRS S1	Alle Angabepflichten	Die Berichterstattung nach ESRS S1 kann für das erste Jahr der Berichtspflicht gem. ESRS unterbleiben.
ESRS S2	Alle Angabepflichten	Die Berichterstattung nach ESRS S2 kann für die ersten zwei Jahre der Berichtspflicht gem. ESRS unterbleiben.
ESRS S3	Alle Angabepflichten	Die Berichterstattung nach ESRS S3 kann für die ersten zwei Jahre der Berichtspflicht gem. ESRS unterbleiben.
ESRS S4	Alle Angabepflichten	Die Berichterstattung nach ESRS S4 kann für die ersten zwei Jahre der Berichtspflicht gem. ESRS unterbleiben.

Tab. 5: *Phase-in*-Regelungen für bestimmte Unternehmen (ESRS 1, App. C)

186   Die Übergangsbestimmungen in ESRS 1 sprechen stets von „Jahren der Erstellung ihrer Nachhaltigkeitserklärung". Darunter sind u.E. Kalenderjahre zu verstehen. Dies bedeutet, dass sie also ggf. für mehr als drei Berichtszeiträume, für die Nachhaltigkeitserklärungen erstellt werden, zur Anwendung gelangen können, wenn diese Berichtszeiträume z.T. kürzer als ein Jahr sind.

187   Macht ein Unternehmen von den *Phase-in*-Regelungen betreffend ganze ESRS gem. Tab. 5 Gebrauch, so hat es dazu gesondert Angaben zu tätigen bzw. bei Wesentlichkeit des Nachhaltigkeitsaspekts alternative Angaben aufzunehmen. Diese finden sich in ESRS 2 BP-2 spezifiziert (→ § 4 Rz 28 ff.). Damit zeigt sich zugleich, dass Unternehmen unabhängig von den gewährten *Phase-in*-Regelun-

gen die adressierten Nachhaltigkeitsaspekte (und zwar gem. ESRS 1, App. A) jedenfalls in ihrer Wesentlichkeitsanalyse abzudecken haben.

Praxis-Hinweis

Wird ein ganzer ESRS dem *Phase-in* unterworfen und damit nicht in die Berichterstattung integriert, so umfasst die Befreiung von der Angabepflicht auch die Angaben im Zusammenhang mit ESRS 2, die in den themenbezogenen ESRS angeführt werden. Wird bspw. ESRS S1 nicht berichtet, so muss auch auf die Angabepflicht in ESRS S1 im Zusammenhang mit ESRS 2 SBM-2 nicht eingegangen werden (obschon ESRS 2 selbst nicht dem *Phase-in* unterliegt). Darüber hinaus besteht u. E. auch keine Berichtspflicht für die Angabepflichten im Zusammenhang mit ESRS 2 IRO-1, die in den Standards der E- und der G-Säule enthalten sind und grds. vom Wesentlichkeitsvorbehalt ausgenommen sind. ESRS 2.14 fordert lediglich eine Angabe, ob Nachhaltigkeitsthemen, die durch einen der angeführten ESRS abgedeckt werden, als wesentlich beurteilt wurden.

Die bisher dargestellten *Phase-in*-Regelungen gehen den in weiterer Folge behandelten Erleichterungen gem. ESRS 1, Kap. 10 vor. So müssten etwa Unternehmen, die nicht mehr als 750 Mitarbeitende im Durchschnitt des abgeschlossenen Geschäftsjahrs beschäftigten, ihre Scope-3-THG-Emissionen jedenfalls im ersten Jahr ihrer Berichtspflicht aufnehmen, obwohl diese Angabepflicht ansonsten von den Ausnahmebestimmungen zur Berichterstattung entlang der Wesentlichkeitsanalyse gem. ESRS 1.133(b) nicht umfasst wäre.   **188**

Im Hinblick auf Querschnitts-Sachverhalte wird zunächst auf den **Stellenwert von unternehmensspezifischen Angaben** hingewiesen: „Es ist zu erwarten, dass sich der Umfang, in dem Nachhaltigkeitsaspekte durch ESRS abgedeckt werden, mit der Formulierung weiterer Angabepflichten erweitern wird. Daher wird der Bedarf an unternehmensspezifischen Angaben im Laufe der Zeit vermutlich abnehmen, insbesondere, wenn in der Zukunft sektorspezifische Standards angenommen werden" (ESRS 1.130). Hiermit spricht der Standard kein Problem an, das aufseiten der berichtspflichtigen Unternehmen begründet liegt, sondern trägt vielmehr dem aktuellen Status der ESRS Rechnung – und den Herausforderungen in der Berichterstattung, mit denen sich Unternehmen gegenwärtig konfrontiert sehen: Einerseits können die Vorgaben zur Wesentlichkeitsanalyse nur z. T. durch bereits vorliegende ESRS konkretisiert werden; andererseits können sich v. a. für solche Unternehmen, die schon bisher der Pflicht zur nichtfinanziellen Berichterstattung unterlegen sind, aus ähnlichen Gründen gravierende Diskontinuitäten im Umstieg auf die Nachhaltigkeitsberichterstattung gem. ESRS ergeben.   **189**

Um diese beiden Problemfelder zu adressieren, sieht ESRS 1 vor, dass ein Unternehmen für die ersten drei Berichtszeiträume, für die Nachhaltigkeits-   **190** erklärungen erstellt werden, **„Übergangsmaßnahmen"** ergreifen kann, wenn es seine unternehmensspezifischen Angaben festlegt. Wenn ein Unternehmen davon Gebrauch macht, so hat es

- einerseits solche Angaben fortzuführen, die es in einer vormaligen Berichterstattung gem. NFRD oder gem. anderer Standards bzw. Rahmenwerke aufgenommen hatte, sofern diese Angaben mit den qualitativen Merkmalen gem. ESRS 1 im Einklang stehen oder entsprechend angepasst werden, so dass dieser Einklang hergestellt wird (ESRS 1.131(a)); dies bedeutet bspw., dass bei einer bisherigen Berichterstattung gem. GRI ein solcher Einklang weitgehend angenommen werden kann, da die qualitativen Merkmale beider Standardsysteme weitgehend übereinstimmen;

- andererseits werden Unternehmen aufgefordert, sektorspezifische Angaben in ihre Berichterstattung zu integrieren, die sich auf (nicht näher definierte) *„best practices"* oder aber auf etablierte Rahmenwerke bzw. Standards stützen; zu Letzterem werden die Standards der GRI sowie die IFRS SDS ausdrücklich genannt (ESRS 1.131(b)). Darüber hinaus werden sektorspezifische Rahmenwerke bzw. Standards wie z. B. die Sustainability Best Practices Recommendations der EPRA (European Public Real Estate) bzw. themenspezifische Verlautbarungen wie die Sektorstandards der Taskforce on Nature-related Financial Disclosures (TNFD) in Betracht kommen; dies ist zumindest so lange von Bedeutung, wie die ESRS selbst noch nicht sektorspezifische Standards für alle für ein Unternehmen relevanten Sektoren umfassen.

Ziel dieses Wahlrechts zu „Übergangsmaßnahmen" ist es, Orientierung und damit Anwendungssicherheit bei der Identifikation unternehmensspezifischer Angaben zu schaffen. Sofern Unternehmen dieser nachdrücklichen Aufforderung Folge leisten, wird davon auszugehen sein, dass sie die Anforderungen gem. ESRS 1 im Hinblick auf unternehmensspezifische Angabepflichten hinlänglich erfüllen. Dies stellt den zentralen Nutzen aus der Perspektive der berichtspflichtigen Unternehmen dar, ist jedoch zugleich eine mit einem nicht unbeträchtlichen Mehraufwand verbundene Aufforderung: Unternehmen müssen sich de facto intensiv mit den in ESRS 1 genannten weiteren Standardsystemen befassen und dahingehend die Berichterstattung gem. ESRS ergänzen.[127]

Praxis-Hinweis

Die hier geforderte Vorgehensweise ist u. E. nicht nur auf Nachhaltigkeitsaspekte i. e. S. beschränkt, sondern insbes. auch für noch in den ESRS fehlende Kennzahlen (z. B. für ESRS S2–ESRS S4 bzw. für Auswirkungs-Kennzahlen gem. ESRS E4) anzuwenden. Darüber hinaus ist zu berücksichtigen, dass die allgemeinen Regelungen zur Wesentlichkeit von Angaben weiterhin

---

[127] Vgl. Baumüller, SWK 2023, S. 719f.

gelten. D.h., Nachhaltigkeitsaspekte sind in eine „*longlist*" zu integrieren und dann zu bewerten; Kennzahlen für zuvor als wesentlich identifizierte Nachhaltigkeitsaspekte sind zu ergänzen, sofern sie auch relevant sind für die Nutzer der Nachhaltigkeitsberichterstattung.

Praxis-Beispiel Lenzing[128]

„Kennzahlen und Ziele

[zu ESRS S3: Betroffene Gemeinschaften]

[...]

Rechtsbeschwerden und Ermittlungen

Interessenskonflikte und produktionsbedingte Umstände wie Lärmbelastung, unangenehme Gerüche und Umweltverschmutzung können zu Auseinandersetzungen mit Anwohner:innen führen. An allen Standorten wurden Verfahren eingerichtet, die eine faire und unparteiische Behandlung von Beschwerden sicherstellen. Alle Beschwerden werden monatlich überprüft und direkt an die Senior Management Teams der Lenzing Gruppe gemeldet. 2023 wurden 49 Beschwerden an verschiedenen Standorten registriert, und im Anschluss an das Untersuchungs- und Überprüfungsverfahren wurden entsprechende Abhilfemaßnahmen getroffen. In Nanjing (China) wurde bei einer Umweltinspektion ein NaHS-Austritt in den Boden festgestellt, was zu einer Geldstrafe von 52.500 Yuan (ca. EUR 6.733) führte. Wegen eines Verstoßes gegen das Gefahrguttransportgesetz bei einem Vorfall im September 2020 wurde Lenzing (Österreich) in der letzten Instanz 2023 zu einer Geldstrafe von EUR 3.000 verurteilt."

Im Hinblick auf die Berichterstattung zur **Wertschöpfungskette** des berichts- **191** pflichtigen Unternehmens wiederholt ESRS 1 das bereits in der CSRD vorgesehene Wahlrecht, den Umfang dieser Berichterstattung für die ersten drei Jahre der Berichtspflicht einzuschränken. Hierzu ist festzuhalten:

- Das berichtspflichtige Unternehmen hat seine Auswirkungen, Risiken und Chancen im Hinblick auf die Wertschöpfungskette ohne Einschränkung in der Wesentlichkeitsanalyse zu ermitteln.
- Für wesentliche Nachhaltigkeitsaspekte i.V.m. der Wertschöpfungskette greift im Anschluss die Erleichterung, dass das Unternehmen nur in sehr eingeschränktem Umfang hierüber berichten muss:
  - Zu Konzepten, Maßnahmen und Zielen muss nur insofern berichtet werden, als die dafür benötigten Informationen bereits dem Unternehmen

---

128 Entnommen Lenzing Gruppe, Geschäfts- und Nachhaltigkeitsbericht 2023, S. 155.

zugänglich sind: z. B. weil sie bereits abgefragt werden oder sich aus öffentlich zugänglichen Quellen beziehen lassen (ESRS 1.133(a)).

– Zu Kennzahlen entfällt eine Berichtspflicht zur Gänze, soweit sie sich nicht auf Datenpunkte bezieht, die sich aus anderen EU-Normen ergeben. Diese Datenpunkte werden in ESRS 2, App. B aufgeführt (ESRS 1.133(b); siehe hierzu die vorangestellten Grundlagen-Kapitel zu den Kommentierungen der weiteren ESRS). Anders als für Konzepte, Maßnahmen und Ziele hat das berichtspflichtige Unternehmen diese Informationen also u. E. aktiv einzuholen, wenn sie ihm nicht bereits vorliegen sollten.

Praxis-Hinweis

Ein Beispiel für einen Datenpunkt, der in ESRS 2, App. B angeführt wird und sich auf die Wertschöpfungskette eines Unternehmens bezieht, sind die geforderten Angaben der Scope-3-THG-Emissionen. Im Hinblick auf diese Angabepflicht kann ein ESRS-Erstanwender also nicht von den Übergangsbestimmungen zur Wertschöpfungskette Gebrauch machen.

• Die folgenden Angaben, die ESRS 1 nennt, sind konsequenterweise für den Zeitraum der Ausübung des gegenständlichen Übergangswahlrechts nur insofern zu tätigen, als sie sich auf berichtspflichtige Kennzahlen gem. ESRS 1.133(b) beziehen (ESRS 1.132):
  – welche Anstrengungen es unternommen hat, um die erforderlichen Informationen über seine Wertschöpfungskette zu erhalten,
  – die Gründe, warum nicht alle erforderlichen Informationen beschafft werden konnten, und
  – seine Pläne, die erforderlichen Informationen in Zukunft zu beschaffen.

Diese Anforderungen gelten unabhängig davon, ob ein Unternehmen, das Teil dieser berichtspflichtigen Wertschöpfungskette ist und von dem daher Daten eingeholt müssen, als KMU zu klassifizieren ist oder nicht (ESRS 1.134). Weitergehende Darstellungen zur Abdeckung der Wertschöpfungskette und zu allen diesbzgl. Bemühungen des Unternehmens werden aber i. V. m. den Angabepflichten gem. ESRS 2 BP-1 (→ § 4 Rz 17) und ESRS 2 BP-2 (→ § 4 Rz 22) sinnvoll sein.

Achtung

Das Problem, dass die ESRS nicht konsequent zwischen „Geschäftsbeziehungen" und „Wertschöpfungskette" unterscheidet, kommt im Zusammenhang mit der hier dargestellten *Phase-in*-Regelung besonders zum Tragen. So ist unklar, ob sich dieses Wahlrecht auf alle Geschäftsbeziehungen bezieht oder nur auf jene, die der Wertschöpfungskette zugerechnet werden. Im Gesamtzusammenhang erscheint es als naheliegend, von der erstgenannten, inhaltlich weiter gefassten Auslegung auszugehen.

Das soeben dargestellte Wahlrecht bezieht sich einzig auf Informationen, die über die Wertschöpfungskette berichtet werden müssen, d. h. über wesentliche Auswirkungen, Risiken bzw. Chancen i. V. m. dieser. Es ist jedoch **nicht auf die vorgelagerte Wesentlichkeitsanalyse** zu beziehen. Hierfür werden Datenabfragen und ein intensiver Austausch mit den Akteuren der vor- und nachgelagerten Wertschöpfungskette gefordert sein. Wo ein Unternehmen nicht an die erforderlichen Informationen für seine Wesentlichkeitsbeurteilungen zu kommen vermag, hat es bspw. mit Expertisen Dritter oder mit Schätzungen zu arbeiten.

192

Eine für die Praxis besonders bedeutsame Übergangsregelung findet sich schließlich im Hinblick auf die Pflicht, **Vergleichsinformationen** in die Berichterstattung aufzunehmen. Diese Pflicht kommt nicht für die erste Berichtsperiode gem. ESRS zur Anwendung, so dass in dieser nur die Angaben für diese Berichtsperiode selbst zu tätigen sind (ESRS 1.136). Diese Regelung soll sicherstellen, dass die berichtspflichtigen Unternehmen faktisch nicht schon ein Jahr vor der erstmaligen Berichtspflicht gem. ESRS dazu verpflichtet werden, mit der Datenerfassung zu beginnen (was für die ersten Unternehmen bereits eine Datenerfassung für das Kalenderjahr 2023 bedeutet hätte, in dem die ESRS in ihrer Endfassung noch nicht einmal vorlagen). Aus diesem Grund ist konsequenterweise auch abzuleiten, dass für jene Angabepflichten, die eine Angabe von zwei Vergleichsperioden fordern (z. B. ESRS S1-16; → § 12 Rz 151), erst im dritten Jahr der entsprechenden Berichtspflicht eine in zeitlicher Hinsicht vollständige Angabe gefordert werden kann.

193

> **Wichtig**
>
> Diese Übergangsregelung, Vergleichsinformationen betreffend, gilt einzig für Angaben, die gem. ESRS gefordert sind. Sie sind jedoch nicht auf die ebenso in die Nachhaltigkeitserklärung aufzunehmenden Angaben gem. Taxonomie-VO übertragbar. Für Unternehmen, die schon in der Vergangenheit in den Anwendungsbereich der NFRD und damit der Taxonomie-VO fielen und damit zu entsprechenden Angaben verpflichtet waren, führt dies zwar zu einer Inkonsistenz innerhalb der verschiedenen Abschnitte der Nachhaltigkeitserklärung, da folglich nur für die Angaben gem. Taxonomie-VO eine Vergleichsperiode dargestellt werden muss; die dafür erforderlichen Daten sollten aber vorhanden sein. Hier ist die Nichtaufnahme einer solchen Ausnahme-Regelung für Vergleichsinformationen zu den Angaben der Taxonomie-VO also nachvollziehbar.
>
> Weitaus schwieriger ist die Umsetzung allerdings für Unternehmen, die erstmals ab dem Geschäftsjahr 2025 durch die CSRD zu einer Nachhaltigkeitsberichterstattung verpflichtet werden, damit de facto aber zumindest für einen Teil der Angaben in der Nachhaltigkeitserklärung schon für das Geschäftsjahr 2024 Daten zu erheben haben. Dabei ist zu berücksichtigen, dass diese Erstanwender durch die zumeist fehlenden Erfahrungen auf dem

Gebiet der Nachhaltigkeitsberichterstattung und damit verbunden noch fehlenden Ressourcen, Prozessen und Systemen hierfür ohnedies im besonderen Maße herausgefordert sein werden. Dies erscheint also aus einer Vielzahl an Gründen als wenig befriedigende Lösung; allerdings war auch bisher schon für Unternehmen, die erst nach dem Zeitpunkt der Erstanwendung der Berichtspflicht gem. Taxonomie-VO nach der NFRD berichtspflichtig wurden, keine solche Ausnahmeregelung vorgesehen.

Die für diese Angaben maßgeblichen delegierten Rechtsakte der EU-Kommission sehen gegenwärtig keine diesbzgl. Erleichterung für neu hinzukommende Erstanwender vor; von diesen ist eine Vollanwendung mit Angabe von Vergleichsinformationen gefordert. Die damit offensichtlich verbundenen Implementierungsprobleme können aber nur dadurch adressiert werden, dass die EU-Kommission in einem noch zu erlassenden Rechtsakt ein derartiges Wahlrecht nachzieht.

194   Für Unternehmen, die bereits unter den Anwendungsbereich der NFRD fielen bzw. die freiwillig einen Nachhaltigkeitsbericht etwa nach den GRI-Standards erstellt haben, stellt sich die Frage, inwieweit damit vorhandene Angaben aus Zeiträumen vor der Erstanwendung der ESRS als Vergleichsinformationen genutzt werden können. Hiergegen ist u. E. zunächst nichts einzuwenden; selbst wenn dann nur für einzelne Angaben Vergleichsinformationen gegeben werden können, während für andere vom Wahlrecht in ESRS 1, Kap. 10 Gebrauch gemacht wird. Allerdings muss – bereits den allgemeinen Anforderungen an die Nachhaltigkeitsberichterstattung gem. ESRS folgend – gewährleistet sein, dass diese aus Vorjahren übernommenen Angaben im Einklang mit den Vorgaben der ESRS stehen; konkret z.B. mit den vorgesehenen Berechnungsweisen für Kennzahlen und darüber hinaus i.A. mit den Anforderungen aus den qualitativen Merkmalen der ESRS. Dies wird im Einzelfall zu würdigen sein und aufgrund unterschiedlicher Definitionen bzw. Granularitäten oftmals nicht gewährleistet sein.

195   Das **Verhältnis dieser Übergangsregelung zu Vergleichsinformationen zu den zuvor dargestellten *Phase-in*-Regelungen** wird ebenso klargestellt: „Für die Angabepflichten, die in Anlage C Liste der schrittweise eingeführten Angabepflichten aufgeführt sind, gilt diese Übergangsbestimmung in Bezug auf das erste Jahr der obligatorischen Anwendung der schrittweise eingeführten Angabepflicht" (ESRS 1.136). D.h., dass hier ebenso jeweils erst ab dem zweiten Berichtszeitraum Vergleichswerte vorzulegen sind.

196   Die *Phase-in*-Regelungen in ESRS 1, Kap. 10 fordern eine Entscheidung von Unternehmen: Entweder sie üben das gewährte Wahlrecht zur Gänze aus oder sie tun dies nicht. Ein **bloß teilw. Erfüllen** einer Angabepflicht bzw. eines

konkreten Datenpunkts hiervon ist nicht zulässig. Dies ist bereits i. S. d. Nachvollziehbarkeit wichtig.

Praxis-Tipp

Die Sinnhaftigkeit der *Phase-in*-Regelungen ist von den Unternehmen selbst zu beurteilen. Der augenscheinlichen Erleichterung betreffend den Umfang der Berichterstattung steht ein potenzieller Mehraufwand gegenüber, der aus der Komplexität eines so in die Länge gezogenen ESRS-Implementierungsprojekts resultiert. Ggf. bewährt sich ein Zugang, der auf eine Vollanwendung ohne Inanspruchnahme der *Phase-in*-Regelungen zielt, Letztere aber als eine „Fallback"-Option sieht, falls sich bei der Implementierung Probleme zeigen.

10 Fazit

ESRS 1 enthält grundlegende Regelungen für das Gesamtsystem der Berichterstattung gem. ESRS. Zwar ergeben sich aus ESRS 1 selbst keine unmittelbaren Berichtspflichten, allerdings nehmen die weiteren ESRS in vielen Fällen Bezug auf konkrete Regelungsbereiche und fordern konkrete Angaben etwa zur Darstellung der in ESRS 1 inhaltlich geregelten Wesentlichkeitsanalyse. Auch verweisen zahlreiche Angabepflichten der weiteren ESRS auf erforderliche Abwägungen, die sich hier geregelt finden. Darüber hinaus finden sich zu zahlreichen formalen Aspekten der Gestaltung der Berichterstattung maßgebliche Leitlinien im Standard. 197

Von besonderer Bedeutung sind die folgenden Regelungsbereiche, die sich in ESRS 1 abgrenzen lassen: 198

- Qualitative Merkmale von Nachhaltigkeitsinformationen werden festgelegt, die für Auslegungs- und Umsetzungsfragen zahlreicher Angabepflichten in den ESRS zu nützen sind.
- Es wird dargelegt, wie die Wesentlichkeitsanalyse durchzuführen ist, wie sie in einen weiteren Rahmen der Sustainability Due Diligence einzubetten ist – und wie die Ergebnisse der Wesentlichkeitsanalyse schließlich zu den für die Nachhaltigkeitsberichterstattung geforderten Angaben übergeleitet werden können.
- Zu den Berichtsgrenzen (inkl. Abdeckung der Wertschöpfungskette) und Berichtszeiträumen enthält ESRS 1 die fundamentalen Regelungen.
- In formaler Hinsicht wird geregelt, wie die Nachhaltigkeitserklärung in den (Konzern-)Lagebericht einzubetten ist, wie sie zu strukturieren ist – und wie die darin enthaltenen Informationen zu verknüpfen sind (Konnektivität). Eine besondere Rolle spielt die Möglichkeit, Verweise auch auf andere Berichte außerhalb der Nachhaltigkeitserklärung zu setzen.
- Für eng umrissene Sachverhalte ist es möglich, Angaben zu unterlassen. Dies regeln die sog. Schutzklauseln.

- Für die Erstanwendung der ESRS sind die in ESRS 1 geregelten Übergangsbestimmungen von besonderem Interesse. Diese gehen teils über den Rahmen der CSRD hinaus und räumen insbes. im Hinblick auf den Zeitpunkt der Anwendung bestimmter ESRS Erleichterungen ein. Darüber hinaus finden sich zu den Aspekten der unternehmensspezifischen Angaben, zur Abdeckung der Wertschöpfungskette sowie zur erstmaligen Angabe von Vergleichsinformationen wichtige Erleichterungen.

Literaturtipps

- AccountAbility, AA1000 AccountAbility Stakeholder Engagement Standard (AA1000SES), 2015
- Arbeitskreis Integrated Reporting und Sustainable Management (AKIR), „Doppelte Wesentlichkeit" – Zehn Thesen zur Relevanz für den Aufsichtsrat, DB 2023, S. 1105 ff.
- Bannier, Nachhaltigkeitsberichterstattung – aktuelle Herausforderungen und Chancen für Großunternehmen und Mittelständler, in Zwick/Jeromin (Hrsg.), Mit Sustainable Finance die Transformation dynamisieren, 2023, S. 159 ff.
- Bassen et al., Im Dschungel der Berichtssysteme – Ein Beitrag zur internationalen Suche nach Transparenz, in Zwick/Jeromin (Hrsg.), Mit Sustainable Finance die Transformation dynamisieren, 2023, S. 171 ff.
- Baumüller, EFRAG Implementation Guidances, ZCG 2024, S. 173 ff.
- Baumüller, ESRS-konforme Implementierung der Wesentlichkeitsanalyse, ZCG 2024, S. 78 ff.
- Baumüller, „Relevante" Nachhaltigkeitsinformationen, CFO 2024, S. 92 ff.
- Baumüller, Wesentlichkeit in der Taxonomie-VO, NIU 2024, www.manz.at/produkte/niu-nachhaltigkeit-im-unternehmen/2024/wesentlichkeit-in-der-taxonomie-vo, Abruf 1.8.2024
- Baumüller, Berichtsgrenzen und (Dis-)Aggregation in der Nachhaltigkeitsberichterstattung gemäß ESRS, NaRp 3/2023, S. 24 ff.
- Baumüller, Fundamente der Berichterstattung gemäß CSRD und ESRS, SWK 2023, S. 715 ff.
- Baumüller, Sustainability Due Diligence, PiR 2023, S. 214 ff.
- Baumüller, (Aus-)Wirkungen, SWK 2019, S. 955 ff.
- Baumüller/Gleißner, Quantifizierung von nichtfinanziellen Risiken im unternehmensweiten Risikomanagement, GRC aktuell 2020, S. 139 ff.
- Baumüller/Haring/Merl, Konnektivität in den neuen Vorgaben zur Nachhaltigkeitsberichterstattung: der zukünftige Weg zu einer integrierten Berichterstattung, BB 2023, S. 554 ff.
- Baumüller/Mayr, WWF Quick Guide: Wesentlichkeitsanalyse gem. CSRD und ESRS, 2. Aufl., 2024, www.wwf.at/wp-content/uploads/2024/09/WWF_CSRD_Quick_Guide_Update2024.pdf, Abruf 1.10.2024

- Baumüller/Müller/Scheid, Die Endfassung der Corporate Sustainability Due Diligence Directive, StuB 2024, S. 349 ff.
- Baumüller/Schönauer, Die neue Wesentlichkeit in der europäischen Nachhaltigkeitsberichterstattung. Darstellung und Diskussion der Wesentlichkeitsanalyse gem. ESRS, PiR 2023, S. 88 ff. und S. 131 ff.
- Berger/Kiy/Worret, Neue Berichterstattungspflichten über Nachhaltigkeitsaspekte in der EU, WPg 2023, S. 282 ff.
- CDSB, Climate Change Reporting Framework – Edition 1.1, Oktober 2012, www.cdsb.net/sites/default/files/cdsbframework_v1-1.pdf, Abruf 1.8.2024
- Deloitte, Tax as material topic in the CSRD, 2024
- EFRAG, EFRAG IG 1 – Materiality Assessment, Mai 2024, www.efrag.org/sites/default/files/sites/webpublishing/SiteAssets/IG%201%20Materiality%20Assessment_final.pdf, Abruf 1.8.2024
- EFRAG, EFRAG IG 2 – Value chain, Mai 2024, www.efrag.org/sites/default/files/sites/webpublishing/SiteAssets/EFRAG%20IG%202%20Value%20Chain_final.pdf, Abruf 1.8.2024
- EFRAG, ESRS Q&A Platfom, Compilation of Explanations, Januar–Juli 2024, www.efrag.org/sites/default/files/media/document/2024-07/Compilation%20Explanations%20January%20-%20July%202024.pdf, Abruf 1.8.2024
- EFRAG, Initial paper: Connectivity considerations and boundaries of different annual reporting sections, Juni 2024, https://efrag.sharefile.com/public/share/web-sa809d85e758e44aea39de8cdb9aa48fd, Abruf 1.8.2024
- EFRAG/GRI, EFRAG-GRI joint statement of interoperability, https://efrag.sharefile.com/share/view/s459956b01c6841298f78e5031759ca6e/fo8ed338-4c5e-4502-823b-88009818b85a, Abruf 1.8.2024
- ESMA, Public Statement: Off to a good start: first application of ESRS by large issuers, 5 July 2024, www.esma.europa.eu/sites/default/files/2024-07/ESMA32-992851010-1597_-_ESRS_Statement.pdf, Abruf 1.8.2024
- European Commission, Communication from the commission, Guidelines on non-financial reporting: Supplement on reporting climate-related information, 2019/C 209/01, 2019, S. 1 ff.
- Gleißner, Nachhaltigkeit und ESG: Vorsicht bei der Umsetzung der Corporate Sustainability Reporting Directive (CSRD), Rethinking Finance 1/2024, S. 26 ff.
- Gleißner/Baumüller, Doppelte Wesentlichkeit gem. CSRD und Nachhaltigkeitsrisiken, KoR 2024, S. 202 ff.
- IPIECA, Petroleum industry guidelines for reporting greenhouse gas emissions, 2nd edition, 2011, www.ipieca.org/resources/petroleum-industry-guidelines-for-reporting-greenhouse-gas-emissions-2nd-edition, Abruf 1.8.2024
- Jordan/Säuberlich, Unwesentliche Tochterunternehmen? – Ein weiterer Perspektivenwechsel im Zuge der Nachhaltigkeitsberichterstattung, WPg 2024, S. 140 ff.
- Kasperzak et al., Accounting for Carbon Emissions – Current State of Sustainability Reporting Practice under the GHG Protocol, Sustainability 2023, S. 994

- Krakuhn et al., Neue Wege in der Nachhaltigkeitsberichterstattung von Finanzinstituten, IRZ 2023, S. 129 ff.
- Lanfermann/Baumüller, Anwendungsfragen zur Nachhaltigkeitsberichterstattung im Konzern nach CSRD (Teil 7): Erst- und Entkonsolidierung in der Nachhaltigkeitsberichterstattung, DK 2024, S. 149 ff.
- Lanfermann/Baumüller, Anwendungsfragen zur Nachhaltigkeitsberichterstattung im Konzern nach der CSRD (Teil 4): Das Konzernprivileg, DK 2023, S. 354 ff.
- Lanfermann/Baumüller, Anwendungsfragen zur Nachhaltigkeitsberichterstattung im Konzern nach der CSRD (Teil 3): Mischkonzerne, DK 2023, S. 252 ff.
- Lanfermann/Baumüller, Der Anwendungsbereich der Corporate Sustainability Reporting Directive (CSRD): Detailregelungen und Zweifelsfragen, IRZ 2023, S. 89 ff.
- OECD, OECD-Leitfaden für die Erfüllung der Sorgfaltspflicht für verantwortungsvolles unternehmerisches Handeln, 2018
- OECD, OECD-Leitsätze für multinationale Unternehmen zu verantwortungsvollem unternehmerischem Handeln, 2023
- Smith, Methodology options in greenhouse gas accounting practices at an organizational level and their implications for investors, Carbon Management 2016, S. 221 ff.
- Sopp/Baumüller/Scheid, Nachhaltigkeitsberichterstattung, 3. Aufl., 2023
- Stawinoga/Velte, Single versus double materiality of corporate sustainability reporting: Which concept will contribute to climate neutral business?, ZfU 2022, S. 210 ff.
- The Greenhouse Gas Protocol, A Corporate Accounting and Reporting Standard, Revised Edition, 2004, https://ghgprotocol.org/sites/default/files/standards/ghg-protocol-revised.pdf, Abruf 1.8.2024
- UN, Guiding Principles on Business and Human Rights: Implementing the United Nations „Protect, Respect and Remedy" Framework, 2011
- UN Global Compact Netzwerk Deutschland/twentyfifty, Stakeholder Engagement in Human Rights Due Diligence, Oktober 2014, www.globalcompact.de/migrated_files/wAssets/docs/Menschenrechte/stakeholder_engagement_in_humanrights_due_diligence.pdf, Abruf 1.8.2024
- von Keitz/Borcherding, Die Wesentlichkeitsanalyse im Rahmen der Nachhaltigkeitsberichterstattung, DB 2024, S. 813 ff. (Teil I) und S. 881 ff. (Teil II)
- Wagenhofer, Connectivity von Finanz- und Nachhaltigkeitsberichterstattung, IRZ 2023, S. 513 f.
- WWF/Germanwatch/NABU, Kritik am „nachhaltigen" Rechnungslegungswerkzeug der Unternehmensinitiative VBA, www.germanwatch.org/sites/default/files/analyse-und-kritik-der-value-balancing-alliance.pdf, Abruf 1.8.2024

§ 4 ESRS 2 – Allgemeine Angaben

Vorbemerkung

Die Kommentierung bezieht sich auf ESRS 2 gem. Berichtigung der Delegierten Verordnung (EU) 2023/2772 v. 31.7.2023, ABl. EU v. 9.8.2024. Sie wurde umfassend an die überarbeitete Übersetzung der ESRS vom 9.8.2024 angepasst.

Ergänzungen der Kommentierung betreffen insbes. die Berücksichtigung der EFRAG Q&A (Rz 7, 10, 14, 28, 30 f., 102 und 109), die EFRAG IG 2 zur *Value Chain* (Rz 17), die Referenztabelle (Rz 27), den Regierungsentwurf zur Umsetzung der CSRD (Rz 46) und die EU-Entwaldungsverordnung (Rz 69). Darüber hinaus wurden zahlreiche Praxis-Beispiele aktualisiert und ergänzt (Rz 16 ff., 26, 34, 49, 55, 61, 69, 71, 98, 101, 104 f., 106, 108, 113 ff., 118, 120 f., 131, 141).

1   Grundlagen

1.1   Zielsetzung und Inhalt

1   ESRS 2 enthält Angabepflichten, die sektorunabhängig von allen berichtspflichtigen Unternehmen zu tätigen und für alle von den ESRS abgedeckten Nachhaltigkeitsaspekte maßgeblich sind (ESRS 2.1). Diese Angabepflichten sind somit weitgehend unabhängig vom Ergebnis der Wesentlichkeitsanalyse zu tätigen. Im Standard werden **besonders grundlegende Angaben** geregelt, die für das Verständnis der Darstellungen zu den Inhalten der Nachhaltigkeitsberichterstattung – auf Ebene der Nachhaltigkeitsaspekte, über die berichtet wird, bzw. bereits auf Ebene der Nachhaltigkeitsberichterstattung in ihrer Gesamtheit – von Bedeutung sind.

2   Darüber hinaus nehmen die sog. **„Mindestangabepflichten"** (*„minimum disclosure requirements"*, MDR) einen wichtigen Platz in ESRS 2 ein. Diese stellen keine originären Angabepflichten dar, sondern beziehen sich im Querschnitt auf die Angabepflichten in den themenbezogenen ESRS. In Anknüpfung an die vorgesehene Einteilung dieser Angabepflichten nach „sekundären Bericht-

erstattungsbereichen" (→ § 3 Rz 99) wird geregelt, welche Informationen bei einer Berichterstattung zu Konzepten, Maßnahmen, Zielen oder Kennzahlen mind. getätigt werden müssen. Als Zielsetzung dieser Mindestangabepflichten nennen die *Basis for Conclusions* zu ESRS 2: „die Unterstützung bei der Bereitstellung relevanter, vollständiger und vergleichbarer Informationen, wenn das Unternehmen entweder gemäß den Anforderungen eines aktuellen ESRS oder auf unternehmensspezifischer Basis über Konzepte, Maßnahmen, Ziele und Kennzahlen berichten muss" (ESRS 2.BC77, eigene Übersetzung aus dem Englischen). Darüber hinaus wird durch diese Mindestangabepflichten gewährleistet, dass die grundlegenden Anforderungen der CSRD zu den Inhalten dieser Berichterstattungsbereiche eingehalten werden.

Praxis-Hinweis

Mit **„Konzepte"** wird in der aktuellen Übersetzung *„policies"* übersetzt, was zunächst „Strategie" hieß (→ § 3 Rz 10).

Nach dem Glossar bezeichnet ein Konzept eine „Reihe oder ein Rahmen von allgemeinen Zielen und Managementprinzipien, die das Unternehmen für die Entscheidungsfindung nutzt. Die Planung oder die Managemententscheidungen des Unternehmens in Bezug auf einen wesentlichen Nachhaltigkeitsaspekt werden im Rahmen eines Konzepts umgesetzt. Jedes Konzept unterliegt der Verantwortung einer oder mehrerer definierter Personen, hat einen festgelegten Anwendungsbereich und umfasst ein oder mehrere Ziele (gegebenenfalls in Verbindung mit messbaren Zielen). Ein Konzept wird gemäß den geltenden Governance-Vorschriften des Unternehmens validiert und überprüft. Ein Konzept wird mittels Maßnahmen oder Aktionsplänen umgesetzt."[1]

Hinsichtlich seines **Aufbaus** ist ESRS 2 grds. nach den (primären) Berichterstattungsbereichen der ESRS strukturiert, die ihrerseits aus den Empfehlungen der TCFD übernommen sind. Die Angabepflichten hierzu werden entsprechend durch ihre Codierung kenntlich gemacht. Zu Kennzahlen und Zielen enthält ESRS 2 allerdings keine eigenständigen Angabepflichten, sondern nur Mindestangabepflichten. Dafür enthalten die beiden ersten Angabepflichten in ESRS 2 außerhalb der TCFD-Gliederungslogiken allgemeine Angabepflichten zu den „Grundlagen für die Erstellung" der Nachhaltigkeitserklärung (*„basis for preparations"*, BP). 3

1.2 Datenpunkte aus anderen EU-Rechtsakten

Einige der im Standard vorgesehenen Datenpunkte stellen die Grundlage für Berichtspflichten in anderen EU-Rechtsakten dar. Die davon betroffenen 4

---

[1] Berichtigung der Delegierten Verordnung (EU) 2023/2772 v. 31.7.2023, ABl. EU L v. 9.8.2024, Anhang II, Tab. 2, S. 276.

Datenpunkte über alle ESRS hinweg finden sich in Anlage B von ESRS 2 aufgelistet; anders als die korrespondierenden Datenpunkte in den themenbezogenen Standards sind die in Tab. 1 enthaltenen **Datenpunkte aus ESRS 2** vor-
behaltlos **von allen** gem. ESRS berichtspflichtigen Unternehmen **offenzulegen.**

Angabepflicht und zugehöriger Datenpunkt	SFDR-Referenz	Säule-3-Referenz	Referenz der Benchmark-VO	EU-Klimagesetz-Referenz
ESRS 2 GOV-1 Geschlechtervielfalt in den Leitungs- und Kontrollorganen (ESRS 2.21(d); Rz 43)	Indikator Nr. 13 Anhang 1 Tab. 1		Delegierte Verordnung (EU) 2020/1816 der Kommission, Anhang II	
ESRS 2 GOV-1 Prozentsatz der Leitungsorganmitglieder, die unabhängig sind (ESRS 2.21(e); Rz 47)			Delegierte Verordnung (EU) 2020/1816 der Kommission, Anhang II	
ESRS 2 GOV-4 Erklärung zur Sorgfaltspflicht (ESRS 2.30; Rz 69)	Indikator Nr. 10 Anhang 1 Tab. 3			
ESRS 2 SBM-1 Beteiligung an Aktivitäten im Zusammenhang mit fossilen Brennstoffen (ESRS 2.40(d)(i); Rz 87)	Indikator Nr. 4 Anhang 1 Tab. 1	Art. 449a der Verordnung (EU) Nr. 575/2013; Durchführungsverordnung (EU) 2022/2453 der Kommission, Tab. 1: Qualitative Angaben zu Umweltrisiken und Tab. 2: Qualitative Angaben zu sozialen Risiken	Delegierte Verordnung (EU) 2020/1816 der Kommission, Anhang II	

Angabepflicht und zugehöriger Datenpunkt	SFDR-Referenz	Säule-3-Referenz	Referenz der Bench-mark-VO	EU-Klima-gesetz-Referenz
ESRS 2 SBM-1 Beteiligung an Aktivitäten im Zusammenhang mit der Herstellung von Chemikalien (ESRS 2.40(d)(ii); Rz 87)	Indikator Nr. 9 Anhang 1 Tab. 2		Delegierte Verord-nung (EU) 2020/1816 der Kom-mission, Anhang II	
ESRS 2 SBM-1 Beteiligung an Tätigkeiten im Zusammenhang mit umstritte-nen Waffen (ESRS 2.40(d)(iii); Rz 87)	Indikator Nr. 14 Anhang 1 Tab. 1		Delegierte Verord-nung (EU) 2020/1818, Art. 12 Abs. 1 Delegierte Verord-nung (EU) 2020/1816, Anhang II	
ESRS 2 SBM-1 Beteiligung an Aktivitäten im Zusammenhang mit dem Anbau und der Pro-duktion von Tabak (ESRS 2.40(d)(iv); Rz 87)			Delegierte Verord-nung (EU) 2020/1818, Art. 12 Abs. 1 Delegierte Verord-nung (EU) 2020/1816, Anhang II	

Tab. 1: Datenpunkte in ESRS 2 GOV-2 aus anderen EU-Rechtsvorschriften (ESRS 2, App. B)

5 Die in Rz 4 angeführten Datenpunkte umfassen mit der Erklärung zur Sorgfaltspflicht nach ESRS 2 GOV-4 einen qualitativen Datenpunkt. Darüber hinaus sind quantitative Angaben zur Diversität in den Leitungs- und Kontroll-
organen sowie zur Unabhängigkeit der Mitglieder des Leitungsorgans (ESRS 2
GOV-1) gefordert. Schließlich werden Beteiligungsquoten im Hinblick auf
offenbar als problematisch eingeschätzte Wirtschaftsaktivitäten (Herstellung
von Chemikalien, Waffen und Tabak) erfasst (ESRS 2 SBM-1).

6 Verbunden mit diesen Wechselwirkungen mit anderen europäischen Rechtsakten ist weiterhin die **Angabepflicht ESRS 2 IRO-2** („in ESRS enthaltene von
der Nachhaltigkeitserklärung des Unternehmens abgedeckte Angabepflichten") von großer Bedeutung. Diese fordert u. a. eine tabellarische Darstellung
aller in Anlage B von ESRS 2 aufgeführten Datenpunkte, „die sich aus anderen
EU-Rechtsvorschriften ergeben". In diesem Zusammenhang ist auch anzugeben, wo diese in der **Nachhaltigkeitserklärung** zu finden sind bzw. dass diese
ggf. als unwesentlich beurteilt und daher nicht in die Berichterstattung aufgenommen wurden (Rz 117).

1.3 *Phase-in*-Regelungen

7 *Phase-in*-Regelungen, die eine schrittweise Anwendung einzelner Angabepflichten der ESRS vorsehen, sind auch für ESRS 2 von Bedeutung. Zunächst
wurde jedoch von der EFRAG die Wirkung der themenspezifischen *Phase-in*-
Regelungen auf den ESRS 2 klargestellt.[2] Demnach werden die Angabepflichten
von ESRS 2 grds. nicht durch die Übergangserleichterungen für ESRS E4,
ESRS S1, ESRS S2, ESRS S3 und ESRS S4 beeinflusst. Somit sind die (für einige
Unternehmen bzgl. der themenspezifischen Standards vorübergehend aus-
gesparten) Themen i. R. d. allgemeinen Angaben dennoch bereits bei der Erstanwendung zu berücksichtigen (siehe z. B. ESRS 2 SBM-3). Hierbei ist bei
betrachteten Kennzahlen jedoch zu beurteilen, ob diese die Anforderungen an
Kennzahlen aus ESRS 2 erfüllen. Eine solche Beurteilung bezieht sich auf die
Anzahl und Art der offengelegten Kennzahlen (d. h., das Unternehmen kann
eine reduzierte Anzahl von Kennzahlen und nicht alle wesentlichen Kennzahlen
offenlegen) und den Grad der Granularität der Kennzahlen (z. B. kann eine
Kennzahl auf globaler Ebene ohne Aufschlüsselung dargestellt werden).

Allerdings enthält Anlage C zu ESRS 1 zwei Angabepflichten von ESRS 2, für
welche solche *Phase-in*-Regelungen vorgesehen sind. Diese gelten für alle
berichtspflichtigen Unternehmen (unabhängig von ihrer Größe):

---

[2] EFRAG, ESRS Q&A Platform, Compilation of Explanations, Januar–Juli 2024, Frage 58, S. 41 f.

Angabepflicht	*Phase-in*-Regelung
ESRS 2 SBM-1: Strategie, Geschäftsmodell und Wertschöpfungskette (Rz 81 ff.)	Die Datenpunkte in ESRS 2.40(b) (Aufschlüsselung der Gesamtumsatzerlöse nach den wichtigsten ESRS-Sektoren) und ESRS 2.40(c) (Liste der zusätzlichen maßgeblichen ESRS-Sektoren) müssen erst ab dem Zeitpunkt berichtet werden, zu dem auch der delegierte Rechtsakt anwendbar ist, den die EU-Kommission gem. Art. 29b) Abs. 1 Subabs. 3 Nr. ii) der Bilanz-RL i.d.F. CSRD zu erlassen hat.[3]
ESRS 2 SBM-3: Wesentliche Auswirkungen, Risiken und Chancen und ihr Zusammenspiel mit Strategie und Geschäftsmodell (Rz 102 ff.)	Der Datenpunkt in ESRS 2.48(e) (kurz-, mittel- und langfristig erwartete finanzielle Effekte der wesentlichen Risiken und Chancen des Unternehmens auf seine Finanzlage, finanzielle Leistungsfähigkeit und Cashflows) kann im ersten Jahr der Berichtspflicht gem. ESRS ausgelassen werden. Weiterhin kann der Datenpunkt in den ersten drei Jahren der Berichtspflicht gem. ESRS auch ausschl. durch qualitative Offenlegungen angegeben werden, ohne quantitative Informationen ergänzen zu müssen, sofern die Erstellung quantitativer Angaben nicht durchführbar ist.

Tab. 2: Übergangsregelungen zur Offenlegungspflicht für ESRS 2 (ESRS 1, App. C)

Hinsichtlich **Angabepflicht ESRS 2 SBM-1** ist die *Phase-in*-Regelung bis zum Zeitpunkt der Erstanwendung des delegierten Rechtsakts, mit dem die sektorspezifischen ESRS eingeführt werden, beschränkt. Die CSRD sah hierfür ursprünglich den 30.6.2024 als Stichtag vor, bis zu dem dieser delegierte Rechtsakt zu veröffentlichen ist; inzwischen wurde diese Veröffentlichung allerdings in das Jahr 2026 verschoben.[4] Wann die sektorspezifischen ESRS erstmals anzuwenden sein werden, wird in diesem noch zu veröffentlichenden Rechtsakt geregelt. Ebenso werden sich wichtige inhaltliche Fragen zu dieser *Phase-in*-Regelung erst klären lassen, wenn der besagte delegierte Rechtsakt vorliegt: Es ist bspw. möglich, dass er lediglich einige wenige sektorspezifische Standards enthält und erst über weitere Jahre, im Rahmen späterer delegierter Rechtsakte, das Set dieser Standards komplettieren wird.[5] Die Angabepflicht nach ESRS 2 SBM-1 hängt nun nicht davon ab, dass sämtliche sektorspezifische Standards

8

---

[3] Dieser umfasst die erstmalige Verabschiedung von sektorspezifischen Standards.
[4] Baumüller, KoR 2023, S. 200 ff.
[5] Lanfermann/Baumüller, DK 2023, S. 252 ff.

bereits vorliegen – jedoch ist zumindest eine Übersicht des Gesamtrahmens und der vorgesehenen Sektoren, ergänzt um Grundsätze für deren Identifikation und Abgrenzung erforderlich. Ein Arbeitspapier hierzu liegt aufseiten der EFRAG bereits vor. Es wird von den diesbzgl. Entwicklungen in 2024 abhängen, ob auf dieser Grundlage bereits eine Berichterstattung nach ESRS 2 SBM-1 möglich ist. Der Wortlaut der oben angeführten *Phase-in*-Regelung schließt es aber auch nicht aus, nach Verabschiedung des delegierten Rechtsakts nur im Hinblick auf die dann schon vorliegenden sektorspezifischen Standards eine Berichterstattung zu erstellen und deren Umfang über die kommenden Jahre sukzessive mit der Vorlage neuer Standards zu erweitern.

Praxis-Hinweis

Es ist gegenwärtig unklar, bis wann die EFRAG wie viele Standard-Entwürfe vorlegt und an die EU-Kommission übergibt. Zur Anwendung gelangen sie jedenfalls erst nach Übernahme durch die EU-Kommission – auch i. S. d. dargestellten *Phase-in*-Regelung. Der offiziell angekündigte Zeitpunkt wurde vom Jahr 2024 auf 2026 verschoben, was im Hinblick auf die Fülle der zu erarbeitenden Standards und die dafür noch vorgesehenen Konsultationsmechanismen weiterhin ambitioniert wirkt. Ggf. wird zunächst nur ein Teil-Set an sektorspezifischen Standards erstellt und übernommen, ergänzt um ein grundlegendes Dokument zur Sektoren-Klassifikation.

Ein dann berichtpflichtiges Unternehmen, das in fünf von den ESRS grds. erfassten Sektoren tätig ist, von denen aber nur drei Sektoren durch die bereits verabschiedeten sektorspezifischen ESRS abgedeckt werden, hätte die Angabepflicht gem. ESRS 2 SBM-1 ggf. nur für diese drei Sektoren zu erfüllen oder aber bereits für alle fünf Sektoren (auf Grundlage der vorliegenden Sektoren-Klassifikation). Hier wird ggf. eine weitere Klarstellung erforderlich sein.

---

9 Die Aufnahme von **Angabepflicht ESRS 2 SBM-3** in den o. a. Katalog (Rz 7) erfolgte erst bei der Veröffentlichung der finalen Fassungen der ESRS durch die EU-Kommission am 31.7.2023. Sie ist aber insofern konsequent, als die korrespondierenden Angabepflichten zu den finanziellen Auswirkungen im Kontext der E-Säule der ESRS allesamt ebenfalls dem *Phase-in* unterworfen wurden (→ § 5 Rz 11 ff.). Für diesen zeitlichen Aufschub ursächlich ist die Problematik, dass die geforderte Quantifizierung von ökologischen und sozialen Chancen und Risiken besonders herausfordernd ist – insbes. auch, da etablierte Methoden hierfür noch fehlen.

10 Die EFRAG hat zudem in den Q&A klargestellt, dass die Erleichterung auch Unternehmen zukommt, die erstmals unter die ESRS-Berichtspflichten fallen.

Die Klarstellung erfolgt für Unternehmen, die **erstmals als „groß" klassifiziert** werden,[6] kann aber u.E. auch auf die übrigen Klassifikationen übertragen werden, also insbes. auf die Kapitalmarktorientierung. Daraus folgt, dass ein Unternehmen, das z.B. erst im Geschäftsjahr 2026 als große Kapitalgesellschaft nach der jeweiligen nationalen Umsetzung der Bilanz-RL 2013/34/EU (ab 2024 bzw. rückwirkend sogar auch im Geschäftsjahr 2023 mit um 25 % erhöhten monetären Schwellenwerten; → § 16 Rz 68) klassifiziert wird, dann ebenfalls die ein- bis dreijährigen Erleichterungen in Anspruch nehmen kann; d.h. konkret etwa, der Datenpunkt in ESRS 2.48(e) (kurz-, mittel- und langfristig erwartete finanzielle Auswirkungen der wesentlichen Risiken und Chancen des Unternehmens auf seine Finanzlage, finanzielle Leistungsfähigkeit und Cashflows) kann im ersten Jahr der Berichtspflicht gem. ESRS (= Geschäftsjahr 2026) ausgelassen werden und ist erst im Geschäftsjahr 2027 nötig, wobei sogar bis zum Geschäftsjahr 2028 eine qualitative Angabe ausreichend wäre, sofern die Erstellung quantitativer Angaben nicht durchführbar ist.

1.4 Zusammenspiel mit den themenbezogenen ESRS

Die Angabepflichten gem. ESRS 2 werden z.T. in den themenbezogenen ESRS widergespiegelt. Diese Angabepflichten in den themenbezogenen ESRS ergänzen die allgemeinen Angaben gem. ESRS 2 für ein Verständnis der abgebildeten Nachhaltigkeitsaspekte. ESRS 2, App. C enthält eine Aufstellung der betroffenen Angabepflichten in den ESRS und deren Zusammenhänge:

11

Angabepflicht nach ESRS 2	Entsprechender ESRS-Absatz	Berichtspflicht ohne Wesentlichkeitsvorbehalt?
ESRS 2 GOV-1 – Die Rolle der Verwaltungs-, Leitungs- und Aufsichtsorgane	ESRS G1.5 (→ § 16 Rz 13)	Nein (Berichtspflicht nur bei Wesentlichkeit)
ESRS 2 GOV-3 – Einbeziehung der nachhaltigkeitsbezogenen Leistung in Anreizsysteme	ESRS E1.13 (→ § 6 Rz 9)	Nein (Berichtspflicht nur bei Wesentlichkeit)

---

[6] EFRAG, ESRS Q&A Platform, Compilation of Explanations, Januar–Juli 2024, Frage 204, S. 38f.

Angabepflicht nach ESRS 2	Entsprechender ESRS-Absatz	Berichtspflicht ohne Wesentlichkeitsvorbehalt?
ESRS 2 SBM-2 – Interessen und Standpunkte der Interessenträger	ESRS S1.12 (→ § 12 Rz 33) ESRS S2.9 (→ § 13 Rz 13) ESRS S3.7 (→ § 14 Rz 27) ESRS S4.8 (→ § 15 Rz 33)	Nein (Berichtspflicht nur bei Wesentlichkeit)
ESRS 2 SBM-3 – Wesentliche Auswirkungen, Risiken und Chancen und ihr Zusammenspiel mit Strategie und Geschäftsmodell	ESRS E1.18 und ESRS E1.19 (→ § 6 Rz 21) ESRS E4.16 (→ § 9 Rz 22) ESRS S1.13–ESRS S1.16 (→ § 12 Rz 36) ESRS S2.10–ESRS S2.13 (→ § 13 Rz 14) ESRS S3.8–ESRS S3.11 (→ § 14 Rz 26) ESRS S4.9–ESRS S4.12 (→ § 15 Rz 39)	Nein (Berichtspflicht nur bei Wesentlichkeit)
ESRS 2 IRO-1 – Beschreibung des Verfahrens zur Ermittlung und Bewertung der wesentlichen Auswirkungen, Risiken und Chancen	ESRS E1.20f. (→ § 6 Rz 26) ESRS E2.11 (→ § 7 Rz 31) ESRS E3.8 (→ § 8 Rz 11) ESRS E4.17 bis[7] ESRS E4.19 (→ § 9 Rz 23) ESRS E5.11 (→ § 10 Rz 21) ESRS G1.6 (→ § 16 Rz 14)	Ja

Tab. 3: Angabepflichten sowie Anwendungsanforderungen in themenbezogenen ESRS, die zusammen mit den allgemeinen Angabepflichten des ESRS 2 gelten[8]

12   Das in Tab. 3 angeführte Zusammenspiel zwischen den Angabepflichten nach ESRS 2 und deren Widerspiegelungen in den themenbezogenen ESRS lässt sich wie folgt beschreiben:
1. Sofern die Ausführungen zu den Angabepflichten nach ESRS 2 in diesem Standard selbst enthalten sind, müssen sie **unabhängig von den Ergebnissen der Wesentlichkeitsanalyse** stets berichtet werden (erste Gruppe von Angabepflichten).
2. Allerdings ist für die weiteren Ausführungen auf Ebene der Regelungen in den themenbezogenen ESRS zu unterscheiden (zweite Gruppe; ESRS 2.2):

---

[7]   In der deutschen Übersetzung der ESRS wird irrtümlich ein „und" angeführt; vgl. demgegenüber den englischen Originaltext sowie den verwiesenen Inhalt von ESRS E4.
[8]   Modifiziert entnommen ESRS 2, App. C.

- **ESRS 2 IRO-1**: Diese Angaben sind auf Ebene der themenbezogenen Standards vollumfänglich **auch** dann zu tätigen, **wenn** ein Nachhaltigkeitsaspekt in der Wesentlichkeitsanalyse als **nicht wesentlich** identifiziert wurde (→ § 3 Rz 61 ff.). Dies lässt sich damit begründen, dass ESRS 2 IRO-1 auf ein Verständnis für die Vorgehensweise des Unternehmens in der Wesentlichkeitsanalyse abstellt – d. h. damit die Nutzer der Nachhaltigkeitsberichterstattung überhaupt erst nachvollziehen können, wie die Wesentlichkeit oder Nicht-Wesentlichkeit eines solchen Nachhaltigkeitsaspekts ermittelt wurde. Dies gilt nur für die Angabepflichten, welche die Standards der E-Säule und der G-Säule vorsehen; für den Dialog mit den Stakeholdern, der von besonderer Bedeutung für die Identifikation wesentlicher Themen in der S-Säule ist, liegt eine abweichende Logik vor (→ § 11 Rz 7).
- Alle anderen Angabepflichten gem. Tab. 3 müssen auf Ebene der themenbezogenen Standards demgegenüber nur dann – aber auch stets dann – getätigt werden, wenn der jeweilige ESRS (aufgrund der **Wesentlichkeit** der von ihm abgedeckten Nachhaltigkeitsaspekte) für die Berichterstattung anzuwenden ist.

Im Hinblick auf die **Mindestangabepflichten** ist vorgesehen, dass diese immer dann zu berücksichtigen sind, wenn eine Angabe nach einem themenbezogenen ESRS getätigt wird, die einem der vier (sekundären) Berichterstattungsbereiche zugeordnet werden kann. Bspw. enthält ESRS 2 MDR-A Angaben, die immer dann getätigt werden müssen, wenn ein Unternehmen nach einem themenbezogenen ESRS über gesetzte Maßnahmen berichtet. Die entsprechende Zuordnung einer Angabepflicht gem. ESRS ist aus der Bezeichnung bzw. Beschreibung der Angabepflicht im themenbezogenen ESRS abzuleiten; weiterhin erfolgt in EFRAG IG 3 eine konkrete Zuordnung (→ § 3 Rz 93 ff.). **13**

Die Angabepflichten gem. ESRS 2 sind grds. am Beginn der Nachhaltigkeitserklärung im **Abschnitt „Allgemeine Informationen"** zu tätigen (→ § 3 Rz 150 ff.). Ebenso hierin aufzunehmen sind die zu ESRS 2 korrespondierenden Angabepflichten aus den themenbezogenen Standards (ESRS 1, App. D, und die Ausführungen in den themenbezogenen ESRS, z. B. ESRS E1.12).[9] Ausgenommen sind die Angabepflichten zu ESRS 2 SBM-3, für die ein Wahlrecht besteht, sämtliche Angaben am Beginn der **Nachhaltigkeitserklärung** unter den „Allgemeinen Informationen" zu bündeln oder aber sie gemeinsam mit den themenbezogenen Angaben auf die drei weiteren Abschnitte der Nachhaltigkeitserklärung aufzuteilen. Im letzteren Fall ist nur eine „Erklärung über die wesentlichen Auswirkungen, Risiken und Chancen" in den Abschnitt „All- **14**

---

[9] Irreführend sind in diesem Fall die Aussagen in den Q&A der EFRAG (EFRAG, ESRS Q&A Platform, Compilation of Explanations, Januar–Juli 2024, Frage 38, S. 32 f.), die eine Flexibilität für diese Integration dieser Angabepflichten in die Struktur der Nachhaltigkeitserklärung zu sehen scheinen.

gemeine Informationen" aufzunehmen (ESRS 2.49). Eine ähnliche Sonderregelung zum Ort der Aufnahme von Angaben gem. ESRS 2, die den berichtspflichtigen Unternehmen sogar noch weiteren Gestaltungsspielraum eröffnet, findet sich in Angabepflicht ESRS 2 BP-2 (ESRS 2.8); die Anwendungsanforderungen (*Application Requirements*) zu ESRS 2 ergänzen dies im Hinblick auf die Angaben der Liste der Angabepflichten, die gem. ESRS 2 IRO-2 in die Berichterstattung aufzunehmen sind (ESRS 2.AR19).

2 Angabepflichten

2.1 ESRS 2 BP-1 – Allgemeine Grundlagen für die Erstellung der Nachhaltigkeitserklärungen

15   Angabepflicht ESRS 2 BP-1 umfasst einige grundlegende Informationen zu Umfang und Inhalt der vorgelegten Nachhaltigkeitsberichterstattung. Bei den Nutzern dieser Berichterstattung soll ein Verständnis darüber geschaffen werden, wie die Nachhaltigkeitserklärung erstellt wurde. Auf folgende drei Aspekte ist einzugehen (ESRS 2.3 f.):

- Festlegung der Berichtsgrenzen i. A.,
- Abdeckung der Wertschöpfungskette (als Spezifizierung zu den Berichtsgrenzen),
- Ausübung von Schutzklauseln.

16   Bzgl. der **Berichtsgrenzen** (→ § 3 Rz 109 ff.) ist zunächst klar anzugeben, ob die vorliegende Nachhaltigkeitserklärung auf konsolidierter oder nicht konsolidierter Basis erstellt wurde (ESRS 2.5(a)). Im Fall einer konsolidierten Nachhaltigkeitserklärung werden für verschiedene Konstellationen zusätzliche Angaben gefordert:

- Im Regelfall ist anzugeben, dass die in die konsolidierte Nachhaltigkeitserklärung einbezogenen Unternehmen (Mutter- und Tochterunternehmen) dieselben sind, wie sie im Konzernabschluss im Konsolidierungskreis enthalten sind (ESRS 2.5(b)(i)). Maßgeblich ist die Abgrenzung des Konsolidierungskreises gem. den vom Unternehmen in seiner Finanzberichterstattung anzuwendenden Normen: d. h. deutsches HGB, österreichisches UGB oder IFRS.
- Falls einzelne Tochterunternehmen, die Bestandteil des Konsolidierungskreises sind, nicht in die konsolidierte Nachhaltigkeitserklärung aufgenommen wurden, ist dies gesondert anzugeben. Weder ist eine Begründung hierfür gefordert, noch muss auf (in die konsolidierte Nachhaltigkeitserklärung einbezogene oder nicht einbezogene) Tochterunternehmen eingegangen werden, die nicht Bestandteil des Konsolidierungskreises sind (da z. B. ein Einbeziehungswahlrecht i. R. d. Finanzberichterstattung greift, von dem Gebrauch gemacht wurde; ESRS 2.5(b)(ii)).

- Muss das berichtspflichtige Unternehmen keinen Konzernabschluss erstellen (obschon es nach ESRS einen Bericht vorzulegen hat), so ist darauf hinzuweisen – denn diesfalls kann kein Entsprechen zu einem Konsolidierungskreis hergestellt werden. Über eine Erklärung dieses Umstands hinaus (im diesfalls alleinstehend zu veröffentlichenden Nachhaltigkeitsbericht des Unternehmens) ist aber keine weitere Erläuterung o. Ä. gefordert (ESRS 2.5(b)(i)).
- Wird die konsolidierte Nachhaltigkeitserklärung nach Art. 48i der Bilanz-RL i. d. F. CSRD erstellt, so ist auch darauf hinzuweisen (ESRS 2.5(b)(i)). Dieser Artikel enthält Übergangsbestimmungen im Fall von Drittstaaten-Konzernen, die es ihren europäischen Tochterunternehmen für einen begrenzten Zeitraum erlauben, neben evtl. eigenen Berichtspflichten spezifisch abgegrenzte konsolidierte Nachhaltigkeitserklärungen zu erstellen.[10]

Praxis-Beispiel AGRANA – organisatorische Berichtsgrenzen[11]

„Die organisatorischen Berichtsgrenzen für die in diesen Geschäftsbericht 2023|24 integrierten nicht-finanziellen bzw. Nachhaltigkeitsbelange (GRI-Berichtsgrenzen) umfassen alle AGRANA-Konzernunternehmen weltweit und entsprechen dem finanziellen Konsolidierungskreis. Daher sind in den nicht-finanziellen Daten die Joint Venture-Unternehmen der AGRANA-Gruppe, die HUNGRANA-Gruppe (Segment Stärke) sowie die AGRANA-STUDEN-Gruppe und die Beta Pura GmbH (Segment Zucker) nicht enthalten (außer wo explizit gekennzeichnet). In Summe deckt die GRI- bzw. Nachhaltigkeitsberichterstattung damit 53 von insgesamt 55 Produktionsstandorten weltweit ab.“

Anzugeben ist als Information zur **Abdeckung der Wertschöpfungskette,** "inwieweit die Nachhaltigkeitserklärung die vor- und nachgelagerte Wertschöpfungskette des Unternehmens abdeckt" (ESRS 2.5(c)). Den Ausführungen zur Angabepflicht ESRS 2 BP-1 lassen sich dazu keine weiteren Spezifikationen entnehmen, wodurch den berichtspflichtigen Unternehmen grds. hohe Freiheitsgrade offenstehen. Die Anwendungsanforderungen schlagen ergänzend einzig vor, bei den Darstellungen nach folgenden drei Kategorien von Informationen zu unterscheiden (ESRS 2.AR1): 17

- Abdeckung der Wertschöpfungskette bei der Wesentlichkeitsanalyse,
- Ausmaß, in dem sich Konzepte, Maßnahmen und Ziele über die Wertschöpfungskette erstrecken,
- Ausmaß, in dem die Wertschöpfungskette bei den ermittelten Kennzahlen abgedeckt wird.

---

10 Lanfermann/Baumüller, DK 2023, S. 209 ff.
11 Entnommen AGRANA, Jahresfinanzbericht 2023/24, S. 43.

EFRAG IG 2 empfiehlt in diesem Zusammenhang weiterhin eine Angabe dazu, ob (und diesfalls sinnvollerweise wohl auch: in welchem Umfang) *operational control* angewandt wurde. Es ist aber zu beachten, dass diese Form der Einbeziehung unabhängig von jener gem. den Vorgaben zur Wertschöpfungskette zu betrachten ist (→ § 3 Rz 116 ff.).[12]

Praxis-Beispiel Haspa[13]

„Bei unseren Nachhaltigkeitsaktivitäten und bei der Beurteilung der Nachhaltigkeitsauswirkungen der Hamburger Sparkasse AG (Haspa) befassen wir uns mit dem eigenen Geschäftsbetrieb sowie der vor- und nachgelagerten Wertschöpfungskette. Entsprechend beziehen wir die vor- und nachgelagerte Wertschöpfungskette in unsere Nachhaltigkeitsberichterstattung soweit möglich mit ein. Aufgrund begrenzter Informations- und Datenlage zur vor- und nachgelagerten Wertschöpfungskette kann diese nicht in allen Berichtsstandards, in denen dies vorgesehen ist, betrachtet werden. Dies machen wir im vorliegenden Bericht bei den jeweiligen Themen transparent.

Für die Haspa als Dienstleistungsunternehmen sind für den eigenen Geschäftsbetrieb in der Metropolregion Hamburg u. a. die eigene Belegschaft sowie Filial- und Büroräume erforderlich. Am Jahresende 2023 waren 4.410 Personen bei der Haspa beschäftigt (vgl. ESRS S1 Eigene Belegschaft). Zu diesem Zeitpunkt verfügten wir u. a. über 105 Filialen und 70 SB-Standorte sowie drei Bürostandorte für zentrale Bereiche. Die Filial- und Büroräume sind gemietet, sodass die Vermieter Teil der vorgelagerten Wertschöpfungskette sind und deren Daten in die Erstellung der Klimabilanz der Haspa einfließen (vgl. ESRS E1 Klimawandel).

Große Teile des IT-Bereichs sind auf Dienstleister übertragen. Hierzu zählt insbesondere die Finanz Informatik GmbH & Co. KG (FI) als zentraler IT-Dienstleister der Sparkassen-Finanzgruppe. Daten der FI fließen in die Erstellung der Klimabilanz der Haspa ein (vgl. ESRS E1 Klimawandel).

Die Haspa bezieht Produkte und Dienstleistungen von zahlreichen Lieferanten. In der vorgelagerten Lieferkette kommt das Lieferkettensorgfaltspflichtengesetz zur Anwendung (vgl. ESRS S2 Arbeitskräfte in der Wertschöpfungskette und ESRS G1-2 Management der Beziehungen zu Lieferanten).

Als regional tätige Sparkasse sind wir Mitglied im Hanseatischen Sparkassen- und Giroverband (HSGV) und damit Teil der Sparkassen-Finanzgruppe. Die Unternehmen der Sparkassen-Finanzgruppe wirken in einem Verbund zusammen und sind arbeitsteilig spezialisiert. Sie agieren als selbstständige

---

12 EFRAG, EFRAG IG 2 – Value Chain, IG 2.53, Mai 2024.
13 Entnommen Haspa, Nachhaltigkeitsbericht 2023, S. 6.

Institute, vernetzen aber gleichzeitig ihre Leistungsangebote. Zum Verbund gehören neben den Sparkassen unter anderem die DekaBank, Landesbanken und Landesbausparkassen, Leasing-, Factoring- und Kapitalbeteiligungsgesellschaften sowie Service- und Dienstleistungsunternehmen zum Beispiel in den Bereichen IT und Zahlungsverkehrsabwicklung. In Zusammenarbeit mit den Verbundpartnern und weiteren Partnerunternehmen wie zum Beispiel der Deutsche WertpapierService Bank AG (dwpbank) und der neue-leben-Versicherungsgruppe bieten wir unseren Kunden Finanzdienstleistungen an.

Wertschöpfung erzielt die Haspa aus dem Kundengeschäft und der Eigenanlage.

Die Haspa hat 1,5 Millionen Privatkunden und 144.000 Firmenkunden.

Unsere wesentlichen Ertragsquellen sind Zinserlöse sowie Erlöse aus dem Provisionsgeschäft mit unseren Kunden. Nähere Angaben dazu veröffentlichen wir in unserem Geschäftsbericht."

Hier wird mit der Darstellung der Wertschöpfungskette zugleich ein größeres Bild der Geschäftstätigkeit gegeben. Der mit einem Link unterlegte Verweis auf den Geschäftsbericht am Schluss entspricht so nicht den Anforderungen an Verweise aus ESRS 1 (→ § 3 Rz 162 ff.).

Hinsichtlich der **Ausübung von Schutzklauseln** (→ § 3 Rz 175 ff.) ist lediglich anzugeben, ob von den beiden folgenden Schutzklauseln Gebrauch gemacht wurde: **18**
- Schutzklausel gem. ESRS 1, Kap. 7.7 („Klassifizierte und vertrauliche Informationen über geistiges Eigentum, Know-how oder Ergebnisse von Innovationen"; ESRS 1.105 ff.),
- Schutzklausel gem. CSRD im Hinblick auf Angaben zu bevorstehenden Entwicklungen oder sich in Verhandlungsphasen befindenden Angelegenheiten.

Da die an zweiter Stelle genannte Schutzklausel in der CSRD als Mitgliedstaaten-Wahlrecht vorgesehen ist, ist die Angabepflicht in ESRS 2 BP-1 nur dann relevant, wenn der Mitgliedstaat, dessen Recht (im Fall einer konsolidierten Nachhaltigkeitserklärung: durch das Mutterunternehmen) anzuwenden ist, dieses Mitgliedstaatenwahlrecht ausgeübt hat. Da im Hinblick auf beide genannten Schutzklauseln weiterhin nur gefordert ist anzugeben, „ob" von diesen Gebrauch gemacht wurde, kann i. S. d. Schutzwirkung dieser Normen die Angabe darauf beschränkt bleiben, dass davon Gebrauch gemacht wurde (ohne z. B. zu spezifizieren, wie oft bzw. auf welche Sachverhalte die Anwendung erfolgte). Umgekehrt wird auch eine ausdrückliche „Leermeldung" bei Nichtausübung der Schutzklauseln erforderlich sein (insbes. da die Angabepflichten gem. ESRS 2 nicht unter dem Wesentlichkeitsvorbehalt stehen). Es muss in beiden Fällen außerdem klar sein, welche der beiden Schutzklauseln gemeint ist.

Praxis-Beispiel KPMG Österreich[14]

„Die CSRD ermöglicht die Auslassung von Informationen über künftige Entwicklungen oder Belange, über die Verhandlungen geführt werden. Dies ist allerdings nur zulässig, wenn die Bekanntgabe solcher Informationen der Geschäftslage des Unternehmens schaden können und sofern dadurch das Verständnis über den Geschäftsverlauf nicht beeinträchtigt wird. Im Berichtsjahr 2022/23 machen wir von dieser Möglichkeit keinen Gebrauch. Es wurden keine Informationen aufgrund von intellektuellem Eigentum, Know-how oder Information, die aus Innovationen resultiert, ausgelassen."

2.2 ESRS 2 BP-2 – Angaben im Zusammenhang mit konkreten Umständen

19   Die Angabepflicht ESRS 2 BP-2 versteht sich als – inhaltlich nur lose zusammenhängende – **Aufzählung von spezifischen Sachverhalten**, auf die (z.T. nur im Fall ihres Vorliegens) gesondert in der Berichterstattung einzugehen ist. Diese stehen in einem engen Bezug zu bestimmten grundlegenden Anforderungen aus ESRS 1, auf die sich die nachfolgend dargestellten Angabepflichten beziehen. Die Nutzer der Nachhaltigkeitsberichterstattung sollen informiert werden, dass diese Sachverhalte vorliegen – und weitere Informationen für ihr Verständnis dazu erhalten (ESRS 2.6f.):

- Zeithorizonte (→ § 3 Rz 133 ff.),
- Schätzungen zur Wertschöpfungskette (→ § 3 Rz 129),
- Quellen für Schätzungen und Ergebnisunsicherheit (→ § 3 Rz 25 f.),
- Änderungen bei der Erstellung oder Darstellung von Nachhaltigkeitsinformationen (→ § 3 Rz 29 f.),
- Fehler bei der Berichterstattung in früheren Berichtszeiträumen (→ § 3 Rz 147 f.),
- Angaben aufgrund anderer Rechtsvorschriften oder allgemein anerkannter Verlautbarungen zur Nachhaltigkeitsberichterstattung (→ § 3 Rz 155 f.),
- Aufnahme von Informationen mittels Verweis (→ § 3 Rz 162 ff.),
- Anwendung der Bestimmungen für schrittweise eingeführte Angabepflichten gem. ESRS 1, App. C (→ § 3 Rz 182 ff.).

Als freiwillige Angabe empfehlen die Anwendungsanforderungen Darstellungen dazu, ob sich das Unternehmen auf europäische Normen stützt, die vom

---

[14]   Entnommen KPMG Österreich, Nachhaltigkeitsbericht 2022/23, S. 9.

Europäischen Normungssystem (**ISO/IEC**-Normen[15], **CEN/CENELEC**-Normen[16]) angenommen wurden, und inwieweit damit verbundene Daten und Prozesse, die in die Nachhaltigkeitsberichterstattung des Unternehmens eingegangen sind, auch von externen Stellen verifiziert wurden (ESRS 2.AR2).

Der **Ort**, an dem diese in Rz 19 umrissenen Angaben zu tätigen sind, ist nach ESRS 2 BP-2 mit größtmöglicher Flexibilität geregelt: „Das Unternehmen kann diese Informationen zusammen mit den Angaben, auf die sie sich beziehen, übermitteln" (ESRS 2.8; Rz 27). D.h., es können alle Angaben zusammengefasst als Teil des Abschnitts „Allgemeine Informationen" getätigt werden. Möglich und in einzelnen Fällen auch sinnvoller ist es, diese Angaben in diesem Abschnitt bzw. in den Abschnitten zu den abgedeckten Nachhaltigkeitsaspekten i.V.m. Sachverhalten aufzunehmen, die betroffen sind (z.B. die Empfehlung im Hinblick auf berücksichtigte Normen, die bei dargestellten Sachverhalten zur Anwendung gelangen). Auch Verweise auf weitere Teile der Unternehmensberichterstattung sind unter den in ESRS 1 umrissenen Voraussetzungen möglich (→ § 3 Rz 162ff.); dies hat zur Folge, dass einzelne der in Rz 19 umrissenen Angaben sinnvollerweise auch in der Finanzberichterstattung getätigt werden können. **20**

Hinsichtlich der der Berichterstattung zugrunde gelegten **Zeithorizonte** (→ § 3 Rz 133ff.) wird eine Angabe nur dann gefordert, wenn von den Definitionen von mittel- oder langfristigen Zeithorizonten abgewichen wird, die in ESRS 1 dargelegt sind (→ § 3 Rz 135). Diesfalls haben die Angaben zu umfassen (ESRS 2.9): **21**

- die vom Unternehmen angewandten Definitionen von mittel- oder langfristigen Zeithorizonten und
- die Gründe für die Anwendung dieser Definitionen.

Sollte diese abweichende Definition auf Ebene der gesamten Berichterstattung Anwendung finden, so bietet sich eine Angabe im Abschnitt „Allgemeine Informationen" an. Bezieht sie sich demgegenüber auf einzelne Angaben, z.B. Konzepte zu bestimmten Nachhaltigkeitsaspekten, so sollte die Angabe an dieser Stelle erfolgen.

Nur wenn vom Unternehmen berichtete Kennzahlen Daten zur vor- und/oder nachgelagerten Wertschöpfungskette enthalten, die anhand von Sektordurch- **22**

---

[15] ISO-Normen sind internationale Normen, die von der International Organization for Standardisation erarbeitet werden; besonders relevant sind die ISO 9000 für das Qualitätsmanagement und die ISO 14000 für das Umweltmanagement. Die Internationale Elektrotechnische Kommission (IEC) ist eine internationale Normungsorganisation für Normen im Bereich der Elektrotechnik und Elektronik. Einige Normen werden gemeinsam mit der ISO entwickelt, www.iso.org/home.html bzw. https://iec.ch/homepage, Abruf jew. 1.8.2024.

[16] Europäische Normensetzer insbes. vom technischen Bereich ausgehend, aber auch viele Bereiche der Nachhaltigkeit direkt abdeckende Normierung, www.cencenelec.eu/, Abruf 1.8.2024.

schnittsdaten oder anderer Näherungswerte geschätzt werden, sind diese **Schätzungen zur Wertschöpfungskette** (→ § 3 Rz 129) anzugeben. Dann haben die Angaben zu umfassen (ESRS 2.10):

- eine Identifikation der entsprechenden Kennzahlen; insbes. wenn sich die Schätzungen ausschl. auf einzelne Kennzahlen beziehen, wird es daher sinnvoll sein, die folgenden Angaben gemeinsam mit den Kennzahlen in den Abschnitten zu den themenbezogenen ESRS zu platzieren;
- eine Beschreibung der Grundlage für die Erstellung; hier sind die Input-Quellen anzuführen, welche Schätzunsicherheit i. V. m. den Kennzahlen zur Wertschöpfungskette verursachen;
- eine Beschreibung des daraus resultierenden Genauigkeitsgrads; wie dies zu erfolgen hat, bleibt offen; möglich scheint eine Anknüpfung an die Beschreibung, die im vorhergehenden Aufzählungspunkt angeführt wurde, bis hin zu einem Klassifikationssystem (z. B. in Form einer Ampel-Logik), welche die Genauigkeit der getätigten Angaben durch die Nachhaltigkeitserklärung hindurch spezifiziert;
- ggf. die geplanten Maßnahmen zur künftigen Verbesserung der Genauigkeit; „gegebenenfalls" („*where applicable*") ist hier so zu deuten, dass diese Angabe verpflichtend zu tätigen ist, wenn eine Kennzahl auf Schätzungen basiert; dies leitet sich bereits aus den Ausführungen in ESRS 1, Kap. 10.2 (→ § 3 Rz 191) sowie aus den grundlegenden Übergangsbestimmungen der CSRD zu den geforderten Angaben zur Wertschöpfungskette ab.

Ein informatives Beispiel, welches grds. bereits diesen Anforderungen nachkommt, bietet inkl. einer kurzen Darstellung des in der Sparkassen-Finanzgruppe entwickelten S-ESG-Scope zur Steuerung und Überwachung von Nachhaltigkeitsrisiken im Kundenkreditgeschäft die Haspa.

Praxis-Beispiel Haspa[17]

„10. a) Parameter mit Daten zur vor- und/oder nachgelagerten Wertschöpfungskette, die anhand indirekter Quellen wie Sektordurchschnittsdaten oder anderer Näherungswerte geschätzt werden

In unsere Nachhaltigkeitsberichterstattung fließen Schätzungen von Daten ein.

Finanzierte Emissionen im Kundenkreditportfolio (Scopes 1 bis 3)

Für die Berechnung finanzierter Emissionen wird auf Branchenwerte für Emissionen und Bilanzkennzahlen zurückgegriffen, sofern keine tatsächlichen Informationen vorliegen.

---

[17] Entnommen Haspa, Nachhaltigkeitsbericht 2023, S. 8 f.

S-ESG-Score zur Steuerung und Überwachung von Nachhaltigkeitsrisiken im Kundenkreditgeschäft

Zur Steuerung und Überwachung von Nachhaltigkeitsrisiken im Kundenkreditgeschäft nutzen wir den S-ESG-Score. Der S-ESG-Score wurde in der Sparkassen-Finanzgruppe entwickelt. Er ermittelt anhand von Bewertungen in insgesamt zwölf Kategorien den jeweiligen ESG-Score einer Branche gemäß Klassifikation der Wirtschaftszweige des Statistischen Bundesamtes (WZ 2008). Die Score-Bewertung wird in eine ESG-Score-Note überführt, die sich für jeden Kreditnehmer individualisieren lässt.

Die ,Environment'-Risiken werden für die jeweilige Branche anhand der Treibhausgasemissionen nach Scopes 1 bis 3, des Wassereinsatzes, der umweltbezogenen Besteuerung und der transitorischen und physischen Risiken im Branchenmittel bewertet. Bei der Bewertung der ,Social'-Risiken liegt das Augenmerk auf dem Anteil der geringfügig Beschäftigten, dem Einsatz von Leiharbeit, dem Gender Pay Gap und einer qualitativen Experteneinschätzung der sozialen Risiken in der jeweiligen Branche. Für die Bewertung der ,Governance'-Risiken wird neben der Nutzung eines Governance-Index ebenfalls eine qualitative Experteneinschätzung der Governance-Risiken je Branche herangezogen.

Die ,Environment'-Risiken wurden im Jahr 2023 für die jeweilige Branche anhand der Treibhausgasemissionen nach Scope 1 bis 3, des Wassereinsatzes, der umweltbezogenen Besteuerung und der transitorischen und physischen Risiken im Branchenmittel bewertet. Zum Ende des Jahres 2023 kam es zu einer Weiterentwicklung des Scores, so dass von diesem Zeitpunkt an die folgenden Punkte für die ,Environment'-Risiken in das S-ESG-Scoring eingehen:
- Treibhausgasemissionen nach Scope 1-3
- Wassereinsatz
- Menge gefährlicher Abfall
- Hochwasser
- Verlust Biodiversität
- Wandlungsfähigkeit/Klimaneutralität

Bei der Bewertung der ,Social'-Risiken fließen ein:
- Ausschließlich geringfügig Beschäftigte im Verhältnis zu sozialversicherungspflichtig Beschäftigten
- Aufwendungen für Leiharbeitnehmer je Lohn- und Gehaltsempfänger in Vollzeiteinheiten
- Gender Pay Gap
- Soziale Standards/Verstöße gegen Menschenrechte entlang der Lieferkette

Bei der Bewertung der ‚Governance'-Risiken fließen ein:
- Verstöße gegen eine ordnungsgemäße Unternehmensführung
- Organisatorische Integration von Nachhaltigkeit

Aufgrund der dynamischen Entwicklungen in den einzelnen Branchen erfolgt regelmäßig eine Überprüfung, Weiterentwicklung und ggf. Anpassung der Score-Werte durch den Deutschen Sparkassen- und Giroverband (DSGV). Im Sommer 2022 wurde der S-ESG-Score technisch in das Kernbanksystem der Haspa integriert. Die Erweiterung um Unterstützungsmedien sowie die Integration der Immobilienbewertung wurden im November 2023 umgesetzt. Seitens der Finanz Informatik ist für November 2024 geplant, die aktuell drei Bewertungsergebnisse (ESG-Kundenscore, Individuelle Kundenbewertung und ESG-Portfolioscore) zu einem aggregierten Bewertungsergebnis zusammenzufassen.

Kennzahlen zu Verbräuchen und THG-Emissionen

In die Klimabilanz der Haspa, deren Ergebnisse im ESRS E1 Klimawandel veröffentlicht werden, fließen Schätzungen ein. So gibt es Hochrechnungen von Energieverbräuchen, Papier- und Abfallmengen aufgrund unvollständiger Daten. Es werden zur Berechnung von Treibhausgasemissionen auf ermittelte Verbräuche der Haspa Emissionsfaktoren verwendet. Wärmeverbräuche werden witterungsbereinigt hochgerechnet. Die THG-Emissionen aufgrund des Pendlerverhaltens wurden auf Grundlage einer Mitarbeiterbefragung geschätzt. Die Daten wurden Anfang Dezember 2023 im Rahmen einer freiwilligen Mitarbeitenden-Befragung erhoben. Die Rücklaufquote betrug 35 Prozent. Für die Berechnung der gesamten Emissionen wurde der Wert auf 100 Prozent hochgerechnet.

Die Klimabilanz 2023 der Haspa wurde mithilfe des Kennzahlen-Tools des Vereins für Umweltmanagement und Nachhaltigkeit in Finanzinstituten e. V. (nachfolgend ‚VfU-Tool') Version 1.14 (vom 12.07.2022) des Updates 2022 erstellt. Mit Hilfe des VfU-Tools wurden die THG-Emissionen in Scope 1, 2 und 3 im Geschäftsbetrieb der Haspa ermittelt. Die im VfU-Tool integrierten Emissionsfaktoren entstammen Ecoinvent 3.7.1. Die Version 3.7.1 enthält aktualisierte Datensätze und erweitert die Abdeckung der Datenbank in verschiedenen Sektoren wie Metalle, Düngemittel, Forstwirtschaft und Holz, Verpackungsmaterialien, Abfall/Recycling und Biogas-Lieferketten. Auch die Emissionsfaktoren für die Stromerzeugung und den deutschen Strommix wurden aktualisiert. Das VfU-Tool unterscheidet bei der Datenqualität zwischen ‚exakten Messungen' (z. B. Zuliefererrechnungen, Zählerwerte), ‚Berechnung oder genauen Schätzung' sowie ‚groben Schätzung'. Vgl. auch die Ausführungen im Absatz 10. c) [...]"

Für die **Quellen von Schätzungen und Ergebnisunsicherheit** wird auf 23
ESRS 1, Kap. 7.2 verwiesen („Quellen für Schätzungen und Ergebnisunsicherheit"; → § 3 Rz 25 f.). Es sind folgende Angaben zu tätigen (ESRS 2.11):
• Alle quantitativen Kennzahlen und Geldbeträge sind zu benennen, die „in
 einem hohen Maß" Messunsicherheiten unterliegen. Auch hier bietet sich
 eine Angabe direkt bei den Angaben dieser Kennzahlen in den Abschnitten
 der themenbezogenen ESRS an.
• Für jeden dieser benannten Kennzahlen und Geldbeträge ist darzulegen,
 woraus diese Messunsicherheit resultiert. Bspw. werden angewandte Messtechniken, eingeschränkte Datenverfügbarkeiten oder Abhängigkeiten von
 zukünftigen Ereignissen angeführt. Weiterhin sind die Annahmen, Näherungswerte und Beurteilungen anzugeben, auf die sich das Unternehmen
 stützte, um die angegebenen Kennzahlen zu ermitteln.

Im Hinblick auf vorausschauende Informationen empfiehlt ESRS 2 explizit
anzugeben, wenn es diese Informationen für unsicher hält (ESRS 2.12).

Bzgl. der Angaben zu **Änderungen bei der Erstellung oder Darstellung von** 24
Nachhaltigkeitsinformationen (→ § 3 Rz 29 f.) wird Bezug genommen auf die
Ausführungen in ESRS 1, Kap. 7.4 („Änderungen bei der Erstellung oder Darstellung von Nachhaltigkeitsinformationen"). Kommt es zu solchen Änderungen, so ist anzugeben (ESRS 2.13):
• welche Änderungen vorgenommen wurden und was die Gründe hierfür sind;
 dies umfasst bei Änderungen von Kennzahlen eine Angabe dazu, warum die
 neue Kennzahl nützlichere Informationen vermittelt;
• angepasste Vergleichszahlen; sofern dies nicht möglich ist, muss darauf
 ebenso hingewiesen werden; eine weitere Begründung ist allerdings nicht
 erforderlich;
• die Differenz zwischen den Zahlen, die ursprünglich berichtet wurden und
 die nunmehr nach der Änderung berichtet werden.

Angaben zu **Fehlern bei der Berichterstattung in früheren Berichtszeiträu-** 25
men sind in den Ausführungen in ESRS 1, Kap. 7.5 behandelt („Fehler bei der
Berichterstattung in früheren Berichtszeiträumen"; → § 3 Rz 147 f.). Liegt ein
wesentlicher Fehler vor, so ist anzugeben (ESRS 2.14):
• die Art dieses wesentlichen Fehlers;
• falls durchführbar, hat eine Korrektur all dieser wesentlichen fehlerhaften
 Angaben aus früheren Berichtszeiträumen vorgenommen zu werden;
• falls dies nicht durchführbar ist, so sind „die Umstände, die zu diesem
 Zustand geführt haben", darzulegen; u.E. umfasst dies eine klare Identifikation der nicht angepassten Angaben sowie eine Erläuterung, warum eine
 Anpassung nicht möglich ist.

26   Bei **Angaben aufgrund anderer Rechtsvorschriften oder allgemein aner-
     kannter Verlautbarungen zur Nachhaltigkeitsberichterstattung** wird in
     ESRS 1 darauf Bezug genommen, dass Unternehmen aufgrund von anderen
     Rechtsvorschriften oder anerkannter Standards bzw. Rahmenwerke für die
     Nachhaltigkeitsberichterstattung Informationen in die Nachhaltigkeitser-
     klärung aufnehmen (→ § 3 Rz 155ff.). Dies ist insbes. im Hinblick auf eine
     „interoperable Berichterstattung" gem. ESRS, IFRS SDS (→ § 2 Rz 1ff.) und/
     oder GRI von Bedeutung. Die geforderten Angaben lassen sich nach zwei
     Fallkonstellationen unterscheiden (ESRS 2.15):

     1. Diese Rechtsvorschriften, Standards oder Rahmenwerke liegen der Nach-
        haltigkeitserklärung gem. ESRS in ihrer Gesamtheit zugrunde: Diesfalls wird
        gefordert, diesen Umstand anzugeben. Dies kann z.B. an einer einleitenden
        Stelle im Abschnitt „Allgemeine Informationen" erfolgen.

     Praxis-Hinweis

     Ein Beispiel wäre, wenn ein berichtspflichtiges Unternehmen erklärt, neben
     den ESRS die Standards der GRI gem. der Option „in Übereinstimmung
     mit" anzuwenden.

     2. Werden diese Rechtsvorschriften, Standards oder Rahmenwerke nur für
        einzelne Angaben genutzt, so muss auf die genauen Absätze der angewand-
        ten Rechtsvorschriften, Standards oder Rahmenwerke verwiesen werden.
        U.E. erfordert dies auch, die betroffenen Angaben, die diesen Verweis
        nutzen, zu kennzeichnen. Dies kann z.B. in der **Referenztabelle** nach
        ESRS 2 IRO-2 erfolgen (Rz 117ff.) oder der Verweis wird bei der jeweils
        betroffenen Angabe gesetzt.

     Praxis-Hinweis

     Ein Beispiel wäre, wenn z.B. nur einzelne Kennzahlen aus den GRI-Stan-
     dards oder aus anderen Standards bzw. Rahmenwerken übernommen wer-
     den, ansonsten aber keine weitergehende Übereinstimmung mit diesen Stan-
     dards angestrebt wird. Dies kann etwa im Zusammenhang mit den
     Phase-in-Regelungen in ESRS 1, Kap. 10 geboten sein oder um die Pflicht
     zur Aufnahme unternehmensspezifischer Angaben zu erfüllen.

     U.E. bedeutet dies, dass ein Unternehmen, das eine „interoperable Bericht-
     erstattung" gem. ESRS und GRI-Standards anstrebt und daher Letztere voll-
     umfänglich neben den Vorgaben der ESRS zur Anwendung bringt, hierauf nur
     an einer Stelle hinzuweisen hat, aber keine vollumfängliche Referenzierung auf
     Ebene der einzelnen Angabepflichten gem. GRI vorzunehmen hat (was freilich
     nicht der Pflicht entgegensteht, einen GRI Content Index nach den Vorgaben
     dieser Standards zu erstellen; dieser Index wird aber ggf. in die Referenztabelle

nach ESRS 2 IRO-2 integriert werden können). Damit wird auch zugelassen, dass in die Nachhaltigkeitserklärung gem. ESRS Angaben aufgenommen werden, die nicht als wesentlich gem. ESRS 1 zu beurteilen sind (sich aber aus den referenzierten Standards als Angabepflicht ableiten lassen).

Praxis-Beispiel EnBW[18]

„Wir richten unsere Berichterstattung am International Integrated Reporting Framework und an den Empfehlungen der Task Force on Climate-related Financial Disclosures (TCFD) aus [...]. Die Berichterstattung zu Nachhaltigkeitsthemen orientiert sich an den GRI-Standards einschließlich der Branchenangaben für die Elektrizitätswirtschaft. Die EnBW hat in Übereinstimmung mit den GRI-Standards für den Zeitraum 1. Januar bis 31. Dezember 2023 berichtet. Eine Prüfung im Rahmen des GRI Content Index Service erfolgt im zweiten Quartal 2024. Unsere Berichterstattung über Nachhaltigkeit erfüllt darüber hinaus die Anforderungen des Communication on Progress (COP) für den UN Global Compact und orientiert sich zunehmend an den Nachhaltigkeitszielen der Vereinten Nationen (UN Sustainable Development Goals)."

Wurden **Informationen mittels Verweis in die Nachhaltigkeitserklärung aufgenommen** (→ § 3 Rz 162 ff.), so ist eine Liste der Angabepflichten der ESRS anzuführen, die mittels Verweis aufgenommen wurden. ESRS 2 BP-2 nimmt Bezug auf die Ausführungen in ESRS 1, Kap. 9.1 („Aufnahme von Informationen mittels Verweis"; ESRS 2.16). Verweise, wie sie z.B. in Kap. 9.2 („Verbundene Informationen und Verknüpfung mit dem Abschluss") gefordert werden, sind demgegenüber nicht in diese Liste aufzunehmen. 27

Da die Angabepflicht von „einer Liste" spricht, liegt die Aufnahme einer solchen eigenen Aufstellung in den Abschnitt „Allgemeine Informationen" nahe. U.E. ist es damit nicht möglich, die Liste auf die vier vorgesehenen Abschnitte gem. ESRS aufzuteilen (nach Zugehörigkeit der Angabe, die durch Verweis erfüllt wird); eine zusätzliche Aufnahme dieser Verweise in den entsprechenden Abschnitten kann allerdings sinnvoll sein. Außerdem können die von ESRS 2 BP-2 geforderten Angaben u.E. in die **Referenztabelle** nach ESRS 2 IRO-2 integriert werden, sofern diese Teil des Abschnitts „Allgemeine Informationen" ist (Rz 117 ff.). Sollten nur einzelne Datenpunkte einer Angabepflicht als Verweis umgesetzt werden, so ist dies u.E. konkret in der gem. ESRS 2 BP-2 geforderten Liste zu spezifizieren.

---

18 Entnommen EnBW, Integrierter Geschäftsbericht 2023, S. 5.

> **Wichtig**
>
> Anders als für die Angabepflicht gem. ESRS 2 IRO-2 dargestellt, wird es u. E. nicht zweckmäßig sein, die gem. ESRS 2 BP-2 geforderte Liste zu den gesetzten Verweisen mittels eines eigenen Verweises in einen anderen Abschnitt der Nachhaltigkeitserklärung oder gar in einen gesonderten Teil der Unternehmensberichterstattung außerhalb der Nachhaltigkeitserklärung zu setzen. Dies scheint dem Zweck der dargestellten Angabepflicht entgegenzustehen.

28 Schließlich werden Datenpunkte vorgesehen, die bei Anwendung der **Bestimmungen für schrittweise anzuwendende Angabepflichten** gem. ESRS 1, App. C (→ § 3 Rz 182 ff.), d. h. die in ESRS 1 enthaltenen *Phase-in*-Regelungen, zu tätigen sind. Diese Datenpunkte adressieren aber nur jene *Phase-in*-Regelungen, die für Unternehmen mit nicht mehr als 750 Mitarbeitern vorgesehen sind (Rz 7 ff.). Die von ESRS 2 BP-2 geforderten Angaben sind weiterhin nur dann zu tätigen, wenn beide der folgenden Voraussetzungen erfüllt sind (ESRS 2.17):[19]

- Ein Unternehmen macht von den genannten *Phase-in*-Regelungen Gebrauch und lässt die Anwendung der ESRS E4, ESRS S1, ESRS S2, ESRS S3 oder ESRS S4 gänzlich aus.
- In der Wesentlichkeitsanalyse wird dennoch ein Nachhaltigkeitsaspekt als wesentlich beurteilt, der von einem der ausgelassenen ESRS abgedeckt wird.

29 Diesfalls ist eine Liste der Nachhaltigkeitsaspekte (Themen, Unterthemen oder Unter-Unterthemen) nach Anlage A von ESRS 1.AR16 anzugeben, die vom berichtspflichtigen Unternehmen als wesentlich beurteilt wurden (ESRS 2.17(a)). Außerdem muss **für jeden der identifizierten wesentlichen Nachhaltigkeitsaspekte** kurz beschrieben werden:

- wie das Geschäftsmodell und die Strategie des Unternehmens die Auswirkungen des Unternehmens im Hinblick auf diese Aspekte berücksichtigen (ESRS 2.17(a));
- alle zeitgebundenen Ziele, die das Unternehmen in Bezug auf die betreffenden Nachhaltigkeitsaspekte festgelegt hat, und die Fortschritte im Hinblick auf die Erreichung dieser Ziele; sofern diese Nachhaltigkeitsaspekte biologische Vielfalt und Ökosysteme (i. S. v. ESRS E4) betreffen, muss dazu zusätzlich angegeben werden, ob die festgelegten Ziele auf schlüssigen wissenschaftlichen Erkenntnissen beruhen (ESRS 2.17(b));
- die Konzepte des Unternehmens in Bezug auf die betreffenden Nachhaltigkeitsaspekte (ESRS 2.17(c));
- die Maßnahmen, die das Unternehmen ergriffen hat, um tatsächliche oder potenzielle nachteilige Auswirkungen im Zusammenhang mit den betreffenden

---

[19] Bestätigend und auslegend auch EFRAG, ESRS Q&A Platform, Compilation of Explanations, Januar–Juli 2024, Frage 58, S. 41 ff.

Nachhaltigkeitsaspekten zu ermitteln, zu überwachen, zu verhindern, zu mindern, zu beheben oder zu beenden, sowie das Ergebnis dieser Maßnahmen (ESRS 2.17(d)).

Darüber hinaus sind für den jeweiligen Nachhaltigkeitsaspekt relevante Kennzahlen anzugeben (ESRS 2.17(e)), wobei der Umfang der Berichterstattung an den Vorgaben von ESRS 2 zu beurteilen ist. Eine solche Beurteilung bezieht sich auf die Anzahl und Art der offengelegten Kennzahlen (d.h., das Unternehmen kann eine reduzierte Anzahl von Kennzahlen und nicht alle wesentlichen Kennzahlen offenlegen) und den Grad der Granularität der Kennzahlen (z.B. kann die Kennzahl auf Ebene des Gesamtunternehmens ohne Aufschlüsselung dargestellt werden).[20]

Da für die Datenpunkte gem. ESRS 2.17(a)–(d) jeweils nur **kurze Beschreibungen** gefordert werden, wird den Unternehmen zu deren Ausgestaltung weitreichender Ermessensspielraum eröffnet. Der Umfang der Angaben kann jedenfalls deutlich unter dem liegen, was gem. ESRS bei „regulärer Anwendung" (insbes. auch hinsichtlich der Mindestangabepflichten) gefordert ist. Darüber hinaus erlaubt es ESRS 2 BP-2, die wesentlichen Nachhaltigkeitsaspekte auf Ebene eines Themas, Unterthemas oder Unter-Unterthemas darzustellen – was u.E. eine aggregierte Darstellung auf der höchstmöglichen Betrachtungsebene erlaubt. Hinsichtlich der gem. ESRS 2.17(e) anzugebenden Datenpunkte wird von „relevanten" Kennzahlen gesprochen, was eine Beurteilung im Lichte der Entscheidungsnützlichkeit dieser Kennzahlen nach denselben Maßstäben wie für andere unternehmensspezifische Kennzahlen nahelegt (→ § 3 Rz 7 f.).

30

> **Praxis-Hinweis**
>
> Die EFRAG hat in den Q&A illustrierend dargestellt, worin sich die von ESRS 2.17 gewährten Erleichterungen von den ansonsten geforderten Angaben unterscheiden. Dies umfasst den Hinweis, dass die Mindestangabepflichten für Konzepte, Maßnahmen und Ziele gem. ESRS 2 nicht berücksichtigt werden müssen. Für die angegebenen Kennzahlen müssen diese Mindestangabepflichten zwar berücksichtigt werden, dafür kann sich das Unternehmen auf die Offenlegung einiger weniger Kennzahlen beschränken und muss nicht alle offenlegen, die in der Wesentlichkeitsanalyse als relevant identifiziert werden. Darüber hinaus kann eine Offenlegung auf höherem Aggregationsniveau (z.B. auf Ebene des Gesamtunternehmens und nicht für einzelne Standorte) erfolgen.
>
> Wichtig ist in diesem Zusammenhang der Hinweis in den Q&A, dass auch die Angaben gem. ESRS 2 SBM-3 von den Vorgaben in ESRS 2.17 betroffen sind; d.h., dass hier gleichermaßen bloß kurze Darstellungen i.V.m. den

---

[20] EFRAG, ESRS Q&A Platform, Compilation of Explanations, Januar–Juli 2024, Frage 58, S. 43 f.

> betroffenen Nachhaltigkeitsaspekten erfolgen müssen, diese damit aber ebenso keinesfalls unterbleiben dürfen.[21]

2.3 ESRS 2 GOV-1 – Die Rolle der Verwaltungs-, Leitungs- und Aufsichtsorgane

31   In Art. 19a Abs. 2 Buchst. c) der CSRD ist geregelt, dass berichtspflichtige Unternehmen in ihren Nachhaltigkeitsbericht eine Beschreibung der **Rolle** der Verwaltungs-, Leitungs- und Aufsichtsorgane in Bezug auf Nachhaltigkeitsfragen sowie ihres **Fachwissens** und ihrer **Fähigkeiten** in Bezug auf die Erfüllung dieser Rolle oder des Zugangs dieser Organe zu solchem Fachwissen und solchen Fähigkeiten aufnehmen. In Art. 29b Abs. 2 Buchst. c) wird ferner festgelegt, dass in den Europäischen Standards für die Nachhaltigkeitsberichterstattung spezifiziert werden soll, welche konkreten Informationen Unternehmen hinsichtlich dieses Governance-Faktors offenlegen sollen, was in ESRS 2 GOV-1 umgesetzt wurde. Gem. Anhang II der ESRS[22] haben Verwaltungs-, Management- und Aufsichtsorgane als Kollektiv die höchste Entscheidungsbefugnis. Die unter diese Definition fallenden Leitungsorgane können von Land zu Land unterschiedlich sein. So fallen in Deutschland und Österreich meistens (auch hier gibt es Ausnahmen über die Europäische AG (SE)) die getrennten Organe **Vorstand und Aufsichtsrat** darunter, während in anderen Ländern ein einziges Organ beide Rollen wahrnimmt. Unter „Senior Executive Management" ist eine höhere Position als eine „Managementlevel-Position" zu verstehen. Bei der Beschreibung ihrer Leitungsorgane und des Managements müssen Unternehmen auf Konsistenz zwischen der Nachhaltigkeitserklärung und der Erklärung zur Unternehmensführung sowie der sonstigen Unternehmenskommunikation i. A. achten.[23]

Ziel dieser Offenlegungspflichten ist es zum einen, ein Verständnis dafür zu schaffen, wie die Verwaltungs-, Leitungs- und Aufsichtsorgane zusammengesetzt sind und hierbei auf Diversität geachtet wurde. Zum anderen sollen externe Berichtsadressaten auf Basis der Informationen nachvollziehen können, wie die Aufgaben und Zuständigkeiten bei der Beaufsichtigung des Verfahrens zum Umgang mit wesentlichen Auswirkungen, Risiken und Chancen, einschl. der Rolle des Managements in diesen Verfahren, zwischen den Mitgliedern der Verwaltungs-, Leitungs- und Aufsichtsorgane aufgeteilt sind und ob die jeweiligen Mitglieder der Verwaltungs-, Leitungs- und Aufsichtsorgane über das hierfür notwendige Fachwissen und die Fähigkeiten im Hinblick auf Nach-

---

21 EFRAG, ESRS Q&A Platform, Compilation of Explanations, Januar–Juli 2024, Frage 58, S. 41 ff.
22 Berichtigung der Delegierten Verordnung (EU) 2023/2772 v. 31.7.2023, ABl. EU L v. 9.8.2024, Anhang II, Tab. 2.
23 EFRAG, ESRS Q&A Platform, Compilation of Explanations, Januar–Juli 2024, Fragen 171, 358, S. 54 f.

haltigkeitsaspekte verfügen oder den Zugang zu solchen Fachkenntnissen und Fähigkeiten haben (ESRS 2.20).

Ziel der Offenlegungspflichten des ESRS 2 GOV-1 ist es ferner, externen Berichtsadressaten ein Verständnis darüber zu vermitteln, wie viel Aufmerksamkeit die Mitglieder der Verwaltungs-, Leitungs- und Aufsichtsorgane den unterschiedlichen Nachhaltigkeitsfragen widmen bzw. welche Relevanz Nachhaltigkeitsthemen im Unternehmen haben. Informationen über die Zusammensetzung der Verwaltungs-, Leitungs- und Aufsichtsorgane, die Ernennung und Auswahl der einzelnen Mitglieder und deren Fachwissen (bzw. Zugang zu Fachwissen) über wesentliche Nachhaltigkeitsthemen können zur Beantwortung dieser Frage beitragen. Anhand dieser Informationen können externe Berichtsadressaten nachvollziehen, inwieweit die Mitglieder der Verwaltungs-, Leitungs- und Aufsichtsorgane in der Lage sind, eine wirksame Aufsicht in Nachhaltigkeitsfragen auszuüben (ESRS 2.BC29). 32

Die konkreten Berichtsvorgaben des ESRS 2 GOV-1 werden in ESRS 2.21– ESRS 2.23 statuiert. In ESRS 2.21 werden zunächst Offenlegungsvorgaben zur Zusammensetzung und Diversität der Mitglieder der Verwaltungs-, Leitungs- und Aufsichtsorgane des Unternehmens verankert. Nach ESRS 2.21(a) haben berichtspflichtige Unternehmen zunächst die Anzahl der geschäftsführenden und nicht geschäftsführenden Mitglieder anzugeben. In Deutschland und Österreich ist jeweils ein dualistisches Corporate-Governance-System reglementiert, das eine strikte und institutionelle Trennung von Leitung (Vorstand bzw. Geschäftsführung) und deren Überwachung (Aufsichtsrat) vorsieht. Ausnahmen bestehen jeweils nur für die Europäische Aktiengesellschaft (SE), bei der auch das monistische System gewählt werden kann. Die institutionelle Trennung von Leitung und deren Überwachung ist im dualistischen System mit einer Vorgabe zur personellen Trennung von Leitung und Überwachung verknüpft. So ist es exemplarisch am Beispiel Deutschlands nach § 105 Abs. 1 AktG ausgeschlossen, dass aktuelle Aufsichtsratsmitglieder gleichzeitig in den Vorstand berufen werden dürfen. Mitglieder des Vorstands bzw. des Aufsichtsrats können nach § 76 Abs. 3 S. 1 AktG respektive § 100 Abs. 1 S. 1 AktG nur natürliche, unbeschränkt geschäftsfähige Personen sein. Die Anzahl der geschäftsführenden Organmitglieder ist somit in Deutschland gleichzusetzen mit den Mitgliedern des Vorstands bzw. der Geschäftsführung. Die nicht geschäftsführenden Mitglieder entsprechen im deutschen Corporate-Governance-System den Mitgliedern des Aufsichtsrats. 33

Der allgemeine Wortlaut des ESRS 2.21(a) ergibt sich aus der Tatsache, dass in anderen EU-Ländern überwiegend abweichende Corporate-Governance-Systeme mit monistischem Board-System statuiert sind. Beim monistischen Board-System fällt formal die Leitungs- als auch die Überwachungsfunktion einem Gesamtorgan (*Board of Directors* bzw. Verwaltungsrat) zu, wobei durch die Unterscheidung in *Executive Directors* bzw. geschäftsführende Organmitglieder und *Non-Executive Directors* bzw. nicht geschäftsführende Organmitglieder eine Gewaltenteilung dennoch faktisch vorhanden ist.[24]

34   Diese unterschiedlichen Corporate-Governance-Konstellationen können in bestimmten Fällen eine grds. Erläuterung notwendig machen, um die Struktur einordnen zu können, wie exemplarisch das Beispiel der Ottobock SE & Co. KGaA:

Praxis-Beispiel Ottobock SE & Co. KGaA – Governance[25]

„Ottobock ist eine Kommanditgesellschaft auf Aktien und nicht börsennotiert. Die Näder Holding GmbH & Co. KG hält 80 % an der Ottobock SE & Co. KGaA. Die Holding ist zu 100 % im Besitz der Familie Näder und damit der direkte Nachkommen des Firmengründers Otto Bock. Seit 2017 hält das schwedische Private Equity Unternehmen EQT 20 % an der Ottobock SE & Co. KGaA. Die internationalen Aktivitäten des Unternehmens werden vom Hauptsitz in Duderstadt (Niedersachsen) aus koordiniert.

1.2.1. Die Rolle der Verwaltungs-, Leitungs- und Aufsichtsorgane

Der Vorstand führt die Geschäfte der Ottobock SE & Co. KGaA. Vorsitzender des Vorstands ist Prof. Hans Georg Näder. Der Vorstand bestimmt die grundsätzliche Ausrichtung und strategische Richtung des Unternehmens. Er besteht derzeit aus fünf Non-Executive Directors und zwei der vier Executive Directors (CEO/CSO und CFO).

Der Aufsichtsrat der Ottobock SE & Co. KGaA unterliegt der europäischen Mitbestimmung und besteht aus sechs Anteilseignervertretern und vier Arbeitnehmervertretern aus dem In- und Ausland. Er überwacht die Tätigkeit des Vorstands, der die Geschäfte der Ottobock SE & Co. KGaA führt. Vorsitzender des Aufsichtsrats ist Dr. Bernd Bohr, langjähriger Leiter des Automobilbereichs bei Bosch.

Die Geschäftsführung besteht aus vier Geschäftsführern: CEO/CSO, CFO, CXO und COO/CTO. Sie leiten das operative Geschäft von Ottobock, führen die Wachstumsstrategie des Unternehmens fort und setzen unsere Mission gemäß der strategischen Ausrichtung der Geschäftsführung um. Oliver Jakobi, der seit über 30 Jahren im Unternehmen ist, hat Mitte Dezember 2022 die Rolle des Chief Executive Officer (CEO) übernommen."

---

[24]   Vgl. ausführlich Mack/Needham/Müller, ZCG 2020, S. 197 ff.
[25]   Entnommen Ottobock SE & Co. KGaA, Sustainability Non-Financial Report 2023, S. 7, eigene Übersetzung aus dem Englischen.

Die Angabe der (absoluten) Anzahl ist daher für Vorstands- und Aufsichtsrats- **35** mitglieder notwendig, da andernfalls externe Berichtsadressaten die vom Unternehmen angegebenen relativen Werte zur Zusammensetzung und Diversität der Organe ggf. nicht richtig einordnen können. Auch hier bietet die Ottobock SE & Co. KGaA ein Beispiel für die Darstellung der Absolut- und Relativzahlen, wobei neben männlich und weiblich auch das Geschlechtsmerkmal divers aufgeführt wird.[26] Ferner ist zu bedenken, dass die gesetzlichen Vorgaben nur die grds. Errichtung eines Vorstands vorschreiben. Die Festsetzung der Größe des Vorstands liegt im Ermessen der Gesellschaft, wobei insbes. dem Aufsichtsrat eine besondere Rolle zukommen kann. Der Vorstand einer AG kann sowohl aus einer Person als auch aus mehreren natürlichen Personen bestehen.[27] Auch eine Alleinleitung ist somit grds. möglich. Insbes. bei kleineren Gesellschaften kann diese Konstellation häufiger auftreten. Bei Gesellschaften mit einem Grundkapital von mehr als drei Mio. EUR schreibt § 76 Abs. 2 S. 2 AktG zwar grds. eine Mindestanzahl von zwei Vorstandsmitgliedern vor. Allerdings greift diese Regelung nur, sofern in der Satzung keine anderweitige Vereinbarung getroffen wurde. Die jeweilige Zahl der Vorstandsmitglieder einer AG bestimmt sich somit nicht nur nach dem Gesetz, sondern auch nach der Vereinbarung, die in der Satzung festgesetzt wurde. Entweder ist die (konkrete) Zahl der Vorstandsmitglieder oder es sind die Regeln, nach denen diese Zahl festgelegt wird, in der Satzung anzugeben.[28] Hierbei genügt bereits die Vorgabe einer Mindest- und Höchstzahl. Auch die Formel, dass die konkrete Zahl der Vorstandsmitglieder durch den Aufsichtsrat bestimmt wird, erfüllt ausweislich der Begründung des Gesetzgebers bereits die Anforderungen dieser Norm.[29] Sofern die Entscheidung über die Zahl der Vorstandsmitglieder im Ermessen des Aufsichtsrats liegt, hat dieser seine Entscheidung verantwortungsbewusst und sorgfältig unter Berücksichtigung aller Umstände des einzelnen Unternehmens, wie die Unternehmensgröße, die Unternehmensstruktur sowie die Komplexität des Tätigkeitsfelds des Unternehmens, abzuwägen.[30]

Die Kompetenz, Vorstandsmitglieder zu bestellen oder abzuberufen, liegt nach **36** § 84 AktG ausschl. beim Aufsichtsrat (Rz 33). Eine Empfehlung zur Größe des Vorstands existiert im Deutschen Corporate Governance Kodex (DCCK) nicht. Im Governance Kodex für Familienunternehmen (GKF) wird empfohlen, dass bei der Größe, Struktur und Zusammensetzung des Geschäftsführungsorgans die Unternehmensgröße, die jeweiligen Marktanforderungen und

---

26 Vgl. Ottobock SE & Co. KGaA, Sustainability Non-Financial Report 2023, S. 8.
27 § 76 Abs. 2 S. 1 AktG.
28 § 23 Abs. 2 Nr. 6 AktG.
29 Vgl. RegE Gesetz zur Durchführung der Zweiten Richtlinie des Rates der EG zur Koordinierung des Gesellschaftsrechts, BT-Drs. 8/1678, S. 12.
30 § 116 AktG. Angelehnt an Weber, in Hölters/Weber (Hrsg.), Aktiengesetz, 4. Aufl., 2022, § 76, Rn. 63.

die übernommene Verantwortung berücksichtigt werden sollen.[31] Eine konkrete Zahl wird auch hier nicht empfohlen. Es lässt sich allerdings zumindest ableiten, dass ein Alleinvorstand nur in seltenen Fällen angeraten ist. Die tatsächliche Anzahl der Vorstandsmitglieder kann somit nicht unmittelbar aus den gesetzlichen Vorgaben oder den Empfehlungen anderer Regelwerke abgeleitet werden, weswegen durch eine entsprechende Berichtsangabe die notwendige Transparenz geschaffen werden muss. Auch bei der Größe des Aufsichtsrats gibt der Gesetzgeber durch Festsetzung von einer Mindestzahl und Höchstgrenzen (in Abhängigkeit der Unternehmensgröße) nur einen Rahmen vor, weswegen auch hier eine Berichtsangabe notwendig ist. Nach § 95 S. 1 AktG besteht ein Aufsichtsrat aus drei Mitgliedern, wobei die Satzung eine höhere Zahl festsetzen kann. Die Möglichkeit der Festsetzung einer niedrigeren Mitgliederzahl als drei ist nicht vorgesehen, so dass die gesetzliche Vorgabe als Mindestzahl zu verstehen ist.[32] Eine Ausnahmeregel für z. B. kleinere AG sieht das AktG nicht vor. Der Gesetzgeber hat auf der anderen Seite im AktG eine gesetzliche Höchstzahl verankert. So dürfen nach § 95 S. 4 AktG bei Gesellschaften mit einem Grundkapital

- bis zu 1,5 Mio. EUR neun Personen,
- von mehr als 1,5 Mio. EUR, aber weniger als 10 Mio. EUR, 15 Personen und
- von mehr als 10 Mio. EUR 21 Personen

dem Aufsichtsrat angehören. Diese Vorgabe soll die Effektivität des Aufsichtsrats sicherstellen.[33]

Praxis-Tipp

Eine zu ESRS 2.21(a) vergleichbare Pflichtangabe existiert bereits für den Anhang des Jahresabschlusses. Nach § 285 Nr. 10 HGB sind alle Mitglieder des Geschäftsführungsorgans und eines Aufsichtsrats, auch wenn sie im Geschäftsjahr oder später ausgeschieden sind, mit dem Familiennamen und mind. einem ausgeschriebenen Vornamen, einschl. des ausgeübten Berufs und bei börsennotierten Gesellschaften auch der Mitgliedschaft in Aufsichtsräten und anderen Kontrollgremien i.S.d. § 125 Abs. 1 S. 5 AktG, anzugeben. Der Vorsitzende eines Aufsichtsrats, seine Stellvertreter und ein etwaiger Vorsitzender des Geschäftsführungsorgans sind auch als solche zu bezeichnen und im Anhang offenzulegen. Nach § 239 Abs. 2 UGB existiert eine ähnliche Angabepflicht für österreichische große oder mittelgroße Gesellschaften. Abweichend ist die Angabe des ausgeübten Berufs nicht im

---

[31] Vgl. GKF, Empfehlungen Ziff. 4.2.1, www.kodex-fuer-familienunternehmen.de/images/Downloads/GovernanceKodexfuerFamilienunternehmen_17052021.pdf, Abruf 1.8.2024.
[32] So auch Koch, in Koch (Hrsg.), Aktiengesetz, 18. Aufl., 2024, § 95, Rn. 2.
[33] Vgl. Habersack, in Münchener Kommentar zum AktG, 5. Aufl., 2019, § 95, Rn. 13.

Anhang notwendig. Auch die weiteren Vorgaben für börsennotierte Unternehmen sind nicht im Anhang anzugeben.

Diskussionswürdig ist, ob die Offenlegungspflicht des ESRS 2.21(a) bereits durch eine namentliche Auflistung der Mitglieder der jeweiligen Organe oder einen Verweis auf die Berichtsangabe im Anhang erfüllt ist oder die Angabe der konkreten Anzahl der Organmitglieder zwingend notwendig ist (Rz 33). Ferner ist in ESRS 2.21(a) nur von der Anzahl der geschäftsführenden und nicht geschäftsführenden Mitglieder die Rede. Eine Pflicht zur namentlichen Nennung der Organmitglieder im Nachhaltigkeitsbericht, ggf. sogar ergänzt um die jeweiligen Kenntnisse im Kontext der Nachhaltigkeit, kann aus dieser Regelung grds. nicht abgeleitet werden, erscheint vor dem Hintergrund der sonstigen Offenlegungspflichten des ESRS 2 GOV-1 aber empfehlenswert. Dies dient der Kenntlichmachung von Nachhaltigkeitskenntnissen bzw. Diversität.

Nach ESRS 2.21(b) sind Angaben zur Vertretung der Beschäftigten und anderen 37 Arbeitskräften des Unternehmens zu machen. Auch bei der Formulierung dieser Offenlegungspflicht ist zu beachten, dass die EU-Länder unterschiedliche Vorgaben zur Vertretung von Arbeitnehmern auf Ebene der Unternehmensführung vorsehen. In Deutschland werden die Arbeitnehmer durch Mitglieder im Aufsichtsrat vertreten, wobei sich die konkrete Anzahl der Arbeitsnehmervertreter im Aufsichtsrat durch die Regelungen zur **unternehmerischen Mitbestimmung** bestimmen, die im DrittelbG, MitbestG und MontanMitbestG verankert sind. Eine Interessenvertretungskompetenz auf Unternehmensführungsebene wird den Arbeitnehmern in Ländern mit monistischem Board-System mitunter gar nicht eingeräumt und stellt somit im internationalen Vergleich eine Besonderheit dar.[34] Bei deutschen Unternehmen, die den Bestimmungen zur unternehmerischen Mitbestimmung unterliegen, dürften hingegen die Anzahl der Arbeitnehmervertreter sowie ggf. namentliche Benennung dieser und ein kurzer Verweis auf die gesetzlichen Vorgaben bereits ausreichen, um die Offenlegungspflicht des ESRS 2.21(b) zu erfüllen. Unternehmen, die den Bestimmungen zur unternehmerischen Mitbestimmung nicht unterliegen, haben hingegen nur Angaben zu machen, sofern sie diese Regelungen freiwillig anwenden, da die Offenlegungspflicht des ESRS 2.21(b) keine allgemeine Pflicht entfaltet, den Arbeitnehmern eine Interessenvertretungskompetenz im Aufsichtsrat einzuräumen. In diesem Fall ist eine Negativangabe in die Nachhaltigkeitserklärung aufzunehmen.

---

[34] Vgl. Mack/Needham/Müller, ZCG 2020, S. 198.

38   Bei Kapitalgesellschaften, die eine Beschäftigtenzahl zwischen 501 und 2.000 Arbeitnehmern haben, greift in Deutschland das DrittelbG.[35] Diese Unternehmen haben ein Drittel der Sitze ihres Aufsichtsrats mit Arbeitnehmervertretern zu besetzen.[36] Für diese Gesellschaften gilt daher zusätzlich § 95 S. 3 AktG, wonach die unter Berücksichtigung der sonstigen Bestimmungen des § 95 AktG durch die Satzung festgesetzte Mitgliederzahl des Aufsichtsrats stets durch drei teilbar sein muss. Sofern nur ein oder zwei Arbeitnehmervertreter in den Aufsichtsrat zu bestellen sind, müssen diese auch im Unternehmen beschäftigt sein. Müssen mehr als zwei Arbeitnehmervertreter gewählt werden, müssen weiterhin nur zwei Vertreter auch Beschäftigte im Unternehmen sein.[37] Es können somit bei größeren Aufsichtsräten auch andere Personen, wie z. B. Vertreter von Gewerkschaften, die Arbeitnehmer im Aufsichtsrat vertreten. Die Aufsichtsratsmitglieder der Arbeitnehmerseite werden direkt von der Belegschaft gewählt, wobei die Regelungen der §§ 5ff. DrittelbG greifen. Sofern Kapitalgesellschaften in den Anwendungsbereich des DrittelbG fallen, sind die oben vorgestellten Vorgaben zwingend umzusetzen. Das gilt nicht nur für die AG, sondern auch für die GmbH. Das ist insofern bemerkenswert, da im GmbHG keine Norm existiert, ob bzw. bei Vorliegen welcher Kriterien eine GmbH einen Aufsichtsrat gesetzlich verpflichtend zu bilden hat. Die Pflicht zur Bildung eines Aufsichtsrats ergibt sich vielmehr indirekt für die GmbH mit mehr als 500 Mitarbeitern aus den Vorgaben zur Mitbestimmung. Sofern bei einer GmbH weniger als 501 Mitarbeiter arbeiten, ist die Einrichtung eines Aufsichtsrats gänzlich freiwillig (siehe zu den dann nötigen Berichtspflichten Rz 54). Die Regelungen des DrittelbG stellen die schwächste Form der unternehmerischen Mitbestimmung dar. Die ungleichmäßige Besetzung des Aufsichtsrats impliziert unmittelbar ein Machtgefälle zugunsten der Vertreter der Anteilseigner. Dieser Umstand sollte dennoch nicht darüber hinwegtäuschen, dass die Position der Arbeitnehmer durch diese Regelung bereits nachhaltig gestärkt wird. So hat u. a. der Vorstand auch die Vertreter der Arbeitnehmer über die in § 90 AktG geregelten Sachverhalte zu informieren und sich mit ihnen abzustimmen.[38]

39   Kapitalgesellschaften, die mehr als 2.000 Arbeitnehmer beschäftigen, unterliegen den Regelungen des MitbestG.[39] Grds. gilt, dass bei Aufsichtsräten von Kapitalgesellschaften, die in den Anwendungsbereich des MitbestG fallen, die Hälfte der Sitze mit Vertretern der Arbeitnehmer und die andere Hälfte mit Vertretern der Anteilseigner zu besetzen ist (sog. paritätische Mitbestimmung),

---

35 § 1 Abs. 1 Nr. 1–3 DrittelbG.
36 § 4 Abs. 1 DrittelbG.
37 § 4 Abs. 1 S. 1 und 2 DrittelbG.
38 Vgl. ausführlich Schewe, Unternehmensverfassung, 2015, S. 330 ff.
39 § 1 Abs. 1 MitbestG.

wobei § 7 MitbestG detaillierte Regelungen zur Zusammensetzung des Aufsichtsrats beinhaltet. So gilt nach § 7 Abs. 1 und 2 MitbestG:

- Der Aufsichtsrat von Gesellschaften mit weniger als 10 Tsd. Mitarbeitern ist mit jeweils sechs Vertretern der Arbeitnehmer sowie sechs Vertretern der Anteilseigner zu besetzen. Bei den Vertretern der Arbeitnehmer sind zwei der Sitze an Vertreter von Gewerkschaften und die übrigen an Beschäftigte des Unternehmens zu vergeben.
- Der Aufsichtsrat von Gesellschaften mit mehr als 10 Tsd., aber weniger als 20 Tsd. Mitarbeitern ist mit jeweils acht Vertretern der Arbeitnehmer sowie acht Vertretern der Anteilseigner zu besetzen. Bei den Vertretern der Arbeitnehmer sind zwei der Sitze an Vertreter von Gewerkschaften und die übrigen an Beschäftigte des Unternehmens zu vergeben.
- Der Aufsichtsrat von Gesellschaften mit mehr als 20 Tsd. Mitarbeitern ist mit jeweils zehn Vertretern der Arbeitnehmer sowie zehn Vertretern der Anteilseigner zu besetzen. Bei den Vertretern der Arbeitnehmer sind drei der Sitze an Vertreter von Gewerkschaften und die übrigen an Beschäftigte des Unternehmens zu vergeben.

Sofern § 7 Abs. 1 Nr. 1 oder Nr. 2 MitbestG erfüllt ist, kann die Satzung vorsehen, dass die Regelung der nächsten bzw. sogar übernächsten Größenstufe anzuwenden ist. Die Vertreter der Arbeitnehmer sind direkt von der Belegschaft oder von zuvor von der Belegschaft gewählten Delegierten zu wählen, wobei die Bestimmungen der §§ 9ff. MitbestG zu beachten sind. Ziel der paritätischen Mitbestimmung ist nach der Rechtsprechung einerseits die Erweiterung der ökonomischen Legitimation der Unternehmensleitung um eine soziale Komponente, andererseits die Kooperation und Integration von Kapital und Arbeit im Unternehmen. Da eine Parität in der Unternehmensleitung verfassungsrechtlich problematisch sein kann, geht der Gesetzgeber den Weg über den Aufsichtsrat und institutionalisiert eine paritätische Überwachung der Unternehmensleitung. Trotz der quantitativen Parität besteht auch hier ein Machtgefälle zugunsten der Anteilseigner, auch wenn dieses im Vergleich zu Gesellschaften, die unter den Regelungen des DrittelbG fallen, weniger stark ausgeprägt ist. Hintergrund ist, dass aufgrund von § 27 Abs. 2 MitbestG ein Vertreter der Anteilseigner im Regelfall den Vorsitz des Aufsichtsrats übernimmt und die Arbeitnehmerseite nur den Stellvertreter stellt. In § 29 Abs. 2 MitbestG ist wiederum geregelt, dass, sofern eine Abstimmung im Aufsichtsrat eine Stimmgleichheit ergibt, in einer erneuten Abstimmung die Stimme des Aufsichtsratsvorsitzenden doppelt zählt. Im Konfliktfall können sich die Anteilseigner somit weiterhin durchsetzen.[40]

---

[40] Vgl. Henssler, in Habersack/Henssler (Hrsg.), Mitbestimmungsrecht, 4. Aufl., 2018, § 7 MitbestG, Rn. 1-3.

40   In besonderer Form ist die Mitbestimmung bei Kapitalgesellschaften, die im
      Bereich der Eisen- und Stahlindustrie oder des Bergbaus tätig sind und mehr als
      1.000 Arbeitnehmer beschäftigen, geregelt. So sind nach dem MontanMitbestG
      Aufsichtsräte paritätisch zu gleichen Teilen mit Vertretern der Anteilseigner-
      und Arbeitnehmerseite zu besetzen. Die Regelzahl beträgt elf,[41] wobei die
      Satzung unter Beachtung der Regelungen des § 95 AktG eine höhere Zahl
      festsetzen kann. Eine Besonderheit ist, dass § 4 Abs. 1 MontanMitbestG auch
      die Besetzung des Aufsichtsrats mit einem von beiden Seiten getragenen neu-
      tralen Mitglied vorsieht, dessen Stimme in Pattsituationen sogar den Ausschlag
      gibt.[42]

41   ESRS 2.21(c) schreibt vor, dass auch die Erfahrungen der Mitglieder der Ver-
      waltungs-, Leitungs- und Aufsichtsorgane in Bezug auf die **Sektoren, Produkte**
      und **geografischen Standorte** des Unternehmens im Nachhaltigkeitsbericht
      darzustellen sind. Da die unterschiedlichen Nachhaltigkeitsthemen, wie z.B. die
      Einhaltung von Menschenrechtsstandards entlang der Wertschöpfungskette
      oder die Beurteilung der Wesentlichkeit der einzelnen Nachhaltigkeitsaspekte,
      auch vom Sektor, den Produkten und den geografischen Standorten des Unter-
      nehmens abhängen, helfen diese Angaben externen Berichtsadressaten, um
      besser nachzuvollziehen, ob die Unternehmensorgane ihren Pflichten in puncto
      Nachhaltigkeit überhaupt nachgehen können.

      Für die Mitglieder des Vorstands ist die Offenlegungsanforderung ein Novum.
      So existieren für den Vorstand (bzw. für die Geschäftsführung) weder gesetzlich
      festgelegte Qualifikationsanforderungen noch Berichtsvorgaben zur Darstel-
      lung der Qualifikation oder bestimmter Kompetenzen. Es wird vielmehr auf die
      Personalkompetenz des Aufsichtsrats respektive der Gesellschafterversamm-
      lung abgestellt und unterstellt, dass diese Organe die für die Unternehmens-
      führung geeigneten Personen bestellen. Mitglieder der Unternehmensführung
      haben zudem Mitarbeiter unter sich, die der Unternehmensführung zuarbeiten
      können, so dass nicht alle notwendigen Kompetenzen notwendigerweise bei der
      Unternehmensführung verortet sein müssen.

      Beim Aufsichtsrat verhält sich das anders. § 100 Abs. 5 AktG verlangt, dass die
      Aufsichtsratsmitglieder von Unternehmen des öffentlichen Interesses (PIE) in
      ihrer Gesamtheit mit dem Sektor, d.h. mit dem Geschäftsfeld und der Branche
      des Unternehmens, vertraut sein müssen. Ziel der Norm ist ausweislich des
      RegE des AReG die Stärkung der fachlichen Kompetenz des Aufsichtsrats i.A.
      bzw. des Prüfungsausschusses im Speziellen, wobei auch hier keine erhöhten
      Anforderungen an die Aufsichtsratsmitglieder mit dieser Norm einhergehen. So

      ---

      [41] § 4 Abs. 1 MontanMitbestG.
      [42] Vgl. Hoffmann-Becking, in Hoffmann-Becking (Hrsg.), MünchHdb des GesR IV, 5. Aufl., 2020,
            § 28, Rn. 32 f.

relativiert der Gesetzgeber, dass nicht jedes Mitglied praktische Erfahrungen oder Kenntnisse im Sektor gesammelt haben muss. Im Einzelfall können Sektorkenntnisse auch durch eine Weiterbildung oder eine beratende Tätigkeit erworben werden.[43] Für andere Unternehmen als solche des öffentlichen Interesses (PIE) existiert keine vergleichbare Regelung. An diese Qualifikationsanforderung ist zudem keine Berichtsvorgabe verknüpft.

Eine Regelung zur Offenlegung der Sektorkenntnisse des Aufsichtsrats ist allerdings indirekt im DCGK verankert. Der Aufsichtsrat soll nach Empfehlung C.1 DCGK für seine Zusammensetzung konkrete Ziele und ein **Kompetenzprofil** für das Gesamtorgan erarbeiten. Das Kompetenzprofil des Aufsichtsrats soll nach der Überarbeitung 2022 explizit auch Expertise zu den für das Unternehmen bedeutsamen Nachhaltigkeitsfragen umfassen. Der Aufsichtsrat soll für sich selbst festlegen, welche konkreten Kompetenzen bzw. Expertisen im Aufsichtsrat vorhanden sein sollten. Ein Kompetenzprofil bildet somit die notwendigen fachlichen, praktischen und die persönlichen Kompetenzen der einzelnen Aufsichtsratsmitglieder in zusammengefasster Form ab. Die Erarbeitung von Kompetenzprofilen setzt u. a. voraus, dass sich der Aufsichtsrat dezidiert Gedanken macht, mit welchen Besetzungsentscheidungen er den zukünftigen Herausforderungen der Gesellschaft begegnen möchte. Auch eine Spiegelung der Vorstandsressorts im Kompetenzprofil ist denkbar. Zu den möglichen Kriterien, die beim Kompetenzprofil berücksichtigt werden könnten, gehören z.B. Kenntnisse im Bereich der Rechnungslegung sowie deren Prüfung, Nachhaltigkeitsexpertise und Kenntnisse der internen Überwachungssysteme, juristische Fachkenntnisse, internationale Erfahrung, technischer Sachverstand, Kenntnisse bzgl. der Anforderungen an eine digitale Transformation oder eben die Erfahrungen der Mitglieder in Bezug auf die Sektoren, Produkte und geografischen Standorte des Unternehmens.[44]

42

Praxis-Tipp

Das Kompetenzprofil für den Aufsichtsrat soll in der Erklärung zur Unternehmensführung auch offengelegt werden. Die Darstellung soll in Matrixform erfolgen. Die Offenlegungsempfehlung des C.1 DCGK weist somit eine gewisse Ähnlichkeit zur Regelung des ESRS 2.21(c) auf, in Summe geht die DCGK-Vorgabe allerdings deutlich über diese hinaus.

In ESRS 2.21(d) ist geregelt, dass auch die Prozentsätze der Geschlechteranteile und die prozentualen Anteile nach anderen **Diversitätskriterien**, die das Unternehmen bei der Zusammensetzung der Unternehmensorgane berücksichtigt,

43

---

43 Vgl. RegE AReG, BT-Drs. 18/7219 v. 11.1.2016, S. 56.
44 Vgl. Kremer, in Kremer et al. (Hrsg.), Deutscher Corporate Governance Kodex, DCGK C.1, 9. Aufl., 2023, Rn. 2-4.

im Nachhaltigkeitsbericht anzugeben sind. Die Geschlechtervielfalt des Gremiums ist nach ESRS 2.21(d) als durchschnittliches Verhältnis von weiblichen zu männlichen Mitgliedern des jeweiligen Organs zu berechnen. Der geringe Anteil von Frauen in Führungspositionen insbes. auf Ebene der Unternehmensführung ist ein immer wiederkehrender Diskussionspunkt zwischen Wissenschaft, Gesellschaft, Politik und Unternehmenspraxis.[45] Es ist anzunehmen, dass diese Offenlegungspflicht einen Beitrag zur Förderung von Frauen in Führungspositionen leisten soll. Sog. „Diverse" (Nicht-Binäre, Intersexuelle etc.) werden in ESRS 2.21(d) allerdings nicht adressiert, was vermutlich an der geringen Verbreitung liegen dürfte. Ein Einbezug in die Berichterstattung erscheint im Fall von diversen Personen in den Organen dennoch sinnvoll.[46]

In Abhängigkeit der Erfüllung bestimmter Unternehmensmerkmale (Zugang zum Kapitalmarkt, Unternehmensgröße, Form der unternehmerischen Mitbestimmung) sind auch hier einige nationale Vorschriften zu beachten, die bei der Umsetzung dieser Offenlegungsanforderung zu berücksichtigen sind. Mit dem **FüPoG II** wurde die Regelung eingeführt, dass bei Vorständen, die aus mehr als drei Mitgliedern bestehen, ein Vorstandsmitglied eine Frau und ein weiteres Vorstandsmitglied ein Mann sein muss („Mindestbeteiligungsgebot von Frauen" bzw. „Geschlechterquote für den Vorstand"). § 76 Abs. 3 Buchst. a) AktG greift allerdings nur bei AG, die sowohl börsennotiert sind als auch der paritätischen Mitbestimmung unterliegen.[47] Für andere Kapitalgesellschaften hat diese Regelung somit keine Relevanz. Die Einhaltung dieser Geschlechtervorgabe ist in der Erklärung zur Unternehmensführung darzulegen.[48]

44   Zu welchem Grad die Gesellschaft bei der Besetzung des Aufsichtsrats auf Diversität zu achten hat, hängt auch davon ab, ob und in welcher Form die Gesellschaft der Mitbestimmung unterliegt. Der Gesetzgeber hat mit dem **FührposGleichberG**[49] Regelungen zur Förderung von Frauen eingeführt. Mit dessen Einführung im Jahr 2015 wurde § 96 AktG um Abs. 2 und 3 erweitert. Es wird gefordert, dass Aufsichtsräte von börsennotierten **und** paritätisch mitbestimmten Gesellschaften mind. zu jeweils 30 % mit Frauen sowie Männern besetzt sein müssen. Beide Bedingungen müssen kumulativ vorliegen. Die Nichteinhaltung dieser Geschlechterquoten für den Aufsichtsrat zieht den sog. „leeren Stuhl" auf der Anteilseignerbank nach sich. Für die Arbeitnehmerseite fehlt paradoxerweise eine Rechtsfolgenanordnung.[50]

---

45   Vgl. für empirische Ergebnisse auf Basis der Unternehmensberichterstattung Needham/Müller, IRZ 2018, S. 345 ff.
46   Vgl. – wenn auch ohne eine Person als „divers" klassifizierend – Ottobock SE & Co. KGaA, Sustainability Non-Financial Report 2023, S. 8.
47   Vgl. Zweites Führungspositionen-Gesetz – FüPoG II v. 7.8.2021, BGBl. I 2021, S. 3311.
48   § 289f Abs. 2 Nr. 5a HGB.
49   Vgl. FührposGleichberG v. 24.4.2015, BGBl. I 2015, S. 642.
50   Vgl. ausführlich Simons, in Hölters/Weber (Hrsg.), Aktiengesetz, 4. Aufl., 2022, § 96, Rn. 66–77.

Für alle sonstigen Kapitalgesellschaften kann der Zielwert von 30 % für den **45** Frauenanteil im Aufsichtsrat zudem eine Orientierung darstellen. Für Gesellschaften, die börsennotiert sind **oder** der paritätischen Mitbestimmung unterliegen, greift § 111 Abs. 5 AktG. Aufsichtsräte von Gesellschaften, die eine der beiden Bedingungen erfüllen, sind verpflichtet, Zielgrößen für den Frauenanteil sowohl im Aufsichtsrat als auch im Vorstand festzulegen. In den Fällen, bei denen die Gesellschaft bereits die Bestimmungen des § 96 Abs. 2 oder 3 AktG erfüllen muss, konkretisiert § 111 Abs. 5 S. 4 AktG, dass der Aufsichtsrat nur für den Vorstand Zielgrößen für den Frauenanteil formulieren muss. Problematisch ist, dass der Gesetzgeber keine Untergrenze vorsieht. Die Zahl Null als Zielgröße für den Frauenanteil im Vorstand oder im Aufsichtsrat ist somit ausdrücklich zulässig,[51] muss allerdings nach § 289f Abs. 2 Nr. 4 HGB in der Erklärung zur Unternehmensführung begründet werden. Eine Unterschranke wird nur durch das sog. Verschlechterungsverbot des § 111 Abs. 5 S. 5 AktG gezogen, wonach die Zielgröße für Aufsichtsrat oder Vorstand, sofern eine Zielgröße für den Frauenanteil von unter 30 % formuliert wurde, den bereits erreichten Anteil nicht mehr unterschreiten darf.[52]

Unmittelbare Rechtsfolgen ergeben sich bei Verfehlen der Zielgrößen schluss- **46** endlich nicht. Eine Verhaltenssteuerung soll vielmehr über umfassende Berichtspflichten über die (Erreichung der) Zielgrößen bzw. eine Veröffentlichung einer Begründung bei Nichterfüllung in der (Konzern-)Erklärung zur Unternehmensführung[53] erfolgen.[54] Diese Berichtsangaben sind auch dann zu machen, wenn die Gesellschaft nicht in den im § 289f Abs. 1 S. 1 HGB (bzw. für den Konzern § 315d HGB) normierten Anwendungsbereich für die (Konzern-)Erklärung zur Unternehmensführung fällt. Da es sich um nationale Vorschriften handelt, die nicht aus der Umsetzung unionsrechtlicher Vorgaben resultieren, fand unmittelbar keine Harmonisierung dieser Berichtsvorgaben statt. Der deutsche Gesetzgeber wird allerdings die Regelung der CSRD in Hinblick auf das Diversitätskonzept umsetzen. Im vorliegenden RegE zur Umsetzung der CSRD[55] soll die Erklärung zur Unternehmensführung so ausgestaltet werden, dass eine Wiederholung von Berichtsinhalten zum Diversitätskonzept verhindert werden kann. Bestimmte Unternehmen müssten daher diese Berichtsangaben, die bereits im Nachhaltigkeitsbericht gemacht wurden, in der

---

51 Vgl. Stüber, DStR 2015, S. 947 ff.
52 Vgl. Habersack, in Münchener Kommentar zum AktG, 5. Aufl., 2019, § 111, Rn. 153.
53 § 289f Abs. 2 Nr. 4 HGB bzw. für den Konzern § 315d HGB.
54 Vgl. RegE FührposGleichberG, BT-Drs. 18/3784, S. 46, 199.
55 RegE eines Gesetzes zur Umsetzung der Richtlinie (EU) 2022/2464 des Europäischen Parlaments und des Rats v. 14.12.2022 zur Änderung der Verordnung (EU) Nr. 537/2014 und der Richtlinien 2004/109/EG, 2006/43/EG und 2013/34/EU hinsichtlich der Nachhaltigkeitsberichterstattung, S. 11 (im Folgenden RegE CSRD-UmsG), https://www.bmj.de/SharedDocs/Downloads/DE/Gesetzgebung/RegE/RegE_CSRD.pdf?__blob=publicationFile&v=2, Abruf 1.8.2024.

Erklärung zur Unternehmensführung nicht wiederholen. Berichtsangaben zur Geschlechterdiversität, die sich aus dem Teilhabegesetz ergeben, sind allerdings weiterhin in der Erklärung zur Unternehmensführung zu machen.

Konkret wird eine **weitere Verweismöglichkeit**, beschränkt auf das Diversitätskonzept, von der Erklärung zur Unternehmensführung auf den Nachhaltigkeitsbericht eingefügt, indem mit § 289f Abs. 5 HGB-E eine Gesellschaft von der Pflicht zur Beschreibung des Diversitätskonzepts in der Erklärung zur Unternehmensführung befreit ist, wenn die Gesellschaft

1. den Lagebericht gem. § 289b HGB um einen Nachhaltigkeitsbericht zu erweitern hat,
2. die nach § 289f Abs. 2 Nr. 6 HGB-E erforderlichen Angaben in den Nachhaltigkeitsbericht aufnimmt und
3. in der Erklärung zur Unternehmensführung auf die erforderlichen Angaben verweist.[56]

Praxis-Tipp

In ESRS 2.21(d) wird zwar festgelegt, dass auch die relativen Anteile der Gremien nach anderen Diversitätskriterien anzugeben sind, es wird allerdings darauf verzichtet, bestimmte Merkmale vorzuschreiben. Eine Orientierung für mögliche weitere Diversitätsmerkmale bietet § 289f Abs. 2 Nr. 6 HGB, wonach kapitalmarktorientierte Gesellschaften ein sog. **Diversitätskonzept** zu erstellen und darüber in der Erklärung zur Unternehmensführung zu berichten haben. Als mögliche Diversitätskriterien werden die Aspekte Alter, Geschlecht, Bildungs- und Berufshintergrund genannt, wobei mit der Umsetzung der CSRD eine **Betonung des Geschlechts** erfolgt, indem die Aufzählung neu gefasst werden soll mit „das Geschlecht sowie andere Aspekte wie beispielsweise Alter, Behinderungen oder Bildungs- oder Berufshintergrund"[57]. Bislang wurden „Aspekte wie beispielsweise Alter, Geschlecht, Bildungs- oder Berufshintergrund" gefordert. Die exemplarische Aufzählung des § 289f Abs. 2 Nr. 6 HGB der möglichen zu berücksichtigenden Diversitätskriterien wird von der EU-Kommission in ihren „Leitlinien zur Methode der Berichterstattung über nichtfinanzielle Informationen" um die Merkmale geografische Herkunft, internationale Erfahrung, besondere Sachkenntnisse (z.B. in Bezug auf Nachhaltigkeitsfragen) und weitere sozioökonomische Kriterien erweitert.[58] Die beschriebenen Kriterien sind von den Unternehmen als Anregungen zu verstehen, die

---

56 Vgl. RegE CSRD-UmsG, S. 12.
57 RegE CSRD-UmsG, S. 12.
58 Vgl. Leitlinien der EU-Kommission vom 5.7.2017, ABl. EU 2017/C 215/01, S. 19 f., sowie kommentierend Sopp/Baumüller, IRZ 2017, S. 377.

bei der Besetzung des Aufsichtsrats oder des Vorstands berücksichtigt werden können. Eine wichtige Rolle bei der Besetzung wird in vielen Unternehmen zudem die Frage der internationalen Kompetenz spielen, der z.b. durch Berücksichtigung von erfahrenen ausländischen Führungspersonen oder deutschen Managern mit internationaler Erfahrung im Aufsichtsrat oder im Vorstand begegnet werden kann.[59] Weitere Kriterien können an dieser Stelle nicht genannt werden. So empfiehlt der DCGK zwar über die aktienrechtlichen Bestimmungen hinaus in C.1 DCGK, dass der Aufsichtsrat nicht nur auf die Geschlechtervielfalt, sondern generell auf Diversität bei seiner Zusammensetzung zu achten hat. Die Kodexkommission verzichtet allerdings zu konkretisieren, welche Diversitätsaspekte bei der Zusammensetzung berücksichtigt werden sollen. Der Governance Kodex für Familienunternehmen (GKF) verzichtet sogar gänzlich darauf, das Thema Diversität zu adressieren.

Berichtspflichtige Unternehmen haben nach ESRS 2.21(e) den prozentualen Anteil der unabhängigen Mitglieder des Gremiums zu benennen. Bei Unternehmen mit einem monistischen Board-System ist der Prozentsatz der unabhängigen nicht geschäftsführenden Mitglieder des Verwaltungsrats bzw. *Board of Directors* anzugeben. Bei Unternehmen mit einem dualistischen Governance-System ist hingegen der Prozentsatz der unabhängigen Mitglieder des Aufsichtsorgans anzugeben. Eine Definition, was unter einem unabhängigen Gremienmitglied zu verstehen ist, findet sich im Glossar zu den ESRS: Unabhängige Gremienmitglieder sind solche, „die ein unabhängiges Urteil ohne jeglichen Einfluss von außen und ohne Interessenkonflikte abgeben. Unabhängigkeit bedeutet in der Regel die Ausübung eines objektiven und ungehinderten Urteils. Als Maßnahme zur Beurteilung des Eindrucks der Unabhängigkeit oder zur Einstufung eines nicht geschäftsführenden Mitglieds der Verwaltungs-, Leitungs- und Aufsichtsorgane oder ihrer Ausschüsse als unabhängig gilt das Fehlen eines Interesses, einer Stellung, eines Zusammenschlusses oder einer Beziehung, das aus der Sicht eines vernünftigen und informierten Dritten beurteilt geeignet ist, ungebührlich Einfluss auf die Entscheidungsfindung zu nehmen oder Voreingenommenheit zu verursachen."[60]

Die Frage der Unabhängigkeit der Arbeitnehmervertreter ist nicht abschließend geklärt. Es erscheint praktikabel, die geforderte Prozentangabe nur auf die Anteilseignerseite zu beziehen und die Anzahl der Arbeitnehmervertreter

47

---

59 Vgl. Kremer, in Kremer et al. (Hrsg.), Deutscher Corporate Governance Kodex, DCGK C.1, 9. Aufl., 2023, Rn. 5–8.
60 Berichtigung der Delegierten Verordnung (EU) 2023/2772 v. 31.7.2023, ABl. EU L v. 9.8.2024, Anhang II, Tab. 2, S. 271.

im Aufsichtsrat in diesem Zusammenhang zusätzlich zu nennen (nach ESRS 2.21(b) sind ohnehin Angaben zur Vertretung der Beschäftigten im Aufsichtsrat nötig). Dies wäre auch kompatibel zur Empfehlung C1 des DCGK 2022.[61]

Gesetzliche Vorgaben zur Berücksichtigung der Unabhängigkeit von Aufsichtsratsmitgliedern existieren weder allgemein für Kapitalgesellschaften noch speziell für börsennotierte Unternehmen. Mit der Umsetzung des Gesetzes zur Modernisierung des Bilanzrechts (BilMoG[62]) im Jahr 2009 wurde zwar der § 100 Abs. 5 AktG a. F. eingeführt, welcher vorsah, dass eine kapitalmarktorientierte Kapitalgesellschaft i. S. d. § 264d HGB über mind. ein unabhängiges Aufsichtsratsmitglied mit Sachverstand auf dem Gebiet der Rechnungslegung oder der Wirtschaftsprüfung verfügen müsse (sog. Unabhängigkeitsvorgabe für Finanzexperten). Mit der Umsetzung des Abschlussprüfungsreformgesetzes (AReG[63]) wurde die Unabhängigkeitsanforderung an den Finanzexperten allerdings wieder gestrichen. Der Gesetzgeber begründete diese Änderung dahingehend, dass zum einen durch die institutionelle Trennung von Unternehmensleitung und Überwachung bereits ein hohes Maß an Unabhängigkeit der Aufsichtsratsmitglieder i. A. und der Mitglieder des Prüfungsausschusses im Besonderen sichergestellt sei. Zum anderen wird durch diese Änderung die Möglichkeit eingeräumt, dass auch Vertreter der Arbeitnehmerseite die Rolle des Finanzexperten einnehmen können.[64] Der Gesetzgeber geht mit dieser Anpassung somit der von Vertretern der Rechtswissenschaften kontrovers diskutierten Frage aus dem Weg, ob die Vertreter der Arbeitnehmer im Aufsichtsrat trotz ihres Beschäftigungsverhältnisses als unabhängig anzusehen sind.[65] Dieser strittige Punkt ist auch bei der Umsetzung des ESRS 2.21(e) zu berücksichtigen, da auch die ESRS sich dazu äußern, ob die Vertreter der Arbeitnehmerseite als per se abhängig von der Geschäftsführung oder als unabhängig anzusehen sind, was sich auf die Ermittlung des Prozentsatzes auswirkt.

Im Schrifttum wurde zudem die tatbestandliche Unschärfe der Besetzungsregelung des § 100 Abs. 5 AktG a. F. kritisiert, die eine rechtssichere Anwendung der Vorschrift erschweren würde.[66] So verzichtete der Gesetzgeber darauf, sowohl konkrete inhaltliche Anforderungen an die Unabhängigkeit zu formulieren als auch diesen Begriff aktienrechtlich zu definieren. In der RegBegr. zum

---

61 Bislang unveröffentlichte Auffassung des AK Corporate Governance Reporting der Schmalenbachgesellschaft für Betriebswirtschaftslehre, Sitzung v. 24.7.2024.
62 BGBl. I 2009, S. 1102.
63 BGBl. I 2016, S. 1142.
64 Vgl. RegE AReG, BT-Drucks. 18/7219, S. 56.
65 Vgl. befürwortend Langenbucher, ZGR 2007, S. 571; Lieder, NZG 2005, S. 569; Spindler, ZIP 2005, S. 2031, kritisch u. a. Roth, ZHR 2011, S. 605, 630.
66 Vgl. Staake, NZG 2016, S. 853.

BilMoG wurde nur auf die Empfehlung 2005/162/EG der EU-Kommission[67] und auf die ehemalige Empfehlung Ziff. 5.4.2 des DCGK in seiner damals gültigen Fassung von 2007 verwiesen.[68] In der Kommissions-Empfehlung 2005/162/EG wird Unabhängigkeit als die Anwesenheit von jeglichen signifikanten Interessenkonflikten verstanden und soll nach Auffassung der EU-Kommission insbes. zur Wahrung der Interessen von Minderheitsaktionären und anderen Stakeholder-Gruppen beitragen.[69]

Die Regierungskommission näherte sich zunächst mit einer Negativdefinition dieser Regelungslücke an. Nach Ziff. 5.4.2 DCGK a.F. sind Aufsichtsratsmitglieder als unabhängig anzusehen, die in keiner persönlichen oder geschäftlichen Beziehung zu der Gesellschaft, zum Vorstand, zu einem kontrollierten Aktionär oder einem verbundenen Unternehmen stehen, welche einen wesentlichen und nicht nur vorübergehenden Interessenkonflikt begründen.[70]

In der Überarbeitung des DCGK von 2020 wurden die Anforderungen an die Unabhängigkeit von Aufsichtsratsmitgliedern um einen Katalog konkreter Tatbestände erweitert, die auf eine fehlende Unabhängigkeit von Anteilseignervertretern im Aufsichtsrat hindeuten.[71] Die in 2020 eingeführten Empfehlungen des DCGK, die auch in der aktuellen 2022er-Fassung unverändert blieben, werden in Tab. 4 zusammengefasst: **48**

Emp-fehlung	Inhalt
C.6	Zielvorgabe: Eine nach Einschätzung des Aufsichtsrats angemessene Anzahl unabhängiger Mitglieder auf Anteilseignerseite unter Berücksichtigung der Eigentümerstruktur (Definition Unabhängigkeit: Mitglied ist unabhängig von der Gesellschaft und deren Vorstand sowie von einem kontrollierenden Aktionär)

---

67 Vgl. Empfehlung 2005/162/EG der EU-Kommission zu den Aufgaben von nicht geschäftsführenden Direktoren/Aufsichtsratsmitgliedern/börsennotierter Gesellschaften sowie zu den Ausschüssen des Verwaltungs-/Aufsichtsrats, ABl. EU v. 25.2.2005, L 52/51.
68 Vgl. RegE BilMoG, BT-Drs. 16/10067, S. 101 f.
69 Vgl. Empfehlung 2005/162/EG, ABl. EU v. 25.2.2005, L 52/51, Erwägungsgrund Nr. 7.
70 Vgl. ausführlich Kremer, in Kremer et al. (Hrsg.), Deutscher Corporate Governance Kodex, 7. Aufl., 2018, Unabhängigkeit des Aufsichtsrats (Ziff. 5.4.2), Rn. 1364–1481.
71 Vgl. Needham/Mack/Müller, DK 2020, S. 104 ff.; Needham, ZCG 2020, S. 119 ff.

Emp-fehlung	Inhalt
C.7	**Zielvorgabe:** > 50 % der Anteilseignervertreter im Aufsichtsrat sollen unabhängig von der Gesellschaft und vom Vorstand sein **Abhängigkeit:** Persönliche oder geschäftliche Beziehung zu der Gesellschaft/ dem Vorstand, die einen wesentlichen und nicht nur vorübergehenden Interessenkonflikt begründen kann **Dabei zu berücksichtigen:** Aufsichtsratsmitglied oder naher Familienangehöriger • … war in den zwei Jahren vor der Ernennung Mitglied des Vorstands der Gesellschaft? • … unterhält aktuell/in dem Jahr bis zu seiner Ernennung direkt oder als Gesellschafter oder in verantwortlicher Funktion eines konzernfremden Unternehmens eine wesentliche geschäftliche Beziehung mit der Gesellschaft oder einem von dieser abhängigen Unternehmen? • … ist ein naher Familienangehöriger eines Vorstandsmitglieds? • … gehört dem Aufsichtsrat seit mehr als zwölf Jahren an?
C.9	**Zielvorgabe:** Sofern Gesellschaft kontrollierenden Aktionär hat: im Aufsichtsrat > sechs Mitglieder, dann sollen mind. zwei von diesem unabhängige Anteilseignervertreter sein, sonst mind. einer
C.11	**Zielvorgabe:** Nicht mehr als zwei ehemalige Vorstandsmitglieder im Aufsichtsrat
C.12	Aufsichtsratsmitglieder üben keine Organfunktionen oder Beratungsaufgaben bei wesentlichen Wettbewerbern aus

Tab. 4: Übersicht über die Kodexempfehlungen zur Unabhängigkeit des Aufsichtsrats[72]

Der Tatbestandskatalog des DCGK kann auch eine Orientierung für Unternehmen darstellen, die zwar nicht die Empfehlungen des DCGK beachten, allerdings einen Nachhaltigkeitsbericht erstellen müssen und somit zuerst für sich definieren müssen, was sie unter unabhängigen Aufsichtsratsmitgliedern

---

[72] Needham, ZCG 2020, S. 120.

verstehen. Die Wahrung der Interessen von Minderheitsaktionären und anderen Stakeholder-Gruppen ist zudem bei mittelständischen Kapitalgesellschaften aufgrund der überschaubareren Anteilseigner-Struktur mit ggf. einem Großaktionär von besonderer Bedeutung. In Fällen, bei denen alle Mitglieder des Aufsichtsrats in einer persönlichen (ggf. familiären) oder geschäftlichen Beziehung zum Vorstand stehen, kann auch im Mittelstand die Wirksamkeit der Überwachung der Unternehmensleitung angezweifelt werden.

Dieser Auffassung ist augenscheinlich auch die Kommission des Governance Kodex für Familienunternehmen (GKF), die in Ziff. 3.2.1 GFK den Eigentümern bzw. Inhabern empfiehlt zu berücksichtigen, dass ein familienunabhängiger Sachverstand im Aufsichtsgremium die Qualität und Objektivität seiner Arbeit verbessern kann. Auch wenn die Empfehlung des GKF äußerst zaghaft daherkommt, stellt sie ein Indiz dar, dass bei der Besetzung von Aufsichtsräten im Mittelstand auf die Unabhängigkeit der Mitglieder vom Vorstand geachtet werden sollte. Die GKF verzichtet allerdings darauf zu konkretisieren, in welchen Fällen nach ihrer Auffassung Mitglieder des Aufsichtsrats als familienunabhängig anzusehen sind. So ist z.B. bereits unklar, ob nur das Vorliegen eines Verwandtschaftsgrads Familienunabhängigkeit ausschließt oder auch sonstige persönliche Beziehungen zu den Inhabern die Unabhängigkeit des jeweiligen Aufsichtratsmitglieds ausschließen. Der Tatbestandskatalog des DCGK (Tab. 4) wird daher in den meisten Fällen zur Beurteilung der Unabhängigkeit von Aufsichtsratsmitgliedern eine bessere Orientierung für mittelständische Kapitalgesellschaften darstellen. Die Darstellungen zur Un abhängigkeit der Aufsichtsratsmitglieder dürften zudem für externe Berichtsadressaten besser nachvollziehbar sein, wenn die DCGK-Definition zugrunde gelegt wird. Unternehmen ist daher zu empfehlen, im Nachhaltigkeitsbericht anzugeben, welche Definition sie herangezogen haben. Die ESRS empfehlen zudem keine konkrete Anzahl an unabhängigen Mitgliedern, sondern fordern nur die Angabe von deren prozentualem Anteil am Gesamtgremium. Die 50 %-Quote der Empfehlung C.7 DCGK kann auch hier einen Richtwert darstellen.

> **Praxis-Tipp**
>
> Es ist sinnvoll, die Offenlegungsanforderungen des ESRS 2.21 zusammenzufassen und in Form einer Matrix darzustellen (analog zur Empfehlung C.1 des DCGK).

Abb. 1 zeigt exemplarisch die Qualifikationsmatrix der BMW AG:

	Reithofer	Schoch (bis 31.12.2022)	Klimiki (ab 18.01.2023)	Quandt	Schmid	Bock	Benner	Bitzer	Ebner	Empey	Hiesinger	Horn	Klatten	Köhler	Kurz	Mandl	Mohobeer	Schäferkordt	Schmidt	Sikka	Wankel
Generelle Angaben																					
Erstbestellung	2015	1988	2023	1997	2007	2018	2014	2021	2021	2021	2017	2021	1997	2021	2022	2022	2012	2020	2021	2019	2022
Unabhängig i.S.d. DCGK (C.6 ff)	✓	n/a	n/a	n/a	n/a	✓	n/a	✓	n/a	✓	✓	n/a	✓	n/a	n/a	n/a	n/a	✓	✓	✓	n/a
Diversität																					
Geschlecht	m	m	m	m	m	m	w	m	m	w	m	m	w	m	m	m	w	w	m	m	w
Geburtsjahr	1956	1955	1972	1966	1965	1958	1968	1965	1978	1976	1960	1958	1962	1964	1963	1984	1963	1962	1962	1967	1964
Nationalität	DE	DE	DE	DE	DE	DE	DE	DE	DE	UK/DE	DE	DE	DE	DE	DE	DE	DE	DE	DE/AUS USA	USA	DE
Kompetenzfelder																					
Internationale Erfahrung	✓	✓	✓	✓		✓	✓	✓	✓	✓	✓	✓	✓		✓		✓	✓	✓	✓	✓
Kenntnisse aus dem Unternehmen BMW	✓	✓	✓	✓		✓	✓	✓		✓	✓	✓	✓	✓	✓		✓		✓		✓
Externe Führungs-/Überwachungserfahrung	✓	✓	✓	✓	✓	✓	✓	✓	✓	✓	✓	✓	✓	✓	✓		✓	✓		✓	✓
Unternehmensstrategie	✓	✓	✓	✓		✓	✓	✓		✓	✓	✓	✓		✓		✓				✓
Technologien								✓		✓	✓										
Einkauf/Lieferketten										✓	✓	✓	✓								
Produktion/Fertigung										✓	✓		✓								
Vertrieb/Kundenbedürfnisse										✓	✓		✓								
Finanzen																					
Rechnungslegung, Kontrollsysteme	✓	✓	✓	✓	✓	✓	✓	✓	✓	✓	✓	✓			✓	✓	✓	✓	✓		✓
Abschlussprüfung		✓	✓							✓	✓	✓			✓						
Finanzexperte Rechnungslegung											✓				✓						
Finanzexperte Abschlussprüfung											✓										
Kapitalmarkt	✓	✓	✓	✓	✓	✓	✓	✓	✓	✓	✓	✓	✓		✓	✓	✓	✓		✓	✓
Mobilität																					
Human Resources/Personalführung	✓	✓	✓	✓		✓	✓	✓	✓	✓	✓	✓	✓		✓	✓	✓	✓	✓	✓	✓
Compliance	✓	✓	✓	✓	✓	✓	✓	✓	✓	✓	✓	✓	✓		✓		✓			✓	✓
IT/Digitalisierung/Künstliche Intelligenz												✓									
Change Management/Business Transformation																					
Expertise Nachhaltigkeit																					
Ökologische Nachhaltigkeit	✓	✓	✓	✓		✓	✓	✓	✓	✓	✓	✓	✓	✓	✓	✓	✓	✓	✓	✓	✓
Soziale Nachhaltigkeit	✓	✓	✓	✓		✓	✓	✓	✓	✓	✓	✓	✓	✓	✓	✓	✓		✓	✓	✓
Vertrautheit mit Unternehmenssektor	✓	✓	✓	✓		✓	✓	✓	✓	✓	✓	✓	✓	✓	✓		✓		✓		✓

Abb. 1: Qualifikationsmatrix[73]

---

[73]   Entnommen BMW Group, Erklärung zur Unternehmensführung 2022, S. 12.

Neben den Angaben zur **Organzusammensetzung** haben Unternehmen nach **49**
ESRS 2.22 Informationen über die **Aufgaben** und **Zuständigkeiten** der Mitglieder der Verwaltungs-, Leitungs- und Aufsichtsorgane offenzulegen. Bei der Beschreibung der Rolle und Zuständigkeiten der Verwaltungs-, Leitungs- und Aufsichtsorgane in Bezug auf Nachhaltigkeitsfragen haben Unternehmen insbes. folgende Angaben zu machen:

- die Namen der Mitglieder der Verwaltungs-, Leitungs- und Aufsichtsorgane (z.B. eines Ausschusses des Leitungsorgans oder eines ähnlichen Gremiums) oder die Benennung der Personen innerhalb eines Gremiums, die für die Überwachung der Auswirkungen, Risiken und Chancen zuständig sind;
- Angaben, wie die Zuständigkeiten der einzelnen Organe oder Personen in Bezug auf Auswirkungen, Risiken und Chancen in den Mandaten des Unternehmens, des Leitungsorgans und in anderen damit zusammenhängenden Konzepten zum Ausdruck kommen;
- eine Beschreibung der Rolle der Unternehmensleitung bei den Verfahren, Kontrollen und Vorgängen im Bereich der Governance zur Überwachung, Verwaltung und Beaufsichtigung von Auswirkungen, Risiken und Chancen, einschl.:
  - Angaben dazu, ob diese Rolle auf eine bestimmte Position oder einen bestimmten Ausschuss der Führungsebene übertragen wird und wie die Aufsicht über diese Position oder diesen Ausschuss ausgeübt wird,
  - Informationen zu den Berichtspflichten gegenüber den Mitgliedern der Verwaltungs-, Leitungs- und Aufsichtsorgane,
  - Angaben dazu, ob spezielle Kontrollen und Verfahren für das Management der Auswirkungen, Risiken und Chancen angewandt werden und, wenn ja, wie sie in andere interne Funktionen integriert werden;
- Angaben dazu, wie die Verwaltungs-, Leitungs- und Aufsichtsorgane sowie die Geschäftsleitung die Festlegung von Zielen in Bezug auf wesentliche Auswirkungen, Risiken und Chancen und die Fortschritte bei der Erreichung dieser Ziele überwachen.

In ESRS 2.AR3 wird ergänzt, dass die Unternehmen bei Beschreibung der Rolle und Zuständigkeiten der Verwaltungs-, Leitungs- und Aufsichtsorgane in Bezug auf Nachhaltigkeitsfragen insbes. folgenden Angaben machen können:
a) die Nachhaltigkeitsaspekte, über die eine Aufsicht ausgeübt wird, im Hinblick auf ökologische, soziale und Governance-Aspekte, mit denen das Unternehmen konfrontiert sein kann, einschl.:
  - alle Bewertungen und Änderungen der nachhaltigkeitsbezogenen Aspekte der Strategie und des Geschäftsmodells des Unternehmens,
  - die Identifizierung und Bewertung der wesentlichen Risiken, Chancen und Auswirkungen,
  - damit zusammenhängender Konzepte und Ziele, Aktionspläne und zweckgebundener Mittel,
  - Nachhaltigkeitsberichterstattung;

b) die Form, in der diese Aufsicht für jeden der o. g. Aspekte ausgeübt wird, d. h. Information, Konsultation oder Entscheidungsfindung;

c) die Art und Weise, wie diese Aufsicht organisiert und formalisiert ist, d. h. die Verfahren, mit denen sich die Verwaltungs-, Leitungs- und Aufsichtsorgane mit diesen Aspekten der Nachhaltigkeit befassen.

Bei Beschreibung der Governance-Organisation in Bezug auf Nachhaltigkeitsfragen kann diese durch Darstellung eines Diagramms ergänzt werden (ESRS 2.AR4). Die Rolle des Prüfungsausschusses, der nur bei PIE-Unternehmen verpflichtend einzurichten ist, sollte dabei genauer beschrieben werden.

Ein Beispiel für die Umsetzung dieser Angabepflichten bzw. -wahlrechte bietet der Nachhaltigkeitsbericht der Haspa:

Praxis-Beispiel Haspa[74]

„Organisatorische Verankerung von Nachhaltigkeit und angemessene Einbindung der Geschäftsleitung

Zur Erreichung der Nachhaltigkeitsziele und zur Umsetzung der damit verbundenen Maßnahmen haben wir nach unserer Einschätzung angemessene Organisationsstrukturen etabliert. Der Vorstand hat entsprechende Verantwortlichkeiten, Aufgaben und Strukturen in der Haspa verankert. Die Verantwortung für die ordnungsgemäße Ausgestaltung des Nachhaltigkeitsmanagements obliegt dem Gesamtvorstand. Darüber hinaus verantworten die jeweiligen Ressortvorstände die in ihrem Aufgabenbereich liegenden Nachhaltigkeitsthemen.

Der Bereich Unternehmensentwicklung, der dem Ressort des Sprechers des Vorstands zugeordnet ist, steuert und koordiniert im Auftrag des Vorstands die Weiterentwicklung der Nachhaltigkeitsaktivitäten (Haspa-Nachhaltigkeitsprogramm) für das Gesamthaus.

Die Haspa versteht Nachhaltigkeit grundsätzlich als Querschnittsthema durch alle Bereiche der Organisation und somit als Bestandteil der Linienthemen. Demnach liegt die Verantwortung für die Umsetzung von Nachhaltigkeit grundsätzlich dezentral in den jeweiligen Bereichen.

Ein bereichsübergreifendes Nachhaltigkeitskernteam, bestehend aus Führungskräften und Mitarbeitenden relevanter Bereiche, ist mit der vernetzten Bearbeitung und Umsetzung der Nachhaltigkeitsthemen aus dem ‚Haspa-Nachhaltigkeitsprogramm' befasst. Das Nachhaltigkeitskernteam tagt in der Regel einmal monatlich. Ständige Mitglieder sind u. a. die

---

[74] Entnommen Haspa, Nachhaltigkeitsbericht 2023, S. 14 f.

Bereiche Unternehmensentwicklung, Gesamtbanksteuerung, Risikomanagement, Treasury, Kredit und Recht, Compliance, People & Culture, Unternehmenskommunikation, Kundenreise Gründen und Wachsen, Kundenreise Anlage und Vorsorge, Kundenreise Wohnen, Kundenreise Daily, der Bereich Organisation und Prozessmanagement sowie der Bereich Einkauf, Gebäudemanagement und Logistik. Bei Bedarf werden Vertreterinnen oder Vertreter weiterer Bereiche integriert. Die Koordination des Kernteams verantworten die Bereiche Unternehmensentwicklung und Gesamtbanksteuerung.

22. c) i. Übertragung der Rolle der Unternehmensleitung auf eine bestimmte Position oder einen bestimmten Ausschuss der Führungsebene

Der Aufsichtsrat hat verschiedene Ausschüsse gebildet, die unter anderem nachhaltigkeitsbezogene Fragestellungen erörtern und für den Aufsichtsrat aufbereiten. So beschäftigt sich beispielsweise der Risikoausschuss mit risikobezogenen Aspekten der Nachhaltigkeit, während der Nominierungsausschuss bei der Auswahl und der Personal- und Vergütungskontrollausschuss bei der Bemessung der Vergütung der Vorstandsmitglieder nachhaltigkeitsbezogene Aspekte berücksichtigt. Dem Prüfungsausschuss obliegt die Vorprüfung des Nachhaltigkeitsberichts.

22. c) ii. Informationen zu den Berichtspflichten gegenüber den Mitgliedern der Verwaltungs-, Leitungs- und Aufsichtsorgane

Der Vorstand legt den Nachhaltigkeitsbericht dem Aufsichtsrat vor.

22. d) Überwachung der Festlegung von Zielen in Bezug auf wesentliche Auswirkungen, Risiken und Chancen und der Fortschritte bei der Erreichung dieser Ziele durch die Verwaltungs-, Leitungs- und Aufsichtsorgane sowie Geschäftsleitung

Ein bereichsübergreifendes Nachhaltigkeitskernteam, bestehend aus Führungskräften und Mitarbeitenden relevanter Bereiche, stellt die vernetzte Bearbeitung und Umsetzung der Nachhaltigkeitsthemen aus dem ‚Haspa-Nachhaltigkeitsprogramm' sicher. Es unterstützt sowohl die Weiterentwicklung der Haspa-Nachhaltigkeitsleistung (ESG-Performance) als auch bei der Daten- und Informationssammlung für die Nachhaltigkeitsberichterstattung. Es vernetzt zudem die Arbeitsergebnisse, unterstützt die Vorbereitung von Vorstandsentscheidungen und bei der Befassung von relevanten Nachhaltigkeitsthemen im Vorstand.

23. a) Nachhaltigkeitsbezogenes Fachwissen der Verwaltungs-, Leitungs- und Aufsichtsorgane

Im Vorstand und im Aufsichtsrat ist das notwendige Fachwissen sowohl im Hinblick auf die geschäftsstrategische als auch im Hinblick auf die risikobezogene Komponente der Nachhaltigkeit vorhanden […].«

Ergänzender Hinweis: Es folgen noch ergänzende themenspezifische Angaben nach ESRS G1 zur Rolle der Verwaltungs-, Leitungs- und Aufsichtsorgane in Bezug auf die Unternehmenspolitik sowie zum Fachwissen der Verwaltungs-, Leitungs- und Aufsichtsorgane in Bezug auf Aspekte der Unternehmenspolitik, Letzteres aber nur per Verweis auf den Geschäftsbericht.

50   Die in ESRS 2.22 beschriebenen Zuständigkeiten innerhalb der Organe werden in Unternehmen typischerweise über die **Geschäftsordnung** geregelt. § 77 Abs. 2 AktG regelt lediglich die Zuständigkeiten der Organe beim Erlassen einer Geschäftsordnung für den Vorstand. Gesetzliche Vorgaben explizit zu den Inhalten der Geschäftsordnung existieren nicht. Zu Einzelfragen kann allerdings die Satzung bindende Vorgaben für die Geschäftsordnung enthalten.[75] Zudem ist unstrittig, dass bei der Ausgestaltung der Geschäftsordnung die sonstigen gesetzlichen Bestimmungen, wie z.B. die Regelungen hinsichtlich der Kompetenzverteilung zwischen den Gesellschaftsorganen, eingehalten werden müssen. Auch die Form ist gesetzlich nicht geregelt, auch wenn man aufgrund der Sorgfaltspflichten von Vorstand (§ 93 Abs. 1 S. 1 AktG) und Aufsichtsrat (§ 116 AktG) eine schriftliche Niederlegung der Geschäftsordnung geboten erscheint.[76]

Nach h.M. regelt die Geschäftsordnung vorrangig die Zusammenarbeit innerhalb eines Organs und kann ferner über das Gesetz hinausgehende Bestimmungen für das Zusammenwirken von Vorstand und Aufsichtsrat beinhalten. Die Geschäftsordnung für einen Vorstand beinhaltet daher u.a. Regelungen hinsichtlich der Verteilung der Geschäftsbereiche (Ressorts) auf die einzelnen Vorstandsmitglieder sowie der hiermit verbundenen Verteilung der Aufgaben und Kompetenzen (bzw. ggf. Verweis auf den sog. Geschäftsverteilungsplan), zur Wahl eines Mitglieds zum Vorstandsvorsitzenden bzw. Vorstandssprecher und der mit dieser Funktion verbundenen Kompetenzen, zur vorstandsinternen Willensbildung (d.h. z.B. Regelungen zum Ablauf von Sitzungen und zur Beschlussfassung), zum Informationsaustausch zwischen den Vorstandsmitgliedern untereinander, zur Informationsversorgung des Aufsichts-

---

75   § 77 Abs. 2 S. 2 AktG.
76   Angelehnt an Dauner-Lieb, in Henssler/Strohn (Hrsg.), Gesellschaftsrecht, 5. Aufl., 2021, § 77 AktG, Rn. 12.

rats sowie ein Katalog von Geschäften, die der Zustimmung des Aufsichtsrats bedürfen.[77] Fragen der Zuständigkeiten hinsichtlich Nachhaltigkeitsfragen wären entsprechend über die Geschäftsordnung zu regeln. Das in § 77 Abs. 1 S. 1 AktG verankerte Grundprinzip der gemeinschaftlichen Geschäftsführung (auch als „Kollegialprinzip" bezeichnet) wird hiermit allerdings nicht durchbrochen. Für die Umsetzung der Vorgaben im Nachhaltigkeitskontext ist somit formell die gesamte Geschäftsführung bzw. der gesamte Vorstand zuständig.

Praxis-Tipp 51

Es erscheint zweckmäßig, bei Berichterstattung hinsichtlich der Organzuständigkeiten i. S. d. ESRS 2.22 auf die Geschäftsordnung der Unternehmensorgane zu verweisen. Ferner kann ein Verweis auf die Angaben über die Arbeitsweise des Vorstands respektive über die Arbeitsweise des Aufsichtsrats und seiner Ausschüsse (§ 289f Abs. 2 Nr. 3 HGB) sinnvoll sein.

Nach ESRS 2.23 sind die Angaben zu Zusammensetzung und Zuständigkeiten 52 der Organe um eine Erläuterung zu ergänzen, wie die Verwaltungs-, Leitungs- und Aufsichtsorgane die Verfügbarkeit geeigneter Fähigkeiten und Fachkenntnisse zur Überwachung von Nachhaltigkeitsaspekten feststellen, einschl.:

- Angaben zum nachhaltigkeitsbezogenen Fachwissen, über das die Organe insgesamt entweder unmittelbar verfügen oder das sie nutzen können, z. B. durch den Zugang zu Sachverständigen oder Schulungen, und
- Angaben dazu, wie diese Fähigkeiten und Sachkenntnisse mit den wesentlichen Auswirkungen, Risiken und Chancen des Unternehmens zusammenhängen.

Diese Regelung ist im Zusammenhang mit der Offenlegungspflicht des ESRS 2.22 zu verstehen. Im Vordergrund steht daher die Beschreibung der für die Beaufsichtigung der Prozesse zur Bewältigung wesentlicher nachhaltigkeitsbezogener Auswirkungen, Risiken und Chancen bzw. für die Erfüllung der einzelnen Zuständigkeiten innerhalb der Organe benötigten **Kompetenzen** und **Fähigkeiten der Organmitglieder**. Ausweislich Anlage B des ESRS 2 gehört zu jenen Prozessen u. a. die Bewertung und Anpassung der nachhaltigkeitsbezogenen Aspekte in der Strategie und dem(n) Geschäftsmodell(en) des Unternehmens, die Identifizierung und Bewertung wesentlicher Risiken, Chancen und Auswirkungen sowie die damit zusammenhängenden Konzepte, Ziele, Aktionspläne und zweckgebundenen Ressourcen, die für die Nachhaltigkeitsberichterstattung relevant sind.

---

[77] Vgl. Fleischer, in Spindler/Stilz (Hrsg.), Aktiengesetz, 4. Aufl., 2019, § 77, Rn. 60 f.

Ausweislich ESRS 2.AR5 kann die Beschreibung des Niveaus des Fachwissens oder des Zugangs zum Fachwissen der Verwaltungs-, Leitungs- und Aufsichtsorgane durch eine Darstellung der Zusammensetzung der Organe, einschl. der Mitglieder, auf deren Fachwissen sich diese Organe bei der Überwachung von Nachhaltigkeitsaspekten stützen, und der Art und Weise, wie sie dieses Fachwissen als Gremium nutzen, belegt werden. Bei der Beschreibung hat das Unternehmen zu berücksichtigen, inwiefern das Fachwissen und die Fähigkeiten für die wesentlichen Auswirkungen, Risiken und Chancen des Unternehmens relevant sind und ob die Gremien und/oder ihre Mitglieder Zugang zu anderen Wissensquellen haben, z. B. zu spezifischen Sachverständigen und zu Schulungs- und anderen Bildungsinitiativen, um das Fachwissen in Bezug auf Nachhaltigkeit in diesen Gremien zu aktualisieren und zu entwickeln. In welcher Form die Organmitglieder Zugang zu diesem Fachwissen haben, ist letztlich unerheblich. So wird in ESRS 2.BC30 betont, dass die Berichtsvorgaben des ESRS 2.23 nicht die Offenlegung spezifischer Schulungen o. Ä. fordern. Es wird ausgeführt, dass die Relevanz der Aufnahme spezifischer Daten über Schulungen zu Nachhaltigkeitsfragen für die Leitungsorgane von den Mitgliedern des SRB der EFRAG (→ § 1 Rz 24 ff.) zwar diskutiert, aber letztlich abgelehnt wurde. Der SRB vertritt die Auffassung, dass eine Schulung an sich kein bestimmtes Niveau an Fachwissen garantiere. Der Verweis auf Schulungen ist daher nur exemplarischer Natur.

53   Die Offenlegungspflicht des ESRS 2.23 ist zumindest hinsichtlich der Expertise des Aufsichtsrats vergleichbar mit der Empfehlung C.1 des DCGK. So wird in DCGK C.1 empfohlen, dass der Aufsichtsrat für seine Zusammensetzung konkrete Ziele benennen und ein Kompetenzprofil für das Gesamtgremium erarbeiten soll. Es wird konkretisiert, dass das Kompetenzprofil des Aufsichtsrats auch Expertise zu den für das Unternehmen bedeutsamen Nachhaltigkeitsfragen umfassen soll. Unterschiede ergeben sich allerdings insbes. hinsichtlich des Anwenderkreises, des Verpflichtungsgrads und des Berichtsorts. Nach § 161 Abs. 1 AktG können kapitalmarktorientierte Unternehmen von der Anwendung der Empfehlungen des DCGK absehen, sofern sie dies begründen. Die Offenlegungspflichten des ESRS 2 sind nach ESRS 1.32(a) hingegen von allen großen haftungsbeschränkten Unternehmen zu erfüllen. Die Offenlegung des Kompetenzprofils erfolgt zudem in der Erklärung zur Unternehmensführung, weswegen sich bei kapitalmarktorientierten Unternehmen Berichtsdoubletten ergeben können. Im DCGK werden allerdings keine konkreten Nachhaltigkeitskompetenzen empfohlen, die im Aufsichtsrat vorhanden sein sollten, sondern es bleibt bei dieser abstrakten Vorgabe. Es wird in der Begründung zum DCGK 2022 lediglich weiter fortgeführt, dass die Nachhaltigkeitsexpertise nicht in einer einzigen Person gebündelt werden

muss, sondern die verschiedenen Teilaspekte auch von verschiedenen Aufsichtsratsmitgliedern beigetragen werden können.[78] Die Überwachung und Beratung des Vorstands hinsichtlich Nachhaltigkeitsfragen teilt sich grds. in verschiedene Teilaspekte auf, die wiederum unterschiedliche Anforderungen an den Aufsichtsrat stellen. In Detail sollten insbes. die folgenden Kompetenzen und Fähigkeiten im Hinblick auf Nachhaltigkeit im Aufsichtsrat vertreten sein:

- Kompetenzen und Erfahrungen hinsichtlich der Berichterstattung von Nachhaltigkeitsbelangen und deren inhaltliche Prüfung, z.B. erworben durch eine Tätigkeit bei einer Wirtschaftsprüfungsgesellschaft und entsprechende Fortbildungen,
- Kompetenzen und Erfahrungen zur Einbeziehung von geeigneten ökologischen und sozialen Leistungsindikatoren in die Vergütungssysteme der Vorstandsmitglieder, z.B. erworben durch eine Tätigkeit bei einer Unternehmensberatung oder entsprechende Fortbildungen sowie
- Kompetenzen und Erfahrungen, die für die Überwachung der Nachhaltigkeitsaktivitäten der Geschäftsleitung notwendig sind, was insbes. Fragen der (Neu-)Ausrichtung der Unternehmensstrategie und des Geschäftsmodells an Nachhaltigkeitsbelange sowie deren Umsetzung durch eine Integration von Nachhaltigkeitsaspekten in die Führungs- und Überwachungssysteme umfasst. Diese Kompetenzen können z.B. durch eine (frühere) Tätigkeit als Geschäftsführer sowie entsprechende Weiterbildungsmaßnahmen erworben werden.[79]

Für den Fall, dass das Unternehmen keinen Aufsichtsrat gebildet hat, da es an den gesetzlichen Pflichten fehlt, ist auf diesen Umstand hinzuweisen. Es könnte dann über ggf. vorhandene alternative Gremien berichtet werden, wie ein freiwillig eingerichteter Beirat. Wenn auch ein solcher fehlt, käme eine Berichterstattung über die in der Geschäftsführung organisierte Überwachung und Kompetenzaneignung in Betracht. **54**

In der Praxis findet sich bislang vergleichsweise wenig bzgl. konkreter Angaben zu Kompetenzen im Bereich der Nachhaltigkeit von Verwaltungs-, Leitungs- und Aufsichtsorganen. Einige Unternehmen versuchen, die Kompetenzen durch externe Personen in den Governance-Prozess einfließen zu lassen, wie etwa die Škoda Auto a.s. verdeutlicht: **55**

---

[78] Vgl. Regierungskommission DCGK, Begründung des DCGK, 2022, S. 6.
[79] Vgl. ähnlich Scheid/Needham, ZCG 2020, S. 266 ff.

Praxis-Beispiel Škoda Auto a.s.[80]

„Corporate Governance der Nachhaltigkeit

Die Governance-Richtlinien für Nachhaltigkeit richten sich nach den lokalen Konzernrichtlinien, in denen die wichtigsten bei Škoda Auto implementierten Nachhaltigkeitsprozesse dargelegt sind.

Das Unternehmen hat ein Governance-Modell mit definierten Rollen und Verantwortlichkeiten eingeführt, um eine wirksame und konsistente Governance der Nachhaltigkeit zu gewährleisten.

Der **Vorstand** von Škoda Auto trifft sich mindestens einmal im Jahr, um den Status der Nachhaltigkeitsstrategie zu besprechen, konkrete Ziele zu definieren, ihre Umsetzung einschließlich der Auswirkungen und Risiken zu kontrollieren und ihre Erfüllung zu bewerten. Darüber hinaus entscheidet er über die Umsetzung damit verbundener Projekte und Maßnahmen im Zusammenhang mit Nachhaltigkeit.

Für die Bereiche Umwelt und Soziales sind der **Strategische Ausschuss für Umwelt und Nachhaltigkeit (Strategic Committee for the Environment and Sustainability) und das Social Sustainability Board** zuständig, dem ein Vorstandsmitglied für Produktion und Logistik sowie Personal und Kultur vorsitzt. Beide Ausschüsse treffen sich bis zu dreimal im Jahr, um Fragen im Zusammenhang mit Umwelt und Sozialem zu besprechen. Die Unternehmensführung verfügt über keinen separaten Ausschuss, da Fragen auf Ebene der einzelnen Abteilungen mit dem Vorstand besprochen werden.

Die **spezialisierte Abteilung GreenOffice** ist für die Umsetzung der allgemeinen Umweltstrategie GreenFuture verantwortlich und koordiniert den oben genannten Strategischen Ausschuss für Umwelt und Nachhaltigkeit.

Die **Abteilung External Affairs** koordiniert in Zusammenarbeit mit anderen HR-Koordinatoren die Tätigkeit des Social Sustainability Board und Fragen im Zusammenhang mit sozialer Nachhaltigkeit.

Der Sustainability Circle ist ein abteilungsübergreifendes Team aus Vertretern aller drei Säulen und weiterer relevanter Abteilungen unter der Leitung der Abteilung Corporate Strategy and Innovation. Das Team fungiert als Drehscheibe für alle Nachhaltigkeitsthemen und ist verantwortlich für die Durchführung der unternehmensweiten Vorstandssitzungen des Nachhaltigkeitsprogramms zum Thema Nachhaltigkeit. Der Vorsitzende des Teams,

---

[80]　Entnommen Škoda Auto a. s., Sustainability Report 2023, S. 31 f., eigene Übersetzung aus dem Englischen.

der Brand Sustainability Manager, fungiert als Ansprechpartner für den Konzern und vertritt das Unternehmen im Bereich Nachhaltigkeit.

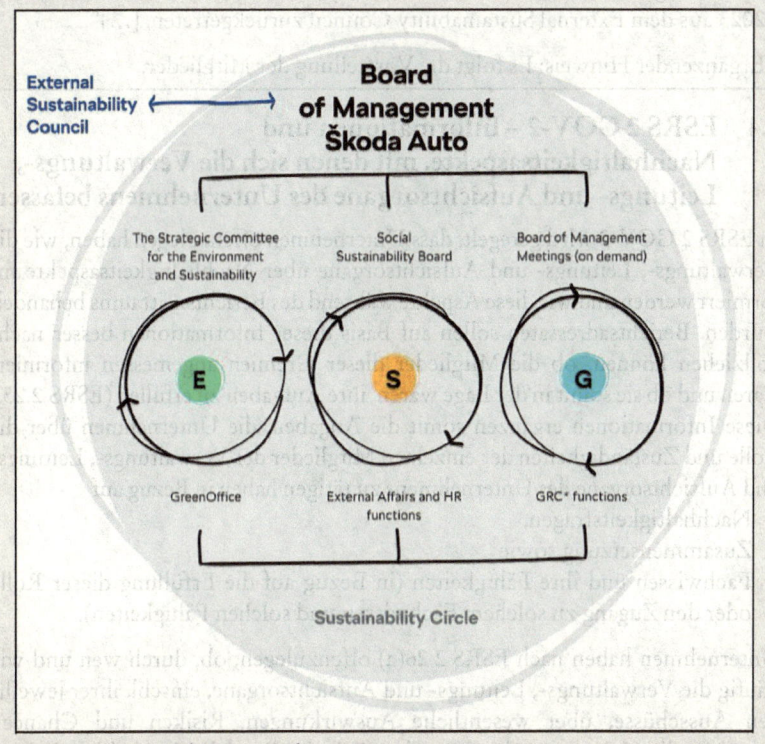

* Governance, Risk & Compliance

Das External Sustainability Council

Das 2021 gegründete External Sustainability Council besteht aus unabhängigen externen Nachhaltigkeitsexperten mit internationaler Erfahrung in Wirtschaft, Umwelt, Strategie und Kommunikation. Das External Sustainability Council berät den Vorstand des Unternehmens bei der strategischen Ausrichtung von Nachhaltigkeitsprojekten und damit verbundenen Aktivitäten. Der Rat gibt Feedback und bietet einen einzigartigen Blick von außen sowie neue Perspektiven auf Nachhaltigkeit.

Das External Sustainability Council traf sich im Jahr 2023 zweimal mit dem Vorstand. Im Mittelpunkt der Diskussionen standen Kreislaufwirtschaft, Biodiversität, Diversität, Gemeinschaften und Kommunikation. Zusätzlich zu diesen regelmäßigen Treffen nahmen Mitglieder des Rats an Treffen mit einzelnen Abteilungen zu den genannten Themen teil. Zum 31.12.2023 waren Sandra Feltham, Jan Bureš, Soňa Klepek Jonášová und Ladislav Miko Mitglieder des External Sustainability Council. Hans Reitz ist im Juni 2023 aus dem External Sustainability Council zurückgetreten. [...]"

Ergänzender Hinweis: Es folgt die Vorstellung der Mitglieder.

2.4 ESRS 2 GOV-2 – Informationen und Nachhaltigkeitsaspekte, mit denen sich die Verwaltungs-, Leitungs- und Aufsichtsorgane des Unternehmens befassen

56 In ESRS 2 GOV-2 wird geregelt, dass Unternehmen offenzulegen haben, wie die Verwaltungs-, Leitungs- und Aufsichtsorgane über Nachhaltigkeitsaspekte informiert werden und wie diese Aspekte während des Berichtszeitraums behandelt wurden. Berichtsadressaten sollen auf Basis dieser Informationen besser nachvollziehen können, ob die Mitglieder dieser Gremien angemessen informiert waren und ob sie somit in der Lage waren, ihre Aufgaben zu erfüllen (ESRS 2.25). Diese Informationen ergänzen somit die Angaben, die Unternehmen über die Rolle und Zuständigkeiten der einzelnen Mitglieder der Verwaltungs-, Leitungs- und Aufsichtsorgane des Unternehmens zu tätigen haben in Bezug auf
- Nachhaltigkeitsfragen,
- Zusammensetzung sowie
- Fachwissen und ihre Fähigkeiten (in Bezug auf die Erfüllung dieser Rolle oder den Zugang zu solchem Fachwissen und solchen Fähigkeiten).

57 Unternehmen haben nach ESRS 2.26(a) offenzulegen, ob, durch wen und wie häufig die Verwaltungs-, Leitungs- und Aufsichtsorgane, einschl. ihrer jeweiligen Ausschüsse, über wesentliche Auswirkungen, Risiken und Chancen (Rz 110), die Umsetzung der Sorgfaltspflicht im Bereich Nachhaltigkeit (sog. **Due-Diligence-Prüfung**) sowie die Ergebnisse und die Wirksamkeit der beschlossenen Konzepte, Maßnahmen, Kennzahlen und Ziele informiert werden.

Ausweislich ESRS 2.BC33 betrifft diese Offenlegungsanforderung das Verfahren und die Häufigkeit, mit der die Verwaltungs-, Leitungs- und Aufsichtsorgane über wesentliche Auswirkungen, Risiken und Chancen informiert werden. Die Offenlegung eines solchen Prozesses ergänzt die Informationen, die i. R. d. Offenlegungsanforderung ESRS 2 GOV-1 zur allgemeinen Beschreibung der Verwaltungs-, Leitungs- und Aufsichtsorgane in Bezug auf die Nachhaltigkeit zur Verfügung gestellt wurden, indem sie die Nutzer in die Lage versetzt zu verstehen, ob die Leitungsorgane Zugang zu Informationen haben, die sie für die Ausübung ihrer Rolle in Bezug auf Nachhaltigkeitsaspekte benötigen. Dies liefert Informationen über die Leitung und Organisation des Unternehmens aus verfahrenstechnischer Sicht.

Praxis-Tipp

Die Offenlegungserfordernisse des ESRS 2.26(a) weisen eine Ähnlichkeit zu bereits bestehenden handelsrechtlichen Bestimmungen auf, die kapitalmarktorientierte Unternehmen anzuwenden haben. Kapitalmarktorientierte Unternehmen haben nach § 289f Abs. 2 Nr. 3 HGB in der Erklärung zur Unternehmensführung die Arbeitsweise von Vorstand und Aufsichtsrat zu beschreiben. Hierzu gehört auch die Beschreibung der Informationsversorgung des Aufsichtsrats durch den Vorstand (§ 90 AktG). Hierbei sind allerdings eher abstrakte Angaben zur allgemeinen Verfahrensweise zu machen. Es bietet sich dennoch an, im Nachhaltigkeitsbericht auf diese Angaben in der Erklärung zur Unternehmensführung oder in Österreich auf den Corporate-Governance-Bericht nach § 243c UGB i.S.e. zulässigen *Incorporation by reference* zu verweisen.

Gesetzlich werden folgende Mindestunterrichtungen vorgeschrieben: 58
- Mind. einmal jährlich muss der Vorstand über die Geschäftspolitik und Grundsatzfragen der Unternehmensplanung berichten. Sofern sich Änderungen der Unternehmenslage ergeben, sind diese unverzüglich zu berichten.
- Der Vorstand muss zudem über die Rentabilität der Gesellschaft bzw. über die Rentabilität des Eigenkapitals berichten. Dieser Bericht muss dem Aufsichtsrat bei der Sitzung, in der über den Jahresabschluss verhandelt wird, vorgelegt werden.
- Mind. einmal im Quartal muss der Vorstand über die Unternehmenslage und den Gang der Geschäfte berichten.
- Über Geschäfte, die die Rentabilität oder die Liquidität des Unternehmens wesentlich beeinflussen können, ist der Aufsichtsrat rechtzeitig zu informieren, so dass dieser Stellung zu diesen Geschäften beziehen kann.[81]

Im AktG wird zwar (noch) nicht konkretisiert, dass der Aufsichtsrat auch über wesentliche Nachhaltigkeitsangelegenheiten zu informieren ist. Diese Regelungslücke greift allerdings der Deutsche Corporate Governance Kodex (DCGK) auf. So wird in Grundsatz 6 des DCGK explizit hervorgehoben, dass zur Überwachung und Beratung des Aufsichtsrats auch Nachhaltigkeitsfragen gehören. Damit der Aufsichtsrat seine Aufgaben ordnungsgemäß ausführen kann, ist er somit auch zu diesen Themen zu informieren, was wiederum im Nachhaltigkeitsbericht darzustellen ist. Die in § 90 AktG verankerten Regelungen zur Informationsversorgung sind ohnehin eher als Mindestvorgaben zu sehen.

---

[81] § 90 Abs. 1 AktG i.V.m. § 90 Abs. 2 AktG.

> **Praxis-Tipp**
>
> Insbes. die Geschäftsordnung kann weiterführende Regelungen zur Informationsversorgung des Aufsichtsrats beinhalten, weswegen auch bei der Berichterstattung nach ESRS 2.26(a) ein Verweis auf die Geschäftsordnung sinnvoll sein kann.

59   Die Berichtsangaben zur Informationsversorgung sind um Angaben darüber zu ergänzen, wie die Verwaltungs-, Leitungs- und Aufsichtsorgane die Auswirkungen, Risiken und Chancen bei der Überwachung der Strategie des Unternehmens, seiner Entscheidungen über wichtige Transaktionen und seines Risikomanagementverfahrens berücksichtigen. Dies schließt die Frage ein, ob sie die mit diesen Auswirkungen, Risiken und Chancen verbundenen Kompromisse in Betracht gezogen haben (ESRS 2.26(b)). Zudem soll eine Auflistung der wesentlichen Auswirkungen, Risiken und Chancen, mit denen sich die Verwaltungs-, Leitungs- und Aufsichtsorgane bzw. deren zuständige Ausschüsse im Berichtszeitraum befasst haben, erfolgen (ESRS 2.26(c)).

Diese Offenlegungsanforderungen verdeutlichen, dass die Berichtsangaben zur Informationsversorgung keine reine Informationsfunktion, sondern vielmehr auch eine Rechenschaftsfunktion haben. Die Unternehmen sollen nicht nur erläutern, wie die Verwaltungs-, Leitungs- und Aufsichtsorgane die zur Ausübung ihrer Tätigkeiten im Kontext von Nachhaltigkeit notwendigen Informationen erhalten haben, sondern wie diese Informationen in die konkreten Entscheidungen dieser Organe eingeflossen sind. Dieses Verständnis deckt sich im Grundsatz mit der h. M. hinsichtlich der Auslegung der allgemeinen Regelungen zur Informationsversorgung der Organe, die erhaltenen Informationen auch in die Entscheidungsfindung einzubeziehen, wobei die jeweiligen Rollen der Organe und die Kompetenzordnung zwischen den Organen berücksichtigt werden müssen. Derartig umfangreiche Informationen hinsichtlich der Verwendung der erhaltenen Informationen sind allerdings nicht nach § 289f Abs. 2 Nr. 3 HGB in die Erklärung zur Unternehmensführung aufzunehmen. Diese Informationen, die den Aufsichtsrat betreffen, können allerdings in den Bericht des Aufsichtsrats an die Hauptversammlung nach § 172 Abs. 2 AktG aufgenommen werden.[82] Angaben zu diesen Punkten aus dem Blickwinkel des Vorstands könnten wiederum im Lagebericht enthalten sein.

60   Allerdings gilt auch hier, wie insgesamt für die Berichterstattung, dass kleinere berichtspflichtige Unternehmen ihre Ausführungen entsprechend an die Unternehmensgröße und die Ausgestaltung des Corporate-Governance-Systems

---

[82]   Vgl. AK Corporate Governance Reporting, DB 2024, S. 405 ff.

anzupassen haben. Diese Vorgaben sind entsprechend auf die jeweilige Lage herunterzubrechen. Ziel muss sein, dass ein Adressat das Corporate-Governance-System in Bezug auf die Nachhaltigkeit versteht. Eine Notwendigkeit zur Einrichtung oder Änderung eines bestehenden Systems besteht nicht, es kann aber eine Orientierung sein, um ggf. die Unternehmensführung auch von kleineren Unternehmen weiter zu verbessern.

Diese Angaben werden erweitert um eine Auflistung der wesentlichen Auswirkungen, Risiken und Chancen, mit denen sich die Verwaltungs-, Leitungs- und Aufsichtsorgane bzw. deren zuständige Ausschüsse im Berichtszeitraum befasst haben. Ausweislich ESRS 2.BC34 soll die Offenlegung von Nachhaltigkeitsaspekten, die von den Leitungsorganen einzeln erörtert werden, den Nutzern der Nachhaltigkeitsberichterstattung die Beurteilung ermöglichen, ob das Engagement der Leitungsorgane des Unternehmens in Nachhaltigkeitsaspekten angemessen ist. Dies bedingt die Beschreibung der wesentlichen Auswirkungen, Risiken und Chancen sowie deren Auswirkungen auf das Geschäftsmodell und die Strategie des Unternehmens. Diese Angaben sollen auch Aufschluss darüber geben, welche Bedeutung Nachhaltigkeitsaspekte für die Unternehmensleitung haben. Exemplarisch kann das am Beispiel des Nachhaltigkeitsberichts 2023 der Haspa nachvollzogen werden:

61

Praxis-Beispiel Haspa[83]

„26. a) Informationen an die Verwaltungs-, Leitungs- und Aufsichtsorgane über wesentliche Auswirkungen, Risiken und Chancen

Im Rahmen eines halbjährlichen Nachhaltigkeitsreportings wird der Vorstand zu den Umsetzungsständen der Nachhaltigkeitsaktivitäten informiert. Es enthält u.a. Maßnahmenumsetzungsstände zur Erreichung der gesetzten Nachhaltigkeitsziele. Ein strategisches Nachhaltigkeitsdashboard ist Bestandteil des Strategiereviews. Es enthält nachhaltigkeitsrelevante ‚Key Performance Indicators' (KPI) und ‚Key Risk Indicators' (KRI). Durch die strukturelle Verzahnung des Nachhaltigkeitsdashboards mit dem Nachhaltigkeitsreporting soll eine systematische Befassung und Steuerung der relevanten Nachhaltigkeitsziele und Maßnahmen im Vorstand ermöglicht werden.

Darüber hinaus wurden im Rahmen des Risikomanagements zur Überwachung von Klima- und Umweltrisiken, Kernrisikoindikatoren definiert. Diese wurden in die regelmäßige interne Berichterstattung sowohl an den Vorstand, als auch an den Aufsichtsrat integriert. Zudem sind Klima- und

---

[83] Entnommen Haspa, Nachhaltigkeitsbericht 2023, S. 16.

Umweltrisiken in die Risikostrategie integriert, welche vom Vorstand beschlossen und dem Aufsichtsrat vorgelegt wird. Neben dem Gesamtvorstand ist der Aufsichtsrat auch in die Berichterstattung zum ESG-Risiko eingebunden. Vierteljährlich werden beide Organe im Rahmen des Kreditstrukturreports über die Entwicklungen des ESG-Risikos informiert.

Im Rahmen des Geschäftsstrategieprozesses wurden im Berichtsjahr verstärkt nachhaltigkeitsrelevante Aspekte bei der Formulierung der Geschäftsstrategie einbezogen. Auch wurden nachhaltigkeitsrelevante Aspekte bei der Fortschreibung der jeweiligen Teilstrategien berücksichtigt. Die Geschäftsstrategie 2030 wurde durch den Vorstand beschlossen und dem Aufsichtsrat vorgelegt.

Der Aufsichtsrat prüft den Nachhaltigkeitsbericht der Haspa. Dabei lässt er sich vom Bereich Compliance unterstützen.

26. b) Berücksichtigung von Auswirkungen, Risiken und Chancen bei der Überwachung der Strategie, Entscheidungen über wichtige Transaktionen und des Risikomanagementverfahrens durch die Verwaltungs-, Leitungs- und Aufsichtsorgane

Die Einbindung des Vorstands als Leitungsorgan und des Aufsichtsrates als Aufsichtsorgan richtet sich nach der Geschäftsordnung für den Vorstand, der Rahmenanweisung des Vorstandes, der Satzung der Hamburger Sparkasse AG und der Geschäftsordnung für den Aufsichtsrat. In diesen Regelwerken sind die Voraussetzungen für die Einbindung festgeschrieben, wobei für die Einbindung der Organe die strategische und wirtschaftliche Bedeutung der jeweiligen Entscheidung maßgeblich ist. Wird ein Organ in eine Entscheidung eingebunden, erfolgt diese Einbindung aufgrund einer schriftlichen Vorlage, die den Entscheidungsträgern rechtzeitig vor der Entscheidung vorab zur Verfügung gestellt wird. Aus der Vorlage ergeben sich die zu treffende Beschlussfassung sowie die Herleitung / Begründung der Entscheidung. Im Rahmen dieser Herleitung werden neben der Zielsetzung insbesondere die Auswirkungen und Risiken, die mit der Entscheidung verbunden sind, sowie mögliche Alternativen aufgezeigt. Sofern erforderlich werden in diesem Kontext auch unterschiedliche Perspektiven gegeneinander abgewogen."

2.5 ESRS 2 GOV-3 – Einbeziehung der nachhaltigkeitsbezogenen Leistung in Anreizsysteme

In Art. 19a Abs. 2 Buchst. e) der CSRD ist geregelt, dass Unternehmen auch Angaben über das Vorhandensein von Anreizsystemen für Mitglieder der Verwaltungs-, Leitungs- und Aufsichtsorgane, die mit Nachhaltigkeitsaspekten verknüpft sind, zu machen haben. Diese Berichtsvorgabe wird in den Offenlegungsanforderungen des ESRS 2 GOV-3 näher konkretisiert. Ziel dieser Offenlegungspflicht ist es, ein Verständnis dafür zu schaffen, ob für die Mitglieder der Verwaltungs-, Leitungs- und Aufsichtsorgane Anreizsysteme vorliegen, die zu nachhaltigem Handeln incentivieren. Die Offenlegung eines Zusammenhangs zwischen Anreizsystemen und der Umsetzung der Nachhaltigkeitsstrategie und -ziele des Unternehmens sowie dem Management der Auswirkungen, Risiken und Chancen des Unternehmens wird seitens der EFRAG als ein wesentliches Merkmal angesehen, das die Bemühungen des Unternehmens zeigt sicherzustellen, dass Nachhaltigkeitsaspekte von den einzelnen Mitgliedern der Verwaltungs-, Leitungs- und Aufsichtsorgane auch angemessen berücksichtigt werden (ESRS 2.BC36). Die Offenlegungsanforderungen des ESRS 2 GOV-3 sind somit auch als Ergänzung zu den Vorgaben des ESRS 2 GOV-1 anzusehen. Externe Adressaten des Berichts sollen einen Zusammenhang zwischen der Rolle und Verantwortung von Verwaltungs-, Management- und Aufsichtsgremien im Hinblick auf Aspekte der Nachhaltigkeit und deren Bedeutung für die Vergütung erkennen können. Bei der Bestimmung der Vergütung soll dazu das Verhältnis von finanziellen und nicht finanziellen (nachhaltigkeitsbezogenen) Leistungskriterien herangezogen werden (ESRS 2.BC37). **62**

Die Ausgestaltung der Vorstandsvergütung gerät immer wieder in das Blickfeld von Regulatoren, Wissenschaft und Unternehmenspraxis, da diese als klassischer ökonomischer Anreiz- und Steuerungsmechanismus gilt. Durch finanzielle Anreize sollen die Handlungen des Vorstands in die von Shareholdern bzw. Stakeholdern gewünschte Richtung gelenkt werden.[84] Die Heranziehung des Vergütungssystems als Anreizinstrument für die Unternehmensleitung ist somit im Grunde nichts Neues. Vielmehr existieren bereits zahlreiche gesetzliche Vorgaben für die Bezüge der Vorstandsmitglieder, die die Gesellschaft sowie ihre Aktionäre, Gläubiger und Arbeitnehmer vor „ausufernden" bzw. unverhältnismäßigen Vorstandsgehältern schützen sollen.[85]

In ESRS 2.29 werden Offenlegungsanforderungen statuiert, die sowohl eine Beschreibung der wichtigsten Merkmale der Anreizsysteme als auch konkrete Offenlegungsanforderungen zur Integration von nachhaltigkeitsbezogenen Leistungen in die Vergütungssysteme für die Mitglieder der Verwaltungs-, Leitungs- und Aufsichtsorgane vorsehen. **63**

---

[84] Vgl. auch u. a. Seibert, ZIP 2011, S. 167.
[85] Vgl. Schwennicke, in Grigoleit (Hrsg.), Aktiengesetz, 2. Aufl., 2020, § 87, Rn. 1.

Praxis-Tipp

Die Offenlegungsvorgaben sind vergleichbar mit den Berichtspflichten, die börsennotierte Unternehmen nach § 162 AktG im **Vergütungsbericht** zu erfüllen haben. Die Nähe des ESRS 2 GOV-3 zu bereits bestehenden Regelungen wird auch seitens der EU erkannt, weswegen in ESRS 2.AR7 konkretisiert wird, dass die betroffenen Unternehmen auf ihren Vergütungsbericht i.S.e. zulässigen *Incorporation by reference* verweisen dürfen. Für nicht börsengelistete Unternehmen gelten die Regelungen des § 162 AktG hingegen nicht, weswegen diese Unternehmen auch nicht auf den Vergütungsbericht verweisen können. So kann es eine anfängliche Hürde darstellen, dass die Formulierung des ESRS 2.29(a) allgemein und abstrakt gehalten wurde und keine detaillierten Berichtsvorgaben beinhaltet, sondern lediglich die Beschreibung der Hauptmerkmale der Anreizsysteme fordert. Die Berichtsvorgaben des § 162 AktG können allerdings eine Orientierung zur Umsetzung der Berichtspflichten des ESRS 2.29 sein, wobei die betroffenen Unternehmen nur die Angaben zu machen haben, sofern die entsprechenden Bestandteile auch tatsächlich in die Vergütungssysteme integriert wurden. Auch dürfen aufgrund der fehlenden gesetzlichen Pflicht sowie bestehender Datenschutzvorgaben keine individualisierten Angaben bei nicht kapitalmarktorientierten Unternehmen erfolgen.

Zunächst ist zu beachten, dass sich die gesetzlichen Vorgaben zur Ausgestaltung der Vergütungssysteme auf wenige, aber dafür zentrale Vorgaben beschränken. Hervorzuheben ist das sog. Postulat der **Angemessenheit** der Vorstandsvergütung, welches alle AGs zu beachten haben und das auch im Kontext von ökologischer und sozialer Nachhaltigkeit eine besondere Rolle einnimmt. Die Vergütungsberichterstattung hat nicht nur eine Informations-, sondern auch eine Rechenschaftsfunktion. So ist nach § 87 Abs. 1 S. 1 AktG zu gewährleisten, dass die Bezüge der einzelnen Vorstandsmitglieder in einem angemessenen Verhältnis zu den jeweiligen Aufgaben und Leistungen sowie der Unternehmenslage stehen. Der Aufsichtsrat hat zudem dafür zu sorgen, dass die übliche Vergütung nicht ohne besondere Gründe überschritten wird. Der Begriff der „Angemessenheit" im Kontext der Norm ist allerdings klärungsbedürftig. Eine Konkretisierung dieses unbestimmten Rechtsbegriffs wird nicht direkt im Gesetz vorgenommen. Auch in Regelwerken, wie dem DCGK oder dem Governance Kodex für Familienunternehmen (GKF), wird der Terminus zwar aufgriffen, aber nicht weiter erläutert.[86] Die Beurteilung der Angemessenheit der Vorstandsvergütung liegt somit gänzlich im Ermessen des Aufsichtsrats.[87]

---

[86] Vgl. Empfehlungen G.2. DCGK; Empfehlung 4.3.1 GFK.
[87] Vgl. Needham/Mack/Müller, DB 2019, S. 1972 f.

In § 87 Abs. 1 S. 1 AktG zählt der Gesetzgeber mögliche Vergütungskomponenten auf, die in die Angemessenheitsbetrachtung einzubeziehen sind. Hierzu gehören das Gehalt, Gewinnbeteiligungen, Aufwandsentschädigungen, Versicherungsentgelte, Provisionen, anreizorientierte Vergütungszusagen wie z. B. Aktienbezugsrechte sowie Nebenleistungen jeder Art. Mögliche Nebenleistungen i. S. d. Norm können Wohnrechte, das Recht zur privaten Nutzung von Flugzeugen oder Fahrzeugen, Abordnung von Personal sowie die Übernahme von Steuern oder Versicherungsbeiträgen sein.[88]

Ausweislich der Begründung zum Gesetzesentwurf des Gesetzes zur Angemessenheit der Vorstandsvergütung (**VorstAG**) soll die Beurteilung der Angemessenheit der Vergütung in Relation zur Leistung des Vorstandsmitglieds insbes. ex post i. R. e. Vertragsverlängerung erfolgen. Der Gesetzgeber verzichtet allerdings, weiter auszuführen, an welchen Kriterien die Leistung der Vorstandsmitglieder zu beurteilen wäre, und verweist nur auf die Empfehlungen des DCGK.[89] Hervorzuheben ist allerdings, dass der DCGK in seiner Fassung vom 6.6.2008, welche zum Zeitpunkt der Veröffentlichung des Gesetzesentwurfs zum VorstAG gültig war, auch eher unscharf in der Empfehlung Ziff. 4.2.2 verlauten ließ, dass die Vergütung der Vorstandsmitglieder auf Grundlage einer Leistungsbeurteilung festgesetzt werden soll.[90] In der aktuellen Fassung des DCGK wird die Regelung des § 87 Abs. 1 S. 1 AktG in der Empfehlung G.2 aufgegriffen. Darin heißt es, dass der Aufsichtsrat für jedes Vorstandsmitglied einen konkreten Zielwert für die Gesamtvergütung festlegen soll, die in einem angemessenen Verhältnis zu den Aufgaben und Leistungen des Vorstandsmitglieds sowie zur Lage des Unternehmens stehen. Im Kontrast zum Gesetzgeber empfiehlt der DCGK somit, die Angemessenheitsbeurteilung der Vergütung nicht erst im Nachhinein bei Vertragsverlängerungen durchzuführen, sondern bereits ex ante durch die Formulierung eines konkreten Zielwerts vorzunehmen. Dieser Unterschied erklärt auch den Empfehlungscharakter dieser Regelung, auch wenn dieser in der Kommentarmeinung mitunter infrage gestellt wird.[91]

Sowohl die Formulierung der aktienrechtlichen Vorgabe als auch der Regelung des DCGK bleiben abstrakt. Sofern dem jeweiligen Vorstandsmitglied Aufgaben hinsichtlich der Steuerung und Überwachung der wesentlichen Auswirkungen, Risiken und Chancen in puncto Nachhaltigkeit zugewiesen werden, ist seine Leistung hinsichtlich der Erfüllung dieser Aufgaben zu

---

88 Vgl. ausführlich Koch, in Koch (Hrsg.), Aktiengesetz, 18. Aufl., 2024, § 87, Rn. 5–7.
89 Vgl. RegE VorstAG, BT-Drucks. 16/12278 v. 17.3.2009, S. 5.
90 Vgl. Regierungskommission, Deutscher Corporate Governanc Kodex v. 6.6.2008, S. 6, www.dcgk. de/files/dcgk/usercontent/de/download/kodex/D_CorGov_Endfassung_2008_markiert.pdf, Abruf 1.8.2024.
91 So z. B. Bachmann, in Kremer et al. (Hrsg.), Deutscher Corporate Governance Kodex, DCGK G.2, 9. Aufl., 2023, Rn. 3 f.

bewerten und zu prüfen, ob seine Vergütung auch hinsichtlich dieser Aspekte in einem angemessenen Verhältnis steht. Hierüber wäre wiederum im Vergütungsbericht zu berichten.

64 Der Wortlaut der Norm verlangt darüber hinaus, dass der Aufsichtsrat dafür zu sorgen hat, dass die Gesamtbezüge die übliche Vergütung nicht ohne besonderen Grund übersteigen dürfen. In der Begründung zum VorstAG wird darauf hingewiesen, dass die Vergütung der einzelnen Vorstandsmitglieder insbes. mit der Vergütung von ähnlichen Unternehmen (**Peergroup**) zu vergleichen ist, d. h., es ist insbes. auf die Branchen, Landes- und Größenüblichkeit abzustellen. Alternativ könne das unternehmensinterne Lohn- und Gehaltsgefüge zur Beurteilung herangezogen werden.[92] Eine temporale Beurteilung, d. h., dass die Bezüge eines Vorstandsmitglieds ins Verhältnis zu den eigenen Bezügen in den Vorjahren gesetzt werden sollen, ist somit nicht gemeint. Eine Beurteilung der Üblichkeit der Vergütung anhand der Qualifikation oder der Dauer der Zugehörigkeit wird zwar in der Kommentarmeinung diskutiert,[93] wird vom Gesetzgeber allerdings ebenfalls nicht erwogen. Die Üblichkeitsanforderung an die Vorstandsvergütung wird im DCGK in den Empfehlungen G.3 bis G.5 aufgegriffen und weiter fortgeführt. Im Kern decken sich diese DCGK-Empfehlungen mit den bereits vorgestellten Auslegungen des Üblichkeitsbegriffs. Es scheint somit auch nicht notwendig zu sein, die Beurteilung der Üblichkeit der Vergütung des jeweiligen Vorstandsmitglieds anhand des Fachwissens und der Fähigkeiten in puncto Nachhaltigkeit vorzunehmen.

Mit der Frage der Angemessenheit und Üblichkeit der Vorstandsvergütung geht somit ein großer Ermessensspielraum einher, insbes. mit der Frage, inwieweit auch Nachhaltigkeitsaspekte in diese Betrachtung einbezogen werden müssen. Das ist vor dem Hintergrund sonstiger vergütungsrechtlicher Bestimmungen zu kritisieren. So ist der Aufsichtsrat nach § 116 S. 3 AktG schadensersatzpflichtig, sofern er für den Vorstand eine unangemessene Vergütung festsetzt. Inwieweit ein Schadensersatzfall auch dann eintritt, wenn die Vergütung unangemessen zur nachhaltigkeitsbezogenen Leistung ist, ist zwar unklar, aber grds. anzunehmen. Ein Schadensersatzfall kann insbes. dann eintreten, wenn die Vergütung deshalb unangemessen ist, weil die unzureichende Nachhaltigkeitsleistung auch Auswirkungen auf die finanzielle Lage des Unternehmens hatte.

Ferner **soll** (aber streng genommen somit nicht: muss) der Aufsichtsrat bei Verschlechterung der Lage der Gesellschaft die Vergütung auf eine angemessene Höhe herabsetzen, sofern die Weitergewährung der zuvor festgesetzten Bezüge ansonsten unbillig für die Gesellschaft wäre.[94] In der Begründung zum

---

92   Vgl. RegE VorstAG, BT-Drucks. 16/12278 v. 17.3.2009, S. 5.
93   Vgl. ausführlich Koch, in Koch (Hrsg.), Aktiengesetz, 18. Aufl., 2024, § 87, Rn. 12–16.
94   § 87 Abs. 2 AktG.

VorstAG wird konkretisiert, dass eine Verschlechterung der Lage der Gesellschaft z. B. dann eintritt, wenn Lohnkürzungen oder Entlassungen notwendig sind oder keine Gewinne ausgeschüttet werden können. Eine (drohende) Insolvenz oder unmittelbare Krise seien indes keine zwingende Voraussetzung für eine Tatbestandserfüllung. Der Gesetzgeber präzisiert ferner, dass die Weiterzahlung der Bezüge eines Vorstandsmitglieds bereits dann als unbillig anzusehen ist, sofern die Verschlechterung der Lage in der Zeit seiner Vorstandsverantwortung liegt und ihm somit zurechenbar ist. Das Vorliegen von pflichtwidrigem Verhalten ist hierfür nicht notwendig. Liegt ein derartiger Sachverhalt vor, ist die Vergütung auf ein angemessenes Niveau herabzusetzen, wobei die Begründung zum VorstAG an dieser Stelle auf weiterführende Ausführungen verzichtet,[95] so dass in letzter Instanz erneut auf das Ermessen des Aufsichtsrats abgestellt wird. Gerade im Hinblick auf die Einbeziehung der nachhaltigkeitsbezogenen Leistung in Anreizsysteme sowie die Beurteilung der Angemessenheit der Vergütung, die auf Grundlage dieser nachhaltigkeitsbezogenen Leistung gewährt wird, sind somit hohe fachliche Anforderungen an den Aufsichtsrat geknüpft, die im Nachhaltigkeitsbericht auch dargestellt werden sollten.

Die Formulierung des ESRS 2.29(a) wurde allgemein und abstrakt gehalten und beinhaltet keine detaillierten Berichtsvorgaben, sondern fordert lediglich die Beschreibung der Hauptmerkmale der Anreizsysteme. Die Nähe zu den Vorgaben des § 162 AktG wird auch seitens der EFRAG erkannt, weswegen in ESRS 2.AR6 konkretisiert wird, dass die Vorgabe des ESRS 2 GOV-3 vergleichbar zu den bereits bestehenden Regelungen zur Vergütungsberichterstattung, die mit dem ARUG II eingeführt wurden, sind. Daher dürfen anwendungspflichtige Unternehmen auf ihren Vergütungsbericht verweisen, wobei die unterschiedlichen Prüfungsanforderungen hier Grenzen setzen (→ § 3 Rz 162 ff.). Die in diesem Kontext daher sehr relevante Darstellung der Regelungen des § 162 AktG, der einen Vergütungsbericht als gesonderten, gemeinsam von Vorstand und Aufsichtsrat zu erstellenden Bericht fordert, der getrennt vom Lagebericht zu veröffentlichen ist,[96] findet sich in der Literatur.[97]

65

Es steht den Unternehmen frei, zusätzliche Angaben im Vergütungsbericht zu machen. § 162 AktG definiert nur ein inhaltliches Mindestniveau.[98]

Die Einschränkung der Angabepflicht nur auf die tatsächlich vorliegenden Aspekte erspart Negativmeldungen und stimmt mit den Forderungen des

---

[95] Vgl. RegE VorstAG, BT-Drucks. 16/12278 v. 17.3.2009, S. 6.

[96] Vgl. Needham/Scheid/Müller, PiR 2020, S. 1 ff.

[97] Vgl. Needham, in Bertram/Kessler/Müller (Hrsg.), Haufe HGB Bilanz Kommentar, 14. Aufl., 2023, § 315a, Rz 41 ff.

[98] Vgl. BT-Drs. 19/9739 v. 29.4.2019, S. 112 f.

ESRS 2.29 im Ergebnis überein. Was „tatsächlich vorliegt", ist aus dem Blickwinkel einer objektiven Bewertung eines durchschnittlich informierten, situationsadäquat aufmerksamen und verständigen Aktionärs zu bewerten. Dies trägt dazu bei, eine verständlichere, knappe und weniger formelhafte Fassung des Vergütungsberichts zu erhalten, die sich am Wesentlichen orientiert.[99]

Einschränkend darf der Vergütungsbericht gem. § 162 Abs. 5 AktG keine Daten enthalten, die sich auf die Familiensituation einzelner Mitglieder des Vorstands oder des Aufsichtsrats beziehen.

Exemplarisch hierfür wären etwa bewährte Familien- oder Kinderzuschläge, die zwar im Vergütungsbericht in der Höhe zu berücksichtigen sind, nicht aber als solche bezeichnet werden dürfen. Darüber hinaus sind alle personenbezogenen Angaben zu früheren Mitgliedern des Vorstands oder des Aufsichtsrats in allen Vergütungsberichten, die nach Ablauf von zehn Jahren nach Ablauf des Geschäftsjahrs, in dem das jeweilige Mitglied seine Tätigkeit beendet hat, zu erstellen sind, zu unterlassen. Im Übrigen sind personenbezogene Daten nach Ablauf der Offenlegungsfrist von zehn Jahren aus Vergütungsberichten zu entfernen, die über die Internetseite zugänglich sind, dem regelmäßig durch die Entnahme älterer Berichte entsprochen werden dürfte. Die Löschungspflicht gilt ausweislich des expliziten Wortlauts nur für Vergütungsberichte, die tatsächlich auf der Internetseite der Gesellschaft veröffentlicht werden. Die Gesellschaft und andere Akteure trifft hingegen keine Pflicht, auf die Löschung der Daten aus anderen Berichten hinzuwirken, selbst wenn sie inhaltlich gleiche oder ähnliche Daten enthalten.[100]

Schließlich gewährt der Gesetzgeber eine Schutzerleichterung in § 162 Abs. 6 AktG auf Basis des Erwägungsgrunds 45 der RL 2017/828/EU, nach der in den Vergütungsbericht keine Angaben aufgenommen zu werden brauchen, die nach vernünftiger kaufmännischer Beurteilung geeignet sind, der Gesellschaft einen nicht unerheblichen Nachteil zuzufügen. Macht die Gesellschaft von dieser Möglichkeit Gebrauch und entfallen die Gründe für die Nichtaufnahme der Angaben nach der Veröffentlichung des Vergütungsberichts, sind die bislang als nachteilig eingeschätzten Angaben in den darauf folgenden Vergütungsbericht aufzunehmen. Eine nachträgliche Anpassung erstellter Berichte ist somit nicht notwendig. Der Maßstab für die Beurteilung der Eignung, einen nicht unerheblichen Nachteil zuzufügen, orientiert sich mit den Formulierungen des § 131 Abs. 3 Nr. 1 AktG und des § 289e HGB an bewährten aktien- und handelsrechtlichen Maßstäben und entspricht dem in ESRS 1 umrissenen Schutzrecht (→ § 3 Rz 177).

---

99 Vgl. BT-Drs. 19/9739 v. 29.4.2019, S. 109.
100 Vgl. BT-Drs. 19/9739 v. 29.4.2019, S. 114.

Die Offenlegungsanforderungen des ESRS 2.29(b)–(d) verlangen verschiedene **66** (zusätzliche) Angaben zur Integration von Nachhaltigkeit in die Vergütungssysteme. In ESRS 2.29(b) wird geregelt, dass Angaben darüber zu machen sind, ob die Leistung anhand spezifischer nachhaltigkeitsbezogener Ziele und/oder Auswirkungen bewertet wird, und wenn ja, welche. Nach ESRS 2.29(c) sind Angaben darüber zu machen, ob und wie nachhaltigkeitsbezogene Leistungskennzahlen als Leistungsrichtwerte berücksichtigt oder in die Vergütungspolitik einbezogen werden. ESRS 2.29(d) fordert wiederum Angaben zum Anteil der variablen Vergütung, der von nachhaltigkeitsbezogenen Zielen und/oder Auswirkungen abhängt.

Praxis-Tipp

Diese Angaben sind grds. bereits im Vergütungsbericht zu machen, so dass bei börsennotierten Gesellschaften wieder ein **Verweis** i.S.e. zulässigen *Incorporation by reference* ausreicht und die Regelungen zum Vergütungsbericht nach § 162 AktG für nicht börsennotierte Unternehmen wiederum eine Orientierung darstellen können. Bei genauer Betrachtung des § 162 AktG fällt allerdings auf, dass diese Norm keine explizite Berichtsvorgabe enthält, die mit den Offenlegungsanforderungen des ESRS 2.29(b)–(d) vergleichbar wäre. Eine Berichtspflicht zu diesen Themen ergibt sich allerdings mittelbar aufgrund der Vorgaben zur Ausgestaltung der Vorstandsvergütungssysteme. So ist der Aufsichtsrat von börsennotierten Gesellschaften nach § 87 Abs. 1 S. 2 AktG verpflichtet, die Vergütungsstruktur des Vorstands auf eine sowohl nachhaltige als auch langfristige Entwicklung der Gesellschaft auszurichten. Diese Vorgaben existieren in dieser Form erst mit Einführung des ARUG II. § 87 Abs. 1 S. 2 AktG a.F. verlangte nur, dass die Vergütungsstruktur an eine „nachhaltige Unternehmensentwicklung" auszurichten ist.

Aufgrund der bisherigen Mehrdeutigkeit des Nachhaltigkeitsbegriffs, welcher zudem bis zur Umsetzung der CSRD weder im Gesetz noch in anderen Regelwerken, wie z.B. dem DCGK, Konkretisierung erfährt, wurde diese Norm in ihrer vorherigen Fassung unterschiedlich von der Unternehmenspraxis ausgelegt.[101] Mit Verweis auf die Begründung zum VorstAG („langfristige Verhaltensanreize" bzw. „Langfristausrichtung")[102] sowie die gängige Auslegung der Rentabilitätsverpflichtung des Vorstands i.S.d. § 76 Abs. 1 AktG[103] wurde § 87 Abs. 1 S. 2 AktG a.F. vorrangig von der Unternehmenspraxis und im Schrifttum in der Form verstanden, dass die Struktur der

---

101 Siehe auch Spindler, in Münchener Kommentar, AktG, 5. Aufl., 2021, § 87, Rn. 178.
102 RegE VorstAG, BT-Drucks. 16/12278 v. 17.3.2009, S. 5.
103 Vgl. Koch, in Koch (Hrsg.), AktG, 18. Aufl., 2024, § 87, Rn. 27; § 76, Rn. 34.

Vorstandsvergütung an einem dauerhaften, periodenübergreifenden wirtschaftlichen Erfolg auszurichten ist.[104] Dieser Aspekt zeigt sich auch an der bisher geringen Verbreitung von Kennzahlen mit Umwelt- oder Sozialbezug in Vergütungssystemen der DAX-30/DAX-40, die in den letzten Jahren höchstens marginal gestiegen ist.[105] Mit der Anpassung der Norm in Form einer Doppelung der Begriffe „nachhaltig" und „langfristig" will der Gesetzgeber nun klarstellen, dass der Aufsichtsrat bei der Wahl der Vergütungsanreize auch soziale und ökologische Gesichtspunkte in den Blick zu nehmen hat. Diese Maßnahme ist auch im Zusammenhang mit der Strategie des Gesetzgebers zur Stärkung des nachhaltigen Wirtschaftens zu verstehen.[106] Für nicht börsengelistete Unternehmen existieren hingegen keine vergleichbaren Regelungen, so dass diese ggf. auch hinsichtlich der Integration von Nachhaltigkeitsbelangen in die Organvergütungssysteme eine **Negativerklärung** abgeben könnten.

67   Zu betonen ist allerdings, dass sich streng genommen die Einbeziehung von Nachhaltigkeitsbelangen in die Vorstandsvergütungssysteme bereits aus der Rentabilitätsverpflichtung des Vorstands i.S.d. § 76 Abs. 1 AktG (Rz 66) ableitet. § 76 Abs. 1 AktG regelt die Eigenverantwortung der Unternehmensleitung. Nach h.M. wird der Ermessensspielraum des Vorstands durch die Pflicht eingeschränkt, für den Fortbestand des Unternehmens (*„going concern"*) und somit auch für eine dauerhafte Rentabilität zu sorgen. Diese Anforderung lässt sich aus der Berücksichtigung der Interessen sowohl der Shareholder als auch der Stakeholder i.R.d. Leitungstätigkeit ableiten, da alle Anspruchsgruppen am Fortbestand des Unternehmens ein berechtigtes Interesse haben.[107] Hervorzuheben ist, dass die Nachhaltigkeitsleistung und die finanzielle Performance eines Unternehmens ausweislich der Ergebnisse zahlreicher (inter)nationaler Untersuchungen positiv zueinander korrelieren. Dieser positive Wirkungszusammenhang ist umso deutlicher zu erkennen, je länger der Betrachtungszeitraum gewählt wurde.[108] Die Einbeziehung von Nachhaltigkeitskennzahlen in die Vorstandsvergütungssysteme hat wiederum nachweislich einen positiven Effekt auf die Nachhaltigkeitsperformance.[109]

Die Berücksichtigung von sozialen und ökologischen Vergütungskennzahlen ist somit auch geboten, selbst wenn man die Vorstandsvergütung vorrangig als Anreizinstrument zur Sicherstellung der dauerhaften, periodenübergreifenden

---

104 Vgl. Koch, in Koch (Hrsg.), AktG, 18. Aufl., 2024, § 87, Rn. 10f.
105 Vgl. für empirische Ergebnisse Needham/Schildhauer/Müller, DK 2021, S. 155ff.
106 Vgl. RegE ARUG II, BT-Drucks. 19/15153 v. 13.11.2019, S. 48, 55.
107 Vgl. Koch, in Koch (Hrsg.), AktG, 18. Aufl., 2024, § 76, Rn. 34.
108 Vgl. statt vieler die Metaanalyse von Friede/Busch/Bassen, Journal of Sustainable Finance & Investment 2015, S. 210ff.
109 Vgl. statt vieler die Studie für den deutschen Kapitalmarkt von Velte, Problems and Perspectives in Management 2016, S. 17ff.

Rentabilität des Unternehmens versteht.[110] Diese Schlussfolgerung kann grds. auch für die mittelständischen Kapitalgesellschaften gezogen werden, weswegen Nachhaltigkeitsaspekte bei der Ausgestaltung der Vergütungssysteme von Vorständen mittelständischer Gesellschaften in den Blick genommen werden sollten. Zusätzlich zu beachten ist, dass auch mittelständische Gesellschaften in den nächsten Jahren eine nachhaltigkeitsbezogene Transformation sowohl auf strategischer als auch operativer Ebene vollziehen sollten, um so ihren Beitrag in der Bekämpfung des Klimawandels zu leisten. Eine an Nachhaltigkeitsaspekten ausgerichtete Vorstandsvergütung kann für den Vorstand einen zusätzlichen Motivationsschub darstellen, den Wandel zu beschleunigen.[111]

Zur Ausrichtung der Vergütungsstruktur an einer langfristigen und nachhaltigen Unternehmensentwicklung bei Beachtung des Grundsatzes der Angemessenheit ist den variablen Vergütungsbestandteilen eine mehrjährige Bemessungsgrundlage zugrunde zu legen und für außerordentliche Entwicklungen eine Begrenzungsmöglichkeit zu vereinbaren.[112] Für die Gewährung der variablen Vergütungsbestandteile sollten (nicht) finanzielle Leistungskriterien berücksichtigt werden.[113] Die Festsetzung geeigneter (nicht) finanzieller Leistungskriterien für die variablen Vergütungsbestandteile obliegt erneut gänzlich dem Aufsichtsrat. Allerdings ist die Beurteilung, welche (nicht) finanziellen Leistungskriterien für die Incentivierung am geeignetsten sind, um sowohl eine langfristig erfolgreiche als auch nachhaltige Unternehmensentwicklung zu erreichen, äußerst komplex.[114]

Unternehmen sollten im Vergütungsbericht respektive im Nachhaltigkeitsbericht die Leistungsziele der einzelnen Vorstandsmitglieder hinsichtlich Nachhaltigkeitsbelangen klar benennen und deren Zielerreichung darstellen. Tab. 5 und Tab. 6 zeigen dies exemplarisch am Vergütungsbericht der BMW AG:

---

[110] So auch Lanfermann/Needham/Scheid, ZCG 2021, S. 89 ff.
[111] Vgl. ähnlich Lanfermann/Needham/Scheid, ZCG 2021, S. 93.
[112] § 87 Abs. 1 S. 3 AktG.
[113] § 87a Abs. 1 AktG.
[114] Vgl. Scheid/Needham, DB 2020, S. 1779 f.

Zielsetzung Leistungskomponente der Tantieme für das Geschäftsjahr 2022		Zielsetzung	Gewichtung
Ressortübergreifende ESG-Ziele	Gesamtvorstand[1]	Innovationsleistung (ökologisch) Entwicklung der Reputation (Corporate Reputation, Compliance Präventionsleistung) Wandlungsfähigkeit (Investition in Aus- und Weiterbildung, Nachhaltigkeit) Attraktivität als Arbeitgeber Führungsleistung (Mitarbeiterzufriedenheit)	50 %
Ressortübergreifende sonstige nichtfinanzielle Ziele		Ausbau der Marktstellung Innovationsleistung (ökonomisch) Kundenorientierung (Produkt-, Kundenbetreuungsqualität) Entwicklung der Reputation (z. B. Markenstärke)	40 %
Gemeinschaftliche Ressortziele	Alle Mitglieder des Vorstands[2]	Beitrag zur Erfüllung der Wachstums- und Profitabilitätsziele Führungsleistung im Ressort Erreichung der Diversity Ziele im Ressort Präventionsleistung Compliance	10 %

Zielsetzung Leistungskomponente der Tantieme für das Geschäftsjahr 2022

Zielsetzung		
	Oliver Zipse	Koordinierung der Arbeit des Vorstands Vertretung der Unternehmensinteressen, Präsentation neuer Produkte Weiterentwicklung der Organisation in Varianten Weiterentwicklung der BMW Nachhaltigkeitsstrategie, beschleunigte Marktdurchdringung vollelektrischer Fahrzeuge
Spezifische Ressortziele	Ilka Horstmeier	Sicherung der Arbeitgeberattraktivität und Performance-steigerung Evaluierung und Anpassung der Personalstrukturen, -kapazitäten und -kosten Gestaltung des Kompetenzumbaus Umsetzung von Immobiliengroßprojekten und Etablierung eines Real Estate Portfolio-Managements
	Milan Nedeljkovic	Effiziente Steuerung des Produktionsnetzwerks Dynamische Ausrichtung der Produktionsstruktur nach strategischen und wirtschaftlichen Gesichtspunkten Weiterentwicklung der Qualitätsarbeit in der Produktion Erreichung von Nachhaltigkeitszielen in der Produktion, insbesondere Reduktion der CO_2-Emissionen

Zielsetzung Leistungskomponente der Tantieme für das Geschäftsjahr 2022

Pieter Nota	Absatz- und Preisplanung sowie Potentialrealisierung in den Vertriebsmärkten Vorbereitung und erfolgreiche Durchführung des Launches neuer Produkte Weiterentwicklung der digitalen Marketing- und Verkaufskonzepte Weiterentwicklung des Vertriebsmodells mit Fokus auf EU/China
Nicolas Peter	Verlässliche Kapitalmarktkommunikation und Weiterentwicklung der Nachhaltigkeitsberichterstattung Umsetzung der Vollkonsolidierung von BMW Brilliance Automotive Ltd. Finanzielles Risikomanagement, Sicherstellung der Konzernfinanzierung und Optimierung der Kapitalstruktur Umsetzung Performance Programm Finanzziele sowie Potenziale aus Digitalisierung Prozesse

Zielsetzung Leistungskomponente der Tantieme für das Geschäftsjahr 2022

Joachim Post	Sicherstellung der Produktionsflexibilität für Fahrzeugkomponenten
	Weiterentwicklung eines leistungsfähigen und flexiblen Lieferantennetzwerks zur Vermeidung von Engpässen
	Umsetzung der Qualitätsanforderungen und Kostenziele im Lieferantennetzwerk
	Weiterentwicklung eines CO_2-Management Systems in der Lieferkette
Frank Weber	Entwicklung wettbewerbsfähiger Fahrzeugmodelle
	Termingerechte Übergabe der geplanten neuen Produkte an die Produktion, Fortschritt neue Fahrzeugarchitektur
	Weiterentwicklung des automatisierten Fahrens und der Wasserstofftechnologie
	MINI Boost – Neuausrichtung der Partnerschaft mit Great Wall Motors

[1] gemeinschaftliche Bewertung des Vorstands als Team
[2] individuelle Bewertung je Vorstandsmitglied

Tab. 5: Leistungsziele Vorstandsvergütung[115]

---

[115] Entnommen BMW Group Bericht 2022, S. 275.

Übersicht Zielerreichung Leistungskomponente der Tantieme für das Geschäftsjahr 2022

	Ziele	Gewichtung	Durchschnittliche Zielerreichung in %	Leistungsfaktor	Anteiliger Zielbetrag der Tantieme in EUR	Leistungskomponente der Tantieme in EUR
Oliver Zipse	Ressortübergreifende Ziele – ESG	50 %	104,0 %			
	Ressortübergreifende Ziele – Sonstige nicht-finanzielle	40 %	87,5 %	0,99	1.050.000	1.039.500
	Ressortziele	10 %	116,3 %			
Ilka Horstmeier[1]	Ressortübergreifende Ziele – ESG	50 %	104,0 %			
	Ressortübergreifende Ziele – Sonstige nicht-finanzielle	40 %	87,5 %	0,98	491.667	481.833
	Ressortziele	10 %	110,0 %			
Milan Nedeljković[2]	Ressortübergreifende Ziele – ESG	50 %	104,0 %			
	Ressortübergreifende Ziele – Sonstige nicht-finanzielle	40 %	87,5 %	0,98	500.000	490.000
	Ressortziele	10 %	110,0 %			

Übersicht Zielerreichung Leistungskomponente der Tantieme für das Geschäftsjahr 2022

	Ziele	Gewichtung	Durchschnittliche Zielerreichung in %	Leistungsfaktor	Anteiliger Zielbetrag der Tantieme in EUR	Leistungskomponente der Tantieme in EUR
Pieter Nota	Ressortübergreifende Ziele – ESG	50 %	104,0 %			
	Ressortübergreifende Ziele – Sonstige nicht-finanzielle	40 %	87,5 %	0,98	575.000	563.500
	Ressortziele	10 %	108,8 %			
Nicolas Peter	Ressortübergreifende Ziele – ESG	50 %	104,0 %			
	Ressortübergreifende Ziele – Sonstige nicht-finanzielle	40 %	87,5 %	0,99	575.000	569.250
	Ressortziele	10 %	115,6 %			
Joachim Post	Ressortübergreifende Ziele – ESG	50 %	104,0 %			
	Ressortübergreifende Ziele – Sonstige nicht-finanzielle	40 %	87,5 %	0,98	475.000	465.500
	Ressortziele	10 %	106,9 %			

Übersicht Zielerreichung Leistungskomponente der Tantieme für das Geschäftsjahr 2022

	Ziele	Gewichtung	Durchschnittliche Zielerreichung in %	Leistungsfaktor	Anteiliger Zielbetrag der Tantieme in EUR	Leistungskomponente der Tantieme in EUR
Frank Weber	Ressortübergreifende Ziele – ESG	50 %	104,0 %			
	Ressortübergreifende Ziele – Sonstige nichtfinanzielle	40 %	87,5 %	0,98	475.000	465.500
	Ressortziele	10 %	111,9 %			

1 zweite Vergütungsstufe seit 1. November 2022
2 zweite Vergütungsstufe seit 1. Oktober 2022

Tab. 6: Zielerreichung Vorstandsvergütung[116]

116 Entnommen BMW Group Bericht 2022, S. 276.

Nach ESRS 2.29(e) ist abschließend die Ebene im Unternehmen anzugeben, auf   **68**
der die Bedingungen der Anreizsysteme genehmigt und aktualisiert werden. Im
deutschen dualistischen System ist dies der Aufsichtsrat. So wird in § 87 AktG
die Kompetenz zur Festsetzung der Gesamtbezüge der jeweiligen Vorstandsmitglieder ausdrücklich dem Aufsichtsrat zugewiesen. ESRS 2.29(e) scheint
allerdings keine ausführlichen Angaben hierzu zu verlangen. Ein bloßer Verweis auf die gesetzlichen Bestimmungen scheint vielmehr ausreichend. Dies
entlastet somit kleinere Unternehmen, eine analoge Berichterstattung aufbauen
zu müssen.

2.6 ESRS 2 GOV-4 – Erklärung zur Sorgfaltspflicht

Nach ESRS 2 GOV-4 haben Unternehmen eine Übersicht über die in ihrer   **69**
Nachhaltigkeitserklärung enthaltenen Informationen über das Verfahren zur
Erfüllung der Sorgfaltspflicht (sog. **Due-Diligence-Prozess**) offenzulegen. Ziel
dieser Offenlegungspflicht ist es, das Verständnis über die Verfahren des Unternehmens zur Erfüllung der Sorgfaltspflicht in Bezug auf Nachhaltigkeitsaspekte
zu vermitteln.

Für die Adressaten der Nachhaltigkeitsberichterstattung ist es von zentraler
Bedeutung, ein Verständnis darüber zu erlangen, ob das jeweilige Unternehmen
in der Lage ist, die wesentlichen nachhaltigkeitsbezogenen Auswirkungen,
Risiken und Chancen zu ermitteln, zu bewerten und zu steuern. Externe
Adressaten benötigen daher auch Angaben zu den Prozessen, die das Unterneh-
men zu diesem Zweck implementiert hat (sog. Due Diligence bzw. Sorgfalts-
pflichtenprüfung), weswegen in den ESRS zu diesem Aspekt verschiedene
Offenlegungspflichten geregelt sind.

Damit Berichtsadressaten den Überblick über die komplexen Due-Diligence-
Prozesse für die einzelnen Nachhaltigkeitsbelange behalten und die tatsächliche
Praxis des Unternehmens in puncto Due Diligence besser nachvollziehen können,
haben Unternehmen zusätzlich nach ESRS 2.30 eine Übersicht („*mapping*") zu
den im Nachhaltigkeitsbericht enthaltenen Informationen über die Due-Diligence-Prozesse offenzulegen. Die Hauptaspekte und -schritte der Verfahren zur
Erfüllung der Sorgfaltspflicht (Due Diligence), die in ESRS 1.58ff. (→ § 3
Rz 45ff.) beschrieben werden, bilden die Grundlage für eine Reihe der bereichsübergreifenden sowie themenspezifischen Offenlegungsanforderungen der
ESRS. In dieser Übersicht ist zu erläutern, in welcher Form und an welcher Stelle
die Hauptaspekte und -schritte der Due Diligence im Nachhaltigkeitsbericht
beschrieben werden.

Praxis-Tipp

Die Darstellung der Offenlegungspflichten des ESRS 2 GOV-4 kann sinnvollerweise in tabellarischer Form erfolgen. Hierbei sind die zentralen Elemente der Due Diligence aufzulisten und den entsprechenden Passagen im Nachhaltigkeitsbericht zuzuordnen.

Als Kernelemente der Due Diligence können grds. insbes. folgende Maßnahmen identifiziert werden:

a) Einbindung der Sorgfaltspflicht in Governance, Strategie und Geschäftsmodell,
b) Einbindung betroffener Stakeholder in alle wichtigen Schritte der Sorgfaltspflicht,
c) Ermittlung und Bewertung negativer Auswirkungen,
d) Maßnahmen gegen diese negativen Auswirkungen,
e) Nachverfolgung der Wirksamkeit dieser Bemühungen und Kommunikation.

In einer zweiten Spalte sind zu den einzelnen Maßnahmen **Verweise** zu den entsprechenden Textpassagen im Nachhaltigkeitsbericht aufzunehmen. Denkbar ist, dass sich die Kernelemente der Due Diligence auf verschiedene Nachhaltigkeitsbelange beziehen und somit an mehreren Stellen beschrieben werden. In die Tabelle sind daher ggf. weitere Angaben aufzunehmen, damit für externe Adressaten erkennbar ist, auf welchen konkreten Aspekt sich der Verweis bezieht. Tab. 7 bildet die Umsetzung des ESRS 2 GOV-4 ab, die in ESRS 2.AR10 vorgeschlagen wird:

Kernelemente der Due Diligence	Absätze in der Nachhaltigkeitserklärung
a) Einbindung der Sorgfaltspflicht in Governance, Strategie und Geschäftsmodell	
b) Einbindung betroffener Interessenträger in alle wichtigen Schritte der Sorgfaltspflicht	
c) Ermittlung und Bewertung negativer Auswirkungen	
d) Maßnahmen gegen diese negativen Auswirkungen	
e) Nachverfolgung der Wirksamkeit dieser Bemühungen und Kommunikation	

Tab. 7: Tabellarische Umsetzung des ESRS 2 GOV-4 (ESRS 2.AR10)

Diese findet sich auch in der Praxis bereits wieder, wie das Beispiel Haspa verdeutlicht:

Praxis-Beispiel Haspa – ESRS 2 GOV-4 Erklärung zur Sorgfaltspflicht[117]

32. Anwendung der wichtigsten Aspekte und Schritte des Verfahrens zur Erfüllung der Sorgfaltspflicht in der Nachhaltigkeitserklärung

Kernelemente der Sorgfaltspflicht	Absätze in der Nachhaltigkeitserklärung
a) Einbindung der Sorgfaltspflicht in Governance, Strategie und Geschäftsmodell	ESRS 2-GOV 2 26. a), b); ESRS 2-GOV 3 29., a), b), c), d), e); ESRS 2-SBM 3 48. a), b)
b) Einbindung betroffener Interessenträger in alle wichtigen Schritte der Sorgfaltspflicht	ESRS 2-SBM 2 45. a) i.–v., S1 12., S2 9., S3 7., S4 8., ESRS 2-IRO 1, 53. b) iii., ESRS E1-2 24., ESRS E2-1 14., ESRS E3-1 11., ESRS E4-2 22., ESRS E5-1 14., ESRS S1-1 19., ESRS S2-1 16., ESRS S4-1 15., ESRS S1-2 27. b)., S4-2 20. b)
c) Ermittlung und Bewertung negativer Auswirkungen	ESRS 2-IRO 1 53. a), e), g), E1 20. a), b) ii., c) i., 21., E2 11. a), E4 17. c), ESRS 2-SBM 3 48. a), b)
d) Maßnahmen gegen diese negativen Auswirkungen	ESRS E1-3 28., ESRS E2-2 18., ESRS E3-2 17., ESRS E4-3 27., ESRS E5-2 19., ESRS S1-4, ESRS S2-4, ESRS S3-4, ESRS S4-4
e) Nachverfolgung der Wirksamkeit dieser Bemühungen und Kommunikation	ESRS E1-4, ESRS S1-5, ESRS S3-5

Aus der Offenlegungspflicht des ESRS 2 GOV-4 ist allerdings weder eine Verhaltensanweisung für den Vorstand bzw. die Geschäftsführung oder den Aufsichtsrat in puncto Due Diligence abzuleiten, noch ändert sich die Rolle dieser Organe, wie sie in anderen Rechtsvorschriften oder Regelungen vorgeschrieben ist. Es ist allerdings zu erwarten, dass die Sorgfaltspflichten von Vorstand bzw. Geschäftsführung und Aufsichtsrat durch die Umsetzung der Corporate Sustainability Due Diligence Directive (CSDDD) in diesem Punkt

---

[117] Entnommen Haspa, Nachhaltigkeitsbericht 2023, S. 18.

deutlich erweitert werden. Aktuell läuft bereits für bestimmte Unternehmen die Übergangsfrist von 18 Monaten seit dem 29.6.2023 für die Anwendung der EU-Entwaldungsverordnung 2023/1115.[118] Sie erlegt allen betroffenen Unternehmen eine Sorgfaltspflicht auf, wenn sie folgende Waren in der EU in Verkehr bringen oder aus der EU ausführen: Palmöl, Rindfleisch, Soja, Kaffee, Kakao, Holz und Kautschuk sowie daraus hergestellte Erzeugnisse (wie Möbel oder Schokolade). Diese Rohstoffe wurden auf der Grundlage einer gründlichen Folgenabschätzung ausgewählt, in der sie als Hauptursache für die Entwaldung aufgrund der Ausweitung der Landwirtschaft ermittelt wurden. Marktteilnehmer und Händler müssen nachweisen, dass die Erzeugnisse sowohl entwaldungsfrei (also auf Flächen erzeugt, die nicht nach dem 31.12.2020 entwaldet wurden) als auch legal (im Einklang mit allen im Erzeugerland geltenden einschlägigen Rechtsvorschriften) sind. Die Unternehmen werden auch verpflichtet sein, genaue geografische Informationen über die landwirtschaftlichen Nutzflächen zu erheben, auf denen die von ihnen bezogenen Erzeugnisse erzeugt wurden, damit diese auf Einhaltung der Vorschriften überprüft werden können. Die Mitgliedstaaten müssen sicherstellen, dass die Nichteinhaltung der Vorschriften zu wirksamen und abschreckenden Sanktionen führt. Die Liste der erfassten Rohstoffe wird regelmäßig überprüft und aktualisiert, wobei neue Daten wie sich verändernde Entwaldungsmuster berücksichtigt werden. Kleine Unternehmen werden von einer längeren Anpassungsfrist profitieren.[119]

2.7 ESRS 2 GOV-5 – Risikomanagement und interne Kontrollen der Nachhaltigkeitsberichterstattung

70   In den Nachhaltigkeitsbericht ist auch eine Beschreibung der wichtigsten Merkmale des internen Kontrollsystems und des Risikomanagementsystems des Unternehmens in Bezug auf das Verfahren der Nachhaltigkeitsberichterstattung aufzunehmen (ESRS 2.34). Ausweislich des ESRS 2.BC39 erkannte der SRB der EFRAG (→ § 1 Rz 24 ff.) an, dass Informationen über die internen Kontrollprozesse eines Unternehmens die Glaubwürdigkeit und Zuverlässigkeit der Nachhaltigkeitsberichterstattung verbessern und das Verständnis der Nutzer fördern, ob und wie das Unternehmen mit den wesentlichen Nachhaltigkeitsauswirkungen, -risiken und -chancen, denen es ausgesetzt ist, effektiv umgeht. Diese Informationen werden auch in der CSRD ausdrücklich gefordert.

---

118 Verordnung v. 31.5.2023 über die Bereitstellung bestimmter Rohstoffe und Erzeugnisse, die mit Entwaldung und Waldschädigung in Verbindung stehen, auf dem Unionsmarkt und ihre Ausfuhr aus der Union sowie zur Aufhebung der Verordnung (EU) Nr. 995/2010, ABl. EU v. 9.6.2023, L 150/206 ff.
119 Vgl. EU-Kommission, Pressemitteilung v. 29.6.2023, https://germany.representation.ec.europa.eu/news/entwaldungsfreie-lieferketten-neue-regeln-kraft-18-monate-ubergangsfrist-2023-06-29_de, Abruf 1.8.2024.

Angaben über die Einrichtung strenger, unabhängiger und wirksamer interner Kontrollsysteme werden als der Schlüssel zum Verständnis der Gestaltung der Unternehmensprozesse in Bezug auf verschiedene Aspekte angesehen. Dazu gehört die Minimierung von Risiken und der Schutz von Vermögenswerten, die Gewährleistung der Richtigkeit von Aufzeichnungen, die Förderung der betrieblichen Effizienz und der Einhaltung von Richtlinien, Regeln, Vorschriften und Gesetzen. Dazu gehört auch das interne Kontrollsystem für den Prozess der Nachhaltigkeitsberichterstattung und die Frage, ob es ein Überprüfungs- und Genehmigungsverfahren für die Berichterstattung gibt, welches in der Verantwortung der Unternehmensführungs- und Aufsichtsorgane liegt (ESRS 2.BC40).

Für die Stakeholder liefert die Offenlegung nützliche Informationen, um den Grad der Erreichung der operativen Ziele zu bewerten, wie z.B. die Effektivität und Effizienz der Geschäftstätigkeit und die Einhaltung der geltenden Gesetze und Vorschriften (ESRS 2.BC41).

Eine entsprechende Anforderung in den GRI, die interne Kontrollen i.A. abdeckt, existiert nicht. Allerdings verlangt GRI 2-14[120] die Offenlegung der Rolle des höchsten Leitungsorgans in der Nachhaltigkeitsberichterstattung, und in dieser Hinsicht stimmt diese Offenlegungsanforderung mit GRI 2-14 überein. Angaben zu den wichtigsten Merkmalen des internen Kontroll- und Risikomanagementsystems des Unternehmens sind im Lagebericht – allerdings in Bezug auf die Finanzberichterstattung – zu machen.

Unternehmen müssen nach ESRS 2.36 folgende Informationen in Bezug auf das Risikomanagement- und interne Kontrollsystem bzgl. der Nachhaltigkeitsberichterstattung offenlegen: **71**

a) Umfang, Hauptmerkmale und Bestandteile der Verfahren und Systeme für das Risikomanagement und die internen Kontrollen in Bezug auf die Nachhaltigkeitsberichterstattung,

b) den verwendeten Ansatz zur Risikobewertung, einschl. der Methode zur Priorisierung von Risiken,

c) die wichtigsten ermittelten Risiken und die Minderungsstrategien einschl. der verbundenen Kontrollen,

d) eine Beschreibung, wie das Unternehmen die Ergebnisse seiner Risikobewertung und seiner internen Kontrollen in Bezug auf das Verfahren der Nachhaltigkeitsberichterstattung in die einschlägigen internen Funktionen und Prozesse einbindet,

e) eine Beschreibung der regelmäßigen Berichterstattung über die unter Buchst. d) genannten Ergebnisse an die Verwaltungs-, Leitungs- und Aufsichtsorgane.

---

[120] GRI 2: Allgemeine Angaben 2021.

Praxis-Tipp

ESRS 2.AR11 betont, dass diese Offenlegungsanforderungen sich ausschl. auf die internen Kontrollprozesse für den Prozess der Nachhaltigkeits-berichterstattung zu konzentrieren haben und keine allgemeine Darstellung dieser Systeme gefordert wird. Um ein Verständnis für diese Systeme in Bezug auf die Nachhaltigkeitsberichterstattung zu erlangen, erscheinen all-gemeine Angaben zu den grundlegenden Konzepten trotzdem unerlässlich. Bei der Implementierung von internen Kontroll- und Risikomanagement-systemen in Bezug auf die Nachhaltigkeitsberichterstattung wird man ohne-hin auf dieselben zentralen Bausteine zurückgreifen müssen.

Die praktische Umsetzung dieser Berichtspflichten kann gut am Beispiel der Haspa nachvollzogen werden. Dabei wird auch besonders die Sichtweise eines Kreditinstituts auf die Zusammenhänge von Nachhaltigkeit(sberichterstattung) und Kreditfinanzierung deutlich, die für alle Kreditnehmer sehr interessant sein sollte. Allerdings unterliegt die Haspa als Sparkasse besonderen Regulierungen:

Praxis-Beispiel Haspa[121]

„ESRS 2-GOV 5 Risikomanagement und interne Kontrollen der Nach-haltigkeitsberichterstattung

36. a) Umfang, Hauptmerkmale und Bestandteile des Risikomanage-ments sowie die interne Kontrolle in Hinblick auf die Nachhaltigkeits-berichterstattung

Die Bankenaufsicht definiert Nachhaltigkeitsrisiken als Ereignisse oder Be-dingungen aus den Bereichen Umwelt, Soziales oder Unternehmensführung, deren Eintreten tatsächlich oder potenziell negative Auswirkungen auf die Vermögens-, Finanz- und Ertragslage sowie auf die Reputation haben kann.

Das **Risikomanagement** der Haspa ist in Anlehnung an den entsprechenden Leitfaden der Europäischen Zentralbank (EZB) zunächst in erster Linie an der Erfassung und Steuerung von Klima- und Umweltrisiken ausgerichtet. Mit diesen Risiken verbundene Risikotreiber fließen in die Risikoinventur als Regelprozess für die Ermittlung sämtlicher wesentlicher Risiken mit ein.

Weitere Nachhaltigkeitsrisiken (Sozial- und Governance-Risiken) fließen an ausgewählten Stellen gleichwohl ebenfalls in das Risikomanagement ein. So fließen beispielsweise ausgewählte Faktoren zu den Bereichen ‚Social' (gering-fügig Beschäftigte, Leiharbeitnehmer, Gender Pay Gap oder Soziale Standards also insbesondere Verstöße gegen Menschenrechte entlang der Lieferkette)

---

[121] Entnommen Haspa, Nachhaltigkeitsbericht 2023, S. 19ff.

und ‚Governance‘ (Verstöße gegen ordnungsgemäße Unternehmensführung und die organisatorische Integration der Gegenparteien von Nachhaltigkeit) in das interne S-ESG-Scoring, das wiederum in die Kreditvergabe eingeht, mit ein. Bei der Haspa-spezifischen Beurteilung zur Wesentlichkeit von Klima- und Umweltrisiken und zur Angemessenheit bestehender Risikomanagementinstrumente wird im Sinne des Proportionalitätsprinzips den Besonderheiten des Geschäftsmodells, dem Geschäftsumfeld und dem Risikoprofil Rechnung getragen.

Das **Risikomanagement** ist zuständig für die sachgerechte Integration von Klima- und Umweltrisiken in den Risikomanagementkreislauf. Das beinhaltet die Sicherstellung einer adäquaten Ausstattung an Kapital (ICAAP) und Liquidität (ILAAP), die Durchführung von Stresstests sowie die Weiterentwicklung sinnvoller Instrumente zur Erfassung und Steuerung dieser Risiken. Klima- und Umweltrisiken sind in die Risikostrategie integriert. Für die Ausführungen zum Thema Klima- und Umweltrisiken in der Risikostrategie ist der Bereich Risikomanagement zuständig. Die Zuständigkeit für die Kreditrisikostrategie sowie die darin enthaltenen Aussagen zu Nachhaltigkeitsrisiken liegt beim Bereich Kredit und Recht in Abstimmung mit dem Bereich Risikomanagement.

In den letzten Jahren erfolgte eine Weiterentwicklung von Instrumenten zur Erfassung und Steuerung von Klima- und Umweltrisiken sowie deren Integration in das Risikomanagement. Für 2024 ist die fortlaufende Weiterentwicklung dieser Instrumente sowie die fortlaufende Verbesserung der verfügbaren Datengrundlage vorgesehen.

Die **Compliance-Funktion** ist in die Weiterentwicklung interner Vorgaben in den definierten Handlungsfeldern zur Nachhaltigkeit eingebunden. Sie wirkt auf die Implementierung wirksamer Verfahren zur Einhaltung der anwendbaren Rechtsvorschriften, Regeln, Verordnungen und Standards hin. Dies schließt auch das Monitoring neuer regulatorischer Anforderungen sowie die Identifizierung und ggf. Umsetzungsbegleitung der wesentlichen rechtlichen Regelungen und Vorgaben im Themenfeld Nachhaltigkeit ein.

Die **interne Revision** überprüft regelmäßig die Einhaltung interner Richtlinien und Verfahren sowie externer Anforderungen. Bestehende Regelungen mit Bezug zum Thema Nachhaltigkeit sind durch die Prüfungen abgedeckt. Die Prüfungsplanung ist dabei risikoorientiert ausgerichtet und berücksichtigt insofern auch die aktuellen Einschätzungen zur Wesentlichkeit von Klima- und Umweltrisiken.

Sofern die Befassung mit Nachhaltigkeitsthemen in der Einführung neuer Produkte oder Märkte inklusive Vertriebswege mündet, werden die Kon-

trolleinheiten auch über die etablierten NPP-Prozesse obligatorisch einbezogen. Im Rahmen der Einführung neuer Produkte, neuer Vertriebswege
oder Märkte wird zudem verpflichtend abgefragt, ob und wie das Thema auf
Nachhaltigkeit einzahlt.

36. b) Ansatz zur Risikobewertung, einschließlich der Methode zur Priorisierung von Risiken

Vorgehensweise bei der Wesentlichkeitseinschätzung im Risikomanagementkreislauf

Zu Beginn des Risikomanagementkreislaufs steht die Wesentlichkeitseinschätzung. Hierzu wurden insbesondere das Kreditportfolio sowie die Ei-
genanlagen (Depot A) hinsichtlich Nachhaltigkeitsrisiken analysiert. Darüber hinaus wurden die Auswirkungen von Klima- und Umweltrisiken auf
operationelle Risiken und Liquiditätsrisiken eingewertet. Die zentralen Fragestellungen, die die Untersuchungen geleitet haben, waren, wie Klima- und
Umweltrisiken auf das Portfolio der Hamburger Sparkasse wirken und
inwiefern Klima- und Umweltrisiken über die etablierte Risikoquantifizie-
rung der Risikoarten hinaus einen wesentlichen Einfluss auf das Risikoprofil
der Haspa haben. Diese Fragestellungen wurden zum einen im Hinblick auf
kurzfristige (1-3 Jahre) und mittelfristige (3-5 Jahre) Zeithorizonte betrachtet – die operative Perspektive. Da die durchschnittliche Kreditlaufzeit bei
der Haspa üblicherweise kürzer ist als der Zeitraum, in dem die Folgen des
Klimawandels die Sicherheitenwerte im Großraum Hamburg wesentlich
beeinflussen könnten, fließen in die Betrachtungen auch längere Zeiträume
als sonst im Risikomanagement üblich mit ein – die strategische Perspektive
(bis zum Jahr 2050).

Erweiterung des Stresstestprogramms um Betrachtungen zu Klima- und Umweltrisiken

Neben der Risikoinventur spielt auch das Stresstestprogramm eine Rolle in
der Gesamtsicht auf Risiken. Bereits im Jahr 2021 wurde das interne Stress-
testprogramm um Betrachtungen zu Klima- und Umweltrisiken erweitert.
Hierzu haben wir uns an den Klimaszenarien des ‚Network for Greening the
Financial System (NGFS)‘ orientiert. Als adverse Szenarien wurden die
Szenarien ‚Hot House World‘ und ‚Delayed Transition‘ mit ihren Auswir-
kungen auf die Kapitalanlage, die Zins- und Provisionseinnahmen sowie
Kreditausfälle bis zum Jahr 2050 simuliert.

Darüber hinaus werden als Element zur Sicherstellung einer angemessenen
Kapitalausstattung regelmäßig Stresstests durchgeführt. Die Durchführung
von Stresstests versetzt die Haspa in die Lage, den Einfluss bestimmter –
selbst zu definierender – Szenarien auf die Kapitalausstattung bzw. die

Liquidität zu beurteilen. Im Rahmen von risikoartenübergreifenden Stresstests werden in der ökonomischen Risikotragfähigkeitsrechnung das Szenario eines schweren konjunkturellen Abschwungs sowie das eines Preiseinbruchs am Hamburger Immobilienmarkt analysiert. Des Weiteren bestehen risikoartenspezifische Stresstests. Darüber hinaus werden die Auswirkungen adverser Entwicklungen in unterschiedlichen Ausprägungen regelmäßig im Rahmen der Kapitalplanung – inklusive einer Liquiditätsperspektive – und im Sanierungsplan der HASPA-Gruppe untersucht. Zusätzlich wurden im Rahmen interner Analysen die Auswirkungen stark steigender CO_2-Preise auf die Qualität unseres Kreditportfolios simuliert. Insgesamt besteht somit ein umfassendes Stresstest-Programm, das unterschiedliche Perspektiven und verschiedenste adverse Entwicklungen abdeckt. Nach den Ergebnissen der vorgenommenen Stresstests ist eine Gefährdung der Haspa bei den zugrunde gelegten Rahmenbedingungen nicht erkennbar.

Im Jahr 2022 wurde die Haspa zudem erstmals dem aufsichtlichen Stresstest zu Klima- und Umweltrisiken unterzogen. Seit Dezember 2023 nehmen wir am aufsichtlichen Klimarisikostresstest ‚Fit-For-55‘ teil, der die Resilienz des europäischen Bankenmarktes im Hinblick auf das Ziel der EU, die Netto-Treibhausgasemissionen bis 2030 um mindestens 55 Prozent zu senken, überprüft. Für 2024 ist eine Weiterentwicklung des internen Stresstestprogramms sowie eine weitere Verbesserung der Datenbasis bzgl. Klima- und Umweltrisiken geplant.

Vertieftes Risikoscreening des Kreditportfolios im Bereich Immobilien

Das gewerbliche Immobiliengeschäft nimmt den größten Anteil unseres Kundenkreditportfolios ein. Dies haben wir zum Anlass genommen, das gewerbliche Immobilienportfolio im Berichtsjahr intensiver zu betrachten. Dabei haben wir methodisch die Caballito-Anwendung der Sparkassen Rating und Risikosysteme GmbH (SR) genutzt. Das Ergebnis zeigt, dass rund 66 Prozent der Immobilienkunden geringe und sehr geringe Nachhaltigkeitsrisiken aufweisen (Scorebereich 1 bis unter 2,5). Die Auswertung basiert zusätzlich zu S-ESG-Scores auf einem individualisierbaren, um Postleitzahl, Baujahr und Nutzungsart der finanzierten Immobilien erweiterten Datenkranz.

Vor diesem Hintergrund prüfen wir Maßnahmen, um im Rahmen von gezielten Kundenkampagnen Modernisierungsanlässe zu platzieren. Zum Ende des Jahres 2023 wurde die noch externe Caballito-Anwendung in das Kernbanksystem der Haspa integriert und ist im S-ESG-Score aufgegangen.

Menschenrechtliche und umweltbezogene Risiken gem. Lieferketten-sorgfaltspflichtengesetz (LkSG)

Im Rahmen der Umsetzung des seit dem 1. Januar 2023 für die Haspa geltenden LkSG wurde ein bereichsübergreifendes Risikomanagement zur Einhaltung der Sorgfaltspflichten nach dem LkSG eingerichtet und eine Risikoanalyse durchgeführt, um die menschenrechtlichen und umweltbezogenen Risiken im eigenen Geschäftsbereich und bei den Zulieferern zu ermitteln. Hierfür wurden die Risikopositionen im eigenen Geschäftsbereich und bei den Zulieferern nach Länder- und Branchenrisiken bewertet und festgestellte abstrakte Risikopositionen anschließend konkret geprüft. Im Ergebnis wurden für die Haspa keine prioritären menschrechtsbezogenen Risiken im eigenen Geschäftsbereich und bei den Zulieferern ermittelt. Da die Geschäftätigkeit sich auf die Metropolregion Hamburg konzentriert und die unmittelbaren Zulieferer der Haspa weit überwiegend in Deutschland angesiedelt sind, besteht insgesamt ein als niedrig zu bewertendes menschenrechtliches und umweltbezogenes Risikoniveau im Sinne des LkSG.

36. c) Die wichtigsten ermittelten Risiken und die Minderungsstrategien sowie die damit verbundenen Kontrollen

Als Kreditinstitut sind wir gefordert, die Folgen des Klimawandels und die Umstellung auf eine nachhaltige Wirtschaftsweise als Risikotreiber zu bewerten und zu steuern. Klima- und Umweltrisiken wirken in erster Linie über die Risikotreiber ‚physisches Risiko' und ‚transitorisches Risiko' auf die bestehenden Risikoarten und Risikokategorien und stellen somit ein Sekundärrisiko und keine eigenständige Risikoart dar.

Nachhaltigkeitsaspekte können bei Finanzierungen durch den Eintritt physischer und/oder transitorischer Risiken auf den Wert der Vermögensgegenstände oder die Zahlungsfähigkeit unserer Kunden wirken (Outside-in-Perspektive).

• Physische Risiken betreffen die Auswirkungen des Klimawandels, zum Beispiel infolge extremer Wetterereignisse (kurz- und mittelfristige Perspektive), chronischer Klimaveränderungen (langfristige Perspektive), die direkt und indirekt über die Kunden auf die Sparkasse wirken und sich beispielsweise in Form von Kreditausfällen materialisieren. Aber auch weitere Umweltrisiken, zum Beispiel Wassermangel, Umweltverschmutzung oder Verlust von Biodiversität, können potenziell Portfoliowerte oder die Kreditwürdigkeit einzelner Kreditnehmer negativ beeinflussen. Ebenso können Filialen oder Dienstleister (Outsourcing) gegenüber physischen Risiken exponiert sein.

- Transitorische Risiken bzw. Übergangsrisiken ergeben sich aus den Auswirkungen von (politischen) Maßnahmen zur Eindämmung des Klimawandels und zur Gestaltung des Übergangs in eine kohlenstoffarme Wirtschaft. Wertverluste durch Änderung der Marktmeinung aufgrund eines allgemein steigenden Bewusstseins für Nachhaltigkeitskriterien werden ebenfalls den transitorischen Risiken zugeordnet. Diese Übergangsrisiken können die Haspa indirekt betreffen, wenn etwa Kunden aufgrund stark steigender CO_2-Preise in ihrer Existenz bedroht sind. Auch direkte Auswirkungen sind denkbar, sollten erhebliche Investitionserfordernisse zur Reduzierung des Ressourcenverbrauchs erforderlich sein. Insbesondere gilt es für unser Geschäftsmodell, gesetzliche Änderungen hinsichtlich Vermietung und Verkauf von Immobilien im Blick zu behalten, da solche Änderungen sich materiell auf Immobilienwerte auswirken könnten. Transitorische Risiken zahlen grundsätzlich auf die kurz-, mittel- und langfristige Perspektive ein.

Neben der Outside-in-Perspektive wirken die von der Haspa finanzierten Wirtschaftsaktivitäten ihrerseits auf den Klimawandel und auf andere Nachhaltigkeitsaspekte. Hier übt die Haspa beispielsweise einen positiven Einfluss aus, indem bestimmte Branchen von Finanzierungen ausgeschlossen werden oder im Dialog mit den Kunden die nachhaltige Weiterentwicklung auf Ebene einzelner Engagements thematisiert wird (Inside-out-Perspektive). Die detaillierte Aufstellung, wie mit bestimmtem Branchen i.S.v. Ausschlüssen oder etwaigen Prüfverfahren umgegangen wird, wird im Basisregelwerk der Haspa erläutert.

Risikoinventur zu Klima- und Umweltrisiken des Kreditportfolios

Zu Beginn eines Risikomanagementkreislaufs steht die Risikoinventur, die sich für Nachhaltigkeitsrisiken in die operative und die strategische Perspektive gliedert. Für Klima- und Umweltrisiken bedeutet das Folgendes: Da die Auswirkungen von Klima- und Umweltrisiken zum Teil implizit in den Risikomessverfahren erfasst sein könnten, ist für die operative Risikoinventur die Frage maßgeblich, wie wesentlich die Risiken sind, die durch Klima- und Umweltaspekte verursacht werden und die über die bereits im Rahmen der Risikomanagementverfahren und -methoden erfassten Risiken hinaus gehen. Für die strategische Nachhaltigkeitsrisikoinventur wird diese Frage um die strategische Perspektive erweitert. Es wird also in der Risikoinventur untersucht, wie wesentlich die Risiken für die Haspa sind, die

1. Nicht bereits durch Risikomanagementverfahren und -methoden erfasst werden, und die
2. bei einer Umsetzung der aktuellen getroffenen strategischen Entscheidungen schlagend werden könnten.

Die Analyse wird für unterschiedliche Risikotreiber durchgeführt und unterteilt sich jeweils in zwei Teile:

1. Relevanzanalyse: Welche Risikofaktoren könnten grundsätzlich potenziell relevant für das Bankgeschäft sein? Hierbei werden im Rahmen der Risikoinventur je Risikofaktor mögliche Transmissionskanäle beschrieben.

2. Wesentlichkeitsanalyse: Sind die Auswirkungen der Risikotreiber aus Nachhaltigkeitsgesichtspunkten wesentlich für die Haspa? D.h., sind die Auswirkungen, die nicht bereits durch Verfahren und Methoden anderer Risikoarten erfasst sind, aus Risikosicht wesentlich?

Da das Kreditrisiko durch das Geschäftsmodell der Haspa am ehesten von Klima- und Umweltrisiken betroffen sein könnte, liegt in der Risikoinventur der Fokus auf der Betrachtung der Auswirkungen dieser Risiken. Aber auch die Eigenanlage sowie das Liquiditätsrisiko und das operationellen Risiko werden betrachtet. Abschließend wurden die Ergebnisse der Risikoinventur in einer Heatmap zusammengefasst und so visualisiert. Vgl. hierzu die Übersicht ‚Ergebnisse der Risikoinventur – Risiko-Heatmap' im ESRS SBM-3 48. a).

Definition von Kernrisikoindikatoren und Integration in die interne Risikoberichterstattung

Um die Auswirkungen von Klima- und Umweltrisiken trotz der aktuell nicht identifizierten erhöhten Wesentlichkeit im Blick zu behalten, wurden von der Haspa Kernrisikoindikatoren definiert und in die regelmäßige interne Risikoberichterstattung sowohl an den Vorstand als auch an den Aufsichtsrat integriert. Diese Kernrisikoindikatoren betrachten unter anderem S-ESG-Scores des Kreditportfolios, Energieausweise des Immobiliensicherheitenportfolios sowie die CO_2-Fußabdrücke des Kreditportfolios und der Eigenanlage (Depot A). Darüber hinaus werden die Nachhaltigkeit des Anlageportfolios im Kundengeschäft und die CO_2-Preisentwicklung beobachtet und eingewertet. Als Teil der regelmäßigen Risikoberichterstattung unterliegt dieses Reporting den gewöhnlichen Kontrollmechanismen des Risikomanagements. Das beinhaltet unter anderem die Erstellung der Berichtsseiten im Vier-Augen-Prinzip.

In Summe haben die bisherigen Analysen zu Klima- und Umweltrisiken in der Haspa keine Positionen ergeben, die aus unserer Sicht zu einer wesentlichen Verschlechterung der Risikolage der Haspa führen könnten.

36. d) Einbindung der Ergebnisse der Risikobewertung und der internen Kontrollen in die einschlägigen internen Funktionen und Prozesse in Bezug auf das Verfahren der Nachhaltigkeitsberichterstattung

Vgl. 36. c) ‚Definition von Kernrisikoindikatoren und Integration in die interne Risikoberichterstattung'

> **36. e) Regelmäßige Berichterstattung über die genannten Ergebnisse an die Verwaltungs-, Leitungs- und Aufsichtsorgane**
>
> Von der Hamburger Sparkasse wurden im Jahr 2022 im Rahmen der Befassung mit Klima- und Umweltrisiken im Risikomanagement, nachhaltigkeitsrelevante Kernrisikoindikatoren (KRIs) definiert und in die regelmäßige interne Risikoberichterstattung sowohl an den Vorstand als auch an den Aufsichtsrat integriert. Zudem sind Klima- und Umweltrisiken in die Risikostrategie integriert, welche vom Vorstand beschlossen und dem Aufsichtsrat vorgelegt wird."

Klärungsbedürftig ist allerdings, was im Detail unter einem internen Kontrollsystem bzw. Risikomanagementsystem zu verstehen ist. Mit dem Ziel, die Begrifflichkeiten internes Kontrollsystem sowie Risikomanagementsystem klar zu definieren und die einzelnen Elemente dieser Systeme aufzuzeigen, werden nachfolgend die grundlegenden Konzepte zur Ausgestaltung dieser Systeme dargestellt.

§ 93 Abs. 1 S. 1 AktG beschreibt die sog. **Sorgfaltspflicht** der Vorstandsmitglieder, die die gesetzliche Grundlage auch für die Einrichtung von internen Kontroll- und Risikomanagementsystemen bildet. Hiernach haben Vorstandsmitglieder bei ihrer Geschäftsführungstätigkeit die Sorgfalt eines **ordentlichen** und **gewissenhaften** Geschäftsleiters anzuwenden. Eine Konkretisierung, welche Aspekte i.E. unter der Sorgfalt eines Geschäftsleiters unterzuordnen sind, wird vom Gesetzgeber nicht vorgenommen, so dass die Auslegung dieser Generalklausel von der Rechtsprechung und dem Schrifttum vorgenommen werden muss.[122] Die vom Gesetzgeber vorgenommenen Erweiterungen tragen nur bedingt zur Klarheit bei. So wird nur mit § 91 Abs. 2 AktG vom Vorstand gefordert, geeignete Maßnahmen zu treffen, insbes. ein Überwachungssystem einzurichten, damit den Fortbestand der Gesellschaft gefährdende Entwicklungen früh erkannt werden. Nötig ist dafür nach h.M. des juristischen Schrifttums nur ein sog. Früherkennungssystem.[123]

72

Die Norm soll die Verpflichtung des Vorstands verdeutlichen, für ein angemessenes Risikomanagement und eine angemessene interne Revision zu sorgen. Die konkrete Ausformung dieser internen Überwachungssysteme sei von der Größe, Branche, der Struktur und dem Kapitalmarktzugang des jeweiligen Unternehmens abhängig.[124] Auch an anderen Stellen des AktG werden explizit das Risikomanagementsystem und die interne Revision als Überwachungssysteme genannt.

---

[122] Vgl. Hölters, in Hölters/Weber (Hrsg.), Aktiengesetz, 4. Aufl., 2022, § 93, Rn. 2.
[123] So u.a. Dauner-Lieb, in Henssler/Strohn (Hrsg.), Gesellschaftsrecht, 5. Aufl., 2021, § 90 AktG, Rn. 6–9, sowie ausführlich Koch, in Koch (Hrsg.), Aktiengesetz, 18. Aufl., 2024, § 90, Rn. 4–10.
[124] Vgl. RegE KonTraG, BT-Drs. 13/9712, S. 15.

So heißt es in § 107 Abs. 3 S. 2 AktG, dass der Aufsichtsrat einen Prüfungsausschuss bestellen kann (bei PIE bestellen muss), der sich (u. a.) mit der Wirksamkeit des internen Kontrollsystems, des Risikomanagementsystems und der
internen Revision befasst.

Auf diese Formulierung stützt sich auch Grundsatz 4 **DCGK**, wonach es für
einen verantwortungsvollen Umgang mit den Risiken der Geschäftstätigkeit
eines geeigneten und wirksamen internen Kontrollsystems und Risikomanagementsystems bedarf. Ausweislich der Begründung zum DCGK wird die interne
Revision hierunter miterfasst,[125] was in der Überarbeitung 2022 auch mit der
Ergänzung „(d)ie Angemessenheit und Wirksamkeit des internen Kontrollsystems und des Risikomanagementsystems setzt deren interne Überwachung
voraus" (DCGK Grundsatz 4) zum Ausdruck gebracht wird. Auch die Kommission Governance Kodex für Familienunternehmen (**GKF**) empfiehlt, dass
die Geschäftsführung für ein angemessenes Chancen- und Risikomanagement
sowie für die Einhaltung der gesetzlichen Bestimmungen und der unternehmensinternen Richtlinien (Compliance) sorgen soll (Empfehlung 4.1.2 GFK).
Die Formulierung „**soll**" hebt hervor, dass adäquate Überwachungssysteme
unverzichtbar für eine gute Corporate Governance sind.

73 Mit § 91 Abs. 3 AktG wurde für börsennotierte Gesellschaften konkretisiert, das
Früherkennungssystem zu ergänzen um die konkrete Pflicht zur Einrichtung
eines angemessenen und wirksamen internen Kontrollsystems sowie Risikomanagementsystems. Allerdings ist es wenig nachvollziehbar, dass der Gesetzgeber
den Anwendungsbereich des § 91 Abs. 3 AktG auf börsennotierte Unternehmen
beschränkt hat. Alle haftungsbeschränkten Unternehmen haben insolvenzrecht-
lich ohnehin ein Risikomanagement zu betreiben und entsprechende Systeme
einzuführen (§ 1 StaRUG[126]). Zudem haben Vorstandsmitglieder ohnehin aufgrund ihrer Sorgfaltspflicht entsprechende Systeme einzurichten, sofern die
jeweilige Sachlage die Einrichtung dieser Maßnahmen erfordert.[127]

Die konkrete Ausgestaltung dieser Überwachungssysteme ist wiederum abhängig von den internen und externen Rahmenbedingungen, d. h. von der Komplexität des Geschäftsmodells, der Organisation, der Orte der Leistungserbrin-
gung usw. Aus diesem Grund wird nachfolgend auf die Elemente eines internen
Kontrollsystems (IKS), Risikomanagementsystems (RMS) sowie Compliance-
Management-Systems (CMS) genauer eingegangen.

74 Als **IKS** wird die Gesamtheit der von der Unternehmensleitung eingeführten
Grundsätze, Verfahren und Regelungen (Maßnahmen) verstanden, die mit
hinreichender Sicherheit sicherstellen sollen, dass die Entscheidungen der Un-

---

[125] Vgl. Regierungskommission DCGK, Begründung des DCGK i. d. F. v. 16.12.2019, S. 6.
[126] Unternehmensstabilisierungs- und -restrukturierungsgesetz – StaRUG, BGBl. I 2020, S. 3256.
[127] Vgl. RegE FISG, BR-Drs. 9/21, S. 134.

ternehmensleitung hinsichtlich der Wirksamkeit und Wirtschaftlichkeit der Unternehmenstätigkeit, der Ordnungsmäßigkeit und Verlässlichkeit des internen und externen Berichtswesens sowie der Einhaltung der für das Unternehmen relevanten gesetzlichen Bestimmungen auch umgesetzt werden.[128] Das IKS ist folglich auf den gesamten Geschäftsprozess auszurichten, auch wenn die Erstellung der Rechnungslegung einen besonderen Stellenwert einnimmt.[129] Ein IKS beinhaltet sowohl Regelungen zur Steuerung der Unternehmensaktivitäten (internes Steuerungssystem) als auch Regelungen zur Überwachung der Einhaltung dieser Regelungen (internes Überwachungssystem). Das interne Überwachungssystem untergliedert sich wiederum in prozessintegrierte und prozessunabhängige Überwachungsmaßnahmen auf.[130] Die Struktur eines IKS wird in Abb. 2 dargestellt:

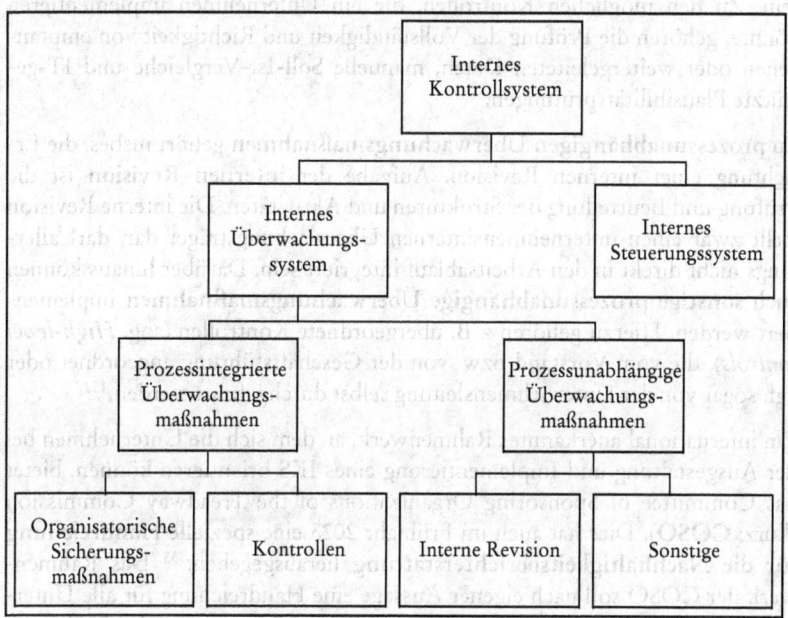

Abb. 2: Struktur eines Internen Kontrollsystems[131]

Die **prozessintegrierten Überwachungsmaßnahmen** teilen sich wiederum in organisatorische Sicherungsmaßnahmen und Kontrollen auf. **Organisatorische**

---

128 Vgl. IDW PS 261 n.F. (Feststellung und Beurteilung von Fehlerrisiken und Reaktionen des Abschlussprüfers auf die beurteilten Fehlerrisiken), Tz. 19.
129 Vgl. Bungartz, Handbuch Interne Kontrollsysteme, 3. Aufl., 2012, S. 24.
130 Vgl. IDW PS 261 n.F., Tz. 20.
131 IDW PS 261 n.F., Tz. 20.

Sicherungsmaßnahmen werden über durchlaufende, automatische Einrichtungen organisiert und setzen sich aus fehlerverhindernden Maßnahmen zusammen, die in der Aufbau- und Ablauforganisation eines Unternehmens eingebunden sind und ein vorgegebenes (Mindest-)Sicherheitsniveau garantieren sollen. Hierzu gehört z. B. die Funktionstrennung, Zugriffsbeschränkungen im IT-Bereich und Zahlungsrichtlinien.

Kontrollen sind hingegen Maßnahmen, die im Arbeitsablauf integriert sind. Ziel dieser Maßnahmen ist es, dass die Wahrscheinlichkeit für das Auftreten von Fehlern in den Arbeitsabläufen reduziert wird und aufgetretene Fehler aufgedeckt werden. Kontrollen können auch durch Überwachungsträger erfolgen. Überwachungsträger können in diesem Fall sowohl für das Ergebnis des überwachten Prozesses als auch für das Ergebnis der Überwachung verantwortlich sein. Zu den möglichen Kontrollen, die ein Unternehmen implementieren könnte, gehören die Prüfung der Vollständigkeit und Richtigkeit von empfangenen oder weitergeleiteten Daten, manuelle Soll-Ist-Vergleiche und IT-gestützte Plausibilitätsprüfungen.

Zu **prozessunabhängigen Überwachungsmaßnahmen** gehört insbes. die Errichtung einer internen Revision. Aufgabe der **internen Revision** ist die Prüfung und Beurteilung der Strukturen und Aktivitäten. Die interne Revision stellt zwar einen unternehmensinternen Überwachungsträger dar, darf allerdings nicht direkt in den Arbeitsablauf integriert sein. Darüber hinaus können auch **sonstige prozessunabhängige Überwachungsmaßnahmen** implementiert werden. Hierzu gehören z. B. übergeordnete Kontrollen (sog. *High-level controls*), die vom Vorstand bzw. von der Geschäftsführung angeordnet oder ggf. sogar von der Unternehmensleitung selbst durchgeführt werden.[132]

Ein international anerkanntes Rahmenwerk, an dem sich die Unternehmen bei der Ausgestaltung und Implementierung eines IKS orientieren können, bietet das Committee of Sponsoring Organizations of the Treadway Commission (kurz: **COSO**). Dies hat auch im Frühjahr 2023 eine spezielle **Handreichung für die Nachhaltigkeitsberichterstattung** herausgegeben.[133] Das Rahmenwerk der COSO soll nach eigener Aussage eine Handreichung für alle Unternehmen, unabhängig z. B. von Parametern wie Rechtsform, Geschäftsfeld, Branche oder Unternehmensgröße darstellen und ist somit auch für mittelständische Kapitalgesellschaften von Relevanz. Die COSO bietet einen Ansatz zur Identifizierung und Analyse von operativen Risiken (*operations*) als auch Risiken im Kontext der Erstellung der Unternehmensberichterstattung (*reporting*). Des Weiteren kann auf das COSO-Rahmenwerk bei der Implementierung von Maßnahmen zur Sicherung der Einhaltung der gesetzlichen Vorschriften (*com-*

---

132 Vgl. IDW PS 261 n. F., Tz. 20.
133 COSO, New (ICSR) Supplemental Guidance, 2023, www.coso.org/new-icsr, Abruf 1.8.2024.

pliance) zurückgegriffen werden und es kann bei der Identifizierung und Eliminierung von ineffektiven oder ineffizienten und somit überflüssigen Überwachungsmaßnahmen helfen.[134]

Das Rahmenwerk der COSO stützt sich auf die folgenden fünf Komponenten:
• Kontrollumgebung (*control enviroment*),
• Risikobeurteilung (*risk assessment*),
• Kontrollaktivitäten (*control activities*),
• Information & Kommunikation (*information & communication*) und
• Überwachungstätigkeiten (*monitoring activities*).

Die **Kontrollumgebung** ist das Gerüst aus Standards, Prozessen und Strukturen, das die Grundlage für die Durchführung der internen Kontrollen im Unternehmen bildet. Der Unternehmensleitung kommt eine wichtige Rolle zu, da diese durch die Formulierung von Verhaltensregeln den Rahmen vorgibt und die Bedeutung von internen Kontrollen hervorhebt („*Tone at the Top*"). Zu den Bestandteilen der Kontrollumgebung gehören die Verteilung der Befugnisse sowie der Verantwortlichkeiten, die Entwicklung von Maßnahmen zur Sicherung der Kompetenz der Mitarbeiter und Maßnahmen zur Sicherstellung der Performance. Die **Risikobeurteilung** beschreibt den dynamischen und iterativen Prozess der Identifizierung und Analyse von internen und externen Risiken, wobei sowohl operative Risiken, Compliance-Risiken als auch rechnungslegungsbezogene Risiken zu betrachten sind. Für die Beurteilung der einzelnen Risiken sind auch jeweils Zielwerte und Risikotoleranzbereiche zu formulieren. Im nächsten Schritt sind in einem angemessenen Umfang Kontrollaktivitäten festzulegen, um die Wahrscheinlichkeit des Eintritts eines Schadensfalls zu minimieren. Die **Kontrollaktivitäten** i. S. d. COSO-Rahmenwerks decken sich im Kern mit den bereits beschriebenen prozessintegrierten Überwachungsmaßnahmen. Im COSO-Rahmenwerk wird zudem die Bedeutung der **Kommunikation** und stetigen **Überwachung** hervorgehoben. Die regelmäßige Evaluation der Kontrollaktivitäten kann insbes. durch die interne Revision durchgeführt werden.[135]

Abb. 3 stellt das Konzept des COSO dar, wobei die drei Risikobereiche *operations*, *reporting* und *compliance* auf der Ordinate eingetragen wurden, die fünf Komponenten des Rahmenwerks auf der Abszisse abgebildet und die verschiedenen Organisationsebenen eines Unternehmens auf der Applikate dargestellt sind. Das Rahmenwerk formuliert 17 Prinzipien, die sowohl die Entwicklung eines IKS als auch die Überprüfung des vorhandenen Systems unterstützen können.[136]

---

134 Vgl. COSO, Internal Control – Integrated Framework (Executive Summary), 2013, S. 1 f., www.coso.org/_files/ugd/3059fc_1df7d5dd38074006bce8fdf621a942cf.pdf, Abruf 1.8.2024.
135 Vgl. COSO, Internal Control – Integrated Framework (Executive Summary), 2013, S. 4 ff.
136 Vgl. COSO, Internal Control – Integrated Framework (Executive Summary), 2013, S. 4 ff.

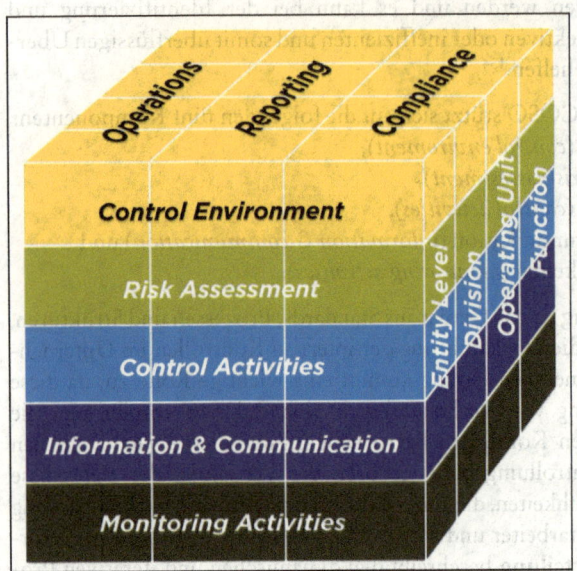

Abb. 3: Komponenten des COSO-Rahmenwerks[137]

Die zunehmende Globalisierung sowie neue Herausforderungen, wie die Digitalisierung oder der Klimawandel, führen zu einer wachsenden Dynamik der Rahmenbedingungen der Geschäftstätigkeit. Ungeachtet der Diskussionen von juristischer Seite hinsichtlich des Verpflichtungsgrads ist die Einrichtung eines Chancen- und Risikomanagementsystems, welches über die bloße Erkennung von bestandsgefährdenden Risiken hinausgeht, unter betriebswirtschaftlichen Gesichtspunkten unerlässlich, um sowohl den Fortbestand des Unternehmens zu sichern als auch den Unternehmenswert stetig zu steigern. Abb. 4 stellt exemplarisch das Risikomanagementsystem der BMW Group dar. Hierbei wird die enge Verzahnung zwischen Risikomanagementsystem, internem Kontrollsystem und Compliance-System deutlich:

---

137 Entnommen COSO, Internal Control – Integrated Framework (Executive Summary), 2013, S. 6.

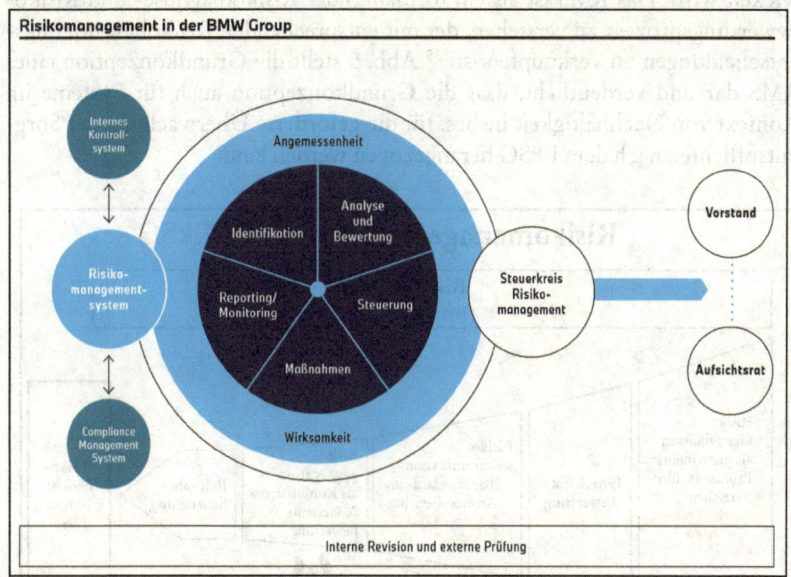

Abb. 4: Interne Überwachungssysteme bei BMW[138]

Bei der Konzeption eines Risikomanagementsystems (**RMS**) ist zu beachten, dass 75
neben den aktienrechtlichen Bestimmungen (Rz 72) nach § 289 Abs. 1 S. 4 HGB
(bzw. § 315 Abs. 1 S. 4 HGB für Konzerne) die voraussichtliche Entwicklung der
Gesellschaft mit ihren wesentlichen Risiken und Chancen zu beurteilen und im
(Konzern-)Lagebericht zu erläutern ist (in DRS 20.135 als Risikobericht bezeichnet). Betrachtungsgegenstand eines RMS sollten aber nicht nur Risiken i. e. S. sein,
d. h. negative Abweichungen (Gefahren) vom Erwartungswert. Für die interne
Nutzung hat vielmehr eine differenzierte Betrachtung sämtlicher Risiken
i. e. S. (Verlustmöglichkeit) auf der einen Seite als auch der ihnen gegenüberstehen-
den Chancen (Gewinnmöglichkeit) auf der anderen Seite zu erfolgen, um so eine
endgültige Aussage über die Risikolage eines Unternehmens zu treffen.

Ein funktionsfähiges RMS-Gesamtsystem setzt sich aus einem Risikofrüh-
erkennungssystem, einem Risikoüberwachungssystem und einem Risikobewäl-
tigungssystem zusammen. Das Risikofrühwarnsystem beinhaltet die Identifikation, Analyse und Bewertung aller Risiken, die im nächsten Schritt zu
aggregieren sind. Parallel dazu findet ein kontinuierlicher Informations- und
Kommunikationsprozess über die jeweilige Risikosituation im Unternehmen
statt, welcher sinnvollerweise über ein vorhandenes Informationssystem abge-

---

138 Entnommen BMW Geschäftsbericht 2022, S. 129.

wickelt wird. Das RMS ist als ein fortdauernder Risikodiagnose- und Risiko-
bewertungsprozess zu verstehen, der mit entsprechenden Risikobewältigungs-
entscheidungen zu verknüpfen ist.[139] Abb. 5 stellt die Grundkonzeption eines
RMS dar und verdeutlicht, dass die Grundkonzeption auch für Systeme im
Kontext von Nachhaltigkeit insbes. für die geforderte Überwachung der Sorgfaltspflichten nach dem LkSG herangezogen werden kann.

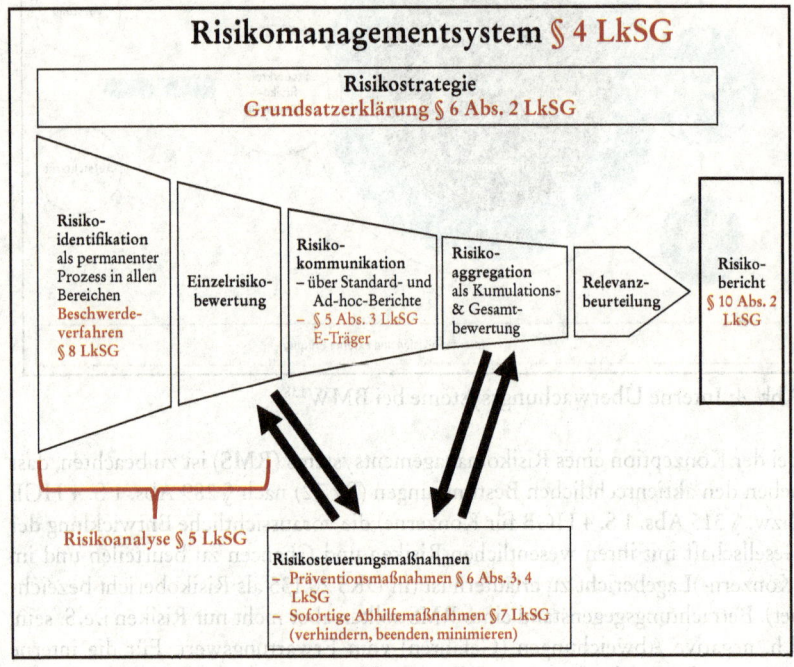

Abb. 5: Risikomanagementsystem[140]

Die erste Komponente eines RMS ist die Risikoidentifikation (als permanenter
Prozess in allen Unternehmensbereichen). Die Prämisse für ein wirkungsvolles
Risikomanagement ist die systematische und kontinuierliche Identifikation aller
aktuellen, zukünftigen und potenziellen Chancen und Risiken für das Unternehmen. Das Rechnungswesen ist der interne Ausgangspunkt für die internen Früh-
aufklärungssysteme. Um eine zukunftsorientierte Beurteilung der Chancen und
Risiken vorzunehmen, ist das vergangenheitsorientierte Zahlenmaterial über die
Unternehmensplanung fortzuführen. Hierbei sind periodische Plan-Ist-Verglei-
che mit dazugehörigen Abweichungs- und Ursachenanalysen durchzuführen.

---

139 Vgl. ausführlich Müller/Müller, Unternehmenscontrolling, 3. Aufl., 2020, S. 213 ff.
140 Modifiziert entnommen Müller/Otter, ZGuG 2022, S. 442.

Auf Basis dieser Vorüberlegungen können anschließend die Risiken identifiziert werden. Zum einen kann die Untersuchung der Risiken nach vorgegebenen Risikoklassen erfolgen. Zum anderen können die Kernprozesse des Unternehmens (Entwicklung, Beschaffung, Produktion und Vertrieb) sowie die Unterstützungsprozesse (z. B. Führung, Verwaltung, Finanzen u. Ä.) genau betrachtet und auf diesem Wege potenzielle Risiken identifiziert werden.[141]

Elementarer Bestandteil eines RMS ist auch die Einzelrisikobewertung. Zur Bewertung der Einzelrisiken sind Kriterien für eine Risikoklassifikation nach Gefahrenpotenzial sowie Methoden zur Quantifizierung der Risiken nötig. Hierbei wird festgelegt, welche Risiken als Schwerpunktrisiken einzustufen sind und welche Risiken vernachlässigt werden können, um auf dieser Grundlage ein Risikoportfolio des Unternehmens abzubilden. Ein weiterer, wichtiger Bestandteil eines RMS ist die Risikokommunikation. Über Standard- und Adhoc-Berichte muss sichergestellt werden, dass die bewerteten Risiken in nachweisbarer Form auch an die zuständigen Entscheidungsträger weitergeleitet werden. Die vierte Komponente eines RMS ist die Risikoaggregation. Risikointerdependenzen, die sich in verschiedener Form (gegenseitige Verstärkung der Einzelrisiken, Kompensationseffekte, ein Risiko ist Ursache für ein anderes Risiko) darstellen können, sind zu klären und bei der Risikoerfassung und -verarbeitung zu berücksichtigen. Zudem ist ein Risikobericht zu erstellen. Der Risikobericht soll über die relevanten Risiken des Unternehmens in aggregierter Form und unter Angabe des angenommenen Risikoszenarios (*best case/ worst case*) berichten. Für die interne Nutzung sollte der Risikobericht auch eine entsprechende Chancenbetrachtung beinhalten. Die Dokumentation in Berichtsform dient sowohl der Sicherung der Maßnahmen im Zeitablauf, der Rechenschaftslegung durch die Unternehmensführung sowie als Basis für die interne und externe Überprüfung der Risikopolitik des Unternehmens.[142]

Integraler Bestandteil eines RMS sind auch die Handhabung und die Steuerung der Risiken (Risikosteuerung). Ein leistungsfähiges RMS hat daher neben der Risikofrüherkennung auch eine Risikosteuerung. I. R. d. Risikosteuerung werden die Entscheidungen bzgl. der Risikobewältigung getroffen. I. S. e. zieloptimalen Risikopolitik kann auf erkannte Risiken mit folgenden Maßnahmen geantwortet werden: Risikovermeidung, Risikoverminderung, Risikoüberwälzung, Risikokompensation und Risikoübernahme. Zur Gewährleistung der Einhaltung der getroffenen Maßnahmen gehört zum RMS ebenfalls ein Risikoüberwachungssystem, welches auf dem bereits beschriebenen IKS aufbaut.[143]

---

[141] Vgl. ausführlich Müller/Müller, Unternehmenscontrolling, 3. Aufl., 2020, S. 216 ff.
[142] Vgl. ausführlich Müller/Müller, Unternehmenscontrolling, 3. Aufl., 2020, S. 219 ff.
[143] Vgl. ausführlich Müller/Müller, Unternehmenscontrolling, 3. Aufl., 2020, S. 224 ff.

76   Es wird ohnehin deutlich, dass RMS und IKS nicht als isolierte Systeme anzusehen sind, sondern vielmehr Konzepte darstellen, die in ein Gesamtüberwachungssystem ineinander übergehen. Neben der Identifizierung, Analyse und Steuerung von operativen Risiken sowie Maßnahmen zur Vermeidung von Fehlern im Zusammenhang mit der Erstellung der Unternehmensberichterstattung sind Maßnahmen einzurichten, die die Einhaltung der gesetzlichen Vorschriften (*compliance*) gewährleisten. In diesem Kontext spricht man auch von der Implementierung eines Compliance-Management-Systems.[144]

Grds. umfasst die Sorgfaltspflicht i. S. d. § 93 Abs. 1 S. 1 AktG nach h. M. sowohl eine Legalitätspflicht als auch eine Legalitätskontrollpflicht. Die Legalitätspflicht beschreibt das pflichtbewusste Handeln und die eigene Regeltreue der Vorstandsmitglieder, also das Einhalten von Gesetzen, Richtlinien, Kodizes und der Regelungen der Satzung. Mit der Legalitätskontrollpflicht wird die Pflicht des Vorstands umschrieben, Maßnahmen zu treffen, die der Gefahr einer potenziellen Regeluntreue auf den unteren Unternehmensebenen entgegenwirken. Dass der Vorstand nicht regelkonformes Verhalten seiner Mitarbeiter in Gänze zu verantworten hat, ist aus der Sorgfaltspflicht allerdings nicht abzuleiten. Vielmehr ist der Vorstand angehalten, erforderliche und zumutbare Maßnahmen zur Vorbeugung von Rechts- und Richtlinienverstößen zu ergreifen, wobei dem Vorstand bei der Ausgestaltung der Kontrolle ein breiter Ermessensspielraum zukommt.[145]

77   Ob mit der Regelung des § 91 Abs. 3 AktG auch eine Pflicht zur Errichtung eines Compliance-Management-System verankert wurde, wurde im Schrifttum kontrovers diskutiert.[146]

In der Begründung zum RegE FISG wird der Terminus internes Kontrollsystem allerdings als die Grundsätze, Verfahren und Maßnahmen zur Sicherung der Wirksamkeit und Wirtschaftlichkeit der Geschäftstätigkeit, zur Sicherung der Ordnungsmäßigkeit der Rechnungslegung und zur Sicherung der Einhaltung der maßgeblichen rechtlichen Vorschriften verstanden.[147] Dieses Begriffsverständnis deckt sich mit der Definition anerkannter (internationaler) Rahmenwerke, die unter dem Begriff des internes Kontrollsystems alle unternehmensinternen Überwachungssysteme subsumieren.[148]

---

[144] Vgl. IDW PS 980 (Grundsätze ordnungsmäßiger Prüfung von Compliance Management Systemen), Tz. 6.

[145] Vgl. Koch, in Koch (Hrsg.), Aktiengesetz, 18. Aufl., 2024, § 93 Rn. 6–6c.

[146] Vgl. u. a. kritisch Velte, StuB, 2020, S. 824.

[147] Vgl. RegE FISG, BR-Drs. 9/21, S. 134.

[148] Vgl. u. a. COSO, Internal Control – Integrated Framework (Executive Summary), 2013, S. 1 f., www.coso.org/_files/ugd/3059fc_1df7d5dd38074006bce8fdf621a942cf.pdf, Abruf 1.8.2024.

Dieser Aspekt wurde in der Kodexnovelle 2022 durch die Anpassung des Grund- **78** satzes 4 DCGK und der parallelen Streichung von Empfehlung A.2 DCGK a. F. aufgegriffen.[149] Grundsatz 4 DCGK wurde mit Verweis auf die geänderte Rechts- lage dahingehend ergänzt, dass das interne Kontroll- und Risikomanagement- system auch ein an der Risikolage des Unternehmens ausgerichtetes Compliance- Management-System umfassen muss. Losgelöst von diesen Diskussionen auf rechtlicher Ebene kann die Errichtung eines CMS aufgrund der Sorgfaltspflichten des Vorstands zweckmäßig sein, wobei bei vollständiger Umsetzung der Leit- linien und Prinzipien des COSO-Rahmenwerks ein CMS ohnehin bereits im IKS integriert ist. Eine Orientierung für die Ausgestaltung eines CMS bieten auch die berufsständischen Vorgaben des IDW PS 980.

Ausweislich des IDW PS 980 beinhaltet ein angemessenes CMS die folgenden Elemente, die jeweils in die Geschäftsabläufe eingebunden sind:

* Compliance-Kultur,
* Compliance-Ziele,
* Compliance-Risiken,
* Compliance-Programm,
* Compliance-Organisation,
* Compliance-Kommunikation und
* Compliance-Überwachung und Verbesserung.[150]

Die aufgeführten Elemente stehen in Wechselbeziehungen miteinander, die bei der Konzeption des CMS zu berücksichtigen sind. Nach IDW PS 980 sind bei der Ausgestaltung des CMS insbes. die festgelegten Compliance-Ziele, die Unterneh- mensgröße sowie die Art und der Umfang der Geschäftstätigkeit des Unterneh- mens zu beachten, wobei auch hier betont wird, dass die konkrete Ausgestaltung des CMS letztlich im Ermessen des Vorstands bzw. der Geschäftsführung liegt.

Grundlage für ein angemessenes und wirksames CMS ist eine entsprechende Compliance-Kultur, die die Bedeutung von gesetzes- und richtlinienkonfor- mem Verhalten im Unternehmen hervorhebt. Auch die Compliance-Kultur wird maßgeblich durch die Grundeinstellungen und Verhaltensweisen des Vorstands und des (höheren) Managements sowie durch die Rolle des Auf- sichtsorgans geprägt (*„Tone at the Top"*). Die (gelebte) Compliance-Kultur hat wesentlichen Einfluss darauf, welche Bedeutung die Belegschaft der Beachtung von Gesetzen, Richtlinien und sonstigen Regelungen beimisst, sowie auf deren Bereitschaft, sich regelkonform zu verhalten. Im nächsten Schritt legt der Vorstand auf Basis der allgemeinen Unternehmensziele und einer Analyse und Gewichtung der für das Unternehmen bedeutsamen Regeln die Ziele fest, die

---

149 Vgl. Regierungskommission DCGK, Begründung des DCGK, 2022, S. 3.
150 Vgl. IDW PS 980, Tz. 23.

mit dem CMS erreicht werden sollen. Hierzu gehört die Bestimmung der relevanten Teilbereiche sowie die Festlegung der Regeln, die in den einzelnen Teilbereichen einzuhalten sind.[151]

79 Auf Grundlage der formulierten Compliance-Ziele erfolgt die Identifizierung von Compliance-Risiken, die bei Verstößen gegen gesetzliche Bestimmungen, interne Richtlinien oder sonstige einzuhaltende Regelungen eintreten können und somit zu einer Verfehlung der Compliance-Ziele führen würden. Analog zum RMS ist ein Verfahren zur systematischen Risikoerkennung und -berichterstattung einzuführen. Die identifizierten Risiken sind in Bezug auf deren Eintrittswahrscheinlichkeit und der möglichen Folgen zu analysieren. Die Analyse und Beurteilung der Compliance-Risiken bilden wiederum das Fundament für die Ermittlung des Compliance-Programms. Das Compliance-Programm umfasst Grundsätze und Maßnahmen, die zur Begrenzung der Compliance-Risiken und somit der Vermeidung von Compliance-Verstößen eingesetzt werden sollen, sowie Maßnahmen, die festgestellten Compliance-Verstößen vorgreifen. Um eine personenunabhängige Funktion des CMS sicherzustellen, ist das Compliance-Programm zu dokumentieren.

I. R. d. Compliance-Organisation regelt die Unternehmensleitung bzw. das Management die Rollen und Verantwortlichkeiten (Aufgaben) sowie die Aufbau- und Ablauforganisation im CMS. Die Unternehmensleitung bzw. das Management stellt zudem sicher, dass die für ein wirksames CMS notwendigen Ressourcen zur Verfügung gestellt werden. Integraler Bestandteil eines wirksamen CMS ist auch die Compliance-Kommunikation. So sind die jeweils betroffenen Mitarbeiter und ggf. Dritte über das Compliance-Programm sowie die zuvor definierten Rollen und Verantwortlichkeiten zu informieren. Die Compliance-Kommunikation hat in einer Form zu erfolgen, dass alle Verantwortlichen ihre jeweiligen Aufgaben im CMS ausreichend verstehen und sachgerecht erfüllen können. Zur Compliance-Kommunikation gehört allerdings auch, dass im Unternehmen festgelegt wird, wie Compliance-Risiken oder Hinweise auf potenzielle oder bereits festgestellte Regelverstöße an die zuständigen Stellen im Unternehmen kommuniziert werden.[152]

80 Die Angemessenheit und Wirksamkeit des CMS ist in adäquater Form zu überwachen. Eine angemessene Compliance-Überwachung setzt wiederum eine ausreichende Dokumentation des CMS voraus. In den Fällen, bei denen Schwachstellen im CMS bzw. Regelverstöße identifiziert wurden, sind diese an die Unternehmensleitung bzw. die hierfür bestimmte Stelle im Unternehmen zu berichten. Es liegt in der Verantwortung des Vorstands für die Durchsetzung des

---

151 Vgl. IDW PS 980, Tz. 23.
152 Vgl. IDW PS 980, Tz. 23.

CMS, die Beseitigung von Schwachstellen sowie die ggf. notwendige Verbesserung des CMS zu sorgen.[153]

Abb. 6 zeigt abschließend ein Beispiel aus der Praxis zur Ausgestaltung eines Compliance-Management-Systems.

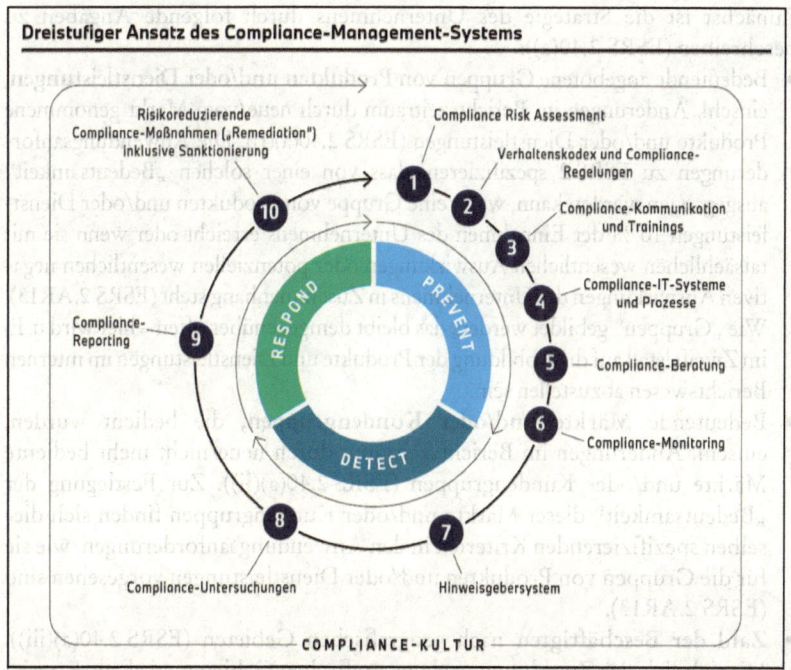

Dreistufiger Ansatz des Compliance-Management-Systems

Abb. 6: Interne Überwachungssysteme bei BMW[154]

2.8 ESRS 2 SBM-1 – Strategie, Geschäftsmodell und Wertschöpfungskette

Gegenstand der Angabepflicht ist es, die Kernelemente der allgemeinen **Strategie** des Unternehmens darzustellen, sofern sie Nachhaltigkeitsaspekte betrifft. Gleichrangig sind das **Geschäftsmodell** und die **Wertschöpfungskette** des Unternehmens darzustellen, wobei der Fokus darauf liegt, in welchem Ausmaß diese mit nachhaltigkeitsbezogenen Auswirkungen, Risiken und Chancen verbunden sind (ESRS 2.38f.). Terminologisch differenziert ESRS 2 SBM-1 nicht konsistent zwischen Strategie, Geschäftsmodell und Wertschöpfungskette, da

81

---

153 Vgl. IDW PS 980, Tz. 23.
154 Entnommen BMW Geschäftsbericht 2022, S. 144.

es den erstgenannten Begriff (auch) als Überbegriff über die beiden weiteren zu verstehen scheint. Weiterhin ist mit Strategie jedenfalls ein anderer Bezugspunkt gemeint als jener, der ursprünglich in der ersten deutschen Fassung der ESRS im (sekundären) Berichterstattungsbereich „Strategie" (nunmehr: „Konzepte") adressiert wurde (klarer die englische Fassung: *„strategy"* vs. *„policies"*).

82   Zunächst ist die Strategie des Unternehmens durch folgende Angaben zu beschreiben (ESRS 2.40(a)):

• Bedeutende angebotene **Gruppen von Produkten und/oder Dienstleistungen**, einschl. Änderungen im Berichtszeitraum durch neue/vom Markt genommene Produkte und/oder Dienstleistungen (ESRS 2.40(a)(i)). Die Anwendungsanforderungen zu ESRS 2 spezifizieren, dass von einer solchen „Bedeutsamkeit" ausgegangen werden kann, wenn eine Gruppe von Produkten und/oder Dienstleistungen 10 % der Einnahmen des Unternehmens erreicht oder wenn sie mit tatsächlichen wesentlichen Auswirkungen oder potenziellen wesentlichen negativen Auswirkungen des Unternehmens in Zusammenhang steht (ESRS 2.AR13). Wie „Gruppen" gebildet werden, das bleibt demgegenüber offen – hier wird u. E. im Zweifelsfall auf die Abbildung der Produkte und Dienstleistungen im internen Berichtswesen abzustellen sein.

• Bedeutende **Märkte und/oder Kundengruppen**, die bedient wurden, einschl. Änderungen im Berichtszeitraum durch neue/nicht mehr bediente Märkte und/oder Kundengruppen (ESRS 2.40(a)(ii)). Zur Festlegung der „Bedeutsamkeit" dieser Märkte und/oder Kundengruppen finden sich dieselben spezifizierenden Kriterien in den Anwendungsanforderungen, wie sie für die Gruppen von Produkten und/oder Dienstleistungen vorgesehen sind (ESRS 2.AR13).

• **Zahl der Beschäftigten** nach geografischen Gebieten (ESRS 2.40(a)(iii)). Hinsichtlich der Zuordnung nach geografischen Gebieten wird aus Konsistenzgründen auf dieselbe Weise vorzugehen sein, wie dies für die Angabepflicht ESRS S1-6 gefordert ist (→ § 12 Rz 67).

• Sofern zutreffend, **wesentliche Produkte und Dienstleistungen**, für die auf bestimmten Märkten **Verbote** gelten (ESRS 2.40(a)(iv)). Die Wesentlichkeit solcher Produkte und Dienstleistungen wird in Analogie zu den Kriterien in ESRS 2.AR13 festzulegen sein.

83   ESRS 2.AR12 verlangt eine **Übersicht über die wesentlichen Wirtschaftsaktivitäten** eines Unternehmens in Übereinstimmung mit den ESRS-Sektoren. Hierfür ist auf die Sektorklassifizierung zurückzugreifen, die durch die EFRAG bei den Arbeiten noch entwickelt wird (Rz 8). Sofern für einzelne Wirtschaftsaktivitäten kein geeigneter Sektor gem. EFRAG-Klassifikation vorliegt, sind diese gemeinsam mit allen unwesentlichen Wirtschaftsaktivitäten unter einer Kategorie „Sonstige" zusammenzufassen (ESRS 2.AR12). Erneut gilt: Ein Sektor, für den eine geeignete Klassifikation vorliegt, ist immer dann gesondert

auszuweisen, wenn er 10 % der Einnahmen des Unternehmens erreicht oder wenn er mit tatsächlichen wesentlichen Auswirkungen oder potenziellen wesentlichen negativen Auswirkungen des Unternehmens in Zusammenhang steht (ESRS 2.AR13).

An diese Übersicht knüpfend (und ggf. in diese integriert) hat eine **Aufschlüsselung der Gesamtumsatzerlöse**, wie sie im Jahresabschluss angegeben wurden, nach den für das berichtspflichtige Unternehmen maßgeblichen ESRS-Sektoren zu erfolgen (ESRS 2.40(b)). „Maßgeblich" bedeutet in diesem Sinne u. E. ESRS-Sektoren, über die gem. der soeben dargelegten Grundsätze berichtet wird. Als Gesamtumsatzerlöse sind in diesem Fall die in der GuV bzw. Gesamtergebnisrechnung ausgewiesenen Umsatzerlöse (*total revenues*) zu verstehen. Diese Aufschlüsselung kann jedoch – ohne weitere Angabe- bzw. Begründungspflicht – unterbleiben, wenn ein Unternehmen seinen Sitz in einem Mitgliedstaat hat, das vom Wahlrecht in Art. 18 Abs. 1 Buchst. a) der Bilanz-RL Gebrauch macht. Voraussetzung ist weiterhin, dass das berichtspflichtige Unternehmen dieses vorgesehene Wahlrecht auch tatsächlich ausübt (ESRS 2.41). Dieses Wahlrecht findet sich in Deutschland in § 286 Abs. 2 HGB und in Österreich in § 240 UGB umgesetzt. 84

Sofern der Jahresabschluss des berichtspflichtigen Unternehmens eine Segmentberichterstattung nach **IFRS 8 (Geschäftssegmente)** enthält, so fordert ESRS 2 SBM-1, dass „die Umsatzerlöse des Sektors so weit wie möglich mit den Angaben gemäß IFRS 8 abgeglichen (werden)" (ESRS 2.40(b)). Für deutsche und österreichische Unternehmen, die nicht nach IFRS Rechnung legen, ist diese Forderung aufgrund ihrer Zwecksetzung – den Abgleich mit den Angaben i.R.d. Finanzberichterstattung – gleichlaufend auf eine Segmentberichterstattung gem. DRS 28 oder nach ähnlichen Normen bzw. Vorgehensweisen, die als Grundlage für die Segmentberichterstattung herangezogen werden, zu erstrecken. Legt ein Unternehmen keine Segmentberichterstattung vor, so entfällt daher auch jeder Handlungsbedarf. 85

Eine weitere Konkretisierung, auf welche Weise dieser Abgleich zu erfolgen hat, wird nicht dargelegt. Dies kann einerseits eine detaillierte Darstellung i.S.e. Überleitungsrechnung umfassen. Andererseits scheint eine überwiegend qualitative Darstellung ggf. mit einer Hervorhebung wesentlicher quantitativer Unterschiedsbeträge ausreichend, um den Vorgaben des Datenpunkts zu entsprechen. Diese Überleitung kann ebenso unterbleiben, wenn ein berichtspflichtiges Unternehmen vom Wahlrecht gem. Art. 18 Abs. 1 Buchst. a) der Bilanz-RL Gebrauch macht (Rz 84).

Darüber hinaus ist unter bestimmten Voraussetzungen eine **zusätzliche Liste mit ESRS-Sektoren** gefordert, die über die soeben behandelte Liste (Rz 83) an wesentlichen ESRS-Sektoren hinausgeht. Die Voraussetzungen hierfür sind nicht zur Gänze klar ESRS 2 SBM-1 zu entnehmen. Naheliegenderweise wird ein Zusammenhang mit dem Vorgehen hergestellt, welches das berichtspflich- 86

tige Unternehmen bei seiner Wesentlichkeitsanalyse gewählt hat: Wurden
wesentliche Auswirkungen, Risiken und Chancen für bestimmte Sektoren
identifiziert, sind diese Sektoren ebenso zu berichten (ESRS 2.40(c)). Anwendungsfälle können gem. ESRS 2.AR13 unwesentliche Sektoren sein – u. a. da
bspw. nunmehr konzerninterne Transaktionen berücksichtigt werden sollen
oder das Verständnis der betrachteten Auswirkungen weiter gefasst wird (z. B.
indem potenzielle wesentliche positive Auswirkungen berücksichtigt werden).
Da aber weiterhin von „ESRS-Sektoren" gesprochen wird, ist es u. E. erforderlich, dass auch für die in dieser Liste ausgewiesenen Sektoren eine entsprechende
Klassifikation gem. ESRS vorliegt. Eine Aufgliederung der Gesamtumsatzerlöse (Rz 84) auf diese zusätzlichen ESRS-Sektoren ist nicht erforderlich.

87   ESRS 2 SBM-1 fordert eine gesonderte Erklärung und Aufgliederung der
      Gesamteinnahmen (Rz 84), wenn ein Unternehmen in einem der folgenden
      Bereiche tätig ist (ESRS 2.40(d)):
      • im Sektor der fossilen Brennstoffe (Kohle, Öl, Gas),
      • in der Herstellung von Chemikalien,
      • im Bereich der umstrittenen Waffen (z. B. Streumunition, Antipersonenmi-
        nen oder chemischen, biologischen und Atomwaffen),
      • im Anbau und in der Produktion von Tabak.

      Die genaue Abgrenzung der drei ersten Bereiche erfolgt in ESRS 2 SBM-1
      mittels Beschreibungen bzw. Referenzen auf weitere EU-Normen. Es muss
      erkennbar sein, dass das Unternehmen in einem dieser Sektoren tätig ist und
      welcher Teil der Gesamteinnahmen (Rz 84) hierauf entfällt.

88   Weiterhin hat eine Beschreibung der Nachhaltigkeitsziele des Unternehmens
      zu erfolgen. Diese hat folgende Aspekte zu umfassen (ESRS 2.40(e)):
      • die wichtigsten Gruppen von Produkten und Dienstleistungen,
      • die wichtigsten Kundenkategorien und geografischen Gebiete und
      • die Beziehungen zu den Stakeholdern.

      Konsistenterweise werden sich die Darstellungen zu Produkten/Dienstleistun-
      gen, Kunden und geografischen Gebieten auf die Einteilung gem. ESRS 2.40(a)
      beziehen. Die Angaben zu Beziehungen zu den Stakeholdern werden dem-
      gegenüber Bezug auf die Darstellungen gem. ESRS 2 SBM-2 nehmen müssen.
      Im Hinblick auf die Natur von strategischen Zielen, wie sie von diesem Daten-
      punkt adressiert sind, und ihrer oftmals für Unternehmen besonders sensiblen
      Natur werden die Darstellungen nicht den Detaillierungsgrad der Mindest-
      angabepflichten für Ziele gem. ESRS 2 MDR-T (Rz 140 ff.) erreichen müssen.

89   Ebenso gefordert ist eine Bewertung der derzeit wichtigsten Produkte und/
      oder Dienstleistungen des Unternehmens sowie seiner bedeutenden Märkte
      und Kundengruppen im Hinblick auf die verfolgten Nachhaltigkeitsziele
      (ESRS 2.40(f)). Wie diese Bewertung zu erfolgen hat, bleibt offen – die englische

Fassung der ESRS spricht klarer von *„assessment"*. Es ist also davon auszugehen, dass narrative Beschreibungen mit Bezugnahme auf das Verhältnis zu den Nachhaltigkeitszielen des Unternehmens ausreichen.

Schließlich ist zur Strategie anzugeben, welche **Elemente** sie betreffend Nach-   90
haltigkeitsaspekte direkt umfasst oder mit welchen Elementen sie sich auf diese Nachhaltigkeitsaspekte zumindest auswirkt (ESRS 2.40(g)). Verfügt ein Unternehmen über eine spezifische Nachhaltigkeitsstrategie, so wird diese zur Erfüllung des Datenpunkts anzugeben sein. Ggf. werden weitere Informationen aufzunehmen sein müssen, insbes. im Hinblick auf eine allgemeine Unternehmensstrategie mit Auswirkungen auf Nachhaltigkeitsaspekte.

> **Praxis-Hinweis**
>
> Verfolgt ein Unternehmen eine Reorganisationsstrategie, so kann dies u. a. mit Auswirkungen für die eigene Belegschaft (z. B. durch Personalfreisetzungen) einhergehen. Diese Reorganisation wird daher entsprechend darzustellen sein.

Die Darstellungen zu dem Datenpunkt haben weiterhin die „wichtigsten Herausforderungen in der Zukunft" und „geplanten maßgeblichen Lösungen oder Projekte, die für die Nachhaltigkeitsberichterstattung relevant sind", zu umfassen (ESRS 2.40(g)).

> **Praxis-Hinweis**
>
> In Summe sind die zur Strategie geforderten Angaben in ESRS 2 als „statisch" zu beurteilen, als sie v. a. auf eine wertungsfreie Wiedergabe des Status quo abstellen und Nachhaltigkeitsaspekte nicht ins Zentrum der Darstellungen rücken. Ein dynamischeres Element, das im Nachhaltigkeitskontext von hoher Bedeutung ist und eine deutlichere Orientierung an einer gewünschten Verhaltensänderung der berichtspflichtigen Unternehmen erkennen lässt, stellen Transitionspläne dar. Hierzu enthalten die themenbezogenen ESRS konkrete Angabepflichten, die aber im Zusammenhang mit den gem. ESRS 2 getätigten Angaben zu würdigen sind. Somit kommt es in der Gesamtschau zu einem einheitlichen Bild – die generelle Unternehmensstrategie, die nach ESRS 2 zu berichten ist, und die konkreteren themenspezifischen Umsetzungen mit Konzepten (*policies*) zu den einzelnen wesentlichen Nachhaltigkeitsaspekten. Bei Letzteren muss der Rückbezug auf die Gesamtstrategie daher stets möglich sein.

Im Hinblick auf die **Beschreibung des Geschäftsmodells und der Wertschöp-**   91
fungskette des berichtspflichtigen Unternehmens sind Angaben gefordert, die folgende Aspekte abdecken (ESRS 2.42):

- die Inputs des Unternehmens und sein Ansatz, um diese Inputs zu sammeln, zu entwickeln und zu sichern;
- die Outputs des Unternehmens und die damit erzielten Ergebnisse in Bezug auf den aktuellen und erwarteten Nutzen für Kunden, Investoren und andere Stakeholder;
- die wichtigsten Merkmale der Wertschöpfungskette des Unternehmens und seiner Position in dieser Wertschöpfungskette.

92 Um die angeführten Aspekte i. V. m. Geschäftsmodell und Wertschöpfungskette zu erfüllen, sehen die Anwendungsanforderungen folgende **Detaillierungen** vor, welche die Darstellungen – insbes. zu den „Inputs" und „Outputs" – zu umfassen haben (ESRS 2.AR14):

- die wichtigsten Tätigkeiten, Ressourcen, Vertriebskanäle und Kundensegmente des Unternehmens;
- die wichtigsten Geschäftsbeziehungen und deren wichtigsten Merkmale; dies umfasst auch die Geschäftsbeziehungen zu Kunden und Lieferanten;
- die potenziellen Auswirkungen, Risiken und Chancen in den signifikanten Sektoren, in denen das berichtspflichtige Unternehmen tätig ist, und deren mögliche Beziehung zu seinem Geschäftsmodell oder seiner Wertschöpfungskette.

Die weiterhin „gegebenenfalls" geforderten Angaben über „die Kostenstruktur und die Umsatzerlöse seiner Geschäftssegmente im Einklang mit den Angabepflichten im Abschluss gemäß IFRS 8" (ESRS 2.AR14(c)) kann so verstanden werden, dass über die bereits erfolgte Aufteilung und Überleitung der Gesamtumsatzerlöse (Rz 84) nach ESRS-Sektoren weitere Angaben zu tätigen sind, die ein Verständnis für das Geschäftsmodell ermöglichen. Dies kann etwa Gewinngrößen umfassen. „Gegebenenfalls" bedeutet in diesem Zusammenhang, dass die Aufteilung gem. IFRS 8 nur dann zu erfolgen hat, wenn der Standard im Jahresabschluss des Unternehmens Anwendung findet; anderenfalls werden die benötigten Informationen im Unternehmen auch nicht im von der Angabepflicht vorgesehenen Umfang vorliegen, um die Angabe zu tätigen. Wird allerdings eine nationale Empfehlung zur Segmentberichterstattung wie für die Angabepflicht ESRS 2 SBM-1 angewandt (Rz 85), so scheint u. E. auch eine Bezugnahme hierauf anstelle von IFRS 8 geboten.

93 Ein wichtiger sachlogischer Zusammenhang zeigt sich darüber hinaus zwischen den geforderten Darstellungen zu „Inputs" und „Outputs" und den gem. ESRS 1 in der **Wesentlichkeitsanalyse** berücksichtigten Abhängigkeiten von Ressourcen (→ § 3 Rz 88). Auf die Bedeutung solcher Ressourcen bei der Darstellung des Geschäftsmodells des berichtspflichtigen Unternehmens ist daher besonderes Augenmerk zu legen.

Praxis-Beispiel AGRANA[155]

„Wasser und Abwasser

Wasser, die weltweit gesellschaftlich wichtigste Ressource, ist einer von vielen Inputfaktoren in den Produktionsprozessen der AGRANA-Gruppe. Wassermangel bzw. der Entzug von Wasser in wasserarmen Regionen sowie schlechte Wasserqualität oder -temperatur bei Einleitung von Abwasser stellen ein ökologisches und soziales Risiko dar.

AGRANA hat im Geschäftsjahr 2022|23 unter Nutzung des WWF Water Risk Filters und des Aqueduct Water Risk Atlas des World Resources Institute, die die genannten und zahlreiche weitere Risiken abdecken, das Wasserrisiko für alle ihre Produktionsstandorte evaluiert. Im Berichtsjahr 2023|24 lagen 15 bzw. 28,3 % der AGRANA-Standorte in den GRI-Berichtsgrenzen [...], der Großteil davon im weltweit tätigen Segment Frucht, laut der letztjährigen Analyse aus unterschiedlichen Gründen in Gebieten mit hohem oder sehr hohem Wasserrisiko. Wenngleich keiner der AGRANA-Produktionsstandorte bisher operativ tatsächlich von quantitativer oder qualitativer Wasserknappheit betroffen oder Auslöser wesentlicher Probleme für die umliegenden Wasseranrainer war, stellt die nachhaltige, verantwortungsbewusste und allen gesetzlichen Standards entsprechende Nutzung und Ableitung von Wasser einen bedeutenden Aspekt der AGRANA-Umweltpolitik dar. Weitere Details zum Umgang mit Wasser an den Produktionsstandorten siehe Segmentberichte [...]."

In diesem Zusammenhang wird nicht von ESRS-Sektoren gesprochen, so dass sich Unternehmen dem Wortlaut des Datenpunkts nach auf andere **Sektorklassifizierungen** stützen können. Hier kommt insbes. IFRS 8 in Betracht. I.S.d. Konsistenz der Darstellungen in ESRS 2 SBM-1 sollte jedenfalls (ggf. ergänzend) eine ESRS-Klassifizierung angewandt werden.   94

Die Darstellung der wichtigsten **Merkmale der Wertschöpfungskette** des Unternehmens umfasst eine Beschreibung der wichtigsten Wirtschaftsakteure (z.B. Lieferanten, Vertriebskanäle und Endnutzer) in dieser sowie deren Beziehung zum Unternehmen. Sofern das Unternehmen über mehrere Wertschöpfungsketten verfügt, sind die wichtigsten Wertschöpfungsketten im dargelegten Sinne zu beschreiben (ESRS 2.42(c)). Was unter den „wichtigsten Wertschöpfungsketten" zu verstehen ist, wird nicht weiter konkretisiert; u.E. werden hier andere Maßstäbe als für die Berichterstattung über ESRS-Sektoren gem. ESRS 2.40 zur Anwendung gelangen. Es bietet sich ein Abstellen auf das Ergebnis der Wesentlichkeitsanalyse im Hinblick auf festgestellte wesentliche   95

---

[155] Entnommen AGRANA, Integrierter Geschäftsbericht 2023/24, S. 49.

Auswirkungen, Risiken und Chancen entlang einzelner Wertschöpfungsketten an.[156] Die wichtigsten Wertschöpfungsketten können jene sein, für welche über einem vom Unternehmen festgelegten (und im Zusammenhang mit den Angaben zu diesem Datenpunkt auch offengelegten) Schwellenwert hinaus (tatsächliche oder potenzielle) Auswirkungen, Risiken und Chancen festgestellt wurden. Dieser **Schwellenwert** muss u. E. nicht deckungsgleich sein mit den Schwellenwerten, die i. R. d. Wesentlichkeitsanalyse festgelegt werden (siehe zu diesen auch ESRS 1.39).

Weitere Ausführungen zu Natur und Zielsetzung dieses Datenpunkts finden sich in den Anwendungsanforderungen: „Die Beschreibung der Hauptmerkmale der vor- und/oder nachgelagerten Wertschöpfungskette und gegebenenfalls die Ermittlung der wichtigsten Wertschöpfungsketten sollten zu einem besseren Verständnis darüber beitragen, wie das Unternehmen die Anforderungen gemäß ESRS 1 Kapitel 5 und die vom Unternehmen gemäß ESRS 1 Kapitel 3 durchgeführte Wesentlichkeitsanalyse umsetzt. Die Beschreibung kann einen umfassenden Überblick über die wichtigsten Merkmale der vor- und/oder nachgelagerten Wertschöpfungskette geben, aus dem hervorgeht, welchen relativen Beitrag sie zur Leistung und zur Position des Unternehmens leisten und wie sie zur Wertschöpfung des Unternehmens beitragen" (ESRS 2.AR15).

96   Ausführliche Darstellungen zu Best Practices im Hinblick auf Angaben zu Geschäftsmodell und Wertschöpfungskette finden sich im **Projektendbericht des European Reporting Lab @ EFRAG** vom Oktober 2021, *„Towards Sustainable Businesses: Good Practices in Business Model, Risks and Opportunities Reporting in the EU"*. Die Darstellungen gem. ESRS 2 SBM-1 bieten sich besonders gut für visuelle Darstellungen an, wie das folgende Beispiel illustriert. Anzumerken ist jedoch, dass dieser Projektendbericht auf die Rechtslage vor Inkrafttreten der CSRD Bezug nimmt und hiermit auch kein Bezug zu den Angabepflichten gem. ESRS hergestellt werden konnte.

---

[156] Siehe auch EFRAG, EFRAG IG 2 – Value Chain, IG 2.104, Mai 2024.

Praxis-Beispiel SGL Group[157]

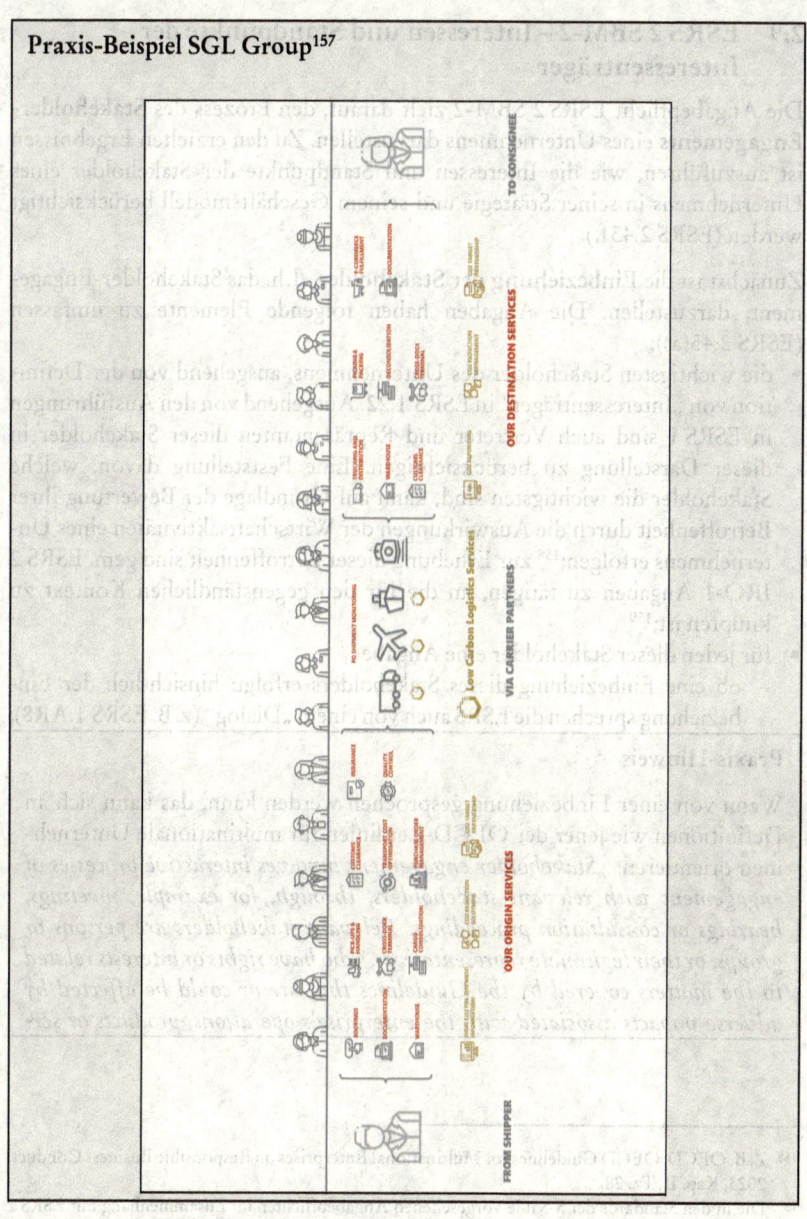

[157] Entnommen SGL Group, Sustainability Report 2023, S. 22.

2.9 ESRS 2 SBM-2 – Interessen und Standpunkte der Interessenträger

97 Die Angabepflicht ESRS 2 SBM-2 zielt darauf, den Prozess des **Stakeholder-Engagements** eines Unternehmens darzustellen. Zu den erzielten Ergebnissen ist auszuführen, wie die Interessen und Standpunkte der Stakeholder eines Unternehmens in seiner Strategie und seinem Geschäftsmodell berücksichtigt werden (ESRS 2.43 f.).

98 Zunächst ist die **Einbeziehung der Stakeholder**, d. h. das Stakeholder-Engagement, darzustellen. Die Angaben haben folgende Elemente zu umfassen (ESRS 2.45(a)):

- die wichtigsten Stakeholder des Unternehmens, ausgehend von der Definition von „Interessenträger" in ESRS 1.22. Ausgehend von den Ausführungen in ESRS 1 sind auch Vertreter und Repräsentanten dieser Stakeholder in dieser Darstellung zu berücksichtigen. Eine Feststellung davon, welche Stakeholder die wichtigsten sind, kann auf Grundlage der Bewertung ihrer Betroffenheit durch die Auswirkungen der Wirtschaftsaktivitäten eines Unternehmens erfolgen;[158] zur Erhebung dieser Betroffenheit sind gem. ESRS 2 IRO-1 Angaben zu tätigen, an die für den gegenständlichen Kontext zu knüpfen ist;[159]
- für jeden dieser Stakeholder eine Angabe
  - ob eine Einbeziehung dieses Stakeholders erfolgt: hinsichtlich der Einbeziehung sprechen die ESRS auch von einem „Dialog" (z. B. ESRS 1.AR8);

> **Praxis-Hinweis**
>
> Wann von einer Einbeziehung gesprochen werden kann, das kann sich an Definitionen wie jener der OECD-Leitlinien für multinationale Unternehmen orientieren: „*Stakeholder engagement involves interactive processes of engagement with relevant stakeholders, through, for example, meetings, hearings or consultation proceedings. Relevant stakeholders are persons or groups, or their legitimate representatives, who have rights or interests related to the matters covered by the Guidelines that are or could be affected by adverse impacts associated with the enterprise's operations, products or ser-*

---

[158] Z.B. OECD, OECD Guidelines for Multinational Enterprises on Responsible Business Conduct, 2023, Kap. II, Tz. 28.

[159] Die in den Standards der S-Säule vorgesehenen Angabepflichten im Zusammenhang mit ESRS 2 SBM-2 ergänzen darüber hinaus, dass bei Wesentlichkeit von Auswirkungen, Risiken und Chancen eines Nachhaltigkeitsaspekts, auf den in einem der genannten ESRS Bezug genommen wird, die vom Standard abgedeckten Stakeholder als „wichtige Gruppe betroffener Stakeholder" definiert werden. U.E. ist in ESRS 2 nicht zwischen „wichtige" und „wichtigste" Stakeholder zu unterscheiden.

> *vices. Enterprises can prioritise the most severely impacted or potentially impacted stakeholders for engagement. The degree of impact on stakeholders may inform the degree of engagement. Meaningful stakeholder engagement refers to ongoing engagement with stakeholders that is two-way, conducted in good faith by the participants on both sides and responsive to stakeholders' views.*"[160]

- um welche Kategorie von Stakeholdern es sich handelt: ESRS 1 unterscheidet zwischen betroffenen Stakeholdern und Nutzern von Nachhaltigkeitsberichten; daneben wird aber eine weitere Kategorisierung offengelassen und beispielhaft in den Anwendungsanforderungen illustriert (ESRS 1.AR6);
- wie das Stakeholder-Engagement organisiert wird;
- welcher Zweck mit dem Stakeholder-Engagement verfolgt wird;
- wie die Ergebnisse des Stakeholder-Engagements vom Unternehmen berücksichtigt werden; dieser Datenpunkt geht über die Berücksichtigung in Strategie und Geschäftsmodell hinaus und erfordert eine generelle Angabe zur Art und Weise der Berücksichtigung.

---

[160] OECD, OECD Guidelines for Multinational Enterprises on Responsible Business Conduct, 2023, Kap. II, Tz. 28.

Praxis-Beispiel Raiffeisen Bank International – Stakeholderdialoge (Auszug)[161]

Format	Inhalt	Frequenz
Kund:innen und andere externe Stakeholder:innen		
Raiffeisen Research ESG Services	Forschung, die Nachrichten und Analysen mit folgendem ESG-Fokus abdeckt: monatliche Green-Deal-Publikation, tägliches Vienna Calling (zusätzlicher Teil für ESG Newsflow), auch Berichterstattung über alle neuen ESG-Anleihen, ESG Bonds Screener, ESG Specials. Alle Berichterstattungen (Aktien, Anleihen) enthalten einen ESG-Teil inklusive Bewertung.	regelmäßig
ESG Consultancy für institutionelle und Firmenkund:innen	RBI stellt maßgeschneiderte nachhaltige Finanzierungslösungen für institutionelle Kunden und Unternehmen zur Verfügung. RBI bietet einen regelmäßigen und kontinuierlichen Dialog über ESG-Entwicklungen und die Umsetzung von ESG-bezogenen Transaktionen im gesamten Produktuniversum für Corporate- und Investmentbanking (Debt Capital Markets inklusive Anleihen, Kredite und Schuldscheindarlehen, ABF, Fondsfinanzierung, Fusionen und Übernahmen sowie Eigenkapitalmärkte) einschließlich Unterstützung und Informationen zu neuen ESG-Vorschriften. Dies geschieht in enger Zusammenarbeit und Abstimmung mit ESG-Expert:innen und den jeweiligen Kundenbetreuer:innen [...].	regelmäßig

---

[161] Entnommen RBI, Nachhaltigkeitsbericht 2023, S. 25 f.

Format	Inhalt	Frequenz
Kund:innen und andere externe Stakeholder:innen		
ESG Best Practice Sharing	RBI-Expert:innen für ESG teilen ihr Wissen in Vorlesungen und Präsentationen über bewährte Praktiken der RBI im Bereich nachhaltige Finanzierung, Nachhaltigkeitsmanagement oder spezielle ESG-Themen im Rahmen von Universitätsprogrammen, Kursen von privaten Bildungsunternehmen, Verbänden, Unternehmensberatungen oder anderen Institutionen, die sich mit Themen der nachhaltigen Entwicklung befassen.	regelmäßig
ESG Events & Activities	Prinzipien für verantwortungsvolles Bankwesen (UN PRBs): Beteiligung der RBI an speziellen Arbeitsgruppen, insbesondere als Teil der „2030 Kerngruppe". Themen umfassen Klimawandel und Anpassung, Kreislaufwirtschaft, Biodiversität, finanzielle Inklusion und Menschenrechte. Intensiver Stakeholder-Dialog und Diskussion mit anderen globalen Mitgliedsbanken und dem United Nations Environment Programme Finance Initiative (UNEP FI).	regelmäßig
	Von den Vereinten Nationen unterstützte Prinzipien für verantwortungsvolle Investitionen (UN PRI): Aktiver Dialog mit der PRI-Gemeinschaft durch die Beteiligung von Raiffeisen Kapitalanlage GmbH und RBI's Elevator Ventures.	regelmäßig
	Engagement-Prozess von Raiffeisen Kapitalanlage GmbH: Aktivitäten umfassen die Ausübung von Stimmrechten und die aktive Kommunikation mit börsennotierten Unternehmen zu ESG-Themen [...].	regelmäßig

Format	Inhalt	Frequenz
Kund:innen und andere externe Stakeholder:innen		
	Raiffeisen Kapitalanlage GmbH ist als Mitglied der Finance for Biodiversity Foundation an der Wissensbildung und dem Wissenstransfer zwischen Finanzinstituten sowie der Entwicklung relevanter Branchenstandards zu Biodiversität beteiligt. Darüber hinaus ist die RKAG Gründungsmitglied von Nature Action 100, einer globalen Investorenbeteiligungsinitiative, die sich dem Schutz und der Wiederherstellung der Biodiversität widmet.	regelmäßig
	Vienna Initiative: Aktive Teilnahme an Webinaren, die sich auf klimabezogene Risiken und Chancen konzentrieren.	regelmäßig
	OeKB Serviceplattform:. Kontinuierlicher Austausch und Weiterentwicklung des im Jahr 2022 etablierten ESG Data Hub, der Unternehmen dabei unterstützt, alle relevanten Nachhaltigkeitsdaten aufzubereiten.	regelmäßig
	Dialoge mit Nichtregierungsorganisationen (NGOs), die sich für Menschenrechte einsetzen.	ad-hoc
	RBI Konzernzentrale: Business & Human Rights Accelerator, organisiert von UNGC, mit dem Ziel, die globale Geschäftsgemeinschaft dabei zu unterstützen, von der Politik zur Umsetzung der Achtung und Unterstützung von Menschenrechten überzugehen, indem sie einen fortlaufenden Prozess der menschenrechtlichen	monatlich zwischen Januar und Dezember

Format	Inhalt	Frequenz
Kund:innen und andere externe Stakeholder:innen		
	Sorgfaltspflicht durchführt und konkrete Ziele zur ewältigung ihrer wesentlichen menschenrechtlichen Risiken festlegt.	
	Raiffeisen Kapitalanlage GmbH: ESG Investment Day (Expertenpräsentationen und Roundtables) & Fondsmanager-Update zum Raiffeisen Sustainability Mix und ESG Income.	jährlich
	RBI-Veranstaltung: 10. RBI Schuldschein-Tag mit Unternehmenspräsentationen (Swietelsky AG, AT & S Austria Technologie & Systemtechnik AG, Porsche Holding, PALFINGER AG, vc trade) und einem umfangreichen Austausch zwischen Emittenten und Investoren.	jährlich
	RBI-Veranstaltung: Das Elevator Lab und der Blockchain Hub der Raiffeisen Bank International organisierten einen 48-stündigen Loyalty Solutions Hackathon, bei dem Technologie-Innovatoren zusammengebracht wurden, um die Kundenbindung im Bankwesen zu verbessern. Teilnehmende aus den Bereichen UX/UI-Design, Entwicklung, Marketing und Kryptobanking wurden ermutigt, Konzepte jenseits der üblichen Banknormen zu erkunden und Trends wie ESG und nachhaltige Entwicklungsziele einzubeziehen.	einmalig

Format	Inhalt	Frequenz
Kund:innen und andere externe Stakeholder:innen		
	Das Elevator Lab der Raiffeisen Bank International hat sich mit Female Founders zusammengetan, um „Lead Today. Shape Tomorrow." zu veranstalten. Bei diesem Event treffen Startups, Investor:innen und Innovationsführer für eine inklusive Zukunft im Unternehmertum aufeinander.	einmalig
	Raiffeisen Bausparkasse: Pressegespräch/Präsentation einer Forschungsstudie von SPECTRA zum Thema „Nachhaltiges Bauen und Wohnen in Österreich".	einmalig
	Raiffeisenbank a.s., Tschechische Republik und die Tschechische Agraruniversität haben erfolgreich an einem Projekt zusammengearbeitet, um nachhaltige Produkte für Privatkund:innen zu entwickeln, einschließlich eines CO_2-Rechners.	einmalig
	Raiffeisenbank a.s., Tschechische Republik veranstaltete eine Konferenz unter dem Titel „Nachhaltige Finanzen: Eine 360-Grad-Sicht" mit dem Ziel, einen umfassenden Blick auf Nachhaltigkeit aus der Perspektive des Privatsektors zu bieten und die Chancen und Hindernisse in Bezug auf Nachhaltigkeit aufzuzeigen.	einmalig

Format	Inhalt	Frequenz
Kund:innen und andere externe Stakeholder:innen		
	Raiffeisenbank a.s., Tschechische Republik war Partner des diesjährigen CEE Sustainable Finance Summit in Prag und brachte einflussreiche Persönlichkeiten in der Entwicklung von ESG in Europa nach Prag. Unsere Kolleg:innen nahmen an der Veranstaltung teil und stellten ihr Fachwissen zur Entwicklung des Themas nachhaltiger Finanzen zur Verfügung.	einmalig
	Anlässlich des 20. Jahrestages in Kosovo organisierte die Raiffeisen Bank Kosovo am 15. und 16. Juni 2023 in Prishtina einen zweitägigen ESG-Gipfel mit dem Schwerpunkt „Der Übergang zur grünen Wirtschaft".	einmalig
	Austausch mit dem Umweltbundesamt zum Thema Kreislaufwirtschaft und mit dem WWF zum Thema Biodiversität, anschließende interne Seminare.	einmalig

Praxis-Beispiel Raiffeisen Bank International – Kategorisierung von Stakeholdern[162]

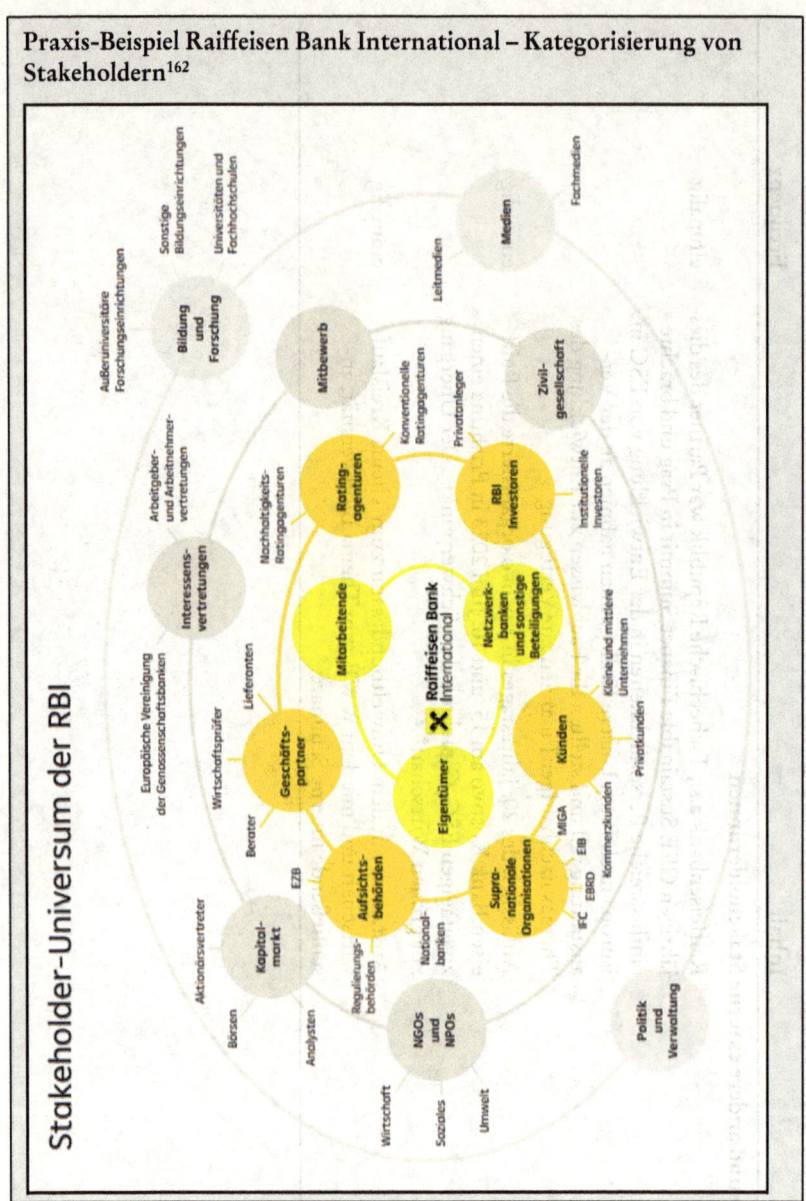

162   Entnommen RBI, Nachhaltigkeitsbericht 2023, S. 23.

Darüber hinaus ist eine Angabe gefordert, inwieweit das Unternehmen die 99
Interessen und Standpunkte seiner wichtigsten Stakeholder im Zusammenhang mit seiner Strategie und seinem Geschäftsmodell **nachvollziehen kann.**
Hierfür ist auf die Erkenntnisse des Unternehmens i. R. d. laufenden Sustain-
ability-Due-Diligence-Prozesse (→ § 3 Rz 45 ff.) bzw. Wesentlichkeitsanalyse zurückzugreifen (ESRS 2.45(b)). Dieser Datenpunkt kann u. E. auf
zwei Weisen erfüllt werden:
* durch eine Darstellung, in welchem Ausmaß das Unternehmen auf die
  geäußerten Anliegen eingehen kann – bzw. warum es das (z. T.) nicht kann;
* evtl. durch eine ergänzende Darstellung, in welchem Ausmaß die Zielgruppe
  der wichtigsten Stakeholder vom Unternehmen bereits erschlossen ist – bzw.
  inwieweit noch Bedarf nach einem vertieften Verständnis besteht.

Falls das Unternehmen seine Strategie und/oder sein Geschäftsmodell als 100
Ergebnis des Stakeholder-Engagements **angepasst** hat oder dies zu tun gedenkt,
so ist darzustellen (ESRS 2.45(c)):
* wie das Unternehmen seine Strategie bzw. sein Geschäftsmodell geändert hat
  oder zu ändern beabsichtigt, um den Interessen und Standpunkten seiner
  Stakeholder Rechnung zu tragen,
* welche weiteren Schritte geplant sind, um Strategie bzw. Geschäftsmodell im
  Hinblick auf die Standpunkte der Stakeholder anzupassen, und welcher
  Zeitrahmen hierfür vorgesehen ist,
* ob zu erwarten ist, dass sich das Verhältnis zwischen dem Unternehmen
  und seinen Stakeholdern (sowie deren Standpunkten) durch diese weiteren
  Schritte ändert.

Letztlich ist anzugeben, ob und wie die **Verwaltungs-, Leitungs- und Auf-** 101
sichtsorgane über die Standpunkte und Interessen der betroffenen Stakeholder
in Bezug auf die nachhaltigkeitsbezogenen Auswirkungen des Unternehmens
informiert werden (ESRS 2.45(d)). Hierbei wird auf das institutionalisierte
interne Reporting abzustellen sein, z. B. i. R. v. regelmäßigen Tagesordnungs-
punkten in Aufsichtsratssitzungen und/oder von einer Aufnahme in das monat-
liche Management-Berichtswesen. Dem Wortlaut des Datenpunkts folgend
sind die geforderten Angaben für jedes der eingerichteten Organe gesondert zu
tätigen, eine klare Zuordnung sollte möglich sein.

Praxis-Beispiel KPMG Österreich – Verankerung des Nachhaltigkeitsmanagements[163]

„1.2.1.2 Verankerung des Nachhaltigkeitsmanagements

Das ESG Steering Board unterstützt die strategische Entwicklung und Ausrichtung im Bereich ESG. Wesentliche Entscheidungen werden anschließend im Geschäftsleitungsausschuss behandelt und von diesem unter der Verantwortung des Senior Partners entschieden.

Auf der operativen Ebene erfolgte die Bearbeitung der Themen für den vorliegenden Nachhaltigkeitsbericht durch Projektgruppen entlang der vier Säulen PLANET, PEOPLE, GOVERNANCE und PROSPERITY des Impact Plan von KPMG International. Die Arbeitsgruppe für Umweltthemen (PLANET) setzte sich z. b. aus Vertreter:innen des Facility Managements, der IT Services-Abteilung bzw. Expert:innen für die Berechnung von Treibhausgasemissionen zusammen. Soziale Themen (PEOPLE) wurden in Zusammenarbeit mit Human Resources, Learning & Development und Vertreter:innen des Diversity Council bearbeitet. Auskunft zu Themen betreffend GOVERNANCE lieferten unter anderem unser Chief Information Security Officer, unsere Risk Partnerin und unser Ethics & Independence Partner. Themen, die im Impact Plan von KPMG unter PROSPERITY dargestellt werden, wurden in Zusammenarbeit mit dem zuständigen Partner für (Marketing, Communication &) Markets bzw. einem Vertreter der bestehenden Impact Group für PROSPERITY ermittelt. Ergänzend zu den Beiträgen aus den thematischen Arbeitsgruppen unterstützten uns Kolleg:innen aus Finance bei der Erhebung diverser Kennzahlen.

Die aktive Einbindung von Vertreter:innen der Linienorganisation in die Arbeitsgruppen entlang der E-, S- und G-spezifischen Themen fördert ein erhöhtes Bewusstsein und eine breite Verankerung und Akzeptanz von Nachhaltigkeitszielen im Unternehmen. Strategische Entscheidungen, die Nachhaltigkeit betreffen, werden von den zuständigen Fachabteilungen vorbereitet und anschließend im GLA diskutiert und beschlossen. Diese enge Verzahnung von Projekt- und Linienorganisation ermöglicht es, Nachhaltigkeit als integralen Bestandteil der Unternehmensstrategie und -kultur zu etablieren und die Umsetzung von Nachhaltigkeitszielen effizient und effektiv zu gestalten.

Die Projektorganisation, beispielsweise in Form einer CO_2-Taskforce oder einer interdisziplinären Gruppe in Vorbereitung für das EcoVadis-Rating, arbeitet überlagernd mit dem Linienbetrieb. Die Integration in den Linienbetrieb bedeutet, dass strategische Initiativen wie der Nachhaltigkeitsbericht

---

[163] Entnommen KPMG Österreich, Nachhaltigkeitsbericht 2022/23, S. 11.

oder der Impact Plan nicht isoliert von den regulären Geschäftsprozessen behandelt werden, sondern eng mit ihnen verflochten sind. Linienfunktionen wie z. B. Human Resources oder Facility Management werden dabei kontinuierlich um Nachhaltigkeitsaspekte erweitert. Diese Abteilungen sind oft für die Ermittlung relevanter Kennzahlen verantwortlich und spielen eine zentrale Rolle bei der Datenerfassung und -analyse."

2.10 ESRS 2 SBM-3 – Wesentliche Auswirkungen, Risiken und Chancen und ihr Zusammenspiel mit Strategie und Geschäftsmodell

Ziel der Angabepflicht des ESRS 2 SBM-3 ist einerseits, die **wesentlichen Auswirkungen, Risiken und Chancen**, mit denen ein berichtspflichtiges Unternehmen konfrontiert ist, auszuführen. Andererseits ist darzustellen, auf welche Weise diese Auswirkungen, Risiken und Chancen mit Strategie und Geschäftsmodell zusammenhängen – d. h. aus diesen resultieren bzw. zu deren Anpassung führen. Wie diese Auswirkungen, Risiken und Chancen gesteuert werden, das ergibt sich anschließend aus den mit ESRS 2 SBM-3 korrespondierenden Regelungen in den themenbezogenen Standards – und wird als letztendliches Ergebnis dieser Angabepflicht ebenso berücksichtigt (ESRS 2.46f.). Zugleich sind die geforderten Angaben auf das Ergebnis der Wesentlichkeitsanalyse und auf die dazu gem. ESRS 2 IRO-1 zu tätigenden Darstellungen (Rz 110ff.) bezogen. Die EFRAG hat klargestellt, dass eine Auswirkung auch dann bei Wesentlichkeit berichtspflichtig ist, wenn sie nur positiv wirkt.[164]

102

Wie bereits dargestellt (Rz 14), zählt ESRS 2 SBM-3 zu jenen Angabepflichten, für die dem Unternehmen die **Wahl des Orts der Offenlegung** in der Nachhaltigkeitserklärung weitgehend freigestellt ist.

103

Praxis-Hinweis

Die Angaben können in den „Allgemeinen Informationen" gebündelt oder gemeinsam mit den themenbezogenen Angaben auf die drei weiteren Abschnitte der Nachhaltigkeitserklärung aufgeteilt werden. Bspw. können wesentliche ökologische Auswirkungen, Risiken und Chancen im Abschnitt zu den umweltbezogenen ESRS behandelt werden etc. Auch eine Abhandlung in der Finanzberichterstattung ist bei entsprechender Verweissetzung möglich.

Werden die Angaben gem. ESRS 2 SBM-3 nicht in den „Allgemeinen Informationen" getätigt, ist allerdings eine „Erklärung über die wesentlichen Aus-

---

[164] Bestätigend und auslegend auch EFRAG, ESRS Q&A Platform, Compilation of Explanations, Januar–Juli 2024, Frage 37, S. 17f.

wirkungen, Risiken und Chancen" in den Abschnitt „Allgemeine Informationen" aufzunehmen (ESRS 2.49). Diese Erklärung (*„statement"*) wird mit einer bloßen Auflistung hinlänglich erfolgen, d. h. ohne die detaillierten Erläuterungen, die zu den wesentlichen Auswirkungen, Risiken und Chancen ansonsten gem. ESRS 2 SBM-3 gefordert sind.

104   Zunächst hat eine kurze **Erläuterung der wesentlichen Auswirkungen, Risiken und Chancen** eines Unternehmens zu erfolgen, die in der Wesentlichkeitsanalyse gem. ESRS 2 IRO-1 identifiziert wurden. Dieser Datenpunkt kann in Form einer wertungsfreien Beschreibung dieser Auswirkungen, Risiken und Chancen erfolgen, d. h. ohne etwa zu deren Schwere, Eintrittswahrscheinlichkeit oder gesetzten Maßnahmen zur Reaktion hierauf Stellung nehmen zu müssen. „Kurz" ist eine Beschreibung u. E. dann, wenn sie für eine Identifikation der maßgeblichen Auswirkungen, Risiken und Chancen ausreicht. Zusätzlich ist darzulegen, wo in seinem Geschäftsmodell diese wesentlichen Auswirkungen, Risiken und Chancen konzentriert sind. Ebenso ist darzustellen, wo diese Konzentration in den eigenen Wirtschaftsaktivitäten des Unternehmens und/ oder in seiner Wertschöpfungskette festzustellen ist (ESRS 2.48(a)). Auswirkungen, Risiken und Chancen müssen nicht einzeln, sondern können auch in aggregierter Form dargelegt werden, sofern dies der Entscheidungsnützlichkeit der Informationen nicht abträglich ist (ESRS 2.AR18). Die in ESRS 2 IRO-1 enthaltene Bezugnahme auf „Konzentration" bedeutet in diesem Sinne u. E., dass nicht jede wesentliche Auswirkung, jedes wesentliche Risiko oder jede wesentliche Chance dahingehend dargestellt werden muss – sondern vielmehr Punkte aufzuzeigen sind, in denen sich besonders viele dieser wesentlichen Auswirkungen, Risiken bzw. Chancen anhäufen (z. B. im Einkauf oder im Bereich der eigenen Belegschaft). Die Anwendungsanforderungen ergänzen die Forderung, dass bei den Erläuterungen im Hinblick auf die Konzentration entlang der Wertschöpfungskette mind. folgende Aspekte zu berücksichtigen sind:

• geografische Gebiete,
• Einrichtungen oder Arten von Vermögenswerten,
• Inputs, Outputs und
• Vertriebskanäle (ESRS 2.AR17).

Das nachfolgende Beispiel aus dem Geschäftsbericht von Orsted veranschaulicht, wie diese Angabepflicht in kompakter Form visuell umgesetzt werden kann. Ergänzend gefordert sind u. a. die in der obigen Aufzählung geforderten Spezifizierungen.

Praxis-Beispiel Orsted[165]

---

[165] Entnommen Orsted, Annual Report 2023, S. 72.

105   Hiernach ist der derzeitige und erwartete **Einfluss der wesentlichen Auswirkungen, Risiken und Chancen,** die für das berichtspflichtige Unternehmen ermittelt wurden, darzustellen, und zwar
      • auf das Geschäftsmodell dieses Unternehmens,
      • auf seine Wertschöpfungskette,
      • auf seine Strategie und
      • auf seine Entscheidungsfindung.

      Zusätzlich ist anzugeben, auf welche Art und Weise das Unternehmen auf diesen Einfluss bereits reagiert hat oder noch zu reagieren beabsichtigt. Dies umfasst insbes. alle Änderungen an seiner Strategie oder seinem Geschäftsmodell, die das Unternehmen infolge von Maßnahmen zum Umgang mit bestimmten wesentlichen Auswirkungen, Risiken bzw. Chancen an seiner Strategie oder seinem Geschäftsmodell bereits vorgenommen hat oder noch vorzunehmen beabsichtigt (ESRS 2.48(b)). U.E. umfasst dies auch eine dezidierte Aussage zur (bewussten) Entscheidung, keine derartige Reaktion zu setzen.

Praxis-Beispiel Hydro[166]

Wesentlichkeit der Auswirkungen: potenzielle und tatsächliche Auswirkungen von Hydro auf Nachhaltigkeitsthemen in der gesamten Wertschöpfungskette

	Bauxit	Tonerde	Energie	Primäraluminium	Extrusion	Recycling
E1 Klimawandel	A,B	A,B	1	2 A,B	A,B	3
E2 Umweltverschmutzung	C,D	C,D		C,D	C,D	C,D
E3 Wasser- und Meeresressourcen			4 E			
E4 Biologische Vielfalt und Ökosysteme	G,H	G,H	F,H	G	G	G
E5 Ressourcennutzung und Kreislaufwirtschaft	I,J	I,J		I,J	J	3
S1 Arbeitskräfte des Unternehmens	5 K	5 K	5 K	5 K	5 K	5 K
S2 Arbeitskräfte in der Wertschöpfungskette	6 L	6 L	6 L	6 L	6 L	6 L
S3 Betroffene Gemeinschaften	7 M	7 M	7 M	7 M	7 M	7 M
S4 Verbraucher und Endnutzer	8	8		8	8 N	8
G1 Unternehmensführung	9	9	9	9	9	9

[166] Entnommen Hydro, Integrated Annual Report 2023, S. 71, eigene Übersetzung aus dem Englischen.

Ursachen für positive Auswirkungen
1. Erzeugung erneuerbarer Energie
2. Kohlenstoffarme Primäraluminiumproduktion
3. Recycling von Post-Verbraucher-Aluminiumschrott
4. Hochwasserschutz aus regulierten Wassereinzugsgebieten
5. Sichere Beschäftigung, angemessene Löhne, sozialer Schutz, berufliche Entwicklung und ein integratives Arbeitsumfeld
6. Schaffung von Arbeitsplätzen und Engagement für Standards für menschenwürdige Arbeit, Menschen- und Arbeitnehmerrechte in der gesamten Wertschöpfungskette
7. Wertschöpfung für die lokale Gemeinschaft
8. Bereitstellung von transparenten, qualitativ hochwertigen Informationen über die rückverfolgbare Wertschöpfungskette für die Kunden
9. Engagement in den Bereichen Geschäftsverhalten, Compliance, Korruptionsbekämpfung und anderen Nachhaltigkeitsthemen

Ursachen für mögliche negative Auswirkungen
A. Nutzung fossiler Brennstoffe und nicht erneuerbarer Elektrizität
B. Treibhausgasemissionen bei der Herstellung von Primäraluminium
C. Emissionen in das Wasser im Zusammenhang mit Abwassereinleitungen in Gewässer
D. Emissionen in die Luft aus der Nutzung fossiler Brennstoffe, dem Elektrolyseprozess und bestimmten Recyclingverfahren
E. Veränderung der Wassernutzung durch Wasserkraft
F. Biodiversität und Ökosystemdruck durch veränderte Wassernutzung
G. Auswirkungen auf die biologische Vielfalt und das Ökosystem durch Treibhausgasemissionen und mögliche Verschmutzungen
H. Biodiversität und Ökosystemdruck durch Landnutzungsänderungen
I. Nutzung von Primärressourcen bei der Aluminiumoxidraffination und der Primäraluminiumproduktion
J. Ressourcenabflüsse, einschließlich Bergematerial, Bauxitrückstände und Abfallerzeugung
K. Potenzielle Gesundheits- und Sicherheitsvorfälle, die die eigene Belegschaft betreffen
L. Potenzielle Gesundheits- und Sicherheitsvorfälle und Auswirkungen auf die Menschenrechte der Arbeitnehmer in der Wertschöpfungskette
M. Potenzielle Auswirkungen auf die Menschenrechte in lokalen Gemeinschaften
N. Potenzielle Auswirkungen auf die Gesundheit und Sicherheit von Verbrauchern und Endnutzern

Schließlich sind die zuvor erläuterten wesentlichen Auswirkungen, Risiken und Chancen wie folgt weiter zu spezifizieren: **106**
- In Bezug auf die **wesentlichen Auswirkungen** des Unternehmens ist darzustellen:
  - wie diese tatsächlichen Auswirkungen des Unternehmens sich auf Menschen oder die Umwelt auswirken bzw. wie sich diese potenziellen Auswirkungen wahrscheinlich auswirken werden (ESRS 2.48(c)(i));
  - ob diese Auswirkungen von der Strategie und dem Geschäftsmodell des Unternehmens ausgehen oder damit auf andere Weise in Verbindung stehen – und wenn dem so ist, auf welche Weise ein solcher Zusammenhang besteht (ESRS 2.48(c)(ii));
  - über welche Zeithorizonte diese Auswirkungen vernünftigerweise zu erwarten sind, d. h. u. E. eintreten bzw. anhalten werden (ESRS 2.48(c)(iii));
  - ob das Unternehmen mit seinen eigenen Wirtschaftstätigkeiten oder über seine Wertschöpfungskette i. V. m. diesen Auswirkungen steht, gemeinsam mit einer Beschreibung der betreffenden Geschäftstätigkeit bzw. Geschäftsbeziehung (ESRS 2.48(c)(iv)).
- In Bezug auf die **wesentlichen Risiken und Chancen**, mit denen das Unternehmen konfrontiert ist, sind darzustellen (ESRS 2.48(d) und (e)):
  - die aktuellen finanziellen Auswirkungen auf die Finanzlage, finanzielle Leistungsfähigkeit und Cashflows des Unternehmens;
  - die kurz-, mittel- und langfristig erwarteten finanziellen Auswirkungen auf die Finanzlage, die Ertragslage und die Zahlungsströme des Unternehmens; dies hat auch eine Darstellung der vernünftigerweise zu erwartenden Zeithorizonte für diese Auswirkungen zu umfassen;
  - die wesentlichen Risiken und Chancen, die im nächsten Berichtszeitraum zu einem erheblichen Risiko einer wesentlichen Anpassung der Buchwerte der im Jahresabschluss des Unternehmens ausgewiesenen Vermögenswerte und Verbindlichkeiten führen; da ESRS 2 SBM-3 ausdrücklich die Angabe wesentlicher Chancen fordert, sind u. E. auch wesentliche positive Anpassungen im nächsten Berichtszeitraum zu berücksichtigen;
  - die kurz-, mittel- und langfristige Veränderung der Finanzlage, Ertragslage und Zahlungsströme des Unternehmens angesichts seiner Strategie für das Management der Risiken und Chancen (gemeint wohl i. S. d. Angaben zum Datenpunkt in ESRS 2.48(b)); dies hat auf folgende Aspekte einzugehen:

• die Investitions- und Desinvestitionspläne des Unternehmens, unabhängig davon, ob hierfür bereits vertragliche Verpflichtungen bestehen; als Beispiele werden genannt: „Investitionsausgaben, umfangreiche Übernahmen und Veräußerungen, Gemeinschaftsunternehmen, Unternehmensumwandlungen, Innovationen, neue Geschäftsbereiche und Anlagenabgänge" (ESRS 2.48(e)(i));

• die für die Strategieumsetzung vorgesehenen Finanzierungsquellen.

Der in diesem Zusammenhang häufig referenzierte Schwellenwert der „vernünftigen Betrachtung" wird in den ESRS nicht weiter spezifiziert. Dieser ist vom berichtspflichtigen Unternehmen selbst festzulegen und in der Berichterstattung zu erläutern (Rz 110ff.). U.E. bietet sich eine Orientierung am Grundsatz des „more likely than not" für die Beurteilung des Eintritts zu einem bestimmten Zeitraum an.

Praxis-Beispiel SGL Group[167]

WESENTLICHE RISIKEN, AUSWIRKUNGEN UND CHANCEN		Verortung in der Wertschöpfungskette			Zeithorizont		
		Up-stream	Eigene Geschäfts-tätigkeit	Down-stream	Kurz-fristig	Mittel-fristig	Lang-fristig
Klimawandel							
Unzureichendes Angebot an kohlenstoffarmen Kraftstoffen SGL könnte nicht in der Lage sein, ein ausreichendes Angebot an kohlenstoffarmen Kraftstoffen zu beschaffen, um die Kundennachfrage zu decken. Die Unfähigkeit, die Kundennachfrage zu befriedigen, kann zu einem Verlust von Marktanteilen bei kohlenstoffarmen Logistikdienstleistungen führen.	Risiko	•			•	•	
Kohlenstoffarme Dienstleistungen SGL hat die Möglichkeit, seinen Kundenstamm zu erweitern und zu diversifizieren, um die wachsende Kundennachfrage nach kohlenstoffarmen Transporten zu bedienen. Darüber hinaus hat SGL die Möglichkeit, sein Fachwissen einzubringen, um die zunehmende Komplexität für seine Kunden zu bewältigen.	Chance			•	•	•	•

---

167 Entnommen SGL Group, Sustainability Report 2023, S. 30, eigene Übersetzung aus dem Englischen.

WESENTLICHE RISIKEN, AUSWIRKUNGEN UND CHANCEN		Verortung in der Wertschöpfungskette			Zeithorizont		
		Up-stream	Eigene Geschäftstätigkeit	Down-stream	Kurz-fristig	Mittel-fristig	Lang-fristig
Zunehmende Häufigkeit und Intensität klimabedingter humanitärer Krisen Es wird erwartet, dass die humanitären Folgen des Klimawandels die Nachfrage nach spezialisierten Dienstleistungen für Hilfs- und Rettungsaktionen erhöhen werden. SGL ist mit seiner wichtigen Unterstützung für UN-Organisationen, NGOs, Regierungen und andere Interessengruppen gut positioniert, um diese Nachfrage zu befriedigen.	Chance			•	•	•	•
Steigende Nachfrage nach Recycling (Reverse Logistik) Die erwartete Zunahme der Schifffahrt im Zusammenhang mit dem Recycling, bei der die recycelten Waren zum Ursprungsort zurückgebracht werden, stellt für SGL eine neue Chance in Form einer erhöhten Nachfrage und eines potenziellen Angebots an spezialisierten Recyclingdienstleistungen dar.	Chance			•		•	•

Bei sämtlichen Darstellungen zu den wesentlichen Auswirkungen, Risiken und 107
Chancen ist – wie schon im Prozess der Wesentlichkeitsanalyse selbst (→ § 3
Rz 71) – eine **Brutto-Betrachtung** vorzunehmen. D. h., die Darstellungen
haben vor den Effekten der sie adressierenden Konzepte, Maßnahmen und Ziele
zu erfolgen – da diese (auch im Hinblick auf ihre Milderungseffekte) gesondert
dargestellt werden.[168]

Praxis-Beispiel

Ein im Öl- und Gassektor tätiges Unternehmen verfügt über ein großes
Onshore-Ölfeld in einem Gebiet mit großer Artenvielfalt. In der Talsohle
und an den unteren Hängen ist die gemischte Landwirtschaft mit geringer
Intensität die Hauptlandnutzung, die in höheren Lagen natürlichen Wiesen,
Wäldern und felsigen Lebensräumen Platz macht. Die Erschließung von
Ölfeldern an Land hat erhebliche Auswirkungen auf die Artenvielfalt, insbes.
auf Wälder und Hochlandwiesen, mit Auswirkungen auch auf die landwirt-
schaftlichen Aktivitäten. Dies ist zunächst ausführlicher darzustellen.

Als Minderungsmaßnahme kann dann über einen gezielten Biodiversitäts-
Aktionsplan zur Wiederherstellung der Auswirkungen und zur Langzeit-
überwachung, der am Standort umgesetzt wird, berichtet werden:

Zur Wiederherstellung von Pipeline- und Fließlinienstörungen wurden
mehrere Schlüsselansätze verfolgt:
- direkte Neuaussaat mit Saatgut aus der Region;
- Ausbringen von samenreichem Grasschnitt aus der ungestörten Fläche.

Die Überwachungstätigkeit zeigte, dass die natürlichen Flächen ihre ursprüngliche Struktur, Zusammensetzung und ökologischen Funktionen wieder-
erlangt hatten, ohne dass es zu einer Zunahme nicht heimischer Arten kam.[169]

Eine spezifische Angabe wird darüber hinaus zur **Widerstandsfähigkeit der Strate-** 108
gie und des Geschäftsmodells des Unternehmens gefordert. Dabei soll ein Verständnis dafür geschaffen werden, wie das Unternehmen seine wesentlichen Auswirkungen und Risiken bewältigen bzw. seine wesentlichen Chancen ausnutzen
kann. Die Angabe zu diesem Datenpunkt hat zu umfassen (ESRS 2.48(f)):
- eine qualitative Analyse der Widerstandsfähigkeit;
- ggf. auch eine quantitative Analyse der Widerstandsfähigkeit, wobei einzelne
  Beträge oder Spannweiten dargestellt werden können; u. E. ist dieses „gegebenenfalls" als Wahlrecht zu deuten, das dem Unternehmen offensteht;

---

[168] EFRAG, Implementation guidance for materiality assessment – EFRAG SRB Meeting 23 August
2023, Tz. 210.
[169] EFRAG, Implementation guidance for materiality assessment – EFRAG SRB Meeting 23 August
2023, Tz. 215.

- eine Beschreibung der Art und Weise, wie diese Analyse(n) durchgeführt wurde(n);
- die für die Analyse(n) gem. ESRS 1 festgelegten Zeithorizonte.

Die Umsetzung dieser Anforderungen kann bereits in der Berichterstattung der Allianz nachvollzogen werden, wobei darauf hinzuweisen ist, dass die Anforderung zur Darstellung der Widerstandsfähigkeit nicht nur auf die Folgen des Klimawandels zu beziehen ist. Wie schon mit dem Ausweiswahlrecht zu ESRS 2 SBM-3 (Rz 103) deutlich gemacht, kann die Information entweder zusammengefasst im „Allgemeinen Teil" oder in den jeweiligen Themengebieten zugeordnet erfolgen. Andere Beispiele wären etwa politische Regulierungen, z.B. bzgl. der Arbeitnehmerrechte, strengere Umweltvorgaben oder das Verbot von Leiharbeit in bestimmten Branchen.

Praxis-Beispiel Allianz[170]

„Schlussfolgerung

Aus der Überprüfung der Ergebnisse der qualitativen Risikobewertung und der Betrachtung potenzieller Risikoreaktionen geht hervor, dass zwar einige neue, auf den Klimawandel zugeschnittene Maßnahmen zur Risikominderung (z.B. Prozesse, Kontrollen, Strategien) erforderlich sein könnten, die derzeitigen Risikomanagementansätze jedoch im Allgemeinen entweder ausreichend sind oder nur kleinere Änderungen erfordern. In der Schaden- und Unfallversicherung beispielsweise können bewährte Techniken wie Prämienanpassungen, Änderungen des Versicherungsschutzes, Ausschlüsse, Erweiterungen oder Revisionen der Risikolimits wirksam eingesetzt werden. Trotz dieser Schlussfolgerung sind die Folgen in Bereichen, in denen der Klimawandel die Versicherungsmärkte grundlegend verändern wird, weniger vorhersehbar und erfordern strategische Aufmerksamkeit. Zu den grundlegenden Veränderungen gehören Aspekte wie die Erschwinglichkeit der Deckung, das Schrumpfen bestehender Märkte oder das Entstehen neuer Märkte sowie Produkte oder Deckungen, die schwer zu bepreisende Risiken umfassen (z.B. ähnlich wie die Erfahrungen der Branche mit dem Aufkommen der Cyber-Versicherung).

Aus quantitativer Sicht werden die aus dem integrierten Klimawandel-Stresstest abgeleiteten Schätzungen der Gesamtauswirkungen als innerhalb der Risikotoleranz der Allianz liegend angesehen, wenn man sowohl das Ausmaß der prognostizierten Verluste als auch den Zeithorizont berücksichtigt, über den sie eintreten. Eine Ausweitung dieser Analyse auf eine dynamische Bilanzbetrachtung würde diese Einschätzung weiter untermauern, z.B. durch die

---

170 Entnommen Allianz Group, Sustainability Report 2023, S. 73f., eigene Übersetzung aus dem Englischen.

Berücksichtigung von risikomindernden Managementmaßnahmen wie die Anpassung von Derivatabsicherungs- und Rückversicherungsprogrammen, die Preisneugestaltung von Versicherungsprodukten oder die strategische Neupositionierung von Anlage- und Versicherungsportfolios. Die ungefähren Schätzungen, die wir zur Wirksamkeit ausgewählter Managementmaßnahmen vorgenommen haben, bestätigen diese Ansicht.

Die Bewältigung der unmittelbaren Auswirkungen der Umsetzung der Klimapolitik erfordert die Einbeziehung von klimaspezifischen Maßnahmen. Dazu gehören langfristige Strategien, die darauf abzielen, die Anlage- und Versicherungsportfolios an den klimapolitischen Zielen auszurichten, wie sie in unserem Übergangsplan formuliert sind [...]. Die erfolgreiche Bewältigung einer Wirtschaftskrise, die sich als indirekte Auswirkung der Umsetzung der Klimapolitik entfalten könnte – z. B. im Szenario des verzögerten Übergangs – setzt jedoch voraus, dass gut etablierte Abhilfemaßnahmen bereitstehen und einsatzbereit sind, wie z. B. die Begrenzung oder Absicherung von Engagements in Aktien und Unternehmensanleihen oder ein effektives Asset-Liability-Management.

Wir werden unsere Risikobewertungen des Klimawandels im Einklang mit dem sich entwickelnden Verständnis der Bewertungsmethoden und der verbesserten Datenverfügbarkeit und -qualität weiter verfeinern und dabei auch eine sich verändernde klimatische und politische Ausgangssituation berücksichtigen."

Letztlich ist als weitere Spezifizierungen zu den berichteten wesentlichen Auswirkungen, Risiken und Chancen anzugeben, 109
- inwieweit es zu **Änderungen im Vergleich zum vorangegangenen Berichtszeitraum** kam (ESRS 2.48(g)): diese Änderungen werden bloß angeführt sein müssen, ohne weitergehende Erläuterungspflicht;
- eine Unterscheidung der Auswirkungen, Risiken und Chancen, die durch die Angabepflichten des ESRS 2 abgedeckt werden, im Gegensatz zu Auswirkungen, Risiken und Chancen, auf die in der Nachhaltigkeitsberichterstattung mit **unternehmensspezifischen Angaben reagiert** wurde (ESRS 2.48(h)); ESRS 2 SBM-3 spricht von einer „genauen Beschreibung", was jedoch vielmehr i. S. e. „exakten Identifikation" (z. B. in Form einer Liste) zu verstehen ist.

Zur Frage, welcher Gegensatz im Kontext der Offenlegungsanforderung ESRS 2 SBM-3 im ESRS 2.48(h) gemeint ist, verweist die EFRAG auf ESRS 1, Kap. 1.1, in dem die drei Kategorien von ESRS-Standards (d. h. bereichsübergreifend, thematisch und sektorspezifisch) beschrieben werden. ESRS 1.11 erläutert die unternehmensspezifischen Offenlegungen, die die in diesen drei Kategorien von ESRS-Standards dargelegten Offenlegungen ergänzen. Darüber hinaus bieten ESRS 1.AR1–AR5 weitere Leitlinien zu den Anforderungen, die unternehmensspezifische Offenlegungen erfüllen müssen. Gem. ESRS 2.48(h) müssen Unternehmen die wesentlichen Auswirkungen, Risiken und Chancen, deren Offenlegungen den ESRS-Standards entsprechen (d. h. standardisierte Offenlegungen), separat von solchen unterscheiden, die vom Unternehmen gem. der Bestimmung in ESRS 1.11 speziell entwickelt wurden und den damit verbundenen Anwendungsanforderungen (d. h. unternehmensspezifische Offenlegungen).[171]

2.11 ESRS 2 IRO-1 – Beschreibung des Verfahrens zur Ermittlung und Bewertung der wesentlichen Auswirkungen, Risiken und Chancen

110   ESRS 2 IRO-1 fordert Angaben, die einem Verständnis von der **Durchführung der Wesentlichkeitsanalyse** durch das berichtspflichtige Unternehmen dienen. Ausgangspunkt sind die Verfahrensanforderungen gem. ESRS 1, Kap. 3. Sowohl ist nachvollziehbar zu machen, wie die Auswirkungen, Risiken und Chancen des Unternehmens identifiziert wurden, als auch, wie die Bewertung ihrer Wesentlichkeit erfolgte (ESRS 2.51 f.).

111   Zunächst werden **grundlegende Beschreibungen** gefordert. Diese umfassen einerseits die angewandten Methoden und Annahmen (ESRS 2.53(a)), andererseits die verwendeten Input-Parameter wie verwendete Datenquellen, den Umfang der erfassten Vorgänge und der Detailgrad der Annahmen (ESRS 2.53(g)). Dies erfordert eine detaillierte Beschreibung der methodischen Vorgehensweise, d. h. der grundlegenden Konzeption und der einzelnen Schritte in der Wesentlichkeitsanalyse. Diese hat sohin eine Methode zu sein und entsprechend systematisch abzulaufen (→ § 3 Rz 61 ff.) – was gem. ESRS 2 in der Nachhaltigkeitserklärung entsprechend darzustellen ist. Weiterhin stehen im Zusammenhang mit diesem Datenpunkt v. a. technische Aspekte des Ablaufs im Fokus; Aspekte wie z. B. die Einbindung von Vorstand oder Aufsichtsrat werden von den weiter folgenden Datenpunkten gesondert aufgegriffen.

112   Schließlich ist in den Darstellungen besonders auf die **beiden Dimensionen der doppelten Wesentlichkeit** einzugehen, namentlich auf die Perspektive der Auswirkungs-Wesentlichkeit und auf die Perspektive der finanziellen Wesentlichkeit. In beiden Fällen sind die grds. angewandten Prozesse zur Ermittlung, Bewertung, Priorisierung und Überwachung der potenziellen und tatsächlichen Auswirkungen bzw. der Risiken und Chancen darzustellen (ESRS 2.53(b) und (c)). Darüber hinaus ist für jede der beiden Dimensionen zu diesen Darstellungen zum Prozess zu ergänzen:

---

171 Bestätigend und auslegend auch EFRAG, ESRS Q&A Platform, Compilation of Explanations, Januar–Juli 2024, Frage 67, S. 50 f.

- für die Dimension der **Auswirkungs-Wesentlichkeit:**
  - ein Überblick über den Analyseprozess und dessen Fundierung in den Prozessen der Sustainability Due Diligence im Unternehmen (ESRS 2.53(b));
  - eine Darstellung dazu, ob bzw. wie auf spezifische Tätigkeiten, Geschäftsbeziehungen, geografische Gegebenheiten oder andere Faktoren fokussiert wurde, die mit einem erhöhten Risiko negativer Auswirkungen verbunden sind (ESRS 2.53(b)(i));
  - eine Darstellung dazu, auf welche Weise jeweils Auswirkungen berücksichtigt werden, an denen das Unternehmen durch seine eigenen Wirtschaftsaktivitäten oder durch seine Geschäftsbeziehungen beteiligt ist (ESRS 2.53(b)(ii));
  - eine Darstellung dazu, ob und auf welche Weise Konsultationen der betroffenen Stakeholder durchgeführt wurden, um deren Betroffenheit zu identifizieren, bzw. ob und auf welche Weise externe Sachverständige mit eingebunden wurden (ESRS 2.53(b)(iii));
  - wie Auswirkungen hinsichtlich der gem. ESRS 1 anzuwendenden Bewertungskriterien priorisiert wurden und welche Schwellenwerte oder sonstige Kriterien festgelegt wurden, um die Wesentlichkeit einer Auswirkung zu bestimmen (ESRS 2.53(b)(iv));
- für die Dimension der **finanziellen Wesentlichkeit:**
  - wie das Unternehmen Risiken und Chancen berücksichtigt hat, die sich aus seinen Auswirkungen sowie Abhängigkeiten von Ressourcen ergeben können (ESRS 2.53(c)(i));
  - wie Risiken und Chancen hinsichtlich der gem. ESRS 1 anzuwendenden Bewertungskriterien priorisiert wurden und welche Schwellenwerte oder sonstige Kriterien festgelegt wurden, um die Wesentlichkeit eines Risikos oder einer Chance zu bestimmen (ESRS 2.53(c)(ii));
  - wie das Unternehmen Nachhaltigkeitsrisiken im Verhältnis zu anderen Arten von Risiken priorisiert, einschl. ihrer Berücksichtigung beim Einsatz von Instrumenten zur Risikobewertung im Unternehmen (ESRS 2.53(c)(iii)).

Im Hinblick auf die zahlreichen Zusammenhänge, die sich zwischen der Angabepflicht ESRS 2 IRO-1 und den zuvor dargestellten Angabepflichten des ESRS 2 SBM-2 und ESRS 2 SBM-3 ergeben, sind **Verweise** innerhalb der Nachhaltigkeitserklärung mitunter sinnvoll. Jedenfalls ist zu berücksichtigen, dass im Unterschied zu den beiden anderen Angabepflichten bei den Darstellungen zu ESRS 2 IRO-1 konkret auf den Kontext des Prozesses der Wesentlichkeitsanalyse einzugehen ist.

Dezidiert nicht gefordert ist, dass die **Ergebnisse der Bewertung** der Wesentlichkeit von Auswirkungen, Risiken und Chancen detailliert aufgeschlüsselt werden – d. h. die in ESRS 1 vorgesehenen Kriterien: Ausmaß, Umfang und Unabänderlichkeit und ggf. Eintrittswahrscheinlichkeit für Auswirkungen, 113

Ausmaß und Wahrscheinlichkeit für Risiken und Chancen. Diese Ergebnisse sind wie der zugrunde liegende Prozess der Bewertung allerdings in die interne **Dokumentation** des Unternehmens aufzunehmen und spielen gegenüber dem externen Prüfer eine Rolle.[172] Im Fokus steht eine Darstellung des Prozesses der Wesentlichkeitsanalyse.

Praxis-Beispiel Orsted[173]

„Doppelte Wesentlichkeitsbewertung

Einleitung

Als ein Schlüsselelement unserer Arbeit zur Vorbereitung der CSRD-Berichterstattung haben wir eine doppelte Wesentlichkeitsprüfung (Double Materiality Assessment, DMA) mit Bezug auf den Entwurf der ESRS vom November 2022 durchgeführt.

Dabei haben wir uns auf den Ansatz gestützt, den wir bereits früher zur Bewertung der Wesentlichkeit von nachhaltigkeitsrelevanten Themen verwendet haben. Bei diesem Ansatz wurden bisher zwei Dimensionen zur Bewertung der Wesentlichkeit herangezogen: (1) die ‚Bedeutung für die Stakeholder‘, die die Auswirkungen auf unser Umfeld darstellt, und (2) die ‚strategische Bedeutung‘, die die Auswirkungen auf unser Unternehmen von außen darstellt.

Wir haben in diesem Jahr unsere erste DMA durchgeführt, um Erkenntnisse zu gewinnen, die uns helfen werden, unsere Methodik im nächsten Jahr zu verbessern. Wir haben die begrenzten Leitlinien der EFRAG in Kombination mit unserer eigenen Auslegung der Standards angewandt und ein schrittweises Verfahren, Bewertungsmatrizen und ein Modell für die Aggregation und Priorisierung entwickelt.

Unser Ausgangspunkt war die Folgenabschätzung (Inside-Out) der Auswirkungen von Ørsted auf die Umwelt und die Gesellschaft, die darauf aufbaut, wie wir zuvor die nachhaltigkeitsbezogenen Auswirkungen unserer eigenen Geschäftstätigkeit und Wertschöpfungskette ermittelt und bewertet haben. Wir haben auch eine finanzielle Bewertung (Outside-in) der nachhaltigkeitsbezogenen Risiken vorgenommen, denen wir als Unternehmen ausgesetzt sind.

Wo es möglich war, haben wir die Auswirkungen dieser Themen quantifiziert und durch qualitative Bewertungen ergänzt.

---

[172] EFRAG, Implementation guidance for materiality assessment – EFRAG SRB Meeting 23 August 2023, Tz. 196 und 198.

[173] Entnommen Orsted, Annual Report 2023, S. 70, eigene Übersetzung aus dem Englischen.

> Aufgrund unserer früheren Arbeit mit der Bewertung nachhaltigkeitsbezogener Auswirkungen und der Komplexität der Quantifizierung nachhaltigkeitsbezogener Risiken für unser Unternehmen konzentrierten sich unsere Bemühungen in diesem Jahr hauptsächlich auf die Bewertung der Auswirkungen.
>
> Da die ESRS-Grundsätze zur doppelten Wesentlichkeit und die Anforderungen an die Bewertung sehr umfangreich sind, haben wir beschlossen, die Anzahl und die Gruppen der Stakeholder, die an der Bewertung unserer nachhaltigkeitsbezogenen Auswirkungen und Risiken beteiligt sind, auf interne Fachleute zu beschränken.
>
> Um die Ergebnisse unserer neuen DMA zu überprüfen und zu kalibrieren, haben wir auch eine leichte Aktualisierung unserer früheren Wesentlichkeitsbewertung durchgeführt, wobei wir den Ansatz verwendet haben, den wir seit 2013 jährlich anwenden. Diese Bewertung diente stellvertretend für die direkte Einbeziehung externer Stakeholder in die DMA, da sie uns über die Interessen und Ansichten der für unser Geschäft relevanten Stakeholder informiert.
>
> Im Jahr 2024 werden wir unseren DMA-Prozess und unsere Methodik auf der Grundlage der endgültigen ESRS und Leitlinien weiter verfeinern.
>
> Wir sind davon überzeugt, dass das unten dargestellte Ergebnis ein wahrheitsgetreues und faires Bild unserer Auswirkungen und Risiken vermittelt, sind uns aber auch bewusst, dass unsere Methodik Grenzen hat. Daher werden wir unsere DMA auf der Grundlage der von der EFRAG im Jahr 2024 veröffentlichten endgültigen Anwendungsleitlinien weiterentwickeln."

Eine **visuelle Darstellung** der Ergebnisse der wesentlichen Auswirkungen, Risiken und Chancen ist ebenso nicht gefordert. In der Praxis hat sich in den letzten Jahren das Format einer **Matrix**-Darstellung etabliert, die oftmals heterogen ausgestaltet ist und mitunter die Bewertungsergebnisse integriert. Der EFRAG-Leitfaden zur Wesentlichkeitsanalyse weist darauf hin, dass solche Darstellungen – auf freiwilliger Basis – weiterhin möglich sind. Darüber hinaus werden mögliche Beispiele für die Gestaltung dieser Matrix-Darstellungen angeführt. Tabellen und Piktogramme werden ebenso als alternative Visualisierungsoptionen genannt und sind u. E. auch zu empfehlen, wobei den Unternehmen hier gleichermaßen großer Gestaltungsspielraum offensteht.[174]

114

---

[174] EFRAG, Implementation guidance for materiality assessment – EFRAG SRB Meeting 23 August 2023, Tz. 219 ff.

Praxis-Beispiel Orsted[175]

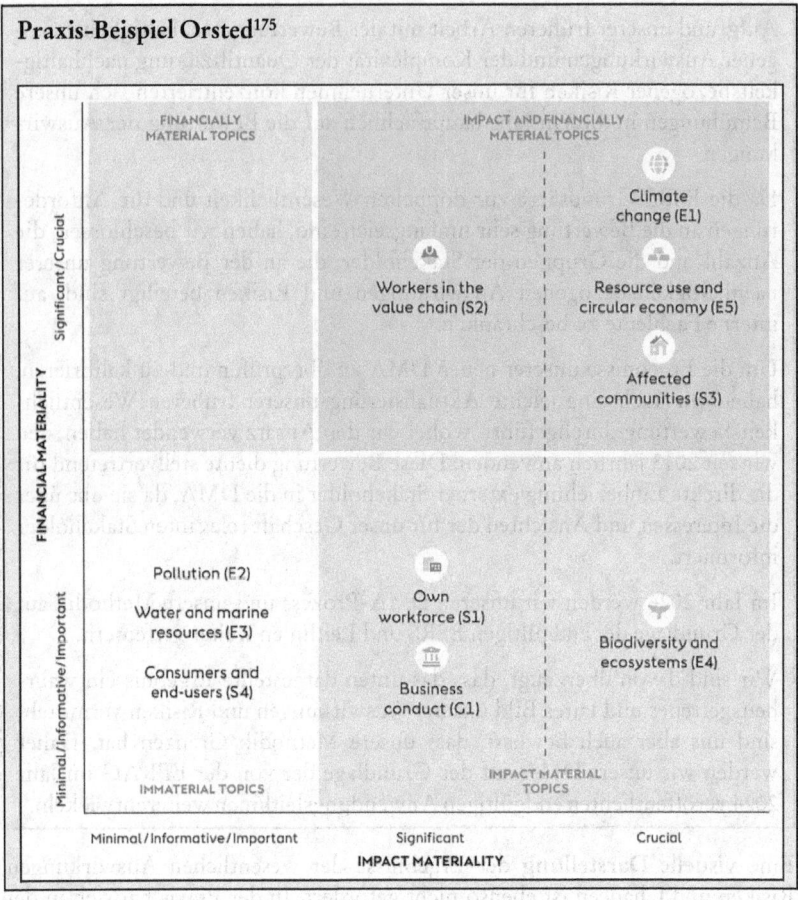

115   Ergänzend wird gefordert, **Kontextinformationen zur Einbindung der Wesentlichkeitsanalyse** in weitere Prozesse im Unternehmen zu ergänzen. Anzugeben ist:

- eine Beschreibung der Einbindung in den Prozess der Entscheidungsfindung sowie in die internen Kontrollverfahren im Hinblick auf die Wesentlichkeitsanalyse (ESRS 2.53(d));
- eine Darstellung, wie und in welchem Umfang der Prozess zur Ermittlung, zur Bewertung und zum Management von Auswirkungen und (Nachhaltigkeits-) Risiken in das allgemeine Risikomanagement des Unternehmens integriert ist und wie das Unternehmen diesen Prozess auch nutzt, um sein Risikoprofil und seinen Risikomanagementprozess zu evaluieren (ESRS 2.53(e));

---

175 Entnommen Orsted, Annual Report 2023, S. 71.

- sofern dies zutreffend ist: eine Darstellung, wie und in welchem Umfang der Prozess zur Ermittlung, zur Bewertung und zum Management von Chancen in den gesamten Managementprozess des Unternehmens eingebunden ist (ESRS 2.53(f)). Dies ist erneut i.S.d. Konzepts der Sustainability Due Diligence zu verstehen (siehe insbes. → $\S$ 3 Rz 44).

Praxis-Beispiel SGL Group[176]

„Entscheidungen und interne Kontrollverfahren

Die wichtigsten Entscheidungen, die im Prozess getroffen wurden, betrafen die Auswahl der Stakeholder-Vertreter, die Bewertung jedes IRO durch den Stakeholder-Vertreter, der das Nachhaltigkeitsthema identifiziert hatte, und die abschließende Bewertung der Nachhaltigkeitsthemen während des Workshops.

Während des gesamten Prozesses wurden interne Kontrollen durchgeführt. Um als wesentlich eingestuft zu werden, muss ein Nachhaltigkeitsthema von einem Vertreter der Interessengruppe identifiziert und mit einem IRO versehen worden sein. Die für die Bewertung verwendete Methode entsprach den ESRS-Anforderungen, und die für die Bewertung verwendeten Schwellenwerte und Zeithorizonte basierten so weit wie möglich auf dem ERM-System der SGL Group. Jedes IRO wurde mit einer detaillierten Beschreibung der Grundlage für seine Wesentlichkeit dokumentiert."

Im Hinblick auf die **zeitliche Stetigkeit der angewandten Methoden** werden schließlich drei Angaben gefordert (ESRS 2.53(h)): 116

- ob der Prozess der Wesentlichkeitsanalyse im Vergleich zum vorangegangenen Berichtszeitraum (methodisch) verändert wurde – und falls ja, was verändert wurde;
- wann der Prozess der Wesentlichkeitsanalyse zum letzten Mal verändert wurde;
- die Termine für die nächste Durchführung der Wesentlichkeitsanalyse (*future revision dates of the materiality assessment* – wobei *revision* hier u.E. auf die in der Nachhaltigkeitserklärung berichteten Ergebnisse bezogen ist).

Der Umfang der hiermit geforderten Angaben erstreckt sich u.E. auf sämtliche der in ESRS 2 IRO-1 angesprochenen Datenpunkte und deren Stetigkeit. D.h., alle wesentlichen Änderungen in einem der Datenpunkte sind entsprechend anzugeben.

---

[176] Entnommen SGL Group, Sustainability Report 2023, S. 27 f., eigene Übersetzung aus dem Englischen.

> **Praxis-Beispiel SGL Group**[177]
>
> **„Künftige Schritte: Integration, Überwachung und Überprüfung**
>
> Derzeit gibt es keinen Prozess zur Integration der DMA-Ergebnisse in das ERM oder die Managementsysteme der SGL Group, aber dies wird für die Implementierung in Betracht gezogen.
>
> Die SGL Group verpflichtet sich, den DMA-Prozess zur Identifizierung, Bewertung und Priorisierung von IROs jährlich zu überprüfen und dabei sich entwickelnde Trends, zugrunde liegende Annahmen, den Kontext und regulatorische Änderungen zu berücksichtigen. In regelmäßigen Abständen wird eine umfassende Überprüfung der DMA durchgeführt, um ihre Wirksamkeit und Relevanz zu gewährleisten.
>
> Da dies der erste Berichtszyklus ist, in dem eine DMA durchgeführt wurde, gibt es keine Änderungen im Verfahren zu berichten."

2.12 ESRS 2 IRO-2 – In ESRS enthaltene von der Nachhaltigkeitserklärung des Unternehmens abgedeckte Angabepflichten

117 Die Angabepflicht des ESRS 2 IRO-2 zielt darauf, ein Verständnis zu schaffen für die **Angabepflichten gem. ESRS, die in die Nachhaltigkeitserklärung aufgenommen wurden.** Dies umschließt Darstellungen dazu, warum bestimmte Nachhaltigkeitsaspekte bzw. Datenpunkte nicht in die Nachhaltigkeitserklärung aufgenommen wurden. In Anbetracht der Fülle an Informationen, über die ein Überblick zu geben ist, liegt ein weiteres Augenmerk auf deren Strukturierung.

118 Zunächst fordert ESRS 2 IRO-2 eine **Liste der Angabepflichten**, die auf Grundlage der Wesentlichkeitsanalyse des Unternehmens befolgt wurden. Diese hat u. E. neben den sektorunabhängigen und sektorspezifischen Angabepflichten auch alle unternehmensspezifischen Angabepflichten zu umfassen (eine Unterscheidung zwischen diesen Kategorien von Angabepflichten ist zwar nicht erforderlich, kann aber ggf. für die Adressaten der Nachhaltigkeitsberichterstattung nützlich sein). Da nur von „Angabepflichten" gesprochen wird, ist eine weitere Unterteilung z. B. nach Datenpunkten nicht erforderlich. Diese sind gemeinsam mit der Fundstelle in der Nachhaltigkeitserklärung, angegeben als Seitenzahl und/oder als Absatz, anzuführen. Dabei wird vorgeschlagen, diese Liste in Form eines **Index** zu gestalten (ESRS 2.56). Dies legt eine Orientierung an Formaten wie dem GRI Content Index nahe, die scheinbar

---

[177] Entnommen SGL Group, Sustainability Report 2023, S. 28, eigene Übersetzung aus dem Englischen.

als Vorbild für diese Angabepflicht gedient haben. Auch die Ergänzung zusätzlicher Informationen in diese Liste ist u. E. möglich, darf jedoch nicht dazu führen, dass gem. ESRS berichtspflichtige Informationen zum Verständnis einzelner Angabepflichten vom für diese Angabepflichten vorgesehenen Ort in der Nachhaltigkeitserklärung räumlich getrennt und damit für die Nutzer der Nachhaltigkeitsberichterstattung schwerer auffindbar werden.

Praxis-Hinweis

Ein Beispiel für eine solche Beeinträchtigung der Qualität der Berichterstattung läge etwa vor, wenn geforderte Kontextinformationen zur Erläuterung eines berichteten Sachverhalts nicht bei der Darstellung dieses Sachverhalts, sondern als Zusatzinformation in der Auflistung gem. ESRS 2 IRO-2 gegeben werden (z. B. zur Berechnungsmethode einzelner Kennzahlen).

Praxis-Beispiel SGL Group – Content Index[178]

LIST OF MATERIAL DRs	PARAGRAPH OR PAGE REFERENCE
ESRS 2 – General Disclosures	
BP-1 General basis for preparation of the sustainability statement	Page 14
BP-2 Disclosures in relation to specific circumstances	Page 14
GOV-1 The role of the administrative, management and supervisory bodies	Page 16
GOV-2 Information provided to and sustainability matters addressed by the undertaking's administrative, management and supervisory bodies	Page 16
GOV-3 Integration of sustainability-related performance in incentive schemes	Page 17
GOV-4 Statement on due diligence	Page 18
GOV-5 Risk management and internal controls over sustainability reporting	Page 21
SBM-1 Strategy, business model and value chain	Page 22

---

[178] Entnommen SGL Group, Sustainability Report 2023, S. 106.

LIST OF MATERIAL DRs	PARAGRAPH OR PAGE REFERENCE
SBM-2 Interests and views of stakeholders	Page 25
SBM-3 Material impacts, risks and opportunities and their interaction with strategy and business model	Page 29
IRO-1 Description of the processes to identify and assess material impacts, risks and opportunities	Page 26
IRO-2 Disclosure Requirements in ESRS covered by the undertaking's sustainability statement	ESRS 2 GOV-3-E1 Integration of sustainability-related performance in incentive schemes
E1 – Climate change	
ESRS 2 GOV-3-E1 Integration of sustainability-related performance in incentive schemes	Page 17
E1-1 Transition plan for climate change mitigation	Page 38
ESRS 2 SBM-3-E1 Material impacts, risks and opportunities and their interaction with strategy and business model	Page 40
ESRS 2 IRO-1-E1 Description of the processes to identify and assess material climate-related impacts, risks and opportunities	Page 26
E1-2 Policies related to climate change mitigation and adaptation	Page 45
E1-3 Actions and resources in relation to climate change policies	Page 45
E1-4 Targets related to climate change mitigation and adaptation	Page 48
E1-5 Energy consumption and mix	Page 52

LIST OF MATERIAL DRs	PARAGRAPH OR PAGE REFERENCE
E1-6 Gross Scopes 1, 2, 3 and Total GHG emissions	Page 54
E1-9 Anticipated financial effects from material physical and transition risks and potential climate-related opportunities	Page 59
E2 – Pollution	
ESRS 2 IRO-1-E2 Description of the processes to identify and assess material pollution-related impacts, risks and opportunities	Page 27
E2-1 Policies related to pollution	Page 69
E2-2 Actions and resources related to pollution	Page 70

Hinsichtlich der **Gliederung** dieser **Liste** der Angabepflichten empfiehlt sich eine Orientierung am Aufbau der Nachhaltigkeitsberichterstattung gem. ESRS 1 bzw. an den Ergebnissen der Wesentlichkeitsanalyse. So werden aus Praktikabilitätsgründen zunächst die „Allgemeinen Angaben" gem. ESRS 2 unter einer Überschrift zusammenzufassen sein. Hiernach empfehlen sich die identifizierten wesentlichen Themen, Unterthemen bzw. Unter-Unterthemen als weitere Gliederung, denen die zugeordneten Angabepflichten letztlich zugewiesen werden. Wie diese Angabepflichten angeführt werden, ist in formaler Hinsicht flexibel gestaltbar (Abkürzungen, Nummerierungen, Wiedergabe des vollständigen Wortlauts). 119

Darüber hinaus wird eine zweite, aufgrund des Wortlauts von ESRS 2 IRO-2 wie aufgrund der abgebildeten Inhalte gesondert darzustellende Liste gefordert. Diese hat alle Datenpunkte zu umfassen, die sich aus den anderen **in Anlage B zu ESRS 2 angeführten EU-Rechtsvorschriften** ergeben. Für diese ist erneut anzugeben, wo sie in der Nachhaltigkeitserklärung zu finden sind; mangels näherer Spezifizierung wird eine Angabe wie für die Liste zuvor in Seiten- bzw. Absatz-Form möglich sein. Als Besonderheit ist explizit anzugeben, wenn ein Datenpunkt nicht als wesentlich bewertet wurde. Dies ist als „nicht wesentlich" in der Liste kenntlich zu machen (ESRS 2.56). Für die formale Gestaltung bietet sich grds. eine Übernahme der Tab. aus Anlage B zu ESRS 2 an, die um eine zweite Spalte wie dargestellt ergänzt wird. (Tab. 8) 120

Hintergrund dieser Angabe ist, dass insbes. Finanzmarktteilnehmer aufgrund der für sie anwendbaren Regulatorik auf die Datenpunkte dieser geforderten Liste angewiesen sind; bis zu den Abschlussarbeiten an Set 1 der ESRS waren diese Datenpunkte folglich noch als – vom Ergebnis der Wesentlichkeitsanalyse unabhängige – Pflichtangabe vorgesehen. Die nunmehr geforderte Übersicht mit einer expliziten Angabe im Fall der Unwesentlichkeit eines Datenpunkts soll daher einen Kompromiss darstellen zwischen einer Erleichterung für die berichtspflichtigen Unternehmen und den Datenbedarfen des Finanzsektors. In konzeptioneller Hinsicht weiß dies wegen der fehlenden Stringenz zwischen Datenabfragen durch den Finanzsektor und Datenbereitstellung durch gem. ESRS berichtspflichtige Unternehmen nicht zu überzeugen; inwieweit dem adressierten Finanzsektor diese Lösung ausreicht bzw. zusätzliche Datenerhebungs-Routinen etabliert werden müssen, wird die Praxis der Nachhaltigkeitsberichterstattung in den nächsten Jahren zeigen.[179]

Angabepflicht und zugehöriger Datenpunkt	Fundstelle
ESRS 2 GOV-1 (ESRS 2.21(d))	S. XX
Geschlechtervielfalt in den Leitungs- und Kontrollorganen	
ESRS 2 GOV-1 (ESRS 2.21(e))	S. XX
Prozentsatz der Leitungsorganmitglieder, die unabhängig sind	
...	...

Tab. 8: Beispielhafte Darstellung einer Referenzliste zu den in ESRS 2, App. B angeführten EU-Rechtsvorschriften

---

[179] Baumüller/Sopp, PiR 2023, S. 258 ff.

Praxis-Beispiel SGL Group[180]

LIST OF DATAPOINTS IN CROSS-CUTTING AND TOPICAL STANDARDS THAT DERIVE FROM OTHER EU LEGISLATION

DISCLOSURE REQUIREMENT AND RELATED DATAPOINT	SFDR REFERENCE	PILLAR 3 REFERENCE	BENCHMARK REGULATION REFERENCE	EU CLIMATE LAW REFERENCE	MATERIAL/NOT MATERIAL	PAGE (AND PARAGRAPH) REFERENCE
ESRS 2 GOV-1 Board's gender diversity paragraph 21 (d)	Indicator number 13 of Table #1 of Annex 1		Commission Delegated Regulation (EU) 2020/1816, Annex II		Material	Page 16
ESRS 2 GOV-1 Percentage of board members who are independent paragraph 21 (e)			Delegated Regulation (EU) 2020/1816, Annex II		Material	Page 16
ESRS 2 GOV-4 Statement on due diligence paragraph 30	Indicator number 10 Table #3 of Annex 1				Material	Page 18

180 Entnommen SGL Group, Sustainability Report 2023, S. 109.

DISCLOSURE REQUIREMENT AND RELATED DATAPOINT	SFDR REFERENCE	PILLAR 3 REFERENCE	BENCHMARK REGULATION REFERENCE	EU CLIMATE LAW REFERENCE	MATERIAL/ NOT MATERIAL	PAGE (AND PARAGRAPH) REFERENCE
ESRS 2 SBM-1 Involvement in activities related to fossil fuel activities paragraph 40 (d) i	Indicators number 4 Table #1 of Annex 1	Article 449a Regulation (EU) No 575/2013: Commission Implementing Regulation (EU) 2022/2453 Table 1: Qualitative information on Environmental risk and Table 2: Qualitative information on Social risk	Delegated Regulation (EU) 2020/1816, Annex II		Not material	
ESRS 2 SBM-1 Involvement in activities related to chemical production paragraph 40 (d) ii	Indicator number 9 Table #2 of Annex 1		Delegated Regulation (EU) 2020/1816, Annex II		Not material	
ESRS 2 SBM-1 Involvement in activities related to controversial weapons paragraph 40 (d) iii	Indicator number 14 Table #1 of Annex 1		Delegated Regulation (EU) 2020/1818, Article 12(1) Delegated Regulation (EU) 2020/1816, Annex II		Not material	

Die Anwendungsanforderungen zu ESRS 2 erlauben es, die Liste der befolgten **121** Angabepflichten entweder als Teil der „**Allgemeinen Informationen**" offenzulegen **oder in anderen Teilen** der Nachhaltigkeitserklärung (ESRS 2.AR19). Dies wird in das freie Ermessen des berichtspflichtigen Unternehmens gestellt. U.E. schließt dies auch eine Veröffentlichung als eigener Teil (d. h. formal außerhalb der Nachhaltigkeitserklärung) nicht aus – wie es bisher als „Anhang" von Nachhaltigkeitsberichten üblich ist.[181] Da es sich hierbei um einen Verweis handelt, sind die dafür in ESRS 1 festgelegten Vorgehensweisen einzuhalten; dies soll insbes. auch der Auffindbarkeit dieses Anhangs dienen. I.d.R. wird dieser Anhang damit Teil des (weiteren) Lageberichts sein müssen. Obschon nicht ausdrücklich erwähnt, scheint diese Vorgehensweise auch für die Liste zu den in Anlage B zu ESRS 2 angeführten EU-Rechtsvorschriften zulässig und sinnvoll.

Praxis-Hinweis

Erfolgt die Offenlegung als Teil der „Allgemeinen Informationen", so bietet sich die Aufnahme der von ESRS 2 BP-2 geforderten Angaben zu Informationen, die mittels Verweis in die Nachhaltigkeitserklärung aufgenommen wurden, an (§ 4 Rz 27).

Dies wird auch in folgendem Beispiel illustriert.

Praxis-Beispiel Orsted – Cross-cutting standards[182]

Disclosure requirement		Section/ report	Page	Additional information
ESRS 2	General disclosures			
BP-1	General basis for preparation of the sustainability statement	SUS	69	
BP-2	Disclosures in relation to specific circumstances	SUS	69	
	Datapoints that derive from other EU legislation	SUS	136	

---

[181] So nunmehr auch EFRAG, ESRS Q&A Platform, Compilation of Explanations, Januar–Juli 2024, Frage 906, S. 50 f.
[182] Entnommen Orsted, Annual Report 2023, S. 132.

GOV-1	The role of the administrative, management and supervisory bodies	MR	52-60	
GOV-2	Information provided to and sustainability matters addressed by the undertaking's administrative, management and supervisory bodies	MR	57; 59	Audit & Risk Committee; Sustainability Committee
GOV-3	Integration of sustainability-related performance in incentive schemes	REM	6-7	Performance of the Executive Board
GOV-4	Statement on sustainability due diligence	SUS	135	
GOV-5	Risk management and internal controls over sustainability reporting	MR	59	Internal controls environment
SBM-1	Strategy, business model and value chain (products, markets, customers)	MR	20-28	Strategy and business

	Strategy, business model and value chain (headcount by country)	FS	197	Country-by-country key figures
	Strategy, business model and value chain (breakdown of revenue)	FS	155	Note 2.1 Segment information
SBM-2	Interests and views of stakeholders	SUS	79	
SBM-3	Material impacts, risks and opportunities and their interaction with strategy and business model	SUS	68; 72-76	
IRO-1	Description of the process to identify and assess material impacts, risks and opportunities	SUS	77-78	
IRO-2	Disclosure require-ments in ESRS covered by the undertaking's sustainability state-ment	SUS	132-135	
SUS Sustainability statements				
MR Management's review				
REM Remuneration report				
FS Financial statements				

122 Nicht gesondert behandelt wird der Umgang mit getätigten bzw. unterlassenen Angaben infolge der *Phase-in*-Regelungen. ESRS 2 IRO-2 stellt hinsichtlich der geforderten Liste der Angabepflichten dem Wortlaut nach nur auf „befolgte Angabepflichten" ab, allerdings „auf der Grundlage der Ergebnisse der Wesentlichkeitsanalyse" (ESRS 2.56). Im Hinblick auf die verschiedenen Konstellationen der *Phase-in*-Regelungen und ihrer jeweiligen Konsequenzen lässt sich daraus zumindest als Empfehlung ableiten, bei Angabepflichten, die zu ansonsten als wesentlich beurteilten Nachhaltigkeitsaspekten unterlassen werden, einen Hinweis auf die in Anspruch genommene *Phase-in*-Regelung zu vermerken.[183] Darüber hinaus sollte für jene *Phase-in*-Regelungen, die Unternehmen mit nicht mehr als 750 Mitarbeitern offen stehen, ein klar erkennbarer Verweis auf ersatzweise getätigte Angaben aufgenommen werden.

Die Liste zu den in Anlage B zu ESRS 2 angeführten Datenpunkten wäre in diesem Sinne u. E. ebenso zweckmäßigerweise um einen Hinweis auf eine in Anspruch genommene *Phase-in*-Regelung zu ergänzen – was eine dritte Angabeoption neben den beiden in ESRS 2 IRO-2 explizit angeführten Optionen darstellt.

123 ESRS 2 IRO-2 nimmt Bezug auf die Ausführungen in ESRS 1 zur Wesentlichkeitsanalyse und den daran anknüpfenden Ausführungen zur Ableitung der Berichtsinhalte aus den erzielten Analyseergebnissen. Wird ein Nachhaltigkeitsaspekt als unwesentlich identifiziert und daher ein themenbezogener ESRS nicht angewandt, so hat hierfür grds. keine Begründung zu erfolgen. ESRS 2 IRO-2 empfiehlt lediglich, die Schlussfolgerungen seiner Bewertung darzulegen, wenn ein gesamter ESRS ausgelassen wird – d. h. zu begründen, warum das Thema dieses ESRS in seiner Gesamtheit als unwesentlich erachtet wird (ESRS 2.58). Eine Ausnahme von dieser Regelung stellt jedoch das **Thema des Klimawandels gem. ESRS E1** dar: Wird dieses als unwesentlich eingestuft und damit ESRS E1 in seiner Gesamtheit nicht angewandt, so hat das Unternehmen
- einerseits die Schlussfolgerungen seiner Bewertung ausführlich darzulegen und
- andererseits eine vorausschauende Analyse der Bedingungen zu ergänzen, „die das Unternehmen dazu veranlassen könnten, den Klimawandel in Zukunft als wesentlich zu betrachten" (ESRS 2.57).

Auch diese Regelung ist letztlich als Kompromiss bei den Endarbeiten an Set 1 der ESRS entstanden: Wurden die Angabepflichten gem. ESRS E1 zunächst als unabhängig vom Ergebnis der Wesentlichkeitsanalyse stets berichtspflichtig vorgesehen, erfolgte letztlich diese Abschwächung, mit der dennoch der prioritäre Stellenwert des Themas Klimawandel vermittelt werden soll. Faktisch werden damit die Hürden für Unternehmen jedenfalls sehr hoch gelegt, nicht über das Thema zu berichten.

---

[183] Baumüller, ZfRM 2023, S. 121.

Zuletzt ist als weitere qualitative Darstellung eine Erläuterung gefordert, wie   **124**
das berichtspflichtige Unternehmen die Anforderungen gem. ESRS 1 an die
Identifikation der Wesentlichkeit von Informationen – im Anschluss an die
Bestimmung der inhaltlichen Wesentlichkeit eines Nachhaltigkeitsaspekts, die
in einer Wesentlichkeitsanalyse bestimmt wird – umgesetzt hat (ESRS 2.59);
d. h., wie es die **Relevanz bzw. Entscheidungsnützlichkeit von Informationen** in der Nachhaltigkeitserklärung beurteilt hat (→ § 3 Rz 93). ESRS 1,
Kap. 3.2 („Wesentliche Aspekte und Wesentlichkeit von Informationen") enthält hierzu nur vage Leitlinien, die u. a. die Festlegung von Schwellenwerten
bzw. weiteren Auslegungen erfordern. Wie ein Unternehmen vorgegangen ist,
muss „erläutert" werden. Hinsichtlich der geforderten Angabe kann weiterhin
geschlussfolgert werden:

• Die Notwendigkeit, konkrete quantifizierte Angaben zu tätigen (z. B. zu den
  Schwellenwerten), lässt sich aus ESRS 2 IRO-2 nicht ableiten.
• In inhaltlicher Hinsicht bietet sich v. a. eine Bezugnahme zu den Darstel-
  lungen des Prozesses des Stakeholder-Engagements gem. ESRS 2 SBM-2 an,
  um aufzuzeigen, wie die Entscheidungsnützlichkeit von Informationen be-
  urteilt werden konnte.
• Darüber hinaus sollten die Darstellungen zur Wesentlichkeitsanalyse gem.
  ESRS 2 IRO-1 reflektiert werden, die den Ausgangspunkt für die gem.
  ESRS 2 IRO-2 anzustellenden Abwägungen darstellen.

3 Mindestangabepflichten

3.1 Allgemeines

Die Mindestangabepflichten (MDR), die ESRS 2 vorsieht (Rz 2), kommen   **125**
immer dann zur Anwendung, wenn ein Unternehmen einen Nachhaltigkeitsaspekt als wesentlich beurteilt und **infolgedessen Angaben zu Konzepten,
Maßnahmen, Zielen und Maßnahmen** tätigt (→ § 3 Rz 10). Die zu den MDR
in ESRS 2 vorgesehenen Angaben stellen eine Ergänzung zu den Angabepflichten der vier (sekundären) Berichterstattungsbereiche, wie sie in den themenbezogenen oder sektorspezifischen ESRS vorgesehen sind, dar. Sie sind aber
gleichermaßen zu berücksichtigen, wenn ein Unternehmen infolge der Ergebnisse seiner Wesentlichkeitsanalyse unternehmensspezifische Angaben tätigt
(ESRS 2.60 und ESRS 2.70).

Die MDR sind gemeinsam mit den Angabepflichten der themenbezogenen und   **126**
sektorspezifischen ESRS bzw. mit den unternehmensspezifischen Angaben zu
tätigen, d. h. an denselben Stellen in der Nachhaltigkeitserklärung. Wenn einzelne
Konzepte oder Maßnahmen mehrere Nachhaltigkeitsaspekte zugleich betreffen,
kann die gesamte Berichterstattung dazu (MDR und weitere Angaben) an einer
einzigen Stelle innerhalb eines der vier Abschnitte der Nachhaltigkeitserklärung

erfolgen und an den weiteren Stellen (ggf. auch in anderen Abschnitten der Nachhaltigkeitserklärung) hierauf **verwiesen** werden (ESRS 2.61). Nicht zulässig ist es demgegenüber, diese Konzepte oder Maßnahmen an einer übergeordneten Stelle außerhalb des Abschnitts, auf den sich die Angabe bezieht (z.B. Umweltinformationen oder Governance-Informationen), darzustellen (z.B. als Teil der „Allgemeinen Informationen"; das Einfügen eines unternehmensspezifischen fünften Abschnitts ist demgegenüber nicht zulässig; → § 3 Rz 152ff.). Zwar sind Ziele und Kennzahlen von dieser spezifischen Regelung ausgenommen (ESRS 2.71), allerdings sind u.E. für diese auch Verweise grds. entlang der in ESRS 1 geregelten Vorgaben möglich.

> **Praxis-Hinweis**
>
> „Wenn beispielsweise ein einziges Konzept sowohl ökologische als auch soziale Aspekte abdeckt, kann das Unternehmen in dem Abschnitt seiner Nachhaltigkeitserklärung, der sich mit Umweltaspekten befasst, über das Konzept Bericht erstatten. In diesem Fall sollte in den Abschnitt über Soziales ein Querverweis auf den Abschnitt über die Umwelt, in dem über das Konzept berichtet wird, aufgenommen werden. Ebenso kann über ein Konzept im Abschnitt über Soziales mit einem Querverweis im Abschnitt über Umwelt Bericht erstattet werden" (ESRS 2.AR20).

127 ESRS 2 sieht bei den MDR insofern eine Abstufung vor, als nicht alle vorgesehenen Datenpunkte stets anzugeben sind – oftmals ist eine Angabe nur **„gegebenenfalls"** erforderlich. Hier ist allerdings die Qualität der deutschen Übersetzung der ESRS (erneut) zu kritisieren, als mitunter unterschiedliche Dinge gemeint sind: nämlich *„if applicable"* oder *„if relevant"* – d.h., falls der entsprechende Sachverhalt vorliegt oder aber falls die Information über einen Sachverhalt den Nutzer der Nachhaltigkeitsberichterstattung entscheidungsnützliche Informationen vermittelt. I.S.d. Anwendungssicherheit ist daher ein Rückgriff auf den englischen Original-Wortlaut der entsprechenden Ausführungen geboten.

128 Darüber hinaus kommen auch für Mindestangabepflichten die Bestimmungen gem. ESRS 1 zur Anwendung, was die **Möglichkeit zur Auslassung einzelner Datenpunkte** im Hinblick auf die Relevanz bzw. Entscheidungsnützlichkeit dieser Angabe betrifft (→ § 3 Rz 20). D.h., sofern nicht von den MDR selbst als lediglich „gegebenenfalls" zu tätigende Information gekennzeichnet, müssen sie u.E. für Konzepte, Maßnahmen und Ziele jedenfalls getätigt werden. Für Mindestangabepflichten zu Kennzahlen stehen demgegenüber dieselben Erleichterungen offen wie für die korrespondierenden Angabepflichten in den themenbezogenen und sektorspezifischen Standards (d.h., nicht relevante bzw. entscheidungsnützliche Datenpunkte können auch für Mindestangabepflichten weggelassen werden).

Weiterhin werden in ESRS 2 zu den MDR Aussagen wiederholt und als „allgemeine Angabepflichten" kodifiziert, die bereits in ESRS 1 bei den Darstellungen zur Wesentlichkeitsanalyse und der daraus erfolgenden Ableitung der Berichtsinhalte getätigt wurden (→ § 3 Rz 99): Können geforderte Angaben zu Konzepten, Maßnahmen oder Zielen nicht getätigt werden, weil sie im Hinblick auf einen bestimmten Nachhaltigkeitsaspekt **nicht festgelegt wurden,** hat das Unternehmen auf diesen Umstand hinzuweisen, um damit ebenso der Angabepflicht zu entsprechen. Gefordert wird von den MDR allerdings auch eine Begründung, warum eine solche Festlegung nicht erfolgte (siehe demgegenüber ESRS 1.33, wo keine Begründung erwähnt wird). Lediglich empfohlen wird eine Angabe dazu, innerhalb welchen Zeitrahmens entsprechende Konzepte, Maßnahmen oder Ziele festgelegt werden sollen (ESRS 2.62 und ESRS 2.72). Für Kennzahlen ist keine derartige Begründungspflicht vorgesehen.

129

Das folgende Beispiel umfasst eine Darstellung im Fall nicht verfolgter Ziele zu einem wesentlichen Nachhaltigkeitsaspekt. U.E. ist im gegenständlichen Fall mit Erstanwendung der ESRS aber zumindest eine Begründung zu ergänzen, weswegen keine Ziele festgelegt wurden.

Praxis-Beispiel SGL Group[184]

„S3-5 Ziele in Bezug auf das Management wesentlicher negativer Auswirkungen, das Vorantreiben positiver Auswirkungen und das Management wesentlicher Risiken und Chancen"

„Die SGL Group hat noch keine Ziele für das Management der Auswirkungen auf die betroffenen Gemeinden festgelegt. Wir werden die Möglichkeiten dafür im Jahr 2024 prüfen."

3.2 ESRS 2 MDR-P – Konzepte für den Umgang mit wesentlichen Nachhaltigkeitsaspekten

Ziel von ESRS 2 MDR-P ist es, ein Verständnis für die Konzepte (*policies*) zu vermitteln, die das berichtspflichtige Unternehmen verfolgt, um tatsächliche und potenzielle Auswirkungen zu verhindern, zu mindern und zu beheben, mit Risiken umzugehen und Chancen zu nutzen. Hierfür sind die **wichtigsten Inhalte** von Konzepten zu beschreiben, einschl. (ESRS 2.65(a) und (b)):

130

- ihrer allgemeinen Ziele,
- der wesentlichen Auswirkungen, Risiken oder Chancen, auf die sich das Konzept bezieht,
- des Überwachungsprozesses,

---

[184] Entnommen SGL Group, Sustainability Report 2023, S. 90, 108, eigene Übersetzung aus dem Englischen.

- des Anwendungsbereichs des Konzepts (bzw. die von ihm nicht abgedeckten Bereiche) in Bezug auf Wirtschaftsaktivitäten, die Wertschöpfungskette, geografische Gebiete und ggf. betroffene Stakeholder-Gruppen.

131 Als **wichtige Kontextinformationen** sind zu ergänzen:
- die höchste Ebene in der Organisation des Unternehmens, die für die Umsetzung des Konzepts verantwortlich ist (ESRS 2.65(c)),
- weiterhin, sofern diese Angaben relevant sind für das Verständnis des Konzepts:
  - ein Verweis auf Standards oder Initiativen Dritter, zu deren Einhaltung sich das Unternehmen bei der Umsetzung seines Konzepts verpflichtet hat (ESRS 2.65(d)),
  - eine Beschreibung, wie die Interessen der wichtigsten Stakeholder bei der Festlegung des Konzepts berücksichtigt wurden (ESRS 2.65(e)),
  - ob und wie das Unternehmen das Konzept für potenziell betroffene Stakeholder sowie für Stakeholder, auf deren Unterstützung es bei der Umsetzung des Konzepts angewiesen ist, verfügbar macht (ESRS 2.65(f)).

Praxis-Beispiel Hydro[185]

„Unser Ansatz

Hydro überwacht und berichtet über eine Reihe von wesentlichen Emissionen in Luft und Wasser, die durch seine Tätigkeit entstehen. Diese Emissionen sind potenzielle Schadstoffe und unterliegen in der Regel behördlichen Kontrollen wie Emissionsgrenzwerten und Überwachung. Diese Vorschriften spiegeln sich in den Betriebslizenzen wider und unterscheiden sich je nach Art der Aktivität und den geltenden gesetzlichen Rahmenbedingungen.

Die wichtigsten Emissionen von Hydro in die Luft sind mit dem Verbrauch fossiler Brennstoffe bei der Aluminiumoxidraffination und den Prozessemissionen bei der Primäraluminiumproduktion verbunden. Die größten Nicht-THG-Emissionen sind Schwefeldioxid (SO_2), Stickoxide (NO_x), Feinstaub (PM) und Fluorid (F). Die SO_2- und NO_x-Emissionen in die Luft stammen hauptsächlich aus der Verwendung von Kohle und Schweröl (HFO) als Energiequellen in Alunorte, Brasilien. Ein weiterer großer Teil der Schwefeldioxidemissionen von Hydro stammt aus dem Aluminiumelektrolyseverfahren, wobei der Großteil der Gesamtemissionen von Albras in Brasilien und Slovalco in der Slowakei stammt. Die SO_2-Emissionen aus den norwegischen Hüttenwerken sind aufgrund des Einsatzes von seewassergespeisten Wäschern zur Gasaufbereitung in diesen Anlagen wesentlich geringer. Die größte Emission in das Wasser ist der Schwefel, der von diesen

---

185 Entnommen Hydro, Integrated Annual Report 2023, S. 87, eigene Übersetzung aus dem Englischen.

Seewasserwäschern aufgefangen wird. Siehe Anmerkung E2.1 für einen Überblick über die Emissionen in Luft und Wasser.

Das globale Verfahren von Hydro für das Umweltmanagement verlangt, dass alle Betriebsstätten, die sich vollständig im Besitz von Hydro befinden oder von Hydro betrieben werden, potenzielle Verschmutzungsquellen identifizieren, kontrollieren und angemessen überwachen. Stakeholder und potenziell betroffene Gemeinden können AlertLine als Kommunikationsinstrument nutzen, um ökologische und soziale Probleme im Zusammenhang mit dem Betrieb von Hydro zu melden. Weitere Informationen zu AlertLine finden Sie im Kapitel Geschäftsgebaren.

Was das Management des Verschmutzungsrisikos durch unfallbedingte Leckagen oder andere ungeplante Ereignisse betrifft, so müssen alle Standorte Risikobewertungen durchführen und Aktionspläne und Kontrollen zur Risikobewältigung einrichten, wie z.B. Leckagekits, sekundäre Rückhaltung, Lagerbecken usw.

Im Jahr 2024 wird Hydro der Alliance for Clean Air des Weltwirtschaftsforums beitreten, einer branchenübergreifenden Initiative, die die sozialen und ökologischen Vorteile kollektiver Maßnahmen zur Verringerung der Luftverschmutzung aufzeigt. Als Mitglied der Allianz wird Hydro mit dem Stockholmer Umweltinstitut zusammenarbeiten, um Verzeichnisse der Wertschöpfungsketten und Basiswerte für wesentliche Luftschadstoffe zu entwickeln. Diese Daten werden als Grundlage für künftige Veröffentlichungen und Zielsetzungen dienen, mit dem Ziel, die Luftschadstoffemissionen im Zusammenhang mit der Wertschöpfungskette von Hydro zu reduzieren."

3.3 ESRS 2 MDR-A – Maßnahmen und Mittel in Bezug auf wesentliche Nachhaltigkeitsaspekte

Ziel von ESRS 2 MDR-A ist es, „ein Verständnis der wichtigsten Maßnahmen zu vermitteln, die ergriffen wurden bzw. geplant sind, um tatsächliche und potenzielle Auswirkungen zu verhindern, mindern und zu verbessern und um Risiken und Chancen anzugehen und gegebenenfalls die Vorgaben und Ziele damit zusammenhängender Konzepte zu erreichen" (ESRS 2.67). Die Anwendungsanforderungen definieren die **„wichtigsten Maßnahmen"** als solche, die „wesentlich zur Erreichung der Ziele des Unternehmens im Hinblick auf den Umgang mit wesentlichen Auswirkungen, Risiken und Chancen beitragen", wobei diese Maßnahmen für eine bessere Verständlichkeit auch zusammengefasst werden können (ESRS 2.AR22).

132

ESRS 2 verwendet – wie viele weitere Standards – regelmäßig den Begriff des „**Aktionsplans**" i.V.m. Maßnahmen, ohne diesen Begriff näher zu definieren (und

133

auch häufig, ohne sie im Gebrauch auf nachvollziehbare Weise zu unterscheiden).
Ein Aktionsplan ist in diesem Verständnis eine Summe von Maßnahmen, die
einem gemeinsamen Ziel zutragen sollen (siehe in diesem Sinne die Definition
von „Übergangsplan" im Glossar zu den ESRS[186]). Die Vorgaben des ESRS 2
MDR-A sowie der weiteren ESRS sind u. E. auf Maßnahmen und Aktionspläne
gleichermaßen anzuwenden, wobei das Aggregationsniveau der Angaben im
Regelfall in das Ermessen des berichtspflichtigen Unternehmens gestellt scheint.

134   Für **alle diese wichtigsten Maßnahmen** (und Aktionspläne) sind folgende
       MDR vorgesehen (ESRS 2.68):
       - eine Liste der wichtigsten im Geschäftsjahr ergriffenen und für die Zukunft
         geplanten Maßnahmen, inkl.
         – die erwarteten Ergebnisse dieser Maßnahmen und
         – sofern relevant, die Art und Weise, wie ihre Durchführung zur Erreichung
           der gesetzten Ziele und zur Verwirklichung der Konzepte beiträgt;
       - eine Beschreibung des Umfangs der wichtigsten Maßnahmen in Bezug auf
         – die Wirtschaftsaktivitäten des Unternehmens und/oder seiner Wert-
           schöpfungskette,
         – die abgedeckten geografischen Grenzen,
         – sofern zutreffend, die betroffenen Interessengruppen;
       - die Zeithorizonte, innerhalb derer diese wichtigsten Maßnahmen abge-
         schlossen werden sollen;
       - sofern zutreffend, die wichtigsten Maßnahmen und deren Ergebnisse, die
         ergriffen wurden, um Abhilfe zu leisten für diejenigen, die durch tatsächliche
         wesentliche Auswirkungen des Unternehmens geschädigt wurden;
       - sofern zutreffend, quantitative und qualitative Informationen über die Fort-
         schritte bei jenen Maßnahmen, die bereits in früheren Berichtszeiträumen
         angegeben wurden.

---

[186] Berichtigung der Delegierten Verordnung (EU) 2023/2772 v. 31.7.2023, ABl. EU L v. 9.8.2024,
      Anhang II, Tab. 2, S. 282.

Praxis-Beispiel Österreichische Post – Berichterstattung über Maßnahmen[187]

Unser strategisches Nachhaltigkeitsziel:

→ Mobilität auf Basis erneuerbarer und CO_2-armer Energie

Ziele	Maßnahmen	Status
SDG 13.1, 13.2, 13.3, 13.b 100 % E-Mobilität auf der letzten Meile in Österreich bis 2030	Kontinuierliche Erhöhung der E-Fahrzeuge in der Zustellung	Insgesamt waren Ende 2023 3.975 E-Fahrzeuge, davon 3.823 in der Zustellung, bei der Post im Einsatz. Das entspricht einem Anteil von 39,7 % aller Fahrzeuge in der Eigenzustellung.
100 % E-Mobilität auf der letzten Meile in Österreich bis 2030	Ausweitung der Zustellgebiete mit grüner Zustellung (zu Fuß, E-Fahrrad, E-Moped, E-Transportern)	Umstellung der gesamten Brief- und Paketzustellung in Graz abgeschlossen. Umstellung der gesamten Brief- und Paketzustellung in Innsbruck und Salzburg in Q1/2024 Umstellung der gesamten Brief- und Paketzustellung in Wien bis Ende 2025

Sind einzelne Maßnahmen **mit erheblichen Investitionsausgaben oder Be-** 135
triebsausgaben verbunden, so ist darüber hinaus zu ergänzen (ESRS 2.69):
- eine Beschreibung der gegenwärtig und zukünftig den Maßnahmen zuge-wiesenen finanziellen und sonstigen Ressourcen – jeweils, sofern zutreffend, ergänzt um Darstellungen zu
  - den Bedingungen für nachhaltige Finanzinstrumente wie Green Bonds oder Social Bonds, die hierfür genutzt werden, inkl. der maßgeblichen ökologischen bzw. sozialen Ziele;

---

[187] Entnommen Österreichische Post, Nachhaltigkeitsbericht 2023, S. 83 f.

- den Voraussetzungen für die Umsetzung der Maßnahmen, z.B. finanzielle Unterstützungen, politische Rahmenbedingungen oder Marktentwicklungen;
- der Betrag der gegenwärtig aufgewandten Investitionsausgaben bzw. Betriebsausgaben und was die wichtigsten Zusammenhänge zu im Jahresabschluss ausgewiesenen Beträgen sind;
- der Betrag der zukünftig anfallenden Investitionsausgaben bzw. Betriebsausgaben, wobei hier u. E. auf die aktuellen Erwartungen abzustellen ist.

136 Die Anwendungsanforderungen schlagen für die **Darstellung dieser Maßnahmen** eine Tabelle vor, die folgende Elemente (i. d. R. wohl: Spalten) enthalten kann (ESRS 2.AR23):
- insgesamt veranschlagte Investitionsausgaben und Betriebsausgaben,
- für die Umsetzung der Maßnahme relevante Zeithorizonte,
- im Laufe des Geschäftsjahrsjahr eingesetzte Mittel und geplante Mittelzuweisung innerhalb bestimmter Zeithorizonte.

3.4 ESRS 2 MDR-M – Kennzahlen in Bezug auf wesentliche Nachhaltigkeitsaspekte

137 Ziel von ESRS 2 MDR-M ist es, „ein Verständnis über die Kennzahlen zu vermitteln, die das Unternehmen anwendet, um die Wirksamkeit seiner Maßnahmen zum Umgang mit wesentlichen Nachhaltigkeitsaspekten zu verfolgen" (ESRS 2.74). Dabei werden grds. **alle Arten von Kennzahlen** abgedeckt, d. h. die in den themenbezogenen und sektorspezifischen ESRS enthaltenen Kennzahlen ebenso wie jene, die das Unternehmen als unternehmensspezifische Angabe ermittelt. Es spielt keine Rolle, ob diese Kennzahlen vom Unternehmen selbst entwickelt wurden oder aus einer anderen Quelle stammen – z. B. aus den Definitionen in den ESRS oder anderen Standards wie jenen der GRI oder des ISSB; in jedem Fall müssen (ggf. ergänzend) die Vorgaben der MDR berücksichtigt werden (ESRS 2.76).

138 Die für jede dieser Kennzahlen mind. zu tätigenden Angaben umfassen:
- eine Darstellung der Methoden und signifikanten Annahmen, die der Ermittlung dieser Kennzahl zugrunde liegen, inkl. der Grenzen dieser Methoden (ESRS 2.77(a));
- eine Angabe dazu, ob die Messung der Kennzahl von einem anderen Prüfer als jenem, der die gesamte Nachhaltigkeitsberichterstattung geprüft hat, validiert wurde, und wenn ja, von welchem Prüfer (ESRS 2.77(b)).

Darüber hinaus sind Kennzahlen auf aussagekräftige, klare und präzise Weise zu kennzeichnen, zu benennen, zu beschreiben und zu definieren (ESRS 2.77(c)). Sofern die Maßeinheit einer Kennzahl eine Währung ist, hat diese der im Abschluss dargestellten Währung zu entsprechen (ESRS 2.77(d)); u. E. ausgenommen hiervon ist einzig der Fall, dass die Verwendung einer anderen Währung für die Erfüllung des Zwecks der Angabe erforderlich ist (etwa im Hinblick auf Angaben zu Fremdwährungen).

Praxis-Beispiel Österreichische Post[188]

„Alle nicht vermeidbaren Emissionen der Österreichischen Post AG kompensieren wir in einem dritten Schritt durch die Unterstützung von internationalen Klimaschutzprojekten. Dabei geht es um CO_2-Emissionen, die bei Annahme, Sortierung, Zustellung und bei Overheadprozessen entstehen und derzeit nicht vermeidbar sind. Somit ist die Kette – angefangen bei der Zustellung, über die Prozesse in Logistikzentren und Zustellbasen bis hin zu den Emissionen der externen Transportdienstleister*innen – CO_2-neutral durch Kompensation.

Durch diese Maßnahmen stellt die Post bereits seit 2011 alle Sendungen in Österreich CO_2-neutral zu. Dies wird jährlich vom TÜV Austria bestätigt. Damit sind wir in diesem Bereich national und international Vorreiterin."

Auslegungsbedürftig ist darüber hinaus ein weiterer Datenpunkt: „Das Unternehmen gibt alle Kennzahlen an, die es verwendet, um die Leistung und Wirksamkeit in Bezug auf wesentliche Auswirkungen, Risiken oder Chancen zu beurteilen" (ESRS 2.75). Diese Regelung wird in ESRS 2 nicht weiter spezifiziert und ist ob ihrer Vagheit von potenziell weitreichender Bedeutung; insbes. da nicht geklärt ist, wo eine Kennzahl intern verwendet wird, d.h. auf welchen Ebenen der Organisation könnte dies zu einer beträchtlichen Erweiterung der in die Nachhaltigkeitserklärung aufzunehmenden Kennzahlen führen. Die Regelung erinnert an den **Management Approach** gem. IFRS 8; auf IFRS 8 wird auch an anderer Stelle in ESRS 2 referenziert.[189] In Anlehnung hieran ist ein Abstellen auf Kennzahlen naheliegend, die dem *„chief operating decision maker"* (IFRS 8.7), d.h. hier: im Regelfall dem für Nachhaltigkeitsthemen verantwortlichen Vorstandsmitglied (bzw. den für verschiedene Nachhaltigkeitsthemen jeweils verantwortlichen Vorstandsmitgliedern bei einer entsprechenden Aufteilung der Verantwortlichkeiten), vorgelegt werden. Diese Auslegung ist auch im Einklang mit den Angaben, die nach zahlreichen anderen Datenpunkten hinsichtlich Einbindung des Vorstands in die Nachhaltigkeitsberichterstattung und diesbzgl. Entscheidungsprozesse im Vorstand gefordert werden.

139

Praxis-Hinweis

In besonderem Maß stellt sich auch die Frage, wo im Vorstand die Verantwortung für Nachhaltigkeitsthemen angesiedelt wird. Die ESRS enthalten

---

[188] Entnommen Österreichische Post, Nachhaltigkeitsbericht 2023, S. 23.
[189] Baumüller/Eisl/Leitner-Hanetseder, REthinking: Finance 4/2023, S. 6f.

> dazu keine Empfehlung, in der Praxis lässt sich eine Vielzahl an verschiedenen Zugängen feststellen. Sowohl für eine Zuordnung zum CEO als auch zum CFO sprechen gute Gründe: die holistische Betroffenheit aller Unternehmensbereiche einerseits bzw. die zunehmende Finanzierungsrelevanz und die damit einhergehende Integration in Steuerungssysteme. Vereinzelt lassen sich auch Chief Sustainability Officer vorfinden, die der Querschnittsnatur von Nachhaltigkeitsthemen Rechnung tragen. Eine klare Regelung der Verantwortlichkeiten scheint daher geboten. In einem Mindestmaß werden aber darüber hinaus alle Mitglieder des Vorstands in nachhaltigkeitsbezogene Abwägungen einzubeziehen sein; der Umfang der kollektiven Verantwortlichkeiten der jeweiligen Organe bleibt ebenso unverändert.

3.5 ESRS 2 MDR-T – Nachverfolgung der Wirksamkeit von Konzepten und Maßnahmen durch Zielvorgaben

140   Ziel von ESRS 2 MDR-T ist es, ein Verständnis für die Ziele zu schaffen, die das Unternehmen in Bezug auf seine wesentlichen Nachhaltigkeitsaspekte gesetzt hat. Die Natur dieses Verständnisses wird in ESRS 2 vergleichsweise ausführlich spezifiziert, was einerseits die Bedeutung dieser Mindestangabepflicht unterstreicht, andererseits weiter darlegt, welche Aussagekraft die vom Unternehmen formulierten Ziele entfalten sollen (ESRS 2.79):

- Die Angaben zu Zielen sollen darstellen, „ob und wie das Unternehmen die Wirksamkeit seiner Maßnahmen zum Umgang mit wesentlichen Auswirkungen, Risiken und Chancen verfolgt, einschließlich der dafür verwendeten Kennzahlen" (ESRS 2.79(a)).
- Ziele knüpfen an die vager gehaltenen Vorgaben der Konzepte, die ein Unternehmen festgelegt hat, und konkretisieren diese messbar, zeitgebunden und ergebnisorientiert; sie werden „im Hinblick auf die erwarteten Ergebnisse für die Menschen, die Umwelt oder das Unternehmen in Bezug auf wesentliche Auswirkungen, Risiken und Chancen definiert" (ESRS 2.79(b)).

Darüber hinaus sind v.a. das Zustandekommen dieser Ziele bzw. das Vorgehen des Unternehmens, wenn es keine Ziele formuliert, darzustellen (ESRS 2.79(c)–(e)).

141   ESRS 2 MDR-T fordert **Angaben zu messbaren, ergebnisorientierten und terminierten Zielen.** Hat das Unternehmen solche formuliert, so ist für jedes einzelne dieser Ziele in die Berichterstattung aufzunehmen (ESRS 2.80):

- eine Beschreibung, wie sich das Ziel zu den Zielvorgaben der korrespondierenden Konzepte verhält;
- eine Angabe des festgelegten Zielniveaus, das erreicht werden soll, wo möglich um die Angabe ergänzt, ob das Ziel absolut oder relativ formuliert ist und in welcher Einheit es gemessen wird;

- eine Darstellung des Umfangs des Ziels, inkl. einer Darstellung, ob bzw. in welchem Ausmaß es sich
  - auf die Wirtschaftsaktivitäten des Unternehmens und/oder seiner Wertschöpfungskette bezieht sowie
  - der abgedeckten geografischen Grenzen;
- eine Angabe des Bezugswerts und des Basisjahrs für die Messung der Fortschritte in der Zielerreichung;
- eine Angabe des Zeitraums, für den das Ziel gilt, und soweit formuliert auch etwaige Etappen- oder Zwischenziele;
- eine Darstellung der Methoden und signifikanten Annahmen, die zur Festlegung der Ziele angewandt wurden; sofern dabei berücksichtigt, umfasst dies insbes.
  - die Auswahl von Szenarien,
  - die verwendeten Datenquellen,
  - die Orientierung an nationalen, europäischen oder internationalen politischen Zielen und
  - die Art und Weise, wie die Ziele darüber hinaus der nachhaltigen Entwicklung i. A. und/oder Spezifika der Regionen, in denen die Auswirkungen des Unternehmens eintreten, Rechnung tragen;
- eine Angabe, ob die Ziele im Zusammenhang mit Umweltaspekten auf schlüssigen wissenschaftlichen Erkenntnissen beruhen, was u. E. insbes. die Formulierung von Zielen im Einklang mit der Science Based Targets initiative (SBTi) umfasst, aber auch andere wissenschaftsbasierte Zugänge nicht ausschließt;
- eine Darstellung, ob und wie die Stakeholder bei der Festlegung der Ziele einbezogen wurden;
- eine Angabe etwaiger Änderungen der Ziele und der Kennzahlen, auf die sich diese Ziele beziehen, inkl.
  - zugrunde liegende Messmethoden,
  - signifikante Annahmen,
  - Einschränkungen,
  - Quellen und
  - Datenerhebungsverfahren,
  die innerhalb des für das Ziel formulierten festgelegten Zeithorizonts erfolgt sind; im Fall solcher Änderungen sind weiterhin die Gründe für diese Änderungen zu erläutern sowie Darstellungen im Hinblick auf die Auswirkungen dieser Änderungen gem. ESRS 2 BP-2 (Rz 21) in die Berichterstattung aufzunehmen;
- die Fortschritte des Unternehmens bei der Erreichung des Ziels, einschl. Darstellungen dazu,
  - wie ein Ziel überwacht und überprüft wird,
  - welche Kennzahlen hierfür verwendet werden,
  - ob die Fortschritte im Einklang mit den ursprünglichen Planungen stehen,
- welche Trends oder signifikanten Veränderungen in der Unternehmensleistung im Hinblick auf die Erreichung eines Ziels bereits festgestellt werden können.

Praxis-Beispiel Orsted[190]					
„Geschlechter-Diversität und Zahlungsgefälle					
Datenpunkt	Einheit	Ziel	2023	2022	Δ
Board of Directors, Ørsted A/S, Mitglieder	Anzahl		8	8	0 %
Geschlecht mit der geringsten Vertretung (weiblich)	%		38	38	0 % p
Group Executive Team, Mitglieder	Anzahl		10	11	(9 %)
Geschlecht mit der geringsten Vertretung (weiblich)	%		30	27	3 %p
Senior directors und höher	Anzahl		175	170	3 %
Geschlecht mit der geringsten Vertretung (weiblich)	%	40 (2030)	22	22	0 %p
Personalverantwortliche	Anzahl		1,053	938	12 %
Geschlecht mit der geringsten Vertretung (weiblich)	%	40 (2030)	33	31	2 %p
Alle Mitarbeiter	Anzahl		8,905	8,027	11 %
Geschlecht mit der geringsten Vertretung (weiblich)	%	40 (2030)	34	33	1 %p
Gender Pay Gap					
Gender Pay Gap, Median	%		10	10	0 %p
Gender Bonus Pay Gap, Median	%		34	31	3 %p
Gender Bonusverteilung					
Anteil der Frauen, die einen Bonus erhalten haben	%		30	25	5 %p
Anteil der Männer, die einen Bonus erhalten haben	%		33	28	5 %p

---

[190] Entnommen Orsted, Annual Report 2023, S. 118, eigene Übersetzung aus dem Englischen.

Wir haben eine paritätische Vertretung in unserem Vorstand.

Wir haben uns zum Ziel gesetzt, bis 2030 einen Frauenanteil von mindestens 40 % bei Ørsted zu erreichen. Das Ziel wird auf drei Ebenen verfolgt: Senior Directors und höher, Führungskräfte und alle Mitarbeiter.

Wir verpflichten uns zur Lohngleichheit und konzentrieren uns ständig darauf, gleichen Lohn für gleiche Positionen und Kompetenzen in Bezug auf alle Aspekte der gehaltsrelevanten Prozesse von der Einstellung bis zur Beförderung zu gewährleisten.

Die für 2023 vorgelegten Daten zum geschlechtsspezifischen Entgelt basieren auf Daten aus Dänemark (54 %), Deutschland (5 %), Malaysia (9 %), Polen (8 %), dem Vereinigten Königreich (16 %) und den USA (8 %).

Das mittlere geschlechtsspezifische Lohngefälle bleibt 2023 im Vergleich zu 2022 unverändert, während das Lohngefälle bei den Prämien im Vergleich zu 2022 um 3 Prozentpunkte gestiegen ist. Sowohl der Anteil der Frauen als auch der Anteil der Männer, die einen Bonus erhalten, stieg um 5 Prozentpunkte auf 30 % bzw. 33 % im Jahr 2023.

Die Gehalts- und Bonusunterschiede zwischen Männern und Frauen werden in hohem Maße von der unterschiedlichen Zusammensetzung der Geschlechter auf den verschiedenen Ebenen des Unternehmens beeinflusst, wobei der Trend dahin geht, dass der Anteil der Frauen in den höheren Führungspositionen nicht so schnell zunimmt wie im übrigen Unternehmen."

Praxis-Beispiel Hydro[191]

„Ziele und Maßnahmen zur Verringerung des Verschmutzungsrisikos

Hydro hat sich zum Ziel gesetzt, die wesentlichen Nicht-THG-Emissionen (d.h. SO_2, NO_x und PM) bis zum Jahr 2030 zu halbieren, ausgehend vom Basisjahr 2017. Diese Emissionen sind in erster Linie mit dem Verbrauch fossiler Brennstoffe in den Betrieben von Hydro verbunden, vor allem mit dem Verbrauch von Kohle und HFO in der Aluminiumoxid-Raffinerie von Hydro, Alunorte. Um dieses Ziel zu erreichen, müssen die Standorte ihre Prozesse dekarbonisieren, soweit dies möglich ist. Weitere Informationen über die Bemühungen von Hydro zur Dekarbonisierung und Emissionsreduzierung finden Sie im Kapitel über den Klimawandel. Im Jahr 2023 wurden die Gesamtemissionen von SO_2, NO_x und PM um 30 %, 20 % bzw. 15 % gegenüber dem Basisjahr 2017 reduziert.

---

[191] Entnommen Hydro, Integrated Annual Report 2023, S. 87f., eigene Übersetzung aus dem Englischen.

Im Jahr 2023 setzte sich Hydro außerdem das Ziel, die Fluoridemissionen in den eigenen Schmelzwerken bis 2030 auf unter 0,35 kg F / Tonne Al zu senken. Dies entspricht dem von der EU vorgeschriebenen Emissionsgrenzwert für neue Schmelzanlagen und wird den lokalen Verschmutzungsdruck auf Flora und Fauna verringern. Dieses Ziel soll durch Investitionen in die Modernisierung bestehender Gasaufbereitungsanlagen und Betriebskontrollen zur Verbesserung der Leistung erreicht werden.

Elementares Quecksilber wird beim Raffinierungsprozess in Alunorte in die Luft emittiert. Mithilfe eines Massenbilanzansatzes wird dieser Wert auf ca. zwei metrische Tonnen pro Jahr bei voller Produktion geschätzt. Um die Quecksilberemissionen in die Luft zu reduzieren, hat Hydro ein Projekt zur Installation von vier Einheiten für nicht kondensierbare Gase (Kondensatoren) an den acht Digestor-Linien von Alunorte gestartet. Der erste Kondensator wurde 2018 als Pilotprojekt installiert und seine technische Leistung wurde vor der Installation der übrigen Einheiten überwacht. Der ursprüngliche Zeitplan für die Installation der restlichen Einheiten wurde verschoben, um eine weitere Leistungsoptimierung der Technologie zu ermöglichen. Zum Jahresende 2023 wurde ein zweiter Kondensator installiert, der Anfang 2024 in Betrieb gehen wird. Nach dem aktuellen Zeitplan ist die Installation der letzten beiden Kondensatoreinheiten im Gange und wird im Laufe des Jahres 2024 in Betrieb gehen.

Zwischenfälle, die zu Verschüttungen, Leckagen oder anderen Verstößen gegen die Umweltleistungsstandards führen, können potenziell zu einer Materialverschmutzung führen. Um das Risiko einer Materialverschmutzung zu minimieren, müssen die Betriebsstandorte Kontrollen wie z.B. sekundäre Eindämmungsmaßnahmen durchführen und sicherstellen, dass Auslaufsets zur Verfügung stehen und die Mitarbeiter im Umgang mit ihnen geschult sind. Mindestens einmal jährlich werden Übungen zum Umgang mit verschütteten Stoffen durchgeführt und die Ergebnisse dokumentiert. Im Fall eines tatsächlichen Auslaufens werden die Vorfälle bewertet und nach der Schwere der Auswirkungen eingestuft. Verschüttungen und Leckagen werden gemeldet und als schwerwiegend oder groß eingestuft, wenn die Leckage nicht eingedämmt werden kann, die Auswirkungen jedoch reversibel sind, oder wenn die Leckage nicht eingedämmt werden kann und die Auswirkungen irreversibel sind. Siehe Anmerkung E2.2 für gemeldete Freisetzungen und Leckagen, die als schwerwiegend oder groß eingestuft werden. Verstöße gegen Genehmigungen werden gemeldet, wenn ein Vorfall eintritt, der in irgendeiner Weise mit einer Umweltgenehmigung zusammenhängt. Siehe Anmerkung E2.3 für Informationen über Umweltgenehmigungen."

Ergänzende Ausführungen zu den Angaben über vorliegende Ziele finden sich in den Anwendungsanforderungen. Im Hinblick auf **Ziele im Zusammenhang mit der Vermeidung oder Eindämmung von ökologischen Auswirkungen** wird gefordert, Ziele zur Verringerung der Auswirkungen grds. in absoluten Größen zu formulieren (ESRS 2.AR24). Darüber hinaus finden sich Empfehlungen zu Darstellungen von Zielen im Zusammenhang mit sozialen Auswirkungen, zu tabellarischen Übersichten für die Berichterstattung über Fortschritte bei der Zielerreichung und zur Berichterstattung über die Zielerreichung auch ohne messbares Ziel, das formuliert wurde (ESRS 2.AR24f.).

142

Liegen demgegenüber **keine Ziele** vor, welche die drei Anforderungen „Messbarkeit", „Ergebnisorientierung" und „Terminierung" erfüllen, so ist stattdessen anzugeben, ob es die Wirksamkeit seiner Konzepte und Maßnahmen in Bezug auf die wesentlichen nachhaltigkeitsbezogenen Auswirkungen, Risiken und Chancen dennoch nachverfolgt. Ist dies der Fall, so ist zu ergänzen (ESRS 2.81(b)):

143

- auf Grundlage welcher Verfahren diese Nachverfolgung erfolgt,
- die Zielvorgaben, die verfolgt werden,
- alle qualitativen und quantitativen Indikatoren zur Messung des erzielten Fortschritts,
- das Basisjahr, das der Fortschrittsmessung zugrunde gelegt wird.

Praxis-Hinweis

„So kann das Unternehmen beispielsweise eine Lohnerhöhung um einen bestimmten Prozentsatz für diejenigen bewerten, die sich unterhalb eines Schwellenwerts für einen fairen Lohn befinden; oder es kann die Qualität seiner Beziehungen zu den lokalen Gemeinschaften anhand des Anteils der von den Gemeinschaften angesprochenen Problemen bewerten, die zu ihrer Zufriedenheit gelöst wurden. Der Bezugswert und die Bewertung der Fortschritte beziehen sich auf die Auswirkungen, Risiken und Chancen, die die Wesentlichkeit des in dem Konzept behandelten Themas untermauern" (ESRS 2.AR26).

Darüber hinaus werden Angaben dazu empfohlen, ob die Festlegung solcher Ziele in Zukunft vorgesehen ist. Ist dies der Fall, so kann ergänzt werden, innerhalb welcher Frist diese Festlegung erfolgen soll; ist dies nicht der Fall, warum das Unternehmen solche Ziele nicht festlegt (ESRS 2.81(a)).

4   Fazit

144   ESRS 2 enthält allgemeine Angabepflichten, die unabhängig vom Ergebnis der Wesentlichkeitsanalyse von allen berichtspflichtigen Unternehmen zu tätigen sind. Sie legen das Fundament der Nachhaltigkeitsberichterstattung dar und spannen zugleich einen Bogen um die thematischen Angaben zu den Nachhaltigkeitsaspekten, die in den weiteren Abschnitten der Nachhaltigkeitserklärung dargestellt werden. Diesen Bogen stellt das Konzept der Sustainability Due Diligence dar: Es umfasst die Beschreibung, wie wesentliche Auswirkungen, Risiken und Chancen identifiziert werden, wie sie mit der Strategie und dem Geschäftsmodell zusammenhängen – und wie sie letztlich durch die Verwaltungs-, Leitungs- und Aufsichtsorgane gesteuert werden.

145   Eine besondere Rolle spielen die Angabepflichten gem. ESRS 2 auch im Hinblick auf die Umsetzung weiterer allgemeiner Anforderungen an die Nachhaltigkeitsberichterstattung gem. ESRS 1, die Ausführungen beider Standards ergänzen einander. Dies umfasst insbes. Informationen zu den Auswirkungen, Risiken und Chancen und zum Prozess der Wesentlichkeitsanalyse, im Rahmen derer die Identifikation und Bewertung dieser Auswirkungen, Risiken und Chancen erfolgt. Auch zu Berichtszeiträumen, zu Durchbrüchen des Prinzips der zeitlichen Stetigkeit und zur Platzierung der Angabepflichten in der Nachhaltigkeitserklärung bzw. in anderen Berichten finden sich Vorgaben für die Berichterstattung.

146   ESRS 2 lässt bei einigen Angabepflichten den Unternehmen offen, an welchen Stellen in ihren Nachhaltigkeitserklärungen sie die Informationen platzieren möchten. Hinsichtlich dieser Platzierung nehmen weiterhin die Mindestangabepflichten zu Konzepten, Maßnahmen, Zielen und Kennzahlen eine Sonderstellung ein, als diese gemeinsam mit den korrespondierenden Angabepflichten in den Abschnitten zu den thematischen ESRS aufzunehmen sind. Diese Flexibilität führt einerseits zu Herausforderungen in der normenkonformen Implementierung, eröffnet zugleich aber Möglichkeiten für eine zielgerichtete Reporting-Konzeption, die das Unternehmen festlegen kann – und die den Rahmen setzt für die weiter folgenden Angaben der themenbezogenen und sektorspezifischen ESRS.

Literaturtipps

- Baumüller/Eisl/Leitner-Hanetseder, Neue KPI für die Unternehmenssteuerung durch CSRD und ESRS, REthinking: Finance 4/2023, S. 4 ff.
- Baumüller/Sopp, European Sustainability Reporting Standards, PiR 2023, S. 258 ff.
- EFRAG, EFRAG IG 2 – Value Chain, Mai 2024, www.efrag.org/Assets/ Download?assetUrl=/sites/webpublishing/SiteAssets/EFRAG+IG+2+ Value+Chain_final.pdf, Abruf 1.8.2024

- EFRAG, ESRS Q&A Platfom, Compilation of Explanations, Januar–Juli 2024, www.efrag.org/sites/default/files/media/document/2024-07/Compilation%20 Explanations%20January%20-%20July%202024.pdf, Abruf 1.8.2024
- EFRAG, Implementation guidance for materiality assessment – EFRAG SRB Meeting 23 August 2023
- European Reporting Lab, Towards Sustainable Businesses: Good Practices in Business Model, Risks and Opportunities, Main Report 2021, www.efrag.org/ Assets/Download?assetUrl=/sites/webpublishing/SiteAssets/EFRAG%20PTF RNFRO%20-%20Main%20Report.pdf, Abruf 1.8.2024
- Lanfermann/Baumüller, Anwendungsfragen zur Nachhaltigkeitsbericht-erstattung im Konzern nach der CSRD (Teil 2): Drittstaaten-Konzerne, DK 2023, S. 209 ff.
- Lanfermann/Baumüller, Anwendungsfragen zur Nachhaltigkeitsbericht-erstattung im Konzern nach der CSRD (Teil 3): Mischkonzerne, DK 2023, S. 252 ff.
- Müller/Needham/Mack, Ausrichtung von Vorstandsvergütungssystemen nach dem Grundsatz der nachhaltigen Unternehmensentwicklung, BB 2019, S. 939 ff.
- Needham/Mack/Müller, Unabhängigkeit von Aufsichtsratsmitgliedern: Er-höhung der Transparenz durch verbesserte Darstellung in der Erklärung zur Unternehmensführung, DK 2020, S. 104 ff.
- Needham/Müller/Krueger, Vorschläge für die Fortentwicklung der Bericht-erstattung über eine nachhaltige Corporate Governance auf Basis normativer und empirischer Analysen, IRZ 2021, S. 403 ff.
- Needham/Müller/Mack, Steuerungsrelevanz von Nachhaltigkeitskennzah-len – Erkenntnisse aus der empirischen Untersuchung der Konzernlage-berichte der DAX 30-Konzerne, PiR 2018, S. 293 ff.
- Needham/Scheid/Müller/, Sustainable Corporate Governance Reporting? – Analyse zur Überschneidung zwischen der nichtfinanziellen Berichterstat-tung und der Corporate-Governance-Berichterstattung, WPg 2019, S. 330 ff.
- OECD, OECD Guidelines for Multinational Enterprises on Responsible Business Conduct, 2023, www.oecd-ilibrary.org/finance-and-investment/ oecd-guidelines-for-multinational-enterprises-on-responsible-business-conduct_81f92357-en, Abruf 1.8.2024
- Scholz, Die Auslegung des Deutschen Corporate Governance Kodex – Zu den Grundsätzen der Kodexauslegung, den Konsequenzen von Rechtsirr-tümern und zum praktischen Umgang mit Auslegungszweifeln, ZfBW 2017, S. 360 ff.

- Velte, Nachhaltige Vergütungssysteme als Treiber der unternehmerischen Nachhaltigkeitsleistung, DStR 2022, S. 440 ff.
- Velte, Regulierung der Sustainable Board Governance – das fehlende Glied in der Kette des „EU Green Deal"-Projekts?, IRZ 2022, S. 63 ff.
- Velte, Zur Finanz-, Branchen- und Nachhaltigkeitsexpertise im Prüfungsausschuss bei börsennotierten Aktiengesellschaften, NZG 2022, S. 779.

Baumüller/Lopatta/Müller/Needham

C

Umweltaspekte

§ 5 Vorbemerkungen zu ESRS E1–E5

Die themenbezogenen Standards „Environmental" umfassen ESRS E1 **„Klima-** 1
wandel", ESRS E2 **„Umweltverschmutzung"**, ESRS E3 **„Wasser- und Meeres-**
ressourcen", ESRS E4 **„Biologische Vielfalt und Ökosysteme"** sowie ESRS E5
„Ressourcennutzung und Kreislaufwirtschaft". Trotz der thematischen Abgrenzung zwischen den jeweiligen Standards bestehen inhaltliche Überschneidungen.
Teilw. reichen die thematischen Aspekte über die Inhalte der „Environmental"-Standards hinaus und greifen mit dem Anwendungsbereich der „Social"-Stan-
dards ineinander (z. B. bei inhaltlichen Verbindungen zwischen ESRS E3 und
ESRS S3, indem negative Auswirkungen auf betroffene Gemeinschaften durch
Meeresressourcen ESRS S3 zugeordnet werden und nicht den Angabepflichten
nach ESRS E3 (→ § 8 Rz 11–64 und → § 14 Rz 26–33). Durch entsprechende
Schwerpunktsetzungen, aber auch mithilfe von Verweisen in die anderen Standards
wird diesen Überschneidungen Rechnung getragen und eine Zuordnung der jeweiligen Berichtspflicht zum Anwendungsbereich der Standards ermöglicht.

Inhaltlich verwandte Angabepflichten bei den unterschiedlichen „Environ- 2
mental"-Standards können für die Auslegung der jeweils korrespondierenden
Anwendungsbestimmung(en) herangezogen werden (wenn bei einer der Bestimmungen bspw. weniger konkrete Informationen vorhanden sind) und
sollten i. S. d. Konsistenz jedenfalls sorgfältig geprüft werden:

- Dies betrifft die Ermittlung der Energieintensität (nach ESRS E1), der Treibhausgasintensität (nach ESRS E1) und der Wasserintensität (nach ESRS E3)
sowie die entsprechenden Angaben dazu (→ § 6 Rz 64–66 und → § 6
Rz 77–81 sowie → § 8 Rz 59).
- Angaben zur Luftverschmutzung sind nach ESRS E2 zu tätigen. Mit spezifischeren Bestimmungen hinsichtlich der Angaben zu THG-Emissionen
gehen die Angabepflichten von ESRS E1 denen zu Emissionen in die Luft
vor. Die Abgrenzung der Luftschadstoffe in ESRS E2 berücksichtigt diese
Zusammenhänge (→ § 7 Rz 22, 27 und 70).
- Für die Abgrenzung der Berichtspflichten über Meeresressourcen nach
ESRS E3 relevant sind Aspekte, die in den Anwendungsbereich von ESRS E2
(„Mikroplastik" und „Emissionen ins Wasser") und von ESRS E5 („Abfälle") fallen (→ § 8 Rz 18).

- Die Abgrenzung von Gebieten, die von Wasserrisiken betroffen sind, und – spezifischer – von Gebieten mit hohem Wasserstress sollte für die Erfüllung der Offenlegungserfordernisse nach ESRS E2 und ESRS E3 einheitlich vorgenommen werden. Hier ist besonderes Augenmerk auf die Verknüpfung der Quellen, die i. R. d. jeweiligen Angabepflichten genutzt werden, zu legen (→ § 7 Rz 76 und → § 8 Rz 39).

- Die Festlegung von Zeithorizonten betreffend Angaben zu Übergangsplänen nach ESRS E1 und ESRS E4 sollte anhand von Kriterien vorgenommen werden, die miteinander konsistent sind (→ § 6 Rz 12, 106 und → § 9 Rz 18).

- Konsistent sollte auch die Vorgehensweise zur Wesentlichkeitsbestimmung i. R. d. sog. LEAP-Ansatzes sein, der über vier „Environmental"-Standards hinweg (ESRS E2, ESRS E3, ESRS E4 und ESRS E5) zur Anwendung kommt. Dieser Ansatz kann nicht isoliert von den anderen „Environmental"-Standards angewendet werden (siehe z. B. → § 10 Rz 25; siehe ausführlicher zur konsistenten Anwendung des LEAP-Ansatzes Rz 3).

- Auf den „ökologischen Schwellenwert" wird in den Angaben gem. ESRS E3 und ESRS E5 Bezug genommen (→ § 8 Rz 42 und → § 10 Rz 71).

- „Klimawandel" (ESRS E1) gilt als einer der Haupttreiber der Belastungen für die Biodiversität und die Ökosysteme (durch Auswirkungen auf den Verlust der biologischen Vielfalt) und steht deswegen mit der Wesentlichkeitsanalyse für ESRS E4 in Verbindung (→ § 9 Rz 7).

- Kompensationsmaßnahmen können Gegenstand der Berichterstattung nach ESRS E1 und nach ESRS E4 sein. Dies betrifft eine mögliche Kohlenstoffkompensation nach ESRS E1 („Projekte zur Verringerung der Treibhausgase" nach ESRS E1-7) und denkbare Maßnahmen zur Kompensation des Biodiversitätsverlusts als Teil der Abhilfemaßnahmenhierarchie nach ESRS E4. Dabei können Projekte zum Abbau von Treibhausgasemissionen und Kompensationsmaßnahmen im Zusammenhang mit biologischer Vielfalt und Ökosystemen Hand in Hand gehen. Durch die Auswahl von geeigneten (zertifizierten) Projekten können somit Ziele zweier unterschiedlicher Standards gemeinsam verfolgt werden. Ein Beispiel hierfür stellt das Biodiversitäts- und Klimaschutzzertifikat „HeckenScheck"[1] dar, das vom Ministerium für Klimaschutz, Landwirtschaft, ländliche Räume und Umwelt des Landes Mecklenburg-Vorpommern vertrieben wird. Demgegenüber weisen andere Ökowertpapiere desselben Projektträgers abweichende Schwerpunkte mit Blick auf Klimaschutz und Biodiversität auf.[2]

---

[1] Siehe www.heckenscheck.de/, Abruf 1.8.2024.
[2] Siehe die Beispiele in ESRS E1 (Kohlenstoffzertifikate „MoorFutures", www.moorfutures-mv.de/) und in ESRS E4 (Biodiversitätszertifikat „Streuobstgenussschein", www.streuobst genussschein-mv.de/, Abruf jew. 1.8.2024).

- ESRS E2 und ESRS E5 sind insbes. dahingehend voneinander abgegrenzt, dass der Umgang mit Ressourcen (ESRS E5, z.B. Abfälle) den Grad der Umweltverschmutzung (ESRS E2, z.B. durch Abfälle verursachte Verschmutzung) beeinflusst. ESRS E2 kann also (teilw.) als vorgelagerter Schritt zu ESRS E5 gesehen werden. Derartige Verbindungen sollten folglich bei der Bestimmung der Angabepflichten und den Inhalten der Offenlegung beachtet werden. Nicht in ESRS E5, sondern in ESRS E2 enthalten sind Angaben betreffend Maßnahmen zum Umgang mit Ressourcen mit gefährlichen Eigenschaften (→ § 7 Rz 93–97 und → § 10 Rz 112–123).
- Angaben zum Einsatz von Primärrohstoffen nach ESRS E5 sind unter Berücksichtigung der Angabepflichten nach ESRS E4 zu tätigen. Insbes. ist aufzuzeigen, wie die Ziele zur Minimierung des Einsatzes von Primärrohstoffen in Zusammenhang mit dem Verlust der biologischen Vielfalt stehen (→ § 10 Rz 64).

Flexibilität hinsichtlich der Konsistenz der Angaben ergibt sich wiederum aus den Erläuterungen, die von der **EFRAG** in den **Q&A** gegeben wurden. Hiernach können sich etwa Unterschiede daraus ergeben, dass zwischen den Unternehmen eines Berichtskreises abweichende Methoden angewendet werden (bspw. durch die Muttergesellschaft und durch eine Tochtergesellschaft). Bei einer abweichenden Vorgehensweise ist dies allerdings zu begründen und offenzulegen.[3]

Gleichermaßen können Zielzeiträume, die in den unterschiedlichen E-ESRS definiert werden, voneinander abweichen. Dies kann sich darin begründen, dass die Festlegung von Zeiträumen bei Betrachtung der finanziellen Wesentlichkeit von der Perspektive der Auswirkungs-Wesentlichkeit divergiert.[4]

Praxis-Tipp

Unterstützung bei der Anwendung der ESRS bietet die **Q&A Platform** der EFRAG, die laufend fortgeführt wird. Eine konsolidierte und nach Themen strukturierte Version der Q&A, die den Zeitraum von Januar bis Juli 2024 abdeckt, findet sich hier („EFRAG ESRS Q&A Platform, Compilation of Explanations, Januar–Juli 2024"): www.efrag.org/sites/default/files/media/document/2024-07/Compilation%20Explanations%20January%20-%20July%202024.pdf (Abruf 1.8.2024).

---

[3] Siehe EFRAG, ESRS Q&A Platform, Compilation of Explanations, Januar–Juli 2024.
[4] Dies ergibt sich aus EFRAG, ESRS Q&A Platform, Compilation of Explanations, Januar–Juli 2024.

3 EFRAG und TNFD haben im Juni 2024 ein sog. „ESRS-TNFD Correspondence Mapping" veröffentlicht.[5] In diesem Dokument werden die Anforderungen nach den ESRS den Empfehlungen der TNFD gegenübergestellt. Die Veröffentlichung umfasst u. a. zwei detaillierte Tabellen mit Übereinstimmungen bzw. Unterschieden zwischen den ESRS und den Empfehlungen der TNFD. Die Unterschiede beziehen sich auf die verwendete Terminologie sowie auf den Umfang und die Granularität der offenzulegenden Informationen. Die Veröffentlichung ist in der Verbindlichkeit den Empfehlungen der EFRAG und der TNFD nachgereiht.

Von Relevanz bei der Anwendung der ESRS ist das „ESRS-TNFD Correspondence Mappping" insbes. mit Blick auf die Vorgehensweise zur Wesentlichkeitsbestimmung i. R. d. sog. LEAP-Ansatzes. Die TNFD hat den LEAP-Ansatz zur Identifikation wesentlicher Themen entwickelt.[6] Die ESRS verweisen zur Bewertung der Wesentlichkeit von umweltbezogenen Unterthemen auf den LEAP-Ansatz (siehe ESRS E2.AR1, ESRS E3.AR1, ESRS E4.AR6 und ESRS E5.AR1). Abb. 1 aus dem „ESRS-TNFD Correspondence Mapping" visualisiert die Anwendungsanforderungen der ESRS E2–ESRS E5 und zeigt damit übereinstimmende Vorgehensweisen zwischen den Environmental-ESRS auf.

---

[5] EFRAG/TNFD, Correspondence Mapping, Juni 2024, www.efrag.org/sites/default/files/sites/webpublishing/SiteAssets/TNFD%20ESRS%20Correspondence%20mapping%20Final.pdf, Abruf 1.8.2024.

[6] TNFD, Guidance on the identification and assessment of nature-related issues: The LEAP approach, Version 1.1, Oktober 2023.

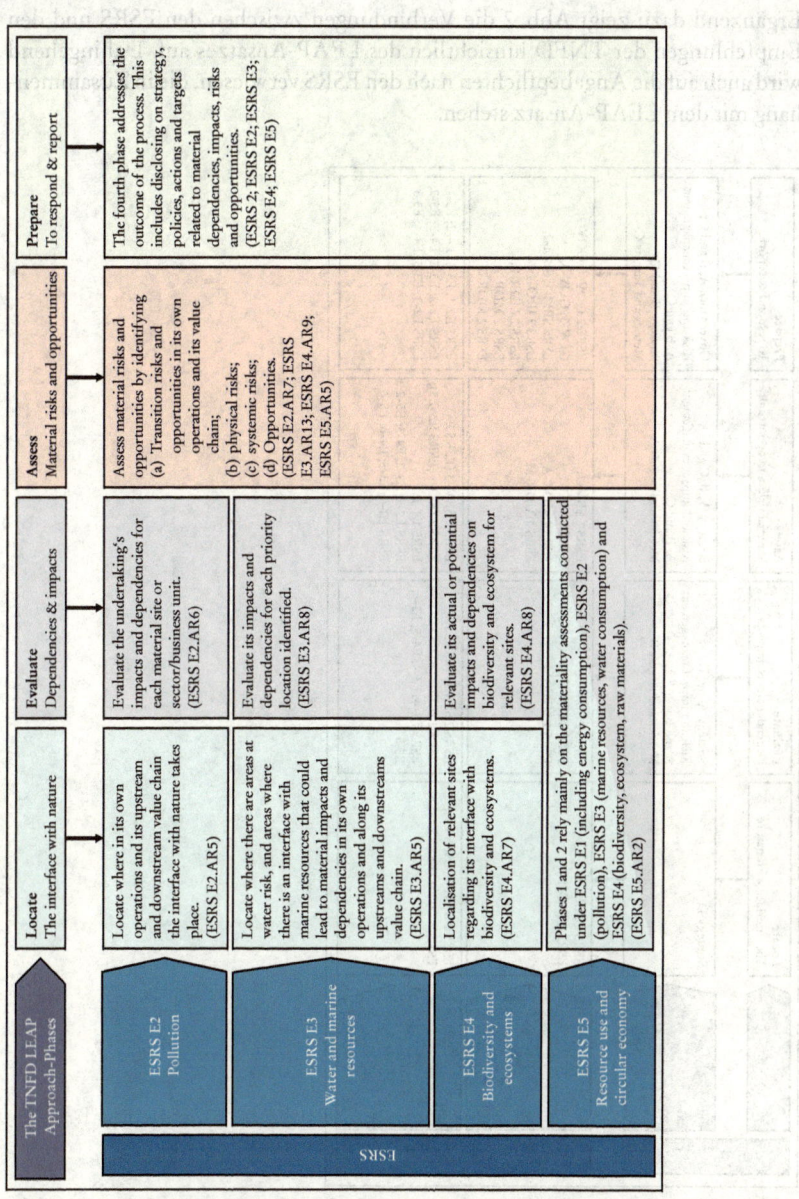

Abb. 1: Anwendungsanforderungen der ESRS E2–ESRS E5 betreffend den LEAP-Ansatz[7]

---

[7] Modifiziert entnommen EFRAG/TNFD, Correspondence Mapping, Juni 2024, S. 8.

Ergänzend dazu zeigt Abb. 2 die Verbindungen zwischen den ESRS und den Empfehlungen der TNFD hinsichtlich des LEAP-Ansatzes auf. Dahingehend wird auch auf die Angabepflichten nach den ESRS verwiesen, die in Zusammenhang mit dem LEAP-Ansatz stehen.

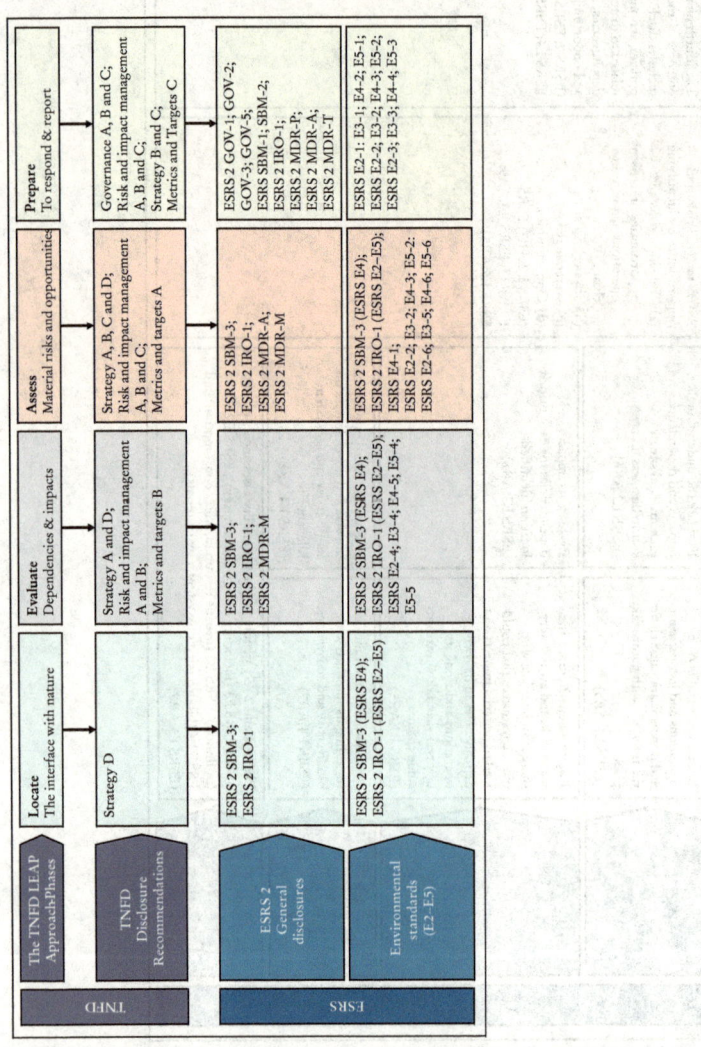

Abb. 2: LEAP-Ansatz – Verbindungen zwischen den ESRS und den Empfehlungen der TNFD[8]

---

[8] Modifiziert entnommen EFRAG/TNFD, Correspondence Mapping, Juni 2024, S. 8.

Alle fünf „Environmental"-Standards weisen bei den Berichtspflichten Überschneidungen mit den Anforderungen anderer EU-Vorgaben auf (Offenlegungsverordnung[9], Eigenmittelverordnung[10], EU-Referenzwerte-Verordnung[11] und/oder Europäisches Klimagesetz[12]; siehe zur Überschneidung mit diesen Datenpunkten auch ESRS 1). Mit der inhaltlichen Abstimmung wird versucht, den Harmonisierungsbestrebungen bei den nachhaltigkeitsbezogenen Offenlegungen auf EU-Ebene zu genügen. So wurde etwa darauf geachtet, die Berichtspflichten der „Environmental"-Standards mit den konkreten Nachhaltigkeitsindikatoren abzustimmen, die die Finanzmarktteilnehmer zur Erfüllung ihrer Offenlegungspflichten gem. Offenlegungsverordnung benötigen. Derartige Überschneidungen sollten bei der Identifikation der Berichtsinhalte und bei der Wesentlichkeitsanalyse berücksichtigt werden. Immerhin geben diese Überschneidungen Auskunft über die Informationsbedürfnisse potenzieller Stakeholder (etwa von Finanzinstituten bei Vorliegen einer Fremdfinanzierung des berichtspflichtigen Unternehmens).

4

Praxis-Tipp

Hilfreich für die Anwendung der „Environmental"-Standards sind die Empfehlungen der EFRAG, die in der *Implementation Guidance* „IG 3: List of ESRS Data Points" am 31.5.2024 veröffentlicht wurden.[13] Diese Liste im Excel-Format enthält u. a. alle Datenpunkte der „Environmental"-Standards mit weitergehenden Informationen (etwa zur Art der geforderten Offenlegung, zeigt Überschneidungen mit den Anforderungen anderer EU-Vorgaben und die Existenz von Übergangsbestimmungen) sowie eine Verlinkung zur regulatorischen Grundlage.

Die Ergebnisse der **Wesentlichkeitsanalyse** entscheiden bei allen „Environmental"-Standards darüber, welche Angaben tatsächlich zu berichten sind. Dabei kann ein Ergebnis der Wesentlichkeitsanalyse sein, dass einzelne Angaben eines themenspezifischen Standards nicht berichtspflichtig sind oder dass die Angaben eines themenbezogenen Standards in seiner Gesamtheit nicht wesentlich sind (ESRS 1, App. E; siehe auch ESRS 2.57; → § 4 Rz 123 und 128). ESRS E1 stellt betreffend die Konsequenzen dieser Feststellung – und im Vergleich zu allen anderen themenbezogenen Standards – eine **Besonderheit** dar:

5

---

9   Verordnung (EU) 2019/2088, ABl. EU v. 9.12.2019, L 317/1.
10 Verordnung (EU) 575/2013, ABl. EU v. 27.6.2013, L 176/1.
11 Verordnung (EU) 2016/1011, ABl. EU v. 29.6.2016, L 171/1.
12 Verordnung (EU) 2021/1119, ABl. EU v. 9.7.2021, L 243/1.
13 Siehe https://efrag.sharefile.com/share/view/s6e410fb208aa4685bf9c482ee405f48d/foa75419-44c9-4081-85a5-43217a6e8732, Abruf 1.8.2024.

Sollten alle Angaben eines themenbezogenen Standards nicht wesentlich sein, dann kann (fakultativ) das Unternehmen „eine kurze Erläuterung der Schlussfolgerungen der Wesentlichkeitsanalyse für dieses Thema vorlegen", „im Fall des ESRS E1 Klimawandel (IRO-2 ESRS 2) muss [im Original kursiv, d.Verf.] es eine detaillierte Erläuterung vorlegen" (ESRS 1, App. E). Diese Erläuterung muss eine vorausschauende Analyse der Bedingungen, die das Unternehmen dazu veranlassen könnte, den Klimawandel in Zukunft als wesentlich zu betrachten, beinhalten (ESRS 1.32; → § 3 Rz 98).

Die Angaben zu ESRS 2 IRO-1 betreffend die Beschreibung der Verfahren zur Ermittlung und Bewertung der wesentlichen Auswirkungen, Risiken und Chancen sind in den E-ESRS unabhängig davon zu tätigen, ob sich eine Berichtspflicht für die Angaben des jeweiligen themenspezifischen Standards auf Basis des Ergebnisses der doppelten Wesentlichkeitsanalyse ergibt. Dies stellen die Erläuterungen der **EFRAG** in den **Q&A** klar.[14]

Die Nachhaltigkeitserklärung der Lenzing AG für das Berichtsjahr 2023 berücksichtigt bereits Kernelemente der ESRS.[15] Die Ergebnisse der Wesentlichkeitsanalyse zeigen inhaltliche Zusammenhänge zwischen den themenspezifischen Standards auf. So deckt der von Lenzing als wesentlich identifizierte Aspekt „Nachhaltige Innovationen und Produkte" mehrere Standards der ESRS ab (ESRS E2, ESRS E3 und ESRS S4). Nichtsdestotrotz erfolgt die Darstellung der einzelnen Aspekte im Nachhaltigkeitsbericht anhand der einzelnen themenspezifischen Standards. Folgende Übersicht zeigt die als wesentlich identifizierten Themen und deren Zuordnung zu den themenspezifischen ESRS.[16]

---

[14]   Siehe EFRAG, ESRS Q&A Platform, Compilation of Explanations, Januar–Juli 2024.
[15]   Vgl. Lenzing AG, Geschäfts- und Nachhaltigkeitsbericht 2023, S. 51.
[16]   Vgl. Lenzing AG, Geschäfts- und Nachhaltigkeitsbericht 2023, S. 66.

Praxis -Beispiel Lenzing – Thematische Verbindungen und Wesentlichkeitsanalyse[17]

Materielle Aspekte und Kapitel	Strategische Kernbereiche der Nachhaltigkeit	NaDiVeG	ESRS	SDG
Kreislaufwirtschaft & Ressourcen	Partnerschaften für den systemischen Wandel, Nachhaltige Innovationen	Umweltbelange	E5 Ressourcennutzung und Kreislaufwirtschaft	9, 11, 12, 17
Klima & Energie	Dekarbonisierung	Umweltbelange	E1 Klimawandel	7, 13, 17
Verantwortungsbewusste Rohstoffbeschaffung	Nachhaltige Rohstoffbeschaffung	Umweltbelange	E5 Ressourcennutzung und Kreislaufwirtschaft, G1 Unternehmenspolitik	15
Biodiversität & Ökosysteme	Nachhaltige Rohstoffbeschaffung	Umweltbelange	E4 Biodiversität und Ökosysteme	15
Nachhaltige Innovationen und Produkte	Nachhaltige Innovationen	Umweltbelange	E2 Umweltverschmutzung, E3 Wasser- und Meeresressourcen, S4 Verbraucher und Endnutzer	9, 12, 17

[17] Entnommen Lenzing AG, Geschäfts- und Nachhaltigkeitsbericht 2023, S. 66.

Materielle Aspekte und Kapitel	Strategische Kernbereiche der Nachhaltigkeit	NaDiVeG	ESRS	SDG
Gesundheit und Sicherheit	Menschen fördern und ermächtigen	Arbeitnehmerbelange	S1 Eigene Belegschaft	3
Menschenrechte und faire Arbeitspraktiken	Menschen fördern und ermächtigen	Arbeitnehmerbelange, Achtung der Menschenrechte	S1 Eigene Belegschaft, S2 Arbeitskräfte in der Wertschöpfungskette, S3 Betroffene Gemeinschaften	5, 8, 10
Unternehmensethik	Menschen fördern und ermächtigen	Alle nicht-finanziellen Belange	G1 Unternehmenspolitik	16
Digitalisierung und Cyber Security	Nachhaltige Innovationen	Alle nicht-finanziellen Belange	–	9, 8, 16

Die besonders hohe Bedeutung der Angabepflichten nach ESRS E1 im Vergleich zu **6** den anderen themenbezogenen Standards folgt insbes. aus der Priorisierung dieses Themas auf politischer Ebene. Diese Priorisierung stimmt mit dem Vorgehen bei der Verabschiedung der IFRS Sustainability Disclosure Standards (IFRS SDS[18]) überein. Immerhin ist IFRS S2 zu klimabezogenen Offenlegungen der erste der themenbezogenen IFRS SDS, der veröffentlicht wurde. Hierin zeigt sich gleichermaßen ein Alleinstellungsmerkmal von ESRS E1, indem nur für diesen Bereich der Angabepflichten eine korrespondierende Bestimmung in den IFRS SDS existiert. So konnten bereits Harmonisierungen in der internationalen Rechnungslegung bei der Verabschiedung von ESRS E1 berücksichtigt werden. Für alle anderen themenbezogenen Standards ist dies nicht der Fall. Diese mussten verabschiedet werden, bevor eine Harmonisierung auf internationaler Ebene möglich gewesen ist. Ein Leitfaden zur Interoperabilität von ISSB-Standards und ESRS wurde im Mai 2024 von der EFRAG und dem ISSB veröffentlicht. Der Leitfaden beinhaltet u.a. eine tabellarische Gegenüberstellung der Offenlegungsanforderungen zu klimabezogenen Angaben nach ESRS und den ISSB-Standards (→ § 2 Rz 34 ff.).[19]

Der hohe Stellenwert von ESRS E1 schlägt sich in der Festlegung der einzelnen **7** Berichtsinhalte und dem Umfang der Berichterstattung bei den Unternehmen nieder. Diese werden sich in vielen Fällen faktisch mit der Anwendung von ESRS E1 konfrontiert sehen und diesem Standard (auch beim erstmaligen Eintritt in die Pflicht zur Nachhaltigkeitsberichterstattung) eine hohe Priorität zuweisen. Dieser Stellenwert kommt aber nicht nur im Zusammenhang mit der Wesentlichkeitsanalyse und der internationalen Harmonisierung zum Ausdruck (Rz 6), sondern auch im Umfang und Detailgrad der darin enthaltenen Angabepflichten. Einige der Inhalte von ESRS E1 (z.B. Angaben zum Ausstoß an THG-Emissionen auf Ebene des berichtenden Unternehmens) waren bereits vor Umsetzung der „Environmental"-Standards gängige Berichtspraxis. Allerdings sind die Angaben nach ESRS E1 viel detaillierter und umfassender formuliert (z.B. bezogen auf die Angaben zu den Zielen und Fortschritten bei den THG-Emissionen und die Angaben zu verursachten THG-Emissionen in der Wertschöpfungskette), als dies in der bisherigen Praxis der nichtfinanziellen Berichterstattung betreffend den Klimawandel (nach der NFRD[20]) der Fall gewesen ist. Folglich ergibt sich bei den meisten Unternehmen trotzdem ein großer Anpassungsbedarf.

Den hohen Stellenwert von ESRS E1 für die Praxis bestätigt eine im Juli 2024 vom DRSC veröffentlichte Studie zum Stand der Wesentlichkeitsanalyse bei den DAX40-Unternehmen (Rücklaufquote = 85 %). So zeigt die nachstehende Grafik die Anzahl der Nennungen themenspezifischer ESRS als Basis für die Nachhaltig-

---

[18] Siehe zu den IFRS-Standards zur Offenlegung von Nachhaltigkeitsinformationen Lüdenbach/ Hoffmann/Freiberg, Haufe IFRS-Kommentar, 22. Aufl., 2024, § 60.
[19] Siehe www.ifrs.org/content/dam/ifrs/supporting-implementation/issb-standards/esrs-issb-stan dards-interoperability-guidance.pdf, Abruf 1.8.2024.
[20] Richtlinie 2014/95/EU, ABl. EU v. 15.11.2014, L 330/1.

keitsberichterstattung. Von den 34 Unternehmen, die an der Befragung teilgenommen haben, gaben alle Unternehmen an, ESRS E1 anwenden zu wollen.[21]

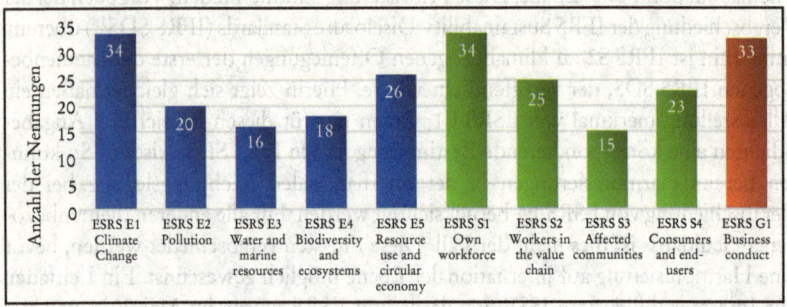

Abb. 3: Themenspezifische ESRS, die Unternehmen in ihrer Nachhaltigkeitsberichterstattung für das Geschäftsjahr 2024 adressieren[22]

8 Der Anpassungsbedarf in der Berichterstattung bei den Themen, die von den „Environmental"-Standards erfasst sind, zieht sich über alle „Environmental"-Standards hinweg. Immerhin steigt der Detailgrad und Umfang der Berichtserfordernisse über viele Unterthemen hinweg an. Der absolute Umfang an potenziellen Berichtserfordernissen ist bei ESRS E1 allerdings besonders hoch. Die geforderten Inhalte der Berichtsstandards ESRS E2, ESRS E3, ESRS E4 und ESRS E5 sind demgegenüber deutlich weniger umfassend. Bezogen auf die inhaltliche Abdeckung der Angabepflichten besonders kompakt gehalten ist ESRS E3. Vom Seitenumfang der Standards her machen ESRS E2, E3 und E5 jeweils ungefähr 30 % des Anteils von ESRS E1 aus. ESRS E4 umfasst seitenmäßig ungefähr die Hälfte von ESRS E1.

9 Der Aufbau der „Environmental"-Standards ist vergleichbar. Die Unterschiede im Umfang der Berichtserfordernisse ergeben sich insbes. bei der Anzahl der anzugebenden, themenspezifischen Parameter. Nach allen „Environmental"-Standards einheitlich zu berichten ist über
- die Verfahren zur Ermittlung und Bewertung der wesentlichen Auswirkungen, Risiken und Chancen,
- Strategien,
- Maßnahmen und Mittel,
- Ziele sowie
- erwartete finanzielle Auswirkungen
– immer in Bezug auf das jeweilige Thema. Einen vergleichenden Überblick über den Aufbau der „Environmental"-Standards gibt Tab. 1:

---

21   Vgl. zu diesen und weiteren Ergebnissen der Studie DRSC, European Sustainability Reporting Standards (ESRS) – Kurzumfrage des DRSC zum Stand der Wesentlichkeitsanalyse in den DAX40-Unternehmen.
22   DRSC, European Sustainability Reporting Standards (ESRS) – Kurzumfrage des DRSC zum Stand der Wesentlichkeitsanalyse in den DAX40-Unternehmen, S. 4.

ESRS E1	ESRS E2	ESRS E3	ESRS E4	ESRS E5
• Ziel • Zusammenspiel mit anderen ESRS • ESRS 2 Allgemeine Angaben				
Governance				
Angabepflicht[23] im Zusammenhang mit ESRS 2 GOV-3 – Einbeziehung der nachhaltigkeitsbezogenen Leistung in Anreizsysteme				
Strategie				
DR E1-1 – Übergangsplan für den Klimaschutz			DR E4-1 – Übergangsplan und Berücksichtigung von biologischer Vielfalt und Ökosystemen in Strategie und Geschäftsmodell	

[23] Angabepflicht = *Disclosure Requirement*, nachfolgend kurz auch: DR.

ESRS E1	ESRS E2	ESRS E3	ESRS E4	ESRS E5
Management der Auswirkungen, Risiken und Chancen				
DR im Zusammenhang mit ESRS 2 SBM-3 – wesentliche Auswirkungen, Risiken und Chancen und ihr Zusammenspiel mit Strategie und Geschäftsmodell			DR im Zusammenhang mit ESRS 2 SBM-3 – wesentliche Auswirkungen, Risiken und Chancen und ihr Zusammenspiel mit Strategie und Geschäftsmodell	
DR im Zusammenhang mit ESRS 2 IRO-1 – Beschreibung der Verfahren zur Ermittlung und Bewertung der wesentlichen klimabezogenen Auswirkungen, Risiken und Chancen	DR im Zusammenhang mit ESRS 2 IRO-1 – Beschreibung der Verfahren zur Ermittlung und Bewertung der wesentlichen Auswirkungen, Risiken und Chancen im Zusammenhang mit Umweltverschmutzung	DR im Zusammenhang mit ESRS 2 IRO-1 – Beschreibung der Verfahren zur Ermittlung und Bewertung der wesentlichen Auswirkungen, Risiken und Chancen im Zusammenhang mit Wasser- und Meeresressourcen	DR im Zusammenhang mit ESRS 2 IRO-1 – Beschreibung der Verfahren zur Ermittlung und Bewertung der wesentlichen Auswirkungen, Risiken und Chancen im Zusammenhang mit biologischer Vielfalt und Ökosystemen	DR im Zusammenhang mit ESRS 2 IRO-1 – Beschreibung der Verfahren zur Ermittlung und Bewertung der wesentlichen Auswirkungen, Risiken und Chancen im Zusammenhang mit Ressourcennutzung und Kreislaufwirtschaft
DR E1-2 – Konzepte im Zusammenhang mit dem Klimaschutz und der Anpassung an den Klimawandel	DR E2-1 – Konzepte im Zusammenhang mit Umweltverschmutzung	DR E3-1 – Konzepte im Zusammenhang mit Wasser- und Meeresressourcen	DR E4-2 – Konzepte im Zusammenhang mit biologischer Vielfalt und Ökosystemen	DR E5-1 – Konzepte im Zusammenhang mit Ressourcennutzung und Kreislaufwirtschaft

ESRS E1	ESRS E2	ESRS E3	ESRS E4	ESRS E5
DR E1-3 – Maßnahmen und Mittel im Zusammenhang mit den Klimakonzepten	DR E2-2 – Maßnahmen und Mittel im Zusammenhang mit Umweltverschmutzung	DR E3-2 – Maßnahmen und Mittel im Zusammenhang mit Wasser- und Meeresressourcen	DR E4-3 – Maßnahmen und Mittel im Zusammenhang mit biologischer Vielfalt und Ökosystemen	DR E5-2 – Maßnahmen und Mittel im Zusammenhang mit Ressourcennutzung und Kreislaufwirtschaft
Parameter und Ziele				
DR E1-4 – Ziele im Zusammenhang mit dem Klimaschutz und der Anpassung an den Klimawandel	DR E2-3 – Ziele im Zusammenhang mit Umweltverschmutzung	DR E3-3 – Ziele im Zusammenhang mit Wasser- und Meeresressourcen	DR E4-4 – Ziele im Zusammenhang mit biologischer Vielfalt und Ökosystemen	DR E5-3 – Ziele im Zusammenhang mit Ressourcennutzung und Kreislaufwirtschaft
DR E1-5 – Energieverbrauch und Energiemix	DR E2-4 – Luft-, Wasser- und Bodenverschmutzung	DR E3-4 – Wasserverbrauch	DR E4-5 – Kennzahlen für die Auswirkungen im Zusammenhang mit biologischer Vielfalt und Ökosystemveränderungen	DR E5-4 – Ressourcenzuflüsse
DR E1-6 – THG-Bruttoemissionen der Kategorien Scope 1, 2 und 3 sowie THG-Gesamtemissionen	DR E2-5 – besorgniserregende Stoffe und besonders besorgniserregende Stoffe	DR E3-5 – erwartete finanzielle Effekte durch Auswirkungen, Risiken und Chancen im Zusammenhang mit Wasser- und Meeresressourcen	DR E4-6 – erwartete finanzielle Effekte durch Auswirkungen, Risiken und Chancen im Zusammenhang mit biologischer Vielfalt und Ökosystemveränderungen	DR E5-5 – Ressourcenabflüsse

ESRS E1	ESRS E2	ESRS E3	ESRS E4	ESRS E5
DR E1-7 – Entnahme von Treibhausgasen und Projekte zur Verringerung von Treibhausgasen, finanziert über CO_2-Zertifikate DR E1-8 – interne CO_2-Bepreisung DR E1-9 – erwartete finanzielle Effekte wesentlicher physischer Risiken und Übergangsrisiken sowie potenzielle klimabezogene Chancen	DR E2-6 – erwartete finanzielle Effekte durch Auswirkungen, Risiken und Chancen im Zusammenhang mit Umweltverschmutzung			DR E5-6 – erwartete finanzielle Effekte durch Auswirkungen, Risiken und Chancen im Zusammenhang mit Ressourcennutzung und Kreislaufwirtschaft

Tab. 1: Vergleichender Überblick über den Aufbau der „Environmental"-Standards

Nicht zuletzt zeigt sich die abweichende Priorisierung innerhalb der „Environ- 11
mental"-Standards an den **Phase-in**-Bestimmungen. Die sog. *Phase-in*-Bestim-
mungen legen Übergangsfristen für die Pflicht zur Offenlegung einzelner
Angaben der themenbezogenen Standards oder der insgesamt in einem themenbezogenen Standard enthaltenen Angaben fest (ESRS 1, App. C, „Liste der
schrittweise eingeführten Angabepflichten"). Erleichterungen ergeben sich für
berichtspflichtige Unternehmen bezogen auf alle „Environmental"-Standards
durch die Möglichkeit, im ersten Jahr oder in den ersten Jahren der Erstellung
des Nachhaltigkeitsberichts unter bestimmten Voraussetzungen (→ § 3
Rz 182 ff.) auf Angaben zu den „erwarteten finanziellen Effekten" zu verzichten. Hingegen ist ESRS E4 der einzige „Environmental"-Standard, bei dem auf
Basis der Übergangsbestimmungen in den ersten beiden Jahren der Nachhaltigkeitsberichterstattung vollständig auf die Offenlegung von Informationen für
solche Unternehmen oder Gruppen verzichtet werden kann, „die am Bilanzstichtag die durchschnittliche Zahl von 750 Arbeitnehmern während des Ge-
schäftsjahres (gegebenenfalls auf konsolidierter Basis) nicht überschreiten [...]"
(ESRS 1, App. C).

ESRS E4 wird somit innerhalb der „Environmental"-Standards hinsichtlich der 12
Bedeutung abgewertet. Es ist davon auszugehen, dass die in ESRS E4 vorgesehenen Offenlegungspflichten tendenziell in der Berichterstattung „vernachlässigt" werden bzw. von den berichtspflichtigen Unternehmen in der Priorisierung nach hinten gereiht werden. Angesichts der großen Masse an
Offenlegungserfordernissen, denen die berichtspflichtigen Unternehmen ge-
genüberstehen, ist das nachvollziehbar. Somit geht aus der Festlegung dieser
Übergangsbestimmung eine geringere Wertigkeit des Themas „Biologische
Vielfalt und Ökosysteme" hervor. Eine sachliche Begründung dafür erschließt
sich nicht. Immerhin könnte die Schwerpunktsetzung auch hier von den branchenspezifischen und unternehmensindividuellen Besonderheiten, also dem
Ergebnis der Wesentlichkeitsanalyse, abhängig gemacht werden.

Neben den bereits genannten Unterschieden in der Gewichtung der „Environ- 13
mental"-Standards wird die Relevanz der einzelnen Standards maßgeblich von
den Branchenspezifika und den unternehmensindividuellen Besonderheiten
bestimmt. Zwar wird es über Unternehmen aller Sektoren hinweg einzelne
Angabepflichten geben, die in den jeweiligen themenbezogenen Standards
besonders prominent sind und weitgehend unabhängig von den Sektoren greifen, z. B. Angaben zum Wasserverbrauch oder zu verwendeten Materialien,
abseits dessen spielt der Sektor aber eine große Rolle. Bspw. wird ESRS E5 im
produzierenden Gewerbe eine viel größere Relevanz erlangen, indem deutlich
mehr Angaben zu tätigen sind, als dies im Dienstleistungssektor der Fall ist. Vor
diesem Hintergrund sind die noch zu verlautbarenden sektorspezifischen Standards (→ § 1 Rz 7) ein sehr wichtiges Medium – um die Vergleichbarkeit der

Berichte zu gewährleisten und den Unternehmen bei der Fülle an Offenlegungs-verpflichtungen eine Orientierung zu bieten. Bis zu deren Verlautbarung ist infolgedessen in Kauf zu nehmen, dass die Ergebnisse der Wesentlichkeitsana-lysen bei den Unternehmen innerhalb eines Sektors zu abweichenden Schwer-punktsetzungen bei der Offenlegung führen.

14   Die Veröffentlichung von Informationen, für die sich aufgrund einer oder mehrerer der „Environmental"-ESRS eine Berichtspflicht ergibt, hat zusam-mengefasst bei den „Umweltinformationen" im Lagebericht zu erfolgen. Bei diesen Umweltinformationen sind auch die Angaben mit aufzunehmen, die nach Art. 8 der Taxonomie-VO[24] zu tätigen sind (also insbes. Angaben erstens zum Anteil der Umsatzerlöse, der mit Produkten oder Dienstleistungen, erzielt wird, die mit Wirtschaftstätigkeiten verbunden sind, die als ökologisch nach-haltig einzustufen sind, und zweitens zum Anteil der Investitionsausgaben (CapEx) und Betriebsausgaben (OpEx) im Zusammenhang mit Vermögens-gegenständen oder Prozessen, die mit Wirtschaftstätigkeiten verbunden sind, die als ökologisch nachhaltig einzustufen sind).

Literaturtipps

- DRSC, European Sustainability Reporting Standards (ESRS) – Kurzumfrage des DRSC zum Stand der Wesentlichkeitsanalyse in den DAX40-Unterneh-men, Juli 2024, www.drsc.de/app/uploads/2024/07/2024_07_12_Bericht-DAX40-Stand_der_Wesentlichkeitsanalyse.pdf, Abruf 1.8.2024
- EFRAG ESRS Q&A Platform, Compilation of Explanations, Januar–Juli 2024, www.efrag.org/sites/default/files/media/document/2024-07/Compilation%20 Explanations%20January%20-%20July%202024.pdf, Abruf 1.8.2024
- EFRAG, Proposals for a Relevant and Dynamic EU Sustainability Reporting Standard-Setting, Final Report, February 2021, https://finance.ec.europa.eu/ document/download/23a44c64-c980-468c-ad15-ee2ea5e2e83f_en?filename= 210308-report-efrag-sustainability-reporting-standard-setting_en.pdf, Abruf 1.8.2024
- EFRAG/TNFD, Correspondence Mapping, Juni 2024, www.efrag.org/ sites/default/files/sites/webpublishing/SiteAssets/TNFD%20ESRS%20 Correspondence%20mapping%20Final.pdf, Abruf 1.8.2024
- TNFD, Guidance on the identification and assessment of nature-related issues: The LEAP approach, Version 1.1, Oktober 2023, https://tnfd.global/ wp-content/uploads/2023/08/Guidance_on_the_identification_and_assess ment_of_nature-related_Issues_The_TNFD_LEAP_approach_V1.1_October 2023.pdf?v=1698403116, Abruf 1.8.2024

---

24   Verordnung (EU) 2020/852, ABl. EU v. 22.6.2020, L 198/13.

§ 6 ESRS E1 – Klimawandel

Vorbemerkung

Die Kommentierung bezieht sich auf ESRS E1 gem. Berichtigung der Delegierten Verordnung (EU) 2023/2772 v. 31.7.2023, ABl. EU L v. 9.8.2024. Sie wurde umfassend an die überarbeitete Übersetzung der ESRS vom 9.8.2024 angepasst. Punktuelle Ergänzungen betreffen die Berücksichtigung der EFRAG Q&A (Rz 9, 55, 68, 70, 75, 83). In der Kommentierung wurden ferner Praxis-Beispiele aktualisiert und neue ergänzt (Rz 40, 43, 51, 56).

1   Grundlagen

1.1   Zielsetzung und Inhalt

1   ESRS E1 adressiert das Thema „Klimawandel" unter Betrachtung der zwei Dimensionen: Klimaschutz (*climate change mitigation*) und Anpassung an den Klimawandel (*climate change adaptation*).[1] Der Berichtsstandard befasst sich allerdings auch explizit mit Sachverhalten rund um Energieeffizienz und den Einsatz erneuerbarer Energien, sofern diese Relevanz hinsichtlich des Oberthemas Klimawandel besitzen (siehe z. B. ESRS E1.25). *Climate change mitigation* wird im Anhang II der ESRS als der Prozess der Reduzierung der globalen Treibhausgasemissionen definiert, welcher eine durchschnittliche Erderwärmung um mehr als 1,5 °C gegenüber prä-industriellem Niveau verhindert.[2] Diese Reduzierung der globalen Treibhausgasemissionen steht im Einklang mit dem Pariser Abkommen von 2015, welches zum Ziel hat, die verheerendsten Auswirkungen des menschengemachten Klimawandels abzuwenden.[3] *Climate change adaptation* wird in Anhang II zu den ESRS als der Prozess der Anpassung an die tatsächlichen und erwarteten Klimawandel und an die tatsächlichen und erwarteten Auswirkungen des Klimawandels definiert.[4] *Renewable energy*

---

[1]   Diese beiden Dimensionen entsprechen auch den zwei klimabezogenen Umweltzielen der sechs Umweltziele der EU-Taxonomie; Taxonomie-VO – Verordnung (EU) 2020/852, ABl. EU v. 22.6.2020, L 198/13 ff.

[2]   Vgl. Berichtigung der Delegierten Verordnung (EU) 2023/2772 v. 31.7.2023, ABl. EU L v. 9.8.2024, Anhang II, Tab. 2, S. 264.

[3]   Vgl. Pariser Übereinkommen, ABl. EU v. 19.10.2016, L 282/4 ff.

[4]   Vgl. Berichtigung der Delegierten Verordnung (EU) 2023/2772 v. 31.7.2023, ABl. EU L v. 9.8.2024, Anhang II, Tab. 2, S. 264; im Weiteren wird diese Kommentierung den Begriff „Klimaschutz" für *„climate change mitigation"* und den Begriff „Anpassung an den Klimawandel" für *„climate change adaptation"* verwenden.

ist im Zusammenhang der ESRS als erneuerbare Energie aus nicht fossilen Quellen definiert.[5] Diese umfassen Energien aus erneuerbaren, nicht fossilen Energiequellen, d. h. Wind, Sonne (Solarthermie und Fotovoltaik), geothermische Energie, Umgebungsenergie, Gezeiten-, Wellen- und sonstige Meeresenergie, Wasserkraft und Energie aus Biomasse, Deponiegas, Klärgas und Biogas.[6] Darüber hinaus deckt ESRS E1 sowohl physische Klimarisiken als auch Transitionsrisiken (*transition risks*) ab. Erstere bestehen, wenn die physischen Folgen des Klimawandels (z. B. Meeresspiegelanstieg) die Strategie und das Geschäftsmodell eines Unternehmens und etwaige Anpassungsmöglichkeiten direkt tangieren können. Zweitere bestehen, wenn die Unternehmensstrategie und das Management mit einer sich ändernden regulatorischen, politischen und/oder sozialen Landschaft, in der das Unternehmen seine Geschäftsaktivitäten ausübt, nicht mehr im Einklang sind.

Im Hinblick auf den **Klimaschutz** gem. ESRS E1 hat ein berichtpflichtiges   2
Unternehmen folgende Aspekte darzustellen:
- in welcher Weise es den Klimawandel beeinflusst; hier sollen sowohl bereits bestehende wesentliche positive und negative Auswirkungen abgebildet werden als auch potenzielle (aber wesentliche) positive und negative Auswirkungen; dies schließt insbes. die Offenlegung der Kennzahlen Energieverbrauch und Bruttoemissionen ein;
- welche Bemühungen zum Klimaschutz (1) in der Vergangenheit ergriffen wurden, (2) derzeit ergriffen werden und (3) zukünftig geplant sind, um das Ziel der Begrenzung der Erderwärmung auf 1,5 °C im Einklang mit dem Pariser Klimaabkommen zu erreichen.[7]

Bzgl. der **Anpassung an den Klimawandel** soll ein berichtpflichtiges Unter-   3
nehmen darstellen, welche Pläne bestehen und wie die internen Kapazitäten zur Umsetzung solcher Pläne geartet sind, um die Unternehmensstrategie und das Geschäftsmodell an den Wandel hin zu einer nachhaltigen Wirtschaft anzupassen und einen Beitrag zum globalen Ziel der Begrenzung der durchschnittlichen Erderwärmung auf 1,5 °C zu leisten.

---

5 Vgl. Berichtigung der Delegierten Verordnung (EU) 2023/2772 v. 31.7.2023, ABl. EU L v. 9.8.2024, Anhang II, Tab. 2, S. 277.
6 Vgl. Art. 2 Abs. 1 Richtlinie (EU) 2018/2001. Demnach besteht ein Unterschied zur Taxonomie-VO und den taxonomiekonformen Wirtschaftsaktivitäten, die zu einer Erreichung der Umweltziele beitragen können. Nach der Delegierten VO 2022/1214 (ABl. EU v. 15.7.2022, L 188/1) können auch Aktivitäten wie die Stromerzeugung aus fossilen und gasförmigen Brennstoffen sowie der Bau und der sichere Betrieb neuer Kernkraftwerke zur Erzeugung von Strom oder Wärme taxonomiekonform sein; diese sind jedoch keine erneuerbaren Energien i.S.d. Richtlinie (EU) 2018/2001.
7 Sollte das Pariser Abkommen zukünftig durch ein aktualisiertes internationales Abkommen abgelöst werden, sieht ESRS E1.1(c) vor, dass abweichend auf ein solches Abkommen Bezug genommen werden sollte.

4 Des Weiteren soll ein berichtspflichtiges Unternehmen Folgendes darstellen:

- weitere Maßnahmen, die das Unternehmen in Hinblick auf (1) die Vermeidung, Begrenzung oder Beseitigung tatsächlicher oder potenzieller negativer Auswirkungen und auf (2) die Adressierung klimabezogener Risiken und Chancen ergreift;
- das Ergebnis (die Ergebnisse) dieser Maßnahmen; Maßnahmen (*actions*) sind definiert als solche Maßnahmen oder Maßnahmenpläne, die zur Erreichung gesetzter Nachhaltigkeitsziele beitragen;[8] dementsprechend adressieren Maßnahmen i.S.d. ESRS E1 wesentliche klimabezogene Auswirkungen, Risiken und Chancen; darüber hinaus werden Entscheidungen, die dazu beitragen, die o.g. Maßnahmen oder Maßnahmenpläne mit finanziellen, technologischen oder Humanressourcen zu unterstützen, ebenfalls als *actions* aufgefasst;
- die Art und den Umfang der wesentlichen Risiken und Chancen, bedingt sowohl durch (1) klimabezogene Auswirkungen des Unternehmens auf die Umwelt als auch (2) durch den Klimawandel bedingte Abhängigkeiten; Abhängigkeiten (*dependencies*) definiert Anhang II zu den ESRS als Sachverhalte, bei denen ein Unternehmen zur Durchführung der betrieblichen Prozesse von natürlichen, sozialen und/oder Humanressourcen abhängig ist;[9]
- in welcher Weise es diese Risiken und Chancen steuert;
- welche finanziellen Effekte sich aus der kurz-, mittel- und langfristigen Betrachtung der klimabezogenen Risiken und Chancen (Rz 97 f.) ergeben.

1.2 Abzudeckende Themen

5 Das übergreifend abzudeckende Thema des ESRS E1 ist der Klimawandel (*climate change*). Die korrespondierenden Unterthemen sind *Climate change adaption*, also die Anpassung an den Klimawandel, *Climate change mitigation*, der Klimaschutz, und Energie. Wie in Rz 54 dargelegt, fallen in das Unterthema Energie Angaben zur Energieeffizienz und zur Nutzung von erneuerbaren Energien. Im Gegensatz zu anderen themenspezifischen ESRS sind dem ESRS E1 keine spezifischen Unter-Unterthemen zugeordnet.

Thema	Unterthema	Unter-Unterthema
Klimawandel	• Anpassung an den Klimawandel • Klimaschutz • Energie	

Tab. 1: Nachhaltigkeitsaspekte gem. ESRS E1 (ESRS 1, App. A)

---

8 Vgl. Berichtigung der Delegierten Verordnung (EU) 2023/2772 v. 31.7.2023, ABl. EU L v. 9.8.2024, Anhang II, Tab. 2, S. 259.
9 Vgl. Berichtigung der Delegierten Verordnung (EU) 2023/2772 v. 31.7.2023, ABl. EU L v. 9.8.2024, Anhang II, Tab. 2, S. 265.

1.3 Datenpunkte aus anderen EU-Rechtsakten

Ein berichtspflichtiges Unternehmen muss die Angabepflichten nach ESRS E1 **6**
für die in der Wesentlichkeitsanalyse als wesentlich festgestellten Themen
tätigen. Allerdings bestehen an einigen Stellen des Standards Interaktionen mit
anderen EU-Rechtsakten, so dass bestimmte Datenpunkte ungeachtet der
Wesentlichkeitsanalyse nach den Zwecken der ESRS vorgeschrieben sein können. Anlage B des ESRS 2 zeigt diese Beziehungen. Für ESRS E1 sind diese der
Tab. 2 entnehmbar:

Angabepflicht und zugehöriger Datenpunkt	SFDR-Referenz	Säule-3-Referenz	Referenz der Benchmark-VO	EU-Klimagesetz-Referenz
ESRS E1-1 Übergangsplan zur Verwirklichung der Klimaneutralität bis 2050 (ESRS E1.14; Rz 63)				VO (EU) 2021/1119 Art. 2 Abs. 1
ESRS E1-1 Unternehmen, die von den Paris-abgestimmten Referenzwerten ausgenommen sind (ESRS E1.16(g); Rz 65)		Art. 449a VO (EU) 575/2013; VO 2022/2453, Meldebogen 1: Anlagebuch – Übergangsrisiko im Zusammenhang mit dem Klimawandel: Kreditqualität der Risikopositionen nach Sektoren, Emissionen und Restlaufzeit	Delegierte VO (EU) 2020/1818, Art. 12 Abs. 1 Buchst. d) –g) und Art. 12 Abs. 2	

Angabepflicht und zugehöriger Datenpunkt	SFDR-Referenz	Säule-3-Referenz	Referenz der Benchmark-VO	EU-Klimagesetz-Referenz
ESRS E1-4 THG-Emissionsreduktionsziele (ESRS E1.35; Rz 38)	Indikator Nr. 4 Anhang 1 Tab. 2	Art. 449a VO (EU) 575/2013; VO 2022/2453, Meldebogen 3: Anlagebuch – Übergangsrisiko im Zusammenhang mit dem Klimawandel: Angleichungsparameter	Delegierte VO (EU) 2020/1818, Art. 6	
ESRS E1-5 Energieverbrauch und Energiemix (ESRS E1.37; Rz 94)	Indikator Nr. 5 Anhang 1 Tab. 1			
ESRS E1-5 Energieverbrauch aus fossilen Brennstoffen aufgeschlüsselt nach Quellen (nur klimaintensive Sektoren) (ESRS E1.38; Rz 54)	Indikator Nr. 5 Anhang 1 Tab. 1 und Indikator Nr. 5 Anhang 1 Tab. 2			

Angabepflicht und zugehöriger Datenpunkt	SFDR-Referenz	Säule-3-Referenz	Referenz der Benchmark-VO	EU-Klimagesetz-Referenz
ESRS E1-5 Energieintensität im Zusammenhang mit Tätigkeiten in klimaintensiven Sektoren (ESRS E1.40– E1.43; Rz 54)	Indikator Nr. 6 Anhang 1 Tab. 1			
ESRS E1-6 THG-Bruttoemissionen der Kategorien Scope 1, 2, und 3 sowie THG-Gesamtemissionen (ESRS E1.44; Rz 70)	Indikatoren Nr. 1 und 2 Anhang 1 Tab. 1	Art. 449a VO (EU) 575/2013; VO 2022/2453, Meldebogen 1: Anlagebuch – Übergangsrisiko im Zusammenhang mit dem Klimawandel: Kreditqualität der Risikopositionen nach Sektoren, Emissionen und Restlaufzeit	Delegierte VO (EU) 2020/1818, Art. 5 Abs. 1, Art. 6 und 8 Abs. 1	
ESRS E1-6 Intensität der THG-Bruttoemissionen (ESRS E1.53– E1.55; Rz 68)	Indikator Nr. 3 Anhang 1 Tab. 1	Art. 449a VO (EU) 575/2013; VO 2022/2453, Meldebogen 3: Anlagebuch – Übergangsrisiko im Zusammenhang mit dem Klimawandel: Angleichungsparameter	Delegierte VO (EU) 2020/1818, Art. 8 Abs. 1	

Angabepflicht und zugehöriger Datenpunkt	SFDR-Referenz	Säule-3-Referenz	Referenz der Bench-mark-VO	EU-Klima-gesetz-Referenz
ESRS E1-7 Entnahme von Treibhausgasen und CO_2-Zertifikaten (ESRS E1.56; Rz 82)				VO (EU) 2021/1119 Art. 2 Abs. 1
ESRS E1-9 Risikoposition des Referenz-wert-Portfolios gegenüber klimabezogenen physischen Risiken (ESRS E1.66; Rz 97)			Delegierte VO (EU) 2020/1818, Anhang II; Delegierte VO (EU) 2020/1816, Anhang II	
ESRS E1-9 Aufschlüsselung der Geldbeträge nach akutem und chro-nischem physi-schem Risiko (ESRS E1.66(a); Rz 98) ESRS E1-9 Ort, an dem sich erhebliche Ver-mögenswerte mit wesentli-chem physi-schen Risiko befinden (ESRS E1.66(c); Rz 105)		Art. 449a VO (EU) 575/2013; VO 2022/2453 Abs. 46 f., Meldebogen 5: Anlagebuch – Physisches Risiko im Zusammenhang mit dem Klima-wandel: Risiko-positionen mit physischem Risiko		

Angabepflicht und zugehöriger Datenpunkt	SFDR-Referenz	Säule-3-Referenz	Referenz der Bench-mark-VO	EU-Klima-gesetz-Referenz
ESRS E1-9 Aufschlüsselungen des Buchwerts seiner Immobilien (ESRS E1.67(c); Rz 98)		Art. 449a VO (EU) 575/2013; VO 2022/2453 Abs. 34, Meldebogen 2: Anlagebuch – Übergangsrisiko im Zusammenhang mit dem Klimawandel: Durch Immobilien besicherte Darlehen – Energieeffizienz der Sicherheiten		
ESRS E1-9 Grad der Exposition des Portfolios gegenüber klimabezogenen Chancen (ESRS E1.69; Rz 97)			Delegierte VO (EU) 2020/1818, Anhang II	

Tab. 2: Verbindung der Angabepflichten in ESRS E1 mit Offenlegungspflichten anderer europäischer Rechtsakte (ESRS 2, App. B)

1.4 *Phase-in*-Regelungen

7   Anlage C zu ESRS 1 enthält spezifische *Phase-in*-Regelungen für zwei Angabepflichten des ESRS E1:

Angabepflicht	*Phase-in*-Regelung
ESRS E1-6: THG-Bruttoemissionen der Kategorien Scope 1, 2 und 3 sowie THG-Gesamtemissionen	Zum einen sind die Angaben zu Scope-3-Treibhausgasemissionen nach ESRS E1-6 (Rz 70) im ersten Jahr der Anwendung nur dann zu machen, wenn das Unternehmen oder die Gruppe im (konsolidierten) Jahresmittel mehr als 750 Mitarbeitende beschäftigt hat. Sollte sich ein Unternehmen mit weniger als 750 Mitarbeitenden entscheiden, dennoch Scope-3-Emissionen im ersten Jahr offenzulegen, hat es u. E. den Angabepflichten in ESRS E1-6 zu folgen.
ESRS E1-9: Erwartete finanzielle Auswirkungen wesentlicher physischer Risiken und Übergangsrisiken sowie potenzielle klimabezogene Chancen	Zum anderen sind die Angaben der erwarteten finanziellen Auswirkungen wesentlicher physischer Risiken und Übergangsrisiken sowie potenzielle klimabezogene Chancen nach ESRS E1-9 im ersten Jahr der Anwendung freiwillig (Rz 97). Sollte auch hier eine freiwillige Angabe erfolgen, sind mind. qualitative Angaben nach den Anforderungen in ESRS E1-9 zu machen. Zudem können in den ersten drei Jahren der Anwendung des ESRS E1-9 Angaben in ausschl. qualitativer Form gemacht werden, wenn die Aufbereitung quantitativer Informationen nicht möglich ist.

Tab. 3: Übergangsregelungen zur Offenlegungspflicht für ESRS E1 (ESRS 1, App. C)

2 Angabepflichten

2.1 Allgemeine Angaben im Zusammenhang mit ESRS 2

Im Abschnitt „ESRS 2 Allgemeine Angaben" von ESRS E1 wird zunächst dargelegt, wo die geforderten Angabepflichten aus diesem Abschnitt in der Nachhaltigkeitserklärung zu tätigen sind. Ein Teil der Angaben ist mit den „Allgemeinen Informationen" zu berichten, längsseits der „Allgemeinen Angaben" nach ESRS 2 (ESRS E1, App. D: Aufbau der Nachhaltigkeitserklärung). Die anderen geforderten Angabepflichten sind bei den themenspezifischen Umweltinformationen zu verorten. Bei der Angabepflicht im Zusammenhang mit ESRS 2 SBM-3 („Wesentliche Auswirkungen, Risiken und Chancen und ihr Zusammenspiel mit Strategie und Geschäftsmodell") besteht ein Wahlrecht.

8

Praxis-Hinweis

Diese Wahlmöglichkeit besteht auch für andere themenspezifische Standards wie z. B. ESRS E4 „Biologische Vielfalt und Ökosysteme". An dieser Stelle empfehlen wir, die Platzierung dieses Berichtselements für alle thematischen Standards, die dieses Wahlrecht beinhalten, einheitlich zu wählen. Die Möglichkeit der Verortung sollte unternehmensspezifisch im jeweiligen Kontext vorgenommen werden. Wenn bspw. ein Unternehmen Angabepflichten nach ESRS E1 und ESRS E4 infolge der Wesentlichkeitsanalyse zu tätigen hat, kann eine gemeinsame Verortung der Angabepflichten im Zusammenhang mit ESRS 2 SMB-3 sinnvoll erscheinen.

Verortung: Allgemeine Informationen	Verortung: Umweltinformationen	Verortung: Wahlrecht
• Angabepflicht im Zusammenhang mit ESRS 2 GOV-3 (Rz 9 ff.) • Angabepflicht im Zusammenhang mit ESRS 2 IRO-1 (Rz 26)	• ESRS E1-1 (Rz 12 ff.) • ESRS E1-2 (Rz 31 f.) • ESRS E1-3 (Rz 33 ff.)	• Angabepflicht im Zusammenhang mit ESRS 2 SBM-3 (Rz 23)

Tab. 4: Aufbau der Nachhaltigkeitserklärung – Verortung der Angabepflichten aus ESRS E1 – ESRS 2 Allgemeine Angaben

2.2 Governance: Angabepflicht im Zusammenhang mit ESRS 2 GOV-3

9   Die Angabepflicht im Zusammenhang mit ESRS 2 GOV-3 spezifiziert die allgemeinen Anforderungen über die Einbeziehung der nachhaltigkeitsbezogenen Leistungen in Anreizsysteme hinsichtlich klimabezogener Aspekte. Ein berichterstattendes Unternehmen soll angeben, ob und in welcher Weise klimabezogene Informationen zur Bemessungsgrundlage für die **Vergütung** in den **Verwaltungs-, Leitungs- und Aufsichtsorganen** beitragen. Verwaltungs-, Leitungs- und Aufsichtsorgane sind definiert als die Governance-Organe mit der größten Entscheidungsbefugnis im Unternehmen, einschl. der dazugehörigen Ausschüsse.[10]

Stellungnahme zu Zweifelsfragen betreffend die Abgrenzung des Personenkreises, der den Verwaltungs-, Leitungs- und Aufsichtsorganen zugehörig ist, bezieht die EFRAG in den Q&A und verweist zur Auslegung auch auf GRI 102.[11]

> **Praxis-Hinweis**
>
> Falls es im Unternehmen keine Mitglieder der Verwaltungs-, Leitungs- oder Aufsichtsorgane gibt, sollten der Geschäftsführer (CEO) und, falls vorhanden, der stellvertretende Geschäftsführer berücksichtigt werden. In einigen Rechtssystemen sind die Leitungsstrukturen zweistufig, d. h. Aufsicht und Leitung sind voneinander getrennt. In diesen Fällen umfasst die Definition der Verwaltungs-, Leitungs- und Aufsichtsorgane beide Ebenen.

Die Angaben beziehen sich auf Anreizsysteme und Vergütungsrichtlinien, welche im Zusammenhang mit den Nachhaltigkeitsaspekten des ESRS E1 stehen. Diese sind Klimaschutz, Anpassung an den Klimawandel und einzelne energiebezogene Aspekte, soweit diese Relevanz für den Klimawandel besitzen.

10 Ein berichtpflichtiges Unternehmen hat darzustellen, ob die Leistung der Mitglieder der in Rz 9 genannten Governance-Organe anhand von **Emissionsreduktionszielen** für THG-Emissionen bemessen wurde. Über solche Emissionsreduktionsziele ist in ESRS E1-4 Angabe zu machen (Rz 37).

11 Es ist anzugeben, welcher Teil der Vergütung (in %) der Mitglieder der in Rz 9 angegebenen Organe in der Berichtsperiode mit klimabezogenen Gesichtspunkten zusammenhängt.

---

10 Berichtigung der Delegierten Verordnung (EU) 2023/2772 v. 31.7.2023, ABl. EU L v. 9.8.2024, Anhang II, Tab. 2, S. 259.
11 Siehe EFRAG, ESRS Q&A Platform, Compilation of Explanations, Januar–Juli 2024, Frage 171, S. 62 f.

2.3 Strategie

2.3.1 ESRS E1-1 – Übergangsplan für den Klimaschutz

Das berichtspflichtige Unternehmen ist zur Angabe seines Übergangsplans zum Klimaschutz (*transition plan for climate change mitigation*) verpflichtet. Anhang II der ESRS definiert einen Übergangsplan zum Klimaschutz als einen Aspekt der übergeordneten Unternehmensstrategie, welcher die Ziele, Maßnahmen und Ressourcen darlegt, die zur Dekarbonisierung des Unternehmens vorgesehen sind.[12] Die Angaben nach ESRS E1-1 sollen ein Verständnis über die **vergangenen, gegenwärtigen und zukünftigen Bemühungen zum Klimaschutz** des berichtspflichtigen Unternehmens ermöglichen, um zu gewährleisten, dass die Strategie und das Geschäftsmodell kompatibel sind

1. mit dem Übergang zu einer nachhaltigen Wirtschaft,
2. mit der Begrenzung der Erderwärmung auf 1,5 °C im globalen Mittel – im Einklang mit dem Pariser Abkommen und
3. mit dem Erreichen von Klimaneutralität bis 2050.

Außerdem sollen die Angaben Aufschluss über die etwaige Exposition (*exposure*) des Unternehmens gegenüber Kohle-, Öl- und Gasaktivitäten ermöglichen. Es wird erwartet, dass berichterstattende Unternehmen auf allgemeiner Ebene Auskunft geben, wie die Unternehmensstrategie und das Geschäftsmodell angepasst werden müssen, um die drei o.g. Ziele zu erreichen. Die Anwendungsanforderungen (*Application Requirements*) zu ESRS E1-1 heben hervor, dass im Einklang mit dem Europäischen Klimagesetz von Szenarien mit keinem oder höchstens begrenztem Überschreiten der globalen Erwärmung von 1,5 °C ausgegangen werden soll (ESRS E1.AR1).

Wenn das berichtspflichtige Unternehmen gegenwärtig nicht über einen Übergangsplan verfügt, hat es darzustellen, ob und, wenn ja, wann es einen solchen Plan verabschieden wird. Sofern es einen Übergangsplan verabschiedet hat, so ist es zu folgenden Angaben verpflichtet (Rz 13).

Unter **Bezugnahme auf die Emissionsreduktionsziele** (ESRS E1-4; Rz 36 ff.) ist zu erklären, inwiefern diese Unternehmensziele mit dem Ziel korrespondieren, die globale Erderwärmung im Einklang mit dem Pariser Abkommen auf 1,5 °C zu begrenzen.

Um zu beurteilen, ob Emissionsreduktionsziele im Einklang mit dem 1,5 °-Ziel sind, müssen zur Bestimmung von Referenzwerten anerkannte Emissionsreduktionspfade herangezogen werden. In den Anwendungsanforderungen wird zunächst klargestellt, dass sektorspezifische Emissionspfade bislang noch nicht für alle Wirtschaftszweige festgelegt wurden. Unternehmen, die Wirt-

12

13

---

[12] Berichtigung der Delegierten Verordnung (EU) 2023/2772 v. 31.7.2023, ABl. EU L v. 9.8.2024, Anhang II, Tab. 2, S. 282.

schaftszweigen angehören, die nicht durch sektorspezifische Emissionspfade abgedeckt sind, sollten Emissionspfade anwenden, die sich auf die gesamte Wirtschaft beziehen (d. h. eine einfache Übertragung der Emissionsreduktionsziele von der staatlichen Ebene auf die Unternehmensebene). Dementsprechend ist davon auszugehen, dass Unternehmen ihre Referenzwerte anpassen müssen, sobald sektorspezifische Emissionspfade für bislang nicht abgedeckte Wirtschaftszweige verfügbar werden. Die Anwendungsanforderungen nennen keine ausdrückliche Quelle für Emissionsreduktionsfaktoren, erwähnen jedoch, dass Unternehmen sicherstellen sollten, dass die verwendeten Quellen auf einem Emissionsreduktionspfad basieren, der die Begrenzung der globalen Erwärmung auf 1,5 °C berücksichtigt (ESRS E1.AR27). Da Emissionsreduktionsfaktoren kontinuierlich weiterentwickelt werden, wird empfohlen, ausschl. aktuelle und öffentlich verfügbare Informationen zu verwenden (ESRS E1.AR28).

14   Unter Bezugnahme auf die Emissionsreduktionsziele für THG-Emissionen (ESRS E1-4; Rz 36 ff.) **und die Maßnahmen zum Klimaschutz (ESRS E1-3; Rz 33 ff.)** ist zu erklären, welche Dekarbonisierungshebel identifiziert wurden und welche wichtigen Maßnahmen geplant sind. Diese Maßnahmen können bspw. Änderungen des Produkt- und Dienstleistungsportfolios und die Einführung neuer Technologien sein.

Praxis-Hinweis

Als Dekarbonisierungshebel (*decarbonization levers*) werden Maßnahmenbündel, die zum Klimaschutz beitragen, verstanden (ESRS E1.AR19).

---

15   Ein berichtspflichtiges Unternehmen soll eine Quantifizierung und Erläuterung der Investitionen und Mittel zur Implementierung des dargelegten Übergangsplans vornehmen unter Bezugnahme
  • auf die **Maßnahmen zum Klimaschutz** (ESRS E1-3),[13]
  • auf die zentralen Leistungsindikatoren CapEx und ggf. die CapEx-Pläne der Taxonomie-VO.[14]

16   Das berichterstattende Unternehmen ist zur qualitativen Angabe über potenzielle „gebundene Treibhausgasemissionen" (**THG-Lock-in-Effekte**) in seinen wichtigsten Vermögenswerten und Produkten verpflichtet.[15] Gebundene Treibhausgasemissionen sind definiert als Schätzungen künftiger Treibhausgasemissionen, die voraussichtlich durch die wichtigsten Vermögenswerte oder

---

13   Gem. ESRS E1.4(c) müssen CapEx und OpEx, die zur Durchführung der Maßnahmen erforderlich sind, den relevanten Posten im Abschluss zugeordnet werden.
14   Siehe Hinweise zur Taxonomie und zu CapEx-Plänen (Rz 17).
15   Vermögenswerte sind dem Anlagevermögen eines Unternehmens zuzuordnen, wie z. B. Produktionsanlagen. Produkte hingegen werden vom Unternehmen hergestellt und sind dem Umlaufvermögen zuzuordnen, wie z. B. Kraftfahrzeuge.

Produkte eines Unternehmens, die innerhalb ihrer Einsatz- bzw. Lebensdauer verkauft werden, verursacht werden.[16]

Die Angabe soll Informationen darüber enthalten, ob und inwieweit solche *locked-in* THG-Emissionen das Erreichen der Emissionsreduktionsziele gefährden und/oder das Transitionsrisiko erhöhen können. Außerdem soll das Unternehmen offenlegen, wie es etwaige THG-intensive und energieintensive Vermögenswerte und Produkte zukünftig steuert. Es werden keine expliziten weiteren Anforderungen vorgegeben. Zur Unterstützung der Angabe über potenzielle Lock-in-Effekte wird jedoch in den Anwendungsanforderungen vorgeschlagen, dass das Unternehmen zum einen die **Lock-in-Effekte in Vermögenswerten** und zum anderen die **Lock-in-Effekte in der Produktnutzungsphase** berücksichtigt.

• Die **Lock-in-Effekte in Vermögenswerten** können anhand der kumulierten *locked-in* THG-Emissionen in zentralen Vermögenswerten bis 2030 und bis 2050 beurteilt werden. Zu bemessen wären diese Effekte als die Summe der prognostizierten Scope 1 und Scope 2 THG-Emissionen über die gesamte Nutzungsdauer der gegenwärtigen und der fest geplanten (*firmly planned*) zentralen Vermögenswerte. Zentrale Vermögenswerte sind Vermögenswerte, die sich im Besitz oder unter der Kontrolle des Unternehmens befinden und einen wesentlichen Beitrag zu direkten und/oder energiebezogenen indirekten THG-Emissionen liefern. Zentrale Vermögenswerte sind sowohl bereits existierende als auch fest geplante Vermögenswerte. Fest geplant sind Vermögenswerte, die das Unternehmen höchst wahrscheinlich innerhalb der nächsten fünf Jahre in Besitz oder unter Kontrolle bringen wird.

Praxis-Hinweis

U. E. ist mit Kontrolle die operative gemeint. Die operative Kontrolle (über ein Unternehmen, einen Standort, einen Betrieb oder einen Vermögenswert) ist eine Situation, in der das Unternehmen in der Lage ist, die operativen Tätigkeiten und Beziehungen des Unternehmens, Standorts, Betriebs oder Vermögenswerts zu leiten (→ § 3 Rz 117).[17]

• **Lock-in-Effekte in der Produktnutzungsphase** können anhand der Summe der Multiplikationen der Umsatzvolumina unterschiedlicher Produkte mit den jeweiligen geschätzten THG-Emissionen aus der Nutzung der Produkte über die gesamte Nutzungsdauer beurteilt werden. Lock-in-Effekte aus der Produktnutzungsphase sollten nur berücksichtigt werden, wenn die Scope 3

---

[16] Vgl. Berichtigung der Delegierten Verordnung (EU) 2023/2772 v. 31.7.2023, ABl. EU L v. 9.8.2024, Anhang II, Tab. 2, S. 273.
[17] Vgl. Berichtigung der Delegierten Verordnung (EU) 2023/2772 v. 31.7.2023, ABl. EU L v. 9.8.2024, Anhang II, Tab. 2, S. 274.

THG-Emissionen in der Kategorie *„use of sold products"* in ESRS E1.AR3(b) und ESRS E1.AR47 als wesentlich identifiziert wurden.

Darüber hinaus können Unternehmen mit wesentlichen Lock-in-Effekten in Vermögenswerten und/oder Produkten erklären, welche Pläne bestehen, um die zugrunde liegenden Vermögenswerte und/oder Produkte umzuwandeln, stillzulegen oder auslaufen zu lassen.

17   Berichtspflichtige Unternehmen, deren Aktivitäten in den Geltungsbereich der Delegierten Rechtsakte zum Klimaschutz und zur Anpassung an den Klimawandel[18] der Taxonomie-VO[19] fallen, müssen jegliche Zielsetzungen oder Pläne, die bestehen, um die Unternehmensaktivitäten in Einklang mit den Anforderungen der Taxonomie-VO und der Delegierten Rechtsakte zu bringen, erläutern.

Praxis-Hinweis

Nach Art. 3 der Taxonomie-VO basiert Taxonomiekonformität auf drei Anforderungsfeldern, die simultan erfüllt sein müssen:[20]

- Eine zugrunde liegende Wirtschaftsaktivität muss einen wesentlichen Beitrag zur Erreichung eines der sechs Umweltziele der Taxonomie-VO leisten. Bzgl. ESRS E1-1 sind die beiden Umweltziele Klimaschutz und Anpassung an den Klimawandel relevant. Die Delegierten Rechtsakte zur Taxonomie-VO enthalten technische Bewertungskriterien[21], anhand derer bewertet werden kann, ob eine Wirtschaftsaktivität, die in den Anwendungsbereich der Verordnung fällt, als taxonomiekonform und damit als ökologisch nachhaltig klassifiziert werden kann.
- Die Wirtschaftsaktivität darf die Erreichung der anderen Umweltziele nicht erheblich beeinträchtigen („Do-no-significant-harm"[22]-Kriterium).
- Die Wirtschaftsaktivität muss im Einklang mit Mindestschutzkriterien (*Minimum Safeguards*) stehen. Diese Kriterien beinhalten bspw. die Achtung der Menschenrechte und verweisen auf die OECD-Leitsätze für multinationale Unternehmen und die UN-Leitprinzipien für Wirtschaft und Menschenrechte.

---

[18] Delegierte Verordnung (EU) 2021/2139, ABl. EU v. 9.12.2021, L 442/1 ff.

[19] Verordnung (EU) 2020/852, ABl. EU v. 22.6.2020, L 198/13 ff.

[20] Vgl. Art. 3 Taxonomie-VO – Verordnung (EU) 2020/852, ABl. EU v. 22.6.2020, L 198/27.

[21] Vgl. Delegierte Verordnung (EU) 2021/2139, ABl. EU v. 9.12.2021, L 442/1 und Delegierte Verordnung (EU) 2022/1214, ABl. EU v. 15.7.2022, L 188/1.

[22] Kurz: DNSH. Auch diese Kriterien sind in den Delegierten Rechtsakten zur Taxonomie-VO enthalten.

> Die Taxonomie-VO zielt schließlich darauf ab, dass Unternehmen im Geltungsbereich der Verordnung den Anteil der taxonomiekonformen Wirtschaftsaktivitäten offenlegen (Art. 8 Taxonomie-VO). Dies erfolgt anhand von drei Kennzahlen:[23]
> 1. Anteil des taxonomiekonformen Umsatzes,
> 2. Anteil der taxonomiekonformen Investitionsausgaben (CapEx) und
> 3. (falls zutreffend) Anteil der taxonomiekonformen Betriebsausgaben (OpEx).

In der Berichterstattung über Zielsetzungen und Pläne zur Erreichung von Taxonomiekonformität soll das Unternehmen darlegen, inwieweit die Ausrichtung der eigenen Wirtschaftsaktivitäten an den technischen Bewertungskriterien der Taxonomie-VO den Übergang zu einer nachhaltigen Wirtschaft unterstützt. Die unter Art. 8 der Taxonomie-VO zu berichtenden Kennzahlen sollen einbezogen werden.

Das folgende Praxis-Beispiel zeigt die erforderliche Berichterstattung nach der Taxonomie-VO, welche auch in der Nachhaltigkeitserklärung verortet ist.

Praxis-Beispiel EnBW AG für die Angabe zu taxonomiekonformen Wirtschaftsaktivitäten[24]

Wirtschaftsaktivität nach der EU-Taxonomie und Beschreibung der Tätigkeit	Wesentlicher Beitrag zum Klimaschutz	Keine erhebliche Beeinträchtigung der EU-Umweltziele 3–6 (soweit Kriterien einschlägig)
4.1 Stromerzeugung mittels Photovoltaiktechnologie → Bau und Betrieb von Solarparks zur Stromerzeugung 4.3 Stromerzeugung aus Windkraft → Bau und Betrieb von Windparks zur Stromerzeugung	• Für Photovoltaik- und Windaktivitäten ist mit Blick auf den erforderlichen wesentlichen Beitrag zum Klimaschutz keine Einhaltung etwaiger Kriterien zu prüfen, da diese Energieerzeugungsart	• Der überwiegende Teil der Komponenten von Photovoltaik- und Windenergieanlagen ist auf eine sehr lange Lebensdauer ausgelegt sowie recyclingfähig und hat am Ende der Nutzungsdauer

---

[23] Detaillierte Anforderungen an die zu berichtenden Kennzahlen sind im Delegierten Rechtsakt (Delegierte Verordnung (EU) 2021/2178) zur Taxonomie-VO enthalten.

[24] Entnommen EnBW AG, Integrierter Geschäftsbericht 2023, S. 110 und 112.

Wirtschaftsaktivität nach der EU-Taxonomie und Beschreibung der Tätigkeit	Wesentlicher Beitrag zum Klimaschutz	Keine erhebliche Beeinträchtigung der EU-Umweltziele 3–6 (soweit Kriterien einschlägig)
	auch auf Basis einer Lebenszyklusanalyse deutlich unter der für die Energieversorger maßgeblichen Schwelle von 100 g CO_2eq/kWh bleibt.	noch einen Restwert (Stahl, Aluminium, Kupfer). • Die entsprechenden Bestandteile der Anlagen können sowohl im EnBW-Konzern verwertet als auch an Dritte zur weiteren Verwendung veräußert werden. • Umweltverträglichkeitsprüfungen (UVP) werden entsprechend den gesetzlichen Vorgaben durchgeführt.

Nachfolgende Grafik gibt einen Überblick über die Anteile der taxonomiekonformen Wirtschaftsaktivitäten bezogen auf Adjusted EBITDA, Capex, erweiterten Capex, Umsatz und Opex:

Anteil der taxonomiekonformen Wirtschaftsaktivitäten des EnBW-Konzerns
in Mio. € [1]

Adjusted EBITDA	6.365,2 (2022: 3.967,1)
	3.062,8 (2022: 2.419,9)
Capex	4.865,7 (2022: 3.155,2)
	4.191,2 (2022: 2.600,5)
Erweiterter Capex	5.044,8 (2022: 3.278,0)
	4.365,0 (2022: 2.718,4)
Umsatz	44.430,7 (2022: 56.002,6)
	7.222,6 (2022: 7.566,1)
Opex	1.586,1 (2022: 1.493,2)
	367,3 (2022: 342,6)

18   Falls zutreffend, müssen wesentliche **CapEx**-Beträge der Berichtsperiode offengelegt werden, die mit Investitionen in **Kohle-, Öl- und Gasaktivitäten**

korrespondieren. Industriezweige, die mit Kohle-, Öl- und Gasaktivitäten zu assoziieren sind, finden sich in Tab. 5:

Wirtschaftszweig, nach NACE-Codierung	Benennung des Wirtschaftszweigs[25]
B.05 B.06 B.09.1	Kohlebergbau Gewinnung von Erdöl und Erdgas (beschränkt auf Rohöl) Erbringung von Dienstleistungen für die Gewinnung von Erdöl und Erdgas (beschränkt auf Rohöl)
C.19	Kokerei und Mineralölverarbeitung
D.35.1	Elektrizitätsversorgung
D.35.3	Wärme- und Kälteversorgung (beschränkt auf kohle- und ölbefeuerte Energie- und/oder Wärmeerzeugung)
G.46.71	Großhandel mit festen Brennstoffen und Mineralölerzeugnissen (beschränkt auf feste und flüssige Brennstoffe)

Gas-Aktivitäten dürfen anhand der obigen NACE-Codes nur berücksichtigt werden, wenn direkte THG-Emissionen dieser Aktivitäten mehr als 270 g CO_2/kWh betragen.

Tab. 5: Übersicht über die Wirtschaftszweige, welche mit Kohle-, Öl- und Gas-Aktivitäten assoziiert sind

> **Praxis-Hinweis**
>
> In Tab. 5 ist zu beachten, dass die in Klammern stehenden Zusätze in der Spalte der Benennung der Wirtschaftszweige nicht zu den Bezeichnungen gehören, die nach NACE-Codierung für die verschiedenen Wirtschaftszweige definiert sind. Die Zusätze beschränken den Geltungsbereich für die Angabepflicht unter Rz 18.

Es ist eine Angabe darüber zu machen, ob das Unternehmen von **Paris-abgestimmten EU-Referenzwerten** ausgeschlossen ist (Tab. 6). Regelungen zu Paris-abgestimmten EU-Referenzwerten finden sich in der Delegierten Verordnung (EU) 2020/1818.[26] Referenzwerte sind regelmäßig veröffentlichte und

19

---

[25] Eurostat, NACE Rev. 2. Statistische Systematik der Wirtschaftszweige in der Europäischen Gemeinschaft, 2008, https://ec.europa.eu/eurostat/documents/3859598/5902453/KS-RA-07-015-DE.PDF, Abruf 1.8.2024.
[26] Delegierte Verordnung (EU) 2020/1818, ABl. EU v. 3.12.2020, L 406/17 ff.

erhobene bzw. bestimmte Indizes, die herangezogen werden, um ein Finanz-instrument oder einen Finanzkontrakt zu bewerten oder um die Wertentwick-lung, die Zusammensetzung und/oder die Anlageerfolgsprämie eines Portfolios zu (be)messen.[27] Nach Art. 11 der Delegierten Verordnung stehen Paris-abge-stimmte Referenzwerte grds. im Zusammenhang mit bestimmten Grenzwerten für die THG-Emissionsintensität oder die absoluten THG-Emissionen im Vergleich zum Anlageuniversum. Nach Art. 12 der Delegierten Verordnung werden bestimmte Unternehmen von Paris-abgestimmten EU-Referenzwerten ausgeschlossen. Z.B. dürfen Finanzmarktportfolios, die Paris-abgestimmt sein sollen, Unternehmen, die nach Art. 12 auszuschließen sind, dementsprechend nicht beinhalten. ESRS E1-1 verweist auf die Art. 12 Abs. 1d) bis g) und Art. 12 Abs. 2 der Delegierten Verordnung. Tab. 6 listet diese Kriterien für einen **Ausschluss aus Paris-abgestimmten Referenzwerten** auf:

Stelle	Kriterium
Art. 12 Abs. 1	a) Unternehmen erzielt 1 % oder mehr seiner Einnahmen mit der Exploration, der Entnahme, der Förderung, dem Vertrieb oder der Veredelung von Stein- und Braunkohle; b) Unternehmen erzielt 10 % oder mehr seiner Einnahmen mit der Exploration, der Förderung, dem Vertrieb oder der Veredelung von Erdöl; c) Unternehmen erzielt 50 % oder mehr seiner Einnahmen mit der Exploration, der Förderung, der Herstellung oder dem Vertrieb von gasförmigen Brennstoffen; d) Unternehmen erzielt 50 % oder mehr seiner Einnahmen mit der Stromerzeugung mit einer THG-Emissionsinten-sität von mehr als 100 g CO_2 e/kWh.
Art. 12 Abs. 2	Es wurde festgestellt oder es ist zu vermuten, dass das Un-ternehmen die DNSH-Kriterien der Taxonomie-VO (Rz 17) nicht erfüllt.

Tab. 6: Übersicht der Ausschlusskriterien für Paris-abgestimmte Referenzwerte[28]

20   Es ist zu erklären, wie der Übergangsplan in die übergreifende Unternehmens-strategie und die Finanzplanung eingebettet und mit diesen abgestimmt ist.

Es ist anzugeben, ob der Übergangsplan von den Verwaltungs-, Leitungs- und Aufsichtsorganen angenommen wurde.

---

27 Vgl. Art. 3 Verordnung (EU) 2016/1011, ABl. EU v. 29.6.2016, L 171/1 ff.
28 Delegierte Verordnung (EU) 2020/1818, ABl. EU v. 3.12.2020, L 406/17 ff.

Das berichtende Unternehmen muss ferner seinen Fortschritt in der Implementierung des Übergangsplans erklären.

2.3.2 Angabepflicht im Zusammenhang mit ESRS 2 SBM-3

Das berichtspflichtige Unternehmen muss für jedes identifizierte wesentliche Klimarisiko darstellen, ob es das Risiko als physisches Risiko oder als Transitionsrisiko begreift. Alle weiteren Angaben dieser Angabepflicht sind vorbehaltlich wesentlicher identifizierter Klimarisiken zu tätigen. 21

Praxis-Beispiel Nordex SE[29]

Folgende Tab. zeigt die wichtigsten klimabezogenen Risiken und Chancen im Bereich „Klimaschutz und Anpassung an den Klimawandel" auf der Grundlage der Szenarioanalyse[1]:

Transitorische Risiken	Szenario mit starker Auswirkung	Reaktion
Höhere Kundenanforderungen (Marktrisiko)	Szenario mit niedrigen Emissionen Es wird mit einer Zunahme der Nachhaltigkeitsanforderungen gerechnet, die im Falle der Nichteinhaltung zu einer geringeren Projektnachfrage führen könne.	• Risikoakzeptanz
Anhaltendes Problem schwankender Einspeiseleistungen (Technologierisiko)	Szenario mit hohen Emissionen Mangelnder Erfolg bei der Forschung an Technologien wie Batterien führt nicht nur zu einer deutlich geringeren Nachfrage nach Windenergieprojekten, sondern auch zu einer verstärkten Nutzung fossiler Brennstoffe und von Kernkraftwerken. Die Netzstabilität wird aufgrund geringer dezentraler Energieerzeugung aus erneuerbaren Energiequellen nicht stark beeinträchtigt, wohl aber durch physische Risiken.	• Risikominderung • Anpassung an das Risiko

---

[29] Gekürzt entnommen Nordex SE, Nachhaltigkeitsbericht 2023, S. 60.

Transitorische Risiken	Szenario mit starker Auswirkung	Reaktion
Recycling/End of Life/Kreislaufwirtschaft (politisches und rechtliches Risiko)	Szenario mit niedrigen und mittleren Emissionen Recycling steht aktuell im Vordergrund der Anstrengungen, wobei die geforderten Recyclingquoten, z. B. für Rotorblätter und -naben, stetig ansteigen. Dies führt zu hohen finanziellen Auswirkungen, z. B. aufgrund höherer Produktionskosten.	• Anpassung an das Risiko • Risikoakzeptanz
Physische Risiken	**Szenario mit starker Auswirkung (bis 2030)**	**Reaktion**
Extreme Hitzewellen (chronisches und akutes Risiko)	Szenario mit hohen Emissionen Das Unternehmen sieht sich mit Betriebs- und Wartungsverzögerungen aufgrund extremer Arbeitsbedingungen für die Belegschaft konfrontiert, was zu höherem Bedarf an Kühlsystemen führt. Notwendige regionale und marktbezogene Verschiebungen führen zu weiteren Kosten. Temperaturbedingte Veränderungen der Windströme können zum Wegfall oder zur Verlagerung potenzieller Windparkstandorte und zu einem allgemeinen Marktrückgang führen.	• Risikominderung • Anpassung an das Risiko • Risikoakzeptanz

Legende:
Risikominderung: Aktive Förderung des Wandels hin zu einer kohlenstoffarmen Gesellschaft und einem kohlenstoffarmen Geschäftsumfeld, um die Eintrittswahrscheinlichkeit von Risiken zu reduzieren.
Anpassung an das Risiko: Investitionen in lokale Einrichtungen und Produkte, um negative Auswirkungen von eingetretenen Risiken zu vermeiden oder zu reduzieren.
Risikoakzeptanz: Einplanung des erforderlichen Budgets für zusätzliche Kosten, die sich aus dem Risikoeintritt ergeben.

[1] Risiken und Chancen mit potenziell starker Auswirkung auf das Geschäft, falls eines der Szenarien eintritt.

Aufbauend auf der Risikoanalyse hat das Unternehmen zu erklären, wie **resi-** 22
lient die Unternehmensstrategie und das Geschäftsmodell gegenüber dem
Klimawandel ist. Einzubeziehen sind:

* Informationen zum Geltungsbereich der Resilienzanalyse;
* Informationen dahingehend, wie und wann die Resilienzanalyse durchgeführt wurde und inwieweit Klima-Szenarioanalyse(n) genutzt wurde(n),
  um der Resilienzanalyse zugrunde zu liegen;
* Informationen über die Ergebnisse der Resilienzanalyse (sowie der Szenarioanalysen; ESRS E1.19).

Nach aktuellem Stand der ESRS ist nicht gänzlich nachvollziehbar, ob das
Unternehmen **Szenarioanalysen** anwenden muss. Die Angabepflicht verweist
auf die Anforderungen des ESRS 2 IRO-1, die in ESRS E1 nicht explizit
Szenarioanalysen behandeln. Bei dem Verfahren der Ermittlung und Bewertung
der klimabezogenen Auswirkungen, Risiken und Chancen ist die Berücksichtigung eines Klimaszenarios mit hohen Emissionen obligatorisch (ESRS E1.20).
Zusätzlich ist bei der Bewertung klimabedingter Übergangsrisiken und Chancen die Berücksichtigung eines Klimaszenarios vorgeschrieben, das die Begrenzung der Erderwärmung auf 1,5 °C berücksichtigt (ESRS E1.20). Nach den
ESRS sind Szenarioanalysen definiert als ein Verfahren zur Ermittlung und
Bewertung möglicher Folgen zukünftiger Ereignisse unter unsicheren Bedin-
gungen.[30]
Somit sind u. E. nach der Definition der ESRS Szenarioanalysen vorgeschrieben.
Es ist zu berücksichtigen, dass der Begriff „Szenarioanalysen" unglücklich
gewählt ist und zu Missverständnissen führen könnte. Oft wird der Begriff
„Szenarien" i. V. m. Transformationspfaden auf Projektberichten (z. B. BCG/
Prognos Klimapfade, Dena Leitstudie 2045)[31] gebracht.

Hinsichtlich des Geltungsbereichs der Resilienzanalyse (Rz 22) muss angege- 23
ben werden, welche Teile des eigenen Geschäftsbereichs und/oder der Wertschöpfungskette sowie welche physischen und/oder Transitionsrisiken nicht in
die Analyse einbezogen wurden.

Hinsichtlich der Methodik, nach der die Resilienzanalyse durchgeführt wurde 24
(Rz 2), insbes. hinsichtlich der Szenarioanalyse(n) muss das Unternehmen darstellen,

---

[30] Vgl. Berichtigung der Delegierten Verordnung (EU) 2023/2772 v. 31.7.2023, ABl. EU L v.
    9.8.2024, Anhang II, Tab. 2, S. 278.
[31] Vgl. BCG/Prognos, Klimapfade für Deutschland, Januar 2018, www.prognos.com/sites/default/
    files/2021-01/20180118_bdi_studie_klimapfade_fuer_deutschland_01.pdf; vgl. DENA, Abschluss-
    bericht dena-Leitstudie. Aufbruch-Klimaneutralität, Stand: 10/2021, www.dena.de/fileadmin/
    dena/Publikationen/PDFs/2021/Abschlussbericht_dena-Leitstudie_Aufbruch_Klimaneutralitaet.
    pdf, Abruf jew. 1.8.2024.

- welche kritischen Annahmen über die Auswirkungen des Übergangs hin zu einer nachhaltigen Wirtschaft auf verbundene gesamtwirtschaftliche Trends, Energieverbräuche und technologische Neuerungen getroffen wurden;
- welche zeitlichen Horizonte angesetzt wurden und wie diese mit den Klima- und Geschäftsszenarien übereinstimmen, die herangezogen wurden, um physische und Transitionsrisiken zu identifizieren (ESRS E1-1 Angabepflicht im Zusammenhang mit ESRS 2 IRO-1, ESRS E1.AR12f.) und um Emissionsreduktionsziele festzulegen (ESRS E1-4);
- wie die geschätzten antizipierten finanziellen Effekte aus wesentlichen physischen und Transitionsrisiken (ESRS E1-9) und Klimaschutzmaßnahmen und -ressourcen (ESRS E1-3) in der Analyse berücksichtigt wurden.

Praxis-Hinweis

Die Anwendungsanforderungen zu dieser Angabe (ESRS E1.19(b)) verweisen auf die Leitlinien zur ESRS E1-Angabepflicht im Zusammenhang mit ESRS 2 IRO-1, im Speziellen auf ESRS E1.AR12f. Diese Leitlinien sollten i.V.m. ESRS E1.AR8 gelesen werden.

25 Hinsichtlich der Ergebnisse der Resilienzanalyse muss erklärt werden,

- wo in der Analyse Unsicherheiten bestehen und in welchem Ausmaß als „at risk" identifizierte Vermögenswerte und Geschäftsaktivitäten in der Strategieentwicklung, in Investitionsentscheidungen und in gegenwärtigen wie auch geplanten Maßnahmen zum Klimaschutz berücksichtigt werden;
- inwieweit das Unternehmen in der Lage ist, sich kurz-, mittel- und langfristig mit Strategie und Geschäftsmodell an die Folgen des Klimawandels anzupassen – insbes., aber nicht abschließend, mit Blick auf:
  - fortwährenden Zugang zu Finanzierungsmöglichkeiten zu tragbaren Kapitalkosten,
  - die Fähigkeit, bestehende Vermögenswerte umzuwidmen, auszubauen oder außer Betrieb zu nehmen,
  - die Fähigkeit, das Produkt- und/oder Dienstleistungsportfolio anzupassen, und
  - die Fähigkeit, die Arbeitskräfte des Unternehmens umzuschulen.

2.4 Management der Auswirkungen, Risiken und Chancen

2.4.1 Angabepflicht im Zusammenhang mit ESRS 2 IRO-1

26 Berichtspflichtige Unternehmen haben eine Beschreibung der Prozesse, mit welchen wesentliche klimabezogene Auswirkungen und klimabedingte Risiken und Chancen identifiziert werden, anzugeben. Unternehmen müssen hierbei berücksichtigen,

- welche **Auswirkungen** das Unternehmen auf den Klimawandel hat, mit besonderem Fokus auf die THG-Emissionen des Unternehmens (ESRS E1-6);
- welche **physischen Klimarisiken** in den eigenen Geschäftsbereichen und entlang der Wertschöpfungsketten bestehen, insbes.
  - wie diese physischen Risiken mind. unter der Berücksichtigung von Hochemission-Klimaszenarien identifiziert wurden und
  - inwiefern die Vermögenswerte und Geschäftsaktivitäten physischen Klimagefahren ausgesetzt und sensibel gegenüber diesen sein mögen und wie dies zu physischen Brutto-Risiken führt;
- welche **Transitionsrisiken** in den eigenen Geschäftsbereichen und entlang der Wertschöpfungsketten bestehen, insbes.
  - wie diese Transitionsrisiken mind. unter der Berücksichtigung von Klimaszenarien, die im Einklang mit der Begrenzung der globalen Erwärmung auf 1,5 °C mit keiner oder höchstens mit begrenzter Abweichung identifiziert wurden und
  - inwiefern die Vermögenswerte und Geschäftsaktivitäten klimabezogenen Übergangsereignissen ausgesetzt sein mögen und wie dies zu Brutto-Transitionsrisiken und/oder -chancen führt.

Es soll erklärt werden, wie sich die o. g. Angaben aus der Nutzung von klimabezogenen Szenarioanalysen mit kurzem, mittlerem und langem Zeithorizont ergeben haben.

> **Wichtig**
>
> Klimagefahren (*climate-related hazards*), wie bspw. Hitzewellen oder Waldbrände mit ausschl. negativen Konsequenzen, äußern sich nach dem Verständnis der ESRS ausschl. in physischen Risiken. Wesentliche (antizipierte) Übergangsereignisse, wie bspw. sich veränderndes Kundenverhalten oder eine stärkere Bepreisung von Treibhausgasemissionen, können sich in Transitionsrisiken **und** -chancen niederschlagen.

In der Offenlegung der Prozesse, mit denen die **Auswirkungen auf den Klimawandel** identifiziert wurden, muss das berichtende Unternehmen angeben, 27

- wie es seine Aktivitäten und Pläne in den eigenen Geschäftsbereichen und entlang der Wertschöpfungskette gesichtet hat, um wesentliche gegenwärtige und potenzielle Quellen von THG-Emissionen und, falls zutreffend, weitere Treiber des Klimawandels (z. B. Emission ultrafeiner Partikel, troposphärisches Ozon oder Änderungen von Landnutzung) zu identifizieren;

• wie es die Wesentlichkeit der gegenwärtigen und potenziellen Auswirkungen auf den Klimawandel in Übereinstimmung mit den Anforderungen der CSRD und der SFDR bestimmt hat.

Praxis-Hinweis

Die Sustainable Finance Disclosure Regulation (SFDR)[32] beruft sich auf die wichtigsten nachteiligen Auswirkungen (*Principal Adverse Impacts*, PAIs), um die Nachhaltigkeitsauswirkungen der Investitionsentscheidungen von Finanzmarktteilnehmern zu bemessen. Gem. Art. 4 der Verordnung müssen Finanzmarktteilnehmer mind. offenlegen,

• ob sie PAIs in ihren Investitionsentscheidungen berücksichtigen;
• wenn ja, müssen sie die Strategie erklären, die sie anwenden, um die Sorgfaltspflicht im Angesicht der berücksichtigten PAIs zu wahren.
• Werden keine PAIs berücksichtigt, muss erklärt werden aus welchen Gründen nicht.

Darüber hinaus müssen Finanzmarktteilnehmer u. a. offenlegen, wie sie relevante PAIs ermittelt haben, eine Beschreibung dieser und der im Zusammenhang dieser ergriffenen und geplanten Maßnahmen. Anhang 1 Tab. 1 zur Delegierten Verordnung (EU) 2022/1288 beinhaltet eine Auflistung der wichtigsten nachteiligen Auswirkungen.[33]

Da die CSRD vorsieht, dass berichtspflichtige Unternehmen die Informationen bereitstellen, die Finanzmarktteilnehmer zur Erfüllung ihrer Offenlegungspflichten benötigen, ist davon auszugehen, dass berichtspflichtige Unternehmen dementsprechend Indikatoren für wichtigste nachteilige Auswirkungen auf Unternehmensebene angeben müssen, sofern diese wesentlich sind.[34] Im Zusammenhang mit dem Klimawandel betrifft dies die Indikatoren, die aus der Delegierten Verordnung (EU) 2022/1288 hervorgehen.

Die Angaben nach dieser Rz 27 dürfen mit den Angaben nach ESRS E1.16(d), ESRS E1-4 und ESRS E1-6 verbunden werden.

28   In der Offenlegung der Prozesse, mit denen die **physischen Klimarisiken** identifiziert wurden, muss das berichtende Unternehmen angeben,

• ob und, wenn ja, wie es Klimagefahren im kurzen, mittleren und langen Zeithorizont identifiziert hat und wie es bewertet hat, ob seine Vermögenswerte und Geschäftsaktivitäten diesen Bedrohungen ausgesetzt sein mögen;
• ob und, wenn ja, wie es den kurzen, mittleren und langen Zeithorizont definiert hat und wie sich diese Definitionen auf die erwartete Nutzungs-

---

32 Vgl. Offenlegungs-VO – Verordnung (EU) 2019/2088, ABl. EU v. 9.12.2019, L 317/1 ff.
33 Vgl. Delegierte Verordnung (EU) 2022/1288, ABl. EU v. 25.7.2022, L 196/1 ff.
34 Vgl. Art. 1 Abs. 8 Änderungsrichtlinie (EU) 2022/2464, ABl. EU v. 16.12.2022, L 322/15 ff.

dauer der Vermögenswerte, die strategischen Planungshorizonte und die Kapitalallokationspläne niederschlagen;
* ob und, wenn ja, wie es das Ausmaß beurteilt hat, in dem die unternehmenseigenen Vermögenswerte und Geschäftsaktivitäten den identifizierten Klimagefahren ausgesetzt und diesen sensibel gegenüber sind. In eine solche Beurteilung sollen
  – die Wahrscheinlichkeit,
  – das Ausmaß und
  – die Dauer der Klimagefahren sowie
  – die geografischen Koordinaten der Unternehmensstandorte und der Wertschöpfungsketten der Klimagefahren
  einbezogen werden;
* ob und, wenn ja, inwieweit die Identifizierung der Klimagefahren und die Beurteilung der Aussetzung (*exposure*) und der Sensibilität gegenüber diesen Bedrohungen auf Hochemission-**Klimaszenarien** beruhen (z.B. IPCC SSP5-8.5[35], relevante regionale Klimaprojektionen auf Grundlage dieser Klimaszenarien oder Network for Greening the Financial System (NGFS) Klimaszenarien).

Tab. 7 gibt eine Übersicht über die Klassifikation von Klimagefahren:

	Temperatur	**Wind**	**Wasser**	**Feststoffe**
Chronisch	Temperaturänderung (Luft, Süßwasser, Meerwasser)	Änderung der Windverhältnisse	Änderung der Niederschlagsmuster und -arten (Regen, Hagel, Schnee/Eis)	Küstenerosion
	Hitzestress		Variabilität von Niederschlägen oder der Hydrologie	Bodendegradierung

---

[35] Der IPCC-Bericht bewertet die Klimaauswirkungen von fünf illustrativen Szenarien, die die Bandbreite möglicher zukünftiger Entwicklungen der anthropogenen Triebkräfte des Klimawandels abdecken. Die Szenarien beginnen im Jahr 2015. Das Szenario, in dem sehr hohe Emissionen von Treibhausgasen berücksichtigt werden, ist das Szenario SSP5-8.5, siehe IPCC, Climate Change 2023. Summary for Policymakers, www.ipcc.ch/report/ar6/syr/downloads/report/IPCC_AR6_SYR_SPM.pdf, Abruf 1.8.2024.

	Temperatur	Wind	Wasser	Feststoffe
	Temperatur-variabilität		Versauerung der Ozeane	Bodenero-sion
	Abtauen von Permafrost		Salzwasserin-trusion	Solifluk-tion
			Anstieg des Meeresspiegels	
			Wasserknapp-heit	
Akut	Hitzewelle	Zyklon, Hurrikan, Taifun	Dürre	Lawine
	Kältewelle/ Frost	Sturm (einschl. Schnee-, Staub- und Sandstürme)	Starke Nie-derschläge (Regen, Hagel, Schnee/Eis)	Erdrutsch
	Wald- und Flächen-brände	Tornado	Hochwasser (Küsten-, Flusshoch-wasser, plu-viales Hoch-wasser, Grundhoch-wasser)	Bodenab-senkung
			Überlaufen von Glet-scherseen	

Tab. 7: Klassifikation von Klimagefahren[36]

29   In der Offenlegung der Prozesse, mit denen die **Transitionsrisiken** identifiziert wurden, muss das berichtende Unternehmen angeben,
   • ob und, wenn ja, wie Übergangsereignisse im kurzen, mittleren und langen Zeithorizont identifiziert wurden und wie bewertet wurde, ob Vermögens-werte und Geschäftsaktivitäten gegenüber diesen Ereignissen ausgesetzt

---

[36]   Delegierte VO 2021/2139, Anhang I, Anlage A, ABl. EU v. 9.12.2021, L 442/1 ff.

sind; im Kontext der Transitionsrisiken und -chancen sollten langfristige Zeithorizonte mehr als zehn Jahre umfassen und mit klimabezogenen politischen Zielen übereinstimmen;

• ob und, wenn ja, wie das Ausmaß beurteilt wurde, in dem die unternehmenseigenen Vermögenswerte und Geschäftsaktivitäten den identifizierten Übergangsereignissen ausgesetzt und diesen sensibel gegenüber sind; in eine solche Beurteilung sollen
  – die Wahrscheinlichkeit,
  – das Ausmaß,
  – die Dauer und
  – der Übergangsereignisse einbezogen werden;

• ob und, wenn ja, inwieweit die Identifizierung der Übergangsereignisse und die Beurteilung der Aussetzung und der Sensibilität gegenüber diesen Bedrohungen auf **Klimaszenarien** beruhen, die mit dem Pariser Abkommen und dem Ziel der Begrenzung der Erderwärmung auf 1,5 °C konsistent sind (z. B. International Energy Agency: Net zero Emissions by 2050, Sustainable Development Scenario oder Network for Greening the Financial System – NGFS);

• ob und, wenn ja, wie Vermögenswerte und Geschäftsaktivitäten identifiziert wurden, die mit dem Übergang zu einer klimaneutralen Wirtschaft inkompatibel sind oder erheblichen Aufwand erfordern, um Kompatibilität herzustellen.

Tab. 8 gibt eine Übersicht über die Klassifikation von Übergangsereignissen:

Politik und Recht	Technologie	Markt	Reputation
Stärkere Bepreisung von Treibhausgasemissionen	Substitution bestehender Produkte und Dienstleistungen durch emissionsärmere Optionen	Änderung des Kundenverhaltens	Veränderungen der Verbraucherpräferenzen
Erweiterung der Pflichten zur Berichterstattung über Emissionen	Nicht erfolgreiche Investitionen in neue Technologien	Unsicherheit in Bezug auf Marktsignale	Stigmatisierung eines Sektors

Politik und Recht	Technologie	Markt	Reputation
Vorschriften über und Regulierung von bestehenden Produkten und Dienstleistungen	Kosten für den Übergang zu einer emissionsärmeren Technologie	Erhöhte Kosten für Rohstoffe	Vermehrte Bedenken der Interessengruppen oder negatives Feedback der Interessengruppen
Vorschriften über und Regulierung von bestehenden Produktionsprozessen			
Gefährdung durch Rechtsstreitigkeiten			

Tab. 8: Klassifikation von Transitionsrisiken[37]

30   In der Offenlegung der Prozesse, mit denen physische und Transitionsrisiken identifiziert wurden, soll das berichtende Unternehmen angeben, wie es Klima-Szenarioanalysen benutzt hat und welche unterschiedlichen Klimaszenarien einbezogen wurden, um relevante physische und Transitionsrisiken sowie klimabezogene Chancen im kurzen, mittleren und langen Zeithorizont zu identifizieren und zu beurteilen.

Die Anwendungsanforderungen ESRS E1.AR14–AR16 spezifizieren die **Anforderungen an die Anwendung von Klima-Szenarioanalysen** in ESRS E1. Streng genommen können diese Anforderungen jedoch nur Anforderungen an die Berichterstattung über die Nutzung von Klima-Szenarioanalysen darstellen. Folgende Angaben sind gefordert:

- Angaben darüber, welche Szenarien genutzt wurden, deren Quellen und inwieweit diese mit dem aktuellen Stand der Wissenschaft übereinstimmen;
- Angaben zu den genutzten Narrativen, Zeithorizonten und Endpunkten der genutzten Szenarioanalysen und eine Diskussion über die Eignung der gewählten Spannbreite an Klimaszenarien zur Abdeckung der plausiblen Risiken und Unsicherheiten des Unternehmens;

---

[37] Vgl. TCFD, Implementing the Recommendations of the Task Force on Climate-related Financial Disclosures, Oktober 2021, S. 75, eigene Übersetzung aus dem Englischen.

- Angaben über die zentralen Dynamiken und Treiber, die je Szenario Berücksichtigung gefunden haben (z. B. Annahmen über politische Entwicklungen, gesamtwirtschaftliche Trends, Energieverbräuche und Energiemix und technologische Entwicklungen) und eine Diskussion über deren Relevanz für das Unternehmen;
- Angaben über die zentralen Einflussgrößen und Limitationen der einbezogenen Klima-Szenarioanalysen (z. B. auf Grundlage der Detailtiefe).

Für die Durchführung von Klima-Szenarioanalysen können folgende Leitlinien herangezogen werden:

- TCFD Technical Supplement on „The Use of Scenario Analysis in Disclosure of Climate-Related Risks and Opportunities" (2017),
- TCFD „Guidance on Scenario Analysis for Non-Financial Companies" (2020),
- ISO 14091:2021 „Adaptation to climate change – Guidelines on vulnerability, impacts and risk assessment",
- jeglicher anderer anerkannter Industriestandard wie bspw. die Klimaszenarien des NGFS,
- nationale, regionale und lokale EU-Vorschriften.

Praxis-Beispiel Nordex SE[38]

„Im Anschluss an die Wesentlichkeitsanalyse und entsprechend der Ermittlung relevanter Risiken und Chancen haben wir eine Hotspot-Szenarioanalyse durchgeführt. Die Nordex Group hat sich für die Bewertung von Szenarien mit hohen Emissionen (Temperaturanstieg von 4 °C bis 5 °C), mittleren Emissionen (2 °C bis 3 °C) und niedrigen Emissionen (weniger als 2 °C) entschieden, die wir auf der Grundlage der öffentlich bekannten Szenarien des Weltklimarats (Intergovernmental Panel on Climate Change (IPCC)) und der Internationalen Energieagentur (IEA) definiert haben. Außerdem haben wir speziell für die physischen Risiken ein standortspezifisches Szenario mit hohen Emissionen erstellt. Die Ergebnisse dieser Analyse geben uns ein umfassendes Verständnis darüber, welche Auswirkungen die identifizierten Risiken und Chancen auf unsere Geschäftsaktivitäten haben können, falls sie vor dem Hintergrund der einzelnen THG-Emissionsszenarien eintreten. Insbesondere wurde noch deutlicher, dass ein Szenario mit hohen Emissionen zu hohen physischen Risiken führen würde. Das zeigt einmal mehr, wie wichtig eine erhebliche Reduktion der THG-Emissionen ist."

---

[38] Entnommen Nordex SE, Nachhaltigkeitsbericht 2023, S. 59.

2.4.2 ESRS E1-2 – Konzepte im Zusammenhang mit dem Klimaschutz und der Anpassung an den Klimawandel

31 Die Angabepflichten zu Konzepten („*policies*") erfordern, dass das Unternehmen die Unternehmenskonzepte zur **Steuerung der wesentlichen Auswirkungen, Risiken und Chancen** im Zusammenhang mit dem Klimaschutz und der Anpassung an den Klimawandel erklärt mit dem Ziel, die Identifizierung, die Beurteilung, das Management und/oder die Behebung der wesentlichen Auswirkungen, Risiken und Chancen darzustellen. Weiterhin wird auf ESRS 2 MDR-P „Konzepte für den Umgang mit wesentlichen Nachhaltigkeitsaspekten" verwiesen: diese Mindestangabepflichten sollen hier berücksichtigt werden (→ § 4 Rz 130 f.).

Außerdem soll das Unternehmen darauf eingehen, ob und, wenn ja, wie die Konzepte die folgenden Themenfelder adressieren:
- Klimaschutz,
- Anpassung an den Klimawandel,
- Energieeffizienz,
- Einsatz erneuerbarer Energien und
- andere Themen.

Verfügt das berichtspflichtige Unternehmen über keine Konzepte zur Steuerung der wesentlichen Auswirkungen, Risiken und Chancen, so ist dies im Einklang mit ESRS 2.61 anzugeben und darzulegen, aus welchen Gründen keine solchen Richtlinien verabschiedet wurden. Das Unternehmen kann einen zeitlichen Rahmen angeben, in dem es anstrebt, entsprechende Konzepte zu verabschieden (→ § 4 Rz 129).

Der Punkt „Andere Themen" (*Other*) ist nicht weiter definiert. Unter Heranziehung der Anwendungsanforderungen kann davon ausgegangen werden, dass sich dieser Punkt auf unternehmensinterne Konzepte bezieht, die nicht primär auf den Klimawandel ausgerichtet sind, aber den Klimaschutz oder die Klimawandelanpassung des Unternehmens indirekt tangieren (ESRS E1.AR16–AR18; siehe hierzu auch ESRS E1.32).

32 Die Angaben zu den Konzepten können getrennt nach Klimaschutz und Anpassung an den Klimawandel vorgenommen werden (ESRS E1.AR16). Des Weiteren spezifizieren die Anwendungsanforderungen, welche Inhalte Konzepte mit Bezug zum Klimaschutz und mit Bezug zur Anpassung an den Klimawandel adressieren müssen, und geben somit indirekt auch Auskunft über Fälle, in denen ein Unternehmen angeben darf, keine Strategien i. S. d. Angabepflicht verabschiedet zu haben.
- **Klimaschutz:** Konzepte adressieren das Management der THG-Emissionen, der THG-Absorption und der Transitionsrisiken über unterschiedliche Zeithorizonte hinweg. Konzepte beziehen sich auf den eigenen Geschäftsbereich und/oder die eigene Wertschöpfungskette. Es sind Angaben sowohl

zu Konzepten zu machen, die sich unmittelbar auf den Klimaschutz beziehen, als auch zu Konzepten, die sich primär auf andere Themen beziehen, aber indirekt zum Klimaschutz beitragen. Letztere können bspw. Schulungs-, Beschaffungs- oder wertschöpfungskettenbezogene, Investitions- oder Produktentwicklungskonzepte sein.

• **Anpassung an den Klimawandel:** Konzepte adressieren das Management der physischen und Transitionsrisiken hinsichtlich der Anpassung an den Klimawandel. Es sind Angaben sowohl zu Konzepten zu machen, die sich unmittelbar auf den Klimaschutz beziehen, als auch zu Konzepten, die sich primär auf andere Themen beziehen, aber indirekt zur Anpassung an den Klimawandel beitragen. Letztere können bspw. Schulungs-, Notfall- und Sicherheits- und Arbeitsschutzrichtlinien sein.

2.4.3 ESRS E1-3 – Maßnahmen und Mittel im Zusammenhang mit den Klimakonzepten

Die Angabepflicht ESRS E1-3 erfordert Angaben darüber, welche Klimaschutzmaßnahmen und welche Maßnahmen zur Anpassung an den Klimawandel ergriffen und welche entsprechenden Ressourcen erlassen wurden, um die Konzepte, über die in ESRS E1-2 berichtet werden soll, zu implementieren (ESRS E1.26f.). 33

Die Angaben sollen Aufschluss geben, welche Schlüsselmaßnahmen das Unternehmen getätigt hat und plant, um Klimaziele und Klimavorgaben der unter ESRS E1-2 abgedeckten Konzepte zu erreichen. ESRS E1-3 verweist auf ESRS 2 MDR-A: diese Mindestangabepflichten sollen hier berücksichtigt werden (→ § 4 Rz 132ff.).

Zusätzlich zu den Angaben nach ESRS 2 MDR-A soll(en)

• in der Auflistung der Schlüsselmaßnahmen im Berichtsjahr und der zukünftig geplanten Schlüsselmaßnahmen eine Darstellung gewählt werden, die die Klimaschutzmaßnahmen nach den relevanten Hebeln für die Dekarbonisierung aufgliedert; dabei sollen *nature-based solutions* einbezogen werden, wenn sie wesentliche Hebel darstellen;

• in der Erklärung der Ergebnisse der Klimaschutzmaßnahmen die bisher erreichten und die erwarteten THG-Emissionsreduktionen dargestellt werden;

• wesentliche Teilbeträge der Investitionsausgaben (CapEx) und Betriebsausgaben (OpEx) gesetzt und ausgewiesen werden, die zur Umsetzung der Maßnahmen aufgewendet wurden, in Bezug
  a) zu den entsprechenden Posten oder Erläuterungen im Jahresabschluss,
  b) zu den nach Art. 8 der Taxonomie-VO geforderten Kennzahlen,
  c) zum CapEx-Plan, falls das berichterstattende Unternehmen einen solchen offenlegen muss.[39]

---

[39] Vgl. Delegierte Verordnung (EU) 2021/2178, ABl. EU v. 10.12.2021, L 443/9ff.

> **Praxis-Hinweis**
>
> Naturbasierte Lösungen (*nature-based solutions*) sind nach Definition der International Union for Conservation of Nature (IUCN) Maßnahmen, die durch den Schutz, die nachhaltige Bewirtschaftung und die Wiederherstellung natürlicher und veränderter Ökosysteme sozialen Herausforderungen begegnen.[40] Detaillierte Kriterien und Indikatoren zu naturbasierten Lösungen finden sich im Globalen Standard der IUCN für naturbasierte Lösungen.[41]
>
> Eine Matrix und Übersicht klimaschutzwirksamer Handlungsfelder für naturbasierte Lösungen findet sich in der Veröffentlichung „Nature-based solutions for climate change mitigation" vom Umweltprogramm der Vereinten Nationen (*United Nations Environment Programme, UNEP*) und der IUCN.[42]

34   Die Anwendungsanforderungen zu ESRS E1-3 spezifizieren, dass das berichtende Unternehmen in den zusätzlichen Angaben folgende Wahlmöglichkeiten hat:
   • Die Schlüsselmaßnahmen und/oder Pläne zur Implementierung von Klimaschutz- und Klimaanpassungskonzepten können alleinstehend oder aggregiert offengelegt werden.
   • Unterschiedliche Arten von Maßnahmen können zu Dekarbonisierungshebeln aggregiert werden, welche die unternehmensspezifischen Maßnahmen abbilden, z.B. Energieeffizienz(maßnahmen), Elektrifizierung, Brennstoffwechsel (*fuel switching*), Nutzung erneuerbarer Energien, Produktänderungen, Dekarbonisierung in der Wertschöpfungskette.
   • Die Schlüsselmaßnahmen können zusammen mit der in ESRS E1-4 geforderten Offenlegung messbarer Klimaziele offengelegt werden. Dabei müssen die Maßnahmen nach Dekarbonisierungshebeln disaggregiert sein.
   • Die Maßnahmen, die mit der Anpassung an den Klimawandel korrespondieren, können nach verschiedenen Arten von Anpassungslösungen aufgegliedert werden, z.B. naturbasierte Anpassung (*nature-based adaptation*), verfahrenstechnische oder technologische Lösungen (ESRS E1.AR19).

35   Weiterhin geht aus den Anwendungsanforderungen hervor, dass die Angaben zu den wesentlichen Teilbeträgen der Investitionsausgaben (CapEx) und Betriebsausgaben (OpEx) zum Zweck der Glaubwürdigkeit der Maßnahmen gemacht werden sollen und nicht zur Abstimmung mit dem Jahresabschluss

---

[40]   Vgl. IUCN, Nature-based solutions, www.iucn.org/our-work/nature-based-solutions, Abruf 1.8.2024.
[41]   Vgl. IUCN, IUCN Global Standard for Nature-based Solutions: first edition, https://portals. iucn.org/library/sites/library/files/documents/2020-020-En.pdf, Abruf 1.8.2024.
[42]   Vgl. UNEP & IUCN, Nature-based solutions for climate change mitigation, wedocs.unep.org/ xmlui/bitstream/handle/20.500.11822/37323/NBSST.pdf, Abruf 1.8.2024.

gedacht sind. Die angegebenen Beträge sollen lediglich die Teile des CapEx bzw. OpEx abbilden, die direkt zur Erfüllung der Klimaziele durch die Maßnahmen beitragen (ESRS E1.AR20).

Die berichteten Beträge der Investitionsausgaben (CapEx) und Betriebsausgaben (OpEx), die zur Umsetzung der Maßnahmen dienen, sollen mit den nach Taxonomie-VO zu berichtenden Kennzahlen für CapEx und Opex konsistent sein. Falls das berichtspflichtige Unternehmen darüber hinaus einen CapEx-Plan nach Verordnung (EU) 2021/2178[43] offenlegt, sollen die unter ESRS E1-3 berichteten Beträge für CapEx auch mit diesem konsistent sein. Etwaige Unterschiede zwischen den unter ESRS E1-3 berichteten Beträgen für CapEx bzw. OpEx und den Beträgen taxonomiekonformer CapEx bzw. OpEx, z.b. aufgrund nicht taxonomiefähiger Aktivitäten, müssen erklärt werden (ESRS E1.AR21).

Die Angaben zu den Beträgen der Investitionsausgaben (CapEx) und Betriebsausgaben (OpEx) können nach Wirtschaftsaktivität strukturiert werden, um sich der Struktur der Taxonomie-VO anzugleichen (ESRS E1.AR22).

Praxis-Hinweis

Die Delegierte Verordnung (EU) 2021/2178 spezifiziert Regeln zur Berechnung der unter Art. 8 der Taxonomie-VO vorgeschriebenen Kennzahlen. Hinsichtlich der CapEx-Kennzahl der Taxonomie-VO wird in der Delegierten Verordnung eingeräumt, dass Investitionsausgaben, die „Teil eines Plans zur Ausweitung taxonomiekonformer Wirtschaftsaktivitäten oder zur Umwandlung in taxonomiekonforme Wirtschaftsaktivitäten" sind, in der CapEx-Kennzahl Berücksichtigung finden dürfen. Ein solcher Plan wird CapEx-Plan genannt. Weitere Anforderungen an den CapEx-Plan finden sich in Anhang I Nr. 1.1.2.2. der Delegierten Verordnung.

Praxis-Beispiel Volkswagen AG – CapEx-Plan i.S.d. EU-Taxonomie[44]

„Gemäß der Vorgaben der EU-Taxonomie ist zu unterscheiden, welcher Umfang der taxonomiekonformen Investitions- und Betriebsausgaben a) sich auf Vermögenswerte oder Prozesse bezieht, der mit ökologisch nachhaltigen Wirtschaftstätigkeiten verbunden ist, oder b) Teil eines Plans zur Ausweitung von taxonomiekonformen Wirtschaftstätigkeiten oder zur Umwandlung taxonomiefähiger in taxonomiekonforme Wirtschaftstätigkeiten (sogenannter ‚CapEx-Plan') ist. Der CapEx-Plan im Sinne der EU-Taxonomie zeigt den gesamten Kapitalaufwand, das heißt die Summe der Investitions- und Betriebsausgaben, die im Berichtszeitraum und während der fünf-

---

43 Delegierte Verordnung (EU) 2021/2178, ABl. EU v. 10.12.2021, L 443/9 ff.
44 Entnommen Volkswagen AG, Nachhaltigkeitsbericht 2023, S. 79.

jährigen Mittelfristplanung zur Ausweitung von taxonomiekonformen Wirtschaftstätigkeiten oder zur Umwandlung taxonomiefähiger in taxonomiekonforme Wirtschaftstätigkeiten voraussichtlich anfallen wird.

Der CapEx-Plan im Sinne der EU-Taxonomie betrifft für das fahrzeugbezogene Geschäft die Wirtschaftstätigkeit 3.3 ‚Herstellung von CO_2-armen Verkehrstechnologien' des Umweltziels Klimaschutz.

Zugänge aus vermieteten Vermögenswerten (im Wesentlichen Fahrzeug-Leasing-Geschäft) basieren auf bereits bestehenden ökologisch nachhaltigen Tätigkeiten und wurden daher nicht im CapEx-Plan berücksichtigt. Zugänge aus immateriellen Vermögenswerten und Sachanlagen sowie nicht aktivierte Forschungs- und Entwicklungskosten haben wir dem CapEx-Plan zugeordnet, insofern sie zu einer Umwandlung oder Ausweitung führen. Dazu haben wir das durchschnittliche taxonomiekonforme Produktionsvolumen der Mittelfristplanung den taxonomiekonformen Fahrzeugen des Berichtsjahres gegenübergestellt und entsprechend dieses Verhältnisses die taxonomiekonformen Investitionsausgaben aufgeteilt. Den über das aktuelle taxonomiekonforme Produktionsvolumen hinausgehenden Anteil haben wir dementsprechend berücksichtigt.

Infolgedessen waren von den taxonomiekonformen Investitionsausgaben des Berichtsjahres 8 (9) Mrd. EUR dem CapEx-Plan im Sinne der EU-Taxonomie zuzuordnen, von den taxonomiekonformen Betriebsausgaben waren es 3 (3) Mrd. EUR. Der gesamte Kapitalaufwand dieses CapEx-Plans im Sinne der EU-Taxonomie, der im Berichtszeitraum und während der fünfjährigen Mittelfristplanung voraussichtlich anfallen wird, beläuft sich auf 90 (100) Mrd. EUR."

2.5 Kennzahlen und Ziele

2.5.1 ESRS E1-4 – Ziele im Zusammenhang mit dem Klimaschutz und der Anpassung an den Klimawandel

36 Die Offenlegung der vom Unternehmen gesetzten klimabezogenen Ziele (ESRS E1.30) soll ein Verständnis über die Ziele vermitteln, die sich das Unternehmen zur Unterstützung seiner Konzepte zum Klimaschutz und zur Anpassung an den Klimawandel und zur Bewältigung seiner wesentlichen klimabedingten Auswirkungen, Risiken und Chancen gesetzt hat (ESRS E1.31). Die Offenlegung der Ziele hat gem. ESRS E1.32 die in ESRS 2 MDR-T „Nachverfolgung der Wirksamkeit von Konzepten und Maßnahmen durch Zielvorgaben" geforderten Mindestangaben zu berücksichtigen (→ § 4 Rz 140). ESRS E1.7 stellt dahingehend eine Doppelung dar, als die Anwendung der in ESRS 2 MDR-T formulierten Mindestanforderungen – bei der Angabe von Zielen nach ESRS E1 – bereits aus ESRS 2 MDR-T selbst hervorgeht. Denn

ESRS 2 MDR-T ist generell bei der Angabe von Zielen für solche Nachhaltigkeitsbelange anzuwenden, die als wesentlich beurteilt wurden.

Bei der Angabe der Ziele zum Klimaschutz und zur Anpassung an den Klimawandel gem. ESRS E1-4 i.V.m. ESRS 2 MDR-T (ESRS 2.78) ist mind. darauf einzugehen, 37

a) ob und wie das Unternehmen die Wirksamkeit seiner Maßnahmen zur Bewältigung wesentlicher Auswirkungen, Risiken und Chancen in Zusammenhang mit dem Klimaschutz und der Anpassung an den Klimawandel verfolgt; dies beinhaltet Angaben zu Kennzahlen, die für die Beurteilung der Wirksamkeit herangezogen wurden;

b) welche messbaren, zeitgebundenen und ergebnisbezogenen Ziele vom Unternehmen festgelegt werden, um die strategischen Ziele mit Blick auf den Klimaschutz und Anpassungen an den Klimawandel zu erreichen; diese sind mit den erwarteten Ergebnissen für Menschen, Umwelt oder das Unternehmen im Hinblick auf wesentliche Auswirkungen, Risiken und Chancen in Bezug zu setzen;

c) der Gesamtfortschritt bei der Verwirklichung der angenommenen Ziele im Lauf der Zeit;

d) ob und wie das Unternehmen die Wirksamkeit seiner Maßnahmen zur Bewältigung wesentlicher Auswirkungen, Risiken und Chancen in Bezug auf den Klimaschutz und die Anpassung an den Klimawandel verfolgt und den Fortschritt bei der Erreichung seiner strategischen Ziele misst, **wenn** das Unternehmen **keine** messbaren, zeitgebundenen und ergebnisbezogenen Ziele festgelegt hat;

e) ob und wie Stakeholder in die Ableitung der Zielsetzungen einbezogen wurden.

Die Offenlegungsvorgaben zu klimabezogenen Zielen auf Grundlage von ESRS E1.30 werden neben den Mindestanforderungen auf Basis von ESRS 2 MDR-T (i.V.m. ESRS E1-4) durch viele spezifische Anforderungen an die Offenlegung, die aus ESRS E1.34f. und den dazugehörigen Anwendungsanforderungen hervorgehen, bestimmt. Mithin werden die allgemeinen Anforderungen des ESRS 2 MDR-T durch ESRS E1-4 konkretisiert und ergänzt. 38

Hiernach (ESRS E1.34) hat das Unternehmen zu berichten, ob und wie es Ziele

1. zur Reduzierung der Treibhausgasemissionen und/oder

2. andere Ziele zur Bewältigung wesentlicher klimabedingter Auswirkungen, Risiken und Chancen (z.B. durch den Einsatz erneuerbarer Energien, die Steigerung der Energieeffizienz, Maßnahmen zur Anpassung an den Klimawandel und zur Minderung physischer Risiken oder von Transitionsrisiken)[45] festgelegt hat.

---

[45] Siehe zu den Begriffsabgrenzungen der genannten Beispiele Rz 1.

Wenn das Unternehmen auf Basis des Ergebnisses der **Wesentlichkeitsanalyse** über Ziele zur Reduzierung der Treibhausgasemissionen berichtet, die es festgelegt hat, gelten hinsichtlich der Berichtsinhalte weitere Anforderungen (ESRS E1.34). Begründet wird dies u.a. mit der Relevanz dieser Informationen für Finanzmarktteilnehmer, die der Offenlegungsverordnung[46] unterliegen, aufgrund der Einordnung dieser Informationen als Indikator für „Investitionen in Unternehmen ohne Initiativen zur Reduzierung der CO_2-Emissionen".[47]

Bei der Offenlegung der Ziele zur Reduzierung der Treibhausgasemissionen wird – neben der Nennung der konkretisierenden Angaben (Rz 4) – nochmals explizit und kumulativ auf die Anwendung von ESRS 2 MDR-T verwiesen. Daraus kann nur folgen, dass die allgemein in ESRS 2 MDR-T beschriebenen Mindestanforderungen nicht nur für die Offenlegung zu den Zielen zum Klimaschutz und zur Anpassung an den Klimawandel (Rz 2) gelten, sondern i.E. auch auf die Ziele zur Reduzierung der Treibhausgasemissionen anzuwenden sind.

Damit werden die Angaben zu den Zielen zur Reduzierung der Treibhausgasemissionen in zweifacher Hinsicht umfasst und unterliegen besonders umfangreichen Vorgaben. Dies steht in Einklang mit der exponierten Stellung, die Angaben zu Treibhausgasemissionen in der Nachhaltigkeitsberichterstattung zukommt.

39   Als konkretisierende Angabeerfordernisse zu den Zielen zur Reduzierung der Treibhausgasemissionen listet ESRS E1.34 auf:
a) Nennung der Ziele zur Reduzierung der Treibhausgasemissionen in absoluten Werten (entweder in Tonnen CO_2-Äquivalent oder als Prozentsatz der Emissionen eines Basisjahrs) und ggf. als Intensitätswert (Rz 40);
b) Angabe der Ziele zur Reduzierung der Treibhausgasemissionen für Scope 1, 2 und 3 entweder einzeln oder zusammengefasst (Rz 41f.);
c) Angabe der THG-Emissionsreduktionsziele auf Grundlage des aktuellen Jahrs als Basisjahr (Berichtsjahr) mit dem Basiswert jenes Jahrs als Referenzgröße für Folgejahre und Aktualisierung des Basisjahrs ab dem Jahr 2030 im Abstand von fünf Jahren (Rz 43).
Das Unternehmen kann überdies die Fortschritte bei der Erreichung seiner Ziele vor dem jeweils geltenden Basisjahr – u.E. also vor der erstmaligen Anwendung der CSRD (dies könnte aus ESRS E1.AR26(c) geschlussfolgert werden) und danach – offenlegen, sofern diese Informationen mit den Anforderungen von ESRS E1.34(a) in Einklang stehen (also etwa die Methodik der Ermittlung übereinstimmt; Rz 44 und Rz 50).

---

[46]   Offenlegungs-VO – Verordnung (EU) 2019/2088, ABl. EU v. 9.12.2019, L 317/1 f.
[47]   Dies ergibt sich aus der entsprechenden delegierten Verordnung zur Offenlegungsverordnung. Des Weiteren wird für die Begründung der Offenlegung auf das Zusammenwirken mit Art. 6 „Festlegung und Veröffentlichung von THG-Emissionsreduktionszielen durch Unternehmen" der Delegierten Verordnung (EU) 2020/1818, ABl. EU v. 3.12.2020, L 406/17 ff., verwiesen.

d) Die Ziele zur Reduzierung der Treibhausgasemissionen müssen mind. Zielwerte für das Jahr 2030 und, sofern verfügbar, für das Jahr 2050 umfassen. Ab 2030 werden Zielwerte nach jedem Fünfjahreszeitraum festgelegt (Rz 45–50).

e) Das Unternehmen hat zu den eigens festgelegten Zielen zur Reduzierung der Treibhausgasemissionen anzugeben (Rz 47–51),
   i) ob diese wissenschaftlich fundiert sind;
   ii) ob diese mit der Begrenzung der durchschnittlichen Erderwärmung auf 1,5 °C vereinbar sind;
   iii) welcher Rahmen und welche Methodik zur Festlegung der Ziele verwendet wurden und ob auf einen sektorspezifischen Dekarbonisierungspfad zurückgegriffen wurde;
   iv) welche Klima- und Politikszenarien den Zielen zugrunde liegen;
   v) ob die Ziele extern geprüft wurden.

Überdies hat das Unternehmen kurz zu erläutern, wie es bei der Festlegung der Ziele zukünftige Entwicklungen berücksichtigt (z.B. Änderungen der Verkaufsmengen, Verschiebungen der Kundenpräferenzen und -nachfrage, regulatorische Faktoren oder neue Technologien) und wie sich diese zukünftigen Entwicklungen auf die Treibhausgasemissionen und die Emissionsreduzierungen auswirken könnten.

f) Das Unternehmen hat die geplanten Hebel für die Dekarbonisierung und deren gesamte quantitative Beiträge zur Erreichung der Ziele zur Reduzierung der Treibhausgasemissionen zu beschreiben. Als Beispiele für die Bestimmung von Dekarbonisierungshebeln und deren quantifizierten Ausmaße werden genannt: Erhöhung der Energie- oder Materialeffizienz bzw. Reduzierung von Verbrauchsmaterial, Brennstoffumstellung, Nutzung erneuerbarer Energien, Aufgabe oder Ersatz von Produkten oder Prozessen (Rz 52).

Während die Nennung der Ziele zur Reduzierung der Treibhausgasemissionen nach ESRS E1.34(a) entweder als absoluter Wert in Tonnen oder als Prozentangabe verpflichtend ist, stellt die Angabe in Form von **Intensitätswerten** eine freiwillige Zusatzangabe dar. Unter einem Intensitätswert ist der Umfang an Treibhausgasemissionen bezogen auf relevante Aktivitäts- oder Produktionseinheiten zu verstehen (ESRS E1.AR23). Zur Abgrenzung dieser Einheiten wird auf die sektorspezifischen Standards verwiesen. Zum Zeitpunkt der Veröffentlichung des finalen ersten Sets an ESRS liegen diese noch nicht vor. Daher kann die Festlegung bis zu deren Veröffentlichung nach eigenem Ermessen erfolgen. Es empfiehlt sich jedoch, allgemeine Leitlinien zu berücksichtigen (für die Zuordnung der Treibhausgasemissionen bietet sich z.B. der Rückgriff auf das „GHG Protocol for Project Accounting" an). Unserer Einschätzung nach empfiehlt sich eine Orientierung an den Entwürfen der sektorspezifischen ESRS-Standards – sobald verfügbar – auf Basis der jeweils aktuellen Fassungen. Beispiele für Einheiten bzw. daraus resultierende Erlöse, denen Intensitätswerte

40

zugeordnet werden, könnten die Umsatzerlöse aus einzelnen Produktions-standorten, Produkten oder Produktgruppen sein. Somit wird den jeweiligen Ergebnissen ein Maßstab für die Auswirkungen aus der jeweiligen Wertschöpfung zugeordnet.

Praxis-Beispiel Deutsche Bundesbank – Angabe zu Treibhausgasintensitäten[48]

„Bei der Berechnung der Treibhausgasmetriken (THG-Metriken) für ihre Portfolios orientiert sich die Bundesbank an den Empfehlungen der TCFD und der Partnership for Carbon Accounting Financials (PCAF). Dazu gehören unter anderem die gewichtete durchschnittliche Treibhausgasinten-sität (WACI – Weighted Average Carbon Intensity), der Carbon Footprint und die absoluten Emissionen der sich in den Eigenportfolios befindlichen Wertpapiere. Die gewichtete durchschnittliche Treibhausgasintensität des Euro-Portfolios beträgt 1,43 Tonnen CO_2-Äquivalente (CO_2e) pro eine Million Euro Bruttoertrag und hat sich damit leicht verringert im Vergleich zum Vorjahr (1,49). Auch der Carbon Footprint ist im Vergleich zum Vorjahr leicht auf 0,16 Tonnen CO_2e pro eine Million Euro Investition gesunken. Erstmals offengelegt werden die absoluten Emissionen. Im Jahr 2022 betrugen diese für das Euro-Portfolio 1.181 Tonnen CO_2e und damit 264 Tonnen CO_2e weniger als im Vorjahr. Dies ist dem geringeren Portfolio-bestand geschuldet.

Die insgesamt vergleichsweise niedrigen Messwerte ergeben sich aus der Zusammensetzung des Euro-Eigenportfolios der Bundesbank, das nur aus von Banken emittierten Covered Bonds besteht. Die in diesem Bericht angeführten Kennzahlen decken lediglich betriebsbedingte THG-Emissio-nen der Banken (Covered-Bonds-Emittenten) verursachten Emissionen ab (Scope 1 und 2). Zwar lässt sich eine Verbesserung bei der Datenlage für die von den Banken durch ihre Investitionen und/oder Kredite finanzierten Treibhausgasemissionen (Scope 3) erkennen, jedoch ist diese noch nicht ausreichend gut und flächendeckend. Bei einer verbesserten Datenlage, die eine Berücksichtigung der finanzierten Treibhausgasemissionen zulässt, dürften sich die Klimakennzahlen für das Euro-Portfolio deutlich erhöhen."

Hat das berichtende Unternehmen **nur** ein Treibhausgasemissions-Intensitäts-minderungsziel festgelegt, muss es dennoch die zugehörigen absoluten Werte für das Zieljahr und die Zwischenzieljahre offenlegen (ESRS E1.AR24). Dies kann dazu führen, dass ein Unternehmen einen Anstieg der absoluten Treib-

---

[48] Entnommen Deutsche Bundesbank, Klimabezogene Berichterstattung der Deutschen Bundes-bank 2023, S. 4f.

hausgasemissionen für das Zieljahr und die Zwischenzieljahre offenlegen muss, bspw. weil es ein Wachstum seines Geschäfts erwartet.

Aus ESRS E1.AR24 folgt, dass **statt** der Angabe der Ziele zur Reduzierung der Treibhausgasemissionen als absolute Werte alternativ die Offenlegung von Intensitätsminderungszielen zulässig ist, wenn diese als absolute Werte angegeben werden.

Praxis-Beispiel Deutsche Post DHL – Angabe zu Treibhausgasintensität, Treibhausgasemissionen und Ziele zur Reduzierung der Treibhausgasemissionen[49]

„Fortschritt in der Dekarbonisierung

[...]

Die THG-Emissionen entstehen in den Transportmodi und verteilen sich wie folgt: 68 % Luft, 24 % Land und 7 % See (Vorjahr: Luft 69 %, Land 22 %, See 8 %); Gebäude tragen unverändert mit 1 % bei. Im Berichtsjahr sanken die THG-Emissionen um 9,1 % auf 33,27 MIO t CO_2e. Die THG-Emissionen in den Scopes 1 netto und 2 (marktbasierte Methode) gingen um 0,8 % auf 8,30 MIO t CO_2e zurück, die netto Scope-3-Emissionen um 11,5 % auf 24,97 MIO t CO_2e.

Der Rückgang der THG-Emissionen ist vor allem durch die rückläufige Entwicklung der Sendungsvolumina beeinflusst. Realisierte Dekarbonisierungseffekte aus unseren Maßnahmen in Höhe von 1,3 MIO t CO_2e (Vorjahr: 1 MIO t CO_2e) haben zur Reduktion beigetragen; damit haben wir unser Ziel für das Berichtsjahr erreicht. Emissionsmindernd wirkten dabei die Nutzung von Strom aus erneuerbaren Quellen, die Elektrifizierung unserer Flotte in der Abholung und Zustellung und die Betankung mit nachhaltigen Kraftstoffen beziehungsweise die freiwillige Beimischung in den verwendeten Verteilnetzen.

Durch die gesetzlich bestimmten Beimischungen von Biokraftstoffen ergibt sich zusätzlich eine Reduktion von 128 kt CO_2e (Vorjahr angepasst: 140 kt CO_2e), die in unseren Realisierten Dekarbonisierungseffekten nicht enthalten sind. Aus der Verbrennung von Biomasse (biologisches Material, das aus Kohlenstoff, Wasserstoff und Sauerstoff besteht) entstanden Emissionen in Höhe von 787 kt CO_2e (Vorjahr: 538 kt CO_2e), die gemäß GHG Protocol nicht den Scopes 1, 2 und 3 zugerechnet werden. Die THG-Intensität betrug im Berichtsjahr 407 g CO_2e pro EUR Umsatz (Vorjahr angepasst: 387 g CO_2e pro EUR Umsatz)."

---

[49] Entnommen Deutsche Post DHL, Geschäftsbericht 2023, S. 66.

41 Legt das Unternehmen kombinierte Treibhausgasemissions-Reduktionsziele
i. V. m. ESRS E1.34(b) offen, muss es die Ziele den verschiedenen Treibhausgas-
emissionsbereichen (Scope 1, 2 und/oder 3; siehe zur inhaltlichen Abgrenzung
von Scope 1, 2 und 3 Rz 69) zuordnen und nennen, welcher Anteil des Ziels sich
auf den jeweiligen Treibhausgasemissionsbereich bezieht und welche Treibhausgase abgedeckt werden. Außerdem ist die Methode offenzulegen, die zur
Berechnung der im Ziel enthaltenen Scope-2-Treibhausgasemissionen verwendet wird (d. h. entweder die standortbasierte oder die marktbasierte Methode;
ESRS E1.AR25).

Praxis-Hinweis
**Standortbasierte oder marktbasierte Methode zur Berechnung von
Scope-2-Treibhausgasemissionen**

Das GHG Protocol erläutert in „Scope 2 Guidance"[50] die Unterschiede
zwischen der standortbasierten und der marktbasierten Methode bei der
Berechnung von Scope-2-Treibhausgasemissionen – also von Emissionen
aus bezogener Energie, wie Strom, Wasserdampf, Wärme und/oder Kühlung. Tab. 9 stellt die Methoden und deren unterschiedliche Anwendungs-
bereiche gegenüber.

	Marktbasierte Methode (*Market-Based Method*)	Standortbasierte Methode (*Location-Based Method*)
Definition	Eine Methode zur Quantifizierung der Scope-2-THG-Emissionen eines Berichterstatters auf der Grundlage der THG-Emissionen, die von den Erzeugern emittiert werden, von denen der Berichterstatter vertraglich Strom im Paket mit vertraglichen Instrumenten oder vertraglichen Instrumenten allein bezieht.	Eine Methode zur Quantifizierung von THG-Emissionen des Bereichs 2 auf der Grundlage von durchschnittlichen Emissionsfaktoren der Energieerzeugung für bestimmte geografische Standorte, einschl. lokaler, subnationaler oder nationaler Grenzen.

50 GHG Protocol, Scope 2 Guidance, S. 24 ff., https://ghgprotocol.org/scope-2-guidance, Abruf 1.8.2024.

	Marktbasierte Methode (*Market-Based Method*)	Standortbasierte Methode (*Location-Based Method*)
Wie die Methode Emissionen zuordnet	Emissionsfaktoren, die von der in den vertraglichen Instrumenten dargestellten Treibhausgasemissionsrate abgeleitet sind und die Qualitätskriterien für Scope 2 erfüllen.	Emissionsfaktoren, die die durchschnittlichen Emissionen der Energieerzeugung innerhalb eines bestimmten geografischen Gebiets und eines bestimmten Zeitraums darstellen.
Wo die Methode angewendet wird	Für alle Tätigkeiten auf Märkten, die den Verbrauchern eine Auswahl an differenzierten Stromprodukten oder versorgungsspezifischen Daten bieten, in Form von vertraglichen Instrumenten.	Für alle Stromnetze.
Besonders nützlich für die Darstellung	• Individuelle Beschaffungsmaßnahmen der Unternehmen • Möglichkeiten der Einflussnahme auf Stromanbieter und -versorgung • Risiken/Chancen, die sich aus vertraglichen Beziehungen ergeben, einschl. bisweilen rechtlich durchsetzbarer Anspruchsregeln	• Treibhausgasintensität der Netze, in denen der Betrieb stattfindet, unabhängig vom Markttyp • Die aggregierte Treibhausgasbilanz energieintensiver Sektoren (z. B. Vergleich des elektrischen Zugverkehrs mit dem Transitverkehr mit Benzin- oder Dieselfahrzeugen) • Risiken/Chancen im Zusammenhang mit lokalen Netzressourcen und Emissionen

	Marktbasierte Methode (*Market-Based Method*)	Standortbasierte Methode (*Location-Based Method*)
Was die Ergebnisse dieser Methode nicht berücksichtigen	• Durchschnittliche Emissionen an dem Ort, an dem der Strom verbraucht wird	• Emissionen aus differenzierten Strombezügen oder -angeboten oder anderen Verträgen

Tab. 9: Vergleich von standortbasierter und marktbasierter Methode bei der Berechnung von Scope-2-Treibhausgasemissionen nach dem GHG Protocol – Scope 2 Guidance[51]

42 In Zusammenhang mit der Offenlegung der Reduktionsziele nach ESRS E1.34(b) muss das Unternehmen erläutern, wie diese Ziele mit den Grenzen der Treibhausgasemissionen in Einklang zu bringen sind, die für das Unternehmen aus der Berichtspflicht nach ESRS E1-6 „THG-Bruttoemissionen der Kategorien Scope 1, 2 und 3 sowie THG-Gesamtemissionen" resultieren. Sollten die nach ESRS E1.34(b) offengelegten Reduktionsziele von den Grenzen der Treibhausgasemissionen gem. Offenlegung nach ESRS E1-6 abweichen, muss/müssen gem. ESRS E1.AR25 angegeben werden:

- auf welche Gase sich die Abweichung bezieht,
- welcher prozentuale Anteil von Scope-1-, 2- und/oder 3-Emissionen von der Zielabweichung betroffen ist und
- die gesamten Treibhausgasemissionen, bei denen eine Abweichung vom gesetzten Ziel vorliegt.

Die an die Offenlegung gestellten Anforderungen für die THG-Emissionsminderungsziele sind auf Ebene der Tochtergesellschaft(en) sinngemäß anzuwenden (ESRS E1.AR25). Hierbei ist davon auszugehen, dass diese Vorgabe auf konsolidierte Gesellschaften beschränkt ist. Dies bedeutet u. E. aber nicht, dass eine Offenlegung der Reduktionsziele für jede einzelne Gesellschaft erforderlich ist, obwohl der explizite Verweis auf Tochtergesellschaften in diesem Fall überflüssig wäre. Vielmehr ist der Maßstab der Berichtsanforderungen nach ESRS E1.34(b) auf Ebene der Tochtergesellschaften anzuwenden. Eine Offenlegung auf Ebene jeder einzelnen Gesellschaft erscheint überschießend.

Die nach ESRS E1.34(b) zu berichtenden Reduktionsziele sind als Bruttoziele auszuweisen. Deswegen dürfen die offengelegten Werte nicht um *GHG removals*, Emissionszertifikate oder vermiedene Emissionen als Mittel zur Erreichung der Ziele gekürzt werden.

---

[51] GHG Protocol, Scope 2 Guidance, S. 26, https://ghgprotocol.org/scope-2-guidance, Abruf 1.8.2024, eigene Übersetzung aus dem Englischen.

ESRS E1.34(c) bestimmt **Referenzjahre** für die Festlegung der THG-Redukti-   **43**
onsziele. Durch die unterschiedlichen Zeitpunkte, zu denen Unternehmen erstmalig unter die Berichtspflicht nach der CSRD und mithin der ESRS fallen,
weichen die erstmals gewählten Basisjahre zwischen den berichtspflichtigen
Unternehmen voneinander ab. Ab dem Jahr 2030 nivelliert sich der Unterschied
und die Offenlegungen aller berichtspflichtigen Unternehmen können leichter
miteinander verglichen werden. Einschränkungen in der Vergleichbarkeit resultieren allerdings aus ESRS E1.AR26(b) – bei späteren Änderungen von
Basisjahr und -wert.

Henkel beschreibt und visualisiert im Nachhaltigkeitsbericht 2022 die Ziele zur
Reduktion der Treibhausgasemissionen unter Nennung von Basisjahren und
Prozentangaben wie folgt:

**Praxis-Beispiel Henkel – Angabe zu Klimazielen unter Nennung von
Basisjahren und Zielwerten für Scope 1 und 2**[52]

„Wir haben uns verpflichtet, unsere Scope-1- und Scope-2-CO_2-Emissionen
pro Tonne Produkt bis 2030 um 67 Prozent im Vergleich zu 2017 zu
reduzieren. Auf dem Weg zu diesem SBTi-Ziel verfolgen wir weiterhin unser
Zwischenziel, den Fußabdruck unserer Produktionsstandorte bis 2025 um
65 Prozent gegenüber dem Basisjahr 2010 zu reduzieren. Wir streben weiterhin an, unser bestehendes, wissenschaftsbasiertes Ziel für das Jahr 2030 zu
erreichen, 100 Prozent des bezogenen Stroms, den wir für die Produktion
benötigen, aus erneuerbaren Quellen zu beziehen. Wir suchen jedoch ständig nach Möglichkeiten, Emissionsreduktionen für ausgewählte Standorte
schneller zu erreichen.

Unsere von der Science Based Targets Initiative (SBTi) bestätigten Ziele für
unsere betrieblichen Treibhausgasemissionen (Scope 1 und 2) stehen im
Einklang mit den Reduktionen, die erforderlich sind, um die Erwärmung
auf 1,5 Grad Celsius zu begrenzen. Bis Ende 2023 konnten wir eine Reduzierung der CO_2-Emissionen um 51 Prozent pro Tonne Produkt (gegenüber
unserem SBTi-Referenzjahr 2017) sowie um 61 Prozent pro Tonne Produkt
(gegenüber 2010) erzielen.“

---

[52]   Entnommen Henkel, Nachhaltigkeitsbericht 2023, S. 38f.

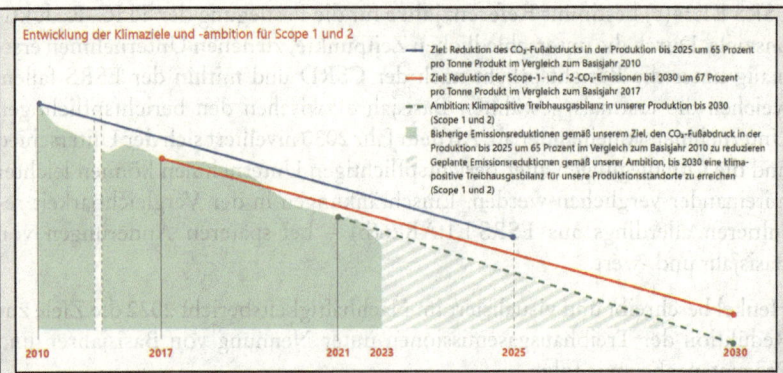

Abb. 1: Angabe zu Klimazielen unter Angabe von Basisjahren

Die Basiswerte in Tonnen sind dieser Darstellung nicht zu entnehmen. Die absoluten Werte für das Berichtsjahr in Tonnen finden sich an anderer Stelle im Nachhaltigkeitsbericht in Form nachstehender Abb. offengelegt:

Angaben in Tausend Tonnen CO₂ / CO₂-Äquivalente	1. Rohstoffe	2. Betrieb⁴	3. Logistik	4. Verbrauch	5. Entsorgung / Recycling	
Direkte CO₂-Emissionen (Scope 1)		Produktion: 221 Fahrzeugflotten¹: 29 Emissionen aus Biokraftstoffen: 33				283 (0,9 %)
Indirekte CO₂-Emissionen (Scope 2)		Fremdbezogene Energie (Strom, Dampf): 45				45 (0,1 %)
Indirekte Emissionen in CO₂-Äquivalenten (Scope 3)³	Chemikalien²: 6.400 Verpackung: 1.345 Rohstofftransport³: 234	Pendelverkehr der Mitarbeitenden: 60 Produktionsabfälle⁴: 13 Geschäftsreisen³: 44 Brennstoff- und energiebezogene Tätigkeiten 129	Transport unserer Produkte³: 575	Anwendung unserer Produkte: 22.215	Entsorgung unserer Produkte: 1.503	32.518 (99,0 %)
	7.979 (24,3 %)	574 (1,7 %)	575 (1,8 %)	22.215 (67,6 %)	1.503 (4,6 %)	
Gesamt: rund 32.846 Tausend Tonnen CO₂ / CO₂-Äquivalente						

Abb. 2: Betrieblicher CO_2-Fußabdruck entlang der Wertschöpfungskette[53]

ESRS E1.AR26 ergänzt die Bestimmungen von ESRS E1.34(c) um weitere Anforderungen an die Offenlegung. Diese lauten wie folgt:

a) Das Unternehmen hat kurz zu beschreiben, wie es sicherstellt, dass der Basiswert anhand dessen die Zielerreichung zur Reduzierung der Treibhausgasemissionen gemessen wird, keinen Verzerrungen unterliegt. Verzerrungen könnten aus Temperaturanomalien im Basisjahr oder einer außergewöhnlichen Auslastung der Produktion resultieren und damit die Höhe des

---

[53] Entnommen Henkel, Nachhaltigkeitsbericht 2023, S. 133.

Energieverbrauchs im Basisjahr und damit verbundene Treibhausgasemissionen (sowohl positiv als auch negativ) beeinflussen. Derartige Verzerrungen sind nicht nur transparent zu machen, sondern im Basiswert soweit möglich zu korrigieren. Eine mögliche Methodik zur Korrektur stellt die Normalisierung des Basiswerts dar, indem ein Mehrjahresdurchschnitt, z. B. der Dreijahresdurchschnitt aus dem Referenzjahr und den beiden vorherigen Jahren, als Basiswert gewählt wird. Diese Korrektur ist dann zulässig und geboten, wenn dies zu einer getreueren Darstellung des Basiswerts führt.

b) Der Basiswert und das Basisjahr dürfen in folgenden Berichtsjahren nur dann geändert werden, wenn wesentliche Änderungen der Reduktionsziele oder der Berichtsgrenzen vorliegen. Ist dies gegeben, hat das Unternehmen ein neues Basisjahr zu wählen, das nicht länger als drei Jahre vor dem ersten Berichtsjahr des neuen Zielzeitraums liegt (also nicht länger als drei Jahre vor dem aktuellen Berichtsjahr, in dem ein neuer Ziel- oder Grenzwert festgelegt wird; z. B. ist für das Zieljahr 2030 und einen Zielzeitraum zwischen 2025 und 2030 das Basisjahr aus dem Zeitraum zwischen 2022 und 2025 zu wählen). Des Weiteren ist zu erläutern, wie sich der neue Basiswert auf das neue Ziel, dessen Erreichung und die Darstellung der Fortschritte im Zeitverlauf auswirkt.

Bei der freiwilligen Offenlegung der Fortschritte bei der Zielerreichung vor dem jeweils geltenden Basisjahr gem. ESRS E1.34(c) ist es u. E. nicht erforderlich, dass bei der Gegenüberstellung mit früheren Jahren (in Ergänzung zum Basisjahr) immer ein Jahr gewählt wird, das vormals als Basisjahr ausgewiesen wurde. Dies folgt alleine daraus, dass auch Zeiträume vor Geltung der CSRD erfasst sein sollten. So schreibt ESRS E1.AR26(d) vor, dass Unternehmen, die sich zur freiwilligen Offenlegung von Informationen über vergangene Fortschritte entscheiden, bei methodischen Abweichungen, bspw. hinsichtlich der Zielgrenzen, diese Unterschiede kurz erläutern müssen.   **44**

Während sich die Angabepflichten nach ESRS E1.34(c) auf die Festlegung von Basisjahren bezieht, bestimmt ESRS E1.34(d) die **Zielzeiträume**. U. E. folgt aus ESRS E1.34(d), dass als Zielzeiträume für Berichtsjahre vor 2030 die Zielwerte für 2030 und 2050 offenzulegen sind, wohingegen ab dem Jahr 2030 bis zum Jahr 2034 auf das Jahr 2035 und 2050 zu referenzieren ist (usw.). Auch vor diesem Hintergrund ist die gem. ESRS E1.AR26 zulässige Anpassung der Zielzeiträume als angebracht zu sehen. Immerhin erscheint die Festlegung eines längerfristigen Zielzeitraums bei Erreichen eines Berichtsjahrs am Ende des fünfjährigen Zielkorridors (zusätzlich zum Zieljahr 2050) angebracht. Ein Beispiel hierfür wäre das Berichtsjahr 2029 mit Zielzeiträumen bis 2030 und 2050.   **45**

Die Informationen über den Zielzeitraum sind gem. ESRS E1.AR27 entlang eines Emissionspfads offenzulegen. Dieser **Emissionspfad** sollte, sofern verfügbar, sektorspezifisch – andernfalls sektorübergreifend – sein. Darüber hinaus   **46** muss der Emissionspfad mit dem Ziel der Begrenzung der durchschnittlichen Erderwärmung auf 1,5 °C vereinbar sein.

Um dies zu gewährleisten, hat das Unternehmen einen an dieses 1,5 °C-Ziel angepassten Referenzzielwert gesondert für Scope 1 und Scope 2 (und separat für Scope 3, falls das Unternehmen Scope-3-Emissionen berichtet) zu berechnen. Diese Referenzzielwerte sind entlang des Emissionspfads den THG-Emissionsreduktionszielen des Unternehmens oder den Zwischenzielen bezogen auf die jeweiligen Scopes gegenüberzustellen.

Die „oder"-Verknüpfung kann allerdings nicht bedeuten, dass eine Wahlmöglichkeit zwischen der Gegenüberstellung mit Zielen und Zwischenzielen erfolgt. Stattdessen sind den Zielwerten in jedem Fall die Referenzzielwerte gegenüberzustellen. Das gilt uneingeschränkt für die beiden verpflichtend offenzulegenden Zielzeiträume gem. ESRS E1.34(d) (für Berichtsjahre vor 2030 folglich die Zielzeiträume bis 2030 und 2050 bzw. in nachfolgenden Berichtsjahren die Zielzeiträume bis 2030 zzgl. des jeweiligen Fünfjahreszeitraums und 2050). Bei der Festlegung von weiteren, freiwillig berichteten Zwischenzielen kann, aber muss dies u. E. nicht erfolgen.

Praxis-Hinweis
Dekarbonisierungspfad

Die **Science Based Targets initiative** (SBTi) motiviert und unterstützt Unternehmen, sich wissenschaftlich fundierte Klimaziele zu setzen, indem sie u. a. Anleitungen zur Umsetzung von Dekarbonisierungspfaden bietet. Die SBTi ist eine Zusammenarbeit zwischen CDP, dem UN Global Compact, dem World Resources Institute (WRI) und dem World Wide Fund for Nature (WWF). In „Pathways to Net-Zero: SBTi Technical Summary" beschreibt die SBTi Pfade zur Erreichung von 1,5 °C-ausgerichteten Klimazielen. Abb. 3 zeigt eine vereinfachte Darstellung; die Publikation bietet zudem komplexere Darstellungen an.

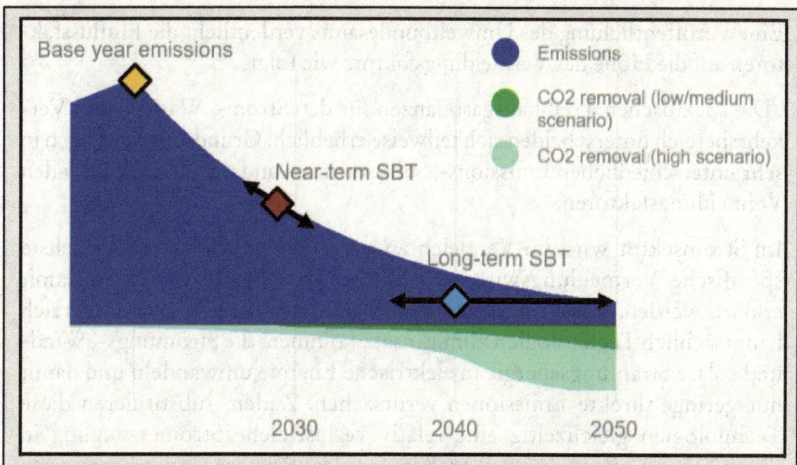

Abb. 3: Vereinfachte Darstellung eines Minderungspfads zur Berechnung kurzfristiger und langfristiger *Science-based targets*[54]

Für die Ermittlung der an das 1,5 °C-Ziel angepassten **Referenzzielwerte** gibt ESRS E1 fakultative Methoden vor, was bedeutet, dass auch alternative Ansätze gewählt werden können. Folgende Methoden schlägt ESRS E1.AR28 vor: 47

Ermittlung der Referenzzielwerte durch
* Multiplikation der Treibhausgasemissionen im Basisjahr mit einem **sektorspezifischen** Emissions-Vermeidungsfaktor (sektorspezifische Dekarbonisierungsmethode) oder
* Multiplikation der Treibhausgasemissionen im Basisjahr mit einem **sektorübergreifenden** Emissions-Vermeidungsfaktor (Kontraktionsmethode).

Achtung
Bestimmung von Vermeidungsfaktoren

Für die jeweiligen Erzeugungsarten an erneuerbarer Energie gelten gesonderte Vermeidungsfaktoren. Die Vermeidungsfaktoren ergeben sich, indem vom CO_2-Äquivalent der Energieerzeugung das CO_2-Äquivalent abgezogen wird, das aus dem Lebenszyklus der jeweiligen Erzeugungsart resultiert. Demzufolge hängen die Höhe des Vermeidungsfaktors und damit die Auswirkungen auf die Klimaziele des Unternehmens von mehreren Einflussfaktoren ab. Durch den Rückgriff auf das jeweilige CO_2-Äquivalent können unterschiedliche Treibhausgabe berücksichtigt werden.

---

[54] Entnommen Pathways to Net-Zero: SBTi Technical Summary, Version 1.0, Oktober 2021, S. 4.

Eine Veröffentlichung des Umweltbundesamts verdeutlicht die Einflussfaktoren auf die Höhe des Vermeidungsfaktors wie folgt:

„Die spezifischen Treibhausgasbilanzen für den Strom-, Wärme- und Verkehrsbereich unterscheiden sich teilweise erheblich. Gründe hierfür liegen in sehr unterschiedlichen Emissions-, Substitutions- und daraus resultierenden Vermeidungsfaktoren.

Im Stromsektor wird im Vergleich zu den anderen Sektoren die höchste spezifische Vermeidungswirkung erreicht. Dies kann zum einen damit erklärt werden, dass bei den erneuerbaren Energien im Strombereich hauptsächlich Technologien zum Einsatz kommen, die Strömungs-, Wind- und solare Strahlungsenergie in elektrische Energie umwandeln und damit nur geringe direkte Emissionen verursachen. Zudem substituieren diese Technologien gleichzeitig eine relativ verlustreiche Stromerzeugung in thermischen Kraftwerken mit großem fossilem Primärenergieträgereinsatz und entsprechend hohen direkten Emissionen. Somit ist der Stromsektor die wichtigste Säule der bisherigen Dekarbonisierungserfolge."[55]

48   Die Emissions-Vermeidungsfaktoren können aus verschiedenen Quellen abgeleitet werden; sicherzustellen ist, dass die verwendeten Quellen auf einem Emissionsreduktionspfad basieren, der mit der Begrenzung der durchschnittlichen Erderwärmung auf 1,5 °C vereinbar ist (ESRS E1.AR28).

Bei der Wahl der Quellen für die Bestimmung der (landesspezifischen) Vermeidungsfaktoren kann auf nationale oder internationale Verlautbarungen zurückgegriffen werden. Bspw. werden vom deutschen Umweltbundesamt in regelmäßigen Abständen Vermeidungsfaktoren veröffentlicht.[56]

Weltweit anerkannt sind die Berechnungen zur Emissionsvermeidung durch erneuerbare Energieerzeugung auf Basis der Klimarahmenkonvention (*United Nations Framework Convention on Climate Change*, UNFCCC). Das **UNFCCC** – gegründet im Jahr 1992 auf der Weltkonferenz in Rio de Janeiro – ist das übergeordnete Übereinkommen des Pariser Abkommens von 2015, mit dem Ziel der Begrenzung der durchschnittlichen Erderwärmung auf 1,5 °C, und des Kyoto-Protokolls aus dem Jahr 1997.[57] Das Ziel aller drei Abkommen

55   Lauf/Memmler/Schneider, Climate Change 55/2022, S. 38 f.
56   Das Umweltbundesamt erstellte bislang regelmäßig eine Emissionsbilanz erneuerbarer Energieträger, in welcher Vermeidungsfaktoren enthalten sind: www.umweltbundesamt.de/publikationen/emissionsbilanz-erneuerbarer-energietraeger-2021, Abruf 1.8.2024.
57   Siehe hierzu und den folgenden Ausführungen zum UNFCCC Art. 2 des Rahmenübereinkommens der Vereinten Nationen über Klimaänderungen; UN Climate Change, Annual Report 2022, S. 11, sowie die Verlautbarungen auf der Internetseite des UNFCCC, https://unfccc.int/, Abruf 1.8.2024.

i. R. d. UNFCCC besteht darin, die Treibhausgaskonzentrationen in der Atmosphäre auf einem Niveau zu stabilisieren, das gefährliche Eingriffe des Menschen in das Klimasystem verhindert, und zwar in einem Zeitrahmen, der den Ökosystemen eine natürliche Anpassung und eine nachhaltige Entwicklung ermöglicht.

Konkretisierungen zu den Emissionsfaktoren finden sich wiederum auf Basis der Veröffentlichungen des UNFCCC bzw. des Clean Development Mechanism (CDM). **CDM** beruht auf Art. 12 des Kyoto-Protokolls und beschäftigt sich mit Emissionsreduktionsverpflichtungen. In den entsprechenden Veröffentlichungen sind Methodiken zur Berechnung der Emissionsverpflichtungen für verschiedene Projekte und Erzeugungsarten erläutert.[58]

Praxis-Beispiel zu Emissionsfaktoren

Die Veröffentlichung zur CDM-Methodik listet u. a. folgendes Beispiel zur Emissionsreduktion auf und gibt dazu die jeweiligen Spezifika an:

Typische(s) Projekt(e)	Nachrüstung, Sanierung (oder Modernisierung), Ersatz oder Kapazitätserweiterung eines bestehenden Kraftwerks oder Bau und Betrieb eines neuen Kraftwerks/Blocks, das/der erneuerbare Energiequellen nutzt und Strom ins Netz einspeist. Batteriespeichersysteme können unter bestimmten Bedingungen integriert werden.
Art der Maßnahmen zur Verringerung der Treibhausgasemissionen	• Erneuerbare Energien. Verdrängung von Strom, der durch treibhausintensivere Mittel ins Netz eingespeist würde.

---

[58] Siehe zu diesen Methoden Grid-connected electricity generation from renewable sources, Version 21.0, https://cdm.unfccc.int/methodologies/DB/HF3LP6O41YY0JIP1DK6ZRJO9RSCX3S, Abruf 1.8.2024.

| Wichtige Bedingungen für die Anwendbarkeit der Methodik | • Das Projektkraftwerk nutzt eine der folgenden Quellen: Wasser-, Wind-, Erdwärme-, Sonnen-, Wellen- oder Gezeitenkraft. Mit Biomasse befeuerte Kraftwerke sind nicht anwendbar.
• Im Fall von Kapazitätserweiterungen, Nachrüstungen, Sanierungen oder Erneuerungen hat das bestehende Kraftwerk den kommerziellen Betrieb vor Beginn eines historischen Mindestbezugszeitraums von fünf Jahren aufgenommen, und zwischen dem Beginn dieses historischen Mindestbezugszeitraums und der Durchführung des Projekts wurde keine Kapazitätserweiterung oder Nachrüstung, Sanierung oder Erneuerung des Kraftwerks vorgenommen.
• Im Fall der Wasserkraft:
– Das Projekt muss in einem bestehenden Stausee durchgeführt werden, ohne dass das Volumen des Stausees verändert wird;
– das Projekt muss in einem bestehenden Stausee durchgeführt werden, in dem das Volumen des Stausees vergrößert wird und die Leistungsdichte größer als 4 W/m^2 ist;
– das Projekt führt zu neuen Stauseen und die Leistungsdichte ist größer als 4 W/m^2; oder
– bei der Projektaktivität handelt es sich um ein integriertes Wasserkraftprojekt mit mehreren Stauseen. |

	• Die Integration eines Batterie-Energiespeichersystems ist sowohl für eine neue Technologie zur Erzeugung erneuerbarer Energie als auch für eine bestehende Solar-, Photovoltaik- oder Windkraftanlage möglich.
Wichtige Kennzahlen	Bei der Validierung: • Netzemissionsfaktor (kann auch nachträglich überwacht werden).
	Überwacht: • Strom, der durch das Projekt ins Netz eingespeist wird. • Falls zutreffend: Methanemissionen des Projekts.

Tab. 10: Netzgekoppelte Stromerzeugung aus erneuerbaren Ressourcen[59]

Des Weiteren bietet das UNFCCC eine Liste an harmonisierten Standards, Ansätzen und Richtlinien zur Treibhausgasbilanzierung, die als Quellen zur Bestimmung von Vermeidungsfaktoren infrage kommen.[60] Hier sind Veröffentlichungen der *Technical Working Group of International Financial Institutions* (IFI) gelistet, die bislang in erster Linie für Finanzinstitute von Bedeutung waren.[61] Die Veröffentlichungen sind sowohl sektorübergreifend als auch sektorspezifisch.

Praxis-Hinweis
Quellen zu Emissionsfaktoren und Grenzwerten

Die zur Bestimmung von Emissionsfaktoren genannten Quellen sind auch für die Bestimmung von Grenzen der Treibhausgasemissionen relevant (siehe ESRS E1-6, ESRS E1.34(b)).

---

[59] UNFCCC, CDM Methodology Booklet, Dezember 2022, ACM0002 enthält die englischsprachige Version, die hier in deutscher Sprache wiedergegeben ist.

[60] Siehe unfccc.int/climate-action/sectoral-engagement/ifis-harmonization-of-standards-for-ghg-accounting/ifi-twg-list-of-methodologies, Abruf 1.8.2024.

[61] Siehe zur Technical Working Group of International Financial Institutions (IFI) https://ifiworkinggroup.org/, Abruf 1.8.2024.

49 Die Anwendungsanforderungen weisen explizit darauf hin, dass öffentlich kommunizierte Emissions-Vermeidungsfaktoren regelmäßig aktualisiert werden.[62] Unternehmen sollten ihre Berichterstattung auf den entsprechend öffentlich verfügbaren Informationen aufbauen und die Vermeidungsfaktoren auf dieser Basis regelmäßig aktualisieren (ESRS E1.AR29). Fraglich ist, wie bei der Aktualisierung vorzugehen ist, um eine Vergleichbarkeit der Berichte über die Jahre hinweg zu gewährleisten und die Überprüfung der Zielerreichung transparent zu gestalten. Hier ist davon auszugehen, dass ein Hinweis auf angepasste Vermeidungsfaktoren und die daraus resultierenden Auswirkungen in den Bericht aufzunehmen sind.

Praxis-Hinweis

Die Aktualisierung der Vermeidungsfaktoren erfolgt oftmals in so kurzen Abständen, dass (fast) jedes Berichtsjahr aktuelle Werte vorliegen. Dies geht etwa aus der Historie der vom Umweltbundesamt veröffentlichten Vermeidungsfaktoren für erneuerbare Energieträger hervor. Die – im Nachgang zu den jeweiligen Jahren erfolgten – Veröffentlichungen zeigen die Veränderungen über die Jahre hinweg: hier beispielhaft für die Jahre 2022 und 2021 (Tab. 11 und Tab. 12). So zeigt bspw. der Vermeidungsfaktor für THG (CO_2-Äq.) durch Endenergieverbrauch aus EE für Wärme und Kälte in 2020 einen Wert von 226 [g/kWh]. Im Vergleich zum Jahr 2021 ist dieser Wert um ca. 7 % auf 210 [g/kWh] gesunken.

---

[62] Wie bspw. die regelmäßigen Veröffentlichungen des Umweltbundesamts.

Treibhausgas		durch Bruttostromerzeugung aus EE		durch Endenergieverbrauch aus EE für Wärme und Kälte[1]		durch Endenergieverbrauch im Verkehr (Biokraftstoffe)[2]		Gesamt
		Netto-Vermeidungsfaktor [g/kWh]	netto vermiedene Emissionen [1.000 t]	Netto-Vermeidungsfaktor [g/kWh]	netto vermiedene Emissionen [1.000 t]	Netto-Vermeidungsfaktor [g/kWh]	netto vermiedene Emissionen [1.000 t]	netto vermiedene Emissionen [1.000 t]
Treibhausgaseffekt[3]	CO_2-Äq.	715	178.775	226	40.676	285	10.982	230.432
	CO_2	706	176.550	230	41.524	303	11.689	229.764
	CH_4	0,56	140,8	–0,04	–6,47	–0,10	–3,72	131
	N_2O	–0,02	–4,2	–0,01	–2,3	–0,05	–2,06	–9

[1] inkl. Biodiesel, der in der Landwirtschaft verwendet wird, und ohne Berücksichtigung des Holzkohleverbrauchs
[2] nur Biokraftstoffe, ohne Berücksichtigung des Stromverbrauchs im Verkehrssektor auf Basis vorläufiger Daten der Bundesanstalt für Landwirtschaft und Ernährung für das Jahr 2017
[3] weitere Treibhausgase (SF_6, FKW, H-FKW) sind nicht berücksichtigt

Tab. 11: Emissionsbilanz für wesentliche Treibhausgase durch erneuerbare Energieträger im Strom-, Wärme- und Verkehrssektor im Jahr 2020 – Berechnungen des Umweltbundesamts[63]

63 Lauf/Memmler/Schneider, Climate Change 71/2021, S. 36.

Treibhausgas	durch Bruttostromerzeugung aus EE		durch Endenergieverbrauch aus EE für Wärme und Kälte[1]		durch Endenergieverbrauch im Verkehr (Biokraftstoffe)[2]		Gesamt
	Netto-Vermeidungsfaktor [g/kWh]	netto vermiedene Emissionen [1.000 t]	Netto-Vermeidungsfaktor [g/kWh]	netto vermiedene Emissionen [1.000 t]	Netto-Vermeidungsfaktor [g/kWh]	netto vermiedene Emissionen [1.000 t]	netto vermiedene Emissionen [1.000 t]
Treibhausgaseffekt[3]							
CO_2-Äq.	707	165.363	210	41.551	285	9.813	216.728
CO_2	694	162.343	214	42.452	307	10.586	215.380
CH_4	0,64	150,6	–0,04	–8,90	–0,20	–7,04	135
N_2O	–0,02	–4,5	–0,01	–2,5	–0,06	–1,98	–9

[1] inkl. Biodiesel, der in der Landwirtschaft verwendet wird, und ohne Berücksichtigung des Holzkohleverbrauchs
[2] nur Biokraftstoffe, ohne Berücksichtigung des Stromverbrauchs im Verkehrssektor auf Basis vorläufiger Daten der BLE für das Jahr 2017
[3] weitere Treibhausgase (SF_6, FKW, H-FKW) sind nicht berücksichtigt

Tab. 12: Emissionsbilanz für wesentliche Treibhausgase durch erneuerbare Energieträger im Strom-, Wärme- und Verkehrssektor im Jahr 2021 – Berechnungen des Umweltbundesamts[64]

[64] Lauf/Memmler/Schneider, Climate Change 55/2022, S. 39.

Um zu vermeiden, dass solche Unternehmen schlechter gestellt werden, die sich bereits vor Eintreten der Berichtspflichten gem. CSRD i. V. m. den ESRS ehrgeizige Maßnahmen zum Erreichen der Klimaziele gesetzt haben, und demzufolge die Referenzzielwerte nur mit mehr Anstrengungen erreichen als andere Unternehmen, die in demselben Zeitraum noch keine derartigen Maßnahmen umgesetzt hatten, eröffnet ESRS E1.AR30 folgende Wahlmöglichkeit (betrifft ESRS E1.34(c) und (d)):

50

Unternehmen dürfen die in vorherigen Berichtsjahren erreichten Reduzierungen an Treibhausgasemissionen, die entweder mit einem sektorübergreifenden oder mit einem sektorspezifischen 1,5 °C-Zielpfad vereinbar sind, berücksichtigen und ihre Basisemissionen entsprechend anpassen, um die Referenzzielwerte zu bestimmen. Macht ein Unternehmen von dieser Option Gebrauch, darf es Reduzierungen an Treibhausgasemissionen vor dem Jahr 2020 nicht berücksichtigen. Zudem muss es geeignete Nachweise für die in der Vergangenheit erzielten Reduzierungen der Treibhausgasemissionen erbringen.

Selbige Wahlmöglichkeit ist für solche Fälle gedacht, in denen das jeweilige Basisjahr weiter zurückliegt. In Fällen mit einem aktuelleren Basisjahr wird es nämlich tendenziell leichter sein, den Referenzzielwert zu erreichen.

Gem. ESRS E1.34(e) ist anzugeben, ob die THG-Emissionsziele aus einem sektorspezifischen Dekarbonisierungspfad abgeleitet wurden. Es wird nicht angegeben, ob die Verwendung sektorspezifischer Pfade sektorübergreifenden Pfaden vorzuziehen ist. In den Anwendungsanforderungen werden jedoch die sektorspezifischen Dekarbonisierungspfade (sofern vorhanden) vor den sektorübergreifenden Pfaden aufgeführt. Aus unserer Sicht ist daher die Wahl eines sektorspezifischen Pfads vor den sektorübergreifenden Pfaden vorzuziehen (ESRS E1.AR28).

51

Während die Anwendungsanforderungen regelmäßig Konkretisierungen und Erläuterungen zu den dazugehörigen, allgemeiner gehaltenen Angabepflichten beinhalten, ist dieses Verhältnis zwischen ESRS E1.34 und ESRS E1.AR28 weniger klar, da hier lediglich auf die laufende Entwicklung der Emissionsreduktionsfaktoren eingegangen wird. ESRS E1.34(e) erscheint hinsichtlich der Ermittlung und Verwendung von Referenzzielwerten und Reduktionspfaden konkreter gefasst als ESRS E1.AR28 (Rz 47) und ESRS E1.34(d) und (e) sowie ESRS E1.AR28 nur in Verbindung miteinander lesbar bzw. auf einer Ebene angesiedelt. Zudem häufen sich die inhaltlichen Überschneidungen zwischen ESRS E1.34 und den dazugehörigen Anwendungsanforderungen. Diese wirken insgesamt nicht gut aufeinander abgestimmt.

Ein umfassendes Beispiel für die Darstellung der Ziele, der Gegenüberstellung von Basisjahr und Zielwerten unter Hinweis auf angewandte Methoden bietet der BASF-Bericht 2023 – wenngleich dieser die Anforderungen von ESRS E1-4 noch nicht vollumfänglich erfüllt. Die Anforderungen von ESRS E1-4 waren freilich im hier betrachteten Berichtsjahr noch nicht erforderlich. So lautet es im Bericht 2023:

Praxis-Beispiel BASF – Dekarbonisierungspfad und Zielsetzungen in Einklang mit dem Pariser Abkommen[65]

„Ausgehend vom Basisjahr 2018 wollen wir die Treibhausgasemissionen unserer Produktion (Scope 1) und unseres Energieeinkaufs (Scope 2) bis 2030 um 25 % senken. Trotz unserer Wachstumspläne und der Errichtung eines neuen Verbundstandorts in Südchina streben wir damit eine Verringerung der Treibhausgasemissionen von 21,9 Millionen Tonnen auf 16,4 Millionen Tonnen an. Verglichen mit dem Jahr 1990 entspricht dies einem Rückgang um rund 60 %. Unser langfristiges Ziel sind Netto-Null-Treibhausgasemissionen bis 2050."

Ziele 2030[66]

–25 %	–15 %
Reduktion unserer absoluten Scope-1- und -2-Treibhausgasemissionen[a] gegenüber 2018	Reduktion unserer spezifischen Scope-3.1-Treibhausgasemissionen[b] gegenüber 2022

Ziel 2050

Netto-Null
Treibhausgasemissionen bis 2050 (Scope 1, 2[a] und 3.1)

[a] Ohne den Verkauf von Energie an Dritte, Treibhausgase gemäß Greenhouse Gas Protocol, in CO_2-Äquivalente (CO_2e) umgerechnet
[b] Scope 3.1, Rohstoffe ohne Batteriematerialien, ausgenommen Services und technische Güter. Ausgenommen Treibhausgasemissionen aus BASF-Trading-Aktivitäten. Zukünftige Anpassung der Basislinie analog TfS-Guideline unter anderem nach Verfügbarkeit weiterer Primärdaten möglich

Eine detaillierte Darstellung des Emissionsminderungspfads zeigt Abb. 4.

---

[65] Entnommen BASF, BASF-Bericht 2023, S. 103.
[66] Entnommen BASF, BASF-Bericht 2023, S. 102.

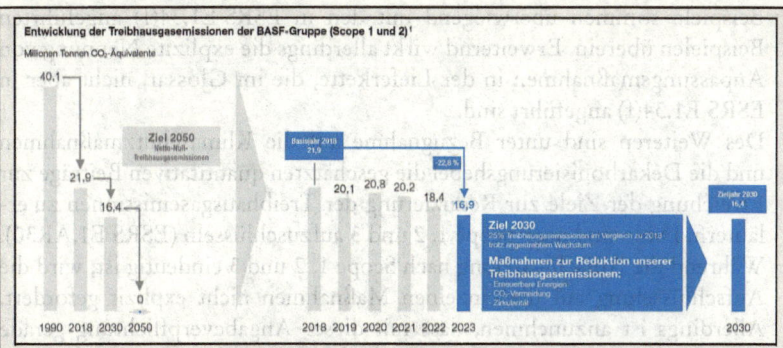

Abb. 4: Emissionsminderungspfad im BASF-Bericht 2023

Als Quellen zur Bestimmung von Klimaschutzzielen kommen sektorüber-greifende und sektorspezifische Standards zum Einsatz. Hierzu heißt es im Bericht 2022 (im Bericht 2023 wird zwar die Ableitung von Zielen auf Basis von (spezifischen) wissenschaftsbasierten Leitfäden beschrieben; betref-fend die Verwendung sektorspezifischer Standards findet sich hingegen nur der allgemeine Hinweis dazu, dass im Internet weiterführende Infor-mationen zur Nachhaltigkeit gem. den sektorspezifischen Anforderungen des Sustainability Accounting Standards Board (SASB) veröffentlicht werden[67]):

„Wir berichten Treibhausgasemissionen nach dem Greenhouse-Gas-Pro-tocol-Standard sowie dem sektorenspezifischen Standard für die Chemie-industrie. Basierend auf der umfassenden Analyse unserer Emissionen richten wir unser Handeln konsequent an unseren Klimaschutzzielen aus."[68]

In Zusammenhang mit der Offenlegung nach ESRS E1.34(f) muss das Unter-nehmen gem. ESRS E1.AR31 zusätzlich folgende Erläuterungen tätigen: **52**
a) die eingesetzten Maßnahmen zur Emissionsminderung i.S.d. Begrenzung der durchschnittlichen Erderwärmung auf 1,5 °C, sog. Dekarbonisierungs-hebel (*„decarbonisation levers"*). Als Beispiele für derartige Dekarbonisie-rungshebel werden im Glossar zu den ESRS genannt: die aggregierten Arten von Minderungsmaßnahmen durch Steigerung der Energieeffizienz, durch Elektrifizierung, Brennstoffwechsel, Nutzung erneuerbarer Ener-gien, Produktänderungen und Anpassungen in der Lieferkette.[69] Diese

---

67   Siehe hierzu BASF-Bericht 2023, S. 7 und S. 102ff.
68   Entnommen BASF, BASF-Bericht 2022, S. 136.
69   Berichtigung der Delegierten Verordnung (EU) 2023/2772 v. 31.7.2023, ABl. EU L v. 9.8.2024, Anhang II, Tab. 2, S. 265.

Beispiele stimmen überwiegend mit den in ESRS E1.34(f) angeführten Beispielen überein. Erweiternd wirkt allerdings die explizite Nennung von Anpassungsmaßnahmen in der Lieferkette, die im Glossar, nicht aber in ESRS E1.34(f) angeführt sind.

Des Weiteren sind unter Bezugnahme auf die Klimaschutzmaßnahmen und die Dekarbonisierungshebel die geschätzten quantitativen Beiträge zur Erreichung der Ziele zur Reduzierung der Treibhausgasemissionen zu erläutern. Diese sind nach Scope 1, 2 und 3 aufzuschlüsseln (ESRS E1.AR30). Während die Aufschlüsselung nach Scope 1, 2 und 3 eindeutig ist, wird die Aufschlüsselung auf die einzelnen Maßnahmen nicht explizit gefordert. Allerdings ist anzunehmen, dass mit dieser Angabeverpflichtung gerade eine Zuordnung zu den einzelnen Maßnahmen intendiert ist. Letzteres geht auch aus ESRS E1.AR31 hervor. Siehe hierzu die Beispiele in Tab. 13 und – erweitert um die Angabeerfordernisse nach ESRS E1.AR20 – Abb. 5.

b) Zudem muss das Unternehmen erläutern, ob die Einführung neuer Technologien geplant ist und welche Rolle diese Technologien bei der Erreichung der Ziele zur Reduzierung der Treibhausgasemissionen spielen,

c) ob und wie das Unternehmen verschiedene Klimaszenarien berücksichtigt hat. Dabei ist zumindest das Klimaszenario zu berücksichtigen, das mit der Begrenzung der globalen Erwärmung auf 1,5 °C vereinbar ist, um relevante umwelt-, gesellschafts-, technologie-, markt- und politikbezogene Entwicklungen zu erkennen und die Dekarbonisierungshebel zu bestimmen.

Eine Aufschlüsselung der Angabepflichten gem. ESRS E1.34(f) i.V.m. ESRS E1.AR31 könnte wie in Tab. 13 dargestellt erfolgen:

Praxis-Beispiel – mögliche Darstellungen zu den Dekarbonisierungshebeln			
Dekarbonisierungshebel	Scope 1	Scope 2	Scope 3
Umstellung auf die Nutzung erneuerbarer Energien (ggf. konkrete Beschreibung der Maßnahme, also z. B. welcher fossile Energieträger durch welche Erzeugungsart ersetzt wird)	Emissionsminderung in CO_2-Äquivalent	Emissionsminderung in CO_2-Äquivalent	Emissionsminderung in CO_2-Äquivalent

Dekarbonisierungshebel	Scope 1	Scope 2	Scope 3
Änderungen bei den eingesetzten Rohstoffen (Beschreibung der Veränderung mit Blick auf die Emissionsminderung, also z.B. welche Materialien durch welche Materialien ersetzt wurden)	Emissionsminderung in CO_2-Äquivalent	Emissionsminderung in CO_2-Äquivalent	Emissionsminderung in CO_2-Äquivalent
...			
...			

Tab. 13: Angaben zu den Dekarbonisierungshebeln[70]

ESRS E1.AR32 erlaubt die Darstellung der Ziele zur Reduzierung der Treibhausgasemissionen zusammen mit den Maßnahmen zur Eindämmung des Klimawandels in Form einer Tabelle oder als grafischer Pfad, der die Entwicklungen im Zeitverlauf zeigt. Die Wahlmöglichkeit bezieht sich alleine auf die Form der Darstellung. Die Verknüpfung der Maßnahmen mit den Zielen ist nach ESRS E1.AR20 verbindlich.

53

Praxis-Beispiel – Verknüpfung von Dekarbonisierungshebeln und Zielen

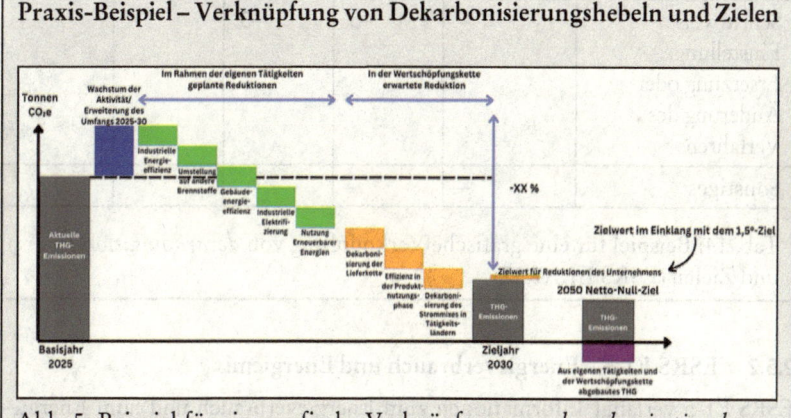

Abb. 5: Beispiel für eine grafische Verknüpfung von *decarbonisation levers* und Zielen (ESRS E1.AR31)

[70] Eigene Darstellung.

	Basisjahr (z.B. 2025)	2030	2035	...	Bis zu 2050
THG-Emissionen (tCO₂-Äq.)	100	60	40		
Energieeffizienz und Verbrauchssenkung	–	–10	–4		
Materialeffizienz und Verbrauchsreduzierung	–	–5	–		
Brennstoffwechsel	–	–2	–		
Elektrifizierung	–	–	–10		
Nutzung erneuerbarer Energien	–	–10	–3		
Schrittweise Einstellung, Ersetzung oder Änderung des Produkts	–	–8	–		
Schrittweise Einstellung, Ersetzung oder Änderung des Verfahrens	–	–5	–3		
Sonstiges	–	–			

Tab. 14: Beispiel für eine grafische Verknüpfung von *decarbonisation levers* und Zielen (ESRS E1.AR32)

2.5.2 ESRS E1-5 – Energieverbrauch und Energiemix

54 ESRS E1-5 verlangt Informationen zum Energieverbrauch und zum Energiemix des Unternehmens, um ein Verständnis für
   - den Gesamtenergieverbrauch des Unternehmens,
   - die Energieeffizienz,
   - die Aktivitäten in den Bereichen Kohle, Öl und Gas und
   - den Anteil erneuerbarer Energien am Gesamtenergiemix zu vermitteln (ESRS E1.36).

Gem. ESRS E1.37 ist der **Gesamtenergieverbrauch** im Zusammenhang mit   **55**
dem eigenen Betrieb wie folgt in absoluten Zahlen (in MWh) aufzuschlüsseln:
a) Gesamtenergieverbrauch aus fossilen Quellen[71]
b) Gesamtenergieverbrauch aus nuklearen Quellen,
c) Gesamtenergieverbrauch aus erneuerbaren Quellen, aufgeschlüsselt nach:
   – Brennstoffverbrauch für erneuerbare Quellen, einschl. Biomasse (auch
     Industrie- und Siedlungsabfälle biologischen Ursprungs), Biokraftstoffe,
     Biogas, Wasserstoff aus erneuerbaren Quellen (Rz 58),
   – Verbrauch aus erworbener und erhaltener Elektrizität, Wärme, Dampf
     und Kühlung aus erneuerbaren Quellen und
   – Verbrauch selbst erzeugter erneuerbarer Energie, bei der es sich nicht um
     Brennstoffe handelt.

Eine Klarstellung zur Offenlegung des Energiemixes bietet die Stellungnahme
der EFRAG in den Q&A. Hiernach sind auch die Quellen des Verbrauchs an
Elektrizität aufzuschlüsseln und bspw. der darin enthaltene Anteil aus nuklearen Quellen herauszurechnen.[72]

Tab. 15 zeigt am Beispiel von Puma für das Geschäftsjahr 2023 eine Aufschlüs-   **56**
selung des Gesamtenergieverbrauchs im Zusammenhang mit dem eigenen
Betrieb. Diese Abbildung wird im Geschäftsbericht 2023 ergänzt durch eine
Aufschlüsselung des Energieverbrauchs nach erneuerbaren und nicht erneuerbaren Quellen bezogen auf Kernlieferanten der Ebene 1 und der Ebene 2.[73]

---

[71] Während ESRS E1.37(a) in der Fassung der deutschsprachigen Version der ESRS vom 31.7.2024
    noch auf „aus erneuerbaren Quellen" lautete, wurde dieser Übersetzungsfehler mit der Fassung
    der ESRS vom 9.8.2024 korrigiert. Dort heißt es nun: „aus fossilen Quellen", was inhaltlich mit
    der englischen Fassung von ESRS E1.37(a) (*„total energy consumption from fossil sources"*)
    übereinstimmt.
[72] Vgl. EFRAG, ESRS Q&A Platform, Compilation of Explanations, Januar–Juli 2024, Frage 36,
    S. 83f.
[73] Siehe hierzu die Aufschlüsselungen in Puma, Geschäftsbericht 2023, S. 139f.

Praxis-Beispiel Puma – Aufschlüsselung des Gesamtenergieverbrauchs im Zusammenhang mit dem eigenen Betrieb[74]

UMWELTKENNZAHLEN PUMA – ENERGIE							% Abweichung	
Energie (MWh)$^{1\text{-}3}$	2023	2022	2021	2020	2019	2017	2023/2022	2023/2017
Gesamtenergie aus Strom	87.267	75.269	67.866	61.365	61.499	64.119	16 %	36 %
Stromverbrauch aus nicht erneuerbaren Quellen	0	0	0	0	12.683	52.508	–	–100 %
Stromverbrauch aus erneuerbaren Energien (Grünstrom und Solarstrom vor Ort)	16.032	15.697	13.749	10.839	11.547	11.611	2 %	38 %
Anteil Stromverbrauch aus erneuerbaren Energien (ohne RECs)	18 %	21 %	20 %	18 %	16 %	18 %		

74 Entnommen Puma, Geschäftsbericht 2023, S. 123.

Energie (MWh)[1-3]	2023	2022	2021	2020	2019	2017	% Abweichung 2023/2022	% Abweichung 2023/2017
Gesamtenergie aus Strom	87.267	75.269	67.866	61.365	61.499	64.119	16 %	36 %
Über RECs garantierter Stromverbrauch	71.235	59.572	54.117	50.526	37.269	0	20 %	n/a
Anteil Stromverbrauch aus erneuerbaren Energien (inkl. RECs)	100 %	100 %	100 %	100 %	79 %	18 %		
Energie aus nicht erneuerbaren Brennstoffen (Öl, Erdgas usw.)	6.555	7.541	10.006	10.739	10.975	14.430	–13 %	–55 %
Energie aus Fernwärme gesamt	4.828	5.483	10.795	6.247	7.915	5.155	–12 %	–6 %
Energieverbrauch gesamt (PUMA-Standorte)	98.651	88.293	88.666	78.350	80.389	83.704	12 %	18 %

Energie (MWh)[1-3]	2023	2022	2021	2020	2019	2017	% Abweichung 2023/2022	2023/2017
Gesamtenergie aus Strom	87.267	75.269	67.866	61.365	61.499	64.119	16 %	36 %

1 Inklusive PUMAs eigener oder von PUMA betriebener Büros, Lager und Geschäfte sowie eigener Produktionsstandorte in Argentinien. Die sonstige Produktion ist an eigenständige Lieferanten und einige Lagerbetriebe sind an eigenständige Logistikdienstleister ausgelagert; ohne Franchise-Geschäfte.
2 Inklusive Hochrechnungen und Schätzungen, wenn keine Daten verfügbar waren.
3 Methodologische Veränderungen über die letzten drei Jahre beeinflussen die Ergebnisse.

Tab. 15: Beispiel für eine Aufschlüsselung des Gesamtenergieverbrauchs

Praxis-Hinweis

Tab. 15 wäre zur Erfüllung der Berichtspflichten nach ESRS E1.37 an die darin aufgelisteten Kategorien anzupassen. Das Unternehmen muss zukünftig durch die Tätigkeit in klimaintensiven Sektoren die umfassenderen Berichtspflichten erfüllen (Rz 59).

Achtung 57

Bei der Angabe nach ESRS E1.37(a) zum Gesamtenergieverbrauch aus erneuerbaren Quellen lag offensichtlich ein Übersetzungsfehler in der deutschen Sprachfassung der ESRS vom 31.7.2024 vor. Statt der Angabe des Gesamtenergieverbrauchs aus erneuerbaren Quellen musste es heißen: „zum Gesamtenergieverbrauch aus fossilen bzw. aus **nicht** erneuerbaren Quellen". Dies wurde in der berichtigten Sprachfassung vom 9.8.2024 korrigiert.

Die deutsche Sprachfassung vom 9.8.2024 ist nun konsistent zu ESRS E1.37(c), der anderenfalls dieselbe Angabe verlangt hätte, und zum anderen mit dem Verweis in ESRS E1.37(a) auf andere Rechtsvorschriften: Diese Angabepflicht soll nämlich der Erstellung von nachhaltigkeitsbezogenen Offenlegungen im Finanzdienstleistungssektor gem. Offenlegungsverordnung[75] dienen und ist in der Delegierten Verordnung (EU) 2022/1288[76] zur Offenlegungsverordnung in Form zweier Indikatoren festgelegt, um die wichtigsten Auswirkungen von Investitionsentscheidungen auf Nachhaltigkeitsfaktoren einordnen zu können. Bei den entsprechenden Indikatoren handelt es sich um Angaben zum Energieverbrauch und zur Energieerzeugung aus nicht erneuerbaren Quellen.

Die Angaben zu ESRS E1.37(c)(i) zum Wasserstoffverbrauch aus erneuerbaren 58 Quellen haben den Anforderungen der folgenden beiden delegierten Rechtsakte für Wasserstoff aus erneuerbaren Quellen zu genügen:

- Die Delegierte Verordnung (EU) 2023/1184[77] legt Vorschriften fest, nach denen „flüssige und gasförmige erneuerbare Kraftstoffe nicht biogenen Ursprungs für den Verkehr" als vollständig erneuerbar betrachtet werden können;
- die Delegierte Verordnung (EU) 2023/1185[78] enthält einen Mindestschwellenwert für Treibhausgaseinsparungen für wiederverwertete Kraftstoffe und bestimmte Methoden zur Berechnung der Treibhausgaseinsparungen.

Die Einordnung gem. dieser beiden Rechtsakte entscheidet folglich darüber, ob es sich bei der verbrauchten Energie um erneuerbare Energie i.S.v. ESRS E1-5 handelt.

---

[75] Verordnung (EU) 2019/2088, ABl. EU v. 9.12.2019, L 317/1 ff.
[76] Delegierte Verordnung (EU) 2022/1288, ABl. EU v. 25.7.2022, L 196/1 ff.
[77] Delegierte Verordnung (EU) 2023/1184, ABl. EU v. 20.6.2023, L 157/11.
[78] Delegierte Verordnung (EU) 2023/1185, ABl. EU v. 20.6.2023, L 157/20.

59 Ergänzend zu den Vorgaben nach ESRS E1.37 müssen Unternehmen, die in
klimaintensiven Sektoren tätig sind, ihren Gesamtenergieverbrauch aus fossilen Quellen weiter aufschlüsseln und folgende Untergruppen gesondert angeben (ESRS E1.38):

a) Brennstoffverbrauch aus Kohle und Kohleerzeugnissen,
b) Brennstoffverbrauch aus Rohöl und Erdölerzeugnissen,
c) Brennstoffverbrauch aus Erdgas,
d) Brennstoffverbrauch aus anderen fossilen Quellen, Verbrauch aus erworbener oder erhaltener Elektrizität, Wärme, Dampf oder Kühlung aus erneuerbaren Quellen.

Als klimaintensive Sektoren gelten die in Tab. 16 abgebildeten Sektoren, die in
den Abschnitten A bis H und in Abschnitt L der Verordnung (EG) 1893/2006[79]
zur Aufstellung der statistischen Systematik der Wirtschaftszweige NACE
Revision 2 (gem. der Definition in Verordnung (EU) 2022/1288) aufgeführt
sind.

Abschnitt der Verordnung (EG) 1893/2006	Sektoren	Abteilungen
A	Land- und Forstwirtschaft, Fischerei	Landwirtschaft, Jagd und damit verbundene Tätigkeiten; Forstwirtschaft und Holzeinschlag; Fischerei und Aquakultur
B	Bergbau und Gewinnung von Steinen und Erden	Kohlenbergbau; Gewinnung von Erdöl und Erdgas; Erzbergbau; Gewinnung von Steinen und Erden, sonstiger Bergbau; Erbringung von Dienstleistungen für den Bergbau und für die Gewinnung von Steinen und Erden
C	Verarbeitendes Gewerbe/ Herstellung von Waren	Herstellung von Nahrungs- und Futtermitteln; Getränkeherstellung; Tabakverarbeitung; Herstellung von Textilien; Herstellung von Bekleidung; Herstellung von Leder, Lederwaren und Schuhen; Herstellung von Holz-, Flecht-, Korb- und Korkwaren (ohne Möbel); Herstellung von Papier, Pappe und Waren daraus; Herstellung von

---

[79] Verordnung (EG) 1893/2006, ABl. EU v. 30.12.2006, L 393/1.

Abschnitt der Verordnung (EG) 1893/2006	Sektoren	Abteilungen
		Druckerzeugnissen und Vervielfältigung von bespielten Ton-, Bild- und Datenträgern; Kokerei und Mineralölverarbeitung; Herstellung von chemischen Erzeugnissen; Herstellung von pharmazeutischen Erzeugnissen; Herstellung von Gummi- und Kunststoffwaren; Herstellung von Glas und Glaswaren, Keramik, Verarbeitung von Steinen und Erden; Metallerzeugung und -bearbeitung; Herstellung von Metallerzeugnissen; Herstellung von Datenverarbeitungsgeräten, elektronischen und optischen Erzeugnissen; Herstellung von Elektromotoren, Generatoren, Transformatoren, Elektrizitätsverteilungs- und -schalteinrichtungen; Maschinenbau; Herstellung von Kraftwagen und Kraftwagenteilen; sonstiger Fahrzeugbau; Herstellung von Möbeln; Herstellung von sonstigen Waren; Reparatur und Installation von Maschinen und Ausrüstungen
D	Energieversorgung	Elektrizitätsversorgung; Gasversorgung; Wärme- und Kälteversorgung
E	Wasserversorgung; Abwasser- und Abfallentsorgung und Beseitigung von Umweltverschmutzungen	Wasserversorgung; Abwasserentsorgung; Sammlung, Behandlung und Beseitigung von Abfällen und Rückgewinnung; Beseitigung von Umweltverschmutzungen und sonstige Entsorgung
F	Baugewerbe/ Bau	Hochbau; Tiefbau; Vorbereitende Baustellenarbeiten, Bauinstallation und sonstiges Ausbaugewerbe

Abschnitt der Verordnung (EG) 1893/2006	Sektoren	Abteilungen
G	Handel; Instandhaltung und Reparatur von Kraftfahrzeugen	Handel mit Kraftfahrzeugen und Instandhaltung und Reparatur von Kraftfahrzeugen; Großhandel (ohne Handel mit Kraftfahrzeugen und Krafträdern); Einzelhandel (ohne Handel mit Kraftfahrzeugen)
H	Verkehr und Lagerei	Landverkehr und Transport in Rohrfernleitungen; Schifffahrt; Luftfahrt; Lagerei sowie Erbringung von sonstigen Dienstleistungen für den Verkehr; Post-, Kurier- und Expressdienste
L	Grundstücks- und Wohnungswesen	Kauf und Verkauf von eigenen Grundstücken, Gebäuden und Wohnungen; Vermietung, Verpachtung von eigenen oder geleasten Grundstücken, Gebäuden und Wohnungen; Vermittlung und Verwaltung von Grundstücken, Gebäuden und Wohnungen für Dritte

Tab. 16: Klimaintensive Sektoren nach Verordnung (EG) 1893/2006 i.V.m. Verordnung (EU) 2022/1288[80]

60 In den Q&A stellt EFRAG klar, dass die Bestimmung von klimaintensiven Sektoren auf Ebene der NACE-Code-Aktivitäten des Unternehmens und nicht durch die Sektorzugehörigkeit des Unternehmens gem. ESRS (wie in ESRS 2.40(b), (c) und AR13 definiert) zu erfolgen hat.[81]

61 Zur Berechnung des **Gesamtenergieverbrauchs** gibt ESRS E1.AR32 Leitlinien vor. Hiernach ist insbes. Folgendes zu beachten:
a) Es wird nur der Energieverbrauch aus Prozessen berücksichtigt, die sich im Eigentum oder unter der Kontrolle des Unternehmens befinden (Annahme hier: operative Kontrolle). Der Umfang für die Berechnung des Energiever-

---

80 Eigene Darstellung.
81 Vgl. EFRAG, ESRS Q&A Platform, Compilation of Explanations, Januar–Juli 2024, Frage 338, S. 84 f.

brauchs entspricht dem Umfang der Berichterstattung über Scope-1- und Scope-2-Emissionen.

b) Einsatz- und Brennstoffe, die nicht für energetische Zwecke verbrannt werden, sind nicht im Energieverbrauch zu erfassen. Sollten Brennstoffe als Einsatzstoffe (z. B. i. R. v. Rohstoffen in der Produktion) verbraucht werden, können getrennt von den vorgeschriebenen Angaben Informationen über diesen Verbrauch getätigt werden.

c) Sind Rohdaten energiebezogener Informationen nicht in Energieeinheiten als MWh verfügbar, müssen diese unter Verwendung geeigneter Umrechnungsfaktoren in MWh umgerechnet werden (siehe die Angaben weiter unten in dieser Rz bzgl. Umrechnung von Rohdaten energiebezogener Informationen). Die Umrechnungsfaktoren für Brennstoffe sind transparent zu gestalten und einheitlich anzuwenden.

d) Die quantitativen energiebezogenen Informationen müssen als „Endenergieverbrauch" (und nicht als „Primärenergieverbrauch") ermittelt werden und sich damit auf die Energiemenge beziehen, die das Unternehmen tatsächlich verbraucht (siehe die Angaben weiter unten in dieser Rz bzgl. Abgrenzung des Endenergieverbrauchs).

e) Doppelzählungen beim Kraftstoffverbrauch i. V. m. selbst erzeugter Energie sind zu vermeiden. Dazu wird beim Verbrauch selbst erzeugten Stroms aus einer Brennstoffquelle nur (einmal) der Energieverbrauch, nämlich beim Brennstoffverbrauch, berechnet.

f) Wird Energie selbst erzeugt und vor Ort an Dritte verkauft oder von Dritten genutzt, dann darf dieser Energieverbrauch nicht vom Gesamtenergieverbrauch des Unternehmens gekürzt werden.

g) Energie, die innerhalb der Organisationsgrenzen bezogen wird, fällt nicht unter die Kategorie „erworbene oder erhaltene" Energie. Dabei ist die Organisationsgrenze u. E. umfassend zu verstehen und beinhaltet alle Einheiten der Gruppe, zu der das berichtende Unternehmen gehört, und orientiert sich am zugrunde liegenden Standard der Finanzberichterstattung. Die Kategorie „erworbene oder erhaltene" Energie ist für den gesonderten Ausweis nach ESRS E1.37(c) für alle berichtspflichtigen Unternehmen und für Unternehmen mit Tätigkeiten in klimaintensiven Sektoren nach ESRS E1.38 und ESRS E1.AR35 von Bedeutung (Rz 62).

h) Dampf, Wärme oder Kühlung, die aus industriellen Prozessen eines Dritten als „Abfallenergie" bezogen wird, gilt als „erworbene oder erhaltene" Energie.

i) Erneuerbarer Wasserstoff gilt nach den Kriterien der Delegierten Verordnung (EU) 2023/1184[82] und der Delegierten Verordnung (EU) 2023/1185[83]

---

[82] Delegierte Verordnung (EU) 2023/1184, ABl. EU v. 20.6.2023, L 157/11.
[83] Delegierte Verordnung (EU) 2023/1185, ABl. EU v. 20.6.2023, L 157/20.

als erneuerbare Energie (Rz 58). Sind die Kriterien nicht erfüllt, wird Wasserstoff unter „Brennstoffverbrauch aus anderen nicht erneuerbaren Quellen" erfasst.

j) Die Zuordnung von Strom, Dampf, Wärme oder Kühlung als Energie aus erneuerbaren oder nicht erneuerbaren Quellen erfolgt auf der Grundlage des Ansatzes zur Berechnung der marktbezogenen Scope-2-Treibhausgasemissionen. Demnach ist eine Zuordnung zu erneuerbaren Quellen nur dann zulässig, wenn die Herkunft der erworbenen Energie in den vertraglichen Vereinbarungen mit den Lieferanten eindeutig festgelegt ist. Hierfür kann auf entsprechende Herkunftsnachweise zurückgegriffen werden – etwa auf Basis von Art. 19 Richtlinie (EU) 2018/2001[84] („Herkunftsnachweise für Energie aus erneuerbaren Quellen") oder vergleichbarer Zertifikate aus nicht EU-Mitgliedstaaten (siehe den Praxis-Hinweis weiter unten in dieser Rz bzgl. Herkunftsnachweise für Energie aus erneuerbaren Quellen).

Praxis-Hinweis
Umrechnung von Rohdaten energiebezogener Informationen

Rohdaten energiebezogener Informationen, die nicht in MWh verfügbar sind, sondern in anderen Energieeinheiten, z.B. in Gigajoule (GJ) oder British Thermal Units (Btu), gemessen werden oder als Volumeneinheiten (z.B. Kubikfuß oder Gallonen) oder Masseneinheiten (z.B. Kilogramm oder Pfund) vorliegen, müssen in MWh umgerechnet werden. Als geeignete Umrechnungsfaktoren kommen bspw. die in den Umrechnungstabellen des Anhangs zum *Fifth Assessment Report of the Intergovernmental Panel on Climate Change* (5. IPCC-Bewertungsbericht) angegebenen Werte infrage (Tab. 17):

---

[84]   Richtlinie (EU) 2018/2001, ABl. EU v. 21.12.2018, L 328/82.

To: From:	TJ	Gcal	Mtoe	Mtce	MBtu	GWh
			multiply by:			
Tera Joule (TJ)	1	2.39E+02	2.39E-05	3.41E-05	9.48E+02	2.78E-01
Giga Calorie (Gcal)	4.19E-03	1	1.00E-07	1.43E-07	3.97E+00	1.16E-03
Mega Tonne Oil Equivalent (Mtoe)	4.19E+04	1.00E+07	1	1.43E+00	3.97E+07	1.16E+04
Mega Tonne Coal Equivalent (Mtce)	2.93E+04	7.00E+06	7.00E-01	1	2.78E+07	8.14E+03
Million British Thermal Units (MBtu)	1.06E-03	2.52E-01	2.52E-08	3.60E-08	1	2.93E-04
Giga Watt Hours (GWh)	3.60E+00	8.60E+02	8.60E-05	0.000123	3.41E+03	1

Tab. 17: Umrechnungstabelle für gängige Energieeinheiten[85]

[85] Entnommen Krey et al., Annex II: Metrics & Methodology, in: Climate Change 2014.

Praxis-Hinweis

Der „Endenergieverbrauch" umfasst nach Art. 2 Nr. 3 Richtlinie (EU) 2012/27 zur Energieeffizienz[86] die gesamte an die Industrie, den Verkehrssektor, die Haushalte, den Dienstleistungssektor und die Landwirtschaft gelieferte Energie; nicht eingeschlossen sind Lieferungen an den Energieumwandlungssektor sowie an die Energiewirtschaft selbst. Informationen zur Abgrenzung und Berechnung des Endenergieverbrauchs bietet Tab. 18 aus Anhang IV der Richtlinie (EU) 2012/27:

Brennstoff	kJ (Nettowärmeinhalt)	kg Öläquivalent (OE) (Nettowärmeinhalt)	kWh (Nettowärmeinhalt)
1 kg Koks	28.500	0,676	7,917
1 kg Steinkohle	17.200–30.700	0,411–0,733	4,778–8,528
1 kg Braunkohlenbriketts	20.000	0,478	5,556
1 kg Hartbraunkohle	10.500–21.000	0,251–0,502	2,917–5,833
1 kg Braunkohle	5.600–10.500	0,134–0,251	1,556–2,917
1 kg Ölschiefer	8.000–9.000	0,191–0,215	2,222–2,500
1 kg Torf	7.800–13.800	0,186–0,330	2,167–3,833
1 kg Torfbriketts	16.000–16.800	0,382–0,401	4,444–4,667
1 kg Rückstandsheizöl (Schweröl)	40.000	0,955	11,111
1 kg leichtes Heizöl	42.300	1,010	11,750
1 kg Motorkraftstoff (Vergaserkraftstoff)	44.000	1,051	12,222

---

[86]   Richtlinie (EU) 2012/27, ABl. EU v. 14.11.2012, L 315/1.

Brennstoff	kJ (Netto-wärmeinhalt)	kg Öläquivalent (OE) (Netto-wärmeinhalt)	kWh (Netto-wärmeinhalt)
1 kg Paraffin	40.000	0,955	11,111
1 kg Flüssiggas	46.000	1,099	12,778
1 kg Erdgas([1])	47.200	1,126	13,10
1 kg Flüssigerdgas	45.190	1,079	12,553
1 kg Holz (25 % Feuchte)([2])	13.800	0,330	3,833
1 kg Pellets/ Holzbriketts	16.800	0,401	4,667
1 kg Abfall	7.400–10.700	0,177–0,256	2,056–2,972
1 MJ abgeleitete Wärme	1.000	0,024	0,278
1 kWh elektrische Energie	3.600	0,086	1([3])

Quelle: Eurostat.
([1]) 93 % Methan.
([2]) Die Mitgliedstaaten können je nach der im jeweiligen Mitgliedstaat am meisten genutzten Holzsorte andere Werte verwenden.
([3]) Sofern Energieeinsparungen in Form von Primärenergieeinsparungen unter Verwendung eines Bottom-up-Ansatzes auf der Grundlage des Endenergieverbrauchs berechnet werden. Für Einsparungen von elektrischer Energie in kWh können die Mitgliedstaaten standardmäßig einen Koeffizienten von 2,5 anwenden. Die Mitgliedstaaten können andere Koeffizienten anwenden, wenn sie dies rechtfertigen können.

Tab. 18: Umrechnungstabelle ausgewählter Brennstoffe für den Endverbrauch[87]

---

[87] Entnommen Anhang IV der Richtlinie (EU) 2012/27, ABl. EU v. 14.11.2012, L 315/1.

Praxis-Hinweis

Für **Strom aus erneuerbaren Energien** bietet das Umweltbundesamt bereits seit dem Jahr 2013 ein (gebührenpflichtiges) Herkunftsnachweisregister.[88] Ein solcher Herkunftsnachweis enthält die folgenden Informationen:[89]

- Kenndaten zur Erzeugungsanlage (Art, Typ, Standort, Leistung, Zeitpunkt der Inbetriebnahme der Anlage, Beginn und Ende der Stromerzeugung);
- die erzeugte Strommenge (in MWh);
- Art und Umfang von Förderungen, die die Anlage bei ihrer Errichtung oder der Strom bei seiner Produktion erhalten hat;
- das Ausstellungsdatum des Herkunftsnachweises, das ausstellende Land und eine eindeutige Kennnummer;
- Zusatzangaben auf freiwilliger Basis:
  a) Detailinformationen über die spezielle Art und Weise der Anlage oder der Stromproduktion, z.B. zum Fischschutz bei Wasserkraftanlagen; solche Zusatzangaben bedürfen einer Bestätigung eines Umweltgutachters;
  b) Angaben zur „optionalen Kopplung", die nachweist, dass der Elektrizitätsanbieter Strom aus erneuerbaren Energien eingekauft und geliefert hat.

Ab dem Jahr 2024 wird auf Basis des Beschlusses des Herkunftsnachweisregistergesetzes vom 4.1.2023[90] ein – dem Herkunftsnachweisregister für Strom aus erneuerbaren Energien – ähnliches **Register für gasförmige Energieträger (Gas, Wasserstoff) und Wärme und Kälte aus erneuerbaren Energiequellen** eingerichtet. Details werden in einer Rechtsverordnung geregelt.

---

62   Die Angaben nach ESRS E1.37(a) sind erforderlich, wenn das Unternehmen in mind. einem **klimaintensiven Sektor** tätig ist. Die nach ESRS E1.38(a)–(e) erforderlichen Informationen umfassen auch Energie aus fossilen Quellen, die bei Betriebsvorgängen verbraucht wird, die nicht in klimaintensiven Sektoren erfolgen.

Tab. 19 zeigt eine Möglichkeit zur zusammenfassenden Darstellung der Angaben zum Energieverbrauch und zum Energiemix. Sollte ein Unternehmen keine Tätigkeit in einem klimaintensiven Sektor aufweisen, sind die Zeilen 1. bis 5. nicht zu berichten (ESRS E1.AR34).

---

88   Siehe www.hknr.de/Uba, Abruf 1.8.2024.
89   Siehe www.umweltbundesamt.de/service/uba-fragen/welche-angaben-enthaelt-der-herkunfts nachweis, Abruf 1.8.2024.
90   Gesetz zu Herkunftsnachweisen für Gas, Wasserstoff, Wärme oder Kälte aus erneuerbaren Energien und zur Änderung anderer energierechtlicher Vorschriften vom 4.1.2023, BGBl. I 2023 vom 13.1.2023, S. 1.

Energieverbrauch und Energiemix	Vergleich	Jahr N
1. Brennstoffverbrauch aus Kohle und Kohleerzeugnissen (MWh)		
2. Brennstoffverbrauch aus Rohöl und Erdölerzeugnissen (MWh)		
3. Brennstoffverbrauch aus Erdgas (MWh)		
4. Brennstoffverbrauch aus sonstigen fossilen Quellen (MWh)		
5. Verbrauch aus erworbener oder erhaltener Elektrizität, Wärme, Dampf und Kühlung und aus fossilen Quellen (MWh)		
6. **Gesamtverbrauch fossiler Energie (MWh) (Summe der Zeilen 1. bis 5.)**		
Anteil fossiler Quellen am Gesamtenergieverbrauch (in %)		
7. **Verbrauch aus Kernkraftquellen (MWh)**		
Anteil des Verbrauchs aus nuklearen Quellen am Gesamtenergieverbrauch (in %)		
8. Brennstoffverbrauch für erneuerbare Quellen, einschl. Biomasse (auch Industrie- und Siedlungsabfälle biologischen Ursprungs, Biogas, Wasserstoff aus erneuerbaren Quellen usw.) (MWh)		
9. Verbrauch aus erworbener oder erhaltener Elektrizität, Wärme, Dampf und Kühlung und aus erneuerbaren Quellen (MWh)		
10. Verbrauch selbst erzeugter erneuerbarer Energie, bei der es sich nicht um Brennstoffe handelt (MWh)		
11. **Gesamtverbrauch erneuerbarer Energie (MWh) (Summe der Zeilen 8. bis 10.)**		
Anteil erneuerbarer Quellen am Gesamtenergieverbrauch (in %)		
Gesamtenergieverbrauch (MWh) (Summe der Zeilen 6. und 11.)		

Tab. 19: Mögliche Darstellungsweise der Angaben zum Energieverbrauch und zum Energiemix (ESRS E1.AR34)

Die Tabelle mit den quantitativen Angaben zum Energieverbrauch und zum Energiemix kann durch eine grafische Darstellung (z.B. in Form eines Kreisdiagramms; Abb. 6) ergänzt werden, die eine Aufteilung des Gesamtenergieverbrauchs nach dem Verbrauch fossiler, nuklearer und erneuerbarer Energie vornimmt. Hiermit könnte auch die zeitliche Entwicklung veranschaulicht werden.

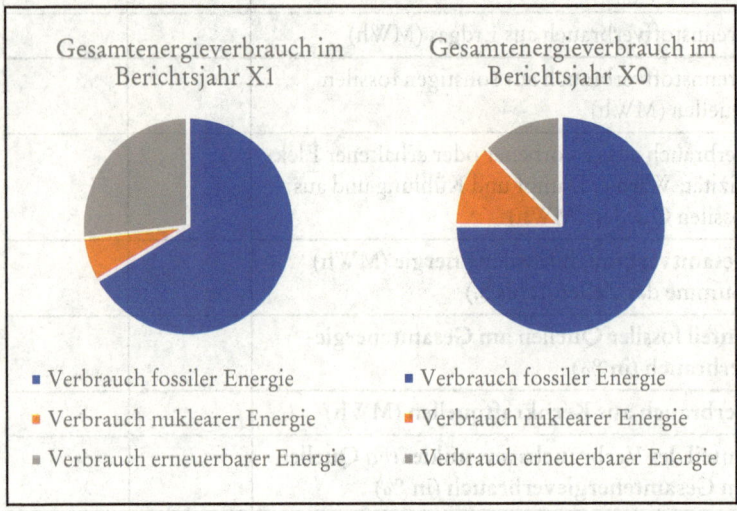

Abb. 6: Darstellung der Entwicklung des Gesamtenergieverbrauchs

63 Erzeugt das Unternehmen Energie, so hat es die erzeugte Energie gesondert nach nicht erneuerbaren und erneuerbaren Anteilen in MWh anzugeben (ESRS E1.39). Analog zu den Angaben zum Energieverbrauch aus nicht erneuerbaren Quellen (Rz 59) sind diese Informationen zur Energieerzeugung für den Finanzdienstleistungssektor bei der Erstellung von nachhaltigkeitsbezogenen Offenlegungen gem. Offenlegungsverordnung[91] i.V.m. der Delegierten Verordnung (EU) 2022/1288[92] erforderlich.

2.5.3   Energieintensität auf Grundlage der Nettoumsatzerlöse

64 Zusätzlich zur absoluten Angabe des Energieverbrauchs haben Unternehmen mit Tätigkeiten in klimaintensiven Sektoren für diese(n) Bereich(e) die Energieintensität, also das Verhältnis von Energieverbrauch zu Nettoumsatzerlösen, anzugeben (ESRS E1.40–43; ESRS E1.AR36). Konkret ist die Energieintensität als der Gesamtenergieverbrauch je Nettoumsatzerlös definiert und nur in

---

[91]   Verordnung (EU) 2019/2088, ABl. EU v. 9.12.2019, L 317/1.
[92]   Delegierte Verordnung (EU) 2022/1288, ABl. EU v. 25.0.2022, L 196/1.

Zusammenhang mit Tätigkeiten in klimaintensiven Sektoren offenzulegen (siehe zur Abgrenzung von klimaintensiven Sektoren Rz 58):

$$\text{Energieintensität} = \frac{\text{Gesamtenergieverbrauch aus Aktivitäten in klimaintensiven Sektoren (MWh)}}{\text{Nettoeinnahme aus Aktivitäten in klimaintensiven Sektoren (Währungseinheit)}}$$

Zähler und Nenner dürfen nach ESRS E1.AR36 nur die Anteile des gesamten Energieverbrauchs und der Nettoumsatzerlöse beinhalten, die auf Aktivitäten in klimaintensiven Sektoren zurückzuführen sind. Demnach sollten die zugrunde liegenden Umfänge der Aktivitäten von Zähler und Nenner kohärent sein. Dass hier keine verbindliche Vorschrift, sondern nur eine Soll-Vorschrift gewählt wurde, kann sich u. E. nur erleichternd darauf beziehen, dass eine eindeutige Zuordnung u. U. nicht immer möglich ist (z. B. des Energieverbrauchs zu einer bestimmten Tätigkeit).

Die Ableitung des Energieverbrauchs und der Nettoumsatzerlöse ist auf Tätig-   65
keiten aus klimaintensiven Sektoren begrenzt (ESRS E1.41). Ist ein Unternehmen folglich in mehreren Sektoren tätig, so muss es eine eindeutige Abgrenzung zwischen klimaintensiven und nicht klimaintensiven Sektoren und eine Zuordnung des Energieverbrauchs und der Erlöse zu diesen Sektoren vornehmen.

Die für das berichtende Unternehmen relevanten klimaintensiven Sektoren sind zu benennen. Eine gesonderte Angabe für die einzelnen klimaintensiven Sektoren geht aus dem Wortlaut von ESRS E1-5 zwar nicht hervor; der Verweis[93] auf die Notwendigkeit dieser Informationen für Finanzmarktteilnehmer bei der Erstellung von nachhaltigkeitsbezogenen Offenlegungen gem. Verordnung (EU) 2019/2088 und unter Verwendung der Delegierten Verordnung (EU) 2022/1288 legt dies aber nahe. Denn nach Anhang 1 Tab. 1 der Delegierten Verordnung (EU) 2022/1288 umfasst die „Erklärung zu den wichtigsten nachteiligen Auswirkungen von Investitionsentscheidungen auf Nachhaltigkeitsfaktoren" den Indikator „Intensität des Energieverbrauchs nach klimaintensiven Sektoren". Dieser ist anzugeben als „Energieverbrauch in GWh pro einer Million EUR Umsatz der Unternehmen, in die investiert wird, aufgeschlüsselt nach klimaintensiven Sektoren".

Demzufolge muss für Zwecke von Finanzmarktteilnehmern eine Differenzierung nach den jeweiligen klimaintensiven Sektoren vorgenommen werden. I. d. R. werden – wenn überhaupt – die berichtspflichtigen Unternehmen Tätig-

---

[93] Der Verweis ist direkt an der Unterüberschrift „Energieintensität auf der Grundlage der Nettoumsatzerlöse"zu ESRS E1-5 angebracht.

keiten in nur wenigen unterschiedlichen Sektoren vorweisen (bspw. Tätigkeiten in den Sektoren „C: Verarbeitendes Gewerbe/Herstellung von Waren" und „G: Handel"). In den Fällen, in denen das Unternehmen nur in einem einzigen (klimaintensiven) Sektor tätig ist, wird es die Erlöse undifferenziert dem Gesamtenergieverbrauch gegenüberstellen können.

66 Die Berechnung der **Nettoumsatzerlöse** (*„net revenue"*) hat gem. den für den Abschluss geltenden Rechnungslegungsstandards zu erfolgen (ESRS E1.AR36). Konkret wird auf die Anwendung von IFRS 15 verwiesen. Falls der Abschluss nicht nach den IFRS, sondern unter Rückgriff auf (nationale) Bestimmungen (Deutschland: HGB; Österreich: UGB) erstellt wird,[94] so gelten die entsprechenden lokalen Rechnungslegungsanforderungen. Dies wird insbes. für Unternehmen der Fall sein, die für das Berichtsjahr 2025 erstmalig in die Berichtspflicht nach der CSRD eintreten werden und keinen (auch nicht freiwilligen) Abschluss nach IFRS aufstellen.

Mit dem Verweis auf die Rechnungslegungsbestimmungen für die Ermittlung der Nettoumsatzerlöse wird klargestellt, dass die in ESRS E1-5 bezeichneten „Nettoumsatzerlöse" mit den gem. den jeweils anwendbaren Rechnungslegungsbestimmungen erfassten Umsatzerlösen übereinstimmen und die dahingehenden Vorschriften zur Erfassung von Erlösen (und der Zuordnung zu Geschäftsjahren) einschlägig sind.

67 Die **Energieintensität** ist mit den finanziellen Informationen des Abschlusses in Verbindung zu bringen. Dazu ist anzugeben, wie die für die Berechnung der Energieintensität verwendeten Nettoumsatzerlöse mit den im Jahresabschluss bzw. im Konzernabschluss ausgewiesenen Erlösen in Verbindung stehen. Dafür kann
* entweder auf die im Jahresabschluss bzw. im Konzernabschluss ausgewiesene Ergebnisposition oder die im Anhang dazu getätigte Erläuterung verwiesen werden
* oder es wird – falls keine Zuordnung der Nettoumsatzerlöse zu einem Posten oder einer Angabe im Abschluss möglich ist – mittels einer der Tab. 20 vergleichbaren Darstellung eine quantitative Verknüpfung zu einer finanziellen Position des Abschlusses hergestellt.

---

94 Nach VO (EU) 1606/2002 haben in Deutschland kapitalmarktorientierte Unternehmen ihre Konzernabschlüsse nach IFRS zu erstellen. Es besteht allerdings auch ein Wahlrecht (§ 315e HGB, § 245a UGB). D.h., es muss kein Konzernabschluss nach HGB erstellt werden. Einzelabschlüsse sind jedoch weiterhin nach HGB aufzustellen.

Nettoumsatzerlöse aus Aktivitäten in klimaintensiven Sektoren, die zur Berechnung der Energieintensität herangezogen werden	
Nettoumsatzerlöse (sonstige)	
Gesamtnettoumsatzerlöse (Abschluss)	

Tab. 20: Konnektivität der Energieintensität auf der Grundlage der Nettoumsatzerlöse mit Informationen zur Finanzberichterstattung (ESRS E1.AR38)

Praxis-Hinweis
Darstellung quantitativer Informationen zur Energieintensität

Für die Darstellung quantitativer Informationen zur Energieintensität enthält ESRS E1.AR37 einen Vorschlag. Dieser ist umfassender, als es die Berichtspflichten nach ESRS E1-5 vorsehen. Zudem erscheint die Darstellungsweise der Tabelle im ESRS nicht gut gelungen, da der Aussagegehalt der einzelnen Felder nicht eindeutig ist. Bspw. beinhalten die beiden Zellen der ersten Spalte gem. Tabelle in ESRS E1.AR37 dieselbe Angabe, wenngleich die untere Zelle die formale Beschreibung zur oberen Zelle bildet.

Eine angepasste Version dieser Tabelle, die den inhaltlichen Vorgaben von ESRS E1.AR37 bei abweichender Darstellungsweise genügen sollte, findet sich in Tab. 21:

	Vergleichswert	Berichtsjahr	Prozentuale Veränderung gegenüber dem VJ
Energieintensität je Nettoerlös (MWh/EUR) für Tätigkeiten im Sektor „A"; berechnet aus dem Gesamtenergieverbrauch in klimaintensiven Sektoren im Verhältnis zu den Nettoumsatzerlösen aus Tätigkeiten in klimaintensiven Sektoren			

	Ver- gleichs- wert	Berichts- jahr	Prozen- tuale Verände- rung ge- genüber dem VJ
Energieintensität je Nettoerlös (MWh/EUR) für Tätigkeiten im Sektor „B"; berechnet aus dem Gesamtenergie- verbrauch in klimaintensiven Sekto- ren im Verhältnis zu den Nettoum- satzerlösen aus Tätigkeiten in klimaintensiven Sektoren			

Tab. 21: Darstellung quantitativer Informationen zur Energieintensität[95]

2.5.4 ESRS E1-6 – THG-Bruttoemissionen der Kategorien Scope 1, 2 und 3 sowie THG-Gesamtemissionen

68 Nach ESRS E1.44 hat das berichtende Unternehmen gesondert voneinander anzugeben:

- seine Scope-1-THG-Bruttoemissionen (sowohl als Angabe in Tonnen CO_2-Äquivalent als auch unter Nennung des prozentualen Anteils der Scope-1-Treibhausgasemissionen aus regulierten Emissionshandelssystemen; Letzteres ergibt sich aus ESRS E1.48),
- seine Scope-2-THG-Bruttoemissionen (in Tonnen CO_2-Äquivalent),
- seine Scope-3-THG-Bruttoemissionen (in Tonnen CO_2-Äquivalent) und
- seine THG-Gesamtemissionen (in Tonnen CO_2-Äquivalent).

Diese Angabepflichten decken sich mit den Informationen, die Finanzmarktteilnehmer bei der Erstellung von nachhaltigkeitsbezogenen Offenlegungen gem. Verordnung (EU) 2019/2088 und unter Verwendung der Delegierten Verordnung (EU) 2022/1288 benötigen („Anteil des Energieverbrauchs und der Energieerzeugung aus nicht erneuerbaren Energiequellen").[96]

Besonderheiten der Offenlegung nach ESRS E1-6 für Versicherungsunternehmen erläutert die EFRAG in den Q&A. Insbes. wird Bezug auf die meldepflichtigen Scope-3-Emissionen genommen. Des Weiteren wird darauf hinge-

---

95 Entnommen ESRS E1.AR37.
96 Indikator Nr. 5 Anhang 1 Tab. 1 der Delegierten Verordnung (EU) 2022/1288, ABl. EU v. 25.7.2022, L 196/42.

wiesen, dass Finanzinstitute auf den GHG Accounting and Reporting Standard for the Financial Industry der Partnership for Carbon Accounting Financial (PCAF) zurückgreifen sollen.[97]

Die offenzulegenden Brutto-Emissionen der Scopes 1, 2, 3 und der gesamten Treibhausgasemissionen sind gem. ergänzenden Erläuterungen der EFRAG Q&A grds. jährlich zu aktualisieren (im Einklang mit den Finanzberichten gem. ESRS 1.73) sowie in Übereinstimmung mit den Bestimmungen nach ESRS 1 und ESRS E1-6. In Bezug auf Scope-3-Treibhausgasemissionen gilt, dass jährlich eine Aktualisierung in jeder wesentlichen Scope-3-Kategorie auf Basis aktueller Aktivitätsdaten erforderlich ist. Eine Aktualisierung des vollständigen Scope-3-Treibhausgasinventars ist mind. alle drei Jahre oder bei Eintritt eines wesentlichen Ereignisses oder einer wesentlichen Veränderung der Umstände durchzuführen (ESRS E1.AR46(f)).[98]

Zur Anwendung von Emissionsfaktoren stellen die EFRAG Q&A Folgendes klar: Bei der Ermittlung seiner Treibhausgasemissionen hat ein Unternehmen den GHG Protocol Corporate Standard (Version 2004) zu berücksichtigen. Zudem kann es die Empfehlung der Kommission (EU) 2021/2279 oder die Anforderungen der EN ISO 14064-1:2018 berücksichtigen. Weder der GHG Protocol Corporate Standard, die EN ISO 14064-1 noch die EN 15804 enthalten spezifische Bestimmungen zur Beurteilung der Angemessenheit von Emissionsfaktoren für bestimmte Anwendungsfälle bei der Treibhausgasinventarberechnung. Derartige Fragen sind weitgehend durch fachliche Einschätzungen seitens des Unternehmens zu klären, was auch durch das Einholen externer professioneller Beratung erfolgen kann.[99]

Ergänzende Erläuterungen zu Fragen, inwieweit eine Aufschlüsselung der Brutto-Treibhausgasemissionen nach fossilbasierten und nicht-fossilbasierten Treibhausgasemissionen zu erfolgen hat, liefern die EFRAG Q&A. Demnach gilt:

- Biogene CO_2-Emissionen aus der Verbrennung oder dem biologischen Abbau von Biomasse müssen separat von den Scope-1-, -2- und -3-Treibhausgasemissionen offengelegt werden (ESRS E1.AR43, 45 und 46).
- Ein Unternehmen hat seine Treibhausgasemissionen nach fossilen und nicht-fossilen Ressourcen aufzuschlüsseln, wenn dies für das Verständnis der wesentlichen Auswirkungen, Risiken und Chancen im Zusammenhang mit seinen Treibhausgasemissionen als notwendig erachtet wird (ESRS 1, Kap. 3.7, Grad der Aufschlüsselung).

---

[97] Vgl. EFRAG, ESRS Q&A Platform, Compilation of Explanations, Januar–Juli 2024, Frage 43, S. 87 ff., unter Verweis auf https://ghgprotocol.org/sites/default/files/2022-12/Chapter15.pdf und https://ghgprotocol.org/scope-3-calculation-guidance-2, Abruf jew. 1.8.2024.

[98] Vgl. EFRAG, ESRS Q&A Platform, Compilation of Explanations, Januar–Juli 2024, Frage 268, S. 92 f.

[99] Vgl. EFRAG, ESRS Q&A Platform, Compilation of Explanations, Januar–Juli 2024, Frage 698, S. 99 f.

- Eine Aufschlüsselung des Energieverbrauchs nach fossilen, nuklearen und erneuerbaren Quellen ist gem. ESRS E1.37 grds. erforderlich. Da CO_2-Emissionen häufig mit dem Energieverbrauch verbunden sind, kann die Offenlegungsanforderung E1-5 von ESRS E1 einen zuverlässigen Hinweis auf den fossilen Ursprung der Emissionen eines Unternehmens liefern.

- Bei der Berechnung und Berichterstattung über seine Treibhausgasemissionen hat das Unternehmen die Grundsätze, Anforderungen und Leitlinien des GHG Protocol Corporate Standard (Version 2004) zu berücksichtigen (ESRS E1.AR39(a)). Die ESRS spezifizieren diese Anforderungen nicht weiter, sondern verweisen in diesem Zusammenhang auf das GHG Protocol.[100]

69 ESRS E1.45 führt die Ziele der Offenlegungen der THG-Bruttoemissionen auf:
- Der Umfang der verursachten Scope-1-THG-Bruttoemissionen soll ein Verständnis über die **direkten Auswirkungen des Unternehmens** auf den Klimawandel und den **Anteil seiner THG-Gesamtemissionen**, die i.R.v. **Emissionshandelssystemen reguliert** werden, vermitteln;
- der Umfang an Scope-2-THG-Bruttoemissionen (durch verbrauchte extern erworbene oder erhaltene Energie) soll ein Verständnis über die **indirekten Auswirkungen des Unternehmens** auf den Klimawandel vermitteln;
- der Umfang an Scope-3-THG-Bruttoemissionen soll ein Verständnis über die Treibhausgasemissionen **in der vor- und nachgelagerten Wertschöpfungskette des Unternehmens** vermitteln, die über die Scope-1- und Scope-2-Treibhausgasemissionen hinausgehen;
- der Umfang der verursachten THG-Gesamtemissionen soll ein **allgemeines Verständnis** über die Treibhausgasemissionen des Unternehmens vermitteln, um **Fortschritte** bei der Reduktion der Treibhausgasemissionen gem. den vom Unternehmen selbst gesetzten **klimabezogenen Zielen** und den strategischen Zielen der EU nachvollziehen zu können.

Aus dem Gesamtbild der veröffentlichten Daten zum Umfang der Treibhausgasemissionen – differenziert nach den jeweiligen Untergruppen – soll hervorgehen, welche Untergruppe von besonderer Bedeutung für das Unternehmen ist: etwa ob Maßnahmen zur Erreichung der Reduktionsziele am ehesten an den direkt oder indirekt verursachten Emissionen anknüpfen sollten oder an der Zusammensetzung der Wertschöpfungskette.

---

[100] Vgl. EFRAG, ESRS Q&A Platform, Compilation of Explanations, Januar–Juli 2024, Frage 718, S. 100 ff.

Praxis-Hinweis

Eine ausführliche Definition von und Abgrenzung zwischen Scope-1-, Scope-2- und Scope-3-Emissionen bieten das GHG Protocol im Corporate Standard Revised sowie die nachfolgenden Veröffentlichungen des GHG Protocol.[101] Hiernach umfassen:

- **Scope-1**-Emissionen: direkte THG-Emissionen aus Quellen, die dem Unternehmen gehören oder von ihm kontrolliert werden, z.B. Emissionen aus der Verbrennung in eigenen Öfen oder Fahrzeugen;
- **Scope-2**-Emissionen: THG-Emissionen aus der Erzeugung des vom Unternehmen verbrauchten eingekauften Stroms;
- **Scope-3**-Emissionen: sind eine Folge der Aktivitäten des Unternehmens, stammen jedoch aus Quellen, die nicht im Besitz des Unternehmens sind oder von ihm kontrolliert werden, und entstehen in der vor- und nachgelagerten Wertschöpfungskette; Beispiele sind Emissionen im Zusammenhang mit dem Bezug von Materialien.

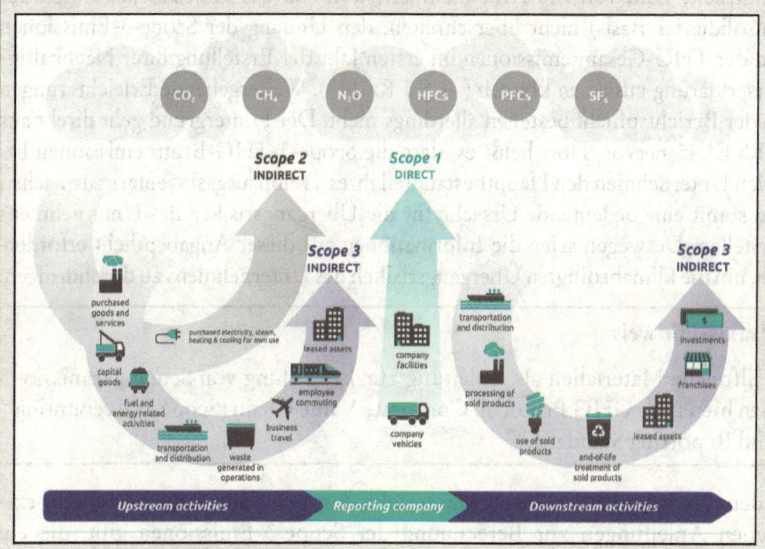

Abb. 7: Überblick über Emissionen entlang einer Wertschöpfungskette[102]

---

[101] Vgl. zur folgenden Abgrenzung von Scope 1, 2 und 3 The GHG Protocol, Corporate Standard Revised, https://ghgprotocol.org/corporate-standard, Abruf 1.8.2024.

[102] Entnommen GHG Protocol, Corporate Value Chain (Scope 3) Accounting and Reporting Standard, S. 5, https://ghgprotocol.org/sites/default/files/standards/Corporate-Value-Chain-Accounting-Repor ing-Standard_041613_2.pdf, Abruf 1.8.2024.

70 Die Ermittlung der Scope-3-THG-Bruttoemissionen, und in Konsequenz davon auch der THG-Gesamtemissionen, wird besondere Herausforderungen an die Unternehmen stellen. Abhängig vom Umfang und der Zusammensetzung der Wertschöpfungskette werden sich mehr oder weniger große **Schwierigkeiten bei der Datengewinnung** ergeben. Die berichtenden Unternehmen sind auf die Mitwirkung ihrer Geschäftspartner angewiesen und werden am ehesten auf extern bereitgestellte Daten und Schätzungen sowie Daten, die zeitlich verzögert geliefert werden, zurückgreifen müssen. Folglich werden diese Informationen regelmäßig am wenigsten verlässlich sein.

Praxis-Hinweis

Es könnte ggf. sinnvoll sein, Geschäftspartner vertraglich auf die rechtzeitige Bereitstellung der notwendigen Daten zu verpflichten.

Diesen Schwierigkeiten trägt die Übergangsregelung nach ESRS 1, App. C anteilig Rechnung, indem Unternehmen oder Gruppen, die am Bilanzstichtag die durchschnittliche Zahl von 750 Arbeitnehmern während des Geschäftsjahrs (ggf. auf konsolidierter Basis) nicht überschreiten, den Umfang der Scope-3-Emissionen und der THG-Gesamtemissionen im ersten Jahr der Erstellung ihrer Nachhaltigkeitserklärung auslassen können (→ § 3 Rz 185). Weitergehende Erleichterungen bei der Berichtspflicht bestehen allerdings nicht. Der Hintergrund geht direkt aus ESRS E1.45 hervor. Dort heißt es, dass die Scope-3-THG-Bruttoemissionen bei vielen Unternehmen den Hauptbestandteil ihres Treibhausgasinventars ausmachen und somit eine bedeutende Ursache für die Übergangsrisiken des Unternehmens darstellen. Deswegen seien die Informationen aus dieser Angabepflicht erforderlich, um die klimabedingten Übergangsrisiken des Unternehmens zu durchdringen.

Praxis-Hinweis

Hilfreiche Materialien als Anleitung zur Ermittlung von Scope-3-Emissionen bietet das GHG Protocol, Corporate Value Chain (Scope 3) Accounting and Reporting Standard.[103]

In den Q&A der EFRAG wird klargestellt, dass es bislang keine branchenspezifischen Anleitungen zur Berechnung der Scope-3-Emissionen gibt, die ein ESRS-konformes Vorgehen absichern würden. Stattdessen wird auf die allgemeinen Regelungen von Set 1 der ESRS verwiesen und auf die zukünftigen sektorspezifischen Standards. Die Nachfrage betrifft den Bereich *„shipping"*.[104]

---

[103] Siehe GHG Protocol, Corporate Value Chain (Scope 3) Accounting and Reporting Standard, https://ghgprotocol.org/corporate-value-chain-scope-3-standard, Abruf 1.8.2024.
[104] Vgl. EFRAG, ESRS Q&A Platform, Compilation of Explanations, Januar–Juli 2024, Frage 167, S. 89f.

Legt ein übergeordnetes Unternehmen in einem (Teil-)Konzern die THG-Emissionen für Scope 1, 2 und 3 sowie die Gesamtemissionen gem. ESRS E1.44 offen, müssen die Emissionen aller verbundenen oder gemeinsamen Unternehmen unabhängig von der Beteiligungsquote angegeben werden, wenn diese Unternehmen Teil der vor- und nachgelagerten Wertschöpfungskette des Unternehmens sind. Die Treibhausgasemissionen werden entsprechend dem Ausmaß der operativen Kontrolle (→ §3 Rz 117) angegeben und erstrecken sich nicht nur auf Tochterunternehmen, sondern umfassen auch nicht konsolidierte Tochterunternehmen sowie vertragliche Vereinbarungen im Rahmen gemeinsamer Vereinbarungen, die nicht durch ein Unternehmen strukturiert sind (ESRS E1.46).

71

Passt das berichtende Unternehmen die Kriterien zur Abgrenzung der vor- und nachgelagerten Wertschöpfungskette an (ESRS E1.47), so ist darüber zu berichten. Überdies ist zu erläutern, wie sich dies auf die in der Wertschöpfungskette erfassten Treibhausgasemissionen im Vergleich mit Zeiträumen, die vor Änderung der Definition der vor- und nachgelagerten Wertschöpfungskette gelegen haben, auswirkt. Diese Angabe ist auch dann zu tätigen, wenn die Anpassung der Kriterien für die Abgrenzung der Wertschöpfungskette im entsprechenden Jahr der Änderung zu keinen Auswirkungen auf die erfassten Einheiten (innerhalb und außerhalb eines (Teil-)Konzerns) führt und Auswirkungen u. U. erst in späteren Perioden einschlägig werden.

72

In Ergänzung zu ESRS E1.44f. geben ESRS E1.48–52 weitere Spezifikationen vor, die bei der Offenlegung der Scope-1-, Scope-2- und Scope-3-THG-Emissionen zu beachten sind:

73

1. ESRS E1.48 wiederholt zunächst die Angabe der Scope-1-THG-Bruttoemissionen sowohl als Angabe in Tonnen CO_2-Äquivalent als auch unter Nennung des prozentualen Anteils der Scope-1-Treibhausgasemissionen aus regulierten Emissionshandelssystemen.
2. Nach ESRS E1.49 sind sowohl die Scope-2-THG-Bruttoemissionen offenzulegen, die nach der standortbasierten Methode ermittelt wurden, als auch solche, die nach der martkbasierten Methode ermittelt wurden (jeweils in Tonnen CO_2-Äquivalent). Bei der **standortbasierten Methode** (Rz 41) ergeben sich die Emissionen aus einer durchschnittlichen Emissionsintensität von Netzen, in denen der Energieverbrauch erfolgt (netzgemittelte Emissionsfaktordaten); die Ermittlung der Emissionen berücksichtigt bei der **marktbasierten Methode** (Rz 41) die Vertragsgestaltungen der Unternehmen, also etwa, in welchem Umfang eine bestimmte Herkunft vom Energielieferanten nachgewiesen wurde. Demzufolge kann der spezielle Emissionsfaktor, der mit der Zusammensetzung des Energiemix (von erneuerbaren und nicht erneuerbaren Quellen) einhergeht,

berücksichtigt werden.[105] Überdies ist bei der Angabe der THG-Gesamtemissionen nach ESRS E1.44 f. aufzuschlüsseln, welcher Anteil der THG-Gesamtemissionen, die aus den zugrunde liegenden Scope-2-Treibhausgasemissionen hervorgehen, anhand der standortbezogenen Methode gemessen wurde und welcher Anteil anhand der marktbezogenen Methode (ESRS E1.52). Dazu sind die THG-Gesamtemissionen einmal mit dem Anteil der Scope-2-Emissionen gem. Berechnung mittels standortbasierter Methode und einmal mit dem Anteil der Scope-2-Emissionen gem. Berechnung mittels marktbasierter Methode zu berechnen. Die Scope-1- und Scope-2-Emissionen sind jeweils vollständig hinzuzurechnen (siehe auch die Formeln in ESRS E1.AR47).

3. Die Scope-1- und Scope-2-Emissionen sind bei einer Berichterstattung durch ein übergeordnetes Unternehmen für einen (Teil-)Konzern jeweils getrennt für (a) die zu Rechnungslegungszwecken konsolidierte Gruppe (Mutterunternehmen und Tochterunternehmen) und (b) für sonstige Unternehmen, in die investiert wird, offenzulegen (ESRS E1.50). Die zweite Gruppe an Unternehmen umfasst bspw. Gemeinschaftsunternehmen oder nicht konsolidierte Tochterunternehmen.

4. In der Angabe der Scope-3-THG-Bruttoemissionen nach ESRS E1.44 sind alle THG-Emissionen in Tonnen CO_2-Äquivalent aus jeder signifikanten Scope-3-Kategorie zu berücksichtigen (d. h. jede Scope-3-Kategorie, die für das Unternehmen eine Priorität darstellt). Der GHG Protocol Corporate Value Chain (Scope 3) Accounting and Reporting Standard bietet eine Übersicht über 15 Scope-3-Kategorien (Tab. 22), zu denen eine Zuordnung vorzunehmen ist. Darüber hinaus enthält dieser eine detaillierte Beschreibung der unterschiedlichen Scope-3-Kategorien.

Upstream or downstream	Scope 3 category
Upstream scope 3 emissions	1. Purchased goods and services
	2. Capital goods
	3. Fuel- and energy-related activities (not included in scope 1 or scope 2)
	4. Upstream transportation and distribution
	5. Waste generated in operations
	6. Business travel

---

[105] Siehe ausführlich GHG Protocol, „Scope 2 Guidance", https://ghgprotocol.org/sites/default/files/2023-03/Scope%202 %20Guidance.pdf, Abruf 1.8.2024.

Upstream or downstream	Scope 3 category
	7. Employee commuting
	8. Upstream leased assets
Downstream scope 3 emissions	9. Downstream transportation and distribution
	10. Processing of sold products
	11. Use of sold products
	12. End-of-life treatment of sold products
	13. Downstream leased assets
	14. Franchises
	15. Investments

Tab. 22: Liste der Scope-3-Kategorien gem. GHG Protocol[106]

Ein Beispiel für die Offenlegung von Scope-3-Kategorien findet sich in den Offenlegungen 2022 von Microsoft (Abb. 8 und Tab. 23):

Praxis-Beispiel

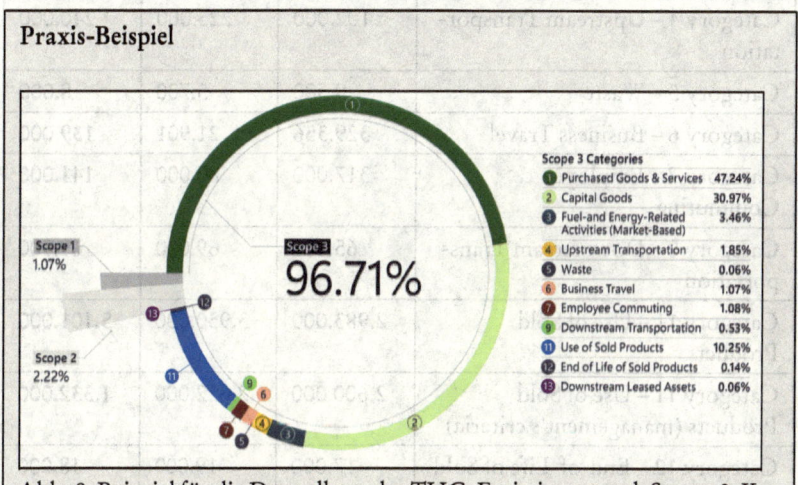

Abb. 8: Beispiel für die Darstellung der THG-Emissionen nach Scope-3-Kategorien[107]

---

106 Entnommen GHG Protocol, Corporate Value Chain (Scope 3) Accounting and Reporting Standard, S. 32, https://ghgprotocol.org/sites/default/files/standards/Corporate-Value-Chain-Accounting-Reporing-Standard_041613_2.pdf, Abruf 1.8.2024.
107 Entnommen Microsoft, Environmental Sustainability Report 2022, S. 14.

	FY20	FY21	FY22
Scope 1	118.100	123.704	**139.413**
Scope 2			
Location-based	4.328.916	5.010.667	**6.381.250**
Marked-based	456.119	429.405	**288.029**
Subtotal emissions (Scope 1+2 market-based)	*574.219*	*553.109*	***427.442***
Scope 3			
Category 1 – Purchased Goods & Services	4.156.000	4.930.000	**6.140.000**
Category 2 – Capital Goods	2.962.000	4.179.000	**4.026.000**
Category 3 – Fuel- and Energy-Related Activities (location-based)	760.000	860.000	**1.191.000**
Category 3 – Fuel- and Energy-Related Activities (market-based)	300.000	350.000	**450.000**
Category 4 – Upstream Transportation	102.000	225.000	**240.000**
Category 5 – Waste	9.500	5.700	**8.000**
Category 6 – Business Travel	329.356	21.901	**139.000**
Category 7 – Employee Commuting	317.000	80.000	**141.000**
Category 9 – Downstream Transportation	65.000	69.000	**69.000**
Category 11 – Use of Sold Products	2.983.000	3.950.000	**5.101.000**
Category 11 – Use of Sold Products (management's criteria)	2.600.000	2.622.000	**1.332.000**
Category 12 – End-of-Life of Sold Products	17.000	19.000	**18.000**
Category 13 – Downstream Leased Assets	11.800	9.600	**8.000**

	FY20	FY21	FY22
Subtotal emissions (Scope 3 market-based)	*11.253.000*	*13.839.000*	*16.340.000*
Subtotal emissions (Scope 3 market-based + management's criteria metrics)	*10.870.000*	*12.511.000*	*12.571.000*
Total emissions (Scope 1 + 2 + 3)	11.827.000	14.392.000	16.767.000
Total emissions (Scope 1 + 2 + 3, management's criteria)	11.444.000	13.064.000	12.998.000

Tab. 23: Beispiel für die Quantifizierung von THG-Emissionen nach Scope-3-Kategorien[108]

Länderbezogene Angaben zu THG-Emissionen können, müssen aber nicht getätigt werden. Selbiges gilt für die Aufschlüsselung auf einzelne Tochterunternehmen oder Segmente. Allerdings ist die inhaltliche Verknüpfung zu Angaben zur Energieintensität zu beachten, die aus ESRS E1 hervorgeht. Bei Letzterer ist aufgeschlüsselt nach klimaintensiven Sektoren zu berichten (Rz 59). Soweit möglich, bietet sich eine konsistente Vorgehensweise mit den Offenlegungen zu THG-Emissionen an (siehe hierzu auch die Zuordnung von Umsatzerlösen zu Treibhausgasintensitäten; Rz 64).   74

Nach ESRS E1.AR44(b) gibt das berichtende Unternehmen Methoden, signifikante Annahmen und Emissionsfaktoren an, die es zur Berechnung oder Messung der Treibhausgasemissionen verwendet. Zusammen damit ist eine Begründung für deren Verwendung zu ergänzen und ein Verweis oder ein Link auf sonstige verwendete Berechnungswerkzeuge zur Verfügung zu stellen. In diesem Zusammenhang beschreibt die EFRAG in den Q&A, dass – im Ergebnis –   75
1. die Methoden für alle in einen konsolidierten Bericht einbezogenen Gesellschaften offenzulegen sind,
2. die Verwendung einer einheitlichen Methode für die Muttergesellschaft und die Tochtergesellschaften zu bevorzugen ist und
3. abweichende Methoden zwar vorkommen können, deren abweichende Verwendung in diesem Fall allerdings begründet sein muss und auch zu begründen ist.[109]

ESRS E1.AR48 enthält eine Vorlage zur Darstellung der Berichtspflichten zu den THG-Gesamtemissionen (Tab. 24) – aufgeschlüsselt nach Scope-1-, Scope-2- und signifikanten Scope-3-Emissionen: 76

---

[108] Entnommen Microsoft, Environmental Data Fact Sheet 2022, S. 3, https://aka.ms/Sustainability Factsheet2022, Abruf 1.8.2024.
[109] Siehe hierzu EFRAG, ESRS Q&A Platform, Compilation of Explanations, Januar–Juli 2024, Frage 81, S. 86f.

Rückblickend	Basisjahr	Vergleich		Etappenziele und Zieljahre			Jährlich % des Ziels / Basisjahr
		N^{110}	% N / N-1	2025	2030	(2050)	
Scope-1-Treibhausgasemissionen							
Scope-1-THG-Bruttoemissionen (t CO_2e)							
Prozentsatz der Scope-1-Treibhausgasemissionen aus regulierten Emissionshandelssystemen (in %)							
Scope-2-Treibhausgasemissionen							
Standortbezogene Scope-2-THG-Bruttoemissionen (t CO_2e)							
Marktbezogene Scope-2-THG-Bruttoemissionen (t CO_2e)							

[110] Anmerkung: N = Berichtsjahr.

Rückblickend	Basisjahr	Vergleich	N[110]	% N / N-1	Etappenziele und Zieljahre			
					2025	2030	(2050)	Jährlich % des Ziels / Basisjahr
Signifikante Scope-3-Treibhausgasemissionen								
Gesamte indirekte (Scope-3-)THG-Bruttoemissionen (t CO_2e)								
1 Erworbene Waren und Dienstleistungen								
[Optionale Unterkategorie: Cloud-Computing und Rechenzentrumsdienste]								
2 Investitionsgüter								
3 Tätigkeiten im Zusammenhang mit Brennstoffen und Energie (nicht in Scope 1 oder Scope 2 enthalten)								
4 Vorgelagerter Transport und Vertrieb								

Rückblickend	Basisjahr	Vergleich	N[110]	% N / N-1	Etappenziele und Zieljahre			
					2025	2030	(2050)	Jährlich % des Ziels / Basisjahr
5 Abfallaufkommen in Betrieben								
6 Geschäftsreisen								
7 Pendelnde Mitarbeiter								
8 Vorgelagerte geleaste Wirtschaftsgüter								
9 Nachgelagerter Transport								
10 Verarbeitung verkaufter Produkte								
11 Verwendung verkaufter Produkte								
12 Behandlung von Produkten am Ende der Lebensdauer								
13 Nachgelagerte geleaste Wirtschaftsgüter								

Rückblickend	Basisjahr	Vergleich	N^{110}	% N / N-1	Etappenziele und Zieljahre			
					2025	2030	(2050)	Jährlich % des Ziels / Basisjahr
14 Franchises								
15 Investitionen								
THG-Emissionen insgesamt								
THG-Emissionen insgesamt (standortbezogen) (t CO_2e)								
THG-Emissionen insgesamt (marktbezogen) (t CO_2e)								

Tab. 24: Aufgeschlüsselte Darstellung der Berichtspflichten zu den THG-Gesamtemissionen nach ESRS E1.AR48

Gem. EFRAG Q&A ist ein Unternehmen verpflichtet, seine gesamten Treibhausgasemissionen aufgeschlüsselt nach Scope 1 und Scope 2 sowie wesentlichen Scope-3-Kategorien gem. Tab. 24 (ESRS E1.AR48) offenzulegen. Dabei ist zu beachten, dass das Unternehmen nur die Felder ausfüllen muss, die für das Unternehmen relevant sind. Das bedeutet, dass für Scope 3 nur wesentliche Kategorien (ESRS E1.AR46) offengelegt werden müssen und die Zellen unter „Etappenziele und Zieljahre" gem. den vom Unternehmen festgelegten Zielen auszufüllen sind.[111]

2.5.5 Treibhausgasintensität auf der Grundlage der Nettoumsatzerlöse

77 Von der Systematik her vergleichbar mit der Angabe der Energieintensität hat das Unternehmen die **Intensität** seiner **Treibhausgasemissionen** zu veröffentlichen. Anders als bei der Energieintensität ist eine gesonderte Berechnung der Treibhausgasintensität für unterschiedliche klimaintensive Sektoren jedoch nicht gefordert. Die Treibhausgasintensität ist eine Information, die Finanzmarktteilnehmer, die der Offenlegungsverordnung[112] unterliegen, zur Erfüllung ihrer Offenlegungspflichten benötigen (Indikator „THG-Emissionsintensität der Unternehmen, in die investiert wird"). Eine Differenzierung nach klimaintensiven Sektoren wird in der Delegierten Verordnung (EU) 2022/1288 zur Offenlegungsverordnung nicht gefordert.[113]

78 Die Treibhausgasintensität wird definiert als die THG-Gesamtemissionen in Tonnen CO_2-Äquivalent je Nettoumsatzerlös (ESRS E1.53 f.).

79 Die Berechnungsformel gem. ESRS E1.AR53(a) lautet wie folgt (wenngleich in der deutschen Sprachfassung der ESRS an dieser Stelle von Währungseinheiten die Rede ist, so kann eine Angabe in EUR daraus abgeleitet werden):

$$\text{Treibhausgasintensität} = \frac{\text{THG-Emissionen gesamt (t } CO_2\text{e)}}{\text{Nettoeinnahmen (EUR)}}$$

Dieses Ergebnis findet als ein Faktor Verwendung in der Berechnungsformel für den Indikator „THG-Emissionsintensität der Unternehmen, in die investiert wird" lt. Anhang 1 der Delegierten Verordnung (EU) 2022/1288. Die Formel für die Berechnung der THG-Emissionsintensität der Unternehmen, in die von Finanzmarktteilnehmern, die der Offenlegungsverordnung unterliegen, investiert wird, lautet wie folgt:

---

111 Vgl. EFRAG, ESRS Q&A Platform, Compilation of Explanations, Januar–Juli 2024, Frage 414, S. 93 ff.
112 Verordnung (EU) 2019/2088, ABl. EU v. 9.12.2019, L 317/1.
113 Siehe Anhang 1 der Delegierten Verordnung (EU) 2022/1288, ABl. EU v. 25.7.2022, L 196/38 ff.

$$\sum_n \left(\frac{\text{gegenwärtiger Wert der Investition}_i}{\text{gegenwärtiger Wert aller Investitionen (in Mio. EUR)}} \right.$$

$$\left. \times \frac{\text{Scope} - 1 -, \ 2 - \text{und } 3 - \text{THG} - \text{Emissionen des Unternehmens}_i}{\text{Unternehmensumsatz in Mio. EUR}_i} \right)$$

Die von berichtspflichtigen Unternehmen offenzulegende Treibhausgasintensität gem. ESRS E1 entspricht demzufolge dem zweiten Faktor der Berechnungsformel gem. der Delegierten Verordnung (EU) 2022/1288 zur Offenlegungsverordnung.

Die Treibhausgasintensität ist gesondert unter Anwendung sowohl der markt- 80
basierten Methode als auch der standortbasierten Methode zu berechnen. Die Anwendung der beiden Methoden bezieht sich auf die Scope-2-Emissionen (Tab. 9); die Daten für die Scope-1- und die Scope-3-Emissionen bleiben in beiden Fällen unverändert. Ein Beispiel für die Offenlegung der Angaben zur Treibhausgasintensität bietet Tab. 25:

	Ver-gleichs-wert	Be-richts-jahr	Veränderung gegenüber Vorjahr in %
THG-Gesamtemissionen (standortbezogen) je Netto-erlös (t CO_2e/EUR)			
THG-Gesamtemissionen (marktbezogen) je Nettoerlös (t CO_2e/EUR)			

Tab. 25: Darstellung quantitativer Informationen zur Treibhausgasintensität[114]

Es ist eine Verknüpfung mit den entsprechenden Erlösposten im Jahres- oder 81
Konzernabschluss vorzunehmen oder ein Verweis auf Erläuterungen im Anhang, aus denen die Höhe der Umsatzerlöse hervorgeht (ESRS E1.55). Kann keine direkte Verknüpfung mit einem Posten im Jahres- oder Konzernabschluss oder einer Nennung im Anhang erfolgen, dann muss die Konnektivität über einen gesonderten quantitativen Abgleich unter Verwendung des Tabellenformats gem. Tab. 26 erfolgen (ESRS E1.AR55). Diese Tabelle kann auch dann freiwillig verwendet werden, wenn eine Verknüpfung mit einer Position im Jahres- oder Konzernabschluss oder einer Erläuterung im Anhang möglich wäre, darauf aber verzichtet werden soll.

---

[114] Modifiziert entnommen ESRS E1.AR54.

Nettoumsatzerlöse, die zur Berechnung der Treibhausgas-intensität herangezogen werden	
Nettoumsatzerlöse (sonstige)	
Nettogesamterlöse (Abschluss)	

Tab. 26: Konnektivität der Treibhausgasintensität auf der Grundlage der Net-toumsatzerlöse mit Informationen zur Finanzberichterstattung (ESRS E1.AR55)

2.5.6 ESRS E1-7 – Entnahme von Treibhausgasen und Projekte zur Verringerung von Treibhausgasen, finanziert über CO_2-Zertifikate

82 Hinsichtlich der Entnahme von Treibhausgasen (THG) und Projekten zur Verringerung von THG finanziert über CO_2-Zertifikate hat das Unternehmen folgende Angaben verpflichtend zu tätigen (ESRS E1.56):

a) Die ggf. erzielte Entnahme sowie die Speicherung von THG i. R. v. Projekten in CO_2-Äquivalenten. Hierbei sind Projekte i. R. d. eigenen Tätigkeiten zu berücksichtigen sowie Projekte, zu denen in der vor- und nachgelagerten Wertschöpfungskette beigetragen wurde.

b) Den Umfang der Reduktion oder der Entnahme an THG mit der (geplanten) Finanzierung von CO_2-Zertifikaten i. R. v. Klimaschutzprojekten außerhalb der Wertschöpfungskette.

Ziel dieser Angabepflicht ist es, ein Verständnis der Maßnahmen zu ermöglichen, die das berichtspflichtige Unternehmen ergriffen hat, um die Reduktion von Treibhausgasen aus der Atmosphäre zu erreichen und aktiv zu unterstützen, um Netto-Null-Ziele zu erreichen, aber auch das Verständnis, den Umfang und die Qualität der verwendeten CO_2-Zertifikaten zu ermöglichen (ESRS E1.57[115]).

83 Zur Relevanz der Offenlegung von CO_2-Zertifikaten verweist die EFRAG in den Q&A auf den Zusammenhang mit den (erreichten) THG-Reduktions-zielen. Hierbei ist der Rückgriff darauf insbes. als Ergänzung zur Erreichung des Netto-Null-Ziels auf Basis der Emissionsreduktionsziele und das Schließen einer verbleibenden Lücke zur Zielerreichung zu betrachten.[116]

84 Die EFRAG Q&A stellen klar, dass es derzeit keine von der EU anerkannte oder von der EFRAG empfohlene Liste von Qualitätsstandards für CO_2-Zerti-fikate gibt. Demnach gilt die Definition eines anerkannten Qualitätsstandards für CO_2-Zertifikate gem. Anhang II der ESRS sowie folgender Kriterien:

---

[115] Siehe zur Berichterstattung über CO_2-Zertifikate auch Sopp, WPg 2023, S. 1367 ff.
[116] Siehe ausführlicher EFRAG, ESRS Q&A Platform, Compilation of Explanations, Januar–Juli 2024, Frage 206, S. 81 ff.

a) sie müssen von unabhängigen Dritten verifizierbar sein und
b) sie müssen Anforderungen und Projektberichte öffentlich verfügbar machen und mind. folgende Punkte sicherstellen:
- Zusatznutzen,
- Dauerhaftigkeit,
- Vermeidung von Doppelzählungen und Bereitstellung von Berechnungsregeln,
- Überwachung und
- Verifizierung der Treibhausgasemissionen und -entfernungen des Projekts.

Solange diese Kriterien erfüllt sind, kann ein Unternehmen Qualitätsstandards für CO_2-Zertifikate als anerkannt i. R. d. ESRS E1 betrachten.[117]

Die Angaben bzgl. der Entnahme und der Speicherung von THG wird in ESRS E1.58 **85** weiter spezifiziert. Somit hat ein Unternehmen folgende Angaben zu tätigen:
- die Gesamtmenge der abgebauten und gespeicherten THG in Tonnen CO_2-Äquivalent;
- diese Angabe erfolgt aufgeschlüsselt und getrennt nach den Mengen:
  a) im Zusammenhang mit den eigenen Tätigkeiten sowie der vor- und nachgelagerten Wertschöpfungskette; die Anwendungsanforderungen ESRS E1.AR59 spezifizieren Aktivitäten in der vor- und nachgelagerten Wertschöpfungskette als die Aktivitäten, die das Unternehmen aktiv unterstützt, bspw. in Form von Kooperationsprojekten mit Lieferanten; es wird explizit hervorgehoben, dass nicht erwartet wird, etwaige Aktivitäten zu berücksichtigen, die dem Unternehmen selbst nicht bekannt sind;
  b) nach Entnahmeaktivitäten;
- die zugrunde liegenden Annahmen, Methoden und Rahmenwerke, die bei der Berechnung der Gesamtmenge verwendet wurden.

Die Anwendungsanforderungen spezifizieren weitere Angaben und Erläuterungen, die je Entnahme- und Speicheraktivität von THG getätigt werden **86** müssen (ESRS E1.AR57):
- eine Nennung der betreffenden THG;
- eine Erläuterung, ob die Entnahme und Speicherung der THG biogen sind oder durch Landnutzungsveränderung erfolgen, ob sie technologisch oder hybrid sind; hierbei sollen die technischen Details zur Entnahme, der Art der Speicherung und zum Transport der abgebauten THG angegeben werden;
- eine Erläuterung, inwieweit die Tätigkeit als naturbasierte Lösung einzustufen ist;
- eine Erläuterung, inwieweit das Risiko der Nichbeständigkeit adressiert wird,[118] einschl. der Bestimmung und Überwachung von Austritten und Umkehrungen, soweit dies angemessen ist.

---

117 Vgl. EFRAG, ESRS Q&A Platform, Compilation of Explanations, Januar–Juli 2024, Frage 536, S. 104 f.
118 In der deutschen Fassung wird *„non-permanence"* mit „Nichtdurchlässigkeit" übersetzt, was in diesem Kontext nicht richtig erscheint.

Zusätzlich liefern die Anwendungsanforderungen ausführliche Leitlinien für die Angaben bzgl. der Entnahmen und Speicherung von THG (ESRS E1.AR58–AR60), denen Unternehmen folgen sollen. Hier sind teilw. verpflichtende Aspekte enthalten, aber auch Vorschläge. Zudem bieten die Anwendungsanforderungen einen Vorschlag der tabellarischen Darstellung der quantitativen Informationen zur Entnahme von THG (ESRS E1.AR60).

Entnahme	Vergleich	N	% N / N–1
THG-Entnahmeaktivität 1 (z.B. Wiederherstellung von Wäldern)	–		
THG-Entnahmeaktivität2 (z.B. direkte Abscheidung aus der Luft)	–		
...	–		
Gesamtentnahme von Treibhausgasen aus eigenen Tätigkeiten (t CO$_2$e)			
THG-Entnahmeaktivität1 (z.B. Wiederherstellung von Wäldern)	–		
THG-Entnahmeaktivität2 (z.B. direkte Abscheidung aus der Luft)	–		
...	–		
Gesamtentnahme von Treibhausgasen in der vor- und nachgelagerten Wertschöpfungskette (t CO$_2$e)			
Umkehrungen (t CO$_2$e)			

Tab. 27: Tabellarische Darstellung quantitativer Informationen zur Entnahme von THG (ESRS E1.AR60)

87 Die Angaben bzgl. der CO$_2$-Zertifikate werden in ESRS E1.59 weiter spezifiziert. Somit hat ein Unternehmen die Gesamtmenge der CO$_2$-Zertifikate außerhalb der Wertschöpfungskette in Tonnen CO$_2$-Äquivalent anzugeben, aufgeteilt nach:

- CO$_2$-Zertifikate in Tonnen CO$_2$-Äquivalent, die nach anerkannten Qualitätsstandards überprüft und im Berichtszeitraum kompensiert (*„cancelled"*[119]) wurden;
- CO$_2$-Zertifikate in Tonnen CO$_2$-Äquivalent, deren Zurücknahme geplant ist (zzgl. einer Angabe, ob hier eine vertragliche Vereinbarung besteht).

Am Beispiel von Holcim wird der Einsatz von CO$_2$-Zertifikaten zur Erreichung einer vollständigen CO$_2$-Reduktion eines Produkts veranschaulicht. Durch die

---

[119] In der deutschen Version nicht ganz treffend mit „gelöscht" übersetzt.

Verwendung von MoorFutures-Zertifikaten sind demnach die Angaben gem. ESRS E1-7 hinsichtlich der Verwendung von CO_2-Zertifikaten zu tätigen:

Praxis-Beispiel Holcim (Deutschland) GmbH – naturbasierte Maßnahme[120]

„CO_2-reduzierte Zemente und Betone

Nach der Einführung der ECOPact Betone Anfang 2020 brachte Holcim im Jahr 2021 mit der Produktserie ECOPlanet CO_2-reduzierte Zemente auf den Markt. Als weltweit erster Zementhersteller bietet Holcim mit dem Sackzement ECOPlanet ZERO (CEMIIIA/42,5N) ein CO_2-neutrales Produkt an, das sich für alle Standardanwendungen eignet. Die vollständige Kompensation der heute noch technisch unvermeidbaren, restlichen CO_2-Emissionen bei ECOPlanet ZERO erfolgt beispielsweise durch den Erwerb von MoorFutures-Zertifikaten. MoorFutures fördern Wiedervernässungsprojekte von Mooren in verschiedenen Bundesländern – ein zeitgemäßes und wirkungsvolles Instrument für den CO_2-Ausgleich. Denn Moore sind die größten und effektivsten Kohlenstoffspeicher auf der Erde und die CO_2-Einsparung erfolgt transparent nachvollziehbar in Deutschland."

Im Nachhaltigkeitsbericht 2023 wird darauf verwiesen, dass die Zusatzoption für Kunden, freiwillig die technisch unvermeidbaren restlichen CO_2-Emissionen über den Erwerb von MoorFutures-Zertifikaten auszugleichen, nicht mehr angeboten wird. Stattdessen soll Klimaneutralität ohne Kompensation erreicht werden.[121]

Ein weiteres Beispiel, in dem die Realisierung eigener Projekte und die Investition in Klimaschutzprojekte zur Bindung von CO_2 führen soll, bietet der Nachhaltigkeitsbericht 2023 der Volkswagen Group. Hier wird die Kompensation nicht vermeidbarer Treibhausgasemissionen als dritter Schritt in der Maßnahmenkette genannt.

Praxis-Beispiel Volkswagen Group[122]

„Im Rahmen der bilanziell CO_2-neutralen Übergabe gleichen wir die nicht vermeidbaren Emissionen aus den Lebenszyklusphasen, zum Beispiel aus Lieferkette oder Produktion, durch Klimaschutzprojekte mit hohen Zertifizierungsstandards aus. Hierzu gehören etwa der ‚Verified Carbon Standard‘ (VCS), die ‚Climate, Community and Biodiversity Standards‘ (CCB Standards) oder der ‚Gold Standard‘. Ergänzend zu externen Zertifizierungsstandards beurteilen wir Kompensationsprojekte zur Qualitätssicherung auch nach eigenen Kriterien, [...]."

---

120 Entnommen Holcim Deutschland Gruppe, Nachhaltigkeitsbericht 2021, S. 26.
121 Vgl. Holcim Deutschland Gruppe, Nachhaltigkeitsbericht 2023, S. 22.
122 Entnommen Volkswagen Group, Nachhaltigkeitsbericht 2023, S. 59; Abb. entnommen von S. 52.

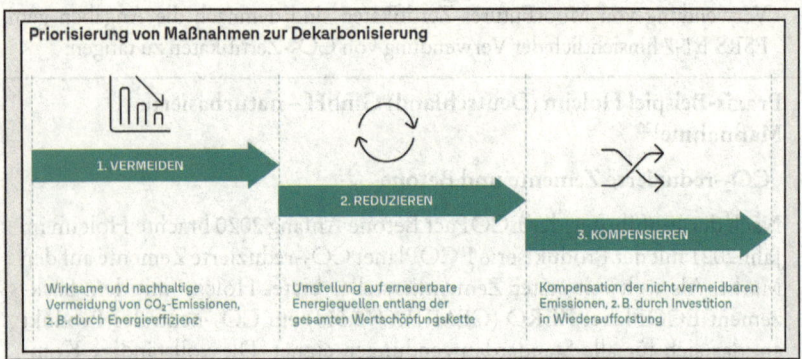

88   Die Anwendungsanforderungen spezifizieren folgende Aufschlüsselung, die Unternehmen hinsichtlich der CO_2-Zertifikate zu tätigen haben (ESRS E1.AR57; Rz 63):
- Anteil (prozentualer Anteil am Volumen) der Projekte zur Reduktion von CO_2-Emissionen,
- Anteil (prozentualer Anteil am Volumen) der Projekte zur Entnahme von CO_2-Emissionen,
- sofern es sich um CO_2-Zertifikate aus Entnahmeprojekten handelt, hat eine Erläuterung zu erfolgen, ob diese aus biogenen oder aus technologischen Senkungen stammen,
- Anteil (prozentualer Anteil am Volumen) jedes anerkannten Qualitätsstandards,
- Anteil (prozentualer Anteil am Volumen) der Projekte innerhalb der EU,
- Anteil (prozentualer Anteil am Volumen), der als entsprechende Anpassung gem. Art. 6 des Pariser Übereinkommens gilt.

Zusätzlich liefern die Anwendungsanforderungen ausführliche Leitlinien für die Zusammenstellung der Informationen über CO_2-Zertifikate (ESRS E1.AR63f.), denen Unternehmen folgen sollen. Hier sind teilw. verpflichtende Aspekte enthalten, aber auch Vorschläge. Zudem bieten die Anwendungsanforderungen einen Vorschlag der tabellarischen Darstellung der prozentualen Anteile, die nach ESRS E1.AR62 offenzulegen sind (ESRS E1.AR64).

89   Sofern unter der Angabepflicht in ESRS E1-4 ein Netto-Null-Ziel veröffentlicht wird, soll nach ESRS E1.60 explizit erläutert werden, wie die verbleibenden THG (nach einer Verringerung der THG um 90–95 %) neutralisiert werden sollen. Hierbei ist auf den Umfang, die Methode, den Rahmen und die Art und Weise einzugehen – bspw. durch die Entnahme von THG bei den eigenen Tätigkeiten.

„Die Festlegung eines **Netto-Null-Ziels** auf Unternehmensebene im Einklang mit den gesellschaftlichen Klimazielen bedeutet,
i) **Emissionsminderungen** in der **Wertschöpfungskette** in einer Größenordnung zu erreichen, die der Tiefe der Minderung an dem jeweiligen Punkt auf dem Weg zum 1,5-Grad-Ziel entspricht, und

ii) die Auswirkungen etwaiger verbleibender **Emissionen** (nach etwa 90–95 % der **Emissionsreduktion** mit der Möglichkeit gerechtfertigter sektoraler Abweichungen im Einklang mit einem anerkannten sektoralen Pfad) durch dauerhafte Entfernung einer gleichwertigen CO_2-Menge zu neutralisieren."[123]

Sofern vom Unternehmen eine Treibhausgasneutralität i. V. m. der Verwendung von CO_2-Zertifikaten veröffentlicht wird, sind nach ESRS E1.61 folgende Angaben verpflichtend zu tätigen: **90**
– inwieweit dies mit den THG-Emissionszielen in ESRS E1-4 im Einklang steht,
– inwieweit eine Abhängigkeit von CO_2-Zertifikaten die Erreichung der THG- Emissionsziele behindert oder verringert,
– die Qualität der verwendeten CO_2-Zertifikate unter Bezugnahme anerkannter Qualitätsstandards.

Inwieweit Entnahmeaktivitäten zur Neutralisierung von verbleibenden Emissionen und zur Erfüllung von Netto-Null-Zielen zulässig sind, führen die   **91**
EFRAG Q&A aus. Entsprechend gilt:
• Bedeutung des Net-Zero-Ziels: Die Auswirkungen von verbleibenden Emissionen können nach einer Reduktion von etwa 90–95 % der Treibhausgasemissionen durch das dauerhafte Entfernen eines äquivalenten CO_2-Volumens neutralisiert werden, um das Net-Zero-Ziel zu erreichen (siehe Definition Netto-Null-Ziel). Das Neutralisieren von mehr als 10 % wäre mit der Erreichung eines Net-Zero-Ziels gem. der ESRS-Definition jedoch nicht kompatibel.
• Wenn ein Unternehmen CO_2, das es durch eigene Tätigkeiten emittiert hat, abscheidet und speichert, stellt dies nicht zwingend eine Entfernung dar. Wenn das CO_2 fossilen Ursprungs ist, kann es sich um eine Verlagerung von CO_2 in geologische Speicher handeln (siehe Art. 49 Durchführungsverordnung (EU) 2018/2066[124]) und für die Zwecke von ESRS E1-6 um eine Form der Emissionsminderung. In jedem Fall – ob Entfernung oder Verlagerung von fossilem CO_2 – muss das Unternehmen über ein System zur Überwachung von CO_2-Speicherungen verfügen. Freisetzungen von eingelagertem oder gespeichertem CO_2 müssen als CO_2-Emissionen gem. ESRS E1 Offenlegungsanforderung E1-6 erfasst werden. Entsprechende Freisetzungen können auch als separate Position ausgewiesen werden (ESRS E1.AR60).[125]

Gem. Stellungnahme der EFRAG Q&A bezieht sich der Begriff „Projekte" in   **92**
ESRS E1.56(a) auf alle Aktivitäten/Interventionen, die vom Unternehmen durchgeführt werden und die zu Treibhausgassenkungen und -speicherungen führen können. Dies entspricht der Definition von Projekten gem. „GHG Protocol for

---

[123] Berichtigung der Delegierten Verordnung (EU) 2023/2772 v. 31.7.2023, ABl. EU L v. 9.8.2024, Anhang II, Tab. 2, S. 274.
[124] Durchführungsverordnung (EU) 2018/2066, ABl. EU v. 31.12.2018, L 334/26.
[125] Vgl. EFRAG, ESRS Q&A Platform, Compilation of Explanations, Januar–Juli 2024, Frage 432, S. 102 ff.

Project Accounting". Diese Definition ist nicht auf Investitionen im Zusammenhang mit Vermögenswerten beschränkt. Entsprechende Projekte können sich auch auf neue Anwendungen für Produkte beziehen. Beispiele sind Projekte der Aufforstung/Begrünung, Verbesserung der CO_2-Aufnahme im Boden, Integration von Bioenergie mithilfe von Kohlenstoffabscheidung und -speicherung (BECCS) sowie Abscheidung von CO_2 mit Speicherung (DACCS).[126]

93   Das Verständnis von Entnahmeaktivitäten ergibt sich nach den EFRAG Q&A aus den Definitionen der ESRS und den Standards des GHG-Protokolls, einschl. des GHG Protocol Corporate Standard (Version 2004), des Product LCA and Reporting Standard (Version 2011), der Agriculture Guidance (Version 2014) und der Land Use, Land-Use Change, and Forestry Guidance for GHG Project Accounting (Version 2006):

- „Biogene Entfernung und Speicherung" bezieht sich auf die Entfernung und Speicherung von Treibhausgasen, wie sie in den ESRS definiert sind. Für eine detaillierte Definition von „biogen" kann sich das Unternehmen auf den GHG Product LCA and Reporting Standard berufen. Demnach gilt: „Biogene Entfernungen resultieren aus der Aufnahme von CO_2 durch biogene Materialien während der Fotosynthese, während nicht-biogene Entfernungen nur auftreten, wenn CO_2 von der Atmosphäre durch ein nicht-biogenes Produkt während seiner Produktions- oder Nutzungsphase entfernt wird".

- „Entfernung und Speicherung durch Landnutzung" bezieht sich auf die Entfernung und Speicherung von Treibhausgasen, wie sie in den ESRS definiert sind. Zusätzlich werden Beispiele für solche Aktivitäten in ESRS E1.AR57(b) genannt (Aufforstung, Wiederaufforstung, Waldrestaurierung, städtische Baumpflanzungen, Agroforstwirtschaft, Aufbau von Kohlenstoff im Boden). Das Unternehmen kann auch den GHG Product LCA and Reporting Standard (2011) und den GHG Protocol for Project Accounting Standard (2005) zurate ziehen, die sich mit Treibhausgassenkungen aufgrund von Landnutzungsänderungen befassen.

- „Technologische Entfernung und Speicherung" bezieht sich auf die Entfernung und Speicherung von Treibhausgasen, wie sie in den ESRS definiert sind. Solche Aktivitäten können Beispiele enthalten, die in ESRS E1.AR57(b) angegeben sind (z.B. direkte Luftabscheidung). Das Unternehmen kann für weitere Informationen Anhang A des GHG Protocol Land Sector and Removals Guidance (Entwurf) heranziehen.

- „Hybride Entfernung und Speicherung" bezieht sich auf die Entfernung und Speicherung von Treibhausgasen, wie sie in den ESRS definiert sind. ESRS E1.AR57(b) gibt ein Beispiel für diese Aktivität an (Bioenergie mit CO_2-Abscheidung und -Speicherung).[127]

---

126 Vgl. EFRAG, ESRS Q&A Platform, Compilation of Explanations, Januar–Juli 2024, Frage 577, S. 105f.
127 Vgl. EFRAG, ESRS Q&A Platform, Compilation of Explanations, Januar–Juli 2024, Frage 636, S. 106f.

2.5.7 ESRS E1-8 – Interne CO$_2$-Bepreisung

Nach der Angabepflicht zur internen CO$_2$-Bepreisung hat das Unternehmen offen- **94**
zulegen, ob es interne CO$_2$-Bepreisungssysteme implementiert hat.[128] Sofern dies der
Fall ist, sind Angaben verpflichtend zu tätigen, inwieweit diese Systeme die Entscheidungsfindung und die Anreizsetzung der Implementierung der klimabezogenen Konzepte und Ziele unterstützen (ESRS E1.62). Nach ESRS E1.63 sind folgende
Angaben hinsichtlich der CO$_2$-Bepreisungssysteme zu tätigen:

- die Art des jeweiligen Systems (bspw. die Schattenpreise, welche bei CapEx-
  Entscheidungen oder Entscheidungen in Investitionen in Forschung und
  Entwicklung verwendet werden);
- der spezifische Anwendungsbereich des jeweiligen Systems (Tätigkeiten,
  geografische Angaben, Unternehmen usw.);
- die CO$_2$-Preise, die im jeweiligen System angewendet werden, inkl. der
  kritischen Annahmen zur Bestimmung dieser Preise und der Quelle(n) sowie
  einer Begründung, aus denen die Relevanz der gewählten Preise für die
  Anwendung hervorgeht; zusätzlich kann das Unternehmen freiwillig die
  Methode zur Berechnung der CO$_2$-Preise angeben; hier sollten dann zusätzlich Angaben bzgl. des Umfangs der Verwendung wissenschaftlicher Leitfäden und des Zusammenhangs der künftigen Entwicklung mit wissenschaftlich fundierten Zielpfaden erfolgen;
- eine Schätzung der Mengen der THG-Bruttoemissionen, die im laufenden
  Jahr in Scope 1 und Scope 2 (und ggf. Scope 3) unter das jeweilige System
  fallen; zusätzlich zu den Mengen sollen die Anteile an den THG-Gesamtemissionen offengelegt werden.

Zusätzlich hat das Unternehmen eine kurze Erläuterung zur Übereinstimmung **95**
der CO$_2$-Preise, die in internen CO$_2$-Bepreisungssystemen verwendet werden,
mit den in den Abschlüssen verwendeten Preisen (ESRS E1.AR65) vorzunehmen. Dies hat für CO$_2$-Preise zu erfolgen, die die folgenden Anwendungs-
bereiche haben:

- Bewertung der Nutzungsdauer und des Restwerts von Vermögenswerten
  (immaterielle Wirtschaftsgüter, Sachanlagen);
- Wertminderung von Vermögenswerten;
- Bemessung des beizulegenden Zeitwerts von Vermögenswerten, die bei
  Unternehmensübernahmen akquiriert wurden.

Die Anwendungsanforderungen schlagen zudem eine tabellarische Darstellung **96**
der Angabepflicht unter ESRS E1-8 vor (ESRS E1.AR66):

---

[128] Siehe zur Berichterstattung über die CO$_2$-Bepreisung auch Sopp, WPg 2023, S. 1367 ff.

Art des internen CO$_2$-Preises	Betreffendes Volumen (t CO$_2$e)	Angewandte Preise (EUR/ t CO$_2$e)	Beschreibung des Umfangs
CapEx-Schattenpreis			
Forschung und Entwicklung (FuE) Investitionsschattenpreis			
Interne CO$_2$-Gebühren oder -Fonds			
CO$_2$-Preise für die Prüfung von Wertminderungen			
usw.			

Tab. 28: Tabellarische Darstellung quantitativer Informationen zur Anwendung von CO$_2$-Bepreisungssystemen (ESRS E1.AR66)

2.5.8 ESRS E1-9 – Erwartete finanzielle Effekte wesentlicher physischer Risiken und Übergangsrisiken sowie potenzielle klimabezogene Chancen

97   Die Angabepflicht ESRS E1-9 erweitert die Informationen zu den aktuellen finanziellen Effekten gem. ESRS 2 SBM-3 (ESRS 2.48(d)). Sie erfordert Angaben einerseits über die erwarteten finanziellen Effekte wesentlicher **physischer Risiken** und **Übergangsrisiken**, andererseits über wesentliche **klimabezogene Chancen**, von denen das Unternehmen profitieren könnte. Das Hauptziel ist es, ein Verständnis für die erwarteten finanziellen Effekte von wesentlichen physischen Risiken, Übergangsrisiken und klimabezogenen Chancen zu gewinnen. Mögliche Ergebnisse der Szenarioanalyse gem. ESRS E1.AR10–AR13 sollen berücksichtigt werden. Die Angaben hinsichtlich der klimabezogenen Chancen und den daraus resultierenden finanziellen Nutzen ergänzen zusätzlich die Leistungsindikatoren, die gem. der Delegierten Verordnung (EU) 2021/2178 anzugeben sind.

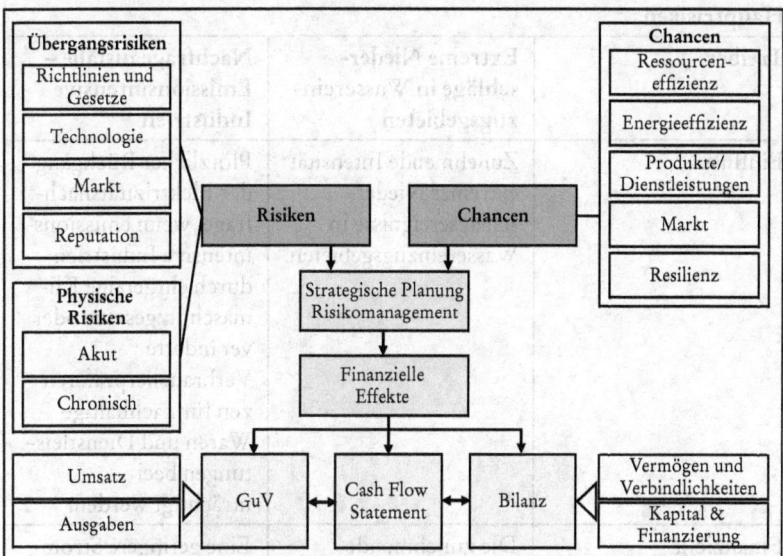

Abb. 9: Zusammenhang zwischen klimabezogenen Risiken und Chancen und finanziellen Effekten[129]

Praxis-Beispiel		
Hauptrisiken		
Treiber	Extreme Niederschläge in Wassereinzugsgebieten	Nachfrageausfälle – Emissionsintensive Industrien
Art	Physisch	Transition
Umfang	Mittel	Mittel
Wahrscheinlichkeit	Unwahrscheinlich	Unwahrscheinlich
Zeithorizont	Langfristig (30 Jahre)	Langfristig (30 Jahre)

---

[129] TCFD, Recommendations of the Task Force on Climate-related Financial Disclosures, Juni 2017, S. 8. Im TFCD-Dokument von 2017 ist – wie in der ersten deutschsprachigen Version der ESRS vom Juli 2023 – von finanziellen Auswirkungen statt von finanziellen Effekten die Rede.

Hauptrisiken		
Treiber	Extreme Niederschläge in Wassereinzugsgebieten	Nachfrageausfälle – Emissionsintensive Industrien
Einfluss	Zunehmende Intensität extremer Niederschlagsereignisse in Wassereinzugsgebieten.	Plötzlicher Rückgang der Elektrizitätsnachfrage, wenn emissionsintensive Industrien durch ehrgeizige Klimaschutzgesetze oder veränderte Verbraucherpräferenzen für nachhaltige Waren und Dienstleistungen beeinträchtigt werden.
Finanzielle Implikationen	Die zunehmende Intensität extremer Niederschlagsereignisse kann die Absenkung des Wasserspiegels von Dämmen (Verringerung der Stromerzeugungskapazität der Anlagen) und/oder die Verstärkung der Dammstrukturen erforderlich machen.	Eine geringere Stromnachfrage kann sich negativ auf die Einnahmen von Meridian auswirken, wenn bspw. die Milchwirtschaft aufgrund von Klimaschutzmaßnahmen eingeschränkt wird.
Quantifizierung	11 Mio. USD	12–17 Mio. USD

Hauptrisiken		
Treiber	Extreme Niederschläge in Wassereinzugsgebieten	Nachfrageausfälle – Emissionsintensive Industrien
Methode	Bei den geschätzten potenziellen finanziellen Effekten handelt es sich um eine auf das Jahr hochgerechnete Zahl der geschätzten Baukosten und der negativen Effekte auf die Einnahmen über einen Zeithorizont von 30 Jahren.	Bei den geschätzten potenziellen finanziellen Effekten handelt es sich um eine auf das Jahr umgerechnete Zahl über einen Zeithorizont von 30 Jahren, die durch die Modellierung der Effekte eines schrittweisen Nachfragerückgangs und den Vergleich mit unserem Entwicklungsszenario berechnet wurde. Diese Berechnung ist mit erheblichen Unsicherheiten behaftet.
Antwort des Managements	Die Werte für das wahrscheinliche max. Hochwasser werden alle zehn Jahre überprüft, um den Klimawandel einzubeziehen.	Meridian unterstützt eine Klimaschutzpolitik, die die Stromnachfrage in anderen Sektoren erhöhen würde, insbes. die Verwendung von Strom im Verkehrssektor und in der industriellen Wärmeerzeugung.

Tab. 29: Beispielangabe aus der Praxis[130]

---

[130] Meridian Energy, Climate Change Disclosures Meridian Energy Limited FY20, S. 11, eigene Übersetzung aus dem Englischen.

98 Die erwarteten **finanziellen Effekte** werden in zwei unterschiedliche Abschnitte unterteilt, wobei jeweils spezifische Angabepflichten gelten. Es wird zwischen wesentlichen physischen Risiken und Übergangsrisiken unterschieden:

1. Die Angaben bzgl. erwarteter finanzieller Effekte aufgrund **wesentlicher physischer Risiken** umfassen:[131]
   – Geldbetrag und Anteil der **Vermögenswerte** mit einem kurz-, mittel- und langfristigen wesentlichen physischen Risiko unter Angabe des Orts, an dem sich der Vermögenswert befindet, und aufgeschlüsselt nach akutem und chronischem physischem Risiko;[132] darüber hinaus erfolgt eine Differenzierung zwischen dem Anteil der Vermögenswerte vor der Berücksichtigung von Maßnahmen zur Anpassung an den Klimawandel und dem Anteil, der ausschl. diese Maßnahmen berücksichtigt;
   – Geldbetrag und Anteil der **Nettoumsatzerlöse** mit einem kurz-, mittel- und langfristigen wesentlichen physischen Risiko.

2. Die Angaben bzgl. erwarteter finanzieller Effekte aufgrund **Übergangsrisiken** umfassen:
   – Geldbetrag und Anteil der **Vermögenswerte** mit einem kurz-, mittel- und langfristigen Übergangsrisiken; darüber hinaus erfolgt eine Differenzierung zwischen dem Anteil der Vermögenswerte vor der Berücksichtigung der Klimaschutzmaßnahmen und dem Anteil, der ausschl. diese Maßnahmen berücksichtigt;
   – Geldbetrag und Anteil der **Nettoumsatzerlöse** mit einem kurz-, mittel- und langfristigen wesentlichen Übergangsrisiko (einschl. der Nettoerlöse von Kunden aus dem Kohle-, Öl- und Gassektor);
   – Aufschlüsselung des **Buchwerts der Immobilien** des Unternehmens nach Energieeffizienzklassen;[133]
   – Verbindlichkeiten, welche im Abschluss erfasst werden müssen.

---

131 Im Einklang mit der Delegierten Verordnung (EU) 2020/1818, ABl. EU v. 3.12.2020, L 406/17.

132 Im Einklang mit den Anforderungen der Durchführungsverordnung (EU) 2022/2453 der Kommission, Meldebogen 5: Anlagebuch – Indikatoren für potenzielle physische Risiken aus dem Klimawandel: Risikopositionen mit physischem Risiko , ABl. EU v. 19.12.2022, L 324/12.

133 Im Einklang mit den Anforderungen der Durchführungsverordnung (EU) 2022/2453 der Kommission, Meldebogen 2: Anlagebuch – Indikatoren für potenzielle Transitionsrisiken aus dem Klimawandel: Durch Immobilien, ABl. EU v. 19.12.2022, L 324/12.

Praxis-Tipp
Beispiele für physische Risiken und ihre potenziellen finanziellen Effekte

Klimabezogene Risiken	Potenzielle finanzielle Effekte
Akut • Zunahme der Intensität von extremen Wetterereignissen wie Wirbelstürmen und Überschwemmungen **Chronisch** • Veränderungen in den Niederschlagsmustern und extreme Variabilität in den Wettermustern • Ansteigende Durchschnittstemperaturen • Ansteigende Meeresspiegel	• Verringerte Erlöse aufgrund einer verringerten Produktionskapazität (z. B. Schwierigkeiten im Transport, Unterbrechungen in der Lieferkette) • Verringerte Erlöse und höhere Kosten aufgrund negativer Effekte auf die Arbeitskräfte des Unternehmens (z. B. Gesundheitsprobleme, Sicherheitsbedenken, Fehlzeiten) • Abschreibungen und vorzeitige Ausmusterung bestehender Anlagen (z. B. Schäden an Immobilien und Anlagen an Standorten mit hohem Risiko) • Erhöhte Betriebskosten (z. B. unzureichende Wasserversorgung für Wasserkraftwerke oder zur Kühlung von Kernkraft- und fossilen Kraftwerken) • Erhöhte Kapitalkosten (z. B. Schäden an Einrichtungen) • Verringerte Erlöse aufgrund geringerer Verkäufe oder Produktion • Erhöhte Versicherungsprämien und möglicherweise reduzierte Verfügbarkeit von Versicherungen für Anlagen an Standorten mit hohem Risiko

Beispiele für Übergangsrisiken und ihre potenziellen finanziellen Effekte	
Klimabezogene Risiken	Potenzielle finanzielle Effekte
Richtlinien und Gesetze • Erhöhte Preise für Treibhausgasemissionen • Erweiterte Meldepflichten für Emissionen • Vorschriften und Regulierungen für bestehende Produkte und Dienstleistungen • Gefährdung durch Rechtsstreitigkeiten	• Erhöhte Betriebskosten (z. B. höhere Compliance-Kosten, gestiegene Versicherungsprämien) • Abschreibungen, Wertminderung von Vermögenswerten und vorzeitige Ausmusterung bestehender Anlagen aufgrund von politischen Veränderungen • Erhöhte Kosten und/oder verringerte Nachfrage nach Produkten und Dienstleistungen aufgrund von Geldbußen und Gerichtsurteilen
Technologie • Ersetzung bestehender Produkte und Dienstleistungen durch Optionen mit geringeren Emissionen • Erfolglose Investitionen in neue Technologien • Kosten für den Übergang zu Technologien mit geringeren Emissionen	• Abschreibungen und vorzeitige Ausmusterung bestehender Anlagen • Verringerte Nachfrage nach Produkten und Dienstleistungen • Forschungs- und Entwicklungsausgaben (F&E) für neue und alternative Technologien • Investitionen in die technologische Entwicklung • Kosten für die Einführung/ Umsetzung neuer Praktiken und Prozesse

Klimabezogene Risiken	Potenzielle finanzielle Effekte
Markt • Veränderung des Kundenverhaltens • Unsicherheit der Marktsignale • Erhöhte Kosten für Rohmaterialien	• Verringerte Nachfrage nach Waren und Dienstleistungen aufgrund einer Verschiebung der Verbraucherpräferenzen • Erhöhte Produktionskosten aufgrund von Veränderungen der Eingangspreise (z. B. Energie, Wasser) und Ausgangsanforderungen (z. B. Abfallbehandlung) • Plötzliche und unerwartete Veränderungen der Energiekosten • Veränderung der Umsatzstruktur und -quellen, die zu geringeren Erlösen führt • Neubewertung von Vermögenswerten (z. B. fossile Brennstoffreserven, Grundstückswerte, Wertpapiere)
Reputation • Verschiebungen in den Verbraucherpräferenzen • Stigmatisierung des Sektors • Zunehmendes Interesse oder negatives Feedback von Stakeholdern	• Verringerte Erlöse aufgrund einer verringerten Nachfrage nach Waren/Dienstleistungen • Verringerte Erlöse aufgrund einer verringerten Produktionskapazität (z. B. verzögerte Genehmigungen, Unterbrechungen in der Lieferkette) • Verringerte Erlöse aufgrund negativer Effekte auf das Personalmanagement und die Personalplanung (z. B. Mitarbeitergewinnung und -bindung) • Reduzierung der Kapitalverfügbarkeit

Tab. 30: Beispiele für finanzielle Effekte aufgrund von physischen und Übergangsrisiken[134]

---

[134] TCFD, Recommendations of the Task Force on Climate-related Financial Disclosures, Juni 2017, S. 10.

99   Die Anwendungsanforderungen zu ESRS E1-9 spezifizieren, dass die Abgleiche der erheblichen Beträge in Bezug auf Vermögenswerte sowie Nettoumsatzerlöse, und im Fall von Übergangsrisiken zusätzlich Schulden, mit den entsprechenden Posten oder den Erläuterungen im Abschluss offengelegt werden sollen (ESRS E1.AR77–AR79).

100 Die EFRAG Q&A führen aus, dass der Geldbetrag offenzulegen ist, der sich aus den kumulativen finanziellen Effekten über die drei Zeithorizonte hinweg in Summe ergibt (keine Aufschlüsselung von Geldbeträgen nach den drei einzelnen Zeithorizonten (kurz-, mittel- und langfristig)).

So muss ein Unternehmen die Vermögenswerte, die einem wesentlichen physischen Risiko ausgesetzt sind, zunächst unter Berücksichtigung seiner kurz-, mittel- und langfristigen physischen Klimarisiken bewerten. Bei einer Ausdehnung des Zeithorizonts ist zu erwarten, dass die Wahrscheinlichkeit von Klimaereignissen, die die Vermögenswerte betreffen, zunimmt – entweder weil Klimaereignisse häufiger auftreten oder weil der Zeitraum, in dem sie eintreten können, sich verlängert. Bei der Berichterstattung werden Vermögenswerte zum Buchwert in der Finanzberichterstattung am Stichtag berücksichtigt (ESRS E1.AR70) und ihre Buchwerte werden zu einem Betrag addiert und für jeden der Zeithorizonte (kurz-, mittel- und langfristig) berichtet. Um weitere Informationen zu liefern, kann das Unternehmen den erwarteten Buchwert der Vermögenswerte zu dem Zeitpunkt offenlegen, an dem die Klimaeffekte eintreten, unter Berücksichtigung seines Abschreibungsplans. Bei der Berichterstattung über die Höhe und den Anteil der potenziell gefährdeten Vermögenswerte, sollten die Zeithorizonte (kurz-, mittel- und langfristig) berücksichtigt werden. Wenn unterschiedliche Szenarien angewendet werden oder eine höhere Unsicherheit bei den gefährdeten Vermögenswerten im mittel- oder langfristigen Bereich besteht, kann in der Offenlegung eine Bandbreite angegeben werden (ESRS E1.AR70(a) und AR73(a)).

Bei der Berichterstattung können die Ersteller das Proportionalitätsprinzip berücksichtigen. Informationen zu langfristigen klimabezogenen Risiken sind grds. nützlich, um eine Richtung anzuzeigen. Gleichzeitig bleiben langfristige Klimainformationen in unterschiedlichem Maße unsicher, auch wenn die Wahrscheinlichkeit von Klimaereignissen im Laufe der Zeit tendenziell zunimmt. Es ist daher schwierig, über einen Zeitraum von mehr als fünf bis zehn Jahren glaubwürdig und verifizierbar Entwicklungen zu antizipieren und seine Anpassungsfähigkeit vorherzusagen. Folglich unterscheiden sich Qualität und Zweck zwischen kurzfristigen und langfristigen Informationen.[135]

---

135 Vgl. EFRAG, ESRS Q&A Platform, Compilation of Explanations, Januar–Juli 2024, Frage 422, S. 108 ff.

Die EFRAG Q&A erläutern, dass der offenzulegende monetäre Betrag der **101** Vermögenswerte, der Risiken von chronischen und/oder akuten Klimaereignissen ausgesetzt ist, ein Indikator für die Exposition eines Unternehmens gegenüber Klimarisiken darstellt. Es geht dabei nicht darum, den monetären Betrag der erwarteten Schäden und Verluste aus physischen Ereignissen zu berichten, was ungleich komplexer und herausfordernder ist. Die Anforderung zur Aufschlüsselung der monetären Beträge der Vermögenswerte nach akuten und chronischen physischen Risiken (ESRS E1.66(a)) basiert auf den Anforderungen der Verordnung (EU) 2022/2453, Meldebogen 5 (Anlagebuch – Indikatoren für potenzielle physische Risiken aus dem Klimawandel: Risikopositionen mit physischem Risiko).[136] Diese Verordnung verlangt die Offenlegung folgender Informationen:

a) den Bruttobuchwert der Risikopositionen, die empfindlich gegenüber den Auswirkungen chronischer Klimaereignisse sind;

b) den Bruttobuchwert der Risikopositionen, die empfindlich gegenüber den Auswirkungen akuter Klimaereignisse sind;

c) den Bruttobuchwert der Risikopositionen, der sowohl den Auswirkungen chronischer als auch akuter Klimaereignisse ausgesetzt ist.[137]

Die Angaben hinsichtlich des Potenzials zur Nutzung **klimabezogener Chan-** **102** **cen** umfassen:[138]

• erwartete Kosteneinsparung verursacht durch die Maßnahmen zum Klimaschutz und zur Anpassung an den Klimawandel,

• Einfluss von CO_2-armen Produkten und Dienstleistungen auf die Nettoumsatzerlöse und die potenzielle Marktgröße, welche dem Unternehmen bereits zugänglich sind oder in Zukunft zugänglich sein könnten.

Praxis-Hinweis

Im Gegensatz zu den finanziellen Effekten aufgrund von physischen Risiken und Übergangsrisiken müssen die finanziellen Effekte aufgrund von Chancen nur dann quantifiziert werden, wenn sie den qualitativen Merkmalen nützlicher Informationen gem. ESRS 1, App. B „Qualitative Merkmale von Informationen" (→ § 3 Rz 18) entsprechen.

---

[136] Durchführungsverordnung (EU) 2022/2453, ABl. EU v. 19.12.2022, L 324/12.
[137] Vgl. EFRAG, ESRS Q&A Platform, Compilation of Explanations, Januar–Juli 2024, Frage 555, S. 110 ff.
[138] Im Einklang mit der Delegierten Verordnung (EU) 2020/1818, ABl. EU v. 3.12.2020, L 406/17.

Praxis-Tipp
Beispiele für klimabezogene Chancen und ihre potenziellen finanziellen
Effekte

Klimabezogene Chancen	Potenzielle finanzielle Effekte
Ressourcen-Effizienz • Nutzung effizienterer Verkehrsmittel • Einsatz effizienterer Produktions- und Vertriebsprozesse • Nutzung von Recycling • Umstellung auf energieeffiziente Gebäude • Verringerung des Wasserverbrauchs	• Verringerte Betriebskosten (z. B. durch Effizienzsteigerungen und Kostensenkungen) • Erhöhte Produktionskapazität, was zu höheren Erlösen führt • Erhöhter Wert von Sachanlagen (z. B. hoch bewertete energieeffiziente Gebäude) • Vorteile für das Personalmanagement und die Personalplanung (z. B. verbesserte Gesundheit und Sicherheit, höhere Mitarbeiterzufriedenheit), was zu geringeren Kosten führt
Energiequellen • Nutzung von Energiequellen mit geringeren Emissionen • Nutzung von staatlichen Subventionen • Einsatz neuer Technologien • Teilnahme am Kohlenstoffmarkt (*carbon market*) • Umstellung auf dezentrale Energieerzeugung	• Verringerte Betriebskosten • Geringere Effekte zukünftiger Preiserhöhungen bei fossilen Brennstoffen • Geringere Effekte von Treibhausgasemissionen und daher geringere Sensibilität gegenüber Veränderungen der CO_2-Kosten • Rendite von Investitionen in Technologien mit geringen Emissionen • Erhöhte Kapitalverfügbarkeit (z. B. da mehr Investoren emissionsarme Produzenten bevorzugen) • Reputationsvorteile, die zu einer erhöhten Nachfrage nach Waren/Dienstleistungen führen

Klimabezogene Chancen	Potenzielle finanzielle Effekte
Produkte und Dienstleistungen <ul><li>Entwicklung und/oder Erweiterung von Waren und Dienstleistungen mit geringen Emissionen</li><li>Entwicklung von Lösungen für den Klimawandel und Versicherungsrisiken</li><li>Fähigkeit, Geschäftstätigkeiten zu diversifizieren</li><li>Verschiebung der Verbraucherpräferenzen</li></ul>	<ul><li>Erhöhte Erlöse durch die Nachfrage nach Produkten und Dienstleistungen mit geringeren Emissionen</li><li>Erhöhte Erlöse durch neue Lösungen für Anpassungsbedürfnisse (z. B. Versicherungsrisikotransferprodukte und -dienstleistungen)</li><li>Bessere Wettbewerbsposition, um sich an veränderte Verbraucherpräferenzen anzupassen, was zu erhöhten Erlösen führt</li></ul>
Markt <ul><li>Zugang zu neuen Märkten</li><li>Nutzung von Anreizen des öffentlichen Sektors</li><li>Zugang zu neuen Vermögenswerten und Standorten, die eine Versicherungsabdeckung benötigen</li></ul>	<ul><li>Erhöhte Erlöse durch den Zugang zu neuen und aufstrebenden Märkten (z. B. Partnerschaften mit Regierungen, Entwicklungsbanken)</li><li>Erhöhte Diversifizierung von finanziellen Vermögenswerten (z. B. grüne Anleihen und Infrastruktur)</li></ul>
Resilienz <ul><li>Teilnahme an erneuerbaren Energieprogrammen und die Einführung von Energieeffizienzmaßnahmen</li><li>Nutzung von Ressourcen-Substituten und Diversifikation</li></ul>	<ul><li>Erhöhte Marktbewertung durch Resilienz-Planung (z. B. Infrastruktur, Land, Gebäude)</li><li>Erhöhte Zuverlässigkeit der Lieferkette und Fähigkeit, unter verschiedenen Bedingungen zu operieren</li><li>Erhöhte Erlöse durch neue Produkte und Dienstleistungen im Zusammenhang mit der Sicherstellung von Resilienz</li></ul>

Tab. 31: Beispiele für finanzielle Effekte aufgrund von Chancen[139]

---

[139] TCFD, Recommendations of the Task Force on Climate-related Financial Disclosure, Juni 2017, S. 11.

103 In den Anwendungsanforderungen zu ESRS E1-9 wird zunächst erläutert, wie physische Risiken und Übergangsrisiken das Unternehmen finanziell beeinflussen können. Die hier genannten Kanäle sind:

- die Finanzlage, also z. b. eigene Vermögenswerte, aber auch (finanziell) kontrollierte geleaste Vermögenswerte und Verbindlichkeiten;
- die Wertentwicklung des Unternehmens, z. b. potenzielle zukünftige Veränderungen der Nettoumsatzerlöse und -kosten durch höhere Lieferpreise;
- die Zahlungsströme des Unternehmens (ESRS E1.AR67).

Der Standardsetzer geht davon aus, dass wesentliche erwartete finanzielle Effekte durch physische Risiken und Übergangsrisiken bei der Anwendung geläufiger Rechnungslegungsstandards nicht vollständig erfasst werden. Begründet wird diese Annahme durch die geringe Wahrscheinlichkeit und den langfristigen Zeithorizont einiger klimabedingter Risiken, die jedoch im Eintrittsfall einen hohen Schweregrad besäßen.

104 Da der Standardsetzer anerkennt, dass bisher keine anerkannten Methoden zur Bewertung oder zur Messung der zukünftig erwarteten finanziellen Effekte klimabedingter Risiken existieren, wird in den Anwendungsanforderungen weiterhin festgelegt, dass das berichtspflichtige Unternehmen **interne Methoden** anwenden **muss**, um diese Effekte zu bemessen und zu bewerten (ESRS E1.AR68).

105 Die Anwendungsanforderungen beinhalten zu diesem Zweck **Leitlinien** für die Berechnung der erwarteten finanziellen Effekte **wesentlicher physischer Risiken** (ESRS E1.AR69 ff.).
1. Das berichtspflichtige Unternehmen **muss** angeben, ob und, wenn ja, wie es die erwarteten finanziellen Effekte aus wesentlichen physischen Risiken unterliegenden Geschäftstätigkeiten bewertet hat. Diese Angabe umfasst:
   - den Anwendungsbereich,
   - die einbezogenen Zeithorizonte,
   - die Berechnungsmethode,
   - die getroffenen kritischen Annahmen,
   - die Limitationen der Bewertung.
2. Es **muss** außerdem angeben, inwieweit sich die o. g. Bewertung auf Klima-Szenarioanalysen stützt, die nach den Angabepflichten im Zusammenhang mit ESRS 2 IRO-1 und ESRS 2 SBM-3 und den verbundenen Anwendungsanforderungen durchgeführt werden müssen. Falls zutreffend, ist anzugeben, ob die Bewertung in die Szenarioanalysen eingeflossen ist. Das berichtspflichtige Unternehmen muss außerdem darlegen, wie es kurz-, mittel- und langfristige Zeithorizonte definiert hat, und erläutern, wie diese Definitionen die erwartete Lebensdauer der Vermögenswerte, die strategischen Planungshorizonte und die Kapitalallokationspläne beeinflussen und/oder widerspiegeln.

Praxis-Hinweis

Die Formulierung der Anwendungsanforderungen suggeriert an dieser Stelle (ESRS E1.AR69), dass das berichtspflichtige Unternehmen ermächtigt ist, bei der Szenarioanalyse die kurz-, mittel- und langfristigen Zeithorizonte selbst zu definieren. Der Standardsetzer jedoch definiert diese Zeithorizonte in ESRS 1 (→ § 3 Rz 135). Es ist davon auszugehen, dass das Unternehmen sich an diesen Definitionen mind. orientieren und insbes. Abweichungen von diesen erläutern sollte.

3. Bei der Aufbereitung der Angabe über die Vermögenswerte mit kurz-, mittel- und langfristigem wesentlichen physischen Risiko **vor** ergriffenen Maßnahmen zur Klimawandelanpassung, inkl. der Aufschlüsselung nach akutem und chronischem physischen Risiko, **muss** das Unternehmen wie folgt vorgehen:

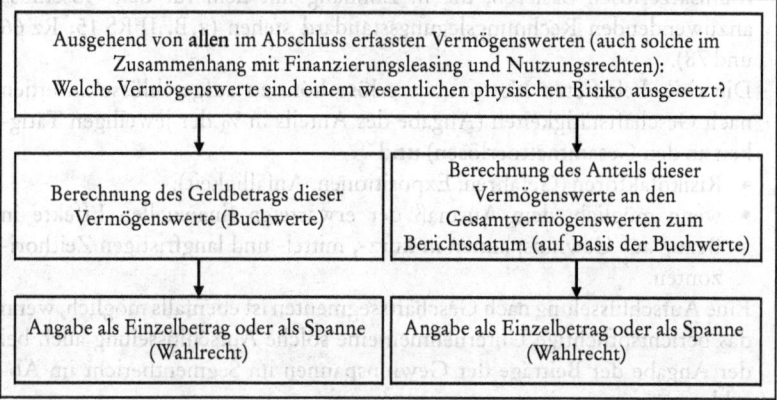

Abb. 10: Aufbereitung der Angaben über Vermögenswerte – physische Risiken

Weiterhin **müssen** die Angaben über risikobehaftete Vermögenswerte nach Ort und nach akutem und chronischem physischen Risiko aufgeschlüsselt werden. Hinsichtlich der **Aufschlüsselung** nach Ort ist für Orte innerhalb der EU zusätzlich eine Gliederung nach NUTS-3-Codes[140] vorgeschrieben. Eine solche Gliederung kann auch auf Orte außerhalb der EU angewendet werden, soweit verfügbar.

---

[140] NUTS-3 entspricht in Deutschland den Kreisen und kreisfreien Städten, siehe Statistisches Bundesamt, NUTS-Klassifikation, www.destatis.de/Europa/DE/Methoden-Metadaten/Klassifikationen/UebersichtKlassifikationen_NUTS.html, Abruf 1.8.2024.

Letztlich hat das berichtspflichtige Unternehmen zu ermitteln, welcher Anteil der risikobehafteten Vermögenswerte durch die unter ESRS E1-3 angegebenen Maßnahmen zur Klimawandelanpassung abgedeckt wird. So lässt sich das physische Risiko **nach** ergriffenen Maßnahmen bemessen.

> **Praxis-Hinweis**
>
> Es ist davon auszugehen, dass die Entscheidung für die Angabe als Einzelbetrag oder als Spanne für den Geldbetrag und für den Anteil der risikobehafteten Vermögenswerte übereinstimmend getroffen werden sollte.
>
> Entscheidet sich das Unternehmen für die Angabe von Spannen für beide Werte, ist davon auszugehen, dass sich diese Entscheidung auch in der Aufschlüsselung nach Ort und akutem/chronischem physischen Risiko forttragen sollte.

4. Die Angabe zu den risikobehafteten Nettoumsatzerlösen **muss** auf Nettoumsatzerlösen basieren, die in Einklang mit dem für den Abschluss anzuwendenden Rechnungslegungsstandard stehen (z. B. IFRS 15; Rz 66 und 78).
    Die risikobehafteten Nettoumsatzerlöse **können** aufgeschlüsselt werden nach Geschäftstätigkeiten (Angabe des Anteils in % der jeweiligen Tätigkeit an den Gesamtnettoerlösen) **und**
    *   Risikofaktoren (Gefahren, Expositionen, Anfälligkeit);
    *   wenn möglich, dem Ausmaß der erwarteten finanziellen Effekte in Bezug auf Gewinnspannen in kurz-, mittel- und langfristigen Zeithorizonten.
    Eine Aufschlüsselung nach Geschäftssegmenten ist ebenfalls möglich, wenn das berichtspflichtige Unternehmen eine solche Aufschlüsselung auch bei der Angabe der Beiträge der Gewinnspannen im Segmentbericht im Abschluss vornimmt.

106 Die Anwendungsanforderungen beinhalten zudem **Leitlinien** für die Berechnung der erwarteten finanziellen Effekte wesentlicher **Übergangsrisiken** (ESRS E1.AR72 ff.)
    1. Das berichtspflichtige Unternehmen **muss** angeben, ob und, wenn ja, wie es die potenziellen finanziellen Effekte aus wesentlichen Übergangsrisiken unterliegenden Vermögenswerten und Geschäftstätigkeiten bewertet hat.
    Diese Angabe umfasst:
    *   den Anwendungsbereich,
    *   die einbezogenen Zeithorizonte,
    *   die Berechnungsmethode,
    *   die getroffenen kritischen Annahmen,
    *   die Limitationen der Bewertung.

2. Es **muss** zudem angeben, inwieweit sich die o.g. Bewertung auf Klima-Szenarioanalysen stützt, die nach den Angabepflichten im Zusammenhang mit ESRS 2 IRO-1 und ESRS 2 SBM-3 und den verbundenen Anwendungsanforderungen durchgeführt werden müssen. Falls zutreffend, ist anzugeben, ob die Bewertung in die Szenarioanalysen eingeflossen ist. Das berichtspflichtige Unternehmen **muss** außerdem darlegen, wie es kurz-, mittel- und langfristige Zeithorizonte definiert hat, und erläutern, wie diese Definitionen die erwartete Lebensdauer der Vermögenswerte, die strategischen Planungshorizonte und die Kapitalallokationspläne beeinflussen und/oder widerspiegeln.

Praxis-Hinweis

Die Definitionen der Zeithorizonte kurz-, mittel- und langfristig werden vom Standardsetzer in ESRS 1 getätigt (→ § 3 Rz 135). Als langfristig wird ein Zeitraum von mehr als fünf Jahren vorgegeben, in den Anwendungsanforderungen ESRS E1.AR12 wird jedoch bei Übergangsrisiken ein Zeitraum von mehr als zehn Jahren empfohlen.

3. Bei der Aufbereitung der Angaben über Vermögenswerte mit kurz-, mittel-, und langfristigem wesentlichen Übergangsrisiko **vor** ergriffenen Klimaschutzmaßnahmen sowie **nach** ergriffenen Maßnahmen **muss** das Unternehmen wie folgt vorgehen:

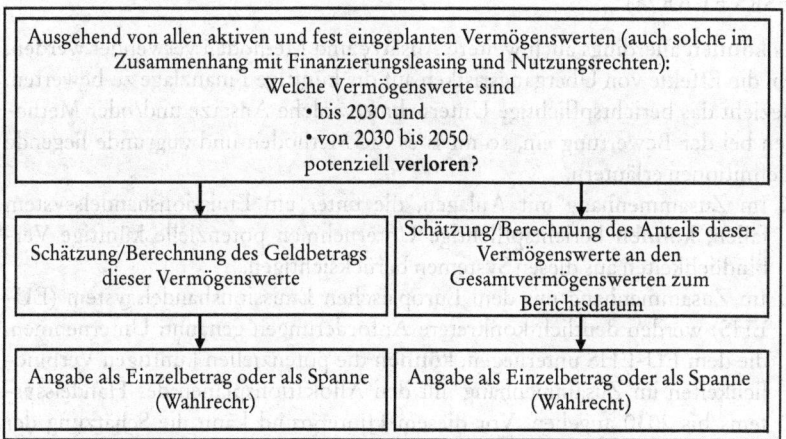

Abb. 11: Aufbereitung der Angaben über Vermögenswerte – Übergangsrisiken

Fest vorgesehene Vermögenswerte sind Vermögenswerte, die in den nächsten fünf Jahren höchstwahrscheinlich eingesetzt werden. **Verlorene Vermögenswerte** (*stranded assets*) sind Vermögenswerte, die während ihrer (geplanten) Einsatzdauer eine erhebliche Menge an gebundenen THG-Emissionen aufweisen.

Entscheidet sich das berichtspflichtige Unternehmen für die Angabe als Spanne, so sind Klima- und Politikszenarien heranzuziehen, die dieser Spanne zugrunde liegen. Das 1,5 °C-Szenario sollte in jedem Fall herangezogen werden.

Darüber hinaus **muss** das Unternehmen den Buchwert der eigenen Immobilien einschl. etwaiger Nutzungsrechte nach Energieeffizienzklassen aufschlüsseln. Sollte es nach bestem Bemühen nicht möglich sein, die Energieeffizienzklassen aller Immobilien zu ermitteln, sind interne Schätzungen anzusetzen. Es ist der Gesamtbuchwert der Immobilien anzugeben, deren Energieverbrauch geschätzt wurde.

Letztlich hat das Unternehmen zu ermitteln, welcher Anteil der risikobehafteten Vermögenswerte durch die unter ESRS E1-3 angegebenen Maßnahmen zur Klimawandelanpassung abgedeckt wird. So lässt sich das Übergangsrisiko **nach** ergriffenen Klimaschutzmaßnahmen bemessen.

107   Im Gegensatz zu den Angaben zu den physischen Risiken sind bei den Übergangsrisiken auch Angaben zu potenziellen Verbindlichkeiten aus Übergangsrisiken zu machen. Die Anwendungsanforderungen zielen insbes. auf Emissionszertifikate aus Emissionshandelssystemen und CO_2-Zertifikaten ab (ESRS E1.AR74).

Es **können** allerdings auch weitere Ansätze und Methoden verwendet werden, um die Effekte von Übergangsrisiken auf die künftige Finanzlage zu bewerten. Bezieht das berichtspflichtige Unternehmen solche Ansätze und/oder Methoden bei der Bewertung ein, so muss es die Methoden und zugrunde liegende Definitionen erläutern.

1. Im Zusammenhang mit Anlagen, die unter ein Emissionshandelssystem fallen, **können** berichtspflichtige Unternehmen potenzielle künftige Verbindlichkeiten aus diesen Systemen berücksichtigen.
2. Im Zusammenhang mit dem Europäischen Emissionshandelssystem (EU-EHS) werden deutlich konkretere Anforderungen genannt: Unternehmen, die dem EU-EHS unterliegen, **können** die potenziellen künftigen Verbindlichkeiten im Zusammenhang mit den Allokationsplänen des Handelssystems bis 2030 angeben. Vor diesem Hintergrund kann die Schätzung der potenziellen Verbindlichkeiten beruhen auf:
   • der Anzahl der Zertifikate, welche das Unternehmen zu Beginn des Berichtszeitraums hält;
   • der Anzahl der Zertifikate, welche das Unternehmen bis 2030 auf dem Markt zu erwerben plant;

- der Differenz aus der Schätzung der künftigen Emissionen in unterschiedlichen Übergangsszenarien und der kostenlosen Zuteilung von Emissionszertifikaten bis 2030;
- den geschätzten jährlichen Kosten je Tonne CO_2(-Äquivalent), für die ein Zertifikat erworben werden muss.

3. Auch aus anderen regulierten Emissionshandelssystemen **können** künftig benötigte Scope-1-THG-Zertifkate und in diesen Systemen zu Beginn des Berichtszeitraums gespeicherte Zertifikate berücksichtigt werden.

4. Macht ein Unternehmen nach ESRS E1-7 Angaben zu CO_2-Zertifikaten, die in naher Zukunft gelöscht werden sollen, **kann** es potenzielle künftige Verbindlichkeiten aus in diesem Zusammenhang bestehenden vertraglichen Vereinbarungen berücksichtigen.

5. Darüber hinaus **können** monetarisierte Scope-1-, Scope-2-Emissionen und THG-Gesamtemissionen einbezogen werden. Diese sind wie folgt zu berechnen:

$$\text{Monetarisierte Scope-1- und Scope-2-Emissionen} = \frac{\text{(Scope-1-THG-Bruttoemissionen (t CO2eq)} + \text{Scope-2-THG-Bruttoemissionen (t CO2eq))} \times}{\text{Kostenrate THG-Emission (EUR/ t CO2eq}}$$

$$\text{Monetarisierte THG-Gesamtemissionen} = \text{THG-Gesamtemissionen (t CO}_2\text{eq)} \times \frac{\text{Kostenrate THG-Emissionen}}{\text{(EUR/t CO}_2\text{eq)}}$$

Dabei sind jeweils ein unterer, mittlerer und oberer Schätzwert für die Kostenrate für THG-Emissionen anzuwenden, z.B. basierend auf unterschiedlichen angenommenen gesellschaftlichen Kosten von THG-Emissionen. Die verwendeten Werte sind zu begründen.

6. Die Angabe zu den risikobehafteten Nettoumsatzerlösen muss auf Nettoumsatzerlösen basieren, die in Einklang mit dem für den Abschluss anzuwendenden Rechnungslegungsstandard stehen (z.B. IFRS 15; Rz 66 und 78). Die risikobehafteten Nettoumsatzerlöse **können** aufgeschlüsselt werden nach Geschäftstätigkeiten (Angabe des Anteils in % der jeweiligen Tätigkeit an den Gesamtnettoumsatzerlösen) und

- Risikofaktoren (Ereignisse und Exposition);
- wenn möglich, dem Ausmaß der erwarteten finanziellen Effekte in Bezug auf Gewinnspannen in kurz-, mittel- und langfristigen Zeithorizonten.

Eine Aufschlüsselung nach Geschäftssegmenten ist ebenfalls möglich, wenn das berichtspflichtige Unternehmen eine solche Aufschlüsselung auch bei der Angabe der Beiträge der Gewinnspannen im Segmentbericht im Abschluss vornimmt.

Nach Erläuterungen der EFRAG Q&A muss ein Unternehmen die Treibhausgasemissionen aus den Anlagen berücksichtigen, die es betreibt und die unter regulierte Emissionshandelssysteme fallen (ESRS E1.AR44). Unter diese Anforderung fallen neben dem EU-Emissionshandelssystem auch andere regulierte Emissionshandelssysteme, denen das Unternehmen erst in Zukunft unterliegt oder die außerhalb der EU liegen. Es müssen dabei nur Emissionen von CO_2, CH_4, N_2O, HFKW, PFKW, SF_6 und NF_3 einbezogen werden. Separate ETS für andere Treibhausgase müssen nicht einbezogen werden. Eine klare Definition oder abschließende Liste von „regulierten Emissionshandelssystemen" gibt es aktuell nicht. Die EFRAG Q&A verweisen in diesem Zusammenhang auf eine indikative Liste von Emissionshandelssystemen des CDP. Einzubeziehen sind demnach, u. a.: Alberta TIER, Australia ERF Safeguard Mechanism Austria, BC GGIRCA Beijing pilot ETS, California CaT, Canada federal OBPS, China national ETS, Chongqing pilot ETS, EU ETS, Fujian pilot ETS, Germany ETS, Guangdong pilot ETS, Hubei pilot ETS, Indonesia ETS, Kazakhstan ETS, Korea ETS, Massachusetts state ETS, Mexico pilot ETS, Montenegro ETS, New Brunswick ETS, New Zealand ETS, Newfoundland and Labrador PSS, Nova Scotia CaT, Ontario EPS, Oregon ETS, Québec CaT, RGGI, Saitama ETS, Sakhalin ETS, Saskatchewan OBPS, Shanghai pilot ETS, Shenzhen pilot ETS, Switzerland ETS, Tianjin pilot ETS, Tokyo CaT, UK ETS, Vietnam ETS, Washington CAR.[141]

108   Da nach ESRS E1-9 auch ein Abgleich der erheblichen Beträge
- der Vermögenswerte und Nettoumsatzerlöse mit wesentlichem physischem Risiko und
- der erheblichen Vermögenswerte, Schulden und Nettoumsatzerlöse mit wesentlichem Übergangsrisiko

mit den entsprechenden Posten oder Erläuterungen im Abschluss getätigt werden muss, beinhalten die Anwendungsanforderungen konkrete Empfehlungen für diesen Abgleich (ESRS E1.AR77).

Der Abgleich kann entweder
- durch einen Querverweis auf den entsprechenden Posten oder die entsprechende Angabe im Abschluss oder
- durch einen quantitativen Abgleich mit jedem Posten oder jeder Angabe im Abschluss erfolgen, wenn kein direkter Querverweis möglich ist.

Für jeden quantitativen Abgleich kann folgendes Tabellenformat verwendet werden:

---

141 Vgl. EFRAG, ESRS Q&A Platform, Compilation of Explanations, Januar–Juli 2024, Frage 535, S. 97 ff.

Buchwert der (potenziell) risikobehafteten Vermögenswerte, Verbindlichkeiten oder Nettoumsatzerlöse	
Ausgleichsposten	
Vermögenswerte, Verbindlichkeiten oder Nettoumsatzerlöse im Abschluss	

Tab. 32: Mögliche Darstellung der Konnektivität mit der Finanzberichterstattung

Die Daten und Annahmen, die zur Bewertung und Übermittlung der erwarteten finanziellen Effekte wesentlicher physischer Risiken und Übergangsrisiken verwendet werden, **müssen** mit den Daten und Annahmen, die für den Abschluss verwendet werden, kohärent sein (z.B. verwendete CO_2-Preise, Nutzungsdauer von Vermögenswerten). Etwaige Abweichungen müssen begründet sein.

Für etwaige Angaben zu potenziellen künftigen Effekten auf Verbindlichkeiten im Zusammenhang mit Emissionshandelssystemen **müssen** Querverweise auf die entsprechende Beschreibung des Emissionshandelssystems im Abschluss aufgenommen werden.

Die Angaben zu erwarteten **Kosteneinsparungen** durch Klimaschutzmaßnahmen sollen Informationen zur Art der Kosteneinsparung (z.B. Effizienzverbesserung), zu den angewandten Zeithorizonten und der angewandten Methode (inkl. Umfang der Bewertung, kritische Annahmen, Limitationen, Anwendung von Szenarioanalysen) umfassen. Bei der Angabe zu den künftigen Chancen aus CO_2-armen Produkten hat das berichtspflichtige Unternehmen zusätzlich zu erläutern: 109
- wie es die Marktgröße bewertet hat;
- wie es die erwarteten Änderungen der Nettoumsatzerlöse aus CO_2-armen Produkten und Dienstleistungen bewertet hat.

Diese Erläuterungen **müssen**
- den Umfang der Bewertung,
- den Zeithorizont,
- getroffene kritische Annahmen und
- Limitationen der Bewertung behandeln.

Darüber hinaus hat das Unternehmen anzugeben, in welchem Umfang der avisierte Markt für es zugänglich ist.

Die Informationen zur Marktgröße **können** im Zusammenhang mit den derzeitigen taxonomiekonformen Nettoumsatzerlöse (gem. Taxonomie-VO) betrachtet werden.

Letztlich **kann** das Unternehmen in Verknüpfung mit den relevanten Angabe-pflichten ESRS E1-2, ESRS E1-3 und ESRS E1-4 erläutern, wie es seine klima-bezogenen Chancen zu nutzen plant.

3 Fazit

110 ESRS E1 umfasst Angabepflichten hinsichtlich des Klimawandels. In Überein-stimmung mit den anderen Umweltstandards sind Informationen zur Identifi-kation und zum Management der Auswirkungen, Risiken und Chancen sowie zu den Zielen und den korrespondierenden Kennzahlen zu geben. ESRS E1 berücksichtigt zwei Dimensionen: Klimaschutz (*climate change mitigation*) und Anpassung an den Klimawandel (*climate change adaptation*). Zusätzlich befasst sich ESRS E1 mit Sachverhalten rund um Energieeffizienz und den Einsatz erneuerbarer Energien. Insbes. die Folgen des Klimawandels und die dadurch entstehenden Risiken stehen im Zusammenhang mit den Umweltstandards zu „Wasser- und Meeresressourcen" (ESRS E3) und „Biologische Vielfalt und Ökosysteme" (ESRS E4). In seinem Umfang ist der ESRS E1 der umfassendste Umweltstandard. Der Standard ist zu anderen ESRS-Umweltstandards klar abgegrenzt, was die Anwendung erleichtert.

111 Die tatsächlich zu berichtenden Datenpunkte nach ESRS E1 unterliegen der Wesentlichkeitsanalyse. Es ist zu erwarten, dass die Mehrzahl der Unternehmen Klimawandel als wesentlichen Nachhaltigkeitsaspekt bewerten oder freiwillig den ESRS E1 anwenden wird.[142]

112 Bereits vor der Umsetzung der CSRD haben Unternehmen, die nach der NFRD berichtspflichtig waren, klimarelevante Informationen in ihren nichtfinanziel-len Erklärungen veröffentlicht. Ein Großteil der Unternehmen berichtet bisher über Scope 1 und Scope 2, nicht aber über Scope 3. In Anbetracht der Kom-plexität dieses Indikators wird dies viele Unternehmen vor eine Herausforde-rung stellen – auch angesichts der obligatorischen externen Verifizierung, die derzeit nur von einer Minderheit der Unternehmen für Scope-3-Emissionen genutzt wird.[143]

Von besonderer Relevanz sind die Offenlegungsanforderungen, die Interaktio-nen mit anderen EU-Rechtsakten aufweisen. Hier weist ESRS E1 Interaktionen mit der Offenlegungsverordnung (SFDR), der Benchmark-Verordnung, der Säule-3-Berichterstattung nach der Kapitaladäquanzverordnung (CRR) und

---

142 Gem. einer Analyse von PwC 2020 haben über 95 % der Unternehmen im DAX30, MDAX, ATX und SMI 20 über Klimathemen berichtet, siehe PwC, Klimaberichterstattung deutscher Unternehmen, 2020.
143 Vgl. Clarity AI, Warum Scope-3-Emissionsdaten so wichtig geworden sind, 2022, https://clarity.ai/de/research-and-insights/why-scope-3-emissions-data-has-become-essential/, Abruf 1.8.2024.

dem EU-Klimagesetz auf. Diese Datenpunkte bilden u.a. die Informationsgrundlage für die Nachhaltigkeitsberichterstattung von Finanzmarktakteuren.

Der Stand zum 31.7.2023 lässt derzeit noch einige Auslegungsfragen offen. So
sind derzeit in ESRS E1 Szenarioanalysen nicht explizit gefordert, es werden
aber verbindliche Szenarien genannt, die zu berücksichtigen sind. Des Weiteren
gibt es Inkonsistenzen in der Übersetzung vom Englischen ins Deutsche, wie
z.B. die Nummerierung der Absätze.

113

Literaturtipps

- BCG/Prognos, Klimapfade für Deutschland, Januar 2018, www.prog
  nos.com/sites/default/files/2021-01/20180118_bdi_studie_klimapfade_fuer_
  deutschland_01.pdf, Abruf 1.8.2024
- Clarity AI, Warum Scope-3-Emissionsdaten so wichtig geworden sind, 2022,
  https://clarity.ai/de/research-and-insights/why-scope-3-emissions-data-
  has-become-essential, Abruf 1.8.2024
- DENA, Abschlussbericht dena-Leitstudie. Aufbruch-Klimaneutralität, Stand:
  10/2021, www.dena.de/fileadmin/dena/Publikationen/PDFs/2021/Abschluss
  bericht_dena-Leitstudie_Aufbruch_Klimaneutralitaet.pdf, Abruf 1.8.2024
- Eurostat, NACE Rev. 2. Statistische Systematik der Wirtschaftszweige in der
  Europäischen Gemeinschaft, 2008, https://ec.europa.eu/eurostat/documents/
  3859598/5902453/KS-RA-07-015-DE.PDF, Abruf 1.8.2024
- GHG Protocol, Corporate Value Chain (Scope 3) Accounting and Reporting
  Standard, https://ghgprotocol.org/sites/default/files/standards/Corporate-
  Value-Chain-Accounting-Reporing-Standard_041613_2.pdf, Abruf 1.8.2024
- GHG Protocol, Scope 2 Guidance, https://ghgprotocol.org/scope-2-gui-
  dance, Abruf 1.8.2024
- Grid-connected electricity generation from renewable sources, Version 21.0,
  https://cdm.unfccc.int/methodologies/DB/HF3LP6O41YY0JIP1DK6ZRJ
  O9RSCX3S, Abruf 1.8.2024
- IPCC, Climate Change 2023. Summary for Policymakers, www.ipcc.ch/re-
  port/ar6/syr/downloads/report/IPCC_AR6_SYR_SPM.pdf, Abruf 1.8.2024
- IUCN, IUCN Global Standard for Nature-based Solutions: first edition,
  https://portals.iucn.org/library/sites/library/files/documents/2020-020-En.pdf,
  Abruf 1.8.2024
- IUCN, Nature-based solutions, www.iucn.org/our-work/nature-based-
  solutions, Abruf 1.8.2024
- Krey et al., Annex II: Metrics & Methodology, in: Climate Change 2014
- Lauf/Memmler/Schneider, Climate Change 55/2022
- Lauf/Memmler/Schneider, Climate Change 71/2021

- Pathways to Net-Zero: SBTi Technical Summary, Version 1.0, Oktober 2021, https://sciencebasedtargets.org/resources/files/Pathway-to-Net-Zero.pdf, Abruf 1.8.2024
- PwC, Klimaberichterstattung deutscher Unternehmen, 2020, https://store.pwc.de/de/publications/klimaberichterstattung-boersennotierter-unternehmen, Abruf 1.8.2024
- Sopp, Nachhaltigkeitsberichterstattung über den Abbau von Treibhausgasen, CO_2-Gutschriften und die interne CO_2-Bepreisung nach ESRS E1, WPg 2023, S. 1367 ff.
- TCFD, Implementing the Recommendations of the Task Force on Climate-related Financial Disclosures, Oktober 2021, https://assets.bbhub.io/company/sites/60/2021/07/2021-TCFD-Implementing_Guidance.pdf, Abruf 1.8.2024
- TCFD, Recommendations of the Task Force on Climate-related Financial Dis closures, Juni 2017, https://assets.bbhub.io/company/sites/60/2021/10/FINAL-2017-TCFD-Report.pdf, Abruf 1.8.2024
- Umweltbundesamt, Emissionsbilanz erneuerbarer Energieträger 2021, www.umweltbundesamt.de/publikationen/emissionsbilanz-erneuerbarer-energietraeger-2021, Abruf 1.8.2024
- UN Climate Change, Annual Report 2022, https://unfccc.int/sites/default/files/resource/UNClimateChange_AnnualReport_2022.pdf, Abruf 1.8.2024
- UNEP & IUCN, Nature-based solutions for climate change mitigation, https://wedocs.unep.org/xmlui/bitstream/handle/20.500.11822/37323/NBSST.pdf, Abruf 1.8.2024
- UNFCCC, CDM Methodology Booklet, Dezember 2022, ACM0002, https://cdm.unfccc.int/methodologies/documentation/meth_booklet.pdf#ACM0002, Abruf 1.8.2024
- UNFCCC, Rahmenübereinkommen der Vereinten Nationen über Klima-änderungen, https://unfccc.int/resource/docs/convkp/convger.pdf, Abruf 1.8.2024

§ 7 ESRS E2 – Umweltverschmutzung

Vorbemerkung

Die Kommentierung bezieht sich auf ESRS E2 gem. Berichtigung der Delegierten Verordnung (EU) 2023/2772 v. 31.7.2023, ABl. EU L v. 9.8.2024. Sie wurde umfassend an die überarbeitete Übersetzung der ESRS vom 9.8.2024 angepasst.

Ergänzungen der Kommentierung beziehen sich insbes. auf die Überarbeitung der Industrieemissionsrichtlinie (Rz 10), die Ausführungen zur Definition besorgniserregender Stoffe (Rz 25) und die Sektorleitlinien der TNFD (Rz 38). Neu sind Ausführungen zur Bruttobetrachtung negativer Auswirkungen und Risiken inkl. Beispiel (Rz 39). Zudem wurden weitere Beispiele aus Nachhaltigkeitsberichten, die sich an den ESRS orientieren, ergänzt (Rz 33, 68 und 70).

1 Grundlagen

1.1 Zielsetzung und Inhalt

1   ESRS E2 adressiert Angabepflichten zu Umweltverschmutzung. Die **Definition von Umweltverschmutzung** ist in Anhang II der delegierten Verordnung enthalten: „Die durch menschliche Tätigkeiten direkt oder indirekt bewirkte Freisetzung von Schadstoffen in Luft, Wasser oder Boden, die der menschlichen Gesundheit und/oder der Umwelt schaden oder zu einer Schädigung von Sachwerten bzw. zu einer Beeinträchtigung oder Störung von Annehmlichkeiten und anderen legitimen Nutzungen führen können."[1] Diese Definition ergibt sich aus Art. 3 Abs. 2 der Industrieemissionsrichtlinie (Rz 7).[2] Auch andere zentrale Definitionen, wie z. B. Emissionen, ergeben sich aus dieser Richtlinie.

In dieser Kommentierung werden die Begriffe Umweltverschmutzung und Verschmutzung synonym verwendet.

2   Verschmutzung ist **eines der zentralen Umweltthemen**, weshalb die ESRS diesem den Themenstandard ESRS E2 widmen. Die Verschmutzung von Luft, Wasser und Boden stellt eine große Gefahr für die menschliche Gesundheit und Umwelt dar. Lt. WHO stehen jährlich 6,7 Mio. vorzeitige Todesfälle alleine i. V. m. Luftverschmutzung. Luftverschmutzung im Freien, die u. a. durch Industrie, Transport und Energieerzeugung verursacht wird, führte in 2019 zu 4,3 Mio. vorzeitigen Todesfällen, von denen 89 % in Ländern mit niedrigem und mittlerem Einkommen auftraten.[3] In der EU haben Regulierungen zur Verringerung der Verschmutzung in den letzten Jahrzehnten bereits deutliche Erfolge erzielt. Lt. der europäischen Umweltagentur hat sich die Zahl der

---

1   Berichtigung der Delegierten Verordnung (EU) 2023/2772 v. 31.7.2023, ABl. EU L v. 9.8.2024, Anhang II, Tab. 2, S. 276.
2   Vgl. Industrieemissionsrichtlinie – RL 2010/75/EU, ABl. EU v. 17.12.2010, L 334/22 ff.
3   Vgl. WHO, Ambient (outdoor) air pollution, www.who.int/news-room/fact-sheets/detail/ambient-(outdoor)-air-quality-and-health, Abruf 1.8.2024.

vorzeitigen Todesfälle in Europa aufgrund von Luftverschmutzung im Vergleich zu den frühen 1990er Jahren mehr als halbiert, die Industrie in der EU verursacht weniger Verschmutzung, und fortschrittliche Abwasserbehandlung ist in mehr und mehr Regionen implementiert, um nur ein paar Beispiele zu nennen.[4] Dennoch bleibt Verschmutzung eine besorgniserregende Gefahr für die menschliche Gesundheit und die Umwelt.

Daher nimmt auch die CSRD das Thema Verschmutzung auf und erklärt in Erwägungsgrund 48: „Die Ziele einer klimaneutralen Kreislaufwirtschaft ohne Verschmutzung aus diffusen Quellen können nur erreicht werden, wenn es gelingt, sämtliche Wirtschaftszweige uneingeschränkt zu mobilisieren."[5] Dies verdeutlicht die sektorübergreifende Relevanz des Themas bzw. des Ziels der Vermeidung und Verminderung von Verschmutzung (ESRS E2.BC4).

Ziel dieses Offenlegungsstandards ist es nach ESRS E2.1, dass Nutzer des Nachhaltigkeitsberichts verstehen, 3

• wie das Unternehmen die Verschmutzung von Luft, Wasser und Boden beeinflusst, und zwar in Form von wesentlichen positiven und negativen tatsächlichen oder potenziellen Auswirkungen;

• welche Maßnahmen das Unternehmen ergreift und was das Ergebnis dieser Maßnahmen ist, um tatsächliche oder potenzielle negative Auswirkungen zu verhindern oder abzuschwächen sowie um Risiken und Chancen anzugehen;

• welche Pläne und Fähigkeit das Unternehmen besitzt, um seine Strategie und sein Geschäftsmodell im Einklang mit dem Übergang zu einer nachhaltigen Wirtschaft und der Notwendigkeit der Vermeidung, Verminderung und Beseitigung von Umweltverschmutzung anzupassen; damit soll eine schadstofffreie Umwelt ohne Umweltverschmutzung geschaffen werden, auch zur Unterstützung des EU-Aktionsplans „Schadstofffreiheit von Luft, Wasser und Boden";

• was die Art, der Typ und das Ausmaß der wesentlichen Risiken und Chancen des Unternehmens sind im Zusammenhang mit den verschmutzungsbezogenen Auswirkungen und Abhängigkeiten des Unternehmens sowie die Verhinderung, Verminderung, Beseitigung oder Verringerung der Verschmutzung, einschl. der Fälle, in denen sich dies aus der Anwendung von Vorschriften ergibt, und wie das Unternehmen damit umgeht;

• welche finanziellen Effekte auf das Unternehmen kurz-, mittel- und langfristig durch die wesentlichen Risiken und Chancen, die sich aus den verschmutzungsbezogenen Auswirkungen und Abhängigkeiten des Unternehmens ergeben, zukommen.

---

4 Vgl. EU Umweltagentur, Pollution, www.eea.europa.eu/en/topics/in-depth/pollution, Abruf 1.8.2024.
5 CSRD – RL 2022/2464/EU, ABl. EU v. 16.12.2022, L 322/30.

4   Diese Zielvorgaben werden z. T. in einzelnen **Angabepflichten** adressiert oder sind übergreifend in mehreren Angabepflichten verankert. U. a. wird die Vorgabe zur Darstellung der Maßnahmen, die das Unternehmen implementiert, um tatsächliche oder potenzielle negative Auswirkungen zu verhindern, abzuschwächen oder zu beseitigen und welche Ergebnisse mit diesen Maßnahmen erzielt wurden (ESRS E2.1(b)), durch Angabepflicht ESRS E2-2 konkretisiert (Rz 51 ff.). Auch wird die Zielvorgabe aus ESRS E2.1(e) zur Darstellung der finanziellen Effekte in Angabepflicht ESRS E2-6 konkretisiert (Rz 98 ff.).

5   ESRS E2.1(c) gibt das Ziel vor, eine **schadstofffreie Umwelt mit Null Schadstoff zu schaffen**. Damit unterstützt das Unternehmen den EU-Aktionsplan „Schadstofffreiheit von Luft, Wasser und Boden"[6] (Rz 17).

1.1.1   EU-Gesetzgebungen und Aktionspläne mit Bezug zu Verschmutzung

6   In den ESRS sollen diverse EU-Richtlinien und Verordnungen sowie weitere **unionsrechtliche Instrumente**, die mit den verschiedenen Themenbereichen zusammenhängen, eingebunden werden.[7] Daher ergibt sich dieser Standard aus den einschlägigen Bestimmungen der CSRD, aus der bestehenden EU-Gesetzgebung (Rz 7 ff.) sowie aus dem EU-Aktionsplan „Schadstofffreiheit von Luft, Wasser und Boden" (Rz 17) und der Chemikalienstrategie für Nachhaltigkeit (2020) (Rz 18; ESRS E2.BC6, BC8), die im Folgenden kurz vorgestellt werden. Darüber hinaus werden diese an den entsprechenden Stellen innerhalb der Kommentierung eingeführt und, soweit relevant, vertiefend dargestellt.

Die nachfolgenden Gesetzgebungen sind solche, die explizit in den *Basis for Conclusions* genannt werden und daher einen erheblichen Einfluss auf den Standard haben. Darüber hinaus werden in der Kommentierung vereinzelt weitere Gesetzgebungen genannt, die u. a. als Grundlage für Definitionen dienen, aber nicht weiter vorgestellt werden.

7   Eine der zentralen EU-Gesetzgebungen, die in ESRS E2 eingebunden wurde, ist die **Industrieemissionsrichtlinie** – RL 2010/75/EU über Industrieemissionen (integrierte Vermeidung und Verminderung der Umweltverschmutzung).[8] Diese dient als Neufassung diverser ehemaliger Richtlinien zum Umweltschutz, die von wesentlichem Änderungsbedarf betroffen waren. Ziel der Richtlinie ist es, die Umweltverschmutzung durch Industrietätigkeiten zu vermeiden und, wo nicht möglich, zu vermindern. Außerdem soll sie das Vorsorge- und Ver-

---

[6] Vgl. Mitteilung der EU-Kommission, Auf dem Weg zu einem gesunden Planeten für alle, EU-Aktionsplan: „Schadstofffreiheit von Luft, Wasser und Boden", COM(2021) 400 final v. 12.5.2021.

[7] Vgl. CSRD – RL 2022/2464/EU, ABl. EU v. 16.12.2023, L 322/28.

[8] Vgl. Industrieemissionsrichtlinie – RL 2010/75/EU, ABl. EU v. 17.12.2010, L 334/17 ff.

ursacherprinzip unterstützen. Das Vorsorgeprinzip drückt aus, dass es das oberste Ziel sein sollte, Umweltverschmutzung zu verhindern bzw. zu mindern, so dass sie gar nicht erst entsteht, statt sie zu bekämpfen. Nach dem Verursacherprinzip soll der (potenzielle) Verursacher einer Umweltverschmutzung auch die Kosten für dessen Vermeidung oder Beseitigung tragen.[9] Konkret sieht die Industrieemissionsrichtlinie vor, dass Unternehmen für große Industrieanlagen und Tierhaltungsbetriebe Genehmigungen einholen müssen, welche Emissionsgrenzwerte für die Anlagen festlegen. Darüber hinaus haben die Unternehmen die Umweltleistung ihrer Anlagen zu überwachen und darüber zu berichten.[10] Diverse in den ESRS enthaltene Definitionen beziehen sich auf die Industrieemissionsrichtlinie (Rz 1).

Die Industrieemissionsrichtlinie wurde in Deutschland durch das **Gesetz zur Umsetzung der Richtlinie über Industrieemissionen** (IndEmissRLUG) umgesetzt und hat v. a. Änderungen des Bundes-Immissionsschutzgesetzes (BImSchG), des Wasserhaushaltsgesetzes (WHG) und des Kreislaufwirtschaftsgesetzes (KrwG) herbeigeführt. Von der Richtlinie sind ca. 9.000 Anlagen in Deutschland betroffen.[11] Das BImSchG spricht von genehmigungspflichtigen Anlagen und enthält für diese Gruppe von Anlagen spezifische Regelungen.[12] Welche Art von Anlagen eine Genehmigung benötigen, definiert Anhang I der 4. BImSchV. Die genannten Anlagen werden in zehn Bereiche eingeteilt:

- Wärmeerzeugung, Bergbau und Energie,
- Steine und Erden, Glas, Keramik, Baustoffe,
- Stahl, Eisen und sonstige Metalle einschl. Verarbeitung,
- Chemische Erzeugnisse, Arzneimittel, Mineralölraffination und Weiterverarbeitung,
- Oberflächenbehandlung mit organischen Stoffen, Herstellung von bahnenförmigen Materialien aus Kunststoffen, sonstige Verarbeitung von Harzen und Kunststoffen,
- Holz, Zellstoff,
- Nahrungs-, Genuss- und Futtermittel, landwirtschaftliche Erzeugnisse,
- Verwertung und Beseitigung von Abfällen und sonstigen Stoffen,
- Lagerung, Be- und Entladen von Stoffen und Gemischen,
- Sonstige Anlagen.

---

9 Vgl. Epiney, in Landmann/Rohmer, UmweltR, Stand: September 2023, AEUV § 191 Rn. 23 und 38.
10 Vgl. EU-Rat, Industrieemissionen, www.consilium.europa.eu/de/policies/industrial-emissions/, Abruf 1.8.2024.
11 Vgl. Umweltbundesamt, Industrieemissionsrichtlinie, www.umweltbundesamt.de/themen/wirtschaft-konsum/beste-verfuegbare-techniken/industrieemissionstichtlinie#undefined, Abruf 1.8.2024.
12 Vgl. Jarass, BImSchG, 14. Aufl., 2022, § 4 Rn. 2.

I.R.d. Grünen Deals der EU wurde eine **Überarbeitung der Richtlinie angekündigt.** Eine vorläufige politische Einigung hierzu wurde im November 2023 zwischen dem EU-Rat und dem EU-Parlament erreicht. Vorgesehen ist u.a. eine Ausweitung der genehmigungspflichtigen Anlagen, insbes. im Bereich Intensivtierhaltung, die Einführung eines Portals für Informationen über Industrieemissionen und i.A. eine Modernisierung der Richtlinie.[13]

Die Industrieemissionsrichtlinie führt außerdem das **Konzept der besten verfügbaren Techniken** (BVT) ein, welche in den ESRS Anwendung finden. Der Begriff „beste verfügbare Techniken" wird in der Industrieemissionsrichtlinie definiert als effizientester und fortschrittlichster Entwicklungsstand der Tätigkeiten und entsprechenden Betriebsmethoden. Diese dienen dazu, die Emissionsgrenzwerte und Genehmigungsauflagen für die Anlagen zu bestimmen, um Umweltauswirkungen zu vermeiden bzw. zu vermindern. Der Begriff „Techniken" bezieht sich auf „die Art und Weise, wie die Anlage geplant, gebaut, gewartet, betrieben und stillgelegt"[14] wird. Im Deutschen wird auch der Begriff „Stand der Technik" verwendet; auch wenn sich die Begrifflichkeiten i.e. unterscheiden, werden im BImSchG beide Begriffe ohne eine klare Unterscheidung verwendet. Es wird klargestellt, dass die Anforderungen der BVT mind. mit dem Stand der Technik erfüllt sind, diese teilw. sogar darüber hinausgehen.[15] Das BImSchG definiert den Stand der Technik als den „Entwicklungsstand fortschrittlicher Verfahren, Einrichtungen oder Betriebsweisen, der die praktische Eignung einer Maßnahme zur Begrenzung von Emissionen in Luft, Wasser und Boden, zur Gewährleistung der Anlagensicherheit, zur Gewährleistung einer umweltverträglichen Abfallentsorgung oder sonst zur Vermeidung oder Verminderung von Auswirkungen auf die Umwelt zur Erreichung eines allgemein hohen Schutzniveaus für die Umwelt insgesamt gesichert erscheinen lässt" (§ 3 Abs. 6 BImSchG).

Die ESRS enthalten weitere **Begrifflichkeiten im Zusammenhang mit den BVT**, die in der Industrieemissionsrichtlinie definiert werden und auch im BImSchG Anwendung finden.[16]

Die **BVT-assoziierten Emissionswerte** bezeichnen den Bereich der Emissionswerte, „die unter normalen Betriebsbedingungen unter Verwendung einer besten verfügbaren Technik oder einer Kombination von besten verfügbaren Techniken entsprechend der Beschreibung in den BVT-Schlussfolgerungen erzielt werden,

---

13   Vgl. EU-Rat, Pressemitteilung v. 29.11.2023, www.consilium.europa.eu/de/press/press-releases/2023/11/29/industrial-emissions-council-and-parliament-agree-on-new-rules-to-reduce-harmful-emissions-from-industry-and-improve-public-access-to-information/, Abruf 1.8.2024.

14   Industrieemissionsrichtlinie – RL 2010/75/EU, ABl. EU v. 17.12.2010, L 334/23.

15   Vgl. Jarass, BImSchG, 14. Aufl., 2022, § 3 Rn. 130.

16   Vgl. Industrieemissionsrichtlinie – RL 2010/75/EU, ABl. EU v. 17.12.2010, L 334/23; § 3 Abs. 6a, 6b BImSchG.

ausgedrückt als Mittelwert für einen vorgegebenen Zeitraum unter spezifischen Referenzbedingungen".[17] Im BImSchG wird auch von **Emissionsbandbreiten** gesprochen.[18] In den ESRS wird von mit den BVT-assoziierten Umweltleistungsstufen (*Environmental performance level*) gesprochen. Diese beschreiben eine Spannweite von Emissionswerten, welche unter normalen Betriebsbedingungen entsprechend der BVT-Schlussfolgerungen erhoben werden.[19]

Eine weitere EU-Gesetzgebung, die in ESRS E2 eingebunden wurde, ist die **Seveso-III-Richtlinie** zur Beherrschung der Gefahren bei schweren Unfällen mit gefährlichen Stoffen.[20] Die Vorgänger dieser Richtlinie haben bereits wesentlich dazu beigetragen, die Wahrscheinlichkeit und Folgen schwerer Industrieunfälle, wie in Seveso, dem inoffiziellen Namensgeber dieser Richtlinie, zu verringern.[21] Um das Schutzniveau der Richtlinie zu erhöhen, hat es zuletzt in 2012 Anpassungen der Richtlinie gegeben. Diese betreffen v. a. eine Anpassung an das EU-System zur Einstufung gefährlicher Stoffe sowie die Anforderungen an die behördliche Überwachung von Betrieben, die schwere Unfälle verursachen können, das Risiko eines schweren Unfalls vergrößern oder die Auswirkungen eines solchen Unfalls verschlimmern können. Auch die Beteiligung der betroffenen Öffentlichkeit und der Zugang zu Gerichten in Umweltangelegenheiten wurde angepasst. Um diese Anpassungen in Deutschland umzusetzen, wurde durch eine Verordnung der Bundesregierung die Änderung der Störfall-Verordnung (12. BImSchV) und der Verordnung über das Genehmigungsverfahren (9. BImSchV) erlassen.[22]

8

Eine andere zentrale EU-Gesetzgebung, die in ESRS E2 eingebunden wurde, ist die **E-PRTR-Verordnung** über die Schaffung eines Europäischen Schadstofffreisetzungs- und -verbringungsregisters (European Pollutant Release and Transfer Register, kurz: E-PRTR).[23] Ziel der Verordnung ist die Schaffung eines Schadstofffreisetzungs- und -verbringungsregisters, um Informationen bzgl. des Umweltzustands, z. B. Freisetzung von Schadstoffen oder Abfälle, der Öffentlichkeit leichter zugänglich zu machen und generell das Umweltbewusstsein zu fördern.[24] In Deutschland wurden die Verordnung und die Schaffung eines nationalen Schadstoffregisters durch das Gesetz zur Ausführung des Protokolls

9

---

17 Industrieemissionsrichtlinie – RL 2010/75/EU, ABl. EU v. 17.12.2010, L 334/23.
18 § 3 Abs. 6c BImSchG; siehe auch Jarass, BImSchG, 14. Aufl., 2022, § 3 Rn. 136 ff.
19 Vgl. Berichtigung der Delegierten Verordnung (EU) 2023/2772 v. 31.7.2023, ABl. EU L v. 9.8.2024, Anhang II, Tab. 2, S. 261; siehe auch Beschluss 2012/119/EU, ABl. EU v. 2.3.2012, L 63/1 ff.
20 Vgl. Seveso-III-Richtlinie – RL 2012/18/EU, ABl. EU v. 24.7.2012, L 197/1 ff.
21 Vgl. Seveso-III-Richtlinie – RL 2012/18/EU, ABl. EU v. 24.7.2012, L 197/1.
22 Vgl. BMUV, VO zur Umsetzung der RL 2012/18/EU zur Beherrschung der Gefahren schwerer Unfälle mit gefährlichen Stoffen, zur Änderung und anschließenden Aufhebung der Richtlinie 96/82/EG des Rates, S. 1, www.bmuv.de/fileadmin/Daten_BMU/Download_PDF/Chemika liensicherheit/seveso_richtlinie_verordnung_bf.pdf, Abruf 1.8.2024.
23 Vgl. E-PRTR-Verordnung – VO EG/166/2006, ABl. EU v. 4.2.2006, L 33/1 ff.
24 Vgl. E-PRTR-Verordnung – VO EG/166/2006, ABl. EU v. 4.2.2006, L 33/1.

über Schadstofffreisetzungs- und -verbringungsregister vom 21. Mai 2003 sowie zur Durchführung der Verordnung (EG) Nr. 166/2006 (SchadRegProtAG) umgesetzt. Unternehmen, die eine der 65 in der E-PRTR-Verordnung definierten Tätigkeiten ausüben, müssen über ausgewählte Schadstoffgruppen, Abfälle und Abwasser berichten. Diese Daten werden vom Umweltbundesamt gesammelt und über die **Plattform „Thru"** veröffentlicht.[25] Anhang I der E-PRTR-Verordnung enthält eine Übersicht der Tätigkeiten und ggf. entsprechende Kapazitätsschwellenwerte. Die insgesamt 65 Tätigkeiten umfassen folgende neun Bereiche:

- Energiesektor,
- Herstellung und Verarbeitung von Metallen,
- Mineral verarbeitende Industrie,
- Chemische Industrie,
- Abfall- und Abwasserwirtschaft,
- Be- und Verarbeitung von Papier und Holz,
- Intensive Viehhaltung und Aquakultur,
- Tierische und pflanzliche Produkte aus dem Lebensmittel- und Getränkesektor,
- Sonstige Industriezweige.[26]

Anhang II der Richtlinie enthält eine Übersicht über die Schadstoffe, über die Bericht zu erstatten ist, bei Überschreiten der jeweiligen Schwellenwerte für die Freisetzung der Schadstoffe in Luft, Wasser und Boden (Rz 70).[27]

10   Mit der Überarbeitung der Industrieemissionsrichtlinie und der Einführung eines Portals für Informationen über Industrieemissionen soll die **E-PRTR-Verordnung ersetzt** werden (Rz 7). So soll ein besserer Zugang zu den Informationen über Industrieemissionen für die Öffentlichkeit ermöglicht werden. Außerdem soll der Umfang der veröffentlichten Informationen ausgeweitet werden; so sollen z.B. auch Informationen über die Nutzung von Wasser, Energie und wichtigen Rohstoffen offengelegt werden. Zudem sollen die in Anhang I aufgeführten Tätigkeiten und die in Anhang II aufgeführten Schadstoffe überprüft werden. Zu Anhang II sollen auch weitere Stoffe hinzugefügt werden, genannt wurden bereits Dicofol sowie zwei Arten von per- und polyfluorierten Chemikalien (PFAS). Bis 2026 soll die EU-Kommission eine Überprüfung des Anhangs und Leitlinien für die Messmethodik der Stoffe herausgeben. Eine formelle Verabschiedung der vorläufigen politischen Einigung steht noch aus, die Regulierung soll voraussichtlich in 2028 in Kraft treten.[28] Diese

---

25   Vgl. Umweltbundesamt, https://thru.de/thrude/, Abruf 1.8.2024; die Plattform enthält neben den Daten weitere Hintergrundinformationen zur E-PRTR und IED sowie Leitfäden für die Berichterstattung im Rahmen beider Verordnungen.
26   Vgl. E-PRTR-Verordnung – VO EG/166/2006, ABl. EU v. 4.2.2006, L 33/8 ff.
27   Vgl. E-PRTR-Verordnung – VO EG/166/2006, ABl. EU v. 4.2.2006, L 33/12 ff.
28   Vgl. EU-Rat, Pressemitteilung v. 29.11.2023, www.consilium.europa.eu/de/press/press-releases/2023/11/29/industrial-emissions-council-and-parliament-agree-on-new-rules-to-reduce-harmful-emissions-from-industry-and-improve-public-access-to-information/, Abruf 1.8.2024.

geplante grundlegende Änderung der E-PRTR-Verordnung wird auch wesentliche Auswirkungen auf die Berichterstattung zu Umweltverschmutzung i. R. v. ESRS E2 haben, da die Offenlegung von Kennzahlen und damit auch indirekt die Bewertung der Wesentlichkeit auf den in Anhang II genannten Grenzwerten beruhen. Eine Vereinheitlichung der beiden grundlegenden Regulierungen kann aber auch in der Nachhaltigkeitsberichterstattung zu einer Vereinheitlichung führen, und die Leitlinien können auch in die Berichterstattung einfließen.

Eine EU-Gesetzgebung, die in ESRS E2 eingebunden wurde, ist die Empfehlung 2021/2279/EU über die Anwendung der **Methode des ökologischen Fußabdrucks** zur Messung und Kommunikation der Umweltleistung von Produkten und Organisationen während ihres gesamten Lebenszyklus.[29] Die Empfehlung enthält Anweisungen zur Berechnung des Umweltfußabdrucks von Produkten und Organisationen. Ziel ist es, dass EU-Mitgliedstaaten und Organisationen ihre Umweltleistung nach dieser Methode messen und offenlegen können. Dies soll einer zuverlässigen Informationsgrundlage und einer verbesserten Wettbewerbslage dienen. Bei den Methoden wird zwischen der Methode für die Berechnung des Umweltfußabdrucks von einerseits Produkten (**Product Environmental Footprint**, kurz: PEF) und andererseits Organisationen (**Organisation Environmental Footprint**, kurz: OEF) unterschieden. Diese Empfehlung ersetzt die Empfehlung 2013/179/EU für die Anwendung gemeinsamer Methoden zur Messung und Offenlegung der Umweltleistung von Produkten und Organisationen.[30] I. R. d. ESRS sind diese Methoden bei der Wesentlichkeitsanalyse zu berücksichtigen (ESRS E2.BC13). 11

Eine weitere EU-Gesetzgebung, die in ESRS E2 eingebunden wurde, ist die **EMAS-Verordnung** über die freiwillige Beteiligung von Organisationen an einem Gemeinschaftssystem für das Umweltmanagement und die Umweltbetriebsprüfung.[31] Deren Durchsetzung erfolgt in Deutschland durch das Umweltauditgesetz (UAG). Das Gesetz regelt die Zulassung und Aufsicht der Umweltgutachter sowie das Register über die geprüften Organisationen nach § 1 UAG. Ziel der EMAS-Verordnung ist eine Verbesserung der Umweltleistung von Organisationen durch die Einrichtung und Anwendung von Umweltmanagementsystemen, durch eine Bewertung dieser Systeme, einen offenen Dialog mit der Öffentlichkeit bzgl. der Umweltleistung sowie die Beteiligung der Arbeitnehmer am Umweltmanagementsystem der Organisation.[32] 12

---

29 Vgl. Empfehlung (EU) 2021/2279/EU, ABl. EU v. 30.12.2021, L 471/1 ff.
30 Vgl. Empfehlung (EU) 2021/2279/EU, ABl. EU v. 30.12.2021, L 471/3 und L 471/6.
31 Vgl. EMAS-Verordnung – VO EG/1221/2009, ABl. EU v. 22.12.2009, L 342/1 ff.
32 Vgl. EMAS-Verordnung – VO EG/1221/2009, ABl. EU v. 22.12.2009, L 342/4.

13   Die **Offenlegungsverordnung** über nachhaltigkeitsbezogene Angabepflichten
      im Finanzdienstleistungssektor[33] ist ebenfalls in ESRS E2 integriert. Diese führt
      die Berichterstattung von Finanzberatern und Finanzmarktteilnehmern für die
      Nachhaltigkeitsaspekte ihrer Finanzprodukte ein. Ziel der Verordnung ist es,
      harmonisierte Vorschriften bzgl. der Transparenz über Nachhaltigkeit und für
      die Einbeziehung von Nachhaltigkeitsrisiken bei Finanzprodukten zu schaf-
      fen.[34] Die Verordnung wurde in ESRS E2 bei der Entwicklung der Kennzahlen
      berücksichtigt, damit Unternehmen die Daten offenlegen, die Finanzmarkt-
      teilnehmer i. R. d. Offenlegungsverordnung benötigen (ESRS E2.BC11).
      ESRS E2 enthält entsprechende Kennzahlen in Angabepflicht ESRS E2-4 gem.
      ESRS E2.28(a) bzgl. der Emissionen von Luftschadstoffen, Emissionen in Was-
      ser sowie Emissionen anorganischer Schadstoffe und ozonabbauender Stoffe
      (Rz 69ff.). Auch wenn diese Angaben auf der Offenlegungsverordnung beru-
      hen, sind sie nur für die Finanzinstitute verpflichtend – für die übrigen Unter-
      nehmen stehen sie nach der Überarbeitung der ESRS unter dem **Wesentlich-
      keitsvorbehalt**, was aber ggf. bedeutet, dass die Daten dennoch an die
      Finanzinstitute weitergeleitet werden müssen (→ § 1 Rz 44).

14   Auch die **EU-Taxonomie-Verordnung** – VO (EU) 2020/852 über die Einrich-
      tung eines Rahmens zur Erleichterung nachhaltiger Investitionen findet sich in
      ESRS E2 wieder (→ § 1 Rz 62ff.). Die Veröffentlichung eines delegierten
      Rechtsakts, welcher die Bestimmungen in Bezug auf das Umweltziel Ver-
      schmutzung enthält, erfolgte am 13.6.2023 von der EU-Kommission. Dieser
      beinhaltet eine delegierte Verordnung mit fünf Anhängen. Die ersten vier
      Anhänge enthalten neue technische Bewertungskriterien für die vier nicht
      klimabezogenen Umweltziele der **EU-Umwelttaxonomie**. Die neuen Bewer-
      tungskriterien beziehen sich sowohl auf bereits von der EU-Umwelttaxonomie
      erfasste und auf bisher noch nicht erfasste Wirtschaftstätigkeiten.

Praxis-Tipp

Zudem hat die EU-Kommission mit dem **EU-Taxonomie-Navigator** eine
Website[35] eingerichtet, die eine Reihe von Online-Tools bietet, die den
Nutzern das Verständnis der EU-Taxonomie erleichtern und einen konkreten Überblick über Aktivitäten/Sektoren und technische Überprüfungskri-
terien geben sollen. Auch wird die Funktion der Meldepflichten in der Praxis
erläutert.

---

[33]   Vgl. Offenlegungsverordnung – VO (EU) 2019/2088, ABl. EU v. 9.12.2019, L 317/1 ff.
[34]   Vgl. Offenlegungsverordnung – VO (EU) 2019/2088, ABl. EU v. 9.12.2019, L 317/7. Siehe
       weitergehend Disser/Zemke/Weisheit, § 11 Offenlegungsverordnung, in Freiberg/Bruckner,
       Corporate Sustainability – Kompass für die Nachhaltigkeitsberichterstattung, 3. Aufl., 2024,
       S. 389 ff.
[35]   Siehe https://ec.europa.eu/sustainable-finance-taxonomy/, Abruf 1.8.2024.

In den ESRS wurden jedoch nur Teile der Zielvorgaben berücksichtigt, da diese teilw. über die Anforderungen der ersten Stufe der EU-Gesetzgebungstexte hinausgehen (ESRS E2.BC10). Durch die parallele Entwicklung der Umwelttaxonomie und der ESRS könnten noch Bereiche unabgestimmt sein, was später bereinigt werden müsste.

In ESRS E2 eingebunden ist auch die **REACH-Verordnung** zur Registrierung, Bewertung, Zulassung und Beschränkung chemischer Stoffe.[36] Die Verordnung verfolgt die Zielsetzung, ein hohes Schutzniveau für Umwelt und Gesundheit zu gewährleisten.[37] Basierend auf dem Vorsorgeprinzip müssen i.R.d. Richtlinie Hersteller, Importeure und Anwender sicherstellen, dass die von ihnen verwendeten Stoffe keine Gefahren für Gesundheit und Umwelt darstellen. Die REACH-Verordnung hat das Chemikalienrecht in der EU vollständig überarbeitet und wird als eines der „komplexesten und umfangreichsten Gesetzgebungsverfahren"[38] in der EU bezeichnet. **15**

Eine weitere EU-Gesetzgebung, die in ESRS E2 eingebunden wurde, ist die **CLP-Verordnung** über die Einstufung, Kennzeichnung und Verpackung von Stoffen und Gemischen.[39] Seit dem Inkrafttreten wurde die CLP-Verordnung mehrfach angepasst, zuletzt im März 2023. Mit der Delegierten Verordnung 2023/707 wurde die Richtlinie um weitere Gefahrenkategorien, welche für Stoffe ab dem 1.5.2025 und für Gemische ab dem 1.5.2026 anzuwenden sind, ergänzt.[40] Nach Durchführung einer Konsultation in 2021 hat die EU-Kommission einen Vorschlag zur Revision der Verordnung vorgelegt.[41] Dieser Vorschlag adressiert einige bestehende Schwachstellen und Lücken der derzeitigen CLP-Verordnung. Die Verordnung ist außerdem durch vielfältige Verweise mit der REACH-Verordnung verknüpft. **16**

Ziel der CLP-Verordnung ist es, durch eine **harmonisierte Einstufung von chemischen Stoffen und Gemischen** und entsprechende Kennzeichnung und Verpackung ein hohes Schutzniveau herzustellen.[42] Hersteller, Importeure und Anwender müssen die Einstufung eines Stoffs oder Gemisches vornehmen und

---

36 Vgl. REACH-Verordnung – VO 1907/2006/EG, ABl. EU v. 30.12.2006, L 396/142 i.V.m. Berichtigung der REACH-Verordnung, ABl. EU v. 29.5.2007, L 136/45 (engl.: *Registration, Evaluation, Authorisation and Restriction of Chemicals*, kurz: REACH).
37 Vgl. REACH-Verordnung – VO 1907/2006/EG, ABl. EU v. 30.12.2006, L 396/18.
38 Drohmann, in Hauschka/Moosmayer/Lösler, Corporate Compliance, 3. Aufl., 2016, § 51 Compliance in der chemischen Industrie, Rn. 11.
39 Vgl. CLP-Verordnung – VO (EG) 1272/2008, ABl. EU v. 31.12.2008, L 353/1 ff. (*Classification, Labelling and Packaging* – CLP).
40 Vgl. Delegierte VO (EU) 2023/707, ABl. EU v. 31.3.2023, L 93/7 ff.
41 Vgl. EU-Kommission, COM (2022) 748 final v. 19.12.2022.
42 Vgl. CLP-Verordnung – VO (EG) 1272/2008, ABl. EU v. 31.12.2008, L 353/8.

Informationen (u.a. durch Kennzeichnungsetiketten und Sicherheitsdatenblätter) entsprechend an die weiteren Akteure der Lieferkette weitergeben.[43] Die Einstufung erfolgt in drei Gefahrenklassen nach Art der Gefahr:

- physische Gefahr,
- Gefahr für die menschliche Gesundheit und
- Gefahr für die Umwelt.

Gefahrenkategorien sind als Untergliederung der Gefahrenklassen zu verstehen und geben Aufschluss über die Schwere der Gefahr. Mit Erweiterung der CLP-Richtlinie im März 2023 sind die Kategorien „Endokrine Disruption mit Wirkung auf die menschliche Gesundheit" bzw. „Endokrine Disruption mit Wirkung auf die Umwelt", „Persistente, bioakkumulierbare und toxische Eigenschaften oder sehr persistente und sehr bioakkumulierbare Eigenschaften" (siehe Rz 96 zu gefährlichen Stoffe), und „Persistente, mobile und toxische Eigenschaften oder sehr persistente, sehr mobile Eigenschaften" hinzugekommen. Durch die Anpassung der Verordnung nach Übergabe der ESRS kam es in diesem Bereich zu einer Anpassung der ESRS im Verfahren zur Annahme durch die EU-Kommission.

17   In die Erstellung des ESRS E2 wurde auch der **EU-Aktionsplan „Schadstofffreiheit von Luft, Wasser und Boden"** eingebunden.[44] I.R.d. Aktionsplans verfolgt die EU die „Null-Schadstoff-Vision für 2050: ein gesunder Planet für alle". Demnach soll die Verschmutzung von Luft, Wasser und Boden so weit reduziert werden, dass sie nicht mehr schädlich für Gesundheit und Ökosysteme ist. Es sind auch die planetaren Grenzen zu respektieren. Der Aktionsplan trägt außerdem zu den **Sustainable Development Goals der Vereinten Nationen** (UN SDGs) bei. Spezifisch genannt werden Ziel 3 „Gesundheit und Wohlergehen", Ziel 6 „Sauberes Wasser und Sanitäreinrichtungen", Ziel 11 „Nachhaltige Städte und Gemeinden", Ziel 12 „Nachhaltiger Konsum und Produktion", Ziel 14 „Leben unter Wasser" und Ziel 15 „Leben an Land".[45] Ziel des Aktionsplans ist es, ein Rahmenwerk zu bieten, damit das Thema Verschmutzung stärker in anderen EU-Gesetzgebungen berücksichtigt wird und Synergien genutzt werden können.[46] Es stehen noch Entwicklungen in der EU-Gesetzgebung bzgl. Verschmutzung aus. Durch dieses dynamische Umfeld kann sich in Zukunft auch Anpassungsbedarf für ESRS E2 ergeben, um die Veränderungen der verschmutzungsbezogenen EU-Regulierungen zu berücksichtigen (ESRS E2.BC15).

---

[43] Vgl. ECHA, Verständnis der CLP-Verordnung, https://echa.europa.eu/de/regulations/clp/understanding-clp, Abruf 1.8.2024.

[44] Vgl. EU-Kommission, EU-Aktionsplan: „Schadstofffreiheit von Luft, Wasser und Boden", COM(2021) 400 final v. 12.5.2021.

[45] Siehe auch Vereinte Nationen, Ziele für nachhaltige Entwicklung, https://unric.org/de/17ziele/, Abruf 1.8.2024.

[46] Vgl. EU-Kommission, EU-Aktionsplan: „Schadstofffreiheit von Luft, Wasser und Boden", COM(2021) 400 final v. 12.5.2021.

Konkret umfasst der Aktionsplan sechs Ziele bis 2030:

1. eine Reduzierung der gesundheitlichen Auswirkungen (vorzeitige Todesfälle) der Luftverschmutzung um mehr als 55 %;
2. eine Reduzierung des Anteils der durch Verkehrslärm chronisch beeinträchtigten Menschen um 30 %;
3. eine Reduzierung der Anzahl der Ökosysteme in der EU, in denen die biologische Vielfalt durch Luftverschmutzung bedroht ist, um 25 %;
4. eine Senkung der Nährstoffverluste, des Einsatzes und der Risiken chemischer Pestizide, des Einsatzes gefährlicher Pestizide sowie des Verkaufs von für Nutztiere und für die Aquakultur bestimmten Antibiotika um 50 %;
5. eine Reduzierung von Kunststoffabfällen im Meer um 50 % und eine Reduzierung des in die Umwelt freigesetzten Mikroplastiks um 30 %;
6. eine erhebliche Senkung des gesamten Abfallaufkommens und eine Reduzierung von Siedlungsabfällen um 50 %.[47]

Im Zusammenhang mit dem Null-Schadstoff-Ziel hat die EU-Kommission im Oktober 2022 außerdem neue Vorschriften für saubere Luft und sauberes Wasser vorgeschlagen. Diese sehen u.a. strengere Grenzwerte für Luftschadstoffe, Aktualisierungen der Wasserschadstoffe sowie neue Normen und Überwachungsanforderungen für Mikroplastik vor.[48]

In die Erstellung des ESRS E2 wurde auch die **EU-Chemikalienstrategie für Nachhaltigkeit** eingebunden.[49] Die Chemikalienstrategie wurde zwar vor dem Zero Pollution Action Plan (ZPAP) der EU veröffentlicht, ist jedoch als erster „Schritt in Richtung Null-Schadstoff-Ziel" kommuniziert worden und Teil des europäischen Grünen Deals.[50] Ziel der Strategie ist es auf der einen Seite, den Schutz von Menschen und Umwelt vor gefährlichen Chemikalien zu erhöhen, auf der anderen Seite, die Entwicklung und Verwendung von sicheren und nachhaltigen Chemikalien zu fördern. Die Vision der Strategie sieht eine schadstofffreie Umwelt vor, in der die Herstellung und Verwendung von Chemikalien ihren Beitrag zur Gesellschaft, einschl. hin zu einer grünen und digitalen Transformation, voll ausschöpfen und Schaden verhindern kann.[51] Die Strategie sieht über 80 Einzelmaßnahmen vor, die zum einen eine Verschärfung bzw. Vereinheitlichung der Regulierung vorsehen, zum anderen Innovationen und

18

---

47 Vgl. EU-Kommission, EU-Aktionsplan: „Schadstofffreiheit von Luft, Wasser und Boden", COM(2021) 400 final v. 12.5.2021.
48 Vgl. EU-Kommission, Pressemitteilung v. 26.10.2022, https://ec.europa.eu/commission/press corner/detail/de/ip_22_6278, Abruf 1.8.2024.
49 Vgl. EU-Kommission, Chemical Strategy for Sustainability – Towards a Toxic-Free Environment, COM(2020) 667 final v. 14.10.2020.
50 Vgl. EU-Kommission, Pressemitteilung v. 14.10.2020, https://ec.europa.eu/commission/press corner/detail/de/ip_20_1839, Abruf 1.8.2024.
51 Vgl. EU-Kommission, Chemical Strategy for Sustainability – Towards a Toxic-Free Environment, COM(2020) 667 final v. 14.10.2020, S. 3.

Investitionen fördern sollen.[52] V.a. die REACH- und CLP-Verordnungen (Rz 15 und Rz 16) sollen durch Maßnahmen, welche in der Strategie formuliert sind, angepasst werden. Erste Maßnahmen der Strategie wurden bereits durch die aktuellen Ergänzungen der CLP-Verordnung umgesetzt (Rz 16). Allerdings wird die Strategie auch stark kritisiert.[53] Die Ziele der Strategie werden zwar i. A. unterstützt, doch werden die Maßnahmen als zu streng angesehen.[54]

19   Darüber hinaus sieht die **CSRD** vor, dass die Standards **bereits bestehende internationale Initiativen bzw.** Rahmenwerke für die Nachhaltigkeitsberichterstattung berücksichtigen, um bereits berichtenden Unternehmen die Umstellung auf die ESRS zu vereinfachen.[55] Daher wurden bei der Erstellung des ESRS E2 folgende Rahmenwerke bzw. Initiativen berücksichtigt (ESRS E2.BC7):

a) die **Global Reporting Initiative** (GRI) und insbes. der Standard „GRI 305: Emissionen", der Luftschadstoffe abdeckt, die signifikante negative Auswirkungen auf Ökosysteme, Luftqualität, Landwirtschaft sowie die Gesundheit von Mensch und Tier haben;[56]

b) **Taskforce on Nature-related Financial Disclosures** (TNFD) als globale, marktgesteuerte Initiative mit der Aufgabe, einen Rahmen für Risikomanagement und Offenlegung zu entwickeln und bereitzustellen; dieser soll es Organisationen ermöglichen, über sich entwickelnde naturbezogene Risiken und Chancen zu berichten und entsprechend zu handeln, mit dem letztlichen Ziel, eine Verlagerung der globalen Finanzströme weg von umweltfeindlichen und hin zu umweltfördernden Ergebnissen zu unterstützen;[57]

c) **Taskforce on Climate-related Financial Disclosures** (TCFD) als ein globaler Rahmen, der um vier Themenbereiche herum strukturiert ist, die Kernelemente der Arbeitsweise von Organisationen darstellen: Unternehmensführung, Strategie, Risikomanagement sowie Kennzahlen und Ziele;[58]

d) die Leistungskennzahlen des **Sustainability Accounting Standards Board** (SASB), basierend auf den sektorspezifischen Leistungskennzahlen des

---

52   Vgl. EU-Kommission, Pressemitteilung v. 14.10.2020, https://ec.europa.eu/commission/press corner/detail/de/ip_20_1839, Abruf 1.8.2024.

53   Vgl. Hensiek, EU-Chemikalienstrategie: Kritik aus der Wirtschaft wächst, www.haufe.de/arbeits schutz/recht-politik/eu-chemikalienstrategie-kritik-aus-der-wirtschaft-waechst_92_587016.html, Abruf 1.8.2024.

54   Vgl. VCI, VCI-Position zur Chemikalienstrategie für Nachhaltigkeit, 2020, www.vci.de/ergaenzende-downloads/2020-11-09-vci-position-de-eu-chemikalienstrategie.pdf; BDI, Chemikalienstrategie für Nachhaltigkeit – Für eine schadstofffreie Umwelt, https://bdi.eu//publikation/news/chemikalienstra tegie-fuer-nachhaltigkeit-fuer-eine-schadstofffreie-umwelt/, Abruf jew. 1.8.2024.

55   Vgl. CSRD – RL/2022/2464, ABl. EU v. 16.12.2023, L 322/29.

56   Vgl. GRI, Deutsche Übersetzungen, www.globalreporting.org/how-to-use-the-gri-standards/gri-standards-german-translations/, Abruf 1.8.2024.

57   Vgl. TNFD, https://tnfd.global/, Abruf 1.8.2024.

58   Vgl. TCFD, www.fsb-tcfd.org/, Abruf 1.8.2024.

SASB – eine internationalisierte Fassung der 77 Branchenstandards wurde im Dezember 2023 finalisiert und veröffentlicht;[59]

e) die Metriken des **Weltwirtschaftsforums** (WEF) aus dem White Paper „Measuring Stakeholder Capitalism, Towards Common Metrics and Consistent Reporting of Sustainable Value Creation" von September 2020;[60]

f) das **Natural Capital Protocol,** eine Entscheidungsstruktur, die es Unternehmen ermöglicht, ihre direkten und indirekten Auswirkungen und Abhängigkeiten von Naturkapital zu identifizieren, zu messen und zu bewerten;[61]

g) die ISO-Norm 14008:2019 der **International Organisation für Normung** (ISO), die die monetäre Bewertung von Umweltauswirkungen und damit verbundenen Umweltaspekten abdeckt, sowie andere ISO-Normen zu Umweltverschmutzung und Luftqualität.[62]

Vergleiche oder weiterführende Hinweise aus diesen Rahmenwerken und Initiativen werden an den entsprechenden Stellen in dieser Kommentierung eingeführt.

Die CSRD stellt insbes. die Harmonisierung mit den Nachhaltigkeitsberichterstattungsstandards, die im Auftrag der IFRS Foundation vom International Sustainability Standards Board (ISSB) erstellt wurden, in den Vordergrund, um eine inkohärente bzw. doppelte Berichterstattung für international tätige Unternehmen zu vermeiden (→ § 2 Rz 1 ff.).[63] Allerdings umfasst das genannte Rahmenwerk derzeit lediglich die Standards IFRS S1 „*General Requirements for Disclosure of Sustainability-related Financial Information*" und IFRS S2 „*Climate-related Disclosure*", die nach langer Konsultations- und Überarbeitungsphase am 26.6.2023 veröffentlicht wurden und ab dem 1.1.2024 beachtet werden sollen.[64] So bleibt eine Harmonisierung bzgl. des Themas Verschmutzung zunächst aus. Bei einer fortschreitenden Entwicklung des Rahmenwerks wird eine erneute Analyse und ggf. Anpassung der Themenstandards zur Förderung der Harmonisierung notwendig werden.

---

[59] Vgl. The IFRS Foundation, SASB Standards, https://sasb.ifrs.org/; zu den internationalisierten Branchenstandards https://sasb.ifrs.org/standards/download/#company-search-form, Abruf jew. 1.8.2024.

[60] Vgl. WEF, Measuring Stakeholder Capitalism, 2020, www3.weforum.org/docs/WEF_IBC_Measuring_Stakeholder_Capitalism_Report_2020.pdf, Abruf 1.8.2024.

[61] Vgl. Capitals Coalition, Natural Capital Protocol, https://capitalscoalition.org/capitals-approach/natural-capital-protocol/, Abruf 1.8.2024.

[62] Vgl. ISO 14008:2019, www.iso.org/standard/43243.html, Abruf 1.8.2024.

[63] Vgl. CSRD – RL/2022/2464, ABl. EU v. 16.12.2023, L 322/29.

[64] Siehe weiterführend zur Kommentierung von IFRS S1 und IFRS S2 Lüdenbach/Hoffmann/Freiberg, Haufe IFRS-Kommentar, 22. Aufl., 2024, § 60.

1.1.2 Zentrale Definition

20   Bevor die zentralen Definitionen des ESRS E2 vorgestellt werden, ist zunächst
der Begriff „Emissionen" zu definieren, welcher sich aus der Industrieemissionsrichtlinie ergibt (Rz 7). Hiernach sind Emissionen die „direkte oder indirekte Freisetzung von Stoffen, Erschütterungen, Wärme oder Lärm in die Luft,
das Wasser oder den Boden".[65] Abzugrenzen hiervon sind Immissionen, die in
der deutschen Gesetzgebung auch Verwendung finden. Nach § 3 Abs. 2
BImSchG sind Immissionen „auf Menschen, Tiere und Pflanzen, den Boden,
das Wasser, die Atmosphäre sowie Kultur- und sonstige Sachgüter einwirkende
Luftverunreinigungen, Geräusche, Erschütterungen, Licht, Wärme, Strahlen
und ähnliche Umwelteinwirkungen." Die beiden Begriffe stehen insofern im
Zusammenhang, als dass Emissionen, sobald sie am Einwirkungsort auftreten
und einwirken, zu Immissionen werden.[66]

Im ESRS-Konsultationsentwurf der EU-Kommission wurde die Definition des
Begriffs „Stoff" hinzugefügt. Als Stoff wird jedes chemische Element und seine
Verbindungen, mit Ausnahme der folgenden Stoffe definiert:[67]

- radioaktive Stoffe,[68]
- genetisch veränderte Mikroorganismen,[69]
- genetisch veränderte Organismen.[70]

Diese Definition ergibt sich aus der Industrieemissionsrichtlinie.[71]

21   Ein weiterer zentraler Begriff in ESRS E2 ist „Schadstoff". Schadstoffe werden
definiert als „Stoffe, Erschütterungen, Wärme, Lärm, Licht oder andere Kon-
taminanten in Luft, Wasser oder Boden, die der menschlichen Gesundheit oder
der Umwelt schaden, die zu einer Schädigung von Sachwerten oder zu einer
Beeinträchtigung oder Störung von Annehmlichkeiten und anderen legitimen
Nutzungen der Umwelt führen können".[72] Diese Definition ergibt sich aus der
Taxonomie-Verordnung.[73]

22   Zentrale Änderungen, die es in den konsultierbaren ESRS von Juni 2023 im
Vergleich zu den von der EFRAG eingereichten ESRS von November 2022 in

---

[65]   Industrieemissionsrichtlinie – RL 2010/75/EU, ABl. EU v. 17.12.2010, L 334/23.
[66]   Vgl. Thiel, in Landmann/Rohmer, UmweltR, Stand: September 2023, BImSchG § 3 Rn. 70.
[67]   Vgl. Berichtigung der Delegierten Verordnung (EU) 2023/2772 v. 31.7.2023, ABl. EU L v.
9.8.2024, Anhang II, Tab. 2, S. 279f.
[68]   Gem. RL 96/29/Euratom, ABl. EG v. 29.6.1996, L 159/1ff., ersetzt durch RL 2013/59/Euratom,
ABl. EU v. 17.1.2014, L 13/1.
[69]   Gem. RL 2009/41/EC, ABl. EU v. 21.5.2009, L 125/75ff.
[70]   Gem. RL 2001/18/EC, ABl. EU v. 17.4.2001, L 106/1ff.
[71]   Vgl. Industrieemissionsrichtlinie – RL 2010/75/EU, ABl. EU v. 17.12.2010, L 334/22.
[72]   Berichtigung der Delegierten Verordnung (EU) 2023/2772 v. 31.7.2023, ABl. EU L v. 9.8.2024,
Anhang II, Tab. 2, S. 276.
[73]   Taxonomie-Verordnung – VO (EU) 2020/852, ABl. EU v. 22.6.2020, L 198/26.

Bezug auf ESRS E2 gegeben hat, betreffen Streichungen grundlegender Definitionen. Dennoch sind die zuvor eingeschlossenen Definitionen weiter relevant und geeignet, um die verschiedenen Begrifflichkeiten und Arten von Verschmutzung zu definieren.

Der Nachhaltigkeitsaspekt **„Luftverschmutzung"** beinhaltet Informationen zu Emissionen in die Luft, sowohl im Freien als auch in Innenbereichen, und die Vorbeugung, Kontrolle und Reduzierung solcher Emissionen und damit Verschmutzung (ESRS E2.3). Das Glossar in Anhang II des delegierten Rechtsakts zu den ESRS enthält den Begriff Luftverschmutzung, im Vergleich zur EFRAG-Version, nicht mehr. Dennoch ist naheliegend, dass weiterhin die Definition, die sich aus der EU-Richtlinie 2016/2284 über die Reduktion der nationalen Emissionen bestimmter Luftschadstoffe ergibt, relevant ist und angewendet werden sollte.[74] Hieraus ergibt sich, dass zu den **Luftschadstoffen** die folgenden Stoffe zählen: Schwefeldioxid (SO_2), Stickstoffoxide (NO_x), flüchtige organische Verbindungen außer Methan (NMVOC), Feinstaub ($PM_{2,5}$), Ammoniak (NH_3) und Schwermetalle (HM). Daraus ergeben sich auch zu den folgenden Stoffen nähere Beschreibungen:

a) „Schwefeldioxid" oder „SO_2": alle Schwefelverbindungen, ausgedrückt als Schwefeldioxid, einschl. Schwefeltrioxid (SO_3), Schwefelsäure (H_2SO_4) und reduzierter Schwefelverbindungen wie Schwefelwasserstoff (H_2S), Merkaptane und Dimethylsulfide;

b) „Stickstoffoxide" oder „NO_x": Stickstoffmonoxid und Stickstoffdioxid, ausgedrückt als Stickstoffdioxid;

c) „flüchtige organische Verbindungen außer Methan" oder „NMVOC": alle organischen Verbindungen außer Methan, die durch Reaktion mit Stickstoffoxiden in Gegenwart von Sonnenlicht photochemische Oxidantien erzeugen können;

d) „Feinstaub" oder „$PM_{2,5}$": Partikel mit einem aerodynamischen Durchmesser von höchstens 2,5 Mikrometern (μm);[75]

e) „Schwermetalle" oder „HM": hierzu zählen Cadium (Cd), Quecksilber (Hg), Blei (Pb), ggf. Arsen (As), Chrom (Cr), Kupfer (Cu), Nickel (Ni), Selen (Se) und Zink (Zn) und deren Verbindungen.[76]

Weitere Luftschadstoffe werden im Themenstandard ESRS E1 „Klimawandel" berücksichtigt (Rz 27 sowie → § 6 Rz 68 ff.). Dies betrifft die sieben Treibhausgase: Kohlenstoffdioxid (CO_2), Methan (CH_4), Distickstoffoxid (N_2O), Fluorkohlenwasserstoffe (HFC), Perfluorkohlenwasserstoff (PCF), Schwefelhexafluorid (SF_6) und Stickstofftrifluorid (NF_3).

---

74 Vgl. RL 2016/2284/EU, ABl. EU v. 17.12.2016, L 344/1 ff.
75 Vgl. RL 2016/2284/EU, ABl. EU v. 17.12.2016, L 344/6.
76 Vgl. RL 2016/2284/EU, ABl. EU v. 17.12.2016, L 344/17.

23 Der Nachhaltigkeitsaspekt „**Wasserverschmutzung**" beinhaltet Informationen zu Emissionen in Wasser sowie die Vorbeugung, Kontrolle und Reduzierung solcher Emissionen und damit Verschmutzung (ESRS E2.4). Auch der Begriff „**Emissionen in Wasser**" wird im Glossar aus Anhang II des delegierten Rechtsakts zu den ESRS nicht mehr definiert. Analog zu den Luftschadstoffen lässt sich die in den von der EFRAG übergebenen ESRS enthaltene Definition weiter anwenden. Zu Emissionen in Wasser zählen direkte Emissionen von prioritären Stoffen gem. der Definition in Anhang I der RL 2013/39/EU[77] sowie direkte Emissionen von Nitraten, Phosphaten und Pestiziden (Pflanzenschutzmittel und Biozide).[78]

Prioritäre Stoffe sind eine Teilmenge der Stoffe, „die ein erhebliches Risiko für bzw. durch die aquatische Umwelt darstellen".[79] Anhang I der RL 2013/39/EU definiert 45 prioritäre Stoffe, von denen 21 als prioritäre gefährliche Stoffe eingestuft werden. Zur Identifizierung prioritärer gefährlicher Stoffe werden bedenkliche Stoffe aus Gemeinschaftsvorschriften bzgl. gefährlicher Stoffe oder aus einschlägigen internationalen Übereinkommen berücksichtigt.[80]

24 Der Nachhaltigkeitsaspekt „**Bodenverschmutzung**" beinhaltet Informationen zu Emissionen in den Boden sowie die Vorbeugung, Kontrolle und Reduzierung solcher Emissionen und damit Verschmutzung (ESRS E2.5).

Bodenverschmutzung ist definiert als die Einleitung von Stoffen, Erschütterungen, Wärme oder Lärm in den Boden infolge menschlicher Tätigkeit, die die menschliche Gesundheit oder die Umwelt schädigen, Schäden an materiellen Gütern verursachen oder die Annehmlichkeiten und andere legitime Nutzungen der Umwelt beeinträchtigen oder stören können. Dies ist unabhängig davon, ob diese Einleitung am Produktionsstandort eines Unternehmens, außerhalb oder durch die Verwendung von Produkten und/oder Dienstleistungen des Unternehmens erfolgt. Zu den **Bodenschadstoffen** gehören anorganische Schadstoffe, persistente organische Schadstoffe (POP), Pestizide, Stickstoff- und Phosphor-Verbindungen etc.[81]

Die Definition des Begriffs „**Boden**" ergibt sich aus der EU-Richtlinie 2010/75 und bezeichnet die oberste Schicht der Erdkruste, die sich zwischen dem Grundgestein und der Oberfläche befindet und aus Mineralpartikeln, organischem Material, Wasser, Luft und lebenden Organismen besteht.[82]

---

77 Vgl. RL 2013/39/EU, ABl. EU v. 24.8.2013, L 226/1 ff.
78 Vgl. EFRAG-ESRS v. November 2022, ESRS E2, App. A: *Defined terms „Emissions to water"*.
79 RL 2000/60/EG, ABl. EU v. 22.12.2000, L 327/17.
80 Vgl. RL 2000/60/EG, ABl. EU v. 22.12.2000, L 327/17.
81 Vgl. Berichtigung der Delegierten Verordnung (EU) 2023/2772 v. 31.7.2023, ABl. EU L v. 9.8.2024, Anhang II, Tab. 2, S. 276.
82 Vgl. RL 2010/75/EU, ABl. EU v. 17.12.2010, L 334/24.; Berichtigung der Delegierten Verordnung (EU) 2023/2772 v. 31.7.2023, ABl. EU L v. 9.8.2024, Anhang II, Tab. 2, S. 279.

Der Nachhaltigkeitsaspekt **„besorgniserregende Stoffe"** beinhaltet Informationen zur Produktion, Verwendung und/oder Distribution und Vermarktung von besorgniserregenden Stoffen, einschl. **besonders besorgniserregender Stoffe** (*substances of very high concern*, oft bezeichnet als SVHC). Solche Angabepflichten zielen darauf ab, den Nutzern der Nachhaltigkeitsberichterstattung ein Verständnis über die tatsächlichen und potenziellen Auswirkungen durch die Verwendung und/oder den Vertrieb und die Vermarktung im Zusammenhang mit möglichen Beschränkungen der Verwendung und/oder des Vertriebs und der Vermarktung zu vermitteln (ESRS E2.6).

25

Besorgniserregenden Stoffe umfassen die folgenden Gruppen:
1. Besonders besorgniserregende Stoffe,
2. Stoffe, die in eine der Gefahrenklassen oder Gefahrenkategorien nach der CLP-Verordnung eingestuft werden können, oder
3. Stoffe, die negative Auswirkungen auf die Wiederverwendung und das Recycling von Materialien in dem Produkt, in dem es vorhanden ist, i.S.d. einschlägigen produktspezifischen Ökodesign-Anforderungen der Union haben.[83]

Die **besonders besorgniserregenden Stoffe** sind als Teilmenge der besorgniserregenden Stoffe zu verstehen und ergeben sich aus der REACH-Verordnung (Rz 15).[84] Zum einen werden Stoffe als besonders besorgniserregend definiert, wenn sie die Kriterien des Art. 57 der REACH-Verordnung erfüllen. Diese Kriterien sind folgende:
a) Stoffe, die in die Gefahrenklasse Karzinogenität in den Kategorien 1A und 1B nach der CLP-Verordnung einzustufen sind.[85] Karzinogenität bezeichnet die „Verursachung von Krebs oder eine Zunahme der Krebsinzidenz, die nach der Exposition gegenüber einem Stoff oder Gemisch auftritt."[86]
b) Stoffe, die in die Gefahrenklasse Keimzellmutagenität in den Kategorien 1A und 1B nach der CLP-Verordnung einzustufen sind.[87] Keimzellmutagenität bezeichnet „vererbbare Genmutationen, einschließlich vererbbare struktu-

---

[83] Vgl. Berichtigung der Delegierten Verordnung (EU) 2023/2772 v. 31.7.2023, ABl. EU L v. 9.8.2024, Anhang II, Tab. 2, S. 280.

[84] Vgl. Berichtigung der Delegierten Verordnung (EU) 2023/2772 v. 31.7.2023, ABl. EU L v. 9.8.2024, Anhang II, Tab. 2, S. 280; EFRAG, ESRS Q&A Platform, Compilation of Explanations, Januar–Juli 2024, Fragen 226, 301, S. 118ff.

[85] Vgl. REACH-Verordnung – VO 1907/2006/EG, ABl. EU v. 30.12.2006, L 396/141, i.V.m. CLP-Verordnung – VO (EG) 1272/2008, ABl. EU v. 31.12.2008, L 353/30.

[86] CLP-Verordnung – VO (EG) 1272/2008, ABl. EU v. 31.12.2008, L 353/103, i.V.m. VO (EU) 2019/521, ABl. EU v. 28.3.2019, L 86/17.

[87] Vgl. REACH-Verordnung – VO 1907/2006/EG, ABl. EU v. 30.12.2006, L 396/141, i.V.m. CLP-Verordnung – VO (EG) 1272/2008, ABl. EU v. 31.12.2008, L 353/30.

relle und numerische Chromosomenaberrationen in Keimzellen, die nach der Exposition gegenüber einem Stoff oder einem Gemisch auftreten."[88]

c) Stoffe, die in die Gefahrenklasse Reproduktionstoxizität in den Kategorien 1A und 1B nach der CLP-Verordnung einzustufen sind.[89] Reproduktionstoxizität bezeichnet die „Beeinträchtigungen von Sexualfunktion und Fruchtbarkeit bei Mann und Frau sowie Entwicklungstoxizität bei den Nachkommen, die nach der Exposition gegenüber einem Stoff oder Gemisch auftreten/auftritt."[90]

d) Stoffe, die nach den Kriterien des Anhangs XIII der REACH-Verordnung persistent (schwer abbaubar), bioakkumulierbar (sich in lebenden Organismen anreichernd) und toxisch (giftig) (kurz: PBT) sind.[91] PBT-Stoffe werden nach Anhang XIII der REACH-Verordnung definiert als Stoffe, die die folgenden Kriterien erfüllen:

i) Persistenz:
- Abbau-Halbwertszeit in Meerwasser mehr als 60 Tage oder
- Abbau-Halbwertszeit in Süßwasser oder Flussmündungen mehr als 40 Tage oder
- Abbau-Halbwertszeit in Meeressediment mehr als 180 Tage oder
- Abbau-Halbwertszeit in Süßwassersediment oder Flussmündungssediment mehr als 120 Tage oder
- Abbau-Halbwertszeit im Boden mehr als 120 Tage.

ii) Bioakkumulationspotenzial:
- Biokonzentrationsfaktor (BCF) höher als 2.000.

iii) Toxizität:
- Konzentration, bei der keine Langzeitwirkungen (Langzeit NOEC) auf Meeres- oder Süßwasserlebewesen beobachtet werden kann, beträgt weniger als 0,01 mg/l oder
- Stoff wird als karzinogen (Kategorie 1 oder 2), mutagen (Kategorie 1 oder 2) oder fortpflanzungsgefährdend (Kategorie 1, 2 oder 3) eingestuft oder
- es gibt andere Belege für chronische Toxizität durch die Einstufung in die Gefahrenklasse der spezifischen Zielorgan-Toxizität gem. CLP-Verordnung.[92]

---

88 CLP-Verordnung – VO (EG) 1272/2008, ABl. EU v. 31.12.2008, L 353/100, i.V.m. VO (EU) 2019/521, ABl. EU v. 28.3.2019, L 86/16.

89 Vgl. REACH-Verordnung – VO 1907/2006/EG, ABl. EU v. 30.12.2006, L 396/142, i.V.m. CLP-Verordnung – VO (EG) 1272/2008, ABl. EU v. 31.12.2008, L 353/31.

90 CLP-Verordnung – VO (EG) 1272/2008, ABl. EU v. 31.12.2008, L 353/107, i.V.m. VO (EU) 2019/521, ABl. EU v. 28.3.2019, L 86/17.

91 Vgl. REACH-Verordnung – VO 1907/2006/EG, ABl. EU v. 30.12.2006, L 396/142, i.V.m. Berichtigung der REACH-Verordnung, ABl. EU v. 29.5.2007, L 136/45.

92 Vgl. REACH-Verordnung – VO 1907/2006/EG, ABl. EU v. 30.12.2006, L 396/384ff., i.V.m. VO (EU) 253/2011, ABl. EU v. 15.3.2011, L 69/9f.

e) Stoffe, die nach den Kriterien des Anhangs XIII der REACH-Verordnung sehr persistent und sehr bioakkumulierbar sind.[93]

Sehr persistente und sehr bioakkumulierbare (vPvB) Stoffe werden nach Anhang XIII der REACH-Verordnung definiert als Stoffe, die die folgenden Kriterien erfüllen:

i) Sehr persistent:
- Abbau-Halbwertszeit in Meer- oder Süßwasser oder Flussmündungen beträgt mehr als 60 Tage oder
- Abbau-Halbwertszeit in Meer- oder Süßwasser- oder Flussmündungssediment beträgt mehr als 180 Tage oder
- Abbau-Halbwertszeit im Boden beträgt mehr als 180 Tage.

ii) Sehr bioakkumulierbar:
- Biokonzentrationsfaktor (*bioconcentration factor*, BCF) in Wasserlebewesen ist höher als 5.000.[94]

f) Stoffe – wie solche mit endokrinen Eigenschaften oder PBT-Eigenschaften oder sehr persistenten und sehr bioakkumulierbaren Eigenschaften, die die Kriterien der Buchstaben d) oder e) nicht erfüllen –, die nach wissenschaftlichen Erkenntnissen wahrscheinlich schwerwiegende Wirkungen auf die menschliche Gesundheit oder auf die Umwelt haben, die ebenso besorgniserregend sind wie diejenigen anderer in den Buchstaben a) bis e) aufgeführter Stoffe und die im Einzelfall gem. dem Verfahren des Art. 59 der REACH-Verordnung ermittelt werden.[95]

Das Verfahren gem. Art. 59 sieht vor, dass ein EU-Mitgliedstaat ein Dossier zu einem Stoff, der nach seiner Auffassung die Kriterien des Art. 57 erfüllt, bei der Europäischen Agentur für chemische Stoffe (ECHA) einreichen kann. Durch ein Konsultationsverfahren mit den übrigen Mitgliedstaaten wird entschieden, ob ein neuer Stoff in die Liste aufgenommen wird. Ist dies der Fall, wird die aktualisierte Liste besorgniserregender Stoffe von der Agentur unverzüglich nach Aufnahme des neuen Stoffs veröffentlicht.[96]

Eine Übersicht der konkreten Stoffe enthält die Liste der für eine Zulassung infrage kommenden besonders besorgniserregenden Stoffe nach Art. 59 Abs. 10 der REACH-Verordnung, welche auf der Internetseite der ECHA veröffentlicht wird.[97]

---

[93] Vgl. REACH-Verordnung – VO 1907/2006/EG, ABl. EU v. 30.12.2006, L 396/142, i.V.m. Berichtigung der REACH-Verordnung, ABl. EU v. 29.5.2007, L 136/45.

[94] Vgl. REACH-Verordnung – VO 1907/2006/EG, ABl. EU v. 30.12.2006, L 396/386, i.V.m. VO (EU) 253/2011, ABl. EU v. 15.3.2011, L 69/10.

[95] Vgl. REACH-Verordnung – VO 1907/2006/EG, ABl. EU v. 30.12.2006, L 396/142, i.V.m. Berichtigung der REACH-Verordnung, ABl. EU v. 29.5.2007, L 136/45.

[96] Vgl. REACH-Verordnung – VO 1907/2006/EG, ABl. EU v. 30.12.2006, L 396/146ff.

[97] Vgl. ECHA, Liste der für eine Zulassung in Frage kommenden besonders besorgniserregenden Stoffe, https://echa.europa.eu/de/candidate-list-table, Abruf 1.8.2024.

Darüber hinaus umfasst die Gruppe der **besorgniserregenden Stoffe** nicht nur SVHC, sondern auch weitere Stoffe, die sich aus der CLP-Verordnung ergeben oder aus anderen EU-Gesetzgebungen, insbes. infolge der EU-Chemikalienstrategie für Nachhaltigkeit (Rz 18).[98] Die EU-Chemikalienstrategie definiert **besorgniserregende Stoffe** als Stoffe, die im Zusammenhang mit der Kreislaufwirtschaft stehen, die chronische Auswirkungen auf die menschliche Gesundheit und die Umwelt haben (Stoffe auf der Kandidatenliste der REACH-Verordnung und Stoffe in Anhang VI der CLP-Verordnung) sowie die das Recycling für sichere und hochwertige Sekundärrohstoffe beeinträchtigen; um diese Stoffe hat auch die EU-Kommission die Definition i. R. d. final veröffentlichten ESRS erweitert.[99] Es bleibt abzuwarten und stets zu aktualisieren, welche weiteren Stoffe durch EU-Gesetzgebungen, die von der EU-Chemikalienstrategie ausgehen, als besorgniserregende Stoffe zu klassifizieren sind. Insbes. im Hinblick auf die Stoffe, die die Wiederverwendbarkeit und das Recycling beeinträchtigen, gibt es derzeit noch keine in produktspezifischen Ökodesign-Anforderungen der Union konkret definierten besorgniserregenden Stoffe. Zukünftige Vorgaben sind entsprechend zu beobachten und berücksichtigen, bereits vorab können andere Quellen Hinweise darauf geben, welche Stoffe zukünftig in diese Gruppe fallen und bei der Risiko- und Auswirkungsermittlung berücksichtigt werden sollten.[100]

Anhang VI der CLP-Verordnung enthält in Teil 3 eine **Tabelle von gefährlichen Stoffen**. Diese dient der harmonisierten Einstufung und Kennzeichnung von Stoffen i. R. d. Richtlinie. In den ESRS gelten als besorgniserregende Stoffe solche, die in dieser Tabelle enthalten sind und den folgenden Gefahrenklassen oder Gefahrenkategorien zugeordnet werden können:

- Karzinogenität der Kategorien 1 und 2 (Carc. 1A, 1B, 2),
- Keimzell-Mutagenität der Kategorien 1 und 2 (Muta 1A, 1B, 2),
- Reproduktionstoxizität der Kategorien 1 und 2 (Repr. 1A, 1B, 2, Lact.),
- Sensibilisierung der Atemwege der Kategorie 1 (Resp. Sens. 1, 1A, 1B),
- Sensibilisierung der Haut der Kategorie 1 (Skin Sens. 1, 1A, 1B),
- chronisch gewässergefährdend der Kategorien 1 bis 4 (Aquataic Chronic 1, 2, 3, 4),
- schädigt die Ozonschicht (Ozone 1),
- spezifische Zielorgan-Toxizität (einmalige Exposition) der Kategorien 1 und 2 (STOT SE 1, 2),

---

[98] Vgl. Berichtigung der Delegierten Verordnung (EU) 2023/2772 v. 31.7.2023, ABl. EU L v. 9.8.2024, Anhang II, Tab. 2, S. 280.

[99] Vgl. EU-Kommission, Chemical Strategy for Sustainability – Towards a Toxic-Free Environment, COM(2020) 667 final v. 14.10.2020, S. 2; Berichtigung der Delegierten Verordnung (EU) 2023/2772 v. 31.7.2023, ABl. EU L v. 9.8.2024, Anhang II, Tab. 2, S. 280.

[100] Vgl. EFRAG, ESRS Q&A Platform, Compilation of Explanations, Januar–Juli 2024, Fragen 226, 301, S. 118 ff.

- spezifische Zielorgan-Toxizität (wiederholte Exposition) der Kategorien 1 und 2 (STOT RE 1, 2).[101]

Die Definition der besorgniserregenden Stoffe in den ESRS sieht bereits eine Ergänzung aufgrund der erfolgten Anpassung der CLP-Verordnung um die folgenden Gefahrenkategorien vor:

- Endokriner Disruptor mit Wirkung auf die Umwelt (ED ENV 1, 2),
- PBT,
- sehr persistent und sehr bioakkumulierbar (vPvB),
- persistent, mobil und toxisch (PMT),
- sehr persistent und sehr mobil (vPvM).[102]

Praxis-Hinweis

Eine Übersicht der harmonisierten Einträge ist von der ECHA zusammengestellt worden und steht in Form einer Excel-Tabelle zur Verfügung.[103]

Über eine weitere von der ECHA zur Verfügung gestellte Datenbank besteht außerdem die Möglichkeit, Stoffe nach Gefahrenklassen zu sortieren (Rz 96).[104]

1.2 Abzudeckende Themen

Anlage A von ESRS 1 enthält eine Aufstellung von Nachhaltigkeitsaspekten, die in den Themenstandards behandelt werden und daher bei der Wesentlichkeitsanalyse eines berichtspflichtigen Unternehmens zu berücksichtigen sind (→ § 3 Rz 67). Tab. 1 enthält die für ESRS E2 einschlägige Aufstellung von Themen und Unterthemen. Unter-Unterthemen wurden nicht spezifiziert (ESRS E2.2).   26

---

[101] Vgl. CLP-Verordnung – VO (EG) 1272/2008, ABl. EU v. 31.12.2008, L 353/331 ff., i.V.m. VO EU/286/2011, ABl. EU v. 30.3.2011, L 83/51, i.V.m. VO EU/487/2013, ABl. EU v. 1.6.2013, L 149/58, i.V.m. VO EU/2016/918, ABl. EU v. 14.6.2016, L 156/102, i.V.m. VO EU/2019/521, ABl. EU v. 28.3.2019, L 86/36, i.V.m. delegierte VO EU/2023/707, ABl. EU v. 31.3.2023, L 93/39, i.V.m. Berichtigung 1272/2008, ABl. EU v. 20.1.2011, L 16/1 f., i.V.m. Berichtigung 286/2011, ABl. EU v. 23.9.2011, L 246/34, i.V.m. Berichtigung 1272/2008, ABl. EU v. 10.4.2015, L 94/29.

[102] Vgl. Berichtigung der Delegierten Verordnung (EU) 2023/2772 v. 31.7.2023, ABl. EU L v. 9.8.2024, Anhang II, Tab. 2, S. 280.

[103] Vgl. ECHA, https://echa.europa.eu/de/information-on-chemicals/annex-vi-to-clp, Abruf 1.8.2024; EFRAG, ESRS Q&A Platform, Compilation of Explanations, Januar–Juli 2024, Fragen 226, 301, S. 118 ff.

[104] Vgl. ECHA, Datenbank des C&L-Verzeichnisses, https://echa.europa.eu/de/information-on-chemicals/cl-inventory-database?discriminator=DISCLI_HARMONIZED, Abruf 1.8.2024.

Thema	Unterthema
Umweltverschmutzung	• Luftverschmutzung • Wasserverschmutzung • Bodenverschmutzung • Verschmutzung von lebenden Organismen und Nahrungsressourcen • Besorgniserregende Stoffe • Besonders besorgniserregende Stoffe • Mikroplastik

Tab. 1: Nachhaltigkeitsaspekte gem. ESRS 1.AR16

Das in Anlage A enthaltene Unterthema „Verschmutzung von lebenden Organismen und Nahrungsressourcen" wird, im Gegensatz zu den anderen Unterthemen, im Standard nicht wieder aufgegriffen. Es liegen daher keine Definitionen vor, und es bleibt abzuwarten, inwiefern dieses Thema evtl. in branchenspezifischen Ergänzungen (insbes. Landwirtschaft, Gastronomie, Lebensmittel etc.) aufgegriffen wird. Die übrigen Unterthemen werden in ESRS E2, den dazugehörigen *Basis for Conclusions* (BC) und dem Glossar[105] definiert und weiter konkretisiert (Rz 22 ff.).

Der Prozess zur Identifizierung der **wesentlichen Unterthemen** sowie deren Risiken, Chancen und Auswirkungen werden nach Offenlegungsanforderung ESRS 2 IRO-1 (→ § 4 Rz 110 ff.) offengelegt.

27 Das Thema „**Umweltverschmutzung**" ist eng mit anderen Umwelt-Unterthemen wie Klimawandel, Wasser- und Meeresressourcen, biologische Vielfalt und Kreislaufwirtschaft verbunden. Um einen umfassenden Überblick darüber zu geben, was für die Umweltverschmutzung wesentlich sein könnte, werden relevante Offenlegungsanforderungen in anderen Umwelt-Standards wie folgt abgedeckt:

a) **ESRS E1** „Klimawandel" behandelt in Bezug zu Luftverschmutzung die folgenden sieben Treibhausgase: Kohlendioxid (CO_2), Methan (CH_4), Distickstoffoxid (N_2O), Fluorkohlenwasserstoffe (FKW, HFKW), perfluorierte Kohlenwasserstoffe (PFC), Schwefelhexafluorid (SF_6) und Stickstofftrifluorid (NF_3) (Rz 82 ff. sowie → § 6).

b) **ESRS E3** „Wasser- und Meeresressourcen" behandelt Wasserverbrauch, insbes. in wassergefährdeten Gebieten, Wasserrecycling und Wasserspeicherung. Dazu gehört auch der verantwortungsvolle Umgang mit den Meeresressourcen, einschl. der Art und Menge der vom Unternehmen verwendeten Rohstoffe, die mit den Meeresressourcen in Zusammenhang stehen (z. B. Kies, Tiefseemineralien, Meeresfrüchte). Im Gegensatz dazu deckt ESRS E2

---

[105] Vgl. Berichtigung der Delegierten Verordnung (EU) 2023/2772 v. 31.7.2023, ABl. EU L v. 9.8.2024, Anhang II, Tab. 2, S. 259 ff.

die negativen Auswirkungen ab in Bezug auf die Verschmutzung von Wasser und Meeresressourcen, einschl. Mikroplastik, die durch solche Aktivitäten entstehen (Rz 86 ff., Rz 92 sowie → § 8).

c) **ESRS E4** „Biologische Vielfalt und Ökosysteme" befasst sich mit Ökosystemen und Arten. Die Verschmutzung als direkter Einflussfaktor für den Verlust der biologischen Vielfalt wird in ESRS E4 behandelt (→ § 9).

d) **ESRS E5** „Ressourcennutzung und Kreislaufwirtschaft" befasst sich insbes. mit der Abkehr von der Gewinnung nicht erneuerbarer Ressourcen und mit der Umsetzung von Praktiken, die die Entstehung von Abfällen, einschl. der durch Abfälle verursachten Verschmutzung, verhindern (→ § 10).

ESRS E2 behandelt ein Umweltthema, jedoch können die Auswirkungen des Unternehmens auf die Umwelt durch Verschmutzung auch Gemeinden betreffen. Wesentliche negative Auswirkungen auf betroffene Gemeinschaften durch umweltverschmutzungsbedingte Auswirkungen, die auf das Unternehmen zurückzuführen sind, werden in **ESRS S3** „Betroffene Gemeinschaften" behandelt (→ § 14). **28**

V. a. die Problematik der sozialen Ungerechtigkeit spielt i. V. m. Verschmutzung eine zentrale Rolle. Ärmere Gemeinden und Haushalte sind eher der Verschmutzung, insbes. Luftverschmutzung, aber auch in Teilen chemischer Belastung und den daraus resultierenden gesundheitlichen Auswirkungen ausgesetzt.[106]

I. V. m. Verschmutzung sind insbes. die Gemeinschaften in der Umgebung von Unternehmensstandorten, die Verschmutzung verursachen könnten, zu berücksichtigen sowie die Gemeinschaften in Regionen, die von der Verschmutzung, verursacht durch das Unternehmen oder entlang seiner Wertschöpfungskette, betroffen sind.

1.3 Datenpunkte aus anderen EU-Rechtsakten

Die Angabepflichten aus ESRS E2 sind zum größten Teil vorbehaltlich der Ergebnisse der vom berichtspflichtigen Unternehmen durchzuführenden **Wesentlichkeitsanalyse** zu tätigen. Die Kategorisierung nach Angabebereichen, die für die Durchführung der Wesentlichkeitsanalyse zu den Angabepflichten in ESRS E2 maßgeblich ist (→ § 3 Rz 61 ff.), findet sich in Anlage A von ESRS 2. **29**

Die Datenpunkte aus ESRS E2.28(a) ergeben sich aus der EU-Offenlegungsverordnung (Rz 13; Tab. 2).[107]

---

[106] Vgl. EU Umweltagentur, Pollution, www.eea.europa.eu/en/topics/in-depth/pollution; WHO, Environmental health inequalities in Europe, www.who.int/europe/publications/i/item/9789289054157, Abruf jew. 1.8.2024.

[107] Vgl. Delegierte VO 2022/1288/EU, ABl. EU v. 25.7.2022, L 196/43, 45.

Angabepflicht und zugehöriger Datenpunkt	SFDR-Referenz	Säule-3-Referenz	Referenz der Bench-mark-VO	EU-Klima-gesetz-Referenz
ESRS E2-4 Menge jedes in Anhang II der E-PRTR-Verord-nung aufgeführ-ten Schadstoffs, der in Luft, Was-ser und Boden emittiert wird (ESRS E2.28(a); Rz 69ff.)	Indikator Nr. 8 Anhang 1 Tab. 1, Indikator Nr. 2 Anhang 1 Tab. 2, Indikator Nr. 1 Anhang 1 Tab. 2, Indikator Nr. 3 Anhang 1 Tab. 2			

Tab. 2: Datenpunkte in ESRS E2 aus anderen EU-Rechtsvorschriften (ESRS 2, App. B)

Die in Tab. 2 angeführten Datenpunkte in ESRS E2-4 („Luft-, Wasser- und Bodenverschmutzung") umfassen die Offenlegung der Kennzahlen zu Emissionen von Luftschadstoffen, Emissionen in das Wasser, anorganischer Stoffe und ozonabbauender Stoffe (Rz 69ff.).

1.4 Phase-in-Regelungen

30 Anlage C zu ESRS 1 bzgl. der Phase-in-Regelungen enthält eine Angabepflicht von ESRS E2 (→ § 3 Rz 182ff.). Die Phase-in-Regelung betrifft die Angabepflicht ESRS E2-6 bzgl. „Erwartete finanzielle Effekte durch wesentliche Risiken und Chancen im Zusammenhang mit Umweltverschmutzung". Die Phase-in-Regelung sieht zum einen vor, dass alle Unternehmen Angaben zur gesamten Angabepflicht ESRS E2-6 im ersten Berichtsjahr weglassen können.

Zum anderen sieht die Regelung vor, dass mit Ausnahme der Offenlegung von ESRS E2.40(b) (die im Berichtszeitraum getätigten Betriebs- und Investitionsausgaben im Zusammenhang mit größeren Vorfällen und Ablagerungen) in den ersten drei Jahren der Berichterstellung Unternehmen lediglich qualitative Angaben offenlegen müssen. Eine Offenlegung der entsprechenden

Kennzahl ist somit erst im vierten Jahr der Erstellung eines Nachhaltigkeitsberichts verpflichtend zu tätigen. Dies überrascht insoweit, da zumindest die
Rückstellungen für Umweltschutz- und Sanierungskosten (ESRS E2.40(c))
bei Wesentlichkeit („nicht unerheblichem Umfang") ohnehin im Anhang
nach § 285 Nr. 12 HGB anzugeben sind. Der Anteil des Nettoumsatzes, der
mit Produkten und Dienstleistungen erzielt wird, in dem besorgniserregende
Stoffe enthalten sind, und der Anteil des Nettoumsatzes, der mit Produkten
und Dienstleistungen erzielt wird, die besonders besorgniserregende Stoffe
sind oder enthalten (ESRS E2.40(a)), könnte zumindest bei entsprechender
Umsatzaufgliederung nach § 285 Nr. 4 HGB vorliegen und ist intern aus
anderen Regulierungen auch nachzuhalten, so dass die Erleichterungswirkung
eher begrenzt ist.

Für die weiteren Anforderungen des ESRS E2-6 (Rz 98 ff.) gilt diese *Phase-in*-
Regelung nicht und entsprechende Angaben müssen ab dem zweiten Berichtsjahr veröffentlicht werden.

Die *Phase-in*-Regelungen können Teil der Rechnungslegungspolitik sein, weshalb deren Nutzung kritisch überdacht werden sollte.[108]

Für die weiteren Angabepflichten des ESRS E2 ist keine gesonderte *Phase-in*-
Regelung vorgesehen, so dass diese mit der erstmaligen Berichtspflicht gem.
CSRD/ESRS – vorbehaltlich der Ergebnisse der Wesentlichkeitsanalyse – voll-
umfänglich anzuwenden sind.

2 Angabepflichten

2.1 ESRS 2 – Allgemeine Angaben

ESRS E2 erläutert eingangs die themenspezifische Angabepflicht, die sich aus   31
ESRS 2 ergibt: ESRS 2 IRO-1. Diese Angabepflicht muss immer erfüllt werden,
unabhängig davon, ob das Thema „Umweltverschmutzung" bei der Wesentlichkeitsanalyse als wesentlich identifiziert wird oder nicht. Die Angaben gem.
ESRS 2 zu Verschmutzung sind mit den **Angaben zu allen weiteren wesentlichen Themen an einer zentralen Stelle** in der Berichterstattung zu bündeln
(ESRS E2.10).

Aufgrund ihrer Aktivitäten und Geschäftsbeziehungen tragen zahlreiche Un-
ternehmen – in unterschiedlichem Ausmaß – zur Umweltverschmutzung bei.
Darüber hinaus wird sich die Umweltverschmutzung in zunehmendem Maß
auf die Geschäftstätigkeit der Unternehmen auswirken und den Cashflow, die
Leistung, die Lage, die Entwicklung, die Kapitalkosten oder den Zugang zu
Finanzmitteln des Unternehmens beeinflussen. Der Übergang zur Sicher-

---

[108] Vgl. Müller/Reinke/Warnke, PiR 2024, S. 160 ff.

stellung einer Schadstoffreduzierung kann auch Chancen mit sich bringen, z. B. für Unternehmen, die (frühzeitig) Produkte und Dienstleistungen anbieten, die zu den politischen Zielen beitragen (ESRS E2.BC21).

32   Um die Angabepflichten des ESRS 2 IRO-1 „Beschreibung der **Verfahren zur Ermittlung und Bewertung der wesentlichen Auswirkungen, Risiken und Chancen im Zusammenhang mit Umweltverschmutzung**" im Kontext des ESRS E2 zu erfüllen, sind die Prozesse zur Identifizierung der wesentlichen Auswirkungen, Risiken und Chancen darzustellen. Auf Folgendes ist einzugehen:

a)   „ob das Unternehmen seine Standorte und Geschäftstätigkeiten überprüft hat, um seine tatsächlichen und potenziellen Auswirkungen, Risiken und Chancen im Zusammenhang mit Umweltverschmutzung im Rahmen seiner eigenen Tätigkeiten und innerhalb seiner vor- und nachgelagerten Wertschöpfungskette zu ermitteln, und wenn ja, welche Methoden, Annahmen und Instrumente der Überprüfung zugrunde gelegt wurden,

b)   ob und wie das Unternehmen Konsultationen, insbesondere mit betroffenen Gemeinschaften, durchgeführt hat" (ESRS E2.11).

33   Das **Verfahren zur Bewertung der Wesentlichkeit** von Auswirkungen, Abhängigkeiten, Risiken und Chancen muss die Bestimmungen in ESRS 2 IRO-1 „Beschreibung des Verfahrens zur Ermittlung und Bewertung der wesentlichen Auswirkungen, Risiken und Chancen" und ESRS 2 IRO-2 „In ESRS enthaltene von der Nachhaltigkeitserklärung des Unternehmens abgedeckte Angabepflichten" (→ § 4 Rz 110 ff.) berücksichtigen (ESRS E2.AR3).

Zu den Unterthemen, die von der Wesentlichkeitsanalyse i. R. d. ESRS E2 erfasst werden, gehören:

• Verschmutzung von Luft, Wasser und Boden (außer Treibhausgasemissionen und Abfall), Mikroplastik und besorgniserregende Stoffe (Rz 26);

• die Abhängigkeit von Ökosystemleistungen, die dazu beitragen, die Auswirkungen der Umweltverschmutzung zu mindern (ESRS E2.AR4).

Praxis-Beispiel Metsä Group[109]

Auswirkungen	Risiken und Chancen für die Metsä Group	Umgang mit den Auswirkungen, Risiken und Chancen
Verschmutzung von Luft, Wasser und Boden		
→ Zusätzlich zu den Treibhausgasemissionen verursacht die Produktion der Metsä Group weitere Emissionen in die Luft. Die meisten Emissionen in die Luft stammen aus dem Verbrennungsprozess der Zellstofffabriken und Kraftwerke. Bei der Produktion der Metsä Group werden auch Abwässer freigesetzt. Die Emissionen in Luft und Wasser sowie die Abweichungen von den Umweltgenehmigungen der Werke im Berichtsjahr sind in den Tabellen auf den Seiten 46–47 aufgeführt. Bodenverschmutzungen können durch technische Defekte oder menschliches Versagen bei den Tätigkeiten der Metsä Group oder ihrer	→ Risiko: Abweichungen bei den Emissionen können zu Entschädigungszahlungen und Kosten für Abhilfemaßnahmen führen. Darüber hinaus kann das Image der Metsä Group als nachhaltiger Betreiber leiden.	• Die Emissionen in die Luft werden durch eine sorgfältige Kontrolle der Verbrennungsprozesse und die Reinigung der Rauchgase reduziert. • Die Emissionen in das Wasser werden durch einen geringeren Wasserverbrauch, effizientere Prozesse und eine effiziente Abwasserbehandlung reduziert. • In der Produktion werden die besten verfügbaren Techniken eingesetzt und systematisch betrieben. Die Umweltleistung wird kontinuierlich überwacht. Zu den proaktiven Maßnahmen zur Vermeidung von Unterbrechungen gehören eine

---

[109] Entnommen Metsä Group, Annual review 2023, S. 45, eigene Übersetzung aus dem Englischen.

Auswirkungen	Risiken und Chancen für die Metsä Group	Umgang mit den Auswirkungen, Risiken und Chancen
Dienstleister entstehen. In den Geschäftsbereichen der Gruppe bestehen Umweltverpflichtungen im Zusammenhang mit früheren Aktivitäten an Industriestandorten, die inzwischen geschlossen, verkauft oder verpachtet wurden, sowie aus stillgelegten Deponien.		umfassende vorbeugende Wartung und Beobachtungen in der Produktion. • Etwaige Emissionsabweichungen und entsprechende Korrekturmaßnahmen werden den Behörden unverzüglich gemeldet.
Mikroplastik		
↑ Die Produkte der Metsä-Gruppe, die hauptsächlich aus nachwachsenden Rohstoffen hergestellt werden, sind eine Alternative zu Kunststoffverpackungen und ermöglichen so die Reduzierung von Mikroplastik.	↑ **Chance:** Die Nachfrage nach den Produkten der Metsä-Gruppe steigt.	• Nahezu alle Produkte der Metsä Group sind frei von fossilen Rohstoffen. Es werden aktive Forschungs- und Entwicklungsarbeiten durchgeführt, um die verbleibenden fossilen Rohstoffe zu ersetzen.

↑ Positive Auswirkungen auf die Umwelt und die Gesellschaft oder auf das Geschäft der Metsä Group
↓ Negative Auswirkungen auf die Umwelt und die Gesellschaft oder auf das Geschäft der Metsä Group

Standort wird definiert als „ein Ort, an dem sich eine oder mehrere physische 34
Anlagen befinden. Gibt es mehr als eine physische Anlage desselben oder
verschiedener Eigentümer oder Betreiber und werden bestimmte Infrastrukturen und Einrichtungen gemeinsam genutzt, kann das gesamte Gebiet, in dem
sich die physische Anlage befindet, einen Standort darstellen."[110] Diese Definition ergibt sich aus der REACH-Verordnung (Rz 15).[111]

Bei der Durchführung einer **Wesentlichkeitsanalyse** für Umwelt-Unterthemen 35
muss das Unternehmen die Wesentlichkeit der Verschmutzung, verursacht im
eigenen Betrieb und in der eigenen Wertschöpfungskette, bewerten. Dabei kann
nach den vier Phasen des **LEAP-Ansatzes**, der von der TNFD (Rz 19) entwickelt wurde, vorgegangen werden:
1. Locate – Lokalisieren,
2. Evaluate – Auswerten,
3. Assess – Bewerten,
4. Prepare – Vorbereiten.[112]

In den ESRS werden die vier Phasen des LEAP-Ansatzes folgendermaßen
beschrieben:
* „Phase 1: Feststellung des Ortes, an dem sich im eigenen Betrieb und innerhalb seiner vor- und nachgelagerten Wertschöpfungskette die Schnittstelle
  zur Natur befindet,
* Phase 2: Bewertung der mit der Umweltverschmutzung verbundenen Abhängigkeiten und Auswirkungen,
* Phase 3: Bewertung der wesentlichen Risiken und Chancen und
* Phase 4: Erstellung und Übermittlung der Ergebnisse der Wesentlichkeitsanalyse" (ESRS E2.AR1).

Die Wesentlichkeitsanalyse für ESRS E2 entspricht den ersten drei Phasen
dieses LEAP-Ansatzes. Die vierte Phase befasst sich mit dem Ergebnis des
Prozesses (ESRS E2.AR2).

Bei der Überarbeitung der ESRS-Entwürfe durch die EU-Kommission für die
Konsultation im Juni 2023 wurde in diesem Abschnitt eine Änderung vorgenommen. Die Anwendung des LEAP-Ansatzes war zuvor verpflichtend,
wurde dann aber als freiwillig bzw. als bewährtes Verfahren (*best practice*)
eingestuft. Die Anwendung dieses Verfahrens ist empfehlenswert, da hierdurch
auch die Anforderungen der ESRS vollumfänglich erfüllt und anhand eines

---

[110] Berichtigung der Delegierten Verordnung (EU) 2023/2772 v. 31.7.2023, ABl. EU L v. 9.8.2024,
Anhang II, Tab. 2, S. 278.
[111] Vgl. REACH-Verordnung – VO 1907/2006/EG, ABl. EU v. 30.12.2006, L 396/57.
[112] Vgl. ESRS E2.BC22; TNFD, Guidance on the identification and assessment of nature-related
issues: The LEAP approach, Version 1.1, Oktober 2023, S. 3; EFRAG/TNFD, Correspondence
Mapping, Juni 2024, S. 7f.

ausgearbeiteten Verfahrens die wesentlichen Risiken und Chancen identifiziert werden können.

Der LEAP-Ansatz stellt zur **Risiko- und Chancenbewertung** pro Phase vier leitende Fragen, die bei der Bewertung der Risiken und Chancen unterstützen sollen (→ § 9 Rz 23). I. A. enthält das TNFD-Rahmenwerk detaillierte Erläuterungen zu allen genannten Aspekten und Fragen, inkl. verschmutzungsbezogener Beispiele, die über die im Folgenden genannten Aspekte hinausgehen.[113]

2.1.1 Phase 1: Lokalisieren

36 Hinsichtlich ESRS E2 überprüft das Unternehmen in Phase 1 „Lokalisieren" zunächst:
a) die Standorte der direkten Anlagen und Betriebe und der damit verbundenen vor- und nachgelagerten Aktivitäten entlang der Wertschöpfungskette;
b) die Standorte, an denen Emissionen von Wasser-, Boden- und Luftschadstoffen auftreten;
c) die Sektoren oder Geschäftsbereiche, die mit diesen Emissionen oder mit der Produktion, der Verwendung, dem Vertrieb, der Vermarktung und dem Import/Export von Mikroplastik, besorgniserregenden Stoffen und besonders besorgniserregenden Stoffen als solche, in Gemischen oder in Erzeugnissen in Verbindung stehen (ESRS E2.AR5).

Der Konsultationsentwurf der EU-Kommission für die delegierte Verordnung enthielt zunächst eine Definition für Erzeugnisse. Die finale delegierte Verordnung, die von der EU-Kommission angenommen wurde, enthält diese Definition jedoch nicht mehr. Dennoch kann weiterhin angenommen werden, dass die Definition aus dem Konsultationsentwurf gilt, da sie sich aus der REACH-Verordnung ergibt (Rz 15). Demnach bezeichnet **Erzeugnis** einen Gegenstand, der bei der Herstellung eine besondere Form, Oberfläche oder Gestalt erhält, die in höherem Maß als die chemische Zusammensetzung seine Funktion bestimmt.[114]

Nach der TNFD umfasst Phase 1 „Lokalisieren" die folgenden Leitfragen:
• **L1: Umfang des Geschäftsmodells und der Wertschöpfungskette**
Was sind die Aktivitäten unserer Organisation nach Sektor, Wertschöpfungskette und Geografie? Wo sind unsere direkten Aktivitäten?
• **L2: Abhängigkeits- und Auswirkungsanalyse**
Sind irgendwelche dieser Sektoren, Wertschöpfungsketten und direkten Tätigkeiten mit potenziell moderaten und hohen Abhängigkeiten und Auswirkungen auf die Natur verbunden?

---

[113] Siehe TNFD, Guidance on the identification and assessment of nature-related issues: The LEAP approach, Version 1.1, Oktober 2023.
[114] Vgl. EU-Kommission, Ref. Ares (2023)4009405 – 09/06/2023, Anhang II, S. 6.

- **L3: Naturschnittstelle**
  Wo befinden sich die Sektoren, Wertschöpfungsketten und direkten Tätigkeiten mit potenziell mäßigen und hohen Abhängigkeiten und Auswirkungen? Mit welchen Biomen und spezifischen Ökosystemen haben unsere direkten Tätigkeiten sowie die Wertschöpfungsketten und Sektoren mit mäßigen und hohen Abhängigkeiten und Auswirkungen eine Schnittstelle?
- **L4: Schnittstelle mit sensiblen Standorten**
  Welche Aktivitäten unserer Organisation in Sektoren oder Wertschöpfungsketten mit mittlerer bis hoher Abhängigkeit und Auswirkung befinden sich an ökologisch sensiblen Standorten?[115]

Bei der Beantwortung dieser Fragen können **interne oder externe Daten** über den Standort des Unternehmens, die physischen Vermögenswerte und Anlagen behilflich sein. Auch interne Daten zu Standorten entlang der Wertschöpfungskette sowie externe Datenquellen und räumliche naturbezogene Daten können hilfreich sein. Als **mögliche Ergebnisse** dieser Phase nennt die TNFD eine Geodatenkarte der Betriebsstandorte der Organisation sowie Standorte entlang der Wertschöpfungskette, überlagert mit Geodaten, die die Verschmutzung ausdrücken, oder auch eine Liste der vorrangigen Standorte der Organisation (direkter Betrieb, Upstream, Downstream und finanziert).[116]

2.1.2 Phase 2: Auswerten

In Phase 2 „Auswerten" führt das Unternehmen die **Auswertung der Auswirkungen** und Abhängigkeiten für jeden wesentlichen Standort oder Sektor/Bereich, einschl. der Auswertung der Schwere und Wahrscheinlichkeit von Auswirkungen auf die Umwelt und die menschliche Gesundheit, durch (ESRS E2.AR6). 37

Nach der TNFD umfasst Phase 2 „Auswerten" die folgenden Leitfragen für Unternehmen:

- **E1: Identifizierung von Umweltgütern, Ökosystemleistungen und Einflussfaktoren**
  Was sind die Sektoren, Geschäftsprozesse und Aktivitäten, die analysiert werden müssen? Welche Umweltgüter, Ökosystemleistungen und Einflussfaktoren sind mit diesen Sektoren, Geschäftsprozessen, Aktivitäten und Bewertungsstandorten verbunden?
- **E2: Identifizierung von Abhängigkeiten und Auswirkungen**
  Welche naturbedingten Abhängigkeiten und Auswirkungen haben wir?

---

[115] Entnommen TNFD, Guidance on the identification and assessment of nature-related issues: The LEAP approach, Version 1.1, Oktober 2023, S. 42 f.

[116] Vgl. TNFD, Guidance on the identification and assessment of nature-related issues: The LEAP approach, Version 1.1, Oktober 2023, S. 64.

- **E3: Messung von Abhängigkeiten und Auswirkungen**
  Messung von Abhängigkeiten: Welches Ausmaß und welchen Umfang haben unsere Abhängigkeiten von der Natur?
  Messung von Auswirkungen: Wie groß ist der Schweregrad unserer negativen Auswirkungen auf die Natur? Welches Ausmaß und welchen Umfang haben unsere positiven Auswirkungen auf die Natur?
- **E4: Bestimmung der Wesentlichkeit der Auswirkungen**
  Welche der identifizierten Auswirkungen sind wesentlich?[117]

Zur Durchführung der Abhängigkeits- und Wirkungsanalyse verweist die TNFD wiederum auf andere Werkzeuge wie das Natural Capital Protocol und SBTN (Rz 19), die ebenfalls an anderen Stellen in ESRS E2 verankert sind. Außerdem verweist die TNFD auf **„ENCORE"** (Exploring Natural Capital Opportunities, Risks and Exposure), ein Tool zum Verstehen und Visualisieren der Auswirkungen von Umweltveränderungen auf die Wirtschaft.[118] **Mögliche Ergebnisse** dieser Phase umfassen z.B. eine Liste relevanter Umweltgüter an den vorrangigen Standorten, eine Liste der relevanten naturbedingten Abhängigkeiten und Naturauswirkungen oder eine Bewertung dieser Abhängigkeiten und Auswirkungen.[119]

38   Die **TNFD** bietet bereits eine Auswahl an **Sektorleitlinien** an, die sich zwar noch im Entwurfsstadium befinden, aber Unternehmen der verfügbaren Sektoren bei der Anwendung des LEAP-Ansatzes unterstützen können. Derzeit stehen Entwürfe für die folgenden Sektoren zur Verfügung: Öl und Gas, Metalle und Bergbau, Forstwirtschaft und Papier, Lebensmittel und Agrarwirtschaft, Stromversorgungsunternehmen und Stromerzeuger, Chemikalien, Biotechnologie und Pharmazeutika, Aquakultur sowie für Finanzinstitute.[120]

Zur Unterstützung in der zweiten Phase bei der Identifizierung der Umweltgüter, Ökosystemleistungen und Einflussfaktoren sowie naturbedingten Abhängigkeiten und Auswirkungen enthalten die Sektorleitlinien diverse Beispiele für die verschiedenen typischen Aktivitäten des Sektors. Die Leitlinie für den Lebensmittel- und Agrarsektor enthält z.B. in Bezug auf Leitfrage E2 eine Übersicht der wichtigsten Einflussfaktoren, die mit den üblichen Geschäftstätigkeiten im Lebensmittel- und Agrarsektor verbunden sind, und die

---

117 Entnommen TNFD, Guidance on the identification and assessment of nature-related issues: The LEAP approach, Version 1.1, Oktober 2023, S. 64.
118 Vgl. Vgl. TNFD, Guidance on the identification and assessment of nature-related issues: The LEAP approach, Version 1.1, Oktober 2023, S. 99; ENCORE, https://encore.naturalcapital.finance/en, Abruf 1.8.2024.
119 Vgl. TNFD, Guidance on the identification and assessment of nature-related issues: The LEAP approach, Version 1.1, Oktober 2023, S. 95.
120 Vgl. TNFD, Publications, https://tnfd.global/tnfd-publications/, Abruf 1.8.2024.

dadurch betroffenen Umweltgüter und Ökosystemleistungen (siehe für einen Auszug von praktischen Beispielen zum Thema Verschmutzung Tab. 3).

Geschäftsaktivität	Verwendung von Pestiziden
Einflussfaktoren	Umweltverschmutzung/Beseitigung von Umweltverschmutzung: Schadstoffe im Boden
Kennzahlen	In den Boden freigesetzte Schadstoffe, einschl. Pestizide nach Toxizitätsgrad
Betroffene Umweltgüter	• Land • Süßwasserökosysteme • Meeresökosysteme • Atmosphärische Systeme
Betroffene Ökosystemleistungen	• Genetisches Material • Bereitstellung von Biomasse • Bestäubung • Biologische Kontrolle • Baumschulpopulation und Lebensraumerhaltung • Regulierung der Bodenqualität

Tab. 3: Auszug aus den Sektorleitlinien der TNFD für den Lebensmittel- und Agrarsektor zur Unterstützung bei Leitfrage E1[121]

Bei **Ermittlung der negativen Auswirkungen sowie Risiken** und deren anschließender Bewertung stellt sich häufig die Frage der **Brutto- oder Nettobetrachtung**. Insgesamt tendieren die ESRS eher zu einer Bruttobetrachtung negativer Auswirkungen und Risiken, d. h., eingeführte Maßnahmen zur Minderung bzw. Begrenzung von negativen Auswirkungen und Risiken dürfen bei der Betrachtung und Ermittlung der negativen Effekte nicht gegengerechnet werden (→ § 3 Rz 71).[122] Es stellt sich jedoch die Frage, welche Maßnahmen zur Reduzierung der negativen Auswirkungen und Risiken auch bei einer Bruttobetrachtung bereits als gesetzt angenommen werden dürfen. U.E. sind dies zumindest die gesetzlich vorgeschriebenen Maßnahmen bei den tatsächlichen Auswirkungen und bestehenden Risiken. Die Betrachtung von potenziellen Auswirkungen, wenn gegen die vorgeschriebenen Maßnahmen verstoßen wird, wäre dann eine gesonderte Betrachtung.

39

---

121 Modifiziert entnommen TNFD, Draft sector guidance – Food and agriculture, Dezember 2023, S. 19, https://tnfd.global/wp-content/uploads/2023/12/Draft_Sector-Guidance_Food-and-agriculture_Dec_2023.pdf?v=1701945325, Abruf 1.8.2024.

122 So auch EFRAG, EFRAG IG 1 – Materiality Assessment, Mai 2024, S. 38 f.

Praxis-Beispiel

Ein Unternehmen mit hohen Unfallgefahren unterhält umfangreiche und effektive gesetzlich geforderte Unfallverhütungsprozesse, die das Austreten gefährlicher Stoffe verhindern.

In diesem Fall sind die gesetzlich geforderten Unfallverhütungsprozesse bereits in die Betrachtung der Auswirkungen einzubeziehen. I. S. d. Bruttobetrachtung sind lediglich die negativen Effekte, die trotz der gesetzlich vorgeschriebenen Unfallverhütungsprozesse auftreten, zu betrachten. Bzgl. potenzieller negativer Auswirkungen ist zusätzlich der Fall zu betrachten, dass die eingeführten Unfallverhütungsprozesse ausfallen oder versagen. Es ist jedoch nicht bei den tatsächlichen negativen Auswirkungen von der Ausgangsbasis der Prozesse ohne die gesetzlich vorgeschriebenen Unfallverhütungsprozesse auszugehen. Hat das Unternehmen weitere Präventionsmaßnahmen implementiert, die über das gesetzlich vorgeschriebene Niveau hinausgehen, so sind diese i. S. d. Bruttobetrachtung separat zu betrachten und nicht gegenzurechnen.

Dies kann übertragen auf Verschmutzungen bedeuten, dass ein Unternehmen, welches Produktionsstätten mit Emissionen betreibt, die aber durch hochgradig effektive Filter auf ein Minimum reduziert werden, einerseits die Bruttobetrachtung der aktuellen Auswirkungen ausgehend von der Darstellung unter Nutzung der eingebauten Filteranlage zu ermitteln hat, andererseits zusätzlich eine potenzielle Auswirkung bei Ausfall der Filteranlage oder einer unsachgemäßen Entsorgung der verunreinigten Filter betrachten muss – jeweils unter Wesentlichkeitsvorbehalt. Dies entspräche auch den Anforderungen etwa der **ISO 14001 bzw.** der **EMAS-Verordnung.**[123]

Für die Berichterstattung wäre es aber auch möglich, die Berichterstattung jeweils **vom gesetzlichen Minimum an Filtertechnik als Bruttobetrachtung** ausgehen zu lassen und die eingebauten effektiveren Filter als Begrenzungsmaßnahme gesondert zu benennen. Fraglich ist allerdings die Verlässlichkeit der (theoretischen) Emissionen von der Gesetzeslage entsprechenden „Normfiltern".

---

123 EMAS-Verordnung (EG) Nr. 1221/2009 über die freiwillige Teilnahme von Organisationen an einem Gemeinschaftssystem für Umweltmanagement und Umweltbetriebsprüfung (ABl. EG v. 22.12.2009, L 342/1), in Deutschland umgesetzt im Umweltauditgesetz (UAG), Neugefasst durch Bek. v. 4.9.2002, BGBl. I 2002, S. 3490ff., zuletzt geändert Art. 17 G v. 10.8.2021 BGBl. I 2021, S. 3436ff., in Österreich erfolgte die Umsetzung durch das Umweltmanagementgesetz (UMG), BGBl. I Nr. 96/2001 i.d.F. BGBl. I Nr. 98/2013.

2.1.3 Phase 3: Bewerten

In Phase 3 „Bewerten" prüft das Unternehmen die Bewertung der wesentlichen **40** Risiken und Chancen durch:

a) **Identifizierung von Übergangsrisiken und -chancen** im eigenen Betrieb und in der vor- und nachgelagerten Wertschöpfungskette nach den Kategorien:

i) Politik und Recht: z.B. Einführung von Vorschriften, Sanktionen und Rechtsstreitigkeiten (z.B. bei Fahrlässigkeit gegenüber Ökosystemen), verstärkte Meldepflichten;

ii) Technologie: z.B. Substitution von Produkten oder Dienstleistungen durch Produkte oder Dienstleistungen mit geringeren Auswirkungen, Abkehr von bedenklichen Stoffen;

iii) Markt: z.B. Verschiebung von Angebot, Nachfrage und Finanzierung, Volatilität oder erhöhte Kosten für einige Stoffe;

iv) Reputation: z.B. veränderte Wahrnehmung in der Gesellschaft, bei Kunden oder in der Gemeinschaft aufgrund der Rolle einer Organisation bei der Vermeidung und Verminderung der Umweltverschmutzung;

b) **Ermittlung physischer Risiken:** z.B. plötzliche Unterbrechung des Zugangs zu sauberem Wasser, saurer Regen oder andere Verschmutzungsereignisse, die zu einer Verschmutzung mit nachfolgenden Auswirkungen auf die Umwelt und die Gesellschaft führen können oder geführt haben;

c) **Ermittlung von Chancen** im Zusammenhang mit der Vermeidung und Verminderung der Verschmutzung, kategorisiert nach:

i) Ressourceneffizienz: Verringerung der Menge der verwendeten Stoffe oder Verbesserung der Effizienz des Produktionsprozesses, um die Auswirkungen zu minimieren;

ii) Markt: z.B. Diversifizierung der Geschäftsaktivitäten;

iii) Finanzierung: z.B. Zugang zu grünen Fonds, Anleihen oder Darlehen;

iv) Resilienz: z.B. Diversifizierung der verwendeten Stoffe und Kontrolle der Emissionen durch Innovation oder Technologie;

v) Reputation: positive Beziehungen zu den Stakeholdern als Ergebnis einer proaktiven Haltung im Umgang mit Risiken (ESRS E2.AR7; Rz 108).

Nach der TNFD umfasst Phase 3 „Bewerten" die folgenden **Leitfragen:**

• **A1: Risiko- und Chancenidentifikation**
  Was sind die entsprechenden Risiken und Chancen für unsere Organisation?

• **A2: Anpassung bestehender Risikominderung und Risiko- und Chancenmanagement**
  Welche bestehenden Risikominderungs- und Chancenmanagementansätze wenden wir bereits an? Wie können Prozesse des Risiko- und Chancenma-

nagements und zugehörige Elemente (z. B. Risikoklassifikation, Risikoinventur, Risikotoleranzkriterien) angepasst werden?

- A3: **Messung und Priorisierung von Risiken und Chancen**
  Welche Risiken und Chancen sollten priorisiert werden?
- A4: **Wesentlichkeitsanalyse von Risiken und Chancen**
  Welche Risiken und Chancen sind wesentlich und sollten gem. den TNFD-Offenlegungsempfehlungen offengelegt werden?[124]

Für die Risikoanalyse verweist die TNFD[125] auf das COSO (Committee of Sponsoring Organizations of the Treadway Commission) Enterprise Risk Management Framework[126] sowie den ISO-Standard 31000 Risk Management.[127] Für die Bewertungsphase stellt die TNFD außerdem weitere Leitlinien im Anhang zur Verfügung, die u. a. Indikatoren für die Bewertung enthalten.[128] Als **mögliche Ergebnisse** der dritten Phase wird eine Liste der wesentlichen verschmutzungsbezogenen Risiken und Chancen genannt, eine Matrix über die Risiken in Bezug auf deren Einklang mit der Unternehmensführung sowie Leitlinien für die Führungsorgane des Unternehmens zum Konzept für den Umgang mit bzw. Beitrag zu den wesentlichen Risiken.[129]

2.1.4   Phase 4: Vorbereiten

41   Phase 4 umfasst die **Offenlegung der verschmutzungsbezogenen Risiken und Chancen.** Die Analyse i. R. d. ESRS sollte lediglich die ersten drei Phasen umfassen, da sich die Offenlegung aus den Vorgaben der ESRS ergibt, nicht der TNFD. Daraus ergibt sich auch, dass die ESRS keine weiteren Erläuterungen zur vierten Phase enthalten. Dennoch sei erwähnt, welche weiteren Aspekte die TNFD in Phase 4 berücksichtigt.

Nach der TNFD umfasst Phase 4 „Vorbereiten" die folgenden **Leitfragen:**

- P1: **Strategie und Ressourcenallokation**
  Welche Risikomanagement-, Strategie- und Ressourcenallokationsentscheidungen sollten als Ergebnis dieser Analyse getroffen werden?
- P2: **Zielsetzung und Leistungsmanagement**
  Wie legen wir Ziele fest und definieren und messen den Fortschritt?

---

124   Entnommen TNFD, Guidance on the identification and assessment of nature-related issues: The LEAP approach, Version 1.1, Oktober 2023, S. 101.
125   Vgl. TNFD, Guidance on the identification and assessment of nature-related issues: The LEAP approach, Version 1.1, Oktober 2023, S. 100.
126   Siehe COSO, Guidance on Enterprise Risk Management, www.coso.org/guidance-erm, Abruf 1.8.2024.
127   Siehe ISO 3100 Risk Management, www.iso.org/iso-31000-risk-management.html, Abruf 1.8.2024.
128   Siehe TNFD, Guidance on the identification and assessment of nature-related issues: The LEAP approach, Version 1.1, Oktober 2023, S. 171 ff., 222 ff., 235 ff.
129   Vgl. TNFD, Guidance on the identification and assessment of nature-related issues: The LEAP approach, Version 1.1, Oktober 2023, S. 137.

- P3: **Berichterstattung**
  Was legen wir gem. den TNFD-Offenlegungsempfehlungen offen?
- P4: **Präsentation**
  Wo und wie präsentieren wir unsere naturbezogenen Angaben?[130]

Zur Beurteilung der Wesentlichkeit kann das Unternehmen die Empfehlung 2021/2279/EU über die Anwendung der **Methode des ökologischen Fußabdrucks** zur Messung und Kommunikation der Umweltleistung von Produkten und Organisationen während ihres gesamten Lebenszyklus (Rz 11) berücksichtigen (ESRS E2.AR8). Hier können die Berechnungsmethoden „Product Environmental Footprint" (PEF) und „Organisation Environmental Footprint" (OEF) hilfreich sein.

42

Bei der Bereitstellung von Informationen über das Ergebnis seiner Wesentlichkeitsanalyse hat das Unternehmen Folgendes anzugeben:
- eine Liste der Standorte, an denen die Umweltverschmutzung ein wesentliches Problem für die Tätigkeit des Unternehmens und seiner Wertschöpfungskette darstellt;
- eine Liste der Geschäftstätigkeiten, die mit wesentlichen Umweltauswirkungen, -risiken und -chancen verbunden sind (ESRS E2.AR9).

Für die Risikoanalyse hinsichtlich **(besonders) besorgniserregender Stoffe** sind auch die Vorgaben einschlägiger Regulierungen wie der REACH- oder CLP-Verordnung (Rz 15 und Rz 16) zu beachten bzw. hinzuzuziehen. Die ECHA stellt i.R.d. REACH-Verordnung u.a. Praxisanleitungen für den Umgang mit Expositionsszenarien, für die Erstellung von Sicherheitsdatenblättern und für nachgeschaltete Anwender bereit sowie einführende Leitlinien zur CLP-Verordnung.[131]

43

---

[130] Entnommen TNFD, Guidance on the identification and assessment of nature-related issues: The LEAP approach, Version 1.1, Oktober 2023, S. 139.
[131] Siehe ECHA, Umgang mit Expositionsszenarien – Hinweise für nachgeschaltete Anwender, Juni 2012, https://echa.europa.eu/documents/10162/17250/du_practical_guide_13_de.pdf; ECHA, Erstellung von Sicherheitsdatenblättern, Version 2.0, Dezember 2015, https://echa.europa.eu/docu ments/10162/2324906/sds_nutshell_guidance_de.pdf; ECHA, Leitlinien für nachgeschaltete Anwender, Version 2.1, Oktober 2014, https://echa.europa.eu/documents/10162/2324906/du_de.pdf; ECHA, Einführende Leitlinien zur CLP-Verordnung, Version 3.0, Januar 2019, https://echa.europa.eu/documents/10162/2324906/clp_introductory_de.pdf, Abruf jew. 1.8.2024.

> **Praxis-Tipp**
>
> Der REACH-CLP-Biozid Helpdesk, welcher in Zusammenarbeit verschiedener Bundesoberbehörden betrieben wird, bietet Unterstützung in den Bereichen der REACH-Verordnung, CLP-Verordnung und der Verordnung über Biozidprodukte. Es werden diverse Erläuterungen, Leitlinien, und FAQ bereitgestellt.[132]

2.2 Management der Auswirkungen, Risiken und Chancen

2.2.1 ESRS E2-1 – Konzepte im Zusammenhang mit Umweltverschmutzung

44 Angabepflicht ESRS E2-1 sieht die **Beschreibung der Konzepte** vor, die adressieren, wie das Unternehmen mit seinen wesentlichen Auswirkungen, Risiken und Chancen im Zusammenhang mit der Vermeidung und Verminderung der Verschmutzung umgeht und wie es diese managt. Ziel dieser Angabepflicht ist es, ein Verständnis dafür zu ermöglichen, inwieweit das Unternehmen über Konzepte verfügt, die auf die Ermittlung, Bewertung, Bewältigung und/oder Behebung wesentlicher umweltbezogener Auswirkungen, Risiken und Chancen abzielen.

Bei Offenlegung der Konzepte sind zusätzlich zu den in ESRS E2.12 – ESRS E2.15 und den entsprechenden Anhängen definierten Anforderungen die allgemeinen Mindestangabepflichten, welche in ESRS 2 MDR-P definiert sind, zu berücksichtigen (ESRS E2.14; → § 4 Rz 130f.). Verfügt ein Unternehmen nicht über ein Konzept bzgl. Umweltverschmutzung, obwohl der Nachhaltigkeitsaspekt als wesentlich identifiziert wurde, sind Angaben gem. ESRS 2.62 zu tätigen (→ § 4 Rz 129).

Als **Referenzrahmen** für diese Angabepflicht gilt die **Seveso-III-Richtlinie** (Rz 8).[133]

> **Praxis-Tipp**
>
> Das geforderte Konzept kann auch Teil eines umfassenderen Umwelt- oder Nachhaltigkeitskonzepts sein, das verschiedene Themen abdeckt und die geforderten Aspekte integriert (ESRS E2.AR10).

45 Verschmutzungsbezogene Konzepte sollen erläutern, wie das Unternehmen die folgenden Aspekte, wenn wesentlich, bei seinen eigenen Tätigkeiten sowie in der vor- und nachgelagerten Wertschöpfungskette berücksichtigt:

---

132 Siehe Bundesanstalt für Arbeitsschutz und Arbeitsmedizin, helpdesk reach-clp-biozid, www.reach-clp-biozid-helpdesk.de/DE/Home/Home_node.html, Abruf 1.8.2024.

133 Vgl. Seveso-III-Richtlinie – RL 2012/18/EU, ABl. EU v. 24.7.2012, L 197/1 ff.

a) **Verringerung negativer Auswirkungen** im Zusammenhang mit der Verschmutzung von Luft, Wasser und Boden, einschl. dessen Vermeidung und Verminderung,

b) **Minimierung und Substitution** besorgniserregender Stoffe und schrittweiser Verzicht auf besonders besorgniserregende Stoffe, insbes. für nicht wesentliche gesellschaftliche Zwecke und in Verbraucherprodukten,

c) **Vermeidung von Vorfällen und Notsituationen** und, falls sie doch eintreten, Verminderung und Begrenzung ihrer Auswirkungen auf Menschen und/oder Umwelt (ESRS E2.15).

Die Offenlegung zum genannten Konzept muss Informationen über den/die erfassten Schadstoffe und andere Stoffe enthalten (ESRS 2.AR11).

Praxis-Tipp

Konzepte sollten auch immer Ziele und Angaben zu den Maßnahmen, durch welche die gesetzten Ziele erreicht werden sollen, enthalten. Der Fortschritt und die Zielerreichung sollen durch Kennzahlen gemessen werden. Eine klare Abgrenzung der Angabepflichten ESRS E2-1 zu Konzepten, ESRS E2-2 zu Maßnahmen, ESRS E2-3 zu Zielen und den weiteren kennzahlenbezogenen Angabepflichten ist daher in der Berichterstattung nicht immer möglich oder sinnvoll.

Darüber hinaus kann es ggf. sinnvoll sein, die Offenlegung nach den wesentlichen Unterthemen zu gliedern. So würden z.B. zunächst unter dem Unterpunkt Luftverschmutzung die entsprechenden Konzepte, Maßnahmen, Ziele und Kennzahlen offengelegt, gefolgt von den entsprechenden Offenlegungen zu Wasserverschmutzung, Bodenverschmutzung etc.

Zu beachten ist, dass es **verschiedene Wege** gibt, um auf (besonders) besorgniserregende Stoffe zu verzichten. Einer von diesen ist die **Substitution**, bei der der (besonders) besorgniserregende Stoff durch einen anderen Stoff ersetzt wird, ohne dass Produkt und Verfahren beeinträchtigt werden. Hierbei ist die Gefahr einer bedauernswerten Substitution (*regrettable substitution*) zu berücksichtigen, wenn ein Stoff durch einen anderen Stoff ersetzt wird, der gleichermaßen oder noch besorgniserregender ist. Dies kann sowohl ökonomische als auch Reputationsschäden für das Unternehmen verursachen. Daher sind neben der Substitution weitere Möglichkeiten, die Verwendung von (besonders) besorgniserregenden Stoffen zu reduzieren, zu berücksichtigen. Hierzu zählt das **ersatzlose Weglassen** des betroffenen Stoffs aus dem Produkt oder Verfahren, wobei diese weiterhin die gleiche Funktion erfüllen. Daneben kann die **Verwendung des Produkts oder Verfahrens vollständig beendet werden**, oder das Produkt, in dem der Stoff enthalten war, wird am Ende seiner Nutzungsdauer ausgemustert. Letztlich kann auch ein **Technologiewechsel** dazu führen,

46

dass ein (besonders) besorgniserregender Stoff nicht mehr verwendet wird. Dabei sind immer die Hindernisse beim Auslaufen der Verwendung von (besonders) besorgniserregenden Stoffen zu beachten. Diese können sowohl auf technologischer, finanzieller, marktseitiger und regulatorischer Ebene auftreten. Zu den technischen Hindernissen gehören fehlende Kapazitäten bei der Herstellung, der Mangel an verfügbaren Alternativen, die technische Komplexität und der Aufwand nachzuweisen, dass die Änderung des Produkts bzw. Verfahrens die Sicherheits- und Funktionsanforderungen erfüllt (v.a. im medizinischen Bereich). Die finanziellen Hindernisse bestehen aus den Kosten für die Überarbeitung, dem Mangel an personellen Ressourcen in der Entwicklung sowie dem Zeitaufwand für die Suche nach Alternativen. Marktseitig entstehen Hindernisse durch vertragliche Verpflichtungen und die evtl. fehlende Akzeptanz der überarbeiteten Produkte. Letztlich gibt es auch regulatorische Hindernisse durch die Notwendigkeit, Änderungen registrieren und testen lassen zu müssen, die zeitliche Restriktionen beinhalten und weitere Kosten verursachen.[134]

Die Anforderung, auf besonders besorgniserregende Stoffe schrittweise zu verzichten, ist auf alle besonders besorgniserregenden Stoffe anzuwenden. Welche Stoffe als besonders besorgniserregend eingestuft werden, kann der Liste der für eine Zulassung infrage kommenden besonders besorgniserregenden Stoffe nach Art. 59 Abs. 10 der REACH-Verordnung, die auf der Internetseite der ECHA zu finden ist, entnommen werden (Rz 25).[135]

Praxis-Beispiel BASF[136]

„Luftemissionen, Abfall und Altlasten

Wir wollen Emissionen in die Luft kontinuierlich senken, Abfälle vermeiden und den Boden schützen. Es ist daher unser Anspruch, unsere Anlagen sicher und effizient zu betreiben sowie Ressourcen verantwortungsvoll zu nutzen. Die Umweltauswirkungen unserer Anlagen und Prozesse verringern wir stetig im Rahmen unseres Operational-Excellence-Programms.

[...]

Strategie und Governance

Der sichere und effiziente Betrieb unserer Anlagen sowie der verantwortungsvolle Umgang mit Ressourcen und Abfällen sind wesentliche Elemente unseres Responsible-Care-Management-Systems. Unsere globalen Standards zu Luftemissionen, Abfällen und Altlasten haben wir in gruppenweit

---

134 Vgl. Ujaczki et al., Environmental Sciences Europe 2022, Artikel Nr. 101.
135 Vgl. ECHA, https://echa.europa.eu/de/candidate-list-table, Abruf 1.8.2024; EFRAG, ESRS Q&A Platform, Compilation of Explanations, Januar–Juli 2024, Frage 186, S. 112 ff.
136 Entnommen BASF SE, BASF-Bericht 2022, S. 142 f.

gültigen Richtlinien definiert, für deren Umsetzung die Standorte und Gruppengesellschaften verantwortlich sind. Die Einhaltung der gesetzlichen Vorgaben und internen Richtlinien überprüft die Corporate-Center-Einheit ‚Environmental Protection, Health, Safety and Quality' regelmäßig im Rahmen von Audits.

Im globalen BASF-Expertennetzwerk tauschen wir kontinuierlich Informationen, Erfahrungen und gelungene Praxisbeispiele zur weiteren Reduzierung unserer Luftemissionen, zum Abfallmanagement und zum verantwortungsvollen Umgang mit Altlasten aus.

Die fortlaufende Dokumentation und Kontrolle von Luftemissionen, Abfallströmen und Altlasten sowie die Umsetzung von Verbesserungsmaßnahmen sind fester Bestandteil unseres Umweltmanagements. Zusätzlich zu Treibhausgasen [...] erfassen und analysieren wir weitere luftfremde Stoffe, um die Emission von potenziell schädlichen Stoffen zu vermeiden. [...]

Wir engagieren uns entlang unserer Wertschöpfungsketten, um die Auswirkungen auf Luft und Boden zu reduzieren und die Entsorgungsmengen sowie Materialverbräuche möglichst gering zu halten. Von Lieferanten erwarten wir, dass sie international anerkannte Umweltstandards einhalten. Dies überprüfen wir im Zuge unseres Lieferantenmanagements und unterstützen unsere Lieferanten dabei, Verbesserungsmaßnahmen zu entwickeln und umzusetzen, etwa beim Umgang mit Abfällen [...]. Unseren Kunden bieten wir zahlreiche Produkte, mit denen sich Luftschadstoffe oder Abfälle reduzieren lassen – angefangen bei Prozesskatalysatoren für die Industrie über Kraftstoffadditive und Katalysatoren für die Automobilbranche bis zu Additiven und Track-and-Trace-Technologien für eine längere Lebensdauer von Kunststoffen oder ein verbessertes mechanisches Recycling von Kunststoffabfällen."

Bei der Offenlegung von Informationen zu verschmutzungsbezogenen Konzepten kann das Unternehmen **kontextbezogene Informationen** über die Beziehungen zwischen den von ihm verfolgten Konzepten und deren Beitrag zum EU-Aktionsplan: „Schadstofffreiheit von Luft, Wasser und Boden" einbeziehen (Rz 17), z.B. mit folgenden Angaben: **47**

• wie es von den Zielen und Maßnahmen des EU-Aktionsplans und der Überarbeitung bestehender Richtlinien (z.B. der Richtlinie über Industrieemissionen) betroffen ist oder sein kann;
• wie es beabsichtigt, seinen Verschmutzungsfußabdruck zu verringern, um zu diesen Zielen beizutragen (ESRS E2.AR12).

Eine zentrale Eigenschaft der ESRS ist die **Verankerung von Nachhaltigkeitspraktiken in die Unternehmenssteuerungs- und Entscheidungssysteme.** **48**

Dies gilt insbes. für den Aspekt der Konzepte, die die Grundlage für den Umgang mit dem Thema Umweltverschmutzung darstellen. So ist z.B. nach ESRS 2.63 anzugeben, welche Führungsebene für die Umsetzung des Konzepts verantwortlich ist und welche unternehmerischen Aktivitäten das Konzept umfasst (→ § 4 Rz 131). So können z.B. Umweltmanagementsysteme im Unternehmen dazu beitragen, den Aspekt Verschmutzung in den relevanten Systemen und Prozessen zu verankern. Weit verbreitet für die Implementierung eines Umweltmanagementsystems ist das Umweltmanagement nach ISO-Norm 14001:2015.[137] Da ein Umweltmanagementsystem verschiedene Umweltthemen abdeckt, kann es in der Berichterstattung auch hier zu Überschneidungen mit anderen ESRS-Themen kommen.

Praxis-Beispiel Nölken Hygiene Products GmbH[138]

„Ökologische Verantwortung an unseren Standorten

Für die Nachvollziehbarkeit unseres Engagements im Bereich Umweltschutz wurden klare Management- und Organisationsstrukturen etabliert, die sich auf allen Ebenen wiederfinden. Die Basis hierfür bildet unser unternehmensweit verbindliches, nach DIN EN ISO 14001:2015 zertifiziertes Umweltmanagementsystem, das relevante Normen, Standards und bindende Verpflichtungen einhält.

Selbstverständlich werden die deutsche und europäische Gesetzgebung zu Umwelt- und Arbeitsschutz, Gerätesicherheit und Produkthaftung berücksichtigt. [...]

Emissionen

Nölken hält alle geltenden Gesetze ein, damit unerwünschte Luft-, Wasser- oder Bodenemissionen verhindert werden können. Um Umweltrisiken im Blick zu behalten, haben wir ein Umweltmanagementsystem etabliert. Unsere Umweltmanagement-, Gefahrgutmanagement- und Gefahrstoffmanagementbeauftragten sind in alle Prozesse integriert.

An keinem Standort wurden im Berichtszeitraum Verstöße gegen Rechtsvorschriften, meldepflichtige Verschmutzungen oder Leckagen verzeichnet. Im Berichtsjahr 2022 sind zwei Leckagen (2021: 3; 2020: 5) in der Produktion in Windhagen aufgetreten, bei denen Container mit Bulkwaren defekt waren und umgepumpt werden mussten. Es traten keine Folgeschäden auf. Dies ist uns gelungen, da wir in den relevanten Einrichtungen für die Herstellung und Bereitstellung der Bulks bereits seit mehreren Jahren Sicherheitsvorkehrungen getroffen haben, um im Falle einer Leckage die auslaufende

---

[137] Vgl. ISO 14001:2015, www.iso.org/standard/60857.html, Abruf 1.8.2024.
[138] Entnommen Nölken Hygiene Products GmbH, Nachhaltigkeitsbericht 2022, S. 39, 45.

> Flüssigkeit aufzufangen. Alle in diesem Bereich tätigen Kolleginnen und Kollegen werden jährlich im Umgang mit Leckagen geschult."

Zur Verschmutzung von Wasser und Boden können auch **Pestizide oder Biozide**, wie sie v. a. in Pflanzenschutzmitteln zu finden sind, beitragen. So können Hersteller, Vertreiber und Anwender von Pflanzenschutzmitteln beim Thema Verschmutzung auch Konzepte und ggf. Maßnahmen in Bezug auf die möglichen Risiken durch Pflanzenschutzmittel berichten, um zur Produktsicherheit beizutragen.

49

Praxis-Beispiel BASF – Pflanzenschutz[139]

„BASF folgt beim Vertrieb von Pflanzenschutzmitteln dem Internationalen Verhaltenskodex der Weltgesundheitsorganisation (WHO) und der Welternährungsorganisation (FAO). Der Vertrieb erfolgt nur nach vorheriger Genehmigung durch die zuständigen Behörden. Produkte, die zu den WHO-Klassen 1A oder 1B (hohe akute orale und dermale Toxizität) gehören, verkaufen wir auch bei bestehender formaler Zulassung nicht mehr. Unseren Kunden bieten wir – je nach Verfügbarkeit – Alternativen an.

Alle Pflanzenschutzprodukte von BASF können unter den vor Ort gegebenen landwirtschaftlichen Bedingungen sicher verwendet werden, wenn die Angaben und Nutzungshinweise auf dem Etikett beachtet werden. Bei Rückfragen, Reklamationen oder Vorfällen können unsere Kunden über verschiedene Kanäle Kontakt mit uns aufnehmen. Hierzu zählen beispielsweise Telefon-Hotlines, die auf allen Produktbehältern aufgeführt sind, Kontaktformulare auf unseren Webseiten oder die direkte Ansprache unserer Mitarbeitenden im Vertrieb. Wir erfassen alle uns bekannten Vorfälle mit Produkten im Bereich Gesundheit oder Umwelt zentral in einer globalen Datenbank."

Neben produzierenden Unternehmen sind insbes. die Chemieindustrie und andere Branchen, die Chemikalien verwenden, vom Umweltthema Verschmutzung betroffen. In der EU soll die **Entwicklung und der Einsatz nachhaltiger Chemikalien** den grünen und digitalen Wandel ermöglichen sowie die Umwelt und die menschliche Gesundheit schützen. Die Innovation für den umweltfreundlichen Übergang der chemischen Industrie und ihrer Wertschöpfungsketten muss verstärkt werden, und die Chemikalienpolitik muss sich weiterentwickeln und schneller und wirksamer auf die Herausforderungen reagieren, die von gefährlichen Chemikalien ausgehen (ESRS E2.BC25).

50

---

[139] Entnommen BASF SE, BASF-Bericht 2022, S. 133.

In diesem Zusammenhang ist v. a. das Thema **besorgniserregende Stoffe und besonders besorgniserregende Stoffe** relevant (siehe zur Definition Rz 25, Rz 93 ff. zu ESRS E2-5). Ein besonders vorsichtiger Umgang mit solchen Stoffen, unter Beachtung aller relevanten Sicherheitsvorgaben, ist anzustreben. Die ambitionierten Ziele und strengen Anforderungen der EU-Chemikalienstrategie (Rz 18) stellen Unternehmen vor Herausforderungen. Verschiedene Verbände kritisieren das strikte Vorgehen und fordern, weiterhin die Verwendung besorgniserregender Stoffe zu erlauben, da diese für die Innovation und auch Nachhaltigkeit wichtig seien. Dabei sei aber v. a. eine sichere und nachhaltige Verwendung solcher Stoffe sicherzustellen.[140] So können Unternehmen in der Berichterstattung zu Konzepten, soweit rechtskonform, ihren Umgang mit und die Sicherheitsmaßnahmen für (besonders) besorgniserregende Stoffe offenlegen und zum Verständnis über die Risiken und Chancen dieser Stoffe beitragen.

Praxis-Beispiel aus der DNK-Erklärung der ARNO GmbH[141]

„Die verwendeten Gefahrstoffe werden in einem Gefahrstoffkataster geführt und regelmäßig aktualisiert. Zu jedem Gefahrstoff werden Sicherheitsdatenblätter angelegt und Betriebsanweisungen erstellt. Müssen Gefahrstoffe entsorgt werden, ist die in unserem Qualitätsmanagementhandbuch enthaltene Recyclingarbeitsanweisung für Gefahrstoffe anzuwenden. In unserem explosionsgeschützen Gefahrstoffraum sind nur wenige Fässer mit gefährlichen Substanzen enthalten. Um eine sichere und umweltverträgliche Zerstörung unserer gefährlichen Abfälle sicherzustellen, arbeiten wir mit einem zertifizierten Entsorgungsfachbetrieb (EfB) zusammen. [...] Wir arbeiten permanent daran, konventionelle Gefahrstoffe durch umweltverträgliche Produkte zu ersetzen."

2.2.2 ESRS E2-2 – Maßnahmen und Mittel im Zusammenhang mit Umweltverschmutzung

51 Angabepflicht ESRS E2-2 sieht die Offenlegung von **Maßnahmen zur Bekämpfung von Verschmutzung** sowie der dazu bereitgestellten Mittel vor. Ziel dieser Angabepflicht ist es, ein Verständnis der wichtigsten Maßnahmen zu ermöglichen, die ergriffen wurden und geplant sind, um die Ziele und Vorgaben der verschmutzungsbezogenen Konzepte (Rz 44 ff.) zu erreichen (ESRS E2.16 f.).

---

140 Vgl. VCI, VCI-Position zur Chemikalienstrategie für Nachhaltigkeit, www.vci.de/ergaenzende-downloads/2020-11-09-vci-position-de-eu-chemikalienstrategie.pdf; BDI, Chemikalienstrategie für Nachhaltigkeit – Für eine schadstofffreie Umwelt, https://bdi.eu/publikation/news/chemikalienstrategie-fuer-nachhaltigkeit-fuer-eine-schadstofffreie-umwelt/, Abruf jew. 1.8.2024.
141 Entnommen ARNO GmbH, Deutscher Nachhaltigkeitskodex – ARNO GmbH, Abschnitt gefährliche Abfälle, https://datenbank2.deutscher-nachhaltigkeitskodex.de/Profile/Company Profile/14117/de/2020/dnk?AspxAutoDetectCookieSupport=1, Abruf 1.8.2024.

Bei der Offenlegung der Maßnahmen und Mittel sind zusätzlich zu den in ESRS E2.16 – ESRS E2.19 und den entsprechenden Anhängen definierten Anforderungen die allgemeinen Offenlegungsinhalte, welche in ESRS 2 MDR-A definiert sind, zu befolgen (ESRS E2.17; → § 4 Rz 132ff.). Verfügt ein Unternehmen nicht über Maßnahmen bzgl. Umweltverschmutzung, obwohl der Nachhaltigkeitsaspekt als wesentlich identifiziert wurde, sind Angaben gem. ESRS 2.62 zu tätigen (→ § 4 Rz 129).

Als Referenzrahmen für diese Angabepflicht gilt die **Industrieemissionsrichtlinie**[142] (Rz 7) und die Taxonomie-Verordnung[143] (Rz 14).

Bei der Offenlegung der **verschmutzungsbezogenen Maßnahmen und Mittel** 52 kann angegeben werden, welcher Ebene in der nachstehenden Abhilfemaßnahmenhierarchie eine Maßnahme und Ressource zugeordnet werden können:
• Vermeidung von Verschmutzung, einschl. des schrittweisen Verzichts auf Materialien oder Verbindungen, die wesentliche negative Auswirkungen haben (Vermeidung von Verschmutzung an der Quelle);
• Verringerung der Verschmutzung, einschl. des Ausstiegs aus Materialien oder Verbindungen, durch die Erfüllung von Durchsetzungsanforderungen, wie z.B. die Anforderungen an die BVT (Rz 7) oder die Einhaltung der Kriterien für die Vermeidung und Verminderung der Umweltverschmutzung gem. der EU-Taxonomie-Verordnung und ihren delegierten Rechtsakten (Minimierung der Verschmutzung);
• Wiederherstellung, Regeneration und Umwandlung von Ökosystemen, in denen eine Verschmutzung stattgefunden hat (Kontrolle der Auswirkungen sowohl von regulären Aktivitäten als auch von Zwischenfällen; ESRS E2.19).

Im von der EFRAG übergebenen ESRS E2 war die Angabe zur Abhilfemaßnahmenhierarchie verpflichtend. Mit dem Konsultationsentwurf 2023 hat die EU diesen Datenpunkt in eine **freiwillige Angabe** umgewandelt (ESRS E2.19).

Abb. 1 zeigt die **Hierarchie der Abhilfemaßnahmen** auf, wie sie im EU-Aktionsplan: „Schadstofffreiheit von Luft, Wasser und Boden" etabliert wurde (ESRS E2.BC29).

---

[142] Vgl. Industrieemissionsrichtlinie – RL 2010/75/EU, ABl. EU v. 17.12.2010, L 334/22ff.
[143] Vgl. Taxonomie-Verordnung – VO (EU) 2020/852, ABl. EU v. 22.6.2020, L 198/13ff.

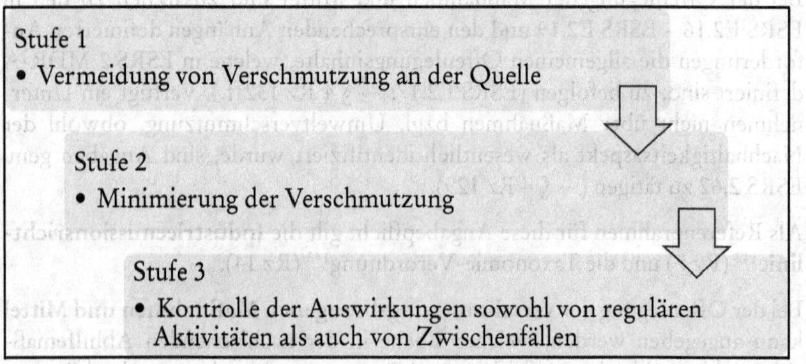

Stufe 1
- Vermeidung von Verschmutzung an der Quelle

Stufe 2
- Minimierung der Verschmutzung

Stufe 3
- Kontrolle der Auswirkungen sowohl von regulären Aktivitäten als auch von Zwischenfällen

Abb. 1: Hierarchie der Abhilfemaßnahmen nach dem EU-Aktionsplan: „Schadstofffreiheit von Luft, Wasser und Boden"[144]

53   Nach den Pflichten für **Betreiber genehmigungsbedürftiger Anlagen** haben Unternehmen gem. § 5 BImSchG Maßnahmen zur Vermeidung schädlicher Umweltauswirkungen durch Immissionen durchzuführen. Hierzu trägt v.a. die Beschaffenheit der Anlage bei. Maßnahmen in diesem Bereich sind in erster Linie vom Betreiber zu bestimmen, können aber auch durch behördliche Vorgaben vorgegeben werden.[145] Beispiele für Maßnahmen sind Sicherheitsvorkehrungen wie Warn- und Alarmanlagen oder Schutzvorkehrungen gegen Brand- und Explosionsgefahr.[146] In bestimmten Fällen können auch Kompensationsmaßnahmen zur Verlagerung der Emissionen möglich sein. Zu beachten sind jedoch gewisse Vorgaben, etwa dass dieselben Immissionsarten und Einwirkungsobjekte betroffen sein müssen. Verbesserungen in anderen Regionen oder ein reduzierter Ausstoß anderer Schadstoffe sind daher keine geeignete Möglichkeit.[147] Zudem können bei der Genehmigung konkrete Maßnahmen zur Emissionsbegrenzung vorgegeben werden, etwa in Form von Vorgaben zum Einbau eines Staubfilters, eines Verbots bestimmter Lösungsmittel und Vorgaben zur Verwendung bestimmter anderer Mittel, Vorgaben zur Vermeidung von Lärmbelästigung wie Ruhezeiten oder das Geschlossenhalten von Hallentoren. Weitere Begrenzungsmaßnahmen können sich aus Vorgaben zu Emissionsgrenzwerten (Rz 61) ergeben.[148]

---

[144] Vgl. EU-Kommission, EU-Aktionsplan: „Schadstofffreiheit von Luft, Wasser und Boden", COM(2021) 400 final v. 12.5.2021.

[145] Vgl. Dietlien, in Landmann/Rohmer, UmweltR, Stand: September 2023, BImSchG § 5 Rn. 100; Jarass, BImSchG, 14. Aufl., 2022, § 5 Rn. 33.

[146] Vgl. Dietlien, in Landmann/Rohmer, UmweltR, Stand: September 2023, BImSchG § 5 Rn. 101; Jarass, BImSchG, 14. Aufl., 2022, § 5 Rn. 35.

[147] Vgl. Dietlien, in Landmann/Rohmer, UmweltR, Stand: September 2023, BImSchG § 5 Rn. 102; Jarass, BImSchG, 14. Aufl., 2022, § 5 Rn. 34.

[148] Vgl. Dietlien, in Landmann/Rohmer, UmweltR, Stand: September 2023, BImSchG § 5 Rn. 105.

Praxis-Beispiel FCN Basaltwerke – Luftemissionen[149]

„Bei der Verarbeitung von Basaltgestein, etwa zu Edelsplitt, entsteht bei den Brech- und Klassiervorgängen zwangsläufig Staub. Um zu verhindern, dass zu viel Staub in die Umgebungsluft gelangt, sind die Produktionsanlagen mit Luftreinhaltungsanlagen wie zum Beispiel Filtertüchern ausgestattet. Hiermit ist es möglich, die gesetzlich vorgegebenen Grenzwerte deutlich zu unterschreiten. Zudem werden Fahrwege bei trockener Witterung befeuchtet, um zusätzliche Staubemissionen zu verringern. Weitere beispielsweise bei der Herstellung von Asphalt entstehende Emissionen wie etwa Schwefeldioxid werden ebenfalls regelmäßig überwacht und die Grenzwerte selbstverständlich eingehalten. Wir erstellen alle vier Jahre eine Emissionserklärung. Würde hierbei eine Grenzwertüberschreitung festgestellt, muss das Unternehmen sofort Nachbesserungen vornehmen. Dies wird selbstverständlich in allen Untergesellschaften von FCN beachtet und eingehalten.“

Praxis-Beispiel BASF – Wasseremissionen[150]

„Gewässerschutz

Wir wollen Emissionen aus unseren Produktionsprozessen in das Wasser kontinuierlich reduzieren, wir verwenden das Abwasser wo möglich wieder und verfügen über Gewässerschutzkonzepte. In diesen Konzepten werden die Abwässer hinsichtlich ihres Risikos bewertet und geeignete Maßnahmen zum Gewässerschutz erarbeitet. […]

Bei der Behandlung unseres Abwassers setzen wir auf zentrale Maßnahmen in Kläranlagen sowie auf die gezielte Vorbehandlung einzelner Abwasserzulaufströme vor der Kläranlage.

Wir schützen Boden und Grundwasser, indem wir Leckagen durch globale Prozesssicherheitsstandards verhindern.“

Praxis-Beispiel BASF – Bodenemissionen[151]

„Pflanzenschutz

Wenn notwendig, ergreifen wir auf Basis dieser Informationen geeignete Maßnahmen, um vermeidbare Vorfälle zu minimieren. Hierzu zählen unter

---

[149] Entnommen Franz Carl Nüdling (FCN) Basaltwerke GmbH, Nachhaltigkeit als Fundament, 2022, S. 24, www.nuedling.de/fileadmin/holding/nachhaltigkeit/Nachhaltigkeit_als_Fundament_FCN_0622_web.pdf, Abruf 1.8.2024.

[150] Entnommen BASF SE, Wassermanagement, www.basf.com/global/de/who-we-are/sustainability/we-produce-safely-and-efficiently/environmental-protection/water.html, Abruf 1.8.2024.

[151] Entnommen BASF SE, BASF-Bericht 2022, S. 133.

anderem Anpassungen von Anwendungsvorschriften auf Produktbehältern. Diese Anpassungen und generelle Empfehlungen zum sicheren Umgang mit unseren Produkten kommunizieren wir unter anderem im Zuge unserer ‚Farmer Field School'-Initiativen in Asien sowie bei unseren Weiterbildungsprogrammen wie der ‚On Target Application Academy' in den USA.

Um unserer Verpflichtung zur Produktverantwortung nachzukommen, bieten wir unter anderem eine Vielzahl von Ausbildungen und Schulungen zur sicheren Lagerung, Handhabung, Anwendung und Entsorgung unserer Produkte an. Das Spektrum reicht von Vor-Ort-Veranstaltungen über Handreichungen bis hin zu digitalen Angeboten und richtet sich an Landwirte, Händler, Beratende und sonstige Anwendende. In Indien hat BASF zum Beispiel das Programm ‚Suraksha Hamesha' ins Leben gerufen. ‚Suraksha Hamesha' bedeutet ‚Sicherheit zu jeder Zeit'. Das Programm schafft eine Plattform, auf der Landwirte und weitere Anwendende von Pflanzenschutzprodukten über die neun Schritte des verantwortungsbewussten Umgangs mit Pflanzenschutzprodukten und den persönlichen Schutz unterrichtet werden. Durch ‚Suraksha Hamesha' hat BASF seit 2016 über 189.000 in der Landwirtschaft Beschäftigte und rund 39.000 Anwendende in ganz Indien geschult. Bei den Treffen bezieht BASF auch staatliche Stellen und die landwirtschaftlichen Beratungsteams der Zentralverwaltung mit ein, um die Sicherheit landwirtschaftlicher Betriebe zu unterstützen und zu fördern. Des Weiteren wurden in Indien durch digitale Initiativen rund 17 Millionen Landwirte erreicht und über das Thema ‚Sicherheit in der Landwirtschaft' informiert.

Auch im Bereich neuer Anwendungstechnologien ist BASF engagiert: In China wurden zum Beispiel im Jahr 2022 über 1.000 Drohnenpiloten im Rahmen des Programms ‚Fly with BASF' in der sicheren Anwendung von Pflanzenschutzmitteln geschult."

54 Wenn Maßnahmen i. R. v. Partnerschaften in der **vor- oder nachgelagerten Wertschöpfungskette** durchgeführt werden, muss das Unternehmen Informationen über die Arten von Maßnahmen, die diese Partnerschaften widerspiegeln, offenlegen (ESRS E2.AR13).

Praxis-Beispiel BASF[152]

„Zudem arbeiten wir sehr eng mit Verbänden wie ‚CropLife International' und ‚CropLife Europe' zusammen, um die sichere und sachgerechte Nutzung von Pflanzenschutzmitteln zu fördern. So bringen wir uns zum Beispiel in die Stewardship-Initiativen der beiden Verbände ein oder unterstützen

---

152 Entnommen BASF SE, BASF-Bericht 2022, S. 133.

verschiedene Programme zur sachgerechten Entsorgung und zum Recycling von Produktbehältern. Auch technologische Innovationen, die wir gemeinsam mit Industriepartnern entwickeln, tragen dazu bei, den Umgang mit Pflanzenschutzmitteln einfacher und sicherer zu gestalten. Beispiele sind das geschlossene Transfersystem ‚easyconnect' in Europa oder das ‚Wisdom'-System in Südamerika."

Bzgl. der spezifischen Maßnahmen soll auch angegeben werden, welche (**finan-** **ziellen) Ressourcen zu dessen Durchführung** aufgewendet wurden (→ § 4 Rz 135). Betriebsausgaben könnten z.B. Investitionen in Forschung und Entwicklung sein, um sichere und nachhaltige Alternativen zur Verwendung von bedenklichen Stoffen zu entwickeln oder um die Emissionen in einem Produktionsprozess zu verringern (ESRS E2.AR14).   55

Praxis-Tipp

Für die **Maßnahmen im Zusammenhang mit den jeweiligen Zielen und Kennzahlen** ist ggf. eine tabellarische Offenlegung sinnvoll.

Ziel	Beschreibung des Ziels (siehe ESRS E2-3)
Maßnahme	Beschreibung der Maßnahme; ein Ziel kann mehrere Maßnahmen umfassen, ggf. kann eine Maßnahme auch zu mehreren Zielen beitragen
Standort	Betrifft die Maßnahme einen bzw. mehrere bestimmte Unternehmensstandorte oder das gesamte Unternehmen
Ressourcen	Aufgewendete Ressourcen für die Maßnahme, z.B. finanzielle und/oder personelle Ressourcen
Kennzahl	Dienen zur Verfolgung des Fortschritts und der Zielerreichung; hier wird angegeben, wie die Maßnahme bzw. das Ziel gemessen werden kann
Status	Zeitrahmen zur Erreichung des Ziels ist anzugeben und der aktuelle Stand diesbzgl., z.B. ist dies in Form einer Kennzahl auszudrücken

Tab. 4: Beispielhafte tabellarische Offenlegung von Zielen, Maßnahmen und weiteren relevanten Informationen

Sofern dies zur Unterstützung der verfolgten Konzepte relevant ist, kann das Unternehmen Informationen über die Konzepte, Maßnahmen und Ziele vorlegen, die auf der Ebene des Standorts umgesetzt wurden (ESRS E2.AR15, ESRS E2.AR18).

Es können weitere Spalten unternehmensindividuell ergänzt werden, z.B. um Bezug auf den entsprechenden ESRS zu nehmen, wenn etwa eine Tabelle Maßnahmen und Ziele für mehrere Umweltthemen abdeckt. Auch gibt es Unternehmen, die in einer separaten Spalte den Beitrag einer Maßnahme zu den entsprechenden UN SDGs ausdrücken. In der Spalte Status oder auch separat kann das Unternehmen Vergleichswerte aus den Vorjahren angeben, wenn eine Maßnahme bzw. ein Ziel bereits länger verfolgt wird. Darüber hinaus kann es sinnvoll sein, Verweise zu anderen Abschnitten des Nachhaltigkeitsberichts zu integrieren, in denen Themen detaillierter beschrieben werden.

56   Einen wichtigen Bestandteil der Maßnahmen und Ressourcenverteilung bzgl. Verschmutzung soll die **Einhaltung der Anforderungen i. V. m. den BVT** sein (Rz 7). Aufgrund der dynamischen Entwicklung dieser Anforderungen, die sich durch neue Schlussfolgerungen und Merkblätter erweitern bzw. aktualisieren können, müssen Unternehmen ihre Konzepte und ggf. Genehmigungen auf dem neusten Stand halten und, wenn notwendig, Anpassungen vornehmen (ESRS E2.BC30).

2.3   Kennzahlen und Ziele

2.3.1   ESRS E2-3 – Ziele im Zusammenhang mit Umweltverschmutzung

57   Angabepflicht ESRS E2-3 sieht die **Offenlegung von Zielen in Bezug auf Verschmutzung** vor. Zielsetzung dieser Offenlegungsanforderung ist es, ein Verständnis der Ziele zu ermöglichen, die das Unternehmen zur Unterstützung seiner umweltbezogenen Konzepte und zur Bewältigung seiner wesentlichen umweltbezogenen Auswirkungen, Risiken und Chancen gesetzt hat (ESRS E2.20f.).

Bei der Offenlegung der Ziele sind zusätzlich zu den in ESRS E2.20 – ESRS E2.25 und den entsprechenden Anhängen definierten Anforderungen die allgemeinen Offenlegungsinhalte, welche in ESRS 2 MDR-T definiert sind, zu befolgen (ESRS E2.22; → § 4 Rz 140ff.). Verfügt ein Unternehmen nicht über Ziele bzgl. Umweltverschmutzung, obwohl der Nachhaltigkeitsaspekt als wesentlich identifiziert wurde, sind Angaben gem. ESRS 2.81 zu tätigen (→ § 4 Rz 129, 143).

Als **Referenzrahmen für diese Angabepflicht** gilt die Industrieemissionsrichtlinie[153] (Rz 7), die Taxonomie-Verordnung[154] (Rz 14) sowie der EU-Aktionsplan: „Schadstofffreiheit von Luft, Wasser und Boden"[155] (Rz 17).

Bei der Offenlegung der verschmutzungsbezogenen Ziele muss angegeben werden, ob und wie sich die Ziele auf die **Vermeidung und Verminderung** von folgenden Aspekten beziehen:
a) Luftschadstoffe und die jeweiligen spezifischen Frachtwerte,
b) Emissionen in das Wasser und die jeweiligen spezifischen Frachtwerte,
c) die Verschmutzung des Bodens und die jeweiligen spezifischen Frachtwerte und
d) besorgniserregende Stoffe und besonders besorgniserregende Stoffe (ESRS E2.23).

58

Der Begriff „**Spezifische Frachtwerte**" ist definiert als die Masse des emittierten Schadstoffs pro Masse des hergestellten Produkts. Diese Angabe ermöglicht den Vergleich der Umweltleistung von Anlagen unabhängig von ihren unterschiedlichen Produktionsmengen und der Beeinflussung der Umweltleistung durch Vermischung oder Verdünnung.[156] Diese Definition ergibt sich aus einem Beschluss bzgl. der Leitlinien für die Erhebung von Daten sowie für die Ausarbeitung der BVT-Merkblätter und die entsprechenden Qualitätssicherungsmaßnahmen gem. der Industrieemissionsrichtlinie.[157] Spezifische Frachtwerte sind in bestimmten Situationen geeigneter als Konzentrationswerte, „etwa wenn infolge von Maßnahmen zur Senkung der Abwassermenge und Energiesparmaßnahmen, z.B. in geschlossenen Wasserkreisläufen, die Schadstoffkonzentrationen steigen."[158]

59

Es kann angegeben werden, ob **ökologische Schwellenwerte und unternehmensspezifische Zuweisungen** bei der Festlegung der Ziele berücksichtigt wurden. Ist dies der Fall, so kann das Unternehmen Folgendes angeben:
a) die ermittelten ökologischen Schwellenwerte und die zur Ermittlung dieser Schwellenwerte angewandte Methodik;
b) ob die Schwellenwerte unternehmensspezifisch sind und wenn ja, wie sie festgelegt wurden;
c) wie die Verantwortung für die Einhaltung der ermittelten ökologischen Schwellenwerte im Unternehmen verteilt wird (ESRS E2.24).

60

Diese Angaben sind als freiwillige Angaben spezifiziert.

---

153 Vgl. Industrieemissionsrichtlinie – RL 2010/75/EU, ABl. EU v. 17.12.2010, L 334/22 ff.
154 Vgl. Taxonomie-Verordnung – VO (EU) 2020/852, ABl. EU v. 22.6.2020, L 198/13 ff.
155 Vgl. EU-Kommission, EU-Aktionsplan: „Schadstofffreiheit von Luft, Wasser und Boden", COM(2021) 400 final v. 12.5.2021.
156 Vgl. Berichtigung der Delegierten Verordnung (EU) 2023/2772 v. 31.7.2023, ABl. EU L v. 9.8.2024, Anhang II, Tab. 2, S. 279.
157 Vgl. Beschluss – 2012/119/EU, ABl. EU v. 2.3.2012, L 63/36.
158 Beschluss – 2012/119/EU, ABl. EU v. 2.3.2012, L 63/21.

61   Zur Definition des **ökologischen Schwellenwerts**, oder auch sozio-ökologischer Schwellenwert bzw. *breakpoint*, greift der ESRS E2 auf das Glossar des ipbes (Intergovernmental Science-Policy Platform on Biodiversity and Ecosystem Services) zurück.[159] Hiernach bezeichnet der ökologische Schwellenwert den Punkt, an dem eine relativ kleine Veränderung der äußeren Bedingungen eine rasche Veränderung in einem Ökosystem bewirkt. Wenn eine ökologische Schwelle überschritten ist, ist das Ökosystem möglicherweise nicht mehr in der Lage, sich durch seine innewohnende Widerstandsfähigkeit zu erholen.[160]

Schwellenwerte können z. B. für folgende Bereiche bestimmt werden: Integrität der Biosphäre, Abbau der Ozonschicht in der Stratosphäre, atmosphärische Aerosolbelastung, Bodenverarmung oder Versauerung der Ozeane (ESRS E2.24). Dies sind zentrale Bestandteile des **Konzepts der Belastbarkeitsgrenzen des Planeten**. Dieses Konzept ermöglicht es, einen sicheren Handlungsspielraum für die Menschheit in Bezug auf die Funktionsweise der Erde abzuschätzen. Es werden Grenzwerte für die wichtigen Erdsystemprozesse, die neun Dimensionen umfassen, festgehalten, die nicht überschritten werden sollten, um globale Umweltveränderungen zu vermeiden.[161]

I. R. d. CSRD-Bestimmung wurden ökologische Schwellenwerte eingebunden, um den Prozess der **Zielfestlegung auf der Grundlage schlüssiger wissenschaftlicher Erkenntnisse** zu stärken (ESRS E2.BC37). Bei der Bestimmung von ökologischen Schwellenwerten zur Festlegung von Zielen kann sich das Unternehmen auf den Leitfaden der Science-Based Targets Initiative for Nature (SBTN) in ihrem vorläufigen Leitfaden für Unternehmen[162] oder einen anderen Leitfaden mit einer wissenschaftlich anerkannten Methodik beziehen, die die Festlegung wissenschaftlich fundierter Ziele durch die Ermittlung ökologischer Schwellenwerte und ggf. unternehmensspezifischer Zuweisungen ermöglicht. Ökologische Schwellenwerte können lokal, national und/oder global sein (ESRS E2.AR16).

In der EFRAG-Fassung des ESRS E2 von November 2022 wurden unter diesem Punkt zwei weitere Hilfestellungen genannt, die allerdings von der EU-Kommission gestrichen wurden. Hierbei handelte es sich um die von der

---

159 Vgl. ipbes, ecological breakpoint or threshold, www.ipbes.net/glossary-tag/ecological-breakpoint-or-threshold, Abruf 1.8.2024.

160 Vgl. Berichtigung der Delegierten Verordnung (EU) 2023/2772 v. 31.7.2023, ABl. EU L v. 9.8.2024, Anhang II, Tab. 2, S. 266.

161 Vgl. Berichtigung der Delegierten Verordnung (EU) 2023/2772 v. 31.7.2023, ABl. EU L v. 9.8.2024, Anhang II, Tab. 2, S. 275; Rockström et al., nature 2009, S. 472 ff.; BMUV, Planetare Belastbarkeitsgrenzen, www.bmuv.de/themen/nachhaltigkeit-digitalisierung/nachhaltigkeit/integriertes-umweltprogramm-2030/planetare-belastbarkeitsgrenzen, Abruf 1.8.2024.

162 Vgl. SBTN, Initial Guidance for Business, September 2020, https://sciencebasedtargetsnetwork.org/wp-content/uploads/2020/09/SBTN-initial-guidance-for-business.pdf, Abruf 1.8.2024.

TNFD (Rz 19) bereitgestellte Anleitung zur Verwendung der Methoden der SBTN[163] und die einschlägigen Arbeiten der Online-Plattform Sustainable Development Performance Indicator (SDPI).[164] Auch wenn diese Leitlinien nicht mehr in den offiziellen Standards enthalten sind, können sie weiterhin als Hilfestellung dienen.

Das Vorgehen bei der Festlegung, Umsetzung und dem Nachverfolgen von Umweltzielen nach dem **SBTN-Ansatz** umfasst fünf Schritte:

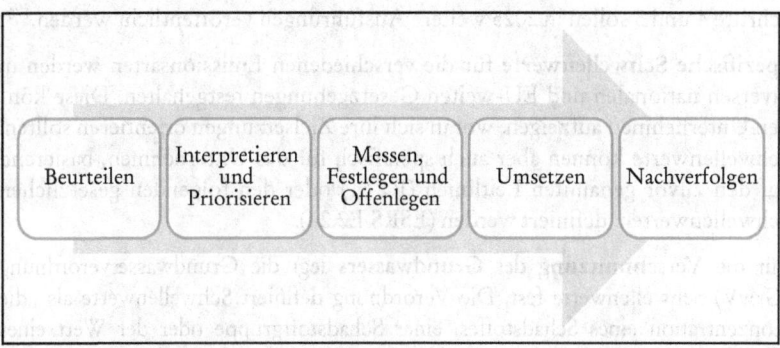

Abb. 2: SBTN-Ansatz bzgl. Umweltziele[165]

- Schritt 1 „**Beurteilen**" umfasst die beiden Teilschritte Wesentlichkeitsüberprüfung und Bewertung der Wertschöpfungskette.[166]
- Der zweite Schritt „**Interpretieren und Priorisieren**" soll sowohl die Zielgrenzen festlegen als auch priorisieren und die Umsetzbarkeit überprüfen.[167]
- Schritt 3 „**Messen, Festlegen und Offenlegen**" ist der zentrale Schritt zur Festlegung von Zielen. Die Teilschritte umfassen die Messung der Ausgangs-

---

163 Vgl. TNFD, Additional draft guidance for corporates on science-based targets for nature, Beta v0.3, November 2022, https://tnfd.global/wp-content/uploads/2023/07/TNFD_Additional-Draft-Guidance_v0-3_v9C-1.pdf?v=1690527788, Abruf 1.8.2024.

164 Vgl. SDPI, https://sdpi.unrisd.org/, Abruf 1.8.2024.

165 Vgl. SBTN, Take action, https://sciencebasedtargetsnetwork.org/take-action-now/take-action-as-a-company/what-you-can-do-now/, Abruf 1.8.2024.

166 Siehe für weitere Unterstützung SBTN, Technical Guidance – Step 1 Assess, Version 1, Oktober 2023, https://sciencebasedtargetsnetwork.org/wp-content/uploads/2023/05/Technical-Guidance-2023-Step1-Assess-v1.pdf, Abruf 1.8.2024.

167 Siehe für weitere Unterstützung SBTN, Technical Guidance – Step 2 Prioritize, Version 1, Oktober 2023, https://sciencebasedtargetsnetwork.org/wp-content/uploads/2023/05/Technical-Guidance-2023-Step2-Prioritize-v1.pdf, Abruf 1.8.2024.

lage, die Festlegung des Ziels sowie die Veröffentlichung der Ausgangslage und des Ziels.[168]

- Der vierte Schritt „Umsetzen" kann je nach Ziel Maßnahmen zur Vermeidung, Verringerung, Regenerierung, Wiederherstellung oder Transformation umfassen.
- Abschließend umfasst Schritt 5 „Nachverfolgen" die Teilschritte Überwachen, Berichten und Überprüfen.[169]

Ausführungen zu den Schritten 1–3 wurden in 2023 veröffentlicht. Für die Schritte 4 und 5 sollen in 2025 weitere Ausführungen veröffentlicht werden.[170]

62   Spezifische Schwellenwerte für die verschiedenen Emissionsarten werden in diversen nationalen und EU-weiten Gesetzgebungen festgehalten. Diese können Unternehmen aufzeigen, woran sich ihre Zielsetzungen orientieren sollten. Schwellenwerte können aber auch spezifisch für das Unternehmen, basierend auf den zuvor genannten Leitlinien (Rz 61) oder den folgenden gesetzlichen Schwellenwerten, definiert werden (ESRS E2.24).

63   Für die Verschmutzung des Grundwassers legt die Grundwasserverordnung (GrwV) Schwellenwerte fest. Die Verordnung definiert Schwellenwerte als „die Konzentration eines Schadstoffes, einer Schadstoffgruppe oder der Wert eines Verschmutzungsindikators im Grundwasser, die zum Schutz der menschlichen Gesundheit und der Umwelt festgelegt werden" (§ 1 Abs. 1 GrwV).[171] Diese Schwellenwerte sind zu finden in Anlage 2 der Grundwasserverordnung (GrwV) und können Unternehmen als Orientierung zur Festlegung von Zielsetzungen dienen.

64   Die 39. BImSchV legt für gasförmige Luftschadstoffe Emissionsgrenzwerte fest. Es werden mehrere Arten von Schwellen und Werten unterschieden, die unterschiedliche Voraussetzungen vorgeben und hinsichtlich der ausgehenden Gefahr entsprechende Maßnahmen bedürfen. Der Immissionsgrenzwert wird auf Basis wissenschaftlicher Erkenntnisse festgelegt, um schädliche Auswirkungen auf Mensch und Umwelt zu vermeiden bzw. zu verringern. Dieser Grenzwert muss innerhalb eines bestimmten Zeitraums eingehalten werden und darf

---

[168] Siehe für weitere Unterstützung SBTN, Technical Guidance – Step 3 Measure, Set & Disclose – Freshwater, https://sciencebasedtargetsnetwork.org/wp-content/uploads/2023/05/Technical-Guidance-2023-Step3-Freshwater-v1.pdf; SBTN, Technical Guidance – Step 3 Measure, Set & Disclose – Land, https://sciencebasedtargetsnetwork.org/wp-content/uploads/2023/05/Technical-Guidance-2023-Step3-Land-v0.3.pdf, Abruf jew. 1.8.2024; Technical Guidance für den Bereich Biodiversität und Meer ist noch in Planung.

[169] Vgl. TNFD, Guidance for corporates on science-based targets for nature, Version 1.0, September 2023, S. 7, https://tnfd.global/wp-content/uploads/2023/09/Guidance_for_corporates_on_science_based_targets_for_nature_v1.pdf?v=1695138398, Abruf 1.8.2024.

[170] Vgl. SBTN, Take action, https://sciencebasedtargetsnetwork.org/take-action-now/take-action-as-a-company/what-you-can-do-now/, Abruf 1.8.2024.

[171] Siehe auch Keppner, in Landmann/Rohmer, UmweltR, Stand: September 2023, GrwV § 1 Rn. 2.

danach nicht überschritten werden (§ 1 Nr. 15 BImSchV). Wird eine Alarmschwelle überschritten, kann bei kurzfristiger Exposition ein **Risiko für die Gesundheit der Gesamtbevölkerung** bestehen. Dies führt dazu, dass unverzüglich Maßnahmen ergriffen werden müssen (§ 1 Nr. 1 BImSchV). Bei Überschreiten eines kritischen Werts können unmittelbar schädliche Auswirkungen für manche Rezeptoren wie Bäume, sonstige Pflanzen oder natürliche Ökosysteme auftreten, jedoch nicht für Menschen (§ 1 Nr. 17 BImSchV).

Für **Ozon** gibt es außerdem eine Informationsschwelle, „bei (deren) Überschreiten schon bei kurzfristiger Exposition ein Risiko für die Gesundheit besonders empfindlicher Bevölkerungsgruppen besteht und bei (der) unverzüglich geeignete Informationen erforderlich sind" (§ 1 Nr. 16 BImSchV). Für Ozon werden auch Zielwerte und langfristige Ziele vorgegeben. Zielwerte werden festgelegt, um „schädliche Auswirkungen auf die menschliche Gesundheit oder die Umwelt insgesamt zu vermeiden, zu verhindern oder zu verringern, und der nach Möglichkeit innerhalb eines bestimmten Zeitraums eingehalten werden muss" (§ 1 Nr. 37 BImSchV). Die in der 39. BImSchV (i.d.F. v. 2.8.2010) festgelegten Immissionsgrenzwerte, Alarmschwellen und Zielwerte für gasförmige Luftschadstoffe, Partikel und partikelgebundene Schadstoffe können Unternehmen bei der Festlegung von Zielen bzgl. Luftverschmutzung unterstützen.[172]

Zu beachten ist, dass **Schwellenwerte dynamisch** sind und u.a. aufgrund neuer wissenschaftlicher Erkenntnisse und Erfahrungen angepasst werden können. Es liegt bereits eine politische Einigung zu verschärften Vorschriften für die Luftqualität vor, um das Null-Schadstoff-Ziel zu erreichen. Der Vorschlag sieht u.a. die Herabsetzung der Grenzwerte für Feinstaub ($PM_{2,5}$) und Stickstoff (NO_2) um mehr als die Hälfte vor (Rz 77).[173]

Darüber hinaus sind konkret von Unternehmen die verbindlichen **EU-Arbeitsplatzgrenzwerte** für bestimmte Luftschadstoffe, umgesetzt durch die nationale Verordnung zum Schutz vor Gefahrenstoffen (GefStoffV), zu berücksichtigen.[174]

65

---

[172] Für eine übersichtliche Aufführung der Immissionsgrenzwerte, Alarmschwellen und Zielwerte für gasförmige Luftschadstoffe siehe Niedersächsisches Ministerium für Umwelt, Energie und Klimaschutz, www.umwelt.niedersachsen.de/download/50892/Immissionsgrenzwerte_Alarmschwellen_und_Zielwerte_der_39.BImSchV_fuer_gasfoermige_Luftschadstoffe.pdf; für die Aufführung bzgl. Partikel und partikelgebunder Schadstoffe siehe Niedersächsisches Ministerium für Umwelt, Energie und Klimaschutz, www.umwelt.niedersachsen.de/download/50893/Immissionsgrenzwerte_und_Zielwerte_der_39.BImSchV_fuer_Partikel_und_partikelgebundene_Luftschadstoffe.pdf, Abruf jew. 1.8.2024.

[173] Vgl. EU-Rat, Pressemitteilung v. 20.2.2024, www.consilium.europa.eu/de/press/press-releases/2024/02/20/air-quality-council-and-parliament-strike-deal-to-strengthen-standards-in-the-eu/, Abruf 1.8.2024.

[174] Siehe für eine vollständige Liste Institut für Arbeitsschutz der Deutschen Gesetzlichen Unfallversicherungen (IFA), Verbindliche Arbeitsplatzgrenzwerte der EU-Kommission, www.dguv.de/ifa/fachinfos/arbeitsplatzgrenzwerte/verbindliche-arbeitsplatzgrenzwerte-der-eu-kommission/index.jsp, Abruf 1.8.2024.

66 **Grenzwerte für Mikroplastik** liegen derzeit nicht vor. Allerdings könnten Initiativen oder die Vorgaben des Aktionsplans für Kreislaufwirtschaft zukünftig zur Festlegung von Grenzwerten führen.[175] Es gibt aber auch eine kritische Diskussion über die Sinnhaftigkeit der Festlegung von Grenzwerten für Mikroplastik.[176]

67 Das Unternehmen muss als Teil der **Kontextinformationen** angeben, ob die von ihm angenommenen und vorgelegten **Ziele verbindlich** (auf der Grundlage von Rechtsvorschriften) **oder freiwillig** sind (ESRS E2.25).

Eine wichtige Quelle für verbindliche Ziele und Vorgaben in der EU ist die **Industrieemissionsrichtlinie**, die für die Genehmigung bestimmter Anlagen vorschreibt, dass „die Genehmigung auch Emissionsgrenzwerte für Schadstoffe oder äquivalente Parameter oder technische Maßnahmen, geeignete Anforderungen zum Schutz des Bodens und des Grundwassers sowie Überwachungsanforderungen enthalten sollte" (ESRS E2.BC35). Eine solche Vorgabe wäre ein Beispiel für ein Ziel, das auf Grundlage einer Rechtsvorschrift und nicht freiwillig formuliert wurde. Natürlich kann die vom Unternehmen festgelegte **Zielsetzung auch über die rechtlichen Vorgaben hinausgehen** und ein strengerer Schwellenwert dem Ziel zugrunde liegen.

68 Bei der Bereitstellung von Kontextinformationen zu Zielvorgaben kann das Unternehmen angeben, ob die Zielvorgabe auf **Mängel im Zusammenhang mit den „Do No Significant Harm" (DNSH)-Kriterien** zur Vermeidung und Verminderung der Umweltverschmutzung abzielt, und gleichzeitig den wesentlichen Beitrag zu einem der anderen Umweltziele der Taxonomie-Verordnung abschätzen (ESRS E2.AR17; → § 1 Rz 62).[177]

Eine **Angleichung an den EU-Aktionsplan: „Schadstofffreiheit von Luft, Wasser und Boden"** wurde dadurch angestrebt, dass offengelegt wird, wie die Ziele die Verringerung und Substitution von besorgniserregenden und besonders besorgniserregenden Stoffen unterstützen (ESRS E2.BC36).

---

[175] Vgl. EU-Kommission, Umweltverschmutzung durch Mikroplastik – Maßnahmen zur Eindämmung der Umweltfolgen, https://ec.europa.eu/info/law/better-regulation/have-your-say/initiatives/12823-Microplastics-pollution-measures-to-reduce-its-impact-on-the-environment_en; EU-Parlament, Pressemitteilung v. 19.3.2024, www.europarl.europa.eu/news/en/press-room/2024 0318IPR19414/microplastics-meps-support-stricter-rules-to-minimise-plastic-pellet-losses, Abruf jew. 1.8.2024; Aktionsplan für Kreislaufwirtschaft.
[176] Siehe Fürhacker, Österreichische Wasser- und Abfallwirtschaft 2020, S. 361 ff.
[177] Siehe EU-Kommission, Ref. Ares(2023)2481554 – 05/04/2023, Annex III.

Praxis-Beispiel Hydro – Ziele und Maßnahmen zur Verringerung des Verschmutzungsrisikos[178]

„Hydro hat sich zum Ziel gesetzt, die wesentlichen Nicht-THG-Emissionen (d. h. SO_2, NO_x und PM) bis 2030 zu halbieren, ausgehend vom Basisjahr 2017. Diese Emissionen sind in erster Linie mit dem Verbrauch fossiler Brennstoffe in den Betrieben von Hydro verbunden, vor allem mit dem Verbrauch von Kohle und HFO in der Aluminiumoxid-Raffinerie von Hydro, Alunorte. Um dieses Ziel zu erreichen, müssen die Standorte ihre Prozesse dekarbonisieren, soweit dies möglich ist. [...]

Im Jahr 2023 wurden die Gesamtemissionen von SO_2, NO_x und PM um 30 %, 20 % bzw. 15 % gegenüber dem Basisjahr 2017 reduziert. Im Jahr 2023 hat sich Hydro außerdem das Ziel gesetzt, die Fluoridemissionen in den eigenen Schmelzwerken bis 2030 auf unter 0,35 kg F / Tonne Al zu senken. Dies entspricht dem in der EU vorgeschriebenen Emissionsgrenzwert für neue Schmelzanlagen und wird die lokale Umweltbelastung für Flora und Fauna verringern. Dieses Ziel wird durch Investitionen in die Aufrüstung bestehender Gasaufbereitungsanlagen und Betriebskontrollen zur Verbesserung der Leistung erreicht.

Elementares Quecksilber wird beim Raffinierungsprozess in Alunorte in die Luft emittiert. Mit Hilfe eines Massenbilanzansatzes wird dieser Wert auf ca. zwei metrische Tonnen pro Jahr bei voller Produktion geschätzt. Um die Quecksilberemissionen in die Luft zu reduzieren, hat Hydro ein Projekt zur Installation von vier Einheiten für nicht kondensierbare Gase (Kondensatoren) an den acht Digestor-Linien von Alunorte gestartet. Der erste Kondensator wurde 2018 als Pilotprojekt installiert, und seine technische Leistung wurde vor der Installation der übrigen Einheiten überwacht. Der ursprüngliche Zeitplan für die Installation der übrigen Einheiten wurde verschoben, um eine weitere Leistungsoptimierung der Technologie zu ermöglichen. Zum Jahresende 2023 wurde ein zweiter Kondensator installiert, der Anfang 2024 in Betrieb gehen wird. Nach dem aktuellen Zeitplan ist die Installation der letzten beiden Kondensatoreinheiten im Gang und wird im Lauf des Jahres 2024 in Betrieb genommen werden.

Zwischenfälle, die zu Freisetzungen, Leckagen oder anderen Verstößen gegen die Umweltleistungsstandards führen, könnten potenziell zu einer Materialverschmutzung führen. Um das Risiko einer Materialverschmutzung zu minimieren, müssen die Betriebsstandorte Kontrollmaßnahmen wie

---

[178] Entnommen Norsk Hydro ASA, Integrated annual report 2023, S. 87f., eigene Übersetzung aus dem Englischen.

sekundäre Eindämmungsmaßnahmen durchführen und sicherstellen, dass Leckagekits zur Verfügung stehen und die Mitarbeiter im Umgang mit ihnen geschult sind. Mindestens einmal jährlich werden Übungen zum Umgang mit freigesetzten Stoffen durchgeführt und die Ergebnisse dokumentiert. Im Fall eines tatsächlichen Auslaufens werden die Vorfälle bewertet und nach der Schwere der Auswirkungen eingestuft. Freisetzungen und Leckagen werden gemeldet und als schwerwiegend oder groß eingestuft, wenn die Leckage nicht eingedämmt werden kann, die Auswirkungen jedoch reversibel sind, oder wenn die Leckage nicht eingedämmt werden kann und die Auswirkungen irreversibel sind. [...] Verstöße gegen Genehmigungen werden gemeldet, wenn ein Vorfall eintritt, der in irgendeiner Weise mit einer Umweltgenehmigung zusammenhängt. [...]"

Tätigkeit	Anvisierte Emissionen	Abhilfemaßnahmen
Bauxite Abbau	Ableitung von Wasser in die Umwelt: Schwebstoffe	Klärbecken
Aluminiumoxid-Raffination	Abwassereinleitungen in die Umwelt: pH-Wert und Schwebstoffe	pH-Wert-Anpassung und Klärung
	SO$_2$-, NO$_x$- und PM-Emissionen in die Luft	Alunorte-Projekt zur Brennstoffumstellung, um HFO bis 2025 durch LNG und Kohle bis 2030 durch Strom zu ersetzen
	Diffuse PM-Emissionen in die Luft in der Trockenzeit	Besprühen von Straßen und Freiflächen mit Wasser zur Begrenzung von Staub
	Quecksilberemissionen in Luft und Wasser	Quecksilberkondensatoren

Tätigkeit	Anvisierte Emissionen	Abhilfemaßnahmen
Produktion von Primäraluminium	Wassereinleitungen in die Umwelt	Kläranlagen, Ölabscheider, Rückhaltebecken
	Fluorid-Emissionen in die Luft	Mit Aluminiumoxid gespeiste Trockenschrubber
	SO_2- und PM-Emissionen in die Luft	Mit Meerwasser gespeiste Nassschrubber (Schmelzerei in Vollbesitz)
	Andere Emissionen in die Luft – Gießerei und Anoden Backöfen	Filterbeutel
Aluminium-Recycling	Andere Emissionen in die Luft – Gießerei	Filterbeutel (soweit gesetzlich vorgeschrieben)
Extrusionsprodukte	Wassereinleitung in die Umwelt (soweit zutreffend*)	Kläranlagen, Ölabscheider, Rückhaltebecken

* Viele Extrusionswerke leiten ihr Prozesswasser zur Sammlung und Behandlung in die Kanalisation Dritter ein.

2.3.2   ESRS E2-4 – Luft-, Wasser- und Bodenverschmutzung

2.3.2.1   Allgemeine Angabepflicht

Angabepflicht ESRS E2-4 sieht die Offenlegung von **Kennzahlen zur Luft-,**   69
Wasser- und Bodenverschmutzung vor. Offenzulegen sind die Schadstoffe, die bei Produktionsprozessen entstehen bzw. verwendet oder beschafft werden und die das Unternehmen als Emissionen, als Produkte oder als Teil von Produkten bzw. Dienstleistungen verlassen. Ziel dieser Angabepflicht ist es, ein Verständnis für die Emissionen zu schaffen, die das Unternehmen bei seinen eigenen Tätigkeiten in Luft, Wasser und Boden verursacht (ESRS E2.26f.).

Die Angabe der verschiedenen Emissionsarten, abgesehen von Mikroplastik, unterstützt die Informationsbedürfnisse i.R.d. **Offenlegungsverordnung**[179] (Rz 29). Deshalb sind diese Informationen für die Finanzmarktteilnehmer äußerst wichtig (ESRS E2.BC40), was auch bei den Wesentlichkeitsüberlegungen berücksichtigt werden sollte – benötigt das Unternehmen die Finanzinstitute, dann müssen die Informationen stets geliefert und sollten auch unabhängig von der Wesentlichkeitsbetrachtung in die Nachhaltigkeitsberichterstattung aufgenommen werden. Daneben gelten als Referenzrahmen für diese Angabepflicht die Industrieemissionsrichtlinie[180] (Rz 7) sowie die E-PRTR-Verordnung[181] (Rz 9).

70   Für die im Folgenden genannten Stoffe sind die **konsolidierten Mengen** anzugeben:

- alle in Anhang II der E-PRTR-Verordnung aufgeführten Schadstoffe, die in Luft, Wasser und Boden emittiert werden, mit Ausnahme der Treibhausgasemissionen, die gem. ESRS E1 „Klimawandel" anzugeben sind;
- Mikroplastik, das vom Unternehmen erzeugt oder verwendet wird (ESRS E2.28).

Anhang II der E-PRTR-Verordnung umfasst 91 Schadstoffe. Neben dem Namen des Schadstoffs enthält die Übersicht die CAS-Nummer des Schadstoffs sowie Schwellenwerte für die Freisetzung in die Luft, in Gewässer und/oder in den Boden.[182]

---

[179] Vgl. Delegierte VO 2022/1288/EU, ABl. EU v. 25.7.2022, L 196/43, 45.
[180] Vgl. Industrieemissionsrichtlinie – RL 2010/75/EU, ABl. EU v. 17.12.2010, L 334/22 ff.
[181] Vgl. E-PRTR-Verordnung – VO EG/166/2006, ABl. EU v. 4.2.2006, L 33/1 ff.
[182] Vgl. E-PRTR-Verordnung – VO EG/166/2006, ABl. EU v. 4.2.2006, L 33/12 ff.

Nr.	CAS-Nummer	Schadstoff[1]	Schwellenwerte für die Freisetzung		
			in die Luft kg/Jahr	in Gewässer kg/Jahr	in den Boden kg/Jahr
1	74-82-8	Methan (CH$_4$)*	100.000	–[2]	–
2	630-08-0	Kohlenmonoxid (CO)	500.000	–	–
3	124-38-9	Kohlendioxid (CO$_2$)*	100 Mio.	–	–
4		Teilfluorierte Kohlenwasserstoffe (HFKWs)[3]*	100	–	–
5	10024-97-2	Distickoxid (N$_2$O)*	10.000	–	–
6	7664-41-7	Ammoniak (NH$_3$)	10.000	–	–
7		Flüchtige organische Verbindungen ohne Methan (NMVOC)	100.000	–	–
8		Stickoxide (NOx/NO$_2$)	100.000	–	–
9		Perfluorierte Kohlenwasserstoffe (PFKWs)[4]*	100	–	–
10	2551-62-4	Schwefelhexafluorid (SF$_6$)*	50	–	–
11		Schwefeloxide (SO$_x$/SO$_2$)	150.000	–	–
12		Gesamtstickstoff	–	50.000	50.000
13		Gesamtphosphor	–	5.000	5.000
14		Teilhalogenierte Fluorchlorkohlenwasserstoffe (HFCKW)[5]	1	–	–
15		Fluorchlorkohlenwasserstoffe (FCKWs)[6]	1	–	–

Nr.	CAS-Nummer	Schadstoff[1]	Schwellenwerte für die Freisetzung		
			in die Luft kg/Jahr	in Gewässer kg/Jahr	in den Boden kg/Jahr
16		Halone[7]	1	–	–
17		Arsen und Verbindungen (als As)[8]	20	5	5
18		Cadmium und Verbindungen (als Cd)[8]	10	5	5
19		Chrom und Verbindungen (als Cr)[8]	100	50	50
20		Kupfer und Verbindungen (als Cu)[8]	100	50	50
21		Quecksilber und Verbindungen (als Hg)[8]	10	1	1
22		Nickel und Verbindungen (als Ni)[8]	50	20	20
23		Blei und Verbindungen (als Pb)[8]	200	20	20
24		Zink und Verbindungen (als Zn)[8]	200	100	100
25	15972-60-8	Alachlor	–	1	1
26	309-00-2	Aldrin	1	1	1
27	1912-24-9	Atrazin	1	1	1
28	57-74-9	Chlordan	1	1	1
29	143-50-0	Chlordecon	1	1	1
30	470-90-6	Chlorfenvinphos	–	1	1
31	85535-84-8	Chloralkane, C_{10}–C_{13}	–	1	1
32	2921-88-2	Chlorpyrifos	–	1	1

Nr.	CAS-Nummer	Schadstoff[1]	Schwellenwerte für die Freisetzung		
			in die Luft kg/Jahr	in Gewässer kg/Jahr	in den Boden kg/Jahr
33	50-29-3	DDT	1	1	1
34	107-06-2	1,2-Dichlorethan (EDC)	1.000	10	10
35	75-09-2	Dichlormethan (DCM)	1.000	10	10
36	60-57-1	Dieldrin	1	1	1
37	330-54-1	Diuron	–	1	1
38	115-29-7	Endosulfan	–	1	1
39	72-20-8	Endrin	1	1	1
40		Halogenierte organische Verbindungen (als AOX)[9]	–	1.000	1.000
41	76-44-8	Heptachlor	1	1	1
42	118-74-1	Hexachlorbenzol (HCB)	10	1	1
43	87-68-3	Hexachlorbutadien (HCBD)	–	1	1
44	608-73-1	1,2,3,4,5,6-Hexachlorcyclohexan (HCH)	10	1	1
45	58-89-9	Lindan	1	1	1
46	2385-85-5	Mirex	1	1	1
47		PCDD + PCDF (Dioxine + Furane) (als Teq)[10]	0,0001	0,0001	0,0001
48	608-93-5	Pentachlorbenzol	1	1	1

Nr.	CAS-Nummer	Schadstoff[1]	Schwellenwerte für die Freisetzung		
			in die Luft kg/Jahr	in Gewässer kg/Jahr	in den Boden kg/Jahr
49	87-86-5	Pentachlorphenol (PCP)	10	1	1
50	1336-36-3	Polychlorierte Biphenyle (PCBs)	0,1	0,1	0,1
51	122-34-9	Simazin	–	1	1
52	127-18-4	Tetrachlorethen (PER)	2.000	10	–
53	56-23-5	Tetrachlormethan (TCM)	100	1	–
54	12002-48-1	Trichlorbenzole (TCB) (alle Isomere)	10	1	–
55	71-55-6	1,1,1-Trichlorethan	100	–	–
56	79-34-5	1,1,2,2-Tetrachlorethan	50	–	–
57	79-01-6	Trichlorethylen	2.000	10	–
58	67-66-3	Trichlormethan	500	10	–
59	8001-35-2	Toxaphen	1	1	1
60	75-01-4	Vinylchlorid	1.000	10	10
61	120-12-7	Anthracen	50	1	1
62	71-43-2	Benzol	1.000	200 (als BTEX)[11]	200 (als BTEX)[11]
63		Bromierte Diphenylether (PBDE)[12]	–	1	1

Nr.	CAS-Nummer	Schadstoff[1]	Schwellenwerte für die Freisetzung		
			in die Luft kg/Jahr	in Gewässer kg/Jahr	in den Boden kg/Jahr
64		Nonylphenol und Nonylphenolethoxylate (NP/NPEs)	–	1	1
65	100-41-4	Ethylbenzol	–	200 (als BTEX)[11]	200 (als BTEX)[11]
66	75-21-8	Ethylenoxid	1.000	10	10
67	34123-59-6	Isoproturon	–	1	1
68	91-20-3	Naphthalin	100	10	10
69		Zinnorganische Verbindungen (als Gesamt-Sn)	–	50	50
70	117-81-7	Di-(2-ethylhexyl)phthalat (DEHP)	10	1	1
71	108-95-2	Phenole (als Gesamt-C)[13]	–	20	20
72		Polyzyklische aromatische Kohlenwasserstoffe (PAK)[14]	50	5	5
73	108-88-3	Toluol	–	200 (als BTEX)[11]	200 (als BTEX)[11]
74		Tributylzinn und Verbindungen[15]	–	1	1
75		Triphenylzinn und Verbindungen[16]	–	1	1
76		Gesamter organischer Kohlenstoff (TOC) (als Gesamt-C oder CSB/3)	–	50.000	–

Nr.	CAS-Nummer	Schadstoff[1]	Schwellenwerte für die Freisetzung		
			in die Luft kg/Jahr	in Gewässer kg/Jahr	in den Boden kg/Jahr
77	1582-09-8	Trifluralin	–	1	1
78	1330-20-7	Xylole[17]	–	200 (als BTEX)[11]	200 (als BTEX)[11]
79		Chloride (als Gesamt-Cl)	–	2 Mio.	2 Mio.
80		Chlor und anorganische Verbindungen (als HCl)	10.000	–	–
81	1332-21-4	Asbest	1	1	1
82		Cyanide (als Gesamt-CN)	–	50	50
83		Fluoride (als Gesamt-F)	–	2.000	2.000
84		Fluor und anorganische Verbindungen (als HF)	5.000	–	–
85	74-90-8	Cyanwasserstoff (HCN)	200	–	–
86		Feinstaub (PM$_{10}$)	50.000	–	–
87	1806-26-4	Octylphenole und Octylphenolethoxylate	–	1	–
88	206-44-0	Fluoranthen	–	1	–
89	465-73-6	Isodrin	–	1	–
90	36355-1-8	Hexabrombiphenyl	0,1	0,1	0,1
91	191-24-2	Benzo(g,h,i)perylen	–	–	–

Erläuterungen:

(1) Sofern nicht anders festgelegt, wird jeder in Anhang II aufgeführte Schadstoff als Gesamtmenge gemeldet oder, falls der Schadstoff aus einer Stoffgruppe besteht, als Gesamtmenge dieser Gruppe.

(2) Ein Strich (–) bedeutet, dass der fragliche Parameter und das betreffende Medium keine Berichtspflicht zur Folge haben.

(3) Gesamtmenge der Teilfluorierten Kohlenwasserstoffe: Summe von HFKW 23, HFKW 32, HFKW 41, HFKW 4310mee, HFKW 125, HFKW 134, HFKW 134a, HFKW 143, HFKW 143a, HFKW 152a, HFKW 227ea, HFKW 236fa, HFKW 245ca und HFKW 365mfc.

(4) Gesamtmenge der Perfluorierten Kohlenwasserstoffe: Summe von CF_4, C_2F_6, C_3F_8, C_4F_{10}, c-C_4F_8, C_5F_{12} und C_6F_{14}.

(5) Gesamtmenge der Stoffe, die in der Gruppe VIII des Anhangs I der VO (EG) 2037/2000 über Stoffe, die zum Abbau der Ozonschicht führen (ABl. EU v. 29.9.2000, L 244/1) aufgelistet sind, einschl. ihrer Isomere. Geändert durch die VO (EG) 1804/2003 (ABl. EU v. 16.10.2003, L 265/1).

(6) Gesamtmenge der Stoffe, die in den Gruppen I und II des Anhangs I der VO (EG) 2037/2000 aufgelistet sind, einschl. ihrer Isomere.

(7) Gesamtmenge der Stoffe, die in den Gruppen III und VI des Anhangs I der VO (EG) 2037/2000 aufgelistet sind, einschl. ihrer Isomere.

(8) Sämtliche Metalle werden als Gesamtmenge des Elements in allen chemischen Formen, die in der Freisetzung enthalten sind, gemeldet.

(9) Halogenierte organische Verbindungen, die von Aktivkohle adsorbiert werden können, ausgedrückt als Chlorid.

(10) Ausgedrückt als I-TEQ.

(11) Einzelne Schadstoffe sind mitzuteilen, wenn der Schwellenwert für BTEX (d.h. der Summenparameter von Benzol, Toluol, Ethylbenzol und Xylol) überschritten wird.

(12) Gesamtmenge der folgenden bromierten Diphenylether: Penta-BDE, Octa-BDE und Deca-BDE.

(13) Gesamtmenge der Phenole und der substituierten einfachen Phenole, ausgedrückt als Gesamtkohlenstoff.

(14) Polyzyklische aromatische Kohlenwasserstoffe (PAK) sind für die Berichterstattung über Freisetzungen in die Luft als Benzo(a)pyren (50-32-8), Benzo(b)fluoranthen (205-99-2), Benzo(k)fluoranthen (207-08-9), Indeno(1,2,3-cd)pyren (193-39-5) zu messen (hergeleitet aus der VO (EG) 850/2004 über persistente organische Schadstoffe (ABl. EU v. 29.6.2004, L 229/5)).

(15) Gesamtmenge der Tributylzinn-Verbindungen, ausgedrückt als Tributylzinn-Menge.

(16) Gesamtmenge der Triphenylzinn-Verbindungen, ausgedrückt als Triphenylzinn-Menge.

(17) Gesamtmenge der Xylene (Ortho-Xylene, Meta-Xylene, Para-Xylene).

* Bei den gekennzeichneten Schadstoffen handelt es sich um Treibhausgase, die i.R.d. ESRS E1 „Klimawandel" erfasst werden.

Tab. 5: Schadstoffe gem. Anhang II der E-PRTR-Verordnung[183]

---

[183] E-PRTR-Verordnung – VO EG/166/2006, ABl. EU v. 4.2.2006, L 33/12 ff.

Im Konsultationsentwurf für die ESRS von der EU-Kommission wurde die **71**
Angabepflicht umformuliert. Während nun lediglich ein Verweis auf die
E-PRTR-Verordnung angegeben wird, wurden zuvor die **Schadstoffgruppen**
folgendermaßen **separat aufgelistet:**
* Emissionen von Luftschadstoffen,
* Emissionen in das Wasser,
* Emissionen anorganischer Schadstoffe,
* Emissionen ozonabbauender Stoffe.

Diese Änderung ist zu begrüßen und sinnvoll, da auf eine Richtlinie verwiesen
wird, in deren Rahmen Unternehmen bereits Berichtspflichten zu Schadstoffen
unterliegen. Insofern kann der Nachhaltigkeitsbericht auf den Meldungen, die
Unternehmen bzgl. der E-PRTR-Verordnung ohnehin abgeben müssen, aufbauen. Durch einen direkten Verweis können Fehler z.B. durch abweichende
Definitionen und Schwellenwerte vermieden werden. Außerdem wird der
Mehraufwand auf Unternehmensseite reduziert.

Praxis-Hinweis

Wenn Leckagen (u.a. von Öl oder anderen Chemikalien) zu wesentlichen
verschmutzungsbezogenen Auswirkungen führen können, sind diese entsprechend in den Angabepflichten ESRS E2-1, ESRS E2-2 und ESRS E2-3
zu berücksichtigen. Darüber hinaus müssen quantitative Daten zu Leckagen
von in der E-PRTR-Verordnung aufgeführten Schadstoffen auch bei der
Offenlegung zu ESRS E2-4 veröffentlicht werden. Informationen zu Leckagen weiterer Stoffe müssen ggf. als unternehmensspezifische Kennzahl offengelegt werden. Hierbei ist besonders der Zusammenhang zu anderen
Themen der ESRS zu berücksichtigen. Z.B. kann eine Leckage wesentliche
Auswirkungen auf die Verfügbarkeit von Wasser und die Biodiversität
haben oder auch weitere Stakeholder betreffen. Somit sind auch Angaben
im Rahmen anderer ESRS-Themenstandards möglich bzw. Verweise zu
tätigen. Die sektorspezifischen ESRS werden ggf. weitere Vorgaben zum
Thema Leckagen enthalten.[184]

Die **Menge der Schadstoffe** ist in einer angemessenen Mengeneinheit, wie **72**
bspw. Tonnen oder Kilogramm, anzugeben (ESRS E2.AR21).

Die konsolidierte Emissionsmenge umfasst als **Berechnungsgrundlage** sowohl
die Anlagen oder Standorte, über die das Unternehmen die finanzielle Kontrolle
hat, als auch die Anlagen oder Standorte, über die es die operative Kontrolle

---

[184] Vgl. EFRAG, ESRS Q&A Platform, Compilation of Explanations, Januar–Juli 2024, Frage 201,
S. 113 ff.

hat.[185] In die Konsolidierung werden nur die Emissionen der Anlagen einbezogen, die die in Anhang II der E-PRTR-Verordnung angegebenen Schwellenwerte für die Freisetzung erreichen (ESRS E2.29; Tab. 5).

Dieser Paragraf wurde von der EU-Kommission zum Konsultationsentwurf des ESRS E2 hinzugefügt. Eine Erläuterung bzgl. des Hintergrunds gibt es nicht. Zusammen mit der Anpassung des ESRS E2.28 findet hierdurch jedoch eine **stärkere Ausrichtung des ESRS E2 an den bereits bestehenden Regulierungen innerhalb der EU** statt. Die Ergänzung, dass lediglich über Emissionen, die die Schwellenwerte überschreiten, berichtet werden muss, führt zu einer **Klarstellung hinsichtlich der Wesentlichkeitsperspektive** und könnte Erleichterungen für viele Unternehmen bedeuten, die diese Schwellenwerte nicht überschreiten. Allerdings führt diese eingeschränkte Berichterstattung zu der Frage, ob es nicht auch im Nachhaltigkeitsbericht damit zu einer Auseinanderentwicklung von externer und interner Abbildung kommen muss. Für die interne Steuerung der Umweltrisiken sind auch Emissionsmengen relevant, die die Grenzwerte (noch) nicht übersteigen. I.S.d. Stakeholder-Orientierung und zur Förderung einer transparenten Berichterstattung ist daher auch die Offenlegung von Emissionswerten, die unterhalb der Grenzwerte liegen, zu empfehlen.

Praxis-Hinweis

Die EFRAG stellt in einer Erläuterung klar, dass die Angabe der Schadstoffmengen gem. den Berichterstattungsanforderungen der E-PRTR-Verordnung getrennt nach Umweltmedium, d.h., ob diese in die Luft, in das Wasser und in den Boden freigesetzt werden, zu erfolgen hat. Die Konsolidierung bezieht sich daher auf die Zusammenfassung der Schadstoffemissionen der verschiedenen Anlagen des Unternehmens, nicht auf einen einzigen Wert für jede Schadstoffart. Die EFRAG verdeutlicht mit einem Beispiel, wie eine Darstellung der Angaben erfolgen kann.

Ein Unternehmen betreibt zwei Industrieanlagen, in denen die in Anhang II der E-PRTR-Verordnung festgelegten Schwellenwerte überschritten werden. Die Angaben zu Stickoxiden und Chloriden stellen die konsolidierte Menge aus den beiden Anlagen dar. Die Angabe kann wie folgt in Tabellenform erfolgen:[186]

---

[185] Siehe für weitere Ausführungen zur operativen Kontrolle EFRAG, EFRAG IG 2 – Value chain, S. 14 f.

[186] Vgl. EFRAG, ESRS Q&A Platform, Explanations, Januar–Juli 2024, Frage 440, S. 115 ff.

Schadstoff	Freisetzung in die Luft (kg/Jahr)	Freisetzung in das Wasser (kg/Jahr)	Freisetzung in den Boden (kg/Jahr)
...			
Stickoxide (NO_x/NO_2) (Schwellenwerte 100.000 kg/Jahr)	xxx	–	–
...			
Chloride (als Gesamt-CI) (Schwellenwerte 2 Mio. kg/Jahr)	–	yyy	zzz
...			

Tab. 6: Beispielhafte Angabe zu ESRS E2-4

2.3.2.2 Kontextinformationen

Die **Emissionsangaben sind in Kontext zu setzen**, und es sind **Angaben zur Veränderung** der Emissionswerte im Zeitablauf zu machen, die Messmethoden anzugeben und die Verfahren zur Erhebung der Daten für die verschmutzungsbezogene Bilanzierung und Berichterstattung, einschl. der Art der benötigten Daten und der Informationsquellen offenzulegen (ESRS E2.30).

Die durch diese Angabepflicht erforderlichen Informationen sind auf **Konzernebene** vorzulegen. Das Unternehmen kann sich jedoch für eine zusätzliche Aufschlüsselung entscheiden, einschl. Informationen auf Standortebene oder eine Aufschlüsselung seiner Emissionen nach Art der Quelle, nach Sektor oder geografischem Gebiet (ESRS E2.AR22).

Bei der Bereitstellung von Kontextinformationen zu den Emissionen kann das Unternehmen Folgendes berücksichtigen (ESRS E2.AR23):

- die lokalen Luftqualitätsindizes (*air quality index*, im Standard abgekürzt als AQI) für das Gebiet, in dem die Luftverschmutzung durch das Unternehmen auftritt;
- den Verstädterungsgrad (*degree of urbanisation*, im Standard abgekürzt als DEGURBA) für das Gebiet, in dem die Luftverschmutzung auftritt;
- den prozentualen Anteil an den Gesamtemissionen des Unternehmens von Schadstoffen in Wasser und Boden, die in Gebieten mit hoher Wasserbelastung auftreten.

73

74 Der **Luftqualitätsindex** ergibt sich aus Messwerten dreier Luftschadstoffe: Stickstoffdioxid (NO_2), Feinstaub (PM_{10}) und Ozon (O_3). Die Luftqualität wird in fünf Abstufungen von sehr gut über mäßig bis sehr schlecht bewertet. Dabei gibt es spezifische Verhaltensempfehlungen je nach Luftqualität:

Luftqualität	Verhaltensempfehlung
Sehr schlecht	Negative gesundheitliche Auswirkungen können auftreten. Wer empfindlich ist oder vorgeschädigte Atemwege hat, sollte körperliche Anstrengungen im Freien vermeiden.
Schlecht	Bei empfindlichen Menschen können nachteilige gesundheitliche Wirkungen auftreten. Diese sollten körperlich anstrengende Tätigkeiten im Freien vermeiden. In Kombination mit weiteren Luftschadstoffen können auch weniger empfindliche Menschen auf die Luftbelastung reagieren.
Mäßig	Kurzfristige nachteilige Auswirkungen auf die Gesundheit sind unwahrscheinlich. Allerdings können Effekte durch Luftschadstoffkombinationen und bei langfristiger Einwirkung des Einzelstoffs nicht ausgeschlossen werden. Zusätzliche Reize, z.B. ausgelöst durch Pollenflug, können die Wirkung der Luftschadstoffe verstärken, so dass Effekte bei empfindlichen Personengruppen (z.B. Asthmatikern) wahrscheinlicher werden.
Gut	Genießen Sie Ihre Aktivitäten im Freien, gesundheitlich nachteilige Wirkungen sind nicht zu erwarten.
Sehr gut	Beste Voraussetzungen, um sich ausgiebig im Freien aufzuhalten.

Tab. 7: Verhaltensempfehlungen je nach Luftqualität[187]

Für die **Einstufung in die fünf Stufen** des Luftqualitätsindex gelten bestimmte Schwellenwerte (Tab. 8). Die Einstufung in eine Indexstufe erfolgt auf Basis des Schadstoffs mit der schlechtesten Luftqualität. Des Weiteren zeigt ein Kreissymbol an, ob der Index auf allen drei Schafstoffen oder lediglich auf ein bzw. zwei Schadstoffen basiert.

187 Vgl. Umweltbundesamt, Berechnungsgrundlagen Luftqualitätsindex, www.umweltbundesamt.de/berechnungsgrundlagen-luftqualitaetsindex, Abruf 1.8.2024.

628   Warnke/Müller

Index	Stundenmittel NO_2 in $\mu g/m^3$	Stündlich gleitendes Tagesmittel PM_{10} in $\mu g/m^3$	Stundenmittel O_3 in $\mu g/m^3$
Sehr schlecht	> 200	> 100	> 240
Schlecht	101-200	51-100	181-240
Mäßig	41-100	36-50	121-180
Gut	21-40	21-35	61-120
Sehr gut	0-20	0-20	0-60

Tab. 8: Schwellenwerte für Luftqualitätsindex[188]

Wie es sich mit dem aktuellen lokalen Luftqualitätsindex in dem Gebiet, in dem ein Unternehmen tätig ist, verhält, kann in einer **Kartenübersicht** des Umweltbundesamts eingesehen werden.[189] In einer weiteren Übersichtskarte können die Jahresmittelwerte verschiedener Luftschadstoffe auf regionaler Basis deutschlandweit ermittelt werden.[190] Auf Landesebene bietet eine interaktive Karte der WHO weltweite Daten zur Konzentration von Luftschadstoffen.[191]

Der **Verstädterungsgrad** dient der Charakterisierung eines Gebiets. Auf   75
Grundlage des Verstädterungsgrads können Gebiete in drei Kategorien eingeteilt werden: Städte (dicht besiedelte Gebiete), kleinere Städte und Vororte (Gebiete mit mittlerer Bevölkerungsdichte) sowie ländliche Gebiete (dünn besiedelte Gebiete).[192] Der Grad der Verstädterung gibt den Anteil der lokalen Bevölkerung, die in urbanen Clustern und Zentren lebt, an.[193] Aktuelle Daten geben den Verstädterungsgrad für die lokalen Verwaltungseinheiten innerhalb der EU an, diese können dazu dienen zu ermitteln, was der Verstädterungsgrad für das Gebiet ist, in dem die Luftverschmutzung erfolgt.[194]

---

[188] Umweltbundesamt, Berechnungsgrundlagen Luftqualitätsindex, www.umweltbundesamt.de/berechnungsgrundlagen-luftqualitaetsindex, Abruf 1.8.2024.

[189] Umweltbundesamt, Luftqualitätsindex, www.umweltbundesamt.de/daten/luft/luftdaten/luftqualitaet/eJzrWJSSuMrIwMhY18BS19BkUUnmIkOzRXmpCxYVlyxYnOJWBJc0MF-cEpKPrDa3in1RbnLT4pzEktMOnkeV0yttoxbn5KWfdlCrSmAAAgAziSEW, Abruf 1.8.2024.

[190] Vgl. Umweltbundesamt, Luftschadstoffbelastung in Deutschland, https://gis.uba.de/maps/resources/apps/lu_schadstoffbelastung/index.html?lang=de, Abruf 1.8.2024.

[191] WHO, National Air Quality Standards, https://worldhealthorg.shinyapps.io/AirQuality Standards/, Abruf 1.8.2024.

[192] Vgl. Eurostat, Verstädterungsgrad – Methoden, https://ec.europa.eu/eurostat/web/degree-of-urbanisation/methodology, Abruf 1.8.2024.

[193] Vgl. zur Messung der Verstädterung Eurostat, Degree of urbanisation – A classification of local administrative units https://ec.europa.eu/eurostat/documents/4337659/6125716/degurba-poster-2levels-2018.pdf, Abruf 1.8.2024.

[194] Vgl. Eurostat, Degree of urbanisation for local administrative units (LAU), https://ec.europa.eu/eurostat/de/web/gisco/geodata/population-distribution/degree-urbanisation, Abruf 1.8.2024.

76   **Gebiete mit hohem Wasserstress** sind Gebiete, in denen der Anteil des entnommenen Wassers an der Gesamtwassermenge hoch (40–80 %) oder extrem hoch (mehr als 80 %) ist, wie im Wasserrisiko-Atlas des World Resources Institute (WRI) unter dem Titel „Aqueduct" dargestellt (→ § 8 Rz 39). Ob ein Unternehmen in einem Gebiet mit hohem oder extrem hohem Wasserstress liegt, kann der Karte des Wasserrisiko-Atlas des WRI entnommen werden.[195]

77   Die Bereitstellung von Kontextinformationen bgzl. der Verschmutzung leitet sich aus dem Vorhaben der EU ab, die **Luftqualitätsnormen der EU** stärker an den Luftqualitätsleitlinien der WHO[196] auszurichten. Dies war bereits in einem Vorschlag für eine Neufassung der Richtlinie über Luftqualität und saubere Luft für Europa von Oktober 2022 vorgesehen.[197] Im Februar 2024 haben sich EU-Rat und EU-Parlament vorläufig auf einen Vorschlag zur Festlegung von EU-Luftqualitätsnormen geeinigt. Mit dieser Einigung werden strengere EU-Luftqualitätsnormen in Form von Grenz- und Zielwerten, die sich an den WHO-Leitlinien orientieren, vorgesehen. U.a. verringern sich die Jahresgrenzwerte für die Schadstoffe $PM_{2,5}$ von 25 µg/m^3 auf voraussichtlich 10 µg/m^3 und für NO_2 von 40 µg/m^3 auf voraussichtlich 20 µg/m^3.[198] Die Luftqualitätsleitlinien der WHO stellen Empfehlungen für die kurz- und langfristige Konzentration der Hauptluftschadstoffe bereit. Ziel ist es, die Luftverschmutzung zu reduzieren und so auch die dadurch entstehende gesundheitliche Belastung.[199]

Daher soll die Luftverschmutzung nach den ESRS **nicht nur in absoluten Werten oder Intensitätswerten** angegeben werden, sondern durch weitere Informationen wie **Verstädterungsgrad und Luftqualitätsindex** ergänzt werden. Allerdings besteht die Problematik, dass dafür notwendige Definitionen auf globaler Ebene nicht einheitlich sind, weshalb die Angabe von Kontextinformationen nicht im Standard verpflichtend verankert ist (ESRS E2.BC42).

78   Die durch diese Angabepflicht bereitgestellten Informationen können sich auf Informationen beziehen, die das Unternehmen bereits **im Rahmen anderer bestehender Rechtsvorschriften** (z.B. Industrieemissionsrichtlinie (Rz 7), E-PRTR-Verordnung (Rz 9)) **zu melden** hat (ESRS E2.AR24). Nimmt das Unternehmen die Informationen durch Verweis auf, so hat es die Bestimmungen in ESRS 1 zu befolgen (→ § 3 Rz 162 ff.).

---

[195] Vgl. WRI, Aqueduct Water Risk Atlas, www.wri.org/applications/aqueduct/water-risk-atlas, Abruf 1.8.2024.
[196] Vgl. WHO, WHO global air quality guidelines, www.who.int/publications/i/item/9789240034228, Abruf 1.8.2024.
[197] Vgl. COM(2022) 542 final/2, v. 26.10.2022.
[198] Vgl. EU-Rat, Pressemitteilung v. 20.2.2024, www.consilium.europa.eu/de/press/press-releases/2024/02/20/air-quality-council-and-parliament-strike-deal-to-strengthen-standards-in-the-eu/, Abruf 1.8.2024.
[199] Vgl. WHO, WHO global air quality guidelines, S. xv, www.who.int/publications/i/item/97892 40034228, Abruf 1.8.2024.

Fallen die Tätigkeiten des Unternehmens unter die Industrieemissionsrichtlinie und die einschlägigen Referenzdokumente für die BVT (**BVT-Merkblätter**; Rz 7), unabhängig davon, ob die Tätigkeit in der EU stattfindet oder nicht, kann das Unternehmen die folgenden **zusätzlichen Informationen** offenlegen:
a) eine Liste der vom Unternehmen betriebenen Anlagen, die unter die Industrieemissionsrichtlinie und die BVT-Schlussfolgerungen fallen;
b) eine Liste aller Fälle von Nichteinhaltung oder Durchsetzungsmaßnahmen, die erforderlich sind, um die Einhaltung der Vorschriften im Fall von Verstößen gegen die Genehmigungsauflagen sicherzustellen;
c) die tatsächliche Leistung gem. den BVT-Schlussfolgerungen für Industrieanlagen und den Vergleich der Umweltleistung des Unternehmens mit den in den BVT-Schlussfolgerungen beschriebenen, mit den BVT-assoziierten Emissionswerten;
d) die tatsächliche Leistung des Unternehmens im Vergleich zu den mit den BVT-assoziierten Umweltleistungsstufen, sofern diese für den Sektor und die Anlage gelten, und
e) eine Liste aller Zeitpläne für die Einhaltung der Vorschriften oder der von den zuständigen Behörden gem. Art. 15 Abs. 4 der Industrieemissionsrichtlinie[200] gewährten Ausnahmeregelungen, die mit der Anwendung der mit den BVT-assoziierten Emissionswerten verbunden sind (ESRS E2.AR25).

Hier kann z.B. auf die Angaben, die in der E-PRTR-Verordnung für die entsprechenden Anlagen auf der **Plattform „Thru"** veröffentlicht werden müssen, zurückgegriffen werden (Rz 9).

Anlagen werden in den ESRS definiert als eine ortsfeste technische Einheit, in der eine oder mehrere Tätigkeiten durchgeführt werden, die Auswirkungen auf Emissionen und Verschmutzung haben könnten.[201] Diese Definition richtet sich nach der Industrieemissionsrichtlinie.[202]

2.3.2.3 Messmethoden und Messhierarchie

Neben den Kontextinformationen sind **weiterführende Erklärungen zu den Messmethoden und zur Messhierarchie** anzugeben. Wird zur Quantifizierung der Emissionen eine im Vergleich zur direkten Messung der Emissionen

79

---

200 Vgl. Industrieemissionsrichtlinie – RL 2010/75/EU, ABl. EU v. 17.12.2010, L 334/29f.
201 Vgl. Berichtigung der Delegierten Verordnung (EU) 2023/2772 v. 31.7.2023, ABl. EU L v. 9.8.2024, Anhang II, Tab. 2, S. 271.
202 Vgl. Industrieemissionsrichtlinie – RL 2010/75/EU, ABl. EU v. 17.12.2010, L 334/23. In den *Basis for Conclusions* wird als Quelle der Definition die Richtlinie 2008/1/EG genannt. Diese ist jedoch nicht mehr in Kraft und wurde durch die Industrieemissionsrichtlinie ersetzt. Die Definition des Begriffs „Anlage" ist für diesen Zweck jedoch kaum verändert worden, weshalb in dieser Kommentierung auf die Industrieemissionsrichtlinie als die geltende Gesetzesgrundlage verwiesen wird.

schlechtere Methode gewählt, so sind die Gründe für die Wahl dieser schlechteren Methode darzulegen. Verwendet das Unternehmen Schätzungen, so legt es den Standard, die sektorale Studie oder die Quellen offen, die seinen Schätzungen zugrunde liegen, sowie den möglichen Grad der Unsicherheit und den Bereich der Schätzungen, der die Messunsicherheit widerspiegelt (ESRS E2.31).

Die **Methodenhierarchie** ergibt sich aus der Genauigkeit der resultierenden Ergebnisse; die Methoden sollten in folgender Reihenfolge priorisiert und entsprechend angewendet werden:
- direkte Messung von Emissionen, Abwasser und anderer Verschmutzungen durch die Anwendung von kontinuierlichen Überwachungssystemen,
- periodische Messung,
- Berechnung auf Basis standortspezifischer Daten,
- Berechnung auf Basis von veröffentlichten Verschmutzungsfaktoren,
- Schätzung (ESRS E2.AR26).

Praxis-Beispiel Metsä Group – Berichterstattungsgrundsätze für Kennzahlen[203]

„Die Emissionen in Wasser und Luft umfassen die wesentlichen Emissionen aus den Produktionseinheiten der Metsä Group. Die Emissionen werden auch an die Behörden gemeldet. Die Wassereinleitungen werden anhand von Labormessungen ermittelt. Die Emissionen in das Wasser werden als Kombination aus Wasserdurchfluss und Konzentration berechnet. Abwassereinleitungen von Dritten, die in den Kläranlagen behandelt werden, sind von der Berichterstattung ausgeschlossen. Die Emissionen in die Luft werden auf der Grundlage kontinuierlicher und/oder einmaliger Messungen ermittelt. Die endgültige Emission wird als eine Kombination aus Luftströmen und Konzentrationen berechnet. Die Emissionen werden den internen und externen Zuflüssen zugeordnet, indem zunächst eine auf früheren Messungen beruhende Annahme über die Reduzierung des chemischen Sauerstoffbedarfs (CSB) für jeden Zufluss getroffen wird und später eine Anpassung an die tatsächliche CSB-Reduktion der Anlage vorgenommen wird. Andere Emissionen werden auf der Grundlage des Durchflusses zugewiesen. Bei integrierten Fabriken wird die CSB-Menge den Nutzern der Kläranlage auf der Grundlage der CSB-Qualität zugewiesen. Einleitungen, die über externe (in der Regel kommunale) Kläranlagen erfolgen, werden berücksichtigt, wobei von einer 85 %igen CSB-Reduktion ausgegangen wird. Der biologische Sauerstoffbedarf (BSB) und die Emissionen von Phosphor und Schwebstoffen werden auf der Grundlage des Durchflusses unter Verwendung der folgenden Restkonzentrationen berechnet: BSB 10 mg/l, Gesamtphosphor 0,5 mg/l und

---

[203] Entnommen Metsä Group, Annual review 2023, S. 47, eigene Übersetzung aus dem Englischen.

> suspendierte Feststoffe 10 mg/l. Die Gesamtstickstoffemissionen werden als Null angesehen, da kommunales Abwasser überschüssigen Stickstoff enthält und die Reduzierung des BSB den Stickstoff an Biomasse bindet, wodurch die Gesamtstickstoffemissionen der Anlage reduziert werden. Zur Bestimmung des BSB wird eine siebentägige Messperiode (BSB7) verwendet."

Kontinuierliche Messung wird definiert als „Messung mit einem ‚automatischen Messsystem', das am jeweiligen Standort fest installiert ist", während eine **periodische Messung** „in bestimmten Zeitabständen mittels manueller oder automatischer Verfahren"[204] durchgeführt wird. Die direkte und kontinuierliche Messung von Emissionen steht an oberster Stelle der Messhierarchie, da durch dieses Verfahren die größtmögliche Menge an Daten erzeugt wird, die eine hohe Genauigkeit aufweisen und entsprechend für analytische Zwecke genutzt werden können. Diese Methode hat aber auch den Nachteil, dass eine regelmäßige Kalibrierung notwendig ist.[205]   **80**

Verschmutzungsfaktoren basieren auf der Annahme, dass industrielle Einheiten der gleichen Produktart ähnliche Emissionsmuster aufweisen. Um die Emissionen auf Basis von Verschmutzungsfaktoren zu berechnen, wird außerdem die **Aktivitätsrate** benötigt und folgende Formel verwendet:

$$\text{Emissionsrate} = \text{Verschmutzungsfaktor} \times \text{Aktivitätsrate}$$

Die **Emissionsrate** wird in Masse pro Zeiteinheit ausgedrückt, der Verschmutzungsfaktor als Masse pro Durchsatzmenge und die Aktivitätsrate als Durchsatzmenge pro Zeiteinheit.[206]

Verschmutzungsfaktoren können u. a. in der **Datenbank der EU Umweltagentur**[207] gefunden werden und im „EMEP/EEA air pollutant emission inventory guidebook 2023"[208], auf dem die Datenbank aufbaut.

Hinsichtlich der geforderten Offenlegung der Methoden muss das Unternehmen berücksichtigen, ob die **Überwachung gem. den BVT-Merkblättern** oder einer anderen relevanten Referenzbenchmark durchgeführt wird sowie ob und wie die Kalibrierungstests des AMS (*Automated Measuring Systems*, automati-   **81**

---

[204] Beschluss (EU) 2017/2117, ABl. EU v. 7.12.2017, L 323/6 f.

[205] Vgl. Brinkmann et al., JRC Reference Report on Monitoring of Emissions to Air and Water from IED Installations, 2018, S. 12, https://eippcb.jrc.ec.europa.eu/sites/default/files/2019-12/ROM_2018_08_20.pdf, Abruf 1.8.2024.

[206] Vgl. Brinkmann et al., JRC Reference Report on Monitoring of Emissions to Air and Water from IED Installations, 2018, S. 15.

[207] Siehe http://efdb.apps.eea.europa.eu/, Abruf 1.8.2024.

[208] Siehe www.eea.europa.eu//publications/emep-eea-guidebook-2023, Abruf 1.8.2024.

sche Messeinrichtung) durchgeführt und die Überprüfung der regelmäßigen Messungen durch unabhängige Labors sichergestellt wurden (ESRS E2.AR27). Für Anlagen, die eine **Genehmigung** nach der Industrieemissionsrichtlinie bzw. dem BImSchG benötigen, gibt es ab einer bestimmten Größe konkrete Vorgaben für eine kontinuierliche Messung und entsprechend anzuwendender Kalibrierungsmethoden. Eine Kalibrierung und Funktionsprüfung sind zu Beginn, bei wesentlichen Änderungen der Anlage und jährlich (Funktionsprüfung) bzw. alle drei Jahre (Kalibrierung) durchzuführen. Zu beachten ist, dass eine Kalibrierung erst nach drei bis sechs Monaten, wenn ein regulärer und stabiler Betrieb eingetreten ist, sinnvoll ist. Verschiedene DIN-Normen können für den Kalibrierungsprozess und eine Zertifizierung der AMS herangezogen werden. V.a. sind die DIN EN 14 181 (2015) „Emissionen aus stationären Quellen – Qualitätssicherung für automatische Messeinrichtungen" und die DIN EN 15 267 „Luftbeschaffenheit – Zertifizierung von automatischen Messeinrichtungen" ausschlaggebend. Für bestimmte Stoffe gibt es darüber hinaus einzelne Normen, wie die DIN EN 14 884 (2006) bzgl. Quecksilber.[209]

2.3.2.4 Luftschadstoffe

82 Für die Angabe der **Emissionen von Luftschadstoffen** sind die in Rz 22 definierten Luftschadstoffe zu berücksichtigen und in Tonnen oder Kilogramm anzugeben. Die Angabe der Luftschadstoffe ist auch in der Offenlegungsverordnung gefordert. Hiernach sind die Emissionen von Luftschadstoffen anzugeben in der Messeinheit „Tonnen Äquivalent Luftschadstoffe pro investierter Million EUR, ausgedrückt als gewichteter Durchschnitt".[210] Die Angabe der Luftschadstoffemissionen unterstützt daher den Informationsbedarf von Finanzmarktteilnehmern, die der Offenlegungsverordnung unterliegen.

83 Auch i.R.d. **GRI Standards** ist die Angabe zu Emissionen von Luftschadstoffen zu machen. Diese Anforderung findet sich im Themenstandard „GRI 305: Emissionen 2016" in Angabe „305-7 Stickstoffoxide (NOx), Schwefeloxide (SOx) und andere signifikante Luftemissionen" wieder.[211] Hiernach müssen Unternehmen die Menge an signifikanten Luftemissionen offenlegen. Signifikante Luftemissionen sind „Luftemissionen, die gemäß internationalen Konventionen und/oder nationalen Gesetzen oder Verordnungen reguliert sind. Anmerkung: Signifikante Luftemissionen umfassen u.a. jene, die in den umweltrechtlichen Betriebsgenehmigungen für Organisationen aufgeführt sind."[212]

---

[209] Vgl. Ohms, in Landmann/Rohmer, UmweltR, Stand: September 2023, 13. BImSchV § 19 Rn. 8, 10, 12, 14.
[210] Delegierte VO 2022/1288/EU, ABl. EU v. 25.7.2022, L 196/45.
[211] Vgl. GRI 305: Emissionen 2016, S. 24.
[212] GRI 305: Emissionen 2016, S. 26.

Die ESRS differenzieren nicht explizit signifikante Luftemissionen. Mit dem Zusatz, dass jedoch nur Angaben über **Stoffe, die die Schwellenwerte zur Freisetzung i. R. d. E-PRTR-Verordnung überschreiten**, gemacht werden müssen, wird eine Einstufung hinsichtlich der Wesentlichkeit der Emissionen eingeführt. Zuvor waren Unternehmen stets verpflichtet, Angaben zu Emissionen von Luftschadstoffen zu machen, da diese sich aus der Offenlegungsverordnung ergeben. Mit der Überarbeitung der ESRS durch die EU wurde dieser Grundsatz gestrichen, und die Angaben erfolgen in Abhängigkeit der Ergebnisse der Wesentlichkeitsanalyse.

Mit Bezug auf GRI 305-7 enthalten auch die *planet metrics* des Weltwirtschaftsforums (WEF) Angaben zur Luftverschmutzung. Anzugeben sind wesentliche Informationen zu Stickstoffoxiden, Schwefeloxiden, Feinstaub und andere signifikante Luftemissionen entlang der Wertschöpfungskette. Die Angaben zu Emissionen in städtischen bzw. dicht besiedelten Gebieten (Rz 75) sind separat anzugeben. Um das volle Ausmaß der Auswirkungen der unternehmerischen Tätigkeit zu erfassen, soll außerdem der finanzielle Effekt, der durch die Luftverschmutzung erwartet wird, angegeben werden. Weitere Rahmenwerke, auf die sich die Angaben beziehen, sind neben den GRI das Natural Capital Protokoll, ISO 14008 und die Value Balancing Alliance (Rz 19).[213]   **84**

In GRI 305-7 werden auch die in den ESRS genannten **Messmethoden** (Rz 79f.) angegeben, die verwendet werden müssen. Nicht in den GRI enthalten ist die periodische Messung. Anders als in den ESRS liegt bei den Messmethoden des GRI Standards keine Hierarchie vor; Unternehmen ist lediglich vorgeschrieben, eine der vier Methoden anzuwenden und dies entsprechend anzugeben. Auch soll angegeben werden, welche Standards, Annahmen und Rechenprogramme für die Ermittlung der Luftschadstoffemissionen verwendet wurden sowie die Quelle der Emissionsfaktoren. Es wird darüber hinaus empfohlen, wenn es der Transparenz und Nachvollziehbarkeit dient, die Luftemissionen weiter nach Geschäftseinheit oder Einrichtung, Land, Art der Quelle oder Tätigkeit aufzuschlüsseln.[214]   **85**

Praxis-Beispiel BASF – Luftemissionen

„Die absoluten Emissionen luftfremder Stoffe aus unseren Produktionsanlagen betrugen im Jahr 2022 23.360 Tonnen (2021: 25.869 Tonnen). [Emissionen von ozonabbauenden Substanzen] Die Emissionen von Schwermetallen betrugen im Jahr 2022 4 Tonnen (2021: 2 Tonnen)."[215]

---

213 Vgl. WEF, Planet metrics – Air pollution, www.weforum.org/stakeholdercapitalism/our-metrics/, Abruf 1.8.2024.
214 Vgl. GRI 305: Emissionen 2016, S. 24.
215 Entnommen BASF SE, BASF-Bericht 2022, S. 143.

	2020	2021	2022
Luftfremde Stoffe gesamt (1.000 Tonnen)	24,49	25,87*	23,36
davon CO (Kohlenmonoxid)	3,73	3,95	3,83
davon NO_X (Summe Stickoxide)	10,65	11,09*	9,32
davon NMVOC (Flüchtige organische Kohlenstoffverbindungen ohne Methan)	4,53	4,82*	4,62
davon SO_X (Summe Schwefeloxide)	1,86	1,91*	1,55
davon Stäube	2,0	2,15	2,06

* Die Vergleichswerte für die Jahre 2020 und 2021 wurden aufgrund von Datenaktualisierungen angepasst.

Tab. 9: Kennzahlen bzgl. Luftemissionen von BASF[216]

2.3.2.5 Emissionen in Wasser

86 Für die Angabe der **Emissionen in Wasser** sind die in Rz 23 definierten Stoffe zu berücksichtigen und in Tonnen oder Kilogramm anzugeben. Die Angabe der Emissionen in Wasser ist auch in der Offenlegungsverordnung gefordert. Hiernach sind die Emissionen in Wasser anzugeben in der Messeinheit „Tonnen Emissionen in Wasser, die von den Unternehmen, in die investiert wird, pro investierter Million EUR verursacht werden, ausgedrückt als gewichteter Durchschnitt".[217] Die Angabe der Wasseremissionen unterstützt daher den Informationsbedarf von Finanzmarktteilnehmern, die der Offenlegungsverordnung unterliegen.

87 Auch wenn die **GRI Standards** das Thema „**Wasser und Abwasser**" berücksichtigen, gibt es keine konkreten Angabepflichten bzgl. Emissionen in Wasser und der in den ESRS berücksichtigten Stoffe. Jedoch gibt es weitere Nachhaltigkeitsberichterstattungsinitiativen, die Emissionen in Wasser berücksichtigen, wie z.B. die *planet metrics* des WEF. Diese regen an, dass Unternehmen, v.a. Unternehmen mit wesentlichen **landwirtschaftlichen Tätigkeiten** oder mit solchen Tätigkeiten entlang ihrer Wertschöpfungskette, die Verschmutzung durch Stickstoff, Phosphat und Kalium im verwendeten Dünger offenlegen. Auch die Auswirkungen auf Verschmutzung von Wasser durch Schwermetalle und andere Giftstoffe und insbes. deren finanzielle Effekte sollen offengelegt werden. Als Quellen für diese Kennzahlen werden weitere Initiativen wie

---

216 Modifiziert entnommen BASF SE, Kennzahlen, www.basf.com/global/de/investors/sustainable-investments/interactive-overview-of-performance-indicators.html, Abruf 1.8.2024.
217 Delegierte VO 2022/1288/EU, ABl. EU v. 25.7.2022, L 196/43.

SASB, Natural Capital Protocol, die ISO-Norm 14008 und die Value Balancing Alliance genannt (Rz 19).[218]

Praxis-Beispiel BASF – Emissionen in das Wasser

„An BASF-Produktionsstandorten leiteten wir im Jahr 2022 insgesamt 1.400 Millionen Kubikmeter Wasser ab (2021: 1.503). Davon kamen 163 Millionen Kubikmeter Abwasser aus der Produktion. Im Jahr 2022 betrugen die Stickstoffemissionen in das Wasser 2.600 Tonnen (2021: 3.000). Über Abwässer wurden rund 10.600 Tonnen organische Stoffe emittiert (2021: 12.500). Unsere Abwässer enthielten 16 Tonnen Schwermetalle (2021: 17). Die Phosphoremissionen betrugen 240 Tonnen (2021: 340)."[219]

	2020	2021	2022
Organische Stoffe (1.000 Tonnen)	11,5	12,5	10,6
Stickstoff (1.000 Tonnen)	2,9	3,0	2,6
Schwermetalle (Tonnen)	22	17	16

Tab. 10: Kennzahlen bzgl. Emissionen in das Wasser von BASF[220]

2.3.2.6 Anorganische Schadstoffe

In der Veröffentlichung zu **Schadstoffen aus der E-PRTR-Verordnung** sind Informationen über die anorganischen Schadstoffe, die das Unternehmen erzeugt, in Tonnen oder Kilogramm anzugeben. **Anorganische Schadstoffe** werden definiert als „Emissionen, die innerhalb oder unterhalb der mit den besten verfügbaren Techniken assoziierten Emissionswerte (BVT-assoziierte Emissionswerte) gemäß Artikel 3 Nummer 13 der [Industrieemissionsrichtlinie] für die ‚Herstellung anorganischer Grundchemikalien: Feststoffe und andere' liegen."[221]

88

Die Angabe der anorganischen Schadstoffe ist auch in der Offenlegungsverordnung gefordert. Hiernach sind die Emissionen anorganischer Schadstoffe anzugeben in der Messeinheit „Tonnen Äquivalent anorganischer Schadstoffe pro investierter Million EUR, ausgedrückt als gewichteter Durchschnitt".[222] Die Angabe der Emissionen von anorganischen Schadstoffen unterstützt daher

---

218 Vgl. WEF, Planet metrics – Water pollution, www.weforum.org/stakeholdercapitalism/our-metrics/, Abruf 1.8.2024.
219 Entnommen BASF SE, BASF-Bericht 2022, S. 146.
220 Entnommen BASF SE, Kennzahlen, www.basf.com/global/de/investors/sustainable-investments/interactive-overview-of-performance-indicators.html, Abruf 1.8.2024.
221 Delegierte VO 2022/1288/EU, ABl. EU v. 25.7.2022, L 196/40.
222 Delegierte VO 2022/1288/EU, ABl. EU v. 25.7.2022, L 196/45.

den Informationsbedarf von Finanzmarktteilnehmern, die der Offenlegungsverordnung unterliegen.

Unter die Herstellung von **anorganischen Chemikalien** fallen folgende Stoffe:
* „Gase wie Ammoniak, Chlor und Chlorwasserstoff, Fluor und Fluorwasser-
  stoff, Kohlenstoffoxiden, Schwefelverbindungen, Stickstoffoxiden, Wasser-
  stoff, Schwefeldioxid, Phosgen;
* Säuren wie Chromsäure, Flusssäure, Phosphorsäure, Salpetersäure, Salzsäu-
  re, Schwefelsäure, Oleum, schwefelige Säuren;
* Basen wie Ammoniumhydroxid, Kaliumhydroxid, Natriumhydroxid;
* Salze wie Ammoniumchlorid, Kaliumchlorat, Kaliumkarbonat, Natrium-
  karbonat, Perborat, Silbernitrat;
* Nichtmetalle, Metalloxide oder sonstige anorganische Verbindungen wie
  Kalziumkarbid, Silicium, Siliciumkarbid."[223]

Praxis-Beispiel BASF – Emissionen von anorganischen Stoffen

	2020	2021	2022
Luftfremde Stoffe gesamt (1.000 Tonnen)	24,49	25,87	23,36
Davon NH_3 (Ammoniak) und andere anorganische Stoffe (1.000 Tonnen)	1,71	1,95	1,97

Tab. 11: Kennzahl bzgl. anorganischer Stoffe von BASF[224]

2.3.2.7 Ozonabbauende Stoffe

89 In der Veröffentlichung zu Schadstoffen aus der E-PRTR-Verordnung sind
Informationen über **ozonabbauende Stoffe**, die das Unternehmen erzeugt, in
Tonnen oder Kilogramm anzugeben. Welche Stoffe zu den ozonabbauenden
Stoffen zählen, wurde im Montrealer Protokoll[225] festgelegt und in der Verordnung über Stoffe, die zum Abbau der Ozonschicht führen[226], verankert. Hierzu
zählen Fluorchlorkohlenwasserstoff (FCKW), teilhalogenierter Fluorchlorkohlenwasserstoff (H-FCKW), Halone und Methylbromid.[227]

223 Industrieemissionsrichtlinie – RL 2010/75/EU, ABl. EU v. 17.12.2010, L 334/52f.
224 Entnommen BASF SE, Kennzahlen, www.basf.com/global/de/investors/sustainable-invest
  ments/interactive-overview-of-performance-indicators.html, Abruf 1.8.2024.
225 Siehe für weitere Informationen und zur Entwicklung BMUV, Montrealer Protokoll: Chronologie der Maßnahmen, www.bmuv.de/themen/luft/ozonschicht-ozonloch/montrealer-protokoll-
  chronologie-der-massnahmen, Abruf 1.8.2024.
226 Vgl. VO (EG) 1005/2009, ABl. EU v. 31.10.2009, L 286/1ff.
227 Vgl. GRI 305: Emissionen 2016, S. 25.

Die Angabe der ozonabbauenden Schadstoffe ist auch in der Offenlegungsverordnung gefordert. Hiernach sind die Emissionen ozonabbauender Stoffe anzugeben in der Messeinheit „Tonnen Äquivalent ozonabbauender Stoffe pro investierter Million EUR, ausgedrückt als gewichteter Durchschnitt".[228] Die Angabe der Emissionen ozonabbauender Stoffe unterstützt daher den Informationsbedarf von Finanzmarktteilnehmern, die der Offenlegungsverordnung unterliegen.

In der **Nachhaltigkeitsberichterstattung nach den GRI** sind auch Angaben zu Emissionen von ozonabbauenden Substanzen nach GRI 305-6 zu veröffentlichen. Als **ozonabbauende Substanzen** werden „Substanz(en) mit einem Ozonabbaupotenzial, das größer als 0 ist und die stratosphärische Ozonschicht abbauen kann"[229] bezeichnet. Auch die GRI verweisen auf das Montrealer Protokoll sowie das Umweltprogramm der Vereinten Nationen für die Kontrolle solcher Substanzen. Nach GRI 305-6-a sind Informationen über die Produktion, den Import sowie Export von ozonabbauenden Stoffen in FCKW-11-Äquivalenten anzugeben. Die dazu verwendete Messeinheit FCKW-11-Äquivalente ermöglicht es, „verschiedene Substanzen anhand ihres relativen Ozonabbaupotenzials miteinander zu vergleichen".[230] Dabei entspricht die Referenzstufe 1 „dem Potenzial von FCKW-11 (Trichlorfluormethan) und FCKW-12 (Dichlordifluormethan) für die Verursachung von Ozonabbau".[231] Offengelegt werden soll, welche Substanzen in die Berechnung einbezogen werden, aus welchen Quellen die Emissionsfaktoren stammen und welche Standards, Methoden, Annahmen und Rechenprogramme verwendet wurden. Bei der Angabe der produzierten ozonabbauenden Substanzen müssen solche, die durch zugelassene Techniken zerstört wurden und bei der Herstellung anderer Chemikalien vollständig verbraucht werden, abgezogen werden. Auch sollen recycelte und wiederverwendete ozonabbauende Substanzen ausgeschlossen werden.

Eine solche Vorgabe für die Berichterstattung über ozonabbauende Stoffe wird **in den ESRS bisher nicht konkretisiert.** Ähnlich wie bei den Angaben zu Emissionen nach GRI 305-7 (siehe Rz 85 zu Luftschadstoffemissionen) sind ggf. weitere Angaben zur Auswahl der Methoden und Aufschlüsselungen zur Förderung der Transparenz und Vergleichbarkeit zu machen. Auch die GRI weisen darauf hin, dass diese Offenlegung dazu dient, die Einhaltung geltender Rechtsvorschriften bzgl. ozonabbauender Substanzen nachzuvollziehen. Durch den Anwendungsbereich und Rechtsrahmen der ESRS können diese konkreter als die GRI auf die entsprechenden Rechtsvorschriften in der EU bzw. im jeweiligen Mitgliedstaat verweisen.

90

91

---

228 Delegierte VO 2022/1288/EU, ABl. EU v. 25.7.2022, L 196/45.
229 GRI 305: Emissionen 2016, S. 25.
230 GRI 305: Emissionen 2016, S. 25.
231 GRI 305: Emissionen 2016, S. 25.

Praxis-Beispiel BASF – Luftemissionen[232]

„Die Emissionen von ozonabbauenden Substanzen nach dem Montreal-Abkommen lagen 2022 bei 14 Tonnen (2021: 18 Tonnen)."

2.3.2.8 Mikroplastik

92   Die gem. ESRS E2.28(b) vorzulegenden **Informationen über Mikroplastik** umfassen Mikroplastik, das bei Produktionsprozessen erzeugt oder verwendet wurde oder das beschafft wird **und** das die Anlagen des Unternehmens als Emissionen, als Produkt oder als Teil von Produkten oder Dienstleistungen verlässt.

Achtung

In einer Erläuterung stellt die EFRAG klar, dass über Mikroplastik, welches das Unternehmen nicht verlässt, nicht berichtet werden muss. Dies betrifft z. B. Mikroplastik, das in Produktionsprozessen verwendet wird und im Unternehmen verbleibt und somit Inventar für Geschäftsprozesse darstellt.

Da sich die Regulierung bzgl. Mikroplastik derzeit noch stark entwickelt (Rz 66), weist die EFRAG in der Erläuterung darauf hin, dass zukünftig konkretere Anforderungen gelten können.[233]

Mikroplastik kann unbeabsichtigt entstehen, wenn sich größere Kunststoffteile wie Autoreifen oder synthetische Textilien abnutzen, oder es kann absichtlich hergestellt und Produkten zu bestimmten Zwecken beigefügt werden (z. B. Peelingkügelchen in Gesichts- oder Körperpeelings; ESRS E2.AR20). Die Problematik von Mikroplastik, wie bei Kunststoffen allgemein, ist, dass es sich nicht ohne weiteres in harmlose Moleküle aufspalten lässt und die Zersetzung hunderte bis tausend Jahre dauern kann. So dient die Offenlegung von erzeugtem bzw. verwendetem Mikroplastik, auch wenn sie nicht wie die anderen Emissionen in der Offenlegungsverordnung gefordert ist, der vollumfänglichen Darstellung der Auswirkungen der unternehmerischen Tätigkeiten (ESRS E2.BC41). Der Aspekt Mikroplastik ist außerdem in anderen EU-Strategien und Regulierungen enthalten. Z. B. verfolgt der EU-Aktionsplan: „Schadstofffreiheit von Luft, Wasser und Boden" das Ziel, die Freisetzung von Mikroplastik in die Umwelt um 30 % zu reduzieren.[234]

Eine **Definition des Begriffs „Mikroplastik"** ist in Anhang II der delegierten Verordnung zu den ESRS enthalten. Der E2-Entwurf der EFRAG enthielt

---

232 Entnommen BASF SE, BASF-Bericht 2022, S. 143.
233 Vgl. EFRAG, ESRS Q&A Platform, Compilation of Explanations, Januar–Juli 2024, Frage 441, S. 117f.
234 Vgl. EU-Kommission, EU-Aktionsplan: „Schadstofffreiheit von Luft, Wasser und Boden", COM(2021) 400 final v. 12.5.2021, S. 4.

zuvor keine Definition von Mikroplastik, somit ist derzeit auch nicht eindeutig ersichtlich, aus welcher Quelle sich die Definition von Mikroplastik ergibt. Mikroplastik wird als kleines (kleiner als 5 mm) Kunststoffteil definiert. Die Definition geht weiter darauf ein, dass Mikroplastik vermehrt in der Umwelt, im Meer, in Lebensmitteln sowie im Trinkwasser zu finden ist und die Besorgnis darüber zunimmt. Außerdem ist Mikroplastik i.d.R. in der Natur nicht biologisch abbaubar, es sei denn, es wurde speziell dafür konzipiert. Die biologische Abbaubarkeit ist ein komplexes und entscheidendes Kriterium bei der Betrachtung von Mikroplastik.[235] Es wird zwischen primärem und sekundärem Mikroplastik unterschieden. Primäres Mikroplastik sind die zuvor als absichtlich genutzt bezeichneten Stoffe. Andere als die o.g. Einsatzgebiete von primärem Mikroplastik sind z.B. Reinigungsstrahler in Werften oder in der Medizin. Sekundäres Mikroplastik gelangt unabsichtlich in die Umwelt durch physikalischen, biologischen und/oder chemischen Abbau von Makroplastikteilen.[236]

In seiner nichtfinanziellen Erklärung für das Jahr 2023 gibt der Beiersdorf Konzern Kennzahlen bzgl. der Verwendung von Mikroplastik an. Jedoch wird die Kennzahl nicht in Mengeneinheiten wie Kilogramm oder Tonnen angegeben, sondern als Prozentsatz der Reduktion des Einsatzes von Mikroplastik im Vergleich zu 2016. Die Kennzahl zeigt somit den Fortschritt und die Erreichung des Ziels, die Verwendung von Mikroplastik in seinen Produkten bis 2023 vollständig einzustellen.

Praxis-Beispiel Beiersdorf[237]

Unternehmensbereich Consumer	Einheit	2022	2023
Reduktion von Mikroplastik* in NIVEA Produkten (basierend auf dem Rohmaterialvolumen) vs. 2016	%	100	100
Reduktion von Mikroplastik* in Eucerin Produkten (basierend auf dem Rohmaterialvolumen) vs. 2016	%	76	100
* Gemäß der Definition des Umweltprogramms der Vereinten Nationen (UNEP).			

Tab. 12: Kennzahlen bzgl. Mikroplastik von Beiersdorf

---

[235] Vgl. Berichtigung der Delegierten Verordnung (EU) 2023/2772 v. 31.7.2023, ABl. EU L v. 9.8.2024, Anhang II, Tab. 2, S. 274.
[236] Vgl. Umweltbundesamt, Was ist Mikroplastik?, www.umweltbundesamt.de/service/uba-fragen/was-ist-mikroplastik, Abruf 1.8.2024.
[237] Entnommen Beiersdorf AG, Nichtfinanzielle Erklärung 2023, S. 142.

2.3.3 ESRS E2-5 – Besorgniserregende Stoffe und besonders besorgniserregende Stoffe

93 Angabepflicht ESRS E2-5 sieht die Offenlegung von Informationen über die Produktion, die Verwendung, den Vertrieb, die Vermarktung und den Import bzw. Export von **besorgniserregenden Stoffen und besonders besorgniserregenden Stoffen** in Reinform, in Gemischen oder in Erzeugnissen vor. Ziel dieser Angabepflicht ist es, ein Verständnis der Auswirkungen des Unternehmens auf die Gesundheit und die Umwelt durch besorgniserregende Stoffe und besonders besorgniserregende Stoffe als solche zu ermöglichen. Sie soll auch ein Verständnis der wesentlichen Risiken und Chancen des Unternehmens ermöglichen, einschl. der Exposition gegenüber diesen Stoffen und der Risiken, die sich aus Änderungen der Vorschriften bzgl. dieser Stoffe ergeben (ESRS E2.32f.).

Die **Definition und Klassifikation** der besorgniserregenden bzw. besonders besorgniserregenden Stoffe (Rz 25) ergeben sich aus der EU-Chemikalienstrategie für Nachhaltigkeit (Rz 18) und beziehen sich auf die REACH-Verordnung (Rz 15). Da die genannten Stoffe potenziell schwere Auswirkungen auf Mensch und Umwelt haben können, wurden diesbzgl. Datenpunkte in den ESRS E2 aufgenommen (ESRS E2.BC19). Die Chemikalienstrategie für Nachhaltigkeit erwähnt auch die Stoffe, die das Recycling für sichere und hochwertige Sekundärrohstoffe behindern. Diese Art der Stoffe wurde aber von der EFRAG zunächst nicht in den Standard aufgenommen, da das Konzept nicht eindeutig sei und die Qualität der offengelegten Informationen infrage stellen würde (ESRS E2.BC44). Eine Ergänzung der Definition erfolgte jedoch bereits durch die EU-Kommission in den final veröffentlichten ESRS (Rz 25).

Als **Referenzrahmen** für diese Angabepflicht gelten verschiedene Verordnungen und Strategien der EU. Zum einen wurde der EU-Aktionsplan: „Schadstofffreiheit von Luft, Wasser und Boden"[238] bei der Erarbeitung der Angabepflicht berücksichtigt, zum anderen die EU-Chemikalienstrategie für Nachhaltigkeit.[239] Des Weiteren ergeben sich Vorgaben aus der CLP-Verordnung[240] (Rz 16) sowie der Bericht der „Platform on Sustainable Finance: Technical Working Group" über die vier verbleibenden Umweltziele der Taxonomie,[241] welcher die Grundlage für die delegierte Verordnung der Taxonomie bzgl. der weiteren Umweltziele bildet (ESRS E2.BC16; siehe zur Taxonomie → § 1 Rz 62ff.).

---

[238] Vgl. EU-Kommission, EU-Aktionsplan: „Schadstofffreiheit von Luft, Wasser und Boden", COM(2021) 400 final v. 12.5.2021.

[239] Vgl. EU-Kommission, Chemical Strategy for Sustainability – Towards a Toxic-Free Environment, COM(2020) 667 final v. 14.10.2020.

[240] Vgl. CLP-Verordnung – VO (EG) 1272/2008, ABl. EU v. 31.12.2008, L 353/1 ff.

[241] Vgl. Platform on Sustainable Finance: Technical Working Group, Part A: Methodological report, März 2022, https://finance.ec.europa.eu/system/files/2022-04/220330-sustainable-finance-platform-finance-report-remaining-environmental-objectives-taxonomy_en.pdf, Abruf 1.8.2024.

Wie in der EU-Chemikalienstrategie für Nachhaltigkeit hervorgehoben wird, **94**
ist die **chemische Verschmutzung eine der Hauptursachen für die Gefährdung der Erde,** die sich auf planetarische Krisen wie den Klimawandel, die
Verschlechterung der Ökosysteme und den Verlust der biologischen Vielfalt
auswirkt und diese verstärkt. Neue Chemikalien und Materialien müssen von
der Produktion bis zum Ende ihres Lebenszyklus inhärent sicher und nachhaltig sein, während neue Produktionsverfahren und -technologien eingesetzt
werden müssen, um den Übergang der chemischen Industrie zur Klimaneutralität zu ermöglichen (ESRS E2.BC43).

Offenzulegen sind die **Gesamtmengen** an besorgniserregenden Stoffen, die bei **95**
der Produktion entstehen oder verwendet werden oder die beschafft werden
und das Unternehmen als Emissionen, als Produkte oder als Teil von Produkten
oder Dienstleistungen verlassen. Die Daten sind nach den Hauptgefahrenklas-
sen der besorgniserregenden Stoffe aufzuschlüsseln (ESRS E2.34). Informationen zu besonders besorgniserregenden Stoffen sind separat anzugeben
(ESRS E2.35), aber nach den zuvor genannten Arten und Kategorien aufzuschlüsseln.

Damit die Informationen vollständig sind, müssen die **Stoffe im eigenen
Betrieb und Stoffe, die beschafft werden** (z.B. eingebettet in Inhaltsstoffen,
Halbfertigprodukte oder Endprodukte), in die Offenlegung einbezogen werden
(ESRS E2.AR28).

Die Menge der Schadstoffe ist in Mengeneinheiten wie Tonnen, Kilogramm
oder einer anderen Mengeneinheit, die für das Volumen und die Art des Schadstoffs angemessen ist, anzugeben (ESRS E2.AR29).

Die durch diese Angabepflicht bereitgestellten Informationen können sich auf
Informationen beziehen, die das Unternehmen bereits **im Rahmen anderer
bestehender Rechtsvorschriften,** wie z.B. der Industrieemissionsrichtlinie
(Rz 7) oder der E-PRTR-Verordnung (Rz 9), **zu melden** hat (ESRS E2.AR30).
Nimmt das Unternehmen die Informationen durch Verweis auf, so hat es die
Bestimmungen in ESRS 1 zu befolgen (→ § 3 Rz 162ff.).

Die CLP-Verordnung führt ein **Klassifizierungssystem** für besorgniserregende **96**
Stoffe ein. Hiernach werden Stoffe in drei Gefahrenkategorien eingeteilt. Die
Kategorie „physikalische Gefahr" ergibt sich aus den physikalischen Eigenschaften des Stoffs. Die weiteren Gefahrenkategorien „Gefahr für die menschliche Gesundheit" und „Gefahr für die Umwelt" ergeben sich aus den möglichen Auswirkungen des Stoffs auf die menschliche Gesundheit bzw. Umwelt.
Innerhalb dieser Kategorien gibt es Gefahrenklassen, nach denen die Angaben
i.R.d. Angabepflicht aufzuschlüsseln sind (ESRS E2.34). Gefahrenklassen un-

tergliedern Stoffe innerhalb der Gefahrenkategorien nach festgelegten Kriterien zur Einordnung der Schwere der Gefahr dieser Stoffe.[242] Tab. 13 zeigt eine Übersicht der Gefahrenklassen in den verschiedenen Gefahrenkategorien:

Gefahrenkategorie	Gefahrenklasse
Physikalische Gefahr	2.1 Explosive Stoffe/Gemische und Erzeugnisse mit Explosivstoff
	2.2 Entzündbare Gase (einschl. chemisch instabile Gase)
	2.3 Aerosole
	2.4 Oxidierende Gase
	2.5 Gase unter Druck
	2.6 Entzündbare Flüssigkeiten
	2.7 Entzündbare Feststoffe
	2.8 Selbstzersetzliche Stoffe und Gemische
	2.9 Pyrophore Flüssigkeiten
	2.10 Pyrophore Feststoffe
	2.11 Selbsterhitzungsfähige Stoffe und Gemische
	2.12 Stoffe und Gemische, die in Berührung mit Wasser entzündbare Gase entwickeln
	2.13 Oxidierende Flüssigkeiten
	2.14 Oxidierende Feststoffe
	2.15 Organische Peroxide
	2.16 Korrosiv gegenüber Metallen
	2.17 Desensibilisierte explosive Stoffe/Gemische
Gesundheitsgefahr	3.1 Akute Toxizität
	3.2. Ätzwirkung auf die Haut/Hautreizung
	3.3. Schwere Augenschädigung/Augenreizung
	3.4 Sensibilisierung der Atemwege oder der Haut
	3.5 Keimzellmutagenität
	3.6 Karzinogenität

---

[242] Vgl. CLP-Verordnung – VO (EG) 1272/2008, ABl. EU v. 31.12.2008, L 353/9.

Gefahrenkategorie	Gefahrenklasse
	3.7 Reproduktionstoxizität
	3.8 Spezifische Zielorgan-Toxizität (einmalige Exposition)
	3.9 Spezifische Zielorgan-Toxizität (wiederholte Exposition)
	3.10 Aspirationsgefahr
	3.11 Endokrine Disruption mit Wirkung auf die menschliche Gesundheit
Umweltgefahren	4.1 Gewässergefährdend
	4.2 Endokrine Disruption mit Wirkung auf die Umwelt
	4.3 PBT-Eigenschaften oder sehr persistente und sehr bioakkumulierbare Eigenschaften
	4.4 PMT-Eigenschaften oder sehr persistente, sehr mobile Eigenschaften
Weitere Gefahren	5.1 Die Ozonschicht schädigend

Tab. 13: Gefahrenkategorien und Gefahrenklassen nach Anhang I der CLP-Verordnung[243]

Die Gefahrenklassen wurden zuletzt in 2023 ergänzt. Hinzugekommen sind die Klassen 3.11, 4.2, 4.3 und 4.4. Diese neuen Einstufungen sind für Stoffe ab dem 1.5.2025 und für Gemische ab dem 1.5.2026 anzuwenden.[244]

In den **GRI Standards** ist **keine vergleichbare Angabepflicht** enthalten. Zuvor enthielt der Standard „GRI 306: Abwasser und Abfall 2016" eine Angabe zum Austritt schädlicher Substanzen (GRI 306-3). Mit der Überarbeitung der Standards und der neuen Aufteilung in „GRI 303: Wasser und Abwasser 2018" und „GRI 306: Abfall 2020" entfällt diese Angabepflicht.[245]

97

---

[243] Vgl. CLP-Verordnung – VO (EG) 1272/2008, ABl. EU v. 31.12.2008, L 353/44 ff., i. V. m. VO (EU) 487/2013, ABl. EU v. 1.6.2013, L 149/7, i. V. m. VO (EU) 2016/918, ABl. EU v. 14.6.2016, L 156/20, i. V. m. VO (EU) 2019/521, ABl. EU v. 28.3.2019, L 86/12, i. V. m. Delegierter VO EU/2023/707, ABl. EU v. 31.3.2023, L 93/11 ff.

[244] Vgl. Delegierte VO EU/2023/707, ABl. EU v. 31.3.2023, L 93/13 ff.

[245] Anzugeben waren nach der ehemaligen Angabepflicht die Gesamtzahl und das Gesamtvolumen der erfassten erheblichen Austritte schädlicher Substanzen, Kontextinformationen wie etwa der Standort und die Kategorie der Substanz und die Auswirkungen des Vorfalls.

2.3.4 ESRS E2-6 – Erwartete finanzielle Effekte durch wesentliche Risiken und Chancen im Zusammenhang mit Umweltverschmutzung

98   Angabepflicht ESRS E2-6 sieht die Offenlegung der erwarteten finanziellen Effekte von wesentlichen verschmutzungsbezogenen Risiken und Chancen vor (ESRS E2.36). Die im Inhaltsverzeichnis zu Beginn des Themenstandards angegebenen Titel der Offenlegungspflicht weichen von der im Standard verwendeten Formulierung ab. Es treten die folgenden drei Formulierungen auf:

1. Erwartete finanzielle Effekte durch **Auswirkungen, Risiken und Chancen** im Zusammenhang mit Umweltverschmutzung (Inhaltsverzeichnis Abschnitt Angabepflichten);
2. Erwartete finanzielle Effekte durch **Risiken und Chancen** im Zusammenhang mit Umweltverschmutzung (Inhaltsverzeichnis Abschnitt Anlage A: Anwendungsanforderungen);
3. Erwartete finanzielle Effekte durch **wesentliche Risiken und Chancen** im Zusammenhang mit Umweltverschmutzung (Zwischenüberschrift im Hauptteil des Standards und in Anlage A).

In der korrigierten Übersetzung wurde zwar die Formulierung „finanzielle Auswirkungen" zu „finanzielle Effekte" angepasst, die oben dargestellten Abweichungen wurde allerdings nicht vereinheitlicht. Diese abweichenden Formulierungen treten auch in der englischen Version des ESRS E2 sowie weiteren Themenstandards auf. In dieser Kommentierung wird einheitlich „Erwartete finanzielle Effekte durch **wesentliche Risiken und Chancen** im Zusammenhang mit Umweltverschmutzung" als Titel der Angabepflicht verwendet, da dies den Inhalt und die Formulierungen der Anforderungen der Angabepflicht angemessen widerspiegelt.

Das Ziel dieser Offenlegungsanforderung ist es, ein Verständnis zu vermitteln für:

a) die erwarteten finanziellen Effekte **wesentlicher Risiken**, die sich aus verschmutzungsbedingten Auswirkungen und Abhängigkeiten ergeben, sowie die Art und Weise, wie diese Risiken kurz-, mittel- und langfristig einen wesentlichen Einfluss auf die Finanzlage, die Ertragslage und die Zahlungsströme des Unternehmens haben bzw. nach vernünftigem Ermessen haben könnten;

b) erwartete finanzielle Effekte aufgrund **wesentlicher Chancen** im Zusammenhang mit der Prävention und Kontrolle von Verschmutzung (ESRS E2.38).

99   Die Offenlegungsanforderungen zu erwarteten finanziellen Effekten wurden in allen Umweltstandards harmonisiert, aber es wurden auch einige spezifische Elemente in Bezug auf Verschmutzung hinzugefügt, um die **finanziellen Effekte** von Risiken und Chancen im Zusammenhang mit Verschmutzung

besser zu erfassen. Darunter fallen der Anteil des Umsatzes mit besorgniserregenden und besonders besorgniserregenden Stoffen, Betriebs- und Investitionsausgaben im Zusammenhang mit größeren Vorfällen und Ablagerungen sowie Informationen über Rückstellungen für Umweltschutz und Sanierungskosten (ESRS E2.40, ESRS E2.BC48).

Im Konsultationsentwurf des delegierten Rechtsakts zu den ESRS hat die EU-Kommission die Begrifflichkeit dieser Angabepflicht, sowie vergleichbar in den anderen Umweltstandards, von potenziellen zu erwarteten finanziellen Auswirkungen verändert (*potential* vs. *anticipated*). Hiermit findet eine **Annäherung an die Standards des ISSB** statt, die auch den Begriff der erwarteten (*anticipated*) finanziellen Auswirkungen verwenden (→ § 2 Rz 28).[246]

Praxis-Hinweis

Nach der Konsultation wurde im finalen Standard für die Angabepflicht ESRS E2-6 gestrichen, dass Unternehmen über die erwarteten finanziellen Effekte von umweltverschmutzungsbezogenen Auswirkungen ihrer Tätigkeiten berichten müssen. Stattdessen beschränkt sich diese Angabe nur noch auf die Chancen und Risiken, die im Zusammenhang mit Umweltverschmutzung stehen. Diese Anpassung wurde analog für alle Umweltstandards durchgeführt.

Als Referenzrahmen für diese Angabepflicht gilt die **Seveso-III-Richtlinie** (Rz 8).[247]

Die geforderten Informationen sind zusätzlich zu den in ESRS 2.48(d) (→ § 4 Rz 106) geforderten Informationen über die **aktuellen finanziellen Effekte** auf die Finanz- und Ertragslage sowie die Zahlungsströme des Unternehmens für den Berichtszeitraum zu machen (ESRS E2.37). 100

Offenzulegen sind die folgenden Aspekte: 101
a) eine **Quantifizierung** der erwarteten finanziellen Effekte in Geldwerten, bevor Maßnahmen im Zusammenhang mit der Verschmutzung in Betracht gezogen werden, oder, wenn dies nicht ohne unangemessene Kosten oder Aufwand möglich ist, qualitative Informationen. Für finanzielle Effekte, die sich aus Chancen ergeben, ist eine Quantifizierung nicht erforderlich, wenn sie zu einer Offenlegung führen würde, die nicht den qualitativen Merkmalen[248] von Informationen entspricht;

---

[246] Vgl. IFRS S1.35(b); Lüdenbach/Hoffmann/Freiberg, Haufe IFRS-Kommentar, 22. Aufl., 2024, § 60 Rz 51.
[247] Vgl. Seveso-III-Richtlinie – RL 2012/18/EU, ABl. EU v. 24.7.2012, L 197/1 ff.
[248] Grundlegende Eigenschaften: Relevanz und wahrheitsgetreue Darstellung; erweiterte Eigenschaften: Vergleichbarkeit, Überprüfbarkeit und Verständlichkeit; →§ 3 Rz 18 ff.

b) eine **Beschreibung der betrachteten finanziellen Effekte**, der damit verbundenen Auswirkungen und der Zeithorizonte, in denen sie wahrscheinlich eintreten werden;

c) die **kritischen Annahmen**, die bei der Schätzung verwendet wurden, sowie die Quellen und das Ausmaß der Unsicherheit, die mit diesen Annahmen verbunden sind (ESRS E2.39).

Bei der Überarbeitung der ESRS durch die EU-Kommission wurde der Absatz gestrichen, dass die potenziellen finanziellen Effekte solche finanziellen Effekte umfassen, die nicht die Ansatzkriterien für die Aufnahme in die Posten des Abschlusses, insbes. in den Anhang, erfüllen. Dieser Absatz wurde auch in weiteren Umweltstandards (ESRS E3, ESRS E4 und ESRS E5) gestrichen, da es hier zu erheblichen Überschneidungen kommt, was eine sichere Auslegung dieser Abgrenzung sehr erschwert hätte.

102 Die erwarteten wesentlichen finanziellen Effekte sollen **in Geldwerten als Einzelbetrag oder als Spanne** angegeben werden (ESRS E2.AR34).

Die Informationen zur Quantifizierung der erwarteten finanziellen Effekte müssen vorbehaltlich der besonderen *Phase-in*-Regelungen (Rz 30) Folgendes umfassen:

a) den **Anteil des Nettoumsatzes**, der mit Produkten und Dienstleistungen erzielt wird, die besorgniserregende Stoffe sind oder diese enthalten, und den Anteil des Nettoumsatzes, der mit Produkten und Dienstleistungen erzielt wird, die besonders besorgniserregende Stoffe sind oder enthalten;

b) die im Berichtszeitraum getätigten **Betriebsausgaben (OpEx) und Investitionsausgaben (CapEx)** im Zusammenhang mit größeren Vorfällen und Ablagerungen;

c) die Bestimmungen der **Kosten für Umweltschutz und Abhilfemaßnahmen**, z.B. für die Sanierung von verunreinigten Standorten, die Rekultivierung von Deponien, die Beseitigung von Umweltverschmutzungen an bestehenden Produktions- oder Lagerstätten und ähnliche Maßnahmen (ESRS E2.40).

103 Zu den Vorfällen, über die berichtet werden soll, können bspw. **Produktionsunterbrechungen** gehören, die zu einer Verschmutzung geführt haben, unabhängig davon, ob sie aus der Lieferkette und/oder aus dem eigenen Betrieb resultieren (ESRS E2.AR32).

Die **Betriebs- und Investitionsausgaben** im Zusammenhang mit Vorfällen und Ablagerungen können z.B. Folgendes umfassen:

• Kosten für die Beseitigung und Sanierung der jeweiligen Verschmutzung von Luft, Wasser und Boden einschl. des Umweltschutzes;

- Kosten für Schadensersatz, einschl. der Zahlung von Bußgeldern und Strafen, die von Regulierungsbehörden oder staatlichen Stellen auferlegt werden (ESRS E2.AR31).

Neben den genannten Kennzahlen sind entsprechende **relevante Kontextinformationen** offenzulegen. Dies umfasst z.B. eine Beschreibung wesentlicher Vorfälle und Ablagerungen, bei denen die Verschmutzung negative Auswirkungen auf die Umwelt und/oder kurz-, mittel- und langfristig negative Auswirkungen auf die Zahlungsströme oder die Finanz- und Ertragslage des Unternehmens hatte (ESRS E2.41). **104**

Das Unternehmen kann eine **Bewertung** der mit seinen Produkten und Dienstleistungen verbundenen kurz-, mittel- und langfristigen Risiken vorlegen und erläutern, wie diese definiert, wie die finanziellen Beträge geschätzt und welche kritischen Annahmen getroffen werden (ESRS E2.AR33).

Ablagerungen in Wasser und Boden sind definiert als die „Menge eines Stoffes, die sich in der Umwelt, sei es im Wasser oder im Boden, als Folge regelmäßiger Tätigkeiten, aufgrund von Vorfällen oder infolge von Entsorgungen durch Unternehmen angesammelt hat, unabhängig davon, ob diese Ansammlung am Produktionsstandort eines Unternehmens oder außerhalb stattfindet."[249] Es wurden keine weiteren Angaben, z.B. in den *Basis for Conclusions*, dazu gemacht, aus welcher Gesetzgebung oder Quelle sich diese Definition ergibt. **105**

Die ***Phase-in*-Bestimmungen** in Bezug auf ESRS E2-6 wurden in Anlage C des ESRS 1 aufgenommen, da die Berichtsdaten noch nicht ausgereift und viele Unternehmen mit methodischen Herausforderungen konfrontiert sind. Statt quantitativer Informationen über die erwarteten finanziellen Effekte der Umweltverschmutzung sind daher drei Jahre lang qualitative Informationen zulässig. In jedem Fall können die Unternehmen qualitative Informationen offenlegen, wenn eine quantitative Offenlegung nicht praktikabel ist (ESRS E2.BC47). Bei der Überarbeitung für den Konsultationsentwurf durch die EU-Kommission wurde eine **weitere Übergangserleichterung** für diese Angabepflicht hinzugefügt. Demnach kann im ersten Jahr der Nachhaltigkeitsberichterstellung die Angabepflicht ESRS E2-6 vollständig weggelassen werden (Rz 30). So haben Unternehmen im ersten Jahr zunächst die Möglichkeit, die verschmutzungsbezogenen Risiken und Chancen zu ermitteln und eine Quantifizierung der Effekte im zweiten Jahr zu veröffentlichen (ESRS 1, App. C). **106**

Beispiele für Arten von verschmutzungsbezogenen Risiken und daraus resultierende erwartete finanzielle Effekte lassen sich auf der Basis verschiede- **107**

---

[249] Berichtigung der Delegierten Verordnung (EU) 2023/2772 v. 31.7.2023, ABl. EU L v. 9.8.2024, Anhang II, Tab. 2, S. 266.

ner Publikationen zusammenfassen. Als Grundlage dienen die Ausführungen in ESRS E2.AR7, welche Beispiele für wesentliche Risiken und Chancen, die in der Wesentlichkeitsanalyse betrachtet werden sollen, enthalten. Ergänzend dazu ergeben sich zum einen aus dem „Final Recommendations Report" der TCFD[250] zu klimabezogenen Risiken und Chancen und aus einem Bericht im Auftrag des CDP bzgl. wasserbezogener Treiber[251] weitere Beispiele. Die in diesen Dokumenten genannten Risiken bzw. Chancen und deren Implikationen müssen für die Anwendung in diesem Themenbereich entsprechend selektiert und angepasst werden. Es lässt sich aber übertragen, dass zwischen physischen Risiken und Übergangsrisiken in der Form von regulatorischen Risiken, Reputations- und Marktrisiken sowie technologischen Risiken unterschieden werden kann. Verschmutzungsbezogene Chancen können unterteilt werden in Chancen bzgl. der Ressourceneffizienz, des Markts, der Resilienz und Reputation sowie in finanzielle Chancen (ESRS E2.AR7; Abb. 3).

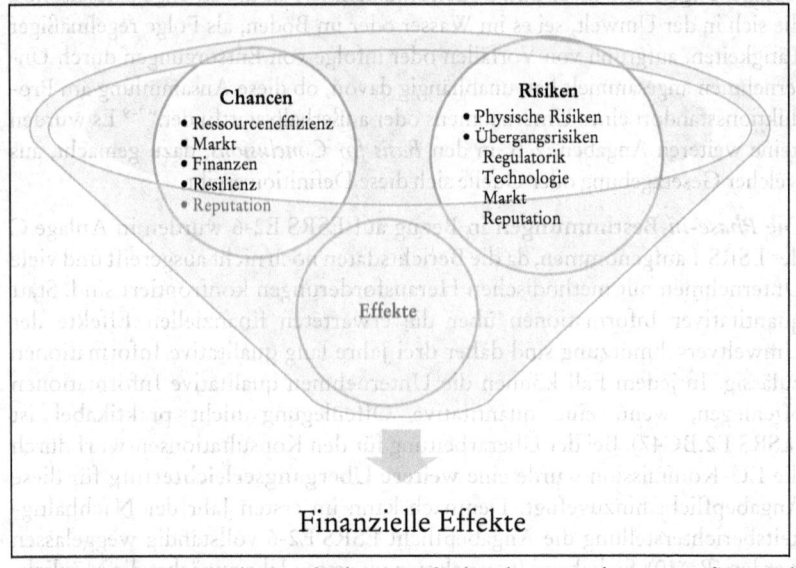

Abb. 3: Arten von Risiken und Chancen, die bei der Betrachtung von finanziellen Effekten zu berücksichtigen sind

---

250 Vgl. TCFD, Recommendations of the Task Force on Climate-related Financial Disclosures, Juni 2017.
251 Vgl. CDP, High and Dry – How water issues are stranding assets, Mai 2022.

In Tab. 14 werden die erwarteten finanziellen Effekte beispielhaft für verschie- **108** dene verschmutzungsbezogene Risiken und Chancen dargestellt:

Risikoart	Risiken im Zusammenhang mit Umweltverschmutzung	Erwartete finanzielle Effekte
Physische Risiken	• Verschlechterung der Luft-, Wasser- und Bodenqualität • Verstärkung des Ozonabbaus • Veränderungen in den Niederschlagsmustern und extreme Variabilität der Wettermuster • Plötzliche Unterbrechung des Zugangs zu sauberem Wasser • Saurer Regen und andere verschmutzungsbezogene Ereignisse • Degradierung der Natur und Verlust des natürlichen Schutzes können die Schwere der Schäden durch extreme Wetterereignisse erhöhen • Artenverlust und Verschlechterung des Ökosystems, z. B. aufgrund von Lecks oder unfallbedingten Einleitungen, die Luft, Wasser und Boden verunreinigen • Verstärkte Knappheit von natürlichen Rohstoffen • Landverlust durch Wüstenbildung und Bodendegradierung, woraufhin Bodenfruchtbarkeit verloren geht	• Geringere Einnahmen aufgrund verringerter Produktionskapazitäten (z. B. Transportschwierigkeiten, Unterbrechung der Lieferkette) und geringere Verkaufszahlen • Umsatzeinbußen und höhere Kosten durch negative Auswirkungen auf Arbeitskräfte (z. B. Gesundheit, Sicherheit, Abwesenheit) • Abschreibungen und vorzeitige Stilllegung bestehender Anlagen (z. B. Schäden an Immobilien und Vermögenswerten an „risikoreichen" Standorten aufgrund von Naturkatastrophen) • Erhöhte Betriebskosten (z. B. Reinigung von Abluft, Abwasser und Abfällen) • Erhöhte Kapitalkosten (z. B. Schäden an Anlagen, Schutz vor Überflutung) • Erhöhte Versicherungsprämien und potenziell geringere Verfügbarkeit von Versicherungen für Vermögenswerte

Risikoart	Risiken im Zusammenhang mit Umweltverschmutzung	Erwartete finanzielle Effekte
	• Artenverlust und -verschlechterung durch Boden-, Wasser- und Meeresverschmutzung	• Geringere Produktivität und folglich Umdenken bei Produktionsprozessen oder Zeitplanung (z. B. in der landwirtschaftlichen Produktion)
Übergangsrisiken		
Regulatorische Risiken	• Verschärfung der behördlichen Regulierung (z. B. Abwasserqualität, (besonders) besorgniserregende Stoffe) • Erhöhte Schwierigkeiten beim Erlangen von Betriebsgenehmigungen • Regulierungsunsicherheit • Verschärfung der Grenz- und Schwellenwerte • Höhere Anfälligkeit für Rechtsstreitigkeiten und Sanktionen (z. B. bei Fahrlässigkeit gegenüber Ökosystemen) • Erhöhte Berichterstattungs- und Meldepflichten • Auflagen und Regulierungen von bestehenden Produkten und Dienstleistungen	• Erhöhte Betriebskosten (z. B. Kosten für die Einhaltung der Vorschriften und Berichterstattungspflichten) • Abschreibungen, Wertminderung und vorzeitige Stilllegung bestehender Anlagen (z. B. wenn Anforderungen für Betriebsgenehmigung nicht mehr erfüllt werden) • Erhöhte Kosten und/oder geringere Nachfrage nach Produkten und Dienstleistungen infolge von Bußgeldern und Urteilen • Umsatzeinbußen bei Verkaufs- bzw. Verwendungsverbot bestimmter Stoffe, die in Produkten enthalten sind bzw. bei der Produktion verwendet werden • Erhöhte Investitionskosten und Kosten in Forschung und Entwicklung • Umsatzeinbußen durch verringerte Produktionskapazitäten (z. B. verzögerte Planungsgenehmigungen)

Risikoart	Risiken im Zusammenhang mit Umweltverschmutzung	Erwartete finanzielle Effekte
Technologische Risiken	• Übergang zu schadstoffarmen Technologien und Produkten • Investitionen in neue Technologien • Substitution bestehender Stoffe durch verschmutzungsärmere Stoffe • Fehlender Zugang zu Daten oder Zugang zu Daten von schlechter Qualität, die die verschmutzungsbezogenen Bewertungen erschweren	• Abschreibung und vorzeitige Stilllegung bestehender Anlagen • Geringere Nachfrage nach Produkten und Dienstleistungen • Ausgaben für Forschung und Entwicklung in neue und alternative Technologien • Kapitalinvestitionen in die Technologieentwicklung • Kosten für die Übernahme/Einführung neuer Verfahren und Prozesse • Erhöhte Betriebskosten (z. B. für neue benötigte Rohstoffe, fehlender Zugang zu neuen Technologien von Wettbewerbern)
Marktrisiken	• Verändertes Verbraucherverhalten • Erhöhte Kosten für Rohmaterialien	• Umsatzeinbußen aufgrund von geringerer Nachfrage nach Waren und Dienstleistungen aufgrund veränderter Verbraucherpräferenzen und Versorgungsunterbrechungen • Erhöhte Produktionskosten aufgrund veränderter Inputpreise (z. B. Wasser, Rohstoffe) und Produktionsanforderungen (z. B. Abwasserbehandlung) • Verlust des Marktzugangs

Risikoart	Risiken im Zusammenhang mit Umweltverschmutzung	Erwartete finanzielle Effekte
Reputationsrisiken	• Stigmatisierung des Sektors • Wachsende Besorgnis der Interessengruppen oder negative Rückmeldungen von Interessengruppen • Rechtsstreitigkeiten	• Umsatzeinbußen durch negative Auswirkungen auf Personalmanagement und -planung (z.B. Anwerbung und Bindung) und geringere Nachfrage • Verringerung der Kapitalverfügbarkeit • Erhöhte Kosten und/oder geringere Nachfrage nach Produkten und Dienstleistungen infolge von Bußgeldern und Urteilen • Geringere Treue von Lieferanten oder wichtigen Interessengruppen

Chancenart	Chancen im Zusammenhang mit Umweltverschmutzung	Erwartete finanzielle Effekte
Ressourceneffizienz	• Einsatz effizienterer Produktions- und Vertriebsverfahren • Umstellung auf effizientere Prozesse • Reduzierung der Verwendung/Entstehung und Entsorgung von Schadstoffen	• Senkung der Betriebskosten (z.B. durch Effizienzsteigerungen und Kostensenkungen sowie in Personalmanagement und -planung durch verbesserte Gesundheit, Sicherheit und Mitarbeiterzufriedenheit etc.) • Erhöhte Einnahmen durch Erhöhung der Produktionskapazität • Erhöhter Wert des Anlagevermögens (z.B. hoch bewertete verschmutzungsarme Produktionsanlagen)

Chancenart	Chancen im Zusammenhang mit Umweltverschmutzung	Erwartete finanzielle Effekte
		• Geringere Anfälligkeit für Preisschwankungen von Rohstoffen • Geringere Abhängigkeit von natürlichen Ressourcen und erhöhte Resilienz gegenüber potenziellen Engpässen
Markt	• Zugang zu neuen Märkten • Nutzung von politischen Anreizen • Zugang zu neuen Vermögenswerten und Standorten • Diversifizierung der Geschäftsaktivitäten • Verschiebung der Verbraucherpräferenzen	• Erhöhter Umsatz in neuen Märkten und durch vorteilhafte Veränderung der Verbraucherpräferenzen, neue Einnahmequellen • Stärkere Diversifizierung • Zugang zu politischen Anreizen
Finanzierung	• Nutzung von politischen Anreizen • Zugang zu grünen Fonds, Anleihen und Darlehen	• Rendite auf Investitionen in emissionsarme Technologien • Erhöhte Kapitalverfügbarkeit (z. B. da mehr Investoren Produzenten mit geringeren Emissionen bevorzugen)
Resilienz	• Ersatz bzw. Diversifizierung von Ressourcen (z. B. Verzicht auf besorgniserregende Stoffe) • Entwicklung von neuen/emissionsarmen Produkten oder Dienstleistungen durch Forschung, Entwicklung und Innovation	• Höherer Marktwert durch Resilienzplanung • Erhöhte Zuverlässigkeit der Versorgungskette • Fähigkeit, unter verschiedenen Bedingungen zu arbeiten • Geringere Anfälligkeit für zukünftige Preisschwankungen bei Rohstoffen

Chancenart	Chancen im Zusammen-hang mit Umweltver-schmutzung	Erwartete finanzielle Effekte
		• Verbesserte Wettbewerbsposition
Reputation	• Positive Beziehung zu Stakeholdern und verstärkte Zusammenarbeit	• Erhöhte Einnahmen durch erhöhte Nachfrage nach emissionsarmen Produkten und Dienstleistungen, aufgrund von Reputationsvorteilen und durch verbesserte Wettbewerbsposition • Erhöhter Marktwert • Verbesserte Betriebsstabilität und Arbeitsbedingungen, Verbesserung der Fähigkeiten, Beschäftigte zu gewinnen und zu halten

Tab. 14: Verschmutzungsbezogene Risiken und Chancen und damit verbundene erwartete finanzielle Effekte[252]

3 Fazit

109 Mit ESRS E2 werden die in der Diskussion um die Nachhaltigkeitsberichterstattung häufig im Zentrum stehenden Klimaaspekte um Angaben zur Umweltverschmutzung ergänzt. Die finale Version des Standards hat sich von den in den Entwürfen zunächst sehr allgemein klingenden, stets unter dem Wesentlichkeitsvorbehalt stehenden Angabepflichten, die eher ein legalistisches Verhalten befördern sollten und klar von einem Stakeholder-Dialog geprägt waren, in Richtung eines eher legalistischen Verhaltens konkretisiert. Der Verordnungsgeber stellt etwa teilw. nur noch auf die Berichterstattung von Grenzwertüberscheitungen ab; Umweltverschmutzungen unterhalb der Grenzwerte fallen nach den Formulierungen nicht mehr unter die Angabepflichten. Hier bleibt abzuwarten, ob die Erwartungen der Stakeholder nicht doch andere sind,

---

252 Vgl. TCFD, Recommendations of the Task Force on Climate-related Financial Disclosures, Juni 2017; CDP, High and Dry – How water issues are stranding assets, Mai 2022; TNFD, Guidance on the identification and assessment of nature-related Issues: The LEAP approach, Version 1.1, Oktober 2023, S. 126ff.; ESRS E2.AR7.

und es kann Unternehmen nur geraten werden, weiter am Stakeholder-Dialog festzuhalten und die Angabepflicht breiter zu verstehen.

Insgesamt stehen auch im ESRS E2 die Verbindungen zur Corporate Governance und zu bestehenden Regulierungen insbes. auf EU-Ebene im Mittelpunkt der Betrachtung. Allerdings zeigen sich Brüche, da die Angabepflichten des ESRS E2 unter dem Wesentlichkeitsvorbehalt stehen, andere Regulierungen aber stets Angaben ohne Wesentlichkeitsbetrachtung verlangen. Auch hier wäre abzuwägen, ob eine transparente oder eher minimalistische Berichterstattung im Nachhaltigkeitsbericht angestrebt werden soll. I. S. d. Stakeholder-Orientierung ist eine transparente Berichterstattung, die über das geforderte Mindestmaß hinausgeht, z. B. durch die Berichterstattung über Emissionen, die die entsprechenden Grenzwerte (noch) nicht überschreiten, wünschenswert aber nicht rechtlich erforderlich.

Schließlich kommt es ggf. zu Überschneidungen mit der finanziellen Berichterstattung und anderen Teilen des Lageberichts, etwa des Risikoberichts. Hier kann dann die Verweistechnik genutzt werden, um Dubletten zu vermeiden.

Literaturtipps

- BMUV, Montrealer Protokoll: Chronologie der Maßnahmen, www.bmuv.de/ themen/luft/ozonschicht-ozonloch/montrealer-protokoll-chronologie-der-massnahmen, Abruf 1.8.2024
- Brinkmann et al., JRC Reference Report on Monitoring of Emissions to Air and Water from IED Installations, 2018, https://eippcb.jrc.ec.europa.eu/ sites/default/files/2019-12/ROM_2018_08_20.pdf, Abruf 1.8.2024
- Capitals Coalition, Natural Capital Protocol, https://capitalscoalition.org/ capitals-approach/natural-capital-protocol/?fwp_filter_tabs=guide_supple ment, Abruf 1.8.2024
- CDP, High and Dry – How water issues are stranding assets, Mai 2022, https:// cdn.cdp.net/cdp-production/cms/reports/documents/000/006/321/original/ High_and_Dry_Report_Final.pdf?1651652748, Abruf 1.8.2024
- ECHA, Einführende Leitlinien zur CLP-Verordnung, Version 3.0, Januar 2019, https://echa.europa.eu/documents/10162/2324906/clp_introductory_ de.pdf, Abruf 1.8.2024
- EFRAG, EFRAG IG 1 – Materiality Assessment, Mai 2024, www.efrag.org/ sites/default/files/sites/webpublishing/SiteAssets/IG 1 Materiality Assess ment_final.pdf, Abruf 1.8.2024
- EFRAG, EFRAG IG 2 – Value chain, Mai 2024, www.efrag.org/sites/default/ files/sites/webpublishing/SiteAssets/EFRAGIG2ValueChain_final.pdf, Abruf 1.8.2024

- EFRAG/TNFD, Correspondence Mapping, Juni 2024, https://tnfd.global/wp-content/uploads/2024/06/Correspondence-mapping-ESRS-and-TNFD.pdf, Abruf 1.8.2024
- Freiberg/Bruckner (Hrsg.), Corporate Sustainability – Kompass für die Nachhaltigkeitsberichterstattung, 3. Aufl., 2024
- Fürhacker, Warum eine Risikoabschätzung und Grenzwertsetzung für Mikrokunststoffe in der aquatischen Umwelt problematisch ist, Österreichische Wasser- und Abfallwirtschaft 2020, S. 361 ff.
- GRI, Deutsche Übersetzungen, www.globalreporting.org/how-to-use-the-gri-standards/gri-standards-german-translations/, Abruf 1.8.2024
- GRI 305: Emissionen 2016
- Jarass, BImSchG, 14. Aufl., 2022
- Landmann/Rohmer, UmweltR, Stand: September 2023
- Müller/Adler/Duscher, Nachhaltigkeitsberichterstattung im Mittelstand: Verpflichtung, Ausgestaltungsanforderungen und Umsetzungsunterstützung, DB 2023, S. 242 ff.
- Platform on Sustainable Finance, Technical Working Group, Part A: Methodological report, März 2022, https://finance.ec.europa.eu/system/files/2022-04/220330-sustainable-finance-platform-finance-report-remaining-environmental-objectives-taxonomy_en.pdf, Abruf 1.8.2024
- SBTN, Take action, https://sciencebasedtargetsnetwork.org/take-action-now/take-action-as-a-company/what-you-can-do-now/, Abruf 1.8.2024
- TCFD, Recommendations of the Task Force on Climate-related Financial Disclosures, Juni 2017, https://assets.bbhub.io/company/sites/60/2021/10/FINAL-2017-TCFD-Report.pdf, Abruf 1.8.2024
- TNFD, Guidance on the identification and assessment of nature-related issues: The LEAP approach, Version 1.1, Oktober 2023, https://tnfd.global/wp-content/uploads/2023/08/Guidance_on_the_identification_and_assessment_of_nature-related_Issues_The_TNFD_LEAP_approach_V1.1_October2023.pdf?v=1698403116, Abruf 1.8.2024
- TNFD, Publications, https://tnfd.global/tnfd-publications/, Abruf 1.8.2024
- Ujaczki et al., Experiences and consequences of phasing out substances of concern in a multinational healthcare company, Environmental Sciences Europe 2022, Artikel Nr. 101
- Warnke/Müller, Entwürfe der Nachhaltigkeitsstandards zu Umweltaspekten (E-ESRS E1 bis E5) – Grundsachverhalte, zentrale Inhalte und Vergleich mit bestehenden/vorgeschlagenen Normen, IRZ 2022, S. 347 ff.

§ 8 ESRS E3 – Wasser- und Meeresressourcen

Vorbemerkung

Die Kommentierung bezieht sich auf ESRS E3 gem. Berichtigung der Delegierten Verordnung (EU) 2023/2772 v. 31.7.2023, ABl. EU L v. 9.8.2024. Sie wurde umfassend an die überarbeitete Übersetzung der ESRS vom 9.8.2024 angepasst.

Punktuelle Ergänzungen betreffen die Berücksichtigung der EFRAG Q&A (Rz 11 und 41), eines Leitfadens der Alliance for Water Stewardship (Rz 3, 20) und der TNFD (Rz 12 und 17). Außerdem wurden neue Praxis-Beispiele ergänzt (Rz 22, 27, 31, 51, 53, 60) und bestehende aktualisiert.

1 Grundlagen

1.1 Zielsetzung und Inhalt

1   ESRS E3 adressiert Angabepflichten zu Wasser- und Meeresressourcen („*Water and marine resources*"). Definitionen – i. W. zu weiterführenden Begrifflichkeiten (z. B. „Süßwasser" („*Freshwater*"), „Abwasser" („*Wastewater*") oder „Wasserintensität" („*Water intensity*")) – finden sich im Glossar zu den ESRS.[1] Verglichen mit den anderen Standards der „Environment"-Säule weist ESRS E3 insgesamt betrachtet den geringsten Umfang auf, hat jedoch demgegenüber viele Anknüpfungspunkte an diese.

2   Berichtspflichtige Unternehmen haben in ihrer Nachhaltigkeitsberichterstattung insbes. darzustellen,

- welche wesentlichen – positiven wie negativen – Auswirkungen auf Wasser- und Meeresressourcen entfaltet werden;
- welche Maßnahmen gesetzt werden, um tatsächliche oder potenzielle negative Auswirkungen zu verhindern, abzuschwächen oder zu beseitigen, um Wasser- und Meeresressourcen zu schützen – und welche Ergebnisse mit diesen Maßnahmen erzielt wurden, u. a. mit dem Ziel der Verringerung des Wasserverbrauchs;
- ob, wie und in welchem Ausmaß sich das Unternehmen der Erfüllung der Ziele des European Green Deal für Frischluft, sauberes Wasser, gesunde Böden und biologische Vielfalt widmet sowie sich zu einer nachhaltigen „blauen Wirtschaft" („*blue economy*") und einem nachhaltigen Fischereisektor bekennt;[2]
- welche Pläne und Fähigkeiten existieren, um Strategie und Geschäftsmodell(e) im Einklang mit der Förderung einer nachhaltigen Wassernutzung auf der Grundlage eines langfristigen Schutzes der verfügbaren Wasserressourcen anzupassen zu implementieren sowie den Schutz aquatischer Ökosysteme und die Wiederherstellung von Süßwasser- und Meereslebensräumen sicherzustellen;
- welcher Art, welchen Typs und welchen Umfangs die wesentlichen Risiken und Chancen des Unternehmens sind, welche sich aus den Auswirkungen auf

---

[1]   Berichtigung der Delegierten Verordnung (EU) 2023/2772 v. 31.7.2023, ABl. EU L v. 9.8.2024, Anhang II, Tab. 2, S. 268, 284.

[2]   Darüber hinaus werden folgende andere Initiativen aufgelistet: die EU-Wasserrahmenrichtlinie, das EU Marine Strategie Rahmenwerk, die Ziele Nr. 6 (Sauberes Wasser) und Nr. 14 (Leben unter Wasser) der Sustainable Development Goals (SDGs), der Respekt vor globalen Umwelt-Limits (z. B. die Integrität der Biosphäre, die Versauerung der Ozeane, die Nutzung von Süßwasser und der biogeochemische Fluss von Grenzen des Planeten) im Zusammenhang mit der Vision für 2050 („*living well within the ecological limits of our planet*") des 7. Umweltaktionsprogramms sowie der Vorschlag für eine Entscheidung des Europäischen Parlaments und des Europäischen Rates des 8. Umweltaktionsprogramms.

bzw. Abhängigkeiten von Wasser- und Meeresressourcen ergeben, und wie das Unternehmen diese Risiken und Chancen handhabt;
- welche finanziellen Effekte sich kurz-, mittel- und langfristig aus den wesentlichen Risiken und Chancen im Zusammenhang mit Auswirkungen auf bzw. Abhängigkeiten von Wasser- und Meeresressourcen für das Unternehmen ergeben.

Die Nachhaltigkeitsaspekte „**Wasser**" und „**Meeresressourcen**" umfassen lt.   3
ESRS E3.2f. die Beziehung des Unternehmens zu Wasser in der eigenen Geschäftstätigkeit und in der vor- und nachgelagerten Wertschöpfungskette (ESRS E3.AR1) – jeweils in Bezug auf die Auswirkungen, Risiken und Chancen sowie die Art und Weise, wie das Unternehmen diese Thematiken angeht.

Wasser umfasst die folgenden Aspekte (ESRS E3.AR4):
- Oberflächengewässer,
- Grundwasser.

Zu erfassen und zu berichten ist insbes., wo und wie viel Wasser für die Aktivitäten, Produkte und Dienstleistungen des Unternehmens verbraucht wird und was die wasserbezogenen Auswirkungen sind, welche das Unternehmen verursacht oder zu diesen beiträgt. Darüber hinaus muss dargestellt werden, wie das Unternehmen den wasserbezogenen Risiken ausgesetzt ist.

Dabei resultieren die unterschiedlichen Charakteristika von Oberflächengewässer und Grundwasser u.a. in einer abweichenden Betrachtung der Risiken – wenngleich es je nach geologischen Bedingungen eine mehr oder weniger starke Verbindung zwischen Oberflächenwasser und Grundwasser geben kann. Die unterschiedliche Betrachtung von Risiken verdeutlicht der **Alliance for Water Stewardship** (AWS) **Leitfaden** am Beispiel der Wasserentnahme aus Oberflächengewässer und Grundwasser wie folgt:[3] Bei Oberflächengewässer bestehen Risiken bei einer Wasserentnahme mithilfe von Pumpen etwa in Form von niedriger Strömung oder niedrigem Wasserstand, Gefrieren, Trübung, der Anfälligkeit für Verschmutzung durch Lecks oder das Vorhandensein umweltschädigender Aktivitäten flussaufwärts an einem Fluss. Zudem sind Oberflächengewässer besonders anfällig für Verschmutzungen, die sich insbes. in fließenden Flüssen sehr schnell ausbreiten können. Im Vergleich zu Grundwasserquellen ist der Zustand einer Oberflächenwasserquelle relativ leicht zu erkennen und zu bewerten.

Demgegenüber ist bei Grundwasser die Quelle der Entnahme i.d.R. ein Bohrloch. Risiken ergeben sich hier bspw. bei mangelhafter Wartung der Bohrlöcher und in der Folge ggf. bei Eintreten von Korrosion oder Verstopfung oder gar einem

---

3   AWS, AWS Standard 2.0 Guidance, S. 7, https://a4ws.org/wp-content/uploads/2020/01/AWS-Standard-2.0-Guidance-Final-January-2020.pdf, Abruf 1.8.2024.

Einsturz. Weitergehende Risiken bestünden u. a. in der Kontamination durch Verschmutzung des Grundwasserleiters, in sinkenden Wasserständen oder in Dürren.

4   Meeresressourcen umfassen die folgenden Aspekte (ESRS E3.AR4):
   • Gewinnung und Nutzung von Meeresressourcen,
   • Einleitungen und Emissionen in die Umwelt, die in die Ozeane gelangen,
   • Aktivitäten in maritimen Gebieten (*„naval matters"*).
   Als Beispiele für Meeresressourcen werden im Glossar zu den ESRS u. a. Tiefseemineralien, Kies und Meeresfrüchte genannt.[4]

5   Wie auch die anderen ESRS interagiert ESRS E3 mit weiteren themenspezifischen Standards. Ziele und Maßnahmen zum Schutz von Wasser- und Meeresressourcen können oft nicht unabhängig von anderen Themen, insbes. dem Klimawandel, der Umweltverschmutzung, der Biodiversität oder der Kreislaufwirtschaft, formuliert werden. Zusammenhänge zur Berichterstattung nach ESRS E3 und damit Verbindungen mit Offenlegungsanforderungen zu anderen Bestimmungen der ESRS finden sich wie folgt:
   • **ESRS E1** – Klimawandel (insbes. akute und chronische physische Risiken, welche sich aus wasser- und meeresbezogenen Gefahren ergeben, einschl. sich ändernder Niederschlagsmuster und -arten, Niederschläge oder hydrologische Schwankungen, Versauerung der Ozeane, Salzwasserintrusion, Anstieg des Meeresspiegels, Starkniederschläge, Überschwemmungen und Ausbrüche von Gletscherseen);
   • **ESRS E2** – Umweltverschmutzung (insbes. Emission in das Wasser, einschl. der Emission in Ozeane sowie die Verwendung und Erzeugung von Mikroplastik);
   • **ESRS E4** – Biologische Vielfalt und Ökosysteme (insbes. Erhaltung und nachhaltige Nutzung der Ozeane und Meere);
   • **ESRS E5** – Ressourcennutzung und Kreislaufwirtschaft (insbes. Abkehr von der Gewinnung nicht erneuerbarer Ressourcen und Abfallmanagement, einschl. Kunststoff).

6   Da der Schutz von Wasser- und Meeresressourcen für die Menschen allgemein und bestimmte Bevölkerungsgruppen im Besonderen von Bedeutung ist, bezieht sich ESRS E3 nicht nur auf die anderen E-Standards, sondern darüber hinaus auf ESRS S3 („Betroffene Gemeinschaften"). So werden in ESRS S3 u. a. wesentliche negative Auswirkungen auf betroffene Gemeinden durch Meeresressourcen dargestellt (ESRS S3.AR28). ESRS E3 betont zudem die besondere Bedeutung der beiden Standards ESRS 1 („Allgemeine Anforderungen") und ESRS 2 („Allgemeine Angaben"). In ESRS 2 wird Kap. 4 („Auswirkungen, Risiko- und Chancenmanagement") explizit hervorgehoben.

---

[4]   Berichtigung der Delegierten Verordnung (EU) 2023/2772 v. 31.7.2023, ABl. EU L v. 9.8.2024, Anhang II, Tab. 2, S. 273.

1.2 Abzudeckende Themen

Das übergreifend abzudeckende Thema von ESRS E3 ist „Wasser- und Meeres- **7**
ressourcen" (*water and marine resources*). Die subsumierten Unterthemen sind
gem. ESRS E3.AR4 Wasser (*water*) – und nicht etwa „Wasserressourcen", was
der Titel von ESRS E3 nahelegt – und Meeresressourcen (*marine resources*). Als
Unter-Unterthemen bestimmt ESRS 1:

* Wasserverbrauch,
* Wasserentnahme,
* Ableitung von Wasser,
* Ableitung von Wasser in die Ozeane,
* Gewinnung und Nutzung von Meeresressourcen.

Dabei wird eine einheitliche Zuordnung der Unter-Unterthemen zu den beiden
Unterthemen „Wasser" und „Meeresressourcen" vorgenommen.

Eine bedeutende Rolle spielen in ESRS E3 Angaben zum Wasserverbrauch. Auf
diesem Aspekt liegt der Schwerpunkt der Angabepflichten. Die Angaben hierzu
sind zudem – im Vergleich zu den anderen Offenlegungsanforderungen nach
ESRS E3 – zu großen Teilen in quantitativer Form gefordert und ermöglichen
damit am ehesten eine Vergleichbarkeit von Berichten.

1.3 Datenpunkte aus anderen EU-Rechtsakten

ESRS E3 beinhaltet Angabepflichten, die mit den Offenlegungsanforderungen **8**
anderer EU-Rechtsakte übereinstimmen. Demnach kommt diesen Angaben
durch deren Relevanz für Zwecke eines weiteren Rechtsakts eine besondere
Bedeutung zu. Des Weiteren unterliegen diese Angaben Harmonisierungsbestrebungen mit den EU-Rechtsvorschriften, die korrespondierende Inhalte
aufweisen. Aber auch im Zuge der Datenerhebung und -aufbereitung ist aus
prozessualer Sicht zu beachten, dass entsprechende Verknüpfungen vorgenommen werden.

Anlage B von ESRS 2 listet die Berichtsangaben auf, bei denen sich Überschneidungen zwischen den Anforderungen der ESRS und anderen EU-Rechtsvorschriften ergeben. Mit Bezug zu ESRS E3 resultieren überschneidende Berichtsangaben aus der Offenlegungs-VO (SFDR)[5]; betreffend die anderen
EU-Rechtsakte, die in der Liste von ESRS 2, App. B mit potenziellen Überschneidungen enthalten sind, sind keine Referenzen angeführt (Tab. 1).

---

[5] Verordnung (EU) 2019/2088, ABl. EU v. 9.12.2019, L 317/1.

Angabepflicht und zugehöriger Datenpunkt	SFDR-Referenz	Säule-3-Referenz	Referenz der Benchmark-VO	EU-Klimagesetz-Referenz
ESRS E3-1 Wasser- und Meeresressourcen (ESRS E3.9; Rz 23)	Indikator Nr. 7 Anhang 1 Tab. 2			
ESRS E3-1 Spezielle Strategie (ESRS E3.13; Rz 26)	Indikator Nr. 8 Anhang 1 Tab. 2			
ESRS E3-1 Nachhaltige Ozeane und Meere (ESRS E3.14; Rz 27)	Indikator Nr. 12 Anhang 1 Tab. 2			
ESRS E3-4 Gesamtmenge des zurückgewonnenen und wiederverwendeten Wassers (ESRS E3.28(c); Rz 53 und 57)	Indikator Nr. 6,2 Anhang 1 Tab. 2			
ESRS E3-4 Gesamtwasserverbrauch in m³ je Nettoeinnahme aus eigenen Tätigkeiten (ESRS E3.29; Rz 59)	Indikator Nr. 6,1 Anhang 1 Tab. 2			

Tab. 1: Datenpunkte in ESRS E3 aus anderen EU-Rechtsvorschriften (ESRS 2, App. B)

Neben den in Anlage B von ESRS 2 gelisteten EU-Rechtsvorschriften sind die Angabepflichten nach ESRS E3 mit den Inhalten der am 27.6.2023 von der EU-Kommission gebilligten *Environmental Delegated Regulation*[6] verknüpft. Konkret betrifft dies die nach ESRS E3-3 offenzulegenden Ziele und die in Anhang I der *Environmental Delegated Regulation* enthaltenen technischen Bewertungskriterien zu *„Sustainable use and protection of water and marine resources"* (Rz 50).

1.4 Phase-*in*-Regelungen

Anlage C des ESRS 1 enthält stufenweise Bestimmungen für die Offenlegungs-   9
anforderungen oder für die Datenpunkte der Offenlegungsanforderungen in den aktuellen ESRS, die im ersten Jahr/in den ersten Jahren der Erstellung der Nachhaltigkeitserklärung nach den ESRS weggelassen werden können oder nicht anwendbar sind (ESRS 1.136).

Erleichterungen bestehen für ESRS E3-5 („Erwartete finanzielle Effekte durch   10
Auswirkungen, Risiken und Chancen im Zusammenhang mit Wasser- und Meeresressourcen"). Das Unternehmen kann die in ESRS E3-5 vorgeschriebe-nen Angaben für das erste Jahr der Erstellung seiner Nachhaltigkeitserklärung weglassen. In den ersten drei Jahren reichen qualitative Angaben zur Erfüllung der Angabepflichten aus. Aufgrund des engen Zeitplans für die Umsetzung der Regelungen ist dies eine wesentliche Erleichterung für die Unternehmen, da oftmals die entsprechenden Instrumente zur Messung der finanziellen Auswir-kungen erst noch implementiert werden müssen.

2 Angabepflichten

2.1 Management der Auswirkungen, Risiken und Chancen

2.1.1 Angabepflicht im Zusammenhang mit ESRS 2 IRO-1

Gem. ESRS E3.8 besteht eine Angabepflicht im Zusammenhang mit ESRS 2   11
IRO-1 („Beschreibung der Verfahren zur Ermittlung und Bewertung der wesentlichen Auswirkungen, Risiken und Chancen im Zusammenhang mit Wasser- und Meeresressourcen"). Demnach hat das Unternehmen näher zu erläutern, ob und inwieweit das Unternehmen:

• seine Vermögenswerte und Geschäftstätigkeiten überprüft hat, um seine tatsächlichen und potenziellen Auswirkungen, Risiken und Chancen im Zusammenhang mit Wasser- und Meeresressourcen in seinen eigenen Tätig-keiten und innerhalb seiner vor- und nachgelagerten Wertschöpfungskette

---

6   EU-Kommission, C(2023) 3851 final v. 27.6.2023, https://finance.ec.europa.eu/system/files/ 2023-06/taxonomy-regulation-delegated-act-2022-environmental_en_0.pdf, Abruf 1.8.2024.

zu ermitteln – und, falls dies zutrifft, welche Methoden, Annahmen und Instrumente der Überprüfung zugrunde gelegt werden;
• Konsultationen, insbes. mit betroffenen Gemeinschaften, durchgeführt hat (gem. Leistungsnorm 6 der *IFC Performance Standards on Environmental and Social Sustainability*[7] vom Januar 2012).

Die Angaben zu ESRS 2 IRO-1 sind unabhängig davon zu tätigen, ob sich eine Berichtspflicht nach ESRS E3 auf Basis des Ergebnisses der doppelten Wesentlichkeitsanalyse ergibt. Dies stellen die Erläuterungen der **EFRAG** in den **Q&A** 1/2024 klar.[8]

12   ESRS E3.AR1 sieht für die Bewertung der Wesentlichkeit der umweltbezogenen Unterthemen grds. **vier Phasen** vor (sog. „**LEAP-Ansatz**"):[9]
• Phase 1: Feststellung des Orts, an welchem sich im eigenen Betrieb und innerhalb der Wertschöpfungskette die Schnittstelle zur Natur befindet (Rz 13–16);
• Phase 2: Bewertung der Abhängigkeiten und Auswirkungen (Rz 17–19);
• Phase 3: Bewertung der wesentlichen Risiken und Chancen (Rz 20);
• Phase 4: Erstellung und Übermittlung der Ergebnisse der Bewertung der Wesentlichkeit (Rz 21).

Die Taskforce on Nature-related Financial Disclosures (**TNFD**) stellt einen Leitfaden zur Identifizierung und Bewertung naturbezogener Probleme nach dem sog. LEAP-Ansatz bereit.[10]

13   Zu den Unterthemen im Zusammenhang mit Wasser- und Meeresressourcen, welche Gegenstand der Bewertung der Wesentlichkeit sind, gehören (ESRS E3.AR4):
• Wasser, einschl. des Verbrauchs von Oberflächengewässer und Grundwasser sowie Entnahmen und Ableitungen,
• Meeresressourcen, einschl. der Gewinnung und Nutzung dieser Ressourcen und der hiermit verbundenen wirtschaftlichen Tätigkeiten.

14   In **Phase 1** sind gem. ESRS E3.AR5 Gebiete zu bestimmen, (1) welche von Wasserrisiken betroffen sind, sowie Gebiete, (2) in welchen es eine Schnittstelle zu Meeresressourcen gibt, die zu wesentlichen Auswirkungen und Abhängigkeiten führen könnten. Die Auswirkungen können den eigenen Betrieb oder die vor- und/oder nachgelagerte Wertschöpfungskette des Unternehmens betreffen.

---

[7]   Hierbei handelt es sich um acht Performance Standards (PS), welche den Unternehmen einen Handlungsrahmen für nachhaltiges und strategisches Engagement – auch im Hinblick auf ihr Risikomanagement – geben sollen; siehe weiterführend www.ifc.org/content/dam/ifc/doc/mgrt/ifc-performance-standards.pdf, Abruf 1.8.2024.
[8]   Siehe EFRAG, ESRS Implementation Q&A Platform, Explanations 1/2024, Februar 2024.
[9]   Die Bewertung der Wesentlichkeit entspricht für ESRS E3 den ersten drei Phasen dieses LEAP-Ansatzes; in der vierten Phase geht es um die Ergebnisse des Verfahrens.
[10] TNFD, Guidance on the identification and assessment of nature-related issues: The LEAP approach, Version 1.1, Oktober 2023.

Bei der Festlegung der Gebiete kann das Unternehmen auf folgende Abgrenzung zurückgreifen:

- Orte, an denen sich die direkten Vermögenswerte befinden und an denen die Tätigkeiten sowie die damit verbundenen vor- und nachgelagerten Tätigkeiten entlang der Wertschöpfungskette stattfinden;
- Standorte in Gebieten, die von Wasserrisiken betroffen sind, einschl. Gebiete mit hohem Wasserstress;
- Sektoren oder Geschäftsbereiche, die an diesen vorrangigen Orten eine Schnittstelle mit Wasser- oder Meeresressourcen bilden.

Gem. ESRS E3.AR6 hat das Unternehmen Flusseinzugsgebiete als die relevante **15** Ebene für die **Bewertung von Standorten** zu berücksichtigen und diesen Ansatz mit einer Bewertung des operationellen Risikos seiner Anlagen und der Einrichtungen der Lieferanten mit wesentlichen Auswirkungen und Risiken zu kombinieren. Folglich ergibt sich aus dieser Bestimmung die örtliche Abgrenzung zwischen den Gebieten, bei denen Auswirkungen gesondert geprüft werden. Dies ist von Bedeutung, da bei den konkreten Angabebestimmungen zum Wasserverbrauch die Wesentlichkeit einzelner Gebiete über die Pflicht zur Berichterstattung entscheidet (Rz 54f.) und eine Offenlegungsverpflichtung für Gebiete, die als nicht wesentlich identifiziert werden, entfällt.

Das Unternehmen muss bei der Bestimmung des Zustands von Gewässern die **16** Kriterien gem. den einschlägigen Anhängen der EU-Wasserrahmenrichtlinie sowie den Leitlinien für die Umsetzung der Wasserrahmenrichtlinie heranziehen (ESRS E3.AR7). Die Leitlinien beinhalten u.a. Hilfestellung bei der Bestimmung von Schwellenwerten (etwa zur Ermittlung des chemischen Zustands von Grundwasser) und bieten methodische Hinweise zur Umsetzung der EU-Wasserrahmenrichtlinie.[11] Die Liste mit den Leitfäden ist auf der Umwelt-Homepage der EU-Kommission abrufbar. Die Leitfäden sind nur teilw. in deutscher Sprache verfügbar.[12]

In der EU-Wasserrahmenrichtlinie wird zwischen folgenden Zuständen entschieden:[13]

- sehr gut,
- gut,
- mäßig gut.

---

11 Siehe beispielhaft den CIS (Common Implementation Strategy)-Leitfaden Nr. 18 zur Beurteilung von Zustand und Trends im Grundwasser, www.umweltbundesamt.at/fileadmin/site/themen/wasser/wrrl/eu-leitfadennr-18-grundwasser.pdf, Abruf 1.8.2024. Diese Übersetzung basiert auf dieser englischen Originalfassung: EU-Kommission, Guidance Document No. 18. Guidance on Groundwater Status and Trend Assessment, Technical Report – 2009 – 026.
12 Deutsche Sprachfassungen von einzelnen Leitfäden bietet das österreichische Umweltbundesamt: www.umweltbundesamt.at/umweltthemen/wasser/wrrl/wrrl-gw/gw-leitfaden, Abruf 1.8.2024.
13 Siehe Richtlinie 2000/60/EG, ABl. EG v. 22.12.2000, L 327/1.

Beeinflusst wird der Zustand z. B. von biologischen Qualitätskomponenten wie etwa der Fischfauna, von hydromorphologen Qualitätskomponenten wie etwa dem Wasserhaushalt und von physikalisch-chemischen Qualitätskomponenten wie etwa spezifischen synthetischen Stoffen.

17   Während die Bestimmungen betreffend Phase 1 überwiegend als Muss-Vorgaben formuliert sind, enthält ESRS E3.AR8 fakultative Bestimmungen zum Vorgehen in Phase 2. Zur Bewertung seiner Auswirkungen und Abhängigkeiten für jeden ermittelten prioritären Standort kann das Unternehmen in **Phase 2**:
- Geschäftsabläufe und -tätigkeiten ermitteln, die zu Auswirkungen und Abhängigkeiten von Umweltgütern und Ökosystemdienstleistungen führen;
- Auswirkungen und Abhängigkeiten im Zusammenhang mit Wasser- und Meeresressourcen in der gesamten Wertschöpfungskette des Unternehmens ermitteln;
- den Schweregrad und die Wahrscheinlichkeit der positiven und negativen Auswirkungen auf die Wasser- und Meeresressourcen bewerten.

Weiterhin kann sich das Unternehmen bei der Ermittlung von Abhängigkeiten im Zusammenhang mit Wasser- und Meeresressourcen auf internationale Klassifikationen, wie etwa die gemeinsame internationale Klassifikation der Ökosystemdienstleistungen (CICES), stützen (ESRS E3.AR9). Der CICES-Leitfaden unterteilt diese in drei Bereiche:[14]
- *„Provisioning"*;
- *„Regulation and Maintenance"*;
- *„Cultural"*.

Als zusätzliche Quelle für die Bestimmung von Abhängigkeiten (in der Wertschöpfungskette) mit Bezug zu Wasser- und Meeresressourcen nennt der Leitfaden der TNFD zum LEAP-Ansatz den **CDP Water Impact Index**.[15]

Der CDP Water Impact Index „Water Watch" bewertet nach Angaben des Carbon Disclosure Project über 200 Industrieaktivitäten in 13 Industriesektoren nach ihren potenziellen Auswirkungen auf die Wasserressourcen und berücksichtigt sowohl die Wassermenge als auch die Wasserqualität.[16] Damit bietet dieser Datensatz eine hohe Granularität für die Bewertung der Auswirkungen verschiedener Industrieaktivitäten im Zusammenhang mit der eigenen Geschäftstätigkeit und in der Lieferkette auf die weltweiten Wasserressourcen.

---

[14] Die Klassifikationen sind abrufbar auf der Internetseite von CICES (Common International Classification of Ecosystem Services), https://cices.eu/, Abruf 1.8.2024.

[15] TNFD, Guidance on the identification and assessment of nature-related issues: The LEAP approach, Version 1.1, Oktober 2023, S. 46.

[16] Siehe CDP Water Impact Index, www.cdp.net/en/investor/water-watch-cdp-water-impact-index, Abruf 1.8.2024.

Bei der Ermittlung seiner mit Meeresressourcen verbundenen Abhängigkeiten berücksichtigt das Unternehmen, ob es von wichtigen Rohstoffen im Zusammenhang mit den Meeresressourcen abhängig ist, darunter u.a. von Kies und Meeresfrüchten.

Meeresressourcen werden gem. ESRS E3.AR11 entsprechend ihrer gesellschaft- 18
lichen Nutzung durch den Menschen definiert und müssen im Verhältnis zu dem Druck, dem die Meeresressourcen ausgesetzt sind, betrachtet werden. Einige der Druckindikatoren sind in anderen ESRS aufgeführt (z.B. Mikroplastik und Emissionen in das Wasser in ESRS E2 und Kunststoffabfälle in ESRS E5).

In ESRS E3.AR12 werden folgende Beispiele für Abhängigkeiten im Hinblick auf 19
Meeresressourcen, welche das Unternehmen berücksichtigen kann, angegeben:
• Abhängigkeiten von kommerziell befischten Fischen und Schalentieren bei seinen eigenen Tätigkeiten und innerhalb seiner vor- und nachgelagerten Wertschöpfungskette,
• Fangtätigkeiten mit mobilen Grundschleppnetzen, die auch negative Auswirkungen auf den Meeresboden haben können.

ESRS E3.AR13 enthält fakultative Regelungen zum Umgang mit Phase 3. In 20
Phase 3 kann das Unternehmen zur Bewertung seiner wesentlichen Risiken und Chancen auf Grundlage der Ergebnisse der Phasen 1 und 2 folgende umfangreiche Angaben ermitteln:
a) **Übergangsrisiken und Chancen** bei seinen eigenen Tätigkeiten und innerhalb seiner Wertschöpfungskette in folgenden fünf Kategorien:
• **Politik und Recht:** z.B. Einführung von Vorschriften oder Konzepten (z.B. Änderungen wie ein verbesserter Gewässerschutz, Verbesserung der Qualität der Wasservorschriften, Regulierung der Wasserversorgung), ineffektive Verwaltung von Gewässern oder Meeresressourcen, insbes. grenzüberschreitend (z.B. grenzüberschreitende Verwaltung), und Kooperationen, die zu einer Degradation des Wassers oder der Ozeane führen, Belastung durch Sanktionen und Rechtsstreitigkeiten (z.B. Nichteinhaltung von Genehmigungen oder Zuteilungen, Vernachlässigung oder Tötung meeresbewohnender Arten), verstärkte Berichterstattungspflichten in Bezug auf Meeresökosysteme und damit verbundene Dienstleistungen;
• **Technologie:** z.B. Einführung von Produkten oder Dienstleistungen mit geringeren Auswirkungen auf Wasser- und Meeresressourcen, Übergang zu effizienteren und saubereren Technologien (d.h. mit geringeren Auswirkungen auf Wasser und Meere), neue Überwachungstechnologien (z.B. Satelliten), Wasserreinigung, Hochwasserschutz;
• **Markt:** z.B. Verlagerung von Angebot, Nachfrage und Finanzierung, Volatilität oder gestiegene Kosten von Wasser- oder Meeresressourcen;

- **Reputation:** z.B. Veränderungen in der Wahrnehmung der Gesellschaft, der Kunden oder von Gemeinschaften infolge der Auswirkungen einer Organisation auf Wasser- und Meeresressourcen;
- **Beitrag zu systemischen Risiken bei seinen eigenen Tätigkeiten und seiner vor- und nachgelagerten Wertschöpfungskette**, einschl. des Risikos, dass ein Meeresökosystem zusammenbricht oder dass ein kritisches natürliches System nicht mehr funktioniert (z.B. Erreichen von Kipppunkten, Summierung physischer Risiken);

b) **physische Risiken**, einschl. der Wassermenge (Wasserknappheit, Wasserstress), der Wasserqualität, des Verfalls der Infrastruktur oder der Nichtverfügbarkeit einiger mit Meeresressourcen zusammenhängender Rohstoffe (z.B. seltene Fischarten oder andere lebende Meeresorganismen, die vom Unternehmen als Produkte verkauft werden), was bspw. dazu führt, dass der Betrieb in bestimmten geografischen Gebieten nicht möglich ist;

c) **Chancen**, eingeteilt in folgende fünf Kategorien:
- **Ressourceneffizienz:** z.B. Übergang zu effizienteren Dienstleistungen und Verfahren, die weniger Wasser- und Meeresressourcen benötigen;
- **Märkte:** z.B. Entwicklung von weniger ressourcenintensiven Produkten und Dienstleistungen, Diversifizierung der Geschäftstätigkeit;
- **Finanzierung:** z.B. Zugang zu grünen Fonds, Anleihen oder Darlehen;
- **Resilienz:** z.B. Diversifizierung der Meeres- oder Wasserressourcen und Geschäftstätigkeiten (z.B. Gründung eines neuen Geschäftsbereichs für die Wiederherstellung von Ökosystemen), Investitionen in grüne Infrastrukturen, naturbasierte Lösungen, Einführung von Recycling- und Kreislaufmechanismen, um die Abhängigkeit von Wasser- oder Meeresressourcen zu reduzieren;
- **Reputation:** positive Einbeziehung der Interessenträger durch einen proaktiven Ansatz hinsichtlich des Managements naturbedingter Risiken (z.B. die Möglichkeit, den Status eines bevorzugten Partners erreichen zu können).

Das Unternehmen kann sich bei der Bewertung der wesentlichen Auswirkungen, Abhängigkeiten, Risiken und Chancen auf die Erhebung von Primär-, Sekundär- oder Modelldaten oder auf andere einschlägige Ansätze stützen (ESRS E3.AR14). Ein Rahmenwerk, das helfen soll, die Risiken und Chancen im Zusammenhang mit Wasserverbrauch zu verstehen, bietet die Alliance for Water Stewardship (AWS) in Form des AWS International Watership Standard 2.0.[17] Der Standard und die dazugehörige „Guidance"[18] können überdies zur Festlegung von Konzepten und Maßnahmen mit Blick auf ESRS E3 herangezogen werden.

---

[17] AWS, AWS International Watership Standard 2.0, https://a4ws.org/the-aws-standard-2-0/, Abruf 1.8.2024.
[18] AWS, AWS Standard 2.0 Guidance, https://a4ws.org/wp-content/uploads/2020/01/AWS-Standard-2.0-Guidance-Final-January-2020.pdf, Abruf 1.8.2024.

Die Konkretisierungen zu **Phase 4** gem. ESRS E3.AR15 sind verbindlich und   **21**
basieren – anders als die Konkretisierungen zu den Phasen 2 und 3 – nicht auf
fakultativen Bestimmungen. Demzufolge hat das Unternehmen bei der Bereitstellung von Informationen über die Ergebnisse der Bewertung der Wesentlichkeit folgende Aspekte zu berücksichtigen (ESRS E3.AR15):

- Liste der geografischen Gebiete, in denen Wasser für die Tätigkeiten und die
  vor- und nachgelagerte Wertschöpfungskette des Unternehmens von we-
  sentlicher Bedeutung ist;
- Liste der mit Meeresressourcen zusammenhängenden Rohstoffe, die vom
  Unternehmen verwendet werden und für den guten Umweltzustand der
  Meeresgewässer sowie für den Schutz der Meeresressourcen von wesentli-
  cher Bedeutung sind;
- Liste der Sektoren oder Segmente, die mit wesentlichen Auswirkungen,
  Risiken und Chancen von Wasser- und Meeresressourcen verbunden sind.

Ein Beispiel zur Berichterstattung über das Thema Wasser- und Meeresressour-   **22**
cen bietet der Geschäfts- und Nachhaltigkeitsbericht 2023 von Porsche.

Praxis-Beispiel Porsche AG[19]

„Wasser und Meeresressourcen

Der Porsche AG Konzern strebt eine Produktion mit möglichst geringen
negativen Auswirkungen auf die Umwelt an. Die aktuell bestehenden Einflussmöglichkeiten auf den Ressourcenverbrauch liegen in den Bereichen
Technik, Prozesse und Logistik. Beispielhaft stehen hierfür die sparsame
Wassernutzung durch Kreislaufsysteme und der sorgfältige Umgang mit
belasteten Abwässern aus der eigenen Fahrzeugproduktion.

In Deutschland wurde im Berichtsjahr die ‚Nationale Wasserstrategie' verabschiedet, um wasserbezogene Maßnahmen in allen relevanten Sektoren zu
bündeln. Auch die Porsche AG und ausgewählte Tochtergesellschaften
stellen sich dieser Herausforderung: Mit der Porsche Strategie 2030 wurde
das Ziel gesetzt, den Wasserverbrauch, die Abwassermenge und die Emissionen ins Abwasser an allen Porsche-eigenen Produktionsstandorten bis hin
zur Verwirklichung der Vision einer ‚Zero Impact Factory' zu mindern, d. h.
zu einer Produktion mit möglichst geringeren negativen Auswirkungen auf
die Umwelt.

Die Porsche AG und die Porsche Leipzig GmbH gehen mit der zunehmend knappen Ressource Wasser sorgsam um. Ziel ist es, den Wasserverbrauch und das Abwasseraufkommen und damit die Umweltauswirkungen der Trinkwasser- und Grundwasserverknappung zu verringern.

---

[19] Entnommen Porsche AG, Geschäfts- und Nachhaltigkeitsbericht 2023, S. 110f.

Seit 2014 konnte der Wasserverbrauch in der werkseigenen Produktion pro produziertes Fahrzeug um mehr als 25 % reduziert werden.

Meeresressourcen, also die Biodiversität und Ökosysteme zu bzw. unter Wasser, werden vom Porsche AG Konzern nicht unmittelbar beeinflusst.

Die Strategie des Porsche AG Konzerns mit dem Ziel, die Umweltbelastungen pro Fahrzeug in der eigenen Produktion zu reduzieren, nimmt auch Einfluss auf das Thema Wasser.

Wasserstress und Wasserknappheit

Als Gebiete mit hohem Wasserstress gelten Regionen, in denen der Prozentsatz der Wasserentnahme am gesamten Wasserangebot hoch (40 bis 80 %) oder extrem hoch (mehr als 80 %) ist, wie im Wasserrisiko-Atlas ‚Aqueduct‘ des Weltressourceninstituts (WRI) angegeben. Wasserknappheit ist dabei definiert als die volumetrische Abundanz oder der Mangel an Süßwasserressourcen. Diese Knappheit ist durch den Menschen bedingt und ist eine Funktion des Volumens des menschlichen Wasserverbrauchs im Verhältnis zum Volumen der Wasserressourcen in einem bestimmten Gebiet.

Die Porsche AG und ausgewählte Tochtergesellschaften verwenden für die Analyse und Bewertung ihrer Standorte die Wasserstress-Indizes von Verisk Maplecroft. Demnach liegt keiner der Fahrzeugproduktionsstandorte in einem Gebiet mit hohem oder sehr hohem Wasserstress.

Wasser und Abwasser

Die Porsche AG und die Porsche Leipzig GmbH betreiben unternehmenseigene Anlagen, wie z.B. zur Prüfung der Fahrzeugdichtheit oder Waschanlagen, mit Kreislaufführung. In den Lackiereien wird Wasser gespart, indem z.B. Kaskadenspülungen zum Wasserrecycling und die Badpflege zur Standzeitverlängerung in der Vorbehandlung und im Bereich der Tauchlackierung zum Einsatz kommen. Außerdem werden die Ein- und Ausschaltzeiten der Sprühkränze feinoptimiert. Im Bereich der technischen Gebäudeausstattung erfolgt die kältetechnische Optimierung von Verdunstungskühlanlagen, wodurch ebenfalls Wassereinsparungen erzielt werden können. Das in der Fahrzeugproduktion anfallende Abwasser wird in wasserrechtlich genehmigten Anlagen vorbehandelt. So werden Schadstoffe entfernt bzw. reduziert. Die Abwässer werden gemäß den behördlichen Auflagen regelmäßig analysiert und überwacht.

Gewässerschutz – Umgang mit wassergefährdenden Stoffen

Um verantwortungsbewusst mit Wasser- und Meeresressourcen umzugehen, konzentriert sich der Porsche AG Konzern neben einer effizienten Wassernutzung vor allem auf die Minimierung der Schadstoffeinträge in Abwässer sowie auf verstärkten Boden- und Grundwasserschutz beim Einsatz von potenziell wassergefährdenden Stoffen. Wassergefährdende Stoffe aller Gefährdungsklassen werden innerbetrieblich transportiert, abgefüllt, gelagert oder verwendet.

Alle prüfpflichtigen Anlagen der Porsche AG zum Umgang mit potenziell wassergefährdenden Stoffen werden erfasst, bewertet und in einer Datenbank dokumentiert.

Die Porsche AG hat das Risiko für Betriebsstörungen beim Umgang mit wassergefährdenden Stoffen verringert – durch die Sensibilisierung der Mitarbeitenden, technische Schutzeinrichtungen bei den Produktionsanlagen und durch die Bereitstellung sogenannter ‚Bindemittelstationen‘ im Außenbereich.

Die Porsche AG und die Porsche Leipzig GmbH beziehen das Wasser für die Fahrzeugproduktion, für die technische Gebäudeausstattung und für die Sozialbereiche von der lokalen öffentlichen Wasserversorgung. Ressourcen aus Ozeanen oder Meeren werden aufgrund der lokalen Gegebenheiten dabei nicht direkt verwendet.

Die Porsche AG und die Porsche Leipzig GmbH sind an den Produktionsstandorten in Stuttgart-Zuffenhausen und Leipzig jeweils sogenannte Indirekteinleiter: Das Abwasser setzt sich dort zusammen aus Schmutzwasser von Sanitäreinrichtungen, Abwässern aus der Fahrzeugproduktion und Regenwasser; diese werden gemeinsam in die Schmutzwasserkanäle eingeleitet. In diesem Zusammenhang findet keine unmittelbare Ableitung von Wasser in Meeresgebiete statt.

Das in der Fahrzeugproduktion anfallende Abwasser wird in prozessspezifischen Vorrichtungen wie chemisch-physikalischen Behandlungsanlagen oder Leichtflüssigkeitsabscheidern vorbehandelt, um Schadstoffe zu reduzieren und die Gewässerbelastung durch Einleiten von Schadstoffen zu verringern. Die Abwässer werden gemäß den behördlichen Auflagen regelmäßig analysiert und überwacht. Dabei wurden im Berichtsjahr die bestehenden Abwassergrenzwerte eingehalten."

2.1.2 ESRS E3-1 – Konzepte im Zusammenhang mit Wasser- und Meeresressourcen

23 ESRS E3.9 fordert die berichtenden Unternehmen auf, Konzepte zu beschreiben, welche das Management für seine wesentlichen Auswirkungen, Risiken und Chancen im Kontext von Wasser- und Meeresressourcen einsetzt. Dabei wird sowohl auf die Offenlegungs-VO[20] als auch auf die (die Offenlegungs-VO ergänzende) Verordnung hinsichtlich technischer Regulierungsstandards[21] verwiesen – und zwar insoweit, als diese Informationen den dahingehenden Informationsbedarf von Finanzmarktteilnehmern unterstützen ("Investitionen in Unternehmen ohne Wasserbewirtschaftungsmaßnahmen").

24 Weiterhin wird in ESRS E3.11 auf ESRS 2 MDR-P verwiesen: Diese Mindestangabepflichten müssen hier berücksichtigt werden (→ § 4 Rz 130–131).

25 Gem. ESRS E3.12 müssen Unternehmen folgende Aspekte in ihren **Konzepten** offenlegen:
- Wasserbewirtschaftung, einschl. (a) der Nutzung und Beschaffung von Wasser- und Meeresressourcen im eigenen Betrieb, (b) der Wasseraufbereitung als Schritt hin zu einer nachhaltigeren Wasserbeschaffung sowie (c) der Vermeidung und Verminderung der durch seine Tätigkeiten verursachten Wasserverschmutzung;
- Gestaltung von Produkten und Dienstleistungen im Hinblick auf wasserbezogene Themen und die Erhaltung der Meeresressourcen;
- Verpflichtung zur Verringerung des wesentlichen Wasserverbrauchs in Gebieten, welche von Wasserrisiken betroffen sind (bei seinen eigenen Tätigkeiten und innerhalb der vor- und nachgelagerten Wertschöpfungskette).

26 Weiterhin wird von Unternehmen, bei welchen sich mind. einer der Standorte in einem Gebiet mit hohem **Wasserstress** befindet (Rz 36 ff.) und bei denen dieses Gebiet nicht von dem Konzept i.S.d. Rz 25 abgedeckt ist, eine Angabe und Begründung gefordert, weshalb kein solches Konzept festgelegt worden ist. Zudem kann ein Zeitrahmen angegeben werden, innerhalb dessen das Unternehmen plant, ein entsprechendes Konzept anzunehmen. Hierbei wird erneut Bezug auf die Offenlegungs-VO und die Verordnung hinsichtlich technischer Regulierungsstandards zur Ergänzung der Offenlegungs-VO genommen ("Engagement in Gebieten mit hohem Wasserstress").

27 Letztlich muss gem. ESRS E3.14 die Angabe erfolgen, ob das Unternehmen Konzepte oder Praktiken im Hinblick auf die Nachhaltigkeit der Meere verfolgt. In Bezug auf die Offenlegungs-VO (und die Verordnung hinsichtlich

---

[20] Verordnung (EU) 2019/2088, ABl. EU v. 9.12.2019, L 317/1.
[21] Delegierte Verordnung (EU) 2022/1288, ABl. EU v. 25.7.2022, L 196/1.

technischer Regulierungsstandards zur Offenlegungs-VO) entspricht dies dem Aspekt „Investitionen in Unternehmen ohne nachhaltige Verfahren im Bereich Ozeane/Meere".

Ein Beispiel für Angaben zur „Policy für Wasser" bietet der Geschäfts- und Nachhaltigkeitsbericht 2023 von Lenzing.

Praxis-Beispiel Lenzing AG – Policy für Wasser[22]

„Die neueste Policy für Wasser wurde vom Vorstand im Jahr 2022 genehmigt. Darin werden fünf wesentliche Verpflichtungen eingegangen:

- Lenzing orientiert sich an führenden Praktiken wie der Sicherstellung der Verfügbarkeit und der nachhaltigen Bewirtschaftung von Wasser und sanitären Einrichtungen für alle (SDG 6) sowie dem Schutz und der nachhaltigen Nutzung der Ozeane, Meere und Meeresressourcen der Welt für eine nachhaltige Entwicklung (SDG 14).
- Lenzing bindet Partner der Wertschöpfungskette und andere wichtige Stakeholder mit ein, indem sie ein breiteres Wassermanagement und Programme auf der Grundlage von Nachhaltigkeitsprinzipien fördert, um die wasserbezogenen Auswirkungen zu reduzieren und allen Mitgliedern der Gemeinschaften zu nutzen.
- Lenzing verpflichtet sich, direkte und indirekte Interaktionen mit Wasserressourcen umfassend zu überwachen, zu kontrollieren und darüber zu berichten. Lenzing bewertet kontinuierlich die Risiken und Chancen, die sich aus dem Klimawandel und anderen globalen Umweltproblemen ergeben, und berücksichtigt sie in ihrer Geschäftsstrategie.
- Lenzing optimiert und verbessert ihre Leistung in Bezug auf den Wasserverbrauch und den Wasser-Fußabdruck ihrer Produkte, indem sie sich an den besten Praktiken der Branche orientiert und sich kontinuierlich um Innovationen in den Bereichen Technologie und Management bemüht.
- Lenzing ist bestrebt, den Wasserverbrauch und die wasserbezogenen Emissionen über die gesetzlichen Anforderungen hinaus kontinuierlich zu reduzieren, um die Wasserqualität und -verfügbarkeit an Lenzings Standorten zu gewährleisten und damit die Erwartungen der Stakeholder zu erfüllen."

---

[22] Entnommen Lenzing AG, Geschäfts- und Nachhaltigkeitsbericht 2023, S. 92.

Praxis-Beispiel Lenzing AG – Verantwortungsbewusster Umgang mit Wasser[23]

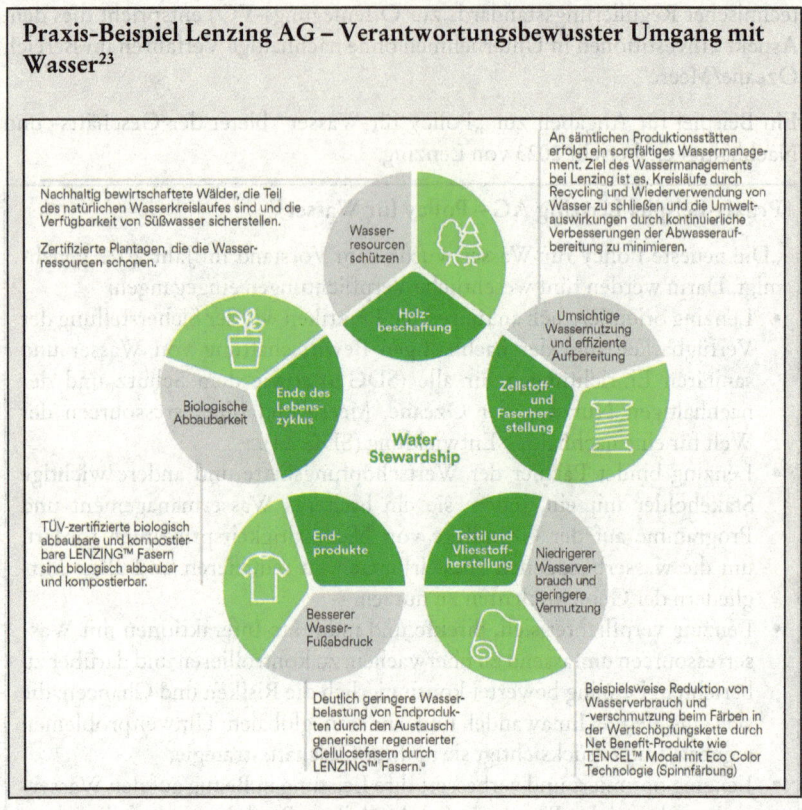

2.1.3 ESRS E3-2 – Maßnahmen und Mittel im Zusammenhang mit Wasser- und Meeresressourcen

28 Die Angabepflicht ESRS E3-2 bezweckt, ein Verständnis der wichtigsten Maßnahmen zu vermitteln, welche ergriffen und geplant wurden, um die Ziele und Vorgaben der Konzepte im Zusammenhang mit Wasser- und Meeresressourcen zu erreichen (ESRS E3.16). Dabei wird in ESRS E3.17 auf ESRS 2 MDR-A verwiesen: Diese Mindestangabepflichten müssen hier berücksichtigt werden (→ § 4 Rz 132–136).

---

[23] Entnommen Lenzing AG, Geschäfts- und Nachhaltigkeitsbericht 2023, S. 93.

Über ESRS 2 MDR-A hinaus kann das Unternehmen gem. ESRS E3.18 ange- **29**
ben, welcher Ebene in der Abhilfemaßnahmenhierarchie die Maßnahmen und
Mittel zugeordnet werden können:

- Vermeidung der Nutzung von Wasser- und Meeresressourcen,
- Verringerung der Nutzung von Wasser- und Meeresressourcen, z. B. durch
  Effizienzmaßnahmen,
- Aufbereitung und Wiederverwendung von Wasser,
- Wiederherstellung und Regenerierung von aquatischen Ökosystemen und
  Gewässern.

Henkel nimmt in seinem Nachhaltigkeitsbericht 2023 umfassend Stellung zu
Maßnahmen, die ergriffen und geplant wurden, um Ziele und Vorgaben im
Zusammenhang mit Wasser- und Meeresressourcen zu erreichen. Diese sind
zudem in einer gut strukturierten Weise dargestellt. Der diesbzgl. Inhalt des
Berichts findet sich im Folgenden auszugsweise dargestellt:

**Praxis-Beispiel Henkel – Offenlegung von Maßnahmen im
Zusammenhang mit Wasser- und Meeresressourcen[24]**

„Schonender Umgang mit Wasser als einer wichtigen Ressource

Wasser spielt in unserem Unternehmen und entlang unserer Wertschöpfungskette eine wichtige Rolle. Wir verwenden es für unsere Produktionsprozesse und als Inhaltsstoff für unsere Produkte. Viele unserer Produkte
benötigen Wasser ebenfalls in der Nutzungsphase.

Für uns ist es daher wichtig, den Wasserverbrauch während der Produktion
und Anwendung unserer Produkte zu senken. Um geeignete Ansatzpunkte
für Verbesserungen zu ermitteln, arbeiten wir eng mit verschiedenen Stakeholdern zusammen. So untersuchen wir beispielsweise unseren Einfluss auf
Wasser entlang der Wertschöpfungskette. Dazu gehört unter anderem die
Betrachtung des Wasserfußabdrucks von Rohstoffen, unserer Produktionsprozesse und des Verbrauchs von Wasser während der Anwendung unserer
Produkte, aber auch die Behandlung von Abwasser. […]

**Unsere Ambition: Kreislaufbewirtschaftung von Wasser an relevanten
Produktionsstandorten**

Mit dem Beitritt zum CEO Water Mandate, einer Initiative des UN Global
Compact, im Jahr 2021 haben wir uns unter anderem dazu verpflichtet, eine
umfassende Bewertung unseres Wasserverbrauchs vorzunehmen, um darauf aufbauend unsere Ziele in Bezug auf Wassereinsparung und Abwasserbehandlung weiterzuentwickeln. Zu den wesentlichen Ergebnissen der

---

[24] Entnommen Henkel, Nachhaltigkeitsbericht 2023, S. 65 ff.

Analyse gehört, dass wir mit der Weiterentwicklung unserer Nachhaltigkeitsstrategie im Jahr 2021 die Ambition formuliert haben, eine Kreislaufbewirtschaftung von Wasser an allen relevanten Produktionsstandorten, die einem Wasserrisiko ausgesetzt sind, bis 2030 zu erreichen. Um eine Roadmap für dieses Ziel zu entwickeln, ist eine detaillierte Bestandsaufnahme unserer relevanten Standorte erforderlich. Als Teil dieser Wasserbilanzierung haben wir 2023 damit begonnen, an 46 relevanten Standorten weltweit, die sich durch hohen Wasserstress und einen erheblichen Wasserverbrauch auszeichnen, Daten zur Kreislauffähigkeit der Wassernutzung und des Abwassers zu sammeln. Dies dient als Grundlage für die Ableitung weiterer Schlussfolgerungen für unsere Kreislaufwasserbewirtschaftungsstrategie.

Wir haben einen dreistufigen ‚Water Stewardship'-Prozess etabliert, der mit einer umfangreichen Wasserrisikoanalyse unserer Standorte beginnt, den lokalen Wasserverbrauch bewertet und danach zur Identifikation unserer für die Ambition relevanten Standorte genutzt wird.

Der ‚Water Stewardship'-Prozess bei Henkel

Phase 1: Um eine ganzheitliche Wasserbilanzierung zu ermöglichen, haben wir zunächst eine Wasserrisiko- und Verbrauchsanalyse an unseren Produktionsstandorten durchgeführt. […]

Phase 2: In der zweiten Phase geht es darum, für unsere Standorte relevante Kreislaufwirtschaftskennzahlen zu definieren. […] Als die drei wesentlichen Steuerungsgrößen zur Erreichung eines großen Anteils an Kreislaufbewirtschaftung haben wir die folgenden identifiziert. […]

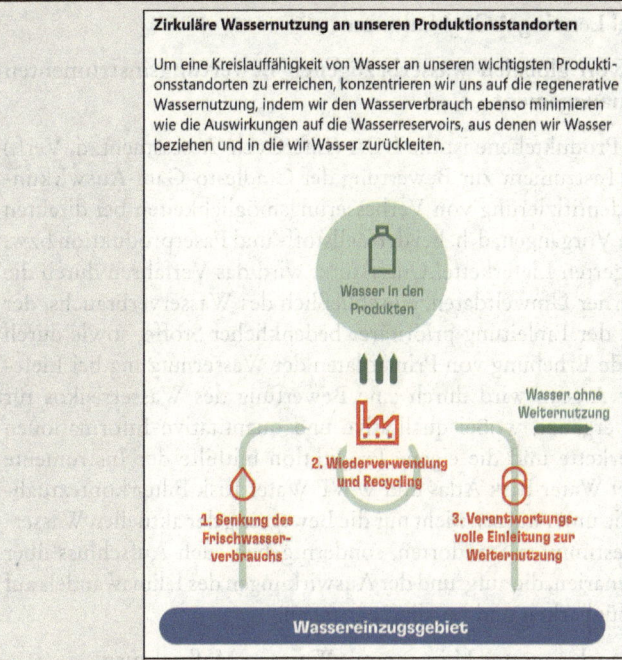

Zirkuläre Wassernutzung an unseren Produktionsstandorten

Um eine Kreislauffähigkeit von Wasser an unseren wichtigsten Produktionsstandorten zu erreichen, konzentrieren wir uns auf die regenerative Wassernutzung, indem wir den Wasserverbrauch ebenso minimieren wie die Auswirkungen auf die Wasserreservoirs, aus denen wir Wasser beziehen und in die wir Wasser zurückleiten.

Wasser in den Produkten

Wasser ohne Weiternutzung

2. Wiederverwendung und Recycling

1. Senkung des Frischwasserverbrauchs

3. Verantwortungsvolle Einleitung zur Weiternutzung

Wassereinzugsgebiet

Phase 3: In der dritten Phase wollen wir an unseren relevanten Standorten die Kreislaufbewirtschaftung vorantreiben und unsere lokalen Implementierungspläne aktualisieren."

Berichtende Unternehmen müssen Maßnahmen und Mittel im Hinblick auf Gebiete, welche von Wasserrisiken betroffen sind (einschl. Gebiete mit hohem Wasserstress), offenlegen (ESRS E3.19). Eine gesonderte Offenlegung für Gebiete mit hohem Wasserstress kann daraus nicht abgeleitet werden. Eine gemeinsame Nennung von Gebieten, die von Wasserrisiken betroffen sind, mit Gebieten mit hohem Wasserstress („einschließlich") erfolgt auch i. V. m. weiteren Angaben nach ESRS E3. Hier wird in der Folge dieselbe Schlussfolgerung gezogen. 30

Folgendes Beispiel zeigt die Angaben von Lenzing, die mit Verweis auf ESRS E3-2 getätigt werden: 31

Praxis-Beispiel Lenzing AG – Maßnahmen[25]

„**Integration von globalen wasserbezogenen Bewertungsinstrumenten in das Risikomanagement**

Vor allem auf Produktebene ist die LCA (Life Cycle Assessment; d. Verf.) das wichtigste Instrument zur Bewertung der Cradle-to-Gate-Auswirkungen und zur Identifizierung von Verbesserungsmöglichkeiten bei direkten und indirekten Vorgängen, d. h. bei der Zellstoff- und Faserproduktion bzw. in der vorgelagerten Lieferkette. Unterstützt wird das Verfahren durch die Erhebung interner Umweltdaten, einschließlich des Wasserverbrauchs, der Abwässer und der Einleitung prioritärer bedenklicher Stoffe, sowie durch die zunehmende Erhebung von Primärdaten der Wassernutzung bei Lieferanten. Dieser Ansatz wird durch eine Bewertung des Wasserrisikos für Unternehmen ergänzt, wobei qualitative und quantitative Informationen über die Lieferkette und die eigene Produktion mithilfe der Instrumente WRI Aqueduct Water Risk Atlas und WWF Water Risk Filter kontextualisiert werden. Sie unterstützen nicht nur die Bewertung der aktuellen Wassersituation an bestimmten Standorten, sondern geben auch Aufschluss über zukünftige Szenarien, die aufgrund der Auswirkungen des Klimawandels auf die Wasserverfügbarkeit und -qualität entstehen.

Verantwortungsbewusster Umgang mit Wasser – Maßnahmen

Für Lenzing ist Wasser ein kostbarer Rohstoff, der die Produktion von Faserzellstoff und Cellulosefasern ermöglicht. Ein verantwortungsbewusster Umgang mit Wasser ist daher von entscheidender Bedeutung. Da Wasser eine kostbare Ressource ist, stellt die zunehmende Wasserknappheit in vielen Teilen der Welt eine Gefahr für die Menschen, die Umwelt und die nachhaltige Wirtschaftsentwicklung dar. So können etwa schlecht bewirtschaftete Holzplantagen Druck auf das Gleichgewicht des regionalen Wasserhaushaltes ausüben. Lenzing bezieht zertifiziertes Holz aus nachhaltig bewirtschafteten Wäldern und mindert so etwaige Auswirkungen auf Wasserverknappung. Andererseits sind manche Materialien innerhalb der textilen Lieferketten mit einer hohen Wasserbelastung verbunden, sowohl durch Wasserverbrauch als auch Wasserverschmutzung. Wesentliche Fragen beim verantwortungsbewussten Umgang mit Wasser sind die effiziente Wassernutzung bei der Produktion und der Einsatz modernster Wasseraufbereitungstechnologien. Lenzing bietet Fasern mit einer geringeren Wasserbelastung als andere cellulosische Fasern an, um die wachsende Nachfrage nach nachhaltigen Fasern zu befriedigen, und entwickelt innovative Produkte, bei denen nachgelagerte Schritte in der Wertschöpfungskette entfal-

---

[25] Entnommen Lenzing AG, Geschäfts- und Nachhaltigkeitsbericht 2023, S. 93 f.

len. Dadurch werden der Wasserverbrauch und die Wasserauswirkungen erheblich reduziert. Das Spinnbad des Lyocellverfahrens enthält Wasser und das Lösungsmittel NMMO, um das Cellulose-Polymer vor dem Spinnvorgang zu lösen. Beim Viscoseverfahren wird eine Mischung aus Prozesschemikalien und Wasser verwendet. Bei beiden Produktionstechnologien wird Wasser recycelt, indem die Prozesschemikalien und/oder die Lösungsmittel mit sehr hoher Effizienz abgetrennt werden. Dieser aktuelle Stand der Technik wird in allen Produktionsstätten von Lenzing eingesetzt. Dies spart Wasser, bietet eine optimale Vorbehandlung für die Wasserentsorgung und hilft dabei, die Fasereigenschaften und -qualität zu optimieren. Durch die Rückgewinnungssysteme erhält Lenzing marktfähige Co-Produkte und wiederverwendbare Prozesschemikalien. Eine finale Abwasseraufbereitungsstufe reduziert die Abwasserbelastung. Eine mögliche Verunreinigung der aufnehmenden Gewässer wird durch die Einhaltung und das Übertreffen lokal vorgeschriebene Qualitätsanforderungen abgewendet [...]."

2.2 Kennzahlen und Ziele

2.2.1 ESRS E3-3 – Ziele im Zusammenhang mit Wasser- und Meeresressourcen

Die Offenlegung der vom Unternehmen festgelegten Ziele im Zusammenhang mit Wasser- und Meeresressourcen (ESRS E3.20) soll ein Verständnis über die Ziele vermitteln, die sich das Unternehmen zur Unterstützung seiner diesbzgl. Konzepte und zur Bewältigung seiner wesentlichen Auswirkungen, Risiken und Chancen in diesem Zusammenhang gesetzt hat (ESRS E3.31). Die Offenlegung der Ziele hat gem. ESRS E3.22 die in ESRS 2 MDR-T („Nachverfolgung der Wirksamkeit von Strategien und Maßnahmen durch Zielvorgaben") geforderten Mindestangaben zu berücksichtigen (→ § 4 Rz 140–143). ESRS E3.22 stellt – wie dies auch bei allen anderen E-Standards erfolgt ist (siehe bspw. → § 6 Rz 36–53 zu ESRS E1-4) – dahingehend eine Doppelung dar, als die Anwendung der in ESRS 2 MDR-T formulierten Mindestanforderungen – bei der Angabe von Zielen nach ESRS E3 – bereits aus ESRS 2 MDR-T selbst hervorgeht. 32

Bei Angabe der Ziele im Zusammenhang mit Wasser- und Meeresressourcen gem. ESRS E1-3 i. V. m. ESRS 2 MDR-T (ESRS 2.79) ist mind. darauf einzugehen, 33
a) ob und wie das Unternehmen die Wirksamkeit seiner Maßnahmen zur Bewältigung wesentlicher Auswirkungen, Risiken und Chancen im Zusammenhang mit Wasser- und Meeresressourcen verfolgt; dies beinhaltet Angaben zu Kennzahlen, die für die Beurteilung der Wirksamkeit herangezogen wurden;
b) welche messbaren, zeitgebundenen und ergebnisbezogenen Ziele vom Unternehmen festgelegt werden, um die strategischen Ziele mit Blick auf

Wasser- und Meeresressourcen zu erreichen; diese sind mit den erwarteten Ergebnissen für Menschen, Umwelt oder das Unternehmen im Hinblick auf wesentliche Auswirkungen, Risiken und Chancen in Bezug zu setzen;

c) der Gesamtfortschritt bei Verwirklichung der angenommenen Ziele im Lauf der Zeit;

d) ob und wie das Unternehmen die Wirksamkeit seiner Maßnahmen zur Bewältigung wesentlicher Auswirkungen, Risiken und Chancen in Bezug auf Wasser- und Meeresressourcen verfolgt und den Fortschritt bei Erreichung seiner strategischen Ziele misst, wenn das Unternehmen keine messbaren, zeitgebundenen und ergebnisbezogenen Ziele festgelegt hat;

e) ob und wie Stakeholder in die Ableitung der Zielsetzungen einbezogen wurden.

34 Die Offenlegungsvorgaben zu Zielen im Zusammenhang mit Wasser- und Meeresressourcen basieren auf den Mindestanforderungen auf Basis von ESRS 2 MDR-T (i. V. m. ESRS E3-3). Diese werden durch weitere spezifische Anforderungen, die aus ESRS E3.23 f. hervorgehen, konkretisiert und ergänzt. Neben spezifischeren Offenlegungspflichten umfassen die Bestimmungen des ESRS E3-3 und die dazugehörigen Anwendungsanforderungen (*Application Requirements*) (ESRS E3.AR22–AR27) freiwillige Berichtsinhalte zu den festgelegten Zielen.

35 Nach ESRS E3.23 hat das Unternehmen zu berichten, ob und wie es Ziele festgelegt hat:

a) zum Management der wesentlichen Auswirkungen, Risiken und Chancen im Zusammenhang mit Gebieten, die von Wasserrisiken betroffen sind (Rz 36–38), einschl. zur Verbesserung der Wasserqualität,

b) zum verantwortungsvollen Management der Auswirkungen, Risiken und Chancen in Bezug auf Meeresressourcen, einschl. der Verwendung von Rohstoffen, die im Zusammenhang mit Meeresressourcen stehen (wie Kies, Tiefseemineralien, Meeresfrüchte), und

c) zur Verringerung des Wasserverbrauchs, einschl. einer Erläuterung, wie sich diese Ziele auf wassergefährdete Gebiete (inkl. Gebiete mit hohem Wasserstress) beziehen (Rz 36 und 40).

36 ESRS E3 verwendet unterschiedliche Termini, um gefährdete Regionen im Zusammenhang mit Wasserressourcen zu beschreiben. Diese **begriffliche Vielfalt** führt zu Auslegungsschwierigkeiten, weswegen in der Folge eine Abgrenzung vorgenommen wird. Große inhaltliche Überschneidungen bestehen bei den Begrifflichkeiten „Gebiete mit hohem Wasserstress" und „Gebiete mit Wasserknappheit". Darüber hinaus überschneiden sich die inhaltlichen Abgrenzungen dieser Begriffe, die im Glossar zu den ESRS vorgenommen werden, mit dem Inhalt des Begriffs „Gebiete, die von Wasserrisiken betroffen sind". Deckungsgleich sind die drei Begriffe aber nicht. „Wasserknappheit" und „Wasserstress" sind dadurch inhaltlich eng miteinander verbunden, dass sich diese Begriffe auf die Wassermenge beziehen. Diese Auslegung i. S. d. ESRS geht ein-

deutig aus ESRS E3.AR13(b) hervor. Dort heißt es bezogen auf das Management von Risiken: Wassermenge (Wasserknappheit, Wasserstress). Dies und die uneinheitliche Übersetzung der Begriffe im Vergleich zur englischsprachigen Fassung der ESRS könnte nahe legen, dass eine Differenzierung nicht von Bedeutung ist. Allerdings verweist das Glossar zu den ESRS beim Begriff „Wasserstress" auf den Begriff „Wasserknappheit", ohne dass eine klare inhaltliche Verknüpfung daraus hervorgeht.[26] Andernfalls hätte dies auch einheitlich definiert werden können. Der Unterschied ist durchaus von Bedeutung. Als wesentliche Besonderheit ist festzustellen, dass sich der Wassermangel im Fall von „Wasserknappheit" auf Süßwasserressourcen bezieht (siehe ausführlicher das Glossar zu den ESRS[27]). Demzufolge erlangt der Begriff „Wasserknappheit" v. a. bei Angabepflichten nach ESRS S3 über „Betroffene Gemeinschaften" Bedeutung (siehe z. B. ESRS S3.AR28(c) beim Verweis in ESRS S3-4 auf ESRS E3; → § 14 Rz 60). Sollte bei Angaben nach ESRS E3 der **Definition von „Wasserstress"** gefolgt werden, so sollte dies unproblematisch sein. Auf diesen Begriff wird in der Folge der Fokus gelegt; es wird die Abgrenzung beschrieben, und es werden Beispiele genannt. **„Wasserrisiken"** gehen inhaltlich deutlich über „Wasserknappheit" und „Wasserstress" hinaus. „Wasserrisiken" können zwar auch die Wassermenge betreffen, aber bspw. ebenfalls die Qualität des verfügbaren Wassers.

Unter **Gebiete**, die von **Wasserrisiken** betroffen sind, fallen nach dem Glossar zu den ESRS die beiden folgenden Gruppen:[28]   **37**
1. Wassereinzugsgebiete, in denen mehrere physikalische Aspekte im Zusammenhang mit Wasser dazu führen, dass sich ein oder mehrere Wasserkörper in einem weniger als guten Zustand befinden und/oder ihren Zustand verschlechtern, was auf erhebliche Probleme in Bezug auf Wasserverfügbarkeit, Wasserqualität und -quantität (einschl. hohen Wasserstresses; Rz 39) hindeutet, und/oder
2. Wassereinzugsgebiete, in denen mehrere physikalische Aspekte im Zusammenhang mit Wasser Probleme in Bezug auf den Zugang zu Wasser oder Regulierungs- oder Reputationsprobleme (unter Berücksichtigung der gemeinsamen Nutzung von Wasser mit Gemeinschaften und der Erschwinglichkeit von Wasser) für die Anlagen des Unternehmens und die Einrichtungen der wichtigsten Lieferanten verursachen.

---

[26] Berichtigung der Delegierten Verordnung (EU) 2023/2772 v. 31.7.2023, ABl. EU L v. 9.8.2024, Anhang II, Tab. 2, S. 260, 284.
[27] Berichtigung der Delegierten Verordnung (EU) 2023/2772 v. 31.7.2023, ABl. EU L v. 9.8.2024, Anhang II, Tab. 2, S. 284.
[28] Berichtigung der Delegierten Verordnung (EU) 2023/2772 v. 31.7.2023, ABl. EU L v. 9.8.2024, Anhang II, Tab. 2, S. 260.

> **Praxis-Hinweis**
> **Grundlagen für die Ableitung von Umweltzielen und Themen betreffend Wasser- und Meeresressourcen**
>
> Für die Ableitung von Zielen und Themen bieten sich unterschiedliche Verlautbarungen an, die auf nationaler und internationaler Ebene verabschiedet wurden. Infrage kommen insbes. die Richtlinie 2000/60/EG zur Schaffung eines Ordnungsrahmens für Maßnahmen der Gemeinschaft im Bereich der Wasserpolitik, aber auch die Nationale Wasserstrategie 2023 der Bundesregierung oder die BMZ-Wasserstrategie.
>
> (1) Richtlinie 2000/60/EG zur Schaffung eines **Ordnungsrahmens** für Maßnahmen der Gemeinschaft im Bereich der **Wasserpolitik**[29]
>
> Eine Konkretisierung der innerhalb dieser Abgrenzung verwendeten Begrifflichkeiten lässt sich anhand der Inhalte der Richtlinie 2000/60/EG vornehmen. Ziel dieser Richtlinie ist die Schaffung eines Ordnungsrahmens für den Schutz der Binnenoberflächengewässer, der Übergangsgewässer, der Küstengewässer und des Grundwassers (Art. 1). Die dazu erlassenen Bestimmungen vermitteln einen guten Überblick über Umweltziele betreffend Wasser- und Meeresressourcen. Zudem kann eine Kategorisierung von Themen oder Zielen anhand der dort vorgenommenen Einordnungen erfolgen (etwa zur Abgrenzung von Zielen mit Bezug auf unterschiedliche Typen von Gewässern oder Wasserkörpern).
>
> (2) **Nationale Wasserstrategie** 2023 der Bundesregierung
>
> Im März 2023 hat das Bundeskabinett die „Nationale Wasserstrategie"[30] beschlossen. Die darin enthaltenen Ziele und geplanten Maßnahmen zur Zielerreichung sowie der Zeithorizont der Umsetzung der Nationalen Wasserstrategie der Bundesregierung lauten wie folgt:
>
> „**Zentrale Ziele der Nationalen Wasserstrategie:**
>
> Auch in 30 Jahren und darüber hinaus gibt es überall und jederzeit hochwertiges und bezahlbares Trinkwasser.
> - Gewässer und unser Grundwasser werden sauber.
> - Der naturnahe Wasserhaushalt wird gestärkt und wiederhergestellt.
> - Die Abwasserentsorgung wird nach dem Verursacherprinzip organisiert.
> - Wasserversorgungs-Infrastruktur und Wassernutzung werden an die Folgen der Klimakrise angepasst.

---

[29]   Richtlinie 2000/60/EG, ABl. EG v. 22.12.2000, L 327/1.
[30]   BMUV, Nationale Wasserstrategie – Kabinettsbeschluss vom 15.3.2023, www.bmuv.de/file admin/Daten_BMU/Download_PDF/Binnengewaesser/nationale_wasserstrategie_2023_bf.pdf; siehe auch www.bmuv.de/download/nationale-wasserstrategie-2023, Abruf jew. 1.8.2024.

Wann und wie sollen die Ziele erreicht werden?

Die Wasserstrategie ist auf den Zeitraum bis 2050 ausgelegt. Um ihre Ziele zu erreichen, setzt sie auf einen Mix aus Förderung, rechtlichen Regelungen, Wissensaufbau und Dialog. Für zehn strategische Themenfelder wird beschrieben, wie unser Umgang mit Wasser zukunftsfähig werden kann. Dazu kommt ein Aktionsprogramm mit 78 konkreten Maßnahmen, die schrittweise umgesetzt werden."[31]

Die Nationale Wasserstrategie (Langfassung) stellt damit eine Quelle zur Ableitung potenzieller Ziele auf nationaler Ebene dar.

(3) BMZ-Wasserstrategie

Mit der BMZ-Wasserstrategie[32] greift das Bundesministerium für wirtschaftliche Zusammenarbeit und Entwicklung (BMZ) die Ziele einer ökonomisch nachhaltigen, integrativen und klimaschützenden Entwicklung auf und stellt sie in den Kontext eines ganzheitlichen Herangehens. Damit dient die Wasserstrategie als Grundlage für Maßnahmen der staatlichen Entwicklungszusammenarbeit in diesem Bereich und bietet ebenfalls Anknüpfungspunkte zur Ableitung von Zielen i. S. d. ESRS E3.

38 Wasserkörper können unter Rückgriff auf die Richtlinie 2000/60/EG als abgegrenzte Einheiten von Wasservolumen oder Abschnitten von Gewässern beschrieben werden. Ein Wasserkörper könnte z. B. in Form eines Sees oder eines Kanals vorliegen.[33]

Ob sich ein Wasserkörper in einem (weniger als) guten Zustand befindet, wird abhängig vom Wasserkörper anhand des ökologischen, chemischen und/oder mengenmäßigen Zustands i. S. d. Richtlinie 2000/60/EG festgemacht (siehe zur Anknüpfung an Richtlinie 2000/60/EG das Glossar zu den ESRS[34]). Bspw. wird der Zustand von Grundwasser auf Basis anderer Kriterien beurteilt als der Zustand von Oberflächengewässer. Bei Oberflächengewässer werden zur Beurteilung des Zustands u. a. die Temperaturverhältnisse, der Salzgehalt, die Struktur der Uferzone und die Zusammensetzung der Gewässerflora berücksichtigt.[35]

---

31 Entnommen aus BMUV, Nationale Wasserstrategie – Kurzfassung – März 2023, S. 2, www.bmuv.de/fileadmin/Daten_BMU/Download_PDF/Binnengewaesser/nationale_wasserstrategie_2023_kurzfassung_bf.pdf, Abruf 1.8.2024.

32 BMZ, BMZ Wasserstrategie – Schlüssel zur Umsetzung der Agenda 2030 und des Klimaabkommens, www.bmz.de/resource/blob/23546/strategiepapier404-06-2017.pdf; siehe auch www.bmz.de/de/themen/wasser, Abruf jew. 1.8.2024.

33 Vgl. Art. 2 (z. B. Nr. 10) Richtlinie 2000/60/EG, ABl. EG v. 22.12.2000, L 327/6.

34 Berichtigung der Delegierten Verordnung (EU) 2023/2772 v. 31.7.2024, ABl. EU L v. 9.8.2024, Anhang II, Tab. 2, S. 260.

35 Vgl. Anhang V Richtlinie 2000/60/EG, ABl. EG v. 22.12.2000, L 327/33.

Zur Verwendung des Wasserrisiko-Atlas „Aqueduct" des World Resources Institute (WRI) als Hilfsmittel zur Identifikation und Bewertung von Gebieten, die von Wasserrisiken betroffen sind, siehe Rz 39. Eine Alternative hierzu stellt der WWF Water Risk Filter dar (Rz 40).[36]

Der in Zusammenhang mit dem LEAP-Ansatz genannte CDP Water Impact Index stellt Daten bereit, die eine höhere Granularität als der WWF Water Risk Filter aufweisen.[37]

39 Als „Gebiete mit hohem Wasserstress" beschreibt das Glossar zu den ESRS solche Regionen, in denen der Prozentsatz der gesamten Wasserentnahme hoch (40–80 %) oder extrem hoch (mehr als 80 %) ist.[38] Um solche Regionen identifizieren zu können, verweist das Glossar zu den ESRS auf den **Wasserrisiko-Atlas** „Aqueduct" des World Resources Institute (WRI). Das WRI ist eine global agierende Organisation, die Daten und Analysemöglichkeiten bereitstellt, um Umweltveränderungen zu beurteilen.[39] Zu diesen Analysemöglichkeiten zählt das Produkt „Aqueduct", mit dessen Hilfe datenbasiert Wasserrisiken weltweit identifiziert und bewertet werden können.[40] Die Regionen lassen sich nach unterschiedlichen Kriterien bezogen auf die Wasserqualität und -quantität filtern. So können nicht nur Gebiete mit hohem Wasserstress angezeigt werden (siehe das Beispiel in Abb. 1), sondern bspw. auch Gebiete mit hohen saisonalen Schwankungen bei der Verfügbarkeit von Wasser identifiziert werden.

---

36 WWF, Water Risk Filter, https://riskfilter.org/water/home, Abruf 1.8.2024.
37 CDP Water Impact Index, www.cdp.net/en/investor/water-watch-cdp-water-impact-index, Abruf 1.8.2024.
38 Berichtigung der Delegierten Verordnung (EU) 2023/2772, ABl. EU L v. 9.8.2024, Anhang II, Tab. 2, S. 260.
39 Siehe www.wri.org, Abruf 1.8.2024.
40 Siehe für den Zugang zu „Aqueduct" www.wri.org/aqueduct, Abruf 1.8.2024.

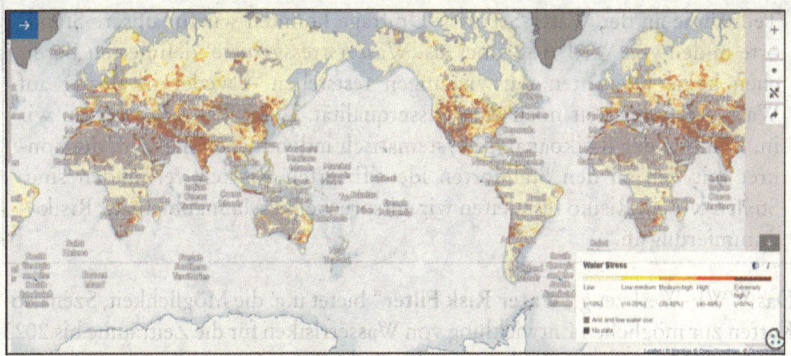

Abb. 1: Identifikation von Gebieten mit hohem Wasserstress auf Basis von „Aqueduct"[41]

Das folgende Beispiel der Aurubis AG zeigt Offenlegungen über Auswirkungen auf Wasserstressgebiete unter Rückgriff auf „Aqueduct". Hierbei wird nicht nur Bezug auf Wassermangel genommen, sondern auch auf die Wasserqualität. Demzufolge zeigt dies, dass „Aqueduct" auch für Berichterstattungen über Ziele zum Management der wesentlichen Auswirkungen und Risiken im Zusammenhang mit Gebieten, die von Wasserrisiken betroffen sind, genutzt werden kann.

Praxis-Beispiel Aurubis – Berichterstattung über Auswirkungen auf Wasserstressgebiete unter Rückgriff auf „Aqueduct"[42]

„Wasserrisiken rechtzeitig erkennen

Im Jahr 2021 haben wir erstmals am CDP-Fragebogen Water Security teilgenommen, der sich mit aktuellen und zukünftigen wasserbezogenen Risiken und Chancen befasst. Die Teilnahme umfasste im Jahr 2021 zunächst eine nicht bewertete Grundversion des Fragebogens. Im Jahr 2022 haben wir erstmals an der Vollversion teilgenommen. Mit der erzielten Bewertung ‚B' schnitten wir dabei besser ab als der Branchendurchschnitt, der bei B– lag. Für die Analyse der Risiken zum Wasserstress nutzen wir u.a. die globale Risikodatenbank des World Resources Institute (Aqueduct Version 3.0).

[…]

Die Risikoanalysen ergaben, dass unsere Geschäftätigkeiten die oben genannten Umweltaspekte nicht wesentlich beeinträchtigen. Im Zuge der

---

41 Entnommen www.wri.org/aqueduct, nach Auswahl von „Launch Water Risk Atlas" und unter Auswahl des Filterkriteriums „Overall water risk" → „Physical risks quantity" → „Water stress", Abruf 1.8.2024. Hierbei handelt es sich um die Aqueduct Version 4.0.

42 Entnommen Aurubis AG, Nachhaltigkeitsbericht 2023, S. 78 f.

> Teilnahme an der Water-Security-Umfrage konnten wir für unsere Standorte in den von WRI Aqueduct als ‚Wasserstressgebiete' definierten Bereichen keine relevanten Auswirkungen feststellen – weder in Bezug auf Wasserverfügbarkeit noch auf Wasserqualität. Zusätzlich analysierten wir im Rahmen der Risikoanalyse systematisch individuelle Chancen, die konkret mit den an den Standorten identifizierten Risiken verbunden sind. Stellen wir ein Risiko fest, leiten wir entsprechende Maßnahmen zur Risikominimierung ab."

40 Das WWF-Werkzeug **„Water Risk Filter"** bietet u. a. die Möglichkeit, Szenario-Karten zur möglichen Entwicklung von Wasserrisiken für die Zeiträume bis 2023 und bis 2050 zu nutzen.[43] Als unterschiedliche Szenarien stehen eine pessimistische, eine optimistische und eine neutrale Perspektive zur Auswahl (siehe das Beispiel in Abb. 2). Überdies können unterschiedliche Typen an Risiken ausgewählt werden. Demzufolge bietet sich dieses Werkzeug – ebenso wie weitere Informationen, die vom WWF bereitgestellt werden (z.B. zum Zustand der Gewässer in Deutschland nach der EU-Wasserrahmenrichtlinie), eine wertvolle Hilfe bei der Festlegung von Zielen und Maßnahmen i.S.v. ESRS E3.

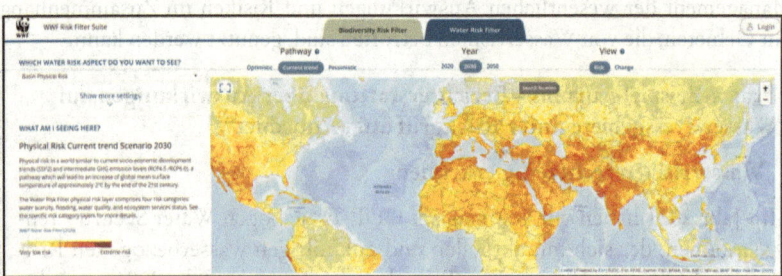

Abb. 2: WWF Water Risk Filter[44]

41 ESRS E3.24 enthält eine zusätzliche Berichtsvorgabe zu Zielen im Zusammenhang mit Wasser- und Meeresressourcen, deren Angabe bei Wesentlichkeit verpflichtend ist, aber die nicht aus ESRS 2 MDR-T hervorgeht. Hiernach hat das Unternehmen zu berichten, ob ökologische Schwellenwerte und unternehmensspezifische Aufteilungen bei der Festlegung der Ziele berücksichtigt wurden. Alle weiteren Bestimmungen zu Angaben i.V.m. dem Rückgriff auf ökologische Schwellenwerte und/oder unternehmensspezifische Aufteilungen bei der Festlegung der Ziele sind fakultativ.

---

[43] Siehe zu den Landkarten mit Filtermöglichkeiten zu Szenarien https://riskfilter.org/water/explore/scenarios, Abruf 1.8.2024.
[44] Entnommen https://riskfilter.org/water/explore/scenarios, Abruf 1.8.2024.

Praxis-Hinweis

Konkretisierungen dazu, in welcher Form unternehmensspezifische Angaben getätigt werden, enthalten die von der **EFRAG** in den **Q&A** erteilten Auskünfte. Aus den Erläuterungen in den Q&A geht hervor, dass unternehmensspezifische Angaben nach Auffassung der EFRAG zuvorderst mit der Branchenzugehörigkeit in Verbindung stehen.[45] Da weiters in 2024 noch keine branchenspezifischen Standards zur Verfügung stünden, eröffnete sich den Berichtspflichtigen bis dahin ein erweiterter Spielraum. Des Weiteren verweist die EFRAG im Zusammenhang mit unternehmensspezifischen Angaben bis zur Veröffentlichung der branchenspezifischen ESRS auf andere Rahmenwerke, wie die Standards der GRI. Zum Ausdruck kommt in diesem Kontext auch aus den Q&A, dass unternehmensspezifische Angaben grundsätzliche zusätzliche Angaben darstellen.

Das Unternehmen kann über Folgendes berichten (ESRS E3.24), falls es auf ökologische Schwellenwerte und/oder unternehmensspezifische Aufteilungen zurückgegriffen hat:

- Erläuterung der ermittelten ökologischen Schwellenwerte und der Methoden zur Ermittlung der Schwellenwerte;
- ob unternehmensspezifische Schwellenwerte angewendet wurden und, wenn ja, wie sie festgelegt wurden;
- Aufteilung der Verantwortung für die Einhaltung der festgelegten ökologischen Schwellenwerte innerhalb des Unternehmens.

Unter einem **ökologischen Schwellenwert** ist nach dem Glossar zu den ESRS[46] ein solcher Punkt zu verstehen, an dem eine relativ kleine Änderung der äußeren Bedingungen eine schnelle Veränderung in einem Ökosystem verursacht.[47] Eine solche ökologische Schwelle gilt als überschritten, wenn durch das Überschreiten befürchtet wird, dass das Ökosystem aufgrund seiner inhärenten Widerstandsfähigkeit nicht mehr in seinen Zustand zurückkehren könnte. Das Bestimmen einer solchen Schwelle ist auslegungsbedürftig. Es ist jedoch davon auszugehen, dass eine solche Schwelle erreicht wird, wenn mehr Gründe dafür als dagegen sprechen, dass das Ökosystem durch die (vom Unternehmen verursachten) Veränderungen nicht mehr in seinen Zustand zurückkehren könnte bzw. eine Wahrscheinlichkeit von mehr als 50 % vorliegt, dass dies eintreten könnte. Ökologi-

42

---

[45] Hierzu und den folgenden Hinweisen zur Stellungnahme der EFRAG i.R.d. Q&A: EFRAG, ESRS Q&A Platform, Compilation of Explanations, Januar–Juli 2024.

[46] Berichtigung der Delegierten Verordnung (EU) 2023/2772 v. 31.7.2024, ABl. EU L v. 9.8.2024, Anhang II, Tab. 2, S. 266.

[47] Die Beschreibung und Auslegung eines „ökologischen Schwellenwerts" in dieser Rz findet sich gleichlautend in → § 10 Rz 70–72 bezogen auf die Angaben im Zusammenhang mit ESRS E5-3.

sche Schwellenwerte können auf lokaler, auf nationaler und/oder auf globaler Ebene bestehen (ESRS E3.AR22).

43 Weiterhin enthält ESRS E3.AR22 für den Fall, dass das Unternehmen bei der Festlegung der Ziele ökologische Schwellenwerte berücksichtigt, die Empfehlung, nicht aber die Verpflichtung zur **Verwendung unverbindlich anwendbarer Leitlinien.** Im Besonderen empfiehlt sich der Rückgriff auf die vorläufigen Leitlinien des Science-Based Targets Network (SBTN).[48] Daneben können nach ESRS E3.AR22 andere Leitlinien verwendet werden, sofern diese auf einer wissenschaftlich anerkannten Methodik basieren, mit deren Hilfe durch Heranziehen ökologischer Schwellenwerte und ggf. unternehmensspezifischer Informationen wissenschaftlich fundierte Ziele festgelegt werden können. Damit gelten für ESRS E3-3 dieselben Empfehlungen wie bei der Festlegung von Zielen auf Basis ökologischer Schwellenwerte nach ESRS E2-3 und ESRS E5-3.

Siehe ausführlich zum SBTN, zu dessen Veröffentlichungen und zur Anwendung der Leitlinien zur Ableitung von ökologischen Schwellenwerten die Erläuterungen und Beispiele in → § 10 Rz 70–72. Darüber hinaus finden sich dort Hinweise auf weiterentwickelte Veröffentlichungen. Die in ESRS E3.AR22 genannte Version der *Initial Guidance for Business* vom September 2020 berücksichtigt aktuellere Vorgaben des SBTN nicht. Vielmehr wurden im Jahr 2023 die ersten detaillierten technischen Leitlinien veröffentlicht; weitere Leitlinien sollen im Jahr 2024 folgen.[49]

44
> **Praxis-Hinweis**
> **Quellen für die Ableitung ökologischer Schwellenwerte**
>
> Alternativ oder zusätzlich zum Rückgriff auf die Veröffentlichungen des SBTN bietet sich für die Ableitung ökologischer Schwellenwerte die Hinzuziehung solcher Informationen an, die auf der Plattform von **„Our World in Data"**[50] bereitgestellt werden. Our World in Data ist eine gemeinnützige Organisation mit Sitz im Vereinigten Königreich und ein Projekt des Global Change Data Lab (ebenfalls eine gemeinnützige Organisation).[51]
>
> Ziel des Projekts „Our World in Data" ist es, Forschungsergebnisse und Daten zugänglich und verständlich zu machen, um Fortschritte bei der Bewältigung der größten Probleme der Welt zu erzielen.[52] Dementsprechend werden auf der Internetseite von Our World in Data zu verschiedenen

---

48   Vgl. Science Based Targets Network, The first science-based targets for nature, https://sciencebasedtargetsnetwork.org/how-it-works/the-first-science-based-targets-for-nature/, Abruf 1.8.2024.
49   Vgl. Science Based Targets Network, The first science-based targets for nature, https://sciencebasedtargetsnetwork.org/how-it-works/the-first-science-based-targets-for-nature/, Abruf 1.8.2024.
50   Siehe https://ourworldindata.org/, Abruf 1.8.2024.
51   Siehe https://ourworldindata.org/organization und https://global-change-data-lab.org/, Abruf jew. 1.8.2024.
52   Siehe https://ourworldindata.org/about, Abruf 1.8.2024.

Themen, die für die Berichterstattung nach den ESRS von Bedeutung sind, (Forschungs-)Daten für die Öffentlichkeit thematisch strukturiert aufbereitet und frei zugänglich gemacht. Dafür kommen Daten zum Einsatz, die an unterschiedlichen Institutionen erhoben wurden. Die bereitgestellten Informationen sollten demzufolge die Anforderungen der ESRS erfüllen, hieraus „die Festlegung wissenschaftlich fundierter Ziele" (ESRS E3.AR22) zu ermöglichen. Die Suche nach Informationen ist durch die Strukturierung der Daten unkompliziert und die Aufbereitung komfortabel. Bspw. ist – je nach gesuchten Daten – die Anzeige als Grafik, Tabelle oder als Karte und die Differenzierung nach Regionen und Zeitspannen möglich. Die Herkunft der Daten ist ebenfalls vermerkt. Hilfreich für die Erfüllung der Berichtspflichten zu Wasser- und Meeresressourcen sind u. a. die Daten, die dem Themenbereich *Clean Water and Sanitation* oder *Water Use and Stress* zugeordnet sind. Beispiele für Daten, die sich dort finden, zeigen Abb. 3 betreffend Angaben zu jährlichen Süßwasserentnahmen und Abb. 4 betreffend die Verfügbarkeit von Trinkwasser für die Bevölkerung.

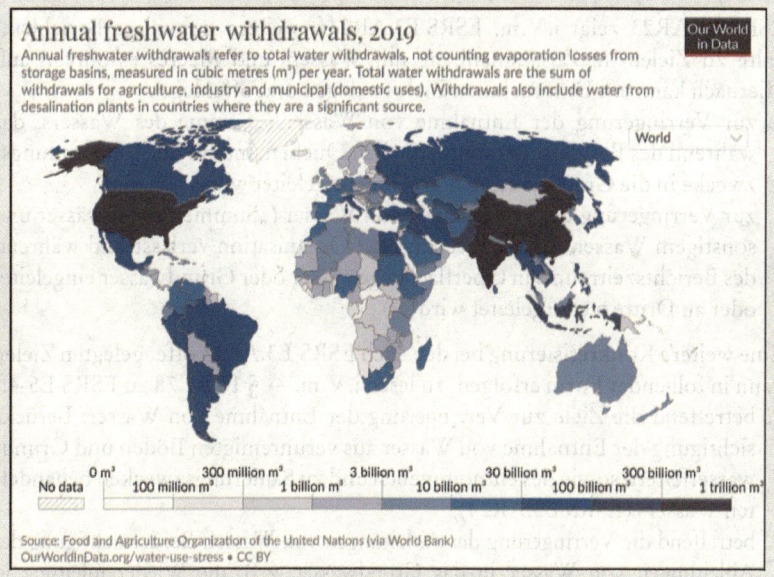

Abb. 3: Beispiel für Quellen zur Ableitung wissenschaftlich fundierter Ziele – jährliche Süßwasserentnahmen[53]

---

[53] Entnommen Our World in Data, Water Use and Stress, https://ourworldindata.org/water-use-stress, Abruf 1.8.2024.

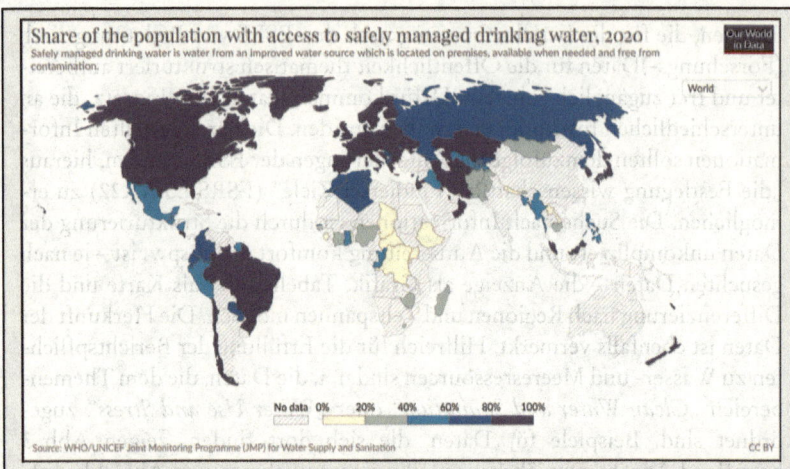

Abb. 4: Beispiel für Quellen zur Ableitung wissenschaftlich fundierter Ziele – Verfügbarkeit von Trinkwasser für die Bevölkerung[54]

45 ESRS E3.AR23 zeigt i.V.m. ESRS E3.AR24f. weitere freiwillige Berichtsinhalte zu Zielen im Zusammenhang mit Wasser- und Meeresressourcen auf. Hiernach kann ein Unternehmen Ziele festlegen und offenlegen:

1. zur Verringerung der Entnahme von Wasser („Summe des Wassers, das während des Berichtszeitraums aus allen Quellen und für alle Verwendungszwecke in die Grenzen des Unternehmens geleitet wurde"[55]) und

2. zur Verringerung der Ableitungen von Wasser („Summe der Abwässer und sonstigem Wasser, die die Grenzen der Organisation verlässt und während des Berichtszeitraums in Oberflächengewässer oder Grundwasser eingeleitet oder an Dritte weitergeleitet wird"[56]).

46 Eine weitere Konkretisierung bei den nach ESRS E3.AR23 offengelegten Zielen kann in folgender Form erfolgen, zu lesen i.V.m. → § 10 Rz 78 zu ESRS E5-4:

1. betreffend die Ziele zur Verringerung der Entnahme von Wasser: Berücksichtigung der Entnahme von Wasser aus verunreinigten Böden und Grundwasserleitern sowie des entnommenen und zu Sanierungszwecken behandelten Wassers (ESRS E3.AR24);

2. betreffend die Verringerung der Ableitungen von Wasser: Berücksichtigung der Ableitungen von Wasser in das Grundwasser, z.B. die Wiedereinleitung in

---

54 Entnommen Our World in Data, Clean Water and Sanitation – Data explorer, https://ourworld
  indata.org/explorers/water-and-sanitation, Abruf 1.8.2024.
55 Berichtigung der Delegierten Verordnung (EU) 2023/2772 v. 31.7.2023, ABl. EU L v. 9.8.2024,
  Anhang II, Tab. 2, S. 284.
56 Berichtigung der Delegierten Verordnung (EU) 2023/2772 v. 31.7.2023, ABl. EU L v. 9.8.2024,
  Anhang II, Tab. 2, S. 284.

Grundwasserleiter oder Wasser, das über einen Sickerschacht oder eine Senke an eine Grundwasserquelle zurückgelangt (Rz 47).

Diese Konkretisierung kann so verstanden werden, dass die Ziele zur Verringerung der Entnahme bzw. Ableitung von Wasser Unterziele aufweisen, indem Zielvorgaben auf die jeweiligen Wasserkörper heruntergebrochen werden. Somit weisen diese Angaben einen höheren Informationsgehalt auf und sind zugleich schwieriger zu erfüllen, indem bei Zielabweichungen kein unbemerkter Ausgleich zwischen den verschiedenen Unterzielen vorgenommen werden kann.

Während ESRS E3.AR23 fakultative Ziele für „Ableitungen von Wasser" formuliert, spricht ESRS E3.AR25 von „Einleitungen von Wasser". Diese Abweichung führt zu Auslegungsproblemen. Aufgrund der Freiwilligkeit der Angaben ist diese Inkonsistenz von geringerer Relevanz, aber nicht irrelevant. Andernfalls bräuchte es keine Empfehlungen für freiwillige Angaben.   47

Es ist davon auszugehen, dass ESRS E3.AR25 eine Konkretisierung zu ESRS E3.AR23 darstellt. Darum ist zu vermuten, dass sich ESRS E3.AR25 gleichermaßen auf Ableitungen statt auf Einleitungen von Wasser beziehen sollte. Diese Vermutung wird einerseits durch den Wortlaut von ESRS E3.AR25 gestärkt („Wenn das Unternehmen Zielvorgaben für Einleitungen festlegt, so kann es auch Ableitungen von Wasser […]") und andererseits von der englischsprachigen Version der ESRS, in denen einheitlich *targets on discharges* verwendet wird.

Vor diesem Hintergrund irritierend ist allerdings die Tatsache, dass sich im Glossar zu den ESRS abweichende Definitionen für Ableitungen von Wasser und Einleitungen (unter Bezugnahme auf Wasser bzw. auf Abwasser) befinden,[57] obwohl Einleitungen von Wasser ansonsten keine nennenswerte Erwähnung in den ESRS finden (sehr wohl wird aber auf verwandte Begriffe, z.B. Abwasser, Bezug genommen). Denn bei einem reinen Übersetzungsfehler in ESRS E3.AR25 wäre eine Definition für Einleitungen überflüssig. Aber auch hier lohnt ein Blick in die englischsprachige Fassung der ESRS (konkret in das Glossar zu den ESRS): Dort wird zwischen *discharge* und *water discharge* differenziert.

Wie in der englischsprachigen Fassung ist die Definition von Einleitungen nach dem deutschsprachigen Glossar zu den ESRS enger gefasst als die Definition von Ableitungen [„Einleitungen von Abwasser beziehen sich auf die Menge des Wassers (in m³) oder des Stoffes (in kg BSB/Tag oder vergleichbaren Maßeinheiten), die einem Wasserkörper aus einer Punktquelle oder diffusen Quelle

---

57   Berichtigung der Delegierten Verordnung (EU) 2023/2772 v. 31.7.2023, ABl. EU L v. 9.8.2024, Anhang II, Tab. 2, S. 266 und 284.

zugesetzt wird bzw. darin versickert. Abwasser (oder Einleitungen) sind behandelte Abwässer, die aus einer Kläranlage eingeleitet werden"[58]. Bei der Angabe des Stoffes, der dem Wasser zugesetzt wird, hat die Quantifizierung in kg BSB zu erfolgen.[59]

Letztlich lässt sich festhalten, dass hier (und an anderen Stellen in den ESRS) sehr ähnliche Begriffe in denselben oder abweichenden Kontexten verwendet werden, ohne dass eine hinreichend genaue Zuordnung erfolgt. Selbst wenn Letzteres der Fall wäre, wäre es nicht zu viel verlangt, die Angaben auf einheitliche Begriffe zuzuschneiden (z. B. betreffend Ab-/Einleitungen von Wasser und Abwasser im Zusammenhang mit ESRS E3 und ESRS E5). Im aktuellen „Zustand" der ESRS zeigt sich an diesem Beispiel, dass die Anwendung den Unternehmen und allen Stakeholdern nur erschwert wird. Dies konterkariert u. a. das von den ESRS verfolgte Ziele der vergleichbaren Berichterstattung.

48   Das folgende Beispiel von Heidelberg Materials zeigt Offenlegungen über Ziele im Zusammenhang mit der Ressource „Wasser". Die Beschreibung der Ziele bleibt verhältnismäßig unkonkret, indem etwa keine messbaren Zielwerte angegeben werden, und erfüllt die verpflichtenden Angaben nach ESRS E3-3 nicht vollumfänglich. Dies ergibt sich insbes. unter Berücksichtigung der quantitativen Informationen, die nach ESRS E3-4 mit inhaltlichem Bezug zu den Zielen zu tätigen sind (Rz 52). Somit sind ergänzende Angaben zur Erfüllung der Berichtspflichten gem. ESRS E3-3 und ESRS E3-4 ab dem Berichtsjahr 2024 zu tätigen (klarstellend zu erwähnen ist, dass diese Anforderungen im betrachteten Berichtsjahr nicht vorlagen).

Praxis-Beispiel Heidelberg Materials – Berichterstattung über Ziele im Zusammenhang mit der Ressource „Wasser"[60]

„Wassermanagement

Die Bedeutung von Wasser für unsere Produktionsprozesse

Der weltweit stetig zunehmende Wasserverbrauch und der Wettbewerb um die verfügbaren begrenzten Ressourcen führen zu globalem Wasserstress. Heidelberg Materials ist sich der Bedeutung eines effizienten Wassermanagements und Wasserschutzes bewusst und verfügt daher über eine global gültige Water Policy.

---

[58]   Berichtigung der Delegierten Verordnung (EU) 2023/2772 v. 31.7.2023, ABl. EU L v. 9.8.2024, Anhang II, Tab. 2, S. 266 und 284.

[59]   Hierbei handelt es sich mutmaßlich um die Menge des „biochemischen Sauerstoffbedarfs", der Abwasser zum Abbau von organischen Verschmutzungen hinzugefügt wird. Eine Definition der Abkürzung ist weder im deutschsprachigen noch im englischsprachigen Glossar enthalten. Regelungen zur Abwasserkennzahl BSB finden sich in kommunalen bzw. landesbezogenen Regelungen zum Umgang mit Wasser.

[60]   Entnommen Heidelberg Materials, Geschäfts- und Nachhaltigkeitsbericht 2023, S. 72 f.

Wasser nutzen wir beispielsweise beim Waschen von Kies und Sand sowie zur Kühlung oder zur Reinigung von Transportfahrzeugen. Es ist zudem einer der Ausgangsstoffe für die Betonherstellung und wird bei der Produktion Bestandteil des Baustoffs. Wir beziehen das von uns genutzte Wasser teilweise aus der öffentlichen Wasserversorgung, zum größten Teil aber aus eigenen genehmigten Brunnenanlagen oder aus Flüssen und Seen. Zunehmend gewinnt auch die Verwendung von Regenwasser sowie recyceltem Wasser in Reinigungs und Produktionsprozessen an Bedeutung. Ein Teil des Wassers – das etwa zur Kühlung eingesetzt wird – verdampft und gelangt so in die Atmosphäre. Reinigungswasser, das bei der Säuberung von Transportfahrzeugen anfällt, wird vollständig recycelt. Haushaltsabwässer, wie sie in den Betriebsgebäuden entstehen, entsorgen wir über die kommunalen Abwasserwege.

Heidelberg Materials hat sich zum Ziel gesetzt, die Auswirkungen der eigenen Tätigkeit auf die natürliche und limitierte Ressource Wasser so gering wie möglich zu halten. Um beim Abbau von Rohmaterialien die lokalen Gewässer und den Grundwasserhaushalt nicht zu gefährden, befolgen wir strenge Umweltschutzauflagen. Alle direkten Entnahmen sind weltweit behördlich stark reglementiert und überwacht. In jedem Werk legt eine lokale Betriebserlaubnis die genehmigten Mengen von Wasserentnahme und -rückführung fest.

Potenzielle Wasserschadstoffe identifizieren und klassifizieren wir systematisch. Darüber hinaus führen wir im Rahmen der Wassermanagementpläne auch Stakeholder-Analysen und Risikobewertungen durch. Die Wasserqualität wird durch die regelmäßige Entnahme von Wasserproben und üblicherweise in externen Labors geprüft. Darüber hinaus gibt es Maßnahmen vor Ort, um bspw. die Wassertemperatur zu kontrollieren. Diese entsprechen sowohl lokalen Genehmigungsauflagen und Regulierungen wie auch globalen Reporting-Anforderungen.

Durch Einsparmaßnahmen und effiziente Nutzung wollen wir Wasser schonen und negative Auswirkungen minimieren. Dies kann durch den Einsatz von Regenwasser, die Nutzung von Wiederverwendungs- und Recyclingtechnologien oder die Zusammenarbeit mit lokalen Gemeinschaften bei wasserbezogenen Projekten erreicht werden. Wir erkennen an, dass der Zugang zu sauberem Wasser und sanitären Einrichtungen ein Menschenrecht ist, und haben die WASH-Erklärung des World Business Council for Sustainable Development für den Zugang zu sicherem Wasser, Sanitärversorgung und Hygiene an allen Standorten umgesetzt.

> **Nachhaltiges Wassermanagement**
>
> Der verantwortungsbewusste Umgang mit Wasser ist auch Teil unserer Sustainability Commitments 2030. Wir wollen bis 2030 an 100 % der Standorte in von Wasserknappheit betroffenen Regionen Wassermanagementpläne und Wasserrecyclingsysteme einführen. Hierfür haben wir unsere Werke mithilfe des Aqueduct Tool des World Resource Institute systematisch kategorisiert. In allen Zementwerken unseres Unternehmens nutzen wir ein Wasser-Reporting-System, das sich an den Richtlinien der GCCA[61] orientiert. Wir arbeiten kontinuierlich daran, unseren Frischwasserverbrauch zu verringern, z.b. durch die Umstellung auf geschlossene Kühlkreisläufe und Recyclingsysteme. In den Geschäftsbereichen Zuschlagstoffe und Transportbeton haben wir ebenfalls damit begonnen, Messsysteme und Kennzahlen zur Wasserberichterstattung einzuführen. [...]"

49   Die nach ESRS E3-3 offengelegten Ziele können sich – wie dies auch bei den Angaben zu Zielen nach ESRS E2 und ESRS E5 geregelt ist – auf das berichtende Unternehmen beschränken und/oder die Wertschöpfungskette umfassen (ESRS E3.AR26).[62] Hiernach steht es den Unternehmen folglich frei, die Angaben auf den Wirkungsbereich des berichtenden Unternehmens zu beschränken, einen Teil der Wertschöpfungskette oder die gesamte Wertschöpfungskette mit einzubeziehen. Eine umfassende Abgrenzung der Wertschöpfungskette findet sich in ESRS 1 und im Glossar der ESRS[63] (siehe hierzu auch → § 3 Rz 109–131).

50   Erst in die finale Version von ESRS E3-3 aufgenommen wurde der Passus zur Festlegung von Zielen in ESRS E3.AR27. Dieser fakultative Berichtsinhalt ist in der Entwurfsfassung, die der Konsultation im Juli 2023 zugrunde lag, noch nicht enthalten gewesen. Dies könnte darin begründet liegen, dass die delegierten Rechtsakte, auf die sich ESRS E3.AR27 bezieht, erst am 27.6.2023 von der EU-Kommission angenommen wurden.

---

61 Anm. d. Verf.: Die Global Cement and Concrete Association (GCCA) will aufzeigen, wie Betonlösungen den globalen Herausforderungen im Bauwesen und den Entwicklungszielen gerecht werden und gleichzeitig eine verantwortungsvolle industrielle Führung bei der Beschaffung, Herstellung und Verwendung von Zement und Beton gewährleisten. Siehe zum aktuellen Rahmenwerk („GCCA Sustainability Framework Guidelines") vom Februar 2022 https:// gccassociation.org/wp-content/uploads/2022/02/GCCA_Guidelines_SustainabilityFramework_ v0.2.pdf, Abruf 1.8.2024.
62 Die Beschreibung der Angaben zu Zielen für die Wertschöpfungskette hier in Rz 49 findet sich gleichlautend in § 10 Rz 74 bezogen auf die Angaben im Zusammenhang mit ESRS E5-3.
63 Berichtigung der Delegierten Verordnung (EU) 2023/2772 v. 31.7.2023, ABl. EU L v. 9.8.2024, Anhang II, Tab. 2, S. 283.

Nach ESRS E3.AR27 kann das Unternehmen angeben, ob mit den festgelegten Zielen Mängel im Zusammenhang mit den Kriterien für einen wesentlichen Beitrag für Wasser- und Meeresressourcen gem. den delegierten Rechtsakten zur Taxonomie-VO[64] bezogen auf einen „wesentlichen Beitrag zur nachhaltigen Nutzung und zum Schutz von Wasser- und Meeresressourcen" behoben werden. Am 27.6.2023 nahm die EU-Kommission die *Environmental Delegated Regulation*[65] an, die in Anhang I die technischen Bewertungskriterien zu *„Sustainable use and protection of water and marine resources"* enthält und folglich als Quelle für Angaben nach ESRS E3.AR27 heranzuziehen ist.

Sollten die festgelegten Ziele keinen Beitrag zur Beseitigung von Mängeln nach diesem Umweltziel (Beitrag für Wasser- und Meeresressourcen) leisten, so kann Bezug auf die Beseitigung von Mängeln im Zusammenhang mit einem der anderen Umweltziele gem. Taxonomie-VO und den in den delegierten Rechtsakten dazu enthaltenen Bewertungskriterien genommen werden. Auch wenn die dahingehende Formulierung in ESRS E3.AR27 sperrig ist und dies durch die Satzstellung nicht eindeutig daraus hervorgeht, legt dies eine vergleichbare fakultative Angabe nach den anderen E-ESRS nahe.

Das Unternehmen hat gem. ESRS E3.25 jeweils zu vermerken, ob die von ihm   **51** festgelegten und offengelegten Ziele im Zusammenhang mit Wasser- und Meeresressourcen aufgrund einer verpflichtenden Rechtsvorgabe getätigt werden oder ob die Angabe freiwillig erfolgt. Die Angabe ist als Bestandteil der Hintergrundinformationen (*contextual information*) offenzulegen (siehe weiterführend ESRS 2.AR15).

---

[64] Basis ist Art. 12 „Wesentlicher Beitrag zur nachhaltigen Nutzung und zum Schutz von Wasser- und Meeresressourcen" der Verordnung (EU) 2020/852, ABl. EU v. 22.6.2020, L 198/31 f.
[65] EU-Kommission, C(2023) 3851 final v. 27.6.2023, https://finance.ec.europa.eu/system/files/2023-06/taxonomy-regulation-delegated-act-2022-environmental_en_0.pdf, Abruf 1.8.2024.

Praxis-Beispiel Lenzing AG – Kennzahlen und Ziele[66]		
FEM	Implementierung und jährliche Aktualisierung des Facility Environmental Module (FEM) in allen Zellstoff- und Faserproduktionsanlagen und Weitergabe verifizierter Module an Kunden ab 2024[d]	2024 Auf Kurs
Maßnahme(n)	Lenzing führt 2022 Selbstbewertungen an bestehenden Standorten und 2023 die erste externe Verifizierung durch	2023 Erreicht
	Lenzing führt 2023 Selbstbewertungen und Schulungen für neue Standorte (Prachinburi (Thailand) und Indianópolis (Brasilien)) und 2024 die erste externe Verifizierung durch	2024 Auf Kurs
Status in 2023	Sieben Standorte haben FEM eingeführt, vier Standorte haben die Verifizierung mit ausgezeichneten Ergebnissen von 90 bis 95 abgeschlossen, drei Standorte mit Ergebnissen zwischen 70 und 89. Für die Standorte in Indianópolis (Brasilien) und Prachinburi (Thailand) wurden Selbstbeurteilungen und Schulungen durchgeführt. Beide Standorte bereiten sich auf die Verifizierung im Jahr 2024 vor.	
[d] Der Umfang beinhaltet alle Lenzing Anlagen, auch die neuen Standorte Prachinburi (Thailand) und Indianópolis (Brasilien).		
„Um die Wasserqualität und -verfügbarkeit an den Lenzing Standorten zu gewährleisten, strebt Lenzing eine kontinuierliche Reduktion des Wasserverbrauchs und der wasserbezogenen Emissionen an. Im Rahmen des Zielsetzungsprozesses werden verschiedene Elemente berücksichtigt, die auch die Veränderung von Wasserverknappung in vielen Regionen aufgrund des Klimawandels anerkennen. Insofern werden bei der Festlegung der Ziele auch Aspekte der künftigen Situation von Wasserressourcen miteinbezogen."		

---

[66] Entnommen Lenzing AG, Geschäfts- und Nachhaltigkeitsbericht 2023, S. 94f.

2.2.2 ESRS E3-4 – Wasserverbrauch

Nach ESRS E3.26 hat das Unternehmen Informationen über seinen Wasserver- **52** brauch im Zusammenhang mit seinen wesentlichen Auswirkungen, Risiken und Chancen anzugeben, um ein Verständnis über den Wasserverbrauch des Unternehmens und die Fortschritte in Bezug auf seine Ziele zu vermitteln (ESRS E3.27). Demzufolge steht ESRS E3-4 in engem Zusammenhang zu den Angaben zur Festlegung der Ziele nach ESRS E3-3. Während ESRS E3-3 keine expliziten Vorgaben zu quantitativen Angaben beinhaltet, wird dies durch ESRS E3-4 bezogen auf bestimmte Ziele hinzugefügt. Dies kann durchaus als wichtig angesehen werden, um vergleichbare und relevante Informationen aus der Berichterstattung zu generieren. Zudem erscheinen die quantitativen Angaben gem. ESRS E3-4 nicht überbordend gewählt zu sein, sondern einige bedeutende Aspekte im Zusammenhang mit Wasser- und Meeresressourcen zu fokussieren.

Praxis-Hinweis
Mögliche Darstellung der Fortschritte zur Zielerreichung

Zwar sind nach ESRS E3.27 die Fortschritte zur Zielerreichung offenzulegen; Spezifikationen zu Zielzeiträumen oder Darstellungen i. S. e. Zeitpfads sind nicht gegeben. Dies wäre jedoch eine mögliche Darstellungsweise. Eine tabellarische Abbildung ist ebenfalls denkbar. Tab. 2 enthält ein Beispiel für eine tabellarische Darstellungsweise.

Das Zieljahr könnte sich bspw. an der Nationalen Wasserstrategie der Bundesregierung vom März 2023 orientieren (Rz 37) und auf das Jahr 2050 festgesetzt werden. Vergleichbar zur Darstellung von Emissionspfaden nach ESRS E1 könnten Zwischenziele (etwa ein Zwischenziel für einen Zeitraum von fünf Jahren nach dem Berichtsjahr) festgelegt werden. Dies ist allerdings nicht erforderlich.

	Wert im Berichts- jahr	Wert im VJ (oder prozen- tuale Ver- änderung ggü. VJ)	Zielwert für das Berichts- jahr + 5	Zielwert für das Jahr 2050
Gesamtwasserver- brauch (m³)				
Gesamtwasserver- brauch (m³) in Gebieten, die von Wasserrisiken betroffen sind, einschl. Gebieten mit hohem Wasserstress				
Gesamtvolumen des zurückgewon- nenen und wieder- verwendeten Wassers (m³)				
Gesamtvolumen des gespeicherten Wassers und Ver- änderungen bei der Speicherung (m³)				
Wasserintensität je Mio. Nettoeinnahme (m³/Mio. EUR)				

Tab. 2: Beispiel für die Darstellung quantitativer Angaben nach ESRS E3-4[67]

53 Die Berichtspflichten über den Wasserverbrauch beschränken sich auf die eigenen Tätigkeiten und erfassen die vor- und nachgelagerte Wertschöpfungs- kette nicht (ESRS E3.28). Konkrete Angabepflichten zur Berichterstattung über den Wasserverbrauch sind nach ESRS E3.28:

a) Gesamtwasserverbrauch in m³;

b) Gesamtwasserverbrauch in m³ in Gebieten, die von Wasserrisiken betroffen sind, einschl. Gebieten mit hohem Wasserstress (Rz 54 f.);

---

[67] Eigene Darstellung.

c) Gesamtvolumen des zurückgewonnenen und wiederverwendeten Wassers in m³ (Rz 57);

d) Gesamtvolumen des gespeicherten Wassers und Veränderungen bei der Speicherung in m³;

e) alle erforderlichen Hintergrundinformationen zur Wassernutzung i.S.d. zuvor genannten Buchstaben a) bis d) (von ESRS E3.28); dies beinhaltet Angaben zur Wasserqualität und -quantität der Wassereinzugsgebiete, über die Art und Weise, wie die Daten erhoben werden, z.B. die verwendeten Standards, Methoden und Annahmen, und ob die Daten aus Berechnungen, Schätzungen, Modellierungen oder direkten Messungen stammen, und den für die Datengewinnung gewählten Ansatz, bspw. die Verwendung sektorspezifischer Faktoren (Rz 58).

Škoda tätigt in seinem Nachhaltigkeitsbericht 2023 umfassende Angaben zum Umfang des Wasserverbrauchs und der Wiederverwendung von Wasser. Die Angaben erfolgen grafisch wie folgt:

Praxis-Beispiel Škoda[68]				
Water consumption (m³) (2023 data based on 11 months actual + 1 month estimate)				
	Unit	2021	2022	2023
Water taken	m³/year	1,352,296	1,350,084	1,485,184
Wastewater*	m³/year	1,018,207	1,083,963	1,148,008
Recycled water**	m³/year	659,390	595,043	744,911
* Wastewater – wastewater after physical and chemical pre-treatment discharged to the municipal wastewater treatment plant (Mladá Boleslav, Vrchlab) or the wastewater treatment plant in the factory Kvasiny. ** Recycled water – definition for the purposes of this report – water that has been used more than once. Multiple use of water in cooling circuits is not included.				

---

[68] Entnommen Škoda Auto a. s., Sustainability Report 2023, S. 118 f.

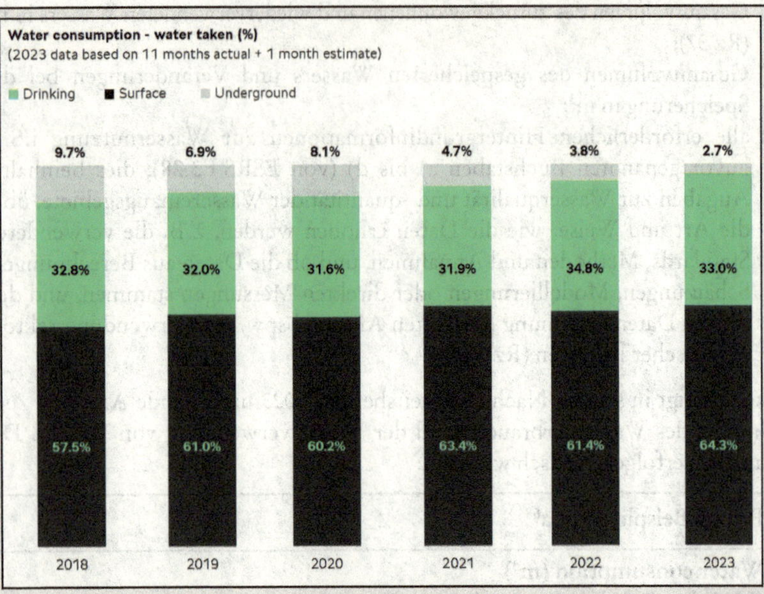

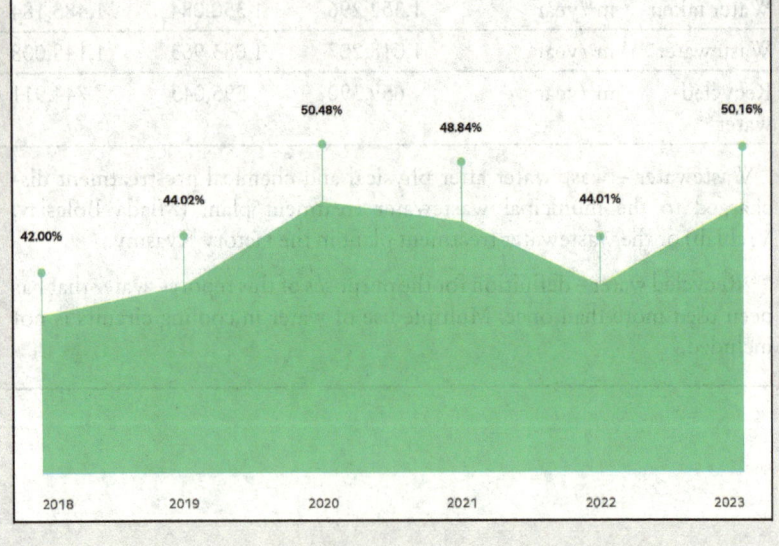

Wastewater – indirect discharge (nitrogen, phosphorus) (2023 data based on 11 months actual + 1 month estimate)				
	Unit	2021	2022	2023
Total nitrogen – indirect discharge	kg/year	53,042	40,778	43,619
Total phosphorus – indirect discharge	kg/year	5,950	4,761	4,750
Ergänzender Hinweis: Folgende weitere Informationen werden – jeweils in qualitativer Form, knapp zusammengefasst – gegeben: Der Wasserverbrauch wird auf die produzierten Einheiten an Autos umgelegt; es werden Angaben zu den genutzten Oberflächengewässern getätigt; die wesentlichen Ursachen des Wasserverbrauchs werden aufgezeigt; die Steuerung der Risiken wird beschrieben, und Maßnahmen zur Reduktion des Wasserverbrauchs werden aufgezeigt.				

Ist ein Unternehmen in verschiedenen Gebieten, die von Wasserrisiken betroffen sind, tätig, dann hat es bei der Angabe von Informationen zum Gesamtwasserverbrauch in derartigen Gebieten nach ESRS E3.28(b) nur Informationen zu solchen Gebieten offenzulegen, die gem. ESRS 2 IRO-1 und ESRS 2 SBM-3 als wesentlich ermittelt wurden (ESRS E3.AR28). 54

ESRS E3.AR28 stellt somit klar, dass das Ergebnis der **Wesentlichkeitsanalyse** in diesem Fall nicht nur über die Verpflichtung zur Berichterstattung über den Wasserverbrauch in Gebieten, die von Wasserrisiken betroffen sind, i.S.e. „Ja-/ Nein"-Ergebnisses entscheidet, sondern darüber hinaus aus der Wesentlichkeitsanalyse folgen kann, dass das Ergebnis zur Berichtspflicht heruntergebrochen auf einzelne Wassergebiete abweichend ausfallen kann. Gebiete, für die eine Angabe nicht wesentlich ist, können demzufolge in der Offenlegung unbeachtet bleiben, obwohl für andere Gebiete eine Verpflichtung zur Berichterstattung festgestellt wurde.

> **Achtung**
> **Indirekte Berichtspflicht nach ESRS 2 zum Vorgehen bei der**
> **Wesentlichkeitsanalyse**
>
> Der (geografisch eingeschränkte) Umfang der Berichterstattung nach ESRS E3.28(b) aufgrund von ESRS E3.AR28 ist an sich gut nachvollziehbar. Allerdings irritiert der Verweis auf ESRS 2 IRO-1 und ESRS 2 SBM-3. Denn die Berichtspflicht als Ergebnis der Wesentlichkeitsanalyse geht nicht aus diesen beiden Bestimmungen, sondern aus ESRS 1 hervor. Bei ESRS 2 IRO-1 und ESRS 2 SBM-3 handelt es sich vielmehr um Angaben betreffend die durchgeführte Wesentlichkeitsanalyse. Eine logische Schlussfolgerung wäre deswegen, dass die Angaben, die nach ESRS 2 IRO-1 und ESRS 2 SBM-3 zu tätigen sind, Bezug auf den Umfang der Berichterstattung nach ESRS E3.28(b) im Hinblick auf die ausgewählten Gebiete, für die (nicht) berichtet wird, nehmen müssen.

ESRS 2 IRO-1 behandelt die Offenlegung von Angaben zur Beschreibung des Verfahrens zur Ermittlung und Bewertung der wesentlichen Auswirkungen, Risiken und Chancen (→ § 4 Rz 110–116). Hierbei kommen auch besondere geografische Rahmenbedingungen zur Sprache. So hat das Unternehmen u. a. einen Überblick über das Verfahren zur Ermittlung, Bewertung, Priorisierung und Überwachung der potenziellen und tatsächlichen Auswirkungen des Unternehmens auf Mensch und Umwelt auf der Grundlage des Verfahrens des Unternehmens zur Erfüllung der Sorgfaltspflicht zu vermitteln und anzugeben, ob und wie das Verfahren sich auf geografische Gegebenheiten konzentriert, die zu einem erhöhten Risiko nachteiliger Auswirkungen führen (ESRS 2.53(b)(i)). Gem. ESRS 2 SBM-3 hat das Unternehmen seine wesentlichen Auswirkungen, Risiken und Chancen anzugeben und ihre Wechselwirkungen mit seiner Strategie und seinem Geschäftsmodell zu erläutern (→ § 4 Rz 102–109).

55   Die Verpflichtung zur gesonderten Offenlegung des Wasserverbrauchs für die einzelnen Gebiete, für die der Wasserverbrauch erfasst und berichtet wird, geht aus ESRS E3.28(b) nicht hervor und ist somit entbehrlich. Auch eine aufgeschlüsselte Angabe des Wasserverbrauchs für die zwei Gruppen „Gebiete, die von Wasserrisiken betroffen sind," und „Gebiete mit hohem Wasserstress" kann nicht aus ESRS E3.28(b) abgeleitet werden. Folglich muss nur der gesamte Wasserverbrauch und der Wasserverbrauch für Gebiete, die von Wasserrisiken betroffen sind, gesondert offengelegt werden.

56   Die BASF-Gruppe stellt in ihrem Bericht 2023 den Wasserverbrauch insgesamt dar und weist den auf Wasserstressgebiete entfallenden Anteil prozentual aus (Abb. 10). Im Fließtext erfolgen Konkretisierungen; ein gesonderter Ausweis von Gebieten, die von Wasserrisiken betroffen sind, erfolgt nicht.

Ebenso wird der anteilige Wasserverbrauch nicht in m³ ausgedrückt (der Gesamtverbrauch im Fließtext hingegen schon; siehe unten). Aufgrund der expliziten Nennung des Ausweises in m³ und nicht als prozentuale Angabe gem. ESRS E3.28 und der gesonderten Nennung von Gebieten, die von Wasserrisiken betroffen sind, wird demzufolge zukünftig eine Anpassung des Berichtsverhaltens erforderlich sein.

Praxis-Beispiel BASF – Angabe des Wasserverbrauchs[69]

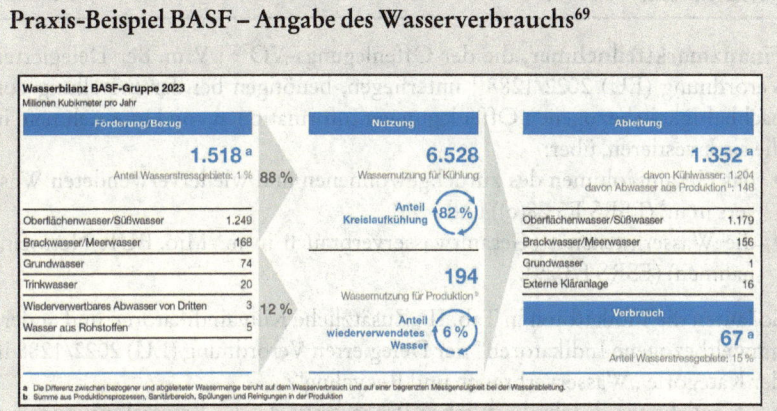

Weiter heißt es im Bericht 2023 von BASF:

„Der Wasserverbrauch der BASF-Gruppe beschreibt die Menge an Wasser, die nicht mehr in ein Gewässer zurückgeleitet wird und somit anderen Nutzern nicht mehr zur Verfügung steht. Im Wesentlichen beruht der Verbrauch auf der Verdunstung von Wasser bei der Kreislaufführung von Kühlwasser. Zum kleineren Teil geht er auf Wasser zurück, das in unseren Produkten enthalten ist. Der Wasserverbrauch lag im Jahr 2023 bei rund 67 Millionen Kubikmetern (2022: 69).

Im Jahr 2023 lagen rund 25 % unserer Produktionsstandorte in Wasserstressgebieten (2022: 25 %). Auf diese Standorte entfiel 1 % des gesamten Wasserbezugs von BASF (2022: 1 %).* Wir beziehen das Wasser in Wasserstressgebieten größtenteils von Dritten (79 %) und decken unseren Bedarf dabei hauptsächlich aus Süßwasser. Der Anteil des Wasserverbrauchs in Wasserstressgebieten am BASF-Gesamtwasserverbrauch lag im Jahr 2023 bei 15 % (2022: 17 %) und resultierte maßgeblich aus der Verdunstung in Kühlprozessen. Der Anteil des Abwassers in Wasserstressgebieten an der BASF-Gesamtabwassermenge lag bei weniger als 1 %. Hier ist der Anteil des Abwassers aus Kühlprozessen geringer als in der gesamten BASF-Gruppe. Kühlwasser

---

[69] Entnommen BASF, BASF-Bericht 2023, S. 114.

wird dort kaum als Durchlaufkühlung, sondern überwiegend in Kreisläufen genutzt, um den Wasserbedarf zu senken. Produktionsabwässer in Wasserstressgebieten werden vorwiegend in Anlagen Dritter aufbereitet."

* Für die Bestimmung des anteiligen Wasserbezugs beziehungsweise Wasserverbrauchs wurden die Standorte in Wasserstressgebieten mit Aqueduct 3.0 ermittelt.

57 **Finanzmarktteilnehmer**, die der Offenlegungs-VO[70] i. V. m. der Delegierten Verordnung (EU) 2022/1288[71] unterliegen, benötigen bei der Erstellung von nachhaltigkeitsbezogenen Offenlegungen Informationen von Unternehmen, in die sie investieren, über:
- das Gesamtvolumen des zurückgewonnenen und wiederverwendeten Wassers in m^3 (ESRS E3.28(c)) und
- die Wasserintensität (Gesamtwasserverbrauch in m^3/Mio. EUR Nettoeinnahmen) (ESRS E3.29).

So lauten die Indikatoren in Tab. II „Zusätzliche Klimaindikatoren und andere umweltbezogene Indikatoren" der Delegierten Verordnung (EU) 2022/1288 in der Kategorie „Wasserverbrauch und Recycling":
- „Gewichteter durchschnittlicher Prozentsatz des [...] zurückgewonnenen und wiederverwendeten Wassers" (Klimaindikator 6.2 Anhang I Tab. II Delegierte Verordnung (EU) 2022/1288) und
- „Durchschnittlicher Wasserverbrauch (in Kubikmetern) [...] pro einer Million EUR Umsatz" (Klimaindikator 6.1 Anhang I Tab. II Delegierte Verordnung (EU) 2022/1288).

Demzufolge haben diese Angabeverpflichtungen für Unternehmen, die in einem Leistungsaustausch mit dem Finanzdienstleistungssektor stehen, eine besondere Relevanz.

58 Bei den **Hintergrundinformationen** über den **Wasserverbrauch** hat das Unternehmen die Berechnungsmethoden und insbes. die Anteile der Messergebnisse, die sich aus direkten Messungen, Probenahmen und Extrapolationen bzw. bestmöglichen Schätzungen ergeben, gesondert offenzulegen (ESRS E3.AR29). Wenngleich ESRS E3.AR29 bei dieser Konkretisierung auf ESRS E3.26 verweist, ist klar, dass diese Angabe sich auf ESRS E3.28(a) und (b) bzw. die dazu zu tätigenden Hintergrundinformationen nach ESRS E3.28(e) bezieht. Die zuletzt genannten Bestimmungen stellen nämlich wiederum eine Konkretisierung der Offenlegungspflicht nach ESRS E3.26 dar. Mithin ist die Angabepflicht ESRS E3.AR29 bei den Offenlegungen nach ESRS E3.28(e) zu verorten.

---

[70] Verordnung (EU) 2019/2088, ABl. EU v. 9.12.2019, L 317/1.
[71] Delegierte Verordnung (EU) 2022/1288, ABl. EU v. 25.7.2022, L 196/1.

> **Achtung**
>
> Als wichtige Konkretisierung gegenüber ESRS E3.28(e) ist hervorzuheben, dass ESRS E3.AR29 die Nennung des Anteils der Messergebnisse, die sich aus direkten Messungen etc. ergeben, erfordert. Damit geht ESRS E3.AR29 inhaltlich über ESRS E3.28(e) hinaus, der keine Quantifizierung verlangt.

Zusätzlich zur absoluten Angabe des Wasserverbrauchs haben Unternehmen die **Wasserintensität**, also das Verhältnis von Wasserverbrauch zu Erlösen, anzugeben (ESRS E3.29). Hierbei handelt es sich um eine Information, die Finanzmarktteilnehmer zur Erfüllung ihrer nachhaltigkeitsbezogenen Offenlegungen gem. Offenlegungs-VO benötigen (Rz 57). ESRS E3.29 definiert die Wasserintensität als den Gesamtwasserverbrauch im eigenen Betrieb in m^3 je eine Mio. EUR Nettoeinnahme:

$$\text{Wasserintensität} = \frac{\text{Gesamtwasserverbrauch im eigenen Betrieb } [m^3]}{\text{Mio. Nettoeinnahme } [EUR]}$$

ESRS E1 gibt in der Berechnung der **Energieintensität** Hinweise zur Ermittlung der Nettoeinnahmen und verweist auf IFRS 15 bzw. auf (nationale) Bestimmungen (z. B. HGB oder UGB). Obwohl in ESRS E3 zur Ermittlung der Wasserintensität keine dahingehenden Konkretisierungen vorhanden sind, kann davon ausgegangen werden, dass die Ermittlung analog vorzunehmen ist (siehe zur Ermittlung der Nettoeinnahmen im Zusammenhang mit ESRS E1 → § 6 Rz 64). Bei der Berechnung der Wasserintensität für die Nachhaltigkeitsberichterstattung eines Konzerns sind u. E. die Erlöse nach Vornahme von Konsolidierungsbuchungen maßgeblich – wenngleich dies den Konzern gegenüber rechtlich selbstständigen Unternehmen benachteiligt. Somit wird eine Verbindung mit den im Jahresabschluss ausgewiesenen Beträgen hergestellt. Eine Zusammenführung der Intensitäten der Unternehmen, für die im Konzern berichtet wird, ist ohne Berücksichtigung der Konsolidierungsmaßnahmen folglich nicht möglich. Eine explizite Erwähnung zur Berechnung im Konzern findet sich in ESRS E3 nicht.

Neben den zuvor erläuterten Angabepflichten (bei Wesentlichkeit) nach ESRS E3-4 beinhalten die *Application Requirements* zu ESRS E3-4 drei fakultative Angaben:

1. Zusätzlich zur Nennung der Wasserintensität gem. der Definition von ESRS E3.29 kann das Unternehmen weitere Intensitäten offenlegen, bei denen der Nenner abweichend abgegrenzt wird (ESRS E3.AR31). Bspw. könnte das Unternehmen statt den Umsatzerlösen auf bereinigte Ergebnisgrößen zurückgreifen, die als Steuerungskennzahlen im Unternehmen zum Einsatz kommen und als finanzielle Kennzahlen berichtet werden (wie das EBIT).

2. „Das Unternehmen kann Informationen zu anderen Untergliederungen (d. h. nach Sektoren oder Segmenten) übermitteln" (ESRS E3.AR30). ESRS E3.AR30 bezieht sich nicht auf eine konkrete Angabepflicht nach ESRS E3-4 und könnte auf alle derartigen Offenlegungen bezogen werden. Auch aus der Positionierung innerhalb der *Application Requirements* zu ESRS E3-4 lässt sich dies nicht ableiten, da ESRS E3.AR30 „zwischen" einer AR betreffend die Angaben nach ESRS E3.26 und ESRS E3.29 (also zwischen dem ersten und letzten Absatz zu ESRS E3-4) steht.

3. Letztlich kann das Unternehmen auf Basis von ESRS E3.AR32 Angaben zu seinen Entnahmen und Ableitungen von Wasser tätigen. Da diese fakultative Angabe ESRS E3-4 zugeordnet ist, lässt sich schlussfolgern, dass hierunter quantitative Angaben als absolute Beträge (also der Umfang an Entnahmen und/oder Ableitungen von Wasser in m^3) oder als Intensitäten (Entnahmen und/oder Ableitungen von Wasser in m^3 im Verhältnis zu Erlösen) zu verstehen sind. Freilich sollten diese beiden Größen „Entnahmen" und „Ableitungen" jeweils gesondert offengelegt werden.

Praxis-Beispiel Lenzing AG – Wasserverbrauch[72]

„Das Ziel des Wassermanagements von Lenzing besteht darin, möglichst viel Wasser wiederaufzubereiten und wiederzuverwenden. Das Zellstoffwerk in Paskov (Tschechische Republik) verfügt über einen geschlossenen Kühlwasserkreislauf und benötigt daher nur wenig zusätzliches Wasser, um Verluste zu kompensieren. Darüber hinaus spart die integrierte Zellstoff- und Faserproduktion am Standort Lenzing (Österreich) Wasser, da das Trocknen und die spätere Wiederbefeuchtung von zugekauftem Faserzellstoff entfällt.

Die Faserzellstoff- und Faserproduktionsanlagen beziehen Wasser aus angrenzenden Wasserquellen (hauptsächlich Flüsse und Grundwasser) und von lokalen Lieferanten. Wasser dient bei der Produktion als Kühl- und Prozessmittel. Durch die inhärente Feuchtigkeitsaufnahme von Cellulosefasern und das Verdampfen im Kühlprozess werden erhebliche Wassermengen verbraucht.

---

[72] Entnommen Lenzing AG, Geschäfts- und Nachhaltigkeitsbericht 2023, S. 94 f.

Wasserentnahme nach Quellen[a]				
(Megaliter)	2014	2021	2022	2023
		Alle Bereiche		
Oberflächenwasser	103.000	87.029	80.851	97.085
davon Süßwasser	0	87.029	80.851	97.085
Grundwasser	14.000	12.980	14.335	12.747
davon Süßwasser	0	12.980	14.335	12.747
Meerwasser	0	0	0	0
Produziertes Wasser	0	0	0	0
Wasser von Dritten	0	6.726	5.701	8.961
davon Süßwasser	0	6.726	5.701	8.961
davon in Gebieten mit Wasserstress	0	0	0	1.837
Gesamte Wasserentnahme	**117.000**	**106.735**	**100.887**	**118.793**
davon in Gebieten mit Wasserstress	0	0	0	1.837

[a] Von Süßwasser ($\leq$ 1.000 mg/l Filtrattrockenrückstand (TDS)), keine Entnahme von anderem Wasser (> 1.000 mg/l Filtrattrockenrückstand (TDS))

Spezifische[a] Wassernutzung				
Index (basierend auf m^3/t, 2014 = 100 %)	2014	2021	2022	2023
Spezifische(r) Wasserzulauf/-extraktion	100,0 %	90,2 %	93,9 %	79,2 %

[a] Spezifische Indikatoren werden pro Produktionseinheit der Lenzing Gruppe berichtet (d. h. Zellstoff- und Faserproduktionsvolumen).

Heuer umfasst die Berichterstattung zwei neue Produktionsstätten in Indianópolis (Brasilien) und Prachinburi (Thailand), was erwartungsgemäß zu einer höheren Wasserentnahme und -Rückführung führte [...]. Die Inbetriebnahme der zusätzlichen Standorte sowie die Umstellung einer Produktionslinie von Viscose- auf Modal-Faserproduktion am Standort Nanjing (China) beeinflusste den Gesamtwasserverbrauch in der Gruppe negativ [...].

Dennoch führt Lenzings realisierte Expansion in die wassereffiziente Herstellung von Zellstoff und Lyocellfasern zu einer signifikanten Reduzierung der spezifischen Wassernutzung [...].

Wasserverbrauch (Megaliter)	2014	2021	2022	2023
Gesamtwasserverbrauch	9.000	8.741	8.087	12.173
davon in Gebieten mit Wasserstress	0	0	0	867

Wasserrückführung (Megaliter)	2014	2021	2022	2023
Wasserrückführung nach Zielort				
Oberflächenwasser		40.860	35.166	50.293
Grundwasser		0	0	0
Meerwasser		0	0	0
Wasser von Dritten		57.133	57.633	56.326
davon in Gebieten mit Wasserstress		0	0	970
davon Anteil Wasser von Dritten, das zur Verwendung an andere Organisationen geleitet wird		0	0	0
Wasserrückführung nach Wasserqualität				
Süßwasser (≤ 1.000 mg/l Filtrattrockenrückstand (TDS))		69.772	66.496	65.957
davon in Gebieten mit Wasserstress		0	0	970
Anderes Wasser (> 1.000 mg/l Filtrattrockenrückstand (TDS))		28.222	26.304	40.662
Gesamte Wasserrückführung	108.000	97.993	92.799	106.619
davon in Gebieten mit Wasserstress		0	0	970

Lenzing begegnet wasserbezogenen Herausforderungen mit Fokus auf ihrem neuen Werk in Prachinburi (Thailand). Dies ist der einzige Standort der Gruppe in einem Gebiet mit hohem Wasserstress. Lenzing hat die Entscheidung getroffen, in Thailand vollständig auf die Lyocell-Technologie zu setzen. Diese verbraucht nur etwa ein Drittel des Prozesswassers, das bei der Viscose-Technologie benötigt wird. Das unterstreicht nicht nur Lenzings Engagement für einen verantwortungsbewussten Umgang mit Wasser, sondern führt auch zu einem geringen Anteil an Wasserentnahme, -verbrauch und -rückführung in Gebieten mit Wasserstress [...]."

In einer Mehrjahresübersicht mit nichtfinanziellen Kennzahlen legt EnBW im integrierten Geschäftsbericht 2023 Informationen zur Wasserentnahme und zum Wasserverbrauch offen. Zielwerte oder Wasserintensitäten finden sich in der Berichterstattung nicht:

Praxis-Beispiel EnBW[73]	Nichtfinanzielle Kennzahlen					
		2023	2022	2021	2020	2019
Abwasser-intensität[4, 13]	in l/kWh	28,0	30,2	–	–	–
Wasser-entnahme[14]	in Mio. m³	904	1.131	1.076	972	1.661
Wasser-verbrauch[15]	in Mio. m³	14	37	35	34	40
	[4] Bei der Berechnung der Kennzahl sind der durch die EnBW nicht beeinflussbare Anteil aus positivem Redispatch und die nukleare Erzeugung nicht enthalten. [13] Abweichender Konsolidierungskreis (ohne GKM, Fernwärme Ulm und Contractinganlagen). Die Kennzahl wird erst seit 2023 berichtet. Abwasser ist die Summe der Kühl- und Abwassermengen, die in ein Oberflächengewässer eingeleitet werden. [14] Summe aus Oberflächen-/Flusswasser-, Brunnen-/Grundwasser- und Trinkwasserentnahme. Enthält kein Wasser für die Trinkwasserversorgung. [15] Enthält Verdunstung und Abwasser.					

[73] Die Tabelle enthält nur ausgewählte Elemente der Originaldarstellung zu nichtfinanziellen Kennzahlen. Diese Elemente sind modifiziert entnommen EnBW, Integrierter Geschäftsbericht 2023, S. 312.

2.2.3 ESRS E3-5 – Erwartete finanzielle Effekte durch Auswirkungen, Risiken und Chancen im Zusammenhang mit Wasser- und Meeresressourcen

61 Die nach ESRS E3.30 zu berichtenden Informationen – also die Angabe des Unternehmens zu seinen erwarteten finanziellen Effekten aufgrund wesentlicher Risiken und Chancen im Zusammenhang mit Wasser- und Meeresressourcen – sollen die nach ESRS 2.48(d) erforderlichen Angaben zu den aktuellen Auswirkungen auf die Finanzlage, die finanzielle Leistungsfähigkeit und die Cashflows des Unternehmens im Berichtszeitraum ergänzen.

62 Das grds. Ziel dieser Angabepflicht ist es gem. ESRS E3.32, ein Verständnis für folgende Aspekte zu vermitteln:
- erwartete finanzielle Effekte aufgrund wesentlicher Risiken durch Auswirkungen und Abhängigkeiten im Zusammenhang mit Wasser- und Meeresressourcen sowie ein Verständnis dafür, wie diese Risiken kurz-, mittel- und langfristig einen wesentlichen Einfluss auf die Finanzlage, die Ertragslage und die Zahlungsströme des Unternehmens haben (oder ob ein solcher Einfluss wahrscheinlich ist);
- erwartete finanzielle Effekte aufgrund wesentlicher Chancen im Zusammenhang mit Wasser- und Meeresressourcen.

63 Vonseiten des Unternehmens sind gem. ESRS E3.33 nachstehende Angaben zu tätigen:
- **Quantifizierung** der erwarteten finanziellen Effekte in monetärer Hinsicht, bevor Maßnahmen im Zusammenhang mit Wasser- und Meeresressourcen berücksichtigt werden, oder – wenn dies ohne unangemessene Kosten oder Anstrengungen nicht möglich ist – qualitative Informationen; eine Quantifizierung der finanziellen Effekte, welche sich aus Chancen ergeben, ist nicht erforderlich, wenn eine solche Angabe nicht den qualitativen Merkmalen von Informationen (gem. ESRS 1, App. C – qualitative Merkmale von Informationen) entspricht;
- **Beschreibung** der berücksichtigten finanziellen Effekte, der damit zusammenhängenden Auswirkungen und Abhängigkeiten sowie der Zeithorizonte, innerhalb derer sie wahrscheinlich eintreten werden;
- **kritische Annahmen**, welche zur Quantifizierung der erwarteten finanziellen Effekte herangezogen werden, sowie die Quellen und den Grad der Unsicherheit dieser Annahmen.

64 In ihrem Nachhaltigkeitsbericht geht die BayWa auf erwartete negative Effekte im Zusammenhang mit Wasser- und Meeresressourcen ein und bezieht sich auch auf finanzielle Aspekte in Form steigender Frachtpreise durch Niedrigwasser. Dazu heißt es im Nachhaltigkeitsbericht 2023:

Praxis-Beispiel BayWa AG – erwartete finanzielle Effekte im Zusammenhang mit Wasserressourcen[74]

„Langfristig rechnet die BayWa mit steigenden Betriebskosten aufgrund des Klimawandels, steigender CO_2-Preise und neuer Gesetze zum Klimaschutz. Besonders die Logistik ist von steigenden Durchschnittstemperaturen betroffen. Zum Beispiel besteht durch Niedrigwasser in europäischen Flüssen und eine dadurch verursachte Verknappung der Schiffskapazitäten die Gefahr von Versorgungsengpässen. Das Ergebnis können verspätete Lieferungen und signifikant höhere Frachtpreise sein. Neben den Auswirkungen auf die Logistik führen Wetterveränderungen zu erheblichen Risiken in der Beschaffung von Agrarprodukten. Kurzfristig ist die BayWa jährlichen Ertragsschwankungen aufgrund von Dürren oder extremen Frösten ausgesetzt. Langfristig erwartet sie eine Verknappung der verfügbaren Agrarrohstoffe wie z.B. Weizen, Trauben und Äpfel aufgrund veränderter klimatischer Bedingungen in bestimmten Regionen. Diese Ernteausfälle in Verbindung mit insgesamt geringeren weltweiten Produktionsmengen können die Preisvolatilitäten und somit das Marktrisiko des BayWa-Konzerns erhöhen.

Das Segment Regenerative Energien ist von möglichen klimabedingten Änderungen (Windgeschwindigkeiten, Sonneneinstrahlung) betroffen. Bei weniger Wind produzieren die von der BayWa r.e.-Einheit Independent Power Producer (IPP) gehaltenen Erzeugungsanlagen weniger Strom – somit wird weniger Ertrag generiert. Der Wert von Solarparks und der produzierte Strom können aufgrund des starken Ausbaus dieser Technologie in Kombination mit erhöhter Sonneneinstrahlung einem erheblichen Preisverfall unterworfen sein. Dies ist im Frühjahr 2023 in Südspanien aufgetreten. Hierdurch steigt die Relevanz von hybriden Solarprojekten (Solar plus Batteriespeicher). Der BayWa-Konzern hat die dargestellten klimabedingten Risiken im Blick und reagiert mit entsprechenden Maßnahmen darauf. Das Management von klimabezogenen Risiken wird dabei stetig weiterentwickelt.

Während der BayWa-Konzern mit transitorischen und chronischen physischen Risiken konfrontiert ist, bieten sich gleichzeitig auch Chancen: z.B. der Ausbau und die Vermarktung regenerativer Energiequellen, die Entwicklung von emissionsarmen Waren und Dienstleistungen in allen Geschäftsbereichen und die Vermarktung sowie der Einsatz von dürreresistentem Saat- und Pflanzgut."

---

[74] Entnommen BayWa AG, Nachhaltigkeitsbericht 2023, S. 29.

3 Fazit

65   ESRS E3 enthält Angabepflichten zu Wasser- und Meeresressourcen. Zum einen sind – wie in den anderen Standards – Informationen zum Management von Auswirkungen, Risiken und Chancen anzugeben, zum anderen sind Informationen zu Parametern und Zielen offenzulegen. Im Fokus stehen die Aspekte Wasserverbrauch, Wasserentnahme, Ableitung von Wasser, Ableitung von Wasser in die Ozeane sowie Gewinnung und Nutzung von Meeresressourcen.

66   Obschon ESRS E3 im Vergleich zu anderen themenspezifischen Standards weniger eng eingegrenzt ist, erscheinen die Angabeerfordernisse hinreichend spezifiziert. Zudem werden einige Leitlinien aufgezeigt, die eine Hilfestellung bei der Umsetzung der Berichtserfordernisse bieten. Von Vorteil bei der Anwendung von ESRS E3 ist überdies, dass einige Regularien zur Beurteilung des Zustands und von Trends betreffend Wasser- und Meeresressourcen bereits vor vielen Jahren auf EU-Ebene verabschiedet wurden. Demzufolge bestehen (wenngleich nicht unbedingt auf unternehmerischer Ebene) Erfahrungen im Umgang mit diesem Thema.

67   Welche Angaben im konkreten Einzelfall zu berichten sind, bestimmt das Ergebnis der Wesentlichkeitsanalyse.

Der Umfang der erforderlichen Berichterstattung von ESRS E3 ist – wie bei den anderen themenspezifischen Standards – sowohl vom jeweiligen Sektor als auch vom individuellen Unternehmen abhängig. Viele der geforderten Informationen betreffen nur ausgewählte Sektoren oder Unternehmen (etwa bei Unternehmen mit Standorten in Gebieten mit hohem Wasserstress). Bezogen auf einzelne Angaben wird ESRS E3 hingegen für zahlreiche Unternehmen einschlägig sein: dies betrifft insbes. Angaben zum Wasserverbrauch.

Im Vergleich zu den nichtfinanziellen Berichtspflichten der Unternehmen, die bereits vor Umsetzung der CSRD und der ESRS einer Berichtspflicht nach der NFRD unterlegen haben, sind nun deutlich konkretere Angaben zum Umgang mit Wasser- und Meeresressourcen gefordert.

Literaturtipps

- CDP, Water Impact Index, www.cdp.net/en/investor/water-watch-cdp-water-impact-index, Abruf 1.8.2024
- EFRAG, ESRS Q&A Platform, Compilation of Explanations, Januar–Juli 2024, www.efrag.org/sites/default/files/media/document/2024-07/Compilation%20Explanations%20January%20-%20July%202024.pdf, Abruf 1.8.2024
- Lanfermann, Aktuelle Dynamik bei den Berichtsstandards zur Nachhaltigkeit auf europäischer und internationaler Ebene, BB 2023, S. 1515ff.

- Sellhorn et al., Standards für die Nachhaltigkeitsberichterstattung im Vergleich – Erkenntnisse aus dem Sustainability Reporting Navigator zur Vergleichbarkeit von ESRS, IFRS Sustainability Disclosure Standards und GRI-Standards, WPg 2023, S. 735 ff.
- Sopp/Baumüller/Scheid, Nachhaltigkeitsberichterstattung – Berichtspflichten nach der CSRD, den ESRS und dem Entwurf für ein CSRD-Umsetzungsgesetz, 4. Aufl., 2024.
- TNFD, Guidance on the identification and assessment of nature-related issues: The LEAP approach, Version 1.1, Oktober 2023, https://tnfd.global/wp-content/uploads/2023/08/Guidance_on_the_identification_and_assessment_of_nature-related_Issues_The_TNFD_LEAP_approach_V1.1_October 2023.pdf?v=1698403116, Abruf 1.8.2024
- WWF, Water Risk Filter, https://riskfilter.org/water/home, Abruf 1.8.2024

§ 9 ESRS E4 – Biologische Vielfalt und Ökosysteme

Vorbemerkung

Die Kommentierung bezieht sich auf ESRS E4 gem. Berichtigung der Delegierten Verordnung (EU) 2023/2772 v. 31.7.2023, ABl. EU L v. 9.8.2024. Sie wurde umfassend an die überarbeitete Übersetzung der ESRS vom 9.8.2024 angepasst. Zudem wurden weitere Hinweise für die Umsetzung der Berichtspflichten nach ESRS E4 in der Berichterstattungspraxis eingearbeitet.

1 Grundlagen

1.1 Zielsetzung und Inhalt

1　ESRS E4 adressiert Angabepflichten zu biologischer Vielfalt und Ökosystemen (*biodiversity and ecosystems*), was von besonderer Bedeutung ist, da nahezu die Hälfte des weltweiten Bruttoinlandsprodukts (BIP) stark von einer intakten biologischen Vielfalt und gesunden Ökosystemen abhängt.[1] Es ist jedoch festzustellen, dass zahlreiche wirtschaftliche Aktivitäten Ökosysteme beanspruchen und sich negativ auf die biologische Vielfalt auswirken. Diese Erkenntnisse sind nicht nur von Belang auf EU-Ebene, sondern finden auch internationale Unterstützung, insbes. durch die Intergovernmental Science-Policy Platform on Biodiversity and Ecosystem Services (IPBES). ESRS E4 selbst definiert *biodiversity/biological diversity* als „die Variabilität unter lebenden Organismen jeglicher Herkunft, darunter unter anderem Land-, Süßwasser-, Meeres- und sonstige aquatische Ökosysteme und die ökologische Komplexe, zu denen sie gehören" (ESRS E4.3), was der Definition der IPBES entspricht.[2] Die Definition eines Ökosystems ist im Glossar enthalten: „Ein komplexes dynamisches Wirkungsgefüge von Pflanzen-, Tier- und Mikroorganismengemeinschaften und ihrer abiotischen Umwelt, die eine funktionelle Einheit bilden."[3] Hinsichtlich der Klassifizierung der verschiedenen Ökosysteme verweist das

---

[1]　Mitteilung der EU-Kommission, EU-Biodiversitätsstrategie für 2030, COM(2020) 380 final v. 20.5.2020, https://eur-lex.europa.eu/resource.html?uri=cellar:a3c806a6-9ab3-11ea-9d2d-01aa75ed 71a1.0002.02/DOC_1&format=PDF, Abruf 1.8.2024.

[2]　Diese Definition ist ähnlich der Definition der Convention on Biological Diversity: *„the variability among living organisms from all sources including, inter alia, terrestrial, marine and other aquatic ecosystems and the ecological complexes of which they are part, this includes diversity within species, between species and of ecosystems".* Die Definition des United Nations Environment Program geht zudem auf die genetische Diversität ein: *„[...] an umbrella term to describe collectively the variety and variability of nature. It encompasses three basic levels of organisation in living systems: the genetiy, species, and ecosystem levels".* Der World Wildlife Fund fokussiert seine Definition hingegen auf die Diversität der Arten: *„[...] reflects the number, variety and variability of living organisms".* Somit liegen die Hauptunterschiede der verschiedenen Definitionen in der Betonung bestimmter Aspekte.

[3]　Berichtigung der Delegierten Verordnung (EU) 2023/2772 v. 31.7.2023, ABl. EU L v. 9.8.2023, Anhang II, Tab. 2, S. 267.

Glossar auf die Global Ecosystem Typology 2.0 der International Union for Conservation of Nature (IUCN).[4]

ESRS E4 schließt in den Berichtsumfang insbes. die direkten Hauptfaktoren (oder auch Treiber) mit ein, die zu Biodiversitätsverlust bzw. der Veränderung von Biodiversität und Ökosystemen beitragen. Diese umfassen nach dem ESRS E4 Klimawandel, Verschmutzung, Veränderungen der Land-, der Wasser- und der Meeresnutzung, Nutzung und Ausbeutung natürlicher Ressourcen sowie invasive nicht heimische Arten. Die Einbeziehung dieser Hauptfaktoren folgt aus der Taskforce on Nature-related Financial Disclosures (TNFD), welche eine modifizierte Auflistung angelehnt an den IPBES-Bericht verwendet.[5] Durch diese umfassende Betrachtungsweise bestehen Anknüpfungspunkte mit weiteren Umweltstandards, die zu berücksichtigen sind: ESRS E1 („Klimawandel"; → § 6), ESRS E2 („Umweltverschmutzung"; → § 7), ESRS E3 („Wasser- und Meeresressourcen"; → § 8), ESRS E5 („Ressourcennutzung und Kreislaufwirtschaft"; → § 10), sofern eine Abhängigkeit des Zustands der biologischen Vielfalt und der Ökosysteme von diesen Faktoren gegeben ist. Abb. 1 zeigt die Wirkmechanismen auf. ESRS E1 befasst sich insbes. mit Emissionen und der Nutzung von Energieressourcen. ESRS E2 behandelt die Verschmutzung von Luft, Wasser und Boden, wobei ESRS E5 die Vermeidung der Verschmutzung durch Abfälle berücksichtigt. Die Nutzung von Wasser- und Meeresressourcen wird in ESRS E3 behandelt. Darüber hinaus behandelt ESRS E5 die Verringerung der Nutzung und Ausbeutung natürlicher Ressourcen mit dem Übergang zum Verzicht auf nicht erneuerbare Ressourcen. Zusätzlich sind Berührungspunkte mit ESRS S3 („Betroffene Gemeinschaften"; → § 14) zu berücksichtigen, da wesentliche negative Auswirkungen auf betroffene Gemeinschaften durch Veränderungen der biologischen Vielfalt und der Ökosysteme induziert werden können.

2

---

[4] IUCN Global Ecosystem Typology 2.0, Descriptive profiles for biomes and ecosystem functional groups, 2020.
[5] IPBES, Global assessment report on biodiversity and ecosystem services of the Intergovernmental Science-Policy Platform on Biodiversity and Ecosystem Services, 2019; TNFD, The TNFD Nature-related Risk and Opportunity Management and Disclosure Framework, Beta v0.3, 2022.

Abb. 1: ESRS E4 Verknüpfungen mit anderen ESRS-Umweltstandards[6]

3 ESRS E4 hat zum Ziel, dass ein berichtspflichtiges Unternehmen die folgenden Aspekte darstellt:

- welche **wesentlich positiven und negativen tatsächlichen und potenziellen Auswirkungen** das Unternehmen auf die biologische Vielfalt und Ökosysteme hat, einschl. des Ausmaßes, in dem es zu den Ursachen für den Verlust und die Schädigung der biologischen Vielfalt und der Ökosysteme beiträgt;
- welche **Maßnahmen** zur Verhinderung oder Minderung wesentlicher tatsächlicher oder potenzieller negativer Auswirkungen und zum Schutz und zur Wiederherstellung der biologischen Vielfalt und von Ökosystemen **implementiert** wurden sowie die **Ergebnisse dieser Maßnahmen** als auch die Steuerung etwaiger Risiken und Chancen;
- über welche Pläne und Fähigkeiten das Unternehmen verfügt, die Unternehmensstrategie und das Geschäftsmodell im Einklang mit folgenden Themen anzupassen:

---

6   Eigene Darstellung in Anlehnung an IPBES.

– die Einhaltung der Belastbarkeitsgrenzen des Planeten, insbes. i.V. m. der Integrität der Biosphäre und dem Landsystemwandel,
– der Vision des Globalen Biodiversitätsrahmens von Kunming-Montreal[7] und seinen einschlägigen Zielen und Vorgaben,
– den einschlägigen Aspekten der EU-Biodiversitätsstrategie für 2030,
– der EU-Vogelschutz-[8] und der EU-Habitat-Richtlinie[9],
– der Meeresstrategie-Rahmenrichtlinie[10];
• welche **finanziellen Effekte** für das berichtspflichtige Unternehmen aus diesen wesentlichen Risiken und Chancen in kurz-, mittel- und langfristiger Perspektive resultieren (ESRS E4.1).

Zu allen in Rz 3 genannten Aspekten enthält ESRS E4 aktuell Angabepflichten. **4** Allerdings sind in den einzelnen Angabepflichten etliche Freiräume enthalten, z.B. in den zu berichtenden Kennzahlen zur Messung der implementierten Maßnahmen (Rz 43), was der Komplexität der zugrunde liegenden Thematik geschuldet ist. Zudem wird in den Angabepflichten nicht mehr auf die Meeresstrategie-Rahmenrichtlinie[11] verwiesen. Hier ist anzunehmen, dass dies im Zuge kommender Aktualisierungen noch implementiert wird.

1.2 Abzudeckende Themen

Tab. 1 zeigt die Nachhaltigkeitsaspekte, die bei der Wesentlichkeitsanalyse zu **5** würdigen sind, inkl. der Themen, Unterthemen und Unter-Unterthemen für ESRS E4:

---

7 Der globale Biodiversitätsrahmen von Kunming-Montreal wurde während der 15. Tagung im Dezember 2022 der Vertragsparteien des Übereinkommens über die biologische Vielfalt (Convention on Biological Diversity) der UN vereinbart. Das Rahmenwerk legt vier langfristige Ziele für das Jahr 2050 und 23 Ziele fest, die bis 2030 erreicht werden sollen. Es zielt darauf ab, die Integrität von Ökosystemen zu bewahren, die nachhaltige Nutzung der Biodiversität zu fördern, den gerechten Zugang zu genetischen Ressourcen sicherzustellen und die erforderlichen Ressourcen für die Umsetzung bereitzustellen. Dieses umfassende Rahmenwerk wurde entwickelt, um den Schutz und die nachhaltige Nutzung der biologischen Vielfalt weltweit zu fördern.
8 Richtlinie 2009/147/EG, ABl. EU v. 26.1.2010, L 20/7.
9 Richtlinie 92/43/EWG, ABl. EG v. 22.7.1992, L 206/7.
10 Richtlinie 2008/56/EG, ABl. EU v. 25.6.2008, L 164/19.
11 Richtlinie 2008/56/EG, ABl. EU v. 25.6.2008, L 164/19.

Thema	Unterthema	Unter-Unterthema
Biologische Vielfalt und Ökosysteme	Direkte Einflussfaktoren auf den Verlust an biologischer Vielfalt	• Klimawandel • Landnutzungsänderungen, Süßwasser- und Meeresnutzungsänderungen • Direkte Ausbeutung • Invasive gebietsfremde Arten • Umweltverschmutzung • Sonstige
	Auswirkungen auf den Zustand der Arten	Beispiele: • Populationsgröße von Arten • Ausrottungsrisiko von Arten
	Auswirkungen auf die Ausdehnung und den Zustand von Ökosystemen	Beispiele: • Landdegradation • Wüstenbildung • Bodenversiegelung
	Auswirkungen und Abhängigkeiten von Ökosystemdienstleistungen	

Tab. 1: Nachhaltigkeitsaspekte gem. ESRS E4 (ESRS 1, App. A)

6 Nach den Erläuterungen *(Explanatory Note)* zum ersten Satz an ESRS ist ESRS E4 in der **Struktur an das Rahmenwerk der TNFD angepasst.**[12] Somit entspricht auch die Struktur der vorgegebenen Unterthemen den Kategorien der Analyse der Auswirkungen und Abhängigkeiten der TNFD. Diese beinhalten direkte Ursachen des Biodiversitätsverlusts, Zustand der Arten, Zustand der Ökosysteme und Auswirkungen als auch Abhängigkeiten von Ökosystemdienstleistungen.[13] Wie auch im Rahmenwerk der TNFD wird in ESRS E4 der Zustand der Natur weiter untergliedert in Zustand der Arten und Umfang und Zustand der Ökosysteme. Somit beinhaltet die Ebene der Unterthemen des ESRS E4, die bei der Wesentlichkeitsanalyse zu würdigen sind, folgende Punkte:

---

12 EFRAG, Explanatory Note, November 2022.
13 TNFD, The TNFD Nature-related Risk and Opportunity Management and Disclosure Framework, Beta v0.3, 2022, S. 31 und 49.

- direkte Hauptfaktoren (Treiber) von Biodiversitätsverlust (z. B. durch den Einsatz natürlicher Ressourcen, die als Einsatzfaktoren für die Produktion verwendet werden),
- Auswirkungen auf den Zustand der Natur, unterteilt in:
  - Auswirkungen auf den Artenbestand,
  - Auswirkungen auf die Ausdehnung und den Zustand der Ökosysteme,
- Auswirkungen auf und Abhängigkeiten von Ökosystemdienstleistungen.

Nur dem ersten Unterthema sind spezifische Unter-Unterthemen zugeordnet, die weiteren Unterthemen enthalten nur beispielhafte, nicht abgegrenzte Unter-Unterthemen.

Praxis-Hinweis

Aufgrund der Breite und Komplexität des Themas Biodiversität und Öko-systeme im Kontext unternehmerischer Aktivitäten enthalten Rz 7–10 eine ausführlichere Erklärung der Begrifflichkeiten der Unterthemen sowie Unter-Unterthemen. Diese beinhalten keine verpflichtenden Angabepflichten. Bei Bedarf kann jedoch auf diese zurückgegriffen werden.

Praxis-Hinweis

Wie dargelegt, bezieht sich die Struktur des ESRS E4 auf die Struktur des TNFD-Rahmenwerks (Version Beta v0.3 von 2022). Die TNFD und die EFRAG haben sich bei der parallelen Entwicklung der TNFD-Empfehlungen und des ESRS E4 im Zeitraum 2021–2023 gegenseitig informiert. Im Juni 2024 hat die EFRAG in Zusammenarbeit mit der TNFD ein Mapping zwischen dem aktuellen TNFD-Rahmenwerk[14] und den ESRS-Umwelt-standards veröffentlicht sowie weiterhin eine enge Zusammenarbeit für die Zukunft angekündigt. Ein hoher Grad an Übereinstimmung zwischen den ESRS-Umweltstandards (ESRS E2–E5) und den TNFD-Empfehlungen zeigt sich u. a. in folgenden Aspekten:

- **Konzepte und Definitionen**: Sowohl die TNFD als auch die ESRS empfehlen die Offenlegung naturbezogener Auswirkungen, Risiken und Chancen, einschl. der Abhängigkeiten von der Natur.
- **Ansatz zur Wesentlichkeit**: Die ESRS verlangen, dass die Offenlegung auf dem Prinzip der doppelten Wesentlichkeit basiert. Der TNFD-Ansatz ermöglicht verschiedene Ansätze zur Wesentlichkeit.

---

[14] Vgl. TNFD, Recommendations of the Taskforce on Nature-related Financial Disclosures, 2023, https://tnfd.global/wp-content/uploads/2023/08/Recommendations_of_the_Taskforce_on_Nature-related_Financial_Disclosures_September_2023.pdf?v=1695118661, Abruf 1.8.2024.

- Der **LEAP-Ansatz:** Die TNFD entwickelte den LEAP-Ansatz für Marktteilnehmer, um ihre naturbezogenen Themen zu identifizieren und zu bewerten. Die ESRS besagen, dass Unternehmen ihre Wesentlichkeitsbewertung für die Nachhaltigkeitsthemen Umweltverschmutzung, Wasser, biologische Vielfalt und Ökosysteme sowie Kreislaufwirtschaft (alle ESRS-Umweltstandards außer Klimawandel) mithilfe des LEAP-Ansatzes durchführen können.

- **Säulen der Berichterstattung:** Sowohl die empfohlenen Angaben der TNFD als auch die ESRS-Berichtsbereiche sind nach den vier Offenlegungssäulen der Task Force on Climate-related Financial Disclosures (TCFD) organisiert: Governance, Strategie, Risikomanagement sowie Kennzahlen und Ziele.

- **Empfohlene Angaben und Kennzahlen:** Alle 14 von der TNFD empfohlenen Angaben sind in den ESRS enthalten. Die von der TNFD empfohlenen Angaben und die ESRS-Anforderungen sind darauf ausgerichtet, relevante und wahrheitsgetreue Informationen über naturbezogene Nachhaltigkeitsaspekte zu liefern.[15]

7   Nach dem IPBES-Bericht umfassen die direkten Belastungen für die Biodiversität und die Ökosysteme, die auch als Hauptfaktoren für den Verlust der biologischen Vielfalt bezeichnet werden, fünf Hauptreiber.[16] Diese wurden auch in das Rahmenwerk der TNFD übernommen und sind als Unter-Unterthemen bei der Wesentlichkeitsanalyse mind. zu berücksichtigen:

- **Klimawandel** (*climate change*) beschreibt die langfristigen Veränderungen der Temperaturen und Wetterverhältnisse, die hauptsächlich durch menschliche Aktivitäten, insbes. die Verbrennung fossiler Brennstoffe, verursacht werden (→ § 6 Rz 1).

- **Landnutzungsänderung** (*land use change*) beschreibt das allgemeine Glossar als die menschliche Nutzung eines bestimmten Gebiets für einen bestimmten Zweck (z.B. Wohnen, Landwirtschaft, Erholung, Industrie usw.).[17] Landnutzungsveränderungen werden von (Änderungen) der Bodenbedeckung beeinflusst, sind aber nicht gleichbedeutend mit dieser. Landnutzungsveränderung bezieht sich auf eine Änderung der Nutzung oder

---

15   Vgl. EFRAG/TNFD, EFRAG and TNFD publish correspondence mapping, Juni 2024, www.efrag.org/News/Public-526/TNFD-and-EFRAG-publish-correspondence-mapping; EFRAG/TNFD, Correspondence Mapping, Juni 2024, www.efrag.org/Assets/Download?assetUrl=/sites/webpublishing/SiteAssets/TNFD+ESRS+Correspondence+mapping+Final.pdf, Abruf jew. 1.8.2024.

16   IPBES, Global assessment report on biodiversity and ecosystem services of the Intergovernmental Science-Policy Platform on Biodiversity and Ecosystem Services, 2019.

17   Vgl. Berichtigung der Delegierten Verordnung (EU) 2023/2772 v. 31.7.2023, ABl. EU L v. 9.8.2024, Anhang II, Tab. 2, S. 272.

Bewirtschaftung von Land durch den Menschen, die zu einer Veränderung der Bodenbedeckung führen kann (z. B. landwirtschaftliche Expansion). Die **Süßwasser- und Meeresnutzungsänderung** *(fresh water and sea use changes)* wird nicht weiter in den ESRS definiert. Nach der Convention on Biological Diversity (CBD) bezieht sich der Begriff der Veränderung der Meeresnutzung auf Maßnahmen und Aktivitäten, die die Verwendung von Meeresgebieten verändern (z. b. Küstenentwicklung, Offshore-Aquakulturen, Meereskulturen und Grundschleppnetzfischerei, aber auch Öl- und Gasexploration).[18]

- Das Verständnis der **direkten Ausbeutung** *(direct exploitation)* ist in den ESRS nicht weiter definiert. IPBES thematisiert insbes. die Nutzung und Ausbeutung natürlicher Ressourcen durch menschliche Aktivitäten (z. B. durch Überfischung).[19] Hierzu zählen auch neuere Entwicklungen, wie die Erschließung und Ausbeutung des Meeresbodens durch Tiefseeroboter.[20]

- **Invasive gebietsfremde Arten** *(invasive alien species)* werden beschrieben als Arten, deren Einführung und/oder Ausbreitung durch menschliches Handeln außerhalb ihres natürlichen Verbreitungsgebiets die biologische Vielfalt, die Ernährungssicherheit sowie die Gesundheit und das Wohlergehen der Menschen bedroht. „Gebietsfremd" bedeutet, dass die Art außerhalb ihres natürlichen Verbreitungsgebiets eingeführt wird („exotisch", „nicht heimisch" und „nicht einheimisch" sind Synonyme für „gebietsfremd"). „Invasiv" bedeutet, dass die Art dazu neigt, sich in Ökosystemen, in die sie eingeführt wird, auszubreiten und diese zu verändern. Eine Art kann also gebietsfremd sein, ohne invasiv zu sein. Eine heimische Art kann sich ausbreiten und invasiv werden, ohne eine gebietsfremde Art zu sein.[21]

- **Umweltverschmutzung** *(pollution)* ist beschrieben als die direkte oder indirekte Freisetzung von Schadstoffen in Luft, Wasser oder Boden infolge menschlicher Tätigkeit, die der menschlichen Gesundheit und/oder der Umwelt schaden kann, die zu Schäden an materiellen Gütern führen kann oder die eine Beeinträchtigung oder Störung von Annehmlichkeiten und anderen legitimen Nutzungen der Umwelt zur Folge haben kann.[22] Wissenschaftliche Studien heben hervor, dass sich neben der Verschmutzung im klassischen Sinne (z. B. durch den Einsatz giftiger oder gefährlicher Substan-

---

18 CBD, Updated Glossary for the Draft Post-2020 Global Biodiversity Framework, 2022, www.cbd.int/doc/c/c3ab/388d/950ddc02586468a814120acf/wg2020-05-04-en.pdf, Abruf 1.8.2024.

19 IPBES, Global assessment report on biodiversity and ecosystem services of the Intergovernmental Science-Policy Platform on Biodiversity and Ecosystem Services, 2019.

20 Díaz/Malhi, Annual Review of Environment and Resources, 2022, S. 31ff.

21 Vgl. Berichtigung der Delegierten Verordnung (EU) 2023/2772 v. 31.7.2023, ABl. EU L v. 9.8.2024, Anhang II, Tab. 2, S. 272.

22 Vgl. Berichtigung der Delegierten Verordnung (EU) 2023/2772 v. 31.7.2023, ABl. EU L v. 9.8.2024, Anhang II, Tab. 2, S. 276.

zen) auch neuere Arten der Verschmutzung, etwa durch Plastik, Lärm- und Lichteinflüsse, negativ auf die Biodiversität auswirken.[23]
- Zusätzlich beinhaltet das Unterthema als weiteres Unter-Unterthema die Zuordnung **Sonstige** *(others)*, welches nicht weiter definiert ist. Hierunter können auch neuere Themen zugeordnet werden wie die bereits erwähnte Licht- und Lärmverschmutzung oder die Erschließung und Ausbeutung des Meeresbodens.[24]

8   Zur Beurteilung von Auswirkungen auf den Zustand der Arten sind die Populationsgröße und das globale Aussterberisiko heranzuziehen:
- Die **Populationsgröße von Arten** *(species population size)* beschreibt die Häufigkeit einer Art (Abundance), d.h. die Größe einer Population einer bestimmten Lebensform.[25]
- **Globales Ausrottungsrisiko von Arten** *(species global extinction risk)* beschreibt die Wahrscheinlichkeit, dass eine Art in einer bestimmten Zeitspanne ausstirbt.[26] Eine Population, Art oder umfassendere taxonomische Gruppe gilt als ausgestorben, wenn alle ihre Individuen gestorben sind.[27] Die International Union for Conservation of Nature (IUCN) führt eine Datenbank hinsichtlich des Aussterberisikos bedrohter Arten.

9   Die **Ausdehnung eines Ökosystems** *(ecosystem extent)* beschreibt die Größe eines Ökosystemvermögens *(ecosystem asset)*. Ein Ökosystemvermögen ist der zusammenhängende Raum eines bestimmten Ökosystemtyps, der durch eine Reihe von biotischen und abiotischen Komponenten und deren Wechselwirkungen gekennzeichnet ist.[28] Der **Zustand eines Ökosystems** *(ecosystem condition)* wird an seinen abiotischen und biotischen Merkmalen gemessen. Der Zustand eines Ökosystems wird anhand seiner Zusammensetzung, Struktur und Funktion bewertet, die wiederum die ökologische Integrität des Ökosystems untermauern und seine Fähigkeit unterstützen, kontinuierlich Ökosystemleistungen zu erbringen.[29] ESRS E4 listet als exemplarische Unter-Unterthemen Landdegradation, Wüstenbildung und Bodenversiegelung auf:
- Bei **Landdegradation** *(land degradation)* handelt es sich um Veränderungen innerhalb eines natürlichen terrestrischen Ökosystems, die dessen Arten-

---

23 Siehe bspw. Díaz/Malhi, Annual Review of Environment and Resources, 2022, S. 31 ff.
24 Díaz/Malhi, Annual Review of Environment and Resources, 2022, S. 31 ff.
25 IPBES, Global assessment report on biodiversity and ecosystem services of the Intergovernmental Science-Policy Platform on Biodiversity and Ecosystem Services, 2019.
26 CBD, Glossary of Terms, www.cbd.int/invasive/terms.shtml, Abruf 1.8.2024.
27 IPBES, Global assessment report on biodiversity and ecosystem services of the Intergovernmental Science-Policy Platform on Biodiversity and Ecosystem Services, 2019.
28 Vgl. Berichtigung der Delegierten Verordnung (EU) 2023/2772 v. 31.12.2023, ABl. EU L v. 9.8.2024, Anhang II, Tab. 2, S. 266.
29 TNFD, TNFDs Definitionen der Natur, https://framework.tnfd.global/concepts-and-definitions/definitions-of-nature/, Abruf 1.8.2024. (Adapted from: UN SEEA (2021) System of Environmental-Economic Accounting – Ecosystem Accounting: Final Draft.)

zusammensetzung, Struktur und/oder Funktion erheblich und negativ beeinflussen und die Fähigkeit des Ökosystems verringern, Produkte zu liefern, die Biodiversität zu unterstützen und/oder Ökosystemleistungen zu erbringen. Eine Degradation kann als Umwandlung betrachtet werden, wenn sie erstens großflächig und fortschreitend oder dauerhaft ist; zweitens die Zusammensetzung, Struktur und Funktion des Ökosystems so weit verändert, dass eine Regeneration zum vorherigen Zustand unwahrscheinlich ist; oder drittens zu einer Änderung der Landnutzung führt (z.B. zu landwirtschaftlicher Nutzung oder einer anderen Nutzung, die kein natürlicher Wald oder ein anderes natürliches Ökosystem ist).[30]

- **Wüstenbildung** (*desertification*) ist die Verschlechterung der Bodenqualität in ariden, semiariden und trockenen subhumiden Gebieten, die auf verschiedene Faktoren zurückzuführen ist, darunter klimatische Schwankungen und menschliche Aktivitäten. Wüstenbildung bezieht sich nicht auf die natürliche Ausdehnung bestehender Wüsten.[31]
- **Bodenversiegelung** (*soil sealing*) bzw. eine „versiegelte Fläche" ist ein Bereich, in dem der ursprüngliche Boden abgedeckt wurde (z.B. Straßen), um ihn undurchlässig zu machen. Diese Undurchlässigkeit kann negative Auswirkungen auf die Umwelt haben.[32]

Achtung
Identifikation weiterer Unter-Unterthemen

In Tab. 1 sind nur dem ersten Unterthema spezifische Unter-Unterthemen zugeordnet. Die weiteren Unterthemen enthalten nur beispielhafte, nicht abgegrenzte Unter-Unterthemen. Hierbei beinhalten die Beispiele der Unter-Unterthemen, die dem Unterthema „Auswirkungen auf Umfang und Zustände auf die Ökosysteme" zugeordnet sind, ausschl. Veränderungen von Landökosystemen. Zu beachten ist jedoch bei der Ableitung der relevanten Unter-Unterthemen, dass Natur als ein Konstrukt von mehreren Bereichen verstanden werden kann: Land, Ozean, Süßwasser, Untergrund und Atmosphäre.[33] Diese sind wichtige Bestandteile der Natur. Sie unterscheiden sich grundlegend in ihrer Organisation und Funktion. Diese Bereiche können sich auch überschneiden, wie z.B. im Fall von Küstengebieten. Einen Überblick über die verschiedenen Bereiche, die möglichen

---

30 Vgl. Berichtigung der Delegierten Verordnung (EU) 2023/2772 v. 31.7.2023, ABl. EU L v. 9.8.2024, Anhang II, Tab. 2, S. 272.
31 IPBES, Global assessment report on biodiversity and ecosystem services of the Intergovernmental Science-Policy Platform on Biodiversity and Ecosystem Services, 2019; Berichtigung der Delegierten Verordnung (EU) 2023/2772 v. 31.7.2023, ABl. EU L v. 9.8.2024, Anhang II, Tab. 2, S. 266.
32 Verordnung (EU) 2018/2026, ABl. EU v. 20.12.2018, L 325/18.
33 Keith et al., Nature 2022, S. 513 ff.

Überschneidungen und die abgeleiteten Ökosysteme bietet die IUCN Global Ecosystem Typology.[34]

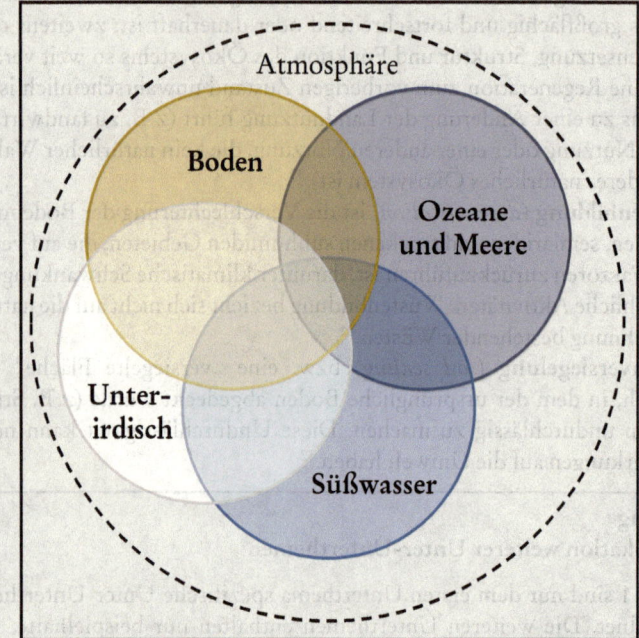

Abb. 2: Darstellung der fünf Bereiche von Natur – Abbildung aller Teile der Biosphäre[35]

10   **Ökosystemdienstleistungen** (*ecosystem services*) beschreiben den Nutzen, den die Gesellschaft aus den Ökosystemen zieht.[36] Nach der ursprünglichen Fassung des Millennium Ecosystem Assessment (MEA) können die Ökosystemdienstleistungen in unterstützende, regulierende, versorgende und kulturelle Leistungen unterteilt werden:[37]

- **Unterstützende Leistungen** beschreiben insbes. die Leistungen, die essenziell sind, um die anderen Ökosystemdienstleistungen in Funktion zu halten

---

34   IUCN, Global Ecosystem Typology 2.0, Descriptive profiles for biomes and ecosystem functional groups, 2020.
35   Eigene Darstellung in Anlehnung an IUCN.
36   IPBES, Global assessment report on biodiversity and ecosystem services of the Intergovernmental Science-Policy Platform on Biodiversity and Ecosystem Services, 2019.
37   World Resources Institute, Millennium Ecosystem Assessment, Ecosystems and Human Wellbeing: Biodiversity Synthesis, 2005, https://wedocs.unep.org/handle/20.500.11822/8755, Abruf 1.8.2024.

(z. B. Bodenformation, Photosynthese, Primärerzeugung, Nährstoffkreislauf, Wasserkreislauf).

- **Versorgende Leistungen** beinhalten bspw. die Versorgung mit Nahrung, Fasern (z. B. Holz oder Baumwolle), genetische Ressourcen, Biochemikalien, Naturmedizin und Arzneimittel, Wasser, Zierpflanzen.
- **Regulierende Leistungen** umfassen z. b. Luftqualitätsversorgung, Klimaregulierung, Wasserregulierung, Wasseraufbereitung und Abwasserreinigung, Erosionsschutz, Krankheitsregulierung, Schädlingsregulierung, Bestäubung, Regulierung von Naturrisiken.
- **Kulturelle Leistungen** beinhalten u. a. kulturelle Vielfalt, spirituelle und religiöse Werte, Erholung und Ökotourismus.

Während Unternehmen durch ihre Geschäftsaktivitäten einen Einfluss auf alle Dimensionen der Ökosystemdienstleistungen haben, besteht insbes. eine erhöhte Abhängigkeit von den versorgenden Leistungen.[38] Für eine einheitliche Zuordnung der Ökosystemdienstleistungen verweist ESRS E4 auf die Common International Classification of Ecosystem Services (CICES).[39] Da keine spezifischen Unter-Unterthemen für das Unterthema „Auswirkungen und Abhängigkeiten von Ökosystemdienstleistungen" aufgeführt werden, empfiehlt sich die Anwendung der Klassifikation des CICES auch zur Identifikation relevanter Themen.

1.3 Datenpunkte aus anderen EU-Rechtsakten

Die Angabepflichten des ESRS E4 sind vorbehaltlich der Ergebnisse der vom berichtspflichtigen Unternehmen durchzuführenden **Wesentlichkeitsanalyse** zu tätigen. Einige der im Standard vorgesehenen Datenpunkte finden sich jedoch in anderen EU-Rechtsakten wieder, und deren Offenlegung wird dort bestimmten Unternehmen vorgeschrieben (→ § 3 Rz 98). Die betroffenen Datenpunkte finden sich in Anlage B von ESRS 2 und sind in Tab. 2 wiedergegeben:

11

---

[38] Winn/Pogutz, Organization & Environment, 2013, S. 203 ff.
[39] Siehe https://cices.eu/resources/, Abruf 1.8.2024.

Angabepflicht und zugehöriger Datenpunkt	SFDR-Referenz	Säule-3-Referenz	Referenz der Bench-mark-VO	EU-Klima-gesetz-Referenz
ESRS 2 IRO-1 Auflistung wesentlicher Standorte mit negativen Auswirkungen auf biodiversitäts-sensible Gebiete nach spezifischen Aktivitäten (ESRS E4.16(a)–(i); Rz 29)	Indikator Nr. 7 Anhang 1 Tab. 1			
ESRS 2 IRO-1 Identifizierte wesentliche negative Auswirkungen auf Landdegradation, Wüstenbildung, Bodenversiegelung (ESRS E4.16(b); Rz 29)	Indikator Nr. 10 Anhang 1 Tab. 2			
ESRS 2 IRO-1 Auswirkungen auf bedrohte Arten (ESRS E4.16(c); Rz 29)	Indikator Nr. 14 Anhang 1 Tab. 2			
ESRS E4-2 Nachhaltige landwirtschaftliche Konzepte oder Praktiken (ESRS E4.24(b); Rz 22)	Indikator Nr. 11 Anhang 1 Tab. 2			

Angabepflicht und zugehöriger Datenpunkt	SFDR-Referenz	Säule-3-Referenz	Referenz der Bench-mark-VO	EU-Klima-gesetz-Referenz
ESRS E4-2 Nachhaltige Praktiken oder Konzepte für Ozeane/Meere (ESRS E4.24(c); Rz 22)	Indikator Nr. 12 Anhang 1 Tab. 2			
ESRS E4-2 Konzepte zur Einschränkung von Entwaldung (ESRS E4.24(d); Rz 22)	Indikator Nr. 15 Anhang 1 Tab. 2			

Tab. 2: Datenpunkte in ESRS E4 aus anderen europäischen Rechtsakten (ESRS 2, App. B)

Die in Tab. 2 genannten drei Datenpunkte zu den Angabepflichten im Zusammenhang mit ESRS 2 IRO-1 („Beschreibung der Verfahren zur Ermittlung und Bewertung der wesentlichen Auswirkungen, Risiken und Chancen im Zusammenhang mit biologischer Vielfalt und Ökosystemen") beinhalten die Auflistung der wesentlichen Standorte nach spezifischen Aktivitäten, die negative Auswirkungen auf biodiversitätssensible Gebiete (*biodiversity-sensitive areas*) haben (ESRS E4.16(a)(i)). Die zwei weiteren Datenpunkte umfassen die Angabe, ob wesentliche negative Auswirkungen auf Landdegradation, Wüstenbildung und Bodenversiegelung identifiziert wurden (ESRS E4.16(b)), sowie die Angabe, ob Auswirkungen der Aktivitäten auf bedrohte Arten identifiziert wurden (ESRS E4.16(c)). Die angeführten drei Datenpunkte in ESRS E4-2 („Strategien im Zusammenhang mit biologischer Vielfalt und Ökosystemen") umfassen zur Steuerung der wesentlichen Auswirkungen, Risiken, Abhängigkeiten und Chancen im Zusammenhang mit biologischer Vielfalt und Ökosystemen (ESRS E4.24). Die Datenpunkte fordern Offenlegungen hinsichtlich der Existenz nachhaltiger Verfahren oder Strategien im Bereich Landnutzung und Landwirtschaft (ESRS E4.24(b)), bzgl. Ozeane und Meere (ESRS E4.22(c)) sowie zur Bekämpfung von Entwaldung (ESRS E4.24(d)).

1.4   *Phase-in*-Regelungen

13   Gem. ESRS 1, App. C können Unternehmen oder Gruppen, die am Bilanzstichtag nicht mehr als 750 Mitarbeitende im Durchschnitt des Geschäftsjahrs beschäftigt haben, auf die in ESRS E4 (ESRS S1, ESRS S2, ESRS S3 oder ESRS S4) geforderten Angaben verzichten. Es muss nach ESRS 2.17 jedoch angegeben werden, ob die von ESRS E4 (ESRS S1, ESRS S2, ESRS S3 und ESRS S4) abgedeckten Nachhaltigkeitsthemen als Ergebnis der Wesentlichkeitsbewertung des Unternehmens als wesentlich eingestuft wurden. Zusätzlich muss das Unternehmen, sofern eines oder mehrere dieser Themen als wesentlich eingestuft wurde(n), für jedes wesentliche Thema Folgendes offenlegen (→ § 4 Rz 29):

- eine Liste der Aspekte (d. h. Thema, Unterthema oder Unter-Unterthema) gem. ESRS 1.AR16, die als wesentlich eingestuft wurden, sowie eine Beschreibung, wie das Geschäftsmodell und die Unternehmensstrategie die Auswirkungen des Unternehmens in Bezug auf diese Themen berücksichtigen; das Unternehmen kann den Aspekt auf der Ebene eines Themas, Unterthemas oder Unter-Unterthemas darstellen;
- eine kurze Beschreibung aller zeitlich gebundenen Ziele, die in Bezug auf die betreffenden Aspekte gesetzt wurden, sowie die Fortschritte, die bei der Erreichung dieser Ziele gemacht wurden, und ob die gesetzten Ziele in Bezug auf die biologische Vielfalt und Ökosysteme auf aussagekräftigen wissenschaftlichen Erkenntnissen beruhen;
- eine kurze Erläuterung der Strategien der Organisation in Bezug auf die betreffenden Aspekte;
- eine kurze Beschreibung der Maßnahmen, die ergriffen wurden, um tatsächliche oder potenzielle nachteilige Auswirkungen im Zusammenhang mit den betreffenden Aspekten zu ermitteln, zu überwachen, zu verhindern, zu mildern, zu beheben oder zu beenden, sowie das Ergebnis dieser Maßnahmen;
- relevante Paramter für die betreffenden Aspekte.

14   ESRS 1, App. C enthält zudem die Möglichkeit für alle berichtspflichtigen Unternehmen, die Offenlegungsanforderung nach ESRS E4-6 im ersten Jahr der Berichtspflicht auszulassen. Zusätzlich besteht innerhalb der ersten drei Jahre der Berichterstattung die Möglichkeit, die Angabepflichten in ESRS E4-6 nur betreffend qualitativer Angaben offenzulegen.

2 Angabepflichten

2.1 ESRS 2 – Allgemeine Angaben

ESRS E4 erläutert eingangs die Verbindung der Angabepflichten des ESRS E4 **15** mit den Angabepflichten nach ESRS 2, Kap. 2, 3 und 4 (ESRS E4.8). Die sich hieraus ergebenden Angabepflichten sind zentral mit den weiteren Offenlegungen nach ESRS 2 vorzulegen. Bei der Angabepflicht nach ESRS 2 SBM-3 zu Biodiversität und Ökosystemen besteht demgegenüber das Wahlrecht, die einschlägigen Angaben im Abschnitt zu den themenspezifischen Angabepflichten zu Biodiversität und Ökosystemen zu tätigen (ESRS E4.9).

Zusätzlich zu den Angaben nach ESRS 2 verweist ESRS E4 auf das verpflich- **16** tende Element ESRS E4-1 (Übergangsplan und Berücksichtigung von biologischer Vielfalt und Ökosystemen in Strategie und Geschäftsmodell; ESRS E4.10). Da Anlage C des ESRS 2 („Angabepflichten/Anwendungsanforderungen in themenbezogenen ESRS, die zusammen mit den Allgemeinen Angabepflichten des ESRS 2 gelten") jedoch nicht die Angabepflicht nach ESRS E4-1 beinhaltet, ist diese Angabe von ESRS E4-1 bei den themenspezifischen Angabepflichten zu tätigen.

2.2 Strategie

2.2.1 ESRS E4-1 – Übergangsplan und Berücksichtigung von biologischer Vielfalt und Ökosystemen in Strategie und Geschäftsmodell

Das berichtende Unternehmen hat die Auswirkungen, Abhängigkeiten, Risi- **17** ken und Chancen auf und von biologischer Vielfalt und Ökosystemen offenzulegen, die sich aus der Unternehmensstrategie ergeben oder zu einer Anpassung der Unternehmensstrategie und des Geschäftsmodells führen (ESRS E4.11). Bei der Erfüllung der Angabepflichten nach ESRS E4.11 muss das Unternehmen zusätzlich die **Resilienz der Unternehmensstrategie und des Geschäftsmodells** in Bezug auf biologische Vielfalt und Ökosysteme beschreiben (ESRS E4.13). Es werden detaillierte Angaben aufgeführt, die im Kontext einer durchzuführenden Belastbarkeitsanalyse verpflichtend offenzulegen sind:

* eine Bewertung der **Resilienz** des derzeitigen Geschäftsmodells und der Strategie hinsichtlich physischer Risiken, Übergangsrisiken und systematischer Risiken im Zusammenhang mit biologischer Vielfalt (ESRS E4.13(a)); die Erläuterung der Anwendungsanforderungen (*Application Requirements*) des LEAP-Ansatzes zeigt explizite Beispiele der Risikokategorien auf (ESRS E4.AR9);

- der Umfang der durchgeführten **Resilienzanalyse**; hierbei ist offenzulegen, ob diese sich auf die eigene Geschäftstätigkeit oder auf die gesamte Wertschöpfungskette bezieht; zusätzlich sollen die in der Analyse berücksichtigten Risiken offengelegt werden (ESRS E4.13(b));
- die bei der Resilienzanalyse getroffenen Annahmen (ESRS E4.13(c));
- die zugrunde liegenden Zeithorizonte (ESRS E4.13(d));[40]
- das Ergebnis der durchgeführten Resilienzanalyse (ESRS E4.13(e));
- die erfolgte Einbeziehung von **Interessenträgern**; dies beinhaltet insbes. Interessenträger mit indigenem und einheimischem Wissen (ESRS E4.13(f)); einheimisches und indigenes Wissen bezieht sich auf das Verständnis, die Fähigkeiten und Philosophien, die von Gesellschaften entwickelt wurden, die seit langer Zeit mit ihrer natürlichen Umgebung interagieren; für ländliche und indigene Völker dient das einheimische Wissen als Entscheidungsgrundlage für grundlegende Aspekte des täglichen Lebens (ESRS E4.AR21). Indigene Völker werden in der Anlage von ESRS S3 (→ § 14 Rz 4) definiert sowie in der Delegierten Verordnung (EU) 2023/2772 v. 31.7.2023.[41]

18   Sofern die nach ESRS E4-1 geforderten Informationen bereits in der Veröffentlichung nach ESRS E2 SMB-3 enthalten sind, darf in der Veröffentlichung nach ESRS E4-1 auf diese Information in SMB-3 referenziert werden (ESRS E4.14).

> **Praxis-Hinweis**
> **Zeithorizonte**
>
> ESRS 1 definiert die Zeiträume kurz-, mittel- und langfristig (ESRS 1.77), verweist aber auch auf den Vorrang der themenspezifischen Standards (ESRS 1.79). In ESRS E4 werden keine spezifischen Angaben gemacht, jedoch schlägt ESRS E1.AR12 vor, bei Übergangsrisiken einen langfristigen Zeitraum von länger als zehn Jahren zu betrachten, während der ESRS 1.77 diesen Zeitraum auf über fünf Jahre setzt. In Bezug auf biologische Vielfalt und Ökosysteme ist ebenfalls von einem längeren Zeitraum für das Eintreten von Transitionsrisiken auszugehen, so dass wir auch hier einheitlich einen Zeitraum von mehr als zehn Jahren empfehlen.

19   Zusätzlich zu den geforderten Angaben nach ESRS E4.11 schlägt ESRS E4 die Offenlegung eines **Übergangsplans** zur Ausrichtung der Unternehmensstrategie und des Geschäftsmodells mit den Visionen des globalen Biodiversitäts-

---

[40] Gem. ESRS 1.73 ff. beinhalten Zeithorizonte Faktoren wie die zugrunde liegende Berichtsperiode, die berücksichtigte Ausgangsperiode sowie die Berücksichtigung kurz-, mittel- und langfristiger Zeitperioden (→ § 3 Rz 133–139).
[41] Vgl. Berichtigung der Delegierten Verordnung (EU) 2023/2772 v. 31.7.2023, ABl. EU L v. 9.8.2024, Anhang II, Tab. 2, S. 271.

rahmens von Kunming-Montreal, der EU-Biodiversitätsstrategie für 2030 und mit der Achtung der Belastbarkeitsgrenzen des Planeten, insbes. im Zusammenhang mit der Integrität der Biosphäre und dem Landsystemwandel, vor (ESRS E4.15). Die Anwendungsanforderungen empfehlen, folgende zusätzliche Angaben zu berücksichtigen und darzustellen (ESRS E4.AR1):

- eine Erläuterung, inwieweit die Unternehmensstrategie und das Geschäftsmodell angepasst werden, um einschlägige lokale, nationale und globale politische Ziele und Vorgaben in Bezug auf biologische Vielfalt und Ökosysteme zu verbessern und zu erreichen;
- eine Einbeziehung der eigenen Geschäftstätigkeiten sowie eine Erklärung der Reaktion auf wesentliche Auswirkungen entlang der Wertschöpfungskette, die in der Wesentlichkeitsbewertung gem. ESRS 2.51 ff. (IRO-1) identifiziert wurden;
- eine Erläuterung des Zusammenhangs zwischen der Unternehmensstrategie und dem Übergangsplan;
- eine Erklärung der Handhabung des Prozesses der Umsetzung und Aktualisierung des Übergangsplans;
- eine Erläuterung der Fortschrittsmessung unter Angabe der zu diesem Zweck verwendeten Kennzahl und Methoden;
- ob die Verwaltungs-, Leitungs- und Aufsichtsorgane den Übergangsplan genehmigt haben;
- eine Darstellung der aktuellen Herausforderungen und Einschränkungen bei der Erstellung des (Übergangs-)Plans im Hinblick auf signifikante Auswirkungen sowie die Bewältigung dieser Herausforderungen.
- Zudem wird vorgeschlagen, innerhalb des Übergangsplans auf die Ziele der EU-Biodiversitätsstrategie für 2030 sowie auf die globalen Ziele für eine Nachhaltige Entwicklung (SDGs) zu verweisen (ESRS E4.AR2f.).

Praxis-Hinweis

Ein **Übergangsplan** (oder auch Transitionsplan) i.S.d. ESRS ist ein spezifischer Aktionsplan, der von einem Unternehmen im Zusammenhang mit einer strategischen Entscheidung verabschiedet wird und (i) ein politisches Ziel und/oder (ii) einen unternehmensspezifischen Aktionsplan zum Gegenstand hat. Dieser unternehmensspezifische Aktionsplan ist als strukturiertes Bündel von Zielen und Maßnahmen organisiert und mit einer zentralen strategischen Entscheidung, einer wesentlichen Änderung des Geschäftsmodells und/oder besonders wichtigen Maßnahmen und zugewiesenen Ressourcen verbunden.[42]

---

[42] Vgl. Berichtigung der Delegierten Verordnung (EU) 2023/2772 v. 31.7.2023, ABl. EU L v. 9.8.2024, Anhang II, Tab. 2, S. 282.

Übergangspläne werden nicht nur in den ESRS behandelt. Verschiedene EU-Regelungen und Rahmenwerke beziehen sich auf oder fordern Transitionspläne. Die Corporate Sustainability Due Diligence Directive (CSDDD) verlangt von Unternehmen, die in ihren Anwendungsbereich fallen, die Umsetzung und Offenlegung über einen Übergangsplan zur Eindämmung des Klimawandels.[43] Übergangspläne sind u. a. auch in der Solvency II-Richtlinie, der Eigenkapitalverordnung (CRR – Pillar 3 IRS), der Eigenkapitalrichtlinie (CRD), dem EU-Emissionshandelssystem (EU ETS), der Industrieemissionsrichtlinie (IED) und der Energieeffizienzrichtlinie (EED) enthalten.[44]

Die EFRAG hat bereits Anfang 2024 die Erstellung eines Leitfadens für Unternehmen zur Unterstützung bei der Ausarbeitung von Übergangsplänen angedacht. Dieser befindet sich derzeit in der Entwicklung.[45] Auch wenn der Schwerpunkt dieses Leitfadens auf dem in ESRS E1-1 geforderten Übergangsplan für den Klimaschutz liegt, wird dieser Leitfaden bei der Entwicklung eines Übergangsplans im Hinblick auf das globale Biodiversitätsrahmenwerk von Kunming-Montreal, die EU-Biodiversitätsstrategie 2030 und die Einhaltung der Belastbarkeitsgrenzen des Planeten hilfreich für die Unternehmen sein.

20   Ergänzend empfehlen die Anwendungsanforderungen i. R. d. Offenlegung des Übergangsplans (ESRS E4.AR1) eine Erläuterung des Beitrags zu den Einflussfaktoren des Verlusts von biologischer Vielfalt und den Veränderungen von Ökosystemen und der möglichen Maßnahmen zur Abschwächung der Auswirkungen gem. der Abhilfemaßnahmenhierarchie, den wichtigsten Pfadabhängigkeiten und gebundenen Vermögenswerten und Ressourcen (z. B. Pflanzen oder Rohstoffe), welche mit biologischer Vielfalt und den Änderungen von Ökosystemen in Verbindung stehen. Hierbei wird auch eine Erklärung empfohlen, inwieweit Kompensationsmaßnahmen (*biodiversity offsets*) als Teil des Übergangsplans verwendet werden; sofern dies zutrifft, wird zudem eine Erklärung empfohlen, wo Kompensationsmaßnahmen verwendet werden sollen, sowie das Ausmaß des Einsatzes in Bezug auf den gesamten Übergangsplan und ob die Abhilfemaßnahmenhierarchie berücksichtigt wurde.

---

[43]   Vgl. CSDDD – Art. 22 Richtlinie (EU) 2024/1760, ABl. EU L v. 5.7.2024, S. 43 ff.
[44]   Vgl. EFRAG, SRB Meeting v. 2.5.2024, Paper 04-01, Transition Plan Implementation Guidance – Cover note.
[45]   Vgl. EFRAG, SRB Meeting v. 2.5.2024, Paper 04-01, Transition Plan Implementation Guidance – Cover note.

Praxis-Hinweis
Abhilfemaßnahmenhierarchie

Die Abhilfemaßnahmenhierarchie (*mitigation hierarchy*) ist eine Abfolge von Maßnahmen zur Prävention und Verhinderung oder, falls dies nicht möglich ist, zur Minimierung und, falls Auswirkungen auftreten, zur Wiederherstellung und, falls erhebliche Restauswirkungen verbleiben, zur Kompensation der mit der Biodiversität verbundenen Risiken und Auswirkungen auf die betroffenen Lebensgemeinschaften und die Umwelt. Die Erhaltungshierarchie geht über die Minderung von Auswirkungen hinaus und umfasst alle Aktivitäten, die sich auf die Natur auswirken. Das bedeutet, dass Erhaltungsmaßnahmen zur Bekämpfung historischer, systembedingter und nicht zurechenbarer Biodiversitätsverluste im gleichen Rahmen berücksichtigt werden können wie Maßnahmen zur Minderung spezifischer Auswirkungen. Die TNFD orientiert sich am SBTN AR3T Framework[46], das Maßnahmen zur Vermeidung zukünftiger Auswirkungen, zur Minderung gegenwärtiger Auswirkungen, zur Regeneration und Wiederherstellung von Ökosystemen und zur Transformation von Systemen, in die Unternehmen eingebettet sind, umfasst. Es basiert auf der Minderungshierarchie, wie sie in der Leistungsnorm 6 der International Finance Corporation (IFC)[47] und in der Erhaltungshierarchie[48] beschrieben ist.

---

[46] Das AR3T Rahmenwerk des Science Based Targets Network (SBTN) umfasst Maßnahmen zur Vermeidung künftiger Auswirkungen (*avoid*), zur Verringerung gegenwärtiger Auswirkungen (*reduce*), zur Regeneration (*regenerate*) und Wiederherstellung (*restore*) von Ökosystemen und zur Umgestaltung (*transform*) der Systeme, in die Unternehmen eingebettet sind; SBTN, Initial Guidance for Business, 2020, https://sciencebasedtargetsnetwork.org/wp-content/uploads/2020/09/SBTN-initial-guidance-for-business.pdf, Abruf 1.8.2024.

[47] IFC, Performance Standard 6, Biodiversity Conservation and Sustainable Management of Living Natural Resources, 2012, www.ifc.org/en/insights-reports/2012/ifc-performance-standard-6, Abruf 1.8.2024.

[48] Die Erhaltungshierarchie (*conservation hierarchy*) fügt dem Rahmen ein Erhaltungselement hinzu, welches über die Abmilderung von Auswirkungen hinausgeht und alle Aktivitäten umfasst, die die Natur beeinträchtigen. Dies bedeutet, dass Erhaltungsmaßnahmen zur Eindämmung historischer, systematischer und unverschuldeter Verluste der biologischen Diversität im gleichen Rahmen wie Maßnahmen zur Minderung spezifischer Auswirkungen berücksichtigt werden können; Conservation Hierarchy (w. D.), https://iccs.org.uk/, Abruf 1.8.2024.

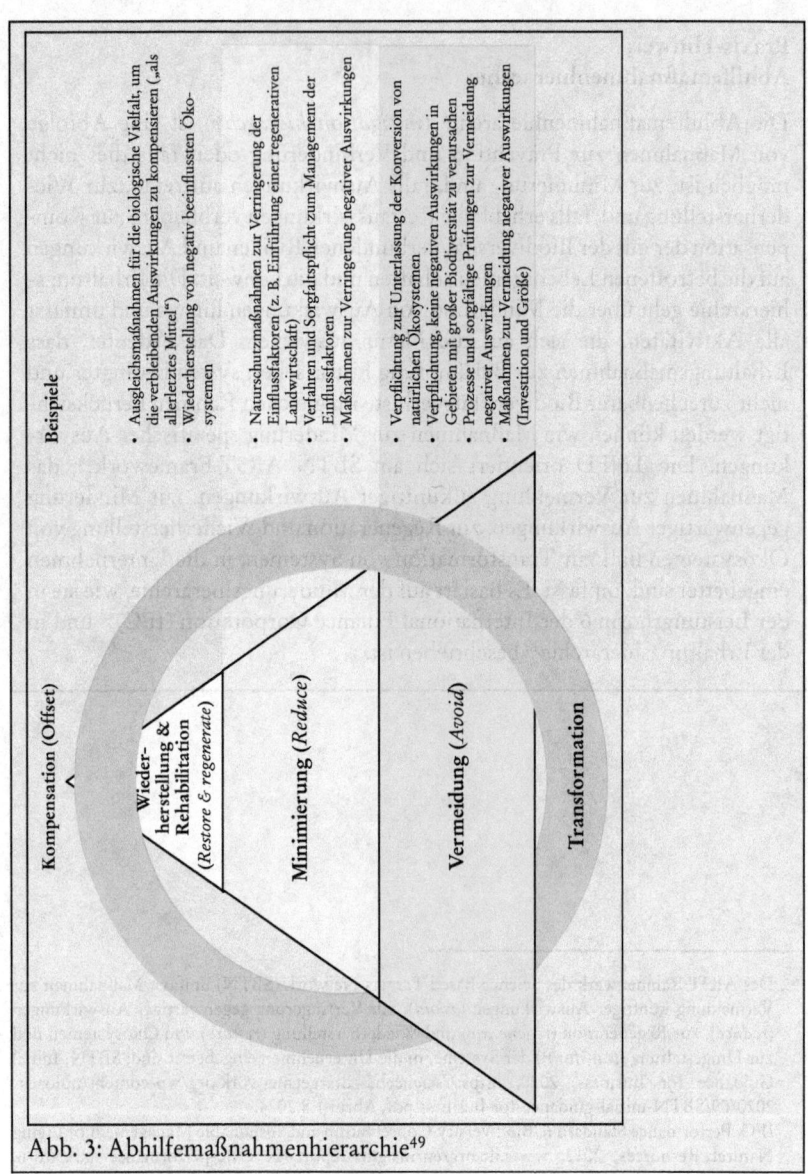

Abb. 3: Abhilfemaßnahmenhierarchie[49]

---

[49] Eigene Darstellung in Anlehnung an das Framework der TNFD.

Praxis-Hinweis
Maßnahmen zur Kompensation des Biodiversitätsverlusts (*biodiversity offsets*)

Maßnahmen zur Kompensation des Biodiversitätsverlusts beschreiben messbare Naturschutzergebnisse, die sich aus Maßnahmen ergeben, die dazu bestimmt sind, erhebliche verbleibende negative Auswirkungen (von Projekten) auf die biologische Vielfalt zu kompensieren, nachdem geeignete Vermeidungs- und Minderungsmaßnahmen getroffen wurden. Das Ziel von Kompensationsmaßnahmen ist es, keine Nettoverluste und vorzugsweise einen Nettogewinn an Biodiversität vor Ort in Bezug auf die Artenzusammensetzung, die Habitatstruktur und die Ökosystemfunktion sowie die mit der Biodiversität verbundenen Nutzungs- und kulturellen Werte der Menschen zu erreichen.[50] Ausgleichsmaßnahmen werden i.d.R. durch Managementmaßnahmen durchgeführt, die Ökosysteme und Lebensräume verbessern, wiederherstellen oder neu schaffen, die einen gleichwertigen oder höheren Biodiversitätswert haben.[51]

---

[50] BBOP, Biodiversity Offset Design Handbook, 2012.
[51] IEEP, Guidance on achieving no net loss or net gain of biodiversity and ecosystem services, 2020.

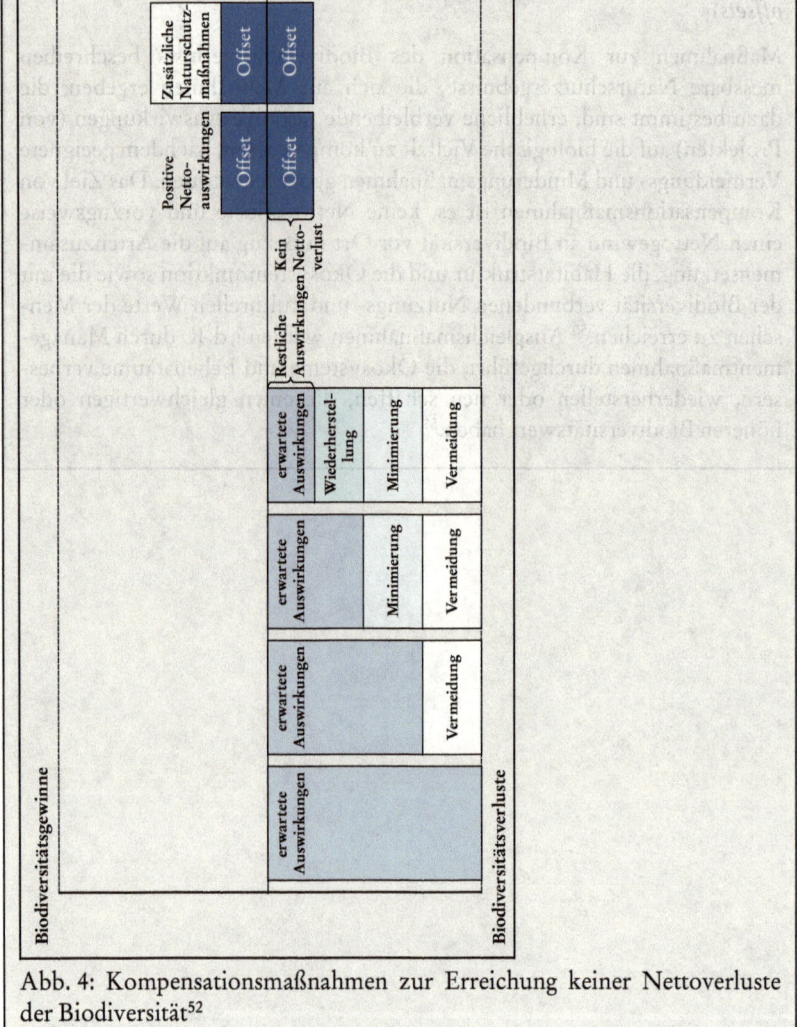

Abb. 4: Kompensationsmaßnahmen zur Erreichung keiner Nettoverluste der Biodiversität[52]

21   Daneben schlagen die Anwendungsanforderungen eine Erläuterung und Quantifizierung der Investitionen und Finanzmittel zur Unterstützung der Umsetzung des Übergangsplans unter Bezugnahme auf die wichtigsten Kennzahlen

---

[52]   Eigene Darstellung in Anlehnung an BBOP, Biodiversity Offset Design Handbook, 2012.

der an die Taxonomie angepassten Investitionen (CapEx) und ggf. die Investitionspläne (CapEx-Pläne), die das Unternehmen gem. der Delegierten Verordnung (EU) 2021/2178 der Kommission offenlegt, vor.

Sofern wirtschaftliche Aktivitäten des Unternehmens unter die delegierten Verordnungen zur Biodiversität i.R.d. Taxonomie-VO fallen, schlagen die Anwendungsanforderungen zusätzlich eine Erläuterung sämtlicher Zielsetzungen und Vorhaben (CapEx, CapEx-Pläne) vor, die das Unternehmen verfolgt, um seine wirtschaftlichen Aktivitäten (Umsätze, CapEx) mit den in diesen delegierten Verordnungen festgelegten Kriterien in Einklang zu bringen.

Demnach schlagen die Anwendungsanforderungen vor, sofern ein Übergangsplan berichtet wird:
- eine Erläuterung der Investitionen und Finanzmittel, die genutzt werden, um diesen Übergangsplan umzusetzen; es wird empfohlen, eine Verbindung zum Anteil der Investitionsausgaben zu ziehen, der als taxonomiekonform bewertet wurde; hierzu zählen auch Investitionsausgaben (CapEx-Pläne), die auf eine Ausweitung taxonomiekonformer und Umwandlung taxonomiefähiger Wirtschaftstätigkeiten abzielen; u.E. umfasst dies alle taxonomiekonformen und taxonomiefähigen Tätigkeiten des Unternehmens (d.h. alle sechs Umweltziele);
- eine Darstellung der Ziele und Vorhaben (Investitionen und CapEx-Pläne), um die taxonomiefähigen Wirtschaftstätigkeiten in Bezug auf das Umweltziel sechs „Schutz und Wiederherstellung der biologischen Vielfalt und der Ökosysteme" taxonomiekonform zu gestalten (ESRS E4.AR1).

Praxis-Hinweis
Verbindung des Übergangsplans mit der EU-Taxonomie

Gem. Art. 8 Abs. 2 der Verordnung (EU) 2020/852[53] müssen Nicht-Finanzunternehmen offenlegen, welcher Anteil ihrer „wichtigsten Leistungsindikatoren" (Umsatzerlöse, Investitionsausgaben und Betriebsausgaben) auf Wirtschaftstätigkeiten entfällt, die mit Vermögenswerten oder Prozessen verbunden sind, welche sich auf ökologisch nachhaltige Wirtschaftstätigkeiten beziehen.

Eine Wirtschaftstätigkeit gilt als ökologisch nachhaltig (taxonomiekonform), sofern diese:
- einen wesentlichen Beitrag zur Verwirklichung eines oder mehrerer der Umweltziele leistet (im Kontext des ESRS E4 entspricht dies dem Umweltziel sechs „Schutz und Wiederherstellung der biologischen Vielfalt und der Ökosysteme");

---

[53] ABl. EU v. 22.6.2020, L 198/13.

- nicht zu einer bestimmten erheblichen Beeinträchtigung eines oder mehrerer der Umweltziele führt (Do No Significant Harm – DNSH);
- unter Einhaltung des festgelegten Mindestschutzes ausgeübt wird;
- technischen Bewertungskriterien entspricht; in Bezug auf biologische Vielfalt sind die technischen Bewertungskriterien für das Umweltziel sechs in Anhang IV des *Environmental Delegated Act* (angenommen am 27.3.2023) enthalten.

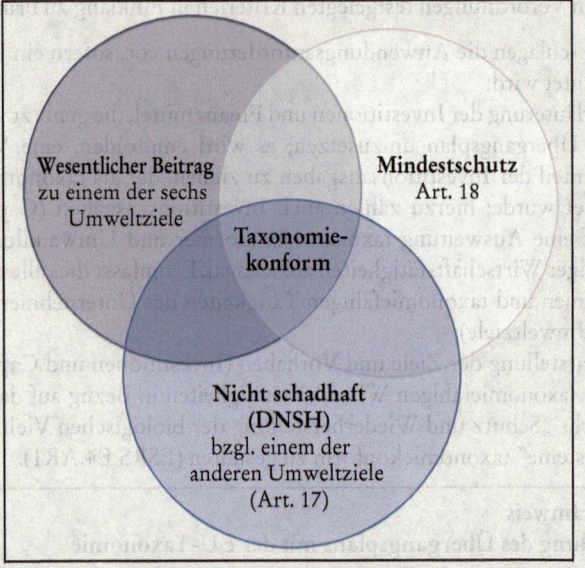

Abb. 5: Bewertung einer taxonomiefähigen Wirtschaftstätigkeit als taxonomiekonform

Nach Anhang I der Verordnung EU 2021/2178[54] beinhaltet der Anteil der Investitionsausgaben auch die Investitionsausgaben, die Teil eines Plans zur Ausweitung von taxonomiekonformen Wirtschaftstätigkeiten oder zur Umwandlung taxonomiefähiger in taxonomiekonforme Wirtschaftstätigkeiten sind (CapEx-Plan). Dieser **CapEx-Plan** hat zwei Bedingungen zu erfüllen:
- der Plan muss entweder darauf abzielen, die taxonomiekonformen Wirtschaftstätigkeiten des Unternehmens auszuweiten oder die taxonomiefähigen Wirtschaftstätigkeiten so umzustellen, dass sie innerhalb von fünf Jahren taxonomiekonform werden;

54　ABl. EU v. 10.12.2021, L 443/9.

> • der Plan muss auf aggregierter Wirtschaftstätigkeitsebene offengelegt werden und entweder direkt vom Leitungsorgan oder in dessen Auftrag gebilligt worden sein.

2.2.2 ESRS 2 SBM-3 – Wesentliche Auswirkungen, Risiken und Chancen und ihr Zusammenspiel mit Strategie und Geschäftsmodell

ESRS E4.16 erweitert die Anforderungen an die Offenlegung nach ESRS 2 SBM-3 in Bezug auf biologische Vielfalt und Ökosysteme. Das Unternehmen hat hiernach folgende Angaben offenzulegen:

• eine **Liste der wesentlichen Standorte** im Bereich der eigenen Geschäftstätigkeit, einschl. der Standorte, die unter der operativen Kontrolle des Unternehmens stehen, auf der Grundlage der Ergebnisse von ESRS E4.17(a) (während die deutsche Fassung der ESRS vom 31.7.2023 den Zusatz „wesentlich" in Bezug auf die offenzulegenden Standorte nicht enthielt, wurde dies mit der deutschsprachigen Fassung der ESRS vom 9.8.2024 ergänzt; daher sind nun explizit die Standorte i. V. m. den identifizierten wesentlichen Auswirkungen, Risiken, Abhängigkeiten und Chancen und nicht alle im Verfahren berücksichtigten Standorte offenzulegen); das berichtpflichtige Unternehmen hat die jeweiligen Standorte offenzulegen, indem es:

  – die **Unternehmensaktivitäten** spezifiziert, die sich negativ auf **Gebiete mit schutzbedürftiger Biodiversität** auswirken (ESRS E4.16(a)(i));
  – eine **Aufschlüsselung der Standorte** vorlegt; diese soll nach den identifizierten Auswirkungen und Abhängigkeiten sowie nach dem ökologischen Zustand der Gebiete (unter Bezugnahme auf die spezifischen Bezugswerte des Ökosystems (*ecosystem baseline level*)) erfolgen, in denen sich die Standorte befinden (ESRS E4.16(a)(ii));
  – die **Gebiete mit schutzbedürftiger Biodiversität** spezifiziert, um Nutzern zu ermöglichen, den Standort sowie die zuständige Behörde in Bezug auf die in ESRS E4.16(a)(i) spezifizierten Tätigkeiten zu bestimmen (ESRS E4.16(a)(iii));

• **ob** wesentliche negative Auswirkungen in Bezug auf **Landdegradation, Wüstenbildung oder Bodenversiegelung** identifiziert wurden (ESRS E4.16(b));

• **ob** Unternehmensaktivtäten ausgeübt werden, die sich auf **bedrohte Arten** auswirken (ESRS E4.16(c)); bedrohte Arten sind definiert als gefährdete Arten, einschl. Flora und Fauna, die in der Europäischen Roten Liste (*european red list*) oder der Roten Liste der IUCN aufgeführt sind.[55]

22

---

[55] Vgl. Berichtigung der Delegierten Verordnung (EU) 2023/2772 v. 31.7.2023, ABl. EU L v. 9.8.2024, Anhang II, Tab. 2, S. 282; Anhang II Abschn. 7 der Delegierten Verordnung (EU) 2021/2139, ABl. EU v. 9.12.2021, L 442/353 ff.

2.3 Management von Auswirkungen, Risiken und Chancen

2.3.1 Angabepflicht im Zusammenhang mit ESRS 2 IRO-1 – Beschreibung der Verfahren zur Ermittlung und Bewertung der wesentlichen Auswirkungen, Risiken, Abhängigkeiten und Chancen im Zusammenhang mit biologischer Vielfalt und Ökosystemen

23   ESRS E4.17 beinhaltet zusätzliche Angaben, die die Offenlegungsanforderungen nach ESRS 2 IRO-1 in Bezug auf Biodiversität und Ökosysteme ergänzen. Bei der Wesentlichkeitsanalyse hinsichtlich biologischer Vielfalt und Ökosysteme sind alle in Tab. 1 dargestellten Unterthemen sowie Unter-Unterthemen zu berücksichtigen (ESRS E4.AR4). Die Biodiversität und Ökosysteme betreffende Wesentlichkeitsanalyse ist für die eigenen Geschäftsaktivitäten sowie die komplette Wertschöpfungskette durchzuführen. Hierfür wird der LEAP-Ansatz der TNFD[56] vorgeschlagen und dargelegt (ESRS E4.AR6–AR9). Zudem sind die Vorgaben nach ESRS 2 IRO-1 und ESRS 1, Kap. 3.3 zu berücksichtigen sowie die Erwägungen hierzu zu beschreiben (ESRS E4.AR5). Die **Beschreibung des Prozesses** ist mit den weiteren Veröffentlichungen nach ESRS 2 zu verorten und **muss beinhalten, ob und wie**:

- tatsächliche und potenzielle Auswirkungen auf die biologische Vielfalt und Ökosysteme an den eigenen Standorten und in der Wertschöpfungskette ermittelt und bewertet werden, einschl. der angewendeten Bewertungskriterien (ESRS E4.17(a));
- die Abhängigkeiten von der biologischen Vielfalt und Ökosystemen und ihren Leistungen an den eigenen Standorten und entlang der Wertschöpfungskette ermittelt und bewertet werden, einschl. der angewendeten Bewertungskriterien; zusätzlich sollen Angaben erfolgen, ob die Bewertung beeinträchtigte oder potenziell beeinträchtigte Ökosystemdienstleistungen berücksichtigt hat (ESRS E4.17(b));
- Übergangsrisiken und physische Risiken sowie Chancen im Zusammenhang mit biologischer Vielfalt und Ökosystemen identifiziert und bewertet werden, einschl. der angewendeten Bewertungskriterien auf der Grundlage ihrer Auswirkungen und Abhängigkeiten (ESRS E4.17(c));
- systemische Risiken berücksichtigt werden (ESRS E4.17(d)); ESRS E4 bietet in den Anwendungsanforderungen Beispiele für die Risikokategorien und potenzielle Chancen (ESRS E4.AR9);
- Konsultationen mit den betroffenen Gemeinschaften (*affected communities*, → § 14 Rz 41) zu Nachhaltigkeitsbewertungen von gemeinsam genutzten biologischen Ressourcen und Ökosystemen durchgeführt werden, insbes.:
  - sofern ein Standort oder eine Rohstoffproduktion oder -beschaffung wahrscheinlich negative Auswirkungen auf die biologische Vielfalt und die

---

[56]   Siehe bzgl. einer Erklärung des LEAP-Ansatzes folgenden Hinweis „Locate, Evaluate, Assess, Prepare (LEAP)-Ansatz".

Ökosysteme hat, die Identifizierung der spezifischen Standorte, der Rohstoffproduktion oder -beschaffung mit negativen oder potenziell negativen Auswirkungen auf die betroffen Gemeinschaften (ESRS E4.17(e)(i));

- sofern betroffene Gemeinschaften potenziell von den Auswirkungen beeinträchtigt sind, hat das Unternehmen offenzulegen, inwiefern diese betroffenen Gemeinschaften in die Bewertung der Wesentlichkeit einbezogen werden (ESRS E4.17(e)(ii));

- in Bezug auf die Auswirkungen der Unternehmensaktivitäten auf Ökosystemdienstleistungen, die für die betroffenen Gemeinschaften von Bedeutung sind; in diesem Fall muss aufgezeigt werden, wie negative Auswirkungen vermieden werden können; sind diese Auswirkungen unvermeidbar, kann das Unternehmen seine Pläne zur Minimierung dieser Auswirkungen und zur Durchführung von Abhilfemaßnahmen darlegen, die darauf abzielen, den Wert und die Funktionalität der vorrangigen Ökosystemdienstleistungen zu erhalten (ESRS E4.17(e)(iii)).

Praxis-Hinweis
Locate, Evaluate, Assess, Prepare (LEAP)-Ansatz

Der LEAP-Ansatz ist ein freiwilliger Leitfaden zur Unterstützung interner naturbezogener Risiko- und Chancenbewertungen in Unternehmen und Finanzinstitutionen, der von der TNFD entwickelt wurde. Der LEAP-Ansatz umfasst vier Kernphasen der Analyse:

1. Lokalisierung der Schnittstellen mit der Natur (L – für Locate),
2. Bewertung von Abhängigkeiten und Auswirkungen (E – für Evaluate),
3. Bewertung von Risiken und Chancen (A – für Assess),
4. Reaktion auf naturbezogene Risiken und Chancen und Berichterstattung (P – für Prepare).

Der Ansatz basiert auf drei übergreifenden Aspekten:
- sorgfältige Prüfung des Anwendungsbereichs vor der Durchführung und Bewertung,
- Beratung mit relevanten Interessengruppen i. R. d. Durchführung,
- iteratives Prozessdesign – für Unternehmen über Standorte und Geschäftsbereiche hinweg; für Finanzinstitute über Anlageportfolios und Anlageklassen hinweg – im Einklang mit den Risikomanagementprozessen des Unternehmens und den Berichts- und Offenlegungszyklen.

Die vier Kernphasen sind in 16 Analysekomponenten für Unternehmen unterteilt, die jeweils von einer Leitfrage eingerahmt werden:

Locate	Evaluate	Assess	Prepare
Komponenten			
• L1: Geschäftlicher Fußabdruck • L2: Schnittstelle zur Natur • L3: Priorisierung • L4: Ermittlung der Sektoren	• E1: Identifizierung von Umweltgütern und Ökosystemleistungen • E2: Identifizierung von Abhängigkeiten und Auswirkungen • E3: Analyse der Abhängigkeiten • E4: Analyse der Auswirkungen	• A1: Identifizierung von Risiken und Chancen • A2: Bestehende Risikominderung und Risiko- und Chancenmanagement • AR 3: Zusätzliche Maßnahmen zur Risikominderung und zum Risiko- und Chancenmanagement • A4: Bewertung der Wesentlichkeit von Risiken und Chancen	• P1: Strategie und Ressourcenzuweisung • P2: Performance Management • P3: Berichterstattung • P4: Präsentation
Ergebnisse			
Prioritätenliste der Standorte für Maßnahmen auf der Grundlage des Zustands der Natur und der festgelegten Auswirkungen auf das Unternehmen		Ermittlung von Risiken und Chancen für das Risikomanagement	• Ermittlung der Ausgangswerte für die Ziele • Festlegung und Offenlegung der Ziele • Maßnahmenplan zur Erfüllung der Ziele und Berichterstattung darüber

Tab. 3: Überblick LEAP-Ansatz[57]

---

[57] Eigene Darstellung in Anlehnung an TNFD.

Zusätzlich **können** freiwillige Angaben getätigt werden, inwieweit **Szenarioanaly-**   24
sen bei der Wesentlichkeitsanalyse berücksichtigt und durchgeführt werden, um
wesentliche Risiken, Chancen über lang-, mittel- und kurzfristige Zeithorizonte zu
identifizieren und zu bewerten. Sollten Angaben zu einer solchen Szenarioanalyse
gemacht werden, schlägt ESRS E4.18 vor, weitere Informationen offenzulegen:

- wieso die in der Analyse berücksichtigten Szenarien ausgewählt wurden;
- wie die in der Analyse berücksichtigten Szenarien entsprechend den sich
  entwickelnden Bedingungen und neuen Trends aktualisiert werden;
- ob die in der Analyse berücksichtigten Szenarien auf Erwartungen beruhen,
  die von maßgeblichen zwischenstaatlichen Gremien wie der CBD veröffentlicht wurden, und auf einem wissenschaftlichen Konsens beruhen, wie er von
  der IPBES zum Ausdruck gebracht wurde.

Zudem wird explizit die Angabe gefordert,   25

- ob das Unternehmen **Standorte** (*sites*)[58] **in oder in der Nähe von Gebieten**
  mit schutzbedürftiger Biodiversität (*biodiversity-sensitive*) besitzt und
- ob **Geschäftstätigkeiten** im Zusammenhang mit diesen Standorten sich
  negativ auf die o.g. Gebiete auswirken, indem sie zu einer Verschlechterung
  der natürlichen Lebensräume und der Lebensräume von Arten sowie zur
  Störung von Arten führen, für die ein **Schutzgebiet** ausgewiesen wurde
  (ESRS E4.19(a)). Während ESRS E4 i.d.F. vom 31.7.2023 noch zwischen
  Lebensräumen und Habitaten differenzierte, verwendet ESRS E4 i.d.F.
  vom 9.8.2024 einheitlich den Begriff „Lebensräume". Schon in der zugrunde
  liegenden englischsprachigen Version vom 31.7.2023 gibt es dahingehend
  keine Differenzierung, die eine abweichende Verwendung in der deutschsprachigen Version gerechtfertigt hätte.

ESRS E4.19(a) nimmt anders als ESRS E4.24 und ESRS E4.35 keine Eingren-
zung auf Standorte vor, die sich im Besitz befinden, gepachtet oder verwaltet
werden. Da aber in ESRS E4.35 auf die in ESRS E4.19 ermittelten Standorte
verwiesen wird, die sich im Besitz befinden, gepachtet oder verwaltet sind, ist
davon auszugehen, dass es sich mind. um diese handelt.

---

[58] Nach dem Glossar wird ein (Unternehmens-)Standort als eine Ansammlung von einer oder
mehreren physischen Anlagen definiert; vgl. Berichtigung der Delegierten Verordnung (EU)
2023/2772 v. 31.7.2023, ABl. EU L v. 9.8.2024, Anhang II, Tab. 2, S. 278. Wenn mehrere physische
Anlagen von demselben oder verschiedenen Eigentümern oder Betreibern existieren und bestimmte
Infrastruktur und Einrichtungen gemeinsam genutzt werden, kann das gesamte Gebiet, in dem
sich die physischen Anlagen befinden, ein Unternehmensstandort sein. Beispiele für solche Infrastrukturen und Einrichtungen (in diesem Fall mit Blick auf „Wasser") liefert Art. 2 Richtlinie
2000/60/EG v. 23.10.2000 zur Schaffung eines Ordnungsrahmens für Maßnahmen der Gemeinschaft im Bereich der Wasserpolitik. Zumindest legt der Verweis auf Art. 2 Richtlinie 2000/60/EG
eine derartige Auslegung nahe. Folgende Infrastrukturen und Einrichtungen finden sich – neben
anderen – in Art. 2 Richtlinie 2000/60/EG: Binnengewässer, Küstengewässer, Flüsse, Seen.

26

Achtung **Definitionen: Gebiet mit schutzbedürftiger Biodiversität und Schutzgebiete**	
Gebiet mit schutz-bedürftiger Biodiversität (*biodiversity-sensitive areas*)	a) Natura-2000-Schutzgebiete, b) UNESCO-Welterbestätten, c) Schlüsselgebiete der biologischen Vielfalt (Key Biodiversity Areas, „KBA"): Gebiete, die wesentlich zum weltweiten Fortbestand der Biodiversität in Land-, Süßwasser- und Meeresökosystemen beitragen. Gebiete gelten als globale KBAs, wenn sie eines oder mehrere von elf Kriterien erfüllen, die in fünf Kategorien unterteilt sind: bedrohte biologische Vielfalt, geografisch begrenzte biologische Vielfalt, ökologische Integrität, biologische Prozesse und Unersetzlichkeit. Die Weltdatenbank der wichtigsten Biodiversitätsgebiete wird von BirdLife International im Namen der KBA-Partnerschaft verwaltet.[59] d) Andere Schutzgebiete gem. Anhang II Anlage D der Delegierten Verordnung (EU) 2021/2139.[60]
Schutzgebiet (*protected area*)	Ein klar definierter geografischer Raum, der anerkannt, ausgewiesen und durch rechtliche oder andere wirksame Mittel verwaltet wird, um die langfristige Erhaltung der Natur und der damit verbundenen Ökosystemdienstleistungen und kulturellen Werte sicherzustellen.[61]

[59] Vgl. Berichtigung der Delegierten Verordnung (EU) 2023/2772 v. 31.7.2023, ABl. EU L v. 9.8.2024, Anhang II, Tab. 2, S. 272.
[60] ABl. EU v. 9.12.2021, L 442/396; Berichtigung der Delegierten Verordnung (EU) 2023/2772 v. 31.7.2023, ABl. EU L v. 9.8.2024, Anhang II, Tab. 2, S. 261.
[61] Vgl. Berichtigung der Delegierten Verordnung (EU) 2023/2772 v. 31.7.2023, ABl. EU L v. 9.8.2024, Anhang II, Tab. 2, S. 276.

Praxis-Hinweis
Schutzgebiete

Ein Gebiet, das in der European Environment Agency's Common Database on Designated Areas (CDDA) und im Natura-2000-Schutzgebietsnetz gem. den Richtlinien 2009/147/EG und 92/43/EWG59 aufgeführt ist.

Anhang D der Delegierten Verordnung (EU) 2021/2139, auf den ESRS E4 für sonstige Schutzgebiete verweist, definiert sonstige Schutzgebiete nicht näher. Die ausgewiesenen Natura-2000-Gebiete dienen speziell dem Schutz von Kerngebieten für eine Untergruppe von Arten oder Lebensraumtypen, die in der Habitat- und der Vogelschutz-Richtlinie aufgeführt sind. Naturschutzgebiete, Nationalparks oder andere national oder regional geschützte Gebiete werden dagegen ausschl. nach nationalem oder regionalem Recht ausgewiesen, das von Land zu Land unterschiedlich sein kann. Die Gebiete können für unterschiedliche Zwecke ausgewiesen werden und sich auch auf andere Arten oder Lebensräume als die im Natura-2000-Netz erfassten beziehen. Daher sind nationale und regionale Schutzgebietsausweisungen ebenfalls zu berücksichtigen.[62]

Z.B. listet der Anhang IV der Wasserrahmenrichtlinie[63] weitere Gebiete auf, die als Schutzgebiete verstanden werden. Diese sind:

- Gebiete, die für die Entnahme von Wasser für den menschlichen Gebrauch ausgewiesen wurden;
- Gebiete, die zum Schutz wirtschaftlich bedeutender aquatischer Arten ausgewiesen wurden;
- Gewässer, die als Erholungsgewässer ausgewiesen wurden, einschl. Gebiete, die i.R.d. Richtlinie 76/160/EWG als Badegewässer ausgewiesen wurden;
- nährstoffsensible Gebiete, einschl. Gebiete, die i.R.d. Richtlinie 91/676/EWG als gefährdete Gebiete ausgewiesen wurden, sowie Gebiete, die i.R.d. Richtlinie 91/271/EWG als empfindliche Gebiete ausgewiesen wurden;
- Gebiete, die für den Schutz von Lebensräumen oder Arten ausgewiesen wurden, sofern die Erhaltung oder Verbesserung des Wasserzustands ein wichtiger Faktor für diesen Schutz ist, einschl. der Natura-2000-Standorte, die i.R.d. Richtlinie 92/43/EWG (1) und der Richtlinie 79/409/EWG (2) ausgewiesen wurden.

---

[62] Siehe https://ec.europa.eu/environment/nature/natura2000/faq_de.htm, Abruf 1.8.2024.
[63] Richtlinie 2000/20/EG, ABl. EG v. 4.7.2000, L 163/35.

Praxis-Tipp
Annahme Bereich „in der Nähe"

ESRS E4 definiert den Bereich von „in der Nähe" von biodiversitätssensiblen Gebieten nicht weiter. Unter den 40 Unternehmen, die im DAX 40 geführt sind, konnten in den Veröffentlichungen für das Geschäftsjahr 2022 zwei Unternehmen identifiziert werden, die zusätzlich zur Analyse der Standorte in oder in der Nähe von Schutzgebieten auch den Bereich (Radius) in der Analyse offengelegt haben, den sie als „in der Nähe" definiert haben. Dieser betrug im einem Fall 3 km und im anderen Fall 6 km.

Praxis-Tipp
Ausgangszustand des Ökosystems (*ecosystem baseline level*)

Der Ausgangszustand der biologischen Vielfalt ist ein wesentlicher Bestandteil des umfassenderen Prozesses für das Management der Biodiversität und der Ökosysteme. Dieser ist für die Folgenabschätzung und die Managementplanung sowie für die Überwachung und das anpassungsfähige Management notwendig. Das Unternehmen kann sich bei der Ermittlung auf die Arbeit in „Good Practices for the Collection of Biodiversity Baseline Data"[64] beziehen.

---

27   Eine weitere verpflichtende Offenlegung ist die Angabe, ob das Unternehmen die Notwendigkeit von Abhilfemaßnahmen festgestellt hat, die durch eine der folgenden Bewertungen ermittelt wurden (ESRS E4.19(b)):
- Richtlinie 2009/147/EG des Europäischen Parlaments und des Rates über die Erhaltung der wildlebenden Vogelarten[65];
- Richtlinie 92/43/EWG des Rates zur Erhaltung der natürlichen Lebensräume sowie der wildlebenden Tiere und Pflanzen[66];
- eine Umweltverträglichkeitsprüfung (UVP) i.S.v. Art. 1 Abs. 2g) der Richtlinie 2011/92/EU des Europäischen Parlaments und des Rates über die Umweltverträglichkeitsprüfung bei bestimmten öffentlichen und privaten Projekten[67];
- bei Tätigkeiten in Drittländern verweist ESRS E4 auf gleichwertige nationale Bestimmungen oder internationale Standards wie die Leistungsnorm 6 der International Finance Corporation (IFC): „Erhaltung der biologischen Vielfalt und nachhaltige Bewirtschaftung lebender natürlicher Ressourcen" (*Biodiversity Conservation and Sustainable Management of Living Natural Resources*)[68].

---

64   Gullison et al., Good Practices for the Collection of Biodiversity Baseline Data, 2015.
65   ABl. EU v. 26.1.2010, L 20/7.
66   ABl. EG v. 22.7.1992, L 206/7.
67   ABl. EU v. 28.1.2012, L 26/1.
68   IFC, Performance Standard 6, Biodiversity Conservation and Sustainable Management of Living Natural Resources, 2012, www.ifc.org/en/insights-reports/2012/ifc-performance-standard-6, Abruf 1.8.2024.

2.3.2 ESRS E4-2 – Konzepte im Zusammenhang mit biologischer Vielfalt und Ökosystemen

Die Angabepflichten zu Konzepten (*policies*) in ESRS E4-2 verweisen auf ESRS 2 MDR-P ("Strategien zum Umgang mit wesentlichen Nachhaltigkeitsaspekten"; ESRS E4.22; → § 4 Rz 130–131). 28

Die Angaben, die spezifisch durch ESRS E4 zu tätigen sind, umfassen Konzepte zur Steuerung der wesentlichen Auswirkungen, Risiken, Abhängigkeiten und Chancen im Zusammenhang mit Biodiversität und Ökosystemen (ESRS E4.20).

Die zusätzlich zu treffenden Angaben nach ESRS E4-2 umfassen:

- eine Beschreibung, ob und wie die Biodiversitäts- und Ökosystemkonzepte mit den direkten Hauptfaktoren des Verlusts von biologischer Vielfalt und Ökosystemen, mit Auswirkungen auf den Zustand der Arten, Auswirkungen auf die Ausdehnung und den Zustand von Ökosystemen, Einflüssen auf und Abhängigkeiten von Ökosystemdienstleistungen verknüpft sind (ESRS E4.23(a), ESRS E4.AR4);
- eine Beschreibung, ob und wie die Biodiversitäts- und Ökosystemkonzepte mit den wesentlichen Auswirkungen auf biologische Vielfalt und Ökosysteme verknüpft sind (ESRS E4.23(b));
- eine Beschreibung, ob und wie die Biodiversitäts- und Ökosystemkonzepte mit wesentlichen physischen Risiken und Übergangsrisiken sowie Chancen verknüpft sind (ESRS E4.23(c));
- eine Beschreibung, ob und wie die Biodiversitäts- und Ökosystemkonzepte die Nachverfolgbarkeit von Produkten, Bestandteilen und Rohstoffen entlang der Wertschöpfungskette, die wesentliche tatsächliche oder potenzielle Auswirkungen auf die biologische Vielalt und Ökosysteme haben, verbessern bzw. unterstützen (ESRS E4.23(d));
- eine Beschreibung, ob und wie sich die Biodiversitäts- und Ökosystemkonzepte mit der Produktion, der Beschaffung oder dem Verbrauch aus Ökosystemen befassen, die so bewirtschaftet werden, dass die Bedingungen für die biologische Vielfalt aufrechterhalten oder verbessert werden; dies wird durch regelmäßige Überwachung und Berichterstattung über den Zustand der biologischen Vielfalt sowie über Gewinne oder Verluste nachgewiesen (ESRS E4.23(e));
- eine Beschreibung, ob und wie die Biodiversitäts- und Ökosystemkonzepte soziale Folgen von Auswirkungen auf biologische Vielfalt und Ökosysteme adressieren (ESRS E4.23(f)); hierbei wird vorgeschlagen, sich auf das Nagoya-Protokoll und die CBD zu beziehen (ESRS E4.AR14); zusätzlich wird die Offenlegung weiterer Informationen bzgl. genetischer Ressourcen vorgeschlagen (ESRS E4.AR15);
- ggf. zusätzliche Erläuterungen:

- wie durch die Konzepte negative Auswirkungen auf biologische Vielfalt und Ökosysteme i. R. d. Geschäftsaktivitäten und der damit verbundenen Wertschöpfungskette (vor- und nachgelagert) vermieden werden;
- wie negative Auswirkungen, die nicht vermieden werden können, verringert und minimiert werden;
- wie degradierte und gerodete Ökosysteme wiederhergestellt und rehabilitiert werden, nachdem diese Auswirkungen ausgesetzt waren, die nicht vollständig vermieden und/oder minimiert werden können;
- wie der Beitrag zu den wesentlichen Ursachen für den Verlust an biologischer Vielfalt abgeschwächt wird (ESRS E4.AR16).

Praxis-Hinweis
Angaben zu und Entwicklung von Strategien und Konzepten

Bei der Implementierung von Konzepten zu Biodiversität, über die zu berichten ist, bietet sich eine Anlehnung an (branchen)übliche Strategien und Leitlinien an, die bspw. von unabhängigen Organisationen verlautbart wurden. Neben den explizit in ESRS E4 erwähnten Regularien und Verlautbarungen enthält die *Application guidance for biodiversity-related disclosures* zum CDSB Framework[69] einige Beispiele, die über die Nennungen in ESRS E4 hinausgehen. Diese *Application guidance* bietet durch die Nennung von Beispielen auch für andere Angabepflichten nach ESRS E4 Hilfestellung – obwohl diese *Application guidance* nicht für die ESRS entwickelt wurde.

---

29   Zusätzlich ist offenzulegen, ob folgende Konzepte im berichtenden Unternehmen angenommen (implementiert) sind:
- Konzepte zum Schutz der biologischen Vielfalt und der Ökosysteme, die sich auf Betriebsstandorte (*operational sites*) beziehen, die sich im Eigentum befinden, gepachtet sind oder verwaltet werden und in oder in der Nähe von biodiversitätssensiblen Gebieten liegen; demnach wären u. E. in dieser Angabepflicht Standorte mit rein verwaltenden Tätigkeiten nicht mit inbegriffen (ESRS E4.24(a));
- nachhaltige landwirtschaftliche Praktiken oder Konzepte (ESRS E4.24(b));
- nachhaltige Praktiken oder Konzepte für Ozeane/Meere (ESRS E4.24(c));
- Konzepte zur Einschränkung von Entwaldung (ESRS E4.24(d)).

30   ESRS E4 erlaubt, dass die beschriebenen Konzepte in einer breiter angelegten Umwelt- oder Nachhaltigkeitsrichtlinie integriert sind, die verschiedene Unterthemen abdeckt (ESRS E4.AR11). Zudem wird vorgeschlagen, Informationen dahingehend bereitzustellen, wie sich die Konzepte auf die Produktion, die Beschaffung oder den Verbrauch von Rohstoffen beziehen, insbes. in Bezug auf

---

[69] Siehe CDSB Framework, Application guidance for biodiversity-related disclosures, S. 39, www.cdsb.net/biodiversity, Abruf 1.8.2024.

Lieferanten, auf anerkannte Standards und Zertifizierungen durch Dritte (ESRS E4.AR12). Zudem schlagen die Anwendungsanforderungen vor, dass die Konzepte auf globale Ziele wie die SDGs referenzieren (ESRS E4.AR13). Sofern innerhalb der Konzepte auf Verhaltensnormen Dritter verwiesen wird, enthält ESRS E4.AR17 zusätzliche Empfehlungen bzgl. einer detaillierten Darstellung der verwendeten Verhaltensnormen und eine Auflistung möglicher Angaben.

2.3.3 ESRS E4-3 – Maßnahmen und Mittel im Zusammenhang mit biologischer Vielfalt und Ökosystemen

Die Angabepflichten zu Maßnahmen und Ressourcen verweisen auf ESRS 2   31
MDR-A („Maßnahmen und Mittel in Bezug auf wesentliche Nachhaltigkeits-aspekte"; ESRS E4.27; → § 4 Rz 132–139). Die Angaben, die spezifisch durch ESRS E4 zu tätigen sind, umfassen **Maßnahmen im Zusammenhang mit Biodiversität und Ökosystemen sowie die für ihre Durchführung bereit-gestellten Ressourcen** (ESRS E4.25). Die zusätzlichen Informationen sollen ein Verständnis der wichtigsten getroffenen und geplanten Maßnahmen ermöglichen, die wesentlich zur Erreichung der politischen Ziele und Vorgaben in Bezug auf die biologische Vielfalt und die Ökosysteme beitragen. Es sind zudem weitere verpflichtende Angaben zu machen (ESRS E4.28):

- ob das berichtspflichtige Unternehmen in seinen Aktionsplänen Kompensa-tionsmaßnahmen verwendet; enthalten die Maßnahmen Biodiversitätskom-pensationsmaßnahmen, so sind folgende Angaben zwingend offenzulegen:
  - der Zweck der Kompensationsmaßnahmen und die verwendeten Haupt-leistungsindikatoren (ESRS E4.28(b)(i));
  - die Finanzierungsauswirkungen (direkte und indirekte Kosten) der Kom-pensationsmaßnahmen in monetären Einheiten (ESRS E4.28(b)(ii)); u.E. ist eine zusammengefasste Angabe aller direkten und indirekten Kosten in einem Betrag ausreichend, eine Aufschlüsselung nach Maßnahmen ist nicht erforderlich;
  - eine Beschreibung der Kompensationsmaßnahmen, einschl. der Fläche, der Art, der angewendeten Qualitätskriterien und der Standards, denen die Kompensationsmaßnahmen entsprechen (ESRS E4.28(b)(iii));
- eine Beschreibung, ob und wie lokales und indigenes Wissen und naturba-sierte Lösungen in biodiversitäts- und ökosystembezogene Maßnahmen einbezogen werden (ESRS E4.28(c)); insbes. für ländliche und indigene Völker dient das lokale Wissen als Entscheidungsgrundlage für grundlegende Aspekte des täglichen Lebens (ESRS E4.AR21).

Praxis-Hinweis

ESRS E4 i.d.F. vom 31.7.2023 verwendet in ESRS E4.28 noch den Begriff „Biodiversitätskompensationsmaßnahmen". Zur Verbesserung des Leseflusses i.d.F. vom 9.8.2024 wurde dies in „Kompensationsmaßnahmen" geändert. Diese Änderung basiert auf einer Empfehlung des DRSC – mit der Begründung, dass sich aus dem Kontext ergäbe, dass es sich um Maßnahmen zur Kompensation des Biodiversitätsverlusts handelt.[70]

Zudem schlägt ESRS E4.28(a) vor offenzulegen, wie das berichtspflichtige Unternehmen die Minderungshierarchie in Bezug auf seine Maßnahmen angewendet hat (Vermeidung, Minimierung, Wiederherstellung/Rehabilitation und Kompensation oder Ausgleich).[71]

32

Praxis-Beispiel Streuobstgenussschein als Ökowertpapier

Kompensationsmaßnahmen können durch den Erwerb von (zertifizierten) Wertpapieren erfolgen, die derartige Maßnahmen fördern. Ein Beispiel stellen die sog. Streuobstgenussscheine dar, die vom Ministerium für Klimaschutz, Landwirtschaft, ländliche Räume und Umwelt des Landes Mecklenburg-Vorpommern vermarktet werden. „Der Streuobstgenussschein ist das Ökowertpapier aus Mecklenburg-Vorpommern, mit dem jeder einen Beitrag zum Erhalt von Streuobstwiesen leisten kann. Streuobstwiesen sind wichtige Kulturlandschaften und insbesondere alte Streuobstbestände fördern die Biodiversität. Der Kauf von Streuobstgenussscheinen unterstützt die Neuanpflanzung und Pflege von Streuobstbäumen und die Revitalisierung von Altbeständen."[72] Siehe zur Einordnung von Kompensationsmaßnahmen in die Abhilfemaßnahmenhierarchie auch Rz 20.

33 Die Anwendungsanforderung schlagen zudem vor, signifikante Beträge für Investitionen (CapEx) und Betriebsausgaben (OpEx), die zur Durchführung der ergriffenen oder geplanten Maßnahmen erforderlich sind, folgenden Sachverhalten zuzuordnen (ESRS E4.AR18):

---

[70] DRSC, Analyse der angeregten sprachlichen Änderungen zur Berichtigung am ESRS Set 1, August 2024, www.drsc.de/app/uploads/2024/08/240813_DRSC-Analyse-zur-Aenderungen-der-deutschen-Sprachfassung-ESRS-Set-1-2.pdf, Abruf 13.8.2024.

[71] Die deutsche Übersetzung enthält hinsichtlich ESRS E4.28(a) eine verpflichtende Anforderung, bei der es sich ebenfalls um einen Übersetzungsfehler handelt.

[72] Siehe www.streuobstgenussschein-mv.de/, Abruf 1.8.2024.

- den einschlägigen Positionen oder Erläuterungen im Jahresabschluss;
- den in Art. 8 der Verordnung (EU) 2020/852[73] und der Delegierten Verordnung (EU) 2021/2178 der Kommission[74] genannten Leistungsindikatoren; somit wären Investitions- und Betriebsausgaben für geplante oder durchgeführte Maßnahmen dem taxonomiekonformen Anteil der Investitions-/ Betriebsausgaben zuzuordnen;
- sofern zutreffend, einem Investitionsplan entsprechend der Delegierten Verordnung (EU) 2021/2178 der Kommission; somit wären Investitions- und Betriebsausgaben für geplante oder durchgeführte Maßnahmen dem entsprechenden Investitionsplan zur Erweiterung taxonomiekonformer oder Umwandlung taxonomiefähiger Wirtschaftstätigkeiten zuzuordnen.

Eine zusätzliche freiwillige Angabe ist die Offenlegung, ob das Unternehmen einen „Vermeidungs-"Aktionsplan in Betracht zieht, der schädigende Handlungen verhindert, bevor diese stattfinden (ESRS E4.AR19). Vermeidung beinhaltet oft eine Entscheidung, vom üblichen Entwicklungspfad eines Projekts abzuweichen. Eine Vermeidung sollte zumindest dann in Betracht gezogen werden, wenn die Bedeutung der Biodiversität und Ökosysteme in eine der folgenden Kategorien fällt: **34**

- besonders empfindlich und unersetzlich,
- von einem besonderen Interesse für eine Gruppe von Interessenträgern,
- wenn ein vorsichtiger/sorgfältiger Ansatz aufgrund von Unsicherheiten bei der Folgenabschätzung oder der Wirksamkeit von Managementmaßnahmen gerechtfertigt ist.

Die drei Hauptarten der Vermeidung werden im Folgenden definiert:

- Vermeidung durch Standortwahl (das gesamte Projekt sollte nicht in Gebieten mit anerkanntem hohem Wert für die Biodiversität durchgeführt werden),
- Vermeidung durch Projektplanung (Konfiguration der Infrastruktur, um Gebiete am Projektstandort mit hohem Biodiversitätswert zu erhalten) und
- Vermeidung durch Zeitplanung (zeitliche Abstimmung der Projektaktivitäten auf Verhaltensmuster von bestimmten Arten, z.B. Brut, Migration, oder Ökosystemfunktionen, z.B. Flussdynamiken).

Die Anwendungsanforderungen schlagen darüber hinaus eine Auflistung an zusätzlichen Angaben vor, die – die zentralen bzw. wichtigsten Maßnahmen (*key actions*) betreffend – getätigt werden können. Zentrale Maßnahmen stellen einen wesentlichen Beitrag zur Realisierung der Zielvorgaben des Unternehmens bei der Bewältigung wesentlicher Biodiversitäts- und Ökosystemauswirkungen, Risiken und Chancen dar (ESRS 2.AR22). Die zusätzlich vorgeschlagenen Angaben nach ESRS E4.AR20 je zentraler Maßnahme beinhalten: **35**

---

[73] ABl. EU v. 22.6.2020, L 198/13.
[74] ABl. EU v. 10.12.2021, L 443/9.

- eine Liste der wichtigsten beteiligten Interessengruppen (z. B. Konkurrenten, Lieferanten, Einzelhändler, andere Geschäftspartner, betroffene Gemeinschaften, Behörden, Regierungsstellen) und eine Erläuterung, wie diese involviert sind; zusätzlich können Erläuterungen der wichtigsten Interessengruppen getätigt werden, die von den Maßnahmen negativ oder positiv betroffen sind, einschl. der Auswirkungen oder Vorteile auf und für betroffene Gemeinschaften, Kleinbauern, indigene Völker oder andere Personen in gefährdeten Situationen;
- ggf. eine Erläuterung der Notwendigkeit angemessener Konsultationen sowie der Notwendigkeit, die Entscheidungen der betroffenen Gemeinschaften zu respektieren;
- eine kurze Bewertung, ob die zentrale Maßnahme erhebliche negative Auswirkungen auf die Nachhaltigkeit haben kann;
- eine Erläuterung, ob die zentrale Maßnahme als einmalige Initiative oder als systematische Praxis gedacht ist;
- eine Erläuterung, ob der Plan für eine zentrale Maßnahme nur vom Unternehmen unter Einsatz seiner Ressourcen durchgeführt wird oder ob er Teil einer umfassenderen Initiative ist, zu der das Unternehmen einen wesentlichen Beitrag leistet; ist der Plan Teil eines umfassenderen Vorhabens, kann das Unternehmen weitere Informationen über das Vorhaben, seine Förderer und andere Teilnehmer berichten;
- eine Beschreibung, wie die zentrale Maßnahme zu einem systemweiten Wandel beiträgt, insbes. zur Veränderung der Hauptfaktoren für den Wandel der Biodiversität und Ökosysteme, z. B. durch technologische, wirtschaftliche, institutionelle und soziale Faktoren und Veränderungen der zugrunde liegenden Werte und Verhaltensweisen.

2.4 Kennzahlen und Ziele

2.4.1 ESRS E4-4 – Ziele im Zusammenhang mit biologischer Vielfalt und Ökosystemen

36   Die Angabepflicht konkretisiert und ergänzt die Angabepflichten gem. ESRS 2 MDR-T („Nachverfolgung der Wirksamkeit von Strategien und Maßnahmen durch Zielvorgaben"; ESRS E4.31; → § 4 Rz 140–143). Somit sind biodiversitäts- und ökosystembezogene Ziele offenzulegen (ESRS E4.29). Die zusätzlich geforderten Angaben nach ESRS E4.32 beinhalten:

- ob bei der Festlegung der Ziele **ökologische Schwellenwerte**[75] und Verteilungen der Auswirkungen auf das Unternehmen angewendet wurden; sofern dies der Fall ist, sollen folgende Aspekte spezifiziert werden:

---

[75] Ein ökologischer Schwellenwert (*ecological threshhold*) ist im Glossar der ESRS definiert als ein Punkt, an dem eine relativ kleine Änderung der externen Bedingungen zu einer rapiden Veränderung innerhalb eines Ökosystems führt. Sobald ein ökologischer Schwellenwert überschritten wird, ist das Ökosystem möglicherweise nicht mehr in der Lage, durch seine eigene Widerstandskraft in seinen ursprünglichen Zustand zurückzukehren; vgl. Berichtigung der Delegierten Verordnung (EU) 2023/2772 v. 31.7.2023, ABl. EU L v. 9.8.2024, Anhang II, Tab. 2, S. 266.

- die identifizierten ökologischen Schwellenwerte sowie die zur Ermittlung dieser Schwellenwerte angewendete Methodik (ESRS E4.32(a)(i));
- inwiefern die verwendeten Schwellenwerte unternehmensspezifisch sind und, sofern dies zutreffend ist, wie diese festgelegt wurden (ESRS E4.32(a)(ii));
- wie/wo die Verantwortung für die Einhaltung der festgelegten ökologischen Schwellenwerte im Unternehmen verankert wurde (ESRS E4.32(a)(iii));
- ob die Ziele auf folgende **Rahmenwerke** gestützt und/oder mit diesen abgestimmt sind (ESRS E4.32(b)):
  - dem globalen Biodiversitätsrahmen von Kunming-Montreal,
  - relevanten Aspekten der EU-Biodiversitätsstrategie für 2030,
  - anderen biodiversitäts- und ökosystembezogenen nationalen Rahmen und Rechtsvorschriften;
- wie die **Ziele** mit den Auswirkungen, Abhängigkeiten, Risiken und Chancen von Biodiversität und Ökosystemen in Zusammenhang stehen, die vom Unternehmen bei seiner Geschäftstätigkeit und seiner Wertschöpfungskette ermittelt wurden (ESRS E4.32(c));
- sofern relevant, der **geografische Geltungsbereich** der Ziele (ESRS E4.32(d));
- ob bei der Zielsetzung **Kompensationsmaßnahmen** verwendet wurden (ESRS E4.32(e));
- welcher Ebene der **Minderungshierarchie** das Ziel zugeordnet werden kann (d.h. Vermeidung, Minimierung, Wiederherstellung/Rehabilitation und Kompensation oder Ausgleich; ESRS E4.32(f)).
- Darüber hinaus schlagen die Anwendungsanforderungen vor offenzulegen, inwieweit das Ziel Defizite bzgl. der Kriterien für einen wesentlichen Beitrag zur Biodiversität (Umweltziel sechs) nach der **Umwelt-Taxonomie** adressiert.[76] So kann das Ziel mit Wirtschaftsaktivitäten in Verbindung gebracht werden, die als taxonomiefähig eingestuft wurden (die einen wesentlichen Beitrag zu Umweltziel sechs leisten), aber derzeit die technischen Bewertungskriterien nicht erfüllen, sowie mit der Absicht, diese technischen Bewertungskriterien in Zukunft zu erfüllen, um dann als taxonomiekonform eingestuft werden zu können.

Werden die DNSH-Kriterien für die Biodiversität i.S.d. Umwelt-Taxonomie[77] nicht erfüllt, kann das Unternehmen angeben, ob das betreffende Ziel Defizite in Bezug auf diese DNSH-Kriterien berücksichtigt (ESRS E4.AR22). Dies betrifft somit wirtschaftliche Aktivitäten, die als wesentlich zu einem der anderen fünf Umweltziele beitragend bewertet wurden (also taxonomiefähig sind), aber u.a. aufgrund der Nichterfüllung der DNSH-Kriterien für Umweltziel sechs vom Unternehmen als nicht taxonomiekonform bewertet wurden.

---

[76] Diese sind in den delegierten Rechtsakten gem. Art. 15 Abs. 2 der Verordnung (EU) 2020/852 festgelegt.
[77] Die in den gem. Art. 10 Abs. 3, Art. 11 Abs. 3, Art. 12 Abs. 2, Art. 13 Abs. 2 und Art. 14 Abs. 2 der Verordnung (EU) 2020/852 erlassenen delegierten Rechtsakten festgelegt sind.

- Zusätzlich soll das berichtspflichtige Unternehmen bei der Zielsetzung die Notwendigkeit der informierten und freiwilligen **Zustimmung** der lokalen Bevölkerung, einer angemessenen **Konsultation** und der Achtung ihrer Entscheidungen berücksichtigen (ESRS E4.AR23). Die Anforderung, dies in die Zielsetzung einzubeziehen, geht über die Offenlegung von Informationen hinaus. U.E. ist davon auszugehen, dass i.R.d. ESRS E4 darüber berichtet werden muss, inwieweit die Notwendigkeit der informierten und freiwilligen Zustimmung der lokalen Bevölkerung, einer angemessenen Konsultation und der Achtung ihrer Entscheidungen berücksichtigt wurden.

37   ESRS E4 enthält keine spezifischen Zielvorgaben. ESRS 2.80 beinhaltet jedoch formale Anforderungen, die mit den Zielvorgaben zu veröffentlichen sind (wie bspw. der Referenzwert und das Referenzjahr des gesetzten Ziels; → § 4 Rz 141). Die Anwendungsanforderungen bieten zudem umfangreiche Vorschläge zur Darstellung der Ziele bei der Offenlegung:
- Ziele, die ein Unternehmen in Verbindung zu den identifizierten wesentlichen Auswirkungen erreichen möchte, sollten der Art des Ziels nach der Minderungshierarchie zugeordnet werden (ESRS E4.AR24).
- Ziele, die sich auf potenzielle wesentliche Nachhaltigkeitsaspekte in der Wesentlichkeitsanalyse beziehen (ESRS E4.AR4), sollten der Art des Nachhaltigkeitsaspekts zugeordnet werden (ESRS E4.AR25).
- Zudem sollte jedem Ziel ein Ausgangswert mit einem entsprechenden Ausgangsjahr zugeordnet werden.
- Die Ziele sollten für einen kurz-, mittel- und langfristigen Zeitraum offengelegt werden. Aufgeführt werden die Zeiträume bis 2025, bis 2030 und bis 2050.
- Auch auf Standards und Rahmenwerke, auf die sich das Unternehmen bei seiner Zielfestlegung bezieht, sollte verwiesen werden (ESRS E4.AR24f.).

38   Die Anwendungsanforderungen schlagen als mögliche **messbare Ziele** in Bezug auf Biodiversität und Ökosysteme folgende vor:
- Größe und Lage aller geschützten oder wiederhergestellten Lebensraumflächen, unabhängig davon, ob sie direkt oder indirekt vom Unternehmen kontrolliert werden und ob der Erfolg der Wiederherstellungsmaßnahme von unabhängigen externen Fachleuten bestätigt wurde oder wird;
- neugeschaffene Flächen (Gebiete, in denen Bewirtschaftungsinitiativen durchgeführt werden, um einen Lebensraum an einem Ort zu schaffen, an dem er ursprünglich nicht vorhanden war);
- Anzahl oder Prozentsatz der Projekte/Standorte, deren ökologische Integrität verbessert wurde (z.B. Einrichtung von Fischtreppen, Wildtierkorridoren; ESRS E4.AR26).

39   Im BASF-Bericht 2022 – Integrierter Unternehmensbericht zur ökonomischen, ökologischen und gesellschaftlichen Leistung – finden sich einige Beispiele für

Ziele, Konzepte und Leistungen hinsichtlich der Auswirkungen auf die Biodiversität. Dabei werden sowohl einige allgemeine Maßnahmen beschrieben als auch konkrete Beispiele genannt:

Praxis-Beispiel BASF – biodiversitätsbezogene Ziele und Leistungen[78]

„An einigen Standorten implementieren wir zudem lokale Maßnahmen zum Schutz von Biodiversität. So werden beispielsweise an 13 Standorten in Nordamerika regelmäßig Biodiversitätsprojekte von der NGO Wildlife Habitat Council (WHC) überprüft und zertifiziert. Am ehemaligen Produktionsstandort Rensselaer im US-Bundesstaat New York etwa investiert BASF seit über zehn Jahren in nachhaltige Landnutzung. Das 90 Hektar große Areal am Hudson River umfasst ein LEED-Platinum-zertifiziertes Klassenzimmer für Umweltbildung, ein Heizkraftwerk und einen zehn Hektar großen natürlichen Lebensraum. Das Habitat entstand im Rahmen des Projekts zur Altlastensanierung und Wiederherstellung des ökologischen Gleichgewichts des Hudson River, für welches BASF 2021 von der Western Dredging Association mit dem Environmental Excellence Award for Environmental Dredging ausgezeichnet wurde. Das Biodiversitätsprojekt sorgt für die ökologische Verbesserung des Standorts und bietet somit Raum für einheimische Pflanzen, Futter- und Nistplatze für eine Vielzahl von Tieren, eine Zwischenstation für Zugvögel und Lebensraum für Wassertiere, Amphibien und Reptilien. So konnte zum Beispiel im Süßwasserfeuchtgebiet die Wasserschildkrötenpopulation wieder aufgebaut werden."

Die Darstellungen mit Blick auf die Auswirkungen, die sich durch die eigene Produktion ergeben, bleiben allerdings verhältnismäßig wage. Dazu heißt es weiter:

„Auch in unserer Produktion berücksichtigen wir den Erhalt der Biodiversität. Wir setzen uns zudem dafür ein, Bestimmungen internationaler Umweltabkommen wie die des Nagoya-Protokolls einzuhalten. [...]"

2.4.2 ESRS E4-5 – Kennzahlen für die Auswirkungen im Zusammenhang mit biologischer Vielfalt und Ökosystemveränderungen

Die Angabepflicht beinhaltet die verpflichtende Offenlegung von **Kennzahlen** zu den wesentlichen Auswirkungen auf biologische Vielfalt und Ökosysteme (ESRS E4.33). Ziel ist es, ein Verständnis der Leistung des Unternehmens in Bezug auf die wesentlichen Auswirkungen auf die biologische Vielfalt und Ökosysteme zu ermöglichen (ESRS E4.34).

40

---

[78] Entnommen BASF SE, BASF-Bericht 2022, S. 148.

41 Sofern das Unternehmen Standorte in oder in der Nähe[79] von biodiversitäts-sensiblen Gebieten (*biodiversity-sensitive areas*) identifizieren konnte, die es negativ beeinflusst (ESRS E4.19(a)), muss die Anzahl und die Fläche (in Hektar) aller Standorte offengelegt werden, die in oder in der Nähe dieser Gebiete liegen, gepachtet sind oder verwaltet werden (ESRS E4.35). U.E. genügt hiernach die Angabe der Gesamtfläche aller Standorte. Eine Aufschlüsselung nach Gebietstypen wäre zu empfehlen, ist jedoch nicht zwingend erforderlich.

42 Sofern das berichtspflichtige Unternehmen wesentliche Auswirkungen in Bezug auf die Änderung der Flächennutzung oder Auswirkungen auf den Umfang und den Zustand von Ökosystemen festgestellt hat, kann es auch die Flächennutzung auf der Grundlage einer Lebenszyklusbewertung offenlegen (ESRS E4.36). Die Anwendungsanforderungen schlagen vor, sich auf *„Land-use related environmental indicators for Life Cycle Assessment"* vom Joint Research Center zu beziehen (ESRS E4.AR31).

43 Bei den weiteren Angabepflichten hinsichtlich der Offenlegung von Kennzahlen ist das Unternehmen angehalten, seine eigenen Geschäftstätigkeiten zu berücksichtigen (ESRS E4.37; Tab. 4):
*   Sofern das berichtspflichtige Unternehmen festgestellt hat, dass es direkt zu den Einflussfaktoren (*impact driver*) für **Land-, Süßwasser- und/oder Meeresnutzungsänderungen** beiträgt, so sind relevante **Kennzahlen verpflichtend offenzulegen** (ESRS E4.38). ESRS E4 gibt jedoch keine verpflichtenden Kennzahlen vor, die zu berichten sind. ESRS E4 listet lediglich Kennzahlen auf, welche offengelegt werden können.
*   Sofern das Unternehmen in der Wesentlichkeitsanalyse festgestellt hat, dass es direkt zur **unbeabsichtigten oder bewussten Einbringung invasiver gebietsfremder Arten** beiträgt, so **kann es Kennzahlen offenlegen**, die es für das Management der Einbringungs- und Ausbreitungswege invasiver gebietsfremder Arten und der von ihnen ausgehenden Risiken verwendet (ESRS E4.39). Die Anwendungsanforderungen listen hierzu mögliche Kennzahlen auf.
*   Sofern wesentliche Auswirkungen auf den **Zustand der Arten und Ökosysteme** identifiziert wurden, **können Kennzahlen** bzgl. des Zustands der Arten (ESRS E4.40) und des Zustands der Ökosysteme (ESRS E4.41) offengelegt werden. Auch hier wird eine Liste an Vorschlägen unterbreitet.

---

[79] „In der Nähe" wird innerhalb des ESRS E4 nicht weiter definiert. Siehe Praxis-Tipp „Annahme Bereich ‚in der Nähe'" in Rz 26.

Wesentliche Unterthemen	Wesentliche Unter-Unterthemen	Offenlegung von Kennzahlen	Referenz ESRS E4	Vorgeschlagene Kennzahlen
Direkte Einflussfaktoren auf den Verlust an biologischer Vielfalt	Landnutzungsänderungen, Süßwasser- und/oder Meeresnutzungsänderungen	Erforderlich	ESRS E4.38	• Umwandlung der Bodenbedeckung (z.B. Abholzung oder Bergbau) im Zeitverlauf (z.B. ein oder fünf Jahre) • Veränderungen in der Bewirtschaftung des Ökosystems (z.B. Intensivierung der landwirtschaftlichen Bewirtschaftung oder Anwendung besserer Bewirtschaftungsmethoden oder forstwirtschaftlicher Erntemethoden im Zeitverlauf (z.B. ein oder fünf Jahre) • Veränderungen in der räumlichen Konfiguration der Landschaft (z.B. Fragmentierung von Lebensräumen, Veränderungen in der Konnektivität der Ökosysteme) • Veränderungen der strukturellen Konnektivität der Ökosysteme (z.B. Durchlässigkeit der Lebensräume auf der Grundlage der physischen Merkmale und der Anordnung der Lebensraumfelder) • Veränderungen der funktionellen Konnektivität der Ökosysteme (z.B. wie gut sich Gene oder Individuen durch den Land, Süßwasser und Meereslandschaft bewegen) • Vorschlag in den Anwendungsanforderungen, die Flächennutzung in Flächeneinheiten anzugeben und dabei die Leitlinien des Systems für Umweltmanagement (Eco-Management and Audit Scheme, EMAS) anzuwenden (ESRS E4.AR34)

Wesentliche Unterthemen	Wesentliche Unter-Unterthemen	Offenlegung von Kennzahlen	Referenz ESRS E4	Vorgeschlagene Kennzahlen
	Invasive gebietsfremde Arten	Optional	ESRS E4.39; ESRS E4.AR32	• Weg und Anzahl der invasiven gebietsfremden Arten • Ausmaß der von invasiven gebietsfremden Arten bedeckten Fläche
Zustand der Arten	Populationsgröße	Optional	ESRS E4.40	• Relevante Angabepflichten nach ESRS E1, ESRS E2, ESRS E3 und ESRS E5 • Populationsgröße, Verbreitungsgebiet innerhalb bestimmter Ökosysteme • Veränderungen in der Anzahl der Individuen einer Spezies
	Aussterberisiko	Optional	ESRS E4.40	• Bedrohungsstatus von Arten und wie sich Aktivitäten/Belastungen auf den Bedrohungsstatus auswirken können • Veränderungen im relevanten Lebensraum einer bedrohten Art als Indikator für die Auswirkungen des Unternehmens auf das Aussterberisiko der lokalen Population

Wesentliche Unterthemen	Wesentliche Unter-Unterthemen	Offenlegung von Kennzahlen	Referenz ESRS E4	Vorgeschlagene Kennzahlen
Ausdehnung und Zustand von Öko-systemen	Ausdehnung von Ökosystemen	Optional	ESRS E4.41	• Kennzahlen, die die Lebensraumabdeckung messen (z. B. Bewaldung) • Kennzahlen, die Veränderungen der Bodenbedeckung zeigen; Messung bspw. mit Erdbeobachtungsdaten (ESRS E4.AR36) • Empfehlung der Anwendungsanforderungen, für die weitere Anwendung das United Nations Environmental Economic Accounting Ecosystem Accounting (UN SEEA EA) Rahmenwerk zu nutzen (ESRS E4.AR33)
	Zustand von Ökosystemen	Optional	ESRS E4.41	• Kennzahlen, die die Qualität des Ökosystems messen, in Relation zu einem vorab festgesetzten Referenzzustand • Kennzahlen, die mehrere Arten innerhalb eines Ökosystems und nicht die Anzahl der Individuen einer einzelnen Art innerhalb eines Ökosystems messen (z. B. wissenschaftlich ermittelte Indikatoren für den Artenreichtum und die Abundanz, die die Entwicklung der Zusammensetzung der (einheimischen) Arten innerhalb eines Ökosystems im Vergleich zum Referenzzustand – z. B. zu Beginn des ersten Berichtszeitraums – sowie zum angestrebten Zustand gem. des globalen Biodiversitätsrahmens von Kun-

Wesentliche Unterthemen	Wesentliche Unter-Unterthemen	Offenlegung von Kennzahlen	Referenz ESRS E4	Vorgeschlagene Kennzahlen
				ming-Montreal messen, oder eine Zusammenfassung des Erhaltungszustands der Arten) • Kennzahlen, die die strukturellen Komponenten des Zustands des Ökosystems widerspiegeln, wie z. B. die Vernetzung von Lebensräumen (d. h., inwieweit die Lebensräume miteinander verbunden sind)
	Funktionsfähigkeit von Ökosystemen	Optional	ESRS E4.AR37	• Kennzahlen, die einen Prozess oder eine Funktion messen, die das Ökosystem erfüllt, oder die die Fähigkeit des Ökosystems widerspiegeln, diesen spezifischen Prozess oder diese spezifische Funktion zu erfüllen (z. B. die Nettoprimärproduktivität, die die Pflanzenproduktivität misst, d. h. die Rate, mit der die Energie von Pflanzen gespeichert und anderen Arten im Ökosystem zur Verfügung gestellt wird; dies ist ein Schlüsselprozess, der für das Funktionieren von Ökosystemen notwendig ist; er ist mit vielen Faktoren wie der Biodiversität verknüpft, misst diese aber nicht direkt) • Kennzahlen zur Messung von Veränderungen in der Population wissenschaftlich identifizierter gefährdeter Arten

Tab. 4: Kennzahlen nach ESRS E4.38–E4.41 (eigene Darstellung)

Bzgl. der zu berichtenden Kennzahlen lässt ESRS E4 einen hohen **Freiheits-** **44**
grad offen. Hinsichtlich der Anforderungen an die offenzulegenden Informationen sind Vorgaben in den Anwendungsanforderungen aufgeführt, die das
berichtspflichtige Unternehmen zu berücksichtigen hat und optional in seiner
Berichterstattung zusätzlich beschreiben kann (ESRS E4.AR27):

• die verwendeten Methoden, Kennzahlen sowie eine Erläuterung, warum
  diese Methoden und Kennzahlen ausgewählt wurden, sowie die Annahmen,
  Grenzen und Unsicherheiten und etwaige Änderungen der zugrunde liegenden Methoden im Lauf der Zeit und Gründe für diese Änderungen – wobei
  nach ESRS 2.77(a) die Methode und die Annahmen für jede Kennzahl nach
  ESRS 2 MDR-M (→ § 4 Rz 138) verpflichtend offenzulegen sind;
• den Umfang der Kennzahlen und Methoden, z. B.:
  – Unternehmen, Standort, Marke, Ware, Unternehmensbereich, Unterneh-
    mensaktivität,
  – erfasste Aspekte (Unterthemen und Unter-Unterthemen);
• die Biodiversitätskomponenten der Kennzahlen: artenspezifisch vs. ökosys-
  temspezifisch;
• die von der Methodik erfassten Gebiete sowie eine Erklärung, warum
  relevante Gebiete ausgelassen wurden;
• wie die Kennzahlen ökologische Schwellenwerte (z. B. planetarische Grenzen in Bezug auf die Integrität der Biosphäre und den Wandel der Land-
  systeme) und Zuweisungen integrieren;
• Überwachungsfrequenz, Überwachungsfokus, den Ausgangszustand/-wert
  und das Ausgangsjahr/den Ausgangszeitraum sowie den Bezugszeitraum;
• Herkunft der Kennzahlen (Primärdaten, Sekundärdaten, modellierte Daten,
  Expertenbeurteilungen oder eine Mischung); die Anwendungsanforderungen bieten eine Definition der Kategorien der jeweiligen Datenquellen
  (ESRS E4.AR30);
• welche Maßnahmen mithilfe der Kennzahlen gemessen und überwacht
  werden und wie diese Maßnahmen und Kennzahlen sich auf die Erreichung
  der gesetzten Ziele beziehen;
• ob die Kennzahlen verpflichtend (auf der Grundlage von Rechtsvorschriften)
  oder freiwillig implementiert wurden; sind sie verpflichtend, kann das Unternehmen eine Auflistung der einschlägigen Rechtsvorschriften in Erwägung ziehen; sind sie freiwillig, kann es auf alle verwendeten freiwilligen
  Standards oder Verfahren verweisen;
• ob die Kennzahlen auf den Erwartungen oder Empfehlungen einschlägiger
  und maßgeblicher nationaler, EU-weiter oder zwischenstaatlicher Leitlinien,
  Politiken, Rechtsvorschriften oder Vereinbarungen beruhen oder diesen
  entsprechen, wie z. B. der CBD oder dem IPBES.

Es ist gefordert, dass berichtspflichtige Unternehmen in der Auswahl der Kenn- **45**
zahlen überprüfbare und technisch und wissenschaftlich robuste Kennzahlen

berücksichtigen (ESRS E4.AR28). Dies beinhaltet auch die Berücksichtigung geeigneter geografischer Zeitskalen. Eine Offenlegung, wie die ausgewählten Kennzahlen den vorab aufgeführten Kriterien entsprechen, ist optional u. E. i. S. d. Transparenzgedankens zu empfehlen. Um sicherzustellen, dass die Kennzahl relevant ist, sollte ein klarer Zusammenhang zwischen dem Indikator und dem Zweck der Messung bestehen.[80] Unsicherheiten sollten so weit wie möglich reduziert werden. Die verwendeten Daten oder Mechanismen sollten von etablierten Organisationen unterstützt und im Lauf der Zeit aktualisiert werden. Bei Datenlücken können robuste modellierte Daten und Expertenurteile verwendet werden. Die Methodik muss jedoch hinreichend detailliert sein, um einen aussagekräftigen Vergleich der Auswirkungen und Minderungsmaßnahmen im Lauf der Zeit zu ermöglichen. Die Verfahren zur Informationserfassung und die Definitionen müssen systematisch angewendet werden. Dies ermöglicht eine aussagekräftige Überprüfung der Leistung des Unternehmens im Lauf der Zeit und erleichtert den internen Vergleich und den Vergleich mit anderen Unternehmen. Sofern eine Kennzahl mit einem Ziel übereinstimmt, muss die Ausgangsbasis für diese beiden übereinstimmen (ESRS E4.AR29). ESRS E4 hebt explizit hervor, dass der Biodiversitätsausgangswert ein wesentlicher Bestandteil des umfassenderen Prozesses zum Management der Biodiversität und der Ökosysteme ist. Eine solche Ausgangsbasis ist notwendig, um die Folgenabschätzung und die Managementplanung sowie die Überwachung und das adaptive Management zu informieren.

2.4.3 ESRS E4-6 – Erwartete finanzielle Effekte durch Auswirkungen, Risiken und Chancen im Zusammenhang mit biologischer Vielfalt und Ökosystemen

46 Bei den Angaben im Hinblick auf die voraussichtlichen finanziellen Effekte wesentlicher biodiversitäts- und ökosystembezogener Risiken und Chancen sind die Anforderungen gem. ESRS 2.48(d) zu berücksichtigen (ESRS E4.42 f.; → § 4 Rz 106). Darüber hinaus wird gefordert:

- dass die zu tätigenden Angaben eine Quantifizierung der erwarteten finanziellen Effekte in monetären Einheiten beinhalten; in der betragsmäßigen Angabe sind etwaige biodiversitäts- und ökosystembezogene Maßnahmen nicht zu berücksichtigen; sofern eine Quantifizierung nicht ohne unangemessene Kosten oder Aufwand möglich ist, sind qualitative Informationen bereitzustellen (ESRS E4.45(a));

---

[80] Der „Leitfaden 2023 – Schutz der biologischen Vielfalt im Rahmen von Umweltmanagementsystemen" der Bodenseestiftung bietet Beispiele für Aktionsfelder und zugehörige Kennzahlen für zahlreiche Unternehmensbereiche und -aktivitäten. Weitere Kennzahlen liefert auch das Rahmenwerk der TNFD; bei diesen werden bspw. die Verbindungen zu den Zielen des globalen Biodiversitätsrahmens aufgezeigt.

- eine Quantifizierung der finanziellen Effekte wesentlicher Chancen ist nicht erforderlich, sofern diese zu einer Offenlegung führen würde, die nicht den qualitativen Merkmalen von Informationen entspricht (siehe ESRS 1, App. C „Qualitative Merkmale von Informationen" und → §3 Rz 18–41);
- die Quantifizierung der erwarteten finanziellen Effekte in monetären Einheiten kann in Form eines Einzelbetrags oder einer Spanne erfolgen (ESRS E4.45(a), ESRS E4.AR40);
- die Angabe einer Beschreibung der betrachteten Effekte, der damit verbundenen Auswirkungen und Abhängigkeiten, auf die sie sich beziehen, und der Zeithorizonte, in denen sie wahrscheinlich eintreten werden (ESRS E4.45(b));
- die Angabe kritischer Annahmen, die zur Quantifizierung der erwarteten finanziellen Effekte verwendet werden, sowie die Quellen und der Grad der Unsicherheit dieser Annahmen (ESRS E4.45(c)).

ESRS E4 schlägt zudem vor, eine Bewertung der kurz-, mittel- und langfristigen Risiken für entsprechende Produkte und Dienstleistungen vorzunehmen, die von wesentlichen biodiversitäts- und ökosystembezogenen Risiken und Chancen betroffen sind. Es wird vorgeschlagen, u. a. zu erläutern, wie diese definiert werden, wie die finanziellen Beträge geschätzt werden und welche kritischen Annahmen getroffen werden (ESRS E4.AR39). 47

3 Fazit

ESRS E4 umfasst Angabepflichten hinsichtlich biologischer Vielfalt und Öko- 48 systeme. In Übereinstimmung mit den anderen Umweltstandards sind Informationen zur Identifikation und zum Management der Auswirkungen, Risiken und Chancen sowie zu den Zielen und den korrespondierenden Kennzahlen zu geben. ESRS E4 berücksichtigt drei Ebenen:
1. die direkten Ursachen des Verlusts der biologischen Vielfalt,
2. Auswirkungen auf den Zustand der Arten und der Ökosysteme sowie
3. die Auswirkungen auf und Abhängigkeiten von Ökosystemdienstleistungen.

Insbes. durch die Betrachtung der fünf direkten Faktoren des Verlusts der biologischen Vielfalt (diese sind Klimawandel, Umweltverschmutzung, Landnutzungsänderungen, Süßwasser- und Meeresnutzungsänderung, Nutzung und Ausbeutung natürlicher Ressourcen sowie invasive gebietsfremde Arten) entstehen Überschneidungen mit den anderen vier Umweltstandards der ESRS. Zusammenfassend spiegelt der ESRS E4 die Komplexität und den Umfang der Thematik wider, da bspw. bis auf eine Kennzahl keine spezifischen Kennzahlen vorgegeben werden, sondern der ESRS E4 prinzipienbasiert ausgelegt ist, was die Anwendung gegenüber anderen Standards komplexer erscheinen lässt.

49　Die tatsächlich zu berichtenden Datenpunkte unterliegen der Wesentlichkeitsanalyse. Die biologische Vielfalt wird oft mit primären Sektoren wie der Land- und Forstwirtschaft in Verbindung gebracht. Allerdings zeigt die TNFD-Liste der Sektoren, denen Priorität eingeräumt wird, dass eine größere Zahl von Wirtschaftssektoren voraussichtlich zu dem Ergebnis kommt, die biologische Vielfalt und die Ökosysteme in ihre Berichterstattung einzubeziehen.[81]

> **Praxis-Hinweis**
>
> Diese Auflistung umfasst die folgenden Sektoren: Nahrungsmittel und Getränke (Herstellung und Einzelhandel), nachwachsende Rohstoffe und alternative Energien (Forstwirtschaft und Zellstoff- und Papierprodukte, Biokraftstoffe), Infrastruktur (Ingenieur- und Bauwesen), Versorgungsunternehmen (Wasserversorger und -verteiler, Stromversorger und -produktion), Rohstoffgewinnung und Mineralienverarbeitung (Baustoffe, Metall und Bergbau, Öl- und Gasexploration und -produktion), Gesundheitswesen (Biotechnologie und Pharmazeutika), Ressourcenumwandlung (Chemikalien), Konsumgüter (Bekleidung und Textilien), Transport (Marine).

50　Bereits vor der Umsetzung der CSRD haben Unternehmen, die nach der NFRD berichtspflichtig waren, Informationen zur biologischen Vielfalt in ihren Nichtfinanziellen Erklärungen veröffentlicht. Der in diesem Zusammenhang häufig verwendete Standard GRI 304 (2016)[82] beinhaltete jedoch nicht die Aspekte der direkten Faktoren des Biodiversitätsverlusts sowie die Berücksichtigung der Auswirkungen auf und Abhängigkeiten von Ökosystemleistungen, die nach ESRS E4 eingeführt werden. Der einzige derzeit verpflichtende und spezifische Kennzahlen, die Anzahl und Fläche der Standorte, die sich in oder in der Nähe von Gebieten mit schützenswerter Biodiversität befinden und negative Auswirkungen auf diese Gebiete haben, ist jedoch sehr ähnlich zu den bisher nach GRI 304 (2016) geforderten Angaben.

Angaben, die zugleich Nachhaltigkeitsindikatoren i.S.d. Offenlegungsverordnung darstellen und damit als Informationsgrundlage für die nachhaltigkeitsbezogene Berichterstattung von Finanzmarktteilnehmern dienen, sind von besonderer Relevanz. Dabei handelt es sich zum einen um Angaben in der Ermittlung und Bewertung wesentlicher negativer Auswirkungen (wie z.B. die Auflistung wesentlicher Standorte mit negativen Auswirkungen auf biodiversitätssensible Gebiete, negative Auswirkungen auf Landdegradation, Wüstenbildung, Bodenversiegelung und auf gefährdete Arten) sowie um Angaben zu Konzepten und Praktiken zum Schutz und zur Erhaltung der biologischen

---

81　TNFD, https://framework.tnfd.global/introduction-to-the-framework/tnfd-methodologies/approach-to-additional-sector-and-biome-guidance/, Abruf 1.8.2024.

82　GRI 304: Biodiversität 2016.

Vielfalt und der Ökosysteme (wie nachhaltige Landwirtschaft, Ozeane und Meere, Einschränkung der Entwaldung).

ESRS E4 lässt derzeit noch einige Auslegungsfragen offen. ESRS E4 i. d. F. vom 9.8.2024 bezieht sich jedoch auf einige hilfreiche Leitlinien und andere EU-Vorschriften, die eine Orientierung zur Erfüllung der Berichtsanforderungen bieten. Zusätzlich verwendet ESRS E4 Konzepte aus dem TNFD-Rahmenwerk, welches detaillierte Umsetzungshilfen zur Verfügung stellt. Für die weitere Entwicklung des ESRS E4 wäre es erstrebenswert, der biologischen Vielfalt und den Ökosystemen einen ähnlichen Stellenwert wie dem Klimawandel (ESRS E1) beizumessen, indem eine verpflichtende Offenlegung des Transitionsplans wie in ESRS E1 hinzugefügt wird, da ESRS E4 derzeit nur die verpflichtende Offenlegung der Resilienzanalyse enthält.

51

Literaturtipps

- BBOP, Biodiversity Offset Design Handbook, 2012, www.forest-trends.org/wp-content/uploads/imported/bbop-biodiversity-odh-final-with-updates-30-6-2012_final_v1-pdf.pdf, Abruf 1.8.2024
- CBD, Glossary of Terms, www.cbd.int/invasive/terms.shtml, Abruf 1.8.2024
- Díaz/Malhi, Biodiversity: Concepts, patterns, trends, and perspectives, Annual Review of Environment and Resources, 2022, S. 31 ff., https://doi.org/10.1146/annurev-environ-120120-054300, Abruf 1.8.2024
- EFRAG, Explanatory Note, 2022
- EFRAG, SRB Meeting v. 2.5.2024, Paper 04-01, Transition Plan Implementation Guidance – Cover note, www.efrag.org/system/files/sites/webpublishing/Meeting%20Documents/2311031459588347/04-01%20%20Cover%20Note%20Transition%20Plan%20IG%20%20SRB%20meeting%2002.05.2024.pdf, Abruf 1.8.2024
- GRI 304: Biodiversität 2016, https://globalreporting.org/pdf.ashx?id=15111&page=1, Abruf 1.8.2024
- Gullison et al., Good Practices for the Collection of Biodiversity Baseline Data, 2015
- IEEP, Guidance on achieving no net loss or net gain of biodiversity and ecosystem services, 2020
- IPBES, Global assessment report on biodiversity and ecosystem services of the Intergovernmental Science-Policy Platform on Biodiversity and Ecosystem Services, 2019, https://zenodo.org/record/6417333, Abruf 1.8.2024
- IUCN, IUCN Global Ecosystem Typology 2.0, Descriptive profiles for biomes and ecosystem functional groups, 2020
- Keith et al., A function-based typology for Earth's ecosystems, Nature 2022, Heft 7932, S. 513 ff., https://doi.org/10.1038/s41586-022-05318-4, Abruf 1.8.2024

- TNFD, Glossary, https://tnfd.global/publication/glossary/, Abruf 1.8.2024
- TNFD, The TNFD Nature-related Risk and Opportunity Management and Disclosure Framework, Beta v0.3, 2022, https://tnfd.global/wp-content/uploads/2023/07/TNFD_Management_and_Disclosure_Framework_v0-3_B-1.pdf?v=1690527797, Abruf 1.8.2024
- Winn/Pogutz, Business, ecosystems, and biodiversity, Organization & Environment 2013, S. 203 ff., https://doi.org/10.1177/1086026613490173, Abruf 1.8.2024
- World Resources Institute, Millennium Ecosystem Assessment, Ecosystems and Human Well-being: Biodiversity Synthesis, 2005, https://wedocs.unep.org/handle/20.500.11822/8755, Abruf 1.8.2024

§ 10   ESRS E5 – Ressourcennutzung und Kreislaufwirtschaft

Vorbemerkung

Die Kommentierung bezieht sich auf ESRS E5 gem. Berichtigung der Delegierten Verordnung (EU) 2023/2772 v. 31.7.2023, ABl. EU L v. 9.8.2024. Sie wurde umfassend an die überarbeitete Übersetzung der ESRS vom 9.8.2024 angepasst. Punktuelle Ergänzungen betreffen die Berücksichtigung der EFRAG Q&A (Rz 7) und zwei delegierter Verordnungen zur EU-Taxonomie (Rz 18). Darüber hinaus wurde die Kommentierung insbes. durch Praxis-Beispiele erweitert (Rz 43, 56f., 84, 90) und eine Tabelle mit beispielhaften Risiken und Chancen ergänzt (Rz 132).

1 Grundlagen

1.1 Zielsetzung und Inhalt

1 ESRS E5 adressiert i. R. d. Umweltstandards die Teilbereiche Ressourcennutzung und Kreislaufwirtschaft und insbes. den Übergang hin zum Verzicht auf die Gewinnung nicht erneuerbarer Ressourcen und die Anwendung von Verfahren zur Vermeidung des Abfallaufkommens, einschl. der durch Abfälle verursachten Umweltverschmutzung (ESRS E2.7(d), ESRS E4.5(d)). Daraus kann abgeleitet werden, dass sich der Begriff „Ressourcennutzung" insbes. auf die Nutzung nicht erneuerbarer Ressourcen bezieht. „Kreislaufwirtschaft" wird in Anhang II[1] und auch in ESRS E5.3 als Wirtschaftssystem definiert, „bei dem der Wert von Produkten, Materialien und anderen Ressourcen in der Wirtschaft so lange wie möglich erhalten bleibt". Diese Definition ist an die korrespondierende Definition aus der Taxonomie-VO (Art. 2 Nr. 9[2]) angelehnt. Durch Verbesserung der effizienten Nutzung von Produkten, Materialien und anderen Ressourcen in der Produktion und im Verbrauch sowie durch die Anwendung der Abfallhierarchie werden die Auswirkungen ihrer Nutzung auf die Umwelt reduziert und das Abfallaufkommen sowie die Freisetzung gefährlicher Stoffe in allen Phasen ihres Lebenszyklus minimiert. Der Begriff „Abfallhierarchie" wiederum wird im Glossar definiert als Rangfolge bei der Abfallvermeidung und Abfallbewirtschaftung: (a) Vermeidung, (b) Vorbereitung zur Wiederverwendung, (c) Recycling, (d) sonstige Verwertung (z. B. energetische Verwertung) und (e) Beseitigung. Diese Definition entspricht der in § 6 KrWG geregelten Abfallhierarchie.[3]

2 **Ziel** des Standards ist es, die Offenlegungsanforderungen der CSRD so zu spezifizieren, dass die Nutzer von Nachhaltigkeitserklärungen die folgenden Aspekte verstehen können (ESRS E5.1):
a) die wesentlichen positiven und negativen tatsächlichen oder potenziellen Auswirkungen des Unternehmens, einschl. der Ressourceneffizienz, der Vermeidung der Erschöpfung nicht erneuerbarer Ressourcen und der nachhaltigen Beschaffung und Nutzung erneuerbarer Ressourcen;
b) alle Maßnahmen und die Ergebnisse dieser Maßnahmen zur Verhinderung oder Abmilderung tatsächlicher und potenzieller negativer Auswirkungen im Zusammenhang mit Ressourcennutzung, einschl. Maßnahmen zur Entkopplung des Wirtschaftswachstums von der Verwendung von Materialien und zum Umgang mit Risiken und Chancen;

---

[1] Berichtigung der Delegierten Verordnung (EU) 2023/2772 v. 31.7.2023, ABl. EU L v. 9.8.2024, Anhang II, Tab. 2, S. 263.
[2] Verordnung (EU) 2020/852, ABl. EU v. 22.6.2020, L 198/26.
[3] Berichtigung der Delegierten Verordnung (EU) 2023/2772 v. 31.7.2023, ABl. EU L v. 9.8.20243, Anhang II, Tab. 2, S. 283.

c) die Pläne und Kapazitäten des Unternehmens zur Anpassung seiner Strategie und seines Geschäftsmodells an die Grundsätze der Kreislaufwirtschaft, u. a. in Bezug auf die Minimierung von Abfällen, die Erhaltung des höchstmöglichen Werts von Produkten, Materialien und anderen Ressourcen und die Verbesserung ihrer effizienten Nutzung bei Produktion und Verbrauch;

d) Art, Typ und Umfang der wesentlichen Risiken und Chancen des Unternehmens, die mit seinen Auswirkungen und Abhängigkeiten in Bezug auf Ressourcennutzung und Kreislaufwirtschaft verbunden sind, sowie die Art und Weise, wie das Unternehmen damit umgeht;

e) die finanziellen Effekte der wesentlichen Risiken und Chancen, die sich kurz-, mittel- und langfristig aus den Auswirkungen und Abhängigkeiten des Unternehmens in Bezug auf Ressourcennutzung und Kreislaufwirtschaft ergeben.

Die in ESRS E5.1 formulierte Zielsetzung soll mithilfe der im Standard enthaltenen Angabepflichten erreicht werden. Neben dem allgemeinen Verweis auf ESRS 2, Kap. 4 „Management der Auswirkungen, Risiken und Chancen" (ESRS E5.10) werden zwei Gruppen von Angabepflichten unterschieden, einerseits „Management der Auswirkungen, Risiken und Chancen" und andererseits „Kennzahlen und Ziele".   **3**

- Der Bereich **„Management der Auswirkungen, Risiken und Chancen"** umfasst drei Angabepflichten: ESRS 2 IRO-1 „Beschreibung der Verfahren zur Ermittlung und Bewertung der wesentlichen Auswirkungen, Risiken und Chancen im Zusammenhang mit Ressourcennutzung und Kreislaufwirtschaft" (ESRS E5.11), ESRS E5-1 „Konzepte im Zusammenhang mit Ressourcennutzung und Kreislaufwirtschaft" (ESRS E5.12–16) sowie ESRS E5-2 „Maßnahmen und Mittel im Zusammenhang mit Ressourcennutzung und Kreislaufwirtschaft" (ESRS E5.17–20).

- **„Kennzahlen und Ziele"** werden in vier Angabepflichten untergliedert: ESRS E5-3 „Ziele im Zusammenhang mit Ressourcennutzung und Kreislaufwirtschaft" (ESRS E5.21–27), ESRS E5-4 „Ressourcenzuflüsse" (ESRS E5.28–32), ESRS E5-5 „Ressourcenabflüsse" (ESRS E5.33–40) und ESRS E5-6 „Erwartete finanzielle Effekte durch wesentliche Risiken und Chancen im Zusammenhang mit Ressourcennutzung und Kreislaufwirtschaft" (ESRS E5.41–43).

Die Offenlegungsanforderungen werden insbes. in Bezug auf Ressourcenzuflüsse, Ressourcenabflüsse und Abfälle festgelegt (ESRS E5.2). Die Angaben zu Ressourcenzuflüssen umfassen auch Informationen zur Kreislauffähigkeit von wesentlichen Ressourcenzuflüssen unter Berücksichtigung erneuerbarer und nicht erneuerbarer Ressourcen, die Angaben zu Ressourcenabflüssen auch Informationen zu Produkten und Materialien.   **4**

5 Durch die Ermittlung der physischen Ströme der vom Unternehmen verwendeten Ressourcen, Materialien und Produkte – auf Basis der Offenlegungsanforderungen ESRS E5-4 (Ressourcenzuflüsse) und ESRS E5-5 (Ressourcenabflüsse) – soll der Übergang von einem „Business-as-usual-Szenario" zu einem Kreislaufwirtschaftssystem bewertet werden (ESRS E5.5). Als „Business-as-usual-Szenario" wird eine Wirtschaft verstanden, in der endliche Ressourcen abgebaut werden, um Produkte herzustellen, die verwendet und dann weggeworfen werden („lineare Produktion" bzw. „take-make-waste"). Ziel der Kreislaufwirtschaft ist dagegen, den Wert der technischen und biologischen Ressourcen, Produkte und Materialien zu maximieren und zu erhalten. Wenn der Übergang gelingt, wird zukünftig die Kreislaufwirtschaft und nicht mehr die lineare Produktion das relevante und als „usual" anzusehende Wirtschaftssystem darstellen.

6 Da die Ressourcennutzung ein wichtiger Faktor für Umweltauswirkungen ist (z. B. Klimawandel oder Umweltverschmutzung) und die Kreislaufwirtschaft vielfältige Vorteile für die Umwelt hat (z. B. Verringerung des Material- und Energieverbrauchs und der Emissionen in die Luft), bestehen **Wechselwirkungen** zu allen anderen Umweltstandards (ESRS E5.6), d. h. zu ESRS E1 „Klimawandel" (→ § 6), ESRS E2 „Umweltverschmutzung" (→ § 7), ESRS E3 „Wasser- und Meeresressourcen" (→ § 8) sowie ESRS E4 „Biologische Vielfalt und Ökosysteme" (→ § 9). Während in ESRS E5 insbes. Angaben zu Ressourcenzu- und -abflüssen sowie Abfällen enthalten sind, werden in den anderen Umweltstandards weitere Umweltaspekte thematisiert, die für die Ressourcennutzung und die Kreislaufwirtschaft wichtig sein können, insbes. Treibhausgasemissionen und Energieressourcen (Energieverbrauch), Emissionen in das Wasser, in die Luft und in den Boden sowie der Umgang mit besorgniserregenden Stoffen (wie krebserzeugende, erbgutverändernde oder fortpflanzungsgefährdende Stoffe, z. B. Phthalate, sowie persistente, bioakkumulierbare oder toxische Stoffe, z. B. Hexabromcyclododecan[4]), Wasserressourcen (Wasserverbrauch) und Meeresressourcen sowie Ökosysteme, Arten und Rohstoffe (ESRS E5.7).

7 In ESRS E5.9 wird, wie in allen themenspezifischen Standards, gefordert, dass dieser Standard i. V. m. ESRS 1 „Allgemeine Anforderungen" und ESRS 2 „Allgemeine Angaben" gelesen werden soll. Eine Konkretisierung, worauf sich diese Formulierung bezieht, unterbleibt. Die Regelung ist so zu interpretieren, dass die themenspezifischen Standards nur unter Berücksichtigung der grundlegenden Berichtsanforderungen von ESRS 1 und ESRS 2 angewendet werden können, z. B. bezogen auf die grundlegenden (Relevanz, wahrheitsgetreue Darstellung) und verbessernden (Vergleichbarkeit, Überprüfbarkeit, Verständlichkeit) qualitativen Anforderungen (ESRS 1.19; → § 3 Rz 18 ff.), die Festlegung

---

[4] Vgl. Art. 57 Verordnung (EG) 1907/2006, ABl. EU v. 29.5.2007, L 136/3 ff.

der Wesentlichkeit (ESRS 1.21; → § 3 Rz 43 ff.) oder die Darstellung der Informationen über Nachhaltigkeitsaspekte (ESRS 1.110; → § 3 Rz 150 ff.). Zu ESRS 2 wird neben dem allgemeinen Bezug eine explizite Verbindung hergestellt. Die Offenlegungsanforderungen ESRS 2 IRO-1 „Beschreibung der Verfahren zur Ermittlung und Bewertung der wesentlichen Auswirkungen, Risiken und Chancen" (→ § 4 Rz 110 ff.) sind Bestandteil des ESRS E5 (ESRS E5.10) und unabhängig vom Ergebnis der Wesentlichkeitsanalyse zu tätigen.[5] Eine weitere Verbindung besteht zu ESRS S3 (→ § 14), in dem Angabepflichten zu „betroffenen Gemeinschaften" (*affected communities*") geregelt sind, da sich im Zusammenhang mit der Ressourcennutzung und Kreislaufwirtschaft Auswirkungen auf Menschen und Gemeinschaften ergeben (ESRS E5.8).

ESRS E5 stützt sich auf einschlägige Rechtsrahmen und Strategien der EU, insbes. den EU-Aktionsplan für die Kreislaufwirtschaft, die Abfallrahmenrichtlinie und die EU-Industriestrategie (ESRS E5.4). Der Aktionsplan enthält verschiedene miteinander verknüpfte Initiativen, die (1) einen starken und kohärenten Rahmen für die Produktpolitik, durch den nachhaltige Produkte, Dienstleistungen und Geschäftsmodelle zur Norm werden, schaffen sollen und (2) die Verbrauchsmuster so verändern sollen, dass von vornherein kein Abfall erzeugt wird.[6] Die Abfallrahmenrichtlinie setzt an den Abfällen an und legt Maßnahmen zum Schutz der Umwelt und der menschlichen Gesundheit fest, „indem die schädlichen Auswirkungen der Erzeugung und Bewirtschaftung von Abfällen vermieden oder verringert, die Gesamtauswirkungen der Ressourcennutzung reduziert und die Effizienz der Ressourcennutzung verbessert werden"[7]. Die EU-Industriestrategie wurde im Mai 2021 aktualisiert, um die notwendigen politischen Weichen für Resilienz- und Wiederaufbaumaßnahmen der europäischen Wirtschaft nach der COVID-19-Krise zu legen sowie den Wandel zu einer nachhaltigeren und digitalen Wirtschaft voranzutreiben.[8] In den genannten Dokumenten werden somit allgemeine **Leitlinien** vorgegeben, nicht aber konkrete Offenlegungsanforderungen. Das in ESRS E5.3 formulierte Ziel der Kreislaufwirtschaft – das Erreichen eines Systems, das Haltbarkeit, optimale Nutzung oder Wiederverwertung, Aufarbeitung, Wiederaufbereitung, Recycling und Nährstoffkreislauf ermöglicht – steht im Einklang mit diesen EU-Rechtsrahmen und -Strategien.

8

---

5   Die verpflichtende Offenlegung auf Ebene der themenspezifischen Standards – auch dann, wenn die themenspezifischen Angaben als nicht wesentlich identifiziert wurden – ergeben sich aus den Erläuterungen der EFRAG i. R. v. EFRAG, ESRS Q&A Platform, Compilation of Explanations, Januar–Juli 2024.
6   Vgl. EU-Kommission, Aktionsplan für die Kreislaufwirtschaft, 2020, S. 3.
7   Art. 1 RL 2008/98/EG, ABl. EU v. 22.11.2008, L 312/8.
8   Vgl. EU-Kommission, Europäische Industriestrategie, 2021, S. 1.

1.2 Abzudeckende Themen

9 Anlage A von ESRS 1 (→ § 3 Rz 67) enthält Nachhaltigkeitsaspekte, die i.R.d. **Wesentlichkeitsanalyse** eines berichtspflichtigen Unternehmens mind. zu würdigen sind. Bezogen auf ESRS E5 wird nur ein Thema (Kreislaufwirtschaft) mit drei Unterthemen (Ressourcenzuflüsse einschl. Ressourcennutzung, Ressourcenabflüsse im Zusammenhang mit Produkten und Dienstleistungen sowie Abfälle) aufgeführt. Durch die Angabe der Ressourcenzuflüsse durch gekaufte Produkte (einschl. Verpackungen), Materialien, Wasser und Sachanlagen soll ein Verständnis der Ressourcennutzung i.R.d. Geschäftstätigkeit des Unternehmens und innerhalb der vorgelagerten Wertschöpfungskette vermittelt werden (Rz 75 ff.). Die Angaben zu Ressourcenabflüssen beziehen sich einerseits auf die Produkte und Materialien aus dem Produktionsverfahren des Unternehmens (Rz 102 ff.) und andererseits auf Abfälle (Rz 112 ff.). Diesen drei Nachhaltigkeitsaspekten kommt somit eine herausragende Bedeutung zu. Wird ein Aspekt als wesentlich eingestuft, legt das Unternehmen die Informationen offen, die bezogen auf diesen Aspekt in ESRS E5 gefordert werden (ESRS 1.AR16; → § 3 Rz 67). Kommt das Unternehmen zu dem Schluss, dass Angaben nicht wesentlich sind, so dass keine Berichterstattung erfolgt, kann („*may*") es die Schlussfolgerungen seiner Wesentlichkeitsbewertung vorlegen (ESRS 2.58; → § 4 Rz 123). Eine explizite Verpflichtung für alle Nachhaltigkeitsaspekte, nicht nur für den Klimawandel (ESRS 2.57; → § 4 Rz 123), wäre für die Adressaten wünschenswert. Bezogen auf das Thema Kreislaufwirtschaft dürfte nur im Ausnahmefall Unwesentlichkeit vorliegen, da bei Ressourcenzuflüssen, Ressourcenabflüssen und Abfällen entweder die Wesentlichkeit der Auswirkungen oder die finanzielle Wesentlichkeit wahrscheinlich ist. Dies gilt insbes. für das produzierende Gewerbe, aber auch für den Dienstleistungssektor (z.B. Handelsbetriebe, Verkehrsbetriebe).

10 ESRS E5 beinhaltet in Abhängigkeit vom Ergebnis der Wesentlichkeitsanalyse sieben **Angabepflichten:**
1. Beschreibung des Verfahrens zur Ermittlung und Bewertung der wesentlichen Auswirkungen, Risiken und Chancen im Zusammenhang mit Ressourcennutzung und Kreislaufwirtschaft in Bezug auf ESRS 2 IRO-1;
2. Konzepte im Zusammenhang mit Ressourcennutzung und Kreislaufwirtschaft (ESRS E5-1);
3. Maßnahmen und Mittel im Zusammenhang mit Ressourcennutzung und Kreislaufwirtschaft (ESRS E5-2);
4. Ziele im Zusammenhang mit Ressourcennutzung und Kreislaufwirtschaft (ESRS E5-3);
5. Ressourcenzuflüsse (ESRS E5-4);
6. Ressourcenabflüsse (ESRS E5-5);
7. erwartete finanzielle Effekte durch wesentliche Risiken und Chancen im Zusammenhang mit Ressourcennutzung und Kreislaufwirtschaft (ESRS E5-6).

Ziel der Offenlegungsanforderung in Bezug auf ESRS 2 IRO-1 ist es, ein   **11**
Verständnis für das Verfahren zu schaffen, mit dem das Unternehmen Auswirkungen, Risiken und Chancen (*„impacts, risks and opportunities"*, IRO)
ermittelt und deren Wesentlichkeit bewertet (ESRS 2.52; → § 4 Rz 110 ff.).

Auch die in ESRS E5-1 und ESRS E5-2 geregelten Angabepflichten beziehen   **12**
sich auf das Management der Auswirkungen, Risiken und Chancen (IRO).
ESRS E5-1 (Rz 21 ff.) betrifft die Offenlegung der Konzepte, die das Unternehmen für das Management seiner wesentlichen Auswirkungen, Risiken und
Chancen im Zusammenhang mit Ressourcennutzung und Kreislaufwirtschaft
einsetzt (ESRS E5.12). Das Unternehmen soll zeigen, dass es in Übereinstimmung mit ESRS 2 MDR-P (→ § 4 Rz 130 ff.) über Konzepte verfügt, die sich
mit der Ermittlung, der Bewertung, dem Management und/oder der Verbesserung seiner wesentlichen Auswirkungen, Risiken und Chancen in Bezug auf
Ressourcennutzung und Kreislaufwirtschaft befassen (ESRS E5.13). Die Maßnahmen zur Ressourcennutzung und zur Kreislaufwirtschaft sowie die für ihre
Umsetzung bereitgestellten Mittel sind Inhalt von ESRS E5-2 (Rz 41 ff.). Ziel ist
es, ein Verständnis der wichtigsten ergriffenen oder geplanten Maßnahmen zur
Erreichung der Vorgaben und Ziele der Konzepte im Zusammenhang mit
Ressourcennutzung und Kreislaufwirtschaft zu vermitteln (ESRS E5.18). Diese
Unterteilung entspricht strukturell der Gliederung der übrigen ESRS zu Um-
weltbelangen.

Kennzahlen und Ziele sind Inhalt der Offenlegungspflichten gem. ESRS E5-3   **13**
bis E5-6. Zunächst soll das Unternehmen seine festgelegten Ziele verdeutlichen
(ESRS E5-3; Rz 53 ff.), die es zur Unterstützung seiner Konzepte im Zusam-
menhang mit Ressourcennutzung und Kreislaufwirtschaft sowie zum Umgang
mit seinen wesentlichen Auswirkungen, Risiken und Chancen verfolgt
(ESRS E5.22). Des Weiteren soll durch die Angaben zu Ressourcenzuflüssen
(ESRS E5-4; Rz 75 ff.) ein Verständnis der Ressourcennutzung i. R. d. eigenen
Geschäftätigkeit und innerhalb der vorgelagerten Wertschöpfungskette des
Unternehmens ermöglicht werden (ESRS E5.29). Die Angaben zu Ressourcenabflüssen (ESRS E5-5; Rz 99 ff.) sollen u. a. zeigen, wie das Unternehmen zur
Kreislaufwirtschaft beiträgt und welche Strategie es zur Abfallverringerung und
-bewirtschaftung verfolgt (ESRS E5.34). Mit den Offenlegungsanforderungen
nach ESRS E5-6 (Rz 124 ff.) soll, in Ergänzung zu ESRS 2.48(a) (→ § 4 Rz 104),
ein Verständnis für die erwarteten finanziellen Effekte durch wesentliche Risiken und Chancen aufgrund von wesentlichen Auswirkungen und Abhängigkeiten im Zusammenhang mit Ressourcennutzung und Kreislaufwirtschaft
vermittelt werden (ESRS E5.42).

14 Die in Abhängigkeit vom Ergebnis der Wesentlichkeitsanalyse offenzulegenden Angaben gehen weit über die bisher üblichen Angaben hinaus, so dass sich gravierende Auswirkungen auf die Unternehmen ergeben können, nicht nur auf diejenigen, die erst auf Basis der CSRD einer Berichtspflicht unterliegen, sondern auch auf diejenigen, die bereits bislang zur Abgabe einer „Nichtfinanziellen Erklärung" verpflichtet sind. Die **GRI** bspw., die insbes. von vielen kapitalmarktorientierten Unternehmen freiwillig zur Erstellung der „Nichtfinanziellen Erklärung" herangezogen werden,[9] enthalten keinen spezifischen Standard zur Kreislaufwirtschaft. Es gibt nur einzelne Angaben, die Bezüge zur Ressourcennutzung und Kreislaufwirtschaft aufweisen.[10] Dazu gehören z. B. die Pflichtangaben des „GRI 301: Materialien": Gesamtgewicht oder -volumen der Materialien, die zur Herstellung und Verpackung der wichtigsten Produkte und Dienstleistungen der Organisation während des Berichtszeitraums verwendet wurden, getrennt nach eingesetzten nicht erneuerbaren und erneuerbaren Materialien (GRI 301-1), Prozentsatz der rezyklierten Ausgangsstoffe, die zur Herstellung der wichtigsten Produkte und Dienstleistungen der Organisation verwendet wurden (GRI 301-2), Prozentsatz der wiederverwerteten Produkte und ihrer Verpackungsmaterialien für jede Produktkategorie (GRI 301-3). Gem. „GRI 306: Abwasser und Abfall" sind relativ umfangreiche Angaben zu Abfällen zu geben, u. a. zur Abwassereinleitung nach Qualität und Einleitungsort (GRI 306-1) sowie zum Abfall nach Art und Entsorgungsmethode (GRI 306-2). Die aktuellen Vorschriften des ESRS E5 gehen über diese Angaben hinaus, bspw. durch die Erläuterung finanzieller Auswirkungen.

15 Der Umfang der Berichtspflicht hängt aber vom Ergebnis der Wesentlichkeitsanalyse ab, da in der EU-Konsultationsfassung der ESRS vom Juni 2023, im Gegensatz zu den EFRAG-Fassungen vom November 2022, alle Offenlegungsanforderungen nur dann bestehen, wenn die Angaben als wesentlich eingestuft werden. Da die Wesentlichkeitsanalyse zahlreiche Ermessensspielräume bietet (→ § 3 Rz 61 ff.), könnte das Unternehmen diese verwenden, um Angaben zu vermeiden. Dies würde die angestrebte Vergleichbarkeit der Nachhaltigkeitsberichte beeinträchtigen. Die Unternehmen können sich aber auch durch eine umfassende und aussagefähige Nachhaltigkeitsberichterstattung profilieren wollen. Welche Tendenz überwiegen wird, ist offen.

1.3   Datenpunkte aus anderen EU-Rechtsakten

16 Es gibt Datenpunkte in den ESRS, die sich aus anderen EU-Rechtsvorschriften ableiten, bspw. aus SFDR, Säule 3, Benchmark-VO und EU-Klimagesetz. Demzufolge sind diese Datenpunkte bereits nach anderen EU-Rechtsvorschrif-

---

9   Vgl. BDO AG/Kirchhoff Consult AG (Hrsg.), Nachhaltigkeit im Wandel, 2022, S. 6.
10 Vgl. Warnke/Müller, IRZ 2022, S. 352.

ten offenlegungspflichtig und werden über die Nennung in den ESRS systematisch in die Nachhaltigkeitsberichterstattung eingebunden.[11] Bezogen auf ESRS E5 sind dies nur zwei Referenzen, die in ESRS 2, App. B genannt werden. Diese beziehen sich auf die SFDR (Tab. 1):

Angabepflicht und zugehöriger Datenpunkt	SFDR-Referenz	Säule-3-Referenz	Referenz der Benchmark-VO	EU-Klimagesetz-Referenz
ESRS E5-5 Nicht recycelte Abfälle (ESRS E5.37(d); Rz 117f.)	Indikator Nr. 13 Anhang 1 Tab. 2			
ESRS E5-5 Gefährliche und radioaktive Abfälle (ESRS E5.39; Rz 121)	Indikator Nr. 9 Anhang 1 Tab. 1			

Tab. 1: Datenpunkte in ESRS E5 aus anderen EU-Rechtsvorschriften (ESRS 2, App. B)

Die angeführten Datenpunkte beinhalten die Gesamtmenge und den prozentualen Anteil nicht recycelter Abfälle (ESRS E5.37(d)) sowie die Gesamtmenge der im Unternehmen anfallenden gefährlichen und radioaktiven Abfälle (ESRS E5.39). Gem. SFDR sind der Anteil nicht verwerteter Abfälle bzw. der Anteil gefährlicher und radioaktiver Abfälle wie folgt anzugeben: Tonnen nicht verwerteter bzw. gefährlicher radioaktiver Abfälle, die von den Unternehmen, in die investiert wird, pro investierte Mio. EUR erzeugt werden, ausgedrückt als gewichteter Durchschnitt. 17

Unabhängig von dieser expliziten Bezugnahme auf die SFDR gibt es weitere EU-Rechtsakte, die die Kreislaufwirtschaft zum Inhalt haben. So veröffentlichte die EU am 21.11.2023 zwei Delegierte Verordnungen: 18
• (EU) 2023/2485 zur Änderung der Delegierten Verordnung (EU) 2021/2139 durch Festlegung zusätzlicher technischer Bewertungskriterien, anhand derer bestimmt wird, unter welchen Bedingungen davon auszugehen ist, dass bestimmte Wirtschaftstätigkeiten einen wesentlichen Beitrag zum Klimaschutz oder zur Anpassung an den Klimawandel leisten, und anhand derer

---

[11] Weiterführend zur Konsistenz des Normenrahmens für Sustainable Finance in der EU Baumüller/Sopp, PiR 2023, S. 261 f.

bestimmt wird, ob diese Tätigkeiten erhebliche Beeinträchtigungen eines der übrigen Umweltziele vermeiden, sowie

- (EU) 2023/2486 zur Ergänzung der Verordnung (EU) 2020/852 des Europäischen Parlaments und des Rates durch Festlegung der technischen Bewertungskriterien, anhand derer bestimmt wird, unter welchen Bedingungen davon auszugehen ist, dass eine Wirtschaftstätigkeit einen wesentlichen Beitrag zur nachhaltigen Nutzung und zum Schutz von Wasser- und Meeresressourcen, zum Übergang zu einer Kreislaufwirtschaft, zur Vermeidung und Verminderung der Umweltverschmutzung oder zum Schutz und zur Wiederherstellung der Biodiversität und der Ökosysteme leistet, und anhand derer bestimmt wird, ob diese Wirtschaftstätigkeit erhebliche Beeinträchtigungen eines der übrigen Umweltziele vermeidet, und zur Änderung der Delegierten Verordnung (EU) 2021/2178 der Kommission in Bezug auf besondere Offenlegungspflichten für diese Wirtschaftstätigkeiten.

Angabepflichten ergeben sich daraus nicht, es sind nur Konkretisierungen für die Anwendung der Taxonomie-VO.[12]

1.4 *Phase-in*-Regelungen

19   ESRS 1, App. C (→ § 3 Rz 184) enthält eine Liste der schrittweisen Angabepflichten oder Angabepflichten in den ESRS, die im ersten Jahr/den ersten Jahren der Erstellung der Nachhaltigkeitserklärung nach den ESRS ausgelassen werden können oder nicht anwendbar sind (ESRS 1.137). Erleichterungen bestehen für ESRS E5-6 „Erwartete finanzielle Effekte im Zusammenhang mit die Ressourcennutzung und die Kreislaufwirtschaft betreffenden Risiken und Chancen". Das Unternehmen kann die in ESRS E5-6 vorgeschriebenen Angaben im ersten Jahr der Erstellung seiner Nachhaltigkeitserklärung auslassen. In den ersten drei Jahren reichen qualitative Angaben zur Erfüllung der Angabepflichten aus. Aufgrund des engen Zeitplans für die Umsetzung der Regelungen ist dies eine wesentliche Erleichterung für die Unternehmen, da oftmals die entsprechenden Instrumente zur Messung der finanziellen Effekte erst noch implementiert werden müssen.

20   Erleichterungen für Unternehmen bzw. Konzerne mit einer Arbeitnehmerzahl von durchschnittlich unter 750, die bspw. für bestimmte Angaben in ESRS E1 und ESRS E4 vorgesehen sind, gibt es für ESRS E5 nicht. Auch wenn die Grenze von 750 Arbeitnehmern willkürlich ist, wären Erleichterungen (→ § 3 Rz 185) für kleinere Unternehmen wünschenswert. Anwendbar sind für bestimmte Unternehmen nur die gestaffelten Erstanwendungsregelungen für den Nachhaltigkeitsbericht gem. Art. 5 CSRD.

---

[12] Vgl. Art. 13 Abs. 2 Taxonomie-VO, ABl. EU v. 22.6.2020, L 198/33.

2 Angabepflichten

2.1 ESRS 2 – Allgemeine Angaben

Gem. ESRS E5.11 müssen die Unternehmen, i. V. m. ESRS 2 IRO-1, das Ver- 　21
fahren zur Ermittlung und Bewertung wesentlicher Auswirkungen, Risiken
und Chancen im Zusammenhang mit Ressourcennutzung und Kreislaufwirtschaft beschreiben, insbes. hinsichtlich der Ressourcenzuflüsse, Ressourcenabflüsse und Abfälle. Folgende Informationen sind zu geben:
a) ob das Unternehmen seine Vermögenswerte und Geschäftstätigkeiten überprüft hat, um seine tatsächlichen und potenziellen Auswirkungen, Risiken
   und Chancen im Rahmen seiner eigenen Tätigkeiten und innerhalb seiner
   vor- und nachgelagerten Wertschöpfungskette zu ermitteln, und – wenn ja –
   welche Methoden, Annahmen und Instrumente der Überprüfung zugrunde
   gelegt wurden;
b) ob und wie das Unternehmen Konsultationen, insbes. mit den betroffenen
   Gemeinschaften (*affected communities*; → § 14 Rz 1), durchgeführt hat.

Zur Identifizierung der „wesentlichen" Auswirkungen, Abhängigkeiten, Risi- 　22
ken und Chancen muss das Unternehmen die Wesentlichkeit der Ressourcennutzung und Kreislaufwirtschaft im Rahmen seiner eigenen Tätigkeiten und
innerhalb seiner vor- und nachgelagerten Wertschöpfungskette (Rz 24) bewerten (ESRS E5.AR1). ESRS E5.AR3 schreibt vor, dass die Bestimmungen des
ESRS 2 IRO-1 „Beschreibung der Verfahren zur Ermittlung und Bewertung der
wesentlichen Auswirkungen, Risiken und Chancen im Zusammenhang mit
Ressourcennutzung und Kreislaufwirtschaft" (→ § 4 Rz 110 ff.) sowie ESRS 2
IRO-2 „In ESRS enthaltene von der Nachhaltigkeitserklärung des Unternehmens abgedeckte Angabepflichten" (→ § 4 Rz 117 ff.) heranzuziehen sind.

In die Bewertung der Wesentlichkeit der Ressourcennutzung und Kreislauf- 　23
wirtschaft sind die Unterthemen Ressourcenzuflüsse (einschl. der Kreislauffähigkeit von Materialzuflüssen, unter Berücksichtigung der Optimierung der
Ressourcennutzung, der Intensität von Materialien und Produkten sowie erneuerbarer und nicht erneuerbarer Ressourcen), Ressourcenabflüsse im Zusammenhang mit Produkten und Dienstleistungen sowie Abfälle (einschl. der
Bewirtschaftung gefährlicher und nicht gefährlicher Abfälle) einzubeziehen
(ESRS E5.AR4).

Die Wesentlichkeitsanalyse bezieht sich nicht nur auf das eigene Unternehmen, 　24
sondern auch auf die vor- sowie nachgelagerte Wertschöpfungskette. Somit
stellt sich die Frage, wie weit die Analyse auszudehnen ist. Der Begriff „Wertschöpfungskette" („*value chain*") wird im Glossar erläutert und sehr umfassend
abgegrenzt. Die **Wertschöpfungskette** wird definiert als das „gesamte Spektrum der Tätigkeiten, Ressourcen und Beziehungen im Zusammenhang mit dem
Geschäftsmodell des Unternehmens und dem externen Umfeld, in dem es tätig

ist". Damit umfasst sie „die Tätigkeiten, Ressourcen und Beziehungen, die das Unternehmen nutzt und auf die es angewiesen ist, um seine Produkte oder Dienstleistungen von der Konzeption über die Lieferung und den Verbrauch bis zum Ende der Lebensdauer zu gestalten."[13] Als einschlägige Tätigkeiten, Ressourcen und Beziehungen werden genannt: diejenigen i. R. d. eigenen Geschäftstätigkeit (z. B. Personalwesen), diejenigen entlang seiner Liefer-, Vermarktungs- und Vertriebskanäle (z. b. Beschaffung von Materialien und Dienstleistungen sowie Verkauf und Lieferung von Produkten und Dienstleistungen) sowie das finanzielle, geografische, geopolitische und regulatorische Umfeld, in dem das Unternehmen tätig ist. Durch diese Beschreibung werden z. B. nicht nur Lieferanten des Unternehmens erfasst, sondern auch deren Lieferanten, so dass sich die Frage stellt, wo die Grenze zu ziehen ist. Gem. ESRS 1.63 sollen alle **wesentlichen** Informationen zur Wertschöpfungskette einbezogen werden (→ § 3 Rz 123). Damit hat das Unternehmen einen gewissen Ermessensspielraum. Dieser schränkt zwar ggf. die Vergleichbarkeit von Nachhaltigkeitserklärungen ein, ist aber aus Unternehmenssicht zu begrüßen, um den Aufwand bei der Datengenerierung zu begrenzen. Bereits auf Ebene von Lieferanten dürfte es oftmals problematisch sein, die erforderlichen Daten zu gewinnen. Auch wenn ein Lieferant eine Nachhaltigkeitserklärung veröffentlicht, was nicht zwingend der Fall sein muss, bewertet er die Umweltaspekte aus seiner Sicht i. d. R. auf aggregierter Ebene. Daten für einzelne Produkte, die das betrachtete Unternehmen als Rohstoffe bei sich einsetzt, dürften die Ausnahme sein. Sollten Angaben vorliegen, kann das Unternehmen nicht mit Hinweis auf eine Verschwiegenheitsverpflichtung auf eine Veröffentlichung verzichten, da die ESRS keine allgemeine Schutzklausel beinhalten (→ § 3 Rz 181).

25 Bei der Wesentlichkeitsbewertung werden vier Phasen unterschieden, auch als **LEAP-Ansatz** bezeichnet (ESRS E5.AR1):
a) Phase 1 – *„Locate"*: Feststellung des Orts, an dem sich im eigenen Betrieb und innerhalb der vor- und nachgelagerten Wertschöpfungskette die Schnittstelle zur Natur befindet;
b) Phase 2 – *„Evaluate"*: Bewertung der Abhängigkeiten und Auswirkungen;
c) Phase 3 – *„Assess"*: Bewertung der wesentlichen Risiken und Chancen;
d) Phase 4 – *„Prepare"*: Erstellung und Übermittlung der Ergebnisse der Wesentlichkeitsanalyse.

26 Phase 1 und 2 beziehen sich hauptsächlich auf die Wesentlichkeitsanalysen, die unter ESRS E1 (einschl. Energieverbrauch), ESRS E2 (Umweltverschmutzung), ESRS E3 (Meeresressourcen, Wasserverbrauch) und ESRS E4 (biologische Vielfalt, Ökosysteme, Rohstoffe) durchgeführt wurden. Da das Ziel der

---

13 Berichtigung der Delegierten Verordnung (EU) 2023/2772 v. 31.7.2023, ABl. EU L v. 9.8.2024, Anhang II, Tab. 2, S. 283.

Kreislaufwirtschaft darin besteht, die Umweltauswirkungen aufgrund der Verwendung von Produkten, Materialien und anderen Ressourcen zu reduzieren, Abfälle und die Freisetzung gefährlicher Stoffe zu minimieren und somit die Auswirkungen auf die Natur zu verringern, ist ESRS E5 insbes. bei Phase 3 relevant (ESRS E5.AR2).

Die Bewertung der wesentlichen Risiken und Chancen in Phase 3 umfasst drei Bereiche (ESRS E5.AR5): **27**
a) Übergangsrisiken und -chancen;
b) physische Risiken;
c) Chancen.

Die **Übergangsrisiken und -chancen** sind i.R.d. eigenen Tätigkeiten und **28** innerhalb der vor- und nachgelagerten Wertschöpfungskette zu ermitteln. Dazu gehört auch das Risiko, in einem „Business-as-usual-Szenario" i.S.e. linearen Produktion zu verharren. Aufgeführt werden die Bereiche Politik und Recht, Technologie, Markt sowie Reputation (ESRS E5.AR5(a)).

• Als Beispiele für Risiken und Chancen aus der **Politik** und dem **Recht** werden ein Verbot der Gewinnung und Nutzung nicht erneuerbarer Ressourcen und Vorschriften für die Abfallbehandlung genannt.
• Die Markteinführung neuer Technologien, um die bisherige Verwendung von Produkten und Materialien zu ersetzen, stellt bspw. ein **Technologierisiko** dar.
• **Marktrisiken** bestehen z.B. in der Verschiebung von Angebot, Nachfrage und Finanzierung.
• Veränderungen in der Wahrnehmung durch die Gesellschaft, die Kunden oder Gemeinschaften prägen die **Reputation**.

In die **physischen Risiken** werden explizit die Risiken durch die Erschöpfung **29** von Beständen und der Nutzung von Primärrohstoffen und nicht erneuerbaren Primärrohstoffen sowie nicht erneuerbaren Rohstoffen einbezogen (ESRS E5.AR5(b)). Dazu gehören u.a. Risiken aufgrund eines sich verknappenden Angebots oder Risiken durch stark schwankende Preise.

Die **Chancen** werden gem. ESRS E5.AR5(c)) in fünf Kategorien eingeteilt: **30** Ressourceneffizienz, Märkte, Finanzierung, Resilienz und Reputation. Eine Reihe von Beispielen verdeutlicht, was darunter zu verstehen ist:
• Beispiele für die **Ressourceneffizienz** sind: Übergang zu effizienteren Dienstleistungen und Prozessen, die weniger Ressourcen erfordern, Ökodesign für Langlebigkeit, Reparatur, Wiederverwendung, Recycling, Nebenprodukte, Rücknahmesysteme, Entkopplung der Tätigkeit von der Materialgewinnung, Intensivierung der kreislauforientierten Materialnutzung, Schaffung eines Systems, das eine Entmaterialisierung ermöglicht, Verfahren, mit denen si-

chergestellt wird, dass Produkte und Materialien gesammelt, sortiert und wiederverwendet, repariert, aufbereitet und wiederaufgearbeitet werden.

- Zu den Chancen aus **Märkten** zählen: Nachfrage nach weniger ressourcenintensiven Produkten und Dienstleistungen und neue Verbrauchsmodelle wie Product-as-a-Service, Pay-per-Use, Sharing, Leasing.
- Die Kategorie **Finanzierung** umfasst bspw. den Zugang zu grünen Fonds, Anleihen und Darlehen.
- Die **Resilienz** wird u. a. durch Diversifizierung der Ressourcen und Geschäftstätigkeiten, Investitionen in grüne Infrastrukturen, Einführung von Recycling- und Kreislaufmechanismen, um die Abhängigkeiten zu reduzieren, sowie die Fähigkeit des Unternehmens, künftige Bestände und Ressourcenströme zu sichern, erhöht.
- Die bereits bei den Risiken genannte **Reputation** stellt gleichzeitig eine Chance dar.

31   In ESRS E5.AR6 werden zwei Verfahren genannt, die zur Bewertung der Auswirkungen, Risiken und Chancen bezogen auf die eigenen Tätigkeiten des Unternehmens sowie innerhalb seiner vor- und nachgelagerten Wertschöpfungskette herangezogen werden können. Dazu gehören die Empfehlung 2021/2279 der EU-Kommission zur Anwendung der Methoden für die Berechnung des Umweltfußabdrucks zur Messung und Offenlegung der Umweltleistung von Produkten und Organisationen innerhalb ihres Lebenszyklus[14] sowie die Materialflussanalyse (MFA) der Europäischen Umweltagentur.[15] Zur Identifizierung langfristiger Veränderungen des Makroumfelds, die Auswirkungen auf die Rahmenbedingungen des Unternehmens und dadurch auf die Produkte haben, können auch Instrumente des strategischen Controllings wie die STEP-Analyse oder die Trend-Einfluss-Matrix eingesetzt werden. Bei der STEP-Analyse bzw. in der umfassenderen Form der STEEPLED-Analyse werden verschiedene Einflussfaktoren auf das Unternehmen untersucht – soziale, technologische, ökonomische, ökologische, politische, rechtliche, ethische und demografische Einflussfaktoren. Die gewonnenen Erkenntnisse können mithilfe der Trend-Einfluss-Matrix im Hinblick auf die Bedeutung für das Unternehmen visualisiert werden.[16]

---

14   Vgl. EU-Kommission, Empfehlung 2021/2279, ABl. EU v. 23.5.2022, L 144/2 ff.; weiterführend Pandey/Agrawal/Pandey, Carbon footprint: current methods of estimation, Environmental Monitoring & Assessment, 2011.

15   Vgl. weiterführend Götze/Bierer/Sygulla, Die Flusskostenrechnung und ihre Integration in die traditionelle Kostenrechnung, in Seicht (Hrsg.), Jahrbuch für Controlling und Rechnungswesen 2013, 2013, S. 49 ff.; Europäische Umweltagentur, material flow analysis, www.eea.europa.eu/help/glossary/eea-glossary/material-flow-analysis, Abruf 1.8.2024, sowie zur Kombination beider Methoden Schmidt, Von der Material- und Energieflussanalyse zum Carbon Footprint – Anleihen aus der Kostenrechnung, Chemie Ingenieur Technik 2011, S. 1541 ff.

16   Vgl. Alter, Strategisches Controlling, 3. Aufl., 2019, S. 106 ff.

In Phase 4 werden schließlich die Ergebnisse der Wesentlichkeitsanalyse für die **32** Nutzer der Nachhaltigkeitsberichte bereitgestellt. Folgende Aspekte sind gem. ESRS E5.AR7 zu berücksichtigen:

a) Liste der Geschäftsbereiche, die mit wesentlichen Auswirkungen, Risiken und Chancen der Ressourcennutzung und Kreislaufwirtschaft zusammenhängen, i. V. m. den Produkten und Dienstleistungen des Unternehmens und den von ihm erzeugten Abfällen;

b) Liste und Priorisierung der vom Unternehmen verwendeten wesentlichen Ressourcen;

c) wesentliche Auswirkungen und Risiken des Verbleibs im „Business-as-usual-Szenario";

d) wesentliche Chancen im Zusammenhang mit der Kreislaufwirtschaft;

e) wesentliche Auswirkungen und Risiken des Übergangs zu einer Kreislaufwirtschaft;

f) Stufen der Wertschöpfungskette, auf die Ressourcennutzung, Risiken und negative Auswirkungen konzentriert sind.

2.2 Management der Auswirkungen, Risiken und Chancen

2.2.1 ESRS E5-1 – Konzepte im Zusammenhang mit Ressourcennutzung und Kreislaufwirtschaft

ESRS E5-1 behandelt Konzepte im Zusammenhang mit Ressourcennutzung **33** und Kreislaufwirtschaft. Die noch in der ursprünglichen deutschen Sprachfassung verwendete, irreführende Bezeichnung als „Strategien" wurde mit der Berichtigung der Delegierten Verordnung vom 9. August 2024 korrigiert. Damit korrespondiert die deutsche Sprachfassung mit der englischsprachigen Fassung, in welcher der Begriff „Policies" genutzt wird.

Mit der Beschreibung der Konzepte zum Management der Auswirkungen, **34** Risiken und Chancen im Zusammenhang mit der Ressourcennutzung und Kreislaufwirtschaft wird das **Ziel** verfolgt, dem Adressaten ein **breiteres Verständnis über die Ausgestaltung derartiger Konzepte im Unternehmenskontext zu vermitteln**. Nach ESRS E5.13 soll durch die Angaben dargelegt werden, wie wesentliche Auswirkungen, Risiken und Chancen jeweils identifiziert, beurteilt, gesteuert und ggf. – in Bezug auf Auswirkungen und Risiken – abgemildert werden. ESRS E5.15 verlangt im Besonderen Angaben, inwieweit die Konzepte auf Maßnahmen zur Abkehr von der Nutzung ursprünglicher Ressourcen, zur Ausweitung der Nutzung sekundärer, recycelter Ressourcen sowie zur nachhaltigen Gewinnung und Nutzung erneuerbarer Ressourcen eingehen.

Die Berichtsanforderung nach ESRS E5-1 knüpft an die **übergreifende Anfor-** **35** **derung** zur Berichterstattung über die Konzepte zum Management von Nachhaltigkeitsfaktoren in ESRS 2 MDR-P (→ § 4 Rz 130) an und soll diese in Bezug auf die Ressourcennutzung und Kreislaufwirtschaft umsetzen (ESRS E5.14). Sofern der Aspekt der Ressourcennutzung und Kreislaufwirtschaft aus Unternehmenssicht als wesentlich i. S. d. ESRS 1 beurteilt wird, ergeben sich folgende Angabepflichten:

a) Beschreibung der Kerninhalte der Konzepte, einschl. allgemeiner Ziele und auf welche wesentlichen Auswirkungen, Risiken und Chancen sich die Konzepte beziehen, sowie der Monitoring-Prozesse, mit deren Hilfe das Unternehmen die ordnungsgemäße Umsetzung der Konzepte überwacht;

b) Beschreibung des Anwendungskreises der Konzepte und möglicher Ausschlüsse in Bezug auf Geschäftsaktivitäten, die Wertschöpfungskette, geografische Aspekte und – soweit relevant – betroffene Stakeholder-Gruppen;

c) Angabe der höchsten Hierarchieebene im Unternehmen, die für die Umsetzung der Konzepte verantwortlich ist;

d) soweit relevant, ein Verweis auf externe Standards oder Initiativen, zu deren Einhaltung sich das Unternehmen durch Umsetzung der Konzepte verpflichtet hat;

e) soweit relevant, eine Beschreibung der Einbeziehung der Interessen wesentlicher Stakeholder bei Festlegung der Konzepte;

f) soweit relevant, ob und wie das Unternehmen die Konzepte potenziell betroffenen Stakeholdern, auch zum Zweck der eigenen Umsetzung, zur Verfügung stellt.

36   Aufgrund der starken inhaltlichen Anknüpfungen an ESRS 2 sowie die gleichgerichteten Angaben zu den anderen Umweltbelangen ermöglicht ESRS E5.AR8 **wahlweise** die **Integration der Angaben** zu Konzepten im Zusammenhang mit Ressourcennutzung und Kreislaufwirtschaft **in einen übergreifenden Abschnitt**, in dem die Konzepte in Bezug auf verschiedene Nachhaltigkeitsbelange zusammengefasst sind. Dies korrespondiert mit den GRI, die ebenfalls eine Integration der Angaben zu Konzepten über verschiedene Nachhaltigkeitsbelange in einem zentralen Abschnitt ermöglichen (siehe hierzu GRI 3-3[17]). Da sich zentrale Aussagen in den Konzepten i. d. R. auf mehrere oder alle Nachhaltigkeitsbelange beziehen (etwa zum Anwendungskreis der Konzepte und möglichen Ausschlüssen, zur verantwortlichen Managementebene, Referenzen zu externen Standards und Initiativen, zur Einbeziehung der Stakeholder bei Festlegung der Konzepte), kann sich die integrierte Darstellung anbieten.

37   Die Entscheidung für eine bestimmte Darstellungsvariante sollte immer einzelfallbezogen anhand der tatsächlichen internen Gestaltung der Konzepte zu Nachhaltigkeitsaspekten getroffen werden. Besteht intern bspw. ein separates

---

[17] GRI 3: Wesentliche Themen 2021.

Konzept zur Kreislaufwirtschaft, kann die Berichterstattung innerhalb der thematischen Angaben sinnvoll sein.

Die REWE Group beschreibt bei den themenbezogenen Angaben zur Kreislaufwirtschaft die bestehenden gruppeninternen Leitlinien zur Kreislaufwirtschaft sowie die separate Leitlinie für umweltfreundlichere Verpackungen wie folgt:

Praxis-Beispiel REWE Group[18]

„In ihrer Leitlinie für nachhaltiges Wirtschaften bekennt sich die REWE Group zu einer effizienten Nutzung der natürlichen Ressourcen Boden, Luft und Wasser sowie von Rohstoffen, Kraft- und Brennstoffen. Dafür optimiert die REWE Group relevante Ressourcenverbräuche in ihren Geschäftsprozessen und setzt produkt- oder rohstoffbezogene Maßnahmen um, die in vor- und nachgelagerten Stufen der Wertschöpfungskette ansetzen. Die REWE Group hat 2021 eine Strategie für Kreislaufwirtschaft in den Lieferketten der Eigenmarken verabschiedet, die bei REWE und PENNY in Deutschland und toom Baumarkt vertrieben werden. Die Strategie wurde in der Leitlinie Kreislaufwirtschaft dokumentiert und soll die Basis bieten, um Kreislaufwirtschaft schrittweise in der Wertschöpfungskette der Produkte zu verankern. Sie ergänzt damit die strategischen Grundsätze zur Kreislaufwirtschaft für den Bereich Verpackungen aus der Anfang 2023 aktualisierten Leitlinie für umweltfreundlichere Verpackungen um einen ganzheitlichen Ansatz für Produkte und ihre Wertschöpfungsketten. So können bestehende Aktivitäten und weitere potenzielle Kreislaufprojekte in einem strukturierten Rahmen zusammengefasst und kommuniziert werden."

In der Praxis findet sich zudem teilw. eine Anknüpfung der Berichterstattung zu Konzepten zur Nachhaltigkeit an die Ausführungen zur Wesentlichkeitsanalyse. Bezüge können sich etwa zwischen Risikoidentifikation und Wesentlichkeitsanalyse ergeben. So weisen das Committee of Sponsoring Organizations of the Treadway Commission (COSO) und das World Business Council for Sustainable Development (WBCSD) in der gemeinsamen Leitlinie zur Anwendung des *„Enterprise Risk Management"* im Kontext von ESG-Risiken darauf hin, dass die Ergebnisse aus der Wesentlichkeitsanalyse in die Identifikation ESG-bezogener Risiken einfließen sollen.[19] Dies betrifft die Erkenntnisse aus der Beurteilung der *financial materiality* (*outside-in*-Perspektive), die gerade die Identifikation von Nachhaltigkeitsfaktoren mit potenziell wesentlichem Ein-

38

---

18 Entnommen REWE Group, Nachhaltigkeitsbericht 2022, S. 283.
19 Vgl. COSO/WBCSD, Enterprise Risk Management, Applying enterprise risk management to environmental, social and governance-related risks, Oktober 2018.

fluss auf die Chancen und Risiken des Geschäftsverlaufs oder der finanziellen Situation des Unternehmens zum Gegenstand hat.

39 Die Anforderungen an die Berichterstattung zu Konzepten kann auf deren Ausgestaltung rückwirken. Deutlich wird dies durch ESRS E5.16, der nicht die Berichterstattung, sondern die Konzepte selbst in den Fokus stellt. Gefordert ist eine Abdeckung der wesentlichen Auswirkungen, Risiken und Chancen in Bezug auf die eigenen Geschäftsaktivitäten, aber auch jene der vor- und nachgelagerten Wertschöpfungskette.

Nach ESRS E5.AR9 soll der Prozess der Berichterstattung Unternehmen dazu veranlassen, die Vollständigkeit der Konzepte in Bezug auf die Abfallhierarchie („*waste hierarchy*") mit der Rangfolge (1) Vermeidung, (2) Vorbereitung zur Wiederverwendung, (3) Recycling, (4) anderweitige Verwertung (etwa bei Energie) und (5) Beseitigung zu prüfen. Damit nicht genug: Unternehmen sollen die Abfallvermeidung oder Abfallreduktion (durch Mehrfachnutzung, Reparatur, Sanierung, Wiederaufbereitung, Wiederverwertung) gegenüber Maßnahmen des Recyclings priorisieren. Hierbei sollen („*should*") die Konzepte des Ökodesigns („*eco-design*"; siehe ausführlicher Rz 108), des Abfalls als Ressource („*waste as a resource*") und der Verbraucherabfälle („*post-consumer waste*") Berücksichtigung finden. Die Berichtsanforderungen gehen damit eindeutig über die reine Berichterstattung hinaus und wirken verhaltenssteuernd. Unternehmen sind demnach angehalten, ihre Strategien und Maßnahmen im Umgang mit Abfall zu überprüfen und ggf. anzupassen.

40 Nur als Wahlrecht formuliert („*may*") ist die Anforderung nach ESRS E5.AR10. Unternehmen können sich demnach bei der Ausgestaltung der Konzepte am Kategorisierungssystem zur Kreislaufwirtschaft der EU-Kommission orientieren.[20]

2.2.2 ESRS E5-2 – Maßnahmen und Mittel im Zusammenhang mit Ressourcennutzung und Kreislaufwirtschaft

41 ESRS E5-2 betrifft die Berichterstattung zu Maßnahmen zur Ressourcennutzung und Kreislaufwirtschaft und die internen Ressourcen (in der deutschen Sprachfassung untechnisch als „Mittel" bezeichnet), die für die Umsetzung dieser Maßnahmen eingesetzt werden. Hierdurch sollen die bereits eingeleiteten sowie die geplanten Maßnahmen zur Erreichung der internen Vorgaben und Zielsetzungen erkennbar werden.

---

[20] Siehe für dessen Darstellung EU-Kommission, Categorisation system for the circular economy, 2020.

Bei der Berichterstattung ist gem. ESRS E5.19 **den in ESRS 2 MDR-A defi-** 42
nierten Prinzipien zu folgen. ESRS 2.68 formuliert die Offenlegung der folgenden Angaben zu eingeleiteten und geplanten Maßnahmen:
a) eine Übersicht der wesentlichen, in der Berichtsperiode umgesetzten sowie für die Zukunft geplanten Maßnahmen, deren erwartete Wirkung und, soweit relevant, wie deren Umsetzung zum Erreichen der Vorgaben und Ziele beiträgt;
b) den Gegenstand der wesentlichen Maßnahmen, z.B. in Bezug auf den Umfang der Maßnahmen, betroffene Regionen in der Wertschöpfungskette und, soweit relevant, betroffene Stakeholder-Gruppen;
c) die zeitliche Dimension, in der die einzelnen wesentlichen Maßnahmen umgesetzt werden sollen;
d) soweit relevant, wesentliche Maßnahmen und deren Ergebnisse, die der Abmilderung von wesentlichen negativen Auswirkungen der Geschäftsaktivitäten dienen;
e) soweit relevant, quantitative und qualitative Angaben zum Fortschritt der geplanten Maßnahmen sowie der Maßnahmenpläne vorangehender Perioden.

SAP stellt im integrierten Bericht der Jahre 2022 und 2023 in tabellarischer Form 43
die eingeleiteten Maßnahmen und Initiativen zur Vermeidung von Restmüll im eigenen Geschäftsbetrieb dar. Die Übersicht enthält sowohl umgesetzte als auch geplante Maßnahmen. Die Maßnahmen sind drei Oberkategorien zugeordnet. Allerdings wirkt die Darstellung eher wie eine Zusammenstellung verschiedener Einzelmaßnahmen denn als zielgerichtete Umsetzung einer übergreifenden Strategie.

Praxis-Beispiel SAP – Darstellung der Maßnahmen zur Ressourcennutzung und Kreislaufwirtschaft[21]		
Eingeleitete Maßnahmen und Initiativen		
	2023	2022
Vermeidung von Einwegplastik	• Basierend auf den drei Grundsätzen „Abfallvermeidung, Wiederverwendung von Gegenständen und Recycling von Materialien" haben	• Basierend auf den drei Grundsätzen „Abfallvermeidung, Wiederverwendung von Gegenständen und Recycling von Materialien" haben

---

[21] Entnommen SAP SE, Integrierter Bericht 2023, S. 311 und Integrierter Bericht 2022, S. 325.

Eingeleitete Maßnahmen und Initiativen	
2023	**2022**
wir weiterhin mit Lieferanten, Dienstleistern, Partnern, dem internen globalen Netzwerk aus Sustainability Champions und anderen Stakeholdern zusammengearbeitet, um Einwegplastikartikel wie Flaschen, Becher, Rührstäbchen, Strohhalme, Besteck und Lebensmittelverpackungen zu vermeiden. Zum Beispiel haben wir in Barcelona Mitarbeitenden Wasserfilter für ihren Privathaushalt zur Verfügung gestellt und dadurch dazu beigetragen, dass sie weniger Plastikflaschen verbrauchen.	wir weiterhin mit Lieferanten, Dienstleistern, Partnern, dem internen globalen Netzwerk aus Sustainability Champions und anderen Stakeholdern zusammengearbeitet, um Einwegplastikartikel wie Flaschen, Becher, Rührstäbchen, Strohhalme, Besteck und Lebensmittelverpackungen zu vermeiden. • Wir konnten die Plastikverpackungen in unseren Cafeterien (in Buenos Aires, Argentinien; Santiago, Chile; Bogotá, Kolumbien, und Lima, Peru) reduzieren. • Wir haben ein digitales System für Mehrwegverpackungen beim Abholen und Liefern von Lebensmitteln und Fertiggerichten eingeführt, das in allen SAP-Kantinen in Deutschland zur Verfügung steht. • In unserer Firmenzentrale in Walldorf, Deutschland, haben wir einen dritten einwegplastikfreien Kiosk eröffnet.

Eingeleitete Maßnahmen und Initiativen		
	2023	2022
Verbesserung der Abfalltrennung und Reduzierung von Restmüll	• Unsere Initiative für Abfalltrennung haben wir weiter fortgesetzt und hierbei über 55 weitere Mülltrennungssysteme in den flexiblen Arbeitsbereichen in Walldorf und St. Leon-Rot installiert. • Büromöbel und -ausstattung wurden nach der Räumung von Arbeitsplätzen und Etagen an mehreren Standorten wiederverwendet. • Das globale Druckvolumen blieb auf niedrigem Niveau: 12,5 Millionen Seiten (Anstieg um 18 % gegenüber 2022; Rückgang um 74 % gegenüber 2019). • Dank der in ausgewählten deutschen Kantinen eingeführten App „Too Good to Go" konnten Mitarbeitende übrig gebliebene Mittagessen gegen eine geringe Gebühr kaufen, um der Lebensmittelverschwendung entgegenzuwirken. 2023 wurde so verhindert, dass 3.122 Mahlzeiten weggeworfen wurden. • Mithilfe eines Waste-to-Energy-Verfahrens (WtE) in unserer Firmenzentrale wird aus organi-	• In ausgewählten Kantinen in Deutschland haben wir die App „Too Good to Go" eingeführt. Mitarbeitende können gegen eine geringe Gebühr übrig gebliebene Mittagessen der Kantinen kaufen, um zu verhindern, dass Lebensmittel weggeworfen werden. • In São Leopoldo und São Paulo in Brasilien sowie in Colorado Springs in den USA haben wir eine Waage installiert, um Restmüll und recyclingfähigen Abfall zu wiegen. Dadurch wird ein systematischer Prozess zur Datenerfassung und zum Umgang mit Abfällen ermöglicht. • Büromöbel und -ausstattung wurden wiederverwendet, nachdem Arbeitsplätze und Etagen geräumt worden waren (Bellevue, Washington, USA; Walldorf). • Über 180 Mülltrennungssysteme wurden am SAP-Hauptsitz in Walldorf eingeführt. • Unser globales Druckvolumen bleibt auf niedrigem Niveau:

Eingeleitete Maßnahmen und Initiativen		
	2023	**2022**
	schen Abfällen Biogas gewonnen. • In Budapest (Ungarn) wurde eine intelligente Indoor-Kompostieranlage installiert und in Bangalore (Indien) ein Biokonverter, um die in den Büros entstandenen organischen Abfälle zu verarbeiten.	10,6 Millionen Seiten (Anstieg um 9 % gegenüber 2021; Rückgang um 78 % gegenüber 2019). • Wir arbeiten auch an einem Abfallentsorgungsplan, der uns dabei helfen soll, in Bezug auf Elektro- und Elektronikgeräte eine maximale Wiederverwendung bis zum Ende ihrer Lebensdauer sicherzustellen.
Bewertung unserer Lieferanten und Partner	2023 führten wir bei ausgewählten wichtigen vorgelagerten Lieferanten und nachgelagerten Partnern eine Bewertung für das Geräte-Lebenszyklusmanagement durch, inwieweit sie die Vorgaben zur Behandlung von E-Waste einhalten: • Vorgelagerte Lieferanten: 56 % der Server und Datenspeicherprodukte erfüllen bereits die Ökodesign-Anforderungen und Sonderabfallvorschriften. • Nachgelagerte Partner: 94 % der Server und Datenspeicherprodukte werden einer Vorbereitung zur Wiederverwendung, zur Verwertung	2022 führten wir bei ausgewählten wichtigen vorgelagerten Lieferanten und nachgelagerten Partnern für das Lebenszyklusmanagement von IT-Geräten eine Einschätzung mit folgendem Ziel durch: • Vorgelagert: Wir wollen prüfen, ob Server und Datenspeicherprodukte Ökodesign-Anforderungen und Sonderabfallvorschriften erfüllen. • Nachgelagert: Wir wollen beurteilen, ob Server und Datenspeicherprodukte einer Vorbereitung zur Wiederverwendung, zur Verwertung oder Recycling oder einer ordnungsgemäßen Behand-

Eingeleitete Maßnahmen und Initiativen		
	oder zum Recycling oder einer ordnungsgemäßen Behandlung unterzogen, einschließlich der Entfernung aller Flüssigkeiten und einer selektiven Behandlung. Mit den Ergebnissen der jährlichen Bewertungen unserer Angaben in Bezug auf die EU-Taxonomie möchten wir auch diejenigen Lieferanten, die die Vorschriften noch nicht erfüllen, dafür sensibilisieren, ihre Produkte und Services entsprechend den Vorgaben der EU-Taxonomie weiterzuentwickeln.	lung unterzogen werden, einschließlich der Entfernung aller Flüssigkeiten und einer selektiven Behandlung. Das Ergebnis und eine Analyse der Ergebnisse werden für 2023 erwartet.

Nach ESRS E5.18 sollen die Angaben ein tieferes Verständnis der ergriffenen oder geplanten Maßnahmen zur Erreichung der in den Konzepten zur Ressourcennutzung und Kreislaufwirtschaft formulierten Vorgaben („*objectives*") und konkreten Ziele („*targets*") fördern. Hierfür sollte die Beziehung zu den spezifischen Nachhaltigkeitszielen des Unternehmens klar zum Ausdruck gebracht werden. Am Beispiel der SAP SE wäre es z. B. empfehlenswert, die Konzepte, Zielsetzungen und Maßnahmen auch in einen zeitlichen Zusammenhang zu stellen. 44

Siemens berichtet im Nachhaltigkeitsbericht 2022 zu den einzelnen Umweltzielen jeweils die Zielsetzungen gem. den internen Konzepten, die quantitativen *targets* sowie die eingeleiteten und ggf. geplanten Maßnahmen. Die Darstellung in themenbezogenen Boxen bietet einen schnellen und aussagekräftigen Einblick in Maßnahmen und Zielsetzungen:

Praxis-Beispiel Siemens – Verknüpfung der Berichterstattung zu Maßnahmen, *policies* und *targets*[22]

„Fortschritt DEGREE Resource efficiency #8: Reduktion des Deponieabfalls um 50 % bis 2025

Bei Deponieabfällen handelt es sich um die Abfallart mit den größten Umweltauswirkungen. Daher wollen wir unsere Deponieabfälle sowohl bei den gefährlichen als auch den nicht gefährlichen Abfällen bis zum Geschäftsjahr 2025 im Vergleich zum Geschäftsjahr 2021 um 50 % reduzieren und haben diese Ambitionen sowohl in unser DEGREE-Rahmenwerk als auch in das Eco Efficiency @ Siemens Programm aufgenommen. Mithilfe von weltweiten Workshops wurden Verbesserungsmaßnahmen unseres Abfallmanagements entwickelt und umgesetzt. Im Vergleich zum Basisjahr 2021 konnten wir unsere Deponieabfälle um 12,4 % verringern."

Fortschritt		
GJ 21: 0 %	– 12 %	50 % bis 2025
		~ 100 % bis 2030

---

45   Neben den Angaben nach ESRS E5.19 i. V. m. ESRS 2 MDR-A, die bei positiver Wesentlichkeitsbeurteilung grds. bindend sind, sieht ESRS E5.20 weitere Angaben vor, die als **Wahlrecht** (*„may"*) gestaltet sind. Demnach könnte die Berichterstattung auch darauf eingehen, ob und inwieweit bei der Umsetzung und Planung von Maßnahmen und der Allokation interner Ressourcen folgende Aspekte Berücksichtigung finden:

a) die **Erzielung höherer Ressourceneffizienzen** bei der Nutzung technischer und biologischer Materialien sowie von Wasser, v. a. hinsichtlich kritischer Rohstoffe und Seltener Erden gem. dem *Raw Materials Information System* (RMIS) der EU-Kommission[23] (Rz 82);

b) die **umfassendere Nutzung von Sekundärrohstoffen** (Rezyklaten);

c) die Umsetzung eines **Konzepts des Circular Designs** (Kreislaufwirtschaft 2.0);

d) die Umsetzung **zirkulärer Geschäftspraktiken**, z. B.

    • Maßnahmen zur Werterhaltung (Wartung, Reparatur, Sanierung, Wiederaufbereitung, Rückgewinnung von Produkten, Komponenten und Materialien durch Aufbereitung zur Wiederverwendung und Recycling (*„component harvesting"*), Upgrading und Rückführungslogistik, geschlossene Kreislaufsysteme, Gebrauchtwarenhandel);

---

[22]   Entnommen Siemens SE, Nachhaltigkeitsbericht 2022, S. 76.
[23]   EU-Kommission, RMIS – Raw Materials Information System, https://rmis.jrc.ec.europa.eu/, Abruf 1.8.2024.

- Maßnahmen zur Nutzungsmaximierung (Produkt-Service-Systeme, die zur Abdeckung der Verbrauchernachfrage auf Dienstleistungen anstatt Produkte setzen; kollaborative und Sharing-Economy-Geschäftsmodelle);
- End-of-Life-Maßnahmen (Recycling, Upcycling, erweiterte Herstellerverantwortung);
- Systemeffizienzmaßnahmen (Industriesymbiose-Programme), durch die der Abfall oder sonstige Abfallprodukte der Organisation (z. B. Nebenprodukte aus der Produktion) zu Ausgangsstoffen für eine andere Organisation werden;

e) Maßnahmen zur **Abfallvermeidung** in der **vor- und nachgelagerten Wertschöpfungskette**;

f) **Optimierung des Abfallmanagements** im Einklang mit der Abfallhierarchie.

Ein Ziel von Siemens besteht in der Entkopplung von natürlichen Ressourcen durch verstärkten Einkauf von Sekundärmaterialien für Metalle und Kunststoffe. Im Nachhaltigkeitsbericht 2022 wird diese Maßnahme beschrieben; zudem werden die Anteile der Sekundärmaterialien an allen genutzten Materialien angegeben. Soweit konkrete Ziele in den internen Konzepten verankert sind, wäre auch eine Darstellung der Zeitleiste zur Erreichung dieser Ziele und des aktuellen Zielerreichungsgrads zweckmäßig.

46

Praxis-Beispiel Siemens – Nutzung von Sekundärrohstoffen[24]

„Fortschritt DEGREE Resource efficiency #7: Entkoppelung von natürlichen Ressourcen durch verstärkten Einkauf von Sekundärmaterialien für Metalle und Kunststoffe

Wir wollen den Einkauf von recycelten Materialen – sogenannten Sekundärmaterialien – für Metalle und Kunststoffe verstärken und das Prinzip der Kreislaufwirtschaft umsetzen. Im Geschäftsjahr 2022 haben wir zur Herstellung unserer Produkte 34 % der Metalle, deren Hauptmasse sich fast ausschließlich aus Eisen, Kupfer und Aluminium zusammensetzt, aus recycelten Quellen eingekauft. Der Anteil ergibt sich aus dem gewichteten Mittel von Sekundärmaterialanteilen der drei genannten Metalle auf der Basis von regionalen beziehungsweise globalen Durchschnittswerten, die auf Literaturwerten und Lieferantenangaben beruhen. Im letzten Jahr waren es 38 %. Der Rückgang der Sekundärmaterialanteile für Metalle ist überwiegend auf eine Verschiebung des Verhältnisses der Volumina der verschiedenen eingekauften Metalle zueinander zurückzuführen. Darüber hinaus haben wir im Geschäftsjahr 2022 erneut weniger als 1 % der Kunststoffe zur Herstellung unserer Produkte aus recycelten Quellen bezogen. Wir arbeiten weiter daran, an den sich noch etablierenden Recyclingketten für technische Kunst-

---

[24] Entnommen Siemens SE, Nachhaltigkeitsbericht 2022, S. 82.

stoffe zu partizipieren und Produktspezifikationen sowie Materialstandards in diesem Zusammenhang weiterzuentwickeln. "

Fortschritt	
	Metalle 34 %
	Kunststoffe < 1 %

47   **Praxis-Beispiel Lufthansa – Maßnahmen der Abfallvermeidung[25]**

Die Lufthansa Group berichtet in ihrer Nichtfinanziellen Erklärung im Geschäftsbericht für das Jahr 2022 über die Einführung einer gruppenweiten Richtlinie zum Umgang mit Bordabfällen für alle Passagier-Airlines der Gruppe. Die Richtlinie gilt für alle Kategorien von Bordabfällen und basiert auf deren systematischer Reduktion in hierarchischer Abfolge nach den Grundsätzen *„reduce – reuse – recycle – recover – replace"*. Die einzelnen Maßnahmen entlang dieser fünf Grundsätze werden erläutert, etwa die Umstellung auf *„on-demand-services"* und Entfernung von Einwegverpackungen, Rührstäbchen und Strohhalmen (*„reduce"*), die Wiederverwendung unbenutzter Bestecksets (*„reuse"*), die Umsetzung eines „Closed-Loop"-Recyclingkonzepts für PET-Flaschen (*„recycling"*), die Verwertung genutzter Plastikbecher zu synthetischem Rohöl (*„recover"*) oder die Umstellung von Plastikverpackungen auf Papieralternativen (*„replace"*).

48   Die Umsetzung von Maßnahmen der Kreislaufwirtschaft erfordert häufig ein abgestimmtes, gemeinsames Handeln verschiedener Parteien. Dies umfasst die in Rz 47 genannten Industriesymbiose-Programme, aber z. B. auch Maßnahmen in der vor- und nachgelagerten Wertschöpfungskette zur Abfallvermeidung. Unternehmen, die sich in derartigen **kooperativen Systemen** i. S. d. Kreislaufwirtschaft und Abfallvermeidung engagieren, können über diese gemeinschaftlichen Programme berichten (ESRS E5.AR11). Die Berichterstattung kann nach ESRS E5.AR12 insbes. folgende Aspekte behandeln:

a) den Beitrag des Programms zur Kreislaufwirtschaft, einschl. smarter Müllsammelsysteme;

b) eine Beschreibung der anderen in das Programm einbezogenen Stakeholder;

c) eine Beschreibung der Organisation der gemeinschaftlichen Maßnahmen, einschl. des Beitrags des berichterstattenden Unternehmens und der Rolle der einzelnen Stakeholder.

---

[25] Siehe Lufthansa Group, Geschäftsbericht 2022, S. 110 ff.

> **Praxis-Beispiel Puma – kooperative Systeme zur Abfallvermeidung[26]**
>
> Die Puma SE berichtet im Geschäftsbericht 2023 über Produktrücknahmeprogramme, die in Kooperation mit unterschiedlichen Partnern weltweit umgesetzt werden. Verschiedene gemeinnützige Organisationen unterstützen bei der Sammlung genutzter Sportbekleidung und deren Wiederverwendung für gemeinnützige Zwecke.

49

Die Angaben nach ESRS E5.19f. decken sich überwiegend mit den Angaben nach GRI 306-2[27] zum Management erheblicher abfallbezogener Auswirkungen. Allerdings sind die Angaben nach GRI 306-2 teilw. spezifischer und klarer strukturiert. So werden Maßnahmen zur Kreislaufwirtschaft und Abfallvermeidung differenziert in **rein unternehmensbezogene Maßnahmen zu verwendeten Ressourcen** („Auswahlmöglichkeiten der Ausgangsstoffe und das Produktdesign"), **Maßnahmen am Ende der Lebensdauer** der Produkte („Interventionen am Ende der Lebensdauer") sowie in **Maßnahmen, die sich in Kooperation mit der Wertschöpfungskette** und durch **innovative Geschäftsmodelle umsetzen** lassen.

50

Tab. 2 kategorisiert die Maßnahmen gem. ESRS E5.20 entsprechend der in GRI 306-2 genannten Gruppen und nennt jeweils Beispiele:

51

---

[26] Siehe Puma SE, Geschäftsbericht 2023, S. 169f.
[27] GRI 306: Abfall 2020.

Kategorie nach GRI 306-2	Maßnahmen gem. ESRS E5.20	Beispiele
Ressourceneinsatz und Produktdesign	Maßnahmen zur Erzielung höherer Ressourceneffizienzen bei Nutzung technischer und biologischer Materialien sowie von Wasser	• Durch den Austausch eines Materials durch ein anderes Material wird die Lebensdauer des Produkts verlängert. • Durch ein neues Produktionsverfahren kann der produktionsbezogene Wasserverbrauch signifikant reduziert werden. • Durch Verwendung einzeln demontier- und ersetzbarer Produktkomponenten wird die Reparaturfähigkeit des Produkts erhöht.
	Maßnahmen zur umfassenderen Nutzung von Sekundärrohstoffen (Rezyklaten)	• Verpackungen werden nicht aus Kunststoffen, sondern aus nachwachsenden Rohstoffen hergestellt. • Der Anteil recycelter Kunststoffe bei der Herstellung von Getränkeflaschen wird erhöht.
Maßnahmen am Ende der Lebensdauer	End-of-Life-Maßnahme	• Initiativen zur Altgeräterücknahme. • Einrichtung und Verbesserung von Einrichtungen zur Abfallbehandlung, einschl. Einrichtungen zur Sammlung und Sortierung von Abfall. • Über den gesetzlichen Gewährleistungszeitraum hinaus werden Herstellergewährleistungen angeboten.

Kategorie nach GRI 306-2	Maßnahmen gem. ESRS E5.20	Beispiele
Zirkuläre Geschäftsmodelle	Maßnahmen zur Werterhaltung	• Die Geschäftstätigkeit des Unternehmens besteht in der Reparatur von Elektrogeräten. • Demontage von Altgeräten und Aufbereitung der Komponenten zur Wiederverwendung. • Kauf und Verkauf von Gebrauchsgegenständen.
	Umsetzung eines Konzepts des Circular Designs	• Möbelstücke werden aus gebrauchten Materialen hergestellt und die Einzelteile sind nach Ende des Lebenszyklus wieder zur Fertigung neuer Möbelstücke nutzbar.
	Maßnahmen zur Nutzungsmaximierung	• I. R. e. *pay-per-use*-Systems können die Nutzung eines Produkts erhöht und dadurch Ressourcen geschont werden.
Kooperative Maßnahmen	Industriesymbiose-Programme	• Bei Herstellung von Verpackungen werden Abfallprodukte der Landwirtschaft genutzt.
	Maßnahmen zur Abfallvermeidung in der vor- und nachgelagerten Wertschöpfungskette	• Festlegung von Richtlinien für die Beschaffung von Lieferanten, die bestimmte Kriterien zur Abfallvermeidung und Abfallbehandlung erfüllen. • Dialog mit Verbrauchern zur Sensibilisierung für nachhaltiges Konsumverhalten.

Tab. 2: Maßnahmen gem. ESRS E5.20 und zugehörige Praxis-Beispiele

52   Maßnahmen zum Umgang mit **Ressourcen mit gefährlichen Eigenschaften,** etwa der Austausch derartiger Ausgangsstoffe durch ungefährliche Ausgangsstoffe (GRI 306-2), finden sich **nicht in ESRS E5.** Entsprechende Berichtsanforderungen ergeben sich jedoch aus ESRS E2 „Umweltverschmutzung", insbes. ESRS E2-5 (→ § 7 Rz 93).

2.3   Kennzahlen und Ziele

2.3.1   ESRS E5-3 – Ziele im Zusammenhang mit Ressourcennutzung und Kreislaufwirtschaft

53   ESRS E5-3 verlangt die Offenlegung der vom Unternehmen festgelegten Ziele bezogen auf die Ressourcennutzung und Kreislaufwirtschaft (ESRS E5.21). Die Ziele sind so konkret zu fassen, dass aus diesen deutlich wird, wie diese sowohl die übergeordneten Strategien und Leitlinien mit Blick auf die Ressourcennutzung und Kreislaufwirtschaft als auch die damit verbundene Bewältigung der wesentlichen Auswirkungen, Risiken und Chancen des Unternehmens beeinflussen (ESRS E5.22).

54   Die Anforderung nach ESRS E5.22 hat lediglich klarstellende Wirkung, da bereits ESRS 2 MDR-T eine umfangreichere Spezifizierung bei der Angabe der Ziele verlangt. ESRS E5-3 ist i.V.m. ESRS 2 MDR-T anzuwenden. Einerseits muss gem. ESRS E5.23 die Beschreibung der Ziele den in ESRS 2 MDR-T „Nachverfolgung der Wirksamkeit von Strategien und Maßnahmen durch Zielvorgaben" festgelegten Mindestanforderungen entsprechen (→ § 4 Rz 140ff.). Andererseits geht die Anwendung der in ESRS 2 MDR-T formulierten Mindestanforderungen – bei der Angabe der Ziele nach ESRS E5 – bereits aus ESRS 2 MDR-T selbst hervor. Denn ESRS 2 MDR-T ist generell bei der Angabe von Zielen für solche Nachhaltigkeitsbelange anzuwenden, die als wesentlich beurteilt wurden.

55   Bei der Angabe der Ziele zur Kreislaufwirtschaft gem. ESRS E5-3 i.V.m. ESRS 2 MDR-T (ESRS 2.79) ist mind. darauf einzugehen,

a) ob und wie das Unternehmen die Wirksamkeit seiner Maßnahmen zur Bewältigung wesentlicher Auswirkungen, Risiken und Chancen im Zusammenhang mit der Ressourcennutzung und Kreislaufwirtschaft verfolgt; dies beinhaltet auch die Angabe der zur Beurteilung der Wirksamkeit verwendeten Kennzahlen;

b) welche messbaren, zeitgebundenen und ergebnisbezogenen Ziele vom Unternehmen festgelegt werden, um die strategischen Ziele mit Blick auf die Ressourcennutzung und Kreislaufwirtschaft zu erreichen; diese sind mit den erwarteten Ergebnissen für Menschen, Umwelt oder das Unternehmen im Hinblick auf wesentliche Auswirkungen, Risiken und Chancen in Bezug zu setzen (Rz 56);

c) der Gesamtfortschritt bei Verwirklichung der angenommenen Ziele im Lauf der Zeit (Rz 57);

d) ob und wie das Unternehmen die Wirksamkeit seiner Maßnahmen zur Bewältigung wesentlicher Auswirkungen, Risiken und Chancen in Bezug auf die Ressourcennutzung und Kreislaufwirtschaft verfolgt und den Fortschritt bei Erreichung seiner strategischen Ziele misst, **wenn** das Unternehmen **keine** messbaren, zeitgebundenen und ergebnisbezogenen Ziele festgelegt hat (Rz 58);

e) ob und wie Stakeholder in die Ableitung der Zielsetzungen einbezogen wurden (Rz 59).

Die in MDR-T in ESRS 2.79(b) (Rz 55) festgelegten Ziele müssen alle drei Anforderungen kumulativ aufweisen: Sie müssen messbar, zeitgebunden und ergebnisbezogen sein. Die Angabe zu den Zielen kann bspw. erfolgen, indem das Unternehmen bestimmte Zielwerte für die Erhöhung des Anteils an recycelbaren Bestandteilen im Endprodukt – aufgeschlüsselt nach den unterschiedlichen Produktarten – bezogen auf einen konkreten Zeitraum (z. B. eine bestimmte Anzahl an Jahren) nennt und beschreibt, wie sich dies auf die Höhe der Erlöse oder Aufwendungen auswirkt. Letzteres konkretisiert den Bezug zum Ergebnis des Unternehmens. Die Angabe der Werte (bspw. für die Erhöhung des Anteils an recycelbaren Bestandteilen im Endprodukt) kann etwa als Mengenangabe oder in Prozent erfolgen. Allerdings ist die Angabe von konkreten Werten der Angabe als Verhältnis gem. ESRS E5.AR15 vorzuziehen.

56

Als Beispiel für die Formulierung von Zielen führt die adidas AG im Geschäftsbericht Maßnahmen an, die Verbesserungen mit Blick auf die Kreislaufwirtschaft bezwecken. Die darin enthaltenen Angaben genügen den Anforderungen nach ESRS E5-3 i. V. m. ESRS 2.79(b) zwar nicht, könnten aber als Ausgangspunkt für die Formulierung konkreter Ziele gewählt werden. So heißt es im Geschäftsbericht 2022:

> **Praxis-Beispiel adidas – Basis für die Ausformulierung von Zielen[28]**
>
> „Neben verschiedenen Produkteinführungen haben wir im Jahr 2022 auch unsere kreislaufwirtschaftlichen Dienstleistungen fortgesetzt, die zum Ziel haben, die Lebensdauer des Produkts zu verlängern. In unserem Terrex Store in München haben wir bspw. einen Reparaturservice für Sportschuhe eingeführt, außerdem gibt es in mehreren Flagship Stores wie in Berlin, London, Dubai und Shenzen einen Reinigungsservice für Sneaker."

---

[28] Entnommen adidas, Geschäftsbericht 2022, S. 95.

> **Praxis-Tipp**
>
> Um den Berichtsanforderungen zu genügen, könnte eine bestimmte Menge an Produkten, die mit derartigen Maßnahmen eine Verlängerung der Lebensdauer erfahren sollen, für einen bestimmten Zeitraum festgelegt und es könnten die erwarteten Ergebnisauswirkungen genannt werden.
>
> Eine Anpassung der Berichterstattung mit Blick auf die neuen regulatorischen Anforderungen erfolgte bereits für das Berichtsjahr 2023. Allerdings enthält auch der Geschäftsbericht von adidas für das Jahr 2023 noch keine konkreten Ziele. Stattdessen werden mehrere Aktivitäten aufgelistet, die dazu dienen sollen, „dass wir [adidas; d. Verf.] den Wandel in der Modeindustrie vorantreiben, mit dem Ziel, gemeinsam mit unseren Partnern in der Wertschöpfungskette auf dem Weg zur Kreislaufwirtschaft voranzukommen."[29]

57 Die Angabe zum Gesamtfortschritt nach MDR-T in ESRS 2.79(c) (Rz 55) kann umgesetzt werden, indem die Zielwerte im Jahr der Zielfestlegung genannt werden (Basisjahr) und diese Werte den im Berichtsjahr erreichten Werten einerseits und den Zielwerten am Ende des geplanten Zeitraums der Zielerreichung andererseits gegenübergestellt werden. Hinzu kommen ggf. weitere Referenzwerte, wenn Zwischenergebnisse, die im Zeitraum zwischen dem Basisjahr und dem Berichtsjahr erreicht werden, offengelegt werden. Die Angabe von Zwischenergebnissen ist allerdings fakultativ und weder von ESRS 2 MDR-T noch von ESRS E5-3 gefordert. Bei einer Veränderung der Zielwerte im Zeitablauf (seit der erstmaligen Festlegung im Basisjahr) ist hingegen auf die angepassten Zielgrößen hinzuweisen und der Fortschritt an diesen angepassten Zielen aufzuzeigen. Eine Anpassung der Ziele hin zu ambitionierteren Zielwerten ist z. B. aufgrund regulatorischer oder strategischer Veränderungen denkbar.

Gegenüber den Angaben in den Geschäftsberichten 2022 und 2023 der adidas AG (Rz 56) enthalten die Geschäftsberichte 2022 und 2023 der Puma SE konkretere Ziele für die Kreislaufwirtschaft. So werden die Ziele durch die teilw. Angabe von Zielwerten und Zielzeiträumen zeitgebunden messbar gemacht. Zudem werden die im Berichtsjahr erreichten Ziele den Zielen für einen Zielzeitraum gegenübergestellt, so dass der Fortschritt ablesbar ist. Der Ergebnisbezug der Ziele wird hingegen nicht offengelegt. Gekürzte Ausschnitte aus den beiden Geschäftsberichten verdeutlichen den Detailgrad der Angaben:

---

[29] adidas, Geschäftsbericht 2023, S. 103.

Praxis-Beispiel Puma – Angabe von Zielen und Fortschritt

1. Angaben zur Kreislaufwirtschaft im Überblick mit Nennung des Fortschritts[30]

Ziel		Ziele für 2025	Fortschritt 2022	Status
♥	Ziel 1: Produkt-Rücknahmeprogramme in allen unseren Hauptmärkten	Rücknahmeprogramm in Hongkong seit 2019; Rücknahmeprogramm in den USA (FTW), Roll-out in Deutschland (HQ), bei Manchester City, AC Mailand, Borussia Dortmund und Olympique Marseille sowie in Australien	◐
07 Kreislaufwirtschaft	Ziel 2: Produktionsabfälle auf Deponien um mindestens 50 % reduzieren im Vergleich zu 2020	-48 % Abfall auf Deponien pro Schuhpaar +1 % Abfall auf Deponien pro Kleidungsstück	◐
	Ziel 3: Entwicklung von Recyclingmaterialoptionen für Baumwolle, Leder und Gummi	Recycelte Baumwolle und Leder kommen in der PUMA ReGen-Kollektion zum Einsatz. Recycelter Gummi kommt zum Einsatz.	◉

2. Detaillierte Angaben im Geschäftsbericht zu Vor- und Nach-Gebrauchs-Abfällen:[31]

	1,5 Tonnen
Volumen recyceltes Leder, aus Produktionsabfall	1,5 Tonnen
Volumen recycelte Baumwolle, aus Produktionsabfall	2.901 Tonnen
Volumen recycelter Polyester, aus Post- und Pre-Consumer-Abfall	27.042 Tonnen
Volumen recyceltes Nylon, aus Produktionsabfall	168 Tonnen

	Kernlieferanten Ebene 1*	Kernlieferanten Ebene 2**
Menge Pre-Consumer-Abfall pro Jahr	37.379 Tonnen	208.489 Tonnen
Anteil Pre-Consumer-Abfall für Wiedernutzung oder Recycling	76,9 %	94,3 %
Anteil vernichteter Textilien und Stoffe (zur Verbrennung)	7,2 %	1,0 %

* Alle Kernlieferanten der Ebene 1: Bekleidung, Schuhe und Accessoires (54 Fabriken)
** Kernlieferanten der Ebene 2: Leder, Polyurethan und Textil (40 Fabriken)

Diese Tabelle wird um Angaben zur Datengewinnung ergänzt. Bspw. wird auf die Schätzung der Werte für November und Dezember 2023 hingewiesen.

Hinzuweisen ist darauf, dass ein Vergleich der Angaben zu Vor- und Nach-Gebrauchs-Abfällen für die Geschäftsjahre 2022 (Puma, Geschäftsbericht 2022, S. 136) und 2023 schwierig ist, da die Kategorien teilw. angepasst wurden.

---

[30] Entnommen Puma, Geschäftsbericht 2022, S. 46.
[31] Entnommen Puma, Geschäftsbericht 2023, S. 168.

58 Die Angabe nach MDR-T in ESRS 2.79(d) (Rz 55) ist u. E. einschlägig, wenn bereits **eines** der drei Kriterien an die Festsetzung der Ziele nicht vorliegt. Anders als im Fall, in dem das Unternehmen messbare, zeitgebundene und zugleich ergebnisbezogene Ziele festgelegt hat (ESRS 2.79(b)), wird in diesem Fall der eingeschränkten Angabe von Zielen die Beschreibung lediglich des Fortschritts und nicht des Gesamtfortschritts verlangt. Demzufolge sind die Anforderungen zur Offenlegung bei der Angabe nach ESRS 2.79(d) im Vergleich zu ESRS 2.79(b) weniger konkret, indem bspw. die Verwendung eines Basisjahrs als Zeitpunkt der Zielfestlegung nicht erforderlich ist. Denkbar sind stattdessen Aussagen zur Entwicklung über einen bestimmten Zeitraum hinweg oder mit Bezug zu einem bestimmten Zeitpunkt in der Vergangenheit. Diese können z. b. durch Beschreibungen der Entwicklung über einen Zeitraum von fünf Jahren hinweg – zurückgerechnet vom Berichtsjahr – erfolgen oder als Vergleich des Status im Berichtsjahr mit dem Status von fünf Jahren vor dem Berichtsjahr.

59 Bei der Angabe zu MDR-T nach ESRS 2.79(e) (Rz 55) ist zu beachten, dass der Umgang mit **relevanten** Stakeholdern mit Blick auf die Kreislaufwirtschaft beschrieben werden sollte (siehe zur Abgrenzung der Stakeholder ESRS 1.22–1.24; → § 3 Rz 51 ff.). Bei dem Aspekt der Kreislaufwirtschaft ist v. a. an die „Natur" als sog. stiller Stakeholder (ESRS 1.AR7; → § 3 Rz 54) zu denken. Als relevante Stakeholder kommen zudem insbes. solche Menschen infrage, die offensichtlich und direkt von den negativen Auswirkungen aus der Ressourcennutzung durch das Unternehmen, z. B. durch dessen Abfallentsorgung, belastet sind.

60 ESRS E5.24 konkretisiert den inhaltlichen Bezug der offenzulegenden Ziele. Hieraus sind folglich **Unterthemen** zur Berichterstattung über die Kreislaufwirtschaft zu entnehmen. Diese decken sich grds. mit den in ESRS 1.AR16 genannten Unterthemen zur Kreislaufwirtschaft, sind allerdings deutlich konkreter gefasst. Die Unterthemen gem. ESRS 1.AR16 lauten: (1) Ressourcenzuflüsse, einschl. Ressourcennutzung, (2) Ressourcenabflüsse im Zusammenhang mit Produkten und Dienstleistungen, (3) Abfälle. In Übereinstimmung damit verlangt ESRS E5.24 die Angabe, wie sich die Ziele des Unternehmens auf Ressourcenzuflüsse und -abflüsse beziehen. Bei den Ressourcenabflüssen hat dies Angaben zu Abfällen, Produkten und Materialien zu beinhalten. Während die Bezugnahme auf die Angaben zu Abfällen, Produkten und Materialien gem. ESRS 1 auf die Angaben zu Ressourcenabflüssen begrenzt ist, kommt dies aus ESRS E5.24 nicht eindeutig zum Ausdruck. Hier könnte auch ein Bezug zu Angaben zu Ressourcenzuflüssen hergestellt werden.

61 Konkretisierend fasst ESRS E5.24 die offenzulegenden Ziele in folgenden Unteraspekten zusammen – wobei die Aufzählung nicht abschließend ist („insbesondere"):

a) Verbesserungen bezogen auf die kreislauforientierten Produkteigenschaften (z. B. Haltbarkeit, Demontage, Reparierbarkeit und Recyclingfähigkeit der Produkte; ESRS E5.24(a); Rz 62);
b) Erhöhung der kreislauforientierten Materialnutzungsrate (ESRS E5.24(b); Rz 63);
c) Minimierung des Einsatzes von Rohstoffen, die erstmalig in die unternehmerische Verwendung eingebracht werden ("Primärrohstoffe"; ESRS E5.24(c); Rz 64);
d) nachhaltige Beschaffung und Nutzung erneuerbarer Ressourcen (ESRS E5.24(d)); die Angabe zu Zielen i. V. m. der Nutzung erneuerbarer Ressourcen soll in Einklang mit dem "Kaskadenprinzip" erfolgen (Rz 65);
e) Umgang mit Abfall, einschl. etwaiger Vorbereitungsmaßnahmen für eine ordnungsgemäße Behandlung (ESRS E5.24(e); Rz 66);
f) sonstige Aspekte im Zusammenhang mit der Ressourcennutzung oder der Kreislaufwirtschaft (ESRS E5.24(f); Rz 67).

Bei der Angabe nach ESRS E5.24(a) (Rz 61) bezeichnet die Haltbarkeit eines **62** Produkts dessen Fähigkeit, bei bestimmungsgemäßer Verwendung funktionsfähig und relevant zu bleiben.[32] Siehe zur Reparierbarkeit und Recyclingfähigkeit von Produkten die Ausführungen und Quellen, die bei den Berichtsvorgaben nach ESRS E5-5 zu Ressourcenabflüssen bei Produkten und Materialien genannt sind (Rz 106 f.).

Die in ESRS E5.24(b) (Rz 61) angesprochene **kreislauforientierte Material-** **63** **nutzungsrate** ist definiert als das Verhältnis der Materialnutzung i. S. d. Kreislaufwirtschaft im Verhältnis zur gesamten Materialnutzung.[33] Die Einordnung von Materialien, Komponenten und Produkten (nach deren erstmaliger Verwendung) i. S. d. Kreislaufwirtschaft erfolgt gem. dem Glossar zu den ESRS anhand der vier nachstehend genannten Kategorien. Aus diesen ist eine absteigende Präferenz bzw. Wertigkeit i. S. d. Kreislaufwirtschaft abzuleiten:
1. Instandhaltung/längere Nutzung,
2. Wiederverwendung/Umverteilung,
3. Aufarbeitung/Wiederherstellung,
4. Recycling, Kompostierung oder anaerobe Vergärung.

Demzufolge ist zur Erfüllung der Angabepflicht zunächst zu ermitteln, welcher Anteil der Materialien, Komponenten und Produkte einer der vier Unterkategorien der Verwendung i. S. d. Kreislaufwirtschaft zugeführt wird bzw. werden kann. Anschließend ist dieser Anteil der gesamten Materialnutzung gegenüberzustellen.

---

[32] Berichtigung der Delegierten Verordnung (EU) 2023/2772 v. 31.7.2023, ABl. EU L v. 9.8.2024, Anhang II, Tab. 2, S. 266.
[33] Berichtigung der Delegierten Verordnung (EU) 2023/2772 v. 31.7.2023, ABl. EU L v. 9.8.2024, Anhang II, Tab. 2, S. 263.

> **Praxis-Hinweis**
>
> Problematisch an dieser Angabepflicht ist zweierlei: Erstens wird trotz der Festlegung der Präferenzreihenfolge ein Anreiz gesetzt, „nur" die niedrigste Präferenzstufe (Recycling, Kompostierung oder anaerobe Vergärung) bzw. ein Mindestniveau zu erreichen. Dies ist der Fall, da letztlich alle vier Stufen für die Berechnung der Quote in einem Zähler zusammengefasst werden. Die Ermittlung von Verhältniskennziffern auf Ebene aller einzelnen Präferenzstufen ist **nicht** verlangt. Das Ergebnis der Quotenbildung sagt nichts darüber aus, welcher Anteil der Materialien, Komponenten und Produkte der ersten, zweiten, dritten oder vierten Stufe zugeordnet ist. Zweitens ist in vielen Fällen mutmaßlich kaum erhebbar, welcher Stufe die Materialien, Komponenten und Produkte tatsächlich zuzuordnen sind. Immerhin wird die Einordnung in einigen Fällen vom Umgang durch Verbraucher und Endnutzer oder Unternehmen in einer anderen Wertschöpfungsstufe abhängen. Dies kann – selbst bei etwa vertraglich oder gesetzlich vorhandenen Rückgabeverpflichtungen – nur bedingt vom berichtenden Unternehmen beeinflusst werden. Letztlich kann somit zumindest in bestimmten Bereichen nur auf Schätzwerte zurückgegriffen werden.

64   Gem. ESRS E5.AR17 ist bei der Angabe nach ESRS E5.24(c) (Rz 61) zu berücksichtigen, wie die Ziele zur Minimierung des Einsatzes von Primärrohstoffen im Zusammenhang mit dem Verlust der biologischen Vielfalt stehen. Dabei ist auch **Bezug auf die Angabepflichten nach ESRS E4** zu nehmen. Allerdings verlangt ESRS E5.AR17 die Information mit Verbindung zur biologischen Vielfalt explizit bezogen auf „erneuerbare Primärrohstoffe" und schränkt damit den Anwendungsbereich ein auf den Anteil an erneuerbaren Ressourcen, der erstmalig in die unternehmerische Verwendung eingebracht wird. Dies ist durchaus irritierend. Immerhin kann (gerade) die Verwendung von nicht erneuerbaren Rohstoffen Auswirkungen auf die biologische Vielfalt auslösen, die nicht minder negativ zu beurteilen sind bzw. keinen geringeren Einfluss der Intensität nach ausüben. Das Festsetzen umfangreicherer Angabepflichten beim Einsatz erneuerbarer Ressourcen ist insbes. vor dem Hintergrund zu kritisieren, dass die Angabepflichten einen Anreiz zur Erhöhung der Verwendung erneuerbarer Ressourcen setzen sollten.

65   Das gem. ESRS E5.24(d) anzuwendende **„Kaskadenprinzip"** ist in den ESRS – auch im dazugehörigen Glossar – nicht definiert. Dem Wortlaut nach wäre auf eine Abfolge in der Nutzung oder die Anzahl möglicher Nutzungen abzustellen. Allerdings ist diese Vorgabe nicht hinreichend genug formuliert, um daraus eine konkrete Angabeverpflichtung ableiten zu können.

Eine Hilfestellung bei der Auslegung des Begriffs bietet das Umweltbundesamt. Nach einer Definition des Umweltbundesamts – in weitgehender Übereinstimmung mit der Nachhaltigkeitsstrategie der Bundesregierung 2008[34] – wird unter Kaskadennutzung eine Strategie verstanden, „Rohstoffe oder daraus hergestellte Produkte in zeitlich aufeinander folgenden Schritten so lange, so häufig und so effizient wie möglich stofflich zu nutzen und erst am Ende des Produktlebenszyklus energetisch zu verwerten. Dabei werden sog. Nutzungskaskaden durchlaufen, die von höheren Wertschöpfungsniveaus in tiefere Niveaus fließen. Hierdurch wird die Rohstoffproduktivität gesteigert."[35] Als Beispiele für solche Strategien nennt die Bundesregierung folgende Prozesse:[36] Höherwertige Holzsorten werden zunächst als Balken- und Brettware (z. B. in Konstruktionen) oder als Furniere (z. b. in Möbeln) und anschließend in mehreren Nutzungsstufen (z. B. als Gebrauchtmöbel) oder in weiter verarbeiteter Form (z. B. als Spanplatte) genutzt. Für den Papierbereich nennt die Bundesregierung als Beispiel einen Prozess, in dem Primärfasern zunächst in hochwertigen Papieren und anschließend als Sekundärfasern in bis zu acht Recyclingzyklen in weniger beanspruchten Produkten verwendet werden.

Es ist jedenfalls davon auszugehen, dass aufgrund einer genaueren Begriffsabgrenzung in den ESRS in der Berichterstattung der Hinweis darauf genügen sollte, wie häufig die verwendeten Ressourcen eingesetzt werden können, bis diese im entsprechenden (Produktions-)Prozess nicht mehr brauchbar sind oder dafür nicht mehr (auch in wirtschaftlicher Hinsicht) aufbereitet werden können. Da diese Beurteilung vom (u. U. nur schätzweise erhebbaren) Nutzungsverhalten durch Dritte abhängen kann, wird eine typisierende Angabe in einigen Fällen unumgänglich sein.

Offenlegungen zum **Management des Abfalls** nach ESRS E5.24(e) (Rz 61) **66** umfassen Ziele betreffend das Sammeln, Befördern, Verwerten und Entsorgen von Abfällen. Dies inkludiert nach der Definition des Glossars zur „Abfallbewirtschaftung" die Überwachung dieser Vorgänge und die Nachbetreuung von Deponien, auch bei einem Tätigwerden als Händler oder Makler.[37]

Die Nennung „sonstiger Aspekte" in ESRS E5.24(f) (Rz 61) kann nicht als **67** Pflichtangabe für Ziele zu allen anderen Angelegenheiten im Zusammenhang

---

34 Vgl. Bundesregierung, Fortschrittsbericht 2008 zur nationalen Nachhaltigkeitsstrategie, 2008, S. 108f., www.bundesregierung.de/resource/blob/975274/464742/d485cdb8c8c35da2ea3af74942e 299fc/2008-11-17-fortschrittsbericht-2008-data.pdf?download=1, Abruf 1.8.2024.

35 Umweltbundesamt, Glossar zum Ressourcenschutz, 2012, S. 10, www.umweltbundesamt.de/ sites/default/files/medien/publikation/long/4242.pdf, Abruf 1.8.2024.

36 Vgl. zu den folgenden Beispielen Bundesregierung, Fortschrittsbericht 2008 zur nationalen Nachhaltigkeitsstrategie, 2008, S. 109.

37 Berichtigung der Delegierten Verordnung (EU) 2023/2772 v. 31.7.2023, ABl. EU L v. 9.8.2024, Anhang II, Tab. 2, S. 284.

mit der Ressourcennutzung oder der Kreislaufwirtschaft – vergleichbar einem unbegrenzten Sammelposten – verstanden werden. Vielmehr lässt ESRS E5.24(f) die Nennung weiterer Ziele zu, die noch nicht von ESRS E5.24(a)–(d) abgedeckt sind. Selbiges kommt unmissverständlich durch ESRS E5.AR18 zum Ausdruck. Hiernach **kann** das Unternehmen weitere Ziele gem. ESRS E5.24(f) offenlegen. Explizit erwähnt werden Ziele in Bezug auf eine nachhaltige Beschaffung. Diese Nennung stellt teilw. eine Doppelung zu ESRS E5.24(d) dar, in dem ebenfalls auf eine nachhaltige Beschaffung Bezug genommen wird – wenngleich beschränkt auf die Beschaffung **erneuerbarer** Ressourcen. Der Anwendungsbereich von ESRS E5.AR18 erstreckt sich somit (bezogen auf die explizite Konkretisierung bzw. beispielhafte Nennung) auf Angaben zur nachhaltigen Beschaffung nicht erneuerbarer Ressourcen.

Macht das Unternehmen von dieser optionalen Angabe Gebrauch, hat es gem. ESRS E5.AR18 die gewählte Definition der nachhaltigen Beschaffung zu erläutern und – gem. dem Wortlaut der Anwendungsanforderung (*Application Requirement*) – zu beschreiben, wie diese Definition mit dem Ziel zusammenhängt, das sich aus ESRS E5.22 ergibt. ESRS E5.22 schreibt die Anwendung der in ESRS 2 MDR-T formulierten Mindestanforderungen vor. Die Folgen des Verweises auf ESRS E5.22 erschließen sich nicht. Die Anwendung der Mindestanforderungen müsste auch für diese optionale Angabe nicht explizit erwähnt werden. Da ESRS E5.AR18 vorgibt, den Zusammenhang zu einem „Ziel" nach ESRS E5.22 zu beschreiben, könnte auch von einem Verweisfehler innerhalb des ESRS E5 ausgegangen werden.

68   Gem. ESRS E5.AR16 sind bei der Offenlegung von Informationszielen, die auf Basis von ESRS E5.24 getätigt werden, die Produktionsphase, die Nutzungsphase und das Ende der Funktionslebensdauer von Produkten und Materialien zu berücksichtigen. Aus dieser Anforderung geht allerdings nicht hervor, dass dahingehend eine gesonderte Offenlegung der Ziele zu erfolgen hat. Vielmehr ist u. E. eine gesammelte Offenlegung der Ziele zulässig, bei der in den Zielen das Ergebnis der kombinierten Bewertung der einzelnen Phasen zusammengefasst ist.

69   Das Unternehmen hat nach ESRS E5.25 anzugeben, auf welche Ebene der Abfallhierarchie sich die jeweiligen Ziele für die Ressourcennutzung und die Kreislaufwirtschaft beziehen. Demzufolge hat eine Einordnung nach der im Glossar zur Abfallhierarchie vorgegebenen Reihenfolge zu erfolgen. Die Reihung lautet:

a) Vermeidung,
b) Vorbereitung zur Wiederverwendung,
c) Recycling,

d) sonstige Verwertung, z. B. Energierückgewinnung (im Wortlaut: „energetische Verwertung") und

e) Entsorgung (im Wortlaut: „Beseitigung"; siehe zur Abfallhierarchie auch Rz 1 und Rz 39).

Ergänzend zu den Mindestanforderungen bei der Spezifikation der Ziele nach ESRS 2 MDR-T (Rz 55) kann das Unternehmen entscheiden, Angaben dazu zu tätigen, ob bei der Festlegung von Zielen ökologische Schwellenwerte und unternehmensspezifische Zuordnungen berücksichtigt wurden (ESRS E5.26). Demzufolge handelt es sich um eine optionale Angabe. Wenn sich das Unternehmen für die Offenlegung entscheidet, kann es Folgendes angeben:

a) die ermittelten ökologischen Schwellenwerte und die zur Ermittlung dieser Schwellenwerte verwendete Methode;

b) ob die Schwellenwerte unternehmensspezifisch sind und, wenn ja, wie sie ermittelt wurden;

c) wie die Verantwortung für die Einhaltung festgelegter ökologischer Schwellenwerte im Unternehmen verteilt ist.

Es handelt sich u. E. um zwei unabhängig voneinander ausübbare Wahlrechte. Somit ist die Entscheidung für oder gegen die „Ob"-Offenlegung unabhängig von der Entscheidung, weitere Hintergründe zu den Schwellenwerten anzugeben. Auch die in ESRS E5.26 enthaltene „Und"-Verknüpfung bei den Informationen zu den verwendeten Schwellenwerten führt aufgrund der optionalen Angabe u. E. nicht zu einer „Alles-oder-nichts"-Entscheidung bei der Angabe.

Unter einem **ökologischen Schwellenwert** ist ein solcher Punkt zu verstehen, an dem eine relativ geringe Änderung der äußeren Bedingungen eine schnelle Veränderung in einem Ökosystem verursacht.[38] Eine solche ökologische Schwelle gilt als überschritten, wenn durch das Überschreiten befürchtet wird, dass das Ökosystem aufgrund seiner inhärenten Widerstandsfähigkeit nicht mehr in seinen ursprünglichen Zustand zurückkehren könnte. Das Bestimmen einer solchen Schwelle ist auslegungsbedürftig. Es ist jedoch davon auszugehen, dass eine solche Schwelle erreicht wird, wenn mehr Gründe dafür als dagegen sprechen, dass das Ökosystem durch die (vom Unternehmen verursachten) Veränderungen nicht mehr in seinen ursprünglichen Zustand zurückkehren könnte bzw. eine Wahrscheinlichkeit von mehr als 50 % vorliegt, dass dies eintreten könnte.

Ökologische Schwellenwerte können auf lokaler, nationaler und/oder globaler Ebene bestehen (ESRS E5.AR14).

---

[38] Berichtigung der Delegierten Verordnung (EU) 2023/2772 v. 31.7.2023, ABl. EU L v. 9.8.2024, Anhang II, Tab. 2, S. 266.

70

71

72   ESRS E5.AR14 gibt für den Fall, dass sich ein Unternehmen bei der Festlegung von Zielen auf ökologische Schwellenwerte bezieht – und dies auch offenlegt (Rz 70 f.) – den Hinweis auf unverbindlich anwendbare Leitlinien. Konkret empfiehlt es für diesen Fall den Rückgriff auf die vorläufigen Leitlinien des Science Based Targets Network (SBTN). Daneben weist ESRS E5.AR14 darauf hin, dass andere Leitlinien verwendet werden können, sofern diese auf einer wissenschaftlich anerkannten Methodik basieren, mit deren Hilfe durch Heranziehen ökologischer Schwellenwerte und ggf. unternehmensspezifischer Informationen wissenschaftlich fundierte Ziele festgelegt werden können.

Das Science Based Targets Network ist ein Zusammenschluss von mehr als 80 gemeinnützigen (Umwelt-)Organisationen und hat (nach eigener Angabe) mit den „**SBTs for Nature**" die ersten **Leitlinien** mit wissenschaftsbasierten Zielen für die Natur veröffentlicht. Die Leitlinien wurden entwickelt, um Unternehmen eine Orientierung zu geben, wie sie zur Verwirklichung der Vision einer gerechten, Netto-Null- und Natur-positiven Zukunft beitragen können.[39] I.S.d. Zielfestlegung nach ESRS E5 können die Leitlinien zur Ableitung von ökologischen Schwellenwerten und Zielgrößen verwendet werden.

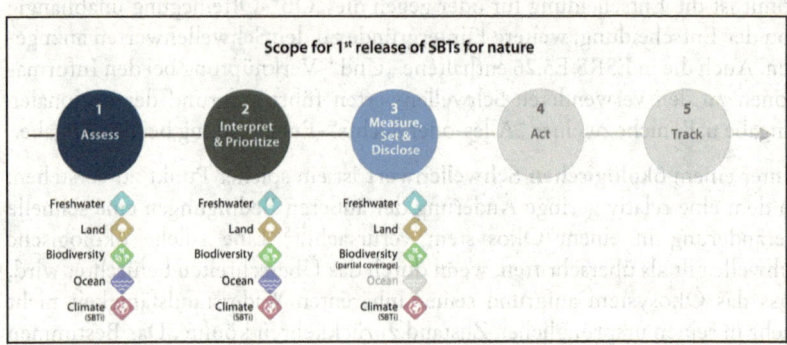

Abb. 1: Mehrjähriger Plan zur Bereitstellung von Leitlinien zur Ableitung wissenschaftlich fundierter Ziele für die Natur[40]

ESRS E5.AR14 nennt als verwendbare Leitlinien für die Berichterstattung nach ESRS E5 noch die Version der *Initial Guidance for Business* vom September 2020. Für eine Anwendung liegen mittlerweile weiterentwickelte Vorgaben vor: So wurden im Jahr 2023 die ersten detaillierten technischen Leitlinien (für die Schritte eins bis drei; Abb. 1) veröffentlicht; zusätzliche Leitlinien sollen im Jahr

---

[39]   Vgl. Science Based Targets Network, The first science-based targets for nature, https://science basedtargetsnetwork.org/how-it-works/the-first-science-based-targets-for-nature, Abruf 1.8.2024.

[40]   Entnommen Science Based Targets Network, The first science-based targets for nature, https://science basedtargetsnetwork.org/how-it-works/the-first-science-based-targets-for-nature, Abruf 1.8.2024.

2024 folgen (für die letzten beiden Schritte). Die erste Veröffentlichung ist folglich Teil eines mehrjährigen Plans und soll letztlich Unternehmen aller Größen und Branchen umfassende wissenschaftlich fundierte Ziele für die Natur bereitstellen.

Die bereitgestellten Leitlinien des Science Based Targets Network beziehen sich an vielen Stellen auf die Biodiversität, sind aber nicht auf derartige Umweltziele beschränkt. Die Hilfestellungen sind in mehreren Dokumenten veröffentlicht und nach dem jeweiligen Anwendungsbereich differenziert.[41] Z.B. findet sich eine Liste der häufigsten Umweltauswirkungen im Zusammenhang mit der Produktion bestimmter Güter unter den Dokumenten. Mithin sind die Informationen auf ganz konkrete Fragestellungen bezogen.

Das Unternehmen hat jeweils zu vermerken, ob die von ihm festgelegten und **73** offengelegten Ziele zur Ressourcennutzung und Kreislaufwirtschaft aufgrund einer verpflichtenden Rechtsvorgabe getätigt werden oder ob die Angabe freiwillig erfolgt (ESRS E5.27). Die Angabe ist i.R.d. „Hintergrundinformationen" (ESRS 2.AR15) zu verorten.

Die nach ESRS E5-3 offengelegten Ziele können sich auf das berichtende **74** Unternehmen beschränken und/oder die Wertschöpfungskette umfassen (ESRS E5.AR19). Hiernach steht es den Unternehmen frei, die Angaben auf den Wirkungsbereich des berichtenden Unternehmens zu beschränken, einen Teil der Wertschöpfungskette oder die gesamte Wertschöpfungskette mit einzubeziehen. Eine umfassende Abgrenzung der Wertschöpfungskette findet sich in ESRS 1, Kap. 5 und im Glossar zu den ESRS[42] (→ $ 3 Rz 109ff.).

2.3.2 ESRS E5-4 – Ressourcenzuflüsse

Die Angabepflicht nach ESRS E5-4 verlangt die Offenlegung von Informatio- **75** nen dazu, welche wesentlichen Auswirkungen, Risiken und Chancen sich aus den Ressourcenzuflüssen des Unternehmens ergeben (ESRS E5.28). Diese Offenlegungspflicht soll ein Verständnis für den Ressourcenverbrauch, der direkt durch das Unternehmen und über dessen vorgelagerte Wertschöpfungskette verursacht wird, vermitteln (ESRS E5.29; siehe allgemein zur Abgrenzung der Wertschöpfungskette → $ 3 Rz 109ff.).

U.E. wäre eine Angabe dazu, welcher **Ressourcenverbrauch in der Wert- 76 schöpfungskette** auf die Aktivitäten des berichtenden Unternehmens zurückfällt, eine nützliche Information für die Stakeholder des Unternehmens. Der

---

[41] Science Based Targets Network, The first science-based targets for nature, https://sciencebased targetsnetwork.org/how-it-works/the-first-science-based-targets-for-nature, Abruf 1.8.2024.

[42] Berichtigung der Delegierten Verordnung (EU) 2023/2772 v. 31.7.2023, ABl. EU L v. 9.8.2024, Anhang II, Tab. 2, S. 283.

gesamte Ressourcenverbrauch, der in der Wertschöpfungskette anfällt, ohne dass dieser Ressourcenverbrauch anteilig dem berichtenden Unternehmen zugeordnet wird, bietet einen eingeschränkteren Informationsgehalt. Immerhin könnte bspw. ein Lieferant in der Wertschöpfungskette des Unternehmens sehr unterschiedliche Verbräuche in seinen Segmenten und Regionen aufweisen, wovon nur ein Segment und eine Region für das berichtende Unternehmen von direkter Relevanz ist.

Bei einigen Ressourcen in der Wertschöpfungskette wird sich die Zuordnung zum berichtenden Unternehmen verhältnismäßig leicht vornehmen lassen (z. B. bezogen auf Verpackungsmaterial); bei anderen Ressourcen wird eine solche Zuordnung kaum leistbar sein (z. B. bei Sachanlagen). Dies gilt umso eher, je entfernter die Beziehung in der Wertschöpfungskette zwischen dem berichtenden Unternehmen und den betreffenden Akteuren der Wertschöpfungskette ist.

Aus ESRS E5 geht u. E. allerdings durchaus die Intention hervor, die Zusammenhänge zwischen den Aktivitäten des Unternehmens und dem Ressourcenverbrauch in der Wertschöpfungskette herzustellen. Dies legt etwa ESRS E5.30 nahe mit der Auflistung potenzieller Ressourcen, über deren Verbrauch berichtet werden soll. So sollte es durchaus gewünscht sein, den Verpackungsverbrauch (bei einem Vorlieferanten) bezogen auf das berichtende Unternehmen anzugeben, anstelle der Angabe des gesamten Verpackungsverbrauchs des Vorlieferanten. Eindeutig ist dies aber auch dem Wortlaut von ESRS E5.30 nicht zu entnehmen („die im Rahmen der Tätigkeiten des Unternehmens und innerhalb seiner vorgelagerten Wertschöpfungskette verwendet werden").

Durch die fehlende Verfügbarkeit unternehmensbezogener Informationen wird es nichtsdestotrotz in einer großen Anzahl von Fällen zu einer allgemeinen Information zu Ressourcenverbrauch in der vor- und nachgelagerten Wertschöpfungskette kommen. Eine solche globale Angabe für alle Unternehmen(sverbünde), mit denen das Unternehmen in Beziehung steht, erfüllt u. E. gleichermaßen die Angabepflicht – aufgrund einer fehlenden Konkretisierung in ESRS E5.29. Die Angabe spezifischerer Informationen, die direkt auf den Verbrauch durch das berichtende Unternehmen bezogen ist, sollte allerdings gleichermaßen den Anforderungen der Angabepflicht entsprechen.

77　Jedenfalls ist jeweils klarzustellen, worauf sich die Angaben zum Ressourcenverbrauch beziehen: auf die anteilige Verursachung durch das berichtende Unternehmen oder auf den globalen Verbrauch der Akteure in der Wertschöpfungskette. Auch eine kombinierte Offenlegung dieser Varianten sollte bezogen auf unterschiedliche Akteure und Ressourcen in der Wertschöpfungskette zulässig sein. Dies wäre der Fall, wenn für einen Lieferanten A nur Informationen zum gesamten Verbrauch jenes Lieferanten A vorliegen und vom berichtenden Unternehmen offengelegt werden können, bei einem anderen Lieferanten B aber Informationen über den vom berichtenden Unternehmen verursachten Verbrauch bei jenem Lieferanten B erhoben und berichtet werden können.

Über diese Fallkonstellation hinaus könnte die Angabe sogar bezogen auf einen einzelnen Akteur in der Wertschöpfungskette, aber für unterschiedliche Ressourcen, die von diesem Akteur erworben werden, auf einer abweichenden Zuordnung beruhen – bspw. dann, wenn das berichtende Unternehmen für eine bestimmte Kategorie an Ressourcen (z. B. Verpackungsmaterial), die es vom Lieferanten C bezieht, Angaben zum dadurch bei C verursachten Verbrauch tätigt, bei einer anderen Kategorie an Ressourcen (z. B. Verbrauchsmaterial), die es ebenfalls von C erhält, aber nur Angaben zum gesamten Verbrauch bei C bezogen auf jene Ressource offenlegen kann.

Die Beschreibung der wesentlichen Auswirkungen, Risiken und Chancen aus den Ressourcenzuflüssen soll für solche Ressourcen erfolgen, die in Hinsicht auf den Ressourcenverbrauch als wesentlich eingestuft werden (ESRS E5.30). Hierunter fallen potenziell die folgenden Ressourcen: 78
- Produkte (einschl. deren Verpackungen),
- Materialien (unter Angabe kritischer Rohstoffe und Seltener Erden),
- Wasser,
- Sachanlagen, Anlagen und Ausrüstung, die im Unternehmen oder innerhalb der vorgelagerten Wertschöpfungskette verwendet werden.

ESRS E5.AR21 nennt Beispiele für Kategorien von Ressourcenzuflüssen und konkretisiert damit die Anforderungen in ESRS E5.30 in unverbindlicher Weise. Die folgenden Kategorien werden – mutmaßlich bezogen auf die Einordnung nach ESRS E5.30 zur Gruppe „Sachanlagen, Anlagen und Ausrüstung" – als Beispiele angeführt: IT-Ausrüstung, Textilien, Möbel, Gebäude, schwere Maschinen, mittelschwere Maschinen, leichte Maschinen, schwere Transportmittel, mittelschwere Transportmittel, leichte Transportmittel und Lagerausrüstung. 79

Bezogen auf Materialien nennt ESRS E5.AR21 als Ressourcenzufluss-Indikatoren: Rohstoffe, zugehörige Prozessmaterialien (darunter fallen Materialien, die für den Herstellungsprozess benötigt werden, aber nicht Teil des Endprodukts sind, bspw. Schmierstoffe für Fertigungsmaschinen[43]), Halbfabrikate oder Teile. 80

Obwohl die Auflistung der Ressourcenzufluss-Indikatoren bei den Materialien nicht mit dem Zusatz „z. B." erfolgt, ist davon auszugehen, dass es sich durch die direkte Anknüpfung an die vorherige beispielhafte Aufzählung für die Gruppe

---

[43] Berichtigung der Delegierten Verordnung (EU) 2023/2772 v. 31.7.2023, ABl. EU L v. 9.8.2024, Anhang II, Tab. 2, S. 260, 276.

„Sachanlagen, Anlagen und Ausrüstung" um eine fakultative Untergliederung handelt. Eindeutig ist dies allerdings nicht.

81   Die Angaben zu kritischen Rohstoffen und Seltenen Erden haben u. E. gesondert von den Angaben zu den sonstigen Materialien zu erfolgen. Dies legt die Formulierung in ESRS E5.30 nahe („unter Angabe von kritischen Rohstoffen und Seltenen Erden"). Die Zusammenfassung der Angaben zu kritischen Rohstoffen und Seltenen Erden ist hingegen zulässig. Dies geht bereits aus der Unterordnung der Seltenen Erden unter den Begriff der kritischen Rohstoffe hervor.

82   Was unter „kritischen Rohstoffen" zu verstehen ist, unterliegt Veränderungen im Zeitablauf. Eine aktuelle Einordnung für Zwecke der ESRS kann Anhang II der EU-Verordnung zur Schaffung eines Rahmens zur Gewährleistung einer sicheren und nachhaltigen Versorgung mit kritischen Rohstoffen (auch bezeichnet als CRM Act – Critical Raw Materials Act) entnommen werden.[44] Der Rückgriff auf die Abgrenzung von „kritischen Rohstoffen" nach dem Critical Raw Materials Act für Zwecke der Anwendung der ESRS ist u. E. (1) geboten, um den entsprechenden Harmonisierungsbestrebungen im EU-Rechtsrahmen nachzukommen, und (2) mit dem expliziten Hinweis in den Erwägungsgründen der EU-Verordnung zu kritischen Rohstoffen zu rechtfertigen, dass die Verordnung im Einklang mit der Strategie für den europäischen Grünen Deal steht.

Hiernach umfassen die kritischen Rohstoffe derzeit:[45]

Antimon, Arsen, Bauxit/Aluminiumoxid/Aluminium, Baryt, Beryllium, Bismut, Bor, Kobalt, Kokskohle, Kupfer, Feldspat, Flussspat, Gallium, Germanium, Hafnium, Helium, Schwere Seltene Erden, Leichte Seltene Erden, Lithium, Magnesium, Mangan, Grafit, Nickel – Batteriequalität, Niob, Phosphatgestein, Phosphor, Metalle der Platingruppe, Scandium, Siliciummetall, Strontium, Tantal, Titanmetall, Wolfram, Vanadium.

Seltene Erden werden als Untergruppe der kritischen Rohstoffe angeführt.

Zu beachten ist weiterhin, dass auf EU-Ebene zwischen kritischen Rohstoffen[46] und strategischen Rohstoffen[47] unterschieden wird. Eine gesonderte Angabepflicht kann aus ESRS E5-4 nur für die kritischen Rohstoffe abgeleitet werden.

83   Da auf EU-Ebene regelmäßig eine neue Bewertung erfolgt, welche Rohstoffe als kritisch einzustufen sind, sind Aktualisierungen in der Zusammensetzung der

---

[44] Siehe Verordnung (EU) 2024/1252 v. 11.4.2024, ABl. L 2024/1252 v. 3.5.2024. Zur Bezeichnung als CRM Act siehe bspw. die Internetseite der EU, https://single-market-economy.ec.europa.eu/sectors/raw-materials/areas-specific-interest/critical-raw-materials_en, Abruf 1.8.2024.
[45] Vgl. Critical Raw Materials Act, Anhang II.
[46] Siehe Anhang II der EU-Verordnung zu kritischen Rohstoffen.
[47] Siehe Anhang I der EU-Verordnung zu kritischen Rohstoffen.

Liste ständig nachzuverfolgen, um den Berichtspflichten nachkommen zu können. Die aktuelle Liste (vom März 2023) basiert auf der Studie zu den kritischen Rohstoffen für die EU 2023, der auch die Grundlagen der Bewertung entnommen werden können.[48]

Um für zukünftige Berichtspflichten vorbereitet zu sein, bietet es sich an, die Weiterentwicklungen zu beobachten. Dazu dient ein EU-Foresight-Bericht.[49] Dieser ergänzt die Studie zu den kritischen Rohstoffen durch eine zukunftsorientierte Perspektive, die sich auf ausgewählte strategische Technologien und Sektoren konzentriert. Der Bericht vermittelt ein Bild (Stand 2023) des Materialbedarfs der Technologien in den Jahren 2030 und 2050. Tab. 3 beinhaltet ein Beispiel für Nachfrageszenarien, die den erwarteten Bedarf für bestimmte Sektoren und Regionen aufzeigen und für die Berichterstattung als Orientierung dienen können.

2023 CRMs vs. 2020 CRMs			
aluminium/bauxite[1]	gallium[1]	phosphate rock[1]	vanadium[1]
antimony[1]	germanium[1]	phosphorus[1]	arsenic[2]
baryte[1]	hafnium[1]	PGM[1]	feldspar[2]
beryllium[1]	HREE[1]	scandium[1]	helium[2]
bismuth[1]	lithium[1]	silicon metal[1]	manganese[2]
borate[1]	LREE[1]	strontium[1]	copper[2]
cobalt[1]	magnesium[1]	tantalum[1]	nickel[2]
coking coal[1]	natural graphite[1]	titanium metal[1]	indium[3]
fluorspar[1]	niobium[1]	tungsten[1]	natural rubber[3]

Legend:
[1] CRMs in 2023 and 2020
[2] CRMs in 2023, non-CRMs in 2020
[3] Non-CRMs in 2023 that were critical in 2020

Tab. 3: Ergebnisse zur Bewertung kritischer Rohstoffe 2023[50]

---

[48] EU-Kommission, Study on the Critical Raw Materials for the EU 2023, Final Report, https://single-market-economy.ec.europa.eu/sectors/raw-materials/areas-specific-interest/critical-raw-materials_en, Abruf 1.8.2024. Die Abb. auf S. 5 ebenda gibt einen Überblick über die Kriterien, die in der Bewertung zur Anwendung kommen, und die Ergebnisse der Bewertung.

[49] EU-Kommission, Supply chain analysis and material demand forecast in strategic technologies and sectors in the EU – A foresight study, 2023, https://single-market-economy.ec.europa.eu/sectors/raw-materials/areas-specific-interest/critical-raw-materials_en, Abruf 1.8.2024.

[50] Modifiziert entnommen European Commission, Study on the Critical Raw Materials for the EU 2023 – Final Report, 2023, S. 4.

84

Praxis-Beispiel

Weitreichende Angaben zum Einsatz kritischer Rohstoffe sind dem Nachhaltigkeitsbericht 2023 der Volkswagen Gruppe i. V. m. dem Responsible Raw Materials Report 2023 der Volkswagen Gruppe zu entnehmen. Die dortigen Angaben sind teilw. bereits den Anforderungen der ESRS angenähert. So verweist der Responsible Raw Materials Report 2023 der Volkswagen Gruppe auf Unterthemen der ESRS. Die einzelnen Offenlegungen sind allerdings nicht den Angabepflichten der Standards zugeordnet. Es ist anzunehmen, dass die Angaben aus dem Responsible Raw Materials Report 2023 zukünftig in angepasster Form in den Nachhaltigkeitsbericht überführt werden. Aktuell kann der Responsible Raw Materials Report 2023 als Beispiel für die Offenlegung der nach ESRS E5 geforderten Angaben zu den wesentlichen Auswirkungen, Risiken und Chancen aus den Ressourcenzuflüssen dienen und zeigt auf, wie die Angaben zum Ressourcenverbrauch in Zusammenhang mit der Wertschöpfungskette stehen – wie es ESRS E5 verlangt.

Kritische Rohstoffe kommen bei der Volkswagen Gruppe insbes. durch die Verwendung von Hochvoltbatterien zum Einsatz. Aufgrund des Ausbaus der Elektromobilität wird vermutet, dass der Bedarf an bestimmten kritischen Rohstoffen zukünftig steigen wird.[51] Konkret werden in Zusammenhang mit der Verwendung von Lithium wesentliche Auswirkungen, Risiken und Chancen beschrieben und Angaben zur Lieferkette getätigt. Überdies erfolgen dezidierte Angaben zur Herkunft kritischer Rohstoffe u. a. für Kobalt, Nickel und Grafit. In diesem Zusammenhang wird jeweils auch der Stakeholder-Dialog beschrieben.

„**Stakeholder Engagement**
- Collaboration with local stakeholders participating in the Responsible Lithium Partnerships in Chile
- Participation in lithium working groups of the German Sector Dialogue and the RMI
- Continued dialogue with direct and indirect suppliers"[52]

Abb. 2 vermittelt einen Eindruck über die Angaben zur Lieferkette betreffend den Rohstoff Lithium. Informationen zum Umgang mit Risiken sind im Responsible Raw Materials Report 2023 ausführlicher beschrieben.

---

[51] Ausführlicher zu den Angaben in diesem Beispiel siehe Volkswagen Gruppe, Nachhaltigkeitsbericht 2023, S. 83–89; Volkswagen Gruppe, Responsible Raw Materials Report 2023, www.volkswagen-group.com/de/publikationen/weitere/responsible-raw-materials-report-2023-2716, Abruf 1.8.2024.

[52] Entnommen Volkswagen Gruppe, Responsible Raw Materials Report 2023, S. 26.

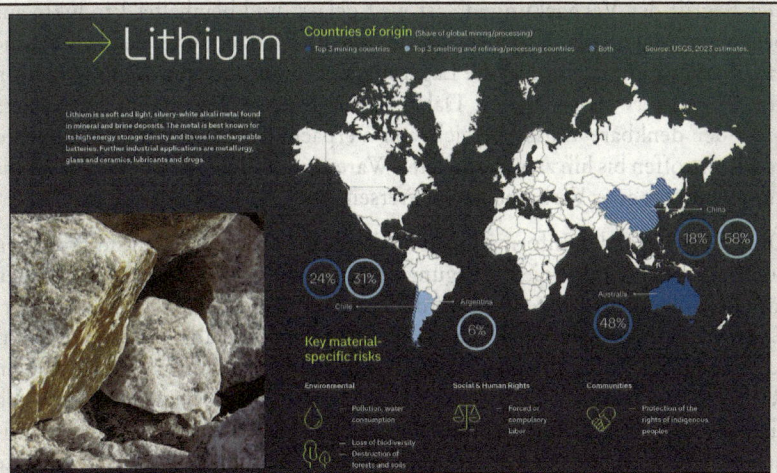

Abb. 2: Angaben zur Herkunft von Lithium im Responsible Raw Materials Report 2023 von Volkswagen[53]

Der Nachhaltigkeitsbericht 2023 selbst geht nicht in diesem Detailgrad auf Auswirkungen, Risiken und Chancen durch die Nutzung kritischer Rohstoffe ein. Stattdessen werden bspw. mengenmäßige Angaben getätigt. Dies verdeutlicht Abb. 3.

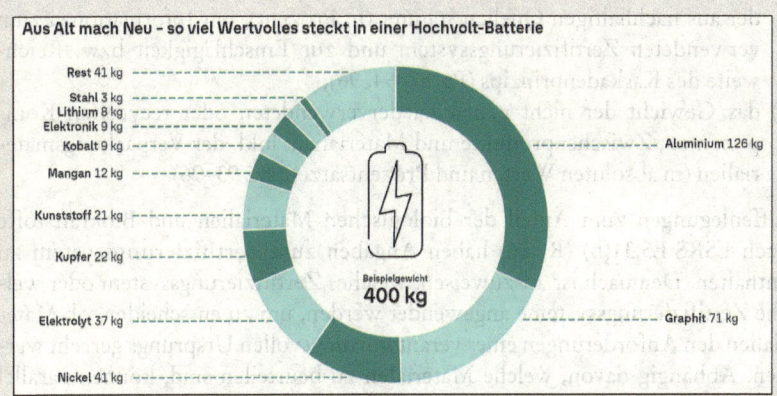

Abb. 3: Mengenmäßige Angaben zum Einsatz kritischer Rohstoffe im Nachhaltigkeitsbericht 2023 von Volkswagen[54]

---

53 Entnommen Volkswagen Gruppe, Responsible Raw Materials Report 2023, S. 25.
54 Entnommen Volkswagen Gruppe, Nachhaltigkeitsbericht 2023, S. 85.

85 Der Begriff der **Verpackungen**[55] ist weit gefasst und beinhaltet Produkte aus beliebigen Materialien jeglicher Art, die für die Eindämmung, den Schutz, die Handhabung, die Lieferung, die Lagerung, den Transport und die Präsentation von Waren verwendet werden. Dabei ist der gesamte Wertschöpfungsprozess bzw. der denkbare Einsatzbereich von Verpackungen abgedeckt: beginnend von Rohstoffen bis hin zu verarbeiteten Waren einerseits und vom Hersteller bis zum Benutzer oder Verbraucher andererseits.

86 Die offenzulegenden Informationen zu den Ressourcenzuflüssen sind bezogen auf Materialien, die für die Erzeugung der Produkte und/oder Dienstleistungen im Unternehmen verwendet werden, am umfassendsten. Hierzu fordert ESRS E5.31 ergänzend zu ESRS E5.30 offenzulegende Informationen. Während ESRS E5.30 für alle oder einen Teil der dort angeführten Kategorien an Ressourcen – nämlich für diejenigen, die nach diesem Thema als wesentlich eingestuft wurden, – eine Beschreibung der wesentlichen Auswirkungen, Risiken und Chancen aus den Ressourcenzuflüssen verlangt, folgt für bestimmte Materialien aus ESRS E5.31 – ebenfalls unter Berücksichtigung der Ergebnisse der Wesentlichkeitsanalyse bezogen auf das Thema „Ressourcenzuflüsse" – die Verpflichtung zur Angabe messbarer Werte. Konkret anzugeben sind bezogen auf die im Berichtsjahr erzeugten Produkte und/oder Dienstleistungen:
a) das Gesamtgewicht der im Berichtszeitraum verwendeten Produkte, technischen und biologischen Materialien (in Tonnen oder Kilogramm; Rz 95);
b) der Anteil der biologischen Materialien und der Biokraftstoffe, die für nicht energetische Zwecke verwendet werden (inkl. der Verpackungsmaterialien), der aus nachhaltigen Quellen stammt (in Prozent), mit Informationen zum verwendeten Zertifizierungssystem und zur Einschlägigkeit bzw. Reichweite des Kaskadenprinzips (Rz 87–94, 96);
c) das Gewicht der nicht neuen wiederverwendeten oder recycelten Komponenten, Zwischenprodukte und Materialien, inkl. der Verpackungsmaterialien (in absoluten Werten und Prozentsätzen; Rz 93–96).

87 Offenlegungen zum Anteil der biologischen Materialien und Biokraftstoffe nach ESRS E5.31(b) (Rz 86) haben Angaben zum **Zertifizierungssystem** zu enthalten. Demnach ist auszuweisen, welches Zertifizierungssystem oder welche Zertifizierungssysteme angewendet werden, um zu entscheiden, ob Materialien den Anforderungen eines verantwortungsvollen Ursprungs gerecht werden. Abhängig davon, welche Materialen zu beurteilen sind, können parallel mehrere Zertifizierungssysteme zur Anwendung kommen. Zugleich wird freigestellt, auf welche Zertifizierungssysteme sich die Unternehmen bei der Einordnung berufen.

---

[55] Berichtigung der Delegierten Verordnung (EU) 2023/2772 v. 31.7.2024, ABl. EU L v. 9.8.2024, Anhang II, Tab. 2, S. 275.

Es existiert eine Vielzahl nationaler und internationaler Zertifizierungssysteme. Welche Zertifizierungssysteme zur Anwendung kommen können, hängt insbes. von der Branche ab bzw. von den bei der Erzeugung von Produkten und Dienstleistungen verwendeten Materialien.

Die Anforderungen zur Teilnahme an den Zertifizierungssystemen sind unterschiedlich. Für die Stakeholder des Abschlusses ist von Bedeutung, dass es sich um anerkannte und weit verbreitete Standards handelt. Nichtsdestotrotz kommen insbes. in komplexeren Produktionsprozessen so viele unterschiedliche Komponenten (die einer Zertifizierung unterliegen können) zum Einsatz, dass erstens die Nachvollziehbarkeit der Qualität der Zertifizierungssysteme für Stakeholder schwierig ist und zweitens den Unternehmen mitunter hohe direkte und indirekte Kosten für die Teilnahme an Zertifizierungssystemen entstehen.

Ein Beispiel für ein Zertifizierungssystem ist ISCC (*International Sustainability & Carbon Certification*). Mit diesem Siegel wird nachgewiesen, dass bestimmte Nachhaltigkeitsanforderungen für die Erzeugung von Biokraftstoffen aus Biomasse eingehalten werden.[56] Weitere Beispiele für solche Zertifizierungssysteme sind PEFC- oder FSC-Zertifizierungen. Diese Zertifizierungen können etwa für die Einordnung von Verpackungsmaterialien aus Papier oder Pappe herangezogen werden. PEFC (*Programme for the Endorsement of Forest Certification Schemes*) ist nach eigenen Angaben das weltweit größte unabhängige Zertifizierungssystem zur Sicherstellung nachhaltiger Waldbewirtschaftung. So sollen Holz- und Papierprodukte mit dem PEFC-Siegel aus nachweislich ökologisch, ökonomisch und sozial nachhaltiger Waldbewirtschaftung stammen.[57] Ein alternatives Siegel für nachhaltige Waldwirtschaft stellt die Zertifizierung von FSC (*Forest Stewardship Council*) dar.[58]

88

BayWa gibt im Nachhaltigkeitsbericht 2023 Informationen zur Herkunft von gehandelten Pellets auf Basis eines Zertifizierungssystems an:

89

Praxis-Beispiel BayWa – Angabe von Zertifizierungssystemen (PEFC)[59]

„Ein hoher Anteil der von der BayWa vertriebenen Pellets sind PEFC-zertifiziert, das heißt, sie stammen aus nachhaltiger Waldwirtschaft. Die Pellets werden entweder aus Sägeresstholz hergestellt oder aus Holz, das nicht zur Herstellung von anderen Holzprodukten verwendet werden kann."

---

56 Siehe www.iscc-system.org/, Abruf 1.8.2024.
57 Vgl. die Angaben auf der Internetseite von PEFC, www.pefc.de, Abruf 1.8.2024.
58 Siehe zu FSC bspw. die Internetseite der nationalen Vertretung von FSC, www.fsc-deutsch land.de/, Abruf 1.8.2024.
59 Entnommen BayWa AG, Nachhaltigkeitsbericht 2023, S. 58.

Mit dieser Angabe wird die BayWa AG zwar nicht vollumfänglich den Berichtsanforderungen gem. ESRS E5.30(b) gerecht; diese waren im Berichtszeitraum 2023 freilich noch nicht anzuwenden. Zukünftig wäre – bei Wesentlichkeit – neben der Nennung des Zertifizierungssystems offenzulegen, welcher prozentuale Anteil aus nachhaltigen Quellen stammt. Die Erwähnung, dass ein „hoher Anteil" nach einem bestimmten System zertifiziert ist, genügt hingegen nicht.

90   Im Palmölsektor ist bspw. die Zertifizierung von RSPO (*Roundtable on Sustainable Palm Oil*) ein weltweit verbreiteter Standard, der die Einhaltung nachhaltiger Standards sicherstellen soll.[60]

Mit konkreten Zahlenwerten versehen und einer möglichen Ableitung von Prozentangaben (100 %; durch indirekte Nennung von „ausschließlich") verweist BASF auf die RSPO-zertifizierte Verwendung von Palmöl und Palmkernöl. In diesem Zusammenhang werden auch Angaben und Ziele mit Blick auf die Umsetzung in der Wertschöpfungskette getätigt:

Praxis-Beispiel BASF – Angabe von Zertifizierungssystemen (RSPO)[61]

„Im Jahr 2023 haben wir 159.798 Tonnen Palmöl und Palmkernöl eingekauft (2022: 191.714 Tonnen). Unsere freiwillige Selbstverpflichtung, ausschließlich RSPO-zertifiziertes Palmöl und Palmkernöl zu beziehen, haben wir erneut erfüllt. Im Vergleich zur Beschaffung von konventionellem Palmöl und Palmkernöl konnten dadurch über 225.000 Tonnen CO_2-Emissionen vermieden werden. Im Rahmen unserer freiwilligen Selbstverpflichtung wollen wir bis 2025 auch die wesentlichen Zwischenprodukte (Fraktionen und primäre oleochemische Derivate sowie pflanzliche Esteröle) auf Basis von Palmöl und Palmkernöl vollständig aus zertifiziert nachhaltigen Quellen beschaffen. Darüber hinaus haben wir die RSPO-Lieferkettenzertifizierung unserer Standorte für kosmetische Inhaltsstoffe aufrechterhalten. Ende 2023 waren weltweit 25 Produktionsstandorte RSPO-zertifiziert (2022: 25).

Wir beziehen unsere palmbasierten Rohstoffe größtenteils aus Malaysia und Indonesien. Ende 2023 konnten wir rund 96 % unserer Gesamtmenge an palmbasierten Rohstoffen (Der globale Palm-Fußabdruck umfasst unsere Beschaffung von zertifiziertem Palm- und Palmkernöl sowie von zertifizierten und nicht zertifizierten palmbasierten Primärderivaten.) bis zur Ölmühle zurückverfolgen (2022: 97 %). Rund ein Drittel der dort produzierten Gesamtmenge stammt aus kleinbäuerlichen Strukturen. Um unsere Zulieferbasis für RSPO-zertifizierte Palmprodukte auszuweiten und gleichzeitig

---

[60]   Siehe zum RSPO die vom WWF bereitgestellten Informationen unter www.wwf.de/themen-projekte/landwirtschaft/produkte-aus-der-landwirtschaft/runde-tische/runder-tisch-palmoel, Abruf 1.8.2024.

[61]   Entnommen BASF, BASF-Bericht 2023, S. 122f.

kleinbäuerliche Strukturen sowie nachhaltige Produktionsweisen vor Ort zu stärken, engagieren wir uns in lokalen Initiativen. In Indonesien haben wir seit 2018 mit The Estée Lauder Companies, dem RSPO sowie der Nicht-regierungsorganisation Solidaridad zusammengearbeitet. Bei dem Projekt in der Provinz Lampung wurden über 1.000 unabhängige Kleinbauern bei der Verbesserung ihrer Existenzgrundlage und einer nachhaltigen Produktion von Palmöl und Palmkernöl unterstützt. Mit Abschluss des Projekts wurde das erklärte Ziel, ein Drittel der am Programm Teilnehmenden gemäß dem Smallholder Standard von RSPO zu zertifizieren, fast erreicht (313 Zertifizierungen). Im Jahr 2023 haben wir uns zudem in einer Partnerschaft mit einem führenden Naturkosmetikhersteller und der indonesischen Non-Profit-Organisation Kaleka zusammengeschlossen, um Kleinbauern in Zentralkalimantan zu unterstützen. Ziel ist es, regenerative Landwirtschaftsmethoden zu fördern und dabei zu helfen, politische Rahmenbedingungen und Regulierungen zu etablieren. Darüber hinaus engagieren wir uns über den Verband Forum Nachhaltiges Palmöl (FONAP) in einem lokalen Projekt in Sumatra."

Im Zusammenhang mit der Berichterstattung über den Anteil der biologischen Materialien und bestimmter Biokraftstoffe, die nachhaltigen Ursprungs sind, sind Angaben zum Kaskadenprinzip zu tätigen. Wie schon bei der Angabepflicht nach ESRS E5.24(d) moniert, fehlt eine genauere inhaltliche Abgrenzung dieses Prinzips (Rz 65). Gem. der Abgrenzung in Rz 65 ist davon auszugehen, dass mehrfache Nutzung(smöglichkeit)en bzw. die Wiederverwertbarkeit nach der Nutzung darunter zu verstehen sind.

Eine Übersicht über unterschiedliche Abgrenzungen von Kaskadennutzungen bei Biomasse (z. B. als sequenzielle Nutzung von Biomasse oder als optimierte Co-Produkt-Nutzung bzw. optimierte Abfallnutzung) mit einer Einordnung und Bewertung unterschiedlicher Kaskadenkonzepte bietet das Umweltbundesamt mit der Veröffentlichung des Endberichts zu „Mehr Ressourceneffizienz durch Kaskadennutzung von Biomasse".[62] Beispiele für ausgewählte Kaskadennutzungen zeigt Tab. 4[63]:

91

---

[62] Siehe Umweltbundesamt, Biomassekaskaden – Mehr Ressourceneffizienz durch Kaskadennutzung von Biomasse – von der Theorie zur Praxis, Texte 53/2017, www.umweltbundesamt.de/sites/default/files/medien/1410/publikationen/2017-06-13_texte_53-2017_biokaskaden_abschlussbericht.pdf, Abruf 1.8.2024. Die im Klammerzusatz erwähnten Beispiele für unterschiedliche Abgrenzungen von Kaskadennutzungen bei Biomasse finden sich auf S. 17.

[63] Entnommen Umweltbundesamt, Biomassekaskaden – Mehr Ressourceneffizienz durch Kaskadennutzung von Biomasse – von der Theorie zur Praxis, Texte 53/2017, S. 133, www.umweltbundesamt.de/sites/default/files/medien/1410/publikationen/2017-06-13_texte_53-2017_biokaskaden_abschlussbericht.pdf, Abruf 1.8.2024.

Nr.	Name	Ausgangsstoffe	Kaskaden-pfad	Zielpro-dukte	Kaskaden	Biomasse	Märkte
1	Holzkaskade 1	Holz → Vollholzprodukt	→ Spanplatte → recycelte Spanplatte → Energie	Span- und Faserplatten	mehrstufig	Holz	Altholz (Forstwirtschaft)
2	Holzkaskade 2	Mais/Gülle + Holz → Biogas & Gärprodukte	→ Laminat → Energie	Laminat	einstufig (Sonderfall)	Lignozellulosehaltig (u. a. Gärprodukte)	Reststoffe (Landwirtschaft)
3	Papierkaskade	Holz → Zellstoff/Holzstoff → Papier	→ recyceltes Papier → Pappe → recycelte Pappe → Energie	Papier	mehrstufig	Holz	Altpapier (Forstwirtschaft)
4	Faserkaskade 1	Holz → Zellulosefasern → Textilien	→ Textilrecycling → Energie	Textilien	mehrstufig	Holz	Forstwirtschaft
5	Faserkaskade 2	Baumwolle → Textilien	→ Textilrecycling → Energie	Dämmstoffe	mehrstufig	Baumwolle	Naturfasern/Textil (Landwirtschaft)

Nr.	Name	Ausgangsstoffe	Kaskadenpfad	Zielprodukte	Kaskaden	Biomasse	Märkte
6	Faserkaskade 3	Non-Food Milch → Kaseinfasern	→ Textilien (→ wiederholte Nutzung?) → Energie	Textilien	einstufig (Sonderfall)	Milch	Milchwirtschaft
7	Polymerkaskade 1	Mais → PLA-Verpackung	→ Recycling Folie → Energie	Verpackungsmaterial	mehrstufig	Mais	Stärke/Zucker (Landwirtschaft)
8	Polymerkaskade 2	Zuckerrohr → BioPET-Flasche	→ Recycling → Textil → Energie	PET-Flaschen	mehrstufig	Zuckerrohr	Zucker (Landwirtschaft)
9	Polymerkaskade 3	Pflanzenöl → PU	→ PU-Recycling → Energie	Polyurethane	einstufig	Ölpflanzen	Ölpflanzen (Landwirtschaft)
10	Chemiekaskade 1	Holz → Zellstoff	→ Nebenprodukt: Tallöl → u.a. Chemikalie → Anwendung	Chemikalien, Adhäsive	einstufig (Sonderfall)	Tallöl (Zellstoffindustrie)	Tallöl (Forstwirtschaft)

Nr.	Name	Ausgangsstoffe	Kaskadenpfad	Zielprodukte	Kaskaden	Biomasse	Märkte
11	Chemiekaskade 2	Schlachtabfälle	Nebenprodukt: Tierische Fette → Chemikalie → Anwendung	Fettsäuren, Glycerin	einstufig (Sonderfall)	Tierische Fette	Fette (Viehhaltung)
12	Chemiekaskade 3	Raps → Epichlorhydrin → Epoxidharz	→ u.a. Windflügel, Anstriche, Klebstoffe → Energie/Recycling?	Harze	einstufig	Ölpflanzen	Ölpflanzen (Landwirtschaft)
13	Chemiekaskade 4	Holz/Holzprodukte	Holzbasierte Bioraffinerie → Cellulose → u.a. Construction Materials	Cellulose, Bioethanol, Biochemikalien	Bioraffinerie	Holz	Altholz (Forstwirtschaft), Bioabfall: Grünabfall: Grüngut
14	Graskaskade	Gras	→ Composite → Recycling	Komposite	Bioraffinerie	Gras	Grünland

Tab. 4: Beispiele für ausgewählte Kaskadennutzungen

Ebenfalls nicht genauer spezifiziert sind die Angabepflichten mit Bezug zum 92
Kaskadenprinzip. In Zusammenhang mit der Berichterstattung über den Anteil
der biologischen Materialien und von nicht für energetische Zwecke verwendeten Biokraftstoffen, die nachhaltigen Ursprungs sind, sollten Angaben zu nachgelagerten Nutzungsmöglichkeiten der biologischen Materialien und bestimmter Biokraftstoffe genügen. Eine genaue Verortung der im berichtenden
Unternehmen eingesetzten Produkte innerhalb der Kette der Kaskadennutzungen, also um welche Stufe der Nutzungsmöglichkeiten es sich bei den
eingesetzten Materialien handelt, kann daraus u. E. nicht abgeleitet werden.

Sowohl bei der Angabe nach ESRS E5.31(b) als auch nach ESRS E5.31(c) 93
(Rz 86) ist für die Nennung des Prozentsatzes die Bildung eines Verhältnisses
erforderlich, bei dem der absolute Wert an „nachhaltigen" Komponenten dem
absoluten Wert an insgesamt eingesetzten Komponenten („nachhaltige" und
„nicht nachhaltige") gegenübergestellt wird. Der Zähler des Quotienten ergibt
sich aus der expliziten Nennung in ESRS E5.31(b) und (c), während der Nenner
gem. ESRS E5.AR23 das Gesamtgewicht der im Berichtszeitraum verwendeten
Materialien widerspiegelt. Das für die Berechnung erforderliche Gesamtgewicht muss in der Berichterstattung nicht gesondert genannt werden, sondern
kann lediglich als Bestandteil der Ergebnisgröße zum Ausdruck kommen. Für
die Berechnung des Prozentsatzes können die gewichteten Ergebnisse aus den
Berechnungen für die unterschiedlichen Materialien herangezogen werden.
Alternativ kann bei der Verwendung gleicher Einheiten direkt ein Prozentsatz
berechnet werden.

Es ist davon auszugehen, dass bei der Berechnung der Prozentangaben für 94
ESRS E5.31(b) und (c) im Nenner jeweils das Gesamtgewicht derjenigen Kategorien an Materialien herangezogen wird, das auch im Zähler adressiert wird.
Obwohl ESRS E5.AR23 ganz allgemein von „Materialien" spricht, wäre es
nicht konsistent, im Nenner das Gewicht aller bei der Erzeugung der Produkte
oder Dienstleistungen eingesetzten Materialien anzugeben. Letztlich wären
insgesamt mind. zwei Prozentangaben nach ESRS E5.31(b) und (c) zu berichten. Eine gesonderte Angabe an Prozentgrößen für Unterkategorien von Materialien erscheint nicht in jedem Fall erforderlich. Bei stark abweichenden Pro-
duktionsfaktoren der Art nach liegt eine differenzierte Angabe allerdings nahe.
Dies könnte bspw. an unterschiedlichen Zertifizierungssystemen (bezogen auf
ESRS E5.31(b)) festgemacht werden. Unumgänglich ist eine gesonderte Angabe
aber auch in solchen Fällen nicht.

ESRS E5.AR25 verlangt Angaben zum Umgang mit potenziellen Doppelzäh- 95
lungen bei Überschneidungen zwischen den nach ESRS E5.31(c) offenzulegenden Kategorien von wiederverwendeten Komponenten, Zwischenprodukten
und Materialien einerseits und recycelten Komponenten, Zwischenprodukten
und Materialien andererseits. Bei derartigen Überschneidungen ist darauf hin-

zuweisen, wie Doppelzählungen ausgeschlossen werden und auf Basis welcher Kriterien die Festlegung erfolgt. Daraus ist nicht abzuleiten, dass eine gesonderte Nennung in Prozent für die beiden Unterkategorien „Wiederverwendung" und „Recycling" vorzunehmen ist. ESRS E5.AR25 bestimmt lediglich Anforderungen für die Vorgehensweise bei der Berechnung der Prozentangabe, um unerwünschte Gestaltungen zu verhindern.

96 Ebenfalls um Gestaltungsmissbrauch auszuschließen, verlangt ESRS E5.AR24 mit Blick auf die in ESRS E5.31(f) (indirekt) geforderten (Gewichts-)Angaben eine Bezugnahme auf den Originalzustand der Materialien. Datenmanipulationen – beispielhaft genannt wird die Angabe als „Trockengewicht" – sind untersagt. Als Originalzustand der Materialien ist der unverarbeitete Zustand anzunehmen, der zum Zeitpunkt des Bezugs der Materialien durch das berichtende Unternehmen vorliegt – und nicht etwa ein Originalzustand, der zu einem Zeitpunkt am Beginn der Wertschöpfungskette vorgelegen hat.

97 Die Methoden, die bei der Berechnung der Daten für Offenlegungen nach ESRS E5.31 angewendet werden, sind transparent zu machen. Dies beinhaltet Informationen zur Gewinnung der Daten. So ist zu vermerken, ob die Daten (z.B. das Gewicht der recycelten Materialien) direkt gemessen werden oder auf Schätzungen basieren. Gleichermaßen sind die wichtigsten Annahmen, die verwendet werden, offenzulegen.

98 I.V.m. den Offenlegungen zu Ressourcenzuflüssen beinhaltet ESRS E5-4 eine fakultative Angabe: Das Unternehmen kann, wenn es aufgrund der Ergebnisse der Wesentlichkeitsanalyse Offenlegungen nach ESRS E5.31 tätigt, auch Angaben zu solchen Materialien in den Nachhaltigkeitsbericht aufnehmen, die aus Neben- oder Abfallprodukten stammen (ESRS E5.AR22). Diese fakultativen Angaben bilden zugleich eine Abgrenzung zu den Pflichtangaben bei Wesentlichkeit nach ESRS E5-4, von denen nur solche Materialien erfasst sind, die für die Erzeugung der Produkte oder Dienstleistungen eingesetzt werden.

Als Beispiele für Neben- oder Abfallprodukte führt ESRS E5.AR22 Materialreste an, die bei der Produktion entstehen und von den Ausgangsmaterialien abweichen. Hierunter fällt bspw. der Materialverschnitt. Eine Abgrenzung zwischen Nebenprodukten und Abfällen bietet das Glossar zu den ESRS. Hiernach liegt ein **Nebenprodukt** (und kein Abfall) vor, wenn:
1. die weitere Verwendung des Stoffs oder Gegenstands sicher ist;
2. der Stoff oder Gegenstand ohne weitere Verarbeitung, die über die übliche industrielle Praxis hinausgeht, direkt verwendet werden kann;
3. der Stoff oder Gegenstand als integraler Bestandteil eines Produktionsprozesses hergestellt wird;
4. die weitere Verwendung rechtmäßig ist; d.h. der Stoff oder Gegenstand erfüllt alle relevanten Produkt-, Umwelt- und Gesundheitsschutzanforde-

rungen für die konkrete Verwendung und führt insgesamt nicht zu nachteiligen Auswirkungen auf die Umwelt oder die menschliche Gesundheit.[64]

2.3.3 ESRS E5-5 – Ressourcenabflüsse

2.3.3.1 Allgemeine Angaben

Ergänzend zu den Informationen über die Ressourcenzuflüsse gem. Angabepflicht ESRS E5-4 hat das Unternehmen Informationen über seine Ressourcenabflüsse offenzulegen. In Kombination der beiden Angabepflichten soll der Ressourcenverbrauch über die gesamte Wertschöpfungskette und des Produktionsprozesses im Unternehmen selbst transparent werden. 99

Spiegelbildlich zu ESRS E5-4 hat das Unternehmen Informationen dazu offenzulegen, welche wesentlichen Auswirkungen, Risiken und Chancen sich aus den Ressourcenabflüssen des Unternehmens, einschl. seiner Abfälle, ergeben (ESRS E5.33). Diese Offenlegungspflicht soll ein Verständnis für Folgendes vermitteln (ESRS E5.34):
a) wie das Unternehmen zur Kreislaufwirtschaft beiträgt, indem es Produkte und Materialien im Einklang mit den Grundsätzen der Kreislaufwirtschaft entwickelt und den Umfang erhöht oder maximiert, zu dem Produkte, Materialien und Abfallverarbeitung nach der ersten Verwendung in der Praxis wiederverwendet werden;
b) die Strategien des Unternehmens zur Abfallreduktion und Abfallbewirtschaftung und inwieweit das Unternehmen Kenntnis darüber hat, wie mit Vorabfällen i. R. d. eigenen Tätigkeiten umgegangen wird.

Die Angabe nach ESRS E5.34(b) bezieht sich auf Abfälle, die im Unternehmen entstehen, ohne dass eine Nutzung durch Endverbraucher eintreten konnte. Ein Beispiel hierfür wäre die Entsorgung von Lebensmitteln, die mangels Haltbarkeit nicht an Endverbraucher verkauft werden konnten und deswegen entsorgt wurden. Die deutsche Sprachfassung der ESRS ist dahingehend weniger aussagekräftig als die englischsprachige Version. So hat das Unternehmen gem. ESRS E5.34(b) der deutschen Sprachfassung ein Verständnis dafür zu vermitteln, „inwieweit das Unternehmen über Kenntnisse darüber verfügt, wie seine Abfälle vor dem Verbrauch im Rahmen seiner eigenen Tätigkeiten bewirtschaftet werden." Die englischsprachige Version spricht treffender vom Umgang mit *„pre-consumer waste"* (*„the extent to which the undertaking knows how its pre-consumer waste is managed in its own activities"*).

Die **Abgrenzung von ESRS E5-4 zu ESRS E5-5** ist nicht trivial. In prozessualer oder zeitlicher Hinsicht könnte die Grenze an dem Punkt ansetzen, an dem 100

---

[64] Berichtigung der Delegierten Verordnung (EU) 2023/2772 v. 31.7.2023, ABl. EU L v. 9.8.2024, Anhang II, Tab. 2, S. 262.

die Materialien im Unternehmen eintreffen und in den Produktionsprozess übergehen. Allerdings ist der Produktionsprozess ein Bereich, der sich sowohl auf die Zu- als auch auf die Abflüsse auswirkt. Der Verarbeitungsprozess selbst bestimmt die Anforderungen an die Eigenschaften der bezogenen Materialien und die Eigenschaften des Endprodukts i.S.d. Kreislaufwirtschaft. Folglich handelt es sich um einen überschneidenden Bereich, der für beide Angabepflichten relevant ist. Entscheidungen, die für den Produktionsprozess getroffen werden, können sich sowohl auf den Ressourcenverbrauch bei den Zu- als auch bei den Abflüssen auswirken. Die Entscheidungen können die Ziele der Kreislaufwirtschaft in beiden Bereichen zugleich positiv oder zugleich negativ beeinflussen, aber auch in entgegengesetzter Richtung wirken (Verbesserungen bei den Zuflüssen haben Verschlechterungen bei den Abflüssen zur Folge oder umgekehrt). Abb. 4 veranschaulicht die Zusammenhänge von ESRS E5-4 und E5-5:

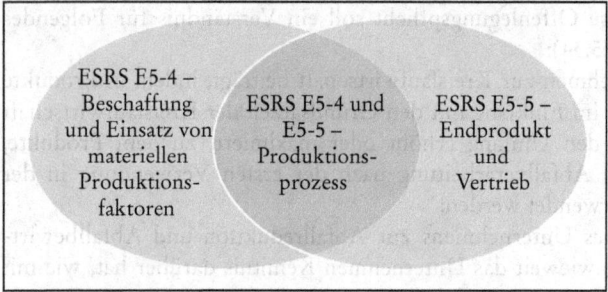

Abb. 4: Verhältnis von ESRS E5-4 zu ESRS E5-5

Abb. 4 verdeutlicht, dass Informationen zu allen durch das Unternehmen bezogenen und im Produktionsprozess eingesetzten Materialien und Vorprodukten gem. ESRS E5-4 offenzulegen sind. Hier geht es also um Entscheidungen bei der Beschaffung. Sobald das Unternehmen durch die Gestaltung der eigenen Prozesse und Eigenschaften der erzeugten Produkte und Dienstleistungen die Möglichkeit hat, auf die Qualifizierung der Materialien und (Vor-)Produkte i.S.d. Kreislaufwirtschaft einzuwirken, greifen die Angabepflichten nach ESRS E5-5.

101 Wenngleich ESRS E5-5 – anders als ESRS E5-4 – die Anwendung auf erzeugte Dienstleistungen nicht erwähnt, so geht die Gültigkeit der Angabepflicht für Ressourcenabflüsse im Zusammenhang mit Dienstleistungen aus ESRS E5.AR4(b) hervor. Unterthemen von ESRS E5 sind nämlich nach ESRS 1.AR16 „Ressourcenabflüsse im Zusammenhang mit Produkten und Dienstleistungen".

2.3.3.2 Produkte und Materialien

Ergänzend zu den allgemeinen Angabepflichten zu Ressourcenabflüssen nach ESRS E5-5 beinhaltet der Abschnitt „Produkte und Materialien" weitere Vorgaben zu Ressourcenabflüssen für Produkte und Materialien. Konkret ist dieser Abschnitt den Angaben nach ESRS E5.34(a) inhaltlich zugeordnet.

102

Während ESRS E5.34(a) eine Beschreibung verlangt, wie das Unternehmen dazu beiträgt, Produkte und Materialien im Einklang mit den Grundsätzen der Kreislaufwirtschaft zu entwickeln, hat das Unternehmen gem. ESRS E5.35 die wichtigsten Produkte und Materialien zu beschreiben, die aus dem Produktionsprozess des Unternehmens hervorgehen und nach Kreislaufprinzipien entwickelt wurden. Demzufolge ist diese Angabe als Ergebnis auf die Bemühungen zu sehen, die nach ESRS E5.34(a) darzustellen sind.

Die Beschreibung der Produkte und Materialien hat Informationen zu den folgenden Aspekten zu enthalten: Haltbarkeit, Wiederverwendbarkeit, Reparaturfähigkeit, Demontage, Wiederaufbereitung, Aufarbeitung, Recycling und Rückführung durch den biologischen Kreislauf oder Optimierung der Nutzung des Produkts oder Materials durch andere zirkuläre Geschäftsmodelle (ESRS E5.35).

Die Vorgabe zur Beschreibung der wichtigsten Produkte und Materialien nach ESRS E5.35 ist auf den ersten Blick schwerlich mit den dazugehörigen *Application Requirements* gem. ESRS E5.AR26 in Einklang zu bringen – jedenfalls dann, wenn auf den Wortlaut von AR26 abgestellt wird. Während ESRS E5.35 eine Angabe nur für die wichtigsten Produkte und Materialien, die nach Kreislaufprinzipien entwickelt wurden, vorsieht, verlangt ESRS E5.AR26 die Offenlegung der Beschreibung nach ESRS E5.35 für alle Materialien und Produkte, die aus dem Produktionsprozess des Unternehmens hervorgehen und die ein Unternehmen auf den Markt bringt (einschl. der Verpackungen). Es fehlt folglich die Einschränkung sowohl auf die wichtigsten Produkte und Materialien als auch auf solche Produkte und Materialien, die durch Bemühungen des Unternehmens zur Umsetzung von Kreislaufprinzipien gekennzeichnet sind.

103

Demzufolge kann ESRS E5.AR26 nur so ausgelegt werden, dass AR26 die Grundlage für die Auswahl derjenigen Produkte und Materialien bildet, die anschließend gem. den strengeren Anforderungen von ESRS E5.35 für die Berichterstattung auszuwählen sind. Hieraus folgt also nur, dass in einem ersten Schritt alle Kategorien an Produkten und Materialien inkl. der Verpackungen zu betrachten sind, die auch abgesetzt werden. Einschränkend ist in einem zweiten Schritt zu prüfen, welche dieser Produkte und Materialien
a) vom Unternehmen produziert werden – also nicht etwa als Verpackungsmaterial lediglich eingekauft und beim Verpacken selbst produzierter Waren verwendet und weiterverkauft werden,

b) nach Kreislaufprinzipien entwickelt wurden – mithin als Ergebnis der Bemühungen zu sehen sind, die gem. ESRS E5.34(a) offengelegt wurden, und
c) aus Sicht des Unternehmens als wichtig eingestuft werden.

Praxis-Hinweis

Für die Einordnung der Produkte und Materialien kann auf deren Wesentlichkeit aus finanzieller und strategischer Perspektive verwiesen werden. Produkte
und Materialien von untergeordneter finanzieller Bedeutung können für die
Berichterstattung vernachlässigt werden, wenn diese Produkte nicht essenziell
für die Wertschöpfung des Unternehmens oder dessen Marktstellung sind.

104   Weitere Angaben im Zusammenhang mit der Beschreibung der wichtigsten
Produkte und Materialien nach ESRS E5.35 sind ESRS E5.40 und ESRS E5.AR33
zu entnehmen. Aufgrund der – nicht stringenten – Zuordnung dieser Angabepflichten zum Abschnitt „Abfälle" finden sich weitere Hinweise bei der Kommentierung unter Rz 122.

105   Neben einer allgemeinen Beschreibung verlangt ESRS E5.36 darüber hinaus die
Offenlegung folgender Angaben, wenn die Ressourcenabflüsse beim berichtenden Unternehmen als wesentlich eingestuft wurden:
a) die erwartete Haltbarkeit der vom Unternehmen auf den Markt gebrachten
   Produkte im Verhältnis zum Branchendurchschnitt, wobei diese Angabe für
   jede Produktgruppe gesondert zu tätigen ist;
b) die Reparierbarkeit von Produkten, eingeordnet nach einem etablierten
   Bewertungssystem für die Reparierbarkeit, sofern diese Angabe möglich ist;
c) den recycelbaren Anteil in Produkten und deren Verpackungen.

Aus der Angabepflicht resultiert nicht die Notwendigkeit, den tatsächlichen
Umgang mit den Produkten oder Materialien beim Abnehmer des berichtenden
Unternehmens nachzuvollziehen. Vielmehr geht es darum, die Eigenschaften
bzw. potenziellen Verwertungsmöglichkeiten aufzuzeigen. Letzteres kann ei-
nen Anreiz beim berichtenden Unternehmen setzen, die Eigenschaften der
Produkte oder Materialien entsprechend auszugestalten.

106   Obwohl ESRS E5.36(a) eine Beschreibung zur „Haltbarkeit der vom Unternehmen in Verkehr gebrachten Produkte" verlangt, kann nicht davon ausgegangen werden, dass sich diese Angabepflicht auf solche Produkte erstreckt, die von
Unternehmen aus dem Sektor Handel eingekauft und dem Wesen nach unverändert weiterverkauft werden. Aus dem Gesamtzusammenhang von ESRS E5-5
ist vielmehr abzuleiten, dass sich die Angabepflicht auf eigens konzipierte oder
erstellte Produkte bezieht. Demzufolge richtet sich ESRS E5-5 vornehmlich an
Industrieunternehmen bzw. Unternehmen des produzierenden Gewerbes und
nicht an Unternehmen aus dem Bereich Handel.

Unter der **Reparierbarkeit von Produkten** ist gem. DIN EN 45554 die 107 Möglichkeit zu verstehen, ein fehlerhaftes Produkt wieder in einen Zustand zu versetzen, bei dem es seine bestimmungsgemäße Verwendung erfüllen kann.[65] Bei der Berichterstattung über die Reparierbarkeit von Produkten und die Einordnung nach Bewertungssystemen gem. ESRS E5.36(b) kann auf die Ergebnisse zahlreicher Initiativen seitens der EU zurückgegriffen werden. So wurden in den letzten Jahr(zehnt)en auf EU-Ebene verschiedene Maßnahmen und Aktionen in Gang gesetzt, denen Methoden und Normen zur Bewertung der Reparierbarkeit von Produkten – und weitere Informationen zur Beurteilung von Produkten i. S. d. Kreislaufwirtschaft – entnommen werden können. Diese Initiativen auf EU-Ebene umfassen insbes.:

a) die Verabschiedung der sog. Ökodesign-Richtlinie (Rz 108),[66]
b) die Annahme des Aktionsplans der EU für die Kreislaufwirtschaft,[67]
c) das Ökodesign-Arbeitsprogramm 2016–2019,[68]
d) die Rahmenverordnung zur Energieverbrauchskennzeichnung,[69]
e) einen neuen Aktionsplan für Kreislaufwirtschaft,[70]
f) das Ökodesign-Arbeitsprogramm 2022–2024[71] und
g) die sog. Ökodesign-Verordnung vom Juni 2024 (Rz 109).[72]

Die EU-Initiativen bezwecken die Förderung einer stärker kreislauforientierten Wirtschaft in der EU, u. a. durch die Formulierung von Mindestanforderungen an die Produktgestaltung. Während die frühen Maßnahmen den Fokus auf die Energieeffizienz legten, wurden im Zeitablauf verstärkt weitere Fragestellungen wie die Materialeffizienz, Langlebigkeit und Wiederverwertbarkeit von Produkten in die Initiativen integriert. Zudem wurde der Anwendungsbereich der Initiativen auf den gesamten Lebenszyklus von Produkten ausgeweitet.

Konkret wird mit Art. 15 der sog. **Ökodesign-Richtlinie** für energiever- 108 brauchsrelevante Produkte, die bestimmte Voraussetzungen erfüllen, die Grundlage für spezifische Ökodesign-Anforderungen gelegt. Voraussetzung für die Anwendung der Ökodesign-Richtlinie ist insbes., dass ausgewählte

---

[65] Vgl. ausführlich zum Begriff der Reparierbarkeit Umweltbundesamt (Hrsg.), Methoden und Normen zur Bewertung der Reparierbarkeit von Elektro- und Elektronikgeräten – Stärkung der Materialeffizienz unter der Ökodesign-Richtlinie – Abschlussbericht, Texte 88/2022, S. 45.
[66] Richtlinie 2009/125/EG, ABl. EU v. 31.10.2009, L 285/10.
[67] Mitteilung der EU-Kommission, Den Kreislauf schließen – Ein Aktionsplan der EU für die Kreislaufwirtschaft v. 2.12.2015, COM(2015) 614.
[68] Mitteilung der EU-Kommission, Ökodesign-Arbeitsprogramm 2016–2019 v. 30.11.2016, COM(2016) 0773 final.
[69] Verordnung (EU) 2017/1369, ABl. EU v. 28.7.2017, L 198/1.
[70] Mitteilung der EU-Kommission, Ein neuer Aktionsplan für die Kreislaufwirtschaft, Für ein saubereres und wettbewerbsfähigeres Europa v. 11.3.2020, COM(2020) 98 final.
[71] Mitteilung der EU-Kommission, Arbeitsprogramm für Ökodesign und Energieverbrauchskennzeichnung 2022–2024, ABl. EU v. 4.5.2022, C 182/1.
[72] Verordnung (EU) 2024/1781 v. 13.6.2024, ABl. EU L v. 28.6.2024.

Produkteigenschaften mit bestimmten erheblichen Umweltauswirkungen und ein erhebliches Verkaufs- und Handelsvolumen der Produkte vorliegen.[73] Die konkreten Mindestanforderungen sind wiederum mithilfe von Durchführungsverordnungen umgesetzt. Demzufolge resultieren die konkreten Anforderungen aus den jeweiligen Verordnungen der EU-Kommission, die sich auf unterschiedliche Produktgruppen beziehen. Eine Übersicht über die Regularien und die betroffenen Produktgruppen (z.b. Fernsehgeräte, Geschirrspüler oder Ladegeräte und Netzteile) bietet das Bundesministerium für Wirtschaft und Klimaschutz.[74]

109   In Erweiterung der Ökodesign-Richtlinie beinhaltet die **Ökodesign-Verordnung** vom Juni 2024[75] Bestimmungen für Leistungs- und Informationsanforderungen für zahlreiche Produktgruppen und geht damit weit über energieverbrauchsrelevante Produkte hinaus. Darüber hinaus bietet die Verordnung einen Rahmen, um ein breiteres Spektrum an Anforderungen an Produkte festzulegen. Dieses deckt etwa neben der Reparierbarkeit die Funktionsbeständigkeit, Wiederverwendbarkeit und Nachrüstbarkeit von Produkten, die Energie-, Wasser- und Ressourceneffizienz, die Recyclingfähigkeit oder die Möglichkeit zur Wiederaufarbeitung oder die Möglichkeit der Verwertung von Materialien ab.[76]

Ein EU-weites Bewertungssystem für eine große Bandbreite an Produktgruppen, das eine einheitliche Einordnung i.S.e. Reparierbarkeitsindex ermöglicht, existiert (noch) nicht. Stattdessen bestehen für bestimmte Produktgruppen (Vorschläge für) unterschiedliche Bewertungssysteme hinsichtlich der Reparierbarkeit von Produkten, die auf EU-Ebene oder nationaler Ebene herangezogen werden können.[77] Eine Übersicht zu solchen Bewertungssystemen bietet etwa das Umweltbundesamt und nennt bspw. das Umweltzeichen **Blauer Engel** oder das **EU Eco Label**.[78] Indikatoren, die bei Bewertungssystemen eine Rolle spielen können, sind z.B. Kosten und Verfügbarkeit von Ersatzteilen, Werkzeugen und

---

73   Als Richtwert für ein erhebliches Verkaufs- und Handelsvolumen des Produkts dient nach den neuesten vorliegenden Zahlen innerhalb eines Jahrs in der Gemeinschaft eine Anzahl von mehr als 200.000 Stück. Vgl. hierzu und zu den weiteren Voraussetzungen an die Produkte, die der Ökodesign-Richtlinie unterliegen, Art. 15 Abs. 2 Ökodesign-Richtlinie.

74   Siehe https://netzwerke.bam.de/Netzwerke/Navigation/DE/Evpg/EVPG-Produkte/evpg-produkte.html, Abruf 1.8.2024.

75   Verordnung (EU) 2024/1781 v. 13.6.2024, ABl. EU L v. 28.6.2024.

76   Siehe hierzu und zu weiteren Ökodesign-Anforderungen Art. 5 Ökodesign-Verordnung.

77   Ausführungen zu etablierten Bewertungssystemen finden sich in EU-Kommission, JRC Technical Reports, Analysis and development of a scoring system for repair and upgrade of products 2019, https://publications.jrc.ec.europa.eu/repository/handle/JRC114337. Konkrete Beschreibungen für Scoring-Systeme für Smartphones und bestimmte Tablets finden sich bspw. in EU-Kommission, JRC Science for Policy Report, Product Reparability Scoring System: specific application to Smartphones and Slate Tablets, 2022, https://publications.jrc.ec.europa.eu/repository/handle/JRC128672, Abruf jew. 1.8.2024.

78   Vgl. hierzu und zu weiteren Bewertungssystemen Umweltbundesamt (Hrsg.), Methoden und Normen zur Bewertung der Reparierbarkeit von Elektro- und Elektronikgeräten – Stärkung der Materialeffizienz unter der Ökodesign-Richtlinie – Abschlussbericht, Texte 88/2022, S. 49 ff.

Arbeitsleistung, das Produktdesign und die zerstörungsfreie Demontage, die Verfügbarkeit von Reparaturwerkstätten oder der Zeitaufwand für die Abwicklung der Reparatur.[79] Derartige Indikatoren können mittels Skalierung zu einer Wertung hinsichtlich der Reparierbarkeit zusammengefasst werden.

Smartphones und bestimmte andere mobile Endgeräte, die in der EU auf den Markt gebracht werden, sollen zukünftig eine Bewertung der Reparierbarkeit vorweisen. Dies geht aus einer am 16.6.2023 beschlossenen EU-Verordnung hervor.[80]

In Nachhaltigkeitsberichten von Unternehmen, die für die Jahre 2022 und 2023 berichtet haben, finden sich durchaus Angaben dazu, dass Maßnahmen zur Verbesserung der Reparierbarkeit bei der Produktentwicklung berücksichtigt werden. Die Nennung konkreter Bewertungssysteme findet sich jedoch seltener.

110

Bspw. nennt Bosch in seinem Nachhaltigkeitsbericht 2023 den Aspekt der Reparierbarkeit i.R.d. „Umweltaspekte im Design for Environment" (siehe folgende Abb.). Ausführungen zu spezifischen Bewertungssystemen zur Einordnung von Produktgruppen finden sich hingegen im Nachhaltigkeitsbericht nicht.

Praxis-Beispiel Bosch – Reparierbarkeit[81]

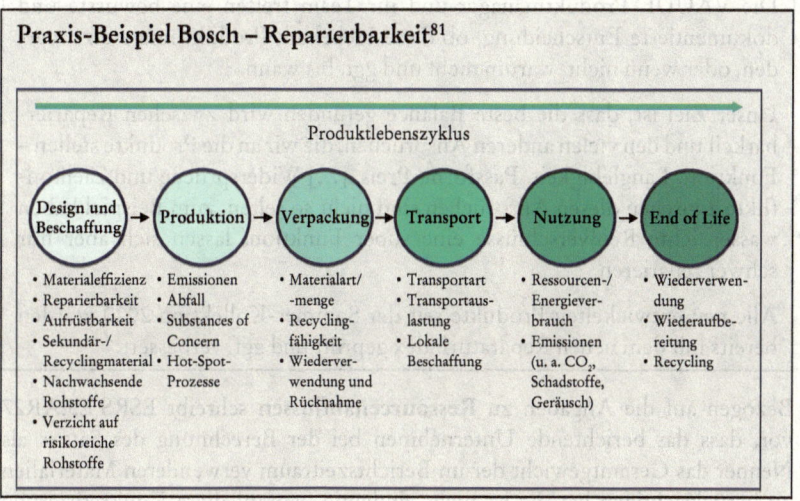

Das Unternehmen VAUDE berichtet in seinem Nachhaltigkeitsbericht für das Jahr 2023 über die Anwendung eines eigens erarbeiteten Reparaturindex. Die berücksichtigten Indikatoren werden i.R.d. Offenlegung genannt. Weitergehende Informationen wie eine Gewichtung oder eine Bepunktung innerhalb der

---

79 Vgl. hierzu und zu weiteren Indikatoren Umweltbundesamt (Hrsg.), Methoden und Normen zur Bewertung der Reparierbarkeit von Elektro- und Elektronikgeräten – Stärkung der Materialeffizienz unter der Ökodesign-Richtlinie – Abschlussbericht, Texte 88/2022, S. 18.
80 Siehe hierzu Verordnung (EU) 2023/1670 v. 16.6.2023, ABl. EU v. 31.8.2023, L 214/47ff.
81 Entnommen Bosch, Nachhaltigkeitsbericht 2023, S. 39.

Indikatoren finden sich nicht. Nichtsdestotrotz sind diese Angaben verhältnismäßig umfangreich:

Praxis-Beispiel VAUDE – Reparatur-Index[82]

„Jetzt gehen wir noch einen großen Schritt weiter: Wir haben einen Reparaturindex erarbeitet, mit dem die Reparierbarkeit aller VAUDE Produkte bereits beim Design und während der gesamten Produktentwicklung konsequent mitgedacht und systematisch bewertet wird.

Über ein Punktesystem wird geprüft, welche Stellschrauben es in den Bereichen Design, Materialauswahl und Verarbeitungstechnologien gibt, um die Reparierbarkeit zu erhöhen. Dabei spielt auch eine Rolle, ob die Reparatur von jedem selbst, mit Hilfe von zum Beispiel Repair Cafés oder nur von Fachbetrieben wie der VAUDE Reparaturwerkstatt durchgeführt werden kann, ob Ersatzteile verfügbar sind und wie hoch der Aufwand für die Reparatur ist.

Die VAUDE Produktmanager und ihr Team treffen eine bewusste und dokumentierte Entscheidung, ob diese Hebel am Produkt umgesetzt werden, oder wenn nicht, warum nicht und ggf. bis wann.

Unser Ziel ist, dass die beste Balance gefunden wird zwischen Reparierbarkeit und den vielen anderen Ansprüchen, die wir an die Produkte stellen – Funktion, Langlebigkeit, Passform, Preis, […] Widersprüche und Zielkonflikte zwischen diesen Ansprüchen sind nicht so selten, zum Beispiel haben wasserdichte Reißverschlüsse eine super Funktion, lassen sich aber nur schwer reparieren.

Alle neu entwickelten Produkte seit der Sommer-Kollektion 2020 wurden bereits mit dem neuen Reparaturindex geprüft und ggf. verbessert."

---

111   Bezogen auf die Angaben zu **Ressourcenabflüssen** schreibt ESRS E5.AR27 vor, dass das berichtende Unternehmen bei der Berechnung des Satzes als Nenner das Gesamtgewicht der im Berichtszeitraum verwendeten Materialien zu berücksichtigen hat. Es ist nicht eindeutig, worauf diese Konkretisierung anzuwenden ist.

ESRS E5.AR27 folgt auf AR26, die sich explizit auf ESRS E5.35 bezieht, und steht vor AR28, die Angaben zum Abfallmanagement zum Gegenstand hat. Unter Berücksichtigung dieser Reihung könnte AR27 auf ESRS E5.36(c) Bezug nehmen. Hiernach sind die Recyclinganteile in Produkten und deren Verpackungen zu nennen. Als Nenner wäre demzufolge das Gesamtgewicht der für die erzeugten Produkte und Verpackungen verwendeten Materialien anzu-

---

[82]   Entnommen VAUDE, Nachhaltigkeitsbericht 2023, VAUDE Reparatur-Index.

geben. Um eine Vereinheitlichung bei den Mengen zu erreichen, wären u. E. den verwendeten Materialien im Nenner die erzeugten Produkte und Verpackungen im Zähler – und nicht etwa die abgesetzten Einheiten – gegenüberzustellen.

2.3.3.3 Abfälle

Vergleichbar zu den ergänzenden Angaben zu Produkten und Materialien enthält der Abschnitt „Abfälle" weitere Angaben zu den allgemeinen Berichtspflichten zu Ressourcenabflüssen nach ESRS E5-5. Dieser Abschnitt ist den Angaben nach ESRS E5.34(b) inhaltlich zugeordnet.   **112**

Gem. ESRS E5.37 hat das berichtende Unternehmen zur Gesamtmenge an Abfällen aus dem eigenen Betrieb folgende Angaben (in Tonnen oder in Kilogramm) offenzulegen:
a) die Gesamtmenge des erzeugten Abfalls;
b) das Gesamtgewicht der Materialien, für das eine Abfallentstehung vermieden wird, indem eine abweichende Verwertung erfolgt (Rz 113); als abweichende Verwertung gelten die folgenden drei Verwertungsvorgänge:
   • Vorbereitung zur Wiederverwendung,
   • Recycling,
   • sonstige Verwertungsverfahren (Rz 115).
Das Gewicht ist sowohl gesondert für diese drei Arten an Verwertungsvorgängen als auch zusammengefasst anzugeben. Zudem hat eine Aufschlüsselung nach gefährlichem Abfall und nicht gefährlichem Abfall zu erfolgen. Hieraus resultieren max. acht gesonderte Gewichtsangaben (Rz 114) – falls nicht von der freiwilligen Angabe zu spezifischen Abfällen, insbes. radioaktiven Abfällen, Gebrauch gemacht wird. In letzterem Fall wäre eine weitere Aufschlüsselung möglich;
c) das Gesamtgewicht der Materialien, die entsorgt werden, aufgeschlüsselt nach drei verschiedenen Arten der Abfallbehandlung; diese drei Arten sind:
   • Verbrennung (Rz 116),
   • Deponierung,
   • sonstige Entsorgungsvorgänge (Rz 116).
Vergleichbar zu den Angaben zur Verwertung nach ESRS E5.37(b) ist bei der Entsorgung das Gewicht sowohl gesondert für die drei Arten an Vorgängen zur Abfallentsorgung als auch zusammengefasst anzugeben. Des Weiteren hat auch hier eine Aufschlüsselung nach gefährlichem Abfall und nicht gefährlichem Abfall zu erfolgen. Hieraus resultieren wiederum max. acht gesonderte Gewichtsangaben (Rz 117) – ebenfalls ohne Beachtung der freiwilligen Aufschlüsselung zu spezifischen Abfällen;
d) die Gesamtmenge und der Prozentsatz des nicht recycelten Abfalls (Rz 118).

Unter einer abweichenden **Verwertung** nach ESRS E5.37(b) (Rz 112) ist jeder Vorgang zu verstehen, der die Vermeidung der Abfallentstehung als Haupt-   **113** zweck beinhaltet. Das Glossar zu den ESRS bezeichnet darunter Vorgänge, die in erster Linie durchgeführt werden, um Abfälle einem nützlichen Zweck zuzuführen, indem sie andere Materialien ersetzen, die andernfalls zur Erfüllung einer bestimmten Funktion verwendet worden wären, oder dass Abfälle so vorbereitet werden, dass sie diese Funktion in der Anlage oder in der Gesamtwirtschaft erfüllen.[83]

114   ESRS E5.37(b) verlangt bei der Angabe des Gewichts an Materialien, die der Abfallentsorgung entzogen werden konnten, eine gesonderte Angabe für gefährlichen Abfall und für nicht gefährlichen Abfall – jeweils mit einer Zuordnung zu drei potenziellen Verwertungsarten. Demzufolge wären max. acht Gewichtsangaben zu tätigen (bei Berücksichtigung des Erfordernisses zur Angabe des Gesamtgewichts mit Differenzierung zwischen gefährlichem und nicht gefährlichem Abfall).

Eine Ausweitung ergibt sich lediglich dann, wenn spezifische Abfälle, bspw. radioaktive Abfälle, gesondert ausgewiesen werden. Hierbei handelt es sich jedoch um eine freiwillige Angabe (ESRS E5.AR29).

Eine Möglichkeit der Darstellung bietet Tab. 5:

	Gefährlicher Abfall (Gewicht in t oder kg)	Nicht gefährlicher Abfall (Gewicht in t oder kg)
Vorbereitung zur Wiederverwendung		
Recycling		
Sonstige Wiederherstellungsvorgänge		
Gesamt		

Tab. 5: Darstellung der Berichtspflichten nach ESRS E5.37(b)

Als **gefährliche Abfälle** gelten nach dem Glossar zu den ESRS solche Abfälle, die eine oder mehrere der in Anhang III der Richtlinie 2008/98/EG[84] über Abfälle und zur Aufhebung bestimmter Richtlinien aufgeführten gefährlichen Eigenschaften aufweisen.[85] Anhang III dieser Richtlinie führt eine Liste an gefahrenrelevanten Eigenschaften von Abfällen an. Diese Eigenschaften sind: explosiv, brandfördernd, leicht entzündbar, entzündbar, reizend, gesundheits-

---

[83] Berichtigung der Delegierten Verordnung (EU) 2023/2772 v. 31.7.2023, ABl. EU L v. 9.8.2024, Anhang II, Tab. 2, S. 277.
[84] Abfallrahmenrichtlinie – 2008/98/EG, ABl. EU v. 22.11.2008, L 312/3.
[85] Berichtigung der Delegierten Verordnung (EU) 2023/2772 v. 23.7.2023, ABl. EU L v. 9.8.2024, Anhang II, Tab. 2, S. 270.

schädlich, giftig, krebserzeugend, ätzend, infektiös, fortpflanzungsgefährdend (reproduktionstoxisch), mutagen, sensibilisierend und ökotoxisch. Dazu kommen (1) Abfälle, die bei der Berührung mit Wasser, Luft oder einer Säure ein giftiges oder sehr giftiges Gas abscheiden, und (2) Abfälle, die nach der Beseitigung auf irgendeine Weise die Entstehung eines anderen Stoffs bewirken können, z.B. ein Auslaugungsprodukt, das eine der bereits genannten gefährlichen Eigenschaften aufweist. Anhang III der Richtlinie 2008/98/EG umfasst neben der Nennung der Eigenschaften von gefährlichen Abfällen auch eine Beschreibung dieser Eigenschaften.

Unter die **sonstigen Verwertungsverfahren** nach ESRS E5.37(b)(iii) fallen gem. ESRS E5.AR31 z.B. alle Verwertungsverfahren, die in Anhang II der Abfallrahmenrichtlinie genannt sind. Dies sind: 115

* Hauptverwendung als Brennstoff oder als anderes Mittel der Energieerzeugung,
* Rückgewinnung/Regenerierung von Lösemitteln,
* Recycling/Rückgewinnung organischer Stoffe, die nicht als Lösemittel verwendet werden (einschl. der Kompostierung und sonstiger biologischer Umwandlungsverfahren),
* Recycling/Rückgewinnung von Metallen und Metallverbindungen,
* Recycling/Rückgewinnung von anderen anorganischen Stoffen,
* Regenerierung von Säuren und Basen,
* Wiedergewinnung von Bestandteilen, die der Bekämpfung von Verunreinigungen dienen,
* Wiedergewinnung von Katalysatorenbestandteilen,
* erneute Ölraffination oder andere Wiederverwendungen von Öl,
* Aufbringung auf den Boden zum Nutzen der Landwirtschaft oder zur ökologischen Verbesserung,
* Verwendung von Abfällen, die bei einem der zuvor aufgeführten Verfahren gewonnen werden,
* Austausch von Abfällen, um sie einem der zuvor aufgeführten Verfahren zu unterziehen,
* Lagerung von Abfällen bis zur Anwendung eines der zuvor aufgeführten Verfahren (ausgenommen zeitweilige Lagerung – bis zur Sammlung – auf dem Gelände der Entstehung der Abfälle).[86]

Unter **Verbrennung** (ESRS E5.37(c)(i)) ist die kontrollierte Verbrennung von Abfällen bei hoher Temperatur mit oder ohne Energierückgewinnung zu verstehen.[87] Sonstige Entsorgungsvorgänge (ESRS E5.37(c)(iii)) sind gem. ESRS E5.AR32 beispielhaft in Anhang I der Abfallrahmenrichtlinie genannt.   116

---

[86] Vgl. Abfallrahmenrichtlinie – 2008/98/EG, Anhang II, ABl. EU v. 22.11.2008, L 312/24.
[87] Berichtigung der Delegierten Verordnung (EU) 2023/2772 v. 31.7.2023, ABl. EU L v. 9.8.2024, Anhang II, Tab. 2, S. 271.

Irritierenderweise führt ESRS E5.AR32 die folgenden Beispiele an, die aus der Liste in Anhang I der Abfallrahmenrichtlinie entnommen sind: Deponierung, offene Verbrennung oder Tiefbrunneninjektion. Die Beispiele „Deponierung" und „Verbrennung" sind aber gerade nicht als sonstige Vorgänge nach ESRS E5.37(c)(iii) einzuordnen, da diese als gesonderte Angaben nach ESRS E5.37(c)(i) und ESRS E5.37(c)(ii) verlangt sind. Es ist also davon auszugehen, dass abgesehen von der Deponierung und Verbrennung (nur) alle weiteren in Anhang I der Abfallrahmenrichtlinie genannten Fälle als Beispiele für Angaben nach ESRS E5.37(c)(iii) erfasst werden können (z.B. Verpressung oder Einleitung in Meere).

117   Vergleichbar zur Angabe bei Materialien, die nicht der Entsorgung zugeführt werden, ergibt sich für solche Materialien, die entsorgt werden, die in Tab. 6 dargestellte Möglichkeit zur Erfüllung der Berichtspflichten.

	Gefährlicher Abfall (Gewicht in t oder kg)	Nicht gefährlicher Abfall (Gewicht in t oder kg)
Verbrennung		
Deponie		
Sonstige Entsorgung		
Gesamt		

Tab. 6: Darstellung der Berichtspflichten nach ESRS E5.37(c)

118   Das Gesamtgewicht des nicht recycelten Abfalls in Tonnen ist eine Information, die gem. der delegierten Verordnung zur Offenlegungsverordnung von Finanzmarktteilnehmern benötigt wird, die jener Vorschrift unterliegen. Konkret fällt der „Anteil nicht verwerteter Abfälle" unter die in der delegierten Verordnung festgelegten „zusätzlichen Klimaindikatoren und andere umweltbezogene Indikatoren" und wird bemessen in „Tonnen nicht verwerteter Abfälle, die von den Unternehmen, in die investiert wird, pro investierter Million EUR erzeugt werden, ausgedrückt als gewichteter Durchschnitt".[88]

119   Nach ESRS E5.38 hat das berichtende Unternehmen bei Offenlegung der Zusammensetzung der Abfälle Folgendes anzugeben:
a) die Abfallströme, die für seinen Sektor oder seine Tätigkeiten relevant sind (z.B. Rückstände für das Unternehmen im Bergbausektor, Elektronikschrott für das Unternehmen im Unterhaltungselektroniksektor oder Lebensmittelabfälle für das Unternehmen in der Landwirtschaft oder im Gastgewerbe);
b) die im Abfall enthaltenen Materialien (z.B. Biomasse, Metalle, nicht metallische Mineralien, Kunststoffe, Textilien, kritische Rohstoffe und Seltene

---

[88]   Vgl. zu diesen Vorgaben Indikator Nr. 13 Anhang I Tab. 2 der delegierten Verordnung (EU) 2022/1288 v. 6.4.2022, ABl. EU v. 25.7.2022, L 196/46.

Erden; siehe zur Abgrenzung kritischer Rohstoffe und Seltener Erden
Rz 82).

Als (freiwillige) Orientierung für die Abgrenzung von Sektoren und Tätigkeiten 120
bei der Berichterstattung über relevante Abfallströme nach ESRS E5.38(a) dient
der **Europäische Abfallkatalog** (ESRS E5.AR30). Dieser enthält eine Liste an
Abfallbeschreibungen und ordnet diese bestimmten Sektoren und Tätigkeiten
zu. Hierbei besteht ein Über- und Unterordnungsverhältnis. Dies zeigt folgendes – nicht vollständig abgebildetes – Beispiel:[89]

Abfälle aus Landwirtschaft, Gartenbau, Teichwirtschaft, Forstwirtschaft, Jagd und Fischerei sowie der Herstellung und Verarbeitung von Nahrungsmitteln	Abfälle aus Landwirtschaft, Gartenbau, Teichwirtschaft, Forstwirtschaft, Jagd und Fischerei	Schlämme von Wasch- und Reinigungsvorgängen
		Abfälle aus tierischem Gewebe
		Abfälle aus pflanzlichem Gewebe
		…
	Abfälle aus der Zubereitung von Fleisch, Fisch und anderen Nahrungsmitteln tierischen Ursprungs	Schlämme von Wasch- und Reinigungsvorgängen
		Abfälle aus tierischem Gewebe
		Für Verzehr oder Verarbeitung ungeeignete Stoffe
		…

Die Gesamtmenge der erzeugten gefährlichen Abfälle und radioaktiven Abfälle 121
ist nach ESRS E5.39 offenzulegen, sofern radioaktive Abfälle vorliegen, die die
Definition nach Art. 3 Nr. 7 der Richtlinie 2011/70/Euratom[90] erfüllen. Hiernach bezeichnen **radioaktive Abfälle** radioaktives Material in gasförmiger,
flüssiger oder fester Form, für das vom Mitgliedstaat oder von einer natürlichen
oder juristischen Person, deren Entscheidung vom Mitgliedstaat anerkannt
wird, eine Weiterverwendung nicht vorgesehen ist und das i. R. v. Gesetzgebung

---

[89] Die im Beispiel genannte Kategorisierung ist dem Europäischen Abfallkatalog entnommen.
[90] Richtlinie 2011/70/Euratom v. 19.7.2011, ABl. EU v. 2.8.2011, L 199/48.

und Vollzug des Mitgliedstaats als radioaktiver Abfall der Regulierung durch eine zuständige Regulierungsbehörde unterliegt.

Als Begründung für diese Angabepflicht wird erneut auf die delegierte Verordnung zur Offenlegungsverordnung und damit den Informationsbedarf von Finanzmarktteilnehmern verwiesen (Rz 118). In diesem Fall soll die Angabepflicht dem Informationsbedarf zum „Anteil gefährlicher und radioaktiver Abfälle" in „Tonnen gefährlicher und radioaktiver Abfälle, die von den Unternehmen, in die investiert wird, pro investierter Million EUR erzeugt werden, ausgedrückt als gewichteter Durchschnitt" nachkommen.[91]

122   Nach ESRS E5.40 hat das Unternehmen erläuternde Informationen („Hintergrundinformationen") zu den Methoden und insbes. zu den Kriterien und Annahmen zur Verfügung zu stellen, die für eine Klassifizierung von Produkten i.S.d. Kreislaufprinzipien gem. ESRS E5.35 verwendet werden. Warum diese Angabepflicht dem Abschnitt „Abfälle" zugeordnet ist, erschließt sich nicht. Diese Angabepflicht bezieht sich explizit auf die Offenlegung zu den wichtigsten Produkten und Materialien, die aus dem Produktionsprozess des Unternehmens hervorgehen. Somit handelt es sich um eine Konkretisierung zu ESRS E5.35. Weiter verlangt ESRS E5.40, dass das Unternehmen angeben muss, ob die Daten aus direkten Messungen oder Schätzungen stammen.

Zudem kann das Unternehmen bei der Beschreibung der „Hintergrundinformationen" Folgendes freiwillig offenlegen (ESRS E5.AR33):
a) die Gründe für hohe Abfallmengen, die entsorgt werden (z.B. örtliche Vorschriften, die die Deponierung bestimmter Abfallarten verbieten);
b) Branchenpraktiken, Branchenstandards oder externe Vorschriften, die einen bestimmten Entsorgungsvorgang vorschreiben;
c) ob die Daten modelliert wurden oder aus direkten Messungen stammen, z.B. aus Abfallübergabeprotokollen von beauftragten Abfallsammlern.

123   Nach ESRS E5.AR28 kann das Unternehmen sein Engagement bei der Abfallentsorgung am Ende des Produktlebenszyklus offenlegen, bspw. indem es über Systeme der erweiterten Herstellerverantwortung oder Rücknahmesysteme berichtet. Wenngleich diese Information inhaltlich dem Abschnitt „Abfälle" zugeordnet werden kann, so ist diese Positionierung dennoch anzuzweifeln. Vielmehr bietet sich dieser Hinweis mit Bezug zu Angaben zur Optimierung des Abfallmanagements gem. ESRS E5-2 an (siehe hierzu ESRS E5.20(f)).

---

[91] Vgl. zu diesen Vorgaben Indikator Nr. 9 Anhang I Tab. 1 der Delegierten Verordnung (EU) 2022/1288 v. 6.4.2022, ABl. EU v. 25.7.2022, L 196/43.

2.3.4 ESRS E5-6 – Erwartete finanzielle Effekte durch Auswirkungen, Risiken und Chancen im Zusammenhang mit Ressourcennutzung und Kreislaufwirtschaft

ESRS E5 beinhaltet auch Angaben zu erwarteten finanziellen Effekten aufgrund   124
wesentlicher Risiken und Chancen, die sich aus Auswirkungen im Zusammenhang mit Ressourcennutzung und Kreislaufwirtschaft ergeben (ESRS E5.41). Diese Angaben ergänzen die nach ESRS 2.48(d) erforderlichen Angaben zu den aktuellen finanziellen Effekten der wesentlichen Risiken und Chancen auf die Finanzlage, die Ertragslage und die Zahlungsströme des Unternehmens (im Berichtszeitraum) sowie die wesentlichen Risiken und Chancen, bei denen im nächsten Berichtszeitraum ein erhebliches Risiko einer wesentlichen Anpassung der Buchwerte der im zugehörigen Jahresabschluss ausgewiesenen Vermögenswerte und Verbindlichkeiten besteht, sowie die nach ESRS 2.48(e) erforderlichen Angaben zu den kurz-, mittel- und langfristig erwarteten finanziellen Effekte der wesentlichen Risiken und Chancen auf die Finanzlage, die Ertragslage und die Zahlungsströme (→ § 4 Rz 106).

Mit der Umformulierung von „erwarteten finanziellen Auswirkungen [...]" auf   125
die Finanzlage, die finanzielle Leistungsfähigkeit und die Cashflows" auf „erwartete finanzielle Effekte [...]" auf die Finanzlage, die Ertragslage und die Zahlungsströme" dürfte nur eine sprachliche Klarstellung und keine inhaltliche Änderung verbunden sein. Die Verwendung des Begriffs „Effekte" statt „Auswirkungen" vermeidet eine Verwechslung mit „Auswirkungen, Risiken und Chancen (IRO)". Durch den neuen Begriff „Ertragslage" wird ein besserer Bezug zu dem im Zusammenhang mit dem Jahresabschluss verwendeten Begriffen („Vermögens-, Finanz- und Ertragslage") hergestellt.

Ziel der Angabepflichten gem. ESRS E5-6 ist, ein Verständnis für folgende   126
Aspekte zu vermitteln (ESRS E5.42):
a) hinsichtlich erwarteter finanzieller Effekte durch wesentliche Risiken aufgrund von wesentlichen Auswirkungen und Abhängigkeiten im Zusammenhang mit Ressourcennutzung und Kreislaufwirtschaft ein Verständnis dafür, wie diese Risiken kurz-, mittel- und langfristig einen wesentlichen Einfluss auf die Finanzlage, die Ertragslage und die Zahlungsströme haben oder ob ein solcher Einfluss wahrscheinlich ist;
b) erwartete finanzielle Effekte aufgrund wesentlicher Chancen im Zusammenhang mit Ressourcennutzung und Kreislaufwirtschaft.

In ESRS E5.42(a) wird bezogen auf Risiken explizit eine **zeitliche Staffelung**   127
der Angaben zu erwarteten finanziellen Effekte gefordert. Es wird zwischen kurz-, mittel- und langfristig unterschieden. Wie diese abzugrenzen sind, ist in ESRS 1.77 geregelt. Kurzfristig umfasst den Zeitraum, den das Unternehmen in seinem Abschluss als Berichtszeitraum zugrunde gelegt hat, mittelfristig den

Zeitraum vom Ende des kurzfristigen Zeitraums bis zu fünf Jahren und langfristig mehr als fünf Jahre (→ § 3 Rz 135). Dies entspricht der Fristenregelung, die auch für den Jahresabschluss nach HGB gilt. Die Schätzung von langfristigen finanziellen Effekte ist aufgrund der oftmals dynamischen Entwicklung des Unternehmens und der Unternehmensumwelt schwierig. Hier können vielfach nur mögliche Szenarien und damit verbundene Bandbreiten aufgezeigt werden.

128   Um die Zielstellung des ESRS E5.42(b) zu erfüllen, kann das Unternehmen veranschaulichen und beschreiben, wie es die Werterhaltung zu stärken gedenkt (ESRS E5.AR34). Unklar bleibt, was unter „Werterhaltung" zu verstehen ist und auf welcher Ebene die Werterhaltung zu stärken ist. Als Ebenen kommen das Unternehmen als Ganzes oder einzelne Vermögenswerte in Betracht. Werden einzelne Vermögenswerte betrachtet, müssten die Chancen geeignet sein, deren Nutzungswert (oder Nettoveräußerungswert) zu erhalten. Bei einer gesamtunternehmensbezogenen Abgrenzung könnte Werterhaltung bspw. als nominelle Kapitalerhaltung verstanden werden oder als Erhaltung des Unternehmenswerts. Im ersten Fall würde nur die Erhaltung des bilanziellen Eigenkapitals gefordert, im zweiten Fall die Erhaltung des ökonomischen Werts des Eigenkapitals. Die Erhaltung des bilanziellen Eigenkapitals ist allenfalls eine Mindestvoraussetzung. Grds. ist eine Stärkung des Unternehmenswerts anzustreben. Um diesen zu ermitteln, sind die zukünftigen Cashflows (oder Periodengewinne) auf den Betrachtungszeitpunkt mithilfe eines risikoadäquaten Diskontierungszinssatzes abzuzinsen. Die zukünftigen Chancen wirken sich positiv auf die Cashflows bzw. Periodengewinne aus, die zukünftigen Risiken negativ. Besser als die Erhaltung eines Status quo wäre eine Werterhöhung. Das Unternehmen muss neue Erfolgspotenziale entwickeln, die in Zukunft geeignet sind, Unternehmenswert zu schaffen.

129   Konkret wird die Offenlegung folgender Informationen gefordert (ESRS E5.43):
a) Quantifizierung der erwarteten finanziellen Effekte in monetärer Hinsicht, bevor Maßnahmen im Zusammenhang mit Ressourcennutzung und Kreislaufwirtschaft berücksichtigt werden;
b) Beschreibung der berücksichtigten finanziellen Effekte, der damit zusammenhängenden Auswirkungen und Abhängigkeiten sowie der Zeithorizonte, innerhalb derer sie wahrscheinlich eintreten werden;
c) kritische Annahmen, die zur Quantifizierung der erwarteten finanziellen Effekte herangezogen werden, sowie die Quellen und der Grad der Unsicherheit dieser Annahmen.

130   Wenn eine **Quantifizierung** der erwarteten finanziellen Effekte nicht ohne unangemessene Kosten oder Anstrengungen möglich ist, reichen qualitative Angaben aus (ESRS E5.43(a)). Wann die Kosten bzw. Anstrengungen als „unangemessen" anzusehen sind, wird nicht näher spezifiziert, so dass ein Ermes-

sensspielraum für die Unternehmen besteht. Die Quantifizierung von finanziellen Effekten aus wesentlichen Chancen kann zudem unterbleiben, wenn sie zu einer Offenlegung führen würde, die nicht den in ESRS 1, App. B geregelten qualitativen Merkmalen von Informationen – Relevanz, wahrheitsgetreue Darstellung, Vergleichbarkeit, Überprüfbarkeit, Verständlichkeit (→ § 3 Rz 18ff.) – entspricht. Qualitative Angaben werden in diesem Fall nicht explizit gefordert. Für Risiken besteht keine vergleichbare Regelung. Aufgrund ihrer Relevanz für die Existenz des Unternehmens ist dies zu begrüßen. Auch die Angaben zu Risiken müssen, wie alle unternehmensspezifischen Angaben, diesen qualitativen Merkmalen entsprechen (ESRS 1.AR2(a); → § 3 Rz 101).

Im Glossar wird erläutert, was unter „**erwarteten finanziellen Effekten**"zu verstehen ist. Es handelt sich um finanzielle Effekte, die nicht den Erfassungskriterien für die Aufnahme in die Posten des Jahresabschlusses im Berichtszeitraum entsprechen und die nicht von den aktuellen finanziellen Effekten erfasst werden.[92] Aus dieser Formulierung kann u. E. abgeleitet werden, dass die finanziellen Effekte zukünftig die Erfassungskriterien erfüllen, d. h., dass sie entweder zukünftig Vermögenswerte (z. B. aufgrund von Investitionen) oder Schulden (z. B. aufgrund zukünftiger Kreditaufnahmen oder aufgrund von notwendigen Rückstellungen, die bei Durchführung der Maßnahmen zu bilden sind) darstellen oder als Erträge und Aufwendungen auszuweisen sind. Zudem können sich zukünftig finanzielle Effekte auf bereits vorhandene Vermögens- und Schuldposten ergeben, z. B. die Notwendigkeit der außerplanmäßigen Abschreibung einer Maschine, die aufgrund der durchgeführten Maßnahmen zur Stärkung der Kreislaufwirtschaft nicht mehr benötigt wird. Die dazu erforderlichen Informationen könnten im Unternehmen vorliegen, wenn für durchzuführende Maßnahmen Planungsrechnungen, z. B. Investitionsrechnungen oder Finanzpläne, aufgestellt werden. Die Frage ist aber, ob die entsprechenden Größen eindeutig der Ressourcennutzung und Kreislaufwirtschaft zugeordnet werden können oder ob die Maßnahmen mehrere Umweltziele betreffen und somit eine Aufteilung erfolgen muss. Zudem umfassen Finanzpläne oftmals nur einen Zeitraum von fünf Jahren, so dass daraus die langfristigen finanziellen Effekte (Zeitraum über fünf Jahre) nicht ersichtlich sind. Für diese können Szenarioanalysen o. Ä. herangezogen werden, die bei der strategischen Planung verwendet werden. 131

Die finanziellen Effekte, die bei den zuvor genannten Risiken und Chancen (Rz 27ff.) auftreten können, sind vielfältig. Tab. 7 und 8 enthalten Beispiele für ausgewählte Risiken und Chancen sowie damit verbundene erwartete finanzielle Effekte. 132

---

[92] Berichtigung der Delegierten Verordnung (EU) 2023/2772 v. 31.7.2023, ABl. EU L v. 9.8.2024, Anhang II, Tab. 2, S. 260.

Risikoart	Beispiele für Risiken im Zusammenhang mit Ressourcennutzung und Kreislaufwirtschaft	Erwartete finanzielle Effekte
Übergangsrisiken		
Politik und Recht	• Verbot der Gewinnung und Nutzung nicht erneuerbarer Ressourcen • Änderung der Vorschriften für die Abfallbehandlung	• Abschreibungen/Wertminderungen bei vorzeitiger Stilllegung bestehender Anlagen, wenn diese für andere Ressourcen nicht mehr geeignet sind • Investitionsausgaben für neue Technologien, wenn diese für die zulässigen Ressourcen erforderlich sind • Investitionsausgaben bei der Umstellung der Abfallbehandlungsprozesse
Technologie	• Markteinführung neuer Technologien, welche die bisherige Verwendung bestimmter Produkte und Materialien ersetzen • Investition in neue Technologien • Substitution bisher genutzter Primärrohstoffe durch Sekundärrohstoffe • Substitution nicht erneuerbarer Rohstoffe durch erneuerbare Rohstoffe	• Investitionsausgaben für die Implementierung neuer Technologien • Erhöhung der Rohstoffkosten, wenn die neuen Rohstoffe teurer in der Beschaffung und/oder Verarbeitung sind • Umsatzeinbußen infolge geringerer Produktionsmengen und/oder schlechterer Qualität bei Verwendung neuer Technologien
Markt	• Verschiebung von Angebot und Nachfrage bzgl. Rohstoffen, Produkten usw. • Verknappung des Angebots an Ressourcen	• Höhere Rohstoffkosten infolge steigender Beschaffungspreise • Umsatzeinbußen infolge verringerter Nachfrage

Risikoart	Beispiele für Risiken im Zusammenhang mit Ressourcennutzung und Kreislaufwirtschaft	Erwartete finanzielle Effekte
Reputation	• Für das Unternehmen negative Veränderung der Wahrnehmung bei relevanten Adressaten (Gesellschaft, Kunden etc.)	• Höhere Kosten durch zusätzliche Marketingmaßnahmen • Umsatzeinbußen infolge verringerter Nachfrage
Physische Risiken		
Physische Risiken	• Erschöpfung der Bestände an Ressourcen • Ausschl. Einsatz an Primärrohstoffen und nicht erneuerbaren (Primär-) Rohstoffen	• Höhere Rohstoffkosten infolge steigender Beschaffungspreise

Tab. 7: Beispiele für Risiken und damit verbundene erwartete finanzielle Effekte

Chancenart	Beispiele für Chancen im Zusammenhang mit Ressourcennutzung und Kreislaufwirtschaft	Erwartete finanzielle Effekte
Ressourceneffizienz	• Übergang zu effizienteren Prozessen • Umstieg auf Sekundärrohstoffe und erneuerbare Rohstoffe • Ökodesign der Produkte für Langlebigkeit • Intensivierung der Materialnutzung • Etablierung von Prozessen, welche der Sammlung, Wiederverwendung, Reparatur, Aufbereitung von Produkten, Rohstoffen, Abfällen etc. dienen	• Geringere Betriebskosten, wenn z. B. Ausschussquoten reduziert werden • Geringere Rohstoffkosten, wenn die neuen Rohstoffe günstiger in Beschaffung und/oder Verarbeitung sind • Senkung der Kosten durch unternehmensinterne Aufbereitung

Chancenart	Beispiele für Chancen im Zusammenhang mit Ressourcennutzung und Kreislaufwirtschaft	Erwartete finanzielle Effekte
Markt	• Nachfrage nach weniger ressourcenintensiven Produkten • Neue Verbrauchsmodelle wie Product-as-a-Service, Pay-per-Use, Sharing, Leasing	• Umsatzsteigerung, wenn geänderte Kundenpräferenzen bedient werden können • Umsatzsteigerung durch neue Geschäftsmodelle (ermöglicht Gewinnung neuer Kunden)
Finanzierung	• Zugang zu grünen Fonds, Anleihen und Darlehen	• Senkung der Kapitalkosten, wenn grünes Kapital zu besseren Konditionen angeboten wird • Bessere Kapitalverfügbarkeit, wenn Investoren Produzenten mit geringeren Emissionen bevorzugen
Resilienz	• Diversifizierung der Ressourcen und Geschäftstätigkeiten • Investitionen in grüne Infrastrukturen • Einführung von Recycling- und Kreislaufmechanismen	• Höherer Marktwert durch resilienzorientiertes Handeln • Geringere Anfälligkeit bei zukünftigen Preisschwankungen von Rohstoffen
Reputation	• Positive Veränderung der Wahrnehmung bei relevanten Adressaten (Gesellschaft, Kunden etc.)	• Umsatzsteigerung infolge verbesserter Wettbewerbssituation und aufgrund von Reputationsvorteilen

Tab. 8: Beispiele für Chancen und damit verbundene erwartete finanzielle Effekte

133   Da es sich um zukünftige Größen handelt, stellt sich die Frage, wie die dabei bestehende Unsicherheit zu berücksichtigen ist. In ESRS E5.AR36 wird angemerkt, dass die finanziellen Effekte auch als Spanne angegeben werden können.

Grds. sind auch Erwartungswerte denkbar, sofern Eintrittswahrscheinlichkeiten bestimmbar sind, was aber i.d.R. nicht der Fall sein dürfte. Da die Annahmen, die der Quantifizierung zugrunde liegen, zu erläutern sind, dürfte die Nachvollziehbarkeit gegeben sein.

Das Unternehmen kann eine Bewertung seiner verbundenen kurz-, mittel- und langfristig risikobehafteten Produkte und Dienstleistungen vorlegen, um die Bedeutung der Risikoprodukte bzw. -dienstleistungen für das Unternehmen zu verdeutlichen. Damit können Stakeholder von Nachhaltigkeitsberichten abschätzen, wie essenziell das Risiko für das Unternehmen ist. Diese Erläuterung schließt ein, wie diese Produkte und Dienstleistungen definiert, wie die finanziellen Beträge geschätzt und welche kritischen Annahmen zugrunde gelegt werden (ESRS E5.AR35).   **134**

Die Umsetzung der in ESRS E5-6 geforderten Angaben dürfte für viele Unternehmen herausfordernd sein, da sie die zur Quantifizierung erforderlichen Bewertungsmethoden erst noch implementieren müssen. Dies gilt auch für Unternehmen, die bereits Nachhaltigkeitserklärungen veröffentlichen, in denen Informationen enthalten sind, die der Ressourcennutzung und Kreislaufwirtschaft zugerechnet weden können (Rz 14). Üblich sind, neben verbalen Erläuterungen, Kennzahlen wie Recyclingquote oder Anteil nachhaltiger Rohstoffe, nicht dagegen Ausführungen zu finanziellen Effekten. Deshalb ist es zu begrüßen, dass für die Angabe der finanziellen Effekten Übergangsregelungen bestehen (Rz 19).   **135**

3 Fazit

ESRS E5 enthält Angabepflichten zur Ressourcennutzung und Kreislaufwirtschaft. Wie auch in den anderen Standards sind einerseits Informationen zum Management der Auswirkungen, Risiken und Chancen zu geben und andererseits zu Kennzahlen und Zielen. Fokussiert werden Ressourcenzuflüsse, Ressourcenabflüsse und Abfälle. Die inhaltliche Breite der verschiedenen Aspekte der Berichterstattung ist im Verhältnis zu den anderen themenspezifischen Standards enger eingegrenzt und erleichtert die Anwendung von ESRS E5. Dahingehend lässt sich ESRS E5 relativ leicht lesen; zudem lassen sich die Berichtsinhalte gut abgrenzen.   **136**

Welche Angaben tatsächlich zu berichten sind, hängt vom Ergebnis der Wesentlichkeitsanalyse ab. Bei Ressourcenzuflüssen, Ressourcenabflüssen und Abfällen dürfte bei vielen Unternehmen entweder die Wesentlichkeit der Auswirkungen oder die finanzielle Wesentlichkeit wahrscheinlich sein. Dies gilt insbes. für das produzierende Gewerbe, aber auch für den Dienstleistungssektor (z.B. Handelsbetriebe, Verkehrsbetriebe). Der Umfang der erforderlichen Berichterstattung nach ESRS E5 hängt wie bei den anderen themenspezifischen   **137**

Standards vom jeweiligen Sektor ab; so sind einige der geforderten Informationen sehr speziell und betreffen nur ausgewählte Sektoren (etwa bei Verwendung kritischer Rohstoffe). Bei ESRS E5 wird es sich nichtsdestotrotz um einen Standard handeln, der für eine breite Masse an Unternehmen (sektorunabhängig) zur Berichtspflicht führen wird, bspw. betreffend Angaben zum Abfall. Die jeweiligen Spezifika kommen (erst) auf einer untergeordneten Ebene zum Einsatz.

138 Bereits vor Umsetzung der CSRD und der ESRS beinhaltete die nichtfinanzielle Berichterstattung von Unternehmen, die einer Berichtspflicht nach der NFRD unterlagen, regelmäßig Angaben zur Kreislaufwirtschaft, die nun von ESRS E5 gefordert werden. V.a. Informationen zur Wiederverwertung von Produkten oder Materialen und Angaben zum Abfall wurden berichtet. Allerdings ist zu beobachten, dass die bisherigen Angaben in deutlich unkonkreterer Form getätigt wurden, als dies nach ESRS E5 gefordert ist. V.a. die quantitativen Angaben i.V.m. der Festlegung von betragsmäßigen Zielgrößen müssen Anpassungen unterliegen, um den Anforderungen gerecht zu werden. Von besonderer Relevanz sind die wenigen Angaben, die zugleich Nachhaltigkeitsindikatoren i.S.d. Offenlegungsverordnung darstellen und als Informationsgrundlage für nachhaltigkeitsbezogene Offenlegungen von Finanzmarktteilnehmern dienen. Konkret handelt es sich um Angaben zu nicht recycelten Abfällen und zu gefährlichen und radioaktiven Abfällen.

139 Zwar bestehen in ESRS E5 einige Auslegungsfragen, allerdings wurde bereits zum Stand vom 31.7.2023 auf einige hilfreiche Leitlinien und andere EU-Bestimmungen verwiesen, die sich mit verwandten Themen beschäftigen. Diese bieten eine gute Orientierung, um die Anforderungen erfüllen zu können. Dennoch besteht Bedarf zur (Weiter-)Entwicklung von Vorgaben oder Empfehlungen, etwa betreffend die Methoden und Normen zur Bewertung der Reparierbarkeit von (bestimmten) Produkten. Eine Hilfestellung bietet der Entwurf einer Bekanntmachung der EU zur Auslegung ausgewählter Vorschriften der CSRD sowie der ESRS vom 7.8.2024.[93] Auch die Berichtigung der deutschen Version der Delegierten Verordnung zu den ESRS vom 9.8.2024 hat in einigen Punkten zu mehr Klarheit beigetragen.[94]

---

[93] Siehe Draft Commission Notice on the interpretation of certain legal provisions in Directive 2013/34/EU (Accounting Directive), Directive 2006/43/EC (Audit Directive), Regulation (EU) No 537/2014 (Audit Regulation), Directive 2004/109/EC (Transparency Directive), Commission Delegated Regulation (EU) 2023/2772 (first set of European Sustainability Reporting Standards „first ESRS delegated act"), and Regulation (EU) 2019/2088 (Sustainable FinanceDisclosures Regulation „SFDR") as regards sustainability reporting v. 7.8.2024.

[94] Berichtigung der Delegierten Verordnung (EU) 2023/2772 der Kommission vom 31. Juli 2023 zurErgänzung der Richtlinie 2013/34/EU des Europäischen Parlaments und des Rates durch Standardsfür die Nachhaltigkeitsberichterstattung, 2024/90457, ABl. EU L v. 9.8.2024.

Literaturtipps

- BDO AG/Kirchhoff Consult AG (Hrsg.), Nachhaltigkeit im Wandel, 2022
- COSO/WBCSD, Enterprise Risk Management, Applying enterprise risk management to environmental, social and governance-related risks, 2018
- EU-Kommission, Categorisation system for the circular economy, 2020
- EU-Kommission, Draft – Delegated Regulation on Environmental Targets 3–6, https://ec.europa.eu/finance/docs/level-2-measures/taxonomy-regulation-delegated-act-2022-environmental_en.pdf, Abruf 1.8.2024
- EU-Kommission, Draft Commission Notice on the interpretation of certain legal provisions in Directive 2013/34/EU (Accounting Directive), Directive 2006/43/EC (Audit Directive), Regulation (EU) No 537/2014 (Audit Regulation), Directive 2004/109/EC (Transparency Directive), Commission Delegated Regulation (EU) 2023/2772 (first set of European Sustainability Reporting Standards „first ESRS delegated act"), and Regulation (EU) 2019/2088 (Sustainable Finance Disclosures Regulation „SFDR") as regards sustainability eporting, https://finance.ec.europa.eu/document/download/c4e40e92-8633-4bda-97cf-0af13e70bc3f_en?filename=240807-faqs-corporate-sustainability-reporting_en.pdf, Abruf 1.9.2024
- EU-Kommission, Mitteilung, Arbeitsprogramm für Ökodesign und Energieverbrauchskennzeichnung 2022–2024, ABl. EU v. 4.5.2022, C 182/1 ff.
- EU-Kommission, Mitteilung, Den Kreislauf schließen – Ein Aktionsplan der EU für die Kreislaufwirtschaft, COM(2015) 614 final v. 2.12.2015, https://eur-lex.europa.eu/resource.html?uri=cellar:8a8ef5e8-99a0-11e5-b3b7-01aa75ed71a1.00-04.02/DOC_1&format=PDF, Abruf 1.8.2024
- EU-Kommission, Mitteilung, Ein neuer Aktionsplan für die Kreislaufwirtschaft. Für ein saubereres und nachhaltigeres Europa, COM(2020) 98 final v. 11.3.2020, https://eur-lex.europa.eu/legal-content/DE/TXT/?uri=CELEX%3A52020DC0098, Abruf 1.8.2024
- EU-Kommission, Mitteilung, Ökodesign-Arbeitsprogramm 2016–2019, COM(2016) 773 final v. 30.11.2016, https://eur-lex.europa.eu/legal-content/DE/TXT/PDF/?uri=CELEX:52016DC0773, Abruf 1.8.2024
- EU-Kommission, RMIS – Raw Materials Information System, https://rmis.jrc.ec.europa.eu/, Abruf 1.8.2024
- EU-Kommission, Study on the Critical Raw Materials for the EU 2023, Final Report, https://single-market-economy.ec.europa.eu/sectors/raw-materials/areas-specific-interest/critical-raw-materials_en, Abruf 1.8.2024
- EU-Kommission, Supply chain analysis and material demand forecast in strategic technologies and sectors in the EU – A foresight study, 2023, https://single-market-economy.ec.europa.eu/publications/supply-chain-analysis-and-material-demand-forecast-strategic-technologies-and-sectors-eu-foresight_en, Abruf 1.8.2024

- EU-Kommsission, Vorschlag für eine Verordnung des Europäischen Parlaments und des Rates zur Schaffung eines Rahmens für die Festlegung von Ökodesign-Anforderungen für nachhaltige Produkte und zur Aufhebung der Richtlinie 2009/125/EG, COM(2022) 142 final v. 30.3.2023, https://eur-lex.europa.eu/resource.html?uri=cellar:bb8539b7-b1b5-11ec-9d96-01aa75ed71a1.0003.02/DOC_1&format=PDF, Abruf 1.8.2024

- EU-Kommission, Vorschlag für eine Verordnung des Europäischen Parlaments und des Rates zur Schaffung eines Rahmens zur Gewährleistung einer sicheren und nachhaltigen Versorgung mit kritischen Rohstoffen entnommen werden und zur Änderung der Verordnungen (EU) 168/2013, (EU) 2018/858, (EU) 2018/1724 und (EU) 2019/1020, COM(2023) 160 final v. 16.3.2023, https://eur-lex.europa.eu/resource.html?uri=cellar:903d35cc-c4a2-11ed-a05c-01aa75ed71a1.0003.02/DOC_1&format=PDF, Abruf 1.8.2024

- Europäische Umweltagentur, material flow analysis, www.eea.europa.eu/help/glossary/eea-glossary/material-flow-analysis, Abruf 1.8.2024

- Europäische Union, Economy-wide material flow accounts and derived indicators. A methodological guide, 2001

- Europäische Union, Empfehlung 2021/2279 der Kommission vom 15. Dezember 2021 zur Anwendung der Methoden für die Berechnung des Umweltfußabdrucks zur Messung und Offenlegung der Umweltleistung von Produkten und Organisationen entlang ihres Lebenswegs, ABl. EU v. 23.5.2022, L 144/2 ff.

- Pandey/Agrawal/Pandey, Carbon footprint: current methods of estimation, Environ Monit Assess 2011, S. 135 ff., https://doi.org/10.1007/s10661-010-1678-y, Abruf 1.8.2024

- Science Based Targets Network, The first science-based targets for nature, https://sciencebasedtargetsnetwork.org/how-it-works/the-first-science-based-targets-for-nature/, Abruf 1.8.2024.

- Sopp/Rogler, Nachhaltigkeitsberichterstattung für umweltbezogene nicht-finanzielle Kennzahlen und Wirtschaftsaktivitäten, KoR 2022, S. 445 ff.

- Sygulla/Bierer/Götze, Material Flow Cost Accounting – Proposals for Improving the Evaluation of Monetary Effects of Resource Saving Process Designs, in: Proceedings of the 44th CIRP Conference on Manufacturing Systems, 1–3 June 2011, www.tu-chemnitz.de/wirtschaft/bwl3/Download AllgemeinOffen/Publikationen/44thCIRP_MFCA.pdf, Abruf 1.8.2024

- Umweltbundesamt, Methoden und Normen zur Bewertung der Reparierbarkeit von Elektro- und Elektronikgeräten – Stärkung der Materialeffizienz unter der Ökodesign-Richtlinie – Abschlussbericht, Texte 88/2022, www.umweltbundesamt.de/sites/default/files/medien/1410/publikationen/2023-01-05_texte_88-2022_methoden-normen-bewertung-reparierbarkeit-elektro-elektronikgeraeten_0.pdf, Abruf 1.8.2024

- Umweltbundesamt, Glossar zum Ressourcenschutz, 2012, www.umwelt
  bundesamt.de/sites/default/files/medien/publikation/long/4242.pdf, Abruf
  1.8.2024
- Umweltbundesamt, Biomassekaskaden – Mehr Ressourceneffizienz durch
  Kaskadennutzung von Biomasse – von der Theorie zur Praxis, Endbericht,
  Texte 53/2017, https://www.umweltbundesamt.de/sites/default/files/medien/
  1410/publikationen/2017-06-13_texte_53-2017_biokaskaden_abschluss
  bericht.pdf, Abruf 1.8.2024

D SOZIALASPEKTE

§ 11 Vorbemerkungen zu ESRS S1–S4

Bei der grundlegenden Gestaltung der Standards der S-Säule sah sich die   1
EFRAG mit der Herausforderung konfrontiert, dass für deren Strukturierung
noch keine konkreten Bezugspunkte im weiteren europäischen Rahmen der
Nachhaltigkeitsregulatorik vorlagen: Während die E-Säule der ESRS in der
Taxonomie-VO ihren Anknüpfungspunkt für die Einteilung der abgedeckten
Nachhaltigkeitsaspekte findet, fehlt ein vergleichbares Fundament für jene
ESRS, die sich sozialen Aspekten widmen. Bis dato konnte zu einer sozialen
Taxonomie kein Fortschritt erzielt werden. Bereits in ihren vorbereitenden
Arbeiten zu den ESRS stellte die eingerichtete Projektarbeitsgruppe bei der
EFRAG daher eigenständige Überlegungen an, wie die zu erarbeitenden Stan-
dards der S-Säule angeordnet sein sollen, um Benutzerfreundlichkeit und Ver-
ständlichkeit der umfassten Standards sicherzustellen. Im Ergebnis wurde eine
Stakeholder-orientierte Struktur gewählt, die die von den Auswirkungen der
Unternehmensaktivitäten betroffenen Stakeholder („betroffene Interessenträger", → § 3 Rz 53) in den Mittelpunkt rückt:[1] *„In line with the CSRD, this
[draft] Standard, along with the other social standards, was drafted with the
understanding that social topics are, in their essence, about people, as individuals,
groups and societies. [...] The key categories of people or affected ‚stakeholders' –
addressed in the ESRS are the undertaking's own workforce (ESRS S1), workers
in the value chain (ESRS S2), affected communities (ESRS S3), and consumers
and end-users (ESRS S4)"* (ESRS S1.BC4).

Eine weitere Besonderheit der Standards der S-Säule betrifft deren (Standard-   2
übergreifende) formale Gestaltung: Verglichen mit den Standards der E-Säule
sticht hervor, dass die einzelnen Standards der S-Säule weitestgehend **gleichartig aufgebaut** sind und teilw. bis auf einzelne unterschiedliche Schlüssel-
begriffe wortwörtlich deckungsgleiche Ausführungen beinhalten.[2] Dies unterstreicht das gemeinsame Grundprinzip weiter und trägt zu einer vergleichsweise
hohen Benutzerfreundlichkeit dieser Standards bei. Der Orientierungspunkt
für diese Strukturierung ist der Prozess der Sustainability Due Diligence (→ § 3
Rz 45 ff.), entlang dessen Phasen die Angabepflichten der einzelnen Standards –
noch deutlicher erkennbar als bei den Standards der E-Säule bzw. der G-Säule –
auch angeordnet sind. Abb. 1 veranschaulicht dies:

---

[1]   Vgl. EFRAG, Proposals for a Relevant and Dynamic EU Sustainability Reporting Standard-
      Setting, Final Report, 2021, Tz. 397 f.
[2]   Siehe dazu auch Sopp/Sopp, WPg 2023, S. 436 ff.

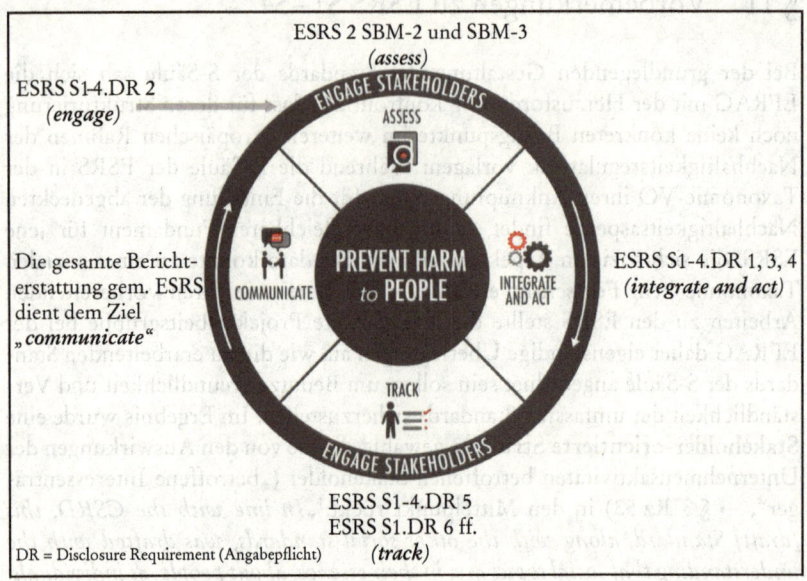

ESRS 2 SBM-2 und SBM-3
(assess)

ESRS S1-4.DR 2
(engage)

Die gesamte Bericht-
erstattung gem. ESRS
dient dem Ziel
„*communicate*"

ESRS S1-4.DR 1, 3, 4
(integrate and act)

ESRS S1-4.DR 5
ESRS S1.DR 6 ff.

DR = Disclosure Requirement (Angabepflicht)   *(track)*

Abb. 1: Zusammenhänge zwischen den themenbezogenen Standards der S-Säule[3]

3   Auch die von den Standards der S-Säule **abgedeckten Nachhaltigkeitsaspekte**, die bei der Wesentlichkeitsanalyse zu würdigen sind, lassen klar ihre logische Strukturierung erkennen. ESRS S1 und ESRS S2 widmen sich im Besonderen dem Arbeitnehmerschutz (für unterschiedliche Arten von Arbeitnehmern), ESRS S3 dem Schutz von Anrainern und weiteren (unternehmensexternen) Gruppen, mit denen Unternehmen entlang ihrer Wertschöpfungskette(n) direkt oder indirekt in Verbindung stehen, und ESRS S4 dem Konsumentenschutz. Insbes. auf Ebene der Unter-Unterthemen sind weitgehend dieselben Nachhaltigkeitsaspekte von den einzelnen Standards abgedeckt, z.B. im Bereich der Grundrechte wie der Versammlungs- und Meinungsfreiheit. Umgekehrt können einzelne Personengruppen unter mehrere der unterschiedlichen Stakeholder-Kategorien fallen und damit Gegenstand einer Berichterstattung nach mehreren dieser ESRS werden. Dies unterstreicht nur weiter, wie eng verschränkt die Standards der S-Säule (und die von ihnen abgedeckten Nachhaltigkeitsaspekte) sind; die berichtspflichtigen Unternehmen sollten daher eine möglichst integrierte Sichtweise einnehmen, um die geforderte Verschränkung der Perspektiven effizient in den Berichtsprozessen zu implementieren. Entsprechende For-

---

3   Entnommen Baumüller, KoR 2023, S. 208 m.w.N.

derungen finden sich in den Standards der S-Säule selbst wiedergegeben (z.B. ESRS S2.6f.).

> **Wichtig**
>
> In der Tabelle der zu berücksichtigenden Nachhaltigkeitsaspekte, welche sich in Anlage A zu ESRS 1 (ESRS 1.AR16) findet (→ § 3 Rz 67), sticht hervor, dass viele dieser Nachhaltigkeitsaspekte, die den vier Standards der S-Säule zugeordnet sind, auf **Menschenrechte** Bezug nehmen. Dies ist für die Wesentlichkeitsanalyse von großer Bedeutung, in deren Rahmen Unternehmen gem. ESRS 1.AR11 folgende Besonderheit zu berücksichtigen haben: „Im Falle möglicher negativer Auswirkungen auf die Menschenrechte hat der Schweregrad der Auswirkungen Vorrang vor ihrer Wahrscheinlichkeit". Dies ist ein weiterer wichtiger Punkt, der den Umgang mit den Standards der S-Säule von jenem mit den Standards der E-Säule bzw. G-Säule unterscheidet und tendenziell dazu führen wird, dass häufiger ein einschlägiger Nachhaltigkeitsaspekt als wesentlich zu bewerten ist (→ § 3 Rz 83).

Die **Kurzumfrage des DRSC** zum Stand der Wesentlichkeitsanalyse in den DAX40-Unternehmen vom Juli 2024 lässt erkennen, dass die Unternehmen, die für das Geschäftsjahr 2024 erstmals gem. CSRD/ESRS berichtspflichtig werden, die Standards der E-Säule und der S-Säule in jeweils vergleichbarem Umfang zu berichten planen.[4] Was überrascht, das ist die offensichtlich geringe Relevanz des ESRS S3; dieser ist nämlich bzgl. der abgedeckten Stakeholder-Gruppen besonders weit gefasst, allerdings abstrakt. Es ist davon auszugehen, dass die Bedeutung dieses ESRS mit der Zeit jedenfalls steigen wird, je tiefgehender sich die berichtspflichtigen Unternehmen mit ihren Wertschöpfungsketten befassen (da dann auch Stakeholder wie die von ESRS S3 abgedeckten indigenen Völker weiter an Bedeutung gewinnen werden). 4

Siehe zur Anzahl der Nennungen themenspezifischer ESRS als Basis für die Nachhaltigkeitsberichterstattung Abb. 2 in → § 5 Rz 7.

Als weitere Besonderheit der Standards der S-Säule ist anzuführen, dass diese z.T. mit der Veröffentlichung von Set 1 der ESRS **noch nicht abgeschlossen** wurden. Während ESRS S1 sämtliche Angabebereiche und insbes. eine Vielzahl an Kennzahlen enthält, welche die vom Standard abgedeckten Nachhaltigkeitsaspekte adressieren, fehlen solche Kennzahlen in ESRS S2, ESRS S3 und ESRS S4 zur Gänze. Diese sollen erst mit einem späteren Set der ESRS veröffentlicht werden, ggf. auch als Bestandteil von sektorspezifischen Standards 5

---

[4] Vgl. zu diesen und weiteren Ergebnissen der Studie DRSC, European Sustainability Reporting Standards (ESRS) – Kurzumfrage des DRSC zum Stand der Wesentlichkeitsanalyse in den DAX40-Unternehmen.

(ESRS S1.BC6). Bis dahin bieten ESRS S2–ESRS S4 aber gerade für eine Berichterstattung auf Ebene der von den ESRS vorgesehenen Unter-Unterthemen
wenig an praktischer Hilfestellung, da sie von einem vergleichsweise hohen
Abstraktionsgrad gekennzeichnet sind.

> **Praxis-Tipp**
>
> Eine Aufstellung der gegenwärtig in den Standards der S-Säule enthaltenen
> Angabepflichten und der dazugehörigen Datenpunkte bietet die Anwen-
> dungshilfe der EFRAG IG 3: „List of ESRS datapoints", die im Mai 2024
> veröffentlicht wurde.[5]

6   Die in der vorliegenden Fassung der ESRS S2–ESRS S4 **noch fehlenden** Kenn-
     zahlen sind dessen unbeschadet von Unternehmen bei ihren Wesentlichkeits-
     analysen unternehmensindividuell zu identifizieren und in die Berichterstat-
     tung aufzunehmen (→ § 3 Rz 7 f. und 61 ff.). Diese werden i.d.R. durch einen
     hohen Grad an geografischer Disaggregation gekennzeichnet sein und auf den
     Kontext des spezifischen Unter-Unterthemas abstellen, das als wesentlich
     identifiziert wurde.

> **Wichtig**
>
> Die Schlussfolgerung, dass das Fehlen von Kennzahlen in ESRS S2–ESRS S4
> dazu führt, dass solche Kennzahlen nicht offengelegt werden müssen, ist also
> nicht zulässig (so wie der Umkehrschluss, dass in einem ESRS enthaltene
> Kennzahlen immer berichtet werden müssen, nicht korrekt ist). Die Vor-
> gaben in ESRS 1.AR1 ff. zu unternehmensspezifischen Angabepflichten sind
> jedenfalls zu beachten und enthalten gerade für die Bestimmung von Kenn-
> zahlen, die offengelegt werden müssen, ausführliche Darstellungen. Wird ein
> Nachhaltigkeitsaspekt, der den genannten Standards der S-Säule zugeordnet
> ist, als Ergebnis der Wesentlichkeitsanalyse als berichtspflichtig identifiziert,
> so hat das berichtspflichtige Unternehmen das Vorhandensein von
> i.d.S. geeigneten Kennzahlen zu prüfen (freilich unter Berücksichtigung
> der Übergangsbestimmungen in ESRS 1, Kap. 10.1).[6]

7   Im Vergleich mit den Angabepflichten der E-Säule und der G-Säule sticht
     hervor, dass diese aus den allgemeinen Angaben gem. ESRS 2 stets die Angabe-
     pflicht IRO-1 („Beschreibung des Verfahrens zur Ermittlung und Bewertung
     der wesentlichen Auswirkungen, Risiken und Chancen") adressieren.[7] Die

---

5 Siehe https://efrag.sharefile.com/share/view/s6e410fb208aa4685bf9c482ee405f48d/foa75419-44c9-408
   1-85a5-43217a6e8732, Abruf 1.8.2024.
6 Siehe weiterführend Baumüller, PiR 2023, S. 365.
7 Hier liegt ein Fehler der EFRAG IG 3 vor, als in dieser die Berücksichtigung der Angabepflicht
   ESRS 2 IRO-1 in ESRS G1 offensichtlich vergessen wurde. Siehe demgegenüber ESRS G1.6.

Angabepflicht ist unabhängig von der Wesentlichkeit eines Nachhaltigkeitsaspekts zu berichten (→ § 3 Rz 96). Für sämtliche Standards der S-Säule ist ESRS 2 IRO-1 demgegenüber nicht vorgesehen; dafür aber die Angabepflicht ESRS 2 SBM-2 („Interessen und Standpunkte der Interessenträger"), die ihrerseits in den Standards der E-Säule und der G-Säule nicht adressiert wird. Im Gegensatz zu ESRS 2 IRO-1 ist gem. ESRS 2 SBM-2 einzig im Fall der Wesentlichkeit eines Nachhaltigkeitsaspekts zu berichten, der von einem Standard der S-Säule adressiert wird.

Diese Differenzierung lässt sich sachlich an der Natur der Inhalte festmachen, die von den verschiedenen Standards behandelt werden: Da bei der S-Säule Stakeholder im Fokus stehen, ist die Interaktion mit diesen für das Verständnis der Berichtsadressaten wichtig. Diese Interaktion ist aber ohnedies unabhängig vom Ergebnis der Wesentlichkeitsanalyse gem. ESRS 2 SBM-2, soweit diese Angabepflicht in ESRS 2 selbst dargelegt wird, darzustellen (→ § 4 Rz 97ff.). Der zugrunde liegende Prozess ist für alle Stakeholder-Gruppen gleichermaßen übertragbar und erfordert daher keine weitere Spezifizierung in den einzelnen ESRS. Insofern kann ESRS 2 SBM-2 bereits als eine relevante Ergänzung der allgemeinen Darstellung zum Prozess der Wesentlichkeitsanalyse nach ESRS 2 IRO-1 gesehen werden, die in ESRS 2 ohnedies die Standards der S-Säule mit abdeckt (obschon die Angaben nach ESRS 2 SBM-2 zum Stakeholder-Dialog über den Kontext der Wesentlichkeitsanalyse hinausreichen). Die ergänzenden Darstellungen in der Berichterstattung für die Standards der S-Säule können damit auf den Fall beschränkt werden, dass die Stakeholder-Gruppe wesentlich ist, und sind auch nicht auf die Wesentlichkeitsanalyse selbst bezogen.

Die Nachhaltigkeitsaspekte, die z.B. von der E-Säule abgedeckt werden, erfordern demgegenüber eine solche Spezifizierung in den Darstellungen zur Wesentlichkeitsanalyse, um die erforderlichen Informationen für das Verständnis der Berichtsadressaten zu vermitteln. Die (einzig) in ESRS 2 IRO-1 vorgesehenen allgemeinen Darstellungen hierzu wären aufgrund der größeren Heterogenität dieser Nachhaltigkeitsaspekte und ihrer teils schwereren Erschließbarkeit alleine nicht ausreichend. Diese Spezifizierung wird durch die geschilderte Regelung strukturell in den ESRS umgesetzt.

Die Standards der S-Säule sind darüber hinaus besonders großzügigen **Phase-**8
in-Regelungen unterworfen (→ § 3 Rz 183ff. sowie → § 12 Rz 29f., → § 13 Rz 9ff., → § 14 Rz 24f., → § 15 Rz 29ff.). Für Unternehmen, deren durchschnittliche Arbeitnehmerzahl im Geschäftsjahr 750 nicht überschreitet, kann die Erstanwendung dieser Standards generell um ein Jahr (ESRS S1) bzw. zwei Jahre (ESRS S2, ESRS S3, ESRS S4) verschoben werden. Größenunabhängig steht es Unternehmen außerdem offen, die erstmalige Berichterstattung über einzelne Kennzahlen von ESRS S1 um ein Jahr zu verschieben. Im Vergleich zu den weniger umfangreichen *Phase-in*-Regelungen für die Standards der E-Säule

bringen die dargestellten Regelungen den gegenwärtigen Fokus im Gesamtsystem der ESRS auf eine umweltbezogene Berichterstattung, dort v.a. auf die Klimaberichterstattung, nochmals deutlich zum Ausdruck (→ § 3 Rz 98). Sie verstehen sich zugleich als ein Zugeständnis an die Praxis, entsprechende Datenerhebungen vorzubereiten sowie weitere benötigte Berichtsprozesse und -strukturen in den Unternehmen zu schaffen, die gerade im Zusammenhang mit den Informationsbedarfen der Standards der S-Säule aufwändig und mit zahlreichen Auslegungsfragen verbunden sein können.

Literaturtipps

• Baumüller, European Sustainability Reporting Standards (ESRS) Set 1 – Die Vorschläge der EFRAG vom November 2022, KoR 2023, S. 200 ff.

• Baumüller, Unternehmensspezifische Angaben in der Nachhaltigkeitsberichterstattung gemäß ESRS, PiR 2023, S. 362 ff.

• DRSC, European Sustainability Reporting Standards (ESRS) – Kurzumfrage des DRSC zum Stand der Wesentlichkeitsanalyse in den DAX40-Unternehmen, Juli 2024, www.drsc.de/app/uploads/2024/07/2024_07_12_Bericht-DAX40-Stand_der_Wesentlichkeitsanalyse.pdf, Abruf 1.8.2024

• EFRAG, Proposals for a Relevant and Dynamic EU Sustainability Reporting Standard-Setting, Final Report, February 2021

• Sopp/Sopp, Berichterstattung über soziale Belange ab 2024 – Anforderungen nach den Draft-ESRS und Abgrenzung zu weiteren Regelungen, WPg 2023, S. 436 ff.

§ 12 ESRS S1 – Arbeitskräfte des Unternehmens

Vorbemerkung

Die Kommentierung bezieht sich auf ESRS S1 gem. Berichtigung der Delegierten Verordnung (EU) 2023/2772 v. 31.7.2023, ABl. EU L v. 9.8.2024. Sie wurde umfassend an die überarbeitete Übersetzung der ESRS vom 9.8.2024 angepasst.

Ergänzungen der Kommentierung betreffen die Berücksichtigung der EFRAG Q&A (Rz 2, 59, 67, 69, 72, 85, 142f., 150, 154), darüber hinaus der EFRAG *Implementation Guidance* zum *Materiality Assessment* sowie zur *Value Chain* (Rz 36, 38 sowie Rz 1, 105). Die Besonderheiten von Zeitarbeitskräften wurden adressiert (Rz 2). Es wurden Praxis-Beispiels aktualisiert und neu aufgenommen (Rz 35, 148, 150).

1 Grundlagen

1.1 Zielsetzung und Inhalt

1   ESRS S1 adressiert Offenlegungspflichten zu den „Arbeitskräften des Unternehmens":[1] Dabei handelt es sich um eine bedeutende Gruppe der „betroffenen Interessenträger" (ESRS S1.12), die darüber hinaus als „häufig" angeführte Kategorie von Stakeholdern in ESRS 1 genannt wird (ESRS 1.AR6). Den Begriff „Arbeitskräfte des Unternehmens" fasst ESRS S1 breit und subsumiert darunter zwei Belegschaftsgruppen: zum einen Personen, die in einem Arbeitsverhältnis mit dem Unternehmen stehen („Arbeitnehmer"), zum anderen „Fremdarbeitskräfte", darunter sind primär Selbstständige sowie Arbeitskräfte mit Zeitarbeitsverträgen zu verstehen (ESRS S1.4). Der Standard fordert, dass

---

[1] In der vorliegenden Kommentierung werden die Begriffe „Belegschaft" und „Beschäftigte" als Synonyme für „Arbeitskräfte des Unternehmens" verwendet.

das Unternehmen die Beschäftigtenstruktur und damit die wesentlichen Merkmale der „Arbeitnehmer" und der im Unternehmen tätigen „Fremdarbeitskräfte" beschreibt (ESRS S1.6). EFRAG IG 2 spezifiziert dazu: *„Definitions used in ESRS S1 Own workforce and S2 Workers in the value chain focus on the contractual arrangements between the workers and the undertaking"* – das Konzept der *„operational control"* spielt in diesem Zusammenhang also keine Rolle.[2]

Zu den beiden zu berücksichtigenden Beschäftigtenkategorien „Arbeitnehmer" und „Fremdarbeitskräfte" ist näher differenziert festzuhalten:

2

- **„Arbeitnehmer"** sind Einzelpersonen, die mit dem Unternehmen in einem Beschäftigungsverhältnis stehen, das den nationalen Rechtsvorschriften und Gepflogenheiten entspricht.[3]
- Unter **„Fremdarbeitskräften"** des Unternehmens werden zwei weitere Subkategorien unterschieden: Eine Gruppe umfasst Auftragnehmer, die mit dem Unternehmen einen Vertrag über die Erbringung von Arbeitsleistungen geschlossen haben („Selbstständige"), zur anderen Gruppe zählen Personen, die von Unternehmen bereitgestellt werden, die primär gem. NACE Code N78 im Bereich „Vermittlung und Überlassung von Arbeitskräften" tätig sind, sprich Zeitarbeitskräfte.[4] Näher erläutert werden „Fremdarbeitskräfte" in ESRS S1.AR3, dort werden Beispiele für „Fremdarbeitskräfte", die unter die Arbeitskräfte des Unternehmens fallen, angeführt. Gemeint sind mit „Selbstständigen" nur Einzelpersonen, die ihre persönliche Arbeitskraft selbstständig anbieten, ob i.R.e. Werkvertrags oder Zeitvertrags. Nicht gemeint sind demgegenüber echte (Klein-)Unternehmen, die im Auftrag des berichtenden Unternehmens tätig werden. Ein mögliches Abgrenzungskriterium wäre, inwiefern über die Arbeitskraft hinaus auch Anlagegüter vom Auftragnehmer eingesetzt werden, z.B. ein eigener Lkw.

Die EFRAG verweist im Zusammenhang mit der Abgrenzung von „Arbeitnehmern" und „Fremdarbeitskräften" in den Q&A[5] auf nationale arbeitsrechtliche Bestimmungen und begründet dies damit, dass keine einheitliche Definition des Begriffs „Arbeitnehmer" nach europäischem Recht vorliegt und daher der Status als Arbeitnehmer auf Ebene nationaler Rechtsvorschriften und Gepflogenheiten bestimmt wird.

Resümieren lässt sich demnach: Beide Kategorien von Arbeitskräften, „Arbeitnehmer" und „Fremdarbeitskräfte", werden zwar vom berichtspflichtigen Unter-

---

[2] EFRAG, EFRAG IG 2 – Value Chain, IG 2.60, Mai 2024.
[3] Berichtigung der Delegierten Verordnung (EU) 2023/2772 v. 31.7.2023, ABl. EU L v. 9.8.2024, Anhang II, Tab. 2, S. 267.
[4] Berichtigung der Delegierten VO (EU) 2023/2772 v. 31.7.2023, ABl. EU L v. 9.8.2024, Anhang II, Tab. 2, S. 274.
[5] EFRAG, ESRS Q&A Platform, Compilation of Explanations, Januar–Juli 2024, Frage 33, S. 129f.

nehmen angewiesen, allerdings unterliegen „Fremdarbeitskräfte" keiner unmittelbar vergleichbaren direkten Kontrolle des berichtspflichtigen Unternehmens.

Achtung

Die soeben dargestellten Definitionen von „Arbeitnehmern" und „Fremdarbeitskräften" führen in manchen Kontexten zu praktischen Anwendungsproblemen. Im Zusammenhang mit der Bereitstellung bzw. dem Einsatz von **Zeitarbeitskräften** lassen sich diese Definitionen nämlich so verstehen, dass dieselben Arbeitnehmer doppelt als „Arbeitskräfte des Unternehmens" gem. ESRS S1 zu erfassen sind: einmal in der Nachhaltigkeitserklärung des Zeitarbeitskräfte-Vermittlers und einmal in der Nachhaltigkeitserklärung jenes Unternehmens, das diese Zeitarbeitskräfte beschäftigt. Aus Sicht des Vermittlers wäre eine Abbildung gem. ESRS S2 mitunter sachgerechter, da sich die Arbeitnehmer i. d. R. seiner direkten Steuerung entziehen und damit die maßgeblichen Nachhaltigkeitsaspekte nicht oder nur zu einem geringen Teil beeinflussen lassen; diese Abbildung gem. ESRS S2 scheidet aber i. d. R. aus der Definition von „Arbeitskräften in der Wertschöpfungskette" aus, solange bereits eine Erfassung als „Arbeitskräfte des Unternehmens" gem. ESRS S1 zu erfolgen hat.

Eine sachgerechte Lösung ist es u. E., diese Arbeitnehmer zwar gem. ESRS S1 zu erfassen, dort aber gesondert zu behandeln – die bei der Wesentlichkeitsanalyse zu würdigenden Nachhaltigkeitsaspekte decken sich ohnehin. Die Angaben zu Konzepten, Maßnahmen und Zielen haben entsprechend auf die Besonderheiten dieser Kategorie von Arbeitnehmern Bedacht zu nehmen; bei den meisten Kennzahlen gem. ESRS S1 wird eine Berücksichtigung unter Relevanz-Gesichtspunkten gem. ESRS 1 unterbleiben können oder sogar müssen (→ § 3 Rz 99 f.). Stattdessen kann eine Aufnahme unternehmensspezifischer Kennzahlen geboten sein. Das so erzielte Ergebnis wird faktisch einer Berichterstattung gem. ESRS S2 gleichkommen.[6]

3   Ein berichtspflichtiges Unternehmen hat in seinem Nachhaltigkeitsbericht gem. ESRS S1.1 darzustellen,

- welche **wesentlichen Auswirkungen** es auf die Arbeitskräfte des Unternehmens entfaltet;
- welche **Maßnahmen** es setzt, um tatsächliche oder potenzielle negative Auswirkungen zu verhindern, abzuschwächen oder zu beseitigen – und welche Ergebnisse mit diesen Maßnahmen erzielt wurden;
- welchen **wesentlichen Risiken und Chancen** das berichtspflichtige Unternehmen selbst aufgrund seiner Auswirkungen auf und Abhängigkeiten von

---

6   Siehe weiterführend und zu Abgrenzungsfragen Baumüller/Terko/Wieser, PiR 2024, S. 264 ff.

Arbeitnehmern und im Unternehmen tätigen Fremdarbeitskräften ausgesetzt ist – und wie es diese Risiken und Chancen steuert;
- welche **finanziellen Effekte** für das berichtspflichtige Unternehmen aus diesen wesentlichen Risiken und Chancen in kurz-, mittel- und langfristiger Perspektive resultieren.

Die Anforderungen an die Sozialberichterstattung gem. ESRS generell stehen im Einklang mit internationalen und europäischen Rahmenwerken zu Sozial- und Menschenrechtsbelangen, die zugleich das Fundament von ESRS S1 bilden (ESRS S1.7):   **4**
- Internationale Charta der Menschenrechte,[7]
- UN-Leitprinzipien für Wirtschaft und Menschenrechte,[8]
- OECD-Leitsätze für multinationale Unternehmen,[9]
- Erklärung der Internationalen Arbeitsorganisation (IAO) über grundlegende Prinzipien und Rechte bei der Arbeit,[10]
- grundlegende Übereinkommen der IAO,[11]
- UN-Übereinkommen über die Rechte von Menschen mit Behinderungen,[12]
- Europäische Menschenrechtskonvention,[13]
- Europäische Sozialcharta,[14]
- Charta der Grundrechte der EU,[15]
- Europäische Säule sozialer Rechte[16].

1.2 Abzudeckende Themen

ESRS 1.AR16 enthält die strukturierte **Darstellung von Nachhaltigkeitsaspekten**, die i.R.d. Wesentlichkeitsanalyse eines berichtspflichtigen Unternehmens mind. zu würdigen sind (→ § 3 Rz 67). Dieser umfassende Katalog fußt für die Kategorisierung der Themen auf Art. 29b Abs. 2 Buchst. b) der Corporate Sustainability Reporting Directive (CSRD). Die für die „Arbeitskräfte des Unternehmens" zu berücksichtigenden Unterthemen und Unter-Unterthemen enthält Tab. 1. In Rz 6–25 werden die jeweiligen Unter-Unterthemen, die bei der Ermittlung wesentlicher Nachhaltigkeitsaspekte im Zusammenhang mit ESRS S1 jedenfalls zu berücksichtigen sind, erläutert und   **5**

---

7 OHCHR, Fact Sheet No. 2 (Rev. 1), The International Bill of Human Rights, 1996, www.ohchr.org/sites/default/files/Documents/Publications/FactSheet2Rev.1en.pdf, Abruf 1.8.2024.
8 OHCHR, Guiding Principles on Business and Human Rights, 2011.
9 OECD-Leitsätze für multinationale Unternehmen, 2011.
10 ILO, World Social Protection Report 2020–22.
11 ILO, The International Labour Organization's Fundamental Conventions, 2003.
12 OHCHR, Convention on the Rights of Persons with Disabilities, 2006.
13 ECHR, European Convention on Human Rights, 1950.
14 COE, European Social Charter (Revised), 1996, https://rm.coe.int/168007cf93, Abruf 1.8.2024.
15 GRC, Charta der Grundrechte der Europäischen Union (2000/C 364/01).
16 EC, European pillar of social rights, 2017.

näher definiert; sofern vorhanden, ist die Definition gem. Berichtigung der Delegierten Verordnung (EU) 2023/2772 v. 31.7.2023[17] als Referenz herangezogen worden. Die Spannbreite der (Unter-)Unterthemen betreffend die „Arbeitskräfte des Unternehmens" reicht von „Arbeitsbedingungen" über „Gleichbehandlung und Chancengleichheit für alle" bis „sonstige arbeitsbezogene Rechte" und basiert auf den in Rz 4 angeführten internationalen Rahmenwerken.

Thema	Unterthema	Unter-Unterthema
Arbeits-kräfte des Unter-nehmens	Arbeits-bedingungen	• Sichere Beschäftigung • Arbeitszeit • Angemessene Entlohnung • Sozialer Dialog • Vereinigungsfreiheit, Existenz von Betriebsräten und Rechte der Arbeitnehmer auf Information, Anhörung und Mitbestimmung • Tarifverhandlungen, einschl. der Quote der durch Tarifverträge abgedeckten Arbeitskräfte[18] • Vereinbarkeit von Berufs- und Privatleben • Gesundheitsschutz und Sicherheit
	Gleich-behandlung und Chancen-gleichheit für alle	• Gleichstellung der Geschlechter und gleicher Lohn für gleiche Arbeit • Weiterbildung und Kompetenzentwicklung • Beschäftigung und Inklusion von Menschen mit Behinderungen • Maßnahmen gegen Gewalt und Belästigung am Arbeitsplatz • Vielfalt
	Sonstige arbeitsbezo-gene Rechte	• Kinderarbeit • Zwangsarbeit • Angemessene Unterbringung • Datenschutz

Tab. 1: Nachhaltigkeitsaspekte gem. ESRS 1, App. A

---

17 ABl. EU L v. 9.8.2024, Anhang II, Tab. 2.
18 Gleichbedeutend zu verstehen sind die Begriffe „Tarifverhandlung" und „Kollektivverhandlung" (in Österreich) sowie „Tarifvertrag" und „Kollektivvertrag" (in Österreich).

Das erste Unterthema in ESRS S1 „Arbeitsbedingungen" fasst acht Unter-Unterthemen zusammen (Rz 7–14), die primär auf die Allgemeine Erklärung der Menschenrechte und weitere internationale sowie europäische Rahmenwerke referenzieren, die nicht nur das Recht auf Arbeit, sondern die grundlegenden Rechte in der Arbeitswelt beinhalten: Dazu zählen u. a. angemessene Arbeitsbedingungen, die Einhaltung von (Höchst-)Arbeits-, Ruhe- und Urlaubszeiten sowie Arbeitnehmerschutzbestimmungen (Gesundheit und Sicherheit), gleicher Lohn für gleiche Arbeit sowie das Recht, Gewerkschaften zu gründen und ihnen beizutreten, um dadurch kollektiven Schutz der Arbeitnehmerinteressen zu gewährleisten.   **6**

Das Recht auf „**sichere Beschäftigung**" ist in der Dreigliedrigen Grundsatzerklärung über multinationale Unternehmen und Sozialpolitik (Art. 33) verankert. Im Kern geht es um die Bemühung, Arbeitnehmenden stabile Arbeitsverhältnisse zu bieten und frei ausgehandelte Verpflichtungen in Bezug auf Beschäftigungsstabilität und soziale Sicherheit einzuhalten. Darüber hinaus definiert die Europäische Sozialcharta weitere Rechte, die unter das Thema „sichere Beschäftigung" fallen können: das Recht der Arbeitnehmerinnen auf Mutterschutz (Art. 8) sowie für alle Arbeitnehmerinnen und Arbeitnehmer das Recht auf Soziale Sicherheit (Art. 12), das Recht auf Schutz bei der Kündigung (Art. 24), das Recht auf Schutz ihrer Forderungen bei Zahlungsunfähigkeit ihres Arbeitgebers (Art. 25).   **7**

Das Recht auf angemessene „**Arbeitszeit**" ist in der Allgemeinen Erklärung der Menschenrechte, der Charta der Grundrechte der EU und der Europäischen Sozialcharta verankert. Demnach hat jeder Mitarbeiter das Recht auf: **8**
- Erholung und Freizeit und damit eine vernünftige Begrenzung der Arbeitszeit sowie regelmäßigen, bezahlten Urlaub (Allgemeine Erklärung der Menschenrechte, Art. 24), wobei nach der Europäischen Sozialcharta (Art. 2) die Gewährung eines bezahlten Jahresurlaubs von mind. vier Wochen sicherzustellen ist;
- Arbeitsbedingungen, die die Gesundheit, Sicherheit und Würde achten (Charta der Grundrechte der EU, Art. 31);
- Begrenzung der Höchstarbeitszeit sowie auf tägliche und wöchentliche Ruhezeiten (Charta der Grundrechte der EU, Art. 31). Detaillierter definiert die Europäische Sozialcharta, dass die Arbeitswoche schrittweise verkürzt werden soll, soweit die Produktivitätssteigerung und weitere mitwirkende Faktoren dies gestatten; bezahlte öffentliche Feiertage vorzusehen sind; eine wöchentliche Ruhezeit sicherzustellen ist, die, soweit möglich, mit dem Tag zusammenfällt, der im betreffenden Land oder Bezirk durch Herkommen oder Brauch als Ruhetag anerkannt ist; und dass dafür zu sorgen ist, dass die Arbeitnehmer, die Nachtarbeit verrichten, in den Genuss von Maßnahmen

kommen, mit denen der besonderen Art dieser Arbeit Rechnung getragen wird (Europäische Sozialcharta, Art. 2).

- In Bezug auf den besonderen Schutz von Kindern und Jugendlichen sind entsprechende Vorgaben in Art. 7 der Europäischen Sozialcharta verankert.

9 Das Recht auf „angemessene Entlohnung" hält die Allgemeine Erklärung der Menschenrechte in Art. 23 Nr. 3 und Art. 25 Nr. 1 fest. Demnach haben Menschen, die arbeiten, das Recht auf eine gerechte und hinreichende Entlohnung, die ihre Existenz sichert. Näher definiert ist darunter jene „Entlohnung" (Löhne, Gehälter) zu verstehen, die ausreicht, um die Bedürfnisse der Arbeitskraft und ihrer Familie unter Berücksichtigung der nationalen wirtschaftlichen und sozialen Bedingungen zu befriedigen.[19] Hierfür ist „Lohn" definiert als Bruttolohn ohne variable Komponenten wie Überstunden und Prämien bzw. Boni („Anreizvergütung") sowie ohne Zulagen, sofern diese nicht garantiert sind.[20] Das Recht auf „angemessene Entlohnung" umfasst i. E. folgende Aspekte:

- das Recht der Arbeitnehmer auf ein Arbeitsentgelt anzuerkennen, das ausreicht, um ihnen und ihren Familien einen angemessenen Lebensstandard zu sichern (Europäische Sozialcharta, Art. 4);
- das Recht der Arbeitnehmer auf Zahlung erhöhter Lohnsätze für Überstundenarbeit anzuerkennen, vorbehaltlich von Ausnahmen in bestimmten Fällen (Europäische Sozialcharta, Art. 4); dabei werden Überstunden als die von einem Arbeitnehmer tatsächlich geleisteten Arbeitsstunden, die über seine vertragliche Arbeitszeit hinausgehen, verstanden;[21]
- das Recht männlicher und weiblicher Arbeitnehmer auf gleiches Entgelt für gleichwertige Arbeit anzuerkennen (Europäische Sozialcharta, Art. 4);
- Lohnabzüge nur unter den Bedingungen und in bestimmten Grenzen zuzulassen, die in innerstaatlichen Rechtsvorschriften vorgesehen, durch Gesamtarbeitsvertrag oder Schiedsspruch bestimmt sind;
- in Bezug auf das Recht der Kinder und Jugendlichen auf besonderen Schutz (Europäische Sozialcharta, Art. 7) ist das Recht der jugendlichen Arbeitnehmer und Lehrlinge auf ein gerechtes Arbeitsentgelt oder eine angemessene Beihilfe zu gewährleisten.

10 Der Begriff „sozialer Dialog" umfasst sämtliche Arten von Verhandlungen, Konsultationen oder Informationsaustausch zwischen Vertretern von Regierungen, Arbeitgebern, ihren Organisationen und Arbeitnehmervertretern über Fragen von gemeinsamem Interesse im Zusammenhang mit der Wirtschafts-

---

[19] Berichtigung der Delegierten Verordnung (EU) 2023/2772 v. 31.7.2023, ABl. EU L v. 9.8.2024, Anhang II, Tab. 2, S. 259 und 274; Europäische Sozialcharta, Art. 4.
[20] Berichtigung der Delegierten Verordnung (EU) 2023/2772 v. 31.7.2023, ABl. EU L v. 9.8.2024, Anhang II, Tab. 2, S. 283.
[21] Berichtigung der Delegierten Verordnung (EU) 2023/2772 v. 31.7.2023, ABl. EU L v. 9.8.2024, Anhang II, Tab. 2, S. 260.

und Sozialpolitik. Der „soziale Dialog" kann in einem Prozess zwischen drei Parteien erfolgen, mit der Regierung als offizieller Partei des Dialogs, oder nur zwischen Arbeitnehmervertretern und Führungskräften (oder Gewerkschaften und Arbeitgeberverbänden).[22] Das Recht auf einen „sozialen Dialog" ist in Art. 21 der Europäischen Sozialcharta über Verpflichtungen von Unternehmen gegenüber ihren Arbeitnehmern verankert. Demnach sind Unternehmen in der Pflicht, Maßnahmen zu ergreifen oder zu fördern, die den Arbeitnehmern oder ihren Vertretern die Möglichkeit einräumen:

- regelmäßig oder zu gegebener Zeit in einer verständlichen Weise über die wirtschaftliche und finanzielle Lage des sie beschäftigenden Unternehmens unterrichtet zu werden – mit der Maßgabe, dass die Erteilung bestimmter Auskünfte, die für das Unternehmen nachteilig sein könnte, verweigert oder der Pflicht zur vertraulichen Behandlung unterworfen werden kann;
- rechtzeitig zu beabsichtigten Entscheidungen gehört zu werden, welche die Interessen der Arbeitnehmer erheblich berühren könnten, insbes. zu Entscheidungen, die wesentliche Auswirkungen auf die Situation der Arbeitskräfte des Unternehmens haben könnten.

„Vereinigungsfreiheit, Existenz von Betriebsräten und Information-, Konsultations- und Mitbestimmungsrechte der Arbeitnehmer": Bereits die Menschenrechte umfassen das Recht auf Vereinigungsfreiheit, was für Arbeitnehmer folgende Aspekte einschließt: **11**

- sich zum Schutz ihrer Interessen friedlich zu versammeln und zu Vereinigungen in nationalen und internationalen Organisationen zusammenzuschließen (Allgemeine Erklärung der Menschenrechte, Art. 20 Abs. 1 und Art. 23 Abs. 4);
- Gewerkschaften zum Schutz ihrer Interessen zu bilden und diesen beizutreten (Dreigliedrige Grundsatzerklärung über multinationale Unternehmen und Sozialpolitik der IAO, Art. 9 und 48);
- den Schutz vor unterschiedlicher Behandlung in diesem Zusammenhang, z. B. durch die Androhung einer Beendigung des Beschäftigungsverhältnisses im Fall eines Beitritts zu einer Gewerkschaft (IAO-Übereinkommen 98).

Zu befassen hat sich das berichtspflichtige Unternehmen zudem mit dem Thema „Tarifverhandlungen einschl. der Quote der durch Tarifverträge abgedeckten Arbeitskräfte". Das Recht auf Tarifverhandlungen ist in der Europäischen Sozialcharta (Art. 6) verankert. Unter Tarifverhandlungen sind sämtliche Verhandlungen zu verstehen, die zwischen einem Arbeitgeber, einer Gruppe von Arbeitgebern oder einer oder mehreren Arbeitgeberorganisationen einerseits und einer oder mehreren Gewerkschaften oder, in deren Abwesenheit, den von   **12**

---

[22] Berichtigung der Delegierten Verordnung (EU) 2023/2772 v. 31.7.2023, ABl. EU L v. 9.8.2024, Anhang II, Tab. 2, S. 279.

ihnen gem. den einzelstaatlichen Rechtsvorschriften ordnungsgemäß gewählten und bevollmächtigten Arbeitnehmervertretern andererseits geführt werden, um

* die Arbeits- und Beschäftigungsbedingungen festzulegen und/oder
* die Beziehungen zwischen Arbeitgebern und Arbeitnehmern zu regeln und/oder
* die Beziehungen zwischen Arbeitgebern oder ihren Organisationen und einer oder mehreren Arbeitnehmerorganisationen zu regeln.[23]

13 „Vereinbarkeit von Berufs- und Privatleben" wird definiert als das zufriedenstellende Gleichgewicht zwischen Arbeit und Privatleben. Dieser Nachhaltigkeitsaspekt umfasst i. w. S. nicht nur die Vereinbarkeitsfrage angesichts von Familien- oder Betreuungspflichten, sondern auch die Aufteilung zwischen der am Arbeitsplatz und im Privatleben verbrachten Zeit, die über familiäre Verpflichtungen hinausgeht.[24]

Im Kontext mit der „Vereinbarkeit von Berufs- und Privatleben" sei beim Unter-Unterthema „Gleichbehandlung der Geschlechter und gleicher Lohn für gleiche Arbeit" (Rz 16) auf den Zeitaufwand für unbezahlte Sorgearbeit (Haushalt, Pflege, Ehrenamt bzw. Freiwilligenarbeit) hinzuweisen, die überwiegend von Frauen geleistet wird. Um auf eine gerechte Zeitverteilung zwischen den Geschlechtern hinsichtlich der „Vereinbarkeit von Berufs- und Privatleben" hinzuwirken, sind die Einhaltung der Normen der Unter-Unterthemen „Arbeitszeit" (Rz 8) sowie „angemessene Entlohnung" (Rz 9) von essenzieller Bedeutung.

14 Das Recht auf „Gesundheitsschutz und Sicherheit", i. E. auf eine sichere und gesunde Arbeitsumgebung, ist in der Allgemeinen Erklärung der Menschenrechte (Art. 3) mit dem Recht auf Leben und Sicherheit jeder Person verankert. Diesbzgl. gibt es weitere Anforderungen an Unternehmen, die im IAO-Übereinkommen 155 über Arbeitsschutz und Arbeitsumwelt ausgeführt werden:

* Unternehmen haben demnach dafür Sorge zu tragen, dass die ihrem Verfügungsrecht unterliegenden Arbeitsplätze, Maschinen, Ausrüstungen und Verfahren keine Gefahr für die Gesundheit und Sicherheit der Arbeitnehmer darstellen, soweit dies praktisch durchführbar ist (Art. 16); außerdem besagt die Europäische Sozialcharta (Art. 2), dass, wenn Gefahren nicht beseitigt oder hinreichend vermindert werden konnten, für eine verkürzte Arbeitszeit oder zusätzliche bezahlte Urlaubstage für jene Arbeitnehmer zu sorgen ist, die mit solchen Arbeiten beschäftigt sind.

[23] Berichtigung der Delegierten Verordnung (EU) 2023/2772 v. 31.7.2023, ABl. EU L v. 9.8.2024, Anhang II, Tab. 2, S. 264.
[24] Berichtigung der Delegierten Verordnung (EU) 2023/2772 v. 31.7.2023, ABl. EU L v. 9.8.2024, Anhang II, Tab. 2, S. 285.

- Unternehmen haben dafür zu sorgen, dass die ihrem Verfügungsrecht unterliegenden chemischen, physikalischen und biologischen Stoffe und Einwirkungen, wenn ordnungsgemäße Schutzmaßnahmen getroffen werden, keine Gesundheitsgefahr darstellen, soweit dies praktisch durchführbar ist (Art. 16).

- Unternehmen müssen erforderlichenfalls ausreichende Schutzkleidung und Schutzausrüstung bereitstellen, um Unfallgefahren und nachteilige Auswirkungen auf die Gesundheit zu vermeiden, soweit dies praktisch durchführbar ist (Art. 16).

- Die Arbeitsschutzmaßnahmen des Unternehmens dürfen darüber hinaus für die Arbeitnehmer mit keinerlei Ausgaben verbunden sein (Art. 21).

- Es sind u.a. Vorkehrungen auf betrieblicher Ebene zu treffen, wonach die Arbeitnehmer an der Erfüllung der ihrem Arbeitgeber auferlegten Verpflichtungen mitwirken, die Repräsentanten der Arbeitnehmer (Arbeitnehmervertreter) mit dem Arbeitgeber auf dem Gebiet des Arbeitsschutzes zusammenarbeiten und ausreichend über die Maßnahmen unterrichtet werden und die Arbeitnehmer und Repräsentanten eine angemessene Ausbildung auf dem Gebiet des Arbeitsschutzes erhalten (Art. 19).

Das zweite Unterthema in ESRS S1 „**Gleichbehandlung und Chancengleichheit für alle**" fasst fünf Unter-Unterthemen zusammen (Rz 16–20). Das Recht auf „Gleichbehandlung" im Zusammenhang mit dem Nachhaltigkeitsaspekt „Arbeitskräfte des Unternehmens" bedeutet gleichberechtigter und diskriminierungsfreier Zugang von Einzelpersonen zu Möglichkeiten der allgemeinen und beruflichen Bildung, der Beschäftigung, der beruflichen Entwicklung und der Ausübung von Befugnissen, ohne Benachteiligung aufgrund von Kriterien wie Geschlecht, Rasse oder ethnischer Herkunft, Staatsangehörigkeit, Religion oder Weltanschauung, Behinderung, Alter oder sexuelle Ausrichtung.[25]   **15**

Das Recht auf „**Gleichstellung der Geschlechter und gleicher Lohn für gleiche Arbeit**" ist in Art. 23 Nr. 2 der Allgemeinen Erklärung der Menschenrechte verankert. Demnach haben alle Menschen das Recht auf gleichen Lohn für gleiche Arbeit. Das IAO-Übereinkommen 100 über die Gleichheit des Entgelts männlicher und weiblicher Arbeitskräfte für gleichwertige Arbeit enthält folgende Begriffsbestimmungen: **16**

- Der Ausdruck „Entgelt" umfasst den üblichen Lohn, den Grund- oder Mindestlohn oder das übliche Gehalt, das Grund- oder Mindestgehalt sowie alle zusätzlichen Vergütungen, die der Arbeitgeber aufgrund des Dienstverhältnisses dem Arbeitnehmer mittelbar oder unmittelbar in bar oder in Sachleistungen zu zahlen hat.

---

[25] Berichtigung der Delegierten Verordnung (EU) 2023/2772 v. 31.7.2023, ABl. EU L v. 9.8.2024, Anhang II, Tab. 2, S. 267.

- Der Ausdruck „Gleichheit des Entgelts männlicher und weiblicher Arbeitskräfte für gleichwertige Arbeit" bezieht sich auf Entgeltsätze, die ohne Rücksicht auf den Unterschied des Geschlechts festgesetzt sind (Art. 1).

Bzgl. der wirksamen Ausübung des Rechts auf Chancengleichheit und Gleichbehandlung sind Unternehmen nach der Europäischen Sozialcharta (Art. 20) dazu verpflichtet, geeignete Gewährleistungs- bzw. Förderungsmaßnahmen zu ergreifen, die bspw. folgende Aspekte adressieren:

- den Zugang zur Beschäftigung, Kündigungsschutz und berufliche Wiedereingliederung,
- Berufsberatung und berufliche Ausbildung, Umschulung und berufliche Rehabilitation,
- Beschäftigungs- und Arbeitsbedingungen (einschl. des Entgelts) sowie beruflicher Werdegang (einschl. des beruflichen Aufstiegs).

17 „Weiterbildung und Kompetenzentwicklung" werden definiert als Initiativen des Unternehmens, die auf die Erhaltung und/oder Verbesserung der Fähigkeiten und Kenntnisse der eigenen Arbeitskräfte zielen. Dies kann verschiedene Methoden umfassen, wie z. B. Schulungen vor Ort und Online-Schulungen. In den OECD-Leitsätzen wird der Beitrag der Humankapitalbildung (zu der Aus- und Weiterbildung sowie sonstige Maßnahmen zugunsten der individuellen Entwicklung der Beschäftigten gehören), den Unternehmen zur individuellen menschlichen Entwicklung ihrer Arbeitnehmer leisten können, anerkannt. Das Recht auf Training und Qualifizierungsmaßnahmen schließt u. a. folgende Anforderungen an Unternehmen bzw. Rechte für Arbeitnehmer ein:

- Unternehmen haben sicherzustellen, dass für alle Ebenen der Arbeitskräfte relevante Schulungen angeboten werden (Dreigliedrige Grundsatzerklärung über multinationale Unternehmen und Sozialpolitik der IAO, Art. 38).
- Ebenso müssen Unternehmen geeignete und leicht zugängliche Ausbildungsmöglichkeiten für erwachsene Arbeitnehmer sicherstellen oder fördern (Europäische Sozialcharta, Art. 10).
- Schließlich haben Unternehmen besondere Möglichkeiten für die Umschulung erwachsener Arbeitnehmer sicherzustellen oder zu fördern, die durch den technischen Fortschritt oder neue Entwicklungen auf dem Arbeitsmarkt erforderlich werden (Europäische Sozialcharta, Art. 10).
- Die Zeiten, die Arbeitnehmer während der Beschäftigung auf Verlangen ihres Arbeitgebers für den Besuch von Fortbildungslehrgängen verwenden, werden auf die Normalarbeitszeit angerechnet (Europäische Sozialcharta, Art. 10).

18 „Menschen mit Behinderung" sind jene Personen, die mit langfristigen körperlichen, seelischen, geistigen oder Sinnesbeeinträchtigungen konfrontiert sind, die sie – in Wechselwirkung mit anderen Barrieren – an der vollen, wirksamen und gleichberechtigten Teilhabe an der Gesellschaft hindern können. Das

Recht auf „**Beschäftigung und Inklusion von Menschen mit Behinderung**" ist in der Dreigliedrigen Grundsatzerklärung über multinationale Unternehmen und Sozialpolitik der IAO (Art. 9) und im OECD-Leitsatz 5 verankert, in denen die Nichtdiskriminierung bzw. die Eliminierung von Diskriminierung bei der Einstellung und Beschäftigung festgehalten wird. Die Allgemeine Erklärung der Menschenrechte hält zudem fest, dass Menschen den gleichen Schutz gegen jede Form der Diskriminierung erhalten sollen (Art. 7). Die Europäische Sozialcharta verankert in Art. 15 „das Recht behinderter Menschen auf Eigenständigkeit, soziale Eingliederung und Teilhabe am Leben der Gemeinschaft", um für diese – in Arbeitswelt und Gesellschaft oftmals marginalisierte – Gruppe ungeachtet des Alters, der Form sowie der Ursache ihrer Behinderung die wirksame Ausübung des Rechts auf Eigenständigkeit, soziale Eingliederung und Teilhabe an der Gesellschaft zu gewährleisten.

Die geforderten „**Maßnahmen gegen Gewalt und Belästigung am Arbeitsplatz**" finden ihren Bezug in Art. 3 der Allgemeinen Erklärung der Menschenrechte, wonach jede Person das Recht auf Leben und Sicherheit hat. Unter „Belästigung" ist eine Situation zu verstehen, in der ein unerwünschtes Verhalten im Zusammenhang mit einem geschützten Diskriminierungsgrund (z.B. Geschlecht gem. der Richtlinie 2006/54/EG[26]) mit dem Ziel oder der Wirkung eintritt, die Würde einer Person zu verletzen und ein von Einschüchterungen, Anfeindungen, Erniedrigungen, Entwürdigungen oder Beleidigungen geprägtes Umfeld zu schaffen. Das Recht auf Würde am Arbeitsplatz ist in Art. 26 der Europäischen Sozialcharta über Anforderungen an Arbeitgeber verankert. Es umfasst:

- das Bewusstsein, die Aufklärung und die Vorbeugung hinsichtlich sexueller Belästigung am Arbeitsplatz oder i.V.m. der Arbeit zu fördern und alle geeigneten Maßnahmen zu ergreifen, um Arbeitnehmer vor solchem Verhalten zu schützen;
- das Bewusstsein, die Aufklärung und die Vorbeugung hinsichtlich verwerflicher oder ausgesprochen feindseliger und beleidigender Handlungen, die am Arbeitsplatz oder i.V.m. der Arbeit wiederholt gegen einzelne Arbeitnehmer gerichtet werden, zu fördern und geeignete Maßnahmen zu ergreifen, um Arbeitnehmer vor solchem Verhalten zu schützen.

19

Im Zusammenhang mit den in Rz 14 geforderten Maßnahmen sei darauf hingewiesen, dass Gewalt sowie Belästigung am Arbeitsplatz exemplarisch für psychosoziale bzw. arbeitsorganisationsbezogene Gefahren unter dem Begriff „**arbeitsbedingte Gefahren**"[27] angeführt werden.

---

[26] Gleichbehandlungsrichtlinie – RL 2006/54/EG, ABl. EU v. 26.7.2006, L 204/23.
[27] Berichtigung der Delegierte Verordnung (EU) 2023/2772 v. 31.7.2023, ABl. EU L v. 9.8.2024, Anhang II, Tab. 2, S. 285.

20   Im Hinblick auf „**Vielfalt**" hält Art. 2 der Allgemeinen Erklärung der Menschenrechte fest, dass jeder – unabhängig von z. B. Geschlecht, Sprache, Hautfarbe, Religion usw. – den Anspruch auf die gleichen in der Allgemeinen Erklärung der Menschenrechte verkündeten Rechte und Freiheiten hat. Damit in Verbindung stehend sieht Art. 7 vor, dass jeder Mensch den gleichen Schutz gegen jegliche Diskriminierung erfahren soll. Es ist zwischen unmittelbarer und mittelbarer Diskriminierung zu unterscheiden:

   • Eine **unmittelbare Diskriminierung** liegt vor, wenn eine Person gegenüber der Art und Weise, wie andere, die sich in einer vergleichbaren Situation befinden, behandelt werden oder würden, eine weniger günstige Behandlung erfährt und der Grund dafür ein besonderes Merkmal dieser Person ist, das unter „verbotene Gründe" fällt.

   • Eine **mittelbare Diskriminierung** liegt vor, wenn eine dem Anschein nach neutrale Regelung eine Person oder eine Gruppe, deren Angehörige gleiche Merkmale aufweisen, benachteiligt.

   Die Benachteiligung einer Gruppe durch eine Entscheidung ist anhand eines Vergleichs mit einer Vergleichsgruppe nachzuweisen.

   Von der Internationalen Arbeitsorganisation wird der Begriff in Übereinkommen 111 über die Diskriminierung in Beschäftigung und Beruf definiert; als „Diskriminierung" gilt dort:

   • jede Unterscheidung, Ausschließung oder Bevorzugung, die aufgrund der Rasse, der Hautfarbe, des Geschlechts, des Glaubensbekenntnisses, der politischen Meinung, der nationalen Abstammung oder der sozialen Herkunft vorgenommen wird und die dazu führt, den Umgang bzw. die Chancengleichheit in Beschäftigung oder Beruf aufzuheben oder zu beeinträchtigen;

   • jede andere Unterscheidung, Ausschließung oder Bevorzugung, die dazu führt, die Chancengleichheit in Beschäftigung oder Beruf aufzuheben oder zu beeinträchtigen, und die von dem betreffenden Mitglied nach Anhörung der maßgebenden Arbeitgeber- und Arbeitnehmerverbände, soweit solche bestehen, und anderer geeigneter Stellen bestimmt wird.

   Eine Unterscheidung, Ausschließung oder Bevorzugung hinsichtlich einer bestimmten Beschäftigung, die in den Erfordernissen dieser Beschäftigung begründet ist, gilt nicht als Diskriminierung (Art. 1).

21   Das dritte Unterthema in ESRS S1 „**Sonstige arbeitsbezogene Rechte**" fasst vier Unter-Unterthemen zusammen (Rz 22–25), die primär auf der Allgemeinen Erklärung der Menschenrechte und weiteren internationalen sowie europäischen Rahmenwerken beruhen, dazu zählen Kinderarbeit, Zwangsarbeit, angemessene Unterbringung sowie Datenschutz.

22   Der Schutz vor „**Kinderarbeit**" ist in Art. 26 Abs. 1 der Allgemeinen Erklärung der Menschenrechte verankert. Darin wird die effektive Abschaffung von

Kinderarbeit verankert und festgehalten, dass Bildung unentgeltlich zur Verfügung zu stellen ist und das Recht auf Bildung, zumindest eines Grundschulunterrichts, zu sichern ist. Kinderarbeit ist definiert als Arbeit, die Kinder ihrer Kindheit, ihres Potenzials und ihrer Würde beraubt und ihre körperliche und geistige Entwicklung beeinträchtigt. Der Begriff bezieht sich somit auf jede Arbeit, die

- geistig, körperlich, sozial oder moralisch gefährlich und schädlich für Kinder ist und/oder
- ihre Schulbildung beeinträchtigt, indem ihnen die Möglichkeit genommen wird, die Schule zu besuchen, sie dazu zwingt, die Schule frühzeitig zu verlassen, oder dazu führt, dass sie versuchen müssen, den Schulbesuch mit übermäßig langer und schwerer Arbeit zu kombinieren.[28]

Ein Kind ist definiert als eine Person unter 18 Jahren. Ob bestimmte Formen der „Arbeit" als „Kinderarbeit" bezeichnet werden können, hängt vom Alter des Kindes, der Arbeitszeit und der Art der geleisteten Arbeit sowie den Bedingungen ab, unter denen sie geleistet wird. Die Antwort ist von Land zu Land sowie von Sektor zu Sektor innerhalb eines Landes unterschiedlich. Das Mindestalter für die Aufnahme einer Beschäftigung sollte nicht unter dem Mindestalter für den Abschluss der Schulpflicht liegen, in jedem Fall aber nicht unter 15 Jahren gem. dem Übereinkommen 138 der Internationalen Arbeitsorganisation (IAO) über das Mindestalter.

Ausnahmen sind in bestimmten Ländern möglich, in denen die Wirtschaft und die Bildungseinrichtungen unzureichend entwickelt sind; dort gilt ein Mindestalter von 14 Jahren. Diese Länder, für die Ausnahmen gelten, werden von der Internationalen Arbeitsorganisation (IAO) auf besonderen Antrag des betreffenden Landes und in Absprache mit den Arbeitgeber- und Arbeitnehmerverbänden festgelegt.

Die einzelstaatlichen Rechtsvorschriften können die Beschäftigung von Personen im Alter von 13 bis 15 Jahren bei leichter Erwerbstätigkeit zulassen, solange dies ihrer Gesundheit oder ihrer Entwicklung nicht abträglich ist und den Schulbesuch oder die Teilnahme an Berufsbildungsprogrammen nicht beeinträchtigt. Das Mindestalter für die Zulassung zur Arbeit, die aufgrund ihrer Art oder der Umstände ihrer Ausübung die Gesundheit, Sicherheit oder Moral von Jugendlichen gefährden kann, beträgt mind. 18 Jahre.

In Bezug auf Kinderarbeit ist im IAO-Übereinkommen 182 jedes Unternehmen u. a. verpflichtet:

---

[28] Berichtigung der Delegierten Verordnung (EU) 2023/2772 v. 31.7.2023, ABl. EU L v. 9.8.2024, Anhang II, Tab. 2, S. 262 f.

- unverzügliche und wirksame Maßnahmen zu treffen, um sicherzustellen, dass die schlimmsten Formen der Kinderarbeit vordringlich verboten und beseitigt werden (Art. 1);
- Aktionsprogramme zur vorrangigen Beseitigung der schlimmsten Formen der Kinderarbeit zu planen und durchzuführen (Art. 6);
- alle erforderlichen Maßnahmen zu treffen, um die wirksame Durchführung und Durchsetzung der Bestimmungen zur Umsetzung dieses Übereinkommens sicherzustellen, einschl. der Festsetzung und Anwendung von strafrechtlichen Maßnahmen oder ggf. anderen Zwangsmaßnahmen (Art. 7);
- unter Berücksichtigung der Bedeutung der Schulbildung für die Beseitigung der Kinderarbeit wirksame Maßnahmen innerhalb einer bestimmten Frist zu treffen (Art. 7).

Im Hinblick auf den Umgang mit Kinderarbeit wurde von der IAO und der Internationalen Arbeitgeber-Organisation (IOE) ein „Leitfaden zum Umgang mit Kinderarbeit" entwickelt, der Unternehmen bei der Einhaltung von Sorgfaltspflichten in Bezug auf Kinderarbeit unterstützen soll.[29]

23 Der Begriff der **„Zwangsarbeit"** wird als jede Arbeit oder Dienstleistung definiert, die von einer Person unter Androhung einer Strafe verlangt wird und für die sich die Person nicht freiwillig zur Verfügung gestellt hat. Der Begriff umfasst sämtliche Situationen, in denen Personen mit allen Mitteln zur Arbeitsleistung gezwungen werden, und schließt sowohl traditionelle „sklavenähnliche" Praktiken sowie moderne Formen von Zwang ein, bei denen es um die Ausbeutung von Arbeitskräften geht, wozu auch Menschenhandel gehören kann.[30]

Der Schutz vor Zwangsarbeit ist in der Allgemeinen Erklärung der Menschenrechte verankert. Demnach hat jeder das Recht auf Arbeit und eine freie Berufswahl (Art. 23 Abs. 1) und niemand darf in Sklaverei oder Leibeigenschaft gehalten werden (Art. 4). Ferner sind Unternehmen durch das IAO-Übereinkommen 105 dazu verpflichtet, Zwangs- oder Pflichtarbeit zu beseitigen und in keiner Form anzuwenden (Art. 1) sowie wirksame Maßnahmen zur sofortigen und vollständigen Abschaffung der in Art. 1 dieses Übereinkommens bezeichneten Zwangs- oder Pflichtarbeit zu ergreifen (Art. 2).

24 Analog zur Definition der „angemessenen Entlohnung" ist unter **„angemessene Unterbringung"** jener Wohnraum zu verstehen, der die Befriedigung der Bedürfnisse des Arbeitnehmers und seiner Familie unter Berücksichtigung der wirtschaftlichen und sozialen Bedingungen gewährleistet. Das entsprechende Recht auf angemessenes Wohnen ist in Art. 25 Abs. 1 der Allgemeinen Er-

---

29 IAO, Leitfaden der IAO und der IOE für Unternehmen zum Umgang mit Kinderarbeit, 2022.
30 Berichtigung der Delegierten Verordnung (EU) 2023/2772 v. 31.7.2023, ABl. EU L v. 9.8.2024, Anhang II, Tab. 2, S. 267 f.

klärung der Menschenrechte verankert: „Jeder hat das Recht auf einen Lebensstandard, der seine und seiner Familie Gesundheit und Wohl gewährleistet, einschließlich [...] Wohnung, ärztliche Versorgung und notwendige soziale Leistungen [...]".

Praxis-Hinweis

Im Blick zu behalten sind u. a. angemessene Wohnumstände in „Gemeinschaftsunterkünften" (z. B. räumliche Kapazitäten, hygienische Ausstattung, technische Standards, Anfahrtsweg zur Arbeitsstätte), die vom Unternehmen für die eigenen Arbeitskräfte für die Dauer der Tätigkeit beim Unternehmen zur Verfügung gestellt werden. Nicht gemeint ist demgegenüber die private Unterkunft der Arbeitskräfte des Unternehmens, als diese zumindest aus Unternehmens-Perspektive unter die Betrachtungen zur „angemessenen Entlohnung" zu summieren ist.

Im Hinblick auf „**Datenschutz**" ist in Art. 12 der Allgemeinen Erklärung der Menschenrechte verankert: Niemand darf willkürlichen Eingriffen in sein Privatleben, seine Familie, seine Wohnung und seinen Schriftverkehr oder Beeinträchtigungen seiner Ehre und seines Rufes ausgesetzt werden. Jeder hat Anspruch auf rechtlichen Schutz gegen solche Eingriffe oder Beeinträchtigungen. In Art. 18 wird zudem festgehalten, dass jeder Mensch das Recht auf Gedanken-, Gewissens- und Religionsfreiheit hat; dieses Recht schließt die Freiheit ein, seine Religion oder seine Weltanschauung zu wechseln, sowie die Freiheit, seine Religion oder seine Weltanschauung allein oder in Gemeinschaft mit anderen, öffentlich oder privat durch Lehre, Ausübung, Gottesdienst und Kulthandlungen zu bekennen. Dabei geht es neben der auch im Arbeitsumfeld erforderlichen Privatsphäre also v. a. um den Mitarbeiter-Datenschutz. 25

Zusätzlich zu den in Tab. 1 angeführten Themen zu Soziales gem. ESRS 1.AR16 wird Unternehmen nahegelegt zu erwägen, Informationen zu weiteren Nachhaltigkeitsaspekten offenzulegen, die für wesentliche Auswirkungen über einen **kürzeren Zeitraum** relevant sind. Beispielhaft angeführt sind besondere Initiativen in Bezug auf die Gesundheit und Sicherheit der eigenen Arbeitskräfte während einer Pandemie (ESRS 1.AR1). 26

1.3 Datenpunkte aus anderen EU-Rechtsakten

Die Angabepflichten in ESRS S1 sind prinzipiell vorbehaltlich der Ergebnisse der vom berichtspflichtigen Unternehmen durchzuführenden **Wesentlichkeitsanalyse** wahrzunehmen. Einige der vorgesehenen Offenlegungserfordernisse im Zusammenhang mit ESRS S1 sind bereits in anderen EU-Rechtsmaterien (SFRD, Benchmark-VO) erfasst und richten sich an ausgewählte Unternehmensgruppen wie Finanzinstitute (→ § 3 Rz 98). Zur in Tab. 2 dargestellten 27

Säule 3 sowie zum EU-Klimagesetz finden sich in den Angabepflichten gem. ESRS S1 keine Referenzen. Die betreffenden Datenpunkte sind in Anlage B von ESRS 2 aufgelistet.

Angabepflicht und zugehöriger Datenpunkt	SFDR-Referenz	Säule-3-Referenz	Referenz der Bench-mark-VO	EU-Klima-gesetz-Referenz
ESRS S1-1 Verpflichtungen im Bereich der Menschenrechts-politik (ESRS S1.20; Rz 40)	Indikator Nr. 9 Anhang 1 Tab. 3 und Indikator Nr. 11 Anhang 1 Tab. 1			
ESRS S1-1 Vorschriften zur Sorgfaltsprüfung in Bezug auf Fragen, die in den grundlegenden Konventionen 1 bis 8 der Internationalen Arbeits-organisation behandelt werden (ESRS S1.21; Rz 40)			Delegierte VO (EU) 2020/1816, Anhang II	
ESRS S1-1 Verfahren und Maßnahmen zur Bekämpfung des Menschenhandels (ESRS S1.22; Rz 40)	Indikator Nr. 11 Anhang 1 Tab. 3			

Angabepflicht und zugehöriger Datenpunkt	SFDR-Referenz	Säule-3-Referenz	Referenz der Benchmark-VO	EU-Klimagesetz-Referenz
ESRS S1-1 Konzept oder ein Managementsystem in Bezug auf die Verhütung von Arbeitsunfällen (ESRS S1.23; Rz 40)	Indikator Nr. 1 Anhang 1 Tab. 3			
ESRS S1-3 Bearbeitung von Beschwerden (ESRS S1.32(c); Rz 52)	Indikator Nr. 5 Anhang 1 Tab. 3			
ESRS S1-14 Zahl der Todesfälle und Zahl und Quote der Arbeitsunfälle (ESRS 1.88(b) und (c); Rz 32, 130)	Indikator Nr. 2 Anhang 1 Tab. 3		Delegierte VO (EU) 2020/1816, Anhang II	
ESRS S1-14 Anzahl der durch Verletzungen, Unfälle, Todesfälle oder Krankheiten bedingten Ausfalltage (ESRS S1.88(e); Rz 32, 130)	Indikator Nr. 3 Anhang 1 Tab. 3			
ESRS S1-16 Unbereinigtes geschlechtsspezifisches Verdienstgefälle (ESRS S1.97(a); Rz 32, 149ff.)	Indikator Nr. 12 Anhang 1 Tab. 1		Delegierte VO (EU) 2020/1816, Anhang II	

Angabepflicht und zugehöriger Datenpunkt	SFDR-Referenz	Säule-3-Referenz	Referenz der Benchmark-VO	EU-Klimagesetz-Referenz
ESRS S1-16 Überhöhte Vergütung von Mitgliedern der Leitungsorgane (ESRS S1.97(b); Rz 32, 149, 152, 161)	Indikator Nr. 8 Anhang 1 Tab. 3			
ESRS S1-17 Fälle von Diskriminierung (ESRS S1.103(a); Rz 32, 163)	Indikator Nr. 7 Anhang 1 Tab. 3			
ESRS S1-17 Nichteinhaltung der Leitprinzipien der Vereinten Nationen für Wirtschaft und Menschenrechte und der OECD-Leitlinien (ESRS S1.104(a); Rz 32, 164)	Indikator Nr. 10 Anhang 1 Tab. 1 und Indikator Nr. 14 Anhang 1 Tab. 3		Delegierte VO (EU) 2020/1816, Anhang II Delegierte VO (EU) 2020/1818 Art. 12 Abs. 1	

Tab. 2: Datenpunkte in ESRS S1 aus anderen EU-Rechtsvorschriften (ESRS 2, App. B)

28   Siehe ausführlich zu den Datenpunkten aus Tab. 2, die Kennzahlen betreffend, insbes. Rz 32 ff.

1.4 *Phase-in*-Regelungen

In seiner Gesamtheit unterliegt der ESRS S1 den *Phase-in*-Regelungen für   29
Unternehmen bzw. Konzerne, deren Zahl an Arbeitnehmern im Jahresschnitt
nicht über 750 liegt. Für das erste Jahr ihrer Berichtspflicht können diese
Unternehmen bzw. Konzerne die Berichterstattung gem. ESRS S1 gänzlich
unterlassen.

Größenunabhängig gilt für alle Unternehmen: Sollten Themen, Unterthemen   30
oder Unter-Unterthemen der „Arbeitskräfte des Unternehmens" als wesentlich
identifiziert werden, können folgende **spezifischen Angaben** gem. Anlage C zu
ESRS 1 für das erste Jahr der Berichterstattung nach ESRS S1 unterbleiben.

Angabepflicht	Schrittweise Einführung
ESRS S1-7 Merkmale der Fremd- arbeitskräfte des Unternehmens	Die Angabe sämtlicher Datenpunkte kann im ersten Jahr unterlassen werden.
ESRS S1-8 Tarifvertragliche Abdeckung und sozialer Dialog	Die Angabe all jener Datenpunkte, die sich auf die „Arbeitskräfte des Unternehmens" in Nicht- EWR-Ländern beziehen, kann im ersten Jahr unterlassen werden.
ESRS S1-11 Soziale Absicherung	Die Angabe sämtlicher Datenpunkte kann im ersten Jahr unterlassen werden.
ESRS S1-12 Prozentsatz der Menschen mit Behinderungen	Die Angabe sämtlicher Datenpunkte kann im ersten Jahr unterlassen werden.
ESRS S1-13 Weiterbildung und Kompetenzentwick- lung	Die Angabe sämtlicher Datenpunkte kann im ersten Jahr unterlassen werden.

Angabepflicht	Schrittweise Einführung
ESRS S1-14 Gesundheitsschutz und Sicherheit	Die Angabe folgender Datenpunkte kann im ersten Jahr unterlassen werden: • arbeitsbedingte Erkrankungen, • die Anzahl der Ausfalltage bedingt durch Verletzungen, Arbeitsunfälle, Todesfälle und arbeitsbedingte Erkrankungen. Die Angabe all jener Datenpunkte, die sich auf Fremdarbeitskräfte beziehen, kann im ersten Jahr unterlassen werden.
ESRS S1-15 Vereinbarkeit von Berufs- und Privatleben	Die Angabe sämtlicher Datenpunkte kann im ersten Jahr unterlassen werden.

Tab. 3: Liste der schrittweise eingeführten Angabepflichten für ESRS S1 (ESRS 1, App. C)

1.5 Übersicht über Kennzahlen in ESRS S1

31 ESRS S1 ist jener Standard in den ESRS mit der höchsten Anzahl an Kennzahlen. Insgesamt sind es **30 Kennzahlen** (Tab. 4), die – vorbehaltlich der Prüfung der Wesentlichkeit – in die Berichterstattung aufzunehmen sind. Allerdings bleiben zahlreiche Detailaspekte in den Berechnungsmethoden, z. B. die Festlegung von Bezugsgrößen wie Köpfe oder Vollzeitäquivalente (VZÄ), ohne präzise Regelung, was die Vergleichbarkeit als bedeutendes qualitatives Merkmal (→ § 3 Rz 27) dieser Angaben beeinträchtigen könnte. Bei der Berichterstellung ist i.d.S. durch das Unternehmen besonderes Augenmerk auf die Implementierung der Vorgaben des ESRS S1 i.V.m. den grundlegenden Anforderungen gem. ESRS 1 zu legen.

32 Tab. 4 bietet eine Übersicht der Kennzahlen in ESRS S1 nach Spezifikation und Granularität der geforderten Angaben. Außerdem wird angeführt, ob der Berichtsstandard Templates bzw. Berechnungsmethoden ("Formeln") anführt sowie die Anzahl derer.

Datenpunkt	Kennzahlen	Spezifikation	Granularität	Anzahl Template/ Anzahl Formel
ESRS S1.50(a)	Gesamtzahl der Arbeitnehmer	Nach Personenzahl oder VZÄ	Aufgliederung nach Geschlecht und Ländern für Unternehmen mit mind. 50 Arbeitnehmern, die zumindest 10 % der Gesamtzahl seiner Arbeitnehmer ausmachen	2 Templates (ESRS S1.AR55; Rz 70)
ESRS S1.50(b)	Gesamtzahl der unbefristeten und befristeten Arbeitnehmer sowie Gesamtzahl der Abrufkräfte (Arbeitszeit ist nicht garantiert)	Nach Personenzahl oder VZÄ	Aufgliederung nach Geschlecht (optional nach Region, ESRS S1.51)	2 Templates (ESRS S1.AR55; Rz 70)
ESRS S1.50(c)	Gesamtzahl der im Geschäftsjahr ausgetretenen Arbeitnehmer	Nach Personenzahl oder VZÄ		
ESRS S1.50(c)	Rate der im Geschäftsjahr ausgetretenen Arbeitnehmer			
ESRS S1.52	Gesamtzahl der Arbeitnehmer in Vollzeit- sowie in Teilzeit	Nach Personenzahl oder VZÄ	Aufgliederung nach Geschlecht und Region	2 Templates (ESRS S1.AR55; Rz 70)

Datenpunkt	Kennzahlen	Spezifikation	Granularität	Anzahl Template/Anzahl Formel
ESRS S1.55(a)	Gesamtzahl der im Unternehmen tätigen Fremdarbeitskräfte	Nach Personenzahl oder VZÄ		
ESRS S1.60(a)	Prozentsatz jener Arbeitnehmer, die durch Tarif- bzw. Kollektivvereinbarungen abgedeckt sind			1 Formel (ESRS S1.AR66; Rz 86)
ESRS S1.60(b)	Prozentsatz jener Arbeitnehmer, die durch Tarif- bzw. Kollektivvereinbarungen abgedeckt sind		Für EWR-Länder: Angabe des Prozentsatzes für jedes Land mit signifikantem Beschäftigungsgrad (mind. 50 Arbeitnehmer, die mind. 10 % der Gesamtarbeitnehmerschaft ausmachen)	1 Template (ESRS S1.AR70; Rz 89)
ESRS S1.60(c)	Prozentsatz jener eigenen Arbeitnehmer, die durch Tarif- bzw. Kollektivvereinbarungen abgedeckt sind		Für Nicht-EWR-Länder: Angabe des Prozentsatzes für jede Region	1 Template (ESRS S1.AR70; Rz 89)

Datenpunkt	Kennzahlen	Spezifikation	Granularität	Anzahl Template/ Anzahl Formel
ESRS S1.63(a)	Gesamtprozentsatz der Arbeitnehmer, die auf Betriebsebene durch Arbeitnehmervertreter repräsentiert werden		Für EWR-Länder: Angabe des Gesamtprozentsatzes für jedes Land mit signifikantem Beschäftigungsgrad (mind. 50 Arbeitnehmer, die mind. 10 % der Gesamtarbeitnehmerschaft ausmachen)	1 Formel (ESRS S1.AR69; Rz 87)
ESRS S1.66(a)	Zahl und Prozentsatz der Arbeitnehmer des Top-Managements nach Geschlecht			
ESRS S1.66(b)	Verteilung der Arbeitnehmer nach Altersklassen		Altersklassen: < 30 Jahre, 30 bis 50 Jahre, > 50 Jahre	
ESRS S1.70	Prozentsatz der Arbeitnehmer, die keine angemessene Entlohnung erhalten		Aufgliederung nach Land	
ESRS S1.79	Prozentsatz der Arbeitnehmer mit Behinderungen		Optional Aufgliederung nach Geschlecht (ESRS S1.80)	

Datenpunkt	Kennzahlen	Spezifikation	Granularität	Anzahl Template/ Anzahl Formel
ESRS S1.83(a)	Prozentsatz der Arbeitnehmer, die an regelmäßigen Leistungs- und Karriereentwicklungsbeurteilungen teilgenommen haben		Aufgliederung nach Geschlecht sowie optionale Aufgliederung nach Beschäftigungsart (ESRS S1.84)	
ESRS S1.83(b)	Durchschnittliche Zahl der Schulungsstunden pro Arbeitnehmer		Aufgliederung nach Geschlecht sowie optionale Aufgliederung nach Beschäftigungsart (ESRS S1.84)	Angabe zur Berechnung gem. ESRS S1.AR78; Formel Rz 125
ESRS S1.88(a)	Prozentsatz der eigenen Arbeitskräfte, der durch das – aufgrund gesetzlicher Vorgaben oder anerkannter Standards – eingerichtete Gesundheits- und Sicherheitsmanagementsystem des Unternehmens abgedeckt ist	Personenzahl (ESRS S1.AR80)	Ggf. Aufgliederung nach Arbeitnehmern und Fremdarbeitskräften des Unternehmens	

Datenpunkt	Kennzahlen	Spezifikation	Granularität	Anzahl Template/ Anzahl Formel
ESRS S1.88(b)	Zahl der Todesfälle aufgrund arbeitsbedingter Verletzungen und arbeitsbedingter Erkrankungen		Ggf. Aufgliederung nach Arbeitnehmern und Fremdarbeitskräften des Unternehmens (ESRS S1.88) sowie optionale Aufgliederung der Todesfälle nach arbeitsbedingten Verletzungen oder arbeitsbedingten Erkrankungen (ESRS S1.AR82)	

Datenpunkt	Kennzahlen	Spezifikation	Granularität	Anzahl Template/ Anzahl Formel
ESRS S1.88(c)	Zahl und Rate der meldepflichtigen Arbeitsunfälle	Rate bezogen auf Gesamtarbeitsstunden der eigenen Arbeitskräfte und multipliziert mit 1.000.000 (ESRS S1.AR89: „Bei der Berechnung der Quote der arbeitsbedingten Verletzungen teilt das Unternehmen die jeweilige Anzahl der Fälle durch die Gesamtzahl der von seinen eigenen Arbeitskräften geleisteten Arbeitsstunden multipliziert mit 1.000.000. Die Quoten repräsentieren so die Zahl der jeweiligen Fälle pro einer Million geleisteter Arbeitsstunden. Eine Quote von 1.000.000 geleisteten Arbeitsstunden gibt die Zahl der arbeitsbedingten Verletzungen pro 500 Vollzeitbeschäftigten in einem Zeitraum von einem Jahr an. Für die Zwecke der Vergleichbarkeit werden auch für Unternehmen mit weniger als 500 Arbeitskräften 1.000.000 Arbeitsstunden zugrunde gelegt").	Ggf. Aufgliederung nach Arbeitnehmern und Fremdarbeitskräften des Unternehmens (ESRS S1.88)	Angabe zur Berechnung gem. ESRS S1.AR89; Formel Rz 132

Datenpunkt	Kennzahlen	Spezifikation	Granularität	Anzahl Template/ Anzahl Formel
ESRS S1.88(d)	Zahl der meldepflichtigen arbeitsbedingten Erkrankungen, vorbehaltlich gesetzlicher Einschränkungen bei der Datenerhebung	Ein Unternehmen muss Todesfälle infolge arbeitsbedingter Verletzungen in die Berechnung der Anzahl und Rate der meldepflichtigen arbeitsbedingten Verletzungen einbeziehen (ESRS S1.AR91).	Ggf. Aufgliederung nach Arbeitnehmern und Fremdarbeitskräften des Unternehmens (ESRS S1.88) sowie optionale Angabe der Informationen in Bezug auf Fremdarbeitskräfte (ESRS S1.89)	
ESRS S1.88(e)	Zahl der Ausfalltage in Bezug auf die Arbeitnehmer des Unternehmens durch arbeitsbedingte Verletzungen und Todesfälle bedingt durch Arbeitsunfälle, arbeitsbedingte Erkrankungen und Todesfälle durch Erkrankungen	Der erste volle Tag und der letzte Tag der Abwesenheit sind zu berücksichtigen, dabei sind die Kalendertage ausschlaggebend (ESRS S1.AR95).	Ggf. Aufgliederung nach Arbeitnehmern und Fremdarbeitskräften des Unternehmens (ESRS S1.88) sowie optionale Angabe der Informationen in Bezug auf Fremdarbeitskräfte (ESRS S1.89)	
ESRS S1.93(a)	Prozentsatz der Arbeitnehmer, die Anspruch auf Arbeitsfreistellung aus familiären Gründen haben			

Datenpunkt	Kennzahlen	Spezifikation	Granularität	Anzahl Template/ Anzahl Formel
ESRS S1.93(b)	Prozentsatz jener anspruchsberechtigten Arbeitnehmer, die die Arbeitsfreistellung aus familiären Gründen in Anspruch genommen haben		Aufgliederung nach Geschlecht	
ESRS S1.97(a)	Geschlechtsspezifisches Verdienstgefälle (Differenz zwischen dem Durchschnittseinkommen von weiblichen und männlichen Arbeitnehmern)	Prozentsatz des durchschnittlichen Bruttostundenlohns der männlichen Arbeitnehmer	Optionale Aufgliederung nach Beschäftigungsart und/oder Land/Segment (ESRS S1.98) Optionale Aufgliederung nach Beschäftigungsart, aufgeschlüsselt nach Grundgehalt und ergänzenden oder variablen Bestandteilen (ESRS S1.98)	1 Formel (ESRS S1.AR98; Rz 151)
ESRS S1.97(b)	Verhältnis der jährlichen Gesamtvergütung der bestbezahlten Person zum Median der jährlichen Gesamtvergütung aller Arbeitnehmer mit Ausnahme der bestbezahlten Person			1 Formel (ESRS S1.AR101; Rz 152)

Datenpunkt	Kennzahlen	Spezifikation	Granularität	Anzahl Template/Anzahl Formel
ESRS S1.103(a)	Gesamtzahl der im Berichtszeitraum gemeldeten Vorfälle von Diskriminierung einschl. Belästigung			
ESRS S1.103(b)	Anzahl der Beschwerden über Kanäle für Mitarbeiter und ggf. Anzahl der Beschwerden, die an nationale Kontaktstellen für multinationale Unternehmen der OECD eingereicht wurden			
ESRS S1.103(c)	Gesamtbetrag der Geldbußen, Sanktionen und Schadensersatzzahlungen infolge der Vorfälle gem. ESRS S1.103(a)			

Datenpunkt	Kennzahlen	Spezifikation	Granularität	Anzahl Template/ Anzahl Formel
ESRS S1.104(a)	Gesamtanzahl schwerwiegender Menschenrechtsverletzungen im Zusammenhang mit den Arbeitskräften des Unternehmens im Berichtszeitraum		Einschl. Angabe zur Anzahl der Verstöße gegen die UN-Leitprinzipien für Wirtschaft und Menschenrechte, die IAO-Erklärung über grundlegende Prinzipien und Rechte bei der Arbeit sowie die OECD-Leitsätze für multinationale Unternehmen	
ESRS S1.104(b)	Gesamtbetrag der Bußgelder, Sanktionen und Schadensersatzzahlungen für die gem. ESRS S1.104(a) beschriebenen Menschenrechtsverletzungen			

Tab. 4: Tabellarische Darstellung der Kennzahlen, Templates und Formeln aufgegliedert nach den Angabepflichten von ESRS S1

2 Angabepflichten

2.1 ESRS 2 – Allgemeine Angaben

ESRS S1 erläutert eingangs die beiden themenspezifischen Angabepflichten, die 33 sich aus ESRS 2 ergeben: ESRS 2 SBM-2 und ESRS 2 SBM-3. Beide Angabepflichten müssen immer dann (und nur dann) erfüllt werden, wenn das Thema der Arbeitskräfte des Unternehmens i. R. d. Wesentlichkeitsanalyse als **wesentlich identifiziert** wird. Die Angaben gem. ESRS 2 SBM-2 zu den Arbeitskräften des Unternehmens sind mit den Angaben zu allen weiteren wesentlichen Themen an einer zentralen Stelle in der Berichterstattung zu bündeln; für die Angaben gem. ESRS 2 SBM-3 besteht demgegenüber das Wahlrecht, die einschlägigen Angaben zu Arbeitskräften des Unternehmens im Abschnitt zu diesen themenspezifischen Angabepflichten zu tätigen (ESRS S1.11).

Um die Angabepflichten des ESRS 2 SBM-2 („Interessen und Standpunkte der 34 Interessenträger") im Kontext des ESRS S1 zu erfüllen, ist darzustellen, wie die Ansichten, Interessen, Rechte und Erwartungen der (tatsächlich oder potenziell) von wesentlichen Auswirkungen betroffenen Arbeitnehmer **in der Unternehmensstrategie und im Geschäftsmodell berücksichtigt** werden. Im Besonderen ist auf den Schutz der Menschenrechte einzugehen (ESRS S1.12). Es spielt keine Rolle, ob die Arbeitnehmer tatsächlich in die Entwicklung von Unternehmensstrategie und Geschäftsmodell aktiv eingebunden sind; soweit Arbeitnehmervertretungen eingerichtet sind, sind auch deren Ansichten, Interessen, Rechte und Erwartungen zu berücksichtigen (ESRS S1.AR5). Diese geforderte Berücksichtigung hat sich weiterhin auf beide Perspektiven der doppelten Wesentlichkeit zu erstrecken, d. h. einerseits zu den wichtigsten wesentlichen Auswirkungen, die durch Unternehmensstrategie und Geschäftsmodell auf die eigenen Arbeitskräfte erzielt, verstärkt oder gemildert werden, andererseits dazu, wie Unternehmensstrategie und Geschäftsmodell im Hinblick auf diese Auswirkungen angepasst werden (ESRS S1.AR4).

ESRS 2 SBM-2 hält darüber hinaus fest, dass die „eigenen Arbeitskräfte" eines 35 Unternehmens zu **Schlüsselstakeholdern** zählen (ESRS S1.12). Das bedeutet, dass diese Angabepflichten in jedem Fall zu tätigen sind, unabhängig von den Ergebnissen einer weiteren Wesentlichkeitsbeurteilung der von ESRS S1 gesamthaft umfassten Angabepflichten.

> **Praxis-Beispiel Hamburger Sparkasse – themenbezogene Angabepflichten[31]**
>
> **„Interessen, Standpunkte und Rechte der Menschen in der eigenen Belegschaft**
>
> Durch verschiedene, fest etablierte Dialogformate fließen die Sichtweisen der Mitarbeitenden in Strategien, Entscheidungen und Handlungen der Haspa ein.
>
> - Regelmäßige Dialoge zwischen Mitarbeitenden und ihren Führungskräften (z. B. jährliche Zielvereinbarungs- und Zielerreichungsgespräche sowie Zwischengespräche; ‚Performancedialoge‘ mehrmals im Jahr)
> - Austauschformate zwischen Vorstand und Mitarbeitenden (z. B. Online-Vorstandsdialoge (‚Townhalls‘) mehrmals jährlich; ‚Azubis beraten den Vorstand‘)
> - Betriebsversammlungen: Vorstand nimmt als Gast des Betriebsrats teil, da Fragen der Mitarbeitenden an den Vorstand fester Bestandteil dieser Veranstaltung des Betriebsrats sind
> - Regelmäßiger Austausch, Beratungen und Verhandlungen zwischen Vorstand, Bereich People & Culture und Betriebsrat und den Ausschüssen des Betriebsrats mehrmals im Jahr bzw. anlassbezogen z. B. für den Abschluss von Betriebsvereinbarungen.
> - Mitarbeitendenbefragungen: Zweimal im Jahr Messung der Unternehmensenergie. Diese Befragung gibt Aufschluss über die Mitarbeitendenzufriedenheit und Mitarbeitendenmotivation, die Qualität der Zusammenarbeit und den Wandel der Unternehmenskultur. Durch die Möglichkeit zu offenen Angaben in den Befragungen regen wir die Mitarbeitenden zudem an, konkrete Verbesserungsimpulse zu geben, aus denen wir Maßnahmen zur Optimierung unserer Leistungen als Arbeitgeber ableiten. Die Ergebnisse der Mitarbeitendenbefragungen dienen auch als Grundlage für den regelmäßigen Dialog zwischen Führungskräften und Mitarbeitenden in den einzelnen Bereichen und Einheiten unseres Unternehmens."

36   Um die Angabepflichten des ESRS 2 SBM-3 („Wesentliche Auswirkungen, Risiken und Chancen und ihr Zusammenspiel mit Strategie und Geschäftsmodell") im Kontext des ESRS S1 zu erfüllen, werden einige Offenlegungen gefordert. Zunächst ist darzustellen, ob bzw. in welcher Form **tatsächliche und potenzielle Auswirkungen** auf die eigenen Arbeitskräfte, die gem. ESRS 2 IRO-1 offengelegt werden,

---

[31]   Entnommen Hamburger Sparkasse, Nachhaltigkeitsbericht 2023, S. 37.

- von der Unternehmensstrategie oder dem Geschäftsmodell des Unternehmens verursacht werden bzw. mit diesen verbunden sind, und
- i. R. d. Unternehmensstrategie und des Geschäftsmodells berücksichtigt werden und ggf. zu deren Anpassung führen (ESRS S1.13(a)).

Die Angabepflichten enthalten hierzu zahlreiche Beispiele, um greifbar zu machen, welche Arten von Darstellungen – welche die Angaben gem. ESRS 2 IRO-1 im Hinblick auf ESRS S1 kontextualisieren – gefordert sind.

„Die Auswirkungen des Unternehmens auf seine eigenen Arbeitskräfte können auf verschiedene Weise aus der Strategie oder dem Geschäftsmodell des Unternehmens herrühren. Die Auswirkungen können beispielsweise mit Wertversprechen des Unternehmens (z.B. Bereitstellung kostengünstiger Produkte oder Dienstleistungen oder Ermöglichung von sehr schnellen Lieferungen in einer Weise, die in Bezug auf die Arbeitnehmerrechte kritisch ist) oder mit seiner Kostenstruktur und dem Einnahmenmodell (z.B. Verlagerung des Lagerrisikos auf Lieferanten, mit Folgewirkungen für die Arbeitnehmerrechte der Personen, die für sie arbeiten) zusammenhängen" (ESRS S1.AR6). Direkt verursachte negative Auswirkungen durch Tätigkeiten, Produkte und Dienstleistungen liegen z.B. vor, wenn die eigenen Mitarbeitenden gefährlichen oder schädlichen Arbeitsbedingungen ohne angemessene Sicherheitsausrüstung ausgesetzt sind.[32]

Ebenso ist darzustellen, welche Zusammenhänge bestehen zwischen einerseits den **wesentlichen Risiken und Chancen**, die mit den Auswirkungen auf und Abhängigkeiten von den eigenen Arbeitskräften einhergehen, und andererseits der Unternehmensstrategie und dem Geschäftsmodell (ESRS S1.13(b)). Auch hierzu finden sich in den Angabepflichten weitere Darstellungen. 37

„Auswirkungen auf die eigenen Arbeitskräfte des Unternehmens, die auf die Strategie oder das Geschäftsmodell zurückzuführen sind, können auch wesentliche Risiken für das Unternehmen mit sich bringen. Risiken entstehen beispielsweise, wenn einige Personen unter den eigenen Arbeitskräften dem Risiko der Zwangsarbeit ausgesetzt sind und das Unternehmen Produkte in Länder einführt, in denen die Einziehung eingeführter Waren, bei denen der Verdacht besteht, dass sie mit Zwangsarbeit hergestellt wurden, gesetzlich zulässig ist. Chancen für das Unternehmen können sich durch Chancen für die Arbeitskräfte ergeben, beispielsweise durch die Schaffung von Arbeitsplätzen und die Weiterqualifizierung im Rahmen eines ‚gerechten Übergangs'. Ein weiteres Beispiel im Zusammenhang mit einer Pandemie oder einer anderen schweren Gesundheitskrise bezieht sich darauf, dass das Unternehmen möglicherweise auf Zeitarbeitskräfte angewiesen ist, die kaum oder gar keinen Zugang zu

---

[32] Vgl. EFRAG, EFRAG IG 1 – Materiality Assessment, IG 1.156, Mai 2024.

Gesundheitsversorgung und -leistungen haben, was möglicherweise zu schwerwiegenden Risiken für die Aufrechterhaltung des Geschäftsbetriebs führen kann, da die Arbeitskräfte keine andere Wahl haben, als trotz Krankheit zu arbeiten, wodurch sich die Ausbreitung der Krankheit weiter verschärft und größere Unterbrechungen der Lieferkette verursacht werden. Risiken für Reputation und Geschäftsmöglichkeiten im Zusammenhang mit der Ausbeutung gering qualifizierter und gering bezahlter Arbeitskräfte in geografischen Gebieten mit minimalem Schutz für sie nehmen ebenfalls zu, da es vermehrt zu negativer Berichterstattung in den Medien kommt und die Verbraucher immer mehr Wert auf ethisch beschaffte und nachhaltige Waren legen" (ESRS S1.AR7).

38   Darüber hinaus fordert ESRS 2 SBM-3 die Aufnahme weiterer Angaben zu den eigenen Arbeitskräften in die Darstellungen gem. ESRS 2:
  • eine Aussage dazu, ob alle Menschen, die Teil der eigenen Arbeitskräfte sind und von wesentlichen Auswirkungen betroffen sind, in den Offenlegungen gem. ESRS 2 berücksichtigt werden; hervorgehoben wird, dass sich die zu berücksichtigenden Auswirkungen auf die gesamte Wertschöpfungskette zu beziehen haben (ESRS S1.14);
  • eine kurze Beschreibung der Arten seiner Arbeitnehmer und Fremdarbeitskräfte, die durch ihre Tätigkeiten wesentlichen Auswirkungen ausgesetzt sind, und ob es sich um Arbeitnehmer, Selbstständige oder von Drittunternehmen bereitgestellte Personen, die hauptsächlich in Beschäftigungstätigkeiten eingesetzt sind, handelt (ESRS S1.14(a));
  • **im Fall wesentlicher negativer Auswirkungen:** Aussagen dazu,
    a) ob bzw. auf welche Weise das Unternehmen ein Verständnis darüber gewonnen hat, wie Menschen mit bestimmten Merkmalen, die in bestimmten Kontexten arbeiten oder bestimmte Tätigkeiten ausüben, stärker gefährdet sein können (ESRS S1.15). „Beispiele für besondere Merkmale von Personen unter den Arbeitskräften des Unternehmens, die das Unternehmen bei den Angaben gemäß Absatz 15 berücksichtigen kann, beziehen sich auf junge Menschen, die anfälliger für Auswirkungen auf ihre körperliche und geistige Entwicklung sind, oder auf Frauen in einem Kontext, in dem Frauen routinemäßig unter Verstoß gegen die Arbeits- und Beschäftigungsbedingungen diskriminiert werden, oder auf Migranten in einem Umfeld, in dem der Arbeitsmarkt schlecht reguliert ist und den Arbeitskräften regelmäßig Einstellungsgebühren auferlegt werden. Besonders exponiert können Personen sein, die zu einer bestimmten Art der Tätigkeit verpflichtet sind (z.B. Personen, die mit Chemikalien umgehen oder bestimmte Geräte betreiben müssen, oder gering bezahlte Beschäftigte mit Null-Stunden-Verträgen)" (ESRS S1.AR8);
    b) ob diese Auswirkungen entweder weit verbreitet sind oder systemisch in den Kontexten, in denen das Unternehmen tätig ist (z.B. Kinderarbeit

oder Zwangsarbeit oder Pflichtarbeit in bestimmten Ländern oder Regionen außerhalb der EU), oder aber im Zusammenhang mit einzelnen Vorfällen entstanden sind (z.B. einem Industrieunfall oder einer Ölpest; ESRS S1.14(b));

- **im Fall wesentlicher positiver Auswirkungen**: eine kurze Beschreibung der Tätigkeiten, die zu diesen positiven Auswirkungen führen, sowie die Arten Arbeitnehmern und Fremdarbeitskräften im Unternehmen, die positiv betroffen sind oder positiv betroffen sein können; vorgeschlagen wird, dazu ergänzend offenzulegen, ob die positiven Auswirkungen in bestimmten Ländern oder Regionen auftreten (ESRS S1.14(c));
- eine Aufzählung aller **wesentlichen Risiken und Chancen** für das Unternehmen, die aus den Auswirkungen seiner Tätigkeiten oder aus Abhängigkeiten in Bezug auf seine Arbeitskräfte resultieren (ESRS S1.14(d)); dabei ist auch darzustellen, welche dieser wesentlichen Risiken und Chancen sich auf bestimmte Personengruppen (z.B. bestimmte Altersgruppen oder Personen, die in einem bestimmten Werk oder Land arbeiten) und nicht auf alles Arbeitskräfte des Unternehmens beziehen (z.B. eine allgemeine Lohnkürzung oder ein Schulungsangebot für alle Mitglieder der eigenen Arbeitskräfte; ESRS S1.16);

„wesentliche Risiken [könnten] auch aufgrund der Abhängigkeit des Unternehmens von seinen eigenen Arbeitskräften entstehen, wenn Ereignisse mit geringer Eintrittswahrscheinlichkeit, aber mit erheblichen Folgen finanzielle Auswirkungen haben können; so kann beispielsweise eine globale Pandemie schwerwiegende Auswirkungen auf die Gesundheit der Arbeitskräfte des Unternehmens haben, was zu erheblichen Störungen der Produktion und des Vertriebs führt. Weitere Beispiele für Risiken im Zusammenhang mit der Abhängigkeit des Unternehmens von seinen Arbeitskräften sind ein Mangel an qualifizierten Arbeitskräften oder politische Entscheidungen oder Rechtsvorschriften, die sich auf den eigenen Betrieb und die eigenen Arbeitskräfte auswirken" (ESRS S1.AR9).

Praxis-Hinweis

Als weiteres exemplarisches Risiko im Zusammenhang mit ESRS S1 ist folgendes Szenario auszumachen: Ein Unternehmen diskriminiert Mitarbeitende aufgrund des Geschlechts. Zum Berichtszeitpunkt erwartet das Unternehmen nicht, dass die betroffenen Arbeitnehmer rechtliche Schritte einleiten werden. Allerdings ist zu beachten, dass zu einem späteren Zeitpunkt eine finanzielle Entschädigung wegen geschlechtsspezifischer Diskriminierung eingeklagt werden kann und das Unternehmen einen Reputationsschaden erfährt.[33]

---

[33] Vgl. EFRAG, EFRAG IG 1 – Materiality Assessment, IG 1.37(b), Mai 2024.

- Eine Darstellung aller wesentlichen Auswirkungen auf die eigenen Arbeitskräfte, die sich aus den Transitionsplänen zur Verringerung negativer Auswirkungen auf die Umwelt und zur Erreichung eines umweltfreundlicheren und klimaneutralen Betriebs ergeben; dies umfasst Darstellungen zu den Auswirkungen auf die eigenen Arbeitskräfte, die sich aus Plänen und Maßnahmen des Unternehmens zur Verringerung der Kohlenstoffemissionen im Einklang mit internationalen Vereinbarungen ergeben; ESRS S1 nennt beispielhaft Umstrukturierungen und Verluste von Arbeitsplätzen, aber auch Chancen, die sich aus der Schaffung von Arbeitsplätzen und der Umschulung oder Höherqualifizierung ergeben (ESRS S1.14(e));
- eine Darstellung jener Unternehmensbereiche, die einer wesentlichen Gefährdung von Fällen von Kinderarbeit oder Zwangsarbeit unterliegen; diese Darstellung hat für beide Formen der Gefährdung gesondert und entweder nach Art dieser Unternehmensbereiche (z. B. Produktionsbereiche) oder nach Ländern oder nach geografischen Regionen, in denen solche Unternehmensbereiche vorliegen, zu erfolgen (ESRS S1.14(f) und (g)); wie diese Abgrenzungen in der Darstellung erfolgen, wird zur Gänze den Unternehmen selbst überlassen (siehe zum Begriff der „Region" Rz 74 und 75).

Praxis-Beispiel Hydro[34]

„Als globales Unternehmen für Aluminium und erneuerbare Energien mit Betrieben in mehr als 40 Ländern sind die Mitarbeiter von Hydro einer Vielzahl von Sicherheitsrisiken ausgesetzt, die, wenn sie nicht kontrolliert werden, zu Verletzungen oder Todesfällen führen können. Das Risiko negativer Auswirkungen auf Gesundheit und Sicherheit ist bei nicht-routinemäßigen Arbeiten wie Bau- und Konstruktionsprojekten sowie bei Arbeiten im Zusammenhang mit Energie, Arbeiten in der Höhe, mit mobiler Ausrüstung, mit Laufkränen, in beengten Räumen, mit geschmolzenem Metall [...] höher. Bergbau- und ingenieurtechnische Disziplinen sind in der Regel mit einem geringeren Frauenanteil in der Belegschaft verbunden, was es schwierig machen kann, die Diversitätsziele von Hydro zu erreichen."

Praxis-Beispiel Oberbank[35]

„Sichere Beschäftigung

Dieses Thema umfasst die Sicherheit des Arbeitsplatzes, so z. B. den Umgang mit befristeten Verträgen, Sozialschutz sowie den Umgang mit Freelancer:innen und Leiharbeiter:innen.

---

[34] Entnommen Hydro, Integrated annual report 2023, S. 122, eigene Übersetzung aus dem Englischen.
[35] Entnommen Oberbank, Jahresfinanzbericht 2023, S. 77 ff.

Auswirkungen

Ein unsicherer und/oder befristeter Arbeitsplatz führt zu Unsicherheit für die Betroffenen und hindert eine sichere Lebensplanung. Darüber hinaus können für den Arbeitgeber aufgrund höherer Fluktuation höhere Kosten entstehen. Für die Oberbank wurden keine wesentlichen tatsächlichen oder potenziellen negativen Auswirkungen festgestellt, da nur im Zuge von einzelnen Projekten mit Freelancer:innen zusammengearbeitet wird und keine Leiharbeiter:innen beschäftigt werden. Als positive tatsächliche und auch potenzielle Auswirkungen einer sicheren Beschäftigung für Arbeitgeber und -nehmer:innen wurden bei der Oberbank Stabilität und höhere Mitarbeiterzufriedenheit sowie stärkere Mitarbeiterbindung zum Unternehmen identifiziert.

• Zeithorizont für potenzielle positive Auswirkungen: kurzfristig

Finanzielle Chancen und Risiken

Bei dem Thema wurden keine wesentlichen finanziellen Chancen und Risiken für die Oberbank identifiziert."

Anlage A.1 zu ESRS S1 enthält zusammenfassend eine nicht abschließende **39** Liste an Nachhaltigkeitsfaktoren, die sich auf die zuvor dargestellten Angabepflichten gem. ESRS 2 SBM-2 und ESRS 2 SBM-3 beziehen. Das Unternehmen hat diese i. R. d. Wesentlichkeitsanalyse zu würdigen, um die erforderlichen Angaben abzuleiten:

Soziale Aspekte und Menschenrechtsfragen	Nicht erschöpfende Liste von Faktoren, die bei der Bewertung der Wesentlichkeit zu berücksichtigen sind
Sichere Beschäftigung	% der Arbeitnehmer mit befristeten Arbeitsverträgen, Verhältnis der Fremdarbeitskräfte zu den Arbeitnehmern des Unternehmens, soziale Absicherung
Arbeitszeit	% der Arbeitnehmer mit Teilzeit- oder Null-Stunden-Verträgen, Zufriedenheit der Arbeitnehmer mit der Arbeitszeit
Angemessene Entlohnung	EU-weite, nationale oder lokale rechtliche Definitionen von angemessener Entlohnung, gerechten Löhnen und Mindestlöhnen

Soziale Aspekte und Menschenrechtsfragen	Nicht erschöpfende Liste von Faktoren, die bei der Bewertung der Wesentlichkeit zu berücksichtigen sind
Sozialer Dialog/Existenz von Betriebsräten/ Rechte der Arbeitskräfte auf Information, Anhörung und Mitbestimmung	Umfang des Arbeitsplatzes, grenzüberschreitende Vertretung und Vertretung in Leitungsorganen durch Gewerkschaften und/oder Betriebsräte
Vereinigungsfreiheit/ Tarifverhandlungen einschl. der Quote der durch Tarifverträge abgedeckten Arbeitskräfte	% der eigenen Arbeitskräfte, für die Tarifverträge gelten, Arbeitsunterbrechungen
Vereinbarkeit von Berufs- und Privatleben	Arbeitsfreistellung aus familiären Gründen, flexible Arbeitszeiten, Zugang zu Kinderbetreuung
Gesundheitsschutz und Sicherheit	Erfassung durch Gesundheits- und Sicherheitssysteme, Zahl der Todesfälle, nicht tödliche Unfälle, arbeitsbedingte Erkrankungen, Ausfalltage
Gleichstellung der Geschlechter und gleicher Lohn für gleiche Arbeit	% der Frauen in Führungspositionen und unter den Arbeitskräften des Unternehmens, Verdienstgefälle zwischen Männern und Frauen
Weiterbildung und Kompetenzentwicklung	Umfang und Verteilung der Weiterbildung, % der Arbeitnehmer mit regelmäßigen Leistungs- und Entwicklungsüberprüfungen
Beschäftigung und Inklusion von Menschen mit Behinderungen	% der Arbeitnehmer und Barrierefreiheit für Arbeitnehmer mit Behinderungen
Maßnahmen gegen Gewalt und Belästigung am Arbeitsplatz	Häufigkeit von Gewalt und Belästigung

Soziale Aspekte und Menschenrechtsfragen	Nicht erschöpfende Liste von Faktoren, die bei der Bewertung der Wesentlichkeit zu berücksichtigen sind
Vielfalt	Vertretung von Frauen und/oder ethnischen Gruppen oder Minderheiten unter den Arbeitskräften des Unternehmens, Altersverteilung unter den Arbeitskräften des Unternehmens, Prozentsatz der Menschen mit Behinderungen unter den Arbeitskräften des Unternehmens
Kinderarbeit	Art der Tätigkeiten und geografische Gebiete, die dem Risiko der Kinderarbeit ausgesetzt sind
Zwangsarbeit	Art der Tätigkeiten und geografische Gebiete, die dem Risiko der Zwangsarbeit ausgesetzt sind

Tab. 5: Anwendungsanforderungen für Angaben im Zusammenhang mit ESRS 2 (ESRS S1, App. A.1)

2.2 Management der Auswirkungen, Risiken und Chancen

2.2.1 ESRS S1-1 – Konzepte im Zusammenhang mit den Arbeitskräften des Unternehmens

Das Ziel dieser Angabepflicht besteht darin, ein Verständnis dafür zu vermitteln, inwieweit das Unternehmen über Konzepte verfügt, die sich speziell mit der Identifizierung, Bewertung, Verwaltung und/oder Behebung wesentlicher Auswirkungen auf die eigenen Arbeitskräfte befassen, sowie über **Richtlinien**, die wesentliche Auswirkungen, Risiken und Chancen im Zusammenhang mit den eigenen Arbeitskräften abdecken (ESRS S1.17f.): 40

- Das berichtpflichtige Unternehmen muss jede seiner Richtlinien zusammenfassend beschreiben, die den Umgang mit wesentlichen Auswirkungen auf die Arbeitskräfte des Unternehmens und die damit verbundenen wesentlichen Risiken und Chancen behandeln, sowie offenlegen, ob diese Richtlinien lediglich spezielle Gruppen oder alle Arbeitskräfte des Unternehmens abdecken (ESRS S1.19).
- Im Besonderen muss das Unternehmen seine für die eigenen Arbeitskräfte relevanten menschenrechtspolitischen Verpflichtungen, einschl. der Prozesse und Methoden zur Überwachung der Einhaltung der UN Global Compact-Grundsätze[36] und der OECD-Leitsätze für multinationale Unternehmen[37] offenlegen. Insbes. ist über die Achtung der Menschenrechte,

---

[36] Global Compact, 10 Prinzipien, https://globalcompact.at/10-prinzipien, Abruf 1.8.2024.
[37] OECD-Leitsätze für multinationale Unternehmen, 2011.

einschl. Arbeitsrecht, die Einbindung betroffener Stakeholder und die Maßnahmen, die Abhilfe bei Menschenrechtsverletzungen schaffen, zu berichten (ESRS S1.20).

- Außerdem muss das Unternehmen ausdrücklich angeben, ob seine Konzepte mit internationalen Standards in Einklang stehen, einschl. der UN-Leitprinzipien für Wirtschaft und Menschenrechte (ESRS S1.21).

- Ebenso ist verpflichtend anzugeben,
  a) ob seine Konzepte in Bezug auf die eigenen Arbeitskräfte ausdrücklich Menschenhandel, Zwangs- oder Pflichtarbeit und Kinderarbeit adressieren (ESRS S1.22);
  b) ob es über Konzepte zur Verhütung von Arbeitsunfällen oder ein diesbzgl. Managementsystem verfügt (ESRS S1.23).

Praxis-Beispiel Hydro[38]

„Verpflichtung zur Achtung der Menschenrechte

Die Verpflichtung von Hydro zur Achtung der Menschenrechte ist in der Menschenrechtsrichtlinie des Unternehmens dargelegt. Hydro respektiert die Menschenrechte aller Personen und Gruppen, die von seiner Tätigkeit betroffen sein können. Dazu gehören unter anderem Mitarbeiter, Auftragnehmer, Zulieferer, Mitarbeiter von Zulieferern (einschließlich Leiharbeiter und Unterlieferanten), Agenturen, Partner, Gemeinden, Kinder und künftige Generationen sowie alle, die von der Verwendung und Entsorgung der Produkte betroffen sind. Als Arbeitgeber, Eigentümer und Einkäufer besteht ein wichtiger Weg zur Achtung der Menschenrechte darin, menschenwürdige Arbeitsbedingungen in der eigenen Organisation, in Unternehmen, die sich im Besitz von Minderheiten befinden, und bei den Zulieferern zu gewährleisten. Die Verpflichtung von Hydro zur Achtung der Menschenrechte orientiert sich an international anerkannten Menschenrechts- und Arbeitsnormen, einschließlich derjenigen, die in der Internationalen Menschenrechtskonvention (International Bill of Human Rights) und der IAO-Erklärung über grundlegende Prinzipien und Rechte bei der Arbeit (Kernarbeitsnormen) enthalten sind. Hydro ist Mitglied des International Council on Mining and Metals (ICMM) und verpflichtet sich, dessen Grundsätze und Stellungnahmen zu befolgen."

---

[38] Entnommen Hydro, Integrated annual report 2023, S. 118, eigene Übersetzung aus dem Englischen.

Praxis-Beispiel Airbus[39]				
Arbeitsbeziehungen	GRI	SASB	SDGs	Andere
	402 Arbeitnehmer-Arbeitgeber-Verhältnis		8, 16, 17	
Höchste(s) beteiligte(s) Leitungsorgan(e)	Exekutivkomitee			
Zugehörige Referenzdokumente des Unternehmens	Airbus Code of Conduct, International Framework Agreement, SE-WC[40] agreement (updated 2018)			
Airbus verpflichtet sich, folgende externe Standards und Rahmenwerke zu berücksichtigen	Erklärung der IAO über grundlegende Prinzipien und Rechte bei der Arbeit, OECD-Leitsätze für multinationale Unternehmen			

Schlüsselkennzahlen		2021	2022
Anzahl der Meetings mit dem SE-WC (die Vereinbarung sieht vier pro Jahr vor)		12	7
% der Arbeitskräfte des Unternehmens, die durch einen Tarifvertrag/Kollektivvertrag abgedeckt sind		ca. 80 %	ca. 80 %
Zusätzliche Ressourcen	Code of Conduct, Airbus International Framework Agreement, Erklärung der IAO über grundlegende Prinzipien und Rechte bei der Arbeit, OECD-Leitsätze für multinationale Unternehmen, Global Deal Initiative		

Zudem ist erforderlich, eine Beschreibung von Richtlinien und Maßnahmen zur 41 Beseitigung von Diskriminierung, einschl. Gewalt und Belästigung am Arbeitsplatz, sowie zur Förderung von Geschlechter- bzw. Chancengleichheit, Diversität und Inklusion in die Berichterstattung aufzunehmen (ESRS S1.24). Demnach muss das Unternehmen offenlegen,

---

[39] Entnommen Airbus SE, Annual Report 2022, S. 109, eigene Übersetzung aus dem Englischen.
[40] Anm.: SE-WC = Societas Europaea Works Council.

- ob es Richtlinien zur Beseitigung von Diskriminierung, inkl. Belästigung, zur Förderung von Chancengleichheit, Diversität und Integration gibt (ESRS S1.24(a)),
- ob sämtliche Formen der Diskriminierung nach europäischem und nationalem Recht abgedeckt sind (ESRS S1.24(b)),
- ob das Unternehmen bestimmte Verpflichtungen (*specific policy commitments*) gegenüber besonders gefährdeten Gruppen innerhalb der eigenen Arbeitskräfte abgegeben hat und ggf. welche das sind und ob diese Richtlinien durch spezifische Verfahren umgesetzt werden (ESRS S1.24(c)),
- ob und wie diese Richtlinien durch spezifische Verfahren umgesetzt werden, um sicherzustellen, dass Diskriminierung verhindert, abgemildert und nach Auftreten Gegenmaßnahmen ergriffen werden, sowie um Vielfalt und Inklusion i. A. zu fördern (ESRS S1.24(d)).

Für die weitere Konkretisierung dieser Angabepflichten zu Diskriminierung wird auf Rz 20 und 163 ff. verwiesen.

Praxis-Beispiel Lenzing[41]

„In ihrer Policy für Menschenrechte und Arbeitsstandards verpflichtet sich die Lenzing Gruppe, die wesentlichen arbeitsbezogenen Prinzipien zu achten und zu fördern, so etwa den Schutz vor Diskriminierung, Mobbing und unmenschlicher Behandlung. Dies umfasst u.a. den Schutz vor Personalentscheidungen, die auf persönlichen Charakteristika oder Überzeugungen und nicht auf der Arbeitsleistung beruhen: Geschlecht, Alter, Hautfarbe, Nationalität, ethnische Zugehörigkeit, sozialer Hintergrund, sexuelle Orientierung, familiäre Verpflichtungen (einschließlich Schwangerschaft), Behinderungen, politische Ansichten, sensibler Gesundheitszustand, Familienstand sowie eine anderweitige Diskriminierung hinsichtlich der Arbeitsbedingungen. Diese Themen spiegeln sich auch im globalen Verhaltenskodex von Lenzing wider, der für alle Mitarbeiter:innen verpflichtend zu befolgen ist."

42 Die Anwendungsanforderungen (*Application Requirements*) zu ESRS S1-1 enthalten eine Vielzahl an Empfehlungen, welche Einzelangaben getätigt werden können, um die Angabepflicht zu erfüllen. ESRS S1, App. A.2 enthält darüber hinaus eine exemplarische Aufstellung von Konzepten, die i.R.d. Angabepflichten von ESRS S1-1 dargestellt werden können:

---

[41] Entnommen Lenzing AG, Nachhaltigkeitsbericht 2022, S. 92.

Soziale Aspekte und Menschenrechtsfragen	Beispiele für Konzepte
Sichere Beschäftigung	Verzicht auf Entlassungen, Begrenzung der Erneuerung befristeter Arbeitsverträge, Bereitstellung einer sozialen Absicherung durch den Arbeitgeber bei fehlender staatlicher Vorsorge
Arbeitszeiten	Begrenzung von Überstunden, langen und aufgeteilten Schichten sowie Nacht- und Wochenendarbeit, angemessene Vorlaufzeit für die Zeitplanung
Angemessene Entlohnung	Konzept, mit dem sichergestellt werden soll, dass alle eigenen Arbeitskräfte eine angemessene Entlohnung erhalten
Sozialer Dialog/Existenz von Betriebsräten/Rechte der Arbeitskräfte auf Information, Anhörung und Mitbestimmung	Förderung von Institutionen für den sozialen Dialog, regelmäßige Unterrichtung und Anhörung der Arbeitnehmervertreter, Konsultation vor endgültigen Entscheidungen über beschäftigungsrelevante Fragen
Vereinigungsfreiheit/Tarifverhandlungen einschl. der Quote der durch Tarifverträge abgedeckten Arbeitskräfte	Nichteinmischung in die Bildung und Mitgliederanwerbung von Gewerkschaften (einschl. des Zugangs der Gewerkschaften zu Unternehmen), nach Treu und Glauben geführte Verhandlungen, angemessene Freistellung der Arbeitnehmervertreter zur Erfüllung ihrer Aufgaben, Einrichtungen und Kündigungsschutz für Arbeitnehmervertreter, keine Diskriminierung von Gewerkschaftsmitgliedern und Arbeitnehmervertretern
Vereinbarkeit von Berufs- und Privatleben	Möglichkeit der Arbeitsfreistellung aus familiären Gründen, flexible Arbeitszeiten, Zugang zu Tagesbetreuungseinrichtungen für alle Arbeitnehmer
Gesundheitsschutz und Sicherheit	Abdeckung aller Arbeitskräfte des Unternehmens durch ein Managementsystem für Gesundheit und Sicherheit

Soziale Aspekte und Menschenrechtsfragen	Beispiele für Konzepte
Gleichstellung der Geschlechter und gleicher Lohn für gleiche Arbeit	Konzept zum Thema Gleichstellung der Geschlechter und gleicher Lohn für gleiche Arbeit
Weiterbildung und Kompetenzentwicklung	Konzept zur Verbesserung der Kompetenzen und Karriereaussichten der Arbeitnehmer
Beschäftigung und Inklusion von Menschen mit Behinderungen	Konzept bzgl. barrierefreier Arbeitsplätze für Menschen mit Behinderungen
Maßnahmen gegen Gewalt und Belästigung am Arbeitsplatz	Null-Toleranz-Konzept gegenüber Gewalt und Belästigung am Arbeitsplatz
Vielfalt	Inklusionskonzept (für ethnische Vielfalt oder Minderheiten) und positive Maßnahmen
Kinderarbeit	Konzept zur Ermittlung der Orte, an denen Kinderarbeit vorkommt, sowie jener Orte, an denen junge Arbeitnehmer gefährlichen Arbeiten ausgesetzt sind, und Verhinderung der Expositionsrisiken
Zwangsarbeit	Konzept zur Ermittlung der Orte, an denen Zwangsarbeit vorkommt, und Reduktion des Risikos für Zwangsarbeit

Tab. 6: Beispiele für Konzepte hinsichtlich sozialer und menschenrechtlicher Belange (ESRS S1, App. A.2)

2.2.2 ESRS S1-2 – Verfahren zur Einbeziehung der Arbeitskräfte des Unternehmens und von Arbeitnehmervertretern in Bezug auf Auswirkungen

43   Das Ziel der Angabepflicht ESRS S1-2 besteht darin, ein Verständnis dafür zu schaffen, wie das Unternehmen den laufenden **Stakeholder-Dialog mit den eigenen Arbeitskräften oder deren Repräsentanten** führt
- über wesentliche, tatsächliche und potenzielle, positive und/oder negative Auswirkungen, die Auswirkungen auf alle Arbeitskräfte des Unternehmens haben oder haben können, und
- ob und wie die Sichtweisen der eigenen Arbeitskräfte in den Entscheidungsprozessen des Unternehmens berücksichtigt werden (ESRS S1.26).

Die Angabepflichten des ESRS S1-2 adressieren eine Darstellung über all-   **44**
gemeine Verfahren für die **Einbeziehung** der eigenen Arbeitskräfte und deren
Repräsentanten in Bezug auf tatsächliche und potenzielle Auswirkungen auf die
Arbeitskräfte des Unternehmens (ESRS S1.25). Das Unternehmen muss dafür
folgende Darstellungen in die Berichterstattung aufnehmen:
* ob der Austausch direkt mit den Arbeitnehmern erfolgt oder auf Ebene der
  Mitbestimmungsakteure bzw. Arbeitnehmervertreter (Gewerkschaftsvertreter, Betriebsrat; ESRS S1.27(a));
* die Phasen, die Art der Einbeziehung (z.B. Meeting mit dem Management)
  sowie die Häufigkeit bzw. Regelmäßigkeit des Austauschs (ESRS S1.27(b));
* die Funktion und höchste Position jener Person im Unternehmen, die die
  operative Verantwortung dafür trägt, dass die Einbeziehung tatsächlich stattfindet
  (*„and that the results inform the undertaking's approach"*; ESRS S1.27(c));
* wo zutreffend, globale Rahmenvereinbarungen oder andere Vereinbarungen
  mit Arbeitnehmervertretern im Kontext der Achtung der Menschenrechte
  (ESRS S1.27(d));
* wo zutreffend, die Bewertung der Wirksamkeit der Einbeziehung der eigenen Arbeitskräfte, einschl. – wenn wesentlich – erzielte Vereinbarungen (z.B.
  Betriebsvereinbarungen) oder Ergebnisse (ESRS S1.27(e)).

Bei der Erfüllung der Angabepflicht zur Einbindung der eigenen Arbeitskräfte   **45**
und deren Repräsentanten bzw. Mitbestimmungsakteuren hat das Unternehmen gem. Anwendungsanforderungen folgende Informationen zu berichten
(ESRS S1.AR24):
* die Art der Einbeziehung (z.B. Information, Anhörung oder Mitbestimmung) und Häufigkeit (z.B. fortlaufend, vierteljährlich, jährlich),
* wie Rückmeldungen erfasst und in die Entscheidungsfindung einbezogen werden
  und inwiefern Personen innerhalb der eigenen Arbeitskräfte darüber informiert
  werden, wie ihre Rückmeldungen Entscheidungen beeinflusst haben,
* ob die Aktivitäten zur Einbeziehung auf Organisationsebene oder auf einer
  niedrigeren Ebene, z.B. auf Standort- oder Projektebene, stattfinden, und in
  letzterem Fall, wie die Informationen über Aktivitäten zur Einbeziehung
  zentralisiert werden,
* die Mittel (z.B. finanzielle oder personelle Mittel), die der Einbeziehung
  zugewiesen werden, und
* wie es Personen innerhalb seiner Arbeitskräfte und Arbeitnehmervertreter in
  Bezug auf Auswirkungen einbezieht, die sich aus der Reduktion der CO_2-Emis-
  sionen ($\rightarrow$ § 6 Rz 82 ff.) und dem Übergang zu umweltfreundlicheren und klimaneutralen Tätigkeiten für seine eigenen Arbeitskräfte ergeben können, insbes. im
  Hinblick auf Umstrukturierung, Verlust oder Schaffung von Arbeitsplätzen,
  Ausbildung und Weiterbildung, Gleichstellung der Geschlechter und soziale
  Gerechtigkeit sowie Gesundheit und Sicherheit.

Darüber hinaus finden sich in den Anwendungsanforderungen (ESRS S1.AR18–AR23 sowie ESRS S1.AR25 f.) zahlreiche Empfehlungen, welche weiterführende Informationen im Zusammenhang mit ESRS S1-2 offenzulegen sein könnten, um ein umfassendes Verständnis zur Einbeziehung der eigenen Arbeitskräfte und der Arbeitnehmervertreter zu entwickeln, bspw. im Zusammenhang mit Diversität (Rz 93 ff.).

Praxis-Beispiel WMBC – Einbindung der eigenen Arbeitskräfte[42]

„Stakeholdergruppe: eigene Arbeitskräfte

Wie wir uns engagieren
- Globale und lokale Bürgerversammlungen mit Fragen- und Antwortrunden
- Intranet
- Regelmäßige Mitarbeiterumfragen
- Regelmäßige Zusammenarbeit mit Gewerkschaften
- Regelmäßige Beurteilungen der Arbeit
- Training, Coaching und Mentorenschaften
- Training und Bewusstseinsbildung zu Gesundheit, Umwelt, Sicherheit, Qualität
- Ethik- und Compliance-Schulungen und Bewusstseinsbildung
- Netzwerk Vielfalt, Gleichberechtigung und Integration und lokale Teams
- Globale Bewusstseinstage
- Betriebsversammlungen und Sicherheitsgespräche
- Netzwerke für unterrepräsentierte Gruppen

Zentrale Themen in 2023
- Sicherheit, Gesundheit und Wohlbefinden am Arbeitsplatz
- Vergütung und Lebenshaltungskosten
- Produkteinschränkungen und Umstellungen
- Vielfalt, Gleichberechtigung und Integration
- Flexible und hybride Arbeitsmodelle
- Karrieremöglichkeiten, Weiterbildung und -entwicklung
- Anerkennung bei der Arbeit
- Ethisches Verhalten und der Wert der eigenen Meinung
- Entwicklung eines unternehmerischen Denkens
- Vereinigungsfreiheit"

---

46 Sofern marginalisierte Arbeitnehmer zu den eigenen Arbeitskräften zählen, ist offenzulegen, welche Schritte vom Unternehmen gesetzt wurden, um Informa-

---

[42] Entnommen WMBC, Early Adopters' CSRD Reporting, S. 18, eigene Übersetzung aus dem Englischen.

tionen über die Sichtweisen von **solchen Beschäftigtengruppen** zu erlangen, die besonders von negativen Auswirkungen betroffen sein können. Exemplarisch angeführt werden Frauen, Arbeitnehmer mit Migrationshintergrund und Menschen mit Behinderung (ESRS S1.28; → § 14 Rz 42).

Sollte das Unternehmen die erforderlichen Informationen zu ESRS S1-2 nicht darlegen können, weil noch kein Prozess i.S.d. Angabepflicht definiert ist, ist dies anzuführen. Es wird empfohlen, dass das Unternehmen einen Zeitplan für die Implementierung eines solchen Verfahrens offenlegt (ESRS S1.29).   47

Praxis-Beispiel Bayer[43]

„Dialog und Austausch fördern

Bayer verfügt über ein großes Angebot für Beschäftigte, sich aktiv über verschiedene interne Kommunikationskanäle zu betrieblichen Themen und Optimierungsmöglichkeiten auszutauschen. Wir binden die Belegschaft durch Dialogangebote aktiv in die unternehmerischen Prozesse ein. Dabei legen wir großen Wert darauf, dass unsere Beschäftigten über bevorstehende betriebliche Veränderungen frühzeitig und umfassend sowie unter Einhaltung der jeweiligen nationalen und internationalen Informationspflichten unterrichtet werden.

Das Engagement unserer Beschäftigten innerhalb von Bayer messen wir mithilfe institutionalisierter Feedbackgespräche und regelmäßig stattfindender Befragungen. Damit prüfen wir die Wirksamkeit unserer Initiativen und veranlassen notwendige Verbesserungsschritte. Zusätzlich führen wir halbjährlich Belegschaftsbefragungen innerhalb des Konzerns durch, die im zweiten Halbjahr 2022 eine Teilnahmequote von 75 % aufweisen. Basierend auf der Befragung betrug der Zustimmungswert für das Engagement der Beschäftigten im zweiten Halbjahr 76,4 %. Im Berichtszeitraum haben wir diese Befragung auf digitale und damit papierlose Durchführung umgestellt.

Mit den Arbeitnehmervertretungen weltweit pflegen wir einen offenen und vertrauensvollen Austausch. Zu den wichtigsten Dialogformaten gehören sowohl Betriebsversammlungen und Informationsveranstaltungen für Beschäftigte als auch das ‚Europa-Forum‘. Dort diskutieren Arbeitnehmervertreter europäischer Standorte u.a. mit dem Vorstand übergeordnete Themen des Unternehmens.

Über die interne Crowdsourcing-Plattform ‚WeSolve‘ können Bayer-interne Fragen zur Diskussion gestellt werden, um fachbereichsübergreifend innovative Ideen einzuholen. Diese werden anschließend gemeinsam mit anderen Beschäftigten gelöst, mit denen der Fragestellende üblicherweise nicht in Kontakt steht.

---

[43] Entnommen Bayer AG, Nachhaltigkeitsbericht 2022, S. 97.

Ideen belohnen

Zur Förderung der Innovationskultur im Arbeitsumfeld stehen den Beschäftigten in Deutschland darüber hinaus Formate des betrieblichen Vorschlagswesens zur Verfügung, z. B. der ‚Bayer-Ideen-Pool' und das ‚Ideen-Forum'. In deren Rahmen werden Vorschläge zur Verbesserung von Prozessen und Verfahren sowie der Arbeitssicherheit und des Gesundheitsschutzes genutzt und prämiert. 2022 wurden rund 2.500 Ideen eingebracht. Die im Berichtsjahr abgeschlossenen Verbesserungsvorschläge wurden zu 46 % realisiert. Allein im ersten Jahr der Umsetzung ergaben die berechneten Vorschläge eine Einsparung von rund 2,5 Mio. EUR, für die im Jahr 2022 Prämien in Höhe von rund 800.000 EUR ausgezahlt wurden."

2.2.3 ESRS S1-3 – Verfahren zur Verbesserung negativer Auswirkungen und Kanäle, über die die Arbeitskräfte des Unternehmens Bedenken äußern können

48 Das berichtspflichtige Unternehmen ist nach ESRS S1-3 aufgefordert, jene Verfahren zu erläutern, die es zur Behebung negativer Auswirkungen auf seine eigenen Arbeitskräfte eingerichtet hat. Weiterhin muss offengelegt werden, welche formalen Kommunikationskanäle den Arbeitskräften zur Verfügung stehen, um ihre Anliegen, Bedürfnisse sowie Bedenken direkt an das Unternehmen heranzutragen – im Fokus stehen sog. „Beschwerdemechanismen" (ESRS S1.30).

49 Beschwerdemechanismen beziehen sich auf sämtliche routinemäßige, staatliche oder nicht staatliche, gerichtliche oder nicht gerichtliche Verfahren, durch die Betroffene Beschwerden vorbringen und Abhilfe bzw. Entschädigung erhalten können. **Beispiele** für staatliche gerichtliche und nicht gerichtliche Beschwerdemechanismen sind Gerichte, Arbeitsgerichte, nationale Menschenrechtsinstitutionen, nationale Kontaktstellen i. R. d. OECD-Leitsätze für multinationale Unternehmen, Ombudsstellen, Verbraucherschutzbehörden, Regulierungsaufsichtsstellen und staatlich geführte Beschwerdestellen. Beispiele für nicht staatliche Beschwerdemechanismen sind die von der Organisation selbst verwalteten Mechanismen, entweder allein oder zusammen mit Stakeholdern, wie z. B. Beschwerdemechanismen auf betrieblicher Ebene und Tarifverhandlungen. Diese umfassen auch Mechanismen von Industrieverbänden, internationalen Organisationen, Organisationen der Zivilgesellschaft oder Multi-Stakeholder-Gruppen.[44] Von praktischer Relevanz dürften insbes. jene bereits etablierten Kommunikationskanäle bzw. Beschwerdemechanismen sein, die infolge der

---

[44] Berichtigung der Delegierten Verordnung (EU) 2023/2772 v. 31.7.2023, ABl. EU L v. 9.8.2024, Anhang II, Tab. 2, S. 269.

Hinweisgeberrichtlinie (auch: Whistleblower-Richtlinie[45]) implementiert wurden bzw. werden. Die Richtlinie wurde in Deutschland mit dem Gesetz für einen besseren Schutz hinweisgebender Personen (Hinweisgeberschutzgesetz, HinSchG) vom Mai 2023[46] und in Österreich mit dem Bundesgesetz über das Verfahren und den Schutz bei Hinweisen auf Rechtsverletzungen in bestimmten Rechtsbereichen (HinweisgeberInnenschutzgesetz, HSchG) vom Februar 2023[47] umgesetzt.

Beschwerdemechanismen sind auf betrieblicher Ebene zu implementieren, um Meldungen frühzeitig und direkt zu erkennen, wodurch Schaden und eine Eskalation der Missstände verhindert werden. Außerdem geben sie wichtiges Feedback von direkt Betroffenen über die Wirksamkeit der eingerichteten Due-Diligence-Prozesse. Nach dem UN-Leitprinzip 31 sind wirksame Beschwerdemechanismen legitim, zugänglich, vorhersehbar, gerecht, transparent, mit den Rechten vereinbar und eine Quelle für kontinuierliche Weiterentwicklung. Zusätzlich beruhen wirksame Beschwerdemechanismen auf betrieblicher Ebene auf Engagement und Dialog.[48]

50

Praxis-Tipp

Anzuraten ist, bei der Konzeption, der Einrichtung und dem Betreiben interner Meldekanäle darauf zu achten, dass die Vertraulichkeit der Identität des Hinweisgebers und Dritter, die in der Meldung erwähnt werden, gewahrt bleibt. Nicht befugten Mitarbeitern muss der Zugriff darauf verwehrt sein. Solange die Vertraulichkeit gewahrt bleibt, kann jede Organisation selbst definieren, welche Art von Meldekanal sie wählt (bspw. Briefkasten, Telefon-Hotline, Onlineplattform, interne Vertrauensperson, externe Ombudsperson). Die Meldungen sollten in schriftlicher oder mündlicher bzw. in beiden Formen möglich sein, und auf Anfrage des Hinweisgebers soll auch ein persönliches Treffen stattfinden. Wenn eine Meldung eingeht, muss der Eingang der Meldung innerhalb einer Frist von sieben Tagen an den Hinweisgeber bestätigt werden. Für Folgemaßnahmen (weitere Nachforschungen, Ermittlungen oder sonstige Maßnahmen zum weiteren Vorgehen aufgrund des Hinweises) kann die interne Stelle oder ein eigenes Organ betraut werden.

---

45 Hinweisgeberrichtlinie – RL (EU) 2019/1937, ABl. EU v. 26.11.2019, L 305/17.
46 BGBl. 2023 I, Nr. 140 v. 2.6.2023.
47 HSchG, Bundesgesetz über das Verfahren und den Schutz bei Hinweisen auf Rechtsverletzungen in bestimmten Rechtsbereichen, www.ris.bka.gv.at/GeltendeFassung.wxe?Abfrage=Bundesnormen&Gesetzesnummer=20012184, Abruf 1.8.2024.
48 Berichtigung der Delegierten Verordnung (EU) 2023/2772 v. 31.7.2023, ABl. EU L v. 9.8.2024, Anhang II, Tab. 2, S. 269.

51 „**Abhilfe/Abhilfemaßnahmen**" wird basierend auf dem Leitprinzip 25 der UN-Leitprinzipien (ESRS S1.BC App.) als eine Abhilfemaßnahme oder allgemeiner als ein Weg zum Ausgleich sowie zur Wiedergutmachung einer negativen Auswirkung definiert. „Abhilfe" kann z.b. eine Entschuldigung, finanzielle oder nichtfinanzielle Entschädigung, Verhinderung von Schaden durch Unterlassungsklagen oder Garantien der Nichtwiederholung, Strafsanktionen (strafrechtliche oder verwaltungsrechtliche Sanktionen wie Bußgelder), Wiedergutmachung, Wiederherstellung oder Rehabilitation sein.[49]

52 Ziel der Angabepflicht nach ESRS S1-3 ist es, die **Verantwortlichkeiten** für und **Verfügbarkeiten** von Kommunikationskanälen wie Beschwerdemechanismen zu verorten sowie darzustellen, wie Beschwerdemeldungen weiterverfolgt werden. Außerdem ist die Wirksamkeit dieser Mechanismen darzustellen (ESRS S1.31). Das Unternehmen muss dafür folgende Darstellungen in die Berichterstattung aufnehmen:

- den allgemeinen Ansatz des Unternehmens und seine Verfahren für die Bereitstellung von Abhilfemaßnahmen oder die Mitwirkung an solchen Maßnahmen, sofern diese eine wesentliche negative Auswirkung auf die Beschäftigten adressieren; dabei ist auch darauf einzugehen, ob und wie das Unternehmen bewertet, dass die ergriffenen Abhilfemaßnahmen wirksam sind (ESRS S1.32(a));
- alle spezifischen Kanäle, die das Unternehmen für seine eigenen Arbeitskräfte eingerichtet hat, um Bedenken oder Bedürfnisse direkt an das Unternehmen heranzutragen; auch ist darauf einzugehen, ob diese Kanäle vom Unternehmen selbst und/oder durch die Beteiligung an Mechanismen Dritter eingerichtet werden (ESRS S1.32(b));
- ob das Unternehmen über Verfahren zur Bearbeitung von Beschwerden verfügt im Hinblick auf Arbeitnehmerbelange (ESRS S1.32(c));
- die Verfahren, mit denen das Unternehmen die Verfügbarkeit solcher Kanäle an den Arbeitsplätzen der eigenen Arbeitskräfte unterstützt (ESRS S1.32(d));
- wie es die aufgeworfenen Anliegen erfasst und verfolgt und wie die Wirksamkeit der Kanäle sichergestellt wird; im Besonderen ist auf die Einbeziehung von Interessengruppen, die die vorgesehenen Nutzer sind, einzugehen (ESRS S1.32(e)); für die Effektivitätsbeurteilung verweist ESRS S1.AR32 auf die in den UN-Leitprinzipien enthaltenen *effectiveness criteria for non-judicial grievance mechanisms*"[50].

53 Gesondert ist darzustellen, ob bzw. wie das Unternehmen erfasst, dass den eigenen Arbeitskräften die für sie einschlägigen Kanäle bekannt sind und sie diesen auch vertrauen. „Beispiele für Informationsquellen sind Umfragen unter

---

49 Berichtigung der Delegierten Verordnung (EU) 2023/2772 v. 31.7.2023, ABl. EU L v. 9.8.2024, Anhang II, Tab. 2, S. 277.
50 OHCHR, Guiding Principles on Business and Human Rights, Prinzip 31, 2011.

Personen unter den Arbeitskräften des Unternehmens, die solche Kanäle genutzt haben, sowie zu deren Zufriedenheit mit dem Verfahren und den Ergebnissen" (ESRS S1.AR31). Darüber hinaus ist anzugeben, inwieweit Konzepte verfolgt werden, um einzelne Arbeitnehmer oder auch Arbeitnehmervertreter vor Nachteilen zu bewahren, wenn sie von den Beschwerdemechanismen Gebrauch machen. Zu letzterem Datenpunkt wird ein **Verweis** auf die Angabepflicht **ESRS G1-1** empfohlen, falls in deren Rahmen gleichlautende Inhalte behandelt werden (ESRS S1.33).

Die Anwendungsanforderungen zu ESRS S1-3 enthalten eine Vielzahl an Empfehlungen, welche Einzelangaben getätigt werden können, um die Angabepflicht zu erfüllen. Können einige oder alle der in ESRS S1-3 geforderten Datenpunkte nicht offengelegt werden, weil das Unternehmen keine Beschwerdemechanismen eingerichtet hat und/oder deren Verfügbarkeit an den Arbeitsplätzen der eigenen Arbeitskräfte nicht unterstützt, so muss dies angegeben werden. Darüber hinaus wird empfohlen, den Zeitraum, innerhalb dessen ein solcher Beschwerdemechanismus eingerichtet werden soll, zu berichten (ESRS S1.34). 54

Wichtig 55

Zusammenfassend lässt sich ableiten, dass es wirksamer Prozessschritte bedarf, die in den berichtspflichtigen Unternehmen implementiert werden müssen:

- Konzept und Verfahren für effektive Abhilfemaßnahmen,
- Bewertung der Effektivität der getätigten Maßnahmen,
- Transparenz, Verfügbarkeit sowie Wirksamkeit der Kommunikationskanäle für Arbeitnehmer,
- Identifikation von fehlenden Beschwerdeverfahren in Bezug auf Arbeitnehmerangelegenheiten,
- Tracking und Monitoring etwaiger Beschwerdefälle.

Praxis-Beispiel Ørsted[51]

„Dialog mit den eigenen Arbeitskräften

Wir sind bestrebt, eine Kultur zu fördern, in der sich alle Mitarbeiter psychologisch sicher fühlen, wichtige Angelegenheiten anzusprechen. Dazu gehört auch, dass wir sie ermutigen, ihre Meinung frei zu äußern, auch gegenüber Kollegen in höheren hierarchischen Positionen.

Um dies zu unterstützen, führen wir jährlich weltweit eine ‚People matter'-Umfrage (Zufriedenheit und Motivation) durch, die Aufschluss darüber gibt, wie die Mitarbeiter Ørsted als Arbeitsplatz wahrnehmen, welche Erfahrungen

---

[51] Entnommen Ørsted, Annual report 2023, S. 114, eigene Übersetzung aus dem Englischen.

sie bei der täglichen Arbeit machen, welche Beziehungen sie zu ihren Vorgesetzten und zur Geschäftsleitung haben und welche anderen Faktoren ihr Arbeitsleben beeinflussen. Die Ergebnisse der Umfrage dienen als wertvolle Grundlage für die Aufnahme eines Dialogs und die Festlegung von Maßnahmen zur weiteren Verbesserung unseres Arbeitsplatzes. Darüber hinaus haben wir eine leicht zugängliche Seite in unserem Intranet eingerichtet, die verschiedene Möglichkeiten der Arbeitnehmervertretung auf globaler und lokaler Ebene aufzeigt. Dazu gehören alternative Kanäle, über die die Mitarbeiter ihre Meinung äußern können, wie z.B. HR-Geschäftspartner, Meldesysteme, eine Whistleblower-Hotline, Betriebsräte, Beauftragte für Arbeitsbeziehungen und persönliche Entwicklungsgespräche."

Praxis-Beispiel Oberbank[52]

„Die Oberbank bietet mit der Oberbank Integrity Line seit 17. Dezember 2021 eine extern gehostete Meldeplattform für Whistleblowing-Meldungen und erfüllt damit die Anforderungen der EU-Richtlinie EU 2019/1937 (Hinweisgeberrichtlinie) sowie der nationalen Normen HSchG (AT), HinSchG (DE), Gesetz 171 vom 2.6.2023 (CZ), Gesetz Nr. 54 vom 30.1.2019 (SK) und Gesetz XXV aus 2023 (HU).

Der Meldekanal ist für Mitarbeiter:innen und externe Personen über eine Intranetseite (Inside) bzw. die Website der Oberbank zugänglich. Das Meldetool ist klar und einfach in der Bedienung und das System entspricht den IT-sicherheitstechnischen und datenschutzrechtlichen Anforderungen. Das Meldesystem deckt alle Oberbank Sprachen ab und bietet die Möglichkeit, Text-, Bild-, Ton-oder Videodateien hochzuladen. Es gibt auch die Möglichkeit einer anonymen Meldung, die Kommunikation mit der Meldestelle ist hier über ein elektronisches Postfach möglich.

Jede Meldung wird von der Meldestelle (definierte Mitarbeiter:innen der Internen Revision) geprüft, es werden Folgemaßnahmen eingeleitet und die/der Hinweisgeber:in dazu informiert. Die Whistleblowing-Meldestelle unterliegt keinem internen oder externen Berichtsweg, sodass Anonymität und Vertraulichkeit gewährleistet sind."

---

[52] Entnommen Oberbank, Jahresfinanzbericht 2023, S. 218.

2.2.4 ESRS S1-4 – Ergreifung von Maßnahmen in Bezug auf wesentliche Auswirkungen auf die Arbeitskräfte des Unternehmens und Ansätze zum Management wesentlicher Risiken und zur Nutzung wesentlicher Chancen im Zusammenhang mit den Arbeitskräften des Unternehmens sowie die Wirksamkeit dieser Maßnahmen

Die Angabepflichten des ESRS S1-4 verlangen von berichtspflichtigen Unternehmen die Offenlegung ihrer Maßnahmen, um wesentliche negative und positive Auswirkungen zu adressieren. Weiterhin sind Maßnahmen darzustellen, wie wesentliche Risiken und Chancen in Bezug auf die Arbeitskräfte des Unternehmens gesteuert werden. Auch die Wirksamkeit dieser Maßnahmen ist darzustellen (ESRS S1.35). Ziel dieser Offenlegungspflicht ist es, ein Verständnis über Maßnahmen zu vermitteln, die 56

*   wesentliche negative Auswirkungen auf die eigenen Arbeitskräfte vermeiden, abschwächen oder wiedergutmachen bzw.
*   wesentliche positive Auswirkungen auf die eigenen Arbeitskräfte erzielen.

Weiterhin soll damit vermittelt werden, wie ein Unternehmen wesentliche Risiken adressiert bzw. wesentliche Chancen ergreift (ESRS S1.36).

ESRS S1-4 fordert zunächst die Offenlegung einer Übersicht über alle relevanten Maßnahmen im Einklang mit den Vorgaben von ESRS 2 MDR-A (ESRS S1.37; → § 4 Rz 132ff.). Zusätzlich sind im Hinblick auf die Natur der erzielten Auswirkungen, Chancen und Risiken Ergänzungen vorzunehmen. 57

*   Für **wesentliche Auswirkungen** auf die Arbeitskräfte des Unternehmens i. A. ist darzustellen:
    – ergriffene, geplante oder laufende Maßnahmen zur Vermeidung oder Abschwächung wesentlicher negativer Auswirkungen auf die Arbeitskräfte des Unternehmens (ESRS S1.38(a));
    – ob und wie Maßnahmen ergriffen wurden, um Abhilfe in Bezug auf eine tatsächliche Auswirkung zu schaffen (ESRS S1.38(b));
    – alle zusätzlichen Maßnahmen oder Initiativen, die das Unternehmen mit dem primären Ziel ergriffen hat, positive Auswirkungen für die Arbeitskräfte des Unternehmens zu erzielen (ESRS S1.38(c)); wenn die bezweckten oder bereits eingetretenen positiven Ergebnisse der Maßnahmen auf die eigenen Arbeitskräfte dargestellt werden, muss unterschieden werden zwischen bloß gesetzten Aktivitäten („z.B. dass eine bestimmte Anzahl von Personen eine Weiterbildung zur Vermittlung von Finanzwissen erhalten hat") und den Hinweisen auf tatsächliche Ergebnisse, die erzielt werden konnten („z.B. dass eine bestimmte Anzahl von Personen angibt, dass sie ihren Lohn und ihr Haushaltsgeld besser verwalten können"; ESRS S1.AR42);
    – die Art und Weise, wie die Wirksamkeit dieser Maßnahmen und Initiativen verfolgt und bewertet wird, um entsprechende Ergebnisse für die

Arbeitskräfte des Unternehmens zu erzielen (ESRS S1.38(d)); die Bericht-erstattung über die Wirksamkeit soll das Verständnis für die Zusammen-hänge zwischen den Maßnahmen eines Unternehmens und der wirksamen Steuerung seiner Auswirkungen schaffen (ESRS S1.AR39); darüber hinaus sind die Vorgaben von ESRS 2 MDR-T („Nachverfolgung der Wirksamkeit von Konzepten und Maßnahmen durch Zielvorgaben") zu berücksichtigen, um diese Wirksamkeit in der Berichterstattung darzustellen (ESRS S1.42).

- Für **wesentliche tatsächliche oder potenzielle negative Auswirkungen** auf die Arbeitskräfte des Unternehmens im Speziellen ist ergänzend der Prozess darzustellen, auf dessen Grundlage die erforderlichen Maßnahmen identifi-ziert und hinsichtlich ihrer Angemessenheit beurteilt werden (ESRS S1.39). Diese Angemessenheitsbeurteilung hat u.a. darauf abzustellen, ob das Un-ternehmen eine wesentliche Auswirkung selbst verursacht oder lediglich zu einer solchen beiträgt oder ob die Auswirkung direkt mit seiner Geschäfts-tätigkeit, mit seinen Produkten und Dienstleistungen bzw. lediglich mit seinen Geschäftsbeziehungen verbunden ist (ESRS S1.AR34).

- Für **wesentliche Chancen und Risiken** ist darzustellen (ESRS S1.39):
  a) welche Maßnahmen geplant oder im Gange sind, um die wesentlichen Risiken für das Unternehmen zu mindern, die sich aus den Auswirkungen auf die Arbeitskräfte des Unternehmens bzw. aus Abhängigkeiten von dieser ergeben, und wie es die Wirksamkeit dieser Maßnahmen über-wacht; im Besonderen sind auch externe Entwicklungen zu berücksichti-gen (ESRS S1.AR45); ein Beispiel können demografische Entwicklungen darstellen; hinsichtlich der Darstellung dieser Wirksamkeit gelten diesel-ben Vorgaben wie für die wesentlichen Auswirkungen des Unternehmens (ESRS S1.42);
  b) welche Maßnahmen geplant oder im Gang sind, um wesentliche Chancen für das Unternehmen in Bezug auf die eigenen Arbeitskräfte zu verfolgen.

Praxis-Beispiel Ørsted[53]

„Abhilfemaßnahmen und Kanäle zur Äußerung von Bedenken

Der Zugang zu Rechtsmitteln trägt dazu bei, Fairness, Gerechtigkeit und Schutz für Einzelpersonen und Gemeinschaften zu gewährleisten. Er er-möglicht es den Menschen, Rechtsmittel einzulegen und eine Lösung zu finden, wenn sie der Meinung sind, dass ihre Rechte verletzt wurden, und fördert so einen gerechteren und faireren Arbeitsplatz. Wenn Mitarbeiter der Meinung sind, dass sie einen Fall von Mobbing, Diskriminierung oder Belästigung erlebt haben, werden sie ermutigt, Unterstützung zu suchen. Mitarbeiter können auch eine offizielle Meldung an ihren HR-Ansprech-

---

[53] Entnommen Ørsted, Annual report 2023, S. 115, eigene Übersetzung aus dem Englischen.

partner machen oder die globale Whistleblower-Hotline von Ørsted nutzen. Weitere Informationen über unsere Whistleblower-Hotline und darüber, wie wir Whistleblower vor Vergeltungsmaßnahmen schützen, finden Sie in Abschnitt G1 zur Unternehmensführung.

Wir ergreifen proaktive Maßnahmen, um sicherzustellen, dass unsere Mitarbeiter über die verfügbaren Beschwerdemechanismen informiert und daran erinnert werden. Diese Sensibilisierung ist in verschiedene Aspekte unserer Mitarbeitererfahrung integriert, darunter:

- Schulungen zum Verhaltenskodex: Teil unseres Weiterbildungsprogramms sind spezifische Module zum Umgang mit Missständen im Unternehmen und dem Beschwerdemanagement.

- Interne Informationskampagnen: Wir kommunizieren regelmäßig mit unseren Mitarbeitern über verschiedene interne Kanäle, darunter E-Mails, Newsletter und unser Intranet, um sie an die Verfügbarkeit von Beschwerdekanälen zu erinnern und zu deren Nutzung zu ermutigen.

Wir setzen uns dafür ein, dass unsere Mitarbeiter nicht nur Zugang zu diesen Kanälen haben, sondern auch über das Wissen, das Vertrauen und die psychologische Sicherheit verfügen, um sie im Bedarfsfall zu nutzen. Ørsted hat als Unternehmen die Verantwortung, alle gemeldeten Fälle ernst zu nehmen und faire Ergebnisse für untersuchte Fälle zu liefern, die die Bedürfnisse aller Parteien berücksichtigen. Wir führen auch sichere und vertrauliche Aufzeichnungen über Berichte und Ergebnisse."

Weiterhin ist darzustellen, ob bzw. wie ein Unternehmen sicherstellt, dass seine eigenen Praktiken nicht zu wesentlichen negativen Auswirkungen auf die Arbeitskräfte des Unternehmens beitragen. Soweit relevant, hat dies Praktiken in Bezug auf Beschaffung, Verkauf und Datennutzung zu umfassen. Hervorgehoben wird die damit verbundene Notwendigkeit einer Berichterstattung über Maßnahmen zu negativen Auswirkungen auf die Arbeitskräfte des Unternehmens, die aus anderen Maßnahmen resultieren, die ein Unternehmen im Übergang zu einer grünen, klimaneutralen Wirtschaftsordnung setzt („wie etwa Weiterbildungen und Umschulungen, Beschäftigungsgarantien, und im Falle von Downscaling oder Massenentlassungen Maßnahmen wie Berufsberatung, Coaching, unternehmensinterne Vermittlungen und Vorruhestandspläne"; ESRS S1.AR43). Diese Darstellungen können auch die Vorgehensweise umfassen, wenn es zu Spannungen zwischen der Vermeidung oder Abmilderung wesentlicher negativer Auswirkungen und bestimmten geschäftlichen Zwängen kommt (ESRS S1.41). **58**

59 Mit der Darstellung der Ressourcen, die für die Steuerung der wesentlichen Auswirkungen auf die Arbeitskräfte des Unternehmens eingesetzt werden, soll diese Steuerung verständlich gemacht werden (ESRS S1.43).[54] Dafür kann bspw. dargestellt werden, welche Stellen im Unternehmen involviert sind und welche Arten von Maßnahmen von diesen gesetzt werden (ESRS S1.AR48). Im Hinblick auf die wesentlichen Risiken und Chancen muss demgegenüber gezeigt werden, ob bzw. auf welche Weise die Steuerung dieser Chancen und Risiken im vorhandenen allgemeinen Risikomanagement-Prozess integriert ist (ESRS S1.AR47).

Praxis-Beispiel Toyota Material Handling[55]

„Mitarbeiter-Onboarding

Mitarbeiter in Unternehmen mit qualitativ hochwertigen Onboarding-Programmen erlangen ihre volle Leistungsfähigkeit wesentlich schneller, weshalb wir dies als wichtige Priorität für unsere eigenen Arbeitskräfte betrachten. Ein gutes Onboarding-Programm ist der beste Weg, um neue Mitarbeiter zu integrieren, die Arbeitszufriedenheit zu erhalten und die Personalfluktuation zu verringern.

Wir sind bestrebt, den Onboarding-Prozess für neue Mitarbeiter – und den Reboarding-Prozess für bestehende Mitarbeiter – unternehmensweit – zu harmonisieren, zu standardisieren und zu verbessern. Spezifische Schulungen und E-Learning-Kurse sind für alle neuen Mitarbeiter obligatorisch. Zusätzlich kann in eine Liste zusätzlicher Schulungen, die je nach den Kompetenzen der Mitarbeiter in Betracht kommen, eingesehen werden.

In unseren Hauptstandorten werden zweimal im Jahr Einführungstage vor Ort organisiert – die während der Pandemie vorübergehend ins Internet verlagert wurden – und wir ermutigen alle Standorte, lokale Einführungsaktivitäten zu organisieren. Ein Hybridmodell mit einer Einführung für die Mitarbeiter vor Ort in Kombination mit einer Online-Teilnahme für die Mitarbeiter im Außendienst wird derzeit ebenfalls getestet. [...]"

60 Anlage A.3 zu ESRS S1 enthält eine exemplarische Aufstellung von Maßnahmen, die i. R. d. Angabepflichten von ESRS S1-4 dargestellt werden können:

---

[54] EFRAG, ESRS Q&A Platform, Compilation of Explanations, Januar–Juli 2024, Frage 214, S. 124 f., mit der Klarstellung, dass auch hierfür einzig Auswirkungen auf die Arbeitskräfte im Unternehmen (und nicht auf andere Nachhaltigkeitsaspekte) maßgeblich sind.
[55] Entnommen Toyota Material Handling, Sustainability Report 2023, S. 66, eigene Übersetzung aus dem Englischen.

Soziale Aspekte und Menschenrechtsfragen	Beispiele für Maßnahmen
Sichere Beschäftigung	Angebot unbefristeter Verträge für Arbeitnehmer mit befristeten Arbeitsverträgen, Umsetzung von Plänen für die soziale Absicherung, wenn es keine staatlichen Regelungen gibt
Arbeitszeit	Rotation der Schichtarbeit, Verlängerung der Vorausplanung, Verringerung übermäßiger Stunden
Angemessene Entlohnung	Aushandeln von fairen Löhnen in Tarifverträgen, Überprüfung, ob Beschäftigungsagenturen einen fairen Lohn zahlen
Sozialer Dialog/Existenz von Betriebsräten/Rechte der Arbeitnehmer auf Information, Anhörung und Beteiligung	Erweiterung der im sozialen Dialog behandelten Nachhaltigkeitsthemen, Erhöhung der Zahl der Sitzungen, Aufstockung der Ressourcen für Betriebsräte
Vereinigungsfreiheit/Tarifverhandlungen einschl. der Quote der durch Tarifverträge abgedeckten Arbeitskräfte[56]	Erweiterung der in Tarifverhandlungen behandelten Nachhaltigkeitsthemen, Aufstockung der Ressourcen für Arbeitnehmervertreter
Vereinbarkeit von Berufs- und Privatleben	Ausweitung des Anspruchs auf Arbeitsfreistellung aus familiären Gründen und flexible Arbeitszeitregelungen, Erweiterung des Angebots von Tagesbetreuung
Gesundheitsschutz und Sicherheit	Vermehrte Weiterbildungen in den Bereichen Gesundheit und Sicherheit, Investitionen in sicherere Ausrüstung
Gleichstellung der Geschlechter und Recht auf gleichen Lohn für gleiche Arbeit	Gezielte Einstellung und Förderung von Frauen, Verringerung des Verdienstgefälles durch Aushandlung von Tarifverträgen

---

[56] Gleichbedeutend zu verstehen sind die Begriffe „Tarifverhandlung" und „Kollektivverhandlung" (in Österreich) sowie „Tarifvertrag" und „Kollektivvertrag" (in Österreich).

Soziale Aspekte und Menschenrechtsfragen	Beispiele für Maßnahmen
Weiterbildung und Kompetenzentwicklung	Qualifikationsprüfungen, Weiterbildung zur Schließung von Qualifikationslücken
Beschäftigung und Inklusion von Menschen mit Behinderungen	Verstärkte Maßnahmen zur Barrierefreiheit
Maßnahmen gegen Gewalt und Belästigung am Arbeitsplatz	Verbesserung der Beschwerdemechanismen, Verschärfung der Sanktionen bei Gewalt und Belästigung, Bereitstellung von Weiterbildung zur Prävention für Führungskräfte
Vielfalt	Weiterbildung zu Vielfalt und Inklusion (einschl. ethnischer Aspekte), gezielte Einstellung unterrepräsentierter Gruppen
Kinderarbeit	Maßnahmen zur Altersüberprüfung, Partnerschaften mit Organisationen zur Beseitigung von Kinderarbeit, Maßnahmen gegen die schlimmsten Formen der Kinderarbeit
Zwangsarbeit	Maßnahmen zur Gewährleistung der freien Einwilligung in die Beschäftigung ohne Androhung von Strafen, Verträge in verständlicher Sprache, Freiheit, eine Beschäftigung ohne Strafe zu beenden, Disziplinarmaßnahmen sollten keine Verpflichtung zur Arbeit enthalten, freie Zustimmung zu Überstunden, Freizügigkeit (einschl. des Ausscheidens aus dem Arbeitsplatz), faire Behandlung von Wanderarbeitnehmern, Überwachung von Beschäftigungsagenturen

Tab. 7: Beispiele für Maßnahmen hinsichtlich sozialer und menschenrechtlicher Belange (ESRS S1, App. A.3)

Ergänzend ist auf Maßnahmen gegen Diskriminierung hinzuweisen, wie sie in   **61**
zahlreichen EU-Richtlinien behandelt werden. Dazu zählen bspw. folgende
elementare Rahmenwerke:
- Antirassismus-Richtlinie,[57]
- Rahmenrichtlinie zur Beschäftigung,[58]
- „Gender-Richtlinie" (Neufassung),[59]
- Richtlinie zur Gleichstellung der Geschlechter auch außerhalb der Arbeitswelt,[60]
- Richtlinie zur Verwirklichung des Grundsatzes der Gleichbehandlung von
  Männern und Frauen hinsichtlich des Zugangs zur Beschäftigung, zur Berufsbildung und zum beruflichen Aufstieg sowie in Bezug auf die Arbeitsbedingungen[61].

2.3 Kennzahlen und Ziele

2.3.1 ESRS S1-5 – Ziele im Zusammenhang mit der Bewältigung wesentlicher negativer Auswirkungen, der Förderung positiver Auswirkungen und dem Umgang mit wesentlichen Risiken und Chancen

Die Angabepflichten des ESRS S1-5 fordern, ein Verständnis darüber zu schaf-   **62**
fen, inwieweit berichtspflichtige Unternehmen terminierte und ergebnisorientierte Ziele nutzen, um Fortschritte bei der Bewältigung wesentlicher negativer
Auswirkungen bzw. Erzielung wesentlicher positiver Auswirkungen sowie bei
der Steuerung wesentlicher Risiken und Chancen im Zusammenhang mit den
Arbeitskräften des Unternehmens zu erzielen (ESRS S1.45). Dementsprechend
müssen diese Unternehmen ihre terminierten (kurz-, mittel- oder langfristig,
ESRS S1.AR51) und ergebnisorientierten Ziele darstellen, die gesetzt wurden
im Hinblick auf:
- die Reduktion von negativen Auswirkungen auf die Arbeitskräfte des Unternehmens,
- die Erzielung positiver Auswirkungen auf die Arbeitskräfte des Unternehmens,
- die Steuerung wesentlicher Risiken und Chancen in Bezug auf die Arbeitskräfte des Unternehmens (ESRS S1.44).

---

57 RL 2000/43/EG, ABl. EG v. 19.7.2000, L 180/22.
58 RL 2000/78/EG, ABl. EG v. 2.12.2000, L 303/16.
59 RL 2006/54/EG, ABl. EU v. 26.7.2006, L 204/23.
60 RL 2004/113/EG, ABl. EU v. 21.12.2004, L 373/37.
61 RL 76/207/EWG, ABl. EG v. 14.2.1976, L 39/40.

Diese zusammenfassende Beschreibung der Ziele für das Management enthält die in ESRS 2 MDR-T festgelegten Informationsanforderungen (ESRS S1.46) und kann enthalten:

• die angestrebten Ergebnisse, die für eine bestimmte Zahl von Personen unter den Arbeitskräften des Unternehmens erzielt werden sollen,
• um eine Vergleichbarkeit im Zeitverlauf zu ermöglichen, die langfristige Stabilität der Ziele in Bezug auf Definitionen und Methoden,
• die Standards und Verpflichtungen, auf denen die Ziele beruhen (ESRS S1.AR49).

Die Ziele in Bezug auf Auswirkungen können, müssen aber nicht, dieselben sein wie für Risiken und Chancen zu einem Nachhaltigkeitsaspekt: „So könnte beispielsweise ein Ziel sein, eine angemessene Entlohnung für Fremdarbeitskräfte zu erreichen, sowohl die Auswirkungen auf diese Personen als auch die damit verbundenen unternehmerischen Risiken in Bezug auf die Qualität und Zuverlässigkeit ihrer Produktion zu verringern" (ESRS S1.AR50). Bei Änderung oder Ersetzung eines Ziels im Berichtszeitraum kann das Unternehmen dies durch **Querverweise** auf die Änderung des Geschäftsmodells oder auf umfassende Änderungen des akzeptierten Standards oder der Rechtsvorschrift, von dem bzw. der das Ziel abgeleitet wurde, tun, um Hintergrundinformationen gem. ESRS 2 BP-2 „Angaben im Zusammenhang mit spezifischen Umständen" bereitzustellen (ESRS S1.AR52). Jedenfalls lässt sich aus ESRS S1-5 keine Verpflichtung dazu ableiten, solche Ziele zu formulieren.

63

Praxis-Hinweis

Bei der erforderlichen Definition von Zielen ist Bedacht auf Klarheit, Messbarkeit und Referenz zu weiteren internationalen Standards bzw. Frameworks zu nehmen. Dabei ist u.E. zu berücksichtigen: Ziele sind dann terminiert, wenn sie unter präziser Fortschrittsmessung i.R.e. definierten Zeitraums (kurz-, mittel-, langfristig) erreicht werden; ergebnisorientierte Ziele sind demgegenüber durch das Erreichen eines spezifischen Ergebnisses unter Berücksichtigung der Entwicklung von Maßnahmen und Konzepte zur Zielerreichung charakterisiert.

Wie das folgende Praxis-Beispiel im Einklang mit den Konzernzielen erläutert, ist eine (angemessene) Berücksichtigung von Nachhaltigkeitszielen in den Anreizsystemen der Vorstandsvergütung als entscheidender Steuerungshebel für die Zielerreichung empfehlenswert (siehe zu den damit verbundenen Berichtspflichten Rz 149 ff. und → § 4 Rz 62 ff.).

Praxis-Beispiel Bayer[62]

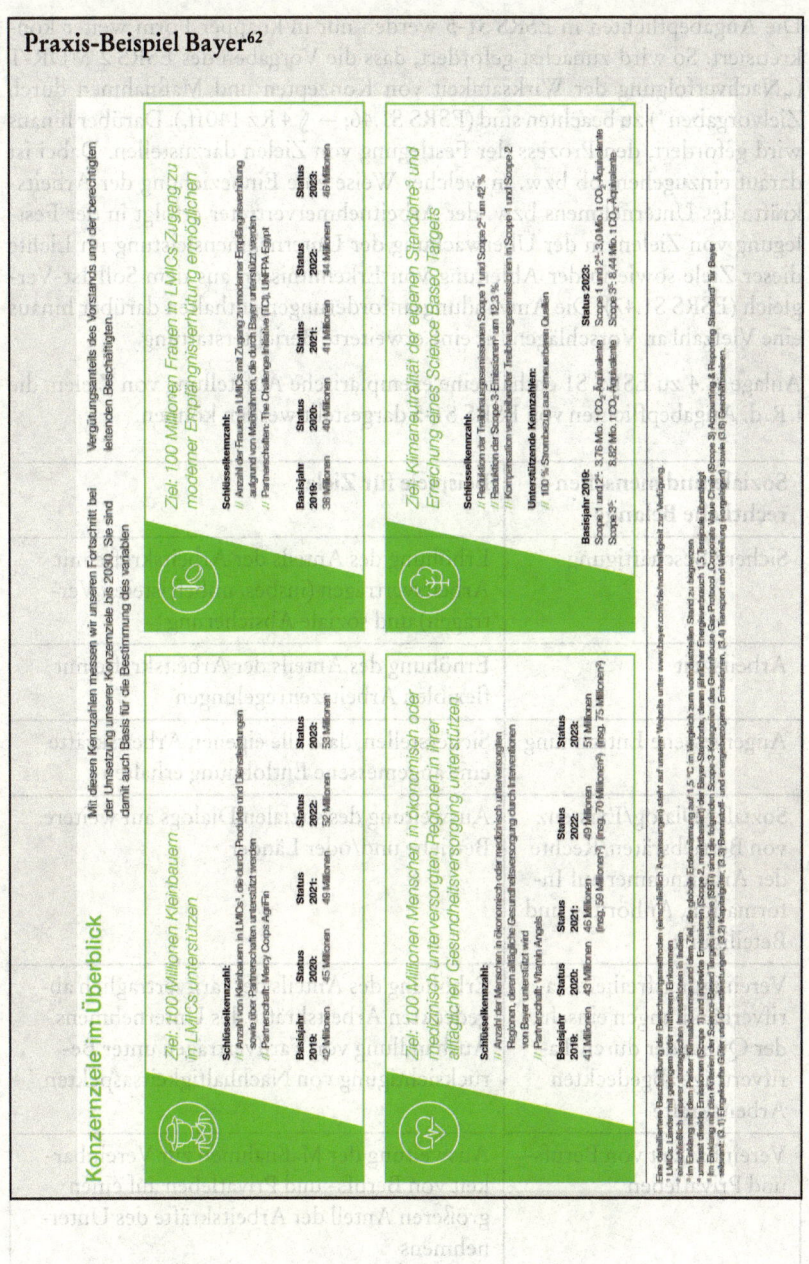

---

[62] Entnommen Bayer AG, Nachhaltigkeitsbericht 2023, S. 19.

64 Die Angabepflichten in ESRS S1-5 werden nur in knapper Form weiter konkretisiert. So wird zunächst gefordert, dass die Vorgaben des ESRS 2 MDR-T („Nachverfolgung der Wirksamkeit von Konzepten und Maßnahmen durch Zielvorgaben") zu beachten sind (ESRS S1.46; → § 4 Rz 140 ff.). Darüber hinaus wird gefordert, den Prozess der Festlegung von Zielen darzustellen. Dabei ist darauf einzugehen, ob bzw. in welcher Weise eine Einbeziehung der Arbeitskräfte des Unternehmens bzw. der Arbeitnehmervertreter erfolgt in der Festlegung von Zielen, in der Überwachung der Unternehmensleistung im Lichte dieser Ziele sowie in der Ableitung von Erkenntnissen aus dem Soll-Ist-Vergleich (ESRS S1.47). Die Anwendungsanforderungen enthalten darüber hinaus eine Vielzahl an Vorschlägen für eine erweiterte Berichterstattung.

65 Anlage A.4 zu ESRS S1 enthält eine exemplarische Aufstellung von Zielen, die i. R. d. Angabepflichten von ESRS S1-5 dargestellt werden können.

Soziale und menschenrechtliche Belange	Beispiele für Ziele
Sichere Beschäftigung	Erhöhung des Anteils der Arbeitskräfte mit Arbeitsverträgen (insbes. unbefristeten Verträgen) und soziale Absicherung
Arbeitszeit	Erhöhung des Anteils der Arbeitskräfte mit flexiblen Arbeitszeitregelungen
Angemessene Entlohnung	Sicherstellen, dass alle eigenen Arbeitskräfte eine angemessene Entlohnung erhalten
Sozialer Dialog/Existenz von Betriebsräten/Rechte der Arbeitnehmer auf Information, Anhörung und Beteiligung	Ausweitung des sozialen Dialogs auf weitere Betriebe und/oder Länder
Vereinigungsfreiheit/Tarifverhandlungen einschl. der Quote der durch Tarifverträge abgedeckten Arbeitskräfte	Erhöhung des Anteils der tarifvertraglich abgedeckten Arbeitskräfte des Unternehmens, Aushandlung von Tarifverträgen unter Berücksichtigung von Nachhaltigkeitsaspekten
Vereinbarkeit von Berufs- und Privatleben	Ausweitung der Maßnahmen zur Vereinbarkeit von Berufs- und Privatleben auf einen größeren Anteil der Arbeitskräfte des Unternehmens

Soziale und menschen-rechtliche Belange	Beispiele für Ziele
Gesundheitsschutz und Sicherheit	Verringerung der Verletzungsrate und Ausfalltage durch Verletzungen
Gleichstellung der Geschlechter und gleicher Lohn für gleiche Arbeit	Erhöhung des Frauenanteils unter den Arbeitskräften des Unternehmens und in Führungspositionen, Verringerung des Lohngefälles zwischen Männern und Frauen
Weiterbildung und Kompetenzentwicklung	Erhöhung des Anteils der Arbeitnehmer, die Weiterbildungen erhalten, und deren Kompetenzentwicklung regelmäßig überprüft wird
Beschäftigung und Inklusion von Menschen mit Behinderungen	Erhöhung des Anteils der Menschen mit Behinderungen an Arbeitskräften des Unternehmens
Maßnahmen gegen Gewalt und Belästigung am Arbeitsplatz	Ausweitung der Maßnahmen auf alle Arbeitsstätten
Vielfalt	Erhöhung des Anteils unterrepräsentierter Gruppen an den Arbeitskräften des Unternehmens und der obersten Führungsebene
Kinderarbeit	Ausweitung der Maßnahmen zur Verhinderung der Gefährdung von Jugendlichen durch gefährliche Arbeiten auf einen höheren Prozentsatz der Tätigkeiten
Zwangsarbeit	Ausweitung der Maßnahmen zur Verhinderung von Zwangsarbeit auf eine größere Zahl von Tätigkeiten

Tab. 8: Beispiele für Ziele hinsichtlich sozialer und menschenrechtlicher Belange (ESRS S1, App. A.4)

2.3.2 ESRS S1-6 – Merkmale der Arbeitnehmer des Unternehmens

ESRS S1-6 sieht vor, dass berichtspflichtige Unternehmen **Schlüsselinformationen zur Struktur** der Arbeitskräfte des Unternehmens offenlegen sollen. Diese Angabepflicht bezieht sich lediglich auf alle Arbeitnehmer der Unternehmen, die in der Nachhaltigkeitsberichterstattung erfasst wurden (ESRS S1.AR53), aber nicht auf Fremdarbeitskräfte. Die Intention dieser Offenlegungspflicht ist es, einen Einblick in die Beschäftigungspolitik eines Unternehmens zu geben, 66 einschl. der Auswirkungen der herrschenden Beschäftigungspraxis und i. w. S. der Arbeitsplatzsicherheit. Zudem sollen hilfreiche, kontextbezogene Informationen zur Charakteristik der Arbeitskräfte des Unternehmens bereitgestellt werden, die ihrerseits als Grundlage für die Berechnung von quantitativen Kennzahlen bzw. Indikatoren anderer Offenlegungspflichten dienen (ESRS S1.49).

67 Zur Erfüllung dieser Angabepflichten ist zusätzlich zu ESRS 2.40(a)(ii) Folgendes vorgesehen:

- Es ist darzulegen, wie viele Arbeitnehmer – aufgeschlüsselt nach Geschlecht und Land – in jenen Ländern beschäftigt werden, in denen mind. 50 Arbeitnehmer und zumindest 10 % der Gesamtzahl seiner Arbeitnehmer tätig sind (ESRS S1.50(a)). Beide Schwellenwerte (50 Arbeitnehmer, 10 % der Gesamtzahl der Arbeitnehmer) müssen gleichzeitig überschritten sein, um diese Berichtspflicht auszulösen.[63]

- Darüber hinaus offenzulegen ist die Zahl der folgenden Kategorien von Arbeitnehmern (ESRS S1.50(b)):
  – Arbeitnehmer mit unbefristeten Arbeitsverträgen, aufgeteilt nach Geschlecht,
  – Arbeitnehmer mit befristeten Arbeitsverträgen, aufgeschlüsselt nach Geschlecht und
  – Abrufarbeitskräfte, deren Arbeitszeiten nicht garantiert sind (d. h. jene Arbeitskräfte, die mit einer nicht garantierten Stundenanzahl beschäftigt sind; ESRS S1.AR56), weiter unterteilt nach Geschlecht.
  Es wird empfohlen, diese Angaben gem. ESRS S1.50(b) aufgeschlüsselt nach Region darzustellen (ESRS S1.51).

- Zudem ist die Gesamtzahl der Arbeitnehmer, die das Unternehmen im Berichtszeitraum verlassen haben, und die Quote der Arbeitnehmerfluktuation im Berichtszeitraum darzulegen (ESRS S1.50(c)). Für die Berechnung der Arbeitnehmerfluktuation zieht das Unternehmen die Gesamtzahl der Arbeitnehmer heran, die freiwillig oder wegen Entlassung, Eintritt in den Ruhestand oder Tod ausscheiden. Zur besseren Interpretierbarkeit der Quote der Arbeitnehmerfluktuation sollte das Unternehmen seine dazu verwendete Methodik beschreiben (ESRS S1.AR59).

- Gem. ESRS 1.52 kann das Unternehmen optional Arbeitnehmer in Vollzeit- und in Teilzeit, aufgeschlüsselt nach Region und Geschlecht, darstellen. Dem Unternehmen bleibt freigestellt, ob diese Angaben in Vollzeitäquivalent (VZÄ) oder Personenzahl erfolgen.

68 Die angeführten Angabepflichten können als Stichtags- oder als Durchschnittswerte erfüllt werden. Die Ausführungen in den Anwendungsanforderungen

---

[63] Siehe bestätigend auch EFRAG, ESRS Q&A Platform, Compilation of Explanations, Januar–Juli 2024, Frage 365, S. 128 f.

legen die Empfehlung nahe, sie als Durchschnittswerte anzugeben, da damit unterjährige Entwicklungen besser erfasst werden können und v.a. ein Bezug zu den Angaben über die Fluktuation hergestellt wird (ESRS S1.AR57).

Praxis-Hinweis

Ein befristetes Arbeitsverhältnis liegt dann vor, wenn der vereinbarte Endzeitpunkt des Vertragsverhältnisses mit einem bestimmten Kalenderdatum feststeht. Daher ist bei der Angabepflicht gem. ESRS S1.50(b) „Arbeitnehmer mit befristeten Arbeitsverträgen" zu beachten, dass neu rekrutierte Arbeitnehmer, die im Berichtszeitraum eine Probezeit absolviert haben, nicht in der Kategorie „Arbeitnehmer mit befristeten Arbeitsverhältnissen" anzuführen sind, sondern unter unbefristete Beschäftigungsverhältnisse zu erfassen sind. Nach BGB darf in Deutschland die Probezeit max. sechs Monate dauern. Es steht Arbeitgebern und -nehmern frei, gar keine oder eine kürzere Probezeit zu vereinbaren. Die Dauer der Probezeit für Arbeiter und Angestellte kann nach österreichischem ABGB bzw. nach AngG max. ein Monat betragen und geht – sofern keine Auflösung erfolgt – in ein unbefristetes Arbeitsverhältnis über. Zu beachten ist, dass auch bei einem befristeten Arbeitsverhältnis eine Probezeit vereinbart werden kann.

Durch die Angaben gem. ESRS S1.50(c) gewinnt der Berichtsadressat Einblicke 69 in die Stabilität des Beschäftigungsgrads bzw. der Beschäftigungsentwicklung des Unternehmens. Die offenzulegenden Angaben gem. ESRS S1.50(a) und (b) sowie ESRS S1.52 bieten einen Überblick über die Geschlechterverteilung innerhalb des Unternehmens und geben Auskunft über die Ausrichtung des Unternehmens im Hinblick auf die Prinzipien 2 und 3 (Gleichstellung der Geschlechter und Chancengleichheit) der Europäischen Säule sozialer Rechte[64] (ESRS S1.BC116).

Bei der Frage bzgl. der Aufschlüsselung der Beschäftigungsarten gem. ESRS S1.50(b) weist die EFRAG darauf hin, dass diese Beschäftigungsarten in verschiedenen Ländern unterschiedlich definiert sein können. Demzufolge kann ein Vertrag ohne garantierte Arbeitsstunden zusätzlich als dauerhaft oder auch als vorübergehend eingestuft werden. Ist dies der Fall, sind jene Arbeitskräfte in beiden Kategorien aufzunehmen und ein Hinweis darauf ist in den Kontextinformationen zu ergänzen.[65]

Um den angeführten Offenlegungspflichten nachzukommen, sind folgende 70 standardisierte Tabellenformate (Templates) als Vorlagen heranzuziehen (ESRS S1.AR55):

---

[64]   EC, European pillar of social rights, 2017.
[65]   EFRAG, ESRS Q&A Platform, Compilation of Explanations, Januar–Juli 2024, Frage 31, S. 125 f.

Geschlecht	Zahl der Arbeitnehmer (Personenzahl)
Männlich	
Weiblich	
Divers	
Keine Angabe	
Gesamtzahl der Arbeitnehmer	

Tab. 9: Vorlage zur Darstellung von Informationen zur Anzahl der Arbeitnehmer nach Geschlecht (ESRS S1.AR55)

Im Zusammenhang mit Tab. 9 ist zu beachten, dass hierbei unter Informationen zu den Arbeitnehmern nach „Geschlecht" vier Optionen angeführt sind: Zusätzlich zu männlichen und weiblichen Mitarbeitenden findet sich die Angabeoption „divers" bzw. die Kategorie „keine Angabe". In einigen EU-Mitgliedstaaten wie bspw. Deutschland oder Österreich ist es möglich, dass sich Personen rechtmäßig mit einem dritten, häufig neutralen Geschlecht registrieren lassen. In Deutschland ist „divers" als dritte Option zu wählen sowie „ohne" als weitere Möglichkeit. In Österreich stehen insgesamt sechs Alternativen zur Geschlechtereintragung (männlich, weiblich, inter, divers, offen oder keine Angabe) zur Auswahl. U.E. sind sämtliche dieser Alternativen in der vorstehenden Tab. unter „divers" zu kategorisieren. Sollte dies für das Verständnis wesentlich sein, sind weitere erläuternde Angaben zur Zusammensetzung unternehmensspezifisch in die Berichterstattung aufzunehmen.

Land	Zahl der Arbeitnehmer (Personenzahl)
Land A	
Land B	
Land C	
Land D	

Tab. 10: Vorlage für die Darstellung der Arbeitnehmerzahl in Ländern, in denen das Unternehmen mind. 50 Arbeitnehmer hat, die mind. 10 % der Gesamtzahl der Arbeitnehmer des Unternehmens ausmachen (ESRS S1.AR55)

[Berichtszeitraum]				
WEIB-LICH	MÄNN-LICH	SONSTI-GE*	KEINE ANGABEN	INSGESAMT
Zahl der Arbeitnehmer (Personenzahl/VZÄ)				
Zahl der Arbeitnehmer mit unbefristeten Arbeitsverträgen (Personenzahl/VZÄ)				
Zahl der Arbeitnehmer mit befristeten Arbeitsverträgen (Personenzahl/VZÄ)				
Zahl der Abrufkräfte (Personenzahl/VZÄ)				
Zahl der Vollzeitkräfte (Personenzahl/VZÄ)				
Zahl der Teilzeitkräfte (Personenzahl/VZÄ)				
* Geschlecht gemäß den eigenen Angaben der Arbeitnehmer.				

Tab. 11: Vorlage zur Darstellung von Informationen über Arbeitnehmer nach Vertragsart, aufgeschlüsselt nach Geschlecht (Personenzahl oder VZÄ) gem. ESRS S1.AR55, identisch mit GRI 2-7 (die Angaben zu Vollzeit- und Teilzeitkräften sind freiwillig)

Achtung

In Tab. 11 wird bei der Aufschlüsselung nach Geschlechtern zwischen den Optionen „männlich", „weiblich", „sonstige" und „keine Angabe" unterschieden. Dies steht im Widerspruch zu Tab. 9, wo „divers" als dritte Option angeführt wird. Um Konsistenz in der Berichterstattung zu gewährleisten, ist an dieser Stelle anzuraten, in der Offenlegung der Diktion gem. Tab. 9 zu folgen und diesen Sachverhalt ggf. (in einer Fußnote) zu erläutern. Es läge hier u. E. die Gefahr einer Diskriminierung gegenüber non-binären Geschlechtsidentitäten vor, würde eine Zuordnung unter der Bezeichnung „sonstige" erfolgen.

71

> **Praxis-Hinweis**
>
> Jene Unternehmen, die bislang gem. den Standards der Global Reporting Initiative berichten und daher Informationen zum GRI 2-7 „Angestellte"[66] offenlegen, können die laufende Berichtspraxis weiterführen, da damit das Erfordernis gem. ESRS S1-6 vollumfänglich im Hinblick auf folgende Angaben erfüllt wird: ESRS S1.50(b), ESRS S1.52 bezogen auf GRI 2-7-a, GRI 2-7-b.

72 Gefordert ist weiterhin eine Darstellung der Berechnungsmethoden und Annahmen, auf die das Unternehmen zur Erfüllung der Angabepflichten zurückgegriffen hat. Dies umfasst Angaben dazu, ob bestimmte Offenlegungen pro Kopf oder in VZÄ erfolgten, wie VZÄ berechnet wurden sowie ob Stichtags- oder Durchschnittswerte dargestellt werden (ESRS S1.50(d)). Hierzu finden sich in ESRS S1 keine methodischen Vorgaben, was offenbar dem Umgang mit heterogenen Berichtsnormen in unterschiedlichen Staaten Rechnung tragen soll (ESRS S1.BC117).

Fehlen dem Unternehmen zur Erfüllung einzelner Angabepflichten Daten, so hat es Schätzungen anzustellen und auf diesen Umstand in den betroffenen Angaben entsprechend hinzuweisen (ESRS S1.AR60). Dies ist etwa auch dann von praktischer Bedeutung, wenn einem Unternehmen zu einzelnen Datenpunkten in ESRS S1-6, für die eine Angabe von Personenzahlen (in Köpfen) vorgesehen ist, die erforderlichen Informationen nicht oder nicht auf eine solche Weise (z. B. in VZÄ) vorliegen.[67]

73

> **Praxis-Hinweis**
>
> Für die praktische Umsetzung ist zu beachten, dass sich die Definitionen von befristeten, unbefristeten, Vollzeit- und Teilzeitkräften sowie von Abrufkräften, in den EU-Mitgliedstaaten unterscheiden. Für die Datenerhebung hat dies zur Folge, dass auf Basis länderspezifischer Definitionen und gem. nationaler Normen vorzugehen ist (ESRS S1.AR56). Zur Interpretation der offengelegten Daten ist es daher unverzichtbar, ausreichend Informationen zur Datengrundlage bereitzustellen (ESRS S1.AR54). V.a. im Hinblick auf die länderspezifischen Definitionen und die entsprechenden nationalen Gesetze sind Erläuterungen zu den Definitionen der Beschäftigten-Kategorien wichtig, um die bereitgestellten Daten zu interpretieren, in Kontext setzen und vergleichen zu können.

---

[66] GRI 2: Allgemeine Angaben 2021, Angabe 2-7 Angestellte, Weiterführende Anleitung für 2-7-a.
[67] EFRAG, ESRS Q&A Platform, Compilation of Explanations, Januar–Juli 2024, Frage 32, S. 126 ff.

Die Feingliedrigkeit, in der (nicht binär) Daten über die Geschlechterverteilung **74** zu erheben sind, ergibt sich aus den Formvorlagen für die Berichterstattung (Rz 70). In einigen EU-Mitgliedstaaten ist es möglich, dass sich Personen rechtmäßig mit einem dritten, häufig neutralen Geschlecht registrieren lassen, was unter „divers" kategorisiert wird. Besteht diese Möglichkeit nicht, kann das Unternehmen dies erläutern und erklären, dass die Kategorie „divers" nicht anwendbar ist.[68]

Praxis-Beispiel Hamburger Sparkasse[69]

ESRS S1-6 Merkmale der Beschäftigten des Unternehmens

Beschäftigte nach Geschlecht	Personenanzahl
Männlich	1.954
Weiblich	2.456
Divers	k.A.
Nicht angegeben	k.A.
Gesamt	4.410
Beschäftigte nach Region	
Deutschland	4.410
Gesamt	4.410

Die deutsche Hamburger Sparkasse AG hält in ihrem Nachhaltigkeitsbericht fest, dass die Angaben „divers" und „nicht angegeben" innerhalb des Personalinformationssystems aktuell nicht erfasst werden, weswegen hierzu keine Angaben möglich sind. Um den standardisierten Offenlegungserfordernissen (Rz 70) nachzukommen, werden die entsprechenden Informationen künftig von berichtspflichtigen Unternehmen zu erheben und zu berichten sein.

Zudem bedarf es u.E. einer präzisen Defintion sowie einer Abgrenzung des **75** Begriffs „Region". In den Anwendungsanforderungen findet sich dahingehend folgendes Verständnis: „Bei einer Region kann es sich um ein Land oder um andere geografische Gebiete wie eine Region innerhalb eines Landes oder eine Weltregion handeln" (ESRS S1.AR54). In der Finanzberichterstattung werden operative Segmente nach den Teileinheiten der Unternehmen gegliedert. D.h.,

---

68 DRSC, Stellungnahme Deutsches Rechnungslegungs Standards Committee, 2023, www.drsc.de/app/uploads/2023/01/13_02a_FA-NB_Rueckmeldung-ESRS-Set-1-an-BMJ.pdf, Abruf 1.8.2024.
69 Entnommen Hamburger Sparkasse, Nachhaltigkeitsbericht 2023, S. 110.

es kommt in nahezu allen Fällen zu einer Segmentierung nach Produkten oder geografischen Gesichtspunkten. „Unter einem geografischen Segment wird eine Teileinheit eines Unternehmens verstanden, bei der eine Abgrenzung nach einem spezifischen regionalen Umfeld vorgenommen werden kann. Dabei kann es sich um ein nationales Gebiet, einen Staat, eine Staatengruppe, einen Wirtschaftsraum oder einen ganzen Kontinent handeln."[70] Sowohl in den ESRS als auch in den GRI-Standards wird auf geografische Orte referenziert, der Begriff selbst ist jedoch in den ESRS nicht näher definiert. Folglich bleibt unklar, nach welchen Gesichtspunkten eine Region abzugrenzen ist, vielmehr obliegt es dem Unternehmen, dies individuell, an die Unternehmensstruktur angepasst, vorzunehmen. Soweit möglich, sollte auf einen hohen Konsistenzgrad mit der Finanzberichterstattung geachtet werden, um eine entsprechend hohe Konnektivität zu gewährleisten bzw. etwaig benötigte Überleitungsberechnungen zu vermeiden (→ § 3 Rz 167 ff.).

76 Neben der Offenlegung der Kennzahl selbst sind Kontextinformationen darzulegen, die für die Interpretation der Angaben erforderlich sind: z. B. für die „Fluktuation der Zahl der Arbeitnehmer im Berichtszeitraum" (ESRS S1.50(e)). Nähere Erläuterungen sind ESRS S1.AR58 zu entnehmen.

Gefordert ist darüber hinaus eine Querverbindung der Angaben zu den Arbeitnehmern gem. ESRS S1.50(a) zum Betrag im Jahresabschluss, der den aussagekräftigsten Bezug erlaubt (ESRS S1.50(f)); dies könnte z. B. der in der GuV ausgewiesene Personalaufwand sein.

Praxis-Beispiel Bayer[71]

„Die Gesamt-Fluktuationsquote betrug 12,2 % und stieg damit im Vergleich zum Vorjahr um 0,1 %. Sie schließt alle arbeitnehmer- und arbeitgeberseitigen Kündigungen, Aufhebungsverträge sowie Pensionierungen und Todesfälle ein.

Fluktuation

	Freiwillig		Gesamt	
in %	2021	2022	2021	2022
Frauen	6,7	6,2	12,6	12,1
Männer	5,9	5,7	11,8	12,2
Gesamt	**6,2**	**5,9**	**12,1**	**12,2**

---

[70] Häfele, Segmentberichterstattung, Kap. 1.2, Stand: 5.12.2022, in Haufe Finance Office Platin Online (HI1254761).
[71] Entnommen Bayer AG, Nachhaltigkeitsbericht 2022, S. 91.

Zeitarbeitskräfte werden bei Bayer vorrangig bei kurzfristigem Personalbedarf, Auftragsschwankungen, befristeten Projekten oder als Ersatz für längerfristig Erkrankte eingesetzt. In einigen Ländern werden für saisonale Tätigkeiten Arbeitskräfte über Agenturen beschäftigt. Zum 31. Dezember 2022 waren rund 3.850 Zeitarbeitskräfte an unseren Hauptgeschäftsstandorten für Bayer im Einsatz. In Deutschland waren zusätzlich zur Stammbelegschaft 1 % Zeitarbeitskräfte beschäftigt."

Praxis-Beispiel Bayer[72]

Das Durchschnittsalter unserer Beschäftigten beträgt konzernweit 42 Jahre.

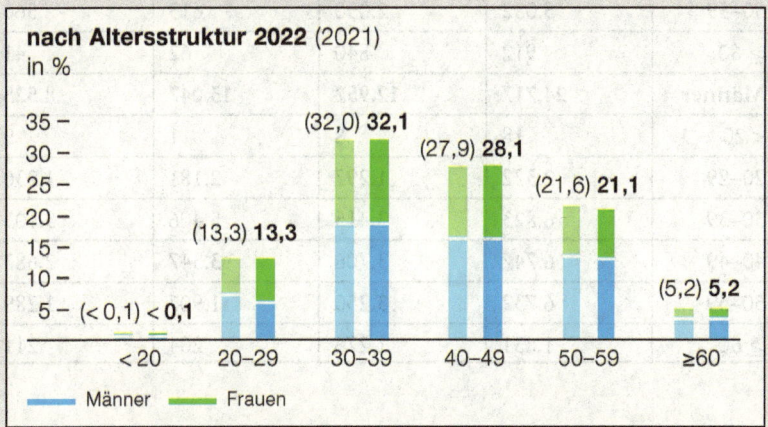

nach Altersstruktur 2022 (2021)
in %

Die demografische Situation ist regional sehr unterschiedlich.

---

72 Entnommen Bayer AG, Nachhaltigkeitsbericht 2022, S. 91.

Nach Geschlecht, Regionen und Altersstruktur 2022				
	Europa/ Nahost/ Afrika	Nordamerika	Asien/Pazifik	Lateinamerika
Frauen	**19.464**	**8.138**	**9.047**	**5.479**
< 20	8	0	1	7
20–29	2.021	782	2.248	1.142
30–39	5.646	1.960	3.924	2.207
40–49	5.845	2.506	2.197	1.522
50–59	5.032	2.050	615	560
≥ 60	912	840	62	41
Männer	**24.717**	**12.952**	**13.047**	**8.525**
< 20	18	8	1	9
20–29	2.572	1.297	2.181	1.230
30–39	6.823	3.415	5.406	3.103
40–49	6.742	3.706	3.347	2.683
50–59	6.732	3.250	1.907	1.289
≥ 60	1.831	1.276	204	211

Praxis-Beispiel Deutsche Bank[73]

Mitarbeiterfluktuation nach Altersstruktur

In %[1]	31.12.2022		31.12.2021		31.12.2020	
	Deutsche Bank Konzern	Davon: Deutsche Bank AG	Deutsche Bank Konzern	Davon: Deutsche Bank AG	Deutsche Bank Konzern	Davon: Deutsche Bank AG
15–29 Jahre	25,9	19,2	26,4	20,7	24,0	17,6
30–39 Jahre	37,0	32,9	34,6	33,6	32,9	35,1
40–49 Jahre	17,3	23,7	16,7	22,3	18,1	27,5
50–59 Jahre	11,8	13,9	12,7	15,2	14,6	13,4
Über 59 Jahre	7,9	10,3	9,7	8,3	10,5	6,4

[1] Rundungsdifferenzen möglich

Mitarbeiterfluktuation nach Geschlecht

In %[1]	31.12.2022		31.12.2021		31.12.2020	
	Deutsche Bank Konzern	Davon: Deutsche Bank AG	Deutsche Bank Konzern	Davon: Deutsche Bank AG	Deutsche Bank Konzern	Davon: Deutsche Bank AG
Frauen	42,2	40,2	40,0	38,4	41,6	36,0
Männer	57,8	59,8	60,0	61,5	58,4	64,0

[1] Rundungsdifferenzen möglich

---

[73] Entnommen Deutsche Bank, Nichtfinanzieller Bericht 2022, S. 123 f.

Praxis-Beispiel Deutsche Bank[74]					
Neueinstellungen und Mitarbeiterfluktuation nach Regionen					
In Vollzeit-kräften[1]	31.12.2022		31.12.2021		31.12.2020	
	Deutsche Bank Konzern	Davon: Deutsche Bank AG	Deutsche Bank Konzern	Davon: Deutsche Bank AG	Deutsche Bank Konzern	Davon: Deutsche Bank AG
Regionen insgesamt						
Mitarbeiter zum Jahres-ende	84.930	35.258	82.969	34.859	84.659	36.341
Neueinstel-lungen	12.717	2.889	8.983	2.178	7.202	1.753
Austritte	(10.337)	(2.920)	(9.447)	(2.751)	(8.000)	(1.940)
Sonstige[2]	(419)	457	(1.22)	(909)	(2.140)	11.201
Deutsch-land						
Mitarbeiter zum Jahres-ende	35.594	22.201	35.741	21.589	37.315	22.305
Neueinstel-lungen	1.670	971	1.179	611	1.337	397
Austritte	(2.397)	(968)	(2.017)	(755)	(2.616)	(439)
Sonstige[2]	580	609	(736)	(573)	(1.897)	11.215

---

[74] Entnommen Deutsche Bank, Nichtfinanzieller Bericht 2022, S. 123.

In Vollzeit-kräften[1]	31.12.2022		31.12.2021		31.12.2020	
	Deutsche Bank Konzern	Davon: Deutsche Bank AG	Deutsche Bank Konzern	Davon: Deutsche Bank AG	Deutsche Bank Konzern	Davon: Deutsche Bank AG
Europa[3], Mittlerer Osten und Afrika						
Mitarbeiter zum Jahresende	18.379	7.879	19.311	8.061	19.617	8.470
Neuein-stellungen	2.275	896	2.487	823	1.796	821
Austritte	(2.310)	(1.071)	(2.607)	(1.062)	(1.743)	(816)
Sonstige[2]	(898)	(6)	(186)	(170)	(108)	(7)
Nord- und Südamerika						
Mitarbeiter zum Jahresende	7.721	447	7.701	454	8.297	560
Neuein-stellungen	1.544	84	1.144	64	1.053	50
Austritte	(1.531)	(79)	(1.655)	(115)	(1.205)	(105)
Sonstige[2]	7	(12)	(85)	(55)	(113)	(29)
Asien/Pazifik						
Mitarbeiter zum Jahresende	23.236	4.758	20.215	4.755	19.430	5.005
Neuein-stellungen	7.228	939	4.173	680	3.016	485
Austritte	(4.099)	(801)	(3.168)	(819)	(2.437)	(580)
Sonstige[2]	(107)	(135)	(220)	(111)	(24)	(2)

Anmerkung: Im Jahr 2022 passte die Deutsche Bank die Definition der Personalbewegungen an; 2020/21 rückwirkend angepasst (2020: 11 Vollzeitbeschäftigte, 2021: 18 Vollzeitbeschäftigte)
[1] Rundungsdifferenzen möglich
[2] Die Position „Sonstige" umfasst in erster Linie Veränderungen des Teilzeit-Prozentsatzes, Veräußerungen von Unternehmensteilen sowie Versetzungen von Mitarbeitern der Deutsche Bank AG zu/von Tochtergesellschaften, zum Beispiel die Verschmelzung der ehemaligen DB Privat- und Firmenkundenbank AG auf die Deutsche Bank AG im Jahr 2020
[3] Außerhalb von Deutschland

Praxis-Beispiel Strabag[75]

Gesamtzahl der Beschäftigten nach Beschäftigungsvertrag (Vollzeit und Teilzeit) nach Geschlecht

Gesamt Vollzeit	Anzahl Köpfe (%)	2-7	73.789 (90)	71.220 (90)	70.459 (90)	71.219 (90)
Gesamt Teilzeit	Anzahl Köpfe (%)	2-7	8.524 (10)	8.208 (10)	7.953 (10)	8.233 (10)
Frauen Vollzeit	Anzahl Köpfe (%)	2-7	8.863 (64)	8.740 (64)	8.907 (65)	9.017 (65)
Frauen Teilzeit	Anzahl Köpfe (%)	2-7	5.013 (36)	4.857 (36)	4.778 (35)	4.927 (35)
Männer Vollzeit	Anzahl Köpfe (%)	2-7	64.926 (95)	62.480 (95)	61.552 (95)	62.202 (95)
Männer Teilzeit	Anzahl Köpfe (%)	2-7	3.511 (5)	3.351 (5)	3.175 (5)	3.306 (5)
Erläuterung erheblicher Schwankungen, die in den Angaben 2-7 berichtet werden	Es sind keine erheblichen Schwankungen bezüglich der Anzahl der Beschäftigten festzustellen.					
Erklärung, wie die Daten zusammengefasst wurden, einschließlich der zugrunde liegenden Annahmen	Die erforderlichen Basisdaten zur Bildung der GRI-Kennzahlen wurden aus den Personalstammdaten des konzernzentralen ERP-Systems sowie von Konzernorganisationseinheiten mit anderen ERP-Systemen durch standardisierten monatlichen Report erhoben.					

---

[75] Entnommen Strabag SE, Konsolidierter nichtfinanzieller Bericht 2022, S. 153.

2.3.3 ESRS S1-7 – Merkmale der Fremdarbeitskräfte des Unternehmens

Der Indikator ESRS S1-7 ist als Ergänzung zu und in engem Zusammenhang 77
mit ESRS S1-6 zu sehen. Diese Angabepflicht zielt darauf ab darzulegen, wie
stark das Unternehmen auf den Teil der Fremdarbeitskräfte innerhalb seiner
Arbeitskräfte angewiesen ist (ESRS S1.54):

*   Das Unternehmen muss die Gesamtzahl der im Unternehmen tätigen
    Fremdarbeitskräfte gem. NACE Code N78[76] angeben (ESRS S1.55(a)). Soll-
    ten keine genauen Angaben gemacht werden, hat das Unternehmen diese zu
    schätzen und die Methodik dieser Schätzung anzugeben (ESRS S1.57). Es
    kann auf die nächsten 10 oder, wenn die obere Zahl größer als 1.000 ist, auf
    die nächsten 100 gerundet werden. Es ist explizit anzugeben, welche Zahlen
    tatsächlich erhobenen Daten entsprechen und bei welchen Zahlen es sich um
    Schätzungen handelt (ESRS S1.AR63). Die Fluktuation während des Be-
    richtszeitraums spiegelt sich bei Angabe einer Durchschnittszahl für den
    Berichtszeitraum wider (ESRS S1.AR64).
*   Darüber hinaus ist eine Beschreibung der Methoden und Ansätze zur Daten-
    erfassung bereitzustellen, wie bspw. ob die Angabe in Köpfen oder VZÄ
    erfolgte (diesfalls inkl. der Berechnungsweise dieser VZÄ) und ob es sich um
    Durchschnittswerte am Ende des Berichterstattungszeitraums handelt oder
    ob andere Methoden angewandt wurden (ESRS S1.55(b)).
*   Ferner müssen **Kontextinformationen** i. S. v. Erläuterungen, die zum Ver-
    ständnis der Datenpunkte erforderlich sind („z. B. erhebliche Fluktuation der
    Anzahl der im Unternehmen tätigen Fremdarbeitskräfte im Berichtszeit-
    raum und zwischen dem aktuellen und dem vorherigen Berichtszeitraum"),
    offengelegt werden (ESRS S1.55(c)). Diese zusätzlich angegebenen Hinter-
    grundinformationen erhöhen das Verständnis der Nutzer über die Variation
    der Zahl der Fremdarbeitskräfte im Berichtszeitraum sowie im Vergleich zu
    den Perioden der Vorjahre (ESRS S1.AR65).

---

[76] EU-Kommission, N78 Employment activities, https://ec.europa.eu/competition/mergers/cases/
index/by_nace_n_.html#n78, Abruf 1.8.2024.

78 Handelt es sich bei allen Personen, die für das Unternehmen tätig sind, um Arbeitnehmer, und befinden sich unter den Arbeitskräften des Unternehmens keine Fremdarbeitskräfte, so ist diese Angabepflicht als nicht wesentlich zu betrachten. Es wird allerdings empfohlen, dies i. R. d. nach ESRS S1-6 erforderlichen Hintergrundinformation explizit anzugeben (ESRS S1.AR61).

Praxis-Beispiel EVN[77]

„Die Zahlen machen deutlich, dass die letzten Monate noch nie dagewesene Herausforderungen für das Kund*innenservice der EVN bereithielten. Um dem gesteigerten Bedürfnis der Kund*innen nach aktueller Information und eingehender Beratung gerecht zu werden, setzte das Unternehmen eine Reihe von Maßnahmen: Auf personeller Ebene bestanden diese zunächst aus der gesteigerten Bereitschaft der Mitarbeiter*innen im Kund*innenservice zur Leistung von Überstunden. Hinzu kamen Aushilfskräfte und Leasingpersonal, die das Kernteam in Teilprozessen unterstützen. Und zur Bearbeitung von E-Mail-Anfragen wurden Mitarbeiter*innen anderer Abteilungen der EVN zur freiwilligen Mitarbeit eingeladen. Die große Resonanz auf diesen Aufruf zeichnet ein deutliches Bild vom Teamgeist innerhalb des Konzerns." [...]

„Neben unseren Konzernmitarbeiter*innen beschäftigten wir zum Bilanzstichtag 30. September 2022 auch 143 Leasingmitarbeiter*innen. Sie repräsentierten damit einen Anteil von 1,9 % an der Gesamtbelegschaft der EVN. Personalleasing setzen wir aus mehreren Gründen ein: erstens als Vorstufe zu einem traditionellen Arbeitsverhältnis (Integrationsleasing), zweitens für zeitlich befristete Aufgaben und Projekte und drittens zur Abdeckung von Arbeitsspitzen."

---

[77] Entnommen EVN AG, Ganzheitsbericht 2021/2022, S. 66 und 82.

Praxis-Beispiel OMV[78]

Kennzahlen der Belegschaft – Personalstand zum Jahresende nach Region, Geschlecht, Beschäftigungsverhältnis und Arbeitsvertrag

	Österreich	Übriges Europa	Mittlerer Osten und Afrika	Rest der Welt	31.12. 2022	31.12. 2021
Mitarbeiter:innen						
Gesamt (inkl. Lehrlingen)	5.884	14.890	583	951	22.308	22.434
davon Lehrlinge	113	8	0	0	121	130
Geschlecht						
Männer	4.292	10.893	507	702	16.394	16.486
Frauen	1.592	3.997	76	249	5.914	5.948
Arbeitsvertrag						
Unbefristet	5.443	14.589	582	939	21.553	21.635
davon Männer	4.002	10.684	507	700	15.893	15.913
davon Frauen	1.441	3.905	75	239	5.660	5.722
Befristet[2]	441	301	1	12	755	799
davon Männer	290	209	0	2	501	573
davon Frauen	151	92	1	10	254	226

---

[78] Entnommen OMV AG, Nachhaltigkeitsbericht 2022, S. 176 f.

	Öster-reich	Übriges Europa	Mittlerer Osten und Afrika	Rest der Welt	31.12. 2022	31.12. 2021
Mitarbei-ter:innen, die keine Angestell-ten sind[3]	72	104	0	3	179	n. a.
davon Männer	56	78	0	1	135	n. a.
davon Frauen	16	26	0	2	44	n. a.
Beschäftigungsverhältnis						
Angestellte mit nicht garantierten Arbeits-stunden	0	0	0	0	0	n. a.
davon Männer	0	0	0	0	0	n. a.
davon Frauen	0	0	0	0	0	n. a.
Vollzeit[4]	5.361	14.330	583	936	21.210	21.197
davon Männer	4.169	10.520	507	699	15.895	15.929
davon Frauen	1.192	3.810	76	237	5.315	5.268
Teilzeit	523	560	0	15	1.098	1.237
davon Männer	123	373	0	3	499	557
davon Frauen	400	187	0	12	599	680

[1] 2022 mit, 2021 ohne DUNATÁR Kft. und SapuraOMV Upstream

[2] Ein befristeter Arbeitsvertrag ist auf bestimmte Zeit abgeschlossen und endet mit einem konkreten Ereignis wie etwa der Beendigung eines Projekts oder der Rückkehr ersetzter Personen usw.

[3] Bezieht sich auf Mitarbeiter:innen, deren Arbeit direkt vom OMV Konzern kontrolliert wird, wie z. B. freie Mitarbeiter:innen und Leihpersonal. Dies gilt nicht für Arbeitnehmer:innen, die an unseren Standorten arbeiten, deren Arbeit (z. B. Arbeitszeiten) aber nicht direkt von der OMV kontrolliert wird, wie z. B. Mitarbeiter:innen von Vertragsunternehmen.

[4] Bei der OMV Petrom besteht die Option, die tägliche Arbeitszeit zur Erziehung eines Kindes bis zum Alter von zwei bzw. drei Jahren zu reduzieren. Diese Mitarbeiter:innen werden in der Kategorie „Vollzeit" erfasst.

n.a. = nicht ausgewiesen

Praxis-Hinweis 79

Analog zu ESRS S1-6 lehnt sich die in ESRS S1-7 formulierte Berichtserfordernis an den GRI 2-8 an. Die Offenlegungserfordernis in ESRS S1.55(b) verlangt identische Angaben wie GRI 2-8-b.

Zur Abgrenzung der Angabepflichten in ESRS S1 mit jenen in ESRS S2 „Arbeitskräfte in der Wertschöpfungskette" ist die Definition des Begriffs der „Fremdarbeitskräfte" von entscheidender Bedeutung (ESRS S1.BC119; Rz 2). Bei diesem Teil der Arbeitskräfte eines Unternehmens kann es sich um selbstständige Arbeitnehmer oder Arbeitnehmer einer dritten Partei (z. B. Unternehmen mit hauptsächlichen Beschäftigungstätigkeiten gem. NACE-Code N78) handeln.[79] Wichtig ist die Abgrenzung zu echten Zulieferern und echten externen Dienstleistern, z. B. auch Reinigungsunternehmen. Für ein besseres Verständnis dieser Kategorien des Begriffs „Fremdarbeitskräfte" wurden in den Anwendungsanforderungen Beispiele angeführt (ESRS S1.AR62): 80

- Beispiele von Auftragnehmern, die direkt vom Unternehmen beschäftigt werden, die folgende Arbeiten ausführen:
  - Auftragnehmer, die vom Unternehmen mit Arbeiten beauftragt werden, die andernfalls von einem Arbeitnehmer ausgeführt würden,
  - Auftragnehmer, die vom Unternehmen mit Arbeiten in einem öffentlichen Bereich (z. B. auf einer Straße) beauftragt werden, sowie
  - Auftragnehmer, die vom Unternehmen beauftragt werden, die Arbeiten/ Dienstleistungen direkt am Arbeitsplatz eines Kunden des Unternehmens zu erbringen.

---

[79] Berichtigung der Delegierten Verordnung (EU) 2023/2772 v. 31.7.2023, ABl. EU L v. 9.8.2024, Anhang II, Tab. 2, S. 274.

- Beispiele für Arbeitnehmer, die von einem Dritten beschäftigt werden, die „Arbeitstätigkeiten" ausüben und deren Arbeit unter der Leitung des Unternehmens steht, sind:
  - Personen, die die gleichen Arbeiten wie Arbeitnehmer ausführen, z. b. Personen, die einspringen, wenn Arbeitnehmer vorübergehend nicht arbeiten können (aufgrund von Krankheit, Urlaub, Elternzeit usw.),
  - Personen, die reguläre Arbeiten am gleichen Standort wie Arbeitnehmer ausführen (anzumerken ist, dass der Ort hier nur als exemplarisches Abgrenzungsmerkmal zu verstehen sein kann; Grenzfälle wären z. b. eine Dienstleistungsbeziehung zwischen mehreren Firmen in einem Co-working-Space),
  - Arbeitskräfte, die vorübergehend aus einem anderen EU-Mitgliedstaat entsandt werden, um für das Unternehmen zu arbeiten („entsandte Arbeitskräfte").

81 Bezug nehmend auf ESRS S2 „Arbeitskräfte in der Wertschöpfungskette" werden folgende Beispiele für Arbeitnehmer angeführt, die **nicht zu den Arbeitskräften des Unternehmens gehören** und damit nicht von der Berichterstattung gem. ESRS S1 abzudecken sind (ESRS S1.AR62):

- Arbeitskräfte eines vom Unternehmen unter Vertrag genommenen Lieferanten, die in den Räumlichkeiten des Lieferanten nach dessen Arbeitsmethoden arbeiten,
- Arbeitskräfte in einem „nachgelagerten" Unternehmen, das Waren oder Dienstleistungen des Unternehmens erwirbt, sowie
- Arbeitskräfte eines Ausrüstungslieferanten des Unternehmens, die an einem oder mehreren Arbeitsplätzen des Unternehmens die Ausrüstung des Lieferanten (z. B. Fotokopiergerät) gem. dem Vertrag zwischen dem Ausrüstungslieferanten und dem Unternehmen regelmäßig instand halten.

82 In diesem Zusammenhang umfasst der Begriff **„Arbeitskräfte in der Wertschöpfungskette"** sämtliche Personen, die in der vor- und nachgelagerten Wertschöpfungskette des Unternehmens tätig sind, unabhängig von der Existenz oder der Art einer vertraglichen Beziehung zu diesem Unternehmen (→ § 13 Rz 1). Dies umfasst alle Arbeitnehmer in der vor- und nachgelagerten Wertschöpfungskette des Unternehmens, die wesentlich betroffen sind oder betroffen sein können von den Auswirkungen, die vom Unternehmen verursacht oder mitverursacht werden, und der Auswirkungen, die durch seine Geschäftsbeziehungen direkt mit seinen eigenen Tätigkeiten, Produkten oder Dienstleistungen verbunden sind.[80]

---

[80] Berichtigung der Delegierten Verordnung (EU) 2023/2772 v. 31.7.2023, ABl. EU L v. 9.8.2024, Anhang II, Tab. 2, S. 283.

Praxisrelevant scheint, dass berichtspflichtige Unternehmen in ihrer Rolle als **83** direkter Vertragspartner wohl unkompliziert Zugang zu Daten für selbstständige Arbeitnehmer erlangen. Für jene Fremdarbeitskräfte, die über ein weiteres Unternehmen, wie bspw. Zeitarbeitsunternehmen, beschäftigt werden, muss das berichtspflichtige Unternehmen allerdings die notwendigen Informationen von der jeweiligen Beschäftigungsfirma anfordern, was sich in einem höheren Zeit- und Ressourcenaufwand niederschlagen könnte (ESRS S1.BC119). Die entsprechenden Datenerhebungsbedarfe sollten daher möglichst frühzeitig in die maßgeblichen vertraglichen Grundlagen eingearbeitet werden.

Praxis-Hinweis **84**

Bzgl. personenbezogener Daten, insbes. zum Geschlecht, sind Fragen des Datenschutzes zu beleuchten im Hinblick auf die Erhebung, das Speichern sowie die Weiterverarbeitung.[81] Wie es an anderen Stellen des ESRS S1 auch angesprochen wird, kann es hier gleichermaßen zu Einschränkungen in der Datenverfügbarkeit kommen, über die zu berichten ist. Zudem stellt sich insbes. für multinationale Konzerne einmal mehr die Frage der Vereinheitlichung der Berechnungsbasis, die sich herausfordernd gestalten kann.

2.3.4 ESRS S1-8 – Tarifvertragliche Abdeckung und sozialer Dialog

Die Angabepflichten gem. ESRS S1-8 sollen einen Überblick geben, inwiefern **85** Arbeits- und Beschäftigungsbedingungen der Arbeitskräfte des Unternehmens durch **Tarifverträge**[82] bestimmt oder beeinflusst werden und inwieweit Arbeitnehmer in den sozialen Dialog im Europäischen Wirtschaftsraum (EWR) auf betrieblicher und europäischer Ebene einbezogen werden (ESRS S1.58). Zur Erfüllung dieser Angabepflichten sind folgende Darstellungen erforderlich:
- Der Prozentsatz jener Arbeitnehmer, die durch Tarifvereinbarungen abgedeckt sind (ESRS S1.60(a)). Für jene Mitarbeiter, die nicht unter diese Vereinbarungen fallen, wird als ergänzende Darstellung empfohlen zu erläutern, ob deren Arbeitsverhältnisse an Tarifvereinbarungen des eigenen Unternehmens oder anderer Unternehmen gelehnt werden (ESRS S1.61).
- Dazu wird empfohlen, auch für die Gruppe der „Fremdarbeitskräfte" darzustellen, inwiefern Verträge mit Fremdarbeitskräften von Tarifverein-

---

81 ILO, Social Dialogue Report 2022, S. 186.
82 Gleichbedeutend zu verstehen sind die Begriffe „Tarifverhandlung" und „Kollektivverhandlung" (in Österreich) sowie „Tarifvertrag" und „Kollektivvertrag" (in Österreich). Die EFRAG führt in ihren Q&A dazu aus, dass Tarifverträge das Ergebnis von Tarifverhandlungen sind, wie sie im Glossar zu den ESRS definiert werden: *„Collective bargaining agreements are understood as written agreements resulting from collective bargaining [...] (in line with ILO Collective Agreements Recommendation No. 91)"*; EFRAG, ESRS Q&A Platform, Compilation of Explanations, Januar–Juli 2024, Frage 376, S. 131 f.

barungen bestimmt werden, sowie die Schätzung der diesbzgl. Abdeckungsrate (ESRS S1.62).

- Im EWR muss das Unternehmen außerdem angeben, ob es Tarifverträge im Unternehmen gibt, und wenn ja, den Gesamtprozentsatz seiner Arbeitnehmer, die durch solche Verträge abgedeckt sind, aufgeschlüsselt pro Land mit **signifikantem Beschäftigungsgrad**, definiert als mind. 10 % der Gesamtzahl der Arbeitnehmer, aber jedenfalls mind. 50 Arbeitnehmer (ESRS S1.60(b)).
- Außerhalb des EWR muss der Prozentsatz der Arbeitnehmer des Unternehmens, aufgeschlüsselt nach Regionen, angegeben werden, die durch Tarif- oder Kollektivverträge abgedeckt sind (ESRS S1.60(c)).
- In Bezug auf den sozialen Dialog muss das berichtspflichtige Unternehmen den Gesamtprozentsatz der Arbeitnehmer, die auf Betriebsebene durch Arbeitnehmervertreter repräsentiert werden, aufgeschlüsselt für jedes EWR-Land, in dem das Unternehmen einen signifikanten Beschäftigungsgrad aufweist, angeben (ESRS S1.63(a)).
- Ebenso ist anzugeben, ob eine Vereinbarung mit seinen Arbeitnehmern bzgl. einer Vertretung durch einen europäischen Betriebsrat (EBR), einen Betriebsrat der Societas Europaea (SE) oder einen Betriebsrat der Societas Cooperativa Europaea (SCE) besteht (ESRS S1.63(b)).

Wichtig

Die Angabepflicht bzgl. der Repräsentation durch Arbeitnehmervertreter erläutert die EFRAG in ihren Q&A wie folgt:

„The term ‚global' refers to the total or overall percentage of employees in a specific EEA country working in establishments (e.g., factories, branches) with workplace representation, based on the International Labour Organisation's (ILO) definition of workers' representatives. Workplace representation enables social dialogue at the establishment level, which is different from social dialogue at the group, sectoral, national or EU level. As an undertaking may have several establishments in one country, the aim of this metric is to obtain the overall percentage of employees with workplace representation for each EEA country where the undertaking has significant employment (i.e., at least 50 employees representing at least 10 % of its total employees)."[83]

---

[83]   EFRAG, ESRS Q&A Platform, Compilation of Explanations, Januar–Juli 2024, Frage 215, S. 130f.

Der Prozentsatz gem. ESRS S1.60(a) der von Tarifverträgen erfassten Arbeit-   **86**
nehmer muss auf Basis nachfolgender Formel berechnet werden
(ESRS S1.AR66). Tarifvertraglich abgedeckte Arbeitnehmer innerhalb der
Arbeitnehmer des Unternehmens sind jene Personen, auf die das Unternehmen den Vertrag anwenden muss. Der Prozentsatz liegt bei null, wenn kein
Arbeitnehmer des Unternehmens durch einen Tarif- bzw. Kollektivvertrag
abgedeckt ist (ESRS S1.AR67).

$$\frac{\text{Zahl der tarifvertraglich (kollektivvertraglich) abgedeckten Beschäftigten}}{\text{Zahl der Beschäftigten}} * 100$$

Zur Berechnung des Gesamtprozentsatzes gem. ESRS S1.63(a) der Arbeitneh-   **87**
mer, die auf Betriebsstättenebene durch Arbeitnehmervertreter repräsentiert
werden, muss folgende Formel verwendet werden (ESRS S1.AR69):

$$\frac{\text{Zahl der Beschäftigten, die in Niederlassungen mit Arbeitnehmervertretern arbeiten}}{\text{Zahl der Beschäftigten}} * 100$$

Eine **Niederlassung** bezeichnet jenen Tätigkeitsort, an dem das Unternehmen   **88**
einer nicht vorübergehenden wirtschaftlichen Tätigkeit nachgeht, die den
Einsatz von Personal und Vermögenswerten voraussetzt, wie z. B. eine Fabrik
(Produktionsstätte) oder die Zweigstelle einer Einzelhandelskette. Gem. der
Anforderung in ESRS S1.63(a) beträgt der gemeldete Prozentsatz für Länder
mit nur einer Niederlassung entweder 0 % oder 100 % (ESRS S1.AR69).

Zur Darstellung der Tarifverhandlungen sowie des sozialen Dialogs ist von   **89**
den berichtspflichtigen Unternehmen folgendes Template zu verwenden
(ESRS S1.AR70):

Abdeckungs-quote	Tarifvertragliche Abdeckung		Sozialer Dialog
	Arbeitnehmer – EWR (Länder mit > 50 Arbeitnehmern, die > 10 % der Gesamtzahl ausmachen)	Arbeitnehmer – Nicht-EWR-Länder (Schätzung für Regionen mit > 50 Arbeitnehmern, die > 10 % der Gesamtzahl ausmachen)	Vertretung am Arbeitsplatz (nur EWR) (Länder mit > 50 Arbeitnehmern, die > 10 % der Gesamtzahl ausmachen)
0-19 %		Region A	
20-39 %	Land A	Region B	
40-59 %	Land B		Land A
60-79 %			Land B
80-100 %			

90   Der Begriff „**sozialer Dialog**" beinhaltet gem. ESRS sämtliche Austauschformate von Verhandlungen über Konsultationen bzw. den laufenden Informationsaustausch zwischen bzw. unter Vertretern von Regierungen, Arbeitgebern, deren Verbänden und Arbeitnehmervertretern zu Fragen von gemeinsamem Interesse in der Wirtschafts- und Sozialpolitik.[84] Der „soziale Dialog" kann in einem Prozess zwischen drei Parteien erfolgen, mit der Regierung als offizielle Partei des Dialogs oder nur zwischen Arbeitnehmervertretern und Führungskräften (oder Gewerkschaften und Arbeitgeberverbänden).[85]

Dazu zählen z.B. „**Tarifverhandlungen**": Darunter sind sämtliche Verhandlungen zu verstehen, die zwischen einem Arbeitgeber, einer Gruppe von Arbeitgebern oder einer oder mehreren Arbeitgeberorganisationen einerseits und einer oder mehreren Gewerkschaften oder in deren Abwesenheit von ihnen gem. den einzelstaatlichen Rechts- und Verwaltungsvorschriften ordnungsgemäß gewählten und ermächtigten Arbeitnehmervertretern andererseits stattfinden, um

---

[84]   ILO, Social Dialogue Report 2022, S. 32 f.
[85]   Berichtigung der Delegierten Verordnung (EU) 2023/2772 v. 31.7.2023, ABl. EU L v. 9.8.2024, Anhang II, Tab. 2, S. 279.

- die Arbeits- und Beschäftigungsbedingungen festzulegen und/oder
- die Verhältnisse zwischen Arbeitgebern und Arbeitnehmern und/oder die Verhältnisse zwischen Arbeitgebern oder ihren Organisationen und einer oder mehreren Arbeitnehmerorganisationen zu regeln.[86]

Jene **„Arbeitnehmervertreter"** sind:
- Vertreter, die von Gewerkschaften oder von Mitgliedern solcher Gewerkschaften gem. der nationalen Gesetzgebung und Gepflogenheiten benannt oder gewählt werden;
- jene ordnungsgemäß gewählten Vertreter, die von den Arbeitnehmern der Organisation frei gewählt werden, nicht gem. den nationalen Rechts- und Verwaltungsvorschriften oder Tarifverträgen vom Arbeitgeber dominiert oder kontrolliert werden und zu deren Aufgaben nicht Tätigkeiten gehören, die im betreffenden Land ausschl. den Gewerkschaften vorbehalten sind, und die nicht dazu benutzt werden, die Position der betreffenden Gewerkschaften oder ihrer Vertreter zu untergraben.[87]

Gesprächspartner des sozialen Dialogs (Verhandlungen) können sowohl in Deutschland als auch in Österreich Betriebsräte, Vertreter von Gewerkschaften sowie Arbeitgeberverbände sein: 91
- Gem. Betriebsverfassungsgesetz (BetrVG) in Deutschland hat der Betriebsrat „darüber zu wachen, dass die zugunsten der Arbeitnehmer geltenden Gesetze, Verordnungen, Unfallverhütungsvorschriften, Tarifverträge und Betriebsvereinbarungen durchgeführt werden".[88] Die kollektive Interessenvertretung gegenüber Arbeitgeber, dem Staat und Parteien für unselbstständige Erwerbstätige stellen die Gewerkschaften dar. In Deutschland ist dies der Deutsche Gewerkschaftsbund (DGB)[89] und in Österreich der Österreichische Gewerkschaftsbund (ÖGB).[90]
- Gem. Arbeitsverfassungsgesetz (ArbVG) in Österreich stellt der Betriebsrat die Vertretung von Arbeitnehmern in Unternehmen, Betrieben und Konzernen dar.[91] Die sog. „Organe der Arbeitnehmerschaft" haben die Aufgabe, „die wirtschaftlichen, sozialen, gesundheitlichen und kulturellen Interessen der Arbeitnehmer im Betrieb wahrzunehmen und zu fördern". Dabei sollen

---

86   ILO, C154 – Collective Bargaining Convention, 1981 (No. 154), www.ilo.org/dyn/normlex/en/f?p=NORMLEXPUB:12100:0::NO::P12100_ILO_CODE:R143, Abruf 1.8.2024; Berichtigung der Delegierten Verordnung (EU) 2023/2772 v. 31.7.2023, ABl. EU L v. 9.8.2024, Anhang II, Tab. 2, S. 264.

87   ILO, Social Dialogue Report 2022, S. 46; Berichtigung der Delegierten Verordnung (EU) 2023/2772 v. 31.7.2023, ABl. EU L v. 9.8.2024, Anhang II, Tab. 2, S. 284f.

88   § 80 Abs. 1 BetrVG.

89   DGB, Stark in Arbeit, www.dgb.de/uber-uns, Abruf 1.8.2024.

90   ÖGB, Kollektivvertrag, www.oegb.at/themen/arbeitsrecht/kollektivvertrag, Abruf 1.8.2024.

91   AK, Aufgaben des Betriebsrates, www.arbeiterkammer.at/service/betriebsrat/rechteundpflichten desbetriebsrates/Aufgaben_des_Betriebsrates.html, Abruf 1.8.2024.

sie im „Einvernehmen mit den zuständigen kollektivvertragsfähigen Körperschaften der Arbeitnehmer vorgehen"[92].

92   Die **Arbeitgeberverbände** bilden die dritte Säule des **kollektiven Handelns** der industrie- und dienstleistungsorientierten Unternehmen in Deutschland. Ihr Aufgabenfeld konzentriert sich einerseits auf die interessenorientierte Gestaltung der Arbeitsmärkte, andererseits auf die lobbyistisch orientierte Beeinflussung staatlich verantworteter Sozialpolitik.[93]

Folgende Beispiele aus der herrschenden Berichtspraxis zur „Tarifvertraglichen Abdeckung" in Deutschland und Österreich lassen u. E. den Schluss zu, dass die Deskription des laufenden, sozialen Dialogs sowie die tarif- bzw. kollektivvertragliche Abdeckungsquote insgesamt vielfach bereits Bestandteil der Offenlegung ist, während Informationen für Niederlassungen in EWR-Ländern derzeit noch nicht dargestellt werden.

Praxis-Beispiel Deutsche Bank[94]

„In Deutschland (45 % der Mitarbeiter des Deutsche-Bank-Konzerns, Basis Kopfzahlen) fallen etwa 60 % aller Mitarbeiter unter Tarifverträge; ca. 96 % aller Beschäftigten in Deutschland sind durch Betriebsräte vertreten beziehungsweise durch Betriebsvereinbarungen abgedeckt."

Praxis-Beispiel Wiener Stadtwerke[95]

„Unsere Interessenvertreter*innen

Aufgrund der unterschiedlichen Vertragsverhältnisse unserer Mitarbeiter*innen gibt es in der Konzernleitung und in den Konzernunternehmen sowohl eine Personalvertretung (für Beamt*innen sowie Vetragsbedienstete) als auch einen Betriebsrat. 70 Prozent der Mitarbeiter*innen unterliegen einem Kollektivvertrag, die übrigen 30 Prozent sind Beamt*innen und Vetragsbedienstete. Die Personalvertretung wahrt die Interessen der Bediensteten gegenüber dem Dienstgeber und informiert über wesentliche strukturelle Neuerungen oder Änderungen im Dienst-, Besoldungs- und Pensionsrecht. Die zentrale Aufgabe des Betriebsrats ist die Interessenvertretung der Mitarbeiter*innen gegenüber der Geschäftsführung. Die gewählten Betriebsrät*innen achten auf die Einhaltung aller arbeitsrechtlichen Bestimmungen. Die Kollektivverträge, Betriebsvereinbarungen und transparenten Entlohnungsmodelle stellen eine angemessene Bezahlung sicher.

---

[92]   §§ 38 und 39 Abs. 2 ArbVG.
[93]   Schroder/Weßels, Handbuch Arbeitgeber- und Wirtschaftsverbände in Deutschland, 2. Aufl., 2016.
[94]   Entnommen Deutsche Bank, Nichtfinanzieller Bericht 2022, S. 124.
[95]   Entnommen Wiener Stadtwerke, Nachhaltigkeitsbericht 2022, S. 32.

> Bei den Wiener Stadtwerken werden zum überwiegenden Teil unbefristete Verträge ausgestellt. Ausnahme sind Praktikumsstellen und Karenzvertretungen. Über erhebliche betriebliche Veränderungen werden Mitarbeiter*innen und ihre Vertreter*innen umgehend informiert."

Die Bayer AG hat zudem bereits die Darlegung der „tarifvertraglichen Abdeckung" nach Regionen vorgenommen, die künftig – vorbehaltlich Wesentlichkeitsprüfung – in der Nachhaltigkeitserklärung offenzulegen ist.

Praxis-Beispiel Bayer – Arbeitnehmerrechte[96]

„An allen Bayer-Standorten weltweit haben Beschäftigte das Recht, ihre eigenen Interessenvertreter zu wählen. Sogenannte kollektive Regelungen wie Tarifverträge oder betriebliche Vereinbarungen galten im Berichtsjahr weltweit für rund 53 % unserer Belegschaft. In verschiedenen Landesgesellschaften nehmen gewählte Belegschaftsvertreter die Interessen der Beschäftigten wahr und besitzen bei bestimmten personalbezogenen Unternehmensentscheidungen ein Mitspracherecht."

Anteil Kollektivvereinbarungen nach Regionen[1]

in %	2021	2022
Europa/Nahost/Afrika	80	80
Nordamerika	2	1
Asien/Pazifik	49	47
Lateinamerika	52	51
Gesamt	54	53

[1] Anteil der Beschäftigten, die durch Kollektivvereinbarungen erfasst werden, insbesondere hinsichtlich der Löhne und Arbeitsbedingungen (wie Tarifverträge oder Betriebsvereinbarungen)

Praxis-Beispiel EVN – betriebliche Sozialpartnerschaft und interne Kommunikation[97]

„Mehr als 90 % aller Mitarbeiter*innen unserer Gruppe (insbesondere jene in Österreich, Bulgarien und Nordmazedonien) werden durch Mitarbeiter*innenvertretungen wie Betriebsräte oder Gewerkschaften vertreten und sind hinsichtlich ihrer Bezahlung durch kollektivvertragliche, tarifliche oder

---

[96] Entnommen Bayer AG, Nachhaltigkeitsbericht 2022, S. 99.
[97] Entnommen EVN AG, Ganzheitsbericht 2021/2022, S. 91 f.

gesetzliche Mindestlöhne geschützt. Regelmäßig werden die Mitarbeiter*innenvertretungen in Österreich, Bulgarien und Nordmazedonien in die jeweiligen Kollektivvertragsverhandlungen eingebunden. Insgesamt orientiert sich das Gehaltsschema von mehr als 90 % unserer Mitarbeiter*innen an diesen Kollektivverträgen, die an den Hauptgeschäftsstandorten Österreich, Bulgarien und Nordmazedonien gelten.

Für den größten Teil unserer Mitarbeiter*innen in Österreich gilt etwa der Kollektivvertrag für Angestellte der Elektrizitätsunternehmen, der im Geschäftsjahr 2019/20 von den beteiligten Sozialpartner*innen überarbeitet und damit zukunftsfähig gemacht wurde."

Praxis-Beispiel Deutsche Bahn[98]

Beschäftigungsbedingungen | ergänzende Informationen

Kollektivrechtliche Regelungen

Mitarbeitende nach Beschäftigungsart per 31.12. / in NP[99]	2022	2021	2020
Tarifkräfte	192.438	187.379	184.508
Beamt:innen	12.689	14.705	17.081
Mitarbeitende mit Individualverträgen[1)]	12.338	11.936	11.298
Insgesamt	**217.465**	**214.020**	**212.887**

Deutschland (Gesellschaften mit rund 98 % der inländischen Mitarbeitenden). [1)] In dem Wert für die Mitarbeitenden mit Individualverträgen sind im Wesentlichen leitende Angestellte (Führungskräfte), Mitarbeitende, die übertariflich vergütet werden (sog. AT-Mitarbeitende), und Mitarbeitende mit einzelvertraglichen Vereinbarungen enthalten.

2.3.5 ESRS S1-9 – Diversitätskennzahlen

93 Mit dem Ziel der Förderung von Vielfalt sowie Gleichstellung unter den Arbeitnehmern und den Leitungs- und Aufsichtsgremien haben Unternehmen nach ESRS S1-9 die definierten Diversitätskennzahlen für Alter und Geschlecht offenzulegen (ESRS S1.64). Diese ergänzen die Angabepflichten in ESRS 2 GOV-1, insbes. ESRS 2.21 (→ § 4 Rz 33). „**Diversität**" i.S.d. ESRS S1-9 soll ein Verständnis zur Repräsentanz von Frauen auf der obersten Führungsebene sowie zur Altersverteilung der Beschäftigten vermitteln (ESRS S1.65).

[98] Entnommen Deutsche Bahn, Integrierter Bericht 2022, S. 91.
[99] Anm. d. Verf.: NP = Natürliche Person.

Zur nicht erschöpfenden Liste von Faktoren in Zusammenhang mit dem Aspekt „Vielfalt", die bei der Wesentlichkeitsanalyse zu berücksichtigen sind, zählen gem. ESRS S1, App. A.1 neben der Altersverteilung unter den Arbeitskräften des Unternehmens die Vertretung von Frauen und/oder ethnischen Gruppen oder Minderheiten unter den Arbeitskräften des Unternehmens und der Prozentsatz von Menschen mit Behinderungen.

Während der Aspekt „Menschen mit Behinderungen" Gegenstand der Offenlegungspflicht gem. ESRS S1-12 ist (Rz 117), wird die Darlegung von Informationen zur Repräsentanz „ethnischer Gruppen oder Minderheiten" in keinem anderen Standard gefordert.

Praxis-Tipp

Das Verständnis von Diversität, wie es ESRS S1-9 zugrunde liegt, ist also nur ein Ausschnitt des ansonsten weiter gefassten Diversitätsbegriffs in den ESRS. Sofern für berichtspflichtige Unternehmen im Prozess der Wesentlichkeitsanalyse Auswirkungen, Risiken oder Chancen in Zusammenhang mit ethnischen Gruppen oder Minderheiten der Arbeitskräfte des Unternehmens als wesentlich bewertet wurden, hat das Unternehmen die Notwendigkeit zu prüfen, dahingehende Informationen als unternehmensspezifische Angaben, inkl. Kennzahlen und Ziele, offenzulegen.

Praxis-Beispiel Merck – Kultur und ethnische Vielfalt[100]

„Mit einem Anteil von 23 % (2022: 24 %) unserer Mitarbeitenden und einem Nettoumsatz von 27 % (2022: 27 %) zählen die USA zu unseren wichtigsten Märkten. Daher streben wir an, in den USA ein bevorzugter Arbeitgeber für Menschen jeglicher ethnischer Herkunft zu werden: Bis 2030 wollen wir den dortigen Anteil von Führungskräften (Rolle 4+) aus unterrepräsentierten ethnischen Bevölkerungsgruppen von 23 % (2022: 21 %) auf 30 % erhöhen. [...]

2023 haben wir einen Aktionsplan zu den Themen Kultur, Nationalität und ethnischer Herkunft erarbeitet und ein Toolkit für Führungskräfte und HR eingeführt. Ziel ist es, unsere Fortschritte in diesen Bereichen zu beschleunigen."

Das Praxis-Beispiel des deutschen Wissenschafts- und Technologieunternehmens Merck KGaA demonstriert, wie die Repräsentanz unterrepräsentierter Bevölkerungsgruppen in Führungspositionen gefördert werden könnte, flankiert von einem Aktionsplan und Instrumenten für Schlüsselpersonen im Unternehmen.

---

[100] Entnommen Merck, Nachhaltigkeitsbericht 2023, S. 165.

94   Gem. ESRS S1-9 ist offenzulegen:
      • Die zahlenmäßige und prozentuale **Verteilung der Geschlechter der Vertreter
        des Topmanagements sowie der obersten Führungsebene.** Das Topmanage-
        ment umfasst die zwei Hierarchiestufen bzw. Managementebenen unter den
        Verwaltungs-, Leitungs- und Aufsichtsorganen (diese Organe werden nämlich
        von ESRS 2 GOV-1 erfasst). Den berichtspflichtigen Unternehmen wird aller-
        dings eingeräumt, eine abweichende Abgrenzung für das Topmanagement anzu-
        wenden, sofern eine solche bereits bisher zur Anwendung gekommen ist; die
        unternehmensspezifische Definition sowie eine Erläuterung dazu sind hier zu
        berichten (ESRS S1.AR71). Angesichts der Heterogenität von Branchen-, Orga-
        nisations- und Unternehmensstrukturen scheint die Option einer individuellen
        Definition des jeweiligen Führungskreises plausibel, jedoch dürfte der eröffnete
        Spielraum die Vergleichbarkeit der Berichterstattung einschränken.
      • Die Verteilung der Arbeitnehmer nach **Altersklassen:** unter 30 Jahre,
        30–50 Jahre, über 50 Jahre (ESRS S1.66).

95   **Praxis-Hinweis**

      Diese Informationen, die bei Wesentlichkeit vom berichtspflichtigen Unter-
      nehmen offenzulegen sind, entsprechen jeweils den Punkten (i) und (ii) in
      GRI 405-1-a und GRI 405-1-b.

96   **Praxis-Hinweis**

      Das Konzept „**Diversitätsmanagement**" nutzt die Heterogenität der Be-
      legschaft zum Vorteil für das Unternehmen und der (Beschäftigten-)Grup-
      pen:[101] Dort knüpfen die in ESRS S1-1 beispielhaft angeführten Konzepte im
      Kontext mit dem Aspekt „Vielfalt" an und nennen in Anlage A.2 exempla-
      risch die Implementierung eines „Inklusionskonzepts (für ethnische Vielfalt
      oder Minderheiten)". In Zusammenhang mit „Vielfalt" wird in Anlage A.4
      als exemplarisches Ziel „die Erhöhung des Anteils unterrepräsentierter
      Gruppen an den Arbeitskräften des Unternehmens der obersten Führungs-
      ebene" angeführt. Die Formulierung von messbaren, quantitativen Zielen
      für wesentliche Diversitätsaspekte fördert i.d.R. eine geschlechter- und
      diversitätsorientierte Unternehmenskultur. In der betrieblichen Praxis kom-
      men unterschiedliche Diversitätsmodelle zum Einsatz, dazu zählt u.a. das
      Modell „*Four Layers of Diversity*".[102] Ein multidimensionaler und intersek-
      tionaler Managementansatz erweist sich als besonders geeignet, um Poten-

      ---

      [101] Ciesinger/Weiling, Effektivität und Effizienz von Diversity, 2008, www.gbv.de/dms/zbw/
            588922056.pdf, Abruf 1.8.2024.
      [102] Gardenswartz/Rowe, Diverse Teams at Work. Capitalizing on the Power of Diversity, 2003.

ziale und Wirkungen der unterschiedlichen Dimensionen der Vielfalt zu erfassen und wirksam zu steuern.

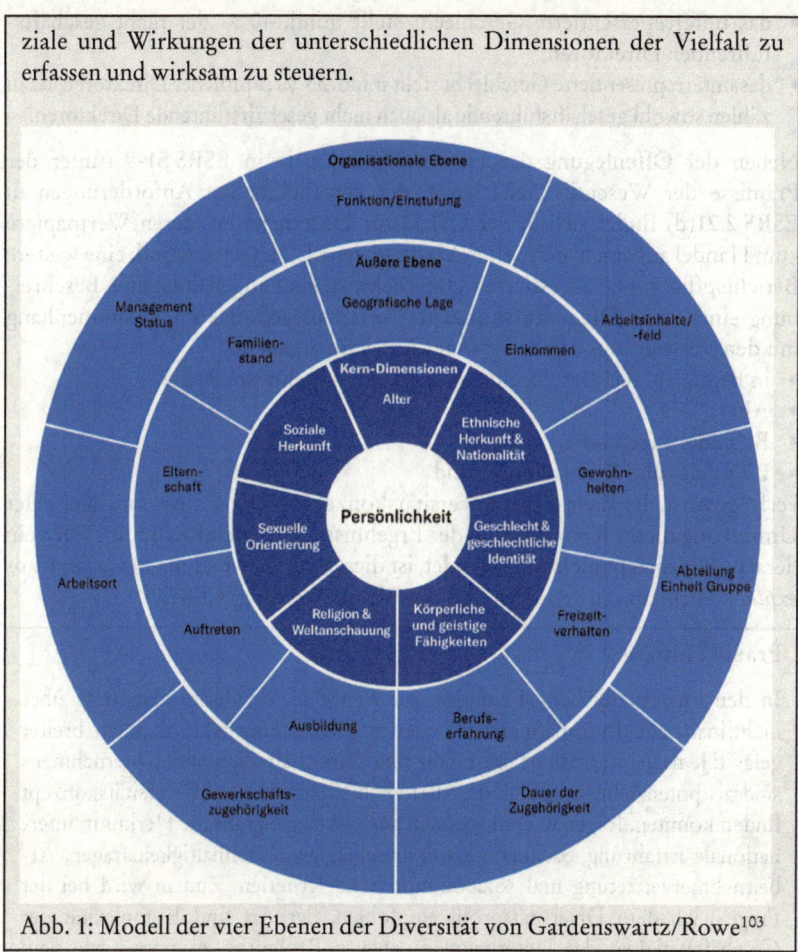

Abb. 1: Modell der vier Ebenen der Diversität von Gardenswartz/Rowe[103]

Die Offenlegungsanforderungen zur Repräsentanz von Frauen in Verwaltungs-, Leitungs- und Aufsichtsorganen gem. CSRD stehen zudem im Zusammenhang mit der **EU-Richtlinie 2022/2381** „Zur Gewährleistung einer ausgewogeneren Vertretung von Frauen und Männern unter den Direktoren börsennotierter Gesellschaften und über damit zusammenhängende Maßnahmen", die gem. Art. 5 folgende Zielvorgaben vorsieht: Mitgliedstaaten stellen sicher, dass für börsennotierte Gesellschaften eines der folgenden Ziele gilt, das bis zum 30.6.2026 zu erreichen ist:

97

---

[103] Gardenswartz/Rowe, Diverse Teams at Work. Capitalizing on the Power of Diversity, 2003.

- das unterrepräsentierte Geschlecht stellt mind. 40 % der nicht geschäftsführenden Direktoren;
- das unterrepräsentierte Geschlecht stellt mind. 33 % sämtlicher Direktoren, dazu zählen sowohl geschäftsführende als auch nicht geschäftsführende Direktoren.

98   Neben der Offenlegung der Diversitätsmerkmale in ESRS S1-9 (unter der Prämisse der Wesentlichkeit) sowie der verpflichtenden Anforderungen in ESRS 2.21(d) findet sich in der CSRD für Unternehmen, deren Wertpapiere zum Handel auf einem geregelten Markt in der EU zugelassen sind, eine weitere Berichtspflicht: Die adressierten Unternehmen sind angehalten, eine Beschreibung eines sog. „**Diversitätskonzepts**" offenzulegen, das im Zusammenhang mit den Verwaltungs-, Leitungs- und Aufsichtsorganen

- in Bezug auf das Geschlecht sowie andere Aspekte wie bspw.
- Alter,
- Behinderungen oder
- Bildungs- und Berufshintergrund

verfolgt wird, der Ziele dieses Diversitätskonzepts sowie der Art und Weise der Umsetzung dieses Konzepts und der Ergebnisse im Berichtszeitraum. Wird ein derartiges Konzept nicht angewendet, ist dies unter Anwendung des *„comply or explain"*-Prinzips zu erläutern (Art. 20 Abs. 1 Buchst. g) CSRD[104]).

99   **Praxis-Hinweis**

In den unverbindlichen „Leitlinien zur Methode der Berichterstattung über nichtfinanzielle Informationen"[105] werden Diversitätsaspekte deutlich breiter gefasst: Je nach internationaler Präsenz und Wirtschaftszweig des Unternehmens sind als potenzielle Angaben, die zusätzlich Eingang in ein Diversitätskonzept finden könnten, folgende Dimensionen angeführt: geografische Herkunft, internationale Erfahrung, Sachkenntnis in einschlägigen Nachhaltigkeitsfragen, Arbeitnehmervertretung und sozioökonomische Kriterien. Zudem wird bei der Frage nach dem Diversitätsprofil empfohlen, der Art und Komplexität der Geschäftstätigkeit des Unternehmens ebenso Rechnung zu tragen wie dem gesellschaftlichen und sozialen Umfeld, in dem das Unternehmen tätig ist.

Anhand des folgenden Praxis-Beispiels von BASF wird ein Diversitätskonzept für den Vorstand dargelegt, das neben den Dimensionen Geschlecht, Alter und Bildungs- und Berufshintergrund weitere Aspekte wie Internationalität und kulturelle Prägung berücksichtigt sowie ein Anforderungsprofil (Diversitätsmatrix) für die Zusammensetzung des Aufsichtsratsgremiums definiert:

---

[104] Richtlinie (EU) 2022/2464, ABl. EU v. 16.12.2022, L 322/15.
[105] Mitteilung der Kommission, 2017/C 215/01, ABl. EU v. 5.7.2017, L C 215/1.

Praxis-Beispiel BASF – Kompetenzprofil, Diversitätskonzept und Nachfolgeplanung für den Vorstand[106]

„Die langfristige Nachfolgeplanung bei BASF orientiert sich an der Unternehmensstrategie. Grundlage ist eine systematische Managemententwicklung mit den folgenden wesentlichen Elementen:

- Frühzeitige Identifizierung geeigneter Führungskräfte unterschiedlicher Fachrichtungen, Nationalitäten und unterschiedlichen Geschlechts
- Systematische Entwicklung der Führungskräfte durch die erfolgreiche Übernahme von Aufgaben mit wachsender Verantwortung, möglichst in verschiedenen Geschäften, Regionen und Funktionen
- Nachgewiesener, erfolgreicher strategischer sowie operativer Gestaltungswille und Führungsstärke, insbesondere unter herausfordernden Geschäftsbedingungen
- Vorbildfunktion bei der Umsetzung der Unternehmenswerte

Dadurch soll ermöglicht werden, dass der Aufsichtsrat bei der Bestellung von Vorstandsmitgliedern eine hinreichende Vielfalt in Bezug auf Berufsausbildung und -erfahrung, kulturelle Prägung, Internationalität, Geschlecht und Alter sicherstellen kann. Für eine Bestellung in den Vorstand der BASF SE ist unabhängig von diesen einzelnen Kriterien letztlich die ganzheitliche Würdigung der individuellen Persönlichkeit ausschlaggebend. Durch die systematische Nachfolgeplanung und den Auswahlprozess soll sichergestellt werden, dass der Vorstand als Ganzes folgendes Profil im Sinne eines Diversitätskonzepts hat:

- Langjährige Führungserfahrung in naturwissenschaftlichen, technischen und kaufmännischen Arbeitsgebieten
- Internationale Erfahrung aufgrund von Herkunft und/oder beruflicher Tätigkeit
- Mindestens ein weibliches Vorstandsmitglied
- Eine ausgewogene Altersstruktur, um die Kontinuität der Vorstandsarbeit zu gewährleisten und eine reibungslose Nachfolgeplanung zu ermöglichen

[...]

Der Aufsichtsrat strebt eine hinreichende Vielfalt im Hinblick auf Persönlichkeit, Geschlecht, Internationalität, beruflichen Hintergrund, Fachkenntnisse und Erfahrungen sowie Altersverteilung an. Für seine Zusammensetzung berücksichtigt er folgende Kriterien:

- Mindestens jeweils 30 % Frauen und Männer
- Mindestens 30 % der Mitglieder verfügen über internationale Erfahrung aufgrund von Herkunft oder Tätigkeit

---

[106] Entnommen BASF, BASF-Bericht 2022, S. 170 und 174.

> • Mindestens 50 % der Mitglieder verfügen über unterschiedliche Ausbildungen und berufliche Erfahrungen
> • Mindestens 30 % sind unter 60 Jahren"

Die Offenlegung im Zusammenhang mit Diversitätsaspekten in der obersten Führungsebene soll anhand des folgenden Beispiels illustriert werden. Lenzing AG zeigt eine tabellarische Übersicht zur Zusammensetzung von Aufsichtsrat und Vorstand nach Altersgruppen und Geschlecht, die sich in der Berichtspraxis als strukturierte Form der Darstellung etablieren könnte:

Praxis-Beispiel Lenzing[107]

Personen in Leitungsorganen der Organisation (Vorstand und Aufsichtsrat)[a]	2020	2021	2022
Anzahl der Mitarbeiter:innen, gesamt	14	14	12
Bis 30	0	0	0
Zwischen 31 und 50	2	4	4
Über 50	12	10	8
Frauen	2	2	2
Männer	12	12	10
Prozentualer Anteil			
Bis 30	0 %	0 %	0 %
Zwischen 31 und 50	14 %	29 %	33 %
Über 50	86 %	71 %	67 %
Frauen	14 %	14 %	17 %
Männer	86 %	86 %	83 %
a) Beinhaltet nicht die vom Betriebsrat gestellten Mitglieder des Aufsichtsrates [...]			

Das folgende Beispiel aus dem konsolidierten nichtfinanziellen Bericht der Strabag SE zeigt eine visuelle Aufbereitung von Diversitätsindikatoren. Hiermit wird der Übersichtlichkeit zugetragen und das Ziehen von Schlussfolgerungen vereinfacht:

---

[107] Entnommen Lenzing AG, Nachhaltigkeitsbericht 2022, S. 98.

Praxis-Beispiel Strabag[108]

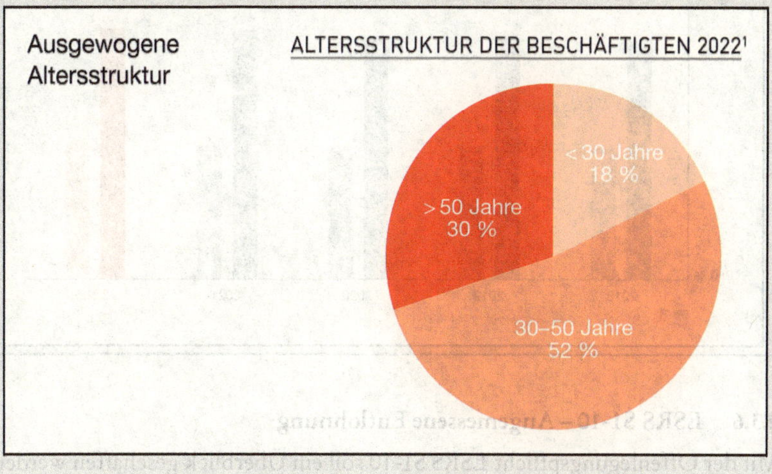

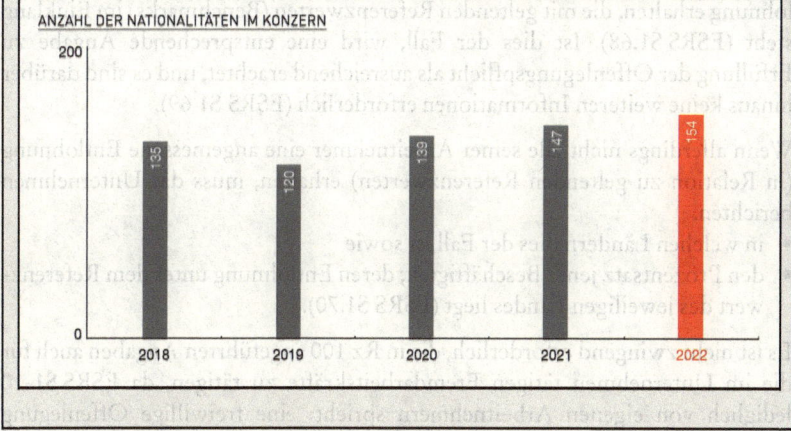

Ausgewogene
Altersstruktur

ALTERSSTRUKTUR DER BESCHÄFTIGTEN 2022[1]

< 30 Jahre
18 %

> 50 Jahre
30 %

30–50 Jahre
52 %

ANZAHL DER NATIONALITÄTEN IM KONZERN

200

135 · 2018
120 · 2019
139 · 2020
147 · 2021
154 · 2022

0

---

108 Entnommen Strabag SE, Konsolidierter nichtfinanzieller Bericht 2022, S. 11 f.

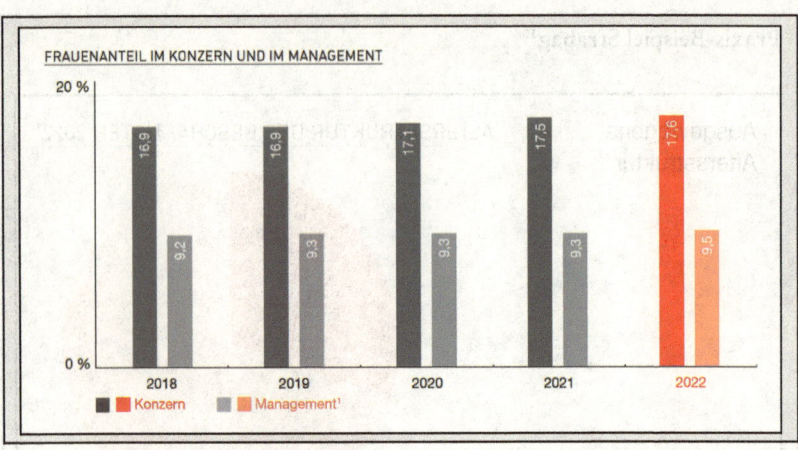

2.3.6   ESRS S1-10 – Angemessene Entlohnung

100   Mit der Offenlegungspflicht ESRS S1-10 soll ein Überblick geschaffen werden, ob Beschäftigte des berichtspflichtigen Unternehmens eine angemessene Entlohnung erhalten, die mit geltenden Referenzwerten (Benchmarks) im Einklang steht (ESRS S1.68). Ist dies der Fall, wird eine entsprechende Angabe zu Erfüllung der Offenlegungspflicht als ausreichend erachtet, und es sind darüber hinaus keine weiteren Informationen erforderlich (ESRS S1.69).

101   Wenn allerdings nicht alle seiner Arbeitnehmer eine angemessene Entlohnung (in Relation zu geltenden Referenzwerten) erhalten, muss das Unternehmen berichten,
- in welchen Ländern dies der Fall ist sowie
- den Prozentsatz jener Beschäftigten, deren Entlohnung unter dem Referenzwert des jeweiligen Landes liegt (ESRS S1.70).

102   Es ist nicht zwingend erforderlich, die in Rz 100 angeführten Angaben auch für die im Unternehmen tätigen Fremdarbeitskräfte zu tätigen, da ESRS S1-10 lediglich von eigenen Arbeitnehmern spricht: eine freiwillige Offenlegung auch für diese Beschäftigtenkategorie wird jedoch empfohlen (ESRS S1.71). Die Einschränkung der Angabepflichten auf Arbeitnehmer und damit auf jene Personen, die in einem direkten Beschäftigungsverhältnis stehen, dürfte den Berichtsaufwand wohl erheblich reduzieren, fördert jedoch nicht die Transparenz über angemessene Entlohnung von möglicherweise vulnerablen Mitarbeiterkategorien (z.B. Migranten) mit tendenziell niedrigem Entgeltniveau, die sich in der Kategorie der Fremdarbeitskräfte (z.B. Zeitarbeitskräfte) befinden könnten. Dies scheint insbes. vor dem Hintergrund bemerkenswert, dass in ESRS S1.AR50 als ein exemplarisches Ziel angeführt wird, eine „angemessene

Entlohnung für Fremdarbeitskräfte zu erreichen", und damit die Erhebung der Informationen in Rz 100 bedeutend wäre, um Transparenz über die Einkommenssituation sämtlicher Arbeitskräfte des Unternehmens zu erlangen.

I. S. d. ESRS werden folgende Begriffe i. V. m. „angemessene Entlohnung" definiert: **103**

- Die ESRS definieren „**Lohn**" als „Bruttolohn ohne variable Komponenten wie Überstunden und Anreizvergütung und ohne Zulagen, sofern sie nicht garantiert sind"[109].

- Als „**angemessene Entlohnung**" wird jener Lohn bezeichnet, der ausreicht, um die Bedürfnisse der Arbeitskraft und deren Familie unter Berücksichtigung der nationalen wirtschaftlichen und sozialen Bedingungen zu befriedigen.[110]

- Der „**niedrigste Lohn**" wird für die niedrigste Entgeltkategorie berechnet, ohne Praktikanten und Auszubildende. Dabei soll das Grundeinkommen zzgl. aller festen Zuzahlungen zugrunde gelegt werden, das allen Arbeitnehmern garantiert wird. Der niedrigste Lohn ist für jedes Land, in dem das Unternehmen tätig ist, gesondert offenzulegen (mit Ausnahme der Unternehmen, die außerhalb des EWR liegen; ESRS S1.AR72).

- Als „**Entlohnung**" sind die üblichen Grund- oder Mindestlöhne und -gehälter sowie alle sonstigen Vergütungen, die der Arbeitgeber aufgrund des Dienstverhältnisses dem Arbeitnehmer mittelbar oder unmittelbar als Geld- oder Sachleistung zahlt („ergänzende oder variable Bestandteile"), zu verstehen.[111]

- „**Einkommen**" bezeichnet das Bruttojahresentgelt und den entsprechenden Bruttostundenlohn.[112]

- „**Medianeinkommen**" bezeichnet die Einkommenshöhe, von der aus die Zahl der Beschäftigten mit niedrigeren Einkommen gleich groß ist wie die der Beschäftigten mit höheren Einkommen.[113]

- Als „**Überstunden**" werden tatsächlich geleistete Arbeitsstunden, die von einer Arbeitskraft über ihre vertraglich vereinbarten Arbeitszeiten hinaus geleistet wurden, erfasst.[114]

---

[109] Berichtigung der Delegierten Verordnung (EU) 2023/2772 v. 31.7.2023, ABl. EU L v. 9.8.2024, Anhang II, Tab. 2, S. 283.

[110] Berichtigung der Delegierten Verordnung (EU) 2023/2772 v. 31.7.2023, ABl. EU L v. 9.8.2024, Anhang II, Tab. 2, S. 259.

[111] Berichtigung der Delegierten Verordnung (EU) 2023/2772 v. 31.7.2023, ABl. EU L v. 9.8.2024, Anhang II, Tab. 2, S. 275.

[112] Berichtigung der Delegierten Verordnung (EU) 2023/2772 v. 31.7.2023, ABl. EU L v. 9.8.2024, Anhang II, Tab. 2, S. 275.

[113] Berichtigung der Delegierten Verordnung (EU) 2023/2772 v. 31.7.2023, ABl. EU L v. 9.8.2024, Anhang II, Tab. 2, S. 275.

[114] Berichtigung der Delegierten Verordnung (EU) 2023/2772 v. 31.7.2023, ABl. EU L v. 9.8.2024, Anhang II, Tab. 2, S. 274.

104 Der Begriff „niedrigster Lohn" wird u. E. in den ESRS nicht eindeutig abgegrenzt; unklar bleibt insbes., worum es sich bei „feste Zuzahlungen" handelt oder wie die Begriffe „Entgeltkategorie" und „Grundeinkommen" i. S. d. ESRS zu definieren und abzugrenzen sind.[115]

105 Die Anwendungsanforderungen (ESRS S1.AR73) verweisen im Zusammenhang mit Referenzwerten bzw. Benchmarks, die für den Vergleich mit dem „niedrigsten Lohn" herangezogen werden dürfen, auf unterschiedliche Anforderungen in EWR-Ländern und Ländern außerhalb des EWR:[116]

- Für Länder des EWR darf der angemessene Mindestlohn nicht niedriger sein als der gem. der Richtlinie (EU) 2022/2041 festgelegte Mindestlohn (Rz 109).
- Für Länder außerhalb des EWR darf der angemessene Mindestlohn nicht niedriger sein als das in bestehenden internationalen, nationalen oder subnationalen Rechtsvorschriften, offiziellen Normen oder Tarifverträgen festgelegte Lohnniveau auf der Grundlage einer Bewertung des Lohnniveaus, das für einen angemessenen Lebensstandard erforderlich ist:
  - falls keines dieser genannten Instrumente vorhanden ist: ein nationaler oder subnationaler Mindestlohn, der durch Rechtsvorschriften oder Tarifverhandlungen festgelegt wurde;
  - falls keines der bislang angeführten genannten Instrumente vorhanden ist: jeder Referenzwert, der die Kriterien der Initiative für nachhaltigen Handel[117] erfüllt, einschl. anwendbarer Referenzwerte, die an die Anker-Methodik angeglichen sind oder die von der Wage Indicator Foundation[118] oder dem Fair Wage Network[119] bereitgestellt werden (ESRS S1.AR73).

Der **Wage Indicator** liefert für mehr als 200 Länder Informationen über Mindestlöhne oder „existenzsichernde Löhne" (Rz 109), die zum einen eine adäquate Quelle für Unternehmen darstellen können, ihre Benchmarks im Hinblick auf „angemessene Löhne" (Rz 103) festzusetzen, und zum anderen zur Priorisierung von Maßnahmen und Zielen in verschiedenen Ländern oder Regionen herangezogen werden können. *„The information from such sources could form part of the undertaking's explanation under ESRS 2 SBM-3 of how it identified and assessed material IROs."*[120]

Die Mitgliedstaaten haben zwei Jahre Zeit, die Richtlinie über angemessene Mindestlöhne in nationales Recht umzusetzen. Darüber hinaus ist für Länder des EWR vorgesehen:

---

115 DRSC, Stellungnahme Deutsches Rechnungslegungs Standards Committee, 2023, www.drsc.de/app/uploads/2023/01/13_02a_FA-NB_Rueckmeldung-ESRS-Set-1-an-BMJ.pdf, Abruf 1.8.2024.

116 RL (EU) 2022/2041, ABl. EU v. 25.10.2022, L 275/33.

117 IDH, Roadmap on Living Wages, A Platform to Secure Living Wages in Supply Chains, www.idhsustainabletrade.com/living-wage-platform/, Abruf 1.8.2024.

118 Siehe https://wageindicator.org/, Abruf 1.8.2024.

119 Siehe https://fair-wage.com/, Abruf 1.8.2024.

120 Vgl. EFRAG, EFRAG IG 2 – Value Chain, IG 2.178, Mai 2024.

- „Bis zum Inkrafttreten der Richtlinie (EU) 2022/2041 verwendet das Unternehmen in Fällen, in denen es in einem EWR-Land keinen gesetzlich oder tarifvertraglich festgelegten Mindestlohn gibt, einen Referenzwert für eine angemessene Entlohnung, die entweder nicht niedriger ist als der Mindestlohn in einem Nachbarland mit einem ähnlichen sozioökonomischen Status oder nicht niedriger als eine allgemein anerkannte internationale Norm, beispielsweise 60 % des Medianlohns des Landes und 50 % des Bruttodurchschnittslohns" (ESRS S1.AR73).

- „Die Daten für die indikativen Referenzwerte von 60 % des nationalen Bruttomedianlohns oder 50 % des nationalen Bruttodurchschnittslohns können der Europäischen Arbeitskräfteerhebung entnommen werden" (ESRS S1.AR74).

Die Umsetzung dieser Regelung wird in der Praxis allerdings eine große Herausforderung darstellen. Es ist nicht zu erwarten, dass Unternehmen die notwendigen Statistiken erheben werden können, sofern diese nicht aus belastbaren neutralen Quellen vorliegen. Ggf. wird der Einsatz weitreichender Schätzungen erforderlich sein, worauf in der Berichterstattung einzugehen sein wird.

Zur **Angemessenheit der Mindestlöhne** besagt Abs. 28 der RL (EU) 2022/2041[121]: **106**
„Mindestlöhne gelten als angemessen, wenn sie angesichts der Lohnskala im jeweiligen Mitgliedstaat gerecht sind und den Arbeitnehmern auf der Grundlage einer Vollzeitbeschäftigung einen angemessenen Lebensstandard sichern. Die Angemessenheit der gesetzlichen Mindestlöhne wird unter Berücksichtigung der jeweiligen nationalen sozioökonomischen Bedingungen […] bestimmt und bewertet. [...] Die Mitgliedstaaten sollten Indikatoren und entsprechende Referenzwerte verwenden, um die Angemessenheit des gesetzlichen Mindestlohns zu beurteilen. Die Mitgliedstaaten können zwischen international üblichen Indikatoren und/oder den auf nationaler Ebene verwendeten Indikatoren wählen. Die Bewertung könnte sich auf international übliche Referenzwerte stützen, wie die Höhe des Bruttomindestlohns bei 60 % des Bruttomedianlohns und die Höhe des Bruttomindestlohns bei 50 % des Bruttodurchschnittslohns, die derzeit nicht von allen Mitgliedstaaten eingehalten werden, oder die Höhe des Nettomindestlohns bei 50 % oder 60 % des Nettodurchschnittslohns. Die Bewertung könnte auch auf Referenzwerten beruhen, die mit auf nationaler Ebene verwendeten Indikatoren verbunden sind, wie etwa dem Vergleich des Nettomindestlohns mit der Armutsgrenze und der Kaufkraft von Mindestlöhnen."

Derzeit besagt das österreichische Arbeitsverfassungsgesetz (ArbVG) zur Bemessung des Mindestentgelts: „Bei Festsetzung von Mindestentgelten und Mindestbeträgen für den Ersatz von Auslagen ist insbesondere auf deren Angemessenheit und die Entgeltbemessung in verwandten Wirtschaftszweigen **107**

---

121 ABl. EU v. 25.10.2022, L 275/38.

Bedacht zu nehmen. Liegen Mindestentgelte unter dem Mindestentgeltniveau in verwandten Wirtschaftszweigen, so ist bei der Neufestsetzung von Mindestentgelten überdies auf dieses Entgeltniveau Bedacht zu nehmen" (§ 23 ArbVG). Während in Österreich kein gesetzlicher Mindestlohn vorgeschrieben ist, gilt in Deutschland seit 1.1.2024 ein Mindestlohn von 12,41 EUR. In Österreich werden Mindestlöhne und Grundgehälter in Kollektivverträgen verankert.[122] Dementsprechend darf ein Mindestlohntarif lediglich für jene Gruppen von Arbeitnehmern festgesetzt werden, „für die ein Kollektivvertrag nicht abgeschlossen werden kann" (§ 22 ArbVG).

108

> **Praxis-Hinweis**
>
> Auf EU-Ebene werden gegenwärtig bedeutende Schritte in Richtung angemessene Entlohnung für Arbeitnehmer umgesetzt: Das Thema Mindestlohn sowie die durch Mitgliedstaaten zu erstellenden Kriterien könnten in den nächsten Jahren umfassend und klar überarbeitet werden. Trotz zahlreicher Ansätze zur Ermittlung einer adäquaten Benchmark bleibt die Frage nach einem angemessenen Lohn i.R.d. ESRS nicht präzise definiert.

109   Neben dem Mindestlohn wird im Diskurs über gerechte Entlohnung vermehrt auf den Begriff *„living wage"* („**existenzsichernder Lohn**") referenziert, der folgendermaßen definiert ist: „Lohn, der Arbeitnehmern und ihren Familien ein ausreichendes Einkommen zum Leben auf einem als angemessen erachteten Niveau bietet und nicht nur die Grundbedürfnisse eines Arbeitnehmers abdeckt, sondern auch seine Würde und die finanzielle Widerstandsfähigkeit seiner Familie fördert"[123]. Trotz konzeptioneller Unterschiede werden die Begriffe „Mindestlohn" und „existenzsichernder Lohn" immer häufiger synonym verwendet. Statt gesetzliche und behördliche Lohnuntergrenzen festzulegen, bestehen bei einem existenzsichernder Lohn Verpflichtungen i.d.R. in Form einer freiwilligen Zahlung seitens des Arbeitgebers, der sich dafür entschieden hat, über das staatliche Minimum hinauszugehen.[124] Daraus lässt sich ableiten, dass bei Festlegung einer Benchmark seitens der EU-Mitgliedstaaten und in weiterer Folge auf Unternehmensebene das Konzept des existenzsichernder Lohn nachhaltig implementiert werden sollte. Es sollte insbes. darauf geachtet werden, den Prozess der regelmäßigen Anpassung dieser Benchmark auf Basis des existenzsichernder Lohn transparent und nachhaltig auszurichten.

---

122 Siehe www.oegb.at/themen/arbeitsrecht/kollektivvertrag, Abruf 1.8.2024.
123 Living wages in practice, www.oecd-ilibrary.org/docserver/699b3f9b-en.pdf?expires=1693312272&id =id&accname=guest&checksum=C36500EEDDAAA3C80BA9A444B93EDBB4, Abruf 1.8.2024.
124 OECD, OECD Policy Insights on Well-being, Inclusion and Equal Opportunity, www.oecd-ilibrary.org/social-issues-migration-health/living-wages-in-practice_699b3f9b-en, Abruf 1.8.2024.

Praxis-Beispiel Bayer – existenzsichernde Löhne[125]

„Bayer geht bei der Bezahlung der befristeten und unbefristeten Beschäftigten über den in den jeweiligen Ländern geltenden gesetzlichen Mindestlohn hinaus und zahlt mindestens einen existenzsichernden Lohn (‚Living Wage'), der von der Non-Profit-Organisation Business for Social Responsibility (BSR) jährlich weltweit überprüft und festgelegt wird. Dies gilt auch für Beschäftigte in Teilzeit, deren Vergütung anteilig an eine Vollzeitstelle angepasst wurde. Die Umsetzung der Zahlung existenzsichernder Löhne erfolgt auf Länderebene und wird seitens HR jährlich überprüft, um sicherzustellen, dass die Vorgaben von BSR konzernweit eingehalten werden."

Praxis-Beispiel SGL Group[126]

„S1-10 Angemessene Entlohnung

Alle unsere Mitarbeiter in europäischen Ländern erhalten einen angemessenen Lohn gemäß der Richtlinie (EU) 2022/2041 und 100 % unserer Mitarbeiter in nichteuropäischen Ländern erhalten einen angemessenen Lohn gemäß den geltenden nationalen Benchmarks. Bei der Festlegung der Löhne für alle Mitarbeiter berücksichtigen wir die nationalen Benchmarks, um sicherzustellen, dass sie einen angemessenen Lohn erhalten. Die SGL Group ist jedoch in Ländern vertreten, in denen ein höheres Risiko für Menschenrechtsverletzungen besteht, einschließlich solcher, in denen der Mindestlohn unter dem existenzsichernden Lohn liegt – wie in der Bewertung der Menschenrechtslage festgestellt wurde. Im Jahr 2023 haben wir mit externen Beratern ein Projekt zur globalen Leistungsanalyse gestartet, um Löhne und andere Leistungen im Rahmen der sozialen Absicherung besser zu verstehen, damit wir sicherstellen können, dass unsere Mitarbeiter faire Löhne und Beschäftigungsbedingungen erhalten. Auf der Grundlage dieser Ergebnisse werden wir bis 2024 einen Fahrplan aufstellen und die ermittelten Probleme angehen."

---

[125] Entnommen Bayer AG, Nachhaltigkeitsbericht 2023, S. 116.
[126] Entnommen SGL Group, Sustainability Report 2023, S. 74, eigene Übersetzung aus dem Englischen.

2.3.7 ESRS S1-11 – Soziale Absicherung

111 Die Angabepflichten gem. ESRS S1-11 sollen einen Überblick darüber geben, ob die Arbeitnehmer des Unternehmens gegen Verdienstausfälle aufgrund „schwerwiegender Lebensereignisse" (ESRS S1.AR75) abgesichert sind und, falls nicht, in welchen Ländern dies nicht der Fall ist (ESRS S1.72 f.):

- Das Unternehmen hat offenzulegen, ob seine Beschäftigten durch öffentliche Programme oder durch unternehmenseigene Benefits abgesichert sind. Schwerwiegende Lebensereignisse umfassen Krankheit, Arbeitslosigkeit, Arbeitsunfälle und Erwerbsunfähigkeit, Elternzeit/Karenz und Ruhestand/ Pension. Stellt das Unternehmen seinen Beschäftigten entsprechenden sozialen Schutz zur Verfügung, ist diese Angabe ausreichend (ESRS S1.74).
- Sollten jedoch nicht sämtliche Beschäftigte der geforderten sozialen Absicherung unterliegen, muss dies angegeben werden, ergänzt um
  - die Länder, in denen dies der Fall ist,
  - und für jedes dieser Länder die Kategorien von Arbeitnehmern, die keinem Sozialschutz unterliegen, i. V. m. den schwerwiegenden Lebensereignissen, für die dies der Fall ist (ESRS S1.75).
- Es wird empfohlen, diese Angaben auch für Fremdarbeitskräfte des Unternehmens zu tätigen (ESRS S1.76).

112 „Soziale Absicherung" wird definiert als eine Reihe von Maßnahmen, die darauf zielen, Armut und Schutzbedürftigkeit während des gesamten Lebenszyklus zu verringern und zu verhindern.[127] Außerdem fallen unter diesen Begriff all jene Maßnahmen, die den Zugang zu Gesundheitsversorgung und Einkommensunterstützung bei schwierigen Lebensereignissen wie dem Verlust des Arbeitsplatzes, Krankheit und dem Bedarf an medizinischer Versorgung, der Geburt und Erziehung eines Kindes oder dem Ruhestand und der Notwendigkeit einer Pension ermöglichen (ESRS S1.AR75).

113 Gem. der Internationalen Arbeitsorganisation (IAO) stellt soziale Sicherheit ein Menschenrecht dar (ESRS S1.BC140). Dabei werden neun spezifische Zweige definiert – medizinische Versorgung, Krankheit, Arbeitslosigkeit, Alter, Arbeitsunfall, Familie, Mutterschaft, Invalidität und Hinterbliebenenleistungen[128] –, wovon jedoch lediglich fünf für die Offenlegungserfordernisse gem. ESRS S1-11 berücksichtigt werden. Die Berichterstattung basiert zwar partiell auf GRI 401-2, sie konzentriert sich jedoch vorrangig auf eine **grundlegende soziale Absicherung der „Arbeitskräfte im Unternehmen"** (Arbeitnehmer und mit Einschränkungen auch Fremdarbeitskräfte; ESRS S1.BC142).

---

[127] Siehe auch ILO, World Social Protection Report 2020–22; Berichtigung der Delegierten Verordnung (EU) 2023/2772 v. 31.7.2023, ABl. EU L v. 9.8.2024, Anhang II, Tab. 2, S. 279.

[128] IAO, Übereinkommen 102, Übereinkommen über die Mindestnormen der sozialen Sicherheit, 1952, www.ilo.org/wcmsp5/groups/public/—ed_norm/—normes/documents/normativeinstrument/wcms_c102_de.pdf, Abruf 1.8.2024.

Das Recht auf soziale Sicherheit ist in weiteren wichtigen Menschenrechts- 114
instrumenten enthalten:
* Allgemeine Erklärung der Menschenrechte der Vereinten Nationen (Art. 22)[129],
* EU-Charta der Grundrechte (Art. 34)[130],
* Europäische Sozialcharta (überarbeitet, Art. 12–14[131]; ESRS S1.BC140),
* soziale Sicherheit ist ebenso im Prinzip 12 der EPSR verankert[132] (ESRS S1.BC141).

Praxis-Hinweis

Es ist im Hinblick auf die länderspezifischen Regelungen allerdings davon auszugehen, dass sich die soziale Absicherung von Land zu Land sowie damit zusammenhängend von Unternehmen zu Unternehmen unterscheidet. Der Begriff „soziale Absicherung" unterliegt folglich einem international uneinheitlichen Verständnis.

In Deutschland umfasst die **Sozialversicherung** fünf gesetzliche Segmente: 115
Kranken-, Pflege-, Renten-, Unfall- und Arbeitslosenversicherung. In Österreich ist die Sozialversicherung wie folgt gegliedert: Pensions-, Kranken- und Unfallversicherung; i.w.S. wird auch die Arbeitslosenversicherung hinzu gezählt. Über die Sozialversicherung hinaus stellen u.a. Universelle Leistungen, Bedarfsorientierte Leistungen, Sozialschutz für Beamte, Sozialentschädigung, Arbeitsrechtlicher Schutz, Betriebliche Formen der Altersvorsorge und Soziale Dienste weitere Elemente des Sozialschutzsystems dar.

Die beiden folgenden Beispiele veranschaulichen, wie Unternehmen schon 116
bisher über den Nachhaltigkeitsaspekt der sozialen Absicherung berichten. Dies umfasst sowohl quantitative wie qualitative Angaben. Besonderes Augenmerk wird auch auf Angaben zu Leistungen gelegt, die über den gesetzlich festgelegten Minimum-Sozialschutz hinausgehen und hier zu einer Besserstellung der umfassten Mitarbeiterinnen und Mitarbeiter beitragen. Dies ist i.S.d. Gebots, auch über wesentliche positive Auswirkungen zu berichten, ebenso Bestandteil der Angabepflichten gem. ESRS S1-11.

---

[129] UNO, Resolution der Generalversammlung. 217 A (III). Allgemeine Erklärung der Menschenrechte, 1948, S. 5, www.un.org/depts/german/menschenrechte/aemr.pdf, Abruf 1.8.2024.
[130] GRC, Charta der Grundrechte der Europäischen Union (2000/C 364/01).
[131] ESC, Europäische Sozialcharta, 2011.
[132] EC, European pillar of social rights, 2017.

Praxis-Beispiel EVN[133]

„Betriebliche Zusatzleistungen

In vielen Unternehmen unserer Gruppe stehen den Mitarbeiter*innen unabhängig von Alter, Geschlecht und Beschäftigungsausmaß zusätzliche freiwillige betriebliche Leistungen zur Verfügung:

Krankenzusatzversicherung

Sowohl in Österreich als auch in Bulgarien bieten wir unseren Mitarbeiter*innen als freiwillige Sozialleistung die Möglichkeit zum begünstigten Abschluss einer Krankenzusatzversicherung. Entsprechende Rahmenverträge mit ausgewählten Versicherungsunternehmen in den jeweiligen Ländern sollen für alle teilnehmenden Mitarbeiter*innen eine optimale ärztliche Betreuung sicherstellen.

[...]

Altersvorsorge

Alle Mitarbeiter*innen der EVN haben Anspruch auf Leistungen aus einer gesetzlichen Pensionsversicherung. In Ergänzung dazu gewährt die EVN allen österreichischen Mitarbeiter*innen mit unbefristetem Dienstverhältnis nach einer Wartezeit von einem Jahr eine private Vorsorge über eine Pensionskasse. Damit bauen wir für unsere Mitarbeiter*innen ein zusätzliches privates Standbein für die Altersversorgung auf. Diese überbetriebliche, nicht dem EVN Konzern zugehörige Pensionskasse bietet ein beitragsorientiertes Pensionssystem, bei dem sich die Höhe der künftigen Pension aus der Verrentung der Arbeitgeber*innen- und der Arbeitnehmer*innenanteile bis zum Pensionsantritt errechnet. Der Beitrag der EVN betrug im Geschäftsjahr 2021/22 zumindest 2 % des jeweiligen Monatsbruttogrundbezugs. Beiträge seitens der Arbeitnehmer*innen erfolgen auf freiwilliger Basis. In der Berichtsperiode haben rund 40 % unserer Mitarbeiter*innen in Österreich dieses Angebot angenommen. Auch in Bulgarien nehmen wir unsere Verantwortung für unsere Mitarbeiter*innen im Bereich der betrieblichen Altersvorsorge wahr und haben sowohl für Voll- als auch für Teilzeitmitarbeiter*innen eine freiwillige Rentenversicherung abgeschlossen."

---

[133] Entnommen EVN AG, Ganzheitsbericht 2021/2022, S. 92 f.

Praxis-Beispiel Bayer[134]

„Wir bieten in allen Ländern Zugang zu einer sicheren und qualitativ hochwertigen Gesundheitsversorgung an. Nahezu 97 % unserer Beschäftigten weltweit sind entweder gesetzlich bzw. privat krankenversichert oder können entsprechende Angebote unseres Unternehmens in Anspruch nehmen."

Absicherung durch Krankenversicherung[1]

in %	2021	2022
Europa/Nahost/Afrika	98	99
Nordamerika	90	92
Asien/Pazifik	96	96
Lateinamerika	100	100
Gesamt	**97**	**97**

[1] durch den Arbeitgeber gefördert

Praxis-Beispiel SGL Group[135]

„S1-11 Soziale Absicherung

Bei der SGL Group hat das Wohlergehen unserer Mitarbeiter höchste Priorität. Wir bieten eine umfassende soziale Absicherungen wie Gesundheits- und Altersvorsorge, Invaliditätsversicherung, bezahlten Urlaub sowie Sicherheit am Arbeitsplatz, die auf die lokalen Vorschriften und Marktbedürfnisse zugeschnitten sind, damit alle unsere Mitarbeiter nach wichtigen Lebensereignissen geschützt sind."

Praxis-Beispiel Toyota Material Handling[136]

„S1-11 Soziale Absicherung

Unser Unternehmen erfüllt die gesetzlichen Anforderungen an die soziale Absicherung, die in den europäischen Ländern gelten, in denen es tätig ist. Dazu gehören der Zugang zu medizinischer Versorgung und Einkommensunterstützung bei schwierigen Lebensereignissen – wie dem Verlust des Arbeitsplatzes,

---

[134] Entnommen Bayer AG, Nachhaltigkeitsbericht 2022, S. 99.
[135] Entnommen SGL Group, Sustainability Report 2023, S. 76, eigene Übersetzung aus dem Englischen.
[136] Entnommen Toyota Material Handling, Sustainability Report 2023, S. 68, eigene Übersetzung aus dem Englischen.

> Krankheit und medizinischer Versorgung, Geburt und Erziehung eines Kindes oder dem Bedarf an einer Rente im Ruhestand."

2.3.8 ESRS S1-12 – Menschen mit Behinderungen

117 Mit der Angabepflicht in ESRS S1-12 soll das berichterstattende Unternehmen den Prozentsatz seiner Arbeitnehmer mit Behinderung offenlegen (ESRS S1.77). Ziel ist es darzustellen, inwieweit Menschen mit Behinderung, die in Rz 46 als eine besonders für Auswirkungen exponierte bzw. marginalisierte Belegschaftsgruppe definiert werden, zu den Arbeitnehmern des Unternehmens zählen (ESRS S1.78). Im Zusammenhang mit der Beschäftigung und Inklusion von Menschen mit Behinderung wird in den ESRS u. a. „Barrierefreiheit" als wesentlicher Faktor genannt (Rz 39).

- Sofern keine rechtlichen Einschränkungen für die Datenerhebung vorliegen, hat das Unternehmen anzugeben, wie hoch der Prozentsatz von Menschen mit Behinderung unter den Arbeitnehmern liegt (ESRS S1.79).

- Ergänzend müssen Kontextinformationen dargelegt werden, die zum Verständnis der offengelegten Datenpunkte notwendig sind; diese umfassen neben den Darstellungen zu Berechnungsmethoden allgemeine Erläuterungen: Dazu gehören bspw. Informationen über die Auswirkungen unterschiedlicher rechtlicher Definitionen von Menschen mit Behinderungen in den verschiedenen Ländern, in denen das Unternehmen tätig ist (ESRS S1.AR76).

- Empfohlen wird, die Angaben nach ESRS S1-12 differenziert nach Geschlecht darzustellen (ESRS S1.80).

118 Die Angabepflicht gem. ESRS S1-12 verweist ausdrücklich auf gesetzliche Beschränkungen in der Datenerhebung (ESRS S1.79). Das bedeutet, dass in einem solchen Fall eine Angabe unterbleiben kann; gesetzliche Vorgaben v.a. zum Datenschutz gehen daher der Angabepflicht gem. ESRS S1-12 vor. Unterbleibt deswegen eine Angabe zur Gänze, wird auf diesen Umstand hinzuweisen sein. Sofern möglich, sollte ein berichtspflichtiges Unternehmen zuvor allerdings die Möglichkeit prüfen, Schätzungen offenzulegen – und auf diesen Umstand ebenso in der Berichterstattung hinzuweisen.

119 Als „Menschen mit Behinderungen" werden Personen mit langfristigen körperlichen, geistigen, intellektuellen oder sensorischen Beeinträchtigungen, die im Zusammenspiel mit verschiedenen Barrieren ihre volle und wirksame gleichberechtigte Teilhabe an der Gesellschaft behindern können, definiert. Behinderung ist der Oberbegriff für Beeinträchtigungen, Aktivitäts- und Teilnahmeeinschränkungen und bezieht sich auf die negativen Aspekte der Interaktion zwischen einer Person (mit einer gesundheitlichen Beeinträchtigung) und den

Kontextfaktoren dieser Person (Umwelt- und persönliche Faktoren; Menschen mit Behinderungen).[137]

In Art. 27 („*Work And Employment*") der Convention on the Rights of Persons with Disabilities (CRPD) der UN ist Folgendes verankert: Die Vertragsstaaten erkennen das Recht von Menschen mit Behinderungen an, gleichberechtigt mit anderen zu arbeiten. Dazu gehört das Recht, seinen Lebensunterhalt durch frei gewählte oder angenommene Arbeit in einem offenen, integrativen und für Menschen mit Behinderungen zugänglichen Arbeitsmarkt und Arbeitsumfeld zu verdienen.[138]

120

Das Recht auf Gleichberechtigung für Menschen mit Behinderung ist in zahlreichen Rahmenwerken verankert. Als Definition von „Gleichberechtigung" hält die UN-Behindertenrechtskonvention in Art. 1 S. 2 fest: „Menschen, die langfristige körperliche, seelische, geistige oder Sinnesbeeinträchtigungen haben, welche sie in Wechselwirkung mit verschiedenen Barrieren an der vollen, wirksamen und gleichberechtigten Teilhabe an der Gesellschaft hindern können."[139]

121

In Deutschland hat das Gesetz zur Gleichstellung von Menschen mit Behinderungen (Behindertengleichstellungsgesetz, BGG) zum Ziel, „die Benachteiligung von Menschen mit Behinderung zu beseitigen". Menschen mit Behinderung werden im BGG definiert als „Menschen, die langfristige körperliche, seelische, geistige oder Sinnesbeeinträchtigungen haben, welche sie in Wechselwirkung mit einstellungs- und umweltbedingten Barrieren an der gleichberechtigten Teilhabe an der Gesellschaft hindern können. Als langfristig gilt ein Zeitraum, der mit hoher Wahrscheinlichkeit länger als sechs Monate andauert"[140]. Dieses Gesetz gilt vorrangig für Träger öffentlicher Gewalt und schließt die Privatwirtschaft mit ein.

122

In Österreich wurde im Behinderteneinstellungsgesetz (BEinstG) in Art. II eine Beschäftigungspflicht für Menschen mit besonderen Bedürfnissen verankert: „Alle Dienstgeber, die im Bundesgebiet 25 oder mehr Dienstnehmer [...] beschäftigen, sind verpflichtet, auf je 25 Dienstnehmer mindestens einen begünstigten Behinderten [...] einzustellen"[141]. Wenn die Beschäftigungspflicht nicht erfüllt ist, wird dem Dienstgeber vom Sozialministerium alljährlich für das jeweils abgelaufene Kalenderjahr eine Ausgleichstaxe vorgeschrieben. Für die Beschäftigung von in Ausbildung stehenden begünstigten Behinderten erhält

---

137 UN, Convention On The Rights Of Persons With Disabilities (CRPD), 2016; Berichtigung der Delegierten Verordnung (EU) 2023/2772 v. 31.7.2023, ABl. EU L v. 9.8.2024, Anhang II, Tab. 2, S. 275.
138 UN, Convention On The Rights Of Persons With Disabilities (CRPD), 2016.
139 UN-BRK, Menschen mit Behinderungen, www.behindertenrechtskonvention.info/menschen-mit-behinderungen-3755/, Abruf 1.8.2024.
140 § 3 BGG.
141 § 1 Abs. 1 BEinstG.

der Dienstgeber vom Sozialministeriumservice eine Prämie aus Mitteln des Ausgleichstaxfonds.[142] In diesem Zusammenhang wird in § 3 BEinstG Behinderung folgendermaßen definiert: „Behinderung im Sinne dieses Bundesgesetzes ist die Auswirkung einer nicht nur vorübergehenden körperlichen, geistigen oder psychischen Funktionsbeeinträchtigung oder Beeinträchtigung der Sinnesfunktionen, die geeignet ist, die Teilhabe am Arbeitsleben zu erschweren. Als nicht nur vorübergehend gilt ein Zeitraum von mehr als voraussichtlich sechs Monaten."

123

Praxis-Hinweis

Aus den angeführten Definitionen unterschiedlicher internationaler Rahmenwerke, die Eingang in die ESRS finden, geht keine allgemein gültige, international einheitliche Definition von „Behinderung" hervor.[143] Daraus lässt sich ableiten, dass die Zugehörigkeit zur Kategorie „Menschen mit Behinderung" einem subjektiven Charakter unterliegt und soziale und kulturelle Normen einen erheblichen Einfluss auf die Wahrnehmung vonseiten der Gesellschaft, folglich auch seitens der Arbeitgeber ausüben.[144] Daher ist das von berichtspflichtigen Unternehmen angewandte Begriffsverständnis ebenso i. R. d. Kontextinformationen zu ESRS S1-12 offenzulegen.

Praxis-Beispiel Oberbank – Menschen mit Behinderungen[145]

„Mitarbeiter:innen mit Beeinträchtigungen

Die Anzahl der Mitarbeiter:innen mit Beeinträchtigungen war im Jahr 2023, verglichen mit der Anzahl im Jahr 2022, leicht rückgängig."

	Anzahl			in %		
	2023	2022	2021	2023	2022	2021
Gesamt	34	38	36	1,38 %	1,58 %	1,50 %
Männer	13	15	14	0,53 %	0,62 %	0,58 %
Frauen	21	23	22	0,85 %	0,95 %	0,92 %

---

[142] Vgl. § 9 BEinstG.
[143] DRSC, Stellungnahme v. 9.1.2023, S. 6, www.drsc.de/app/uploads/2023/01/230109_DRSC_BMJ_ESRS.pdf, Abruf 1.8.2024.
[144] BMZ, Definition von Behinderung, www.bmz.de/de/themen/rechte-menschen-mit-behinderungen/definition-behinderung-20364, Abruf 1.8.2024.
[145] Entnommen Oberbank, Jahresfinanzbericht 2023, S. 175.

Praxis-Beispiel Hamburger Sparkasse – Menschen mit Behinderungen[146]

80. Menschen mit Behinderungen in der eigenen Belegschaft nach Geschlecht

Beschäftigte mit Behinderungen nach Geschlecht	Prozentsatz
Männlich	5,6
Weiblich	6,8
Divers	k.A.
Gesamt	6,3

Praxis-Beispiel Lenzing[147]

Belegschaft 2023

Mitarbeiter:innen mit Beeinträchtigungen[a)]	2021	2022	2023
Lenzing Gruppe	90	82	83
Österreich	69	61	51
Tschechische Republik	8	8	9
USA	2	4	2
Indonesien	2	2	2
China	–	–	–
Brasilien	9	7	19

a) Am Standort in Grimsby (Großbritannien) wird keine formelle Erfassung von Mitarbeiter:innen mit Beeinträchtigungen durchgeführt, da die nationale Gesetzgebung keine Definition bereitstellt.

2.3.9 ESRS S1-13 – Kennzahlen für Weiterbildung und Kompetenzentwicklung

Die Angabepflichten gem. ESRS S1-13 sollen einen Überblick über die Weiterbildungs- und Kompetenzentwicklungsaktivitäten des berichtspflichtigen Unternehmens vermitteln (ESRS S1.81 f.). Ziel ist es, für die Adressaten der Berichterstattung darzustellen, welche laufenden, beruflichen Weiterentwicklungsmöglichkeiten an-

124

---

[146] Entnommen Hamburger Sparkasse, Nachhaltigkeitsbericht 2023, S. 114.
[147] Entnommen Lenzing AG, Geschäfts- und Nachhaltigkeitsbericht 2023, S. 143.

geboten werden, um die Qualifikation der Arbeitnehmer zu verbessern und damit langfristige Beschäftigung zu ermöglichen. „Weiterbildung" wird im Kontext des ESRS S1-13 definiert als Initiativen, die das Unternehmen zur Erhaltung und/oder Verbesserung der Fähigkeiten und Kenntnisse der Arbeitnehmer ergreift. Dies kann verschiedene Methoden wie z. B. Schulungen vor Ort oder Online-Schulungen umfassen.

Folgende Informationen sind offenzulegen:
* der Prozentsatz der Arbeitnehmer, die an regelmäßigen Leistungs- und Karriereentwicklungs-Reviews teilgenommen haben, aufgeschlüsselt nach Geschlecht (ESRS S1.83(a)); dazu verwendet das Unternehmen die in ESRS S1-6 angegebenen Beschäftigtenzahlen (Rz 67; ESRS S1.AR77);
* die durchschnittliche Stundenanzahl an Trainingseinheiten pro Arbeitnehmer, aufgeschlüsselt nach Geschlecht (ESRS S1.83(b)).

Ergänzend wird empfohlen, die Pflichtangaben gem. ESRS S1-13 auch nach Beschäftigungsart aufgeschlüsselt sowie zusätzlich für Fremdarbeitskräfte offenzulegen (ESRS S1.84f.).

Praxis-Hinweis

Die EFRAG arbeitet gegenwärtig an einer *Implementation Guidance*, die Unternehmen weitere Hilfestellungen bei der Ermittlung dieser Kennzahl geben soll.

---

125   Zur Berechnung der durchschnittlichen Schulungsstunden gem. ESRS S1.83(b) hat das berichtspflichtige Unternehmen folgende Kalkulation durchzuführen (ESRS S1.AR78):

$$\frac{\text{Gesamtzahl der angebotenen Schulungsstunden, die von Beschäftigten absolviert wurden}}{\text{Gesamtzahl der Beschäftigten pro Geschlecht}}$$

126   Eine „regelmäßige Leistungsüberprüfung" ist definiert als eine Überprüfung, die auf Kriterien basiert, die dem Arbeitnehmer und seinem Vorgesetzten bekannt sind, und die mind. einmal pro Jahr mit Wissen des Arbeitnehmers durchgeführt wird (ESRS S1.AR77).

127   Als „Training/Schulung" (vor Ort und/oder online) werden vom Unternehmen ergriffene Initiativen verstanden, die den Erhalt und/oder die Verbesserung der Fähigkeiten und Kenntnisse der eigenen Beschäftigten zum Ziel haben, z. B.

vom Unternehmen ergriffene Initiativen, die zur beruflichen und persönlichen Weiterentwicklung seiner Beschäftigten dienen.[148]

Bei einer „Beschäftigtenart" handelt es sich um eine differenzierte Kategorisierung der Arbeitnehmer nach Führungsebene (z. B. oberes oder mittleres Management) oder Funktion (z. B. Technik, Verwaltung, Produktion). Diese Aufteilung hat so zu erfolgen, wie sie dem unternehmenseigenen Personalsystem zu entnehmen ist (ESRS S1.AR79); weitere Gliederungen, insbes. auch Zusammenfassungen, sind möglich.

128

Das Thema *„Education, training and life-long learning"* ist im Prinzip 1 der Europäischen Säule sozialer Rechte verankert: *„Everyone has the right to quality and inclusive education, training and life-long learning in order to maintain and acquire skills that enable them to participate fully in society and manage successfully transitions in the labour market."*

129

Praxis-Beispiel Deutsche Bahn[149]			
Aus- und Weiterbildungstage in kundennahen Jobfamilien / in Tagen	**2022**	**2021**	**2020**
Pro Mitarbeiter:in (VZP)[150]	10,6	11,5	11,9
Deutschland (Gesellschaften mit rund 77 % der inländischen Mitarbeitenden). Betrachtet werden die Aus- und Weiterbildungstage nur in kundennahen Jobfamilien für die Stammbelegschaft ohne Auszubildende und Studierende im dualen Studium.			
Die Aus- und Weiterbildungskosten für unsere Mitarbeitenden sind 2022 erneut auf ein neues Rekordhoch gestiegen.			
NACHWUCHSSICHERUNG			
Übernommene Nachwuchskräfte nach Ausbildungsart / in NP[151]	**2022**	**2021**	**2020**
Auszubildende	2.880	2.614	2.420
Studierende im dualen Studium	261	239	197
Deutschland (Gesellschaften mit rund 98 % der inländischen Mitarbeitenden). Übernahme nach Abschluss der Ausbildung bzw. des dualen Studiums.			

---

[148] Berichtigung der Delegierten Verordnung (EU) 2023/2772 v. 31.7.2023, ABl. EU L v. 9.8.2024, Anhang II, Tab. 2, S. 282.
[149] Entnommen Deutsche Bahn, Integrierter Bericht 2022, S. 90.
[150] Anm. d. Verf.: VZP = Vollzeitperson.
[151] Anm. d. Verf.: NP = Natürliche Person.

Praxis-Beispiel Lenzing[152]

„Im Berichtsjahr wurden rund 67.168 Mal Kurse aus Learn@Lenzing absolviert. Das ergibt eine Schulungszeit von insgesamt 45.707 Stunden und damit eine durchschnittliche Schulungszeit von 5,5 Stunden je Mitarbeiter:in. Die Gesamtausgaben für lebenslanges Lernen und Personalentwicklung sinken auf EUR 5,76 Mio. im Jahr 2023, nachdem sie von EUR 6,19 Mio. im Jahr 2021 auf EUR 6,75 Mio. im Jahr 2022 gestiegen sind. Die Zahlen beinhalten die konzernweiten Aufwendungen des Bildungszentrums Lenzing (BZL). Die konzernweiten konsolidierten Aufwendungen für Schulungen betragen daher im Jahr 2023 EUR 2,25 Mio. (2022: EUR 2,48 Mio., 2021: EUR 2,46 Mio.).

[...]

Um die kontinuierliche und individuelle Entwicklung seiner Mitarbeiter zu ermöglichen, hat Lenzing einen globalen Learning & Development (L&D) Katalog entwickelt. Der Katalog ist Teil des Lenzing-internen Lernmanagementsystems Learn@Lenzing und ermöglicht es den Mitarbeiter:innen, sich individuell über Entwicklungsmöglichkeiten zu informieren. Er umfasst sowohl eLearning, Blended Learning als auch Präsenzschulungen.

[...]

79,8 Prozent der Angestellten haben ihre Ziele definiert und 352 aller Manager haben ihre Teammitglieder im Talent grit bewertet. Dies zeigt, dass die Prozesse bereits gut in der Organisation verankert sind. Die Erkenntnisse werden uns dabei unterstützen, die berufliche Entwicklung Lenzings Mitarbeiter:innen zu steuern. Die Ergebnisse von 2023 beinhalten Talentdaten für 61,1 Prozent der Angestellten und 1.077 von 2.544 (42,3 Prozent) Positionen haben mindestens einen Nachfolger."

---

[152] Entnommen Lenzing AG, Geschäfts- und Nachhaltigkeitsbericht 2023, S. 143.

Praxis-Beispiel Hamburger Sparkasse – Kennzahl für Schulungen und Kompetenzentwicklung[153]

83. a) Beschäftigte, die an regelmäßigen Leistungs- und Laufbahnbeurteilungen teilgenommen haben

	Weiblich	Männlich	Divers	Gesamt
Prozentsatz der Beschäftigten, die an regelmäßigen Leistungs- und Laufbahnbeurteilungen teilgenommen haben	100	100	k.A	100

2.3.10 ESRS S1-14 – Kennzahlen für Gesundheitsschutz und Sicherheit

Die Angabepflichten gem. ESRS S1-14 verlangen – unter der Maßgabe der 130 Wesentlichkeit – vom berichtspflichtigen Unternehmen offenzulegen, inwieweit die Arbeitskräfte des Unternehmens durch ein Managementsystem für Gesundheit und Sicherheit abgedeckt ist (nach Personenzahl) und wie viele Fälle es im Zusammenhang mit arbeitsbedingten Verletzungen, Erkrankungen und Todesfällen gegeben hat. Darüber hinaus hat es die Zahl der Todesfälle infolge arbeitsbedingter Verletzungen und Erkrankungen anderer Arbeitskräfte, die an den Standorten des Unternehmens tätig waren, anzugeben (ESRS S1.86).

Ziel ist es, ein Verständnis der Abdeckung, Qualität und Leistung des Managementsystems für Gesundheit und Sicherheit zu vermitteln, das eingerichtet wurde, um arbeitsbedingte Verletzungen zu verhindern (ESRS S1.87).

Folgende Informationen sind offenzulegen:
- der Prozentsatz der Arbeitskräfte des Unternehmens, die durch das aufgrund gesetzlicher Vorgaben oder anerkannter Standards eingerichtete Gesundheits- und Sicherheitsmanagementsystem des Unternehmens abgedeckt sind (ESRS S1.88(a)); diese Darstellung hat nach Personenzahl, nicht nach VZÄ zu erfolgen (ESRS S1.AR80);
- die Anzahl der arbeitsbedingten Todesfälle aufgrund arbeitsbedingter Verletzungen und arbeitsbedingter Erkrankungen (ESRS S1.88(b)); eine Aufschlüsselung nach arbeitsbedingten Verletzungen und arbeitsbedingten Erkrankungen wird empfohlen (ESRS S1.AR82), ist aber nicht erforderlich. Diese Informationen sind auch für andere Arbeitskräfte, die an dem Standort tätig sind, anzugeben, wie bspw. Arbeitskräfte der Wertschöpfungskette

---

[153] Entnommen Hamburger Sparkasse, Nachhaltigkeitsbericht 2023, S. 114.

(ESRS S1.88). Eine Angabe arbeitsbedingter Todesfälle aufgrund arbeitsbedingter Erkrankungen wird in der Praxis allerdings zumeist nicht umsetzbar sein, da Unternehmen über Todesursachen der Mitarbeiter i.d.R. aus Datenschutzgründen keine offizielle Kenntnis erlangen. Darüber hinaus handelt es sich häufig um Spätfolgen oder langwierige Erkrankungen, die erst weit nach dem Ausscheiden aus dem Unternehmen zum Tod führen;

- die Zahl und Quote der meldepflichtigen arbeitsbedingten Verletzungen (ESRS S1.88(c));
- die Anzahl der meldepflichtigen arbeitsbedingten Erkrankungen, vorbehaltlich gesetzlicher Einschränkungen bei der Datenerhebung (Rz 111; ESRS S1.88(d));
- die Anzahl der Ausfalltage durch arbeitsbedingte Verletzungen und Todesfälle bedingt durch Arbeitsunfälle, arbeitsbedingte Erkrankungen und Todesfälle durch Erkrankungen (ESRS S1.88(e)); dabei sind der erste volle Tag und der letzte Tag der Abwesenheit für die Berechnungen heranzuziehen, ausschlaggebend sind weiterhin die Kalendertage und nicht bloß Arbeitstage (ESRS S1.AR95). Hier folgen die ESRS der verbreiteten OSHA-Definition[154] und einem am Schweregrad („*recovery time*") orientierten Ansatz und kehrt damit vom in den Entwürfen enthaltenen ökonomisch orientierten Ausfallbegriff ab. Einschränkend ist weiter zu ergänzen, dass ein Todesfall an sich keine Ausfalltage verursachen kann, da das Beschäftigungsverhältnis in diesem Fall endet.

131   Die gem. ESRS S1.88 geforderten Angaben beziehen sich auf arbeitsbedingte Erkrankungen, die im Berichtszeitraum dem Unternehmen gemeldet oder durch ärztliche Überwachung festgestellt wurden (ESRS S1.AR94). Sämtliche Angaben gem. ESRS S1.89(a)–(c) sind nach Arbeitnehmern und Fremdarbeitskräften getrennt zu tätigen; für die Datenpunkte in ESRS S1.89(d) und (e) ist diese Aufteilung demgegenüber optional (ESRS S1.89).

132   Das berichtspflichtige Unternehmen muss die Rate arbeitsbedingter Verletzungen auf Basis von 1.000.000 Arbeitsstunden berechnen (ESRS S1.AR89):

$$\frac{\text{Anzahl arbeitsbedingter Verletzungen}}{\text{Anzahl der Arbeitsstunden vom betroffenen Beschäftigten der Arbeitskräfte des Unternehmens}} * 1.000.000$$

Sofern das Unternehmen die geleisteten Arbeitsstunden nicht ermitteln kann, können diese gem. ESRS S1.AR90 geschätzt werden. Darüber hinaus sind die

---

[154] Die „Occupational Safety and Health Administration" ist eine Bundesbehörde in den Vereinigten Staaten von Amerika.

zusätzlich gesondert auszuweisenden eingetretenen Todesfälle infolge arbeitsbedingter Verletzungen im Zähler zu berücksichtigen (ESRS S1.AR91).

Lediglich empfohlen wird, den Prozentsatz der Arbeitskräfte des Unternehmens anzugeben, die durch ein Gesundheits- und Sicherheitsmanagementsystem abgedeckt sind, das auf intern und/oder extern geprüften oder zertifizierten gesetzlichen Anforderungen und/oder anerkannten Standards bzw. Richtlinien basiert (ESRS S1.90). Diese Überprüfungen und/oder Zertifizierungen oder deren Nicht-Vorhandensein sowie zugrunde liegende Standards können vom Unternehmen angegeben werden (ESRS S1.AR81). **133**

Als „meldepflichtige arbeitsbedingte Verletzungen oder Erkrankungen" werden jene Verletzungen oder Erkrankungen bezeichnet, die zu folgenden Punkten führen: Tod, Arbeitsunfähigkeitstage, eingeschränkte Arbeit oder Versetzung an einen anderen Arbeitsplatz, medizinische Behandlung, die über erste Hilfe hinausgeht, oder Bewusstseinsverlust sowie eine andere erhebliche Verletzung oder Erkrankung, die von einem Arzt oder einem anderen zugelassenen Angehörigen der Gesundheitsberufe diagnostiziert wird und nicht zu o.g. Punkten führt.[155] Diese können durch „arbeitsbedingte Gefahren" bedingt sein und sind Ereignisse, die bei der Arbeit auftreten und zu Verletzungen, Krankheiten oder einem Unfall führen können, wie z.B. Ausrutschen, Feuer, Schock oder (sexuelle) Belästigung.[156] **134**

Eine Verletzung oder Erkrankung gilt dann als „arbeitsbedingt", wenn sie als Folge von „arbeitsbedingten Gefahren" eintritt. Insbes. ESRS S1.AR85ff. enthalten zahlreiche Beispiele dafür, wann dies nicht der Fall ist (z.B. „Eine Person in der Belegschaft erleidet während der Arbeit einen Herzinfarkt, der nicht mit der Arbeit zusammenhängt"). Die Wahrscheinlichkeit, dass Ausfälle aufgrund von arbeitsbedingten Verletzungen, Krankheiten oder Unfällen eintreten, wird durch solche „arbeitsbedingte Gefahren" verursacht, die i.S.d. ESRS wie folgt exemplarisch angeführt werden: **135**

- physische Gefahren (z.B. Strahlung, extreme Temperaturen, konstanter lauter Lärm, rutschige Böden oder Stolpergefahr, unbewachte Maschinen, fehlerhafte elektrische Geräte),
- ergonomische Gefahren (z.B. unkorrekt angepasste Arbeitsplätze und Stühle, ungünstige Bewegungen, Vibrationen),
- chemische Gefahren (z.B. Exposition gegenüber Karzinogenen, Mutagenen, reproduktionstoxischen Stoffen, Lösungsmitteln, Kohlenmonoxid oder Pestiziden),

---

[155] Berichtigung der Delegierten Verordnung (EU) 2023/2772 v. 31.7.2023, ABl. EU L v. 9.8.2024, Anhang II, Tab. 2, S. 277.
[156] ISO 45001, Occupational health and safety management systems – Requirements with guidance for use, 2022; Berichtigung der Delegierten Verordnung (EU) 2023/2772 v. 31.7.2023, ABl. EU L v. 9.8.2024, Anhang II, Tab. 2, S. 285.

- biologische Gefahren (z. B. Exposition gegenüber Blut und Körperflüssigkeiten, Pilzen, Bakterien, Viren oder Insektenbissen),
- psychosoziale Gefahren (z. B. verbale Misshandlung, Belästigung, Mobbing),
- Gefahren im Zusammenhang mit der Arbeitsorganisation (z. b. übermäßige Arbeitsbelastung, Schichtarbeit, lange Arbeitszeiten, Nachtarbeit, Gewalt am Arbeitsplatz).[157]

136   Zum Verständnis von **„meldepflichtigen arbeitsbedingten Erkrankungen"** enthalten die Anwendungsanforderungen neben arbeitsbedingten Muskel- und Skeletterkrankungen (ESRS S1.AR93) weitere Beispiele:

„Arbeitsbedingte Erkrankungen können akute, wiederkehrende und chronische Gesundheitsprobleme umfassen, die durch Arbeitsbedingungen oder -praktiken verursacht oder verschlimmert werden. Dazu gehören Muskel- und Skeletterkrankungen, Haut- und Atemwegserkrankungen, bösartige Krebserkrankungen, durch physikalische Einwirkungen verursachte Krankheiten (z. B. lärmbedingte Hörschäden, durch Vibrationen verursachte Erkrankungen) und psychische Erkrankungen (z. B. Angstzustände, posttraumatische Belastungsstörungen)" (ESRS S1.AR92).

Zumindest hat ein Unternehmen jene Fälle zu berücksichtigen, die in der IAO-Liste der Berufskrankheiten[158] behandelt werden.

Praxis-Hinweis

Das Deutsche Rechnungslegungs Standard Committee (DRSC) weist im Kontext der deutschen Übersetzung von *„work-related ill"* mit „arbeitsbedingten Erkrankungen" darauf hin, dass dafür gem. deutschem Recht keine juristische Definition vorliegt. Hingegen ist der Begriff **„Berufskrankheit"** gem. § 9 SGB VII definiert als eine Krankheit, die von der Bundesregierung durch Rechtsverordnung als Berufskrankheit bezeichnet ist und die ein Versicherter bei einer unfallversicherten Tätigkeit erleidet (§ 9 SGB VII). Im Gegensatz zum Arbeitsunfall, bei dem die schädigende Einwirkung durch ein zeitlich begrenztes, plötzliches Ereignis erfolgt, stellt die Berufskrankheit das Ergebnis einer länger andauernden, der Gesundheit nachteiligen betrieblichen Beschäftigung dar. Als Berufskrankheit können vom Unfallversicherungsträger auch Krankheiten anerkannt werden, die nicht in der Rechtsverordnung als Berufskrankheit bezeichnet sind, sofern

---

157 Berichtigung der Delegierten Verordnung (EU) 2023/2772 v. 31.7.2023, ABl. EU L v. 9.8.2024, Anhang II, Tab. 2, S. 285.

158 IAO, Empfehlung 194, Empfehlung betreffend die Liste der Berufskrankheiten sowie die Aufzeichnung und Meldung von Arbeitsunfällen und Berufskrankheiten, www.ilo.org/wcmsp5/groups/public/—ed_norm/—normes/documents/normativeinstrument/wcms_r194_de.pdf, Abruf 1.8.2024.

nach neuen Erkenntnissen der medizinischen Wissenschaft die Voraussetzungen für eine Berufskrankheit vorliegen (§ 9 Abs. 2 SGB VII). Die aktuelle Liste der Berufskrankheiten für Deutschland findet sich in der Anlage 1 zur Berufskrankheiten-VO vom 31.10.1997 (BGBl 1997 I S. 2623).[159]

In Österreich stellt sich der Sachverhalt wie folgt dar: Das österreichische kennt wie das deutsche Recht keine „arbeitsbedingten Erkrankungen", während der Begriff „Berufskrankheit" juristisch definiert ist. Welche Erkrankungen als Berufserkrankungen gelten, ist in § 177 des Allgemeinen Sozialversicherungsgesetzes (ASVG) geregelt. Der Arbeitgeber ist verpflichtet, wie bei einem Arbeitsunfall das vermutete Vorliegen einer Berufskrankheit zu melden. Oftmals aber kann der behandelnde Arzt den Verdacht äußern, dass unter Berücksichtigung einer beruflichen Tätigkeit das Erscheinungsbild einer Erkrankung für das Vorliegen einer Berufskrankheit spricht. Dann leitet der Unfallversicherungsträger ein Verfahren ein. Überdies können sich auch Versicherte bei begründetem Verdacht bei der jeweiligen Unfallversicherung auf Vorliegen einer Berufskrankheit melden. Im Falle einer Arbeitskräfteüberlassung obliegt die Meldepflicht dem Beschäftigerbetrieb. Die Liste der (anerkannten) Berufskrankheiten für Österreich findet sich in der sog. „Berufskrankheiten-Liste" (BK-Liste) in der Anlage 1 zum ASVG; zuletzt durch das Sozialversicherungs-Änderungsgesetz 2024 (SVÄG 2024) adaptiert und mit dem Berufskrankheiten-Modernierungs-Gesetz (BGBl. I Nr. 18/2024) kundgemacht.

Der GRI-Standard 403-9 „Arbeitsbedingte Verletzungen" behandelt die Offenlegungspflichten im Hinblick auf das Thema „Gesundheit und Sicherheit". Der Indikator ESRS S1-17 und der GRI-Standard 403-9 sind – im Detail betrachtet – unterschiedlich bezogen auf die Offenlegungspflichten. Lediglich der GRI 403-9-a Punkt (i) entspricht ESRS S1.88(b); und GRI 403-9-a Punkt (iii) entspricht ESRS S1.88(c). Bei der Offenlegungspflicht gem. ESRS S1.88(b) ist die Angabe um die Mitarbeiter der Wertschöpfungskette, die auf dem Gelände des Unternehmens tätig sind, zu ergänzen. I.R.d. Offenlegungspflicht des GRI-Standards ist dies nicht gefordert. **137**

Praxis-Hinweis **138**

Von praktischer Relevanz ist bei der Kennzahl „Gesundheitsschutz und Sicherheit" gem. ESRS S1-14 die Erfordernis gem. GRI-Standard 403-10 „Arbeitsbedingte Erkrankungen", der bislang spärlich Eingang in die herr-

---

159 DRSC, Analyse der angeregten sprachlichen Änderungen zur Berichtigung am ESRS Set 1 v. 13.8.2024, www.drsc.de/app/uploads/2024/08/240813_DRSC-Analyse-zur-Aenderungen-der-deutschen-Sprachfassung-ESRS-Set-1-2.pdf, Abruf 1.9.2024.

schende Berichterstattung gefunden hat und künftig gem. ESRS S1.88(e) – unter der Maßgabe der Wesentlichkeit – verstärkt in die Nachhaltigkeitsberichterstattung einfließen dürfte.

So verweist bspw. die Deutsche Bank in ihrem Nichtfinanziellen Bericht darauf, dass Information zum GRI 403-10 unvollständig bzw. nicht verfügbar sind und gibt dazu an: „aus Gründen des Datenschutzes und der Vertraulichkeit sind Informationen zu Gründen von Erkrankungen nicht verfügbar".[160] Gerade vor dem Hintergrund, dass Maßnahmen zur Reduktion von arbeitsbedingten Gefahren und Risiken (Rz 134 ff.) gesetzt werden sollten, ist es erforderlich, im ersten Schritt Transparenz zu Berufskrankheiten, die durch Arbeitsorganisation und Belastungssituationen entstehen können, zu schaffen.

Praxis-Beispiel Toyota Material Handling – Ausfalltage und Quote arbeitsbedingter Verletzungen[161]

„Die Quote der Ausfalltage ist ein Indikator zur Messung der schwersten Arbeitsunfälle, die zu mindestens einem Tag Arbeitsausfall führen. Sie ergibt sich aus der Summe der Ausfalltage, geteilt durch die Gesamtzahl der Arbeitsstunden, multipliziert mit 1.000.000. Im Geschäftsjahr 2023 lag die Quote der Ausfalltage bei 302.

Wie bereits in vorhergehenden Abschnitten hervorgehoben, haben wir großen Wert auf die Schaffung einer sicheren Unternehmenskultur gelegt. Wenn wir mehr über Gesundheit und Sicherheit sprechen, werden auch mehr Verletzungen gemeldet, einschließlich leichterer Verletzungen. Die Verletzungsrate lag im Jahr 2022 bei 30,56 Verletzungen pro eine Million Arbeitsstunden, mit einem leichten Anstieg auf 30,61 im Jahr 2023.

Um die Verletzungen unserer Mitarbeiter besser zu verstehen, werden wir in den nächsten Jahren ein neues Meldesystem einführen, das uns weitere Möglichkeiten zur Ergreifung von Gegenmaßnahmen bieten wird."

---

[160] Deutsche Bank, Nichtfinanzieller Bericht 2022, S. 156.
[161] Entnommen Toyota Material Handling, Sustainability Report 2023, S. 70, eigene Übersetzung aus dem Englischen.

Praxis-Beispiel Lenzing[162]

Arbeitsunfälle aller Mitarbeiter:innen

	2021	2022	2023
Gesamtzahl der geleisteten Arbeitsstunden (produktive Arbeitsstunden)	13.661.177 [15.440.743]	16.510.667	15.968.871
i) Anzahl der Arbeitsunfälle mit Todesfolge	0 [0]	0	0
i) Rate der Arbeitsunfälle mit Todesfolge	0 [0]	0	0
ii) Anzahl der Arbeitsunfälle mit schwerwiegenden Folgen	0 [0]	0	0
ii) Rate der Arbeitsunfälle mit schwerwiegenden Folgen	0 [0]	0	0
iii) Anzahl der Arbeitsunfälle	55 [59]	52	59
iii) Rate der Arbeitsunfälle	0,81 [0,76]	0,6	0,7
iv) Anzahl der Arbeitsunfälle oder Erkrankungen	205 [220]	272	291
iv) Rate der Arbeitsunfälle	3,01 [2,85]	3,3	3,6

Die Daten in Klammern enthalten die Großprojekte von 2021.

2.3.11 ESRS S1-15 – Kennzahlen für die Vereinbarkeit von Berufs- und Privatleben

Die Angabepflichten gem. ESRS S1-15 zielen darauf ab, den Anspruch auf familienbedingte Arbeitsfreistellungen und die tatsächlich gelebte Realität bzw. Inanspruchnahme, insbes. mit Blick auf die Verteilung zwischen den Geschlechtern, darzustellen (ESRS S1.91 f.). Hierfür sind folgende Angaben zu tätigen:

139

---

162 Entnommen Lenzing AG, Geschäfts- und Nachhaltigkeitsbericht 2023, S. 145. Ergänzender Hinweis: Weitere Informationen sind in diesem Kapitel vorhanden.

- der Prozentsatz der Beschäftigten, die Anspruch auf familienbedingte Arbeitsfreistellung haben (ESRS S1.93(a)); als Anspruch wird verstanden, dass Beschäftigte einschlägigen Regulierungen, Organisationsrichtlinien, Vereinbarungen, Verträgen oder Tarif-/Kollektivverträgen unterliegen, die Freistellungen unter gewissen Voraussetzungen vorsehen (die nicht notwendigerweise bereits eingetreten sein müssen); weiterhin ist es wichtig, dass die Beschäftigten ihren entsprechenden Anspruch dem Unternehmen melden oder dem Unternehmen der Anspruch auf andere Weise bekannt wird (ESRS S1.AR97);
- der Prozentsatz jener Beschäftigten gem. ESRS S1.93(a), die diese familienbedingte Arbeitsfreistellung in Anspruch genommen haben, aufgeschlüsselt nach Geschlecht (ESRS S1.93(b)).

Wenn sämtliche Beschäftigte auf Basis von Tarifvereinbarungen oder sozialen Richtlinien berechtigt sind, familienbedingte Freistellungen in Anspruch zu nehmen, dann ist es ausreichend, auf diesen Umstand in den Angaben hinzuweisen (ESRS S1.94).

Praxis-Hinweis

Anzumerken ist, dass die ESRS weder auf die Dauer der entsprechenden Freistellungen noch auf die Anforderung an eine Entgeltzahlung abstellen. Dies führt dazu, dass in Abwesenheit gesetzlicher Regelungen (insbes. außerhalb der EU) jegliches in Organisationsrichtlinien formulierte Angebot einer flexiblen Inanspruchnahme unbezahlten Urlaubs die Bedingungen von ESRS S1-15 erfüllt.

140 In den ESRS wird die „**Vereinbarkeit von Berufs- und Privatleben**" definiert als zufriedenstellende Balance zwischen Berufs- und Privatleben einer Person. Es soll nicht ausschl. auf die Vereinbarkeit von Berufs- und Privatleben bei familiären oder pflegerischen Aufgaben abgestellt werden, sondern es ist auch die zeitliche Aufteilung zwischen Berufs- und Privatleben jenseits familiärer Pflichten in Betracht zu ziehen.[163]

Aus der Literatur geht hervor, dass der gängige Begriff der „Work-Life-Balance" synonym mit „Vereinbarkeit von Berufs- und Privatleben" verwendet wird und in einer Vielzahl von wissenschaftlichen Disziplinen Eingang findet, v.a. in der Soziologie, der Arbeits- und Organisationspsychologie sowie in den Politikwissenschaften, der Gender-Forschung und der Betriebswirtschaftslehre. Dies

---

[163] Berichtigung der Delegierten Verordnung (EU) 2023/2772 v. 31.7.2023, ABl. EU L v. 9.8.2024, Anhang II, Tab. 2, S. 285.

unterstreicht den interdisziplinären Charakter und weist auf umfang- und facettenreiche Interpretationsspielräume hin.[164] Analog zur Definition gem. ESRS umfasst „Work-Life-Balance" i.w.S. daher nicht nur die Vereinbarkeit mit familiären oder Betreuungspflichten, sondern auch die Aufteilung zwischen der am Arbeitsplatz und im Privatleben verbrachten Zeit, die über familiäre Verpflichtungen hinausgeht.[165]

Obwohl die Definition des Begriffs „Vereinbarkeit von Berufs- und Privatleben" in der Literatur eine Vielzahl an Lebensbereichen und Tätigkeiten abseits der Arbeit umfasst, wird in den Angabepflichten gem. ESRS S1-15 einzig auf familienbezogene Freistellungen im Zusammenhang mit Mutter- und Vaterschaft, Elternzeit (Elternkarenz) oder Pflege abgestellt (ESRS S1.AR96). Dies ist darin begründet, dass auf europäischer Ebene eine bessere „Work-Life-Balance" für Frauen und Männer, unter Berücksichtigung fair verteilter Care-Arbeit, zu einer wichtigen politischen Zielsetzung geworden ist und so als entscheidendes Grundprinzip der ESRS gilt (ESRS S1.BC167). 141

In den EU-Mitgliedstaaten gibt es noch eine Vielzahl an weiteren Karenzoptionen, die ebenso einem weiteren Verständnis von Vereinbarkeit zuzurechnen wären. Sie werden zwar von der Angabepflicht in ESRS S1-15 nicht explizit adressiert, sollten aber bei der Wesentlichkeitsanalyse mit berücksichtigt werden und auf die Notwendigkeit einer unternehmensspezifischen Angabe (ggf. in Ergänzung zu den Angaben in ESRS S1-15) hin überprüft werden.

Die Angabepflicht ist so zu verstehen, dass anzugeben ist, wie viele Mitarbeiter den – abstrakten – Anspruch auf die entsprechenden Freistellungen haben, d.h. von einer entsprechenden Norm erfasst sind (unabhängig davon, ob sie von diesem Anspruch in ihrer konkreten Lebenssituation – z.B. aufgrund einer bestehenden Schwangerschaft – Gebrauch machen können).[166] Irrelevant ist, ob die Freistellung bezahlt oder unbezahlt sein kann und wie lange eine solche Freistellung gewährt werden muss; lediglich ein Kündigungsschutz ist gefordert. Bei großen Unterschieden der in der Angabepflicht berücksichtigten Rahmenbedingungen für Freistellungen sind einzig entsprechende Kontextinformationen für die Berichterstattung zu fordern. 142

Weiterhin ist gefordert, dass alle in ESRS S1-15 angeführten Freistellungen gleichzeitig gewährt sind; d.h., wird für Beschäftigte nur ein Teil dieser Freistellungen gewährt, dürfen sie nicht in die Berechnung der Kennzahl eingehen. 143

---

[164] Schobert, Grundlagen zum Verständnis von Work-Life Balance, in Esslinger/Schobert, Erfolgreiche Umsetzung von Work-Life-Balance in Organisationen. Strategien, Konzepte, Maßnahmen, 2007, S. 19ff.

[165] Delecta, Work Life Balance, International Journal of Current Research 3/2011, S. 186ff., http://journalcra.com/sites/default/files/issue-pdf/579.pdf, Abruf 1.8.2024.

[166] Siehe klarstellend auch EFRAG, ESRS Q&A Platform, Compilation of Explanations, Januar–Juli 2024, Frage 341, S. 134f.

Dies steht im Einklang mit den Forderungen der grundlegenden sozialrechtlichen Normen, an welche die Angabepflicht knüpft.[167] U.E. kann eine gesonderte Angabe durch das Unternehmen geboten sein, wenn ein großer Teil der Beschäftigten deswegen nicht in der Kennzahl berücksichtigt wird, weil bspw. ein einziger Freistellungstatbestand nicht erfüllt ist.

144 Offen bleibt, wie ein Beschäftigter, der im selben Jahr z.b. erst Elternzeit und später noch Pflegefreistellung beansprucht, bei der Ermittlung des Prozentsatzes jener Beschäftigten, die eine solche Freistellung in Anspruch genommen haben, zu berücksichtigen ist. U.E. besteht hier v.a. Methodenfreiheit, die jedoch zumindest im Fall, dass diese Berechnungsmethode wesentliche Auswirkungen auf das ermittelte Ergebnis hat, vom Unternehmen in seinen Angaben darzulegen ist. Naheliegend wäre eine bloß einfache Berücksichtigung im von ESRS S1.93(b) geforderten Prozentsatz und ggf. eine nach unterschiedlichen Anspruchsgrundlagen aufgeschlüsselte ergänzende Darstellung bei den Erläuterungen.

145 Der Schwerpunkt „Work-Life-Balance" ist in zahlreichen EU-Richtlinien zu finden: So sind das Recht auf Vereinbarkeit von Beruf und Privatleben und die gleichberechtigte Inanspruchnahme von Familienurlaub in Art. 23 und 33 der EU-Charta der Grundrechte und Art. 8 der Europäischen Sozialcharta (überarbeitet) verankert. Dies ist im Zusammenhang mit dem Recht auf bezahlten Mutterschaftsurlaub, Elternzeit nach einer Geburt oder Adoption eines Kindes, dem Recht auf Kündigungsschutz wegen Mutterschaft und der Gleichstellung von Mann und Frau in allen Bereichen, einschl. Anstellung, Arbeit und Bezahlung, zu sehen. Diese Themen werden auch von zentralen Menschenrechtsinstrumenten unterstützt:

- der Allgemeinen Erklärung der Menschenrechte (Art. 24),
- dem UN-Sozialpakt (Art. 7; ESRS S1.BC166).
- Auch sind sie in Richtlinien der EU verankert, der Mutterschutzrichtlinie[168] und der Vereinbarkeitsrichtlinie[169] (ESRS S1.BC168).

146 Regelungen zu familiären Freistellungen sind in zahlreichen Gesetzen in Deutschland und Österreich zu finden:

- In Deutschland werden diese Thematiken vorrangig im Bundeselterngeld- und Elternzeitgesetz (BEEG) geregelt.
- In Österreich zählen dazu: Mutterschutzgesetz (MSchG), Kinderbetreuungsgeldgesetz (KBGG), Familienzeitbonusgesetz (FamZeitbG), Väter-Karenzgesetz (VKG), Urlaubsgesetz (UrlaubsG, Pflegefreistellung), Gleichbehandlungsgesetz (GlBG).

---

[167] Siehe klarstellend auch EFRAG, ESRS Q&A Platform, Compilation of Explanations, Januar–Juli 2024, Frage 340, S. 133 f.
[168] Mutterschutzrichtlinie – RL 92/85/EWG, ABl. EU v. 28.11.1992, L 348/1.
[169] Vereinbarkeitsrichtlinie – RL (EU) 2019/1158, ABl. EU v. 17.7.2019, L 188/79.

Gem. der CSRD hat ein Unternehmen bzgl. der Arbeitsbedingungen die „Vereinbarkeit von Beruf und Privatleben" offenzulegen.[170] Der Begriff „Privatleben" umfasst all jene Tätigkeiten, die sich abseits von Beruf und Öffentlichkeit abspielen. Der Begriff „Work-Life-Balance" ist in der CSRD ebenso wie in der Literatur und dem Glossar zu den ESRS breiter gefasst.[171] Folglich sollten mehr Faktoren als jene der familienbedingten Freistellung offenzulegen sein. Dies kann bei der Wesentlichkeitsanalyse insbes. für die Bestimmung unternehmensspezifischer Angabepflichten eine Rolle spielen. Es wäre anzuraten, detaillierte Informationen getrennt nach Geschlecht sowie die Rückkehr an den Arbeitsplatz und Verbleibsquoten von Mitarbeitern und Mitarbeiterinnen, die Mutterschafts-, Vaterschafts- und/oder Elternurlaub genommen haben, ebenfalls aufgeschlüsselt nach Geschlecht darzustellen. Kennzahlen zur Mitarbeiterzufriedenheit oder Angaben zu Home-Office-Regelungen bspw. wären ebenso relevant, um der breiten Definition des Begriffs „Vereinbarkeit von Berufs- und Privatleben" gerecht zu werden. **147**

Die Offenlegungspflichten in ESRS S1-15 basieren prinzipiell auf GRI 401-3 (ESRS S1.BC169). Dort sind analog zur ESRS-Fassung vom April 2022 (ESRS S1.69, Fassung April 2022) Angaben mit einem höheren Granularitätsgrad gefordert, die über die nunmehr gem. ESRS S1 in seiner Endfassung geforderten Darstellungen hinausgehen. **148**

Praxis-Beispiel Lenzing[172]

„Elternzeit

[ESRS S1-15; GRI 401-3]

Die Dauer der Elternzeit hängt von den länderspezifischen Definitionen in den jeweiligen Arbeitsgesetzen ab und kann von wenigen Tagen bis zu mehreren Monaten reichen. Im Berichtsjahr wurden zum ersten Mal genaue Daten zur Elternzeit erhoben. Demnach befanden sich 130 Männer und 43 Frauen in Elternzeit, von denen 124 Männer und 37 Frauen im Jahr 2023 zurückkehrten. 121 Männer und 39 Frauen sind 12 Monate nach ihrer Rückkehr noch im Unternehmen beschäftigt.

Betriebliche Leistungen

[GRI 401-2]

An allen Lenzing Standorten haben die Mitarbeiter die Möglichkeit, in Elternzeit zu gehen. Abhängig von den nationalen Bestimmungen bietet das

---

170 RL (EU) 2022/2464, ABl. EU v. 16.12.2022, L 322/15.
171 Berichtigung der Delegierten Verordnung (EU) 2023/2772 v. 31.7.2023, ABl. EU L v. 9.8.2024, Anhang II, Tab. 2, S. 285.
172 Entnommen Lenzing AG, Geschäfts- und Nachhaltigkeitsbericht 2023, S. 147.

Unternehmen seinen Mitarbeitern an fast allen Produktionsstandorten Lebensversicherungen, Gesundheitsvorsorge, Altersvorsorge, Invaliditäts- und Berufsunfähigkeitsabsicherung sowie Gruppenprämien. Auch flexible Arbeitszeiten, Teilzeitarbeit und Heimarbeit werden an den meisten Standorten angeboten. Angebote, die für Vollzeitbeschäftigte gelten, gelten in den meisten Fällen auch für Teilzeitbeschäftigte und in vielen Fällen auch für Zeitarbeitnehmer."

Praxis-Beispiel Nordex SE[173]

Elternzeit[1]

	Gesamt			Männlich			Weiblich		
	2023	2022	2021	2023	2022	2021	2023	2022	2021
Mitarbeitende, die Elternzeit genommen haben	115	119	117	80	80	131	35	39	46

[1] Bezieht sich auf Deutschland.

Praxis-Beispiel SGL Group[174]

„S1-15 Work-life balance Kennzahlen

Im Jahr 2023 hatten 45 % der Arbeitnehmer (insgesamt 1.634 Arbeitnehmer) Anspruch auf Urlaub aus familiären Gründen. Im Jahr 2023 nahmen 2,4 % der berechtigten Arbeitnehmer Urlaub aus familiären Gründen (1,1 % Männer und 1,3 % Frauen) in Anspruch."

Praxis-Beispiel Oberbank[175]

„Familienkarenz

Der Umgang mit Familienkarenz wird von der Oberbank proaktiv gehandhabt. Mit allen Mitarbeiter:innen, die länger als drei Monate in Familienkarenz gehen, werden Karenzplanungsgespräche geführt. Dabei geht es v.a.

---

173 Entnommen Nordex SE, Nachhaltigkeitsbericht 2023, S. 114.
174 Entnommen SGL Group, Sustainability Report 2023, S. 76, eigene Übersetzung aus dem Englischen.
175 Entnommen Oberbank, Jahresfinanzbericht 2023, S. 184.

darum, wie sich die Familienphase voraussichtlich gestalten wird und welchen Beitrag die Oberbank beispielsweise in Form von Ausbildungen, Beschäftigungen während der Karenz und in Bezug auf das Aufrechterhalten sozialer Kontakte in diesem Zeitraum leisten kann. Im Rahmen der Gender-Balance Offensiven soll die Anzahl der Väter in Karenz künftig weiter erhöht werden.

Nach der Karenz nutzen viele Mitarbeiter:innen das Angebot der Elternteilzeit. Die Oberbank ist hier sehr entgegenkommend und flexibel. Auch Väterkarenz und Papamonat sind gern gesehen."

Anspruch auf Karenz

	Anzahl			in %		
	2023	2022	2021	2023	2022	2021
gesamt	305	310	355	12,39 %	12,86 %	14,82 %
Männer	144	107	166	5,85 %	4,44 %	6,93 %
Frauen	161	203	189	6,54 %	8,42 %	7,89 %

Anmerkung: Kind war 2022 <2 Jahre alt (Österreich) bzw. <3 Jahre alt (DE & CEE); kann bereits vergangene Karenzen beinhalten

In Anspruch genommene Karenz

	Anzahl			in %		
	2023	2022	2021	2023	2022	2021
gesamt	139	176	159	5,65 %	7,30 %	6,64 %
Männer	13	12		0,53 %	0,50 %	0,46 %
Frauen	126	164	148	5,12 %	6,80 %	6,18 %

Anmerkung: Beginn der Karenz kann auch schon vor dem 1.1.2023 bzw. 1.1.2022 bzw. 1.1.2021 liegen. Wenn die Karenz von 2021 bis 2023 andauert, zählt sie im Jahr 2022 und 2023 zu „in Anspruch genommene Karenz", bei Karenzrückkehr jedoch nur einmal im jeweiligen Kalenderjahr.

Karenzrückkehr[13]

	Anzahl			in %		
	2023	2022	2021	2023	2022	2021
gesamt		90	84	3,41 %	3,73 %	3,51 %
Männer		12	10	0,49 %	0,50 %	
Frauen	72		74	2,93 %	3,24 %	

[13] Verhältnis zum durchschnittlichen Personalstand 2023 bzw. 2022 bzw. 2021

Verbleibquote (in %)[14]

	2023	2022	2021
gesamt	84,30 %	79,31 %	94,32 %
Männer	90,90 %	82,00 %	100,00 %
Frauen	83,30 %	78,95 %	92,96 %

[14] Karenzrückkehr im Jahr 2021 + 12 Monate im Unternehmen bzw. Karenzrückkehr im Jahr 2022 + 12 Monate im Unternehmen

2.3.12   ESRS S1-16 – Vergütungskennzahlen (Verdienstunterschiede und Gesamtvergütung)

149   Die Angabepflichten gem. ESRS S1-16 zielen darauf ab, Einkommensungleichheiten darzustellen: Zum einen sind etwaige geschlechtsspezifische Verdienstunterschiede (auch: *„gender pay gap"*) unter den Arbeitnehmern des Unternehmens aufzuzeigen, zum anderen die innerbetriebliche Einkommensspreizung zwischen dem höchsten Einkommen und dem Medianeinkommen (ESRS S1.95 f.). Folgende Informationen sind offenzulegen:

- Der geschlechterspezifische Einkommensunterschied (**„Verdienstgefälle"**), sprich die Differenz zwischen dem Durchschnittseinkommen von weiblichen und männlichen Arbeitnehmern, ausgedrückt als Prozentsatz des Durchschnittseinkommens männlicher Arbeitnehmer (ESRS S1.97(a)).
- Hinsichtlich der **Einkommensspreizung** im Unternehmen ist das Verhältnis der jährlichen Gesamtvergütung der bestbezahlten Person zum Median der jährlichen Gesamtvergütung aller Arbeitnehmer (mit Ausnahme der bestbezahlten Person) darzustellen (ESRS S1.97(b)). Da die Bestimmung des Medians eine grenzüberschreitende Reihung aller Mitarbeiter, aufsteigend nach Gesamtver-

gütung sortiert, erfordert, ist davon auszugehen, dass dies in internationalen Großunternehmen realistisch nicht durchführbar ist, da nicht zuletzt Datenschutzbestimmungen die erforderliche Datenzusammenführung behindern. Darüber hinaus ist die resultierende Kennzahl aufgrund unterschiedlicher Währungen, Steuersysteme und Kaufkraftparitäten nur begrenzt aussagekräftig. Es ist daher zu erwarten, dass große Unternehmen diese Kennzahl lediglich basierend auf Schätzungen werden darstellen können.

- Darüber hinaus können **Hintergrundinformationen,** die zum Verständnis der Daten sowie deren Zusammenstellung erforderlich sind (z.B. Berechnungsmethoden, getroffene Annahmen bzw. Schätzungen und Erläuterungen), offengelegt werden (ESRS S1.97(c)).

- Die Anwendungsanforderungen führen dazu näher aus, dass quantitative Daten, wie das Verhältnis der jährlichen Gesamtvergütung, allein möglicherweise nicht ausreichen, „um die Lohnunterschiede und ihre Ursachen zu verstehen. Die Vergütungsverhältnisse können bspw. durch die Größe des Unternehmens (z.B. Umsatzerlöse, Zahl der Beschäftigten), seine Branche, seine Beschäftigungsstrategie (z.B. Abhängigkeit von ausgelagerten Arbeitskräften oder Teilzeitkräften, ein hohes Maß an Automatisierung) oder durch Währungsschwankungen beeinflusst werden" (ESRS S1.AR102).

Für das bessere Verständnis wird empfohlen, die Angabe gem. ESRS S1.97(a)   **150**
nach Beschäftigtenart und/oder Land/Segment aufzuschlüsseln. Die Beschäftigtenarten können zudem optional nach Grundgehalt und sonstigen bzw. variablen Entgeltbestandteilen gegliedert werden (ESRS S1.98).

Praxis-Hinweis

In den Q&A der EFRAG findet sich zu dieser Möglichkeit der freiwilligen Berichterstattung, auch im Verhältnis zur Pflichtangabe gem. ESRS S1.97(a), folgender Hinweis:

„ESRS S1 Disclosure Requirement S1-16 and AR 98-102 specifically refer to including all employees by head count in the calculation. Undertakings may report additional information based on differentiating the pay gap by specific employee groups or country/segment, as specified in paragraph 98; however, there is no employment threshold specified for the voluntary reporting of this additional information."[176]

Darüber hinaus können Anpassungen in der Datengrundlage im Hinblick auf Kaufkraftunterschiede in einzelnen Ländern vorgenommen werden; hier ist die Vorgehensweise für solche Anpassungen zu beschreiben (ESRS S1.99). Diesfalls

---

[176] EFRAG, ESRS Q&A Platform, Compilation of Explanations, Januar–Juli 2024, Frage 387, S. 137f.

kann von einem *„adjusted gender pay gap"* gesprochen werden, der die gem. ESRS S1.16 ermittelte Kennzahl (i.S.d. *„unadjusted gender pay gap")* ergänzt (u.E. aber nicht ersetzen kann).

Praxis-Beispiel Bayer[177]

„Lohngleichheit zwischen den Geschlechtern (Gender Pay Equity) ist eine der wichtigsten Säulen der globalen Strategie für Diversity, Equity und Inclusion (DE&I) bei Bayer. Ein Baustein hierfür ist die konzernweite Ermittlung und Analyse des Unadjusted und Adjusted Gender Pay Gap. Koordiniert werden diesbezügliche Aktivitäten durch ein zentrales Team. [...]

Der Adjusted Gender Pay Gap wird periodisch mithilfe eines eigenentwickelten, auf maschinellem Lernen basierenden Algorithmus je Mitarbeitenden berechnet. [...] Die analytisch ermittelten Ergebnisse wurden mit HR-Verantwortlichen in den Landesgesellschaften geteilt und manuell überprüft. Sofern ein Fall als Gender Pay Gap identifiziert wurde, muss dieser analog der globalen Vorgabe kurzfristig geschlossen werden. Mittels eines zentralen Dashboards werden Umsetzungsstatus und zugehörige Maßnahmen nachverfolgt. [...]

Zusammenfassend bestätigen die Ergebnisse der weltweiten Gender-Pay-Equity-Analyse, dass das Bayer-Vergütungssystem aktiv zur Lohngleichheit beiträgt."

---

151   Das geschlechterspezifische Verdienstgefälle gem. ESRS S1.97(a) wird wie folgt berechnet (ESRS S1.AR98):

Durchschnittlicher Bruttostundendienst von männlichen
Arbeitnehmern – Stundenverdienst von weiblichen Arbeitnehmern

Durchschnittlicher Bruttostundenverdienst von männlichen Arbeitnehmern

Im Zusammenhang mit der Angabe gem. ESRS S1.97(a) wird zudem verlangt, alle Hintergrundinformationen, die für das Verständnis der Daten und der Art und Weise, wie die Daten erhoben wurden (sprich: Methodik), erforderlich sind, offenzulegen. Potenziell können Informationen darüber, wie objektive Faktoren (bspw. die Art der Arbeit und das Beschäftigungsland) das geschlechtsspezifische Verdienstgefälle beeinflussen, angegeben werden. Sofern ein Unternehmen über Beschäftigte verfügt, die nicht auf binäre Weise einem der beiden von ESRS S1 angeführten Geschlechter zuzurechnen sind, sind diese

---

[177]   Entnommen Bayer, Nachhaltigkeitsbericht 2023, S. 116.

u.E. nicht in die oben dargestellte Berechnungsformel aufzunehmen; entsprechende Hinweise auf diesen Umstand sind als Teil der Hintergrundinformationen aufzunehmen.

> **Praxis-Hinweis**
>
> In den Anwendungsanforderungen findet sich zum *gender pay gap* ein bedeutender Hinweis für berichtspflichtige Unternehmen: Diese Kennzahl ist für den laufenden Berichtszeitraum und, falls sie bereits in früheren Nachhaltigkeitsberichten berichtet wurde, für die beiden vorangegangenen Berichtszeiträume darzustellen (ESRS S1.AR100).

Das Verhältnis der jährlichen Gesamtvergütung der bestbezahlten Person zum Median der jährlichen Gesamtvergütung aller Arbeitnehmer mit Ausnahme der bestbezahlten Person gem. ESRS S1.97(b) wird wie folgt berechnet (ESRS S1.AR101): **152**

$$\frac{\text{Jährliche Gesamtvergütung für die höchstbezahlte Person im Unternehmen}}{\text{Median der jährlichen Gesamtvergütung für die Arbeitnehmer (ohne höchstbezahlte Person)}}$$

Die Definition **„jährliche Gesamtvergütung"** nimmt Bezug auf GRI 2-21 „Verhältnis der Jahresgesamtvergütung" und umfasst Gehälter, Bonuszahlungen, Aktienprämien, Optionsprämien, nicht aktienbasierte Vergütung i.R.v. Anreizplänen, Änderung des Rentenwerts und nicht qualifizierte zurückgestellte Vergütungsgewinne, die im Lauf eines Jahrs anfielen.[178] **153**

„Geschlechtsspezifisches Verdienstgefälle" bezieht sich auf den Bruttostundenlohn. Dieser ist aber nicht mit dem Verständnis von „Lohn" gem. ESRS S1-10 (Rz 103) gleichzusetzen. Die Q&A der EFRAG erläutern dies wie folgt: **154**

„Complementary and variable components of the employee's remuneration package form part of the calculation. Annex II Acronyms and Glossary of Terms defines ,pay' as the salary and other remuneration in cash or in kind that the employee directly or indirectly receives in respect of his/her employment."[179]

Die Offenlegung der Vergütungsindikatoren in ESRS S1-16 soll in Kohärenz mit diesen beiden EU-Richtlinien erfolgen: **155**
- Richtlinie zur Stärkung der Anwendung des Grundsatzes des gleichen Entgelts für Männer und Frauen bei gleicher oder gleichwertiger Arbeit durch

---

[178] Berichtigung der Delegierten Verordnung (EU) 2023/2772 v. 31.7.2023, ABl. EU L v. 9.8.2024, Anhang II, Tab. 2, S. 260.
[179] EFRAG, ESRS Q&A Platform, Compilation of Explanations, Januar–Juli 2024, Frage 132, S. 136f.

Entgelttransparenz und Durchsetzungsmechanismen (**Entgelttransparenz-Richtlinie**),[180]
- Richtlinie zur Änderung der Richtlinie 2007/36/EG im Hinblick auf die Förderung der langfristigen Mitwirkung der Aktionäre (**Aktionärsrechterichtlinie II**).[181]

156 Der geschlechtsspezifische Einkommensunterschied (*gender pay gap*) liegt in den EU-Mitgliedstaaten 2021 bei 13 %. Die Ursachen sind vielfältig – u.a. mangelnde Transparenz in Entgeltstrukturen und Beförderungsprozessen sowie ein geringer Anteil von Frauen in Führungspositionen. Transparenz hilft, ungerechtfertigte Entgeltunterschiede zu beseitigen, und weitet die Perspektive für mehr Chancengleichheit von Frauen und Männern in Unternehmen. Die Entgelttransparenz-Richtlinie hat sich zum Ziel gesetzt, mit unterschiedlichen Maßnahmen für mehr Einkommenstransparenz zu sorgen. Die EU-Mitgliedstaaten sind bis Juni 2026 dazu angehalten, starke Transparenzinstrumente zu implementieren;[182] die Offenlegungspflicht gem. ESRS S1-16 ist ergänzend zur Umsetzung der Richtlinie ein bedeutender Steuerungshebel.

Folgendes Praxis-Beispiel zeigt zwei unterschiedliche Offenlegungsoptionen zum „geschlechtsspezifischen Einkommensunterschied" und stellt diese gegenüber:
- Das sog. „Lohngefälle" (*„wage gap"*) wird berechnet, indem die Gehälter zwischen Segmenten gleichwertiger Beschäftigter (gleiche Kategorie, gleiche Geschäftseinheit, gleiche Region/Land) verglichen werden. Mit anderen Worten, die ermittelte Zahl gibt den Prozentsatz an, den Frauen bei vergleichbarer Position und Verantwortung weniger verdienen als Männer. Bei der Berechnung werden Berufssegmente, in denen nicht mind. ein weiblicher und ein männlicher Mitarbeiter beschäftigt sind, nicht berücksichtigt, so dass sie sich auf 90 % der Belegschaft erstreckt.
- Die sog. „Lohnungleichheit" (*„wage inequality"*) wird als Gehaltsdifferenz [(durchschnittliches männliches Gehalt – durchschnittliches weibliches Gehalt) / (durchschnittliches männliches Gehalt)] berechnet, ohne Berücksichtigung struktureller Faktoren, die einen Einfluss auf die Vergütung haben könnten, wie z.B. der geografische Standort oder die Abteilung, in der eine Person tätig ist. Bei dieser Berechnung werden das Festgehalt und die variablen Bezüge berücksichtigt. Zusätzliche Konzepte wie Barzuwendungen, Boni, langfristige Anreize, aktienbasierte Vergütung usw. werden nicht berücksichtigt.

---

[180] RL (EU) 2023/970, ABl. EU v. 17.5.2023, L 132/21.

[181] RL (EU) 2017/828, ABl. EU v. 20.5.2017, L 132/1.

[182] EU-Kommission, Vorschlag für eine Richtlinie des Europäischen Parlaments und des Rates zur Stärkung der Anwendung des Grundsatzes des gleichen Entgelts für Männer und Frauen bei gleicher oder gleichwertiger Arbeit durch Lohntransparenz und Durchsetzungsmechanismen v. 4.3.2021, COM(2021) 93 final, https://eur-lex.europa.eu/legal-content/DE/TXT/PDF/?uri=CELEX:52021PC0093, Abruf 1.8.2024.

Praxis-Beispiel Indra Sistemas[183]

Berufsgruppe	Lohngefälle (*wage gap*) (%) (*)			Lohnungleichheit (*wage inequality*) (%) (*)		
	2020	2021	2022	2020	2021	2022
Senior Management (**)	5.48	7.63	10.28	17	12	21
Mittleres Management	4.05	3.80	3.54	8	8	9
Technisches Personal	3.14	2.87	3.06	5	5	7
Hilfskräfte	3.12	3.55	2.49	27	26	27
Andere Kategorien (***)	N.A.	N.A.	N.A.	9	36	57
Total	3.21	3.11	3.00	22	20	21

„(*) Anm.: Das „*wage gap*" ist definiert als der Unterschied in den Gehältern zwischen Gruppen von Arbeitnehmern der gleichen Stufe. Das Lohngefälle wird berechnet, indem die Vergütung zwischen Segmenten gleichwertiger Beschäftigter (gleiche Kategorie, gleiche Geschäftseinheit, gleiche Region/Land) verglichen wird. Mit anderen Worten, die ermittelte Zahl gibt den Prozentsatz an, den Frauen bei vergleichbarer Position und Verantwortung weniger verdienen als Männer. Bei der Berechnung werden Berufssegmente, in denen nicht mindestens ein weiblicher und ein männlicher Mitarbeiter beschäftigt sind, nicht berücksichtigt, so dass sie sich auf 90 % der Belegschaft erstreckt. Die „*wage inequality*" wird als Gehaltsdifferenz (durchschnittliches männliches Gehalt – durchschnittliches weibliches Gehalt) / (durchschnittliches männliches Gehalt) berechnet, ohne Berücksichtigung anderer Faktoren, die einen Einfluss auf die Vergütung einer Person haben könnten, wie z. B. der geografische Standort oder die Abteilung, in der sie arbeiten. Bei dieser Berechnung werden das Fixgehalt und die variablen Bezüge berücksichtigt. Zusätzliche Konzepte wie Barzuwendungen, Boni, langfristige Anreize, aktienbasierte Vergütung usw. werden nicht berücksichtigt. Weitere Indikatoren für die Vergütung nach Geschlecht und Alter finden Sie im Abschnitt „*Other non-financial indicators*". Enthält Daten zu 97 % der Gesamtbelegschaft am Jahresende.

---

[183] Entnommen Indra Sistemas, Sustainability Report 2022, S. 56, eigene Übersetzung aus dem Englischen.

(**) Anm.: 2022 haben sich die Zahlen für das „wage gap" und die „wage inequality" auf Managementebene aufgrund des Ausscheidens des CEO von Minsait im Jahr 2022 vergrößert, wobei das Lohngefälle mit dem anderer Mitglieder des Lenkungsausschusses verglichen wurde. Hätte der CEO das Unternehmen nicht verlassen, lägen die Zahlen für das Lohngefälle und die Lohnungleichheit auf der Führungsebene im Jahr 2022 bei 7,8 % bzw. 15 %.

(***) Anm.: Im Jahr 2022 ist die „wage inequality" in anderen Kategorien sowohl auf die Art der Fachkräfte zurückzuführen, die in das Unternehmen eintreten (z.B. 194 neue Mitarbeiter bei Teknatrans Consultores), als auch auf umfangreiche Einstellungen in Geschäftsbereichen wie BPO (z.B. 413 Mitarbeiter bei Indra Colombia und 225 bei Indra BPO México) – wo es eine gewisse Zeitspanne zwischen dem Eintritt in das Unternehmen und der Übernahme von Aufgaben gibt. Innerhalb dieser Gruppen (insbesondere bei den jüngsten Übernahmen) sind die Löhne und Gehälter sehr ähnlich."

157 Im Einklang mit den Neuerungen durch die Entgelttransparenz-Richtlinie wird das **Entgelttransparenzgesetz** (EntgTranspG) in Deutschland einer Revision unterzogen, da die EU-Regelungen weitreichender sein werden und damit über das Gesetz hinausgehen. Gestärkt wird diese Initiative durch mehrere Grundsatzurteile des Bundesarbeitsgerichts dahingehend, dass gleiche und gleichwertige Arbeit von Frauen und Männern gleich bezahlt werden muss. Besteht ein Entgeltunterschied zwischen den Geschlechtern bei gleicher oder gleichwertiger Arbeit, muss der Arbeitgeber objektive und diskriminierungsfreie Gründe vortragen, die diesen Unterschied rechtfertigen.

Die Offenlegungspflicht gem. ESRS S1.97(a) knüpft für deutsche berichtspflichtige Unternehmen insofern an die Transparenzvorschriften gem. § 21 EntgTranspG an, da diese die Erstellung eines „Berichts zur Gleichstellung und Entgeltgleichheit" für Arbeitgeber mit i.d.R. mehr als 500 Beschäftigten vorsieht, vorausgesetzt es handelt sich um ein lageberichtspflichtiges Unternehmen (§§ 264, 289 HGB). In diesem sind

- die Maßnahmen, die der Arbeitgeber zur Förderung der Gleichstellung von Frauen und Männern unternommen hat und welche Wirkungen diese erzielt haben, sowie
- die Maßnahmen zur Herstellung der Entgeltgleichheit für Frauen und Männer darzustellen.

Sofern keine Maßnahmen gesetzt werden, ist dies im Lagebericht zu begründen. Zudem wird verlangt, dass der Bericht bestimmte statistische Informationen, aufgeschlüsselt nach Geschlecht, beinhalten soll sowie Angaben zur durchschnittlichen Gesamtzahl der Beschäftigten sowie der Voll- und Teilzeitmitarbeitenden.

Mit der nationalen Umsetzung der Entgelttransparenz-Richtlinie wird auch in   **158**
Österreich der „Einkommensbericht gem. § 11a Gleichbehandlungsgesetz
(GIBG)" überarbeitet: Aus diesem erwachsen gegenwärtig umfassende Darstellungen der Vergütung, aufgeschlüsselt nach Frauen und Männern sowie u.a.
differenziert nach Funktionen. Eine Verpflichtung zum Erstellen eines Ein-
kommensberichts obliegt zum jetzigen Zeitpunkt allerdings nur Arbeitgebern,
die dauernd mehr als 150 Arbeitnehmer beschäftigen. Eine Veröffentlichung
des Dokuments ist nicht erforderlich. Der Einkommensbericht kann dennoch
eine innerbetriebliche Einkommenstransparenz schaffen und so der Entgeltdiskriminierung von Frauen entgegenwirken. Liegt das Durchschnittseinkommen einer konkreten weiblichen Arbeitnehmerin unter dem Medianeinkommen der entsprechenden Vergleichsgruppe der Männer, wird das i.d.R.
ausreichen, um eine Entgeltdiskriminierung glaubhaft zu machen, sollte es keine
offenkundigen geschlechtsunabhängigen Gründe für den Entgeltunterschied
geben. Vor dem Hintergrund, dass „Gleichstellung der Geschlechter und
gleicher Lohn für gleiche Arbeit" i.S.d. ESRS als einer jener Nachhaltigkeitsaspekte einzuordnen ist, der jedenfalls in der Wesentlichkeitsanalyse zu würdigen ist, spielt das Instrument „Einkommensbericht" und die darin geschaffene
Transparenz eine bedeutende Rolle.[184]

---

[184] Felten, DRdA 2019, S. 16.

Praxis-Beispiel[185]

Berufsgruppen / Verwendungsgruppencluster	Beschäftigte Männer	Beschäftigte Frauen	Bruttojahreseinkommen Männer	Bruttojahreseinkommen Frauen	Durchschnittsalter Männer	Durchschnittsalter Frauen	Medianeinkommen der Frauen liegt um ... % unter dem der Männer	Durchschnittsalter der Frauen liegt um ... Jahre unter dem der Männer
PT gesamt	619	13	52.605	60.393	56,9	57,0	–	–
PT1*	18	–	100.440	–	56,2	–	–	–
PT2*	21	–	82.412	–	56,5	–	–	–
PT3	77	7	67.514	64.598	56,8	57,1	4,3 %	–0,3
PT4	18	6	55.950	55.488	56,4	56,8	0,8 %	–0,4
PT5	8	0	48.502	–	57,1	–	–	–
PT6	5	0	43.746	–	60,0	–	–	–
PT7	467	0	47.131	–	56,9	–	–	–
PT8/PT9*	5	0	40.199	–	60,0	–	–	–

* Es handelt sich hier jeweils um die Gesamtzahl der PT1-, PT2- und PT8/PT9-Bediensteten. Eine Untergliederung nach Männern/Frauen wurde aufgrund von weniger als 3 Elementen pro statistischer Klasse nicht vorgenommen, um Rückschlüsse auf Einzelpersonen zu verhindern.

[185] Entnommen Bundesministerium Kunst, Kultur, öffentlicher Dienst und Sport, Einkommensbericht 2022 gemäß § 6a Bundes-Gleichbehandlungsgesetz, S. 17.

Das Ziel der Aktionärsrechterichtlinie II[186] liegt u. a. auf einer stärkeren Einbin- **159** dung der Aktionäre, der Erhöhung der Transparenz der Vergütung der Verwal- tungs-, Leitungs- und Aufsichtsorgane sowie der Ausrichtung der Vergütungs- politik an der langfristigen, nachhaltigen Entwicklung der Gesellschaft (→ § 4 Rz 62 ff.). Zudem hat die Vergütungspolitik für den Vorstand darzulegen, wie die Vergütungs- und Beschäftigungsbedingungen der Arbeitnehmer der Gesellschaft bei der Festlegung der Vergütungspolitik berücksichtigt worden sind. Daraus lässt sich eine Verknüpfung zu ESRS S1-16 ableiten, da hier die innerbetriebliche Einkommensspanne offenzulegen ist, was wiederum auf die Offenlegung in der Vergütungsberichterstattung referenziert. Die Anforderungen an die Vergütungs- berichterstattung aus der Aktionärsrechterichtlinie wurden im deutschen Aktien- gesetz (§ 162 AktG) wie im österreichischen Aktiengesetz (§ 78c) umgesetzt. Basis des Vergütungsberichts stellt die Vergütungspolitik dar, die ein börsenorientiertes Unternehmen verpflichtend zu erstellen hat.

Praxisrelevant erscheint, dass der Berichterstattung zur Vergütung in zahlreichen **160** Erhebungen unzureichende Transparenz wie Vergleichbarkeit und ein geringes Augenmerk auf die Berücksichtigung der „vertikalen Angemessenheit", sprich der Berücksichtigung des Lohn- und Gehaltsgefüges im Unternehmen, attestiert wird. Es sei zudem darauf verwiesen, dass Vergütungsdefinitionen keinem inter- national einheitlichen Verständnis unterliegen und daher nicht eindeutig zu inter- pretieren sind.[187] Mehrfach wird auf die Definition *„total fair value of all annual long-term incentives"* (gesamter beizulegender Zeitwert aller langfristigen Anrei- ze) als Teil der *jährlichen Gesamtvergütung* (ESRS S1.AR101(b)(iv)) referenziert.

Im Kontext mit der Angabepflicht gem. ESRS S1-16 sei angemerkt, dass es bereits in **161** der herrschenden Vergütungsberichterstattung zu einer freiwilligen Offenlegung der Einkommensspanne bzw. des Verhältnisses (1 zu X) zwischen dem Vorstand und der durchschnittlichen Entlohnung der Beschäftigten kommt, wie es nunmehr gem. ESRS S1.97(b) bezogen auf die bestbezahlte Person – die nicht naturgemäß zum Vorstand zählen muss – erforderlich ist. Der Deutsche Corporate Governance Kodex (DCGK) empfiehlt dahingehend: „Zur Beurteilung der Üblichkeit innerhalb des Unternehmens soll der Aufsichtsrat das Verhältnis der Vorstandsvergütung zur Vergütung des oberen Führungskreises und der Belegschaft insgesamt und dieses auch in der zeitlichen Entwicklung berücksichtigen."[188]

Folgendes Praxis-Beispiel zeigt, dass das Bericht erstattende Unternehmen ein solches Verhältnis (*„Manager to worker pay ratio"*) zwischen dem Vorstand und den Mitarbeitenden offenlegt:

---

[186] RL (EU) 2017/828, ABl. EU v. 20.5.2017, L 132/1.
[187] DRSC, Stellungnahme v. 9.1.2023, www.drsc.de/app/uploads/2023/01/230109_DRSC_BMJ_ ESRS.pdf, Abruf 1.8.2024.
[188] DCGK, 2022, G.4, www.dcgk.de/de/kodex/aktuelle-fassung/g-verguetung-von-vorstand-und- aufsichtsrat.html, Abruf 1.8.2024.

> **Praxis-Beispiel Vienna Insurance Group[189]**
>
> „Im Jahr 2021 waren für die Gesellschaft acht Vorstandsmitglieder tätig. Im Jahr 2020 waren in der ersten Jahreshälfte acht, in der zweiten sieben Vorstandsmitglieder und im Jahr 2019 sechs Vorstandsmitglieder tätig.
>
> Das Verhältnis fixes und variables Einkommen der Mitarbeitenden der VIG Holding zum Gesamtvorstand im Jahr 2021 betrug 1:11. Herangezogen wurde hierbei die durchschnittliche Entlohnung der Angestellten der Holding auf Vollzeitäquivalenzbasis im Verhältnis zum Durchschnittseinkommen des Vorstandes (ohne Sondervergütung).
>
> Unter Einbeziehung der Sondervergütung sowie der nicht erfolgsabhängigen Nebenleistungen der Gesellschaft ergibt sich für 2021 ein Verhältnis von 1:13."

2.3.13 ESRS S1-17 – Vorfälle, Beschwerden und schwerwiegende Auswirkungen im Zusammenhang mit Menschenrechten

162 Die Angabepflichten gem. ESRS S1-17 setzen sich zum Ziel, einen Überblick darüber zu geben, inwieweit **„arbeitsbezogene Vorfälle"** und schwerwiegende **Menschenrechtsverstöße** die Arbeitskräfte des Unternehmens betreffen (ESRS S1.101). Insbes. sind auch alle damit verbundenen wesentlichen Geldbußen, Sanktionen oder Entschädigungszahlungen für den Berichtszeitraum darzustellen (ESRS S1.100). Die sich hieraus ableitenden Darstellungen, die gefordert werden, lassen sich in zwei Kategorien unterscheiden:

- arbeitsbezogene Vorfälle von Diskrimierung (Rz 163),
- Fälle schwerwiegender Menschenrechtsverletzungen (Rz 164).

> **Praxis-Hinweis**
>
> Im Kontext mit der Übersetzung des Begriffs *„work-related incidents"* mit „arbeitsbezogenen Vorfällen" sei auf den Formulierungsvorschlag des DRSC mit „arbeitsrechtlich relevanten Vorfällen"[190] hingewiesen, der u. E. eine treffende Alternative darstellt und für die Berichterstattung herangezogen werden könnte.

163 Zunächst werden Angaben zu arbeitsbezogenen bzw. „arbeitsrechtlich relevanten" Vorfällen von **Diskriminierung** gefordert. Diskriminierung kann aufgrund des Geschlechts, der Rasse, der ethnischen Herkunft, der Nationalität,

---

[189] Entnommen Vienna Insurance Group (VIG), Vergütungsbericht 2021, S. 13 f.
[190] DRSC, Analyse der sprachlich angeregten sprachlichen Änderungen zur Berichterstattung am ESRS Set 1 v. 13.8.2024, www.drsc.de/app/uploads/2024/08/240813_DRSC-Analyse-zur-Aenderungen-der-deutschen-Sprachfassung-ESRS-Set-1-2.pdf, Abruf 1.9.2024.

der Religion oder Weltanschauung, einer Behinderung, des Alters, der sexuellen Orientierung oder anderer relevanter Formen von Diskriminierung unter Einbeziehung interner und/oder externer Stakeholder in allen Betrieben im Berichtszeitraum erfolgt sein. Diskriminierung umfasst weiterhin Formen der Belästigung (ESRS S1.102; Rz 167 und 168). In Zusammenhang mit Vorfällen von Diskriminierung ist offenzulegen (ESRS S1.103):

• die Gesamtzahl der im Berichtszeitraum gemeldeten Fälle von Diskriminierung, einschl. Belästigung (ESRS S1.103(a));

• die Anzahl der Beschwerden, die über die unternehmenseigenen Beschwerdemechanismen für Arbeitskräfte des Unternehmens eingebracht wurden; weiterhin ist ggf. die Anzahl an Beschwerden, die an nationale Kontaktstellen für multinationale Unternehmen der OECD eingereicht wurden, anzugeben (ESRS S1.103(b));

• der Gesamtbetrag der Geldbußen, Strafen und Schadensersatzzahlungen infolge der Vorfälle gem. ESRS S1.103(a) sowie ein „Abgleich der angegebenen Geldbeträge mit dem aussagekräftigsten in den Abschlüssen angegebenen Betrag" (ESRS S1.103(c));

• darüber hinaus müssen Hintergrundinformationen, die zum Verständnis der Datenpunkte erforderlich sind (z.B. Berechnungsmethoden, getroffene Annahmen bzw. Schätzungen und Erläuterungen), offengelegt werden (ESRS S1.103(d)).

Das Unternehmen muss zusätzlich folgende Angaben zu identifizierten Vorfällen **schwerwiegender Menschenrechtsverletzungen** (z.B. Zwangsarbeit, Menschenhandel, Kinderarbeit) tätigen (ESRS S1.104): **164**

• die Gesamtanzahl schwerwiegender Menschenrechtsverletzungen bei Arbeitskräften des Unternehmens im Berichtszeitraum, einschl. einer Angabe der Anzahl der Verstöße gegen die UN-Leitprinzipien für Wirtschaft und Menschenrechte, die IAO-Erklärung über grundlegende Prinzipien und Rechte bei der Arbeit sowie die OECD-Leitsätze für multinationale Unternehmen; fand kein solcher Verstoß statt, so ist dies ebenfalls anzugeben (ESRS S1.104(a));

• den Gesamtbetrag der Bußgelder, Strafen und Schadensersatzzahlungen für die gem. ESRS S1.104(a) beschriebenen Menschenrechtsverletzungen sowie „einen Abgleich der Geldbeträge mit dem aussagekräftigsten im Abschluss angegebenen Betrag" (ESRS S1.104(b)).

I.V.m. den Angabepflichten gem. ESRS S1.103f. empfehlen die Anwendungsanforderungen weitere Angaben zu : **165**

• Vorfällen, die vom Unternehmen geprüft werden (ESRS S1.AR103(a));

• Abhilfeplänen, die umgesetzt werden (ESRS S1.AR103(b));

• Abhilfeplänen, die umgesetzt wurden und deren Ergebnisse bereits durch interne Routineprozesse des Managements evaluiert wurden (ESRS S1.AR103(c));

- Vorfällen, die nicht mehr Gegenstand von Maßnahmen sind (ESRS S1.AR103(d)): „Ein Vorfall ist nicht mehr Gegenstand von Maßnahmen, wenn er gelöst ist, der Fall abgeschlossen ist oder das Unternehmen keine weiteren Maßnahmen verlangt. Beispielsweise kann ein Vorfall, bei dem keine weiteren Maßnahmen erforderlich sind, Fälle umfassen, die zurückgezogen werden oder bei denen die zugrunde liegenden Umstände, die zu dem Vorfall geführt haben, nicht mehr vorliegen" (ESRS S1.AR104(a));

- der Anzahl der Menschenrechtsvorfälle, in denen das Unternehmen in Abhilfemaßnahmen im Berichtszeitraum involviert war (ESRS S1.AR106).

Abhilfemaßnahmen, definiert als Wiedergutmachungen einer negativen Auswirkung (Rz 51 ff.), richten sich an den mutmaßlichen Belästiger und das mutmaßliche Opfer. Dazu können Angebote an das Opfer wie die Übernahme der Kosten für Beratungsgespräche, bezahlter Urlaub oder rückerstattete Urlaubs- oder Krankentage gehören (ESRS S1.AR104(b)). Abhilfemaßnahmen gegenüber dem Belästiger können je nach Wiederholung oder Schweregrad unterschiedlicher Natur sein und umfassen Verwarnungen, entsprechende Schulungen, eine Suspendierung ohne Bezahlung oder an den jeweiligen Belästiger angepasste strengere Maßnahmen (ESRS S1.AR104(c)).

166 In der deutschen Gesetzgebung wird nicht von Diskriminierung gesprochen, sondern wie folgt von Antidiskriminierung und Benachteiligung: Zum Thema Antidiskriminierung gibt es in Deutschland das Allgemeine Gleichbehandlungsgesetz (AGG).[191] Im Gesetz wird anstelle von Diskriminierung von Benachteiligung gesprochen. Ziel dieses Gesetzes ist es, „[...] Benachteiligungen aus Gründen der Rasse oder wegen der ethnischen Herkunft, des Geschlechts, der Religion oder Weltanschauung, einer Behinderung, des Alters oder der sexuellen Identität zu verhindern oder zu beseitigen."[192]

Das österreichische Gleichbehandlungsgesetz (GlBG) definiert hingegen unterschiedliche Formen der Diskriminierung. Analog zu den ESRS (Rz 19) wird in Österreich zwischen direkter/unmittelbarer und indirekter/mittelbarer Diskriminierung unterschieden:

- „Eine unmittelbare Diskriminierung liegt vor, wenn eine Person auf Grund ihres Geschlechtes in einer vergleichbaren Situation eine weniger günstige Behandlung erfährt, als eine andere Person erfährt, erfahren hat oder erfahren würde."[193]

- „Eine mittelbare Diskriminierung liegt vor, wenn dem Anschein nach neutrale Vorschriften, Kriterien oder Verfahren Personen, die einem Geschlecht angehören, in besonderer Weise gegenüber Personen des anderen Geschlechtes benachteiligen können, es sei denn, die betreffenden Vorschriften, Krite-

---

191 V. 14.8.2006, BGBl. I 2006, S. 1897.
192 § 1 AGG.
193 § 5 Abs. 1 GlBG.

rien oder Verfahren sind durch ein rechtmäßiges Ziel sachlich gerechtfertigt und die Mittel sind zur Erreichung dieses Zieles angemessen und erforderlich."[194]

- „Eine Diskriminierung liegt auch bei Anweisung einer Person zur Diskriminierung vor."[195]

Zudem kann Diskriminierung aufgrund eines Naheverhältnisses folgendermaßen definiert werden: „Eine Diskriminierung liegt auch vor, wenn eine Person auf Grund ihres Naheverhältnisses zu einer Person wegen deren Geschlechts diskriminiert wird."[196]

Diskriminierung in Beschäftigung und Beruf liegt gem. ESRS vor, „wenn eine Person aufgrund von Merkmalen, die nicht mit Verdiensten oder den inhärenten Anforderungen der Arbeitsstelle zusammenhängen, anders oder weniger günstig behandelt wird" (ESRS S1.AR15). Sie umfasst ebenso arbeitsbezogene Tätigkeiten, wie z. B. Zugang zu Beschäftigung, bestimmten Berufen, Schulung und Berufsberatung sowie zum Sozialschutz, und kann in Bezug auf Arbeits- und Beschäftigungsbedingungen wie z. B. Entlohnung, Kündigungsschutz u. v. m. vorkommen (ESRS S1.AR16).

Gem. ESRS versteht man unter **„Belästigung"** eine Situation, „in der ein unerwünschtes Verhalten im Zusammenhang mit einem geschützten Diskriminierungsgrund (z. B. Geschlecht gemäß der Richtlinie 2006/54/EG des Europäischen Parlaments und des Rates oder Religion oder Weltanschauung, Behinderung, Alter oder sexuelle Ausrichtung gemäß der Richtlinie 2000/78/EG des Rates) mit dem Ziel oder der Wirkung eintritt, die Würde einer Person zu verletzen und ein von Einschüchterungen, Anfeindungen, Erniedrigungen, Entwürdigungen oder Beleidigungen geprägtes Umfeld zu schaffen."[197]   **167**

In Deutschland ist der Begriff „Belästigung" in § 3 Abs. 3 S. 1 AGG und der Begriff „sexuelle Belästigung" in § 3 Abs. 4 S. 1 AGG zu finden.   **168**

Sexuelle Belästigung gem. österreichischem GlBG liegt vor, wenn „ein der sexuellen Sphäre zugehöriges Verhalten gesetzt wird, das die Würde einer Person beeinträchtigt oder dies bezweckt, für die betroffene Person unerwünscht, unangebracht oder anstößig ist"[198]. Der Begriff „Belästigung" deckt sich mit den Definitionen der Begriffe „Diskriminierung" und „sexuelle Belästigung". Die Begriffe „Belästigung" (§§ 8a, 16, 19 GlBG) sowie „sexuelle Belästigung" (§ 8 GlBG) werden ebenso im Bundes-Gleichbehandlungsgesetz

---

[194] § 5 Abs. 2 GlBG.
[195] § 5 Abs. 3 GlBG.
[196] § 5 Abs. 4 GlBG.
[197] Berichtigung der Delegierten Verordnung (EU) 2023/2772 v. 31.7.2023, ABl. EU L v. 9.8.2024, Anhang II, Tab. 2, S. 269.
[198] § 46 Abs. 2 GlBG.

(B-GlBG) näher definiert. Das Thema „sexuelle Belästigung und öffentliche geschlechtliche Handlungen" wird in § 128 StGB behandelt.

169 Zur Beseitigung von Diskriminierung, einschl. Gewalt und Belästigung am Arbeitsplatz, haben Unternehmen Richtlinien und Maßnahmen zu beschreiben (Rz 41). Dabei kann das Unternehmen die in ESRS S1.AR16 genannten Bereiche berücksichtigen. Maßnahmen und Konzepte können sowohl eine Chance als auch ein Risiko für das Unternehmen darstellen: „So kann beispielsweise im Hinblick auf die Chancengleichheit die Diskriminierung von Frauen bei der Einstellung und Beförderung den Zugang des Unternehmens zu qualifizierten Arbeitskräften einschränken und seinen Ruf schädigen. Umgekehrt können Maßnahmen zur Erhöhung des Frauenanteils unter den Arbeitskräften des Unternehmens und in den oberen Führungsebenen positive Auswirkungen haben [...]" (ESRS S1.3). Zur Bekämpfung von Diskriminierung sowie zur Bewusstseinsbildung kann das Unternehmen Schulungen anbieten (ESRS S1.AR17(c)) und Verfahren zur Bearbeitung von Beschwerden und Anfechtungen, insbes. zum Thema Diskriminierung, implementieren (ESRS S1.AR17(g)).

170 „Kinderarbeit" wird als „Arbeit, die Kinder ihrer Kindheit, ihres Potenzials und ihrer Würde beraubt und die ihrer körperlichen und geistigen Entwicklung schadet"[199], definiert (Rz 22). Beispiele für Konzepte und für die Ergreifung von Maßnahmen in Bezug auf Kinderarbeit sind in ESRS S1, App. A.2 (Rz 42) und in ESRS S1, App. A.3 (Rz 60) zu finden.

171 In Deutschland ist das Verbot von Kinderarbeit im Gesetz zum Schutze der arbeitenden Jugend (Jugendarbeitsschutzgesetz – JArbSchG) verankert: „Die Beschäftigung von Kindern (§ 2 Abs. 1) ist verboten", Kinder sind dabei, „wer noch nicht 15 Jahre alt ist"[200].

Kinderarbeit wird in Österreich im Kinder- und Jugendlichen-Beschäftigungsgesetz (KJBG) folgendermaßen definiert: „Als Kinderarbeit im Sinne dieses Bundesgesetzes gilt die Beschäftigung von Kindern mit Arbeiten jeder Art". „Als Kinderarbeit gilt nicht die Beschäftigung von Kindern, die ausschließlich zu Zwecken des Unterrichts oder der Erziehung erfolgt, und die Beschäftigung eigener Kinder mit leichten Leistungen von geringer Dauer im Haushalt"[201].

172 Gem. den ESRS wird „Zwangsarbeit" als jede Arbeit oder Dienstleistung, die von einer Person unter Androhung einer Strafe verlangt wird und für die sich die Person nicht freiwillig bereit erklärt hat, definiert. Der Begriff umfasst alle Situationen, in denen Personen mit irgendwelchen Mitteln zur Arbeitsleistung

199 ILO, C138 – Minimum Age Convention, 1973, www.ilo.org/dyn/normlex/en/f?p=NORM-LEXPUB:12100:0::NO::P12100_ilo_code:C138, Abruf 1.8.2024; Berichtigung der Delegierten Verordnung (EU) 2023/2772 v. 31.7.2023, ABl. EU L v. 9.8.2024, Anhang II, Tab. 2, S. 262.
200 § 5 Abs. 1 JArbSchG und § 2 Abs. 1 JArbSchG.
201 § 4 Abs. 1 und Abs. 2 KJBG.

gezwungen werden, und umfasst sowohl traditionelle „sklavenähnliche" Praktiken als auch zeitgenössische Formen der Nötigung, bei denen es um die Ausbeutung von Arbeitskraft geht, wozu auch Menschenhandel und moderne Sklaverei gehören können.[202] Beispiele für Konzepte und für die Ergreifung von Maßnahmen in Bezug auf Zwangsarbeit sind in ESRS S1, App. A.2 (Rz 42) und in ESRS S1, App. A.3 (Rz 60) zu finden.

Als „**Vorfall**" wird eine Klage oder Beschwerde definiert, die in einem formellen Verfahren beim Unternehmen oder den zuständigen Behörden registriert wurde, oder ein Fall der Nichteinhaltung, der vom Unternehmen anhand festgelegter Verfahren festgestellt wurde. Zu den etablierten Verfahren zur Identifizierung von Verstößen können Managementsystem-Audits, formelle Überwachungsprogramme oder Beschwerdemechanismen gehören.[203]   173

Zu den **schwerwiegenden Vorfällen** im Zusammenhang mit Menschenrechten zählen   174
* jene Klagen und formelle Beschwerden, die über die Beschwerdemechanismen des Unternehmens oder dritter Parteien eingereicht werden,
* schwerwiegende Anschuldigungen gegen das Unternehmen über die Medien, wenn diese die Arbeitskräfte des Unternehmens betreffen und diese vom Unternehmen nicht bestritten werden,
* sowie alle anderen schwerwiegenden Auswirkungen, die dem Unternehmen bekannt sind (ESRS S1.AR105).

Damit in enger Verbindung definieren die ESRS „Bestätigter Vorfall (Kinder- oder Zwangsarbeit oder Menschenhandel)", basierend auf der Definition des GRI-Standard-Glossars „Bestätigter Korruptionsvorfall", als einen Vorfall von Kinder- oder Zwangsarbeit oder Menschenhandel, der sich als begründet erwiesen hat. Jene Vorfälle, die noch im Berichtszeitraum untersucht werden, zählen nicht dazu.[204]   175

Die folgenden Beispiele enthalten Berichterstattungen über den gegenständlichen Sachverhalt. Zum besseren Verständnis der Angaben zu den Vorfällen werden die gesetzten Kontroll- und Präventionsmaßnahmen als Kontextinformation gegeben: 176

---

[202] ILO, C029 – Forced Labour Convention, 1930, www.ilo.org/dyn/normlex/en/f?p=NORM-LEXPUB:12100:0::NO::P12100_ILO_CODE:C029, Abruf 1.8.2024; Berichtigung der Delegierten Verordnung (EU) 2023/2772 v. 31.7.2023, ABl. EU L v. 9.8.2024, Anhang II, Tab. 2, S. 267f.
[203] Berichtigung der Delegierten Verordnung (EU) 2023/2772 v. 31.7.2023, ABl. EU L v. 9.8.2024, Anhang II, Tab. 2, S. 270.
[204] Berichtigung der Delegierten Verordnung (EU) 2023/2772 v. 31.7.2023, ABl. EU L v. 9.8.2024, Anhang II, Tab. 2, S. 264.

Praxis-Beispiel Bayer[205]

„Unsere Position zu Kinderarbeit ist unmissverständlich: Bei Bayer gilt ein striktes Verbot. Wir verpflichten deshalb unsere Lieferanten, auf Kinderarbeit zu verzichten. Bayer engagiert sich seit Jahren mit seinem ‚Child Care Program' systematisch gegen Kinderarbeit in der Saatgut-Lieferkette. Das Programm ist in Indien, Bangladesch und auf den Philippinen implementiert – das sind die Länder, in denen wir anhand unserer Risikobewertung ein Risiko für Kinderarbeit identifizieren konnten.

2021/22 haben wir in Indien, Bangladesch und auf den Philippinen keine Fälle von Kinderarbeit festgestellt.

Den Erfolg unseres umfassenden Programms in Indien messen wir anhand des Indikators: Anzahl der Kinderarbeitsfälle im Verhältnis zur Gesamtzahl der überprüften Arbeitskräfte in der Saatgutproduktion für Bayer."

Kinderarbeitsfälle im Verhältnis zur Gesamtzahl der überprüften Arbeitskräfte am Beispiel der Produktion von Saatgut für Bayer in Indien[1]

	Fälle von Kinderarbeit	Anzahl der überprüften Arbeitskräfte	Fälle von Kinderarbeit im Verhältnis zur Anzahl der überprüften Arbeitskräfte	
	2021/22	2021/22	2020/21	2021/22
Reis[2]	0	84.124	0,0025 %	0 %
Gemüse[3]	0	36.009	0 %	0 %
Mais[3]	0	57.584	0 %	0 %

[1] Die Zahlen umfassen mehrere Anbauzyklen im Anbaujahr 2021/22. In Indien läuft das betrachtete Anbaujahr von Jahresmitte bis Jahresmitte des Folgejahres. Kumulierte Darstellung auf Basis der durchgeführten Kontrollen (mindestens eine pro Anbausaison bei Reis).

[2] Bayer Child Care Program

[3] Child Care Program des akquirierten Agrargeschäfts. Die Zusammenführung mit demBayer Child Care Program startete 2021. Diese wurde unter Berücksichtigung der Anforderungen aus dem LkSG im Jahr 2022 vorangebracht.

---

[205] Entnommen Bayer AG, Nachhaltigkeitsbericht 2022, S. 86.

Praxis-Beispiel SGL Group[206]

„S1-17 Vorfälle, Beschwerden und schwerwiegende Auswirkungen im Zusammenhang mit Menschenrechten

Im Jahr 2023 gab es insgesamt 0 Beschwerdefälle, was einem Anstieg von 0 Prozent gegenüber 2022 entspricht. Von diesen Fällen waren 0 begründet und führten zu Disziplinarmaßnahmen und Abhilfeplänen. Von den 0 erhobenen Fällen bezogen sich 0 auf Diskriminierung und Belästigung (0 %), und von diesen 0 Fällen waren 0 begründet. In diesen Fällen wurden Abhilfemaßnahmen und Disziplinarmaßnahmen ergriffen. Die Anzahl der Fälle, die über das Whistleblowing-System gemeldet wurden, ist in G1-1 aufgeführt. Im Jahr 2023 wurden keine schweren Menschenrechtsverletzungen (z. B. Zwangsarbeit, Menschenhandel oder Kinderarbeit) festgestellt."

Praxis-Beispiel Toyota Material Handling – Vorfälle, Beschwerden und schwerwiegende Auswirkungen im Zusammenhang mit Menschenrechten[207]

„Im Geschäftsjahr 2023 wurden keine tödlichen Unfälle oder schwerwiegenden Menschenrechtsverletzungen intern über die bestehenden Kanäle gemeldet. Beschwerden, die über die entsprechenden Kanäle, z. B. die Helpline zum Verhaltenskodex, eingereicht wurden, wurden gemäß den internen Verfahren bearbeitet."

Praxis-Beispiel Hamburger Sparkasse – Vorfälle, Beschwerden und schwerwiegende Auswirkungen im Zusammenhang mit Menschenrechten[208]

103. a) Gemeldete Fälle von Diskriminierung, einschließlich Belästigung

Gesamtzahl der im Berichtszeitraum gemeldeten Fälle von Diskriminierung, einschließlich Belästigung	1

---

[206] Entnommen SGL Group, Sustainability Report 2023, S. 76, eigene Übersetzung aus dem Englischen.

[207] Entnommen Toyota Material Handling, Sustainability Report 2023, S. 71, eigene Übersetzung aus dem Englischen.

[208] Entnommen Hamburger Sparkasse, Nachhaltigkeitsbericht 2023, S. 116.

103. b) Zahl der Beschwerden

Zahl der Beschwerden, die über Kanäle, über die Personen innerhalb der eigenen Belegschaft Bedenken äußern können (einschließlich Beschwerdemechanismen) eingereicht wurden	1
Zahl der Beschwerden, die bei den nationalen Kontaktstellen für multinationale Unternehmen der OECD eingereicht wurden	0

103. c) Wesentliche Geldbußen, Sanktionen und Schadenersatzzahlungen

Gesamtbetrag der wesentlichen Geldbußen, Sanktionen und Schadenersatzzahlungen im Zusammenhang mit den beschriebenen Vorfällen und Beschwerden	0
Abgleich der angegebenen Geldbeträge mit dem aussagekräftigsten in den Abschlüssen angegebenen Betrag	–

103. d) Hintergrundinformationen, die für das Verständnis der Daten erforderlich sind

Bei 103 a) und 103 b) geben wir die Anzahl der Beschwerden an, die im jeweiligen Berichtsjahr bei der Beschwerdestelle nach dem Allgemeinen Gleichbehandlungsgesetz eingereicht wurden.

Im Jahr 2023 wurde eine Eingabe bei der Beschwerdestelle nach dem Allgemeinen Gleichbehandlungsgesetz gemacht. Hierbei handelte es sich jedoch nicht um einen Diskriminierungsfall, sondern um Fragen der Zusammenarbeit zwischen Mitarbeitenden und Führungskraft.

104. a) Schwerwiegende Vorfälle in Bezug auf Menschenrechte

Zahl der schwerwiegenden Vorfälle in Bezug auf Menschenrechte im Zusammenhang mit der Belegschaft	0
Davon:	
Zahl der schwerwiegenden Vorfälle, die gegen die Leitprinzipien der Vereinten Nationen für Unternehmen und Menschenrechte verstoßen	0
Zahl der schwerwiegenden Vorfälle, die gegen die Erklärung der IAO über grundlegende Prinzipien und Rechte bei der Arbeit verstoßen	0

Zahl der schwerwiegenden Vorfälle, die gegen die OECD-Leitsätze für multinationale Unternehmen verstoßen	0
Zahl der schwerwiegenden Vorfälle, in denen das Unternehmen eine Rolle bei der Gewährleistung von Abhilfemaßnahmen für die Betroffenen übernommen hat	0

104. b) Geldbußen, Sanktionen und Schadenersatzzahlungen bei schwerwiegenden Vorfällen im Zusammenhang mit Menschenrechten

Gesamtbetrag der Geldbußen, Sanktionen und Schadenersatzzahlungen bei schwerwiegenden Vorfällen im Zusammenhang mit Menschenrechten	0
Abgleich der angegebenen Geldbeträge mit dem aussagekräftigsten in den Abschlüssen angegebenen Betrag	–

3 Fazit

ESRS S1 lässt sich als „**Flaggschiff-Standard**" bezeichnen – sowohl innerhalb des Gesamtsystems des Set 1 der ESRS als auch im Besonderen als bereits elaboriertester Teil der „S-Säule" der vorliegenden Standards. Ähnlich komplex ist einzig ESRS E1 zum Thema des Klimawandels – das einen besonderen Schwerpunkt der regulatorischen Initiativen darstellt. Die Arbeitskräfte des Unternehmens werden als besonders wichtige Stakeholder-Gruppe für dessen Nachhaltigkeitsberichterstattung erachtet; dies schlägt sich in einer Vielzahl an Angabepflichten nieder, die u. a. den längsten Katalog an Kennzahlen aller ESRS zum gegenwärtigen Zeitpunkt umfassen. Diese Angabepflichten stützen sich auf eine in der Praxis bereits etablierte Berichterstattung über mitarbeiterbezogene Nachhaltigkeitsaspekte sowie auf zahlreiche darüber hinausgehende Indikatoren, die seitens Regulatoren oder NGOs im Diskurs eingebracht wurden. 177

Die berichtspflichtigen Unternehmen sehen sich bei ESRS S1 im besonderen Maß mit der Herausforderung konfrontiert, die für die Berichterstattung erforderlichen Datengrundlagen zu schaffen. Insbes. in multinationalen Konzernen mit einer entsprechend großen Zahl an Mitarbeitenden wird dies mit beträchtlichen Investitionsbedarfen einhergehen. Mitunter werden auch datenschutzrechtliche oder sonstige Limitationen der Berichterstattung Grenzen setzen bzw. längerfristige Implementierungsmaßnahmen erfordern. Aus diesem Grund zeigt sich – gerade im Hinblick auf die Angabepflichten des ESRS S1 – erneut, dass berichtspflichtige Unternehmen gut beraten sind, möglichst frühzeitig und auf Basis eines strukturierten, ergebnisorientierten Prozesses mit ihren Implementierungsprojekten zu beginnen. 178

Literaturtipps

- Baumüller/Terko/Wieser, Nachhaltigkeitsberichterstattung gemäß ESRS und Arbeitskräfteüberlassungen, PiR 2024, S. 264 ff.
- COE, European Social Charter (Revised), 1996, https://rm.coe.int/168007cf93, Abruf 1.8.2024
- EC, European pillar of social rights, 2017, https://op.europa.eu/en/publication-detail/-/publication/ce37482a-d0ca-11e7-a7df-01aa75ed71a1/language-en/format-PDF/source-62666461, Abruf 1.8.2024
- ECHR, European Convention on Human Rights, www.echr.coe.int/documents/convention_eng.pdf, Abruf 1.8.2024
- EFRAG, EFRAG IG 1 – Materiality Assessment, Mai 2024, www.efrag.org/sites/default/files/sites/webpublishing/SiteAssets/IG%201 %20Materiality%20Assessment_final.pdf, Abruf 1.8.2024
- EFRAG, EFRAG IG 2 – Value chain, Mai 2024, www.efrag.org/sites/default/files/sites/webpublishing/SiteAssets/EFRAG%20IG%202 %20Value%20Chain_final.pdf, Abruf 1.8.2024
- EFRAG, ESRS Q&A Platfom, Compilation of Explanations, Januar–Juli 2024, www.efrag.org/sites/default/files/media/document/2024-07/Compilation%20Explanations%20January%20-%20July%202024.pdf, Abruf 1.8.2024
- ESC, Europäische Sozialcharta, 2011, www.parlament.gv.at/dokument/XXIV/I/1068/imfname_205635.pdf, Abruf 1.8.2024
- EU-Kommission, Vorschlag für eine Richtlinie des Europäischen Parlaments und des Rates zur Stärkung der Anwendung des Grundsatzes des gleichen Entgelts für Männer und Frauen bei gleicher oder gleichwertiger Arbeit durch Lohntransparenz und Durchsetzungsmechanismen v. 4.3.2021, COM(2021) 93 final, https://eur-lex.europa.eu/legal-content/DE/TXT/PDF/?uri=CELEX:52021PC0093, Abruf 1.8.2024
- Fairwage Network, https://fair-wage.com/, Abruf 1.8.2024
- Felten, Der Einkommensbericht gem § 11a GlBG: Einkommenstransparenz versus Verschwiegenheitspflicht, DRdA 2019, S. 16 ff.
- Gardenswartz/Rowe, Diverse Teams at Work. Capitalizing on the Power of Diversity, 2003
- Global Compact, 10 Prinzipien, https://globalcompact.at/10-prinzipien, Abruf 1.8.2024
- GRC, Charta der Grundrechte der Europäischen Union (2000/C 364/01), www.europarl.europa.eu/charter/pdf/text_de.pdf, Abruf 1.8.2024
- GRI 2: Allgemeine Angaben 2021
- IAO, Dreigliedrige Grundsatzerklärung über multinationale Unternehmen und Sozialpolitik, 2022, www.ilo.org/wcmsp5/groups/public/—ed_emp/—emp_ent/documents/publication/wcms_579897.pdf, Abruf 1.8.2024

- IAO, Leitfaden der IAO und der IOE für Unternehmen zum Umgang mit Kinderarbeit, 2022, www.ilo.org/wcmsp5/groups/public/—dgreports/—dcomm/—webdev/documents/instructionalmaterial/wcms_866202.pdf, Abruf 1.8.2024
- ILO, Social Dialogue Report 2022: Collective bargaining for an inclusive, sustainable and resilient recovery, www.ilo.org/media/367051/download, Abruf 1.8.2024
- ILO, World Social Protection Report 2020–22, www.ilo.org/wcmsp5/groups/public/@ed_protect/@soc_sec/documents/publication/wcms_817572.pdf, Abruf 1.8.2024
- ILO, The International Labour Organization's Fundamental Conventions, 2003, www.ilo.org/legacy/english/inwork/cb-policy-guide/ilodeclarationonfundamentalprinciplesandrightsatwork1998.pdf, Abruf 1.8.2024
- ISO 45001, Occupational health and safety management systems – Requirements with guidance for use, 2022
- OECD, Living wages in practice, www.oecd-ilibrary.org/docserver/699b3f9b-en.pdf?expires=1714653038&id=id&accname=guest&checksum=77937BC641D5BE0DB53EF02263317BF6, Abruf 1.8.2024
- OECD, OECD Policy Insights on Well-being, Inclusion and Equal Opportunity, www.oecd-ilibrary.org/social-issues-migration-health/living-wages-in-practice_699b3f9b-en, Abruf 1.8.2024
- OECD-Leitsätze für multinationale Unternehmen, 2011, https://mneguidelines.oecd.org/48808708.pdf, Abruf 1.8.2024
- OHCHR, Guiding Principles on Business and Human Rights, 2011, www.ohchr.org/sites/default/files/documents/publications/guidingprinciplesbusinesshr_en.pdf, Abruf 1.8.2024
- OHCHR, Convention on the Rights of Persons with Disabilities, 2006, www.ohchr.org/en/instruments-mechanisms/instruments/convention-rights-persons-disabilities, Abruf 1.8.2024
- UN, Convention On The Rights Of Persons With Disabilities (CRPD), 2016, https://social.desa.un.org/issues/disability/crpd/convention-on-the-rights-of-persons-with-disabilities-crpd#Fulltext, Abruf 1.8.2024
- UN-BRK, Menschen mit Behinderungen, www.behindertenrechtskonvention.info/menschen-mit-behinderungen-3755/, Abruf 1.8.2024
- UNO, Resolution der Generalversammlung. 217 A (III). Allgemeine Erklärung der Menschenrechte, 1948, www.un.org/depts/german/menschenrechte/aemr.pdf, Abruf 1.8.2024
- Wageindicator, https://wageindicator.org, Abruf 1.8.2024

§ 13 ESRS S2 – Arbeitskräfte in der Wertschöpfungskette

Vorbemerkung

Die Kommentierung bezieht sich auf ESRS S2 gem. Berichtigung der Delegierten Verordnung (EU) 2023/2772 v. 31.7.2023, ABl. EU L v. 9.8.2024. Sie wurde umfassend an die überarbeitete Übersetzung der ESRS vom 9.8.2024 angepasst.

Änderungen beinhalten die Finalisierung der *Implementation Guidance* zur *Value chain* der EFRAG (IG 2; Rz 14) sowie die Berücksichtigung der Q&A der EFRAG zu den ESRS (Rz 18). Des Weiteren wurden die Praxis-Beispiele aktualisiert.

1 Grundlagen

1.1 Zielsetzungen und Inhalt

1   In ESRS S2 werden die Angabepflichten zu den Arbeitskräften in der Wertschöpfungskette (*value chain workers*) adressiert. Als Arbeitskräfte in der Wertschöpfungskette gelten alle Arbeitskräfte in der vor- und nachgelagerten Wertschöpfungskette des Unternehmens, die vom Unternehmen wesentlich beeinflusst werden oder beeinflusst werden können, einschl. der Auswirkungen, die mit der eigenen Geschäftstätigkeit und der Wertschöpfungskette des Unternehmens verbunden sind, einschl. seiner Produkte, Dienstleistungen und Geschäftsbeziehungen. Dies umfasst alle Arbeitskräfte, die nicht unter den Begriff „**eigene Belegschaft**" (dieser Begriff bezieht sich auf Beschäftigte, individuelle Auftragnehmer (d. h. Selbstständige) und Arbeitskräfte, die von Drittunternehmen bereitgestellt werden, die in erster Linie im Bereich der Vermittlung und Überlassung von Arbeitskräften tätig sind) fallen, die der ESRS S1 behandelt (ESRS S2.4). Beispiele für Arbeitskräfte, die unter diesen Standard fallen, sind:

a) Arbeitskräfte, die ausgelagerte Dienstleistungen an der Betriebsstätte des Unternehmens verrichten (z. B. Bewirtungs- oder Sicherheitspersonal von Dritten);

b) Arbeitskräfte eines vom Unternehmen unter Vertrag genommenen Lieferanten, die in den Räumlichkeiten des Lieferanten nach dessen Arbeitsmethoden arbeiten;

c) Arbeitskräfte eines „nachgelagerten" Unternehmens, das Waren oder Dienstleistungen des Unternehmens bezieht;

d) Arbeitskräfte eines Ausrüstungslieferanten des Unternehmens, die an einer Betriebsstätte des Unternehmens die Ausrüstung des Lieferanten (z. B. Fotokopiergerät) gem. dem Vertrag zwischen dem Ausrüstungslieferanten und dem Unternehmen regelmäßig instand halten;

e) Arbeitskräfte, die tiefer in der Lieferkette Rohstoffe gewinnen, die dann zu Bestandteilen verarbeitet werden, die in den Produkten des Unternehmens verwendet werden (ESRS S2.AR3).

2   Ziel der Angabepflichten des ESRS S2 ist es, ein Verständnis für die wesentlichen Auswirkungen auf die Arbeitskräfte in der Wertschöpfungskette, die mit der eigenen Geschäftstätigkeit und Wertschöpfungskette des Unternehmens verbunden sind, zu ermöglichen. Ein berichtspflichtiges Unternehmen hat dementsprechend darzustellen,

- welche wesentlichen negativen und positiven Auswirkungen es auf die identifizierten Arbeitskräfte in der Wertschöpfungskette entfaltet;
- welche Maßnahmen es setzt, um tatsächliche oder potenzielle negative Auswirkungen zu verhindern, abzuschwächen oder zu beseitigen – und welche Ergebnisse mit diesen Maßnahmen erzielt wurden;
- welchen wesentlichen Risiken und Chancen das berichtspflichtige Unternehmen selbst aufgrund seiner Auswirkungen auf und Abhängigkeiten von Arbeitskräften in der Wertschöpfungskette ausgesetzt ist – und wie es diese Risiken und Chancen steuert;
- welche finanziellen Effekte für das berichtspflichtige Unternehmen aus diesen wesentlichen Risiken und Chancen in kurz-, mittel- und langfristiger Perspektive resultieren (ESRS S2.1).

> **Praxis-Hinweis** 3
>
> Nicht zu jeder dieser Zielsetzungen enthält ESRS S2 gegenwärtig Angabepflichten. Der Standard gibt noch keine definierten Angabepflichten zu Kennzahlen vor. Diese sind unternehmensindividuell zu berichten.

1.2 Abzudeckende Themen

In der Berichterstattung zu ESRS S2 ist die generelle Herangehensweise des 4 Unternehmens zu erklären und wie es seine Auswirkungen auf Arbeitskräfte in der Wertschöpfungskette identifiziert und behandelt. Für die Berichterstattung unterliegen alle Standards, inkl. der Unterthemen und Unter-Unterthemen, der vom Unternehmen durchzuführenden Wesentlichkeitsanalyse. Wenn das Thema der Arbeitskräfte in der Wertschöpfungskette und/oder eines oder mehrere seiner Unterthemen oder Unter-Unterthemen als wesentlich identifiziert wurde, müssen die Anforderungen der *Disclosure Requirements* ESRS S2-1 bis ESRS S2-5 diesbzgl. erfüllt werden.

Tab. 1 zeigt die **Aufstellung an Nachhaltigkeitsthemen zu ESRS S2**, die bei 5 der Wesentlichkeitsanalyse eines berichtspflichtigen Unternehmens mind. zu würdigen sind. Der weit gefasste thematische Fokus umfasst 18 Unter-Unterthemen, die besonders schutzwürdige Interessen von Arbeitskräften in der Wertschöpfungskette abdecken. Eine detaillierte Beschreibung der Unter-Unterthemen ist dementsprechend unter → § 12 Rz 5 ff. gegeben, da sie bis auf kleine Abweichungen analog zu denen von ESRS S1 sind. Die Unterschiede liegen lediglich in den kürzeren Benennungen bei den Unter-Unterthemen, die in ESRS S2 als „Vereinigungsfreiheit, einschließlich der Existenz von Betriebsräten" und „Tarifverhandlungen" bezeichnet werden (anstatt „Vereinigungsfreiheit, Existenz von Betriebsräten und Rechte der Arbeitnehmer auf Information, Anhörung und Mitbestimmung" und „Tarifverhandlungen, einschließlich der Quote der durch Tarifverträge abgedeckten Arbeitskräften" in ESRS S1).

Zudem ergänzt ESRS S2 zum Unterthema „Sonstige arbeitsbezogene Rechte" das Unter-Unterthema „Wasser- und Sanitäreinrichtungen", welches in ESRS S3 zu finden ist (→ § 14 Rz 11).

Thema	Unterthema	Unter-Unterthema
Arbeitskräfte in der Wertschöpfungskette	Arbeitsbedingungen	• Sichere Beschäftigung • Arbeitszeit • Angemessene Entlohnung • Sozialer Dialog • Vereinigungsfreiheit, einschl. der Existenz von Betriebsräten • Tarifverhandlungen • Vereinbarkeit von Berufs- und Privatleben • Gesundheitsschutz und Sicherheit
	Gleichbehandlung und Chancengleichheit für alle	• Gleichstellung der Geschlechter und gleicher Lohn für gleiche Arbeit • Weiterbildung und Kompetenzentwicklung • Beschäftigung und Inklusion von Menschen mit Behinderungen • Maßnahmen gegen Gewalt und Belästigung am Arbeitsplatz • Vielfalt
	Sonstige arbeitsbezogene Rechte	• Kinderarbeit • Zwangsarbeit • Angemessene Unterbringung • Wasser- und Sanitäreinrichtungen • Datenschutz

Tab. 1: Nachhaltigkeitsaspekte gem. ESRS 2 (ESRS 1, App. A)

6   Die Anwendungsanforderungen (*Application Requirements*) zu ESRS S2 schlagen vor, neben einer allgemeinen Darstellung grundlegender Aspekte spezielle Aspekte, die mit **kurzfristigen wesentlichen Auswirkungen** verbunden sind, gesondert darzustellen. Damit wird auf kurzfristige Reaktionen auf Ereignisse bzw. Missstände hingewiesen, die für Arbeitskräfte in der Wertschöpfungskette von Bedeutung sind. Als Beispiel werden Initiativen im Zusammenhang mit Arbeitssicherheit und Gesundheitsschutz während einer Pandemie für Arbeitskräfte in der Wertschöpfungskette angeführt (ESRS S2.AR1).

1.3 Datenpunkte aus anderen EU-Rechtsakten

Die Angabepflichten, die ESRS S2 vorsieht, sind alle vorbehaltlich der Ergebnisse der vom berichtspflichtigen Unternehmen durchzuführenden Wesentlichkeitsanalyse zu tätigen. ESRS 2 stellt in Anlage B eine Liste der Datenpunkte von bereichsübergreifenden und thematischen Normen dar, die sich aus anderen Offenlegungspflichten der EU ableiten. In ESRS S2 gibt es allerdings keine Datenpunkte mit Zusammenhang zur Säule 3 oder zum EU-Klimagesetz.

7

Angabepflicht und zugehöriger Datenpunkt	SFDR-Referenz	Säule-3-Referenz	Referenz der Benchmark-VO	EU-Klimagesetz-Referenz
ESRS 2 SBM-3 – S2 Erhebliches Risiko von Kinderarbeit oder Zwangsarbeit in der Wertschöpfungskette (ESRS S2.11(b))	Indikatoren Nr. 12 und 13 Anhang 1 Tab. 3			
ESRS S2-1 Verpflichtungen im Bereich der Menschenrechtspolitik (ESRS S2.17)	Indikator Nr. 9 Anhang 1 Tab. 3 und Indikator Nr. 11 Anhang 1 Tab. 1			
ESRS S2-1 Konzepte im Zusammenhang mit Arbeitskräften in der Wertschöpfungskette (ESRS S2.18)	Indikatoren Nr. 11 und 4 Anhang 1 Tab. 3			

Angabepflicht und zugehöriger Datenpunkt	SFDR-Referenz	Säule-3-Referenz	Referenz der Bench-mark-VO	EU-Klima-gesetz-Referenz
ESRS S2-1 Nichteinhaltung der Leitprinzipien der Vereinten Nationen für Wirtschaft und Menschenrechte und der OECD-Leitlinien (ESRS S2.19)	Indikator Nr. 10 Anhang 1 Tab. 1		Delegierte Verordnung (EU) 2020/1816, Anhang II Delegierte Verordnung (EU) 2020/1818 Art. 12 Abs. 1	
ESRS S2-1 Vorschriften zur Sorgfaltsprüfung in Bezug auf Fragen, die in den grundlegenden Konventionen 1 bis 8 der Internationalen Arbeitsorganisation behandelt werden (ESRS S2.19)			Delegierte Verordnung (EU) 2020/1816 der Kommission, Anhang II	
ESRS S2-4 Probleme und Vorfälle im Zusammenhang mit Menschenrechten innerhalb der vor- und nachgelagerten Wertschöpfungskette (ESRS S2.36)	Indikator Nr. 14 Anhang 1 Tab. 3			

Tab. 2: Liste der Datenpunkte in generellen und themenbezogenen Standards, die sich aus anderen EU-Rechtsvorschriften ergeben (ESRS 2, App. B)

8   Da ESRS S2 **keine Kennzahlen** vorgibt, sind diese von Unternehmen bei ihrer Wesentlichkeitsanalyse selbstständig zu identifizieren und in die Berichterstat-

tung aufzunehmen (Beispiele für Kennzahlen siehe Rz 54). Diese werden i. d. R. durch einen hohen Grad an geografischer Disaggregation gekennzeichnet und auf den Kontext des spezifischen Unter-Unterthemas, das als wesentlich identifiziert wurde, abgestimmt.

1.4 *Phase-in*-Regelungen

Von hoher praktischer Relevanz sind die Übergangsbestimmungen aus ESRS 1, Kap. 10.2 zur geforderten **Abdeckung der Wertschöpfungskette.** Diese spielt für die Angabepflichten zu ESRS S2 eine große Rolle. Die folgenden Bestimmungen gelten unabhängig davon, ob es sich bei dem betreffenden Akteur der Wertschöpfungskette um ein KMU handelt oder nicht (ESRS 1.133).

Für die **ersten drei Jahre**, in denen ein Unternehmen der Berichtspflicht gem. CSRD/ESRS unterliegt, ist es für den Fall, dass ihm nicht alle erforderlichen Informationen über seine Wertschöpfungskette zur Verfügung stehen, dazu verpflichtet:

* die Anstrengungen zu erläutern, die es unternommen hat, um die erforderlichen Informationen über seine Wertschöpfungskette zu erhalten;
* die Gründe darzulegen, warum nicht alle erforderlichen Informationen beschafft werden konnten;
* seine Pläne zu erläutern, wie die erforderlichen Informationen in Zukunft beschafft werden sollen (ESRS 1.131).

Um den Schwierigkeiten Rechnung zu tragen, auf die das Unternehmen bei der Erhebung von Informationen von den Akteuren in seiner gesamten Wertschöpfungskette stoßen kann, und um die Belastung für KMUs in der Wertschöpfungskette zu begrenzen, gibt es folgende Erleichterungen:

* Bei der Offenlegung von Informationen über Konzepte, Maßnahmen und Ziele gem. ESRS 2 und anderen ESRS kann das Unternehmen die Informationen über die Wertschöpfungskette auf unternehmensintern verfügbare Informationen beschränken, z. B. auf Daten, die bereits vorliegen, und auf öffentlich verfügbare Informationen;
* bei der Offenlegung von Kennzahlen ist das Unternehmen nicht verpflichtet, Informationen zur Wertschöpfungskette einzubeziehen, mit Ausnahme von Datenpunkten, die aus anderen EU-Rechtsvorschriften stammen, wie in ESRS 2, App. B aufgeführt (ESRS 1.123).

Ab dem vierten Jahr der Berichterstattung gem. ESRS muss das Unternehmen Informationen zur Wertschöpfungskette nach ESRS 1.67 einbeziehen: Die in den Nachhaltigkeitserklärungen enthaltenen Informationen über das berichtende Unternehmen werden um Informationen über die wesentlichen Auswirkungen, Risiken und Chancen erweitert, die mit dem Unternehmen durch seine direkten und indirekten Geschäftsbeziehungen in der vor- und/oder nachgela-

gerten Wertschöpfungskette verbunden sind („Informationen zur Wertschöpfungskette"). Bei der Erweiterung der Informationen über das berichterstattende Unternehmen nimmt das Unternehmen wesentliche Auswirkungen, Risiken und Chancen auf, die mit seiner vor- und nachgelagerten Wertschöpfungskette verbunden sind:
a) nach dem Ergebnis seiner Sorgfaltsprüfung(en) im Bereich der Nachhaltigkeit und seiner Wesentlichkeitsbewertung und
b) in Übereinstimmung mit den spezifischen Anforderungen der aktuellen ESRS, wenn es diese gibt.

In diesem Zusammenhang werden die Informationen, die nach den ESRS von den KMUs in der Wertschöpfungskette des Unternehmens eingeholt werden müssen, nicht über den Inhalt des künftigen ESRS für börsennotierte KMU hinausgehen (ESRS 1.134; siehe weiterführend → § 30 Rz 4).

11   Unternehmen oder Konzerne, die an ihren Bilanzstichtagen nicht mehr als 750 Mitarbeiter im Durchschnitt des Geschäftsjahrs beschäftigen, können die in den Offenlegungsanforderungen des ESRS S2 genannten Informationen für die ersten zwei Jahre der Erstellung ihrer Nachhaltigkeitserklärung entfallen lassen (ESRS 1, App. C). Es ist jedoch anzugeben, ob die von ESRS S2 abgedeckten Nachhaltigkeitsthemen als Ergebnis der Wesentlichkeitsprüfung des Unternehmens als wesentlich eingestuft worden sind. Wenn eines oder mehrere dieser Themen als wesentlich eingestuft wurden, muss das Unternehmen außerdem für jedes wesentliche Thema verkürzte Angaben machen:
• die Liste der Sachverhalte (d. h. Thema, Unterthema oder Unter-Unterthema), die als wesentlich eingestuft werden, sowie die Art und Weise, wie das Geschäftsmodell und die Strategie die Auswirkungen des Unternehmens in Bezug auf diese Sachverhalte berücksichtigen; das Unternehmen kann den Sachverhalt auf der Ebene des Themas, Unterthemas oder Unter-Unterthemas angeben;
• eine kurze Beschreibung der Ziele, Fortschritte, Konzepte und Maßnahmen;
• die Offenlegung von Kennzahlen, die für die fraglichen Angelegenheiten relevant sind (ESRS 2.17).

Für weiterführende Informationen zu den Übergangsbestimmungen siehe auch → § 3 Rz 182.

2   Angabepflichten

2.1   ESRS 2 – Allgemeine Angaben

12   Die Anforderungen zu ESRS S2 sollen i.V.m. den Angaben zur Strategie (SBM) in ESRS 2 gelesen werden. Der Standard gibt vor, dass die sich daraus ergebenden Angaben zusammen mit den Angaben nach ESRS 2 vorgelegt werden sollen. Die einzige Ausnahme stellen die Angaben zu ESRS 2 SBM-3 „Wesentliche Auswir-

kungen, Risiken und Chancen und ihr Zusammenspiel mit Strategie und Geschäftsmodell" dar, bei denen es dem Unternehmen möglich ist, die Angaben zusammen mit den themenbezogenen Angaben zu berichten (ESRS S2.8).

Um die Angabepflichten des **ESRS 2 SBM-2** („**Interessen und Standpunkte der Interessenträger**") im Kontext des ESRS S2 zu erfüllen, ist darzustellen, wie die Ansichten, Interessen und Rechte der (tatsächlich oder potenziell) wesentlich beeinflussten Arbeitskräfte in der Wertschöpfungskette in der Unternehmensstrategie und im Geschäftsmodell berücksichtigt werden (ESRS S2.9; Rz 31 ff.). 13

Während die Angabepflichten des ESRS 2 SBM-2 die Dialogmechanismen in den Fokus rücken, werden in **ESRS 2 SBM-3** („Wesentliche Auswirkungen, Risiken und Chancen und ihr Zusammenspiel mit Strategie und Geschäftsmodell") die gegenständlichen Auswirkungen, Chancen und Risiken in Bezug auf die Arbeitskräfte in der Wertschöpfungskette zum Berichtsgegenstand. Hierzu ist eingangs darzulegen (ESRS S2.10): 14

- ob bzw. wie identifizierte wesentliche Auswirkungen Arbeitskräfte in der Wertschöpfungskette betreffen, und zwar sofern
  – diese aus der Strategie und dem Geschäftsmodell des berichtspflichtigen Unternehmens entstehen bzw. mit diesen zusammenhängen oder
  – bei der Entwicklung bzw. laufenden Anpassung der Unternehmensstrategie und des Geschäftsmodells berücksichtigt werden;
- einerseits das Verhältnis zwischen den wesentlichen Risiken und Chancen, die sich aus den Auswirkungen und Abhängigkeiten von Arbeitskräften in der Wertschöpfungskette ergeben, andererseits das Verhältnis zwischen der Strategie und dem Geschäftsmodell.

Anzuerkennen ist die Schwierigkeit der Beschaffung aller und/oder genauer Informationen über Arbeitskräfte in der Wertschöpfungskette an sich und die Auswirkungen des Unternehmens auf Arbeitskräfte in der Wertschöpfungskette. U.a. durch die Globalisierung sind Lieferketten oft tief verzweigt und intransparent. In zahlreichen Branchen agieren Sub-Unternehmen oder Sub-Sub-Unternehmer, die dem eigentlichen Geschäftspartner nicht mehr bekannt sind. Diese **Transparenz** zu schaffen, stellt viele Unternehmen vor große Herausforderungen, insbes. KMUs oder Unternehmen mit wenig internen Ressourcen bzgl. des Themas der Arbeitskräfte in der Wertschöpfungskette.

Die *Implementation Guidance* EFRAG IG 2 stellt klar, dass für die Wesentlichkeitsanalyse vorrangig Echtdaten aus der Lieferkette verwendet werden sollten (insbes. bei Tier-1-Lieferanten), dies aber ein sich mit der Zeit entwickelnder Prozess ist und auch Schätzungen und Näherungen zulässig sind.[1]

---

[1] Vgl. EFRAG, EFRAG IG 2 – Value chain, IG 2.155–157, Mai 2024.

Branchenverbände oder NGOs können helfen, und auch die Digitalisierung/ Technologieentwicklung trägt mehr und mehr zu einer größeren Transparenz bei. Blockchain ist eine vielversprechende Entwicklung, um die Rückverfolgbarkeit von Produkten oder Rohstoffen zu erhöhen.

DHL investiert bspw. große Summen zur Implementierung von Blockchain-Anwendungen oder in Forschungsprojekte zu diesem Thema. Dabei soll Blockchain die lückenlose Speicherung aller Stationen eines Produkts entlang der Wertschöpfungskette ermöglichen, so dass die Transparenz weit über die Lieferanten hinausgeht, mit denen das Unternehmen in einer direkten Vertragsbeziehung steht.[2]

Die Informationsbeschaffung sollte jedoch gem. ESRS 1.69 mit „zumutbarer Anstrengung" durchgeführt werden. Diese kann in vielen Fällen von den vertraglichen Vereinbarungen abhängen. Die IG 2 beschreibt hierzu, dass es z.B. nicht notwendig ist, die genaue Anzahl von Vorfällen von Kinderarbeit in einer landwirtschaftlichen Lieferkette zu kennen, wenn durch die ILO oder andere Organisationen hinreichend dokumentiert ist, dass in diesen Sektoren und/oder Jurisdiktionen Kinderarbeit existiert.[3] Wichtig in diesem Zusammenhang sind die weiteren Ausführungen der IG 2, dass der Einfluss (z.B. da keine Vertragsbeziehungen mit Lieferanten in der weiter vorgelagerten Wertschöpfungskette bestehen) kein Faktor bei der Bestimmung der Wesentlichkeit ist. Die Einflussmöglichkeit bestimmt, wie mit einer wesentlichen Auswirkung (oder Risiko oder Chance) umzugehen ist.[4] Die Bewertung der Wesentlichkeit wird jedoch davon beeinflusst, ob das Unternehmen die Auswirkung verursacht, dazu beiträgt oder damit in Verbindung steht.[5] Ein Handelsunternehmen wird die Auswirkung, die in der Produktionsphase der gehandelten Produkte entstehen, daher anders bewerten als der Produzent selbst.

15   Um ein Verständnis für die Risiken für die Arbeitskräfte in der Wertschöpfungskette zu schaffen, eignet sich eine **Risikoanalyse**. Diesbzgl. stellt auch das Lieferkettensorgfaltspflichtengesetz (LkSG)[6] Anforderungen an betroffene Unternehmen.

Das lieferkettenbezogene Risikomanagement muss sich gem. § 4 Abs. 2 LkSG im ersten Schritt nur auf Risiken oder Verletzungen fokussieren, die bei den unmittelbaren (direkten) Lieferanten bestehen. ESRS S2 hat im Vergleich dazu einen größeren Anwendungsbereich und betrachtet die gesamte Wertschöpfungskette, d.h. auch mittelbare (indirekte) Lieferanten, die gem. LkSG nur bei

---

2   DHL Freight, Blockchain in der Logistik: Sicherheit und Transparenz für die Lieferkette, https://dhl-freight-connections.com/de/loesungen/blockchain-in-der-logistik-sicherheit-und-transparenz-fuer-die-lieferkette/, Abruf 1.8.2024.
3   Vgl. EFRAG, EFRAG IG 2 – Value chain, IG 2.167, Mai 2024.
4   Vgl. EFRAG, EFRAG IG 2 – Value chain, IG 2.29–31, Mai 2024.
5   Vgl. EFRAG, EFRAG IG 2 – Value chain, IG 2.115–117, Mai 2024.
6   Geltung ab dem 1.1.2023 für Unternehmen mit mind. 3.000 Arbeitnehmern in Deutschland, ab dem 1.1.2024 für Unternehmen mit mind. 1.000 Arbeitnehmern in Deutschland.

substantiierter Kenntnis zu berücksichtigen sind. Grds. ist es hilfreich, die gleiche Methodik für die Risikoanalyse zu nutzen. In der Praxis liegt die Verantwortung der diesbzgl. Tätigkeiten meist bei der Rechts-, der Compliance- oder der Einkaufsabteilung i. V. m. der Geschäftsleitung. Für die Umsetzung wird ein zweistufiger Prozess vorgeschlagen:

1. Zuerst sollte ein Überblick gewonnen werden über die eigene Beschaffungsstruktur, die Struktur und Akteure beim unmittelbaren Zulieferer sowie die wichtigen Personengruppen, die von der Geschäftstätigkeit betroffen sein können. Dafür empfiehlt sich ein **Risikomapping**, das Kriterien wie Geschäftsfelder, Standorte, Produkte, Herkunftsländer und vulnerable Gruppen miteinbezieht.[7] Auf Basis des Geschäftsmodells und der Länder kann dann eine abstrakte Risikoanalyse vorgenommen werden. Für die Beurteilung des **Länderrisikos** können bspw. frei verfügbare Länderindizes wie der Corruption Perception Index (CPI), der Human Development Index (HDI), Global Slavery Index (GSI) oder auch der Environmental Performance Index (EPI) verwendet werden. Mithilfe der Indizes können Länder bspw. in verschiedene Risikokategorien wie „sehr hoch", „hoch", „mittel" oder „niedrig" einsortiert werden. In Kombination mit dem Risiko des Geschäftsmodells, was in ähnlichen Kategorien erfolgen kann, ergibt sich für alle Lieferanten ein abstrakter Risikowert.[8]

2. Danach werden in der konkreten Analyse bspw. für alle Lieferanten mit hohem und sehr hohem Risiko die Risiken bewertet nach den in § 3 Abs. 2 LkSG genannten Kategorien wie Angemessenheit, Einflussmöglichkeit des Unternehmens auf den Zulieferer, die Schwere und Wahrscheinlichkeit der Verletzung, Grad, Reichweite und Unumkehrbarkeit der Verletzung sowie Art des Verursachungsbeitrags.[9]

Die „Handreichung zur Umsetzung einer Risikoanalyse nach den Vorgaben des Lieferkettensorgfaltspflichtengesetzes" der BAFA[10], die zur Umsetzung des LkSG erstellt wurde, bietet eine Hilfestellung und gliedert die Risikoanalyse ebenfalls in diese zwei Stufen (abstrakte und konkrete Analyse).

Die Siemens AG legt in ihrem Nachhaltigkeitsbericht bspw. dazu dar:

---

7 Vgl. Büsing, in Freiberg/Bruckner, Corporate Sustainability – Kompass für die Nachhaltigkeitsberichterstattung, 3. Aufl., 2024, S. 526 ff.

8 Vgl. CPI, www.transparency.org/en/cpi/2023; HDI, http://hdr.undp.org/en/data; Walk Free, Global Slavery Index, www.walkfree.org/global-slavery-index/; EPI, https://epi.yale.edu/measure/2024/EPI, Abruf jew. 1.8.2024.

9 Vgl. Büsing, in Freiberg/Bruckner, Corporate Sustainability – Kompass für die Nachhaltigkeitsberichterstattung, 3. Aufl., 2024, S. 526 ff.

10 BAFA, Handreichung zur Umsetzung einer Risikoanalyse nach den Vorgaben des Lieferkettensorgfaltspflichtengesetzes, August 2022.

Praxis-Beispiel Siemens[11]

„Zur Identifizierung potenzieller Risiken in unserer Lieferkette verfolgt Siemens einen risikobasierten Ansatz. Dieser beinhaltet die Nachhaltigkeits-Selbsteinschätzungen von Lieferanten (CRSA), interne Qualitätsaudits mit Nachhaltigkeitsfragen und externe Nachhaltigkeitsaudits. Bei erkannten Abweichungen von den Grundsätzen des ‚Siemens Group Code of Conduct für Lieferanten und Geschäftspartner mit Mittlerfunktion' und damit auch bei Verletzungen der dort definierten Menschenrechtsthemen wird gemeinsam mit dem Lieferanten geklärt, wie Korrekturen innerhalb eines angemessenen Zeitrahmens nachhaltig umgesetzt werden."

Zudem illustriert die Siemens AG den Prozess, mit dem die Auswirkungen auf Menschenrechte geprüft werden. Hierbei wird das Zusammenspiel aus der Risikoanalyse im Due-Diligence-Prozess und der Beschwerdemechanismen deutlich:

Praxis-Beispiel Siemens (Fortsetzung)[12]

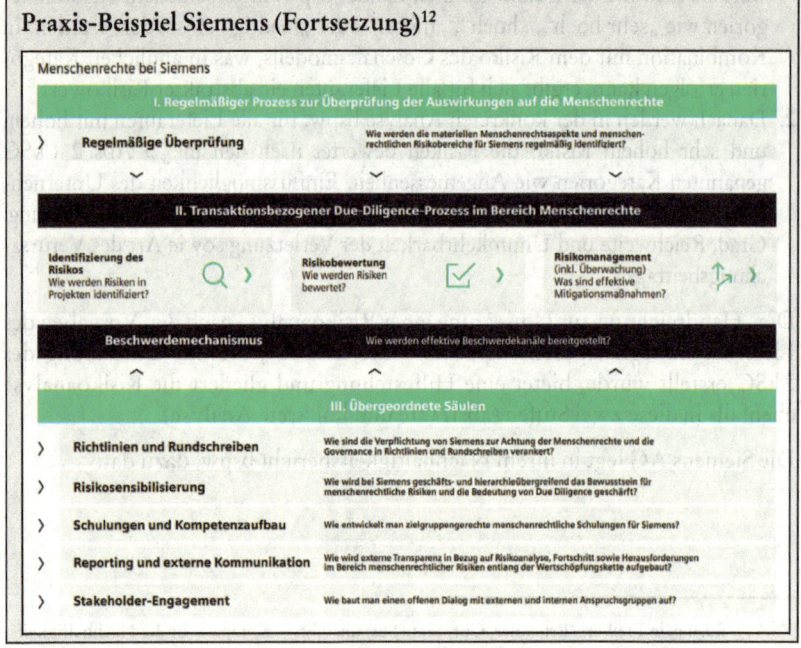

---

[11] Entnommen Siemens AG, Sustainability report 2023, S. 41, eigene Übersetzung aus dem Englischen.

[12] Entnommen Siemens AG, Nachhaltigkeitsbericht 2022, S. 49f. Im Sustainability report 2023 sind als übergeordnete Säulen „Risikoidentifikation" (Wie werden Risiken entlang der Wertschöpfungskette identifiziert?) und „Risikomanagement" (Was sind effektive Präventions- und Mitigationsmaßnahmen?) ergänzt worden; siehe S. 41 ebenda für die komplette Grafik in englischer Fassung.

Im Social Compliance Management System von Mercedes Benz wird beschrieben, wie der Fokus in der Risikoanalyse gelegt wurde und wie sie in das Unternehmen integriert ist:

> **Praxis-Beispiel Mercedes-Benz Group[13]**
>
> „**Supplier Compliance Risk Management**
>
> Im Rahmen des Supplier Compliance Risk Management (SCRM) unterzieht die Mercedes-Benz Group Tier-1-Lieferanten ihrer Einkaufsbereiche für Produktionsmaterial sowie für Nichtproduktionsmaterial und Dienstleistungen mindestens einmal jährlich einer Risikobeurteilung.
>
> Im Anschluss an eine erste übergeordnete Risikoaussage werden anhand spezifischer Fragebögen die konkreten Risiken ermittelt. Zusätzlich überprüfen die Einkaufsbereiche für Produktionsmaterial sowie Nichtproduktionsmaterial und Dienstleistungen alle Tier-1-Lieferanten laufend mithilfe einer Künstlichen Intelligenz auf menschenrechtliche und umweltbezogene Risiken.“

Arbeitskräfte in der Wertschöpfungskette sind bei den Angaben als eine wichtige Gruppe betroffener Interessenträger zu berücksichtigen (ESRS S2.9). In Rz 31 ff. sind die Angabepflichten bzgl. der allgemeinen Verfahren für die Einbeziehung der Arbeitskräfte in der Wertschöpfungskette aufgeführt. In vielen Fällen wird nicht mit den unmittelbar betroffenen Arbeitskräften in der Wertschöpfungskette in Austausch getreten, sondern Interessenvertretungen wie ihre rechtmäßigen Vertreter oder glaubwürdige Stellvertretende repräsentieren die Arbeitskräfte in der Wertschöpfungskette, um deren Perspektive in bspw. Risikoanalysen miteinzubeziehen (ESRS S2.AR5). Als Interessenvertretungen gelten:

- **Glaubwürdige Stellvertretende:** Personen mit hinreichender Erfahrung bei der Einbeziehung betroffener Interessenträger aus einer bestimmten Region oder einem bestimmten Umfeld (z. B. weibliche Arbeitskräfte in landwirtschaftlichen Betrieben, indigene Völker oder Wanderarbeitnehmende), denen sie helfen können, ihre Anliegen wirksam vorzubringen. In der Praxis können diese Nichtregierungsorganisationen in den Bereichen Entwicklung und Menschenrechte, internationale Gewerkschaften und die lokale Zivilgesellschaft, einschl. religiöser Organisationen, umfassen.[14]
- **Rechtmäßige Vertreter:** Personen, die nach dem Gesetz oder der Praxis als rechtmäßige Vertreter anerkannt sind, wie z. B. gewählte Gewerkschafts-

16

---

13 Entnommen Mercedes-Benz Group, Nachhaltigkeitsbericht 2023, S. 152.
14 Berichtigung der Delegierten Verordnung (EU) 2023/2772 v. 31.7.2023, ABl. EU L v. 9.8.2024, Anhang II, Tab. 2, S. 265.

vertreter im Fall von Arbeitskräften oder andere ähnlich frei gewählte Vertreter betroffener Interessenträger.[15]

Da oftmals Lieferanten, besonders mittelbare Lieferanten, ungenügende Informationen bereitstellen, kann ein Unternehmen Informationen von NGOs oder Branchenverbänden (siehe zu Branchenverbänden Rz 45) erfragen oder mit diesen zusammenarbeiten.

Der Nachhaltigkeitsbericht der Mercedes-Benz Group beschreibt, wie und welche Stakeholder in den Prozess des Human Rights Respect Systems (HRRS) einbezogen werden:

Praxis-Beispiel Mercedes-Benz Group[16]

„Die Mercedes-Benz Group baut das HRRS Schritt für Schritt weiter aus und bezieht dabei auch externe Stakeholder und Expertinnen und Experten mit ein. Hierzu zählen Rechteinhabende wie die Beschäftigten und deren Vertreterinnen und Vertreter oder die Bevölkerung vor Ort. Zu menschenrechtlichen Risiken beim Abbau bestimmter Rohstoffe tauscht sich die Mercedes-Benz Group beispielsweise mit internationalen Nichtregierungsorganisationen (NGOs) aus."

„Zudem bindet der Konzern potenziell betroffene Stakeholder bei der Überprüfung ihrer 24 als kritisch identifizierten Rohstoffe systematisch ein, um menschenrechtliche und umweltbezogene Risiken zu identifizieren und geeignete Maßnahmen zu implementieren. Hierbei stellen regionale und lokale NGOs eine wichtige Interessengruppe dar, da sie ein genaueres Bild über die Situation vor Ort geben und die Anliegen der potenziell Betroffenen kennen. Zusätzlich fanden im Berichtszeitraum Reisen in Abbaugebiete, u. a. nach Brasilien und Guinea, statt, von wo die Mercedes-Benz AG Bauxit und Aluminium bezieht. Die Besuche vor Ort dienen dem Kontaktaufbau zu potenziell Betroffenen und deren Einbezug in die Gestaltung von Maßnahmen. Die Mercedes-Benz AG setzt sich zudem für die stärkere Beteiligung potenziell Betroffener, beispielsweise der lokalen Bevölkerung, bei Auditierungen durch Standardsysteme ein."

17   Die S-Standards sind zu großen Teilen gleichartig aufgebaut und weisen einige Berührungspunkte sowie einzelne Personengruppen, die unter mehrere Interessenträger-Kategorien fallen können, auf. Daher ist ESRS S2, neben den grundlegenden Zusammenhängen zu ESRS 1 und ESRS 2, besonders i. V. m. ESRS S1, ESRS S3 und ESRS S4 zu betrachten.

---

15   Berichtigung der Delegierten Verordnung (EU) 2023/2772 v. 31.7.2023, ABl. EU L v. 9.8.2024, Anhang II, Tab. 2, S. 272.
16   Entnommen Mercedes-Benz Group, Nachhaltigkeitsbericht 2023, S. 152 und 154.

Bei Erfüllung der Angabepflichten gem. ESRS 2.48 (→ §4 Rz 102 ff.) hat das **18** berichtspflichtige Unternehmen darüber hinaus ausdrücklich anzugeben, ob auf **alle** Arbeitskräfte in der Wertschöpfungskette eingegangen wird, die wahrscheinlich von wesentlichen Auswirkungen des Unternehmens betroffen sein könnten und vom Umfang des ESRS S2 eingeschlossen werden. Zudem ist eine **kurze Beschreibung der Arten von Arbeitskräften** in der Wertschöpfungskette, die durch die eigenen Tätigkeiten oder durch die vor- und nachgelagerte Wertschöpfungskette wesentlichen Auswirkungen ausgesetzt sind, anzugeben:

• Arbeitskräfte, die am Standort des Unternehmens arbeiten, aber nicht zur eigenen Belegschaft gehören; also keine Selbstständigen oder Arbeitskräfte, die von Drittunternehmen bereitgestellt werden, die in erster Linie im Bereich der Vermittlung und Überlassung von Arbeitskräften tätig sind (die von ESRS S1 abgedeckt werden);

• Arbeitskräfte, die für Unternehmen in der vorgelagerten Wertschöpfungskette arbeiten (z.B. diejenigen, die bei der Gewinnung von Metallen oder Mineralien, der Gewinnung von Rohstoffen, bei der Raffination, Herstellung oder anderen Formen der Verarbeitung beteiligt sind);

• Arbeitskräfte, die für Unternehmen in der nachgelagerten Wertschöpfungskette arbeiten (z.B. Personen, die an den Tätigkeiten von Logistik- oder Vertriebsanbietern, Franchisenehmern oder Einzelhändlern beteiligt sind);

• Arbeitskräfte, die im Betrieb eines Gemeinschaftsunternehmens oder einer Zweckgesellschaft arbeiten, an denen das berichtende Unternehmen beteiligt ist;

• Arbeitskräfte (aus den genannten oder sonstigen Kategorien), die aufgrund ihrer inhärenten Merkmale oder besonderer Umstände besonders anfällig für negative Auswirkungen sind, wie Mitglieder einer Gewerkschaft, Wanderarbeitnehmende, Heimarbeitskräfte, Frauen oder junge Arbeitskräfte (ESRS S2.11).

Die EFRAG stellt in den Q&A hierzu auch klar, dass Sub-Unternehmer klassischerweise unter ESRS S2 fallen und nur ausgewählte Fälle (z.B. Selbstständige oder Zeitarbeitskräfte) in die Definition der Nicht-Angestellten unter ESRS S1.[17]

Bei der Beschreibung der wichtigsten Arten der Arbeitskräfte in der Wertschöpfungskette, die von negativen Auswirkungen betroffen sind oder betroffen sein könnten (basierend auf der Wesentlichkeitsbewertung nach ESRS 2 IRO-1) hat das Unternehmen anzugeben, ob und wie es ein Verständnis zur stärkeren Gefährdung bestimmter Gruppen von Arbeitskräften in der Wertschöpfungskette entwickelt hat. Bspw. können Arbeitskräfte mit bestimmten Merkmalen, Arbeitskräfte, die in einem bestimmten Umfeld arbeiten, oder

---

17   Vgl. EFRAG, ESRS Q&A Platfom, Compilation of Explanations, Januar–Juli 2024, Frage 356, S. 128 f.

Arbeitskräfte, die bestimmte Tätigkeiten ausüben, einem größeren Risiko ausgesetzt sein (ESRS S2.12).

19 Ebenso gefordert ist eine Angabe dazu, welche der wesentlichen Risiken und Chancen, die sich aus den Auswirkungen und Abhängigkeiten im Zusammenhang mit Arbeitskräften in der Wertschöpfungskette ergeben, sich auf **bestimmte Gruppen von Arbeitskräften in der Wertschöpfungskette** (z.B. bestimmte Altersgruppen, Arbeitnehmer in einer bestimmten Fabrik oder einem bestimmten Land) und nicht auf alle Arbeitskräfte in der Wertschöpfungskette auswirken (ESRS S2.13). Die Anwendungsanforderungen enthalten dazu zahlreiche Beispiele, die darauf zielen, besonders gefährdete Gruppen in einem sozialen oder geografischen Kontext zu identifizieren und deren – unmittelbare oder mittelbare – Betroffenheit von den Auswirkungen des berichtspflichtigen Unternehmens angemessen zu würdigen:

„Beispiele für besondere Merkmale von Arbeitskräften in der Wertschöpfungskette, die das Unternehmen [...] berücksichtigen kann, beziehen sich auf junge Arbeitskräfte, die anfälliger für Auswirkungen auf ihre körperliche und geistige Entwicklung sind, oder auf weibliche Arbeitnehmer in einem Kontext, in dem Frauen routinemäßig unter Verstoß gegen die Arbeits- und Beschäftigungsbedingungen diskriminiert werden, oder auf Wanderarbeitnehmer in einem Umfeld, in dem der Arbeitsmarkt schlecht reguliert ist und den Arbeitskräften regelmäßig Einstellungsgebühren auferlegt werden. Für einige Arbeitskräfte kann die Art der Tätigkeit, die sie ausführen müssen, ein Risiko darstellen (z.B. Arbeitnehmer, die mit Chemikalien umgehen oder bestimmte Geräte betreiben müssen, oder gering bezahlte Arbeitskräfte mit ‚Null-Stunden-Verträgen‘)" (ESRS S2.AR8).

Ein häufig adressiertes Thema ist die Benachteiligung von Frauen bzw. geschlechtsspezifische Risiken. Bspw. wird im Human Rights Report von Unilever dahingehend auf Risiken von geschlechtsbezogener Gewalt und dementsprechende Maßnahmen eingegangen:

Praxis-Beispiel Unilever[18]

„Zusammenarbeit mit Lieferanten zur Bekämpfung von geschlechtsspezifischer Diskriminierung

Im Jahr 2022 haben wir UNITE unterstützt, die jährliche Initiative der Vereinten Nationen zur Beendigung von Gewalt gegen Frauen, die Regierungen, die Zivilgesellschaft, den Privatsektor und die Vereinten Nationen zusammenbringt, um Gewalt gegen Frauen weltweit zu bekämpfen. Wir

---

[18] Entnommen Unilever, Human Rights Report Interim Update 2022, S. 8, eigene Übersetzung aus dem Englischen.

haben die Kampagne genutzt, um unsere Zulieferer zu mobilisieren und sie zu ermutigen, besser zu verstehen, wie die Risiken und Auswirkungen von geschlechtsspezifischer Gewalt und Belästigung verringert werden können, wie sie sich auf das Geschäft auswirken und wie man Vorfälle wirksam erkennen, verhindern und beheben kann. Zu diesem Zweck haben wir praxisnahe Instrumente und Leitfäden entwickelt, die wir 91 strategischen Zulieferern in Mexiko und Brasilien im Rahmen von Kompetenzschulungen zur Verfügung gestellt haben. Zusätzlich zu unseren zielgerichteten Lieferantenschulungen erstellten wir ein E-Learning-Modul zur Geschlechterintegration, das wir in vier Sprachen übersetzten und an über 2.000 Lieferanten an die vier Hochrisikomärkte – Indien, Indonesien, Mexiko und Brasilien – weitergaben. Dieses E-Learning-Modul konzentriert sich auf die Bedeutung der Geschlechterintegration und die Einbettung der Geschlechterperspektive in die Geschäftspolitik und -programme."

Detailliert werden weitere Angaben vorgeschrieben, die zu Arbeitskräften in der Wertschöpfungskette zu tätigen sind:

20

- geografische Gebiete (auf bspw. Länderebene) oder Rohstoffe, bei denen in Bezug auf die Arbeitskräfte in der Wertschöpfungskette ein erhebliches Risiko von Kinderarbeit oder Zwangsarbeit besteht;
- im Fall wesentlicher negativer Auswirkungen, ob sie
  - weit verbreitet oder systemisch sind in Kontexten, in denen das Unternehmen tätig ist oder Beschaffungs- oder andere Geschäftsbeziehungen unterhält (z.B. Kinderarbeit oder Zwangsarbeit in bestimmten Rohstofflieferketten in bestimmten Ländern oder Regionen);
  - mit einzelnen Vorfällen (z.B. mit einem Industrieunfall oder einer Ölpest) oder mit spezifischen Geschäftsbeziehungen zusammenhängen; zu den potenziellen Auswirkungen gehören u.a. Auswirkungen, die sich aus dem Übergang zu umweltfreundlicheren und klimaneutralen Tätigkeiten ergeben können, Auswirkungen im Zusammenhang mit Innovationen und Umstrukturierungen, der Schließung von Bergwerken, dem verstärkten Abbau von Mineralien, die für den Übergang zu einer nachhaltigen Wirtschaft benötigt werden, und der Produktion von Solarzellen;
- im Fall wesentlicher positiver Auswirkungen eine kurze Beschreibung der Aktivitäten, die zu den positiven Auswirkungen führen (z.B. aktualisierte Beschaffungspraktiken, Kapazitätsaufbau für Arbeitskräfte in der Lieferkette), einschl. der Chancen für die Arbeitskräfte wie die Schaffung von Arbeitsplätzen und die Weiterqualifizierung i.R.e. „gerechten Übergangs", und der Arten von Arbeitskräften in der Wertschöpfungskette, die positiv betroffen sind bzw. sein könnten, inkl. der Angabe, ob die positiven Wirkungen in bestimmten Ländern oder Regionen auftreten;

- alle wesentlichen Risiken und Chancen für das Unternehmen, die sich aus den Auswirkungen und Abhängigkeiten im Zusammenhang mit den Arbeitskräften in der Wertschöpfungskette ergeben (ESRS S2.11).

Als **Beispiel einer positiven Auswirkung** auf Arbeitskräfte in der Wertschöpfungskette kann das „Child Care Program" von Bayer aufgezeigt werden:

Praxis-Beispiel Bayer[19]

„Im Rahmen des ‚Child Care Program' sensibilisieren wir kontinuierlich unsere Zulieferer für die Problematik der Kinderarbeit und machen unsere Anforderungen deutlich, denn unsere Position zu Kinderarbeit ist unmissverständlich: Bei Bayer gilt ein striktes Verbot. Wir verpflichten deshalb unsere Lieferanten, auf Kinderarbeit zu verzichten.

Das ‚Child Care Program' hat das Ziel, gegen Kinderarbeit in der Saatgut-Lieferkette vorzugehen. Es umfasst deshalb systematische und mehrfache Überprüfungen der einzelnen Saatgutproduzenten während der Anbausaison vor Ort auf den Feldern durch lokale Bayer-Beschäftigte. Weiterhin wurde für die Anbausaison 2023/24 ein Pilot des Programms in Thailand geplant. Wir wollen mit systematischen Überprüfungen, in der zweiten Hälfte der Anbausaison (Januar–April 2024), herausfinden, wie hoch das Risiko für Kinderarbeit bei den Saatgutproduzenten vor Ort in Thailand tatsächlich ist. Bisher haben wir keine konkreten Hinweise auf Fälle von Kinderarbeit bei unseren dortigen Saatgutproduzenten.

Im Rahmen des ‚Child Care Program' führen wir auch außerhalb der Anbausaison Aktivitäten zur Vermeidung von Kinderarbeit durch. In der Nebensaison besuchen Beschäftigte von Bayer Schulen und sensibilisieren Kinder und Lehrer dafür, wie wichtig Schulbildung ist. Darüber hinaus klären unsere Beschäftigten die Schüler über die Wichtigkeit einer guten Hygiene auf. Begleitet werden sie von medizinischem Personal.

Im Falle eines Verstoßes gegen das Verbot von Kinderarbeit durch unsere Lieferanten erfolgen abgestufte Sanktionsmaßnahmen, die von einer schriftlichen Verwarnung bis zur Vertragskündigung im Wiederholungsfall reichen. Dank eines strikten Kontrollsystems und der Unterstützung durch lokale Aufklärungs- und Bildungsinitiativen wurden seit der Anbausaison 2021/22 bis heute in Indien, Bangladesch und auf den Philippinen keine Fälle von Kinderarbeit festgestellt."

21   Die Anwendungsanforderungen ergänzen in Bezug auf wesentliche Risiken, dass solche auch aufgrund der **Abhängigkeit des Unternehmens** von Arbeits-

---

[19] Entnommen Bayer, Nachhaltigkeitsbericht 2023, S. 107.

kräften in der Wertschöpfungskette entstehen können, wenn Ereignisse mit einer geringen Eintrittswahrscheinlichkeit, aber mit erheblichen Folgen, finanzielle Effekte auf das Unternehmen haben können. Bspw. kann eine globale Pandemie die Gesundheit der Arbeitskräfte in der Wertschöpfungskette beeinträchtigen, so dass es zu erheblichen Störungen der Produktion und des Vertriebs kommt. Weitere Beispiele können ein Mangel an qualifizierten Arbeitskräften in der Wertschöpfungskette oder politische Entscheidungen oder Rechtsvorschriften in Bezug auf Arbeitskräfte in der Wertschöpfungskette sein (ESRS 2.AR9).

Der Umfang und der Detailgrad der Berichterstattung hängen sehr von den   22
internen Ressourcen, der Größe des Unternehmens, der Branche und seinen Lieferanten ab. Fehlende Angaben sind dementsprechend zu kennzeichnen oder ggf. zu begründen.

Interessant zu beleuchten ist insbes. die Differenzierung zwischen realwirtschaftlichen Unternehmen und Unternehmen des Finanzsektors. Gerade im Finanzsektor sind die Risiken im Zusammenhang mit Arbeitskräften, die in der vorgelagerten Wertschöpfungskette des Unternehmens arbeiten, größtenteils eher gering. Der größte Hebel liegt hier zumeist in der Kapitalanlage. Dies wird insbes. auch über die Offenlegungsverordnung (Sustainable Finance Disclosure Regulation, SFDR) adressiert, über die zahlreiche Datenpunkte auch Eingang in die ESRS gefunden haben.[20]

2.2 Management der Auswirkungen, Risiken und Chancen

2.2.1 ESRS S2-1 – Konzepte im Zusammenhang mit Arbeitskräften in der Wertschöpfungskette

Das Ziel der Berichterstattung über die Konzepte im Zusammenhang mit   23
Arbeitskräften in der Wertschöpfungskette ist es, ein Verständnis für die Konzepte zu schaffen, über die das Unternehmen verfügt, die die Auswirkungen, Risiken und Chancen im Zusammenhang mit den Arbeitskräften in der Wertschöpfungskette abdecken. Dies beinhaltet Konzepte, die die Ermittlung, die Bewertung, das Management und/oder die Verbesserung von wesentlichen Auswirkungen auf Arbeitskräfte in der Wertschöpfungskette betreffen (ESRS S2.15 f.).

Erneut gibt es einen Zusammenhang mit dem LkSG. Lt. § 6 Abs. 1, 3 und 4 LkSG sind eine Grundsatzerklärung zu erstellen, das darin beschriebene Menschenrechtskonzept umzusetzen und geeignete Beschaffungskonzepte und Einkaufspraktiken zu implementieren, bspw. über einen Code of Conduct (Ver-

---

[20] Vgl. Disser/Zemke/Weisheit, in Freiberg/Bruckner, Corporate Sustainability – Kompass für die Nachhaltigkeitsberichterstattung, 3. Aufl., 2024, S. 389 ff.

haltenskodex für Lieferanten; Rz 27). Die Grundsatzerklärung stellt eher das übergeordnete Commitment und Ziel dar, was durch weitere konkrete Richtlinien ausgestaltet wird.

24   Dargelegt werden sollen **Konzepte,** die das Unternehmen für das Management der **wesentlichen Auswirkungen, Risiken und Chancen für Arbeitskräfte** in der Wertschöpfungskette eingerichtet hat (ESRS S2.15). Diesbzgl. wird gefordert:

- anzugeben, ob die Konzepte alle Arbeitskräfte in der Wertschöpfungskette abdecken oder lediglich ausgewählte Gruppen – wobei in diesem Fall eine konkrete Benennung dieser ausgewählten Gruppen zu tätigen ist (ESRS S2.16),
- anzugeben, ob die geforderten Angaben nach ESRS S2.15 im Einklang mit ESRS 2 MDR-P „Konzepte zum Umgang mit wesentlichen Nachhaltigkeitsaspekten" sind (ESRS S2.16) und
- zu erläutern, welche wesentlichen Änderungen es an seinen Konzepten während des Berichtjahrs gegeben hat (z. B. neue Erwartungen an Lieferanten, neue oder zusätzliche Ansätze zur Sorgfaltsprüfung und Abhilfe; ESRS S2.AR12).

Wenn Angaben i. R. d. ESRS S1 („Eigene Belegschaft") Informationen enthalten, die für Arbeitskräfte in der Wertschöpfungskette relevant sind, kann an entsprechender Stelle darauf verwiesen werden. Die Angaben zu den übrigen Punkten sind bei den Offenlegungsanforderungen unter ESRS S2 zu tätigen (ESRS S2.AR11). Wenn eine Strategie in einem umfassenden Dokument (z. B. einem Ethikkodex oder einer allgemeinen Nachhaltigkeitsstrategie) enthalten ist, muss das Unternehmen einen genauen **Querverweis** angeben, um auf die Aspekte der Strategie hinzuweisen, die die Anforderungen dieser Angabepflicht erfüllen (ESRS S2.AR13).

25   Darüber hinaus soll das Unternehmen erklären, wie die Konzepte denjenigen kommuniziert werden, für die sie relevant sind (ESRS S2.AR16). Vorgaben für die Kommunikation und Veröffentlichung der Konzepte werden von den UN-Leitprinzipien für Wirtschaft und Menschenrechte (Principle 16(d)) und den OECD-Leitsätzen (IV-4) konkretisiert. Demnach soll ein Unternehmen sicherstellen, dass die Konzepte (ESRS S2.BC57)

- öffentlich zugänglich sind und
- intern und extern an alle Mitarbeiter, Geschäftspartner und andere relevante Parteien **kommuniziert** werden.

Ferner wird empfohlen anzugeben (ESRS S2.BC60), wie Schwierigkeiten oder Grenzen der Kommunikation identifiziert und behoben werden (z. B. Veröffentlichung eines Commitments in verschiedenen Sprachen; GRI 2-23[21]).

---

21   GRI 2: Allgemeine Angaben 2021.

Darüber hinaus sind die menschenrechtspolitischen Verpflichtungen zu be- **26**
schreiben, die für Arbeitskräfte in der Wertschöpfungskette relevant sind. Dies
umfasst die Prozesse und Mechanismen zur Überwachung der Einhaltung der
Leitprinzipien der Vereinten Nationen für Wirtschaft und Menschenrechte, der
Erklärung der IAO über grundlegende Prinzipien und Rechte bei der Arbeit
oder der OECD-Leitsätze für multinationale Unternehmen. Das Unternehmen
soll sich bei seiner Darstellung auf wesentliche Sachverhalte fokussieren. Weiter
soll die Herangehensweise erläutern:

- die Achtung der Menschenrechte, einschl. der Arbeitnehmerrechte, der
  Arbeitskräfte,
- die Einbeziehung der Arbeitskräfte in der Wertschöpfungskette und
- Maßnahmen, die Abhilfe bei Menschenrechtsverletzungen schaffen und/
  oder ermöglichen (ESRS S2.17).

Das Unternehmen muss angeben, ob die Konzepte im Zusammenhang mit **27**
Arbeitskräften in der Wertschöpfungskette ausdrücklich auf Menschenhandel,
Zwangsarbeit und **Kinderarbeit** eingehen. Ferner ist anzugeben, ob das Unter-
nehmen über einen Verhaltenskodex für Lieferanten verfügt (ESRS S2.18).

Anzugeben ist weiterhin, inwiefern die Konzepte **im Einklang mit interna-** **28**
tional anerkannten Standards stehen. ESRS S2 hebt die UN-Leitprinzipien
für Wirtschaft und Menschenrechte hervor (ESRS S2.19).[22] Die Querverweise
in diesen Leitprinzipien auf weitere Dokumente (z. B. auf die Bill of Rights) sind
ebenfalls zu berücksichtigen, und Unternehmen können ebenso den Einklang
mit diesen zugrunde liegenden Normen angeben (ESRS S2.AR14).

Dies erfolgt oftmals im Detail auf die Auswirkungen und Maßnahmen
des Unternehmens eingegangen wird, um einen ersten Eindruck des Umfangs
und der Ausrichtung der Konzepte zu bieten. Dies ist beispielhaft auch bei
Unilever zu sehen:

Praxis-Beispiel Unilever[23]

„Unsere Strategie

Im Einklang mit den UN-Leitprinzipien für Wirtschaft und Menschenrechte stützen wir unser menschenrechtspolitisches Engagement auf die
Internationale Charta der Menschenrechte (bestehend aus der Allgemeinen
Erklärung der Menschenrechte, dem Internationalen Pakt über bürgerliche
und politische Rechte und dem Internationalen Pakt über wirtschaftliche,
soziale und kulturelle Rechte) sowie auf die in der Erklärung der Interna-

---

[22] UN-Leitprinzipien für Wirtschaft und Menschenrechte, www.bmz.de/de/service/lexikon/un-
leitprinzipien-fuer-wirtschaft-und-menschenrechte-60438, Abruf 1.8.2024.
[23] Entnommen Unilever, Human Rights Policy Statement 2023, S. 3, eigene Übersetzung aus dem
Englischen.

tionalen Arbeitsorganisation über grundlegende Prinzipien und Rechte bei der Arbeit festgelegten Grundsätze zu den Grundrechten. Wir befolgen die OECD-Leitsätze für multinationale Unternehmen und gehören zu den Gründungsmitgliedern des Global Compact der Vereinten Nationen. Wir verpflichten uns, alle international anerkannten Menschenrechte in unserer gesamten Geschäftstätigkeit zu respektieren, wobei wir uns besonders auf diejenigen Rechte konzentrieren, die durch unsere Aktivitäten und Geschäftsbeziehungen am stärksten gefährdet sind – unsere wichtigsten Menschenrechtsthemen. Wenn nationale Gesetze und internationale Menschenrechtsstandards voneinander abweichen, halten wir uns an den höheren Standard; bei widersprüchlichen Anforderungen halten wir uns an die nationalen Gesetze, suchen aber gleichzeitig nach Wegen, die Grundsätze der international anerkannten Menschenrechte einzuhalten."

29   Schließlich ist anzugeben, inwiefern die Konzepte des Unternehmens in Bezug auf Arbeitskräfte in der Wertschöpfungskette mit international anerkannten Standards im Einklang stehen (einschl. der UN-Leitprinzipien für Wirtschaft und Menschenrechte). Zudem hat das Unternehmen **gemeldete Fälle der Nichteinhaltung**
- der UN-Leitprinzipien für Wirtschaft und Menschenrechte,
- der OECD-Leitsätze für multinationale Unternehmen und
- der Erklärung der IAO über grundlegende Prinzipien und Rechten bei der Arbeit

im Hinblick auf Arbeitskräfte in der Wertschöpfungskette (vor- und nachgelagert) anzugeben. Sofern solche Verstöße vorliegen, ist die Art dieser Fälle zu beschreiben (ESRS S2.19).

Im Folgenden beschreibt adidas seinen Umgang mit Verstößen, der auf (internen) Durchsetzungsrichtlinien beruht:

Praxis-Beispiel adidas[24]

„Durchsetzung der Standards: Umgang mit Verstößen

Verstöße gegen die Arbeitsplatzstandards sind kategorisiert in sogenannte ‚Zero Tolerance' (Nulltoleranz)-Verletzungen und ‚Threshold Issues' (Grenzfälle). Nulltoleranzfälle umfassen Gefangenenarbeit, lebensbedrohliche Sicherheits- und Gesundheitsbedingungen sowie wiederholter oder systematischer Missbrauch. Jede Aufdeckung eines solchen Verstoßes zieht

---

[24] Entnommen adidas, Beschaffungskette, www.adidas-group.com/de/nachhaltigkeit/soziale-auswirkungen/beschaffungskette/#/durchsetzung-der-standards-umgang-mit-verstoen/, Abruf 1.8.2024.

eine sofortige Kontaktaufnahme mit dem Zulieferer nach sich. Bestätigt sich der Vorwurf, beenden wir die Geschäftsbeziehung mit diesem Zulieferer.

Zu der Kategorie der Grenzfälle zählen schwerwiegende Verstöße in den Bereichen Beschäftigung, Gesundheit, Arbeitssicherheit oder Umwelt (oder eine Kombination dieser Probleme). Unsere Durchsetzungsrichtlinien sehen in solchen Grenzfällen gegebenenfalls den Ausschluss eines neuen Herstellers oder Durchsetzungsmaßnahmen für bestehende Zulieferer vor. Für den Fall, dass Zulieferer gegen unsere Arbeitsplatzstandards verstoßen, greifen wir auf die Sanktionen und Abhilfemaßnahmen aus unseren ‚Richtlinien zur Durchsetzung unserer Standards' zurück. Dazu gehören:

- Beendigung des Herstellerrahmenvertrages
- Aufforderung zur Produktionseinstellung
- Untersuchung durch Drittparteien
- Schriftliche Verwarnungen
- Überprüfung der Auftragsvergabe
- Beauftragung spezieller Projekte zur Behebung spezifischer Compliance-Probleme"

Die Themenbereiche Menschenrechte und Arbeitsbedingungen in der Wert- 30
schöpfungskette können ganzheitlich über ein Managementsystem abgebildet werden. Sofern ein solches vorhanden ist, sollte dies unter der Angabepflicht zu den festgelegten Konzepten beschrieben werden.

Beispielhafte **Managementsysteme** relevant im Kontext von ESRS S2 sind ISO 45001 (Arbeits- und Gesundheitsschutz), ISO 26000 (Gesellschaftliche Verantwortung) oder SA8000 (Sozial- und Arbeitsstandard). Neben diesen spezifischen Managementsystemen ist auch eine Integration in allgemeinere Managementsysteme möglich, wie z.B. dem Compliance-Managementsystem. Die klassischen Elemente wie z. B. beim Compliance-Managementsystem nach IDW PS 980 eignen sich ideal, um die Anforderungen an Menschenrechte und Arbeitsbedingungen in der Wertschöpfungskette umzusetzen.[25]

2.2.2 ESRS S2-2 – Verfahren zur Einbeziehung der Arbeitskräfte in der Wertschöpfungskette in Bezug auf Auswirkungen

Die Angabepflichten verlangen vom berichtspflichtigen Unternehmen anzuge- 31
ben, ob und wie es Arbeitskräfte in der Wertschöpfungskette und ihre recht-mäßigen Vertreter oder glaubwürdige Stellvertretende bei seinem laufenden

---

[25] Vgl. Hell/Sander, in KPMG AG Wirtschaftsprüfungsgesellschaft, Compliance Management im Wandel, 1. Aufl., 2020, S. 204 ff.

Verfahren zur Erfüllung der Sorgfaltspflicht im Bereich der Nachhaltigkeit einbezieht. Dies in zweifacher Hinsicht:

• ob und wie das Unternehmen wesentliche potenzielle und tatsächliche, positive wie negative Auswirkungen auf Arbeitskräfte in der Wertschöpfungskette einbezieht,

• inwiefern die Sichtweisen der Arbeitskräfte in der Wertschöpfungskette in den Entscheidungsprozessen des Unternehmens berücksichtigt werden (ESRS S2.20 f.).

Grundlegend zu beachtende Aspekte und zu erfüllende Angaben befinden sich in der Offenlegungsanforderung bzgl. ESRS 2 SBM-2 „Interessen und Standpunkte der Interessenträger" (Rz 13).

32 Ein Unternehmen hat darzustellen, ob und inwiefern die Sichtweisen der Arbeitskräfte in der Wertschöpfungskette in seine Entscheidungen oder Tätigkeiten einfließen, welche darauf abzielen, die tatsächlichen und potenziellen Auswirkungen auf Arbeitskräfte in der Wertschöpfungskette zu bewältigen (ESRS S2.22). Sofern relevant, sind folgende Aspekte zu erläutern:

• ob die Zusammenarbeit mit den Arbeitskräften in der Wertschöpfungskette, ihren rechtmäßigen Vertretern direkt oder mit glaubwürdigen Stellvertretenden (Rz 16) stattfindet, die Einblicke in ihre Situation haben;

• die Phase(n), in der/denen die Einbeziehung erfolgt (z. B. Festlegung von Abhilfemaßnahmen, Bewertung der Wirksamkeit);

• die Art der Einbeziehung (die Festlegung des Ansatzes für die Minderung, die Bewertung der Wirksamkeit der Minderung);

• die Häufigkeit der Einbeziehung;

• die Funktion und die ranghöchste Position innerhalb des Unternehmens, die die operative Verantwortung dafür trägt, dass die Einbeziehung der Sichtweisen der Arbeitskräfte in der Wertschöpfungskette stattfindet und dass diese Ergebnisse in das Konzept des Unternehmens einfließen (ESRS S2.22); auch das LkSG legt in diesem Kontext fest, dass Zuständigkeiten und Verantwortlichkeiten definiert werden müssen (§ 4 Abs. 3 LkSG); anzugebende Informationen sind, ob die jeweiligen Beschäftigten über bestimmte Fähigkeiten verfügen müssen oder ob ihnen Weiterbildung oder der Aufbau von Kapazitäten im Hinblick auf die Einbeziehung angeboten werden (ESRS S2.AR18(d); ESRS S2.AR19);

• ggf. globale Rahmenvereinbarungen oder Vereinbarungen, die das Unternehmen mit globalen Gewerkschaftsbünden im Zusammenhang mit der Achtung der Menschenrechte der Arbeitskräfte in der Wertschöpfungskette geschlossen hat, einschl. des Rechts auf Kollektivtarifverhandlungen und einschl. einer Erläuterung, wie die Vereinbarung dem Unternehmen ermöglicht, Einblicke in die Sichtweisen dieser Arbeitskräfte zu erhalten;

- ggf. wie das Unternehmen die Wirksamkeit seiner Zusammenarbeit mit Arbeitskräften in der Wertschöpfungskette bewertet, ggf. einschl. aller daraus resultierenden Vereinbarungen oder Ergebnisse;
- ggf. die Schritte, die das Unternehmen unternimmt, um Einblicke in die Sichtweisen von Arbeitskräften in der Wertschöpfungskette, die besonders anfällig für Auswirkungen sind und/oder marginalisiert werden können, zu gewinnen (ESRS S2.22); dies umfasst bspw. weibliche Arbeitskräfte, Wanderarbeitnehmende oder Arbeitskräfte mit Behinderungen.

Bspw. veröffentlicht Puma dazu die Ergebnisse einer Umfrage über die Zufriedenheit der Arbeitskräfte in der Wertschöpfungskette im Betriebsumfeld. Diese Umfrage stellt einen zur Verfügung stehenden Kanal für die Arbeitskräfte in der Wertschöpfungskette dar. Allerdings werden in diesem Abschnitt lediglich Angaben zur Art der Einbeziehung gemacht und mit wem zusammengearbeitet wurde:

Praxis-Beispiel Puma[26]

„Arbeiter*innenumfrage

[...] Mitarbeiter*innen von PUMA-Lieferanten stehen mehrere Kanäle zur Verfügung, über die sie ihre Meinung kundtun und Beschwerden äußern können. Die Drittplattformen können von 201,579 Arbeiter*innen bei 89 Lieferanten genutzt werden. Auch in 29 nichtstrategischen Fabriken in drei Ländern (Bangladesch, Vietnam und China) wurden die Plattformen im vergangenen Jahr eingesetzt. Um Aufbau und Wirksamkeit von PUMAs Beschwerdesystem gemessen an den Kriterien der UN-Leitprinzipien für Wirtschaft und Menschenrechte zu bewerten, haben wir im vergangenen Jahr eine Umfrage unter Fabrikarbeiter*innen durchgeführt."

Jahr	Anzahl Fabriken	Anzahl Arbeiter*innen
2021	48	13.557[1]
2022	68	21.526
2023	45	14.823

[1] Seit dem Jahr 2021 nutzen wir die Gallup-Methodik mit 95 % Konfidenzintervall und 5 % Fehlertoleranz um die Stichprobengröße an Produktionsarbeiter*innen in den jeweiligen Fabriken zu bestimmen.

Verfügt ein Unternehmen nicht über ein allgemeines Verfahren zur Zusammenarbeit mit den Arbeitskräften in der Wertschöpfungskette, so ist dies anzugeben. Falls ein

33

---

[26] Entnommen Puma, Geschäftsbericht 2023, S. 66 und 68.

solches Verfahren in Zukunft eingerichtet werden soll, wird empfohlen, den dafür maßgeblichen Zeitraum in die Angabe aufzunehmen (ESRS S2.24).

2.2.3 ESRS S2-3 – Verfahren zur Behebung negativer Auswirkungen und Kanäle, über die die Arbeitskräfte in der Wertschöpfungskette Bedenken äußern können

34   Die Angabepflicht ESRS S2-3 verlangt Beschreibungen für Verfahren im Unternehmen:

- Verfahren, über die es verfügt, um negative Auswirkungen auf Arbeitskräfte in der Wertschöpfungskette, die mit dem Unternehmen in Zusammenhang stehen, zu beheben oder an der Behebung mitzuwirken;
- Kanäle, die den Arbeitskräften in der Wertschöpfungskette zur Verfügung stehen, um Bedenken zu äußern und Folgemaßnahmen und die Wirksamkeit dieser Kanäle prüfen zu lassen (ESRS S2.25 f.).

Zusätzlich soll angegeben werden, wie die Wirksamkeit dieser Kanäle überwacht wird (ESRS S2.26). Hinsichtlich weiterer Leitlinien zur Umsetzung dieser Angabepflicht verweist der Standard auf die einschlägigen Ausführungen zu Abhilfe- und Beschwerdemechanismen in den UN-Leitprinzipien für Wirtschaft und Menschenrechte und den OECD-Leitsätzen für multinationale Unternehmen (ESRS S2.AR21). Auch hier gibt es eine Überschneidung mit dem LkSG (§ 7), das in Bezug auf Abhilfemaßnahmen vorschreibt, dass ein Unternehmen bei festgestellten Verletzungen menschenrechtsbezogener Pflichten in seinem eigenen Geschäftsbereich oder bei einem unmittelbaren Zulieferer angemessene Abhilfemaßnahmen ergreifen muss, um diese Verletzung zu verhindern, zu beenden oder das Ausmaß der Verletzung zu minimieren.

35   Im Detail sind nach ESRS S2-3 folgende Angaben vorgesehen:

- der allgemeine Ansatz und die Verfahren für die Durchführung von **Abhilfemaßnahmen** oder die Beteiligung an solchen Maßnahmen eines Unternehmens, wenn es festgestellt hat, dass es eine wesentliche negative Auswirkung auf Arbeitskräfte in der Wertschöpfungskette verursacht oder zu dieser beigetragen hat; die Angaben zu einem Ansatz umfassen Angaben dazu, ob und inwiefern das Unternehmen bewertet, dass die ergriffenen Abhilfemaßnahmen wirksam sind (ESRS S2.27);
- alle **spezifischen Kanäle**, die das Unternehmen für Arbeitskräfte in der Wertschöpfungskette eingerichtet hat, um ihre Bedenken oder Bedürfnisse dem Unternehmen direkt gegenüber zu äußern und prüfen lassen zu können, einschl. Angaben dazu, ob diese Kanäle vom Unternehmen selbst und/oder durch Dritte eingerichtet wurden (ESRS S2.27(b)); als solche Dritte kommen insbes. Regierungen, NGOs oder Industrieverbände in Betracht; das Unternehmen kann angeben, ob diese allen möglicherweise betroffenen Arbeitskräften und Einzelpersonen oder Organisationen, die in deren Namen

handeln oder auf eine andere Weise Kenntnis von den negativen Auswirkungen haben, zugänglich sind (ESRS S2.AR24);

- die **Verfahren**, mit denen das Unternehmen die Verfügbarkeit solcher Kanäle am Arbeitsplatz der Arbeitskräfte in der Wertschöpfungskette unterstützt oder seitens seiner Geschäftspartner verlangt (ESRS S2.27);

- Darstellungen dazu, wie das Unternehmen die vorgebrachten und angegangenen Probleme verfolgt und überwacht und wie es die **Wirksamkeit** der Kanäle sicherstellt, auch unter Einbeziehung von Interessenträgern, die als Zielnutzer vorgesehen sind (ESRS S2.27).

Als **Kanal für das Melden von Bedenken** oder Bedürfnissen werden Beschwerdemechanismen, Hotlines, Dialogprozesse, Gewerkschaften und andere Mittel definiert, die es Arbeitskräften in der Wertschöpfungskette oder ihren rechtmäßigen Vertretern erlauben, Bedenken oder Bedürfnisse in Bezug auf Auswirkungen oder sonstige Anliegen zu äußern, die vom Unternehmen adressiert werden sollen. Dies umfasst auch Kanäle, die zu einem Unternehmen direkt zur Verfügung gestellt werden, und andere Mechanismen, die das Unternehmen nutzen kann, um Einblicke in das Management der Auswirkungen der Arbeitskräfte zu erhalten, wie z.B. Audits der Einhaltung von Vorschriften. Sollten solche Kanäle nur von Geschäftspartnern (Unternehmen, in denen die Arbeitskräfte in der Wertschöpfungskette arbeiten) aufrechterhalten werden und sollte ein Unternehmen sich daher zur Erfüllung der Angabepflicht ausschl. auf deren Informationen über diese Kanäle stützen, so empfiehlt der Standard, auch dies anzugeben (ESRS S2.AR22).

36

Covestro stellt hierfür ein Beispiel dar, in dem verschiedene Kanäle aufgezeigt und Hinweise auf den Umgang mit geäußerten Bedenken angegeben werden:

Praxis-Beispiel Covestro[27]

„**Beschwerdemechanismus**
- Covestro ermutigt ausdrücklich dazu, Verdachtsfälle auf Menschenrechtsverstöße sowohl innerhalb des Unternehmens als auch bei Zulieferern zu melden. Zur Meldung von Verstößen setzen wir ein Whistleblowing-Instrument ein, bestehend aus einer weltweiten Hotline und einem Online-Tool.
- In einem definierten Prozess, der sich auf das Engagement von (potenziell) betroffenen Stakeholdern stützt, wird in Verdachtsfällen im Hinblick auf Menschenrechtsverstöße nachgegangen."

---

[27] Entnommen Covestro, Menschenrechtliche Sorgfalt bei Covestro, www.covestro.com/de/sustainability/how-we-operate/human-rights, Abruf 1.8.2024.

37 In den UN-Leitprinzipien und OECD-Leitsätzen wird gefordert, dass ausdrücklich die **Verbindung zwischen den Kanälen,** über die Bedenken geäußert werden können, **und dem allgemeinen Konzept des Unternehmens zur Abhilfe,** einschl. der Bewertung der Wirksamkeit der Abhilfe, beschrieben wird. Dafür müssen Unternehmen wirksame **Beschwerdemechanismen auf betrieblicher Ebene** (das bedeutet, dass Mechanismen direkt zugänglich sind für Einzelpersonen oder Gemeinschaften, die negativ beeinflusst werden könnten) einrichten oder sollten sich an solchen Mechanismen beteiligen, damit Missstände für möglicherweise nachteilig Betroffene frühzeitig angegangen und direkt behoben werden können (UN-Leitprinzip 29). Beschwerdemechanismen auf betrieblicher Ebene sollten zusätzlich die Kriterien Legitimität, Zugänglichkeit, Vorhersehbarkeit, Gerechtigkeit, Vereinbarkeit mit den Leitlinien und Transparenz, basierend auf der Einbeziehung von Arbeitskräften in der Wertschöpfungskette mit dem Ziel, gemeinsame Lösungen zu finden, erfüllen, um ein effektives Mittel für Abhilfe zu sein (ESRS S2.BC81).

38 Das Unternehmen soll in Bezug auf das Vertrauen der Arbeitskräfte in der Wertschöpfungskette in die Beschwerdemechanismen angeben,

- ob und wie es feststellt, dass Arbeitskräfte in der Wertschöpfungskette, die möglicherweise betroffen sind, diese Strukturen oder Verfahren kennen und ihnen vertrauen, um ihre Bedenken oder Bedürfnisse mitzuteilen und prüfen zu lassen;

- ob es über Konzepte zum Schutz von Einzelpersonen gegen Vergeltungsmaßnahmen verfügt; wurden solche Informationen i. R. d. ESRS G1-1 angegeben, kann das Unternehmen auf diese Informationen verweisen (ESRS S2.28; → § 16 Rz 17 ff.).

Dazu wird empfohlen, relevante und zuverlässige Daten über die Wirksamkeit dieser Kanäle aus der Sicht der Arbeitskräfte in der Wertschöpfungskette vorzulegen. Informationsquellen dafür können z. B. Befragungen von solchen Personen, die von diesen Kanälen bereits Gebrauch gemacht haben, sein (ESRS S2.AR26). Zu beachten ist die Verbindung zu den Mechanismen der Bekämpfung von Korruption und Bestechung mithilfe von Hinweisgebern in ESRS G1 „Unternehmensführung". Für Leitfragen und weiterführende Referenzen für diese Wirksamkeitskriterien für außergerichtliche Beschwerdemechanismen wird auf das Prinzip 31 der UN-Leitprinzipien verwiesen.

39 Das UN-Leitprinzip 22 und die OECD-Leitsätze (IV-6) empfehlen außerdem, dass Unternehmen, die im Rahmen ihrer Sorgfaltspflicht im Bereich der Menschenrechte oder auf andere Weise feststellen, dass sie eine nachteilige Auswirkung verursacht oder zu ihr beigetragen haben,

- über Verfahren verfügen sollten, die eine Abhilfe ermöglichen, und

- in manchen Situationen mit gerichtlichen oder staatlichen außergerichtlichen Mechanismen je nach Erfordernis zusammenarbeiten.

Das Konzept der Abhilfe ist in den internationalen Standards von zentraler Bedeutung und eng mit der Sorgfaltspflicht verknüpft. Abhilfe ist nicht nur ein Menschenrecht an sich, sondern auch ein Grundpfeiler der internationalen Standards für die Verantwortung von Unternehmen für die Menschenrechte (ESRS S2.BC77).

Das LkSG (§ 8) verpflichtet Unternehmen ebenfalls, ein Beschwerdeverfahren   **40**
für Betroffene einzurichten sowie dessen Wirksamkeit zu überprüfen.

Praxis-Tipp

Die BAFA hat die Handreichung „Beschwerdeverfahren organisieren, umsetzen und evaluieren"[28] veröffentlicht. Hier finden sich hilfreiche Informationen u. a. zur Ausgestaltung des Beschwerdemechanismus, Hinweise zur Zugänglichkeit, zum Umgang mit Beschwerden und auch zum optionalen Verfahren der einvernehmlichen Streitbeilegung. Im Anhang der Handreichung werden auch Beispiele für öffentliche Verfahrensordnungen bestehender Beschwerdeverfahren von (Multi-Stakeholder-)Initiativen aufgelistet.

Hat ein Unternehmen keinen Kanal für das Melden von Bedenken für Arbeits-   **41**
kräfte in der Wertschöpfungskette eingerichtet, und/oder unterstützt es nicht die Bereitstellung solcher Kanäle durch seine Geschäftspartner, so ist dies anzugeben. Falls ein solcher Kanal in Zukunft eingerichtet werden soll, wird empfohlen, den dafür maßgeblichen Zeitrahmen in die Angabe aufzunehmen (ESRS S2.29).

2.2.4 ESRS S2-4 – Ergreifung von Maßnahmen in Bezug auf wesentliche Auswirkungen und Ansätze zum Management wesentlicher Risiken und zur Nutzung wesentlicher Chancen im Zusammenhang mit Arbeitskräften in der Wertschöpfungskette sowie die Wirksamkeit dieser Maßnahmen und Ansätze

Das Ziel der Angabepflichten umfasst eine Darstellung der Maßnahmen oder   **42**
Initiativen, die ein Unternehmen verfolgt, um negative Auswirkungen auf Arbeitskräfte in der Wertschöpfungskette zu verhindern, abzumildern oder zu beheben sowie positive Auswirkungen auf Arbeitskräfte in der Wertschöpfungskette zu erzielen. Weiterhin soll dargestellt werden, wie mit wesentlichen Risiken im Zusammenhang mit Arbeitskräften in der Wertschöpfungskette umgegangen wird und wie Chancen genutzt werden (ESRS S2.31).

---

[28] BAFA, Handreichung „Beschwerdeverfahren nach dem Lieferkettensorgfaltspflichtengesetz", Oktober 2022.

Dafür wird außerdem eine zusammenfassende Beschreibung der Aktionspläne und Mittel in Bezug auf dieses Management gem. ESRS 2 MDR-A „Maßnahmen und Mittel in Bezug auf wesentliche Nachhaltigkeitsaspekte" gefordert.

43   Auf einer grundlegenden Ebene sind folgende Aspekte zu beschreiben:
      • die Verfahren für die Ermittlung der erforderlichen und angemessenen Maßnahmen als Reaktion auf bestimmte tatsächliche oder potenzielle negative Auswirkungen auf Arbeitskräfte in der Wertschöpfungskette;
      • der Ansatz, um Maßnahmen in Bezug auf bestimmte wesentliche negative Auswirkungen auf Arbeitskräfte in der Wertschöpfungskette zu ergreifen, einschl. Maßnahmen im Zusammenhang mit dem eigenen Einkauf oder anderen internen Vorgehensweisen bzw. Praktiken, sowie Kapazitätsaufbau oder andere Formen der Zusammenarbeit mit Unternehmen in der Wertschöpfungskette oder Formen der Zusammenarbeit auf Industrie-Ebene oder in Multi-Stakeholder-Initiativen mit Branchenkollegen oder anderen relevanten Parteien;
      • wie gewährleistet wird, dass Verfahren zur Durchführung oder Ermöglichung von Abhilfemaßnahmen im Fall von wesentlichen negativen Auswirkungen verfügbar und in ihrer Umsetzung und ihren Ergebnissen auch wirksam sind (ESRS S2.33); dabei soll das Unternemen die Angaben unter ESRS 2 MDR-T „Nachverfolgung der Wirksamkeit von Konzepten und Maßnahmen durch Zielvorgaben" berücksichtigen (ESRS 2.37).

Der Human Rights Report von Unilever (siehe folgendes Beispiel) geht separat vom Nachhaltigkeitsbericht spezifisch auf die Achtung der Menschenrechte ein. Zuerst werden die relevanten Themen aufgeführt und im Anschluss die Maßnahmen und Initiativen in Bezug auf die einzelnen Themen beschrieben. Die Informationen erfüllen nicht vollumfänglich die Angabepflichten, jedoch vermitteln sie einen ersten Eindruck einer solchen Angabe. Generell sind Maßnahmen zur Abhilfe und zur Bewältigung in der Praxis oftmals schwer voneinander zu trennen, wodurch auch die darauf bezogenen Kapitel ineinandergreifen.

Praxis-Beispiel Unilever[29]

„Unsere wichtigsten Menschenrechtsthemen

Wie wir durch gemeinsames Handeln Fortschritte für unser Unternehmen und die gesamte Branche erreichen können

Die UN-Leitprinzipien für Wirtschaft und Menschenrechte definieren wichtige Themen als ‚die Menschenrechte, die durch die Aktivitäten oder

---

[29]   Entnommen Unilever, Human Rights Report Interim Update 2022, S. 5, eigene Übersetzung aus dem Englischen.

Geschäftsbeziehungen eines Unternehmens am stärksten gefährdet sind'. Im Jahr 2015 haben wir acht wesentliche Menschenrechtsthemen identifiziert: Diskriminierung, angemessene Entlohnung, Zwangsarbeit, Vereinigungsfreiheit, Belästigung, Gesundheit und Sicherheit, Landrechte und Arbeitszeiten. [...] Unsere wichtigsten Menschenrechtsthemen werden derzeit überprüft, und wir werden die Ergebnisse dieser Überprüfung im Laufe des Jahres 2023 bekannt geben. Bei allen unseren wichtigen Themen erkennen wir die Bedeutung der Zusammenarbeit an. Wir arbeiten eng mit anderen zusammen, um unsere Risikoprüfung und unser Risikomanagement zu verbessern. So arbeiten wir beispielsweise mit externen Experten zusammen, um innovative datengestützte Instrumente zu entwickeln und zu erproben, die unseren Ansatz der Sorgfaltspflicht und der wirksamen Abhilfe stärken werden. Im Jahr 2022 setzten wir unseren Fokus auf Zwangsarbeit, Belästigung und faire Löhne fort.

Die Abschaffung von Zwangsarbeit

Wie unsere Partnerschaften und Kooperationen in der Branche uns helfen, Probleme im Zusammenhang mit Zwangsarbeit besser zu erkennen, zu vermeiden und zu beheben

Im Jahr 2021 begannen wir mit der Umsetzung eines Drei-Säulen-Aktionsplans, um Probleme im Zusammenhang mit Zwangsarbeit zu lösen, insbesondere die Zahlung von Anwerbegebühren durch Arbeitnehmer. Dieser Aktionsplan befasst sich mit drei Schlüsselbereichen: Aufdeckung, Prävention und Abhilfe. Im folgenden Abschnitt erläutern wir, wie wir mit Branchenkollegen, Lieferanten und unseren Beschaffungsteams zusammengearbeitet haben, um in diesen Bereichen bis 2022 etwas zu bewirken:

- Wir waren eines von sechs globalen Konsumgüterunternehmen, die unter der Koordination von AIM-Progress die Schulung von über 80 Unternehmen in der Golfregion sponserten, um ihnen bei der Verbesserung ihrer Beschäftigungspraktiken zu helfen. Ziel der Schulung war es, langfristige Lösungen für Probleme mit Arbeitspraktiken in der Region zu entwickeln, damit mehr Zulieferer die von globalen Unternehmen geforderten Standards erfüllen können, mit dem Fokus insbesondere auf der Verbesserung der Beschäftigungspraktiken und Bekämpfung des Risikos der Ausbeutung von Wanderarbeitnehmern.
- Wir haben unsere Zusammenarbeit mit der Mekong Sustainable Manufacturing Alliance im zweiten Jahr eines Dreijahresprogramms fortgesetzt, das von der United States Agency for International Development (USAID), dem Institute for Sustainable Communities (ISC), ELEVATE und dem Asian Institute of Technology finanziert wird. Im Rahmen der von der Allianz durchgeführten Initiativen nahmen drei Unilever-Zulie-

> ferer mit Sitz in Thailand, die mehr als 5.500 Arbeitnehmer beschäftigen, an technischen Hilfsprogrammen teil, die Schulungen und Instrumente zur Überprüfung von Plänen zur Gebührensanierung, zum Schutz von Wanderarbeitnehmern und zu Beschwerdemechanismen umfassten. Bis Ende 2022 hatten diese Zulieferer maßgeschneiderte Maßnahmen zum Aufbau von Fähigkeiten in diesen Bereichen abgeschlossen. Zusätzlich zu unserer Arbeit mit der Allianz haben wir für 15 unserer in Malaysia ansässigen Zulieferer virtuelle Schulungen zum Thema verantwortungsvolle Rekrutierung durchgeführt, um das Verständnis und die Fähigkeiten zur Beseitigung von Zwangsarbeit zu verbessern.
>
> - Wir haben mit anderen Unternehmen zusammengearbeitet, um einen Leitfaden für Abhilfemaßnahmen auf Branchenebene zu erstellen, da wir erkannt haben, wie wichtig es ist, allgemeingültige Rahmenwerke und Prozesse zu entwickeln und zu verankern. Unilever hat zusammen mit anderen Mitgliedern von AIM-Progress und der Human Rights Coalition (HRC) des Consumer Goods Forum (CGF) einen neuen Praxis-Leitfaden zur Rückzahlung von Anwerbegebühren herausgegeben. Dieser Leitfaden dient als Instrument zur Unterstützung von Unternehmensmaßnahmen gegen Zwangsarbeit, insbesondere Schuldknechtschaft. Er bietet einen klaren Rahmen, der Unternehmen helfen soll sicherzustellen, dass ihre Einstellungs- und Beschäftigungspraktiken den Priority Industry Principles (PIPs) der CGF entsprechen."

44 Hinsichtlich der **wesentlichen negativen Auswirkungen** sind Angaben dazu gefordert,
- welche Maßnahmen geplant sind, im Gang sind oder bereits ergriffen wurden, um tatsächliche wesentliche negative Auswirkungen auf Arbeitskräfte in der Wertschöpfungskette zu verhindern oder zu mindern;
- ob und wie Maßnahmen ergriffen wurden, um in Bezug auf eine tatsächliche wesentliche Auswirkung Abhilfe zu schaffen oder zu ermöglichen;
- alle zusätzlich ergriffenen Maßnahmen oder Initiativen, um in Bezug auf Arbeitskräfte in der Wertschöpfungskette positive Auswirkungen zu erreichen;
- wie die Wirksamkeit dieser Maßnahmen und Initiativen überwacht und beurteilt wird hinsichtlich des Fortschritts der Zielerreichung (ESRS S2.32).

In der Praxis kann das bspw. wie bei adidas aussehen. Es sollten genaue Angaben zu den Maßnahmen gemacht werden und zwischen Prävention, Abminderung und Abhilfe unterschieden werden:

Praxis-Beispiel adidas[30]

„Vorbeugung und Abschwächung negativer Auswirkungen

Die Strategien zur Verhinderung und Minderung von Problemen hängen von der Beziehung zwischen adidas und dem Verursacher des Risikos, der Schwere des Problems und unseren Möglichkeiten ab, die direkt verantwortliche Partei zu beeinflussen. Obwohl wir uns der Notwendigkeit bewusst sind, alle von uns identifizierten dringlichen Menschenrechtsprobleme anzugehen, haben wir unsere Bemühungen auf faire Arbeitspraktiken, gerechte Entlohnung und sichere Arbeitsbedingungen in Fabriken, die im Auftrag von adidas produzieren, fokussiert, da unser Einfluss und unsere Fähigkeit, negative Auswirkungen zu verhindern und abzumildern, bei unseren Geschäftspartnern am größten sind.

Als Unternehmen, das etwa 60.000 Menschen beschäftigt, haben wir Standards und Regeln aufgestellt, die die Verantwortung des Unternehmens für die Achtung der Menschenrechte unserer weltweiten Belegschaft festlegen. Durch die Richtlinien und Verfahren unserer Personalabteilung und anderer relevanter Funktionen sind interne Systeme zum Schutz der Rechte und Ansprüche der Beschäftigten vorhanden, und die Einhaltung der wichtigsten Richtlinien wird regelmäßig von Corporate Internal Audit überwacht. [...]

Zugang zu Abhilfe

Wir verpflichten uns, Menschenrechtsverletzungen, die wir verursacht oder zu denen wir beigetragen haben, zu beheben bzw. an der Behebung mitzuwirken, und wir streben danach, die Minderung und Behebung von Menschenrechtsverletzungen zu fördern oder daran mitzuwirken, sofern wir durch unsere Geschäftsbeziehungen mit ihnen in Verbindung stehen. Ergänzend zu unseren Due-Diligence-Prozessen haben wir eine Reihe von Beschwerdekanälen eingerichtet, um sicherzustellen, dass wir den betroffenen Parteien einen angemessenen Zugang zu Abhilfemaßnahmen bieten.

Unser 2014 eingerichteter Beschwerdemechanismus bietet einen Kanal für die Meldung potenzieller oder tatsächlicher Menschenrechts- oder Umweltschäden im Zusammenhang mit der Geschäftstätigkeit, den Produkten oder Dienstleistungen von adidas. Er steht allen Einzelpersonen oder Organisationen offen, die direkt von einem Problem betroffen sind, sowie Organisationen, die Einzelpersonen oder Gemeinden vertreten, die direkt betroffen sind.“

---

[30] Entnommen adidas, Menschenrechte, www.adidas-group.com/de/nachhaltigkeit/soziale-auswirkungen/menschenrechte, Abruf 1.8.2024.

45 Für den Fall, dass die wesentlichen negativen Auswirkungen nicht allein durch das Unternehmen (mit)verursacht werden und mit Unternehmen oder Tätigkeiten außerhalb der unmittelbaren Kontrolle des Unternehmens verbunden sind, kann das Unternehmen angeben, ob und wie es versucht, seinen **Einfluss auf die relevanten Geschäftsbeziehungen** zu nutzen, um diese Auswirkungen zu bewältigen. Dies kann die Nutzung geschäftlicher Hebelwirkungen (z. B. Durchsetzung vertraglicher Anforderungen innerhalb von Geschäftsbeziehungen oder Einsatz von Anreizen, Angebot von Weiterbildung oder Aufbau von Kapazitäten in Bezug auf Arbeitnehmerrechte an Unternehmen, mit denen das Unternehmen eine Geschäftsbeziehung unterhält) oder die Zusammenarbeit mit gleichrangigen Unternehmen oder anderen Akteuren (z. B. Initiativen zur verantwortungsvollen Einstellung, Gewährleistung einer angemessenen Entlohnung) umfassen (ESRS S2.AR30). Wenn das Unternehmen seine Beteiligung an einer Industrie- oder Multi-Stakeholder-Initiative als Teil seiner Maßnahmen zur Bewältigung wesentlicher negativer Auswirkungen offenlegt, kann es angeben, wie die Initiative und seine eigene Beteiligung darauf abzielen, die betreffenden wesentlichen Auswirkungen anzugehen. Es kann i. R. d. ESRS S2-5 die von der Initiative gesetzten einschlägigen Ziele und die Fortschritte bei ihrer Verwirklichung offenlegen (ESRS S2.AR31).

Ein Beispiel für eine **Brancheninitiative** ist „Responsible Steel", eine NGO, die sich für eine sozial- und umweltverträgliche Stahlproduktion einsetzt. Dadurch wurden u. a. ein Standard und eine Zertifizierung erarbeitet.[31] Ähnliche Initiativen gibt es für zahlreiche weitere Branchen (z. B. Fair Wear Foundation, Responsible Jewellery Council oder Ethical Toy Program). Darüber hinaus bestehen branchenübergreifende Initiativen, die Hilfestellungen bieten (z. B. Ethical Trading Initiative oder Fair Labor Association).

Das LkSG (§ 6) gibt in Bezug auf **Präventionsmaßnahmen** weitere Pflichten an. Beispiele für Präventionsmaßnahmen sind Schulungen (für eigene Mitarbeiter oder Lieferanten), Verankerung von menschenrechtsbezogenen Kriterien bei der Auswahl von Lieferanten oder vertragliche Zusicherungen des Lieferanten.

Praxis-Hinweis

In der Praxis sind Maßnahmen zur Prävention und insbes. der Wiedergutmachung von negativen Auswirkungen auf Arbeitskräfte in der Wertschöpfungskette oftmals schwierig, da die Betroffenen erst identifiziert werden müssen und die Abhilfe oft eher durch den Lieferanten als das eigene Unternehmen geleistet werden muss. Hier fehlt häufig der Durchgriff.

---

[31] Responsible steel, Who we are, www.responsiblesteel.org/about, Abruf 1.8.2024.

Hinsichtlich der **wesentlichen positiven Auswirkungen** auf Arbeitskräfte in der 46
Wertschöpfungskette sind Angaben zu allen Maßnahmen oder Initiativen gefordert, mit denen das Unternehmen versucht, für positive materielle Auswirkungen auf die Arbeitskräfte in der Wertschöpfungskette zu sorgen (ESRS S2.31). Im Detail muss das Unternehmen folgende Beschreibungen geben:

*   Zusätzliche Maßnahmen oder Initiativen, die in erster Linie dazu dienen, positive Auswirkungen auf Arbeitskräfte in der Wertschöpfungskette zu erzielen (ESRS S2.32).

*   Wie die Wirksamkeit dieser Maßnahmen nachverfolgt und bewertet wird hinsichtlich des Erzielens der erwünschten Ergebnisse (ESRS S2.32). Die Anwendungsanforderungen ergänzen für beabsichtigte oder erzielte positive Ergebnisse von Maßnahmen, dass zwischen dem Nachweis, dass bestimmte Tätigkeiten stattgefunden haben (z.B. dass eine bestimmte Anzahl an Arbeitskräften eine Weiterbildung zur Vermittlung von Finanzwissen erhalten hat), und dem Nachweis der tatsächlichen Ergebnisse für die Arbeitskräfte (z.B. dass eine bestimmte Anzahl von Arbeitskräften berichtet, dass sie in der Lage sind, ihr Haushaltsbudget besser zu verwalten, so dass sie ihre Sparziele erreichen) unterschieden wird (ESRS S2.AR38). Ergänzend kann ein Zeitrahmen der positiven Auswirkungen angegeben werden (ESRS S2.BC99).

*   Wenn das Unternehmen seine Beteiligung an einer Industrie- oder Multi-Stakeholder-Initiative bei seinen Maßnahmen zur Bewältigung wesentlicher negativer Auswirkungen angibt, kann es auch angeben, wie die betreffenden wesentlichen Auswirkungen in der Initiative und seiner eigenen Beteiligung angegangen werden sollen. I.R.d. ESRS S2-5 kann es Angaben über die einschlägigen Ziele der Initiative und die Fortschritte bei ihrer Verwirklichung vorlegen (ESRS S2.AR31). Das Unternehmen kann in Bezug auf den Fortschritt bei der Umsetzung seiner Initiativen oder Verfahren folgende Informationen angeben (ESRS S2.AR36):

    – ob und wie die Arbeitskräfte in der Wertschöpfungskette und rechtmäßige Vertreter oder glaubwürdige Stellvertreter eine Rolle bei Entscheidungen über die Gestaltung und Umsetzung dieser Programme oder Verfahren spielen;

    – die beabsichtigten oder erreichten positiven Ergebnisse dieser Initiativen oder Verfahren für Arbeitskräfte in der Wertschöpfungskette.

*   Das Unternehmen kann angeben, ob Initiativen oder Verfahren, die in erster Linie positive Auswirkungen auf Arbeitskräfte in der Wertschöpfungskette haben sollen, auch die Verwirklichung eines oder mehrere der Ziele der Vereinten Nationen für nachhaltige Entwicklung (SDGs) unterstützen sollen (ESRS S2.AR37).

Die *Basis for Conclusions* zu ESRS S2 nennen die SGDs Nr. 3, 5, 8 und 10 als Beispiele für mögliche Ziele. In der nichtfinanziellen Erklärung von Puma wird der Einfluss auf die SDGs angegeben und die vier genannten Ziele werden adressiert:

Praxis-Beispiel Puma[32]

„Bezieht sich auf die Ziele Nr. 3, 5, 8 und 10 für nachhaltige Entwicklung der Vereinten Nationen

[...] PUMAs Nachhaltigkeitsrichtlinien sind an der Menschenrechtserklärung und den Leitprinzipien für Wirtschaft und Menschenrechte der Vereinten Nationen sowie an den Kernarbeitsnormen der Internationalen Arbeitsorganisation (ILO) und den zehn Prinzipien des UN Global Compact (UNGC) ausgerichtet. Die Einhaltung der Menschenrechte ist seit 1993 fester Bestandteil unseres Verhaltenskodex und steuert seitdem unser Geschäftsgebaren. PUMA hat seit Jahren seine menschenrechtlichen Sorgfaltspflichten durch ein kontinuierliches und rigoroses Monitoring seiner Lieferanten weltweit, einschließlich in großen Produktionsmärkten wie Vietnam, Bangladesch und China, als gängige Praxis umgesetzt."

---

47 Hinsichtlich der **wesentlichen Risiken und Chancen** sind Angaben dazu gefordert, wie das Unternehmen mit wesentlichen Risiken umgeht bzw. welche Maßnahmen verfolgt werden, um Risiken für das Unternehmen zu mindern im Zusammenhang mit Arbeitskräften in der Wertschöpfungskette (ESRS S2.30f.). Ebenso ist darzustellen, wie das Unternehmen die wesentlichen Chancen in Bezug auf die Arbeitskräfte in der Wertschöpfungskette nutzt (ESRS S2.31).

Die Anwendungsanforderungen zeigen **Risiken** im Zusammenhang mit den Auswirkungen oder Abhängigkeiten des Unternehmens in Bezug auf Arbeitskräfte in der Wertschöpfungskette auf, wie z. B. Reputationsrisiken oder rechtliche Folgen von Auswirkungen, die durch Zwangs- oder Kinderarbeit in der Wertschöpfungskette entstehen können, oder die Unterbrechung des Geschäftsbetriebs durch bspw. die Lahmlegung von Teilen der Lieferkette durch

---

[32] Entnommen Puma, Geschäftsbericht 2023, S. 57.

eine Pandemie. Zudem werden **Chancen** aufgezeigt, wie Marktdifferenzierung und größere Kundenanziehung eines Unternehmens durch die Gewährleistung angemessener Entlohnung und Arbeitsbedingungen für Arbeitskräfte in der Wertschöpfungskette; oder auch unternehmerische Chancen durch Abhängigkeiten des Unternehmens von den Arbeitskräften in der Wertschöpfungskette, bspw. wenn eine nachhaltige Versorgung mit einem Rohstoff gewährleistet wird, indem sichergestellt wird, dass Kleinbauern hinreichend verdienen, wodurch künftige Generationen überzeugt werden, die Landwirtschaft weiter zu betreiben (ESRS S2.AR40).

Bei der Betrachtung, ob Abhängigkeiten von Arbeitskräften in der Wertschöpfungskette ein Risiko darstellen können, sollen externe Entwicklungen berücksichtigt werden (ESRS S2.AR41).

Gefordert sind weiterhin **detaillierte Angaben** zu folgenden Sachverhalten: 48
- ob und wie das Unternehmen Maßnahmen ergreift, um zu vermeiden, dass es durch seine eigenen Praktiken wesentliche negative Auswirkungen auf Arbeitskräfte in der Wertschöpfungskette verursacht oder dazu beiträgt, ggf. auch in Bezug auf Beschaffung, Verkauf und Datennutzung; empfohlen wird dazu auch die Angabe des Ansatzes, der bei Spannungen zwischen der Vermeidung oder Minderung wesentlicher negativer Auswirkungen und anderem unternehmerischem Druck verfolgt wird (ESRS S2.35);
- ob schwerwiegende Probleme und Vorfälle im Zusammenhang mit Menschenrechten innerhalb seiner vor- und nachgelagerten Wertschöpfungskette gemeldet geworden sind; wenn dies der Fall ist, so sind diese Probleme bzw. Verstöße anzugeben (ESRS S2.36);
- welche Mittel dem Management seiner wesentlichen Auswirkungen zugewiesen werden; das Unternehmen legt dabei Informationen vor, die es den Nutzern ermöglichen, sich ein Bild davon zu machen, wie die wesentlichen Auswirkungen gehandhabt werden (ESRS S2.38); dies kann eine Nennung der internen Funktionen, die im Management der Auswirkungen involviert sind, und der Arten von ergriffenen Maßnahmen in Bezug auf positive und negative Auswirkungen umfassen (ESRS S2.AR44);
- ob und wie die Verfahren zum Management wesentlicher Risiken im Zusammenhang mit Arbeitskräften in der Wertschöpfungskette in (das) bestehende(n) Risikomanagementverfahren integriert sind (ESRS S2.AR43).

Das Ziel der Angabepflichten zur **Wirksamkeitsüberwachung** ist das Verständnis der Zusammenhänge zwischen den ergriffenen Maßnahmen des Unternehmens und dem wirksamen Umgang der Auswirkungen (ESRS S2.AR35). In Bezug auf die Angaben zu den zusätzlichen Maßnahmen oder Initiativen, um positive Auswirkungen zu erreichen, (ESRS S2.32(c)), soll das Unternehmen ESRS 2 MDR-T „Nachverfolgung der Wirksamkeit von Konzepten und Maßnahmen durch Zielvorgaben" berücksichtigen (ESRS S2.37). Bei der Darstel- 49 lung der kontinuierlichen Überwachung der Wirksamkeit der Maßnahmen kann das Unternehmen:

- alle Erkenntnisse aus dem vorangegangenen und dem aktuellen Berichtszeitraum offenlegen (ESRS S2.AR33);

- Verfahren verwenden, die sich aus sowohl internen als auch internen oder externen Prüfungen oder Überprüfungen, Gerichtsverfahren und/oder damit zusammenhängenden Gerichtsurteilen, Folgenabschätzungen, Messsystemen, Beschwerdemechanismen, externen Leistungsbewertungen und/oder Referenzwerten zusammensetzen (ESRS S2.AR34);

- sich auf qualitative und quantitative Indikatoren stützen, Rückmeldungen aus internen und externen Quellen miteinbeziehen, inkl. betroffener Interessenträger (UN-Leitprinzip 20; ESRS S2.BC92);

- regelmäßig die Fortschritte bei der Verwirklichung von Umwelt-, Gesundheits- und Sicherheitszielen oder -vorgaben überwachen und überprüfen (OECD-Leitsätze VI-1(c); ESRS S2.BC92).

50   Außerdem hat das Unternehmen eine zusammenfassende Beschreibung der Aktionspläne und Mittel vorzulegen in Bezug auf das Management seiner wesentlichen Auswirkungen, Risiken und Chancen für Arbeitskräfte in der Wertschöpfungskette gem. ESRS 2 MDR-A „Maßnahmen und Mittel in Bezug auf wesentliche Nachhaltigkeitsaspekte" (ESRS S2.31).

Zudem wird bspw. empfohlen, **Querverweise** v.a. zu den Angaben der Konzepte, Maßnahmen sowie Mitteln und Zielen zu machen, insofern diese sich auf Arbeitskräfte in der Wertschöpfungskette beziehen (ESRS S2.AR42). Im Hinblick auf Maßnahmen, die positive Auswirkungen erreichen sollen, wird eine Bezugnahme auf die SDGs der UN vorgeschlagen (ESRS S2.BC97).

So stellt Covestro seine Handlungsfelder i.V.m. positiven Beiträgen zu den einzelnen SDGs dar. Hier wird allerdings keine Trennung zwischen spezifischen Initiativen und generellen positiven Auswirkungen des Unternehmens gemacht:

Praxis-Beispiel Covestro[29]

	Handlungsfelder[1]				
	F&E-Projekte[2]	Produkte des Kerngeschäfts	Produktion, Arbeitsabläufe, unternehmerisches Handeln	„Inclusive Business"	Soziales Engagement
1 Keine Armut	●	●	●	●●	●
2 Kein Hunger	●●	●		●●●	●
3 Gesundheit und Wohlergehen	●●●	●●	●●	●●	●
4 Hochwertige Bildung			●	●	●●
5 Geschlechtergleichheit			●●	●	●
6 Sauberes Wasser und Sanitäreinrichtungen	●●	●	●●●	●●	●
7 Bezahlbare und saubere Energie	●●	●●●	●	●	●
8 Menschenwürdige Arbeit und Wirtschaftswachstum	●●●	●●	●●	●●	●●
9 Industrie, Innovation und Infrastruktur	●●●	●●	●●	●●	●
10 Weniger Ungleichheiten	●		●	●	●
11 Nachhaltige Städte und Gemeinden	●●	●●	●	●●	●●

	Handlungsfelder[1]				
	F&E-Projekte[2]	Produkte des Kerngeschäfts	Produktion, Arbeitsabläufe, unternehmerisches Handeln	„Inclusive Business"	Soziales Engagement
12 Nachhaltige/-r Konsum und Produktion	•••	•••	•••	••	•
13 Maßnahmen zum Klimaschutz	•••	•••	••	•	•
14 Leben unter Wasser	••		•		•
15 Leben an Land	••		•	••	•
16 Frieden, Gerechtigkeit und starke Institutionen		•	•	•	•
17 Partnerschaften zur Erreichung der Ziele	••	••	••	•••	••

• Niedrig   •• Mittel   ••• Hoch

Interne Analyse aus dem Jahr 2017; Aktualisierung im Jahr 2023 in Bezug auf „F&E-Projekte", „Produkte des Kerngeschäfts", „Inclusive Business" und „soziales Engagement" (verkürztes Verfahren). In den Handlungsfeldern „Produkte des Kerngeschäfts", „Produktion", „Arbeitsabläufe", „unternehmerisches Handeln", „Inclusive Business" und „soziales Engagement" erfolgte die Aktualisierung mithilfe von qualitativen Einschätzungen.

1 Die Ausprägung der Beitragsgrößen ist innerhalb der einzelnen Handlungsfelder vergleichbar.
2 Bewertung der F&E-Projekte nach Projektbudget und abgeschätztem SDG-Beitrag.

33 Entnommen Covestro, Geschäftsbericht 2023, S. 120.

Praxis-Hinweis

Vielfach werden in der Praxis Toollösungen verschiedener Anbieter zum Nachverfolgen von ergriffenen Maßnahmen bzw. auch grds. für das ganzheitliche Lieferantenmanagement genutzt. Ein Beispiel hierfür ist ecovadis. Das Unternehmen wurde 2007 gegründet und hat sich als einer der weltweit größten Anbieter von Nachhaltigkeitsbewertungen von Unternehmen entwickelt. Mit verschiedenen Lösungen können Lieferanten überprüft, Maßnahmenpläne und auch Ratings erstellt werden.[34]

Neben ecovadis existieren zahlreiche weitere Anbieter mit verschiedenen Lösungen von der Risikoanalyse bis zum Beschwerdemechanismus. Die folgende Aufzählung ist nicht abschließend zu verstehen:
• Integrity Next,
• Osapiens,
• PreWave,
• Sphera.

2.3 Kennzahlen und Ziele: ESRS S2-5 – Ziele im Zusammenhang mit der Bewältigung wesentlicher Auswirkungen, der Förderung positiver Auswirkungen und dem Umgang mit wesentlichen Risiken und Chancen

Nach ESRS S2-5 ist anzugeben, inwieweit das Unternehmen terminierte und ergebnisorientierte Ziele verwendet in Bezug auf   51
• die Verringerung der negativen Auswirkungen auf Arbeitskräfte in der Wertschöpfungskette,
• die Förderung positiver Auswirkungen auf Arbeitskräfte in der Wertschöpfungskette,
• das Management der wesentlichen Risiken und Chancen im Zusammenhang mit Arbeitskräften in der Wertschöpfungskette (ESRS S2.39).

Gefordert ist eine Darstellung zum Verfahren der Zielfestlegung. Dies umfasst   52
Angaben dazu, ob bzw. wie das Unternehmen direkt mit den Arbeitskräften in der Wertschöpfungskette, ihren rechtmäßigen Vertretern oder glaubwürdigen Stellvertretern, die Einblick in ihre Situation haben, in folgenden Bereichen zusammengearbeitet hat (ESRS S2.42):
• Festlegung der Ziele,
• Nachverfolgung der Leistung des Unternehmens in Bezug auf die Verwirklichung dieser Ziele und
• etwaige Erkenntnisse und Verbesserungsmöglichkeiten, die sich aus der Unternehmensleistung ergeben.

---

[34] Siehe https://ecovadis.com/de, Abruf 1.8.2024.

Die zusammenfassende Beschreibung der Ziele für das Management der wesentlichen Auswirkungen, Risiken und Chancen in Bezug auf Arbeitskräfte in der Wertschöpfungskette muss die in ESRS 2 MDR-T festgelegten Informationsanforderungen enthalten (ESRS S2.41).

53   Zu den Inhalten der festgelegten Ziele lässt ESRS S2 einen hohen Freiheitsgrad offen. Zur formalen Gestaltung dieser Ziele enthalten die Anwendungsanforderungen jedoch zahlreiche Empfehlungen:

- Die Ergebnisse, die ein Unternehmen bei Arbeitskräften in der Wertschöpfungskette erzielen möchte, sollen so konkret wie möglich wiedergegeben werden;
  - die langfristige Stabilität der Ziele in Bezug auf Definitionen und Methoden soll angegeben werden, um eine Vergleichbarkeit im Zeitverlauf zu ermöglichen und
  - auf die Standards oder Verpflichtungen, auf denen die Ziele beruhen (z. B. Verhaltenskodizes und Beschaffungskonzepte), soll verwiesen werden (ESRS S2.AR45).
- Es soll klar unterschieden werden, ob sich ein Ziel auf eine Auswirkung, ein Risiko oder eine Chance des Unternehmens bezieht. Ziele in Bezug auf wesentliche Risiken und Chancen können im Kontext von Arbeitskräften in der Wertschöpfungskette mit den Zielen in Bezug auf Auswirkungen übereinstimmen oder sich von ihnen unterscheiden. So könnte bspw. das Ziel, existenzsichernde Löhne für Arbeitskräfte in der Lieferkette zu erreichen, sowohl die Auswirkungen auf diese Lieferkette als auch die damit verbundenen Risiken in Bezug auf die Qualität und Zuverlässigkeit der Lieferungen verringern (ESRS S2.AR46).
- Die Ziele sollen für einen kurz-, mittel- und langfristigen Zeitraum definiert werden, um strategische Verpflichtungen zu unterscheiden. So kann ein Unternehmen bspw. das langfristige Ziel haben, die Gesundheits- und Sicherheitsvorfälle, die die Arbeitskräfte eines bestimmten Lieferanten betreffen, bis 2030 um 80 % zu verringern, und das kurzfristige Ziel, die Überstunden der Zulieferer bis 2024 um x % zu reduzieren und gleichzeitig ihr Einkommen aufrechtzuerhalten (ESRS S2.AR47).
- Wenn Ziele gegenüber einem vorhergehenden Berichtszeitraum verändert oder ausgetauscht werden, sollen Hintergrundinformationen gem. ESRS 2 BP-2 „Angaben im Zusammenhang mit konkreten Umständen" angegeben werden. Zudem können Querverweise auf erhebliche Änderungen des Geschäftsmodells und auf umfassende Änderungen von Standards oder Rechtsvorschriften gemacht werden, von denen die Ziele abgeleitet werden (ESRS S2.AR48).
- In Bezug auf die UN SDGs werden SDG Nr. 3 (Gesundheit und Wohlergehen), SDG Nr. 5 (Geschlechtergleichheit), SDG Nr. 8 (Menschenwür-

dige Arbeit und Wirtschaftswachstum) und SDG Nr. 10 (Weniger Ungleichheiten) empfohlen.

- Es wird hervorgehoben, dass die Bemühungen bzw. Anforderungen für die Wirksamkeitsüberwachung in Bezug auf Gruppen, die ein höheres Risiko für Vulnerabilität oder Marginalisierung haben, verstärkt werden sollen (ESRS S2.BC106).

Da die ESRS in Bezug auf Arbeitskräfte in der Wertschöpfungskette noch keine **54** Kennzahlen vorgeben, hat das berichtende Unternehmen großen Freiraum und kann sich bspw. an Markt- und Wettbewerberanalysen und Kennzahlen aus ESRS S1 orientieren (→ § 12 Rz 32). Als Beispiele für Ziele und Kennzahlen lassen sich Ausschnitte aus mehreren Nachhaltigkeitsberichten aufführen:

Praxis-Beispiel Covestro[35]

Covestro gibt konkrete terminierte Ziele im Bereich des Lieferantenmanagements an:

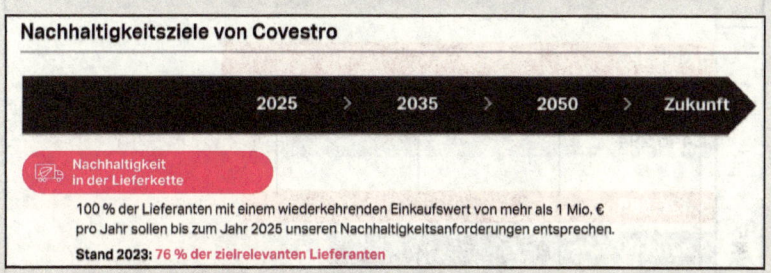

Nachhaltigkeitsziele von Covestro

2025 > 2035 > 2050 > Zukunft

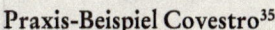
Nachhaltigkeit in der Lieferkette

100 % der Lieferanten mit einem wiederkehrenden Einkaufswert von mehr als 1 Mio. € pro Jahr sollen bis zum Jahr 2025 unseren Nachhaltigkeitsanforderungen entsprechen.
Stand 2023: 76 % der zielrelevanten Lieferanten

Praxis-Beispiel VAUDE[36]

Im Nachhaltigkeitsbericht von VAUDE findet sich eine detaillierte Darstellung zu den gezahlten Löhnen für die Produzenten in China, Myanmar und Vietnam. Insbes. für Vietnam wird ein Detailaufriss der Löhne einzelner Produzenten im Vergleich zum Mindestlohn und einem anerkannten Benchmark dargestellt.

---

[35] Entnommen Covestro, Geschäftsbericht 2023, S. 137.
[36] Entnommen VAUDE, Nachhaltigkeitsbericht 2022, Menschen, VAUDE in der Lieferkette, Faire Löhne, https://nachhaltigkeitsbericht.vaude.com/2022/gri/menschen/faire-loehne.php, Abruf 1.8.2024.

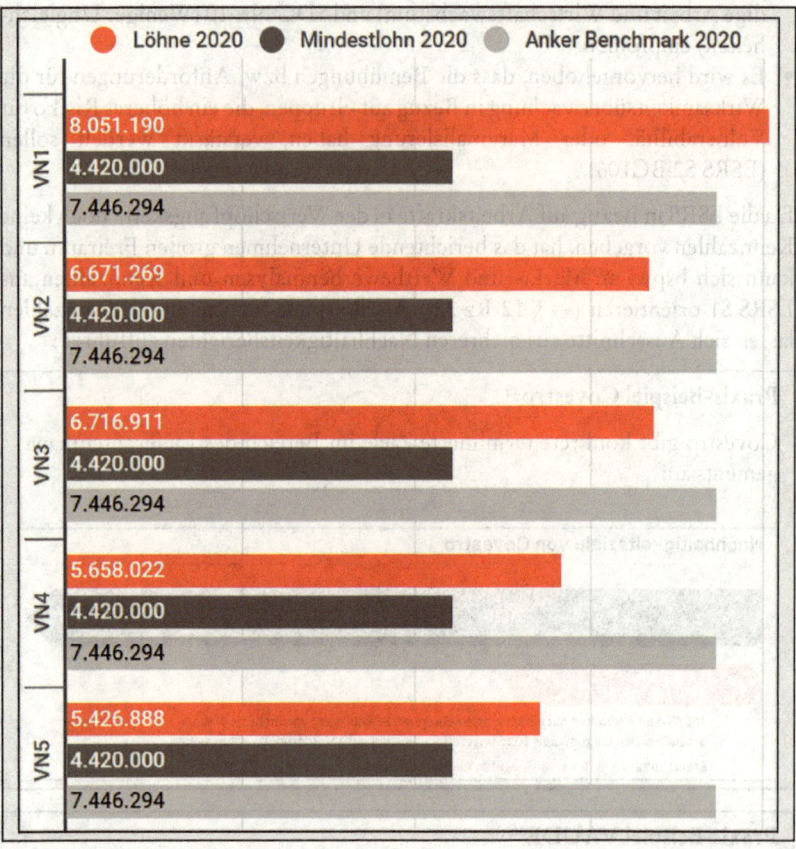

Als weiteres Beispiel in Bezug auf das Setzen von Zielen und Kennzahlen kann Puma genannt werden:

Praxis-Beispiel Puma[37]

„Zielbeschreibung:
- Schulungen zum Thema Stärkung von Frauen für 100.000 Mitarbeiter*innen an eigenen Standorten und bei Lieferanten
- Risikobeurteilung bei Subunternehmern und Lieferanten der Ebene 2
- zwei Stunden ehrenamtliche Arbeit pro Mitarbeiter weltweit pro Jahr

[...]

---

[37] Entnommen Puma, Menschenrechte, Geschäftsbericht 2023, S. 57.

Relevante Kennzahlen:
- Anteil der geklärten Beschwerden von Arbeiter*innen
- Anzahl der Fabriken mit A-, B+-, B--, C- oder D-Rating
- Anzahl der Lieferanten der Ebene 2 und der Subunternehmer, bei denen Risikobeurteilungen durchgeführt werden
- Anzahl der zum Jahresende offenen Null-Toleranz-Themen
- Anzahl der gemeinnützigen Arbeitsstunden unserer Mitarbeiter*innen (auch relevant für das Kapitel ‚Unsere Mitarbeiter*innen‘)
- Anzahl der zum Thema Stärkung von Frauen geschulten Arbeiter*innen"

Praxis-Tipp 55

Es zeigen sich deutliche Überschneidungen zwischen ESRS S2 und dem deutschen LkSG auf. Grds. können daher alle Handreichungen vom BAFA eine Hilfestellung für die Umsetzung der menschenrechtlichen Sorgfaltspflichten entlang der Lieferkette sein.[38] Auch die Agentur für Wirtschaft & Entwicklung, die einen Schwerpunkt in der Beratung zur Umsetzung des Nationalen Aktionsplans für Wirtschaft und Menschenrecht setzt, bietet mit dem „Helpdesk Wirtschaft und Menschenrechte" kostenlose Unterstützungsangebote für Unternehmen jeder Größe.[39]

3 Fazit

Der ESRS S2 fokussiert nach Aussage der EFRAG auf Angaben, die von allen Unternehmen erwartet werden können. Es handelt sich um übergeordnete Angaben in Bezug auf Arbeitskräfte in der Wertschöpfungskette. Da die dazugehörigen Auswirkungen, Risiken und Chancen stark von den spezifischen Gegebenheiten der Wertschöpfungskette eines Unternehmens abhängen, insbes. der Natur der vor- und nachgelagerten Tätigkeiten und den dazugehörigen Ländern, kratzen die bisherigen Anforderungen noch an der Oberfläche. Es wurde bereits angekündigt, dass zukünftige Standards diese Standards erweitern, indem sie detailliertere Angaben zu den Unterthemen und individuellen Fragen machen, die durch die sektorspezifische oder unternehmensspezifische Bestimmung identifiziert werden. Und auch wenn die aktuellen Angaben von allen Unternehmen erwartet werden, so sieht auch die im Mai 2024 veröffentlichte *Implementation Guidance* „EFRAG IG 2 – Value chain" die Schwierigkeiten im Zusammenhang mit der Informationsbeschaffung entlang der Wert- 56

---

38 Siehe www.bafa.de/DE/Lieferketten/Ueberblick/ueberblick_node.html#doc1469782bodyText6, Abruf 1.8.2024.
39 Siehe https://wirtschaft-entwicklung.de/wirtschaft-menschenrechte, Abruf 1.8.2024.

schöpfungskette. Sie erwähnt explizit, dass es durchaus sein kann, dass ein Unternehmen trotz angemessener Bemühungen keine Primärinformationen einholen kann, Informationen geschätzt werden können oder indirekte Quellen bemüht werden sollen.

Literaturtipps

- BAFA, Handreichung zum Beschwerdeverfahren nach dem Lieferkettensorgfaltspflichtengesetz, Oktober 2022, www.bafa.de/DE/Lieferketten/Beschwerdeverfahren/beschwerdeverfahren_node.html, Abruf 1.8.2024
- BAFA, Handreichung zur Umsetzung einer Risikoanalyse nach den Vorgaben des Lieferkettensorgfaltspflichtengesetzes, August 2022, www.bafa.de/DE/Lieferketten/Risikoanalyse/risikoanalyse_node.html, Abruf 1.8.2024
- EFRAG, EFRAG IG 2 – Value chain, Mai 2024, www.efrag.org/sites/default/files/sites/webpublishing/SiteAssets/EFRAG%20IG%202 %20Value%20Chain_final.pdf, Abruf 1.8.2024
- EFRAG, ESRS Q&A Platfom, Compilation of Explanations, Januar–Juli 2024, www.efrag.org/sites/default/files/media/document/2024-07/Compilation%20Explanations%20January%20-%20July%202024.pdf, Abruf 1.8.2024
- OECD, OECD-Leitsätze für multinationale Unternehmen, 2011, https://mneguidelines.oecd.org/48808708.pdf, Abruf 1.8.2024
- UN, Leitprinzipien für Wirtschaft und Menschenrechte, 2020, www.globalcompact.de/migrated_files/wAssets/docs/Menschenrechte/Publikationen/leitprinzipien_fuer_wirtschaft_und_menschenrechte.pdf, Abruf 1.8.2024

§ 14 ESRS S3 – Betroffene Gemeinschaften

Vorbemerkung

Die Kommentierung bezieht sich auf ESRS S3 gem. Berichtigung der Delegierten Verordnung (EU) 2023/2772 v. 31.7.2024, ABl. EU L v. 9.8.2024. Sie wurde umfassend an die überarbeitete Übersetzung der ESRS vom 9.8.2024 angepasst.

Punktuelle Ergänzungen der Kommentierung betreffen u. a. einen Hinweis auf die themeneinschlägigen GRI-Standards (Rz 4) sowie eine etwaige Würdigung der Steuerpolitik bei der Frage nach Auswirkungen auf betroffene Gemeinschaften (Rz 21). Weiterhin wurden die Beispiele aus der Unternehmenspraxis durchgängig aktualisiert und erweitert.

1 Grundlagen

1.1 Zielsetzung und Inhalt

1 ESRS S3 adressiert Angabepflichten zu betroffenen Gemeinschaften. Bei diesen handelt es sich um eine Teilmenge der Stakeholder eines Unternehmens, die „betroffenen Interessenträger" gem. ESRS 1 (→ § 3 Rz 53). Die **Definition**, was unter betroffenen Gemeinschaften zu verstehen ist, enthält das Glossar zur Delegierten Verordnung (EU) 2023/2772:

> „Personen oder Gruppen, die in demselben Gebiet leben oder arbeiten, das von den Tätigkeiten eines Bericht erstattenden Unternehmens oder seiner vor- und nachgelagerten Wertschöpfungskette betroffen ist oder sein könnte. Betroffene Gemeinschaften können von Gemeinschaften, die unmittelbar neben der Betriebsstätte des Unternehmens leben (lokale Gemeinschaften), bis zu in weiterer Entfernung lebenden Gemeinschaften reichen."[1]

Diese Definition weist somit eine inhaltliche Nähe zum deutschen Begriff der „Anrainer" auf – „betroffene Gemeinschaften" ist aber offensichtlich geografisch viel weiter gefasst als der Begriff „Anrainer" üblicherweise verstanden wird. „Betroffen" ist i.S.v. „von den Auswirkungen des Unternehmens betroffen" zu verstehen.

Diese Definition ist an die korrespondierende Definition aus dem GRI Standards Glossary 2021 angelehnt (ESRS S3.BC App. A).

Praxis-Hinweis

Auch wenn die Definition von „betroffenen Gemeinschaften" die *Inside-out*-Perspektive in den Fokus rückt, was die Identifikation der zurechenbaren Stakeholder-Gruppen betrifft, sind in der Wesentlichkeitsanalyse sowohl Auswirkungs-Wesentlichkeit als auch finanzielle Wesentlichkeit zu untersuchen.

---

2 Verglichen mit den Inhalten der weiteren Standards der S-Säule liegt ESRS S3 somit das **am weitesten gefasste Stakeholder-Verständnis** zugrunde. Im Hinblick auf mögliche Überschneidungen zu ESRS S1, ESRS S2 und ESRS S4 ist davon auszugehen, dass in den Anwendungsbereich von ESRS S3 all jene betroffenen Stakeholder eines Unternehmens fallen können, die von keinem der enger abgegrenzten drei weiteren Standards erfasst werden. Aber auch Menschen, über die bereits als Mitarbeiter oder Kunden gem. der einschlägigen ESRS berichtet wird, können (zusätzlich) von ESRS S3 abgedeckt sein, sofern sie bspw. als Anrainer von den Wirtschaftsaktivitäten eines Unternehmens

---

[1] Berichtigung der Delegierten Verordnung (EU) 2023/2772 v. 31.7.2023, ABl. EU L v. 9.8.2024, Anhang II, Tab. 2, S. 259f.

betroffen sind. Die Berichtsvorgaben der diesfalls einschlägigen Standards der S-Säule sind dann entsprechend zusammen anzuwenden; im Hinblick auf die Gliederung der Nachhaltigkeitserklärung wird zu erwägen sein, inwieweit eine gemeinsame bzw. getrennte Darstellung im Abschnitt „soziale Informationen" zielführender ist (→ § 3 Rz 152).

Ein berichtspflichtiges Unternehmen hat in seinem Nachhaltigkeitsbericht dar-   3
zustellen,
- welche **wesentlichen Auswirkungen** es auf diese betroffenen Gemeinschaften in Gebieten, in denen solche Auswirkungen am wahrscheinlichsten und am schwerwiegendsten sind, entfaltet;
- welche **Maßnahmen** es setzt, um tatsächliche oder potenzielle negative Auswirkungen zu verhindern, abzuschwächen oder zu beseitigen – und welche Ergebnisse mit diesen Maßnahmen erzielt wurden;
- welchen **wesentlichen Risiken und Chancen** das berichtspflichtige Unternehmen selbst aufgrund seiner Auswirkungen auf und Abhängigkeiten von betroffenen Gemeinschaften ausgesetzt ist (Art, Typ und Umfang) – und wie es diese Risiken und Chancen steuert;
- welche **finanziellen Effekte** aus diesen wesentlichen Risiken und Chancen für das berichtspflichtige Unternehmen in kurz-, mittel- und langfristiger Perspektive resultieren (ESRS S3.1).

Nicht zu jeder dieser Zielsetzungen enthält ESRS S3 allerdings gegenwärtig   4
Angabepflichten. So ist eine Angabe zu finanziellen Effekten aus der Beziehung zu betroffenen Gemeinschaften nicht vorgesehen. Darüber hinaus enthält der Standard noch keine konkreten Angabepflichten zum sekundären Bericht-erstattungsbereich der Kennzahlen. Weitere Angabepflichten hierzu sowie zu weiteren Aspekten i. V. m. betroffenen Gemeinschaften sollen in **zukünftigen Sets an ESRS**, ggf. auch in sektorspezifischen Standards, erarbeitet werden (ESRS S3.BC6).

Wichtig

Wie in → § 11 Rz 6 bereits dargelegt, entbindet das Fehlen von Kennzahlen in ESRS S3 Unternehmen nicht von der Pflicht, bei festgestellter Wesentlich-keit eines Nachhaltigkeitsaspekts selbst Kennzahlen festzulegen, anhand derer eine Abbildung dieses Nachhaltigkeitsaspekts erfolgen kann. Diese Offenlegung ist als unternehmensspezifische Angabe zu werten und ent-sprechend zu kennzeichnen. Im Zusammenhang mit ESRS S3 ist auf die GRI-Standards zu verweisen, die eine Vielzahl an Einzelstandards zu The-men aufweisen, die mit betroffenen Gemeinschaften in Bezug stehen und an deren Offenlegungspflichten eine Anlehnung erfolgen kann. Relevant sind insbes. GRI 410: Sicherheitspraktiken 2016, GRI 411: Rechte der indigenen Völker 2016 und GRI 413: Lokale Gemeinschaften 2016.

---

5 Eine hervorgehobene Bedeutung räumt ESRS S3 den Auswirkungen, Risiken und Chancen im Hinblick auf **indigene Völker** ein: „Betroffene Gemeinschaften umfassen tatsächlich und potenziell betroffene indigene Völker."[2] Zahlreiche Angabepflichten im Standard sehen zu diesen eine Angabe gesonderter Datenpunkte vor, sofern diese Datenpunkte wesentlich sind. Die Definitionen im Glossar unterscheiden zwei Gruppen von indigenen Völkern:[3]

- „in Stämmen lebende Völker in unabhängigen Ländern, die sich infolge ihrer sozialen, kulturellen und wirtschaftlichen Verhältnisse von anderen Teilen der nationalen Gemeinschaft unterscheiden und deren Stellung ganz oder teilweise durch die ihnen eigenen Bräuche oder Überlieferungen oder durch Sonderrecht geregelt ist";
- „Völker in unabhängigen Ländern, die als Eingeborene gelten, weil sie von Bevölkerungsgruppen abstammen, die in dem Land oder in einem geografischen Gebiet, zu dem das Land gehört, zur Zeit der Eroberung oder Kolonisierung oder der Festlegung der gegenwärtigen Staatsgrenzen ansässig waren und die, unbeschadet ihrer Rechtsstellung, einige oder alle ihrer traditionellen sozialen, wirtschaftlichen, kulturellen und politischen Einrichtungen beibehalten".

Diese Definition ist Art. 1 des Übereinkommens über indigene und in Stämmen lebende Völker der ILO[4] entnommen (ESRS S3.BC App. A). Im Hinblick auf den Ermessensspielraum, der den Kategorisierungen zugrunde liegt, ergänzt Art. 1 Abs. 2 des Übereinkommens einen wichtigen Grundsatz für die Identifikation solcher Völker: Das Gefühl der Eingeborenen- oder Stammeszugehörigkeit ist als ein grundlegendes Kriterium für die Bestimmung der Gruppen anzusehen, auf welche dieses Übereinkommen Anwendung findet. Eine abschließende Liste, wann eine Bevölkerungsgruppe als indigenes Volk zu bewerten ist, fehlt. Praktische Hilfestellungen bieten Datenbanken von NGOs (bspw. https://native-land.ca/).

Praxis-Hinweis

Indigene Völker sind v.a. in solchen Erdteilen zu finden, in denen es noch „Urbevölkerungen" gibt wie etwa in Nord- und Südamerika, Australien oder Südostasien. Schätzungsweise 6 % der Weltbevölkerung, d.h. knapp 500 Mio. Menschen, fallen unter diesen Begriff. Sie stellen zugleich einen unverhältnismäßig hohen Anteil an der ärmsten Weltbevölkerung (rd. 38 %).[5]

---

2   Berichtigung der Delegierten Verordnung (EU) 2023/2772 v. 31.7.2023, ABl. EU L v. 9.8.2024, Anhang II, Tab. 2, S. 259f.
3   Berichtigung der Delegierten Verordnung (EU) 2023/2772 v. 31.7.2023, ABl. EU L v. 9.8.2024, Anhang II, Tab. 2, S. 271.
4   ILO-Übereinkommen 169, 1989.
5   The World Bank, Indigenous Peoples, www.worldbank.org/en/topic/indigenouspeoples#1, Abruf 1.8.2024.

1.2 Abzudeckende Themen

Anlage A von ESRS 1 enthält die **Aufstellung an Nachhaltigkeitsaspekten**, die 6
bei der Wesentlichkeitsanalyse eines berichtspflichtigen Unternehmens mind.
zu würdigen sind (→ § 3 Rz 67). Die für ESRS S3 einschlägige Aufstellung von
Themen, Unterthemen und Unter-Unterthemen enthält Tab. 1:

Thema	Unterthema	Unter-Unterthema
Betroffene Gemeinschaften	Wirtschaftliche, soziale und kulturelle Rechte von Gemeinschaften	• Angemessene Unterbringung • Angemessene Ernährung • Wasser- und Sanitäreinrichtungen • Bodenbezogene Auswirkungen • Sicherheitsbezogene Auswirkungen
	Bürgerrechte und politische Rechte von Gemeinschaften	• Meinungsfreiheit • Versammlungsfreiheit • Auswirkungen auf Menschenrechtsverteidiger
	Rechte indigener Völker	• Freiwillige und in Kenntnis der Sachlage erteilte vorherige Zustimmung • Selbstbestimmung • Kulturelle Rechte

Tab. 1: Nachhaltigkeitsaspekte gem. ESRS S3 (ESRS 1, App. A)

Der thematische Bogen über die Vielzahl an Unterthemen bzw. Unter-Unter- 7
themen, die in Tab. 1 enthalten sind, ist jener der **Achtung der Menschenrechte**. Die *Basis for Conclusions* zu ESRS S3 führt dazu aus: *„Human rights
(which include labour rights) address the full range of types of negative impacts
on peoples that can occur: economic, social, cultural, civil and political. [...]
Human rights represent a threshold: they are about impacts on peoples that are
sufficiently acute that they undermine the basic dignity and equality of individuals"* (ESRS S3.BC9f.). Tatsächliche bzw. potenzielle Auswirkungen von
Wirtschaftsaktivitäten auf Menschenrechtsbelange sind gem. ihrer inhärenten
Schwere sehr häufig als wesentlich zu klassifizieren (→ § 3 Rz 83); aus diesen
wesentlichen Auswirkungen werden wiederum regelmäßig wesentliche Chan-

cen und Risiken für das Unternehmen erwachsen, weswegen die in der Folge angeführten Nachhaltigkeitsaspekte für die Zwecke der Nachhaltigkeitsberichterstattung entsprechend tiefgehend zu analysieren sind (ESRS S3.BC10).

8   Auf Ebene der Unterthemen folgt die Unterteilung in Tab. 1 der Unterscheidung nach den Anwendungsbereichen des Internationalen Pakts über wirtschaftliche, soziale und kulturelle Rechte (Sozialpakt, ICESCR) und des Internationalen Pakts über bürgerliche und politische Rechte (Zivilpakt, ICCPR). Beide ergeben zusammen mit der Allgemeinen Erklärung der Menschenrechte sowie mit weiteren Verlautbarungen die **Internationale Menschenrechtscharta der UN**. Gegenstücke sind auf europäischer Ebene die **Europäische Menschenrechtskonvention** mit ihrer Teilverlautbarung der (revidierten) Europäischen Sozialcharta (als Gegenstück zum UN-Sozialpakt). Dies ist der thematische Bezugspunkt, der für gem. CSRD/ESRS berichtspflichtige Unternehmen bei ihrer Wesentlichkeitsanalyse relevant ist. Dem Unterthema der Rechte indigener Völker kommt auf völkerrechtlicher Ebene eine Sonderstellung zu; es konkretisiert ein besonderes Mitspracherecht indigener Völker.

9   Das Recht auf **angemessene Unterbringung** ist in Art. 25 („Recht auf Wohlfahrt") der Allgemeinen Erklärung der Menschenrechte i. V. m. Art. 11 des Internationalen Pakts über wirtschaftliche, soziale und kulturelle Rechte verankert; es findet sich darüber hinaus in Art. 16 der Europäischen Sozialcharta bzw. Art. 31 der revidierten Europäischen Sozialcharta. Eine Konkretisierung der von diesem Menschenrecht umfassten Aspekte bietet der 4. Allgemeine Kommentar des UN-Ausschusses für wirtschaftliche, soziale und kulturelle Rechte sowie das dazu erlassene Fact Sheet No. 21 (Rev. 1): „*The Human Right to Adequate Housing*" des Büros des Hohen Kommissars der Vereinten Nationen für Menschenrechte:[6]

- **Rechtliche Sicherheit der Besitzverhältnisse**: Unbeschadet der tatsächlichen Ausgestaltung von Besitzverhältnissen in einem Wohnverhältnis sollen alle Menschen über ein gewisses Maß an Rechtssicherheit verfügen, das Rechtsschutz gegen Zwangsräumungen, Schikanen und andere Bedrohungen bietet.
- **Erschwinglichkeit**: Die finanziellen Kosten, die mit der Nutzung von Wohnraum verbunden sind, sollen die Verwirklichung und Befriedigung anderer Grundbedürfnisse (z. B. Ernährung, Bildung, Zugang zur Gesundheitsversorgung) nicht gefährden oder beeinträchtigen.
- **Bewohnbarkeit**: Eine angemessene Unterbringung umfasst ausreichenden Platz, Schutz vor Kälte, Feuchtigkeit, Hitze, Regen, Wind oder anderen Gesundheitsgefahren, vor baulichen Gefahren und vor Krankheitsübertragern.

---

6   OHCHR, OHCHR and the right to adequate housing, www.ohchr.org/en/housing, Abruf 1.8.2024.

- **Verfügbarkeit von Dienstleistungen, Materialien, Einrichtungen und Infrastruktur:** Eine angemessene Unterbringung umfasst weiterhin, dass Bewohnern u. a. sauberes Trinkwasser, Energie zum Kochen, Heizen und Beleuchten, sanitäre Einrichtungen und Waschgelegenheiten, Möglichkeiten zur Aufbewahrung von Lebensmitteln und zur Müllentsorgung zur Verfügung stehen.
- **Zugänglichkeit:** Die besonderen Bedürfnisse benachteiligter und marginalisierter Gruppen (z. B. Arme, diskriminierte Menschen, Menschen mit Behinderungen, Opfer von Naturkatastrophen; Rz 42) müssen gleichermaßen berücksichtigt werden.
- **Lage:** Eine angemessene Unterbringung umfasst den Zugang zu Beschäftigungsmöglichkeiten, Gesundheitsdiensten, Schulen, Kinderbetreuungseinrichtungen und anderen sozialen Einrichtungen; sie soll weiterhin nicht an verschmutzten Standorten oder in unmittelbarer Nähe von Verschmutzungsquellen gebaut werden.
- **Kulturelle Angemessenheit:** Schließlich ist der Ausdruck von kultureller Identität und Lebensweisen bei der Ausgestaltung angemessenen Wohnraums zu respektieren und zu berücksichtigen.

Das Recht auf **angemessene Ernährung** ist gleichermaßen in Art. 25 der Allgemeinen Erklärung der Menschenrechte i. V. m. Art. 11 des Internationalen Pakts über wirtschaftliche, soziale und kulturelle Rechte verankert. Eine Konkretisierung bietet der 12. Allgemeine Kommentar des UN-Ausschusses für wirtschaftliche, soziale und kulturelle Rechte sowie das dazu erlassene Fact Sheet No. 34 (Rev. 1): *„The Right to Adequate Food"* des Büros des Hohen Kommissars der Vereinten Nationen für Menschenrechte. Demnach sind vier Aspekte vom Recht auf angemessene Ernährung umfasst:[7]

10

- **Verfügbarkeit:** Nahrungsmittel sollen aus natürlichen Ressourcen gewonnen werden können, entweder durch die Produktion von Lebensmitteln, durch Ackerbau oder Viehzucht oder auf andere Weise wie Fischfang, Jagd oder Sammeln. Lebensmittel sollen auf Märkten und in Geschäften zum Verkauf angeboten werden.
- **Zugänglichkeit:** Nahrungsmittel müssen erschwinglich sein. Jeder Mensch soll sich angemessen ernähren können, ohne auf andere Grundbedürfnisse wie Schulgeld, Medikamente oder Miete verzichten zu müssen. Nahrungsmittel sollen für körperlich schwache Menschen wie Kinder, Kranke, Menschen mit Behinderungen und ältere Menschen zugänglich sein. Auch Menschen in abgelegenen Gebieten, Opfer von bewaffneten Konflikten oder Naturkatastrophen sowie Gefangene sollen Zugang zu Nahrungsmitteln haben.
- **Angemessenheit:** Lebensmittel müssen den Ernährungsbedürfnissen entsprechen, wobei das Alter, die Lebensbedingungen, der Gesundheitszustand,

---

[7] OHCHR, OHCHR and the right to food, www.ohchr.org/en/food, Abruf 1.8.2024.

der Beruf, das Geschlecht usw. einer Person zu berücksichtigen sind. Lebensmittel sollten für den menschlichen Verzehr sicher und frei von schädlichen Substanzen sein.

- **Nachhaltigkeit**: Nahrungsmittel sollen gegenwärtigen und zukünftigen Generationen zugänglich sein.

11   Das Recht auf **Wasser und Sanitäreinrichtungen** leitet sich aus dem 15. Allgemeinen Kommentar des UN-Ausschusses für wirtschaftliche, soziale und kulturelle Rechte ab. Dieser interpretiert die Art. 11 und 12 des Internationalen Pakts über wirtschaftliche, soziale und kulturelle Rechte so, dass der Anspruch auf einen angemessenen Lebensstandard und das Recht auf Gesundheit auch das Recht auf Wasser und Sanitätsversorgung umfassen. Fact Sheet No. 35 „*The Right to Water*" des Büros des Hohen Kommissars der Vereinten Nationen für Menschenrechte enthält weitere Darstellungen. Demnach sind fünf Aspekte vom Recht auf Wasser und Sanitätsversorgung umfasst:[8]

- **Verfügbarkeit**: Jeder Person muss ausreichende und kontinuierliche Wasserversorgung zur Verfügung stehen, um den persönlichen und häuslichen Bedarf zu decken (Wasser zum Trinken, Waschen der Kleidung, zur Nahrungszubereitung und zur persönlichen und häuslichen Hygiene). Es muss eine ausreichende Anzahl von sanitären Einrichtungen innerhalb oder in unmittelbarer Nähe jedes Haushalts, aller Gesundheits- oder Bildungseinrichtungen, Arbeitsstätten und anderer öffentlicher Orte vorhanden sein.
- **Zugänglichkeit**: Wasser- und Sanitäreinrichtungen müssen für alle Teile der Bevölkerung physisch zugänglich und sicher zu erreichen sein. Spezifische Bedürfnisse einzelner Gruppen, z. B. Menschen mit Behinderungen, Frauen, Kinder und ältere Menschen, sind zu berücksichtigen.
- **Leistbarkeit**: Wasser muss für alle erschwinglich sein. Keiner Person oder Gruppe sollte der Zugang zu sauberem Trinkwasser verwehrt werden, weil sie sich diesen nicht leisten kann.
- **Qualität und Sicherheit**: Wasser für den persönlichen und häuslichen Bedarf muss sicher und frei von Mikroorganismen, chemischen Substanzen und radiologischen Gefahren sein, die eine Bedrohung für die Gesundheit des Menschen darstellen. Sanitäre Einrichtungen müssen hygienisch einwandfrei sein und den Kontakt von Menschen, Tieren und Insekten mit menschlichen Ausscheidungen verhindern.
- **Akzeptanz**: Alle Wasser- und Sanitäreinrichtungen müssen an kulturellen Standards bemessen akzeptabel und angemessen sein. Die Bedürfnisse der Geschlechter, des Lebenszyklus und der Privatsphäre von Menschen sind zu berücksichtigen.

---

[8] OHCHR, OHCHR and the right to water and sanitation, www.ohchr.org/en/water-and-sanitation/about-water-and-sanitation, Abruf 1.8.2024.

Menschenrechtsfragen im Hinblick auf **bodenbezogene Auswirkungen** werden als Querschnittsmaterie erachtet. Grundlagen für ein Verständnis von diesem Nachhaltigkeitsaspekt schaffen der *„Report of the United Nations High Commissioner for Human Rights on land and human rights"* (2014) sowie die Veröffentlichung des OHCHR *„Land and Human Rights – Standards and Application"* (2015). Demnach stehen viele weitere Menschenrechte in engem Zusammenhang mit Fragen zur Landnutzung und damit verbundenen Rechten. Im Kern des Verständnisses für diese Materie steht die Sicherheit der Landnutzung, d. h. der Schutz von Bewohnern oder Nutzern vor Zwangsräumungen, Schikanen und anderen Bedrohungen im Zusammenhang mit Grund und Boden, unabhängig von der Art der Besitzverhältnisse. Dafür ist auch eine Befassung mit folgenden Aspekten gefordert:[9]

- **Verfügbarkeit und Zugänglichkeit:** das Ausmaß, in dem Land zur vorübergehenden oder dauerhaften Nutzung und/oder Besetzung von Land für Wohnzwecke, produktive Tätigkeiten, Nutzung von Ressourcen oder die Nutzung von Land für kulturelle, religiöse und andere Aktivitäten zur Verfügung steht.
- **Beherrschbarkeit:** die Möglichkeit, darüber zu entscheiden, wie das Land genutzt werden soll, von wem und wie der erwirtschaftete Nutzen verteilt werden soll.

Das **Recht auf soziale Sicherheit** ist gleichermaßen in den Art. 22 und 25 der Allgemeinen Erklärung der Menschenrechte i. V. m. Art. 9 des Internationalen Pakts über wirtschaftliche, soziale und kulturelle Rechte verankert; es findet sich darüber hinaus in Art. 12 der Europäischen Sozialcharta bzw. Art. 12 der revidierten Europäischen Sozialcharta. Eine Konkretisierung bietet der 19. Allgemeine Kommentar des UN-Ausschusses für wirtschaftliche, soziale und kulturelle Rechte. Demnach sind vier Aspekte vom Recht auf soziale Sicherheit umfasst, wobei insbes. den Bedürfnissen von älteren Menschen, Menschen mit Behinderungen und Jugendlichen ein besonderer Stellenwert zukommt:[10]

- **Verfügbarkeit:** Es muss ein System der sozialen Sicherheit nach innerstaatlichem Recht vorhanden sein, das eine wirksame Verwaltung und Überwachung von sozialen Leistungen gewährleistet.
- **Angemessenheit:** Geld- und Sachleistungen müssen in ihrer Höhe und in zeitlicher Hinsicht so bemessen sein, dass jeder sein Recht auf Schutz und Unterstützung der Familie, auf einen angemessenen Lebensstandard und auf Zugang zur Gesundheitsversorgung wahrnehmen kann.

12

13

---

9 OHCHR, Land and Human Rights – Standards and Applications, 2015, S. 6 f., www.ohchr.org/sites/default/files/Documents/Publications/Land_HR-StandardsApplications.pdf, Abruf 1.8.2024.
10 OHCHR, OHCHR and the right to social security, www.ohchr.org/en/social-security, Abruf 1.8.2024.

- **Leistbarkeit:** Die zur Wahrung der sozialen Sicherheit anfallenden Kosten und Gebühren müssen für die gesamte Gesellschaft wirtschaftlich sein und dürfen die Verwirklichung anderer sozialer Rechte nicht beeinträchtigen.
- **Zugänglichkeit:** Ein System der sozialen Sicherheit soll allen Menschen diskriminierungsfrei zugänglich sein, insbes. denjenigen, die zu den am stärksten benachteiligten und marginalisierten Gruppen gehören (Rz 42). Soziale Leistungen sollen auch physisch zugänglich sein.

14 Weitere Rechte im Hinblick auf die Sicherheit von Menschen, die im Kontext des ESRS S3 berücksichtigt werden sollten, leiten sich aus Art. 3 der Allgemeinen Erklärung der Menschenrechte ab: dem Recht auf Leben, Freiheit und **persönliche Sicherheit** (obschon diese dem Unterthema der „Bürgerrechte und politische Rechte von Gemeinschaften" zuzurechnen sind). Art. 5 der Europäischen Menschenrechtskonvention konkretisiert dies dahingehend, dass jedem das Recht zu gewähren ist, vor unrechtmäßiger Verhaftung geschützt zu sein. Im Fall einer Verhaftung sind darüber hinaus Grundrechte zu wahren.

15 Das **Recht auf Meinungsfreiheit** wird in Art. 19 der Allgemeinen Erklärung der Menschenrechte i.V.m. Art. 19 des Internationalen Pakts über bürgerliche und politische Rechte ausgeführt, weiterhin in Art. 10 der Europäischen Menschenrechtskonvention. Konkretisierungen erfolgen durch die Arbeiten eines Sonderberichterstatters für die Förderung und den Schutz des Rechts auf Meinungsfreiheit und freie Meinungsäußerung der UN-Kommission für Menschenrechte. Die zahlreichen Berichte, die der Sonderberichterstatter vorgelegt hat, werden thematisch zu fünf Fact Sheets zusammengefasst,[11] die folgende Facetten des Rechts auf Meinungsfreiheit regeln:

- Meinungsfreiheit und freie Meinungsäußerung i.e.S.,
- einen Menschenrechtsansatz für die Regulierung von Online-Inhalten,
- Technologien der künstlichen Intelligenz und die Freiheit der Meinungsäußerung,
- Schutz von Quellen und Whistleblowern,
- Zugang zu Informationen.

16 Das **Recht auf Versammlungsfreiheit** wird in Art. 21 der Allgemeinen Erklärung der Menschenrechte i.V.m. Art. 21 des Internationalen Pakts über bürgerliche und politische Rechte ausgeführt; weiterhin in Art. 11 der Europäischen Menschenrechtskonvention i.V.m. Art. 5 der Europäischen Sozialcharta bzw. Art. 5 der revidierten Europäischen Sozialcharta. Konkretisierungen erfolgen durch die Arbeiten eines Sonderberichterstatters zum Recht auf Versammlungs- und Organisationsfreiheit der UN-Kommission für Menschenrechte. Der 37. Allgemeine Kommentar des UN-Menschenrechtsausschusses

---

11 OHCHR, Resources: Special Rapporteur on freedom of expression and opinion, www.ohchr.org/en/special-procedures/sr-freedom-of-opinion-and-expression/resources, Abruf 1.8.2024.

enthält weiterführende Darstellungen dazu. Das Recht, sich zu versammeln, umfasst das Recht, neben Versammlungen i.e.S. auch Sit-ins, Streiks, Kundgebungen, Veranstaltungen oder Proteste durchzuführen, sei es offline oder online. Voraussetzung ist, dass diese Versammlungen friedlich erfolgen, d.h. ohne Anwendung von Gewalt. Das Recht auf Versammlungsfreiheit steht in enger Verbindung mit vielen anderen völkerrechtlich garantierten Rechten, z.B. dem Recht auf freie Meinungsäußerung (Rz 15).[12]

Im Hinblick auf **Menschenrechtsverteidiger**, die in ESRS S3 angesprochen werden, findet sich die maßgebliche rechtliche Grundlage in der Erklärung der Vereinten Nationen „über das Recht und die Verpflichtung von Einzelpersonen, Gruppen und Organen der Gesellschaft, die allgemein anerkannten Menschenrechte und Grundfreiheiten zu fördern und zu schützen". Weiter konkretisiert wird diese Erklärung durch einen Kommentar des Sonderberichterstatters für Menschenrechtsverteidiger. Fact Sheet No. 29: *„Human Rights Defenders: Protecting the Right to Defend Human Rights"* des Büros des Hohen Kommissars der Vereinten Nationen für Menschenrechte enthält ergänzend ausführliche Darstellungen samt Erläuterungen der relevanten Grundlagen:[13]

- Einerseits sind Menschen und Institutionen bzw. Organisationen, die für die Achtung der Menschenrechte eintreten, zu schützen und zu unterstützen.
- Andererseits werden sämtliche Menschen und Institutionen bzw. Organisationen aufgefordert, selbst für die Achtung der Menschenrechte einzutreten.

Die **besonderen Rechte von indigenen Völkern** werden im Übereinkommen über indigene und in Stämmen lebende Völker der ILO sowie der Erklärung der Vereinten Nationen über die Rechte der indigenen Völker adressiert. Dies gilt für das Recht auf freie, vorherige und informierte Zustimmung,[14] für das Recht auf Selbstbestimmung[15] sowie im Hinblick auf ihre kulturellen Rechte[16]:

- Das Recht auf freie, vorherige und informierte Zustimmung bezieht sich auf das grds. Recht von indigenen Völkern, ihre Zustimmung zu allen Maßnahmen zu geben oder zu verweigern, die ihr Land, ihre Gebiete oder ihre Rechte beeinträchtigen. Für die Bestimmung, inwieweit diese Zustimmung auch frei, vorherig und informiert erfolgt, wird auf Leitfäden wie jenen der Ernährungs- und Landwirtschaftsorganisation der Vereinten Nationen[17] oder auf die Studie des UN Menschenrechtsrats zu *„Free, prior and informed*

17

18

---

12 OHCHR, OHCHR and the right of peaceful assembly, www.ohchr.org/en/peaceful-assembly, Abruf 1.8.2024.
13 OHCHR, Declaration on human rights defenders, www.ohchr.org/en/special-procedures/sr-human-rights-defenders/declaration-human-rights-defenders, Abruf 1.8.2024.
14 ILO-Übereinkommen 169, 1989, Art. 16; UN-Erklärung, 2007, Art. 10, 11 und 19.
15 ILO-Übereinkommen 169, 1989, Art. 7; UN-Erklärung, 2007, Art. 3.
16 ILO-Übereinkommen 169, 1989, Art. 5 und Art. 11 ff.; UN-Erklärung, 2007, Art. 5.
17 FAO, Indigenous Peoples, www.fao.org/indigenous-peoples/our-pillars/fpic/en/, Abruf 1.8.2024.

consent: a human rights-based approach"[18] zurückgegriffen. Die Zustimmung darf nicht mit Gewalt oder sonstigem Druck abgerungen werden, sie muss unter entsprechender Bedenkzeit und auf einer angemessenen Informationsgrundlage erfolgen sowie vor dem Beginn des Verhandlungsgegenstands sowie während dessen gesamter Dauer getätigt werden können.

• Das Recht auf Selbstbestimmung fordert einen kontinuierlichen Prozess, im Rahmen dessen indigenen Völkern stets die Möglichkeit eingeräumt wird, ihre sozialen, kulturellen und wirtschaftlichen Bedürfnisse zu befriedigen.
• Die kulturellen Rechte von indigenen Völkern werden v.a. von Art. 27 des Internationalen Pakts über bürgerliche und politische Rechte gestützt: „In Staaten mit ethnischen, religiösen oder sprachlichen Minderheiten darf Angehörigen solcher Minderheiten nicht das Recht vorenthalten werden, gemeinsam mit anderen Angehörigen ihrer Gruppe ihr eigenes kulturelles Leben zu pflegen, ihre eigene Religion zu bekennen und auszuüben oder sich ihrer eigenen Sprache zu bedienen."

19 Die Anwendungsanforderungen (*Application Requirements*) zu ESRS S3 schlagen vor, neben einer allgemeinen Darstellung der zuvor aufgeführten Nachhaltigkeitsaspekte spezielle Facetten der berichtspflichtigen Nachhaltigkeitsaspekte, die mit **kurzfristigen wesentlichen Auswirkungen** verbunden sind, gesondert darzustellen. Damit kann bspw. auf kurzfristige Reaktionen auf Ereignisse bzw. Missstände eingegangen werden, die für betroffene Gemeinschaften von Bedeutung sind. Als illustrierendes Beispiel wird angeführt: „Initiativen in Bezug auf die Auswirkungen auf Gemeinschaften im Zusammenhang mit der Tätigkeit des Unternehmens aufgrund extremer und plötzlicher Wetterbedingungen" (ESRS S3.AR2); also z.B. Hilfsmaßnahmen, die ein Unternehmen setzt, um seine betroffenen Gemeinschaften gem. ESRS S3 zu unterstützen, die von den Folgen einer Naturkatastrophe betroffen sind.

20 Ebenfalls aus den Anwendungsanforderungen zu ESRS S3 lässt sich ableiten, dass auch die **Steuerpolitik** des Unternehmens mittelbar in den Angabepflichten des Standards eine Rolle spielen kann (ESRS S3.AR5). Als Beispiel für Auswirkungen auf betroffene Gemeinschaften wird dort auf Auswirkungen verwiesen, die mit „aggressive[n] Strategien zur Steuervermeidung, insbesondere im Hinblick auf Tätigkeiten in Entwicklungsländern" zusammenhängen. Diese Steuerpolitik wird als mögliche Ursache für Auswirkungen gesehen, die ein Unternehmen auf betroffene Gemeinschaften entfaltet. Obschon die Steuerpolitik eines Unternehmens m.E. keinen Nachhaltigkeitsaspekt gem. ESRS darstellt (→ § 3 Rz 67), wird sie in den Analysen zu ESRS S3 zu würdigen und ggf. in die Berichterstattung zu integrieren sein müssen.

18 UN, Free, prior and informed consent: a human rights-based approach, 2018.

Praxis-Hinweis

Durch den weit gefassten thematischen Fokus des ESRS S3 wird eine thematische Erweiterung der getätigten Angaben gegenüber dem Angabenkatalog in ESRS 1, App. A durch unternehmensspezifische Angaben sorgsam zu überprüfen sein. Die angeführten Unter-Unterthemen decken v.a. besonders schutzwürdige Interessen von betroffenen Gemeinschaften ab. In der bisherigen Praxis der nichtfinanziellen Berichterstattung nahmen häufig Themen wie **soziales Engagement** bzw. **zivilgesellschaftliche Partnerschaften** breiten Raum ein,[19] ohne dass damit ein unmittelbarer Bezug zur Achtung der Menschenrechte hergestellt würde. Diese werden von keinem anderen der vorliegenden ESRS abgedeckt und stehen thematisch am ehesten jenen Angabepflichten nahe, welche ESRS S3 vorsieht. Unternehmen werden zu den genannten Themen häufig **positive Auswirkungen** berichten können (und den Anforderungen der ESRS entsprechend auch berichten müssen; → § 3 Rz 79).

Praxis-Beispiel Hydro – Berichterstattung über Spenden[20]

„S3.1 Investitionen in das Gemeinwesen, Spenden und Sponsoring

Berichtsgrundsätze

Investitionen in das Gemeinwesen umfassen Geldbeträge und Zeitaufwand, die sowohl dem Unternehmen als auch den Gemeinschaften zugekommen. Investitionen in das Gemeinwesen beziehen sich auf ein langfristiges strategisches Engagement in, und eine Partnerschaft mit, Organisationen des Gemeinwesens, um eine begrenzte Anzahl von sozialen Themen anzugehen, die von Hydro ausgewählt wurden, um die langfristigen Interessen der Aktionäre und Stakeholder zu schützen.

Spenden für wohltätige Zwecke umfassen einmalige oder gelegentliche Unterstützung für gute Zwecke als Reaktion auf die Bedürfnisse und Aufrufe von Wohltätigkeits- und Gemeinschaftsorganisationen, Anfragen von Mitarbeitern oder als Reaktion auf externe Ereignisse wie Notsituationen.

Sponsoring umfasst geschäftsbezogene Aktivitäten in der Gemeinschaft, um den Erfolg des Unternehmens direkt zu unterstützen, seine Unternehmens- und Markenidentität und andere Richtlinien zu fördern, in Partnerschaft mit Wohltätigkeitsorganisationen und Organisationen in der Gemeinschaft.

---

[19] Baumüller/Mühlenberg-Schmitz, IRZ 2019, S. 377 ff.
[20] Modifiziert entnommen Hydro, Integrated annual report 2023, S. 150, eigene Übersetzung aus dem Englischen.

TerPaz (lokale Gemeinschaftszentren) umfassen die Beiträge von Hydro zu öffentlichen Initiativen im brasilianischen Bundesstaat Pará, die sich auf die soziale Entwicklung der örtlichen Gemeinschaften konzentrieren. Die Initiativen umfassen den Bau von Sozialzentren oder Friedenshäusern, die den Bewohnern Zugang zu Dienstleistungen, wie medizinischer und rechtlicher Betreuung, Ausbildung und beruflichen Kursen bieten.

Alle Hydro-Standorte berichten jährlich über alle Investitionen in das Gemeinwesen, wohltätige Spenden, Sponsoring und andere damit verbundene Initiativen.

Investitionen in Gemeinschaften, Spenden und Sponsoring für wohltätige Zwecke

NOK Millionen	2023	2022	2021	2020	2019
Investitionen in Gemeinschaften [1]	48	51	30	42	50
Wohltätige Spenden und Sponsoring [1]	48	25	25	14	9
TerPaz (lokale Gemeinschaftszentren)	27	179			
Insgesamt	123	255	55	56	59

[1] Im Jahr 2021 haben wir Hydro Extrusions zum ersten Mal in die ausgewiesenen Zahlen aufgenommen.

Darüber hinaus gab Hydro 521.000 NOK für die technische Schule in Barcarena aus, die 2022 fertiggestellt wurde.

Der Anstieg der Spenden und des Sponsorings ist hauptsächlich auf einen Anstieg der Spenden bei B&A zurückzuführen. Die Zahlen sind nicht direkt mit den historischen Zahlen vergleichbar, da die Datenerfassung unterschiedlich gehandhabt wird. Darüber hinaus wurden die Zahlen für 2022 für Hydro Extrusions aktualisiert."

1.3 Datenpunkte aus anderen EU-Rechtsakten

22   Die Angabepflichten des ESRS S3 sind vorbehaltlich der Ergebnisse der durchzuführenden Wesentlichkeitsanalyse zu tätigen. Einige der im Standard vorgesehenen Datenpunkte finden sich jedoch in anderen EU-Rechtsakten wieder und werden dort bestimmten Unternehmen vorgeschrieben (→ § 3 Rz 98). Die betroffenen Datenpunkte finden sich in Anlage B von ESRS 2 aufgelistet.

Angabepflicht und zugehöriger Datenpunkt	SFDR-Referenz	Säule-3-Referenz	Referenz der Benchmark-VO	EU-Klimagesetz-Referenz
ESRS S3-1 Verpflichtungen im Bereich der Menschenrechte (ESRS S3.16)	Indikator Nr. 9 Anhang 1 Tab. 3 und Indikator Nr. 11 Anhang 1 Tab. 1			
ESRS S3-1 Nichteinhaltung der Leitprinzipien der Vereinten Nationen für Wirtschaft und Menschenrechte, der Prinzipien der IAO oder der OECD-Leitlinien (ESRS S3.17)	Indikator Nr. 10 Anhang 1 Tab. 1		Delegierte Verordnung (EU) 2020/1816, Anhang II Delegierte Verordnung (EU) 2020/1818 Art. 12 Abs. 1	
ESRS S3-4 Probleme und Vorfälle im Zusammenhang mit Menschenrechten (ESRS S3.36)	Indikator Nr. 14 Anhang 1 Tab. 3			

Tab. 2: Verbindung der Angabepflichten in ESRS S3 mit Offenlegungspflichten anderer europäischer Rechtsakte (ESRS 2, App. B)

Die in Tab. 2 **angeführten Datenpunkte** in ESRS S3-1 („Konzepte im Zusammenhang mit betroffenen Gemeinschaften") umfassen die Darstellung der verfolgten Konzepte zur Achtung der Menschenrechte im Hinblick auf betroffene Gemeinschaften (ESRS S3.16), deren Einklang mit internationalen Normen wie den Leitprinzipien der Vereinten Nationen für Wirtschaft und Menschenrechte sowie diesbzgl. gemeldete Verstöße gegen die Leitprinzipien sowie gegen die Grundsätze der Erklärung der IAO über grundlegende Prinzipien und Rechte bei der Arbeit oder der OECD-Leitsätze für multinationale Unternehmen

23

(ESRS S3.17). Gem. ESRS S3-4 („Ergreifung von Maßnahmen in Bezug auf wesentliche Auswirkungen auf betroffene Gemeinschaften und Ansätze zum Management wesentlicher Risiken und zur Nutzung wesentlicher Chancen im Zusammenhang mit betroffenen Gemeinschaften sowie die Wirksamkeit dieser Maßnahmen") ist als weiterer Datenpunkt anzugeben, inwieweit schwerwiegende Menschenrechtsprobleme und Vorfälle vorlagen – und diese sind in weiterer Folge auch offenzulegen (ESRS S3.35).

1.4 Phase-in-Regelungen

24 Anlage C zu ESRS 1 enthält keine der spezifischen Angabepflichten von ESRS S3. In seiner Gesamtheit unterliegt der Standard allerdings den **Phase-in-Regelungen** für Unternehmen bzw. Konzerne, deren Zahl an Arbeitnehmern im Jahresschnitt 750 nicht überschreitet; für die ersten zwei Jahre ihrer Berichtspflicht können diese Unternehmen bzw. Konzerne die Berichterstattung gem. ESRS S3 unterlassen und stattdessen ggf. ersatzweise Angaben gem. ESRS 2 tätigen (→ § 4 Rz 28 ff.). Für alle anderen Unternehmen bzw. Konzerne sind die Angabepflichten mit der erstmaligen Berichtspflicht gem. CSRD/ESRS – vorbehaltlich der Ergebnisse der Wesentlichkeitsanalyse durch das berichtspflichtige Unternehmen – vollumfänglich anzuwenden (→ § 3 Rz 183 ff.).

25 Von hoher praktischer Relevanz sind allerdings die Übergangsregelungen aus Kap. 10.2 von ESRS 1 zur geforderten **Abdeckung der Wertschöpfungskette.** Diese spielt für die Angabepflichten zu ESRS S3 eine große Rolle. Für die ersten drei Jahre, in denen ein Unternehmen der Berichtspflicht gem. CSRD/ESRS unterliegt, wird dieses auf die in ESRS 1 dargelegten Erleichterungen zurückgreifen und damit seine Angaben zu betroffenen Gemeinschaften schrittweise ausbauen können (→ § 3 Rz 191).

2   Angabepflichten

2.1   ESRS 2 – Allgemeine Angaben

26 ESRS S3 erläutert eingangs die beiden themenspezifischen Angabepflichten, die sich aus ESRS 2 ergeben: **ESRS 2 SBM-2 und ESRS 2 SBM-3.** Beide Angabepflichten müssen immer dann (und nur dann) erfüllt werden, wenn das Thema der betroffenen Gemeinschaften bei der Wesentlichkeitsanalyse als wesentlich identifiziert wird. Die Angaben gem. ESRS 2 SBM-2 zu betroffenen Gemeinschaften sind mit den Angaben zu allen weiteren wesentlichen Themen an einer zentralen Stelle in der Berichterstattung zu bündeln (→ § 4 Rz 14); für die Angaben gem. ESRS 2 SBM-3 besteht demgegenüber das Wahlrecht, die einschlägigen Angaben zu betroffenen Gemeinschaften stattdessen im Abschnitt zu diesen themenbezogenen Angabepflichten zu tätigen (ESRS S3.6).

Um die Angabepflichten des **ESRS 2 SBM-2** (**„Interessen und Standpunkte** 27
der Interessenträger") im Kontext des ESRS S3 zu erfüllen, ist darzustellen,
wie die Ansichten, Interessen, Rechte und Erwartungen der wesentlichen
betroffenen Gemeinschaften in der Unternehmensstrategie und im Geschäftsmodell berücksichtigt werden. Dies bedeutet, dass einerseits darzustellen ist, ob
bzw. wie die auf betroffene Gemeinschaften entfallenden Auswirkungen in die
Entwicklung der Unternehmensstrategie und des Geschäftsmodells Eingang
finden, andererseits, wie Unternehmensstrategie und Geschäftsmodell auch
laufend im Hinblick auf diese Auswirkungen angepasst werden (ESRS S3.AR3).
Hervorgehoben wird auch die Berücksichtigung von menschenrechtsbezogenen Fragestellungen i.A. bzw. der Rechte von indigenen Völkern im Speziellen,
auf die in den Darstellungen dezidiert einzugehen ist (ESRS S3.7).

Praxis-Beispiel Toyota Material Handling[21]

„ESRS 2 SBM 2

Interessen und Ansichten der Stakeholder

Um den ESRS bis 2026 vollständig zu erfüllen, muss Toyota Material Handling Europe eine quantifizierte Analyse der Auswirkungen, Risiken und
Chancen durchführen. Wir können bereits eine qualitative Bewertung abgeben, die unseren derzeitigen Ansatz gegenüber den Arbeitnehmern in der
Wertschöpfungskette und den betroffenen Gemeinschaften aufzeigt.

Obwohl wir über einen umfangreichen Lieferantenstamm verfügen, befinden sich 80 % unserer europäischen Lieferanten in der Nähe unserer Produktionsstätten, und die meisten unserer Lieferanten sind in Europa ansässig. Einige Zulieferer sind in anderen Ländern ansässig, in denen der
Rechtsschutz schwächer ist und die materiell betroffenen Gemeinschaften
nicht erfasst sind.

Einige Rohstofflieferanten betreiben zum Beispiel Minen, Plantagen oder
andere Betriebe, die die lokalen Gemeinschaften erheblich beeinträchtigen
könnten. Wir haben unseren Verhaltenskodex für Lieferanten im Jahr 2023
aktualisiert, um dieses Thema im Einklang mit unserer verantwortungsvollen Beschaffungspolitik zu behandeln.

Eine Reihe von EU-Klima- und Sozialvorschriften – darunter die Verordnung über Zwangsarbeit und der sektorale soziale Dialog – verlangen von
uns, dass wir unser Governance-Niveau in diesen Fragen weiter erhöhen.
Wir begrüßen diese Gelegenheit, gleiche Wettbewerbsbedingungen zu

---

[21] Entnommen Toyota Material Handling, Sustainability Report 2023, S. 79, eigene Übersetzung
aus dem Englischen.

schaffen, da alle EU-Unternehmen dieses Thema in einer stärker standardisierten Weise angehen müssen.

Dieses Thema ist auch für viele unserer Kunden wichtig. Im Jahr 2023 haben wir eine Liste der ‚250 am häufigsten von unseren Kunden gestellten Fragen zur Nachhaltigkeit' erstellt.

Insgesamt 28 der 250 Fragen beziehen sich direkt oder indirekt auf die betroffenen Gemeinschaften. Einige Kunden haben uns mitgeteilt, dass wir als Zulieferer disqualifiziert werden können, wenn wir in der Lieferkette nicht das von ihnen geforderte Maß an Menschenrechten einhalten. Wir bemühen uns, Vorschriften und Kundenanforderungen regelmäßig zu überprüfen, um den sich ständig weiterentwickelnden Erwartungen unserer Stakeholder gerecht zu werden."

28   Betroffene Gemeinschaften sind bei der Wesentlichkeitsanalyse als **besonders wichtige Gruppe der Stakeholder** zu berücksichtigen (ESRS S3.7; → § 3 Rz 58). Da es in vielen Fällen nicht möglich sein wird, mit den unmittelbar betroffenen Mitgliedern dieser betroffenen Gemeinschaften in Austausch zu treten, werden häufig Interessenvertretungen oder andere Stellen, welche deren Bedürfnisse und Sichtweisen repräsentieren können, in die Analyse einbezogen werden müssen. Gem. ESRS S3.AR4 wird empfohlen, nicht nur die Ergebnisse der Analysen, sondern auch die im Vorfeld erhobenen Sichtweisen selbst in der Berichterstattung offenzulegen. Diese betroffenen Gemeinschaften werden in der Darstellung mitunter weiter untergliedert werden können: Dies wird insbes. dann geboten sein, wenn unterschiedliche Auffassungen oder individuelle Interessen einzelner Untergruppen der betroffenen Gemeinschaften zutage treten.

Praxis-Beispiel Lenzing[22]

„Lokale Gemeinschaften/Nachbarn

Sowohl lokal als auch international nimmt die Lenzing Gruppe ihre soziale Verantwortung als Corporate Citizen ernst.

Daher pflegt das Unternehmen eine kontinuierliche und konsequente Kommunikation, um die Gemeinschaften zu informieren und ein offenes Ohr für ihre Anliegen und Ideen zu haben, mit dem Ziel, gesunde Beziehungen zu den Gemeinschaften zu schaffen. Weitere Informationen finden Sie im Fokuspapier ‚Gesellschaftliches Engagement'."

---

[22] Entnommen Lenzing, Focus paper – Stakeholder engagement, Issue April 2024, S. 6, eigene Übersetzung aus dem Englischen.

Interesse der Stakeholder	Engagement von Lenzing durch	Aktivitäten
Sicherheit, Schaffung von Arbeitsplätzen, Wohlstand, saubere Umwelt in Bezug auf Wasser, Luft, Lärm; ethische Standards, Einhaltung von Vorschriften, Zahlung fairer Steuern	Management an den Produktionsstandorten, Unternehmenskommunikation, Gemeinschaftsabteilung von PT, South Pacific Viscose	Laufende Kontakte mit Vertretern von Gemeinschaften, konzernweites Beschwerdeverfahren, Förderung der Entwicklung und des Wohlergehens durch sichere und umweltfreundliche Betriebsabläufe, faire Beschäftigungspraktiken und Beiträge zur lokalen wirtschaftlichen Entwicklung und zum gesellschaftlichen Leben durch nützliche Aktivitäten im Bereich Spenden, Sponsoring, Gesundheit und medizinische Versorgung, Bildungsprogramme, Umweltprojekte

Umfangreiche Leitlinien finden sich im Hinblick auf die Angabepflichten des ESRS 2 SBM-3 („**Wesentliche Auswirkungen, Risiken und Chancen und ihr Zusammenspiel mit Strategie und Geschäftsmodell**"). Während die Angabepflichten des ESRS 2 SBM-2 die Dialogmechanismen in den Fokus rücken, werden nunmehr die gegenständlichen Auswirkungen, Chancen und Risiken in Bezug auf die betroffenen Gemeinschaften zum Berichtsgegenstand. Hierzu ist eingangs darzulegen: 29

- ob bzw. wie identifizierte wesentliche Auswirkungen betroffene Gemeinschaften betreffen, und zwar sofern
  - diese aus der Strategie und dem Geschäftsmodell des berichtspflichtigen Unternehmens entstehen bzw. mit diesen zusammenhängen oder
  - bei der Entwicklung bzw. laufenden Anpassung der Unternehmensstrategie und des Geschäftsmodells berücksichtigt werden;
- welche Zusammenhänge zwischen den identifizierten wesentlichen Auswirkungen auf betroffene Gemeinschaften oder Abhängigkeiten von diesen

betroffenen Gemeinschaften einerseits und damit verbundenen Chancen und Risiken für das Unternehmen andererseits bestehen (ESRS S3.8).

30 Bei Erfüllung der Angabepflichten gem. ESRS 2.4 hat das Unternehmen ausdrücklich anzugeben, ob auf **alle betroffene Gemeinschaften** eingegangen wird, die von wesentlichen Auswirkungen des berichtspflichtigen Unternehmens betroffen sind. Betont wird, dass auch die Auswirkungen entlang der Wertschöpfungskette zu berücksichtigen sind, d.h. auch Auswirkungen, die unmittelbar durch Kunden oder Lieferanten verursacht werden (ESRS S3.9); die angeführte Angabepflicht ist somit v.a. im Lichte der praktischen Schwierigkeiten, mit sämtlichen relevanten betroffenen Gemeinschaften in Dialog zu treten, zu sehen.

31 Ebenso werden **detailliert weitere Angaben** vorgeschrieben, die in diesem Kontext zu betroffenen Gemeinschaften zu tätigen sind:
- Eine Beschreibung der betroffenen Gemeinschaften, unter ergänzender Anführung, ob es sich jeweils um
  - unmittelbare Anrainer („Gemeinschaften, die in der Nähe der Betriebsstandorte, Fabriken, Anlagen oder sonstiger physischer Tätigkeiten des Unternehmens leben oder arbeiten, oder weiter entfernt lebende Gemeinschaften, die von den Tätigkeiten an diesen Standorten betroffen sind (z.B. durch verunreinigte Flüsse)“),
  - Gruppen entlang der Wertschöpfungskette („z.B. Gemeinschaften, die vom Betrieb der Einrichtungen der Lieferanten oder von den Tätigkeiten von Logistik- oder Vertriebsunternehmen betroffen sind“) bzw.
  - an einem der Endpunkte der Wertschöpfungskette („z.B. am Ort der Gewinnung von Metallen oder Mineralien oder der Ernte von Rohstoffen, oder Gemeinschaften in der Nähe von Abfallbewirtschaftungs- oder Recyclingeinrichtungen“) oder
  - indigene Völker
  handelt (ESRS S3.9(a)). Es ist davon auszugehen, dass es sich i.d.R. um keine überschneidungsfreie Aufzählung handelt und damit Mehrfachzuordnungen erforderlich sein können.
- Für alle wesentlichen negativen Auswirkungen ist deren Natur darzustellen – insbes. ob diese Auswirkungen systemischer Natur sind (z.B. Beeinträchtigungen von Anrainern aufgrund des Betriebs einzelner Produktionsstandorte), auf einzelne Vorfälle (z.B. Unfälle) oder auf bestimmte Geschäftsbeziehungen (z.B. menschenrechtliche Verstöße von Subauftragnehmern) bezogen sind. Hervorgehoben wird, dass negative Auswirkungen darzustellen sind, die aufgrund des Übergangs zu einer grünen und klimaneutralen Geschäftstätigkeit des berichtspflichtigen Unternehmens entstehen (z.B. Schließungen einzelner Produktionsstandorte): „Auswirkungen im Zusammenhang mit Innovationen und Umstrukturierungen, mit der Stilllegung

von Bergwerken, dem verstärkten Abbau von Mineralien, die für den Übergang zu einer nachhaltigen Wirtschaft erforderlich sind, und der Herstellung
von Solarpaneelen" (ESRS S3.9(b)).

- Für alle wesentlichen positiven Auswirkungen wird ebenso eine Beschreibung dieser Auswirkungen sowie der davon (tatsächlich oder potenziell)
betroffenen Gemeinschaften gefordert. Zu tätigen ist damit in Verbindung
eine Angabe zur geografischen Lokation dieser betroffenen Gemeinschaften
(ESRS S3.9(c)).

- Alle wesentlichen Risiken und Chancen, denen das berichtspflichtige Unternehmen aufgrund seiner Auswirkungen auf und Abhängigkeiten von betroffenen Gemeinschaften ausgesetzt ist, sind ebenso anzugeben (ESRS S3.9(d)).

Praxis-Beispiel SGL Group – ESRS 2 SBM-3[23]

„S3 Wesentliche Auswirkungen, Risiken und Chancen und ihre Wechselwirkung mit Strategie und Geschäftsmodell

Bei der Bewertung der Wesentlichkeit wurden die folgenden Auswirkungen
von SGL auf die betroffenen Gemeinschaften als wesentlich eingestuft:

**Hilfsaktionen zur Unterstützung von Gemeinschaften und zur Rettung
von Leben**

Durch die Bereitstellung von Logistiklösungen für UN-Organisationen und
Nichtregierungsorganisationen unterstützt SGL humanitäre Programme,
die lebensrettende und lebensnotwendige Güter an Millionen von Menschen
in kritischen Situationen liefern. Die SGL Group hat somit einen positiven
Einfluss auf Gemeinschaften, die von Konflikten, Naturkatastrophen und
anderen Herausforderungen betroffen sind, indem sie den Transport von
lebenswichtigen Ressourcen und Ausrüstung ermöglicht. Diese positive
Wirkung ist unserer Wertschöpfungskette nachgelagert und betrifft die
Gemeinschaften, die von den von der SGL Group unterstützten UN-Organisationen und Nichtregierungsorganisationen bedient werden, und tritt
kurz-, mittel- und langfristig ein. Im Jahr 2023 gehörten zu diesen Gemeinschaften diejenigen, die von den Konflikten in der Ukraine, im Gazastreifen
und im Sudan, von der politischen Instabilität in Haiti und von Naturkatastrophen in der Türkei und in Syrien betroffen waren."

Weiterhin gefordert ist eine genauere Beschreibung, wie das berichtspflichtige
Unternehmen ein Verständnis zur **Vulnerabilität bestimmter Gruppen** von
betroffenen Gemeinschaften gegenüber negativen Auswirkungen erworben hat
(ESRS S3.10). Die Anwendungsanforderungen enthalten dazu zahlreiche Bei-

32

---

[23] Entnommen SGL Group, Sustainability Report 2023, S. 91, eigene Übersetzung aus dem Englischen.

spiele, die darauf zielen, besonders vulnerable Gruppen in einem sozialen oder geografischen Kontext zu identifizieren und deren – unmittelbare oder mittelbare – Betroffenheit von den Auswirkungen des Unternehmens angemessen zu würdigen (ESRS S3.AR7).

„Beispiele für besondere Merkmale betroffener Gemeinschaften, die das Unternehmen bei seinen Angaben nach Absatz 10 (ESRS S3.10; d. Verf.) berücksichtigen kann, können betroffene Gemeinschaften sein, die physisch oder wirtschaftlich isoliert sind und besonders anfällig für eingeführte Krankheiten sind oder begrenzten Zugang zu Sozialleistungen haben und deshalb von der vom Unternehmen geschaffenen Infrastruktur abhängig sind. Wenn von Frauen bewirtschaftete Flächen vom Unternehmen erworben werden und die Zahlungen an männliche Haushaltsleiter gehen, kann es dazu kommen, dass Frauen innerhalb der Gemeinschaft weiter entrechtet werden. Dies kann auch darauf zurückzuführen sein, dass die Gemeinschaft indigen ist und ihre Mitglieder versuchen, kulturelle oder wirtschaftliche Rechte an dem Land auszuüben, das sich im Eigentum des Unternehmens oder eines Unternehmens, mit dem es Geschäftsbeziehungen unterhält, befindet oder von ihm genutzt wird, und zwar in einem Kontext, in dem ihre Rechte nicht vom Staat geschützt sind" (ESRS S3.AR7).

33   Gesonderte Angaben sind schließlich zu den wesentlichen Risiken und Chancen gefordert, wenn sich diese aus Auswirkungen auf oder Abhängigkeiten von **spezifischen Gruppen von betroffenen Gemeinschaften** und nicht von diesen in ihrer Gesamtheit ergeben (ESRS S3.11). Das bedeutet, dass klar zu benennen ist, welche dieser Gruppen ggf. mit welchen Auswirkungen bzw. Abhängigkeiten spezifisch in Verbindung steht. Die Anwendungsanforderungen ergänzen, dass bei der Beurteilung relevanter Abhängigkeiten insbes. auch Risiken infolge von Ereignissen wie Industrieunfällen zu berücksichtigen sind, die zwar unwahrscheinlich sind, aber gravierende (finanzielle) Effekte auf das berichtspflichtige Unternehmen (z.B. einen Produktionsstandort) und dessen betroffene Gemeinschaften (z.B. Anrainer an diesem Produktionsstandort) entfalten können (ESRS S3.AR8). Hier ist etwa an das Risiko von hohen Schadenersatzansprüchen oder an den Verlust des Zugangs zu benötigten Ressourcen (wie potenziellen Arbeitskräften) zu denken.

2.2   Management der Auswirkungen, Risiken und Chancen

2.2.1   ESRS S3-1 – Konzepte im Zusammenhang mit betroffenen Gemeinschaften

34   Die Angabepflichten zu Konzepten verweisen auf die Mindestangabepflichten gem. ESRS 2 MDR-P („Konzepte für den Umgang mit wesentlichen Nachhaltigkeitsaspekten"; → § 4 Rz 130 f.). Diese Angaben sind im Hinblick auf die

Konzepte zu tätigen, die für die **Steuerung der wesentlichen Auswirkungen, Risiken und Chancen i. V. m. betroffenen Gemeinschaften** eingerichtet wurden. Darüber hinaus wird gefordert:

- dass bei den zu tätigenden Angaben hervorzuheben ist, ob die verfolgten Konzepte sich auf alle betroffene Gemeinschaften beziehen oder lediglich auf ausgewählte Gruppen dieser betroffenen Gemeinschaften – wobei diesfalls die ausgewählten Gruppen zu benennen sind (ESRS S3.14);
- dass alle Konzepte (bzw. auch bloß Teile von weiter gefassten Konzepten) offengelegt werden müssen, die Auswirkungen auf indigene Völker adressieren (ESRS S3.15);
- dass Änderungen in den verfolgten Konzepten gegenüber der vorhergehenden Berichtsperiode offengelegt werden (z. b. wenn neue Konzepte eingeführt werden oder bestehende ihren Erfolg gezeigt haben; ESRS S3.AR9).

Praxis-Beispiel Toyota Material Handling – ESRS S3-1[24]

„Konzepte im Zusammenhang mit betroffenen Gemeinschaften

In unserem Verhaltenskodex für Lieferanten ist in Bezug auf betroffene Gemeinschaften Folgendes festgelegt:

- **Landrechte von Gemeinschaften:** die Rechte und Titel auf Land und Eigentum von Einzelpersonen, indigenen Völkern und lokalen Gemeinschaften müssen respektiert werden. Bei allen Verhandlungen über Land oder Eigentum, einschl. der Nutzung und Übertragung, sind die Grundsätze der freien, vorherigen und informierten Zustimmung, der Vertragstransparenz und der Offenlegung einzuhalten. Auf unsere Aufforderung hin müssen die Lieferanten das Recht auf die Nutzung des Landes nachweisen.
- **Einbeziehung der Gemeinschaft:** Die Lieferanten werden ermutigt, sich in der Gemeinschaft zu engagieren, um die soziale und wirtschaftliche Entwicklung zu fördern und zur Nachhaltigkeit der Gemeinschaften, in denen sie tätig sind, beizutragen.“

Für die **weitere Darstellung der Konzepte** wird empfohlen, dass auf die relevanten Kommunikationskanäle, um diese Konzepte unternehmensintern und -extern bekannt zu machen (z. B. Newsletter oder Flyer), und den Umgang mit möglichen Kommunikationsbarrieren (z. B. sprachliche Barrieren) eingegangen wird. Solche Barrieren sollen nach Möglichkeit beseitigt werden, so dass gewährleistet wird, dass die enthaltenen Informationen für ihre Adressaten zugänglich bzw. verständlich sind (ESRS S3.AR11).

35

---

[24] Entnommen Toyota Material Handling, Sustainability Report 2023, S. 80, eigene Übersetzung aus dem Englischen.

36 Insofern diese Konzepte von einem inhaltlich weiter gefassten Dokument umfasst sind (z.B. einem Code of Conduct bzw. Ethik-Kodex), der bei den Angabepflichten für einen anderen ESRS dargestellt wird, können sich die Darstellungen zu ESRS S3 auf einen konkreten Querverweis hierauf beschränken. Der **Querverweis** hat allerdings im Einklang mit den allgemeinen Anforderungen des ESRS 1 (→ § 3 Rz 162 ff.) innerhalb der Nachhaltigkeitserklärung zu erfolgen, also u.a. auf die konkreten Teilaspekte (z.B. ein konkretes Kapitel), die im Hinblick auf Konzepte zu betroffenen Gemeinschaften von Bedeutung sind (ESRS S3.18).

> **Praxis-Hinweis**
>
> Dass solche internen Leitlinien (und daran knüpfende interne Review-Prozesse) im Zusammenhang mit den Angabepflichten des ESRS S3 an Bedeutung gewinnen und durch diese Angabepflichten v.a. auch stärker in die externe Unternehmensberichterstattung Eingang finden werden, scheint eine erwartbare Entwicklung zu sein. Inhaltliche Aspekte, auf die bereits vorhandene Leitlinien und Prozesse im Unternehmen daher in Antizipation dieser Entwicklung untersucht werden sollten, leiten sich unmittelbar aus den Inhalten von ESRS S3 ab. Es ist jedoch nicht möglich, Angabepflichten in ESRS S3 duch bloßen Verweis auf eine solche, ggf. online publizierte Leitlinie zu ersetzen; verwiesen werden kann v.a. auf die Existenz einer solchen Leitlinie.

37 Gesondert auszuführen sind die Verpflichtungen des Unternehmens im Bezug auf die **Achtung der Menschenrechte** im Kontext der betroffenen Gemeinschaften. Dies umfasst eine Darstellung, inwieweit ein Einklang mit den einschlägigen Leitlinien der Leitprinzipien der Vereinten Nationen für Wirtschaft und Menschenrechte, der Erklärung der ILO über grundlegende Prinzipien und Rechte bei der Arbeit oder mit den OECD-Leitsätzen für multinationale Unternehmen überwacht wird. Unternehmen sollen ihre Darstellung auf wesentliche Sachverhalte im Konkreten fokusieren – gemeint ist dies wohl i.S.d. Ergebnisse der Wesentlichkeitsanalyse – und darüber hinaus ihren grundlegenden Zugang erläutern, wie sie

- die Achtung der Menschenrechte von betroffenen Gemeinschaften i.A. sowie indigenen Völkern im Speziellen wahren wollen;
- welche Dialogmechanismen mit betroffenen Gemeinschaften eingerichtet sind;
- welche Maßnahmen selbst gesetzt oder ermöglicht werden, um (negative) Auswirkungen auf die Menschenrechte von betroffenen Gemeinschaften zu beseitigen (ESRS S3.16).

Anzugeben ist weiterhin, in welchem Ausmaß die **Konzepte im Einklang stehen** **38**
mit einschlägigen internationalen Standards. ESRS S3 hebt erneut die UN-Leitprinzipien für Wirtschaft und Menschenrechte hervor (ESRS S3.17). Die Querverweise in diesen Leitprinzipien auf weitere Dokumente (z.B. auf die Internationale
Charta der Menschenrechte) sind zu berücksichtigen, worauf die Unternehmen in
ihrer Berichterstattung ebenso eingehen können (ESRS S3.AR10).

Schließlich ist anzugeben, inwieweit dem Unternehmen **Verstöße gegen die** **39**
Leitlinien der UN-Leitprinzipien für Wirtschaft und Menschenrechte, der
Erklärung der ILO über grundlegende Prinzipien und Rechte bei der Arbeit
oder der OECD-Leitsätze für multinationale Unternehmen im Hinblick auf
betroffene Gemeinschaften i.R.d. eigenen Geschäftstätigkeit bzw. in der Wertschöpfungskette (*upstream* und *downstream*) bekannt sind. Sofern solche Verstöße vorliegen, ist auch die Natur dieser Verstöße grob zu umschreiben („hat
gegebenenfalls die Art dieser Fälle anzugeben"; ESRS S3.17). Die Anwendungsanforderungen heben Rechtsstreitigkeiten im Hinblick auf Landrechte und
freie, vorherige und informierte Zustimmung von indigenen Völkern hervor,
die bei dieser Angabepflicht zu berücksichtigen sind (ESRS S3.AR12).

2.2.2 ESRS S3-2 – Verfahren zur Einbeziehung betroffener Gemeinschaften in Bezug auf Auswirkungen

Die Angabepflichten verlangen vom berichtspflichtigen Unternehmen eine **40**
Darstellung darüber, ob bzw. wie es **im Dialog steht mit betroffenen Gemein-**
schaften, mit deren rechtmäßigen Vertretern oder mit glaubwürdigen Stellvertretern. Dies in zweifacher Hinsicht:

* einerseits um wesentliche potenzielle und tatsächliche, positive wie negative
  Auswirkungen auf diese betroffenen Gemeinschaften zu identifizieren und
  zu bewerten,
* andererseits um die Ansichten dieser betroffenen Gemeinschaften in den
  Entscheidungsprozessen im berichtspflichtigen Unternehmen zu berücksichtigen (ESRS S3.20).

Unternehmen haben grds. darzustellen, ob bzw. inwieweit die **Ansichten von** **41**
betroffenen Gemeinschaften in die Steuerung der potenziellen und tatsächlichen,
positiven wie negativen Auswirkungen auf diese betroffenen Gemeinschaften einfließen. Sofern relevant, sind dazu vier Aspekte abzudecken (ESRS S3.21):

* ob der Dialog mit den betroffenen Gemeinschaften oder ihren rechtmäßigen
  Vertretern selbst stattfindet oder mit glaubwürdigen Stellvertretern, die
  Einblick in ihre Situation haben;
* die Phase(n) des Prozesses der Sustainability Due Diligence, in der/denen dieser
  Dialog stattfindet, die Art des Dialogs (Partizipation, Konsultation oder Infor-
  mation) und die Häufigkeit des Dialogs (siehe auch ESRS S3.AR15);

- die Funktion und die ranghöchste Stelle innerhalb des Unternehmens, die die operative Verantwortung dafür trägt, dass dieser Dialog stattfindet und dass dessen Ergebnisse in den Zugang des Unternehmens für den Stakeholder-Dialog einfließen: konkrete Angaben, die zur Beschreibung dieser Stelle gefordert bzw. empfohlen werden, finden sich in ESRS S3.AR14 und ESRS S3.AR15 aufgezählt – eine Erfüllung dieser Angabepflicht wird weiterhin gemeinsam mit der Angabepflicht ESRS 2 GOV-1 („Die Rolle der Verwaltungs-, Leitungs- und Aufsichtsorgane") vorgeschlagen, sofern dieser die entsprechenden Detailinformationen entnommen werden können (und ein entsprechender Verweis gesetzt wird);
- ggf. die Art und Weise, wie das Unternehmen die Wirksamkeit des Dialogs mit betroffenen Gemeinschaften bewertet, sofern relevant einschl. der daraus resultierenden Vereinbarungen oder Ergebnisse; es wird empfohlen, dazu auch konkrete Beispiele aus dem Berichtszeitraum anzuführen (ESRS S3.AR16).

Praxis-Beispiel SGL Group[25]

„S3-2 Verfahren für die Einbindung betroffener Gemeinschaften in Bezug auf Auswirkungen

Die Logistikteams der SGL Group Aid & Relief arbeiten mit Partnerorganisationen und staatlichen Stellen zusammen, um die Bedürfnisse der begünstigten Gemeinschaften und die Komplexität der humanitären Hilfe und der logistischen Unterstützung durch die Regierung zu verstehen. Indem wir uns ihre Anliegen anhören, können wir uns der Schwachstellen der Gemeinschaften bewusst werden und ihre Perspektiven in die Logistikplanung einbeziehen.

Auf diese Weise kann Aid & Relief seine Angebote so anpassen, dass die Begünstigten in allen Regionen der Welt besser erreicht werden. Durch die Einbeziehung lokaler Interessengruppen schaffen wir ein besseres, integrativeres Logistiksystem, v.a. in Gebieten, in denen die Gemeinschaften unter mangelnder Infrastruktur und fehlenden humanitären Grundbedürfnissen leiden.

Der Executive Vice President of Aid & Relief and Government Logistics ist die oberste Führungskraft, die für dieses Engagement verantwortlich ist.

Eine weitere Möglichkeit, mit den betroffenen Gemeinschaften in Kontakt zu treten, ist die Einstellung von Personen mit lokalen Kenntnissen und Fachwissen über wichtige Schwerpunktregionen. So haben wir bspw. erfahrene ukrainische Logistiker eingestellt, um an Projekten in der Ukraine zu arbeiten und neue Lösungen zu entwickeln. Durch die Nutzung des Fach-

---

[25] Entnommen SGL Group, Sustainability Report 2023, S. 92, eigene Übersetzung aus dem Englischen.

wissens dieser Personen konnten wir die vielen logistischen Herausforderungen, die mit der Bereitstellung von Hilfs- und Unterstützungsleistungen
in einem Konfliktgebiet verbunden sind, in Abstimmung mit den lokalen
Behörden in der Ukraine wirksam angehen."

Sofern einzelne betroffene Gemeinschaften in besonderem Maß vulnerabel sind   **42**
gegenüber den Auswirkungen der Wirtschaftstätigkeiten des berichtspflichtigen
Unternehmens, ist auf diese i.R.d. geforderten Darstellungen besonders einzugehen. Dies gilt darüber hinaus für **marginalisierte betroffene Gemeinschaften**
(ESRS S3.22). Eine übliche Definition von Marginalisierung lautet: *„groups and
communities that experience discrimination and exclusion (social, political and
economic) because of unequal power relationships across economic, political, social
and cultural dimensions"*.[26] Weiterhin ist nach bestimmten Gruppen innerhalb
von betroffenen Gemeinschaften zu differenzieren, z.B. Frauen und Mädchen.
Zum Ausmaß, in dem eine solche Differenzierung erforderlich ist, bleibt der
Standard vage (*„where applicable"*). Dieses wird sich an den angewandten Methoden und erzielten Ergebnissen der Wesentlichkeitsanalyse zu orientieren
haben, in der also auf die Identifikation solcher potentiell marginalisierter betroffener Gemeinschaften besonders zu achten ist (ESRS S3.22).

Sofern **indigene Völker** Teil der betroffenen Gemeinschaften eines Unterneh-   **43**
mens sind, sind weitere Angabepflichten vorgesehen (ESRS S3.23); anzugeben
ist,
- wie die besonderen Rechte dieser indigenen Völker in ihrem Zugang für den
  Stakeholder-Dialog berücksichtigt und gesichert werden; dies umfasst den
  Aspekt der Berücksichtigung der freien, vorherigen und informierten Zustimmung von indigenen Völkern im Hinblick auf
  - ihre kulturellen, geistigen, religiösen und spirituellen Rechte,
  - Aktivitäten des Unternehmens, die Länder und Gebiete von betroffenen
    Völkern betreffen,
  - Rechts- oder Verwaltungsmaßnahmen, die betroffene Völker betreffen;
  die Anwendungsanforderungen schlagen vor, auch beispielhafte Angaben
  zum Prozess der Einholung dieser Zustimmung in die Berichterstattung
  aufzunehmen (ESRS S3.AR16);
- sofern ein Dialog mit diesen betroffenen Völkern auch stattfindet: ob bzw.
  inwieweit diese hinsichtlich der Ausgestaltung der Dialogmechanismen konsultiert wurden (z.B. zur inhaltlichen oder zeitlichen Ausgestaltung dieser
  Mechanismen).

---

[26] NCCDH, Glossary of Essential Health Equity Terms, https://nccdh.ca/learn/glossary, Abruf
1.8.2024.

Praxis-Hinweis

Wertvolle und ausführliche Hinweise zur konkreten Ausgestaltung des Stakeholder-Dialogs mit den Vertretern indigener Völker, der den dargelegten Anforderungen entspricht, bietet das Projekt-Manual der Ernährungs- und Landwirtschaftsorganisation der Vereinten Nationen.[27]

Praxis-Beispiel OMV[28]

„**Konsultation der Anrainergemeinden und Sozialverträglichkeitsprüfungen**

Unser Managementprozess für Community Relations und Entwicklung basiert auf zentralisierten Richtlinien und Zielen und wird von lokalen Verantwortlichen mit lokalen Ressourcen umgesetzt. Gemäß dem internen Community-Relations- und Entwicklungsverfahren, das in allen Ländern, in denen wir tätig sind, wirksam ist, implementieren wir gemeinsam mit Anrainergemeinden maßgeschneiderte Programme. Zum Beispiel müssen alle Projekte des OMV Geschäftsbereichs Energy in der Entwicklungsphase mit den Anrainergemeinden besprochen werden. Im Jahr 2023 befanden sich 5 von 13 Entwicklungsprojekten in der Konsultationsphase.

Zunächst führen wir eine Sozialverträglichkeitsprüfung (Social Impact Assessment; SIA) durch. Dazu gehört auch die freie, vorherige und in Kenntnis der Sachlage gegebene Zustimmung (Free, Prior, and Informed Consent; FPIC) der lokalen Stakeholder:innen. In einigen Fällen wird eine SIA in eine Umwelt- und Sozialverträglichkeitsprüfung integriert (Environmental and Social Impact Assessment; ESIA), um Synergien zu nutzen und die Effizienz zu steigern. Ziel einer SIA ist es, sicherzustellen, dass die Ansichten lokaler Communities, insbesondere indigener Bevölkerungsgruppen, in allen Phasen des Projektlebenszyklus – von der Inbetriebnahme über den Betrieb bis hin zur Stilllegung – berücksichtigt werden. Wir legen auch besonderes Augenmerk auf mögliche Auswirkungen auf die Menschenrechte.

Gemäß den internen Richtlinien für SIAs führen wir eine Bestandsaufnahme, Bedarfsanalysen für die Anrainergemeinden, Stakeholderanalysen und eine Bewertung der mit dem Projekt verbundenen sozialen Risiken durch. Wo immer möglich, werden SIAs auf partizipative Weise durchgeführt, indem wir uns direkt mit potenziell betroffenen Anrainergemeinden beraten. Unsere Standards verlangen, dass die Ergebnisse der SIA den betroffenen

---

27 UN, Free Prior and Informed Consent – An indigenous peoples' right and a good practice for local communities, 2016, https://openknowledge.fao.org/server/api/core/bitstreams/8a4bc655-3cf6-44b5-b6bb-ad2aeede5863/content, Abruf 1.8.2024.
28 Entnommen OMV, Nachhaltigkeitsbericht 2023, S. 145 f.

> Stakeholder:innen zur Kenntnis gebracht werden. Basierend auf den Ergebnissen der SIA werden standortspezifische Strategien für das Community-Relations- und Entwicklungsmanagement, für Programme zur Einbindung der Stakeholder:innen und für entsprechende Beschwerdemechanismen entwickelt und umgesetzt."

Sofern die Wirtschaftsaktivitäten eines Unternehmens   **44**
- Auswirkungen haben auf Länder, Gebiete oder Ressourcen, die indigene Völker üblicherweise besitzen, besetzen oder anderweitig nutzen, oder
- diese indigenen Völker von Ländern bzw. Gebieten vertreiben, die traditionell in ihrem Besitz sind, oder
- deren kulturellen, geistigen, religiösen und spirituellen Rechte beeinträchtigen oder ausbeuten,

werden Unternehmen aufgefordert, beim Stakeholder-Dialog in besonderem Maß auf den Grundsatz der **Redlichkeit in allen Verhandlungen** zur Erlangung der freien, vorherigen und informierten Zustimmung von indigenen Völkern zu achten (ESRS S3.AR13). Der Wortlaut in ESRS S3 lässt dies als eine Anforderung an die Durchführung dieser Verhandlungen selbst erscheinen, was aber über den Kompetenzbereich eines solchen Standards hinausgeht. Insofern ist diese Bestimmung so zu deuten, dass auf diesen Aspekt in der Berichterstattung ebenfalls einzugehen ist, z. B. in Form einer dezidierten Aussage, dass der genannte Grundsatz eingehalten wird.

Hat ein Unternehmen **keinen Dialogprozess** mit seinen betroffenen Gemein-   **45**
schaften eingerichtet, so ist dies anzugeben. Falls ein solcher Dialogprozess in Zukunft eingerichtet werden soll, wird empfohlen, den dafür maßgeblichen zeitlichen Horizont in die Angabe aufzunehmen (ESRS S3.24).

Praxis-Beispiel Toyota Material Handling – ESRS S3-2[29]

„Verfahren für die Einbindung betroffener Gemeinschaften in Bezug auf Auswirkungen

Wir haben derzeit keine speziellen Verfahren, um mit den betroffenen Gemeinschaften direkt über die Auswirkungen zu sprechen."

---

[29] Entnommen Toyota Material Handling, Sustainability Report 2023, S. 80, eigene Übersetzung aus dem Englischen.

2.2.3 ESRS S3-3 – Verfahren zur Verbesserung negativer Auswirkungen und Kanäle, über die betroffene Gemeinschaften Bedenken äußern können

46 Die Angabepflicht ESRS S3-3 verlangt eine Darstellung der **formalen Kanäle,** die betroffenen Gemeinschaften offenstehen, um Bedenken oder Anliegen direkt an das Unternehmen heranzutragen, und/oder wie es die Bereitstellung solcher Kanäle durch seine Geschäftspartner unterstützt. Umfasst sind auch Darstellungen, wie Folgemaßnahmen mit den jeweiligen betroffenen Gemeinschaften umgesetzt werden und wie die Effektivität dieser Kanäle überwacht wird (ESRS S3.26). Hinsichtlich detaillierterer Leitlinien zur Ableitung von Inhalten über die Berichterstattung über solche Kanäle verweist der Standard auf die einschlägigen Ausführungen zu Abhilfe- und Beschwerdemechanismen in den UN-Leitprinzipien für Wirtschaft und Menschenrechte und in den OECD-Leitsätzen für multinationale Unternehmen (ESRS S3.AR17); insbes. Art. 31 der UN-Leitprinzipien führt konkrete Gütekriterien auf, die für die Berichterstattung referenziert werden können. Die Anforderungen in ESRS S3 streben in einem hohen Maß Konsistenz mit den Vorgaben dieser Leitlinien an (ESRS S3.BC74). Weitere Auslegungshilfen zu den genannten Vorgaben bietet der OECD-Leitfaden für die Erfüllung der Sorgfaltspflicht für verantwortungsvolles unternehmerisches Handeln.

Praxis-Hinweis

Die soeben angeführten Normen eröffnen einen weiten Gestaltungsspielraum, der von den berichtspflichtigen Unternehmen in hohem Maß kontextabhängig ausgefüllt werden sollte. Einen Überblick über die Art und Ausgestaltung von Kanälen zur Äußerung von Bedenken bieten diese Normen; sie sollten auf dokumentierte Weise Berücksichtigung finden. Darüber hinaus ist insbes. die organisationale Verankerung in den Unternehmen von Bedeutung; oftmals wird eine dezentrale Struktur der eingerichteten Maßnahmen bei entsprechender Unternehmensgröße sinnvoll sein. Externe Verifikationen tragen zur Anwendungssicherheit bei. Die Vielzahl der eingerichteten Maßnahmen wird an zentraler Stelle, z. B. in einer Compliance-Abteilung, zusammenlaufen, die häufig die benötigten Expertisen bereits aufweisen wird. Die in ESRS S3-3 angesprochenen Verfahren sollen allerdings nicht in einer weiteren bloßen Formalisierung bzw. Bürokratisierung münden, sondern in den Management- bzw. Steuerungskreislauf integriert werden. Dabei zeigt sich eine deutlich enge Verbindung zum Stakeholder-Dialog, der in ESRS 1 als Grundlage der Sustainability Due Diligence bzw. infolge der Wesentlichkeitsanalyse angesprochen wird (→ § 3 Rz 44 ff.).

Als **Kanal für das Melden von Bedenken** werden Beschwerdemechanismen, **47** Hotlines, Dialogformate und andere formalisierte Formate definiert, die es betroffenen Gemeinschaften oder ihren rechtmäßigen Vertretern erlauben, Bedenken über Auswirkungen der Wirtschaftsaktivitäten eines Unternehmens direkt an dieses zu richten – oder sonstige Anliegen, die vom Unternehmen adressiert werden sollen. Als ein weiteres Beispiel für Kanäle, die von einem Unternehmen direkt zur Verfügung gestellt werden, werden Compliance Audits angeführt. Sollten solche Kanäle nur von Geschäftspartnern aufrechterhalten werden und sollte ein Unternehmen daher zur Erfüllung der Angabepflicht gänzlich auf deren Informationen über diese Kanäle angewiesen sein, so empfiehlt der Standard, auch diesen Umstand gesondert anzuführen (ESRS S3.AR18).

Praxis-Hinweis

Was **Beschwerdemechanismen** sind, wird im Glossar zu den ESRS ausführlich definiert und mit Beispielen erläutert. Den in Rz 46 angeführten Verlautbarungen folgend wird hierunter verstanden: „Alle routinisierten, staatlichen oder nichtstaatlichen, gerichtlichen oder außergerichtlichen Verfahren, über die Interessenträger Beschwerden geltend machen und Rechtsmittel einlegen können. Beispiele für staatliche gerichtliche und außergerichtliche Beschwerdemechanismen sind Gerichte, Arbeitsgerichte, nationale Menschenrechtsinstitutionen, nationale Kontaktstellen gemäß den OECD-Leitsätzen für multinationale Unternehmen, Ombudsstellen, Verbraucherschutzbehörden, Regulierungsaufsichtsbehörden und staatliche Beschwerdestellen. Zu den nichtstaatlichen Beschwerdemechanismen gehören diejenigen, die von dem Unternehmen allein oder gemeinsam mit Interessenträgern verwaltet werden, wie Beschwerdemechanismen auf betrieblicher Ebene und Tarifverhandlungen, einschließlich der durch Tarifverträge geschaffenen Mechanismen. Dazu gehören auch Mechanismen, die von Industrieverbänden, internationalen Organisationen, Organisationen der Zivilgesellschaft oder Zusammenschlüssen von Interessenträgern verwaltet werden."[30]

Zur Erreichung der Ziele dieser Angabepflicht sind folgende Datenpunkte **48** anzugeben (ESRS S3.27):
- Der **allgemeine Zugang des Unternehmens und dessen Prozesse** für die Bereitstellung von Abhilfemaßnahmen oder die Mitwirkung an solchen Maßnahmen, wenn es festgestellt hat, dass es eine wesentliche negative Auswirkung auf betroffene Gemeinschaften verursacht oder auf sonstige Weise damit verbunden ist. Sofern indigene Völker betroffen sind, ist auch darauf einzugehen, ob und wie deren Bräuche, Traditionen, Regeln und

---

[30] Berichtigung der Delegierten Verordnung (EU) 2023/2772 v. 31.7.2023, ABl. EU L v. 9.8.2024, Anhang II, Tab. 2, S. 269.

Gesetze für die Ausgestaltung der Abhilfemaßnahmen berücksichtigt wurden (ESRS S3.AR22). Die Angaben zu einem solchen Zugang umfassen weiterhin Darstellungen dazu, ob und wie das Unternehmen beurteilt, dass die ergriffenen Abhilfemaßnahmen wirksam sind. Leitfragen und weiterführende Referenzen für diese Wirksamkeitsbeurteilung finden sich in ESRS S3.AR24.

Praxis-Hinweis

Das Glossar zu den ESRS definiert **Abhilfemaßnahmen** wie folgt: „Mittel, mit denen negativen Auswirkungen entgegengewirkt werden kann oder mit denen solche Auswirkungen rückgängig gemacht werden können. Beispiele: Entschuldigungen, finanzielle oder nicht finanzielle Entschädigung, Vermeidung von Schäden durch gerichtliche Verfügungen oder Garantien für die Nichtwiederholung, Strafsanktionen (straf- oder verwaltungsrechtliche Sanktionen wie Geldstrafen), Rückgabe, Wiederherstellung, Rehabilitation."[31]

- Alle **spezifischen Kanäle,** die das Unternehmen für betroffene Gemeinschaften eingerichtet hat, um ihre Bedenken oder Bedürfnisse direkt mit dem Unternehmen zu besprechen und um auf diese einzugehen, einschl. Darstellungen dazu, ob diese Kanäle vom Unternehmen selbst und/oder durch die Teilnahme an Mechanismen Dritter eingerichtet wurden. Als solche Dritte kommen insbes. Regierungen, NGOs oder Wirtschaftsverbände in Betracht. Empfohlen wird eine Ergänzung der Darstellungen um Angaben dazu, auf welche Weise diese spezifischen Kanäle zugänglich sind (ESRS S3.AR19f.).
- Die Prozesse, mit denen das Unternehmen die **Verfügbarkeit solcher Kanäle** unterstützt oder seitens seiner Geschäftspartner verlangt.
- Darstellungen dazu, wie das Unternehmen die aufgeworfenen Bedenken **verfolgt und überwacht** und wie es die Wirksamkeit der Kanäle sicherstellt, auch unter Einbeziehung von Stakeholdern, die als Nutzer dieser Kanäle vorgesehen sind.

Praxis-Beispiel Orsted[32]

„Abhilfemaßnahmen und Kanäle zur Äußerung von Bedenken

Wir arbeiten aktiv daran, unsere Möglichkeiten zu verbessern, negative Auswirkungen auf die von unserer Tätigkeit betroffenen Gemeinschaften anzusprechen und zu beheben. Durch die Einbindung von Verbindungsbeamten der Gemeinschaften sind wir in der Lage, Feedback und Beschwerden auf lokaler Ebene zu sammeln, insbes. während der Ausführungsphase.

---

[31] Berichtigung der Delegierten Verordnung (EU) 2023/2772 v. 31.7.2023, ABl. EU L v. 9.8.2024, Anhang II, Tab. 2, S. 277.
[32] Entnommen Orsted, Annual Report 2023, S. 125, eigene Übersetzung aus dem Englischen.

Wir setzen verschiedene Methoden ein, darunter die Veranstaltung von Rathäusern und offenen Foren sowie das Aufstellen von Briefkästen, um Anliegen zu sammeln und laufend zu bearbeiten. Auch unsere Whistleblower-Hotline ermöglicht es, allen Personen in den betroffenen Gemeinschaften, unangemessenes oder illegales Verhalten vertraulich zu melden. Weitere Informationen über unsere Whistleblower-Hotline und darüber, wie wir Whistleblower vor Vergeltungsmaßnahmen schützen, finden Sie in Abschnitt G1 zum Geschäftsverhalten.

Wir haben für verschiedene Märkte maßgeschneiderte Lösungen eingeführt, um auf die Bedenken der lokalen Gemeinschaften einzugehen und Abhilfe zu schaffen. Insbes. in Fällen, in denen Fischer während des Baus und Betriebs unserer Offshore-Windparks beeinträchtigt wurden, haben wir Maßnahmen ergriffen, um verhältnismäßige Abhilfe zu schaffen. In Zukunft werden unsere Bemühungen, einen gemeinsamen Standard für das Feedback der Gemeinschaften und das Beschwerdemanagement zu etablieren, unsere Prozesse für die Entgegennahme, Bearbeitung und Lösung von Problemen sowie für die Bereitstellung von Abhilfemaßnahmen für betroffene Gemeinschaften stärken und systematisieren."

Weiterhin ist anzugeben, ob bzw. wie das Unternehmen das **Wissen der betroffenen Gemeinschaften um solche Kanäle** für das Melden von Bedenken sowie deren Vertrauen in diese Kanäle beurteilt (ESRS S3.28). Dazu wird empfohlen, Daten über die Effektivität dieser Kanäle aus der Perspektive der betroffenen Gemeinschaften einzuholen, z.B. über Befragungen von solchen Personen, die von diesen Kanälen bereits Gebrauch gemacht haben (ESRS S3.AR23) – was diesfalls wohl auch in der Berichterstattung entsprechend dargestellt werden sollte. Darüber hinaus ist in die Darstellungen aufzunehmen, welche Konzepte ein Unternehmen verfolgt, um Personen, die von diesen Kanälen Gebrauch machen, vor Vergeltungsmaßnahmen zu schützen (ESRS S3.28). Als Empfehlung für mögliche Detaillierungen werden Angaben zur Sicherstellung der Vertraulichkeit der gemeldeten Bedenken angeführt bzw. dazu in welchem Umfang eine anonyme Meldung möglich ist (ESRS S3.AR21).

49

Hat ein Unternehmen **keinen Kanal für das Melden von Bedenken** für betroffene Gemeinschaften eingerichtet und/oder unterstützt es nicht die Bereitstellung solcher Kanäle durch seine Geschäftspartner, so ist dies anzugeben. Falls ein solcher Kanal in Zukunft eingerichtet werden soll, wird empfohlen, den dafür maßgeblichen zeitlichen Horizont in die Angabe aufzunehmen (ESRS S3.29).

50

2.2.4 **ESRS S3-4 – Ergreifung von Maßnahmen in Bezug auf wesentliche Auswirkungen auf betroffene Gemeinschaften und Ansätze zum Management wesentlicher Risiken und zur Nutzung wesentlicher Chancen im Zusammenhang mit betroffenen Gemeinschaften sowie die Wirksamkeit dieser Maßnahmen**

51   Die Ausführungen zur Angabepflicht ESRS S3-4 konkretisieren und ergänzen die Mindestangabepflichten gem. ESRS 2 MDR-A („Maßnahmen und Mittel in Bezug auf wesentliche Nachhaltigkeitsaspekte"; → § 4 Rz 132 ff.). Ihr Ziel umfasst eine Darstellung der Prozesse und Maßnahmen, die ein Unternehmen verfolgt, um negative Auswirkungen auf betroffene Gemeinschaften zu vermeiden, zu lindern oder zu beseitigen sowie positive Auswirkungen auf betroffene Gemeinschaften zu erzielen. Weiterhin soll dargestellt werden, wie wesentliche Risiken bzw. Chancen für das Unternehmen i. V. m. betroffenen Gemeinschaften adressiert werden (ESRS S3.31).

52   Hinsichtlich der **wesentlichen Auswirkungen** sind Angaben dazu gefordert,
•   welche Maßnahmen geplant sind oder bereits gesetzt wurden, um negative Auswirkungen auf betroffene Gemeinschaften zu vermeiden, zu lindern oder (im Fall tatsächlicher negativer Auswirkungen) zu beseitigen;
•   welche weiteren Maßnahmen gesetzt werden, um positive Auswirkungen auf betroffene Gemeinschaften zu erzielen;
•   wie diese Maßnahmen hinsichtlich ihrer Effektivität überwacht und beurteilt werden bzgl. der mit ihnen verfolgten Zwecke; (einzig) im Zusammenhang mit diesem Datenpunkt wird auf die Mindestangabepflichten gem. ESRS 2 MDR-T („Nachverfolgung der Wirksamkeit von Konzepten und Maßnahmen durch Zielvorgaben") verwiesen (ESRS S3.32).

Die Anwendungsanforderungen enthalten eine Aufzählung von Beispielen für eine solche Effektivitätsüberwachung (ESRS S3.AR32) und ergänzen dazu die strengere Anforderung für positive Auswirkungen, dass es bei der Darstellung der potenziellen und tatsächlichen Auswirkungen nicht ausreicht, auf gewisse Aktivitäten eines Unternehmens einzugehen („z. B. dass x weiblichen Mitgliedern der Gemeinschaft eine Schulung dazu angeboten wurde, wie sie lokale Lieferanten für das Unternehmen werden können"), sondern dass konkrete Veränderungen auf Ebene der betroffenen Gemeinschaften darzustellen sind („z. B. dass x weibliche Mitglieder von Gemeinschaften kleine Unternehmen gegründet haben und ihre Verträge mit dem Unternehmen jährlich verlängert wurden"; ESRS S3.AR36).

53   Wenn ein Unternehmen **Mitglied von Initiativen** ist, die den angeführten Zwecken dienen, kann dies ebenso zur Erfüllung der Angabepflicht genutzt werden („Bei der Angabe, ob Initiativen oder Verfahren auch eine Rolle bei der Minderung wesentlicher negativer Auswirkungen spielen, kann das Unterneh-

men beispielsweise Programme berücksichtigen, die darauf abzielen, die lokale Infrastruktur im Umfeld einer Betriebsstätte des Unternehmens zu verbessern, wie z. B. Verbesserungen der Straßen, die zu einem Rückgang von schweren Verkehrsunfällen geführt haben, an denen Mitglieder der Gemeinschaft beteiligt sind"; ESRS S3.AR37). Darüber hinaus wird empfohlen, die jeweilige Initiative zu beschreiben und ihre Ziele sowie etwaige erzielte Fortschritte im Einklang mit Angabepflicht ESRS S3-5 anzuführen (ESRS S3.AR29).

Praxis-Beispiel Bayer[33]

„Mit Stakeholdern im Dialog

Wir tauschen uns regelmäßig mit Stakeholdern zum Thema Menschenrechte aus und engagieren uns aktiv in Gremien und Initiativen zu ihrer Einhaltung. Dies tun wir bspw. in den entsprechenden Arbeitsgruppen von econsense, wo wir seit 2022 eine Themenpatenschaft für Menschenrechte und Wirtschaft innehaben und in der Initiative ‚Business for Social Responsibility' (BSR) mitwirken. Die Mitgliedsunternehmen verschiedener Branchen tauschen sich über Best Practices, Herausforderungen und Erfahrungen mit der Umsetzung der Menschenrechte und der UN-GPs aus.

Außerdem beteiligt sich Bayer aktiv an der Diskussion zur Sorgfaltsprüfung der Menschenrechte auf EU-Ebene sowie zur Umsetzung der Anforderungen aus dem LkSG auf deutscher Ebene. Im November 2023 hat Bayer als Teil eines Panels auf dem ‚UN Forum on Business and Human Rights' in Genf mitgewirkt. Die Panelteilnehmer diskutierten die Implementierung der UNGPs im Kontext der pharmazeutischen Industrie.

Partnerschaften pflegen

Die kontinuierliche Sensibilisierung für Kinderarbeit im Agrarsektor erfordert umfassende Maßnahmen und die Einbeziehung verschiedener Stakeholder. Vor diesem Hintergrund hat Bayer bereits 2019 in Zusammenarbeit mit anderen Saatgutunternehmen die Initiative ‚Enabling Child and Human Rights with Seed Organizations' (ECHO) ins Leben gerufen. ECHO ist eines der größten Multi-Stakeholder-Foren für die Förderung von Kinderrechten und angemessener Arbeit – dazu zählen faire Löhne sowie gesunde und sichere Arbeitsbedingungen. Im Jahr 2023 hat ECHO einen Walkathon i. R. d. Internationalen Tages gegen Kinderarbeit durchgeführt, mit dem Ziel, die Aufmerksamkeit für das Thema Kinderarbeit zu erhöhen."

Die *Basis for Conclusions* zu ESRS S3 betont, dass die berichtspflichtigen Unternehmen auf die Darstellung der Zusammenhänge zwischen **ökologischen** 54

---

[33] Entnommen Bayer, Nachhaltigkeitsbericht 2023, S. 108.

Auswirkungen ihrer Wirtschaftsaktivitäten und damit verbundenen Auswirkungen auf betroffene Gemeinschaften zu achten haben (ESRS S3.BC84). Die Anwendungsanforderungen enthalten dazu eine Vielzahl an Beispielen, welche diese Anforderung weiter illustrieren, z.B.: „ESRS E2 Umweltverschmutzung: Das Unternehmen kann negative Auswirkungen auf betroffene Gemeinschaften haben, indem es sie beispielsweise nicht vor umweltbelastenden Produktionsanlagen schützt, die gesundheitliche Probleme verursachen" (ESRS S3.AR28(b)). Berichtspflichtige Unternehmen sollten berücksichtigen, dass solche ökologischen Auswirkungen häufig auch i.V.m. indigenen Völkern von großer Bedeutung sind.[34]

Praxis-Beispiel Lenzing[35]

„Erhalt und Wiederaufforstung von Wäldern

Das Wohl der Gemeinschaftsmitglieder wird auch durch die Umwelt beeinflusst, in der sie leben. So bewirtschaftet Lenzing beispielsweise einen 40 Hektar großen Wald rund um ihr Hauptwerk in Lenzing (Österreich). Der Wald wird so bewirtschaftet, dass verschiedene soziale und natürliche Anforderungen erfüllt werden. Der Wald dient als ‚Grüngürtel', d.h. als natürliche Barriere für standortspezifische Emissionen und trägt zu einer lebenswerten Umgebung in der Nähe des Hauptwerks Lenzing bei. Er ist ein öffentliches Erholungsgebiet und daher für das Unternehmen von großer Bedeutung. Das Waldgebiet und insbesondere der 80 Jahre alte Bestand ist ein Lebensraum für Wildtiere und Insekten. Lenzing verfolgt ein nachhaltiges Waldbewirtschaftungskonzept und verwendet das heimische Holz für die Faserproduktion. So reduziert Lenzing die Emissionen und hält die Rohstoffe in der Region. Bei der Wiederaufforstung wird auch auf einheimische und vielfältige Baumarten geachtet, um die künftigen Herausforderungen des Klimawandels abzufedern. Lenzing arbeitet mit lokalen Partnern zusammen, um die Wertschöpfung in der Region zu halten.

Das Unternehmen unterstützt Biodiversitätsprojekte. Mehr über die aktuellen Projekte erfahren Sie im Fokuspapier ‚Community engagement'."

---

55 Hinsichtlich der **wesentlichen Risiken und Chancen** sind Angaben dazu gefordert, welche Maßnahmen geplant sind oder bereits gesetzt wurden, um Risiken für das Unternehmen zu mindern, die aus den Auswirkungen seiner Wirtschaftstätigkeiten bzw. aus den Abhängigkeiten von betroffenen Gemein-

---

[34] Muller/Robins, Just Nature: How finance can support a just transition at the interface of action on climate and biodiversity, 2022, www.lse.ac.uk/granthaminstitute/wp-content/uploads/2022/08/Just_Nature_How_finance_can_support_a_just_transition_at_the_interface_of_action_on_climate_and_biodiversity.pdf, Abruf 1.8.2024.

[35] Entnommen Lenzing, Geschäfts- und Nachhaltigkeitsbericht 2023, S. 154.

schaften resultieren. Ebenso ist darzustellen, welche weiteren Maßnahmen verfolgt werden, um Chancen für das Unternehmen bzgl. betroffener Gemeinschaften zu realisieren (ESRS S3.34). Die Anwendungsanforderungen enthalten eine Aufzählung von Beispielen von Risiken und Chancen, die hierfür in Betracht kommen können (ESRS S3.AR38f.).

Werden Angaben dazu getätigt, wie Abhängigkeiten zu Risiken führen können, so hat das Unternehmen externe Entwicklungen zu berücksichtigen (ESRS S3.AR40). Schließlich ist anzugeben, wie diese Maßnahmen überwacht und beurteilt werden – jedoch beziehen sich diese Anforderungen (im Gegensatz zu den Anforderungen für wesentliche Auswirkungen) nur auf Maßnahmen zur Überwachung und Beurteilung von Risiken (ESRS S3.34(a)).

Auf einer grundlegenden Ebene ist darüber hinaus zu beschreiben, welchen **56** Zugang das Unternehmen verfolgt
• für die Ermittlung der erforderlichen und angemessenen Maßnahmen als Reaktion auf wesentliche tatsächliche oder potenzielle negative Auswirkungen auf betroffene Gemeinschaften;
• für die Festlegung von Maßnahmen in Bezug auf bestimmte wesentliche negative Auswirkungen auf betroffene Gemeinschaften, einschl. aller Maßnahmen in Bezug auf Landerwerb, Planung und Bau, Betrieb oder Stilllegung; weiterhin inwieweit Maßnahmen erforderlich sind, die bei einer Zusammenarbeit auf Industrie-Ebene oder bei Zusammenarbeit mit den relevanten Stakeholdern gesetzt werden (ESRS S3.AR30 enthält zu diesen Formen der Zusammenarbeit weitere Beispiele);
• für die Gewährleistung, dass Prozesse zur Bereitstellung oder Ermöglichung von Abhilfemaßnahmen im Fall von wesentlichen negativen Auswirkungen vorhanden und in ihrer Umsetzung und ihren Ergebnissen auch wirksam sind (ESRS S3.33).

Gefordert sind weiterhin **detaillierte Angaben** zu den folgenden Sachverhalten: **57**
• ob bzw. wie das Unternehmen sicherstellt, dass seine eigenen Wirtschaftsaktivitäten keine negativen Auswirkungen auf betroffene Gemeinschaften erzielen bzw. zu solchen beitragen; empfohlen wird auch eine Darstellung, wie mit Situationen umgegangen wird, in denen diese Zielsetzung mit wirtschaftlichen Interessen des Unternehmens konfligiert (ESRS S3.35);
• ob schwerwiegende Gefahren von Verstößen gegen die Menschenrechte bzw. Vorfälle solcher Verstöße bekannt geworden sind; wenn dies der Fall ist, so sind diese Gefahren bzw. Verstöße anzugeben (ESRS S3.36);
• welche Ressourcen das Unternehmen aufwendet, um wesentliche Auswirkungen auf betroffene Gemeinschaften zu steuern: dies umfasst die dafür aufgewendeten Ressourcen durch das Unternehmen (ESRS S3.38) und kann eine Nennung der verantwortlichen internen Ressourcen im Unternehmen und der Arten der von diesen ergriffenen Maßnahmen umfassen (ESRS S3.AR43);

- in welchem Ausmaß und in welcher Form der Prozess der Steuerung wesentlicher Risiken im Hinblick auf betroffene Gemeinschaften in den allgemeinen Risikomanagementprozess des Unternehmens integriert ist (ESRS S3.AR42).

58   Als wichtigen Aspekt, der bei dieser Angabepflicht zu würdigen ist, heben die Anwendungsanforderungen hervor, in welchem Ausmaß ein berichtspflichtiges Unternehmen aufgrund von potenziellen oder tatsächlichen Auswirkungen auf betroffene Gemeinschaften auch **Beziehungen zu Geschäftspartnern beendet.** Dies kann etwa notwendig sein, wenn Verstöße eines Geschäftspartners bekannt werden oder wenn notwendige Nachweise zur Wahrnehmung der Sorgfaltspflichten von einem Geschäftspartner ohne Perspektive auf Besserung nicht erbracht werden (können). Ebenso ist zu berücksichtigen, welche Auswirkungen aus einer solchen Beendigung selbst resultieren. Empfohlen wird, Ausführungen hierzu mit konkreten Beispielen zu unterlegen (ESRS S3.AR30).

59   Ergänzend zu den detaillierteren Darstellungen ist eine **zusammenfassende Übersicht** der gesetzten oder geplanten Maßnahmen zu geben. Diese ist i.S.d. Vorgaben gem. ESRS 2 MDR-A („Maßnahmen und Mittel in Bezug auf wesentliche Nachhaltigkeitsaspekte") zu gestalten (ESRS S3.31). In der geforderten Übersicht bzw. noch detaillierteren Darstellungen dieser Maßnahmen können auch weitergehende Angaben zum Fortschritt der einzelnen Maßnahmen sowie zur kontinuierlichen Fortentwicklung der vom Unternehmen gesetzten Maßnahmen getätigt werden (ESRS S3.AR25).

60   Die Anwendungsanforderungen enthalten darüber hinaus eine Vielzahl an weiteren Vorschlägen für **freiwillige Angaben**, die das Verständnis für die abgebildeten Sachverhalte fördern. Hierzu zählen z. B. Querverweise zu den Angaben der E-Säule, insofern diese für wesentliche Auswirkungen auf betroffene Gemeinschaften ursächlich sind (ESRS S3.AR28). Im Hinblick auf Maßnahmen, die positive Auswirkungen dienen sollen, wird eine Bezugnahme auf die SDGs vorgeschlagen (ESRS S3.AR35); im Hinblick auf Auswirkungen i.V.m. den Geschäftsbeziehungen des Unternehmens werden Darstellungen zu Hebelwirkungen empfohlen („z. B. Durchsetzung vertraglicher Anforderungen innerhalb von Geschäftsbeziehungen oder die Umsetzung von Anreizen"; ESRS S3.AR27). Sofern Wechselwirkungen zwischen Auswirkungen auf der einen Seite sowie Chancen und Risiken auf der anderen Seite bestehen, werden ebenfalls entsprechende Querverweise als sinnvoll erachtet (ESRS S3.AR41).

2.3 Kennzahlen und Ziele: ESRS S3-5 – Ziele im Zusammenhang mit der Bewältigung wesentlicher negativer Auswirkungen, der Förderung positiver Auswirkungen und dem Umgang mit wesentlichen Risiken und Chancen

Die Angabepflicht ESRS S3-5 konkretisiert und ergänzt die Mindestangabepflichten gem. ESRS 2 MDR-T („Nachverfolgung der Wirksamkeit von Konzepten und Maßnahmen durch Zielvorgaben"; → §3 Rz 172ff.). Sie zielt auf Darstellungen dazu, inwieweit das Unternehmen **terminierte und ergebnisorientierte Ziele** verwendet für seine Fortschritte bei der Bewältigung wesentlicher negativer Auswirkungen und/oder für das Vorantreiben wesentlicher positiver Auswirkungen auf betroffene Gemeinschaften und/oder für die Bewältigung wesentlicher Risiken und Chancen im Zusammenhang mit betroffenen Gemeinschaften (ESRS S3.40 f.).   **61**

Gefordert ist eine Darstellung des **Prozesses der Zielfestlegung**. Dies umfasst Angaben dazu, ob bzw. inwieweit ein Dialog mit den betroffenen Gemeinschaften oder ihren rechtmäßigen Vertretern stattfindet bzw. mit glaubwürdigen Stellvertretern, die Einblick in ihre Situation haben, soweit es folgende Aspekte betrifft (ESRS S3.42):   **62**
- die Festlegung von Zielen,
- die laufende Leistungsfeststellung vor dem Hintergrund dieser Ziele sowie
- etwaige Schlussfolgerungen und Verbesserungsbedarfe, die Unternehmen aus diesem Vergleich von Zielen und Leistung ableiten.

Zu den Inhalten der festgelegten Ziele lässt ESRS S3 einen hohen Freiheitsgrad offen. Zur **formalen Gestaltung dieser Ziele** enthalten die Anwendungsanforderungen jedoch zahlreiche **Empfehlungen**:   **63**
- Die Ergebnisse, die ein Unternehmen bei betroffenen Gemeinschaften erzielen möchte, sollten so spezifisch wie möglich wiedergegeben werden, in einer messbaren und verifizierbaren Form, unter Beachtung des Grundsatzes der zeitlichen Stetigkeit und, sofern zutreffend, mit Verweisen auf Standards und Rahmenwerke, auf die sich das Unternehmen bei seiner Zielfestlegung bezieht (ESRS S3.AR44).
- Es sollte klar unterschieden werden, ob sich ein Ziel auf eine Auswirkung, ein Risiko oder eine Chance des Unternehmens bezieht (da diese im Kontext von betroffenen Gemeinschaften oftmals eng verknüpft und damit nicht klar unterscheidbar sind): „So könnte beispielsweise ein Ziel, die Lebensgrundlagen betroffener Gemeinschaften nach einer Neuansiedlung vollständig wiederherzustellen, sowohl die Auswirkungen auf diese Gemeinschaften als auch die damit verbundenen Risiken für Unternehmen, wie z.B. Proteste in der Gemeinschaft, verringern" (ESRS S3.AR45).

- Die Ziele sollten für einen kurz-, mittel- und langfristigen Zeitraum definiert werden, um somit eine angestrebte Entwicklung sichtbar zu machen: „So kann das Unternehmen beispielsweise das Hauptziel verfolgen, Mitglieder einer Gemeinschaft an einem örtlichen Bergbaustandort zu beschäftigen, wobei das langfristige Ziel darin besteht bis 2025 100 % der Arbeitskräfte hinzuzuziehen, und das kurzfristige Ziel darin besteht bis 2025 jährlich x Prozent der örtlichen Arbeitnehmer hinzuzuziehen" (ESRS S3.AR46). Es ist m. E. aber nicht auszuschließen, dass ein Ziel sich auch auf mehrere dieser Aspekte (Auswirkungen, Risiken, Chancen) zugleich bezieht, was dann ebenso anzuführen ist.

- Wenn Ziele gegenüber einem vorhergehenden Berichtszeitraum modifiziert oder ausgetauscht werden, sollte dies i. S. d. ESRS 2 BP-2 („Angaben im Zusammenhang mit konkreten Umständen") durch Angaben wie z. B. Verweise auf zugrunde liegende Änderungen des Geschäftsmodells bzw. auf umfassendere Änderungen des akzeptierten Standards oder der Rechtsvorschriften, aus denen das Ziel abgeleitet wird, begründet werden (ESRS S3.AR47). Dabei kommen die Anforderungen der Angabepflicht ESRS 2 BP-2 zum Ort, an dem diese Angaben erfolgen, zur Anwendung (→ § 4 Rz 20).

Im Lichte dieser Anforderungen ist am folgenden Praxis-Beispiel von Toyota Material Handling zu kritisieren, dass nur auf mittelbare Weise Bezug auf konkrete Auswirkungen, Risiken bzw. Chancen für betroffene Gemeinschaften genommen wird. Vielmehr überwiegt eine „Input-Perspektive". M. E. wäre es in diesem Fall angebracht gewesen, entweder *awareness raising* als Ziel zu formulieren – oder sogar anzugeben, dass keine Ziele wie in ESRS S3 vorgesehen verfolgt werden:

Praxis-Beispiel Toyota Material Handling – ESRS S3-5[36]

„Unser Verhaltenskodex für Zulieferer wird aktualisiert, um ihn vollständig an die im ESRS S3 aufgeführten wesentlichen Unterthemen anzupassen.

Obwohl wir noch keine relevanten Fälle in unserer Lieferkette festgestellt haben, wird dies dazu beitragen, unsere Lieferanten für das Thema zu sensibilisieren."

---

[36] Entnommen Toyota Material Handling, Sustainability Report 2023, S. 80, eigene Übersetzung aus dem Englischen.

Praxis-Beispiel Hydro – Angaben zu Zielsetzungen i. V. m. betroffenen Gemeinschaften[37]

„**S3.2 Ziel soziale Verantwortung**

Grundsätze der Berichterstattung

Bildung bezieht sich auf Initiativen i. R. d. formalen Bildungssystems, von der Grundschule bis zur Universität. Beispiele für Initiativen sind die Ausbildung von Lehrern und externe Stipendien.

Kapazitäten oder Kompetenzaufbau beziehen sich auf alle Schulungen und den Aufbau von Kompetenzen außerhalb des formalen Bildungssystems. Beispiele hierfür sind Auszubildende und das Lieferantenentwicklungsprogramm von Hydro in Brasilien.

Wir haben einen Rahmen und eine Methode entwickelt, um die Menschen zu zählen, die von unseren Programmen und Initiativen betroffen sind, damit wir den Fortschritt im gesamten Unternehmen einheitlich messen können. Die Methodik deckt Initiativen in den Bereichen Bildung und Kapazitätsaufbau ab und kann auf unserer Website eingesehen werden

Ziel der sozialen Verantwortung

1.000 Menschen erreicht	Kumuliert seit 2018	2023	2022	2021	2020	2019
Bildung und Kapazitätsaufbau	197	40	25	21	60	28

Alle Geschäftsbereiche tragen dazu bei, das ursprünglich gesetzte Ziel zu erreichen, 500.000 Menschen mit unseren Programmen für Bildung und Kapazitätsaufbau zu erreichen.

Von der Gesamtzahl im Jahr 2023 entfallen 80 % auf den Bereich Bildung und 20 % auf den Kapazitätsaufbau.

Der Anstieg der Zahl im Jahr 2023 im Vergleich zu 2022 ist v. a. auf ein großes Programm von B&A in Brasilien zurückzuführen. Dabei handelt es sich um eine Partnerschaft mit anderen Organisationen, aber aufgrund der zentralen Rolle von Hydro zählen wir die Gesamtzahl der erreichten Personen und nicht nur den Aktienanteil. Hydro B&A spielte sowohl in der anfänglichen

---

37 Entnommen Hydro, Integrated annual report 2023, S. 150, eigene Übersetzung aus dem Englischen.

> Planungs- und Strukturierungsphase des Programms eine Rolle als auch als erster Geldgeber, was entscheidend dazu beitrug, das Interesse anderer Investoren an dem Programm zu wecken und so ein kooperatives und vielfältiges finanzielles Unterstützungssystem zu fördern."

3 Fazit

64 ESRS S3 deckt eine potenziell besonders weit gefasste Zahl an Stakeholder-Gruppen ab, mit denen sich berichtspflichtige Unternehmen in ihrer Nachhaltigkeitsberichterstattung zu befassen haben – und dieser zugrunde liegend auch für ihre Sustainability Due Diligence. Viele Fragestellungen gewinnen für europäische Unternehmen insbes. im Zusammenhang mit der Berichterstattung entlang ihrer Wertschöpfungskette an Bedeutung, etwa zu indigenen Völkern. Es ist davon auszugehen, dass dabei häufig Neuland i.R.d. Nachhaltigkeitsberichterstattung und der dieser zugrunde liegenden Prozesse zu betreten ist. Im Lichte von Regularien wie der Corporate Sustainability Due Diligence Directive (CSDDD) werden die von ESRS S3 abgedeckten Inhalte noch weiter an Bedeutung gewinnen.

65 Die Identifikation der unter ESRS S3 fallenden Stakeholder und der anschließende Dialog mit diesen wird eine erste wichtige Herausforderung sein. Der Standard verweist auf eine Vielzahl an bereits etablierten Verlautbarungen, die über Fragen der Berichterstattung hinaus v.a. konkretere Leitlinien zur Implementierung der von der Berichterstattung abzudeckenden, damit aber de facto in vielen Fällen (erst) einzurichtenden Verfahren bieten. Unternehmen sollten sich an diesen orientieren, um damit auch etwaige Compliance-Risiken aus zukünftig zu erwartenden vermehrten Belangungen zu reduzieren; zugleich sollten sämtliche Verfahren kontext-adäquat implementiert werden und über eine bloße „Compliance-Übung" hinaus Eingang in den laufenden Stakeholder-Dialog sowie letztlich die Unternehmenssteuerung finden. Dies wird allerdings wohl auf unvermeidbare Weise dazu führen, dass zahlreiche Prozesse in Unternehmen, nicht zuletzt in der Ausgestaltung ihrer Geschäftsbeziehungen, überdacht werden (müssen).

Literaturtipps

- Baumüller/Mühlenberg-Schmitz, Nichtfinanzielle Berichtspflichten und ihre Bedeutung für Nonprofit-Organisationen – Teil 2: Erste empirische Befunde aus der DACH-Region, IRZ 2019, S. 377 ff.
- FAO, Indigenous Peoples, www.fao.org/indigenous-peoples/our-pillars/fpic/en/, Abruf 1.8.2024

- Muller/Robins, Just Nature: How finance can support a just transition at the interface of action on climate and biodiversity, 2022, www.lse.ac.uk/granthaminstitute/wp-content/uploads/2022/08/Just_Nature_How_finance_can_support_a_just_transition_at_the_interface_of_action_on_climate_and_biodiversity.pdf, Abruf 1.8.2024
- UN, Free, prior and informed consent: a human rights-based approach, 2018, www.ohchr.org/en/documents/thematic-reports/free-prior-and-informed-consent-human-rights-based-approach-study-expert, Abruf 1.8.2024

§ 15 ESRS S4 – Verbraucher und Endnutzer

Vorbemerkung

Die Kommentierung bezieht sich auf ESRS S4 gem. Berichtigung der Delegierten Verordnung (EU) 2023/2772 v. 31.7.2023, ABl. EU L v. 9.8.2024. Sie wurde umfassend an die überarbeitete Übersetzung der ESRS vom 9.8.2024 angepasst.

Bei der Aktualisierung wurden die Q&A der EFRAG zu den ESRS (Rz 5, 30, 48) und die *Implementation Guidance* zum *Materiality Assessment* (Rz 41) berücksichtigt. Des Weiteren wurden Praxis-Beispiele aktualisiert und neue ergänzt (Rz 5, 34 f., 39, 44, 50, 65, 76, 93, 122, 134). Punktuelle Erweiterungen betreffen die Produktsicherheits-Verordnung (Rz 50).

1   Grundlagen

1.1   Zielsetzung und Inhalt

1   Die mit ESRS S4 geregelte Betrachtung von Verbrauchern und Endnutzern als Teil der Nachhaltigkeitsberichterstattung bedarf einer intensiven Diskussion auch über die eigentlichen Anforderungen der Angabepflichten hinaus. So überrascht zunächst überhaupt die Betrachtung der Auswirkungen des Unternehmenshandelns auf Verbraucher und Endnutzer im Kontext der Nachhaltigkeitsberichterstattung. In den GRI, auf denen die ESRS überwiegend aufbauen, wird auf Kunden abgestellt. Nach der betriebswirtschaftlichen Lehre ist die Kundenorientierung von zentraler Bedeutung für erfolgreiche Unternehmen. In einer Marktwirtschaft i. R. e. freiheitlich demokratischen Grundordnung müssen Unternehmen mit ihren Produkten bzw. Leistungen Nutzenpotenziale für Kunden schaffen, die größer sind als die Nutzenpotenziale der einzelnen Einsatzfaktoren, die im Erstellungsprozess benötigt wurden. D. h., Unternehmen müssen etwas erzeugen, das für einen Dritten (Kunde) eine höhere Bedeutung erlangt und dementsprechend das Weggeben von Geld wert ist. Somit wird der über den eingesetzten Werten geschaffene

Nutzen aufgeteilt zwischen dem Unternehmen, wo er als Betrag für investive Aufwendungen, Steuerzahlungen und Gewinn zur Verfügung steht, und dem verbleibenden Mehrwert für den Kunden.[1] Diese reine Lehre kommt aktuell aus mehreren Gründen ins Wanken, was auch eine Berichterstattung im Kontext der Nachhaltigkeitsberichterstattung bei gegebener Relevanz und Wesentlichkeit für nötig und sinnvoll erscheinen lässt:

1. Angesichts aktueller Krisen, wie der demografischen Entwicklung in Deutschland und anderen westlichen Staaten, den Lieferkettenstörungen, der Energiekrise usw., **verschiebt sich das Primat der Absatzorientierung** teilw. auf andere betriebliche Engpässe. Exemplarisch kann der Fachkräftemangel bestimmte Unternehmen dazu zwingen, die Leistungserstellung in quantitativer und/oder qualitativer Hinsicht ggf. auch zulasten der Ansprüche der Kunden zu reduzieren. So führt der Personalmangel bei der Deutschen Bahn immer wieder zu Zugausfällen im Personen- und Güterverkehr.[2]

2. **Moralisch getriebene Diskussionen** überlagern zunehmend bestimmte Leistungserstellungsprozesse. Relevante Teile der Bevölkerung bezweifeln das Recht der Privatwirtschaft, sich mit der sog. Grundversorgung zu befassen, wobei diese je nach Sichtweise von Sicherheit oder Gesundheitswesen über Energie- und Wasserversorgung bis zu günstigem Wohnraum und der Personenbeförderung reichen kann. Ausdruck dafür sind etwa Rekommunalisierungsbestrebungen von privatisierten Leistungserstellungen[3] und Volksentscheide für die Enteignung von Immobilieneigentümern.[4] So ergeben sich Fragen des gesellschaftlich „akzeptablen" Gewinns oder Preises, wie ein Mietendeckel oder eine Medikamentenpreisobergrenze belegen. In bestimmten Fällen kommt es auch zur Abwägung zwischen den individuellen Rechten und den Rechten der Solidargemeinschaft – etwa bei extrem teuren Therapien von seltenen Krankheiten, bei denen sich die beteiligten Hersteller auch häufig der Kritik ausgesetzt sehen, aus der Not Profit zu schlagen, ohne dass z.B. das eingegangene Risiko aufgrund der Forschung und Entwicklung gewürdigt werden würde.

3. Durch von gesellschaftlichen Strömungen getriebene **politische Entscheidungen** wird die freie Wahl der Nutzung von Leistungen für Individuen eingeschränkt oder ganz unterbunden, was letztlich zur Beendigung von Geschäfts-

---

1 Vgl. z.B. Menthe/Sieg, Kundennutzen – Schlüssel zum Verkaufserfolg, 1. Aufl., 2018.
2 Vgl. hessenschau, Wie unbesetzte Stellwerke den Bahnverkehr ausbremsen, Stand: 27.3.2024, www.hessenschau.de/wirtschaft/ausfaelle-bei-der-deutschen-bahn-darum-sind-stellwerke-oft-unbesetzt-v1,stellwerke-bahn-100.html, Abruf 1.8.2024.
3 Vgl. etwa bereits Höffler et al., Wirtschaftsdienst 2013, S. 71 ff.
4 Vgl. z.B. Haufe, Vergesellschaftungsgesetz: Zweiter Volksentscheid in Berlin, Stand: 27.9.2023, www.haufe.de/immobilien/wirtschaft-politik/berlin-debatte-um-enteignungen-geht-weiter_84 342_487722.html, Abruf 1.8.2024.

modellen führt. So gibt es zwar einen über Jahrzehnte belegten Nutzen von Atomkraftwerken,[5] dem aber aus Sicht der Mehrheit der deutschen Bevölkerung ein so hohes Risiko gegenüberstand, dass diese im Frühjahr 2023 abgeschaltet wurden. Ähnlich wird aktuell über die Einschränkung oder das komplette Verbot der Verwendung von sog. Ewigkeitschemikalien (per- und polyfluorierte Alkylverbindungen, PFAS) diskutiert,[6] aber auch über die (weitere) Legalisierung von Rauschmitteln, bei der Alkohol und Tabak lediglich altersmäßig beschränkt werden, andere Substanzen verboten sind und Cannabis in beschränktem Rahmen erlaubt worden ist.[7] Unternehmen reagieren teilw. schon im Vorfeld einer möglichen Regulierung und bieten z.B. gesündere oder klimafreundlichere Alternativen im Fastfoodbereich an. Philip Morris International hat angekündigt, die Weltmarke Marlboro aufzugeben und sich aus der (Tabak-)Zigarettenproduktion zurückzuziehen und stattdessen auf die ggf. weniger schädlichen E-Zigaretten zu setzen.

4. Die reine Lehre der Nutzenverteilung zwischen Kunden und Unternehmen hat viele Prämissen, die in der Praxis so kaum zutreffen. So ist der (ggf. nur empfundene) **Nutzen aus Kundensicht höchst subjektiv** und überdies durch die ggf. bestehenden Machtverhältnisse von Unternehmensseite über Marketingmaßnahmen beeinflussbar.

2   Getrieben von diesen gesellschaftlichen Strömungen ist gerade im Bereich der Verbraucher und Endnutzer bereits eine **hohe rechtliche Absicherung der Kunden**, d.h. im Ergebnis auch der Verbraucher und Endnutzer gegenüber den Unternehmen gegeben, die von Zulassungsregularien für das Anbieten von Produkten und Dienstleistungen, gesetzlichen Gewährleistungsansprüchen bis hin zur verschuldungsunabhängigen 30-jährigen Produkthaftung und vielen Verbraucherschutzmaßnahmen reichen. Hier kommt es daher zu möglichen Überschneidungen der geforderten Berichterstattung des ESRS S4 mit der Berichterstattung im Jahresabschluss.

---

5   Vgl. zur Diskussion Bundesamt für die nukleare Sicherheit und Entsorgung, Die Debatte um verlängerte AKW-Laufzeiten, Stand: 11.11.2022, www.base.bund.de/DE/themen/kt/ausstieg-atomkraft/laufzeitverlaengerung-faq.html, Abruf 1.8.2024.

6   Vgl. z.B. Deutscher Bundestag, Debatte über Ewigkeitschemikalien PFAS, Stand: 18.1.2024, www.bundestag.de/dokumente/textarchiv/2024/kw03-de-alkylsubstanzen-983248, Abruf 1.8.2024.

7   Gesetz zum kontrollierten Umgang mit Cannabis und zur Änderung weiterer Vorschriften, BGBl. 2024 I Nr. 104 v. 27.3.2024.

Praxis-Hinweis

Will ein Endnutzer Schadensersatz für eine durch ein fehlerhaftes Produkt beschädigte Sache oder sein Grundrecht auf körperliche Unversehrtheit geltend machen, so werden zunächst Ansprüche gegen den Verkäufer geprüft. Infrage kommt das Mängelgewährleistungsrecht nach §§ 280 Abs. 1, 437 Nr. 3 BGB (Mangelfolgeschaden). Hier kommt man zum Ergebnis, dass der Verkäufer die Pflichtverletzung nicht zu vertreten hat, da ihn weder eigenes Verschulden (§ 276 Abs. 1 Satz 1 BGB) trifft noch ihm das Herstellerverschulden zugerechnet werden kann (§ 278 BGB, der Hersteller ist nicht für den Verkäufer tätig geworden). Ebenso scheitert der Anspruch aus § 823 Abs. 1 BGB, da hier ein Verschulden nachzuweisen wäre. Ein Anspruch aus § 831 BGB scheidet aus, da der Hersteller nicht als Verrichtungsgehilfe für den Verkäufer tätig war. Der Gesetzgeber hat für diese Fälle eine Anspruchsgrundlage gegen den Hersteller über das Gesetz über die Haftung für fehlerhafte Produkte (Produkthaftungsgesetz).[8] geschaffen. Die Haftung nach dem ProdHaftG ist als eine verschuldensunabhängige Gefährdungshaftung ausgestaltet. So haftet nach § 1 Abs. 1 ProdHaftG der Hersteller für Produktfehler. Die Haftung setzt eine Rechtsgutverletzung voraus, die durch einen Produktfehler verursacht wurde. Rechtsfolge ist dann ein Anspruch auf Schadensersatz i. R. d. ProdHaftG. Die Beweislast für den Anspruch trägt nach § 1 Abs. 4 ProdHaftG der Geschädigte.[9]

Besteht eine überwiegende Wahrscheinlichkeit, dass der Nutzer mit seinem Anspruch vor Gericht Erfolg haben könnte, so resultiert aus IAS 37 bzw. § 249 HGB die Pflicht, eine Rückstellung anzusetzen und ggf. im Anhang zu erläutern. Auch kann eine Berücksichtigung im Risikobericht nach § 289 Abs. 1 S. 4 HGB geboten sein.

Die Position der Verbraucher und Endnutzer wird überdies aktuell durch die Möglichkeit der Sammelklagen verschiedener betroffener Personen sowie über das Verbandsklagerecht z. B. der Verbraucherzentralen deutlich erweitert. Die Rechtsprechung im Bereich der Kreditinstitute erklärt immer wieder Passagen in den allgemeinen Geschäftsbedingungen für unwirksam, was das Bild eines mündigen Verbrauchers stark in Zweifel zieht, so dass hier die Machtverhältnisse zwischen Unternehmen und Kunden möglicherweise ausgeglichen werden. Ähnlich sieht es mit Verbraucherrechten bei Passagieren von Fluggesellschaften und Bahnunternehmen aus, wenn es zu Verspätungen oder zum Verlust von Gepäck kommt. 3

---

[8] Gesetz v. 15.12.1989, BGBl. I 1989, S. 2198 ff., zuletzt geändert durch das Gesetz zur Einführung eines Anspruchs auf Hinterbliebenengeld v. 17.7.2017, BGBl. I 2017, S. 2421 ff.

[9] Vgl. auch zu weiteren gesetzlichen Vorgaben z. B. das Produktsicherheitsgesetz v. 27.7.2021, BGBl. I 2021, S. 3146 f., ergänzend hierzu Ehring/Taeger (Hrsg.), Kommentar Produkthaftungs- und Produktsicherheitsrecht, 1. Aufl., 2022.

Gleichwohl zeigen öffentlich sehr intensiv verfolgte Skandale, wie etwa der Dieselskandal im VW-Konzern oder die juristischen Auseinandersetzungen über Glyphosat in den USA aus der Übernahme des Monsanto-Konzerns durch den Bayer-Konzern, dass es immer wieder zur (möglichen) Gefährdung von Verbrauchern und Endnutzern kommen kann. Dies sollte dann bei den betroffenen Unternehmen auch ein wesentliches Thema für die Nachhaltigkeitsberichterstattung sein, auch wenn ESRS S4 die Berichterstattung durch den Bezug auf die Nichteinhaltung von Menschenrechten im Konkreten nur sehr verengt fordert.

4   Somit kann es für die Unternehmen unabhängig von den konkreten Angabepflichten nach ESRS S4 durchaus eine Chance sein, im Nachhaltigkeitsbericht das eigene Geschäftsmodell mit seinen positiven wie negativen Auswirkungen auf die Verbraucher und Endnutzer möglichst objektiv darzustellen. Die relevanten Begrifflichkeiten „Verbraucher" und „Endnutzer" werden im Glossar zu den ESRS[10] konkretisiert. Dieser Anhang ist ein integraler Bestandteil der Delegierten Verordnung und hat die gleiche Autorität wie die anderen Teile mit den einzelnen Standards (ESRS S4, App. A).

- **Verbraucher:** Personen, die Waren und Dienstleistungen für den persönlichen Gebrauch entweder für sich selbst oder für Dritte erwerben, verbrauchen oder nutzen, nicht aber für den Weiterverkauf, den Handel oder für gewerbliche, geschäftliche, handwerkliche oder berufliche Zwecke.
- **Endnutzer:** Personen, die ein bestimmtes Produkt oder eine bestimmte Dienstleistung letztlich nutzen oder die für die Nutzung vorgesehen sind.[11]

Die Definition von „**Verbrauchern**" stammt aus der Richtlinie über die Rechte der Verbraucher[12] und stimmt mit der ESRS-Definition überein. Es ist auch anzumerken, dass der Verbraucherschutz Teil der EU-Grundrechtecharta (Art. 38)[13] ist, auf die in Art. 29b Abs. 2 Buchst. b) iii) im Abschnitt Menschenrechte und soziale Faktoren der CSRD[14] verwiesen wird, und mit der Verordnung (EU) 2023/988[15] bzgl. der Produktsicherheit noch einmal mit Wirkung zum 13.12.2024 verschärft wird (Rz 50).

Nicht mehr explizit genannt wird, dass zu den Verbrauchern neben den tatsächlichen auch potenzielle Verbraucher gehören. Dies ist aber insoweit auch

---

10   Berichtigung der Delegierten Verordnung (EU) 2023/2772 v. 22.12.2023, ABl. EU L v. 9.8.2024, S. 1ff.
11   Berichtigung der Delegierte Verordnung (EU) 2023/2772 v. 22.12.2023, ABl. EU L v. 9.8.2024, Anhang II, Tab. 2, S. 265 und 267.
12   Verbraucherrechte-Richtlinie – 2011/83/EU, ABl. EU v. 22.11.2011, L 304/64ff.
13   Charta der Grundrechte der Europäischen Union, 2012/C 326/02, ABl. EU v. 26.10.2012, C 326/391ff.
14   CSRD – Richtlinie (EU) 2022/2464, ABl. EU v. 16.12.2022, L 322/15ff.
15   Verordnung (EU) 2023/988 v. 10.5.2023, ABl. EU v. 23.5.2023, L 135/1ff.

unnötig, als Unternehmen in den allermeisten Fällen ohnehin nicht nachvollziehen können, was mit ihren Produkten passiert. Daher kann jederzeit durch den Weiterverkauf etwa über eine Internethandelsplattform ein neuer Verbraucher entstehen, so dass die Abgrenzung von einem tatsächlichen und einem potenziellen Verbraucher nur im Nachhinein erfolgen kann, was für die meisten zukunftsgerichteten Berichtspflichten somit unerheblich ist. Bei der Definition des Endnutzers ist zudem diese Zukunftsperspektive weiter in der Definition enthalten, da auch die vorgesehene Nutzung enthalten ist. Unternehmen sollten daher die Begriffe der Verbraucher und Endnutzer weit auslegen. Auch ist die Auslegung von „Nutzung" schwer zu fassen, was in ESRS S4.4 aber dahingehend eingegrenzt wird, dass es keine unrechtmäßige oder missbräuchliche Nutzung sein darf, und es damit in der Auslegungsgewalt des Unternehmens liegt, dies zu konkretisieren (Rz 10). Klar wird jedoch, dass die Orientierung auf Kunden für die berichtspflichtigen Unternehmen nicht ausreicht und letztlich nicht von ESRS S4 in den Blick genommen wird. So könnten prekäre Vertriebssysteme („Drückerkolonnen"), wenn sie nicht unter ESRS S2 fallen, ggf. nicht direkt berichtspflichtig sein und müssten ggf. über unternehmensindividuelle Angaben ausgeglichen werden.

ESRS S4 hat die **Festlegung von Angabepflichten zum Ziel**, die es den Nutzern der Nachhaltigkeitsberichterstattung ermöglichen, einerseits die wesentlichen Auswirkungen auf Verbraucher und/oder Endnutzer, die mit der eigenen Geschäftstätigkeit und Wertschöpfungskette des Unternehmens verbunden sind, zu verstehen. Dies macht auch die Betrachtung der Produkte oder Dienstleistungen sowie der Geschäftsbeziehungen nötig. Die EFRAG hat dazu explizit klargestellt, dass auch lediglich eine wesentliche positive Auswirkung die Berichterstattungspflicht auslöst.[16]

5

Daher könnten Unternehmen ggf. auf die wesentlichen positiven Auswirkungen ihrer Produkte hinweisen, die ggf. in der Produktion nachteilige Wirkungen durch hohe Emissionen von Klimagasen und den Einsatz besorgniserregender Stoffe bedingen, wie etwa die Produktion von Batterien für die E-Mobilität, und entsprechend zu negativen Angaben bei ESRS E1 und ESRS E2 führen.

Praxis-Beispiel

Als Beispiel für eine offensive Berichterstattung der positiven Auswirkungen der Produkte auf die Endnutzer (neben negativen Auswirkungen aus Rückrufaktionen) kann die erst ab 2025 verpflichtete Arla Foods amba genannt werden, die eine Seite im an ESRS angelehnten Geschäftsbericht 2023 berichten unter der Überschrift: „Inspiration für Verbraucher – Wir wollen

---

[16] EFRAG, ESRS Q&A Platform, Compilation of Explanations, Januar–Juli 2024, Frage 37, S. 25 f.

Verbraucher mit Produkten inspirieren, die ihren vielfältigen Bedürfnissen gerecht werden. Darüber hinaus laden wir sie dazu ein, an Aktivitäten teilzunehmen, bei denen sie Einblicke in die Herkunft unserer Produkte erhalten. Außerdem möchten wir gesunde Essgewohnheiten fördern und helfen, Lebensmittelabfälle beim Kochen zu reduzieren."[17]

Andererseits sollen die damit verbundenen wesentlichen Risiken und Chancen deutlich werden. Dies hat nach ESRS S4.1 einzuschließen,

- wie sich die Unternehmenstätigkeit auf die Verbraucher und/oder Endnutzer der Produkte und/oder Dienstleistungen des Unternehmens auswirkt, und zwar im Hinblick auf **wesentliche positive und negative tatsächliche oder potenzielle Auswirkungen;**
- alle **ergriffenen Maßnahmen** zur Verhinderung, Minderung oder Behebung tatsächlicher oder potenzieller negativer Auswirkungen und zum Umgang mit Risiken und Chancen – zudem ist auf die Ergebnisse dieser Maßnahmen einzugehen;
- die Eigenschaften, die Art und der Umfang der **wesentlichen Risiken und Chancen des Unternehmens** im Zusammenhang mit seinen Auswirkungen und Abhängigkeiten von Verbrauchern und Endnutzern sowie die Art und Weise, wie das Unternehmen mit diesen Risiken und Chancen umgeht;
- die **finanziellen Effekte** auf das Unternehmen von wesentlichen Risiken und Chancen, die sich kurz-, mittel- und langfristig aus den Auswirkungen und Abhängigkeiten des Unternehmens von Verbrauchern und/oder Endnutzern ergeben.

Die Definition der **finanziellen Effekte** ist dabei unklar. Nach dem Glossar sollen dies kurz-, mittel- oder langfristige Auswirkungen von Risiken und Chancen sein, die die Finanzlage, die Ertragslage und die Zahlungsströme des Unternehmens beeinflussen.[18] Hier dürfte ein „können" fehlen, denn Risiken und Chancen wohnt ja gerade eine bestimmte Wahrscheinlichkeit inne. Daher wird die Definition dieser beiden Begriffe auch im Klammerzusatz „oder bei denen nach vernünftigem Ermessen davon ausgegangen werden kann"[19] ergänzt, um dies auszudrücken. Noch verwirrender wird es, wenn die Unterteilung in aktuelle und erwartete finanzielle Effekte hinzugezogen wird. Erstere sind finanzielle Effekte für die laufende Berichtsperiode, die in den primären Abschlussbestandteilen erfasst werden; allerdings sind Anhang und Lagebericht etwa nach IFRS 18.11 gar keine primären Abschlussbestandteile. Erwartete

---

17   Entnommen Arla Foods amba, Jahresbericht 2023, S. 72.
18   Vgl. Berichtigung der Delegierten Verordnung (EU) 2023/2772 v. 22.12.2023, ABl. EU L v. 9.8.2024, Anhang II, Tab. 2, S. 267.
19   Berichtigung der Delegierten Verordnung (EU) 2023/2772 v. 22.12.2023, ABl. EU L v. 9.8.2024, Anhang II, Tab. 2, S. 273.

finanzielle Effekte sind dagegen solche, die nicht den Erfassungskriterien für die Aufnahme in die Posten des Jahresabschlusses im Berichtszeitraum entsprechen und die nicht von den aktuellen finanziellen Effekten erfasst werden.[20]

Die Anforderungen von ESRS S4.1 an die Berichterstattung korrespondieren mit dem in den Rz 1–3 skizzierten, sehr breiten Ansatz, die Auswirkungen des unternehmerischen Handelns auf die Verbraucher und Endnutzer zu beschreiben, und bedingen auch die Verbindung mit der finanziellen Darstellung im Jahresabschluss sowie in anderen Teilen des Lageberichts (insbes. Chancen- und Risikobericht). Daher erstaunt es, dass die sich aus ESRS S4 ergebenden Angabepflichten, die im Folgenden konkretisiert und mit Beispielen versehen erläutert werden, hier teilw. deutlich enger ausfallen. Der breite Ansatz sollte aber bei der Erstellung der Berichterstattung nach ESRS S4 immer beachtet werden, auch wenn er stets – wie auch in ESRS S4.1(a), (c) und (d) unnötigerweise noch einmal explizit aufgeführt – unter dem Wesentlichkeitsvorbehalt steht. Auch die fehlende Nennung der Wesentlichkeit nach ESRS S4.1(b) (bzw. sogar die explizite Formulierung „alle [...]") ist nicht so zu verstehen, dass die Wesentlichkeit hier nicht zur Anwendung kommt. Vielmehr ergibt sich das bereits aus den zuvor formulierten Anforderungen in ESRS S4.1, wonach die Berichterstattung über **wesentliche Auswirkungen, Chancen und Risiken** zu erfolgen hat, sowie insgesamt aus den Anforderungen der CSRD.

ESRS S4.1 stellt hochverdichtet einen sehr guten **Leitfaden für das Management** in Bezug auf die Beziehung zu den Verbrauchern und Endnutzern dar – nicht nur im Zusammenhang mit der Nachhaltigkeitsberichterstattung. Es sind zunächst die Auswirkungen auf die betroffenen Personen zu analysieren sowie darauf aufbauend Maßnahmen zur Milderung negativer Auswirkungen zu ergreifen und im Folgenden auch die Wirksamkeit zu evaluieren. Daneben sind die Risiken und Chancen des Unternehmens in diesem Zusammenhang zu bestimmen, wobei es durch die bestehenden engen Abhängigkeiten anders als bei anderen ESRS zu vielen Überschneidungen kommen dürfte, was sich auch in der nötigen Monetarisierung der Risiken und Chancen niederschlagen dürfte. Die Berichterstattung bedingt somit zunächst das aktive Management der Beziehungen zu den Verbrauchern und Endnutzern, was aber ökonomisch eine zentrale Grundvoraussetzung des unternehmerischen Handelns sein sollte.

Die sehr weitgehende und sinnvolle Zielsetzung wird in ESRS S4.2 zunächst bzgl. der **Betrachtung der Auswirkungen** weiter konkretisiert bzw. der Fokus deutlich auf die (Nicht-)Einhaltung der Menschenrechte verengt. Demnach verlangt der Standard eine Erläuterung des allgemeinen Ansatzes, den das Unternehmen verfolgt, um wesentliche tatsächliche und potenzielle Auswir-

6

---

[20] Vgl. Berichtigung der Delegierten Verordnung (EU) 2023/2772 v. 22.12.2023, ABl. EU L v. 9.8.2024, Anhang II, Tab. 2, S. 260, 265.

kungen auf die Verbraucher und/oder Endnutzer im Zusammenhang mit seinen Produkten und/oder Dienstleistungen zu ermitteln und zu managen, und zwar in Bezug auf:

- informationsbezogene Auswirkungen auf Verbraucher und/oder Endnutzer (z. B. Privatsphäre, Meinungsfreiheit und Zugang zu (hochwertigen) Informationen),
- persönliche Sicherheit von Verbrauchern und/oder Endnutzern (z. B. Gesundheit und Sicherheit, persönliche Sicherheit und Schutz von Kindern),
- soziale Inklusion von Verbrauchern und/oder Endnutzern (z. B. Nichtdiskriminierung, Zugang zu Produkten und Dienstleistungen und verantwortungsvolle Vermarktungspraktiken).

7   Diese Verengung der Berichterstattung findet sich auch etwa in den Ausgestaltungen der bestehenden und von vielen Unternehmen bereits beachteten universellen GRI-Standards sowie GRI-Themenstandards

- GRI 416: Kundengesundheit und -sicherheit 2016,
- GRI 417: Marketing und Kennzeichnung 2016,
- GRI 418: Schutz der Kundendaten 2016.

Zudem gibt es inhaltliche Verbindungen zu weiteren Themenstandards, etwa zum GRI 406: Nichtdiskriminierung 2016. Hier können Unternehmen somit bestehende Verfahren und Berichterstattungen ggf. nur mit geringen Anpassungen fortführen oder, falls das Unternehmen diese GRI bislang noch nicht (freiwillig) beachtet hat, sich bei der Umsetzung von ESRS S4 an existierenden Empfehlungen und Umsetzungen orientieren. Dabei ist darauf zu achten, dass die ESRS anders als GRI nicht auf die Kunden, sondern auf die Verbraucher und Endnutzer abstellt und insofern weitergehender ist.

8   Allerdings werden mit den Anwendungsanforderungen (*Application Requirements*) Unternehmen ermuntert, besondere Themen bzgl. konkreter Auswirkungen auf Verbraucher und Endnutzer hervorzuheben. Somit können (und sollen) ebenfalls die weiteren Themen angesprochen werden, welche dann auch nur für einen kürzeren Zeitraum relevant sein können (ESRS S4.AR1).

Praxis-Hinweis

Denkbar sind Initiativen in Bezug auf die Gesundheit und Sicherheit von Verbrauchern und/oder Endnutzern im Zusammenhang mit der Kontamination eines Produkts oder einer schweren Verletzung der Privatsphäre aufgrund eines massiven Datenlecks (ESRS S4.AR1).

Damit werden wichtige Hinweise für die Auslegung der Wesentlichkeit für die Angabepflichten in diesem Standard gegeben. Diese wird in ESRS S4.AR2 noch weiter durch die Klarstellung untermauert, dass in ESRS S4.2 lediglich ein Überblick über soziale und menschenrechtliche Fragen gegeben wird und nicht alle diese Fragen in jeder Angabeanforderung des Standards offengelegt werden sollten. Es handelt sich vielmehr um eine Liste von Themen, die das Unternehmen bei seiner Wesentlichkeitsprüfung (→ § 3 Rz 61 ff. bzgl. ESRS 1.21–1.57 zur doppelten Wesentlichkeit als Grundlage für Nachhaltigkeitsangaben und → § 4 Rz 110 ff. bzgl. ESRS 2.51–2.53 zu IRO-1) in Bezug auf Verbraucher und/oder Endnutzer berücksichtigen und anschließend, nur wenn wesentlich, als Auswirkungen, Risiken und Chancen im Rahmen dieses Standards offenlegen muss (ESRS S4.AR2).

Nach ESRS S4.3 wird auch eine Erläuterung verlangt, wie diese Auswirkungen sowie die Abhängigkeiten des Unternehmens von Verbrauchern und/oder Endnutzern wesentliche Risiken oder Chancen für das Unternehmen mit sich bringen können. So können bspw. negative Auswirkungen (etwa Gesundheitsgefährdungen oder Unsicherheiten bei der elektronischen Verarbeitung persönlicher Daten) auf den Ruf der Produkte und/oder Dienstleistungen des Unternehmens für dessen Geschäftsergebnisse nachteilig sein, während das Vertrauen in die Produkte und/oder Dienstleistungen geschäftliche Vorteile mit sich bringen kann, wie z. B. Umsatzsteigerungen oder die Erweiterung der künftigen Verbraucherbasis. **9**

Eine wichtige Einschränkung der Berichterstattungspflicht wurde von der EU-Kommission im Juni 2023 eingepflegt: Nach ESRS S4.4 wird die **unrechtmäßige oder missbräuchliche Verwendung der Produkte und Dienstleistungen** des Unternehmens durch Verbraucher und Endnutzer aus dem Anwendungsbereich des Standards ausgeklammert. Dies ist einerseits notwendig, um die „Nutzung" aus der Definition der Verbraucher und Endnutzer einzugrenzen. Andererseits bieten sich für Unternehmen daraus Möglichkeiten, durch konkrete Vorgaben zur Nutzung der Produkte und Dienstleistungen das Gefahrenpotenzial einer (berichtpflichtigen) möglichen Menschenrechtsverletzung zu verringern oder gar auszuschließen. **10**

Praxis-Beispiel

Ein Hersteller von Überwachungsdrohnen kann durch klare Vorgaben zur Nutzung seines Geräts etwa ausschließen, dass die Drohne (auch nur zufällig) Aufnahmen in der Privatsphäre von zunächst unbeteiligten Menschen machen darf. Ansonsten könnte mit dem Einstellen und Abspielen im Internet durch den Erwerber der Drohne die gefilmte Person ggf. sogar selber nach der sehr offenen Definition zum Endnutzer der Drohne werden, da sie sich in ihrer eigenen Wohnung und durch das Fenster gefilmt selbst betrachten kann.

Auch die Folgen der unrechtmäßigen Veröffentlichung anderer Drohnenbilder, die nach aktueller Rechtsprechung nicht unter die Panoramafreiheit fallen[21], oder eine Nutzung, die einen gefährlichen Eingriff in den Flugverkehr durch den Einsatz in der Nähe eines Flughafens darstellt, sind nicht als mögliche wesentliche Auswirkungen des Unternehmens auf Verbraucher und Endnutzer (hier: der Drohnenpilot) berichtspflichtig, auch wenn ggf. zu fragen wäre, ob nicht der Hersteller seine Kunden besser über die drohenden rechtlichen Gefahren aufklären müsste oder gar technische Vorkehrungen hätte treffen können, um solche Gefahren zu vermeiden.

Das Risiko kann somit vom Unternehmen durch eine vertragliche Ausgestaltung der erlaubten Nutzung auf die Verbraucher und Endnutzer übertragen werden. Das Unternehmen ist nicht für die Handlungen der Verbraucher und Endnutzer verantwortlich zu machen – hat also auch keine entsprechenden Informationen bereitzustellen. Dies führt in der Praxis zu vielen Abgrenzungsfragen und steht auch für eine zumindest in der Nachhaltigkeitsberichterstattung offenbar gewollte Abkehr von einer produktorientierten Nachhaltigkeitsdefinition. In der Vergangenheit haben sich Nachhaltigkeitsfonds bspw. durch Negativabgrenzung von Anbietern bestimmter Produkte und Dienstleistungen, wie Waffen, Alkohol, Tabak, Glücksspiel usw., definiert.[22] Nun wird der Verbraucher und Endnutzer durch die rechtmäßige und nicht missbräuchliche Nutzung stärker in die Pflicht genommen.

Praxis-Hinweis

Diese erhebliche Einschränkung der Verantwortung des Unternehmens sollte durch klar umrissene rechtmäßige und nicht missbräuchliche Nutzung der Produkte und Dienstleistungen den Verbrauchern gegenüber deutlich gemacht werden. Dann reduziert sich auch die nötige Berichterstattung deutlich. Allerdings könnte es in Zweifelsfragen sinnvoll sein, auf die Auswirkungen möglicher oder tatsächlich beobachtbarer missbräuchlicher Nutzung gesondert hinzuweisen; denn die Adressaten dürften eine Untätigkeit bei bestehenden Problemen nicht gutheißen und trotz dieser Exkulpationsregel Reaktionen erwarten. Daher sollte dem eher breiten Verständnis der Berichterstattung von ESRS S4.1 gefolgt werden, was eine klare Adressatenorientierung bedeutet. Somit sollten öffentlich diskutierte Auswirkungen der Produkte auf Menschen auch unabhängig von der rechtlichen Einordnung i.R.d. Nachhaltigkeitsberichterstattung aufgegriffen und ggf. gerade die rechtliche Einordnung beschrieben werden.

---

[21] Vgl. OLG Hamm, Urteil v. 27.4.2023, 4 U 247/21.
[22] Vgl. z.B. Sparkasse, Nachhaltige Geldanlage, www.sparkasse.de/pk/produkte/sparen-und-anle gen/geld-anlegen/nachhaltige-geldanlage.html, Abruf 1.8.2024.

Zusammenfassend ist das Ziel des ESRS S4, die Angabeanforderungen abzude- 11
cken, die Unternehmen aller Branchen benötigen, um unter dem Gesichtspunkt
der doppelten Wesentlichkeit über die Belange von Verbrauchern und Endnutzern zu berichten. ESRS S4 deckt insbes. Folgendes ab:
- die positiven und negativen, tatsächlichen oder potenziellen Auswirkungen
  auf Verbraucher und/oder Endnutzer,
- die wesentlichen Risiken und Chancen, die sich aus den Auswirkungen und
  Abhängigkeiten des Unternehmens von Verbrauchern und/oder Endnutzern
  ergeben und die Quellen für finanzielle Effekte sind, und
- die Maßnahmen (und das Ergebnis dieser Maßnahmen), die ergriffen wurden, um tatsächliche oder potenzielle negative Auswirkungen zu verhindern,
  abzuschwächen oder zu beheben und um Risiken und Chancen anzugehen.

1.2 Abzudeckende Themen

Anlage A von ESRS 1 enthält die **Aufstellung der Nachhaltigkeitsaspekte**, die 12
bei der Wesentlichkeitsanalyse eines berichtspflichtigen Unternehmens mind.
zu würdigen sind (→ § 3). Die für ESRS S4 einschlägige Aufstellung von
Themen, Unterthemen und Unter-Unterthemen zeigt Tab. 1:

Thema	Unterthema	Unter-Unterthemen
Verbraucher und Endnutzer	Informationsbezogene Auswirkungen für Verbraucher und/oder Endnutzer	• Datenschutz • Meinungsfreiheit • Zugang zu (hochwertigen) Informationen
	Persönliche Sicherheit von Verbrauchern und/oder Endnutzern	• Gesundheitsschutz und Sicherheit • Persönliche Sicherheit • Kinderschutz
	Soziale Inklusion von Verbrauchern und/ oder Endnutzern	• Nichtdiskriminierung • Zugang zu Produkten und Dienstleistungen • Verantwortliche Vermark-tungspraktiken

Tab. 1: Nachhaltigkeitsaspekte gem. ESRS S4 (ESRS 1.AR16)

Wie bei den anderen ESRS-Sozialstandards steht auch beim ESRS S4 die **Achtung der Menschenrechte** im Vordergrund. ESRS S4.BC2 verdeutlicht die
Bedeutung der Achtung der Menschenrechte, wie sie auch in der Charta der
Grundrechte der EU und in internationalen Instrumenten wie den UN-Leitprinzipien für Wirtschaft und Menschenrechte sowie den OECD-Leitsätzen für

multinationale Unternehmen verankert sind. So sind die CSRD und ihre Vorgängerin, die NFRD[23], sowie die Verordnung über die Offenlegung von Informationen über nachhaltige Finanzierungen (SFDR[24]) und die Verordnung über die EU-Taxonomie[25] jeweils zentrale Bestandteile der Anforderungen an die Nachhaltigkeitsberichterstattung, welche die Ziele der EU-Strategie für nachhaltige Finanzen sowohl untermauern als auch voranbringen sollen und welche allesamt die Bedeutung der Achtung der Menschenrechte anerkennen.

Aufgrund dieser Relevanz sind Auswirkungen von Wirtschaftsaktivitäten auf Menschenrechtsbelange sehr häufig als wesentlich zu klassifizieren, so dass diese im Weiteren wiederum regelmäßig wesentliche Chancen und Risiken für das Unternehmen darstellen (können).

Praxis-Hinweis

Bereits aktuell sind die OECD-Leitsätze für multinationale Unternehmen, die 2023 zuletzt aktualisiert wurden, nicht nur freiwillig zu beachten. Jede Person oder Organisation kann eine Beschwerde über einen vermeintlichen Verstoß eines Unternehmens gegen die OECD-Leitsätze bei der zuständigen Nationalen Kontaktstelle (NKS) einreichen. Zuständig ist die NKS des Landes, in dem der mögliche Verstoß stattgefunden hat. Gibt es dort keine NKS, richtet man sich an die NKS des Landes, in dem das Unternehmen seinen Hauptsitz hat. In Deutschland ist die NKS beim BMWK eingerichtet.[26]

Ist die Beschwerde zulässig, bietet die NKS den Parteien ihre Unterstützung bei der Erarbeitung einer einvernehmlichen gemeinsamen Lösung an. Bei erfolgreicher Vermittlung veröffentlicht die NKS eine gemeinsame Abschlusserklärung der Parteien zum Verlauf und zum Ergebnis des Verfahrens. Konnte keine Einigung erreicht werden, so verfasst und publiziert die NKS eine eigene, einseitige Abschlusserklärung zum vorgetragenen Sachverhalt und zum Verlauf des Verfahrens, die erforderlichenfalls Handlungsempfehlungen zur besseren Umsetzung der OECD-Leitsätze enthält, was bei dem benannten Unternehmen zu erheblichem Reputationsschaden führen kann. Das Verfahren vor der NKS ist kein gerichtliches Verfahren. Aufgrund des rechtlich nicht bindenden Charakters der OECD-Leitsätze kann auch der Inhalt einer Abschlusserklärung nicht direkt gerichtlich durchgesetzt werden. Sollten in dem Verfahren aber auch Verstöße der gesetzlich fixierten Sorgfaltspflichten offensichtlich werden, steht in diesen Fällen auch der Rechtsweg offen. Durch diese rechtliche Würdigung der

---

23 CSR-Richtlinie – 2014/95/EU, ABl. EU v. 15.11.2014, L 330/1 ff.
24 Verordnung (EU) 2019/2088, ABl. EU v. 9.12.2012, L 317/1 ff.
25 Verordnung (EU) 2020/852, ABl. EU v. 22.6.2020, L 198/13 ff.
26 Siehe für die konkrete Adresse und Informationen zum Ablauf des Vermittlungsverfahrens www.bmwk.de/Redaktion/DE/Artikel/Aussenwirtschaft/nks-verfahren.html, Abruf 1.8.2024.

Stellung der OECD-Leitsätze erübrigt sich u. E. auch die juristische Diskussion, ob die 2023er Aktualisierung für die Nachhaltigkeitsberichterstattung gelten kann, da CSRD und ESRS als europäische Rechtsnormen eigentlich nur statisch (auf die vorherige Version) verweisen können. Die Auslegung als dynamischer Verweis auf die jeweils aktuelle Fassung ist hier sinnvoll und von der praktischen Anforderung her auch notwendig.

Die Themen des ESRS S4 zu Verbrauchern und Endnutzern sind bei der Erstellung der Nachhaltigkeitsberichterstattung entsprechend ausführlich nach den in ESRS 2 dargelegten Verfahren zur Bewertung der Wesentlichkeit zu analysieren (ESRS S4.5, ESRS S4.BC10). Gerade bei Menschenrechtsbelangen ist in der Berichterstattung zwischen „potenziellen Auswirkungen" und „tatsächlichen Auswirkungen" sowie den Brutto- und Nettowahrscheinlichkeiten zu unterscheiden.

Praxis-Beispiel

Bei einem Produzenten von Flugzeugreifen könnten daraus folgende Überlegungen resultieren:
- Ein Reifen könnte beim Start oder der Landung des Flugzeugs platzen und dadurch könnten Menschen leiblichen Schaden erleiden (potenzielle Auswirkung, Bruttowahrscheinlichkeit).
- Aufgrund der Qualitätsanforderungen und auch der Qualitätskontrolle bei Flugzeugreifen kann ein Platzen allerdings immer noch passieren, ist aber nicht wahrscheinlich (potenzielle Auswirkung, Nettowahrscheinlichkeit).
- Die gute Qualität der produzierten Flugzeugreifen hat im Berichtsjahr dazu geführt, dass es keinen geplatzten Flugzeugreifen gab (tatsächliche Auswirkung).

Je nach Auslegung kann die Differenz zwischen Brutto- und Nettowahrscheinlichkeit dann sogar als „positive Auswirkung" ausgelegt werden, so dass eine Berichterstattung i. S. v. „weniger schlecht ist besser und damit positiv" erfolgen könnte.

ESRS S4 ist also stets i. V. m. ESRS 1 „Allgemeine Anforderungen" und ESRS 2 „Allgemeine Angaben" sowie ESRS S1 „Eigene Belegschaft", ESRS S2 „Arbeitskräfte in der Wertschöpfungskette" und ESRS S3 „Betroffene Gemeinschaften" zu lesen (ESRS S4.6). Dies untermauert die gemeinsame Stoßrichtung, aber kann ggf. auch zu gewissen Überschneidungen führen, was die Berichtpflicht unter ESRS S4 unwahrscheinlicher machen könnte, da die Aspekte bereits an anderer Stelle als relevanter einzuschätzen und dort berichtspflichtig sind. ESRS S4 fungiert somit in gewisser Hinsicht als Auffangtatbestand für die soziale Berichterstattung.

13 Für Verbraucher und Endnutzer ergeben sich unter Berücksichtigung von Art. 29b Abs. 2 Buchst. b) der CRSD die folgenden vier Kategorien tatsächlicher und potenzieller (negativer) Auswirkungen (ESRS S4.BC3):

- Verbraucher und/oder Endnutzer von Produkten, die von Natur aus schädlich für den Menschen sind und/oder das Risiko für chronische Krankheiten erhöhen,
- Verbraucher und/oder Endnutzer von Dienstleistungen, die sich potenziell negativ auf ihr Recht auf Privatsphäre, auf den Schutz ihrer persönlichen Daten, auf freie Meinungsäußerung und auf Nichtdiskriminierung auswirken,
- Verbraucher und/oder Endnutzer, die auf korrekte und zugängliche produkt- oder dienstleistungsbezogene Informationen, wie Handbücher und Produktetiketten, angewiesen sind, um eine möglicherweise schädliche Nutzung eines Produkts oder einer Dienstleistung zu vermeiden,
- Verbraucher und/oder Endnutzer, die besonders anfällig für Auswirkungen auf die Gesundheit oder die Privatsphäre oder für Auswirkungen von Marketing- und Verkaufsstrategien sind, wie z.B. Kinder oder finanziell schwache Personen.

ESRS S4.BC4 führt dazu aus, dass die Regelungen für Verbraucher und Endnutzer wie auch die anderen ESRS-Sozialstandards mit dem Verständnis verfasst wurden, dass es bei sozialen Themen i.W. um Menschen geht, die als Individuen, Gruppen und Gesellschaften in Erscheinung treten. Basierend auf dem Ansatz der **doppelten Wesentlichkeit** umfasst dies sowohl die Perspektive der Auswirkungen von Unternehmen auf Menschen als auch die Perspektive der Geschäftsrisiken und -chancen, die sich aus den Auswirkungen und Abhängigkeiten des Unternehmens von Menschen ergeben (ESRS S4.BC4). Der in ESRS S4 stets erfolgte Rückgriff auf die verabschiedeten Menschenrechte engt die vielen Einschätzungsspielräume, die sich hier ergeben, damit deutlich ein. Dennoch zeigen viele Gerichtsverfahren, dass die unter ESRS S4.BC3(c) angesprochene treffende Beschreibung der Handhabung eines Produkts oder einer Dienstleistung sehr umstritten ist. Daher kommt der Beschreibung bei der rechtmäßigen und nicht missbräuchlichen Nutzung der Produkte und Dienstleistungen bereits eine große Rolle zu. Sollte es Fehler gegeben haben, so könnte sich das bereits in der finanziellen Abbildung des Jahresabschlusses niedergeschlagen haben. Ebenso herausfordernd dürfte die Abgrenzung der vulnerablen Gruppen, denen besondere Aufmerksamkeit in diesem Zusammenhang geschenkt werden muss, und die Frage, wie weit diese gehen muss, sein. Auch hier hilft der Rückbezug auf die Menschenrechte weiter, wobei etwa der Ausschluss gewisser Gruppen von bestimmten Produkten auch schnell eine Diskriminierung darstellen kann, die es zu vermeiden gilt. Bei dieser Betrachtung der rein negativen Auswirkungen muss daran erinnert werden, dass auch positive Auswirkungen genannt werden können und müssen (Rz 5).

ESRS S4 ist zwar Teil von Set 1, allerdings hat die EFRAG bereits bei den **14** Entwürfen festgestellt, dass der Standard **bislang nur übergreifende Angabepflichten** und Anwendungsanforderungen in Bezug auf die ESRS 2 Angabepflichten SBM-2 (ESRS 2.43–2.45) und SBM-3 (ESRS 2.46–2.49) enthält. Beide decken die Interessen und Ansichten der Stakeholder sowie wesentliche Auswirkungen, Risiken und Chancen und deren Wechselwirkung mit der Strategie und dem Geschäftsmodell/den Geschäftsmodellen ab und spiegeln den allgemeinen Due-Diligence-Prozess wider, der in den internationalen Leitlinien und Empfehlungen definiert ist. Allerdings werden bislang **weder Angabepflichten zu Richtlinien, Aktionsplänen und Ressourcen noch zu Kennzahlen und Zielen** gefordert (ESRS S4.BC5). Die Angabepflichten im Zusammenhang mit ESRS 2 sowie die Angabepflichten der übrigen thematischen Standards zu den Auswirkungen, zum Risiko- und Chancenmanagement und zu den Zielen in Bezug auf die Verbraucher und Endnutzer beinhalten bislang lediglich die Berichterstattung über die menschenrechtliche Sorgfaltspflicht.

Hier kommt es somit in Deutschland ggf. zu inhaltlichen Überschneidungen mit dem getrennten Sorgfaltspflichtenbericht nach § 10 Abs. 2 LkSG, der seit 2023 (2024) für Unternehmen mit mehr als 3.000 (1.000) Beschäftigten in Deutschland gilt. Mit der europäischen Sorgfaltspflichtenrichtlinie (Corporate Sustainability Due Diligence Directive, CSDDD) wird die Berichtsschwelle verändert (langfristig 1.000 Beschäftigte weltweit sowie eine Umsatzmindesthöhe von 450 Mio. EUR),[27] andererseits werden die Berichtspflichten in die Nachhaltigkeitsberichterstattung, und damit in die ESRS, weiter integriert. Aktuell wird mit dem RegE CSRD-UmsG ebenfalls vorgeschlagen, den Bericht nach § 10 Abs. 2 LkSG durch den Nachhaltigkeitsbericht ersetzen zu können,[28] und das zuständige BAFA hat bereits die Veröffentlichungsfrist der Berichte für das Jahr 2023 faktisch durch das temporäre Aussetzen von Sanktionen auf die für den Nachhaltigkeitsbericht geltenden zwölf Monate verlängert.[29] Im RegE CSRD-UmsG wird sogar eine Einreichung erst bis zum 31.12.2025 vorgeschlagen.

Über die Sorgfaltspflichtenberichte hinaus verlangt ESRS S4.3 eine Erklärung, wie solche Auswirkungen sowie die Abhängigkeiten des Unternehmens von Verbrauchern und/oder Endnutzern wesentliche Risiken oder Chancen für das Unternehmen mit sich bringen können.

Die abzudeckenden Themen werden durch ESRS S4.4 dahingehend eingeschränkt, dass eine unrechtmäßige oder missbräuchliche Verwendung der Pro-

---

27 Vgl. Baumüller/Müller/Scheid, StuB 2024, S. 349 ff.
28 Vgl. RegE CSRD-UmsG, S. 57, 113, 160 f., www.bmj.de/SharedDocs/Downloads/DE/Gesetzgebung/RegE/RegE_CSRD.pdf?__blob=publicationFile&v=2, Abruf 1.8.2024.
29 Vgl. BAFA, Lieferketten – Berichtspflicht, www.bafa.de/DE/Lieferketten/Berichtspflicht/berichtspflicht_node.html, Abruf 1.8.2024.

dukte und Dienstleistungen des Unternehmens durch Verbraucher und Endnutzer explizit ausgeschlossen wird (Rz 10).

15   Nach ESRS S4.BC6 wurde, wie auch nach ESRS S2 und ESRS S3, im ersten
Schritt bei der Ausarbeitung des ESRS S4 und der Bewertung potenzieller
Kennzahlen und Ziele im Kontext der Wertschöpfungskette **auf konkretere
Angabepflichten verzichtet,** da die Besonderheiten der Wertschöpfungskette
von Unternehmen eine zu wichtige Rolle spielen und daher angemessene und
sinnvolle Kennzahlen und Ziele erst später zu bestimmen sein werden. Erst in
einem zukünftigen Set wird damit begonnen, Leistungsindikatoren trotz der
Vielfalt der Wertschöpfungsketten, die bei der Ausarbeitung der sektorunabhängigen Normen kaum berücksichtigt werden konnten, (weiter) zu entwickeln, wobei sowohl Erweiterungen der sektorunabhängigen Normen als
auch sektorspezifische Normen ausgearbeitet werden sollen.

Gleichwohl wird betont, dass die besondere Bedeutung der Sozialstandards
für die Nachhaltigkeitsberichterstattung, die auch bereits in der CSRD festgeschrieben ist, darin besteht, eine Abstimmung mit international anerkannten
Grundsätzen und Rahmenwerken für verantwortungsbewusstes unternehmerisches Handeln, soziale Verantwortung von Unternehmen und nachhaltige
Entwicklung zu verlangen und diese auch zu beschreiben. Im Zentrum stehen
nach ESRS S4.BC8:

- die Ziele für nachhaltige Entwicklung (Sustainable Development Goals,
  SDGs),
- die UN-Leitprinzipien und die OECD-Leitsätze (insbes. der Menschenrechte) sowie die damit verbundenen sektoralen Leitlinien,
- der UN Global Compact,
- die dreigliedrige Grundsatzerklärung der Internationalen Arbeitsorganisation (IAO) über multinationale Unternehmen und Sozialpolitik,
- die ISO-Norm 26000 über soziale Verantwortung und
- die UN-Grundsätze für verantwortungsbewusstes Investment.

Auch hier gilt, dass viele bereits berichtende Unternehmen diese Leitlinien
bisher schon beachten und die (Nachhaltigkeits-)Berichterstattung genau darauf aufbaut, so dass einige Ausgestaltungen der Steuerungs- und Kontrollsysteme beibehalten werden können, wobei ggf. die Prüfbarkeit zu evaluieren
ist.

16   Nach ESRS S4.BC9 beziehen sich die **Menschenrechte** auf alle Arten von
negativen Auswirkungen, die auf Menschen zukommen können: wirtschaftliche, soziale, kulturelle, bürgerliche und politische. Dazu gehören die allgemein
anerkannten sozialen Fragen der Gesundheit und Sicherheit, der Privatsphäre
(bei Daten etc.), die Nichtdiskriminierung (die in Unternehmen oft durch
Programme zur Förderung von Vielfalt und Integration angegangen wird) und

heute auch die Auswirkungen des Klimawandels und allgemeiner Umwelt-schäden auf Menschen. ESRS S4 schränkt den Betrachtungswinkel der Men-schenrechte aber auf die Perspektive der Menschen in ihrer Rolle als Verbrau-cher und Endnutzer ein.

Die Menschenrechte sind dabei als Schwelle zu verstehen, bei deren Über-schreitung es um Auswirkungen auf Menschen geht, die so akut sind, dass sie die grundlegende Würde und Gleichheit des Einzelnen untergraben. Daher sind die Auswirkungen auf die Menschenrechte – und insbes. die schwerwiegenden Auswirkungen auf die Menschenrechte – in Bezug auf die Auswirkungen selbst wahrscheinlich wesentlich. Und diese wesentlichen Auswirkungen auf Men-schen gehören wiederum zu den wahrscheinlichsten, die kurz-, mittel- oder langfristig auch wesentliche Risiken für das Unternehmen mit sich bringen. Daher konzentriert sich ESRS S4 auch nur auf die Berichterstattung über diese wesentlichen Auswirkungen und/oder **wesentlichen Risiken oder Chancen** (ESRS S4.BC10). Letztere sind in ESRS S4 bewusst in Übereinstimmung mit den Anforderungen der CSRD mit aufgenommen worden.

Nach Erwägungsgrund 31 der CSRD ist sicherzustellen, dass die Inhalte der Berichterstattung über die Sorgfaltspflicht vollständig mit den UN-Leitprinzi-pien und den OECD-Leitsätzen übereinstimmen sollten[30], was in ESRS S4 entsprechend durch die im Folgenden tiefer kommentierten Angabepflichten umgesetzt ist. Allerdings erweitert die CSRD die zu beachtenden internationa-len und europäischen Menschenrechtsinstrumente um die Europäische Säule sozialer Rechte (EPSR), eine europäische Schlüsselinitiative mit 20 Grund-sätzen, nach der wir „in Europa […] die gerechtesten Gesellschaften der Welt, die höchsten Standards bei den Arbeitsbedingungen und den breitesten Sozial-schutz"[31] haben. Der begleitende Aktionsplan beinhaltet eine Reihe konkreter Initiativen zur Verwirklichung der europäischen Säule sozialer Rechte. Im Einklang mit dem Aktionsplan soll die CSRD sicherstellen, dass „eine bessere öffentliche Berichterstattung von Unternehmen über soziale Belange […] Inves-titionsströme in Richtung wirtschaftlicher Aktivitäten mit positiven sozialen Ergebnissen erleichtern"[32] sollte. Aus diesem Grund stimmen die Angabe-pflichten in ESRS S4 mit den Elementen der Sorgfaltspflicht, wie sie in den UN-Leitprinzipien und den OECD-Leitsätzen dargelegt sind und die in ESRS 2 zusammengefasst sind, und darüber hinaus mit den EPSR-Grundsätzen überein (ESRS S4.BC14). In der Praxis finden sich die Hinweise auf die Grund-satzverpflichtung, ihrer Verantwortung zur Achtung der Menschenrechte nach

17

---

30 CSRD – Richtlinie (EU) 2022/2464, ABl. EU v. 16.12.2022, L 322/24f.
31 EU-Kommission, Umsetzung der europäischen Säule sozialer Rechte, 2021, https://ec.europa.eu/ social/main.jsp?catId=1226&langId=de, Abruf 1.8.2024.
32 EU-Kommission, Europäischer Aktionsplan zur Säule sozialer Rechte, Abschnitt 4, https://op. europa.eu/webpub/empl/european-pillar-of-social-rights/de/index.html, Abruf 1.8.2024.

den UN-Leitprinzipien und den OECD-Leitsätzen nachzukommen, bislang etwa in der Erklärung zur Unternehmensführung nach § 289f Abs. 2 Nr. 2 HGB und in der Grundsatzerklärung nach dem LkSG.[33]

18 Anzustreben ist nach ESRS S4.BC15 in Bezug auf Verbraucher und Endnutzer ein faires Gleichgewicht zwischen dem Bedarf an aussagekräftigen Informationen über die Auswirkungen, Risiken und Chancen eines Unternehmens und der Notwendigkeit sicherzustellen, dass die Angabepflichten für das Unternehmen selbst angemessen und durchführbar sind. Bei Letzterem ist der Zeit- und Ressourcenaufwand für die Erhebung und Interpretation der erforderlichen Daten zu berücksichtigen. Jede zusätzliche Belastung der Unternehmen, die sich aus den Angabepflichten ergibt, sollte zu einer relevanteren und vergleichbareren Berichterstattung führen, wobei die Ressourcen effizient und zielgerichtet zugewiesen werden, was unmittelbar den Zielen der CSRD und ergänzender EU- und internationaler Instrumente dient.

19 Auf diesen Grundlagen soll mit ESRS S4 sichergestellt werden, dass die Stakeholder des Unternehmens Informationen erhalten, die es ihnen ermöglichen, Folgendes zu verstehen (ESRS S4.BC17):
- wie Verbraucher und Endnutzer der Produkte und Dienstleistungen des Unternehmens in positiver und negativer Weise beeinflusst werden können,
- die Sorgfaltspflichtenansätze, die zur Ermittlung, Vermeidung, Abschwächung oder Rechenschaftslegung im Umgang mit tatsächlichen und potenziellen negativen Auswirkungen auf Verbraucher und/oder Endnutzer ergriffen wurden, sowie die Bewertung der Wirksamkeit dieser Maßnahmen,
- wie die Stimmen und Perspektiven von Verbrauchern und Endnutzern in diese Due-Diligence-Prozesse und über Abhilfekanäle und -verfahren einbezogen werden,
- wie die Unternehmen positiv zu besseren sozialen Ergebnissen für Verbraucher und Endnutzer beitragen,
- die Art, den Typ und das Ausmaß der wesentlichen Risiken oder Chancen für das Unternehmen, die sich aus den oben beschriebenen Auswirkungen oder aus der Abhängigkeit von Verbrauchern und Endnutzern ergeben, und
- die Ansätze zur Abschwächung dieser Risiken und zur Verfolgung dieser Chancen.

20 ESRS S4 gilt grds. für die Berichtsjahre ab 2024 (ESRS S4.28), es bestehen aber Übergangserleichterungen (Rz 29 ff.). Allerdings werden detailliertere Standards, die sich auf spezifische Arten von Auswirkungen, Risiken und Chancen

---

[33] Siehe zu einem Beispiel einer Grundsatzerklärung für die Automobilindustrie BMAS, Handlungsanleitung zum Kernelement „Grundsatzerklärung", www.bmas.de/SharedDocs/Downloads/DE/Publikationen/a433-2-lksg-handlungsanleitung-grundsatzerklaerung.pdf?__blob=publicationFile&v=4, Abruf 1.8.2024.

beziehen, sobald sie als Teil der zukünftigen Sets entwickelt sind, später als 2024 und von diesem Zeitpunkt an gelten. Die **Erweiterungen in den künftigen Sets** werden auf den bereits festgelegten Grundsätzen aufbauen und dem in ESRS S4.BC7 dargestellten Aufbau folgen. Für die vorliegende Ausgestaltung wurden zunächst Angabepflichten entwickelt, die nach ESRS S4.BC29(a) vernünftigerweise für alle Unternehmen gelten können (d. h. branchenunabhängige Angabepflichten). Zudem wurde die Einhaltung der Anforderungen der CSRD, der bestehenden EU-Verordnung, der Berichterstattungsanforderungen und der vereinbarten Initiativen im Bereich der nachhaltigen Finanzwirtschaft, zusammen mit der SFDR und der EU-Taxonomie-Verordnung berücksichtigt (ESRS S4.BC29(b)). Die Angabepflichten basieren auf bestehenden Berichtsstandards und -rahmen, wo immer dies als angemessen eingeschätzt wurde; gleichzeitig sollte sichergestellt werden, dass die Offenlegungen den Leitlinien für die Qualität der Informationen entsprechen, die Lehren aus den Erfahrungen bei der Anwendung sozialer Indikatoren und Offenlegungen widerspiegeln und relevante kontextbezogene Informationen liefern (ESRS S4.BC29(c)). Letztlich wurde bei der Standarderstellung auf eine **Balance** zwischen Informationsgewinn für die Adressaten und Wirtschaftlichkeit der Generierung der Daten für die Unternehmen geachtet. ESRS S4.BC29(d) geht davon aus, dass umfangreichere Angabepflichten auch den Erstellern helfen, da sie damit auf die steigende Nachfrage nach Nachhaltigkeitsinformationen einfacher reagieren können, indem sie ein kohärentes System von Angaben bereitstellen, das das Risiko von mehrfachen Anfragen nach Informationen in unterschiedlichen Formaten reduziert.

Die EU zielt mit der CSRD darauf ab, auf internationalen Initiativen zur Nachhaltigkeitsberichterstattung aufzubauen und zu diesen beizutragen. Daher wurden die Berichtsrahmen und -standards der Global Reporting Initiative (GRI), des Climate Disclosure Standards Board (CDSB, jetzt konsolidiert im ISSB), des Sustainability Accounting Standards Board (SASB), des International Integrated Reporting Council (IIRC) und des Berichtsrahmens für die UN-Leitprinzipien, soweit relevant, in ESRS S4 berücksichtigt (ESRS S4.BC30). **21**

In ESRS S4.BC31 findet sich die in Tab. 2 (aktualisiert) wiedergegebene Übersicht mit konkreten Querverweisen zwischen den Anforderungen des Standards und den Anforderungen der CSRD, der OECD-Leitsätze (es wurde auf die 2023er Fassung aktualisiert) und der UN-Leitprinzipien sowie anderer Berichtsrahmen.

ESRS	Erforderlich für	Erforderlich für SFDR Wichtigste nachteilige Auswirkungen	Erforderlich durch die Benchmark-VO	Verweise auf OECD-Leitsätze und UN-Leitprinzipien	Verweise auf andere Berichtsrahmen
ESRS 2 SBM-2 (Rz 33 ff.)	Art. 19a Abs. 2 Buchst. a) iv)			UNGP 18 OECD (2023) II-A-15 (Rz 46)	GRI 2-29 und GRI 3-3-f CDSB Berichtspflicht 2 und 3 UNGP-Berichtsrahmen C2 (Rz 46)
ESRS 2 SBM-3 (Rz 39 ff.)	Art. 19a Abs. 1 Art. 19a Abs. 2 Buchst. a) ii) und iv) Art. 19a Abs. 2 Buchst. f) ii) Art. 19a Abs. 2 Buchst. g)			UNGP 18, 21 und 24 (Rz 46) OECD (2023) IV-50 (Rz 46)	GRI 2-22, GRI 3-3 und GRI 3-2 (Rz 46) UNGP-Berichtsrahmen A2 und B1 IR 4.25 CDSB Berichtspflicht Anforderungen 1 und 3 SASB CG-AA-430b.3 und CG-AA-440a.3 (Rz 46)

ESRS	Erforderlich für	Erforderlich für SFDR Wichtigste nachteilige Auswirkungen	Erforderlich durch die Benchmark-VO	Verweise auf OECD-Leitsätze und UN-Leitprinzipien	Verweise auf andere Berichtsrahmen
ESRS S4-1 (Rz 48 ff.)	Art. 19a Abs. 2 Buchst. d)	Obligatorischer Indikator Nr. 10 Anhang 1 Tab. 1 Obligatorischer Indikator Nr. 11 Anhang 1 Tab. 1 Zusätzlicher Indikator Nr. 9 Anhang 1 Tab. 3	Delegierte Verordnung (EU) 2020/1816, Anhang II Delegierte Verordnung (EU) 2020/1818, Art. 12 Abs. 1	UNGP 15 und 16 OECD (2023) IV-4 und IV-49 (Erläuterungen) (Rz 52)	GRI 2-23 und GRI 3-3 (Rz 55) UNGP Berichtsrahmen A1, A1.3 und C1 (Rz 56) CDSB Berichtspflicht 2 (Rz 60) UN Global Compact Prinzipien 1 und 2 (Rz 51)

ESRS	Erforderlich für	Erforderlich für SFDR Wichtigste nachteilige Auswirkungen	Erforderlich durch die Benchmark-VO	Verweise auf OECD-Leitsätze und UN-Leitprinzipien	Verweise auf andere Berichtsrahmen
ESRS S4-2 (Rz 65 ff.)	Art. 19a Abs. 2 Buchst. f) i)			UNGP 18 OECD (2023) II-A-15 (Rz 70)	GRI 2-29 und GRI 3-3-f (Rz 71) UNGP Berichtsrahmen C2 (Rz 72) CDSB Berichtspflicht 2 und 3 (Rz 73)
ESRS S4-3 (Rz 75 ff.)	Art. 19a Abs. 2 Buchst. f) iii)			UNGP 29, 30 und 31 OECD (2023) IV-6 (Rz 77 ff.)	GRI 2-25 (Rz 77ff.) UNGP Berichtsrahmen C6.2 (Rz 90)

ESRS	Erforderlich für	Erforderlich für SFDR Wichtigste nachteilige Auswirkungen	Erforderlich durch die Benchmark-VO	Verweise auf OECD-Leitsätze und UN-Leitprinzipien	Verweise auf andere Berichtsrahmen
ESRS S4-4 (Rz 94 ff.)	Art. 19a Abs. 2 Buchst. f) iii) und g)	Zusätzlicher Indikator Nr. 14 Anhang 1 Tab. 3		UNGP 19, 20 und 22 (Rz 95 ff.) OECD (2023) II-A und IV OECD (2023) III-1 und 2 OECD (2023) DD II 3.1 (Rz 100 ff.)	GRI 3-3-a, d und e (Rz 104) CDSB Berichtspflicht 2 (Rz 98) UNGP Auslegungsleitfaden III B (Rz 110) UNGP Berichtsrahmen C4.3, C5 und C6.5 (Rz 118) GRI 3-3-a/ UN Global Compact/ GRI Schritt 3.1 (Rz 104) SASB CG-AM-250a.2 (Rz 112)

ESRS	Erforderlich für	Erforderlich für SFDR Wichtigste nachteilige Auswirkungen	Erforderlich durch die Benchmark-VO	Verweise auf OECD-Leitsätze und UN-Leitprinzipien	Verweise auf andere Berichtsrahmen
ESRS S4-5 (Rz 123 ff.)	Art. 19a Abs. 2 Buchst. b)			UNGP 20 OECD (2023) VI-1 (Rz 125)	GRI 3-3-e und f (Rz 126 ff.) CDSB Berichtspflicht 2 (Rz 133)

Tab. 2: Anforderungen des ESRS S4 im Vergleich mit CSRD, SFDR, OECD-Leitsätzen (2023) und UN-Leitprinzipien sowie anderen Berichtsrahmen (ESRS S4.BC31)

1.3 Datenpunkte aus anderen EU-Rechtsakten

ESRS S4 ist vorbehaltlich der Ergebnisse der vom berichtspflichtigen Unternehmen durchzuführenden Wesentlichkeitsanalyse in ESRS 2 anzuwenden (ESRS S4.5). Allerdings werden einige der im Standard vorgesehenen und unter dem Wesentlichkeitsvorbehalt stehenden Datenpunkte nach anderen EU-Rechtsakten für jeweils dort bestimmte Unternehmen vorgeschrieben. Nach der Aufstellung in ESRS 2, App. B betrifft dies die in Tab. 3 dargestellten Datenpunkte:

22

Angabepflicht und zugehöriger Datenpunkt	SFDR-Referenz	Säule-3-Referenz	Referenz der Benchmark-VO	EU-Klimagesetz-Referenz
ESRS S4-1 Konzepte im Zusammenhang mit Verbrauchern und Endnutzern (ESRS S4.16; Rz 24, 51)	Indikator Nr. 9 Anhang 1 Tab. 3 und Indikator Nr. 11 Anhang 1 Tab. 1			
ESRS S4-1 Nichteinhaltung der UN-Leitprinzipien für Wirtschaft und Menschenrechte und der OECD-Leitlinien (ESRS S4.17; Rz 57)	Indikator Nr. 10 Anhang 1 Tab. 1		Delegierte Verordnung (EU) 2020/1816, Anhang II Delegierte Verordnung (EU) 2020/1818, Art. 12 Abs. 1	
ESRS S4-4 Probleme und Vorfälle im Zusammenhang mit Menschenrechten (ESRS S4.35; Rz 110)	Indikator Nr. 14 Anhang 1 Tab. 3			

Tab. 3: Verbindung der Angabepflichten in ESRS S4 mit Angabepflichten anderer europäischer Rechtsakte (ESRS 2, App. B)

23   Die meisten Überschneidungen ergeben sich mit der zunächst scheinbar nur für den Finanzdienstleistungssektor relevanten **Sustainable Finance Disclosure Regulation** (SFDR), die auch an Nicht-Finanzunternehmen direkt konkrete Angabeanforderungen stellt und indirekt eine enorme Ausstrahlungswirkung zeigt, da die Finanzinstitute ihrerseits zur Erfüllung ihrer Angabepflichten ihre eigenen Geschäftspartner mit Anforderungen überziehen. Dies ist im Kern auch das Ziel der Regulierung – durch die Regulierung der Finanzinstitute die Transformation zu einer nachhaltigeren Wirtschaft zu erreichen. So müssen die Unternehmen nach der EU-Taxonomie die in den delegierten Verordnungen zu Klima und Umwelt (eine Sozialtaxonomie liegt bislang nur als Entwurf vor) festgelegten Angabepflichten zum Anteil des taxonomiekonformen und taxonomiefähigen Anteils an Umsatz, Investitionen und Aufwand erfüllen, wobei Anforderungen an den Mindestschutz bei der Klassifikation beachtet werden müssen. Mit dem Mindestschutz ist die Beachtung der OECD-Leitsätze und der UN-Leitprinzipien, einschl. der Grundsätze und Rechte, die in der Internationalen Menschenrechtskonvention festgelegt sind, gemeint. I. R. d. SFDR haben die Europäischen Aufsichtsbehörden (European Supervisory Authorities, ESA) technische Regulierungsstandards (RTS) entwickelt, die sich an den Mindestanforderungen der EU-Taxonomie-Verordnung und dem Grundsatz „Do No Significant Harm" orientieren sollen. Die RTS enthalten Vorlagen für vorvertragliche und regelmäßige Produktangaben, die Informationen darüber enthalten, ob die nachhaltige Anlage mit den OECD-Leitsätzen und dem UN Global Compact sowie den Grundsätzen und Rechten, die in den UN-Leitprinzipien, den acht wichtigsten IAO-Übereinkommen und der Internationalen Menschenrechtskonvention festgelegt sind, übereinstimmt (ESRS S4.BC21).

Praxis-Hinweis

Die acht wichtigsten IAO-Übereinkommen lauten wie folgt:
1. das Verbot der Beschäftigung eines Kindes unter dem Alter, mit dem nach dem Recht des Beschäftigungsorts die Schulpflicht endet, wobei das Beschäftigungsalter 15 Jahre nicht unterschreiten darf; dies gilt nicht, wenn das Recht des Beschäftigungsorts hiervon in Übereinstimmung mit Art. 2 Abs. 4 sowie den Art. 4–8 des Übereinkommens Nr. 138 der Internationalen Arbeitsorganisation vom 26. Juni 1973 über das Mindestalter für die Zulassung zur Beschäftigung (BGBl. 1976 II, S. 201 f.) abweicht;
2. das Verbot der schlimmsten Formen der Kinderarbeit für Kinder unter 18 Jahren; dies umfasst gem. Art. 3 des Übereinkommens Nr. 182 der Internationalen Arbeitsorganisation vom 17. Juni 1999 über das Verbot und unverzügliche Maßnahmen zur Beseitigung der schlimmsten Formen der Kinderarbeit (BGBl. 2001 II, S. 1290 f.):
   a) alle Formen der Sklaverei oder alle sklavereiähnlichen Praktiken, wie den Verkauf von Kindern und den Kinderhandel, Schuldknechtschaft

---

und Leibeigenschaft sowie Zwangs- oder Pflichtarbeit, einschl. der Zwangs- oder Pflichtrekrutierung von Kindern für den Einsatz in bewaffneten Konflikten,

b) das Heranziehen, Vermitteln oder Anbieten eines Kindes zur Prostitution, zur Herstellung von Pornographie oder zu pornographischen Darbietungen,

c) das Heranziehen, Vermitteln oder Anbieten eines Kindes zu unerlaubten Tätigkeiten, insbes. zur Gewinnung von und zum Handel mit Drogen,

d) Arbeit, die ihrer Natur nach oder aufgrund der Umstände, unter denen sie verrichtet wird, voraussichtlich für die Gesundheit, die Sicherheit oder die Sittlichkeit von Kindern schädlich ist;

3. das Verbot der Beschäftigung von Personen in Zwangsarbeit; dies umfasst jede Arbeitsleistung oder Dienstleistung, die von einer Person unter Androhung von Strafe verlangt wird und für die sie sich nicht freiwillig zur Verfügung gestellt hat, etwa infolge von Schuldknechtschaft oder Menschenhandel; ausgenommen von der Zwangsarbeit sind Arbeits- oder Dienstleistungen, die mit Art. 2 Abs. 2 des Übereinkommens Nr. 29 der Internationalen Arbeitsorganisation vom 28. Juni 1930 über Zwangs- oder Pflichtarbeit (BGBl. 1956 II, S. 640f.) oder mit Art. 8 Buchst. b und c des Internationen Pakts vom 19.12.1966 über bürgerliche und politische Rechte (BGBl. 1973 II, S. 1533f.) vereinbar sind;

4. das Verbot aller Formen der Sklaverei, sklavenähnlicher Praktiken, Leibeigenschaft oder anderer Formen von Herrschaftsausübung oder Unterdrückung im Umfeld der Arbeitsstätte, etwa durch extreme wirtschaftliche oder sexuelle Ausbeutung und Erniedrigungen;

5. das Verbot der Missachtung der nach dem Recht des Beschäftigungsorts geltenden Pflichten des Arbeitsschutzes, wenn hierdurch die Gefahr von Unfällen bei der Arbeit oder arbeitsbedingte Gesundheitsgefahren entstehen, insbes. durch:

a) offensichtlich ungenügende Sicherheitsstandards bei der Bereitstellung und der Instandhaltung der Arbeitsstätte, des Arbeitsplatzes und der Arbeitsmittel,

b) das Fehlen geeigneter Schutzmaßnahmen, um Einwirkungen durch chemische, physikalische oder biologische Stoffe zu vermeiden,

c) das Fehlen von Maßnahmen zur Verhinderung übermäßiger körperlicher und geistiger Ermüdung, insbes. durch eine ungeeignete Arbeitsorganisation in Bezug auf Arbeitszeiten und Ruhepausen oder

d) die ungenügende Ausbildung und Unterweisung von Beschäftigten;

6. das Verbot der Missachtung der Koalitionsfreiheit, nach der

a) Arbeitnehmer sich frei zu Gewerkschaften zusammenzuschließen oder diesen beitreten können,

> b) die Gründung, der Beitritt und die Mitgliedschaft zu einer Gewerkschaft nicht als Grund für ungerechtfertigte Diskriminierungen oder Vergeltungsmaßnahmen genutzt werden dürfen,
> c) Gewerkschaften sich frei und in Übereinstimmung mit dem Recht des Beschäftigungsorts betätigen dürfen; dieses umfasst das Streikrecht und das Recht auf Kollektivverhandlungen;
> 7. das Verbot der Ungleichbehandlung in Beschäftigung, etwa aufgrund von nationaler und ethnischer Abstammung, sozialer Herkunft, Gesundheitsstatus, Behinderung, sexueller Orientierung, Alter, Geschlecht, politischer Meinung, Religion oder Weltanschauung, sofern diese nicht in den Erfordernissen der Beschäftigung begründet ist; eine Ungleichbehandlung umfasst insbes. die Zahlung ungleichen Entgelts für gleichwertige Arbeit;
> 8. das Verbot des Vorenthaltens eines angemessenen Lohns; der angemessene Lohn ist mind. der nach dem anwendbaren Recht festgelegte Mindestlohn und bemisst sich ansonsten nach dem Recht des Beschäftigungsorts (vgl. § 2 Abs. 2 LkSG).

Es fehlt der Verweis auf die erst kürzlich erweiterten Aspekte zur Gesundheit und Sicherheit der Beschäftigten; dies mag daran liegen, dass die Verweise auf die genannten internationalen Standards, die zum Zeitpunkt des Inkrafttretens der Taxonomie-Verordnung 2020 galten und hier wiederholt werden, statisch zu interpretieren sind. Dynamische Verweise dürfen nur auf andere EU-Regulierungen erfolgen.[34] Dies betrifft auch die Aktualisierung der OECD-Leitsätze für multinationale Unternehmen im Jahr 2023 – die EU-Regulierung erfolgte früher, so dass juristisch gesehen die Aktualisierungen nicht beachtet werden müssen. Inhaltlich erscheint es aber sinnvoll, die aktualisierte Fassung[35] der Unternehmensführung zugrunde zu legen. Bereits bei der Anwendung des Mindestschutzes bei der Taxonomie-Verordnung wurden zwar die OECD-Leitsätze der Bereiche Besteuerung und fairer Wettbewerb übernommen, nicht aber Umwelt und Wissenschaft/Technologie.

24 Nach ESRS S4.BC22 wurde bei der Ausarbeitung der Standards darauf geachtet, dass **alle SFDR-Indikatoren** für die wichtigsten negativen Auswirkungen (*Principal Adverse Impact*, PAI) **von den aufgeführten Angabepflichten erfasst** werden. Der gewählte Ansatz bestand darin, die Indikatoren, wo immer dies möglich war, direkt zu implementieren oder andernfalls sicherzustellen, dass die von den Finanzmarktteilnehmern benötigten Informationen leicht identifiziert und in den Standards gefunden werden können. Mit der finalen Fassung wurden die Angabepflichten unter den Wesentlichkeitsvorbehalt gestellt und statt der

---

34 Vgl. Lorenzen, in Fellenberg/Kment, Taxonomie-VO, 1. Aufl., 2024, Art. 18, Rz. 12 m. w. N.
35 OECD, OECD-Leitsätze für multinationale Unternehmen zu verantwortungsvollem unternehmerischem Handeln, 2023.

Pflichtangabe nun teilw. qualifizierte Angaben bei Unwesentlichkeit gefordert (ESRS 2.54 ff.), was zu unnötigen Brüchen in der Regulierung führt, zumindest für Unternehmen, die auf die verpflichteten Finanzinstitute angewiesen sind – sei es als Investitionsobjekte oder (aufgrund der indirekten Ausstrahlung) als Kreditnehmer (→ § 1 Rz 65).

So wird in ESRS 2, App. B – bei den in Tab. 3 dargestellten Datenpunkten – Bezug auf den RTS Delegierte Verordnung 2022/1288[36] zur Ergänzung der Verordnung (EU) 2019/2088 – also der SFDR – genommen:
- ESRS S4-1 (ESRS S4.16): Konzepte im Zusammenhang mit Verbrauchern und Endnutzern
  - Indikator Nr. 9 Anhang 1 Tab. 3 der Delegierten Verordnung 2022/1288: „Fehlende Menschenrechtspolitik" mit der Messgröße „Anteil der Investitionen in Unternehmen ohne Menschenrechtspolitik".
  - Indikator Nr. 11 Anhang 1 Tab. 1 der Delegierten Verordnung 2022/1288: „Fehlende Prozesse und Compliance-Mechanismen zur Überwachung der Einhaltung der UNGC-Grundsätze und der OECD-Leitsätze für multinationale Unternehmen" mit der Messgröße „Anteil der Investitionen in Unternehmen, in die investiert wird, die keine Richtlinien zur Überwachung der Einhaltung der UNGC-Grundsätze und der OECD-Leitsätze für multinationale Unternehmen oder keine Verfahren zur Bearbeitung von Beschwerden wegen Verstößen gegen die UNGC-Grundsätze und OECD-Leitsätze für multinationale Unternehmen eingerichtet haben".
- ESRS S4-1 (ESRS S4.17): Nichteinhaltung der UN-Leitprinzipien für Wirtschaft und Menschenrechte und der OECD-Leitlinien
  - Indikator Nr. 10 Anhang 1 Tab. 1 der Delegierten Verordnung 2022/1288: „Verstöße gegen die UNGC-Grundsätze und gegen die Leitsätze der Organisation für wirtschaftliche Zusammenarbeit und Entwicklung (OECD) für multinationale Unternehmen" mit der Messgröße „Anteil der Investitionen in Unternehmen, in die investiert wird, die an Verstößen gegen die UNGC-Grundsätze oder gegen die OECD-Leitsätze für multinationale Unternehmen beteiligt waren".
- ESRS S4-4 (ESRS S4.35): Probleme und Vorfälle im Zusammenhang mit Menschenrechten
  - Indikator Nr. 14 Anhang 1 Tab. 3 der Delegierten Verordnung 2022/1288: „Anzahl der Fälle von schwerwiegenden Menschenrechtsverletzungen und sonstigen Vorfällen" mit der Messgröße „Gewichteter Durchschnitt der Fälle von schwerwiegenden Menschenrechtsverletzungen und sonstigen Vorfällen im Zusammenhang mit Unternehmen, in die investiert wird".

---

[36] Delegierte Verordnung (EU) 2022/1288, ABl. EU v. 25.7.2022, L 196/1 ff.

ESRS S4 legt keine Leitlinien zur Lösung möglicher Anwendungs- und Auslegungsfragen fest. Bei der Erstellung der erforderlichen Informationen, die es den Finanzmarktteilnehmern ermöglichen sollen, ihren SFDR-bezogenen Berichtspflichten nachzukommen, können für eine Teilmenge der Indikatoren durchaus erhebliche Anwendungs- und Auslegungsfragen auftauchen.

Auffällig ist, dass auf die weiteren beschriebenen Angabepflichten nach der SFDR, wie insbes. die „Fehlende Sorgfaltspflicht" (Indikator Nr. 10 Anhang 1 Tab. 3 der Delegierten Verordnung 2022/1288), in ESRS S4 kein Bezug genommen wird. Ggf. kommt dies noch in einer späteren Überarbeitung im Zusammenhang mit der Umsetzung der Sorgfaltspflichtenrichtlinie (CSDDD). Auch der Bereich in Bezug auf die Bekämpfung von Korruption und Bestechung, der durchaus auch im Zusammenhang mit Verbrauchern und Endnutzern gesehen werden kann, wird bisher nicht verlinkt.

25 Darüber hinaus verweist ESRS S4.BC19 darauf, dass insbes. die Verbraucheraspekte des ESRS S4 an die Gesamtstruktur und den Aufbau der **ISO-Norm 26000** zur sozialen Verantwortung mit der Reihe von Klauseln, die Kernthemen der sozialen Verantwortung behandeln, angelehnt wurden.

26 Auch die Regulierung für Investmentfonds, die u.a. mit dem Ziel erfolgte, klare, langfristige Signale für Investoren zu setzen, damit „verlorene" Vermögenswerte vermieden und nachhaltige Finanzmittel mobilisiert werden, verlangt eine klare Benennung von Nachhaltigkeitsangaben. Die Verordnung (EU) 2016/1011[37] schreibt vor, dass sog. Referenzwert-Administratoren in der Referenzwert-Erklärung erläutern müssen, wie Umwelt-, Sozial- und Governance- (ESG-)Faktoren in den einzelnen zur Verfügung gestellten und veröffentlichten Referenzwerten oder Referenzwert-Familien berücksichtigt werden. Ein Administrator ist die natürliche oder juristische Person, die die Kontrolle über die Bereitstellung eines Referenzwerts ausübt und die insbes. die Mechanismen für die Bestimmung eines Referenzwerts verwaltet, die Eingabedaten erhebt und auswertet, den Referenzwert bestimmt und den Referenzwert veröffentlicht.[38] Um die Referenzwert-Administratoren bei der geforderten **Offenlegung von ESG-Faktoren**, die die Verordnung (EU) 2020/1816[39] fordert,[40] zu unterstützen, berücksichtigt ESRS S4 auch die Offenlegung von Referenzwert-Erklärungen mit ESG-Faktoren (ESRS S4.BC23).

27 Die Berichterstattung nach ESRS S4 fußt auf der auch von der EU als verbindlich akzeptierten **Allgemeinen Erklärung der Menschenrechte** (AEMR) der UN[41],

---

[37] Referenzwerte-Verordnung – (EU) 2016/1011, ABl. EU v. 29.6.2016, L 171/1 ff.
[38] Vgl. Erwägungsgrund 16, Delegierte Verordnung (EU) 2016/1011, ABl. EU v. 29.6.2016, L 171/4.
[39] Delegierte Verordnung (EU) 2020/1816, ABl. EU v. 3.12.2020, L 406/1 ff.
[40] Vgl. die Muster der ESG-Faktoren in der Referenz-Erklärung in den Anhängen der Delegierten Verordnung (EU) 2020/1816, ABl. EU v. 3.12.2020, L 406/4 ff.
[41] UN, Allgemeine Erklärung der Menschenrechte, 1948, www.un.org/depts/german/menschen rechte/aemr.pdf, Abruf 1.8.2024.

weshalb auch viele der geforderten Datenpunkte auf diese Vorgabe zurückzuführen sind. Die AEMR benennt eine Reihe von Menschenrechten, die im Internationalen Pakt über bürgerliche und politische Rechte und im Internationalen Pakt über wirtschaftliche, soziale und kulturelle Rechte weiter ausgearbeitet werden. Zusammengenommen bilden diese Instrumente die **Internationale Charta der Menschenrechte** (International Bill of Human Rights). Zu den Menschenrechten in der AEMR, die speziell für Verbraucher und Endnutzer relevant und explizit auch in den Angabepflichten von ESRS S4 aufgenommen sind, gehören das Recht auf Nichtdiskriminierung, die Sicherheit der Person, die Privatsphäre, das Recht auf einen angemessenen Lebensstandard und die Meinungsfreiheit (ESRS S4.BC24). Konkret werden im Internationalen Pakt über wirtschaftliche, soziale und kulturelle Rechte die Rechte auf Nichtdiskriminierung, das Recht auf einen angemessenen Lebensstandard und das Recht auf das höchste erreichbare Maß an Gesundheit weiter ausgeführt (ESRS S4.BC25).

Somit stehen die Angabepflichten des ESRS S4 für Verbraucher und Endnutzer im Einklang mit den einschlägigen Bestimmungen dieser internationalen Instrumente, wie sie in der CSRD festgelegt sind (ESRS S4.BC26). Sie berücksichtigen auch die von den Europäischen Aufsichtsbehörden (ESA) entwickelten RTS, die für die Auswirkungen von Risiken und Chancen in Bezug auf Verbraucher und Endnutzer relevant sind. Die Angaben zu ESRS S4 zielen darauf ab, die Informationen bereitzustellen, die erforderlich sind, um die Anforderungen der RTS-Angaben zu erfüllen. Durch ihre Angleichung an die UN-Leitprinzipien und die OECD-Leitsätze i. A. bieten sie auch einen Kontext, der Anlegern (und anderen Nutzern der Nachhaltigkeitsberichterstattung) bei der angemessenen Interpretation dieser Angabepflichten helfen kann. Es bleiben aber Lücken bzgl. der Berichterstattung zu kartellrechtlichen Verfahren/fairem Wettbewerb, Besteuerung (die ggf. durch andere Arten von Berichterstattung kompensiert werden, wie der Ertragsteuerinformationsbericht[42]) und Wissenschaft/Technologie, die durchaus Auswirkungen auf Verbraucher und Endnutzer haben können.

1.4 *Phase-in*-Regelungen

Unternehmen oder Konzerne, die an ihren Bilanzstichtagen die durchschnittliche Zahl von 750 Mitarbeitenden während des Geschäftsjahrs (ggf. auf konsolidierter Basis) nicht überschreiten, können die gesamten in den Angabepflichten von ESRS S4 genannten Informationen für die ersten zwei Jahre ihrer Erstellung unterlassen (ESRS 1, App. C; → § 3 Rz 182 ff.). Damit werden die Angabepflichten für bestimmte große nichtkapitalmarktorientierte Kapitalgesellschaften statt

---

[42] Vgl. Müller/Müller, in Kußmaul/Müller (Hrsg.), Handbuch der Bilanzierung, Zahlungsbericht und Ertragsteuerinformationsbericht: länderbezogene Berichterstattung, Rz 43 ff., Stand: 19.7.2023.

für das Berichtsjahr 2025[43] erst ab dem Berichtsjahr 2027 relevant. Allerdings ist dies insoweit einzuschränken, als die notwendige Betrachtung der Wertschöpfungskette[44] dazu führen dürfte, dass größere Unternehmen, Banken oder Versicherungen, die bereits der kompletten Berichterstattungspflicht nach der CSRD,[45] dem nationalen Lieferkettensorgfaltspflichtengesetz (LkSG)[46] bzw. der EU-Sorgfaltspflichtenrichtlinie (CSDDD) ab 2028[47] oder der noch umzusetzenden EU-Sozialtaxonomie unterliegen, Informationsansprüche gegenüber diesen kleineren Unternehmen erheben könnten und diese möglicherweise auf vertragsrechtlicher Basis durchzusetzen versuchen werden.[48] Allerdings erlaubt die Erleichterungsregelung nach ESRS 1.69 auch die Schätzung von Daten der Wertschöpfungskette, wenn diese anders nicht zu bekommen sind (→ § 3 Rz 129). Dabei ist auf angemessene und belastbare Informationen, z. B. Sektordurchschnittsdaten und andere Näherungswerte, zurückzugreifen.

30   Da die ESRS die CSRD auslegen und mit der CSRD eine Änderung bzw. Ergänzung der Bilanz-RL 2013/34/EU[49] erfolgt ist, ist bei der Berechnung auf die dortige Vorgehensweise zurückzugreifen. Dieser Berechnung folgend sind zur Ermittlung der maßgeblichen **Zahl der Arbeitnehmer** die im Ausland beschäftigten Arbeitnehmer einzubeziehen, sofern ein Arbeitsverhältnis mit der Gesellschaft besteht (so z. B. umgesetzt in § 267 Abs. 5 HGB). Demgegenüber gehen Mitarbeitende während ihrer Berufsausbildung nicht in die Ermittlung der Arbeitnehmerzahl ein. Teilzeitbeschäftigte, Heim- oder Kurzarbeiter sowie Schwerbehinderte, unselbstständige Handelsvertreter, geringfügig Beschäftigte und zum Reservistendienst kurzfristig freigestellte Arbeitnehmer sind vollständig zu berücksichtigen. Die Einbeziehung der Arbeitnehmer erfolgt daher jeweils unabhängig von den geleisteten Arbeitsstunden, d. h., eine Umrechnung von Teilzeitbeschäftigten in Vollzeitäquivalente ist nicht vorzunehmen.[50] Zur Ermittlung der geforderten durchschnittlichen Arbeitnehmerzahl ist der Jahresdurchschnitt als einfaches arithmetisches Mittel zu berechnen. Hierzu bestimmt § 267 Abs. 5 HGB auf Basis der Bilanz-RL, dass die Arbeitnehmeranzahl an den Stichtagen 31.3., 30.6., 30.9. und 31.12. als Grundlage für die Durchschnittsbildung dient. Dieses Verfahren gilt auch dann, wenn ein Rumpfgeschäftsjahr vorliegt. Da ein solches i. d. R. weniger als vier Stichtage umfasst, müssen noch fehlende Stichtage vor Beginn des Rumpfgeschäftsjahrs

---

43 Vgl. Needham/Warnke/Müller, Stbg 2023, S. 184 ff.
44 Vgl. Warnke/Müller, IRZ 2022, S. 283 ff.
45 Vgl. Baumüller/Müller/Scheid, StuB 2022, S. 581 ff.; Müller/Needham/Warnke, BB 2022, S. 1899 ff.
46 Vgl. Müller/Baumüller/Scheid, StuB 2022, S. 923 ff.
47 Vgl. Baumüller/Müller/Scheid, StuB 2024, S. 349 ff.
48 Vgl. Müller/Adler/Duscher, DB 2023, S. 242 ff.
49 Bilanz-RL – 2013/34/EU, ABl. EU v. 29.6.2013, L 182/19 ff.
50 Vgl. z. B. Kliem/Lawall, in Beck Bil-Komm., 14. Aufl., 2024, § 267 HGB, Rz 11 f.; Knop/Küting, in Küting/Weber, HdR-E, § 267 HGB, Rn 15, Stand: 09/2023.

berücksichtigt werden. Sollte das erste Rumpfgeschäftsjahr kein Quartalsende haben, ist auf die Arbeitnehmerzahl am Bilanzstichtag abzustellen.[51]

Die *Phase-in*-Regelung können Teil der Rechnungslegungspolitik sein, weshalb deren Nutzung kritisch überdacht werden sollte.[52]

Wenn Informationen zu ESRS S4 aufgrund der Übergangsbestimmungen weggelassen werden, ist das Unternehmen dennoch verpflichtet, das Thema in den Umfang der Wesentlichkeitsbewertung einzubeziehen. Wenn ein Thema bzgl. Verbraucher und Endnutzer jedoch dann als wesentlich eingestuft wird, müssen „De-minimis"-Angaben gemeldet werden, die das betreffende wesentliche Thema abdecken, aber die Regelungen des ESRS S4 sind nicht weiter zu beachten (ESRS 2.17).[53]

Weitere Übergangserleichterungen bestehen nicht, so dass die übrigen Unternehmen ab dem jeweiligen Erstberichtsjahr die kompletten Angaben in die Wesentlichkeitsanalyse einzubeziehen und ggf. zu berichten haben.   31

2 Angabepflichten

2.1 ESRS 2 – Allgemeine Angabepflichten

ESRS S4.7 verweist auf die allgemeinen Angabeanforderungen des ESRS 2,   32
insbes. zum Abschnitt über die Strategie (SBM) und die dort geforderten Angaben. Gerade in der Übergangsphase und bei der Wesentlichkeitsbetrachtung ist daher zu beachten, dass die Angaben nach ESRS 2 nicht den Wesentlichkeitsbeschränkungen unterliegen und daher stets notwendig sind. Zudem unterliegen sie nicht der Übergangserleichterung. Dagegen sind die direkt in ESRS S4 geforderten Angaben der Wesentlichkeitsbetrachtung zu unterwerfen, wobei jedoch der Zirkelbezug zu den Angabepflichten nach ESRS 2 zur Wesentlichkeitsanalyse mit den Angabepflichten IRO-1 zur Beschreibung der Verfahren zur Ermittlung und Bewertung der wesentlichen Auswirkungen, Risiken und Chancen und IRO-2 zu den in den ESRS enthaltenen und von der Nachhaltigkeitserklärung des Unternehmens abgedeckten Angabepflichten zu beachten ist.

Unternehmen mit nicht mehr als 750 Beschäftigten brauchen die Angabepflichten des ESRS S4 erst zwei Jahre nach der Erstverpflichtung zu beachten. Wie auch im Jahresabschluss bedeuten diese Wahlrechte, dass sie einzeln ausgeübt werden dürfen, d.h., es ist stets und auch nur **für Einzelangaben eine freiwillige**

---

[51] Vgl. z.B. Wulf, in Bertram/Kessler/Müller, Haufe HGB Bilanz Kommentar, 14. Aufl., 2023, § 267 HGB, Rz 19ff.

[52] Vgl. Müller/Reinke/Warnke, Müller, PiR 2024, S. 160ff.

[53] Vgl. die nochmalige Bestätigung von EFRAG, ESRS Q&A Platform, Compilation of Explanations, Januar–Juli 2024, Frage 58, S. 58ff.

Berichterstattung möglich. U. E. dürfte im Kontext der Nachhaltigkeitsberichterstattung die etwa bei Offenlegungserleichterungen im Jahresabschluss
diskutierte Frage, ob unter Berufung auf die Interessenslage der Gesellschaft
respektive der Gesellschafter bei Fehlen einer entsprechenden Regelung in den
Statuten der Gesellschaft eine faktische Pflicht zur Inanspruchnahme des Wahlrechts gesehen oder eine solche zumindest für denkbar gehalten wird,[54] weniger
relevant sein. Daher scheidet auch ein Zwang zur Nutzung des vom Verordnungsgeber explizit eingeräumten Wahlrechts u. E. aus. Die Pflicht der Unternehmensführung, zum Wohle des Unternehmens zu handeln, kann eine Pflicht
zum Verzicht der Berichterstattung vor dem Hintergrund der Informationsfunktion des Lageberichts kaum rechtfertigen. Viele in der Praxis zu beobach-
tende freiwillige Verzichte auf die Inanspruchnahme von Aufstellungs- und
Offenlegungserleichterungen[55] sowie schon bislang viele freiwillige Nachhaltigkeitsberichte belegen das Interesse von Unternehmen an einer transparenten
und umfangreicheren Darstellung.

Andersherum ist allerdings auch zu diskutieren, ob das Wahlrecht bei der
Bericht erstellenden Institution liegt oder ob nicht letztlich die Interessen der
Stakeholder an den Informationen höher zu gewichten sind und daher diese die
Angaben, etwa aufgrund einer im Stakeholder-Dialog festgestellten Wesentlichkeit, erzwingen können. Diese Umkehrung der Wahlmöglichkeit ist etwa in
den IFRS verankert, nach denen das Ziel der tatsachengetreuen Darstellung vor
den Interessen der Bericht erstattenden Institutionen geht. Dagegen spricht,
dass der Regulator die Übergangsvorschriften explizit eingeräumt und begründet hat mit der Wirtschaftlichkeit. Ansonsten fehlt – wie in der Bilanz-RL
EU/2013/34 – in der CSRD und den ESRS der allgemeine Verweis auf die
Wirtschaftlichkeit als Berichterstattungsprinzip (die übrigen Prinzipien der
Berichterstattung sind in ESRS 1 analog zum Rahmenkonzept des IASB verfasst; → § 3 Rz 19).[56] In ESRS 1.AR17, ESRS E2.39, ESRS E3.33, ESRS E4.45,
ESRS E5.43 werden punktuell Erleichterungen beschrieben, wenn unangemes-
sene Kosten entstehen könnten. Daher dürften Unternehmen die alleinige
Hoheit über die Anwendung der Übergangserleichterungen haben, ggf. anders
als bei den zahlreichen dauerhaften Wahlangaben in den ESRS.

Fraglich ist, ob das **Wahlrecht in zeitlicher Hinsicht nur stetig** genutzt werden
darf, d. h., wenn eine freiwillige Angabe im ersten Jahr erfolgt, dann auch im
zweiten Jahr die Angabe zu erfolgen hat. Weder in der CSRD noch in den ESRS
wird ein Stetigkeitsgrundsatz für die *Phase-in*-Phase postuliert. Allerdings for-

---

[54] So etwa Grottel, in Beck Bil-Komm., 14. Aufl., 2024, § 326 HGB, Rz 1; ADS, Rechnungslegung
und Prüfung der Unternehmen, 6. Aufl., 1995 ff., § 326 HGB, Rz 10.
[55] Vgl. Otter, in Bertram/Kessler/Müller, Haufe HGB Bilanz Kommentar, 14. Aufl., 2023, § 326
HGB, Rz 1.
[56] Vgl. Müller/Reinke/Warnke, PiR 2024, S. 160 ff.

dert ESRS 1, App. B QC10 die zeitliche und sachliche Stetigkeit der Angaben, die ein Unternehmen in seiner Nachhaltigkeitsberichterstattung tätigt vor dem Hintergrund der damit besseren Vergleichbarkeit. Während die Bilanz-RL für den Lagebericht keine Stetigkeit der Angaben verlangt, wird in DRS 20.26 der Stetigkeitsgrundsatz für die Lageberichterstattung auf Basis einer Rechnungslegungsempfehlung, die bei Einhaltung die Beachtung der GoB für die Konzernlageberichterstattung vermuten lässt (§ 342q Abs. 2 HGB), für Inhalt und Form des Konzernlageberichts gefordert. U.E. handelt es sich bei der *Phase-in*-Phase jedoch um die Erleichterung der Berichterstattung für die Unternehmen, weshalb die (zeitliche) Stetigkeit der Nutzung der Wahlrechte zwar zu empfehlen ist, aber nicht gefordert werden kann – ESRS 1, App.B QC10 bezieht sich auf die üblichen Angaben und nicht auf die Wahlrechtenutzung beim *Phase-in*.

ESRS S4.7 fordert folgerichtig, die sich aus ESRS S4 ergebenden Angaben i.V.m. den Angaben zur Strategie (SBM) des ESRS S2 vorzunehmen und die nötigen Angaben grds. bei den dortigen Angaben zu veröffentlichen – mit Ausnahme von ESRS 2 SBM-3 zu **wesentlichen Auswirkungen, Risiken und Chancen und ihrer Wechselwirkung mit der Strategie und dem/den Geschäftsmodell(en)**. Für ESRS 2 SBM-3 hat das Unternehmen die Möglichkeit, die Angaben bei den thematischen Angaben nach ESRS S4 zu machen (ESRS S4.7).

2.2 Strategie

2.2.1 ESRS 2 SBM-2 – Interessen und Standpunkte der Stakeholder

Die Verbraucher und/oder Endnutzer sind eine wichtige Gruppe der vom Unternehmen betroffenen **Stakeholder**. Nach der delegierten Verordnung ist es daher notwendig, bei der Beantwortung von ESRS 2 SBM-2 (ESRS 2.43) auch offenzulegen, wie die Interessen und Rechte von Verbrauchern und/oder Endnutzern, einschl. der Achtung ihrer Menschenrechte, in die Strategie und das Geschäftsmodell einfließen (ESRS S4.8). Konkret geht es nach ESRS S4.AR3 darum festzustellen und dann auch anzugeben, ob die Strategie und das Geschäftsmodell des berichtspflichtigen Unternehmens eine Rolle bei der Schaffung, Verschärfung oder (umgekehrt) Minderung erheblicher wesentlicher Auswirkungen auf Verbraucher und/oder Endnutzer spielen. Falls ja, wäre auch zu berichten, ob und wie das Geschäftsmodell und die Strategie angepasst werden, um solchen wesentlichen Auswirkungen zu begegnen.

Diese Forderung ergibt sich direkt aus Art. 19a Abs. 2 Buchst. a) iv) der CSRD und steht im Einklang mit den UN-Leitprinzipien und den OECD-Leitsätzen, die beide klarstellen, dass die Unternehmen ihre Sorgfaltspflichten durchgehend durch die Einbeziehung der relevanten Stakeholder, insbes. derjenigen, die möglicherweise nachteilig betroffen sind, erfüllen müssen (ESRS S4.BC33). Konkret verweisen die UN-Leitprinzipien auf die Bedeutung einer sinnvollen

33

Einbeziehung von Stakeholdern bei der Durchführung der menschenrechtlichen Sorgfaltsprüfung (ESRS S4.BC34). So heißt es bspw. im Kommentar zum UN-Leitprinzip 18: Damit Unternehmen ihre menschenrechtlichen Auswirkungen richtig einschätzen können, sollten sie versuchen, die Anliegen potenziell betroffener Stakeholder zu verstehen, indem sie diese direkt konsultieren, und zwar in einer Weise, die sprachliche und andere potenzielle Hindernisse für eine wirksame Einbeziehung berücksichtigt. Ferner heißt es, dass Unternehmen in Situationen, in denen eine solche Konsultation nicht möglich ist, vernünftige Alternativen in Betracht ziehen sollten, wie die Konsultation glaubwürdiger, unabhängiger Experten einschl. Menschenrechtsaktivisten und anderer Personen aus der Zivilgesellschaft.[57] Bei ESRS S4 können als unabhängige Experten z. B. **Verbraucherschutzorganisationen** oder sogar nur deren Berichte herangezogen werden. Der „UN Interpretive Guide to the Corporate Responsibility to Respect Human Rights" definiert Stakeholder-Einbeziehung als einen fortlaufenden Prozess der Interaktion und des Dialogs zwischen einem Unternehmen und seinen potenziell betroffenen Stakeholdern, der es dem Unternehmen ermöglicht, deren Interessen und Bedenken zu hören, zu verstehen und darauf zu reagieren, auch durch kooperative Ansätze.[58]

Analog sieht Abschnitt II-A-15 der OECD-Leitsätze (2023) vor, dass Unternehmen mit den relevanten Stakeholdern in Kontakt treten sollten, um ihnen die Möglichkeit zu geben, ihre Ansichten bei der Planung und Entscheidungsfindung, die sich erheblich auf sie auswirken können, zu berücksichtigen. Der zugehörige Kommentar fügt hinzu, dass die Einbindung von Stakeholdern interaktive Prozesse der Einbindung (z. B. Treffen, Anhörungen oder Konsultationsverfahren) umfasst und dass eine wirksame Einbindung von Stakeholdern durch eine zweiseitige Kommunikation gekennzeichnet ist und vom guten Willen der Teilnehmer auf beiden Seiten abhängt (ESRS S4.BC35).

34   Relevant ist somit ein **Stakeholder-Dialog** (→ § 3 Rz 37, 49). Gerade im Bereich der Verbraucher bzw. Endnutzer ist dies häufig eine ökonomische Notwendigkeit für das Unternehmen, deren Erwartungen und Wünsche zu kennen. Dabei ist zunächst zwischen Kunden und Verbrauchern bzw. Endnutzern zu unterscheiden, da Kunden z. B. auch (Zwischen-)Händler sein können, die wiederum eigene Interessen verfolgen. Allerdings dürfte in der Praxis auch in diesen Fällen eine große Schnittmenge zwischen Kunden und Verbrauchern bzw. Endnutzern vorliegen. Bei vielen Geschäftsmodellen sind Kunden, Verbraucher und Endnutzer identisch. Mit Blick auf die Anforderungen der CSRD

---

57 Vgl. Deutsches Global Compact Netzwerk, Leitprinzipien für Wirtschaft und Menschenrechte, 2. Aufl., 2014, S. 23.
58 Vgl. UN, Interpretive Guide to the Corporate Responsibility to Respect Human Rights, 2012, S. 8, https://digitallibrary.un.org/record/734366/files/HR-PUB-12-2_En.pdf?ln="en", Abruf 1.8.2024.

ab 2024 sollten die diesbzgl. Formulierungen aber noch konkreter und damit prüffähiger werden.

Das Beispiel der Škoda Auto a.s. verdeutlicht den Stakeholder-Dialog, in den neben den verschiedensten Interessengruppen auch die Verbraucher einbezogen werden:

Praxis-Beispiel Škoda[59]

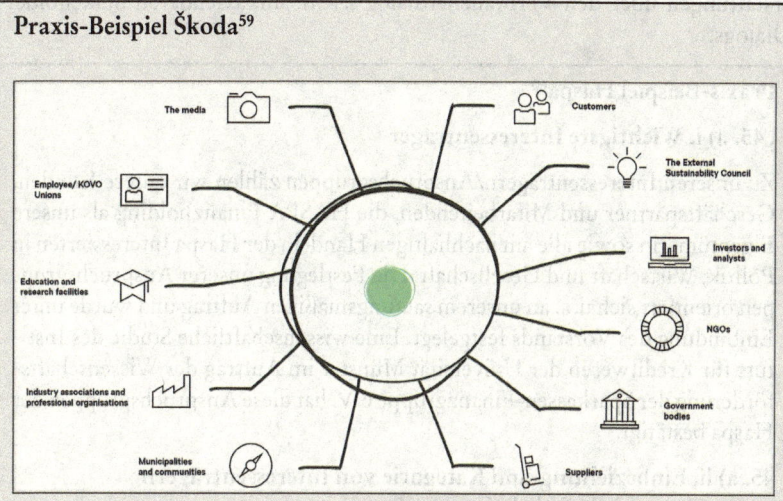

„Die regelmäßige Kommunikation mit den Stakeholdern ist eine Schlüsselaktivität bei Škoda Auto. Sie verschafft dem Unternehmen einen besseren Einblick in die Bedürfnisse und Erwartungen seiner Partner, und ermöglicht es ihm, die Nachhaltigkeitsstrategie und ihre Prioritäten besser festzulegen.

Gleichzeitig kommuniziert das Unternehmen mit externen Stakeholdern wie Kommunen, Behörden, Lieferanten, Kunden, Universitäten und NGOs mit unterschiedlicher Regelmäßigkeit und unter Verwendung verschiedener Kommunikationsmittel.

Die Kommunikationsmethoden werden an die einzelnen Parteien angepasst und umfassen aktive Kommunikation bei einzelnen Treffen und Vertretung in verschiedenen Gremien sowie passive Kommunikation, einschließlich der Veröffentlichung von Berichten zur nachhaltigen Entwicklung, Pressemitteilungen oder der Veröffentlichung von Informationen zur Nachhaltigkeit auf der Website des Unternehmens."

---

[59] Entnommen Škoda Auto a.s., Sustainability Report 2023, S. 24f., eigene Übersetzung aus dem Englischen.

> Ergänzender Hinweis: Darüber hinaus wird mit Blick auf die verpflichtende Einführung der CSRD auch die Überarbeitung und Abstimmung des Stakeholder-Dialogs mit der Volkswagen Group angesprochen.

35 Auch im Bereich der Finanzinstitute gibt es bereits gut dokumentierte Berichterstattungen über den Verbraucherdialog i.R.d. umfassenderen Stakeholder-Dialogs.

Praxis-Beispiel Haspa[60]

„45. a) i. Wichtigste Interessenträger

Zu unseren Interessenträgern/Anspruchsgruppen zählen wir unsere Kunden, Geschäftspartner und Mitarbeitenden, die HASPA Finanzholding als unsere Eigentümerin sowie alle am nachhaltigen Handeln der Haspa Interessierten in Politik, Wirtschaft und Gesellschaft. Die Festlegung unserer Anspruchsgruppen orientiert sich u.a. an unserem satzungsmäßigen Auftrag und wurde unter Einbindung des Vorstands festgelegt. Eine wissenschaftliche Studie des Instituts für Kreditwesen der Universität Münster im Auftrag der Wissenschaftsförderung der Sparkassen-Finanzgruppe e.V. hat diese Anspruchsgruppen der Haspa bestätigt.

45. a) ii. Einbeziehung und Kategorie von Interessenträgern
- Kundenzufriedenheitsbefragungen
- Monitoring der nachhaltigen Anlageberatung
- Mitarbeitendenbefragungen (zweimal im Jahr Messung der Unternehmensenergie; anlassbezogen weitere Befragungen z.B. im Zusammenhang mit dem Umzug in den neuen Standort Deutschlandhaus für die zentralen Bereiche)
- Beiräte und Nachbarschaftsfilialen: Einbeziehung von Kunden und Öffentlichkeit
- Stakeholderbefragungen von Kunden und Mitarbeitenden zu Nachhaltigkeitsthemen: In einer Stakeholderbefragung mit Privatkunden, Firmenkunden und Mitarbeitenden hat die Haspa 2022 die mit der nachhaltigen Transformation verbundenen Bedürfnisse dieser Anspruchsgruppen ermittelt und die Bedeutung einzelner Nachhaltigkeitsthemen beurteilt. Die Ergebnisse fließen auch weiterhin in unsere Arbeit ein.
- Engagement in Nachhaltigkeitsinitiativen

---

[60] Entnommen Haspa, Nachhaltigkeitsbericht 2023, S. 35f.

45. a) iii. Organisation der Einbeziehung

Kundenzufriedenheitsbefragungen: Seit dem Jahr 2020 verwenden wir den Net-Promotor-Score (NPS) zur Messung der Kundenzufriedenheit. Der NPS wird durch regelmäßige Kundenbefragungen (vier Befragungswellen pro Jahr) ermittelt und berechnet sich als Differenz zwischen dem Anteil zufriedener Kunden, welche die Haspa weiterempfehlen würden, und dem Anteil von Kunden, welche die Haspa kritisch beurteilen. Als Teil der NPS-Messungen fragen wir unsere Kunden auch danach, inwieweit die Haspa mit ihrer unternehmerischen Haltung, ihren Produkten und ihren Initiativen zu einer nachhaltigen Entwicklung Hamburgs beiträgt.

Monitoring der nachhaltigen Anlageberatung

Mit Stand 31. Dezember 2023 haben wir seit dem 18. Januar 2021 rund 108.670 Kundinnen und Kunden im Rahmen der Wertpapierberatung gefragt, ob nachhaltige Produkte nach Möglichkeit in der Beratung berücksichtigt werden sollen. Die Antworten zeigen deutlich, dass das Thema Nachhaltigkeit für viele wichtig ist: 37,2 Prozent der befragten Kunden ist die Berücksichtigung von Nachhaltigkeit in der Beratung wichtig. Für 60,7 Prozent der Befragten ist es nicht relevant. Bei 1,9 Prozent soll keine Berücksichtigung erfolgen. 0,2 Prozent machten keine Angaben.

Der Haspa ist es wichtig, für Kunden, für die Nachhaltigkeit einen hohen Stellenwert hat, eine möglichst umfängliche nachhaltige Produktpalette für alle Assetklassen vorhalten zu können, die aktiv in der Beratung mit einer Empfehlung angeboten werden können. Damit Produkte empfohlen werden können, durchlaufen sie einen Produkteinführungs- und Produktgovernanceprozess, der u. a. die Nachhaltigkeitsklassifizierung beinhaltet. Im Einführungsprozess wird die Einstufung nach BVI-Konzept (Verbändekonzept der Deutschen Kreditwirtschaft) geprüft und im Anschluss durch den Produktmanager plausibilisiert und dokumentiert.

[...]

Nachbarschaftsfilialen und Beiräte als Vernetzungsplattform in der Metropolregion Hamburg

Wir führen im Rahmen unserer Geschäftstätigkeit und unseres gesellschaftlichen Engagements sowie durch die Vor-Ort-Aktivitäten und Veranstaltungen unserer Nachbarschaftsfilialen in den Stadtteilen einen Austausch mit unseren Kunden, Geschäftspartnern, der Wirtschaft, den gesellschaftlichen Institutionen sowie den Bürgerinnen und Bürgern in der Region.

Zur Einbindung unserer Anspruchsgruppen gibt es sieben regionale Beiräte. Hinzu kommt ein Zentraler Beirat für die Bereiche Unternehmenskunden,

Immobilienkunden und Private Banking. Gemäß unserer Satzung sollen die Mitglieder der Beiräte über besondere Kenntnisse der örtlichen Verhältnisse bzw. des betreffenden Geschäftsfelds verfügen. Zusätzlich etablieren wir bereits seit dem Jahr 2021 lokale Kundenbeiräte in unseren Filialen, in denen alle wesentlichen Gruppen unmittelbar vor Ort repräsentiert sein sollen.

Stakeholderbefragung

In einer Stakeholderbefragung mit Privatkunden, Firmenkunden und Mitarbeitenden hat die Haspa im Jahr 2022 die mit der nachhaltigen Transformation verbundenen Bedürfnisse dieser Anspruchsgruppenermittelt und die Bedeutung einzelner Nachhaltigkeitsthemen beurteilt. Die Befragung zeigte, dass die Stakeholder sich eine aktivere Rolle der Haspa in der Transformation wünschen. Insbesondere Privatkunden und Mitarbeitende erwarten, dass sich die Haspa für eine nachhaltige und klimaneutrale Transformation in der Region einsetzt und aktiv den Dialog mit ihren Kundinnen und Kunden für die notwendigen Veränderungen und Investitionen sucht. Den Kundinnen und Kunden ist insbesondere ein über das klassische Bankgeschäft hinausgehendes Engagement der Haspa in der Region sowie die Umsetzung eines nachhaltigen Bankbetriebs wichtig. [...]"

Ergänzender Hinweis: Im Weiteren wird noch der Zweck der Einbeziehung, die Berücksichtigung der Ergebnisse und der daraus folgende Ausbau der Nachhaltigkeitsleistung beschrieben.

36   Im Marketing gibt es vielfältige Konzepte, die etwa von Leaduser-Ansätzen bis zu Kundenwertanalysen reichen. Allerdings ist zu bedenken, dass Verbraucher/ Endnutzer bzw. Kunden keine homogenen Meinungen haben dürften. Die Marktforschung vieler Unternehmen ist daher sehr weit in der Klassifikation von Kunden und deren jeweiligen Erwartungen und Wünsche. Gleichwohl gibt es eine Gratwanderung zwischen der durch viele Verbraucherschutzbestimmungen gezogenen Grenze der informatorischen Selbstbestimmung und der Privatsphäre einerseits und dem Interesse des Unternehmens über die Spezifika der (potenziellen) Kunden andererseits. Daher ist die Berichterstattung über den konkreten Umgang des Unternehmens mit diesen Stakeholdern besonders interessant (ESRS S4.BC36), was auch in GRI 2-29 aufgenommen wird. Dieser verlangt die Beschreibung des unternehmerischen Ansatzes zur Einbindung von Stakeholdern, einschl.

- der Kategorien von Stakeholdern, die sie einbinden und wie diese identifiziert werden,
- des Zwecks der Einbindung von Stakeholdern und
- wie das Unternehmen versucht, eine sinnvolle Einbindung von Stakeholdern zu gewährleisten.

GRI 3-3-f verlangt eine Beschreibung, wie die Einbindung der Stakeholder in die Maßnahmen zur Bewältigung der wesentlichen Auswirkungen eingeflossen ist und wie die Wirksamkeit der Maßnahmen festgestellt wurde (ESRS S4.BC36). Auch das UN Guiding Principles Reporting Framework (UNGP Reporting Framework)[61] (Part C, C2) leitet Unternehmen dazu an offenzulegen, wie das Unternehmen ermittelt,

- mit welchen Stakeholdern es sich in Bezug auf jedes seiner wesentlichen (materiellen) Themen auseinandersetzt,
- mit welchen Stakeholdern es sich im Berichtszeitraum in Bezug auf jedes wesentliche Thema auseinandergesetzt hat und warum und
- wie die Ansichten der Stakeholder das Verständnis des Unternehmens für jedes wesentliche Thema und/oder seinen Ansatz zu dessen Bewältigung beeinflusst haben (ESRS S4.BC37).

Als Beispiel für die ausführliche Darstellung des Stakeholder-Dialogs unter Einbindung der Kunden (auf Basis der GRI und des DNK) kann der folgende Auszug aus dem Nachhaltigkeitsbericht der ARNO GmbH dienen:

Praxis-Beispiel ARNO[62]

„Als Entwickler und Hersteller hochwertiger Produkte und als verantwortungsvoller Arbeitgeber ist es für uns selbstverständlich, dass wir gesellschaftlich verantwortlich handeln und unseren Beitrag zum Erhalt der Umwelt leisten [...]. Gern unterstützen wir unsere Partner:innen bei der Entwicklung nachhaltiger Lösungen. Durch regelmäßigen Austausch mit unseren Stakeholdern und der Analyse ihrer Nachhaltigkeiterwartungen können wir wesentliche Nachhaltigkeitsaspekte identifizieren und die Relevanz dieser Aspekte bewerten. Damit unsere Stakeholderanalyse aktuell bleibt, tragen wir Informationen unserer Stakeholder zweimal im Jahr aus allen Fachbereichen, der Geschäftsleitung und dem Qualitäts- und Umweltmanagement zusammen, um diese in unserer Liste der relevanten interessierten Parteien/Stakeholder zentral zu erfassen. Hierbei unterscheiden wir zwischen internen und externen Anspruchsgruppen. Innerhalb der Stakeholderanalyse sind für jeden Stakeholder dessen Erwartungen, geeignete Informationsquellen und interne Zuständigkeiten ausgewiesen. An der anschließenden Evaluierung der Nachhaltigkeitsaspekte sind die Geschäftsleitung, das Controlling sowie das Qualitäts- und Umweltmanagement beteiligt. Stets im Blick haben wir dabei, dass wir die Anforderungen, Ziele und Werte unserer Anspruchsgruppen nicht nur kennen, sondern die Hintergründe und Zusammenhänge verstehen müssen, um ARNO erfolgreich

---

[61] Vgl. auch Auer/Möller, in Freiberg/Bruckner (Hrsg.), Corporate Sustainability – Kompass für die Nachhaltigkeitsberichterstattung, 3. Aufl., 2024, S. 227 ff.
[62] Entnommen ARNO GmbH, Nachhaltigkeitsbericht 2020, S. 9 ff.

auf dem internationalen Markt positionieren zu können. Anlässlich der ISO DIN EN 9001 und ISO DIN EN 14001 Rezertifizierungen legen wir unsere Stakeholderanalyse jährlich unabhängigen Auditor:innen zur Prüfung vor (vgl. 9. Beteiligung Anspruchsgruppen).

Alle relevanten Nachhaltigkeitsthemen erfassen wir in unserer systematisierten Wesentlichkeitsanalyse. Diese ist die Basis, um Leistungsindikatoren in den Bereichen Wirtschaft, Umwelt und Gesellschaft und Prioritäten in der öffentlichen Berichterstattung zu setzen. Auf Basis der Wesentlichkeitsanalyse legen wir unsere Geschäfts- und Nachhaltigkeitsstrategie sowie die Kennzahlenmessungen fest. Die dargestellte Wesentlichkeitsanalyse haben wir im Januar 2021 aufgrund einer aktuellen Branchenstudie, der letzten Stakeholderanalyse sowie allgemein gültigen Nachhaltigkeitsstandards erstellt. Anhand der Wesentlichkeitsanalyse wurden Nachhaltigkeitsthemen identifiziert und von der Geschäftsleitung, Mitarbeiter:innen des Sicherheits- und Umweltkreises sowie der Qualitäts- und Umweltmanagementabteilung bewertet, Chancen und Risiken konkretisiert sowie unmittelbare Einflussmöglichkeiten erörtert.

Folgende Nachhaltigkeitsthemen wurden in der ARNO Wesentlichkeitsmatrix bezüglich Geschäftsrelevanz, aus Kund:innensicht und den Auswirkungen auf die Geschäftsaktivitäten priorisiert.

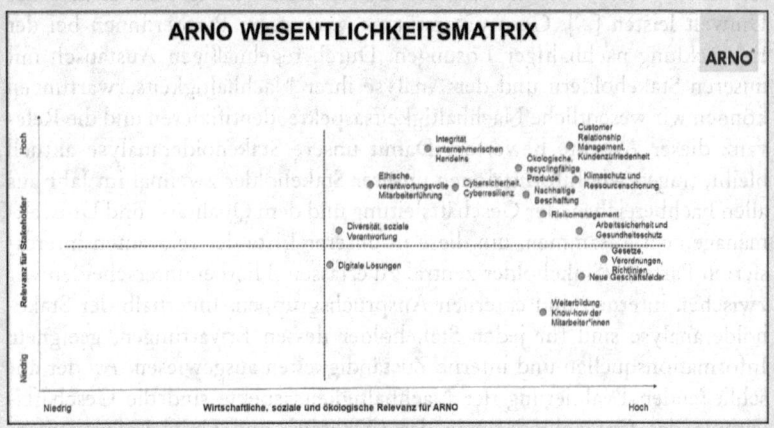

Hieraus ergaben sich folgende Handlungsfelder:

Customer Relationship Management/Kundenzufriedenheit

(Produkte)

Die Fokussierung auf unsere Kund:innen steht für uns im Zentrum der täglichen Betrachtung. Wir schätzen einen permanenten Austausch, sind offen für Kritik und sehen diese als Chance uns als Unternehmen weiterzuentwickeln. Wir möchten unseren Kund:innen einen Mehrwert bieten, Ideengeber, Berater und zuverlässiger Projektumsetzer sein. Alle Prozessabläufe und Tätigkeiten sind auf die Kundenwünsche und -anforderungen ausgerichtet. Vor Beginn eines neuen Projekts werden alle Grund-, Leistungs- und Qualitätsanforderungen des gewünschten Produkts oder der Dienstleistung erfasst. Diese Aufgabe obliegt dem Key Account Management. Nachhaltige Lösungen unterstützen wir aus Überzeugung [...]. Die vom Key Account Management ermittelten Kundenanforderungen sind die Kenngrößen für den darauf folgenden Produktentwicklungs- und Realisierungsprozess. Hieran messen wir unsere Leistung. Unser Maßstab ist, dass unsere Kund:innen nach Abschluss des Projekts mit unserer Leistung rundum zufrieden und von der Qualität der gelieferten Produkte begeistert sind."

Als Erleichterung erlaubt ESRS S4.AR4 den berichtspflichtigen Unternehmen auch eine indirekte Zusammenarbeit der Verbraucher und/oder Endnutzer mit dem Unternehmen, indem etwa die Ansichten der (tatsächlich oder potenziell) wesentlich betroffenen Verbraucher und/oder deren rechtmäßiger Vertreter oder die Ansichten von glaubwürdigen Stellvertretenden, die über Einblicke in deren Situation verfügen, offengelegt werden, statt umfangreiche Untersuchungen der gesamten Verbraucher und Endnutzer vorzunehmen. Dies ist abgeleitet aus den Anforderungen 2 und 3 des CDSB-Berichtsrahmens, nach denen die Informationen über die Umwelt- und Sozialpolitik und -strategien eine Bestätigung darüber enthalten sollten, ob und inwieweit die Richtlinien und die Strategien die Beziehungen und Standpunkte der wichtigsten Stakeholder des Unternehmens berücksichtigen, einschl. Einzelheiten über die Einbeziehung der Beziehungen und Standpunkte der wichtigsten Stakeholder entlang der Wertschöpfungskette. Nützlich sind Informationen zur Identifizierung, Bewertung und Priorisierung von Risiken und Chancen, wenn sie erläutern, ob und wie die Prozesse unter Einbeziehung betroffener Stakeholder, ihrer rechtmäßigen Vertreter oder Fachexperten erfolgten. Zudem ist relevant, welche Arten von Stakeholdern einbezogen und welche Methoden der Einbeziehung verwendet wurden (ESRS S4.BC38). 37

Somit sind die berichtspflichtigen Unternehmen **sehr frei**, wie der **Prozess der Einbindung wesentlicher Stakeholder-Interessen** aufgebaut wird. Dabei gilt, dass die **Beschreibung** des grds. Stakeholder-Dialogs nach ESRS 2 stets angabepflichtig ist (ESRS 2.43–2.45; → § 4 Rz 97ff.) – die mit ESRS S4 geforderte konkrete Darstellung der Einbeziehung der Verbraucher und Endnutzer in den Stakeholder-Dialog jedoch nur dann, wenn sie als wesentlich eingeschätzt wird (ESRS S4.7). Relevant ist lediglich die Beschreibung. Wichtig bleibt bereits bei der Ausgestaltung der Prozesse zu bedenken, dass die Nachhaltigkeits- 38 berichterstattung der Prüfung, wenn auch zunächst nur mit begrenzter Sicherheit, unterliegt (→ § 17 Rz 1 ff.).[63]

2.2.2 ESRS 2 SBM-3 – Wesentliche Auswirkungen, Risiken und Chancen und ihr Zusammenspiel mit Strategie und Geschäftsmodell

39 Während sich die Unternehmen zunehmend auf die Zusammenhänge zwischen Geschäftsmodellen und Klimawandel konzentrieren, sollten nach Auffassung der EU auch die Merkmale von Geschäftsmodellen, die Auswirkungen auf Menschen, einschl. Verbraucher und Endnutzer, haben können, berücksichtigt werden, sofern sie wesentlich sind. Die Forschung hat gezeigt, dass es verschiedene Möglichkeiten gibt, wie solche Zusammenhänge zwischen Geschäftsmodell, Strategie und wesentlichen Auswirkungen entstehen können.[64] Beispiele hierfür sind Fälle, in denen typische Minderungsstrategien auf operativer Ebene unwirksam sein können, da die Auswirkungen Teil der Art und Weise sind, wie das Unternehmen arbeiten soll, und daher das Engagement von Führungskräften und Leitungsorganen erfordern, um sie wirksam anzugehen. Diese Angabepflicht zielt nach ESRS S4.BC39 darauf ab, solche Zusammenspiele bzw. Wechselwirkungen mit der Strategie und dem Geschäftsmodell des Unternehmens zu beschreiben und die Besonderheiten des Geschäftsmodells zu erfassen. Konkret muss das Unternehmen nach ESRS S4.9 auf Basis von Art. 19a Abs. 2 Buchst. a) iv) der CSRD i.R.d. Angabepflicht ESRS 2 SBM-3 Folgendes offenlegen (Angabepflichten aus ESRS 2 IRO-1 zur Beschreibung des Verfahrens zur Ermittlung und Bewertung wesentlicher Auswirkungen, Risiken und Chancen; ESRS 2.48):

- ob und wie tatsächliche und potenzielle Auswirkungen auf Verbraucher und/oder Endnutzer aus der Strategie und dem Geschäftsmodell hervorgehen oder mit diesen verbunden sind;
- ob und wie tatsächliche und potenzielle Auswirkungen auf Verbraucher und/oder Endnutzer die Strategie und das Geschäftsmodell des Unternehmens beeinflussen und als Grundlage für die Anpassung der Strategie und des Geschäftsmodells dienen bzw. dazu beitragen;
- Erläuterung des Verhältnisses zwischen den wesentlichen Risiken und Chancen, die sich aus den Auswirkungen und Abhängigkeiten im Zusammenhang mit Verbrauchern und/oder Endnutzern ergeben, und der Strategie und des Geschäftsmodells des Unternehmens.

Voraussetzung für die Offenlegung ist jeweils die **Wesentlichkeit** der Auswirkungen, als Ort sollten die themenspezifischen Ausführungen des Nachhaltig-

---

[63] Vgl. Müller/Needham, BB 2023, S. 619 ff.
[64] Vgl. Shift, Business Model Red Flags, 2021, https://shiftproject.org/resource/business-model-red-flags/red-flags-about/, Abruf 1.8.2024.

keitsberichts gewählt werden – diese also nicht mit den „vor die Klammer gezogenen" Angaben des ESRS 2 vermengt werden.

Erste Beispiele aus der Praxis zeigen, dass die geforderte Berichterstattung sich langsam entwickelt und der konkrete Bezug auf die Risiken, Chancen und Auswirkungen bereits in Ansätzen erfolgt:

Praxis-Beispiel Arla Foods amba – „Consumers"[65]

Das mehrere Seiten umfassende Kapitel beginnt mit einer zusammenfassenden Darstellung und beschreibt dann die einzelnen Aspekte entweder im Bericht oder als Links auf die *policies*.

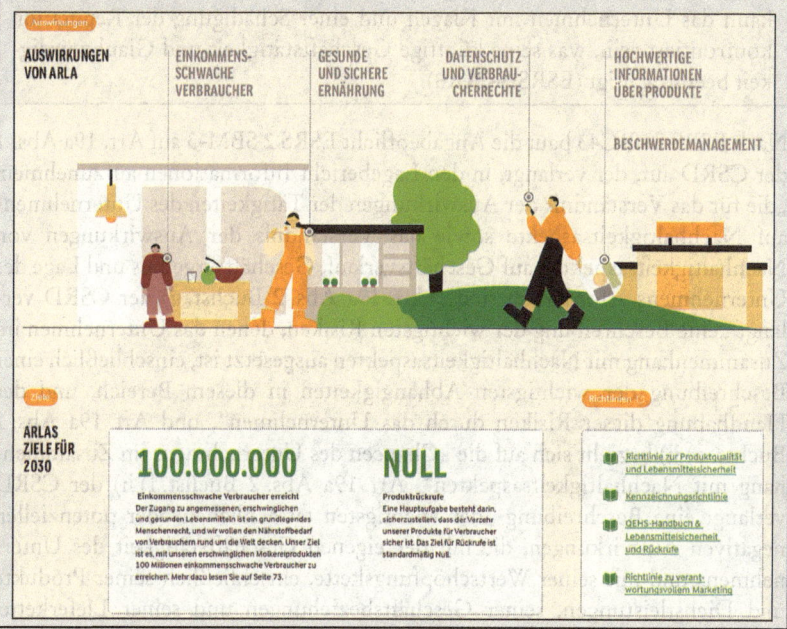

Die **Auswirkungen** auf Verbraucher und/oder Endnutzer können auf verschiedene Weise aus dem Geschäftsmodell oder der Strategie des Unternehmens resultieren. Sie können sich bspw. auf das Wertversprechen des Unternehmens (z. B. Bereitstellung von Online-Plattformen mit dem Potenzial für Online- und Offline-Schäden), auf seine Wertschöpfungskette (z. B. Geschwindigkeit bei der Entwicklung von Produkten oder Dienstleistungen oder bei der Durchführung von Projekten mit Risiken für Gesundheit und Sicherheit) oder auf seine

40

---

65 Entnommen Arla Foods amba, Jahresbericht 2023, S. 69.

Kostenstruktur und das Einnahmenmodell (z. B. verkaufsmaximierende Anreize, die die Verbraucher gefährden) beziehen (ESRS S4.AR5).

41 Auswirkungen auf Verbraucher und/oder Endnutzer, die auf die Strategie oder das Geschäftsmodell zurückzuführen sind, können ebenfalls **wesentliche Risiken** für das Unternehmen darstellen (ESRS S4.AR6).

> **Praxis-Hinweis**
>
> Wenn bspw. das Geschäftsmodell des Unternehmens darauf beruht, Anreize für seine Vertriebsmitarbeiter zu schaffen, große Mengen eines Produkts oder einer Dienstleistung (z. B. Kreditkarten oder Schmerzmittel) schnell zu verkaufen, und dies zu einem großen Schaden für die Verbraucher führt, kann das Unternehmen mit Klagen und einer Schädigung der Reputation konfrontiert sein, was seine künftige Geschäftstätigkeit und Glaubwürdigkeit beeinträchtigt (ESRS S4.AR6).

Nach ESRS S4.BC43 baut die Angabepflicht ESRS 2 SBM-3 auf Art. 19a Abs. 1 der CSRD auf, der verlangt, in den Lagebericht Informationen aufzunehmen, „die für das Verständnis der Auswirkungen der Tätigkeiten des Unternehmens auf Nachhaltigkeitsaspekte sowie das Verständnis der Auswirkungen von Nachhaltigkeitsaspekten auf Geschäftsverlauf, Geschäftsergebnis und Lage des Unternehmens erforderlich sind". Art. 19a Abs. 2 Buchst. g) der CSRD verlangt „eine Beschreibung der wichtigsten Risiken, denen das Unternehmen im Zusammenhang mit Nachhaltigkeitsaspekten ausgesetzt ist, einschließlich einer Beschreibung der wichtigsten Abhängigkeiten in diesem Bereich, und der Handhabung dieser Risiken durch das Unternehmen", und Art. 19a Abs. 2 Buchst. a) ii) bezieht sich auf die „Chancen des Unternehmens im Zusammenhang mit Nachhaltigkeitsaspekten". Art. 19a Abs. 2 Buchst. f) ii) der CSRD verlangt eine Beschreibung „der wichtigsten tatsächlichen oder potenziellen negativen Auswirkungen, die mit der eigenen Geschäftstätigkeit des Unternehmens und mit seiner Wertschöpfungskette, einschließlich seiner Produkte und Dienstleistungen, seiner Geschäftsbeziehungen und seiner Lieferkette, verknüpft sind" (Wesentlichkeit der Auswirkungen). Bezogen auf die Berichterstattung zu den Verbrauchern und/oder Endnutzern wird damit ein breiter Ansatz von (wesentlichen) Risiken und Chancen verlangt, der sich nicht nur auf die Einhaltung der Menschenrechte in Bezug auf Verbraucher und Endnutzer (z. B. körperliche Unversehrtheit, Recht auf informationelle Selbstbestimmung) bezieht. Damit kommt es aber auch zu Überschneidungen mit dem Risiko- und Chancenbericht im schon bestehenden Lagebericht (§ 289 Abs. 1 S. 4 HGB), der nach DRS 20.135 ff. ganz ähnlich ausgestaltet ist, weshalb hier ggf. mit **Verweisen** gearbeitet werden kann (→ § 3 Rz 162). Fraglich ist, ob DRS 20.157

zur Anwendung kommen kann, nach dem die Darstellung und Beurteilung von Risiken entweder

- als Bruttobetrachtung (Risiko vor den ergriffenen Maßnahmen zur Risikobegrenzung und zusätzlich die Maßnahmen zur Risikobegrenzung) oder
- als Nettobetrachtung (Risiko nach der Umsetzung von Risikobegrenzungsmaßnahmen)

vorgenommen werden können. In letzterem Fall wird aber auch eine Darstellung der Maßnahmen der Risikobegrenzung gefordert.

Insgesamt tendieren die ESRS eher zu einer **Bruttobetrachtung negativer Auswirkungen und Risiken,** d. h., eingeführte Maßnahmen zur Minderung bzw. Begrenzung von negativen Auswirkungen und Risiken dürfen bei der Betrachtung und Ermittlung der negativen Effekte nicht gegengerechnet werden (→ § 3 Rz 71).[66] Es stellt sich jedoch die Frage, welche Maßnahmen zur Reduzierung der negativen Auswirkungen und Risiken auch bei einer Bruttobetrachtung bereits als gesetzt angenommen werden müssen, um eine sinnvolle Berichterstattung zu ermöglichen. U. E. sind dies zumindest die gesetzlich vorgeschriebenen Maßnahmen bei den tatsächlichen Auswirkungen und bestehenden Risiken. Die Betrachtung von potenziellen Auswirkungen, wenn gegen die vorgeschriebenen Maßnahmen verstoßen wird, wäre eine gesonderte Betrachtung. Somit wäre Berichterstellern eine Bruttodarstellung zu empfehlen,[67] die allerdings nicht Selbstverständlichkeiten wie die Erfüllung gesetzlicher Normen ignoriert. Gerade die Angabe von weiteren Maßnahmen zur Minderung der Auswirkungen und Risiken kann auch die Tatkraft des Managements und Unternehmens belegen.

ESRS S4.10 enthält ergänzende Vorgaben für die Erfüllung der Anforderungen von ESRS 2.48. Demnach muss das Unternehmen zunächst angeben, ob auch wirklich **alle Verbraucher** und/oder **Endnutzer,** die wahrscheinlich von wesentlichen Auswirkungen des Unternehmens betroffen sein können, betrachtet wurden. Dabei ist die Betrachtung über die eigene Geschäftstätigkeit hinaus auch auf die **Wertschöpfungskette** des Unternehmens, d. h. auch durch seine Produkte oder Dienstleistungen und durch seine Geschäftsbeziehungen, zu beziehen. Darüber hinaus muss das Unternehmen nach ESRS S4.10 die folgenden Informationen in den Nachhaltigkeitsbericht aufnehmen:

42

- eine kurze Beschreibung der Arten der Verbraucher und/oder Endnutzer, die durch die eigene Tätigkeit oder über die Wertschöpfungskette **wesentlichen Auswirkungen** ausgesetzt sind, und ob es sich um Folgendes handelt:
  - Verbraucher und/oder Endnutzer von Produkten, die für den Menschen schädlich sind und/oder das Risiko für chronische Krankheiten erhöhen,

---

[66] So auch EFRAG, EFRAG IG 1 – Materiality Assessment, S. 38 f.
[67] Vgl. Withus, in Müller/Stute/Withus, Handbuch Lagebericht, 1. Aufl., 2013, B, Rz 89 ff.

- Verbraucher und/oder Endnutzer von Dienstleistungen, die sich möglicherweise negativ auf ihr Recht auf Privatsphäre, auf den Schutz ihrer personenbezogenen Daten, auf ihr Recht auf freie Meinungsäußerung und auf Nichtdiskriminierung auswirken,
- Verbraucher und/oder Endnutzer, die auf genaue und zugängliche produkt- oder dienstleistungsbezogene Informationen wie Handbücher und Produktetiketten angewiesen sind, um eine möglicherweise schädliche Nutzung eines Produkts oder einer Dienstleistung zu vermeiden,
- Verbraucher und/oder Endnutzer, die besonders anfällig für Auswirkungen auf die Gesundheit oder die Privatsphäre oder für Auswirkungen von Marketing- und Verkaufsstrategien sind, wie z. B. Kinder oder finanziell schutzbedürftige Personen,

• im Fall wesentlicher **negativer Auswirkungen**, ob sie entweder
  - weit verbreitet oder systematisch in dem Kontext sind, in dem das Unternehmen seine Produkte oder Dienstleistungen verkauft oder anbietet (z. B. staatliche Überwachung, die die Privatsphäre von Dienstleistungsnutzern beeinträchtigt), oder
  - mit individuellen Vorfällen (z. B. ein Mangel im Zusammenhang mit einem bestimmten Produkt) oder mit spezifischen Geschäftsbeziehungen (z. B. ein Geschäftspartner verwendet Marketing, das sich in unangemessener Weise an junge Verbraucher richtet) zusammenhängen,
• im Fall wesentlicher **positiver Auswirkungen** eine kurze Beschreibung der Tätigkeiten, die zu den positiven Auswirkungen führen (z. B. Produktdesign, durch das die Zugänglichkeit für Menschen mit Behinderungen verbessert wird), und der Arten von Verbrauchern und/oder Endnutzern, die positiv betroffen sind oder positiv betroffen sein könnten; dabei kann das Unternehmen auch angeben, ob die positiven Auswirkungen in bestimmten Ländern oder Regionen auftreten, und
• **alle wesentlichen Risiken und Chancen** für das Unternehmen, die sich aus den Auswirkungen und Abhängigkeiten im Zusammenhang mit Verbrauchern und/oder Endnutzern ergeben.

Diese abschließende Aufzählung kann sehr gut als Leitfaden für die nötigen Angabepflichten dienen, wobei der entscheidende Punkt die notwendige Bestimmung der Wesentlichkeit ist, um die Ausführungen nicht übermäßig lang werden zu lassen. Wie bei der bisherigen Lageberichterstattung ist die **ausgewogene Berichterstattung der Risiken und Chancen sowie der negativen und positiven Auswirkungen** hervorzuheben, auch wenn die Regelungstexte hier stets die negativen Aspekte betonen.

> **Praxis-Beispiel**
>
> Beispiele für besondere Merkmale von Verbrauchern und/oder Endnutzern, die vom Unternehmen berücksichtigt werden können, betreffen junge Verbraucher und/oder Endnutzer, die anfälliger für Auswirkungen auf ihre körperliche und geistige Entwicklung sind oder die nicht über finanzielle Kompetenz verfügen und anfälliger für ausbeuterische Verkaufs- oder Marketingpraktiken sind. Hierzu können auch Frauen in einem Umfeld gehören, in dem Frauen beim Zugang zu bestimmten Dienstleistungen oder bei der Vermarktung bestimmter Produkte routinemäßig diskriminiert werden (ESRS S4.AR7).

Die Offenlegung der betroffenen Arten von Verbrauchern und/oder Endnutzern ist nach ESRS S4.BC48 notwendig, um die Art und die potenziellen Folgen der Auswirkungen zu verstehen und um potenzielle Maßnahmen, die als Reaktion angemessen sein könnten, bewerten zu können. Das UN-Leitprinzip 21 verlangt, dass Unternehmen in ihrer externen Kommunikation Informationen bereitstellen, die ausreichen, „um die Angemessenheit der Gegenmaßnahmen eines Unternehmens in Bezug auf die betreffende menschenrechtliche Auswirkung bewerten zu können"[68], wozu derartige Angaben – immer unter dem Wesentlichkeitsvorbehalt – gehören.   **43**

Bei der Beschreibung der wichtigsten Arten von **Verbrauchern und/oder Endnutzern, die negativ betroffen sind** oder sein könnten, hat das Unternehmen nach ESRS S4.11 auf der Grundlage der in ESRS 2 IRO-1 dargelegten Wesentlichkeitsbewertung anzugeben, ob und wie es ein Verständnis dafür entwickelt hat, wie Verbraucher und/oder Endnutzer mit besonderen Merkmalen – oder auch diejenigen, die bestimmte Produkte oder Dienstleistungen nutzen – einem größeren Risiko eines Schadens ausgesetzt sein können. Solche Umstände führen häufig dazu, dass aus diesen wesentlichen Auswirkungen auf Verbraucher und/oder Endnutzer auch finanzielle Effekte (Risiken und Chancen) für das Unternehmen resultieren können, z. B. wenn einige Verbraucher und/oder Endnutzer ein Produkt oder eine Dienstleistung nach einer publik gewordenen Gesundheitsgefährdung oder einer größeren Datenschutzverletzung boykottieren. Dabei stellt ESRS S4.AR8 klar, dass bei der Wesentlichkeitsbetrachtung auch **Ereignisse mit geringer Wahrscheinlichkeit, aber großen Auswirkungen** finanzielle Folgen nach sich ziehen können, z. B. wenn eine weltweite Pandemie schwerwiegende Auswirkungen auf die Lebensgrundlage bestimmter Verbraucher hat, die zu erheblichen Änderungen der Verbrauchsmuster führen.   **44**

Für einige Unternehmen ist die Spezialisierung auf bestimmte Verbraucher- und Endnutzergruppen Teil des Geschäftsmodells. Hier sollte auf die positiven

---

[68]   Vgl. ergänzend Deutsches Global Compact Netzwerk, Leitprinzipien für Wirtschaft und Menschenrechte, 2. Aufl., 2014, S. 27 f.

Auswirkungen hingewiesen werden, wie es am Beispiel Ottobock SE & Co. KGaA deutlich wird.

Praxis-Beispiel Ottobock[69]

„3.3. Verbraucher und Endnutzer (ESRS S4).

3.3.1. Wesentliche Auswirkungen, Risiken und Chancen.

Im Rahmen unserer Wesentlichkeitsanalyse haben wir folgende Auswirkungen identifiziert:
- Ganzheitlicher Ansatz zur Patientenversorgung mit dem Ergebnis
  - Erhöhter sozioökonomischer Nutzen (d. h. Entlastung der Sozialsysteme)
  - Verbesserte Betreuung und Ergebnisse sowie Zufriedenheit der Endnutzer
  - Höhere Kundenzufriedenheit
- Partnerschaften mit
  - Förderung gesellschaftlicher Teilhabe (z. B. Partner des IPC)
  - Sicherstellung der Durchführbarkeit von Sportveranstaltungen (z. B. technischer Reparaturservice für Paralympics)

Durch unsere Wesentlichkeitsanalyse haben wir folgende **Risiken** identifiziert:
- Folgen für die Gesundheit der Verbraucher durch besorgniserregende/besonders besorgniserregende Stoffe in Produkten

Durch unsere Wesentlichkeitsanalyse haben wir folgende **Chancen** identifiziert:
- Verbesserung des Zugangs und der Qualität der Versorgung durch
  - Erweiterung der Patientenversorgungskurse
  - Engagement für eine bestmögliche individuelle Versorgung (z. B. wertorientierte Ergebnismessung, Förderung der Kostenerstattung, Lobbyarbeit)
  - hohe Produktqualität, Sicherheit und Transparenz
- Kundenzufriedenheit durch
  - Cross Selling und Prozesseffizienz (z. B. Life Lounge Pro)
  - Kundenfreundliches Reklamationsmanagement
- Zugang zu Qualitätsinformationen für Endnutzer (z. B. ethisches Marketing, Lösungsanbieteransatz)
- Sicherstellung der Versorgung durch Qualifizierung von Fachkräften
- Begeisterung von mehr Menschen für den Sport und dadurch Verbesserung ihrer Mobilität (z. B. Laufkurse)"

---

[69] Entnommen Ottobock SE & Co. KGaA, Sustainability Non-Financial Report 2023, S. 51, eigene Übersetzung aus dem Englischen.

Das Unternehmen hat darüber hinaus nach ESRS S4.12 anzugeben, bei welchen **45** seiner wesentlichen Risiken und Chancen, die sich aus **Auswirkungen und Abhängigkeiten** im Zusammenhang mit Verbrauchern und/oder Endnutzern ergeben, es sich ggf. nur um Auswirkungen auf bestimmte Gruppen von Verbrauchern und/oder Endnutzern (z. B. bestimmte Altersgruppen) und nicht um Auswirkungen auf alle Verbraucher und/oder Endnutzer handelt. Aus dieser Anforderung wird zunächst nochmals der enge Zusammenhang von Auswirkungen des unternehmerischen Handelns (bzw. der gesamten Wertschöpfungskette) auf die Verbraucher und/oder Endnutzer zu den Chancen und Risiken des Unternehmens deutlich. Die oftmals getrennten Angabepflichten des Standards sollten in der Praxis, wo sinnvoll möglich, in einer Darstellung der Auswirkungen und Risiken oder Chancen verbunden werden.

Konkret bezogen auf die geforderte **Angabe von Teilgruppen der Verbraucher und Endnutzer**, die von Auswirkungen betroffen sind, könnten etwa geografische Einschränkungen von Dienstleistungsangeboten beschrieben werden.

Praxis-Beispiel

Ein Anbieter von Onlinewetten hat die Konzession nur für bestimmte Länder, was einerseits die Auswirkung der Gefahr der Förderung von Spielsucht auf die Verbraucher und Endnutzer in den abgedeckten Ländern hat, andererseits die möglichen Verbraucher und Endnutzer der anderen Länder von dem Angebot ausschließt.

Die Angabepflicht ESRS 2 SBM-3 ist für viele Unternehmen nicht neu, da sie **46** mit vielen vorliegenden Berichterstattungsstandards korrespondiert, so dass ggf. auf bisherigen Berichten aufgebaut werden kann und/oder die Erfahrungen damit genutzt werden können:

- So heißt es in den Leitlinien zu **GRI 2-22**, dass Unternehmen beschreiben sollten, wie ihr Zweck, ihre Geschäftsstrategie und ihr Geschäftsmodell darauf abzielen, negative Auswirkungen zu verhindern und positive Auswirkungen auf Wirtschaft, Umwelt und Menschen zu erzielen (ESRS S4.BC40).
- Die **CDSB-Berichtsanforderung 1** besagt, dass in den Angaben die Steuerung der Umwelt- und Sozialpolitik, -strategien und -informationen zu beschreiben ist und dass diese Angabepflichten erfüllt sind, wenn in den Angaben u. a. erläutert wird, ob und wie der Vorstand berücksichtigt, wie das Geschäftsmodell und die Strategie der Organisation zu wesentlichen Umwelt- und Sozialrisiken beitragen können (ESRS S4.BC41).
- **Frage A2 des UN-Leitprinzipien-Berichtsrahmens** leitet die Unternehmen an, darüber zu berichten, wie sie die Bedeutung nachweisen, die sie der Umsetzung ihrer Menschenrechtsverpflichtung beimessen. Dies beinhaltet die Information, wie das Geschäftsmodell die Achtung der Menschenrechte widerspie-

gelt oder wie es angepasst wurde, um dies zu ermöglichen, und wie etwaige
Risiken für die Menschenrechte, die mit dem Geschäftsmodell verbunden sind
(z.B. das Anbieten von Produkten mit dem niedrigsten Preis), von der Unternehmensleitung und dem Vorstand verstanden werden (ESRS S4.BC42).

- Gem. dem **UN-Leitprinzip 18** und den **OECD-Leitsätzen (2023) IV-50** besteht
der erste Schritt bei der Durchführung der menschenrechtlichen Sorgfaltspflicht
darin, alle tatsächlichen oder potenziellen nachteiligen Auswirkungen auf die
Menschenrechte zu ermitteln und zu bewerten, in die Unternehmen entweder
durch ihre eigenen Tätigkeiten oder durch ihre Geschäftsbeziehungen verwickelt
sein können. Ziel ist es, die spezifischen Auswirkungen auf bestimmte Menschen
in einem bestimmten Kontext zu verstehen (ESRS S4.BC44).

- **UN-Leitprinzip 24** besagt, dass Unternehmen in Fällen, in denen Maßnahmen
zur Bewältigung tatsächlicher und potenzieller Auswirkungen nach Prioritäten
zu ordnen sind, zunächst versuchen sollten, die Auswirkungen zu verhindern und
abzumildern, die am schwerwiegendsten sind oder bei denen eine verzögerte
Reaktion dazu führen würde, dass sie nicht mehr behoben werden können. Im
Interpretationsleitfaden der Vereinten Nationen zur unternehmerischen Verantwortung für die Achtung der Menschenrechte i.R.d. UN-Leitprinzipien werden
diese als „hervorstechende" Menschenrechte bezeichnet, während sie in den
OECD-Leitsätzen als die wichtigsten bezeichnet werden. Diese Schritte i.R.d.
Sorgfaltspflicht werden in ESRS 1.58–1.61 näher erläutert (ESRS S4.BC45; → § 3
Rz 45 ff.).

- Im **UN Guiding Principles Reporting Framework B1** und in **GRI 3** wird
dargelegt, wie derselbe Priorisierungsprozess zur Ermittlung der wesentlichen Auswirkungen der Organisation führt, indem der Schwellenwert festgelegt wird, ab dem die hervorstechenden bzw. signifikanten Auswirkungen
als wesentlich angesehen werden. Dies spiegelt sich in den Anwendungsanforderungen zur Bestimmung der Wesentlichkeit der Auswirkungen als
Teil der doppelten Wesentlichkeit gem. ESRS 2 wider (ESRS S4.BC46).

- **GRI 3-3-a** verlangt vom Unternehmen eine Beschreibung der tatsächlichen
und potenziellen negativen und positiven Auswirkungen auf Wirtschaft,
Umwelt und Menschen, einschl. der Auswirkungen auf ihre Menschenrechte. Darüber hinaus sollte das Unternehmen beschreiben, ob es durch seine
Aktivitäten oder als Ergebnis seiner Geschäftsbeziehungen in die negativen
Auswirkungen involviert ist, und diese Aktivitäten oder Geschäftsbeziehungen beschreiben (ESRS S4.BC47).

- Das **Rahmenkonzept für die integrierte Berichterstattung** (Abs. 4.25)
hebt hervor, dass ein integrierter Bericht die wichtigsten unternehmensspezifischen Risiken und Chancen aufzeigen soll, einschl. derjenigen, die sich auf
die Auswirkungen des Unternehmens auf die kurz-, mittel- und langfristige
Verfügbarkeit, Qualität und Erschwinglichkeit der relevanten Kapitalien
beziehen. Dazu gehören sowohl das Humankapital als auch das Sozial- und

Beziehungskapital, das im Hinblick auf Verbraucher und Endnutzer relevant sein könnte (ESRS S4.BC49).

- Die **CDSB-Berichtsanforderung 3** besagt, dass die wesentlichen aktuellen und erwarteten Umwelt- und Sozialrisiken und -chancen, die sich auf die Organisation auswirken, sowie die Verfahren zur Ermittlung, Bewertung und Priorisierung der Risiken und Chancen erläutert werden müssen. Der Rahmen definiert die Abhängigkeiten vom Human- und Sozialkapital, die eine Quelle von Risiken oder Chancen sein können, als die menschlichen und sozialen Ressourcen und Beziehungen, die Organisationen benötigen, um Werte zu schaffen und zu erhalten (ESRS S4.BC50). Außerdem sind Informationen dann nützlich (ESRS S4.BC51),
  - wenn sie erläutern, ob und wie die Verfahren des Unternehmens zur Identifizierung, Bewertung und Priorisierung von Risiken und Chancen eine Bewertung beinhalten, ob Geschäftsrisiken kurz-, mittel- und langfristig aus tatsächlichen oder potenziellen negativen ökologischen und sozialen Auswirkungen resultieren können, die die Organisation selbst verursacht oder zu denen sie beiträgt oder die durch ihre Geschäftsbeziehungen mit ihren Tätigkeiten, Produkten oder Dienstleistungen verbunden sein können, und
  - wenn sie alle zusätzlichen Ursachen und Quellen der wesentlichen Geschäftsrisiken und -chancen, die die Organisation ermittelt hat, erläutern, wie z. B. Risiken für die Verfügbarkeit von natürlichem, sozialem oder Humankapital, von dem die Organisation abhängig ist.

Mit ESRS S4.BC52 wird zudem eine Brücke zu den später folgenden branchen- **47** spezifischen Standards geschlagen (→ § 1 Rz 7). Für die SASB-Branchenstandards, welche die Ausgangsbasis für die Entwicklungen internationaler branchenspezifischer Nachhaltigkeitsberichterstattungsstandards des ISSB sind,[70] werden Nachhaltigkeitsthemen für die Aufnahme in die Standards danach beurteilt, ob ein bestimmtes Thema mit hinreichender Wahrscheinlichkeit wesentliche Auswirkungen auf die Finanzlage, die betriebliche Leistung oder das Risikoprofil eines typischen Unternehmens innerhalb einer Branche hat. Im Hinblick auf Verbraucher und Endnutzer verlangen die Standards ebenfalls, dass die Unternehmen Prozesse zur Identifizierung und zum Management von Sicherheitsrisiken im Zusammenhang mit der Verwendung von Produkten beschreiben (z. B. SASB CG-AM-250a.2). Es bleibt daher abzuwarten, was die EU in den nächsten Jahren verbindlich für bestimmte Branchen über diese bestehenden Angabepflichten fordern wird.

---

[70] Vgl. SASB, Yout pathway to ISSB, https://sasb.org/sasb-your-pathway-to-issb/, Abruf 1.8.2024.

2.3 Management der Auswirkungen, Risiken und Chancen

2.3.1 ESRS S4-1 – Konzepte im Zusammenhang mit Verbrauchern und Endnutzern

48   Da die bis einschl. 2023 geltende nichtfinanzielle Berichterstattung im Grunde auch bereits „eine Beschreibung der Unternehmenspolitik in Bezug auf Nachhaltigkeitsfragen" erforderte und dies in Art. 19 Abs. 2 Buchst. d) der CSRD übernommen wurde, ist die erste themenbezogene Angabepflicht mit ESRS S4.13 die **Beschreibung der Konzepte** hinsichtlich des Umgangs mit den wesentlichen Auswirkungen seiner Produkte und/oder Dienstleistungen auf Verbraucher und/oder Endnutzer sowie mit den damit verbundenen wesentlichen Risiken und Chancen. Die englische Originalfassung spricht von *„policies"*, weshalb die zunächst gewählte deutsche Übersetzung mit „Strategie" nicht ganz treffend erschien. In der geänderten Übersetzung vom 9.8.2024 werden nun „Konzepte" gefordert. Dies trifft die Unternehmensrichtlinien bzw. -politik, um die es hier geht, deutlich besser, auch wenn dies auch noch unter einen sehr weit verstandenen Strategiebegriff subsumiert werden kann. Nach Auslegung der EFRAG fallen etwa auch Übergangspläne unter *policies* und *targets*.[71] Die Unternehmenspolitik zeigt die Art des Engagements des Unternehmens in Bezug auf Auswirkungen, Risiken und Chancen für Verbraucher und Endnutzer; eine Strategie stellt dagegen eher auf die Absicht oder einen Plan ab, der zukünftig umgesetzt werden könnte. Das Konzept als weit verstandene Strategie kann daher als interne Richtlinie verabschiedet sein oder in einem umfassenderen Dokument – wie einem Ethikkodex oder einem allgemeinen Nachhaltigkeitskonzept – enthalten sein, das vom Unternehmen bereits als Teil eines anderen ESRS offengelegt wurde. In diesen Fällen muss das Unternehmen nach ESRS S4.AR10 einen genauen **Querverweis** angeben, um auf die Aspekte der Konzepte hinzuweisen, die die Anforderungen der Angabepflicht des ESRS S4.13 erfüllen.

49   Ziel dieser Angabepflicht ist es nach ESRS S4.14, ein Verständnis dafür zu vermitteln, inwieweit das Unternehmen über Konzepte verfügt, um die Ermittlung, die Bewertung, das Management und/oder die Behebung wesentlicher Auswirkungen auf Verbraucher und/oder Endnutzer anzugehen, sowie über Konzepte, die wesentliche Risiken oder Chancen in Bezug auf Verbraucher und/oder Endnutzer abdecken.

50   Die Angaben müssen Informationen über die Konzepte des Unternehmens in Bezug auf den Umgang mit wesentlichen Auswirkungen, Risiken und Chancen im Zusammenhang mit Verbrauchern und/oder Endnutzern gem. ESRS 2 MDR-P zu *policies* zum Umgang mit wesentlichen Nachhaltigkeitsaspekten enthalten. Darüber hinaus hat das Unternehmen anzugeben, ob diese Konzepte

---

71   Vgl. EFRAG, ESRS Q&A Platform, Compilation of Explanations, Januar–Juli 2024, Frage 461, S. 30 ff.

bestimmte Gruppen oder alle Verbraucher und/oder Endnutzer abdecken (ESRS S4.15). Ausgangspunkt für die Berichterstattung muss u. E. die Regulierung sein. Am 13.12.2024 wird die **Produktsicherheits-Verordnung**[72] wirksam, mit der alle Produkte, die in der EU in Verkehr gebracht werden, „sichere Produkte" sein müssen. Ausnahmen gelten nur für bereits von der EU regulierte Produkte oder für solche Produkte, die vor ihrer Verwendung repariert oder wiederaufgearbeitet werden müssen, wenn diese Produkte als solche in Verkehr gebracht oder auf dem Markt bereitgestellt werden und eindeutig als solche gekennzeichnet sind. „Sichere Produkte" sind solche, die bei normaler oder vernünftigerweise vorhersehbarer Verwendung, was auch die tatsächliche Gebrauchsdauer einschließt, keine oder nur geringe mit ihrer Verwendung zu vereinbarende, als annehmbar erachtete und mit einem hohen Schutzniveau für die Gesundheit und Sicherheit der Verbraucher vereinbare Risiken bergen. Eine Berichterstattung über die bloße Einhaltung dieser oder anderer Normen zur Produktsicherheit erübrigt sich, da dies als selbstverständlich erscheint. Allenfalls könnte das Konzept benannt werden, nur die Normen einzuhalten. Somit verbleibt nur, über *policies* zu berichten, die

- auch die geringen mit ihrer Verwendung zu vereinbarenden Risiken weiter senken,
- das hohe Schutzniveau für die Gesundheit und Sicherheit noch weiter steigern oder
- eine unvernünftige Verwendung verhindern bzw. auch längere als die als tatsächlich anzusehenden Gebrauchsdauern absichern.

Als Beispiel kann die Arla Food amba mit einer von mehreren *policies* dargestellt werden.

Praxis-Beispiel Arla Foods amba[73]					
„Zugang zu erschwinglicher Ernährung					
Millionen	**2023**	**2022**	**2021**	**2020**	**2019**
Erreichte Menschen in Bangladesch	58	48	36	28	
Erreichte Menschen in Nigeria	39	39	49	48	
Gesamtzahl der erreichten Personen	**97**	**87**	**85**	**76**	
Arla setzt sich dafür ein, den Zugang von einkommensschwachen Verbrauchern in Entwicklungsländern zu erschwinglichen Lebensmitteln zu verbes-					

---

[72] Verordnung (EU) 2023/988, ABl. EU v. 23.5.2023, L 135/1 ff.
[73] Entnommen Arla Foods amba, Jahresbericht 2023, S. 73.

sern. Im Jahr 2023 erreichten wir 97 Millionen Verbraucher (Ziel 2023: 90 Millionen; Ausgangsbasis 2020: 76 Millionen) mit erschwinglichen Lebensmitteln, das ist ein Anstieg von 87 Millionen im Jahr 2022.

Bilanzierungs- und Bewertungsmethoden

Die offengelegte Zahl in Bezug auf den Zugang zu Ernährung ist definiert als die Anzahl der einkommensschwachen Verbraucher, die in den vergangenen 12 Monaten mit den erschwinglichen Produkten von Arla in Schlüsselmärkten erreicht wurden. Bei diesen Produkte handelt es sich um Dano Daily Pushti (DDP) in Bangladesch und Dano Cool Cow (DCC) in Nigeria. Die Produkte entsprechen den öffentlich zugänglichen Arla Nährwertkriterien. Mit ‚erreichten Verbrauchern' bezeichnet Arla Verbraucher, die in einem Haushalt leben, der das Produkt in dem bestimmten Zeitraum entweder gekauft oder konsumiert hat. Der KPI berechnet sich anhand von Marktdurchdringungsdaten, die sich auf die Anzahl von einkommensschwachen Verbrauchern, die mit den erschwinglichen Lebensmitteln von Arla erreicht werden, sowie auf die durchschnittliche Haushaltsgröße im Verhältnis zur Anzahl der einkommensschwachen Verbraucher auf dem Markt gemäß der nationalen sozioökonomischen Klassensegmentierung beziehen. Die Daten zur Marktdurchdringung werden monatlich von einer externen Agentur geliefert. Die Agentur sammelt jeden Monat mit verschiedenen Datenerhebungsmethoden (je nach den verfügbaren Technologien in der Region, z. B. Smartphone-Apps oder Tagebücher) Beispieldaten von etwa 9.500 Haushalten. Die Beispieldaten werden dann hochgerechnet, um die Marktdurchdringung der gesamten Bevölkerung innerhalb dieses spezifischen Marktes zu veranschaulichen. Die Daten sind mit einer Verzögerung von einem Monat verfügbar, weshalb die Daten für Dezember auf der Datenerhebung für November basieren. Jedes Jahr basieren die Daten auf dem letzten verfügbaren Zeitraum. Im Jahr 2023 basierten die Daten auf Marktdurchdringungsdaten aus dem November und aus dem Dezember für die Vorjahre."

51   Das Unternehmen muss seine **menschenrechtspolitischen Richtlinien bzw. Verpflichtungen**[74] beschreiben, die für Verbraucher und/oder Endnutzer relevant sind, einschl. der Verfahren und Mechanismen zur Überwachung der Einhaltung der UN-Leitprinzipien für Wirtschaft und Menschenrechte, der

---

[74] Diese Informationen unterstützen den Informationsbedarf von Finanzmarktteilnehmern, die der Verordnung (EU) 2019/2088 über nachhaltigkeitsbezogene Offenlegungspflichten im Finanzdienstleistungssektor unterliegen, da sie einen zusätzlichen Indikator in Bezug auf die wichtigsten nachteiligen Auswirkungen widerspiegeln, wie in Indikator Nr. 9 Anhang 1 Tab. 3 der entsprechenden Delegierten Verordnung 2022/1288 in Bezug auf die Offenlegungsvorschriften für nachhaltige Investitionen festgelegt ("Fehlen einer Menschenrechtspolitik").

IAO-Erklärung über grundlegende Prinzipien und Rechte bei der Arbeit oder der OECD-Leitsätze für multinationale Unternehmen (ESRS S4.16). Dies kann bereits aus dem UN Global Compact Prinzip 1 abgeleitet werden, welches den Schutz der international verkündeten Menschenrechte unterstützen und respektieren soll, sowie aus dem Prinzip 2, das sich darauf bezieht, dass Unternehmen sich nicht an Menschenrechtsverletzungen mitschuldig machen. Nach Ansicht der EU spiegeln sich diese beiden Prinzipien in der Angabepflicht ESRS S4-1 wider (ESRS S4.BC58).

Sowohl nach dem UN-Leitprinzip 15 als auch nach den OECD-Leitsätzen **52** (2023) IV-4 sollten Unternehmen über eine ihrer Größe und ihren Verhältnissen angemessene Richtlinie und Verfahren – einschl. einer unternehmenspolitischen Richtlinie – verfügen, ihrer Verantwortung für die Achtung der Menschenrechte nachzukommen, worauf treffend in ESRS S4.BC54 hingewiesen wird. UN-Leitprinzip 16 besagt, dass ein solches Konzept die menschenrechtlichen Erwartungen des Unternehmens an das Personal, die Geschäftspartner und andere Parteien, die in direktem Zusammenhang mit seinen Tätigkeiten, Produkten oder Dienstleistungen stehen, festlegen sollte und dass sie öffentlich zugänglich sein und intern und extern an alle Mitarbeitenden, Geschäftspartner und andere relevante Parteien kommuniziert werden sollte. In Erweiterung von Abschnitt IV der OECD-Leitsätze (2023) zu den Menschenrechten heißt es unter Tz. 49, „dass die Unternehmen ihrem Engagement zur Achtung der Menschenrechte durch eine für die Öffentlichkeit zugängliche Grundsatzerklärung Ausdruck verleihen, die a) auf höchster Unternehmensebene beschlossen wird, b) durch einschlägiges internes und/oder externes Fachwissen fundiert ist, c) die Erwartungen des Unternehmens im Hinblick auf die Menschenrechte fixiert, die an Mitarbeiter*innen, Geschäftspartner und sonstige Parteien, die mit seiner Geschäftstätigkeit, seinen Produkten oder seinen Dienstleistungen unmittelbar verbunden sind, gestellt werden, d) intern und extern allen Mitarbeiter*innen, Geschäftspartnern und sonstigen betroffenen Parteien mitgeteilt wird, e) sich in den Geschäftspraktiken und -verfahren angemessen widerspiegelt, um ihre Verankerung innerhalb des Gesamtunternehmens zu gewährleisten."[75]

Praxis-Tipp

Daher erscheint es sinnvoll, sich bei der Entwicklung von Konzeptionen (Strategien) an den UN-Leitprinzipien für Wirtschaft und Menschenrechte zu orientieren und zu berücksichtigen, dass sich die Leitprinzipien auf die Internationale Menschenrechtskonvention beziehen, die aus der Allgemeinen Erklärung der Menschenrechte und den beiden Pakten zu ihrer Umset-

---

[75] OECD, OECD-Leitsätze für multinationale Unternehmen zu verantwortungsvollem unternehmerischem Handeln, 2023, S. 30.

zung besteht. So kann die Übereinstimmung mit diesen Instrumenten einfacher offengelegt werden (ESRS S4.AR11). Ein Unternehmen kann bei den Angaben darüber, wie extern ausgerichtete Konzepte einbezogen werden, bspw. die intern ausgerichteten Verkaufs- und Vertriebskonzepte sowie die Abstimmung mit anderen Konzepten in Bezug auf Verbraucher und/oder Endnutzer berücksichtigen (ESRS S4.AR12).

53   Im Zusammenhang mit der Sicherstellung der Einhaltung der Konzepte hat das Unternehmen auch den jeweiligen Nutzen zu überprüfen und ggf. Anpassungen vorzunehmen. Basieren die Konzepte auf gesetzlichen Vorgaben – was bei den Menschenrechten häufig der Fall ist –, so ist es das Compliance-Management-System, was die Einhaltung überwachen sollte. Als **Beispiel für eine Grundsatzerklärung** kann diejenige der Haspa dienen.[76]

54   Bei der Offenlegung von menschenrechtspolitischen Konzepten in der Nachhaltigkeitsberichterstattung soll sich das Unternehmen nach ESRS S4.16 auf die Aspekte konzentrieren, die für Folgendes wesentlich sind, sowie auf den allgemeinen Ansatz in Bezug darauf:[77]
- Achtung der Menschenrechte der Verbraucher und/oder Endnutzer,
- Zusammenarbeit mit Verbrauchern und/oder Endnutzern und
- Maßnahmen, die Abhilfe bei Menschenrechtsverletzungen schaffen und/oder ermöglichen.

Bei der Beschreibung muss das Unternehmen nach ESRS S4.AR9 auch Erläuterungen zu wesentlichen im Berichtsjahr vorgenommenen Änderungen von menschenrechtspolitischen Konzepten geben (z.B. neue Erwartungen an Geschäftskunden, neue oder zusätzliche Ansätze an die Sorgfaltspflicht und die (erwartete) Abhilfe).

55   Auch GRI 2-23-a verlangt, dass das Unternehmen die unternehmenspolitischen Richtlinien bzw. Verpflichtungen für ein verantwortungsvolles Geschäftsgebaren beschreibt, einschl.
- der spezifischen unternehmenspolitischen Konzepte zur Achtung der Menschenrechte,

---

[76] Siehe www.haspa.de/content/dam/myif/haspa/work/dokumente/pdf/haspa/unternehmen-haspa/nachhaltigkeit-grundsaetze-menschenrechte.pdf?n=true, Abruf 1.8.2024.

[77] Diese Informationen unterstützen den Informationsbedarf von Finanzmarktteilnehmern, die der Verordnung (EU) 2019/2088 über nachhaltigkeitsbezogene Offenlegungspflichten im Finanzdienstleistungssektor unterliegen, da sie einen obligatorischen Indikator in Bezug auf die wichtigsten nachteiligen Auswirkungen widerspiegeln, wie in Indikator Nr. 11 Anhang 1 Tab. 1 der entsprechenden Delegierten Verordnung 2022/1288 in Bezug auf die Offenlegungsvorschriften für nachhaltige Investitionen dargelegt („Fehlende Prozesse und Compliance-Mechanismen zur Überwachung der Einhaltung der UNGC-Grundsätze und der OECD-Leitsätze für multinationale Unternehmen").

- der international anerkannten Menschenrechte, auf die sich das Konzept bezieht, und
- der Kategorien von Stakeholdern, einschl. gefährdeter oder schutzbedürftiger Gruppen, denen das Unternehmen in dem Konzept besondere Aufmerksamkeit widmet.

Zudem verlangt GRI 2-23-c, Links zu den unternehmenspolitischen Richtlinien bzw. Verpflichtungen anzugeben, sofern diese öffentlich zugänglich sind. GRI 3-3-c verlangt auch, dass das Unternehmen seine Richtlinien bzw. Verpflichtungen in Bezug auf wesentliche Themen (d. h. spezifische wesentliche Auswirkungen) beschreibt. Dies beinhaltet die Beschreibung der Unternehmenspolitik oder Richtlinien bzw. Verpflichtungen, die das Unternehmen speziell für dieses Thema entwickelt hat, zusätzlich zu den nach GRI 2-23 zu berichtenden Informationen (ESRS S4.BC55). Angelehnt an den dies konkreter klärenden GRI 403, der allerdings von „Kunden" statt nun nach ESRS S4 von „Verbrauchern und Endnutzern" spricht, berichtet die Wessling GmbH:

Praxis-Beispiel Wessling[78]

„Lieferkette

Die WESSLING GmbH betreibt ausschließlich Standorte in Deutschland und agiert auch in seiner Lieferkette maßgeblich in diesen Grenzen. Zur Optimierung des Beschaffungsprozesses wurde in 2019 der Prozess neu aufgesetzt und in 2020 weiter optimiert, was die Anweisung zur Beurteilung von Lieferanten, auch unter sozialen und ökologischen Aspekten, beinhaltet. Der Code of Conduct[79] ist auf der Internetseite veröffentlicht und wird mit Mail an Dritte automatisch übersendet.

Anforderungen von Kunden

Die Kunden von WESSLING stammen aus der Privatwirtschaft und der öffentlichen Hand. Letztere stellt als Anforderung an ihre Lieferanten die Verpflichtung zur Einhaltung der ILO und TVgG. Zur Einhaltung dieser Standards hat sich WESSLING unabhängig vom Kunden verpflichtet. Intern wird über den vorgegebenen partizipativen Führungsstil sichergestellt, dass die Mitarbeiter aktiv in die Gestaltung des Unternehmens eingebunden sind und die Zusammenarbeit durch gegenseitige Wertschätzung geprägt ist. Über die Personalabteilung ist sichergestellt, dass Mitarbeiterinnen und Mitarbeiter ausschließlich in Übereinstimmung mit den gesetzlichen Vorgaben beschäftigt werden.

---

[78] Entnommen Wessling GmbH, Nachhaltigkeitsbericht nach DNK 2020, S. 59f.
[79] Siehe https://de.wessling-group.com/fileadmin/user_upload/global/company/commitment/WESSLING_Code_of_Conduct.pdf, Abruf 1.8.2024.

> **Risiken**
>
> Eine Verletzung der Menschenrechte birgt insbesondere Gefahr, an Glaubwürdigkeit zu verlieren und die Arbeitgebermarke WESSLING zu beschädigen. Daher würde die Nichtbeachtung der Menschenrechte ein hohes Risiko bedeuten. Die Einhaltung von Menschenrechten ist gleichermaßen Kundenwunsch und eigener Unternehmens- und Mitarbeiteranspruch, weshalb die Einhaltung von Menschenrechten nicht verhandelbar ist. Aus diesem Grund wird auch das Thema Menschenrechte im jährlichen Managementreview durch die Geschäftsführung hinterfragt. Aus der Geschäftstätigkeit (Laboratorien und Beratung) selber werden keine Risiken für die Einhaltung von Menschenrechten abgeleitet."

56 Analog leiten auch die UN-Leitprinzipien die Unternehmen an, über ihre öffentliche Verpflichtung zur Achtung der Menschenrechte (A1) zu berichten. Zu den relevanten Informationen gehört,

- ob sich die öffentliche Verpflichtung auf alle Einzelpersonen und Gruppen bezieht, die von den Tätigkeiten des Unternehmens oder durch seine Geschäftsbeziehungen betroffen sein können, und
- ob und warum es Gruppen gibt, denen das Unternehmen besondere Aufmerksamkeit schenkt.

Es wird den Unternehmen nahegelegt, alle spezifischeren Maßnahmen anzugeben, die sie zur Behandlung ihrer wichtigsten (wesentlichen) Menschenrechtsfragen ergriffen haben (C1). Zu den relevanten Informationen gehört auch die Klärung der Frage, auf wessen Menschenrechte sich die Richtlinie(n) bezieht (beziehen), z.B. auf Verbraucher und Endnutzer. In den begleitenden Leitlinien wird erläutert, dass spezifische Maßnahmen durch eine einzelne Vorgabe oder aber einen Abschnitt innerhalb eines umfasenderen Dokuments behandelt werden können (ESRS S4.BC56).

57 Ein Unternehmen legt daher offen, ob und wie die Konzepte in Bezug auf Verbraucher und/oder Endnutzer **mit international anerkannten Instrumenten,** die für Verbraucher und/oder Endnutzer relevant sind, in Einklang steht – einschl. der Leitprinzipien der UN für Wirtschaft und Menschenrechte. Das Unternehmen legt auch offen, inwieweit in seiner nachgelagerten Wertschöpfungskette Fälle der Nichteinhaltung der UN-Leitprinzipien für Wirtschaft und Menschenrechte, der IAO-Erklärung über grundlegende Prinzipien und Rechte bei der Arbeit oder der OECD-Leitsätze für multinationale Unternehmen, die

Verbraucher und/oder Endnutzer betreffen, gemeldet wurden, und gibt ggf. an, um welche Art von Fällen es sich handelt (ESRS S4.17).[80]

Hier kommt es wieder zu einer **Überschneidung** mit dem ggf. noch[81] gesonderten **Sorgfaltspflichtenbericht** nach § 10 Abs. 2 LkSG, wobei eine abschließende Aufzählung von internationalen Übereinkommen nach § 2 Abs. 1 LkSG zu beachten ist, in der Verbraucher und Endnutzer nur eine eher untergeordnete Bedeutung haben. Auf europäischer Ebene wird mit der Umsetzung der Sorgfaltspflichtenrichtlinie (CSDDD) die Berichterstattung über die Einhaltung der Sorgfaltspflichten mit der CSRD verschmelzen, so dass keine gesonderte Berichterstattung nötig ist; allerdings ist der Grad der verpflichtend zu beachtenden Menschenrechte bei der CSDDD deutlich höher, da es nicht die Beschränkung aus § 2 Abs. 1 LkSG gibt, sondern allgemein die Menschenrechte in sozialer und ökologischer Hinsicht zu beachten sind.[82]

Bei der Offenlegung, wie die nach außen gerichteten unternehmenspolitischen Konzepte einbezogen werden, kann das Unternehmen bspw. die nach innen gerichteten Verkaufs- und Vertriebskonzepte und die Abstimmung mit anderen Konzepten in Bezug auf Verbraucher und/oder Endnutzer berücksichtigen (ESRS S4.AR12). Nach ESRS S4.AR13 kann auch offengelegt werden, wie das Unternehmen seine Konzepte denjenigen Einzelpersonen, Personengruppen oder Unternehmen mitteilt, für die sie relevant sind – entweder weil von ihnen erwartet wird, dass sie diese umsetzen (z. B. Beschäftigte des Unternehmens, Auftragnehmer und Lieferanten), oder weil sie ein direktes Interesse an ihrer Umsetzung haben (z. B. eigene Arbeitnehmer und Investoren). Das Unternehmen kann Kommunikationsmittel und -kanäle (z. B. Flugblätter, Newsletter, spezielle Websites, soziale Medien, persönliche Interaktionen, Arbeitnehmervertreter) angeben, um sicherzustellen, dass die Konzepte zugänglich sind und

58

---

[80] Diese Informationen unterstützen den Informationsbedarf von Finanzmarktteilnehmern, die der Verordnung (EU) 2019/2088 über nachhaltigkeitsbezogene Offenlegungspflichten im Finanzdienstleistungssektor unterliegen, da sie einen obligatorischen Indikator in Bezug auf die wichtigsten negativen Auswirkungen widerspiegeln, wie in Indikator Nr. 10 Anhang 1 Tab. 1 der entsprechenden Delegierten Verordnung 2022/1288 in Bezug auf die Offenlegungsvorschriften für nachhaltige Investitionen dargelegt („Verstöße gegen die UNGC-Grundsätze und gegen die Leitsätze der Organisation für wirtschaftliche Zusammenarbeit und Entwicklung (OECD) für multinationale Unternehmen"). Das Bedürfnis der Benchmark-Administratoren, ESG-Faktoren offenzulegen, die der Verordnung (EU) 2020/1816 zur Erläuterung in der Referenzwert-Erklärung, wie ESG-Faktoren in den einzelnen Referenzwerten berücksichtigt werden, unterliegen, wird insbes. unterstützt durch den Indikator „Anzahl der Referenzwert-Bestandteile, die sozialen Verstößen ausgesetzt sind (absolute Zahl und relativer Anteil geteilt durch alle Referenzwert-Bestandteile), nach Maßgabe internationaler Verträge und Konventionen, der Grundsätze der Vereinten Nationen und, falls anwendbar, nationaler Rechtsvorschriften" in Abschnitt 1 und 2 des dortigen Anhangs 2.

[81] Im RegE des CSRD-UmsG wird vorgeschlagen, den Sorgfaltspflichtenbericht mit dem Nachhaltigkeitsbericht zusammenzuführen; vgl. Müller/Reinke, PiR 2024, S. 142.

[82] Vgl. Baumüller/Müller/Scheid, StuB 2024, S. 349ff.; Velte/Crispin, WPg 2022, S. 790ff.

die verschiedenen Zielgruppen ihre Auswirkungen verstehen. Das Unternehmen kann auch erläutern, wie es potenzielle Hindernisse für die Verbreitung ermittelt und beseitigt, z. B. durch Übersetzung in relevante Sprachen oder die Verwendung von grafischen Darstellungen (ESRS S4.AR13). Im Fokus steht nach ESRS S4.BC57 die Kommunikation relevanter unternehmenspolitischer Konzepte an Verbraucher, Endnutzer und andere relevante Stakeholder in der Wertschöpfungskette des Unternehmens.

59   Auch hier basieren die Angabepflichten des ESRS S4 auf bestehenden Regelungen. So verlangt GRI 2-23-f in Übereinstimmung mit dem UN-Leitprinzip 16d und den OECD-Leitsätzen (2023) IV-49 zu beschreiben, wie das Unternehmen seine unternehmenspolitischen Verpflichtungen – auch in Bezug auf die Achtung der Menschenrechte – an Arbeitnehmende, Geschäftspartner und andere relevante Parteien weitergibt. Darüber hinaus wird in den Leitlinien zu GRI 2-23-f vorgeschlagen offenzulegen, wie das Unternehmen potenzielle Hindernisse für die Kommunikation oder Verbreitung der politischen Verpflichtungen identifiziert und beseitigt, indem es sie bspw. in den relevanten Sprachen zugänglich und verfügbar macht (ESRS S4.BC57).

60   Ebenso verlangt Anforderung 2 des CDSB-Berichtsrahmens die Offenlegung sozialer Richtlinien bzw. Verpflichtungen (Konzepte) – einschl. Einzelheiten über die Organisations- oder Tätigkeitsgrenze, auf die sich die Richtlinien und Strategien beziehen – sowie die Begründung für und die Art dieser Richtlinien und Strategien und wie diese zu nationalen oder internationalen sozialen Zielen beitragen (ESRS S4.BC60). Auch der Berichtsrahmen A1.3 der UN-Leitprinzipien leitet die Unternehmen an, darüber zu berichten, wie ihre öffentliche Verpflichtung zur Achtung der Menschenrechte verbreitet wird; zudem weist er darauf hin, dass zu den relevanten Informationen gehört, ob und wie die öffentliche Verpflichtung in einer für externe Stakeholder zugänglichen Form verbreitet wird, insbes. für potenziell betroffene Stakeholder, wie z. B. Verbraucher, Endnutzer und die Verbände, die ihre Interessen vertreten (ESRS S4.BC59).

61   Die Angabepflicht des ESRS S4-1 nimmt Bezug auf die für bestimmte Unternehmen verpflichtenden Angaben der SFDR bzw. konkret der Delegierten Verordnung 2022/1288 zur Ergänzung der SFDR (→ § 1 Rz 62). Allerdings gibt es bislang ein Mismatch in der Regulierung: Die verpflichteten **Finanzunternehmen** haben die in der SFDR genannten Indikatoren und Messgrößen **zwingend offenzulegen**. Dies bedingt, dass sie sich die Informationen von den Nicht-Finanzunternehmen beschaffen müssen, obwohl bei den **Nicht-Finanzunternehmen** die Berichterstattung nach ESRS S4-1 unter dem **Vorbehalt der Wesentlichkeit** steht. Daher kann es sein, dass Unternehmen nach ESRS S4 i. V. m. umgesetzter CSRD aufgrund der Unwesentlichkeit von Konzepten im Bereich der Verbraucher und Endnutzer nicht zu berichten haben, Finanzunternehmen dennoch die Kennzahlen abfragen (müssen).

> **Praxis-Tipp**
>
> Bei Feststellung der Unwesentlichkeit und der Entscheidung der Nicht-
> berichterstattung sollte ein Unternehmen insbes. als Finanzmarktteilnehmer
> stets prüfen, ob ggf. eine Berichtspflicht für Finanzinstitute besteht, der als
> Nicht-Finanzunternehmen – um späteren Nachfragen oder gar Fehleinstu-
> fungen der Finanzinstitute zuvorzukommen – freiwillig doch nachgekom-
> men werden soll(te).

Konkret handelt es sich in Bezug auf Verbraucher und Endnutzer um die   **62**
folgenden Indikatoren in der SFDR bzw. der Delegierten Verordnung 2022/1288:
- **Indikator** Nr. 9 Anhang 1 Tab. 3: „Fehlende Menschenrechtspolitik" mit
  der **Messgröße** „Anteil der Investitionen in Unternehmen ohne Menschenrechtspolitik";
- **Indikator** Nr. 11 Anhang 1 Tab. 1: „Fehlende Prozesse und Compliance-
  Mechanismen zur Überwachung der Einhaltung der UNGC-Grundsätze
  und der OECD-Leitsätze für multinationale Unternehmen" mit der **Messgröße** „Anteil der Investitionen in Unternehmen, in die investiert wird, die
  keine Richtlinien zur Überwachung der Einhaltung der UNGC-Grundsätze
  und der OECD-Leitsätze für multinationale Unternehmen oder keine Verfahren zur Bearbeitung von Beschwerden wegen Verstößen gegen die
  UNGC-Grundsätze und OECD-Leitsätze für multinationale Unternehmen
  eingerichtet haben".

Die **Indikatoren** bzw. **Messgrößen** beziehen sich grds. auf **Konzepte und
Beschwerdemechanismen**, für die in einer Reihe von Standards, insbes.
ESRS S1 und ESRS S2, Angabepflichten enthalten sind. In Bezug auf ESRS S4
werden die relevanten Informationen i.R.d. Angabepflichten in ESRS S4-1
offengelegt. Weitere relevante Informationen finden sich nach ESRS S4.BC61
im Zusammenhang mit den Angabepflichten in ESRS S4-3, die sich auf Verfahren zur Behebung negativer Auswirkungen und auf Kanäle für Verbraucher
und Endnutzer zur Meldung von Bedenken konzentrieren. Die Indikatoren
selbst zielen auf Prozesse und Mechanismen zur Überwachung der Einhaltung
der Vorschriften ab, was wiederum Elemente der Berichterstattung zu den
Angabepflichten in ESRS S4-4 einschließt. Insbes. verbessern Informationen
darüber, wie das Unternehmen die Wirksamkeit seiner eigenen Bemühungen
zur Vermeidung, Abschwächung oder Behebung von Auswirkungen bewertet,
den Einblick (ESRS S4.BC61).

Für Nicht-Finanzunternehmen kann es sich insbes. dann lohnen, diese Regulierungen zu beachten und selber (freiwillig) umzusetzen, wenn diese als Investi-
tionsobjekt auf die Finanzinstitute angewiesen sind. Zunehmend ist in der
Praxis zu beobachten, dass Finanzinstitute die Regulierung für Investmentfonds

auch auf andere Geschäftsfelder übertragen und so etwa bei der Kreditvergabe benutzen.[83] Auch ESRS S4.BC62 weist darauf hin, dass die Angabepflichten in ESRS S4-1 den **Informationsbedarf der Finanzmarktteilnehmer** an weiteren SFDR-PAI-Indikatoren ebenfalls unterstützen. Zusätzliche, über die aus der Offenlegung nach ESRS S4-1, insbes. die Datenpunkte in ESRS S4.15, hinausgehende Informationen ergeben sich auch aus den begleitenden Angabepflichten von ESRS S4-1, die über das Vorhandensein der Konzepte allein hinausgehen.

63   Darüber hinaus können die zu den Angabepflichten in ESRS S4-1 berichteten Informationen den Finanzmarktteilnehmern einen weiteren **Einblick in den SFDR-PAI-Indikator** Nr. 10 Anhang 1 Tab. 1 „Verstöße gegen die Prinzipien des UN Global Compact und die Leitsätze der Organisation für wirtschaftliche Zusammenarbeit und Entwicklung (OECD) für multinationale Unternehmen" geben (Messgröße: „Anteil der Investitionen in Unternehmen, in die investiert wird, die an Verstößen gegen die UNGC-Grundsätze oder gegen die OECD-Leitsätze für multinationale Unternehmen beteiligt waren").[84]

Im Hinblick auf die Menschenrechte werden die diesbzgl. Quellen in etwa dieselben sein wie bei Indikator Nr. 14 Anhang 1 Tab. 3 der Delegierten Verordnung 2022/1288, der nach der „Anzahl der Fälle von schwerwiegenden Menschenrechtsverletzungen und sonstigen Vorfällen" fragt (Messgröße: „Gewichteter Durchschnitt der Fälle von schwerwiegenden Menschenrechtsverletzungen und sonstigen Vorfällen im Zusammenhang mit Unternehmen, in die investiert wird"). Die Offenlegungen aus ESRS 2 über tatsächliche und potenzielle wesentliche Auswirkungen können ebenfalls einige relevante Informationen liefern, auch wenn die Unternehmen nach ESRS S4.BC63 selten in der Sprache der „Verstöße" berichten werden. Die Einblicke der Finanzmarktteilnehmer werden dadurch gestärkt, dass auch die Berichterstattung gem. den Angabepflichten in ESRS S4-2, ESRS S4-3 und ESRS S4-4 darüber informiert, wie das Unternehmen im Fall von Verstößen reagiert (ESRS S4.BC63).

64   Zudem unterstützt ESRS S4.16 das Bedürfnis der **Benchmark-Administratoren**, ESG-Faktoren offenzulegen, die der Verordnung (EU) 2020/1816 zur Erläuterung in der Referenzwert-Erklärung, wie ESG-Faktoren in den einzelnen Referenzwerten berücksichtigt werden, unterliegen; dies betrifft insbes. den Indikator „Anzahl der Referenzwert-Bestandteile, die sozialen Verstößen ausgesetzt sind (absolute Zahl und relativer Anteil geteilt durch alle Referenzwert-Bestandteile), nach Maßgabe internationaler Verträge und Konventionen, der Grundsätze der Vereinten Nationen und, falls anwendbar, nationaler Rechtsvorschriften" in Abschnitt 1 und 2 des dortigen Anhangs 2. Die Datenpunkte

---

[83]   Vgl. Müller/Reinke, StuB 2023, S. 704 ff.
[84]   Siehe Delegierte Verordnung (EU) 2022/1288, ABl. EU v. 25.7.2022, L 196/43.

aus der EU-Benchmark-Verordnung 2020/1816 und der SFDR PAI 2022/1288 sind somit eng miteinander verknüpft (ESRS S4.BC64).

2.3.2 ESRS S4-2 – Verfahren zur Einbeziehung von Verbrauchern und Endnutzern in Bezug auf die Auswirkungen

Nach der Berichterstattung über die Konzepte bzgl. des Umgangs mit Verbrauchern und Endnutzern müssen nach ESRS S4.18 bei bestehender Wesentlichkeit die **allgemeinen Verfahren zur Einbeziehung** von Verbrauchern und Endnutzern sowie deren Vertretern in Bezug auf tatsächliche und potenzielle Auswirkungen auf sie offengelegt werden. Ziel dieser Angabepflicht ist es, ein Verständnis dafür zu schaffen, ob und wie das Unternehmen bei seiner laufenden Sorgfaltspflicht Verbraucher und/oder Endnutzer, deren rechtmäßige Vertreter oder deren glaubwürdige Stellvertretende bei wesentlichen tatsächlichen und potenziellen positiven und/oder negativen Auswirkungen einbezieht. Zudem ist anzugeben, ob und wie die Sichtweisen der Verbraucher und/oder Endnutzer bei den Entscheidungsprozessen des Unternehmens berücksichtigt werden (ESRS S4.19). Ein Beispiel dafür liefert Škoda Auto s. a.

65

Praxis-Beispiel Škoda[85]

„Der Verbraucherschutz ist ein integraler Bestandteil der Geschäftstätigkeit von Škoda Auto. Das Unternehmen verpflichtet sich zur Einhaltung aller gesetzlichen und internen Vorschriften zum Verbraucherschutz.

Alle Eingaben und Beschwerden, die von Kunden über verschiedene Kommunikationskanäle (z. B. E-Mail, Post, Infoline, Autohändler, Importeure und andere Unternehmenseinheiten) eingehen, werden im Customer Relationship Management (CRM)-System verarbeitet. Das Unternehmen verfügt über spezielle Einheiten, die für die Bearbeitung solcher Eingaben verantwortlich sind. Jeder Fall wird individuell behandelt. Škoda Auto berücksichtigt immer besondere Umstände. Die besonderen Bedürfnisse von Kunden, die besonders gefährdet und/oder ausgegrenzt sein könnten, werden individuell behandelt (beispielsweise wird einem behinderten Verbraucher ein Auto mit Automatikgetriebe oder einer anderen Anpassung angeboten)."

Als **glaubwürdige Stellvertretende**, die die Interessen, Erfahrungen oder Perspektiven von Verbrauchern und Endnutzern kennen, können nach ESRS S4.AR14 nationale **Verbraucherschutzstellen** gesehen werden. Zur Verdeutlichung, wie die Sichtweisen von Verbrauchern und/oder Endnutzern bestimmte Entscheidungen oder Tätigkeiten des Unternehmens beeinflusst

66

---

85 Entnommen Škoda Auto a. s., Sustainability Report 2023, S. 261, eigene Übersetzung aus dem Englischen.

haben, kann auf exemplarische Beispiele aus dem aktuellen Berichtszeitraum zurückgegriffen werden (ESRS S4.AR17).

67 Konkret legt das Unternehmen unter Beachtung des Wesentlichkeitsvorbehalts nach ESRS S4.20 offen, ob und inwiefern die Sichtweisen der Verbraucher und/oder Endnutzer **in seine Entscheidungen oder Tätigkeiten** zur Bewältigung tatsächlicher und potenzieller Auswirkungen auf Verbraucher und/oder Endnutzer einfließen. Dies umfasst eine Erläuterung der folgenden Punkte – sofern relevant:

• ob die Zusammenarbeit mit den betroffenen Verbrauchern und/oder Endnutzern oder ihren rechtmäßigen Vertretern direkt oder mit glaubwürdigen Stellvertretenden, die Einblick in ihre Situation haben, erfolgt,

• die Phase(n), in der/denen die Einbeziehung stattfindet, die Art der Einbeziehung und die Häufigkeit der Einbeziehung,

• die Funktion und die höchste Position innerhalb des Unternehmens, die die operative Verantwortung dafür trägt, dass diese Einbeziehung stattfindet und dass die Ergebnisse in das Konzept des Unternehmens einfließen, und

• ggf. die Art und Weise, wie das Unternehmen die Wirksamkeit seiner Zusammenarbeit mit Verbrauchern und/oder Endnutzern bewertet, und ggf. alle Vereinbarungen oder Ergebnisse, die sich aus dieser Einbeziehung bzw. Zusammenarbeit ergeben.

68 Bei der Beschreibung nach ESRS S4.20(c) kann das Unternehmen neben der **Beschreibung der Funktion oder Rolle**, die die operative Verantwortung für eine solche Einbeziehung und/oder die letztendliche Rechenschaftspflicht trägt, auch angeben, ob es sich um eine spezielle Funktion bzw. Rolle oder um einen Teil einer umfassenderen Funktion oder Rolle handelt und ob zusätzliche bzw. unterstützende Maßnahmen zum Kapazitätsaufbau angeboten wurden, um das Personal bei der Einbeziehung bzw. Zusammenarbeit zu unterstützen. Kann es eine solche Position oder Funktion nicht bestimmen, kann es dies angeben (ESRS S4.AR15), was auch durch einen Verweis auf die Angaben zu ESRS 2 GOV-1 erfolgen kann. ESRS S4.AR16 gibt Beispiele für mögliche Angaben für die Angabepflichten nach ESRS S4.20(b) und (c):

• Für die Phase(n), in der/denen die Einbeziehung stattfindet, kann/können Beispiele für die Festlegung von Minderungsansätzen oder für die Bewertung ihrer Wirksamkeit angegeben werden.

• Für die Art der Einbeziehung können sich die Beispiele auf die Beteiligung, die Konsultation und/oder die Informationen beziehen.

• Für die Häufigkeit der Einbindung können Informationen darüber gegeben werden, ob die Einbeziehung regelmäßig, zu bestimmten Zeitpunkten in einem Projekt oder Geschäftsprozess erfolgt, ob sie als Reaktion auf rechtliche Anforderungen und/oder auf Wunsch von Stakeholdern erfolgt und ob die Ergebnisse der Einbeziehung in den Entscheidungsprozessen des Unternehmens berücksichtigt werden.

• Für die Rolle mit operativer Verantwortung können Informationen angegeben werden, ob das Unternehmen bestimmte Fähigkeiten von den jeweiligen Beschäftigten verlangt oder ob es ihnen Schulungen oder den Aufbau von Kapazitäten bzw. Kompetenzen anbietet, um die Einbeziehung durchzuführen.

ESRS S4.21 nimmt die **soziale Inklusion** in den Fokus, da hier die Offenlegung **69** der unternommenen Schritte gefordert wird, um Einblick in die Sichtweisen der Verbraucher und/oder Endnutzer zu gewinnen, die besonders anfällig für Auswirkungen sind und/oder ausgegrenzt werden (z. B. Menschen mit Behinderungen, Kinder usw.). Diese Forderung basiert auf den in Art. 19a Abs. 2 Buchst. f) i) der CSRD geforderten Angaben zu den angewandten Sorgfaltspflichtverfahren. Dieses Vorgehen steht im Einklang mit den UN-Leitprinzipien und den OECD-Leitsätzen, nach denen der Due-Diligence-Prozess durchgängig auf der Einbeziehung der relevanten Stakeholder, insbes. derjenigen, die möglicherweise nachteilig betroffen sind, zu beruhen hat (ESRS S4.BC65).

Dabei verweisen die UN-Leitprinzipien auf die Bedeutung einer **sinnvollen** **70** **Einbeziehung von Stakeholdern bei der Durchführung der menschenrechtlichen Sorgfaltsprüfung.** So heißt es bspw. im Kommentar zum UN-Leitprinzip 18: Unternehmen sollten für die richtige Einschätzung ihrer menschenrechtlichen Auswirkungen versuchen, die Anliegen potenziell betroffener Stakeholder zu verstehen, indem sie sie direkt konsultieren und dabei zugleich sprachliche und andere potenzielle Hindernisse für eine wirksame Einbeziehung berücksichtigen. In Situationen, in denen eine solche Konsultation nicht möglich ist, sollten Unternehmen vernünftige Alternativen in Betracht ziehen, wie die Konsultation glaubwürdiger, unabhängiger Experten einschl. Menschenrechtsaktivisten und anderer Personen aus der Zivilgesellschaft.[86] Der UN Interpretive Guide to the Corporate Responsibility to Respect Human Rights definiert Stakeholder-Engagement als einen fortlaufenden Prozess der Interaktion und des Dialogs zwischen einem Unternehmen und seinen potenziell betroffenen Stakeholdern, der es dem Unternehmen ermöglicht, deren Interessen und Bedenken zu hören, zu verstehen und darauf zu reagieren, auch durch kooperative Ansätze (ESRS S4.BC66).[87] In ESRS S4.BC67 wird im Ergebnis auf Abschnitt II A.15 der OECD-Leitsätze (2023) verwiesen, nach dem Unternehmen ebenfalls mit den relevanten Stakeholdern in Kontakt treten soll(t)en, um ihnen die Möglichkeit zu geben, ihre Ansichten bei der Planung und Entscheidungsfindung, die sich erheblich auf sie auswirken können, zu berücksichtigen. Konkret vorgeschlagen werden inter-

---

[86] Vgl. Deutsches Global Compact Netzwerk, Leitprinzipien für Wirtschaft und Menschenrechte, 2. Aufl., 2014, S. 23.
[87] Vgl. UN, Interpretive Guide to the Corporate Responsibility to Respect Human Rights, 2012, S. 8.

aktive Prozesse der Einbindung wie Treffen, Anhörungen oder Konsultations-verfahren. Allerdings ist eine wirksame Einbindung von Stakeholdern durch eine zweiseitige Kommunikation gekennzeichnet, die vom guten Willen der Teilneh-mer auf beiden Seiten abhängt. Unternehmen können somit nur ein (gutes) Angebot machen – einen Zwang zur Mitwirkung kann es nicht geben.

71   Folgerichtig fordert GRI 2-29 auch nur die Beschreibung des unternehmeri-schen Ansatzes zur **Einbindung von Stakeholdern**, einschl. der Kategorien von Stakeholdern, mit denen eine Kontaktaufnahme angestrebt wurde, und wie die relevanten Stakeholder identifiziert wurden (ESRS S4.BC68). Zudem sollten neben dem Zweck der Einbindung die Bemühungen der Sicherstellung einer sinnvollen Einbindung von Stakeholdern dargestellt werden. GRI 3-3-f ver-langt eine Beschreibung, wie die Einbindung der Stakeholder in die Maßnahmen zur Bewältigung der wesentlichen Auswirkungen eingeflossen ist und wie die Wirksamkeit der Maßnahmen festgestellt wurde (ESRS S4.BC68).

72   Das UN Guiding Principles Reporting Framework C2, was ebenfalls als Referenz für die Angabepflichten nach ESRS S4-2 dient, lenkt die Bericht-erstattung auf die Frage der **Auswahl der Stakeholder** (ESRS S4.BC69),
*   mit denen sich das Unternehmen in Bezug auf jedes seiner hervorstechenden bzw. signifikanten Themen auseinandersetzt,
*   mit welchen und warum es sich im Berichtszeitraum zu jedem hervorste-chenden bzw. signifikanten Thema auseinandergesetzt hat und
*   wie deren Ansichten das Verständnis des Unternehmens für jedes hervor-stechende bzw. signifikanten Thema und/oder seinen Ansatz zu dessen Bewältigung beeinflusst haben.

73   Anforderung 2 des CDSB-Berichtsrahmens rückt dagegen die **Konzepte stärker in den Kontext der Strategie** (ESRS S4.BC70) und besagt, dass Informationen über die Umwelt- und Sozialpolitik und -strategien eine Bestätigung darüber enthalten sollten, ob und inwieweit die Konzepte und die Strategien die Bezie-hungen und Sichtweisen der wichtigsten Stakeholder der Organisation berück-sichtigen, einschl. Einzelheiten über die Berücksichtigung der Beziehungen zu den wichtigsten Stakeholdern und der Einbeziehung von deren Sichtweisen entlang der Wertschöpfungskette. Anforderung 3 des CDSB-Berichtsrahmens besagt, dass Informationen in Bezug auf die Identifizierung, Bewertung und Priorisierung von Risiken und Chancen nützlich sind, wenn sie erklären,
*   ob und wie die Prozesse die Einbeziehung von betroffenen Stakeholdern, von ihren rechtmäßigen Vertretern oder von Fachexperten berücksichtigen,
*   welche Arten von Stakeholdern einbezogen wurden und
*   welche Methoden der Einbeziehung angewandt wurden.

Der Verweis auf Anforderung 2 des CDSB-Berichtsrahmens wurde auch bereits für die Berichterstattung zu ESRS 2 SBM-2 im Zusammenhang mit den Interessen und Standpunkten der Interessenträger gefordert; allerdings ist auch gefordert, dass diese zusammen bei den Ausführungen zu ESRS 2 erfolgen soll, während die Angabepflicht nach ESRS S4-2 im Kontext des themenspezifischen Standards erfolgen soll, so dass diese Dopplung sinnvoll sein kann, ggf. kann ansonsten auch verwiesen werden.

Sollte ein Unternehmen diese Informationen trotz festgestellter Wesentlichkeit nicht offenlegen, weil **kein allgemeines Verfahren zur Einbeziehung von Verbrauchern und/oder Endnutzern** eingeführt wurde, so muss dies offengelegt werden. In diesem Zusammenhang kann ein Zeitrahmen angegeben werden, bis ein solches Verfahren eingeführt sein soll (ESRS S4.22). **74**

2.3.3 ESRS S4-3 – Verfahren zur Verbesserung negativer Auswirkungen und Kanäle, über die Verbraucher und Endnutzer Bedenken äußern können

2.3.3.1 Rahmen der Beschreibung

ESRS S4.23 fordert die **Beschreibung der eingerichteten Verfahren**, um negative Auswirkungen auf Verbraucher und Endnutzer, mit denen das Unternehmen in Verbindung steht, zu beheben oder an der Behebung mitzuwirken, sowie die **Beschreibung der Kanäle**, die den Verbrauchern und Endnutzern zur Verfügung stehen, um Bedenken zu äußern und diese prüfen zu lassen. Die Berichterstattung hat nach ESRS S4.24 das Ziel, ein Verständnis für die formalen Wege bzw. Mittel zu schaffen, **75**

- auf/mit denen Verbraucher und/oder Endnutzer ihre Anliegen und Bedürfnisse unmittelbar vorbringen können und/oder
- mit denen das Unternehmen die Verfügbarkeit solcher Kanäle (z. B. Beschwerdemechanismen) im Rahmen seiner Geschäftsbeziehungen unterstützt, und
- wie gemeinsam mit diesen Verbrauchern und/oder Endnutzern Folgemaßnahmen in Bezug auf die vorgebrachten Probleme und auf die Wirksamkeit dieser Kanäle durchgeführt werden.

Dafür muss das berichtspflichtige Unternehmen nach ESRS S4.25 – jeweils unter dem Wesentlichkeitsvorbehalt – Folgendes beschreiben: **76**
- den allgemeinen Ansatz und die Verfahren für die Durchführung von oder die Beteiligung an Abhilfemaßnahmen, wenn es festgestellt hat, dass es wesentliche negative Auswirkungen auf Verbraucher und/oder Endnutzer verursacht hat oder dazu beigetragen hat, einschl. Angaben dazu, ob und wie das Unternehmen die Wirksamkeit der bereitgestellten Abhilfemaßnahmen bewertet,
- alle spezifischen Kanäle, über die Verbraucher und/oder Endnutzer ihre Anliegen oder Bedürfnisse direkt an das Unternehmen herantragen und

prüfen lassen können, einschl. Angaben dazu, ob diese Kanäle vom Unternehmen selbst und/oder durch Dritte eingerichtet wurden,
- die Verfahren, mit denen das Unternehmen die Verfügbarkeit solcher Kanäle im Rahmen seiner Geschäftsbeziehungen unterstützt oder verlangt, und
- die Art und Weise, wie die aufgeworfenen und zu klärenden Fragen bzw. Probleme (nach)verfolgt und überwacht werden und wie die Wirksamkeit der Kanäle sichergestellt wird, u. a. durch die Einbeziehung von Stakeholdern als die vorgesehenen (Ziel-)Nutzer.

I.V.m. dem Auszug im Praxis-Beispiel aus Rz 65 der Škoda Auto s. a. findet sich eine entsprechende Beschreibung im Nachhaltigkeitsbericht 2023:

Praxis-Beispiel Škoda[88]

„Aktivitäten

Škoda Auto legt Wert auf die Qualität und Verfügbarkeit der Dienstleistungen für Kunden und arbeitet kontinuierlich an deren Verbesserung. So wurde beispielsweise im Jahr 2023 das Projekt CAI (Conversation Artificial Intelligence) Solution for CIC (Customer Interaction Center) gestartet, um Konversations-KI auf Kundenprozesse anzuwenden, wie etwa die Unterstützung des internationalen Callcenters für digitale Dienste.

Škoda Auto arbeitet auch mit Kunden zusammen, indem es die Kundenzufriedenheit mithilfe verschiedener Studien und Unternehmensanwendungen regelmäßig überwacht. Kundenerfahrung und -zufriedenheit werden in einer internationalen Studie überwacht, die im gesamten Konzern durchgeführt wird. Ziel dieser Studie ist es, mehr über die Kundenzufriedenheit mit einem Produkt, dem Kundendienst und dem Autohaus zu erfahren. So konnte Škoda Auto seine Bewertung in letzter Zeit durch Projekte wie Škoda Customer Xperience deutlich verbessern.

Besonderes Augenmerk wird auf die Qualität des Kundendiensts gelegt. Die Zufriedenheit mit den Leistungen des Servicenetzes wird regelmäßig überprüft. Innerhalb von ein bis drei Tagen, nachdem sie ihr Auto aus der Werkstatt abgeholt haben, werden die Kunden per E-Mail oder SMS kontaktiert und gebeten, einen grundlegenden Zufriedenheitsfragebogen auszufüllen. Die Ergebnisse des Fragebogens werden sofort in Zufriedenheitsberichte eingetragen, so dass das Unternehmen die Entwicklung der Kundenerfahrung in Echtzeit überwachen kann. Die größte Aufmerksamkeit gilt jenen Kunden, die mit ihrem letzten Besuch nicht ganz zufrieden waren. Diese Kunden werden innerhalb von höchstens 24 Stunden telefo-

---

[88] Entnommen Škoda Auto a. s., Sustainability Report 2023, S. 262f., eigene Übersetzung aus dem Englischen.

nisch kontaktiert und erhalten ausreichende Erklärungen und Unterstützung bei der Lösung des Problems.

Das Projekt Customer CentriCITY wurde 2021 mit dem Ziel ins Leben gerufen, den Kunden in den Mittelpunkt des Denkens und der Entscheidungen des Unternehmens zu stellen. Kundeneinblicke und -feedback sind für Škoda Auto nicht nur in der Endproduktphase, sondern auch während der Entwicklungsphase wichtig.

Risiko- und Auswirkungsbewertung

Škoda Auto nutzt in begründeten Fällen alle verfügbaren Mittel, um erhebliche Auswirkungen auf seine Kunden und Endnutzer sowie deren guten Ruf zu mildern und zu beheben.

Im Rahmen ihrer Tätigkeit bewertet die Abteilung Customer Care die Risiken, die sich aus der Zusammenarbeit einzelner Kunden mit Geschäftspartnern ergeben, und befasst sich mit etwaigen Beschwerden von Importeuren. Sie ordnet jedem Fall im CRM-Tool die entsprechende Priorität zu und löst ihn individuell. Bei Bedarf werden Informationen zur Bearbeitung an andere spezifische Organisationseinheiten weitergegeben.

Kundeneingaben und Beschwerden werden überwacht und ausgewertet. In relevanten Fällen wird eine eingehende Analyse des Fahrzeugs durchgeführt oder der Prozess zur Beseitigung der Mängel eingeleitet. Alle Fälle mit Sachschäden oder mit dem Auftreten negativer Auswirkungen werden individuell gelöst. Das Unternehmen hat für solche Fälle und die damit verbundene Entschädigung ein spezielles Budget eingerichtet.

Im Jahr 2023 wurden vier Rückrufaktionen beschlossen."

2.3.3.2 Allgemeines Konzept und Abhilfemaßnahmen

Bei der Erfüllung der Angabepflichten in ESRS S4-3 kann sich das Unternehmen nach ESRS S4.AR18 am Inhalt der UN-Leitprinzipien für Wirtschaft und Menschenrechte und der OECD-Leitsätze für multinationale Unternehmen orientieren, die sich auf **Abhilfemaßnahmen und Beschwerdemechanismen** konzentrieren. ESRS S4.BC75 verdeutlicht die Zweiteilung der Betrachtung: Einerseits sind die Beschwerdewege darzustellen, auf denen Stakeholder ihre Beschwerden einreichen oder ihre Bedenken äußern können, andererseits ist über die Abhilfe als Lösung für den entstandenen Schaden zu berichten. Auch GRI 2-25 verlangt, die Verfahren zur Behebung negativer Auswirkungen zu beschreiben und darzulegen, wie die Wirksamkeit dieser Verfahren verfolgt wird. Sowohl das UN-Leitprinzip 29 als auch die OECD-Leitsätze (2023) IV-6

77

betonen, dass Beschwerdemechanismen auf betrieblicher Ebene eine wichtige Ergänzung zu einer umfassenderen Einbindung der Stakeholder sein können. Beschwerdemechanismen können aber weder die Einbindung der Stakeholder ersetzen, noch sollten sie den Zugang zu gerichtlichen oder außergerichtlichen Beschwerdemechanismen ausschließen (ESRS S4.BC75).

78 Gerade deshalb verlangt GRI 2-25-b ausdrücklich die **Offenlegung der Beschwerdemechanismen,** die die Organisation eingerichtet hat oder an denen sie beteiligt ist, sowie GRI 2-25-d eine Beschreibung, wie die Stakeholder, die als Nutzer der Beschwerdemechanismen vorgesehen sind, in die Gestaltung, Überprüfung, Anwendung und Verbesserung dieser Mechanismen einbezogen werden (ESRS S4.BC76).

79 UN-Leitprinzip 29 besagt, dass Unternehmen **wirksame Beschwerdemechanismen auf betrieblicher Ebene** einrichten oder sich an solchen Mechanismen beteiligen sollten, damit Missstände frühzeitig angegangen und direkt behoben werden können, und zwar sowohl für Einzelpersonen als auch für Gemeinschaften, die möglicherweise nachteilig betroffen sind. Im Kommentar zum UN-Leitprinzip 29 wird erläutert, dass Beschwerdemechanismen
    * auf betrieblicher Ebene für Einzelpersonen und Gemeinschaften, die von einem Unternehmen beeinträchtigt werden können, direkt zugänglich sind,
    * i.d.R. vom Unternehmen allein oder in Zusammenarbeit mit anderen, einschl. der relevanten Stakeholder, verwaltet werden,
    * auch durch die Inanspruchnahme eines für beide Seiten akzeptablen externen Sachverständigen oder Gremiums zur Verfügung gestellt werden können,
    * nicht erfordern, dass die Beschwerdeführer zunächst andere Rechtsmittel in Anspruch nehmen,
    * das Unternehmen direkt in die Bewertung der Probleme und die Suche nach Abhilfemaßnahmen für etwaige Schäden einbinden.[89]

Solche Beschwerdemechanismen setzen nicht voraus, dass eine Beschwerde oder ein Missstand erst vorgebracht werden darf, wenn es auf eine mutmaßliche Menschenrechtsverletzung hinausläuft, sondern zielen speziell darauf ab, alle berechtigten Bedenken derjenigen zu ermitteln, die möglicherweise nachteilig betroffen sind (ESRS S4.BC72).

80 UN-Leitprinzip 22 und die OECD-Leitsätze (2023) IV-6 empfehlen außerdem, dass Unternehmen, die im Rahmen ihrer menschenrechtlichen Sorgfaltspflicht oder auf andere Weise feststellen, dass sie eine nachteilige Auswirkung verursacht oder zu ihr beigetragen haben, über **Verfahren verfügen sollten, die Abhilfe schaffen.** Im Kommentar wird darauf hingewiesen, dass in manchen Situationen eine Zusammenarbeit mit gerichtlichen oder staatlichen außerge-

---

[89] Vgl. Deutsches Global Compact Netzwerk, Leitprinzipien für Wirtschaft und Menschenrechte, 2. Aufl., 2014, S. 36f.

richtlichen Mechanismen erforderlich ist.[90] Das Konzept der Abhilfe ist in den internationalen Standards von zentraler Bedeutung und eng mit der Sorgfaltspflicht verknüpft. Abhilfe ist nicht nur ein Menschenrecht an sich, sondern auch ein Grundpfeiler der internationalen Standards für die Verantwortung von Unternehmen für die Menschenrechte. Ferner sind Abhilfemaßnahmen auch über die Kanäle der Unternehmen hinaus von Bedeutung (ESRS S4.BC74).

Zur Beschreibung der **Ausgestaltung der Systeme** empfiehlt ESRS S4.AR22 die Angabe, ob Beschwerden zu Missständen vertraulich und unter Wahrung des Rechts auf Privatsphäre und Datenschutz behandelt werden und ob es Verbrauchern und/oder Endnutzern gestattet ist, die (Beschwerde-)Mechanismen anonym zu nutzen (z. B. durch Vertretung durch einen Dritten). **81**

Mit dem **Hinweisgeberschutzgesetz** (HinSchG)[91] gibt es seit Juli 2023 verpflichtende Regelungen zur Einrichtung eines Beschwerdemechanismusses – allerdings nur für Informationen über Verstöße, die sich auf den Beschäftigungsgeber oder eine andere Stelle, **mit der die hinweisgebende Person beruflich im Kontakt steht bzw. stand**, beziehen (§ 1 Abs. 1 HinSchG). Daher dürften die meisten Verbraucher und Endnutzer nicht direkt unter diese Regelung fallen, da sie in keinem beruflichen Kontakt mit dem Unternehmen standen. Daher können sich Unternehmen überlegen, ob sie ein bestehendes Hinweisgebersystem auch für Kunden und Endnutzer öffnen wollen, ein gesondertes System aufbauen oder auch gar nicht tätig werden. Das „Whistleblowerschutzgesetz" regelt u. a. den Umgang mit Meldungen zu Betrügereien, Korruption und anderen Missständen in Behörden und Unternehmen, auch wenn keine konkreten Straftaten vorliegen. Enthalten sind Vorgaben zu Verfahren und Vertraulichkeit der Meldungen und Maßnahmen zum Schutz der Hinweisgeber vor Repressalien – aber auch Haftung, Schadensersatz und Bußgelder im Fall bewusst falscher Angaben. Diese Regelungen könnten sehr gut in die Ausgestaltung eines Beschwerdeverfahrens für Kunden und Endnutzer übernommen werden. **82**

Behörden und Unternehmen ab 50 Mitarbeitenden müssen nach dem Gesetz interne Anlaufstellen schaffen (§ 12 Abs. 2 HinSchG). Eine Pflicht, die Abgabe anonymer Meldungen zu ermöglichen, besteht aber weder für interne noch für externe Meldestellen. Es wird lediglich vorgegeben, dass die Stellen auch anonym eingehende Meldungen bearbeiten sollten (§§ 16 Abs. 1, 27 Abs. 1 HinSchG), was ebenfalls den Angabepflichten des ESRS S4-3 entspricht.

---

[90] Vgl. Deutsches Global Compact Netzwerk, Leitprinzipien für Wirtschaft und Menschenrechte, 2. Aufl., 2014, S. 28 f.
[91] Gesetz v. 31.5.2023, BGBl. I Nr. 140 2023, S. 1 ff.

83 Eine andere gesetzliche Anforderung an Beschwerdesysteme stammt aus dem **Lieferkettensorgfaltspflichtengesetz** (LkSG).[92] Damit wird die Notwendigkeit für die Einrichtung interner Anlaufstellen, die unter bestimmten Voraussetzungen auch durch externe Meldestellen ersetzt werden können – allerdings nach § 8 Abs. 1 LkSG **nicht beschränkt auf den beruflichen Kontakt** – von Unternehmen mit über 3.000 bzw. ab dem 1.1.2024 mit über 1.000 Beschäftigten in Deutschland gefordert (§ 1 Abs. 1 LkSG). Konkrete Anforderungen an ein **Beschwerdesystem**, die als gute Benchmark auch für die Ausgestaltung eines freiwilligen herangezogen werden sollten, sind nach § 8 Abs. 2ff. LkSG:

- Das Unternehmen hat eine Verfahrensordnung in Textform festzulegen, die öffentlich zugänglich ist.
- Die vom Unternehmen mit der Durchführung des Verfahrens betrauten Personen müssen Gewähr für unparteiisches Handeln bieten, insbes. müssen sie unabhängig und an Weisungen nicht gebunden sein. Sie sind zur Verschwiegenheit verpflichtet.
- Das Unternehmen muss in geeigneter Weise klare und verständliche Informationen zur Erreichbarkeit und Zuständigkeit und zur Durchführung des Beschwerdeverfahrens öffentlich zugänglich machen. Das Beschwerdeverfahren muss für potenzielle Beteiligte zugänglich sein, die Vertraulichkeit der Identität wahren und wirksamen Schutz vor Benachteiligung oder Bestrafung aufgrund einer Beschwerde gewährleisten.
- Die Wirksamkeit des Beschwerdeverfahrens ist mind. einmal im Jahr sowie anlassbezogen zu überprüfen, wenn das Unternehmen mit einer wesentlichen veränderten oder wesentlich erweiterten Risikolage im eigenen Geschäftsbereich oder beim unmittelbaren Zulieferer rechnen muss, etwa durch die Einführung neuer Produkte, Projekte oder eines neuen Geschäftsfelds. Die Maßnahmen sind bei Bedarf unverzüglich zu wiederholen.

In der Praxis sind daher bereits bei vielen Großunternehmen und sicherlich teilw. auch im Mittelstand Beschwerdestellen für Verbraucher und Endnutzer eingerichtet.

> **Praxis-Beispiel**
>
> Auf der Homepage www.deutschepost.de/de/hilfe-kundenservice/themenseiten/empfangen/zustellung.html bietet etwa die Deutsche Post AG Hilfestellungen bei Zustellungen von Postsendungen an.

---

[92] Gesetz v. 16.7.2021, BGBl. I 2021, S. 2959 ff.

2.3.3.3 Spezifische Kanäle und Einbindung Dritter

Ebenso wie beim LkSG können statt oder in Ergänzung von internen auch **externe** **84** **Beschwerdesysteme** eingesetzt werden. Dazu können nach ESRS S4.AR21 solche gehören, die von der Regierung, Nichtregierungsorganisationen, Industrieverbänden und anderen kooperativen Initiativen betrieben werden.

Praxis-Hinweis

Zu den Kanälen, über die Bedenken oder Bedürfnisse geäußert werden können, gehören Beschwerdemechanismen, Hotlines, Dialogprozesse oder andere Mittel, über die Verbraucher und/oder Endnutzer oder ihre rechtmäßigen Vertreter Bedenken oder Bedürfnisse in Bezug auf Auswirkungen äußern können, die das Unternehmen ihrer Meinung nach berücksichtigen sollte. Zu den Kanälen können auch solche gehören, die direkt vom Unternehmen bereitgestellt werden. Die internen sowie externen Kanäle sind zusätzlich zu allen anderen Mechanismen offenzulegen, die das Unternehmen nutzt, um Einblicke in das Management der Auswirkungen auf Verbraucher und/oder Endnutzer zu erhalten, wie z.B. Compliance-Audits. Verlässt sich das Unternehmen ausschl. auf Informationen aus solchen Kanälen, die von seinen Geschäftsbeziehungen bereitgestellt werden, um diese Anforderung zu erfüllen, kann das Unternehmen dieses angeben (ESRS S4.AR19).

Hinsichtlich des Anwendungsbereichs dieser Mechanismen kann das Unter- **85** nehmen angeben (ESRS S4.AR21),

- ob diese allen Verbrauchern und/oder Endnutzern, die potenziell oder tatsächlich vom Unternehmen wesentlich betroffen sind, oder Einzelpersonen oder Organisationen, die in ihrem Namen handeln oder anderweitig in der Lage sind, von negativen Auswirkungen Kenntnis zu erlangen, zugänglich sind und
- ob Verbraucher und/oder Endnutzer (oder Einzelpersonen oder Organisationen, die in ihrem Namen handeln oder anderweitig in der Lage sind, von negativen Auswirkungen Kenntnis zu erlangen) Beschwerden oder Bedenken im Zusammenhang mit den Tätigkeiten des Unternehmens vorbringen können.

Auch im UN-Leitprinzip 30 wird auf die Bedeutung von Initiativen der Industrie, mehrerer Stakeholder und anderer Kooperationspartner hingewiesen, die auf der Achtung menschenrechtsbezogener Standards beruhen und die Verfügbarkeit von Beschwerdemechanismen gewährleisten (ESRS S4.BC73).

Praxis-Tipp

Unternehmen können – und sollten – für jede wesentliche Auswirkung angeben, ob und wie die möglicherweise betroffenen Verbraucher und/oder Endnutzer Zugang zu jeweils für sie bestimmten Kanälen auf der Ebene des Unternehmens haben (ESRS S4.AR20).

Praxis-Beispiel BASF – Pflanzenschutz[93]

„BASF folgt beim Vertrieb von Pflanzenschutzmitteln dem Internationalen Verhaltenskodex der Weltgesundheitsorganisation (WHO) und der Welternährungsorganisation (FAO). Der Vertrieb erfolgt nur nach vorheriger Genehmigung durch die zuständigen Behörden. Produkte, die zu den WHO-Klassen 1A oder 1B (hohe akute orale und dermale Toxizität) gehören, verkaufen wir auch bei bestehender formaler Zulassung nicht mehr. Unseren Kunden bieten wir – je nach Verfügbarkeit – Alternativen an.

Alle Pflanzenschutzprodukte von BASF können unter den vor Ort gegebenen landwirtschaftlichen Bedingungen sicher verwendet werden, wenn die Angaben und Nutzungshinweise auf dem Etikett beachtet werden. Bei Rückfragen, Reklamationen oder Vorfällen können unsere Kunden über verschiedene Kanäle Kontakt mit uns aufnehmen. Hierzu zählen beispielsweise Telefon-Hotlines, die auf allen Produktbehältern aufgeführt sind, Kontaktformulare auf unseren Webseiten oder die direkte Ansprache unserer Mitarbeitenden im Vertrieb. Wir erfassen alle uns bekannten Vorfälle mit Produkten im Bereich Gesundheit oder Umwelt zentral in einer globalen Datenbank.“

2.3.3.4   Verfahren zur Unterstützung

86   Nach ESRS S4.26 ist anzugeben, ob und wie das Unternehmen die Bewertung vorgenommen und festgestellt hat, dass Verbraucher und/oder Endnutzer diese Strukturen oder Verfahren kennen und darauf vertrauen, dass sie ihre Bedenken oder Bedürfnisse vorbringen und **prüfen lassen können**. Darüber hinaus hat das Unternehmen anzugeben, ob es über Strategien verfügt, um **Einzelpersonen vor Vergeltungsmaßnahmen zu schützen**, wenn sie solche Strukturen oder Verfahren nutzen.

87   Bei der Angabe, ob und wie das Unternehmen weiß, dass die Verbraucher und/oder Endnutzer diese **Kanäle kennen und ihnen vertrauen**, kann das Unternehmen relevante und zuverlässige Daten über die Wirksamkeit dieser

---

[93]   Entnommen BASF SE, BASF-Bericht 2022, S. 133.

Kanäle aus der Perspektive der Verbraucher und/oder Endnutzer selbst vorlegen. Beispiele sind Umfragen bei Verbrauchern und/oder Endnutzern, die solche Kanäle genutzt haben, und deren Zufriedenheit mit dem Verfahren und den Ergebnissen. Zur Veranschaulichung des Nutzungsgrads solcher Kanäle kann das Unternehmen die Anzahl der von Verbrauchern und/oder Endnutzern während des Berichtszeitraums eingegangenen Beschwerden offenlegen (ESRS S4.AR23).

Der **Verzicht auf Repressalien** ist nach ESRS S4.BC79 für Whistleblowing von 88
entscheidender Bedeutung, da dies für jede Form von Beschwerdemechanismus relevant ist. Ein Hinweisgebersystem ist i. d. R. auf Unternehmensebene angesiedelt und steht europarechtlich zunächst nur den eigenen Mitarbeitenden/ Auftragnehmenden zur Verfügung. Unternehmen können jedoch das Hinweisgebersystem für weitere Stakeholder, einschl. Verbraucher und Endnutzer, öffnen. Daher unterstützt dieser Datenpunkt auch den SFDR-PAI-Indikator Nr. 6 Anhang 1 Tab. 3 „Unzureichender Schutz von Hinweisgebern"[94] sowie die EU Whistleblowing Richtlinie[95], die mit dem Hinweisgebersystem in deutsches Recht überführt wurde.

2.3.3.5 Sicherstellung der Wirksamkeit

Bei der Beschreibung der **Wirksamkeit der Kanäle**, über die Verbraucher 89
und/oder Endnutzer ihre Anliegen und Bedenken vorbringen können, kann sich das Unternehmen nach ESRS S4.AR24 von den folgenden Fragen leiten lassen, die auf den „Wirksamkeitskriterien für außergerichtliche Beschwerdeverfahren" basieren, wie sie in den UN-Leitprinzipien für Wirtschaft und Menschenrechte im UN-Leitprinzip 31 dargelegt sind.[96] Die nachstehenden Überlegungen können für jeden einzelnen Kanal oder für das kollektive System von Kanälen angewandt werden und helfen bei der Optimierung des Hinweisgebersystems, um die Wirksamkeit, über die zu berichten ist, sinnvoll einschätzen zu können:

* Sind die Kanäle legitimiert, indem sie eine angemessene Rechenschaftspflicht für faires Verhalten gewährleisten und das Vertrauen der Stakeholder stärken?
* Sind die Kanäle den Stakeholdern bekannt und zugänglich?
* Verfügen die Kanäle über bekannte Verfahren, festgelegte Zeitpläne und klare Vorgehensweisen?
* Gewährleisten die Kanäle einen angemessenen Zugang zu Informationsquellen, Beratung und Fachwissen?

---

94 Siehe Delegierte Verordnung (EU) 2022/1288, ABl. EU v. 25.7.2022, L 196/49.
95 Hinweisgeberrichtlinie – RL (EU) 2019/1937, ABl. EU v. 26.11.2019, L 305/17 ff.
96 Ergänzend Deutsches Global Compact Netzwerk, Leitprinzipien für Wirtschaft und Menschenrechte, 2. Aufl., 2014, S. 39 ff.

- Bieten die Kanäle Transparenz, indem sie sowohl den Beschwerdeführern ausreichende Informationen zur Verfügung stellen als auch ggf. den betroffenen öffentlichen Interessen entsprechen?
- Stehen die von den Kanälen erzielten Ergebnisse im Einklang mit den international anerkannten Menschenrechten?
- Ermittelt das Unternehmen Erkenntnisse aus den Kanälen, die ein kontinuierliches Lernen sowohl bei der Verbesserung der Kanäle als auch bei der Verhinderung künftiger Auswirkungen unterstützen?
- Setzt das Unternehmen auf den Dialog mit den Beschwerdeführern als Mittel zur Erzielung einvernehmlicher Lösungen, anstatt zu versuchen, das Ergebnis einseitig zu bestimmen?

90   ESRS S4-3 verlangt von den Unternehmen eine Erklärung, ob und wie sie wissen, dass Verbraucher und Endnutzer die Strukturen oder Prozesse der Beschwerdemechanismen kennen und darauf vertrauen, dass sie ihre Anliegen oder Bedürfnisse vorbringen können und sich darum gekümmert wird. Dies entspricht dem UN-Leitprinzip 31, nach dem Beschwerdemechanismen **legitim, zugänglich, vorhersehbar, gerecht, transparent, mit den Rechten vereinbar, eine Quelle kontinuierlichen Lernens** sein und auf Einbeziehung und Dialog beruhen sollten. Auch in den OECD-Leitsätzen heißt es, dass Beschwerdemechanismen auf operativer Ebene ein wirksames Mittel zur Abhilfe sein können, wenn sie die Kernkriterien Legitimität, Zugänglichkeit, Berechenbarkeit, Gerechtigkeit, Vereinbarkeit mit den Leitsätzen und Transparenz erfüllen und auf Dialog und Einbeziehung beruhen, um einvernehmliche Lösungen zu finden (ESRS S4.BC77). Der Berichtsrahmen der UN-Leitprinzipien (C6.2) leitet die Unternehmen ausdrücklich dazu an offenzulegen, woher sie wissen, ob die Menschen sich eingeladen fühlen und es ihnen möglich ist, Beschwerden oder Bedenken vorzubringen. Die diesbzgl. relevanten Informationen umfassen auch den Nachweis, dass die Beschwerdemechanismen von den angesprochenen Personen oder Gruppen genutzt werden. Zudem sollten Befragungen von Verbrauchern und Endnutzern vorgenommen werden, um Informationen über die Nutzung der und das Vertrauen in die Beschwerdekanäle zu eruieren (ESRS S4.BC78).

91   Mit ESRS S4.27 wird die **Offenlegung fehlender Verfahren** verlangt, wenn ein Unternehmen die mit ESRS S4-3 geforderten Informationen nicht offenlegen kann, weil es keinen Kanal für die Meldung von Bedenken eingerichtet hat und/oder die Verfügbarkeit von Beschwerdemechanismen i.R.d. Geschäftsbeziehungen nicht unterstützt. Das Unternehmen kann einen Zeitrahmen angeben, innerhalb dessen es einen solchen Kanal oder solche Verfahren einrichten will.

92   Im Lauf der Entwicklung des ESRS S4 wurde eine weitere **Angleichung an die internationalen Sorgfaltspflichtinstrumente** (d.h. UNGP und OECD) vor-

genommen, um den Zusammenhang zwischen diesen Kanälen zur Äußerung von Beschwerden und dem allgemeinen Ansatz des Unternehmens zur Abhilfe – einschl. der Bewertung der Wirksamkeit der Abhilfe – ausdrücklicher zu beschreiben (ESRS S4.BC71).

Als zusammenfassendes Beispiel für eine mögliche Angabe nach ESRS S4-3 kann die Haspa dienen. **93**

Praxis-Beispiel Haspa[97]

„25. a) Allgemeiner Ansatz und Verfahren für die Durchführung von oder die Beteiligung an Abhilfemaßnahmen

Kundenbeschwerden sehen wir als Chance, uns zu verbessern. Der Dialog mit kritischen Kunden ist für uns eine Selbstverständlichkeit, unabhängig davon, ob es sich z. B. um ein persönliches Gespräch oder um eine Kommunikation über soziale Medien handelt. Wir haben ein aktives Beschwerdemanagement im Haus etabliert und entwickeln dieses stetig weiter. In dessen Rahmen analysieren wir alle Kundenäußerungen, um kontinuierlich potenzielle Fehlerquellen zu entdecken und unser Angebot im Sinne der Kunden weiterzuentwickeln.

Alle Kunden und potenzielle Kunden (z. B. Einzelpersonen, Organisationen oder Unternehmen), die von den Aktivitäten der Haspa berührt werden, können Beschwerde einlegen. Für die Bearbeitung von Beschwerden ist die Beschwerdestelle der Haspa verantwortlich. Beschwerden können sowohl elektronisch als auch schriftlich bzw. mündlich an die Haspa gerichtet werden. Die Kunden können sich per Online-Nachricht direkt an ihre Beraterin oder ihren Berater oder an unser Beschwerdemanagement wenden. Außerdem kann der Vorstand direkt über die Website angeschrieben werden. Alle Hinweise werden vertraulich und diskret behandelt. Über das Hinweisgebersystem der Haspa besteht zudem ein Meldeweg, um auch Hinweise, Verdachtsfälle oder Beschwerden über Menschenrechtsverletzungen oder Missbräuche vertraulich und sicher einzugeben.

Schlichtungsverfahren

Kunden, die in einem Konflikt mit der Haspa keine für sie zufriedenstellende Lösung erreichen konnten, haben die Möglichkeit, sich an die zuständige Verbraucherschlichtungsstelle zu wenden. Zuständige Verbraucherschlichtungsstelle für die Haspa ist die Schlichtungsstelle beim DSGV. [...]

---

[97] Entnommen Haspa, Nachhaltigkeitsbericht 2023, S. 134f.

25. b) Spezifische Kanäle, über die Verbraucher und Endnutzer ihre Anliegen oder Bedürfnisse äußern und prüfen lassen können

Impuls- und Beschwerdemanagement

Auf unserer Website sind unsere ‚Beschwerdemanagement-Grundsätze' veröffentlicht. Darin geben wir einen Überblick zu dem Prozess der Bearbeitung von Beschwerden. Zudem haben unsere Kundinnen und Kunden die Möglichkeit, auf unserer Website Beschwerden direkt in unserem System zu erfassen und an ihre Beraterin oder ihren Berater weiterzuleiten oder ihre Beschwerde an das Beschwerdemanagement oder den Vorstand zu adressieren.

Im Jahr 2023 wurden 3.866 Beschwerden im Beschwerdemanagement registriert. Die in 2023 zugegangenen Beschwerden haben wir auf Verbesserungspotenziale geprüft und hieraus zum Beispiel bei Dienstleistungsprozessen Optimierungen abgeleitet und umgesetzt. [...]

Seit dem 1. Januar 2023 haben wir ein Verfahren zur Einreichung von Beschwerden im Rahmen des LkSG über unsere Website bereitgestellt. Im Berichtszeitraum haben uns über diesen Kanal keine LkSG-relevanten Beschwerden erreicht.

25. d) Verfolgung und Überwachung der angegangenen Probleme und Wirksamkeit der Kanäle

Hinweisen wird gemäß der Beschwerderichtlinie der Haspa durch spezielle Einheiten im Bereich Compliance nachgegangen."

2.3.4 ESRS S4-4 – Ergreifung von Maßnahmen in Bezug auf wesentliche Auswirkungen auf Verbraucher und Endnutzer und Ansätze zum Management wesentlicher Risiken und zur Nutzung wesentlicher Chancen im Zusammenhang mit Verbrauchern und Endnutzern sowie die Wirksamkeit dieser Maßnahmen und Ansätze

2.3.4.1 Rahmen der Beschreibung

94 Das berichtspflichtige Unternehmen muss nach ESRS S4.28 offenlegen, **wie es Maßnahmen ergreift**, um wesentlichen Auswirkungen auf Verbraucher und Endnutzer zu begegnen, wesentliche Risiken zu managen und wesentliche Chancen im Zusammenhang mit Verbrauchern und Endnutzern zu nutzen, und wie wirksam diese Maßnahmen und Ansätze sind. In ESRS S4.BC81 wird klargesellt, dass diese Angabepflicht Teil des Prozesses der menschenrechtlichen Sorgfaltspflicht ist und im Einklang mit Art. 19a Abs. 2 Buchst. f) iii) der CSRD steht, nach dem eine Beschreibung „jeglicher Maßnahmen des

Unternehmens zur Verhinderung, Minderung, Behebung oder Beendigung tatsächlicher oder potenzieller negativer Auswirkungen und des Erfolgs dieser Maßnahmen" vorzunehmen ist.

Auch UN-Leitprinzip 19 besagt, dass Unternehmen geeignete Maßnahmen 95 ergreifen sollten, um negative Auswirkungen auf die Menschenrechte zu verhindern und zu mindern, und dass zur Erleichterung dieser Maßnahmen die Verantwortung für den Umgang mit solchen Auswirkungen der geeigneten Ebene und Funktion innerhalb des Unternehmens zugewiesen werden sollte. Interne Entscheidungsprozesse, Budgetzuweisungen und Aufsichtsprozesse sollen diesbzgl. wirksame Reaktionen ermöglichen (ESRS S4.BC82). Der Kommentar zu UN-Leitprinzip 19 führt aus: Ein Unternehmen sollte die notwendigen Schritte unternehmen, um (negative) Auswirkungen, die es verursacht, verursachen kann oder zu denen es beiträgt, zu beenden oder zu verhindern. Zudem sollte es seine Einflussmöglichkeiten nutzen, um (negative) Auswirkungen, die von Unternehmen in der Wertschöpfungskette verursacht werden, so weit wie möglich zu mindern. Wenn einem Unternehmen die konkreten Ansatzpunkte zum Einwirken auf die Geschäftspartner fehlen, werden Maßnahmen wie ein Aufbau von Kapazitäten oder anderen Anreizen empfohlen, um das Unternehmen der Wertschöpfungskette zu beeinflussen. Im Extremfall kann auch die Zusammenarbeitet beendet werden, was etwa auch § 7 LkSG fordert (ESRS S4.BC82).[98] Auch die Berichterstattung über die Anwendung der UN-Leitprinzipien (C4.3) fordert Informationen über die Maßnahmen, die im Berichtszeitraum ergriffen wurden, um potenzielle (negative) Auswirkungen im Zusammenhang mit jedem wesentlichen Thema zu verhindern oder zu mindern, und (C6.5) ob das Unternehmen Abhilfe für tatsächliche Auswirkungen im Zusammenhang mit einem wesentlichen Themenbereich geschaffen oder ermöglicht hat (ESRS S4.BC87). Daher ist auch bei dieser Angabepflicht bereits erhebliche Vorarbeit von anderen Rahmenwerken erfolgt, die auf die Nachhaltigkeitsberichterstattung nach der CSRD übertragen werden kann.

Mit der Angabepflicht des ESRS S4-4 werden zwei Ziele verfolgt (ESRS S4.29): 96
• Verständnis für alle Maßnahmen und Initiativen zu vermitteln (Rz 97 ff.), mit denen das Unternehmen versucht,
    – die negativen materiellen Auswirkungen auf die Verbraucher und/oder Endnutzer zu verhindern, abzumildern und zu verbessern, und/oder
    – positive materielle Auswirkungen für die Verbraucher und/oder Endnutzer zu erzielen,

---

[98] Ergänzend Deutsches Global Compact Netzwerk, Leitprinzipien für Wirtschaft und Menschenrechte, 2. Aufl., 2014, S. 25 f.

• Verständnis dafür zu ermöglichen, wie das Unternehmen mit wesentlichen
Risiken umgeht und die wesentlichen Chancen in Bezug auf die Verbraucher
und/oder Endnutzer nutzt (Rz 100).

97   **Das erste Ziel** soll für alle vom Unternehmen versuchten Maßnahmen und
Initiativen ein Verständnis vermitteln (ESRS S4.29), mit denen

• die **negativen materiellen Auswirkungen** auf die Verbraucher und/oder
Endnutzer **verhindert, abgemildert und verbessert werden sollen**, und/
oder

• **positive materielle Auswirkungen** für die Verbraucher und/oder Endnutzer
erzielt werden sollen.

Es wird somit zunächst die Perspektive der Auswirkungen auf die Verbraucher
und Endnutzer eingenommen. Dabei erkennt ESRS S4.AR25 an, dass es einige
Zeit in Anspruch nehmen kann, negative Auswirkungen zu verstehen und
nachzuvollziehen, wie das Unternehmen über seine nachgelagerte Wertschöpfungskette in diese Auswirkungen verwickelt sein bzw. mit diesen in Verbindung gebracht werden kann, aber auch dass es einige Zeit dauern kann, geeignete
Maßnahmen zu ermitteln und diese in die Praxis umzusetzen. Daher ist vom
Unternehmen Folgendes in der Berichterstattung zu berücksichtigen:

• seine allgemeinen und spezifischen Ansätze zur Bewältigung wesentlicher
negativer Auswirkungen,

• seine Initiativen, die darauf abzielen, zu zusätzlichen wesentlichen positiven
Auswirkungen beizutragen,

• wie weit es bei seinen Bemühungen im Berichtszeitraum vorangekommen ist
und

• seine Ziele für kontinuierliche Verbesserungen.

Die geeigneten Maßnahmen können unterschiedlich sein, je nachdem, ob das
Unternehmen wesentliche Auswirkungen verursacht oder dazu beiträgt oder ob
die wesentlichen Auswirkungen aufgrund einer Geschäftsbeziehung direkt mit
den eigenen Tätigkeiten, Produkten oder Dienstleistungen verbunden sind
(ESRS S4.AR26).

98   In Anbetracht der Tatsache, dass wesentliche negative Auswirkungen (→ § 4
Rz 102 ff.) auf Verbraucher und/oder Endnutzer, die während des Berichtszeitraums auftreten, möglicherweise mit anderen Unternehmen oder Tätigkeiten außerhalb der direkten Kontrolle des Unternehmens zusammenhängen
können, kann das Unternehmen nach ESRS S4.AR27 angeben, ob und wie es
versucht, über **relevante Geschäftsbeziehungen** – also die Nutzung der dieser
innewohnenden Hebelwirkung – Einfluss zu nehmen, um diese Auswirkungen
zu steuern bzw. zu bewältigen.

> **Praxis-Hinweis**
>
> Die Einflussnahme über relevante Geschäftsbeziehungen kann folgende Maßnahmen umfassen (ESRS S4.AR27):
> - geschäftliche Hebelwirkung (z. B. die Durchsetzung vertraglicher Anforderungen mit Geschäftsbeziehungen oder die Einführung von Anreizen),
> - andere Formen der Hebelwirkung innerhalb der Geschäftsbeziehung (z. B. die Bereitstellung von Schulungen oder der Aufbau von Kapazitäten in Bezug auf bestimmungsgemäße Produktverwendung oder Verkaufspraktiken für Geschäftspartner) oder
> - Zusammenarbeit mit gleichrangigen Unternehmen oder anderen Akteuren (z. B. Initiativen für verantwortungsvolles Marketing oder zur Produktsicherheit).

Anforderung 2 des CDSB-Berichtsrahmens besagt, dass Angaben zu Umwelt- und Sozialpolitik und -strategien des Unternehmens Informationen darüber enthalten sollten, ob diese **Unternehmen in der Wertschöpfungskette** (vor- und nachgelagert) und andere Dritte (z. B. Joint-Venture-Partner, Franchisenehmer) mit einbezieht, um das Management von Umwelt- und Sozialauswirkungen zu erleichtern. Zudem sind Informationen über Maßnahmen zur Abschwächung oder Beseitigung von Umwelt- und Sozialauswirkungen anzugeben (ESRS S4.BC86).

Wenn das Unternehmen seine **Beteiligung an einer Branchen-/Industrie- oder Multi-Stakeholder-Initiative** als Teil seiner Maßnahmen zur Bewältigung wesentlicher negativer Auswirkungen angibt, kann das Unternehmen nach ESRS S4.AR28 offenlegen, wie die Initiative und seine eigene Beteiligung darauf abzielen, die betreffende wesentliche Auswirkung zu bewältigen. Es kann i. R. d. ESRS S4-5 die von der Initiative gesetzten einschlägigen Ziele und die Fortschritte auf dem Weg dorthin angeben. 99

Das zweite Ziel soll ein Verständnis dafür ermöglichen, wie das Unternehmen mit **wesentlichen Risiken** umgeht **und die wesentlichen Chancen** in Bezug auf die Verbraucher und/oder Endnutzer nutzt (ESRS S4.29). Dies führt jedoch zu Überschneidungen mit der generellen Notwendigkeit zur Darstellung der wirtschaftlichen Lage eines Unternehmens im Risiko- und Chancenbericht. Daher bietet es sich an, mit Verweisen zu arbeiten, die bei der Nachhaltigkeitsberichterstattung mit klarer Kennzeichnung der Angabepflichten erlaubt sind (→ § 3 Rz 162 ff.). Gem. den OECD-Leitsätzen (2023) III-1 und III-2 sollten Unternehmen die rechtzeitige und genaue Offenlegung aller wesentlichen Informationen über ihre Tätigkeiten, Struktur, Finanzlage, Leistung, Eigentumsverhältnisse und Unternehmensführung gewährleisten (ESRS S4.BC97), was im Lagebericht nach 100

§§ 289ff. HGB bereits jetzt – teilw. allerdings nur für bestimmte Unternehmen – so gefordert wird.

2.3.4.2 Management der Auswirkungen, Risiken und Chancen

101 Gem. ESRS S4.30 ist eine **zusammenfassende Beschreibung** der Aktionspläne und Ressourcen zum Managen der wesentlichen Auswirkungen, Risiken und Chancen im Kontext der Verbraucher und Endnutzer gem. ESRS 2 MDR-A zu Maßnahmen und Ressourcen in Bezug auf Nachhaltigkeitsfragen vorzunehmen. Konkret ist in Bezug auf die wesentlichen Auswirkungen nach ESRS S4.31 Folgendes zu beschreiben:

* ergriffene, geplante oder laufende Maßnahmen zur Verhinderung, Milderung oder Behebung wesentlicher negativer Auswirkungen auf Verbraucher und/ oder Endnutzer;
* ob und wie Maßnahmen ergriffen wurden, um Abhilfe in Bezug auf eine tatsächliche wesentliche Auswirkung zu schaffen oder zu ermöglichen;
* etwaige zusätzliche Maßnahmen oder Initiativen, die in erster Linie dazu dienen, einen positiven Beitrag zu besseren sozialen Ergebnissen für Verbraucher und/oder Endnutzer zu leisten;[99]
* wie das Unternehmen die Wirksamkeit dieser Maßnahmen und Initiativen im Hinblick auf das Erzielen der angestrebten Ergebnisse für die Verbraucher und/oder Endnutzer (nach)verfolgt und bewertet.

Das Unternehmen kann nach ESRS S4.AR29 Beispiele dazu anführen, ob und wie es bei Entscheidungen über die Beendigung von Geschäftsbeziehungen tatsächliche und potenzielle Auswirkungen auf Verbraucher und/oder Endnutzer berücksichtigt und ob und wie es versucht, etwaige negative Auswirkungen, die sich aus der Beendigung ergeben könnten, zu beheben.

102 I. V. m. ESRS S4.28 muss das Unternehmen nach ESRS S4.32 Folgendes beschreiben:

* die Verfahren, mit denen es ermittelt, welche Maßnahmen als Reaktion auf eine bestimmte tatsächliche oder potenzielle negative Auswirkung auf Verbraucher und/oder Endnutzer erforderlich und angemessen sind;
* seine Ansätze für Maßnahmen in Bezug auf bestimmte wesentliche negative Auswirkungen auf Verbraucher und/oder Endnutzer, einschl. aller Maßnahmen im Zusammenhang mit seinen eigenen Praktiken bei Produktgestaltung, Marketing oder Verkauf, sowie die Frage, ob weitere Maßnahmen auf

---

[99] Die nicht verbindlichen Leitlinien der NFRD legen in ihren Grundprinzipien fest, dass die Auswirkungen der Tätigkeit eines Unternehmens bei der Offenlegung nichtfinanzieller Informationen ein wichtiger Gesichtspunkt sind und dass die Auswirkungen positiv oder negativ sein können (ESRS S4.BC91).

breiterer Ebene z.B. der Industrie oder in Zusammenarbeit mit anderen relevanten Parteien erforderlich sind;
- wie es sicherstellt, dass Maßnahmen zur Verfügung stehen, die im Fall erheblicher negativer Auswirkungen Abhilfe schaffen oder ermöglichen, und dass diese Maßnahmen wirksam umgesetzt werden und zu Ergebnissen führen.

In Bezug auf **Initiativen oder Verfahren** bzw. Maßnahmen, die das Unternehmen eingerichtet hat und die auf den Bedürfnissen der betroffenen Verbraucher und/oder Endnutzer und der Ebene ihrer Umsetzung beruhen, kann das Unternehmen nach ESRS S4.AR33 Folgendes offenlegen: **103**
- Informationen darüber, ob und inwiefern Verbraucher und/oder Endnutzer sowie deren rechtmäßige Vertreter oder glaubwürdige Stellvertretende an Entscheidungen über die Gestaltung und Durchführung dieser Programme oder Verfahren beteiligt sind, und
- Informationen über die beabsichtigten oder erzielten positiven Ergebnisse dieser Programme oder Verfahren für Verbraucher und/oder Endnutzer.

Zudem kann das Unternehmen offenlegen, ob Initiativen oder Verfahren, deren primäres Ziel darin besteht, positive Auswirkungen für Verbraucher und/oder Endnutzer zu erzielen, auch die Erreichung eines oder mehrere der **Ziele für nachhaltige Entwicklung** der Vereinten Nationen (SDGs) unterstützen (ESRS S4.AR34). **104**

> **Praxis-Hinweis**
>
> So kann das Unternehmen durch eine Verpflichtung zur Förderung des SDG Nr. 3, „ein gesundes Leben für alle Menschen jeden Alters zu gewährleisten und ihr Wohlergehen zu fördern", aktiv daran arbeiten, dass seine Produkte weniger abhängig machen und die physische und psychische Gesundheit weniger beeinträchtigen (ESRS S4.AR34).

Bei der Offenlegung der beabsichtigten **positiven Ergebnisse seiner Maßnahmen** für die Verbraucher und/oder Endnutzer ist nach ESRS S4.AR35 zu unterscheiden zwischen
- dem Nachweis, dass bestimmte Tätigkeiten stattgefunden haben (z.B. dass x Verbraucher Informationen über gesunde Ernährungsgewohnheiten erhalten haben), und
- dem Nachweis der tatsächlichen Ergebnisse für Verbraucher und/oder Endnutzer (z.B. dass x Verbraucher jetzt gesündere Ernährungsgewohnheiten angenommen haben und sich ihre allgemeine Gesundheit verbessert hat).

Auch in den Erläuterungen zu GRI 3-3-a wird darauf hingewiesen, dass ein Unternehmen beschreiben kann, ob es sich um tatsächliche positive oder

potenzielle positive Auswirkungen handelt (ESRS S4.BC95). Zudem kann ein Unternehmen in diesem Zusammenhang auch Folgendes beschreiben:
* den zeitlichen Rahmen der positiven Auswirkungen (d.h., ob die positiven Auswirkungen kurzfristig oder langfristig sind und wann sie voraussichtlich eintreten werden),
* die Aktivitäten, die zu den positiven Auswirkungen führen (z.B. Produkte, Dienstleistungen, Investitionen, Beschaffungspraktiken), und
* die Stakeholder (ohne bestimmte Personen zu nennen), die positiv betroffen sind oder positiv betroffen sein könnten, einschl. ihrer geografischen Lage.

105 In Bezug auf **wesentliche Risiken und Chancen** muss das Unternehmen nach ESRS S4.33 beschreiben,
* welche Maßnahmen geplant sind oder ergriffen wurden, um wesentliche Risiken für das Unternehmen zu mindern, die sich aus seinen Auswirkungen und Abhängigkeiten im Zusammenhang mit Verbrauchern und/oder Endnutzern ergeben, und wie die Wirksamkeit in der Praxis verfolgt wird; und
* welche Maßnahmen geplant sind oder ergriffen wurden, um wesentliche Chancen für das Unternehmen im Zusammenhang mit Verbrauchern und/ oder Endnutzern zu nutzen.

Praxis-Hinweis

Bei der Offenlegung, ob Initiativen oder Verfahren auch eine Rolle bei der Minderung wesentlicher negativer Auswirkungen spielen, kann das Unternehmen Programme berücksichtigen, die darauf abzielen, das Bewusstsein für das Risiko von Online-Betrug zu schärfen, um zu einer Verringerung der Zahl der Fälle zu führen, in denen Endnutzer eine Verletzungen der Privatsphäre erfahren (ESRS S4.AR36).

---

106 Bei der Offenlegung der wesentlichen Risiken und Chancen zu den **Auswirkungen oder Abhängigkeiten des Unternehmens** in Bezug auf Verbraucher und/oder Endnutzer kann das Unternehmen nach ESRS S4.AR37 Folgendes berücksichtigen:
* Zu den **Risiken** im Zusammenhang mit den **Auswirkungen** des Unternehmens auf die Verbraucher und/oder Endnutzer können Reputationsrisiken oder rechtliche Risiken gehören, wenn mangelhaft konzipierte oder fehlerhafte Produkte zu Verletzungen oder Todesfällen führen.
* Zu den Risiken im Zusammenhang mit den **Abhängigkeiten** des Unternehmens von Verbrauchern und/oder Endnutzern kann der Verlust der Geschäftskontinuität gehören, wenn sich die Verbraucher aufgrund einer Wirtschaftskrise bestimmte Produkte oder Dienstleistungen nicht mehr leisten können.

- Zu den **Geschäftschancen** im Zusammenhang mit den **Auswirkungen** des Unternehmens auf die Verbraucher und/oder Endnutzer können eine Marktdifferenzierung und eine größere Attraktivität für die Kunden durch das Angebot sicherer Produkte oder datenschutzfreundlichere Dienstleistungen gehören.

- Die Geschäftschancen im Zusammenhang mit den **Abhängigkeiten** des Unternehmens von Verbrauchern und/oder Endnutzern können darin bestehen, eine loyale künftige Kundenbasis zu gewinnen, indem bspw. sichergestellt wird, LGBTQI-Personen zu respektieren und durch Verkaufspraktiken des Unternehmens diese Personen nicht von den angebotenen Produkten oder Dienstleistungen auszuschließen.

Nach ESRS S4.AR38 muss das Unternehmen bei der Offenlegung, ob sich **Abhängigkeiten in Risiken wandeln**, externe Entwicklungen berücksichtigen. Bei der Angabe von Strategien, Maßnahmen, Mitteln und Zielen im Zusammenhang mit dem Management wesentlicher Risiken und Chancen kann das Unternehmen in Fällen, in denen sich Risiken und Chancen aus einer wesentlichen Auswirkung ergeben, einen Querverweis auf seine Angaben zu Strategien (Konzepten), Maßnahmen, Mitteln und Zielen in Bezug auf diese Auswirkung machen (ESRS S4.AR39). 107

Das Unternehmen hat nach ESRS S4.AR40 zu prüfen, inwieweit (und wie genau) seine Verfahren zum Management wesentlicher Risiken im Zusammenhang mit Verbrauchern und/oder Endnutzern in seine bestehenden **Risikomanagementverfahren** integriert sind (→ § 4 Rz 70 ff.; → § 16 Rz 14 ff.). 108

2.3.4.3 Umgang mit negativen Auswirkungen

Nach ESRS S4.34 hat das Unternehmen offenzulegen, ob und wie es **Maßnahmen** ergreift, um zu vermeiden, dass es durch seine eigenen Praktiken, auch in Bezug auf Marketing, Verkauf und Datennutzung, wesentliche negative Auswirkungen auf Verbraucher und/oder Endnutzer verursacht oder zu ihnen beiträgt. Dazu kann auch die Offenlegung des Ansatzes gehören, wie im Fall von Spannungen zwischen der Vermeidung bzw. Minderung wesentlicher negativer Auswirkungen einerseits und sonstigem unternehmerischem Druck andererseits vorgegangen wird. Ziel dieser Angabepflicht ist es nach ESRS S4.BC96 im Kontext von Art. 19a Abs. 2 Buchst. g) der CSRD auch, den Ansatz des Unternehmens zur Bewältigung der Risiken im Kontext von Verbrauchern und Endnutzern zu beschreiben. 109

Bei der Erstellung der Offenlegung nach ESRS S4 hat das Unternehmen zu prüfen, ob **schwerwiegende Menschenrechtsprobleme und -vorfälle** im Zusammenhang mit seinen Verbrauchern und/oder Endnutzern gemeldet wurden. Sofern das der Fall ist, sind diese entsprechend anzugeben (ESRS S4.35). Dies 110 bezieht sich nach ESRS S4.BC100 auf den SFDR-PAI-Indikator Nr. 14 Anlage 1 Tab. 3 „Anzahl der Fälle von schwerwiegenden Menschenrechtsverletzungen und sonstigen Vorfällen"[100] (Rz 22 ff.). Die Offenlegung nach ESRS S4.35 deckt auch den UN Global Compact Grundsatz 2 ab, der sich darauf bezieht, dass Unternehmen nicht an Menschenrechtsverletzungen mitschuldig sind. Um relevante Einblicke zu erhalten, müssen die Finanzmarktteilnehmer insbes. Quellen Dritter oder weitere Informationen heranziehen, wie z. B. NKS-Fälle (Nationale Kontaktstellen) oder von Dienstleistern erfasste Vorfälle.

111 Auch die UN-Leitprinzipien und die OECD-Leitsätze sprechen die Notwendigkeit an, als Reaktion auf tatsächliche Auswirkungen Abhilfemaßnahmen zu ergreifen. Dies ist allgemeiner als die Forderung nach einem wirksamen Beschwerdemechanismus in ESRS S4.23 (Rz 75 ff.), wenngleich solche Mechanismen ein Mittel sein können, um Maßnahmen zu ergreifen (ESRS S4.BC84). UN-Leitprinzip 22 besagt, dass Unternehmen, die feststellen, dass sie nachteilige Auswirkungen verursacht oder zu ihnen beigetragen haben, für deren Behebung durch rechtmäßige Verfahren sorgen oder daran mitwirken sollen. Der Kommentar zum UN-Leitprinzip 22 merkt an, dass Beschwerdemechanismen auf betrieblicher Ebene ein wirksames Mittel sein können, um Abhilfe zu schaffen, wenn sie die Wirksamkeitskriterien erfüllen.[101]

112 Das Unternehmen hat nach ESRS S4.AR40 zu prüfen, inwieweit seine Verfahren zum Management wesentlicher Risiken im Zusammenhang mit Verbrauchern und/oder Endnutzern in seine bestehenden Risikomanagementverfahren integriert sind. Demgegenüber sind die SASB-Normen deutlich detaillierter und verlangen, dass die **Verfahren zur Ermittlung und zum Management von Sicherheitsrisiken** im Zusammenhang mit der Verwendung von Produkten (z. B. SASB CG-AM-250a.2) beschrieben werden (ESRS S4.BC99).

113 GRI 3-3-d verlangt für jedes wesentliche Thema eine Beschreibung der ergriffenen Maßnahmen, um das Thema und die damit verbundenen Auswirkungen zu handhaben (ESRS S4.BC85). Hierzu gehören z. B. Maßnahmen
- zur Verhinderung oder Abschwächung potenzieller negativer Auswirkungen,
- zur Bewältigung tatsächlicher negativer Auswirkungen, einschl. Maßnahmen, um für deren Abhilfe zu sorgen oder an deren Abhilfe mitzuwirken,
- zum Umgang mit tatsächlichen und potenziellen positiven Auswirkungen.

---

[100] Siehe Delegierte Verordnung (EU) 2022/1288, ABl. EU v. 25.7.2022, L 196/50.
[101] Vgl. Deutsches Global Compact Netzwerk, Leitprinzipien für Wirtschaft und Menschenrechte, 2. Aufl., 2014, S. 28.

2.3.4.4 Sicherstellung der Wirksamkeit

Bewertet das Unternehmen die **Wirksamkeit einer Maßnahme**, indem es ein Ziel festlegt, so hat es nach ESRS S4.36 bei der Offenlegung der in ESRS S4.32(c) geforderten Informationen ESRS 2 MDR-T zur Nachverfolgung der Wirksamkeit von Konzepten und Maßnahmen durch Zielvorgaben zu berücksichtigen. **114**

Wenn das Unternehmen offenlegt, wie es die Wirksamkeit der Maßnahmen zum **Management der wesentlichen Auswirkungen** während des Berichtszeitraums verfolgt, kann es nach ESRS S4.AR30 etwaige Erkenntnisse aus den vorangegangenen und dem laufenden Berichtszeitraum offenlegen. **115**

Praxis-Hinweis

Zu den Verfahren, mit denen die Wirksamkeit der Maßnahmen verfolgt wird, können interne oder externe Audits oder Überprüfungen, Gerichtsverfahren und/oder damit zusammenhängende Gerichtsurteile, Folgenabschätzungen, Bewertungssysteme, Rückmeldungen von Stakeholdern, Beschwerdemechanismen, externe Leistungsbewertungen und Benchmarking gehören (ESRS S4.AR31).

Die Berichterstattung über die Wirksamkeit zielt nach ESRS S4.AR32 darauf ab, die **Zusammenhänge** zwischen den ergriffenen Maßnahmen und dem wirksamen Management der Auswirkungen zu verstehen. Daher kann das Unternehmen bei der Offenlegung der für das Management der wesentlichen Auswirkungen bereitgestellten Mittel nach ESRS S4.AR41 angeben, welche internen Funktionen am Management der Auswirkungen beteiligt sind und welche Arten von Maßnahmen sie ergreifen, um negative Auswirkungen anzugehen und positive Auswirkungen voranzutreiben. **116**

Auch das UN-Leitprinzip 20 unterstreicht die Notwendigkeit der Wirksamkeitsprüfung, damit die Unternehmen wissen, **117**

- ob ihre Richtlinie optimal umgesetzt wird,
- ob sie wirksam auf die ermittelten Auswirkungen reagiert haben und
- um kontinuierliche Verbesserungen voranzutreiben.[102]

Ferner wird im UN-Leitprinzip 20 gefordert, dass die Nachverfolgung auf geeigneten qualitativen und quantitativen Indikatoren beruhen und sich auf Rückmeldungen aus internen und externen Quellen, einschl. betroffener Stakeholder, stützen sollte. In Abschnitt VI-1(c) der OECD-Leitsätze (2023) wird außerdem empfohlen, dass Unternehmen die Fortschritte bei der Verwirk-

---

[102] Vgl. Deutsches Global Compact Netzwerk, Leitprinzipien für Wirtschaft und Menschenrechte, 2. Aufl., 2014, S. 26.

lichung von Umwelt-, Gesundheits- und Sicherheitszielen oder -vorgaben regelmäßig überwachen und überprüfen (ESRS S4.BC88).

118 Die Beschreibung der Umsetzung dieser Sorgfaltspflichten in der Berichterstattung basiert nach ESRS S4.BC89 auf GRI 3-3-e. Demnach müssen Unternehmen für jedes wesentliche Thema folgende Informationen über die Nachverfolgung der Wirksamkeit der ergriffenen Maßnahmen berichten:

*   Verfahren, die zur Nachverfolgung der Wirksamkeit der Maßnahmen eingesetzt werden,
*   Ziele, Vorgaben und Indikatoren, die zur Bewertung der Fortschritte verwendet werden,
*   die Wirksamkeit der Maßnahmen, einschl. der Fortschritte bei der Erreichung der Ziele und Vorgaben,
*   gewonnene Erkenntnisse und wie diese in die betrieblichen Strategien und Verfahren der Organisation eingeflossen sind.

Auch der Berichtsrahmen der UN-Leitprinzipien (C5) leitet die Unternehmen dazu an offenzulegen, woher sie wissen, ob ihre Bemühungen zur Behandlung hervorstechender bzw. signifikanter (wesentlicher) Fragen **in der Praxis** wirksam sind (ESRS S4.BC90).

Praxis-Hinweis

Zu den relevanten Maßnahmen zur Sicherstellung der Wirksamkeit gehören interne Überprüfungsprozesse, interne Audits, Audits bei Zulieferern, Umfragen bei Angestellten oder anderen Arbeitnehmern, Umfragen bei externen Stakeholdern, andere Verfahren für das Feedback betroffener Stakeholder (einschl. Verfahren zur Einbindung von Stakeholdern und Beschwerdemechanismen), Datenbanken zur Nachverfolgung von Ergebnissen, wenn tatsächliche Auswirkungen oder Beschwerden auftreten (ESRS S4.BC90). Als relevante Informationen gelten auch qualitative und/oder quantitative Indikatoren, mit denen bewertet werden kann, wie effektiv die einzelnen signifikanten Themen gehandhabt werden (z. B. Indikatoren, die von dem Unternehmen oder einem einschlägigen Branchenverband, einer Multi-Stakeholder-Initiative oder in einem allgemeineren Berichtsrahmen entwickelt wurden).

---

119 ESRS S4.BC94 stellt die Verbindung zu Schritt 3.1 des UN Global Compact/GRI Practical Guide to Integrating the SDGs into Corporate Reporting her. Dieser leitet die Unternehmen an, über ihre **Strategie** zu berichten, einschl. der Zielsetzungen und der Messung durch dazugehörige Indikatoren für den Beitrag zu ihren vorrangigen Zielen für nachhaltige Entwicklung (SDGs). Dabei wird anerkannt, dass positive Beiträge sowohl aus der Bewältigung von Risiken als auch aus der Bereitstellung nützlicher Produkte oder Dienstleistungen resultieren können. Dies kann eine Beschreibung der einschlägigen Unternehmensrichtlinien, -systeme und

-prozesse, einschl. der Einbindung von Stakeholdern, sowie Daten umfassen, die zeigen, wie das Unternehmen bei der Verwirklichung seiner vorrangigen SDGs vorankommt und welche Rückschläge es erlitten hat.

Das Unternehmen hat gem. ESRS S4.37 offenzulegen, welche **Mittel für das** **120** **Management** seiner wesentlichen Auswirkungen bereitgestellt werden, und zwar mit Informationen, die den Nutzern einen Einblick ermöglichen, wie die wesentlichen Auswirkungen gehandhabt werden.

ESRS S4.BC98 stellt hier eine Verbindung zu Anforderung 2 des CDSB-Berichts- **121** rahmens her, wonach Informationen über die Umwelt- und Sozialpolitik und -strategien (d. h. die diesbzgl. Konzepte) von Unternehmen die Gründe und die Art dieser Konzepte und Strategien umfassen sollten, bspw. um auf die besonderen Geschäftsrisiken und -chancen zu reagieren oder um zu nationalen oder internationalen Umwelt- und Sozialzielen beizutragen (z. B. das Pariser Abkommen oder die SDGs). Bzgl. dieser Anforderung sollten die Informationen auch **Einzelheiten zu den sozialen Grundsätzen und Konzepten** enthalten, z. B.

- ob sie die Investition von Ressourcen in die Vermeidung, Abschwächung und Beseitigung bestimmter negativer Auswirkungen auf die Menschenrechte, die Förderung des Humankapitals, die Entwicklung nützlicher Produkte und Dienstleistungen usw. beinhalten,
- ob die ökologischen und sozialen Konzepte der Organisation die Zusammenarbeit mit Unternehmen in der Wertschöpfungskette (vor- und nachgelagerte Bereiche) und anderen Dritten beinhalten,
- über Maßnahmen zur Abschwächung oder Beseitigung von ökologischen und sozialen Auswirkungen.

Die Anforderung verlangt auch eine Beschreibung der Ressourcen, die für das Management und die Umsetzung der Richtlinien, Strategien und Ziele bereitgestellt werden, einschl. der Investitions- und Kapitalausgabenpläne.

Auch für diese gegenüber GRI neu justierte Angabeanforderung bietet die **122** Haspa ein geeignetes Beispiel:

Praxis-Beispiel Haspa[103]

„**30. Zusammenfassende Beschreibung der Aktionspläne und Mittel in Bezug auf das Management der wesentlichen Auswirkungen, Risiken und Chancen in Bezug auf Verbraucher und Endnutzer**

Finanzielle Grundversorgung und verantwortungsvolles Produktangebot

Unsere Produkte und Dienstleistungen decken die Grundbedürfnisse der finanziellen Daseinsvorsorge ab und stellen eine Basisinfrastruktur für die

---

[103] Entnommen Haspa, Nachhaltigkeitsbericht 2023, S. 135 f.

breite Bevölkerung in der Region sicher. Wir bieten Zugang zu Finanzdienstleistungen und sicheren Anlageformen für alle Kundengruppen. Dazu zählen entsprechend der Gründungsidee der Sparkassen auch Menschen mit geringem Einkommen.

Die Nutzung von Filialen und digitalen Zugangswegen hat sich in den vergangenen Jahren dynamisch verändert. Unser Filialnetz haben wir mit dem Konzept der Nachbarschaftsfilialen an diesen Wandel angepasst. Gleichzeitig bieten wir unseren Kundinnen und Kunden Mobile- und Online-Services, die einen sicheren, bedarfsgerechten digitalen Zugang zu allen Finanzdienstleistungen und modernen Bezahlverfahren ermöglichen. Wir stärken die Finanzbildung und unterstützen auch mithilfe des Beratungsdienstes Geld und Haushalt der Sparkassen-Finanzgruppe private Haushalte mit kostenfreien Angeboten zur Budget- und Finanzplanung und befähigen sie damit zur selbstverantwortlichen Zukunftsvorsorge. Zudem werden Schuldnerberatungsstellen von uns finanziell unterstützt.

31. a) Maßnahmen zur Verhinderung, Abmilderung oder Behebung wesentlicher negativer Auswirkungen auf Verbraucher und Endnutzer

Menschenrechtliche und umweltbezogene Maßnahmen in Bezug auf Kundinnen und Kunden

Maßnahme	Menschenrechtliche und umweltbezogene Maßnahmen in Bezug auf Kundinnen und Kunden
Beitrag zur Verwirklichung der Ziele der Policies	Unser Ziel ist es, unsere Produkte und Dienstleistungen für jede Kundin und jeden Kunden gleichberechtigt zugänglich zu machen.
Fortschritte	Wir haben den barrierefreien Zugang zu unseren Filialen, zu unserem Internetauftritt, zu den Selbstbedienungsgeräten und zu unserem gesamten Beratungsangebot ausgebaut. Fast alle unserer Filialen verfügen über einen barrierefreien Zugang für Rollstuhlnutzer. Alle Geldautomaten sind mit tastbaren Hilfen ausgestattet. Zudem wurden diese um eine Audiounterstützung erweitert, die wir bei der Online-Geldautomatensuche kenntlich machen.

[...]

Ergänzender Hinweis: Es folgt eine weitere Aufstellung zu Datenschutz und Informationssicherheit.

31. c) Zusätzliche Maßnahmen oder Initiativen zur Erzielung positiver Auswirkungen für Verbraucher und Endnutzer

Zugänge zu Finanzdienstleistungen

Maßnahme	Zugänge zu Finanzdienstleistungen
Ergebnisse	Für Bargeldversorgung und persönlichen Service und Beratung unserer Kunden verfügt die Haspa über mehr als 100 personenbesetzte Filialen und Kunden-Center sowie über 70 SB-Standorte. Für die flächendeckende Versorgung mit Finanzdienstleistungen für alle Bevölkerungsgruppen sind wir auch in Stadtteilen mit einer schwächeren ökonomischen und sozialen Struktur mit Filialen und SB-Standorten präsent. Viele Bankgeschäfte lassen sich nach unserer Auffassung gut und schnell im Netz erledigen. Rund 760.000 Haspa-Kunden nutzten im Jahr 2023 unser Online-Banking. Für Kunden, die ihre Bankgeschäfte von unterwegs mit dem Smartphone oder Tablet erledigen möchten, bieten wir mit unseren Sparkassen-Apps leistungsfähige und vor allem sichere Lösungen an.
Fortschritte	Alle Mitarbeitenden der Haspa sind mit iPads ausgestattet, um unsere Kunden zu digitalen Angeboten und Online-Services beraten zu können und das mobile Arbeiten zu unterstützen. Mit Blick auf das veränderte Nutzungsverhalten bieten wir auch persönliche Beratung über digitale Kanäle an. Die Direktberatung der Haspa bietet Service und Beratung auch per Telefon, Mail, Text- und Video-Chat. Um insbesondere ältere Menschen beim Online Banking zu unterstützen, hat die Haspa eine eigene Seminarreihe ins Leben gerufen. Die Seminare finden ein Mal im Monat in allen Nachbarschaftsfilialen statt.

[...]

Ergänzender Hinweis: Es folgt eine weitere Aufstellung zur Förderung von Finanzkompetenz.

35. Schwerwiegende Menschenrechtsprobleme und Vorfälle im Zusammenhang mit Verbrauchern und Endnutzern

Im Berichtsjahr wurden der Haspa keine schwerwiegenden Probleme oder Vorfälle in Verbindung mit Verbrauchern und Endnutzern gemeldet."

2.4 Kennzahlen und Ziele: ESRS S4-5 – Ziele im Zusammenhang mit der Bewältigung wesentlicher negativer Auswirkungen, der Förderung positiver Auswirkungen und dem Umgang mit wesentlichen Risiken und Chancen

123   Die **Metriken und Ziele** sind in Set 1 der ESRS für den ESRS S4 noch nicht tiefergehender ausgeführt, was aber in einer späteren Überarbeitung nachgeholt werden soll. Daher haben Unternehmen nach ESRS S4.38 nur die zeitgebundenen und ergebnisorientierten Ziele offenzulegen, die sie sich ggf. gesetzt haben:

a) zur Verringerung der negativen Auswirkungen auf die Verbraucher und/oder Endnutzer und/oder

b) zur Förderung positiver Auswirkungen auf die Verbraucher und/oder Endnutzer und/oder

c) zum Management wesentlicher Auswirkungen und Chancen im Zusammenhang mit Verbrauchern und/oder Endnutzern.

124   Ziel dieser Angabepflicht ist nach ESRS S4.39, ein Verständnis zu vermitteln, inwieweit das Unternehmen zeitgebundene und ergebnisorientierte Ziele verwendet, um Fortschritte voranzutreiben und zu messen

- bei der Bewältigung wesentlicher negativer Auswirkungen und/oder
- bei der Förderung positiver Auswirkungen auf Verbraucher und/oder Endnutzer und/oder
- beim Management wesentlicher Risiken und Chancen im Zusammenhang mit Verbrauchern und/oder Endnutzern.

Praxis-Beispiel Solid Officetechnik Service (nach DNK)[104]

„Unsere Geschäftstätigkeit beeinflusst im Grunde keine wesentlichen Nachhaltigkeitsthemen. Es werden keine bedeutsamen Emissionen erzeugt, keine Menschenrechte verletzt und es findet keine nennenswerte Ressourcennutzung statt.

Als Nachhaltigkeitsthemen, die auf unsere Geschäftstätigkeit einwirken, können ganz klar die Themen Klimawandel/Klimanotstand und veränderte Ressourcennutzung durch sich ändernde Arbeitswelten gesehen werden.

---

[104] Entnommen Solid Officetechnik Service GmbH, DNK-Erklärung 2020, S. 6f.

Das Thema Nachhaltigkeit rückt durch verschiedene Kanäle zunehmend in den Unternehmensalltag und erhöht so den Druck auf alle Beteiligten einer Lieferkette von der Herstellung bis zur Verwendung der Ware. In öffentlichen Ausschreibungen werden immer wieder Öko-Zertifizierungen und Siegel (Blauer Engel) verlangt und umweltfreundliche Transportlösungen angefragt. Ein zaghafter Anfang, den wir gern unterstützen, der uns aber als Händler dort vor neue Herausforderungen stellt, wo die Investitionskosten hoch sind und die notwendige Infrastruktur nicht/noch nicht ausreichend ausgebaut ist.

Transformationsthemen wie Digitalisierung und die Veränderung der Arbeitswelt unter anderem durch Corona verändern unsere Kundenwünsche. Zentrale Arbeitsorte mit zu beliefernden Warenlagern nehmen ab und Homeoffice-Arbeit zu.

Daraus ergeben sich Risiken aber auch Chancen. Die veränderten Kundenbedürfnisse stellen unser bestehendes Geschäftsmodell zum Teil in Frage. Wir müssen betrachten, wie sich die Kundenbedürfnisse entwickeln? In welche Märkte wollen wir vordringen, weil woanders Marktanteile wegbrechen? Im Bezug auf spezifische Unternehmensthemen setzen wir mit einer konsequent nachhaltigen Ressourcennutzung und einem hohen Anspruch an das Mitarbeitendenwohl Standards. [...]

Unsere Nachhaltigkeitsziele ergeben sich durch unsere Geschäftstätigkeit als Warenhändler. Wir haben 3 Kernziele 1) Transport, 2) Logistik und 3) Gesellschaftliche Verantwortung definiert, zu denen wir jeweils messbare Unterziele erarbeitet haben. [...]"

Die **Festlegung von Zielvorgaben** liefert Indikatoren, an denen der Fortschritt   125
gemessen werden kann. Im Kommentar zum UN-Leitprinzip 20 heißt es, dass Unternehmen besondere Anstrengungen unternehmen sollten, um die Wirksamkeit ihrer ergriffenen Maßnahmen in Bezug auf die Auswirkungen auf Angehörige von u. u. verstärkt von Verwundbarkeit oder Ausgrenzung bedrohten Gruppen oder Bevölkerungsteilen zu begegnen.[105] Auch die OECD-Leitsätze (2023) VI-1 empfehlen die regelmäßige Überwachung und Überprüfung der Fortschritte bei der Erreichung von Umwelt-, Gesundheits- und Sicherheitszielen (ESRS S4.BC102).

Eine entsprechende (Nach-)Verfolgung der Wirksamkeit der ergriffenen Maß-   126
nahmen wird auch von GRI 3-3-e gefordert, wonach Unternehmen für jedes

---

[105] Vgl. Deutsches Global Compact Netzwerk, Leitprinzipien für Wirtschaft und Menschenrechte, 2. Aufl., 2014, S. 26.

wesentliche Thema folgende Informationen über die entsprechende Nachverfolgung zu berichten haben (ESRS S4.BC103):

- Verfahren, die zur Nachverfolgung der Wirksamkeit der Maßnahmen eingesetzt werden,
- Ziele, Vorgaben und Indikatoren, die zur Bewertung der Fortschritte verwendet werden,
- die Wirksamkeit der Maßnahmen, einschl. der Fortschritte bei der Erreichung der Ziele und Vorgaben,
- gewonnene Erkenntnisse und wie diese in die betrieblichen Strategien und
Verfahren der Organisation eingeflossen sind.

127 Bei der Offenlegung von **Zielen in Bezug auf Verbraucher und/oder Endnutzer** kann das Unternehmen nach ESRS S4.AR42 angeben:

- die angestrebten Ergebnisse im Hinblick auf das Leben der Verbraucher
und/oder Endnutzer (und zwar so konkret wie möglich),
- ihre langfristige Stabilität in Bezug auf Definitionen und Methoden, um für
Vergleichbarkeit zu sorgen, und/oder
- Verweise auf Standards oder Verpflichtungen, auf denen die Ziele beruhen
(z.B. Verhaltenskodizes, Beschaffungskonzepte, globale Rahmenwerke oder
Industrienormen/-kodizes).

Ziele, die sich auf **wesentliche Risiken und Chancen** beziehen, können mit
Zielen, die sich auf wesentliche Auswirkungen beziehen, identisch sein oder sich
von diesen unterscheiden. Daher ist nach ESRS S4.AR43 keine Unterscheidung
per se zu treffen; aber es muss offengelegt werden, worauf das Ziel abzielt (d.h.
wesentliche Auswirkungen und/oder Risiken bzw. Chancen).

Praxis-Hinweis

So könnte ein Ziel sein, unterversorgten Verbrauchern einen gleichberechtigten Zugang zu sauberem Trinkwasser zu gewährleisten, was sowohl die
diskriminierenden Auswirkungen auf diese Verbraucher verringern als auch
den Kundenstamm des Unternehmens vergrößern könnte (in Anlehnung an
ESRS S4.AR43).

---

128 Nach ESRS S4.AR44 kann das Unternehmen auch zwischen **kurz-, mittel- und
langfristigen Zielen** für dieselbe i.R.d. Konzepts eingegangene Verpflichtung
unterscheiden.

Praxis-Hinweis

Ein Unternehmen kann als eines seiner Hauptziele verfolgen, seine Online-
Dienste für Menschen mit Behinderungen zugänglich zu machen – mit dem
langfristigen Ziel, bis 20xx seine Online-Dienste zu 100 % anzupassen, und

---

mit dem kurzfristigen Ziel, jedes Jahr bis 20xx XY barrierefreie Funktionen hinzuzufügen (ESRS S4.AR44).

Nach ESRS S4.BC101 verpflichtet Art. 19a Abs. 2 Buchst. b) der CSRD die Unternehmen zwar grds., eine **Beschreibung der zeitgebundenen Nachhaltigkeitsziele** und der Fortschritte bei der Erreichung dieser Ziele vorzulegen. Allerdings sind keine spezifischen Angabepflichten für Ziele zu Nachhaltigkeitsfragen definiert, die auch für Verbraucher und Endnutzer relevante Rechte umfassen.   **129**

In ESRS S4.40 wird zudem der Hinweis gegeben, dass die zusammenfassende Beschreibung der Ziele für das Management der wesentlichen Auswirkungen, Risiken und Chancen in Bezug auf Verbraucher und/oder Endnutzer die in ESRS 2 MDR-T definierten Informationsanforderungen enthalten muss.

Nach ESRS S4.41 hat das Unternehmen das **Verfahren zur Festlegung der Zielvorgaben** offenzulegen – einschl. der Information darüber, ob und inwiefern das Unternehmen direkt mit Verbrauchern und/oder Endnutzern, ihren rechtmäßigen Vertretern oder mit glaubwürdigen Stellvertretenden, die Einblick in ihre Situation haben, in folgenden Bereichen zusammengearbeitet hat: **130**
* Festlegung aller derartigen Ziele,
* (Nach-)Verfolgung der Performance des Unternehmens in Bezug auf die Verwirklichung dieser Ziele und
* ggf. Ermittlung von Erkenntnissen oder Verbesserungsmöglichkeiten, die sich aus der Performance des Unternehmens ergeben.

ESRS S4.41 korrespondiert mit der Forderung aus GRI 3-3-e, dass die Berichterstattung über Ziele und Zielvorgaben auch Angaben darüber enthalten sollte, wie die Ziele festgelegt wurden (Rz 126). GRI 3-3-f verlangt auch eine Beschreibung, wie die Einbindung von Stakeholdern die ergriffenen Maßnahmen (siehe GRI 3-3-d) und die Beurteilung der Wirksamkeit der Maßnahmen (siehe GRI 3-3-e) beeinflusst hat (ESRS S4.BC103).   **131**

Wenn ein Ziel im Berichtszeitraum **geändert oder ersetzt** wird, kann das Unternehmen die Änderung nach ESRS S4.AR45 durch einen **Querverweis** auf erhebliche Änderungen des Geschäftsmodells oder auf umfassendere Änderungen des akzeptierten Standards oder der Rechtsvorschriften, aus denen das Ziel abgeleitet wird, verdeutlichen, um Hintergrundinformationen gem. ESRS 2 BP-2 zu Angaben in Bezug auf bestimmte Umstände zu liefern.   **132**

Anforderung 2 des CDSB-Berichtsrahmens besagt, dass die Offenlegungen die Umwelt- und Sozialpolitik, -strategien und -ziele des Managements, einschl. der Indikatoren, Pläne und Zeitpläne, die zur Bewertung der Performance herangezogen werden, beinhalten sollen. Zur Erfüllung dieser Anforderung   **133** müssen Unternehmen ihre Ziele, Zeitpläne und wichtigsten Leistungsindikatoren beschreiben, anhand derer die Umsetzung von Umwelt- und Sozialstrategien und -politiken gemessen und mit Mitteln ausgestattet wird. Zu den Informationen über ein soziales Ziel gehört auch, ob es sich um eine direkte Messung der Ergebnisse für die Menschen oder um eine Messung der systemischen Veränderungen, die auf die Verbesserung der Ergebnisse für die Menschen abzielen, handelt. Die Angaben zu den Zielen sollten zudem beinhalten, ob und wie sie durch die **Einbeziehung betroffener Stakeholder**, ihrer rechtmäßigen Vertreter und/oder von Fachexperten zustande gekommen sind, sowie die wichtigsten Leistungsindikatoren, die zur Bewertung der Fortschritte im Hinblick auf die Ziele verwendet werden.

134   Als ein Beispiel für Ziele im Zusammenhang mit der Bewältigung wesentlicher negativer Auswirkungen bzw. dem Umgang mit wesentlichen Risiken kann Arla Foods amba herangezogen werden. Ziel war, bis 2030 die Anzahl der Rückrufe auf null zu reduzieren.

Praxis-Beispiel Arla Foods amba[106]

„Lebensmittelsicherheit – Produktrückrufe"

Im Jahr 2023 gab es einen öffentlichen Rückruf. Der Rückruf ging auf eine fehlerhafte Versiegelung an der Abfülllinie zurück, was zu einer geringen anfänglichen Schimmelpilzkontamination in einer bestimmten Charge eines Haferdrinks führte. Obwohl festgestellt wurde, dass das Problem kein Risiko für die Lebensmittelsicherheit darstellte, wurde die Charge zurückgerufen. Aufgrund eines Missverständnisses bei den Anweisungen der dänischen Lebensmittelbehörden an Arla wurde dieser Vorfall mit einer Geldstrafe belegt.

Produktrückrufe

	2023	2022	2021	2020	2019
Anzahl der Rückrufe	1	1	0	1	4

Bilanzierungs- und Bewertungsmethoden

Alle Produktvorfälle werden zeitnah bearbeitet, um die Sicherheit der Verbraucher sowie die Einhaltung der gesetzlichen Anforderungen und die Produktqualität zu gewährleisten. Das Vorgehen bei öffentlichen Rückrufen folgt detaillierten und standardisierten Verfahren. Darüber hinaus wird der Umgang mit Produktvorfällen jährlich getestet, um die Bereitschaft und Wirksamkeit aufrechtzuerhalten.

---

[106] Entnommen Arla Foods amba, Jahresbericht 2023, S. 73.

Ein öffentlicher Rückruf erfolgt, wenn Produkte ein Risiko für die Lebensmittelsicherheit, die Gesetzeskonformität oder die Markenintegrität darstellen. Er ist nur dann relevant, wenn die betroffenen Produkte für die Verbraucher auf dem Markt zugänglich sind. Öffentliche Rückrufe werden sofort nach dem Auftreten eines Vorfalls gemeldet. Zu jedem Vorfall muss innerhalb von zwei Werktagen nach dem Bekanntwerden des Problems ein Vorfallsbericht erstellt werden. Die Gesamtanzahl der öffentlichen Rückrufe wird jedes Jahr gemäß der Anforderungen an die Berichterstattung extern offengelegt."

3 Fazit

ESRS S4 verdeutlicht den Erstellern der Nachhaltigkeitsberichterstattung, welche   135
Angaben bei vorliegender Wesentlichkeit über Aspekte im Kontext von Verbrauchern und/oder Endnutzern nötig sind. Der Standard ist noch nicht final ausgestaltet, da insbes. noch die konkreten Kennzahlen fehlen. Nach den sehr allgemein gehaltenen Zielen der Berichterstattung über Verbraucher und Endnutzer, die bei den aktuellen öffentlichen Diskussionen durchaus einige Ansatzpunkte zu einer Berichterstattung liefern, sind die konkreten Angabepflichten im Weiteren **stark verengt auf die (Nicht-)Einhaltung der Menschenrechte**. Auch wenn sehr viele Angabepflichten auf schon vorliegenden Nachhaltigkeitsberichterstattungsstandards und Richtlinien aufbauen und es auch Verknüpfungen mit anderen Regulierungen der EU gibt, ist auf die Besonderheit hinzuweisen, dass die sonst im Mittelpunkt stehenden Kunden übersprungen werden und sich die Berichterstattung nach ESRS S4 auf Verbraucher und Endnutzer bezieht. **Händler oder Weiterverarbeiter**, die ebenfalls starke Stakeholder sein können, sind somit in diesem Standard ausgeklammert und werden auch in den anderen ESRS eher als Zulieferer von Informationen verstanden, auf die im Zweifelsfall einzuwirken ist, wenn von diesen die mit den Produkten oder Dienstleistungen der Wertschöpfungskette verbundenen negativen Auswirkungen oder Risiken und Chancen einhergehen.

Aufgrund des Fehlens von berichtspflichtigen Kennzahlen dreht sich die Be-   136
richterstattung nach ESRS S4 um die Frage, wie die **Interessen** (meist verengt auf die Einhaltung der Menschenrechte) **der Verbraucher und/oder Endnutzer** als Stakeholder von Unternehmen berücksichtigt werden. Daher ist im Kontext von Verbrauchern und Endnutzern über Folgendes zu berichten:

• Interessen dieser Stakeholder,
• negative sowie positive Auswirkungen,
• Risiken und Chancen,
• Konzepte (Strategie, Unternehmenspolitik, Unternehmensrichtlinien),

- Verfahren der Einbeziehung der Interessen dieser Stakeholder,
- Verfahren zur Behebung negativer Auswirkungen einschl. der Beschwerdemechanismen,
- Maßnahmen zur Eindämmung negativer Auswirkungen und Verringerung von Risiken bzw. der Förderunge der positiven Effekte einschl. der Evaluation der Systeme und Maßnahmen sowie
- Ziele im Zusammenhang mit der Bewältigung wesentlicher negativer Auswirkungen.

Praxis-Tipp

Auch wenn sich die konkreten Anforderungen des ESRS S4 stark an den Menschenrechten orientieren, sollte u. E. ein breiterer Ansatz verfolgt werden; alle wesentlichen Themen, die beim Stakeholder-Dialog aufkommen, müssen Gegenstand der Berichterstattung sein.

Da es bislang kaum Indikatoren in diesem Bereich gibt, steht die Beschreibung der Konzepte, Verfahren und Maßnahmen im Mittelpunkt der Berichterstattung. Aus dieser sollte deutlich werden, dass die **Verbraucher und Endnutzer und deren Interessen von den Unternehmen wahrgenommen und bei den Handlungen bzw. Entscheidungen berücksichtigt** werden – was aber eigentlich auch eine ökonomische Notwendigkeit ist, weshalb viele Unternehmen bislang ggf. gar nicht auf den Gedanken gekommen sind, dies in einem Nachhaltigkeitsbericht gesondert hervorzuheben. In den ersten Beispielen von Unternehmen, die ESRS S4 freiwillig bereits für das Geschäftsjahr 2023 anwenden, gibt es daher erwartungsgemäß viele Informationen über schon gut eingeführte Maßnahmen, um die Interessen von Verbrauchern und Endnutzern zu hören und in konkrete Ziele und Aktivitäten zu überführen, sowie etablierte Beschwerdeverfahren, um reagieren zu können.

Literaturtipps

- Baumüller/Müller/Scheid, Die Endfassung der Corporate Sustainability Due Diligence Directive – Eckpunkte und Handlungsbedarf, StuB 2024, S. 349 ff.
- Müller/Adler/Duscher, Nachhaltigkeitsberichterstattung im Mittelstand: Verpflichtung, Ausgestaltungsanforderungen und Unterstützungsmöglichkeiten, DB 2023, S. 242 ff.
- Müller/Baumüller/Scheid, Berichterstattungspflichten aufgrund des Lieferkettensorgfaltspflichtengesetzes – Darstellung, Analyse und Umsetzung der neuen Berichtspflichten, StuB 2022, S. 923 ff.
- Müller/Needham/Warnke, EU-Regulierung der Nachhaltigkeitsberichterstattung: Handlungsempfehlungen für KMU, BB 2022, S. 1899 ff.

- Müller/Reinke, Zur Bedeutung der EU-(Umwelt)Taxonomie – Einordnung in die Regulierung zur Transformation in Richtung einer nachhaltigen Wirtschaft und Auswirkungen auf betroffene Unternehmen, StuB 2023, S. 704 ff.
- Müller/Reinke/Warnke, Rechnungslegungspolitik nach ESRS? Zielorientierte Vorgehensweise bei Wesentlichkeitseinschätzungen, Wahlrechtsangaben und Übergangsregelungen?, PiR 2024, S. 160 ff.
- Needham/Warnke/Müller, Novellierung der Regelungen zur Nachhaltigkeitsberichterstattung: Ausweitung des Anwenderkreises – verbindliche Berichtsstandards – Einführung einer Prüfungspflicht, Stbg 2023, S. 184 ff.
- OECD, OECD-Leitsätze für multinationale Unternehmen zu verantwortungsvollem unternehmerischem Handeln, 2023, www.oecd.org/de/publications/2023/06/oecd-guidelines-for-multinational-enterprises-on-responsible-business-conduct_a0b49990.html, Abruf 1.8.2024

GOVERNANCEASPEKTE

§ 16   ESRS G1 – Unternehmensführung

Vorbemerkung

Die Kommentierung bezieht sich auf ESRS G1 gem. Berichtigung der Delegierten Verordnung (EU) 2023/2772 v. 31.7.2023, ABl. EU L v. 9.8.2024. Sie wurde
umfassend an die überarbeitete Übersetzung der ESRS vom 9.8.2024 angepasst.

Es wurden insbes. Praxis-Beispiele aktualisiert und neu aufgenommen (Rz 13,
17, 28, 39, 41, 43 f., 62, 64 f., 73, 75) und Hinweise auf die CSRD-Umsetzung
(Rz 30) ergänzt. Des Weiteren fanden die Q&A der EFRAG zu den ESRS
Berücksichtigung (Rz 47, 62, 73).

1   Grundlagen

1.1   Zielsetzung und Inhalt

1   Mit der Umsetzung der CSRD[1] erweitert sich auch das Begriffsverständnis der Nachhaltigkeitsterminologie. Angelehnt an das Akronym **ESG** (Environmental – Social – Governance) werden neben Umwelt- und Sozialaspekten auch Modalitäten der Corporate Governance als Teil der Nachhaltigkeit angesehen, die entsprechend im Nachhaltigkeitsbericht abgebildet werden müssen. Neben zwei Querschnittsstandards, fünf Standards zur Umweltberichterstattung und vier Standards zur Sozialberichterstattung beinhalten die europäischen Nachhaltigkeitsberichterstattungsstandards auch einen Standard zur Governance-Berichterstattung, der verschiedene Offenlegungsvorgaben zur Unternehmensführung (***Business Conduct***) regelt. Ferner beinhaltet der vor der Klammer der einzelnen Berichtsanforderungen angesiedelte ESRS 2 einige Offenlegungspflichten zu unterschiedlichen Elementen der Corporate Governance, die zur Erreichung der Nachhaltigkeitsziele bzw. für die Identifizierung, Bewertung und Steuerung der nachhaltigkeitsbezogenen Auswirkungen, Risiken und Chancen benötigt werden (→ § 4 Rz 70 ff.).

2   Ziel des „ESRS G1 – Unternehmensführung" ist es, Angabepflichten festzulegen, die es den externen Adressaten der Nachhaltigkeitsberichterstattung ermöglichen, die Strategie und den Ansatz des Unternehmens, seine Prozesse und Verfahren sowie seine Leistung in Bezug auf die Unternehmensführung zu verstehen (Rz 13). ESRS G1 konzentriert sich auf die folgenden Punkte, die in diesem Standard in der überarbeiteten übersetzten Fassung[2] zusammenfassend als „Unternehmensführung" (***Business Conduct***) bezeichnet werden:
a) Geschäftsethik und Unternehmenskultur, einschl. Korruptions- und Bestechungsbekämpfung, Schutz von Hinweisgebern und des Tierwohls;
b) Management der Beziehungen zu den Lieferanten, einschl. Zahlungspraktiken, insbes. im Hinblick auf Zahlungsverzug bei kleinen und mittleren Unternehmen;
c) Tätigkeiten und Verpflichtungen des Unternehmens im Zusammenhang mit der Ausübung seines politischen Einflusses, einschl. seiner Lobbytätigkeit.

In der ursprünglichen Übersetzung wurde dies „Unternehmenspolitik" genannt, in der Literatur ggf. noch treffender auch „Geschäftsgebaren". Beides wäre u. E. treffender, als die offenbar sehr weit zu verstehende Formulierung der **Unternehmensführung**, da auch Angaben zur Unternehmensüberwachung gefordert werden. Die Geschäftsführung obliegt zumindest nach § 77 Abs. 1 AktG nur dem Vorstand gemeinsam. Offenbar wird diese Problematik etwa bei ESRS G1.5, wonach „Fachwissen der Verwaltungs-, Leitungs- und Aufsichts-

---

[1]   CSRD – Richtlinie (EU) 2022/2464, ABl. EU v. 16.12.2022, L 322/15.
[2]   Berichtigung der Delegierten Verordnung (EU) 2023/2772 v. 31.7.2023, ABl. EU v. 9.8.2024.

organe in Bezug auf Aspekte der Unternehmensführung" angegeben werden soll. Daher erscheint die nun aktuelle Übersetzung unglücklich, soll aber im Folgenden weiter verwendet werden. Der Begriff der Unternehmensführung wird im Glossar leider auch nicht weiter erläutert.

Die Offenlegungsanforderungen des ESRS G1 konkretisieren somit die Berichtspflichten über die Unternehmensführung des Unternehmens, die jenes nach der Richtlinie zur Nachhaltigkeitsberichterstattung von Unternehmen („CSRD") zu erfüllen hat (ESRS G1.BC1).

Die Berichterstattung hinsichtlich der Sicherstellung des integren Geschäftsverhaltens der Unternehmen im Speziellen respektive der Corporate Governance i. A. hat in den letzten Jahren aufgrund der wiederkehrenden Fälle von Missmanagement oder Betrug stark an Bedeutung gewonnen. Aus deutscher Perspektive haben insbes. die Vorgänge um die Machenschaften des ehemaligen DAX-Mitglieds Wirecard AG für viel mediale Aufmerksamkeit gesorgt, wobei die Reputation des Finanzplatzes Deutschland durch frühere Skandale, wie dem Abgasskandal bei Volkswagen, bereits beschädigt war. Aktuell wirft die Restrukturierung der VARTA AG Fragen bzgl. der Governance auf.[3] Seit jeher wird die Weiterentwicklung der Corporate Governance und deren Berichterstattung intensiv diskutiert. **3**

In den im April 2022 von der EFRAG vorgelegten ersten Entwürfen des Set 1 der ESRS nahmen die Offenlegungsanforderungen hinsichtlich der Corporate Governance noch eine größere Rolle ein und umfassten einen weiteren Berichtsstandard E-ESRS G1 a. F. (Governance, Risikomanagement und interne Kontrolle) mit einer Vielzahl an Offenlegungspflichten zur allgemeinen Ausgestaltung der Corporate Governance der berichtspflichtigen Unternehmen. Auch der frühere E-ESRS G2 a. F. zum Geschäftsgebaren bzw. nach aktueller Übersetzung jetzt Unternehmensführung, der nun der alleinige Governance-Standard ist, fiel in der ursprünglichen Fassung umfangreicher aus. Die Streichung von Offenlegungsanforderungen zur Corporate Governance hatte den Hintergrund, dass insbes. E-ESRS G1 a. F. eine hohe inhaltliche Nähe zu bereits bestehenden Regelungen zur Corporate-Governance-Berichterstattung nach § 289f HGB/§ 243c UGB aufwies, die sich insbes. für börsennotierte Unternehmen durch unterschiedliche Prüfungsniveaus und Offenlegungsregelungen in einer auch nicht durch Verweise zu lösenden Vielzahl von Berichtsdoubletten niedergeschlagen hätte. Das hätte zur Folge gehabt, dass sich für diese Unternehmen der Berichtsaufwand deutlich erhöht hätte, dem kein erkennbarer Informationsnutzen für Berichtsadressaten gegenübergestanden hätte.[4] Der **4**

---

[3] Vgl. z.B. Wirtschaftswoche, Warum der Fall Varta Anleger so empört, 20.8.2024, https://www.wiwo.de/my/finanzen/boerse/varta-und-das-starug-warum-der-fall-varta-anleger-so-empoert/29953106.html, Abruf 1.9.2024.
[4] Vgl. hierzu kommentierend u.a. Needham/Müller, IRZ 2022, S. 447 ff.

E-ESRS G1 a.F. wurde daher gestrichen. Berichtspflichten, die die Offenlegung von Informationen zur Corporate Governance statuieren, die für das Verständnis der Nachhaltigkeitsberichterstattung notwendig sind, wurden bei einer Überarbeitung in den ESRS 2 verschoben. Ferner wurden Offenlegungsanforderungen, die keinen unmittelbaren Bezug zu bestimmten Nachhaltigkeitsthemen haben, gestrichen (z. B. Offenlegung der Anzahl der Aufsichtsratssitzungen und der Anwesenheitsquoten der Aufsichtsratsmitglieder), so dass die Informationen zur Corporate Governance im Nachhaltigkeitsbericht die Corporate-Governance-Berichterstattung ergänzen und diese nicht gänzlich wiederholen.

5   ESRS G1 beinhaltet sowohl Offenlegungsanforderungen zu allgemeinen Angaben zur Unternehmensführung und zum Management von Auswirkungen, Risiken und Chancen als auch zu den Zielen und Kennzahlen in diesem Kontext. Die Offenlegungsanforderungen des ESRS G1 sind i. V. m. ESRS 1 (Allgemeine Anforderungen) und ESRS 2 (Allgemeine Angaben), d. h. i. V. m. den in ESRS 2 geforderten Angaben zu Governance (GOV), Strategie (SBM) und Management von Auswirkungen, Risiken und Chancen (IRO) zu lesen und zu verstehen.

1.2 Abzudeckende Themen

6   ESRS 1.AR16 enthält die **Aufstellung der Nachhaltigkeitsaspekte**, die bei der Wesentlichkeitsanalyse eines berichtspflichtigen Unternehmens mind. zu würdigen sind (→ § 3). Die für ESRS G1 einschlägige Aufstellung von Themen, Unterthemen und Unter-Unterthemen enthält Tab. 1:

Thema	Unterthema	Unter-Unterthema
Unternehmens-führung	• Unternehmenskultur • Schutz von Hinweisgebern (Whistleblower) • Tierschutz • Politisches Engagement und Lobbytätigkeit • Management der Beziehungen zu den Lieferanten, einschl. Zahlungspraktiken	
	• Korruption und Bestechung	• Vermeidung und Aufdeckung einschl. Schulung • Vorkommnisse

Tab. 1: Nachhaltigkeitsaspekte gem. ESRS G1 (ESRS 1.AR16)

Die Offenlegungsanforderungen des ESRS G1 konkretisieren die Berichts- **7** pflichten zu den Governance-Faktoren, die in Art. 29b Abs. 2 Buchst. c) iii)–v) der CSRD geregelt werden. Daher wurden bei der Ausarbeitung dieses Standards die CSRD-Bestimmungen, insbes. die Aspekte rund um die folgenden Governance-Faktoren, berücksichtigt:

a) Unternehmenskultur,

b) Verwaltung der Beziehungen zu den Lieferanten,

c) Vermeidung von Korruption und Bestechung,

d) Engagement des Unternehmens bei der Ausübung seines politischen Einflusses, einschl. Lobbyarbeit,

e) Schutz von Hinweisgebern (Whistleblowern),

f) Tierschutz und

g) die Zahlungsmoral, insbes. im Hinblick auf den Zahlungsverzug bei kleinen und mittleren Unternehmen (KMU).

Andere Aspekte mit potenzieller Relevanz für die Unternehmensführung werden hingegen von anderen ESRS abgedeckt. So werden z.B. Offenlegungsanforderungen zur Einhaltung des Datenschutzes u.a. bereits in ESRS S4 „Verbraucher und Endnutzer" statuiert (ESRS G1.BC3).

Um das Thema neutraler darzustellen, wurde abweichend von der CSRD der ESRS G1 mit Unternehmensführung (*Business Conduct*) betitelt, während die CSRD von Geschäftsethik spricht. Der Regierungsentwurf für ein deutsches Umsetzungsgesetz der CSRD verwendet hingegen auch den Terminus „Unternehmenspolitik" aus der ursprünglichen Übersetzung des ESRS G1, so dass es bei einer Anwendung der Regelungen in der Berichtspraxis zu Irritationen kommen könnte.[5] Mit der CSRD werden die Berichtspflichten ab dem Geschäftsjahr 2025 auf Unternehmen ausgedehnt, die derzeit entweder gar nicht oder zumindest nicht in diesem Umfang über die genannten Governance-Faktoren berichten müssen. Das betrifft insbes. nicht kapitalmarktorientierte Unternehmen, die aufgrund ihrer Unternehmensgröße nun unter die Berichtspflicht fallen. Die EFRAG hat daher bei der Konzeption des ESRS G1 den Schwerpunkt auf die in der CSRD genannten Themen gelegt, weswegen nicht notwendigerweise alle Themen abgedeckt werden, die unter den Oberbegriff der Unternehmensführung fallen oder von der GRI oder anderen Rahmenwerken unter diesen Terminus subsumiert werden. Bei der Standardsetzung wurde sich erkennbar an einem Unternehmen in Form einer SE oder ggf. noch einer AG orientiert. Die Regeln gelten aber rechtsformunabhängig, so dass etwa bei einer GmbH mit größenabhängig fehlendem Aufsichtsrat einige Angabepflichten mit Verweis darauf nicht erfüllt werden können.

---

5 Vgl. RegE CSRD-UmsG, S. 9, www.bmj.de/SharedDocs/Downloads/DE/Gesetzgebung/RegE/ RegE_CSRD.pdf?__blob=publicationFile&v=2, Abruf 1.8.2024.

8 Wie in den bereichsübergreifenden Standards ESRS 1 und ESRS 2 bereits hervorgehoben wird, sind nicht alle Offenlegungsanforderungen dieses Standards für alle berichtspflichtigen Unternehmen gleichermaßen wichtig. Unternehmen haben sich daher bei der Berichterstattung auf die wesentlichen Angaben zu beschränken, um den Nachhaltigkeitsbericht nicht unnötig aufzublähen. I.R.d. Stakeholder-Dialogs scheint gerade der Bereich der Governance noch von vielen Stakeholdern als wenig relevant eingeschätzt zu werden. Die Offenlegungspflichten des ESRS G1 richten sich zumeist an spezielle Stakeholder, wie Anteilseigner, Lieferanten oder themenrelevante NGOs, etwa bzgl. Korruption und politischer Einflussnahme. Dies wird auch bei den Entwürfen der ESRS für KMU deutlich, bei denen die Offenlegungspflichten dieses Standards kaum aufgegriffen werden. So findet sich etwa in ED ESRS VSME⁶ (siehe weiterführend → § 30 Rz 102) lediglich die Forderung B 12, im Fall von Verurteilungen und Geldstrafen im Berichtszeitraum die Anzahl der Verurteilungen und die Höhe der Geldstrafen wegen Verstößen gegen Anti-Korruptions- und Anti-Bestechungsgesetze anzugeben. Für Unternehmen, die in einigen Sektoren und/oder in bestimmten geografischen Gebieten tätig sind, können jedoch tiefergehende Informationen über eine breitere Palette von bestimmten Themen erforderlich sein. Sektorspezifische Angaben werden im Rahmen künftiger spezifischer Standards entwickelt (ESRS G1.BC5; → § 1 Rz 7).

1.3 Datenpunkte aus anderen EU-Rechtsakten

9 Bei Erstellung der ESRS wurde darauf geachtet, dass die ESRS möglichst kohärent zu anderen unionsrechtlichen Vorschriften sowie einschlägigen Berichtsrahmenwerken und Leitlinien sind. Speziell für die Offenlegungspflichten des ESRS G1 erfolgte im Erstellungsprozess der ESRS insbes. eine Einbeziehung der einschlägigen Regelungen der CSRD, der NFRD (Non-Financial Reporting Directive), der SFDR (Sustainable Finance Disclosure Regulation), der EU-Whistleblowing-Richtlinie, der Sustainable Development Goals der UN (SDG), der OECD-Leitsätze und OECD-Grundsätze sowie der Regelungen von relevanten Rahmenwerken, wie den GRI (Global Reporting Initiative), ISSB (International Sustainability Standards Board), ICGN (International Corporate Governance Network) und den Normen des ISO 25000. Die ESRS wurden insbes. in Hinblick auf Struktur, Inhalt und Wortlaut angeglichen (ESRS 2.BC4 f.).

Die Offenlegungsanforderungen des ESRS G1 sind grds. vorbehaltlich der Ergebnisse der vom berichtspflichtigen Unternehmen durchzuführenden **Wesentlichkeitsanalyse** anzuwenden. Bei der Wesentlichkeitsbetrachtung der Offenlegungsanforderungen des ESRS G1 sind allerdings auch die relevanten Regelungen

---

⁶ ED ESRS VSME, Januar 2024, www.efrag.org/sites/default/files/sites/webpublishing/Site Assets/VSME%20ED%20January%202024.pdf, Abruf 1.8.2024.

aus anderen EU-Rechtsakten zu beachten. Ausweislich der Aufstellung in Anlage B von ESRS 2 betrifft dies die Datenpunkte, die in Tab. 2 dargestellt werden. Ferner enthält ESRS G1.BC6 eine Übersicht mit konkreten Querverweisen zwischen den Anforderungen des ESRS G1 und den Anforderungen der CSRD, der SFDR sowie anderer EU-Verordnungen und globaler Rahmenwerke (Tab. 3).

Angabepflicht und zugehöriger Datenpunkt	SFDR-Referenz	Säule-3-Referenz	Referenz der Benchmark-VO	EU-Klimagesetz-Referenz
ESRS G1-1 Übereinkommen der Vereinten Nationen gegen Korruption (ESRS G1.10(b); Rz 19)	Indikator Nr. 6 Anhang 1 Tab. 3			
ESRS G1-1 Schutz von Whistleblowern (ESRS G1.10(d); Rz 19)	Indikator Nr. 6 Anhang 1 Tab. 3			
ESRS G1-1 Geldstrafen für Verstöße gegen die Gesetze zur Korruptions- und Bestechungsbekämpfung (ESRS G1.24(b); Rz 46)	Indikator Nr. 17 Anhang 1 Tab. 3		Delegierte VO (EU) 2020/1816, Anhang II	
ESRS G1-4 Standards zur Bekämpfung von Korruption und Bestechung (ESRS G1.25; Rz 50)	Indikator Nr. 16 Anhang 1 Tab. 3			

Tab. 2: Datenpunkte in ESRS G1 aus anderen EU-Rechtsvorschriften (ESRS 2, App. B)

ESRS	Erforderlich für	Erforderlich für SFDR	Verweise auf andere Rahmenwerke, einschl. EU-Rechtsvorschriften
ESRS G1-1 (Rz 17ff.)	Art. 29b Abs. 2 Buchst. c) iii), Art. 19b Abs. 2 Buchst. d)	PAI, Indikatoren Nr. 6 und 15 Anhang 1 Tab. 3	GRI 2-12; GRI 2-23, 2-24 und 2-26 EU-Whistleblowing-Richtlinie SDG 16.5 und 16.6 UNG GP 29 ICGN-Global-Governance-Grundsätze – Grundsatz 4
ESRS G1-2 (Rz 25ff.)	Art. 29b Abs. 2 Buchst. c) iv)		SDG 17 ISO 25000 Faire Geschäftspraktiken
ESRS G1-3 (Rz 31ff.)	Art. 29b Abs. 2 Buchst. c) iii)		GRI 2-26; GRI 205-2 SDG 16.5 und 16.6 OECD-Leitsätze für multinationale Unternehmen (2023) III-3(a) bis (c) und VII-1 bis 7 UN Global Compact Prinzip 10 ISO 25000 Faire Geschäftspraktiken
ESRS G1-4 (Rz 45ff.)	Art. 29a Abs. 2 Buchst. c) iii)	PAI, Indikatoren Nr. 16 und 17 Anhang 1 Tab. 3	GRI 205-3 SDG 16.5 und 16.6 OECD-Leitsätze für multinationale Unternehmen (2023) VII-1 bis 7 UN Global Compact Prinzip 10 ISO 25000 Faire Geschäftspraktiken
ESRS G1-5 (Rz 52ff.)	Art. 29b Abs. 2 Buchst. c) iv)		GRI 415-1 OECD-Leitsätze für multinationale Unternehmen (2023) VII-1 bis 7
ESRS G1-6 (Rz 66ff.)	Art. 29b Abs. 2 Buchst. c) v)		Örtliche Vorschriften in Spanien, Italien und Portugal

Tab. 3: Anforderungen des ESRS G1 im Vergleich mit CSRD, SFDR, Verweise auf andere Rahmenwerke, einschl. EU-Rechtsvorschriften (ESRS G1.BC6; aktualisiert auf überarbeitete OECD-Leitsätze)

1.4 *Phase-in*-Regelungen

Aufgrund des engen Zeitplans und der damit einhergehend geringen Zeit für die   10
Unternehmen, sich auf die Berichtspflichten vorzubereiten und die entsprechenden Strukturen und Systeme zu implementieren, wurden zumindest für die
Übergangsphase **temporäre Erleichterungen** für bestimmte Unternehmen
respektive Konzerne geschaffen.

Diese sollen insbes. mittelständische Unternehmen, die erstmalig einen Nachhaltigkeitsbericht erstellen müssen, bei der Umsetzung der Vorgaben unterstützen. Die *Phase-in*-Regelungen können Teil der Rechnungslegungspolitik
sein, weshalb deren Nutzung kritisch überdacht werden sollte.[7]

ESRS G1 ist allerdings der einzige themenspezifische Berichtsstandard, für   11
dessen Offenlegungsanforderungen keine Übergangserleichterungen verankert
wurden, so dass alle zur Nachhaltigkeitsberichterstattung verpflichteten Unternehmen ab dem jeweiligen Erstberichtsjahr die kompletten Offenlegungsanforderungen des ESRS G1 in die Wesentlichkeitsanalyse einzubeziehen und ggf.
umzusetzen haben. Anders als die Berichtsvorgaben des ESRS 2, existiert für die
Regelungen des ESRS G1 keine Ausnahmeregelung hinsichtlich des Wesentlichkeitsvorbehalts der Informationen. Dies bedeutet im Umkehrschluss, dass
die Inhalte des ESRS G1 komplett in die Wesentlichkeitsprüfung unter Bezug
auf einen Stakeholder-Dialog einzubeziehen sind.

2 Angabepflichten

2.1 ESRS 2 – Allgemeine Angaben

ESRS G1.4 betont, dass die Offenlegungsanforderungen des ESRS G1 i.V.m.   12
den in ESRS 2 geforderten Angaben zu Governance (GOV), Strategie (SBM)
und Management von Auswirkungen, Risiken und Chancen (IRO) gelesen und
berichtet werden sollen. Insbes. bei der Wesentlichkeitsbetrachtung ist zu
beachten, dass die Angaben nach ESRS 2 weder den Wesentlichkeitsbeschränkungen noch den Übergangserleichterungen unterliegen und daher ab dem
jeweiligen Erstberichtsjahr stets anzugeben sind. Die nach ESRS 2 nötigen
Angaben sind grds. bei den dortigen Angaben und somit im allgemeinen Teil
vorzunehmen. Es ist aber zweckmäßig, im Governance-Teil einen Verweis auf
diese Angaben aufzunehmen.

---

7   Vgl. Müller/Reinke/Warnke, PiR 2024, S. 160 ff.

2.2 Governance: ESRS 2 GOV-1 – Die Rolle der Verwaltungs-, Leitungs- und Aufsichtsorgane

13 In ESRS G1.5 werden zunächst Offenlegungspflichten statuiert, die die Vorgaben des ESRS 2 GOV-1 hinsichtlich der Rolle der Verwaltungs-, Leitungs- und Aufsichtsorgane weiterführen. Unternehmen sollen auch darüber berichten, welche Rolle die Mitglieder der Verwaltungs-, Leitungs- und Aufsichtsorgane in Bezug auf die Unternehmensführung – treffender wäre auf die Unternehmenspolitik – haben. Ferner sollen Unternehmen angeben, welches Fachwissen die Mitglieder der Verwaltungs-, Leitungs- und Aufsichtsorgane in Fragen der Unternehmensführung – auch hier dürfte eher die Unternehmenspolitik gemeint sein bzw. ist die Unternehmensführung sehr weit zu verstehen – aufweisen.

Ziel dieser Offenlegungspflichten ist es, ein Verständnis dafür zu schaffen, wie die Aufgaben und Zuständigkeiten innerhalb der Verwaltungs-, Leitungs- und Aufsichtsorgane hinsichtlich der Steuerung und Überwachung der wesentlichen Auswirkungen, Risiken und Chancen im Zusammenhang mit der Unternehmensführung verteilt sind und ob die jeweiligen Mitglieder der Verwaltungs-, Leitungs- und Aufsichtsorgane über das notwendige Fachwissen bzw. die Fähigkeiten verfügen oder den Zugang zu solchen Fachkenntnissen und Fähigkeiten haben. Auf Basis dieser Informationen sollen externe Berichtsadressaten besser nachvollziehen können, ob die Verwaltungs-, Leitungs- und Aufsichtsorgane insgesamt in der Lage sind, ihre Verantwortlichkeiten im Zusammenhang mit der Unternehmenspolitik zu erfüllen. Eine knappe Darstellung findet sich dazu im Sustainability Non-Financial Report 2023 der Ottobock SE & Co. KGaA.

Praxis-Beispiel Ottobock SE & Co. KGaA[8]

„4.1.2. Rolle und Fachwissen der Verwaltungs-, Management- und Aufsichtsorgane im Zusammenhang mit der Unternehmenspolitik

Die Verwaltungs-, Leitungs- und Aufsichtsorgane von Ottobock spielen eine entscheidende Rolle bei der Gestaltung und Überwachung der Unternehmnspolitik. Sie bestehen aus erfahrenen Fach- und Führungskräften und sind dafür verantwortlich, ethische Standards festzulegen und aufrechtzuerhalten, die Einhaltung relevanter Gesetze und Vorschriften sicherzustellen und eine Kultur der Integrität im Unternehmen zu fördern.

---

[8] Entnommen Ottobock SE & Co. KGaA, Sustainability Non-Financial Report 2023, S. 61, eigene Übersetzung aus dem Englischen.

Unser Vorstand gibt den Gesamtton für ethisches Verhalten vor. Sie sind für die Festlegung von Richtlinien verantwortlich, die das Geschäftsverhalten leiten. Alle Führungsgremien, einschließlich der Abteilungsleiter, sind für die Umsetzung dieser Richtlinien und die Förderung einer Kultur verantwortlich, die ethische Entscheidungen auf allen Ebenen der Organisation fördert. Sie alle verfügen über Erfahrung in Bereichen wie Corporate Governance, Rechtskonformität, Risikomanagement und ethischer Führung.

Unser Aufsichtsrat sowie externe Wirtschaftsprüfer sorgen für die Aufsicht und sorgen für die Rechenschaftspflicht in der Unternehmenspolitik."

Weder in ESRS G1.5 noch an anderer Stelle wird näher erläutert, welche konkreten Kenntnisse oder Fähigkeiten seitens der Organmitglieder notwendig sind. Auch wenn dies nicht explizit in ESRS G1.5 gefordert wird, kann es daher sinnvoll sein, im Nachhaltigkeitsbericht zu erläutern, in welchem Zusammenhang die genannten Kompetenzen der Organmitglieder mit der Steuerung und Überwachung der wesentlichen Auswirkungen, Risiken und Chancen in puncto Unternehmenspolitik stehen.

Praxis-Tipp

Die Vielzahl an unterschiedlichen Nachhaltigkeitsthemen schlagen sich in hohen Anforderungen an die Mitglieder der Verwaltungs-, Leitungs- und Aufsichtsorgane nieder. Es ist daher sinnvoll, die Kompetenzen der einzelnen Mitglieder zu den einzelnen Nachhaltigkeitsthemen für externe Berichtsadressaten nachvollziehbar im Nachhaltigkeitsbericht darzustellen. Als Vorbild kann das sog. **Kompetenzprofil für Aufsichtsräte** dienen, welches Unternehmen, die in den Anwendungsbereich des § 161 AktG fallen, in der (Konzern-)Erklärung zur Unternehmensführung offenzulegen haben (siehe Beispiel unter → § 4 Rz 48). DCGK-Empfehlung C.1 sieht vor, das Kompetenzprofil in Form einer Matrix darzustellen. Die Matrixdarstellung erscheint auch zur Umsetzung der Berichtserfordernisse im Zusammenhang mit ESRS 2 GOV-1 zweckmäßig, damit Außenstehende den Überblick behalten.

2.3 Management der Auswirkungen, Risiken und Chancen

2.3.1 ESRS 2 IRO-1 – Beschreibung der Verfahren zur Ermittlung und Bewertung wesentlicher Auswirkungen, Risiken und Chancen

Nach ESRS G1.6 sind die Verfahren zur Ermittlung der wesentlichen Auswirkungen, Risiken und Chancen im Zusammenhang mit der Unternehmensführung zu beschreiben. Unternehmen haben ferner alle relevanten Kriterien offenzulegen, die bei der **Wesentlichkeitsanalyse** verwendet werden, einschl. des Stand-

14

orts, der Tätigkeit, des Sektors und der Struktur der Transaktion. ESRS G1.6 knüpft somit unmittelbar an die Offenlegungspflicht des ESRS 2 IRO-1 an. Ziel der Offenlegungspflicht ESRS G1.6 ist es somit, externen Berichtsadressaten ein Verständnis darüber zu vermitteln, wie das Unternehmen seine Auswirkungen, Risiken und Chancen im Zusammenhang mit der Unternehmensführung ermittelt und bewertet und welche davon wesentlich sind.

15   Eine Schlüsselkomponente ist, dass ein Unternehmen die damit verbundenen Risiken unter Berücksichtigung des Geschäftsmodells und der Aktivitäten, des geografischen Standorts der Aktivitäten und der inhärenten Risiken von Korruption, Bestechung und ähnlichen Verhaltensweisen bewertet. **Risikobewertungen** können dazu beitragen, das Potenzial für problematische Vorfälle im Zusammenhang mit dem Unternehmen einzuschätzen und bei der Gestaltung von Strategien und Verfahren zur Bekämpfung solcher Verhaltensweisen zu helfen. In einigen Sektoren oder Teilsektoren und/oder Regionen sind die Risiken im Zusammenhang mit diesen Verhaltensweisen stärker ausgeprägt, und die Risikobewertung des Unternehmens sollte dies erfassen. Speziell im Hinblick auf Korruption und Bestechung sollte die Risikobewertung die Risiken berücksichtigen, die von (vor- oder nachgelagerten) Geschäftspartnern in der Wertschöpfungskette ausgehen. Damit wird der Tatsache Rechnung getragen, dass die Beziehungen zu Geschäftspartnern rechtliche und/oder Reputationsrisiken bergen können, die korrekt gehandhabt werden müssen (ESRS G1.BC8).

Um den Stakeholdern die Möglichkeit zu geben, die Vollständigkeit der Bewertung zu beurteilen und dadurch Rückschlüsse auf die Angemessenheit der Strategien, Verfahren, Maßnahmen und Ressourcen des Unternehmens zu ziehen, sollen berichtspflichtige Unternehmen Informationen über die Bewertung gem. den Anforderungen des ESRS G1 veröffentlichen. Diese Angaben messen das Ausmaß der Umsetzung der Risikobewertung im Unternehmen (ESRS G1.BC9).

Auf Grundlage der vom Unternehmen durchgeführten Risikobewertung hinsichtlich der Risiken von Korruption oder Bestechung durch seine Geschäftstätigkeit und die geografischen Gebiete, in denen es tätig ist, muss das Unternehmen möglicherweise seine Grundsätze zu Korruption und Bestechung sowie zu anderen von diesem Standard erfassten Aspekten offenlegen. Diese Anforderung hebt bestimmte Aspekte solcher Strategien hervor, die vom Unternehmen offengelegt werden sollten, um Investoren und anderen Interessengruppen relevante und nützliche Informationen zu liefern (ESRS G1.BC15).

Die Offenlegungsanforderungen des ESRS G1.6 sind vergleichbar mit den 16
Berichtsvorgaben des GRI 205-1[9], die Angaben zur Risikobewertung des Un-
ternehmens in Bezug auf Korruption/Bestechung verlangen und somit im
Einklang mit den Anforderungen dieser Offenlegungsanforderung stehen
(ESRS G1.BC10). Eine Orientierung zur Umsetzung des ESRS G1.6 bietet
daher das folgende Beispiel, welches die Anforderungen des GRI 205-1 erfüllt.

Praxis-Beispiel REWE Group[10]

„GRI 205-1: Betriebsstätten, die auf Korruptionsrisiken geprüft wurden

Prüfung der Korruptionsrisiken

Die Rahmenbedingungen, Richtlinien und Prozesse für ein konzerneinheit-
liches Risikomanagement bezüglich der Compliance-Risiken Kartellver-
stöße und Korruption werden durch den Zentralbereich Governance &
Compliance geschaffen.

Mithilfe eines IT-gestützten Tools werden für die gesamte REWE Group
(national wie international) Korruptionsrisiken systematisch erfasst und
bewertet. Es bezieht inländische sowie ausländische Betriebsstätten mit ein.
So werden 100 Prozent der im Compliance-Scope befindlichen Betriebsstätten geprüft. Auf Basis der erfassten und bewerteten Risiken werden
entsprechende Maßnahmen abgeleitet. Als wesentliches Korruptionsrisiko
wurde die ‚Bestechlichkeit im geschäftlichen Verkehr‘ identifiziert.

Die Geschäftsbetriebs- und die Compliance-Risiken werden gemeinsam
erhoben, einheitlich bewertet und in eine gruppenweite Systemlösung überführt […].“

2.3.2 ESRS G1-1 – Unternehmenskultur und Konzepte für die Unternehmensführung

Nach ESRS G1.7 haben Unternehmen ihre **Konzepte in Bezug auf Aspekte der** 17
Unternehmensführung anzugeben sowie zu erläutern, wie es ihre **Unternehmenskultur** fördert. Mit „Konzepte" wird in der aktuellen Übersetzung
„*policies*" übersetzt, was zunächst „Strategie" hieß. Nach dem Glossar bezeichnet ein Konzept eine „Reihe oder ein Rahmen von allgemeinen Zielen und
Managementprinzipien, die das Unternehmen für die Entscheidungsfindung
nutzt. Die Planung oder die Managemententscheidungen des Unternehmens in
Bezug auf einen wesentlichen Nachhaltigkeitsaspekt werden im Rahmen eines
Konzepts umgesetzt. Jedes Konzept unterliegt der Verantwortung einer oder

---

9 GRI 205: Antikorruption 2016.
10 Entnommen REWE Group, Nachhaltigkeitsbericht 2022 nach GRI-Standards, S. 71.

mehrerer definierter Personen, hat einen festgelegten Anwendungsbereich und umfasst ein oder mehrere Ziele (gegebenenfalls in Verbindung mit messbaren Zielen). Ein Konzept wird gemäß den geltenden Governance-Vorschriften des Unternehmens validiert und überprüft. Ein Konzept wird mittels Maßnahmen oder Aktionsplänen umgesetzt."[11] Die Berichterstattung nach ESRS G1.7 hat gem. ESRS G1.9 auch Angaben über die Art und Weise, wie das Unternehmen seine Unternehmenskultur begründet, entwickelt, fördert und bewertet, zu umfassen. Ziel dieser Offenlegungspflicht ist es nach ESRS G1.8, externen Berichtsadressaten ein Verständnis dafür zu ermöglichen, inwieweit das Unternehmen über Konzepte verfügt, die sich mit der Ermittlung, der Bewertung, dem Management und/oder der Verbesserung seiner wesentlichen Auswirkungen, Risiken und Chancen in Bezug auf Aspekte der Unternehmensführung befassen. Außerdem soll sie ein Verständnis für den Ansatz des Unternehmens in Bezug auf die Unternehmenskultur vermitteln. Anders als in ESRS 2 fehlt es hier an der konkreten Einengung auf Nachhaltigkeitsaspekte. Einerseits könnte das aus der Aufforderung aus ESRS G1.4 hergeleitet werden, diese Offenlegungspflicht im Zusammenhang von ESRS 2 GOV-1 zu lesen, andererseits könnte die Absicht dahinter stecken, tatsächlich eine breite Darstellung zu bekommen und auf diesem Weg indirekt über den Stellenwert der Nachhaltigkeit i. R. d. Unternehmenskultur zu berichten. Die Haspa versucht Letzteres umzusetzen, indem zunächst der Code of Conduct dargestellt wird, um dann enger direkt auf die Nachhaltigkeit zu zielen.

Praxis-Beispiel Haspa, Hamburger Sparkasse AG – ESRS G1 Berichterstattung (Auszug)[12]

„Grundlegende Governance-Informationen zur Haspa finden sich in unserer Satzung.

Policies

Die Verhaltensgrundsätze der Hamburger Sparkasse AG (Code of Conduct) [...] wurden vom Vorstand verabschiedet. Sie geben einen Orientierungsrahmen, anhand dessen alle Mitarbeitenden ihr Handeln ausrichten sollen. Die einzelnen Abschnitte fassen die wichtigsten Regeln und Verhaltensstandards zusammen. Themen sind insbesondere die Einhaltung gesetzlicher und regulatorischer Vorgaben sowie ethisches Verhalten im Umgang mit Kunden und bei der Zusammenarbeit mit Kolleginnen und Kollegen. Die Haspa verfügt zudem über weitere vom Vorstand verabschiedete Policies in Bezug auf die Unternehmenspolitik und Unternehmenskultur wie die Diversitäts-

---

11 Berichtigung der Delegierten Verordnung (EU) 2023/2772 v. 31.7.2023, ABl. EU L v. 9.8.2024, Anhang II, Tab. 2, S. 276.
12 Entnommen Haspa, Nachhaltigkeitsbericht 2023, S. 139.

richtlinie für Mitarbeitende der Hamburger Sparkasse AG, Version 1.0 vom 1. Juli 2022 [...], die Grundsätze Menschenrechte [...], die Leitlinie Nachhaltigkeitsstandards im Kerngeschäft und Depot A der Hamburger Sparkasse AG (Basisregelwerk) [...] sowie die Grundsätze Produktverantwortung der Hamburger Sparkasse AG (Grundsätze Produktverantwortung), Version 1.0 vom 21. September 2021 [...].

Die Haspa verfügt über eine interne „Leitlinie Nachhaltigkeitsmanagement der Hamburger Sparkasse AG" [...], die vom Vorstand verabschiedet wurde.

Diese Leitlinie gibt einen einordnenden Überblick

• wie sich die Haspa selbst zum Thema Nachhaltigkeit aufstellt (Nachhaltigkeitspositionierung),
• welche strategische Ausrichtung, Nachhaltigkeitsziele und Nachhaltigkeitsaktivitäten die Haspa verfolgt,
• mit welchen Strukturen Nachhaltigkeit in der Haspa umgesetzt wird,
• wie die Nachhaltigkeitssteuerung erfolgt und
• wie das Nachhaltigkeitsreporting und die Nachhaltigkeitsberichterstattung durchgeführt werden.

Die Leitlinie soll den Führungskräften und Mitarbeitenden als Orientierungsrahmen dienen, um Nachhaltigkeit in den eigenen Verantwortungsbereich und das eigene Tätigkeitsfeld zu integrieren und die Haspa dabei zu unterstützen, schrittweise nachhaltiger zu werden."

Ergänzender Hinweis: Auf vier weiteren Seiten folgt der Abdruck der Leitlinie Nachhaltigkeitsmanagement der Hamburger Sparkasse AG.

In dieser bislang freiwilligen Form ist die Verwendung von Verlinkungen (unterstrichen dargestellt, im Original auch farblich hervorgehoben) noch möglich. Hier dürfte es bei verpflichtender Anwendung ab 2024 Herausforderungen bzgl. der Umsetzung der strengen Verweisregeln aus ESRS 1.119ff. (→ § 3 Rz 162ff.) geben. So sind die sechs elektronisch verlinkten Dokumente noch einmal jeweils zwischen 9 und 50 Seiten lang.

I.A. bringt eine Unternehmenskultur die Werte, Normen und Überzeugungen des Unternehmens zum Ausdruck und dient als übergeordneter Rahmen für die Aktivitäten des Unternehmens. Während ein Teil der Unternehmenskultur aus „ungeschriebenen Gesetzen" besteht, die sich z.B. an den Einstellungen, Verhaltensweisen und Handlungen der Geschäftsführung und den Mitarbeitern bemerkbar macht, ist ein anderer Teil in internen **Leitbildern, Richtlinien oder Verhaltenskodizes** verschriftlicht. Unternehmen sollen im Nachhaltigkeitsbericht beschreiben, wie die Verwaltungs-, Leitungs- und Aufsichtsorgane bei der Gestaltung, Überwachung, Förderung und Bewertung der Unternehmenskultur mitwirken. Berichtsadressaten soll ein Verständnis darüber vermittelt

18

werden, inwiefern das Unternehmen in der Lage ist, negative Auswirkungen zu mindern bzw. positive Auswirkungen zu maximieren sowie die hiermit verbundenen Chancen und Risiken zu überwachen und zu steuern.

19   Im Detail sind nach ESRS G1.10 die folgenden **Angaben** in den Nachhaltigkeitsbericht aufzunehmen, sofern diese Informationen zuvor vom Unternehmen als wesentlich eingestuft wurden:

a) Eine Beschreibung der Mechanismen zur Ermittlung und Untersuchung von Bedenken hinsichtlich rechtswidriger Verhaltensweisen oder Verhaltensweisen, die im Widerspruch zum internen Verhaltenskodex (Code of Conduct) oder ähnlichen internen Regeln stehen, sowie Angaben, ob das Unternehmen die Berichterstattung interner und/oder externer Interessenträger berücksichtigt.

b) Sofern das Unternehmen über keine mit dem Übereinkommen der Vereinten Nationen gegen Korruption im Einklang stehenden Strategien zur Bekämpfung von Korruption oder Bestechung verfügt, hat das Unternehmen dies anzugeben sowie zu erklären, ob es plant, solche Konzepte einzuführen, und nennt ggf. den entsprechenden Zeitplan.[13]

c) Angaben, wie das Unternehmen Hinweisgeber schützt, einschl. Einzelheiten zur Einrichtung interner Meldekanäle für Hinweisgeber, einschl. der Frage, ob das Unternehmen seinen eigenen Arbeitskräften Informationen und Schulungen zur Verfügung stellt, sowie Informationen über die Benennung und Schulung von Mitarbeitern, die gemeldet wurden. Des Weiteren sind Angaben zu den Maßnahmen zum Schutz vor Vergeltungsmaßnahmen eigener Arbeitskräfte, die Hinweisgeber sind, im Einklang mit den geltenden Rechtsvorschriften zur Umsetzung der Richtlinie (EU) 2019/1937[14] zu machen.

d) Sofern das Unternehmen über keine Konzepte zum Schutz von Hinweisgebern verfügt, hat das Unternehmen dies anzugeben sowie mitzuteilen, ob es plant, solche Strategien einzuführen, und nennt ggf. den entsprechenden Zeitplan.

e) Angaben, ob das Unternehmen neben den Verfahren zur Weiterverfolgung von Meldungen von Hinweisgebern im Einklang mit den geltenden Rechtsvorschriften zur Umsetzung der Richtlinie (EU) 2019/1937 über Verfahren verfügt, um Vorfälle im Zusammenhang mit der Unternehmensführung, einschl. Fällen von Korruption und Bestechung, unverzüglich, unabhängig und objektiv zu untersuchen.

f) Ggf. Angaben, ob das Unternehmen über Konzepte in Bezug auf den Tierschutz verfügt.

---

13   United Nations, United Nations Convention against Corruption, www.unodc.org/documents/treaties/UNCAC/Publications/Convention/08-50026_E.pdf, Abruf 1.8.2024.
14   Richtlinie (EU) 2019/1937 v. 23.10.2019, ABl. EU v. 26.11.2019, L 305/17 ff.

g) Angaben über die Konzepte des Unternehmens für organisationsinterne Schulungen zur Unternehmensführung, einschl. Zielgruppe, Häufigkeit und Umfang.

h) Benennung der Funktionen innerhalb des Unternehmens, die in Bezug auf Korruption und Bestechung am stärksten gefährdet sind.

Unternehmen, die die rechtlichen Anforderungen nach nationalem Recht zur Umsetzung der Richtlinie (EU) 2019/1937 oder gleichwertigen rechtlichen Anforderungen in Bezug auf den Schutz von Hinweisgebern unterliegen, können nach ESRS G1.11 der in ESRS G1.10(d) genannten Offenlegung nachkommen, indem sie erklären, dass sie diesen rechtlichen Anforderungen unterliegen.

Bei der Berichterstattung über die Unternehmenskultur in puncto Unternehmensführung ist erneut der Grundsatz der Wesentlichkeit zugrunde zu legen; d.h., es sind zum einen die in ESRS G1.10 genannten Themen nur dann in den Nachhaltigkeitsbericht aufzunehmen, wenn sie jeweils als wesentlich eingestuft wurden. Zum anderen sollen sich Unternehmen auf die wesentlichen Angaben zu den einzelnen Aspekten beschränken. Die ersten praktischen Umsetzungen der ESRS auf freiwilliger Basis für das Geschäftsjahr 2023 zeigen allerdings, dass fast alle Vorreiter auch Aussagen zum ESRS G1 getätigt haben. ESRS G1.AR1 konkretisiert, dass die Unternehmen bei der Festlegung von Inhalt und Umfang der Offenlegung zur Unternehmenskultur in puncto Unternehmensführung folgende Aspekte berücksichtigen können:

a) die Aspekte der Unternehmenskultur, die von den Verwaltungs-, Leitungs- und Aufsichtsorganen berücksichtigt und erörtert werden und mit welcher Häufigkeit dies geschieht;

b) die wichtigsten Themen, die i.R.d. Unternehmenskultur gefördert und kommuniziert werden;

c) die Art und Weise, wie die Mitglieder der Verwaltungs-, Leitungs- und Aufsichtsorgane des Unternehmens Leitlinien zur Förderung einer Unternehmenskultur bereitstellen;

d) spezifische Anreize oder Instrumente für die eigenen Arbeitskräfte, um die Unternehmenskultur zu fördern und zu unterstützen.

Bei der Berichterstattung über die Unternehmenskultur hinsichtlich der Unternehmensführung tritt jedoch das Problem auf, dass sich weder das Konzept noch die Verbesserung der Unternehmenskultur im Lauf des Zeitraums einfach in quantifizierbaren Kennzahlen erfassen lässt und somit nur eingeschränkt temporär oder zwischenbetrieblich mit anderen Unternehmen vergleichbar ist. In Betracht kämen allenfalls Reifegradmodelle, die aber wieder eine hohe Subjektivität in die Berichterstattung bringen würden. Die Herausforderungen bei der Quantifizierbarkeit sollten aber zum einen nicht als ausreichender Grund angesehen werden, um gänzlich auf qualitative Angaben in diesem

20

21

Bereich zu verzichten, sofern sie sinnvollerweise gemacht werden können (ESRS G1.BC12). Zum anderen ist es für externe Berichtsadressaten umso wichtiger, dass das Unternehmen Angaben darüber macht, wie die Unternehmensleitung die Themen des ESRS G1 im Zusammenhang mit der Unternehmensführung vorgibt, um so beurteilen zu können, wie diese Themen in der gesamten Organisation formuliert, gefördert und gesteuert werden. Externe Berichtsadressaten erhalten über diesen Weg relevante Informationen zur Beurteilung der Unternehmensführung, auch wenn diese möglicherweise nicht leicht zu vergleichen oder in einigen Fällen zu überprüfen sind (ESRS G1.BC13).

In diesem Zusammenhang sind auch Angaben zum sog. „Tone at the Top" wichtig. Der „Tone at the Top" bestimmt den Zweck, die Werte und die Strategie (umgesetzt in den Konzepten) eines Unternehmens und gibt den Mitarbeitenden Leitlinien für den Umgang mit sensiblen Themen wie Umwelt, Unternehmensführung und Soziales vor. Es liegt auf der Hand, dass die Strukturen und die Organisation der obersten Führungsebene eines Unternehmens in dieser Hinsicht einen großen Einfluss haben. Die zusätzlichen Aspekte, die nach ESRS G1.10 behandelt werden sollen, dienen dazu, entweder den „Tone at the Top" des Unternehmens darzustellen oder diejenigen zu schützen, die auf Fälle hinweisen, in denen möglicherweise gegen die Unternehmensführung (besser: Unternehmensstrategien oder -konzepte) verstoßen wurde (ESRS G1.BC11).

22 Die Offenlegungsvorgaben des ESRS G1-1 weisen eine inhaltliche Nähe zu bereits bestehenden Berichtsstandards der GRI auf.

Praxis-Tipp

Anders als bei den ESRS existieren für die GRI bereits zahlreiche Best-Practice-Beispiele und andere Hilfestellungen. Bei erstmaliger Umsetzung des ESRS G1-1 kann es helfen, die GRI-Standards als Orientierung heranzuziehen. Konkret enthalten die Berichtsstandards GRI 2-12 „Rolle des höchsten Kontrollorgans bei der Beaufsichtigung der Bewältigung der Auswirkungen", GRI 2-23 „Verpflichtungserklärung zu Grundsätzen und Handlungsweisen", GRI 2-24 „Einbeziehung der Verpflichtungserklärungen zu Grundsätzen und Handlungsweisen", GRI 2-26 „Verfahren für die Einholung von Ratschlägen und die Meldung von Anliegen" sowie GRI 3-3 „Management von wesentlichen Themen" vergleichbare Regelungen zu den Vorgaben des ESRS G1-1.

So verlangt z.B. GRI 2-12-a u.a. eine Beschreibung der Rolle des höchsten Leitungsorgans und der leitenden Angestellten bei der Entwicklung, Genehmigung und Aktualisierung des Zwecks, der Werte oder der Leitbilder der Organisation.

Praxis-Beispiel EVVA[15]

„GRI 2-12 bis 2-13: Governance/Unternehmensführung – Impact- und Stakeholdermanagement

2.12

a. Aufgaben des höchsten Leitungsorgans hinsichtlich Vision, Leitbild, Werte, Strategie etc.

Die oberste Führungsebene hat die EVVA-Kultur stark auf nachhaltiges Handeln ausgerichtet. Vision, Leitbild, Werte sowie Code of Conduct wurden von ihr in Zusammenarbeit mit einem internen Strategieteam und einem externen Beratungsunternehmen erarbeitet. Sie sind Säulen unserer nachhaltigen Strategie und Wesentlichkeitsanalyse."

Praxis-Tipp

Um unnötige Berichtsdoubletten zu vermeiden, ist es sinnvoll, möglichst mit Verweisen bzw. Verlinkungen zu arbeiten. Im obigen Fall könnten Unternehmen u.a. auf die Vision, das Leitbild, die Werte sowie den Code of Conduct des Unternehmens verlinken.

Zusätzlich verlangt GRI 102-16 die Offenlegung einer Beschreibung der Werte, Grundsätze, Standards und Verhaltensnormen der Organisation.

Praxis-Beispiel Bertelsmann[16]

„Ethik und Integrität

GRI 102-16 Werte, Grundsätze, Standards und Verhaltensnormen

Die Bertelsmann Essentials beschreiben den Unternehmenssinn, gemeinsame Ziele und Grundwerte. Die Werte Kreativität und Unternehmertum stehen im Zentrum unseres täglichen Handelns. Durch ihr Zusammenspiel verstärken sie sich gegenseitig und bilden so die Grundpfeiler der Unternehmenskultur von Bertelsmann, die auf Partizipation und Partnerschaft setzt. Die Essentials sind Voraussetzung für eine Unternehmenskultur, in der Mitarbeiter:innen, Unternehmensführung und Shareholder erfolgreich,

---

15 Entnommen EVVA GmbH, GRI-Index, www.evva.com/de-de/ueber-uns/nachhaltigkeits bericht/gri-index/, Abruf 1.8.2024.
16 Entnommen Bertelsmann, GRI-Bericht 2021, S. 14f.

respekt- und vertrauensvoll zusammenarbeiten. Im Sinne der Essentials ist Bertelsmann sich seiner Verantwortung für Mitarbeiter:innen und Auswirkungen auf die Gesellschaft, das wirtschaftliche Umfeld und die Umwelt bewusst und will seinen Beitrag für eine bessere Zukunft leisten.

Die im Jahr 2021 kommunizierte Neuauflage des Bertelsmann Code of Conduct ist die weltweit und für alle Mitarbeiter:innen verbindliche Leitlinie für integres und gesetzmäßiges Verhalten innerhalb des Unternehmens sowie gegenüber Geschäftspartnern und der Öffentlichkeit. Alle im Unternehmen – Mitarbeiter:innen, Vorstand und Aufsichtsrat – sind verpflichtet, die darin festgelegten Grundsätze einzuhalten. Der Code of Conduct ist nicht nur ein Leitfaden zur angemessenen Entscheidungsfindung, sondern informiert auch über die im Unternehmen bestehenden Möglichkeiten, Rat zu suchen sowie vertraulich und sicher Bedenken bezüglich möglichen Fehlverhaltens zu äußern.

Darüber hinaus verpflichtet der Bertelsmann Supplier Code of Conduct Geschäftspartner, die für, gemeinsam mit oder im Namen des Unternehmens tätig werden, zur Einhaltung von Compliance-Mindeststandards, die dem Bertelsmann Code of Conduct entsprechen. Diese Prinzipien sind auch entlang der Lieferketten an Dritte weiterzugeben, die im Rahmen der Tätigkeit des Geschäftspartners für Bertelsmann eingesetzt werden (z.B. Subunternehmer). Im Fall von Verstößen gegen den Supplier Code of Conduct behält sich Bertelsmann angemessene Reaktionsmaßnahmen vor, die von der Schwere des Verstoßes abhängig sind und auch eine Vertragskündigung umfassen können."

Auch andere Vorgaben der GRI sind i.W. kohärent zu den Offenlegungsanforderungen des ESRS G1-1 und können bei der Umsetzung eine gute Orientierung darstellen. So verlangt GRI 2-23 eine Beschreibung der politischen Verpflichtungen in Bezug auf verantwortungsbewusstes Geschäftsgebaren, Links, wo diese im Internet zu finden sind, und eine Beschreibung der Ebene, auf der diese politischen Verpflichtungen genehmigt wurden. Andere Quellen fragen nach Schutzmaßnahmen für Mitarbeiter und nach Berichtsmechanismen. GRI 2-24 verlangt ähnliche Informationen wie ESRS 2 darüber, wie die Grundsätze für verantwortungsvolles Geschäftsgebaren (Unternehmensführung) in die Organisation und die Verfahren (Konzepte) des Unternehmens eingebettet sind, wobei ein Teil dieser Informationen auch von der Offenlegungsanforderung ESRS G1-3 abgedeckt wird. Daher steht diese Offenlegungsanforderung im Einklang mit GRI 2-23 und GRI 2-24. GRI 2-26 verlangt ebenfalls Informationen über Berichtsmechanismen in Bezug auf Bedenken in diesem Bereich. Darüber hinaus verlangt GRI 2-26 Informationen über Möglichkeiten, wo die Mitarbeiter Rat einholen können. Angesichts des vorgeschlagenen Geltungsbereichs der CSRD ist dies möglicherweise nicht für alle Unternehmen machbar und wurde daher nicht in den ESRS aufgenommen (ESRS G1.BC17).

Praxis-Beispiel Geberit[17]

„GRI 2-23 Werte, Standards und Verhaltensnormen

Nachhaltigkeit bedeutet für Geberit, mit innovativen Sanitärprodukten die Lebensqualität von Menschen nachhaltig zu verbessern und damit langfristig Mehrwert für Kunden, Gesellschaft und Investoren zu schaffen. In diesem Sinn werden bei Entscheidungsprozessen ökonomische, ökologische und soziale Gesichtspunkte ausgewogen berücksichtigt. Ein Fokus von Geberit besteht darin, wichtige technologische und gesellschaftliche Trends im Dialog mit den Stakeholdern rechtzeitig zu erkennen und passende Produkte und Dienstleistungen für Kunden zu entwickeln, die auch einen Mehrwert für andere Stakeholder generieren. Die langfristige Ausrichtung minimiert Risiken für die Unternehmensentwicklung, die nicht nur rein finanzieller Natur sind, sondern mit gesellschaftlichen Entwicklungen und ökologischen Herausforderungen wie bspw. dem Klimawandel oder der Wasserknappheit zu tun haben.

Geberit verpflichtet sich seit Langem der Nachhaltigkeit und verfügt seit 1990 über eine langfristig ausgerichtete Umwelt- und Nachhaltigkeitsstrategie, in der laufende und zukünftige Projekte, Initiativen und Aktivitäten gebündelt sind. Jedes der Strategiemodule beinhaltet klare Verantwortlichkeiten mit messbaren Zielen, abgeleiteten Massnahmen und quantifizierbaren Kennzahlen für ein effektives Monitoring. Die als Basis für die etablierte Nachhaltigkeitsstrategie dienende Wesentlichkeitsanalyse, die auf Basis der GRI-Standards durchgeführt worden ist, priorisiert die wesentlichen Themen von Geberit und zeigt gleichzeitig auf, in welchen Bereichen Mehrwert für Stakeholder geschaffen wird. Es sind dies folgende:

- qualitativ und designmässig hochwertige und langlebige Produkte, die einfach zu reinigen und zu reparieren sind,
- ressourcenoptimierte, wassersparende und nachhaltige Sanitärsysteme für das Wassermanagement in Gebäuden,
- eine umweltfreundliche und ressourceneffiziente Produktion,
- umfassender, messbarer und auf Umsetzung ausgerichteter Klimaschutz,
- eine Lieferkette und Logistik, die hohe Umwelt- und Ethikstandards erfüllen sowie
- gute und sichere Arbeitsbedingungen für alle Mitarbeitenden.

---

[17] Entnommen Geberit AG, Geschäftsbericht 2022, S. 178 f.

Die soziale Verantwortung wird u. a. im Rahmen vielfältiger, lokaler Aktivitäten für inklusive Arbeitsplätze oder weltweiter Sozialprojekte rund um die Kernkompetenzen Wasser und sanitäre Einrichtungen wahrgenommen.

Die UN-Nachhaltigkeitsziele (Sustainable Development Goals, SDGs) definieren für 17 verschiedene Themen konkrete Ziele, die von den Staaten bis 2030 umgesetzt werden sollen. Bei der Umsetzung spielt die Einbindung der Wirtschaft eine zentrale Rolle. Als Konsequenz ergeben sich für auf nachhaltige Produkte und Dienstleistungen ausgerichtete Unternehmen wie Geberit auch grosse Chancen mit Wachstumspotenzial. In Übereinstimmung mit der Einschätzung des externen Stakeholderpanels sieht Geberit seinen Beitrag vor allem bei vier UN-Nachhaltigkeitszielen. Die Beiträge zu den Zielen Nr. 6 ‚Verfügbarkeit und nachhaltige Bewirtschaftung von Wasser und Sanitärversorgung für alle gewährleisten‘, Nr. 8 ‚Dauerhaftes, breitenwirksames und nachhaltiges Wirtschaftswachstum, produktive Vollbeschäftigung und menschenwürdige Arbeit für alle fördern‘, Nr. 9 ‚Belastbare Infrastruktur aufbauen, nachhaltige Industrialisierung fördern und Innovation unterstützen‘ und Nr. 11 ‚Städte und Gemeinden sicherer, widerstandsfähiger und nachhaltiger gestalten‘ finden sich im SDG Reporting. In diesen vier Bereichen liegen auch die wesentlichen ökonomischen, ökologischen und sozialen Auswirkungen des Wirtschaftens von Geberit.

Compliance und die Einhaltung geltender Gesetze und Vorschriften in den relevanten Bereichen umfasst mehrere Richtlinien für die soziale, wirtschaftliche und ökologische Verantwortung. Hier werden hohe ethische und soziale Standards definiert und Geberit verpflichtet sich zu Nachhaltigkeit und Integrität. Basis für Compliance im Unternehmen sind der Geberit Kompass, der 2007 eingeführte und zuletzt 2015 überarbeitete Geberit Verhaltenskodex für die Mitarbeitenden sowie der Verhaltenskodex für Lieferanten.

In der Bereitstellung der Informationen zu seinem Nachhaltigkeitsengagement stützt sich Geberit auch auf die Anforderungen etablierter Ratings. Damit bedient Geberit das steigende Bedürfnis von Kunden, Lieferanten, Investoren und anderen Anspruchsgruppen hinsichtlich Transparenz und Vergleichbarkeit, wobei die stark steigende Anzahl von Reporting-Standards und Ratings vermehrt eine Fokussierung notwendig macht. Verschiedene Auszeichnungen und Rankings belegen zudem eine entsprechende Wahrnehmung als Nachhaltigkeitsleader im Sanitärbereich.

GRI 2-24 Umsetzung von Normen und Standards

Die Compliance-Organisation von Geberit ist dezentral aufgestellt und ein konsequent umgesetztes Compliance-Programm in allen relevanten Risikobereichen bildet die Basis für die hohe Qualität der Compliance-Standards. Die für Geberit wesentlichen Compliance-Aktivitäten umfassen die Bereiche Kartellrecht (GRI 206), Korruption (GRI 205), Datenschutz (GRI 418), Produkthaftung (GRI 416, GRI 417), fundamentale Arbeitnehmerrechte (Fortschrittsbericht UNGC Prinzipien 1–6) sowie Umwelt, Arbeitssicherheit und Gesundheitsschutz (GRI 2-27, GRI 403). [...]

Im Rahmen von Willkommensveranstaltungen werden alle Neueintretenden zum Geberit Verhaltenskodex geschult. Dabei kommen u.a. spezifische Schulungsfilme zu den Themen Bestechung, IT-Missbrauch, Mobbing und sexuelle Belästigung zum Einsatz. Eine wichtige Grundlage ist auch das gemeinsame Geberit Intranet (GIN), das seit 2020 für alle Mitarbeitenden auch via Mobile-App zugänglich ist. Die Compliance-Organisation und der Verhaltenskodex werden dort dargestellt und erläutert.

Im Bereich Umwelt spielt für Geberit als produzierendes Unternehmen das Vorsorgeprinzip eine wichtige Rolle. Dies ist im Geberit Verhaltenskodex festgehalten. Die Geberit Gruppe verfügt über ein Gruppenzertifikat nach ISO 9001 (Qualität), ISO 14001 (Umwelt) und ISO 45001 (Arbeitssicherheit und Gesundheit) mit Gültigkeit bis 2024. Alle Produktionswerke (ausser dem neuen Standort in Stryków (PL) für die Möbelfertigung), die zentrale Logistik sowie die Managementgesellschaft mit allen Konzernfunktionen am Hauptsitz in Rapperswil-Jona (CH) sind nach diesen drei Normen zertifiziert. Zudem sind fünf deutsche Werke nach ISO 50001 (Energie) und neun Vertriebsgesellschaften nach ISO 9001 (Qualität) zertifiziert. Das 2020 neu entwickelte und 2021 implementierte Audit-Tool wurde weiterentwickelt. Es ermöglicht die digitale Verwaltung von internen und externen Audits und bietet als Teil der Prozessverbesserung eine Übersicht über die Massnahmen und deren Stand der Umsetzung. Durch die gruppenweite Verfügbarkeit der Plattform können zudem Best-Practice-Ansätze besser ausgetauscht werden.

Im Bereich Arbeitnehmerschutz und Menschenrechte gelten für die Geschäftstätigkeiten von Geberit die UN-Leitprinzipien für Wirtschaft und Menschenrechte. Geberit ist weltweit aktiv, auch in Regionen mit einem gewissen Risiko im Hinblick auf die Einhaltung grundlegender Arbeitnehmer- und Menschenrechte. Im Rahmen der jährlichen Überprüfung des Verhaltenskodex wird die Einhaltung von Menschenrechten bei allen Gesellschaften abgefragt.

Ergänzend fanden im Berichtsjahr in 23 Gesellschaften der Geberit Gruppe interne Audits mit Compliance-Prüfungen statt. [...]

> Geberit legt seine Anstrengungen zur Minimierung von sozialen und Umwelt-
> risiken auch in Ratings offen. In diesem Zusammenhang ist das EcoVadis-
> Rating besonders relevant, wo Geberit bereits zum dritten Mal in Folge mit der
> Platin-Medaille für sein Nachhaltigkeitsmanagement ausgezeichnet wurde
> [...]."

23 Die Offenlegungsanforderungen des ESRS G1-1 weisen zumindest zu einem
gewissen Grad eine Nähe zu bereits bestehenden handelsrechtlichen Bestimmungen auf, wobei der Wortlaut dieser Vorgaben deutlich abstrakter ist.
Zunächst ist die Regelung des § 289c Abs. 2 Nr. 5 HGB/§ 243b Abs. 2 UGB
(jeweils in der Fassung vor Umsetzung der CSRD) zu nennen, der von den
anwendungspflichtigen Unternehmen verlangt, in der nichtfinanziellen (Kon-
zern-)Erklärung[18] bzw. im gesonderten nichtfinanziellen (Konzern-)Bericht
auch Angaben zur Bekämpfung von Korruption und Bestechung zu machen,
wobei sich die Angaben bspw. auf die bestehenden Instrumente zur Bekämpfung von Korruption und Bestechung beziehen können. Bei dieser Berichterstattung ist es sinnvoll, dass Unternehmen auch die Unternehmenskultur
beschreiben. Von dieser Regelung, die mit dem damaligen Umsetzungsgesetz
der CSR-Richtlinie (CSR-RUG)[19] eingeführt wurde, waren bislang nur große,
im Jahresdurchschnitt mehr als 500 Personen beschäftigende kapitalmarktorientierte Unternehmen sowie Kreditinstitute und Versicherungsunternehmen
betroffen.[20]

Die Offenlegungsanforderungen des ESRS G1-1 weisen zudem Ähnlichkeit mit
der Berichtsvorgabe des § 289f Abs. 2 Nr. 2 HGB auf. Kapitalmarktorientierte
Gesellschaften[21] nach § 289f Abs. 2 Nr. 2 HGB[22] haben „relevante Angaben zu
Unternehmensführungspraktiken, die über die gesetzlichen Anforderungen
hinaus angewandt werden, nebst Hinweis, wo sie öffentlich zugänglich sind",
in die (Konzern-)Erklärung zur Unternehmensführung aufzunehmen. Der
Begriff „Unternehmensführungspraktiken" ist im Kontext der Norm allerdings
als Corporate-Governance-Praktiken und weniger als Geschäftsführungsprak-

---

18 Nach § 315c HGB sind auf Konzernebene die Bestimmungen des § 289c HGB entsprechend
    anzuwenden. Es werden nachfolgend nur die Regelungen auf Einzelabschlussebene dargestellt.
19 Vgl. CSR-Richtlinie-Umsetzungsgesetz v. 10.3.2017, BGBl. I 2017, S. 804.
20 §§ 289b Abs. 1, 340 Abs. 1, 341 Abs. 1 HGB/§§ 243b Abs. 1, 267a Abs. 1 UGB.
21 Die Erklärung zur Unternehmensführung i.S.d. § 289f HGB ist von börsennotierten AG sowie
    AG, die ausschl. andere Wertpapiere als Aktien zum Handel an einem organisierten Markt i.S.d.
    § 2 Abs. 5 WpHG ausgegeben haben und deren ausgegebene Aktien auf eigene Veranlassung über
    ein multilaterales Handelssystem i.S.d. § 2 Abs. 3 S. 1 Nr. 8 WpHG gehandelt werden, zu
    erstellen und zu veröffentlichen. Das entspricht der Definition von kapitalmarktorientierten
    Gesellschaften.
22 Nach § 315d HGB sind auf Konzernebene die Bestimmungen des § 289f HGB entsprechend
    anzuwenden. Es werden nachfolgend nur die Regelungen auf Einzelabschlussebene dargestellt.

tiken zu verstehen.[23] Aufgrund der Mehrdeutigkeit des Begriffs „Unternehmensführung" kann es somit zu Fehlinterpretationen dieser Regelung kommen. Das erklärungspflichtige Organ ist gem. § 264 Abs. 1 HGB i.V.m. § 76 AktG der Vorstand, während der Aufsichtsrat diese Angaben nach § 171 Abs. 2 AktG zu prüfen hat.

Aufgrund der unbestimmten Gesetzesformulierung ist grds. eine Fülle an Corporate-Governance-Praktiken denkbar, über die in der (Konzern-)Erklärung zur Unternehmensführung berichtet werden könnte. Wichtig ist allerdings, den genauen Wortlaut dieser Berichtsvorgabe richtig zu interpretieren. Als „relevant" i.S.d. Regelung sind Corporate-Governance-Praktiken dann anzusehen, wenn ihnen ein gewisses Maß an Bedeutung für das gesamte Unternehmen zugesprochen wird.[24] Die Berichtspflicht des § 289f Abs. 2 Nr. 2 HGB ist zudem im Zusammenhang mit der Wiedergabe der Erklärung zum Deutschen Corporate Governance Kodex (DCGK) gem. § 161 AktG zu interpretieren. Corporate-Governance-Praktiken gehen dann über das Gesetz hinaus, wenn sie sowohl über die rechtlichen Bestimmungen als auch über die Entsprechung des DCGK hinausgehen.[25]

Die EU-Richtlinie 2006/46/EG empfiehlt konkret, die Anwendung eines unternehmenseigenen Unternehmensführungskodex zu beschreiben,[26] wozu u.a. ein interner Verhaltenskodex oder (globale) ökologische und soziale Standards zählen. Ein Verweis auf die Unternehmenskultur im Zusammenhang mit der Unternehmensführung bei der Berichterstattung über die Corporate-Governance-Praktiken ist ebenfalls grds. möglich.

Allerdings ist zu beachten, dass die Offenlegungspflicht nach § 289f Abs. 2 Nr. 2 HGB bereits erfüllt ist, wenn die relevanten Corporate-Governance-Praktiken benannt werden und ein Verweis auf die entsprechenden Dokumente aufgenommen wurde. Die Offenlegungsanforderungen des ESRS G1-1 sind somit mit einem Verweis auf die Angaben in der (Konzern-)Erklärung zur Unternehmensführung bereits erfüllt – Voraussetzung dafür ist aber, dass diese auch entsprechend mit begrenzter Sicherheit geprüft wurde.

In ESRS G1-1 werden zudem Offenlegungsanforderungen statuiert, um zu 24 gewährleisten, dass **Finanzdienstleister** die Information bekommen, die sie

---

23 Vgl. die englischsprachige Fassung der Richtlinie 2006/46/EG v. 14.6.2006, ABl. EU v. 16.8.2006, L 224/2 („*corporate governance practices*"); vgl. zudem für die Definition des Begriffs „Unternehmensführung" der Regierungskommission DCGK: Präambel Abs. 1 S. 1 DCGK, www.dcgk.de/de/kodex/aktuelle-fassung/praeambel.html, Abruf 1.8.2024.

24 Vgl. BT-Drs. 16/10067 v. 20.7.2008, S. 78; zudem ausführlich u.a. Böcking/Groß/Worret, in Ebenrot et al., Handelsgesetzbuch, Bd. 1, §§ 1–342e, Kommentar, 2024, § 289f HGB, Rn. 17.

25 Vgl. v. Kanitz/Hoffmann, in Häublein/Hoffmann-Theinert (Hrsg.), BeckOK HGB, 2024, § 289f, Rn. 7.

26 Vgl. Richtlinie 2006/46/EG, Erwägungsgrund 10, ABl. EU v. 16.8.2006, L 224/1.

aufgrund der EU-Offenlegungsverordnung (SFDR) benötigen. Auf Grundlage der SFDR müssen Finanzdienstleister Informationen über die Nachhaltigkeitsauswirkungen und -risiken ihrer Anlageportfolios melden. Neben anderen Kennzahlen müssen Finanzdienstleister, die in den Anwendungsbereich der SFDR fallen, folgende Angaben machen:

a) Fehlen von Konzepten zur Korruptions- oder Bestechungsbekämpfung, die mit dem Übereinkommen der Vereinten Nationen gegen Korruption im Einklang stehen, und

b) Fehlen von Maßnahmen zum Schutz von Hinweisgebern.

Diese Informationserfordernisse sind durch die Offenlegungsvorgaben des ESRS G1.10(b) und (d) abgedeckt (ESRS G1.BC18). Die Regelungen der SFDR gelten für alle Teilnehmer der Finanzmärkte und Finanzberater in der EU sowie für Vermögensverwalter oder Berater außerhalb der EU, die ihre Produkte an Kunden in der EU gem. Art. 42 der Richtlinie zu Verwaltern alternativer Investmentfonds (AIFMD) vermarkten (oder vermarkten wollen). Für Emittenten gelten diese Vorgaben nicht unmittelbar. Allerdings sollten sich auch die Berichtsersteller mit diesen Vorgaben befassen, um den Nachhaltigkeitsbericht möglichst an den Informationsbedürfnissen seiner Adressaten auszurichten.

2.3.3   ESRS G1-2 – Management der Beziehungen zu Lieferanten

25   Nach ESRS G1.12 hat ein Unternehmen Informationen über das Management seiner Beziehungen zu seinen Lieferanten und die Auswirkungen auf seine Lieferkette vorzulegen, sofern diese Informationen zuvor bei der **Wesentlichkeitsanalyse** als wesentlich eingestuft wurden. Diese Informationen sollen nach ESRS G1.12 externen Berichtsadressaten helfen, ein Verständnis hinsichtlich des Managements der Beschaffungsverfahren des Unternehmens, einschl. seines fairen Verhaltens gegenüber Lieferanten, zu erlangen.

26   Die Beschreibung hat nach ESRS G1.15 im Detail Angaben zum Konzept des Unternehmens für die Beziehungen zu seinen Zulieferern unter Berücksichtigung der Risiken für das Unternehmen im Zusammenhang mit seiner Lieferkette und der Auswirkungen auf Nachhaltigkeitsaspekte zu enthalten, sowie Informationen darüber, ob und wie das Unternehmen bei der Auswahl der Lieferanten soziale und ökologische Kriterien berücksichtigt. In ESRS G1.AR2 wird näher konkretisiert, welche Aspekte als Teile des Managements der Beziehungen zu Lieferanten anzusehen und somit ggf. auch in die Nachhaltigkeitsberichterstattung einzubeziehen sind:

a) Angaben darüber, wie die Konzepte des Unternehmens, einschl. seiner Tätigkeiten zur Vermeidung oder Minimierung der Auswirkungen von Störungen seiner Lieferkette, seine Strategie und das Risikomanagement unterstützen;

b) Angaben zu den Schulungen der in der Beschaffungs-/Lieferkette tätigen Arbeitskräfte des Unternehmens in Bezug auf das Engagement und den Dialog mit Lieferanten sowie Anreize für Beschäftigte im Bereich Beschaffung und ob sich diese Anreize auch auf Preise, Qualität oder Nachhaltigkeitsfaktoren beziehen;

c) Angaben zur Überprüfung und Bewertung der sozialen und ökologischen Leistung von Lieferanten;

d) Angaben zur Einbeziehung örtlicher Lieferanten und/oder zertifizierter Lieferanten in die Lieferkette des Unternehmens;

e) Angaben darüber, inwiefern die Konzepte des Unternehmens schutzbedürftige Lieferanten berücksichtigen; zu den „schutzbedürftigen Lieferanten" gehören Lieferanten, die erheblichen wirtschaftlichen, ökologischen und/ oder sozialen Risiken ausgesetzt sind;

f) Angaben zu den Zielen und Maßnahmen des Unternehmens in Bezug auf die Kommunikation und das Management der Beziehungen zu Lieferanten;

g) Angaben darüber, wie die Ergebnisse der genannten Konzepte bewertet werden, einschl. Lieferantenbesuche, -audits oder -umfragen.

Bei genauerer Betrachtung der Regelung des ESRS G1.12 fällt zudem auf, dass die vorliegende Offenlegungspflicht zwei Teilaspekte vereint. Neben Angaben zum Management des Beschaffungsprozesses des Unternehmens soll darüber berichtet werden, wie gewährleistet wird, dass sich das Unternehmen fair gegenüber seinen Lieferanten verhält. Unternehmen haben daher auch ihre Politik zur Vermeidung von Zahlungsverzug, insbes. gegenüber KMU, zu beschreiben, was aber auch noch unter ESRS G1-6 aufgenommen wird (Rz 66ff.).

In der Fassung der CSRD vom Juni 2022 wurden die Anforderungen an das 27 Management und die Qualität der Beziehungen zu Geschäftspartnern geändert, um insbes. Kunden, Lieferanten und von den Tätigkeiten des Unternehmens betroffene Gemeinschaften zu nennen. Aspekte, die sich auf Kunden und betroffene Gemeinschaften beziehen, werden unter ESRS S3 (→ § 14) und ESRS S4 (→ § 15) behandelt, aber die Beziehungen zu Lieferanten wurden nur kurz im Exposure Draft und nirgendwo sonst in den ESRS behandelt (ESRS G1.BC20). Daher wurden zusätzliche Anforderungen aufgenommen, die sich mit den Konzepten des Unternehmens in Bezug auf die Beziehungen zu seinen Lieferanten, mit Aspekten der Auswahlkriterien im Zusammenhang mit der Nachhaltigkeit und mit der Unterstützung für gefährdete Lieferanten befassen. Diese Aspekte wurden als die wichtigsten angesehen, die in Set 1 der Standards behandelt werden sollten (ESRS G1.BC21). Darüber hinaus wurde angesichts der Änderungen in der CSRD, die die Zahlungen an KMU in diesem Zusammenhang hervorhebt, eine Anforderung bzgl. der Zahlungsverzugspolitik für KMU aufgenommen (ESRS G1.BC22).

28   Ein Beispiel zur Beschreibung des Umgangs mit den Lieferanten bereits in
          Anlehnung an den ESRS G1 bietet die Škoda Auto a.s. in ihrem Sustainability
          Report 2023. Dabei ist allerdings der Code of Conduct for Business Partner
          nicht verlinkt und daher nicht direkter Teil der Berichterstattung, er kann aber
          im Internet gefunden werden.[27]

Praxis-Beispiel Škoda Auto a.s.[28]

„Management der Lieferantenbeziehungen

Škoda Auto hat eine Konzernrichtlinie eingeführt, um eine nachhaltige
Entwicklung seiner Beziehungen zu Lieferanten sicherzustellen. Diese
Richtlinie definiert die Vorgehensweise bei der Einbindung von Umwelt-
und Sozialstandards sowie Anforderungen an deren Einhaltung in Ge-
schäftsbeziehungen in Form eines Verhaltenskodex für Geschäftspartner.
Diese Anforderungen sind vertraglich bindend.

Der Fokus auf eine faire Behandlung von Geschäftspartnern und die Einhaltung des Wettbewerbsrechts sind weitere wichtige Aspekte, die dazu
beitragen, gleiche Wettbewerbsbedingungen für alle Beteiligten zu schaffen
und die Integrität in den Geschäftsbeziehungen zu fördern.

Die Überwachung und Sicherstellung der Einhaltung der festgelegten Standards erfolgt durch zwei Instrumente: das Nachhaltigkeitsrating und die
Untersuchung von Verdachtsfällen auf Verstöße gegen den Verhaltenskodex
für Geschäftspartner.

Sustainability Rating (S-Rating)

Bereits im Jahr 2019 führte Škoda Auto eine Bewertung der Nachhaltigkeit
seiner Lieferanten – das ‚S-Rating' – ein. So stellen wir sicher, dass Lieferanten die festgelegten Standards einhalten. Dieses Rating ist zu einem festen
Bestandteil der Lieferantensuche und Auftragsvergabe geworden.

Das S-Rating basiert auf dem Verhaltenskodex für Geschäftspartner. Die
Bewertung basiert auf den Ergebnissen eines Selbstbewertungsfragebogens
(SAQ), ggf. begleitet von einer Vor-Ort-Besichtigung (Lieferantenaudit).
Škoda Auto initiiert keine Zusammenarbeit mit Lieferanten, deren Bewer-
tung unzureichend ist, und setzt diese auch nicht fort.

---

[27] Für die gesamte Volkswagen Gruppe unter www.skoda-auto.com/_doc/7bd3689e-dd9c-4b49-
      ae83-19239b63a914, Abruf 1.8.2024.
[28] Entnommen Škoda Auto a.s., Sustainability Report 2023, S. 276 ff., eigene Übersetzung aus dem
      Englischen.

Die Bewertung erfolgt für Einzelunternehmen mit zehn oder mehr Mitarbeitern. Unternehmen und Standorte mit weniger als zehn Mitarbeitern können eine Befreiung von der Pflicht zur Einholung eines S-Ratings beantragen.

Parallel zum S-Rating wird bei ausgewählten Geschäftspartnern eine Prüfung der Einhaltung der Vorschriften (Business Partner Due Diligence, BPDD) durchgeführt. Diese auf einer Risikobewertung basierende Inspektion umfasst eine Anti-Korruptions-Inspektion und eine Integritätsprüfung und ist ein weiterer Schritt auf dem Weg zu Transparenz und Verantwortung.

Der Prozess der Vergabe eines S-Ratings und die Prüfung der Sorgfaltspflichten funktionieren im gesamten VW-Konzern einheitlich. Das Ergebnis der Bewertung gilt für alle Marken des Volkswagen Konzerns.

Verstoß gegen den Verhaltenskodex für Geschäftspartner

Zusätzlich zu präventiven Maßnahmen (S-Rating) wird bei Verdachtsmomenten hinsichtlich eines Verstoßes gegen Nachhaltigkeitsanforderungen ein interner Prozess namens Supply Chain Grievance Mechanism (SCGM) aktiviert. Alle Anzeichen oder Hinweise (z.B. aus dem Hinweisgebersystem oder den Medien), die einen möglichen Verstoß gegen den Verhaltenskodex für Geschäftspartner befürchten lassen, werden unverzüglich und eingehend überprüft. Bei nachgewiesenem Fehlverhalten werden Abhilfemaßnahmen gesetzt oder sonstige Konsequenzen gezogen.

Wenn es um Nachhaltigkeit geht, setzt sich Škoda Auto gleichzeitig für eine aktive und wirksame Verbesserung der Ergebnisse seiner Lieferanten ein und ergreift Schritte zur Verbesserung und Anpassung seiner eigenen Prozesse, um den neuesten Standards eines verantwortungsvollen Unternehmens zu entsprechen.

Nachhaltigkeit in den Lieferantenbeziehungen – das Konzernführungskonzept

Bei der Auftragsvergabe verfolgt Škoda Auto einen dreigleisigen Ansatz zur Etablierung nachhaltiger Lieferketten, der sich auf Dekarbonisierung, Menschenrechte, Korruptionsbekämpfung und verantwortungsvolle Auftragsvergabe bei der Beschaffung von Rohstoffen konzentriert. Der Ansatz des Unternehmens legt Wert auf die Messung der Leistung in diesen Schlüsselbereichen der Nachhaltigkeit. Um die besten Ergebnisse zu erzielen, fordert Škoda Auto Transparenz in den Beziehungen zu allen seinen Lieferanten, auch zu denen, die hinausgehen über Tier-1."

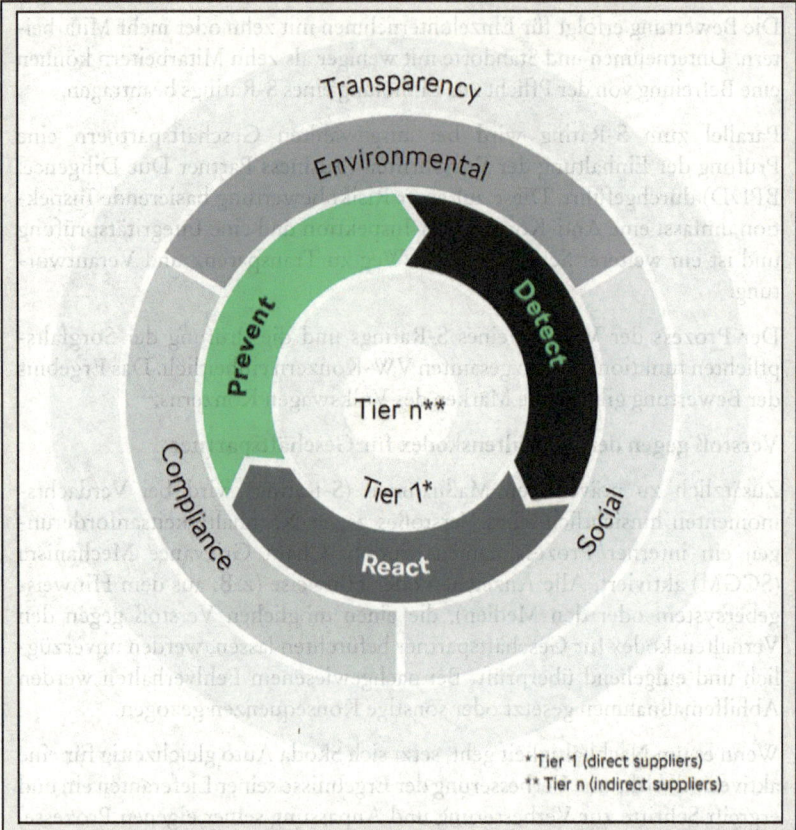

* Tier 1 (direct suppliers)
** Tier n (indirect suppliers)

Vorbeugung (*prevention*): In Verträgen und Spezifikationen sind Anforderungen an die Nachhaltigkeit enthalten. Der Verhaltenskodex für Geschäftspartner hat dabei höchste Priorität. Lieferanten müssen geschult werden und das Bewusstsein für nachhaltiges Handeln wird geschärft.

Reaktion (*reaction*): Den identifizierten Risiken und Auswirkungen kann durch verschiedene Maßnahmen begegnet werden. Dazu gehören ein standardisierter interner Prozess zur Bewertung von Verstößen einzelner Lieferanten sowie die Umsetzung der aus Vor-Ort-Inspektionen abgeleiteten Maßnahmenpläne. Dabei geht es v.a. darum, Verstöße zu beheben, zukünftigen Verstößen vorzubeugen und die Leistung der Lieferanten im Hinblick auf Nachhaltigkeit aktiv zu verbessern.

Ermittlung (*detection*): Nachhaltigkeitsrisiken in der Lieferkette werden systematisch analysiert und bewertet. Die Grundsätze der Nachhaltigkeit

> sind fest in strategischen Entscheidungen bei der Vergabe wichtiger Aufträge im gesamten Konzern verankert. Zur Bewertung der Leistung potenzieller Lieferanten werden ein Selbstbewertungstool sowie Audits vor Ort (S-Rating) eingesetzt.

Die Offenlegungsvorgaben des ESRS G1-2 weisen zumindest partiell eine **29** inhaltliche Nähe zu den bereits bestehenden Dokumentations- und Berichtspflichten über die Erfüllung der im Lieferkettensorgfaltspflichtengesetz (LkSG) geregelten Sorgfaltspflichten (§ 10 LkSG) auf. Nach § 10 Abs. 2 S. 1 LkSG haben anwendungspflichtige Unternehmen zusätzlich zur fortlaufenden Dokumentation jährlich einen Bericht über die Erfüllung der Sorgfaltspflichten im vergangenen Geschäftsjahr zu erstellen, der spätestens vier Monate nach Geschäftsjahresende auf der Internetseite des Unternehmens öffentlich zugänglich gemacht werden muss. Dieser Bericht ist der zuständigen Aufsichtsbehörde vorzulegen, dient aber auch der allgemeinen Öffentlichkeit als Informationsquelle. Diese Berichtspflicht gilt seit dem 1.1.2023. Der erste Bericht war somit – nach aktuellem Rechtsstand – spätestens zum 30.4.2024 zu veröffentlichen. Das Bundesamt für Wirtschaft und Ausfuhrkontrolle (BAFA) als aufsichtsführende Stelle des LkSG hat aber bereits angekündigt, dass das Vorliegen von Berichten erst ab dem 1.1.2025 überprüft werden würde und bis dahin die Sanktionen ausgesetzt werden.[29] Im Bericht über die Erfüllung der unternehmerischen Sorgfaltspflichten i.S.d. § 10 LkSG ist darzustellen, ob und, falls ja, welche menschenrechtlichen und umweltbezogenen Risiken oder welche Verletzungen einer menschenrechts- oder umweltbezogenen Pflicht das Unternehmen identifiziert hat (§ 10 Abs. 2 S. 2 Nr. 1 LkSG) und was das Unternehmen unter Bezugnahme auf die in den §§ 4–9 LkSG beschriebenen Maßnahmen zur Erfüllung seiner Sorgfaltspflichten unternommen hat.[30] Diese Angaben weisen große Übereinstimmungen mit den Angaben nach ESRS G1.2 auf.

Für Unternehmen, die in den **Anwenderkreis des LkSG** fallen, dürften die im **30** ESRS G1-2 geforderten Informationen somit grds. großteils als wesentlich einzustufen sein. Vom LkSG sind seit 2023 Unternehmen direkt betroffen, die mehr als 3.000 Mitarbeiter beschäftigen. Seit dem 1.1.2024 gilt das Gesetz bereits für Unternehmen mit mehr als 1.000 Beschäftigten. Vom LkSG sind zudem nicht nur Unternehmen betroffen, die ihre Hauptverwaltung, Hauptniederlassung, ihren Verwaltungssitz oder ihren satzungsgemäßen Sitz in Deutschland haben, sondern auch (ausländische) Unternehmen, die in Deutschland Zweigniederlassungen i.S.d. § 13b HGB betreiben, sofern diese die genannten Schwellenwerte übersteigen. Da nach ESRS 1.118 Verweise vom Nachhaltigkeitsbericht nur in einen anderen Abschnitt des Lageberichts, in den Jahresabschluss oder in die Erklärung

---

[29] Vgl. BAFA, Berichtspflicht, www.bafa.de/DE/Lieferketten/Berichtspflicht/berichtspflicht_node.html, Abruf 1.8.2024.

[30] Vgl. ausführlich Rupa-Sträßer, ZfBR 2023, S. 419 ff.

zur Unternehmensführung, aber nicht in die Sorgfaltserklärung i.S.d. § 10 LkSG möglich sind, wird es bei diesen Unternehmen teilw. zu **Berichtsdoppelungen** kommen. Allerdings ist mit dem RegE zur Umsetzung der CSRD in das HGB neben einer Verlängerung der Einreichungsfrist dieser Berichte auch eine Befreiungsmöglichkeit von § 10 Abs. 2 LkSG vorgeschlagen, wenn die Angaben in den Nachhaltigkeitsbericht integriert werden (siehe auch die Synopse CSRD und LkSG in → § 1A).[31]

Ein freiwillig erstellter Nachhaltigkeitsbericht soll nur akzeptiert werden, wenn bei dessen Erstellung alle formalen Anforderungen des Pflichtberichts beachtet werden. Als weitere Erleichterung soll für den Verzicht auf den Sorgfaltspflichtenbericht, sogar auch für die notwendige Einreichung nach § 12 Abs. 3 S. 3 LkSG-E gegenüber der zuständigen Behörde, eine Einbeziehung in eine Konzernnachhaltigkeitsberichterstattung ausreichend sein (§ 10 Abs. 5 LkSG-E); es ist dann diese nachzuweisen, was auch für freiwillige Berichte gilt. Die vorgeschlagenen Regelungen sind beschränkt auf die nach § 10 Abs. 2 S. 1 LkSG vorgesehene Berichtspflicht zum Sorgfaltspflichtenbericht, der offengelegt und bei dem BAFA eingereicht werden muss. Alle weiteren Verpflichtungen des LkSG bleiben unverändert.

2.3.4 ESRS G1-3 – Verhinderung und Aufdeckung von Korruption und Bestechung

31   Die Angabepflicht ESRS G1-3 umfasst – sofern wesentlich – Informationen zum System der Aufdeckung und Verhinderung, Untersuchung als auch Verfolgung betreffend Vorwürfe und Vorfälle[32] im Zusammenhang mit Korruption und Bestechung inkl. zugehöriger Schulungen des Unternehmens (ESRS G1.16). Die Angabepflicht bezieht sich somit auf den durch die CSRD neu hinzugefügten Art. 29b Abs. 2 Buchst. c) (iii) 2013/34/EU und der diesbzgl. geforderten Informationen zur Bekämpfung von Korruption und Bestechung.

32   Das Ziel der Angabepflicht ist es, Transparenz hinsichtlich der wichtigsten Verfahren des Unternehmens zur Verhinderung, Aufdeckung und Bekämpfung von Vorwürfen betreffend Korruption und Bestechung zu schaffen (ESRS G1.17 S. 1). Hiervon ebenfalls umfasst sind Schulungen, welche den Arbeitskräften des Unternehmens[33] bereitgestellt werden, und/oder unternehmensintern oder Lieferanten[34] bereitgestellte Informationen (ESRS G1.17 S. 2). Als eine der Intentio-

---

[31] Vgl. RegE CSRD-UmsG, S. 57 f., www.bmj.de/SharedDocs/Downloads/DE/Gesetzgebung/RegE/RegE_CSRD.pdf?__blob=publicationFile&v=2, Abruf 1.8.2024. Zur Diskussion z. B. Müller/Reinke, PiR 2024, S. 139 ff.

[32] Berichtigung der Delegierten Verordnung (EU) 2023/2772 v. 31.7.2023, ABl. EU L v. 9.8.2024, Anhang II, Tab. 2, S. 270.

[33] Berichtigung der Delegierten Verordnung (EU) 2023/2772 v. 31.7.2023, ABl. EU L v. 9.8.2024, Anhang II, Tab. 2, S. 275.

[34] Berichtigung der Delegierten Verordnung (EU) 2023/2772 v. 31.7.2023, ABl. EU L v. 9.8.2024, Anhang II, Tab. 2, S. 281.

nen dieses Standards wird u. a. die qualitative Bereitstellung von Informationen für die Interessenträger[35] des Unternehmens hervorgehoben (ESRS G1.BC24).

Ein zumindest terminologischer, jedoch im Umfang der geforderten Informationen nicht vergleichbarer Anknüpfungspunkt der Angabepflicht nach ESRS G1-3 findet sich in den entsprechenden Mindestbelangen der deutschen bzw. österreichischen Umsetzung der RL 2014/95/EU.[36] Umfasst waren u. a. Angaben zu den seitens des Unternehmens verfolgten Konzepten (§ 289c Abs. 3 Nr. 1 HGB/§ 243b Abs. 3 Nr. 2 UGB) und Instrumenten (§ 289c Abs. 2 Nr. 5 HGB) im Zusammenhang mit der Bekämpfung von Korruption und Bestechung.   **33**

Die für ESRS G1-3 heranzuziehende Definition des für die Angabepflicht maßgeblichen Begriffs der **Korruption** umfasst den „Missbrauch übertragener Befugnis aus persönlichem Gewinninteresse", welcher von Einzelpersonen oder Organisationen initiiert werden kann.[37] Die Definition orientiert sich an jener der EU-Kommission.[38] Bereits die Breite der dem Korruptionsbegriff subsumierten Gesichtspunkte zeigt dessen definitorische Vielfalt (ESRS G1.BC23). Konkret werden die der Korruption zugehörigen Praktiken wie folgt exemplarisch angeführt: **34**

- Bestechungsgelder,
- Betrug,
- Erpressung,
- geheime Absprachen,
- Geldwäsche.

Ebenso vom Begriff der Korruption umfasst ist das „Anbieten oder die Annahme jeglicher Geschenke, Darlehen, Gebühren, Belohnungen oder sonstigen Vorteile für eine oder von einer Person" als Anreiz zur Setzung von unredlichen oder rechtswidrigen Handlungen. Enthalten ist ebenfalls der Vertrauensbruch in Bezug auf die Geschäftstätigkeit des Unternehmens. Exemplarisch, jedoch wie auch in der Auflistung der korruptionszugehörigen Praktiken nicht abschließend aufgezählt, werden hierunter Geld- oder Sachleistungen verstanden in der Form von unentgeltlichen Waren, Geschenken und Urlauben oder besondere persönliche Dienstleistungen, welche zur Erlangung eines „ungerechtfertigten Vorteils erbracht werden oder die zu einem moralischen Druck" führen können, einen solchen Vorteil zu erlangen.[39]

---

35   Berichtigung der Delegierten Verordnung (EU) 2023/2772 v. 31.7.2023, ABl. EU L v. 9.8.2024, Anhang II, Tab. 2, S. 279.

36   NFRD – RL 2014/95/EU, ABl. EU v. 15.11.2014, L 330/1.

37   Berichtigung der Delegierten Verordnung (EU) 2023/2772 v. 31.7.2023, ABl. EU L v. 9.8.2024, Anhang II, Tab. 2, S. 265.

38   Vgl. EU-Kommission, Gemeinsame Mitteilung an das Europäische Parlament, den Rat und den Europäischen Wirtschafts- und Sozialausschuss über die Bekämpfung von Korruption, JOIN(2023) 12 final.

39   Berichtigung der Delegierten Verordnung (EU) 2023/2772 v. 31.7.2023, ABl. EU L v. 9.8.2024, Anhang II, Tab. 2, S. 265.

35 Mit Ausnahme der gesonderten definitorischen Basis für den Begriff der Be-
stechung (Rz 36) deckt sich die Definition von Korruption (Rz 34) mit jener des
Glossars der GRI-Standards[40] (ESRS G1.BC54). Überraschend ist, dass der
Begriff der Bestechung in den innerhalb der „Begriffsbestimmungen in den
ESRS"[41] angeführten Korruptionspraktiken nicht enthalten ist (Rz 34).

36 Der Begriff der **Bestechung** bezieht sich auf den Vorgang der unredlichen
„Überzeugung einer Person durch eine andere Person, zu deren Gunsten zu
handeln, indem ihr ein Geldgeschenk oder ein anderer Anreiz gegeben wird".[42]

37 Der Begriff der **Verfahren** bzw. wichtigsten Verfahren i.S.d. Ziels der Angabepflicht (Rz 32) wird nicht spezifiziert. In ESRS G1.16 (Rz 31) findet sich jedoch
mit dem Verweis auf ein System ein erster Anhaltspunkt zur terminologischen
Abgrenzung. Ebenso findet sich in der Definition des Begriffs des „Vorfalls"[43] der
Begriff der „etablierten Verfahren" wieder. Ferner wird diesbzgl. auf die Informationsdarlegung betreffend die entsprechenden Untersuchungs- und Verfolgungs-
verfahren und Systeme des Unternehmens verwiesen (ESRS G1.BC24). Folglich
werden unter dem Begriff der Verfahren bzw. wichtigsten Verfahren die prozessualen und systematischen Vorgehensweisen zur Aufdeckung, Vermeidung und
Verfolgung von Vorwürfen und Vorfällen im Zusammenhang mit Korruption und
Bestechung als auch die zugehörigen Schulungen zu verstehen sein.

38 Der in der Angabepflicht (Rz 31) angeführte Begriff des Vorfalls wird – im
Gegensatz zum Begriff der Vorwürfe – wie folgt spezifiziert: Unter einem
Vorfall wird neben Klagen oder Beschwerden, welche i.R.e. förmlichen Verfahrens entweder dem Unternehmen oder den zuständigen Behörden gemeldet
werden, auch Fälle der Nichteinhaltung verstanden, welche seitens des Unternehmens durch dessen etablierte Verfahren festgestellt werden. Veranschaulicht
werden ebendiese etablierten Verfahren zur Feststellung eines Falls der Nichteinhaltung durch „Prüfungen des Managementsystems, formelle Überwachungsprogramme oder Beschwerdemechanismen".[44]

39 Die Angabepflicht des ESRS G1.16 (Rz 31) hat – sofern wesentlich – folgende
Informationen zu enthalten (ESRS G1.18):

---

[40] Vgl. GRI Standards Glossar, Anmerkung zum Begriff der Korruption, S. 15, www.globalrepor
ting.org/how-to-use-the-gri-standards/gri-standards-german-translations/, Abruf 1.8.2024.
[41] Berichtigung der Delegierten Verordnung (EU) 2023/2772 v. 31.7.2023, ABl. EU L v. 9.8.2024,
Anhang II, Tab. 2, S. 262.
[42] Berichtigung der Delegierten Verordnung (EU) 2023/2772 v. 31.7.2023, ABl. EU L v. 9.8.2024,
Anhang II, Tab. 2, S. 262.
[43] Berichtigung der Delegierten Verordnung (EU) 2023/2772 v. 31.7.2023, ABl. EU L v. 9.8.2024,
Anhang II, Tab. 2, S. 270.
[44] Berichtigung der Delegierten Verordnung (EU) 2023/2772 v. 31.7.2023, ABl. EU L v. 9.8.2024,
Anhang II, Tab. 2, S. 270.

- Eine Beschreibung jener Verfahren, welche sich bereits in puncto Verhinderung, Aufdeckung und Bekämpfung von Vorwürfen oder Vorfällen von Korruption oder Bestechung im Einsatz befinden (ESRS G1.18(a)). Eine Darlegung der Risikomanagementprozesse und insbes. des Compliance-Managementsystems des Unternehmens könnte somit u. a. für eine diesbzgl. Verfahrensbeschreibung herangezogen werden. Genannt wird die Möglichkeit der Zurverfügungstellung von Einzelheiten der Risikobewertung, Kartierungen von Risiken, Überwachungsprogrammen und/oder internen Kontrollverfahren, welche das Unternehmen zur Aufdeckung von Korruption und Bestechung einsetzt (ESRS G1.AR5). Insbes. wird die Beschreibung der im Unternehmen verankerten systematischen und umfassenden Ursachenanalyse betreffend Korruption und Bestechung von Bedeutung sein, um sowohl Auslöser und mögliche Verbesserungen zu identifizieren und etwaige Wiederholungen zu verhindern (ESRS G1.BC25).

- Eine Beschreibung, ob die Untersuchungsbeauftragten oder der Untersuchungsausschuss getrennt von der im Korruptions- bzw. Bestechungsbelang involvierten „Management-Kette" sind (ESRS G1.18(b)). Weder der Begriff des Untersuchungsbeauftragten, des Untersuchungsausschusses noch der Management-Kette wird näher spezifiziert. Offen bleibt somit insbes. der Umfang des Begriffs der involvierten Management-Kette, welcher für die Darlegung ihrer Trennung von den bei etwaigen Korruptions- bzw. Bestechungsfällen ermittelnden Akteuren maßgeblich sein wird. Der Detaillierungsgrad der diesbzgl. Angaben wird somit fallspezifisch seitens des Unternehmens zu wählen und u. a. von dessen Organisationsstruktur abhängig sein. Letztlich soll die Beschreibung insbes. die Beurteilung der Unabhängigkeit der involvierten Management-Kette von den Untersuchungsbeauftragten bzw. des Untersuchungsauschusses ermöglichen (ESRS G1.BC25).

- Ggf. sollen die Angaben ebenso eine Beschreibung der Verfahren zur Übermittlung der Ergebnisse an die Mitglieder der Verwaltungs-, Leitungs- und Aufsichtsorgane beinhalten (ESRS G1.18(c)). In Ermangelung einer konkreten Spezifikation werden unter dem Begriff der Ergebnisse Resultate der Risikomanagement- bzw. Compliance-Managementprozesse zur Verhinderung, Aufdeckung und Verfolgung von Vorwürfen oder Vorfällen von Korruption und Bestechung zu verstehen sein. Von praktischer Relevanz scheint hier, dass potenzielle Defizite bzw. Schwachstellen, die während des Überwachungsprozesses geortet wurden, zeitnah an Verwaltungs-, Leitungs- und Aufsichtsorgane übermittelt werden. Verwaltungs-, Leitungs- und Aufsichtsorgane sollten die Präventionsmaßnahmen im Hinblick auf Angemessenheit und Wirksamkeit kontinuierlich überwachen. Der Deutsche Corporate Governance Kodex[45] empfiehlt für börsennotierte Unternehmen, dass der Aufsichtsratsvorsitzende zwischen den Sitzungen mit dem Vorstand, insbes. mit dem Vorsitzenden bzw. Sprecher des Vorstands, regelmäßig Kontakt halten und mit ihm Fragen der Strategie, der Geschäftsentwicklung, der Risikolage, des Risikomanagements und der Compliance des Unternehmens beraten sollte. An dieser Stelle sei darüber hinaus auf die Empfehlung des Österreichischen Corporate Governance Kodex[46] hingewiesen, die für adressierte Unternehmen festhält, dass der Vorstand dem Aufsichtsrat mind. einmal jährlich zu Vorkehrungen zur Bekämpfung von Korruption im Unternehmen zu berichten hat.

Im Zusammenhang mit Managementansätzen in puncto Antikorruption verweist ESRS G1.BC26 u.a. auf die GRI Anforderung 205-1-1. Diese Klausel innerhalb des Themen-Standards GRI 205 „Antikorruption" fordert von Unternehmen – unter Verwendung der Angabe 3-3 des GRI 3 „Management von wesentlichen Themen" – offenzulegen, wie der Themenkomplex der Antikorruption gehandhabt wird. Bei Erfüllung der Angabe GRI 3-3-d und e sind Maßnahmen zu beschreiben, die ergriffen wurden, um Antikorruption und die damit verbundenen Auswirkungen zu handhaben sowie Informationen über die Nachverfolgung der Wirksamkeit ergriffener Maßnahmen offenzulegen.

Ferner wird auf den Konnex der Angabepflicht des ESRS G1-3 mit der GRI Angabe 2-26 „Verfahren für die Einholung von Ratschlägen und die Meldung von Anliegen" hingewiesen (ESRS G1.BC6). Die GRI Angabe 2-26 fordert u.a. bereits offenzulegen, wie Einzelpersonen Rat einholen und Meldungen über Anliegen hinsichtlich eines verantwortungsvollen Geschäftsgebarens machen können. Das folgende Praxis-Beispiel zeigt, wenn auch im Zusammenhang mit Beschwerdemechanismen i.A. und somit nicht nur im Zusammenhang mit Korruption und Bestechung, die teils inhaltliche Überschneidung der – sofern wesentlich – gem. ESRS G1.18(b) geforderten Informationen und der GRI Angabe 2-26:

Praxis-Beispiel VARTA[47]

„Die Meldung wird von einem beauftragten Mitarbeiter bearbeitet. Die mit der Durchführung des Verfahrens betrauten Personen sind zum unparteiischen Handeln und zur Verschwiegenheit verpflichtet, sind unabhängig und nicht an Weisungen gebunden. Falls erforderlich, werden auch andere

---

[45] Vgl. DCGK, Deutscher Corporate Governance Kodex, S. 12, www.dcgk.de//files/dcgk/user content/de/download/kodex/220627_Deutscher_Corporate_Governance_Kodex_2022.pdf, Abruf 1.8.2024.

[46] Vgl. ÖCGK, Österreichischer Corporate Governance Kodex, S. 18, www.corporate-govern ance.at/uploads/u/corpgov/files/kodex/corporate-governance-kodex-012023.pdf, Abruf 1.8.2024.

[47] Entnommen VARTA AG, The Art of Balancing – Nachhaltigkeitsbericht 2022, S. 23.

> Abteilungen und Personen in die Bearbeitung des Vorfalls einbezogen, wenn die Umstände dies erfordern. Die Meldungen werden fallspezifisch bearbeitet, situationsbezogene Maßnahmen festgelegt und gegebenenfalls ein Untersuchungsteam gebildet. Diesem Team gehören dann lediglich Mitarbeiter und Führungskräfte an, welche nicht in den Vorfall selbst involviert sind. Die Vertraulichkeit der Identität der betroffenen Person wird gewahrt und die Verfahren bieten einen wirksamen Schutz vor Benachteiligungen wie Vergeltung, Diskriminierung, Einschüchterung oder Bestrafung."

Des Weiteren illustriert die folgende Offenlegung der Bayer AG eine zumindest teilw. Abdeckung der Inhalte i.S.d. ESRS G1.18(c). Konkret wird u.a. der Berichterstattungsprozess der Ergebnisse von Systemen zur Vermeidung, Aufdeckung und Beurteilung von Compliance-Risiken an Aufsichtsorgane beschrieben:

Praxis-Beispiel Bayer[48]

> „Für eine systematische und präventive Risikoerkennung und -beurteilung werden mögliche Compliance Risiken (z.B. Korruption) gemeinsam mit den operativen Geschäftseinheiten identifiziert und in globale Datenbanken eingepflegt. Daraus leiten wir u.a. geeignete Maßnahmen für spezifische Prozesse, Geschäftsaktivitäten oder Länder ab. Ferner bewerten wir unsere Geschäftspartner nach Risikokriterien in Bezug auf eventuelle Compliance-Risiken. Die Einhaltung der Corporate-Compliance-Prinzipien ist auch Gegenstand der Prüfungen durch die Bayer-Konzernrevision sowie der Analysen und Untersuchungen der Rechts- und Compliance-Organisation. Die Leiter dieser Organisationen berichten regelmäßig und mindestens einmal jährlich zusammenfassend über die Ergebnisse der Prüfungen und Analysen im Prüfungsausschuss des Aufsichtsrats."

Sollte das Unternehmen keine entsprechenden Verfahren i.S.d. Angabepflicht gem. ESRS G1.16 (Rz 31) etabliert haben, sollen – sofern wesentlich – dieser Umstand und, falls anwendbar, auch zugehörige Pläne für deren Einführung offengelegt werden (ESRS G1.19). **40**

Die Angabepflicht (Rz 31) umfasst – sofern wesentlich – ebenfalls Informationen darüber, wie das Unternehmen seine Konzepte gegenüber denjenigen **kommuniziert**, für welche diese Konzepte von Relevanz sind. Hierzu gehört auch sicherzustellen, dass das Konzept „zugänglich ist" und seine Auswirkungen seitens der Konzeptadressaten verstanden werden (ESRS G1.20). Die Einstufung der Relevanz für verschiedene interne als auch externe Personengrup- **41**

---

[48] Entnommen Bayer AG, Geschäftsbericht 2023, S. 122.

pen des Unternehmens fußt auf Überlegungen der Notwendigkeit der Umsetzung dieser Konzepte durch die spezifischen Personengruppen und dem direkten Interesse verschiedener Personengruppen an der Konzeptimplementierung selbst. Den konzept-implementierenden Personengruppen zugehörig sind beispielhaft Arbeitnehmer, Auftragnehmer (→ § 12 Rz 2 zu „contractors", ESRS S1) und Lieferanten des Unternehmens (ESRS G1.AR6 S. 1). Jene Personengruppen, welche ein direktes Interesse an der Konzeptimplementierung innehaben, werden durch Arbeitskräfte in der Wertschöpfungskette[49] und Investoren veranschaulicht (ESRS G1.AR6 S. 1). Jene Mittel bzw. Kanäle, durch welche die entsprechenden Konzepte seitens des Unternehmens kommuniziert werden könnten, finden sich beispielhaft in ESRS G1.AR6 aufgezählt. Hierzu gehören „Broschüren, Newsletter, spezielle Websites, soziale Medien, persönliche Interaktionen sowie Gewerkschaften und/oder Arbeitnehmervertreter"[50]. Ebenfalls besteht die Möglichkeit der Darlegung, wie potenzielle Hindernisse für die Verbreitung der Konzepte ermittelt und beseitigt werden, bspw. mittels der Übersetzung der Konzepte in relevante Sprachen oder durch die Verwendung grafischer Darstellungen (ESRS G1.AR6 S. 3).

Ein Praxis-Beispiel zur Erläuterung jener Kanäle, welche für die Informationsverteilung an Mitarbeiter des Unternehmens bzgl. der Prävention von Korruption eingesetzt werden, findet sich bei der EVN AG.

Praxis-Beispiel EVN[51]

„Das im Geschäftsjahr 2021/22 in Abstimmung mit den Führungskräften neu konzipierte mehrstufige Compliance-Schulungsprogramm stellt nunmehr den konzernweit verpflichtenden Schulungsstandard zum EVN Verhaltenskodex dar, der von allen neu eingetretenen Mitarbeiter*innen (inklusive externer Arbeitskräfte) absolviert werden muss [...]. Beim Compliance Update und den Auffrischungsschulungen werden die Praxisbeispiele zudem passend zum jeweiligen Aufgabengebiet und Tätigkeitsbereich der teilnehmenden Mitarbeiter*innen gestaltet, um die mitunter sehr spezifischen Herausforderungen zur korrekten Anwendung des EVN Verhaltenskodex, etwa im Rahmen der Korruptionsprävention, möglichst zielgenau zu vermitteln. [...]

Neben diesem umfangreichen Schulungsprogramm setzt CCM (Corporate Compliance Management, d. Verf.) regelmäßig auch auf alternative Kommunikationsmaßnahmen (z.B. solche im Intranet oder in den Mitarbei-

---

Berichtigung der Delegierten Verordnung (EU) 2023/2772 v. 31.7.2023, ABl. EU L v. 9.8.2024, Anhang II, Tab. 2, S. 283.
Berichtigung der Delegierten Verordnung (EU) 2023/2772 v. 31.7.2023, ABl. EU L v. 9.8.2024, Anhang II, Tab. 2, S. 284 f.
[51] Entnommen EVN AG, Ganzheitsbericht 2022/23, S. 32.

ter*innenzeitungen der EVN) sowie auf die Wissensvermittlung durch Führungskräfte, die laufend in die Vertiefung und Weiterentwicklung unserer Compliance-Grundsätze und -Regeln sowie unserer ethischen Prinzipien eingebunden sind. Die in mehrstündigen Workshops gemeinsam mit den Führungskräften erarbeiteten Inhalte werden von diesen regelmäßig an ihre Mitarbeiter*innen weitergegeben So wird das CMS auch durch die Führungskräfte begleitend unterstützt."

E.ON SE gibt eine exemplarische Beschreibung der Kanäle und der sprachlichen Barrierefreiheit bzgl. der Bereitstellung von Konzepten zur Korruptionsbekämpfung an Lieferanten als auch der Methodik zur Sicherstellung des Verständnisses der Auswirkungen der Konzepte seitens der Mitarbeiter des Unternehmens.

Praxis-Beispiel E.ON[52]

„Unser Verhaltenskodex und unser Lieferantenkodex, die in den Landessprachen aller Nationen, in denen wir geschäftlich tätig sind, verfügbar sind, setzen auf das Leitprinzip ‚Doing the right thing'. Sie bieten leicht verständliche Leitlinien zu allen Compliance-Themen, die für E.ON relevant sind. Dazu gehören Menschenrechte, Korruptionsbekämpfung, fairer Wettbewerb sowie regel- und gesetzeskonforme Beziehungen zu Geschäftspartnern. Der E.ON-Verhaltenskodex enthält abschließend auch einen Integritätstest. Mit ihm können unsere Beschäftigten anhand weniger Fragen überprüfen, ob sie das Richtige tun. Jede und jeder unserer Mitarbeiterinnen und Mitarbeiter ist arbeitsvertraglich verpflichtet, sich im Einklang mit den Regeln des Verhaltenskodex zu verhalten. [...]"

Schulungen werden als essenziell für die Wissenserweiterung betreffend Verfahren und Prozesse im Zusammenhang mit der Unternehmenspolitik hervorgehoben. Eine umfasende Darlegung zu den Schulungsprogrammen des Unternehmens kann somit in bestimmten Fällen von Relevanz sein. Die Angabepflicht des ESRS G1-3 fordert jedoch nur – sofern wesentlich – bestimmte Informationen zu Schulungen betreffend Antikorruption und Antibestechung (ESRS G1.BC28). **42**

Die im Zuge der Angabepflicht (Rz 31) – sofern wesentlich – geforderten Informationen zu Schulungen sollen folgende Inhalte umfassen: **43**
- Das Unternehmen soll die Art, den Umfang und die Tiefe der angebotenen oder verlangten **Schulungsprogramme zur Bekämpfung von Korruption und Bestechung** erläutern (ESRS G1.21(a)). Unter der Schulungsart wird v. a. die gewählte Methodik der Inhaltsübermittlung der Schulung, wie bspw.

---

52 Entnommen E.ON SE, Integrierter Geschäftsbericht 2023, S. 80.

in der Form von Präsenz- bzw. computerbasierten Schulungen, zu verstehen sein. Als Informationen zum Schulungsumfang ist neben der Angabe zur Gesamtanzahl der Mitarbeiter, welche die entsprechenden Schulungen erhalten haben, auch die Schulungshäufigkeit und Schulungsdauer denkbar (ESRS G1.AR8). Hervorzuheben ist die Möglichkeit der Offenlegung einer Analyse der Schulungsmaßnahmen des Unternehmens kategorisiert nach Faktoren wie der Region der Schulung (→ § 12 Rz 74 f.) bzw. der für die Schulung vorgesehenen Kategorie der Mitarbeiter. Von dieser Möglichkeit sollte insbes. dann Gebrauch gemacht werden, sofern sich die Schulungsprogramme anhand dieser Faktoren erheblich unterscheiden und diese Information für die Nutzer[53] nützlich ist (ESRS G1.AR7). In der Festlegung der regionalen Unterschiede wird aufgrund der fehlenden Definition des Begriffs „Region" dem Unternehmen ein Interpretationsspielraum geboten. Es wird somit – unter Abwägung des Nutzens der Informationsbereitstellung – seitens des Unternehmens zu entscheiden sein, inwiefern sich bspw. eine Kategorisierung der Schulungsprogramme auf Länderebene anbietet. Die darzulegende Schulungstiefe könnte u.a. mittels Informationen zum thematischen Schulungsrahmen bzw. der durch die jeweilige Schulung behandelten Themenkomplexe spezifiziert werden (ESRS G1.AR8).

Praxis-Tipp

Im Zusammenhang mit den – sofern wesentlich – gem. ESRS G1-3 offenzulegenden Informationen wird in ESRS G1.BC32 auf die GRI Angabe 205-2 „Kommunikation und Schulungen zu Richtlinien und Verfahren zur Korruptionsbekämpfung" hingewiesen. Konkret fordern die Angaben gem. GRI 205-2-d und e umfassende Informationen zum Abdeckungsgrad von bspw. Kontrollorganmitgliedern und Angestellten in puncto Schulungen zum Themenkomplex der Korruptionsbekämpfung. Im Umfang sind die gem. ESRS G1-3 betreffend Antikorruptions- und Antibestechungs-Schulungsprogrammen offenzulegenden Informationen jedoch – unter Berücksichtigung der Verhältnismäßigkeit – kompakter im Vergleich zu den Angaben gem. GRI 205-2-d und e (ESRS G1.BC32).

• Zusätzlich sollen Unternehmen den prozentualen Anteil von „risikobehafteten Funktionen", welcher durch Schulungsprogramme abgedeckt ist, offenlegen (ESRS G1.21(b)). Der Begriff der risikobehafteten Funktionen bezieht sich auf jene Funktionen, welche „aufgrund ihrer Aufgaben und Verantwortlichkeiten" als exponiert gegenüber dem Risiko der Korruption

---

[53] Berichtigung der Delegierten Verordnung (EU) 2023/2772 v. 31.7.2023, ABl. EU L v. 9.8.2024, Anhang II, Tab. 2, S. 282.

und Bestechung eingestuft werden (ESRS G1.AR4). Durch diese erhöhte Risikoexponierung könnte ein höherer Schulungsbedarf für risikobehaftete Funktionen im Vergleich zu einer allgemeinen Sensibilisierung der eigenen Belegschaft/Arbeitskräfte (*„own workers"*; → § 12 Rz 1) erforderlich sein (ESRS G1.BC29). Die für die Attestierung der Risikoexponierung gegenüber Korruption und Bestechung anzusetzenden Maßstäbe werden vom Unternehmen selbst zu definieren und der notwendige Schulungsbedarf in den zugehörigen Konzepten festzulegen sein (ESRS G1.AR8).

- Ebenso soll der **Umfang**, zu welchem Mitglieder der Verwaltungs-, Leitungs- und Aufsichtsorgane geschult werden, beschrieben werden (ESRS G1.21(c)). Der Begriff des Umfangs wird innerhalb des Standards nicht näher spezifiziert; jedoch wird vor dem Hintergrund der in ESRS G1.AR8 (Rz 44) exemplarisch angeführten tabellarischen Übersicht ebenfalls von darzulegenden Charakteristika wie der Methode, Dauer und Häufigkeit der Schulung und den im Zuge der Schulung behandelten Themen auszugehen sein. Offen bleibt, inwiefern Mitglieder der Verwaltungs-, Leitungs- und Aufsichtsorgane nicht bereits durch deren umfassenden Aufgaben- bzw. Verantwortungsbereich, und demnach potenziell erhöhter Exponierung gegenüber dem Risiko der Korruption und Bestechung, den risikobehafteten Funktionen hinzuzuzählen sind. Für Unternehmen empfiehlt sich somit eine klare Darlegung der getroffenen Definition der risikobehafteten Funktionen i.S.d. ESRS G1.21(b). Hierdurch kann insbes. zur Nachvollziehbarkeit der für die prozentuale Schulungsabdeckung der risikobehafteten Funktionen herangezogenen Nenner- und Zählergröße beigetragen werden.

Eine exemplarische Beschreibung von risikobehafteten bzw. besonders exponierten Funktionen findet sich bei der EVN AG:

Praxis-Beispiel EVN[54]

„[...] Für besonders exponierte Personen, z.B. Mitarbeiter*innen in wettbewerbsintensiven Geschäftsfeldern oder im internationalen Projektgeschäft sowie Mitarbeiter*innen, die im Kontakt zu Behörden stehen, bieten wir Spezialschulungen an. Auch Mitglieder des Aufsichtsrats wurden von externen Expert*innen vertiefend geschult."

Ferner zeigt die folgende Beschreibung der SAP SE die für verschiedene Mitarbeiterkategorien durchgeführten Compliance-Schulungen. Im Besonderen wird zwischen Schulungen für alle SAP-Mitarbeitenden, für Mitarbeitende des Vorstandsbereichs Customer Success und Führungskräfte i.A. unterschieden. Wenn auch nicht explizit angeführt, vermag die beschriebene Differenzierung

---

[54] Entnommen EVN AG, Ganzheitsbericht 2022/23, S. 32.

in den angebotenen bzw. geforderten Compliance-Schulungen auf Abwägungen des Schulungsbedarfs – und demnach der diesem Bedarf mitunter zugrunde liegenden Risikoexponierung – zurückzuführen sein (ESRS G1.BC29). Das Praxis-Beispiel zeigt wiederum auch die beschriebene Schwierigkeit der Trennung von risikobehafteten Funktionen und in diesem Fall den Aufgabenbereichen der Verwaltungs- und Leitungsorgane des Unternehmens:

Praxis-Beispiel SAP[55]

„Compliance-Schulungen

Unsere Schulungen umfassen Themen wie Korruptions- und Bestechungsbekämpfung, Interessenkonflikte, Governance-Prozesse im Zusammenhang mit Zusagen an Kunden, Zusammenarbeit mit Kunden im öffentlichen Sektor und gesetzeskonforme Zusammenarbeit mit Partnern.

Neben unseren Online-Schulungen zu den Grundlagen des ethischen Geschäftsverhaltens, die für alle SAP-Mitarbeitenden zweimal jährlich verpflichtend sind, haben wir einen neuen Workshop zum Thema Erfolg durch ethische Geschäftspraktiken für alle Vertriebs- und Presales-Mitarbeitenden des Vorstandsbereichs Customer Success eingeführt. Neue Mitarbeitende durchlaufen weiterhin Einstiegsschulungen und neue Führungskräfte einen Präsenz-Workshop zu ethischem Geschäftsverhalten.

Zudem führen unsere Field Compliance Officers persönlich oder in virtueller Form Live-Schulungen durch, die auf einem risikobasierten Ansatz für die jeweils von ihnen unterstützten Teams und Länder beruhen. Zielgruppe dieser Schulungen sind Mitarbeitende aus dem gesamten Unternehmen, von Mitarbeitenden mit Kundenkontakt bis hin zu Mitarbeitenden in den Bereichen Finanzen, Marketing oder Rechtswesen."

---

44   Eine beispielhafte tabellarische Darstellung, welche zur Wiedergabe der geforderten Schulungsinformationen (Rz 43) genutzt werden könnte (Tab. 4) und sich in ähnlicher Form bereits in der derzeitigen Praxis wiederfindet, wird in ESRS G1.AR8 angeführt. Die Schulungsabdeckung wird in Form der Gesamtanzahl je Mitarbeiterkategorie spezifiziert. Vor dem Hintergrund des – sofern wesentlich – darzulegenden prozentualen Anteils von risikobehafteten Funktionen, welche durch entsprechende Schulungen abgedeckt sind (Rz 43), wird diese Darstellung für sich allein genommen nicht ausreichen. Eine Erweiterung der beispielhaften tabellarischen Darstellung, wie am Praxis-Beispiel der ABN AMRO Bank N.V. in deren integriertem Geschäftsbericht 2023 in Anlehnung an ESRS G1 gezeigt, ist somit empfehlenswert.

---

[55]   Entnommen SAP SE, Integrierter Bericht 2023, S. 136.

Praxis-Tipp

Im Geschäftsjahr 20XY führte ABC Schulungen für seine eigenen risikobehafteten Arbeitskräfte in Bezug auf seine Strategien durch [...]. Für Personen mit risikobehafteten Funktionen ist die Schulung obligatorisch, aber ABC bietet auch freiwillige Schulungen für andere eigene Arbeitskräfte an. Einzelheiten zu den Schulungen im Lauf des Jahrs:

	Risikobehaftete Funktionen	Führungskräfte	Verwaltungs-, Leitungsund Aufsichtsorgane	Sonstige eigene Arbeitskräfte
Abdeckung durch Schulungen				
Insgesamt	20.000	200	16	70.000
Geschulte Personen insgesamt	19.500	150	8	5.000
Schulungsmethode und Dauer				
Präsenzschulungen	5 Stunden			
Computerbasierte Schulungen	1 Stunde	2 Stunden	1 Stunde	
Freiwillige computerbasierte Schulungen				1 Stunde
Häufigkeit				
Wie häufig sind Schulungen erforderlich?	Jährlich	Jährlich	Zweimal jährlich	–

	Risiko-behaftete Funktionen	Führungs-kräfte	Verwal-tungs-, Leitungs- und Aufsichts-organe	Sonstige eigene Arbeits-kräfte
Behandelte Themen				
Definition von Korruption	X	X	X	X
Strategien	X	X	X	X
Verfahren in Bezug auf Verdächtigung/ Aufdeckung	X	X		
usw.	X			

Tab. 4: Beispielhafte Darstellung zu Schulungsinformationen betreffend Korruptions- und Bestechungsbekämpfung gem. ESRS G1.AR8

Praxis-Beispiel ABN AMRO Bank[56]

„Bekämpfung von Bestechung und Korruption

Korruption untergräbt faire Geschäfte, behindert den Handel, schwächt das Vertrauen der Investoren und kann auch das Wirtschaftswachstum und die Stabilität beeinträchtigen. Es ist unsere Verantwortung, unsere Geschäfte frei von Bestechung und Korruption zu führen. Zu diesem Zweck haben wir verschiedene Verfahren eingeführt, um Anschuldigungen oder potenzielle Fälle von interner und externer Korruption und Bestechung zu verhindern, aufzudecken und zu behandeln. Zum Beispiel überwachen wir Bestechungs- und Korruptionsrisiken jährlich durch eine systematische Integritätsrisiko-analyse (SIRA) und verfügen über eine Richtlinie zur Bekämpfung von Bestechung und Korruption (‚ABC Richtlinie'). Diese ABC-Richtlinie definiert den Rahmen der Bank für den Umgang mit Korruptionsrisiken aus Sicht der Integrität der Kunden, der Mitarbeiter:innen und der Organisation sowie Dritter. Darüber hinaus gibt es noch weitere Richtlinien, wie z. B. die Richtlinie zu Geschenken und zu Interessenkonflikten, der Verhaltenskodex

---

[56] Entnommen ABN AMRO Bank N.V., Integrated Annual Report 2023, S. 288 f., eigene Übersetzung aus dem Englischen.

sowie unsere Richtlinie über Anreize in Bezug auf Geschenke, Bewirtung, Einstellungen sowie wohltätige und politische Spenden.

Die Bank führt vor jeder Einstellung ein Screening durch, um die Integrität aller Mitarbeiter:innen zu dem Grad, der für die betreffende Position relevant und anwendbar ist, festzustellen. ABN AMRO unterstützt seine Mitarbeiter:innen bei der Aufdeckung und Bekämpfung von Bestechung und Korruption durch ABC-Kurse und kontinuierliches Lernen über Sharp! Diese Schulungen sind für risikobehaftete Funktionen verpflichtend. In diesen Kursen werden die Mitarbeiter:innen darin geschult, Warnzeichen zu erkennen und Bestechungs- und Korruptionsvorfälle zu melden, sowohl tatsächliche als auch potenzielle. Die Mitarbeiter:innen werden auch angeleitet, Geschenke, sowohl gegebene als auch erhaltene, auf professionelle und transparente Weise zu bewerten und zu registrieren. Wir ermutigen Mitarbeiter:innen und externe Parteien, jeden internen oder externen Verstoß gegen die ABC-Richtlinie zu melden. Alle Mitarbeiter:innen sind außerdem verpflichtet, den Verhaltenskodex zu unterzeichnen und zu befolgen, in dem die grundlegenden Werte im Kontext der lokalen Gesetzgebung und Praktiken dargelegt sind.

Sensibilisierungsschulung zur Bekämpfung von Bestechung und Korruption 2023

		Risikobehaftete Funktionen	Gesamt-belegschaft
Abdeckungsgrad durch Schulungen		71 %[1]	96,4 %
Schulungsmethode und Dauer		Dreistündiges interaktives Online- Klassen-raumtraining	Einstündiges E-Learning
Häufigkeit		Alle drei Jahre	Alle drei Jahre
Behandelte Themen	Definition	Ja	Ja
	Konzepte	Ja	Ja
	Verfahren in Bezug auf Verdächtigung/Aufdeckung	Ja	Ja

[1] Dieser Prozentsatz zeigt den Deckungsgrad im Dezember 2023. Da die Schulung alle drei Jahre fällig ist, kann es sein, dass sie nicht immer innerhalb des Jahrs stattfinden kann, was zu schwankenden Prozentsätzen im Lauf des Jahrs führt.

> Wir melden jeden Verstoß gegen die ABC-Richtlinie durch Mitarbeiter oder Dritte sowie jeden Verdacht auf Bestechung und Korruption im Zusammenhang mit unseren Kunden als auch intern an die zuständigen Aufsichtsbehörden. Ein inakzeptables Korruptionsrisiko kann dazu führen, dass ein potenzieller Kunde oder ein Dritter abgelehnt oder im Fall bestehender Geschäftsbeziehungen diese beendet wird. Während des Berichtszeitraums wurden keine internen Verstöße gegen die ABC-Richtlinie festgestellt.
>
> Interne Verstöße gegen unsere ABC-Richtlinie werden von unserer Abteilung Security & Integrity Management-Abteilung, einer unabhängigen Stelle innerhalb der Bank, untersucht."

2.4 Kennzahlen und Ziele

2.4.1 ESRS G1-4 – Korruptions- oder Bestechungsfälle

45 Die Angabepflicht ESRS G1-4 umfasst – sofern wesentlich – Informationen hinsichtlich Fällen von Korruption oder Bestechung während des Berichtszeitraums (ESRS G1.22). ESRS G1-4 stellt somit u. a. ein **quantitatives** Ergänzungsstück zu den in ESRS G1-3 dargelegten Informationen zu Verfahren der Verhinderung und Aufdeckung von Korruption und Bestechung dar. Die Angabepflicht des ESRS G1-4 bezieht sich, wie auch ESRS G1-3 (Rz 31), auf den durch die CSRD neu hinzugefügten Art. 29b Abs. 2 Buchst. c) (iii) 2013/34/EU und die diesbzgl. geforderten Informationen zur Bekämpfung von Korruption und Bestechung. Im Kontrast zu ESRS G1-1, ESRS G1-2, ESRS G1-3, ESRS G1-5 und ESRS G1-6 beinhaltet Anlage A des ESRS G1 keine Anwendungsanforderungen für ESRS G1-4.

46 Ziel der Angabepflicht ist es, Transparenz betreffend Fälle und die diesbzgl. Ergebnisse, welche im Zusammenhang mit Korruption oder Bestechung stehen, im Berichtszeitraum zu schaffen (ESRS G1.23). Die hierdurch avisierte Transparenz soll somit u. a. die kontinuierliche **Verbesserung der Vermeidungs- und Aufdeckungsmechanismen** des Unternehmens fördern und zur Verhinderung von Wiederholungen von Vorfällen beitragen (ESRS G1.BC34).

47 Die Angabepflicht (Rz 45) hat – sofern wesentlich – folgende Informationen zu enthalten:
- Das Unternehmen soll die „Anzahl der Verurteilungen und die Höhe der Geldstrafen für Verstöße gegen Korruptions- und Bestechungsvorschriften" offenlegen (ESRS G1.24(a)). Der Begriff der Verurteilungen wird nicht spezifiziert, sollte jedoch im Kontext des Begriffs der Fälle (Rz 45) und der bestätigten Fälle (Rz 50) von Korruption oder Bestechung interpretiert werden. Eben dieser bestätigte Korruptions- oder Bestechungsfall wird als ein Vorfall von Korruption oder Bestechung, welcher sich als

substantiiert erwiesen hat bzw. „nachgewiesen wurde", definiert. Hiervon nicht umfasst sind Vorfälle von Korruption oder Bestechung, welche zum „Ende des Berichtszeitraums noch Gegenstand von Ermittlungen sind"[57].

Ein denkbares Unterscheidungsmerkmal zwischen dem Begriff der Verurteilung und dem Begriff des bestätigten Korruptions- oder Bestechungsfalls betrifft die **Instanz** der Determinierung der Substantiierung des Vorfalls. Die Zuordnung möglicher Verstöße zu jenen der bestätigten Vorfälle von Korruption oder Bestechung kann u. a. unternehmensintern als auch unternehmensextern erfolgen. So reicht hierfür bspw. die Einstufung des Vorfalls als substantiiert durch den Compliance-Beauftragten des Unternehmens bzw. eine Person in ähnlicher Funktion oder unternehmensextern durch eine Behörde (ESRS G1.BC36(c)). Eine Feststellung des Vorfalls durch ein Gericht ist hierfür nicht notwendig (ESRS G1.BC36(b)). Folglich könnte sich eine Abgrenzung des Begriffs der Verurteilung von jenem des bestätigten Falls von Korruption oder Bestechung durch bspw. die Notwendigkeit einer gerichtlichen Substantiierung anbieten.

Praxis-Hinweis

Die EFRAG hat sich mit der Frage der Definition des Begriffs der Verurteilungen („*convictions*") im Kontext der Angabepflichten des ESRS G1.24(a) beschäftigt.[58] Auslöser war folgende auf der ESRS Implementation Q&A Platform eingebrachte Frage:

„*What is the definition to be used for ,convictions'? It could be different things: Number of convictions of proceeding that are still open? Or started in the reporting year? Closed in the reporting year? Appeal concluded? Not subject to appeal anymore?*"

Klarstellend wurde durch die EFRAG unterstrichen, dass sich der Begriff der Verurteilungen aus dem Europäischen Recht ableitet. Konkret wird der Begriffsdefinition, welche dem Europäischen Strafregisterinformationssystem (ECRIS) zugrunde liegt, gefolgt. Demnach wird unter einer Verurteilung „[...] jede rechtskräftige Entscheidung eines Strafgerichts gegen eine natürliche Person im Zusammenhang mit einer Straftat, sofern diese Entscheidung in das Strafregister des Urteilsmitgliedstaats eingetragen wird"[59], verstanden. Ferner erläutert die EFRAG, dass der Begriff der Verurteilung ebenfalls erstinstanzliche gerichtliche Entscheidungen umfasst. Unterneh-

---

[57] Berichtigung der Delegierten Verordnung (EU) 2023/2772 v. 31.7.2023, ABl. EU L v. 9.8.2024, Anhang II, Tab. 2, S. 265.
[58] Vgl. EFRAG, ESRS Q&A Platform, Compilation of Explanations, Januar–Juli 2024, Frage 417, S. 141 f.
[59] Verordnung (EU) 2019/816, ABl. EU v. 22.5.2019, L 135/7.

men können jedoch freiwillige Zusatzinformationen, wie bspw. das geplante, bereits erfolgte oder erfolgreiche Einlegen eines Rechtsmittels, in die Berichterstattung aufnehmen.

- Ferner sollen seitens des Unternehmens alle ergriffenen Maßnahmen[60] zum Vorgehen gegen Verstöße gegen Verfahren und Standards zur Bekämpfung von Korruption und Bestechung beschrieben werden (ESRS G1.24(b)). Eine Spezifizierung dahingehend, welche unternehmerischen Maßnahmen, welche Verfahren und insbes. welche Standards zur Bekämpfung von Korruption und Bestechung von ESRS G1.24(b) umfasst sind, findet sich nicht. Die Bezugnahme auf Maßnahmen im Zusammenhang mit Verstößen gegen jene – sofern wesentlich – gem. ESRS G1.18 (Rz 39) dargelegten Verfahren zur Verhinderung, Aufdeckung und Bekämpfung von Vorwürfen oder Vorfällen von Korruption und Bestechung scheint denkbar. Vor dem Hintergrund des Umfangs und des Inhalts der darzulegenden Informationen zeigt der Verweis auf alle ergriffenen Maßnahmen den bedeutsamen Freiraum, welcher Unternehmen geboten wird. Im Einklang mit dem Ziel der Angabepflicht (Rz 46) ist darüber hinaus von einer Darlegung der mit Korruptions- oder Bestechungsfällen im Zusammenhang stehenden Ergebnisse der ergriffenen Maßnahmen seitens des Unternehmens auszugehen.
- Hinzukommend müssen die geforderten Informationen nur dann Fälle von Korruption oder Bestechung, in welche „Akteure der Wertschöpfungskette"[61] des Unternehmens involviert sind, inkludieren, „wenn das Unternehmen oder seine Arbeitnehmer[62] direkt beteiligt sind" (ESRS G1.26).

48   Die durch ESRS G1.24(a) (Rz 47) geschaffene Informationsbasis soll u. a. jene Finanzdienstleister, die der Offenlegungsverordnung[63] unterliegen, als auch Referenzwert-Administratoren in der Offenlegung von ESG-Faktoren i. S. d. Delegierten VO (EU) 2020/1816[64] in ihren Informationsbedürfnissen unterstützen (ESRS G1, Fußnote 123). Für Finanzdienstleister, welche der Offenlegungsverordnung (EU) 2019/2088 unterliegen, bezieht sich dieses Informationsbedürfnis auf den in Tab. 3 des Anhangs 1 der Delegierten VO (EU) 2022/1288[65] angeführten Indikator Nr. 17 betreffend die „Anzahl der Ver-

---

60   Berichtigung der Delegierten Verordnung (EU) 2023/2772 v. 31.7.2023, ABl. EU L v. 9.8.2024, Anhang II, Tab. 2, S. 259.
61   Berichtigung der Delegierten Verordnung (EU) 2023/2772 v. 31.7.2023, ABl. EU L v. 9.8.2024, Anhang II, Tab. 2, S. 259.
62   Berichtigung der Delegierten Verordnung (EU) 2023/2772 v. 31.7.2023, ABl. EU L v. 9.8.2024, Anhang II, Tab. 2, S. 275.
63   Verordnung (EU) 2019/2088, ABl. EU v. 9.12.2019, L 317/1.
64   Delegierte VO (EU) 2020/1816, ABl. EU v. 3.12.2020, L 406/1.
65   Delegierte VO (EU) 2022/1288, ABl. EU v. 25.7.2022, L 196/1.

urteilungen und Höhe der Geldstrafen für Verstöße gegen Korruptions- und Bestechungsvorschriften" (siehe Tab. 5 in Rz 49). Der Indikator Nr. 17 gehört somit zu den zusätzlichen Indikatoren für die „Bereiche Soziales und Beschäftigung, Achtung der Menschenrechte und Bekämpfung von Korruption und Bestechung im Zusammenhang mit den wichtigsten negativen Auswirkungen" (sog. *Principle Adverse Impacts* – **PAI**). Für Referenzwert-Administratoren bezieht sich das Informationsbedürfnis auf die in Anhang II der Delegierten VO (EU) 2020/1816 – in Abhängigkeit des zugrunde liegenden Vermögenswerts des Referenzwerts – aufgelisteten und zu berücksichtigenden ESG-Faktoren. Konkret wird in Abschn. 1 und 2 des Anhangs II der Delegierten VO (EU) 2020/1816 der Indikator „Anzahl der Verurteilungen und Höhe der Geldstrafen für Verstöße gegen Korruptions- und Bestechungsvorschriften" unter den entsprechend zu berücksichtigenden Sozialfaktoren gelistet. Eine Darstellungsmöglichkeit der Angaben gem. ESRS G1-4 zeigt das folgende Praxis-Beispiel der Hamburger Sparkasse AG (Haspa).

Praxis-Beispiel Haspa[66]

„ESRS G1-4 Bestätigte Korruptions- oder Bestechungsfälle

24. a) Anzahl der Verurteilungen und die Höhe der Geldstrafen

Anzahl der Verurteilungen gegen Korruptions- und Bestechungsvorschriften	0
Höhe der Geldstrafen für Verstöße gegen Korruptions- und Bestechungsvorschriften	0

24. b) Maßnahmen, um gegen Verstöße gegen Verfahren und Standards zur Bekämpfung von Korruption und Bestechung vorzugehen

Schriftlich fixierte Ordnung und Schulungen

Die für alle Mitarbeitenden verbindliche schriftlich fixierte Ordnung der Haspa enthält Prozessanweisungen und Vorgaben, die die Mitarbeitenden zu gesetzes- und regelkonformen Verhalten verpflichten. Diese schließen auch Verfahren und Standards zur Bekämpfung von Korruption und Bestechung ein."

---

66 Entnommen Haspa, Nachhaltigkeitsbericht 2023, S. 148.

49 Die durch ESRS G1.24(b) (Rz 47) – sofern wesentlich – bereitgestellten Informationen werden ebenfalls als unterstützend für die Informationsbedürfnisse von Finanzdienstleistern, welche der Offenlegungsverordnung unterliegen, beschrieben. Konkret wird auf Indikator Nr. 16 „Unzureichende Maßnahmen bei Verstößen gegen die Standards zur Korruptions- und Bestechungsbekämpfung" der Tab. 3 des Anhangs 1 der Delegierten VO (EU) 2022/1288 verwiesen (ESRS G1, Fußnote 124). Wie auch der in Rz 48 erläuterte Indikator Nr. 17 gehört Indikator Nr. 16 zu den zusätzlichen Indikatoren für die Bereiche „Soziales und Beschäftigung, Achtung der Menschenrechte und Bekämpfung von Korruption und Bestechung im Zusammenhang mit den wichtigsten negativen Auswirkungen"[67]. Inwiefern die i. S. d. ESRS G1.24(b) – sofern wesentlich – offengelegte Information als Basis für den Indikator Nr. 16 (Tab. 5) herangezogen bzw. abgeleitet werden kann, ist jedoch unklar. Wird in ESRS G1.24(b) auf alle ergriffenen Maßnahmen zur Vorgehensweise verwiesen, so wird Indikator Nr. 16 in Tab. 3 des Anhangs 1 der Delegierten VO (EU) 2022/1288 durch die Messgröße „Anteil der Investitionen in Unternehmen, in die investiert wird, bei denen Unzulänglichkeiten bei der Ahndung von Verstößen gegen Verfahren und Standards zur Bekämpfung von Korruption und Bestechung festgestellt wurden", spezifiziert. Fraglich erscheint demnach, ob und inwiefern die i. S. d. ESRS G1.24(b) beschriebenen Maßnahmen einen Rückschluss auf Unzulänglichkeiten bei der Ahndung von Verstößen gegen Verfahren und Standards zur Bekämpfung von Korruption und Bestechung i. S. d. Indikators Nr. 16 zulassen. Diesem Rückschluss entgegenstehend ist der „nemo tenetur se ipsum accusare"-Grundsatz.[68] Wie bereits seitens der EU-Kommission[69] hervorgehoben, soll das Risiko vermieden werden, sich durch die Offenlegung von etwaigen Unzulänglichkeiten von getroffenen Maßnahmen im Zusammenhang mit identifizierten Korruptions- und Bestechungsfällen selbst zu belasten. Demnach wird für Unternehmen – sofern wesentlich – insbes. auf die Darlegung der entsprechend getroffenen Maßnahmen und nicht auf die potenziell diesen Maßnahmen zugrunde liegenden Insuffizienzen abzustellen sein.

---

67 Tab. 3 des Anhangs 1 der Delegierten VO (EU) 2022/1288, ABl. EU v. 25.7.2022, L 196/1.
68 „Niemand darf gezwungen werden, sich selbst zu belasten."
69 EU-Kommission, European Sustainability Reporting Standards, Presentation to EFRAG SRB, 14.6.2023, S. 14, www.efrag.org/en/news-and-calendar/meetings-calendar/efrag-srb-meeting-14-june-2023, Abruf 1.8.2024.

Nachteilige Nachhaltigkeitsauswirkungen	Nachteilige Auswirkungen auf Nachhaltigkeitsfaktoren (qualitativ oder quantitativ)	Messgröße
Indikatoren für Investitionen in Unternehmen, in die investiert wird		
Bekämpfung von Korruption und Bestechung	16. Unzureichende Maßnahmen bei Verstößen gegen die Standards zur Korruptions- und Bestechungsbekämpfung	Anteil der Investitionen in Unternehmen, in die investiert wird, bei denen Unzulänglichkeiten bei der Ahndung von Verstößen gegen Verfahren und Standards zur Bekämpfung von Korruption und Bestechung festgestellt wurden
	17. Anzahl der Verurteilungen und Höhe der Geldstrafen für Verstöße gegen Korruptions- und Bestechungsvorschriften	Anzahl der Verurteilungen und Höhe der Geldstrafen für Verstöße gegen Korruptions- und Bestechungsvorschriften bei den Unternehmen, in die investiert wird

Tab. 5: Auszug der Tab. 3 des Anhangs 1 der Delegierten VO (EU) 2022/1288[70]

Freiwillig können Unternehmen folgende Angaben gem. ESRS G1.25 offenlegen: **50**
- „die Gesamtzahl und die Art" der bestätigten Korruptions- oder Bestechungsfälle (ESRS G1.25(a));
- die „Zahl der bestätigten Fälle", in welchen eigene Arbeitskräfte aufgrund von „Korruption oder Bestechung entlassen oder diszipliniert wurden" (ESRS G1.25(b));
- die „Zahl der bestätigten Fälle in Bezug auf Verträge mit Geschäftspartnern, die aufgrund von Verstößen im Zusammenhang mit Korruption oder Bestechung beendet oder nicht verlängert wurden" (ESRS G1.25(c));
- „Einzelheiten zu öffentlichen Gerichtsverfahren wegen Korruption oder Bestechung, die im Berichtszeitraum gegen das Unternehmen und seine eigenen Arbeitskräfte eingeleitet wurden," als auch die „Ergebnisse dieser

---

[70] ABl. EU v. 25.7.2022, L 196/48 ff.

Verfahren". Hiervon ebenfalls umfasst sind Fälle, welche in vorangegangenen Jahren „eingeleitet wurden und deren Ergebnis erst im laufenden Berichtszeitraum festgestellt wurde" (ESRS G1.25(d)).

51 Hinsichtlich der freiwillig gem. ESRS G1.25(a) bis (d) offenlegbaren Informationen ist betreffend die nicht notwendige Feststellung durch ein Gericht für einen
bestätigten Fall von Korruption oder Bestechung Folgendes zu bemerken: Zwar
können die freiwillig offengelegten Informationen einer zeitnahen Informationsbereitstellung gegenüber Interessengruppen förderlich sein; jedoch sind selbst bei
einem geringen Detaillierungsniveau insbes. der Schutz des Rechts auf ein faires
Verfahren und die Unschuldsvermutung zu respektieren (ESRS G1.BC37). Jedenfalls abzusehen sein wird von der Nennung der Namen der involvierten
Personen oder anderen wiedererkennbaren Charakteristiken (ESRS G1.BC37).

Praxis-Tipp

Für jene Unternehmen, die bereits gem. der GRI Angaben 205-3-a bis d
offenlegen und eine potenzielle Überleitung zu den inhaltlich den GRI
Angaben sehr ähnlichen freiwillig offenzulegenden Informationen gem.
Rz 50 anstreben, sind insbes. folgende zwei Aspekte von Relevanz:

- Zum einen sehen die entsprechenden GRI Angaben[71] im Gegensatz zu
  den freiwillig offenlegbaren Informationen keine Differenzierung zwischen dem Begriff der Korruption und Bestechung vor. Vielmehr subsumiert GRI die Bestechung dem Korruptionsbegriff (Rz 35).
- Zum anderen sind bedeutende Unterschiede betreffend des Begriffs des
  bestätigten Falls von Korruption oder Bestechung hervorzuheben. Diese
  Unterschiede betreffen gem. ESRS G1.BC36(a)–(c) die für einen bestätigten Fall von Korruption oder Bestechung i.S.d. ESRS-Definition (Rz 47
  und 51)
  - nicht notwendige Feststellung durch ein Gericht,
  - sowohl unternehmensintern als auch unternehmensextern mögliche
    Substantiierung des Vorfalls und
  - die Nichtberücksichtigung von derzeit noch in Untersuchung befind-
    lichen Fällen.

Zusätzlich ist hervorzuheben, dass bei der Überleitung der GRI Angabe 205-3-d
auf ESRS G1.25(d) (Rz 50) Achtsamkeit geboten ist. So sieht ESRS G1.25(d), im
Gegensatz zur entsprechenden GRI Angabe 205-3-d, die Inklusion von aus
Vorjahren anhängigen Fällen vor, bei welchen das Fallergebnis im laufenden
Berichtszeitraum festgestellt wurde.

---

[71] Vgl. GRI, Angabe 205-3 Bestätigte Korruptionsvorfälle und ergriffene Maßnahmen, www.global
reporting.org/how-to-use-the-gri-standards/gri-standards-german-translations/, Abruf 1.8.2024.

2.4.2 ESRS G1-5 – Politische Einflussnahme und Lobbytätigkeiten

Die Angabepflicht ESRS G1-5 umfasst Informationen über die Tätigkeiten und Verpflichtungen im Zusammenhang mit der **politischen Einflussnahme**, einschl. der **Lobbytätigkeiten** in Bezug auf wesentliche Auswirkungen, Risiken und Chancen des Unternehmens (ESRS G1.27). Die Angabepflicht bezieht sich somit auf den durch die CSRD neu hinzugefügten Art. 29b Abs. 2 Buchst. c) (iv) 2013/34/EU und die hierdurch geforderten Informationen zu den Tätigkeiten und Verpflichtungen des Unternehmens im Zusammenhang mit der Ausübung dessen politischen Einflusses, einschl. dessen Lobbytätigkeiten. **52**

Für Unternehmen und deren Repräsentanten ist die politische Landschaft, die das Geschäftsumfeld durch Steuern, Anreize, Regeln und Normen prägt, von hoher Bedeutung. Im regulatorischen Rahmen ist es i. S. e. multipolaren Stakeholder-Ansatzes erforderlich, die Interessen jener zu berücksichtigen, die von den Auswirkungen der Regularien erfasst sind, um eine ausgeglichene und angemessene Ausgestaltung des Rahmenwerks zu gewährleisten (ESRS G1.BC39). Diese Einbeziehung könnte jedoch den Boden bereiten für unzulässige Einflussnahmen, insbes. durch nahe Interaktion bzw. Kommunikation, einen raschen personellen Wechsel zwischen Politik und Wirtschaft (*„Revolving Door"*[72] bzw. „Drehtür-Effekt") oder finanzielle Zuwendungen. Vor diesem Hintergrund sollten Unternehmen dahingehend informieren, so dass deren Stakeholder Verständnis erlangen über jene Risiken, die (enge) Beziehungen und Interaktionen zwischen Politik und Wirtschaft mit sich bringen können (ESRS G1.BC40). **53**

Direkte und indirekte **Spenden für politische Zwecke** können unzulässig Einfluss auf politische Entscheidungsprozesse ausüben und demnach zum Korruptionsrisiko werden (ESRS G1.BC41). Um dem entgegenzuwirken, verfügen zahlreiche Staaten über Rechtsvorschriften, die Spenden von Unternehmen an Parteien und Kandidaten für Wahlkampfzwecke begrenzen. In Deutschland sind Parteispenden gem. § 25 Parteiengesetz geregelt, es gibt keinerlei Obergrenze für Spenden von juristischen Personen wie Unternehmen[73] oder Wirtschaftsverbänden, zudem besteht keine Limitierung bei Wahlkampfspenden. In Österreich sind gem. § 6 Abs. 5 Parteiengesetz (PartG) pro Spender, unabhängig ob es sich um eine juristische oder eine natürliche Person handelt, Spenden an eine politische Partei in der Höhe von insgesamt **54**

---

[72] Transparency International, n.d., Revolving Door, www.transparency.org/en/corruptionary/revolving-door, Abruf 1.8.2024.

[73] § 25 Abs. 2 Nr. 5 Parteiengesetz. Von der Befugnis der Parteien, Spenden anzunehmen, ausgeschlossen sind Unternehmen, die ganz oder teilw. im Eigentum der öffentlichen Hand stehen oder die von ihr verwaltet oder betrieben werden, sofern die direkte Beteiligung der öffentlichen Hand 25 % übersteigt.

7.500 EUR pro Kalenderjahr zulässig. Für juristische Personen, die Tochtergesellschaften oder ähnliche Strukturen haben, gilt diese Höchstsumme pro Kalenderjahr insgesamt.

55 Um für umfassende Transparenz zu sorgen und zugleich der Umgehung bestehender Regularien entgegenzuwirken, soll die Angabepflicht (Rz 52) – sofern wesentlich – zudem jene Spenden berücksichtigen, die indirekt über Mittelspersonen Kandidaten oder Parteien im Berichtszeitraum zugutegekommen sind (ESRS G1.BC41).

56 Das Ziel der Angabepflicht ESRS G1-5 besteht darin, Transparenz über die Tätigkeiten und Verpflichtungen des Unternehmens im Zusammenhang mit dessen politischer Einflussnahme mittels politischer Zuwendungen zu schaffen. Hiervon umfasst sind ebenfalls die Arten und Zwecke von Lobbytätigkeiten (ESRS G1.28).

57 Als **politische Zuwendung** werden die „finanzielle Unterstützung oder Sachleistungen verstanden, die politischen Parteien, ihren gewählten Vertretern oder Personen, die ein politisches Amt anstreben, direkt zur Verfügung gestellt werden". ESRS G1.AR9 S. 2 nennt als Beispiele für finanzielle Unterstützungen:
- Spenden,
- Darlehen,
- Sponsoring,
- Vorschüsse für Dienstleistungen,
- den Kauf von Eintrittskarten für Spendenveranstaltungen als auch sonstige ähnliche Praktiken.

Der Sphäre der Sachleistungen zugehörig werden gem. ESRS G1.AR9 S. 3 u. a. die folgenden Zuwendungen verstanden:
- Werbung,
- Nutzung von Einrichtungen,
- Design und Druck,
- gespendete Ausrüstung,
- Mitgliedschaft in Leitungsorganen und
- Beschäftigung oder Beratung für gewählte oder für ein Amt kandidierende Politiker.

58 Als indirekte politische Zuwendungen verweist ESRS G1.AR10 auf politische Zuwendungen, die über zwischengeschaltete Organisationen, wie bspw. Lobbyisten oder Wohltätigkeitsorganisationen, geleistet werden. Ebenfalls umfasst ist die Unterstützung von bspw. Denkfabriken oder Berufsverbänden (*trade associations*"), die mit bestimmten politischen Parteien oder politischen Anliegen verbunden sind oder diese unterstützen (ESRS G1.AR10).

Sofern das Unternehmen gesetzlich zur Mitgliedschaft bei einer Handelskam- **59** mer oder einer anderen seine Interessen vertretenden Organisation verpflichtet ist, so kann es diese Information offenlegen (ESRS G1.AR13). Unternehmen steht es somit bspw. frei, über ihre Pflichtmitgliedschaften in einer der insgesamt 79 Industrie- und Handelskammern[74] in Deutschland bzw. der Wirtschafts-kammer[75] und deren sieben Sparten bzw. 93 Fachverbänden in Österreich zu berichten.

Unterschiedliche Beispiele aus verschiedenen Sektoren der DAX40-Unter-nehmen zur nichtfinanziellen Berichterstattung lassen den Schluss zu, dass die Information zur Zugehörigkeit einer Industrie- und Handelskammer bzw. zu weiteren Interessenvertretungen bereits fester Bestandteil der Offenlegung sein dürfte. Dies zeigt sich bspw. bei E.ON SE, in deren Geschäftsbericht auf die Mitarbeit in verschiedenen Arbeitskreisen und Gremien von Wirtschafts-verbänden wie dem BDI, dem BDEW und den Handelskammern hingewiesen wird.[76]

Ferner illustriert das Beispiel Deutsche Bank AG – referenzierend auf die GRI Angabe 2-28 „Mitgliedschaften in Verbänden und Interessengruppen" – die Offenlegung von Mitgliedschaften in relevanten Wirtschaftsverbänden (Rz 58); darunter finden sich der Bundesverband deutscher Banken (BdB) sowie zahlreiche internationale Mitgliedschaften.

Praxis-Beispiel Deutsche Bank[77]

„GRI 2-28, 415-1

Die Deutsche Bank gehört weltweit zahlreichen Wirtschaftsverbänden an. Über ihre Experten beteiligt sie sich an relevanten Arbeitsgruppen innerhalb der Verbände, unterstützt Konsultationsprozesse und äußert sich zu Ver-bandspositionen, die sie als relevant einschätzt und bringt dabei das interne Fachwissen der Bank ein. Christian Sewing ist Präsident des Bundesverban-des deutscher Banken (BdB) und seit März 2023 Präsident der Europäischen Bankenvereinigung (EBF) und betonte, unter anderem, die Bedeutung des Bankensektors für die Gestaltung der Transformation zu einer digitalen und nachhaltigen Wirtschaft und die Bedeutung der Finalisierung der Kapital-marktunion."

---

74 § 2 IHKG.
75 § 2 WKG.
76 Vgl. E.ON SE, Integrierter Geschäftsbericht 2023, S. 92.
77 Entnommen Deutsche Bank AG, Nichtfinanzieller Bericht 2023, S. 115 f.

Mitgliedschaften in wichtigen Wirtschaftsverbänden 2023	
Eine Auswahl	**Region**
Bundesverband deutscher Banken (BdB) mit angeschlossenen Landesverbänden	EU
Association for Financial Markets in Europe (AFME)	EU
International Swaps and Derivatives Association, Inc (ISDA)	EU
Deutscher Derivate Verband (DDV)	EU
[...]	[...]

60   Lobbying wird von den „OECD Principles for Transparency and Integrity"
definiert als *„the oral or written communication with a public official to influence
legislation, policy or administrative decisions, often focuses on the legislative
branch at the national and sub-national levels. However, it also takes place in the
executive branch, for example, to influence the adoption of regulations or the
design of projects and contracts. Consequently, the term public officials include
civil and public servants, employees and holders of public office in the executive
and legislative branches, whether elected or appointed."*[78]

61   Unter **Lobbytätigkeiten** werden Aktivitäten subsumiert, die zum Ziel haben,
Einfluss auf die „Formulierung oder Umsetzung von Politik oder Rechtsvorschriften oder die Entscheidungsprozesse von Regierungen, Regierungseinrich-
tungen, Regulierungsbehörden, Organen, Einrichtungen, Ämtern und Agenturen der EU oder Normungsgremien" (*„standard setters"*) auszuüben.[79] Solche
Aktivitäten können bspw. die Organisation von oder Teilnahme an Sitzungen,
Konferenzen oder Veranstaltungen, das Mitwirken bzw. die Teilnahme an
öffentlichen Konsultationen, Anhörungen oder ähnlichen Initiativen, das Organisieren von Kommunikationskampagnen, Plattformen, Netzwerken oder
bürgernahen Initiativen sowie die Ausarbeitung bzw. Inauftraggabe von Strate-
gie- und Positionspapieren, (Meinungs-)Umfragen, offenen Briefen und For-
schungsarbeiten gem. den von den Regeln des Transparenzregisters erfassten
Aktivitäten umfassen.[80]

---

[78] OECD, Recommendation of the Council on Principles for Transparency and Integrity in Lobbying, OECD/LEGAL/0379, S. 7, https://legalinstruments.oecd.org/public/doc/256/256.en.pdf,
Abruf 1.8.2024.

[79] Berichtigung der Delegierten Verordnung (EU) 2023/2772 v. 31.7.2023, ABl. EU L v. 9.8.2024,
Anhang II, Tab. 2, S. 273.

[80] Berichtigung der Delegierten Verordnung (EU) 2023/2772 v. 31.7.2023, ABl. EU L v. 9.8.2024,
Anhang II, Tab. 2, S. 273.

Eine weitere Spezifizierung der gem. ESRS G1.27 (Rz 52) – sofern wesentlich – **62** geforderten Informationen soll durch die folgenden Inhalte erfolgen:

- Ggf. soll die Angabe jene Vertreter in den Verwaltungs-, Leitungs- und Aufsichtsorganen enthalten, welche für die Beaufsichtigung der in Rz 52 angeführten Tätigkeiten zuständig sind (ESRS G1.29(a)).

- Politische finanzielle Zuwendungen oder Zuwendungen in der Form von Sachleistungen sollen mittels des monetären Gesamtwerts dieser Zuwendungen, welche direkt und indirekt vom Unternehmen geleistet wurden, präzisiert werden. Sofern relevant, sollen diese Zuwendungen je nach Land oder geografischem Gebiet und Art des Zuwendungsempfängers bzw. Zuwendungsbegünstigten[81] aggregiert dargestellt werden (ESRS G1.29(b)(i)).[82]

Praxis-Hinweis

Eine Offenlegung des Klarnamens des Zuwendungsempfängers bzw. Zuwendungsbegünstigten ist nicht gefordert. EFRAG stellte klar, dass i. S. d. Angabe gem. ESRS G1.29(b)(i) die Benennung der Art des Zuwendungsempfängers bzw. -begünstigten ausreichend ist.[83]

Hinsichtlich der Detaillierung jener finanziellen Zuwendungen oder Sachleistungen, welche mit Ausgaben für Lobbytätigkeiten des Unternehmens in Verbindung stehen, können folgende Informationen gem. ESRS G1.AR12(a) und (b) bereitgestellt werden:

- monetärer Gesamtbetrag der entsprechenden internen und externen Ausgaben,
- Gesamtbetrag, der für die Mitgliedschaft in Lobbyorganisationen gezahlt wurde.

- Ggf. ist darzulegen, wie der monetäre Wert von Sachleistungen geschätzt wird (ESRS G1.29(b)(ii)).

---

[81] Vgl. EFRAG, ESRS Q&A Platform, Compilation of Explanations, Januar–Juli 2024, Frage 560, S. 143 f.

[82] In der englischen Fassung des ESRS G1.29(b)(i) wird die Aggregation des monetären Gesamtwerts der indirekt oder direkt durch das Unternehmen geleisteten politischen Finanz- oder Sachzuwendungen auf Länder- oder geografischer Gebietsebene und Art des Empfängers bzw. Begünstigten der Zuwendung nur insofern verlangt, als diese Aggregation auch relevant ist („*where relevant*"). Für die deutsche Fassung des ESRS G1.29(b)(i) ergeben sich folgende Interpretationshinderinisse. Zum einen wurde anstatt auf den Begriff der Aggregation auf den Begriff der Aufschlüsselung zurückgegriffen. Zum anderen unterbleibt in der deutschen Fassung der Rückgriff auf die Relevanz einer etwaig aggregierten Darstellung und würde somit in der Forderung, eine nach Ländern bzw. geografischen Gebieten als auch Zuwendungsempfängern bzw. Zuwendungsbegünstigten aufgeschlüsselte Darstellung in die Offenlegung aufzunehmen, münden. I. S. d. Rechtssicherheit beziehen sich die Ausführungen in Rz 62 somit auf die englische Fassung der Angabe ESRS G1.29(b)(i).

[83] Vgl. EFRAG, ESRS Q&A Platform, Compilation of Explanations, Januar–Juli 2024, Frage 560, S. 143 f.

- Die wichtigsten Themen, die Gegenstand der Lobbytätigkeiten des Unternehmens sind, und in Kurzform die wichtigsten Standpunkte des Unternehmens zu diesen Themen sind darzulegen. Dazu gehören auch Erläuterungen, wie die angeführten wichtigsten Themen und ebendiese Standpunkte mit den durch die Wesentlichkeitsanalyse i.S.d. ESRS 2 (→ § 4) identifizierten wesentlichen Auswirkungen, Risiken und Chancen zusammenspielen (ESRS G1.29(c)). Im Besonderen ist im Zusammenhang mit der Offenlegung i.S.d. ESRS G1.29(c) die Kongruenz zwischen den seitens des Unternehmens getätigten öffentlichen Erklärungen zu dessen wesentlichen Auswirkungen, Risiken und Chancen und dessen Lobbytätigkeiten zu berücksichtigen (ESRS G1.AR14).

- Sollte das Unternehmen innerhalb des EU-Transparenzregisters[84] oder in einem äquivalenten nationalen Transparenzregister eines EU-Mitgliedstaats eingetragen sein, sind der Name des jeweiligen Registers als auch die entsprechende Identifikationsnummer offenzulegen (ESRS G1.29(d)). Als Beispiele für nationale Transparenzregister sind in Deutschland das Lobbyregister für die Interessenvertretung gegenüber dem Deutschen Bundestag und der Bundesregierung[85] und für Österreich das Lobbying- und Interessenvertretungsregister des Bundesministeriums für Justiz[86] anzuführen.

Praxis-Hinweis

Zur Differenzierung der Angabepflicht bzw. Anwendungsanforderung gem. ESRS G1.29b(i), ESRS G1.AR10 und ESRS G1.AR12 wurde innerhalb der EFRAG Q&A Platform zur Umsetzung der ESRS folgende Frage eingebracht:

„In ESRS G1-5, what is the dividing line between ‚indirect political contributions', whose financial or in-kind amounts must be disclosed according to paragraph 29(b)(i) and AR10, and ‚lobbying activities', whose financial or in-kind amounts may be disclosed as per AR12?"[87]

EFRAG stützt sich auf zwei Argumentationslinien: Zum einen lässt sich ableiten, dass EFRAG politische Zuwendungen und Zuwendungen im Zusammenhang mit der Lobbytätigkeit des Unternehmens auf Basis des Zuwendungsziels differenziert. Zum anderen wird die Organisationsart, welche Empfänger der indirekten Zuwendung des Unternehmens ist, unterschieden.

---

[84] Siehe EU-Kommission, Transparenz-Register, https://commission.europa.eu/about-european-commission/service-standards-and-principles/transparency/transparency-register_de, Abruf 1.8.2024.

[85] Siehe www.lobbyregister.bundestag.de/startseite, Abruf 1.8.2024.

[86] Siehe https://lobbyreg.justiz.gv.at/edikte/ir/iredi18.nsf/Suche!Openform, Abruf 1.8.2024.

[87] Vgl. EFRAG, ESRS Q&A Platform, Compilation of Explanations, Januar–Juli 2024, Frage 510, S. 142 f.

Zur ersten Argumentationslinie ist festzuhalten, dass folgend der Auslegung der EFRAG, politische Zuwendungen mit dem Ziel, politische Parteien und/oder Wahlkampagnen zu unterstützen, geleistet werden. Zuwendungen im Zusammenhang mit der Lobbytätigkeit des Unternehmens – bspw. an Entscheidungstragende in Regierungen – sollen das Ziel verfolgen, politische Entscheidungen, Gesetze oder andere Vorschriften meist in der Vorbereitungs- oder Ausarbeitungsphase zu beeinflussen.

Die zweite Argumentationslinie stellt klar, dass indirekte politische Zuwendungen meist im Auftrag des Unternehmens (*„on behalf of"*) durch Denkfabriken, Wirtschaftsverbände oder Wohltätigkeitsorganisationen geleistet werden. Einen Fall von indirekten Zuwendungen für Lobbyingtätigkeiten des Unternehmens sieht EFRAG in der Beauftragung (*„entrusts"*) von spezialisierten Dienstleistern (*„specialised service provider"*) oder gemeinnützigen Intermediären begründet.

Das folgende Praxis-Beispiel der Bayer AG zeigt zum einen, dass sich das Unternehmen prinzipiell dazu verpflichtet hat, keine Spenden an politische Parteien, Politiker oder Kandidaten für ein politisches Amt zu tätigen. Zum anderen wird auf eine Ausnahme verwiesen: In den USA machen Mitarbeitende von ihrem Recht Gebrauch, ein Political Action Committee (PAC) zu unterhalten, das Kandidaten für öffentliche Ämter auf bundesstaatlicher oder nationaler Ebene durch private Spenden unterstützt. Informationen über Ausgaben des BAYERPAC werden an die US-Wahlaufsichtsbehörde (Federal Election Commission) gemeldet und von dieser veröffentlicht. Das Bekenntnis zu Transparenz über die politische Interessenvertretung des Unternehmens lässt sich zudem an der Ankündigung eines gesonderten Berichts zum Engagement im politischen Raum – unter Einbeziehung von unterschiedlichen Stakeholder-Gruppen – erkennen.

Praxis-Beispiel Bayer[88]

„Wahrnehmung politischer Interessen

Das Bayer-Engagement für transparente politische Arbeit ist Teil unserer Konzernregelung ‚Bayer-Societal-Engagement (BASE)-Prinzipien'. In diesem Rahmen stellt unser Verhaltenskodex für verantwortungsvolle Lobbyarbeit verbindliche Regeln für das Engagement im politischen Raum dar, deckt Compliance-relevante Risiken ab und schafft Transparenz in der Zusammenarbeit mit Repräsentanten politischer Institutionen. Darüber hinaus haben wir im engen Austausch mit verschiedenen Stakeholdergruppen

---

[88] Entnommen Bayer AG, Nachhaltigkeitsbericht 2023, S. 33 f.

einen detaillierten Bericht zur Arbeit unserer politischen Interessenvertretung erarbeitet, der 2023 veröffentlicht wurde.

Gemäß unserem Verhaltenskodex für verantwortungsvolle Lobbyarbeit und einer Konzernregelung entsprechend leistet Bayer als Unternehmen keinerlei politische Unternehmensspenden. Das umfasst Spenden an politische Parteien, Politiker oder Bewerber um ein politisches Amt.

Das Recht in den USA sieht allerdings vor, dass Beschäftigte von Unternehmen vor Ort auf Bundesebene einzelne Kandidaten für parlamentarische Ämter durch private Spenden über sogenannte ,Political Action Committees' (PACs) unterstützen dürfen. Es handelt sich dabei ausschließlich um freiwillige Spenden der Beschäftigten und nicht um Spenden des Unternehmens. PACs sind unabhängige, eigenständige Fonds, die von Beschäftigten geleitet und durch die US-Wahlaufsichtsbehörde sowie die Regierungen einiger Bundesstaaten reglementiert werden.

Über die Verteilung der Beiträge entscheidet ein unabhängiges Komitee, das sich aus Beschäftigten zusammensetzt. Bei BAYERPAC – dem entsprechenden Komitee bei Bayer – gelten Vergabekriterien, die auch gesellschaftliche Herausforderungen reflektieren. So spielen z.b. die Haltung zum Klimawandel und der Schutz der Biodiversität eine wichtige Rolle. BAYERPAC verpflichtet sich zudem, Kandidaten beider Parteien zu unterstützen. Zulässig sind diese Spenden nur unter strengen Voraussetzungen und mit zwingenden Transparenzmaßnahmen. Die BAYERPAC-Beiträge werden regelmäßig an die US-Wahlaufsichtsbehörde ,Federal Election Commission' (FEC) gemeldet. Details sind auf der Website der FEC transparent abrufbar. BAYERPAC unterstützt keine Präsidentschaftskandidaten. 2023 haben Beschäftigte über BAYERPAC insgesamt 270.144 USD an politische Kandidaten aller Ebenen gespendet."

Ein weiteres Praxis-Beispiel zur Darlegung der monetären Zuwendungen an politische Parteien zeigt der GRI Content Index 2023 der Allianz SE betreffend GRI Angabe 415-1 „Politische Einflussnahme". Die Allianz SE verweist zwar darauf, dass auf einer globalen Ebene die entsprechenden Daten noch nicht zur Verfügung stehen, spezifiziert jedoch die an deutsche Großparteien und deren Jugendorganisationen zugewandten finanziellen Unterstützungsleistungen:

> **Praxis-Beispiel Allianz[89]**
>
> „Politische Spenden in Deutschland: jeweils 20.000 EUR an die CDU, CSU, SPD, die Grünen und die FDP. Jede Jugendorganisation dieser Parteien erhielt einen Zuschuss von 10.000 EUR, um ihre Ausrichtung auf soziale Zukunftsthemen zu unterstützen."

Eine Erläuterung der Hauptthemen der Lobbyarbeit als auch einen Verweis auf die im Zuge dieser Lobbyarbeit vertretenen Standpunkte – in diesem Fall beispielhaft mittels Verweises auf den Climate Advocacy and Associations Report – illustriert folgendes Beispiel der E.ON SE:

> **Praxis-Beispiel E.ON[90]**
>
> „E.ON beteiligt sich aktiv an den politischen Debatten zu Themen, die das Unternehmen betreffen. Hierfür nutzen wir verschiedene Kanäle wie Lobbyarbeit oder Medieninterviews mit Führungskräften oder deren Auftritte als öffentliche Redner. Häufig wird E.ON auch von politischen Entscheidungsträgern und Regulierungsbehörden aufgefordert, ihr technisches und energiepolitisches Fachwissen in Entscheidungsprozesse einzubringen. Das Unternehmen bietet sein Fachwissen zudem aktiv an. Diese Art der Interessenvertretung ist wichtig, da der Energiesektor von politischen und regulatorischen Entscheidungen maßgeblich beeinflusst wird. In den politischen Diskussionen zu Energiethemen in Brüssel und Berlin standen ein zukünftiges Marktdesign für den Strommarkt und der notwendige Infrastrukturausbau im Fokus. E.ON beteiligt sich darüber hinaus in einer Vielzahl von Diskussionsforen zu den Themen Energie-, Umwelt- und Klimapolitik. Beispielsweise ist Leonhard Birnbaum Teil der European CEO Alliance, eines Bündnisses EU-weit führender Wirtschaftsvertreter, die gemeinsam Wege zur weiteren Unterstützung des EU Green Deal diskutieren. Mit Wirkung zum 21. November 2022 wurde Leonhard Birnbaum zum amtierenden Präsidenten von Eurelectric, dem Verband der europäischen Elektrizitätswirtschaft, ernannt, im März 2023 zum Präsidenten gewählt und ist seit Juni 2023 offiziell im Amt. Eurelectric repräsentiert als Dachorganisation mehr als 3.500 europäische, in der Stromerzeugung, -verteilung und -versorgung tätige Unternehmen. Direkte Mitglieder bei Eurelectric sind die nationalen Verbände, darunter BDEW, Swedenergy oder Energy UK.
>
> Im Climate Advocacy and Associations Report gibt E.ON einen Überblick über ihren Lobbying-Ansatz sowie die Verbände und Initiativen, denen das

---

[89] Entnommen Allianz SE, GRI Content Index 2023, S. 34, eigene Übersetzung aus dem Englischen.
[90] Entnommen E.ON SE, Integrierter Geschäftsbericht 2023, S. 31.

> Unternehmen angehört, und die Schlüsselpositionen, die es mit seinen Bemühungen um die Energiewende einnimmt. Alle Lobbying-Aktivitäten und Dialogformate von E.ON entsprechen den nationalen und europäischen Gesetzen und Richtlinien für die Vertretung von Unternehmensinteressen und verantwortungsvolles Lobbying."

63 Sollte eine Person als Verwaltungs-, Leitungs- oder Aufsichtsorgan bestellt werden, die eine „vergleichbare Position in der öffentlichen Verwaltung" inkl. „Regulierungsbehörden" in den beiden Jahren vor Bestellung innerhalb des laufenden Berichtszeitraums innehatte, so ist dies offenzulegen (ESRS G1.30). In der Determinierung von vergleichbaren Positionen spezifiziert ESRS G1.AR11 das Abstellen auf verschiedene Faktoren einschl. des Verantwortungsgrads und des Umfangs der durchgeführten Tätigkeiten. Diese Angabepflicht ist angesichts eines potenziellen Interessenkonflikts, der durch einen nahtlosen Übergang eines Funktions- bzw. Verantwortungsträgers von der Politik in die Wirtschaft und vice versa verursacht werden könnte, zu interpretieren (ESRS G1.BC44). In Deutschland wurde vor diesem Hintergrund und zur Stärkung der Integrität und des Vertrauens in demokratische Institutionen eine Karenzzeit als Abkühlphase („Cooling-off-Periode") anberaumt, die sich an Regierungsmitglieder und Parlamentarische Staatssekretäre richtet und auf die Dauer von max. 18 Monaten ausgerichtet ist. Die Aufnahme neuer Tätigkeiten wird für diesen Zeitraum nicht generell untersagt, vielmehr trifft die Bundesregierung – auf Empfehlung eines beratenden Gremiums – im Einzelfall Entscheidungen auf Untersagung von Erwerbstätigkeit oder sonstiger Beschäftigung.[91]

64 Die Offenlegung wesentlicher politischer Positionen sowie entsprechende Registrierungspflichten (Rz 62) setzen bei der Frage an, auf welche Art und Weise Interessen gegenüber der öffentlichen Hand artikuliert bzw. welche Vorgehensweise bei Interventionen (z.B. Einhaltung eines Verhaltenskodex) im politischen Umfeld beachtet werden. Hervorzuheben ist, dass die Angabepflichten in ESRS G1-5 primär nicht darauf abzielen, strafrechtlich relevante Missstände zu verhindern; dennoch dürfte ein höheres Maß an Transparenz potenziellen Korruptionshandlungen vorbeugen.

Das Praxis-Beispiel SAP SE illustriert die gegenwärtige Berichtspraxis zur Wahrnehmung der **politischen Mitgestaltung**. Demzufolge wird offengelegt, dass das Unternehmen im EU-Transparenzregister sowie in weiteren nationalen Transparenzregistern eingetragen ist. Jedoch unterbleibt an dieser Stelle die Offenlegung der entsprechenden Identifikationsnummer, die nach ESRS G1.29(d) (Rz 62) – sofern wesentlich – erforderlich ist:

---

[91] Vgl. §§ 6a–d Bundesministergesetz.

Praxis-Beispiel SAP[92]

„Politische Mitgestaltung

Die SAP pflegt weltweit vertrauensvolle und transparente Beziehungen zu Politik und Verwaltung. Mit ihnen zusammen gehen wir der Frage nach, wie der Einsatz von Informations- und Kommunikationstechnologien zu wirtschaftlichem Wachstum, zur Schaffung von Arbeitsplätzen und zur Lösung wichtiger gesellschaftlicher Probleme beitragen kann. Im Rahmen dieser Zusammenarbeit berücksichtigen wir die Rolle des Öffentlichen Sektors sowohl als Nutzer als auch als politischer Entscheidungsträger und unterstützen ihn bei seiner Digitalisierung, um dadurch mehr Effizienz, Effektivität und Bürgernähe zu erreichen.

Wir stehen mit Regierungen und Behörden auf der ganzen Welt im Dialog, um uns über Themen von öffentlichem Belang auszutauschen. Schwerpunkte sind unter anderem die Schaffung angemessener Rahmenbedingungen für den Einsatz neuer, wegweisender Technologien oder Geschäftsmodelle wie Cloud Computing, das Internet der Dinge und Big Data.

Die SAP legt großen Wert auf Transparenz im politischen Entscheidungsprozess. Deshalb haben wir uns in das kürzlich eingerichtete Lobbyregister des deutschen Bundestags sowie einiger Landtage und in das EU-Transparenzregister für Interessenvertreter eingetragen. Auch in den USA sind wir in das nationale Lobbyregister eingetragen und kommen unseren Offenlegungspflichten im Rahmen des Federal Lobbying Disclosure Act nach. Des Weiteren sind wir in anderen Ländern registriert, in denen es nach geltendem Recht erforderlich ist."

Ferner führt das Unternehmen Bayer AG die Kosten nach nationalen Repräsentanzen an (Rz 58) und verweist in jenen Ländern, wo bereits Registrierungsverpflichtungen bestehen, auf die zuständige Behörde. Im Registereintrag des Lobbyregisters für die Interessenvertretung gegenüber dem Deutschen Bundestag und der Bundesregierung sind für die Bayer AG die Beschreibung der Tätigkeit sowie die Benennung der Interessen- und Vorhabenbereiche, Auftraggeber sowie Schenkungen durch Dritte, u.a. Informationen wie die Register- bzw. Identifikationsnummer sowie jährliche finanzielle Aufwendungen im Bereich Interessenvertretung sowie vertretungsbefugte Personen, abzurufen.[93]

---

[92] Entnommen SAP SE, Integrierter Bericht 2023, S. 313.
[93] Vgl. Deutscher Bundestag, Lobbyregister für die Interessenvertretung gegenüber dem Deutschen Bundestag und der Bundesregierung, Registereintrag Bayer AG mit der Version des Registereintrags: 1.6.2023 14:21:52, www.lobbyregister.bundestag.de/suche/R002249/20666, Abruf 1.8.2024.

Praxis-Beispiel Bayer[94]

„Für Bayer sind die nationalen Interessenvertretungen wichtige Kontaktstellen zur Politik. Angaben zu Sach- und Projektkosten, Beschäftigtenzahlen und sonstigen im jeweiligen Land gesetzlich vorgeschriebenen Daten veröffentlichen wir nach den jeweiligen Vorgaben der Lobby- und Transparenzregister etwa beim Deutschen Bundestag, den Europäischen Institutionen oder dem US-Kongress. Außerdem gehen wir über die gesetzlich vorgeschriebenen Anforderungen hinaus, indem wir Daten für Länder und Organisationsstellen veröffentlichen, in denen – bislang – keine gesetzliche Publizitätspflicht besteht. 2023 beliefen sich die Kosten unserer Repräsentanzen auf 3,0 Mio. EUR in Deutschland, 7,8 Mio. EUR bei der Europäischen Union, 18 Mio. EUR in den USA, 1,5 Mio. EUR in Brasilien und 2,5 Mio. EUR in China. Die Kosten der politischen Interessenvertretung auf globaler bzw. internationaler Ebene lagen unternehmens- und divisionsübergreifend bei 17 Mio. EUR."

Praxis-Tipp

Bereits in den *Basis for Conclusions* des ESRS G1-5 (ESRS G1.BC45) wird auf die Ähnlichkeit der Offenlegungspflichten gem. ESRS G1.29(b)(i) und (ii) (Rz 62) und der GRI Angabe 415-1 betreffend „Parteispenden"[95] hingewiesen. Konkret bezieht sich diese Ähnlichkeit darauf, dass die GRI bereits folgende Informationen fordern:

• Monetärer „Gesamtwert der Parteispenden in Form von finanziellen Beiträgen und Sachzuwendungen, die direkt oder indirekt von der Organisation geleistet wurden, nach Land und Empfänger/Begünstigtem"[96] und

• „gegebenenfalls wie der monetäre Wert von Sachzuwendungen geschätzt wurde"[97].

Es lässt sich somit festhalten, dass für jene Unternehmen, welche bereits Informationen gem. GRI Angabe 415-1 offenlegen, sich insbes. ein Abgleich der Anforderungen der GRI Angabe 415-1-a und b und den Angaben gem. ESRS G1.29(b)(i) und (ii) empfiehlt.

---

94 Entnommen Bayer AG, Nachhaltigkeitsbericht 2023, S. 34.
95 Vgl. GRI 415: Politische Einflussnahme 2016.
96 GRI Angabe 415-1-a.
97 GRI Angabe 415-1-b.

Zur Erläuterung der Angabepflichten (Rz 52) findet sich folgende exemplari-   **65**
sche Beschreibung inkl. tabellarischer Darstellung des politischen Engagements
einschl. Lobbytätigkeiten des Unternehmens in ESRS G1.AR15 (Tab. 6).

Ferner dient der integrierte Geschäftsbericht der ABN AMRO Bank N.V. des
Geschäftsjahrs 2023 als Beispiel einer Offenlegung in Anlehnung an die Angabepflichten des ESRS G1-5.

Praxis-Tipp

„Im Geschäftsjahr 20XY war ABC an Tätigkeiten im Zusammenhang mit
der vorgeschlagenen Verordnung XXX beteiligt, die erhebliche negative
Auswirkungen auf sein Geschäftsmodell haben könnten, wenn sie im derzeitigen Format umgesetzt würden. ABC ist der Auffassung, dass die vorgeschlagene Verordnung zwar einige Verbesserungen des Regulierungssys-
tems wie xxx bewirken wird, in ihrer derzeitigen Form aber die Kosten im
Zusammenhang mit xxx den Nutzen überwiegen werden. ABC und seine
Kollegen arbeiten weiterhin mit XXX (der Regulierungsbehörde) zusammen, um für ein besseres Gleichgewicht zu sorgen.

ABC hat darüber hinaus die politische Partei QRP in Land X und die
EFG-Partei in Land Y unterstützt, da beide [...] ABC ist im lokalen Transparenzregister (XYZ) eingetragen, und seine Registrierungsnummer lautet
987234.“

Beträge in Tausend EUR.

	2023	2022 [wird fortgesetzt]
Mittel zur Unterstützung der Politik	100	
Mittel für QRP	75	
Mittel für EFG	25	
	100	

Tab. 6: Beispielhafte Darstellung der bereitgestellten Parteienfinanzierung
gem. ESRS G1.AR15

Praxis-Beispiel ABN AMRO Bank[98]

„Politische Einflussnahme und Lobbying-Aktivitäten

Das Bankwesen ist ein stark regulierter Sektor, sowohl auf nationaler Ebene im Heimatmarkt von ABN AMRO, den Niederlanden, als auch auf EU-Ebene. Da Politiker und Behörden die Regeln und Vorschriften für Banken festlegen, ist es sehr wichtig, dass ABN AMRO einen konstruktiven, kontinuierlichen Dialog mit Politikern und Entscheidungsträgern pflegt, sowohl individuell als auch kollektiv.

Dieser Dialog wird von unserem Team für öffentliche Angelegenheiten durch Kontakte mit Abgeordneten des niederländischen Parlaments, niederländischen Ministern und ihren Ministerien, dem Europäischen Parlament, der Europäischen Kommission und anderen geführt. Im Zuge dieses Austausches werden Entwicklungen erörtert, die direkt oder indirekt für ABN AMRO relevant sind, sowie Initiativen, zu denen wir einen konstruktiven Beitrag leisten können.

Überwachung und Einflussnahme

Das Public-Affairs-Team besteht aus zwei internen Lobbyisten, einen davon in Den Haag und der andere in Brüssel. Gemeinsam sind sie die Augen und Ohren von ABN AMRO auf dem politischen Parkett. Sie überwachen ständig wichtige Entwicklungen in der Gesetzgebung, den Vorschriften und der Politik und berichten dem Vorstand und dem Senior Management über relevante Informationen. Unsere Tochtergesellschaft ABN AMRO Clearing hat eigene Lobbyisten, die den speziellen Bereich des Clearing in Brüssel abdeckt. Diese internen Lobbyisten versetzen uns in die Lage, politische und Entwicklungen in der Gesetzgebung zu antizipieren und, falls erforderlich, rechtzeitig Anpassungen vorzunehmen.

---

[98] Entnommen ABN AMRO Bank N.V., Integrated Annual Report 2023, S. 289 ff., eigene Übersetzung aus dem Englischen.

ABN AMRO arbeitet zwar mit externen Agenturen zusammen, die in den Bereichen öffentliche Angelegenheiten und Interessenvertretung tätig sind, die Zusammenarbeit beschränkt sich allerdings auf das Sammeln von Informationen über politische und legislative Entwicklungen. Abgesehen von den 3,2 Vollzeitäquivalenten der internen Lobbyisten beschäftigt ABN AMRO keine externen Lobbyisten.

Das Public-Affairs-Team ist auch in Branchenorganisationen wie dem niederländischen Bankenverband (NVB), dem Verband der niederländischen Industrie und Arbeitgeber (VNO-NCW) und dem Institute of International Finance (IIF) aktiv.

Darüber hinaus sind Vertreter auf Länderebene in den Bankenverbänden der jeweiligen Länder aktiv. Experten in den Kundeneinheiten und Funktionen von ABN AMRO nehmen an verschiedenen lokalen, regionalen und globalen Wirtschaftsverbänden teil. In diesen Gremien findet ein reger Informationsaustausch über Richtlinien (‚policies') und Politik (‚politics') statt, und sie stehen oft selbst mit Politikern und Entscheidungsträgern in Kontakt und vertreten indirekt die Interessen von ABN AMRO. [...]

Ein weiterer Tätigkeitsbereich ist der Austausch von Informationen von und über ABN AMRO mit Stakeholdern in Politik und Behörden, damit diese – Politiker, Entscheidungsträger, Regulierungsbehörden usw. – die Interessen von ABN AMRO bei der Ausarbeitung neuer Gesetze, Vorschriften und Richtlinien berücksichtigen können. Mit Unterstützung des Public-Affairs-Teams geben die Vorstandsmitglieder, Führungskräfte und Experten von ABN AMRO diese Informationen formell und informell weiter, sowohl schriftlich als auch in Einzelgesprächen und mit mehreren Stakeholdern simultan, sowie in geschlossenen und öffentlichen Konsultationen und Diskussionen mit Experten.

Zu den Themen, auf die sich ABN AMRO bei diesem Austausch im Allgemeinen konzentriert, gehören Finanztransaktionen, Verbraucherkredite, Hypotheken, Investitionen, Unternehmenskredite, Sorgfaltspflicht, Schutz schutzbedürftiger Kunden, CSR, nachhaltige Finanzierung, Förderung der Energiewende, sicheres Bankwesen, Verhinderung und Bekämpfung von Geldwäsche und Terrorismusfinanzierung, Datenschutz, neue Marktteilnehmer und Wettbewerb, Bankenaufsicht, Eigenkapitalanforderungen und Konsolidierung im Bankensektor.

Gesamte Zuwendungen

Die nachstehende Tabelle gibt einen Überblick über die Gesamtzuwendungen von ABN AMRO im Bereich der politischen Einflussnahme und Lobbying-Aktivitäten. Es ist die klare Position von ABN AMRO als Organisation, keine Beiträge an einzelne Politiker, politische Parteien oder politische Kampagnen irgendwo auf der Welt zu leisten. Den Mitarbeitern steht es frei, in privater Eigenschaft politische Beiträge zu leisten, sofern diese Beiträge mit den lokal geltenden Gesetzen übereinstimmen."

in Tsd.	31.12.2023	31.12.2022
Lobbyingausgaben	690	574
Großbeträge für die Mitgliedschaft in Industrie- und Wirtschaftsverbänden	5.751	5.347
Gesamtzuwendungen	6.441	5.921

2.4.3 ESRS G1-6 – Zahlungspraktiken

66 Die Angabepflicht ESRS G1-6 umfasst – sofern wesentlich – die Bereitstellung von Informationen betreffend die Zahlungspraktiken, insbes. hinsichtlich Zahlungsverzug an KMU, des Unternehmens (ESRS G1.31). Die Angabepflicht des ESRS G1-6 spezifiziert somit teilw. die geforderten Informationen des durch die CSRD[99] neu hinzugefügten Art. 29b Abs. 2 Buchst. c) (v) 2013/34/EU betreffend die Pflege und Qualität der Beziehungen zu Kunden, Lieferanten und Gemeinschaften, die von den Unternehmenstätigkeiten betroffen sind, einschl. Zahlungspraktiken, insbes. in Bezug auf verspätete Zahlungen an KMU.

67 Das Ziel der Angabepflicht besteht darin, „Einblicke in die vertraglichen Zahlungsbedingungen" und die Zahlungsleistung zu erhalten. Diese Einblicke sollen insbes. aufzeigen, wie sich ebendiese Zahlungsbedingungen, Zahlungsleistung und Zahlungsverzug auf KMU auswirken (ESRS G1.32).

Praxis-Hinweis

Die Angabepflicht des ESRS G1-6 weist ein nur niedriges Synergieniveau mit bereits bestehenden Rahmenwerken der Nachhaltigkeitsberichterstattung auf. Bspw. finden sich im Rahmenwerk der GRI keine vergleichbaren Angaben betreffend die Zahlungspraktiken des Unternehmens (ESRS G1.BC50).

---

99   CSRD – Richtlinie (EU) 2022/2464, ABl. EU v. 16.12.2022, L 322/15.

In Ermangelung einer Legaldefinition des Begriffs „KMU" erscheint die Heran- **68** ziehung der folgenden Definitionen als zunächst denkbar:
- zum einen, vor dem Hintergrund der Änderung der Bilanz-RL 2013/34/EU[100] durch die CSRD, der Rückgriff auf die in Art. 2 Abs. 1–3 2013/34/EU bzw. § 267 Abs. 1 und 2 HGB und § 267a Abs. 1 HGB bzw. § 221 Abs. 1–2 UGB festgelegten Unternehmenskategorien; hier ist anzumerken, dass die EU-Kommission eine aufgrund des Inflationsausgleichs nötige Erhöhung der monetären Schwellenwerte der Bilanz-RL umgesetzt hat;[101]
- zum anderen die Stützung auf die in der Empfehlung der EU-Kommission 2003/361/EG in Art. 2 Abs. 1[102] –3 getroffene KMU-Definition.

Gegen die Heranziehung der Größenklassen der § 267 Abs. 1 und 2 HGB, § 267a Abs. 1 HGB und § 221 Abs. 1–2 UGB spricht jedoch u.a., dass die hierin festgelegte Größenkategorisierung, im Gegensatz zu den in Art. 2 Abs. 1–3 der Empfehlung der EU-Kommission 2003/361/EG kommunizierten Schwellenwerte, nicht rechtsformunabhängig ist. Dieses Argument bekräftigend ist zum einen, dass die Angabepflicht i.S.d. ESRS G1.31 (Rz 66) ebenso keine Rechtsformabhängigkeit des Begriffs der KMU definiert und zum anderen die Bezugnahme in Erwägungsgrund 50 der CSRD auf die Zahlungsverzugs-Richtlinie 2011/7/EU[103] (Rz 70). Ebendiese Zahlungsverzugs-Richtlinie verweist in Erwägungsgrund 6 auf die Definition von KMU gem. der Empfehlung der EU-Kommission 2003/361/EG.

Tab. 7 bietet eine Aufstellung der jeweiligen Schwellenwerte der Unternehmenskategorien gem. der Empfehlung der EU-Kommission 2003/361/EG, des deutschen HGB und österreichischen UGB. Neben den Definitionen der Größenmerkmale sind insbes. im Zusammenhang mit der angeführten Definition eines KMU i.S.d. Art. 2 Abs. 1 2003/361/EG zusätzlich zu den angeführten Schwellenwerten die in Art. 3 2003/361/EG beschriebenen Eigenständigkeitscharakteristika zu beachten.

---

100 Bilanz-RL – Richtlinie 2013/34/EU, ABl. EU v. 29.6.2013, L 182/19.
101 Vgl. Delegierte Richtlinie (EU) 2023/2775, ABl. EU L v. 21.12.2023.
102 „Die Größenklasse der Kleinstunternehmen sowie der kleinen und mittleren Unternehmen (KMU) setzt sich aus Unternehmen zusammen, die weniger als 250 Personen beschäftigen und die entweder einen Jahresumsatz von höchstens 50 Mio. EUR erzielen oder deren Jahresbilanzsumme sich auf höchstens 43 Mio. EUR beläuft."
103 Zahlungsverzugs-Richtlinie – Richtlinie 2011/7/EU, ABl. EU v. 23.2.2011, L 48/1.

Unternehmenskategorie	Größenmerkmale		
	Bilanzsumme	Umsatz(erlöse)	Beschäftigte
Kleinstkapitalgesellschaften (§ 267a Abs. 1 HGB / § 221 Abs. 1a UGB)	≤ 450 TEUR (§ 267a Abs. 1 Nr. 1 HGB) ≤ 350 TEUR (450 TEUR) (§ 221 Abs. 1a Nr. 1 UGB)	≤ 900 TEUR (§ 267a Abs. 1 Nr. 2 HGB) ≤ 700 TEUR (900 TEUR) (§ 221 Abs. 1a Nr. 2 UGB)	≤ 10 (§ 267a Abs. 1 Nr. 3 HGB / § 221 Abs. 1a Nr. 3 UGB)
Kleinstunternehmen (Art. 2 Abs. 3 2003/361/EG)	≤ 2 Mio. EUR (Art. 2 Abs. 3 2003/361/EG)	≤ 2 Mio. EUR (Art. 2 Abs. 3 2003/361/EG)	< 10 (Art. 2 Abs. 3 2003/361/EG)
Kleine Kapitalgesellschaften (§ 267 Abs. 1 HGB / § 221 Abs. 1 UGB)	≤ 7,5 Mio. EUR (§ 267 Abs. 1 Nr. 1 HGB) ≤ 5 Mio. EUR (6,25 Mio. EUR) (§ 221 Abs. 1 Nr. 1 UGB)	≤ 15 Mio. EUR (§ 267 Abs. 1 Nr. 2 HGB) ≤ 10 Mio. EUR (12,5 Mio. EUR) (§ 221 Abs. 1 Nr. 2 UGB)	≤ 50 (§ 267 Abs. 1 Nr. 3 HGB / § 221 Abs. 1 Nr. 3 UGB)
Kleine Unternehmen (Art. 2 Abs. 2 2003/361/EG)	≤ 10 Mio. EUR (Art. 2 Abs. 2 2003/361/EG)	≤ 10 Mio. EUR (Art. 2 Abs. 2 2003/361/EG)	< 50 (Art. 2 Abs. 2 2003/361/EG)
Mittelgroße Kapitalgesellschaften (§ 267 Abs. 2 HGB / § 221 Abs. 2 UGB)	≤ 25 Mio. EUR (§ 267 Abs. 2 Nr. 1 HGB) ≤ 20 Mio. EUR (25 Mio. EUR) (§ 221 Abs. 2 Nr. 1 UGB)	≤ 50 Mio. EUR (§ 267 Abs. 2 Nr. 2 HGB) ≤ 40 Mio. EUR (50 Mio. EUR) (§ 221 Abs. 2 Nr. 2 UGB)	≤ 250 (§ 267 Abs. 2 Nr. 3 HGB / § 221 Abs. 2 Nr. 3 UGB)
Mittlere Unternehmen (Art. 2 Abs. 1 2003/361/EG)	≤ 43 Mio. EUR (Art. 2 Abs. 1 2003/361/EG)	≤ 50 Mio. EUR (Art. 2 Abs. 1 2003/361/EG)	< 250 (Art. 2 Abs. 1 2003/361/EG)

Tab. 7: Darstellung der Größenmerkmale von KMU gem. § 267 Abs. 1 und 2 HGB, § 267a Abs. 1 HGB, § 221 Abs. 1–2 UGB und Art. 2 Abs. 1–3 2003/361/EG – in Klammern jene UGB-Werte, die nach Vorschlag der EU-Kommission ab 2024 gelten dürften.[104]

[104] Die im HGB normierten monetären Größenmerkmale wurden mit dem Zweiten Gesetz zur Änderung des DWD-Gesetzes sowie zur Änderung handelsrechtlicher Vorschriften bereits rückwirkend für das Geschäftsjahr 2024 bzw. per Wahlrecht sogar 2023 angepasst. Die Umsetzung für die von der EU vorgenommene inflationsbedingte Bereinigung der monetären Größenkriterien im UGB steht noch aus.

Als exemplarische regulative Referenzpunkte der Angabepflicht des ESRS G1-6 **69**
(Rz 66) wird neben der Zahlungsverzugs-Richtlinie 2011/7/EU (Rz 70) auch
auf nationale Gesetzgebungen (Rz 71) in Spanien[105], Italien[106] und Portugal[107]
verwiesen (ESRS G1.BC6 und ESRS G1.BC47).

Die Zahlungsverzugs-Richtlinie 2011/7/EU versteht sich u. a. als eine Reak- **70**
tion auf die Mitteilung vom 25.6.2008 der EU-Kommission[108] betreffend
„Vorfahrt für KMU in Europa – Der ‚Small Business Act' für Europa", welche
nebst weiteren Schwerpunkten v. a. die Etablierung einer erhöhten Zahlungs-
disziplin betonte.[109] Hervorzuheben ist, dass Zahlungsverzug i. S. d. Zahlungsverzugs-Richtlinie u. a. als jener Umstand beschrieben wird, wenn der Kreditor bis zum Ende der Zahlungszielvereinbarung nicht kompensiert wurde
(ESRS G1.BC47). In Österreich setzt das Zahlungsverzugsgesetz[110] und in
Deutschland das Gesetz zur Bekämpfung von Zahlungsverzug im Geschäfts-
verkehr und zur Änderung des Erneuerbare-Energien-Gesetzes[111] die Zahlungsverzugs-Richtlinie 2011/7/EU um. Die Richtlinienüberarbeitung[112] soll
insbes. neben Regulierungslücken, mehrdeutigen Vorschriften, Asymmetrien
in der Verhandlungsmacht zwischen kleinen und großen Teilnehmern der
Wirtschaft auch die fehlende Incentivierung bzw. Vergütung für unverzügliche Zahlungen adressieren. Ähnlich hierzu liegen u. a. Überlegungen zu
unternehmensgrößenabhängigen Verhandlungsmachtasymmetrien, welche
potenziell in unfairen Zahlungspraktiken münden, der Ausgestaltung der
Angabepflicht i. S. d. ESRS G1-6 (Rz 66) zugrunde (ESRS G1.BC47).

Wie in Rz 69 hervorgehoben, wird im Zusammenhang mit der Angabepflicht **71**
ESRS G1-6 auf bereits bestehende nationale Gesetzgebungen betreffend die
Offenlegung von Zahlungspraktiken in Spanien, Italien und Portugal verwiesen. Allesamt betreffen diese nationalen Gesetzgebungen v. a. Informationen
hinsichtlich der Zahlungspraktiken der öffentlichen Verwaltung im Ge-

---

105 Gesetz 2/2012 des 27. April.
106 Art. 33 Abs. 1 des Gesetzesvertretenden Dekrets vom 14. März 2013 und Art. 9 und 10 des
Dekrets des Präsidenten des Ministerrats vom 22. September 2014.
107 Anhang des Beschlusses des Ministerrats Nr. 34/2008 vom 22. Februar 2008.
108 KOM (2008) 394 endgültig.
109 Vgl. RL 2011/7/EU, Erwägungsgrund 6, ABl. EU v. 23.2.2011, L 48/1.
110 Vgl. BGBl. I Nr. 50/2013.
111 Vgl. BGBl. I 2014, S. 1218.
112 Die Position des EU-Parlaments zur Überarbeitung der Zahlungsverzugs-Richtlinie 2011/7/EU
wurde am 23.4.2024 in der ersten Lesung angenommen. Hervorzuhebende Aspekte der geplanten
Überarbeitung betreffen insbes. die Festlegung von Regelungen im Zusammenhang mit (Mini-
mum-)Verzugszinsen in der Form von Flatfees im Fall von Zahlungsverzug als auch die Einrichtung eines sog. „European Observatory of late payments". Die Annahme der Position des Rats
der EU zum Richtlinienentwurf der EU-Kommission steht noch aus. Informationen zur Zeitleiste der Richtlinienüberarbeitung ist über den sog. „Law Tracker" der EU einsehbar; siehe
https://law-tracker.europa.eu/procedure/2023_323, Abruf 1.8.2024.

schäftsverkehr mit Unternehmen. In Spanien legt das Gesetz 2/2012 fest, dass öffentliche Verwaltungen ihre durchschnittliche Zahlungsdauer an Lieferanten offenzulegen haben.[113] Ebenfalls hat ihr Budget mind. Informationen über voraussichtliche Zahlungen (sog. *„forecast payments"*) an Lieferanten zu beinhalten, um die Einhaltung der gesetzlichen Maximalzahlungsdauer lt. Zahlungsverzugsgesetz[114] zu gewährleisten.[115] Überschreitet die durchschnittliche Zahlungsdauer i. S. d. spanischen Regelung die gesetzliche Maximaldauer, sind Maßnahmen zu treffen, um die durchschnittliche Zahlungsdauer zu reduzieren. Eine fehlende Umsetzung dieser Maßnahmen oder Verzögerungen, welche 30 Tage während zwei aufeinanderfolgenden Monaten überschreiten, werden mit Verwarnungen geahndet. Bei länger andauernden Verstößen können finanzielle Korrekturmaßnahmen erfolgen.[116] Seit 2015 haben öffentliche Verwaltungen in Italien vierteljährlich einen Indikator für ihre durchschnittlichen Zahlungszeiten beim Erwerb von u. a. Gütern und Diensten offenzulegen sowie den Gesamtbetrag der Schulden und die Anzahl der Gläubigerfirmen zu berichten.[117] In Portugal sieht der Beschluss des Ministerrats Nr. 34/2008 ebenfalls die Offenlegung seitens der öffentlichen Verwaltung von Indikatoren hinsichtlich der durchschnittlichen Zahlungsdauer an Lieferanten vor. Hiervon ebenfalls umfasst sind Informationen betreffend die Festlegung von Zielvorgaben für Zahlungsfristen sowie die Offenlegung von Anreizen, welche in Abhängigkeit vom Einhaltungsgrad der entsprechenden Zielvorgaben stehen.[118]

72   Die zur Spezifikation der Angabepflicht offenzulegenden Indikatoren (Rz 73) wurden u. a. basierend auf den Antworten der *„SME Panel Consultation on Late Payments"*[119] ausgewählt. Konkret wurden jene Kennzahlen dieser Befragung, welche mit dem prozentual höchsten Anteil als *„very helpful"* und *„somewhat helpful"* von den befragten Unternehmen bewertet wurden, herangezogen (ESRS G1.BC48 S. 1). Der Großteil der befragten Unternehmen bestand aus Kleinst- und Kleinunternehmen, wobei etwa 60 % der Antworten aus Portugal, nachfolgend aus Italien, Polen, Rumänien, Spanien und Deutschland kamen. Zu jenen als *„very helpful"* und *„somewhat helpful"* eingestuften Kennzahlen[120] zählen

---

113 Vgl. Art. 13 Abs. 6 Gesetz 2/2012 des 27. April.
114 Vgl. Gesetz 15/2010 vom 5. Juli zur Änderung des Gesetzes 3/2004 vom 29. Dezember.
115 Vgl. Art. 13 Abs. 6 Gesetz 2/2012 des 27. April.
116 Vgl. Art. 25 Abs. 1 Gesetz 2/2012 des 27. April.
117 Vgl. Art. 33 Abs. 1 des Gesetzesvertretenden Dekrets vom 14. März 2013.
118 Vgl. Abschn. 1 Punkt 3 a) und b) des Beschlusses des Ministerrats Nr. 34/2008 vom 22. Februar.
119 Siehe EU-Kommission, SME panel consultation on late payments, 2021, https://ec.europa.eu/docsroom/documents/47995?locale=en, Abruf 1.8.2024.
120 Vgl. EU-Kommission, SME panel consultation on late payments, 2021, S. 1 und 7.

- *„Average time taken to pay invoices in number of days"* (Rz 73) sowie
- *„Standard contractual payment terms offered to suppliers in number of days"* (Rz 73; ESRS G1.BC48 S. 2).

Um den Aufwand der Nachhaltigkeitsberichterstattung für Unternehmen – bei gleichzeitiger Erhöhung des Informationswerts – zu minimieren, wurden die gem. ESRS G1.33(b) (Rz 73) geforderten Informationen auf die Hauptkategorien von Lieferanten des Unternehmens, und demnach die Informationsdarlegung in aggregierter Form, beschränkt (ESRS G1.BC48 S. 4).

Zur Erfüllung der Angabepflicht (Rz 66) soll die Offenlegung – sofern wesentlich – Folgendes enthalten: **73**

- Das Unternehmen soll die durchschnittliche Zeit, welche es zur Begleichung einer Rechnung in Anspruch nimmt, in Anzahl an Tagen offenlegen (ESRS G1.33(a)). Für die Berechnung der durchschnittlichen Zeit wird jener Zeitpunkt gewählt, welcher als Zeitpunkt des Beginns der vertraglich oder gesetzlich festgelegten Zahlungsfristen herangezogen wird (ESRS G1.33(a)). Eine Spezifizierung hinsichtlich der konkreten Berechnungsmethodik trifft der Standard nicht. Sollte das Unternehmen jedoch auf eine „repräsentative Stichprobe" für die Berechnung der zur Rechnungsbegleichung in Anspruch genommenen durchschnittlichen Zeit in Anzahl an Tagen zurückgreifen, so ist dieser Umstand anzugeben und die hierfür verwendete Methode kurz zu beschreiben (ESRS G1.33(d) S. 2). Weder der für Unternehmen zur Attestierung der Repräsentativität der Stichprobe heranzuziehende quantitative und/oder qualitative Maßstab noch die hierfür einsetzbaren methodologischen Vorgehensweisen werden im Standard näher erläutert. Folglich wird dem Unternehmen ein entsprechender Spielraum in der Umsetzung der Informationsoffenlegung i.S.d. ESRS G1.33(a) geboten. Ein Charakteristikum der Repräsentativität wird mitunter sein, inwiefern die gezogene Stichprobe als typisch in Bezug auf die der Stichprobe zugrunde liegende Stichprobenpopulation zu beschreiben ist und inwieweit potenzielle Bias bei der Stichprobenziehung vermieden wurden.
- Ferner soll eine Beschreibung der Standardzahlungsbedingungen in Tagen je Hauptkategorie von Lieferanten seitens des Unternehmens offengelegt werden. Hiervon ebenfalls umfasst ist der prozentuale Anteil jener Zahlungen des Unternehmens, welche mit diesen Standardzahlungsbedingungen in Einklang stehen (ESRS G1.33(b)). Beispiele zu den offenzulegenden Informationen i.S.d. Angaben gem. ESRS G1.33(a) und (b) finden sich im folgenden Tipp basierend auf ESRS G1.AR17 und im Praxis-Beispiel der Arla Foods amba:

Praxis-Tipp

„In den vertraglichen Standardzahlungsbedingungen von ABC sind Zahlungen bei Erhalt der Rechnung für Großhändler, die etwa 80 % ihrer jährlichen Rechnungen umfassen, vorgesehen. Es bezahlt die Dienstleistungen, die es innerhalb von 30 Tagen nach Eingang der Rechnung erhält, d. h. etwa 5 % seiner jährlichen Rechnungen. Der Rest seiner Rechnungen wird innerhalb von 60 Tagen nach Eingang bezahlt, mit Ausnahme der Rechnungen im Land X, die gemäß den Marktplatzstandards innerhalb von 90 Tagen nach Eingang bezahlt werden" (ESRS G1.AR17).

Praxis-Beispiel ARLA Foods[121]

„Faire Zahlungsbedingungen

Faire Zahlungsbedingungen, wie angemessene Zahlungsfristen und transparente Vereinbarungen, fördern das Vertrauen, stärken die Geschäftsbeziehungen und fördern die Zusammenarbeit zwischen Arla und Arlas Lieferanten. Die fristgerechte Bezahlung der Lieferanten, insbesondere unserer Genossenschaftsmitglieder, ist von entscheidender Bedeutung, da fristgerechte Zahlungen Nachhaltigkeit und Wachstum gewährleisten. Wir haben unsere Zahlungsbedingungen in Übereinstimmung mit der Branchenpraxis festgelegt. Sie sind in unseren Zahlungsbestimmungen dargelegt.

Im Jahr 2023 brauchten wir durchschnittlich 52 Tage, um eine Rechnung zu begleichen (Median 38 Tage). Arlas wichtigste Lieferanten sind die Landwirte, die Rohmilch liefern. Sie gelten aufgrund ihrer Abhängigkeit von unseren Zahlungen als die am meisten gefährdeten Personen. Im Durchschnitt dauerte es 15 Tage, bis wir Zahlungen an die Landwirte leisteten, während es bei anderen Lieferanten 60 Tage dauerte."

- Zusätzlich wird die Offenlegung der Zahl von „derzeit anhängigen Gerichtsverfahren" aufgrund von Zahlungsverzug gefordert (ESRS G1.33(c)). Durch den Standard wird nicht spezifiziert, inwiefern es sich um anhängige Gerichtsverfahren aufgrund von Zahlungsverzug handelt, in denen das Unternehmen als Kreditor oder Debitor geführt wird. Eine Kontextualisierung seitens des Unternehmens, um ein Verständnis der gewählten Berechnungsgrundlage der Zahl ebendieser offenen Rechtssachen zu ermöglichen, empfiehlt sich.

---

[121] Entnommen ARLA Foods amba, Jahresbericht 2023, S. 85.

Praxis-Hinweis

EFRAG unterstrich, dass die Angabe gem. ESRS G1.33(c) lediglich anhängige – und somit zum Zeitpunkt des Endes des Geschäftsjahrs nicht abgeschlossene – Gerichtsverfahren umfasst. Eine Angabe zu innerhalb des Geschäftsjahrs abgeschlossenen Gerichtsverfahren aufgrund von Zahlungsverzug wäre im Kontext der Angabe von Hintergrundinformationen i.S.d. ESRS G1.33(d) denkbar.[122]

- Ebenso sollen seitens des Unternehmens ergänzende Informationen, welche für die Kontextualisierung der offengelegten Informationen von Notwendigkeit sind, zur Verfügung gestellt werden (ESRS G1.33(d) S. 1). Kontextinformationen könnten u. U. dann notwendig sein, wenn sich die Standardzahlungsbedingungen oder die durchschnittliche Zeit in Tagen für die Rechnungsbegleichung erheblich zwischen bestimmten Arten von Geschäftspartnern bzw. Lieferanten, Ländern oder geografischen Gebieten (→ § 12 Rz 74f.) unterscheiden (ESRS G1.AR16; ESRS G1.BC49). Als kontextuelle Information im Zusammenhang mit erheblichen länderspezifischen Unterschieden der Standardzahlungsbedingungen des Unternehmens wäre eine Beschreibung von „Marktplatzstandards" denkbar (ESRS G1.AR17). Im Zusammenhang mit geschäftspartnerabhängigen – potenziell signifikanten – Unterschieden wäre bspw. neben Unterschieden zwischen B2B-Transaktionen und Transaktionen mit öffentlichen Auftraggebern auch an Unterschiede aufgrund der Unternehmensgröße der Geschäftspartner bzw. Lieferanten (Rz 74) zu denken. Ein weiteres Beispiel für die evtl. Notwendigkeit, die i. S. d. ESRS G1.33(a) bereitgestellten Informationen zu kontextualisieren, betrifft signifikante Unterschiede in der durchschnittlichen Zeit für die Zahlung von Rechnungen zwischen Berichtsperiodenende und dem Rest der Berichtsperiode (ESRS G1.BC49). Bspw. wären Auswirkungen des Working Capital Managements des Unternehmens auf ebendiese durchschnittliche Zeit in Tagen für die Zahlung von Rechnungen vorstellbar.

Überraschend vor dem Hintergrund der Angabepflicht des ESRS G1-6 (Rz 66) **74** und deren Ziel (Rz 67) erscheint der nicht explizit artikulierte Fokus der Angaben auf die Auswirkungen auf KMU. Mit Ausnahme der in Rz 72 beschriebenen Rationale, dass ein Teil des der Angabepflicht zugrunde liegenden Indikatorensets (Rz 73) auf dem „SME Consultation Panel"[123] basiert, bleibt eine weitere Spezifizierung zu KMU-spezifischen Auswirkungen der Zahlungspraktiken des Unternehmens aus. Offen bleibt somit, inwiefern und in welchem Ausmaß – sofern wesentlich – zur Erfüllung der Angabepflicht

---

122 Siehe hierzu EFRAG, ESRS Q&A Platform, Compilation of Explanations, Januar–Juli 2024, Frage 419, S. 144.
123 Siehe EU-Kommission, SME panel consultation on late payments, 2021.

ESRS G1-6 auf ebendiese Auswirkungen auf KMU Bezug seitens des Unternehmens genommen werden soll. Denkbar wäre, insofern das Unternehmen entsprechende signifikante Unterschiede bspw. zwischen KMU und dem Rest seiner Geschäftspartner bzw. Lieferanten identifiziert, die Kontextualisierung der offengelegten Informationen (Rz 73).[124]

75   Das folgende Praxis-Beispiel aus Spanien zeigt einen Teil der Offenlegung der Repsol Group in deren *Notes* zu *„Trade and other payables"* für das Geschäftsjahr 2023. Die zur Verfügung gestellte Information betrifft u. a. die Offenlegungsanforderungen seitens der Repsol Group i. S. d. dritten Zusatzbestimmung des Gesetzes 15/2010 vom 5. Juli zur Änderung des Gesetzes 3/2004 vom 29. Dezember, in Übereinstimmung mit dem Gesetz 18/2022 vom 28. September über die Gründung und das Wachstum von Unternehmen und gem. dem Beschluss vom 29. Januar 2016 des spanischen Instituto de Contabilidad y Auditor a de Cuentas betreffend Maßnahmen zur Bekämpfung von Zahlungsverzug. Eine Ähnlichkeit zu der gem. ESRS G1.33(a) (Rz 73) geforderten Information lässt sich betreffend die Kennzahl *„Average payment period to suppliers"*, demnach der Angabe des durchschnittlichen Zahlungszeitraums (in Tagen) an Lieferanten, erkennen. Unterschiede zwischen der Angabepflicht gem. ESRS G1.33(a) und der Kennzahl *„Average payment period to suppliers"* ergeben sich jedoch v. a. hinsichtlich des Lieferantenbegriffs. Wie in der Offenlegung seitens Iberodrola, S. A.[125] zur Kennzahl der *„Average payment period to suppliers"* beschrieben, werden bei der Berechnung dieser Kennzahl bspw. Lieferanten von Sachanlagen und sog. *„finance lease suppliers"* ausgenommen. Der Lieferantenbegriff fällt somit im Vergleich zu der in den ESRS[126] angeführten Definition bedeutend enger aus.

Praxis-Beispiel REPSOL Group[127]

„Informationen über die durchschnittliche Zahlungsfrist für Lieferanten in Spanien

Die Angaben zu der durchschnittlichen Zahlungsfrist für Verbindlichkeiten aus Lieferungen und Leistungen in Spanien sind in Übereinstimmung mit dem geltenden Gesetz."

---

[124] Siehe hierzu auch EFRAG, ESRS Q&A Platform, Compilation of Explanations, Januar–Juli 2024, Frage 444, S. 145.

[125] Vgl. Iberodrola, S.A., Annual financial information Iberorola, S.A. and subsidiaries 2023, S. 150 f.

[126] Berichtigung der Delegierten Verordnung (EU) 2023/2772 v. 31.7.2023, ABl. EU L v. 9.8.2024, Anhang II, Tab. 2, S. 281.

[127] Entnommen Repsol Group, Annual Financial Report 2023, S. 58, eigene Übersetzung aus dem Englischen.

Durchschnittliche Zahlungsfrist	Tage	
	2023	2022
Durchschnittliche Zahlungsfristen für Lieferanten (PMP)[1]	30	27
Verhältnis der geleisteten Zahlungen[2]	30	27
Verhältnis der zu leistenden Zahlungen[3]	30	33
	Beträge (Mio. EUR)	
Gesamt geleistete Zahlungen	16.294	23.181
Gesamt innerhalb der gesetzlichen Frist geleistete Zahlungen[4]	15.698	22.194
Gesamt ausstehende Zahlungen	857	1.019
	Rechnungen	
Anzahl der Rechnungen innerhalb der gesetzlichen Frist[5]	905.772	915.984

[1] PMP = ((Verhältnis der geleisteten Zahlungen * Gesamt geleistete Zahlungen) + (Verhältnis der zu leistenden Zahlungen * Gesamt ausstehende Zahlungen)) / (Gesamt geleistete Zahlungen + Gesamt ausstehende Zahlungen). In Übereinstimmung mit den Übergangsbestimmungen des Gesetzes 15/2010 beträgt die maximale gesetzliche Zahlungsfrist 60 Tage.
[2] Σ (Anzahl der Zahlungstage * Betrag der geleisteten Zahlung) / Gesamt geleistete Zahlungen.
[3] Σ (Anzahl der Zahlungstage * Betrag der ausstehenden Zahlung) / Gesamt ausstehende Zahlungen.
[4] Entspricht 96 % der Gesamtzahlungen an Lieferanten in den Jahren 2023 und 2022.
[5] Entspricht 79 % (78 % im Jahr 2022) der gesamten Rechnungen an Lieferanten.

Zur Berechnung des Indikators des durchschnittlichen Zahlungszeitraums gegenüber Lieferanten wird, wie im Beispiel der Repsol Group dargestellt, als auch in Übereinstimmung mit Art. 5 des Beschlusses vom 29.1.2016 des Instituto de Contabilidad y Auditor a de Cuentas[128], für den Indikator der „average payment period to suppliers" die folgende Berechnungsmethodik herangezogen:

---

128 Resolución de 29 de enero de 2016, del Instituto de Contabilidad y Auditor a de Cuentas, sobre la información a incorporar en la memoria de las cuentas anuales en relación con el periodo medio de pago a proveedores en operaciones comerciales.

Durchschnittlicher Zahlungszeitraum an Lieferanten:

(Verhältnis der bezahlten Transaktionen) * (Gesamtbetrag geleisteter Zahlungen) +
(Verhältnis der zu zahlenden Transaktionen) * (Gesamtbetrag ausstehender Zahlungen)

(Gesamtbetrag geleisteter Zahlungen + Gesamtbetrag ausstehender Zahlungen)

Ableitung: Verhältnis der geleisteten Zahlungen:

$$\frac{\Sigma\,(\text{Anzahl der Zahlungstage} * \text{Betrag der bezahlten Transaktionen})}{\text{Gesamtbetrag geleisteter Zahlungen}}$$

Verhältnis der zu leistenden Zahlungen:

$$\frac{\Sigma\,(\text{Anzahl der ausstehenden Zahlungstage} * \text{Betrag der zu leistenden Transaktionen})}{\text{Gesamtbetrag ausstehender Zahlungen}}$$

Als Startzeitpunkt für die Berechnung von sowohl der Anzahl der Zahlungstage als auch der Anzahl der ausstehenden Zahlungstage wird gem. Art. 5 Abs. 4 des Beschlusses vom 29.1.2016 des Instituto de Contabilidad y Auditor a de Cuentas der Zeitpunkt des Empfangs der Waren oder der Dienstleistungserbringung durch den Lieferanten des Unternehmens herangezogen. Sollten hierfür keine zuverlässigen Daten vorliegen, so kann auf das Datum des Rechnungsempfangs abgestellt werden.

Aufgrund der fehlenden Spezifizierung der Berechnungslogik der Angabepflicht gem. ESRS G1.33(a) (Rz 73) betreffend die durchschnittliche Zeit (in Tagen), welche das Unternehmen zur Begleichung einer Rechnung in Anspruch nimmt, könnten Unternehmen auf die im obigen Praxis-Beispiel angeführten Berechnungsschritte zurückgreifen.

3   Fazit

76   Die Bereiche Umwelt und Soziales betrachten teilw. sehr kleinteilig die verschiedenen Aspekte der Nachhaltigkeit und verlangen detaillierte Offenlegungspflichten. Allerdings unterliegen diese der sehr ermessensbehafteten Einschätzung der Wesentlichkeit. Daher ist als zusammenhaltende Klammer die Berichterstattung über die Berücksichtigung der Aspekte auch in der Corporate Governance eine notwendige Ergänzung. Zudem kann die Glaubwürdigkeit der Informationen in der Nachhaltigkeitserklärung durch ergänzende Informationen über den im Unternehmen und insbes. in der Unternehmensführung gelebten Umgang mit Nachhaltigkeitsaspekten gesteigert werden. Die EU hat die Angaben zur Governance aufgeteilt. Einerseits finden sich diese als stets

berichtspflichtige Passagen in den allgemeinen Angaben des ESRS 2 (→ § 4 Rz 31–79), andererseits in diesem ESRS G1, wobei hier grds. der Wesentlichkeitsvorbehalt gilt. Durch diese Aufteilung sind die ergänzenden Passagen vergleichsweise kurz.

Zunächst werden im Zusammenhang mit den allgemeinen Angaben des ESRS 2 mit ESRS 2 GOV-1 die Beschreibung der Rolle der Verwaltungs-, Leitungs- und Aufsichtsorgane sowie mit ESRS 2 IRO-1 eine themenbezogene Beschreibung der Verfahren zur Ermittlung und Bewertung wesentlicher Auswirkungen, Risiken und Chancen verlangt. Dies ist– bei Wesentlichkeit – zu ergänzen um Informationen zur Unternehmenskultur und zum Geschäftsgebaren. Diese weisen einen großen Überschneidungsbereich mit der allerdings nur von kapitalmarktorientierten Unternehmen zu erstellenden Erklärung zur Unternehmensführung nach § 289f HGB sowie zum Corporate-Governance-Bericht nach § 243c UGB auf. Auffällig ist eine starke Fokussierung auf größere Unternehmen, da etwa eine GmbH unter 500 Mitarbeitenden gar keinen Aufsichtsrat zu bilden hat, so dass die Berichterstattung hier – wenn sie nicht ohnehin aufgrund fehlender Wesentlichkeit vermieden werden kann – sehr lückenhaft sein dürfte. Des Weiteren werden die in der CSRD geforderten Angaben zum Management der Beziehungen zu Lieferanten in ESRS G1-2 detailliert aufgegliedert gefordert. Ansonsten ist diese relevante Stakeholder-Gruppe in den themenspezifischen ESRS nur bzgl. der Mitarbeitenden in der Lieferkette direkt im Fokus von Angabepflichten. Allerdings finden sich für Mitarbeiter, betroffene Gemeinschaften oder Verbraucher und Endnutzer – jeweils unter dem Wesentlichkeitsvorbehalt – Angabepflichten in eigenen themenspezifischen Standards, wobei das Überspringen der Kunden als Stakeholder-Gruppe anzumerken ist.

Flankiert werden diese Angaben um die Bemühungen zur Verhinderung und Aufdeckung von Korruption und Bestechung (ESRS G1-3) sowie um Vorfälle in Bezug auf Korruption oder Bestechung (ESRS G1-4). Diese zeigen auf, wie im Unternehmen und in der Wertschöpfungskette die Governance gelebt wird. Abgerundet werden die stets nur bei Wesentlichkeit nötigen Angabepflichten um Informationen zur politischen Einflussnahme und Lobbytätigkeiten (ESRS G1-5) sowie zu Zahlungspraktiken (ESRS G1-6). Beide basieren auf Richtlinien der EU, die etwa mit dem Transparenzregister oder länderspezifisch umgesetzt wurden. Thematisch hätten die Zahlungspraktiken des Unternehmens mit Blick auf die Lieferanten auch mit dem Management der Lieferantenbeziehungen zusammengebracht werden können.

Literaturtipps

- Demir/Needham/Müller, Berichterstattung über Unternehmensführungspraktiken in der Erklärung zur Unternehmensführung, IRZ 2019, S. 337
- EFRAG, ESRS Q&A Platform, Compilation of Explanations, Januar–Juli 2024, www.efrag.org/sites/default/files/media/document/2024-07/Compilation%20Explanations%20January%20-%20July%202024.pdf, Abruf 1.8.2024
- GRI Standards, www.globalreporting.org/how-to-use-the-gri-standards/gristandards-german-translations/, Abruf 1.8.2024
- Müller/Adler/Duscher, Nachhaltigkeitsberichterstattung im Mittelstand: Verpflichtung, Ausgestaltungsanforderungen und Unterstützungsmöglichkeiten, DB 2023, S. 242
- Needham, Weiterentwicklung der Corporate Governance durch den DCGK (2020), ZCG 2020, S. 119
- Needham/Scheid/Müller, Sustainable Corporate Governance Reporting? – Analyse zur Überschneidung zwischen der nichtfinanziellen Berichterstattung und der Corporate-Governance-Berichterstattung, WPg 2019, S. 330
- Nietsch, Nachhaltigkeit als Aufgabe von Compliance? Grundsatzüberlegungen zur organisatorischen Zuweisung im Unternehmen, CCZ 2023, S. 61
- Rupa-Sträßer, Lieferkettensorgfaltspflichtengesetz – Dokumentations- und Berichtspflicht im Überblick, ZfBR 2023, S. 419
- Sopp/Rogler, Berichtspflichten zu Governance-Faktoren nach den ESRS, WPg 2023, S. 511
- Stöbener de Mora/Noll, Noch grenzenlosere Sorgfalt, EuZW 2023, S. 14
- Timmel, Der Entwurf zum DCGK 2022 – Nachhaltigkeit im Fokus, ZRP 2022, S. 70
- Velte, Regulierung der Sustainable Board Governance – das fehlende Glied in der Kette des „EU Green Deal"-Projekts?, IRZ 2022, S. 63
- Velte, Zur Finanz-, Branchen- und Nachhaltigkeitsexpertise im Prüfungsausschuss bei börsennotierten Aktiengesellschaften, NZG 2022, S. 779
- Walden, Corporate Social Responsibility: Rechte, Pflichten und Haftung von Vorstand und Aufsichtsrat, NZG 2020, S. 50

PRÜFUNGSASPEKTE

§ 17 Prüfung von Nachhaltigkeitsinformationen

Vorbemerkung

Ergänzende Ausführungen betreffen u.a. die Leitlinien zur Prüfung von Nachhaltigkeitserklärungen des Committee of European Auditing Oversight Bodies (CEAOB; Rz 13, 54, 60, 62, 66, 69, 71, 78, 86 und 93).

1   Grundlagen

1.1   Aktuelle Rechtslage gem. NFRD

1.1.1   Inhaltliche Prüfpflicht

1   Große Unternehmen bzw. Unternehmensgruppen öffentlichen Interesses mit durchschnittlich mehr als 500 Beschäftigten, die ihren Sitz in EU-Mitgliedstaaten haben, sind derzeit gem. der RL 2014/95/EU[1] (kurz NFRD) verpflichtet, Informationen im Zusammenhang mit fünf Mindestbelangen der Nachhaltigkeit offenzulegen.[2] Zu diesen Mindestbelangen gehören Umwelt-, Sozial- und Arbeitnehmerbelange als auch die Achtung der Menschenrechte sowie die Bekämpfung von Korruption und Bestechung. Den EU-Mitgliedstaaten stand es in der Umsetzung der NFRD in nationales Recht frei, neben der Inklusion einer nichtfinanziellen Erklärung als Teil des (Konzern-)Lageberichts die Offenlegung der notwendigen Informationen zu den Mindestbelangen in einem gesonderten (konsolidierten) nichtfinanziellen Bericht zu gestatten.[3] Sowohl Österreich[4] als auch Deutschland[5] haben von diesem Wahlrecht der Offenlegung mittels (konsolidierter) nichtfinanzieller Erklärung bzw. gesondertem (konsolidierten) nichtfinanziellen Bericht Gebrauch gemacht.

2   Im Zuge der nationalen Umsetzung der NFRD – Richtlinien sind in nationales Recht umzusetzen, nur Verordnungen sind unmittelbar gültig (→ § 1 Rz 20) – mussten EU-Mitgliedstaaten sicherstellen, dass der Abschlussprüfer oder die Prüfungsgesellschaft das Vorliegen einer (konsolidierten) nichtfinanziellen Erklärung bzw. eines gesonderten (konsolidierten) nichtfinanziellen Berichts überprüfen.[6] Wie in Österreich in § 269 Abs. 3 S. 2 UGB normiert, handelt es sich bei der Prüfung seitens des Abschlussprüfers um eine „Existenzprüfung".[7] Analog hierzu versteht sich die in § 317 Abs. 2 S. 4 HGB verankerte „Existenzprüfung" in Deutschland. Hiervon umfasst ist die Überprüfung des Abschlussprüfers, ob eine (konsolidierte) nichtfinanzielle Erklärung bzw. ein gesonderter (konsolidierter) nichtfinanzieller Bericht aufgestellt wurde. In ihrem Umfang ist die „Existenzprüfung" der (konsolidierten) nichtfinanziellen Erklärung bzw. des gesonderten (konsolidierten) nichtfinanziellen Berichts somit vergleichbar zu jener der Prüfung des Corporate Governance Berichts[8] bzw. der Erklärung

---

1   RL 2014/95/EU, ABl. EU v. 15.11.2014, L 330/1, berichtigt durch ABl. EU v. 24.12.2014, L 369/79.
2   Vgl. Art. 19a Abs. 1 i.V.m. Art. 29a Abs. 1 RL 2013/34/EU i.d.F. NFRD.
3   Vgl. Art. 19a Abs. 4 i.V.m. Art. 29a Abs. 4 RL 2013/34/EU i.d.F. NFRD.
4   Vgl. § 243b Abs. 6 i.V.m. § 267a Abs. 6 UGB, BGBl. I Nr. 20/2017.
5   Vgl. § 289b Abs. 3 i.V.m. § 315b Abs. 3 HGB, BGBl. 2017 I, S. 802ff.
6   Vgl. Art. 19a Abs. 5 i.V.m. Art. 29a Abs. 5 RL 2013/34/EU i.d.F. NFRD.
7   Vgl. Hirschböck/Völkl/Gedlicka, in Straube/Ratka/Rauter, UGB II/RLG3 § 269, Rz 51, Stand: 1.3.2019.
8   Vgl. § 243c UGB.

zur Unternehmensführung[9], eine inhaltliche Auseinandersetzung mit dem Inhalt ist nicht obligatorisch.

Ferner hervorzuheben ist das Fachgutachten des Fachsenats für Unternehmensrecht und Revision der Kammer der Wirtschaftstreuhänder[10] über die Prüfung des Lageberichts[11] als auch der IDW Prüfungshinweis (IDW PH 9.350.2)[12]. Erläutert wird, dass über eine „Existenzprüfung" hinausgehend die in der (konsolidierten) nichtfinanziellen Erklärung bzw. dem gesonderten (konsolidierten) nichtfinanziellen Bericht offengelegten Informationen als sonstige Informationen einzustufen sind und demnach ISA [DE] 720 (Revised) seitens des Abschlussprüfers auf ihren Einklang mit den zu prüfenden Informationen des berichtspflichtigen Unternehmens zu würdigen ist.[13]   **3**

Zusätzlich hatten die EU-Mitgliedstaaten gem. NFRD die Wahlmöglichkeit, eine externe inhaltliche Prüfung der innerhalb der (konsolidierten) nichtfinanziellen Erklärung bzw. des gesonderten (konsolidierten) nichtfinanziellen Berichts offengelegten nichtfinanziellen Informationen vorzuschreiben.[14] Dieses Wahlrecht hat weder Österreich noch Deutschland im Zuge der nationalen Umsetzung der NFRD genutzt.   **4**

Hiervon unberührt ist die verpflichtende materielle Prüfpflicht der (konsolidierten) nichtfinanziellen Erklärung bzw. des gesonderten (konsolidierten) nichtfinanziellen Berichts durch den Aufsichtsrat. In Österreich ist die materielle Prüfpflicht durch den Aufsichtsrat gem. § 96 Abs. 1 AktG und § 30k Abs. 1 GmbHG und in Deutschland durch § 171 AktG gesetzlich vorgeschrieben. Ferner kann gem. § 111 Abs. 2 S. 4 AktG in Deutschland der Aufsichtsrat eine freiwillige externe materielle Prüfung der nichtfinanziellen Berichterstattung beauftragen. In Österreich wird diese Möglichkeit für den Aufsichtsrat in § 95 AktG nicht explizit aufgeführt.[15]   **5**

---

9 Vgl. § 289f HGB a. F.

10 Mit Ende des Jahrs 2017 kam es mit der Einführung des Wirtschaftstreuhandberufsgesetzes 2017 in Österreich (BGBl. I Nr. 137/2017) zur Umbenennung der Kammer der Wirtschaftstreuhänder zur Kammer der Steuerberater und Wirtschaftsprüfer und nunmehr seit 2022 Kammer der Steuerberater:innen und Wirtschaftsprüfer:innen.

11 Vgl. KFS/PG 10, i.d.F. Juni 2017, genehmigt durch APAB, www.ksw.or.at/PortalData/1/Resources/fachgutachten/KFSPG10_27062017_RF1.pdf, Abruf 1.8.2024.

12 IDW PH 9.350.2, Die Behandlung der nichtfinanziellen Berichterstattung nach §§ 289b bis 289e, 315b und 315c HGB durch den Abschlussprüfer (Einordnung und Berichterstattung), IDW Verlautbarungen Werkstand: IDW Life 6/2023.

13 Vgl. Hirschböck/Völkl/Gedlicka, in Straube/Ratka/Rauter, UGB II/RLG3 § 269, Rz 52 Bezug nehmend auf KFS/PG 10 Abschn. 3.2.6, Stand: 1.3.2019; vgl. IDW PH 9.350.2, Tz. 24.

14 Vgl. Art. 19a Abs. 6 i.V.m. Art. 29a Abs. 6 RL 2013/34/EU i.d.F. NFRD.

15 Vgl. hierzu Baumüller, Aufsichtsrat aktuell 3/2018, S. 7.

1.1.2   Aktuell angewandte Prüfstandards

6   De lege ferenda gibt es keine spezifischen Prüfungsstandards für nachhaltig-keitsbezogene Informationen. Die International Federation of Accountants (IFAC) gemeinsam mit der Association of International Certified Professional Accountants (AICPA) legt in ihrem Bericht „*The state of play: Sustainability disclosure & assurance*" aus dem Jahr 2024 Kennzahlen u. a. zur globalen Nach-haltigkeitsberichtprüfung dar.[16] Der Bericht umfasst 1.400 Unternehmen aus 22 verschiedenen Jurisdiktionen. Er kommt u. a. zu dem Schluss, dass rund 58 % der untersuchten Berichtsprüfungen weltweit für Berichterstattungen des Jahrs 2022 von Abschlussprüfern durchgeführt wurden und rund 82 % der Berichts-prüfungen auf einem Zusicherungsniveau mit begrenzter Sicherheit (Rz 15) basierten.[17] In Deutschland wurde neben dem am häufigsten verwendeten Stan-dard ISAE 3000 (Revised), der nicht spezifisch für Nachhaltigkeitsinformatio-nen vorgesehen ist und vielmehr für jede Prüfungshandlung, die sich nicht auf historische Finanzinformationen bezieht, genutzt werden kann (Rz 23 ff.), und davon abgeleiteten nationalen Prüfstandards auch auf die Standards ISAE 3410 (Rz 43), AA1000AS v3 (Rz 17 ff.) und ISO 14064 zurückgegriffen.[18]

1.1.3   Prüfung der Nachhaltigkeitserklärung gem. CSRD

7   Die verpflichtende externe materielle Prüfpflicht wird durch die Corporate Sustainability Reporting Directive[19] (CSRD) normiert (siehe zum Zeitplan der Umsetzung → § 1 Rz 8). Die in einem ersten Schritt extern materiell mit begrenzter Sicherheit zu prüfenden Inhalte umfassen demnach:[20]

- die Übereinstimmung der Nachhaltigkeitsberichterstattung mit den gesetz-lichen Anforderungen,
- die Übereinstimmung der Nachhaltigkeitsberichterstattung mit den in Art. 29b[21] bzw. Art. 29c[22] angenommenen Standards der Berichterstattung,
- den Prozess der Wesentlichkeitsanalyse,

---

16   IFAC & AICPA, The state of play: Sustainability disclosure & assurance, 2019–2022 Trends & Analysis, 2024.

17   Vgl. IFAC & AICPA, The state of play: Sustainability disclosure & assurance, 2019–2022 Trends & Analysis, 2024, S. 3.

18   Vgl. IFAC & AICPA, The state of play: Sustainability disclosure & assurance, 2019–2022 Trends & Analysis, 2024, S. 29.

19   RL (EU) 2022/2464, ABl. EU v. 16.12.2022, L 322/15.

20   Vgl. Art. 34 Abs. 1 Unterabs. 2aa) RL 2013/34/EU i.d.F. CSRD; § 317 Abs. 2 HGB i.d.F. RegE CSRD-UmsG.

21   Vgl. Art. 29b RL 2013/34/EU i.d.F. CSRD betreffend Standards für die Nachhaltigkeitsbericht-erstattung.

22   Vgl. Art. 29c RL 2013/34/EU i.d.F. CSRD betreffend Standards für die Nachhaltigkeitsbericht-erstattung für kleine und mittlere Unternehmen.

- die digitale Auszeichnung der Nachhaltigkeitsberichterstattung[23],
- die Berichterstattung gem. Art. 8 der EU-Taxonomie-VO[24].

Die Bestätigung durch einen Abschlussprüfer oder eine Prüfungsgesellschaft   **8**
soll insbes. der Gewährleistung der Verknüpfung und Kohärenz zwischen
sowohl Finanz- als auch Nachhaltigkeitsinformation beitragen.[25] Hierfür werden u. a. einheitliche Standards für die Prüfung und Bestätigung der Nachhaltigkeitsberichterstattung notwendig sein.[26] Ebendiese Standards für Bestätigungs-
verfahren mit begrenzter Prüfsicherheit (Rz 15) sollen spätestens am 1.10.2026
und – nach einer vorherigen Machbarkeitsbewertung – am 1.10.2028 für Be-
stätigungsverfahren mit hinreichender Sicherheit (Rz 16) von der EU-Kommission in der Form ergänzender delegierter Rechtsakte angenommen werden.[27]
Für den Zeitraum bis zur Annahme der entsprechenden Prüfstandards durch die
EU-Kommission können seitens der EU-Mitgliedstaaten nationale Standards,
Verfahren oder Anforderungen im Zusammenhang mit der Bestätigung der
Nachhaltigkeitsberichterstattung angewandt werden.[28]

Hinzuweisen ist ebenfalls auf das geplante Sanktionierungsregime im Zusammen-   **9**
hang mit der externen inhaltlichen Prüfung i. S. d. CSRD. Konkret findet sich eine
Sanktionierungsregelung für Verstöße seitens der Berichterstatter in der CSRD
nicht wieder. Vielmehr obliegt es den EU-Mitgliedstaaten, bei der nationalen
Umsetzung der Richtlinie eigenständig Sanktionen festzulegen. Es wird jedoch in
diesem Zuge erwartet, dass zukünftige Sanktionen bei nicht erfolgter Offenlegung (d. h. Zwangsstrafen) der Nachhaltigkeitserklärung in etwa dem bestehenden Strafrahmen für ähnliche Verstöße bei unterbliebener Offenlegung der
finanziellen Berichterstattung entsprechen werden. Ferner legt Art. 30 Abs. 1
und 2 2006/43/EG i. d. F. CSRD den Rahmen für Mitgliedstaaten u. a. zu Sanktionen im Zusammenhang mit der unzureichenden Durchführung von Ab-
schlussprüfungen und Bestätigungen der Nachhaltigkeitsberichterstattung fest.

Praxis-Hinweis

Die Gleichbehandlung in den Bußgeldvorschriften bei Ordnungswidrigkeiten betreffend die Aufstellung des Lageberichts und Nachhaltigkeitsberichts
wurde durch den am 24.7.2024 vom Bundesministerium der Justiz (BMJ)

---

[23] Vgl. Art. 29d RL 2013/34/EU i. d. F. CSRD betreffend das einheitliche elektronische Berichts-
       format.
[24] Taxonomie-VO – Verordnung (EU) 2020/852, ABl. EU v. 22.6.2020, L 198/13.
[25] Vgl. Erwägungsgrund 61 CSRD.
[26] Vgl. Erwägungsgrund 69 CSRD.
[27] Vgl. Art. 26a Abs. 3 RL 2006/43/EG i. d. F. CSRD.
[28] Vgl. Art. 26a Abs. 2 RL 2006/43/EG i. d. F. CSRD.

veröffentlichten Gesetzentwurf zur Umsetzung der CSRD (im Folgenden: **RegE CSRD-UmsG**)[29] zur Umsetzung der CSRD unterstrichen. Dies folgt insbes. aus der vorgesehenen Änderung des § 334 Abs. 1 Nr. 3 und 4 HGB-E. Ferner hervorzuheben ist jene Blankett- und Rückverweislösung, welche die Einführung des § 334 Abs. 1a und 6 HGB-E mit sich bringt. Hierdurch sollen insbes. Ordnungswidrigkeiten betreffend die Zuwiderhandlung gegen eine unionsrechtliche Vorschrift – wie bspw. die ESRS – Berücksichtigung in den handelsrechtlichen Bußgeldvorschriften finden.

10   In den entsprechenden Standards für die Bestätigung der Nachhaltigkeitsberichterstattung werden die der Schlussfolgerung des Abschlussprüfers bzw. der Prüfungsgesellschaft über die Prüfung der Nachhaltigkeitsberichterstattung zugrunde liegenden Verfahren ebenfalls spezifiziert werden.[30] Hiervon umfasst sein werden neben Spezifika zur Auftragsplanung und der Erwägungen von Risiken auch die Festlegung von bspw. innerhalb des Bestätigungsvermerks einzubeziehenden Schlussfolgerungen.[31]

11   Bis zur Annahme der einheitlichen Prüfstandards durch die EU-Kommission (Rz 8) hat der Abschlussprüfer oder die Prüfungsgesellschaft die folgenden Inhalte in dem schriftlich abgefassten Prüfungsvermerk zur Nachhaltigkeitsberichterstattung zu inkludieren:[32]
- Nennung des geprüften Unternehmens,
- Angabe, ob der Bestätigungsauftrag auf einer jährlichen oder konsolidierten Nachhaltigkeitsberichterstattung basiert, als auch die Angabe des Datums und des Zeitraums, auf den sich der Prüfungsvermerk bezieht,
- Angabe des Rahmens, welcher der Aufstellung der Nachhaltigkeitsberichterstattung zugrunde liegt,
- Ausführungen zu Bestätigungsumfang (Rz 15 und Rz 16) mit der Mindestbezugnahme auf die der Bestätigung zugrunde liegenden Prüfstandards und
- Prüfungsurteil.[33]

12   Hinsichtlich der in Rz 11 aufgeführten inhaltlichen Bestandteile des Prüfvermerks – bis zur Annahme der entsprechenden Prüfstandards durch die EU-Kommission (Rz 8) – ist insbes. der seitens des Unternehmens verwendete

---

[29] RegE eines Gesetzes zur Umsetzung der Richtlinie (EU) 2022/2464 des Europäischen Parlaments und des Rates vom 14. Dezember 2022 zur Änderung der Verordnung (EU) 537/2014 und der Richtlinien 2004/109/EG, 2006/43/EG und 2013/34/EU hinsichtlich der Nachhaltigkeitsberichterstattung von Unternehmen, www.bmj.de/SharedDocs/Downloads/DE/Gesetzgebung/RegE/RegE_CSRD.pdf?__blob=publicationFile&v=2, Abruf 1.8.2024.
[30] Vgl. Art. 26a Abs. 3 RL 2006/43/EG i.d.F. CSRD.
[31] Vgl. Art. 26a Abs. 3 RL 2006/43/EG i.d.F. CSRD.
[32] Vgl. Art. 28a Abs. 1 i.V.m. Abs. 2a) bis c) RL 2006/43/EG i.d.F. CSRD.
[33] Vgl. Art. 34 Abs. 1 Unterabs. 2aa) RL 2013/34/EU i.d.F. CSRD.

Rahmen der Nachhaltigkeitsberichtsaufstellung hervorzuheben. Hier wird im Kontext der gesetzlichen Anforderungen der CSRD v.a. auf das Standardrahmenwerk der ESRS, auf welchem die Aufstellung der entsprechend geprüften Nachhaltigkeitsberichterstattung beruht, anzuführen sein. Ferner werden sich u.a. Ausführungen zu den für den jeweiligen Berichterstattungszeitraum seitens des Unternehmens in Anspruch genommenen Übergangsregelungen (ESRS 1, App. C; → § 3 Rz 183) empfehlen.

Bis zur Einführung des einheitlichen Prüfstandards durch die EU-Kommission sollen die Leitlinien zur Prüfung von Nachhaltigkeitserklärungen mit begrenzter Sicherheit des Committee of European Auditing Oversight Bodies (CEAOB) das Vorgehen bei ebendiesen Prüfungen vereinheitlichen. Folgend den **Leitlinien des CEAOB**[34] sollte der Prüfungsvermerk zur Nachhaltigkeitsberichterstattung neben den in Rz 11 aufgelisteten Bestandteilen zusätzlich eine Zusammenfassung der von den Prüfern durchgeführten Verfahren[35] beinhalten. Darüber hinaus können im Prüfvermerk zum einen spezifische Sachverhalte hervorgehoben werden, die in der Nachhaltigkeitserklärung beschrieben werden und für das Verständnis der Informationen entscheidend sind. Zum anderen kann im Prüfvermerk auf die wichtigsten Sachverhalte hingewiesen werden, mit denen sich die Prüfer befasst haben, mit Verweis auf die entsprechende Stelle in der Nachhaltigkeitserklärung und einer Beschreibung der von den Prüfern durchgeführten Verfahren.

Lt. CEAOB[36] können Prüfer zu drei Arten von Schlussfolgerungen kommen:

- **Keine Feststellung wesentlicher Falschaussagen:** Wenn Prüfer keine Kenntnis von Sachverhalten erlangt haben, die sie zu der Annahme veranlassen, dass die Nachhaltigkeitserklärung nicht in allen wesentlichen Belangen gem. den ESRS erstellt wurde, soll eine sog. „uneingeschränkte" Schlussfolgerung zur begrenzten Sicherheit abgegeben werden.
- **Feststellung wesentlicher Falschaussagen:** Wenn die Nachhaltigkeitserklärung nach dem Urteil der Prüfer eine oder mehrere wesentliche falsche Angaben enthält, ist eine eingeschränkte Schlussfolgerung zu ziehen, wenn das Ausmaß der falschen Angaben nicht umfassend ist. Andernfalls ist eine negative Schlussfolgerung zu ziehen. Die festgestellten wesentlichen Falschdarstellungen sind als Grundlage für die Schlussfolgerung des Berichts zu beschreiben.
- **Feststellung von Einschränkung(en):** Wenn die Prüfer mit einer Einschränkung des Prüfungsumfangs konfrontiert sind (und unter der Prämisse, dass

13

---

34 CEAOB guidelines on limited assurance on sustainability reporting, 30.9.2024, 17 Format and content.
35 Vgl. Prüfungshandlungen nach KFS/PE 28, Rz. 58.
36 CEAOB guidelines on limited assurance on sustainability reporting, 30.9.2024, 18 Adapting the conclusion in the limited assurance report.

keine Feststellung möglich ist, ob eine wesentliche Falschdarstellung entdeckt worden wäre, wenn diese Einschränkung nicht bestanden hätte), sollten sie eine eingeschränkte Schlussfolgerung aussprechen, wenn das potenzielle Ausmaß der falschen Darstellung nicht umfassend ist, oder andernfalls einen Verzicht auf eine Schlussfolgerung (sog. *disclaimer of conclusion*). Diese Einschränkungen sind in der Grundlage für die Schlussfolgerung des Berichts zu erläutern.

1.2 Zusicherungsniveau

14 Grds. wird von Abschlussprüfern bzw. Prüfungsgesellschaften zwischen zwei Niveaus der Zusicherung bei der Durchführung sonstiger betriebswirtschaftlicher Prüfungen[37] unterschieden: zum einen Bestätigungsaufträge zur Erlangung einer begrenzten Sicherheit (Rz 15), zum anderen Bestätigungsaufträge zur Erlangung einer hinreichenden Sicherheit (Rz 16). Von dieser Logik weichen bspw. jene Zusicherungsniveaus und Arten von Prüfungsaufträgen, auf welche sich der Assurance Standard AA1000AS v3 (Rz 19) stützt, ab.

15 Bei einer sonstigen betriebswirtschaftlichen Prüfung zur Erlangung einer **begrenzten Sicherheit** reduziert der Wirtschaftsprüfer das Auftragsrisiko auf ein unter den Umständen des Auftrags vertretbares Maß.[38] Das Prüfungsurteil einer sonstigen betriebswirtschaftlichen Prüfung zur Erlangung einer begrenzten Sicherheit ist negativ formuliert; es beinhaltet, dass basierend auf den durchgeführten Prüfungshandlungen und den im Zuge derer erlangten Nachweise keine Sachverhalte bekannt geworden sind, die den Wirtschaftsprüfer zur Annahme veranlassen, dass die Sachverhaltsinformationen basierend auf den gesetzlichen Anforderungen bzw. konkretisierenden Berichtskriterien wesentlich falsch dargestellt sind.[39]

Praxis-Hinweis

Der RegE CSRD-UmsG[40] in Deutschland sieht mittels eines neuen Artikels innerhalb des EGHGB-E eine **prüferische Durchsicht** zur Erlangung einer begrenzten Sicherheit als Basis für die Prüfung der Nachhaltigkeitsberichterstattung vor. Dies gilt für jenen Übergangszeitraum, bis die EU-Kommission Standards für die Prüfung des Nachhaltigkeitsberichts mit hinreichender Prüfungssicherheit (Rz 8) erlässt.

---

[37] Das österreichische Pendant zum in Deutschland verwendeten Begriff der „sonstigen betriebswirtschaftlichen Prüfung" ist die „sonstige Prüfung".

[38] Vgl. KFS/PG 13, Rz. 36.

[39] Vgl. ISAE 3000 (Revised), Tz. A180; KFS/PG 13, Rz. 36; IDW EPS 991 (11.2022), Tz. A93.1 und A93.2.

[40] Siehe www.bmj.de/SharedDocs/Downloads/DE/Gesetzgebung/RegE/RegE_CSRD.pdf?__blob=publicationFile&v=2, S. 57, Abruf 1.8.2024.

Bei einer sonstigen betriebswirtschaftlichen Prüfung zur Erlangung einer **hin-** **16**
reichenden Sicherheit wird das Auftragsrisiko durch die vom Wirtschaftsprüfer durchgeführten Prüfungshandlungen und erlangten Nachweise auf ein
unter den Umständen des Auftrags vertretbar niedriges Maß reduziert.[41] Das
Prüfungsurteil ist positiv formuliert; es umfasst, dass die dem Prüfungsurteil
zugrunde liegende Berichterstattung in allen wesentlichen Belangen gem. den
entsprechenden gesetzlichen Anforderungen bzw. konkretisierenden Kriterien
aufgestellt wurde.[42] Ferner umfasst eine sonstige betriebswirtschaftliche
Prüfung zur Erlangung einer hinreichenden Prüfsicherheit die Überprüfung
der Wirksamkeit der relevanten internen Kontrollsysteme des Unternehmens.[43]
Jene Prüfungshandlungen, auf welchen ein Auftrag zur Erlangung einer hinreichenden Prüfsicherheit basiert, sind umfassender im Vergleich zu jenen
Prüfungshandlungen, welche zur Erlangung einer Prüfsicherheit mit begrenzter
Sicherheit gesetzt werden.[44]

2 Prüfstandards

2.1 AA1000AS v3

Der seitens des Beratungshauses und Standardsetzers AccountAbility[45] heraus- **17**
gegebene AA1000AS v3 ist ein global angewandter Standard[46] für die betriebswirtschaftliche Prüfung von Nachhaltigkeitsinformationen basierend auf den
Prinzipien von AccountAbility.[47] Zu den vier Prinzipien von AccountAbility
zählen:[48]

- Wesentlichkeit,
- Inklusivität,
- Reaktivität/Ansprechbarkeit und
- Auswirkung.

---

[41] Vgl. KFS/PG 13, Rz. 35.
[42] Vgl. ISAE 3000 (Revised), Tz. A180; KFS/PG 13, Erläuterungen und Anwendungshinweise zu Rz. 77 ff.; IDW EPS 990 (11.2022), Tz. A101.1 bzw. A101.2.
[43] Siehe beispielhaft die Gegenüberstellung der Prüfung mit begrenzter und hinreichender Sicherheit in Anhang 2 zu KFS/PG 13.
[44] Vgl. KFS/PG 13, Rz. 37.
[45] Für weitere Informationen zu AccountAbility siehe www.accountability.org/about/, Abruf 1.8.2024.
[46] Insbes. in asiatischen Ländern wie Indonesien, Südkorea und China findet der Standard AA1000AS v3 teils weitverbreitete Anwendung für die Prüfung von Nachhaltigkeitsberichten; siehe die Erhebung: IFAC & AICPA, The state of play: Sustainability disclosure & assurance, 2019–2022 Trends & Analysis, 2024.
[47] Vgl. AA1000AS v3, 2020, S. 5.
[48] Vgl. AA1000AP, 2018, S. 13.

18 Um eine betriebswirtschaftliche Prüfung gem. AA1000AS v3 als Prüfer[49] durchzuführen, muss ein Lizenzvertrag mit AccountAbility AA1000CIC abgeschlossen werden.[50] Im Gegensatz zu den Prüfungsstandards des International Auditing and Assurance Standards Board (IAASB) muss es sich bei einem Anbieter von betriebswirtschaftlichen Prüfungen i.S.d. AA1000AS v3 nicht unbedingt um einen Wirtschaftsprüfer handeln.[51]

19 Im Kontrast zu den in Rz 14 ff. beschriebenen Zusicherungsniveaus, welche für sonstige betriebswirtschaftliche Prüfungen herangezogen werden, unterscheidet der Standard AA1000AS v3 (Rz 21) einerseits zwischen den zwei Zusicherungsniveaus „gewisse Sicherheit" (*moderate assurance*) und „hohe Sicherheit" (*high assurance*), andererseits zwischen zwei Arten von betriebswirtschaftlichen Prüfungsaufträgen, namentlich Typ 1 und Typ 2. Bei einer betriebswirtschaftlichen Prüfung zur Erlangung einer gewissen Sicherheit ist die Prüfungstiefe geringer im Vergleich zu einer betriebswirtschaftlichen Prüfung zur Erlangung einer hohen Sicherheit. Für die Überprüfung der Informationen zur Erlangung einer gewissen Sicherheit werden nur jene Nachweise herangezogen, welche auf internen Quellen basieren.[52] In diesem Zusammenhang von Bedeutung ist, dass zukunftsbezogene Angaben (Rz 75 ff.) nur mit einer gewissen Sicherheit i.S.d. AA1000AS v3 geprüft werden dürfen.[53]

20 Die Prüfungshandlungen zur Erlangung einer hohen Sicherheit, im Kontrast zu jenen Prüfungshandlungen zur Erlangung einer gewissen Sicherheit, beinhalten eine umfassendere Nachweissammlung seitens des Prüfers. Hierdurch soll wiederum das Risiko einer fehlerhaften Schlussfolgerung im Zuge einer betriebswirtschaftlichen Prüfung zur Erlangung einer hohen Sicherheit bestmöglich reduziert werden. Die entsprechende Nachweissammlung umfasst neben internen auch externe Quellen.[54]

21 Eine Kombination beider Zusicherungsniveaus, namentlich einer gewissen und hohen Sicherheit, ist möglich, jedoch muss in der entsprechenden **Bescheinigung** über eine unabhängige betriebswirtschaftliche Prüfung erläutert werden, welche Nachhaltigkeitsinformationen mit einer gewissen Sicherheit und welche mit einer hohen Sicherheit geprüft wurden.[55] Eine ähnliche Kombination ist ebenfalls für sonstige betriebswirtschaftliche Prüfungen zur Erlangung einer

---

49 Der Begriff des Prüfers umfasst nachfolgend sowohl Wirtschaftsprüfer als auch unabhängige Erbringer von Bestätigungsleistungen.
50 Vgl. AA1000AS v3, 2020, S. 10.
51 Vgl. Definition des „*assurance provider*" i.S.d. AA1000AS v3, 2020, S. 36.
52 Vgl. AA1000AS v3, 2020, S. 22.
53 Vgl. AA1000AS v3, 2020, S. 21.
54 Vgl. AA1000AS v3, 2020, S. 22.
55 Vgl. AA1000AS v3, 2020, S. 21.

begrenzten Sicherheit (Rz 15) und hinreichenden Sicherheit (Rz 16) möglich.[56]

Ein „Typ 1 Assurance Auftrag" beinhaltet die Überprüfung der Einhaltung der **22** Prinzipien von AccountAbility (Rz 17). Die Verlässlichkeit und die Qualität der veröffentlichten Information wird in diesem Zusammenhang nicht überprüft. Jedoch ist der Prüfer u. a. dazu verpflichtet zu überprüfen, ob sich relevante Prozesse, Systeme und Kontrollmechanismen seitens des Unternehmens im Einsatz befinden.[57] In einem „Typ 2 Assurance Auftrag" wird neben der Einhaltung der Prinzipien von AccountAbility (Rz 17) auch die Qualität und Verlässlichkeit der veröffentlichten Information überprüft.[58] Unabhängig davon, ob es sich um einen Typ 1 oder Typ 2 Assurance Auftrag handelt, müssen Prüfer ihre Ergebnisse und Schlussfolgerungen in einer Bescheinigung über eine unabhängige betriebswirtschaftliche Prüfung darlegen.[59]

2.2 ISAE 3000 (Revised)

Der International Standard on Assurance Engagements (ISAE) 3000 (Revised) **23** wurde im Dezember 2013 seitens des IAASB veröffentlicht und findet Anwendung auf Prüfbescheinigungen von sonstigen betriebswirtschaftlichen Prüfungen durch Wirtschaftsprüfer ab dem 15.12.2015.[60] Die Bescheinigung nach ISAE 3000 (Revised) stellt die in der Praxis (noch) am häufigsten anzutreffende Grundlage für die Prüfung mit begrenzter oder hinreichender Sicherheit von Nachhaltigkeitsinformationen dar.

Der Prüfstandard ISAE 3000 (Revised) bezieht sich auf **sonstige betriebswirt-** **24** **schaftliche Prüfungen**, die keine Prüfungen oder prüferische Durchsichten vergangenheitsorientierter Finanzinformationen sind. Zu diesen sonstigen betriebswirtschaftlichen Prüfungen zählen zum einen sog. Attestierungsaufträge (*„attestation engagements"*) und zum anderen Direktaufträge (*„direct engagements"*). Die Unterscheidung zwischen den Auftragsarten ist dadurch charakterisiert, dass im Fall von Direktaufträgen der Wirtschaftsprüfer und im Fall von Attestierungsaufträgen eine andere Partei als der Wirtschaftsprüfer die kriterienbasierte Messung oder Evaluierung der zugrunde liegenden Sachverhaltsinformation vornimmt.[61] Zu Attestierungsaufträgen zählen insbes. die derzeit freiwillig durchgeführten externen materiellen sonstigen betriebswirtschaftlichen Prüfungen von (konsolidierten) nichtfinanziellen Erklärungen bzw. gesonderten (konsolidierten) nichtfinanziellen Berichten basierend auf ISAE 3000

---

56 Vgl. KFS/PG 13, Rz. 34.
57 Vgl. AA1000AS v3, 2020, S. 19.
58 Vgl. AA1000AS v3, 2020, S. 20.
59 Vgl. AA1000AS v3, 2020, S. 31.
60 Vgl. ISAE 3000 (Revised), Tz. 9.
61 Vgl. ISAE 3000 (Revised), Tz. 2.

(Revised) bzw. den auf ISAE 3000 (Revised) aufbauenden nationalen Prüfstandards.[62] Ferner bezieht sich bei einem Attestierungsauftrag das Prüfungsurteil darauf, „[…] ob die von den gesetzlichen Vertretern aufgestellte Sachverhaltsinformation (hier: die nichtfinanzielle Berichterstattung) frei von wesentlichen falschen Darstellungen ist."[63]

25 Des Weiteren verlangt ISAE 3000 (Revised), dass u. a. der den Standard anwendende Wirtschaftsprüfer dem Ethik-Kodex des International Ethics Standards Board for Accountants (IESBA) oder dem Ethik-Kodex des IESBA vergleichbaren ethischen Anforderungen verpflichtet ist.[64] Ebenso ist eine der Voraussetzungen zur Anwendung des ISAE 3000 (Revised), dass der die sonstige betriebswirtschaftliche Prüfung durchführende Wirtschaftsprüfer einem Unternehmen angehört, welches u. a. dem International Standard on Quality Control (ISQC) 1[65] oder einer dem ISQC 1 vergleichbaren Anforderung unterliegt.[66]

26 Als sog. „umbrella standard" inkludiert ISAE 3000 (Revised), wie auch dessen Vorgängerversion ISAE 3000[67], u. a. Aspekte hinsichtlich der im Zuge der sonstigen betriebswirtschaftlichen Prüfung erforderlichen ethischen Anforderungen, der Qualitätssicherung, der Prüfungsplanung, der Sammlung von Information, der Dokumentationserfordernisse als auch der Ausgestaltung des Prüfberichts.

27 Als Erweiterung vor dem Hintergrund der besseren Anwendbarkeit des ISAE 3000 (Revised) auf bspw. die sonstige betriebswirtschaftliche Prüfung von nichtfinanzieller Information hat der IAASB im Jahr 2021 eine „Non-Authoritative Guidance on Applying ISAE 3000 (Revised) to Sustainability and Other Extended External Reporting (EER) Assurance Engagements"[68] veröffentlicht. Hiervon umfasst sind u. a. Spezifizierungen des ISAE 3000 (Revised) betreffend das angemessene Kompetenz- und Fähigkeitsprofil des Wirtschaftsprüfers, die Ausübung der berufsüblichen kritischen Grundhaltung und des pflichtgemäßen Ermessens, die Festlegung der Kriterieneignung und Kriterienverfügbarkeit als auch Überlegungen hinsichtlich der Wesentlichkeit von Falschdarstellungen.

---

62 Vgl. IDW EPS 991 (11.2022), Tz. 11; IDW EPS 990 (11.2022), Tz. 11; KFS/PG 13, Rz. 2.
63 IDW EPS 991 (11.2022), Tz. 11 und IDW EPS 990 (11.2022), Tz. 11.
64 Vgl. ISAE 3000 (Revised), Tz. 3(a).
65 Der Qualitätsstandard ISQC 1 wurde jüngst durch den International Standard on Quality Management (ISQM) 1 „Quality Management for firms that perform audits or reviews of financial statements, or other assurance or related service engagements", ersetzt; siehe www.iaasb.org/publi cations/international-standard-quality-management-isqm-1-quality-management-firms-perform-audits-or-reviews, Abruf 1.8.2024.
66 Vgl. ISAE 3000 (Revised), Tz. 3(b).
67 Vgl. Clausen/Loew, Mehr Glaubwürdigkeit durch Testate? Internationale Analyse des Nutzens von Testaten in der Umwelt- und Nachhaltigkeitsberichterstattung, Endbericht des IÖW an das BMU, 2005, S. 29f., www.bmuv.de/fileadmin/Daten_BMU/Download_PDF/Wirtschaft_und_ Umwelt/testate_studie_lang.pdf, Abruf 1.8.2024.
68 Siehe www.iaasb.org/publications/non-authoritative-guidance-applying-isae-3000-revised-sustain ability-and-other-extended-external, Abruf 1.8.2024.

Ferner ist insbes. die Bedeutung des Rahmenwerks ISAE 3000 (Revised) als 28
Basis für nationale Standards der Prüfung von nichtfinanzieller Information
hervorzuheben. Diese nationalen Standards werden nachfolgend für Österreich
(Rz 29 ff.) und Deutschland (Rz 32 ff.) behandelt.

2.3 KFS/PG 13 und KFS/PE 28

In Österreich legt der Fachsenat für Unternehmensrecht und Revision der 29
Kammer der Steuerberater:innen und Wirtschaftsprüfer:innen (KSW) in einem
eigenen Fachgutachten die berufliche Auffassung dar, nach der Wirtschaftsprüfer sonstige Prüfungen planen, durchführen und darüber Bericht erstatten
sollen. Als Grundlage für das Fachgutachten zur Durchführung von sonstigen
Prüfungen (KFS/PG 13) dient der Prüfstandard ISAE 3000 (Revised).[69] Unter
sonstige Prüfungen fallen sowohl freiwillige als auch verpflichtende Prüfungen,
sofern diese die Voraussetzungen des KFS/PG 13 erfüllen.[70]

Bei allen sonstigen Prüfungen sind mind. drei Parteien involviert, namentlich 30
die verantwortliche Partei (Unternehmen), der beauftragte Wirtschaftsprüfer
und der vorgesehene Nutzer (bspw. der Aufsichtsrat, eine Behörde oder Kreditgeber). Daraus resultiert das sog. Dreiparteienverhältnis.[71] Zusicherungsleis-
tungen zu vergangenheitsorientierten Finanzinformationen oder andere
Dienstleistungen sind – ebenso wie im Zuge von sonstigen betriebswirtschaftlichen Prüfungen i.S.d. ISAE 3000 (Revised) – nicht Teil von sonstigen Prüfungen i.S.d. KFS/PG 13. Daher handelt es sich bei sonstigen Prüfungen weder um
eine Abschlussprüfung noch um eine prüferische Durchsicht vergangenheitsorientierter Finanzinformationen.[72]

Die Stellungnahme KFS/PE 28 des Fachsenats für Unternehmensrecht und 31
Revision der Kammer der Steuerberater:innen und Wirtschaftsprüfer:innen
befasst sich zusätzlich u.a. mit ausgewählten Fragen im Zusammenhang mit
der externen materiellen Prüfung von (konsolidierten) nichtfinanziellen Erklärungen bzw. gesonderten (konsolidierten) nichtfinanziellen Berichten gem.
§§ 243b und 267a UGB. Die Stellungnahme enthält insbes. spezifische Ausführungen zu Umfang, Durchführung und Berichterstattung in einer externen
materiellen Prüfung der nichtfinanziellen Berichterstattung bzw. Nachhaltigkeitsberichterstattung.[73]

---

[69] Vgl. KFS/PG 13, Rz. 1 f.
[70] Vgl. iwp (Hrsg), Wirtschaftsprüfer-Jahrbuch 2020, Sonstige Zusicherungs- und Bestätigungsleistungen: Grundsätze, Fragen und Neuerungen aufgrund des überarbeiteten KFS/PG 13, S. 31.
[71] Vgl. KFS/PG 13, Rz. 22.
[72] Vgl. KFS/PG 13, Rz. 8.
[73] Vgl. Baumüller/Follert, IRZ 2018, S. 551.

2.4 IDW EPS 352 (08.2022), IDW EPS 990 (11.2022) und IDW EPS 991 (11.2022)

32 Das Institut der Wirtschaftsprüfer in Deutschland e. V. (IDW) hat drei Standardentwürfe veröffentlicht, die eine Ergänzung zu bereits bestehenden Prüfungsstandards zur freiwilligen externen materiellen Prüfung der nichtfinanziellen Berichterstattung gem. §§ 289b ff. HGB darstellen. Die Entwürfe der IDW Prüfungsstandards bestehen aus:

- Inhaltliche Prüfung der nichtfinanziellen (Konzern-)Erklärung in der Abschlussprüfung – IDW EPS 352 (08.2022),
- Inhaltliche Prüfung mit hinreichender Sicherheit der nichtfinanziellen (Konzern-) Berichterstattung außerhalb der Abschlussprüfung – IDW EPS 990 (11.2022) sowie
- Inhaltliche Prüfung mit begrenzter Sicherheit der nichtfinanziellen (Konzern-) Berichterstattung außerhalb der Abschlussprüfung – IDW EPS 991 (11.2022).

33 Der Standardentwurf IDW EPS 352 (08.2022) basiert auf dem Prüfungsstandard für die Prüfung des Lageberichts in der Abschlussprüfung IDW PS 350 n. F. (10.2021) und enthält spezielle Merkmale für die freiwillige externe materielle Prüfung zur Erlangung einer hinreichenden Sicherheit einer nichtfinanziellen Erklärung im (Konzern-)Lagebericht. Im Zuge der Anwendung des IDW EPS 352 (08.2022) hat der Abschlussprüfer nicht nur diesen Standard, sondern auch den Prüfstandard IDW PS 350 n. F. (10.2021) für die Prüfung des Lageberichts zu beachten.[74] Durch die externe materielle Prüfung der im (Konzern-) Lagebericht enthaltenen nichtfinanziellen Erklärung in Übereinstimmung mit IDW EPS 352 (08.2022) fällt diese nicht mehr in den Anwendungsbereich der sonstigen Informationen i. S. d. ISA [DE] 720 (Revised).[75]

34 Die zwei Standardentwürfe außerhalb der Abschlussprüfung, namentlich IDW EPS 990 (11.2022) und IDW EPS 991 (11.2022), basieren auf dem Prüfungsstandard ISAE 3000 (Revised). Der Wirtschaftsprüfer hat demnach bei der Prüfung der nichtfinanziellen Berichterstattung nicht nur den IDW EPS 990 (11.2022) bzw. IDW EPS 991 (11.2022), sondern auch ISAE 3000 (Revised) zu beachten.[76] Ferner ist hervorzuheben, dass jene Anforderungen des ISAE 3000 (Revised), welche nicht ausdrücklich in den jeweiligen Standardentwurf IDW EPS 990 (11.2022) bzw. IDW EPS 991 (11.2022) aufgenommen wurden, trotzdem vom Wirtschaftsprüfer beachtet werden müssen, sofern diese bei der entsprechenden Prüfung der nichtfinanziellen Berichterstattung notwendig sind. Ein konkretes Beispiel hierfür sind nachträgliche Ereignisse oder Dokumentationsanforderungen.[77]

---

74 Vgl. IDW EPS 352 (08.2022), Tz. 19.
75 Vgl. IDW EPS 352 (08.2022), Tz. A19.4.
76 Vgl. IDW EPS 990 (11.2022), Tz. 19 und IDW EPS 991 (11.2022), Tz. 19.
77 Vgl. IDW EPS 990 (11.2022), Tz. A19.2 und IDW EPS 991 (11.2022), Tz. A19.2.

Die Frage der Anwendung des etwaigen Prüfstandards ist abhängig von der **35** konkreten Beauftragung und dem Ort des Ausweises der nichtfinanziellen Berichterstattung. Bei einem gesonderten Auftrag für die Prüfung einer im (Konzern-)Lagebericht enthaltenen nichtfinanziellen Erklärung außerhalb der Abschlussprüfung muss diese zum restlichen Lagebericht ausreichend abgegrenzt sein, ansonsten darf der Wirtschaftsprüfer den entsprechenden Prüfauftrag nicht annehmen.[78] Das bedeutet, dass die Prüfstandards außerhalb der Abschlussprüfung lediglich zur Anwendung kommen, sofern kein Fall nach IDW EPS 352 (08.2022) vorliegt.[79]

Es war geplant, dass die drei IDW Prüfstandardentwürfe, namentlich IDW **36** EPS 352 (08.2022), IDW EPS 991 (11.2022) und IDW EPS 990 (11.2022), von Wirtschaftsprüfern erstmals für die Prüfung von nichtfinanziellen Berichterstattungen für Zeiträume ab dem 15.12.2022, mit Ausnahme von vor dem 31.12.2023 endenden Rumpfgeschäftsjahren, Anwendung finden. Eine vorzeitige Anwendung der entsprechenden IDW EPS auf freiwilliger Basis soll ebenfalls möglich sein.[80] Neben der Anwendungsempfehlung des Hauptfachausschusses des IDW (HFA)[81] für IDW EPS 991 (11.2022) und IDW EPS 990 (11.2022) hielt das IDW am 15.8.2023 ferner die Entscheidung fest, dass es zu keiner Finalisierung der beiden für die inhaltliche Prüfung mit begrenzter bzw. hinreichender Sicherheit der nichtfinanziellen (Konzern-)Berichterstattung außerhalb der Abschlussprüfung heranziehbaren Entwurfsprüfstandards kommen wird.[82] Vor dem Hintergrund der für Geschäftsjahre beginnend am oder nach dem 1.1.2024 verpflichtenden Inklusion der Nachhaltigkeitserklärung im (Konzern-)Lagebericht erscheint die Entscheidung des IDW, keine einjährige Anwendungsverpflichtung für IDW EPS 990 (11.2022) und IDW EPS 991 (11.2022) auszusprechen, sinnvoll. In diesem Zusammenhang wird seitens des IDW unter Bezugnahme auf die auf der Ebene der EU geplanten vereinheitlichten Prüfstandards für Nachhaltigkeitserklärungen i.S.d. CSRD (Rz 8) darauf hingewiesen, dass im Jahr 2024 alle drei Prüfstandardentwürfe, somit neben IDW EPS 990 und 991 auch IDW EPS 352 (08.2022), aufgehoben werden sollen.[83]

---

78   Vgl. IDW EPS 991 (11.2022), Tz 20a.
79   Vgl. IDW EPS 991 (11.2022), Tz 20b.
80   Vgl. IDW EPS 352 (08.2022), Tz. 15; IDW EPS 990 (11.2022), Tz. 15 und IDW EPS 991 (11.2022), Tz. 15.
81   Eine entsprechende Anwendungsempfehlung seitens des HFA für den Prüfstandardentwurf IDW EPS 352 (08.2022) bestand bereits zum Zeitpunkt der Entwurfsveröffentlichung.
82   Vgl. IDW, Prüfung der nichtfinanziellen Berichterstattung: HFA empfiehlt Anwendung der IDW Entwürfe, 15.8.2023, www.idw.de/idw/idw-aktuell/pruefung-der-nichtfinanziellen-berichterstattung-hfa-empfiehlt-anwendung-der-idw-entwuerfe.html, Abruf 1.8.2024.
83   Vgl. IDW, Prüfung der nichtfinanziellen Berichterstattung: HFA empfiehlt Anwendung der IDW Entwürfe, 15.8.2023, www.idw.de/idw/idw-aktuell/pruefung-der-nichtfinanziellen-berichterstattung-hfa-empfiehlt-anwendung-der-idw-entwuerfe.html, Abruf 1.8.2024.

2.5 International Standard on Sustainability Assurance (ISSA) 5000

37 Bereits im Jahr 2022 kam es zu einem intensiven Austausch des IAASB mit diversen europäischen und internationalen Interessengruppen, darunter bspw. die EU-Kommission, die US Securities and Exchange Commission (SEC), der International Sustainability Standards Board (ISSB) und die Global Reporting Initiative (GRI), betreffend den Themenschwerpunkt der Prüfung von Nachhaltigkeitsinformation.[84] Im Zuge dieses Austausches wurde u.a. der Bedarf eines auf die Nachhaltigkeitsberichterstattung anwendbaren und international konsistenten Prüfstandards geäußert, welcher wiederum zur Reduktion der zunehmenden Fragmentierung von angewandten Prüfstandards beitragen soll.[85] Nach mehrmonatigen Standarderarbeitungs- und Diskussionsprozessen wurde diesem Bedarf mittels der Veröffentlichung des Entwurfs des International Standard on Sustainability Assurance (kurz: ED-5000) am 2.8.2023 in einem ersten Schritt seitens des IAASB Rechnung getragen. Der Prüfstandardentwurf ED-5000 konnte innerhalb eines Zeitraums von 120 Tagen, demnach bis zum 1.12.2023, kommentiert werden.[86] Am 20.9.2024 bestätigte der IAASB den finalen Text des Prüfstandards ISSA 5000 (sog. „Final Proposed ISSA 5000"). Dieser muss noch final durch das Public Interest Oversight Board (kurz: PIOB) bestätigt werden, bevor es zur formellen Veröffentlichung per Ende des Jahrs 2024 kommt. Im Zuge dessen wird es gem. IAASB lediglich zur Änderung von Textziffern, jedoch nicht zu Anpassungen des finalen Standardtexts kommen.[87]

Praxis-Hinweis

Im Zuge der öffentlichen Konsultation erhielt der IAASB insgesamt 143 sog. *„comment letters"* und 36 Antworten auf dessen durchgeführte Umfrage.[88] Die seitens des IAASB in dessen März 2024 Meeting[89] hervorgehobenen *„most significant comments raised"* umfassen die folgenden Themenbereiche:

---

[84] Vgl. IAASB, Explanatory Memorandum for Proposed International Standard on Sustainability Assurance™ (ISSA) 5000 General Requirements for Sustainability Assurance Engagements, 2023, Tz. 3 f.

[85] Vgl. IAASB, Explanatory Memorandum for Proposed International Standard on Sustainability Assurance™ (ISSA) 5000 General Requirements for Sustainability Assurance Engagements, 2023, Tz. 4.

[86] IAASB, Proposed International Standard on Sustainability Assurance 5000 approved for public consultation by unanimous vote, 2023, www.iaasb.org/news-events/2023-06/proposed-interna tional-standard-sustainability-assurance-5000-approved-public-consultation-unanimous, Abruf 1.8.2024.

[87] Vgl. IAASB, IAASB Approves ISSA 5000, www.iaasb.org/focus-areas/understanding-interna tional-standard-sustainability-assurance-5000, Abruf 1.10.2024.

[88] IAASB, Survey on Proposed ISSA 5000, General Requirements for Sustainability Assurance Engagements.

[89] IAASB, Latest on our projects, Sustainability Assurance Updated June 2024, www.iaasb.org/ iaasb-consultations/latest-our-projects, Abruf 1.8.2024.

- Umfang („*Scope*") und Anwendbarkeit des ISSA 5000 (Rz 40, 43 und 52),
- Nachhaltigkeitsbelange, Nachhaltigkeitsinformationen und Offenlegungen (Rz 41 und 57),
- relevante ethische Anforderungen und Qualitätsmanagementstandards (Rz 42),
- Wesentlichkeit (Rz 61, 84 und 87 ff.),
- Engagement-Team (Rz 42), Nutzung der Arbeit anderer („*using the work of others*") und Gruppenaufträge („*group engagements*"),
- Prüfung mit begrenzter und hinreichender Sicherheit: Struktur des Standards und der mit den etwaigen Zusicherungsniveaus verbundene Arbeitsaufwand (Rz 39),
- Verbindung zwischen attestiertem Jahresabschluss und Nachhaltigkeitsinformation (Rz 70),
- Anforderungen betreffend „*Other Information*" (Rz 73).

Der Prüfstandard ISSA 5000 verfolgt das Ziel, als Universalstandard für die Prüfung von Nachhaltigkeitsinformationen im Zuge von Attestierungsaufträgen (Rz 24) herangezogen zu werden. Neben der prinzipienbasierten[90] Grundlage zeigt sich dieses Vorhaben des IAASB insbes. durch einen agnostischen Ansatz in puncto der durch den Prüfstandard abdeckbaren Zusicherungsniveaus (Rz 39), Berichtsrahmenwerke (Rz 40), Berichtsformate (Rz 41) und jenes Kreises von Prüfern (Rz 42), welche den Prüfstandard künftig anwenden können.[91]   **38**

ISSA 5000 soll sowohl für Prüfungen zur Erlangung von begrenzter als auch hinreichender Sicherheit herangezogen werden können. Dieser Entscheidung liegt u.a. die Erwartungshaltung eines durch etwaige Jurisdiktionen initiierten Wandels von der Verpflichtung zur externen materiellen Prüfung mit begrenzter Sicherheit in Richtung einer geforderten Erlangung von hinreichender Sicherheit bei der externen materiellen Prüfung von Nachhaltigkeitsinformation zugrunde.[92]   **39**

Praxis-Hinweis

Die Klarheit der Differenzierung betreffend den Arbeitsaufwand („*work effort*") bei Prüfungen zur Erlangung einer begrenzten und hinreichenden Sicherheit wurde in der öffentlichen Konsultation des ED-5000 umfassend

---

[90] Vgl. IAASB, Explanatory Memorandum for Proposed International Standard on Sustainability Assurance™ (ISSA) 5000 General Requirements for Sustainability Assurance Engagements, 2023, Tz. 61 und 133.

[91] Vgl. IAASB, Explanatory Memorandum for Proposed International Standard on Sustainability Assurance™ (ISSA) 5000 General Requirements for Sustainability Assurance Engagements, 2023, Tz. 14.

[92] Vgl. IAASB, Explanatory Memorandum for Proposed International Standard on Sustainability Assurance™ (ISSA) 5000 General Requirements for Sustainability Assurance Engagements, 2023, Tz. 14.

diskutiert. Beispielhaft kritisieren das IDW[93] und Accountancy Europe[94] die teils deckungsgleiche Übernahme von Anforderungen bestehender ISAs, welche für Prüfungen zur Erlangung einer hinreichenden, jedoch nicht zur Erlangung einer begrenzten Sicherheit konzipiert sind. Im Speziellen wird auf die Anforderungen an Prüfungsnachweise gem. des Entwurfs zu ISA 500 verwiesen. Diese dienten – unabhängig des Zusicherungsniveaus – als Basis für die diesbzgl. geplanten Bestimmungen des ED-5000.

Wie die Gegenüberstellung des Prüfstandardentwurfs ED-5000 mit dem finalen Text des ISSA 5000[95] zeigt, wurde auf diese Kritik seitens des IAASB (teilw.) eingegangen. Hervorzuheben im finalen Text zu ISSA 5000 sind eingeführte Vereinheitlichungen im Kontrast zu einer stärkeren Differenzierung zwischen Prüfungshandlungen zur Erlangung einer begrenzten bzw. hinreichenden Sicherheit. Ein Beispiel hierfür stellen die Bestimmungen zu Reaktionen auf Risiken von wesentlichen Fehldarstellungen[96] dar. Ferner resultieren aus den Vereinheitlichungen teils Abschwächungen der initial geplanten Anforderungen an Prüfungen zur Erlangung einer hinreichenden Sicherheit.[97]

40   Der IAASB beschreibt ISSA 5000 als *„framework neutral"* und hebt neben der Berücksichtigung der Entwicklungen in der EU – demnach der Anforderungen der CSRD bzw. ESRS – insbes. auch die Rücksichtnahme auf das Standardrahmenwerk des ISSB als auch der GRI hervor.[98]

41   Der Ort des Ausweises von Nachhaltigkeitsinformation ist in der Berichtspraxis durch eine erhöhte Heterogenität geprägt. Aufgrund dessen wurde ISSA 5000 auf der Prämisse konzipiert, unabhängig hiervon Anwendung zu finden.[99] Eine

---

[93]   IDW, ED-5000: Response Template, www.idw.de/The-IDW/IDW-Comment-Letters-en/IDW-CL-2023/IDW-ISSA-5000-Comment-Letter-231201.pdf, Abruf 1.8.2024.

[94]   Accountancy Europe, ED-5000: Response Template, https://accountancyeurope.eu/wp-content/uploads/2023/12/231201-Accountancy-Europe-response-ED-ISSA-5000.pdf, Abruf 1.8.2024.

[95]   Vgl. IAASB, Comparison Between the Requirements in ED-5000 and Final Proposed ISSA 5000, Agenda item 2-F (Supplemental), 2024.

[96]   Vgl. IAASB, International Standard on Sustainability Assurance (ISSA) 5000, General Requirements for Sustainability Assurance Engagements, Agenda Item 2-B.1 Approved, 2024, Tz. 125.

[97]   Siehe hierzu bspw. die Änderungen im Zusammenhang mit Prüfungshandlungen zur Identifikation von Kontrollinsuffizienzen: IAASB, Comparison Between the Requirements in ED-5000 and Final Proposed ISSA 5000, Agenda item 2-F (Supplemental), 2024, S. 21; IAASB, ISSA 5000, Agenda Item 2-B.1 Approved, 2024, Tz. 119.

[98]   Vgl. IAASB, Explanatory Memorandum for Proposed International Standard on Sustainability Assurance™ (ISSA) 5000 General Requirements for Sustainability Assurance Engagements, 2023, Tz. 14.

[99]   Vgl. IAASB, Explanatory Memorandum for Proposed International Standard on Sustainability Assurance™ (ISSA) 5000 General Requirements for Sustainability Assurance Engagements, 2023, Tz. 14.

Ausnahme stellen jedoch jene Nachhaltigkeitsinformationen dar, welche innerhalb des finanziellen Jahresabschlusses ausgewiesen werden und in diesem Zusammenhang auch einer entsprechenden Prüfung unterliegen. In diesem Fall ist auf die hierfür einschlägigen ISAs zurückzugreifen.[100]

Künftig sollen gem. ISSA 5000 sowohl Wirtschaftsprüfer als auch Anbieter von betriebswirtschaftlichen Prüfungen, welche keine Wirtschaftsprüfer sind, den Prüfstandard anwenden können. Für Letztere herausfordernd erscheinen jedoch insbes. die für die Anwendbarkeit des ISSA 5000 maßgeblichen Voraussetzungen betreffend Qualitätsmanagement und die entsprechenden ethischen Anforderungen, welche bereits jetzt für u. a. die Anwendung des Prüfstandards ISAE 3000 (Revised) (Rz 25) maßgeblich sind.[101] Zum einen fällt hierunter die Anforderung, dass der *engagement leader*[102] Mitglied eines Unternehmens ist, welches die ISQMs anwendet oder etwaigen anderen nach berufsstandspezifischen, gesetzlichen oder regulatorischen – den ISQMs in ihren Anforderungen an das Qualitätsmanagement vergleichbaren – Anforderungen[103] unterliegt.[104] Zum anderen müssen die Mitglieder des *engagement team*[105] bzw., sofern anwendbar, der *engagement quality reviewer*[106], dem IESBA Ethik-Kodex oder berufsstandspezifischen, gesetzlichen oder regulatorischen dem IESBA Ethik-Kodex vergleichbaren ethischen Anforderungen unterliegen.[107] **42**

Ferner baut ISSA 5000 auf bereits bestehenden Prüfstandards und Leitlinien des IAASB auf. Hierunter fallen u. a.:[108] **43**

- ISAE 3000 (Revised) *Assurance Engagements other than Audit or Reviews of Historical Financial Information* (Rz 23 ff.),
- ISAE 3410 *Assurance Engagements on Greenhouse Gas Statements*,
- *Non-Authoritative Guidance on Applying ISAE 3000 (Revised) to Sustainability and Other Extended External Reporting (EER) Assurance Engagements* (Rz 27).

---

[100] Vgl. IAASB, ISSA 5000, Agenda Item 2-B.1 Approved, 2024, Tz. 12.

[101] Vgl. IAASB, Explanatory Memorandum for Proposed International Standard on Sustainability Assurance™ (ISSA) 5000 General Requirements for Sustainability Assurance Engagements, 2023, Tz. 14.

[102] Siehe zur Definition IAASB, ISSA 5000, Agenda Item 2-B.1 Approved, 2024, Tz. 18.

[103] Siehe die vergleichbaren Anforderungen an das Qualitätsmanagement spezifizierend IAASB, ISSA 5000, Agenda Item 2-B.2 Approved, 2024, Tz. A73.

[104] Vgl. IAASB, ISSA 5000, Agenda Item 2-B.1 Approved, 2024, Tz. 30.

[105] Siehe zur Definition IAASB, ISSA 5000, Agenda Item 2-B.1 Approved, 2024, Tz. 18.

[106] Siehe zur Definition IAASB, ISSA 5000, Agenda Item 2-B.1 Approved, 2024, Tz. 18.

[107] Vgl. IAASB, Explanatory Memorandum for Proposed International Standard on Sustainability Assurance™ (ISSA) 5000 General Requirements for Sustainability Assurance Engagements, 2023, Tz. 23.

[108] Vgl. IAASB, Sustainability Assurance, www.iaasb.org/consultations-projects/sustainability-assurance, Abruf 1.8.2024.

Zusätzlich zu betonen ist, dass durch die Annahme und künftige Anwendung des ISSA 5000 die Anwendbarkeit des Prüfstandards ISAE 3000 (Revised) nicht eingeschränkt wird. Hervorzuheben ist jedoch, dass unter Anwendung des ISSA 5000 der Prüfer nicht zur zusätzlichen Heranziehung des Prüfstandards ISAE 3000 (Revised) für die Prüfung von Nachhaltigkeitsinformation verpflichtet ist.[109]

Praxis-Hinweis

Die Notwendigkeit der Abgrenzung zwischen dem Anwendungsbereich des ED-5000 und dem Prüfstandard ISAE 3410 wurde in den seitens des IAASB erhaltenen *„comment letters"* ebenfalls diskutiert. Konkret bestärkt Accountancy Europe die Bestrebung, dass, insofern eine THG-Bilanz Teil der geprüften Nachhaltigkeitsinformation bildet, auf den Prüfstandard ISSA 5000 zurückgegriffen werden sollte.[110] Hieraus hätte sich ergeben, dass für alleinstehende (*„stand alone"*) THG-Bilanzen der bestehende Prüfstandard ISAE 3410 zur Anwendung kommen soll. Zur Frage, ab wann eine THG-Bilanz als für sich alleinstehend gilt, sah das Komitee der Europäischen Abschlussprüferaufsichten (CEAOB) Nachbesserungsbedarf. Konkret fordert das CEAOB eine klare Abgrenzung, in welchen Fällen der künftige ISSA 5000 und wann ISAE 3410 angewendet werden soll.[111]

Die Abgrenzungsfrage betreffend die Anwendungsfälle der beiden Prüfstandards wurde insofern behoben, als dass folgend der Board Decision durch den IAASB zum Zeitpunkt des Inkrafttretens des ISSA 5000 der Prüfstandard ISAE 3410 zurückgezogen wird.[112] Hiermit wurde insbes. dem Umstand Rechnung getragen, dass unabhängig von Art und Ausweisort der Nachhaltigkeitsinformation der Prüfstandard ISSA 5000 künftig zur Anwendung kommen soll.[113]

---

44   Vor dem Hintergrund der in Rz 38 beschriebenen Charakteristika des ISSA 5000 wird dieser bei der Prüfung der (konsolidierten) Nachhaltigkeitserklärung i. S. d. CSRD von besonderer Bedeutung sein. Zum einen enthält ISSA 5000 für den Berufsstand der Wirtschaftsprüfer bereits anerkannte Ansätze einzelner Prüfstandards des IAASB; zum anderen wird durch die in ISSA 5000

---

[109] Vgl. IAASB, ISSA 5000, Agenda Item 2-B.1 Approved, 2024, Tz. 11.

[110] Accountancy Europe, ED-5000: Response Template, https://accountancyeurope.eu/wp-content/uploads/2023/12/231201-Accountancy-Europe-response-ED-ISSA-5000.pdf, Abruf 1.8.2024.

[111] CEAOB, Comment letter relating to the IAASB's proposed ISSA 5000 (ED 5000), https://finance.ec.europa.eu/system/files/2023-12/231201-ceaob-comment-letter-iaasb-issa-5000_en.pdf, Abruf 1.8.2024.

[112] Vgl. IAASB, Conforming and Consequential Amendments Arising from Proposed ISSA 5000, Agenda Item 2-D.1, 2024, S. 8.

[113] Vgl. IAASB, ISSA 5000, Agenda Item 2-B.1 Approved, 2024, Tz. 8.

verankerte Anwendbarkeit seitens unabhängiger Erbringer von Bestätigungsleistungen einer Entwicklung in Richtung der professionsübergreifenden Vereinheitlichung der Prüfung von Nachhaltigkeitsinformation beigetragen.

Zusammengefasst ist das dem ISSA 5000 inhärente Ziel, als Universalstandard   **45**
Anwendung zu finden, einer der Aspekte, welche ihn teils maßgeblich unter-
scheidet von jenen seitens der Wirtschaftsprüfer angewandten Prüfstandards wie
ISAE 3000 (Revised) (Rz 23 ff.), nationalen (Entwurfs-)Prüfstandards wie IDW
EPS 990 (11.2022), IDW EPS 991 (11.2022), IDW EPS 352 (08.2022) (Rz 32 ff.)
und KFS/PG 13 (Rz 29 ff.), als auch Prüfstandards, welche für unabhängige
Erbringer von Bestätigungsleistungen gelten wie AA1000AS v3 (Rz 17 ff.). Im
Besonderen beziehen sich die Unterschiede zwischen ISSA 5000 und den (Ent-
wurfs-)Prüfstandards des IDW auf den Ort des Ausweises der Nachhaltigkeitsinformation, die Zusicherungsniveaus als auch den Anwenderkreis der Prüfungsstandards. Während ISSA 5000 – ähnlich zu KFS/PG 13 – unabhängig davon, ob
die Nachhaltigkeitsinformation bspw. im (Konzern-)Lagebericht oder in einem
gesonderten Bericht offengelegt wird (Rz 41), zur Anwendung kommen soll, sind
die (Entwurfs-)Prüfstandards des IDW in ihrer Anwendung auf den jeweils
festgelegten Ort des Ausweises beschränkt.[114] Diese Einschränkung zeigt sich
ebenfalls hinsichtlich des für einen etwaigen Attestierungsauftrag heranzuziehenden Zusicherungsniveaus. Im Fall des Ausweises der Nachhaltigkeitsinformation
innerhalb des (Konzern-)Lageberichts hat gem. IDW EPS 352 (08.2022) der
Attestierungsauftrag zur Erlangung einer hinreichenden Sicherheit zu erfolgen,
wohingegen gem. ISSA 5000 eine Prüfung mit sowohl begrenzter als auch
hinreichender Sicherheit in diesem Fall durchführbar wäre.[115] Hinsichtlich des
Anwenderkreises ist hervorzuheben, dass neben ISAE 3000 (Revised) auch die
(Entwurfs-)Prüfstandards des IDW als auch der Prüfungsstandard KFS/PG 13 –
im Kontrast zu ISSA 5000 – lediglich von Wirtschaftsprüfern angewandt werden
können. Dieser Umstand wird mitunter hinsichtlich des in der CSRD[116] verankerten Wahlrechts für Mitgliedstaaten der EU, in deren nationalen Richtlini-
entransponierung für die entsprechende Prüfung neben Wirtschaftsprüfern auch
andere unabhängige Erbringer von Bestätigungsleistungen zuzulassen, für die
Prüfpraxis von Bedeutung sein. Unabhängig von der Ausübung des entsprechenden Mitgliedstaatenwahlrechts ist zu erwarten, dass für künftig Berichterstat-
tungspflichtige bei der Auswahl des Prüfers ihrer Nachhaltigkeitserklärung im
(Konzern-)Lagebericht insbes. Überlegungen zur Prüfungsqualität, prüfungs-
spezifischen Fachkompetenz, Infrastruktur zur Qualitätssicherung, zu branchen-

---

114 Vgl. IDW EPS 352 (08.2022), Tz 6; IDW EPS 990 (11.2022), Tz. 7; IDW EPS 991 (11.2022), Tz. 7.
115 Vgl. IDW EPS 352 (08.2022), Tz. 20; IAASB, Explanatory Memorandum for Proposed International Standard on Sustainability Assurance™ (ISSA) 5000 General Requirements for Sustainability Assurance Engagements, 2023, Tz. 14.
116 Vgl. Erwägungsgrund 61 CSRD.

spezifischem Know-how als auch Kosten- und Effizienzüberlegungen eine entscheidende Rolle spielen werden.[117]

3 Nutzer der Nachhaltigkeitsberichterstattung

46 Die Definition der Nutzer der Nachhaltigkeitsberichterstattung ist insbes. vor dem Hintergrund von Wesentlichkeitsüberlegungen betreffend die in den Berichten zu inkludierende Information von Bedeutung. Bereits das österreichische Bilanzrecht stellt hinsichtlich der Wesentlichkeit von Information u. a. darauf ab, ob durch bspw. das Auslassen bzw. eine fehlerhafte Informationsangabe seitens des Unternehmens vernünftigerweise zu erwarten ist, dass hiervon abgeleitet die Entscheidungen von Nutzern des Jahres- bzw. Konzernabschlusses beeinflusst werden könnten.[118]

47 Als Nutzer der Nachhaltigkeitsberichterstattung eines Unternehmens werden i. S. d. ESRS zum einen **primäre Nutzer der Finanzberichterstattung** – wie bspw. Kreditinstitute und Anleger – und zum anderen eine **erweiterte Nutzergruppe**, welche u. a. Geschäftspartner, Analysten und NGOs umfasst, charakterisiert.[119] Die Unterscheidung in zwei Hauptnutzergruppen der Nachhaltigkeitsberichterstattung wird auch in der CSRD selbst aufgegriffen, welche zum einen zwischen Anlegern inkl. Vermögensverwaltern und zum anderen zwischen Akteuren der Zivilgesellschaft unterscheidet.[120]

48 Der Prüfstandard ISSA 5000 greift den Begriff der vorgesehenen Nutzer des Prüfberichts der Nachhaltigkeitsberichterstattung auf und bezieht sich auf jene Individuen, Organisationen bzw. Gruppen, von denen der Wirtschaftsprüfer bzw. der unabhängige Erbringer von Bestätigungsleistungen ausgeht, dass diese den entsprechenden Prüfvermerk nutzen.[121] Ergänzend hierzu nennen die Anwendungshinweise zu ISSA 5000[122] Beispiele für ebendiese vorgesehenen Nutzer. Konkret werden nebst anderen hierunter Aktionäre, Investoren und Kreditgeber, welche basierend auf Nachhaltigkeitsinformationen Entscheidungen hinsichtlich deren Ressourcenallokation treffen, aufgezählt.[123] Hierzu vergleichbar ist die Definition der vorgesehenen Nutzer gem. den Prüfstandards

---

117 Siehe auch IDW, Eingabe zur Umsetzung der Richtlinie (EU) 2022/2464 des europäischen Parlaments und des Rates vom 14. Dezember 2022, S. 2, www.idw.de/IDW/Medien/IDW-Schreiben/2023/IDW-BMF-BMJ-BMWK-Umsetzung-CSRD-Eingabe-230504.pdf, Abruf 1.8.2024.
118 Vgl. § 189a Nr. 10 S. 1 UGB.
119 Vgl. Berichtigung der Delegierten Verordnung (EU) 2023/2772 v. 31.7.2023, ABl. EU L v. 9.8.2024, Anhang II, Tab. 2, S. 282.
120 Vgl. Erwägungsgrund 9 CSRD.
121 Vgl. IAASB, ISSA 5000, Agenda Item 2-B.1 Approved, 2024, Tz. 18.
122 Vgl. IAASB, ISSA 5000, Agenda Item 2-B.2 Approved, 2024, Tz. A37–A39.
123 Vgl. IAASB, ISSA 5000, Agenda Item 2-B.2 Approved, 2024, Tz. A37.

ISAE 3000 (Revised) und KFS/PG 13 als auch den Entwurfsprüfstandards IDW EPS 352 (08.2022), IDW EPS 990 (11.2022) und IDW EPS 991 (11.2022).[124] Im Direktvergleich des ebenfalls seitens des IAASB erarbeiteten Prüfstandards ISAE 3000 (Revised) und den auf ihm aufbauenden nationalen Prüfstandards für sonstige Prüfungen von Nachhaltigkeitsinformation hebt ISSA 5000 zahlreiche weitere vorgesehene Nutzer, welchen ein potenzielles Interesse an den Auswirkungen des Unternehmens inhärent ist, explizit hervor. Darunter fallen neben unternehmensinternen Nutzern der Nachhaltigkeitsinformation wie die Belegschaft auch unternehmensexterne Nutzer wie u. a. Konsumenten, Steuerzahler, Lieferanten, Behörden und weitere Interessengruppen.[125]

4 Berichtsgrenzen (Konsolidierungskreis, Wertschöpfungskette und Vergleichszahlen)

Gem. ESRS 1 soll die Nachhaltigkeitserklärung für denselben Berichtskreis wie für die finanzielle Berichterstattung erstellt werden, abzustellen ist auf das Konzept der *„operational control"* (ESRS 1.62). Demnach hat eine unter den Anwendungsbereich der CSRD fallende Muttergesellschaft in der konsolidierten Berichterstattung auch die Nachhaltigkeitsinformationen für ihre Tochterunternehmen zu inkludieren (ESRS 1.62). Informationen über verbundene oder gemeinsame Unternehmen, die *at equity* bilanziert oder quotenkonsolidiert werden, sollen darüber hinaus einbezogen werden, sofern diese Unternehmen Teil der Wertschöpfungskette des Bericht erstattenden Unternehmens sind (ESRS 1.67). Ferner soll der Berichtszeitraum der Nachhaltigkeitserklärung deckungsgleich mit jenem der Finanzberichterstattung sein (ESRS 1.73; → § 3 Rz 133).

49

Bei der freiwilligen externen materiellen Prüfung von nichtfinanziellen Erklärungen innerhalb des (Konzern-)Lageberichts oder von gesonderten (konsolidierten) nichtfinanziellen Berichten war es möglich, den Prüf- bzw. Auftragsgegenstand von sonstigen betriebswirtschaftlichen Prüfungen – bspw. basierend auf dem Prüfstandard ISAE 3000 (Revised) – u. a. auf spezifische (nichtfinanzielle) Kennzahlen als auch auf einen von der Finanzberichterstattung abweichenden Konsolidierungskreis zu beschränken. Dieser Umstand ist mitunter dem Charakter als Universalprüfstandard des ISAE 3000 (Revised) geschuldet. Hieraus resultiert in der derzeitigen Prüfpraxis – im Vergleich zur Abschlussprüfung – ein bedeutender Mehraufwand im Zusammenhang mit der Festlegung des Prüf- bzw. Auftragsgegenstands. Praktische Herausforderungen sind insbes. mit der Anforderung der Gewährleistung der eindeutigen Identifizierbarkeit und klaren Ab-

50

---

[124] Vgl. ISAE 3000 (Revised), Tz. 12(m); KFS/PG13, Rz. 26, IDW EPS 352 (08.2022), Tz. A21.2, IDW EPS 990 (11.2022), Tz. A21 und IDW EPS 991 (11.2022), Tz. A21.
[125] Vgl. IAASB, ISSA 5000, Agenda Item 2-B.2 Approved, 2024, Tz. A37.

grenzung zu nicht geprüfter Information des Prüf- bzw. Auftragsgegenstands i.S.d. ISAE 3000 (Revised) verbunden.[126] Nicht nur aufgrund dessen ist im Zuge der Erlangung eines Verständnisses für jene Prozesse, welche zur Sachverhaltsinformationserstellung seitens des Unternehmens eingesetzt wurden, durch den Wirtschaftsprüfer[127] die für die Berichterstattung herangezogene Berichtsgrenze zu würdigen.[128]

Künftig zu erwarten ist, dass durch die verpflichtende externe materielle Prüfung der Nachhaltigkeitserklärung (Rz 7) und durch Anwendung verpflichtender Prüfstandards u.a. der mit der Festlegung des Prüfungs- bzw. Auftragsgegenstands verbundene prüferseitige Aufwand reduziert wird.

51   Der bedeutende Aufwand, welcher mit der Kennzeichnung des Prüfgegenstands i.S.d. ISAE 3000 (Revised) verbunden ist, zeigt sich bspw. in der Berichtspraxis gem. CSR-RUG.[129] Hierzu hält die Mercedes-Benz Group fest:

Praxis-Beispiel Mercedes-Benz Group[130]

„In diesem Nachhaltigkeitsbericht enthalten sind auch die in der nichtfinanziellen Erklärung geprüften Inhalte. Die entsprechenden Stellen sind in diesem Nachhaltigkeitsbericht mit blauer Schriftfarbe im Fließtext kenntlich gemacht. Geprüfte Grafiken und Tabellen sind über Fußnoten ebenfalls entsprechend ausgewiesen. Soweit nicht explizit vermerkt, wurde die Prüfung dieser Inhalte im Rahmen der Prüfung der nichtfinanziellen Erklärung mit hinreichender Sicherheit durchgeführt. Wenn nicht durch Fußnoten markiert, wurden Grafiken und Tabellen unabhängig der verwendeten Farben nicht einer externen Prüfung unterzogen."

---

52   Der Prüfstandard ISSA 5000 subsumiert unter dem Begriff der Berichtsgrenze u.a. jene Tätigkeiten, Beziehungen bzw. Ressourcen die – in Übereinstimmung mit den anwendbaren Kriterien – in der Nachhaltigkeitsinformation des Unternehmens inkludiert werden sollen.[131] Die Anwendungshinweise zu ISSA 5000 erläutern potenzielle Unterschiede der bei der Prüfung der Nachhaltigkeitsberichterstattung zu berücksichtigenden Berichtsgrenze und der für die Finanzberichterstattung maßgeblichen Berichtsgrenze. Konkret können sich Unter-

---

126 Vgl. KFS/PE 28, Rz. 11 ff.
127 In den nachfolgenden Rz wird bei Bezugnahme auf (Entwurfs-)Prüfstandards des IDW, KSW und im Zusammenhang mit ISAE 3000 (Revised) inkl. dazugehöriger Non-Authoritative Guidance stets vom Begriff des Wirtschaftsprüfers bzw., falls notwendig, vom Abschlussprüfer gesprochen.
128 Vgl. IAASB, Non-Authoritative Guidance On Applying ISAE 3000 (Revised) To Sustainability And Other Extended External Reporting Assurance Engagements, 2021, S. 135.
129 Vgl. §§ 289b – 289e HGB bzw. 315b u. 315c HGB
130 Entnommen Mercedes-Benz Group, Nachhaltigkeitsbericht 2022, S. 93.
131 Siehe zur Definition IAASB, ISSA 5000, Agenda Item 2-B.1 Approved, 2024, Tz. 18.

schiede bspw. dadurch ergeben, dass sich die Nachhaltigkeitsinformation des Unternehmens auf Tätigkeiten in dessen vor- und nachgelagerter Wertschöpfungskette (Rz 53) bezieht.[132] Darüber hinaus sind potenziell belangspezifische Unterschiede in den für einzelne KPIs herangezogenen Berichtsgrenzen zu bedenken.[133]

Insbes. wertschöpfungskettenbezogene Datenpunkte, welchen bei der Berichterstattung i. S. d. thematischen ESRS teils große Bedeutung zugesprochen wird, gehen mit verbundenen Abwägungen hinsichtlich der in der Prüfpraxis heranzuziehenden Berichtsgrenze einher. Diese Abwägungen sind jedoch kein Novum im Prozess der Prüfung von nichtfinanzieller Information bzw. Nachhaltigkeitsinformation. Bereits die für sonstige betriebswirtschaftliche Prüfungen der Offenlegung gem. CSR-RUG[134] anwendbaren Entwurfsprüfstandards IDW EPS 990 (11.2022) und IDW EPS 991 (11.2022)[135] führen die verpflichtende Festlegung seitens des Wirtschaftsprüfers an, ob unter den Umständen des Auftrags vor Ort Prüfungshandlungen in der Lieferkette des geprüften Unternehmens notwendig sind. **53**

Auch das CEAOB[136] hält fest, dass die ESRS in bestimmten Fällen die Einbeziehung von Informationen zur Wertschöpfungskette vorschreiben und die entsprechenden Angaben somit in der Nachhaltigkeitserklärung enthalten sind, die Gegenstand der Prüfung zur Erlangung einer begrenzten Sicherheit sind. Der Prüfer kann lt. CEAOB[137] die vom Unternehmen eingerichteten Systeme zur Erhebung und Berichterstattung von Informationen zur Wertschöpfungskette und deren Verlässlichkeit würdigen. Die Einholung von externen Nachweisen ist jedenfalls nicht verpflichtend. Umfang und Art der Prüfungshandlungen richten sich nach dem Auftrag und der Beurteilung des Risikos wesentlicher falscher Darstellungen. **54**

ESRS 1.136 erläutert vor dem Hintergrund der Erleichterung der erstmaligen Anwendung, dass die in ESRS 1.83 ff. festgelegte Darlegung von **Vergleichsinformationen** im ersten Erstellungsjahr der Nachhaltigkeitserklärung nicht erforderlich ist (→ § 3 Rz 193). Sinngemäß gilt dieser einjährige Übergangszeitraum gem. ESRS 1.136 ebenfalls für das erste Jahr der verpflichtenden Anwendung der in Anlage C zu ESRS 1 aufgeführten Liste der schrittweise offenzulegenden Angabepflichten. Gem. der Definition des ISSA 5000 wird **55**

---

132 Vgl. IAASB, ISSA 5000, Agenda Item 2-B.2 Approved, 2024, Tz. A42.
133 Vgl. IAASB, ISSA 5000, Agenda Item 2-B.2 Approved, 2024, Tz. A41.
134 Vgl. §§ 289b bis 289e HGB bzw. 315b und 315c HGB.
135 Vgl. IDW EPS 990 (11.2022), Tz. 35 und IDW EPS 991 (11.2022), Tz. 35.
136 CEAOB guidelines on limited assurance on sustainability reporting, 30.9.2024, 27 Specific provisions – value chain information.
137 CEAOB guidelines on limited assurance on sustainability reporting, 30.9.2024, 27 Specific provisions – value chain information.

unter Vergleichsinformation jene dargestellte Nachhaltigkeitsinformation verstanden, welche eine oder mehrere Vorperioden umfasst.[138] Hinsichtlich der Würdigung bzw. Beurteilung von Vergleichsinformation bei der Prüfung von Nachhaltigkeitsinformation sieht ISSA 5000 eine dem ISA 710 für die Prüfung von Vergleichsinformation im Kontext der finanziellen Jahresabschlussprüfung angenäherte Vorgehensweise vor.[139] Demnach wird insbes. seitens des Wirtschaftsprüfers bzw. des unabhängigen Erbringers von Bestätigungsleistungen zu würdigen bzw. beurteilen sein, ob die in der Nachhaltigkeitserklärung dargestellte Vergleichsinformation mit der entsprechenden Offenlegung des Vorjahrs übereinstimmt bzw. ob etwaige Inkonsistenzen gem. den anzuwendenden Kriterien adressiert wurden.[140] Bei der Prüfung der Vergleichsinformation wird ebenfalls die Konsistenz der für die Messung bzw. Evaluierung der Vergleichsinformation seitens des Unternehmens herangezogenen Kriterien – wie bspw. Quantifizierungsmethoden – mit jenen für den jeweils aktuellen Berichtszeitraum angewandten Kriterien zu würdigen bzw. zu beurteilen sein.[141]

5   Prüfungshandlungen

56   Im Zuge eines Attestierungsauftrags zur sonstigen betriebswirtschaftlichen Prüfung gibt der Wirtschaftsprüfer über die in der Nachhaltigkeitsberichterstattung inkludierten Sachverhaltsinformationen eine zusammenfassende Beurteilung ab.[142] Von besonderer Bedeutung hierfür ist das Zusammenspiel zwischen Nachhaltigkeitsbelangen, den für die Messung bzw. Evaluierung der Nachhaltigkeitsbelange herangezogenen Kriterien und der hiervon abgeleiteten Sachverhalts- bzw. Nachhaltigkeitsinformation. ISSA 5000 stellt dieses Zusammenspiel – wie in Abb. 1 ersichtlich – schematisch dar.

---

138 Siehe zur Definition IAASB, ISSA 5000, Agenda Item 2-B.1 Approved, 2024, Tz. 18.
139 Vgl. IAASB, Explanatory Memorandum for Proposed International Standard on Sustainability Assurance™ (ISSA) 5000 General Requirements for Sustainability Assurance Engagements, 2023, Tz. 127.
140 Vgl. IAASB, ISSA 5000, Agenda Item 2-B.1 Approved, 2024, Tz. 205(a).
141 Vgl. IAASB, ISSA 5000, Agenda Item 2-B.1 Approved, 2024, Tz. 205(b).
142 Vgl. KFS/PG 13, Rz. 5.

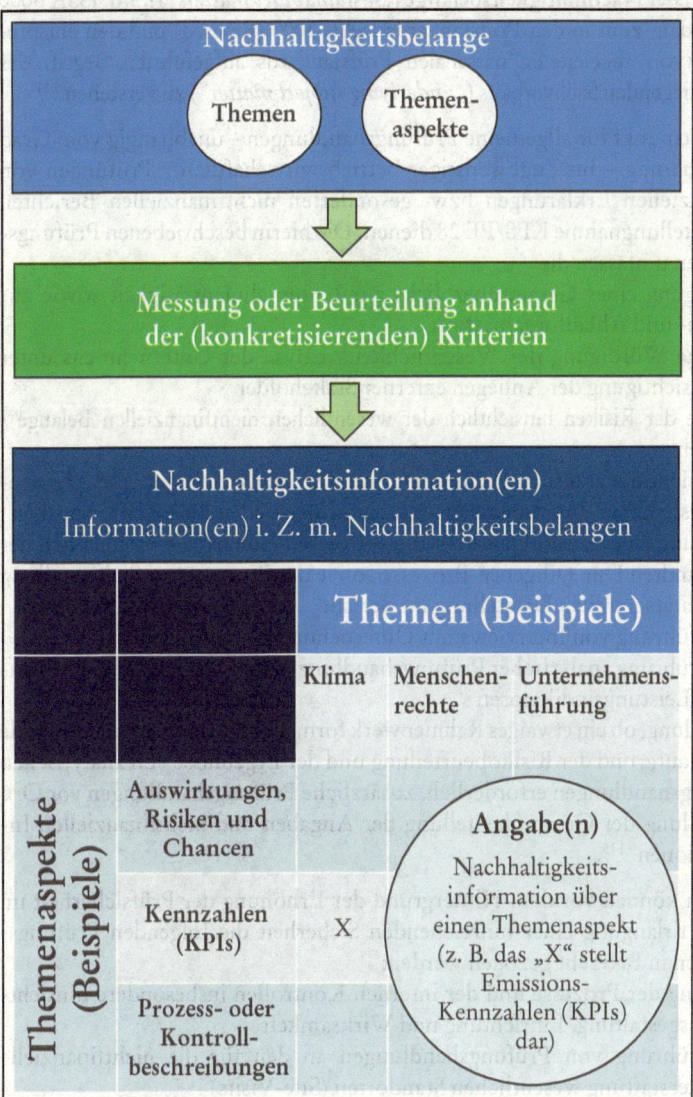

Abb. 1: Beziehung zwischen Nachhaltigkeitsbelangen, Nachhaltigkeitsinformation und der zugehörigen Offenlegung[143]

---

[143] In Anlehnung an IAASB, ISSA 5000, Agenda Item 2-B.2 Approved, 2024, App. 1, Tz. 2

57   Der Begriff der **Nachhaltigkeitsbelange** (*„sustainability matters"*) i. S. d. ISSA 5000 ist als Pendant zum in den Prüfstandards ISAE 3000 (Revised) und den entsprechend hiervon abgeleiteten nationalen Prüfstandards aufgeführten Begriff des zugrunde liegenden Sachverhalts (*„underlying subject matter"*) zu verstehen.[144]

58   Als Anhaltspunkt für allgemeine Prüfungshandlungen – unabhängig vom Grad der Zusicherung – im Zuge sonstiger betriebswirtschaftlicher Prüfungen von nichtfinanziellen Erklärungen bzw. gesonderten nichtfinanziellen Berichten kann die Stellungnahme KFS/PE 28 dienen. Die hierin beschriebenen Prüfungshandlungen umfassen die:

*   „Erlangung eines Gesamtüberblicks zur Unternehmenstätigkeit sowie zur Aufbau- und Ablauforganisation
*   kritische Würdigung der Wesentlichkeitsanalyse des Unternehmens unter Berücksichtigung der Anliegen externer Stakeholder
*   Analyse der Risiken hinsichtlich der wesentlichen nichtfinanziellen Belange / Angaben
*   Durchsicht der internen Richtlinien, Verfahrensanweisungen und Managementsysteme im Zusammenhang mit nichtfinanziellen Belangen / Angaben
*   Erlangung eines Überblicks über die verfolgten Konzepte einschließlich der angewandten Due Diligence-Prozesse sowie der Prozesse zur Sicherstellung der realitätsgetreuen Darstellung im Bericht
*   Durchführung von Interviews mit Unternehmensverantwortlichen
*   Durchführung analytischer Prüfungshandlungen hinsichtlich der nichtfinanziellen Leistungsindikatoren
*   Beurteilung, ob ein etwaiges Rahmenwerk formal konform angewendet wurde
*   Soweit aufgrund der Risikobeurteilung und der Ergebnisse von analytischen Prüfungshandlungen erforderlich, zusätzliche Prüfungshandlungen vor Ort
*   Beurteilung der Gesamtdarstellung der Angaben und nichtfinanziellen Informationen"[145].

Zusätzlich können vor dem Hintergrund der Erhöhung der Prüfsicherheit im Zuge der Erlangung einer hinreichenden Sicherheit die folgenden Prüfungshandlungen in Betracht gezogen werden:

*   „Prüfung der Prozesse und der internen Kontrollen insbesondere hinsichtlich Ausgestaltung, Einrichtung und Wirksamkeit
*   Durchführung von Prüfungshandlungen an den für die nichtfinanzielle Berichterstattung wesentlichen Standorten (Site-Visits)

---

[144] Vgl. IAASB, Explanatory Memorandum for Proposed International Standard on Sustainability Assurance™ (ISSA) 5000 General Requirements for Sustainability Assurance Engagements, 2023, Tz. 32.

[145] KFS/PE 28, Rz. 28.

- Durchführung von Messungen bzw. eigener Erhebungen zur Prüfung der Verlässlichkeit und Richtigkeit der erhaltenen Daten"[146].

Ergänzend zu den in Rz 58 beschriebenen allgemeinen Prüfungshandlungen des KFS/PE 28 treffen die Entwurfsprüfstandards IDW EPS 990 (11.2022) und IDW EPS 991 (11.2022) weitere Spezifizierungen der im Vermerk der sonstigen betriebswirtschaftlichen Prüfung aufzuführenden Prüfungshandlungen. Diese umfassen u.a., dass die Befragung der gesetzlichen Vertreter bzw. der in den Berichterstattungsprozess eingebundenen Mitarbeitenden des Unternehmens den Aufstellungsprozess und die diesem Prozess zugehörigen internen Kontrollen beinhaltet. Ebenso werden die Würdigung bzw. Beurteilung zukunftsorientierter Angaben als auch des Prozesses der Berichterstattung gem. Art. 8 der EU-Taxonomie-Verordnung als im Vermerk anzuführende Prüfungshandlungen erörtert.[147]   **59**

Das CEAOB[148] beschreibt zunächst Verfahren zur Risikoermittlung und -bewertung. Ferner wird erläutert[149], wie auf identifizierte Risiken reagiert werden sollte. Im Hinblick auf die Risikoermittlung und -bewertung sollte das Verständnis des zu prüfenden Unternehmens, seines Umfelds und seines internen Kontrollsystems für die Erstellung der Nachhaltigkeitserklärung ausreichen, um Angaben, bei denen eine hohe Wahrscheinlichkeit wesentlicher Fehldarstellungen gegeben ist, zu identifizieren und zu beurteilen. Ferner sollte hierdurch eine Basis für die Bestimmung von Verfahren geschaffen werden, die zur Risikomitigierung konzipiert und durchgeführt werden müssen. Anwendbare Methoden zur Informationsgewinnung sind Anfragen, Auskünfte bei der Geschäftsführung/dem Vorstand und anderen Personen innerhalb des Unternehmens, analytische Prüfungshandlungen (z.B. zur Identifizierung ungewöhnlicher Positionen (*„unusual items"*)) sowie physische Beobachtungen und Inspektionen, welche die Prüfer befähigen sollen, die von der Geschäftsführung/dem Vorstand oder anderen Personen erhaltenen Informationen zu bestätigen oder zu widerlegen. Nach Abschluss der durchgeführten Verfahren zur Risikoidentifizierung und -bewertung erfolgt eine prüferische Fokussierung auf weitere Angaben, bei denen wesentliche Fehldarstellungen mit hoher Wahrscheinlichkeit zu erwarten sind. Prüfungshandlungen und -methoden zur Erlangung einer begrenzten Sicherheit sind   **60**

- Inspektionen, Beobachtungen, Bestätigungen, Neuberechnungen, Neudurchführung, analytische Prüfungshandlungen und Nachfragen, einzeln oder in Kombination, sowie
- substanzielle Verfahren, einschl. zufälliger oder gezielter Stichproben, je nach Art der Informationen und der Grundgesamtheit.

---

[146] KFS/PE 28, Rz. 29.
[147] Vgl. IDW EPS 990 (11.2022), Tz. 108; IDW EPS 991 (11.2022), Tz. A101.
[148] CEAOB guidelines on limited assurance on sustainability reporting, 30.9.2024, 7 Procedures targeted at risk identification and assessment.
[149] CEAOB guidelines on limited assurance on sustainability reporting, 30.9.2024, 9 Responding to risks.

Art, Zeitpunkt und Umfang der Prüfungshandlungen liegen im prüferischen Ermessen und sollen erlauben, mit begrenzter Sicherheit festzustellen, ob wesentliche Fehldarstellungen vorliegen oder nicht.

61   Die Berücksichtigung von Wesentlichkeitsüberlegungen stellt einen bedeutenden Aspekt der Prüfungsplanung und Prüfungsdurchführung dar. Ferner sind diese Überlegungen essenziell hinsichtlich der Evaluierung des Prüfenden, ob die dargelegte Nachhaltigkeitsinformation frei von wesentlicher Falschdarstellung ist.[150] Die Einschätzung der Wesentlichkeit und des relativen Einflusses von quantitativen und qualitativen Faktoren in Bezug auf eine spezifische Beauftragung obliegt dem pflichtgemäßen Ermessen des beauftragten Wirtschaftsprüfers.[151]

62   Das CEAOB[152] definiert falsche Darstellungen als das quantitative und/oder qualitative Delta zwischen einer gemachten (oder unterlassenen) Angabe und der durch den Berichtsrahmen angemessenen Angabe. Falsche Darstellungen in den Angaben, die einzeln oder insgesamt nicht wesentlich sind, können akzeptiert werden, wenn gem. prüferischen Ermessens vernünftigerweise zu erwarten ist, dass diese die Entscheidungen der beabsichtigten Nutzer[153] der Nachhaltigkeitsberichterstattung nicht beeinflussen. Bei einer falschen Angabe ist die Wesentlichkeit stets mit der „doppelten Wesentlichkeit" verknüpft, die das Unternehmen bei der Erstellung der Nachhaltigkeitserklärung in Übereinstimmung mit den ESRS anzuwenden hat. Eine Kumulierung der festgestellten Falschangaben[154] zu einem einzigen „Gesamtbetrag" zur Würdigung ihrer Auswirkungen ist, insbes. bei qualitativen Informationen, oft nicht möglich. Alle festgestellten Falschdarstellungen sind vor einer Schlussfolgerung im Vermerk zu prüfen, um festzustellen, ob eine oder mehrere wesentliche Falschangaben vorliegen oder, wenn sie in ihrer Gesamtheit berücksichtigt werden, eine wesentliche Auswirkung, wenn man ihre Schwere, die Anzahl der falschen Angaben und ihren Einfluss auf die beabsichtigten Nutzer der Nachhaltigkeitsberichterstattung berücksichtigt.

63   Bei der Prüfung ist es notwendig, ausreichende und geeignete Nachweise einzuholen.[155] Der beauftragte Wirtschaftsprüfer hat sorgfältig abzuwägen und eine kritische Grundhaltung einzunehmen, um sowohl die Quantität als auch die Qualität der Nachweise zu beurteilen und damit seine abschließende Beur-

---

150   Vgl. IAASB, Explanatory Memorandum for Proposed International Standard on Sustainability Assurance™ (ISSA) 5000 General Requirements for Sustainability Assurance Engagements, 2023, Tz. 65.
151   Vgl. KFS/PG 13, Rz. 56.
152   CEAOB guidelines on limited assurance on sustainability reporting, 30.9.2024, 5. Material misstatement(s) for practitioners in the context of a limited assurance engagement.
153   Vgl. Berichtigung der Delegierten Verordnung (EU) 2023/2772 v. 31.7.2023, ABl. EU L v. 9.8.2024, Anhang II, Tab. 2, S. 282.
154   CEAOB guidelines on limited assurance on sustainability reporting, 30.9.2024, 13. Accumulation and consideration of identified misstatement(s).
155   Vgl. KFS/PG 13, Rz. 58.

teilung zu stützen.[156] Während der Beschaffung der erforderlichen Nachweise ist es ebenso wichtig, seitens des Wirtschaftsprüfers das Risiko zu analysieren, dass die Informationen über den zugrunde liegenden Sachverhalt potenziell signifikante irreführende Aussagen enthalten könnten.[157]

Wenn der beauftragte Wirtschaftsprüfer Informationen erhält, die den Verdacht   64
nahelegen, dass die Darstellung der Sachverhaltsinformationen möglicherweise wesentlich unzutreffend ist, ist er verpflichtet, zusätzliche Prüfungsschritte festzulegen und auszuführen, um ergänzende Nachweise zu erlangen. Diese Maßnahmen werden fortgesetzt, bis er überzeugt ist, dass die vorliegenden Informationen wahrscheinlich nicht zu einer wesentlichen Falschdarstellung der Sachverhaltsinformationen führen.[158]

Während der Auftragsdurchführung kann sich die Beurteilung des beauftragten   65
Wirtschaftsprüfers hinsichtlich der Risiken wesentlicher Falschdarstellungen ändern. Es kann demnach notwendig sein, Prüfungshandlungen anzupassen, v.a. dann, wenn der Wirtschaftsprüfer während der Prüfung Informationen erhält, die im Gegensatz zu anderen Prüfungsnachweisen stehen. Bei der Planung und Ausführung von Prüfungshandlungen müssen sowohl die Relevanz als auch die Verlässlichkeit der benötigten Prüfungsnachweise angemessen berücksichtigt werden.[159] Unkorrigierte falsche Darstellungen, die während der Auftragsdurchführung aufgedeckt werden, müssen dokumentiert werden, es sei denn, sie sind eindeutig als unwesentlich feststellbar.[160]

Lt. CEAOB[161] ist während der Auftragsdurchführung auf das Risiko von   66
Betrug und Verstößen gegen Gesetze und Vorschriften zu achten. Ferner hat bei aufgedeckten Unregelmäßigkeiten eine Information an das Unternehmen zu erfolgen. Das gebietet auch die handels- bzw. unternehmensrechtlich verankerte Redepflicht des Prüfers gegenüber dem Aufsichtsrat.[162] Darüber hinaus sollen lt. CEAOB[163] die einschlägigen nationalen Stellen eingeschaltet werden, wenn die Angelegenheiten vom Unternehmen nicht untersucht werden.

---

156 Vgl. KFS/PG 13, Rz. 59.
157 Vgl. KFS/PG 13, Rz. 60.
158 Vgl. KFS/PG 13, Rz. 62.
159 Vgl. KFS/PG 13, Rz. 64.
160 Vgl. KFS/PG 13, Rz. 66.
161 CEAOB guidelines on limited assurance on sustainability reporting, 30.9.2024, 6. Fraud and non-compliance with laws or regulations.
162 Vgl. § 321 Abs. 1 Satz 1 HGB bzw. § 273 Abs. 2 und 3 UGB.
163 CEAOB assurance on sustainability reporting, 30.9.2024, 6. Fraud and non-compliance with laws or regulations.

67 Wenn der beauftragte Wirtschaftsprüfer andere Wirtschaftsprüfer, andere Sachverständige oder Experten hinzuzieht, muss er:
- die notwendige Kompetenz, Fähigkeiten und Unabhängigkeit dieser Fachleute sorgfältig überprüfen; dies umfasst auch die Überprüfung potenzieller Interessenkonflikte oder Beziehungen, die ihre Neutralität beeinträchtigen könnten;
- ein adäquates Verständnis über ihre spezifischen Fachgebiete erlangen;
- die Art, den Umfang und die Ziele ihrer Aufgaben koordinieren;
- die Angemessenheit ihrer Leistungen im Kontext der Prüfungsdurchführung bewerten.[164]

68 Sofern notwendig, müssen zu den in Rz 67 aufgeführten Aspekten ähnliche Überlegungen angestellt werden, falls der beauftragte Wirtschaftsprüfer auf die Arbeiten von Experten oder anderen Fachleuten zurückgreift, die von der geprüften Partei in Anspruch genommen wurden. Neben der Einschätzung der genannten Voraussetzungen muss der beauftragte Wirtschaftsprüfer ein klares Verständnis für die ausgeführten Aufgaben entwickeln und die Relevanz dieser Tätigkeiten als unterstützende Prüfungsnachweise bewerten.[165]

69 Auch das CEAOB[166] fordert einen Informationsaustausch zwischen Prüfern der Nachhaltigkeitserklärung und Abschlussprüfern zu Risiken und Falschaussagen, die in Bezug auf die Zusammenhänge zwischen dem Jahresabschluss und dem Nachhaltigkeitsbericht festgestellt wurden. Dies ist insbes. aufgrund des den Mitgliedstaaten in der CSRD eingeräumten Wahlrechts[167], neben Wirtschaftsprüfern auch unabhängige Erbringer von Bestätigungsleistungen für die Prüfung von Nachhaltigkeitserklärungen zuzulassen, relevant. Zur Reduktion von vermeidbaren Doppelarbeiten sollten Prüfer von Nachhaltigkeitserklärungen lt. CEAOB[168] die Verwertung von bereits geprüften Informationen in Betracht ziehen. Dies gilt insbes. dann, wenn das Unternehmen für die Prüfung der Nachhaltigkeitserklärung einen anderen Prüfer als den gesetzlichen Wirtschaftsprüfer beauftragt hat. Voraussetzung für die Verwertung bereits geprüfter Informationen ist, dass die Prüfer dieser Informationen und deren durchgeführte Arbeiten nach der Einschätzung des Prüfers der Nachhaltigkeitserklärung die Kriterien der Objektivität oder Unabhängigkeit erfüllen.

---

[164] Vgl. KFS/PG 13, Rz. 67.
[165] Vgl. KFS/PG 13, Rz. 68.
[166] CEAOB guidelines on limited assurance on sustainability reporting, 30.9.2024, 12. Communication between practitioners and with other professionals.
[167] Vgl. Erwägungsgrund 61 CSRD.
[168] CEAOB assurance on sustainability reporting, 30.9.2024, 12. Communication between practitioners and with other professionals.

6 Konnektivität und Kohärenz zur Finanzberichterstattung

Das Unternehmen muss den Berichtsnutzern ermöglichen, Zusammenhänge 70
zwischen der innerhalb der Nachhaltigkeitserklärung offengelegten Information und jener in anderen Teilen der Unternehmensberichterstattung angegebenen Information zu verstehen (ESRS 1.118). Hiermit einhergehend ist die
Möglichkeit der Aufnahme von Information mittels **Verweis** auf bspw. andere
Abschnitte des (Konzern-)Lageberichts und den Jahresabschluss bzw. Konzernabschluss (ESRS 1.119 ff.; → § 3 Rz 162 ff.). Hierbei werden in der Berichtspraxis insbes. die Bedingungen im Zusammenhang mit der Verweisführung
zwischen (Konzern-)Anhang und (Konzern-)Lagebericht zu beachten sein.
Vor dem Hintergrund der Vermeidung von Redundanzen sind Verweise aus
dem (Konzern-)Lagebericht auf Angaben innerhalb des (Konzern-)Anhangs
bzw. den erläuternden Angaben möglich.[169] Umgekehrt jedoch sind Verweise
von (Konzern-)Anhang auf den (Konzern-)Lagebericht, und somit auch auf die
Nachhaltigkeitserklärung, nicht gestattet. Dies ergibt sich bspw. für Anwender
der IFRS daraus, dass gem. IAS 1.10 der (Konzern-)Lagebericht nicht zu den
Bestandteilen des Abschlusses zählt.[170] Bei der Prüfung wird der Wirtschaftsprüfer bzw. der unabhängige Erbringer von Bestätigungsleistungen ebendiese
Verweise insbes. hinsichtlich der in ESRS 1.120 festgelegten Bedingungen würdigen bzw. beurteilen. Ferner hat unter Anwendung des IDW EPS 352
(08.2022), IDW EPS 990 (11.2022) und IDW EPS 991 (11.2022) auf die Offenlegung gem. CSR-RUG der Wirtschaftsprüfer den inhaltlichen Bezug zwischen
den Informationen der nichtfinanziellen Berichterstattung und den im Jahresabschluss ausgewiesenen Beträgen festzustellen.[171] Der (direkte) inhaltliche
Bezug kann u. a. dann gegeben sein, wenn „[...] der Jahres- oder Konzernabschluss Rückstellungen für umweltrelevante Sachverhalte, wesentliche Bußgelder für die wahrscheinliche Verletzung des Schutzes von Kundendaten oder
für Regressansprüche aus Verstößen gegen die Einhaltung von sozialen Min-
deststandards in der Lieferkette oder für Aufwand für Schulungen und die
Förderung und Entwicklung der Mitarbeiter enthält."[172] Sollte es sich bspw.
lediglich um eine indirekte Verknüpfung, bspw. durch die aggregierte bzw. nur
teilw. Aufnahme von Geldbeträgen oder anderer quantitativer Daten, zwischen
Nachhaltigkeitserklärung und Jahres- bzw. Konzernabschluss handeln, so ist
seitens des Unternehmens zu erläutern, „[...] in welchem Verhältnis diese

---

[169] Vgl. AFRAC-Stellungnahme 9 Lageberichterstattung (UGB), Rz. 4.
[170] Vgl. Lüdenbach/Hoffmann/Freiberg, Haufe IFRS-Kommentar, 22. Aufl., 2024, § 2 Rz 5.
[171] Vgl. IDW EPS 352 (08.2022), Tz. 58 f.; IDW EPS 990 (11.2022), Tz. 72 f.; IDW EPS 991 (11.2022),
Tz. 80 f.
[172] IDW EPS 352 (08.2022), Tz. A58; IDW EPS 990 (11.2022), Tz. A80; IDW EPS 991 (11.2022),
Tz. A72.

Geldbeträge oder Datenpunkte in der Nachhaltigkeitserklärung zu den relevantesten Beträgen stehen, die im Abschluss ausgewiesen sind" (ESRS 1.125). Dies ist insbes. für die Verweisführung im Zusammenhang mit der Angabepflicht gem. ESRS 2.40(b)ff. betreffend die Aufschlüsselung der Umsatzerlöse nach ESRS-Sektoren[173] von praktischer Bedeutung. Hierbei wird bei der Prüfung v.a. zu würdigen sein, inwiefern eine Überleitung der Segmentberichterstattung i.S.d. IFRS 8 und den offenzulegenden Umsatzerlösen je ESRS-Sektor seitens der Berichterstatter vorgenommen wurde. Sowohl im Fall einer direkten als auch indirekten Verknüpfung zwischen in der Nachhaltigkeitserklärung ausgewiesenen Geldbeträgen bzw. quantitativen Datenpunkten und der innerhalb des Jahres- bzw. Konzernabschlusses angegebenen Information hat die Nachhaltigkeitserklärung einen Verweis auf den entsprechenden Posten, Absatz bzw. die hierfür relevanten Abschnitte im Jahres- bzw. Konzernabschluss des Unternehmens aufzunehmen (ESRS 1.124 i.V.m. ESRS 1.125).

71 Das CEAOB[174] empfiehlt, dass, wenn Informationen, die das Unternehmen gem. den ESRS berichtet hat, unter den in den ESRS beschriebenen Bedingungen durch Verweis einbezogen werden, Prüfer mit dem/den Ersteller(n) des Berichts kommunizieren oder den Bericht einholen sollen. Beide Methoden stellen lt. CEAOB[175] geeignete Verfahren dar, um Nachweise zu erhalten und doppelte Prüfungshandlungen zu vermeiden, wenn die Arbeit der bestätigenden Partei und die Schlussfolgerungen als relevant und zuverlässig bewertet werden.

72 Über ausgewiesene Beträge hinausgehend hat der Wirtschaftsprüfer im Zuge der sonstigen betriebswirtschaftlichen Prüfung der Offenlegung gem. CSR-RUG ohnedies bereits jetzt festzustellen, ob die in der nichtfinanziellen Erklärung im (Konzern-)Lagebericht bzw. dem gesonderten (konsolidierten) nichtfinanziellen Bericht aufgenommenen Angaben in allen wesentlichen Belangen im Einklang mit dem (Konzern-)Lagebericht und (Konzern-)Abschluss stehen.[176] Hiervon umfasst sein werden künftig bspw. Erläuterungen zu den tatsächlichen oder potenziellen Auswirkungen der innerhalb der Nachhaltigkeitserklärung aufgenommenen Beschreibung der Unternehmensstrategie auf den Jahres- bzw. Konzernabschluss oder die Finanzpläne des Unternehmens (ESRS 1.123). Ebenso wird der Einklang von Beschreibungen des Unternehmens betreffend bspw. der für die Verringerung wesentlicher Auswirkungen und Risiken notwendigen Investitionen bzw. die durch diese Verringerungen

---

173 Mit dem Begriff der ESRS-Sektoren werden jene Wirtschaftszweige zu verstehen sein, welche von den noch zu verabschiedenden sektorspezifischen ESRS umfasst sind.
174 CEAOB guidelines on limited assurance on sustainability reporting, 30.9.2024, 24. Specific provisions – information incorporated by reference.
175 CEAOB guidelines on limited assurance on sustainability reporting, 30.9.2024, 24. Specific provisions – information incorporated by reference.
176 Vgl. IDW EPS 352 (08.2022), Tz. 45; IDW EPS 990 (11.2022), Tz. 55; IDW EPS 991 (11.2022), Tz. 50.

potenziell induzierten Veränderungen in dessen Lieferkette und damit einhergehenden produktkostenbezogenen Auswirkungen innerhalb der Nachhaltigkeitserklärung mit dem (Konzern-)Abschluss seitens des Prüfenden festzustellen sein (ESRS 1.123). Ferner wird die Konsistenz zwischen der in anderen Teilen des (Konzern-)Lageberichts bzw. innerhalb des Prognoseberichts dargelegten Ziele und Strategien des Unternehmens mit den entsprechenden Angaben innerhalb der Nachhaltigkeitserklärung seitens des Wirtschaftsprüfers zu beurteilen bzw. zu würdigen sein.[177]

ISSA 5000 legt fest, dass für Nachhaltigkeitsinformation im finanziellen (Konzern-)Abschluss die für die Abschlussprüfung maßgeblichen ISAs heranzuziehen sind. Folglich wird im Zuge der Prüfung der Nachhaltigkeitserklärung im (Konzern-)Lagebericht gem. ISSA 5000 der geprüfte finanzielle Jahresabschluss als *„other information"* zu werten sein.[178] Als *„other information"* wird – kongruent mit bestehenden Prüfstandards wie ISAE 3000 (Revised)[179] – i.S.d. ISSA 5000 jene Information verstanden, welche zwar innerhalb desselben Dokuments bzw. derselben Dokumente wie die geprüfte Nachhaltigkeitsinformation enthalten ist, jedoch der Attestierungsauftrag nicht umfasst.[180] **73**

Praxis-Hinweis

Das IDW kritisierte im Zuge der öffentlichen Konsultation des ED-5000 die Wertung des geprüften Jahresabschlusses als *„other information"* und die hieraus resultierenden unverhältnismäßigen Anforderungen bei einem Joint Audit. Konkret müsse in diesem Fall der Prüfer der Nachhaltigkeitserklärung den geprüften Jahresabschluss hinsichtlich der Weglassung oder Verschleierung von Informationen, die für ein angemessenes Verständnis der finanziellen Lage, der finanziellen Leistung und der Cashflows des Unternehmens notwendig sind, würdigen.[181]

Ferner ist nicht zuletzt durch die teils aus Finanzinformationssystemen stammende Datenbasis für die Berechnung von nachhaltigkeitsbezogenen Leistungsindikatoren Grundlage für die Beurteilung bzw. Würdigung der Konnektivität und Kohärenz zwischen Finanz- und Nachhaltigkeitsinformationen. Dies ist mit ein Grund dafür, dass die Beurteilung plausibler Beziehungen zwischen finanziellen und nichtfinanziellen Daten einen wichtigen Bestandteil **74**

---

177 Vgl. IDW EPS 352 (08.2022), Tz. A45; IDW EPS 990 (11.2022), Tz. A55; IDW EPS 991 (11.2022), Tz. A50.
178 Vgl. IAASB, ISSA 5000, Agenda Item 2-B.1 Approved, 2024, Tz. 12 f.
179 Siehe hierzu die Definition von *„other information"* gem. ISAE 3000 (Revised), Tz. 12(q).
180 Vgl. IAASB, ISSA 5000, Agenda Item 2-B.1 Approved, 2024, Tz. 18.
181 IDW, ED-5000: Response Template, www.idw.de/The-IDW/IDW-Comment-Letters-en/IDW-CL-2023/IDW-ISSA-5000-Comment-Letter-231201.pdf, Abruf 1.8.2024.

durchzuführender analytischer Prüfungshandlungen darstellt.[182] Vor dem Hintergrund der Veröffentlichung der Standards IFRS S1 *„General Requirements for Disclosure of Sustainability-related Financial Information"*[183] und IFRS S2 *„Climate-related Disclosures"*[184] entschloss sich die IFRS Foundation zur erneuten Veröffentlichung des *„educational material"* zu Effekten von klimabezogenen Belangen auf den Jahresabschluss.[185] Aufgezählt finden sich beispielhafte IFRS Accounting Standards, in deren Anwendung wesentliche Effekte von klimabezogenen Belangen potenziell zu berücksichtigen sind. Hierzu gehören IAS 1, IAS 2, IAS 12, IAS 16, IAS 36, IAS 37, IAS 38, IFRIC 21 als auch IFRS 7, IFRS 9, IFRS 13 und IFRS 17. Konkret werden seitens des Prüfers im Zusammenhang mit der Offenlegung von klimabezogenen Risiken, Chancen und Auswirkungen innerhalb der Nachhaltigkeitserklärung die hieraus potenziell resultierenden Effekte – wie bspw. Obsoleszenz – auf den erwarteten Residualwert und die Nutzungsdauer (*„useful live"*) i.S.d. IAS 16 und IAS 38 von Vermögenswerten zu würdigen sein.[186] Hieran anknüpfend hebt die IFRS Foundation hervor, dass klimabezogene Belange Anhaltspunkte dafür liefern können, dass Vermögenswerte oder Gruppen von Vermögenswerten *„impaired"* sind. Diese Anhaltspunkte könnten wiederum die verpflichtende Durchführung eines Impairment-Tests i.S.d. IAS 36 nach sich ziehen. Ferner von großer Relevanz ist der Zusammenhang zwischen klimabezogenen Belangen und Rückstellungen i.S.d. IAS 37. Konkret verlangt IAS 37 bereits jetzt, insofern für die angemessene Informationsbereitstellung notwendig, die Offenlegung spezifischer Annahmen zu zukünftigen Ereignissen, die sich in der Höhe der jeweiligen Rückstellung widerspiegeln.[187] Allgemeiner in diesem Zusammenhang führt der Prüfstandard ISSA 5000 bspw. eine vernünftigerweise zu erwartende und somit auch zu würdigende Beziehung zwischen Nachhaltigkeitsinformation und Finanzinformation hinsichtlich der Verbindung zwischen strombezogenen Scope-2-Treibhausgasemissionen (ESRS E1.19(b); → § 6 Rz 68), Betriebsstunden und Saldenlisten im Hauptbuch betreffend den Stromeinkauf des Unternehmens an.[188]

182　Vgl. IDW EPS 990 (11.2022), Tz. 17(a); IDW EPS 991 (11.2022), Tz. 17(a).

183　Siehe www.ifrs.org/issued-standards/ifrs-sustainability-standards-navigator/ifrs-s1-general-requirements/#standard, Abruf 1.8.2024.

184　Siehe www.ifrs.org/issued-standards/ifrs-sustainability-standards-navigator/ifrs-s2-climate-related-disclosures/#standard, Abruf 1.8.2024.

185　IFRS Foundation, Educational material: Effects of climate related matters on financial statements, 2023.

186　Vgl. IFRS Foundation, Educational material: Effects of climate related matters on financial statements, 2023, S. 3.

187　Vgl. IFRS Foundation, Educational material: Effects of climate related matters on financial statements, 2023, S. 4.

188　Vgl. IAASB, ISSA 5000, Agenda Item 2-B.2 Approved, 2024, Tz. A441.

7 Zukunftsorientierte Information, Schätzungen und Ergebnisunsicherheit

Falls notwendig, sollen in der Nachhaltigkeitserklärung historische mit zukunfts-bezogenen Informationen verknüpft werden, um ein besseres Verständnis der offengelegten Nachhaltigkeitsinformationen zu ermöglichen (ESRS 1.74). Im Zuge der Offenlegung von Parametern müssen u. U. Annahmen und Schätzun-gen, inkl. Szenario- und Sensitivitätsanalysen, herangezogen werden (ESRS 1.89; → § 3 Rz 25). Das bedeutet allerdings nicht, dass die dargelegten Informationen nicht nützlich sind, solange die Schätzungen und Annahmen, inkl. der zugehöri-gen Datengrundlagen und damit verbundenen Unsicherheiten, ausreichend be-schrieben und erläutert sind (ESRS 1.89 i. V. m. ESRS 2.10f.). Schätzungen sind u. U. auch im Zusammenhang mit Angaben über die Wertschöpfungskette des Unternehmens erforderlich, sollten diesbzgl. Informationen nicht verfügbar sein (ESRS 1.AR17; → § 3 Rz 129). 75

Der derzeit insbes. seitens unabhängiger Erbringer von Bestätigungsleistungen herangezogene Prüfstandard AA1000AS v3 versteht unter **zukunftsgerichte-ten Angaben** jene Informationen, die progressiv und zukunftsorientiert sind und in diesem Sinne Ziele, Erwartungen oder Möglichkeiten projizieren oder positionieren.[189] Die Überprüfung von zukunftsgerichteten Angaben im Zuge einer sonstigen betriebswirtschaftlichen Prüfung i. S. d. AA1000AS v3 ist nur zur Erlangung einer Zusicherung mit gewisser Sicherheit (Rz 19) möglich.[190] 76

Die Wichtigkeit der Adressierung der mit Schätzwerten und zukunftsorientierter Information verbundenen Abwägungen im Prüfprozess von Nachhaltigkeits-information wurde seitens der im Standardwerdungsprozess des ISSA 5000 invol-vierten Interessengruppen erneut unterstrichen.[191] Von Seiten des IAASB wird festgehalten, dass sowohl Schätzwerte als auch zukunftsorientierte Information mit der Notwendigkeit des Managements verbunden ist, basierend auf den anzuwendenden Kriterien geeignete Methoden, Annahmen und Daten aus-zuwählen und anzuwenden. Infolgedessen behandelt der Prüfstandard ISSA 5000 unter Berücksichtigung der Anforderungen des ISA 540 (Revised) sowohl Schätz-werte und zukunftsorientierte Information gesammelt im Abschnitt zu den Reaktionen auf Risiken wesentlicher falscher Darstellungen.[192] Konkret sub-sumiert ISSA 5000 unter dem Begriff der zukunftsorientierten Information jene 77

---

189 Vgl. AA1000AS v3, 2020, S. 36.
190 Vgl. AA1000AS v3, 2020, S. 21.
191 Vgl. IAASB, Explanatory Memorandum for Proposed International Standard on Sustainability Assurance^TM (ISSA) 5000 General Requirements for Sustainability Assurance Engagements, 2023, Tz. 94.
192 Vgl. IAASB, Explanatory Memorandum for Proposed International Standard on Sustainability Assurance^TM (ISSA) 5000 General Requirements for Sustainability Assurance Engagements, 2023, Tz. 96.

quantitativen und qualitativen Informationen, welche ihrem Wesen nach prädiktiv sind. Demnach werden hierunter v.a. Informationen über zukünftige Rahmenbedingungen oder Entwicklungen verstanden, welche i.V.m. Ereignissen bzw. Maßnahmen stehen, welche bspw. noch nicht eingetreten sind und potenziell künftig eintreten werden. Als Beispiele hierfür kommen i.S.d. ISSA 5000 insbes. Prognosen und Projektionen, welche u.a. mit der Unternehmensstrategie als auch künftigen Risiken und Chancen verbunden sind, infrage. Zu berücksichtigen ist, dass, je ferner in die Zukunft gerichtet die entsprechend offengelegte Information ist, die mit dieser Information verbundene Unsicherheit als auch die Notwendigkeit des pflichtgemäßen Ermessens seitens des Prüfers ansteigen. Ferner ist es aufgrund ebendieser inhärenten Unsicherheit dem Prüfer im Vergleich zu historischer Information nicht möglich festzustellen, inwiefern prognostizierte bzw. projizierte Ergebnisse bzw. Resultate künftig erreicht bzw. realisiert werden. Vielmehr wird der Prüfer einerseits Prüfungsnachweise dahingehend zu erlangen haben, welche erlauben festzustellen, ob die zukunftsorientierte Information in Übereinstimmung mit den anzuwendenden Kriterien erstellt wurde; andererseits wird er einen differenzierten Zugang, welcher zwischen projektions- und prognosebasierter Information unterscheidet, wählen.[193] Somit sind im Zusammenhang mit Prognosen Prüfungsnachweise zu erlangen, welche erlauben festzustellen, ob die zukunftsorientierte Nachhaltigkeitsinformation auf einer vertretbaren Grundlage von Annahmen basiert.[194] Für auf hypothesenbasierten Annahmen generierte Nachhaltigkeitsinformation wird der Prüfer v.a. auf die Übereinstimmung zwischen den getroffenen Annahmen und dem Informationszweck abstellen.[195]

Praxis-Hinweis

Im Zuge der öffentlichen Konsultation des ED-5000 wurde sowohl seitens des IDW[196], CEAOB[197] als auch Accountancy Europe[198] eine Überarbeitung des Entwurfsprüfstandards zur klareren Abgrenzung zwischen der Prüfung zukunftsorientierter Information zum einen und Schätzungen zum anderen gefordert. Letztere könnten gem. Accountancy Europe insbes. an die Anforderungen und Anwendungshinweise des ISA 540 angenähert werden.

---

193 Vgl. IAASB, ISSA 5000, Agenda Item 2-B.2 Approved, 2024, Tz. A245.
194 Vgl. IAASB, ISSA 5000, Agenda Item 2-B.2 Approved, 2024, Tz. A245(a).
195 Vgl. IAASB, ISSA 5000, Agenda Item 2-B.2 Approved, 2024, Tz. A245(b).
196 IDW, ED-5000: Response Template, www.idw.de/The-IDW/IDW-Comment-Letters-en/
    IDW-CL-2023/IDW-ISSA-5000-Comment-Letter-231201.pdf, Abruf 1.8.2024.
197 CEAOB, Comment letter relating to the IAASB's proposed ISSA 5000 (ED 5000), https://finance.
    ec.europa.eu/system/files/2023-12/231201-ceaob-comment-letter-iaasb-issa-5000_en.pdf, Abruf
    1.8.2024.
198 Accountancy Europe, ED-5000: Response Template, https://accountancyeurope.eu/wp-content/
    uploads/2023/12/231201-Accountancy-Europe-response-ED-ISSA-5000.pdf, Abruf 1.8.2024.

Das CEAOB[199] unterscheidet sodann zwischen zukunftsgerichteten Informationen und Schätzungen. Auswirkungen, Risiken und Chancen sowie die Beschreibung der entsprechenden Ziele und Pläne können eine vorausschauende Dimension umfassen. Lt. CEAOB[200] sollte der prüferische Fokus darauf liegen, ob diese Angaben die tatsächlichen Ziele und Pläne des Unternehmens widerspiegeln. Dabei wird von Prüfern keine Garantie dafür erwartet, dass sich die zukunftsgerichteten Informationen so entwickeln, wie sie vom Unternehmen offengelegt werden. Allerdings sollten sie eine kritische Grundhaltung gegenüber zukunftsgerichteten Informationen und deren zugrunde liegenden Annahmen einnehmen, wenn die Wahrscheinlichkeit besteht, dass aus diesen wesentliche Falschdarstellungen resultieren können. Wenn die zukunftsbezogenen Informationen unangemessen erscheinen, haben Prüfer die relevante Verwendung der qualitativen Merkmale der Informationen der ESRS (ESRS 1.QC9) weiter zu würdigen und die Implikationen auf ihre Schlussfolgerungen im Prüfungsvermerk zu bewerten. Bzgl. Schätzungen besteht lt. CEAOB[201] keine Pflicht, detaillierte Prüfungshandlungen für die den Schätzungen zugrunde liegenden Annahmen durchzuführen. Gleichwohl ist eine kritische Grundhaltung einzunehmen bei solchen Annahmen, die eine hohe Wahrscheinlichkeit wesentlicher Falschangaben enthalten. Sofern Prüfer feststellen, dass die Verwendung von Annahmen durch das Unternehmen verzerrt und/oder die Schätzungen unangemessen erscheinen, sollen Prüfer die relevante Verwendung der qualitativen Merkmale der Informationen tiefergehend bewerten und die Implikationen auf ihre Schlussfolgerungen im Prüfungsvermerk würdigen.

78

Wie auch ISSA 5000 umfassen die IDW Entwurfsprüfstandards EPS 352 (08.2022), EPS 990 (11.2022) und EPS 991 (11.2022) die Aufgabe des Wirtschaftsprüfers, zukunftsorientierte Angaben – wie Prognosen und Projektionen – zu würdigen bzw. zu beurteilen.[202] Sowohl Prognosen als auch Projektionen stützen sich i.S.d. IDW Entwurfsprüfstandards auf die Annahme zukünftiger Ereignisse des Managements des Unternehmens, wenngleich sich die Erwartungshaltung betreffend den Ereigniseintritt in der Zukunft zwischen Projektionen und Prognosen unterscheidet.[203] Die Darlegung jener (hypothetischen) Annahmen, welche den für die zukunftsbezogenen Angaben seitens des Unternehmens herangezogenen Prognosen bzw. Projektionen zugrunde liegen, ist seitens des Wirtschaftsprüfers zu verlangen. Hiervon umfasst sind ebenfalls

79

---

[199] CEAOB guidelines on limited assurance on sustainability reporting, 30.9.2024, 10. Forward-looking information.
[200] CEAOB assurance on sustainability reporting, 30.9.2024, 10. Forward-looking information.
[201] CEAOB guidelines on limited assurance on sustainability reporting, 30.9.2024, 11. Estimates.
[202] Vgl. IDW EPS 352 (08.2022), Tz. 47; IDW EPS 990 (11.2022), Tz. 58; IDW EPS 991, Tz. 51.
[203] Vgl. IDW EPS 990, Tz. A58.2; IDW EPS 991, Tz. A51.2.

Erläuterungen betreffend die etwaige Verwerfung alternativer Annahmen bzw. der Vorgehensweise im Zusammenhang mit Prognoseunsicherheiten seitens des Managements des Unternehmens.[204] Der Wirtschaftsprüfer hat darüber hinaus u. a. zu würdigen bzw. zu beurteilen, ob die in der nichtfinanziellen Berichterstattung aufgeführten wesentlichen Annahmen, welche den zukunftsbezogenen Angaben zugrunde liegen, angemessen und vollständig dargestellt werden.[205] Hierzu gehört auch die Würdigung bzw. Beurteilung der sachgerechten und widerspruchsfreien Ableitung der zukunftsbezogenen Angaben aus den Annahmen, auf denen diese Angaben beruhen.[206]

8   Qualitätskriterien des ESRS 1

80   Vor dem Hintergrund der künftigen Prüfung der im (Konzern-)Lagebericht enthaltenen Nachhaltigkeitserklärung sind insbes. die in Anlage B zu ESRS 1 (→ § 3 Rz 18 ff.) aufgeführten qualitativen Informationscharakteristika von Bedeutung. Diese beinhalten die:
- Relevanz (ESRS 1.QC1 bis QC4),
- wahrheitsgetreue Darstellung (ESRS 1.QC5 bis QC9),
- Vergleichbarkeit (ESRS 1.QC10 bis QC12),
- Überprüfbarkeit (ESRS 1.QC13 bis QC15) und
- Verständlichkeit (ESRS 1.QC16 bis QC20) von Nachhaltigkeitsinformation.

81   Ebendiese qualitativen Informationscharakteristika sind überwiegend deckungsgleich mit jenen Merkmalen, welche bereits im Zuge der Prüfung der nichtfinanziellen Berichterstattung seitens Wirtschaftsprüfer zur Feststellung der Eignung von Kriterien i. R. d. pflichtgemäßen Ermessens heranzuziehen sind. Diese Kriterien, wie bspw. das angewandte Berichtsrahmenwerk[207], dienen als Maßstab für die Messung und Beurteilung des Sachverhalts. Das Zusicherungsniveau der prüferischen Aussage hat keinen Einfluss auf die Eignung der Kriterien. Das bedeutet, wenn Kriterien für eine Prüfung zur Erlangung einer hinreichenden Sicherheit (Rz 16) ungeeignet sind, sind diese ebenfalls nicht für eine Prüfung zur Erlangung einer begrenzten Sicherheit (Rz 15) heranzuziehen.[208] Die Anwendbarkeit der Kriterien hängt ferner von den spezifischen Umständen des Auftrags ab. Somit können für den gleichen zugrunde

---

204   Vgl. IDW EPS 990, Tz. 59; IDW EPS 991, Tz. 52.
205   Vgl. IDW EPS 990, Tz. 60; IDW EPS 991, Tz. 53.
206   Vgl. IDW EPS 990, Tz. 63 und A63.2; IDW EPS 991, Tz. 55 und A55.
207   Vgl. IDW EPS 352 (08.2022), Tz. 21; IDW EPS 990 (11.2022), Tz. 25; IDW EPS 991 (11.2022), Tz. 25.
208   Vgl. KFS/PG 13, Rz. 16.

liegenden Sachverhalt unterschiedliche Kriterien zur Anwendung kommen.[209] Kriterien sind u.a. dann als geeignet zu betrachten, wenn alle der folgend beschriebenen Merkmale erfüllt sind:[210]

- **Relevanz:** „Nur relevante Kriterien führen zu den Sachverhaltsinformationen, die den Entscheidungsprozess der vorgesehenen Nutzer unterstützen."[211] Der Entwurfsprüfstandard IDW EPS 352 (08.2022) hält ergänzend hierzu fest, dass aufgrund der teils erhöhten Mess- oder Bewertungsunsicherheit von in nichtfinanziellen Erklärungen aufgenommenen Angaben, Kriterien nur dann relevant sein können, wenn diese „[...] zusätzliche unterstützende Informationen über die Art und das Ausmaß der Unsicherheit erfordern."[212]
- **Vollständigkeit:** „Kriterien sind ausreichend vollständig, wenn sämtliche relevanten Faktoren, die im Rahmen des Auftrags die zusammenfassende Beurteilung beeinflussen könnten, berücksichtigt werden."[213]
- **Verlässlichkeit:** „Verlässliche Kriterien ermöglichen eine angemessen konsistente Einschätzung des zugrunde liegenden Sachverhalts, wenn sie unter ähnlichen Umständen von Personen mit ähnlicher Qualifikation angewandt werden, wobei vollständige Kriterien, sofern relevant, Bezugsgrößen für Darstellung und Angaben beinhalten."[214]
- **Neutralität:** „Neutrale Kriterien tragen zu zusammenfassenden Beurteilungen bei, die frei von verzerrenden Einflüssen sind."[215] Unter einem verzerrenden Einfluss wäre bspw. Einseitigkeit zu verstehen.[216]
- **Verständlichkeit:** „Verständliche Kriterien tragen zu zusammenfassenden Beurteilungen bei, die eindeutig und umfassend sind und nicht wesentlich unterschiedlich ausgelegt werden können."[217]

---

209 Vgl. KFS/PG 13, Rz. 19.
210 Vgl. IDW EPS 352 (08.2022), Tz. 21(c)i; IDW EPS 990 (11.2022), Tz. 20(c)i; IDW EPS 991 (11.2022), Tz. 20(c)i; KFS PG/13, Rz. 18.
211 KFS PG/13, Rz. 18; vgl. auch IDW EPS 352 (08.2022), Tz. A21.2(a) und IAASB, ISSA 5000, Agenda Item 2-B.1 Approved, 2024, Tz. 77(c)i; ISSA 5000, Agenda Item 2-B.2 Approved, 2024, Tz. A336 f.
212 IDW EPS 352 (08.2022), Tz. A21.2(a).
213 KFS PG/13, Rz. 18; vgl. auch IDW EPS 352 (08.2022), Tz. A21.2(b) und IAASB, ISSA 5000, Agenda Item 2-B.1 Approved, 2024, Tz. 77(c)ii; ISSA 5000, Agenda Item 2-B.2 Approved, 2024, Tz. A338.
214 KFS PG/13, Rz. 18; vgl. auch IDW EPS 352 (08.2022), Tz. A21.2(c) und IAASB, ISSA 5000, Agenda Item 2-B.1 Approved, 2024, Tz. 77(c)iii; ISSA 5000, Agenda Item 2-B.2 Approved, 2024, Tz. A339.
215 KFS PG/13, Rz. 18; vgl. auch IDW EPS 352 (08.2022), Tz. A21.2(d) und IAASB, ISSA 5000, Agenda Item 2-B.1 Approved, 2024, Tz. 77(c)iv; ISSA 5000, Agenda Item 2-B.2 Approved, 2024, Tz. A340 f.
216 Vgl. IDW EPS 352 (08.2022), Tz. A21.2(d).
217 KFS PG/13, Rz. 18; vgl. auch IDW EPS 352 (08.2022), Tz. A21.2(e) und IAASB, ISSA 5000, Agenda Item 2-B.1 Approved, 2024, Tz. 77(c)v; ISSA 5000, Agenda Item 2-B.2 Approved, 2024, Tz. A342.

82   Analog zu den in Rz 81 beschriebenen Merkmalen sind jene allgemeinen Grundsätze, welche der Aufstellung des Konzernlageberichts zugrunde liegen, zu verstehen. Diese sind i. S. d. DRS 20.12 ff. wie folgt definiert:
- Vollständigkeit und Verständlichkeit,
- Verlässlichkeit und Ausgewogenheit,
- Klarheit und Übersichtlichkeit,
- Vermittlung der Sicht der Konzernleitung,
- Informationsabstufung.

Diese allgemeinen **Grundsätze der (Konzern-)Lageberichterstattung** werden entsprechend auch für die künftige offenzulegende Nachhaltigkeitserklärung gelten. Um sicherzustellen, dass u. a. die Grundsätze der Vollständigkeit, Verlässlichkeit und Ausgewogenheit erfüllt werden, müssen die gesetzlichen Vertreter die entsprechenden konkretisierenden Kriterien festlegen und diese Kriterien in ihre Nachhaltigkeitsberichterstattung mitaufnehmen.[218]

83   Ferner sollten die Kriterien den Adressaten der Berichterstattung, demnach künftig den Nutzern der Nachhaltigkeitserklärung, zur Ermöglichung der Erlangung eines Verständnisses für die Messung oder Evaluierung der Nachhaltigkeitsinformation auf eine oder mehrere Arten zugänglich gemacht werden. Hierzu zählen bspw.:[219]
- öffentliche Zugänglichkeit,
- Zugänglichkeit mittels klarer Kriteriendarstellung in der Berichterstattung des beauftragten Wirtschaftsprüfers oder des unabhängigen Erbringers von Bestätigungsleistungen bzw. in den Sachverhaltsinformationen,
- Zugänglichkeit mittels allgemeinen Verständnisses,
- für den Fall, dass die Zugänglichkeit der Kriterien nur für einen bestimmten Kreis von Berichtsadressaten gegeben ist, so ist die Zusicherung des Wirtschaftsprüfers bzw. des unabhängigen Erbringers von Bestätigungsleistungen nur für jene Adressaten bestimmt, die Zugang zu den Kriterien haben.

8.1 Relevanz

84   Hinsichtlich des Informationscharakteristikums der Relevanz ist insbes. auf die Wesentlichkeit der Information für die Nutzer der Nachhaltigkeitserklärung abzustellen. Gem. ESRS 1.QC1 wird Nachhaltigkeitsinformation u. a. dann als relevant eingestuft, wenn diese in einem Unterschied in der Nutzerentscheidung – vor dem Hintergrund der doppelten Wesentlichkeit – münden könnte. Hierfür maßgeblich ist die **Wesentlichkeitsanalyse**, welcher ebendieses Prinzip der

---

[218] Vgl. IDW EPS 352 (08.2022), Tz. A12.2; IDW EPS 990 (11.2022), Tz. A12.2; IDW EPS 991 (11.2022), Tz. A12.2.
[219] Vgl. IAASB, ISSA 5000, Agenda Item 2-B.1 Approved, 2024, Tz. 77(d); ISSA 5000, Agenda Item 2-B.2 Approved, 2024, Tz. A205; KFS/PG 13, Rz. 21.

doppelten Wesentlichkeit zugrunde liegt (ESRS 1.14; → § 3 Rz 16). Folglich kann die Wesentlichkeit eines Nachhaltigkeitsaspekts aus einer Auswirkungsperspektive und/oder aus einer finanziellen Perspektive resultieren (ESRS 1.38). Im Zusammenhang mit dem Begriff der Wesentlichkeit betreffend innerhalb des (Konzern-)Lageberichts veröffentlichter Information wird grds. auf die Erlangung eines Verständnisses des Geschäftsverlaufs, des Geschäftsergebnisses, der Lage des Unternehmens und dessen voraussichtliche Entwicklung abgestellt.[220] Des Weiteren wird gem. dem Prinzip der doppelten Wesentlichkeit die Erlangung eines Verständnisses der Auswirkungen der Geschäftstätigkeiten des Unternehmens zu berücksichtigen sein. Hiermit kongruent stellt auch der Prüfstandard ISSA 5000 im Zuge der Evaluierung der Relevanz anzuwendender Kriterien auf u. a. den Informationsbedarf der Nutzer der Nachhaltigkeitsberichterstattung in Abhängigkeit folgender Aspekte ab:[221]

- Auswirkung von Nachhaltigkeitsbelangen auf das Unternehmen,
- Auswirkung des Unternehmens auf Nachhaltigkeitsbelange,
- Kombination aus den beiden vorherig aufgeführten Auswirkungen.

Im Zuge der kritischen Würdigung durch den Prüfer der in ESRS 2 (→ § 4) **85** festgelegten prozessualen Vorgehensweise der Wesentlichkeitsanalyse wird insbes. auch auf die Abdeckung der in ESRS 1.AR16 aufgeführten Nachhaltigkeitsbelangliste, welche im Zuge der Wesentlichkeitsanalyse des Unternehmens zu berücksichtigen ist, ein besonderer Fokus zu legen sein. Ebenso zu würdigen sein werden die bei der Wesentlichkeitsanalyse seitens des Unternehmens gesetzten quantitativen und/oder qualitativen Schwellenwerte (ESRS 1.42; ESRS 1.45; ESRS 1.AR9(c); → § 3 Rz 75 und 79).

Auch lt. CEAOB[222] sollte die Prüfung insbes. den Prozess würdigen, den das **86** Unternehmen durchgeführt hat, um Informationen zu identifizieren, die in die Nachhaltigkeitserklärung mitaufzunehmen sind. Insbes. ist mithilfe von geeigneten Prüfungshandlungen zu beurteilen, ob die Beschreibung des Prozesses in der Nachhaltigkeitserklärung mit dem implementierten Prozess übereinstimmt sowie ob der Prozess die Vorschriften der ESRS erfüllt. Bei der Konzeption der Prüfungshandlungen sind die qualitativen Merkmale der Informationen gem. den ESRS zu berücksichtigen: Die Angaben müssen (gem. dem Grundsatz der doppelten Wesentlichkeit) relevant sein und den Inhalt der Sachverhalte getreu darstellen, indem sie vollständig, neutral und genau sind.

---

220 Vgl. DRS 20.33.
221 Vgl. IAASB, ISSA 5000, Agenda Item 2-B.2 Approved, 2024, Tz. A337.
222 CEAOB guidelines on limited assurance on sustainability reporting, 30.9.2024, 8. Process carried out and described by the entity.

87   Im Prozess der Erarbeitung des Prüfstandard ISSA 5000 kam es zur Entscheidung seitens des IAASB, einen zweiteiligen Ansatz betreffend Wesentlichkeitsüberlegungen im Prozess der Planung und Durchführung von Prüfungen zuzulassen. Dieser Ansatz beinhaltet, dass Prüfende die **Wesentlichkeit quantitativer** Nachhaltigkeitsinformation festzustellen haben, jedoch die Wesentlichkeit **qualitativer Nachhaltigkeitsinformation** lediglich zu berücksichtigen ist.[223] Als einer der Beweggründe für diese Entscheidung wird die Impraktikabilität für Prüfer, die Wesentlichkeit von sowohl quantitativer als auch qualitativer Nachhaltigkeitsinformation festzustellen, hervorgehoben.[224] Ferner führten Überlegungen hinsichtlich des mit quantitativen Angaben verbundenen Aggregationsrisikos dazu, dass ISSA 5000 – basierend auf der Definition i.S.d. ISAE 3410 – die verpflichtende Festlegung einer Toleranzwesentlichkeit (*„performance materiality"*) für quantitative Offenlegungsinhalte seitens des Prüfers vorsieht.[225]

88   Des Weiteren hervorzuheben ist insbes. die Differenzierung zwischen dem Prozess der Wesentlichkeitsanalyse zum einen und zum anderen der seitens des Prüfers zu berücksichtigenden bzw. festzustellenden Wesentlichkeit.[226] Letztere bezieht sich auf einen hinsichtlich der Entscheidungsrelevanz für Berichtsnutzer definierten Schwellenwert, welcher seitens des Prüfers i.V.m. identifizierten Falschdarstellungen herangezogen wird.[227] Hierbei stets zu beachten ist das der Feststellung bzw. Berücksichtigung von Wesentlichkeit inhärente pflichtgemäße Ermessen des Prüfers.[228]

---

[223] Vgl. IAASB, Explanatory Memorandum for Proposed International Standard on Sustainability Assurance™ (ISSA) 5000 General Requirements for Sustainability Assurance Engagements, 2023, Tz. 67.

[224] Vgl. IAASB, Explanatory Memorandum for Proposed International Standard on Sustainability Assurance™ (ISSA) 5000 General Requirements for Sustainability Assurance Engagements, 2023, Tz. 66.

[225] Vgl. IAASB, ISSA 5000, Agenda Item 2-B.1 Approved, 2024, Tz. 18; IAASB, Explanatory Memorandum for Proposed International Standard on Sustainability Assurance™ (ISSA) 5000 General Requirements for Sustainability Assurance Engagements, 2023, Tz. 73.

[226] Vgl. IAASB, Explanatory Memorandum for Proposed International Standard on Sustainability Assurance™ (ISSA) 5000 General Requirements for Sustainability Assurance Engagements, 2023, Tz. 54 i.V.m. 68.

[227] Vgl. IAASB, Explanatory Memorandum for Proposed International Standard on Sustainability Assurance™ (ISSA) 5000 General Requirements for Sustainability Assurance Engagements, 2023, Tz. 54.

[228] Vgl. IAASB, Explanatory Memorandum for Proposed International Standard on Sustainability Assurance™ (ISSA) 5000 General Requirements for Sustainability Assurance Engagements, 2023, Tz. 68; IAASB, ISSA 5000, Agenda Item 2-B.1 Approved, 2024, Tz. 18.

Quantitative Faktoren im Zusammenhang mit der Feststellung der Wesentlich-   89
keit durch den Prüfer beziehen sich auf die Relation des Ausmaßes der Falschdarstellungen zu jener Offenlegung, die entweder in Zahlenform dargestellt ist
oder anderweitig mit numerischen Werten in Verbindung steht.[229] Ein Beispiel für
Letzteres wäre eine Beschreibung innerhalb der Nachhaltigkeitserklärung, dass
die seitens des Unternehmens implementierten Kontrollprozesse effektiv sind.
Als vom Prüfer in diesem Beispiel heranzuziehender quantitativer Faktor führen
die Anwendungshinweise zu ISSA 5000 die Anzahl von beobachteten Kontroll-
abweichungen an.[230] Sollte ferner in den anzuwendenden Kriterien die Angabe
von historischer Finanzinformation notwendig sein (ESRS 2 MDR-A) – wie
bspw. Schulungsaufwendungen –, muss der vom Wirtschaftsprüfer für diese
Information in der (Konzern-)Abschlussprüfung herangezogene Wesentlichkeitsmaßstab nicht deckungsgleich sein mit jenem, den er für die Prüfung der
(konsolidierten) Nachhaltigkeitserklärung heranzieht.[231]

Hinsichtlich der Berücksichtigung der Wesentlichkeit **qualitativer** Nachhaltig-   90
keitsinformation führen die Anwendungshinweise des ISSA 5000 zahlreiche
Beispiele an. Hierunter fallen u. a. die folgenden qualitativen Berücksichtigungs-
faktoren:[232]

* Schwere der Auswirkung eines Nachhaltigkeitsbelangs und die Anzahl von
  dieser Auswirkung betroffener Personen oder Unternehmen;
  Beispiel: kleine Anzahl an Betroffenen der Folgen eines Auslaufens von
  gefährlichen Abfällen, jedoch potenziell hieraus resultierende gravierend
  nachteilige Auswirkungen auf die Umwelt;
* Beeinflussung der Wahrnehmung der Nutzer der Berichterstattung durch die
  seitens des Unternehmens gewählte Darstellung von Nachhaltigkeitsinformation;
  Beispiel: Grafiken, Diagramme oder Bilder; denkbar wäre die Achsenskalie-
  rung einer in die Berichterstattung aufgenommenen Wesentlichkeitsmatrix
  und die potenziell notwendige Berücksichtigung, ob hierdurch wesentliche
  falsche oder irreführende Rückschlüsse seitens der Berichtsadressaten induziert werden könnten;
* sofern die anzuwendenden Kriterien das Konzept von Due Diligence betreffend die Auswirkungen des Unternehmens umfassen – wie es für ESRS der
  Fall ist –, soll der Prüfer die Art und das Ausmaß der Auswirkungen berücksichtigen;

---

229 Vgl. IAASB, ISSA 5000, Agenda Item 2-B.2 Approved, 2024, Tz. A303; IDW EPS 352 (08.2022),
   Tz. A35.5; IDW EPS 990 (11.2022), Tz. A32.5; IDW EPS 991 (11.2022), Tz. A32.5.
230 Vgl. IAASB, ISSA 5000, Agenda Item 2-B.2 Approved, 2024, Tz. A303(b).
231 Vgl. IAASB, ISSA 5000, Agenda Item 2-B.2 Approved, 2024, Tz. A307.
232 Vgl. IAASB, ISSA 5000, Agenda Item 2-B.2 Approved, 2024, Tz. A302.

Beispiel: die Berücksichtigung des Prüfers kann sich u. a. darauf beziehen, ob die Offenlegung der Maßnahmen des Unternehmens zur Vermeidung oder Verminderung negativer Auswirkungen ausgelassen oder verzerrt dargestellt wurde;

- narrative Offenlegungen;

Beispiel: der Prüfer kann berücksichtigen, ob der Detailgrad oder die Wortwahl, welche für die Beschreibung von Nachhaltigkeitsbelangen genutzt wurde, potenziell in eine irreführende Darstellung der Nachhaltigkeitsinformation münden könnte.

8.2 Realitätsgetreue Darstellung

91   Das qualitative Informationscharakteristikum der realitätsgetreuen Darstellung wird in ESRS 1.QC5 bis QC9 spezifiziert. Konkret wird unter der realitätsgetreuen Darstellung u. a. die Notwendigkeit der Vollständigkeit, Neutralität und Fehlerfreiheit von Information verstanden (ESRS 1.QC5). Hiermit im engen Zusammenhang stehend ist das Informationscharakteristikum der Überprüfbarkeit von Nachhaltigkeitsinformationen, welche Nutzern der Berichterstattung Vertrauen in die der Nachhaltigkeitsinformation zugrunde liegende Vollständigkeit, Neutralität und Genauigkeit bieten soll (ESRS 1.QC13). Nachhaltigkeitsinformation ist insbes. dann überprüfbar, wenn es möglich ist, sowohl die Information selbst als auch die der entsprechenden Information zugrunde liegenden Beträge zu untermauern (ESRS 1.QC13).

92   Unter **Vollständigkeit** wird Bezug nehmend auf eine spezifische Auswirkung, ein Risiko oder eine Chance die vollständige Darstellung jener wesentlichen Information verstanden, welche für Nutzer der Berichterstattung für das Verständnis der entsprechenden Auswirkung, des Risikos oder der Chance notwendig ist (ESRS 1.QC6). Zur Evaluierung der Vollständigkeit jener angewandten Kriterien, welche der Nachhaltigkeitserklärung zugrunde liegen, kann der Prüfer u. a. beurteilen, ob diese bspw. die Berichtsgrenzen (Rz 49 ff.) oder die wesentlichen Auslegungen des Unternehmens im Zuge der Informationsaufbereitung adressieren.[233]

93   Die Berichtsgrenzen werden in Bezug auf den Berichtszeitraum vom CEAOB[234] etwas weitreichender ausgelegt. So sollte der Prüfer auch Auswirkungen von Ereignissen berücksichtigen, die zwischen dem Ende des Berichtszeitraums und dem Datum des Prüfberichts auftreten. Sollte der Prüfer im

---

[233] Vgl. IAASB, ISSA 5000, Agenda Item 2-B.2 Approved, 2024, Tz. A338.
[234] CEAOB guidelines on limited assurance on sustainability reporting, 30.9.2024, 22. Subsequent events.

Verlauf der Berichterstellung von einer Tatsache Kenntnis erlangen, die eine Änderung der Schlussfolgerungen erfordert hätte, wenn diese zum Zeitpunkt der Erstellung des Berichts bekannt gewesen wäre, so sollte die Angelegenheit mit der Geschäftsführung/dem Vorstand und/oder dem Aufsichtsrat erörtert und den Umständen entsprechende, adäquate Maßnahmen ergriffen werden.

Eine **neutrale Darstellung** umfasst u. a. die Vermeidung von Bias in der Informationsselektion und Informationsoffenlegung als auch die Balance in der Abdeckung von sowohl positiven als auch negativen Aspekten (ESRS 1.QC7 S. 1 i.V.m. S. 3). Der Prüfer kann bspw. in seine Evaluierung der Neutralität der angewandten Kriterien einfließen lassen, ob auf die Offenlegung von spezifischen Nachhaltigkeitsthemen lediglich aufgrund von Überlegungen hinsichtlich der Außenwirkung des Unternehmens verzichtet wurde.[235]   **94**

Im Zusammenhang mit der **Genauigkeit** der offengelegten Information hält ESRS 1.QC9 fest, dass Informationen korrekt sein können, „[…] ohne in jeder Hinsicht präzise zu sein". Spezifizierend wird ebenfalls festgehalten, dass die Genauigkeit von offengelegter Information bspw. Charakteristika wie die Freiheit von wesentlichen Fehlern, präzise Beschreibungen, die eindeutige Kennzeichnung von Schätzungen, Näherungswerten und Prognosen als auch die Angemessenheit von Aussagen durch eine hinlängliche Qualität und Quantität der Information, auf denen die Aussagen beruhen, umfasst (ESRS 1.QC9(a) bis (f)).   **95**

Hinsichtlich der Fähigkeit des Prüfers, Nachweise betreffend die Genauigkeit und Vollständigkeit von auf externen Quellen basierter Information zu erlangen, äußerte der IAASB jedoch Bedenken. Infolgedessen enthält der Prüfstandard ISSA 5000 – in Anlehnung an ISA 500 Abs. 9 – lediglich die Anforderung der Feststellung der Genauigkeit und Vollständigkeit von unternehmensintern generierter Information.[236] In diesem Zusammenhang ist insbes. auf die üblicherweise einer Prüfung von Nachhaltigkeitsinformation zugrunde liegende Analyse von externen Quellen hinzuweisen. Wie in der *Non-Authoritative Guidance* zu ISAE 3000 (Revised)[237] beschrieben, können Wirtschaftsprüfer u. a. in der Überprüfung jener Prozesse, welche das Unternehmen zur Identifikation der Sachverhaltsinformationen einsetzt, neben unternehmensinternen auch auf unternehmensexterne Informationsquellen zurückgreifen. Zu ebendiesen unternehmensexternen Informationsquellen zählen u. a.:   **96**

---

[235] Vgl. IAASB, ISSA 5000, Agenda Item 2-B.2 Approved, 2024, Tz. A340.

[236] Vgl. IAASB, Explanatory Memorandum for Proposed International Standard on Sustainability Assurance™ (ISSA) 5000 General Requirements for Sustainability Assurance Engagements, 2023, Tz. 64.

[237] Vgl. IAASB, Non-Authoritative Guidance on Applying ISAE 3000 (Revised) to Sustainability and Other Extended External Reporting (EER) Assurance Engagements, 2021, Tz. 161.

- Berichterstattung von Peers,
- Umfrageresultate,
- Lieferanten- bzw. Kundenbeschwerden,
- Medienberichte,
- Expertenmeinungen zu globalen Trends.

97 Ferner ist insbes. aus der Perspektive der derzeitigen Prüfung von Nachhaltigkeitsinformation die Erlangung eines Überblicks über die verfolgten Konzepte sowie die Prozesse des Unternehmens zur Sicherstellung der realitätsgetreuen Darstellung innerhalb der (konsolidierten) nichtfinanziellen Erklärung bzw. des gesonderten (konsolidierten) nichtfinanziellen Berichts von Bedeutung.[238]

98 Es obliegt den gesetzlichen Vertretern, eine solide Grundlage für die nichtfinanzielle Berichterstattung zu schaffen. Daher wird erwartet, dass sie interne Kontrollen einrichten und aufrechterhalten, um sicherzustellen, dass die nichtfinanzielle Berichterstattung frei von wesentlichen falschen Darstellungen aufgrund von betrügerischem Handeln – demnach der Manipulation der nichtfinanziellen Berichterstattung – oder Fehlern ist.[239]

99 Falsche Darstellungen im Zusammenhang mit der nichtfinanziellen Berichterstattung umfassen Abweichungen zwischen dem Betrag bzw. der Menge, der Darstellung oder der Angabe einer in die nichtfinanzielle Berichterstattung aufgenommenen Information und dem Betrag bzw. der Menge, der Darstellung oder der Angabe, der/die gem. den maßgeblichen Kriterien für diese Informationen erforderlich ist. Falsche Darstellungen können auch unterlassene Angaben umfassen. Falsche Darstellungen können entweder auf Irrtümern oder betrügerischem Handeln beruhen.[240]

8.3 Vergleichbarkeit

100 Nachhaltigkeitsinformation ist dann vergleichbar, wenn diese Information mit sowohl Vorjahresperioden des Unternehmens als auch mit den von anderen Unternehmen bereitgestellten Informationen verglichen werden kann (ESRS 1.QC10). Dem Konstrukt der Vergleichbarkeit von Nachhaltigkeitsinformation zugehörig ist die Gewährleistung der – insbes. periodenübergreifenden und aspektspezifischen – Einheitlichkeit der seitens des Unternehmens verwendeten Ansätze und Methoden (ESRS 1.QC11).

---

238 Vgl. KFS/PE 28, Rz. 28.
239 Vgl. IDW EPS 991 (11.2022), Tz. 11.
240 Vgl. IDW EPS 991 (11.2022), Tz. 18.

Auf die Vergleichbarkeit von Nachhaltigkeitsinformation Bezug nehmend hat   101
der Abschlussprüfer bereits jetzt zu überprüfen, ob die Vergleichbarkeit mit
früheren Abschlussperioden berücksichtigt wurde und ob der Berichtsaufbau –
sog. **formelle Stetigkeit** – sowie die im (Konzern-)Lagebericht enthaltenen
Informationen, einschl. der finanziellen und, falls relevant, nichtfinanziellen
Leistungsindikatoren – sog. **materielle Stetigkeit** – beibehalten wurden. Falls
vom Grundsatz der Stetigkeit abgewichen wird, muss seitens des Abschlussprüfers beurteilt werden, ob besondere Umstände, wie bspw. Gesetzesänderungen oder geänderte Berichtsanforderungen, welche die Abweichung rechtfertigen, vorliegen.[241]

9 Fazit

Zusammenfassend lässt sich festhalten, dass bis zur Einführung von einheitli-   102
chen Standards für die Prüfung künftiger Nachhaltigkeitserklärungen innerhalb
des (Konzern-)Lageberichts seitens der EU-Kommission noch teils für die
Prüfpraxis relevante Fragestellungen zu klären sein werden. Vor dem Hintergrund des Mitgliedstaatenwahlrechts zur Zulassung von unabhängigen Erbrin-
gern von Bestätigungsleistungen erscheint insbes. der derzeitige Mangel an für
Nicht-Wirtschaftsprüfer anwendbaren Prüfstandards bedeutend. Ferner ver-
mögen künftig – teils auf ISAE 3000 (Revised) basierende – nationale (Ent-
wurfs-)Prüfstandards für Wirtschaftsprüfer gesamtheitlich wie IDW EPS 990
(11.2022) und IDW EPS 991 (11.2022) an Relevanz verlieren oder aufgrund der
durch IDW EPS 352 (08.2022) geforderten Zusicherung mit hinreichender
Sicherheit zumindest in den ersten Jahren der Berichterstattung potenziell
geringe Anwendung finden. Die Arbeiten des IAASB zum Universalprüfstandard ISSA 5000 sowie die hierzu geplanten Erweiterungen zu spezifischen
Teilaspekten der Prüfung von Nachhaltigkeitsinformation stellen eine für die
Prüfpraxis vielversprechende Entwicklungsperspektive dar. Letztlich ist zu
erwarten, dass ISSA 5000 für sowohl Wirtschaftsprüfer als auch unabhängige
Erbringer von Bestätigungsleistungen für den Übergangszeitraum bis zur Verabschiedung der vereinheitlichten Prüfstandards seitens der EU-Kommission
von maßgeblicher Bedeutung sein wird.

---

[241] Vgl. KFS/PG 10, Rz. 21f.

10 Exkurs zur CSRD-Umsetzung (auf Basis des Regierungsentwurfs)

103   Am 24.7.2024 hat das Bundesministerium für Justiz den zeitlich verzögerten Gesetzentwurf für ein Gesetz zur Umsetzung der Corporate Sustainability Reporting Directive (CSRD) in deutsches Recht veröffentlicht.[242] Für die Prüfung der Nachhaltigkeitsberichterstattung besteht nun – vorbehaltlich einer entsprechenden Umsetzung – eine gewisse Klarheit.

Die zunächst mit begrenzter Sicherheit vorgesehene Prüfung des Nachhaltigkeitsberichts soll ausschl. durch den Berufsstand der Wirtschaftsprüfer erfolgen, also eine **Vorbehaltsaufgabe** werden. Sowohl der für die Prüfung der Finanzberichterstattung gewählte Abschlussprüfer als auch ein anderer Wirtschaftsprüfer kann die Aufgabe in der Rolle des Nachhaltigkeitsprüfers übernehmen. Andere „Prüfer" scheiden somit als verantwortlich Handelnde aus, können aber zur Unterstützung durch einen Wirtschaftsprüfer herangezogen werden. Der Nachhaltigkeitsprüfer ist analog zum Abschlussprüfer für jedes Berichtsjahr gesondert durch die zuständigen Organe zu wählen. Die Berichterstattung über die Prüfung des Nachhaltigkeitsberichts soll nach § 322a HGB-E in einem gesonderten Prüfungsvermerk über den Nachhaltigkeitsbericht erfolgen, auch dann, wenn der Abschlussprüfer Prüfer des Nachhaltigkeitsberichts ist.

Für das Geschäftsjahr 2024 ist wegen der zeitlichen Verzögerung der deutschen Umsetzung eine **Übergangsvorschrift** vorgesehen, wenn keine individuelle Wahl des Nachhaltigkeitsprüfers erfolgt ist. Der gewählte Abschlussprüfer soll danach auch als gewählter Prüfer der Nachhaltigkeitsberichterstattung gelten. Die vorgeschlagene Regelung soll eine vereinfachte Möglichkeit für die Unternehmen zur Bestimmung eines Nachhaltigkeitsprüfers schaffen, insbes. auch die Notwendigkeit einer gerichtlichen Bestellung oder einer zusätzlichen Hauptversammlung vermeiden. Durch Umsetzung einer solchen (Sonder-)Regelung für das erste Jahr der Anwendung ergäben sich allerdings weitere Fragen:

- Der gewählte Abschlussprüfer würde qua Gesetz zum Prüfer des Nachhaltigkeitsberichts, bestätigt wäre somit die Wirtschaftsprüfungsgesellschaft ohne Angebot eines Prüfungshonorars und ohne Festlegung der konkreten Personen, also der Unterzeichner des Prüfungsvermerks.
- Ebenso ungeklärt wäre nach dem bisherigen Vorschlag, ab wann der Prüfer des Nachhaltigkeitsberichts als „bestellt" gälte.

---

[242] RegE CSRD-UmsG, www.bmj.de/SharedDocs/Downloads/DE/Gesetzgebung/RegE/RegE_CSRD.pdf?__blob=publicationFile&v=2, Abruf 1.8.2024.

Das noch umzusetzende Gesetz ließe die theoretische Möglichkeit offen, dass selbst nach der Aufnahme von Prüfungshandlungen noch eine außerordentliche Hauptversammlung stattfände, die einen anderen (Abschluss-)Prüfer des Nachhaltigkeitsberichts bestellt. Im weiteren Gesetzgebungsverfahren sind – neben weiteren Punkten, insbes. der Aufstellungslösung für die ESEF-Berichtspflicht – diese Fragen zu adressieren.

Literaturtipps

- AccountAbility, AA1000, Assurance Standard v3, 2020, www.accountability. org/standards/aa1000-assurance-standard/, Abruf 1.8.2024
- AccountAbility, Guidance on Applying the AA1000AS v3 for Assurance Providers, 2020, www.accountability.org/insights/guidance-on-applying-the-aa1000as-v3-for-assurance-providers-1/, Abruf 1.8.2024
- AccountAbility, AA1000, Die Prinzipien von Accountability, 2018, www. accountability.org/static/83189997a1cdf563589d6ff7e6a34d60/aa1000ap-2018-german.pdf, Abruf 1.8.2024
- BMJ, Gesetzentwurf, Entwurf eines Gesetzes zur Umsetzung der Richtlinie (EU) 2022/2464 des Europäischen Parlaments und des Rates vom 14. Dezember 2022 zur Änderung der Verordnung (EU) Nr. 537/2014 und der Richtlinien 2004/109/EG, 2006/43/EG und 2013/34/EU hinsichtlich der Nachhaltigkeitsberichterstattung von Unternehmen, 2024, www.bmj.de/ SharedDocs/Gesetzgebungsverfahren/DE/2024_CSRD_UmsG.html, Abruf 1.8.2024
- CEAOB, CEAOB guidelines on limited assurance on sustainability reporting, 30.9.2024, https://finance.ec.europa.eu/document/download/8ac2df18-2ae1-4bc7-9d87-a4a740e48f5e_en?filename=240930-ceaob-guidelines-limited-assurance-sustainability-reporting_en.pdf, Abruf 1.10.2024
- IAASB, Explanatory Memorandum for Proposed International Standard on Sustainability Assurance™ (ISSA) 5000 General Requirements for Sustainability Assurance Engagements, 2023, https://ifacweb.blob.core.windows. net/publicfiles/2023-08/IAASB-International-Standard-Sustainability-Assurance-5000-Explanatory-Memorandum_0.pdf, Abruf 1.8.2024
- IAASB, International Standard on Sustainability Assurance (ISSA) 5000, General Requirements for Sustainability Assurance Engagements, Agenda Item 2-B.1 Approved, 2024, www.iaasb.org/_flysystem/azure-private/2024-09/2024 0916%20-%20Agenda%20Item%202-B.1%20APPROVED%20Sustainrements% ability%20Assurance%20-%20Proposed%20ISSA%205000%20-%20Requi20% 28Clean%29.pdf, Abruf 1.10.2024

- IAASB, International Standard on Sustainability Assurance (ISSA) 5000, General Requirements for Sustainability Assurance Engagements, Agenda Item 2-B.2 Approved, 2024, www.iaasb.org/_flysystem/azure-private/2024-09/20240916%20-%20Agenda%20Item%202-B.2%20APPROVED%20Sustainability%20Assurance%20-%20Proposed%20ISSA%205000%20-%20Application%20Material%20%28Clean%29.pdf, Abruf 1.10.2024
- IAASB, Survey on Proposed ISSA 5000, General Requirements for Sustainability Assurance Engagements, https://ifacweb.blob.core.windows.net/publicfiles/2023-09/IAASB-Proposed-ISSA-5000-sustainability-assurance-Stakeholder-Survey.pdf, Abruf 1.8.2024
- IAASB, Non-Authoritative Guidance on Applying ISAE 3000 (Revised) to Sustainability and Other Extended External Reporting Assurance Engagements, 2021, www.iaasb.org/publications/non-authoritative-guidance-applying-isae-3000-revised-sustainability-and-other-extended-external, Abruf 1.8.2024
- IAASB, ISAE 3000 (Revised), Assurance Engagements Other than Audits or Reviews of Historical Financial Information International Framework for Assurance Engagements and Related Conforming Amendments, 2013, www.ifac.org/_flysystem/azure-private/publications/files/ISAE%203000 %20Revised%20-%20for%20IAASB.pdf, Abruf 1.8.2024
- IDW, Entwurf eines IDW Prüfungsstandards: Inhaltliche Prüfung der nichtfinanziellen (Konzern-)Erklärung im Rahmen der Abschlussprüfung, IDW EPS 352 (08.2022), www.idw.de/IDW/IDW-Verlautbarungen/IDW-PS/IDW-EPS-352-08-2022.pdf, Abruf 20.6.2024
- IDW, Entwurf eines IDW Prüfungsstandards: Inhaltliche Prüfung mit hinreichender Sicherheit der nichtfinanziellen (Konzern-)Berichterstattung außerhalb der Abschlussprüfung, IDW EPS 990 (11.2022), www.idw.de/IDW/EPS-990-11-2022.pdf, Abruf 1.8.2024
- IDW, Entwurf eines IDW Prüfungsstandards: Inhaltliche Prüfung mit begrenzter Sicherheit der nichtfinanziellen (Konzern-)Berichterstattung außerhalb der Abschlussprüfung, IDW EPS 991 (11.2022), www.idw.de/IDW/EPS-991-11-2022.pdf, Abruf 1.8.2024
- IFAC & AICPA, The state of play: Sustainability disclosure & assurance, 2019–2022 Trends & Analysis, 2024, https://ifacweb.blob.core.windows.net/publicfiles/2024-02/IFAC-State-Play-Sustainability-Disclosure-Assurance-2019-2022_0.pdf, Abruf 1.8.2024
- IFRS Foundation, Educational material: Effects of climate related matters on financial statements, 2023, www.ifrs.org/content/dam/ifrs/supporting-implementation/documents/effects-of-climate-related-matters-on-financial-statements.pdf, Abruf 1.8.2024

- KFS/PE 28, Stellungnahme zu ausgewählten Fragen bei der gesonderten Prüfung von nichtfinanziellen Erklärungen und nichtfinanziellen Berichten gemäß § 243b und § 267a UGB sowie von Nachhaltigkeitsberichten, 06/2020
- KFS/PG 13, Fachgutachten des Fachsenats für Unternehmensrecht und Revision der Kammer der Steuerberater und Wirtschaftsprüfer über die Durchführung von sonstigen Prüfungen, 11/2019

ESEF

§ 20 ESEF für die elektronische Nachhaltigkeitsberichterstattung

Vorbemerkung

Die Pflicht zur Aufstellung des (Konzern-)Lageberichts im ESEF inkl. der maschinenlesbaren Auszeichnung der Nachhaltigkeitsangaben ist nach dem Regierungsentwurf eines Gesetzes zur Umsetzung der CSRD erstmalig für ein ab dem 1.1.2026 beginnendes Geschäftsjahr zu beachten.

1 Anwendungsbereich des ESEF für die elektronische Nachhaltigkeitsberichterstattung

1   Die CSRD[1] als Änderungsrichtlinie zur EU-Bilanz-RL[2] konkretisiert, dass die rechtlich verpflichtende Nachhaltigkeitsberichterstattung als Teil des (Konzern-)Lageberichts im einheitlichen elektronischen Berichtsformat „ESEF" (**European Single Electronic Format**) zu erfolgen hat (Art. 29d EU-Bilanz-RL). Die CSRD knüpft somit an die gleichen technischen Formatvorgaben zur Berichterstattung an, die bereits für ab dem 1.1.2020 beginnende Geschäftsjahre innerhalb der EU für Jahresfinanzberichte bestehen, die von solchen Emittenten verpflichtend zu erstellen sind, deren Wertpapiere zum Handel an einem organisierten Markt innerhalb der EU zugelassen sind (Art. 7 Abs. 5 EU-Transparenz-RL).[3] Mit dieser Digitalisierung i.S.e. Verfügbarmachung der Berichte in maschinenlesbarer Form soll die Zugänglichkeit, Analyse und Vergleichbarkeit der Nachhaltigkeitsangaben verbessert werden (Erwägungsgrund 55 CSRD).

2   Da eine Trennung der Nachhaltigkeitsberichterstattung vom restlichen (Konzern-)Lagebericht nicht zulässig ist, erstreckt sich die Formatvorgabe zur ESEF-Pflicht auf den (Konzern-)Lagebericht als Ganzes. Im Kontext der Offenlegungspflichten soll zudem die Möglichkeit für Unternehmen geschaffen werden, dass auch für alle sonstigen nach gesetzlichen Vorschriften mit dem (Konzern-)Lagebericht offenzulegenden Rechnungslegungsunterlagen ESEF freiwillig angewendet werden kann. Eine solche ESEF-Fähigkeit für alle offenlegungspflichtigen Rechnungslegungsunterlagen hat der deutsche Gesetzgeber bereits geschaffen, allerdings ist diese aktuell auf Inlandsemittenten begrenzt.[4] Tab. 1 illustriert die ESEF-Pflicht in Abgrenzung zur ESEF-Fähigkeit für gesetzlich geforderte Rechnungslegungsunterlagen. Zu beachten ist, dass bei Auslagerung von Nachhaltigkeitsberichtsangaben in andere Rechnungslegungsunterlagen, diese auch die ESEF-Vorgaben inkl. der Auszeichnungspflichten erfüllen müssen (ESRS 1.119(b); → § 3 Rz 162 ff.).

---

1   Richtlinie (EU) 2022/2464, ABl. EU v. 16.12.2022, L 322/15 ff.
2   Richtlinie 2013/34/EU, ABl. EU v. 29.6.2013, L 182/19 ff.
3   Richtlinie 2004/109/EG, ABl. EU v. 31.12.2004, L 390/38 ff.
4   Vgl. § 11 Abs. 2 URV (Unternehmensregisterverordnung).

Inlandsemittenten (§ 2 Abs. 14 WpHG)	Unternehmen, die der Pflicht zur Nachhaltigkeitsberichterstattung unterliegen
ESEF-pflichtige Offenlegung	ESEF-pflichtige Offenlegung
• Jahresabschluss/Einzelabschluss • Lagebericht (mit Auszeichnungspflicht für den Nachhaltigkeitsbericht) • Konzernabschluss (mit Auszeichnungspflicht bei Aufstellung auf Basis von IFRS) • Konzernlagebericht (mit Auszeichnungspflicht für den Nachhaltigkeitsbericht) • Versicherungen der gesetzlichen Vertreter (Bilanz- und Lageberichtseid und Konzernbilanz- und Konzernlageberichtseid)	• Lagebericht (mit Auszeichnungspflicht für den Nachhaltigkeitsbericht) • Konzernlagebericht (mit Auszeichnungspflicht für den Nachhaltigkeitsbericht)
ESEF-fähige Offenlegung	ESEF-fähige Offenlegung
• Bestätigungsvermerk zum Jahresabschluss • Bestätigungsvermerk zum Konzernabschluss • Bericht des Aufsichtsrats • Bericht zur Gleichstellung und Entgeltgleichheit • [...] nach gesetzlichen Vorschriften offenzulegende Rechnungslegungsunterlagen	• Jahresabschluss/Einzelabschluss • Konzernabschluss • Bestätigungsvermerk zum Jahresabschluss • Bestätigungsvermerk zum Konzernabschluss • Bericht des Aufsichtsrats • Bericht zur Gleichstellung und Entgeltgleichheit • [...] nach gesetzlichen Vorschriften offenzulegende Rechnungslegungsunterlagen

Tab. 1: Auflistung gängiger Datentypen für Auszeichnungselemente

Alternative Berichtsformate für die Nachhaltigkeitsberichterstattung sind zwar möglich, haben jedoch **keine befreiende Wirkung** für die ESEF-Pflicht. Eine Bereitstellung des (Konzern-)Lageberichts als PDF-Dokument, z.B. auf der Webseite des Unternehmens, kann deshalb nur in Ergänzung erfolgen und kann auch nicht für die Offenlegung genutzt werden.

2   Rechtliche Grundlagen für ESEF

5   Für die Erstellung von ESEF-Unterlagen sind grds. die folgenden Rechtsquellen einschlägig.

2.1   Technischer Regulierungsstandard (ESEF RTS)

6   Die wesentlichen Anforderungen für ESEF sind in einem technischen Regulierungsstandard in Form einer Delegierten Verordnung[5] rechtlich verankert. Als Delegierte Verordnung hat der ESEF RTS unmittelbare Rechtswirkung in allen EU-Mitgliedstaaten. Neben dem Anwendungsbereich für das ESEF und Verweisen auf weiterführende technische Spezifikationen konkretisiert der ESEF RTS auch die rechtlichen Vorgaben für die maschinenlesbare Auszeichnung von ausgewählten Berichtsinformationen auf Basis der iXBRL-Technik.

7   Ein Aktualisierungsbedarf des ESEF RTS durch die EU-Kommission ist regelmäßig dann gegeben, wenn sich inhaltliche Änderungen in den der Berichterstattung zugrunde liegenden Regelwerken ergeben, die insbes. die Auszeichnung tangieren.

2.2   Ergänzende nationale Vorgaben

8   In Ergänzung zum ESEF RTS bestehen nationale Vorgaben, die sich regelmäßig aus einer nationalen Konkretisierung der RTS-Vorgaben sowie aus der Umsetzung der CSRD in nationales Recht begründen.

9   Im Handelsrecht sind zusätzliche Vorgaben für die Nachhaltigkeitsberichterstattung im ESEF zu erwarten. Am 247.2024 veröffentlichte das Bundesministerium der Justiz (BMJ) den Regierungsentwurf (RegE) eines Gesetzes zur Umsetzung der CSRD.[6] Im RegE sind spezifische handelsrechtliche Änderungen zur elektronischen Nachhaltigkeitsberichterstattung vorgesehen, die für betroffene Unternehmen erstmalig für nach dem 31.12.2025 beginnende Geschäftsjahre[7] Folgendes regeln:
1. (Konzern-)Lageberichte sind im XHTML-Format aufzustellen[8] und
2. Nachhaltigkeitsangaben sind maschinenlesbar auszuzeichnen,[9] wobei das BMJ ermächtigt werden soll, die zur Auszeichnung zu berücksichtigenden Vorschriften näher zu bezeichnen.[10]

---

5   Delegierte Verordnung (EU) 2019/815, ABl. EU v. 29.5.2019, L 143/1 ff.
6   Siehe www.bmj.de/SharedDocs/Downloads/DE/Gesetzgebung/RegE/RegE_CSRD.pdf?__blob=publicationFile&v=2, Abruf 1.8.2024.
7   Abs. 7 des Art. zur Einzelrechnungslegung und Abs. 6 des Art. zur Konzernrechnungslegung im EGHGB-E.
8   §§ 289g Satz 1 Nr. 1 und 315e Satz 1 Nr. 1 HGB-E.
9   §§ 289g Satz 1 Nr. 2 und 315e Satz 1 Nr. 2 HGB-E.
10   §§ 289g Satz 2 und 315e Satz 2 HGB-E.

Durch eine im RegE vorgeschlagene Änderung der Unternehmensregisterverordnung soll es den Unternehmen ermöglicht werden, alle nach gesetzlichen Vorschriften offenzulegenden Rechnungslegungsunterlagen im **XHTML-Format** statt in zwei unterschiedlichen Formaten (XHTML und XML) an die das Unternehmensregister führende Stelle zu übermitteln.[11] Für diese Übermittlung im Kontext der Offenlegung sind ebenso die ESEF-Einreichungskriterien zu beachten.[12]

2.3 ESEF-Handbuch

Eine weitere Quelle stellt das ESEF-Handbuch der ESMA dar, das Empfehlungen und Klarstellungen hinsichtlich der Umsetzung der Vorgaben im ESEF RTS enthält und kontinuierlich aktualisiert wird.[13] Hauptadressaten des ESEF-Handbuchs sind vorwiegend die Hersteller geeigneter ESEF-Software. Gleichwohl können die Klarstellungen im ESEF-Handbuch auch unmittelbar den ESEF-Erstellungsprozess von betroffenen Unternehmen tangieren.

3 Grundzüge von ESEF und Implikationen für die Berichterstattung

3.1 ESEF als Weblayout

Das technische Fundament für ESEF bildet die Websprache XHTML (Extensible Hypertext Markup Language), als XML-konformer Ableger von HTML (Hypertext Markup Language). Das ESEF ist deshalb ein sog. Weblayout in Form einer XHTML-Datei, die im Vergleich zu klassischen Printformaten, z.B. PDF, bedeutsame Unterschiede aufweist, welche in der Vorbereitung der Nachhaltigkeitsberichterstattung zu berücksichtigen sind.

Insbes. ist der Umstand zu beachten, dass für HTML keine klassischen Seitenverweise bzw. -formatierungen (z.B. Darstellung im Querformat vs. Hochformat für individuelle Berichtsseiten) spezifiziert sind. Ein Navigieren auf Basis von Seitenzahlen im ESEF ist deshalb grds. nicht möglich. Für die Berichterstattung im ESEF ist es deshalb empfehlenswert:
1. Querverweise auf (Unter-)Kapitel anstatt auf Basis von Seitenzahlen vorzunehmen;
2. keine Optimierung der Inhalte durch Textsetzung für spezifische Seitenformate (z.B. A4) festzulegen;
3. ein Inhaltsverzeichnis auf Basis von Hyperlinks dem Bericht zur Seite bzw. voranzustellen, um das Navigieren im Bericht zu ermöglichen.

---

11 § 11 Abs. 2 Satz 2 URV-E.
12 Vgl. Bundesanzeiger Verlag, ESEF-Einreichungskriterien, Version 3.3, November 2023.
13 ESMA, ESEF Reporting Manual, Update Juli 2024.

13   Die Anzeige von XHTML-Dateien kann nur mithilfe von geeigneten Softwareprogrammen erfolgen, die Web-Views zur Darstellung von XHTML unterstützen, z. B. gängige Web-Browser. Als Weblayout stehen im ESEF grds. interaktive Gestaltungsmittel für die Berichterstattung zur Verfügung. Zu beachten ist gleichwohl, dass gem. ESEF RTS ausführbare Scriptsprachen hierfür nicht erlaubt sind. Die Verwendung von aktiven Hyperlinks zur Interaktion, z. B. dem Navigieren zwischen Berichtsbestandteilen, ist indes zulässig. Rechnungslegungsunterlagen im ESEF, die an die das Unternehmensregister führende Stelle zum Zweck der Offenlegung übermittelt werden, dürfen aber keine Hyperlinks enthalten, die auf Quellen außerhalb der Rechnungslegungsunterlage aktiv verweisen.[14]

14   Darüber hinaus ist es für Berichte im ESEF ratsam, auf Gestaltungsmittel zu verzichten, die im wesentlichen Umfang auf dynamische Gestaltungskomponenten zurückgreifen, welche eine unterschiedliche Darstellung auf verschiedenen Anzeigegeräten bewirken können (sog. Responsive-Layouts). In gleicher Weise sollte auf Gestaltungsmittel verzichtet werden, die keine weit verbreitete Unterstützung durch gängige Software erfahren, um eine einheitliche Darstellung auf unterschiedlichen Anzeigegeräten zu gewährleisten (Web-Browser-Kompatibilität).

3.2 Übermittlung als ESEF-Berichtspaket

15   Für die Übermittlung und Kommunikation von Rechnungslegungsunterlagen im ESEF müssen die XHTML-Dateien gem. ESEF RTS in einem sog. ESEF-Berichtspaket (Reporting-Package) gebündelt werden. Das ESEF-Berichtspaket entspricht aus technischer Sicht einer Zip-Datei als Containerlösung, für die standardisierte Vorgaben zum inhaltlichen Aufbau im ESEF RTS spezifiziert sind. Dies ermöglicht es einer geeigneten Software, das ESEF-Berichtspaket automatisiert auszulesen bzw. den Inhalt in einer Berichtsform zu visualisieren. In der Literatur erfolgt häufig keine klare sprachliche Trennung, so dass der Begriff „ESEF-Unterlage" sowohl für die XHTML-Datei als auch für das ESEF-Berichtspaket verwendet wird.

16   Hervorzuheben ist, dass die technischen Vorgaben für das ESEF-Berichtspaket es dem berichtenden Unternehmen ermöglichen, einen Bericht in technischer Hinsicht in mehrere XHTML-Dateien aufzuteilen. Für die Nachhaltigkeitsberichterstattung als Teil des (Konzern-)Lageberichts ist es deshalb möglich, den (Konzern-)Lagebericht in mehrere XHTML-Dateien aufzuteilen, z. B. in eine XHTML-Datei für die finanziellen Informationen und eine weitere XHTML-Datei für die Nachhaltigkeitsberichterstattung. Im Fall einer solchen

---

[14]   Vgl. Bundesanzeiger Verlag, ESEF-Einreichungskriterien, Version 3.3, November 2023.

Aufteilung sind die Vorgaben für das ESEF-Berichtspaket zu beachten, so dass eine geeignete Software die unterschiedlichen XHTML-Dateien im ESEF-Berichtspaket als eine Einheit i. S. e. (Konzern-)Lageberichts als Ganzes interpretiert.

3.3 Zusätzliche maschinenlesbare Auszeichnung auf Basis von iXBRL-Technik

Für ausgewählte Berichtsinformationen im ESEF besteht die Pflicht zur maschinenlesbaren Auszeichnung auf Basis der iXBRL-Technik. Diese zusätzliche „Auszeichnung" ist vergleichbar einer separaten Markierung bzw. Etikettierung, die es geeigneter Software ermöglicht, die Berichtsinformationen spezifisch und zielgenau aus einem im ESEF formatierten Dokument maschinenlesbar als XBRL-Datensatz auszulesen und automatisiert in eine Datenverarbeitung bzw. -analyse zu überführen. 17

Die Auszeichnung erfolgt mithilfe von Auszeichnungselementen im Quellcode einer XHTML-Datei und ist daher nicht unmittelbar menschenlesbar. Für eine menschenlesbare Ansicht der Auszeichnung bedarf es geeigneter Software (Abb. 1). Die Gesamtheit aller zur Auszeichnung vordefinierten Auszeichnungselemente sind in einer **ESEF-Basistaxonomie** (in Abgrenzung zur EU-Taxonomie nach Art. 8 Taxonomie-VO[15] oft auch als *EU digital taxonomy* bezeichnet) vordefiniert und namentlich im ESEF RTS aufgelistet. Für diese vordefinierten Elemente sind in der ESEF-Basistaxonomie zudem ergänzende, semantische Informationen hinterlegt. Z.B. wird für jedes Auszeichnungselement in einer sog. **Linkbase** ein Verweis auf das jeweilige Berichtsregelwerk geführt, der den Anwendungsbereich eines Elements für eine korrespondierende Berichtsangabe konkretisiert. Ebenso enthalten Linkbases die nationalen Übersetzungen der Element-Bezeichnung und können zudem Definitionen enthalten, die den Anwendungsbereich für das Auszeichnungselement weiter konkretisieren. 18

---

[15] Verordnung (EU) 2020/852, ABl. EU v. 22.6.2020, L 198/13 ff.

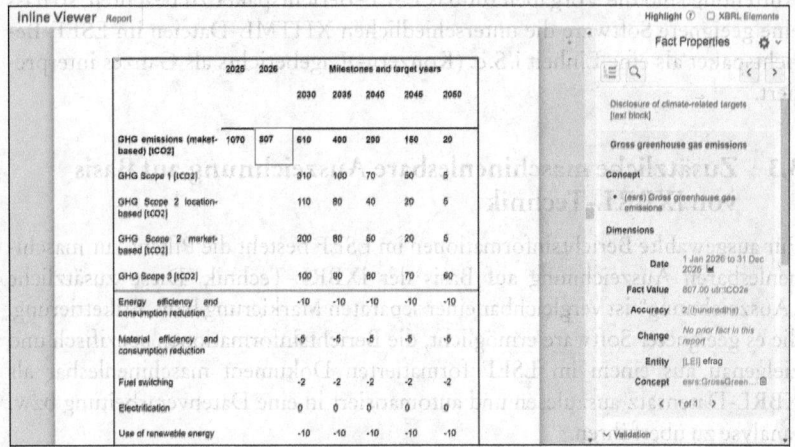

Abb. 1: Beispiel für die maschinenlesbare Auszeichnung einer Angabe gem.
ESRS E1.AR48

Eine Zusatzsoftware zeigt in einer Randleiste (rechts) die Informationen zur
maschinenlesbaren Auszeichnung auf Basis von iXBRL-Technik.

19   Zu beachten ist, dass die Auszeichnungselemente in der ESEF-Basistaxonomie
typisiert vorliegen. Dies impliziert, dass für eine Auszeichnung mit einem
Element die korrespondierende Berichtsangabe in geeigneter Textform im
Bericht vorliegen muss. Z.B. erfordert ein Auszeichnungselement mit einer
numerischen Typisierung grds. eine quantitative Berichtsangabe in numerischer
Textform. Tab. 2 listet gängige Datentypen für Auszeichnungselemente im
Kontext der CSRD-Berichterstattung auf. Einem Auszeichnungselement ist
immer nur ein Datentyp fest zugewiesen, welcher anschließend nicht geändert
werden kann.

20

Typisierung	Erläuterung
textBlock	Auszeichnungselemente mit dieser Typisierung werden regelmäßig zur Auszeichnung von größeren Textabschnitten verwendet, z.B. eines Paragrafen bzw. vollständige (Unter-)Kapitel.
string	Auszeichnungselemente mit dieser Typisierung werden angewendet, um kürzere Text bzw. Textabschnitte auszuzeichnen.
decimal	Auszeichnungselemente mit dieser Typisierung können nur auf numerische Berichtsangaben angewendet werden.

Typisierung	Erläuterung
monetary	Auszeichnungselemente mit dieser Typisierung können nur auf numerische Berichtsangaben angewendet werden, die in einer Währung berichtet werden.
integer	Auszeichnungselemente mit dieser Typisierung können nur für die Auszeichnung von ganzzahligen numerischen Berichtsangaben verwendet werden.
percentage	Auszeichnungselemente mit dieser Typisierung können nur auf numerische Berichtsangaben angewendet werden, die Prozentangaben repräsentieren.
date	Auszeichnungselemente mit dieser Typisierung können nur für die Auszeichnung von Datumsangaben angewendet werden.
boolean	Auszeichnungselemente mit dieser Typisierung können nur zwei Wertausprägungen besitzen („wahr" oder „falsch"). Dies ist z. B. vergleichbar mit einer Checkbox, die ausgewählt bzw. nicht ausgewählt ist.
enumeration	Dieses Auszeichnungselement muss eine Wertausprägung aus einer vorgegebenen Liste enthalten.
enumerationSet	Dieses Auszeichnungselement muss eine Wertausprägung aus einer vorgegebenen Liste enthalten, wobei Mehrfachauswahl möglich ist.

Tab. 2: Auflistung gängiger Datentypen für Auszeichnungselemente

Des Weiteren kann ein Auszeichnungselement zusätzliche, technische Eigen-   **21** schaften besitzen, die primär eine funktionale Bedeutung haben und im ESEF RTS entsprechend erläutert sind. Für eine maschinenlesbare Auszeichnung mit iXBRL-Technik ist es deshalb erforderlich, sich einen Überblick und ein Verständnis zu verschaffen, welche maschinenlesbaren Auszeichnungselemente in der ESEF-Taxonomie zur Verfügung stehen und für welche Berichtsangabe diese in welcher Textform zu nutzen sind. Neben dem ESEF RTS als verbindliche Rechtsquelle kann hierfür auch geeignete Software genutzt werden, die den Inhalt der ESEF-Basistaxonomie strukturiert und durchsuchbar aufbereitet.

4   Maschinenlesbare Auszeichnung für die Nachhaltigkeitsberichterstattung

4.1   Umfang der maschinenlesbaren Auszeichnung

22   Die CSRD sieht eine Auszeichnungspflicht für die gesamte Nachhaltigkeitsberichterstattung im (Konzern-)Lagebericht vor, einschl. der Angaben nach Art. 8 der Taxonomie-VO. Die konkreten Auszeichnungsvorgaben, inkl. Vorgaben zur verpflichtenden Detailtiefe der maschinenlesbaren Auszeichnung, sollen im ESEF RTS rechtlich verankert werden, der hierfür einer noch ausstehenden Überarbeitung bzw. Erweiterung bedarf.

23   Von einer Auszeichnungspflicht grds. ausgenommen sind ESRS-Angaben, die von einem Unternehmen aufgrund des Wesentlichkeitsvorbehalts nicht berichtet werden (punktuelle Ausnahmen von dieser Regelung sind möglich; ESRS 1.25 ff.; → § 3 Rz 61 ff.). Es muss somit nicht explizit maschinenlesbar hinterlegt werden, dass eine Angabepflicht aufgrund von Unwesentlichkeit nicht erfolgt.

4.2   EFRAG-Vorschläge zur CSRD-Erweiterung der ESEF-Taxonomie

24   Im Kontext der noch ausstehenden Überarbeitung des ESEF RTS wurden durch EFRAG zwei ESEF-Taxonomieentwürfe mit konkreten Vorschlägen zum Gesamtumfang der vordefinierten Auszeichnungselemente erarbeitet und konsultiert. Ein Taxonomievorschlag umfasste die Auszeichnungselemente zu den Berichtspflichten gem. ESRS Set 1, während der andere Vorschlag die Auszeichnungselemente zu den Berichtspflichten nach Art. 8 der Taxonomie-VO enthielt. Im Zuge der bei der Konsultation erhaltenen Rückmeldungen veröffentlichte EFRAG im August 2024 einen aktualisierten Vorschlag zur ESRS-Taxonomie.[16]

25   Beiden Taxonomievorschlägen ist zu entnehmen, dass die EFRAG grds. eine hohe Detailtiefe für die Auszeichnung der Nachhaltigkeitsberichterstattung zulässt. Die Anzahl der verfügbaren Auszeichnungselemente zum ESRS Set 1 orientiert sich an der von EFRAG publizierten Hilfestellung bzgl. Anzahl der im ESRS Set 1 enthaltenen Datenpunkte.[17]

26   Gleichwohl enthielten die Vorschläge noch keine Konkretisierung, in welchem Umfang die Auszeichnungselemente verpflichtend oder freiwillig anzuwenden sind. Darüber hinaus ergibt sich für die EFRAG-Vorschläge noch Klärungs-

---

16   EFRAG, Sustainability Reporting XBRL Taxonomies, www.efrag.org/en/projects/esrs-xbrl-taxonomy/exposure-draft-consultation, Abruf 1.8.2024.
17   EFRAG, EFRAG IG 3 – List of ESRS Data Points, Mai 2024; EFRAG, EFRAG IG 3 – List of ESRS datapoints – Explanatory Note, Mai 2024.

bedarf, inwiefern auf eine Detailauszeichnung verzichtet werden kann, wenn keine passenden Auszeichnungselemente in der Taxonomie für die gewählten Darstellungen der Nachhaltigkeitsangaben im (Konzern-)Lagebericht enthalten sind. In Abhängigkeit dieser noch zu klärenden Fragestellung kann sich der Auszeichnungsbedarf im Detailierungsgrad unterscheiden. Dieser Umstand und Klärungsbedarf wird im folgenden Beispiel erläutert.

Musterbeispiel einer Angabe gem. ESRS 2.21(a) und (d)   27

Geschlechtervielfalt der Verwaltungs-, Leitungs- und Aufsichtsorgane

Am 31.12.20XX bestand der Vorstand aus vier Personen, davon zwei Frauen. Über die Zusammensetzung von Vorstand und Aufsichtsrat informieren wir im Abschnitt X in unserem Geschäftsbericht.

Geschlechtervielfalt	Geschäftsführende Mitglieder	Nicht geschäftsführende Mitglieder
Prozentualer Anteil Männer	50	79,5
Prozentualer Anteil Frauen	50	20,5
Prozentualer Anteil Divers	0	0

Die Beispielberichtsangabe adressiert die Anforderung der Nachhaltigkeits-   28
berichterstattung zur Zusammensetzung und Diversität der Mitglieder der Verwaltungs-, Leitungs- und Aufsichtsorgane (ESRS 2.21(a) und (d)), wonach ein Unternehmen die Anzahl der geschäftsführenden und nicht geschäftsführenden Mitglieder angeben und zudem über den prozentualen Anteil nach Geschlecht und anderen Aspekten der Vielfalt berichten muss.

Für die maschinenlesbare Auszeichnung im ESEF wurden im Vorschlag zur   29
ESRS-Taxonomie die folgenden korrespondierenden Auszeichnungselemente für die Vorgaben im ESRS-Regelwerk vordefiniert:

Nr.	Vordefinierte Auszeichnungselemente	Typisierung
1	Information about composition and diversity of members of administrative, management and supervisory bodies [text block]	textBlock
2	Number of executive members	integer
3	Number of non-executive members	integer
4	Percentage of members of administrative, management and supervisory bodies by gender [abstract]	string
5	Percentage of members of administrative, management and supervisory bodies by gender [table]	string
6	Gender [axis]	string
7	Total / all genders / NA [member]	domain
8	Female [member]	domain
9	Male [member]	domain
10	Other than female and male [member]	domain
11	Gender not reported [member]	domain
12	Percentage of members of administrative, management and supervisory bodies by gender [line items]	string
13	Percentage of members of administrative, management and supervisory bodies	percent

Tab. 3: Auflistung der vordefinierten Auszeichnungselemente gem. der von EFRAG konsultierten ESRS-Taxonomie für ESEF

Unter Beachtung der Typisierung der Auszeichnungselemente kann für die 30
beispielhafte Berichtsangabe (Rz 27) das Textblock-Element *„Information*
about composition and diversity of members of administrative, management
and supervisory bodies" (siehe Nr. 1 in Tab. 3) verwendet werden. Da es sich um
ein Textblock-Element handelt, erfolgt die Auszeichnung im ESEF für den
gesamten Textabschnitt.

Die anderen, vordefinierten Auszeichnungselemente (Nr. 2 und 13 in Tab. 3) 31
können aus folgenden Gründen nicht unmittelbar für eine zusätzliche Detailauszeichnung genutzt werden:

* *„Number of executive members"* – dieses Auszeichnungselement besitzt die
  Typisierung „integer" und erfordert deshalb grds. eine Berichtsangabe als
  ganze Zahl (z.B. „4"; nicht aber „vier" als ausgeschriebene Zahlenangabe).
  Aus den Vorschlägen von EFRAG kann noch nicht abgeleitet werden,
  inwiefern ein Unternehmen seine Berichtsangaben an die Typisierung der
  Auszeichnungselemente anzupassen hat.

* *„Percentage of members of administrative, management and supervisory*
  bodies" – dieses Auszeichnungselement kann für das illustrierte Beispiel
  (Rz 27) nicht verwendet werden, da es die kumulierten Prozentangaben der
  Geschlechterverteilung für Verwaltungs-, Leitungs- und Aufsichtsorgane in
  Summe repräsentiert. Eine Aufteilung der Geschlechterverteilung auf geschäftsführende vs. nicht geschäftsführende Mitglieder ist im Taxonomievorschlag nicht enthalten.

Es bleibt abzuwarten, ob und wie in der noch ausstehenden Überarbeitung des 32
ESEF RTS eine Pflichtauszeichnung von einer freiwilligen Auszeichnung für
die Nachhaltigkeitsberichterstattung abgegrenzt wird bzw. ob Unternehmen
die ESEF-Taxonomie um eigene Elemente erweitern müssen.

Bei der Strukturierung der Nachhaltigkeitsberichterstattung ist gleichwohl 33
frühzeitig zu berücksichtigen, welche Implikationen sich aus den strukturellen
Ausgestaltungen der Berichterstattung für den Aufwand zur maschinenlesbaren
Auszeichnung im ESEF ergeben. Die ESRS enthalten keine umfänglichen
Vorgaben zur strukturellen Ausgestaltung der Berichterstattung (Regelungen
in der formellen Darstellung bestehen beispielhaft für die Reihenfolge der
Nachhaltigkeitsberichterstattung, siehe zum Inhalt und Aufbau der Nachhal-
tigkeitsberichterstattung ESRS 1.112ff.). Sollte die Auszeichnungspflicht im
ESEF RTS sehr detailliert festgelegt werden, dürften Anreize für berichtende
Unternehmen bestehen, die Nachhaltigkeitsberichterstattung einer Formblatt-
berichterstattung anzulehnen, um den Auszeichnungsaufwand zu minimieren.
Die Strukturvorgaben für die Formblätter würde **de facto** die ESRS-Taxonomie
für ESEF bereitstellen. EFRAG-Vertreter hatten diesen Sachverhalt thematisiert und darauf hingewiesen, dass ein solcher Formblattansatz (Kosten-)Vor-
teile für eine detaillierte Auszeichnungspflicht impliziert und dies auch ein

Aspekt in der Entwicklung der ESRS-Taxonomie für ESEF war.[18] Inwiefern die Anlehnung an einen Formblattansatz aus Sicht der Informationstheorie vorteilhaft für den Adressaten ist, muss gleichwohl kritisch hinterfragt werden.

5   Zeitlicher Fahrplan zur Erstanwendung

34   Die ESEF-Vorgaben für die Nachhaltigkeitsberichterstattung im (Konzern-)Lagebericht sind gem. RegE zur Umsetzung der CSRD erstmalig von allen Unternehmen für ein nach dem 31.12.2025 beginnendes Geschäftsjahr anzuwenden.[19] Die zeitliche Erstanwendung der ESEF-Vorgaben wird somit entkoppelt von der zeitlich gestaffelten Erstanwendung der Nachhaltigkeitsberichterstattung für unterschiedliche Unternehmenskategorien. Die zeitlich versetzte Erstanwendung der ESEF-Vorgaben soll es den Unternehmen ermöglichen, ihre Berichtsprozesse auf die neuen Formatvorgaben umzustellen.[20]

35   Eine vorzeitige freiwillige Anwendung der ESEF-Vorgaben ist im RegE nicht vorgesehen, so dass im Ergebnis Inlandsemittenten weiterhin den (Konzern-)Lagebericht als Wiedergabe im ESEF zum Zweck der Offenlegung ohne maschinenlesbare Auszeichnung der Nachhaltigkeitsangaben erstellen müssen. Nicht-Inlandsemittenten, die der Pflicht zur Nachhaltigkeitsberichterstattung unterliegen, dürfen die ESEF-Vorgaben bei ihrer Offenlegung nicht freiwillig vorzeitig anwenden.

36   Der Gesetzgeber beabsichtigt zudem, das BMJ per Rechtsverordnung zu ermächtigen, die Auszeichnungsvorgaben für die Nachhaltigkeitsberichterstattung zu einem späteren Zeitpunkt noch näher zu bezeichnen. Ursächlich hierfür ist die notwendige, noch ausstehende Überarbeitung des ESEF RTS zur Ausweitung auf die Nachhaltigkeitsberichterstattung und dessen rechtsverbindliche Indossierung als Delegierte Verordnung durch die EU-Kommission.

6   ESEF als Aufstellungsformat

37   Eine erhebliche Zäsur, verbunden mit absehbarem Klärungsbedarf zu den rechtlichen Implikationen, ergibt sich aus den Ausführungen des Gesetzgebers im RegE, wonach die Aufstellung von (Konzern-)Lageberichten für nach dem 31.12.2025 beginnende Geschäftsjähre im ESEF erfolgen muss (ESEF als Aufstellungsformat). Der Gesetzgeber folgt in seiner Wortwahl der CSRD, wonach

---

18   Vgl. EFRAG, Draft ESRS Set 1 XBRL Taxonomy – Explanatory Note and Basis for Conclusions, Tz. 44 ff., Februar 2024.
19   Abs. 7 des Art. zur Einzelrechnungslegung und Abs. 6 des Art. zur Konzernrechnungslegung im EGHGB-E.
20   BMJ, RegE eines CSRD-Umsetzungsgesetzes, Begründung zu Abs. 7 des Art. zur Einzelrechnungslegung.

er (Konzern-)Lagebericht im ESEF „aufzustellen" ist[21] und führt explizit aus, dass eine „Offenlegungslösung" für die ESEF-Vorgaben nicht im Einklang mit den CSRD-Vorgaben steht.[22] Mit dem Begriff „Offenlegungslösung" wird auf den Sachverhalt abgestellt, dass die Formatvorgaben nur auf die Wiedergaben der aufgestellten Rechnungslegungsunterlagen anzuwenden sind, die zum Zweck der Offenlegung erstellt werden.

Aus Sicht der technischen Erstellung einer Rechnungslegungsunterlage im ESEF ergibt sich grds. kein Unterschied zwischen einem Aufstellungsformat in Abgrenzung zu einer Formatierungsvorgabe zum Zweck der Offenlegung. An den Prozess der Aufstellung knüpfen gleichwohl Rechtsfolgen und -pflichten, die bedeutsame Implikationen und Klärungsbedarfe begründen können. Z.B. bleibt im RegE **unklar**, welche **Rechtsfolgen** sich für die Feststellung von Jahresabschluss bzw. Billigung des Konzernabschlusses ergeben können, wenn bei der gesetzlichen (Konzern-)Abschlussprüfung wesentliche Beanstandungen bzgl. der Einhaltung der ESEF-Vorgaben, inkl. der maschinenlesbaren Auszeichnung, für den (Konzern-)Lagebericht vorliegen. Des Weiteren bleibt unklar, wie im Bedarfsfall eine Schriftform oder die elektronische Form durch eine **qualifizierte elektronische Signierung** für im ESEF aufgestellte Rechnungslegungsunterlagen umgesetzt werden kann. **38**

Ungeklärt verbleibt zudem, inwiefern zusätzlicher **Handlungsbedarf für Kontrollgremien** bei der Überwachung des Rechnungslegungsprozesses entsteht, sofern die Aufstellung im ESEF erfolgt. Z.B. wird gegenwärtig für die Offenlegung der Wiedergaben von Jahresabschluss und Lagebericht und Konzernabschluss und Konzernlagebericht im ESEF dem Aufsichtsrat eine Überwachungsfunktion bzgl. des Prozesses zur Erstellung der Rechnungslegungsunterlagen im ESEF zugesprochen.[23] Für den Fall der Aufstellung von Rechnungslegungsunterlagen im ESEF dürfte sich der Aufgabenbereich erweitern, da dem Aufsichtsrat eine Prüfungspflicht bzgl. der Aufstellung des (Konzern-)Lageberichts im ESEF inkl. der maschinenlesbaren Auszeichnung der Nachhaltigkeitsangaben zukäme.[24] **39**

Vor dem Hintergrund der offenen Fragestellungen bleibt abzuwarten, ob der Gesetzgeber sich noch im laufenden Gesetzgebungsverfahren zur Umsetzung der CSRD-Vorgaben dieser Klärungsbedarfe für eine Aufstellungslösung annimmt oder zur Klärung auf anderem Weg bis zur Erstanwendung der ESEF-Vorgaben beiträgt. **40**

---

21 Art. 29d EU-Bilanz-RL; §§ 289g und 315e HGB-E.
22 BMJ, RegE eines CSRD-Umsetzungsgesetzes, Begründung zu § 289g S. 1 HGB-E.
23 Vgl. IDW PS 410, Tz. 75(b).
24 BMJ, RegE eines CSRD-Umsetzungsgesetzes, Begründung zu § 107 Abs. 3 S. 2 AktG-E.

7 Fazit

41 Gemeinsam mit der inhaltlichen Erweiterung des (Konzern-)Lageberichts um eine Nachhaltigkeitsberichterstattung wird ESEF als elektronische Formatvorgabe verpflichtend eingeführt, die auch eine Auszeichnungspflicht vorsieht. Zudem soll die Möglichkeit für eine freiwillige Anwendung des ESEF für alle anderen gesetzlich geforderten Rechnungslegungsunterlagen mit Offenlegungspflicht verankert werden.

42 Mit ESEF stehen der Berichterstattung grds. die redaktionellen Gestaltungsmittel zur Verfügung, die auch für die Anzeige von Berichtsinhalten als Webseite in einem Web-Browser genutzt werden können. Zu beachten ist, dass ESEF als Weblayout-Format sich von klassischen Print-Formaten unterscheidet. Insbes. eine Form der Paginierung von Berichtsinhalten erfolgt regelmäßig durch Aufteilung auf mehrere XHTML-Dateien.

43 Die Pflicht zur Aufstellung des (Konzern-)Lageberichts im ESEF inkl. der maschinenlesbaren Auszeichnung der Nachhaltigkeitsangaben ist nach dem RegE eines Gesetzes zur Umsetzung der CSRD erstmalig für ein ab dem 1.1.2026 beginnendes Geschäftsjahr zu beachten. Für eine maschinenlesbare Auszeichnung muss zunächst der ESEF RTS inhaltlich angepasst und in Form einer Aktualisierung als Delegierter Rechtsakt durch die EU-Kommission indossiert werden.

Literaturtipps

- Bundesanzeiger Verlag, ESEF-Einreichungskriterien, Version 3.3, November 2023, https://publikations-plattform.de/sp/i18n/doc/ESEF_Einreichungkriterien_Standards_de.pdf?document=D254&language=de, Abruf 1.8.2024
- EFRAG, Digital tagging with XBRL taxonomies, August 2024, www.efrag.org/en/sustainability-reporting/esrs-workstreams/digital-tagging-with-xbrl-taxonomies, Abruf 1.9.2024
- EFRAG, Draft ESRS Set 1 XBRL Taxonomy – Explanatory Note and Basis for Conclusions, Februar 2024, https://xbrl.efrag.org/downloads/Draft-ESRS-Set1-XBRL-Taxonomy-Explanatory-Note-and-Basis-for-Conclusions.pdf, Abruf 1.8.2024
- EFRAG, EFRAG IG 3 – List of ESRS Data Points, Mai 2024, https://efrag.sharefile.com/share/view/s6e410fb208aa4685bf9c482ee405f48d/foa75419-44c9-4081-85a5-43217a6e8732, Abruf 1.8.2024
- EFRAG, EFRAG IG 3 – List of ESRS datapoints – Explanatory Note, Mai 2024, www.efrag.org/sites/default/files/sites/webpublishing/SiteAssets/EFRAG%20IG%203%20List%20of%20ESRS%20Data%20Points%20-%20Explanatory%20Note.pdf, Abruf 1.8.2024
- ESMA, ESEF Reporting Manual, Update Juli 2024, www.esma.europa.eu/sites/default/files/library/esma32-60-254_esef_reporting_manual.pdf, Abruf 1.8.2024

NACHHALTIGKEITSBERICHTERSTATTUNG VON KMU

§ 30 Europäische Standards für die Nachhaltigkeitsberichterstattung von KMU

Vorbemerkung

Kleine und mittelgroße Unternehmen (KMU) befassen sich zunehmend mit Aspekten der Nachhaltigkeit ihrer Geschäftstätigkeit, damit verbunden sind Fragen zur Berichterstattung darüber. Diese ist für wenige KMU aufgrund der CSRD verpflichtend. Für potenziell Tausende KMU ist die freiwillige Nachhaltigkeitsberichterstattung Bestandteil von Geschäftsbeziehungen oder intrinsisch motiviert. EFRAG hat im Auftrag der EU-Kommission zwei Entwürfe für Standards für die (verpflichtende und freiwillige) Nachhaltigkeitsberichterstattung von KMU vorgelegt, die im Folgenden dargestellt werden.

1   Einführung

1   Mit der am 5.1.2023 in Kraft getretenen Corporate Sustainability Reporting Directive (CSRD) werden neben haftungsbeschränkten großen Unternehmen sowie bestimmten Kreditinstituten und Versicherungen u.a. auch **kleine und mittelgroße Unternehmen (KMU) zur Nachhaltigkeitsberichterstattung verpflichtet,** deren übertragbare Wertpapiere – sowohl Eigenkapital- als auch Fremdkapitalpapiere – zum Handel an einem geregelten Markt eines EU-Mitgliedstaats zugelassen sind.[1] Lediglich Kleinstunternehmen sind hiervon ausgenommen, auch wenn sie kapitalmarktorientiert sind. Nach einer Analyse von EFRAG fallen in Deutschland rund 145 KMU unter die nachhaltigkeitsbezogenen Berichtspflichten – ohne Kreditinstitute und Versicherungsunternehmen.[2] Darüber hinaus fallen gem. EFRAG ca. 1.000 kleine und nicht komplexe Institute (sog. *small and non-complex institutions* – kurz: **SNCI**) sowie bestimmte firmeneigene Versicherungsunternehmen und firmeneigene Rückversicherungsunternehmen (Rz 11 ff.) in den Anwendungsbereich der CSRD.[3]

2   Zwar sind **kapitalmarktorientierte** Unternehmen nach den Regelungen des Art. 40 Bilanz-RL n.F. stets als große Unternehmen zu behandeln. Die Kom-

---

[1]   Vgl. zum Anwendungsbereich der CSRD ausführlich Fink/Schmidt, KoR 2023, S. 105 ff.
[2]   Vgl. EFRAG SRB-Sitzung v. 28.6.2023, Sitzungsunterlage 03-02, Rz. 16, https://efrag-website.azurewebsites.net/Assets/Download?assetUrl=%2Fsites%2Fwebpublishing%2FMeeting%20Documents%2F2302241016087987%20F03-02%20Input%20Paper%20basis%20conclusion%20draft%20LSME.pdf&AspxAutoDetectCookieSupport=1, Abruf 1.8.2024. Allerdings enthält diese Übersicht auch solche KMU, die lediglich im Freiverkehr und nicht im geregelten Markt gehandelt werden. Am geregelten Markt sind in Deutschland ca. 50 KMU zugelassen.
[3]   Vgl. EFRAG SRB-Sitzung v. 28.6.2023, Sitzungsunterlage 03-02, Rz. 18.

mission stellt jedoch in ihren Erwägungsgründen zur CSRD klar, dass kapitalmarktorientierte Unternehmen „für die Zwecke der Anwendung der Anforderungen an die Nachhaltigkeitsberichterstattung nicht als große Unternehmen behandelt werden"[4] sollen. In der Folge dürfen kapitalmarktorientierte KMU, aber auch berichtspflichtige SNCI sowie firmeneigene Versicherungs- und Rückversicherungsunternehmen nach speziellen Vorgaben für die Nachhaltigkeitsberichterstattung von KMU Bericht erstatten. Der dafür von EFRAG zu entwickelnde Standard soll mit Blick auf Ressourcen und Kapazitäten dieser Unternehmen verhältnismäßig sein und auch dem Umfang und der Komplexität ihrer Geschäftstätigkeit Rechnung tragen.

Im Gegensatz zu kapitalmarktorientierten KMU fallen **nicht kapitalmarktorientierte KMU** nicht in den Anwendungsbereich der CSRD und sind somit auch **nicht zur Nachhaltigkeitsberichterstattung verpflichtet.** Faktisch werden diese KMU aber häufig von Kunden, Kreditgebern oder sonstigen Geschäftspartnern zur Bereitstellung von Nachhaltigkeitsinformationen verpflichtet, oder diese KMU möchten derartige Informationen aufgrund intrinsischer Motive freiwillig veröffentlichen. Insgesamt ist davon auszugehen, dass künftig auch ein Großteil der nicht kapitalmarktorientierten KMU in Deutschland Nachhaltigkeitsinformationen für verschiedene Stakeholder aufbereitet wird.[5] Auch diesen Unternehmen soll gem. CSRD daher die Möglichkeit gegeben werden, sich bei ihrer Nachhaltigkeitsberichterstattung nach einem Standard zu richten, der zum einen an den **Informationsbedürfnissen der Stakeholder** dieser Unternehmen ausgerichtet ist, zum anderen die Verhältnismäßigkeit mit Blick auf Kapazitätsgrenzen und Ressourcennutzung bei der Berichterstellung wahrt.[6]

3

Vor diesem Hintergrund hat EFRAG **zwei** unterschiedliche **Standards** für die KMU-Nachhaltigkeitsberichterstattung erarbeitet, um sowohl den Bedürfnissen berichtspflichtiger KMU, SNCI sowie firmeneigener Versicherungs- und Rückversicherungsunternehmen als auch denen der nicht berichtspflichtigen KMU Rechnung zu tragen. Dafür hat EFRAG am 22.1.2024 die Entwürfe für zwei europäische Standards für die Nachhaltigkeitsberichterstattung von KMU veröffentlicht. Zum einen ist dies der Entwurf (*Exposure Draft*, ED) eines *ESRS for listed small- and medium-sized enterprises* (**ED ESRS LSME**). Dieser soll die Berichtspflichten für kapitalmarktorientierte KMU sowie berichtspflichtige SNCI und firmeneigene Versicherungs- und Rückversicherungsunternehmen regeln. Diese Berichtspflichten gelten nach Art. 5 Abs. 2 Buchst. c CSRD grds. erstmals für Geschäftsjahre, die ab dem 1.1.2026 beginnen (siehe zu einer *Opt-out*-Regelung für kapitalmarktorientierte KMU für zwei Jahre Rz 15). Zum anderen wurde der Entwurf eines *Voluntary ESRS for non-listed small-*

4

---

4 CSRD, Erwägungsgrund 17.
5 Vgl. Beiersdorf/Lanfermann, DB 2024, S. 2.
6 Vgl. CSRD, Erwägungsgrund 21.

and medium-sized enterprises (**ED ESRS VSME**) erarbeitet. Dieser soll für die nicht in den Anwendungsbereich der CSRD fallenden – also alle nicht kapitalmarktorientierten – KMU sowie Kleinstunternehmen die Grundlage für die Erstellung eines freiwilligen Nachhaltigkeitsberichts sein. Mit dem künftigen ESRS VSME soll die freiwillige Bereitstellung von Nachhaltigkeitsinformationen einer Vielzahl nicht berichtspflichtiger KMU harmonisiert und den Informationsbedürfnissen verschiedener Stakeholder-Gruppen entsprochen werden. Auf diese Weise erhofft sich EFRAG, dass individuelle Abfragen von Nachhaltigkeitsinformationen bei nicht berichtspflichtigen KMU insbes. durch unterschiedliche Anspruchsgruppen schlussendlich weitgehend obsolet werden.[7]

5   Die Standardentwürfe konnten seitens der interessierten Öffentlichkeit bis zum 21.5.2024 **kommentiert** werden. Darüber hinaus wurde die Eignung der Standardentwürfe für eine KMU-Nachhaltigkeitsberichterstattung durch die testweise Anwendung durch KMU (sog. *Field Tests*) untersucht und die Akzeptanz der gem. ESRS LSME und ESRS VSME bereitgestellten Nachhaltigkeitsangaben bei den Nutzern dieser Nachhaltigkeitsinformationen abgefragt.

2   ESRS für die verpflichtende Anwendung durch kapitalmarktorientierte KMU (ESRS LSME)

2.1   Hintergründe und Zielsetzung

6   Bei der CSRD handelt es sich um eine **Rahmenrichtlinie** zur Nachhaltigkeitsberichterstattung der Unternehmen, deren inhaltliche Detailausgestaltung über Berichtsstandards erfolgt. Mit Art. 29b, 29c Bilanz-RL n.F. wird die EU-Kommission dazu ermächtigt, Standards für die Nachhaltigkeitsberichterstattung (Art. 29b) und für die Nachhaltigkeitsberichterstattung für KMU (Art. 29c) – in Form von European Sustainability Reporting Standards (ESRS) – mittels delegierter Rechtsakte zu erlassen. Diese **delegierten Rechtsakte** gelten für die berichtspflichtigen Unternehmen unmittelbar, einer Umsetzung in nationales Recht bedarf es nicht. Die Erarbeitung der ESRS erfolgt gem. Art. 49 Abs. 3b Bilanz-RL n.F. durch EFRAG, die anhand eines definierten Verfahrens Vorschläge für die ESRS ausarbeitet. Diese Vorschläge werden von der EU-Kommission als fachliche Stellungnahmen berücksichtigt. Der Erlass solcher fachlichen Stellungnahmen als delegierte Rechtsakte liegt in der Verantwortung der EU-Kommission (→ § 1 Rz 12 ff.). Nach Art. 29c Bilanz-RL n.F. hat die EU-Kommission auch einen delegierten Rechtsakt zur Ergänzung und Konkretisierung der CSRD um einen Standard für die Nachhaltigkeitsberichterstattung für berichtspflichtige KMU zu erlassen.

---

[7]   Vgl. Beiersdorf/Lanfermann, DB 2024, S. 3.

Mit Blick auf die verpflichtende Nachhaltigkeitsberichterstattung von KMU   7
stellt die CSRD zunächst klar, dass kapitalmarktorientierte Unternehmen bzgl.
der Anwendung der Anforderungen an die Nachhaltigkeitsberichterstattung
nicht per se als große Unternehmen behandelt werden sollen.[8] Entsprechend
soll kapitalmarktorientierten KMU sowie berichtspflichtigen SNCI und fir-
meneigenen Versicherungs- bzw. Rückversicherungsunternehmen mit dem
künftigen ESRS LSME die Möglichkeit eröffnet werden, bei der Bereitstellung
von Nachhaltigkeitsinformationen einen Berichtsstandard anzuwenden, der „in
einem **angemessenen Verhältnis zu ihren Kapazitäten und Ressourcen"**
steht „und dem Umfang und der Komplexität ihrer Tätigkeiten" entspricht.[9]
Eine Verpflichtung zur Anwendung des künftigen ESRS LSME durch diese
Unternehmen besteht jedoch nicht, Art. 19a Abs. 6 Bilanz-RL n.F. formuliert
diese Möglichkeit ausdrücklich als Wahlrecht. Folglich können berichtspflichtige KMU, SNCI sowie firmeneigene Versicherungs- und Rückversicherungsunternehmen ihre Nachhaltigkeitsberichte auch nach den umfangreicheren
Vorgaben der ESRS Set 1 erstellen.

Das grds. Erfordernis der Ausarbeitung von Anforderungen an die Nachhaltig-   8
keitsberichterstattung für berichtspflichtige KMU wird im Einklang mit den
Zielen des Aktionsplans für eine Kapitalmarktunion aus dem Jahr 2020 auch
damit begründet, dass für KMU durch eine strukturierte und standardisierte
Nachhaltigkeitsberichterstattung der **Zugang zum Kapitalmarkt erhalten
bleibt** oder gar verbessert wird.[10] Die Berichterstattung anhand eines künftigen
ESRS LSME soll folglich einer potenziellen Diskriminierung kapitalmarktorientierter KMU durch die Finanzmarktteilnehmer entgegenwirken (ED
ESRS LSME.BC16). Überdies benötigen Finanzmarktteilnehmer bestimmte
Informationen zu Nachhaltigkeitsaspekten, um ihren **eigenen nachhaltigkeitsbezogenen Offenlegungspflichten** in Bezug auf die Unternehmen, in die sie
investieren, nachkommen zu können.[11] Entsprechend wird erwartet, dass mit
einem künftigen ESRS LSME die Bereitstellung solcher Informationen, z.B.
principal adverse impact (PAI)-Angaben oder Taxonomiequoten, seitens der
berichtspflichtigen Unternehmen sichergestellt wird. PAI-Indikatoren sind
gem. der Offenlegungsverordnung (EU) 2019/2088 die Grundlage für bestimmte Angaben von Finanzinstitutionen zu deren Investitionen, um mögliche

---

[8] Zur Begründung vgl. CSRD, Erwägungsgrund 17. Demnach legen Änderungen der Art. 19a, 29a
   Bilanz-RL n.F. ausdrücklich den Anwendungsbereich der Berichtspflichten unter Bezugnahme
   auf die Definitionen und Größenklassen in Art. 2, 3 Bilanz-RL n.F. fest. Sie vereinfachen oder
   ändern folglich keine andere Anforderung, und die in Art. 40 Bilanz-RL n.F. vorgesehene
   Einschränkung etwaiger Befreiungen für kapitalmarktorientierte Unternehmen findet somit
   keine Anwendung.
[9] CSRD, Erwägungsgrund 21.
[10] Vgl. EU-Kommission, Eine Kapitalmarktunion für die Menschen und Unternehmen – neuer
   Aktionsplan, COM(2020) 590 final v. 24.9.2020.
[11] Vgl. CSRD, Erwägungsgrund 21.

nachteilige Auswirkungen auf Nachhaltigkeitsaspekte aufzuzeigen. Sie sind damit ein wichtiger Bestandteil der Informationsbedarfe an die Nachhaltigkeitsberichterstattung von KMU.[12]

9   Dem künftigen ESRS LSME kommt zudem die sog. *Value Chain Cap*-Funktion i.S.d. Art. 29b Abs. 4 Bilanz-RL n.F. zu. Danach dürfen die ESRS Set 1 keine Angaben fordern, die ein nach ESRS Set 1 berichtspflichtiges Unternehmen dazu verpflichten würden, Informationen von KMU in ihrer Wertschöpfungskette einzuholen, die über den für KMU verpflichtenden Berichtsumfang gem. dem künftigen ESRS LSME hinausgehen. Damit soll dem Umstand Rechnung getragen werden, dass Unternehmen Nachhaltigkeitsinformationen entlang ihrer Wertschöpfungskette nicht immer problemlos einholen können. Als problematisch erweist sich v.a. die Datenabfrage bei nicht nach den Vorgaben der CSRD berichtspflichtigen Unternehmen oder Lieferanten aus Schwellenländern und aufstrebenden Märkten.[13] Folglich kann sich die inhaltliche Ausgestaltung des künftigen ESRS LSME grds. auch unmittelbar auf bestimmte Berichtspflichten der ESRS Set 1 auswirken.

10   Der ESRS LSME verfolgt unter Berücksichtigung dieser *Value Chain Cap*-Funktion das Ziel, die Nachhaltigkeitsinformationen **festzulegen**, die berichtspflichtige KMU, SNCI und firmeneigene Versicherungs- und Rückversicherungsunternehmen in ihren Nachhaltigkeitsberichten offenzulegen haben, wenn sie sich für die Erstellung eines solchen nach dem künftigen ESRS LSME entscheiden (ED ESRS LSME.1).

2.2 Anwendungsbereich und -zeitpunkt

11   Nach Art. 3 Abs. 2, 3 Bilanz-RL n.F. sind als KMU Unternehmen definiert, die an zwei aufeinander folgenden Abschlussstichtagen mind. zwei der drei **Größenmerkmale** für kleine oder mittelgroße Unternehmen erfüllen:[14]

---

12 Vgl. DRSC/RNE, Einschätzung der Principal Adverse Impact Indicators durch die DRSC/RNE-Pilotgruppe „KMU-Reporting", 2024, S. 2.
13 Vgl. auch CSRD, Erwägungsgrund 53.
14 Die folgende Tabelle enthält die angepassten Schwellenwerte, wie sie mit der delegierten Richtlinie (EU) 2023/2775 v. 17.10.2023 erlassen und vom Deutschen Bundestag am 22.2.2024 mit dem Zweiten Gesetz zur Änderung des DWD-Gesetzes sowie zur Änderung handelsrechtlicher Vorschriften verabschiedet wurden. Der Bundesrat hat das Gesetz am 22.3.2024 gebilligt.

	Kleinst-unter-nehmen	Kleine Unter-nehmen	Mittelgroße Unter-nehmen	Große Unter-nehmen
Bilanzsumme	≤ 450.000 EUR	≤ 7.500.000 EUR	≤ 25.000.000 EUR	> 25.000.000 EUR
Umsatzerlöse	≤ 900.000 EUR	≤ 15.000.000 EUR	≤ 50.000.000 EUR	> 50.000.000 EUR
Mitarbeitende	≤ 10	≤ 50	≤ 250	> 250

Tab. 1: Bilanzrechtliche Größenklassen

Für kleine und mittelgroße Gruppen werden gem. Art. 3 Abs. 5–7 Bilanz-RL n. F. die gleichen Schwellenwerte festgelegt. Die Unterscheidung zwischen kleinen und mittelgroßen Unternehmen bzw. Gruppen hat für die Anwendung der Normen der CSRD auf KMU keine Relevanz. Der deutsche Gesetzgeber hat diese Schwellenwerte für Kapitalgesellschaften und ihnen gleichgestellte haftungsbeschränkte Personenhandelsgesellschaften in §§ 267, 267a HGB übernommen. Allerdings verwundert es, dass nach dem Regierungsentwurf des CSRD-Umsetzungsgesetzes (CSRD-UmsG) Genossenschaften einer Pflicht zur Nachhaltigkeitsberichterstattung nur unterliegen, wenn sie bilanzrechtlich groß sowie kapitalmarktorientiert sind und im Jahresdurchschnitt mehr als 500 Arbeitnehmer beschäftigen (§ 336 Abs. 2 Satz 1 Nr. 2a HGB-E). Zudem sollen nach diesem Gesetzesentwurf, anders als bei anderen Berichtspflichten, die Regelungen zur Nachhaltigkeitsberichterstattung nicht auch auf Unternehmen ausgeweitet werden, die den Berichtspflichten des PublG unterliegen.[15]

Allerdings greift die Berichtspflicht nach Art. 19a Abs. 1 Bilanz-RL n. F. für KMU nur, wenn diese auch **kapitalmarktorientiert** sind. Kleinstunternehmen sind – unabhängig von einer etwaigen Kapitalmarktorientierung – vom Anwendungsbereich der CSRD ausgenommen. Die Begrenzung des Anwendungsbereichs auf kapitalmarktorientierte KMU ergibt sich daraus, dass für die Nachhaltigkeitsberichterstattung von KMU auf Unternehmen „von öffentlichem Interesse i. S. v. Art. 2 Nr. 1 lit. a" Bilanz-RL n. F. referenziert wird. Entsprechend sind davon nur solche KMU betroffen, deren übertragbare Wertpapiere – sowohl Eigenkapital- als auch Fremdkapitalpapiere – zum Handel an einem geregelten Markt eines EU-Mitgliedstaats zugelassen sind. Der Verweis auf Art. 2 Nr. 1 Buchst. b–d Bilanz-RL n. F. unterbleibt hingegen, so dass die dort definierten KMU von öffentlichem Interesse auch nicht in den Anwendungsbereich des Art. 19a Abs. 1 Bilanz-RL n. F. fallen. Folglich sind auch bilanzrechtlich kleine und mittelgroße Kreditinstitute und Versicherungsunterneh-

12

---

[15] Vgl. Fink/Schmidt, KoR 2024, S. 230.

men – nach dem Größenklassenverständnis des Art. 3 Abs. 2, 3 Bilanz-RL n. F.
– nur dann berichtspflichtig, wenn diese kapitalmarktorientiert sind.

13   Daneben können nach Art. 19a Abs. 6 Bilanz-RL n. F. aber auch SNCI gem.
Art. 4 Abs. 1 Nr. 145 der Kapitaladäquanzverordnung (EU) 575/2013 sowie
firmeneigene Versicherungs- und Rückversicherungsunternehmen i. S. d. Solva-
bilitäts-Richtlinie 2009/138/EG die reduzierten Berichtsanforderungen des
Art. 19a Abs. 6 Bilanz-RL n. F. bei der Erstellung ihres Nachhaltigkeitsberichts
in Anspruch nehmen, wenn sie zwar bilanzrechtlich als große Unternehmen
qualifizieren, **aufsichtsrechtlich jedoch als klein** gelten.[16] Damit eröffnet der
Richtliniengeber diesen Unternehmen Vereinfachungsmöglichkeiten auch abseits der bilanzrechtlichen Größenkriterien und trägt dem Proportionalitäts-
gedanken i. S. d. Spezifika von Unternehmen der Finanzwirtschaft Rechnung.[17]
Diskutiert wird allerdings, ob SNCI mit nicht konsolidierten Tochterunternehmen überhaupt in den Anwendungsbereich dieser KMU-Standards fallen oder
stattdessen die ESRS Set 1 zur Erstellung eines Konzernnachhaltigkeitsberichts
anwenden müssen. Jedoch sollte die Pflicht zur Erstellung eines Nachhaltigkeitsberichts gem. ESRS Set 1 nicht an das bloße Vorhandensein von Konzernstrukturen, sondern an das Vorliegen der Verpflichtung zur Aufstellung eines
solchen Konzernnachhaltigkeitsberichts geknüpft sein. Dies ist bei sowohl
finanziell als auch aus Nachhaltigkeitssicht unwesentlichen Tochterunternehmen **nicht** der Fall. In diesen Fällen wäre daher ein Nachhaltigkeitsbericht auf
Einzelunternehmensebene zu erstellen, so dass das Wahlrecht der Anwendung
des ESRS LSME einschlägig wäre. Diese Auffassung hat die EU-Kommission in
den im August 2024 veröffentlichten FAQ (Frage 10) bestätigt.[18]

14   Kapitalmarktorientierte KMU sowie berichtspflichtige SNCI und firmeneigene
Versicherungs- und Rückversicherungsunternehmen (im Folgenden verein-
fachend: LSME-Unternehmen[19]) haben die Vorgaben der CSRD nach Art. 5
Abs. 2 Buchst. c CSRD erstmalig für Geschäftsjahre anzuwenden, die ab dem
1.1.2026 beginnen. In praxi können sich jedoch insbes. solche SNCI, die bereits
zur Erstellung einer nichtfinanziellen Erklärung gem. CSR-RUG verpflichtet
sind, bislang unbeantworteten Anwendungsfragen gegenübersehen. Für diese
Unternehmen wurde in den FAQ (Frage 7) der EU-Kommission klargestellt,
dass sie bis zum Geschäftsjahr 2026 (erstmalige Anwendung) nach der NFRD
berichten. Zwar haben Unternehmen, die bereits in den Anwendungsbereich
der ursprünglichen CSR-RL 2014/95/EU bzw. des CSR-RUG fallen und eine

---

16 Vgl. so auch Beiersdorf/Fink/Schmotz, BB 2023, S. 2347.
17 Vgl. Schriever/Herfurth, WPg 2023, S. 873.
18 Siehe https://finance.ec.europa.eu/document/download/c4e40e92-8633-4bda-97cf-0af13e70bc3f_en?
    filename=240807-faqs-corporate-sustainability-reporting_en.pdf, Abruf 1.9.2024.
19 Der Begriff schließt – wenn es nicht um den verpflichtenden Anwendungsbereich des künftigen
    ESRS LSME geht – auch Unternehmen ein, die freiwillig nach dem ESRS LSME berichten.

nichtfinanzielle Erklärung erstellen müssen, die Vorgaben der CSRD erstmalig für Geschäftsjahre anzuwenden, die ab dem 1.1.2024 beginnen. In der Folge wäre zunächst von einer verpflichtenden Anwendung der ESRS Set 1 auszugehen. Da Art. 19a Abs. 6 Bilanz-RL n.F. für SNCI jedoch die grds. und zeitlich nicht auf einen Zeitraum ab 2026 begrenzte Möglichkeit vorsieht, bei der Erstellung ihres Nachhaltigkeitsberichts die reduzierten Berichtsanforderungen des Art. 19a Abs. 6 Bilanz-RL n.F. – konkretisiert durch den künftigen ESRS LSME – anzuwenden, ist dieser nach der hier vertretenen Auffassung mit dem delegierten Rechtsakt der EU-Kommission unmittelbar von den bereits berichtspflichtigen SNCI anwendbar. Alternativ können diese Unternehmen weiterhin die bisherige Berichterstattung fortführen, bis der ESRS LSME finalisiert ist.

Für kapitalmarktorientierte KMU besteht gem. Art. 19a Abs. 7 Bilanz-RL n.F. **15** darüber hinaus die Möglichkeit, bis zu **zwei Jahre** lang auf die Aufnahme von Nachhaltigkeitsinformationen in ihren Lagebericht zu **verzichten** (sog. *Opt-out*-Möglichkeit). Allerdings ist in diesen Fällen im Lagebericht anzugeben, warum kein Nachhaltigkeitsbericht (als Bestandteil des Lageberichts) vorgelegt wurde. Da Art. 19a Abs. 7 Bilanz-RL n.F. ausschl. auf kapitalmarktorientierte KMU Bezug nimmt, SNCI sowie firmeneigene Versicherungs- und Rückversicherungsunternehmen jedoch nicht erwähnt werden, gilt die *Opt-out*-Regelung ausschl. für kapitalmarktorientierte KMU.

Die Pflicht zur Nachhaltigkeitsberichtserstattung für LSME-Unternehmen be- **16** steht lediglich auf **Einzelunternehmensebene**. Eine verpflichtende Konzernnachhaltigkeitsberichterstattung (bzw. konsolidierte Nachhaltigkeitsberichterstattung) gilt dagegen nur für Mutterunternehmen großer Gruppen. Dies ergibt sich daraus, dass in Art. 29a Bilanz-RL n.F. – anders als in Art. 19a Bilanz-RL n.F. – nicht auf LSME-Unternehmen eingegangen wird. Darüber hinaus werden auch die Vereinfachungsregelungen für LSME-Unternehmen, die in Art. 19a Abs. 6 Bilanz-RL n.F. für die Nachhaltigkeitsberichte von KMU auf Einzelunternehmensebene ausdrücklich verankert sind, nicht in Art. 29a Bilanz-RL n.F. für die Konzernnachhaltigkeitsberichterstattung nachvollzogen. Schließlich begrenzt auch der ED ESRS LSME die Berichtspflichten von LSME-Unternehmen auf die Einzelunternehmensebene (ED ESRS LSME.3, der von *„individual sustainability statement"* spricht).[20] Eine Folgewirkung hieraus ist, dass im ED ESRS LSME Tochterunternehmen unter bestimmten Voraussetzungen als Akteure in der Wertschöpfungskette zu berücksichtigen sind (Rz 32).

Allerdings ist davon auszugehen, dass die (Einzel-)Nachhaltigkeitsberichte ge- **17** rade kapitalmarktorientierter KMU meist **wenig Aussagekraft** haben dürften. Dies liegt darin begründet, dass in diesem Kontext oftmals Konzernstrukturen vorherrschen und der Informationsnutzen für die Stakeholder des Nachhaltig-

---

[20] So auch ED ESRS LSME.BC6, der von *„sustainability statements on an individual basis"* spricht.

keitsberichts faktisch aus der Einbettung des KMU in die Unternehmensgruppe und somit einem einzelgesellschaftsübergreifenden Einblick in die nachhaltig-keitsbezogenen Auswirkungen und Risiken der wirtschaftlichen Tätigkeiten der Gruppe erwachsen dürfte. Im Kontext der Aussagekraft eines Nachhaltigkeits-berichts nach dem künftigen ESRS LSME ist zudem anzumerken, dass der ED ESRS LSME einem sektoragnostischen Ansatz folgt. Der Entwurf enthält somit – zunächst – keine Vorgaben zu sektorspezifischen Angabepflichten. Allerdings wird bei der Konsultation des ED ESRS LSME auch die Frage aufgeworfen, wie Anforderungen im Hinblick auf sektorspezifische Aspekte künftig im ESRS LSME eingebettet werden sollen (z. B. KMU-spezifische Sektoranforderungen oder Verweis auf die Sektorstandards für große, gem. ESRS Set 1 berichtspflich-tige Unternehmen).

18   Eine mögliche Folge aus den beschriebenen Einschränkungen der Aussagekraft durch einen ausschl. auf die einzelne Gesellschaft abzielenden Nachhaltigkeits-bericht könnte sein, dass sich kapitalmarktorientierte KMU zur Befriedigung der Informationsbedürfnisse ihrer Stakeholder vermehrt freiwillig zur Erstel-lung eines befreienden Konzernnachhaltigkeitsberichts nach ESRS Set 1 ent-scheiden. Der ESRS LSME würde für diese Unternehmen folglich keine nen-nenswerte Bedeutung entfalten und ggf. primär zu einem „Bankenstandard" werden.[21] Eine derartige Entwicklung würde jedoch dem erklärten Ziel des künftigen ESRS LSME entgegenstehen, den Zugang kapitalmarktorientierter KMU zu Finanzkapital zu erhalten und zu verbessern.

19   Der derzeitige Zeitplan von EFRAG sieht vor, den durch EFRAG finalisierten ESRS LSME bis Ende des Jahres 2024 an die EU-Kommission zu übergeben. Er kann nach Inkrafttreten der von der EU-Kommission dazu erlassenen delegier-ten Verordnung von den LSME-Unternehmen sowie von allen interessierten KMU für die verpflichtende wie auch die freiwillige Erstellung von Nachhaltig-keitsberichten verwendet werden.

2.3   Grundlagen der Berichterstattung

2.3.1   Strukturelle und redaktionelle Aspekte

20   Der im Januar 2024 von EFRAG zur Kommentierung veröffentlichte ED ESRS LSME basiert grds. auf ESRS Set 1. Nicht zuletzt zur seitens der CSRD geforderten Wahrung der Verhältnismäßigkeit von Kapazitätsauslastung und Ressourcennutzung bei der KMU-Berichterstellung wurden jedoch an ver-schiedenen Stellen **Vereinfachungen** gegenüber ESRS Set 1 vorgenommen. Diese Vereinfachungen beziehen sich in Teilen auf formale Aspekte, resultieren teilw. aber auch aus einer Begrenzung der inhaltlichen Vorgaben für die Bericht-

---

21   Vgl. Beiersdorf/Fink/Schmotz, BB 2023, S. 2350.

erstattung. Im Ergebnis umfasst der ED ESRS LSME lediglich 189 Seiten, was im Vergleich zu ESRS Set 1 eine erhebliche Verringerung des Umfangs der regulatorischen Vorgaben ausmacht. Hinzu kommen 68 Seiten *Basis for Conclusions*, die eine Begründung zum Standard(entwurf) darstellen.

Eine erste Vereinfachung soll bereits dadurch umgesetzt werden, dass dem Standardentwurf eine **vereinfachte Struktur** zugrunde gelegt wird. Während ESRS Set 1 aus zwölf separaten Berichtsstandards besteht, handelt es sich bei ED ESRS LSME um einen einzelnen (*stand alone*) Standard, der die Inhalte der ESRS Set 1 in sechs Abschnitten neu ordnet und einkürzt. Diese sechs Abschnitte unterteilen sich in drei allgemeine Abschnitte und drei themenbezogene Abschnitte. Die allgemeinen Abschnitte 1–3 legen u. a. die Grundlagen für die Angaben fest, die sich aus den themenbezogenen Abschnitten 4–6 ergeben. Die Abschnitte gliedern sich wie folgt:

1. Allgemeine Anforderungen,
2. Allgemeine Angaben,
3. Leitlinien, Maßnahmen und Ziele,
4. Umwelt,
5. Soziales und
6. Unternehmenspolitik.

Alle sechs Abschnitte sind derzeit sektorübergreifend ausgestaltet, sie sind folglich anzuwenden für Unternehmen aller Branchen.

Allgemeine Abschnitte		
Abschnitt 1 Allgemeine Anforderungen	**Abschnitt 2** Allgemeine Angabepflichten	**Abschnitt 3** Leitlinien, Maßnahmen & Ziele
Zielsetzung und Anwendungsbereich Struktur Allgemeine Anforderungen (Konzepte, Wesentlichkeit etc.)	Grundlagen für die Erstellung Governance (GOV), Strategie (SBM), Auswirkungs-/Risikomanagement (IR) Zentrale Angabe für IR-1, SBM-3: in Anwendungsanforderungen themenspezifische Anforderungen	Zentrale Angaben zu Leitlinien, Maßnahmen und Zielen, im Hauptteil nur themenagnostische Angabeanforderungen In Anwendungsanforderungen themenspezifische Anforderungen
Themenbezogene Abschnitte (nur Kennzahlen)		
Abschnitt 4 Umwelt	**Abschnitt 5** Soziales	**Abschnitt 6** Business conduct
Abkürzungen und Glossar		

Abb. 1: Vereinfachte Struktur des ED ESRS LSME[22]

Die Handhabbarkeit des ED ESRS LSME wird jedoch u. a. dadurch beeinträchtigt, dass die verschiedenen Abschnitte des Entwurfs in der **Nummerierung** jeweils mit der Textziffer 1 beginnen, was eine eindeutige Referenzierung

---

[22] In Anlehnung an ED ESRS LSME.BC13.

erschwert und zusätzliche Hinweise auf die betroffenen Abschnitte erfordert. Hier wäre zu überlegen, eine fortlaufende Nummerierung über alle Abschnitte hinweg vorzunehmen oder die Nummerierung anhand einer Kombination von Abschnitt und Textziffer zu systematisieren.

22   Als herausfordernd für den Anwender des ED ESRS LSME erscheint zudem, dass die mit den verschiedenen Abschnitten geplante **inhaltliche Strukturierung** der Vorgaben nicht konsequent umgesetzt wird. So finden sich bspw. in Abschnitt 3 des ED ESRS LSME verschiedene Anforderungen, die thematisch eigentlich den Abschnitten 4–6 zuzuordnen sind. Zwar erscheint die Zielsetzung nachvollziehbar, in Abschnitt 3 alle Anforderungen zur Berichterstattung über Leitlinien, Maßnahmen und Ziele des Unternehmens zusammenzuführen. Da die Angaben jedoch innerhalb der Berichterstattung zu den themenspezifischen Abschnitten 4–6 angesiedelt sein sollen, erhöhen die damit verbundenen Schnittstellenfragen die Komplexität des Entwurfs und erschweren es, sich innerhalb des Regelwerks zurechtzufinden.

23   Redaktionell gesehen hilfreich ist dagegen, dass ED ESRS LSME und ESRS Set 1 grds. auf **dieselben Begrifflichkeiten (inkl. Glossar)** und **Abkürzungen** zurückgreifen. Auf diese Weise kann sichergestellt werden, dass für ein und denselben Begriff i. d. R. kein abweichendes Begriffsverständnis zugrunde gelegt wird, je nachdem welcher Berichtsstandard verwendet wird. Allerdings ist darauf zu achten, dass es in wenigen Einzelfällen mit Blick auf die Angabeanforderungen zu einer – regulatorisch bedingt – **abweichenden Begriffsverwendung** kommt. So legt ED ESRS LSME Abschn. 1.15(a) z. B. fest, dass sich der Begriff der „Auswirkungen" (*impacts*) ausschl. auf negative nachhaltigkeitsbezogene Auswirkungen (*negative sustainability-related impacts*) bezieht, während der Begriff lt. ESRS 1.14(a) regelmäßig sowohl positive als auch negative Auswirkungen (*positive and negative sustainability-related impacts*) umfasst. Grund hierfür ist, dass Art. 19a Abs. 6 Unterabs. 1 Buchst. c Bilanz-RL n. F. unter den Mindestinhalten des Nachhaltigkeitsberichts für LSME-Unternehmen nur auf negative Auswirkungen abstellt. Vor dem Hintergrund der mit dem ED ESRS LSME vorgesehenen Vereinfachungen wurde entsprechend festgelegt, das Begriffsverständnis mit Blick auf die damit verbundenen Angabeanforderungen – anders als in Set 1 – nicht auch auf die positiven Auswirkungen auszudehnen. Dies bedeutet jedoch nicht, dass LSME-Unternehmen diese Informationen nicht trotzdem als freiwillige Angaben in ihren Nachhaltigkeitsbericht aufnehmen können. Aufgrund der recht prominenten Darstellung dieser Abweichung und der nur punktuellen begrifflichen Unterschiede sollten daraus jedoch keine Auslegungs- bzw. Verständnisfragen für die Ersteller und Nutzer der Nachhaltigkeitsberichte erwachsen.

2.3.2 Qualitative Merkmale von Nachhaltigkeitsinformationen

Bei der Erstellung des Nachhaltigkeitsberichts müssen die Nachhaltigkeitsinformationen der LSME-Unternehmen bestimmte qualitative Merkmale erfüllen. Dazu zählen grundlegende qualitative Merkmale von Informationen i. S. v. Relevanz (*relevance*) und wahrheitsgetreuer Darstellung (*faithful representation*). Darüber hinaus müssen die Informationen vergleichbar (*comparable*), überprüfbar (*verifiable*) und verständlich (*understandable*) sein. Die in Abschn. 1 des ED ESRS LSME festgelegten qualitativen Merkmale von Nachhaltigkeitsinformationen entsprechen denen, die auch in ESRS 1 definiert wurden. Auf diese Weise soll gewährleistet werden, dass die nach dem künftigen ESRS LSME bereitgestellten Nachhaltigkeitsinformationen dem Qualitätsniveau der Angaben nach ESRS Set 1 entsprechen. Zu Detailausführungen zu den qualitativen Merkmalen von Nachhaltigkeitsinformationen siehe → § 3 Rz 18 ff.

24

2.3.3 Doppelte Wesentlichkeit im ED ESRS LSME

ED ESRS LSME schreibt für LSME-Unternehmen in Abschn. 1.22 – ebenso wie ESRS 1.21 für Anwender des Set 1 – vor, dass über Nachhaltigkeitsaspekte auf der Grundlage des **Grundsatzes der doppelten Wesentlichkeit** zu berichten ist. ED ESRS LSME spezifiziert also die Informationen, die ein LSME-Unternehmen über seine wesentlichen Auswirkungen und Risiken in Bezug auf einen bestimmten Nachhaltigkeitsaspekt anzugeben hat.

25

Die Durchführung einer Wesentlichkeitsanalyse ist demnach auch für ein LSME-Unternehmen regelmäßig der Ausgangspunkt für seine Nachhaltigkeitsberichterstattung, um so die wesentlichen Auswirkungen und Risiken zu ermitteln, über die im Nachhaltigkeitsbericht zu berichten ist. Dabei legt der ED ESRS LSME für die Beurteilung der Wesentlichkeit denselben Ansatz wie ESRS Set 1 zugrunde (ED ESRS LSME.BC32; siehe zur Wesentlichkeitsanalyse nach ESRS Set 1 → § 3 Rz 61 ff.). Es sind sogar dieselben Themen (*topics*), Unterthemen (*sub-topics*) und Unter-Unterthemen (*sub-sub-topics*) bei der Wesentlichkeitsanalyse zu berücksichtigen, wie sie in den ESRS Set 1 in ESRS 1.AR16 aufgeführt werden. Der ED ESRS LSME verwendet in Abschn. 1.AR18 entsprechend dieselbe Liste der bei der Wesentlichkeitsanalyse zu berücksichtigenden Nachhaltigkeitsaspekte wie ESRS Set 1. Allerdings enthält der ED ESRS LSME mit Abschn. 1.AR10 eine neue Anwendungsanforderung (*Application Requirement*), die LSME-Unternehmen bei der Wesentlichkeitsanalyse bezogen auf Auswirkungen und Risiken in ihrer Wertschöpfungskette bei einer großen Anzahl von Geschäftspartnern unterstützen soll. Danach wird in solchen Fällen von LSME-Unternehmen nicht erwartet, dass bei der Wesentlichkeitsanalyse jeder einzelne Akteur Berücksichtigung findet. Vielmehr kann die Wertschöpfungskette auf einer **aggregierteren Ebene** bewertet und allgemeine Bereiche ermittelt werden, in denen die Wahrscheinlichkeit wesentlicher Auswirkungen und Risiken am größten ist. Dies

26

könnte z.B. nach Hauptgruppen von Zulieferern in Abhängigkeit von deren Betriebskontext und auf Grundlage der Merkmale des Geschäftsmodells und/ oder spezifischer Tätigkeiten, Geschäftsbeziehungen, geografischer Gebiete etc. erfolgen, die eine erhöhte Wahrscheinlichkeit negativer Auswirkungen und finanzieller Risiken mit sich bringen. Dagegen wird die Anwendung eines detaillierteren Analyseansatzes erwartet, wenn spezifische Nachhaltigkeitsprobleme identifiziert werden, z.B. aufgrund der Größe, der geografischen Lage oder der Art der Produkte und Dienstleistungen eines Wertschöpfungskettenakteurs. In solchen Fällen konzentriert sich das LSME-Unternehmen auf diese Akteure.

27   Abschn. 1.30 des ED ESRS LSME legt fest, dass die in Abschn. 2 des Entwurfs geforderten allgemeinen Angaben – unabhängig vom Ergebnis der Wesentlichkeitsanalyse – immer zu machen sind. Sie stellen damit **Mindestangabepflichten** des ED ESRS LSME dar. Wird ein Nachhaltigkeitsaspekt **als wesentlich eingestuft**, sind darüber hinaus bei der Angabe von Informationen über Kennzahlen für einen wesentlichen Nachhaltigkeitsaspekt die in Abschn. 4–6 des ED ESRS LSME, bei der Angabe von Informationen über Leitlinien, Maßnahmen und Ziele die in Abschn. 3 des ED ESRS LSME festgelegten Anforderungen anzuwenden. Einzelne Datenpunkte innerhalb einer Angabepflicht können weggelassen werden, wenn diese Informationen als unwesentlich eingestuft werden und nach Ansicht des Unternehmens nicht erforderlich sind, um das Ziel der jeweiligen Informationsanforderung zu erreichen (ED ESRS LSME Abschn. 1.36).

28   Wird ein Nachhaltigkeitsaspekt **als unwesentlich eingestuft**, müssen dazu keine Angaben gemacht werden. Es kann in diesem Fall jedoch eine kurze Erläuterung der Ergebnisse der Wesentlichkeitsanalyse in den Nachhaltigkeitsbericht aufgenommen werden (ED ESRS LSME Abschn. 1.34). Eine Ausnahme gilt für den Aspekt „Klimawandel". Sollte dieser als unwesentlich klassifiziert werden, muss dieses Ergebnis der Wesentlichkeitsanalyse ausführlich erläutert werden (ED ESRS LSME Abschn. 1.33).

29   Es ist fraglich, ob der ED ESRS LSME hinsichtlich der Umsetzung des Wesentlichkeitsgedankens aufgrund des Wortlauts der CSRD (Art. 19a Abs. 6 Bilanz-RL n.F. stellt auf die „wichtigsten" (*principal*) negativen Auswirkungen und Risiken ab), nicht eine weit weniger umfangreiche Berichterstattung auslösen müsste als die im ED ESRS LSME derzeit – analog zu ESRS Set 1 – festgelegte Berichtspflicht zu den „wesentlichen" (*material*) negativen Auswirkungen und Risiken. Dies könnte über ein abweichendes Begriffsverständnis begründet werden, wonach die „Schwellenwerte für die wichtigsten Auswirkungen und Risiken höher [lägen] als für die wesentlichen"[23] negativen Auswirkungen und Risiken. Diese Problematik löst der ED ESRS LSME –

---

[23] Nothhelfer, KoR 2024, S. 247.

ebenfalls analog zu ESRS Set 1 – jedoch nach der hier vertretenen Auffassung im Rahmen seiner Konkretisierungsfunktion zur CSRD dadurch auf, dass nach ED ESRS LSME Abschn. 1.43 die **wichtigsten** Auswirkungen und Risiken eines Unternehmens den **wesentlichen** Auswirkungen und Risiken entsprechen, die nach dem Grundsatz der doppelten Wesentlichkeit ermittelt wurden und daher in dessen Nachhaltigkeitsbericht angegeben werden. Dies erscheint auch vor dem Hintergrund unternehmensindividueller Wesentlichkeitsgrenzen sinnvoll. Eine pauschalisiert „geringere" Berichtspflicht dürfte mit Blick auf die Abhängigkeit von den Umständen des Unternehmens, die die für das jeweilige KMU wesentlichen Auswirkungen und Risiken determinieren, kaum sachgerecht sein. Dabei dürfen auch die nach ED ESRS LSME Abschn. 1.33 geforderten unternehmensspezifischen Angaben nicht vernachlässigt werden. Gelangt ein Unternehmen als Ergebnis seiner Wesentlichkeitsanalyse zu dem Schluss, dass ein im ED ESRS LSME nicht oder nur unzureichend abgedeckter Nachhaltigkeitsaspekt wesentlich ist, sind zusätzliche unternehmensspezifische Angaben zu machen.

2.3.4 Einbezug der Wertschöpfungskette

Mit der CSRD erwächst für die Ersteller von Nachhaltigkeitsberichten grds. die Notwendigkeit zur Berücksichtigung von Informationen zur Wertschöpfungskette. Folglich beinhalten die im Nachhaltigkeitsbericht enthaltenen Informationen über das berichtende Unternehmen auch Informationen über die wesentlichen Auswirkungen und Risiken, die mit diesem aufgrund seiner **Geschäftsbeziehungen in der vor- oder nachgelagerten Wertschöpfungskette** verbunden sind. Dieser Einbezug von Wertschöpfungsketteninformationen erstreckt sich auch auf LSME-Unternehmen (ED ESRS LSME Abschn. 1.58), wobei dasselbe umfassende Begriffsverständnis für die Wertschöpfungskette zugrunde gelegt wird wie in ESRS Set 1 (siehe zum Begriff der Wertschöpfungskette → § 10 Rz 24).   30

Die zu berichtenden Wertschöpfungsketteninformationen ergeben sich gem. ED ESRS LSME aus der Wesentlichkeitsanalyse, die vom LSME-Unternehmen zu Beginn seines Berichterstellungsprozesses **auf Basis des Grundsatzes der doppelten Wesentlichkeit** (siehe zur doppelten Wesentlichkeit → § 3 Rz 61 ff. sowie Rz 25 ff.) durchgeführt wird. Dabei ist jedoch zwischen der Durchführung der Wesentlichkeitsanalyse unter Einbezug der Wertschöpfungskette und den im Nachhaltigkeitsbericht anzugebenden Informationen zur Wertschöpfungskette zu differenzieren. So ist bei der Identifizierung der wesentlichen Themen per Wesentlichkeitsanalyse zunächst die gesamte Wertschöpfungskette einzubeziehen. In praxi führen Unternehmen bei ihrer Wesentlichkeitsanalyse häufig ein sog. Wertketten-Mapping durch. Dabei werden die ggf. unterschiedlichen Wertschöpfungsketten des berichtenden Unternehmens möglichst umfassend erfasst, abgebildet und bzgl. nachhaltigkeitsbezogener Auswirkungen   31 und Risiken für das berichtende Unternehmen untersucht. Im Ergebnis können verschiedene Nachhaltigkeitsaspekte für verschiedene Teile der Wertschöpfungskette(n) des Unternehmens wesentlich sein.[24] Tatsächlich zur Wertschöpfungskette anzugebende Informationen fordert der ED ESRS LSME dagegen nur in geringerem Umfang (ED ESRS LSME Abschn. 2). Allerdings sind hierbei auch die Vorgaben zu unternehmensspezifischen Angaben zu berücksichtigen. In diesem Zusammenhang stellt die *Compilation of Explanations* zu ED ESRS Set 1 aus Juli 2024 klar, dass ein Unternehmen für als wesentlich identifizierte Themen in seiner Wertschöpfungskette ggf. (unternehmensspezifische) Angaben dazu machen muss, auch wenn der einschlägige themenbezogene Standard nur die Angabe von Kennzahlen bzgl. der eigenen Geschäftätigkeit vorschreibt.[25] Zudem können weiterführende Berichtspflichten hierzu aus künftigen sektorspezifischen ESRS erwachsen. Dieses Verständnis dürfte nach derzeitigem Stand nicht nur für die ESRS Set 1, sondern auch für die Anwendung des künftigen ESRS LSME gelten.

32   ED ESRS LSME Abschn. 1.58 stellt im Zusammenhang mit den Angaben zu Auswirkungen und Risiken in der Wertschöpfungskette klar, dass – basierend auf den Ergebnissen der Wesentlichkeitsanalyse – auch Investitionen und andere **Geschäftsbeziehungen mit den Tochterunternehmen** eines berichtenden LSME-Unternehmens Quellen wesentlicher Auswirkungen und Risiken sein können. Bereits ESRS 1.67 legt fest, dass assoziierte[26] (*associates*) und Gemeinschaftsunternehmen (*joint ventures*), die at-equity oder quotal in einen Konzernabschluss einbezogen werden, Teil der Wertschöpfungskette sein können, z. B. als Lieferanten. Hierbei stellt sich zunächst die Frage, auf welche Rechnungslegungsnormen abgestellt wird. Neben den International Financial Reporting Standards (IFRS) kommt auch das jeweilige nationale Bilanzrecht infrage. Da der ED ESRS LSME hinsichtlich der KMU-Nachhaltigkeitsberichterstattung auf die Einzelunternehmensebene abstellt (Rz 16), dürften in diesem Kontext die nationalen Vorgaben zur Rechnungslegung im Vordergrund stehen – in Deutschland also das HGB.

33   Die Geschäftsbeziehungen zu diesen Unternehmen sind analog zu den Geschäftsbeziehungen zu anderen Akteuren in der Wertschöpfungskette zu behandeln.[27] Diese Regelung wird in ED ESRS LSME Abschn. 1.62 dahingehend ausgedehnt, dass neben assoziierten und Gemeinschaftsunternehmen auch Tochterunternehmen (*subsidiaries*) hiervon erfasst werden, da diese aufgrund der im LSME vorgegebenen Einzelberichtsebene gerade nicht im Nachhaltigkeitsbericht erfasst sind. Dies ändert jedoch nichts an der Konzeption der

---

24   Vgl. Fink/Glöckner, WPg 2023, S. 1365.
25   Vgl. EFRAG, ESRS Q&A Platform, Compilation of Explanations, Januar–Juli 2024, Frage 442, S. 21.
26   Die deutsche Übersetzung von ESRS 1.67 spricht von „verbundenen" Unternehmen. Es ist jedoch von einem Übersetzungsfehler des Begriffs *„associate"* auszugehen.
27   Vgl. Fink/Glöckner, WPg 2023, S. 1365.

Einbeziehung derartiger Beziehungen im Vergleich zu ESRS Set 1. So werden die sich auf die assoziierten, Gemeinschafts- und Tochterunternehmen beziehenden Daten – **unabhängig von den gehaltenen Anteilen an deren Eigenkapital** – auf der Grundlage der Auswirkungen berücksichtigt, die durch die Geschäftsbeziehungen des Unternehmens direkt mit seinen Produkten und Dienstleistungen verbunden sind. Um den Ansatz für die Ermittlung von auswirkungsbezogenen Kennzahlen bei assoziierten, Gemeinschafts- und Tochterunternehmen zu veranschaulichen, soll mit der Anwendungsanforderung AR19 in Abschn. 1 des ED ESRS LSME zudem ein erläuterndes Beispiel eingefügt werden.

Praxis-Beispiel

Unternehmen U stellt Stühle aus Holz her. Das Holz wird von einem assoziierten Unternehmen A bezogen, das bei der Konzernabschlusserstellung at-equity einbezogen wird. U hält einen Eigenkapitalanteil von 30 % an A. U kauft von A 10t Holz für die Herstellung seiner Stühle.

U behandelt A genauso wie jeden anderen Lieferanten, wenn es um die nachhaltigkeitsbezogenen Auswirkungen des von A gekauften Holzes geht. Entsprechend werden in diesem Fall die Auswirkungen bei den 10t gekauften Holzes berücksichtigt, anstatt die Auswirkungen anhand des an A gehaltenen Kapitalanteils von 30 % zu schätzen. Auch wenn das Beispiel in ED ESRS LSME Abschn. 1.AR19 nicht auf soziale Aspekte eingeht, gilt in Analogie dazu, dass auch die Auswirkungen und Risiken im Hinblick auf bspw. Menschenrechte, Mitarbeitende der Wertschöpfungskette etc. unabhängig vom 30 %igen Kapitalanteil zu berücksichtigen sind.

Die Ausweitung der wertschöpfungskettenbezogenen Informationen auf Tochterunternehmen ist insofern nachvollziehbar und folgerichtig, als die Berichterstattung nach dem ED ESRS LSME lediglich auf **Einzelunternehmensebene** erfolgen soll (Rz 16) und somit der Einbezug von Auswirkungen und Risiken aus Beziehungen zu Tochterunternehmen in die Wertschöpfungsketteninformationen ohne diese Klarstellung ggf. nicht ausreichend klar verankert wäre.

ED ESRS LSME Abschn. 1.63 ff. klären darüber hinaus das Vorgehen für den Fall, dass das Einholen von Informationen von z. B. Lieferanten aus Schwellenländern oder KMU **nicht möglich** ist. In diesen Fällen sind – nach zumutbarer Anstrengung (*reasonable efforts*) – die anzugebenden Informationen über die vor-/nachgelagerte Wertschöpfungskette unter Verwendung aller angemessenen und belastbaren Informationen, z. B. Sektor-/Branchendurchschnittsdaten und anderen Näherungswerten, zu schätzen. Das Vorgehen entspricht insoweit im Grunde dem nach ESRS Set 1. Allerdings fordert der ED ESRS LSME als vereinfachende Maßnahme keine Beschreibung des Genauigkeitsgrads der Schätzung in der Wertschöpfungskette, wie sie in ESRS 2.10 (→ § 4 Rz 22) gefordert wird.

34

35 In Anbetracht der Tatsache, dass die **Beschaffung von Wertschöpfungsketten-informationen** gerade für KMU eine besondere Herausforderung darstellen kann, wurde eine in den ESRS Set 1 nicht vorhandene Anforderung in den ED ESRS LSME aufgenommen. So soll ED ESRS LSME Abschn. 1.66 klarstellen, dass sich ein LSME-Unternehmen bei der Angabe wesentlicher Informationen über seine Wertschöpfungskette auf Informationen stützen und sich darauf beziehen kann, wenn diese im **Nachhaltigkeitsbericht eines Akteurs** in seiner Wertschöpfungskette enthalten sind. Ein solches Vorgehen ist möglich, wenn der Wertschöpfungskettenakteur einen verpflichtenden – und geprüften – ESRS-Nachhaltigkeitsbericht veröffentlicht und die entsprechenden Informationen in diesem enthalten sind. Allerdings soll zudem die Möglichkeit bestehen, sich auf Nachhaltigkeitsinformationen zu beziehen, die in Übereinstimmung mit anderen Standards/Rahmenwerken (z.B. GRI-Standards, ISSB-Standards) erstellt wurden. Voraussetzung ist jedoch, dass die Informationen im gleichen Umfang geprüft werden wie ein ESRS-Nachhaltigkeitsbericht – also mit begrenzter Prüfungssicherheit (siehe zur Prüfungssicherheit nach CSRD → § 17 Rz 8). Mit dieser Regelung soll dem Umstand Rechnung getragen werden, dass v.a. bei nicht in den Anwendungsbereich der CSRD fallenden Unternehmen in der vor-/nachgelagerten Wertschöpfungskette eines LSME-Unternehmens dieses oftmals geringere Durchgriffsrechte bzw. weniger Nachfragemacht, aber auch eine geringere Ressourcenausstattung hinsichtlich der Datenerhebung zur Verfügung hat. Fraglich bleibt jedoch gerade in diesem Zusammenhang, wie viele KMU in den Lieferketten von Großunternehmen und anderen KMU tatsächlich geprüfte ESRS- oder GRI-Nachhaltigkeitsberichte haben werden.

36 Eine weitere Vereinfachung in Bezug auf die wertkettenbezogenen Angabepflichten wird in den **Übergangsvorschriften** in ED ESRS LSME Abschn. 1.118f. festgelegt. Danach kann ein Unternehmen, wenn nicht alle erforderlichen Informationen über seine vor- und nachgelagerte Wertschöpfungskette **verfügbar** sind, in den **ersten drei Anwendungsjahren** der Nachhaltigkeitsberichterstattung nach dem LSME auf diese Informationen verzichten und dazu erläutern,

- welche Anstrengungen es unternommen hat, um die erforderlichen Informationen über seine vor- und nachgelagerte Wertschöpfungskette zu erhalten,
- aus welchen Gründen nicht alle erforderlichen Informationen beschafft werden konnten und
- welche Pläne es für die Beschaffung dieser Informationen in der Zukunft hat.

37 Schließlich soll ein LSME-Unternehmen in den ersten drei Anwendungsjahren des künftigen LSME etwaigen **Erhebungsschwierigkeiten bei wertkettenbezogenen Informationen** wie nach ESRS Set 1 dadurch Rechnung tragen können, dass sich (a) die Angaben zu Leitlinien, Maßnahmen und Zielen nach ED ESRS LSME Abschn. 3 mit Wertschöpfungskettenbezug auf intern und öffentlich verfügbare Daten beschränken dürfen und (b) bei der Angabe von

Kennzahlen keine Informationen zur vor- und nachgelagerten Wertschöpfungskette einzubeziehen sind, mit Ausnahme von Datenpunkten, die aus anderen
EU-Rechtsvorschriften (z.B. der Offenlegungsverordnung (EU) 2019/2088) resultieren.

2.3.5 Berichtszeitraum, Zeithorizonte und Vergleichsinformationen

Der Berichtszeitraum für den Nachhaltigkeitsbericht stimmt gem. ED ESRS   **38**
LSME Abschn. 1.70 mit dem des **Jahresabschlusses** des LSME-Unternehmens
überein. Darüber hinaus sind bei der Erstellung des Nachhaltigkeitsberichts
kurz-, mittel- und langfristige Zeithorizonte festzulegen, wobei die hierzu
vorgeschlagenen Regelungen grds. denen in ESRS Set 1 entsprechen (→ § 3
Rz 133 ff.).

In Bezug auf die Bereitstellung von Vorjahresinformationen sieht ED ESRS   **39**
LSME Abschn. 1.81 eine vermeintliche Vereinfachung vor. Berichtet ein
LSME-Unternehmen **Vergleichsinformationen**, die sich von den in der voran-
gegangenen Periode vorgelegten Informationen unterscheiden, hat es (a) den
Unterschied zwischen dem in der vorangegangenen Periode gemeldeten Wert
und dem revidierten Vergleichswert und (b) die Gründe für die Anpassung des
Wertes anzugeben. Dies gilt zumindest, wenn diese Informationen mit vertretbarem Aufwand (*reasonable effort*) angepasst werden können. Sollten LSME-
Unternehmen nicht in der Lage sein, derartige Anpassungen von Vorjahres-
werten mit vertretbarem Aufwand vorzunehmen, kann hierauf – unter Angabe
dieser Tatsache – verzichtet werden. ESRS 1.85 beinhaltet eine ähnliche Ausnahmeregel, wobei hier nicht auf einen „vertretbaren Aufwand" rekurriert
wird, sondern die Anpassung der Vorjahreswerte immer dann unterbleiben
kann, wenn diese „nicht durchführbar" (*impracticable*) ist. Nach Ansicht von
EFRAG lässt der Begriff des vertretbaren Aufwands größere Spielräume bei der
Anwendung der Ausnahme zu als die Bezugnahme auf die Undurchführbarkeit
in ESRS 1.85 (ED ESRS LSME.BC77). Eine vergleichbare Vereinfachung wird
für die Anpassung von Vergleichsinformationen im Fall von Fehlern bei der
Berichterstattung in früheren Berichtszeiträumen sowie in Bezug auf Vergleichswerte, wenn eine Kennzahl oder ein Ziel neu definiert oder ersetzt wird,
eingeführt. Aus Sicht der Anwendungspraxis dürfte sich jedoch insbes. die
Frage nach den konkreten Abgrenzungsmerkmalen der Begriffe „mit vertretbarem Aufwand" und „nicht durchführbar" ergeben, so dass eine tatsächlich
mit dieser begrifflichen Anpassung verbundene Vereinfachung derzeit kaum
absehbar ist.

2.4   Angabepflichten

2.4.1   *Phase-in*-Regelungen

40   Im Hinblick auf die Erstanwendung eines künftigen ESRS LSME verweist ED ESRS LSME Abschn. 1.121 auf Anlage C des Entwurfs, in dem Übergangsregelungen zur **zeitlich gestaffelten Erstanwendung** der Angabepflichten des ED ESRS LSME festgelegt werden (sog. *Phase-in*-Regelungen). Die vorgesehenen Vereinfachungszeiträume beginnen jeweils mit dem Zeitpunkt der Erstanwendung des ESRS LSME gem. CSRD.

41   ED ESRS LSME Abschn. 1, App. C enthält eine Liste von Angabepflichten, für die ein *Phasing-in* vorgesehen ist. Damit wird den LSME-Unternehmen die Möglichkeit eingeräumt, die betreffenden Angaben im ersten bzw. vereinzelt auch im zweiten oder dritten Jahr der erstmaligen Berichtspflicht nach dem ESRS LSME wegzulassen oder in vereinfachtem Umfang zu machen. Manche dieser Auslassungen oder vereinfachten Angaben können von allen LSME-Unternehmen in Anspruch genommen werden, andere wiederum gelten nur für Unternehmen, die eine (i.d.R. mitarbeiterbezogene)[28] Größenschwelle nicht überschreiten. In diesem Zusammenhang sei zunächst angemerkt, dass die *Phase-in*-Regelungen grds. dazu geeignet sind, den LSME-Unternehmen einen **leichteren Übergang** zur erstmaligen Anwendung des künftigen ESRS LSME zu ermöglichen. Dies gilt in besonderem Maß für SNCI und firmeneigene (Rück-)Versicherungsunternehmen, die die grds. *Opt-out*-Möglichkeit (Rz 15) nicht nutzen können. Allerdings dürfte die nicht unerhebliche Komplexität der *Phase-in*-Regelungen hinsichtlich (a) des zeitlichen Übergangs, (b) der inhaltlichen Vereinfachungen und (c) des Anwendungsbereichs der Regelungen eine Nutzung der Übergangsvorschriften – unnötigerweise – erschweren.

42   Nimmt ein LSME-Unternehmen die *Phase-in*-Regelungen für eines der Themen Biodiversität, eigene Belegschaft, Arbeitskräfte in der Wertschöpfungskette, betroffene Gemeinschaften oder Verbraucher und Endnutzer in Anspruch, so muss es **zunächst angeben**, ob die jeweiligen Themen gem. der Wesentlichkeitsanalyse des Unternehmens als wesentlich eingestuft wurden. Sollte dies der Fall sein, sind dennoch Angaben zu der jeweiligen Thematik zu machen. So sind „kurz" die Leitlinien, Maßnahmen und auch relevante Kennzahlen anzugeben (ED ESRS LSME 2.15). Welche Kennzahlen hier dennoch als relevant anzusehen sind, erläutert der ED ESRS LSME nicht, so dass eine hohe Unsicherheit bzgl. dieser Übergangsvorschriften bestehen dürfte. Es ist fraglich, ob damit der gewünschte Vereinfachungseffekt erzielt werden kann.

---

[28]   Verschiedene *Phase-in*-Regeln stellen auf Unternehmen ab, die am Bilanzstichtag $\leq$ 50 Mitarbeitende im Durchschnitt des Geschäftsjahrs beschäftigen.

2.4.2 Wesentliche inhaltliche Vereinfachungen des ED ESRS LSME

Neben den bereits dargestellten strukturellen und formalen Vereinfachungen **43**
sind auch Vereinfachungen auf inhaltlicher Ebene vorgesehen. So wurden **nicht
alle Anforderungen des ESRS Set 1** in den ED ESRS LSME **übernommen** und
auch der Detaillierungsgrad mancher Angabepflichten wurde gesenkt. Die in
den Abschnitten 2–6 des ED ESRS LSME enthaltenen Angabepflichten sind in
Tab. 2 zusammengefasst.

DR Nr.	Angabepflichten	anzugeben...
Abschnitt 2 – Allgemeine Angaben		
DR 1	Allgemeine Grundlagen für die Erstellung der Nachhaltigkeitsberichte	immer
DR 2	Angaben im Zusammenhang mit spezifischen Umständen	immer
DR 3	Die Rolle der Verwaltungs-, Leitungs- und Aufsichtsorgane	immer
DR 4	Sorgfaltspflichten (Due diligence)	wenn vorhanden
DR 5	Strategie, Geschäftsmodell und Wertschöpfungskette	immer
DR 6	Interessen und Standpunkte der Interessenträger	wenn vorhanden
DR 7	Wesentliche Auswirkungen, Risiken und Chancen und ihr Zusammenspiel mit Strategie und Geschäftsmodell	immer
VD 8	Positive Auswirkungen und wesentliche Chancen	freiwillig
DR 9	Verfahren zur Identifizierung und Beurteilung der wesentlichen Auswirkungen und Chancen	immer
DR 10	Im ESRS LSME enthaltene vom Nachhaltigkeitsbericht des Unternehmens abgedeckte Angabepflichten	immer
Abschnitt 3 – Leitlinien, Maßnahmen und Ziele		
DR 11	Leitlinien und Maßnahmen in Bezug auf Nachhaltigkeitsaspekte	wenn wesentlich

DR Nr.	Angabepflichten	anzugeben...
DR 12	Ziele in Bezug auf Nachhaltigkeitsaspekte	wenn wesentlich

Abschnitt 4 – Umwelt

DR E1-1	Energieverbrauch und Energiemix	wenn wesentlich*
DR E1-2	THG-Bruttoemissionen der Kategorien Scope 1, 2 und 3 sowie THG-Gesamtemissionen	wenn wesentlich*
DR E1-3	Abbau von Treibhausgasen und Projekte zur Verringerung von Treibhausgasen, finanziert über CO_2-Gutschriften	wenn wesentlich*
DR E1-4	Erwartete finanzielle Auswirkungen wesentlicher physischer Risiken und Übergangsrisiken sowie potenzielle klimabezogene Chancen	wenn wesentlich*
DR E2-1	Luft-, Wasser- und Bodenverschmutzung	wenn wesentlich
DR E2-2	Besorgniserregende Stoffe und besonders besorgniserregende Stoffe	wenn wesentlich
DR E3-1	Wasserverbrauch	wenn wesentlich
DR E4-1	Auswirkungsparameter im Zusammenhang mit biologischer Vielfalt und Ökosystemveränderungen	wenn wesentlich
DR E5-1	Ressourcenzuflüsse	wenn wesentlich
DR E5-2	Ressourcenabflüsse	wenn wesentlich
DR E6	Erwartete finanzielle Auswirkungen wesentlicher umweltbezogener Aspekte außer Klima	wenn wesentlich

Abschnitt 5 – Sozial

DR S1-1	Merkmale der Beschäftigten des Unternehmens	wenn wesentlich
DR S1-2	Merkmale der nicht angestellten Beschäftigten in der eigenen Belegschaft des Unternehmens	wenn wesentlich

Bassen/Beiersdorf/Fink/Lopatta

DR Nr.	Angabepflichten	anzugeben...
DR S1-3	Tarifvertragliche Abdeckung	wenn wesentlich
DR S1-4	Angemessene Entlohnung	wenn wesentlich
DR S1-5	Sozialschutz	wenn wesentlich
DR S1-6	Kennzahlen für Schulungen	wenn wesentlich
DR S1-7	Kennzahlen für Gesundheitsschutz und Sicherheit	wenn wesentlich
DR S1-8	Entgeltparameter (Verdienstunterschiede und Gesamtentgelt)	wenn wesentlich
DR S1-9	Vorfälle und schwerwiegende Auswirkungen im Zusammenhang mit Menschenrechten	wenn wesentlich
DR S1-10	Diversitätsparameter	wenn wesentlich
VD S1-11	Kennzahlen für die Vereinbarkeit von Berufs- und Privatleben	wenn wesentlich
Abschnitt 6 – Geschäftsgebaren		
DR G1-1	Management der Beziehungen zu Lieferanten	wenn wesentlich
DR G1-2	Bekämpfung von Korruption und Bestechung	wenn wesentlich

* Falls nicht wesentlich, ist dies zu erläutern.
DR = *Disclosure Requirement*, VD = *Voluntary Disclosure*.

Tab. 2: Angabepflichten gem. ED ESRS LSME

Anlage D der *Basis for Conclusions* zum ED ESRS LSME zeigt den voraussichtlichen Umfang der **Reduzierung von Datenpunkten** im Standardentwurf gegenüber ESRS Set 1. Dort erläutert EFRAG, dass ESRS Set 1 823 verpflichtend (*shall*) und 279 freiwillig (*may*) anzugebende Datenpunkte festlegen. Im Gegensatz dazu formuliert ED ESRS LSME nur 466 verpflichtend und 191 freiwillig anzugebende Datenpunkte. Entsprechend geht EFRAG von einer Reduktion von 43 % der verpflichtenden Datenpunkte und 26 % der freiwillig anzugebenden Datenpunkte aus (ED ESRS LSME.BC App. D).

Ein Teil der Reduzierungen im Bereich der verpflichtend anzugebenden Daten-   44
punkte wird dadurch erzielt, dass eine nicht unerhebliche Anzahl an Datenpunkten, die in den ESRS Set 1 verpflichtend anzugeben sind, im ED ESRS LSME als freiwillig anzugebende Datenpunkte aufgeführt werden. Insgesamt

wurden lt. Anlage D der *Basis for Conclusions* zum ED ESRS LSME 81 Daten-punkte von **verpflichtenden in freiwillig anzugebende Datenpunkte umge-wandelt.** So verlangt bspw. der ED ESRS LSME – im Gegensatz zu ESRS Set 1 – keine verpflichtenden Angaben zu wesentlichen positiven Auswirkungen oder nachhaltigkeitsbezogenen finanziellen Chancen. Diese Angaben sind gem. ED ESRS LSME Abschn. 1.8 freiwillig. Hintergrund hierfür ist, dass Art. 19a Abs. 6 Bilanz-RL n. F. für LSME-Unternehmen keine ausdrückliche Angabe-pflicht zu Chancen vorsieht, so dass auch keine verpflichtende Angabe hierzu in den ED ESRS LSME übernommen wurde. EFRAG stellt jedoch klar, dass Informationen über Chancen für Nutzer eines Nachhaltigkeitsberichts relevant sein können und folglich die Berichterstattung hierüber relevant wäre, wenn die Chancen vom berichtenden LSME-Unternehmen tatsächlich verfolgt werden (ED ESRS LSME.BC71). Entsprechend können chancenbezogene Angaben auf freiwilliger Basis gemacht werden.

45   Eine weitere Vereinfachung soll daraus resultieren, dass im ED ESRS LSME einige Datenpunkte nur anzugeben sind, wenn im berichtspflichtigen LSME-Unternehmen zu diesen Datenpunkten auch einschlägige Sachverhalte vorlie-gen. Der ED ESRS LSME spricht von *„report if you have"*-Angaben. Hierbei ist zu betonen, dass diese Art der Angaben sich von den freiwilligen Angaben dadurch unterscheidet, dass sie bei Vorliegen eines einschlägigen Sachverhalts verpflichtend sind. Sie können lediglich dann unterlassen werden, wenn im Unternehmen in diesem Bereich keine zu berichtenden Sachverhalte vorhanden sind. Solche *„report if you have"*-Angaben finden sich z. B. mit Blick auf klimabezogene Übergangspläne, Ziele, Due Diligence (beschränkte Anforde-rungen), Einbeziehung von Interessenträgern, Prozesse zur Einbindung betrof-fener Interessenträger sowie Verfahren zur Behebung negativer Auswirkungen und Kanäle, über die Bedenken geäußert werden können. Ob hieraus eine tatsächliche Vereinfachung resultiert, kann in Teilen kritisch hinterfragt wer-den, da mangels des Vorliegens eines Sachverhalts auch in ESRS Set 1 regel-mäßig lediglich eine Negativanzeige – ggf. mit einer kurzen Begründung – anzugeben wäre. Darüber hinaus sind die Konsequenzen eines *„report if you have"*-Ansatzes für die Implementierung von Nachhaltigkeitsstrukturen in Teilen nicht absehbar. So könnte z. B. aus berichtsstrategischen Gründen auf wichtige organisatorische Maßnahmen, bspw. auf die Einbindung betroffener Interessenträger oder die Festlegung von Zielen, verzichtet werden, um dadurch eine Berichterstattung nach dem *„report if you have"*-Regime zu vermeiden.

46   Darüber hinaus sieht ED ESRS LSME vor, dass manche Angaben nur zu machen sind, sofern die zugehörige Vorgabe anwendbar ist (*„if applicable"*). Hierbei bleibt jedoch offen, inwieweit sich dieses Konzept von der oben beschriebenen Vereinfachung durch *„report if you have"*-Angaben unterschei-det. Nach dem hier vertretenen Begriffsverständnis setzt auch die *„if appli-*

cable"-Angabe beim grds. Vorhandensein eines berichtspflichtigen Sachverhalts an. So hat z.B. die Angabe zu den Scope-1-THG-Bruttoemissionen nach ED ESRS LSME Abschn. 4.17(b) den prozentualen Anteil der Scope-1-THG-Emissionen aus regulierten Emissionshandelssystemen nur dann zu beinhalten, wenn entsprechende Emissionen aus regulierten Emissionshandelssystemen auch tatsächlich vorliegen. Auch hier bleibt die Frage offen, ob in solchen Fällen von einer wirklichen Vereinfachung gesprochen werden kann.

Wie bereits erläutert, sollen mit dem ED ESRS LSME die Inhalte der ESRS Set 1 **47** vereinfacht und ein akzeptabler Kompromiss zwischen der Verhältnismäßigkeit der Berichterstattung und den Bedürfnissen der LSME-Investoren erreicht werden. Dieses Spannungsfeld ergibt sich nicht zuletzt aus der *Value Chain Cap*-Funktion, die der ED ESRS LSME im Kontext des Art. 29b Abs. 4 Bilanz-RL n.F. innehat. So dürfen ESRS Set 1 keine Angaben fordern, die ein berichtspflichtiges Unternehmen dazu verpflichten würden, Informationen von KMU in ihrer Wertschöpfungskette einzuholen, die über den verpflichtenden Berichtsumfang des künftigen ESRS LSME hinausgehen. Mit dem ED ESRS LSME soll folglich eine Obergrenze für die von Wertschöpfungskettenakteuren eines nach ESRS Set 1 berichtspflichtigen Unternehmens abzufragenden Informationen festgelegt werden. Damit soll zum einen dem Umstand Rechnung getragen werden, dass sich für Ersteller eines Nachhaltigkeitsberichts nach ESRS Set 1 v.a. die Abfrage von Nachhaltigkeitsinformationen bei nicht nach den Vorgaben der CSRD berichtspflichtigen Unternehmen oder Lieferanten aus Schwellenländern und aufstrebenden Märkten oftmals als problematisch erweist.[29] Zum anderen befürchten KMU aber auch sog. *„Trickle-Down"*-Effekte dadurch, dass berichtspflichtige Unternehmen ihren eigenen Berichtspflichten durch breit angelegte Datenabfragen bei den Unternehmen in ihrer Wertschöpfungskette nachkommen wollen. Hier wird jedoch abzuwarten sein, ob dieser *Trickle-Down*-Effekt dadurch tatsächlich eingeschränkt wird. Denn letztlich bleibt es jedem Unternehmen unbenommen, bei bilateralen Verhandlungen entsprechende Nachhaltigkeitsinformationen zusätzlich einzufordern. Dies wird nur dann vermieden werden, wenn die Berichterstattung nach dem ESRS LSME die aus Sicht der Geschäftspartner relevanten Informationen enthält.

EFRAG kam in diesem Zusammenhang zu dem Schluss, dass sich Datenanfragen **48** an KMU teilw. auch aus spezifischen Vereinbarungen zwischen dem KMU und seinen Firmenkunden ergeben können und damit geschäftlich begründet sind. In der Folge sei der *„Trickle-down"*-Effekt, der allein auf die ESRS-Set-1-Berichtspflichten zurückzuführen ist, im ED ESRS LSME minimiert und gleichzeitig eine angemessene Abdeckung der Wertschöpfungsketteninformationen in den

---

[29] Vgl. auch CSRD, Erwägungsgrund 53.

ESRS-Berichtspflichten für Großunternehmen beibehalten worden. Entsprechend verneint EFRAG in einer tabellarischen Analyse der wertschöpfungskettenbezogenen Datenpunkte der ESRS Set 1 in ED ESRS LSME.BC49 einen zusätzlichen „Trickle-down"-Effekt durch die Berichterstattung, der unabhängig von anderen Erwägungen (wie z. B. Due Diligence-Prozessen) existieren würde. Dabei scheinen jedoch die praktischen Erfahrungen vieler KMU unberücksichtigt zu bleiben, die derartige „Trickle-down"-Effekte – bspw. begründet in der Kapitalmarktorientierung ihrer Geschäftspartner – regelmäßig erfahren.[30] Ferner überwiege nach Auffassung von EFRAG der Verwaltungsaufwand eines KMU für die Erstellung der infrage stehenden Datenpunkte nicht den Informations- und Managementnutzen für das KMU selbst und dessen Geschäftspartner und stehe in einem angemessenen Verhältnis zu seinen Ressourcen (ED ESRS LSME.BC44). Gerade die letztgenannte Schlussfolgerung zur Verhältnismäßigkeit des erforderlichen Ressourceneinsatzes bleibt jedoch unbelegt, so dass sich weiterhin die Frage nach der Verhältnismäßigkeit des ED ESRS LSME stellt.

2.5 Fazit

49 Der ED ESRS LSME stellt einen **wichtigen Beitrag zur Diskussion** um angemessene Anforderungen für die Nachhaltigkeitsberichterstattung von KMU dar. Trotz des überschaubaren Anwendungsbereichs des ED ESRS LSME dürfte er insbes. aufgrund seiner *Value Chain Cap*-Funktion erhebliche Auswirkungen auf die Berichterstattungspraxis sowohl großer Unternehmen als auch von KMU haben.

50 Als kritisch ist jedoch die im Vergleich zu ESRS Set 1 weiterhin **sehr hohe Komplexität** des ED ESRS LSME zu betrachten. Auch der immer noch vergleichsweise große Umfang an Angabepflichten wirft die Frage auf, ob mit dem ED ESRS LSME das Ziel der CSRD – nämlich eine mit Blick auf Ressourcen und Kapazitäten von KMU verhältnismäßige und dem Umfang und der Komplexität ihrer Geschäftstätigkeit angemessene Berichterstattung – tatsächlich erreicht werden kann.

51 Umfang und Komplexität der Anforderungen stehen im Gegensatz zu den deutlich reduzierten Erläuterungen zu den Grundlagen der Erstellung des Nachhaltigkeitsberichts. So führt bspw. in Bezug auf die **Wesentlichkeitsanalyse** die Reduzierung der im ED ESRS LSME enthaltenen Erläuterungen dazu, dass gerade dieser wichtige Grundstein der Nachhaltigkeitsberichterstattung nur schwer, ggf. sogar nur mit Rückgriff auf die Erläuterungen im ESRS Set 1, anwendbar ist.

---

[30] Vgl. Nothhelfer, KoR 2024, S. 247.

Aber auch die Berichtspflicht lediglich auf **Einzelunternehmensebene** beein-   52
trächtigt die Aussagekraft eines LSME-Nachhaltigkeitsberichts, da kapitalmarktorientierte KMUs oftmals in Konzernstrukturen organisiert sind und der
Informationsnutzen für die Stakeholder der Nachhaltigkeitsberichte faktisch
aus der Einbettung des KMU in die Unternehmensgruppe und somit aus einem
einzelgesellschaftsübergreifenden Einblick in die nachhaltigkeitsbezogenen
Auswirkungen und Risiken der wirtschaftlichen Tätigkeiten der Gruppe erwachsen dürfte.

Darüber hinaus finden nach der hier vertretenen Auffassung die **Besonderhei-**   53
ten der voraussichtlichen Hauptanwender des künftigen ESRS LSME –
nämlich die der SNCI – noch nicht in ausreichendem Maß Berücksichtigung.
Dies zeigt sich zum einen darin, dass der ED ESRS LSME nur am Rand auf die
Besonderheiten in den Geschäftsmodellen von Finanzinstituten eingeht. Darüber hinaus sind SNCI oftmals so strukturiert, dass sie nur eine äußerst geringe
Anzahl an Tochterunternehmen besitzen, die aus Wesentlichkeitsgründen regelmäßig auch nicht konsolidiert werden. Auch unter Nachhaltigkeitsgesichtspunkten dürften diese Tochterunternehmen im Gros der Fälle nicht als wesentlich anzusehen sein. Entsprechend würden SNCI – wie im ED ESRS LSME
vorgesehen – ihren KMU-Nachhaltigkeitsbericht auf Einzelunternehmensebene aufstellen. Allerdings bleibt vor dem Hintergrund der nicht vollumfänglich klaren Formulierungen zum Anwendungsbereich des ED ESRS LSME
unklar, ob SNCI mit mind. einem Tochterunternehmen (unabhängig davon,
ob diese Tochterunternehmen finanziell gesehen oder unter Nachhaltigkeitsgesichtspunkten unwesentlich sind) als große Gruppe betrachtet werden müssten. Dies hätte zur Folge, dass ein Großteil der SNCI Nachhaltigkeitsberichte
gem. ESRS Set 1 erstellen müssten – und zwar auf Einzelunternehmensebene, da
die infrage stehenden Tochtergesellschaften wesentlichkeitsbedingt weder einen verpflichtenden Konzernabschluss noch einen verpflichtenden Konzernnachhaltigkeitsbericht auslösen dürften. Diese Auslegung würde die Zielsetzung des ED ESRS LSME ad absurdum führen.

In der Gesamtschau fokussiert der ED ESRS LSME zu stark auf die Konsistenz   54
und Vollständigkeit gegenüber den ESRS Set 1 und anderer EU-Regulierung für
kapitalmarktorientierte Unternehmen. Der in der CSRD verankerte Gedanke
der **Verhältnismäßigkeit** der Anforderungen findet **nicht ausreichend** Berücksichtigung, so dass der Standardentwurf ein zu hohes Maß an Komplexität
aufweist und auch die *Value Chain Cap*-Funktion den Umfang der wertschöpfungskettenbezogenen Angabepflichten (noch) nicht ausreichend begrenzt.
Entsprechend könnte überlegt werden, den künftigen ESRS LSME weniger
stark an den ESRS Set 1 auszurichten, sondern diesen verstärkt am künftigen
ESRS VSME auszurichten.

55 Dementsprechend wurde in den Stellungnahmen an EFRAG (u.a. seitens des DRSC[31] und anderer nationaler Standardsetzer) gefordert, den ESRS LSME deutlich zu reduzieren. Nach diesen Vorschlägen sollte ein sog. „VSME+"-Modell in Erwägung gezogen werden, wonach der ESRS LSME begrenzt wird auf alle Module des ESRS VSME zzgl. der aus anderen EU-Rechtsvorschriften resultierenden Datenpunkte.

3 Freiwillig anwendbarer ESRS für nicht kapitalmarktorientierte KMU (ESRS VSME)

3.1 Hintergrund, Bedeutung und Zielsetzung

56 Zeitgleich mit dem Entwurf des ESRS LSME hat EFRAG im Januar 2024 einen Entwurf für einen freiwillig anwendbaren ESRS für KMU außerhalb des Anwendungsbereichs der CSRD veröffentlicht: den *Exposure Draft Voluntary ESRS for non-listed small- and medium-sized enterprises* (**ED ESRS VSME**).[32] Zusätzlich zum ED ESRS VSME wurde die Grundlage der Schlussfolgerungen (*Basis for Conclusions*) veröffentlicht.

57 Für diesen freiwillig anwendbaren Standard für die Nachhaltigkeitsbericht-erstattung nicht kapitalmarktorientierter KMU enthält die CSRD keine expliziten Vorgaben. Allerdings spricht die EU-Kommission im *SME-Relief Package* (**KMU-Erleichterungspaket**) vom September 2023 explizit auch die Bedeutung möglichst einfacher, standardisierter Vorgaben für die Nachhaltig-keitsberichterstattung von KMU an und sieht die zeitnahe Erarbeitung eines freiwillig anwendbaren Standards vor.[33]

Zudem besagt die CSRD, dass auch nicht kapitalmarktorientierte KMU „die Möglichkeit haben, sich dafür zu entscheiden, [...] verhältnismäßige Standards freiwillig anzuwenden."[34] Auch wenn dies in der CSRD mit dem besseren Zugang zum Kapitalmarkt begründet wird, dürfte für nicht kapitalmarktorien-tierte KMU ein freiwillig anwendbarer ESRS VSME insbes. aufgrund der bestehenden (hohen) Nachfrage nach solchen Nachhaltigkeitsinformationen von verschiedenen Stakeholdern und aufgrund des diesbzgl. Harmonisierungs-

---

[31] Vgl. z.B. DRSC, Anschreiben zur Stellungnahme zum ED ESRS LSME und ED ESRS VMSE v. 21.5.2024, www.drsc.de/app/uploads/2024/05/240521_CoverLetter_DRSC_EFRAG_LSME-and-VSME.pdf, Abruf 1.8.2024.

[32] Vgl. EFRAG, EFRAG's public consultation on two Exposure Drafts on sustainability reporting standards for SMEs, Stand: 22.1.2024, www.efrag.org/en/news-and-calendar/news/efrags-public-consultation-on-two-exposure-drafts-on-sustainability-reporting-standards-for-smes, Abruf 1.8.2024.

[33] Vgl. EU-Kommission, Mitteilung, KMU-Entlastungspaket, COM(2023) 535 final v. 12.9.2023, Maßnahme 14, S. 16.

[34] Vgl. CSRD, Erwägungsgrund 21.

bedarfs von Interesse sein. Die DRSC/RNE-Pilotgruppe „KMU-Reporting" hat die verschiedenen nachhaltigkeitsbezogenen Informationsbedarfe und deren – z.T. gesetzlich und regulatorisch bedingten – Anlässe und Hintergründe dargestellt.[35] Diese umfassen etwa die Anfragen **großer Unternehmen**, die aufgrund eigener Informationsanforderungen zu ihren Wertschöpfungsketten solche Datenpunkte von KMU benötigen. Auch **Banken** sind, etwa aufgrund der EBA-Leitlinien[36], verpflichtet, die mit Nachhaltigkeitsfaktoren verbundenen Risiken in ihren Strategien und Kreditrisikobeurteilungen aufzunehmen.

Harmonisierte Anforderungen an die Nachhaltigkeitsberichterstattung von KMU bestehen jedoch derzeit nicht. Stattdessen basieren die Anfragen zu Nachhaltigkeitsinformationen bei KMU von bspw. großen Unternehmen, Kreditgebern, Zertifizierern oder Datenbankanbietern zumeist auf (unternehmens)individuellen Fragebögen, die typischerweise bzgl. Themenspektrum (z.B. Umwelt- und/oder Sozial- und/oder Governance-Aspekte), Inhalt (z.B. (Nicht-)Berücksichtigung von Treibhausgasemissionen Scope 3) bzw. der inhaltlichen Schwerpunktsetzung oder auch der Konkretisierung abgefragter Indikatoren (z.B. (nicht) bereinigtes geschlechtsspezifisches Verdienstgefälle oder produkt- vs. unternehmensbezogene Daten) voneinander abweichen. **58**

Der ED ESRS VSME soll daher sowohl dem aus Sicht der KMU bestehenden Harmonisierungsbedarf als auch den aus Sicht der Stakeholder bestehenden Nachhaltigkeitsinformationsbedarf adressieren. Vor diesem Hintergrund definiert auch der ED ESRS VSME explizit das Ziel, die Informationsbedarfe von Kreditgebern von KMU und großen Unternehmen als Kunden von KMU möglichst umfassend abzubilden und dadurch eine **Standardisierung der Informationsanfragen bei KMU** zu erreichen (ED ESRS VSME.1(c), (d) sowie ED ESRS VSME.BC3f.). Eine solche Harmonisierung der KMU-Nachhaltigkeitsberichterstattung, die weitestgehend auf die gem. VSME erstellten Nachhaltigkeitsinformationen beschränkt ist, würde zu einer deutlichen Entlastung der KMU und zu einer besseren Vergleichbarkeit der KMU-Nachhaltigkeitsinformationen führen. Sie ist allerdings nur erreichbar, wenn dieser freiwillig anwendbare Standard sowohl bei den Erstellern, also den KMU, als auch bei den Nutzern der KMU-Nachhaltigkeitsinformationen eine hohe Marktakzeptanz erlangt (ED ESRS VSME.BC5). Daher ist es essenziell, dass der finale ESRS VSME sowohl konzeptionell als auch inhaltlich den Bedarfen von Erstellern und Informationsnutzern gerecht wird. **59**

---

[35] Vgl. DRSC/RNE, Nachhaltigkeitsberichterstattung von KMU – Überblick über Informationsbedarfe von Stakeholdern, 2023.
[36] Vgl. EBA, Leitlinien für die Kreditvergabe und Überwachung, EBA/GL/2020/06 v. 29.5.2020.

3.2 Anwendungsbereich und -zeitpunkt

60   Anders als der ED ESRS LSME mit seinem eng abgegrenzten Anwendungsbereich auf i.w. (vergleichsweise wenige) kapitalmarktorientierte KMU und einige Hundert SNCI ist der künftige ESRS VSME als Standard für die freiwillige Nachhaltigkeitsberichterstattung von nicht kapitalmarktorientierten KMU potenziell für viele Tausend KMU und Kleinstunternehmen relevant.[37] Dies umfasst per definitionem alle Unternehmen, die zwei der folgenden drei Größenmerkmale nicht überschreiten: 25 Mio. EUR Bilanzsumme, 50 Mio. EUR Umsätze und 250 Mitarbeitende (siehe zu den Größenmerkmalen auch Rz 11).[38] Der von EFRAG vorgelegte Entwurf, die Erfahrungen aus den hierzu durchgeführten Field Tests und den zum ED eingegangenen Stellungnahmen sind daher von großer Bedeutung, um einen finalen ESRS VSME zu erarbeiten, der den hohen Erwartungen der Marktteilnehmer gerecht wird.

61   Ein Erstanwendungszeitpunkt für den künftigen ESRS VSME ist weder in der CSRD noch im Standardentwurf selbst definiert. Der derzeitige Zeitplan von EFRAG sieht vor, den ESRS VSME bis Ende des Jahrs 2024 fertigzustellen. Da eine Befassung mit dem ESRS VSME durch die EU-Kommission grds. nicht vorgesehen ist, sollte der ESRS VSME bereits nach seiner Finalisierung durch EFRAG von allen interessierten KMU für die freiwillige Erstellung von Nachhaltigkeitsberichten verwendet werden können (vgl. zum unterschiedlichen Status des ESRS VSME im Vergleich zum ESRS LSME mit Auswirkungen auf die Befassung mit diesen Standards durch die EU-Kommission Rz 64).

3.3 Status des ESRS VSME

62   Die CSRD sieht für den freiwillig anwendbaren ESRS VSME, anders als für den in Rz 6ff. dargestellten ESRS LSME, keine Vorgaben für die inhaltliche Ausgestaltung, den Anwenderkreis oder den Anwendungszeitpunkt vor. Auch die sog. *Value Chain Cap*-Funktion liegt lediglich beim ESRS LSME, nicht aber beim ESRS VSME (ED ESRS VSME.BC31ff.). Das bedeutet, dass die im ESRS VSME definierten Informationsanforderungen – anders als die Vorgaben des ESRS LSME – nicht die Obergrenze für die wertschöpfungskettenbezogenen Inhalte der ESRS Set 1 darstellen. Die Anforderungen an die Unternehmen, die i.R.v. ESRS Set 1 u.a. über ihre Wertschöpfungskette berichten, können daher

---

37   Einer Auswertung des Statistischen Bundesamts zufolge gab es im Jahr 2021 ca. 76.000 mittelgroße und 460.000 kleine Unternehmen. Diese KMU-Definition umfasst alle Unternehmen bis 249 Beschäftigten und bis 50 Mio. EUR Umsatz. Hier nicht beinhaltet sind die ca. 2,1 Mio. Kleinstunternehmen (bis 9 Beschäftigte, bis 2 Mio. EUR Umsatz); vgl. Statistisches Bundesamt, Statistik für kleine und mittlere Unternehmen, Code 48121-0001, https://www-genesis.destatis.de/genesis//online?operation=table&code=48121-0001&bypass=true&levelindex=0&levelid=1722936197789#abreadcrumb, Abruf 1.8.2024.
38   Vgl. Delegierte Richtlinie (EU) 2023/2775, EU ABl. L v. 21.12.2023, S. 1f.

über die im ESRS VSME definierten Berichtsinhalte hinausgehen. Da dem künftige ESRS VSME **nicht** die *Value Chain Cap*-Funktion bzgl. der Angaben zur Wertschöpfungskette zukommt, ist es denkbar, dass bspw. größere Unternehmen über die Inhalte des ESRS VSME hinausgehende Informationen abfragen, um eigenen Informationsbedarfen (z.B. bzgl. Scope-3-Treibhausgasemissionen) gerecht zu werden. Generell sind zusätzliche Informationsabfragen jedoch auch bei Anwendung des künftigen ESRS LSME denkbar, etwa weil Geschäftspartner aufgrund interner Vorgaben vertraglich zusätzliche Nachhaltigkeitsinformationen vereinbaren oder zusätzlich zum Nachhaltigkeitsbericht auf Einzelunternehmensebene an Konzernnachhaltigkeitsinformationen interessiert sind (siehe zur *Value Chain Cap*-Funktion des ESRS LSME Rz 9).

Mit der Frage, ob aus den Informationsanforderungen zur Wertschöpfungskette für große Unternehmen (ESRS Set 1) zusätzliche Anforderungen für KMU resultieren könnten, hat sich auch EFRAG im Detail befasst.[39] In einer Analyse sämtlicher in ESRS Set 1 definierten Informationsanforderungen zur Wertschöpfungskette kommt EFRAG zu dem Ergebnis, dass durch die Anforderungen in ESRS Set 1 keine zusätzlichen Anforderungen für KMU, d.h. für Anwender weder eines ESRS VSME noch eines ESRS LSME, resultierten. EFRAG führt an, dass große Unternehmen z.B. für die Angabe von Scope-3-Treibhausgasemissionen typischerweise auf Sekundärdaten (z.B. geschätzte, überschlägige Brancheninformationen) abstellten und Scope-3-Informationen nicht direkt von Unternehmen in ihrer Wertschöpfungskette abfragen. Zudem würden zusätzliche Informationsanforderungen ggf. aufgrund von individuellen Vereinbarungen zwischen den Geschäftspartnern erforderlich sein. Letztlich ist es wichtig anzuerkennen, dass sich (sämtliche) Berichtspflichten für große Unternehmen auf Unternehmen in deren Wertschöpfungsketten auswirken. Dies gilt auch dann, wenn diese Unternehmen selbst nicht berichtspflichtig sind. Dieser sog. *Trickle-Down-Effekt* stellt die von der Berichtspflicht eigentlich ausgenommenen KMU vor große Herausforderungen. Die Ausgestaltung der ESRS Set 1 sollte auch dies im Blick behalten.

63

Anders als für die ESRS Set 1 oder den ESRS LSME ist für den lediglich freiwillig anwendbaren ESRS VSME kein delegierter Rechtsakt durch die EU-Kommission vorgesehen. Denkbar ist, dass sich die EU-Kommission aufgrund der Bedeutung des Standards dennoch mit der von EFRAG vorgeschlagenen Ausgestaltung des ESRS VSME befasst, bspw. i.R.d. Beobachterrolle bei den Sitzungen der EFRAG-Gremien. Da die EU-Kommission mehrfach die Bedeutung dieses freiwillig anwendbaren Standards für (die Entlastung von) KMU und deren Stakeholder betont und zudem dessen zeitnahe Erarbeitung angeregt

64

---

39 Vgl. die ausführliche Analyse in ED ESRS VSME.BC, S. 49 ff.

hat, ist trotzdem davon auszugehen, dass die Rückmeldungen zum ED ESRS VSME sowie die Finalisierung des Standards von der EU-Kommission eng begleitet werden. Inwieweit die mögliche Befassung der EU-Kommission Auswirkungen auf den möglichen Erstanwendungszeitpunkt haben könnte, ist offen.

65   Da der ESRS VSME kein von den EU-Vorgaben gedeckter Berichtsstandard sein wird, sondern „lediglich" ein von EFRAG veröffentlichtes Dokument darstellt, wird der künftige ESRS VSME nicht (automatisch) in die Amtssprachen der EU übersetzt. Da eine Übersetzung des ESRS VSME jedoch ein wichtiger Schritt für die Marktakzeptanz sein wird, sollten der europäische oder die nationalen Gesetzgeber Möglichkeiten eruieren, die zeitnahe und qualitativ hochwertige Übersetzung sicherzustellen. Nur dann besteht auch die Möglichkeit, dass die KMU von der für den ESRS VSME angestrebten im Vergleich zu den ESRS Set 1 vereinfachten Sprache profitieren.

Praxis-Tipp

Bei den DIHK/DRSC Field Tests zur Anwendbarkeit des ED ESRS VSME wurde von Jonas Dickel von der DHBW eine inoffizielle Übersetzung der Angabeanforderungen der drei Module erstellt. Diese ist abrufbar unter www.efrag.org/en/projects/voluntary-reporting-standard-for-smes-vsme/exposure-draft-consultation.

3.4   Grundlagen der VSME-Nachhaltigkeitsberichterstattung

3.4.1   Modularer Aufbau des ED ESRS VSME als Grundlage der Berichterstattung

66   Alle Kleinst- und nicht kapitalmarktorientierten kleinen und mittelgroßen Unternehmen – und somit potenziell Tausende Unternehmen in Deutschland – können den künftigen ESRS VSME **freiwillig** anwenden. Diese Gruppe von Unternehmen ist jedoch äußerst heterogen. So können sich diese Unternehmen hinsichtlich bestimmter Größenmerkmale (z. B. von weniger als zehn bis hin zu 250 Mitarbeitenden), Branche, Rechtsform, internationaler vs. nationaler Ausrichtung, Einbindung in Wertschöpfungsketten größerer Unternehmen und einer Vielzahl anderer Kriterien unterscheiden. Um dieser Heterogenität Rechnung zu tragen, hat EFRAG einen **modularen Ansatz** für den freiwilligen Standard zur Nachhaltigkeitsberichterstattung dieser KMU gewählt.

67   Ziel der modularen Ausgestaltung des ED ESRS VSME ist es, die Berichterstattungsbedarfe aller KMU möglichst weitgehend abzudecken. Diese Bedarfe reichen von einem Einstieg in die Nachhaltigkeitsberichterstattung, insbes. für Kleinstunternehmen (**Basis-Modul**), über Unternehmen, die sich bereits mit der Nachhaltigkeit ihrer Unternehmenstätigkeit befasst und die entsprechend **Leit-**

linien, **Maßnahmen und Ziele** definiert haben und darstellen können (*Policies, Actions, Targets* – **PAT-Modul**) bis hin zu Unternehmen, die mit Informationen zu ihrer Nachhaltigkeitsleistung auf konkrete Anfragen verschiedener Geschäftspartner reagieren und diese in einem einheitlichen Nachhaltigkeitsbericht adressieren möchten (*Business Partner Modul*, im Folgenden: **Geschäftspartnermodul** oder **BP-Modul**; ED ESRS VSME.BC40ff.).

Ausgangspunkt des modularen Ansatzes ist das Basis-Modul, das entweder alleinstehend oder in Kombination mit dem PAT-Modul und/oder dem Geschäftspartnermodul Gegenstand der Nachhaltigkeitsberichterstattung des KMU sein kann (ED ESRS VSME.21). Alternativ oder zusätzlich kann das Basis-Modul um einzelne Angaben aus dem PAT- und/oder Geschäftspartnermodul ergänzt werden (ED ESRS VSME.19). Im ESRS-VSME-Nachhaltigkeitsbericht muss das Unternehmen angeben, welche dieser Berichtsoptionen gewählt wurde, ob der Nachhaltigkeitsbericht das Einzel- oder Konzernunternehmen abbildet und ggf. welche Tochterunternehmen in den Konzernnachhaltigkeitsbericht einbezogen wurden.   68

Auch wenn einige Grundsätze der VSME-Berichterstattung modulübergreifend definiert sind, unterscheiden sich die drei Module aufgrund der verschiedenen Zielsetzungen konzeptionell deutlich.   69

3.4.2 Konzeptionelle Ausgestaltung der drei Module

3.4.2.1 Modulübergreifende Grundsätze der Berichterstattung

Jeder im Einklang mit dem ED ESRS VSME erstellte Nachhaltigkeitsbericht soll relevante Informationen über aktuelle und mögliche zukünftige negative Auswirkungen der Unternehmenstätigkeit auf die Gesellschaft oder die Umwelt darstellen (ED ESRS VSME.9(a)). Zudem soll der VSME-Nachhaltigkeitsbericht darstellen, welche Umwelt- und Sozialaspekte sich wie auf die Finanzlage, die finanzielle Leistungsfähigkeit und die Cashflows des Unternehmens ausgewirkt haben bzw. sich auswirken könnten (ED ESRS VSME.9(b)). Auf die Darstellung der „positiven" Auswirkungen oder Chancen aus Umwelt- und/oder Sozialaspekten geht der ED ESRS VSME nicht ein.   70

Die im VSME-Nachhaltigkeitsbericht dargestellten Informationen sollen die – auch aus ESRS Set 1 (ESRS 1.19) bekannten – Merkmale erfüllen, nämlich: relevant, wahrheitsgetreu, vergleichbar, überprüfbar und verständlich sein (→ § 3 Rz 18ff.). Anders als in Set 1 (ESRS 1, App. B) werden diese Anforderungen im ED ESRS VSME allerdings nicht konkretisiert, so dass bspw. nicht erläutert wird, dass Informationen immer dann relevant sind, wenn sie bei Entscheidungen der Nutzer i.R.d. doppelten Wesentlichkeit eine bedeutende Rolle spielen könnten (ESRS 1, App. B.QC1).   71

72   Gem. ED ESRS VSME.11 können zudem je nach Unternehmenstätigkeit zusätzliche qualitative oder quantitative branchenspezifische Informationen in den Nachhaltigkeitsbericht aufgenommen werden. EFRAG hat hier bewusst vage formuliert, um die Angabe zusätzlicher branchen- und/oder auch unternehmensspezifischer Informationen zu fördern, ohne diese verpflichtend vorzuschreiben. Die zusätzlichen branchen- bzw. unternehmensspezifischen Angaben sind nicht auf bestimmte Unternehmenstätigkeiten beschränkt, sondern in Abhängigkeit der Unternehmenstätigkeit (und somit grds. potenziell für jede Unternehmenstätigkeit) individuell zu machen. Als Beispiel wird zu Beginn des BP-Moduls auf die freiwillige unternehmensspezifische Angabe zu Scope-3-Emissionen verwiesen, die relevante Informationen liefern kann (ED ESRS VSME.69ff.).

73   EFRAG empfiehlt in ED ESRS VSME.12 die Erstellung eines **Konzernnachhaltigkeitsberichts**, sofern Konzernstrukturen bestehen. Aufgrund der Informationsfunktion der Konzernberichterstattung ist dieser Empfehlung ausdrücklich zuzustimmen.[40]

74   Der VSME-Nachhaltigkeitsbericht soll jährlich erstellt und zeitgleich mit dem Geschäftsbericht veröffentlicht werden. Sofern ein Lagebericht erstellt wird, kann der Nachhaltigkeitsbericht als separater Abschnitt in diesem Lagebericht dargestellt werden. Ein anderes, separates Dokument ist ebenfalls denkbar. Verweise auf andere (zeitgleich zugängliche) Veröffentlichungen sind zulässig, um Doppelungen bei den Angaben zu vermeiden (ED ESRS VMSE.15).

75   Für die Angaben aller Module gilt zudem, dass über Verschlusssachen oder vertrauliche Informationen nicht berichtet werden muss, sofern diesen Informationen ein kommerzieller Wert beigemessen werden kann und ihre Veröffentlichung die Finanzlage des Unternehmens beeinträchtigen könnte. Sofern ein Unternehmen von dieser Möglichkeit Gebrauch macht, ist diese Tatsache unter der Angabe B 1 anzugeben.

3.4.2.2   Basis Modul: „*if applicable*"-Ansatz

76   Eine wesentliche Erleichterung für KMU stellt die konzeptionelle Ausgestaltung des Basis-Moduls dar. So ist für die Erstellung eines VSME-Nachhaltigkeitsberichts im Einklang mit dem Basis-Modul keine Wesentlichkeitsanalyse erforderlich. Stattdessen sind grds. Angaben zu allen zwölf definierten Themenfeldern, B 1 – B 12, erforderlich. Für einige dieser Angabepflichten gilt jedoch

---

40   Zur besseren Informationsvermittlung durch Konzernberichterstattung gegenüber der Einzelunternehmensebene vgl. statt vieler Coenenberg/Haller/Schultze, Jahresabschluss und Jahresabschlussanalyse, 26. Aufl., 2021, S. 643 ff.; Baetge/Kirsch/Thiele, Konzernbilanzen, 14. Aufl., 2021, S. 43 ff., sowie zuvor in Rz 16 bzgl. des LSME-Nachhaltigkeitsberichts, der lediglich auf die Einzelunternehmensebene abstellt.

zusätzlich, dass diesen nur dann nachzukommen ist, wenn sie für das Unternehmen einschlägig sind. Dieser sog. *„if applicable"*-Ansatz unterscheidet somit zwischen „immer berichtspflichtigen" Angaben und Angaben, die erforderlich sind, „sofern einschlägig" für das Unternehmen. Dies ist nachfolgend dargestellt (ED ESRS VSME.BC60):

Angabe, „sofern einschlägig"	„immer berichtspflichtige" Angabe
B 2: Praktiken, die auf den Übergang zu einer nachhaltigeren Wirtschaft abzielen	B 1: Grundlagen der Erstellung des Nachhaltigkeitsberichts
B 4: Verschmutzung von Luft, Wasser und Boden	B 3: Energieverbrauch und Treibhausgasemissionen
B 5: Biodiversität bzgl. schutzbedürftiger Biodiversitätsgebiete und Landnutzung	
B 6: Wasserverbrauch (*water consumption*, Verbrauch von Wasser im Produktionsprozess)	B 6: Wasserentnahme (*water withdrawal*, insgesamt entnommenes Wasser)
B 7: Ressourcenverbrauch, Kreislaufwirtschaft und Abfallmanagement, hier (a) und (b), sofern das Unternehmen in Herstellung, Bau- oder Verpackungsindustrie tätig ist	B 7: Ressourcenverbrauch, Kreislaufwirtschaft und Abfallmanagement, hier (c) jährlicher Abfall und (d) Abfall recycelt oder wiederverwendet
B 8: Mitarbeitende – Allgemeine Merkmale: (c) nach Land, in dem der Mitarbeitende für das Unternehmen tätig ist	B 8: Mitarbeitende – Allgemeine Merkmale: (a) Vertragsart (unbefristet/zeitlich befristet), (b) Geschlecht
B 11: Arbeitnehmer in der Wertschöpfungskette, betroffene Gemeinschaften, Verbraucher und Endnutzer	B 9: Mitarbeitende – Gesundheit und Sicherheit
B 12: Verurteilungen und Geldstrafen für Korruption und Bestechung in der Berichtsperiode	B 10: Mitarbeitende – Vergütung, Tarifverträge und Schulungen

Tab. 3: Angaben nach dem *„if applicable"*-Ansatz gem. Basis-Modul

Eine weitere Kategorie stellen zusätzliche freiwillige Angaben dar, die unabhängig von („immer" oder „bei Einschlägigkeit") berichtspflichtigen Informa-   77 tionen gemacht werden können. Dies sind z. B. Angaben zur Landnutzung wie etwa versiegelte Flächen oder naturorientierte Flächen am Standort des Unternehmens und außerhalb (ED ESRS VSME.29).

Zur weiteren Unterstützung bei der Erstellung des Berichts im Einklang mit dem Basis-Modul enthält der ED ESRS VSME einen **Leitfaden** mit zusätzlichen Erläuterungen zu den Ermittlungs-/Berechnungsmethoden für die Angaben sowie mit weiterführenden Verweisen auf Quellen mit dafür notwendigen Informationen (z. b. Emissionsfaktoren oder Ausweis von Risikogebieten für Wassermangel).

3.4.2.3 PAT- und BP-Modul: Wesentlichkeitsanalyse und *„if applicable"*-Ansatz

78   Der wichtigste konzeptionelle Unterschied der PAT- und BP-Module zum Basis-Modul besteht in der Notwendigkeit der Durchführung einer Wesentlichkeitsanalyse für die Erstellung der PAT- und/oder BP-Modul-Berichte. Mittels dieser Wesentlichkeitsanalyse werden vom Unternehmen die Umwelt-, Sozial- und/oder Governance-Themen identifiziert, über die zu berichten ist.

Gem. ED ESRS VSME.43 stellt Wesentlichkeit auf die Bedeutung (*significance*) sowohl eines Nachhaltigkeitsaspekts als auch der entsprechenden Information darüber für das Unternehmen ab. Diese Formulierung erscheint vor dem Hintergrund der – anschließend ausgeführten – zwei Dimensionen von Wesentlichkeit eher unglücklich. Denn die Wesentlichkeitsdimensionen, (1) Auswirkungswesentlichkeit (*impact materiality*) und (2) finanzielle Wesentlichkeit (*financial materiality*) beziehen sich gerade nicht nur auf die Bedeutung der Nachhaltigkeitsaspekte und -informationen für das Unternehmen, sondern auch auf die Bedeutung, die die wesentlichen Auswirkungen der Unternehmenstätigkeit des Unternehmens für die Umwelt und die Gesellschaft haben. Der VSME basiert damit ebenso wie die ESRS Set 1 auf dem Konzept der doppelten Wesentlichkeit (→ § 3 Rz 61 ff.).

Wesentliche Auswirkungen umfassen gem. ED ESRS VSME.46 tatsächliche oder potenzielle Auswirkungen der Unternehmenstätigkeit auf Menschen oder Umwelt innerhalb kurz-, mittel- oder langfristiger Zeithorizonte. Die Auswirkungen können aus der eigenen Geschäftstätigkeit, Produkten und Dienstleistungen sowie durch Geschäftsbeziehungen, etwa zu Zulieferern, resultieren. EFRAG versteht diese Definition als im Einklang mit der entsprechenden Definition in ESRS Set 1 (ESRS 1.43). Die aus Vereinfachungsgründen gewählten sprachlichen Anpassungen führen allerdings zu inhaltlichen Reduzierungen, die auch ein anderes Verständnis der auswirkungsbezogenen Wesentlichkeitsdimension nahelegen könnten. So entfallen bspw. die Verweise auf negative und positive Auswirkungen oder auf die Auswirkungen aus der vor- und nachgelagerten Wertschöpfungskette sowie auf Geschäftsbeziehungen, die auch über direkte Vertragsbeziehungen hinausgehen. Sofern hier inhaltliche Vereinfachungen intendiert sind, könnten diese insbes. in einer im Vergleich zu den ESRS Set 1 deutlich engeren Abgrenzung der Wertschöpfungskette bestehen; dies müsste jedoch im künftigen ESRS VSME klar benannt werden. Da dies – nach bisherigem Verständnis des Kontexts – nicht der Fall ist, sollte dieses grundlegende Konzept der Nachhaltigkeitsberichterstattung deckungsgleich für alle Berichtsstandards – ESRS Set 1, ESRS LSME und ESRS VSME – definiert werden. Hilfreich wäre hierfür auch, Begriffe wie „wesentliche Auswirkungen" oder „Geschäftsbeziehungen" im Glossar aufzunehmen.

Unabhängig davon gilt aber – wie im Konzept der ESRS Set 1 (→ § 3 Rz 79) – , dass sich die Wesentlichkeit der tatsächlichen und potenziellen Auswirkungen an der Wahrscheinlichkeit sowie am Schweregrad bemisst. Letzterer ergibt sich aus den Faktoren (a) Ausmaß, (b) Umfang und (c) Unabänderlichkeit der Auswirkungen. Im Falle von potenziellen negativen Auswirkungen auf die Menschenrechte ergibt sich die Wesentlichkeit aus dem Schweregrad; die Frage der Wahrscheinlichkeit des Eintritts dieser potenziellen Auswirkungen ist von untergeordneter Rolle.

Das Verständnis der finanziellen Wesentlichkeit entspricht demjenigen, das auch Grundlage für ESRS Set 1 ist (→ § 3 Rz 85 ff.).

Wichtig ist, dass die Einbindung von Stakeholdern (Interessenträgern) für die Wesentlichkeitsanalyse optional ist (ED ESRS VSME.57). Stakeholder können von der Unternehmenstätigkeit i.w.S. (inkl. der Geschäftsbeziehungen) betroffene Personen oder Personengruppen sein oder Nutzer von Nachhaltigkeitsinformationen, wie bspw. Kreditgeber, Geschäftspartner oder die Zivilgesellschaft. Die Überlegung bei der Konzeption des ED ESRS VSME scheint jedoch zu sein, dass deren Interessen durch die Vorgaben im Standard adressiert werden, so dass eine (ggf. aufwändige) Analyse der Stakeholder-Interessen als nicht erforderlich angesehen wird. Diese Aufgabe obliegt sozusagen der EFRAG i.R.d. Standardsettingprozesses.

Die Ergebnisse der Wesentlichkeitsanalyse fließen in die Angaben N2 (Wesentliche Nachhaltigkeitsaspekte, ED ESRS VSME.59) bzw. die Liste der wesentlichen Nachhaltigkeitsthemen (ED ESRS VSME.68) ein. Die anderen Angabepflichten bleiben von der Wesentlichkeitsanalyse unbenommen.

Es gilt jedoch auch im PAT- und im BP-Modul zusätzlich das Prinzip der Einschlägigkeit („*if applicable*") bzw. Freiwilligkeit für bestimmte Angaben. Bspw. können Stakeholder-Gruppen beschrieben werden, wenn das Unternehmen sich freiwillig mit den Stakeholdern auseinandergesetzt hat (N4), ED ESRS

VSME.65); über Ziele zur Reduktion von Treibhausgasemissionen ist nur dann zu berichten, wenn das Unternehmen sich solche Ziele gesetzt hat.

3.5 Angabepflichten

3.5.1 Angabepflichten im Überblick (mit Referenz zu ESRS Set 1)

79

ED ESRS VSME-Angabe	ESRS Set 1-Angabe	Referenz
Basis-Modul		
B 1 Grundlagen der Erstellung		
B 2 Praktiken (*practices*) für den Übergang zu einer nachhaltigeren Wirtschaft	Keine vergleichbare Angabe	–
B 3 Energieverbrauch und THG-Emissionen – z. b. Treibhausgas-Bruttoemissionen in CO$_2$-Äquivalenten: Scope 1 und (standortbasierte) Scope 2	ESRS E1-5 (ESRS E1.37(a)), keine direkt vergleichbare Angabe hinsichtlich Strom ESRS E1-6 (ESRS E1.44(a)–(b))	→ § 6 Rz 55 → § 6 Rz 68
B 4 Luft-, Wasser- und Bodenverschmutzung Nur zu berichten, wenn das Unternehmen zur Offenlegung nach geltendem Recht ohnehin verpflichtet ist oder Schadstoffe bereits auf freiwilliger Basis offenlegt.	ESRS E2-4	→ § 7 Rz 69ff.
B 5 Biodiversität – Anzahl und Fläche der Standorte in oder in der Nähe von biodiversitätssensiblen Gebieten, die in seinem Besitz sind, geleast sind oder von ihm bewirtschaftet werden; – Landnutzungskennzahlen	ESRS E4-5 (ESRS E4.35, 38)	→ § 9 Rz 41, 43

ED ESRS VSME-Angabe	ESRS Set 1-Angabe	Referenz
B 6 Wasser – Gesamt-Wasserentnahme und Wasserverbrauch (Differenz aus Wasserentnahme und Wasserabförderung aus Produktionsprozessen)	Keine vergleichbare Angabe zur Wasserentnahme ESRS E3-4 (ESRS E3.28)	→ § 8 Rz 53 ff.
B 7 Ressourcenverbrauch, Kreislaufwirtschaft und Abfallmanagement (z. B. Abfallmengen, Recyclingquoten)	ESRS E5-5 (ESRS E5.36(c); 37(b)(ii))	→ § 10 Rz 105 ff.
B 8 Allgemeine Merkmale der Belegschaft (z. B. Anzahl der Beschäftigten, Vertragsart)	ESRS S1-6	→ § 12 Rz 66 ff.
B 9 Belegschaft – Gesundheitsschutz und Sicherheit (z. B. Arbeitsunfälle)	ESRS S1-14 (ESRS S1.88(b))	→ § 12 Rz 130 ff.
B 10 Belegschaft – Vergütung, tarifvertragliche Abdeckung und Schulungen (u. a. unbereinigtes geschlechtsspezifisches Verdienstgefälle bei KMU ab 150 Beschäftigten)	Verschiedene: ESRS S1-16, ESRS S1-8 (ESRS S1.60(a)), ESRS S1-13 (ESRS S1.83(b))	→ § 12 Rz 149 ff., 85 ff., 124 ff.
B 11 Arbeitskräfte in der Wertschöpfungskette, betroffene Gemeinschaften, Verbraucher und Endnutzer (u. a. freiwillige Beschreibung des Prozesses zur Identifikation solcher Stakeholder-Gruppen)	Diverse Grundlagen, insbes.: ESRS 2 SBM-3 sowie ESRS S2, ESRS S3 und ESRS S4	→ § 4 Rz 102 ff. sowie → §§ 13, 14 und 15
B 12 Verurteilungen und Geldstrafen für Korruption und Bestechung	ESRS G1-4 (ESRS G1.24(a))	→ § 16 Rz 47 ff.

ED ESRS VSME-Angabe	ESRS Set 1-Angabe	Referenz
PAT-Modul		
N 1 Strategie: Geschäfts-modell und Nachhaltigkeit – einschlägige Initiativen	In Anlehnung an ESRS 2 SBM-1	→ § 4 Rz 81 ff.
N 2 Wesentliche Nachhal-tigkeitsaspekte	ESRS 2 SBM-3 (ESRS 2.46 ff.)	→ § 4 Rz 102 ff.
N 3 Management der wesentlichen Nachhaltig-keitsaspekte	ESRS 2 IRO-2, ESRS 2 MDR-P und ESRS 2 MDR-A	→ § 4 Rz 117 ff., 130 f., 132 ff.
N 4 Wichtigste Stakeholder	ESRS 2 SBM-2 (ESRS 2.45(a)(i), (ii) und (iii))	→ § 4 Rz 98
N 5 Governance: Zuständig-keit in Bezug auf Nachhal-tigkeitsaspekte	ESRS 2 GOV-1	→ § 4 Rz 31 ff.
BP-Modul		
Liste wesentlicher Nachhal-tigkeitsaspekte		
BP 1 Umsätze aus bestimm-ten Sektoren	ESRS 2 SBM-1 (ESRS 2.40(d))	→ § 4 Rz 87
BP 2 Geschlechtervielfalt (Geschlechterdiversitäts-verhältnis) im Governance-Organ	ESRS 2 GOV-1 (ESRS 2.21(d))	→ § 4 Rz 43 ff.
BP 3 THG-Emissions-reduktionsziele Für den Fall, dass sich das Unternehmen THG-Emis-sionsreduktionsziele gesetzt hat.	ESRS E1-4 (ESRS E1.34(a)–(b))	→ § 6 Rz 38
BP 4 Übergangsplan für den Klimaschutz Informationen zum Über-gangsplan, wenn ein solcher vorliegt.	ESRS E1-1 (ESRS E1.16(a))	→ § 6 Rz 12 ff.

ED ESRS VSME-Angabe	ESRS Set 1-Angabe	Referenz
BP 5 Physische Klimarisiken (z. B. aufgrund von Dürre, Überschwemmungen) Erwartete finanzielle Effekte aus physischen Klimarisiken, falls das Unternehmen wesentlichen physischen Risiken unterliegt.	ESRS E1-9 (ESRS E1.66(a)–(d); ESRS E1.67(c))	→ § 6 Rz 98 ff.
BP 6 Anteil gefährlicher und/oder radioaktiver Abfälle	ESRS E5-5 (ESRS E5.39)	→ § 10 Rz 121
BP 7 Übereinstimmung mit international anerkannten Instrumenten / Vorgaben (inkl. UN-Leitprinzipien für Wirtschaft und Menschenrechte)	ESRS S1-1 (ESRS S1.21)	→ § 12 Rz 40
BP 8 Prozess zur Überwachung der Einhaltung und Mechanismen zur Behandlung von Verstößen mit/ gegen OECD-Richtlinien für multinationale Unternehmen und UN-Leitprinzipien für Wirtschaft und Menschenrechte	ESRS S1-1 (ESRS S1.20)	→ § 12 Rz 40
BP 9 Verstöße gegen OECD-Leitlinien für multinationale Unternehmen	ESRS S1-17 (ESRS S1.104(a))	→ § 12 Rz 164
BP 10 Vereinbarkeit von Berufs- und Privatleben (z. B. Anteil der Beschäftigten mit Anspruch auf familienbedingte Abwesenheiten)	ESRS S1-15 (ESRS S1.93)	→ § 12 Rz 139
BP 11 Anzahl Auszubildender	Keine vergleichbare Angabe	–

3.5.2 Basis-Modul

80 Die ersten **Angaben**, die gem. B 1 zu machen sind, betreffen die Grundlagen der Erstellung des Nachhaltigkeitsberichts. Bericht erstattende Unternehmen müssen angeben, welches Modul oder welche Module des ESRS VSME für die Erstellung ihres Nachhaltigkeitsberichts verwendet wurden und ob dieser auf konsolidierter Basis oder auf Einzelunternehmensebene erstellt wurde. Im Fall des Konzernnachhaltigkeitsberichts sind die einbezogenen Tochterunternehmen anzugeben.

81 Zudem sind gem. B 2 die „Praktiken" (*practices*) des Unternehmens für einen Übergang zu einer nachhaltigeren Wirtschaft bzw. Unternehmenstätigkeit kurz zu beschreiben. In Abgrenzung von ggf. eher formalisierten Leitlinien (*policies*) und daraus abgeleiteten Maßnahmen (*actions*) sollen hierunter sämtliche, auch nicht vorab identifizierte und/oder dokumentierte Tätigkeiten des Unternehmens verstanden werden, die zu einer Verringerung negativer Auswirkungen und Verstärkung positiver Auswirkungen für Menschen und Umwelt führen können. Damit sind unternehmensbezogene Aktivitäten wie Verbesserung der Arbeitsbedingungen oder Gleichstellungsbestrebungen, Schulungen oder Maßnahmen zur Verringerung des Wasser- und/oder Energieverbrauchs gemeint und explizit keine Aktivitäten, die nicht auf die operative Tätigkeit des Unternehmens gerichtet sind, wie bspw. Spenden.

82 Die Angabe nach B 3 „Energieverbrauch und THG-Emissionen" erfordert die Offenlegung des Energieverbrauchs in MWh, aufgeschlüsselt nach
a) fossilen Quellen und
b) Elektrizität (unterteilt nach erneuerbarer/nicht erneuerbare Quelle, sofern die Information vorhanden ist).

Der Energieverbrauch kann zusätzlich auf andere Arten aufgeschlüsselt werden, z. B. Verbrauch erworbener Energie gegen den Verbrauch selbsterzeugter Energie aus erneuerbaren Quellen. Unternehmen, die fossile oder erneuerbare Brennstoffe (z. B. Biomasse) erwerben, um Elektrizität oder Wärme zu generieren, müssen sicherstellen, dass sie eine Doppelzählung unter a) und b) vermeiden.

83 Darüber hinaus sind die Scope-1- und (standortbasierten) Scope-2-Treibhausgas-Bruttoemissionen in Tonnen CO_2-Äquivalenten anzugeben. Die Angaben sind nach den Regeln und Definitionen des GHG Protokolls aufzubereiten: Scope-1-Emissionen sind die direkten THG-Emissionen des Unternehmens. Scope-2-Emissionen sind indirekte Emissionen, die aus dem Energieverbrauch des Unternehmens entstehen.

84 **Scope-1-Emissionen**: Scope-1-Emissionen sind typischerweise CO_2-, CH_4- und N_2O-Emissionen, die bei der Verbrennung fossiler Rohstoffe freigesetzt werden oder die als flüchtige Emissionen bei industriellen Prozessen und im

Betrieb von Klimaanlagen auftreten. Emissionen aus der Verbrennung fossiler Brennstoffe können durch die Multiplikation geeigneter Emissionsfaktoren mit der Menge (Masse oder Volumen) verbrannten Brennstoffs ermittelt werden.

Praxis-Hinweis

Emissionsfaktoren können einschlägigen öffentlichen Quellen entnommen werden (z. B. **ADEME**: Bilant Carbonne, **IPCC**: Emissions Factor Database, Guidelines for National Greenhouse Gas Inventories). Es ist zu beachten, dass Emissionsfaktoren üblicherweise von der verwendeten Technologie abhängen.

Treibhausgase werden in CO_2-Äquivalenten angegeben. Nicht-CO_2-Emissionen müssen unter Anwendung sog. GWP-Werte[41] umgerechnet werden, wenn Emissionsfaktoren diese GWP-Werte nicht bereits berücksichtigen. GWP-Werte müssen dem jüngsten vom IPCC veröffentlichten Stand entsprechen. Es sind GWP-Werte mit einem Zeithorizont von 100Jahren anzuwenden. Im Sechsten Sachstandsbericht des IPCC werden die folgenden GWP-100-Werte für CH_4 und N_2O genannt: CH_4: 27,9; N_2O: 273.   85

Standortbasierte Scope-2-Emissionen: Die standortbasierten Scope-2-Emissionen ergeben sich aus der Multiplikation der durchschnittlichen Emissionsintensität der Energienetze (Emissionsfaktor), an den Standorten, an welchen Energie erworben wird, mit den jeweils erworbenen Mengen Energie (Aktivitätsdaten). Es ist zu berücksichtigen, dass die Einheit der Emissionsfaktoren jeweils mit der Einheit der Aktivitätsdaten korrespondiert. Werden die Aktivitätsdaten bspw. in MWh gemessen, so sollte der entsprechende Emissionsfaktor die Einheit (tCO_2eq)/MWh haben.   86

(Optional) marktbasierte Scope-2-Emissionen: Neben den standortbasierten Scope-2-Emissionen kann das Unternehmen auch die marktbasierten Scope-2-Emissionen angeben. Marktbasierte Scope-2-Emissionen ergeben sich, wenn das Unternehmen vertragliche Instrumente mit Energielieferanten abgeschlossen hat. Mithilfe dieser vertraglichen Instrumente kann das Unternehmen nachweisen, dass die bezogene Energie einen bestimmten Emissionsfaktor hat. Dieser kann unter der durchschnittlichen Emissionsintensität des Energienetzes liegen. Aktivitätsdaten, für die keine vertraglichen Instrumente vorliegen, sind dann unter Heranziehung von Residualmix-Emissionsfaktoren zu berechnen, um Doppelzählung zu vermeiden.   87

Bei den Angaben zur Umweltverschmutzung muss das berichtende Unternehmen die Mengen an Schadstoffen angeben, die es in Luft (ohne THG-Emissionen), Wasser und Boden emittiert, wenn es entsprechende Angaben aufgrund   88

---

[41] GWP: Global Warming Potential, Klimawirksamkeit.

von gesetzlichen Vorschriften oder aufgrund der Anwendung eines Umweltmanagementsystems (z. B. EMAS) bereits offenlegt. Grds. betroffen sind Unternehmen, die unter die **Industrieemissionsrichtlinie** (2010/75/EU) fallen. Für alle Unternehmen, die von der Industrieemissionsrichtlinie betroffen sind, sind die Schadstoffemissionen auf Anlagenebene öffentlich einsehbar. Unternehmen, die mehrere Anlagen betreiben, müssen die Emissionen durch Aggregation konsolidieren, um der Angabe B 4 zu entsprechen.

89   Wenn das Unternehmen nur eine Anlage betreibt, deren Schadstoffemissionen wesentlich sind, und wenn die Emissionsdaten dieser Anlage öffentlich einsehbar sind, kann das Unternehmen der Angabe durch einen Verweis entsprechen.

Sofern jede der drei Emissionskategorien (Luft, Wasser, Boden) für das Unternehmen relevant sind und diese gem. o. g. Vorschriften separat berichtet werden, sind die Masse der jeweils wesentlichen freigesetzten Schadstoffe auch gem. ED ESRS VSME separat anzugeben.

90   B 5 „Biodiversität" erfordert die Angabe der Anzahl und der Fläche der Standorte in oder in der Nähe von biodiversitätssensiblen Gebieten, die in Besitz des Unternehmens sind, geleast sind oder vom Unternehmen bewirtschaftet werden. Ausweislich des Glossars sind biodiversitätssensible Gebiete solche Gebiete, die dem Natura 2000 Netzwerk oder dem UNESCO-Welterbe angehören oder Biodiversitäts-Schwerpunktgebiete oder andere Schutzgebiete i. S. d. Verordnung (EU) 2021/2139 sind. Biodiversitäts-Schwerpunktgebiete sind vom KBA-Sekretariat definiert.[42]

91   Darüber hinaus kann das Unternehmen Landnutzungskennzahlen angeben, z. B.:
- gesamte Landnutzung,
- gesamte versiegelte Fläche,
- gesamte naturnahe Fläche auf dem Gelände des Standorts,
- gesamte naturnahe Fläche außerhalb der (operativen) Standortgrenzen.

Die Angaben sind in Flächeneinheiten (z. B. m² oder ha) zu machen. Dabei können die EMAS-Leitlinien befolgt werden.

92   Naturnahe Flächen sind Flächen, deren Hauptzweck die Erhaltung oder Wiederherstellung von Natur ist. Ein Unternehmen kann naturnahe Flächen auch außerhalb der Standortgrenzen haben, wenn es Eigentümer der entsprechenden Flächen ist oder diese bewirtschaftet. Auch dann müssen die Flächen in erster Linie der Förderung der biologischen Vielfalt dienen.[43]

---

[42]   Siehe www.keybiodiversityareas.org, Abruf 1.8.2024.
[43]   Vgl. Verordnung (EU) 2018/2026, ABl. EU v. 20.12.2018, L 325/18ff.

Nach B 6 „Wasser" müssen Unternehmen ihre Gesamt-Wasserentnahme an- **93** geben. Im Normalfall wird der Großteil der Wasserentnahme auf die Entnahme aus dem Wasserversorgungsnetz entfallen. Allerdings ist auch die Entnahme aus anderen Quellen einzubeziehen, wenn dies für das Unternehmen einschlägig ist. Andere Quellen können Grundwasser aus eigenen Brunnen, Wasser aus Gewässern (Flüsse und Seen) oder von anderen Unternehmen zur Verfügung gestelltes Wasser sein. Die Sammlung von Regenwasser zählt nicht zur Wasserentnahme.

Wenn das Unternehmen Standorte in Regionen mit hohem Wasserstress be- **94** treibt, muss es die Wasserentnahme an diesen Standorten separat offenlegen. Regionen mit hohem Wasserstress können entweder durch Rücksprache mit lokalen Wasserbehörden bestimmt werden oder unter Heranziehung öffentlich verfügbarer Datentools wie dem „WRI Aqueduct Water Risk Atlas".[44]

Des Weiteren muss der Wasserverbrauch, gemessen als Differenz aus Wasser- **95** entnahme und Wasserabförderung aus Produktionsprozessen, angegeben werden, wenn dieser wesentlich ist. Der Wasserverbrauch ist typischerweise verdunstetes oder verdampftes Wasser, Wasser, das in Produkten eingeschlossen ist (z. B. in Lebensmitteln) oder Wasser, welches zur Bewässerung verwendet wird. Unter Wasserabförderung wird Wasser verstanden, welches Gewässern außerhalb der Standortgrenzen oder dem Abwassersystem zur Wasseraufbereitung zurückgeführt wird. Bei Berechnung des Wasserverbrauchs kann gesammeltes Regenwasser zur Wasserentnahme hinzugezählt werden. Unternehmen, die Wasser lediglich aus dem öffentlichen Wassernetz entnehmen und es anschließend und fast unmittelbar in das öffentliche Abwassersystem ableiten (z. B. Toilettenbetrieb), haben üblicherweise einen vernachlässigbaren Wasserverbrauch.

Bei B 7 „Ressourcennutzung und Kreislaufwirtschaft" soll das Unternehmen **96** berichten, wie es seine Ressourcennutzung handhabt, welche Abfallbewirtschaftungspraktiken es verfolgt und ob es die Grundsätze der Kreislaufwirtschaft anwendet. Als Grundsätze der Kreislaufwirtschaft können entweder die Grundsätze der Ellen-MacArthur-Stiftung (Eliminierung von Abfall und Umweltverschmutzung; Zirkulieren von Produkten und Materialien zu ihrem höchsten Wert; Wiederherstellung der Natur) oder die Grundsätze der EU-Kommission (Designentscheidungen bzgl. Nutzbarkeit, Wiederverwendbarkeit, Reparierbarkeit, Demontage, Möglichkeiten zur Wiederaufarbeitung, Recycling, Rezirkulation im biologischen Stoffkreislauf) verwendet werden.

Falls das Unternehmen Produktions-, Konstruktions- oder Verpackungspro- **97** zesse betreibt, muss es den Recyclinganteil in Produkten, die Menge produzier-

---

44 Siehe www.wri.org/data/aqueduct-water-risk-atlas, Abruf 1.8.2024.

ter Verpackungen und die prozentualen Anteile recycelbarer Inhalte in Produkten und Verpackungen angeben. Zur Berechnung kann es das Gesamtgewicht der Recyclingmaterialien (recycelbarer Materialien), die in Produkten und Verpackungen verwendet wurden, durch das Gesamtgewicht der Materialien, die in Produkten und Verpackungen verwendet wurden, teilen. Alle Größen beziehen sich auf das Berichtsjahr.

98   Weiter anzugeben ist das Gesamtabfallaufkommen (möglichst in Gewichtseinheit, alternativ in Volumeneinheit), aufgeschlüsselt nach gefährlichem und nicht gefährlichem Abfall, und das gesamte Abfallaufkommen (in Gewichtseinheit), das dem Recycling oder der Wiederverwendung zugeführt wird.

Beispiele für gefährliche Abfälle, die kleine Unternehmen generieren, können Batterien, Altöl, Pestizide, quecksilberhaltige Ausrüstung und Leuchtstofflampen sein. Das Unternehmen kann gefährliche und nicht gefährliche Abfälle noch weiter aufschlüsseln. Dabei kann es die Liste der Abfallbeschreibungen aus dem „Europäischen Abfallkatalog" berücksichtigen.

99   Bei den Angaben gem. B 8 – B 11 stehen die sozialen Aspekte der Unternehmenstätigkeit im Fokus. So sind gem. B 8 allgemeine Merkmale der eigenen Belegschaft anzugeben. Dazu zählt, ob die Mitarbeitenden unbefristet oder befristet angestellt sind, das Geschlecht der Mitarbeitenden (eine Nicht-Angabe ist auch möglich) oder das Land, in dem die Mitarbeitenden für das Unternehmen tätig sind. In Bezug auf Gesundheit und Sicherheit der Belegschaft ist gem. B 9 die Anzahl der meldepflichtigen Arbeitsunfälle und arbeitsbezogenen Todesfälle anzugeben. In den weiterführenden Leitlinien wird erläutert, was unter arbeitsbezogenen Verletzungen und Erkrankungen zu verstehen ist, die ursächlich für die Todesfälle gewesen sind (ED ESRS VSME.147ff.).

100   Zudem sind gem. B 10 Angaben zur Vergütung der Mitarbeitenden zu machen. Hier konkretisiert ED ESRS VSME.36(a), dass das Verhältnis von Einstiegsgehältern zum Mindestlohn anzugeben ist, sofern die Mehrheit der Belegschaft mit dem Mindestlohn vergütet wird. Die Ermittlung und die Aussagekraft dieser Kennzahl bedürfen weiterer Diskussion. So ist bspw. fraglich, inwieweit sich das Einstiegsgehalt für den Mitarbeitenden in der geringsten Einkommensstufe vom Mindestlohn unterscheiden sollte, da der Mindestlohn typischerweise die geringste Einkommensstufe darstellen dürfte, und welche Aussage hiermit angestrebt wird. Zudem ist das unbereinigte geschlechtsspezifische Verdienstgefälle anzugeben, sofern mehr als 150 Mitarbeitende im Unternehmen sind. Ferner der Anteil an Mitarbeitenden, deren Vergütung tarifvertraglich vereinbart ist oder daran verpflichtend anknüpft. B 10 fordert abschließend die Angabe von Schulungsstunden unterteilt nach Geschlecht. Schulungen umfassen sowohl formale als auch informelle Maßnahmen zur Weiterbildung und Weiterentwicklung der Kompetenzen der Mitarbeitenden.

Freiwillig können die Unternehmen gem. B 11 zudem die Prozesse beschreiben, 101
mittels derer die Mitarbeitenden in der Wertschöpfungskette des Unternehmens,
die von der Unternehmenstätigkeit betroffen Gesellschaften sowie Kunden
und Endkunden identifiziert werden, die von der Unternehmenstätigkeit negativ
betroffen sind oder sein könnten. Zusätzlich können freiwillig die identifizierten
(möglichen) negativen Auswirkungen beschrieben werden. Diese freiwillige Angabe entspricht konzeptionell nicht unbedingt der Ausgestaltung des Basis-Moduls, da hier in Ansätzen ein Teil der Wesentlichkeitsanalyse in den Unternehmen
beschrieben wird, die letztlich nicht Bestandteil des Basis-Moduls ist. Dennoch
kann es für Unternehmen sinnvoll sein, diesen ersten Schritt zu einer Analyse der
(möglichen) negativen Auswirkungen ihrer Unternehmenstätigkeit durchzuführen, um ein besseres Verständnis sowohl der vielfältigen Stakeholder als auch der
Auswirkungen zu erhalten – ohne jedoch bereits eine vollständige Wesentlichkeitsanalyse durchführen zu müssen, was der ED ESRS VSME derzeit sowohl für
das PAT- als auch das BP-Modul fordert.

B 12 adressiert einen Detailaspekt zum Geschäftsgebaren (*business conduct*) des 102
Unternehmens. Im Fall von Verurteilungen in der Berichtsperiode sind die
Anzahl der Verurteilungen aufgrund von Verstößen gegen Korruptions- und
Bestechungsverbote sowie die Summe der Strafzahlungen anzugeben.

3.5.3 Narratives Modul zu Leitlinien, Maßnahmen und Zielen (PAT-Modul)

Die Angaben des PAT-Moduls sollen einen Einblick in die aus Nachhaltigkeits- 103
gesichtspunkten bestehenden Unternehmensstrukturen und das Management
der Nachhaltigkeitsthemen durch das Unternehmen geben. Das PAT-Modul ist
für Unternehmen sinnvoll, die bereits (formalisierte) Governance- und Be-
richtsstrukturen etabliert haben und darüber einen Überblick geben möchten.
Wenn Unternehmen nach dem in dieser Hinsicht ausführlichen PAT-Modul
berichten, sind die Angaben zu „Praktiken" hin zu einer nachhaltigeren Wirtschaft gem. B 2 des Basis-Moduls (Rz 81) nicht erforderlich.

Dafür sind gem. N 1 zunächst Geschäftsmodell und Geschäftsstrategie dar- 104
zustellen, wozu wesentliche Unternehmensprodukte und/oder -dienstleistun-
gen, Märkte und Geschäftsbeziehungen gehören. Sofern vorhanden, sollen
Eckpunkte der Nachhaltigkeitsstrategie beschrieben werden.

Wie in Rz 78 dargestellt, sieht die Anwendung des PAT-Moduls die Durchführung 105
einer **Wesentlichkeitsanalyse** vor. Die identifizierten wesentlichen Nachhaltigkeitsthemen sind gem. N 2 darzustellen und kurz zu beschreiben im Hinblick auf:
*   (potenzielle) negative Auswirkungen auf Menschen und Umwelt,
*   derzeitige und potenzielle Effekte auf die zukünftige Finanz- und Ertrags-
    lage des Unternehmens sowie

- derzeitige und potenzielle Effekte auf die Unternehmensaktivitäten und die Strategie des Unternehmens.

106 Der Umgang mit den identifizierten wesentlichen Nachhaltigkeitsthemen ist gem. N 3 zu beschreiben. Dies umfasst mögliche Leitlinien/Konzepte oder Maßnahmen, die das Unternehmen implementiert oder geplant hat, um negative Auswirkungen zu verhindern, ggf. zu verringern oder zu beheben und finanzielle Risiken zu adressieren. Dafür können auch die Due-Diligence- und/oder Risikomanagementprozesse im Unternehmen beschrieben werden. Für die Leitlinien und Maßnahmen sind dafür in ED ESRS VSME.60(b) und (c) verschiedene Angabepflichten konkretisiert. Dazu gehört auch, die Ziele anzugeben, anhand derer das Unternehmen die Wirksamkeit und den Fortschritt der Maßnahmen überwacht (ED ESRS VSME.61). Sofern sich das Unternehmen befasst mit den (potenziellen) negativen Auswirkungen seiner Unternehmenstätigkeit für Arbeitskräfte der Unternehmen der Wertschöpfungskette, betroffene Gemeinschaften und Kunden/Endnutzer, können dazu ebenfalls weitere Ausführungen zum Umgang mit diesen Themen sinnvoll sein (in Bezug auf Erarbeitung von Leitlinien, Implementierung von Maßnahmen und Zielvorgaben). Sofern dies für Unternehmen wesentliche Aspekte sind, ist anzugeben, welche Präventionsmaßnahmen gegen Korruptions- und Bestechungsfälle durchgeführt werden (z. B. Aufgabenteilung, Schulungen etc.).

107 Die Einbindung von wesentlichen Stakeholder-Gruppen sieht der ED ESRS VSME nicht verpflichtend vor. Allerdings kann das Unternehmen gem. N 4 angeben, welche Stakeholder-Kategorien es ggf. identifiziert hat und wie es sich mit diesen Stakeholdern ausgetauscht hat.

108 Relativ knapp gibt N 5 vor, dass das Unternehmen seine Governance-Strukturen sowie die Verantwortlichkeiten in Bezug auf Nachhaltigkeitsthemen beschreiben muss. Hier kann insbes. die Rolle und die Verantwortlichkeit des obersten Entscheidungsgremiums oder Entscheiders im Unternehmen (z.B. Geschäftsführung, Vorstand, Aufsichtsrat, Eigentümer-Manager) dargestellt werden. Für die Angabepflichten des PAT-Moduls gibt es keine weiteren Erläuterungen in den Anwendungshinweisen für die Unternehmen. Wichtig ist allerdings, dass für den Leser deutlich wird, ob und wie das Nachhaltigkeitsthema im Unternehmen integriert ist, wer sich mit diesen Fragen befasst (z.B. oberste Entscheidungsträger zusammen mit anderen Bereichen wie Produktentwicklung, Einkauf und Verkauf oder eher punktuelle Berücksichtigung des Themas) und auf welchen Ebenen dazu Entscheidungen getroffen werden.

3.5.4   Geschäftspartnermodul (BP-Modul)

109 Für das BP-Modul sind die als wesentlich identifizierten Nachhaltigkeitsthemen anzugeben, sofern dies nicht bereits beim PAT-Modul erfolgt ist (Liste

wesentlicher Nachhaltigkeitsthemen). Für nicht als wesentlich identifizierte Themen sind keine weiteren Erläuterungen erforderlich.

Zudem wird den konkreten Angabeanforderungen des BP-Moduls explizit, anhand des Beispiels der Scope-3-Angabe, der Verweis auf unternehmensspezifische Angaben vorangestellt. Dies beinhaltet Erläuterungen zur Ermittlung der Scope-3-Angabe. Weitere Beispiele für unternehmensspezifische Angaben werden derzeit nicht gegeben.

BP 1 fordert die Angabe von Umsätzen, die das Unternehmen durch bestimmte Unternehmenstätigkeiten erzielt. Diese Tätigkeiten umfassen die Bereiche a) kontroverse Waffen, b) Anbau und Produktion von Tabak, c) fossile Brennstoffe (Kohle, Öl und Gas) oder d) Chemikalienproduktion (gem. Abschn. 20.2, Anhang I der Verordnung (EC) 1893/2006). Für die fossilen Brennstoffe wird konkretisiert, dass Umsätze aus deren Erkundung, Bergbau, Abbau, Produktion, Verarbeitung, Lagerung, Raffinerie oder Vertrieb, einschl. Transport, Lagerung oder Handel resultieren können. 110

BP 2 sieht für das oberste Leitungs- und Kontrollorgan die Angabe des Geschlechterverhältnisses (*gender diversity ratio*) vor. Als oberstes Leitungs- und Kontrollorgan ist das oberste Entscheidungsgremium anzusehen; je nach Struktur bzw. Gesellschaftsform des Unternehmens können dies auch mehrere Gremien sein (z. B. Geschäftsführung/Aufsichtsrat oder Beirat). 111

Falls sich das Unternehmen THG-Emissionsreduktionsziele gesetzt hat, soll es seine Ziele für Reduktionen der Scope-1- und Scope-2-Emissionen angeben. Nur wenn das Unternehmen über Scope-3-Emissionen berichtet und ein entsprechendes Ziel gesetzt hat, soll es auch sein Ziel für die Reduktion der Scope-3-Emissionen angeben. 112

Die Leitlinien zu BP 3 stellen klar, dass Emissionsreduktionsziele ausgehend von einem Basisjahr und unter Angabe eines in der Zukunft liegenden Zieljahrs formuliert sein sollen. Das Basisjahr dient dem Vergleich. Es soll repräsentativ sein und aus der jüngeren Vergangenheit stammen. Für kurzfristige Ziele soll das Zieljahr max. drei Jahre in der Zukunft liegen. Längerfristige Ziele können ebenfalls formuliert werden; im Standard werden berichtende Unternehmen außerdem ermuntert, Klimaziele für das Jahr 2030 und, wenn möglich, für 2050 zu formulieren. Die Leitlinien empfehlen, dass Basis- und Zieljahre nach 2030 alle fünf Jahre aktualisiert werden. 113

Die Leitlinien vermitteln, dass THG-Abbau und THG-Emissionsausgleiche nicht als Emissionsreduktionen zu verstehen sind. Sie sind dementsprechend nicht in den Emissionsreduktionszielen zu berücksichtigen.

Berichtenden Unternehmen wird außerdem nahegelegt, wissenschaftsbasierte Ziele, z. B. nach den Vorgaben der Science Based Targets initiative (SBTi), zu 114 definieren. Die SBTi gibt für die Gesamtwirtschaft z.B. vor, dass THG-Emissionen bis 2030 um 42 % und bis 2050 um 90 % im Vergleich zum Basisjahr 2020 reduziert werden müssen. Auch sektorspezifische Emissionsreduktionspfade können genutzt werden, wenn diese vorliegen.

115   Nach BP 4 muss ein berichtendes Unternehmen Informationen zu seinem Klima-Übergangsplan vorlegen, wenn ein solcher vorliegt. Ein Übergangsplan i.S.d. BP 4 steht im Zusammenhang mit den Übergangsrisiken, denen Unternehmen durch den Klimawandel ausgesetzt sind: So können sich klimaschädliche Unternehmen bspw. mit Risiken konfrontiert sehen, die mit der Verschärfung der Klimagesetzgebung, mit dem rapiden technologischen Fortschritt klimafreundlicher Technologien oder mit Reputationsverlusten einhergehen. I.R.d. BP 4 geben berichtende Unternehmen also an, welche Pläne über gegenwärtige und zukünftige Maßnahmen bestehen, die dazu dienen, die Übergangsrisiken im schärfsten Politikszenario, dem 1,5 °C-Szenario, zu adressieren. Insgesamt gibt ein Übergangsplan also Auskunft darüber, wie sich das Unternehmen klimafreundlich ausrichten will.

116   Im Zusammenhang mit der Beschreibung des Übergangsplans soll erklärt werden, inwiefern die THG-Emissionsreduktionsziele mit dem 1,5 °C-Ziel des Pariser Abkommens kompatibel sind.

117   In BP 4 werden außerdem folgende Kriterien genannt, die einen glaubwürdigen Übergangsplan auszeichnen:
- klare Festlegung von Verantwortlichkeiten und Rollen,
- Integration in die Geschäftsstrategie und die Finanzplanung,
- Beschreibung der maßgeblichen Hebel, anhand derer Emissionsreduktionen erreicht werden können, und der Pfade, die verfolgt werden,
- Beschreibung der quantifizierbaren Indikatoren zur Bemessung des Erfolgs der Emissionsreduktionen,
- Prozess, der die Überprüfung des Übergangs und Stakeholder-Feedback zulässt und entsprechende Erkenntnisse einbindet (z.B. in Form von regelmäßigen Konsultationen),
- Abdeckung der eigenen Tätigkeiten und der Wertschöpfungskette zum größtmöglichen Teil.

118   Gem. BP 5 muss das berichtende Unternehmen die erwarteten finanziellen Effekte aus physischen Klimarisiken offenlegen, falls das Unternehmen wesentlichen physischen Risiken unterliegt. Dabei soll das Unternehmen folgende Angaben machen, deren Erhebung teilw. mit hohen Kosten verbunden ist:
- der Wert und den prozentualen Anteil (am Gesamtwert der Vermögenswerte) der Vermögenswerte, die wesentlichen physischen Risiken ausgesetzt sind, in der kurzen, mittleren und langen Frist und vor Berücksichtigung von

Klimaanpassungsmaßnahmen; Aufschlüsselung nach akuten und chronischen physischen Risiken erforderlich;
- den Anteil der Vermögenswerte, die wesentlichen physischen Risiken ausgesetzt sind, die von den Klimaanpassungsmaßnahmen adressiert werden;
- die geografischen Standorte der erheblichen Vermögenswerte, die wesentlichen physischen Risiken ausgesetzt sind;
- die Höhe und den prozentualen Anteil (an den gesamten Nettoerlösen) der Nettoerlöse aus Geschäftstätigkeiten, die kurz-, mittel- oder langfristig durch physische Risiken bedroht sind;
- eine Aufschlüsselung der Buchwerte der Immobilienwerte nach Energieeffizienzklasse.

Die Richtlinien zu BP 5 enthalten eine Definition der physischen Risiken als 119 Risiken, die sich aus den Effekten des Klimawandels auf das Unternehmen ergeben. Physische Risiken sind abhängig von der klimabezogenen Gefährdung, der Exposition der Vermögenswerte und Tätigkeiten gegenüber klimabezogenen Gefahren und der Sensibilität des Unternehmens hinsichtlich der Gefahren. Beispiele für klimabezogene Gefahren sind Hitzewellen, eine höhere Wahrscheinlichkeit und größere Häufigkeit von Extremwetterereignissen, Meeresspiegelanstieg, Änderung von Niederschlags- und Windmustern.

Akute physische Risiken ergeben sich aus spezifischen Ereignissen (z.B. Dürren, Fluten, extremem Niederschlag und Waldbränden). **Chronische physische Risiken** ergeben sich aus langfristigen Änderungen des Klimas.[45]

Wenn das Unternehmen gefährlichen und/oder radioaktiven Abfall generiert, 120 muss es die Gesamtmenge des gefährlichen Abfalls und/oder die Gesamtmenge des radioaktiven Abfalls angeben.

In den Leitlinien zu BP 6 wird zunächst darauf hingewiesen, dass radioaktive Stoffe vielfältig vorkommen können (z.B. Rauchmelder, Schlämme, natürlich vorkommende Stoffe). Darüber hinaus, aber nicht ausschl., können radioaktive Stoffe in Spezialwerkzeugen der Industrie, in Forschungsinstitutionen und im Gesundheitswesen auftreten.

Das berichtende Unternehmen kann zusätzlich zur absoluten Kennzahl den prozentualen Anteil des radioaktiven Abfalls am Gesamtaufkommen gefährlichen Abfalls angeben.

Gem. BP 7 müssen die berichtenden KMU angeben, ob ihre Leitlinien (*policies*) 121 in Bezug auf die eigene Belegschaft mit den einschlägigen international aner-

---

[45] Physische Risiken können mit Szenarioanalysen unter Anwendung von Szenarien mit hohen Emissionen (z.B. IPCC SSP5-8.5) modelliert werden.

kannten Vorgaben im Einklang stehen. International anerkannte Vorgaben sind bspw. die UN-Leitprinzipien für Wirtschaft und Menschenrechte.⁴⁶ Danach sind bspw. die Beeinträchtigung der Menschenrechte anderer zu vermeiden und gegen nachteilige Auswirkungen der Unternehmenstätigkeit auf Menschenrechte vorzugehen etwa durch Prävention, Milderung oder Wiedergutmachung. In den Erläuterungen zu BP 7 (ED ESRS VSME.184ff.) wird auf weitere internationale Vorgaben wie etwa von der Internationalen Arbeitsorganisation (ILO) oder der Organisation für wirtschaftliche Zusammenarbeit und Entwicklung (OECD) verwiesen. Beispiele für solche Leitlinien im Unternehmen können Schulungen zu Menschenrechten für die Mitarbeitenden sein oder die Erarbeitung einer Übersicht über die Lieferketten, um proaktiv Risiken im Zusammenhang mit Kinderarbeit oder Zwangsarbeit zu ermitteln. Es werden zudem Beispiele für Menschenrechte am Arbeitsplatz aufgeführt. Dazu zählen das Recht auf Sicherheit und Gesundheit am Arbeitsplatz, das Recht auf Zusammenschluss oder Tarifverhandlungen sowie die Beseitigung von Diskriminierung, Kinderarbeit oder Zwangsarbeit.

122 ED ESRS VSME.184 führt aus, dass im Vordergrund steht zu erfahren, wie Unternehmen potenzielle und tatsächliche negative Auswirkungen auf die Menschenrechte im Blick haben und ggf. adressieren. Dafür können die unternehmensinternen Leitlinien vielfältige Formen annehmen und sind nicht durch den Standard vorgegeben. Damit wird letztlich im ED ESRS VSME auch auf die Vielfalt der Unternehmen und deren unterschiedliche Strukturen hingewiesen. Es ist zwar davon auszugehen, dass jedes Unternehmen in der einen oder anderen Form Vorgaben für die Rechte und den Umgang mit der eigenen Belegschaft hat. Ob diese jedoch notwendigerweise als unternehmensinterne Leitlinien oder nicht „lediglich" als gesetzliche Vorgaben vorliegen und ob Letztere die im ED ESRS VSME zugrunde gelegten Anforderungen an „Leitlinien des Unternehmens" erfüllen, ist fraglich. Ggf. wäre eine Erarbeitung von Leitlinien erforderlich, da anzugeben ist, ob diese mit den zuvor genannten international anerkannten Vorgaben im Einklang stehen. Dafür bedürfte es der umfangreichen Befassung nicht nur mit gesetzlichen Vorschriften, sondern auch mit den verschiedenen, teils umfangreichen internationalen Vorgaben. Fraglich ist zudem, ob es erforderlich ist, im „Einklang mit" sämtlichen Vorgaben oder lediglich mit (vom Unternehmen als für sich sachgerecht) ausgewählten Vorgaben zu sein. Ersteres dürfte kaum darstellbar sein. Da der ESRS VSME zudem lediglich die Berichterstattung normiert, wäre eine Klarstellung wichtig, dass es sich auch um gesetzlich vorgegebene „Leitlinien" handeln kann und KMU angeben müssen, ob solche Leitlinien bestehen und falls nicht, warum nicht

---

⁴⁶ Vgl. Deutsches Global Compact Netzwerk, Leitprinzipien für Wirtschaft und Menschenrechte, 2. Aufl., 2014.

(z. B. weil gesetzliche Vorgaben bestehen). Falls ja, könnte angegeben werden, ob dabei internationale Vorgaben beachtet wurden.

Diese Angabe erscheint zunächst – insbes. angesichts der gesetzlichen Vorgaben in Deutschland und Europa – sehr weitreichend. Zu berücksichtigen ist aber, dass diese Vorgabe annahmegemäß als für die **Geschäftspartner** von KMU wichtig erachtet wird. Sofern sich diese Annahme bestätigt, würden KMU ohnehin – bspw. bei bilateralen Verträgen – zu Aussagen hierzu aufgefordert.

Gem. BP 8 sollen Unternehmen angeben, ob Prozesse für die Überwachung der Einhaltung der zuvor aufgeführten internationalen Vorgaben und für die Verfolgung von Beschwerden über deren Nicht-Einhaltung (Beschwerdeverfahren, Schutz von Whistleblowern etc.) bestehen.   123

Ebenfalls im Zusammenhang mit der Einhaltung und Überwachung der Einhaltung dieser internationalen Vorgaben sieht BP 9 die Angabe vor, ob im Berichtsjahr Verstöße gegen diese Vorgaben in Bezug auf die eigene Belegschaft vorgelegen haben. Wie zuvor ausgeführt (Rz 122), dürfte die Befassung mit Implementierung und Überwachung dieser verschiedenen internationalen Vorgaben die KMU vor deutliche Herausforderungen stellen. Für solche KMU, die überwiegend oder ausschl. im nationalen und europäischen Umfeld tätig sind, stellt sich angesichts der nationalen Gesetze und europäischen Vorgaben zum Umgang mit der eigenen Belegschaft zudem die Frage nach der Notwendigkeit der Überwachung dieser internationalen Vorgaben. Dies stellt sich anders dar für KMU mit entsprechenden Risiken für die eigene Belegschaft an internationalen Standorten, die dazu auch gegenüber den Geschäftspartnern rechenschaftspflichtig sind.   124

Die Pflichtangaben gem. BP 10 sollen Auskunft geben über die Vereinbarkeit von Beruf und Privatleben für die eigene Belegschaft des Unternehmens. Dafür ist anzugeben, welche Mitarbeitenden im Berichtsjahr Anspruch auf familienbedingte Freistellungen haben, etwa für Elternzeiten oder für die Pflege von Angehörigen. Zudem ist anzugeben, wie hoch der Anteil der Mitarbeitenden ist, die diesen Anspruch geltend gemacht haben. Die Angaben sind nach Geschlecht aufzuschlüsseln und können, wie alle Angabe zu den Mitarbeitenden, entweder für die Anzahl der Mitarbeitenden oder für die Vollzeitäquivalente gemacht werden.   125

Abschließend ist die Anzahl der Auszubildenden in der Berichtsperiode anzugeben. Dies ist zwar keine nach ESRS Set 1 geforderte Angabe und auch von Geschäftspartnern bislang kaum adressiert, allerdings dürfte diese Angabe für KMU einfach zu erstellen sein. Dennoch ist wichtig, bei den Angabepflichten den Nutzen für die Adressaten des Nachhaltigkeitsberichts im Blick zu behalten. Sofern dieser nicht gegeben ist, sollte auch auf einfache Angaben verzichtet werden.   126

3.6 Fazit

127   Mit der Finalisierung des ESRS VSME sind große Hoffnungen verbunden. Derzeit müssen sich KMU mit unterschiedlichsten individuellen Anfragen im Hinblick auf deren Nachhaltigkeitsinformationen befassen. Der ED ESRS VSME hat zum Ziel, eine für KMU und für die Nutzer von deren Nachhaltigkeitsinformationen wichtige Harmonisierung zu erreichen. EFRAGs Vorschläge für den ED ESRS VSME legen dafür einen sehr guten Grundstein. Es handelt sich um einen übersichtlichen, gut strukturierten und weitestgehend verständlichen Standardentwurf, der mit zusätzlichen Erläuterungen den KMU auch konkrete Handlungsanweisungen gibt.

Die sinnvolle modulare Konzeption des ED ESRS VSME greift zum einen die Heterogenität der KMU auf, die potenziell diesen Standard anwenden können. Zum anderen soll dadurch die Heterogenität der Informationsbedarfe adressiert werden. Dies gelingt insbes. für das Basis-Modul. Ob das PAT-Modul mit Angaben zu eher formalisierten Strategien, Leitlinien und Maßnahmen der Unternehmensrealität der freiwillig berichtenden KMU entspricht, erscheint zumindest fraglich. Auch wenn die gem. PAT-Modul zu beschreibenden Strukturen den auch für KMU erforderlichen Transformationsprozess zweifelsfrei unterstützen können, ist die Berichterstattung der KMU aufgrund begrenzter Ressourcen häufig nachfragegetrieben. Es bleibt abzuwarten, ob diese Aspekte für die Nutzer von KMU-Nachhaltigkeitsinformationen ausreichend relevant sind. Auch das wichtige BP-Modul soll explizit die Informationsbedarfe der Geschäftspartner von KMU adressieren, um die viel zitierte „Flut an Fragebögen" einzudämmen. Derzeit scheinen die Bedarfe von bspw. Banken und großen Unternehmen zwar verschieden und im Detail von den Anforderungen des BP-Moduls abweichend, sie scheinen sich dennoch in vielen Anforderungen zu decken.

128   EFRAG steht derzeit vor der wichtigen Aufgabe, die Vielzahl an Stellungnahmen und die Ergebnisse seiner Field Tests auszuwerten[47] und den ESRS VSME entsprechend zu überarbeiten und zu finalisieren. Die Akzeptanz des finalen ESRS VSME wird entscheidend dafür sein, ob eine Harmonisierung der freiwilligen Nachhaltigkeitsberichterstattung für die KMU erreicht werden kann und Geschäftspartner auf individuelle Abfragen entsprechender Informationen bei KMU weitgehend verzichten können. Dies ist wünschenswert, um KMU zu entlasten und für die Geschäftspartner von KMU harmonisierte,

---

[47]   Die ca. 400 Stellungnahmen und zusätzlichen Ergebnisse der Field Tests sind abrufbar unter: www.efrag.org/en/projects/voluntary-reporting-standard-for-smes-vsme/exposure-draft-consultation. Siehe für die Zusammenfassung der von DRSC und DIHK durchgeführten Field Tests mit 12 Unternehmen in Deutschland DRSC/DIHK, Ergebnisse der Field Tests zum Entwurf des ESRS VSME, 2024, www.drsc.de/app/uploads/2024/05/20240524_VSME_DIHK_DRSC_FieldTests_Zusammenfassung.pdf, Abruf jew. 1.8.2024.

vergleichbare Informationen bereitzustellen, anhand derer die Entscheidungen über die (weitere) Zusammenarbeit getroffen werden können. Bis zum Jahresende 2024 plant EFRAG, diese Überarbeitung abgeschlossen zu haben.

Literaturtipps

- Beiersdorf/Fink/Schmotz, (Konzern-)Nachhaltigkeitsberichterstattung von KMU gemäß CSRD – Regelungen und Regelungslücken in der neuen EU-Bilanzrichtlinie, BB 2023, S. 2346 ff.
- Beiersdorf/Lanfermann, Nachhaltigkeitsberichterstattung von kleinen und mittleren Unternehmen – vielfältige Informationsbedarfe von Stakeholdern, DB 2024, S. 1 ff.
- Deutsches Global Compact Netzwerk, Leitprinzipien für Wirtschaft und Menschenrechte, 2. Aufl., 2014, www.auswaertiges-amt.de/blob/266624/b51c 16faf1b3424d7efa060e8aaa8130/un-leitprinzipien-de-data.pdf, Abruf 1.8.2024
- DRSC/RNE, Einschätzung der Principal Adverse Impact Indicators durch die DRSC/RNE-Pilotgruppe KMU-Reporting, 2024, www.drsc.de/app/uploads/2024/01/240130_DE_RNE-DRSC.pdf, Abruf 1.8.2024
- DRSC/RNE, Nachhaltigkeitsberichterstattung von KMU – Überblick über Informationsbedarfe von Stakeholdern, www.drsc.de/app/uploads/2023/08/230815_Ueberblick_Informationsbedarfe_von_Stakeholdern_Pilotgruppe_KMU_Reporting_DRSC_RNE.pdf, Abruf 1.8.2024
- EBA, Leitlinien für die Kreditvergabe und Überwachung, EBA/GL/2020/06 v. 29.5.2020,www.eba.europa.eu/sites/default/files/document_library/Publications/Guidelines/2020/Guidelines%20on%20loan%20origination%20and%20monitoring/Translations/886677/Final%20Report%20on%20GL%20on%20loan%20origination%20and%20monitoring_COR_DE.pdf, Abruf 1.8.2024
- ED ESRS LSME, Januar 2024, www.efrag.org/sites/default/files/sites/web publishing/SiteAssets/ESRS%20LSME%20ED.pdf, Abruf 1.8.2024
- ED ESRS VSME, Januar 2024, www.efrag.org/sites/default/files/sites/web publishing/SiteAssets/VSME%20ED%20January%202024.pdf, Abruf 1.8.2024
- EFRAG, ESRS Q&A Platform, Compilation of Explanations, Januar–Juli 2024, www.efrag.org/sites/default/files/media/document/2024-07/Compilation%20 Explanations%20January%20-%20July%202024.pdf, Abruf 1.8.2024
- EU-Kommission, Frequently asked questions on the implementation of the EU corporate sustainability reporting rules, https://finance.ec.europa.eu/publications/frequently-asked-questions-implementation-eu-corporate-sustainability-reporting-rules_en, Abruf 1.9.2024
- EU-Kommission, Mitteilung, Eine Kapitalmarktunion für die Menschen und Unternehmen – neuer Aktionsplan, COM(2020) 590 final v. 24.9.2020, https://eur-lex.europa.eu/resource.html?uri=cellar:61042990-fe46-11ea-b44f-01aa75 ed71a1.0003.02/DOC_1&format=PDF, Abruf 1.8.2024

- EU-Kommission, Mitteilung, KMU-Entlastungspaket, COM(2023) 535 final v. 12.9.2023, https://single-market-economy.ec.europa.eu/document/download/8b64cc33-b9d9-4a73-b470-8fae8a59dba5_de?filename=COM_2023_535_1_DE_ACT_part1_v2.pdf, Abruf 1.8.2024
- Fink/Glöckner, Green and more: Wertschöpfungskette in der Nachhaltigkeitsberichterstattung nach CSRD und ESRS, WPg 2023, S. 1365 ff.
- Fink/Schmidt, Der Referentenentwurf des Corporate Sustainability Reporting Directive Umsetzungsgesetzes, KoR 2024, S. 229 ff.
- Nothhelfer, ESRS für KMU: eine erste Kommentierung der Standardentwürfe ESRS LSME ED und ESRS VSME ED, KoR 2024, S. 242 ff.
- Schriever/Herfurth, Green and more: Nachhaltigkeitsberichterstattung für Kreditinstitute: Auswirkungen geschäftszweigspezifischer Besonderheiten für Kreditinstitute nach der Corporate Sustainability Reporting Directive, WPg 2023, S. 872 ff.

Normenverzeichnis

Fett gesetzte Ziffern verweisen auf Paragrafen, magere auf die zugehörigen Randziffern, in denen die jeweilige Norm zitiert ist.

Stichwortverzeichnis

Fett gesetzte Ziffern verweisen auf Paragrafen,
magere auf die zugehörigen Randziffern.

Korruption
- Beispiel 16, 41
- Definition 16, 34

Kosten-Nutzen-Grundsatz 3, 39

Kreislaufwirtschaft
- s. ESRS E5
- Definition 10, 1
- GRI-Angaben 10, 14
- Kategorisierungssystem 10, 40

Kurzfristiger Zeithorizont 10, 127

Länderrisiko 13, 15

Landdegradation 9, 9

Landnutzungsveränderung
- Definition 9, 7

Langfristiger Zeithorizont 10, 127

LEAP-Ansatz 5, 2; 7, 35; 9, 6, 17, 23; 10, 25
- ESRS E3 8, 12

Leitlinien Wesentlichkeitsanalyse
- Stakeholder-Einbindung 3, 59

Leitungsorgan 4, 31
- Anreizsystem 4, 62
- Zuständigkeit 4, 49

Lieferant
- Angabe 16, 26

Lieferkette
- Konzept 16, 26
- Risikomanagement 13, 15

Liste Angabepflichten 4, 118

List of ESRS datapoints 3, 13

LkSG 1A, 1; 15, 14, 57
- Beschwerdesystem 15, 83
- Beschwerdeverfahren 13, 40
- Gemeinsamkeiten mit CSRD 1A, 6
- Risikoanalyse 13, 15

Lobbying 16, 52, 60

Lock-in-Effekt
- ESRS E1 6, 16

Lohngefälle 12, 156

Lohnungleichheit 12, 156

Longlist 3, 66, 190

Luftqualitätsindex 7, 74

Luftverschmutzung 7, 22
- Berechnungsgrundlagen 7, 74
- Messmethode 7, 85

Managementsystem
- Menschenrechte und Arbeitsbedingungen 13, 30

Marktbasierte Methode 6, 41, 73, 80

MDR 3, 11; 4, 2, 13, 30, 125

Meeresressourcen
- Angabepflicht 8, 1

Meeresstrategie-Rahmenrichtlinie 9, 3

Menschen mit Behinderung 12, 117

Menschenrechte 3, 83; 12, 34, 162; 14, 7; 15, 12, 16
- Abhilfe 13, 39
- Managementsystem 13, 30
- Unternehmensrichtlinien 15, 51
- Verweis ESRS S3 14, 37

Messbarkeit
- Beispiel 9, 43
- Kennzahl 9, 40
- Schwellenwert 9, 36
- Ziel 9, 38

Messhierarchie 7, 79

Mikroplastik 7, 66, 70, 92

Mindestlohn 12, 105